KRÖNERS TASCHENAUSGABE BAND 452

Hadumod Bußmann

LEXIKON DER
SPRACHWISSENSCHAFT

Zweite, völlig neu bearbeitete Auflage

Unter Mithilfe und mit Beiträgen
von Fachkolleginnen und -kollegen

ALFRED KRÖNER VERLAG STUTTGART

Hadumod Bußmann

Lexikon der Sprachwissenschaft
2., völlig neu bearbeitete Auflage
Stuttgart: Kröner, 1990
(Kröners Taschenausgabe; Bd. 452)
ISBN 3-520-45202-2

Mitarbeiterinnen und Mitarbeiter:

Grzegorz Dogil, Bernd Gregor, Christopher Habel,
Theo Ickler, Manfred Krifka, Hartmut Lauffer,
Katrin Lindner, Peter R. Lutzeier, Susan Olsen,
Beatrice Primus, Hannes Scheutz, Wolfgang Sternefeld,
Wolf Thümmel, Hans Uszkoreit, Ulrich Wandruszka,
Dietmar Zaefferer.

INHALT

VORWORT ZUR ZWEITEN AUFLAGE

Zur Genese der Neubearbeitung

Angesichts der von Jahr zu Jahr wachsenden Produktivität der Sprachwissenschaft und ihrer zunehmenden Verzahnung mit Nachbardisziplinen wurde mein Anspruch, die ganze Breite der linguistischen Terminologie in lexikalischer Bündigkeit dokumentieren zu wollen, zu einer immer größeren Überforderung, und ich beschloß, mich von dieser Bürde der Alleinverantwortung zu befreien. So lud ich im Frühsommer 1986 einen Kreis befreundeter Fachkolleginnen und -kollegen zu einem »Lexikon-Symposion« in ein abgelegenes oberbayerisches Bauernhaus ein; und an einem langen sonnigen Juni-Wochenende entstanden Grundkonzept und Arbeitsplan für eine kollektive Neubearbeitung des Lexikons. Spontan wurden zwei Drittel des ursprünglichen Textes in die Verantwortlichkeit der zur Mitarbeit Entschlossenen gestellt. Damit entstand für mich nach über dreizehnjähriger isolierter Einzelarbeit die befreiende Konstellation einer intensiven Zusammenarbeit – mit allen Erleichterungen und Beschwernissen, die die Koordinierung einer prallen Vielfalt unterschiedlicher wissenschaftlicher Kompetenzen und Temperamente mit sich brachte.

Zur veränderten Gesamtkonzeption der Neuauflage

Zwischen dem Verlag und allen Beteiligten bestand Einvernehmen darüber, daß sowohl die inhaltliche Reichweite als auch die lexikographische, stilistische und bibliographische Konzeption der 1. Auflage (vgl. Vorwort S. 10 ff.) als verbindliche Zielvorstellung für die Neubearbeitung gelten sollte. Von jenem ursprünglichen Text unterscheidet sich die neue Ausgabe vor allem in drei Punkten: (a) Der gesamte ursprüngliche Bestand wurde durch Streichungen obsolet gewordener Einträge und durch Kürzung redundanter Textpassagen gestrafft und im Hinblick auf neuere Tendenzen und Ergebnisse erweitert, neu gewichtet, aktualisiert. – (b) Der inhaltliche Bestand wurde um solche Bereiche ergänzt, die entweder in der ersten Auflage noch nicht hinreichend repräsentiert waren (Konversationsanalyse, außereuropäische Sprachen u.a.) oder sich erst in den achtziger Jahren als fruchtbare Teildisziplinen entwickelt haben (Computerlinguistik, Künstliche Intelligenz-Forschung, Unifikationsgrammatiken u.a.). – (c) Die vorherrschend germanistische Forschungsperspektive der 1. Auflage wurde modifiziert zugunsten einer sprachübergreifenden und internationaleren Ausrichtung, in der das Deutsche zwar weiterhin primäre Bezugs- und Beispielsprache blieb, sprachvergleichende (universelle) Phänomene und Hypothesen aber in Erläuterungen, Beispielen und Bibliographien verstärkt berücksichtigt wurden. Diese – durch die erweiterte Kompetenz der vielköpfigen Zusammenarbeit ermöglichte – Neuorientierung wurde nicht zuletzt notwendig und befruchtet dadurch, daß synchron zu dem Entstehen dieser Neuausgabe ein Übersetzerteam am *Department of German* der *University of California, Berkeley* an der Umsetzung der Artikel für eine englische Ausgabe des Lexikons arbeitete, die von dem Londoner Verlag *Routledge* vorbereitet wird.

Inhaltliche Erweiterungen

Unter diesem Aspekt der Perspektivenerweiterung stellen die rund dreihundert Beschreibungen von Einzelsprachen und Sprachfamilien den wichtigsten inhaltlichen Zugewinn gegenüber der 1. Auflage dar. Allerdings konnten im vorgegebenen Rahmen weder alle Sprachen der Welt noch eine einzelne Sprache erschöpfend erfaßt werden. Mit Rücksicht auf das Benutzerinteresse und aus forschungsgeschichtlicher Tradition ließ es sich nicht vermeiden, bei der Auswahl »eurozentristisch« vorzugehen. So haben wir alle etablierten Sprachfamilien (bzw. Zweige oder areale Gruppen) der Alten Welt (Europa, Asien, Afrika) aufgenommen, Sprachfamilien anderer Kontinente hingegen nur in Auswahl, wobei vor allem ihre generelle Bedeutung (Sprecherzahl) und ihre Berücksichtigung in der linguistischen Forschung ausschlaggebend waren. Diese Auswahl haben wir ergänzt durch sprachgeographische Artikel zu den einzelnen Kontinenten sowie durch detailliertere Beschreibungen der deutschen Dialekte. Die arealen und genetischen Zusammenhänge dieser Artikel sind im Anhang (S. 886 ff.) durch entsprechende Sprachkarten dokumentiert.
Wenngleich der Text im Laufe der Zusammenarbeit um die Hälfte seines ursprünglichen Seiten-Umfangs angewachsen ist und 3500 Stichwörter (2125 Artikel) umfaßt, wird dennoch mancher Begriffe vermissen, die er als zentral erachtet für seinen engeren Forschungsbereich. Aber da der internationale terminologische Schöpfungsdrang ungebremst ist und sich über Prioritäten gut streiten läßt, Beschränkungen aber unumgänglich waren, konnten wir nicht alle Einzelanregungen (die mich in vielfältiger – wenn auch selten einmütiger – Form erreichten) in der jeweils gewünschten Vollständigkeit berücksichtigen.
Schwierig (und selten ganz befriedigend) waren die Entscheidungen über die Form der Aufnahme von Termini und Begriffen, die aus der Rezeption der amerikanischen Linguistik im Deutschen zum Teil in der Originalform, zum Teil in mehr oder weniger (un)befriedigender Übertragung verwendet werden. Hier mußte es bei Doppelerwähnungen bzw. Fall-zu-Fall-Entscheidungen bleiben, deren Nachteile aber aufgewogen werden dadurch, daß bei Verwendung des englischen Terminus als Lemma die gängigen Verdeutschungen als Verweisstichwörter ins Alphabet aufgenommen wurden. Zusätzlich findet sich im Anhang S. 876 ff. ein Register aller innerhalb von Artikeln erwähnten englischsprachigen Termini.

Formen der Zusammenarbeit

Die spezifische Entstehungsweise dieser Neufassung bringt es mit sich, daß sich in manchen Themenbereichen die »urheberrechtlichen« Anteile der einzelnen Mitarbeiterinnen und Mitarbeiter und der Erstautorin nicht klar bestimmen lassen. Die schwerpunktmäßige Zuordnung der Bereiche zu einzelnen Fachverständigen dokumentiert daher zunächst nur ihre jeweilige sachliche Zuständigkeit: Form und Ausmaß der individuellen oder kollektiven Mitwirkung jedoch waren unterschiedlich, weshalb wir auch darauf verzichtet haben, die (zum Teil mehrfache) Autorschaft bei einzelnen Artikeln durch Siglen zu kennzeichnen. Je nach Fachgebiet, Qualität der Vorlage und persönlichem Engagement ergaben sich unterschiedliche Ausprägungen der Mitarbeit: sie reichen von aktualisierender Überarbeitung des ursprünglichen Textes über intensive Revisionen und Ergänzungen (Morphologie, Namenkunde, Schrift, Semantik, Soziolinguistik, Sprachwandel, Transformationsgrammatik), weitgehende Neufassungen schon vorliegender Bereiche (Angewandte Sprachwissenschaft, Neurolinguistik, Rhetorik, Sprachen, Stilistik) bis zu völliger Neukonzeption bisher noch nicht berücksichtigter Gebiete und Theorien (Computerlinguistik, Deutsche Dialekte, Künstliche Intelligenz, Unifikationsgrammatiken). Unterschiedlich stark ausgeprägt und von wechselnder Belastung war meine Mehrfachrolle als Verfasserin des Basistextes, Fachbearbeiterin von einem Drittel des ursprünglichen Textes und verantwortliche Redakteurin der neuen Ausgabe. Meine Hauptaufgabe als Herausgeberin sah ich darin, die lexikographisch-stilistischen Prinzipien der 1. Auflage (wie Verständlichkeit, Anschaulichkeit, durchsichtige Stoffgliederung) auch in der neuen Ausgabe durchzusetzen, ohne dabei die individuellen Ausdruckswünsche einzelner allzu sehr zu unterdrücken. Die eigenen Maßstäbe und Vorstellungen mit dem persönlichen Stil und den fachlichen Präferenzen aller Mitarbeiterinnen und Mitarbeiter in Einklang zu bringen, hat zu mancherlei fruchtbaren Auseinandersetzungen geführt, die aber das kooperative Endziel nie in Frage gestellt haben. – Unabweisbar jedoch trifft zu, daß allein ich die Verantwortung trage für alle Lücken, Ungereimtheiten und Versehen im Text.

Technische Herstellung

Statt mit Zettelkasten, Schreibmaschine und Kopierer wurde diese neue Ausgabe mit elektronischem Handwerkszeug hergestellt: die Eingabe des Textes und seine redaktionelle Bearbeitung erfolgte in dem für geisteswissenschaftliche Anforderungen besonders flexiblen Textverarbeitungsprogramm NOTA BENE (Dragonfly Software, New York); die entscheidende Textarbeit und Druckvorbereitung (Zusammenführung der Einzeldateien, Herstellung von Hilfslisten, Indices und Registern, Verarbeitung der phonetischen Sonderzeichen) wurde durchgeführt mit dem von Wilhelm Ott in Tübingen entwickelten Textverarbeitungsprogramm TUSTEP, die endgültige Satzherstellung besorgte die Firma Pagina (Tübingen). Die elektronische Speicherung wird für künftige Aktualisierungen des Lexikons von großem Vorteil sein.

Danksagungen

Vielfältige finanzielle, fachliche, technische und moralische Unterstützung wurde mir zuteil: Dankenswerterweise unterstützte die Deutsche Forschungsgemeinschaft das Projekt zwei Jahre lang mit einer Sachbeihilfe, während das Institut für Deutsche Philologie der Universität München die Nutzung seiner Infrastruktur gewährte. – Die Zahl der persönlichen Ermunterungen und hilfreichen Rezensionen mit fachlichen Verbesserungsvorschlägen ist groß; für besonders umfassende und detaillierte Korrekturlisten habe ich zu danken vor allem Theodor Ickler (Erlangen), Manfred Immler (München), Leonhard Lipka (München), Klaus Matzel (Regensburg), Thomas Städtler (Würzburg) und Ulrich Wandruszka (Klagenfurt), für Formulierungshilfen zu einzelnen Artikeln oder Bereichen Hans Fromm (München), Joachim Jacobs (Wuppertal), Suzanne Kemmer (San Diego), Reinhard Köhler (Bochum), Christoph Lehner (München) und Heinz Vater (Köln). Petra Seiffert unterzog die etymologischen Ableitungen einer kritischen Prüfung, und Susanne Walser hat mit sicherer Hand und unendlicher Geduld die Sprachenkarten gezeichnet. – Vor allem jedoch danke ich den ungezählten LeserInnen, FachkollegInnen und StudentInnen meiner Seminare, die durch ihre Hinweise und Anregungen zur steten Verbesserung des Lexikons beigetragen haben.
Undenkbar aber ist die Herstellung des endgültigen Textes ohne die unermüdliche und gewissenhafte redaktionelle Mitarbeit von Chantal Estran-Goecke und von Ute Fobe (die von der ersten Stunde an das schnell anwachsende Manuskript unter ihre kritischen Fittiche nahmen); ohne Katrin Lange (die uns im Finale vor Panik und Verzweiflung zu bewahren wußte), vor allem aber ohne Suzan Hahnemann, die mit kritischem Sachverstand, sanfter Hartnäckigkeit und unverdrossenem (Galgen-)Humor alle satztechnischen TUSTEP-Klippen meisterte, wie sie durch perfektionistische Autoren-Wünsche immer wieder neu entstanden. Unterstützt wurden wir bei der Bewältigung dieser satztechnischen Probleme von Wolfgang Reiner und Hannelore Ott, die mit aufopferungsvollem Langmut die Komplexität des Manuskriptes gemeistert haben, – nicht zuletzt aber vom Kröner Verlag, insbesondere von Eckhard Grundhoff und Imma Klemm, deren akribische Lupen-Blicke manch drohendes Desaster noch rechtzeitig verhindern konnten.
»So eine Arbeit wird eigentlich nie fertig, man muß sie für fertig erklären, wenn man nach Zeit und Umständen das möglichste

getan hat« – allein diese Einsicht (vgl. das Motto zur 1. Auflage) rechtfertigt den Schlußpunkt unter diese Ausgabe.

Ebenhausen, Isartal
Juli 1990   *Hadumod Bußmann*

VORWORT ZUR ERSTEN AUFLAGE

> *So eine Arbeit wird eigentlich nie fertig, man*
> *muß sie für fertig erklären, wenn man nach*
> *Zeit und Umständen das möglichste getan hat.*
> (J. W. Goethe, Italienische Reise, 16. 3. 1787.)

Hauptziel dieses Lexikons, das aus langjähriger Unterrichtspraxis hervorging, ist eine umfassende Bestandsaufnahme und verständliche Erläuterung der Fachterminologie der synchronen und der diachronen Sprachwissenschaft. Mit dem Deutschen und damit zugleich der »germanistischen« Sprachwissenschaft als Ausgangsbasis wendet sich dieses Nachschlagewerk an Lehrende und Lernende aller philologischen und sprachwissenschaftlichen Disziplinen, aber auch an Vertreter von Nachbardisziplinen sowie an jeden, der an der theoretischen oder praktischen Beschäftigung mit Sprache interessiert ist.
Bei der Auswahl der Stichwörter wurden folgende Schwerpunkte gesetzt: (a) Den Kernbereich des Lexikons bilden Grundbegriffe der synchronen und diachronen Sprachwissenschaft einschließlich der Richtungen, Methoden und Modelle, denen diese Begriffe und Termini entstammen (z.B. Wort, Subjekt, Modus, Junggrammatiker, Strukturalismus). Weitere Schwerpunkte sind (b) die Terminologie der angewandten Sprachwissenschaft (z.B. Fremdsprachendidaktik, Linguistische Datenverarbeitung, Sprachstörungen), (c) Einzelsprachen bzw. Sprachfamilien (z.B. Deutsch, Germanisch, Indoeuropäisch) sowie (d) Begriffe und Termini aus Grund- und Nachbarwissenschaften und aus den sogenannten »Bindestrich-Linguistiken« (z.B. Formale Logik, Soziolinguistik, Psycholinguistik). Ein – wie auch immer zu begründender – Vollständigkeitsanspruch ist kaum zu erfüllen in einer Disziplin, deren Interessen und Methoden sich in den vergangenen fünfzig Jahren in engem Kontakt mit zum Teil sehr komplexen Nachbarwissenschaften ständig erweitert, gewandelt, verfeinert haben. Bei meiner Auswahl habe ich vor allem das Ziel verfolgt, ein ausgewogenes Verhältnis zwischen »traditioneller« und »moderner« Terminologie herzustellen. Neubildungen wurden nur dann kodifiziert, wenn ihre Lexikalisierung durch häufigen Gebrauch bereits vollzogen war oder zumindest vorhersagbar schien. Nur schwer oder gar nicht übersetzbare Ter-

mini aus anderen Sprachen wurden in der Originalsprache aufgenommen ebenso wie solche, die sich als termini technici durchgesetzt haben (z.B. Langue, Slang).

Mit den dreitausend Einträgen dieses Lexikons habe ich versucht, das Gesamtspektrum der theoretischen und angewandten Sprachwissenschaft im gegebenen Rahmen vergleichsweise detailliert abzudecken und darüberhinaus Zusammenhänge zwischen einzelnen Begriffen bzw. zwischen unterschiedlichen Sicht- und Verwendungsweisen sowohl durch übergreifende Artikel als auch durch ein differenziertes Verweissystem deutlich zu machen. Dieses Verfahren hat zu Einträgen von sehr unterschiedlicher Form und Länge geführt: Sie reichen von knapp definierenden Begriffserläuterungen bis zu umfänglichen, straff durchgegliederten Darstellungen mit enzyklopädischem Charakter, wie sie sich vor allem bei Grammatikmodellen, Forschungsrichtungen und Teildisziplinen ergeben haben. Jedes Stichwort wird (soweit dies im Einzelfall möglich und notwendig ist) durch »philologische« Information charakterisiert, z.B. etymologische Erläuterungen, Nachweis (teil)synonymer Termini, fremdsprachlicher Entsprechungen u.a. Die Begriffserläuterungen bestehen aus Angaben zum Herkunftsbereich (Beschreibungsebene, Forschungsrichtung) und zur ursprünglichen bzw. heutigen Verwendung, aus konkurrierenden Definitionen sowie gegebenenfalls wissenschaftsgeschichtlichen Anmerkungen und Hinweisen auf Forschungspositionen oder auf Forschungslücken. Dabei war ich bemüht, auch bei offensichtlichem terminologischem Wildwuchs keinen normierenden Einfluß geltend zu machen, wenngleich Auswahl und Gewichtung der Stichwörter solche regulierenden Tendenzen notwendigerweise in sich bergen. – Nicht immer war es möglich, »elementar« zu definieren und zu argumentieren, da die Darstellung bestimmter theoretischer Modelle oder Richtungen ein gewisses Maß an Vorwissen und/oder Vertrautheit mit formalen Beschreibungsmitteln voraussetzt. Um eventuelle Verständnisschwierigkeiten gering zu halten, wurden die Erläuterungen so weit wie möglich durch deutsche, englische und französische Beispiele belegt.

Alle zentralen Artikel sind mit weiterführenden bibliographischen Hinweisen ausgestattet, die dem Benutzer die selbständige Einarbeitung in größere Problemzusammenhänge erleichtern sollen. Umfängliche Bibliographien sind nach »Gattungen« gegliedert (z.B. Einführungen, Handbücher, Spezialliteratur, Zeitschriften u.a.). Je nach Stichwort und Forschungslage haben diese Bibliographien unterschiedliche Länge, zumal gelegentlich ein einzelner einschlägiger Titel Gleiches zu leisten vermag wie in einem anderen Fall nur eine detaillierte Liste von Einzelpublikationen. Besonderen Wert habe ich darauf gelegt, bei allen wichtigen Einträgen einen neueren Forschungsbericht und/oder eine weiterführende Spezialbibliographie nachzuweisen.

Während der zehnjährigen Arbeit an diesem Projekt wurde mir immer wieder bewußt, daß eine solche Aufgabe an die Grenzen der Kräfte eines Einzelnen geht. Ich betrachte das Ergebnis als einen vorläufigen Entwurf, dessen subjektive Sichtweisen und mögliche sachliche Versehen nur behoben werden können, wenn alle kritischen Benutzer durch Korrektur- und Ergänzungsvorschläge dazu beitragen, gegenwärtige Mängel in zukünftigen Auflagen zu beheben.

Unzählige Anregungen und Hilfen von befreundeten Kollegen und Studenten haben die vorliegende Form des Lexikons maßgeblich beeinflußt. Daß ich das Manuskript in einzelnen Themenbereichen aufgrund von Korrekturen, kritischen Kommentaren und weiterführenden Vorschlägen wesentlich verbessern konnte, verdanke ich besonders Karin Böhme, Hartmut Lauffer, Katrin Lindner, Godehard Link, Hannes Scheutz und Ariane von Seefranz. Daß ich darüber hinaus auch vielfältige Anregungen aus dem engeren und weiteren Kollegenkreis erfahren habe, bezeugen viele Artikel sowie die entsprechenden Literaturhinweise. Wie jedes Nachschlagewerk, so ist auch dieses von seinen Vorgängern abhängig. So fühle ich mich zu Dank verpflichtet gegenüber früheren Autoren von deutschen, englischen und französischen Lexika zur Sprachwissenschaft, aus deren gründlichem Studium ich besonders in der Anfangsphase meines Projekts viel profitiert habe. – Für »technische« Hilfe danke ich Kristian Wachinger, vor allem aber Rosi Popp, die mit großem persönlichen Engagement über Jahre hin mir die Mühen der Reinschrift und bibliographischen Überprüfung abgenommen hat. Dem Kröner Verlag danke ich für viel Geduld und für die Bereitschaft, eine angemessene Lösung für meine zum Teil kostspieligen typographischen Wünsche zu finden. Ganz besonders herzlich danke ich Frau Imma Klemm, die mit unermüdlicher Sorgfalt und mit redaktionellem Spürsinn so manches Versehen verhindert und durch konstruktive Verbesserungsvorschläge, bezeugen viele Artikel und ständige Ermutigungen Manuskript und Autorin optimal betreut hat. – Den entscheidendsten Anteil aber an Entstehung und Vollendung dieses Buches hat Marga Reis, die durch ihre immer präsente, hohe Sachkompetenz und freundschaftliche Unterstützung zahlreiche Krisen überbrückt und mir dadurch geholfen hat, dieses Buch schließlich zu einem (im Sinne des Mottos »notwendigen«) Abschluß zu bringen.

Ebenhausen, Isartal
Ostern 1983 *Hadumod Bußmann*

MITARBEITERINNEN UND MITARBEITER

Grzegorz Dogil, Dr., Privatdozent in Bielefeld (Fakultät für Linguistik und Literaturwissenschaft; Institut für Phonetik). – Einschlägige Publikation: Autosegmental account of phonological emphasis. Edmonton 1979.
Bearbeiteter Bereich: Phonologie.

Bernd Gregor, Dr., langjähriger Wissenschaftlicher Mitarbeiter am Institut für Deutsche Philologie (Universität München), seit 1989 Bereichsleiter für »Elektronische Medien« im Langenscheidt Verlag (München). – Einschlägige Publikation: B.G./M. Krifka (eds.): Computerfibel für Geisteswissenschaftler. München 1986.
Bearbeiteter Bereich: Computerlinguistik.

Christopher Habel, Prof. Dr., Fachbereich Informatik, Arbeitsbereich: Wissens- und Sprachverarbeitung (Universität Hamburg). – Einschlägige Publikationen: Prinzipien der Referentialität. Berlin 1986. – Stories: An Artificial Intelligence perspective(?). In: Poetics 15 (1986), S. 111–125. – Künstliche Intelligenz – Woher kommt sie, wo steht sie, wohin geht sie? In: K.V.Luck (ed.): Künstliche Intelligenz – Frühjahrsschule 1989. Berlin, S. 1–21. – Zus. mit S. Pribbenow: Frage-Antwort-Systeme. In: I. Bátori u.a. (eds.): Computerlinguistik. Berlin, S. 708–722.
Bearbeiteter Bereich: Künstliche Intelligenz.

Theo Ickler, Prof. Dr., Institut für Deutsche Sprach-und Literaturwissenschaft (Friedrich-Alexander-Universität Erlangen-Nürnberg). – Einschlägige Publikationen: Deutsch als Fremdsprache – Eine Einführung in das Studium. Tübingen 1984; außerdem zahlreiche Aufsätze zur Linguistik und Sprachdidaktik.
Bearbeiteter Bereich: Angewandte Linguistik.

Manfred Krifka, M. A., Dr., langjähriger Wissenschaftlicher Mitarbeiter am Institut für Deutsche Philologie (Universität München), seit 1989 *Assistant Professor* am *Department of Linguistics* (*University of Texas, Austin*). – Einschlägige Publikation: Zur semantischen und pragmatischen Motivation syntaktischer Regularitäten. Eine Studie zu Wortstellung und Wortstellungsveränderung im Swahili. München 1983.
Bearbeitete Bereiche: Sprachen, (außer Germanisch, Romanisch, Slawisch), Sprachtypologie.

Hartmut Lauffer, Dr., Akademischer Oberrat für Germanistische Sprachwissenschaft am Institut für Deutsche Philologie (Universität München).
Bearbeitete Bereiche: Rhetorik, Stilistik, Textlinguistik.

Katrin Lindner, Dr., langjährige Wissenschaftliche Mitarbeiterin am Institut für Deutsche Philologie (Universität München),

arbeitet zur Zeit in einem DFG-Projekt über »Funktionale Determinanten im Spracherwerb. Morphologische Markierung und Wortstellung bei dysphasischen und sprachunauffälligen Kindern mit deutscher und englischer Muttersprache«. Einschlägige Publikation: Sprachliches Handeln bei Vorschulkindern. Tübingen 1983.
Bearbeitete Bereiche: Konversationsanalyse, Neurolinguistik, Psycholinguistik (Mitarbeit).

Peter R. Lutzeier, Dr., Professor am Institut für Deutsche Philologie (Universität München) im Bereich Germanistische Sprachwissenschaft. Einschlägige Publikationen: Modelltheorie für Linguisten. Tübingen 1973. – Wort und Feld. Tübingen 1981. – Linguistische Semantik. Stuttgart 1985. – Some major pillars of German syntax. Tübingen 1990.
Bearbeitete Bereiche: Semantik, Logik.

Susan Olsen, Dr., Professorin für Germanistische Linguistik (Universität Stuttgart). – Einschlägige Publikationen: Wortbildung im Deutschen. Stuttgart 1986; außerdem zahlreiche Aufsätze zur Wortbildung.
Bearbeitete Bereiche: Morphologie, Wortbildung.

Beatrice Primus, Dr., Mitarbeiterin am Institut für Deutsche Philologie (Universität München) im Bereich Germanistische und Theoretische Sprachwissenschaft. – Einschlägige Publikationen: Grammatische Hierarchien. München 1987. – Parameter der Herrschaft: Reflexivpronomina im Deutschen. In: ZS 8, 1989, S. 53–88.
Bearbeitete Bereiche: Syntax, insbes. die Artikel zu: Aktionsarten; Diathesen, Kasus, Syntaktische Funktionen; Grammatikmodelle: Dependenzgrammatik, Funktionale Grammatik, Kasusgrammatik, Kategorialgrammatik, Markiertheitstheorie, Relationale Grammatik; Relationale Typologie; Thema vs. Rhema, Topik vs. Prädikation; Topologie.

Hannes Scheutz, Dr., langjähriger Mitarbeiter am Institut für Deutsche Philologie (Universität München) im Bereich Germanistische Sprachwissenschaft, seit 1989 an der Universität Salzburg. – Einschlägige Publikation: Strukturen der Lautveränderung. Wien 1985.
Bearbeitete Bereiche: Sprachwandel, Soziolinguistik, Deutsche Dialekte.

Wolfgang Sternefeld, Dr., ist Wissenschaftlicher Angestellter in der Fachgruppe Sprachwissenschaft an der Universität Konstanz. – Einschlägige Publikation (in Zusammenarbeit mit A. v. Stechow): Bausteine syntaktischen Wissens. Ein Lehrbuch der generativen Grammtik. Opladen 1988.
Bearbeiteter Bereich: Transformationsgrammatik.

Wolf Thümmel, Prof. Dr., Fachbereich Historisch-Philologische Wissenschaft (Universität Göttingen).
Bearbeitete Bereiche: Phonetik, Schrift, Slawische Sprachen.

Hans Uszkoreit Prof. Dr., Lehrstuhl für Computerlinguistik (Universität des Saarlandes, Saarbrücken). - Einschlägige Publikationen: Word order and constituent structure in German. (CSLI Lecture Notes 8), Stanford, Ca. 1986. - From feature bundles to abstract data types: New directions in the representation and processing of linguistic knowledge. In: A. Blaser (ed.): Natural language on the computer. Berlin 1988.
Bearbeiteter Bereich: Unifikationsgrammatiken.

Ulrich Wandruszka, Prof. Dr., Lehrstuhl für Romanische Sprachwissenschaft (Universität Klagenfurt). - Einschlägige Publikationen: Probleme der neufranzösischen Wortbildung. Tübingen 1976. - Studien zur italienischen Wortstellung. Tübingen 1982. - U. W./O. Gsell: Der romanische Konjunktiv. In: PzL 41/2, 1989, S. 1-24.
Bearbeiteter Bereich: Romanische Sprachen.

Dietmar Zaefferer, Dr., Privatdozent, Oberassistent am Institut für Deutsche Philologie (Universität München) im Bereich Theoretische und Germanistische Sprachwissenschaft. - Einschlägige Publikation: Frageausdrücke und Fragen im Deutschen. Zu ihrer Syntax, Semantik und Pragmatik. München 1984.
Bearbeitete Bereiche: Pragmatik, Diskurssemantik.

HINWEISE ZUR BENUTZUNG DES LEXIKONS

I. Grundschema für den Artikelaufbau

Folgendes Aufbauschema liegt den einzelnen Artikeln zugrunde:

1. Die eckige Klammer unmittelbar nach dem fettgedruckten Stichwort enthält folgende Informationen:
   - In der Sprachwissenschaft übliche Abkürzungen für den Terminus, z.B. *IPA* für *Internationales Phonetisches Alphabet*.
   - Grammatische Besonderheiten, z.B. unregelmäßige Pluralbildung bei *Corpus*, Pl. *Corpora*.
   - Etymologische Angaben bei Lehn- und Fremdwörtern; diese Hinweise liefern keine exakte philologische Ableitung, sie dienen vielmehr dem intuitiven Verständnis der zugrundeliegenden Begriffsbildung bzw. haben mnemotechnischen Wert. Bei mehreren Stichwörtern mit gleichem Basiswort finden sich die etymologischen Hinweise nur beim ersten Eintrag, z.B. griech. *homos* ›gleich‹ für *Homographie, Homonymenflucht, Homonymie, Homophonie*.
   - Englischsprachige Entsprechungen; die engl. Terminologie ist nur dann aufgeführt, wenn keine Stammverwandtschaft mit dem dt. Ausdruck besteht wie z.B. bei *Kongruenz*, engl. *agreement*, nicht aber *Transformation*, engl. *transformation*.
2. Definierender/erläuternder Text: Unterschiedliche Lesarten eines Terminus sind durch (1), (2), (3) gekennzeichnet, verschiedene Beschreibungs- oder Gliederungsaspekte einer Lesart durch (a), (b), (c) bzw. (aa), (ab), (ac) markiert, vgl. → *Nebensatz*.
   - Bei Wiedererwähnung innerhalb des gleichen Artikels wird das Stichwort nur mit dem/den Anfangsbuchstaben abgekürzt; Flexionsmerkmale bleiben unberücksichtigt.

II. Bibliographische Angaben

Alle im Text vorkommenden Literaturhinweise sind im Anschluß an den Artikel unter »*Lit.:*« nachgewiesen. Gelegentlich wird – zur Vermeidung von Redundanz – auf Literaturangaben verzichtet und stattdessen auf einen übergreifenden Artikel mit ausführlichem Literaturverzeichnis verwiesen.
   - Die Bibliographien zentraler Artikel sind gegliedert nach Quellenschriften, Abhandlungen, Einführungen, Nachschlagewerken u.a.

- Innerhalb der einzelnen Gruppen sind die Titel in chronologischer Reihenfolge aufgeführt.
- Die Kennziffer in eckigen Klammern bezieht sich in der Regel auf das Datum der Erstausgabe des Titels, bei Übersetzungen auf das der Originalausgabe. – Soweit wie möglich wurden deutsche Übersetzungen bzw. bei einzelnen Aufsätzen Abdrucke in deutschsprachigen Sammelbänden aufgeführt. Zitiert wird im Text stets nach der zuletztgenannten Ausgabe.

III. Abkürzungen und Symbole

1. Alle nicht allgemein üblichen, im Text bzw. in sprachwissenschaftlicher Literatur verwendeten Abkürzungen finden sich im Abkürzungsverzeichnis S. 24 ff. Abgekürzte Bezeichnungen für Sprachen sind nur dann aufgenommen, wenn sie nicht regulär durch Ableitung auf *-isch* (wie *engl.* für *englisch)* gebildet sind, z.B. *frz.* für *französisch*.
2. Das Verzeichnis der Symbole (S. 18 ff.) bietet – gegliedert nach den Bereichen Sprachwissenschaft, Logik und Mengentheorie – eine Aufstellung aller im Text verwendeten Symbole, außerdem alternative Symbolkonventionen, Beispiele sowie Hinweise auf die entsprechenden Artikel, in denen diese Symbole erläutert bzw. verwendet werden.
3. Die in den Bibliographien verwendeten Abkürzungen für Zeitschriften (Verzeichnis S. 28–39) stützen sich im Prinzip auf die Praxis der »Bibliographie Linguistique«. Häufig zitierte Titel von Handbüchern, Sammelbänden, Festschriften oder Reihen sind ebenfalls in dieses Verzeichnis aufgenommen.

IV. Phonetische Transkription

Die phonetisch-phonologischen Umschriften der Beispiele basieren im wesentlichen auf dem »Internationalen Phonetischen Alphabet« (IPA) (wie es S. 22 f. abgedruckt ist). Je nach Argumentationszusammenhang wird eine »engere« oder »breitere« Transkription verwendet (→Lautschrift). Historische Beispiele sind – wenn keine genauere phonetisch-phonologische Differenzierung notwendig ist – in der in historischen Grammatiken üblichen (quasi-orthographischen) Weise wiedergegeben (→Zweite Lautverschiebung).

SYMBOLVERZEICHNIS

I. Sprachwissenschaft

<...> Spitze Klammern für orthographische Wiedergabe, z. B. <Wald>.

[...] Eckige Klammern für:

    1. phonetische Transkription, z. B. [valt^h] (→Lautschrift);

    2. →Merkmale, z. B. [+ nasal];

    3. →Dominanz(relation), z. B. [Art + N]$_{NP}$ ›NP dominiert Art + N‹ (→Strukturbaum);

    4. philologische Angaben zum Stichwort;

    5. Ersterscheinungsdatum bei bibliographischen Angaben.

/.../ Schrägstriche für phonologische Transkription, z. B.: /valt/.

{...} Geschweifte Klammern für:

    1. →Morpheme, z. B. {Praesens}, bzw. für Allomorphe, z. B. {valt-, veld-};

    2. alternative Regelanwendung (→Klammerkonvention);

    3. Zusammenfassung von Elementen einer →Menge z. B. M = {Singular, Plural, Dual}.

(...) Runde Klammern für fakulative Elemente, z. B.:
    NP →Art + (ADj)+N.

/ Alternative Ausdrücke: *Komm aber / doch / halt / schon her!*

+ Pluszeichen für:

    1. Wortbildungs- bzw. Morphemgrenzen, z. B. *Wald + Boden;*

    2. Verkettungszeichen, z. B. S →NP+VP (→Verkettung);

    3. positive Spezifikation bei Merkmalen, z. B. [+ nasal].

: Doppelpunkt für:

    1. Längen von Vokalen, z. B. [a:];

    2. Bezeichnung von →Oppositionen, z. B. [sth.] : [stl.].

* →Asterisk für:

    1. ungrammatischen, nicht akzeptablen Ausdruck, z. B. *du schlafen;*

    2. rekonstruierte, nicht belegte Form, z. B. ideur. **ghabh-,* Wurzel zu nhd. *geben.*

→ Einfacher Pfeil:

    1. ›Ausdruck wird zerlegt in...‹ (→Phrasenstrukturgrammatik);

    2. ›impliziert‹ (→Implikation).

⇒ Doppelter Pfeil: ›Ausdruck wird transformiert zu...‹ (→Transformation).

>   Rechtsgerichtete spitze Klammer:
>
>   1. ›wird zu‹, z. B. ahd. *scōno* > nhd. *schon*.
>
>   2. ›größer als‹.

<   Linksgerichtete spitze Klammer:

                1. ›entsteht aus‹, z. B. nhd. *schon* < ahd *scōno*.

                2. ›kleiner als‹.

\#   Grenzsymbol, z. B. # Satz #.

II. Logik

Zeichen:	Alternative Notationen:	Bezeichnung	Zu lesen als:	Erläuterung unter:
$<$	&	Konjunktion	›und‹	→Konjunktion (3)
$>$	$\curlyvee$, #	Disjunktion	›oder‹	→Disjunktion
$\uparrow$	$\Rightarrow$, $\supset$, $\curlywedge$	Materiale Implikation	›wenn, dann‹	→Implikation (a)
$\updownarrow$	$\Leftrightarrow$, $\equiv$	Äquivalenz	›genau dann, wenn‹	→Äquivalenz
Γ	$\sim$, $^-$	Negation	›nicht‹	→Negation (1)
$\perp$	$\models$	Logische/ Strikte Implikation	›aus . . . folgt‹	→Implikation (b), (c)
$>$	$\exists$, (E . . .)	Existenzoperator	›es gibt mindestens ein Element x, für das gilt‹	→Operator (a)
$<$	$\forall$ (. . .)	Alloperator	›für alle x gilt‹	→Operator (b)
$\llcorner$	i	Jotaoperator	›dasjenige Element x, für das gilt‹	→Operator (c)
$\curlywedge$	λ	Lambdaoperator	›diejenigen x, für die gilt‹	→Operator (d)
$\square$	N	Notwendigkeitsoperator	›es ist notwendig, daß‹	→Implikation (c)
$\diamond$	P	Möglichkeitsoperator	›es ist möglich, daß‹	→Modallogik

III. Mengentheorie

Zeichen:	Alternative Notationen:	Bezeichnung	Zu lesen als:	Erläuterung unter:
$\{a_1, a_2\}$		Zusammenfassung der Elemente a_1, a_2 zu einer Menge M		→Menge
∅		Nullmenge	›leere Menge‹	→Menge (b)
ε		Elementbeziehung	›ist Element von‹	→Menge
∉			›ist nicht Element von‹	→Menge (h)
∩		Durchschnittsmenge	›geschnitten mit‹	→Menge (i)
−		Differenzmenge	›minus‹	→Menge (j)
⊂		Teilmenge	›ist enthalten in‹	→Menge (k)
∁		Komplementmenge	›ist K. von‹	→Menge (g)
∪		Vereinigungsmenge	›vereinigt mit‹	→Menge (l)
P		Potenzmenge	›Menge aller Teilmengen‹	→Menge (l)
X		Produktmenge	›Menge der geordneten Paare‹	→Menge (n)
Card		Kardinalzahl	›Anzahl der Elemente einer Menge‹	→Kardinalzahl

The International Phonetic Alphabet

(Revised to 1979)

	Bilabial	Labiodental	Dental, alveolar, or Post-alveolar	Retroflex	Palato-alveolar	Palatal	Velar	Uvular	Labial-Palatal	Labial-Velar	Pharyngeal	Glottal
Nasal	m	ɱ	n	ɳ		ɲ	ŋ	ɴ				
Plosive	p b		t d	ʈ ɖ		c ɟ	k g	q ɢ		k͡p g͡b		ʔ
(Median) Fricative	ɸ β	f v	θ ð s z	ʂ ʐ	ʃ ʒ	ç ʝ	x ɣ	χ ʁ			ħ ʕ	h ɦ
(Median) Approximant		ʋ	ɹ	ɻ		j	ɰ		ɥ	w		
Lateral Fricative			ɬ ɮ									
Lateral (Approximant)			l	ɭ		ʎ						
Trill			r					ʀ				
Tap or Flap			ɾ	ɽ				ʁ				
Ejective	p'		t'				k'					
Implosive	ɓ		ɗ				ɠ					
(Median) Click	ʘ		ʇ									
Lateral Click			ʖ									

pulmonic air-stream mechanism (Nasal, Plosive, Fricative, Approximant, Lateral, Trill, Tap)
non-pulmonic air-stream (Ejective, Implosive, Click)

CONSONANTS

DIACRITICS

○ Voiceless n̥ d̥
ˬ Voiced s̬ ţ
ʰ Aspirated tʰ
ʱ Breathy-voiced b̤ a̤
˷ Dental t̪
ˌ Labialized t̫
ʲ Palatalized t̡
˞ Velarized or Pharyngealized ɫ, l
ˌ Syllabic n̩ l̩
⌣ or ͡ Simultaneous ʃ and x (but see also under the heading Affricates)

ˈ or ˔ Raised e̝, ẹ, e̥ w
ˈ or ˕ Lowered ẹ, ẹ, e̞ ʁ
or ˖ Advanced u̟, ʉ
or ˗ Retracted i̠, i̠, t̠
¨ Centralized ë
˜ Nasalized ã
ˌ, ˌ, ˞ r-coloured a˞
ː Long aː
ˑ Half-long aˑ
˘ Non-syllabic ŭ
˒ More rounded ɔ̹
˓ Less rounded y̜

OTHER SYMBOLS

ɕ, ʑ Alveolo-palatal fricatives
ʃ, ʒ Palatalized ʃ, ʒ
ɹ Alveolar fricative trill
ɺ Alveolar lateral flap
ɧ Simultaneous ʃ and x
ʪ Variety of ʃ resembling s, etc.

ɪ = ɩ
ʊ = ɷ
ɘ = Variety of ə
ɚ = r-coloured ə

VOWELS

	Front		Back
Close	i ɨ		ɯ
Half-close	e ɘ		ɤ
Half-open	ɛ ɜ		ʌ
Open	æ a		ɑ
		Unrounded	

	Front		Back
Close	y ʉ		u
Half-close	ø ɵ		o
Half-open	œ ɞ		ɔ
Open	ɶ		ɒ
		Rounded	

STRESS, TONE (PITCH)

ˈ stress, placed at beginning of stressed syllable:
ˌ secondary stress: ˉ high level pitch, high tone:
ˍ low level: ˊ high rising:
ˏ low rising: ˋ high falling:
ˎ low falling: ˆ rise-fall:
ˇ fall-rise.

AFFRICATES can be written as digraphs, as ligatures, or with slur marks; thus ts, tʃ, dʒ: ʦ tʃ dʒ: t͡s t͡ʃ d͡ʒ

c, ɟ may occasionally be used for tʃ, dʒ

VERZEICHNIS DER ABKÜRZUNGEN IM TEXT

AAP	→A-über-A-Prinzip
AcI	*Accusativus cum Infinitivo* (lat.)
Adj	Adjektiv
Adv	Adverb
ADVB	Adverbiale
ags.	angelsächsisch
ahd.	althochdeutsch
AI	*Artificial Intelligence* (engl.) →Künstliche Intelligenz
alts.	altsächsisch
amerik.	amerikanisch
API	*Alphabet/Association Phonétique Internationale* (frz.) →Lautschrift
ASL	*American Sign Language* (engl.) →Gebärdensprache
Aux	Auxiliarkomplex
BAG	*Bay Area Grammar* (engl.) →Unifikationsgrammatik
C	*Common (noun)* (engl.) →Kategorialgrammatik
CAP	*Control Agreement Principle* (engl.) → Generalized Phrase Structure Grammar
CD	*Communicative Dynamism* (engl.) →Thema-Rhema-Gliederung
chin.	chinesisch
CUG	→Categorial Unification Grammar
Dat.	Dativ
DET	Determinator →Artikel
dt.	deutsch
e	*empty* (engl.) →Spurentheorie
E	Ergänzungen
ECM	*Empty Category Principle* (engl.) →ECM
ECP	*Exceptional Case Marking* (engl.) →ECP
EST	*Extended Standard Theory* (engl.) →Transformationsgrammatik
FFP	*Foot Feature Principle* (engl.) →Generalized Phrase Structure Grammar
fem.	femininum
frnhd.	frühneuhochdeutsch
frz.	französisch
FSP	Funktionale Satzperspektive
FUG	→Functional Unification Grammar
Fut.	Futur
g.d.w.	genau dann, wenn
gem.slaw.	gemeinslawisch
Gen.	Genitiv

germ.	germanisch
ggf.	gegebenenfalls
GPSG	→Generalized Phrase Structure Grammar (engl.)
gramm.	grammatisch
GTG	Generative Transformationsgrammatik
hdt.	hochdeutsch
hebr.	hebräisch
HFC	*Head Feature Convention* (engl.) →Generalized Phrase Structure Grammar
HPSG	→Head-Driven Phrase Structure Grammar
IA	*Item-and-Arrangement-Grammar* (engl.)
IC	*Immediate Constituents* (engl.) →Konstituentenanalyse
ID	*Immediate Dominance* (engl.) →ID/LP-Format
ideur.	indoeuropäisch
idgerm.	indogermanisch
i.d.R.	in der Regel
i.e.S.	im engen Sinne
IP	*Linear Precedence* (engl.) →ID/LP-Format
IPA	Internationales Phonetisches Alphabet, Lautschrift
IPG	*Item-and-Process-Grammar* (engl.)
ital.	italienisch
i.w.S.	im weiten Sinne
Jh.	Jahrhundert
Jt.	Jahrtausend
K	Konsonant
KG	→Kategorialgrammatik
KI	Künstliche Intelligenz
Konj.	Konjunktiv
KS	Konstituentenstruktur, →Phrasenstruktur
LAD	*Language Acquisition Device* (engl.) →Spracherwerbsmechanismus
lat.	lateinisch
LDV	Linguistische Datenverarbeitung
LFG	→Lexical Functional Grammar (engl.)
Lit.	Literatur
LRS	Lese- und Rechtschreibschwäche, →Legasthenie
LUG	*Lexical Unification Grammar* (engl.) →Disjunktion
ma.	mittelalterlich
mask.	maskulinum
mengl.	mittelenglisch
mhd.	mittelhochdeutsch
mnd.	mittelniederdeutsch
N	Nomen
n.Chr.	nach Christus
ndl.	niederländisch
ndt.	niederdeutsch
neutr.	neutrum

NGG	Natürliche Generative Grammatik
nhd.	neuhochdeutsch
nlat.	neulateinisch
Nom.	Nominativ
NP	Nominalphrase
obdt.	oberdeutsch
ostmdt.	ostmitteldeutsch
Part.	Partizip
PATR	*Parsing and Translation* (engl.) →PATR
Perf.	Perfekt
Pers.	Person
PIC	*Propositional Island-Constraint* (engl.) →Beschränkungen
Pl.	Plural
PP	Präpositionalphrase
Präp.	Präposition
Präs.	Präsens
Prät.	Präteritum
PRO	›leere NP‹, →Bindungstheorie
provenç.	provençalisch
PS	Phrasenstruktur
PSG	Phrasenstrukturgrammatik
PTQ	*Proper Treatment of Quantification* (engl.) →Montague-Grammatik
REST	*Revised Extended Standard Theory* (engl.) →Transformationsgrammatik
S	Satz
SAE	*Standard Average European* (engl.)
SB	Strukturbeschreibung, →Transformation
schw.V.	schwaches Verb
Sg.	Singular
Skr.	Sanskrit
SOV	Subjekt-Objekt-Verb
Sprachwiss.	Sprachwissenschaft
SR	Stimulus-Response(-Modell)
SSC	*Specified-Subject-Condition* (engl.)
ST	*Standard Theory* (engl.) →Aspekte-Modell
sth.	stimmhaft
stl.	stimmlos
st.V.	starkes Verb
SV	Strukturveränderung, →Transformation
SVO	Subjekt-Verb-Objekt
t	*trace* (engl.) →Spurentheorie
TAG	*Tree-Adjoining Grammar* (engl.) →Unifikationsgrammatik
TC	*Topic/Comment* (engl.) →Thema-Rhema-Gliederung
TG	Transformationsgrammatik
TTR	*Type-Token-Relation* (engl.)

TUG	*Tree-Unification Grammar* (engl.) →Unifikations-grammatik
UCG	*Unification Categorial Grammar* (engl.) →Categorial Unification Grammar
UG	Universalgrammatik, →Montague-Grammatik
V	Verb
v.Chr.	vor Christus
vlat.	vulgärlateinisch
VP.	Verbalphrase
vs.	*versus* (lat.) ›gegen‹
Wiss., wiss.	Wissenschaft(en), wissenschaftlich

ABKÜRZUNGEN IN DEN BIBLIOGRAPHIEN

AAWG	Abhandlungen der Akademie der Wissenschaften in Göttingen. Philologisch-historische Klasse. Göttingen.
AAWL	Abhandlungen der Akademie der Wissenschaften und der Literatur in Mainz, Geistes- und sozialwissenschaftliche Klasse. Wiesbaden.
ABäG	Amsterdamer Beiträge zur älteren Germanistik. Amsterdam.
ABAW	Abhandlungen der Bayerischen Akademie der Wissenschaften, Philologisch-historische Klasse. München.
ABg	Archiv für Begriffsgeschichte. Bausteine zu einem historischen Wörterbuch der Philosophie. Bonn.
ABS	Arbeitsgemeinschaft Bielefelder Soziologen.
ACL	Amsterdam Classics in Linguistics. Amsterdam.
AI	Artificial Intelligence. Amsterdam.
AJPh	American Journal of Philology. Baltimore.
AJCL	American Journal of Computational Linguistics. Arlington.
AJS	The American Journal of Sociology. Chicago.
AKUP	Arbeiten des Kölner Universalienprojekts. Köln.
AL	Acta Linguistica Hajniensia. International Journal of General Linguistics. Kopenhagen.
ALH	Acta Linguistica Academiae Scientiarum Hungaricae. Budapest.
AmA	American Anthropologist. Menasha, Wisc.
Anglia	Anglia. Zeitschrift für Englische Philologie. Halle/Saale, ab 1945 Tübingen.
AnL	Anthropological Linguistics. Bloomington, Ind.
Anthropos	Anthropos. Revue internationale d'ethnologie et de linguistique. Internationale Zeitschrift für Völker- und Sprachenkunde. St. Augustin.
AP	American Psychologist. Washington.
APhF	Acta Philosophica Fennica. Helsinki.
ArchL	Archivum Linguisticum. A review of comparative philology and general linguistics. Neue Serie. Menston, Yorks.
ARIPUC	Annual Report of the Institute of Phonetics of the University of Copenhagen. Kopenhagen.
AS	American Speech. New York.
ASNS	Archiv für das Studium der neueren Sprachen und Literaturen. Braunschweig, ab 1979 Berlin.
ASR	American Sociological Review. Washington.
ASt	Amsterdam Studies in the Theory and History of Linguistic Science. Amsterdam.

AUMLA	AUMLA. Journal of the Australian Universities Language and Literature Association. Christchurch, N.Z.
BCILA	Bulletin CILA. Organe de la Commission Interuniversitaire Suisse de Linguistique Appliquée. Neuchâtel.
BfD	Blätter für den Deutschlehrer. Frankfurt.
BFon	Biuletyn Fonograficzny / Bulletin phonographique. Posen.
BL	Bibliographie Linguistique. Publiée par le Comité International Permanent des Linguistes. Utrecht.
BLI	Beiträge zur Linguistik und Informationsverarbeitung. München.
BNF	Beiträge zur Namenforschung. Neue Folge. Heidelberg.
BPhon	Bibliotheka Phonetica. Basel.
BRPh	Beiträge zur Romanischen Philologie. Berlin.
BSL	Bulletin de la Sociéte de Linguistique de Paris. Paris.
CFS	Cahiers Ferdinand de Saussure. Genf.
ChD	Child Development. Washington, später Chicago.
CLex	Cahiers de Lexicologie. Paris.
CLO	Cahiers Linguistique d'Ottawa. Ottawa.
COLING	Proceedings ot the International Conference on Computational Linguistics (Coling).
CSLE	Commentationes Societatis Linguisticae Europaeae. München.
CSLI	Center for the Study of Language and Information. Stanford, Ca.
CTL	Current Trends in Linguistics. (Ed. TH. A. SEBEOK). The Hague.
D	Deutschunterricht. Zeitschrift für Erziehungs- und Bildungsaufgaben des Deutschunterrichts. Berlin/Ost.
DaF	Deutsch als Fremdsprache. Leipzig.
DD	Diskussion Deutsch. Zeitschrift für Deutschlehrer aller Schulformen in Ausbildung und Praxis. Frankfurt.
DDG	Deutsche Dialektgeographie. Marburg.
DFG	Deutsche Forschungsgemeinschaft.
DP	Discourse Processes. Norwood.
DRLAV	Documentation et Recherche en Linguistique Allemande contemporaine Vincennes. Paris.
DSA	Deutscher Sprachatlas. Marburg 1927–1956.
DSp	Deutsche Sprache. Zeitschrift für Theorie, Praxis, Dokumentation. München.
dst	deutsche studien. Vierteljahresheft. Lüneburg.
DU	Der Deutschunterricht. Beiträge zu seiner Praxis und wissenschaftlichen Grundlegung. Stuttgart.
DVLG	Deutsche Vierteljahrsschrift für Literaturwissen-

	schaft und Geistesgeschichte. Halle, später Stuttgart.
DWA	Deutscher Wortatlas. Gießen.
DZPh	Deutsche Zeitschrift für Philosophie. Berlin.
ed., eds.	Herausgeber.
EGerm	Études Germaniques. Revue trimestrielle de la Société des Études Germaniques. Paris.
EL	An Encyclopaedia of Language. N. E. COLLINGE (ed.) London 1990.
ELA	Études de Linguistiques Appliqués. Paris.
EM	Ergebnisse und Methoden der modernen Sprachwissenschaft. Tübingen.
ES	English Studies. A Journal of English Letters and Philology. Amsterdam.
Euphorion	Euphorion. Zeitschrift für Literaturgeschichte. Heidelberg.
FIPKM	Forschungsbericht des Instituts für Phonetik und sprachliche Kommunikation. München.
FKP-F	Forschungsberichte des Instituts für Kommunikationsforschung und Phonetik der Universität Bonn. Bonn.
FL	Foundations of Language. International Journal of Language and Philosophy. Dordrecht.
FM	Le Français Moderne. Paris.
FMLS	Forum for Modern Language Studies. St. Andrews.
FoL	Folia Linguistica. Acta Societatis Linguisticae Europaeae. The Hague.
FolH	Folia Linguistica Historica. Acta Societatis Linguisticae Europaeae. The Hague.
FS	Festschrift.
Germania	Germania. Neues Jahrbuch der Berlinischen Gesellschaft für Deutsche Sprache und Altertumskunde. Berlin.
Germanistik	Germanistik. Internationales Referatenorgan mit bibliographischen Hinweisen. Tübingen.
GermL	Germanistische Linguistik. Berichte aus dem Forschungsinstitut für deutsche Sprache Marburg. Hildesheim.
GJP	German Journal of Psychology. Toronto.
GL	General Linguistics. University Park, Pennsylvania.
Glossa	Glossa. A Journal of Linguistics. Burnaby, B.C.
GQ	The German Quarterly. Appleton, Wisc.
GR	The Germanic Review. New York.
GrLS	Grazer Linguistische Studien. Graz.
GRM	Germanisch-Romanische Monatsschrift. Heidelberg.
GUM	Georgetown University Monographies on Language and Linguistics. Washington.

GUP	Georgetown University Papers on Language and Linguistics. Washington.
GURT	Georgetown University Round Table of Language and Linguistics. Washington.
HL	Historiographia Linguistica. International Journal for the History of Linguistics. Amsterdam.
HPB	Hamburger Phonetik Beiträge (= Beiträge zur Phonetik und Linguistik). Hamburg.
HSK	Handbücher zur Sprach-und Kommunikationswissenschaft. Mitbegr. v. G. UNGEHEUER. Ed. v. H. STEGER u. H. E. WIEGAND. Berlin:
HSK1	Dialektologie. Ed. v. W. BESCH, U. KNOOP, W. PUSCHKE u. H. E. WIEGAND. 2 Bde. 1982/1983.
HSK2	Sprachgeschichte. Ed. v. W. BESCH, O. REICHMANN u. S. SONDEREGGER. 2 Bde. 1984/1985.
HSK3	Soziolinguistik. Ed. v. U. AMMON, N. DITTMAR u. K. J. MATTHEIER. 2 Bde. 1987/1988.
HSK4	Computerlinguistik. Ed. v. I. S. BÁTORI, W. LENDERS u. W. PUTSCHKE. 1989.
HSK5	Wörterbücher. Ed. v. F. J. HAUSMANN u.a. Bd. 1. 1989.
HSS	Historischer Südwestdeutscher Sprachatlas. München.
IBS	Innsbrucker Beiträge zur Sprachwissenschaft. Innsbruck.
IC	Information and Control. New York.
IdS	Forschungsberichte des Instituts für deutsche Sprache. Mannheim.
IF	Indogermanische Forschungen. Zeitschrift für Indogermanistik und allgemeine Sprachwissenschaft. Berlin.
IJ	Indogermanisches Jahrbuch. Berlin.
IJAL	International Journal of American Linguistics. Chicago.
IJPs	International Journal of Psycholinguistics. The Hague.
IJSL	International Journal of the Sociology of Language. The Hague.
IKP-F	Forschungsberichte des Instituts für Kommunikationsforschung und Phonetik der Universität Bonn. Hamburg.
IRAL	IRAL. International Review of Applied Linguistics in Language Teaching. Internationale Zeitschrift für Angewandte Linguistik in der Spracherziehung. Heidelberg.
IULC	Indiana University Linguistic Club. Bloomington.
i.V.	In Vorbereitung.
IZAS	Internationale Zeitschrift für Allgemeine Sprachwissenschaft. Leipzig.
J	Journal.

JASA	Journal of the Acoustic Society of America.
Jb	Jahrbuch.
JbIG	Jahrbuch für Internationale Germanistik. Frankfurt.
JCD	Journal of Communication Disorders. Amsterdam.
JEGP	The Journal of English and Germanic Philology. Urbany.
JEL	Journal of English Linguistic. Bellingham, Wash.
JeP	Journal of Experimental Psychology. Washington.
JIdS	Jahrbuch des Instituts für Deutsche Sprache. Düsseldorf.
JIES	The Journal of Indo-European Studies. Hattiesburg, Miss.
JL	Journal of Linguistics. Oxford.
JLM	Journal of Memory and Language.
JLSP	Journal of Language and Social Psychology.
JPh	The Journal of Philosophy. New York.
JPhon	Journal of Phonetics. London, New York.
JPL	The Journal of Philosophical Logic. Toronto, Dordrecht.
JPr	Journal of Pragmatics. An interdisciplinary Quarterly of Language Studies. Amsterdam.
JPR	Journal of Pycholinguistic Research. New York.
JPSP	Journal of Personality and Social Psychology. Lancaster, Wash.
JPsyR	Journal of Psycholinguistic Research. New York.
JS	Journal of Semantics. Nijmegen.
JSHD	Journal of Speech and Hearing Disorders. Washington.
JSHR	Journal of Speech and Hearing Research. Washington.
JSL	Journal of Symbolic Logic. New York.
JVLVB	Journal of Verbal Learning and Verbal Behavior. New York.
KBGL	Kopenhagener Beiträge zur Germanistischen Linguistik. Kopenhagen.
KLAGE	KLAGE. Kölner Linguistische Arbeiten Germanistik. Köln.
Kratylos	Kratylos. Kritisches Berichts- und Rezensionsorgan für indogermanische und allgemeine Sprachwissenschaft. Wiesbaden.
KZ	Zeitschrift für vergleichende Sprachforschung auf dem Gebiete der indogermanischen Sprachen, begründet von A. KUHN. Göttingen. (Auch: ZVS).
LAB	Linguistische Arbeiten und Berichte. Berlin.
LABer	Linguistische Arbeitsberichte. Leipzig.
LACUS	Lacus forum. Linguistic Association of Canada and the United States. Columbia, S.C.
LAn	Linguistic Analysis. New York.

Langages	Langages. Paris.
LaPh	Linguistics and Philosophy. Dordrecht.
LaS	Language and Style. Carbondale, Ill.
L.A.U.T.	Linguistic Agency at the University of Trier. Trier.
LB	Leuvense Bijdragen. Tijdschrift voor Germaanse Filologie. Leuven.
LBer	Linguistische Berichte. Braunschweig.
LBer-Papiere	Linguistische Berichte – Papiere. Braunschweig.
LCS	Linguistics: The Cambridge Survey. Ed. von F. NEWMEYER. 4 Bde. Cambridge. 1988.
LeSt	Lingua e Stile. Bologna.
LF	Linguistische Forschungen. Wiesbaden.
LFr	Langue Française. Paris.
Lg	Language. Journal of the Linguistic Society of America. Baltimore.
LGL	Lexikon der Germanistischen Linguistik. Herausgegeben von H. P. ALTHAUS/H. HENNE/H. E. WIEGAND. 2., vollständig neu bearbeitete und erweiterte Auflage. Tübingen 1980. (1. Auflage 1973).
LiLi	LiLi. Zeitschrift für Literaturwissenschaft und Linguistik. Göttingen.
LIn	Linguistic Inquiry. Cambridge, Mass.
Ling	Linguistica. Ljubljana.
Lingua	Lingua. International Review of General Linguistics. Amsterdam.
Linguistics	Linguistics. An international review. The Hague.
Linguistique	La Linguistique. Revue internationale de linguistique générale. Paris.
LiS	Language in Society. London.
LK	Linguistisches Kolloquium. Tübingen.
LL	Language Learning. Ann Arbor.
LLC	Literary and Linguistic Computing. Oxford.
LM	Les Langues modernes. Révue et bulletin de l'Association des Professeurs de Langues vivantes de l'Enseignement Public. Paris.
LRev	The Linguistic Review. Dordrecht.
LSt	Linguistische Studien (Akademie der Wiss. der DDR). Berlin.
LuD	Linguistik und Didaktik. München.
MCD	Monographs of the Society for Research in Child Development.
MDGV	Mitteilungen des Deutschen Germanistenverbandes. Frankfurt.
MGB	Münchner Germanistische Beiträge. München.
Mind	Mind. A Quarterly Review of Psychology and Philosophy. Oxford.
MIT	Massachusetts Institute of Technology. Boston.
ML	Modern Languages. London.

MLJ	The Modern Language Journal. Ann Arbor.
MLN	Modern Language Notes. Baltimore.
MLQ	Modern Language Quarterly. Seattle.
MLR	The Modern Language Review. Cambridge.
Monatshefte	Monatshefte für den Deutschen Unterricht. Madison, Wisc.
MPh	Modern Philology. Chicago.
MPL	Münchner Papiere zur Linguistik. München.
MSpråk	Moderna Språk, Stockholm.
MSS	Münchner Studien zur Sprachwissenschaft. München.
Mu	Muttersprache. Zeitschrift zur Pflege und Erforschung der deutschen Sprache. Wiesbaden.
Names	Names. Journal of the American Name Society. Potsdam, N.Y.
NJb	Niederdeutsches Jahrbuch. Neumünster.
NLLT	Natural Language and Linguistic Theory.
ND	Nachrichten für Dokumentation. Frankfurt.
NdK	Korrespondenzblatt des Vereins für niederländische Sprachforschung. Neumünster.
NdM	Niederdeutsche Mitteilungen. Lund.
NMWP	Neusprachliche Mitteilungen aus Wissenschaft und Praxis. Berlin.
NPh	Neophilologus. Groningen.
NPhM	Neuphilologische Mitteilungen. Helsinki.
NS	Die Neueren Sprachen. Frankfurt.
Nusa	Nusa. Linguistic Studies in Indonesian and Languages in Indonesia. Jakarta.
OBST	Osnabrücker Beiträge zur Sprachtheorie. Osnabrück.
Onoma	Onoma. Bibliographical and Information Bulletin. Leuven.
Orbis	Orbis. Bulletin international de documentation linguistique. Louvain.
PACL	Proceedings of the Annual Meeting of the Association for Computational Linguistics.
PADS	Publications of the American Dialect Society. University of Alabama.
PAMPLC	Proceedings of the nth Annual Meeting of the Pacific Linguistics Conference. Eugene, Or.
PAusL	Papers in Australian Linguistics. Canberra.
PBA	Proceedings of the British Academy. London.
PBB	Beiträge zur Geschichte der deutschen Sprache und Literatur, begründet von H. PAUL und W. BRAUNE. (H) Halle; (T) Tübingen.
PBLS	Proceedings of the nth Annual Meeting of the Berkeley Linguistic Society. Berkeley.
PBML	The Prague Bulletin of Mathematical Linguistics. Prag.

PCLS	Papers from the nth Regional Meeting of the Chicago Linguistic Society. Chicago.
PD	Praxis Deutsch. Velber.
PHaPhR	Philosophy and Phenomenological Research. Buffalo.
PhilR	Philosophical Review
Phonetica	Phonetica. Journal of the International Society of Phonetic Sciences. Basel.
Ph	Philologica Pragensia. Prag.
PhQ	Philological Quarterly. Iowa City.
PhR	Philosophische Rundschau. Tübingen.
PhS	Philosophical Studies. An International Journal for Philosophy in the Analytical Tradition. Dordrecht.
PHY	Phonology Yearbook. Cambridge.
Pil	Papers in Linguistics. Edmonton, Alberta.
PJL	Philippine Journal of Linguistics. Quezon City.
PL	Pacific Linguistics. Canberra.
PMLA	Publications of the Modern Language Association of America. New York.
PNGL	Papers in New Guinea Linguistics. Canberra.
Poetica	Poetica. Zeitschrift für Sprach- und Literaturwissenschaft. München.
Poetics	Poetics. International Review for the Theory of Literature. Amsterdam.
Poétique	Poétique. Revue de théory et d'analyse littéraires. Paris.
PPhilL	Papers in Philippine Linguistics. Canberra.
PPL	Präsuppositionen in Philosophie und Linguistik. (Eds. J. S. PETÖFI/D. FRANCK) Frankfurt 1973.
PQ	The Philosophical Quarterly. St. Andrews.
PR	Psychological Review. Washington.
Praxis	Praxis des neusprachlichen Unterrichts. Dortmund.
PRev	The Philosophical Review. Ithaca, N.Y.
PscCl	Papers from the nth Scandinavian Conference of Linguistics.
PSCL	Papers and Studies in Contrastive Linguistics. Posen.
PSML	Prague Studies in Mathematical Linguistics. Prag.
PzL	Papiere zur Linguistik. Tübingen. (Fortsetzung von MPL).
PzT	Papiere zur Textlinguistik. Hamburg.
QJSp	The Quarterly Journal of Speech. New York.
RES	The Review of English Studies. London.
RF	Romanische Forschungen. Vierteljahresschrift für romanische Sprachen und Literaturen. Frankfurt.
RILG	Revue Internationale de Lexicologie Générale. Paris. (Fortsetzung von Clex).
RJb	Romanistisches Jahrbuch. Hamburg.

RLG	Revue de Linguistique Générale. Genf. (Fortsetzung von CFS).
RLing	Russian Linguistics. International Journal for the Study of the Russian Language. Dordrecht.
RLiR	Revue de Linguistique Romane, publiée par la Société de Linguistique Romane.
Romania	Romania. Paris.
RomPh	Romance Philology. Berkeley.
SbBAW	Sitzungsberichte der Bayerischen Akademie der Wissenschaften, Philosophisch-historische Klasse. München.
SbDAW	Sitzungsberichte der Deutschen Akademie der Wissenschaften zu Berlin, Klasse für Sprache, Literatur und Kunst. Berlin.
SBL	Salzburger Beiträge zur Linguistik. Tübingen.
SbÖAW	Sitzungsberichte der Österreichischen Akademie der Wissenschaften, Philosophisch-historische Klasse. Wien.
SbSAW	Sitzungsberichte der Sächsischen Akademie der Wissenschaften zu Leipzig, Philologisch-historische Klasse. Berlin.
SdG	Sprache der Gegenwart. Düsseldorf.
Semasia	Semasia. Beiträge zur germanisch-romanischen Sprachforschung. Amsterdam.
Semiotica	Semiotica. Revue publiée par l'Association internationale de Sémiotique/Journal of the International Association for Semiotic Studies. The Hague.
SG	Studia Grammatica. Berlin.
SiL	Studies in Linguistics. Dallas, Texas.
SL	Studia Linguistica. Revue de Linguistique Générale et Comparée. Lund.
SLANG	Studies in Language. Amsterdam.
SMIL	Statistical Methods in Linguistics. Stockholm.
SNe	Sociolinguistics Newsletter. Missoula, Montana.
SNPh	Studia Neophilologica. A Journal of Germanic and Romanic Philology. Stockholm.
SP	Soviet Psychology. A Journal of Translations. New York.
SpD	Sprache und Datenverarbeitung. Saarbrücken.
Speculum	Speculum. A Journal of Mediaeval Studies. Cambridge, Mass.
Sprachd	Sprachdienst. Herausgegeben von der Gesellschaft für deutsche Sprache. Wiesbaden.
Sprache	Die Sprache (mit Beiheft). Zeitschrift für Sprachwissenschaft. Wien.
Sprachforum	Sprachforum. Zeitschrift für Angewandte Sprachwissenschaft. Bonn.
Sprachw	Sprachwissenschaft. Heidelberg.

SRI	SRI-International: Stanford Research Institute (früher: Stanford Research Center).
StG	Studium Generale. Heidelberg.
StL	Studium Linguistik. Kronberg.
STZ	Sprache im Technischen Zeitalter. Stuttgart.
SuS	Sprache und Sprechen. Beiträge zur Sprechwissenschaft und Sprecherziehung. Ratingen.
SW	Soziale Welt. Zeitschrift für Wissenschaft und Praxis des sozialen Lebens. Göttingen.
Synthese	Synthese. An international Journal of Epistemology, Methodology and Philosophy of Science. Dordrecht.
TCLC	Travaux du Cercle Linguistique de Copenhague. Kopenhagen.
TCLP	Travaux du Cercle Linguistique de Prague. Prag. (später: TLP).
TESOL	Teachers of English to Speakers of Other Languages Quarterly. Washington.
TIPS	Travaux de l'Institut de Phonétique de l'Université de Strasbourg. Straßburg.
TL	Theoretical Linguistics. Berlin, New York.
TLL	Travaux de Linguistique et de Littérature. Straßburg.
TLP	Travaux Linguistique de Prague. (Fortsetzung von TCLP).
TPhS	Transactions of the Philological Society. Oxford.
UCPL	University of California Publications in Linguistics. Berkeley.
UCPPh	University of California Publications in Philosophy. Berkeley.
VR	Vox Romanica. Bern.
WB	Weimarer Beiträge. Weimar.
WdF	Wege der Forschung. Darmstadt.
WiP	Work in Progress and Publications. Birmingham.
WLG	Wiener Linguistische Gazette. Wien.
WML	The World's Major Languages. Ed. B. Comrie. London 1987.
Word	Word. Journal of the international Linguistic Association. New York.
WPBil	Working Papers on Bilingualism. Toronto.
WPLMi	Minnesota Working Papers in Linguistics and Philosophy of Language. Minneapolis.
WPLO	Working Papers in Linguistics. Department of Linguistics. Ohio State University. Columbus.
WPSS	Working Papers in Scandinavian Syntax.
WPTI	Working Papers des Tillmann Instituts. München.
W Sprachbl	Wiener Sprachblätter. Mitteilungen des Vereins für Muttersprache. Wien.
WUCB	Working Papers University of California. Berkeley.

WuS	Wörter und Sachen. Kulturhistorische Zeitschrift für Sprach- und Sachforschung. Heidelberg.
WuW	Wort und Wahrheit. Freiburg.
WW	Wirkendes Wort. Deutsches Sprachschaffen in Lehre und Leben. Düsseldorf.
WZUB	Wissenschaftliche Zeitschrift der Humboldt-Universität Berlin. Gesellschafts- und sprachwissenschaftliche Reihe. Berlin.
WZUG	Wissenschaftliche Zeitschrift der Ernst-Moritz-Arndt Universität Greifswald. Gesellschafts- und sprachwissenschaftliche Reihe. Greifswald.
WZUH	Wissenschaftliche Zeitschrift der Martin-Luther Universität, Halle-Wittenberg. Gesellschafts- und sprachwissenschaftliche Reihe. Halle.
WZUJ	Wissenschaftliche Zeitschrift der Friedrich-Schiller Universität Jena. Jena.
WZUL	Wissenschaftliche Zeitschrift der Karl-Marx-Universität Leipzig. Leipzig.
WZUR	Wissenschaftliche Zeitschrift der Universität Rostock. Gesellschafts- und sprachwissenschaftliche Reihe. Rostock.
YWMLS	The Year's Work in Modern Language Studies. Cambridge.
ZAA	Zeitschrift für Anglistik und Amerikanistik. Berlin.
ZADS	Zeitschrift des Allgemeinen Deutschen Sprachvereins. Braunschweig.
ZASB	Zentralasiatische Studien des Seminars für Sprache und Kulturwissenschaft Zentralasiens der Universität Bonn. Wiesbaden.
ZCPh	Zeitschrift für Celtische Philologie. Tübingen.
ZD	Zielsprache Deutsch. Zeitschrift für Unterrichtsmethodik und angewandte Sprachwissenschaft. München.
ZDA	Zeitschrift für deutsches Altertum und deutsche Literatur. Wiesbaden.
ZDL	Zeitschrift für Dialektologie und Linguistik. Wiesbaden.
ZDPh	Zeitschrift für deutsche Philologie. Berlin.
ZDS	Zeitschrift für deutsche Sprache. Berlin.
ZDU	Zeitschrift für den deutschen Unterricht. Leipzig.
ZDW	Zeitschrift für deutsche Wortforschung. Berlin.
ZfD	Zeitschrift für Deutschkunde. Leipzig.
ZfdA	Zeitschrift für Deutsches Altertum.
ZfG	Zeitschrift für Germanistik. Berlin.
ZfM	Zeitschrift für Mundartforschung. Wiesbaden.
ZfMB	Zeitschrift für Mundartforschung, Beiheft. Wiesbaden.
ZfO	Zeitschrift für Ortsnamenforschung. Berlin.

ZFSL	Zeitschrift für Französische Sprache und Literatur. Wiesbaden.
ZGL	Zeitschrift für Germanistische Linguistik. Berlin.
ZM	Zeitschrift für (hoch)deutsche Mundarten. Berlin.
ZP	Zeitschrift für Pädagogik. Weinheim.
ZPhAS	Zeitschrift für Phonetik und allgemeine Sprachwissenschaft. Berlin.
ZPhK	Zeitschrift für Philosophie und philosophische Kritik. Halle.
ZRPh	Zeitschrift für Romanische Philologie. Tübingen.
ZRPh-B	Zeitschrift für Romanische Philologie. Beiheft. Tübingen.
ZPhon	Zeitschrift für Phonetik, Sprachwissenschaft und Kommunikationsforschung. Berlin.
ZS	Zeitschrift für Sprachwissenschaft. Göttingen.
ZSem	Zeitschrift für Semiotik. Wiesbaden.
ZSl	Zeitschrift für Slawistik. Berlin/Ost.
ZSlPh	Zeitschrift für Slavische Philologie. Heidelberg.
ZVS	Zeitschrift für Vergleichende Sprachforschung auf dem Gebiet der indogermanischen Sprachen. Begründet von A. KUHN. Göttingen. (Auch: KZ).

Abaza →Nordwest-Kaukasisch.

Abbildung [engl. *function/ mapping.* – Auch: →Funktion]. Aus der Geometrie stammender Grundbegriff der →Mengentheorie: Vorschrift, die jedem Element x einer →Menge A (= Urbild- oder Ausgangsmenge, auch: Definitions- oder Vorbereich) genau ein Element $y = f(x)$ einer Menge B (= Bild- oder Zielmenge, auch: Nachbereich) zuordnet. (Notation: $f:A→B$ oder $A→B$. Mengentheoretisch gesehen stellt f eine Teilmenge der Produktmenge $A \times B$ dar, nämlich die Teilmenge der geordneten Paare $\langle x,y \rangle$ mit $x \varepsilon A$ und $y = f(x) \varepsilon B$. Typen von A. sind: (a) Injektion: Eine A. f von A in B heißt injektiv (oder eineindeutig), wenn f linkseindeutig ist, d.h. wenn die Gleichheit $f(x) = f(y)$ stets die Gleichheit $x = y$ nach sich zieht.

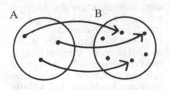

(b) Surjektion (auch: Abbildung auf): Eine A. f von A in B heißt surjektiv, wenn jedes Element in B der Wert mindestens eines Elementes x in A unter f ist.

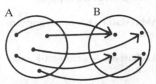

(c) Bijektion: Eine A. heißt bijektiv oder eineindeutig auf, wenn sie sowohl injektiv als auch surjektiv ist. Vgl. Abb. unter →Menge.

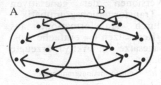

Lit.: →Formale Logik, →Mengentheorie.

Abbild(ungs)theorie [Auch: Widerspiegelungstheorie]. Im Rahmen der marxistischen Sprachauffassung die Lehre, daß Sprache Ausdruck der ideellen Widerspiegelung der objektiven Realität durch das menschliche Bewußtsein ist. Sprachliche Zeichen gelten als materielle Realisierungen von gedanklichen Abbildern, d.h. von Begriffen oder Aussagen. Die Untersuchung der Beziehung zwischen sprachlichen Ausdrücken und ihren gedanklichen Entsprechungen ist Aufgabe der →Semantik. Zur Kritik an der A. aus der Sicht der →Allgemeinen Semantik vgl. A. SCHAFF [1960].

Lit.: A. SCHAFF [1960]: Einführung in die Semantik. Warschau. Dt. Ausgabe Wien 1969. – G. KLAUS/M. BUHR (eds.) [1964]: Philosophisches Wörterbuch. 8. bericht.

Aufl. Leipzig 1971. – G. KLAUS [1964]: Die Macht des Wortes. Berlin. – A. SCHAFF [1964]: Sprache und Erkenntnis. Wien.

Abbreviation [lat. *brevis* ›kurz‹]. →Abkürzungswort.

Abbreviator →Klammerkonvention.

Abchasisch →Nordwest-Kaukasisch.

Abchasisch-Adygheisch →Nordwest-Kaukasisch.

Abgeleiteter Satz [engl. *non-kernel sentence*]. In den frühen Versionen der generativen →Transformationsgrammatik durch →Transformationen aus →Kernsätzen (= einfache Aussagesätze im Aktiv) erzeugte Sätze.

Lit.: →Transformationsgrammatik.

Abglitt →Anglitt vs. Abglitt.

Abhängigkeitsgrammatik →Dependenzgrammatik.

Abklatsch →Lehnprägung.

Abkürzungswort [engl. *abbreviation, acronym*. – Auch: Akronym, Buchstabenwort, Initialwort]. Aus den Anfangsbuchstaben oder -silben mehrerer Wörter bzw. im Wortschatz schon vorhandener mehrgliedriger Wortbildungen entstehende neue Ausdrucksform, die (a) ausbuchstabiert mit Endbetonung ausgesprochen werden, vgl. *WM = Weltmeisterschaft* = [ve:'m], *EDV = Elektronische Datenverarbeitung* = [e:de' fau]; (b) die Buchstaben können silbischen Wert annehmen mit Anfangsbetonung, vgl.

NATO = North Atlantic Treaty Organization = ['na:to]; oder (c) die Initialen fügen sich zu einem phonetischen Wort zusammen, vgl. engl. *Aids = acquired immune deficiency syndrom* = ['e:ds]. Es begegnen auch Mischformen aus Initial- und Silbenbildung: *Azubi = Auszubildender = A + zu + bi.* A. übernehmen meist das Genus des Grundwortes; ihr Plural, wo vorhanden, wird mit *-s* gebildet.

Lit.: W. HENZEN [1947]: Deutsche Wortbildung. 3. Aufl. Tübingen 1965. – H. BERGSTRØM-NIELSEN [1952]: Die Kurzwörter im heutigen Deutsch. In: Moderna Sprak, S. 2–22. – G. BELLMANN [1980]: Zur Variation im Lexikon. Kurzwort und Original. In: WW, S. 369–380. →Wortbildung.

Ablativ [lat. *ablātus* ›weggetragen‹]. Morphologischer Kasus in bestimmten Sprachen (u.a. Latein, Ungarisch) zur Kennzeichnung von Adverbialen unterschiedlicher semantischer Subtypen: Art und Weise (lat. *pedibus īre* ›zu Fuß gehen‹), Trennung (ungar. *levéltól* ›vom Brief herunter‹), Zeit (lat. *hieme* ›im Winter‹) u.a.

Lit.: →Kasus, →Rektion.

Ablativus Absolutus. Syntaktische Konstruktion des Lateinischen, die als Verkürzung konjunktionaler Nebensätze aufgefaßt werden kann. Der A. A., der nicht vom Verb abhängig (und daher »absolut« ist), wird gebildet durch ein von ihm abhängiges (ebenfalls im Ablativ stehendes) attributives Partizip, Substantiv oder Adjektiv: *Tarquinio regnante* ›als Tarquinius König war‹ bzw. ›unter der Regierung des Tarquinius‹; *trānquillo mari* ›bei ruhiger See‹.

Lit.: →Kasus.

Ablaut [engl. *apophony/vowel gradation*. – Auch: Apophonie]. Systematischer Wechsel bestimmter Vokale in etymologisch verwandten Wörtern der ideur. Sprachen. In diesem Sinn wird der Terminus seit J. GRIMM [1819] verwendet. Vorher bezeichnete er in pejorativem Sinn jegliche Form vokalischer Unregelmäßigkeit. (Die in verschiedenen Sprachen übliche griech. Bezeichnung »Apophonie« ist eine Lehnübersetzung des Grimmschen Terminus: *apó* ›von...weg‹, *phōnē* ›Ton‹). A. ist ursprünglich eine rein phonetisch-phonologische Erscheinung, die besonders im Germ. morphologisiert wurde, indem z.B. der A. bei der Flexion der starken Verben Tempusunterscheidungen kennzeichnet: *singen – sang – gesungen*. Außerdem ist A. grundlegend für verschiedene Wortbildungsprozesse: *fahren*: *Fuhre – Fahrt – Furt*. – Je nach Art der Vokalveränderung werden unterschieden: (a) Qualitativer A. (auch: Abtönung), bei dem ein Wechsel von *e* (in einigen Beispielen auch von *a*) zu *o* stattfindet, vgl. griech. *phér-ō*: ›ich trage‹: *phor-éō* ›ich trage wiederholt‹ (→Iterativ) : *am-phor-a* ›Gefäß zum Tragen‹, die auf eine gemeinsame ideur. Wurzel *bher-* ›tragen‹ zurückgehen. (b) Quantitativer A. (auch: Abstufung), bei dem ein Wechsel der genannten Kurzvokale (Grund- oder Vollstufe) durch die jeweils entsprechenden Langvokale (Dehnstufe) oder eine Eliminierung der Kurzvokale (Schwund- oder Nullstufe) stattfindet, vgl. griech. *phōr* ›Dieb‹, eig.: ›der etwas wegträgt‹ (Dehnstufe), skr. *bhr̥-ti-* ›ein Tragender‹ (Schwundstufe). – Der Unterscheidung der verschiedenen A.-Stufen liegt die Hypothese zugrunde, daß die Entstehung des A. als phonetische Konsequenz unterschiedlicher, zu verschiedenen Zeiten wirksamer Akzentregeln anzusehen ist, wobei der qualitative A. auf den musikalischen, der quantitative A. auf den →Dynamischen Akzent zurückgeführt wird. Die in den historischen Grammatiken der germ. Sprachen übliche Anordnung der verschiedenen Ablautarten in sogen. »Ablautreihen« beruht nicht auf phonologischen, sondern auf morphologischen Regularitäten, die sich aus der unterschiedlichen konsonantischen Umgebung der ablautenden Vokale erklären lassen und am deutlichsten in den Konjugationsklassen der starken Verben des Germ. abzulesen sind. In der Regel werden die A.-Reihen an den Stammformen des starken Verbs demonstriert (Infinitiv, Präteritum Singular und Plural, Partizip Perfekt). Die Abfolge bzw. Zählung der A.-Reihen richtet sich danach, welcher Konsonant oder Resonant dem ablautenden Vokal folgt. Zu Details der einzelnen Sprachstufen und Dialekte vgl. →Historische Grammatiken.

Lit.: J. GRIMM [1819]: Deutsche Grammatik I: Formenlehre. Göttingen. – F. V. COETSEM [1963]: Zur Frage der internen Ordnung der Ablautalternanzen im voreinzeldialektischen Germanischen. In: Orbis 12, S. 262–283. Auch in: H. STEGER (ed.): Vorschläge für eine strukturale Grammatik des Deutschen. Darmstadt 1970. →Historische Grammatiken, →Laryngaltheorie.

Ablautreihe →Ablaut.

Ableitung [engl. *derivation*. – Auch: →Derivation].
(1) In der generativen →Transformationsgrammatik Prozeß und Ergebnis der Satzerzeugung durch sukzessive Anwendung von →Phrasenstrukturregeln und/oder →Transformationen.

Lit.: →Transformationsgrammatik.

(2) In der →Historischen Sprachwissenschaft die Rekonstruktion der etymologischen Zusammenhänge, die z.B. zwischen dt. *Vater* und lat. *pater* bestehen.

Lit.: →Etymologie, →Sprachwandel.

(3) In der →Wortbildung sowohl Bezeichnung für den Vorgang der →Derivation, als auch für sein Ergebnis, das →Derivat.

Lit.: →Wortbildung.

Ableitungsgeschichte [Auch: →Derivation]. In der generativen →Transformationsgrammatik die geordnete Menge aller Ableitungsketten eines Satzes, die durch die sukzessive Anwendung von →Phrasenstrukturregeln und →Transformationen entstehen und einen Satz aus der Tiefenstruktur in die Oberflächenstruktur überführen. Die Stufen der A. lassen sich durch Auflistung der abgeleiteten →Ketten und/oder durch die entsprechenden →Strukturbäume abbilden bzw. rekonstruieren.

Lit.: →Transformationsgrammatik.

Abrupt vs. dauernd. Binäre phonologische Opposition zur Beschreibung distinktiver Merkmale, die sich auf akustisch analysierte und spektral definierte Unterscheidungskriterien stützt (→Akustische Phonetik, →Spektralanalyse). Akustische Charakteristik: Vorhandensein bzw. Fehlen plötzlicher Einsätze und Pausen im →Spektrogramm. Artikulatorische Charakteristik: abruptes bzw. nicht-abruptes Ein- und Ausschalten der Schallquelle. Diese Unterscheidung beschreibt die Opposition zwischen Plosiven und Nicht-Plosiven (einschl. Vokalen).

Lit.: →Distinktives Merkmal, →Phonetik.

Abruptiv(laut) →Ejektiv(er Laut).

Absoluter Anlaut vs. Absoluter Auslaut. Sprachlaut unmittelbar nach bzw. unmittelbar vor einer (faktischen oder potentiellen nicht-pathologischen) Sprechpause. Im Dt. z.B. kommt [ŋ] nicht im A. Anlaut, [h] nicht im A. Auslaut vor.

Absoluter Kasusgebrauch. Nicht in die Satzstruktur integriertes, d.h. valenzunabhängiges Auftreten einzelner Kasus wie z.B. der →Ablativus Absolutus im Lat., der absolute Akkusativ in frz. *La nuit tombée, elle chercha un hôtel* ›Als es Nacht geworden war, suchte sie nach einem Hotel‹, im Dt. der →Nominativus Pendens.

Absoluter Nominativ →Nominativus Pendens.

Absolutiv. Morphologischer Kasus zur Kennzeichnung des Subjekts intransitiver und des Objekts transitiver Sätze in →Ergativsprachen. Der A. kennzeichnet die primäre syntaktische Funktion dieses Sprachtyps; wie der Nominativ in →Nominativsprachen hat er meist ein →Nullmorphem.

Lit.: →Ergativsprache, →Kasus.

Absolutivsprache →Ergativsprache.

Abstraktheitskontroverse. In generativer →Phonologie das Problem der Entfernung der oberflächennahen, systematisch-phonetischen Ebene von der (zugrundeliegenden) systematisch-phonemischen Ebene. Beide Repräsentationsebenen sind durch verschiedene Transformationsregeln aufeinander bezogen. Die Frage, wie weit von der Oberflächenstruktur entfernt bzw. wie abstrakt die zugrundeliegende Ebene anzusetzen ist, hat zu lebhaften Kontroversen mit divergierenden Vorschlägen geführt.

Lit.: J. KIPARSKY [1968]: How abstract is phonology? Bloomington. Abgedruckt in: O. FUJIMURA (ed.) [1973]: Three dimensions of linguistic theory. Tokio, S. 5–56. – A. H. SOMMERSTEIN [1977]: Modern phonology. London, S. 211–225. – E. GUSSMANN [1980]: Studies in abstract phonology. Cambridge, Mass.

Abstraktum [Pl. Abstrakta; lat. *abstractus* ›weggezogen‹, ›verallgemeinert‹. – Auch: Begriffswort]. Semantisch definierte Klasse von Substantiven mit begrifflicher Bedeutung. A. bezeichnen Vorstellungen (*Psyche*), Eigenschaften (*Faulheit*), Beziehungen (*Verwandtschaft*), Konzepte (*Idealismus*) u.a., aber keine konkreten Objekte. Vgl. →Konkretum.

Abstrichmethode →Weglaßprobe.

Abstufung →Ablaut (b).

Abtönung →Ablaut (a)

Abtönungspartikel →Modalpartikel.

Abtrennungsregel →Modus ponens.

Abweichung [engl. *deviance/deviation* – Auch: Deviation]. Eigenschaft von Ausdrücken einer natürlichen Sprache, die entweder nicht im Einklang stehen mit stillschweigend oder explizit vereinbarten Übereinkünften (→Sprachnorm) oder mit linguistischen Beschreibungen (→Regeln). A. können sich manifestieren u.a. auf phonetischer, phonologischer, morphologischer, syntaktischer oder semantischer Ebene. Syntaktisch-semantische A. können verschiedener Art sein, z. B. Verstoß gegen (a) die Verknüpfbarkeit syntaktischer Kategorien: **Philip kann Teppich,* (b) →Strikte Subkategorisierung: **Caroline schnarcht den Uhu* und (c) →Selektionsbeschränkungen: **Der Fels schwebt den Berg hinunter.* Der Terminus wird häufig auch auf inhaltlich bzw. pragmatisch abweichende Ausdrücke angewandt wie *der gegenwärtige Zar von Deutschland.* Zu Formen der A. mit poetisch-stilistischer Funktion vgl. →Metapher.

Lit.: →Akzeptabilität, →Grammatikalität, →Sprachnorm.

Achi →Maya-Sprachen.

Acoustic Cue [engl. ›akustischer Hinweis‹]. Komponente akustischer, linguistisch redundanter Merkmale, deren Eigenschaften und Struktur im Zusammenwirken mit anderen A. C. bei der Entwicklung von Verfahren zur Spracherkennung und Sprachsynthese untersucht werden. A. C. sind Bestandteile von →Distinktiven Merkmalen.

Lit.: P. DELATTRE [1968]: From acoustic cues to distinctive features. In: Phonetica 18, S. 198–230.

Adäquatheitsebenen [lat. *adaequāre* ›angleichen‹; engl. *levels of adequacy*]. Von N. CHOMSKY entwickelte Bewertungskriterien für Grammatikbeschreibungen natürlicher Sprachen. In dreifacher Stufung wird zwischen den Ebenen der Beobachtungsadäquatheit, Beschreibungsadäquatheit und Erklärungsadäquatheit unterschieden: Das Kriterium der Beobachtungsadäquatheit erfüllen solche Grammatiken, die die primären sprachlichen →Daten korrekt und vollständig erfassen; legt eine Grammatik darüber hinaus Rechenschaft ab über die Intuition bzw. →Kompetenz des Sprachteilnehmers hinsichtlich der Regularitäten seiner Sprache, so erfüllt sie den Anspruch der Beschreibungsadäquatheit. Die umfassendste Forderung der Erklärungsadäquatheit ist dann erfüllt, wenn die grammatische Beschreibung im Einklang mit einer Sprachtheorie vorgenommen wird, die die linguistischen Universalien (→Universalgrammatik) spezifiziert und zugleich eine Theorie des →Spracherwerbs begründet. Eine solche Sprachtheorie bietet die Basis, um aus mehreren beschreibungsadäquaten Grammatiken die erklärungsadäquateste auszuwählen.

Lit.: N. CHOMSKY [1964]: Current issues in linguistic theory. The Hague. – N. CHOMSKY [1965]: Aspects of the theory of syntax. Cambridge, Mass.; Dt.: Aspekte der Syn-

taxtheorie. Frankfurt 1969. – D. WUNDERLICH [1974]: Grundlagen der Linguistik. Reinbek. – J. P. KIMBALL [1973]: The formal theory of grammar. Englewood Cliffs/ N. J. – E. LEPORE [1979]: The problem of adequacy in linguistics. In: TL 6, S. 161–172. →Transformationsgrammatik.

Adamawa-Eastern →Adamawa-Ubangi.

Adamawa-Ubangi [Auch: Adamawa-Eastern]. Sprachzweig des →Niger-Kongo mit ca. 160 Sprachen im Zentrum des afrikanischen Kontinents. Die bisher noch wenig erforschten Sprachen werden den beiden Gruppen Adamawa und Ubangi, zugeordnet. Bedeutendste Sprache ist das Sango als Verkehrssprache der Zentralafrikanischen Republik. (Vgl. Sprachenkarte Nr. 9).

Lit.: W. J. SAMARIN [1971]: Adamawa-Eastern. In: CTL 7, S. 213–244. – K. SHIMIZU [1983]: The Zing dialect of Mumuye. Hamburg.

Adessiv [nach lat. *adesse* ›an‹ + ›sein‹]. Morphologischer Lokalkasus in einigen Sprachen, z.B. im Finnischen, der ausdrückt, daß sich ein Objekt an einem Ort befindet. Oft wird der A. auch zum Ausdruck des Besitzes oder des Instruments verwendet.

Ad-hoc-Bildung →Augenblicksbildung.

Adhortativ [lat. *adhortātīvus* ›ermahnend‹. – Auch: Hortativ]. Teilkategorie des →Modus des Verbs, speziell des Konjunktivs. Der A. bezeichnet eine Aufforderung an die 1. Pers. Pl. zu gemeinsamer Handlung. In den ideur. Sprachen verfügt er über kein eigenes Formparadigma, sondern wird

periphrastisch, bzw. durch die 1.
Pers. Pl. Konjunktiv ausgedrückt, vgl. *Laßt uns gehen*, frz.
Soyons amis ›Laßt uns Freunde
sein‹.

Lit.: P. COLE [1975]: The synchronic and
diachronic status of conversational impli-
cature. In: P. COLE/J. L. MORGAN (eds.):
Syntax and semantics, Bd. 3.: Speech acts.
New York, S. 257–288. – K. MATZEL/B.
ULVESTAD [1978]: Zum Adhortativ und
Sie-Imperativ. In: Sprachw 3, S. 146–183.
→Modalität.

Adjektiv [lat. Übersetzung von
griech. *epítheton* ›das Hinzuge-
fügte‹. – Auch: Beiwort, Eigen-
schaftswort]. Grammatische
Kategorie (Wortart), die Wörter
umfaßt, die syntaktisch beim
Nomen stehen (attributive Verwendung, vgl. *der grüne Zaun*)
oder von einer →Kopula regiert
werden (prädikative Verwendung, vgl. *Der Zaun ist grün*)
und zum Teil auch →Valenz aufweisen (vgl. *seiner Überzeugung
sicher sein, der Idee dienlich
sein*). In vielen Sprachen weisen
A. Komparationsformen auf.
Im Dt. unterliegt das A. in attributiver Funktion aufgrund
von →Kongruenz den grammatischen Kategorien des Nomens
→Genus, →Numerus und →Ka-
sus (*das neue Buch* vs. *der neuen
Bücher*), wobei zwischen starker (auch: pronominaler) und
schwacher (auch: nominaler)
Deklination unterschieden
wird. Der Gebrauch der unterschiedlichen Deklinationswei-
sen entspricht dem Prinzip der
»monoflexivischen Kooperation«, d.h. die starke (determi-
nierende) Form wird dann verwendet, wenn die syntaktische
Form der durch das A. modifizierten Nominalphrase nicht
bereits durch andere (pronominale) Elemente wie Artikel,

oder durch Genusmarkierung
des Substantivs gekennzeichnet
ist: *grüner Apfel* vs. *der grüne
Apfel*. Nicht alle A. können alle
syntaktischen Funktionen
wahrnehmen: es gibt (a) A., die
sowohl attributiv als auch prädikativ verwendet werden können (*rot, groß, neu*), aber nicht
graduierbar sind (*tödlich, le-
dig*); es gibt (b) A., die nur attributiv gebraucht werden (*der
ehemalige Präsident* vs. ** der
Präsident ist ehemalig*), und (c)
solche, die nur prädikativ zu
verwenden sind (*Die Regierung
ist schuld* vs. ** die schulde Regierung*). – In semantischer Hinsicht besteht zwischen A. und
→Adverb eine gewisse Ähnlichkeit, da beide Kategorien ihre
Kern-Konstituente hinsichtlich
bestimmter Eigenschaften modifizieren: *lesbar schreiben* :
eine lesbare Schrift haben. Liegt
bei A. dieser Charakterisierung
explizit oder implizit eine bestimmte Norm zugrunde (wie
bei *groß, klein, dick*), so spricht
man von »relationalem« oder
»relativem« A.; diese Bezeichnung wird gelegentlich auch für
→Bezugsadjektive (wie *schulisch*) verwendet. – Zu Reihenfolgebeziehungen zwischen
mehreren A. vgl. POSNER [1980].

Lit.: H.-J. SEILER [1960]: Relativsatz, Attribut und Apposition. Wiesbaden. – W.
MOTSCH [1964]: Syntax des deutschen Adjektivs. Berlin. – M. BIERWISCH [1967]:
Some semantic universals of German adjectivals. In: FL 3, S. 1–36. – D. L. BOLIN-
GER [1967]: Adjectives in English. In: Lingua 18, S. 1–34. – Z. VENDLER [1968]: Adjectives and nominalizations. The Hague. –
U. STEPHANY [1970]: Adjektivische Attri-
butkonstruktion des Französischen. München. – R. BARTSCH/TH. VENNEMANN
[1972]: Semantic structures: A study in the
relation between semantics and syntax. 2.
Aufl. Frankfurt 1973. – W. WELTE [1974]:
Moderne Linguistik: Terminologie/
Bibliographie. Ein Handbuch und Nachschlagewerk auf der Basis der generativ-

transformationellen Sprachtheorie. 2 Bde. München. – H. Lauffer [1977]: Sprachwandel durch Interferenz beim Adjektiv. In: H. Kolb/H. Lauffer (eds.): Sprachliche Interferenz. FS für W. Betz. Tübingen, S. 436–462. – K. E. Sommerfeldt [1977]: Wörterbuch zur Valenz und Distribution deutscher Adjektive. 2. überarb. Aufl. Leipzig. – J. Darski [1979]: Die Adjektivdeklination im Deutschen. In: Sprachw 4, S. 190–205. – R. Rath [1979]: Neue Untersuchungen zu Partizipialkonstruktionen der deutschen Gegenwartssprache. In: LBer 68, S. 33–48. – R. Posner [1980]: Ikonismus in der Syntax. Zur natürlichen Stellung der Attribute. In: ZfS 2, S. 57–82. – L. Hellan [1981]: Towards an integrated analysis of comparatives. Tübingen. – A. Braun [1982]: Studien zu Syntax und Morphologie der Steigerungsformen im Englischen. Bern. – C. Hamann [1983]: Adjektivkomplementierung und andere Aspekte der Grammatik des englischen Adjektivs. Darmstadt. – G. Bickes [1984]: Das Adjektiv im Deutschen. Bern. – B. Warren [1984]: Classifiying adjectives. Göteborg. – J. Rusiecki [1985]: Adjectives and comparison in English. London. – P. Schachter [1985]: Parts-of-speech systems. In: T. Shopen (ed.): Language typology and syntactic description. Cambridge. Bd. 1, S. 3–63. – M. Bierwisch/E. Lang [1987]: Grammatische und konzeptuelle Aspekte von Dimensionsadjektiven. Berlin. (Engl. Ausgabe: Berlin 1989.)

Adjektivphrase Syntaktische Kategorie (bzw. →Phrase) mit einem Adjektiv als →Kopf, das z.B. durch ein Gradadverb (*ganz klein, ziemlich bunt, sehr schön*) oder durch ein →Komplement (*des Krieges müde, auf seinen Erfolg stolz*) erweitert ist.
Lit.: →Adjektiv.

Adjungiertes Merkmal →Inhärentes Merkmal.

Adjunkt [lat. *adiungere* ›hinzufügen‹]. Sprachliche Ausdrücke in attributiver Funktion, die ein vorausgehendes oder folgendes Element semantisch spezifizieren und zwar entweder (a) restriktiv durch Artikel, Pronomen, Relativsatz u.a. (vgl. *jenes/mein Buch* bzw. *das Buch,*

das er gerade liest) oder (b) qualitativ charakterisierend: *ein ungewöhnliches Buch, das Buch dort*. – A. sind im Unterschied zu →Komplementen grammatisch nicht notwendige Ergänzungen.

Adjunktion.
(1) In der generativen →Transformationsgrammatik elementare syntaktische Operation, durch die →Konstituenten nach der Herauslösung aus ihrer Position in der →Tiefenstruktur an anderer Stelle in die →Oberflächenstruktur eingefügt werden, indem sie dort durch Hinzufügung eines Astes mit dem Strukturbaum der Oberflächenstruktur verbunden werden, vgl. →Transformation, →Chomsky-Adjunktion.

$$[X + Y]_s \rightarrow [X + Z + Y]_s$$

(2) In der →Formalen Logik Synonym für →Disjunktion.

Adjunktive Implikation →Implikation (a).

Adnominal [lat. *ad nōmen* ›zum Nomen gehörig‹]. Jedes syntaktische Element in einer (→Endozentrischen) Konstruktion, das der Modifizierung eines Nomens dient, d.h. alle kategorialen Füllungen der Funktion →Attribut: Adjektiv, Nominalphrase (Genitivattribut), Präpositionalphrase (Präpositionalattribut), Relativ- oder Konjunktionalsatz in attributiver Funktion.

Adoptivform →Hybride Bildung.

Adposition. Hinsichtlich der Position unspezifizierter Oberbegriff für →Präposition (*vor*, *auf*), →Postposition (*entlang*, *hinauf*), Zirkumposition (*um ... herum*) und Ambiposition (*wegen in der Kinder wegen, wegen der Kinder*).

Adsentential →Satzadverbial.

Adstrat [lat. *strātum* ›Schicht‹]. Im Rahmen von →Sprachkontakt bzw. -mischung eine Form von Interferenzbeziehung zwischen zwei Sprachen. Während →Superstrat und →Substrat sich auf vertikale Beeinflussungen zwischen Eroberer- und Besiegtensprache beziehen, bezeichnet A. ein horizontales Nebeneinander von zwei Sprachen durch langjährige Nachbarschaft, vgl. z.B. den germ.-roman. Kontakt in Belgien.

Lit.: →Sprachkontakt.

Adverb [lat. *adverbum* ›zum Verb gehörig‹. – Auch: Umstandswort]. Grammatische Kategorie (Wortart), die der semantischen Modifizierung von Verben, Adjektiven, Adverbialen oder Sätzen dient. A. sind nicht flektierbar und werden daher neben Präpositionen und Konjunktionen häufig als Untergruppe der →Partikeln klassifiziert. Die A. bilden eine heterogene Gruppe mit zahlreichen Überschneidungen mit anderen Wortarten, weshalb ihre Behandlung in Grammatiken durch unterschiedliche Klassifizierung gekennzeichnet ist. Je nach Gliederungsaspekt werden folgende Einteilungen getroffen: (a) Unter syntaktischem Aspekt wird einmal unterschieden zwischen frei vorkommenden (auch sogen. »reinen«) A. wie *abends, bergab, gern, versuchsweise* und den →Pronominaladverbien (*darauf, dorthin, deswegen*), die als Pro-Formen für Präpositionalobjekte oder Adverbiale auftreten. Hinsichtlich der Verwendungsweise ist zu unterscheiden zwischen A., die adverbial und prädikativ gebraucht werden können (*Sie arbeitet anders* vs. *Sie ist anders*), solchen, die adverbial und attributiv (*Das Buch liegt hier* vs. *das Buch hier*) und solchen, die nur adverbial (*Sie diskutiert gern*) verwendet werden können; vgl. auch →Konjunktionaladverb. Eine Sondergruppe bilden die →Satzadverbien *hoffentlich, vermutlich, vielleicht* u.a., die adsentential gebraucht werden, d.h. sich als Sprecherurteile auf den ganzen Satz beziehen. – (b) Unter semantischem Aspekt ergeben sich unterschiedliche Subtypen: temporal: *jetzt, seither, gestern*, lokal: *hierher, innen, dorthin*, modal: *gern, blindlings* und kausal: *folglich, trotzdem, krankheitshalber*, Grad-/Maßangaben: *ziemlich, sehr*. – (c) Unter morphologischem Aspekt wird unterschieden zwischen reinen A. (auch: Stammwörter) wie *bald, gern, heute*, Zusammensetzungen (*nebenan, dorthin*) und Ableitungen (*rittlings, versuchsweise*), Präpositionen als transitive Adverbien (*hinauf*).

Lit.: →Adverbial.

Adverbal. Oberbegriff für Präpositionen und Adverbien, die sich beide semantisch auf das Verb beziehen, vgl. *hoffen auf, gut aussehen*.

Adverbial [Auch: Adverbiale Bestimmung, Circonstant, Umstandsbestimmung]. Sammelbegriff für mehrere syntaktische Funktionen unterschiedlicher semantischer Ausprägung: A. charakterisieren einen verbalen Vorgang oder einen Sachverhalt hinsichtlich Zeit, Ort, Art und Weise u.a. Diesen semantischen Funktionen entspricht die Klassifizierung der →Traditionellen Grammatik nach temporalen, lokalen, modalen, kausalen, konditionalen, konsekutiven A. – Für das Dt. sind nach der Verbindung zum Verb drei Hauptklassen zu unterscheiden: (a) Valenznotwendige A., die vom Verb gefordert sind (*wohnen* + lokale A., *sich fühlen* + modale A., *fahren* + Richtungs-A.). – (b) Valenzmögliche (fakultative) A., z.B. Modal-A. bei Bewegungsverben (*Jakob läuft/fährt/schwimmt schnell*). – (c) Valenzfreie A., die keinerlei Selektionsbeschränkungen unterliegen: *Caroline weinte/arbeitete/tanzte/meditierte im Garten.* Die A. unter (a) und (b) werden auch als Adverbiale →Ergänzungen, die A. in (c) auch als Adverbiale →Angaben bezeichnet. Von diesen verbbezogenen (von *VP* dominierten) A. unterscheidet man →Satzadverbiale wie *hoffentlich, leider, glücklicherweise*, die den ganzen Satz zum →Skopus haben. – A. weisen unterschiedliche kategoriale Füllungen auf: Adverb (*heute, dort*), Adjektiv (*schön, neu*), Pronominaladverb (*darin, deshalb*), Präpositionalphrase (*auf dem Tisch*), Nominalphrase im Genitiv (*eines Morgens*) oder Akkusativ (*den ganzen Tag*) sowie Adverbialsätze (*weil sie das Buch dringend brauchte*).

Lit.: R. STEINITZ [1969]: Adverbial-Syntax. Berlin. – W. WELTE [1971]: Bemerkungen zur Problematik der Adverbialsyntax im Lichte verschiedener Modelle. Braunschweig. – R. BARTSCH [1972]: Adverbialsemantik. Frankfurt. – W. WELTE [1974]: Moderne Linguistik: Terminologie/Bibliographie. Ein Handbuch und Nachschlagewerk auf der Basis der generativ-transformationellen Sprachtheorie. 2 Bde. München. – W. O. DROESCHER [1974]: Das deutsche Adverbialsystem. In: DaF 11, S. 279–285. – T. MEIER-FOHRBECK [1978]: Kommentierende Adverbien: ihre semantischen und pragmatischen Aspekte. Hamburg. – L. M. EICHINGER [1979]: Überlegungen zum Adverb. In: Sprachw 4, S. 82–92. – J. HANDKE [1984]: Descriptive and psycholinguistic aspects of adverbial subordinate clauses. Heidelberg. – G. C. RAPPAPORT [1984]: Grammatical function and syntactic structure. Columbus, Ohio. – M. J. CRESSWELL [1985]: Adverbial modification. Dordrecht. – S. A. THOMPSON/R. E. LONGACRE [1985]: Adverbial clauses. In: T. SHOPEN (ed.): Language typology and syntactic description. Cambridge. Bd. 2, S. 171–234. – F. UNGERER [1988]: Syntax der englischen Adverbialien. Tübingen. *Bibliographien:* C. SABOURIN [1977]: Adverbs and comparatives: an analytical bibliography. Amsterdam. – L. SIEGRIST [1977]: Bibliographie zu Studien über das deutsche und englische Adverbial. Tübingen. →Satzglied, →Syntaktische Funktion.

Adverbialadjektiv. Unangemessener Terminus für aus Adverbien wie *heute, dort* abgeleitete Adjektive, die nur attributiv, nicht aber prädikativ verwendet werden können, vgl. *sein heutiger Entschluß* vs. **sein Entschluß ist heutig.*

Adverbiale Bestimmung →Adverbial, →Circonstant.

Adverbialsatz. Konstituentensatz (→Nebensatz) in der syntaktischen Funktion eines →Adverbials. Je nach der semantischen Funktion wird unterschieden u.a. zwischen →Temporal-, →Lokal-, →Modalsatz.

Lit.: S. A. THOMPSON/R. E. LONGACRE [1985]: Adverbial clauses. In: T. SHOPEN (ed.): Language typology and syntactic description. Cambridge. Bd. 2, S.171–234. →Adverbial.

Adversativsatz [lat. *adversātīvus* ›gegensätzlich‹]. Semantisch spezifizierter Nebensatz (Konstituentensatz) in der syntaktischen Funktion eines →Adverbials. A. drücken einen Gegensatz zu dem im Hauptsatz bezeichneten Geschehen aus: *Während der eine wegen erwiesener Unschuld freigesprochen wurde, erhielten die beiden anderen hohe Strafen.*

Lit.: →Adverbial.

Adygheisch →Nordwest-Kaukasisch.

Ägyptisch. Sprachzweig des →Afroasiatischen, in verschiedenen Stadien überliefert: Älteres Ä. (Altägyptisch, 3000–2200 v. Chr.), Mittel-Ä. und Neueres Ä. (Neuägyptisch, 1300–660 v. Chr., Demotisch, bis 300 n. Chr., Koptisch, bis ins 19. Jh. und noch heute Liturgiesprache der koptischen Kirche). Schriftsysteme: →Hieroglyphen für das ältere Ä.; daraus haben sich kursive Schreibschriften (hieratisch, demotisch) entwickelt; Koptisch wurde mit einem abgewandelten griech. Alphabet geschrieben. Für ältere Sprachstufen sind nur Konsonantenwerte bekannt. Ä. ist insgesamt dem Typus des →Semitischen ähnlich (Wurzelflexion, Genus), unterscheidet sich aber durch eine eigenständige Form für nicht-stative Sätze (Suffixkonjugation mit genitivischen Subjekten). In älteren Sprachstufen sind ergative Satzkonstruktionen nachweisbar (der →Ergativ wurde wie der →Genitiv kodiert). (Vgl. Sprachenkarte Nr. 1).

Lit.: A. GARDINER [1927]: Egyptian grammar. 3. Aufl. Oxford 1957. – E. EDEL [1955]: Altägyptische Grammatik. 2. Aufl. Rom 1964. – H. BRUNNER [1967]: Abriß der mittelägyptischen Grammatik. Graz. – L. STÖRK [1981]: Ägyptisch. In: B. HEINE u.a. (eds.): Die Sprachen Afrikas. Hamburg, S. 149–170.
Bibliographie: Annual Egyptological Bibliography. Leiden.

Äquativ [lat. *aequāre* ›gleichmachen‹]. Form der →Komparation, die die gleich hohe Ausprägung einer Eigenschaft ausdrückt: *Philip ist so groß wie Caroline.*

Äquatorial-Sprachen. Von J. H. GREENBERG [1987] postulierter Sprachstamm mit ca. 150 Sprachen in Südamerika; wichtigste Zweige sind →Arawakisch und →Tupi. (Vgl. Sprachenkarte Nr. 3 und 11).

Lit.: J. H. GREENBERG [1987]: Language in the Americas. Stanford.

Äquivalente Grammatiken [lat. *aequus* ›gleich‹, *valēns* ›geltend‹]. Eigenschaft von generativen Grammatiken: Zwei Grammatiken heißen »schwach äquivalent«, wenn sie die gleiche Menge von Sätzen erzeugen, sie heißen »stark äquivalent«, wenn sie darüber hinaus diesen Sätzen die gleichen Strukturbeschreibungen zuordnen.

Lit.: →Adäquatheitsebenen.

Äquivalenz [Auch: Bikonditional, Bilaterale Implikation]. In der →Formalen Logik Verbindung zweier elementarer Aussagen *p* und *q*, die dann und nur dann wahr ist, wenn beide Teilsätze denselben Wahrheitswert haben (Notation: $p \equiv q$ bzw. $p \leftrightarrow q$. Darstellung durch (zweiwertige) →Wahrheitstafel:

p	q	$p \leftrightarrow q$
w	w	w
w	f	f
f	w	f
f	f	w

Ä. bezieht sich sowohl auf den zweistelligen Satzoperator *p genau dann, wenn q* als auch auf die durch ihn definierte Aussagenverbindung. Die Ä. entspricht der bilateralen →Implikation, d.h. es gilt sowohl $p \rightarrow q$ als auch $q \rightarrow p$: *Heiko ist Philips Vater* → *Philip ist Heikos Sohn* und umgekehrt. – In alltagssprachlicher Verwendung entsprechen der Ä. Umschreibungen wie *p dann und nur dann, wenn q* oder *p ist eine notwendige und hinreichende Bedingung für q*, wobei häufig mehrdeutig bleibt, ob es sich um Ä. oder um Implikation handelt. Im Rahmen der Wortsemantik entspricht die Ä. der wahrheitsfunktional festgelegten Bedeutungsrelation der →Synonymie.

Lit.: →Formale Logik.

Äquivokation [lat. *aequivŏcus* ›gleichlautend‹, im Sinne von ›mehrdeutig‹. – Auch: →Homonymie, →Polysemie]. Form lexikalischer Mehrdeutigkeit bei etymologischer Verwandtschaft, z.B. *Fuß* (des Menschen/ eines Berges), *Gehalt* (finanziell/ideell). Von »systematischer« Ä. spricht man, wenn zwei Bedeutungen auf einer Unterscheidung basieren, die mehrfach im Wortschatz zu Ä. führt, vgl. die Bedeutungen ›Aktion/Prozeß‹ und ›Resultat‹ bei *Arbeit*, *Zeichnung* und *Äußerung*. Ä. ist in erster Linie ein Problem für die Lexikologie.

Lit.: →Semantik.

Äußerung [engl. *utterance*].
(1) Von einem Sprecher zwischen zwei Pausen produzierte Laut- (oder Schriftzeichen)kette, die aus einem oder mehreren satzartigen Ausdrücken bestehen kann. Im Unterschied zum abstrakten Begriff des →Satzes als linguistischer Beschreibungseinheit auf der Ebene der →Langue (bzw. →Kompetenz) bezieht sich der Terminus Ä. auf die Ebene der Parole (bzw. →Performanz) und bezeichnet aktuell realisierte (häufig fragmentarische) Redesequenzen in bestimmten Situationen. In diesem Sinne sind Ä. »situierte Sätze«.
(2) →Sprechakttheorie.

Äußerungsakt. In J. R. SEARLES →Sprechakttheorie Teilaspekt beim Vollzug eines Sprechakts: Äußerung von Morphemen, Wörtern, Sätzen. Der Ä. bei SEARLE entspricht dem →Phonetischen und →Phatischen Akt bei AUSTIN.

Lit.: J. L. AUSTIN [1962]: How to do things with words. Oxford. Dt.: Zur Theorie der Sprechakte. Stuttgart 1972. – J. R. SEARLE [1969]: Speech acts. Cambridge. Dt.: Sprechakte. Frankfurt 1971. →Sprechakttheorie.

Affigierung. [lat. *affigere* ›anheften‹]. Vorgang der →Wortbildung durch Erweiterung des →Stamms durch →Affixe. Hinsichtlich der Stellung der Wortbildungselemente zum Stamm unterscheidet man zwischen →Präfixbildung (= Anfügung vor dem Stamm: *genau* vs. *ungenau*) und →Suffixbildung (= Anfügung hinter dem

Stamm: *neu* vs. *Neuheit*). Infixbildung (→Infix) gibt es im heutigen Deutsch nicht mehr.

Lit.: →Wortbildung.

Affiliation [lat. *affīliātiō* ›Adoption‹]. Begriff des →Genetischen Bezugs einer Sprache zu ihrer Sprachfamilie.

Affix. Sammelbezeichnung für nicht frei vorkommende, reihenbildende Wortbildungs- und Wortformbildungselemente. Die Einteilung der A. erfolgt je nach ihrer Stellung zum →Stamm: →Präfixe gehen dem Stamm voraus (dt. *Un-tat*, engl. *re-write*, frz. *co-président*), →Suffixe folgen ihm nach (dt. *taten-los*, engl. *sister-hood*, frz. *jeun-esse*, *cherch-eur*), →Infixe sind in den Stamm eingefügt (z.B. *m* in lat. *rumpo* »ich breche« vs. *ruptum* »gebrochen«). A. sind häufig wortartspezifisch, vgl. *Frech-heit* vs. **Frechschaft* aber **Mutter-heit* vs. *Mutter-schaft*. Treten mehrere A. auf, so unterliegt ihre Reihenfolge festen Regeln, die durch die zugrundeliegenden Wortarten bestimmt sind, vgl. **Acht + keit + sam* vs. *Acht + sam + keit* oder engl. *standard + ize + able* vs. **standard + able + ize*. Unter synchronischem Aspekt sind A. gebundene Morpheme mit weitgehend verblaßter Eigenbedeutung, deren Entstehung aber aus ursprünglich freien Morphemen mit lexikalischer Bedeutung in vielen Fällen rekonstruierbar ist, vgl. das dt. Suffix *-heit/-keit* zur Bildung von Abstrakta, das auf ein selbständiges Substantiv mit der Bedeutung »Beschaffenheit, Eigenschaft, Stand«, wie es in got.

haidus sowie in ahd./mhd. *heit* vorliegt, zurückgeht. Neben Bedeutungsverschiebung ist Reihenbildung ein Indiz für den Übergang vom freiem Morphem zum A., vgl. *Feuer + werk*, *Mauer + werk*, *Busch + werk*. Solche affixähnlichen Elemente werden auch →Affixoide genannt.

Lit.: →Derivation, →Wortbildung.

Affixoid [engl. *semi-affix*. – Auch: Halbaffix, Halbableiter]. Oberbegriff für alle affixartigen, d.h. von freien zu gebundenen Wortbildungselementen sich entwickelnden →Affixe, vgl. →Präfixoid, →Suffixoid.

Affiziertes Objekt [lat. *afficĕre* ›einwirken auf‹]. Semantische Rolle des von einer Tätigkeit betroffenen »Objekts«, das unabhängig von dieser Tätigkeit existiert, vgl. *Caroline rezitiert ein Gedicht* im Unterschied zum →Effizierten Objekt in *Caroline schreibt ein Gedicht*. Im allgemeinen wird ein A. O. durch das syntaktische Objekt eines transitiven Verbs ausgedrückt.

Lit.: →Kasusgrammatik.

Affrikate [lat. *affricāre* ›anreiben‹]. Nicht-nasaler oraler →Verschlußlaut, bei dem der orale Verschluß der ersten Phase nur so weit gelöst wird, daß sich bei der zweiten Phase eine Reibung ergibt. Erfolgt die Reibung mit demselben Artikulationsorgan wie der Verschluß, nennt man die A. homorgan, z.B. [p͡f], [t͡s], [d͡z], [k͡x], [b͡β]; heterorgan sind z.B. [t͡ʃ],[p͡x]. Während im Dt. alle A. mit pulmonaler Luft (= Lungenluft) ge bildet werden, gibt es z.B. im →Georgischen ejektive A., in der →Khoisan-Sprache [!Xũ] geschnalzte A. (→Schnalz). – Nach unterschiedlichen Kriterien kann eine A. phonologisch als Einzelphonem oder als Folge zweier Phoneme gewertet werden (→Monophonem(at)ische Wertung, →Polyphonem(at)-ische Wertung).

Lit.: →Phonetik.

Affrizierung. Lautveränderung, die zur Bildung von →Affrikaten aus ursprünglichen Verschlußlauten führt, z.B. die A. von *t*, *p*, *k* zu *ts*, *pf*, *kx* durch die →Zweite Lautverschiebung. Dabei ist eine Zwischenstufe mit stark aspirierten Verschlußlauten sehr wahrscheinlich; die A. resultiert dann aus einer zeitlichen Überlagerung der oralen Verschlußartikulation mit der glottalen Friktion der Aspiration.

Lit.: →Phonetik, →Lautwandel.

Afrikaans [Auch: Kap-Holländisch]. Aus Dialekten des →Niederländischen in Südafrika Ende des 17. Jh. entstandene Sprache der Buren, die seit 1875 als Schriftsprache verwendet wird. A. ist die einzige →Kreolsprache, die zur Amtssprache erhoben wurde (1926 – neben Englisch – in der Republik Südafrika und in Namibia); ca. 5 Mio. Sprecher. Wortschatz und Orthographie des A. wurden von der niederländ. Umgangssprache zur Zeit der Kolonisierung Südafrikas bestimmt. In struktureller Hinsicht weist A. durch Verlust der Flexionsendungen größere morphologische Einfachheit auf als das Niederländ., vgl. *sy loop* vs. niederländ. *zij loopen* ›sie laufen‹.

Lit.: J. J. Le Roux [1923]: Oor die afrikaanse sintaksis. Amsterdam. – M. R. Breyne [1936]: Afrikaans. Eine Einführung in die Laut-, Formen- und Satzlehre mit Literaturproben. Leipzig. – G. G. Kloeke [1950]: Herkomst en groei van het Afrikaans. Leiden. – R. Raidt [1983]: Einführung in Geschichte und Struktur des Afrikaans. Darmstadt. → Niederländisch.

Afrikanische Sprachen. Nach der heute weitgehend akzeptierten Auffassung von J. H. Greenberg [1963] gliedern sich die Sprachen des afrikanischen Kontinents in vier große Sprachstämme: →Afro-Asiatisch, →Niger-Kordofanisch, →Nilo-Saharanisch und →Khoisan. Die Rekonstruktion des Afro-Asiatischen (besonders des →Semitischen) kann dabei auf die älteste Tradition zurückblicken; die drei anderen Stämme (besonders das →Nilo-Saharanische) sind teilweise noch spekulativ.

Lit.: J. H. Greenberg [1963]: The languages of Africa. 2. Aufl. Bloomington 1966. – T. Sebeok (ed.) [1971]: CTL 7. The Hague – W. E. Welmers [1973]: African language structures. Berkeley. – E. Gregersen [1977]: Language in Africa. An introductory survey. New York. – B. Heine u.a. (eds.) [1981]: Die Sprachen Afrikas. Hamburg. – I. R. Dihoff u.a. (eds.) [1983]: Current approaches to African linguistics. 2 Bde. Dordrecht. – H. Jungraithmayer/ W. Möhlig [1983]: Lexikon der Afrikanistik. Berlin. – M. Mann/D. Dalby (eds.) [1987]: A thesaurus of African languages: A classified and annotated inventory of the spoken languages of Africa, with an appendix on their orthographic representation. München.
Bibliographie: W. Meier (ed.) [1984]: Bibliography of African languages. Wiesbaden.
Zeitschriften: Afrika und Übersee. – Journal of African Languages and Linguistics. – Studies in African Languages.

Afro-Asiatisch [Auch: Hamito-Semitisch, Erythräisch]. Sprachstamm, der etwa 250 Sprachen mit 175 Mio. Sprechern in Nordafrika und Südwestasien umfaßt und aus folgenden fünf bzw. sechs Sprachfamilien besteht: →Ägyptisch, →Berberisch, →Kuschitisch, →Semitisch, →Tschadisch, evtl. →Omotisch. Erste Schriftzeugnisse (→Ägyptisch, →Akkadisch) aus dem frühen 3. Jt. v. Chr. Forschungsgeschichtlich stand die Rekonstruktion des Semitischen an erster Stelle. Im 19. Jh. wurde erkannt, daß Sprachen des südlicheren Afrika mit dem Semitischen verwandt sind; diese wurden als »Hamitisch« bezeichnet (nach Ham, Sohn des Noah) und dem Semitischen gegenübergestellt (R. LEPSIUS 1863). In der Folgezeit fand der Begriff »Hamitisch« Verwendung für alle flektierenden Sprachen des südlichen Afrika mit maskulin/feminin-Genus, die als Sprachen von vermeintlich kulturell höherstehenden Völkern angesehen wurden (C. MEINHOF 1912). Heute hat sich die Auffassung durchgesetzt, daß den semitischen Sprachen mehrere andere Sprachfamilien gegenüberstehen und daß Sprachen wie →Ful, Maasai und Nama anderen Sprachstämmen zuzuordnen sind. – Spezifische Kennzeichen: Genussystem (maskulin/feminin, mit *t*-Markierung für feminin), verbale Personalpräfixe und freie Personalpronomina, eigene Konjugation für →Statische Verben, einfaches Kasussystem (Nominativ, Akkusativ, Objektiv, Genitiv) mit Anzeichen für ein ergatives Grundsystem (→Ergativsprache), verbale →Diathesen (Kausativ, Passiv, Medium u.a.), reiches Numerus-System (oft Dual-Formen und Unter-

scheidung zwischen Kollektiv/ Singulativ). Phonologisch charakteristisch sind drei Artikulationsarten für Obstruenten (stimmhaft, stimmlos und »emphatisch«, realisiert als pharyngal, ejektiv o. ä.). (Vgl. Sprachenkarte Nr. 1).

Lit.: I. M. DIAKONOFF [1965]: Semito-Hamitic languages. Moskau. – C. T. HODGE (ed.) [1968]: Afroasiatic: A Survey. The Hague. – H. J. SASSE [1981]: Afroasiatisch. In: B. HEINE u.a. (eds.): Die Sprachen Afrikas. Hamburg, S. 129–148. →Afrikanische Sprachen.

Agens [mask./neutr.; lat. *agere* ›handeln‹, engl. *actor*]. Semantische Rolle des Urhebers bzw. Verursachers einer Handlung, die in →Nominativsprachen wie dem Dt. im allgemeinen durch das Subjekt des Satzes ausgedrückt wird: *Er verbraucht das Geld.* Im Passiv wird das A. mit Hilfe eines →Obliquen Kasus (so z.B. im Lat. oder Russisch) oder einer Präpositionalphrase ausgedrückt, vgl. *von ihm* in *Das Geld wurde von ihm verbraucht.*

Lit.: →Ergativ (2), →Genus Verbi, →Kasusgrammatik, →Subjekt.

Agens-Actio-Modell [engl. *actor-action-goal.* – Auch: Subjekt-Prädikat-Modell]. In L. BLOOMFIELDS Satztypologie Bezeichnung für den in den meisten ideur. Sprachen als häufigsten Grundtyp vorkommenden vollständigen Satz, dessen zweigliedriges Minimum aus der Angabe des Handlungsträgers (→Agens) und der ihm zugeschriebenen Handlung (Actio) besteht, vgl. *Philip* (Agens) *bläst Flöte* (Actio).

Lit.: L. BLOOMFIELD [1933]: Language. New York, Kap. 11.

Agglutination [lat. *agglūtināre*
›anleimen‹]. In der →Wortbil-
dung: morphologisches Bil-
dungsprinzip, nach dem die einzelnen Morpheme sowohl mo-
nosemantisch (→Monosemie)
als auch juxtaponierend (→Jux-
taposition) sind, d.h. jedem
Morphem entspricht ein Bedeu-
tungsmerkmal, und die Morpheme werden unmittelbar aneinander gereiht, vgl. türk.: *ev*
›Haus‹, *-im* ›mein‹, *-ler* ›Plural‹, *-in* ›Genitiv‹: *evlerimin*
›meiner Häuser‹.

Lit.: →Morphologie.

Agglutinierender Sprachbau.
Von W. VON HUMBOLDT [1836]
unter morphologischen Aspekten aufgestellter Klassifikationstyp für Sprachen, die zum
Wortbildungsmittel der →Ag-
glutination tendieren wie u.a.
Türkisch, Japanisch, Finnisch.
Vgl. zum Unterschied →Analy-
tischer Sprachbau, →Flektieren-
der Sprachbau.

Lit.: →Sprachtypologie.

Agnosie [griech. *agnōsía* ›Un-
kenntnis‹]. In der →Neu-
ropsychologie angeborene oder
erworbene Störung in der Verarbeitung von Sinneseindrük-
ken trotz ungestörter Funktion
des entsprechenden Sinnesor-
gans: Schalleindrücke (z.B. Ras-
seln eines Schlüsselbundes)
werden wahrgenommen, aber
die Quelle nicht identifiziert
(Akustische A.) oder ihre Entfernung und Richtung nicht erkannt (Akustische Allästhesie);
sprachliche Schallereignisse
werden nicht differenziert (Verbale A.) oder der minimale akustische Kontrast zwischen einzelnen Phonemen wird nicht er-

kannt (Partielle Laut-Agnosie,
auch: Phonematische Differen-
zierungsschwäche); Gegenstände werden trotz intakter Sehfähigkeit und intakten Tastsinnes
nicht erfaßt (visuelle oder tak-
tile A.)

Lit.: A. R. LURIA [1966]: Higher cortical
functions in man. New York. – J. BROWN
[1972]: Aphasia, apraxia and agnosia.
Springfield, Ill. Dt.: Aphasie, Apraxie und
Agnosie. Stuttgart 1975. – A. R. LURIA
[1973]: The working brain. An introduction to neuropsychology. New York. – H.
HECAEN/M. ALBERT [1978]: Human neuropsychology. New York. – K. POECK (ed.)
[1982]: Klinische Neuropsychologie. 2. neu
bearb. und erw. Aufl. Stuttgart 1989. – J.
ZIHL [1987]: Sehen. In: D. von CRAMON/J.
ZIHL (eds.): Neuropsychologische Rehabilitation. Berlin, S. 105–131.

Agrammatismus [griech. *agrám-
matos* ›ungelernt‹. – Auch:
→Dysgrammatismus]. In der
→Neurolinguistik eingebürgerte
Bezeichnung für eine erworbene →Sprachstörung im mündlichen oder schriftlichen Ausdruck: Aufgrund fehlender
→Funktionswörter und Flexio-
nen entstehen fragmentarische
Sätze (Telegrammstil). A. tritt
auch verbunden mit semantischen und phonematischen Störungen sowie Störungen im
Sprachverständnis auf und wird
häufig bei Broca-Aphasikern
(→Broca-Aphasie) beobachtet.
Neuere Studien betonen, daß
der Übergang von A. zum
→Paragrammatismus fließend
ist. – Gelegentlich wird A. auch
für Störungen in der Entwicklung grammatischer Fähigkeiten bei Kindern verwendet
(→Dysgrammatismus).

Lit.: R. JAKOBSON [1956]: Two aspects of
language and two types of aphasic disturbances. In: R. JAKOBSON/M. HALLE (eds.)
[1971]: Fundamentals of language. The Hague. – A. R. LURIA [1966]: Higher cortical
functions in man. New York. – A. R. LURIA
[1970]: Traumatic aphasia. The Hague. – A.

FRIEDERICI [1984]: Neuropsychologie der
Sprache. Stuttgart. – M. KEAN (ed.) [1985]:
Agrammatism. Orlando. – E. BATES u.a.
[1987]: Grammatical morphology in apha-
sia: Evidence from three languages. In:
Cortex 23, S. 545–574. – D. CAPLAN [1987]:
Neurolinguistics and linguistic aphasiolo-
gy. Cambridge. – L. O. OBLER/L. MENN
[1988]: Agrammatism – the current issues.
In: Journal of Neurolinguistics 3, S. 63–76.
– H. LEUNINGER [1989]: Neurolinguistik.
Opladen. – L. MENN/L. K. OBLER [1989]:
Agrammatism. A cross-linguistic narrative
sourcebook.   Amsterdam.   →Aphasie,
→Sprachstörung.

Agraphie [griech. *a-* Negation,
gráphein ›schreiben‹]. In der
→Neurolinguistik Bezeichnung
für eine erworbene Störung
oder den Verlust des Schreib-
vermögens,   verbunden   mit
→Aphasie (Ausnahme: reine A.,
ohne   Beeinträchtigung   des
mündlichen Sprachgebrauchs
und des Lesens). Zu unterschiedlichen Formen und Klassifizierungen vgl. LEISCHNER
[1957], HECAEN/ALBERT [1978],
DE LANGEN [1987].

Lit.: A. LEISCHNER [1957]: Die Störungen
der Schriftsprache (Agraphie und Alexie).
Stuttgart. – H. HECAEN/M. ALBERT [1978]:
Human neuropsychology. New York. – K.
PEUSER [1978]: Aphasie. München. – K.
POECK (ed.) [1982]: Klinische Neu-
ropsychologie. 2. neu bearb. und erw. Aufl.
Stuttgart 1989. – A. FRIEDERICI [1984]:
Neuropsychologie der Sprache. Stuttgart. –
E. G. DE LANGEN [1987]: Lesen und Schrei-
ben. In: D. von CRAMON/J. ZIHL (eds.):
Neuropsychologische Rehabilitation. Ber-
lin, S. 289–305.

Ainu. Sprache mit ca. 16000
Sprechern auf der japanischen
Nordinsel Hokkaido, auf Sacha-
lin und den Kurilen, deren genetische Affiliation noch nicht
endgültig geklärt ist. (Vgl. Sprachenkarte Nr. 2).

Lit.: J. PATRIE [1982]: The genetic relationship of the Ainu language. Honolulu.

Akan →Kwa.

Akkadisch. Älteste überlieferte
→Semitische Sprache (seit 3. Jt.
v. Chr.), die Sprache der assyri-
schen und babylonischen Reiche, seit dem 2. Jt. v. Chr. in
zwei Dialekte gespalten (Assyrisch, Babylonisch). Überliefert
in der vom →Sumerischen übernommenen →Keilschrift.

Lit.: W. V. SODEN [1952]: Grundriß der ak-
kadischen Grammatik. Rom. – K. K.
RIEMSCHNEIDER [1968]: Lehrbuch des Ak-
kadischen. Leipzig.

Akkusativ [lat. *cāsus accūsatīvus*
›die   Anklage   betreffender
Fall‹;   Fehlübersetzung   von
griech. *ptôsis aitiatikē* ›Kasus
des Bewirkten‹. – Auch: Wenfall, engl. *objective*]. Morphologischer Kasus in →Nominativ-
sprachen wie dem Dt., dessen
Flexionsform mit der des No-
minativs zusammenfallen kann
(*Ein Kind sucht ein (anderes)
Kind*). Nominalphrasen im A.
tragen im allgemeinen die syntaktische Funktion des →Direk-
ten Objekts *(Sie liest ein Buch)*.
Der A. dient jedoch auch zur
Kennzeichnung von Adverbialen *(den ganzen Tag lachen)*
oder von Objektsprädikativen
(*Sie schimpft ihn einen Dumm-
kopf*). Darüber hinaus kommt
der A. auch als Rektionskasus
von Präpositionen vor (*gegen
den Wind ankämpfen*). Als »A.
des Inhalts« (auch: →Kognates
Objekt, →Figura Etymologica)
bezeichnet man Wendungen,
bei denen der Inhalt des Verbs
durch die Nominalform im A.
wiederholt wird: *Sie spielte mit
ihr ein undurchsichtiges Spiel.*
Für weitere semantische Funktionen vgl. →Direktes Objekt.

Lit.: E. A. MORAVCSIK [1978]: Case marking of objects. In: J. H. GREENBERG (ed.):
Universals of human language. Bd. 4. Stanford, S. 250–289. →Direktes Objekt, →Ka-
sus.

Akkusativ mit Infinitiv [Abk.: AcI; lat. *accūsātīvus cum īnfīnītīvō*]. Konstruktion mit Akkusativobjekt und Infinitiv bei Verben des Sagens und der Wahrnehmung wie *heißen, hören* sowie bei kausativen Verben wie *lassen* u.a.: *Er läßt/hört den Mann singen*. Der A.m.I. wird oft als zugrundeliegender Satz mit dem A. als Subjekt des I. und oberflächensyntaktisch als Konstruktion mit dem A. als Objekt des übergeordneten Verbs (*hört den Mann*) analysiert. Im Rahmen der →Transformationsgrammatik nennt man diese Analyse →Raising. Ähnlich behandelt werden Kausativkonstruktionen z.B. im Japanischen.

Lit.: G. BECH [1955]: Studien über das deutsche Verbum infinitum. Kopenhagen. Neudruck Tübingen 1983. – W. HARBERT [1977]: Clause union and the German accusative plus infinitive constructions. In: P. COLE/J. M. SADOCK (eds.): Grammatical relations. New York, S. 121–150. – T. HÖHLE [1978]: Lexikalistische Syntax. Die Aktiv-Passiv-Relation und andere Infinitivkonstruktionen im Deutschen. Tübingen. – J. HYVARINEN [1984]: Zur Satzgliedanalyse der A.c.I.-Konstruktionen bei den deutschen Verben der Sinneswahrnehmung. In: DS 12, S. 303–325. – T. McKAY [1985]: Infinitival complements in German: lassen, scheinen and the verbs of perception. Cambridge. →Kausativum, →Raising.

Akkusativierung. Generell: in zahlreichen Sprachen vorkommender Wechsel des →Valenz-Rahmens, bei dem ein Dativ-, Genitiv- oder Präpositionalobjekt mit einem Akkusativobjekt alterniert: *Er kocht ihr/für sie/er bekocht sie*. Vgl. →Applikativ. Speziell von L. WEISGERBER verwendeter Terminus zur Bezeichnung der (von ihm kritisierten) Tendenz, in bestimmten sprachlichen Wendungen den »betroffenen Menschen« statt mit Dativ durch Akkusativ zu bezeichnen: *jemanden bekochen* statt *für jemanden etwas kochen*.

Lit.: L. WEISGERBER [1957/58]: Der Mensch im Akkusativ. In: WW 8, S. 193–205. – H. KOLB [1960]: Der »inhumane« Akkusativ. In: ZdW 16, S. 168–177. – S. CHUNG [1976]: An object-creating rule in Bahasa Indonesia. In: LIn 7, S. 41–89. – E. A. MORAVCSIK [1978]: Case marking of objects. In: J. H. GREENBERG (ed.) Universals of human language. Bd. 4. Stanford, S. 250–289. – F. PLANK (ed.) [1984]: Objects. Towards a theory of grammatical relations. London. – B. COMRIE [1985]: Causative verb formation and other verb-deriving morphology. In: T. SHOPEN (ed.): Language typology and syntactic description. Bd. 3. Cambridge, S. 309–348.

Akkusativsprache →Nominativsprache.

Akronym [griech. *ákron* ›Spitze‹]. →Abkürzungswort.
(1) Silbenakzent mit steigendem Tonhöhenverlauf.
(2) Diakritisches Zeichen als Betonungs- oder Ausspracheanweisung, z.B. frz. *accent aigu* für geschlossenen *e*-Laut, z.B. in *génératif*.
(3) In der Vergleichenden Sprachwissenschaft Bezeichnung für 2-morigen Stoßakzent. Vgl. →More, →Dreimorengesetz.
(4) Distinktives Merkmal, vgl. →Dunkel vs. Hell.

Akrophonie. (1) Verfahren der Erfindung und Benennung alphabetischer Schriften aus silbischen Bilderschriften (→Piktographie): die alphabetische Lautbezeichnungen beziehen sich jeweils auf den phonetischen Wert der ersten Silbe des ursprünglichen Wortes, auf das sich das Piktogramm (›Bildzeichen‹) bezieht.

Lit.: →Graphemik, →Schrift.

(2) [Auch: Phonetisches Akronym, Phonetisches Initialwort]. Bei Buchstabenschriften →Abkürzungswörter, bei denen sich die Aussprache nicht nach den Namen der verwendeten Buchstaben, sondern nach deren üblichem orthographischem Wert richtet, z.B. *TÜV* [tʰyf] für *Technischer Überwachungs-Verein*; russ. *gum* [gum] für *Gosudárstvennyj universál'nyj magazín* (großes Kaufhaus in Moskau); frz. *smig* [smig] für *salaire minimum interprofessionnel garanti* ›Mindestlohn‹ . Hierher gehören auch Wörter, bei denen nicht allein die Initialen, sondern außerdem ihnen folgende Buchstaben berücksichtigt sind, z.B. russ. *kolxóz* [kʌɫ'xɔs] (mask.,›Kolchos‹) für *kollektívnoe xozjájstvo* ›Kollektivwirtschaft'; dt. *PhilFak* ['fɪlfak] für *Philosophische Fakultät.* Mischfall: dt. *Bafög* für *B(undes)-A(usbildungs)-Fö(rderungs)-G(esetz).*

Aktant [frz. *actant* ›Handelnder‹. - Auch: →Ergänzung, Mitspieler]. Begriff aus der →Dependenzgrammatik von L. TESNIÈRE: unter semantischem Aspekt sind A. Lebewesen, Dinge oder Sachverhalte, die am Prozeß der Handlung beteiligt sind; in struktureller Hinsicht werden sie (u.a. im Dt., Engl. und Frz.) repräsentiert durch die von der →Valenz des Verbs notwendig geforderten und von ihm abhängigen →Nominalphrasen, die je nach syntaktischer Funktion als →Subjekt, direktes oder indirektes →Objekt realisiert werden. Zur Kritik an der Dichotomie »Actant vs. Circonstant« sowie zu ihrer Über-

tragung auf das Dt. vgl. unter →Dependenzgrammatik.

Lit.: L. TESNIÈRE [1959]: Éléments de syntaxe structurale. Paris, S. 102-125. Dt.: Grundzüge der strukturalen Syntax. Hrsg. und übers. von U. ENGEL. Stuttgart 1980. →Dependenzgrammatik.

Aktionsart [engl. *manner of action, aspect*]. Verbale Kategorie, die sich auf die zeitliche Struktur oder inhaltliche Aspekte von Verbbedeutungen bezieht, im engeren Sinne beschränkt auf den Bedeutungsbeitrag von morphologischen Ableitungen. Die wichtigsten Kriterien zur Bestimmung der A. sind u.a.: (a) »Dynamizität« einer Situation, wodurch sich statische Zustände (*besitzen, wissen, mögen*) von dynamischen Geschehen (*blühen, schlagen*) unterscheiden, vgl. →Statisch vs. Dynamisch; (b) Verlaufsweise eines Vorgangs: kontinuierlicher Verlauf beim →Durativ (*brennen, arbeiten*), zeitliche Begrenzung des Verlaufs beim →Nicht-Durativ (*verbrennen, aufarbeiten*); (c) Wiederholung und Frequenz beim →Habituativ und →Iterativ (*flattern*); (d) Bei Kausalität wird unterschieden zwischen Handlungen wie *schreiben, lesen*, die durch ein →Agens bewirkt werden, und Vorgängen wie *blühen, altern*, für die dies nicht zutrifft (→Vorgang vs. Handlung). Bei kausativen (bzw. faktitiven) Verben wie *fällen, tränken* wird die Komponente des Veranlassens oder Bewirkens besonders hervorgehoben, vgl. →Kausativum. Die A. steht in enger Beziehung zur verbalen Kategorie →Aspekt, eine in der Morphologie mancher Sprachen grammatikalisierte Kategorie. So verfügen z.B. die meisten Verben im

Engl. weitgehend unabhängig von ihrer inhärenten A. über eine einfache und eine progressive Form: *I sing /I am singing*, vgl. →Progressiv. Im Unter-, schied zu Aspekt wird A. als lexikalisch-semantische, in der Verbbedeutung »objektiv« verankerte Kategorie behandelt. Die Verwandtschaft zwischen den beiden verbalen Kategorien zeigt sich darin, daß die Bildung verschiedener Aspektformen durch die A. des Verbs gesteuert wird. So können im Engl. Zustandsverben keine progressive Form bilden, vgl. **I am knowing*. Im →Russischen zeigt sich eine Überlagerung der A.-Unterscheidung zwischen durativen Verben (*spat* ›schlafen‹, *zit* ›wohnen‹, *sidet* ›sitzen‹) und nicht-durativen Verben (*aufwachen, finden, sterben*) durch die Aspektunterscheidung zwischen perfektiven und →Imperfektiven Verbalformen. Im allgemeinen haben durative Verben nur eine imperfektive, nicht-durative Verben aber je eine imperfektive und eine perfektive Variante, vgl. Imp. vs. Perf. in *probuzdat'sja/probudit'sja* ›aufwachen‹, *naxodit/najti* ›finden‹ und *umirat/umeret* ›sterben‹. Diese Befunde führen sowohl zu kontroversen Systematisierungsvorschlägen als auch zu zahlreichen terminologischen Überschneidungen, so daß viele Ansätze (insbesondere nicht-deutsche) A. unter »Aspekt« behandeln. - Die A. eines Verbs läßt sich u.a. ausdrücken durch (a) Lexemwahl, vgl. *arbeiten* (durativ, dynamisch) vs. *finden* (nicht-durativ, dynamisch) vs. *kennen* (statisch); (b) Wortbildungsmittel, vgl. *arbeiten* (du-

rativ) vs. *aufarbeiten* (nicht-durativ); (c) Syntaktische Umgebung insbesondere Objektwahl, vgl. *er aß Äpfel* (durativ) vs. *er aß einen Apfel* (nicht-durativ); (d) Tempuswahl, vgl. das *passé simple* im Frz. bei nicht-durativen Verben; (e) Nominale Kasus wie im Finn., wo z.B. der Partitiv *kirjaa* in *luen kirjaa* den Lesevorgang als imperfektiv ausweist (›Ich lese in dem Buch‹), während der Akkusativ *kirjan* denselben Vorgang als perfektiv kennzeichnet (›Ich werde das Buch lesen‹). Da sich diese verschiedenen Faktoren überlagern können, läßt sich eine Klassifizierung der Verben nach ihrer A. schwerlich durchführen, vgl. hierzu die unterschiedlichen Vorschläge im Sammelband von P. J. TEDESCHI/A. ZAENEN [1981]. Die A. eines Verbs spielt bei verschiedenen Regularitäten in zahlreichen Sprachen eine Rolle: (a) Die Wahl des Hilfsverbs wird bei der Perfektbildung auch von der A. des Verbs bestimmt. Transitive und durative intransitive Verben selegieren *haben*, nicht-durative intransitive Verben treten mit *sein* auf: *Es hat gebrannt/Es ist verbrannt*. (b) Durative Verben bilden im allgemeinen nur ein →Vorgangspassiv (*Der Schlüssel wird gesucht*), aber kein →Zustandspassiv (**Der Schlüssel ist gesucht*), während nicht-durative Verben beide Passiv-Varianten aufweisen: *Der Schlüssel wird gefunden/der Schlüssel ist gefunden*. (c) Das →Partizip Perfekt von nicht-durativen intransitiven Verben kann im allgemeinen als Attribut verwendet werden, dasjenige von durativen intransitiven Verben je-

doch nicht: *die erwachte Tante/
die geschlafene Tante. Zu den
einzelnen A. vgl. →Deminutiv,
→Durativ vs. Nicht-Durativ,
→Faktitiv, →Gnomisch, →Habi-
tuativ, →Imperfektiv vs. Perfektiv, →Inchoativ, →Ingressiv, →In-
tensiv, →Iterativ vs. Semelfaktiv, →Progressiv, →Punktuell,
→Resultativ, →Statisch vs. Dynamisch, →Telisch vs. Atelisch,
→Transformativ, →Vorgang vs.
Handlung.

Lit.: J. HOLT [1943]: Études d'aspect. In:
Acta Jutlandica 15.2. - Z. VENDLER [1967]:
Linguistics in philosophy. Ithaca. - J.
FORSYTH [1970]: A grammar of aspect: usage and meaning in the Russian verb. Cambridge. - H. J. VERKUYL [1972]: On the
compositional nature of the aspects. Dordrecht. - B. COMRIE [1976]: Aspect. An introduction to the study of verbal aspect and
related problems. Cambridge. - CH. ROH-
RER (ed.) [1978]: Papers on tense, aspect
and verb classification. Tübingen. - R.
STEINITZ [1981]: Zum Status der Kategorie
»Aktionsart« in der Grammatik (oder:
Gibt es Aktionsart im Deutschen?). In: LSt
76, S. 1-122 - J. HOEPELMANN [1981]: Verb
classification and the Russian verbal aspect: a formal analysis. Tübingen. - P. J.
TEDESCHI/A. ZAENEN (eds.) [1981]: Tense
and aspect. New York. - C. BACHE [1982]:
Aspect and Aktionsart: towards a semantic
distinction. In: JL 18, S. 57-72.- U. SACKER
[1983]: Aspektueller und resultativer Ver-
balausdruck im Französischen, Italienischen, Russischen und Deutschen. Tübingen. - C. DE GROOT/H. TOMMOLA (eds.)
[1984]: Aspect bound. A voyage into the
realm of Germanic, Slavonic and Finno-
Ugrian aspectology. Dordrecht. - H. P. KU-
NERT [1984]: Aspekt, Aktionsart, Tempus.
Tübingen. - W. SAURER (1984): A formal
sematics of tense, aspects and Aktionsart.
Indiana University Linguistics Club. - Ö.
DAHL [1985]: Tense and aspect systems.
Cambridge. - J. FRANÇOIS [1985]: Aktionsart, Aspekt und Zeitkonstitution. In: C.
SCHWARZE/D. WUNDERLICH (eds.): Hand-
buch der Lexikologie. Kronberg, S. 229-
249. - P. LIVINOV/V. P. NEDJALKOV [1988]:
Resultativkonstruktionen im Deutschen.
Tübingen. - V. P. NEDJALKOV (ed.) [1988]:
Typology of resultative constructions. Am-
sterdam. - W. ABRAHAM/T. JANSSEN (eds.)
[1989]: Tempus - Aspekt - Modus. Die le-
xikalischen und grammatischen Formen
in den germanischen Sprachen. Tübingen.
- M. KRIFKA [1989]: Nominalreferenz und
Zeitkonstitution. Zur Semantik von Mas-

sentermen, Pluraltermen und Aspektklassen. München. - H. J. VERKUYL [1989]: Aspectual classes and aspectual composition.
In: LPh 12, S. 39-94.

Aktiv [Auch: Tätigkeitsform].
Neben →Passiv und →Medium
Subkategorie des →Genus Verbi
in →Nominativsprachen wie
dem Dt. Im A. wird typischerweise das →Agens einer Handlung durch das Subjekt kodiert.
A. gilt als grundlegende →Dia-
these, da es keinerlei Beschränkungen unterliegt, für alle Klassen von Verben gegeben ist und
morphosyntaktisch die einfachere Konstruktion darstellt.

Lit.: →Genus Verbi.

Aktivsprache [Auch: Aktivischer Sprachtyp]. Sprachtyp der
→Relationalen Typologie neben
→Nominativsprache und →Er-
gativsprache. Unter der Annahme, daß von den Mustern des
einfachen Aussagesatzes der intransitive und der transitive Tätigkeitssatz und von den semantischen Rollen →Agens und
→Patiens die wichtigsten sind,
ist dieser Sprachtyp folgendermaßen zu charakterisieren: Das
Agens wird unabhängig von der
Transitivität des Satzes an der
Verbergänzung, die diese semantische Rolle trägt, oder am
Verb durch eine morphologische Kategorie kodiert, die »Aktiv« genannt wird. Das Patiens
bzw. ein Zustandsverb, das kein
Agens selegiert, wird durch eine
morphologische Kategorie gekennzeichnet, die »Inaktiv« genannt wird. Vgl. das folgende
Schema:

	Agens	Patiens
intr.	Aktiv	Inaktiv
trans.		

mit der entsprechenden Verteilung in einer Nominativsprache wie dem Dt.:

	Agens	Patiens
intr.	Subjekt	
trans.	Subjekt	Objekt

A. sind u.a. einige Indianersprachen Nordamerikas (z.B. Dakota), Lhasa-Tibetisch (→Tibeto-Burmanisch), Guaraní, vgl. Ost-Pomo: *há ce.xelka* ›ich rutsche aus (ohne Absicht)‹, *wí ce.xelka* ›ich rutsche/gleite (absichtlich)‹. Die Tendenz, die agentivische Ergänzung intransitiver Verben anders zu kodieren als die nicht-agentivischer, zeigt sich auch in anderen Sprachen, so z.B. im Dt. (besonders im Mhd.), wo bei intransitiven Zustandsverben der Träger des Zustands bevorzugt im Dativ oder Akkusativ erscheint (*mich friert, mir ist angst*), während das Agens eines intransitiven Tätigkeitsverbs im Nominativ steht (*ich arbeite, ich lese*). Im Unterschied zum Dt. ist diese Form-Opposition in A. jedoch dominierend.

Lit.: G. A. KLIMOV [1974]: On the character of active languages. In: Linguistics 131, S. 11–23. – G. A. KLIMOV [1977]: Typologija jazykov aktivnogo stroja. Moskau. – W. DROSSARD [1984]: Das Tagalog als Repräsentant des aktivischen Sprachbaus. Tübingen. – S. DELANCEY [1985]: On active typology and the nature of agentivity. In: F. PLANK (ed.): Relational typology. Berlin, S. 47–60. – M. C. O'CONNOR [1985]: Semantics and discourse pragmatics of active

case-marking in Northern Pomo. In: PAMPLC 1, S. 225–246. →Relationale Typologie.

Akustische Allästhesie →Agnosie.

Akustische Phonetik [Auch: Gennem(at)ische Phonetik]. Teilbereich der allgemeinen →Phonetik, der auf physikalischer Basis die akustische Struktur von Sprachlauten nach Frequenz (Tonhöhe), →Quantität (Dauer) und Intensität (Spektrum) untersucht. Die A. P. erfuhr nach 1930 einen großen Aufschwung (a) durch Einsatz elektrischer, später elektronischer Apparate von großer Präzision zur Erzeugung, Verstärkung, Übertragung, Speicherung und Wiedergabe von Sprachlauten; (b) auf Grund der wirtschaftlichen Nutzbarkeit der →Sprachsynthese (Spracherkennung) für die →Linguistische Datenverarbeitung. Steht die Untersuchung des phonetischen Signals im Vordergrund, so spricht man auch von Signalphonetik. – Neuere phonologische Untersuchungen beziehen sich weitgehend auf die Begriffe und Terminologie der A. P.

Lit.: R. JAKOBSON/G. G. M. FANT/M. HALLE [1952]: Preliminaries to speech analysis. The distinctive features and their correlates. Cambridge, Mass. – P. LADEFOGED [1962]: Elements of acoustic phonetics. Chicago. – H. G. TILLMANN [1967]: Akustische Phonetik und linguistische Akustik. In: Phonetica 16, S. 143–155. – G. LINDNER [1969]: Einführung in die experimentelle Phonetik. Berlin. – P. LADEFOGED [1975]: A course in phonetics. New York. →Phonetik.

Akut [lat. *ācer* ›scharf‹]. (1) Als Superskript verschiedenen Zwecken dienendes →Diakritisches Zeichen: Der A. zeigt

Länge an im Tschech., Ungar.
und Altisländ., z.B. *á* für [a:] etc.
Im Neuisländ. dient er der Verschriftung der alten Langvokalen entsprechenden Laute, z.B.
á für [aɷ]. Im Frz. wird *é* für [e]
von *è* für [ɛ] unterschieden. Als
Zeichen des Wortakzents wird
der A. im Span. verwendet, z.B.
in *filológico* (›philologisch‹),
clasificación   (›Klassifikation‹); gleichfalls in akzentuierten russ. Texten. Außerdem bezeichnet der A. Tonhöhenverläufe, z.B. lang-steigenden im
Serbokroat., steigenden in der
latinisierten Pīnyīn-Umschrift
des Chines. Weitere Verwendungsweisen z.B. im Poln.: *ń, ś,*
ź für [ɲ], [ɕ] bzw. [ʑ]; im Niederländ. zur Hervorhebung: *x staat*
vóór y (›x steht vor y‹); in der
grönländ. Orthographie besagt
der A. auf einem Vokal-
Buchstaben, daß der folgende
Konsonant lang ist.
(2) Silbenakzent →Akzent.
Lit.: →Graphemik, →Schrift.

Akzent [lat. *accentus* (aus *ad-*
cantus) ›der Dazugesungene‹].
(1) Im weiteren Sinne: →Supra-
segmentale Eigenschaft von
Lauten, Silben, Wörtern, Wortgruppen und Sätzen durch Hervorhebung. Die Hervorhebung
erfolgt durch Intensivierung der
Muskelaktivitäten bei der Artikulation, Steigerung der →In-
tensität oder Lautstärke, Veränderung der Tonhöhe (→Intona-
tion), Veränderung der Quantität (z.B. Dehnung von Lauten),
Veränderung der Qualität. Man
unterscheidet nach unterschiedlichen Gesichtspunkten verschiedene Formen von A.: (a)
Beim dynamischen A. (engl.
stress) erfolgt die Hervorhebung durch Verstärkung des

Atemdrucks (z.B. beim Wortakzent im Dt.); beim musikalischen A. (engl. *pitch*) durch Variation der →Tonhöhe oder des
→Tonhöhenverlaufs.   Dabei
kann der Tonhöhenverlauf sich
über mehrere sprachliche Einheiten (Silben, Wörter, Wortgruppen) erstrecken. (b) Je nach
der vom A. betroffenen sprachlichen Einheit unterscheidet
man zwischen Silben-Akzent,
Wortakzent, Wortgruppenak-
zent und Satzakzent. Die A.
können (c) mit Haupt- oder Ne-
ben-A. ausgezeichnet sein. A.-
Träger, die nicht auf diese Weise
ausgezeichnet sind, sind entweder schwachtonig oder unbetont. (d) In bezug auf die Verteilung des A. innerhalb morphologischer Einheiten (in Wörtern) unterscheidet man gebundene oder festen A. und
ungebundenen oder freien A.
Festen A. gibt es u.a. im
Tschech., Lett., Finn., Ungar.
(A. jeweils auf der ersten Silbe),
im Poln. (A. auf der vorletzten
Silbe, sofern eine solche vorhanden ist), im Makedon. (A.
auf er drittletzten Silbe, sofern
eine solche vorhanden ist), im
Frz. (A. auf der letzten Silbe).
Der A. dient hierbei der Kennzeichnung der Wortgrenze.
Freien A. findet man u.a. im Dt.
(in der Regel Stammbetonung),
im Russ., Bulgar., Span., Ital.,
Engl. In Sprachen mit freiem A.
dienen A.-Unterschiede der Unterscheidung verschiedener Lexeme (z.B. *úmfahren* vs. *umfáh-*
ren), verschiedener Wortarten
(z.B. im Engl. [ˈpɹoʊgɹes] als
Substantiv vs. [pɹʊˈgɹes] als
Verb) oder verschiedener Wortformen (z.B. im Ital.: *canto* ›ich
singe‹ vs. *cantò* ›er hat gesungen‹). – Sprachgeschichtlich

sind die A.-Verhältnisse wesentlich an der Veränderung der Laut- und Phonemstruktur beteiligt. In den germ. Sprachen sind die Erscheinungen, die durch das →Vernersche Gesetz beschrieben werden, samt deren Reflexen im Dt. (→Grammatischer Wechsel) eine Folge des ideur. freien A. – In der neueren Generativen →Phonologie wird A. als Relation zwischen den starken und schwachen Knoten des metrischen Baumes beschrieben (→Metrische Phonologie).

Lit.: S. F. SCHMERLING [1976]: Aspects of English sentence stress. London. – M. LIBERMAN/A. PRINCE [1977]: On stress and linguistic rhythm. In: LIn 8, S. 249–336. – B. HAYES [1981]: A metrical theory of stress rules. Bloomington. →Intonation, →Phonetik, →Suprasegmentale Merkmale.

(2) Im engeren Sinn von Betonung: Hervorhebung durch Anstieg des Druckes, mit dem die pulmonale Luft durch das Ansatzrohr gepreßt wird. In →Tonsprachen können sich zwei durch A. hervorgehobene Silben durch unterschiedliche →Intonation unterscheiden, z.B. serbokroat. *drûga* (›meines Freundes‹) mit lang-fallender vs. *drúga* (›meine Freundin‹) mit lang-steigender Intonation. In Sprachen mit Quantitätsunterschieden können sich zwei durch A. hervorgehobene Silben durch unterschiedliche Quantität unterscheiden, z.B. dt. *Masse* vs. *Maße*.
(3) Diakritische Zeichen für Akzente, insbesondere →Akut (´), →Gravis (`) und →Zirkumflex (ˆ).
(4) Individuelle Ausspracheeigenheiten, speziell in Fremdsprachen, wo häufig gewisse Artikulationsgewohnheiten der Erstsprache durchschlagen.

Akzentzählende vs. Silbenzählende Sprachen [engl. *stress-timed* vs. *syllable-timed*]. Sprachtypologischer Unterschied im Bereich Rhythmus. In A. S. (z.B. Engl., Dt.) sind es die Zeitabstände zwischen den betonten Silben (→Iktus), in S. S. (z.B. Frz., Ital., Ungar.) sind es die Zeitabstände zwischen einzelnen Silben, die dazu tendieren, quantitativ gleich zu sein.

Lit.: R. DAUER [1983]: Stress-timing and syllable-timing reanalysed. In: JPhon 11, S. 51–62. – P. AUER/S. UHMANN [1988]: Silben- und akzentzählende Sprachen: Literaturüberblick und Diskussion. In: ZS 7, S. 214–259.

Akzeptabilität [lat. *accipere* ›annehmen‹]. Von N. CHOMSKY [1965] eingeführter Terminus zur Bezeichnung der »Annehmbarkeit« von Ausdrücken natürlicher Sprachen, über die von seiten der Kommunikationsteilnehmer (nicht von der Grammatiktheorie, →Grammatikalität) entschieden wird. Urteile über A. werden also auf der Ebene der →Performanz gefällt, während Entscheidungen über Grammatikalität eine Frage der →Kompetenz sind. A. ist ein relationaler Begriff, insofern ein sprachlicher Ausdruck (mehr oder minder) akzeptabel ist in Abhängigkeit von der je spezifischen Verwendungssituation. Als Indizien für die Nicht-A. von Ausdrücken kommen in Frage (a) ungrammatische Äußerungen, (b) durch wiederholt →Eingeschachtelte oder →Selbsteinbettende Konstruktionen hervorgerufene komplexe Satzstrukturen, (c) Widersprüchlichkeiten auf semantischer Ebene, (d) Falschheit der Äußerung in bezug auf die Verwendungssituation, (e) Nicht-Inter-

pretierbarkeit wegen fehlender
Referenz oder unterschiedlicher Weltkenntnis, (f) stilistische Unangemessenheit. Da A.
nicht zuletzt sehr stark von der
Begrenztheit des menschlichen
(Kurzzeit)-Gedächtnisses abhängt, läßt sich A. unter psycholinguistischem Aspekt durch
operationale Testverfahren
kontrollieren, vgl. den Forschungsbericht von H. LEUNIN-
GER u.a. [1973]. →Gedächtnis.

Lit.: H. LEUNINGER/M. H. MILLER/F.
MÜLLER [1973]: Psycholinguistik. Ein For-
schungsbericht. Frankfurt. – I. G. BEVER/
J. J. KATZ/D. T. LANGENDOEN (eds.) [1976]:
An integrated theory of linguistic ability.
Sussex. – S. GREENBAUM [1977]: Acceptabi-
lity in language. The Hague. →Grammati-
kalität.

Akzidentiell [mlat. *accidentalis*
›zufällig‹]. Auf Aristotelische
Kategorienbildung bezogene
Eigenschaft von sprachlichen
Ausdrücken, deren »essentielle«
Grundformen in verschiedenen
»zufälligen« Flexionsformen
auftreten können: Substantive
unterliegen den Kategorien von
→Kasus und →Numerus, Verben
werden u.a. hinsichtlich →Tem-
pus, →Modus, →Genus spezifiziert, d.h. die einzelnen Wortstämme sind die »Substanzen«,
die in unterschiedlichen a.
Wortformen realisiert werden.

Albanisch. Zweig des →Indo-
Europäischen, bestehend aus einer einzigen Sprache, die Staatssprache Albaniens ist und darüber hinaus in Jugoslawien,
Griechenland und Italien gesprochen wird (ca. 5 Mio. Sprecher). Es gibt zwei Hauptdialekte, Ghegisch im Norden und
Toskisch im Süden. Spezifische
Kennzeichen: Neben den üblichen Kategorien ideur. Spra-

chen wird am Nomen →Definit-
heit bzw. Indefinitheit flexivisch ausgedrückt (vgl. *bukë*
›Brot‹, *buka* ›das Brot‹). Die
Morphologie ist relativ komplex, vor allem im Verbalbereich (2 Aspekte, 8 Tempora, 6
Modi). Entwicklung von Ob-
jektkongruenz über präkliti-
sche Pronomina. Wortstellung
meist SVO, Adjektive werden
nachgestellt. Zahlreiche Lehnwörter aus dem Lateinischen sowie Lehnwortbeziehungen mit
anderen Balkan-Sprachen, vor
allem dem →Rumänischen. Erste schriftliche Dokumente aus
dem 15. Jh. Die Sprache wird
mit dem →Kyrillischen Alphabet geschrieben. (Vgl. Sprachenkarte Nr. 7).

Lit.: M. CAMAJ [1969]: Lehrbuch der alba-
nischen Sprache. Wiesbaden. – E. P. HAMP
[1972]: Albanian. In: CTL 9, S. 1626–1692. –
L. NEWMARK/P. HUBBARD/P. PRIFTI
[1982]: Standard Albanian. A reference
grammar for students. Stanford. – O.
BUCHHOLZ/W. FIEDLER [1987]: Albanische
Grammatik. Leipzig.

Alemannisch. Dialektverband
im Westen des →Oberdeut-
schen, der im Westen und Süden an das Frz., Ital. und Räto-
roman., im Norden und Osten
an das →Rheinfränkische, →Ost-
fränkische und →Bairische
grenzt. Der stark in sich gegliederte Dialektraum weist aufgrund divergierender Entwicklungen seit dem Ahd. keine phonologischen oder morphologischen Struktureigenschaften
auf, die in sprachlicher Hinsicht
das gesamte A. als einheitlichen
Dialektverband konstituieren
und von benachbarten Dialektverbänden abheben würden.
Die sprachliche Binnengliede-
rung des A. ergibt eine Unterteilung in Nieder-, Hoch-/

Höchst-A. und Schwäbisch. (a) Nieder-A. wird gesprochen im Elsaß (mit Französisch als Standardsprache) und in Baden. Der Vokalismus ist gekennzeichnet durch die Beibehaltung der mhd. Langvokale *î, iu, û* und der Diphthonge *ie, uo*, vgl. Nieder-A. *is, hys/hus, hiata, fyatar* ›Eis‹, ›Haus‹, ›hüten‹, ›Futter‹. Im Konsonantismus unterscheidet sich das Nieder-A. vom nördlich angrenzenden Rheinfrk. durch die Verschiebung von anlautendem *p* zu *pf* (→Zweite Lautverschiebung). (b) Die hoch-a. Dialektgruppe liegt größtenteils in der Schweiz; traditionellerweise gilt die Vereinfachung der aus der Zweiten Lautverschiebung resultierenden velaren Affrikate *kx* zum Frikativ *x* (*kchind : chind* ›Kind‹) als Trennlinie zwischen Nieder-A. und Hoch-A. (c) Die Dialekte der alpinen schweiz. Südregion stellen die konservativste Dialektgruppe dar; sie werden vielfach als Höchst-A. vom übrigen Hoch-A. abgesetzt. Als sprachliche Charakteristika finden sich die alten mhd. verbalen Pluralendungen *e(n), -et, -ent* gegen den das gesamte übrige A. kennzeichnenden verbalen Einheitsplural; die Flexion des prädikativen Adjektivs, die Beibehaltung von *î, iu, û* auch in →Hiatus-Position und eine Reihe archaischer Wörter. (d) Schwäb. wird im östlichen Baden-Württemberg und im westlichen Bayern gesprochen, die Grenzlinie gegen das Nieder-A. bildet der Schwarzwald, gegen das Bair. der Lech. Sprachlich ist das Schwäb. durch die Diphthongierung von mhd. *â, æ, ê, ô* (neben der sogen. nhd. Di-

phthongierung von *î, iu, û*) gekennzeichnet; ein charakteristisches morphologisches Unterscheidungsmerkmal gegen das Bair. und Ostfrk. stellt der verbale Einheitsplural auf *-et* dar. (Vgl. Sprachenkarte Nr. 6).

Lit.: →Dialektologie, →Oberdeutsch.

Aleutisch →Eskimo-Aleutisch.

Alexie [lat. *legere* ›lesen‹; engl. *acquired dyslexia*]. In der →Neurolinguistik Bezeichnung für eine hirnorganisch bedingte, erworbene Störung der Lesefähigkeit bei intakter Sehfähigkeit, verbunden mit →Aphasie. Die Störung kann auftreten bei der Benennung einzelner Buchstaben (Literale A.), beim Lesen von Wörtern oder einfachen Sätzen (Verbale A., auch Wortblindheit, Satzblindheit). Von besonderem Interesse sind Untersuchungen zu Sprachen mit verschiedenen Schriftsystemen, etwa dem Japan. mit einem logographischen und zwei phonologischen Schriftsystemen (vgl. PARADIS [1987]). A. ist zu unterscheiden von →Dyslexie und →Legasthenie.

Lit.: A. LEISCHNER [1957]: Die Störungen der Schriftsprache. Stuttgart. – A. R. LURIA [1966]: Higher cortical functions in man. New York. – J. W. BROWN [1972]: Aphasia, apraxia and agnosia. Springfield, Ill. Dt.: Aphasie, Apraxie und Agnosie. Stuttgart 1975. – G. PEUSER [1978]: Aphasie. München. – K. POECK (ed.) [1982]: Klinische Neuropsychologie. 2. neu bearb. und erw. Aufl. Stuttgart 1989. – E. G. DE LANGEN [1987]: Lesen und Schreiben. In: D. von CRAMON/J. ZIHL (eds.): Neuropsychologische Rehabilitation. Berlin, S. 289–305. – J. C. MARSHALL [1987]: Routes and representations in the processing of written language. In: E. KELLER/M. GOPNIK (eds.): Motor and sensory processes of language. New Jersey, S. 237–256. – M. PARADIS [1987]: The neurofunctional modularity of cognitive skills: Evidence from Japanese alexia and polyglot aphasia. In: E. KELLER/M. GOPNIK (eds.): Motor and

sensory processes of language. Hillsdale, N. J., S. 277–289.
Forschungsberichte: A. L. BENTON/R. J. JOYNT [1960]: Early descriptions of aphasias. In: Archives of Neurology 3, S. 205–221. – F. DUBOIS-CHARLIER [1971]: Approche neurolinguistique du problème de l'alexie pure. In: Journal of Psychology 68, S. 39–67. – A. KREMIN [1976]: L'approche neurolinguistique des alexies: 1969–1976. In: Langages 44, S.63–81.

Algebraische Linguistik →Formale Sprachen, →Mathematische Linguistik.

Algisch →Algonkisch.

Algonkisch. Sprachfamilie Nordamerikas mit ca. 20 Sprachen im mittleren und östlichen Teil des Kontinents; größte Sprachen sind Cree (ca. 70000 Sprecher) und Ojibwa (ca. 40000 Sprecher), am besten beschrieben ist das Menomini durch L. BLOOMFIELD [1962]. Zusammen mit dem Ritwan (den Sprachen Yurok und Wiyot in Nordkalifornien) bildet A. den Algischen oder Makro-Algonkischen Sprachstamm. – Spezifische Kennzeichen: Sehr einfaches Konsonanten- und Vokalsystem; 2 Genera, die auf eine Belebtheit-Distinktion (→Animat vs. Inanimat) zurückführbar sind; reiches Personensystem: 3 Personen (indefinites *man*, →Inklusive vs. Exklusive Personalformen, Proximat- vs. Obviativ-Unterscheidung, vgl. →Obviation); Unterschied zwischen →Alienabel vs. Inalienabel bei Besitzverhältnissen. Die Differenzierung von Nomen und Verb ist nur schwach ausgeprägt: possessive Verbkonjugation (vgl. *ne-su:niyanəm* ›mein Geld‹, *ne-po:sem* ›ich schiffe mich ein‹ = ›mein Einschif-

fen‹). Transitive Verben sind markiert; wenn der Agens in der Personenhierarchie (2. vor 1. vor 3. Person) vor dem Patiens erscheint, steht das Verb in einer passivähnlichen →Diathese. – Das verwandte Yurok weicht durch arealen Einfluß der Nachbarsprachen stark ab (reiches Lautsystem, Numerusklassifikation). (Vgl. Sprachenkarte Nr. 3).

Lit.: R. H. ROBINS [1958]: The Yurok Language. Berkeley. – L. BLOOMFIELD [1962]: The Menomini language. New Haven. – K. TEETER [1973]: Algonquian. In: CTL 10, S. 1143–1163. – I. GODDARD [1979]: Comparative Algonkian. In: L. CAMPBELL/M. MITHUN (eds.): The languages of native America. Austin.
Bibliographie: D. H. PENTLAND u.a. [1982]: Bibliography of Algonquian linguistics. Winnipeg.

Algorithmus [Mask.; Pl.: Algorithmen. Bezeichnung nach dem arab. Mathematiker AL CHWARISM (um 825)]. Durch explizite Regeln festgelegtes effektives Rechenverfahren zur automatischen Lösung einer Klasse von gleichartigen Problemen. Ein A. besteht aus einem geordneten System von Grundoperationen und Anwendungsbedingungen, die gewährleisten, daß in einer endlichen Folge von Schritten aus beliebigen Eingabedaten eines Bereichs die entsprechenden Ausgabedaten (Lösungen) erzeugt werden. (Vgl. in der Mathematik die Rechenvorschriften für Multiplizieren, Wurzelziehen u.a.). Um eine mathematisch präzise Definition eines bestimmten A. zu erhalten, kann man eine mathematisch exakt beschriebene, hypothetische Maschine konzipieren, die diesen A. schrittweise nachvollzieht und dadurch überprüft, vgl. Automatentheorie, →Formale Sprachen, →Turing-Maschine. – Zur Anwendung von A. in der Linguistik vgl. →Formale Sprachen.

Lit.: →Formale Sprachen.

Alienabel vs. Inalienabel. Subkategorien zum Ausdruck von »veräußerbarem« (engl. *alienable*) und »nicht veräußerbarem« (engl. *inalienable*) Besitz, die in verschiedenen Sprachen durch unterschiedliche Mittel realisiert werden. Im Dt. dient das Verb *besitzen* zum Ausdruck alienabler Possession (*ich besitze ein Haus/*einen Vater/*ein Herz*). Im →Swahili wird I. Possession morphologisch, A. Possession aber syntaktisch ausgedrückt: *baba-ngu* ›mein Vater‹, *nyumba yangu* ›mein Haus‹. Im Chickasaw (→Muskogisch) gibt es verschiedene morphologische Formen, z.B. *sa-holba* ›ein Bild von mir‹ (auf dem ich abgebildet bin, inalienabel) vs. *a-holba* ›mein Bild‹ (das ich besitze, alienabel). Neuere Untersuchungen zeigen, daß nicht so sehr die Veräußerlichkeit eine Rolle spielt als vielmehr, ob das Possessor-Nomen ein →Relationaler Ausdruck ist oder nicht.

Lit.: →Relationaler Ausdruck.

Allativ [nach lat. *allātus* ›hingetragen‹]. Morphologischer Lokalkasus in einigen Sprachen, z.B. im Finnischen. Er drückt aus, daß ein Objekt sich in Richtung auf einen Ort bewegt.

Allaussage [Auch: Allsatz]. Aussage über alle Elemente (Individuen, Sachverhalte u.a.) eines bestimmten Bereichs im Unterschied zu →Existenzaussagen, die sich auf mindestens ein Element eines bestimmten Bereichs beziehen. A. werden in der →Formalen Logik mittels des sogen. Alloperators (→Operator) symbolisiert: ∧ *x* [*M(x)* → *S(x)*], zu lesen als: »Für jedes *x* gilt: wenn *x* die Eigenschaft *M* hat (z.B. ›Menschsein‹), dann hat es auch die Eigenschaft *S* (z.B. ›sterblich sein‹)«. – In der Regel haben wissenschaftliche Gesetzesaussagen die Form von A.

Lit.: →Formale Logik.

Allegation [lat. *allēgāre* ›eine Schriftstelle anführen‹; engl. *allegation* ›nicht erwiesene Aussage‹. – Auch: *Necessitation*]. Von P. Sgall [1973] eingeführter Terminus für eine Sonderform von Folgerungsbeziehungen, die er folgendermaßen definiert: Aus *S* folgt *A*, aber aus *Nicht-S* folgt weder *A* noch *Nicht-A*. Damit steht die A. zwischen →Assertion, deren Bedeutung durch Negation umgekehrt wird, und →Präsupposition, die unter Negation konstant bleibt. Die Relation der A. entspricht den *if-verbs* in Karttunen [1971]. Solche Relationen finden vor allem in der →Textlinguistik Anwendung.

Lit.: L. Karttunen [1971]: The logic of English predicate complement constructions. Indiana. Dt. in: W. Abraham/R. I. Binnick (eds.): Generative Semantik. Frankfurt 1972, S. 243–278. – P. Sgall u.a. [1973]: Topic, focus and generative semantics. Kronberg, S. 108–111. →Präsupposition.

Allegorie [griech. *allēgoría* ›das Anderssprechen‹]. Rhetorischer →Tropus der »fortgesetzten Metapher« (Quintilian):

A. ist die Metaphorisierung eines ganzen Textes bzw. Sachverhalts mittels einer und derselben Bildsphäre, z.B. die Darstellung der Staats- oder Lebensführung im Bildfeld der Schiffahrt oder die Schilderung abstrakter Begriffe im Bilde handelnder Personen (»Personifizierung«). Im Unterschied zum Symbol bewahren A. und →Metapher einen sachlich-sprachlichen, zumindest konnotativen Zusammenhang zwischen primärer und bildlicher Sinnebene.

Lit.: M. W. BLOMMFIELD [1962/63]: A grammatical approach to personification allegory. In: MPh 60, S. 161-171. - E. HELLGARDT [1978]: Erkenntnistheoretisch-ontologische Probleme uneigentlicher Sprache in Rhetorik und Allegorie. In: W. HAUG (ed.): Formen und Funktionen der Allegorie. Stuttgart, S. 25-37. - G. KURZ [1982]: Metapher - Allegorie - Symbol. Göttingen. - J. GOHEEN [1986]: Zur Rhetorik der Literatur aus der Sicht einer Textstilistik. Die Allegorie als Textfigur. In: A. SCHÖNE (ed.): Akten des 7. internat. Germanistenkongresses, Göttingen 1985. Tübingen, Bd. 3, S. 54-65. →Rhetorische Figur.

Allegroform vs. Lentoform [ital. *allegro* ›lebhaft‹, *lento* ›langsam‹]. Durch schnelles bzw. langsames Sprechen bewirkte unterschiedliche Wortformen. L. gilt als die normale deutlich artikulierte Vollform, A. dagegen als die abgeschliffene, verkürzte Form; vgl. *die untre Zeile* vs. *die untere Zeile.*

Allgemeine Grammatik [Auch: Philosophische Grammatik, →Universalgrammatik]. Von der Antike über das Mittelalter (Scholastik), den empirischen →Rationalismus des 17./18. Jh. bis zu N. CHOMSKYS Universalienkonzept immer wieder angestrebtes wissenschaftliches Programm, ein auf logischen Prinzipien basierendes allgemeines Grammatikmodell zu entwickeln, auf das sich die Strukturen und Regularitäten aller Sprachen zurückführen lassen. Vgl. →Spracherwerbsmechanismus, →Universalien, →Universalgrammatik.

Lit.: N. CHOMSKY [1966]: Cartesian linguistics. New York. - H. BREKLE [1967]: Die Bedeutung der Grammaire générale et raisonnée - bekannt als Grammatik von Port-Royal - für die heutige Sprachwissenschaft. In: IF 72, S. 1-21. - B. E. BARTLETT [1975]: Beauzée's grammaire générale. Theory and methodology. The Hague. - A. JOLY/J. STÉFANINI (eds.) [1977]: La grammaire générale. Des modistes aux idéologues. Villeneuve. →Sprachtheorie, →Universalien, →Universalgrammatik.

Allgemeine Lesart →Generische Lesart.

Allgemeine Semantik [engl. *General Semantics*]. Von dem polnischen Mathematiker A. KORZYBSKI in den USA begründete, weniger sprachwissenschaftlich als ideologisch ausgerichtete semantische Konzeption von Sprache. Die A. S. untersucht die Beziehung zwischen Sprecher, Sprache und Wirklichkeit unter dem Aspekt der Befreiung des Menschen von der »Tyrannei« der Sprache (vgl. CHASE [1938]). Im Unterschied zur materialistisch orientierten →Abbild(ungs)theorie geht die A. S. davon aus, daß durch die vorgegebene Struktur der Sprache der Mensch nicht in der Lage ist, die Realität objektiv zu begreifen, da die sprachliche Vermittlung der Erfahrung immer schon durch bestimmte Abstraktionen und Symbolisierungen vorgeprägt ist (→Sapir-Whorf-Hypothese, →Inhaltsbezogene Grammatik). Daher ist es unter pädagogischem Aspekt notwendig, die Manipulationen und Verzerrungen durch Sprache zu durchschauen, d.h. Sprache als trügerisches Abbild der Realität zu entlarven.

Lit.: A. KORZYBSKI [1933]: Science and sanity. An introduction to non-aristotelian systems and general semantics. Lancaster. - S. CHASE [1938]: The tyranny of words. London. - S. I. HAYAKAWA [1941]: Language in thought and action. New York. Dt.: Semantik. Sprache im Denken und Handeln. Darmstadt 1969. - G. SCHWARZ (ed.) [1968]: Wort und Wirklichkeit. Beiträge zur allgemeinen Semantik. Darmstadt. - J. S. BOIS [1978]: The art of awareness: a textbook on general semantics and epistemics. Dubuque, Iowa. - J. D. ROTHWELL [1982]: Telling it like it isn't: language misuse & malpractice, what we can do about it. Englewood Cliffs, N.Y. - R. E. PAULSON [1983]: Language, science, and action: Korzybski's general semantics: A study in comparative intellectual history. Westport, Conn.

Alliteration [lat. *ad* ›hinzu‹, *littera* ›Buchstabe‹. - Auch: Anreim, Stabreim]. Wiederholung bzw. Gleichklang der Anlaute von Silben mit Hauptton, meist aus stilistischen Gründen: *Mann und Maus, Himmel und Hölle.* Bei der Rekonstruktion der Aussprache früherer Sprachzustände gibt A. Entscheidungshilfe, so alliterieren in germ. Stabreimdichtungen (z.B. »Edda«) alle Vokale miteinander, weil der Knacklauteinsatz vor Vokalen als Konsonant realisiert wurde (vgl. →Glottisverschluß); außerdem galten die Lautverbindungen *sp, st, sk* als phonetisch-phonologische Einheiten, da sie - wie alle Konsonanten - nur mit sich selbst alliterieren.

Allo- [griech. *állos, alloîos* ›anders beschaffen als‹]. Wortbildungselement zur Bezeichnung von Varianten linguistischer Einheiten auf der Ebene der Parole (→Langue vs. Parole). Die Allo-Formen wie →Allophon, →Allomorph u.a. repräsentieren verschiedene Varianten ihrer zugrundeliegenden sprachlichen Einheiten, nämlich →Phonem, →Morphem u.a.

Alloflex. Konkret realisierte Variante eines grammatischen Morphems zur Bezeichnung von Flexionselementen, vgl. →Flexiv.

Allograph [griech. *gráphein* ›schreiben‹]. Graphische Variante der Verschriftung eines nicht-graphischen Objekts, wobei unterschieden wird zwischen: (a) A. eines Phons: Im IPA (→Lautschrift) sind [ɪ] und [ɪ], [ʊ] und [ɷ] je A. eines Phons. (b) A. eines Phonems: ⟨g⟩ und ⟨ğ⟩ sind in Orthographien mit lat. Basis in der Regel A. (c) A. eines phonemischen Komplexes: Im Dt. steht *Corpus* allographisch neben *Korpus, Friseur* neben *Frisör*. (d) A. eines Begriffes finden sich in logographischen Schriftsystemen wie dem des Chines. - Ob zwei Schriftzeichen A. zueinander sind, hängt vom jeweiligen Bezugssystem ab. Im Unterschied etwa zur engl., dt. und frz. Orthographie sind ⟨ɑ⟩ und ⟨a⟩ im IPA keine A. Bezogen auf eine phonologische Beschreibung des Dt. können ⟨a⟩, ⟨ɑ⟩, ⟨*a*⟩, ⟨A⟩, ⟨*A*⟩ u.a. als A. betrachtet werden. Dies wird hingegen ausgeschlossen, wenn man Minuskeln und Majuskeln, Latein- und Frakturschrift, gerade Schrift und Kursivschrift als verschiedenen Systemen zugehörig unterscheidet.

Lit.: →Graphemik.

Allomorph [griech. *morphḗ* ›Form‹. Auch: Polymorph(ie)]. Konkret realisierte Variante eines →Morphems. Die Klassifizierung von →Morphen als A. bzw. als Repräsentanten eines bestimmten Morphems beruht auf: (a) Bedeutungsgleichheit und (b) komplementärer Verteilung. A. von *geben* z.B. sind [ga:p], [ga:b], [gi:p], [ge:p], [ge:b]. Wird die lautliche Form des A. durch die phonetische Umgebung bestimmt, so handelt es sich um phonologisch bedingte A., z.B. im Dt. die durch →Auslautverhärtung bedingten A.: [ba:t] vs. [ba:d] für *Bad*, *bad + en*. Liegen keine phonetischen Bedingungen für unterschiedliche A. vor, so spricht man von morphologisch bedingten A., z.B. [ʃwim] vs. [ʃwam] für *schwimm + en*, *schwamm*.

Lit.: →Morphologie.

Allophon [griech. *phōnḗ* ›Stimme‹]. Konkret realisierte Variante eines →Phonems. Die Klassifizierung von →Phonen als A. eines Phonems beruht (a) auf ihrer Distribution (= Vorkommen) und (b) auf phonetischer Ähnlichkeit. Auf Grund ihrer auditiv-phonetischen Ähnlichkeit sind im Dt. Zungen- und Zäpfchen-*r* A. desselben Phonems; man bezeichnet sie auch als »freie/fakultative« Varianten. Die nicht-freien A. sind komplementär verteilt wie die *Ich-Ach*-Laute im Dt., vgl. *ich, rechnen, nüchtern* vs. *ach, Loch, Bauch*; man bezeichnet sie dann als »kombinatorische« Varianten.

Lit.: →Phonologie.

Allosem [griech. *sēma* ›Zeichen‹]. In der Terminologie von E. NIDA ist ein A. ein Bedeutungselement eines →Semems, dessen Realisierung vom jeweiligen semantischen Kontext abhängt. Der Lexikoneintrag für *Fuß* z.B. weist ein A. [Teil von x, x = + BELEBT] auf, das im Kontext von *Fuß des Berges* als [– BELEBT] realisiert wird.

Lit.: E. NIDA [1946]: Morphology. Ann Arbor. 2. Aufl. 1949, S. 174.

Allotagma [griech. *tágma* ›Ordnung‹, ›Klasse‹]. Konkret realisierte Variante eines →Tagmems (d.h. einer kleinsten bedeutungstragenden grammatischen Einheit).

Lit.: L. BLOOMFIELD [1933]: Language. New York, S. 166.

Allotax [griech. *táxis* ›Anordnung‹]. Oberbegriff für kleinste, konkret realisierte, nicht bedeutungstragende Varianten eines →Taxems, also →Allophon, →Allomorph u.a.m.

Allquantor [lat. *quantus* ›wie groß‹] →Operator (b).

Allsatz →Allaussage.

Alpha Privativum [lat. *prīvātīvus* ›verneinend‹]. Bezeichnung für das griech. →Präfix *a-/an-* aus idgerm. *(lat. *in-*, dt. *un-*), das der Verneinung des folgenden Ausdrucks dient, z.B. *A + theist* (zu griech. *átheos* ›gottlos‹), *a + (n)onym* (griech. *anōnymos* ›ohne Namen‹).

Lit.: →Wortbildung.

Alphabet [griech. *álpha + bēta*, Namen der ersten beiden Buchstaben des griech. Alphabets].

(1) Schriftzeicheninventar einer →Alphabetschrift in standardisierter Anordnung. Die Anordnung ist bei gleichem Schriftzeicheninventar für verschiedene Sprachen, aber auch für ein und dieselbe Sprache unterschiedlich geregelt. Nach DUDEN werden ä, ö, ü wie a, o und u eingeordnet, nach DIN 5007 jedoch wie ae, oe, ue. ß wird nach beiden Regelwerken wie ss behandelt. Die letzten Buchstaben im dän. und norweg. A. sind: y, z, æ, ø, å, im Schwed.: y, z, å, ä, ö und im isländ.: y, þ, æ, ö.

Lit.: →Alphabetschrift, →Schrift.

(2) (Auch: Vokabular): Endliche Menge der Symbole bzw. Grundzeichen, auf der die Beschreibung formaler (künstlicher) Sprachen basiert. So besteht das Morse-A. aus zwei Elementen, nämlich kurzer und langer Ton, deren unterschiedliche →Verkettungen das Morse-System ergeben. In der →Transformationsgrammatik wird zwischen nicht terminalen Symbolen S, NP, VP usw. und den aus dem Lexikon eingesetzten Endsymbolen unterschieden.

Alphabetisierung.
(1) Unterweisung Schriftunkundiger (»Analphabeten«) (u.U. auch: an ein anderes Schriftsystem Gewöhnter) im Gebrauch der Schrift.
(2) Verschriftung bisher schriftloser Sprachen.
(3) Umstellung eines anderen Schriftsystems auf die →Alphabetschrift.

Alphabetschrift [Auch: Buchstabenschrift]. Verschriftungssystem, das auf phonetisch-phonologischen Kriterien beruht, d.h. auf einer Zuordnung von graphischen Zeichen zu Lauten oder Lautsegmenten. Durch dieses »phonographische« Prinzip unterscheiden sich A. von Schriften, die (a) zur Darstellung sprachlicher oder nicht-sprachlicher Ereignisse sich bildlicher Zeichen bedienen (→Piktographie), die (b) Begriffe (→Ideographie), (c) morphologische Einheiten – Morpheme oder Wörter – (→Logographie) oder (d) Silben (→Silbenschrift) verschriften. Im Unterschied zu solchen ideographischen (und auch zu syllabographischen) Systemen, die unabhängig voneinander zu verschiedenen Zeiten bei verschiedenen Völkern immer wieder neu entstanden sind, lassen sich alle A. auf eine einmalige Erfindung im semitischen (altphönikischen) Sprachbereich zurückführen. Diese nur konsonantische A. adaptierten die Griechen durch »Vokalisierung« und die Schaffung einer linearen Abfolge von Konsonant und Vokal. Die universelle Entwicklung und Verbreitung der A. beruht auf dem besonders günstigen Verhältnis zwischen der Einfachheit und der Lernbarkeit des Systems sowie der Ökonomie seiner Verwendung. Während die moderne chines. (logographische) Schrift etwa 6000 bis 8000 Zeichen für die umgangssprachliche Kommunikation und etwa die zehnfache Menge für wissenschaftliche Texte benötigt, basieren die A. auf etwa 30 Zeichen: Das Engl. verfügt über 26, das Dt. über 28, das Frz. über 31 und das Russ. über 33 Buchstaben. Die

Übertragung des lat. Alphabets auf europäische Sprachen führte nach der je verschiedenen einzelsprachlichen phonologischen Struktur zu unterschiedlichen Anpassungsschwierigkeiten und häufig daraus resultierenden orthographischen Inkonsequenzen, was die Relation von Laut zu Zeichen (und umgekehrt) betrifft. Solche Problemfälle, durch historischen Wandel oder Zufall häufig noch verstärkt, resultieren vor allem aus der unsystematischen Zuordnung von Laut/Phonem und Zeichen/Graphem. Von folgenden Abweichungstypen sind die europäischen Einzelsprachen (unterschiedlich stark) betroffen: (a) Ein Zeichen steht für mehrere Laute, vgl. dt. ⟨s⟩ bezeichnet [s] in *Dunst*, [z] in *Sache*, [ʃ] in *Spiel*; (b) Mehrere Zeichen beziehen sich auf denselben Laut, vgl. dt. ⟨i, ie, ieh⟩ für [iː] in *Stil, Stiel, stiehl*; (c) Einfache Zeichen werden für Lautverbindungen verwendet, vgl. dt. ⟨z⟩ für [ts] in *Reiz*, oder (d) Zeichenverbindungen für Einzellaute, vgl. dt. ⟨sch⟩ für [ʃ] in *Schein*. - Ungeklärt sind die sprachtheoretischen Hypothesen, ob die A. eine historische Zufälligkeit oder aber eine notwendige, auf dem naturgegebenen universellen Charakter des Phonems (= Sprachlaut) beruhende Erfindung sei, vgl. hierzu H. LÜDTKE [1969].

Lit.: I. J. GELB [1952]: A study of writing. The foundation of grammatology. London. - M. COHEN [1958]: La grande invention de l'écriture et son évolution. Paris. - D. DIRINGER [1962]: Writing. London. - K. FÖLDES-PAPP [1966]: Vom Felsenbild zum Alphabet. Die Geschichte der Schrift von ihren frühesten Vorstufen bis zur lateinischen Schreibschrift. Stuttgart. - J. FRIEDRICH [1966]: Geschichte der Schrift unter besonderer Berücksichtigung ihrer geistigen Entwicklung. Heidelberg. - H. LÜDTKE [1969]: Die Alphabetschrift und das Problem der Lautsegmentierung. In: Phonetica 20, S. 147–176. →Graphemik, →Schrift.

Alt-Äthiopisch →Geʾez.

Altaisch. Sprachstamm im zentralen und nördlichen Asien mit ca. 60 Sprachen und 250 Mio. Sprechern. Die Sprachen gliedern sich in die →Turksprachen, die →Mongolischen und die →Tungusischen Sprachen. Die Zugehörigkeit des →Koreanischen, →Japanischen und →Ainu sowie die Verwandtschaft mit den →Uralischen Sprachen ist umstritten. Die erste Klassifikation geht auf STRAHLENBERG (1730) zurück. - Die Sprachen sind typologisch relativ einheitlich: einfaches Phonemsystem, einfache Silbenstruktur, →Vokalharmonie. Morphologisch agglutinierend, vorwiegend suffigal. Reiches Kasussystem, Subjekt-Verb-Kongruenz. Wortstellung: SOV, strikt präspezifizierend (→Bestimmungsrelation). Zahlreiche Partizipialformen zur Neben- und Unterordnung von Sätzen. (Vgl. Sprachenkarte Nr. 2).

Lit.: N. POPPE [1960]: Vergleichende Grammatik der altaischen Sprachen. Wiesbaden. - B. COMRIE [1981]: The languages of the Soviet Union. Cambridge.

Alternante [lat. *alternāre* ›abwechseln‹]. In der Terminologie L. BLOOMFIELDS die miteinander »alternierenden« Elemente »emischer« Einheiten (wie Phoneme und Morpheme), also Allophone und Allomorphe. Vgl. →Etische vs. Emische Analyse.

Lit.: L. BLOOMFIELD [1933]: Language. New York.

Alternanz →Alternation.

Lit.: I. Endzelin [1944]: Altpreußische Grammatik. Riga.

Alternation [Auch: Alternanz, Lautwechsel]. Regelmäßiger Lautwechsel in etymologisch verwandten Wörtern auf synchronischer Ebene: (a) Bei automatischer (auch: kombinatorischer) A. ist der Lautwechsel durch den phonetischen Kontext bedingt, vgl. im Dt. die →Auslautverhärtung in [hunt] vs. [hunde] oder die *Ich-Ach*-Laut-Relation z.B. in [buːx] vs. [byːçer]; (b) Morphophonologische A. dient der grammatischen Differenzierung, z.B. durch →Ablaut in *springen, sprang, gesprungen,* →Umlaut in *Hut : Hüte* sowie der Wortbildung bei *binden, Band, Bund.*

Lit.: →Phonologie.

Alternative →Disjunktion.

Alternativfrage [Auch: Disjunkte Frage]. →Fragesatz in Form zweier durch *oder* verbundener →Entscheidungsfragen (*Kommt Jakob heute oder morgen?*), der nicht mit *ja/nein* beantwortet werden kann. Meist sind A. ambig und zugleich auch als Entscheidungsfragen zu interpretieren; vgl. *Kommt Caroline heute oder kommt sie morgen?* vs. *Kommt Caroline (heute oder morgen)?*

Lit.: →Fragesatz.

Alternativprinzip →Binarismus.

Alt-Indisch →Sanskrit.

Altkirchenslawisch →Bulgarisch.

Altpreußisch. Im 18. Jh. ausgestorbene →Baltische Sprache.

Alveolar(laut) [lat. *alveolus* ›kleine Mulde‹, ›kleine Wanne‹. Auch: Superdentaler Laut]. Nach der Artikulationsstelle, den →Alveolen, bezeichneter Sprachlaut, z.B. [tʰ], [n] in engl. [tʰʊn] ›Blechbüchse‹, [t], [n] in dt. [vɛʃt] ›wäscht‹ bzw. [vaʃn] ›waschen‹. In der Regel entsprechen die Buchstaben ⟨n⟩, ⟨d⟩, ⟨t⟩ im Dt. nicht A., sondern →Dentalen; vgl. IPA-Tabelle S. 22/23. →Alveolo-Palatal(laut), →Apiko-Alveolar(laut), →Artikulatorische Phonetik, →Palato-Alveolar(laut).

Alveolen [Auch: Zahndamm]. Wulst hinter den oberen Schneidezähnen. Artikulationsstelle der →Alveolar(laute). →Artikulatorische Phonetik.

Alveolo-Palatal(laut). Bisweilen Bezeichnung für →Lamino-Palatal(laut), vgl. IPA-Tabelle S. 22/23.

Amalgamierung [arab. *al-malgam* ›die erweichende Salbe‹; eigentlich ›Quecksilberlegierung‹, ›Erweichungsmittel‹, erst über mlat. *amalgama* zu griech. *málagma*. – Auch: Verschmelzung].
(1) In der Semantiktheorie von Katz/Fodor [1963] Prozeß des schrittweisen Zusammenfassens der Bedeutung einzelner Konstituenten zur Satzbedeutung aufgrund sogenannter →Projektionsregeln. Der Prozeß der A. basiert auf den syntaktischen Relationen der Konstituenten in der Tiefenstruktur. Vgl. →Interpretative Semantik, →Kompositionsprinzip.

(2) In der →Wortbildung = →Zusammenrückung.

Lit.: J. J. KATZ/J. A. FODOR [1963]: The structure of a semantic theory. In: Lg 39, S. 170–210. Dt. in: H. STEGER (ed.): Vorschläge für eine strukturale Grammatik des Deutschen. Darmstadt 1970, S. 202–268. →Interpretative Semantik.

Ambiguität [lat. *ambiguitās* ›Doppelsinn‹. – Auch: Amphibolie (veraltet), Mehrdeutigkeit]. Eigenschaft von Ausdrücken natürlicher Sprachen, denen mehrere Interpretationen zugeordnet werden können, bzw. die unter lexikalischem, semantischem, syntaktischem u.a. Aspekt in der linguistischen Beschreibung mehrfach zu spezifizieren sind. Damit unterscheidet sich A. von dem komplementären Begriff der →Vagheit als Bezeichnung für pragmatische Mehrdeutigkeit, bzw. Unbestimmtheit, die nicht systematisch beschreibbar ist. A. ist auflösbar bzw. darstellbar (a) durch den kompetenten Sprecher, der mittels Paraphrasenbildung die einzelnen Lesarten verdeutlichen kann, (b) durch grammatische Analyse, z.B. im Rahmen generativer Syntaxmodelle, die jeder möglichen Interpretation mehrdeutiger Oberflächenstrukturen verschiedene zugrundeliegende Strukturen zuordnen, vgl. →Disambiguierung. Je nachdem, ob A. auf der Verwendung spezieller Lexeme oder der syntaktischen Struktur von mehrgliedrigen Ausdrücken beruht, unterscheidet man (a) lexikalische A. (auch: →Polysemie, Homonymie): *Absatz* ›Teil des Schuhs‹ bzw. ›Verkauf‹ und (b) syntaktische bzw. strukturelle A. (auch: Polysyntaktizität, konstruktionelle Homonymie): *Die Wahl des Vorsitzenden fand Zustimmung* kann bedeuten, daß der Vorsitzende gewählt wurde oder selber eine Wahl getroffen hat. Die Darstellung und Auflösung von A. durch mehrfache Interpretation gilt als wichtiges Indiz bei der Bewertung der Leistungsfähigkeit von Grammatiken, zumal das Auftreten von A. bei zahlreichen sprachwissenschaftlichen Beschreibungsproblemen eine entscheidende Rolle spielt, wie z.B. bei →Quantoren, →Negation, Pronominalisierung sowie in der →Wortbildung, vgl. die systematische Mehrdeutigkeit von Ausdrücken wie *Holzschuppen* (›Schuppen aus/für Holz‹), *Goldkassette* (›Kassette aus/für Gold‹) oder von Nominalisierungen wie *Rettung,* die sowohl ›Prozeß‹ als auch ›Ergebnis‹, Zustand‹ bezeichnen. In alltagssprachlicher Kommunikation ist A. eher ein Randproblem, da Kontext, Intonation, Situation u.a.m. meist die angemessene Lesart ausfiltern. Zur Behandlung von A. im Rahmen verschiedener Grammatiktheorien vgl. den Forschungsbericht von N. FRIES [1980], zu Testverfahren vgl. J. KOOIJ [1971], ZWICKY/SADOCK [1975], KEMPSON [1977], S. 123–138.

Lit.: A. SCHAFF [1967]: Essays über die Philosophie der Sprache. Frankfurt, S. 65–94. – J. KOOIJ [1971]: Ambiguity in natural language. Amsterdam. – A. ZWICKY/J. SADOCK [1975]: Ambiguity tests and how to fail them. In: J. KIMBALL (ed.): Syntax and semantics. Bd. 4. New York, S. 1–36. – R. M. KEMPSON [1977]: Semantic theory. Cambridge. – W. WOLSKI [1980]: Schlechtbestimmtheit und Vagheit – Tendenzen und Perspektiven. Tübingen. – J. F. KESS [1981]: Ambiguity in psycholinguistics. Amsterdam. – S. MARKUS [1981]: Contextual ambiguity natural and artificial languages. Gent. – R. BARTSCH/TH. VENNEMANN [1982]: Sprachtheorie, Tübingen, S.

94-118. – D. S. GORFEIN (ed.) [1989]: Resolving semantic ambiguity. Berlin.
Bibliographie: N. FRIES [1980]: Ambiguität und Vagheit. Einführung und kommentierte Bibliographie. Tübingen. →Polysemie.

Ambi-Silbisch. Eigenschaft eines Segments, das sich an der Nahtstelle zweier Silben befindet, d.h. als »Gelenk« zu zwei aufeinanderfolgenden Silben gehört, z.B. [s] in *Gasse*, [r] in *arrogant*.

Amerikanischer Strukturalismus. Sammelbezeichnung für verschiedene seit den zwanziger Jahren in den USA sich entwickelnde Richtungen des →Strukturalismus, als deren Wegbereiter vor allem E. SAPIR und L. BLOOMFIELD gelten. Wenngleich die verschiedenen Schulen sich nicht strikt voneinander trennen lassen, unterscheidet man im allgemeinen zwei Phasen, die sogen. »Bloomfield-Ära« sowie den →Distributionalismus mit Z. S. HARRIS als Hauptvertreter. – Allen Ausprägungen gemeinsam sind bestimmte wissenschaftsgeschichtliche Voraussetzungen, die die spezifische methodische Ausrichtung des A. S. maßgeblich beeinflußt haben. Einmal ist es das Interesse an aussterbenden Indianersprachen, das Linguistik und Anthropologie zu interdisziplinären Forschungen veranlaßt. Die Beschäftigung mit kulturell fernstehenden, noch gänzlich unerforschten Sprachen, die zudem nur mündlich existierten, ist ein wesentlicher Impuls für die parole-bezogene, rein deskriptiv vorgehende Methode des A. S. – die Arbeiten von SAPIR und F. BOAS sind hierfür einschlägig

(vgl. →Feldforschung). Zum andern wird das theoretisch-methodische Konzept maßgeblich durch die Prinzipien der behavioristischen Psychologie bestimmt (→Behaviorismus). Die am Vorbild der Naturwissenschaften orientierte Forschungsrichtung reduziert ihren Untersuchungsgegenstand auf sinnlich wahrnehmbare Daten und überträgt in Tierexperimenten gewonnene Beobachtungen auf die Erklärung menschlichen Verhaltens. Diese Beschränkung auf eine exakte Analyse objektiv erfaßbarer Daten hat dazu geführt, daß das Problem der Bedeutung weitgehend als außersprachliches Phänomen ausgeklammert bleibt, während Phonologie und Grammatik einer streng formalen, auf den Entdeckungsprozeduren der →Segmentierung und →Klassifizierung beruhenden Analyse unterworfen wurden. In methodischer Hinsicht ist der A. S. durch empirisches, induktiv-analytisches Vorgehen gekennzeichnet, wobei allein die Identifizierung und Anordnung sprachlicher Elemente für die grammatische Beschreibung relevant sind. Diese Forschungsrichtung fand ihre stärkste Ausprägung in HARRIS' →Distributionalismus. Zu kritischer Bewertung vgl. POSTAL [1964], MOTSCH [1974].

Quellenschriften: F. BOAS (ed.) [1911/1938]: Handbook of American Indian languages. 3 Bde. New York. – E. SAPIR [1921]: Language. New York. – L. BLOOMFIELD [1926]: A set of postulates for the science of language. In: Lg 2, S. 153–164. – CH. C. FRIES [1927]: The structure of English. New York. – L. BLOOMFIELD [1933]: Language. New York. – O. JESPERSEN [1937]: Analytic syntax. Kopenhagen. – B. BLOCH [1942]: Outline of linguistic analysis. Baltimore. – Z. S. HARRIS [1951]: Methods in structural

linguistics. Chicago (Nachdruck als: Structural linguistics). – H. A. GLEASON [1955]: An introduction to descriptive linguistics. New York. – M. JOOS (ed.) [1957]: Readings in linguistics. Bd. I: The development of descriptive linguistics in America 1925–1956. 3. Aufl. Chicago 1966. – C. F. HOKKETT [1958]: A course in modern linguistics. New York.
Darstellungen: P. M. POSTAL [1964]: Constituent structure: A study of contemporary models of syntactic description. Bloomington. – W. MOTSCH [1974]: Zur Kritik des sprachwissenschaftlichen Strukturalismus. Berlin. – E. BENSE/P. EISENBERG/H. HABERLAND (eds.) [1976]: Beschreibungsmethoden des amerikanischen Strukturalismus. München. – G. SAMPSON [1980]: Schools of linguistics. Stanford, Ca. – F. J. NEWMEYER [1980]: Linguistic theory in America. 2. Aufl. Orlando 1984.
Terminologie und Bibliographie: E. HAMP [1957]: A glossary of American technical linguistic usage (1925–1950). 3. Aufl. Utrecht 1966. – M. PEI [1966]: Glossary of linguistic terminology. New York.
Zeitschriften: International Journal of American Linguistics. [1917ff.] – Language [1925ff.] – Studies in linguistics [1942ff.] – Word [1945ff.]. →Distributionalismus, →Sprachwissenschaft (Geschichte).

Amerikanisches   Englisch →Englisch.

Amerindisch. Von J. H. GREENBERG [1987] postulierter Sprachstamm, der alle amerikanischen Sprachfamilien mit Ausnahme des →Eskimo-Aleutischen und der →Na Dené-Sprachen umfaßt. Die Annahme eines umfassenden a. Sprachstammes ist kontrovers. (Vgl. Sprachenkarte Nr. 3).
Lit.: J. H. GREENBERG [1987]: Languages in the Americas. Stanford. – M. RUHLEN [1987]: A guide to the world's languages. Bd. 1. Stanford.

Amharisch. Größte →Semitische Sprache Äthiopiens (Staatssprache, ca. 16 Mio. Sprecher). Syntaktisch interessant wegen der in historischer Zeit erfolgten Umstrukturierung von VSO- zu SOV-Wortstellung. Eigene, aus dem →Ge'ez entwik-kelte →Silbenschrift (33 Konsonantenzeichen mit je 7 diakritischen Vokalzeichen).
Lit.: A. KLINGENHEBEN [1966]: Deutsch-Amharischer Sprachführer. Wiesbaden. – R. RICHTER [1987]: Lehrbuch der amharischen Sprache. Leipzig.

Amorpher   Sprachbau →Isolierender Sprachbau.

Amphibolie →Ambiguität.

Amplifikation [Auch: Stammkompositum vs. Kasuskompositum] →Augmentativbildung.

Anagramm [griech. *anagráphein* ›umschreiben‹]. Durch Vertauschung der Buchstaben eines sprachlichen Ausdrucks (Wort, Wortgruppe oder Satz) entstandener neuer (sinnvoller) Ausdruck. A. werden häufig als Pseudonyme verwendet, vgl. *P. Celan* aus *P. Antschel.* Ausdrücke, die von hinten nach vorn gelesen werden können (vgl. *Nebel – Leben*) heißen →»Palindrom«.
Lit.: J. STAROBINSKI [1980]: Wörter unter Wörtern: die Anagramme von F. de Saussure. Frankfurt.

Anakoluth [griech. *anakólouthon* ›ohne Zusammenhang‹; neutr.]. Plötzlicher Wechsel der ursprünglich geplanten Satzkonstruktion während des Sprechens, der zu einem insgesamt ungrammatischen Ausdruck führt. In gesprochener Sprache entstehen A. als Ergebnis mangelnder Satzplanung oder von Korrekturabsichten, vgl. die Kontamination zweier unterschiedlicher Konstruktionen: *deswegen, weil wir im Augenblick eine große Wandlung sich vollzieht* aus *wir machen ... eine große Wandlung durch* und *im Augenblick vollzieht sich eine große Wandlung.* Das A. wird auch bewußt als Stilmittel eingesetzt (→Rhetorik, →Stilistik). – Zu den »erlaubten« Formen des A. zählen die →Linksversetzung (auch: Prolepsis), bei der ein vorangestelltes Satzglied durch Pronomen wieder aufgenommen wird (*Die Lebensmittel, die sind doch alle vergiftet*), sowie der sogen. →Nominativus Pendens (absoluter Nominativ), bei dem das Bezugspronomen für einen vorangestellten Nominativ im Kasus nicht mit diesem übereinstimmt: *Die Erinnerung an Kreta, der Besuch in Venedig, – sie wurde immer trauriger, wenn sie daran* (Präpositionalobjekt) *dachte.*

Lit.: R. RATH [1975]: Korrektur und Anakoluth im gesprochenen Deutsch. In: LBer 37, S. 1–12. – A. BETTEN [1976]: Ellipsen, Anakoluthe und Parenthesen. Fälle für Grammatik, Stilistik, Sprechakttheorie oder Konversationsanalyse? In: DS 3, S. 207–230. – R. THIEL [1987]: Satzbrüche. In: Sprachpflege 36/4, S. 50–51. →Stilistik.

Analog [griech. *analogía* ›richtiges Verhältnis‹, ›Ähnlichkeit‹]. A. nennt man in der Informationsverarbeitung eine Darstellungsform, bei der zwischen dem Dargestellten und der Repräsentation eine wohldefinierte Ähnlichkeitsbeziehung existiert. A. Darstellungen spielen insbesondere bei der Verarbeitung gesprochener Sprache eine wesentliche Rolle. – In den letzten Jahren haben a. Repräsentationen im Hinblick auf die Verarbeitung räumlicher Konzepte in natürlichen Sprachen zunehmend an Bedeutung gewonnen.

Lit.: A. SLOMAN [1975]: Afterthoughts on analogical representations. Cambridge, Mass., S. 164–168 (wieder abgedr. in: R.

BRACHMAN/H. LEVESQUE (eds.) [1985]: Readings in knowledge representation. Los Altos, S. 431–440.) – F. I. DRETSKE [1981]: Knowledge and the flow of information. Oxford. – CH. HABEL [1988]: Repräsentation räumlichen Wissens. In: G. RAHMSTORF (ed.): Wissensrepräsentation in Expertensystemen. Berlin, S. 98–131.

Analoge Kommunikation In Anlehnung an Analogrechner (die wie z.B. Rechenschieber im Unterschied zu Digitalrechnern mit realen Größen operieren) von WATZLAWICK u.a. [1967] geprägter Begriff zur Bezeichnung nicht verbaler, vorwiegend auf Körper- und Zeichensprache beruhender Kommunikation, die auf einer Ähnlichkeitsbeziehung zwischen Signal und →Referent beruht. A. K. dient vor allem der Darstellung menschlicher Beziehungen, sie verfügt über eine differenzierte, aber situationsgebundene Semantik, die häufig mehrdeutig interpretierbar ist (Lächeln, Weinen). Da A. K. keine morphologischen Elemente zur Kennzeichnung syntaktischer Verknüpfungen (Negation, Konjunktion), keine temporalen Differenzierungen besitzt, ist ihre Übersetzbarkeit in →Digitale Kommunikation problematisch.

Lit.: P. WATZLAWICK/J. H. BEAVIN/D. D. JACKSON [1967]: Pragmatics of human communication. A study of interactional patterns, pathologies and paradoxes. New York. Dt.: Menschliche Kommunikation. Bern 1969.

Analogie. Sprachveränderung, die konzeptuell zusammengehörige Einheiten auch phonetisch einander ähnlich (oder gleich) macht (besonders dort, wo durch lautliche Veränderungen eine Vielfalt von Formen entstanden ist); A. ist somit als

Ergebnis des Bestrebens nach konzeptueller Ökonomie, nach Lernerleichterung anzusehen. Haupttypen der A. sind: (a) Analogischer Ausgleich (engl. *leveling*): Reduktion bzw. Eliminierung morphophonemischer Alternationen innerhalb morphologischer Paradigmen, besonders dann, wenn diese Alternationen keine bedeutungsdifferenzierende Funktion aufweisen, vgl. die Stammformen von engl. *choose* ›wählen‹ in verschiedenen historischen Sprachstadien: aengl. *cēosan – cēas – curon – (ge)coren* vs. engl. *choose – chose – chose – chosen*. Sowohl im Konsonantismus wie im Vokalismus werden die Unterschiede ausgeglichen, lediglich der Tempuswechsel wird auch weiterhin durch einen Vokalwechsel im Wortstamm repräsentiert. – (b) Proportionale A. (auch: Analogische Ausdehnung): Generalisierung und Ausdehnung einer produktiven Regel auf neue Formen nach dem »Gleichungsmuster« $A : A' = B : X$, vgl. die Ersetzung der ursprünglichen Pluralform engl. *kine* (zu *cow* ›Kuh‹) durch die jetzige »reguläre« Form *cows* nach dem Muster *stone : stone-s = cow : X* (= *cow-s*). P. A. findet sich hauptsächlich im Bereich flexionsmorphologischer Regularitäten, betrifft jedoch auch (ba) Orthographie, vgl. die Uminterpretation mhd. ‹ie› [ia] im Nhd. als Längenzeichen für [i:] (z.B. mhd. *liep* [liap] > nhd. *lieb*) und dessen Übertragung auf Wörter, denen historisch kein Diphthong zugrundeliegt (z.B. mhd. *wise* > nhd. *Wiese*) aufgrund phonetischer Ähnlichkeit ([li:p] : ‹lieb› = [vi:se] : ‹Wiese›); (bb) Wortbildung (Erzeugung von →Neologismen), durch kreative Übertragung von Wortbildungsmustern, vgl. *genschern* (mit verbaler -n-Ableitung aus dem Eigennamen *Genscher* in Analogie zu *Berlin : berlinern*; *Moser : mosern*); vielfach auch ausgelöst durch »falsche« morphologische Interpretation, vgl. *hamburger, cheeseburger, ...-burger* : die ursprüngl. vom Namen der Stadt Hamburg abgeleitete Bezeichnung wird uminterpretiert als *ham-* (engl. ›Schinken‹) *burger*, analog dazu sind die weiteren Bezeichnungen gebildet. – Analogische Motivation ist auch ein wichtiger Faktor in →Lautwandel-Prozessen, wobei zwischen begrifflicher und phonetischer A. zu unterscheiden ist; vgl. die Diphthongierung von vulg.lat. /ɛ:, ɔ:/ > /ie, uo/. Diese Veränderung fand ursprünglich nur vor folgenden hohen Vokalen statt (*viene, buono*), wurde dann durch begriffliche A. auf andere Formen des gleichen Wortes übertragen (*viene, buona*) und schließlich durch phonetische A. auf alle e:, o: ausgedehnt (*pietra, ruota*). – Bei sprachextern motivierten Lautveränderungen (Entlehnungen) kommt es durch A. häufig zu »Übergeneralisierungen«, vgl. →Hyperkorrektur, →Lautersatz. Der Begriff der A. stammt aus der Antike, wo er allerdings in einer vom heutigen Gebrauch abweichenden Interpretation verwendet wurde. Zentrale Bedeutung gewann er in der junggrammatischen Interpretation lautgeschichtlicher Zusammenhänge, wo A. als »psychologischer Gegenspieler zu physiologisch verstandenen Lautgesetzen« eingesetzt wurde, um Ausnahmen von »ausnahmslos wirkenden Lautgesetzen als Formassoziationen wegzuerklären und damit die Autonomie der Lautebene zu rechtfertigen«, vgl. auch STURTEVANT [1917]. Die generative →Transformationsgrammatik interpretiert A. als Spezialfall des universellen Prozesses der Simplifizierung, die dadurch erreicht wird, daß aus einer komplexen Fülle von Regeln mehrere ausscheiden, deren Funktion im Sinne einer Vereinfachung von einer einzigen Regel übernommen wird.

Lit.: H. PAUL [1880]: Prinzipien der Sprachgeschichte. Halle. 9. Aufl. Tübingen 1975, Kap. 5. – F. DE SAUSSURE [1916]: Cours de linguistique générale. Paris 1916. (Kritische Ausgabe ed. von R. ENGLER, Wiesbaden 1967). Dt.: Grundfragen der allgemeinen Sprachwissenschaft. Ed. von P. v. POLENZ. 2. Aufl. Berlin 1967. – E. H. STURTEVANT [1917]: Linguistic change. Chicago. – E. SAPIR [1921]: Language. New York. – C. ROGGE [1925]: Die Analogie im Sprachleben. In: Archiv für die ges. Psychologie 52, S. 441–468. – E. HERMANN [1931]: Lautgesetze und Analogie. Berlin – J. KURYŁOWICZ [1949]: La nature des procès dits ›analogiques‹. In: AL 5, S. 15–37. Wiederabgedruckt in: J. KURYŁOWICZ: Ésquisses linguistiques. Warschau 1960. – W. MAŃCZAK [1958]: Tendences générales des changements analogiques. In: Lingua 7, S. 298–325 und S. 387–420. – H. ANDERSEN (1973): Abductive and deductive change. In: Lg 49, S. 765–793. – TH. VENNEMANN [1972]: Phonetic analogy and conceptual analogy. In: TH. VENNEMANN/T. WILBUR (eds.): Schuchardt, the neogrammarians, and the transformational theory of phonological change. Frankfurt, S. 181–204. – K.-H. BEST [1973]: Probleme der Analogieforschung. München. – B. de CHENE [1975]: The treatment of analogy in a formal grammar. In: PCLS 11, S. 152–164. – R. ANTTILA [1977]: Analogy. The Hague. – W. MAYERTHALER [1979]: Aspekte der Analogietheorie. In: H. LÜDTKE (ed.): Kommunikationstheoretische Grundlagen des Sprachwandels. Berlin, S. 80–130. – J. F. ROSS [1982]: Portraying analogy. Cambridge. – H.-H. HOCK [1986]: Principles of historical linguistics. Berlin. – TH. BECKER [1990]: Analogie und morphologische Theorie. München.

Bibliographie: R. ANTTILA/W. A. BREWER [1977]: Analogy: a basic bibliography. Amsterdam.

Analogisten vs. Anomalisten

[griech. *anốmalos* ›ungleich‹]. Um die Zeitenwende unter den griechischen Grammatikern ausgetragener Streit über das Ausmaß der Regelhaftigkeit von grammatischen Systemen. Während die Analogisten davon ausgehen, daß Sprache grundsätzlich logisch und daher regelhaft und in systematischen Mustern (d.h. →Paradigmen) klassifizierbar sei, vertreten die am Sprachgebrauch orientierten Anomalisten den Standpunkt, daß Sprache nicht »Konvention«, sondern »Natur« sei und keine regelhafte Übereinstimmung zwischen Sprache und Realität bestehe, wie z.B. an der Inkonsequenz des →Genus bei Nomen, oder an Problemen der →Synonymie (= mehrere Ausdrücke für eine Sache) und →Homonymie (= ein Ausdruck für mehrere Sachen) offenkundig sei. Die Position der Anomalisten resultiert nicht zuletzt aus ihrem spekulativen Interesse an etymologischen Forschungen, während die Analogisten sich mehr mit Literaturkritik beschäftigten, d.h. mit der Analyse unzulänglich überlieferter historischer Texte, zu deren Rekonstruktion die Hypothese von der Regelhaftigkeit in der Grammatik einen sicheren Boden bot.

Lit.: H. J. METTE [1952]: Parateresis. Untersuchungen zur Sprachtheorie des Krates von Pergamon. Halle. →Sprachwissenschaft (Geschichte).

Analyse

[griech. *análysis* ›Zergliederung‹]. Erklärung sprachlicher Einheiten auf der Basis ihrer Zerlegung in kleinere Bestandteile. Die sprachwissenschaftliche A. kann sich auf phonetische, phonologische, morphologische, syntaktische, semantische und pragmatische Fragestellungen im Einzelnen ebenso beziehen wie auf übergreifende Probleme der gegenseitigen Abhängigkeit der verschiedenen Beschreibungsebenen voneinander. Die Präzisierung sprachwissenschaftlicher Analysetechniken auf der Basis der Grundoperationen der Segmentierung und Klassifizierung ist dem →Strukturalismus zuzuschreiben, vgl. die einschlägigen Handbücher von H. A. GLEASON, CH. HOCKETT und R. W. LANGACKER. Detaillierte Hinweise zu den einzelnen Analyseverfahren finden sich unter →Entdeckungsprozedur, →Klassifizierung, →Komponentenanalyse, →Konstituentenanalyse, →Operationale Verfahren, →Segmentierung, →Transformationsgrammatik.

Lit.: H. A. GLEASON [1955]: An introduction to descriptive linguistics. New York. – C. F. HOCKETT [1958]: A course in modern linguistics. New York. – R. W. LANGACKER [1972]: Fundamentals of linguistic analysis. New York. →Operationale Verfahren.

Analysegrammatik   →Erkennungsgrammatik.

Analyseverfahren →Operationale Verfahren.

Analysierbarkeit. Grundlegende Eigenschaft struktureller Beschreibungen von Sätzen im Rahmen der generativen →Transformationsgrammatik, die die Basis für →Transformationen bilden: Wenn eine →Kette von Symbolen in der →Strukturbeschreibung eines Satzes so

in Teilketten zerlegt werden kann, daß im entsprechenden →Phrase-marker jede Teilkette von einem Symbol determiniert wird, welches in der anzuwendenden Transformationsregel auftaucht, dann genügt diese Strukturbeschreibung der Bedingung der A. Die Feststellung der A. erfolgt durch die Proper Analysis.

Lit.: →Transformationsgrammatik.

Analytische Sprachphilosophie
→Philosophie der Alltagssprache.

Analytische vs. Synthetische Sätze. In der Philosophie unterscheidet man traditionell zwischen analytischen und synthetischen Aussagen bzw. Sätzen: (a) analytische Sätze im engeren Sinn (auch: logisch wahre Sätze) sind Aussagen, die notwendigerweise, d.h. in allen möglichen Welten, wahr sind allein aufgrund ihrer logischen Form und deren Wahrheit ohne empirische Überprüfung feststellbar ist; vgl. *Es regnet, oder es regnet nicht.* Analytische Sätze im weiteren Sinn sind solche, deren Wahrheit von ihrer syntaktischen Struktur und der Bedeutung ihrer sprachlichen Elemente abhängt. Sie beruhen auf semantischen Relationen wie Bedeutungsgleichheit (= →Synonymie) und Bedeutungseinschluß (= →Hyponymie); vgl. die Aussage *Geschwister sind miteinander verwandt.* (b) Synthetische Sätze hingegen sind Aussagen über Tatsachenverhältnisse, deren Wahrheit nicht nur von ihrer syntaktischen oder semantischen Struktur, sondern von außersprachlichen und somit empirisch zu überprüfenden Faktoren und Erfahrungen abhängt; d.h. während analytische Sätze notwendig wahr sind, sind synthetische Sätze wahr oder falsch je nach Beschaffenheit der Welt, die durch sie beschrieben wird. Zur Problematik der Unterscheidung vgl. W. V. QUINE [1951].

Lit.: W. V. QUINE [1951]: Two dogmas of empiricism. In: PhR 60, S. 20–43. Dt. in: J. SINNREICH (ed.): Philosophie der idealen Sprache. München 1972. – S. KRIPKE [1972]: Naming and necessity. In: D. DAVIDSON/G. HARMANN (eds.): Semantics of natural language. Dordrecht, S. 353-355, 763-769. Dt.: Name und Notwendigkeit. Frankfurt 1981.
Bibliographien: R. HALL [1966]: Analytic - Synthetic. A Bibliography. In: Philosophical Quarterly 16, S. 178–181. – J. S. PETÖFI (ed.) [1978]: Logic and the formal theory of natural language. Selective bibliography. Hamburg. →Formale Logik.

Analytischer Sprachbau →Isolierender Sprachbau.

Anapher [griech. *anaphorá* ›das (im Text) Hinauftragende‹. – Auch: Anaphora, →Pro-Form].
(1) Sprachliche Einheit, die zu einer anderen sprachlichen Einheit (→Antezedens) im vorangehenden Kontext in einer anaphorischen Beziehung steht, d.h. deren →Referenz nur durch Bezug auf ein Antezedens bestimmbar ist (vgl. WASOW [1979], THRANE [1980]). Hat die A. gleiche Referenz wie das Antezedens, spricht man von →Koreferenz. Das Auftreten von A. ist ein charakteristisches Merkmal von Texten; sie stellen Textbezug (→Textualität) her; vgl. hierzu →Textlinguistik. – Als A. gelten vor allem Pronomina (*Philip hat eine Satire gelesen. Sie hat ihm gut gefallen*); darüber hinaus werden auch bestimmte Formen von Ellipse als A. verstanden (*Caroline hat*

auch *eine Ø gelesen* bzw. *Caroline Ø auch.* – In der →GB-Theorie umfaßt der traditionelle A.-Begriff auch →Leere Kategorien wie PRO in *Philip versucht, Ø eine Satire zu lesen.*

Lit.: K. BRUGMANN [1904]: Die Demonstrativpronomina der indogermanischen Sprachen, eine bedeutungsgeschichtliche Untersuchung. In: Sächs. Abh. 6. – K. BÜHLER [1934]: Sprachtheorie. Jena 1934. Neudruck Stuttgart 1965. – R. HARWEG [1968]: Pronomina und Textkonstitution. München. – H. VATER [1975]: Proformen des Deutschen. In: M. SCHEKKER u.a (eds.): Textgrammatik. Tübingen, S. 20–42. – TH. WASOW [1979]: Anaphora in generative grammar. Gent. – B. L. WEBBER [1979]: A formal approach to discourse anaphora. New York. – J. KREIMANN/A. E. OJEDA (eds.) [1980]: Pronouns and anaphora. Chicago. – T. THRANE [1980]: Referential-semantic analysis. Cambridge. – H. GRAEME [1981]: Anaphora in natural language understanding: a survey. New York. - T. REINHART [1983]: Anaphora and semantic interpretation. London. – B. WIESE [1983]: Anaphora by pronouns. In: Linguistics 21, S. 373–417. – J. AOUN [1985]: A grammar of anaphora. Cambridge, Mass. - J. HINTIKKA/J. KULAS [1987]: Anaphora and definite descriptions. Dordrecht. – S. KUNO [1987]: Functional syntax. Anaphora, discourse and empathy. Chicago. →Bindungstheorie, →Deiktischer Ausdruck, →Deixis, →Diskursrepräsentationstheorie, →GB-Theorie, →Personalpronomen, →Reflexivpronomen, →Textlinguistik.

(2) Stilfigur der antiken →Rhetorik, die der Steigerung des Eindrucks durch Wiederholung gleicher Wörter oder syntaktischer Strukturen am Beginn aufeinanderfolgender Sätze bzw. Verse dient. Zum Unterschied vgl. →Epipher.

Lit.: →Rhetorik.

Anaphora →Anapher.

Anaphorische Insel. Terminus von P. M. POSTAL [1969], der sich auf Probleme der →Deixis bezieht: A. I. bezeichnet einen relationalen Ausdruck (z.B. *Waise*), bei dem man sich auf den implizierten, aber segmental nicht explizit realisierten Bedeutungteil ›Kind ohne Eltern‹ nicht durch anaphorische Elemente beziehen kann. Möglich ist zwar *Pauls Eltern sind tot, er entbehrt sie sehr*, aber nicht (obwohl es sich um eine bedeutungsgleiche Variante handelt) *Paul ist eine Waise* (›Kind ohne Eltern‹), *er entbehrt sie sehr.*

Lit.: P. M. POSTAL [1969]: Anaphoric Islands. In: CLS 5, S. 205–237. – P. M. POSTAL [1972]: Some further limitations of interpretative theories of anaphora. In: LIn 3, S. 349–372. →Anapher.

Anaptyxe [griech. *anaptychḗ* ›Entfaltung‹]. Silbenstrukturveränderung durch (parasitäre) Vokaleinfügung zur Erleichterung der Aussprache, vgl. griech. *drachmḗ* mit lat. *drachuma*, dt. *Landsknecht* mit ital. *lanzichenecco*. A. wird auch synonym verwendet mit (Vokal-)→Epenthese bzw. →Svarabhakti.

Anarthrie [griech. *a-* Negation, *arthróō* ›Laute hervorbringen‹]. In der →Phoniatrie und Neurologie Bezeichnung für die Unfähigkeit zu jeglicher mündlichen Sprachäußerung; schwerste Form der →Dysarthrie.

Anastrophe [griech. *anastrophḗ* ›Umkehr‹]. →Rhetorische Figur der Umstellung: Abweichung von der üblichen Wortstellung, z.B. durch Nachstellung des attributiven Adjektivs (*Hänschen klein*), Voranstellung des Genitivattributs (*des Lebens höchstes Glück*), →Topikalisierung (besonders eines Prädikativs: *Groß war die Freude*), →Ausklammerung u.ä. Sonderfälle der A. sind die →Hypallage, das →Hyperba-

ton und das Hysteron proteron (griech. »Das Spätere zuerst«), die Umkehrung der sachlich-semantisch korrekten Abfolge: *Ihr Mann ist tot und läßt Sie grüßen* (GOETHE).

Lit.: →Rhetorische Figur.

Anatolisch. Ausgestorbener Zweig des →Indo-Europäischen mit den Sprachen →Hethitisch, Hyroglyphisches Hethitisch, Luwisch, Palaisch, Lydisch und Lykisch in Kleinasien, von denen das Hethitische am weitaus besten bekannt ist. (Vgl. Sprachenkarte Nr. 7).

Lit.: J. FRIEDRICH u.a. [1969]: Altkleinasiatische Sprachen. Leiden.

Andalusisch →Spanisch.

Andisch. Sprachfamilie Südamerikas mit ca. 20 Sprachen, von J. H. GREENBERG [1956] als Teil eines (heute umstrittenen) Andisch-Äquatorialen Sprachstammes betrachtet. Der wichtigste Sprachzweig des A. ist das Quechumara mit den Sprachgruppen →Quechua (7 Mio. Sprecher) und Aymara (2,5 Mio. Sprecher) in Peru und Bolivien; ferner zählt Araukanisch (auch Mapuche oder Mapudungu genannt) in Chile dazu (0,7 Mio. Sprecher). (Vgl. Sprachenkarte Nr. 11).

Lit.: →Südamerikanische Sprachen.

Angabe.
(1) Eine Satzkonstituente X ist A. zu einer Konstituente Y, wenn X von Y nicht valenzabhängig ist (→Valenz), aber inhaltlich ein Modifikator oder Spezifikator von Y ist (→Bestimmungsrelation). Z.B. ist in *Das Kind schluchzte laut* das Adverbial *laut*, nicht aber das Subjekt

das Kind, A. zum Verb. Vgl.
→Adverbial, →Adjunkt.
(2) Bei H. GLINZ nicht flektierte
Satzglieder (Adjektive, Adverbien, Partikeln), die entweder
als Artangabe (*Das Kind
schuchzt laut*) oder als Lagean-
gabe (*Er macht dort sein Glück*)
klassifiziert werden.

Lit.: →Inhaltbezogene Grammatik.

Angabegröße. Bezeichnung von
H. GLINZ für Adverbial-Akku-
sative (*Sie sang zwei Stunden*)
und Adverbial-Genitive (*des
Weges kommen*).

Lit.: →Inhaltbezogene Grammatik.

Angewandte Linguistik. Sammelbegriff für einige Teilgebie-
te der Linguistik sowie interdisziplinäre Arbeitsgebiete mit linguistischen Anteilen: →Ethno-
linguistik, →Kontrastive Linguistik, →Lexikographie, →Com-
puterlinguistik, →Patholingui-
stik, →Soziolinguistik, →Sprach-
didaktik, →Spracherwerbsfor-
schung, →Sprachplanung,
→Sprachpsychologie (bzw.
→Psycholinguistik), Übersetzungswissenschaft u.a. Die A. L.
steht im Gegensatz zur Theoretischen Linguistik, die sich mit
der formalen Struktur der Sprache als eines mehr oder weniger
autonomen Zeichensystems beschäftigt. Die Bezeichnung »A.
L.« gilt vielfach als irreführend,
weil (a) die meisten der sogen.
»Bindestrich-Linguistiken«
wiederum sowohl theoretisch
wie praktisch (»angewandt«)
betrieben werden können, (b) in
vielen Fällen eher von »Anwendungen der Linguistik« gesprochen werden solle und (c) die A.
L. lediglich künstliche und un-
gerechtfertigte Verkürzungen
des eigentlichen linguistischen
Gegenstandsbereichs wieder
rückgängig mache. In der
Bundesrepublik Deutschland
sind die Vertreter der A. L.
hauptsächlich in der »Gesellschaft für A. L.« (GAL, gegr.
1968) organisiert, deren Jahres-
tagungen in Kongreßberichten
(seit 1971) dokumentiert sind.
Der Weltverband der A. L. ist
die »Association Internationale
de Linguistique Appliquée«
(AILA).

Lit.: W. KÜHLWEIN/A. RAASCH (eds.)
[1980]: Angewandte Linguistik: Positionen, Wege, Perspektiven. Tübingen. – O.
M. TOMIĆ/R. W. SHUY (eds.) [1987]: The
relation of theoretical and applied linguis-
tics. New York. – U. JUNG [1988]: Computers in applied linguistics and language
teaching: A CALL Handbook. Frankfurt. –
W. KÜHLWEIN/A. RAASCH (eds.) [1989]:
Angewandte Linguistik: Bilanz und Perspektiven. Tübingen.
Forschungsberichte: O. BACK [1970]: Was
bedeutet und was bezeichnet der Ausdruck
»Angewandte Sprachwissenschaft«? In:
Sprache 16, S. 21–53. – W. KÜHLWEIN
[1980]: Angewandte Linguistik. In: LGL
Nr. 92.
Bibliographie: W. KÜHLWEIN/A. BAR-
RERA-VIDAL (eds.) [1976]: Kritische
Bibliographie zur Angewandten Lingui-
stik. Dortmund.
Zeitschriften: Applied Linguistics. Lon-
don. – GAL-Bulletin. – AILA Review. –
Bulletin CILA. Organe de la Commission
interuniversitaire suisse de linguistique ap-
pliquée. Neuchâtel. – IRAL. International
Review of Applied Linguistics in Langua-
ge Teaching. Heidelberg.

Anglitt vs. Abglitt [engl. *onglide*
vs. *offglide*]. Eröffnungs- bzw.
Endphase bei der Bildung eines
Sprachlautes: Bezeichnung für
das In-Stellung-Gehen der
→Artikulationsorgane bzw. deren Rückkehr in Ruhelage.
Man unterscheidet zwischen
weichem und scharfem An- und
Abglitt. Scharfer Anglitt liegt
vor bei der Bildung von (nicht-
präaspirierten, nicht-pränasali-
sierten) Explosiven (einschließ-

lich →Glottisverschlußlaut [ʔ]),
z.B. bei Normalaussprache bei
beiden Vorkommen von [tʰ] in
dt. [ˈtʰeːˈtʰasə] *Teetasse*, weicher
Anglitt bei pathologischer Aussprache von *Tee* bei [ⁿtʰ] in
[ⁿtʰeː]. – Weicher Abglitt liegt
vor bei der Bildung aller
Sprachlaute mit Ausnahme des
Glottisverschlußlautes und der
nicht-postaspirierten, nicht
post-nasalisierten und nicht-
affrizierten Explosivlaute, z.B.
bei [tʰ] in dt. [tʰeː] *Tee* oder [ts] in
dt. [tsaɪt] *Zeit*; scharfer Abglitt
liegt vor bei [t] in frz. [te] ›Tee‹.
Bei scharfem Anglitt spricht
man auch von festem Stimmeinsatz, vgl. auch →Glottalisie-
rung, z.B. bei [ʔaː], [ʔɪ], [ʔoː] in dt.
Aal im Ohr. →Stellungs- und
Gleitlaute.

Lit.: →Phonetik.

Anglizismus. Aus dem britischen Englisch in eine nicht-
engl. Sprache übertragene
Spracheigenheit im lexikalischen, syntaktischen oder idio-
matischen Bereich, z.B. *sich sein*
(statt: *das*) *Leben nehmen* für *to
take his life*.

Lit.: J. O. Pfitzner [1978]: Der Anglizismus im Deutschen: ein Beitrag zur Bestimmung seiner stilistischen Funktion in der
heutigen Presse. Stuttgart.

Anhebung →Raising.

Animat vs. Inanimat [lat. *ani-
mālis* ›lebendig‹. – Auch: Belebt
vs. Unbelebt]. Nominale Subkategorien, die sich auf die Unterscheidung von »belebten«
Wesen (Menschen, Tiere) und
unbelebten Dingen beziehen.
Die in sehr vielen Sprachen
wichtige Unterscheidung spielt
u.a. eine Rolle im Dt. beim Gebrauch der Interrogativprono-

mina *wer* und *was*, in den slaw.
Sprachen bei der Deklination,
in →Bantu-Sprachen bei der Einteilung der Nomina in verschiedene Klassen und in vielen
Sprachen mit gespaltener Ergativität (→Ergativsprache) bei der
Wahl syntaktischer Konstruktionstypen (vgl. Silverstein
[1976]).

Lit.: M. Silverstein [1976] Hierarchy of
features and ergativity. In: R. M. W. Dixon
(ed.): Grammatical categories in Australian languages. Canberra. →Hierarchie-
Gesetze.

Annamesisch →Vietnamesisch.

Annominatio →Paranomasie.

Anrede [engl. *address*]. →Prono-
minale Anredeformen.

Anreim →Alliteration.

Ansatzrohr [Auch: Artikulationskanal, Lautgang]. Aus der
Instrumentenkunde (Blas-
instrumente) übernommene
Bezeichnung für den anatomischen Bereich, in dem die
Sprachlaute artikuliert werden:
obere Larynxräume, Rachen-,
Nasen- und Mundhöhle. Diese
vier Resonanzräume werden
begrenzt durch die Stimmbänder zum Körperinneren und
durch Nasen- und Mundöff-
nung nach außen.

Lit.: →Phonetik.

Anterior vs. Nicht-Anterior [lat.
anterior ›weiter vorn als anderes‹]. Binäre phonologische Opposition zur Beschreibung
→Distinktiver Merkmale auf
artikulatorischer Basis. Laute
mit dem Merkmal [+ ANTERIOR]
(Labiale, Dentale und Alveola-
re) werden durch Hemmnis an

den vorderen →Artikulationsstellen (einschließlich der Alveolen) gebildet, Laute mit dem Merkmal [− ANTERIOR] (palatale und velare Konsonanten sowie Vokale) an den hinteren →Artikulationsstellen (ausschließlich der Alveolen). Die Unterscheidung entspricht also u.a. der Opposition von [p, t] vs. [ç, k].

Lit.: →Distinktives Merkmal, →Phonetik.

Antezedens [lat. *antecēdere* ›vorausgehen‹].
(1) In der →Formalen Logik erste Aussage (Prämisse) in einer Aussagenverknüpfung (z.B. →Implikation).

Lit.: →Formale Logik.

(2) In der´ Linguistik sprachlicher Ausdruck, auf den eine →Anapher (z.B. ein →Pronomen) beim Referieren zurückverweist: *Caroline, die den fremden Mann zuerst sah, ...* (*Caroline* ist A. zu *die*).

Anthroponomastik [griech. *ánthrōpos* ›Mensch‹, *ónoma* ›Name‹] →Personennamenkunde.

Anthroponym(ikon) →Personenname.

Anthroposemiotik [griech. *sēmeiotikós*, ›zum Zeichen gehörend‹]. Teilbereich der allgemeinen →Semiotik: Lehre und Erforschung der Gesamtheit menschlicher Kommunikationssysteme, wozu vor allem die natürlichen Sprachen als primäre Systeme, aber auch akustische, visuelle und gestische Formen wie →Gebärdensprache, →Nonverbale Kommunikation, Pfeif- und Trommelsprachen sowie alle anderen Ersatzformen sprachlicher Kommunikation (z.B. Morsekode) zählen. − Im weiteren Sinne umfaßt A. auch alle sekundären modellbildenden Systeme wie allgemeine Weltmodelle in Kunst, Wissenschaft, Literatur, Religion und Politik. →Zoosemiotik.

Lit.: →Semiotik.

Antimentalismus [griech. *antí* ›gegen‹, lat. *mentális* ›geistig‹ − Auch: Physikalismus]. Abwertende Bezeichnung für L. BLOOMFIELDS behavioristischen Forschungsansatz, der auf einer Loslösung der Sprachwissenschaft von der Psychologie unter gleichzeitiger Hinwendung zu exakten naturwissenschaftlichen Methoden fußt. Die Ablehnung jeglicher Form von Introspektion, die ausschließliche Beschränkung auf beobachtbare sprachliche Daten (also auf Oberflächenphänomene, vgl. →Empirismus) sowie die Reduzierung des Bedeutungsproblems auf Reiz-Reaktions-Mechanismen gelten als Grundlagen des von L. BLOOMFIELD ausgehenden →Taxonomischen Strukturalismus. − Als Gegenposition innerhalb der neueren Sprachwissenschaft vgl. N. CHOMSKYS mentalistischen Erklärungsansatz. →Mentalismus, →Behaviorismus, →Empirismus.

Antipassiv. Konstruktion in →Ergativsprachen, in denen eine passivähnliche Struktur grundlegend ist. Wie im Aktiv der →Nominativsprachen wird auch im A. typischerweise das →Agens einer Handlung durch das»Subjekt« (vgl. →Absolutiv) kodiert; das A. ist jedoch morpho-syntaktisch komplexer und unterliegt mehr Beschränkungen als die grundlegende Diathese des ergativen Sprachtyps.

Lit.: J. HEATH [1976]: Antipassivization: a functional typology. In: BLS 2, S. 202–211. – R. D. van VALIN [1980]: On the distribution of passive and antipassive constructions in universal grammar. In: Lingua 50, S. 303–327. – T. TSUNODA [1988]: Antipassives in Warrungu and other australian languages. In: M. SHIBATANI (ed.): Passive and voice. Amsterdam, S. 595–649. →Ergativsprache.

Antithese [griech. *antíthesis* ›Gegensatz‹]. →Rhetorische Figur der semantischen Wiederholung: Kontrastierende Gegenüberstellung gegensätzlicher Begriffe, meist in der Form eines syntaktischen →Parallelismus oder →Chiasmus, z.B. *Friede den Hütten! Krieg den Palästen!* (BÜCHNER). Die A. ist ein beliebtes Stilmittel der persuasiven Sprache von Politik und Konsumwerbung: *Freiheit statt Sozialismus*; ... *wäscht nicht nur sauber, sondern rein*; *Some like it hot – some like it cold.* Vgl. →Oxymoron.

Lit.: Z. ŠKREB [1968]: Zur Theorie der Antithese als Stilfigur. In: STZ 25, S. 49–59. →Rhetorische Figur.

Antonomasie [griech. *ant-* ›anstatt‹, *ónoma* ›Name‹]. Rhetorischer →Tropus: Ersatz eines Eigennamens durch ein umschreibendes Appellativum (→Gattungsname) oder eine →Periphrase: *der Allmächtige* (= Gott), *Barbarossa* (›Rotbart‹, = Kaiser Friedrich I.), *Ewige Stadt* (= Rom). Auch umgekehrt für die appellativische Verwendung eines Eigennamens: *unser Nestor, ein zweiter Paris, eine Odyssee.* Zu einem Bezeichnungswandel führte die A. z.B. bei frz. *renard*, das

als bekannter Eigenname eines Fuchses das ursprüngliche Appellativum *goupil* ›Fuchs‹ verdrängt hat.

Lit.: →Metapher, →Rhetorische Figur.

Antonymie [griech. *antí* ›gegen‹, *ónyma* (= *ónoma*) ›Name‹. – Auch: →Graduierbare Komplementäre, →Polarität, vollkommene Antonymie, →Semantische Relation]. Semantische Relation des Bedeutungsgegensatzes. Im Unterschied zur allgemeineren Relation der →Inkompatibilität beschränkt sich die A. auf graduierbare Ausdrücke. Sie beziehen sich normalerweise auf entgegengesetzte Ausschnitte einer Skala, die einen Zwischenbereich enthält; z.B. *gut* vs. *schlecht*. Die jeweiligen Positionen sind nicht absolut anzusetzen, sondern kontextabhängig; vgl. *Eine große Maus ist kleiner als ein kleiner Elefant.* HALE [1971] berichtet von einer Geheimsprache, in der A. allgemeine Verwendung findet.

Lit.: J. J. KATZ [1964]: Analyticity and contradiction in natural language. In: J. A. FODOR/J.J. KATZ (eds.): The structure of language: Readings in the philosophy of language. Englewood Cliffs/N.J., S. 519–543. – M. BIERWISCH [1967]: Some semantic universals of German adjectivals. In: FL 3, S. 1–36. – M. BIERWISCH [1969]: On certain problems of semantic representations. In: FL 5, S. 153–184. – K. HALE [1971]: A note on a Walbiri tradition of antonymy. In: D. D. STEINBERG/L. A. JAKOBOVITS (eds.): Semantics. An interdisciplinary reader in philosophy, linguistics, and psychology. Cambridge, S. 472–482. – M. v. OVERBEKE [1975]: Antonymie et gradation. In: Linguistique 11, S. 135–154. – D. A. CRUSE [1976]: Three classes of antonyms in English. In: Lingua 38, S. 281–292. – M. ILIESCU [1977]: Opposition sémantique, antonymie linguistique et antonymie logique. In: FoL 10, S. 151–168. – G. KAISER [1979]: Hoch und gut – Überlegungen zur Semantik polarer Adjektive. In: LBer 59, S. 1–26. – D. A. CRUSE [1980]: Antonyms and gradable complementaries. In: D. KASTOVSKY (ed.): Perspektiven der lexikalischen Semantik. Beiträge zum Wuppertaler Semantikkolloquium vom 2.-3. Dezember 1977. Bonn, S. 14-25. – H. GECKELER [1980]: Die Antonymie im Lexikon. In: D. KASTOVSKY (ed.): Perspektiven der lexikalischen Semantik. Bonn, S. 42-69. – A. LEHRER/K. LEHRER [1982]: Antonymy. In: LPh 5, S. 483-501. – P. G. LAFRENZ [1983]: Zu den semantischen Strukturen der Dimensionsadjektive in der deutschen Gegenwartssprache. Göteborg. – E. LANG [1986]: Semantik der Dimensionsauszeichnung räumlicher Objekte. In: M. BIERWISCH/E. LANG (eds.): Semantische und konzeptuelle Aspekte von Dimensionsadjektiven. Berlin, S. 287-458.– M. DURRELL [1988]: Zu einigen deutschen und englischen Dimensionsadjektiven. In: H. H. MUNSKE u.a. (eds.): Deutscher Wortschatz. Lexikologische Studien. Berlin, S. 93-115. *Wörterbücher:* C. AGRICOLA/E. AGRICOLA [1977]: Wörter und Gegenwörter. Antonyme der deutschen Sprache. Leipzig. 4. Aufl. 1982 – E. BULITTA/H. BULITTA [1983]: Wörterbuch der Synonyme und Antonyme. Frankfurt.

Anzeigewort →Pronomen.

Aorist [griech. *aóristos* ›unbestimmt‹]. Griech. Bezeichnung für den perfektiven →Aspekt, manchmal eingeschränkt auf perfektiven Aspekt im Präteritum. A. wurde im →Griechischen und Altind. (→Sanskrit), besonders in literarischen Texten als Tempusform für aufeinanderfolgende Handlungen verwendet. Es entspricht in seinem Gebrauch dem lat. Perfekt, bzw. zum Teil dem historischen Perfekt (*passé simple*) im Frz.

Lit.: →Aspekt, →Tempus.

Apex [mask., lat. *apex* ›Spitze‹. – Auch: Zungenspitze]. Artikulationsorgan für →Apikal(laut)e.

Aphärese [griech. *aphaíresis* ›(Laut)Schwund‹; engl. *aphaeresis.* – Auch: Deglutination]. Wegfall anlautender Vokale, Konsonanten oder Silben, z.B. die Bildung von dt. *Otter* als

Nebenform zu *Natter, raus* aus *heraus,* frz. *boutique* (griech. *apothēkē),* ital. *scuro* neben *oscuro* ›dunkel‹. Vgl. →Prokope.

Lit.: →Lautwandel, →Sprachwandel.

Aphasie [griech. *aphasía* ›Sprachlosigkeit‹; →Aphemie, →Aphrasie]. In der →Neurolinguistik Oberbegriff für eine Reihe von erworbenen zentralen →Sprachstörungen (verursacht durch einen Hirnschaden aufgrund von Gefäßerkrankungen, Tumor, Unfall etc.), bei denen Verständnis und Produktion von mündlichem und schriftsprachlichem Ausdruck unterschiedlich stark betroffen sein können. A. sind häufig mit →Sprechstörungen (z.B. verbale →Apraxie, →Dysarthrie) verbunden. Ausgeschlossen sind Sprachstörungen, die auf sensorische Defizite (z.B. Hörschaden), Demenz oder psychischemotionale Störungen zurückzuführen sind. Die Klassifikation der A. und die diesen aphasischen Syndromen jeweils zuzuordnenden Symptome sind umstritten. Die traditionelle A.lehre unterscheidet nach dem Ort der Schädigung und nach den Kriterien »rezeptive vs. expressive« Störung sowie »flüssiger vs. nicht-flüssiger« Sprechstil: (a) Motorische oder →Broca-Aphasie (auch expressive oder nicht-flüssige A.); (b) Sensorische oder →Wernicke-Aphasie (auch rezeptive oder flüssige A.); (c) Globale A. mit schwersten Störungen in allen Modalitäten; (d) Anomische oder Amnestische A. (auch: Nominale A.), gekennzeichnet durch Wortfindungsstörungen, semantische →Paraphasien und (gelegentlich) leichte Störungen in der Syntax und im Sprachverständnis; (e) Leitungsaphasie, gekennzeichnet durch phonematische →Paraphasien und die Unfähigkeit, Gesagtes zu wiederholen; (f) Transkortikale A. mit möglichen Störungen in den sensorischen und motorischen Bereichen bei erhaltener Fähigkeit, Gesagtes zu wiederholen. – Als Überblick vgl. HUBER [1981] und HUBER/SPRINGER [1988].

Lit.: R. JACOBSON [1944]: Kindersprache, Aphasie und allgemeine Lautgesetze. Uppsala. Nachdruck Frankfurt 1969. – J. W. BROWN [1972]: Aphasia, alexia and agraphia. Springfield, Ill. Dt.: Aphasie, Alexie und Agraphie. Stuttgart 1975. – A. R. LURIA [1976]: Basic problems of neurolinguistics. The Hague. – A. R. LURIA [1977]: Neurolinguistics 6: Neuropsychological studies in aphasia. Amsterdam. – H. HECAEN/M. ALBERT [1978]: Human neuropsychology. New York. – G. PEUSER [1978]: Aphasie. München. – W. HUBER [1981]: Aphasien. In: StL 11, S. 1–21. – A. LEISCHNER [1981]: Klinische Sprachpathologie. München. – K. POECK [1981]: Was verstehen wir unter aphasischen Syndromen? In: H. SCHNELLE (ed.): Sprache und Gehirn. Frankfurt, S. 97–109. – K. POECK (ed.) [1982]: Klinische Neuropsychologie. 2. neu bearb. und erw. Aufl. Stuttgart 1989. – A. FRIEDERICI [1984]: Neuropsychologie der Sprache. Stuttgart. – J. RYALLS [1984]: Where does the term »aphasia« come from? In: Brain and Language 21, S. 358–363. – D. CAPLAN [1987]: Neurolinguistics and linguistic aphasiology. Cambridge. – D. CAPLAN/N. HILDEBRANDT [1987]: Disorders of syntactic comprehension. Cambridge, Mass. – M. PARADIS [1987]: The assessment of bilingual aphasia. Hillsdale, N. J. – W. HUBER/L. SPRINGER [1988]: Sprachstörungen und Sprachtherapie. In: HSK 3.2, S. 1744–1767. – H. LEUNINGER [1989]: Neurolinguistik. Opladen. →Sprachstörung.

Aphemie [griech. *a-* Negation, *phēmē* ›Stimme‹, ›Wort‹]. Von P. BROCA verwendete (heute nicht mehr gebräuchliche) Bezeichnung für →Aphasie.

Lit.: A. LEISCHNER [1960]: Alalie, Aphemie, Aphasie und Aphrasie. Zur Frühgeschichte von Grundbegriffen zentraler Sprachstörung. In: Sprachforum 3, S. 262–

271. Wieder in: A. LEISCHNER [1981]: Klinische Sprachpathologie. München, S. 29–39. – J. RYALLS [1984]: Where does the term »aphasia« come from? In: Brain and Language 21, S. 358–363.

Aphonie [griech. *aphōnía* ›Sprachlosigkeit‹, ›Verstummen‹]. In der →Phoniatrie Bezeichnung für eine Störung der →Phonation (schwerste Stufe der →Dysphonie) aufgrund einer organischen (z.B. Infektion, Trauma) oder psychogenen Ursache.

Lit.: J. A. SCHOLEFIELD [1987]: Aetioloies of aphonia following closed head injury. In: British Journal of Disorders of Communication 22, S. 167–172. →Stimmstörung.

Aphrasie [griech. *phrásis* ›Sprache‹]. Bezeichnung für die Unfähigkeit, Wörter in strukturierten Zusammenhängen zu verwenden oder zu verstehen. Veralteter Begriff für →Aphasie.

Lit.: →Aphemie.

Apikal(laut) [Auch: Zungenspitzenlaut]. Nach dem Artikulationsorgan, der Zungenspitze (→Apex), bezeichneter Sprachlaut, z.B. [d], [n], [t] in dt. [fɛʁdi:nst] ›Verdienst‹, vgl. IPA-Tabelle S. 22/23. →Phonetik, →Retroflex.

Apiko-Alveolar(laut). Sprachlaut, der nach dem Artikulationsorgan (Zungenspitze) ein →Apikal, nach der Artikulationsstelle (Alveole) ein →Alveolar ist, z.B. [d], [t] in engl. [ˈdɪnə] ›Abendessen‹, [n] in dt. [ʃneː] ›Schnee‹. →Artikulatorische Phonetik.

Apiko-Dental(laut). Sprachlaut, der nach dem Artikulationsorgan ein →Apikal, nach der Artikulationsstelle (Zungenspitze) ein →Dental ist, z.B. [d], [t], [n] in dt. [datl] ›Dattel‹, vgl. IPA-Tabelle S. 22/23. →Artikulatorische Phonetik.

Apiko-Labial(laut). Sprachlaut, der nach dem Artikulationsorgan (Zungenspitze) ein Apikal, nach der Artikulationsstelle (Oberlippe) ein Labial ist. Derartige Sprachlaute finden sich in einigen kaukasischen Sprachen, z.B. im Abchasischen (→Nordwest-Kaukasisch). →Artikulatorische Phonetik.

Apodosis →Protasis vs. Apodosis.

Apokoinu [griech. *apó koinoũ* ›vom Gemeinsamen‹, neutr.]. Syntaktische Konstruktion, bei der zwei Sätze ein Satzglied gemeinsam haben, das nur im zweiten Satz oder an der Berührungsstelle beider Sätze stehen kann. Es ist grammatisch-syntaktisch sowohl auf den vorausgehenden als auch auf den folgenden Satz zu beziehen, vgl. das gemeinsame Subjekt *her Hagene* in den beiden zugrundeliegenden Hauptsätzen von mhd. *do spranc von dem gesidele her Hagene also sprach.* – Umstritten ist, ob sich sogenannte *contact clauses* im Englischen vom Typ *there is a man below wants to speak to you* durch das Prinzip des A. erklären lassen, vgl. hierzu O. Jespersen [1927].

Lit.: O. Jespersen [1927]: A modern English grammar on historical principles. III 2. Heidelberg 1927 (Nachdruck London 1954), S. 132–135. – F. Karg [1925]: Die Construction *Apokoinu* im Mhd. In: PBB 49, S. 1–63, erweiterter Abdruck in: F. Karg [1929]: Syntaktische Studien. Halle, S. 1–80. – K. Gärtner [1969]: Die Constructio *Apokoinu* bei Wolfram von Eschenbach. In: PBB 91, S. 121–259. – H.

Paul [1982]: Mittelhochdeutsche Grammatik. 22. durchges. Aufl. Tübingen, S. 483–485. – P. Boon [1982]: Die Apokoinukonstruktion im Frühneuhochdeutschen. In: IF 87, S. 223–238.

Apokope [griech. *apokopḗ* ›Abschneiden‹]. Vorgang und Ergebnis des Wegfalls von einem oder mehreren Sprachlauten am Wortende, z.B. im Dt. der Endsilbenverfall in der nominalen Flexion: *dem Freund(e)*. Vgl. auch: →Synkope.

Lit.: K. B. Lindgren [1953]: Die Apokope des mittelhochdeutschen -e in seinen verschiedenen Funktionen. Helsinki. →Sprachwandel.

Apophonie →Ablaut.

Aposiopese [griech. *aposiṓpēsis* ›das Verstummen‹]. →Rhetorische Figur der Kürzung: überraschender Abbruch des Satzes zum Ausdruck der (gespielten) Höflichkeit, Besorgnis o. ä.: *Die Zukunft deines Vaterlandes, ... doch ach, du kannst nicht schweigen.* (Heine).

Lit.: →Rhetorische Figur.

A-Position [Abk. für Argument-Position]. In der →GB-Theorie N. Chomskys Bezeichnung für Positionen im Strukturbaum, denen grundsätzlich (d.h. unabhängig von einer bestimmten lexikalischen Füllung der Endknoten im Baum) eine →Thematische Rolle zugewiesen werden kann. So sind z.B. Subjekt- und Objekt-Positionen A-P., während die →COMP-Position keine A-P. ist. Von der Unterscheidung zwischen A-P. und Nicht-A-P. wird vor allem in der →Bindungstheorie Gebrauch gemacht, wenn zwischen (leeren) →Anaphern und sogen. »Variablen« unterschieden wird: Erstere haben ein Antezedens in einer A-P., letztere haben ein Antezedens in einer Nicht-A-P. (oder »A-Quer-Position«, auch als »Ā-Position« notiert). Entsprechend unterscheidet man zwischen A-Bindung und A-Quer-Bindung. →Bindungstheorie.

Apostrophe [griech. *apostrophḗ* ›Abwendung‹]. →Rhetorische Figur der Pragmatik: Scheinbare »Abwendung« vom Zuhörer und Anrede eines »Zweitpublikums« (z.B. anwesende oder nicht-anwesende Personen, Götter, Personifikationen).

Lit.: →Rhetorische Figur.

Appellfunktion der Sprache. Neben →Ausdrucks- und →Darstellungsfunktion eine der drei Teilfunktionen des sprachlichen Zeichens in K. BÜHLERS →Organonmodell der Sprache. A. bezeichnet die Relation zwischen Sprachzeichen und »Empfänger«, dessen Verhalten durch das Zeichen gesteuert wird.

Lit.: →Organonmodell der Sprache.

Applikation [lat. *applicāre* ›anfügen‹]. Aus der mathematischen Logik von H. B. CURRY übernommener Begriff, der soviel wie ›Angliederung‹ bedeutet und die Basis von S. ŠAUMJANS Sprachtheorie (→Applikativ-Generatives Modell) darstellt. A. sind formale Operationen zur Generierung von Symbolen, die sprachliche Ausdrücke repräsentieren. Durch A. werden sprachliche Einheiten mit anderen sprachlichen Einheiten zu neuen Einheiten zusammengefügt, d.h. formal

ausgedrückt: Wenn *X* und *Y* Einheiten vom allgemeinsten Typ *Ob(jekt)* sind, so ist auch die Kombination von *X* und *Y* eine Einheit vom Typ *Ob*. Jede A. kann als →Abbildung interpretiert werden, setzt für eine sinnvolle Anwendung jedoch eine Subklassifizierung der Ausdrücke voraus. Auf A. beruht jede Form von →Kategorialgrammatik.

Lit.: H. B. CURRY/R. FEYS [1958]: Combinatory logic. Amsterdam. – S. ŠAUMJAN [1965]: Outline of the applicational generative model for the description of language. In: FL 1, S. 189–222.

Applikativ. →Diathese, die ein Nicht-Subjekt (→Benefaktiv-Aktanten) zum direktiven Objekt macht, vgl. →Swahili: *Mama alipika chakula kwa watoto* ›Die Mutter kochte das Essen für die Kinder‹ vs. *Mama aliwapikia watoto chakula* ›Die Mutter kochte den Kindern Essen‹ (*pika* Grundform für ›kochen‹, *pikia* ›kochen für‹). Im Dt. können Verbableitungen mit dem Präfix *be-* oft als A. analysiert werden, z.B. *Der Vater schenkte dem Sohn das Buch* vs. *Der Vater beschenkte den Sohn mit einem Buch.*

Applikativ-Generatives Modell. Von dem russischen Sprachwissenschaftler S. ŠAUMJAN unter dem Einfluß der mathematischen Logik von K. AJDUKIEWICZ und H. B. CURRY entwikkeltes Grammatikmodell. Die Bezeichnung »applikativ« bezieht sich auf die formale Operation der →Applikation (der Verbindung von sprachlichen Einheiten zu neuen sprachlichen Einheiten), die die Grundlage der »generativen« Zielsetzung von S. ŠAUMJANS gram-

matischer Theorie (»Modell«)
bildet. ŠAUMJAN geht von einem
zweistufigen Modell aus und
unterscheidet eine abstrakte ge-
notypische Sprachebene (→Ge-
notyp), die als ideales, universelles semiotisches System allen
natürlichen Sprachen zu-
grundeliegt, von der phänotypischen Ebene (→Phänotyp), die
die einzelsprachliche Realisierung der auf der genotypischen
Ebene angesetzten logischen
Konstrukte repräsentiert. Auf
der genotypischen Ebene existieren keine räumlichen Beziehungen zwischen den linguistischen Objekten, diese werden
erst auf der phänotypischen Stufe als lineare Ordnung hergestellt. Im Unterschied zu N.
CHOMSKYS generativer →Trans-
formationsgrammatik, die
Oberflächenstrukturen erzeugt,
dient ŠAUMJANS generativer Apparat in erster Linie der Generierung sprachlicher Universalien, also linguistischer Objekte von großem Abstraktions-
grad. Ein weiterer wesentlicher
Unterschied zur Transformationsgrammatik besteht darin,
daß ŠAUMJAN sich nicht auf die
Beschreibung von Satzstrukturen beschränkt, sondern einen
Prozeß der →Wortbildung
gleichwertig in sein Modell integriert. Daher führt ŠAUMJAN
zwei Typen von Produktionsre-
geln ein, den »Phrasengenera-
tor« und den »Wortklassen-
generator«. Grundoperation
zur Bildung komplexer sprachlicher Einheiten auf der Basis
von elementaren Einheiten ist
die →Applikation, die der Kategorienbildung auf der Basis der
→Operator/Operand Beziehung
in der →Kategorialgrammatik
weitgehend entspricht. Das A.-

G.M. beruht auf sehr komplexen mathematischen bzw. for-
mallogischen Grundlagen und
wurde bislang nur am Russischen exemplifiziert. Für detailliertere Information vgl. die
Überblicksdarstellungen bei
APRESJAN, HELBIG und IVIC.

Lit.: K. AJDUKIEWICZ [1935]: Die syntaktische Konnexität. In: Studia Philosophica
1, S. 1–27. – H. B. CURRY/R. FEYS [1958]:
Combinatory logic. Amsterdam. – S.
ŠAUMJAN [1965]: Outline of the applicational generative model for the description of
language. In: FL 1, S. 189–222. – J. D.
APRESJAN [1971]: Ideen und Methoden der
modernen strukturellen Linguistik. München. – G. HELBIG [1971]: Geschichte der
neueren Sprachwissenschaft. Unter dem
besonderen Aspekt der Grammatiktheorie. München. – M. IVIC [1971]: Wege der
Sprachwissenschaft. München. – S. ŠAUM-
JAN [1973]: Philosophie und theoretische
Linguistik. München. – H. WLODARCZYK
[1974]: La grammaire générative applicati-
ve de S. ŠAUMJAN. In: Langages 8, S. 15–64.

Apposition [lat. *appositiō* ›Zusatz‹. – Auch: Beisatz]. Fakultative →Konstituente einer Nominalphrase, die syntaktisch und
(meist) referentiell mit dem nominalen Kern übereinstimmt.
Man unterscheidet (voran- oder
nachgestellte) enge A. (z.B. *Tante Luise, Herr Schmidt, Präsident Müller, die Stadt Köln*)
und (nachgestellte) lose A. (*Philip, mein bester Freund*). A. sind
typischerweise Nominalphrasen, aber nicht auf diese Kategorie beschränkt. Als A. treten
nicht nur Wörter oder Phrasen
aller syntaktischer Kategorien
auf (Nomen, Adjektiv, Adjektivphrase, Präpositionalphrase,
Satz usw.), sondern auch
»nichtsprachliche« Zeichen
(vgl. E. LÖBEL [1988]): *der Film
»Einer flog übers Kuckucks-
nest«, das Wort »und«, die Note
»fis«.*

Lit.: H. SEILER [1960]: Relativsatz, Attribut und Apposition. Wiesbaden. – W.

Motsch [1965]: Untersuchungen zur Apposition im Deutschen. In: Syntaktische Studien. Berlin. - N. Burton-Roberts [1975]: Nominal apposition. In: FL 13, S. 391–420. - F. Molitor [1979]: Zur Apposition im heutigen Deutsch. Siegen (Diss. Köln). - H. Raabe [1979]: Apposition. Untersuchungen zum Begriff und zur Struktur der Apposition im Französischen unter weiterer Berücksichtigung des Deutschen und Englischen. Tübingen. - E. Löbel [1986]: Apposition und Komposition in der Quantifizierung. Tübingen. - E. Löbel [1988]: Appositive Nominalphrasen. In: Linguistik Parisette. Akten des 22. Ling. Kolloquiums Paris 1987. Tübingen. - G. Schreiter [1988]: Zur Abgrenzung von Apposition und Parenthese. In: B. Wilhelmi (ed.): 2. Jenaer Semantik-Syntax-Symposium. Jena, S. 124–134. - W. Schindler [1990]: Untersuchungen zur Grammatik appositionsverdächtiger Einheiten im Deutschen. Tübingen.

Appositiv. Attributive Konstruktion, die sich sowohl auf das Subjekt als auch auf das Prädikat beziehen kann: *Zitternd vor Angst versteckte sie sich.*

Approximant [lat. *approximāre* ›herankommen‹. - Auch: Öffnungslaut]. Nach der Artikulationsart bezeichneter Sprachlaut, der mit pulmonaler oder mit pharyngaler Luft (→Ejektiv(er) Laut) gebildet wird und bei dem es in der Mundhöhle weder einen Verschluß (→Verschlußlaut) noch eine Enge mit Reibung (→Frikativ(laut)) gibt. Unterklassen von A. ergeben sich durch →Aspiration, →Glottalisierung, →Labialisierung, Nasalierung, →Palatalisierung, Pharyngalisierung und Velarisierung (→Sekundäre Artikulation). Weitere Klassifikationsmerkmale: →Artikulationsorgan, →Artikulationsstelle und →Phonation. - Phonologisch unterscheidet man konsonantische (→Halbvokal) und vokalische A. (→Vokal).

Lit.: →Phonetik.

Apraxie [griech. *aprāxía* ›Untätigkeit‹]. In der →Neuropsychologie Bezeichnung für die Störung der Fähigkeit, Bewegungen willentlich (etwa nach Aufforderung) auszuführen trotz erhaltener Beweglichkeit der entsprechenden Körperteile. Unwillkürliche Bewegungen sind nicht betroffen. Symptome finden sich bei der Artikulation (Verbale A., Sprech-A.), beim Schreiben von Buchstaben (Apraktische Agraphie), in der Gestik und Mimik. A. unterscheidet sich von der →Dysarthrie durch inkonsistente Fehler und variable Substitutionen.

Lit.: J. W. Brown [1972]: Aphasia, apraxia and agnosia. Springfield, Ill. Dt.: Aphasie, Alexie und Agraphie. Stuttgart 1975. - F. Darley/A. Aronson/J. R. Brown [1975]: Motor speech disorders. Philadelphia. - H. Hecaen/M. Albert [1978]: Human neuropsychology. New York. - K. Poeck (ed.) [1982]: Klinische Neuropsychologie. 2. neu bearb. und erw. Aufl. Stuttgart 1989. - M. Vogel/W. Ziegler/H. Morasch [1987]: Sprechen. In: D. von Cramon/J. Zihl (eds.): Neuropsychologische Rehabilitation. Berlin, S. 319–359. - W. Ziegler [1989]: Aphasisch-phonologische Störungen der Sprachproduktion. In: Neurolinguistik 1, S. 1–34.

Arabisch. Größte →Semitische Sprache, gesprochen in Nordafrika, auf der arabischen Halbinsel und im Mittleren Osten (ca. 150 Mio. Sprecher). Kultsprache des Islam. Es existieren eine überregionale Form, die weitgehend der Sprache des Korans gleicht (Klassisches Arabisch), sowie verschiedene regionale Dialekte (Hauptdialekte: Ägypten, westliches Nordafrika, Syrien, Irak, arabische Halbinsel; das Maltesische ist stark italienisch beeinflußt). Unter »Südarabisch« versteht man die eigenständigen alten

Sprachen im Süden der arabischen Halbinsel. Eigenes, aus dem →Aramäischen entwickeltes Alphabet (Konsonantenschrift mit eingeschränkter Vokalkennzeichnung) in zwei Ausprägungen, der eckigen Kufi-Schrift und der heute meist verwendeten Kursivschrift *Nashī*. Spezifische Kennzeichen: Reiches Konsonantensystem (v.a. uvulare, pharyngale und laryngale Laute), dem ein einfaches Vokalsystem gegenübersteht. Zur Morphologie vgl. →Semitische Sprachen. Wortstellung: VSO, in den Dialekten oft SVO.

Lit.: W. WRIGHT [1955]: A grammar of the Arabic language. 3. Aufl. Cambridge. – W. FISCHER [1986]: Grammatik des Klassischen Arabisch. Wiesbaden. – *Einzeldialekte:* R. S. HARRELL [1962]: A short reference grammar of Moroccan Arabic. Washington. – H. GROTZFELD [1965]: Syrisch-arabische Grammatik. Wiesbaden. – H. A. QAFISHEH [1977]: A short reference grammar of Gulf Arabic. Tucson. – W. FISCHER/O. JASTROW [1980]: Handbuch der arabischen Dialekte. Wiesbaden. – A. MOKHTAR [1983]: Lehrbuch des Ägyptisch-Arabischen. 2. Aufl. Wiesbaden. – C. HOLES [1989]: Gulf Arabic. London.

Aragonesisch →Spanisch.

Aramäisch [Auch: Syrisch]. Gruppe →Semitischer Dialekte, überliefert seit dem 10. Jh. v. Chr., weitverbreitet im vorderen Orient von ca. 300 v. Chr. bis 600 n. Chr., u.a. als Sprache assyrischer, babylonischer und persischer Reiche. A. wird heute noch vereinzelt gesprochen in Syrien, Irak und Türkei.

Lit.: G. BERGSTRÄSSER [1955]: Syrische Grammatik. Leipzig. – F. ROSENTHAL (ed.) [1967]: An Aramaic handbook. Wiesbaden. – S. SEGERT [1986]: Altaramäische Grammatik. 3. Aufl. Leipzig.

Araukanisch →Andisch.

Arawakisch [Auch: Maipure]. Sprachfamilie Mittel- und Südamerikas mit ca. 80 Sprachen, ursprünglich auch in der Karibik bis nach Florida verbreitet. Von J. H. GREENBERG [1987] mit →Tupi zum →Äquatorial-Zweig des Andisch-Äquatorialen Sprachstammes gerechnet. Die Verwandtschaft vieler a. Sprachen wurde bereits von F. GILIJ (1780–84) vermutet. Größte Einzelsprache: Goajiru in Nord-Kolumbien (60000 Sprecher). Typologisch sind die Sprachen sehr unterschiedlich. Ursprüngliche Wortstellung: wohl SOV mit Postpositionen (→Adposition); unter karibischem Einfluß auch OVS. Kasusmarkierungen sind selten (ergativisch oder akkusativisch), Genus- und nominale →Klassifikator-Systeme dagegen häufig.

Lit.: G. K. NOBLE [1965]: Proto-Arawakan and its descendants. In: IJAL 31.3.2. – E. MATTESON [1972]: Proto-Arawakan. In: E. MATTESON u.a. (eds.): Comparative studies in Amerindian languages. The Hague, S. 160–242. – D. C. DERBYSHIRE [1986]: A comparative survey of morphology and syntax in Brazilian Arawakan. In: D. C. DERBYSHIRE/G. PULLUM (eds.): Handbook of Amazonean languages. Berlin, S. 469–566. – J. H. GREENBERG [1987]: Language in the Americas. Stanford. →Südamerikanische Sprachen.

Arbitrarität [lat. *arbitrium* ›Willkür‹. – Auch: Beliebigkeit, Konventionalität, Unmotiviertheit, Willkürlichkeit]. Grundlegende Eigenschaft von sprachlichen →Zeichen, die besagt, daß zwischen dem Bezeichnenden (= Lautbild, Zeichengestalt) und dem Bezeichneten eine beliebige, nicht naturnotwendige, d.h. abbildende Beziehung besteht. Je nach sprachtheoretischem Ausgangspunkt bezieht sich diese »Willkürlichkeit« entweder auf das Verhältnis von sprachlichen Zeichen und außersprachlicher Realität oder auf das Verhältnis von sprachlichem Zeichen und seiner Bedeutung. F. DE SAUSSURE [1916] bezieht A. auf das Verhältnis von Lautbild (= *image acousti- que*) und Vorstellung (= *con- cept*) und belegt die Beliebigkeit dieser Verbindung durch die Tatsache, daß dasselbe Objekt der Realität von Sprache zu Sprache verschieden benannt wird. A. bedeutet nicht, daß der einzelne Sprecher nach freier Wahl bei der Konstruktion sprachlicher Ausdrücke verfahren kann: unter dem Aspekt des Spracherwerbs und der Kommunikation erfährt der Sprecher den Zusammenhang zwischen Zeichen und Bedeutung als eine gewohnheitsmäßige, obligate Verbindung. Der A. des sprachlichen Zeichens entspricht seine prinzipielle »Nichtmotiviertheit«, die allerdings in der Wortbildung, z.B. in Zusammensetzungen wie *Schreibtisch, dreizehn,* sowie in onomatopoetischen Ausdrükken wie *kikeriki* und *bums* (→Onomatopoiie) relativiert ist. Man spricht in diesem Zusammenhang von »sekundärer Motiviertheit«. Zur Kritik an DE SAUSSURES Begriff der A. vgl. ENGLER, LINDEMANN und UNGEHEUER.

Lit.: F. DE SAUSSURE [1916]: Cours de linguistique générale. Paris. (Kritische Ausgabe ed. von R. ENGLER, Wiesbaden 1967). Dt.: Grundfragen der allgemeinen Sprachwissenschaft. Ed. von P. v. POLENZ. 2. Aufl. Berlin 1967. – R. ENGLER [1962]: Théorie et critique d'un principe saussurien: l'arbitraire du signe. In: CFS 19. – G. UNGEHEUER [1969]: Zum arbiträren Charakter des sprachlichen Zeichens. In: H. MOSER (ed.): Sprache. Gegenwart und Geschichte. Probleme der Synchronie und Diachronie. Düsseldorf. – B. LINDEMANN [1972]: L'arbitraire du signe. Zur Neubestimmung eines Saussureschen Begriffs. In: Orbis 21, S. 275–288. – E. L. WRIGHT [1976]: Arbitrariness and motivation: A new theory. In: FL 14, S. 505–523. →Zeichen.

Archaismus [griech. *archaîos* ›altertümlich‹]. Stilmittel der →Rhetorik: Effektvoller Gebrauch veralteter Ausdrücke, mit poetischer, pathetischer oder ironischer →Konnotation (z. B. *Minne, Wonne, Hort, sintemal, Anbeginn*) oder aus ideologischen Gründen (z.B. *Gau, Maid* u. dgl. im NS-Vokabular). Gelegentlich auch allgemeiner für lexikalische Relikte wie *Ungeziefer* (zu ahd. *zebar* ›Opfertier‹).

Lit.: D. CHERUBIM [1988]: Sprach-Fossilien. Beobachtungen zum Gebrauch, zur Beschreibung und zur Bewertung der sogenannten Archaismen. In: H. H. MUNSKE u.a. (eds.): Deutscher Wortschatz, L. E. SCHMITT zum 80. Geburtstag. Berlin, S. 525–552. →Rhetorische Figur.

Archilexem [griech. *archi-* ›Ober-‹, *léxis* ›Wort‹]. Von B. POTTIER eingeführte Parallelbildung zu →Archiphonem: Wort, dessen Inhalt identisch ist mit der Gesamtbedeutung eines →Wortfeldes: das A. von *Birke, Esche, Linde* usw. ist »Baum«, dessen Bedeutung zugleich das allen Elementen des Wortfeldes zugrundeliegende Merkmal bezeichnet. Nicht immer muß es in der jeweiligen Sprache für das A. eine geeignete Ausdrucksform derselben Wortart geben, vgl. das fehlende A. für Temperaturadjektive im Dt. Vgl. auch →Hyperonymie.

Lit.: B. POTTIER [1963]: Recherches sur l'analyse sémantique en linguistique et en traduction mécanique. Paris. – E. COSERIU [1967]: Lexikalische Solidaritäten. In: Poetica 1, S. 293–303. Auch in: W. KALLMEYER

u.a. (eds.): Lektürekolleg zur Textlinguistik. Bd.II: Reader (1974). Frankfurt, S.
74–86.

Archiphonem [griech. *archi-*
›ober-‹, *phonē* ›Stimme‹]. Bezeichnung der →Prager Schule
für die Gesamtheit der distinktiven Merkmale, die zwei Phonemen in binärer Opposition
gemeinsam sind. Durch
→Neutralisation kann die Aufhebung des unterscheidenden
Merkmals in bestimmten Positionen erfolgen, etwa im Dt. bei
der →Auslautverhärtung, durch
die die Opposition sth. vs. stl. im
Auslaut aufgehoben (neutrali-
siert) wird, so daß das A. von
/d/ und /t/ die Merkmale
[− NASAL, + DENTAL, + VER-
SCHLUSSLAUT] hat.

Lit.: N. DAVIDSEN-NIELSEN [1978]:
Neutralization and archiphoneme. Two
phonological concepts and their history.
Kopenhagen. →Phonologie.

Arc-Pair-Grammatik →Relatio-
nale Grammatik.

Areallinguistik →Sprachgeogra-
phie.

Argot [engl. *cant*].
(1) Dem →Rotwelsch ent-
sprechende →Sondersprache der
französischen Bettler und Gau-
ner des Mittelalters.
(2) Im weiteren Sinn jede Form
von Sondersprache (»Geheimsprache«) einer sozial abge-
grenzten (häufig als asozial
abgestempelten) Gruppe, die
vor allem durch ihren spezifischen Wortschatz von der
Standardsprache abweicht. Die
angestrebte Nichtverstehbar-
keit für Außenstehende macht
eine Erneuerung von Schlüssel-
wörtern erforderlich, sobald
diese in den allgemeinen

Sprachschatz übernommen
werden; dabei bedient man sich
entweder der metaphorischen
Umdeutung von Wörtern aus
der Gemeinsprache (z.B. *Schnee*
für ›Kokain‹) oder der Entlehnung aus fremden Sprachen,
vgl. zahlreiche Wörter jiddi-
schen Ursprungs in der Gaunersprache: *besäbeln* ›betrügen‹,
Zores ›Lärm‹, ›Wirrwarr‹ (aus
hebr. *za:ro:th* ›Not‹, ›Bedräng-
nis‹), *zocken*, ›(Glücksspiele)
spielen‹.

Argument [lat. *argūmentum*
›Beweis‹].
(1) In der →Formalen Logik Terminus zur Bezeichnung der
→Leerstellen eines →Prädikats
bzw. einer →Funktion. Je nachdem, wie viele A. ein Prädikat
verlangt, bezeichnet man es als
ein-, zwei- oder dreistellig. Einstellige Prädikate wie *x ist rund*
(Notation: *rund(x)*) weisen dem
Argument eine Eigenschaft zu;
in diesem Fall entspricht die Ar-
gument/Prädikat-Beziehung
der Subjekt/Prädikat-Unter-
scheidung in der traditionellen
Grammatik. Mehrstellige Prädikate dagegen stellen →Relatio-
nen zwischen Argumenten her:
x ist jünger als y (Notation: *jün-
ger(x,y)*) oder *x überreicht y ein
z* (Notation: *überreichen
(x,y,z)*), wobei die Elemente
geordnet (also nicht beliebig
austauschbar) sind. Die Leerstellen des Prädikats entsprechen in anderer Terminologie
seiner syntaktischen →Valenz.

Lit.: →Formale Logik.

(2) In der →GB-Theorie N.
CHOMSKYS ein referenzfähiger
Ausdruck, dem (in der →Logi-
schen Form) eindeutig eine
→Thematische Rolle, d.h. eine

logische Argumentstelle eines Prädikates entsprechen muß. Kein Argument ist z.B. das Pronomen *es* in: *Es spielte das Rundfunkorchester*, denn der einzig verfügbaren logischen Argumentstelle des (hier intransitiv benutzten) Prädikats *spielen* entspricht das Argument *das Rundfunkorchester* (→*Es*-Verwendungsweisen).

CHOMSKY charakterisiert die →Tiefenstruktur als eine Repräsentationsebene, in der jede durch ein Argument besetzte Position eine thematische Rolle zugewiesen bekommt und umgekehrt. Die Begriffe »thematisch markierte Position« und »Argument« sind jedoch in der GB-Theorie nicht synonym, denn in der →Oberflächenstruktur steht nach der Transformation eines Argumentes (z.B. nach Anwendung der Anhebungstransformation, vgl. →Raising) das Argument nicht mehr an der Stelle, welche das »logische Argument« des Prädikates definiert: die durch die Bewegung entstandene leere Position ist zwar thematisch markiert, jedoch kein Argument. Andere leere Kategorien jedoch, wie z.B. das →PRO-Element, sind notwendigerweise Argumente, denn sie erfüllen die Funktion referentieller Pronomina.

Lit.: →Theta-Theorie, →GB-Theorie.

(3) Die von E. WILLIAMS [1981] eingeführte Unterscheidung zwischen »externem vs. internem« Argument bezieht sich auf die Argumentstellen eines logischen Prädikates und deren Realisierung in der Syntax: Eine Argumentstelle eines Prädikates ist syntaktisch extern, wenn deren thematische Rolle außerhalb der maximalen Projektion (→X-Bar-Theorie) des Prädikates erscheinen bzw. angenommen werden muß. Somit sind Subjekte in der Regel externe Argumente, denn sie erscheinen (wie das Subjekt *Philip* in *Philip kämpft gegen die Unordnung*) außerhalb der *VP*, wogegen Objekte innerhalb der *VP* stehen und somit interne A. sind. Daher ist *Philips* in *Philips Kampf gegen die Unordnung* internes Argument von *Kampf*, denn das »Subjekt« des Nomens *Kampf* erscheint hier innerhalb der *NP*. – WILLIAMS verwendet die Termini »Argument« und »Thematische Rolle« synonym, genauerem Sprachgebrauch würde es jedoch entsprechen, zwischen internen vs. externen Thematischen Rollen zu unterscheiden.

Lit.: E. WILLIAMS [1981]: Argument structure and morphology. In: LR 1, S. 81–114.

(4) Als Glied einer →Argumentation: Aussage zur Begründung einer These. Nach der Stellung innerhalb einer argumentativen Struktur lassen sich mindestens drei A.-Typen unterscheiden: (a) Fakten, (Ursachen, Motive, Gründe), (b) Grundsätze (Gesetze, Normen), um die argumentative Verwendung der Fakten zu rechtfertigen, und (c) Stützen, um die Gültigkeit der Grundsätze wiederum durch anerkanntes Erfahrungswissen, Ergebnisse der Wissenschaft o.ä. abzusichern. Im →Syllogismus der →Formalen Logik, der Grundform einer Argumentation, heißt die These »Conclusio«, die A.-Typen (a) und (b) sind die »Prämissen«. Vgl. auch →Enthymem.

Lit.: →Argumentation.

Argument Linking. In der →Wortbildung von R. LIEBER [1983] angenommener Prozeß der Zuweisung einer →Thematischen Relation durch ein Verb oder eine Präposition innerhalb der →Wortstruktur an ein wortinternes (vgl. engl. *drawbridge*, dt. *Trinkwasser*) oder -externes (engl. *handpaint the picture*, dt. *die Kinder schutzimpfen*) Argument.

Lit.: R. LIEBER [1983]: Argument linking and compounds in English. In: LI 14, S. 251-185. →Komposition, →Verbalkomposita, →Wortsyntax.

Argumentation [lat. *argūmentātio* ›Beweisführung‹]. Komplex strukturierte sprachliche Handlung zur Erklärung eines Sachverhalts oder zur Rechtfertigung einer Handlung. Grundform der A. ist der aristotelische →Syllogismus, in dem die Wahrheit der Folgerung (*conclusio*) zwingend aus der sprachlichen Form und der Wahrheit der →Argumente (Prämissen) hervorgeht. Wesentlich komplizierter als solche »analytischen Schlüsse« (die Gegenstand der →Formalen Logik sind) ist die sogen. »rhetorische A.« der Alltagssprache (→Enthymem). Ihre Überzeugungskraft - die im Unterschied zum →Syllogismus niemals unanfechtbar ist - hängt sowohl von der wirkungsvollen Sprachgestaltung ab (*elocutio* der →Rhetorik, vgl. →Rhetorische Figur, →Tropus), als auch von der glaubhaften Abstützung der Argumente im System der herrschenden Meinungen (*argumentatio*: →Topos). Dabei entstehen charakteristische argumentative Strukturen aus Behauptungen, Empfehlun-

gen, Motiven/Gründen, Rechtfertigungen u.a., deren Form der →Kohärenz als strukturelles Kriterium der →Texttypologie dient (vgl. →Thematische Entfaltung, →Superstruktur). Pragmatisch begründete Sonderformen argumentativer Strukturen sind z.B. Diskussion, →Diskurs, wissenschaftliche A. oder auch Formen der Wirtschaftswerbung (→Werbesprache). Von TOULMIN in Anlehnung an das juristische Rechtfertigungsverfahren entwickelt, ist die A.-Theorie heute ein zentraler Bereich von pragmatisch orientierter Rhetorik (PEREL-MAN) und →Textlinguistik. Als »Theorie argumentativer Verständigung« zur Grundlegung gesellschaftlichen Handelns (KOPPERSCHMIDT) wäre sie allerdings nur im Rahmen interdisziplinärer Konzepte realisierbar.

Lit.: S. TOULMIN [1958]: The uses of argument. Cambridge. Dt.: Der Gebrauch von Argumenten, Kronberg 1975. - N. RESCHER [1966]: The logic of commands. London. - W. KAMLAH/P. LORENZEN [1967]: Logische Propädeutik. Vorschule des vernünftigen Redens. Mannheim. - H. W. JOHNSTONE jr. [1968]: Theory of argumentation. In: R. KLIBANSKY (ed.): La philosophie contemporaine I, Florence, S. 177-184. - J. KOPPERSCHMIDT [1973]: Allgemeine Rhetorik. Stuttgart. - A. NAESS [1975]: Kommunikation und Argumentation. Kronberg. - D. WUNDERLICH [1976]: Sprechakttheorie und Diskursanalyse. In: K.-O. APEL (ed.): Sprachpragmatik und Philosophie. Frankfurt. - CH. PERELMAN [1977]: L'empire rhétorique. Rhétorique et argumentation. Paris. Dt.: Das Reich der Rhetorik. Rhetorik und Argumentation. München 1980. - M. SCHECKER (ed.) [1977]: Theorie der Argumentation. Tübingen. - K.-H. GÖTTERT [1978]: Argumentation. Grundzüge ihrer Theorie im Bereich theoretischen Wissens und praktischen Handelns. Tübingen. - J. KOPPERSCHMIDT [1978]: Das Prinzip der vernünftigen Rede. Sprache und Vernunft, Teil 1. Stuttgart. - J. KOPPERSCHMIDT [1979]: Argumentation. Sprache und Vernunft, Teil 2, Stuttgart. - G. ÖHLSCHLÄGER [1979]: Linguistische

Überlegungen zu einer Theorie der Argumentation. Tübingen. - CH. PERELMAN [1979]: Logik und Argumentation. Kronberg. - P.-L. VÖLZING [1979]: Begründen, Erklären, Argumentieren. Heidelberg. - C. F. GETHMANN (ed.) [1980]: Theorie des wissenschaftlichen Argumentierens. Frankfurt. - W. KLEIN (ed.) [1980]: Argumentation. Göttingen. (= Lili 10, Heft 38/39). - R. J. COX/CH. A. WILLARD (eds.) [1982]: Advances in argumentation. Theory and research. Carbondale. - H. LEITNER [1984]: Vorschläge zu einer sprechhandlungsanalytischen Fassung des Argumentationsbegriffes. Köln (Phil. Diss.). - J. KOPPERSCHMIDT/H. SCHANZE (eds.) [1985]: Argumente - Argumentation. Interdisziplinäre Problemzugänge. München. - F. VAN EMEREN u.a. (eds.) [1987]: Handbook of argumentation theory: critical survey of classical backgrounds and modern studies. Dordrecht. - J. KOPPERSCHMIDT [1989]: Methodik der Argumentationsanalyse. Stuttgart.
Forschungsberichte: D. METZING [1976]: Argumentationsanalyse. In: StL 2, S. 1–23. - P.-L. VÖLZING [1980]: Argumentation. Ein Forschungsbericht. In: Lili 10, Heft 38/39, S. 204–235.
Bibliographien: J. DYCK [1980]: Bibliographie zur Argumentationsforschung 1966–1978. In: Rhetorik 1, S. 153–159. - R. JAMISON/J. DYCK [1983]: Rhetorik - Topik - Argumentation. Bibliographie zur Redelehre und Rhetorikforschung im deutschsprachigen Raum 1945–1979/80. Stuttgart-Bad Cannstatt. →Persuasiv, →Rhetorik.

Argumentposition →A-Position.

Armenisch. Zweig des →Indo-Europäischen, bestehend aus einer einzigen Sprache mit zahlreichen Dialekten und ca. 5,5 Mio. Sprechern in der Sowjetunion, der Türkei und zahlreichen anderen Staaten. Schriftdokumente seit dem 5. Jh.; die Sprache hat eine eigene Schrift, die der Überlieferung nach von Bischof MESROP um 406 auf der Basis des →Aramäischen und →Griechischen entwickelt wurde und noch heute in Gebrauch ist. Die Sprache besitzt zahlreiche Lehnwörter, z.B. aus dem Persischen. Spezifische Kennzeichen: Artikulationskontrast

stimmlos : stimmlos/aspiriert : stimmhaft. Reiches Kasussystem (7 Kasus), aber die Genus-Distinktion der ideur. Ursprache ist verlorengegangen. Wortstellung: SVO. (Vgl. Sprachenkarte Nr. 7).

Lit.: A. ABEGHIAN [1936]: Neuarmenische Grammatik. Berlin. - H. JENSEN [1959]: Altarmenische Grammatik. Heidelberg. - R. GODEL [1975]: An introduction to the study of Classical Armenian. Wiesbaden.

Aromunisch →Rumänisch.

Artenplural. Interpretation des →Plurals als Bezeichnung für verschiedene Unterarten, z.B. *Weine* als *Weinsorten.*

Artikel [lat. *articulus* ›Gelenk‹; engl. *determiner.* - Auch: Begleiter, →Determinans, Determinator, Geschlechtswort]. In der traditionellen, teilweise auch noch in der strukturellen Grammatik angenommene Wortklasse mit zwei Elementen: »bestimmter« Artikel (*der*) und »unbestimmter« Artikel (*ein*). Diese werden heute zu den →Determinantien (bzw. im Fall von *ein* auch zu den →Quantoren) gezählt.

Lit.: →Determinans.

Artikulation [lat. *articuläre* ›deutlich sprechen‹]. Zur Bildung von Sprachlauten intentional gesteuerte und koordinierte Bewegungen der Sprechwerkzeuge (Atemapparat, Kehlkopf, Nasenhöhle, Mundhöhle), insbesondere die physiologischen Prozesse, die sich innerhalb des →Ansatzrohres vollziehen: (a) →Luftstromprozeß, (b) →Phonation, (c) →Mund-Nase-Prozeß, (d) →Zunge-Lippen-Prozeß. - Häufig wird der Be-

griff A. in engerem Sinne verwendet und nur entweder auf
(c) und (d) oder allein auf (d) bezogen, jeweils unter Ausschluß
der übrigen Prozesse.
Lit.: →Phonetik.

Artikulationsart [Auch: Artiku-
lationsmodus]. Je nach der Art,
wie der Luftstrom, der die Lautbildung initiiert, in Rachen-
oder Mundhöhle gehemmt
wird, unterscheidet man: (a)
→Verschlußlaute, (b) →Frikati-
ve, (c) →Approximanten, (d)
→Sagittallaute, (e) →Laterale, (f)
→Flaps (auch: geschlagener
Laut) und →Taps (auch: getippter Laut), (g) →Vibranten.
Lit.: →Phonetik.

Artikulationsbasis. Sowohl Bezeichnung (a) für die Ausgangsposition der Sprechwerkzeuge
bei der Artikulation von
Sprachlauten als auch (b) für
die Menge der artikulatorischen
Eigenschaften, die für alle Sprecher einer Sprachgemeinschaft
charakteristisch sind.
Lit.: →Phonetik.

Artikulationskanal   →Ansatz-
rohr.

Artikulationsmodus →Artikula-
tionsstelle.

Artikulationsorgan. Im engeren
Sinne [auch: Artikulator]: Aktiv
am →Zunge-Lippen-Prozeß der
→Artikulation beteiligte Partien
von Unterlippe und Zunge. Die
A. unterscheiden sich von den
→Artikulationsstellen durch
ihre relative Beweglichkeit: (a)
Unterlippe, (b) Zungenspitze,
(c) Zungenkranz, (d) Zungenblatt, (e) Zungenrücken, (f)

Zungenwurzel. Man spricht
auch von den beweglichen Artikulatoren.   →Artikulatorische
Phonetik. – Im weiteren Sinne:
Alle am →Zunge-Lippen-Prozeß
beteiligten Partien des Ansatzrohres, d.h. sowohl die A. (im
engeren Sinne) als auch die
→Artikulationsstellen (im engeren Sinne).

Artikulationsort   →Artikula-
tionsstelle.

Artikulationsplatz   →Artikula-
tionsstelle.

Artikulationsstelle [Auch: Artikulationsort,   Artikulationsplatz, Artikulator, →Zunge-Lip-
pen-Prozeß]. Im engeren Sinne
(auch: Artikulationsplatz):
Obere und hintere Teile der
Mund-   und   Rachenhöhle
(Oberlippe, Zähne, Gaumen,
Zäpfchen u.a.), die von einem
(relativ aktiven, beweglichen)
→Artikulationsorgan vollständig oder halbwegs erreicht werden können. Im Unterschied zu
den   →Artikulationsorganen
sind die A. relativ unbeweglich.
Das Zäpfchen kann zwar vibrieren, ist aber trotzdem potentiel-
les Ziel der Bewegung eines
Artikulationsorgans. – Im weiteren Sinne: Hindernisbildende
Passage bei der Artikulation,
d.h. Paar aus einem (relativ beweglichen) Artikulationsorgan
und einer (relativ unbewegli-
chen) A. im engeren Sinne.
→Artikulatorische Phonetik.

Lit.: →Phonetik.

Artikulator   →Artikulations-
organ, →Artikulationsstelle.

Artikulatorische Phonetik
[Auch: Genetische Phonetik].
Teildisziplin der allgemeinen Phonetik, die die physiologischen Prozesse beschreibt, die sich bei der →Artikulation von Sprachlauten im Ansatzrohr vollziehen. Physikalisch betrachtet sind Sprachlaute Schall, an dessen Erzeugung vier Prozesse zusammenwirken: (a) Luftstromprozeß, der sich auf die Luftkammern bezieht, welche die Bildung der Sprachlaute initiieren, nämlich von (aa) →Schnalzlauten, (ab) →Ejektiven und →Implosiven sowie (ac) pulmonalen (exspirativen) Lauten. (b) →Phonation in vier Ausprägungen: (ba) Stimmlosigkeit, (bb) Stimmhaftigkeit, (bc) →Knarrstimme, (bd) →Murmelstimme. (c) →Mund-Nase-Prozeß, der zur Unterscheidung zwischen nasalen oder nasalierten Lauten (→Nasal(laut)) einerseits und oralen andererseits führt. (d) →Zunge-Lippen-Prozeß, der die Artikulation (im engeren Sinne) bestimmt, und zwar im Hinblick auf folgende Faktoren:

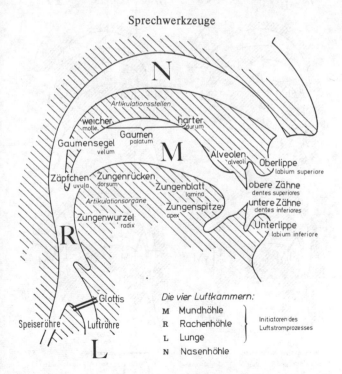

Sprechwerkzeuge

Die vier Luftkammern:

M Mundhöhle
R Rachenhöhle
L Lunge
N Nasenhöhle

Initiatoren des Luftstromprozesses

Die Luftkammern bei der Lautbildung

a: Schnalzlaut   b: Ejektiv

c: Nasalvokal   d: oraler Vokal

e: Nasalkonsonant   f: Explosivlaut

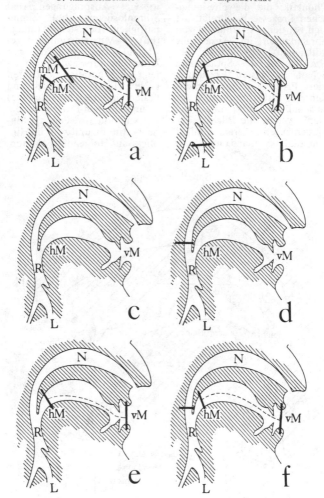

vM   vordere Mundhöhle   R   Rachenhöhle   Verschluß

mM   mittlere Mundhöhle   L   Lunge   Bereich, in dem ein

hM   hintere Mundhöhle   N   Nasenhöhle   Verschluß gebildet wird

(da) →Artikulationsorgane, (db) →Artikulationsstellen und (dc) →Artikulationsart. (da) und (db) werden oft auch vereinfachend zusammengefaßt als Artikulationsstellen.

Lit.: →Phonetik.

Asiatische Sprachen. Als genuine asiatische Sprachstämme können →Altaisch, →Sino-Tibetanisch, →Drawidisch und →Austro-Tai gewertet werden; daneben gibt es einige →Isolierte Sprachen wie die →Paläo-Sibirischen Sprachen und →Burushaski, Ket, →Ainu sowie die in ihrer Affiliation unklaren Sprachen →Japanisch und →Koreanisch. Viele dieser Sprachen gehören kontinent-übergreifenden Sprachstämmen an (→Indo-Europäisch,   →Kaukasische Sprachen, →Uralisch, →Afro-Asiatisch, →Austronesisch). – Die genetische Gliederung der Sprachen Asiens wurde in groben Zügen bereits im 18. Jh. deutlich, die Erforschung einzelner Sprachen reicht sehr viel weiter zurück.

Lit.: B. COMRIE [1981]: The languages of the Soviet Union. Cambridge. – G. A. ZOGRAPH [1982]: Die Sprachen Südasiens. Leipzig. – M. C. SHAPIRO/H. F. SCHIFFMAN (eds.) [1983]: Language and society in South Asia. Dordrecht.

Aspekt [lat. *aspectus* ›Anblick‹, ›Betrachtungsweise‹, russ. *vid*]. Verbale Kategorie, die sich auf die zeitliche Struktur oder andere inhaltliche Merkmale von Verbbedeutungen bezieht und die in der Morphologie einzelner Sprachen grammatikalisiert ist. Eine grundlegende A.-Unterscheidung ist →Imperfektiv vs. Perfektiv, wodurch ein Vorgang entweder als ein zeit-

lich nicht weiter strukturierter, kontinuierlicher Verlauf oder als eine auf einen Endpunkt zielende Entwicklung präsentiert werden kann. Über ein gut ausgebautes A.-System verfügen vor allem slaw. Sprachen (in denen ganze Klassen von Verben mittels Präfixe perfektive Varianten und mittels Suffixe imperfektive Varianten bilden können) und das Engl., das für die meisten Verben eine progressive Form entwickelt hat: *I sing* vs. *I am singing* (→Progressiv). Der A. eines Verbs bzw. einer Verbphrase steht in enger Beziehung zur →Aktionsart, die ebenfalls die interne zeitliche oder inhaltliche Struktur eines Vorgangs determiniert, jedoch meistens als lexikalisch-semantische (der Verbbedeutung inhärente) Kategorie behandelt wird. Die Verwandtschaft zwischen den beiden verbalen Kategorien zeigt sich darin, daß die Bildung verschiedener A.-Formen durch die Aktionsart des Verbs gesteuert wird. Daher rühren kontroverse Systematisierungsvorschläge ebenso wie zahlreiche   terminologische Überschneidungen, so daß viele nicht-deutsche Ansätze Aktionsart unter A. behandeln.

Lit.: →Aktionsart, →Tempus.

Aspekte-Modell   [Auch: Standardtheorie]. Abkürzende Bezeichnung für die 1965 von N. CHOMSKY in »*Aspects of the theory of syntax*« dokumentierte Revision seines 1957 in »*Syntactic structures*« entworfenen Modells   einer   generativen →Transformationsgrammatik. Die wichtigsten Änderungen bzw. Erweiterungen des A. gegenüber der früheren Version sind: (a) Einführung bzw. Differenzierung der Begriffe →Kompetenz vs. →Performanz, →Grammatikalität vs. →Akzeptabilität, →Oberflächen- vs. →Tiefenstruktur; (b) Statt generalisierender Transformationen wird →Rekursivität bereits in der Basiskomponente der Grammatik angesetzt (vgl. →Selbsteinbettende Konstruktion), außerdem sind Transformationen bedeutungsneutral; (c) das Lexikon wird als Subkomponente der Basis angesetzt und die Ebene der →Semantik als eine die Tiefenstruktur interpretierende Komponente behandelt. Zur Weiterentwicklung des A.-M. vgl. →Transformationsgrammatik.

Lit.: →Transformationsgrammatik.

Aspirata [lat. *aspīrāre* ›behauchen‹. Fem., Pl.: *Aspiratae/ Aspiraten*]. Stl. (post)aspirierter Explosivlaut, z.B. [tʰ] in dt. [tʰaːt] ›Tat‹. – In der älteren indogerm. Forschung auch Bezeichnung für die indogerm. Aspiraten einschließlich der etymologisch entsprechenden Sprachlaute jüngerer Sprachstufen.

Lit.: →Phonetik.

Aspiration [Auch: Behauchung]. Stimmlosigkeit vor (bei Präaspiration) oder nach (bei Postaspiration) der Bildung stimmloser Plosive oder Frikative bei vorausgehender bzw. folgender Öffnung des →Ansatzrohres, vor allem nach bzw. vor der Bildung stimmhafter Vokale, aber auch im absoluten An- bzw. Auslaut. Z B. [ʰp], [ʰk] in isländ. [ˈhɛʰpːn] ›glücklich‹, [ˈlyʰkːa] ›Glück‹; [ʰk'] in georg.

[ʰk'idia] ›(er) hängt‹; [tʰ], [kʰ] in dt. [tʰeː] ›Tee‹, [ˈkʰaːbl] ›Kabel‹, [fɔʁt]›fort‹, [veːk] ›Weg‹. Je nach dem Druck, mit dem vor bzw. nach dem Verschluß oder der Enge die pulmonale Luft durch das Ansatzrohr gepreßt wird, lassen sich verschiedene Grade der A. unterscheiden (→Fortis vs. Lenis). Gegenläufig ist die Deaspiration (Enthauchung).

Lit.: →Phonetik.

Assamesisch →Indisch.

Asserbeidschanisch →Turksprachen.

Assertion. [lat. *assertiō* ›Aussage‹. – Auch: Behauptung].
(1) Unter semantischem Aspekt die Bedeutungselemente eines Satzes, die unter Negation in ihr Gegenteil verkehrt werden. Wenn der Satz *Die Preise sind gestiegen* wahr ist, dann ist der negative Satz *Die Preise sind nicht gestiegen* falsch. Diejenigen Bedeutungselemente, die unter Negation konstant bleiben, werden als →Präsupposition von der A. unterschieden: In *Philip bedauert/bedauert nicht, daß die Preise gestiegen sind* entspricht die gesamte Aussage der A., während die Präsupposition lautet: *die Preise sind gestiegen.*
(2) Im Rahmen der →Sprechakttheorie Sprechhandlungstyp des Behauptens, der u.a. durch verschiedene illokutive Verben (wie *behaupten, feststellen, für wahr erklären*) gekennzeichnet sein kann.

Lit.: →Deklarativer Satz, →Sprechakttheorie.

Assibilation [lat. *ad* ›hinzu‹, *sibilāre* ›zischen‹. – Auch: Assibilierung, Zetazismus].
(1) Spezialfall der Bildung eines parasitären →Zischlautes durch Palatalisierung zwischen dorsalem Verschlußlaut (→Dorsal) und folgendem vorderen Vokal [i, e], z.B. das [s] in dt. *Generation* [gɛnɛraˈtsɪoːn].
(2) Vorgang und Ergebnis des Übergangs von [g] und [k] vor Palatallauten zu →Zischlauten (= Sibilanten) vgl. altengl. *cirice*, engl. *church,* bzw. lat. *centum* (mit [k] im Anlaut), frz. *cent* (mit [s] im Anlaut).

Assibilierung →Assibilation.

Assimilation [lat. *assimilātiō* ›Ausgleichung‹]. Vorgang und Ergebnis der artikulatorischen Anpassung eines Sprachlautes an einen benachbarten Laut in bezug auf ein oder mehrere Merkmale. Die A. kann sich beziehen auf (a) das Artikulationsorgan, vgl. dt. umgangssprachliches [zɛmf] ›Senf‹ mit orthoepischem (normgerechtem) [zɛnf], (b) auf die Artikulationsstelle, vgl. [geːm] ›geben‹ mit [geːbən], (c) auf die Artikulationsart (vgl. mhd. *elne* mit nhd. *Elle*), (d) auf das Verhalten der Stimmbänder (vgl. dt. [dasˈsalts] ›das Salz‹ mit [dasˈzalts]; vgl. auch [zd] an Stelle von [sd] in frz. [ʏntazdəˈte] *une tasse de thé* ›eine Tasse Tee‹ oder (e) auf das Verhalten des Gaumensegels (vgl. frz. [lãg] *langue,* ›Sprache‹ mit lat. *lingua*). Je nach der Einflußrichtung der A. in der Lautfolge unterscheidet man zwischen perseverierender [auch: progressiver] A., bei der der zweite Sprachlaut sich dem vorausgehenden angleicht (vgl. z.B.

nhd. *Zimmer* mit mhd. *zimber*), und antizipierender [auch: regressiver] A., bei der der vorausgehende Sprachlaut sich dem folgenden angleicht (vgl. z.B. umgelautetes ahd. *gesti* ›Gäste‹ mit **gasti*). Man spricht von totaler oder vollständiger A., wenn eine vollständige Angleichung zweier Sprachlaute erfolgt (z.B. in *Zimmer* gegenüber *zimber*), von partieller A., wenn die Angleichung wie bei [zɛmf] nicht alle Merkmale betrifft. Reziprok ist die A., wenn eine gegenseitige Anpassung stattfindet, wobei ein dritter Sprachlaut die beiden ursprünglichen ersetzt (vgl. nhd. [fɪʃ] ›Fisch‹ mit ahd. *fisk*). Bezieht sich die A. auf benachbarte Sprachlaute, so handelt es sich um Kontakt-A. (z.B. bei [zɛmf] und [tazdəˈte]), andernfalls um Fernassimilation (wie z.B. bei *assimilātiō* gegenüber *assimulātiō*, beim ahd. *i*-Umlaut und bei der Vokalharmonie im Finn. und Türk.). Die sprachgeschichtlich bedeutsamsten A.-prozesse sind →Auslautverhärtung, →Labialisierung, →Monophthongierung, Nasalierung, →Palatalisierung, →Sonorisierung, →Umlaut, →Vokalharmonie. Der zur A. gegenläufige Prozeß ist →Dissimilation.

Lit.: TH. VENNEMANN [1972]: Phonetic detail in assimilation. Problems in Germanic phonology. In: Lg 48, S. 863–892. – J. KENERZ [1985]: Phonologische Aspekte der Assimilation im Deutschen. In: ZS 4, S. 5–36. →Phonetik, →Lautwandel.

Assoziation [lat. *associāre* ›sich verbinden‹]. In der Psychologie Vorgang der Bewußtseinsverknüpfung von zwei oder mehreren Vorstellungsaspekten. Dieses Miteinandervorkommen mehrerer Erlebniseinheiten wird durch bestimmte A.-Gesetze wie zeitliche und räumliche Berührung (= Kontiguität) sowie Ähnlichkeit und Kontrast zwischen den erlebten Inhalten ausgelöst. A. spielen eine zentrale Rolle bei der Untersuchung und Förderung von Phantasie, Denken, →Gedächtnis und bei allen Lernvorgängen. – In der Psycholinguistik werden (im Anschluß an die neo-behavioristische Psychologie) A. als Verknüpfungen zwischen Stimulus und Response (bzw. Reiz und Reaktion) definiert und für Sprachtests, vor allem aber zur Explikation von Bedeutung verwendet (→Stimulus-Response-Modell). Dabei unterscheidet man zwischen unmittelbaren A. (also der Kette von Wörtern, die durch ein bestimmtes Reizwort ausgelöst wird) und vermittelnden A., die als nicht direkt beobachtbare Vermittlungsinstanz in Stimulus-Response-Prozessen angenommen werden. Solche A. werden als →Mediation bezeichnet.

Lit.: H. HÖRMANN [1967]: Psychologie der Sprache. Berlin. – M. WETTLER [1970]: Syntaktische Formen im verbalen Lernen. Bern. – J. R. ANDERSON, G. H. BOWERS [1973]: Human associate memory. Washington. – M. WETTLER [1981]: Sprache, Gedächtnis, Verstehen. Berlin. →Gedächtnis, →Mediation, →Sprachtest, →Psycholinguistik.

Assoziatives Feld. Von CH. BALLY [1940] nachgewiesenes Beziehungsnetz, in das jedes Wort eingebettet ist. Solche A. F. eines Wortes beruhen auf formalen oder inhaltlichen Assoziationen, also auf Eigenschaften der →Wortbildung bzw. des →Wortfeldes. So steht das Wort *fahren* sowohl in einer (formalen) Assoziationsreihe mit *Fuh-*

re, Gefährt, Fahrt, Führer u.a. als auch in inhaltlicher Hinsicht mit *reiten, segeln, laufen, fliegen.* A. F. sind subjektiv, vom jeweiligen Sprecher und seinen Erfahrungen abhängig und daher vor allem von sprachpsychologischem bzw. stilistischem Interesse.

Lit.: CH. BALLY [1940]: L'arbitraire du signe. Valeur et signification. In: FM 8, S. 193–206.

Assyrisch →Akkadisch.

Ast →Kante.

Asterisk [griech. *asterískos* ›kleiner Stern‹]. Typographisches Symbol, das in der Sprachwissenschaft zweifach verwendet wird: (a) Kennzeichnung einer nicht belegten, sondern auf Grund von Sprachvergleich rekonstruierten sprachlichen Form, wie z.B. die gemeingerm. angesetzte Form **leuba* ›lieb‹; (b) Seit der Mitte des 18. Jh. (HØYSGAARD) zur Charakterisierung von ungrammatischen Ausdrücken wie **Philip springte hoch.*

Lit.: J. P. HØYSGAARD [1752]: Methodisk Forsøg til en Fulstaendig Dansk Syntax. Kopenhagen. – E. F. K. KOERNER [1975]: Zu Ursprung und Geschichte der Besternung in der historischen Sprachwissenschaft. In: KZ 89, S. 185–190.

Asyndese [griech. *a-* Negation, *sýndesis* ›Verbindung‹]. Verbindung von sprachlichen Ausdrücken (Wörter, Syntagmen, Sätzen) ohne →Konjunktion. Vgl. zum Unterschied →Syndese.

Asyndeton [griech. *a-sýndetos* ›unverbunden‹]. →Rhetorische Figur der syntaktischen Wiederholung: konjunktionslose Verknüpfung von Sätzen oder Satzgliedern mit gleicher syntaktischer Funktion, die der Straffung und Dramatisierung dient, z.B. *veni, vidi, vici* (CAESAR), *alles rennt, rettet, flüchtet* (SCHILLER). Vgl. →Polysyndeton.

Atelisch →Telisch vs. Atelisch.

Aterminativ [lat. *terminus* ›Grenze‹]. →Durativ vs. Nicht-Durativ, →Imperfektiv vs. Perfektiv.

Athapaskisch →Na-Dené, →Navaho.

ATN-Grammatik [Abk. für engl. *Augmented Transition Network Grammar*, ›Erweiterte Übergangs-Netzwerk-Grammatik‹]. In der →Computerlinguistik verwendeter Formalismus zur Analyse (und Generierung) von Sätzen, der um 1970 als praxisorientiertes, auf Computern gut implementierbares Gegenmodell zur generativen →Transformationsgrammatik entwickelt wurde. – Anstelle von →Phrasenstrukturregeln (= PS-Regeln) benutzt die A. eine äquivalente Menge von *Finite-State-Automaten* (→Finite State Grammar, →Formale Sprachen), die sich gegenseitig rekursiv aufrufen können. Den Expandierungen von PS-Regeln entsprechen zulässige Übergänge von Zuständen der Automaten, und das Wirken von →Transformationen (z.B. bei Wortstellung, Kongruenz, Aktiv-Passiv-Konverse, →Kontrolle usw.) wird durch Zuweisung und Überprüfung von Register-Inhalten des Computers (durch LISP-Funktionen) mo-

delliert. Letzteres ist Teil der Erweiterungen gegenüber der einfacheren (rekursiven) Netzwerk-Grammatik, die mit →Kontextfreien (PS)-Grammatiken äquivalent ist. Außerdem ist es möglich, an die Übergangsbedingungen zwischen Zuständen beliebige Aktionen zu knüpfen, mit denen Strukturbäume, semantische Repräsentationen usw. aufgebaut werden können. (Damit ist die A. nicht nur ein erkennender Automat, sondern auch ein sogen. »*Transducer*«.) – Da die Benutzung von Registern im Prinzip keinerlei Beschränkungen unterliegt und alle Möglichkeiten einer konventionellen Programmiersprache genutzt werden können, erhalten A. die Mächtigkeit universeller →Turing-Maschinen. – Zur Verwendung von A. in der →Psycholinguistik vgl. die Beiträge in HALLE/BRESNAN/MILLER [1979].

Lit.: J. THORNE u.a. [1968]: The syntactic analysis of English by machine. In: D. MITCHIE (ed.): Machine intelligence. New York. – D. BOBROW/B. FRASER [1969]: An augmented state transition network analysis procedure. In: Proc. IJCAI-69, S. 557-567. – W. A. WOODS [1970]: Transition network grammars for natural language analysis. In: Communications of the ACM 13, S. 591-606. – R. M. KAPLAN [1972]: Augmented transition networks as psychological models of sentence comprehension. In: AI 3, S. 77-100. – D. RUMELHART [1977]: Introduction to human information processing. New York. – M. BATES [1978]: The theory and practice of augmented transition network grammars. In: L. BOLC (ed.): Natural language communication with computers. Berlin, S. 191-259. – E. WANNER/M. MARATSOS [1978]: An ATN approach to comprehension. In: M. HALLE/J. BRESNAN/G. MILLER (eds.): Linguistic theory and psychological reality. Cambridge, Mass., S. 119-161. – TH. CHRISTALLER/D. METZING [1979/1980]: Augmented transition network Grammatiken. 2 Bde. Berlin. – A. RAMSAY [1989]: Computeraided syntactic description of language systems. In: HSK 4, S. 204-218. →Formale Sprachen.

Atomarer Satz [griech. *átomos* ›unteilbar(er Urstoff)‹]. In der Aussagenlogik (→Formale Logik) elementarer Satz einer Sprache, der selbst keinen Satz dieser Sprache (und damit auch keine →Logischen Partikeln) enthält. So ist *Philip ist groß* ein A. S., nicht aber *Philip ist groß und schlank*, da dieser Ausdruck aus zwei durch die logische Partikel *und* miteinander verknüpften Sätzen besteht: *Philip ist groß und Philip ist schlank*.

Lit.: →Formale Logik.

Atomares Prädikat [engl. *primitive predicate/atomic concept/ semantic primitive* – Auch: Primitivprädikat]. In der →Generativen Semantik anhand der Analyse kausativer Verben (vgl. →Kausativa) eingeführtes Inventar kleinster (möglicherweise universeller) Grundausdrücke, deren Beziehungen durch →Bedeutungspostulate, d.h. semantische Beschränkungen ihrer Verwendung, beschreibbar sind (z.B. *töten* = machen – werden – nicht-lebendig). Dieser Versuch, die Bedeutung sprachlicher Ausdrücke mittels A. P. zu beschreiben, hat zu vielfältigen Kontroversen geführt (Vgl. →Lexikalische Zerlegung).

Lit.: →Generative Semantik, →Lexikalische Zerlegung.

Attenuativ [lat. *attenuāre* ›vermindern‹]. →Deminutiv.

Attribut [lat. *attribuere* ›(ein Merkmal) hinzufügen‹. – Auch: Beifügung, Gliedteil]. Nicht selbständige nähere Bestimmung von nominalen Satzgliedern (daher auch »Gliedteil« genannt). Der Terminus wird nicht einheitlich gebraucht, ursprünglich bezog er sich nur auf attributive Adjektive, so bei H. PAUL und in der anglistischen und romanistischen Literatur, während er in neueren Grammatiken als Bezeichnung für Beifügungen zu jeder syntaktischen Kategorie im Satz (mit Ausnahme des Verbs) verwendet wird. A. charakterisieren Personen oder Sachverhalte hinsichtlich bestimmter Merkmale, ihre semantische Funktion ist in der Regel die der →Prädikation. Formal können A. durch unterschiedliche kategoriale Füllungen repräsentiert werden, z.B. als attributives Adjektiv: (*das*) *neue* (*Buch*), Genitivattribut: (*der Tanz*) *der Salome/Salomes* (*Tanz*), präpositionales A.: (*die Nacht*) *im Heu*, adverbiales A.: (*dieses Wetter*) *heute*, Infinitivgruppe: (*die Lust*) *zu lieben*, restriktiver Relativsatz: (*das Buch*), *das uns am meisten interessiert*, Apposition: (*dieses Buch*), *ein wahres Meisterwerk*.

Lit.: H. J. SEILER [1960]: Relativsatz, Attribut und Apposition. Wiesbaden. – W. MOTSCH [1964]: Syntax des deutschen Adjektivs. Berlin. – W. SCHENKEL [1972]: Zur erweiterten Attribuierung im Deutschen. Halle. – L. EICHINGER [1976]: Zur Behandlung des Attributs in einer Dependenzgrammatik. In: PzL 11, S. 34–55. – H. DROOP [1977]: Das präpositionale Attribut. Tübingen. – W. TEUBERT [1979]: Valenz des Substantivs. Düsseldorf.

Attributive vs. referentielle Lesart [Auch: De-dicto-/intensionale vs. De-re-/extensionale Lesart]. Bezeichnung von K. DONNELLAN [1966] zur Unterscheidung verschiedener Lesarten bei definiten →Nominalphrasen. Der Satz: *Caroline will das Theaterstück sehen, das heute abend in den Kammerspielen* *aufgeführt wird* ist mehrdeutig: entweder will sich der Sprecher mit der Nominalphrase *das Theaterstück, das heute abend in den Kammerspielen aufgeführt wird* auf ein bestimmtes Stück beziehen, von dem er annimmt, daß es heute abend in den Kammerspielen aufgeführt wird – was aber nicht der Fall sein muß – (»referentielle Lesart«), oder aber er will sich auf genau jenes Stück beziehen, auf das die definite Nominalphrase zutrifft, welches Stück dies auch immer sein mag (»attributive«, auch »nicht-referentielle« Lesart). Im Falle des attributiven Gebrauchs ist die gewählte Ausdrucksform für die Bestimmung essentiell. Für den referentiellen Gebrauch gilt dies nicht. Jede Form ist möglich, solange die Identität des Referenten garantiert ist.

Lit.: K. DONNELLAN [1966]: Reference and definite descriptions. In: PhR 75, S. 281–304. – B. H. PARTEE [1970]: Opacity, reference and pronouns. In: Synthese 21, S. 359–385. Wiederabgedruckt in: D. DAVIDSON/G. HARMAN [1972] (eds.): Semantics of natural language. Dordrecht, S. 415–441. – R. MONTAGUE [1973]: The proper treatment of quantification in ordinary English. In: K. J. HINTIKKA u.a. (eds.): Approaches to natural languages. Dordrecht, S. 221–242. – R. BARTSCH [1976]: The role of categorial syntax in grammatical theory. In: A. KASHER (ed.): Language in focus. Dordrecht, S. 503–539. – H. H. LIEB [1979]: Principles of semantics. In: F. HENRY/H. SCHNELLE (eds) Syntax & Semantics. Bd. 10: Selections from the third Groningen round table. New York, S. 353–378. – J. R. SEARLE [1979]: Referential and attributive. In: The Monist 13, S. 190–208. Auch in: J. R. SEARLE [1979]: Expression and meaning. Cambridge, S. 137–161. Dt. in: J. R. SEARLE [1982]: Ausdruck und Bedeutung. Frankfurt, S. 160–187.

Attributsatz. Nebensatz (Gliedteilsatz, Konstituentensatz) in der syntaktischen Funktion eines →Attributs. In formaler Hinsicht werden A. realisiert als →Relativ-, →Konjunktional- oder →Komparativsatz.

Auditive Phonetik [lat. *audīre* ›hören‹. – Auch: Energemische Phonetik]. Teildisziplin der allgemeinen →Phonetik, die die anatomischen und neurophysiologischen Vorgänge bei der Wahrnehmung und Dekodierung lautsprachlicher Zeichen untersucht. Bei einer umfassenden Erforschung des Sprachverstehens gehören neben der Empfangs- und Differenzierungsfähigkeit des Gehörs auch situationelle, psychologische u.a. Komponenten zum Untersuchungsgegenstand der A. Ph.

Lit.: G. LINDNER [1977]: Hören und Verstehen. Phonetische Grundlagen der auditiven Lautsprachrezeption. Berlin. →Phonetik.

A-Über-A-Prinzip [engl. *A-Over-A-Constraint*]. Von N. CHOMSKY im →Aspekte-Modell vorgeschlagene universelle Beschränkung für die Anwendung von Transformationsregeln: Wenn sich eine Transformation auf einen Knoten *A* bezieht, der seinerseits einen Knoten derselben Kategorie *A* dominiert, dann darf die Transformation nur über dem dominierenden Knoten operieren. Diese Beschränkung betrifft vor allem Transformationen, die solche Nominalphrasen umstellen oder tilgen sollen, in die Nominalphrasen eingebettet sind, z.B. in *die Katze der Sängerin* kann keine Transformation allein über dem eingebetteten Genitivattribut *der Sängerin* operieren und dieses aus der ganzen Nominalphrase herausbewegen. Z.B. ist die →Topikalisierung von *der Sängerin* in **Der*

Sängerin sieht Philip [NP*die Katze* [NP–]] *durch das A.* ausgeschlossen. Zur Kritik an diesem Konzept vgl. ROSS [1967], zum Stellenwert dieses Prinzips in der neueren Entwicklung der generativen →Transformationsgrammatik vgl. auch →Beschränkungen, →Spurentheorie.

Lit.: →Beschränkungen.

Auffindungsprozedur →Entdeckungsprozedur.

Aufforderung →Direktiv.

Aufforderungssatz. Satzart, die vor allem zum Vollzug von Aufforderungen und verwandten Sprechakten, den sogen. direktiven →Illokutionen (→Direktiv), dient. Grammatische Kennzeichen sind im Dt. vor allem Verbstellung, imperativische Verbmorphologie und obligatorische Subjektellipse, wenn das Subjekt in der 2. Pers. Sg. steht und nicht hervorgehoben ist: *Laß das!* Da die Höflichkeitsform des Adressaten-Pronomens syntaktisch 3. Pers. Pl. ist, bleibt von diesen Merkmalen bei höflicher Anrede nur die Verb-Erst-Stellung übrig: *Lassen Sie das!* Andere Sprachen benutzen Satzpartikeln zur Markierung von A. – Vgl. auch →Jussiv, →Kohortativ.

Lit.: G. HINDELANG [1978]: Auffordern. Göppingen. – D. WUNDERLICH [1984]: Was sind Aufforderungssätze? In: G. STICKEL (ed.): Pragmatik in der Grammatik. Düsseldorf, S. 92–117. – J. M. SADOCK/A. M. ZWICKY [1985]: Speech act distinctions in syntax. In: T. SHOPEN (ed.): Language typology and syntactic description. Cambridge, Bd. 1, S. 156–196. – K. DONHAUSER [1987]: Verbaler Modus oder Satztyp? Zur grammatischen Einordnung des dt. Imperativs. In: J. MEIBAUER (ed.): Satzmodus zwischen Grammatik und Pragmatik. Tübingen, S. 57–74.

Augenblicksbildung [engl. *nonce word*. Auch: *ad-hoc*-Bildung, Neuprägung, Wortneubildung]. Spontane, meist stark kontextgebundene Wortneubildungen zur Bezeichnung von neuen oder bisher nicht benannten Sachverhalten bzw. zum Ausdruck der spezifischen Einschätzung eines Referenten durch den Sprecher. A. entstehen durch kreative Anwendung von Wortbildungsregeln auf Einheiten des Lexikons, sie haben unterschiedliche textspezifische Funktionen, wie z.B. Informationskonzentrierung (*Selbstfindungsideologie*), Ausgleich von Bezeichnungslücken (engl. *space walk*, dt. *Röntgenteleskop*) oder stilistische Effekte wie z.B. bei CH. MORGENSTERN, J. RINGELNATZ oder K. VALENTIN. In der Regel entscheidet die statistische Häufigkeit der Wiederverwendung solcher Bildungen über ihren gleitenden Übergang zum →Neologismus bzw. zum kodifizierten Eintrag im Lexikon.

Lit.: →Okkasionelle vs. usuelle Wortbildung.

Augment [lat. *augmentāre* ›vermehren‹]. Bezeichnung für Wortformbildungselemente, z.B. im Griech. ein vor den Verbstamm tretendes Morphem zur Differenzierung der Tempusbezeichnung in den Vergangenheitsformen. Zum Begriff des »Sprechhandlungsaugments« vgl. REHBEIN [1979].

Lit.: J. REHBEIN [1979]: Sprechhandlungsaugmente. Zur Organisation der Hörersteuerung. In: H. WEYDT (ed.): Die Partikeln der deutschen Sprache. Berlin, S. 58–74. →Wortbildung.

Augmentativbildung [Auch: Amplifikation, Vergrößerungsform].
(1) →Desubstantivische oder →Deadjektivische Ableitungen mittels bestimmter Suffixe (vor allem in den südromanischen Sprachen), die eine Vergrößerung des ursprünglich bezeichneten Gegenstandes anzeigen, vgl. ital. *naso* vs. *nasone* (»große Nase«), span. *hombre* vs. *hombrote* »großer Mann«.
(2) Im Dt. wird dieser Terminus auf eine große Zahl emotional gefärbter →Präfixoide angewandt, die (bes. in der Jugendsprache) der Ausdrucksverstärkung dienen, z.B. *Riesen-, Spitzen-, Bomben-, Höllen-, Mords-, Pfunds-; sau-, hoch-, tod-, stock-,* vgl. *Riesenspaß, Spitzengehalt, Mordshunger; sauwohl.* Auch Präfixe können den Basisinhalt steigern: *Un-menge, urplötzlich, erz-reaktionär.*

Lit.: DUDEN [1959]: Die Grammatik. Bd. 4. 4. Aufl. Mannheim 1984. – S. ETTINGER [1974]: Form und Funktion in der Wortbildung. Die Diminutiv- und Augmentativmodifikation im Latein, Deutschen und Romanischen. Tübingen. – I. KÜHNHOLD/ O. PUTZER/H. WELLMANN [1978]: Deutsche Wortbildung. 3. Hauptteil: Das Adjektiv. Düsseldorf.

Augmented Transition Network-Grammar →ATN-Grammatik.

A-Umlaut →Brechung.

Ausdruck [engl. *expression*].
(1) Unklassifizierte sprachliche Einheit von beliebiger Länge: Wörter, Wortfolgen, Sätze, Satzfolgen usw. Im Unterschied zur Parole-bezogenen →Äußerung ist A. eine Element der Langue (→Langue vs. Parole).
(2) In der Semiotik: materielle, sinnlich wahrnehmbare Seite des (sprachlichen) Zeichens im Unterschied zu seinem →Inhalt, z.B. Schallwellen, Schriftzeichen, Bildsymbole.

Ausdrucksebene vs. Inhaltsebene [engl. *expression plane/content plane*]. In der →Glossematik von L. HJELMSLEV in Anlehnung an F. DE SAUSSURE getroffene Unterscheidung zwischen den beiden Analyseebenen des sprachlichen Zeichens: A. bezieht sich auf den materiellen, I. auf den inhaltlichen Aspekt, wobei zwischen den beiden Seiten des sprachlichen Zeichens keine Eins-zu-Eins-Entsprechung vorliegen muß. Analog zu DE SAUSSURES bilateralem Zeichenmodell werden die beiden Ebenen durch die Dichotomie »Form vs. Substanz« noch einmal untergliedert; aus der Kombination der vier Ebenen resultieren die sprachwissenschaftlichen Teildisziplinen Phonetik (= Substanz des Ausdrucks), Semantik (= Substanz des Inhalts) sowie Phonologie (= Form des Ausdrucks) und Grammatik (= Form des Inhalts). Im Sinne von HJELMSLEVS autonomer Linguistik sind nur die *langue*-spezifischen Form-Bereiche Phonologie und Grammatik Untersuchungsobjekte der Sprachwissenschaft, während die Substanz-Bereiche außerlinguistische Aspekte (phonetisches Material bzw. Vorstellungsinhalte, Sachverhalte) beziehen.

Lit.: F. DE SAUSSURE [1916]: Cours de linguistique générale. Paris. Kritische Ausgabe ed. von R. ENGLER. Wiesbaden 1967. Dt.: Grundlagen der allgemeinen Sprachwissenschaft. Ed. von P. v. POLENZ. 2. Aufl. Berlin 1967. – L. HJELMSLEV [1943]: Omkring sprogteoriens grundlaeggelse. Kopenhagen. Dt.: Prolegomena zu einer

Sprachtheorie. München, Kap. 13. →Glossematik.

Ausdrucksfunktion der Sprache.
Neben →Appell- und →Darstellungsfunktion eine der drei Teilfunktionen des sprachlichen Zeichens in K. BÜHLERS →Organonmodell der Sprache. A. bezeichnet die Relation zwischen Sprachzeichen und »Sender«, dessen Intention das sprachliche Zeichen als »Symptom« ausdrückt.

Lit.: →Organonmodell der Sprache.

Ausgangssprache [Auch: Quellsprache; Gegensatz: →Zielsprache].
(1) Sprache, aus der übersetzt wird.
(2) Muttersprache des Lerners beim Fremdsprachenlernen, besonders unter kontrastivem und fehleranalytischem Aspekt.

Ausgleichskomponente →Morphologische Komponente.

Ausklammerung [engl. *exbraciation*. – Auch: Ausrahmung].
Stellung von einzelnen oder mehreren Satzgliedern außerhalb der →Satzklammer. Die Tendenz zur A. ist im Dt. besonders in mündlicher Alltagssprache, aber auch zunehmend in der geschriebenen Hochsprache zu beobachten. A. ist bereits zur Norm geworden in folgenden Fällen: (a) Häufung komplexer Satzglieder, die eine zu schwerfällige Klammerkonstruktion ergeben würden: *Also zunächst einmal muß man unterscheiden bei der Reformpolitik zwischen solchen Reformen, die Geld kosten, und solchen, die kein Geld kosten*; (b) Eingeleitete Nebensätze und Infinitivkonstruktio-

nen (→Extraposition); und vor allem (c) bei besonders hervorzuhebenden Satzgliedern. Vgl. auch →Nachtrag.

Lit.: E. DRACH [1937]: Grundgedanken der deutschen Satzlehre. Frankfurt. Nachdruck der 4. Aufl. Darmstadt 1963. – R. RATH [1965]: Trennbare Verben und Ausklammerung. Zur Syntax der deutschen Sprache der Gegenwart. In: WW 15, S. 217–232. – E. BENES [1968]: Die Ausklammerung im Deutschen als grammatische Norm und stilistischer Effekt. In: Mu 78, S. 289–98. – U. ENGEL [1970]: Studie zur Geschichte des Satzrahmens und seiner Durchbrechung. In: SdG 6, S. 45–61. – TH. VENNEMANN [1973]: Warum gibt es Syntax? Syntaktische Konstruktionsprinzipien in logischer und psychologischer Sicht. In: ZGL 1, S. 257–283. – H. P. KROMANN [1974]: Satz, Satzklammer und Ausklammerung. In: KBGL 4, S. 7–82. – G. PRESCH [1974]: Die Satzklammer im Deutschen: Syntaktische Beschreibung, Dekodierungsstrategien. Konstanz. – P. J. LAMBERT [1976]: Ausklammerung in modern standard German. Hamburg. – V. PETROVIC [1978]: Zur Satzmelodie der Ausrahmungssatzstrukturen. In: ZPhon 2, S. 170–182. – H. ALTMANN [1981]: Formen der ›Herausstellung‹ im Deutschen. Tübingen. – TH. VENNEMANN [1983]: Verb second, verb late, and the brace construction in Germanic. In: J. FISIAK (ed.): Historical syntax. The Hague. →Satzklammer.

Auslaut.
Position von phonologischen oder phonetischen Segmenten im Wurzel-, Stamm- oder Silbenauslaut. Bei Vokalen unterscheidet man zwischen »gedecktem« vs. »absolutem« A. je nachdem, ob dem Vokal noch ein Konsonant folgt oder nicht. Vgl. offene vs. geschlossene →Silben.

Auslautverhärtung [Auch: (Auslaut)-Verschärfung].
Vorgang und Ergebnis des Stimmtonverlusts von →Obstruenten in der Silbenkoda: *lieblich* vs. *lieben* ['li:plɪç] vs. ['li:bən], *jagen* ['ja:gən] vs. *Jagd* [ja:kt]. In phonetischer Hinsicht ist A. ein assimilatorischer Vorgang, der sich in der Sprachgeschichte des

Dt. vom Ahd. zum Mhd. vollzog. Betroffen sind die sth. Verschluß- und Reibelaute [b,d,g,v,z], vgl. [ˈgeːbən] vs. [gaːp] *geben* vs. *gab*, [ˈliːdər] vs. [liːt] *Lieder* vs. *Lied*. Phonologisch gesehen findet bei Wortpaaren wie *Rad* /raːt/ vs. *Rat* /raːt/ →Neutralisation, d.h. Aufhebung der ursprünglichen phonologischen →Opposition statt. – Im Unterschied zum Dt. trifft die got. A. nur die sth. [ß, ð, ɣ], vgl. got. *giban* vs. *gaf*.

Ausrahmung →Ausklammerung.

Ausrufesatz →Exclamativsatz.

Aussage [engl. *statement/proposition*]. Terminus der →Formalen Logik, speziell der Aussagen- bzw. Prädikatenlogik: A. sind Sätze, die Objekten oder Sachverhalten der realen Welt Eigenschaften zuschreiben. Man kann sie behaupten oder bestreiten, d.h. ihnen den Wert »wahr« oder »falsch« zuweisen. Aussagen sind analytisch wahr, wenn sie aufgrund ihrer Form gemäß Prinzipien der Logik wahr sind (*es regnet oder es regnet nicht*) oder aufgrund der Festlegung ihrer Bedeutung (*Wenn Philip der Bruder von Caroline ist, ist Caroline Philips Schwester*); sie sind synthetisch wahr, wenn sie aus faktischen (empirischen) Gründen wahr sind (*Der Vesuv ist ein Vulkan*). – Man unterscheidet zwischen singulären A. (*2 ist eine Primzahl*), →Existenzaussagen (*Es gibt ein x, für das gilt: x + 1 = 2*) und →Allaussagen (*Für alle x gilt: x ist sterblich*). Die Untersuchung von elementaren und komplexen (durch Satzoperatoren verknüpften) A. ist Ziel der Aussagenlogik.

Lit.: →Formale Logik.

Aussagenkalkül →Aussagenlogik.

Aussagenlogik [engl. *propositional logic/calculus*. – Auch: Aussagenkalkül, Junktorenlogik]. Die A. als elementarer Teil der →Formalen Logik untersucht die Verknüpfung von einfachen (nicht analysierten) →Aussagen zu komplexen Aussagen. Diese Verknüpfung erfolgt durch →Logische Partikeln wie *und* und *oder*. Dabei handelt es sich (im Unterschied zur →Intensionalen Logik) um einen extensionalen Ansatz, in dem die eigentlich inhaltlichen Beziehungen zwischen den Aussagen unberücksichtigt bleiben zugunsten der Erforschung der extensionalen Verknüpfungsregeln von Aussagen, die durch →Wahrheitstafeln definiert werden: die Wahrheit bzw. Falschheit von komplexen Aussagen ist der Wert einer logischen Funktion der Wahrheit bzw. Falschheit der einzelnen Teilaussagen. Vgl. →Kompositionsprinzip. Die wichtigsten Aussageverknüpfungen zwischen zwei Aussagen p und q sind: →Konjunktion: p *und* q (Notation: $p \wedge q$); →Disjunktion: p *oder* q (Notation: $p \vee q$); →Implikation: *wenn* p, *dann* q (Notation: $p \rightarrow q$); →Äquivalenz: p *ist äquivalent* q (Notation: $p \leftrightarrow q$); →Negation: *nicht* p (Notation: $\neg p$). – Zahlreiche neuere Auffassungen der Sprachbeschreibung basieren auf dem Begriffsapparat und den Regeln der A. und →Prädikatenlogik; vgl. u.a. →Generative Semantik, →Montague-Grammatik.

Lit.: →Formale Logik.

Aussagenlogische Konstante
→Logische Partikel.

Aussagesatz [engl. *statement/
declarative sentence*]. Grammatisch begründeter Satztyp, der
i.d.R. eine Feststellung ausdrückt. Formales Kennzeichen
im Dt. ist Zweitstellung des finiten Verbs bei fallender →Intonation. →Satzmodus.

Lit.: W. OPPENRIEDER [1987]: Aussagesätze im Deutschen. In: J. MEIBAUER (ed.):
Satzmodus zwischen Grammatik und
Pragmatik. Tübingen, S. 161–189. →Deklarativer Satz.

Aussageweise →Modus.

Aussagewort →Verb.

Aussprache. Bezogen auf eine
Sprachgemeinschaft spricht
man im allgemeinen von der A.
einer Sprache. Oft bezieht man
sich auf eine schriftliche Kodifizierung und spricht dann z.B.
auch von der A. (oder Lautung)
eines Buchstaben oder eines
Wortes. Zur Normierung und
Kodifizierung einer überregionalen schriftnahen Standardsprache →Orthoepie.

Lit.: →Orthoepie.

Austausch [engl. *exchange/interchange*]. In der →Diskursanalyse des Soziologen E. GOFFMAN Bezeichnung für eine (Gesprächs-)»Runde« mit zwei aktiv Beteiligten, in der jeder einmal »zum Zuge kommt«. »Zug«
(engl. *move*) ist ein Begriff aus
der Spieltheorie und bezeichnet
die Auswahl einer Handlung
aus einer Menge von alternativen Handlungen (vergleichbar
etwa einem Schachzug), die zu
konkreten Veränderungen, zu

Vor- oder Nachteilen für die
Teilnehmer in der Interaktionssituation führt; »Zug« ist eine
Einheit, die weder mit einem
Sprechakt (→Sprechakttheorie)
noch mit einem →Turn zu
identifizieren ist, aber mit diesen zusammenfallen kann.
Nach GOFFMAN setzen die Teilnehmer ihre kommunikativen
Fähigkeiten zur »Inszenierung«
und Wahrung ihres Selbstbildes
ein. Dabei geben bestimmte –
rituelle – Beschränkungen Anlaß zu zwei Arten von A.: (a)
dem bestätigenden A. (engl.
supportive interchange), einer
Folge von Zügen, mit denen z.B.
eine Interaktion eingeleitet
oder beendet wird (z.B. *Vielen
Dank für Ihren Anruf*), und (b)
dem korrektiven A. (engl. *remedial interchange*), einer Folge
von Zügen (z.B. Erklärungen
oder Entschuldigungen), die
diejenigen Handlungen akzeptabel machen, die als Beeinträchtigung des Selbstbildes
der Beteiligten interpretiert
werden können. – Als Überblick vgl. CORSARO [1981].

Lit.: E. GOFFMAN [1967]: Interaction rituals. New York. Dt.: Interaktionsrituale.
Frankfurt 1971. – E. GOFFMAN [1971]: Relations in Public. London. Dt.: Das Individuum im öffentlichen Austausch. Frankfurt 1974. – W. HOLLY [1979]: Imagearbeit
in Gesprächen. Tübingen. – W. A. CORSARO [1981]: Communicative processes in studies of social organization: sociological approaches to discourse analysis. In: Text 1,
S. 5–63. – E. GOFFMAN [1981]: Forms of
talk. Philadelphia.

Austauschprobe →Ersatzprobe.

Australische Sprachen. Sprachstamm, der alle Sprachen Australiens umfaßt (ca. 30000
Sprecher), es handelt sich noch
um ca. 170 lebende Sprachen,
von denen zahlreiche im Aus-

sterben begriffen sind. Die größte Sprachfamilie, ?ama-Nyunga, erfaßt nahezu den gesamten Kontinent; 28 kleinere und typologisch abweichende Sprachfamilien sind an der Nordküste konzentriert. Wichtigste Sprache: Bidjandjara, die Verkehrssprache Westaustraliens. – Von einigen Ausnahmen abgesehen (wie z.B. dem Werk des australischen Farmers E. M. CURR (1886), des österreichischen Paters W. SCHMIDT (1919) und des Australiers A. CAPELL setzte die Erforschung der A. S. erst um 1960 ein. Heute liegen eine Reihe von guten Grammatiken zu Einzelsprachen sowie übergreifende Untersuchungen vor, und Sprachen wie etwa Dyirbal oder Warlpiri spielen in der linguistischen Diskussion eine große Rolle. – Durch starken interkulturellen Kontakt gibt es eine Reihe gemein-australischer Wörter; dies und der Brauch der Tabuisierung und Neuprägung von Wörtern erschwert die Rekonstruktion. – Kennzeichen der Pama-Nyunga-Sprachen: Einfache Lautsysteme (nur 3 Vokale, keine Frikative, kein Stimmtonkontrast, aber oftmals hohe Anzahl von Artikulationspositionen); komplexe Wörter (Suffixe); komplexe Verbbildung (Tempus, Modus, Richtung); →Nominalklassen mit →Konkordanz; komplexe Numeruskategorie (mit Dual), der oft ein sehr einfaches Zahlwortsystem gegenübersteht. Es handelt sich in der Regel um →Ergativsprachen, wobei einige Sprachen (Dyirbal) auch deutlich syntaktische Ergativität aufweisen. Extrem freie Wortstellung. Differenzierte Lo-

kaldeixis, u.a. durch Affixe beim Verb. Die Nicht-Pama-Nyunga-Sprachen weichen von diesen Merkmalen stark ab (u.a. komplexe Konsonantensysteme, Kasuspräfixe, Pronominalpräfixe am Verb). (Vgl. Sprachenkarte Nr. 4).

Lit.: S. A. WURM [1972]: Languages of Australia and Tasmania. The Hague. – R. M. W. DIXON [1980]: The Languages of Australia. Cambridge. – R. M. W. DIXON/B. J. BLAKE [1980]: Handbook of Australian languages. Bd.1. Amsterdam. – B. J. BLAKE [1986]: Australian aboriginal grammar. London.

Austro-Asiatisch. Sprachstamm Süd- und Südostasiens mit ca. 150 Sprachen und 56 Mio. Sprechern. Die wichtigsten Zweige sind die →Munda-Sprachen und die →Mon-Khmer-Sprachen. Eine Zusammenfassung mit dem →Austronesischen (erstmals 1906 durch W. SCHMIDT vorgeschlagen) wird noch immer diskutiert. – Die großen Sprachen standen häufig unter dem Einfluß anderer Sprachfamilien, so daß sich die ursprünglichen Eigenschaften des Sprachstamms oft nur in den kleinen Sprachen der Rückzugsgebiete erhalten haben und die Zugehörigkeit der großen Sprachen (wie →Vietnamesisch) erst spät erkannt wurde. Zu den ursprünglichen Kennzeichen zählen: Hohe Anzahl von Vokalphonemen (bis zu 40, z.T. →Knarrstimme oder Behauchung als distinktives Merkmal), Vorkommen implosiver Konsonanten. Es handelt sich zum Teil um →Tonsprachen. Morphologie: Meist prä- oder infigierend, Wortstellung: SVO.

Lit.: N. H. ZIDE [1969]: Munda and Non-Munda Austroasiatic languages. In: CTL 5, S. 411–430.

Austronesisch [Auch: Malayo-Polynesisch]. Sprachstamm mit ca. 500 Sprachen und über 170 Mio. Sprechern von Madagaskar über Südostasien und Indonesien bis zu den pazifischen Inseln. Besteht aus zwei Zweigen: Ost-Austronesisch (oder Ozeanisch, mit den Sprachen Polynesiens, Mikronesiens und Melanesiens) und West-Austronesisch (mit den Sprachen Indonesiens, der Philippinen, Formosas, Madagaskars und Teilen Südostasiens). Die bedeutendsten Sprachen finden sich im West-Austronesischen: →Indonesisch (ca. 100 Mio. Sprecher, v.a. als Zweitsprache), →Javanisch (ca. 66 Mio. Sprecher), Sundanesisch (17 Mio. Sprecher), Malaiisch (12 Mio. Sprecher), →Tagalog und Cebuano auf den Philippinen (je ca. 13 Mio. Sprecher), →Madegassisch (ca. 10 Mio. Sprecher). Zu den wesentlich kleineren ost-austronesischen Sprachen zählen Fidschi (0,3 Mio. Sprecher) und Samoanisch (0,2 Mio. Sprecher). – Bereits im 18. Jh. wurde vermutet, daß viele Sprachen des indischen und pazifischen Ozeans einem gemeinsamen Stamm angehören; eine erfolgreiche historische Rekonstruktion wurde von O. DEMPWOLFF (1934/1938) unternommen und ist heute relativ weit fortgeschritten, aber nicht unkontrovers. P. K. BENEDICT [1975] versucht, A. und →Kam-Tai zu einer umfassenderen Sprachfamilie, →Austro-Tai, zusammenzufassen. – Spezifische Kennzeichen: Es handelt sich häufig um Sprachen mit relativ einfachen Lautsystemen, komplexen →Diathesen-Bildungen und Verb-Erst-Stellung: VSO und VOS. Im ozeanischen Bereich haben sich →Nominalklassen-Systeme und →Ergativ-Strukturen entwickelt. (Vgl. Sprachenkarte Nr. 4).

Lit.: I. DYEN [1965]: A lexicostatistical classification of the Austronesian languages. Bloomington. – T. A. SEBEOK (ed.) [1971]: Oceania. CTL 8. The Hague. – P. K. BENEDICT [1975]: Austro-Tai. New Haven. – M. V. BUYNE/P. YAP [1971]: Cebuano for beginners. Honolulu. – M. DURIE [1985]: A grammar of Acehnese. Dordrecht. – G. SENFT [1985]: Kilivila – die Sprache der Trobriander. In: StL 17/18, S. 127–138. *Zeitschriften:* Oceanic Linguistics. – Pacific Linguistics.

Austro-Tai. Sprachstamm Südostasiens, der →Austronesisch, →Kam-Tai und möglicherweise →Miao-Yao umfaßt. Eine Verwandtschaft mit den →Austro-Asiatischen Sprachen wird diskutiert.

Lit.: P. K. BENEDICT [1975]: Austro-Thai: language and culture. New Haven.

Autismus [griech. *autós* ›für sich allein‹, ›selbst‹]. In der Kinder- und Jugendpsychiatrie Bezeichnung für ein Syndrom, das durch schwere Störungen im Sozialverhalten, eine abnorme Entwicklung der kommunikativen Fähigkeiten, ausgeprägte Rituale und Stereotypien und abnorme Reaktionen auf sensorische Reize gekennzeichnet ist. A. setzt in der Kindheit vor dem 30. Lebensmonat ein und wird auf verschiedene Ursachen zurückgeführt. In bezug auf ihre sprachlichen Fähigkeiten fallen Autisten durch →Echolalie und eine abnorme →Prosodie auf, durch ein auf die wörtliche Bedeutung reduziertes Sprachverständnis und durch begrenzte gesprächsorganisierende Fähigkeiten (etwa bei der Einführung neuer Gesprächsthemen). →Sprachentwicklungsstörung.

Lit.: H. ASPERGER [1944]: Die autistischen Psychopathien im Kindesalter. In: Archiv Psychiatrischer Nervenkrankheiten 117, S. 76–136.– L. KANNER [1973a]: Autistic disturbances of affective contact. In: The Nervous Child 2, S. 217–250. – L. KANNER (ed.) [1973b]: Childhood Psychosis. Washington. – D. C. H. KEHRER (ed.) [1978]: Kindlicher Autismus. Basel. – M. RUTTER/E. SCHOPLER (eds.) [1978]: Autism. New York. – W. H. FAY/A. SCHULER [1980]: Emerging language in autistic children. London. – E. WURST [1981]: Autismus. 2. Aufl. Bern. – U. von BENDA [1984]: Untersuchungen zur Intonation autistischer, sprachentwicklungsgestörter und sprachunauffälliger Kinder. In: FIPKM 20. – CH. A. M. BALTAXE/J. Q. SIMMONS [1985]: Prosodic development in normal and autistic children. In: E. SCHOPLER/G. B. MESIBOV (eds.): Communication problems in autism. New York, S. 95–125. – E. SCHOPLER/G. B. MESIBOV [1986]: Social behavior in autism. New York. – D. J. COHEN u. a. (eds.) [1987]: Handbook of autism and pervasive developmental disorders. New York. – W. H. FAY [1988]: Infantile autism. In: D. BISHOP/K. MOGFORD (eds.): Language development in exceptional circumstances. Edinburgh, S. 190–202. – E. SCHOPLER/G. B. MESIBOV [1988]: Diagnosis and assessment in autism. New York. – L. SCHREIBMAN [1988]: Autism. Newsbury Park. – L. WING [1988]: Aspects of autism. Biological research. London.

Forschungsbericht: M. K. DEMYER u.a. [1981]: Infantile autism reviewed. A decade of research. In: Schizophrenia Bulletin 7.3, S. 3–451.

Bibliographie: H. E. KEHRER [1982]: Bibliographie über den kindlichen Autismus. 1934–1981. Weinheim.

Zeitschrift: Journal of Autism and Developmental Disorders.

Automat [griech. *autómatos* ›sich von selbst bewegend‹]. Im weiteren Sinn: jede konkrete Maschine, die so konstruiert ist, daß sie bestimmte Funktionen selbständig auszuführen vermag, z.B. Fernsprech-, Zigarettenautomaten oder automatische Uhren. – Im engeren Sinn der →Informatik: Mathematisches Modell von konkreten Automaten als informationsverarbeitende Systeme, die Informationen aufnehmen (Input), speichern bzw. verarbeiten und abgeben (Output). In der neueren Sprachwissenschaft spielen A. als analoge Modelle formaler Sprachbeschreibung eine wichtige Rolle. So entsprechen →Finite State Grammars »endlichen« A., kontextfreie Sprachen den sogen. »Kellerautomaten«, während →Turing-Maschinen (so benannt nach dem Mathematiker A. M. TURING) die schwache →Generative Kapazität von Sprachbeschreibungen zu simulieren vermögen.

Lit.: →Finite State Grammar, →Informationstheorie, →Linguistische Datenverarbeitung.

Automatische Sprachbearbeitung →Computerlinguistik.

Automatische Spracherkennung. Im Rahmen der →Computerlinguistik die Erkennung sprachlicher Zeichen und Strukturen auf elektronischem Wege, z.B. die Isolierung von Graphen und Phonen aus einem optisch oder akustisch wahrnehmbaren Zeichenstrom. A. S. ist die Voraussetzung für maschinelle Sprachbearbeitung, vor allem für die Umsetzung schriftsprachlicher in lautsprachliche Texte (bzw. umgekehrt). Außerhalb der Sprachwissenschaft dient die A. S. der Identifikation von Personen anhand von Stichproben, z.B. im Zusammenhang mit kriminalistischen Fragestellungen oder als Berechtigungsnachweis für den Zugang zu Gebäuden, Räumen oder Systemen. – In Zukunft wird die A. S. die Anwendbarkeit von Systemen der maschinellen Sprachverarbeitung erheblich erweitern, da dem gelegentlichen Benutzer häufig eine Eingabe über eine Schreibmaschinentastatur nicht zugemutet werden sollte.

Lit.: D. KLATT [1977]: Review of the ARPA Speech Understanding Project. In: JASA 62, S. 1345–1366. – L. ERMAN [1980]: The Hearsay-II Speech Understanding System: Integrating knowledge to resolve uncertainty. In: Comp Surveys 12, Nr. 2, S. 213–253. – W. A. LEA (ed.) [1980]: Trends in speech recognition. Englewood Cliffs, N.J. – G. GÖRZ [1988]: Strukturanalyse natürlicher Sprache. Bonn. – H. NEY [1989]: Automatic speech recognition. In: HSK 4, S. 586–589. →Computerlinguistik.

Automatische Übersetzung
→Maschinelle Übersetzung.

Autonomie. In der →Glossematik Form der →Konstellation: paradigmatische Relation zwischen zwei frei verknüpfbaren Elementen, deren gemeinsames Vorkommen (im Unterschied zu →Determination und →Interdependenz) unabhängig voneinander ist. (Vgl. HJEMSLEV [1943], Kap. 9).

Lit.: →Glossematik.

Autosegmentale Phonologie. Von J. GOLDSMITH vorgeschlagene Repräsentationsart der generativen →Phonologie, die es erlaubt, bestimmte →Merkmale als zu mehr (oder weniger) zu einem →Segment gehörig (engl. *autosegment*) darzustellen. Diese Hypothese hat sich in der Beschreibung der →Tonsprachen und phonologischen Harmonieprozesse sehr bewährt. Die A. P. gehört zu der Gruppe der →Nicht-Linearen Theorien der Phonologie.

Lit.: M. van der HULST/N. SMITH [1985]: Advances in nonlinear phonology. Dordrecht. – J. A. GOLDSMITH [1989]: Autosegmental and metrical phonology: An introduction. Oxford.

Autosemantikum [griech. *autós* ›selbst‹, *sēma* ›Zeichen‹. –

Auch: Bedeutungswort, Inhaltswort, Kategorema, Vollwort]. Wort, das eine kontextunabhängige, selbständige lexikalische Bedeutung hat (vgl. die wörtliche Übersetzung ›Selbstbedeuter‹). Kandidaten für A. sind hauptsächlich Substantive, Verben und Adjektive. Zum Unterschied vgl. →Synsemantikum. – Die Unterteilung in A. und Synsemantikum ist im strikten Sinne nicht haltbar.

Lit.: P. R. LUTZEIER [1985]: Linguistische Semantik. Stuttgart. →Semantik.

Auxiliarkomplex [Abk.: AUX; lat. *auxiliāris* ›helfend‹]. Bei N. CHOMSKY komplexe Verbalkategorie, die →Person, →Tempus, →Aspekt (= Perfekt, engl. *progressive form*) und →Modus umfaßt. Verben dieser Kategorie erlauben im Engl. die sogen. »Subjekt-Aux-Inversion« wie in: *John did come* vs. *Did John come?* Ein analoges distributionelles Kriterium zur Abgrenzung der Auxiliarverben ist allerdings im Dt. nicht anwendbar, vgl. ROSS [1969]. Vgl. auch →Hilfsverb, →Kopulativverb.

Lit.: N. CHOMSKY [1965]: Aspects of the theory of syntax. Cambridge, Mass. Dt.: Aspekte der Syntaxtheorie. Frankfurt 1969. – J. R. ROSS [1969]: Auxiliaries as main verbs. In: W. TODD (ed.): Studies in philosophical linguistics. Evanston, Ill. Dt. in: W. ABRAHAM/R. J. BINNICK (eds.) Generative Semantik. Wiesbaden 1972. – S. STEELE [1981]: An encyclopedia of AUX. A study in cross-linguistic equivalence. Cambridge, Mass. – F. HENY/B. RICHARDS (eds.) [1983]: Grammatical categories: Auxiliaries and related puzzles. Dordrecht. →Transformationsgrammatik.

Avarisch →Nordost-Kaukasisch.

Avestisch →Iranisch.

Avulsiv →Schnalz(laut).

Axiom [griech. *axíōma* ›Wert‹, ›Forderung‹]. Im Rahmen der Wissenschaftstheorie fundamentale Grundsätze, die die Basis wissenschaftlicher Systeme bilden und aus denen alle weiteren Sätze (Theoreme) logisch ableitbar sind. In der Antike bei ARISTOTELES und EUKLID galten A. als gewisse intuitiv einleuchtende Prinzipien und die daraus abgeleiteten Sätze als wahre Behauptungen. Die Axiomatisierung der Geometrie durch D. HILBERT [1899] begründete eine neue Begriffsfestlegung für A., derzufolge die Wahrheit der A. nicht intuitiv vorausgesetzt wird, sondern A. willkürlich festgelegt werden. Für die Korrektheit logischer A. ist es jedoch notwendig, daß die A. sich als logisch wahr erweisen. Solche »Axiomatisierung« von Theorien zur Sprachbeschreibung spielt in zahlreichen neueren Beschreibungsmodellen eine wichtige Rolle, vgl. generative →Transformationsgrammatik, →Kategorialgrammatik, →Integrative Sprachwissenschaft u.a.

Lit.: D. HILBERT [1899]: Grundlagen der Geometrie. Stuttgart 1977. – K. BÜHLER [1933]: Die Axiomatik der Sprachwissenschaften. In: Kantstudien 38, S. 19–90. 2. Aufl. Frankfurt 1969. – H. SEIFFERT [1969/70]: Einführung in die Wissenschaftstheorie. 2 Bde. München. – H.-H. LIEB [1975/1976]: Grammars as theories: The case for axiomatic grammar. In: TL 1, S. 39–115; TL 3, S. 1–98. – T. PAWLOWSKI [1980]: Begriffsbildung und Definition. Berlin. →Formale Logik, →Formalisierung.

Axiomatik der Sprachwissenschaft. Von K. BÜHLER unter Verweis auf Mathematik und Logik postulierte Grundprinzipien sprachlicher Kommunikation, aus denen sich alle sprachlichen Fakten deduktiv ableiten

und erklären lassen sollen: (a) die Grundfunktionen von Sprache sind Darstellung, Ausdruck und Appell (→Organonmodell der Sprache); (b) Sprache ist ein System von Zeichen, die nach dem →»Prinzip der abstraktiven Relevanz« verwendet werden; (c) Sprache ist unter den subjektbezogenen Phänomenen »Sprachwerk« und »Sprachgebilde« zu untersuchen (Vierfelderschema); (d) Sprache konstituiert sich durch die beiden aufeinanderbezogenen Ebenen der Wortwahl (Semantik) und des Satzbaus (Syntax).

Lit.: K. BÜHLER [1934]: Sprachtheorie. Jena. Neudruck Stuttgart 1965. – D. WUNDERLICH [1969]: Karl Bühlers Grundprinzipien der Sprachtheorie. In: Mu 79, S. 52–62. – J. MULDER [1989]: Foundations of axiomatic linguistics. Berlin

Axiomatische Logik →Formale Logik.

Aymara →Andisch, →Quechua.

Babylonisch →Akkadisch.

Back Channel [engl.]. Terminus von V. YNGVE [1970] zur Bezeichnung von sprachlichen Ausdrücken und entsprechenden nicht-sprachlichen Signalen (z.B. *hm, ja* oder Kopfnicken), mit denen der Hörer dem Sprecher seine Aufmerksamkeit und seine Zuhörbereitschaft anzeigt. Die jeweilige »lokale« Bedeutung ebenso wie der Status dieser Ausdrücke und Signale als →Turn sind umstritten (vgl. DUNCAN/FISKE [1977],

SCHEGLOFF [1981]). – Als Lehnübersetzung für B. C. wird
(nach HENNE [1978]) auch
»Rückmeldungssignal« ver-
wendet. →Turn, →Diskursmar-
ker.

Lit.: V. YNGVE [1970]: On getting a word in
edgewise. In: CLS 6, S. 567–577. – E. GOFF-
MAN [1976]: Response cries. In: Lg 54, S.
787–815. – S. DUNCAN/D. W. FISKE [1977]:
Face-to-face-interaction: Research, methods, and theory. Hillsdale, N. J. – H.
HENNE [1978]: Gesprächswörter. In: H.
HENNE u.a. (eds.): Interdisziplinäres Wörterbuch in der Diskussion. Düsseldorf, S.
42–47. – W. KALLMEYER [1978]: Fokus-
wechsel und Fokussierung als Aktivitäten
der Gesprächskonstitution. In: R. MEYER-
HERMANN (ed.): Sprechen-Handeln-
Interaktion. Tübingen, S. 191–242. – H.
HENNE/H. REHBOCK [1979]: Einführung in
die Gesprächsanalyse. Berlin. – E. SCHEG-
LOFF [1981]: Discourse as an interactional
achievement. In: D. TANNEN (ed.): Analyzing discourse. In: GURT, S. 71–93. – H.
SCHMIDT [1983]: »Mhm«. Intonation und
kommunikative Funktion von Rezi-
pientensignalen im Französischen und
Deutschen. In: LiLi 49, S. 101–123. – K.
EHLICH [1986]: Interjektionen. Tübingen.

Bahasa Indonesia →Indone-
sisch.

Bahuvrihi [altind. ›viel Reis (habend)‹. – Auch: Exozentrisches
Kompositum]. Aus der altind.
Grammatik stammende Be-
zeichnung für Possessivkomposita (→Komposition), wobei B.
zugleich Terminus und Bei-
spielwort darstellt.

Lit.: W. PETERSEN [1914/1915]: Der Ursprung der Exozentrika. In: IF 34, S. 254–
285. →Komposition.

Bairisch. Größter deutscher
Dialektverband im Osten des
→Oberdeutschen, der die Gebiete Bayerns östl. des Lech, Öster-
reichs (mit Ausnahme Vorarl-
bergs) und Südtirols umfaßt
und ca. ein Viertel des hochdt.
Sprachgebietes einnimmt. Als
gesamtbair. Kennzeichen gelten die Verdumpfung von mhd.

a, â zu *ɔ*, vgl. *ɔka, ɔ:da* ›Acker‹,
›Ader‹), die Senkung des mhd.
ä, æ (= Sekundärumlaut) zu *a,
a: nacht, ka:s* ›Nächte‹, ›Käse‹
und die (auf alte →Dualformen
zurückgehenden) pronominalen Pluralformen der 2. Pers. *es*
(Nom.), *enk* (Dat., Akk.), die –
neben *Pfinztag* ›Donnerstag‹,
Erchtag ›Dienstag‹, *denk*
›links‹, *Kirchtag* ›Kirchweih-
fest‹ u.a. – als bair. »Kennwörter« anzusehen sind. Das B. untergliedert sich in drei Teilräu-
me: (a) Das Südbair., das – wie
auch das Höchstalem. (→Ale-
mannisch) – aufgrund seiner alpinen Randlage vielfach Relikt-
charakter aufweist; (b) das im
Isar-Donau-Raum gelegene
Neuerungsgebiet des Mittel-
bair., das durch die Vokalisierung des silbenauslautenden *l*
(vgl. *schuid, goid, wɔid*
›Schuld‹, ›Gold‹, ›Wald‹) und
(zusammen mit dem Nordbair.)
durch eine spezifische Korrelation von Vokalquantität und
Konsonantenstärke (Langvokal
+ Lenis vs. Kurzvokal + Fortis) gekennzeichnet ist; (c) das
Nordbair., als dessen charak-
teristischste Merkmale die steigenden Diphthonge *ei – ou* (aus
mhd. *ie, üe – uo* (vgl. *leib, brou-
da* ›lieb‹, ›Bruder‹) und die Diphthongierung von mhd. *â* zu
ou anzusehen sind. Zahlreiche
Interferenzen und Übergänge
zum nordwestlich anschließenden Ostfrk. machen auch – abweichend von der bisherigen
Einteilung – einen Dialektverband »Nordoberdeutsch« plausibel, der neben dem Nordbair.
das Ostfrk. und das Südfrk. umfaßt. (Vgl. Sprachenkarte Nr. 6).

Lit.: →Dialektologie, →Oberdeutsch.

Balbuties →Stottern.

Baltisch. Sprachzweig des →In-
do-Europäischen. Dem →Slawi-
schen nahestehend, mit dem zusammen es nach nicht unbe-
strittener Meinung in vorhistorischer Zeit eine b.-slawische
Sprachgemeinschaft gebildet
hat. Zum B. gehören das ausgestorbene →Altpreußisch, das
→Litauische und das →Lettische.
(Vgl. Sprachenkarte Nr. 5).

Lit.: E. FRAENKES [1950]: Die baltischen
Sprachen. Heidelberg.

Baluchi →Kurdisch.

Bambara →Mande.

Bantoid →Benue-Kongo.

Bantu. Größter Sprachzweig
des →Benue-Kongo mit über 500
eng verwandten Sprachen, die
vielfach Dialekt-Kontinua bilden; bedeutendste Sprachen
sind Kongo, Zulu (6 Mio. Sprecher), Rwanda, Xhosa, Luba,
Shona (5 Mio. Sprecher) sowie
das als Verkehrssprache in
Ostafrika weitverbreitete →Swa-
hili. Interne Gliederung: Re-
genwald-B. im Westen, Savan-
nen-B. im Osten und Süden. Die
große Ähnlichkeit der Sprachen
läßt auf eine Einwanderung der
B.-sprechenden Völker aus dem
Benue-Gebiet (Nigeria) schließen. – Die Einheit der B.- Sprachen wurde bereits früh erkannt (u.a. W. BLEEK 1856); C.
MEINHOF gelang 1899 die lautliche Rekonstruktion der Proto-Sprache, des »Ur-Bantu«.
Umfangreiche Datensammlung
zur Rekonstruktion eines »*Common Bantu*« durch M. GUTHRIE
[1967/71], der das allgemein
verwendete (allerdings recht ar-

biträre) Referenzsystem von 15
Zonen für B.-Sprachen und
-Dialekte geschaffen hat. – Spezifische Kennzeichen: Meist
→Tonsprachen (2 Tonstufen),
Tendenz zu zweisilbigen Wurzeln und reduzierten Vokalsy-
stemen (7 oder 5 Vokale).
Ausgeprägtes →Nominalklas-
sen-System: Jedes Nomen gehört zu einer eigenen Klasse
(von ca. 10–20) mit spezifi-
schem Präfix, wobei häufig einer Singular-Klasse eine Plu-
ral-Klasse zugeordnet ist (vgl.
Swahili *ki-ti* ›Stuhl‹, *vi-ti* ›Stüh-
le‹); die Einteilung in Klassen
ist in vielen Fällen semantisch
motiviert (Lebewesen, Dinge,
Flüssigkeiten u.a.). Komplexe
Verbmorphologie (Kongruenz-
präfixe, Tempus-/Modus-/Po-
laritätspräfixe, Suffixe zur Dia-
these-Markierung). Wortstellung: SVO. (Vgl. Sprachenkarte
Nr. 9).

Lit.: D. T. COLE [1955]: An introduction to
Tswana grammar. Cape Town. – M. GUTH-
RIE [1967/71]: Comparative Bantu. An in-
troduction to the comparative linguistics
and prehistory of the Bantu languages.
Farnborough. – E. A. BYARUSHENGO u.a.
[1977]: Haya grammatical structure. Los
Angeles – A. KIMENYI [1980]: A relational
grammar of Kinyarwanda. Berkeley. – W.
J. G. MÖHLIG [1981]: Die Bantusprachen
im engeren Sinn. In: B. HEINE u.a. (eds.):
Die Sprachen Afrikas. Hamburg, S. 77–116.
– T. J. HINNEBUSCH [1981]: Studies in the
classification of Eastern Bantu languages.
Hamburg. – G. N. CLEMENTS/J. A. GOLD-
SMITH [1984]: Autosegmental studies in
Bantu tone. Dordrecht.

Barbarismus [griech. *bárbaros*
›nichtgriechisch‹]. Bezeichnung
der antiken →Rhetorik für den
fehlerhaften Gebrauch eines
Wortes; ursprünglich für norm-
widrig gebrauchte Fremdwörter, dann auch für Fehler in
Schreibung, Aussprache, Flexion. B. sind Verstöße gegen die
rhetorische Stilqualität der

»Sprachrichtigkeit«, vgl. →Solözismus.

Lit.: →Rhetorische Figur.

Barrieren-Theorie [engl. *barrier* ›Grenze‹]. Nach dem Titel von N. CHOMSKYS Buch »*Barriers*« [1986] bezeichnete Weiterentwicklung der →GB-Theorie, in der vor allem eine Vereinheitlichung der Rektionstheorie (→Rektion (2)) mit dem →Subjazenz-Prinzip angestrebt wird. Weitere Problembereiche sind die Anwendung der →X-Bar-Theorie auf die Satzkategorien *S* und S-bar, wonach S-bar eine Projektion der →COMP-Position ist (= *complementizer-phrase*, Abk.: *CP*) und *S* als →Maximale Projektion der →INFL-Position eingeführt wird, sowie die hieraus resultierende Modifikation des Rektionsbegriffs, derzufolge nur bestimmte (maximale) Projektionen (nicht notwendigerweise die als *IP* notierte maximale Projektion von INFL) Grenzen (»Barrieren«) für Rektion bzw. Kasuszuweisung an die Subjektposition von *IP* sind. Die angestrebte Vereinheitlichung ergibt sich aus der Hypothese, daß sowohl den Grenzen für Rektion als auch den Grenzknoten für Subjazenz das Konzept der Barriere zugrundeliegt. Eine einführende Darstellung in den komplizierten Begriff der Barriere versuchen G. FANSELOW/S. FELIX [1987]. Zur Kritik an dieser Hypothese vgl. K. JOHNSON [1988].

Lit.: N. CHOMSKY [1986]: Barriers. Cambridge, Mass. - G. FANSELOW/S. FELIX [1987]:Sprachtheorie. Bd. 2. Tübingen. - K. JOHNSON [1988]: Clausal gerunds, the ECP, and government. In: LIn 19, S. 583–610.

Basic English [*Basic* = Abkürzung von: *British, American, Scientific, International, Commercial*]. Als Ersatz für →Welthilfssprachen von CH. K. OGDEN [1930] konzipierte Reduktion des Englischen auf einen Grundwortschatz von 850 Wörtern (darunter 18 Verben) mit stark vereinfachter Grammatik. B. E. soll in 60 Stunden erlernbar sein, benötigt allerdings für Fachsprachen zusätzliche Wortlisten. Sein Wert als vielseitig verwendbares internationales Kommunikationsmittel ist umstritten.

Lit.: CH. K. OGDEN [1930]: Basic English. London. - CH. K. OGDEN [1942]: Basic for science. London. →Welthilfssprachen.

Basis →Grundmorphem →Bezugselement.

Basiskomponente [Auch: Formationsteil]. In der generativen →Transformationsgrammatik Teilbereich der Gesamtgrammatik, der aus →Phrasenstrukturregeln, Subkategorisierungsregeln (→Subkategorisierung) und →Lexikon besteht und Klassen von Sätzen erzeugt, die auch als →Strukturbäume dargestellt werden können, welche die Eingabestrukturen für die Transformationskomponente der Grammatik bilden.

Lit.: →Transformationsgrammatik.

Basismorphem →Stamm.

Basisstruktur →Tiefenstruktur.

Baskisch. Isolierte Sprache mit ca. 1 Mio. Sprechern in Nordspanien und Südwestfrankreich, die in einige stark voneinander abweichende Dialekte zerfällt. Die Sprache ist möglicherweise mit dem auf Inschriften überlieferten Iberischen verwandt. Erste substantielle Schriftdokumente seit dem 16. Jh. Spezifische Kennzeichen: In der Phonologie gleicht das B. dem →Spanischen. Reiche (suffixale) Morphologie. Syntaktisch handelt es sich um eine →Ergativsprache: Das Subjekt in transitiven Sätzen steht im →Ergativ, markiert durch *-ek* (vgl. *Martin ethorri-da* ›Martin kam‹, *Martin-ek haurra igorri-du* ›Martin sandte das Kind‹. Reiches Kongruenzsystem (mit Subjekt, direktem und indirektem Objekt); Kongruenzmarkierungen sind typischerweise fusionierend, SOV. Zahlreiche Lehnwörter aus dem Lateinischen.

Lit.: P. LAFITTE [1962]: Grammaire basque. Bayonne. – M. SALTARELLI [1988]: Basque. London.

Bastardform →Hybride Bildung.

Battarismus →Poltern.

Baumdiagramm →Strukturbaum.

Baumgraph →Strukturbaum.

Bedeutung [engl. *meaning*]. Zentralbegriff der →Semantik, der je nach theoretischem Ansatz unterschiedlich definiert bzw. verwendet wird. Diese terminologische Vieldeutigkeit des Begriffes hat mehrere Ursachen: zum einen ist B. nicht nur ein sprachwissenschaftliches Problem, sondern wird zugleich u.a. von Philosophen, Psychologen, Soziologen, Semiotikern, Juristen und Theologen diskutiert, zum anderen hat die Übernahme (teil-)synonymer Ausdrücke aus anderen Sprachen (z.B. engl. *content, meaning, reference, sense*; frz. *signification, désignation*) zu Überschneidungen geführt. – Vier Hauptfaktoren sprachlicher Kommunikation sind als Bezugspunkte der B.definition anzusehen: (a) die materielle (lautliche oder graphematische) Seite des sprachlichen Ausdrucks, (b) psychische Aspekte, die an der Herstellung von begrifflichen Konzepten bzw. Bewußtseinsinhalten beteiligt sind, (c) Objekte, Eigenschaften und Sachverhalte der realen Welt, auf die durch sprachliche Ausdrücke Bezug genommen wird, und (d) der Sprecher und der je spezifische Situationskontext, in dem sprachliche Ausdrücke verwendet werden. Unterschiedliche Berücksichtigung und Gewichtung dieser Faktoren ist Ursache für die Vielzahl und Heterogenität der den verschiedenen Semantiktheorien zugrundeliegenden B.definitionen. So liegt DE SAUSSURES B.begriff, vgl. →Bezeichnendes vs. Bezeichnetes, eine psychologisierende Interpretation zugrunde, insofern er B. auf statische Weise mit dem Resultat des Bedeutens, dem Vorstellungsbild, gleichsetzt, d.h. B. als mentales Phänomen betrachtet. Letzteres wird im Zusammenhang mit holistischen Auffassungen zur B. bekräftigt. Der holistische Aspekt steht im Gegensatz zur traditionellen linguistischen Auffassung, bei der B. als etwas Zerlegbares angesehen wird (→Komponentenanalyse); der mentale Aspekt steht im Gegensatz zur traditionellen sprachphilosophischen Auffassung, bei der B. als etwas Objektives angesehen wird (→Extension, →Referenzsemantik). Aus behavioristischer Perspektive (→Behaviorismus) versuchen BLOOMFIELD, SKINNER u.a. eine kausale Begründung für die Entstehung von B. zu geben, indem sie B. aus den beobachtbaren situationellen Umständen sowie den Reaktionen des Hörers rekonstruieren. Entschiedener noch sind Sprecher, Hörer und Situation in den B.begriff einbezogen in der sogenannten →Gebrauchstheorie der B. von WITTGENSTEIN [1953]: »Die Bedeutung eines Wortes ist sein Gebrauch in der Sprache.« (S. 311). Vgl. den ähnlichen Ansatz von LEISI. – Wird B. als Vorgang des Bezugnehmens auf die Wirklichkeit interpretiert, dann ist B. als die Menge der außersprachlichen Objekte und Sachverhalte definiert, die durch einen bestimmten sprachlichen Ausdruck bezeichnet werden (vgl. →Referenzsemantik, →Extension). Während die vorangegangenen Ansätze der B.beschreibung außersprachliche Phänomene in die B.definition einbeziehen (Bewußtsein, mentale Modelle, Verhalten, Gebrauch, Wirklichkeit), beruht der B.begriff der →Strukturellen Semantik auf innersprachlichen, systemimmanenten Gesetzmäßigkeiten: Aus der Menge der semantischen Beziehungen innerhalb des Wortschatzes (wie →Synonymie, →Antonymie, vgl. →Semantische Relation) und der Stellung des einzelnen Ausdrucks innerhalb dieses Systems ergibt sich seine B. Ohne Anbindung an die außersprachliche Wirklichkeit und den Sprach-

benutzer muß eine solche Beschreibung jedoch unvollständig bleiben. – In Darstellungen der Semantik werden zahlreiche terminologische Differenzen des B.begriffs verwendet, vgl. →Lexikalische Bedeutung, →Denotation, →Konnotation, →Extension, →Intension, →Logische Semantik. – Unabhängig von dem unterschiedlichen B.begriff verschiedener Forscher und Schulen sind zwei grundsätzliche Fragestellungen in jedem Modell zu diskutieren: zum einen das Verhältnis von Wortsemantik zu Satzsemantik, (bzw.: Wie läßt sich die Bedeutung des Gesamtsatzes aus der B. seiner Einzelelemente und der zwischen ihnen bestehenden grammatischen Beziehungen erklären? Vgl. →Lexikalische Bedeutung, →Satzbedeutung, →Kompositionsprinzip), zum anderen das Problem der Abgrenzung von (oder Interdependenz zwischen) semantischen, syntaktischen und pragmatischen B.aspekten, was insbesondere bei der Unterscheidung von Satzbedeutung und Äußerungsbedeutung relevant ist.

Lit.: K. O. ERDMANN [1910]: Die Bedeutung des Wortes. Aufsätze aus dem Grenzgebiet der Sprachpsychologie und Logik. Dresden. – C. K. OGDEN/I. A. RICHARDS [1923]: The meaning of meaning. New York. 2. Aufl. London 1960. Dt.: Die Bedeutung der Bedeutung. Frankfurt 1974. – H. SPERBER [1923]: Einführung in die Bedeutungslehre. 3. Aufl. Bonn 1965. – S. ULLMANN [1951]: The principles of semantics. Oxford. 2. Aufl. 1957. – E. LEISI [1952]: Der Wortinhalt. Seine Struktur im Deutschen und Englischen. Heidelberg, 5. Aufl. 1975. – L. WITTGENSTEIN [1953]: Philosophical investigations. Oxford. Dt.: Philosophische Untersuchungen. In: L. WITTGENSTEIN: Schriften 1. Frankfurt 1960. – A. SCHAFF [1960]: Einführung in die Semantik. Warschau. Dt. Wien 1969. – L. J. COHEN [1962]: The diversity of meaning.

London. - W. SCHMIDT [1963]: Lexikalische und aktuelle Bedeutung. Ein Beitrag zur Theorie der Wortbedeutung. 4. durchges. Aufl. Berlin 1967. - M. BLACK [1973]: Sprache. Eine Einführung in die Linguistik. München. - G. N. LEECH [1974]: Semantics. Harmondsworth. - M. A. E. DUMMETT [1975]: What is a theory of meaning? In: S. GUTTENPLAN (ed.): Mind and language. Wolfon College Lectures 1974, Oxford, S. 97-138. - H. PUTNAM [1975]: The meaning of meaning. In: K. GUNDERSON (ed.): Language, mind and knowledge. Minneapolis, S. 131-193. Auch in: H. PUTNAM [1975]: Mind, language and reality. Philosophical Papers Bd. 2. Cambridge, S. 215-271. Dt.: Die Bedeutung von »Bedeutung«. Ed. v. W. SPOHN. Frankfurt 1979. - M. A. E. DUMMETT [1976]: What is a theory of meaning? (II). In: G. EVANS/J. MC DOWELL (eds.): Truth and meaning. Essays in semantics. Oxford, S. 67-137. - J. ENGELKAMP [1976]: Satz und Bedeutung. Stuttgart. - F. PALMER [1976]: Semantics. A new outline. Cambridge. Dt.: Semantik. Eine Einführung. München 1977. - J. D. FODOR [1977]: Semantics. New York. - J. LYONS [1977]: Semantics. 2 Bde. Cambridge. Dt.: Semantik. München 1980. - M. BIERWISCH [1979]: Wörtliche Bedeutung - eine pragmatische Gretchenfrage. In: G. GREWENDORF (ed.): Sprechakttheorie und Semantik. Frankfurt, S. 119-148. - A. BURKHARDT [1979]: Über die Möglichkeit der Frage nach der Bedeutung - und welche Antwort sich darauf ergibt. In: ZG 7, S. 129-150. - H. H. LIEB [1980]: Wortbedeutung: Argumente für eine psychologische Konzeption. In: Lingua 52, S. 1-32. - D. WUNDERLICH [1980]: Arbeitsbuch Semantik. Königstein. - J. LYONS [1981]: Language, meaning and context. London. - C. BURCKHARDT [1982]: Bedeutung und Satzgrammatik. Tübingen. - P. R. LUTZEIER [1985]: Linguistische Semantik. Stuttgart. - B. RIEGER (ed.) [1985]: Dynamik in der Bedeutungskonstitution. Hamburg. - P. SCHMIDT [1985]: Gebrauchstheorie der Bedeutung und Valenztheorie: Untersuchungen zum Problem der Hypostasierung von Bedeutungen. Amsterdam. - E. COSERIU [1987]: Bedeutung, Bezeichnung und sprachliche Kategorien. In: Sprachw 12, S. 1-23. - H. JACKSON [1988]: Words and their meaning. London.
Forschungsüberblick: F. G. DROSTE [1987]: Meaning and concept: a survey. In: LB 76, S. 447-473. →Semantik.

Bedeutungsbeschränkung →Bedeutungspostulat.

Bedeutungsbeziehung →Semantische Relation.

Bedeutungsfeld →Komponentenanalyse, →Wortfeld, →Wortfeldtheorie.

Bedeutungsisolierung →Idiomatisierung.

Bedeutungslehre →Semantik, →Semasiologie.

Bedeutungsmessung →Semantisches Differential.

Bedeutungspostulat [engl. *meaning constraint/postulate* - Auch: Bedeutungsbeschränkung]. Von R. CARNAP [1952] eingeführter Terminus zur Bezeichnung genereller semantischer Regeln, die die →Semantischen Relationen zwischen →Prädikaten in einer künstlichen Sprache der →Formalen Logik beschreiben. Übertragen auf natürliche Sprachen fixieren B. semantische Beschränkungen zwischen verschiedenen Ausdrücken, die in Form von Bedeutungsbeziehungen (wie →Synonymie) formulierbar sind. Ein Ausdruck einer Sprache ist innersprachlich gesehen semantisch beschrieben, wenn alle ihn betreffenden B. formuliert sind. - Im Rahmen der →Generativen Semantik (vgl. LAKOFF) dienen B. dazu, die semantischen Relationen zwischen →Atomaren Prädikaten (semantische Grundausdrücke) zu beschreiben. In der →Montague-Grammatik dienen B. zur Einschränkung des Interpretationsbegriffs: nur solche Interpretationen sind zugelassen, die alle B. in mindestens einer möglichen Welt wahr machen.

Lit.: R. CARNAP [1952]: Meaning postulates. In: PhS 3, S. 65-73. - G. LAKOFF [1970]: Natural logic and lexical decomposition.

In: CLS 6., S. 340–362. Dt.: Natürliche Logik und lexikalische Zerlegung. In: H. STELZER (ed.): Probleme des »Lexikons« in der Transformationsgrammatik. Frankfurt 1972, S. 68–97. – R. MONTAGUE [1970]: Universal grammar. In: Theoria 36, S. 373–398. Wiederabgedruckt in: R. H. THOMASON (ed.): Formal philosophy. Selected papers of R. Montague. New Haven 1974, S. 222–246. Dt.: Universale Grammatik. Ed. von H. SCHNELLE. Braunschweig 1972. – R. MONTAGUE [1973]: The proper treatment of quantification in ordinary English. In: J. HINTIKKA/J.M.E. MORAVCSIK/ E. SUPPES (eds.): Approaches to natural language. Dordrecht, S. 221–242. Wiederabgedruckt in: R. H. THOMASON (ed.): Formal philosophy. Selected papers of R. MONTAGUE. New Haven 1974, S. 247–270. – H. SCHNELLE [1973]: Meaning constraints. In: Synthese 26, S. 13–37. – J. J. KATZ/R. I. NAGEL [1974]: Meaning postulates and semantic theory. In: FL 11, S. 311–340. – G. LINK [1979]: Montague-Grammatik. Die logischen Grundlagen. München. – P. N. JOHNSON-LAIRD [1984]: Semantic primitives or meaning postulates: mental models or propositional representations. In: B. G. BARA/G. GUIDA (eds.): Computational models of natural language processing. Amsterdam, S. 227–246.

Bedeutungswandel. Veränderungen der Bedeutung von sprachlichen Ausdrücken unter historischem Aspekt, wobei sich B. sowohl auf Veränderungen der Beziehung zwischen sprachlichen Zeichen und der außersprachlichen Wirklichkeit als auch auf Veränderungen der Beziehungen zwischen verschiedenen Zeichen bezieht, vgl. →Semantische Relationen. Die verschiedenen Typen von B. zu klassifizieren und zugleich die Ursache für ihre Entstehung und Verbreitung aufzudecken, war das Hauptanliegen der älteren semasiologischen Forschung (→Semasiologie); unterschiedliche Vorschläge finden sich bei PAUL [1880: Kap. 4], ULLMANN [1957: Kap. 2, 4], SCHIPPAN [1972: Kap. 8]. Folgende Aspekte liegen den meisten Ordnungsversuchen zu-

grunde: (a) Unter (logisch-) rhetorischem Aspekt unterscheidet man hinsichtlich des Verhältnisses von alter und neuer Bedeutung zwischen (aa) Bedeutungsverengung: Einschränkung des Bedeutungsumfanges bzw. des Verwendungskontextes; z.B. bezeichnete mhd. *hôchgezîte* sowohl kirchliche als auch weltliche Feste, während es sich heute nur auf ›Eheschließung‹ bezieht. (ab) Bedeutungserweiterung: handelte es sich bei (aa) um eine Spezialisierung des neuen gegenüber dem alten Bedeutungsumfang, so ist Bedeutungserweiterung durch Generalisierung gekennzeichnet, vgl. die nhd. Verwendung von *Frau* gegenüber der engeren mhd. Bedeutung von *frouwe* als ›Dame von Adel‹. (ac) Bedeutungsübertragung ist das Ergebnis metaphorischer Verwendung von Ausdrücken, vgl. die deutschen Bezeichnungen für Körperteile wie *Haupt, Hals, Fuß, Bein,* die im übertragenen Sinne auch auf nichtmenschliche Objekte beziehbar sind wie *Haupt der Verschwörung, Flaschenhals, Fuß des Berges, Tischbein* (→Katachrese, →Metapher). Andere Formen von Bedeutungsübertragung sind Bedeutungsverschiebung (→Metonymie), →Synekdoche u.a. Hinsichtlich der Ursachen, die B. auslösen oder begünstigen, ist zu unterscheiden zwischen (b) Veränderung der außersprachlichen Wirklichkeit, d.h. Wandel der Sachverhalte bzw. des Wissens über Sachverhalte, wie er sich in den Ausdrücken *Zwirn* (›zweidrähtiger Faden‹), *Bleistift, Feder, Licht löschen* bzw. ihren veränderten Referenzobjekten spiegelt. (c)

Veränderung der sozialen Bewertung, die (ca) Bedeutungsverschlechterung zur Folge haben kann, vgl. lat. *potio* ›Trank‹ mit frz. *poison* ›Gift‹, oder (cb) Bedeutungsverbesserung, vgl. *Marschall*, ursprünglich ›Pferdeknecht‹. Vgl. in diesem Zusammenhang auch →Euphemismus. (d) Bedeutungsentlehnung durch →Sprachkontakt: durch fremd- oder fachsprachlichen, soziolektalen oder dialektalen Einfluß wird B. hervorgerufen, indem ein angestammtes Lexem Bedeutungsaspekte eines fremden Vorbildes übernimmt, vgl. nhd. *taufen*, dessen ursprüngliche Bedeutung ›eintauchen‹ unter dem Einfluß von lat. *bapticare* seine christliche Prägung erhielt. Vgl. in diesem Zusammenhang auch →Entlehnung, →Lehnbedeutung. (e) Innersprachliche Ursachen: vereinzelte Beispiele deuten darauf hin, daß gelegentlich ein Zusammenhang zwischen B. und einem lautlichen oder grammatischen Wandel besteht. Allerdings ist oft ungewiß, ob der lautliche oder grammatische Wandel wirklich als Vorläufer des B. nachzuweisen ist. Vgl. auch →Volksetymologie. Hingegen haben Untersuchungen im Rahmen der →Wortfeldtheorie (vgl. Trier) gezeigt, daß innerhalb eines spezifischen Bedeutungsfeldes jeder Wandel eines Lexems in systemhaftem Zusammenhang mit der Veränderung benachbarter Lexeme steht.

Lit.: H. Paul [1880]: Prinzipien der Sprachgeschichte. 8. Aufl. Tübingen 1968. – E. Wellander [1917/1923/1928]: Studien zum Bedeutungswandel im Deutschen. 3 Bde. Uppsala. – A. Meillet [1921]: Linguistique historique et linguistique gé-nérale. Paris. – H. Sperber [1923]: Einführung in die Bedeutungslehre. 3. Aufl. Bonn 1965. – G. Stern [1931]: Meaning and change of meaning. Bloomington. – J. Trier [1931]: Der deutsche Wortschatz im Sinnbezirk des Verstandes. Die Geschichte eines sprachlichen Feldes. Bd. 1: Von den Anfängen bis zum Beginn des 13. Jhs. Heidelberg. – S. Ullmann [1957]: The principles of semantics. Oxford. Dt.: Grundzüge der Semantik. Berlin 1967. – R. Anttila [1972]: An introduction to historical and comparative linguistics. New York. – Th. Schippan [1972]: Einführung in die Semasiologie. Leipzig. – J. B. Voyles [1973]: Accounting for semantic change. In: Lingua 31, S. 95–124. – G. Fritz [1974]: Bedeutungswandel im Deutschen. Tübingen. – E. Seebold [1981]: Etymologie. München, Kap. 5. – R. Bartsch/Th. Vennemann [1982]: Grundzüge der Sprachtheorie. Tübingen, S. 162–177. – G. Fritz [1984]: Ansätze zu einer Theorie des Bedeutungswandels. In: HSK 2.1, S. 739–753. →Komponentenanalyse, →Semantik, →Sprachgeschichte, →Sprachwandel.

Bedeutungswort →Autosemantikum.

Bedingte Relevanz [engl. *conditional relevance*]. Von E. Schegloff [1968] geprägter Begriff der →Konversationsanalyse zur Charakterisierung der Abfolge bestimmter Äußerungstypen (→Sequentielle Organisation): Die Produktion eines Vorkommnisses von Typ *A* läßt im folgenden →Turn ein bestimmtes Vorkommnis von Typ *B* erwarten. Das Ausbleiben von *B* wird von den Gesprächsteilnehmern als abweichendes bzw. interpretationsbedürftiges Verhalten empfunden; zumeist wird die Realisierung von *B* daraufhin erneut eingefordert, z.B. durch die Wiederholung von *A. A* und *B* können eine →Paarsequenz bilden, etwa Frage – Antwort; oder sie können Sequenzen innerhalb größerer Sequenzen sein, z.B. wechselseitige Begrüßung (*A*) und erstes Gesprächsthema (*B*).

Lit.: E. SCHEGLOFF [1968]: Sequencing in conversational openings. In: AmA 70, S. 1075-1095. Wieder in: J. J. GUMPERZ/D. HYMES (eds.) [1972]: Directions in sociolinguistics. New York, S. 346-380. - E. SCHEGLOFF/H. SACKS [1973]: Opening up closings. In: Semiotica 8, S. 289-327. - E. GOFFMAN [1976]: Replies and responses. In: LiS 5, S. 257-313. - M. MERRITT [1976]: On questions following answers in service encounters. In: LiS 5, S. 315-357. →Konversationsanalyse.

Befehl(sform) →Imperativ.

Befehlssatz →Aufforderungssatz.

Begriff [engl. *concept, notion*]. Durch Abstraktion gewonnenes gedankliches Konzept, durch das Gegenstände oder Sachverhalte aufgrund bestimmter Eigenschaften und/oder Beziehungen klassifiziert werden. Begriffe werden durch →Termini repräsentiert. Sie lassen sich wie →Mengen definieren: (a) extensional durch Aufzählen der Objekte, die unter einen bestimmten B. fallen, und (b) intensional durch Angabe ihrer spezifischen Merkmale. Auf solcher intensionalen Begriffsdefinition beruht die in der Semantik geläufige Gleichsetzung von B. mit →Bedeutung bzw. mit FREGES →Sinn.

Lit.: L. S. WYGOTSKI [1977]: Denken und Sprechen. Frankfurt. →Definition, →Intension.

Begriffsinhalt →Intension.

Begriffsschrift →Ideographie.

Begriffsumfang →Extension.

Begriffswort →Abstraktum.

Behaghelsche Gesetze. Von O. BEHAGHEL formulierte Grundprinzipien der →Wort- und Satzgliedstellung: (a) Als sogen. »Erstes Behaghelsches Gesetz« gilt, daß »das geistig eng Zusammengehörige auch eng zusammengestellt wird«. (b) »Ein zweites machtvolles Gesetz verlangt, daß das Wichtigere später steht als das Unwichtige« (auch: Zweites Behaghelsches Gesetz). (c) »Das unterscheidende Glied [geht] dem unterschiedenen [voraus]«. (d) Von zwei Gliedern geht, soweit das möglich ist, das kürzere dem längeren voraus (auch: »Gesetz der wachsenden Glieder«). Außerdem besteht eine Tendenz zum Wechsel zwischen stärker und schwächer betonten Gliedern.

Lit.: O. BEHAGHEL [1932]: Deutsche Syntax. Heidelberg. Bd. 4, S. 3-9. →Grundwortstellung.

Behauchung →Aspiration.

Behauptung →Assertion.

Behaviorem [engl. *behavior* ›Verhalten‹]. In K. L. PIKES Terminologie minimale Verhaltenseinheit, z.B. Familienfrühstück.

Lit.: →Etische vs. emische Analyse.

Behaviorismus [Auch: Physikalismus]. Von J. B. WATSON (1878-1959) in USA begründete, am Vorbild der Naturwissenschaften orientierte Forschungsrichtung der Psychologie, die sich sowohl gegen Methoden der Selbstbeobachtung (Introspektion) als auch gegen die Beschreibung von Bewußtseinsinhalten (wie Empfindungen, Gedanken, Willensregungen) richtet. Der B. untersucht das objektiv beobachtbare Verhalten als Reaktion auf wechselnde Umweltbedingungen.

Ausgangsbasis behavioristischer Forschungen ist das (anhand von Tierexperimenten entwickelte) →Stimulus-Response-Modell (auch: Reiz-Reaktions-Modell) sowie die Grundkategorien des »bedingten Reflexes« und der →Konditionierung. Verhalten wird demgemäß analysiert als Reaktion auf bestimmte umweltbedingte, äußere oder innere Reize und ist somit voraussagbar aufgrund genauer Kennzeichnung der entsprechenden Stimulussituation. Besondere Bedeutung hat der B. im Bereich der Lernpsychologie gefunden. Seine dort entwickelten Grundsätze vom Lernprozeß als Konditionierungsvorgang werden auch auf den Prozeß des Spracherwerbs angewendet. Im Unterschied zum mentalistischen Verständnis der Spracherlernung als Reifungsprozeß nach einem vorbestimmten Plan aufgrund eines angeborenen internen Mechanismus geht der B. davon aus, daß lediglich das Beherrschen gewisser Prozeduren bzw. Strategien für die Aneignung von kognitiven, also auch sprachlichen Kenntnissen als angeborene psychische Fähigkeit anzusetzen ist, der Lernprozeß selbst aber sich durch fortwährende Erfahrung vollzieht. Wie B. F. SKINNER in seinem (in hohem Maße spekulativen) Buch »*Verbal Behavior*« [1957] ausführlich darlegt, wird Sprache als gelerntes Verhalten, als Summe einzelner, durch Konditionierung, Verstärkung (= *reinforcement*) und Generalisierung antrainierter Sprechgewohnheiten (= *habits*), als ein zufälliges Netz assoziativer Verknüpfungen

sprachlicher Ausdrücke erklärt. Am deutlichsten drückt sich die Konzeption des B. in L. BLOOMFIELDS antimentalistischem Sprachkonzept aus, vor allem in seinen an naturwissenschaftlichen Methoden orientierten taxonomischen Beschreibungsverfahren; vgl. →Antimentalismus, →Taxonomischer Strukturalismus. – Zur Kritik an diesem Ansatz aus sprachwissenschaftlicher Sicht vgl. CHOMSKY [1959].

Lit.: J. B. WATSON [1919]: Psychology from the standpoint of a behaviorist. Philadelphia. – C. L. HULL [1930]: Knowledge and purpose as habit mechanismus. In: Psychological Review 37, S. 511–525. – J. B. WATSON [1930]: Behaviorism. New York. Dt.: Behaviorismus. Köln, Berlin 1968. – E. C. TOLMAN [1932]: Purposive behavior in animals and men. New York. – L. BLOOMFIELD [1933]: Language. New York. Dt.: Sprache. Frankfurt 1980. – G. H. MEAD [1934]: Mind, self and society from the standpoint of a social behaviorist. Chicago. Dt.: Geist, Identität und Gesellschaft. Frankfurt 1973. – B. F. SKINNER [1957]: Verbal behavior. London. – N. CHOMSKY [1959]: Besprechung von B. F. Skinner [1957]: Verbal behaviour. In: Lg 35, S. 26–58. – E. BENSE [1973]: Mentalismus in der Sprachtheorie Noam Chomskys. Kronberg – C. L. HULL [1977]: A behavior's system. Westport, Conn. – B. F. SKINNER [1978]: Reflections on behaviorism and society. Englewood Cliffs, N. J. – G. E. ZURIFF [1985]: Behaviorism: a conceptual reconstruction. New York.

Beifügung →Attribut.

Beiname [engl. *epithet*]. Zusatz zum Personennamen. B. dienten einerseits als Vorläufer der Familiennamen zur Unterscheidung zweier Personen mit gleichem Rufnamen, andererseits zur Charakterisierung oder Auszeichnung (*Wilfried der Schmied, Friedrich der Weise, Blücher von Wahlstatt*).

Beisatz →Apposition.

Belebtheit →Animat vs. Inanimat, →Hierarchie-Gesetze.

Beliebigkeit →Arbitrarität.

Belorussisch →Weißrussisch.

Belutschisch →Iranisch, →Kurdisch.

Benefaktiv [lat. *beneficium* ›Wohltat‹]. In der →Kasusgrammatik semantische Rolle für den »Nutznießer« einer durch das Verb bezeichneten Handlung, vgl. *ihr, für sich* in *Er kaufte ihr eine Schallplatte und für sich ein Buch.*
Lit.: →Kasusgrammatik.

Bengali. →Indische Sprache mit 150 Mio. Sprechern in Indien und Bangladesh. Spezifische Kennzeichen: Relativ einfache Nominalmorphologie (Verlust des Genus, 4 Kasus); Reiche Verbmorphologie; Subjekt-Verb-Kongruenz in Person und Höflichkeitsebene (höflich/neutral/abschätzig); Wortstellung: SOV.
Lit.: S. K. CHATTERJI [1921]: The origin and development of the Bengali language. London. – P. S. RAY u.a. [1966]: Bengali language handbook. Washington. – U. NORIHIKO [1970]: Der Bengali-Dialekt von Chittagong. Wiesbaden. – D. ZBAVITEL [1970]: Lehrbuch des Bengalischen. Heidelberg. – E. BENDER/T. RICCARDI [1978]: An advanced course in Bengali. Philadelphia.

Benue-Kongo. Größter Sprachzweig des →Niger-Kongo mit ca. 600 Sprachen, gesprochen von Nigeria bis Südafrika. Zu unterscheiden sind vier Gruppen: das große Bantoid (mit den →Bantu-Sprachen) sowie drei kleinere in Nigeria (Plateau, Cross-River, Jukunoid).
Lit.: K. WILLIAMSON [1971]: The Benue-Congo languages and Ijo. In: CTL 7, S.

245–306. – K. SHIMIZU [1980]: A Jukun grammar. Wien. – L. GEBHARDT [1983]: Beiträge zur Kenntnis der Sprachen des Nigerianischen Plateaus. Glückstadt.

Beobachtungsadäquatheit [engl. *observational adequacy*. – Auch: Observative Adäquatheit]. →Adäquatheitsebenen.

Berberisch. Sprachfamilie des →Afroasiatischen in Nordafrika mit zahlreichen Sprachen und Dialekten (z.B. Tamashek (Tuareg), Shilh, Zenaga); ca. 10 Mio. Sprecher, vorwiegend in isolierten Rückzugsgebieten. Starke Beeinflussung durch das Arabische. Eigenständige (von den Phöniziern übernommene) Schrift bei den Tuareg. Wortstellung: VSO bei Verbalsätzen; Nominalsätze haben kein verbales Element. Syntaktisch bemerkenswert ist, daß das direkte Objekt und topikalisierte NP in der Zitierform stehen (*status liber*), Subjekt, Genitiv, indirektes Objekt hingegen markiert sind (*status annexus*). Komplexe Konsonantensysteme mit Tendenz zu Konsonanten-Harmonie. (Vgl. Sprachenkarte Nr. 1).
Lit.: A. WILLMS [1966]: Grammatik der südlichen Berberdialekte. Glückstadt. – J. R. APPLEGATE [1970]: The Berber languages. In: CTL 6, S. 586–664. – A. WILLMS [1980]: Die dialektale Differenzierung des Berberischen. Berlin. – E. WOLFF [1981]: Die Berbersprachen. In: B. HEINE u.a. (eds.): Die Sprachen Afrikas. Hamburg, S. 171–185.

Bereichserweiterung [engl. *domain extension*]. Von J. KOSTER [1986] im theoretischen Rahmen der →GB-Theorie entwickeltes Konzept, wonach prototypische lokale Bereiche (wie sie für unmarkierte Fälle z.B. in der →Bindungstheorie als Domänen für die Bindung von

→Anaphern definiert werden) aufgrund von sprachspezifischen oder lexikalischen Faktoren zu weniger lokalen Bereichen erweitert werden können, um grammatische Beziehungen zu ermöglichen, die über den prototypischen lokalen Bereich hinausgehen. So gestattet z.B. *lassen* eine Bindungsbeziehung der Anapher *sich* über das eingebettete Subjekt *die Sklaven* hinaus: *Der König ließ die Sklaven für sich* (= den König) *arbeiten*. Für →Bewegungstransformationen wirken z.B. die sogen. →Brückenverben bereichserweiternd.

Lit.: J. KOSTER [1986]: Domains and dynasties. Dordrecht.

Beschränkungen [engl. *conditions/constraints*. – Auch: Wohlgeformtheitsbedingungen]. Generelle Bedingungen für die Anwendung und Form von Regeln. B. haben die Aufgabe, auf universeller Basis die sehr generell formulierten →Phrasenstruktur- und →Transformations-Regeln so einzuschränken, daß sie nur Strukturen natürlicher Sprachen erzeugen. In N. CHOMSKYS Revisionen seines Konzepts der generativen →Transformationsgrammatik machen B. empirische Aussagen über prinzipiell mögliche Regeln in Grammatiken menschlicher Sprachen. Aus der Vielzahl mathematisch und logisch möglicher Grammatiken sollen diejenigen Bedingungen für strukturaufbauende und strukturverändernde Regeln formuliert werden, die zu wohlgeformten Sätzen der Oberflächenstruktur führen. Solche generellen Aussagen über Strukturen menschlicher Sprachen sollen zugleich bestimmten Eigenschaften menschlicher Sprachfähigkeit entsprechen, sie werden als Teil der vorstrukturierten, biologisch vorgegebenen Erwartungen interpretiert, die den schnellen Spracherwerbsprozeß im frühen Kindesalter plausibel erklären können. B. für Transformationsregeln beziehen sich vor allem auf die Strukturbeschreibung. In diesem Bereich sind seit J. R. ROSS [1967] eine Fülle verschiedener zum Teil sich überlappender Vorschläge formuliert worden, die in neueren Arbeiten zur Transformationsgrammatik zu immer generelleren Bedingungen zusammengefaßt werden, vgl. →A-über-A-Prinzip, →Propositional Island-Constraint, →Sentential-Subject-Constraint, →Specified-Subject-Constraint, →Subjazenz-Prinzip, →Zyklusprinzip sowie das →Strukturerhaltungsprinzip. Im weiteren Sinn sind auch →Bindungstheorie, →Filter, →Spurentheorie u.a. Regel-B., die die Wohlgeformtheitsbedingungen für unterschiedliche Ebenen der Sprachbeschreibung angeben. Zu den Wohlgeformtheitsbedingungen für strukturaufbauende Regeln, vgl. →X-Bar-Theorie.

Lit.: J. R. ROSS [1967]: Constraints on variables in syntax. Cambridge, Mass. (Unveröff. Diss.) = IULC 1968; veröffentlicht als ROSS [1986]: Infinite Syntax! Norwood N. J. – D. M. PERLMUTTER [1970]: Surface structure constraints in syntax. In: LIn 1, S. 182–255. – P. M. POSTAL [1971]: Cross-over phenomena: A study in the grammar of coreference. New York. – N. CHOMSKY [1973]: Conditions on transformations. In: S. R. ANDERSON/P. KIPARSKY (eds.): FS für MORRIS HALLE. New York, S. 232–286. – N. CHOMSKY [1975]: Reflections on language. New York. Dt.: Reflexionen über die Sprache. Frankfurt 1977. – J. W. BRESNAN [1976]: On the form and functioning of transformations. In: LIn 7, S. 3–40. – N. CHOMSKY [1976]: Conditions on rules of grammar. In: LAn 2, S. 303–351. – J. E. EMONDS [1976]: A transformational approach to English syntax. New York. (= MIT Diss. 1970). – N. CHOMSKY [1977]: Essays on form and interpretation. New York 1977. – N. CHOMSKY [1977]: On Wh-movement. In: P. W. CULICOVER u.a. (eds.): Formal syntax. New York, S. 71–132. – R. FREIDIN [1978]: Cyclicity and the theory of grammar. In: LIn 9, S. 519–549. – J. KOSTER [1978]: Locality principles in syntax. Dordrecht. – D. M. PERLMUTTER/S. SOAMES [1979]: Syntactic argumentation and the structure of English. Berkeley. – N. CHOMSKY [1981]: Lectures on government and binding. Dordrecht. – T. EBNETER [1985]: Konditionen und Restriktionen in der Generativen Grammatik. Tübingen. – H. v. RIEMSDIJK/E. WILLIAMS [1986]: Introduction to the theory of grammar. Cambridge, Mass. →Transformationsgrammatik.

Beschreibungsadäquatheit [engl. *descriptive adequacy*. – Auch: Deskriptive Adäquatheit]. →Adäquatheitsebenen.

Besitzanzeigendes Fürwort →Possessivpronomen.

Besternte Form. Mit einem Stern (= →Asterisk) versehener sprachlicher Ausdruck, der (a) entweder unbelegt, d.h. rekonstruiert ist, z.B. ideur. **bher-* als Wurzel mit der Bedeutung ›tragen‹, (vgl. dt. *Bahre, Bürde*), oder aber (b) als ungrammatisch angesehen wird, vgl. **gebromsen* statt *gebremst*.

Bestimmungsrelation [Auch: Determinations-, Modifikations-, Spezifikationsrelation, Funktor-Argument-Beziehung, Operator-Operand-Beziehung]. Semantisch-syntaktische Beziehung zwischen sprachlichen Ausdrücken, in der die Bedeutung eines Ausdrucks die Bedeutung eines anderen Ausdrucks näher bestimmt. Durch die B. wird das Verhältnis zwischen Bezugswort (Nukleus, Kopf) und Attribut als Operator-Operand-Relation aufgefaßt, d.h. in *dickes Buch* ist *Buch* Operand, auf den der Operator *dickes* »angewendet« wird. Unter semantischem Aspekt wird diese Relation als Spezifizierung/Modifizierung interpretiert, d.h. der Operator wird als Spezifikator (auch: Modifikator), das Operandum als das Spezifizierte/Spezifikat (auch Modifizierte) interpretiert. Syntaktisch gesehen gehören beide Ausdrücke (Konstituenten) zur selben Formklasse wie das spezifizierte Bezugswort (→Endozentrische Konstruktion). So werden im Dt. Nomen durch Adjektive (*dickes Buch*) oder Präpositionalphrasen (*das Buch auf dem Tisch*) spezifiziert, Verben durch Adverbien (*gern lesen*) usw. Je nachdem, ob das spezifizierende Element dem zu Spezifizierenden vorausgeht oder folgt, spricht man von Prä- bzw. Postspezifizierung. Während L. BLOOMFIELD [1933] den Begriff der B. nur auf attributive Konstruktionen anwendet, bezieht ihn N. TRUBETZKOY [1939] auch auf die Relation zwischen Verb und Objekt und R. BARTSCH/TH. VENNEMANN [1982] auch auf die Relation zwischen Subjekt und Prädikationsverb. Für die beiden Elemente »Bezugswort« und »Attribut« konkurrieren folgende Termini: *head/center* vs. *attribute* (BLOOMFIELD); *head center* vs. *modifier* (CH. C. FRIES [1927], vgl. →Nukleus vs. Satellit bzw. Modifikator); Trägerelement vs. Bestimmungselement (J. LYONS [1968]); *déterminé* vs. *déterminant* (TRUBETZKOY [1939]); Operator vs. Operand (BARTSCH/VENNEMANN [1982]).

Lit.: Ch. C. Fries [1927]: The structure of English. An introduction to the construction of English sentences. 5. Aufl. New York 1964. – L. Bloomfield [1933]: Language. New York. Dt.: Sprache. Frankfurt 1980. – N. Trubetzkoy [1939]: Le rapport entre le déterminé, le déterminant et le défini. In: Mélanges de linguistique, offerts à Charles Bally. Genf, S. 75–82. – J. Lyons [1968]: Introduction to theoretical linguistics. Cambridge. Dt.: Einführung in die moderne Sprachwissenschaft. München 1971, S. 236f. – H. Seiler [1978]: Determination. A functional dimension for interlanguage comparison. In: H. Seiler (ed.): Language universals. Tübingen, S. 301–328. – R. Bartsch/Th. Vennemann [1982]: Grundzüge der Sprachtheorie. Tübingen.

Beugung →Deklination; →Flexion.

Bewegungstransformation.
Transformationstyp der generativen →Transformationsgrammatik, bei welchem (im Unterschied zu Tilgungs-Transformationen oder den Reflexivierungs- bzw. Pronominalisierungsregeln des →Aspekte-Modells) eine Konstituente im Baum »verschoben« wird, indem eine Kopie der zu verschiebenden Konstituente an anderer Stelle im Baum eingefügt und an der ursprünglichen Stelle getilgt wird. →Transformationsgrammatik.

Bewertungsprozedur [engl. *evaluation procedure*]. Methodisches Verfahren, aufgrund von Kriterien wie Einfachheit und Eleganz die bessere von zwei alternativen Sprachbeschreibungen auszuwählen.

Lit.: N. Chomsky [1965]: Aspects of the theory of syntax. Cambridge, Mass. Dt.: Aspekte der Syntaxtheorie. Frankfurt 1969. – D. Cherubim/H. Henne [1973]: Zur Bewertung von Sprachbeschreibungen. In: ZGL 1, S. 32–66. →Transformationsgrammatik, →Adäquatheitsebenen.

Bezeichnendes vs. Bezeichnetes [engl. *significant/signifier* vs. *signified*. – Auch: →Ausdruck (2), →Form (2), Lautbild, Signans, Signifiant, Signifikant, Zeichenkörper vs. →Bedeutung, →Begriff, →Denotat(um), →Inhalt, Signatum, Signifié, Signifikat(um)]. Von F. de Saussure etablierte Unterscheidung zwischen dem Formaspekt des sprachlichen Zeichens und dem inhaltlichen Aspekt, wobei beide Seiten psychischer Natur sind und die Beziehung zwischen diesen beiden Seiten des (sprachlichen) Zeichens »beliebig« ist, vgl. hierzu →Arbitrarität, →Zeichen.

Lit.: →Arbitrarität, →Zeichen.

Bezeichnung [engl. *designation/denomination/reference*. – Auch: →Denotation (2)]. Funktion von einigen Zeichen natürlicher oder künstlicher Sprachen, sich aufgrund ihrer Bedeutung auf Individuen, Klassen, Eigenschaften oder Relationen zu beziehen, vgl. →Denotation, →Extension, →Referenz.

Lit.: →Zeichen.

Bezeichnungslehre →Onomasiologie.

Beziehungsfalle →Double-Bind-Theorie.

Bezugsadjektiv [Auch: Relationsadjektiv, Zugehörigkeitsadjektiv]. Klasse von abgeleiteten →Adjektiven (im Dt. überwiegend Suffixbildung auf *-isch, -lich*), die semantisch eine Beziehung/Zugehörigkeit zwischen ihrem nominalen Grundmorphem und den Bezugsnomen ausdrücken (*schulischer Druck, schulische Anpassung, schulische Leistung*). Ihre Verwendung ist stark eingeschränkt, sie können weder prädikativ (*die Anpassung ist schulisch*) noch appositiv (*die Anpassung, schulisch wie sie nun einmal ist*) verwendet werden, sind nicht steigerbar (*seine Anpassung ist schulischer als die von Jakob*) oder graduierbar (*seine selten schulische Anpassung*). Die rasche Ausbreitung und häufige Verwendung von B. im Nhdt. (deren Gebrauch seit dem 19. Jh. von Sprachkritikern und Stilistikern bekämpft wird) ist einerseits auf lat. Lehneinfluß zurückzuführen, entspricht des Nhd. zum verknappenden →Nominalstil. Vgl. hierzu zusammenfassend Lauffer [1977].

Lit.: R. Hotzenköcherle [1968]: Gegenwartsprobleme im deutschen Adjektivsystem. In:NphM 69, S. 128. – P. Schäublin [1972]: Probleme des adnominalen Attributs in der deutschen Sprache der Gegenwart. Berlin. – R. Schmidt [1972]: L'adjectif de relation en français, italien, anglais et allemand. Göppingen. – U. Wandruszka [1972]: Französische Nominalsyntagmen. München. – G. Inghult [1975]: Die semantische Struktur desubstantivischer Bildungen auf »mäßig«. Stockholm. – H. Lauffer [1977]: Sprachwandel durch Interferenz beim Adjektiv. In: H. Kolb/H. Lauffer (eds.): Sprachliche Interferenz. FS für W. Betz. Tübingen, S. 436–462.

Bezugsbereich →Skopus.

Bezugselement [Auch: Basis, Nukleus, Substituendum]. Sprachliche Elemente in komplexen syntaktischen Strukturen, die zu ihren nachfolgenden/vorausgehenden (referenzidentischen) Elementen entweder (a) im morphologisch gekennzeichneten Verhältnis der Referenzidentität stehen oder

(b) durch sie als spezifizierende Zusätze (wie Attribute) semantisch modifiziert werden (→Prädikation). Referenzidentität zwischen B. und Proform liegt vor bei Pronominalisierung sowie bei den ko-referenzidentischen Proformen in einigen →Herausstellungsstrukturen (z.B. bei →Linksversetzung vs. Rechtsversetzung). B. und Attribut (z.B. →Apposition, →Nachtrag) dagegen sind durch eine prädikative Relation gekennzeichnet (*Das Buch – ebenso lehrreich wie spannend – hat sie sehr zerstreut*).

Lit.: →Herausstellungsstrukturen, →Referenz, →Textverweis.

Bidjandjara →Australische Sprachen.

Biegung →Flexion.

Bihari →Indisch.

Bikonditional [lat. *bis* ›zwei‹, *conditiō* ›Bedingung‹]. →Äquivalenz.

Bilabial(laut). Nach Artikulationsorgan und Artikulationsstelle bezeichneter Sprachlaut. Bei seiner Bildung sind Unter- und Oberlippe beteiligt, z.B. [b], [m] in dt. [bɪms] ›Bims‹. →Artikulatorische Phonetik.

Bilaterale Implikation →Äquivalenz.

Bilingualismus/Bilinguismus [lat. *lingua* ›Zunge‹, ›Sprache‹. – Auch: Zweisprachigkeit]. B. ist ein Sonderfall des Multilingu(al)ismus (»Mehrsprachigkeit«) und wird wie dieser in zweierlei Sinn verstanden:

(1) (Auch: »individueller B.«)
Fähigkeit, sich in zwei Sprachen
auszudrücken. Nach einer
vieldiskutierten, auf U. WEIN-
REICH zurückgehenden Hypothese können die beiden Sprachen im Individuum auf unterschiedliche Weise nebeneinander existieren: Entweder wird
ein und derselbe Begriff durch
je ein Wort in beiden Sprachen
ausgedrückt(»zusammengesetzter« oder »kombinierter« B.,
engl. *compound bilingualism*),
oder es liegen bereits zwei spra-
chenspezifische Begriffe zugrunde (»koordinierter B.«,
coordinate bilingualism). Die
genauere psycholinguistische
Bestimmung der individuellen
Mehrsprachigkeit sowie des
Sprachwechsels (→Code-swit-
ching) zieht neben lernge-
schichtlichen auch die sozialen
Bedingungen der →Diglossie
heran.
(2) (Auch: »kollektiver/sozia-
ler B.«) →Diglossie.

Lit.: S. ERVIN/CH. E. OSGOOD [1954]: Se-
cond language learning and bilingualism.
Journal of Abnormal and Social Psycho-
logy 49, Suppl., S. 134–146. – H. B. BEARDS-
MORE (1982): Bilingualism: Basic prin-
ciples. Clevedon. – W. F. MACKEY [1987]:
Bilingualism and Multilingualism. In:
HSK 3.1, S. 799–813. – J. F. HAMERS/M. H.
A. BLANC [1989]: Bilinguality and bilin-
gualism. Cambridge. – B. KIELHÖFER
[1989]: Frühkindlicher Bilingualismus. In:
K.-R. BAUSCH u.a. (eds.): Handbuch
Fremdsprachenunterricht. Tübingen, S.
359–363. →Diglossie, →Zweitspracherwerb.

Binär [lat. *bīnārius* ›zwei enthaltend‹]. Eigenschaft von Be-
schreibungstermen, die auf der
Opposition von zwei Einheiten
beruhen, z.B. auf dem Vorhandensein oder Nichtvor-
handensein bestimmter Merkmale.

Lit.: →Binarismus, →Distinktives Merkmal.

Binarismus [Auch: Alternativ-
prinzip]. In zahlreichen Wissenschaften (Mathematik, Logik,
→Informationstheorie, Biologie) verwendetes Klassifizie-
rungs- und Beschreibungsverfahren, das auf zwei Werten beruht. Diesem System liegt die
Tatsache zugrunde, daß grundsätzlich alle (selbst die komple-
xesten Sachverhalte und Vorgänge) auf eine endliche Menge
von elementaren *Ja/Nein*-Ent-
scheidungen zurückführbar
sind; z.B. kann man jedes der 64
Felder eines Schachbretts durch
sechs *Ja/Nein*-Fragen bestimmen, da $2^6 = 64$. B. geht auf
klassische logische Prinzipien
zurück und ist als aussagenlogische Funktion interpretierbar
im Sinn von »X ist wahr oder ist
nicht wahr«, vgl. hierzu →For-
male Logik. Vor allem sind binäre Entscheidungen in der Praxis durch einfache technische
Vorrichtungen zu simulieren,
z.B. durch einen Schalter mit
zwei Stellungen, also durch Öffnen und Schließen eines Strom-
kreises oder durch Loch/
Nicht-Loch-Markierung auf
Lochkarten; auf diesem Prinzip
beruht die Analysearbeit des
Elektronenrechners. – In die
Sprachwissenschaft, speziell die
Phonologie, wurde das binäre
Segmentierungsverfahren von
B. JAKOBSON und M. HALLE
eingeführt, die versuchten, ein
universelles Inventar von zwölf
binären phonetischen Merkmalen zur Beschreibung aller Sprachen der Welt aufzustellen. Vgl.
→Distinktives Merkmal. Darüber hinaus wurde der B. auch
auf die Morphologie, Syntax
(→Phrasenstruktur) und Semantik (→Komponentenanalyse)
übertragen, – dies obwohl im-

mer wieder Zweifel hinsichtlich der Allgemeingültigkeit binärer Zerlegungsverfahren für natürliche Sprachen aufkommen (vgl. HENRICI).

Lit.: R. JAKOBSON/G. FANT/M. HALLE [1951]: Preliminaries to speech analysis: The distinctive features and their correlates. 7. Aufl. Cambridge, Mass. 1967. – R. JAKOBSON/M. HALLE [1956]: Fundamentals of language. 2. überarb. Aufl. The Hague. 1975. Dt.: Grundlagen der Sprache. Berlin 1960. – G. HEIKE [1961]: Das phonologische System des Deutschen als binäres Distinktionssystem. In: Phonetica 6, S. 162-176. – G. HENRICI [1975]: Die Binarismus-Problematik in der neueren Linguistik. Tübingen. →Distinktives Merkmal, →Informationstheorie.

Bindevokal [engl. *linking/connecting vowel*. – Auch: Fugenelement, Kennlaut, Themavokal]. Sammelbezeichnung für stammbildende Suffixe unterschiedlicher Herkunft und Funktion. In der lat. Substantivflexion nennt man die (im Genitiv Plural noch erkennbaren) stammauslautenden B. *ā, ō, i, u, ē* die »Kennlaute« der verschiedenen Deklinationsmuster von *mensārum, cervōrum, civium, fructuum, diērum*, während man bei der ideur. Verbflexion den B. zwischen Wurzel und Flexionsendung als »Themavokal« bezeichnet und zwischen thematischer Flexion und athematischer Flexion unterscheidet (vgl. *er redet* vs. *er tut*). Für in der →Wortbildung vor allem bei Komposita auftretende Zwischenlaute (vgl. *Tagebuch*) hat sich die Bezeichnung →Fugenelement durchgesetzt.

Lit.: →Kompositionsfuge, →Morphologie.

Bindewort →Konjunktion.

Bindung. In der neueren →Transformationsgrammatik syntaktische Darstellung bestimmter, durch die →Bindungstheorie strukturell zu beschränkender anaphorischer Bezüge. Ein Knoten *A* bindet einen Knoten *B*, falls *A B* c-kommandiert (vgl.→C-Kommando) und *A* und *B* ko-indiziert sind. Liegt eine Bindung vor (und *B* ist keine Spur, vgl. →Spurentheorie), so sind *A* und *B* als koreferentiell zu interpretieren, d.h. die Ausdrücke *A* und *B* beziehen sich semantisch auf denselben Gegenstand. In diesem Falle beschreibt die →Bindungstheorie, ob die durch die Bindung dargestellte Koreferenz zwischen *A* und *B* syntaktisch zulässig ist; ist *B* eine Spur, so formuliert die Bindungstheorie Beschränkungen darüber, ob *B* die Spur von *A* sein kann, d.h. ob die Bewegung aus Position *B* in Position *A* syntaktisch zulässig ist.

Lit.: →Bindungstheorie.

Bindungstheorie. In der neueren →Transformationsgrammatik von N. CHOMSKY eingeführte syntaktische Teiltheorie, die die Beziehungen von →Anaphern, Pronomina, Namen und →Spuren zu ihren möglichen →Antezedens-Elementen regelt. Ein Antezedens-Element »bindet« eine mit ihm koreferente Nominalphrase, wenn die *NP* von ihrem Antezedens c-kommandiert (→C-Kommando) wird. Bindungsbeschränkungen wirken als Filter, welche die formal möglichen Koreferenzbeziehungen zwischen phonetisch sichtbaren *NPs* sowie zwischen *NPs* und deren Spuren so einschränken, daß nur wohlgeformte Strukturen die Bindungsbeschränkungen erfüllen. CHOMSKY [1981] unterscheidet drei Typen von *NPs*, die verschiedenen Bindungsbeschränkungen unterliegen: (a) »Anaphern«, d.h. (aa) reziproke und reflexive *NPs*, deren Referenz durch eine meist vorausgehende *NP* im gleichen Teilsatz gebunden ist, vgl. die Vorkommen von *einander* und *sich* in *Philip und Jakob diskutieren miteinander* und *Caroline kauft sich ein Bild*, die durch das plurale Subjekt *Philip und Jakob* bzw. den Namen *Caroline* in ihrer Referenz »gebunden« sind; aber auch (ab) phonetisch leere »Anaphern«, nämlich die Spuren von *NPs* wie z.B. die Spur von *John* in *[John was arrested]*; (b) sogen. »Pronominale«, d.h. Personalpronomen, die sowohl anaphorisch (engl. *proximate*) als auch deiktisch (engl. *obviate*) interpretiert werden können: in *Jakob meint, daß er dennoch recht hat* kann *er* sich sowohl anaphorisch auf *Jakob* als auch deiktisch auf einen im Satz sonst nicht genannten Referenzgegenstand beziehen; (c) sogen. »R-Ausdrücke«, d.h. alle *NPs*, die nicht unter (a) und (b) fallen, z.B. Eigennamen, Kennzeichnungen oder quantifizierte Ausdrücke, aber auch Spuren von →W-Bewegungen. – Auf Grund der B. sind die *NPs* unter (a) als Anaphern innerhalb des syntaktischen Bereichs ihrer →Regierenden Kategorien gebunden, d.h. sie haben innerhalb des als regierende Kategorie bestimmten Knotens ein sie c-kommandierendes Antezedens, während die *NPs* unter (b) als Pronominale innerhalb ihrer regierenden Kategorien nicht gebunden, d.h. »frei« sind und auch alle übrigen *NPs* (überall) frei sind . Verstöße gegen diese Bedingungen findet man in folgenden ungrammatischen Sätzen: (a) *Jakob meint, [daß sich dennoch recht hat]*: die Anapher *sich* ist innerhalb der durch die Klammern gekennzeichneten regierenden Kategorie von *sich* frei. (b) *Jakob meint, [daß Philip ihm ein Bild kauft]* mit intendierter Koreferenz zwischen *Philip* und *ihm*: das Personalpronomen ist innerhalb der regierenden Kategorie von *ihm* gebunden. (c) *Er meint, daß der Mann Philip ein Bild kauft* mit intendierter Koreferenz zwischen *Philip* und *er*: Bei Bezugsgleichheit wäre *Philip* von der koreferentiellen *NP* gebunden. – Es läßt sich nachweisen, daß die Beschränkungen der B. früher formulierte Beschränkungen für die Interpretation von *NPs* (wie z.B. die →Specified-Subject-Condition oder das →Propositional Island-Constraint) implizieren.

Lit.: N. CHOMSKY [1980]: On binding. In: LIn 11, S. 1–46. – R. S. KAYNE [1980]: Extensions of binding and case-marking. In: LIn 11, S. 75–96. – A. RADFORD [1981]: Transformational syntax. Cambridge. – N. CHOMSKY [1981]: Lectures on government and binding. Dordrecht. – T. REINHART [1983]: Anaphora and semantic interpretation. London. – D.-J. YANG [1983]: The extended binding theory of anaphors. In: LR 19, S. 169–192. – J. AOUN [1985]: A grammar of anaphora. Cambridge, Mass. – N. CHOMSKY [1986]: Knowledge of language: Its nature, origin and use. New York. – J. AOUN [1986]: Generalized binding. The syntax and logical form of wh-interrogatives. Dordrecht. – M. EVERAERT [1986]: The syntax of reflexivization. Dordrecht. – B. LUST (ed.) [1986/87]: Studies in the acquisition of anaphora. 2 Bde. Dordrecht. – E. WILLIAMS [1987]: Implicit arguments, the binding theory and control. In: NLLT 5, S. 151–180. – H. LASNIK [1988]: Essays on anaphora. Dordrecht. – A. V. STECHOW/W. STERNEFELD [1988]: Bausteine syntaktischen Wissens. Opladen, Kap. 6. →Beschränkungen, Reflexivierung, Pronominalisierung, →Transformationsgrammatik.

Biphonematische Wertung
→Polyphonem(at)ische Wertung.

Birmanisch [Auch: Burmesisch]. Sino-Tibetanische Sprache, Staatssprache Birmas (22 Mio. Sprecher) mit alter Schrifttradition (seit 12. Jh.) in einer von Indien übernommenen Schrift. Kennzeichen: Starker Lehnworteinfluß aus dem Pali; →Tonsprache: neben der Tonhöhe werden auch Stimmqualitäten wie →Knarrstimme ausgenützt; Keine Flexion, aber Derivationsmöglichkeiten, v.a. durch Präfigierung; Wortstellung: →Topik vs. Prädikation; das Verb steht meist am Satzende. Die Zuordnung semantischer Rollen zu bestimmten Aktanten eines Satzes wird oft über Selektionsrestriktionen geregelt oder muß aus dem Kontext bzw. dem Weltwissen erschlossen werden.

Lit.: J. OKELL [1969]: A reference grammar of colloquial Burmese. London. – D. BERNOT [1980]: Le prédicat en birman parlé. Paris. – E. RICHTER [1983]: Lehrbuch des modernen Burmesisch. Leipzig. – A. FAHS [1989]: Grammatik des Pali. Leipzig.

Bisegmentalisierung [lat. *sēgmentum* ›Abschnitt‹ von *secāre* ›schneiden‹]. Artikulationsphonetisch motivierte Lautveränderung, bei der durch die Aufspaltung eines komplexen Lautsegmentes in zwei Segmente eine Verringerung der inhärenten Segmentkomplexität erfolgt; so z.B. bei der inlautenden Geminatenbildung in der →Zweiten Lautverschiebung, vgl. germ. **e.tan* > **e.tˢan* > **et.san* > ahd. *eʒʒan* nhd. *essen*. Die ursprüngliche Affrikate [tˢ] wird bisegmentalisiert /t + s/ und damit unterschiedlichen Silben zugeschlagen, die Assimilation des Verschlußlautes [t] an den nachfolgenden Frikativ [s] führt zur Geminate [ss].

Lit.: →Lautwandel, →Silbe.

Bisemie [griech. *sēma* ›Zeichen‹]. Einfachster Typ von Mehrdeutigkeit: Ein Wort ist bisem, wenn es zwei (häufig entgegengesetzte) Bedeutungen aufweist, vgl. frz. *sacré* ›heilig‹ und ›verflucht‹.

Lit.: →Homonymie, →Polysemie.

Bit [Abk. von engl. *bi(nary digi)t* ›binäre Ziffer‹]. Kleinste Maßeinheit für den Informationsgehalt einer Nachricht, bzw. für die Anzahl von Binär-Entscheidungen: jede Einheit mit der Auftretenswahrscheinlichkeit von einhalb beinhaltet ein B. Information, da sie auf der Basis einer einzigen *Ja/Nein*-Entscheidung zu ermitteln ist (→Binarismus). So gibt es beim Fall einer Münze zwei Möglichkeiten, welche Seite nach oben weist; die entsprechende Information beträgt ein Bit, während die Kenntnis einer gewürfelten Zahl ca. drei B. beträgt.

Lit.: Informationstheorie.

Biuniquität [lat. *unicus* ›der einzige‹. – Auch: Eineindeutigkeitsbedingung]. Grundprinzip des →Taxonomischen Strukturalismus, demzufolge bei einer phonologischen Analyse eine Eins-zu-Eins-Beziehung zwischen phonetischer und phonemischer Repräsentation besteht, d.h. wenn zwei Worte gleich ausgesprochen werden, dann sind sie auch phonologisch äquivalent. Damit wird sichergestellt, daß ein und dasselbe Phon nicht verschiedenen Phonemen zugeordnet wird, wie es z.B. bei dt. *bunt* vs. *Bund* naheliegen könnte. Die Bezeichnung B. (engl. *biuniqueness*) stammt von CHOMSKY [1964].

Lit.: N. CHOMSKY [1964]: Current issues in linguistic theory. The Hague, S. 80f. →Distributionalismus, →Phonologie.

Black English (Vernacular)

[engl. *vernacular* ›Mutter-‹, ›Volkssprache‹]. Soziolekt des Englischen, gesprochen vor allem von Nordamerikanern afrikanischer Abstammung, die möglicherweise auf eine kreolisierte Form des Englischen der ersten afrikanischen Sklaven zurückgeht. (→Kreolsprachen). Das B. E. weicht vom Standardengl. u.a. im Wortschatz, in der Morphologie und in der Syntax ab. Beispiele: Das Verb zeigt keine Kongruenz mit dem Subjekt (z.B. *he walk*), es gibt eine eigene grammatische Form zum Ausdruck der Habitualität (z.B. *they be walking around here* ›Sie gehen gewöhnlich hier herum‹). Das B. E. und seine Verwendungsweisen sind sehr gut untersucht, da man in ihm einen Hauptgrund für die soziale Benachteiligung seiner Sprecher sah.

Lit.: J. L. DILLARD [1972]: Black English. Its history and usage in the United States. New York.

Black-Box-Analyse [engl. *black box* ›schwarzer Kasten‹]. Metaphorische Bezeichnung für die Untersuchung von Systemen, von denen nur die Eingangs- und Ausgangswerte beobachtbar sind, nicht aber die innere Struktur der Daten, bzw. deren Relationen zueinander, so daß von den Ein- und Ausgabedaten auf deren Eigenschaften im Systemzusammenhang geschlossen werden muß. Diese aus der Kybernetik übernommene Anschauungsweise trifft auf die Untersuchung natürlicher Sprachen zu, wobei das grammatische Regelsystem gleichzusetzen ist mit der internen Struktur des sprachlichen Produktionsvorgangs, wie er in dem »schwarzen Kasten« des menschlichen Gehirns, dessen neurophysiologische Vorgänge beim Sprechen empirischer Beobachtung (bisher) nicht zugänglich sind, anzunehmen ist.

Lit.: →Transformationsgrammatik.

Blending →Kontamination.

Bloomfieldschule →Deskriptive Linguistik, →Distributionalismus.

Boolesche Funktion. In der von dem englischen Mathematiker G. BOOLE (1815–1869) entwickelten mathematischen Logik Funktion, deren Argumente und Werte nur die Werte ›wahr‹ oder ›falsch‹ (bzw. 1 oder 0) annehmen. Wichtige Beispiele sind die Wahrheitsfunktionen der aussagenlogischen Operationen →Konjunktion, →Disjunktion, →Implikation und →Negation. Vgl. →Logische Partikel.

Lit.: G. BOOLE [1847]: The mathematical analysis of logic. London. →Formale Logik, →Wahrheitswert.

Bottom-Up vs. Top-Down [engl., ›von unten nach oben‹ vs. ›von oben nach unten‹. – Auch: Daten- vs. Konzeptuell-gesteuerte Verarbeitung]. Hypothese über Analysestrategien bei der

→Sprachverarbeitung: im *bottum-up*-Verfahren setzt das Sprachverständnis bei der Identifizierung einzelner Wörter (als Stimuli) ein, die hinsichtlich möglicher Bedeutungen und syntaktischer Funktionen und Kategorien analysiert und als Basis für die Konstruktion möglicher zugrundeliegender →Propositionen verwendet werden. Die besonders bei mehrdeutigen Ausdrücken entstehenden Probleme versucht das *top-down*-Verfahren zu umgehen: hier gründet sich die Analyse auf Vorerwartungen des Hörer/Empfängers bezüglich der grammatischen Funktion eines Ausdrucks in Abhängigkeit von seinem unmittelbaren Kontext; so ist z.B. in SOV-Sprachen (→Grundwortstellung) nach einer Nominalphrase am Satzbeginn ein Verb zu erwarten. Vorausgesetzt, daß der entsprechende Ausdruck im Lexikon als Verb vorkommt, sind damit zugleich alle anderen möglichen Lesarten ausgeschlossen. – In der →Computerlinguistik hat sich bei maschineller Satzanalyse (→Parsing) ergeben, daß beide Strategien zur Spracherkennung eingesetzt werden müssen, Entsprechendes scheint auch für menschliche Sprachverarbeitung zu gelten.

Lit.: M. A. JUST/P. A. CARPENTER (eds.) [1977]: Cognitive process in comprehension. Hillsdale, N.J. →Computerlinguistik, →Parsing, →Psycholinguistik.

Bounding-Theorie [engl. *to bound* ›begrenzen‹, dt. auch: Grenzknotentheorie]. In der »Revidierten Erweiterten Standardtheorie« der →Transformationsgrammatik einge-

führtes Konzept von →Beschränkungen, die die Lokalitätsbedingungen für bestimmte Umstellungstransformationen regeln. Wesentlicher Bestandteil der B. ist das →Subjazenz-Prinzip, durch das verhindert wird, daß eine *NP* über mehr als einen sie dominierenden Grenzknoten (*NP* oder *S*) hinausbewegt wird.

Lit.: →Beschränkungen, →Transformationsgrammatik.

Brachylogie [griech. *brachy-logía* ›das Kurz-Reden‹. – Auch: Brevitas]. →Rhetorische Figur der Kürzung: bewußtes Weglassen eigentlich notwendiger Gedanken; im weiteren Sinne Bezeichnung einer knappen Ausdrucksweise.

Lit.: →Rhetorische Figur.

Bracketing Paradoxes [engl., ›Klammer-Paradox‹]. In der →Wortbildung bei einigen Klassen von komplexen Wörtern auffallendes Paradox, das darin besteht, daß eine einzige Konstituentengruppierung nicht zugleich den phonologischen Bedingungen der Sprache zu genügen und dazu als Basis der semantischen Interpretation zu fungieren vermag. Das engl. Komparativsuffix z.B. verbindet sich ausschließlich mit einsilbigen Basen oder zweisilbigen auf -*y* (engl. *nicer, luckier*). Bei zwei- und mehrsilbigen Basen wird der Komparativ analytisch gebildet (engl. **directer* vs. *more direct*). Nach dieser Gesetzmäßigkeit weist das negierte Adjektiv *unluckier* die Klammerstruktur in (a) auf: (a) [A un [A lucky + er]]. Die Struktur (a) kann aber nicht die Grundlage der semantischen

Interpretation liefern, denn *unluckier* heißt im Einklang mit der Klammerstruktur (b) [$_A$[$_A$ un + lucky] + er] (*more* (*unlucky*)) und nicht – wie in (a) – (*not* (*more lucky*)). Verschiedene (theorieabhängige) Lösungen zu diesem Problem sind in der neueren Literatur vorgeschlagen worden.

Lit.: E. WILLIAMS [1981]: Argument structure and morphology. In: TLR 1, S. 81–114. – P. KIPARSKY [1983]: Word formation and the lexicon. In: F. INGEMANN (ed.): Proceedings of the 1982 Mid-American linguistics conference. Lawrence, Kansas. – D. PESETSKY [1985]: Morphology and logical form. In: LI 16, S. 193–246. – R. SPROAT [1985]: On deriving the lexicon. (Diss. MIT).

Brahui →Drawidisch.

Brandenburgisch [Auch: Märkisch]. Ostniederdt. Dialektverband, der das Gebiet der Mark Brandenburg umfaßt und im Westen an das →Niedersächsische, im Norden (Prignitz) an das →Mecklenburgisch-Vorpommersche, im Nordosten und Osten an das Mittel- bzw. Ostpommersche grenzt. Als sprachliche Charakteristika des B. gelten die Form *det* ›das‹ (Art., Pron.) gegen umgebendes *dat*, anlautender Frikativ *j-* gegen Plosiv *g-* (*jiŋ* : *giŋ* ›ging‹), der (aus dem →Niederfränkisch herrührende) oblique Einheitskasus des Personalpronomens nach dem Akkusativ sowie zahlreiche Wörter ndl./ndfrk. Ursprungs als Folge ndl. Siedlereinflusses. – Im Süden des B. nehmen hdt. Einflüsse zu; die Südgrenze des B. wird sukzessive nach Norden zurückgedrängt. In dem entstehenden nddt.-mdt. Interferenzraum erscheinen bereits viele mdt. Merkmale (mdt. *u* – als Ergeb-

nis der hdt. Monophthongierung – statt nddt. *ua*, lautverschobene Konsonanten, entrundete Umlautvokale). Eine Sonderstellung nimmt das Berlinische ein: Die sich seit dem 15./16. Jh. entwickelnde Stadtmundart ist trotz ursprünglich nddt. Zugehörigkeit dem Hochdeutschen zuzurechnen. – Das im Nordosten anschließende Mittelpommersche wird – trotz eigenständiger Charakteristika – häufig ebenfalls dem B. zugerechnet, da es aufgrund seiner vom Süden her erfolgten Besiedelung mit dem B. mehr Gemeinsamkeiten aufweist als mit dem Mecklenburgisch-Vorpommerschen. – Infolge der deutschen Aussiedlung nach 1945 endet das B. und das Mittelpommersche heute an der Ostgrenze der ehemaligen DDR. (Vgl. Sprachenkarte Nr. 6).

Lit.: →Dialektologie, →Niederdeutsch.

Brechung [engl. *breaking*/*voice mutation*. – Auch: A-Umlaut, Vokalsenkung]. Terminus von J. GRIMM, der in der traditionellen Terminologie der Vergleichenden Sprachwissenschaft eine Reihe unterschiedlicher assimilatorischer Vokalveränderungen bezeichnet, so etwa im Gotischen die Senkung von *i, u* zu *e, o* vor folgenden *r* und *h* (Angleichung an die tiefe Zungenstellung der Konsonanten), im Altisländ. die Diphthongierung von *e* zu *ia, io* vor *a* bzw. *u* in der Folgesilbe, im Altengl. die Diphthongierung von *e, i* zu *eo, io* (vor *u* in der Folgesilbe) und von *a* zu *ea* (vor *r, l, h + Konsonant* bzw. vor einfachem *h*), im Ahd. die assimilatorische Senkung hoher

Vokale vor nicht-hohen Vokalen in der Folgesilbe (vgl. A.-→Umlaut). Heute versteht man unter B. i.a. lediglich die Diphthongierungen.

Lit.: J. GRIMM [1848]: Geschichte der deutschen Sprache. Leipzig. - W. MORGENROTH [1959/60]: Brechung, Umlaut, Vokalharmonie. Eine Begriffsklärung. In: WZUG 9, S. 201–216. →Historische Grammatiken, →Lautwandel.

Bretonisch. Von Einwanderern der britischen Inseln auf den Kontinent gebrachte →Keltische Sprache, die noch von ca. 1,2 Mio. Sprechern in der Bretagne gesprochen wird. B., das zum insel-keltischen Sprachzweig zählt, ist seit dem 8. Jh. überliefert, gut dokumentiert allerdings erst seit dem 16. Jh.

Lit.: L. FLEURIOT [1964]: Le vieux breton: éléments d'une grammaire. Paris. - P. TRÉPOS [1968]: Grammaire bretonne. Rennes. - R. LE GLÉAU [1973]: Syntaxe du breton moderne (1710–1972). La Baule. - I. J. PRESS [1986]: A grammar of modern Breton. Berlin. - M. McKENNA [1988]: A handbook of modern spoken Breton. Tübingen.

Brevitas →Brachylogie.

Broca-Aphasie. Nach dem franz. Chirurgen Paul BROCA (1824–1880) benannte, erworbene →Sprachstörung (auch bekannt als expressive, nicht-flüssige oder motorische →Aphasie), für die eine weitgehende Beschränkung auf Inhaltswörter ohne oder mit vereinfachter morphologischer Markierung (→Agrammatismus), phonematische →Paraphasien, →Dysprosodie und verlangsamter, mühsamer Sprechstil charakteristisch sind. Das Ausmaß von Störungen im Bereich des Sprachverständnisses, beim Lesen ebenso wie beim Schreiben, variiert je nach Patient. Nach neueren Untersuchungen wird B. nicht auf eine Läsion im →Broca-Zentrum zurückgeführt. Häufig wird eine Störung im Versorgungsgebiet der Aorta praerolandica festgestellt, so daß B., ebenso wie die →Wernikke-Aphasie, als ein typisches Gefäßsyndrom angesehen wird (POECK [1982]). Die Annahme, daß sich B. eindeutig lokalisieren lasse, ist jedoch umstritten; vgl. →Sprache und Gehirn.

Lit.: M. KERSCHENSTEINER u.a. [1978]: Die Broca-Aphasie. In: Journal of Neurology 217, S. 223–242. - G. PEUSER [1978]: Aphasie. München. - K. POECK (ed.) [1982]: Klinische Neuropsychologie. 2. neu bearb. und erw. Aufl. Stuttgart 1989. - A. FRIEDERICI [1984]: Neuropsychologie der Sprache. Stuttgart. - M-L. KEAN (ed.) [1985]: Agrammatism. Orlando. - E. BATES u.a. [1987]: Grammatical morphology in aphasia: Evidence from three languages. In: Cortex 23, S. 545–574. - E. BATES u.a. [1988]: On the preservation of word order in aphasia: cross-linguistic evidence. In: Brain and Language 33, S. 323–364. - H. LEUNINGER [1989]: Neurolinguistik. Opladen.

Broca-Zentrum. Nach dem franz. Chirurgen Paul BROCA (1824–1880) benanntes Gebiet im motorischen Assoziationskortex, am Fuß der 3. Stirnwindung in der sprachdominanten Hemisphäre. Diesem Gebiet hat BROCA die »Fähigkeit zur artikulierten Sprache« zugeschrieben. Eine Läsion in diesem Gebiet soll nach traditioneller Auffassung zur →Broca-Aphasie führen. Vgl. →Sprache und Gehirn, →Sprachzentren.

Lit.: A. LEISCHNER [1972]: Die Bedeutung der Arbeiten Paul Broca's für die Hirnpathologie. Wieder in: A. LEISCHNER [1981]: Klinische Sprachpathologie. München, S.14–28. - J. RYALLS [1984]: Where does the term »aphasia« come from? In: Brain and Language 21, S.358–363.

Brückenverben. Von N. ERTESCHIK [1973] eingeführte Bezeichnung für Verben, die Extraktionen aus finiten Komplementen zulassen; vgl. *Who do you think met John?* vs. ** Who do you regret/whisper met John?*

Lit.: N. ERTESCHIK [1973]: On the nature of island constraints. – J. KOSTER [1986]: Domains and dynasties. Dordrecht. →Insel, →Transformationsgrammatik.

Buchen-Argument. Hypothese zur Bestimmung der Urheimat des →Indoeuropäischen sowie des →Slawischen, die sich auf das Vorkommen von aus ideur. **bhag(u)gos* abgeleiteten Bezeichnungen für Buchen gründet: Westlich einer Grenze, die von Königsberg bis zur Krim reicht, ist diese Bezeichnung weit verbreitet (vgl. alle germ. Sprachen, sowie lat. *fagus*), während östlich dieser Linie das Wort für unterschiedliche Baumsorten verwendet wird, vgl. griech. *phegos* ›Eiche‹, Russ. (→Slawisch) *buz* ›Hollunder‹ und Kurdisch (→Iranisch) *buz* ›Ulme‹. Aus der Verwendung des Namens wird vermutet, daß die ursprüngliche Bezeichnung nach der Trennung und Ausbreitung ideur. Einzelvölker in buchenlosen Gebieten auf andere Baumarten übertragen wurde.

Lit.: W. WISSMANN [1952]: Der Name der Buche. Berlin. – W. KROGMANN [1955] Das Buchen-Argument. In: KZ 73, S. 1–25. – G. S. LANE [1967]: The beech-argument. In: KZ 81, S. 197–202. →Germanisch, →Indoeuropäisch.

Buchstabe. Schriftzeichen, das allein oder zusammen mit anderen derartigen Schriftzeichen für sprachliche Laute oder Lautfolgen steht (die in der Regel nicht Silben sind und nicht die Länge morphologischer Einheiten haben) oder auch für Zahlen: ⟨n⟩ in dt. *Bein* steht allein für [n] oder /n/; ⟨n⟩ in dt. *Enge* steht zusammen mit folgendem ⟨g⟩ für [ŋ]. In manchen Fällen scheint das Prinzip durchbrochen, wie z.B. in frz. *aulx* (ein Amalgam aus *ail* ›Knoblauch‹ + Plural), wo die vier B. zusammen den Laut [o] und somit sowohl eine Silbe als auch eine morphologische Einheit bezeichnen. – Zwei Buchstaben eines Basis-Alphabets (z.B. des lat.) können in einem anderen orthographischen System als ein einziger B. betrachtet werden oder auch zu einem einzigen verschmelzen: ⟨ch⟩ gilt im Tschech., ⟨ij⟩ im Niederländ. als ein B.; dt. ⟨ß⟩ ist durch →Ligatur von ⟨ſ⟩ und ⟨ʒ⟩ der Frakturschrift entstanden. – Im Altgriech. dient ⟨ϛ'⟩ lediglich zur Bezeichnung der Zahl 6, ⟨π⟩ gibt [p] oder mit →Diakritischem Zeichen als ⟨π'⟩ die Zahl 80 wieder.

Lit.: →Graphemik, →Schrift.

Buchstabenname. Während die griech. Buchstaben sich aus semitischen Bedeutungen erklären lassen (z.B. *alpha* ›Rind‹, *beta* ›Haus‹, *delta* ›Türflügel‹, *jota* ›Hand‹), sind die B. des lat. Alphabets lautbezogen. Dabei wurden die Buchstaben für Explosivlaute im allgemeinen mit einem auf den bezeichneten Explosivlaut folgenden *e* gesprochen; bei *k* mit einem folgenden *a* [ka:] und bei *q* mit einem folgenden *u* [ku:]. Besondere Namen für *f*, *l*, *m*, *n*, *r*, *s* gab es ursprünglich wohl nicht; *ha* als klass.-lat. Name für *h* ist ungeklärter Herkunft. Alle anderen B. sind aus dem Griech. entlehnt oder jünger: *fau* für *v* ist seit PRISCIAN (5./6. Jh.) in Gebrauch, *iks* für *x* späterer (unbekannter) Herkunft, *jot* für *j* wird erst gängig, nachdem der Buchstabe üblich wurde (vom 13. Jh. an). – Eine unumstrittene Erklärung der Bezeichnung für *h* in Frz. *ache*, ital. *acca*, portug. *agá* fehlt. Der isl. B. [θɔdn̩] für *þ* entstammt dem →Runen-Fu-thark.

Lit.: M. HAMMARSTRÖM [1920]: Beiträge zur Geschichte des etruskischen, lateinischen und griechischen Alphabets. Helsinki. – M. H. JELLINEK [1930]: Über die Aussprache der lateinischen und deutschen Buchstabennamen. In: SbÖAW. →Graphemik, →Schrift.

Buchstabenschrift →Alphabetschrift.

Buchstabenwort →Abkürzungswort.

Bühnenaussprache. Von regionalen und umgangssprachlichen Merkmalen freie Aussprache des Dt., deren Regeln von dem Germanisten TH. SIEBS in Zusammenarbeit mit Bühnenleitern und Sprachwissenschaftlern als »Deutsche Bühnenaussprache« [1898] zum erstenmal kodifiziert wurden. Als idealisierte Norm, die sich an Schriftnähe und lautlicher Deutlichkeit orientiert, galt sie bis in die 40er Jahre (besonders im klassischen Versdrama) als verbindliche Norm.

Lit.: →Hochsprache, →Orthoepie.

Bündnerromanisch →Rätoromanisch.

Bulgarisch. Auf der Grundlage des altbulgar. Dialekts von Saloniki entstandene südslaw. Sprache mit ca. 7,5 Mio. Sprechern (meist in Bulgarien). Früheste Schriftdenkmäler zu kirchlichen Zwecken im 9. Jh., woraus sich der Name »Altkirchenslawisch« (auch: Altbulgarisch, Altslawisch) erklärt. Aufzeichnungen zunächst in →Glagolischer, dann in →Kyrillischer Schrift. Spezifische Kennzeichen des Altkirchenslawisch: durchgängig offene Silben; Nasalvokale, reiche Flexionsmorphologie (mit Alternanzen) auch beim Substantiv; kein Artikel. – Kennzeichen des modernen B.: Mehrfachauftreten der Negationspartikel bei einfacher Verneinung; nachgestellter bestimmter Artikel; komplexes Verbsystem mit Narrativ: *njámalo da izléze níšto ot tová* ›dabei (so sagt man) wird nichts herauskommen‹ gegenüber *njáma da izléze níšto ot tová* ›dabei kommt nichts heraus‹; wie im →Makedon. Fehlen einer Infinitivform. Schibboleth: ⟨Ъ⟩ für [ə] zwischen Konsonantenbuchstaben, vor 1945 auch ⟨Ѫ⟩.

Lit.: A. LESKIEN [1871]: Handbuch der altbulgarisch (altkirchenslawischen) Sprache. Weimar. (9. Aufl. 1969). – L. BEAULIEUX/S. MLADENOV [1933]: Grammaire de la langue bulgare. Paris. – W. HILLMAR/E. G. KARVANBASIEVA (eds.) [1990]: Lehrbuch der bulgarischen Sprache. 2. Aufl. Leipzig.

Burmesisch →Birmanisch.

Burushaski. →Isolierte Sprache in Kaschmir mit ca. 30000 Sprechern. Die Sprache besitzt 4 Genera, 2 Numeri, reiche Morphologie, SOV-Wortstellung.

Lit.: D. LORIMER [1935]: The Burushaski language. Oslo. – H. BERGER [1974]: Das Yasin-Burushaski (Werchikwar). Wiesbaden.

Caddo. Sprachfamilie Nordamerikas mit 4 Sprachen (jeweils weniger als 200 Sprecher), die mit →Siouanisch und →Irokesisch zum Makro-Siouanischen Sprachstamm gerechnet wird.

Lit.: W. L. CHAFE [1979]: Caddoan. In: L. CAMPBELL/M. MITHUN (eds.): The languages of native America. Austin.

Cakchiquel →Maya-Sprachen.

Calque →Lehnprägung.

Captatio Benevolentiae [lat. ›Erlangung von Wohlwollen‹]. →Rhetorische Figur der Pragmatik: Appell an das Wohlwollen des Lesers oder Zuhörers, z.B. durch betonte Bescheidenheit. Als →Topos findet sich die C. B. besonders in Redeeinleitungen.

Lit.: →Rhetorische Figur.

Cartesianische Linguistik [*Cartesius* = latinisierter Name von DESCARTES]. Bezeichnung von N. CHOMSKY für jegliche an dem frz. Philosophen R. DESCARTES (1598–1650), der Schule der →Grammatik von Port Royal, J. G. HERDER und W. v. HUMBOLDT orientierte (rationalistische) Sprachauffassung, wie sie seinem Modell der generativen →Transformationsgrammatik zugrunde liegt (vgl. →Rationalismus). Die C. L., die hinsichtlich der kognitiven (speziell der sprachlichen) Entwicklung des Menschen von »angeborenen Ideen« ausgeht, steht im Gegensatz zu empiristischer Sprachauffassung, die die sinnliche Wahrnehmung (also Erfolg und Lernen) als Quelle jeglicher Erkenntnis postuliert. Zur Kritik an CHOMSKYS Rückgriff auf den Rationalismus vgl. E. BENSE.

Lit.: N. CHOMSKY [1966]: Cartesian linguistics. New York. Dt.: Cartesianische Linguistik. Tübingen 1971. – E. BENSE [1973]: Mentalismus in der Sprachtheorie Noam Chomskys. Kronberg. – I. MARKOVA [1982]: Paradigms, thought, and language. Chichester. →Mentalismus.

Cartesisches Produkt →Menge.

Casus Obliquus [lat. *oblīquus* ›schräg‹]. Bezeichnung für die (vom Verb abhängigen) Kasus →Genitiv, →Dativ, →Akkusativ, →Vokativ, →Ablativ. Vgl. zum Unterschied →Casus Rectus.

Casus Rectus [lat. *rēctus* ›gerade‹]. Aus dem Griech. übernommene Bezeichnung für den Kasus →Nominativ: griech. *ptósis orthḗ* ›aufrechter‹ Kasus bezieht sich auf das Bild eines aufrecht stehenden Stabes, der in verschiedenen Graden gebeugt, d.h. flektiert wird. Vgl. →Casus Obliquus.

Categorial Unification Grammar [Abk.: CUG; engl., ›Kategoriale Unifikationsgrammatik‹]. Oberbegriff für Grammatikmodelle, in denen die syntaktische Theorie der →Kategorialgrammatik (KG) mit den Repräsentationsmethoden der →Unifikationsgrammatik realisiert wird. Die einfachen und abgeleiteten syntaktischen Kategorien der Kategorialgrammatik sowie ihre Kombinationsregeln lassen sich als Merkmalstrukturen kodieren (vgl. USZKOREIT [1986]). Die Anwendung der Kombinationsregeln geschieht mithilfe der Merkmalsunifikation. Die von CALDER/KLEIN/ZEEVAT [1988] entwickelte Version der CUG, die *Unification Categorial Grammar* (Abk.: UCG), verbindet eine kategoriale Syntax mit einer kompositionellen Semantik auf der Basis der →Diskursrepräsentationstheorie. – Eine andere Version, in der die Komplemente einer Kopfkategorie die kategorialgrammatischen Funktoren und die Kopfkategorien die →Argumente sind, wurde von KARTTUNEN [1986] vorgeschlagen und zur Beschreibung der Wortstellungsvariation im Finnischen verwendet. – CUG-Formalismen wurden für die Implementierung mehrerer experimenteller computerlinguistischer Programmsysteme herangezogen. →Computerlinguistik.

Lit.: L. KARTTUNEN [1986]: Radical Lexicalism. (CSLI Report 86-68). Stanford, Ca. – H. USZKOREIT [1986]: Categorial Unification Grammars. In: COLING 86. Bonn, S. 187-194. – J. CALDER/E. KLEIN/H. ZEEVAT [1988]: Unification Categorial Grammar: A concise, extendable grammar for natural language processing. In: COLING 88. Budapest, Bd. 1, S. 83-86.

Cebuano →Austronesisch.

Čechisch →Tschechisch.

Cedille [span. *zedilla* ›kleines z‹]. →Diakritisches Zeichen: Aus dem griech. ζ (*zēta*) hervorgegangenes komma-ähnliches, nach links geöffnetes Häkchen, das als Subskript unter lat. Buchstaben in unterschiedlichen Funktionen erscheint: Zusammen mit *c*, unter dem die C. steht, entspricht sie im Frz. [s] oder /s/ vor dunklen Vokalen *a*, *o*, *u*, vgl. *garçon* ›Knabe‹; im Rumän. dient die C. der Unterscheidung von *ţ* [ts], *ş* [ʃ] gegenüber *t* [t], *s* [s], im Lett. bezeichnet sie →Palatalisierung.

Cercle Linguistique de Copenhague →Kopenhagener Linguistenkreis.

Charakteristische Funktion. Spezieller Typ von →Funktion: Gegeben seien zwei Mengen A und B, wobei B eine Teilmenge von A bildet. Die C. F. von B schreibt aus einer dritten Menge C, die nur die Elemente ›wahr‹ und ›falsch‹ (bzw. 1 und 0) enthält, jedem Element x aus A genau dann den Wert ›wahr‹ (bzw. 1) zu, wenn x ein Element von B ist. Vgl. als Menge A die Menge aller →Phoneme des Dt., als Menge B die Menge aller Vokale des Dt. Die C. F. gibt an, welche Phoneme aus A Vokale des Dt. sind. Im Rahmen der →Kategorialgrammatik bzw. →Modelltheoretischen Semantik entspricht die C. F. der →Extension des Prädikats.

Lit.: →Formale Logik, →Kategorialgrammatik.

Chari-Nil-Sprachen. Sprachfamilie Afrikas, von J. H. GREENBERG [1966] als Zweig der →Nilo-Saharanischen Sprachen analysiert. Folgende Untergruppen sind zu unterscheiden: die Ost-Sudanischen Sprachen (mit 9 Zweigen, u.a. Nubisch und Nilotisch), die Zentral-Sudanischen Sprachen und einige Einzelsprachen. Größte Sprachen sind Dinka (2,7 Mio. Sprecher) und Nubisch (2 Mio. Sprecher) im Sudan, Luo (2,2 Mio. Sprecher) und Kalenjin (2 Mio. Sprecher) in Kenya, Turkana (1,5 Mio. Sprecher) in Uganda und Kenya. Die Forschungsgeschichte verlief recht konfliktreich, da von Forschern wie F. MÜLLER (1877) und C. MEINHOF (1912) aus meist kulturanthropologischen Gründen einige Sprachen als »hamitisch« angesehen wurden (→Afro-Asiatisch). Wesentliche Beiträge gehen auf R. LEPSIUS (1880), D. WESTERMANN (1935), O. KÖHLER (1955) und A. N. TUCKER/M. A. BRYAN (1956) zurück. – Sprachliche Kennzeichen der ziemlich unterschiedlichen Sprachen: Fehlen der für die benachbarten →Bantusprachen typischen →Nominalklassen; vereinzelt Entwicklung von Genussystemen (z.B. im Maasai Maskulin und Feminin); durchgehend wird Singular und Plural am Nomen unterschieden. Alte Schriftzeugnisse aus dem Nubischen (8. Jh.).

Lit.: F. ROTTLAND [1982]: Die südnilotischen Sprachen. Beschreibung, Vergleichung und Rekonstruktion. Berlin. – R. VOSSEN [1982]: The Eastern Nilotes, linguistic and historical reconstructions. Berlin. – G. J. DIMMENDAAL [1983]: The Turkana language. Dordrecht. →Nilo-Saharanisch.

Chart [engl., ›Tabelle‹, ›Diagramm‹]. Bei →Parsing häufig verwendete Darstellungsform zur ökonomischen und redundanzfreien Repräsentation aller möglichen syntaktischen Repräsentationen der wohlgeformten Teilketten eines Satzes. Da Sätze der natürlichen Sprache neben eindeutig bestimmbaren Konstituenten häufig strukturell mehrdeutige Wortketten aufweisen, kann oft erst zu einem (relativ) späten Zeitpunkt der Analyse entschieden werden, welche der möglichen Strukturen einer Wortkette für die Interpretation zutrifft (→Ambiguität). Damit bei mehrfachen Analyse-Durchläufen (engl. *backtracking*) bereits Erkanntes nicht jedesmal neu analysiert werden muß, werden alle gewonnenen Teilerkenntnisse in die C. eingetragen, von wo sie beliebig oft und in beliebiger Kombination abgerufen werden können. – Man kann sich eine C. vereinfachend als eine Zusammenstellung aller möglichen Strukturbäume eines Satzes vorstellen, in der gleiche Teilbäume der verschiedenen Strukturbäume jeweils nur einmal repräsentiert sind.

Lit.: M. KAY [1967]: Experiments with a powerful parser. In: AJCL. Microfiche 43. – R. KAPLAN [1970]: The mind system. A grammar rule language. Santa Monica. – M. KAY [1980]: Algorithmic schemata and data structures in syntactic processing. Stockholm. – G. B. VARILE [1983]: Charts. A data structure for parsing. In: M. KING (ed.): Parsing natural language. London, S. 73–87. →Computerlinguistik.

Cherokee →Irokesisch.

Chiasmus [griech. *chiasmós* ›Überkreuzung‹, nach dem griech. Buchstaben X ›chi‹]. →Rhetorische Figur der syntaktischen Wiederholung: Überkreuzstellung entsprechender Glieder in zwei koordinierten, syntaktisch ähnlich konstruierten Sätzen oder Phrasen. Der Ch. dient häufig als syntaktische Form der →Antithese, z.B. *Die Stadt ist groß, und klein ist das Gehalt* (KÄSTNER); *die in ihr arbeiten, erwerben nicht, und die in ihr erwerben, arbeiten nicht* (MARX). Vgl. →Parallelismus.

Lit.: →Rhetorische Figur.

Chibcha-Paez. Sprachstamm von ca. 40 Sprachen (mit ca. 0,4 Mio. Sprechern) in Zentralamerika und im nordwestlichen Südamerika. Verwandtschaft mit den Paez-Sprachen wird diskutiert. Größte Sprachen sind

Guaymí in Panama (65000 Sprecher) und Páez in Kolumbien (60000 Sprecher). Spezifische Kennzeichen: Relativ einfache Lautsysteme; Tendenz zu →Polysynthese und →Deskriptivität; vereinzelt Numeral-Klassifikation, Nominalklassen und Verbklassifikation in der südlichen Sprache Itonama. Eine Eigentümlichkeit des Satzbaus ist die Markierung des Subjekts von Präteritalsätzen mit Genitiv. Wortstellung: meist SVO. (Vgl. Sprachenkarten Nr. 3 und 11).

Lit.: →Südamerikanische Sprachen.

Chinesisch. Größte →Sino-Tibetanische Sprache, eigentlich eine Gruppe von mindestens sechs Sprachen: Mandarin (in der Form Putonghua Staatssprache der Volksrepublik China, als Guoyu Staatssprache Taiwans, mit 613 Mio. Sprechern die sprecherreichste Sprache überhaupt), Wu (am Jangtse, 84 Mio. Sprecher), Yue (in Südchina, mit Kantonesisch, 54 Mio. Sprecher), Min (Taiwan und vorgelagerte Küste, 77 Mio. Sprecher), Kan-Hakka (Südchina, 67 Mio. Sprecher), Hsiang (Hunan, 49 Mio. Sprecher). – Die Anfänge des ideographischen Schriftsystems liegen 4000 Jahre zurück; die ch. Schrift ist somit die älteste heute noch verwendete Schrift. – Spezifische Kennzeichen: Es handelt sich durchweg um →Tonsprachen (Mandarin: 4 Töne: hoch, steigend, fallend-steigend, fallend; Kantonesisch: 9 Töne) mit teilweise komplexem Ton-→Sandhi (Tonkombinationsregeln). Einfache Silbenstruktur. Morphologie: keine Flexion, aber häufig Derivation und Komposition; im Unterschied zum klassischen Ch. ist das moderne Ch. keine strikt isolierende Sprache. Beispiel für Komposition: *fù mǔ* ›Vater-Mutter‹ = ›Eltern‹; *zhěn-tóu* ›ruhen-Kopf‹ = ›Kissen‹. Nominalsyntax: Kein Numerus, keine Artikel. Es handelt sich um eine →Klassifikator-Sprache. Wortstellung: →Topik vs. Prädikation; die Stellung des Objekts hängt u.a. von der →Definitheit ab. →Serialverb-Konstruktionen sind häufig, wobei bestimmte Verben die Funktion von Präpositionen übernehmen. (Vgl. Sprachenkarte Nr. 10).

Lit.: P. KRATOCHVIL [1968]: The Chinese language today. London. – Y.-R. CHAO [1968]: A grammar of spoken Chinese. Berkeley. – H. HENNE u.a. [1977]: A handbook on Chinese language structure. Oslo. – C. N. LI/S. THOMPSON [1981]: Mandarin Chinese: A functional reference grammar. Berkeley. – D. CHIEN (ed.) [1986]: Lexicography in China: A bibliography of dictionaries and related subjects. Exeter. – S. R. RAMSEY [1987]: The languages of China. Princeton. – J. NORMAN [1988]: Chinese. Cambridge.

Chinesische Schrift. Logographische Schrift, deren Anfänge auf das frühe 2. Jt. v. Chr. zurückgehen und noch heute für das →Chinesische (und teilweise das →Japanische) verwendet wird. Typischerweise besteht ein Zeichen aus zwei Teilen, einem sogen. »Radikal«, das einen Bedeutungsbereich angibt, und dem Rest, der Hinweise für die phonetische Realisierung enthält. Die insgesamt 214 Radikale dienen auch zur lexikographischen Ordnung der Zeichen. Insgesamt gibt es über 40000 Zeichen, wobei jedoch weniger als 10000 für nahezu alle Zwecke ausreichen.

Lit.: →Chinesisch, →Schrift.

Chocktaw →Muskogisch.

Chomsky-Adjunktion. Spezialfall der →Adjunktion(stransformation), bei der die zu adjungierende Konstituente *B* so an eine Position *A* des Strukturbaumes bewegt wird, daß der Knoten *A* verdoppelt wird und *B* zugleich →Schwester von *A* und →Tochter des zusätzlich über *A* neu hinzugefügten Knotens der gleichen Kategorie *A* ist; d.h. die adjungierte Konstituente ist Schwester und Tochter einer Konstituente, welche durch die Adjunktion in zwei »Segmente« geteilt wird.

Lit.: →Transformationsgrammatik.

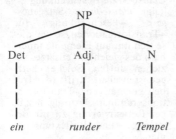

ein   runder   Tempel

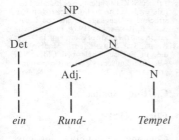

ein   Rund-   Tempel

Chomsky-Hierarchie →Generative Kapazität.

Chunk(ing) [engl. *chunk* ›Klumpen‹]. Von MILLER/SELFRIDGE [1950] und MILLER [1956] in die →Gedächtnis-Forschung eingeführter Terminus zur Bezeichnung der (individuell unterschiedlichen) Segmentierung und Bündelung von Informationseinheiten. Aufgrund solcher von persönlicher Erfahrung bzw. Sachkompetenz abhängiger Schematisierung von Wissen wird die Beobachtung plausibel, daß die Fähigkeit zur Speicherung von Informationen variabel ist: ein versierter Schachspieler wird die Positionen einer (nur kurz vor Augen geführten) bestimmten Spielphase vollständiger wiedergeben können als ein Laie, da der Schachspieler seine Regelbeherrschung zum *chunking* (zur Strukturierung der Spielfeld-Information) einsetzen kann.

Lit.: G. A. MILLER / J. A. SELFRIDGE [1950]: Verbal context and the recall of meaningful material. In: American Journal of Psychology 63, S. 176–185. – G. A. MILLER [1956]: The magical number seven, plus or minus two: Some limits on our capacity for processing information. In: Psychological Review 63, S. 81–97. →Verständlichkeit.

Circonstant [frz. *circonstant* ›Umstand‹. – Auch: →Adverbial, Adverbial-Bestimmung, →Angabe, Umstandsbestimmung]. Terminus aus dem Syntaxmodell der →Dependenzgrammatik von L. TESNIÈRE: C. spezifizieren die Umstände wie Zeit, Ort und Art und Weise der Handlung und sind im Dt., Engl. und Frz. durch Adverbien bzw. deren Äquivalente realisiert. Im Unterschied zu der durch die →Valenz des Verbs geforderten und begrenzten Zahl von →Aktanten sind die C. trotz ihrer Abhängigkeit vom Verb sowohl fakultativ als auch potentiell unbegrenzt. Zur Kritik an der Dichotomie »Actant vs. Circonstant« sowie zu ihrer Übertragung auf das Dt. vgl. →Dependenzgrammatik, →Valenz.

Lit.: →Dependenzgrammatik.

C-Kommando [Abk. für engl. *c(onstituent)-command*. – Auch: K-Herrschaft]. Neben phrasenstrukturellen Begriffen wie →Dominanz und →Maximale Projektion wichtigster universeller strukturbezogener Begriff der generativen →Transformationsgrammatik: Eine Konstituente X c-kommandiert eine von X verschiedene Konstituente Y dann und nur dann, wenn (a) der erste verzweigende Knoten über X auch Y dominiert, (b) X nicht Y dominiert und (c) Y nicht X dominiert. Beispiel: In der Präpositionalphrase (PP) *in dem Buch* = [Präp + NP]$_{PP}$ c-kommandiert die Präposition die folgende Nominalphrase *dem Buch* und deren Teile; *dem* c-kommandiert nur *Buch*, jedoch nicht *in*. Dieser von T. REINHART [1976] definierte Begriff unterscheidet sich von früheren Varianten darin, daß zur Bestimmung des C-Kommando-Bereiches einer Kategorie nur auf die Konstituentenstruktur, nicht aber auf bestimmte Kategorien wie S oder NP Bezug genommen wird; vgl. zu früheren Varianten →Clause-Mate-Beschränkung, zu späteren Varianten auch CHOMSKY [1981], REINHART [1983] und CHOMSKY [1986]. Es läßt sich zeigen, daß der Begriff des C-Kommandos in den verschiedensten Modu-

len der Grammatiktheorie eine zentrale Rolle spielt, so in der →Bindungstheorie, der Theorie der →Rektion, des Quantorenskopus u.a.m.

Lit.: T. REINHART [1976]: The syntactic domain of anaphora. Cambridge, Mass. (MIT-Diss.) – A. RADFORD [1981]: Transformational syntax. 2. erw. Aufl. Cambridge 1988. – N. CHOMSKY [1981]: Lectures on government and binding. Dordrecht. – T. REINHART [1983]: Anaphora and semantic interpretation. London. – J. AOUN/D. SPORTICHE [1983]: On the formal theory of government. In: LR 2, S. 211–236. – N. CHOMSKY [1986]: Knowledge of language: Its nature, origin and use. New York. – G. GREWENDORF/F. HAMM/W. STERNEFELD [1987]: Sprachliches Wissen. Frankfurt, Kap. 4.

Clause [engl., ›Teilsatz‹] →Phrase.

Clause-Mate-Beschränkung [engl. *clause-mate* ›Satzgenosse‹]. →Beschränkung für →Transformationen, so daß diese sich nur auf Elemente innerhalb des gleichen Teilsatzes beziehen dürfen. Solche »Satzgenossenschaft« trifft (der frühen generativen →Transformationsgrammatik zufolge) z.B. bei Reflexivierung zu für Bezugswort und Reflexivpronomen.

Lit.: E. S. KLIMA [1964]: Negation in English. In: J. A. FODOR/J. J. KATZ (eds.): The structure of language. Englewood Cliffs, N.J. – R. LANGACKER [1969]: Pronominalization and the chain of command. In: D. A. REIBEL/S. A. SCHANE (eds.): Modern studies in English. Englewood Cliffs, N.J. →Beschränkungen, →Transformationsgrammatik.

Clefting →Spaltsatz.

Click →Klick.

Cockney [mengl. *cokenay* ›Hahnenei‹]. In der Londoner City gesprochene dialektale Variante des Englischen. Der

Name bezog sich ursprünglich als Spitzname auf den verweichlichten Londoner Städter.

Lit.: B. A. MACKENZIE [1928]: The early london dialect. Oxford. – R. W. CHAMBERS/M. DAUNT [1931]: A book of london English. London. – W. MATTHEWS [1938]: Cockney, past and present. London. →Englisch.

Code →Kode.

Code-switching [engl., ›Kode-Wechsel‹]. Wechsel zwischen verschiedenen Sprachvarietäten bei bilingualen bzw. multilingualen Sprechern je nach Erfordernissen der Kommunikationssituation, wobei hauptsächlich der situative Formalitätsgrad ausschlaggebend ist für die Wahl einer spezifischen Varietät; vgl. →Bilingualismus, →Domäne, →Diglossie, →Multilingualismus. Die durch die Bindung bestimmter Varietäten an bestimmte Situationstypen gegebene soziale Wertigkeit (soziale Bedeutung bzw. Konnotationen) einzelner Varietäten wird konversationell eingesetzt: Sie dient dazu, auch innerhalb eines äußerlich gleichbleibenden Situationstyps durch die Verwendung differierender Varietäten unterschiedliche Kontexte herzustellen (→Kontextualisierung), vgl. etwa die Kontextualisierung von »Informalität« innerhalb formeller Situationen, den Ausdruck unterschiedlicher Beziehungstypen einzelner Gesprächsteilnehmer zueinander (z.B. ein Gespräch zwischen Bekannten und Fremden, in dem die Bekannten untereinander Dialekt, zu den Fremden jedoch Standardsprache sprechen), Hinweise zur Unterscheidung von Ironie vs. Ernsthaftigkeit, von Hinter-grundinformation vs. »eigentlichem« Anliegen.

Lit.: J.-P. BLOM/J. J. GUMPERZ [1972]: Social meaning in linguistic structure: code switching in Norway. In: J. J. GUMPERZ/D. HYMES (eds.) [1972]: Directions in sociolinguistics. The ethnography of communication. New York. S. 407–434. – J. J. GUMPERZ [1976]: The sociolinguistic significance of conversational code-switching. In: J. J. GUMPERZ/J. COOK-GUMPERZ (eds.) [1976]: Papers on language and context. Berkeley (= Working paper No. 46.) – J. J. GUMPERZ [1978]: Dialect and conversational inference in urban communication. In: Language in Society 7, S. 393–409. – J. J. GUMPERZ [1982]: Discourse strategies. Cambridge.

Cognitive Grammar [lat. *cōgnitiō* ›Bekanntschaft‹, ›Erkenntnis‹]. C. G. versucht eine Sprachbeschreibung, deren Ausgangspunkt Erkenntnisse über kognitive Verarbeitung sind. Grammatik ist dann kein autonomes System mehr, sondern dient der Strukturierung und Symbolisierung von begrifflichem Inhalt. Lexikalische, morphologische und syntaktische Einheiten sind allesamt symbolische Einheiten und nur relativ beliebig verschiedenen Komponenten zuzuordnen. Bedeutung wird mit Konzeptualisierung gleichgesetzt, wobei sich semantische Strukturen nur bzgl. elementarer kognitiver Bereiche, wie z.B. der Erfahrung von Zeit und Raum, charakterisieren lassen. Aufgabe des Linguisten ist insbesondere die Ermittlung der Möglichkeiten einer unterschiedlichen sprachlichen Strukturierung bestimmter perzeptuell/konzeptuell vorgegebener Situationen.

Lit.: R. W. LANGACKER [1986]: An introduction to cognitive grammar. In: Cognitive Science 10, S. 1–40. – R. W. LANGACKER [1987]: Foundations of cognitive grammar. Stanford. – B. RUDZKA-OSTYN (ed.)

[1988]: Topics in cognitive linguistics. Amsterdam.

Comment [engl., ›Kommentar‹, ›Stellungnahme‹. - Auch: →Fokus, Rhema]. Aus dem Engl. übernommene Bezeichnung für Kommentar bzw. →Rhema. Unter semantischem Aspekt bezieht sich C. auf den Teil einer Äußerung, der die neue Information enthält; unter syntaktischem Aspekt handelt es sich bei unmarkierter Wortfolge um das Prädikat des Satzes, während das Subjekt als »Topik« (kontextuell gebundene bzw. vorerwähnte) bezeichnet wird. Der C. läßt sich auch über den Fragetest bestimmen, denn dort zielt der →Skopus (›Bereich‹) der Frage auf den Fokus im entsprechenden Aussagesatz der natürlichen (unmarkierten) Antwort, d.h. auf die neue (daher zu erfragende) Information, vgl. *Was hat Nina sich gekauft? - Ein Pferd (hat Nina sich gekauft).*

Lit.: →Thema vs. Rhema, →Topik vs. Prädikation.

Commonsense   Reasoning. [engl., ›Schließen auf der Basis von Alltagswissen‹]. Innerhalb der →Künstlichen Intelligenz und →Computerlinguistik spielt die Repräsentation von Alltagswissen eine wichtige Rolle. Die Grundannahme der KI-Sprachverarbeitung besteht darin, daß Wissen über die Welt eine unbedingte Voraussetzung für das Verstehen und Produzieren natürlichsprachlicher Texte ist. Die besonderen Probleme der Rekonstruktion des »natürlichen Schlußverhaltens« bestehen in der Modellierung grundlegender Aspekte wie Zeit, Raum, Kausalität u.ä., und zwar in einer Form, die dem Alltagswissen über diese Aspekte Rechnung trägt. Aus diesem Grund ist es nicht adäquat, ausschließlich naturwissenschaftliche Theorien über das Wesen von Raum und Zeit zu berücksichtigen. In der →Partnermodellierung muß ebenfalls den Alltagsvorstellungen über diese Bereiche Rechnung getragen werden.

Lit.: J. HOBBS/R. MOORE (eds.) [1985]: Formal theories of the commonsense world. Norwood, N. J.

Communia →Nomen Communis.

Compiler [engl. *to compile* ›zusammenstellen‹]. Computerprogramm, das eine höhere →Programmiersprache (z.B. FORTRAN oder PASCAL) aus einer (problemorientierten) Notationskonvention in eine äquivalente maschinenorientierte Notationskonvention übersetzt. Die Ausgangssprache wird als »Quellcode«, die generierte →Maschinensprache als »Objektcode« bezeichnet. Während →Interpreter das Programm im Übersetzungsprozeß sofort ausführen, übersetzen C. zunächst den ganzen Quellcode, bevor einzelne Operationen durchgeführt werden.

Lit.: A. V. AHO/R. SETHI/J. D. ULLMAN [1985]: Compilers. Reading, Mass. →Computerlinguistik.

Complementizer [engl. ›Ergänzer‹. Abk.: COMP. - Auch: Subordinator, Komplementierer]. Von P. S. ROSENBAUM [1967] eingeführter Terminus zur Bezeichnung einer kleinen Menge grammatischer Elemente wie nebensatzeinleitende Konjunktionen (im Dt. u.a. *daß, ob, um (... zu), weil*), die die spezifische Funktion von eingebetteten satzmäßigen Strukturen (= →Komplemente) anzeigen, vgl. *um* und *daß* in: *Philip nahm Urlaub, um nach Belgien zu fahren* (= Konjunktionalsatz) bzw. *Philip wünschte sich, daß Caroline ihn begleitet* (= Objektsatz). Die Abk. COMP bezeichnet einen Knoten im Strukturbaum, der die Position für die lexikalische Einsetzung des C. angibt, vgl. →COMP-Position. Dieser Knoten geht im Dt. und Engl. unmittelbar der Subjektposition voran: [[$_{COMP}$*daß*] [$_S$*Caroline ihn begleitet*]]; er kann nicht nur durch C. gefüllt werden, sondern in Nebensätzen auch durch ein Frage- oder Relativpronomen (*ich weiß,* [[$_{COMP}$*wen*] [$_S$*Caroline begleitet*]]), in Hauptsätzen möglicherweise auch durch das finite Verb und ein weiteres Satzglied: [[$_{COMP}$*morgen will*] [*Caroline mich begleiten*]]. Zu dieser Verwendung des COMP-Knotens als sogen. »Positionskategorie« siehe REIS [1985] und v. STECHOW/STERNEFELD [1988]: Kap. II; vgl. auch CHOMSKY [1970].

Lit.: P. S. ROSENBAUM [1967]: The grammar of English predicate complement constructions. Cambridge, Mass. - J. W. BRESNAN [1970]: On complementizers: Toward a syntactic theory of complement types. In: FL 6, S. 149-167. - N. CHOMSKY [1970]: Remarks on nominalization. In: R. A. JACOBS/P. S. ROSENBAUM (eds.): Readings in English transformational grammar. Waltham, Mass., S. 170-221. Dt.: N. CHOMSKY: Studien zu Fragen der Semantik. Frankfurt 1978. - T. REINHART [1981]: A second COMP-position. In: A. BELLETTI/L. BRANDI/L. Rizzi (eds.): Theory of markedness in generative grammar. - J. BAYER [1983/84]: COMP in Bavarian syntax. In: LRev 3.3, S. 209-274. - M. REIS [1985]: Satzeinleitende Strukturen im Deutschen. Über COMP, Haupt- und Nebensätze, W-Bewegung und die Doppelkopfanalyse. In: W. ABRAHAM (ed.): Erklärende Syntax des Deutschen. Tübingen. - H. HAIDER [1986]: V-second in German. In: H. HAIDER/M. PRINZHORN (eds.): Verb second phenomena in Germanic Languages. Dordrecht, S. 49-76. - A. v. STECHOW/W. STERNEFELD [1988]: Bausteine syntaktischen Wissens. Opladen. →Komplementierung, →Transformationsgrammatik.

COMP-Position [Abk. von →Complementizer]. Bezeichnung für eine Position im Strukturbaum, die den →Complementizer oder andere, in satzinitiale Position gebrachte Elemente enthalten kann. Innerhalb der →Revidierten Erweiterten Standardtheorie wurde gezeigt, daß die C. als »Fluchtposition« (engl. *escape hatch*) für Bewegungstransformationen dient, indem zunächst in die C. eines eingebetteten und in einem zweiten Schritt in die C. des eingebetteten Satzes bewegt wird. Diese Aufteilung einer »langen« Bewegung in kürzere Bewegungen ermöglicht es, Lokalitätsbeschränkungen scheinbar zu umgehen; so z.B. in *Who* [$_S$*do you think* [t [$_S$*John loves* t]]], wo nur scheinbar das →Subjazenz-Prinzip verletzt wird: Die Bewegung des Objektes erfolgt in zwei Schritten über die C., wobei in jedem einzelnen Schritt die Subjazenzbedingung erfüllt ist.

Lit.: →Complementizer, →Subjazenz.

Computergestützte Übersetzung →Maschinelle Übersetzung.

Computerlinguistik [Auch: Automatische Sprachbearbeitung, Informationslinguistik, Linguistische Datenverarbeitung, Linguistische Informationswissenschaft, Maschinelle Sprachverarbeitung, Prozedurale Linguistik, Sprachdatenverarbeitung]. Disziplin zwischen Linguistik und (angewandter) Informatik, die sich mit der maschinellen Verarbeitung natürlicher Sprachen (auf allen Beschreibungsebenen) befaßt. Forschungsschwerpunkte: (a) Entwicklung von Formalismen zur präzisen und maschinell interpretierbaren Repräsentation linguistischer Erkenntnisse bzw. Modelle (→Definite-Clause-Grammar, →Wissensrepräsentation); (b) Entwicklung von Analyse- und Generierungsverfahren für natürlich-sprachliche Texte (→Parsing, →Maschinelle Übersetzung, Sprachgenerierung); (c) Modelle zur Simulierung sprachlichen Verhaltens (z.B. für Dialogstrategien, Frage-Antwort-Systeme); (d) Werkbanken für Grammatikmodelle u.ä., die das Austesten von Regel(system)en ermöglichen, und (e) Programme zur Sammlung und statistischen Auswertung großer Mengen von Sprachdaten, z.B. für automatische Lemmatisierung (Zuweisung von Wortformen zu den jeweiligen Lexemen), zur Erstellung von Häufigkeitswortlisten, für die automatische Indexierung nach bestimmten Stichwörtern, zur Erstellung von Konkordanzen (Wortlisten mit Kontext). - Zur Ausbildungssituation in C. vgl. COHEN [1986], EVANS [1986].

Lit.: R. RATH [1971]: Probleme der automatischen Lemmatisierung. In: ZPSK 24, S. 409–425. - P. EISENBERG [1980]: Computerlinguistik. In: LGL Nr. 99. - S. HOKKEY [1980]: A guide to computer applications in the humanities. Baltimore. - R. SCHANK/C. RIESBECK [1981]: Inside computer understanding. Hillsdale. - H. TENNANT [1981]: Natural language processing. New York. - I. BÁTORI/J. KRAUSE/H. D. LUTZ (eds.)[1982]: Linguistische Datenverarbeitung. Tübingen. - G. SALTON/M. J. McGILL [1983]: Introduction to modern information retrieval. New York. - T. WINOGRAD [1983]: Language as a cognitive process. Bd. 1: Syntax. Reading, Mass. - J. AARTS/W. MEIJS (eds.) [1984]: Corpus linguistics: Recent developments in the use of computer corpora in English language research. 2 Bde. Amsterdam. - K. GÄRTNER/ P. KÜHN [1984]: Indices und Konkordanzen zu historischen Texten des Deutschen. In: HSK 2.1, S. 620–641. - J. AARTS/T. VAN DEN HEUVEL [1985]: Computational tools for the syntactic analysis of corpora. In: Linguistics S. 303–335. - C. BUTLER [1985]: Computers in linguistics. Oxford. - G. GAZDAR (ed.) [1985]: Computational tools for doing linguistics. In: Linguistics 23, S.185-187. - R. COHEN [1986]: Survey of computational linguistics courses. In: CL 12 (Course Survey Supplement). - M. EVANS [1986]: Directory of graduate programs in computational linguistics. 2. Aufl. In: CL 12 (Graduate Directory Supplement). - R. GRISHMAN [1986]: Computational linguistics: An introduction. Cambridge. - B. GROSZ/K. SPARCK-JONES/B. L. WEBBER (eds.) [1986]: Readings in natural language processing. Los Altos. - R. KUHLEN (ed.) [1986]: Informationslinguistik. Tübingen. - P. WHITELOCK u.a. [1989]: Linguistic theory and computer applications. New York.
Zeitschriften: American Journal of Computational Linguistics (AJCL) (seit 1974, seit 1984: Computational Linguistics (CL)); Association for Literary and Linguistic Computing (ALLC) Bulletin (ab 1986: Literary and Linguistic Computing); Computers and the Humanities; LDV-Forum; Sprache und Datenverarbeitung.
Forschungsbericht: W. LENDERS [1980]: Linguistische Datenverarbeitung - Stand der Forschung. In: DS 8, S. 213–264. - P.-K. HALVORSEN [1988]: Computer application of linguistic theory. In: LCS 2, S. 187–219.
Handbücher/Lexika: I. S. BÁTORI/W. LENDERS/W. PUTSCHKE (eds.) [1989]: Computational linguistics/Computerlinguistik (= HSK 4) Berlin.

Computersprache →Maschinensprache.

Concessio [lat. ›Zugeständnis‹. Argumentative →Rhetorische Figur: scheinbares Zugeständnis des Sprechers, das anschließend wieder eingeschränkt oder durch Gegenargumente überboten wird.

Lit.: →Rhetorische Figur.

Consecutio Temporum [lat. ›Aufeinanderfolge der Zeiten‹; engl. *sequence of tenses.* – Auch: Zeitenfolge]. Geregelte Abfolge der Tempusstufen in komplexen Sätzen. Dieser »relative« Tempusgebrauch ist im Lat. strikt vorgeschrieben: Er verlangt im abhängigen Satz, wenn das absolut gebrauchte Verb des Hauptsatzes im Präsens steht, bei Gleichzeitigkeit des Geschehens Konjunktiv Präsens, bei Vorzeitigkeit Konjunktiv Perfekt und entsprechend Konjunktiv Präteritum bzw. Plusquamperfekt bei Präteritum im Hauptsatz. – Im Dt. herrscht strenge Zeitenfolge nur noch in konditionalen Satzgefügen (*Wenn er Lust hat, kommt er* vs. *Wenn er Lust hätte, käme er* vs. *Wenn er Lust gehabt hätte, wäre er gekommen*).

Constructio ad Sensum →Synesis.

Contoid vs. Vocoid [Hybride Bildung nach lat. *cōnsonāre* ›mittönen‹ bzw. *vōcālis* ›klingend‹ und griech. *eīdos* ›Form‹]. Von K. L. PIKE eingeführte Termini zur Differenzierung der mehrdeutigen Termini »Konsonant« bzw. »Vokal«. C. oder V. sind phonetisch definierte Sprachlaute, Konsonant oder Vokal phonetische Einheiten. So ist [r] in tschech. [strʃ prst skrz krk] ›Steck den Finger durch die Kehle‹ phonetisch ein C., phonologisch als Silbenträger ein Vokal.

Lit.: →Phonetik.

Contradictio In Adiecto [lat. ›Widerspruch im Hinzugefüg-

ten‹]. Bezeichnung der →Rhetorik für einen Widerspruch zwischen Substantiv und Attribut, z.B. *schwarzer Schimmel, altes Kind.* Als spezielle, in persuasiver Absicht (→Persuasiv) gebrauchte Argumentationsfigur dient die C.I.A. der Koppelung gegensätzlicher Begriffe, z.B. *militärische Befriedung, schleichende Inflation.* Die C.I.A. ist ein Sonderfall des →Oxymorons.

Cornisch →Keltisch.

Corpus [Pl. Corpora; lat. *corpus* ›Körper‹]. Endliche Menge von konkreten sprachlichen Äußerungen, die als empirische Grundlage für sprachwiss. Untersuchungen dienen. Stellenwert und Beschaffenheit des C. hängen weitgehend von den je spezifischen Fragestellungen und methodischen Voraussetzungen des theoretischen Rahmens der Untersuchung ab, wie sich z.B. an der unterschiedlichen Einschätzung empirischer Daten im →Strukturalismus und in der generativen →Transformationsgrammatik zeigt.

Lit.: R. QUIRK/J. SVARTVIK [1966]: Investigating linguistic acceptability. Den Haag. – S. GREENBAUM/R. QUIRK [1970]: Elicitation experiments in English: Linguistic studies in use and attitude. London. – G. LEECH [1970]: On the theory and practise of semantic testing. In: Lingua 24, S. 343–364. – R. M. KEMPSON/R. QUIRK [1971]: Controlled activation of latent contrast. In: Language 47, S. 548–572. – W. LABOV [1971]: Methodology. In: W. DINGWALL (ed.): A survey of linguistic science. College Park Md., S. 412–497. – G. SCHANK [1973]: Zur Korpus-Frage in der Linguistik. In: DSp, S. 16–26. – H. WEYDT [1975]: Das Problem der Sprachbeschreibung durch Simulation. In: B. SCHLIEBEN-LANGE: Sprachtheorie. Hamburg, S. 81–126. – H. ANDERSEN [1976]: Das Problem der Datenerhebung und der empirischen Bestätigung linguistischer Theorien. In: M. SCHECKER (ed.): Methodologie der Sprachwissenschaft. Hamburg. – H. Pilch [1976]: Empirical linguistics. Bern. – W.-D. Bald [1977]: Testmethoden und linguistische Theorie. Beispiel und Übungen zur linguistischen Methodologie. Tübingen. – H. Bergenholtz/B. Schaeder (eds.) [1979]: Empirische Textwissenschaft. Aufbau und Auswertung von Text-Corpora. Königstein. – H. Bergenholtz/J. Mugdan [1989]: Korpusproblematik in der Computerlinguistik. In: HSK 4, S. 141–149. →Feldforschung, →Operationale Verfahren.

Covered Category [engl. *to cover* ›zudecken‹]. Von B. L. Whorf eingeführter Terminus für eine begriffliche Kategorie, für die die jeweilige Sprache entweder überhaupt keine Formelemente bereitstellt oder nur solche für spezifische Anwendungssituationen. z.B. ist für das Engl. Intransitivität eine C. C. des ersten Typs, da intransitive Verben nur über das Nicht-Auftreten in bestimmten syntaktischen Konstruktionen (z.B. Passiv) charakterisierbar sind, während Genus eine C. C. des zweiten Typs ist, da Personalpronomina der 3. Person Singular Formelemente für bestimmte Anwendungssituationen darstellen. Was den lexikalischen Bereich angeht, so können Strukturierungen des Wortschatzes einer Sprache C. C. als »Lücken« aufdecken. So finden wir z.B. im Deutschen kein Adjektiv, das als Hyperonym für die Temperatur-Adjektive dienen könnte (→Hyperonymie).

Lit.: B. L. Whorf [1956]: Grammatical category. In: J. B. Carroll (ed.): Language, Thought and Reality. Selected writings of Benjamin Lee Whorf. New York, S. 87-101. – D. A. Cruse [1986]: Lexical semantics. Cambridge.

Covered vs. Non-covered. Binäre phonologische Opposition zur Beschreibung →Distinktiver Merkmale auf artikulatorischer Basis. Laute mit dem Merkmal [+ covered] werden durch verengte, gespannte Rachenräume bei angehobenem Kehlkopf produziert.

Lit.: →Distinktives Merkmal, →Phonologie.

Cranberry Morph [engl. *cranberry* ›Preiselbeere‹]. →Hapax legomena, →Pseudomorphem, →Unikales Morphem.

Cree →Algonkisch.

Crossover-Prinzip [engl. ›Überkreuzungsprinzip‹]. →Beschränkung von Transformationsregeln für den Fall, daß durch ihre Anwendung referenzidentische Konstituenten über Kreuz vertauscht würden, wie z.B. bei der Bewegung eines *W*-Elements in die →COMP-Position über ein ko-indiziertes Pronomen hinweg; so könnte die Frage *Wer$_i$ hat t$_i$ sich$_i$ gekratzt* nicht durch die semantisch gleich zu interpretierende Konstruktion **Wen$_i$ hat er$_i$ t$_i$ gekratzt* ausgedrückt werden, weil im zweiten (nicht aber im ersten) Fall eine ko-indizierte Subjektposition überkreuzt wird; vgl. auch *Luke$_i$ was difficult for me$_i$ to shave* t$_i$ vs. **Myself$_i$ was difficult for me$_i$ to shave* t$_i$. Entsprechend der geringeren oder stärkeren Ungrammatikalität wird unterschieden zwischen »schwachen« und »starken« Verletzungen des C. (engl. *weak* vs. *strong crossover*). So ist **Who$_i$ does his$_i$ mother like* t$_i$ (= *weak crossover*) deutlich akzeptabler als **Who$_i$ did he$_i$ like* t$_i$ oder **Who$_i$ did he$_i$ say Mary kissed* t$_i$ (= *strong crossover*). Die *Crossover*-Fälle stehen seit den frühen 70er Jahren im Zentrum des Interesses der generativen →Transformationsgrammatik. In der →GB-Theorie ist C. nur noch ein deskriptiver Terminus; die relevanten Fälle sollen durch allgemeinere Prinzipien und Parameter der syntaktischen Theorie erklärt werden. Vorschläge hierzu sind z.B. die Angleichung der involvierten leeren Kategorien an referentielle Ausdrücke, womit sie für die →Bindungstheorie einschlägig werden und somit zumindest die *strong-crossover*-Phänomene ausgeschlossen sind, da die leere Kategorie unerlaubt gebunden würde.

Lit.: P. POSTAL [1971]: Cross-over phenomena: A study in the grammar of coreference. New York. – T. WASOW [1972]: Anaphoric relations in English. Cambridge, Mass (MIT-Diss.). – T. WASOW [1975]: Anaphora in generative grammar. Gent. – N. CHOMSKY [1981]: Lectures on government and binding. Dordrecht. – R. FREIDIN/H. LASNIK [1981]: Disjoint reference and wh-trace. In: LIn 12. – H. V. RIEMSDIJK/E. WILLIAMS [1981]: NP-structure. In: LR 1, S. 171–217. – H. KOOPMAN/D. SPORTICHE [1982]: Variables and the bijection principle. In: LR 2, S. 139–161. – J. KOSTER [1982/83]: Enthalten syntaktische Repräsentationen Variablen? In: LBer 80, S. 70–100 und LBer 83, S. 36–60. – R. MAY [1985]: Logical form. Its structure and derivation. Cambridge, Mass. – I AOUN [1986]: Generalized binding. The syntax and logical form of wh-interrogatives. Dordrecht. – A. FARMER/K. HALE/N. TSUJIMURA [1988]: A note on weak crossover in Japanese. In: NLLT 4, S. 33–42.

Cuzco →Quechua.

Dänisch. Nordgerm. (skandinav.) Sprache mit ca. 5 Mio. Sprechern. Eigenständige Entwicklung einer d. Schriftsprache gegen 1500. Seit Einführung der Reformation (1536) bis zur Mitte des 19. Jh. ist D. zugleich Schriftsprache in Norwegen (→Norwegisch). 1948 erfolgreiche Durchführung einer Rechtschreibreform: Kleinschreibung aller Substantive mit Ausnahme von Eigennamen.

Lit.: P. DIDERICHSEN [1957]: Elementær dansk grammatik. Kopenhagen. – E. HAUGEN [1982]: Scandinavian language structures: A comparative historical survey. Tübingen.

Daghestan-Sprachen →Nordost-Kaukasisch.

Daisch →Kam-Tai.

Dakorumänisch →Rumänisch.

Dakota →Siouanisch.

Dardisch. Etwa 15 →Indo-Iranische Sprachen in Nordwest-Indien; wichtigste Einzelsprache ist das Kashmiri (3 Mio. Sprecher). Die Zuordnung der d. Sprachen zum →Indischen oder →Iranischen ist noch ungesichert, zumal alte Schriftdenkmäler für diese Sprachen fehlen.

Lit.: B. B. KACHRU [1969]: A reference grammar of Kashmiri. Urbana. – G. MORGENSTIERNE [1973]: Irano-Dardica. Wiesbaden. →Indo-Iranisch.

Darstellungsfunktion der Sprache [engl. *representational function of speech*]. Neben →Ausdrucksfunktion und →Appellfunktion eine der drei Funktionen des sprachlichen Zeichens in K. BÜHLERS →Organonmodell der Sprache. D. bezeichnet die Relation zwischen dem sprachlichen Zeichen und den Gegenständen und Sachverhalten, die es als »Symbol« darstellt.

Lit.: →Axiomatik der Sprachwissenschaft.

Daten vs. Fakten. Terminologische Unterscheidung von N. CHOMSKY, die vor dem Hintergrund der Unterscheidung →Kompetenz vs. Performanz zu sehen ist. »Daten« sind sprachliche Äußerungen jeglicher Form als Basis für linguistische Untersuchungen, »Fakten« hingegen die auf Grund der Analyse der Performanz-Daten gewonnenen inneren Regularitäten, die die →Kompetenz des idealen Sprecher-Hörers abbilden.

Lit.: →Transformationsgrammatik.

Daten- vs. Konzeptuell-gesteuerte Verarbeitung →Bottom-Up vs. Top-Down.

Dativ [lat. *datum* ›gegeben‹, Übersetzung von griech. *dotiké ptósis*, ›Fall, der das Geben betrifft‹. – Auch: Wemfall].
(1) Morphologischer Kasus, der im allgemeinen zur Kennzeichnung von →Indirekten Objekten dient. Hinsichtlich der Abhängigkeit vom Verb wird unterschieden zwischen notwendigem D. (bzw. indirektem Objekt) im engeren Sinne (auch: Zuwendgröße), dessen Fehlen als →Ellipse gewertet werden kann (*er gibt ihr etwas* vs. *er gibt*), und dem sogen. »freien« D. Beim letzteren differenziert man u.a. zwischen (a) ethischem D., als Ausdruck persönlicher Stellungnahme: *Fahr mir aber vorsichtig!* (b) possessivem D. (auch: Pertinenzdativ): *Ihm schmerzen die Beine,* (c) D. des Interesses (auch: Dativus Commodi bzw. Incommodi), der die Person oder Sache bezeichnet, zu deren Gunsten/Nachteil et-

was geschieht: *Er strickte ihr einen Pulli,* (d) Standpunkt-D. (auch: Dativus Iudicantis), der den Standpunkt bezeichnet, von dem aus die Aussage Gültigkeit hat: *Er ist mir zu intelligent.* – Der D. erscheint auch bei Adjektiven (*Er ist ihm behilflich*), als Rektionskasus von Präpositionen (*aus dem Regal*) und umgangssprachlich in adnominaler Funktion (*der Mutter ihr Haus*).

Lit.: P. v. POLENZ [1969]: Der Pertinenzdativ und seine Satzbaupläne. In: FS für H. MOSER. Düsseldorf, S. 146–171. – W. ABRAHAM [1973]: The ethic dative in German. In: F. KIEFER/N. RUWET (eds.): Generative grammar in Europe. Dordrecht, S. 1–19. – I. ROSENGREN [1974]: Ein freier Dativ. In: G. MELLBOURN u.a. (eds.): Streifzüge. FS für G. KORLEN. Stockholm, S. 209–221. – K. MATZEL [1976]: Dativ und Präpositionalphrase. In: Sprachw 1, S. 144–186. – B. K. BARNES [1980]: The notion of »dative« in linguistic theory and the grammar of French. In: Lingvisticae Investigationes 4, S. 245–292. – G. HELBIG [1984]: Die freien Dative im Deutschen. Leipzig. – H. WEGENER [1985]: Der Dativ im heutigen Deutsch. Tübingen. – J. SCHMIDT [1988]: Die freien Dative in der Gegenwartssprache und auf Vorstufen des heutigen Deutsch. Frankfurt. →Indirektes Objekt, →Kasus.

(2) In der →Kasusgrammatik Bezeichnung für die semantische Rolle der belebten Größe, die von einem Zustand oder einer Handlung (im Vergleich zum →Patiens) weniger betroffen ist.

Lit.: →Kasusgrammatik.

Dativierung [engl. *dative-shift/ movement*]. Valenzrahmenwechsel, bei dem ein Genitiv-, Akkusativ- oder Präpositionalobjekt mit einem Dativ- bzw. indirekten Objekt alterniert: *Er schickt den Brief an sie*; *Er schickt ihr den Brief*; engl. *He gave the book to Mary*; *He gave Mary the book*.

Lit.: H. MARCHAND [1951]: The syntactical change from inflectional to word order system and some effects of this change on the relation »verb/object« in English: A diachronic/synchronic interpretation. In: Anglia 70, S. 70–89. – CH. FILLMORE [1965]: Indirect object constructions in English and the ordering of transformations. The Hague. – G. GREEN [1974]: Semantics and syntactic regularity. Bloomington. – D. DOWTY [1979]: Dative »movement« and Thomason's extensions of Montague grammar. In: S. DAVIS/M. MITHUN (eds.): Linguistics, philosophy and Montague grammar. Austin, S. 153–222. – R. OEHRLE [1986]: The english »dative« construction, grammatical form and interpretation. Dordrecht.

Daughter-Dependency-Grammar [engl., ›Tochter-Dependenz-Grammatik‹] →Dependenzgrammatik, →Oberflächensyntax.

Deadjektivum [Pl. Deadjektiva; lat. *de-* ›aus‹]. Aus Adjektiv-→Stämmen entstehende Wörter wie *fälschen* aus *falsch, Feigling* aus *feige* und engl. (*to*) *harden* aus *hard,* frz. *jaunâtre* aus *jaune.*

Lit.: →Wortbildung.

Debitiv [lat. *debere* ›verpflichtet sein‹]. →Modus-Kategorie, die die objektive Notwendigkeit der durch das Verb bezeichneten Handlung ausdrückt. Er existiert z.B. im Lettischen in verschiedenen Tempora, allerdings nur im Passiv. Der D. wird periphrastisch gebildet durch Anfügen einer →Modalpartikel vor die 3. Pers. Präsens. Auch für das Tamil wird von ASHER ein Debitiv angesetzt.

Lit.: R. E. ASHER [1982]: Tamil. Amsterdam. – F. R. PALMER [1986]: Mood and modality. Cambridge.

Deckname →Pseudonym.

De-Dicto- vs. De-Re-Lesart →Attributive vs. referentielle Lesart.

Default Knowledge [engl., ›vorgegebenes Wissen‹]. In der →Künstlichen Intelligenz Standardannahmen über die Beschaffenheit der Welt, insbes. Wissen über typische Objekte und Situationen (→Frames, →Scripts). Das D. K. ist ein wesentlicher Bestandteil des Alltagswissens (→Commonsense Knowledge). D. K. dient u.a. dazu, ein kognitives System dadurch einsatzfähig zu machen, daß beim Auftreten von Wissenslücken diese – soweit möglich – durch solche Standardannahmen (→Nicht-Monotone Schlüsse) geschlossen werden. Entsprechendes Wissen wird z.B. eingesetzt, wenn anaphorische Beziehungen beim Textverstehen aufgedeckt werden müssen.

Lit.: R. REITER [1980]: A logic for default reasoning. In: Artificial Intelligence 13, S. 81–132. – R. HUNT/J. SHELLEY [1983]: Computers and common sense. London. – W. L. HUTCHINS [1986]: Machine translation: Past, present, future. Chicester.

Defektivum. Wort, das im Vergleich zu anderen Vertretern seiner Klasse »defekt« ist in bezug auf seine grammatische Verwendung, z.B. bestimmte Adjektive wie *hiesig, dortig, mutmaßlich,* die nur attributiv verwendet werden können.

Definite-Clause-Grammar [engl.; Abk.: DCG]. In der →Computerlinguistik verwendeter Formalismus zur Analyse (und auch Generierung) von Sätzen, der um 1980 innerhalb der Entwicklungen der Logik-Programmierung entstand. D. basiert auf der →Metamorphose-Grammatik von A. COLMERAUER; sie hat die Mächtigkeit universeller →Turingmaschinen. – Die D. verwendet zur Notation grammatischer Gesetzmäßigkeiten einen ähnlichen Formalismus wie die →Prädikatenlogik erster Stufe: die sogen. Horn-Klauseln, engl. *definite clauses*. Deklarativ interpretiert bildet eine Menge von Horn-Klauseln (ebenso wie z.B. eine Menge von →Phrasenstruktur-Regeln) eine Beschreibung der betreffenden Sprache, während eine prozedurale Interpretation zur Wohlgeformtheitsanalyse von Sätzen benutzt werden kann. Dabei entspricht die Prozedur des Erkennens, ob ein eingegebener Satz grammatisch ist, dem Beweis eines Theorems in der Prädikatenlogik, wobei ein PROLOG-Übersetzer (→Interpreter) als Theorem-Beweiser fungiert. D. sind ausführbare PROLOG-Programme. – Zentrale Bedeutung kommt in der D. der »Unifikation« zu (→Unifikationsgrammatik), wodurch so Unterschiedliches geleistet wird wie die Überprüfung von Kongruenzen und der Aufbau von Repräsentationen der syntaktischen und semantischen Struktur. (Damit sind D. nicht nur erkennende Automaten, sondern auch sogen. »*Transducer*«.) – Zur weiteren Entwicklung vgl. →Extrapositions-Grammatik.

Lit.: R. KOWALSKI [1974]: Predicate logic as a programming language. In: Information Processing, S. 556–574. – F. C. N. PEREIRA/D. H. D. WARREN [1980]: Definite clause grammars for language analysis. In: AI 13, S. 231–278. – M. C. MCCORD [1982]: Using slots and modifiers in logic grammars for natural language. In: AI 18, S. 327–367. – A. RAMSAY [1989]: Computeraided syntactic description of language systems. In: HSK 4, S. 204–218. – CH. LEHNER [1990]: Prolog und Linguistik. München.

Definitheit [lat. *dēfīnīre* ›begrenzen‹]. In der Logik bestimmt eine definite Kennzeichnung ein Individuum durch eine nur ihm zukommende Eigenschaft. In der neueren Sprachwissenschaft wird D. (unter Einfluß der Logik) als Lokalisierung eines →Referenten in einer Menge von Referenten gesehen, die dem Hörer durch die Situation (→Deixis), durch Vorerwähnung im Text oder sein Vorwissen vermittelt ist (J. HAWKINS [1978]). Zur Bezeichnung der D. einer →Nominalphrase dienen vor allem →Determinantien. Eigennamen sind inhärent definit, sie bedürfen keiner Kennzeichnung durch Determinantien; der bestimmte Artikel (z.B. in *der Jakob*, *der Rhein*) hat bei ihnen keine definitheits-anzeigende Kraft: *Jakob* und *der Jakob* sind gleichermaßen definit, *Rhein* (ohne Artikel) kommt nicht vor.

Lit.: B. RUSSELL [1905]: On denoting. In: Mind 14, S. 479–493. – H. REICHENBACH [1947]: Elements of symbolic logic. New York. – K. DONELLAN [1966]: Reference and definite description. In: PhilR 75, S. 281–304. – S. KRIPKE [1972]: Naming and necessity. In: D. DAVIDSON /G. HARMAN (eds.): Semantics of Natural language. Dordrecht, S. 253–355. – G. MILSARK [1974]: Existential sentences in English. (MIT-Diss). – T. GIVÓN [1978]: Definiteness and referentiality. In: J. H. GREENBERG u.a. (eds.): Universals of human language. Stanford, Bd. 4. – J. HAWKINS [1978]: Definiteness and indefiniteness. London. – J. D. FODOR/I. SAG [1982]: Referential and quantificational indefinites. In: LaPh 5, S. 355–398. – I. HEIM [1982]: The semantics of definite and indefinite noun phrases. Konstanz. – K. SAFIR [1982]: Syntactic chains and the Definiteness Effect. (MIT Diss.). – H. VATER [1984]: Determinantien und Quantoren im Deutschen. In: ZS 3, S. 19–42. – S. LÖBNER [1985]: Definites. In: Journal of Semantics 4, S. 279–326. – E. J. REULAND/G. B. ter MEULEN (eds.) [1987]: The representation of (in)definiteness. (5th Groningen Round Table

1984). London. – S. WRIGHT/T. GIVÓN [1987]: The pragmatics of indefinite reference: Quantified text-based studies. In: Studies of Language 11, S. 1–13.

Definition [lat. *dēfīnītiō* ›Bestimmung‹]. Festlegung des Inhalts von sprachlichen Ausdrücken (im Idealfall auf der Basis von Regeln der →Formalen Logik). Formal gesehen ist jede wissenschaftliche Definition eine →Äquivalenz-Relation, die aus dem Unbekannten besteht, das zu definieren ist, (= *Definiendum*) und dem Bekannten, wodurch definiert wird (= *Definiens*). Folgende Definitonsarten und ihnen zugeordnete Aufbauregeln sind für (sprach)wissenschaftliche Beschreibungsverfahren relevant: (a) Realdefinition: Definition eines Gegenstandes oder eines konkreten Begriffs durch Angabe des Gattungsbegriffs *G* (= *genus proximum*) und der spezifizierenden Artkennzeichnung *M* (= *differentia spezifica*), z.B. »Ein Explosivlaut ist ein Konsonant, der durch Bildung und Lösung eines Verschlusses zwischen zwei Artikulatoren entsteht«. Im Sinne der traditionellen Logik sind dabei generelle Regeln zu berücksichtigen (vgl. hierzu KUTSCHERA/BREITKOPF [1971:140]: eine D. muß das Wesen des zu definierenden Begriffes erfassen; sie darf weder negativ noch zirkulär sein; und die definierenden Begriffe G und M müssen hinreichend klar und scharf bestimmt sein. – Zur weiteren Differenzierung der Reald. in syntaktische vs. semantische D. und analytische vs. synthetische D. vgl. KLAUS/BUHR [1964:216–221]. (b) Eine Spezialform der Reald. ist die Operationale D.

(auch: Genetische D.), die angibt, aufgrund welcher Verfahren ein Begriff »entsteht« bzw. überprüfbar ist. Vgl. die D.: »Satzglieder sind syntaktische Einheiten, die im Rahmen des Satzes permutabel (frei verschiebbar) sind« (→Operationale Verfahren). (c) Nominaldefinition: im Unterschied zu Reald., die sich auf Gegenstände und konkrete Eigenschaften beziehen, beziehen sich Nominald. auf die Bezeichnung von Gegenständen und abstrakten Eigenschaften, also auf Namen, Begriffe oder sprachliche Ausdrücke. Sie sind Festsetzungen, aufgrund derer zwischen Definiens und dem (zunächst bedeutungslosen) Definiendum die Relation der →Synonymie hergestellt wird. Daraus ergibt sich als eine notwendige Bedingung für die Korrektheit der Nominald., daß Definiens und Definiendum Ausdrücke derselben Kategorie sind. Insbesondere darf im Definiens keine Variable vorkommen, die im Definiendum nicht vorkommt. – Als »Explizitdefinition« bezeichnet man D., bei denen das Definiendum neben dem zu definierenden Zeichen nur Variablen enthält, nicht aber bereits gedeutete logische Symbole u.ä. Solche Explizitd. haben den Charakter von Abkürzungen, d.h. für einen komplizierten Sachverhalt wird eine abkürzende Bezeichnung eingeführt. Damit ist zugleich die Forderung nach der Eliminierbarkeit der definierten Ausdrücke gewährleistet, d.h. die Reduzierbarkeit aller Aussagen auf die Grundbegriffe und die Axiome. (d) Induktive D.: Sie dienen zur Charakterisierung einer Klasse mit in der Regel unendlich vielen Objekten mit Hilfe einer Menge B von Basiselementen und einer Anzahl von Verkettungsvorschriften (Operationen). In der Grammatiktheorie wird die Menge der wohlgeformten (= grammatikalischen) Ausdrücke einer Sprache L typischerweise induktiv definiert. So lautet z.B. die induktive D. eines wohlgeformten Ausdrucks (Abk.: wfA) der Aussagenlogik L: (a) jede Aussagenvariable A ist eine wfA von L; (b) wenn A ein Ausdruck der Sprache L ist, dann ist auch *Nicht-A* ein Ausdruck von L; (c) wenn A_1 und A_2 Ausdrücke von L sind, dann sind auch $A_1 \wedge A_2, A_1 \vee A_2, A_1 \rightarrow A_2, A_1 \leftrightarrow A_2$ Ausdrücke von L; (d) nichts ist ein wfA in L, was nicht durch (a)–(c) erzeugt wurde (zur Anwendung vgl. SCHNELLE [1973:125–237]). – (e) Rekursive D. = →Rekursive Regel. – (f) Extensionale vs. intensionale D. →Extension, →Intension.

Lit.: W. DUBISLAV [1927]: Die Definiton. Berlin. – R. ROBINSON [1954]: Definition. Oxford. – W. HAAS [1955]: On defining linguistic units. In: TPhS 1954, S. 54–84. – E. ALBRECHT [1967]: Sprache und Erkenntnis. Logisch-linguistische Analysen. Berlin. – R. BORSODI [1967]: The definition of definition. A new linguistic approach to the integration of knowledge. Boston. – M. BIERWISCH/M. KIEFER [1969]: Remarks on definition in natural language. In: F. KIEFER (ed.): Studies in syntax and semantics. Dordrecht, S. 55–79. – E. v. SAVIGNY [1970]: Grundkurs im wissenschaftlichen Definieren. München. 5. Aufl. 1980. – F.v. KUTSCHERA/A. BREITKOPF [1971]: Einführung in die moderne Logik. Freiburg. – H. J. VERMEER [1971]: Einführung in die linguistische Terminologie. Darmstadt, S. 12–22. – H. SCHNELLE [1973]: Sprachphilosophie und Linguistik. Prinzipien der Sprachanalyse a priori und a posteriori. Reinbek, S. 125–137. – D. WUNDERLICH [1974]: Grundlagen der Linguistik. Reinbek, S. 200–210. *Bibliographien:* J. S. PETÖFI (ed.) [1978]: Logic und the formal theory of natural language. Selective bibliography. Hamburg. – T. PAWLOWSKI [1980]: Begriffsbildung und Definition. Berlin.

Defizithypothese →Kode-Theorie.

Deglutination →Aphärese.

Dehnung vs. Kürzung [engl. *vowel lengthening* vs. *vowel shortening*]. Quantitätsveränderungen im Vokalbereich, die u.a. in der Geschichte aller germanischen Sprachen eine wichtige Rolle spielen. (a) Vokaldehnung (auch: Vokallängung) tritt bevorzugt in folgenden phonetischen Kontexten auf: (aa) Vor stimmhaften Konsonanten (besonders vor Sonoranten, da die kurze Dauer dieser Laute oftmals eine kompensatorische Längung des Vokals zur Folge hat); hier sind oftmals auch gelängte Allophone von Kurzvokalen zu beobachten, vgl. etwa die Quantitätsschwankung in nhd. [eːrde – ɛrde] ›Erde‹; (ab) in offenen Silben (so z.B. die Dehnung der Vokale in offenen Tonsilben als eine wesentliche Veränderung des Vokalismus vom Mhd. zum Nhd., vgl. mhd. *sagen* [zagen] > nhd. [zaːgen]), und (ac) in betonten Einsilblern (so z.B. die Einsilblerdehnung im mbair., vgl. nhd. [kopf, tiʃ] : mbair. [koːbf, diːʃ]). – (b) Vokalkürzung tritt bevorzugt in geschlossenen Silben auf (z.B. Vokalkürzungen vom Mhd. zum Nhd., vgl. mhd. *dâhte* > nhd. [daxte] ›(er) dachte‹. Zur Kürzung und Eliminierung von Vokalen in wortfinaler Position vgl. →Elision, →Schwächung.

Lit.: M. REIS [1974]: Lauttheorie und Lautgeschichte. Untersuchungen am Beispiel der Dehnungs- und Kürzungsvorgänge im Deutschen. München. →Lautwandel, →Sprachwandel.

Deiktischer Ausdruck [griech. *deíknymi* ›zeigen‹. – Auch: Indexikalischer A.]. Aus der →Formalen Logik von C. S. PEIRCE übernommener Terminus für sprachliche Ausdrücke, die auf die Person-Raum-Zeitstruktur der jeweiligen Äußerungssituation bezogen sind, deren →Bezeichnung also abhängig ist vom Sprech- bzw. Handlungskontext: D. A. sind insbesondere Personalpronomina (*ich, du*), Adverbialausdrücke (*hier, dort, jetzt*) und Demonstrativpronomina (*dieser, jener*). Im Unterschied zu →Eigennamen und »vollständigen« →Kennzeichnungen, die sich als situationsunabhängige Referenzmittel auf Objekte und Sachverhalte der Realität beziehen können, bezeichnen D. A. entweder andere sprachliche Zeichen innerhalb eines gegebenen Texts oder außersprachliche Elemente in Relation zur jeweiligen Sprechsituation. In terminologischer Hinsicht konkurrieren mehrere synonyme Bezeichnungen miteinander, vgl. *egocentric particulars* in RUSSELL [1940], indexikalische Ausdrücke in BARHILLEL [1954], Indikatoren in KAMLAH/LORENZEN [1967], *shifters* in JESPERSEN [1923] und *token reflexive words* in REICHENBACH [1947].

Lit.: O. JESPERSEN [1923]: Language. Its nature, development and origin. New York. Dt.: Heidelberg 1925. – B. RUSSELL [1940]: An inquiry into meaning and truth. London. – H. REICHENBACH [1947]: Elements of symbolic logic. New York. – Y. BAR-HILLEL [1954]: Indexical expressions. In: Mind 63, S. 359–76. Dt. in S. J. SCHMIDT (ed.): Pragmatik I. München 1974, S. 166–186. – W. KAMLAH/P. LORENZEN [1967]: Logische Propädeutik. Vorschule des vernünftigen Redens. Mannheim. – H. RICHTER [1988]: Indexikalität: ihre Behandlung in Philosophie und Sprachwissenschaft. Tübingen. – G. FORBES [1989]: Indexicals.

In: D. GABBAY/F. GUENTHNER (eds.): Handbook of philosophical logic. Bd. 4, S. 463–490. →Deixis, →Formale Logik, →Pragmatik.

Deixis.

(1) Vorgang des Zeigens, Verweisens mittels Gesten oder sprachlicher Ausdrücke auf Situationselemente.
(2) Eigenschaft bzw. Funktion sprachlicher Ausdrücke, die sich auf die Person-, Raum- und Zeitstruktur von Äußerungen in Abhängigkeit von der jeweiligen Äußerungssituation bezieht (→Deiktischer Ausdruck). Man spricht insofern auch von personaler, lokaler und temporaler D. Deiktische Ausdrücke können aber auch auf andere sprachliche Zeichen innerhalb eines gegebenen Textes (= textuelle D., Rede -D.) Bezug nehmen (→Anapher, Zitat). H. PUTNAM [1975] weist ferner zu Recht darauf hin, daß natürliche Sprachen insgesamt eine deiktische Komponente aufweisen. D. gilt als Bindeglied zwischen Semantik und Pragmatik, insofern als die Referenz deiktischer Ausdrücke nur aus der jeweils pragmatisch situierten Sprechsituation heraus ermittelbar ist. So lassen sich den isolierten Aussagen: *Ich habe Hunger. Hier ist es schwül. Heute ist Vollmond* keine Wahrheitswerte zuordnen, da ihre Interpretation abhängig ist von wem, wann oder wo sie jeweils geäußert werden. Die Untersuchung der D. sprachlicher Ausdrücke, die sich bis in die Antike zurückverfolgen läßt, hat vor allem die Indogermanische Sprachwissenschaft im Hinblick auf die Sprachentwicklung beschäftigt (vgl. BRUGMANN [1904]). Im Rahmen der

→Pragmatik knüpft die Neubeschäftigung mit D. an die Ausführungen zum sogen. →Zeigfeld von K. Bühler [1934] an; Lyons [1977] weist D. eine zentrale Rolle zu (→Lokalismus); In neueren Grammatikmodellen wird D. (je nach theoretischem Ansatz unterschiedlich) den Beschreibungsebenen →Semantik oder →Pragmatik zugeordnet.

Lit.: K. Brugmann [1904]: Die Demonstrativpronomina der indogermanischen Sprachen. In: Sächs. Abh. XXII, Nr. 6. – K. Bühler [1934]: Sprachtheorie. Jena. Neudruck Stuttgart 1965. – J. Lyons [1975]: Deixis as the source of reference. In: E. Keenan (ed.): Formal semantics of natural language. Cambridge, S. 61–83. – H. Putnam [1975]: The meaning of meaning. In: K. Gunderson (ed.): Language, mind and knowledge. Minneapolis, S. 131–193. Auch in : H. Putnam [1975]: Mind, language and reality. Philosophical Papers Bd. 2. Cambridge, S. 215–271. Dt.: H. Putnam [1979]: Die Bedeutung von »Bedeutung«. Ed.v. W. Spohn. Frankfurt. – J. Lyons [1977]: Semantics. Bd. 1,2. Cambridge. Dt.: Semantik. München 1980. – W. Klein [1978]: Wo ist hier? Präliminarien zu einer Untersuchung der lokalen Deixis. In: LBer 58, S.18–40. – K. Ehlich [1979]: Verwendungen der Deixis beim sprachlichen Handeln: linguistisch-philologische Untersuchungen zum hebräischen deiktischen System. Frankfurt. – T. Thrane [1980]: Referential semantic analysis. Cambridge. – R. Jarvella/W. Klein (eds.) [1982]: Speech, place, and action. Chichester. – J. Weissenborn/W. Klein [1982]: Here and there. Crosslinguistic studies on deixis and demonstration. Amsterdam. – D. Wunderlich [1982]: Sprache und Raum. In: SL 12, S. 1–19. – V. Ehrich [1983]: *DA* im System der lokalen Demonstrativadverbien des Deutschen. In: ZS 2, S. 197–219. – G. Rauh [1983]: Aspects of deixis. In: G. Rauh (ed.): Essays on deixis. Tübingen, S. 9–60. – S. R. Anderson/ E. L. Keenan [1985]: Deixis. In: T. Shoben (ed.): Language typology and syntactic description. Bd. 3: Grammatical categories and the lexicon. Cambridge, S. 259–308. – M. Mazzoleni [1985]: Locativi deittici. In: LeSt 20, S. 217–255. – H. Schweizer (ed) [1985]: Sprache und Raum. Ein Arbeitsbuch für das Lehren von Forschung. Stuttgart. – H. Kubczak [1987]: Die lokaldeiktischen Bedeutungen des Adverbs *hier.* In: Sprachw 12, S. 70–87. – H. Richter [1988]: Indexikalität. Ihre Behandlung in Philosophie und Sprachwissenschaft. Tübingen.

→Anapher (1),   →Deiktischer Ausdruck, →Pragmatik, →Referenz, →Topologie (2).

Deklaration [lat. *dēclārātiō* ›Bekanntgabe‹,   ›Erklärung‹]. Sprechakt, dessen geglückter Vollzug den propositionalen Gehalt (→Proposition) des geäußerten Satzes zur Tatsache macht, und zwar als konventionelle Konsequenz seiner Äußerung, vgl. *Die Sitzung ist eröffnet* (als Äußerung des Sitzungsleiters) oder *Rien ne va plus* ›Nichts geht mehr‹ (als Äußerung des Croupiers beim Roulette). Explizit →Performative Äußerungen wie *Hiermit übergebe ich dieses Bauwerk der Öffentlichkeit* sind Spezialfälle von Deklarationen.

Lit.: I. Heim [1977]: Zum Verhältnis von Wahrheitsbedingungensemantik und Sprechakttheorie. Konstanz. – J. R. Searle/D. Vanderveken [1985]: Foundations of illocutionary logic. Cambridge. – J. R. Searle [1989]: How performatives work. In: LaPh 12, S. 535–558.

Deklarativer Satz [engl. *statement/assertion.* Auch: →Aussagesatz, →Konstative Äußerung]. Terminus von J. R. Ross [1968] für Aussagesätze, die in der zugrundeliegenden Struktur von Verben wie *behaupten, feststellen, sagen* abhängen. So ist die unmarkierte Äußerung *Die Preise fallen* abzuleiten aus: *Ich sage Dir (hiermit), (daß) die Preise fallen.* Diese Ableitung wird auch als →Performative Analyse bezeichnet.

Lit.: J. R. Ross [1968]: On declarative sentences. In: R. A. Jacobs/P. S. Rosenbaum: Readings in English transformational grammar. Waltham, Mass., S. 222–272.

Deklination [lat. *dēclīnāre* ›abbiegen‹. Auch: Beugung]. Flexionsweise von Substantiv, Artikel, Adjektiv, Numerale

und Pronomen, die hinsichtlich
→Kasus, →Genus und →Nume-
rus variieren. Die entsprechenden Flexionsformen eines Wortes bilden Deklinations-→Para-
digmen, die nach Gesichtspunkten der Regelhaftigkeit
und Vorhersagbarkeit bzw.
Praktikabilität zu Deklinations-
klassen zusammengefaßt werden. Aufgrund der von J.
GRIMM [1819] unter sprachgeschichtlichen Aspekten für das
Deutsche aufgestellten Typologie unterscheidet man heute: (a)
Starke (= Vokalische) D.: Maskulina (*Tag*) und Neutra (*Kind*)
enden im Genitiv Singular auf
-(e)s. (b) Schwache (= Konsonantische) D.: Maskulina
(*Mensch, Hase*) enden in allen
Kasus auf *-(e)n* außer im Nominativ Singular. (c) Gemischte
D.: Der Singular folgt der starken, der Plural der schwachen
D. (*Staat, Auge*). Vgl. auch
→Flexion, →Genus, →Kasus,
→Numerus, →Wort- und Paradigma-Modell.

Lit.: J. GRIMM [1819]: Deutsche Gramma-
tik. Bd. 1, Formenlehre. Göttingen. – I.
LJUNGERUD [1955]: Zur Nominalflexion in
der dt. Literatursprache nach 1900. Lund. –
W. RETTIG [1972]: Sprachsystem und
Sprachnorm in der dt. Substantivflexion.
Tübingen.

Dekodierung. Komplementärer
Vorgang zur →Kodierung, bei
dem der Hörer die vom Sprecher kodierte Mitteilung »ent-
schlüsselt«, den sprachlichen
Zeichen entsprechende (konventionalisierte) Bedeutungen
zuordnet. Ebenso wie die Kodierung vollzieht sich die D. auf allen linguistischen Beschreibungsebenen.

Dekompositum. Von J. GRIMM
eingeführte Bezeichnung für

mehr als zweigliedrige Komposita: *Gift + gas + katastrophe,
Smog + warn + dienst*. D. bestehen im Dt. überwiegend aus
drei Grundmorphemen, aber
auch viergliedrige Komposita
sind keine Seltenheit mehr, vgl.
*Straßen + bahn + fahr + gast,
Mittwochs + lotto + spiel +
scheine, Bundes + wasser +
straßen + gesetz*. Vgl. auch die
fünfgliedrigen *Kranken + kas-
sen + kosten + dämpfungs +
gesetz, Groß + raum + klima
+ forschungs + wesen*.

Lit.: J. GRIMM [1826]: Deutsche Grammatik. 3. Buch. Von der Wortbildung. 2. Aufl.
Göttingen 1878, S. 902ff. →Wortbildung.

Delabialisierung →Entrundung.

Delimitativ [lat. *dēlīmitātiō*
›Abgrenzung‹]. →Resultativ.

**Delimitative/Demarkative
Funktion** →Grenzsignal.

Deminutiv [lat. *dēminuere* ›ver-
ringern‹. – Auch: Attenuativ].
→Aktionsart des Verbs. Demi-
nutiva bilden eine Untergruppe
der durativen Verben (→Durativ
vs. Nicht-Durativ), sie sind im
Dt. meist durch ein auf *l* aus-
lautendes Suffix gebildet und
bezeichnen die abgeschwächte
Intensität eines Geschehens:
hüsteln (zu *husten*), *spötteln* (zu
spotten).

Lit.: →Aktionsart.

Deminutivum →Diminutivum.

Demonstrativpronomen →De-
monstrativum.

Demonstrativum [lat. *dē-
mōnstrāre* ›zeigen‹. – Auch:
Hinweisendes Fürwort, De-
monstrativpronomen]. Syntak-

tische Kategorie: Untergruppe der →Determinanten mit der semantischen Funktion des Verweises auf in der Situation Gegebenes (→Deixis) bzw. auf Vorerwähntes (→Anapher). In den meisten Sprachen sind zwei parallele Reihen zur Bezeichnung von »Nähe« vs. »Ferne« ausgebildet, vgl. dt. *dieser* : *jener*, engl. *this* : *that*, frz. *celui-çi* : *celui-là*, lat. *hic* : *ille*. Auch der bestimmte →Artikel wird als D. gebraucht und ist bei Anaphorik und Deixis of mit *dieser/jener* austauschbar.

Lit.: K. BRUGMANN [1904]: Die Demonstrativpronomina der indogermanischen Sprachen. In: Sächs. Abh. XXII, Nr. 6. →Definitheit, →Deiktischer Ausdruck, →Deixis, →Determinans.

Demotisch →Ägyptisch.

Demotivierung →Idiomatisierung.

Denotat [lat. *dēnotāre* ›bezeichnen‹. – Auch: Bezeichnetes, Designat, →Referent]. Unterschiedliche Verwendungsweise je nach terminologischem Kontext:
(1) Allgemein: das durch ein →Zeichen bezeichnete Objekt der Wirklichkeit.
(2) In der Unterscheidung D. vs. Designat bezeichnet das D. eines sprachlichen Ausdrucks (z.B. *Dichter*) die einzelnen Elemente der →Klasse, also *Goethe*, *Shakespeare* usw., während Designat sich auf die Klasse als solche bezieht (→Extension).

Lit.: →Bedeutung, →Semantik.

Denotation. Unterschiedliche Bedeutung je nach terminologischem Kontext: (a) Denotation vs. Konnotation: D. be-

zeichnet die kontext- und situationsunabhängige, konstante begriffliche Grundbedeutung eines sprachlichen Ausdrucks im Unterschied zu konnotativen, d.h. subjektiv variablen, emotiven Bedeutungskomponenten (→Konnotation). So läßt sich die D. von *Nacht* mit ›Zeitraum vom Untergang der Sonne bis zum nächsten Aufgang‹ beschreiben, während die Konnotation solche Komponenten wie ›unheimlich‹, ›einsam‹ oder auch ›romantisch‹ enthalten kann. Vgl. →Bedeutung. (b) Denotation = Bezeichnung (auch: Designation): Ein Lexem »denotiert« einen bestimmten Gegenstand oder Sachverhalt, es bezeichnet ihn im Sinn einer extensionalen Bezugnahme (→Extension). Davon unterschieden wird die intensionale Bedeutung, die durch Angabe von Eigenschaften bzw. Merkmalen (→Intension) zu beschreiben ist. (c) Denotation vs. Designation: Im Sinn von (b) ist D. in dieser Gegenüberstellung die Bezugnahme auf einzelne Elemente (z.B. *Verb*, *Substantiv*, *Adjektiv*), während unter Designation die Bezugnahme auf Klassen von Elementen (z.B. *Wortarten*) zu verstehen ist. Bei nur einmal vorhandenen Objekten (z.B. *Sonne*, *Gott*) fallen D. und Designation mehr oder weniger zusammen (Identifikation von Element und Einermenge).

Lit.: →Bedeutung, →Semantik.

Dental(laut) [lat. *dēns* ›Zahn‹]. Nach der Artikulationsstelle (obere Schneidezähne) bezeichneter Sprachlaut, z.B. [f], [l], [t] in dt. [ˈfaltɛʁ] ›Falter‹. Vgl. auch →Apiko-Dental(laut), →Labio-Dental(laut), →Interdental. –

Meist allerdings betrachtet man als Dentale i.e.S. nur Apiko- und Interdentale, z.B. [l] und [t], nicht aber [f]. – In der Regel bezeichnen die Buchstaben ⟨n, d, t, l, d⟩ in der dt. Orthographie (im Unterschied zum Engl.) Dentallaute, nur in bestimmten Umgebungen Alveolar(laut)e, z.B. ⟨n⟩ in *Schnee*. Häufiger Praxis folgend wird in diesem Lexikon in der phonetischen Umschrift nicht unterschieden zwischen Dentalen (laut IPA mit kleiner »Brücke« unter dem Zeichen, vgl. IPA-Tabelle S. 22/23) und Alveolaren, sondern vereinfacht in »weiter« Umschrift [n] usw. geschrieben. Vgl. →Artikulatorische Phonetik, →Lautschrift, →Zunge-Lippen-Prozeß.

Lit.: →Phonetik.

Deontische Logik [griech. *déon* ›das Nötige‹. – Auch: Deontik]. Spezialform einer philosophischen Logik, die zusätzlich zu den in der →Formalen Logik untersuchten logischen Ausdrücken wie →Logische Partikeln (*und, oder* u.a.) und →Operatoren noch normative Begriffe wie ›Verpflichtung‹, ›Erlaubtsein‹ und ›Verbotensein‹ durch Einführung entsprechender Operatoren in die semantische Analyse einbezieht.

Lit.: E. MALLY [1926]: Grundgesetze des Sollens. Elemente der Logik des Willens. Graz. – G. H. v. WRIGHT [1963]: Norm and action. London. – N. RESCHER (ed.) [1965]: The logic of decision and action. Pittsburgh. – N. RESCHER [1966]: The logic of commands. London. – J. HINTIKKA [1969]: Deontic logic and its philosophical morals. In: J. HINTIKKA: Models for modalities. Dordrecht, S. 184–214. – R. HILPINEN (ed.) [1971]: Deontic logic: Introductory and systematic readings. Dordrecht. – W. STEGMÜLLER [1969]: Hauptströmungen der Gegenwartsphilosophie. 4. Aufl. Stuttgart 1975, Bd. 2, S. 156–175.

Bibliographie: J. S. PETÖFI (ed.) [1978]: Logic and the formal theory of natural language. Selective bibliography. Hamburg. →Formale Logik.

Dependenz [lat. *dēpendēre* ›abhängen‹. – Auch: Abhängigkeit, Determination, Subordination]. Syntaktische Relation der Abhängigkeit eines Elements *A* von einem Element *B*, die besagt, daß zwar *B* ohne *A*, nicht aber (das dependente) *A* ohne *B* vorkommen kann. Im Dt. besteht D. u.a. zwischen Adjektiv und Substantiv: (*großer*) *Applaus*, zwischen Adjektiv und Adverb: (*sehr*) *großer Applaus*. Als grammatische Relation ist D. die Basis der von L. TESNIÈRE entwickelten →Dependenzgrammatik. Zum Unterschied vgl. die der Konstituentengrammatik zugrundeliegende Relation der →Konstituenz bzw. →Dominanz.

Lit.: →Dependenzgrammatik.

Dependenzgrammatik [Auch: Abhängigkeitsgrammatik]. Von L. TESNIÈRE [1953,1959] entwickeltes, am Strukturalismus orientiertes Modell zur Beschreibung der Syntax natürlicher Sprachen. Wichtige Beiträge zu ihrer Weiterentwicklung leisteten GAIFMAN [1961], HAYS [1964], HERINGER [1970]. Zu einer anderen Richtung der D. zählen die von HUDSON erarbeiteten Ansätze: die Tochter-Dependenzgrammatik (HUDSON [1976], SCHACHTER [1980]) und die Wort-Grammatik (HUDSON [1984]). Hauptanliegen der D. ist die Beschreibung der →Dependenz-Struktur eines Satzes, d.h. des Gefüges von Abhängigkeitsrelationen zwischen den Elementen eines Satzes. Dabei geht man davon aus, daß bei einer syntaktischen Verbindung zweier Elemente eines das regierende und das andere das abhängige Element ist. Wenn ein regierendes Element von einem anderen regierenden Element abhängig ist, dann entsteht eine komplexe hierarchische Dependenzordnung. Als Darstellung solcher Strukturen verwendet die D. Baumgraphen (Stemmata), deren Zentralknoten der absolute »Regens« eines sprachlichen Gefüges ist (bei Sätzen das Verb). Die Abhängigkeitsrelation zu einem unmittelbar abhängigen Element wird durch eine Kante zu einem darunterstehenden Knoten dargestellt. Die Dependenzstruktur des Satzes *Der Bock mag das Heu nicht sehr* wird durch das abgebildete Stemma dargestellt (HERINGER u.a. [1980:17]); die gestrichelten Linien symbolisieren die Kategorisierung sprachlicher Ausdrücke. Bei dieser Analyse regiert das Verb zwei nominale und ein adverbiales Element; jedes Nomen regiert seinerseits einen Artikel; das Adverb *sehr* regiert das Adverb *nicht*. Neben der →Konnexion, der Abhängigkeitsrelation zwischen zwei Elementen, wird auch die Relation der →Junktion (Nebenordnung) und der →Translation berücksichtigt. Junktionen erfassen Koordinationen wie in *Philip und Caroline studieren Linguistik*; Trans-

lationen beschreiben die Tatsache, daß einige →Funktionswörter (Translative) die syntaktische Kategorie eines Ausdrucks verändern und auf diese Weise seine Konnexion zum nächsthöheren Regens ermöglichen. So z.B. wird das Nomen *Luise* in *das Buch von Luise* erst mithilfe des Translativs *von* zu einem »Adjektiv«, das von *Buch* regiert werden kann. – Die D. hat die Entwicklung der →Valenz-Theorie sehr befruchtet. Die Valenz eines Verbs (seine Eigenschaft, bestimmte Elemente im Satz zu fordern) bestimmt die Struktur des Satzes, in dem es vorkommt. TESNIÈRE unterscheidet dabei zwischen den valenznotwendigen →Aktanten (Ergänzungen) und den fakultativen →Circonstanten (Umständen, Angaben). In *Der Bock mag das Heu nicht sehr* sind *der Bock* und *das Heu* die zwei Aktanten und *nicht sehr* ein Circonstant des Verbs *mag*. Stemmata machen keine Angaben über die Konstituentenstruktur eines Satzes. So ist z.B. aus dem obigen Graphen nicht ablesbar, daß *der Bock* oder *mag das Heu nicht sehr* zu komplexeren Einheiten (Subjekt bzw. komplexe Prädikatsgruppe) zusammengefaßt sind. Obwohl schon von TESNIÈRE das Verhältnis zwischen Dependenzstruktur und Reihenfolge-Beziehungen untersucht wurde (vgl. →Zentrifu-

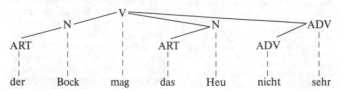

gal vs. Zentripetal), berücksichtigen die Stemmata die lineare Abfolge der Satzelemente nicht. Neuere Ansätze versuchen durch die Einführung zusätzlicher Beschreibungsmittel sowohl die Konstituenz (z.B. HERINGER [1970], HUDSON [1976]) als auch die Serialisierung der Sätze (z.B. HERINGER u.a. [1980]) zu erfassen. Die Möglichkeiten der D. lassen sich auch durch →Transformationen erweitern (ROBINSON [1970], VATER [1973]). Obwohl die D. im Sinne des Strukturalismus die Autonomie der Syntax verteidigt, gibt es in ihrem Rahmen auch Überlegungen zur Satzsemantik. So geht TESNIÈRE davon aus, daß jeder syntaktischen Konnexion eine semantische Relation entspricht, und führt in diesem Zusammenhang den Begriff des →Nukleus ein.

Lit.: L. TESNIÈRE [1953]: Esquisse d'une syntaxe structurale. Paris. – L. TESNIÈRE [1959]: Éléments de syntaxe structurale. Paris. Dt.: Grundzüge der strukturellen Syntax. Stuttgart 1980. – H. GAIFMAN [1961]: Dependency system and phrase structure systems. Santa Monica, Ca. – D. G. HAYS [1964]: Dependency theory: A formalism and some observations. In: Lg 40, S. 511–525. – K. BAUMGÄRTNER [1970]: Konstituenz und Dependenz. Zur Integration der beiden grammatischen Prinzipien. In: H. STEGER (ed.): Vorschläge für eine strukturale Grammatik des Deutschen. Darmstadt, S. 52–77. – J. J. ROBINSON [1970]: Dependency structures and transformational rules. In: Lg 46, S. 259–285. – R. BAUM [1976]: Dependenzgrammatik. Tesnières Modell der Sprachbeschreibung in wissenschaftsgeschichtlicher und kritischer Sicht. Tübingen. – R. HUDSON [1976]: Arguments for a non-transformational grammar. Chicago. – TH. VENNEMANN [1977]: Konstituenz und Dependenz in einigen neueren Grammatiktheorien. In: Sprachw 1, S. 259–301. – P. SCHACHTER [1980]: Daughter-dependency grammar. In: E. MORAVCSIK/J. R. WIRTH (eds.): Syntax and semantics 13: Current approaches to syntax. New York, S. 267–299. – H. J. HERINGER u.a. [1980]: Syntax. Fragen – Lö-

sungen – Alternativen. München. – K. TARVAINEN [1981]: Einführung in die Dependenzgrammatik. Tübingen. – R. HUDSON [1984]: Word grammar. Oxford. *Untersuchungen zum Deutschen:* H. J. HERINGER [1970]: Deutsche Syntax. Berlin. – H. J. HERINGER [1970]: Theorie der deutschen Syntax. 2. Aufl. München 1973. – H. VATER [1973]: Dänische Subjekt- und Objektsätze. Ein Beitrag zur generativen Dependenzgrammatik. Tübingen. – J. KUNZE [1975]: Abhängigkeitsgrammatik für das Deutsche. Berlin. – U. ENGEL [1977]: Syntax der deutschen Gegenwartssprache. 2. Aufl. Berlin 1982. – U. ENGEL [1988]: Deutsche Grammatik. Heidelberg. *Bibliographie:* D. G. HAYS [1965]: An annotated bibliography of publications on dependency theory. Santa Monica, Ca. – H. SCHUMACHER/N. TRAUTZ [1976]: Bibliographie zur Valenz und Dependenz. In: H. SCHUMACHER (ed.): Untersuchungen zur Verbvalenz. Tübingen, S. 317–343. →Valenz.

Dependenzphonologie. Von J. ANDERSON entwickeltes Modell der Phonologie, das die gesamte phonologische Beschreibung aus den Dependenzrelationen (→Dependenz) zwischen phonologischen Einheiten (→Merkmalen, →Silben, →Akzenten) ableitet.

Lit.: J. ANDERSON/C. EVEN [1987]: Principles of dependency phonology. Cambridge.

Deponens [Pl. Deponentia; lat. *dēpōnere* ›ablegen‹]. Gruppe von Verben des Lat. mit passiver Form, die aber die passive Bedeutung »abgelegt« und nur noch aktive Bedeutung haben: *hortārī* ›ermahnen‹, *loquī* ›reden‹, *patī* ›leiden‹. Die D. sind Überreste des noch im Griech. erhaltenen, zwischen Aktiv und Passiv stehenden →Mediums.

Derivat [lat. *dērīvāre* ›ableiten‹. Auch: Ableitung]. Ergebnis des Wortbildungsvorgangs der →Derivation (= Ableitung).

Lit.: →Derivation.

Derivation [Auch: Ableitung]. Haupttyp der →Wortbildung neben →Komposition (Zusammensetzung), mit sehr unterschiedlichem Begriffsumfang: Einerseits wird D. unterschieden von →Präfigierung, so bei W. FLEISCHER [1969], der dann folgende weitere Unterscheidungen trifft: (a) unter dem Aspekt der formalen Bildungsweise zwischen expliziter D., die entweder durch Anfügen eines →Suffixes an ein freies Morphem (*dumm, Dummheit*) oder durch Lautveränderung (auch »innere D.« genannt) erfolgt: *trinken* vs. *Trank*, und impliziter D., die entweder als →Rückbildung analysiert wird, z.B. *Schau* aus *schauen, Sorgfalt* aus (älterem) *sorgfältig*, oder als →Konversion in eine andere Wortart: *deutsch* vs. *Deutsch*; (b) Je nach der Wortart des der D. zugrundeliegenden Ausgangswortes spricht man von →Deverbativa (*Gabe* von *geben*) oder →Desubstantiva (*ängstlich* aus *Angst*) oder →Deadjektiva (*Nässe* aus *naß*); (c) Hinsichtlich semantischer Typenbildung ergeben sich Zuordnungen bestimmter Suffixgruppen zu inhaltlichen Komponenten; so bilden im Dt. *-heit, -keit, -schaft* und *-tum* in der Regel →Abstrakta, *-er* Personenbezeichnungen wie *Lehrer, Verdiener* (→Nomen agentis), *-chen/-lein* Verkleinerungsformen (→Diminutiva). – Im Unterschied zu FLEISCHER [1969] versteht man D. häufig als Oberbegriff für →Präfix- und →Suffixbildungen (so z.B. ERBEN [1975]), wobei dann die affixlosen Bildungsweisen (*Treff* und *Fall*) als dritter Haupttyp der Wortbildung aufgefaßt werden. – In seiner historischen Wortbildungslehre hat H. PAUL [1920] die Präfixbildung zur Komposition gezählt. Ihm folgte zunächst W. HENZEN [1947], kam jedoch in der zweiten und dritten Auflage ([1957/1965]) davon ab und wies der Präfigierung eine Mittelstellung zwischen den zwei Hauptarten, Komposition und D., zu – ähnlich wie W. FLEISCHER in neueren Auflagen. Zum Begriff implizite oder affixlose Ableitung vgl. →Konversion.

Lit.: H. PAUL [1920]: Deutsche Grammatik. Bd. 5: Wortbildungslehre. Halle. – W. HENZEN [1947]: Deutsche Wortbildung. 3. Aufl. Tübingen 1965. – W. FLEISCHER [1969]: Wortbildung der deutschen Gegenwartssprache. 5. Aufl. Tübingen 1982. – G. ZIFONUN [1973]: Zur Theorie der Wortbildung am Beispiel deutscher Präfixverben. München. – J. ERBEN [1975]: Einführung in die deutsche Wortbildungslehre. 2. Aufl. Berlin 1983. – T. N. HÖHLE [1982]: Über Komposition und Derivation: Zur Konstituentenstruktur von Wortbildungsprodukten im Deutschen. In: ZS 1, S. 76–112. – E. SELKIRK [1982]: Syntax of words. Cambridge, Mass. – S. OLSEN [1986]: Wortbildung im Deutschen. Stuttgart. – A. M. DiSCIULLO/E. WILLIAMS [1987]: On the definition of word. Cambridge, Mass. →Wortbildung.

Desambiguierung →Disambiguierung.

Designat [lat. *dēsīgnāre* ›bezeichnen‹] →Denotat.

Designation.
(1) →Denotation (2), →Extension.
(2) In der →Glossematik die Beziehung zwischen →Form (= linguistischer Aspekt) und →Substanz (außerlinguistischer Aspekt) auf der Inhaltsebene.

Lit.: →Glossematik.

Designator. In CH. W. MORRIS' Zeichentheorie (→Semiotik) →Zeichen, die beobachtbare Eigenschaften von Objekten der realen Welt bezeichnen. Wenn der Zeichenempfänger überzeugt ist, daß das gemeinte Objekt die ihm durch den D. zugeschriebenen Eigenschaften wirklich besitzt, so ist – auch wenn dies nicht zutrifft – informative Adäquatheit erreicht.

Lit.: Ch. W. Morris [1946]: Sign, language and behavior. New York. Dt.: Zeichen, Sprache und Verhalten. Düsseldorf 1973, S. 159–164.

Deskription [lat. *dēscrīptiō* ›Beschreibung‹] →Kennzeichnung.

Deskriptive Adäquatheit →Adäquatheitsebenen.

Deskriptive Äußerung →Konstative Äußerung.

Deskriptive Grammatik →Deskriptive Linguistik (2).

Deskriptive Linguistik.
(1) Im engeren Sinn [Auch: →Amerikanischer Strukturalismus, Bloomfieldschule, →Taxonomischer Strukturalismus]: Bezeichnung für die von L. Bloomfield, Z. S. Harris, H. A. Gleason u.a. vertretenen Richtungen des Amerikanischen Strukturalismus, wobei durch das Etikett »deskriptiv« unterschiedliche Aspekte akzentuiert werden: (a) synchronische Linguistik im Sinne von de Saussure [1916] ohne Bezug auf historische Zusammenhänge; (b) Beschreibung von Einzelsprachen durch Generalisierung von Corpusanalysen, im Unterschied zur Erstellung von Universalgrammatiken (z.B. Boas' Vorgehen bei der Untersuchung amerikanischer Indianersprachen), (c) empirisch positivistisches Vorgehen, d.h. auf Beobachtung beruhende objektive Bestandsaufnahme mit distributioneller Analyse (z.B. Harris' →Distributionalismus). (2) Im weiteren Sinn [Auch: Deskriptive Grammatik]: jede wertungsfreie, d.h. nicht präskriptiv/normativ orientierte Form der Sprachbeschreibung, die durch Gebrauch gerechtfertigte Regularitäten in unterschiedlichen Varietäten kodifiziert. →Amerikanischer Strukturalismus, →Distributionalismus, →Strukturalismus, →Sprachwissenschaft (Geschichte).

Lit.: W. P. Lehmann [1976]: Descriptive linguistics. New York.

Deskriptivität. Tendenz zu beschreibenden Namen- und Gegenstandsbezeichnungen, vor allem in polysynthetischen Sprachen Amerikas; vgl. →Irokesisch (Oneida) *skahnaks* ›Fuchs‹, wörtlich ›der bezüglich seines Felles schlecht Seiende‹. →Polysynthese.

Deskriptor →Semantisches Merkmal.

Desubstantivum [Pl. Desubstantiva; lat. *de-* ›aus‹]. Von Substantiven abgeleitete Wörter, z.B. *hämmern* von *Hammer*, *rüpelhaft* von *Rüpel*, oder engl. *helpless* von *help*, frz. *automnal* von *automne*.

Lit.: →Wortbildung.

Deteriorativ →Pejorativ.

Determinans [Pl. Determinantien; lat. *dētermināre* ›bestimmen‹. – Auch: Determinator, Determinierer]. Kategorie von Wörtern, die ein Nomen näher bestimmen. Im Dt. gehören dazu die →Artikel, →Demonstrativa und andere (früher meist zu den →Pronomina gerechnete) Wörter. Die Abgrenzung der Klasse ist problematisch (vgl. H. VATER [1986]). Während man die D. ursprünglich als →Konstituente einer →Nominalphrase ansah (als →Ko-Konstituente von *N*), faßt man sie in der →Bindungstheorie neuerdings als Realisierungen einer funktionalen Kategorie *D* auf, die eine →Determinansphrase (*DP*) als →Maximale Projektion hat und Träger der grammatischen Merkmale der *DP* (Person, Kasus, Genus, Numerus) ist. Semantisch determinieren die D. das begleitende N, sie grenzen seine →Referenz ein. So macht *der* das *N* definit, d.h. bestimmt es als (durch den Kontext, das Wissen des Hörers oder durch Bezug auf die Sprechsituation) »bekannt« (vgl. J. A. HAWKINS [1978]). Ähnlich funktioniert *dieser*, doch ist *dieser* auf →Deixis (Bezug auf Sprechsituation) und Anaphorik (Bezug auf im Kontext Vorerwähntes) beschränkt, kann also nicht auf »Weltwissen« Bezug nehmen. Daher kann es *das* in *Ich sehe ein Dorf. Das/Dies Dorf gefällt mir.* ersetzen, nicht aber *die* in *Ich sehe ein Dorf. Die/*Diese Kirche gefällt mir.* (vgl. dazu H. VATER [1963]). D. können »generisch« verwendet werden: *Es irrt der Mensch, so lang er strebt* (GOETHE). →Generizität.

Lit.: H. M. HEINRICHS [1954]: Studien zum bestimmten Artikel in den germanischen Sprachen. Gießen. – H. VATER [1963]: Das System der Artikelformen im gegenwärtigen Deutsch. 2., verb. Aufl. Tübingen 1979. – A. KASHER/D. M. GABBAY [1976]: On the semantics and pragmatics of specific and nonspecific indefinite expressions. In: TL 3, S. 145–190. – I. OOMEN [1977]: Determination bei generischen, definiten und indefiniten Beschreibungen im Deutschen. Tübingen. – J. A. HAWKINS [1978]: Definiteness and indefiniteness. London. – J. VAN DER AUWERA [1980]: The semantics of determiners. London. – I. HEIM [1982]: The semantics of definite and indefinite noun phrases. Konstanz. – H. VATER [1982]: Der »unbestimmte« Artikel als Quantor. In: W. WELTE (ed.): Sprachtheorie und Angewandte Linguistik. Tübingen, S. 67–74. – H. VATER [1984]: Determinantien und Quantoren im Deutschen. In: ZS 3, S. 19–42. – S. LÖBNER [1985]: Definites. In: JSem 4, S. 279–326. – H. VATER [1986]: Zur Syntax der Determinanten. Tübingen.

Determinansphrase [Abkürzung: DP]. →Syntaktische Kategorie (bzw. →Phrase), die in der neueren Rektions- und →Bindungstheorie als →Maximale Projektion einer funktionalen Kategorie *D* angenommen wird, unter der die Kongruenz-Merkmale *AGR* (engl. *agreement*) der *DP* (Kasus, Genus, Numerus, Person) positioniert sind. Eine →Nominalphrase (*NP*) bildet nach dieser Auffassung ein →Komplement von *D*, wobei die *AGR*-Merkmale von *D* auf die Komplement-*NP* übertragen werden durch →Perkolation. *AGR* kann als →Determinans-Endung realisiert werden, aber z.B. auch als Endung eines Adjektivs. Demnach bildet *der* in *der große Baum* den Kern der *DP*, *große Baum* sein Komplement. Die D-Position kann lexikalisch realisiert sein durch ein Determinans oder auch das Merkmal [Poss] (nach OLSEN [1989] bzw. *'s* (nach ABNEY [1987]) enthalten, das der Specifier-Position der *DP* den KasusGenitiv(bzw.»Possessiv«) zuweist. Pronomina sind Pro-*DPs* (d.h. »intransitive« D-Elemente), da sie eine *DP* ganz ausfüllen; gleiches gilt auch für Determinantien ohne *NP*-Komplement: *der (Anzug) paßt.* →Determinans.

Lit.: S. P. ABNEY [1987]: The English noun phrase in its sentential aspect. Cambridge, Mass. (Diss. MIT). – S. FELIX [1988]: The structure of functional categories. Ms. Univ. Passau. – H. HAIDER [1988]: Die Struktur der deutschen NP. In: ZS 7, S. 32–59.

Determination [lat. *dēterminātio* ›Abgrenzung‹].
(1) Syntaktisch-semantische Relation zwischen zwei sprachlichen Elementen, von denen das eine das andere näher bestimmt (determiniert), vgl. z.B. die →Nominalphrase *ein wissenschaftliches Buch*, in der das Nomen *Buch* durch das Adjektiv *wissenschaftlich* näher bestimmt wird (→Bestimmungsrelation).
(2) In der →Glossematik Bezeichnung für →Dependenz: Einseitige Abhängigkeitsbeziehung zwischen zwei sprachlichen Elementen in der Form, daß das eine Element das andere voraussetzt, aber nicht umgekehrt; vgl. z.B. die Relation zwischen Präposition und abhängigem Kasus oder zwischen Adverb und Adjektiv.
Lit.: →Glossematik.

Determinationsrelation →Bestimmungsrelation.

Determinativkompositum [Auch: Endozentrisches Kompositum]. Häufigste nominale Wortzusammensetzung, in der das zweite Glied (das Grundwort) durch das erste Glied (das Bestimmungswort) semantisch determiniert wird: *Konferenztisch, Wetterkarte,* engl. *dance hall.* Die grammatischen Beziehungen zwischen den Einzelelementen innerhalb des Kompo-

situms sind weitgehend gelöscht, die Reihenfolge der Elemente allein steuert die Interpretation: eine *Dorfstraße* ist eine Straße, ein *Straßendorf* aber ein Dorf. Bei der Interpretation der (potentiell mehrdeutigen) Bedeutungsbeziehung zwischen Erst- und Zweitglied haben perzeptuelle Kategorien wie Aussehen, Größe, Funktion, Beschaffenheit u.a. eine steuernde Funktion, vgl. *Goldküste* (»Fundort«), *Goldschwefel* (»Bestandteil«), *Goldkugel* (»Beschaffenheit«), *Goldwaage* (»Funktion«), *Goldfasan* (»Vergleich«). In neueren Untersuchungen zur Komposition werden diese Bedeutungsbeziehungen auf der Basis von »Stereotypen« beschrieben, vgl. →Stereotyp (2).
Lit.: →Komposition, →Stereotyp, →Wortbildung.

Determinator →Artikel, →Determinans.

Determinierer →Determinans.

Deutsch [ahd. *diutisc* ›volksmäßig‹, aus germ. **Þeudō* ›Volk‹ mit Adjektivableitung germ. *-iska-* zur Bezeichnung der Abstammung, Herkunft]. Westgerm. Sprache, die in verschiedenen Dialektvarianten von ca. 90 Mio. Sprechern in Deutschland (77 Mio.), Österreich (7.5 Mio.), Schweiz (4 Mio.), Liechtenstein u.a. als Muttersprache gesprochen wird, außerdem von ca. 40 Mio. als Mutter- oder Zweitsprache in Frankreich (Elsaß), Italien (Südtirol), Belgien, Rumänien, Polen, der Sowjetunion sowie in außereuropäischen Auswanderungsländern (USA, Argentinien, Brasilien, Kanada u.a.). Von den übrigen →Germanischen Sprachen unterscheidet sich das D. durch die →Zweite (»Hochdeutsche«) Lautverschiebung, in der die stimmlosen Verschlußlaute [p,t,k] je nach Stellung zu Reibelauten oder Affrikaten verschoben wurden, vgl. engl. *ship, foot, book* mit dt. *Schiff, Fuß, Buch,* bzw. engl. *apple, sit* mit dt. *Apfel, sitzen.* Auf die unterschiedliche regionale Ausbreitung der Zweiten Lautverschiebung gründet sich die Unterscheidung zwischen Niederdeutsch (*ik, maken, dorp, dat, appel*), Mitteldeutsch (*ich, machen, dorf, das, appel*) und Oberdeutsch (*ich, machen, dorf, das, apfel*). Wenngleich die Periodisierung des D. nicht unumstritten ist (vgl. WOLF [1984]), lassen sich doch folgende Hauptentwicklungsphasen unterscheiden: (a) Althochdeutsch: (von Beginn der schriftlichen Überlieferung im 8. Jh. bis 1050) in lautlicher Hinsicht gekennzeichnet durch die Ausbreitung der Lautverschiebung sowie den Beginn des i-Umlauts (→Umlaut), im lexikalischen Bereich durch starken Einfluß des →Lateinischen. Träger der schriftlichen Überlieferung (vor allem lat. Übersetzungen und Stabreimdichtungen) ist die Klosterkultur der Mönche bzw. ihre dialektal bestimmten Schreibstufen. (b) Mittelhochdeutsch (von 1050 bis 1350), unterteilt in Frühmittelhochdeutsch (1050–1170/80), Klassisches Mittelhochdeutsch (1170/80–1250) und Spätmittelhochdeutsch (1250–1350). Der Übergang vom Ahd. zum Mhd. ist in lautlicher Hinsicht vor al-

lem durch Endsilbenverfall gekennzeichnet (ahd. *scôno* > mhd. *schône* > nhd. *schon*), während →Monophthongierung (mhd. *lieber müeder bruoder* > nhd. *lieber müder Bruder*), →Diphthongierung (mhd. *mîn níuwez hûs* > nhd. *mein neues Haus*) und →Dehnung in offener Tonsilbe (mhd. *wege* [vɛgə] > nhd. *Wege* [veːgə]) u.a. den Unterschied zwischen Mhd. und Nhd. bestimmen. Der Wortschatz der höfischen Epik ist von frz. Einflüssen geprägt. Träger der literarischen Tradition sind vor allem Kleriker und Ritter. Starke Ausweitung des dt. Sprachgebiets durch die Ostkolonisation. (c) Frühneuhochdeutsch (1350–1650): durch LUTHER und die Reformation, die Erfindung des Buchdrucks sowie das Aufkommen des Bürgertums geprägte Epoche, in der verschiedene Dialektvarianten wie das Mittelniederdeutsche der Hanse, das »Gemeine Deutsch« der habsburgischen Kanzlei in Süddeutschland, das »Meißnische Deutsch« des Wettiner Territoriums um Durchsetzung als Einheitssprache miteinander konkurrieren. Auf der Basis des Ostmitteldeutschen und als Ergebnis von Ausgleichsbewegungen zwischen Nord und Süd setzt sich im Laufe des 18. Jh. das (d) Neuhochdeutsche als einheitliche Schriftsprache mit zahlreichen Varianten und Unterschieden vor allem im lautlichen und lexikalischen Bereich durch. – Grammatische Kennzeichen (im Unterschied zu anderen germ. Sprachen): keine sth. Verschlußlaute in der Silbenkoda (→Auslautverhärtung); relativ reich ausgebildetes Flexions-

und produktives Kasussystem; feste Regeln der Stellung des finiten Verbs (→Verbstellung) bei sonst relativ freier →Wort-und Satzgliedstellung.

Lit.: Zur Geschichte der dt. Sprache: J. GRIMM [1848]: Geschichte der deutschen Sprache. Leipzig. – A. BACH [1938]: Geschichte der deutschen Sprache. Mit 6 Karten. Leipzig, 8. Aufl. 1968. – H. MOSER [1950]: Deutsche Sprachgeschichte. Stuttgart. 6. erw. Aufl. Tübingen 1969. – H. EGGERS [1986]: Deutsche Sprachgeschichte. 2 Bde. 2. überarb. und erg. Aufl. Reinbek. – F. TSCHIRCH [1966/69]: Geschichte der deutschen Sprache. 2 Bde. Berlin. – P. v. POLENZ [1970]: Geschichte der deutschen Sprache. Erw. Neubearb. der früheren Darstellung von HANS SPERBER. 8. verb. Aufl. Berlin 1972. – J. SCHILDT [1984]: Abriß der Geschichte der deutschen Sprache. Zum Verhältnis von Gesellschafts- und Sprachgeschichte. 3. überarb. Aufl. Berlin. – S. SONDEREGGER [1979]: Grundzüge deutscher Sprachgeschichte: Diachronie des Sprachsystems. Bd.1: Einführung, Genealogie, Konstanten. Berlin. – W. BESCH u.a. (eds.) [1984/85]: Sprachgeschichte. Ein Handbuch zur Geschichte der deutschen Sprache und ihrer Erforschung. 2 Bde. Berlin (= HSK 2.2). – W. ADMONI [1989]: Historische Syntax des Deutschen. Tübingen. – W. BESCH/K. P. WEGERER (eds.) [1989]: Frühneuhochdeutsch: Zum Stand der sprachwissenschaftlichen Forschung. Zeitschrift für dt. Philologie. Sonderheft. Berlin, S. 293ff.
Wörterbücher aller Sprachstufen: J. CH. ADELUNG [1774/86]: Versuch eines vollständigen grammatisch-kritischen Wörterbuches der Hochdeutschen Mundart, mit beständiger Vergleichung der übrigen Mundarten, besonders aber der oberdeutschen. 5 Bde. Leipzig. Nachdruck Hildesheim 1970. – E. G. GRAFF [1834/46]: Althochdeutscher Sprachschatz oder Wörterbuch der althochdeutschen Sprache. 6 Teile und Index, ed. von H. F. MASSMANN. Berlin. – J. GRIMM/W. GRIMM [1852/60]: Deutsches Wörterbuch. 16 Bde. Leipzig. Neu ed. von der Dt. Ak. d. Wiss. Berlin 1966ff. – G. F. BENECKE/W. MÜLLER/F. ZARNCKE [1854/61]: Mittelhochdeutsches Wörterbuch. 3 Bde. Leipzig. – M. LEXER [1872/78]: Mittelhochdeutsches Handwörterbuch. 3 Bde. Leipzig. – H. PAUL [1897]: Deutsches Wörterbuch. 7. durchges. und verb. Auflage, bearb. von W. BETZ. Tübingen 1976. – F. DORNSEIFF [1933]: Der deutsche Wortschatz nach Sachgruppen. 7. Aufl. Berlin 1970. – A. GÖTZE/W. MITZKA (eds.) [1939/57]: Trübners Deutsches Wörterbuch. 8 Bde. Berlin. – E. KARG-GASTERSTÄDT/T. FRINGS [1952ff.]: Althochdeut-

sches Wörterbuch. (bisher 3 Bde.) Berlin. – R. KLAPPENBACH/W. STEINITZ (eds.) [1961/77]: Wörterbuch der deutschen Gegenwartssprache. 6 Bde. Berlin. – E. MATER [1967]: Rückläufiges Wörterbuch der dt. Gegenwartssprache. Leipzig. – G. WAHRIG [1968]: Deutsches Wörterbuch. Mit einem »Lexikon der dt. Sprachlehre«. Gütersloh 1977. – H. WEHRLE/H. EGGERS [1968]: Deutscher Wortschatz. Ein Wegweiser zum treffenden Ausdruck. 2 Bde. Frankfurt. – DUDEN [1976/81]: Das große Wörterbuch der deutschen Sprache. Ed. von G. DROSDOWSKI. 6 Bde. →Dialektwörterbuch, →Etymologie, →Lexikographie, →Umgangssprache.
Grammatiken der Gegenwartssprache: G. HELBIG/J. BUSCHA [1974]: Deutsche Grammatik. Ein Handbuch für den Ausländerunterricht. 8. neubearb. Aufl. Leipzig. – DUDEN [1984]: Grammatik der deutschen Gegenwartssprache. G. DROSDOWSKI (ed.), 4. völlig neu bearb. und erw. Aufl. Mannheim 1984. – W. JUNG/G. STARKE [1980]: Grammatik der deutschen Sprache. 6. neubearb. Aufl. Leipzig. – K. E. HEIDOLPH u.a. [1981]: Grundzüge einer deutschen Grammatik. Von einem Autorenkollektiv unter der Leitung von K. E. HEIDOLPH, W. FLÄMIG, W. MOTSCH. Berlin. – P. EISENBERG [1986]: Grundriß der deutschen Grammatik. 2. überarb. u. erw. Auflage. Stuttgart 1989. – U. ENGEL [1988]: Deutsche Grammatik. Heidelberg. – L. GÖTZE /E. W. B. HESS-LÜTTICH [1989]: Knaurs Grammatik der deutschen Sprache: Sprachsystem und Sprachgebrauch. München.
Grammatiken früherer Sprachstufen: →Historische Grammatiken.
Deutsch in Österreich: ÖSTERREICHISCHES WÖRTERBUCH. Ed. im Auftrag des Bundesministeriums für Unterricht und Kultus. 35. völlig rev. und erw. Aufl. Wien 1979. – I. REIFFENSTEIN [1983]: Deutsch in Österreich. In: I. REIFFENSTEIN u.a.: Tendenzen, Formen und Strukturen der deutschen Standardsprache nach 1945. Marburg, S. 15–27. – P. WIESINGER (ed.) [1989]: Österreichisches Deutsch. Wien. –
Deutsch in der Schweiz: SCHWEIZERISCHES IDIOTIKON [1881ff.]: Wörterbuch. Frauenfeld. – K. STUCKI [1921]: Schweizerdeutsch. Abriß einer Grammatik mit Laut- und Formenlehre. Zürich. – R. HOTZENKÖCHERLE [1962ff.]: Sprachatlas der deutschen Schweiz. Bern. – A. LÖTSCHER [1983]: Schweizerdeutsch: Geschichte, Dialekte, Gebrauch. Stuttgart-Frauenfeld.
Dialekte: →Dialektologie.
Handbücher und Nachschlagewerke: W. STAMMLER (ed.) [1952]: Deutsche Philologie im Aufriß. 3 Bde. 2., überarb. Aufl. Berlin 1969. – E. AGRICOLA/W. FLEISCHER/H. PROTZE (eds.) [1969/70]: Die deutsche Sprache. Kleine Enzyklopädie. 2 Bde.

Leipzig. - H. P. Althaus/H. Henne/H. E. Wiegand (eds.) [1973]: Lexikon der germanischen Linguistik. Tübingen. 2. vollst. neu bearb. u. erw. Aufl. 1980. *Bibliographien:* M. Lemmer [1968]: Deutscher Wortschatz. Bibliographie zur deutschen Lexikologie. Halle 1968. - M. F. Hellmann [1976]: Bibliographie zum öffentlichen Sprachgebrauch in der Bundesrepublik Deutschland und in der DDR. Düsseldorf. - P. Kühn [1978]: Deutsche Wörterbücher. Eine systematische Bibliographie. Tübingen 1978. (= [RGL 15). - I. T. Piirainen [1980]: Frühneuhochdeutsche Bibliographie. Literatur zur Sprache des 14.-17. Jh. Tübingen. - P. Eisenberg / A. Gusovius [1988]: Bibliographie zur deutschen Grammatik 1965-1986. 2. überarb. und erw. Aufl. Tübingen. →Sprachwissenschaft (Bibliographien).

Deverbativum [Pl. Deverbativa; lat. *de-* ›aus‹]. Durch →Ableitung (= →Derivation) von Verben neugebildete Wörter: *Beruhigung* von *beruhig(en)*, *ablesbar* von *ables(en)*, *tränk(en)* von *trink(en)*, oder engl. *misanalyze* aus *analyze*, frz. *équipement* aus *équiper*.

Lit.: →Wortbildung.

Deviation →Abweichung.

Dhimotiki →Griechisch.

Dia- [griech. *diá* ›durch (-hin)‹]. Bezeichnet als Erstglied in Wortzusammensetzungen den Umstand der Verschiedenartigkeit, vgl. diaphasisch, diasituativ, diastratisch, diatopisch als Bezeichnungen für zeitlich, situativ, sozialschichtspezifisch, räumlich differente Sprachzustände (z.B. →Soziolekte als diastratische, →Dialekte als diatopische Sprachvarietäten); vgl. auch →Diachronie.

Diachronie [*chrónos* ›Zeit‹]. Von F. de Saussure eingeführte Bezeichnung für die von den Junggrammatikern im 19. Jh. fast ausschließlich betriebe-

ne Historisch-Vergleichende Sprachwissenschaft, deren atomistische Vorgehensweise (z.B. Untersuchung der Entwicklung einzelner Laute oder Formen ohne Berücksichtigung des Systemcharakters von Sprache) von de Saussure heftig kritisiert wird. In der Dichotomie →Synchronie vs. Diachronie wird der D. eine untergeordnete, die synchronische Betrachtungsweise allenfalls ergänzende, Funktion zugewiesen. Die insgesamt ahistorische, rein deskriptive Sprachbetrachtung strukturalistischer Forschungsrichtungen hat diese Gewichtung weitgehend übernommen. Erst seit Mitte der 60er Jahre sind Probleme der Sprachveränderung wieder stärker ins Forschungsinteresse gerückt, vgl. unter →Sprachwandel.

Lit.: →Historisch-Vergleichende-Sprachwissenschaft, →Sprachwandel, →Synchronie vs. Diachronie.

Diärese [griech. *diaíresis* ›Trennung‹]. Trennung zweier aufeinanderfolgender Vokale und deren Verteilung auf zwei Silben, z.B. in dt. *ideal* oder in frz. *ouvrier*. Die »Kluft« zwischen beiden Vokalen bezeichnet man als →Hiat(us). D. wird bisweilen in der Schrift durch ein →Trema angezeigt, z.B. in frz. *Noël* ›Weihnachten‹.

Dia-Hyponymie [griech. *hypó* ›unter‹, *ónyma* ›Name‹. – Auch: Inkonymie]. Paradigmatische Bedeutungsrelation. Spezialfall der →Hyponymie-Relation: Zwei (oder mehrere) sprachliche Ausdrücke stehen in der Beziehung der D., wenn sie sich als Unterbegriffe durch ein gemeinsames Merkmal von ande-

ren Unterbegriffen unterscheiden. So unterscheiden sich die
Ausdrücke *Mutter*, *Tochter*,
Schwester aus dem Bedeutungsfeld der ›Verwandtschaftsbeziehungen‹ durch das Merkmal
[direkte Verwandtschaft] von
Tante, *Nichte*, *Cousine* bzw.
durch [weibl.] von *Vater*, *Sohn*,
Bruder.

Lit.: →Hyponymie, →Semantische Relation.

Diakritische Zeichen [griech.
diakritikós ›unterscheidend‹].
Zusätze an oder in Schriftzeichen, mit denen bestimmte Unterscheidungen getroffen werden sollen. Als ökonomische
Hilfszeichen haben D. Z. die
Funktion, den Bestand an phonetischen Grundzeichen möglichst klein und übersichtlich zu
halten. So dient im Dt. das →Tre-
ma zur Unterscheidung zwi-
schen *ä*, *ö*, *ü* und *a*, *o*, *u*. Im
IPA (→Lautschrift) wird ein dar-
untergesetzter oder – bei Unter-
länge – darübergestellter kleiner Ring zur Unterscheidung
zwischen stimmlosen und
stimmhaften Konsonanten verwendet: [b̥], [d̥], [g̊] gegenüber [b],
[d], [g]. Bei Silbenschriften können D. Z. dazu dienen, ausgehend von einem Grundzeichen
mit standardisierter Vokalisierung, die restlichen Vokalisie-
rungen anzuzeigen (z.B. *o* im
Siames., *a* in den Schriften Indiens). – Beispiele aus Orthographien mit lat. Basis: *ā* für [aː] im
Lett., *ă* für [ə] im Rumän., *ů* für
[uː] im Tschech., á für [aɷ] im Isländ., *ñ*, *Ñ* für [ɲ] im Span., ø
für [ø] im Norweg., è für [ɛ] im
Frz., *ṅ* und *o* für [ŋ] bzw. [ɔ] im
Igbo. – Am Altgriech. orientiert
sich die Schreibung des
Neugriech., so daß es hier zu

zahlreichen (fast durchweg
überflüssigen) D. Z. kommt. Etliche D. Z. gibt es sowohl im
Hebräischen als auch in den
verschiedenen Orthographien
auf arab. Basis. Eine exponierte
2 kann im Indones. →Redupli-
kation bezeichnen: *orang*² für
orang-orang (›Menschen‹) gegenüber *orang* (›Mensch‹). –
D. Z. werden auch benützt, um
anzuzeigen, daß nicht ein Laut,
sondern eine Zahl gemeint ist,
z.B. griech. *ε′* für 5 gegenüber *ε*
für /e/. Vgl. auch →Akut, →Ce-
dille, →Gravis, →Lautschrift,
→Tilde, →Trema, →Zirkumflex.

Lit.: →Schrift.

Dialekt [griech. *diálektos*
(*phonē*) ›die im Umgang gesprochene Sprache‹, lat. *dialectus*]. Sprachsystem (i.S. von
→Langue), das (a) zu anderen
Systemen ein hohes Maß an
Ähnlichkeit aufweist, so daß
eine – zumindest partielle –
wechselseitige Verstehbarkeit
möglich ist; (b) regional gebunden ist in dem Sinne, daß die regionale Verbreitung dieses Systems nicht das Gebrauchsge-
biet eines anderen Systems
überlappt; (c) keine Schriftlichkeit bzw. Standardisierung im
Sinne offiziell normierter orthographischer und grammatischer Regeln aufweist. – Die Bezeichnung D. (als Fremdwort)
wird in der Regel synonym verwendet mit ›Mundart‹, einer im
17. Jh. entstandenen Übersetzung von griech.-lat. *dialectus*
(analog zu (veraltetem) *Schreibart*, *Redart*). Eine durch J.
GRIMM [1848] angeregte Differenzierung zwischen Dialekt
als Oberbegriff (z.B. ›germanische Dialekte‹) und Mundart
als kleinteiligerer Ordnungs-

einheit hat sich nicht durchgesetzt. – Als Objektbereich der
→Dialektologie läßt sich D. nur
jeweils einzelsprachlich definieren, wobei neben linguistischen Kriterien auch außersprachliche Aspekte wie to-
pographische Verhältnisse (Gebirge und Flüsse als natürliche
Begrenzungen), Verkehrswege,
politische und religiöse Zentren
bei der Untersuchung von Zustand und Entstehung der dialektalen Struktur eine wichtige
Rolle spielen. Unter genetisch-
historischem Aspekt sind die D.
älter als die ›Hochsprache‹ und
daher in ihrer heutigen Ausprägung als Reflex historischer
Entwicklung anzusehen. Da D.
durch ihre mündliche, keinen
Normierungen unterworfene
Tradition ›natürlicher‹ sind als
Hochsprachen, eignen sie sich
besonders gut zur Überprüfung
linguistischer Hypothesen über
historische Prozesse, wie sowohl an junggrammatischen als
auch strukturalistischen Untersuchungen deutlich wird (vgl.
hierzu die wissenschaftsgeschichtlichen Hinweise unter
→Dialektologie). Neuere Untersuchungen zum D. sind zunehmend von soziolinguistischen
Fragestellungen geprägt, sie beziehen sich vor allem auf die unterschiedlichen Verwendungs-
ebenen von D. und Hochsprache, den geringeren Öffentlichkeitsgrad des D. sowie mögliche
Korrelationen zwischen D. und
Sozialschicht. Vgl. →Soziolin-
guistik. – Abweichend von dem
hier skizzierten Gebrauch wird
im anglo-amerikanischen
Raum *dialect* auch als (neutrales) Synonym für →Varietät verwendet.

Lit.: U. AMMON [1983]: Vorbereitung einer
Explizit-Definition von »Dialekt« und benachbarten Begriffen mit Mitteln der formalen Logik. In: K. MATTHEIER (ed.): Aspekte der Dialekttheorie. Tübingen, S.
27-68. – H. LÖFFLER [1982]: Gegenstands-
konstitution in der Dialektologie: Sprache
und ihre Differenzierungen. In: Handbuch Dialektologie [HSK 1.1.], S. 424-440.
→Dialektologie.

Dialektgeographie →Sprach-
geographie.

Dialektik [griech. *dialektikē*
(*téchnē*) ›Kunst des Ge-
sprächs‹]. Ursprünglich die
Lehre von korrektem Argu-
mentieren bei strittigen Sachverhalten, von ARISTOTELES aus
PLATONS dialogischer Methode
der Wahrheitsfindung entwik-
kelt; im Mittelalter, als Teil des
sprachlichen »Triviums«, logische Schuldisziplin neben
Grammatik und Rhetorik,
dann weiter spezialisiert zur
→Formalen Logik bzw. ausge-
weitet zur »dialektischen« Er-
kenntnismethode. Die moderne
→Rhetorik (PERELMAN) definiert die D. nach antikem Vorbild als »Technik der Kontroverse«.

Lit.: CH. PERELMAN [1977]: L'empire rhétorique. Rhétorique et argumentation. Paris. Dt.: Das Reich der Rhetorik. Rhetorik
und Argumentation. München 1980.

Dialektkartographie. Dokumentation dialektaler Zustände
und Entwicklungen in Form
von geographisch fundierten
Karten, in der die Ergebnisse
dialektgeographischer Analysen entweder als unverschlüs-
selter Text (z.B. einzelne Wörter
in ihrer regionalen Verbreitung) oder in Symbolform präsentiert werden. – Im Hinblick
auf die Kartiermethode ist zu
unterscheiden zwischen Punkt-
darstellungen (jedem einzelnen

Belegort werden die jeweiligen Sprachdaten kartographisch zugeordnet) und Flächendarstellungen (Gebiete mit gleichen sprachlichen Merkmalen werden durch Linien begrenzt); unter thematischen Gesichtspunkten werden Karten für einzelne linguistische Beschreibungsebenen (phonetisch-phonologische K. (= Lautkarten), morphologische K. (= Formenkarten), lexikalische K. (= Wortkarten) und Syntaxkarten) von Kombinationskarten unterschieden, die einen kumulativen Überblick über die dialektale Raumgliederung ermöglichen. Zu einer differenzierteren Kartentypensystematik innerhalb der strukturalistischen Dialektologie vgl. Goossens [1969] S. 29–45. – Eine zusammenfassende Darstellung dialektaler Erscheinungen für eine ganze Region bzw. einen gesamten Sprachraum leistet der →Sprachatlas.

Lit.: J. Goossens [1969]: Strukturelle Sprachgeographie. Heidelberg. – W. Besch u.a. (eds.): Handbuch der Dialektologie (= HSK 1.1). Darin: Kap. 6: Arbeitsverfahren in der Dialektologie: Datenpräsentation und Ergebnisdarstellung, S. 640–723; Kap. 7: Computative Arbeitsverfahren in der Dialektologie, S. 724–806.

Dialektmerkmal →Primäres vs. Sekundäres Dialektmerkmal.

Dialektologie. Sprachwissenschaftliche Teildisziplin, die sich mit →Dialekten beschäftigt. – Die Anfänge der D. reichen – von einigen früheren Glossaren und →Idiotika abgesehen – in die Anfänge der Sprachwissenschaft des 19. Jh. zurück (vgl. Schmeller [1821]); die Sprachauffassung der Romantik wertet die bislang geringgeschätz-

ten »Volksmundarten« als »ursprünglichere« Sprachformen auf; die historisch-vergleichende Methode wird auch auf Dialekte angewandt, um frühere Sprachstufen zu rekonstruieren. – Bei der Erforschung allgemeiner sprachhistorischer Prinzipien durch die →Junggrammatiker werden die Dialekte sogar als der Schriftsprache überlegen angesehen, da hier die Konsequenz der Lautgestaltung unverfälscht zutage trete. Es entstehen zahlreiche lauthistorische dialektologische Arbeiten und synchronische Beschreibungen von Ortsmundarten (→Ortsgrammatik), in denen der gegenwärtige Sprachzustand mit historischen Sprachstufen in Beziehung gesetzt wird (vgl. als eine der ersten und wichtigsten Arbeiten Winteler [1876]). – Der räumlichen Ausbreitung differierender Formen und Varietäten, der Suche nach »Dialektlandschaften« gilt das Forschungsinteresse der gegen Ende des 19. Jh. entstehenden →Dialektgeographie (oftmals als Synonym für »Dialektologie« verstanden und verwendet; zu Methoden der Ergebnisdarstellung vgl. →Dialektkartographie, →Sprachatlas). Die Ergebnisse zeigten entgegen der ursprünglichen Annahme gerade keine »homogenen« Dialekte im Sinne einheitlich verlaufender →Isoglossen, sondern eine Vielzahl sich kreuzender und gegenläufiger sprachlicher Grenzlinien. – Bei der (»extra-linguistischen«) Interpretation solcher Grenzlinien entdeckte man die Relevanz naturräumlicher, politischer und soziokultureller Voraussetzungen: Viele Isoglossenverläufe entsprechen historischen Verkehrswegen, Landes- und Bistumsgrenzen etc. (zum »kulturmorphologischen« Ansatz vgl. AUBIN/FRINGS/MÜLLER [1926]). Sprachinterne Erklärungsversuche stehen dagegen in strukturalistisch orientierten Arbeiten (vgl. WEINREICH [1953]) im Vordergrund; dialektale Verschiedenheiten werden hier als lokal differierende Optimierungsversuche historischer Ausgangssysteme - z.B. des Mhd. - interpretiert (vgl. MOULTON [1960], [1961]). - Impulse aus der →Soziolinguistik führen seit den 60-er Jahren zur verstärkten Einbeziehung sozialwissenschaftlicher Methoden und der Entwicklung sozialdialektologischer Fragestellungen mit verschiedenen Schwerpunkten: (a) schicht-spezifische Verteilung von Dialekt und Einheitssprache, Dialekt als »restringierter Kode« (→Kode-Theorie) und »Sprachbarriere« (vgl. Überblick in MATTHEIER [1980]); (b) Kovariation von sprachlichen, makrosozialen und situativen Kategorien (vgl. →Diglossie), soziale Bedingungen von Sprachvariation und Sprachwandel (LABOV [1963], [1978]; TRUDGILL [1983]; SCHEUTZ [1985]); (c) kommunikative Funktion des konversationellen Einsatzes verschiedener Sprachvarietäten (vgl. →Kontextualisierung) (GUMPERZ [1978], GAL [1978]).

Einführungen und Handbücher: A. BACH [1950]: Deutsche Mundartforschung. Ihre Wege, Ergebnisse und Aufgaben. 3. Aufl. Heidelberg 1969. - E. SCHWARZ [1950]: Die deutschen Mundarten. Göttingen. - V. M. SCHIRMUNSKI [1962]: Deutsche Mundartkunde. (Aus dem Russ. übers. und wiss. bearb. v. W. FLEISCHER) Berlin. - J. GOOSSENS [1966]: Deutsche Dialektologie. Berlin. - L. E. SCHMITT (ed.) [1968]: Germanische Dialektologie. FS für W. Mitzka. 2 Bde. Wiesbaden. - J. GOOSSENS [1969]: Strukturelle Sprachgeographie. Heidelberg. - H. LÖFFLER [1972]: Probleme der Dialektologie. Eine Einführung. 2. durchges. u. erw. Aufl. Darmstadt 1980. - T. L. MARKEY [1977]: Prinzipien der Dialektologie. Einführung in die dt. Dialektforschung. Mit einer ausführlichen Bibliographie. Grossen-Linden. - J. GÖSCHEL/P. IVIC/K. KEHR (eds.) [1980]: Dialekt und Dialektologie. Wiesbaden. - J. K. CHAMBERS/P. TRUDGILL [1980]: Dialectology. Cambridge. - K. J. MATTHEIER [1980]: Pragmatik und Soziologie der Dialekte: Einführung in die kommunikative Dialektologie des Deutschen. Heidelberg. - W. BESCH u.a. (eds.) [1982/1983]: Dialektologie. Ein Handbuch zur deutschen und allgemeinen Dialektforschung. 2 Halbbde. Berlin. (= Handbuch Dialektologie. HSK 1.1., 1.2.) - H. NIEBAUM [1983]: Dialektologie. Tübingen. - P. TRUDGILL [1983]: On Dialect. Social and geographical perspectives. Oxford.

Einzeluntersuchungen: J. A. SCHMELLER [1821]: Die Mundarten Bayerns grammatisch dargestellt. Neudruck Wiesbaden 1969. - J. WINTELER [1876]: Die Kerenzer Mundart des Kantons Glarus in ihren Grundzügen dargestellt. Leipzig/Heidelberg. - A. PFALZ [1919]: Reihenschritte im Vokalismus. Wien. (= Sitzungsberichte d. österr. Akademie der Wiss., S. 190). - H. AUBIN/TH. FRINGS/J. MÜLLER [1926]: Kulturströmungen und Kulturprovinzen in den Rheinlanden. Geschichte, Sprache, Volkskunde. Bonn. - U. WEINREICH [1954]: Is a structural dialectology possible? In: Word 10, S. 388-400. - W. G. MOULTON [1960]: The short vowel systems of Northern Switzerland. In: Word 16, S. 155-182. - W. MOULTON [1961]: Lautwandel durch innere Kausalität: die ostschweizerische Vokalspaltung. In: ZMF 28, S. 227-251. - W. LABOV [1963]: The social motivation of a sound change. In: Word 19, S. 273-309. - P. WIESINGER [1970]: Phonetisch-phonologische Untersuchungen zur Vokalentwicklung in den dt. Dialekten. I: Die Langvokale im Hochdt., II: Die Diphthonge im Hochdt. Berlin. - S. GAL [1978]: Language shift. Social determinants of linguistic change in bilingual Austria. New York, San Francisco, London. - J. J. GUMPERZ [1978]: Dialect and conversational inference in urban communication. In: Language in Society 7, S. 393-409. - W. LABOV [1978]: Sprache im sozialen Kontext. In: N. DITTMAR/B.-O. RIECK (eds.): 2 Bde. Königstein/Ts. - P. WIESINGER [1983]: Die Einteilung der deutschen Dialekte. In: Handbuch Dialektologie (HSK 1.2.), S. 807-899. - H. SCHEUTZ [1985]: Strukturen der Lautveränderung. Variationslinguistische Studien zur Theorie und Empirie sprachlicher Wandlungsprozesse. Wien. (Zahlreiche

Ergebnisdarstellungen in: Handbuch Dialektologie. HSK 1.1. und 1.2.).
Forschungsberichte: L. E. SCHMITT (ed.) [1968]: Germanische Dialektologie. (= FS W.MITZKA) Wiesbaden. – H. FRIEBERTSHÄUSER (ed.) [1976]: Dialektlexikographie. Bericht über Stand und Methoden deutscher Dialektwörterbücher. Wiesbaden. – H. NIEBAUM [1979]: Deutsche Dialektwörterbücher. In: DSp 7, S. 345–373. – Handbuch Dialektologie. HSK 1.1., Kap. 1: Zur Geschichte der Dialektologie des Deutschen: Forschungsrichtungen und Forschungsschwerpunkte, S. 1–231; Kap. 2: Theoriebildungen und Theorieansätze in der Dialektologie, S. 232–315.
Zeitschriften: Zeitschrift für hochdeutsche Mundarten 1–6 [1900–1905]; fortgeführt als: Zeitschrift für deutsche Mundarten 1–19 [1906–1923]; fortgeführt als: Teuthonista. Zeitschrift für dt. Dialektforschung und Sprachgeschichte 1–10 [1924–1934]; fortgeführt als: Zeitschrift für Mundartforschung (= ZfM) 11–35 [1935–1969]; fortgeführt als: Zeitschrift für Dialektologie und Linguistik (= ZDL) 36ff. [1969ff.].
Bibliographien: F. MENTZ [1892]: Bibliographie der dt. Mundartforschung für die Zeit vom Beginn des 18. Jahrhunderts bis zum Ende des Jahres 1889. Leipzig. (Neudruck Wiesbaden 1972). – S. SONDEREGGER [1962]: Die schweizerdeutsche Mundartforschung 1800–1959. In: B. HOTZENKÖCHERLE (ed.): Beiträge zur schweizerdeutschen Mundartforschung 12. – H. P. ALTHAUS [1970]: Ergebnisse der Dialektologie. Bibliographie der Aufsätze in den deutschen Zeitschriften für Mundartforschung 1854–1968. Wiesbaden. – W. H. VEITH [1970]: Dialektkartographie. Hildesheim. – I. RADTKE [1976]: Bibliographie zur Sozialdialektologie. In: GermL, S. 161–204. – P. WIESINGER/E. RAFFIN [1982]: Bibliographie zur Grammatik der deutschen Dialekte. Bern. →Gesprochene Sprache, →Soziolinguistik.

Dialektwörterbuch   [Auch: →Idiotikon].

Kodifizierung regional gebundener Sprachvarianten unter synchronischem und/oder diachronischem Aspekt. Man unterscheidet zwischen übergreifenden, großlandschaftlichen D., die den Wortschatz mehrerer regionaler Dialektvarianten zusammenfassen, regionalen Wörterbüchern und solchen, die sich auf eng begrenzte Stadt- oder Ortsmundarten beschränken.

Lit.: A. SCHOLZ [1933]: Deutsche Mundarten-Wörterbücher. Versuch einer Darstellung ihres systematisch-historischen Werdegangs von Anbeginn bis zum Ende des 18. Jahrhunderts. Leipzig.
Forschungsbericht: H. NIEBAUM [1979]: Deutsche Dialektwörterbücher. In: DSp 7, S. 345–373. – H. FRIEBERTSHÄUSER (ed.) [1976]: Dialektlexikographie. Bericht über Stand und Methoden deutscher Dialektwörterbücher. Wiesbaden. →Dialektologie.

Dialog-System →Computerlinguistik.

Diastratisch [lat. *strātum* ›Ebene‹].

Bezeichnung für soziokulturell/schichtenspezifisch differenzierte Subsysteme (= →Soziolekt) innerhalb eines Sprachsystems.

Diasystem.

Von U. WEINREICH geprägter Begriff für ein »System von Systemen«: Zwei (oder mehr) Sprachsysteme mit partiellen Ähnlichkeiten werden zu einem D. zusammengefaßt, das damit strukturelle Gleichheiten/Überschneidungen und Unterschiede widerspiegelt. Angewendet wurde dieses Konzept vor allem bei der Beschreibung von sich überlagernden phonologischen Systemen in multi(dia)lektalen Sprachsituationen, so z.B. beim Neben- und Miteinander von verschiedenen (regionalen und sozialen) Varietäten innerhalb einer Sprachgemeinschaft.

Lit.: U. WEINREICH [1954]: Is a structural dialectology possible? In: Word 10, S. 388–400. – I. REIFFENSTEIN [1968]: Zur phonologischen Struktur der Umgangssprache. In: L. E. SCHMITT (ed.): Verhandlungen des 2. internationalen Dialektologenkongresses. Bd. II. Wiesbaden. (= ZMF. Beihefte NF., 4), S. 687–698.

Diathese [Griech. *diáthesis* ›Zustand‹. – engl. *voice*].

Aus dem Griech. übernommene Bezeichnung für →Genus Verbi

(→Aktiv, →Passiv, →Medium) und für andere reguläre Valenzrahmenwechsel wie →Applikativ, →Akkusativierung, →Dativierung u.a.

Diatopisch [griech. *tópos* ›Ort‹]. Bezeichnung für regional differenzierte Subsysteme (= Lokaldialekte) innerhalb eines Sprachsystems.

Dichotomie [griech. *dichotomía* ›Zweiteilung‹]. Zweigliedriges komplementäres Begriffspaar wie →Langue vs. Parole, →Synchronie vs. Diachronie, →Kompetenz vs. Performanz, Form vs. Substanz u.a.

Lit.: TH. L. MARKEY [1976]: Studies in European linguistic theory: the dichotomy precept. Grossen-Linden.

Didaktische Grammatik [Auch: Pädagogische Grammatik]. Grammatisches Lehrwerk für die Hand des Schülers oder auch des Lehrers, das den Stoff in pädagogischer Aufbereitung darbietet (Auswahl, Stufung, Visualisierung, Merkhilfen, integrierte Übungen u.ä.). →Schulgrammatik.

Lit.: L. K. ENGELS [1977]: Pedagogical grammars. Trier. - K.-R. BAUSCH (ed.) [1979]: Beiträge zur Didaktischen Grammatik. Königstein/Ts. - G. ZIMMERMANN [1979]: Was ist eine »Didaktische Grammatik«? In: W. KLEINE [ed.]: Perspektiven des Fremdsprachenunterrichts in der Bundesrepublik Deutschland. Frankfurt, S. 96–112. - D. WUNDERLICH [1980]: Deutsche Grammatik in der Schule. In: SL 8/9, S. 90–118. - H. KLEINADAM [1989]: Grammatiken. In: K.-R. BAUSCH u.a. (eds.): Handbuch Fremdsprachenunterricht. Tübingen, S. 246–249.

Differentia Specifica [lat. ›artbildender Unterschied‹] →Definition.

Differenzhypothese →Kode-Theorie.

Differenzmenge →Menge.

Digital [lat. *digitus* ›Finger‹]. D. nennt man bei der Informationsverarbeitung eine Darstellungsform, bei der eine bestimmte Menge von Zeichen (Ziffern) durch einen Kode der zu verarbeitenden Information zugeordnet wird, so wie beim Zählen von 1 bis 10 die Finger den Zahlen zugeordnet werden können. - Im Gegensatz zu digitalen stehen analoge Darstellungen (vgl. →Analog).

Digitale Kommunikationsform. In Anlehnung an Digitalrechner (die im Unterschied zu Analogrechnern auf der Basis von *Ja-Nein*-Entscheidungen und der willkürlichen Zuordnung von Zahlen zu Informationen arbeiten) von P. WATZLAWICK u.a. [1967] geprägter Begriff zur Bezeichnung verbaler, auf konventionalisierter Zeichensprache beruhender Kommunikation. Im Unterschied zu →Analoger Kommunikation haben die Zeichen bzw. Namen keine Ähnlichkeit mit den Fakten, auf die sie sich beziehen (zu Ausnahmen vgl. →Onomatopoiie). D. K. dient vor allem der Übermittlung von Wissen. Sie verfügt über eine logische Syntax zur Wiedergabe komplexer syntaktischer Verknüpfungen, entbehrt aber einer ausreichend differenzierten Semantik zur Kommunikation über menschliche Beziehungen.

Lit.: P. WATZLAWICK/J. H. BEAVIN/D. D. JACKSON [1967]: Pragmatics of human communication. A study of interactional patterns, pathologies, and paradoxes. New

York. Dt.: Menschliche Kommunikation. Bern 1969, S. 61–68, S. 96–103.

Diglossie [griech. *di-* Präfix für ›zwei‹, *glōssa* ›Sprache‹]: Von FERGUSON [1959] eingeführter Terminus, um eine stabile Sprachsituation zu beschreiben, in der eine strenge funktionale Differenzierung zwischen einer (sozial) »niedrigen« Sprachvarietät (»L[ow]-Variety«) und einer davon deutlich unterschiedenen »hohen« Varietät (»H[igh]-Variety«) existiert. Diese H-Varietät unterscheidet sich von der L-Varietät zumeist durch eine größere grammatische Komplexität, sie ist streng normiert und kodifiziert, ihre Vermittlung erfolgt nicht im Rahmen der Primärsozialisation, sondern erst sekundär durch die Schule, und sie wird nicht in der Alltagskonversation, sondern in formellen Sprechsituationen und für schriftliche Kommunikation verwendet. – Charakteristische Beispiele solcher D.-Situationen finden sich in der deutschsprachigen Schweiz (dt. Standardsprache vs. Schwyzerdütsch), im Griech. (Katharevusa vs. Dhimotiki), im Arab. (Klassisches vs. modernes umgangssprachl. Arabisch), in Haiti (Französisch vs. Kreol) etc. – GUMPERZ [1964] dehnt diesen Begriff auch auf Sprachgesellschaften aus, in denen funktional unterschiedliche Varietäten vorkommen, ohne jedoch als »zweisprachig« zu gelten; FISHMAN [1967] schließlich sieht jede Sprachgemeinschaft mit zwei funktional unterschiedenen Varietäten als diglossisch an, er verbindet zudem das soziolinguistisch orientierte Konzept der D. mit dem psycholinguistischen Konzept des →Bilingualismus. – Zur Rezeption dieses Konzepts in Europa, bes. auch innerhalb der romanistischen Sprachwiss., vgl. KREMNITZ [1987].

Lit.: U. WEINREICH [1953]: Language in contact. Findings and problems. New York. – CH. FERGUSON [1959]: Diglossia. In: Word 15, S. 325–340. – J. J. GUMPERZ [1964]: Linguistic and social interaction in two communities. In: American Anthropologist 66, S. 137–153. – J. A. FISHMAN [1967]: Bilingualism with and without diglossia; diglossia with and without bilingualism. In: The Journal of Social Issues 23, S. 29–38. – H. KLOSS [1977]: Über Diglossie. In: DS, S. 313–323. – G. KREMNITZ [1987]: Diglossie/Polyglossie. In: HSK 3.1., S. 208–218. – W. F. MAKKEY [1987]: Bilingualism and multilingualism. In: HSK 3.1, S. 699–713.

Digraphie [griech. *gráphein* ›schreiben‹]. Repräsentation eines Phonems durch zwei graphische Zeichen, z.B. engl. ⟨sh⟩ für [ʃ].

Lit.: →Graphemik.

Diminutivum [Pl. Diminutiva; lat. *dēminuire* ›abnehmen‹. – Auch: Deminutivum, Verkleinerungsform]. Mittels gewisser →Suffixe wie *-chen* und *-lein* (*Häuschen/Häuslein*) sowie *-lette* (*Stiefelette*), frz. *-ette* (*Maisonette*) oder eines →Präfixes, z.B. *Mini-* (*Ministaubsauger*) abgeleitete Substantive, die die Bedeutung des Stammes in der Regel als »Verkleinerung« modifizieren (→Modifikation), aber auch emotionale Einstellungen des Sprechers signalisieren können (*Mütterchen, Problemchen*). Letztere werden als →Hypokoristikum bezeichnet. Als Gegensatz (der nicht in allen Sprachen ausgebildet ist) vgl. →Augmentativbildung.

Lit.: →Wortbildung, →Augmentativbildung.

Dinka →Chari-Nil-Sprachen.

Diphthong [griech. *díphthongos* ›zweifach tönend‹]. Vokal, bei dem sich während der Artikulation die Artikulationsorgane merklich bewegen, so daß sich auditiv zwei Phasen unterscheiden lassen. z.B. [aɪ] und [aʊ] in dt. [ˈʔaɪnbaʊm]. D. können sich in der →Quantität unterscheiden, z.B. in der Ortssprache von Ehlenz (bei Bitburg, Eifel): (halb)lang in [beːɑ] (›Bär‹) vs. kurz in [beɑ] (›Bier‹). Nach unterschiedlichen Kriterien kann für einen D. ein Einzelphonem oder eine Folge zweier Phoneme angenommen werden (→Monophonem(at)ische Wertung, →Biphonem(at)ische Wertung, →Polyphonem(at)ische Wertung). – Ist der Öffnungsgrad in der zweiten Phase eines D. größer als in der ersten, so nennt man ihn »fallend«, andernfalls heißt er »steigend«, vgl. steigendes [aʊ] in dt. *Bau* mit fallendem [oa] in frz. *bois* ›Wald‹. In anderer Terminologie werden D. als »fallend« bezeichnet, wenn die erste Phase des D. mit stärkerem Druck der pulmonalen Luft gebildet wird als die zweite, andernfalls heißt er »steigend«.

Diphthongierung. Lautveränderung, bei der einfache (lange) Vokale aufgrund allmählicher Artikulationsverschiebung oder phonologischen Druckes (→Schub vs. Sog) zu variablen Vokalen (= Diphthongen) werden, vgl. die D. von [oː, eː] zu [uo, ie] im Ahd.: [foːz > fuoz; heːr > hier] als Reaktion auf die durch →Monophthongierung entstandenen neuen *e, o*. – Die im 12. Jh. von Kärnten ausgehende sogen. »Neuhochdeutsche Diphthongierung« wandelt mhd. [iː, uː, yː] (orthographisch ⟨î, û, iu⟩) zu nhd. [ai, au, ɔy], orthographisch ⟨ai/ei, au, äu/eu⟩, vgl. mhd. *mîn níuwez hûs* > nhd. *mein neues Haus.*

Lit.: K. B. LINDGREN [1961]: Die Ausbreitung der neuhochdeutschen Diphthongierung bis 1500. Helsinki. – I. RAUCH [1967]: The old high German diphthongization. A description of a phonemic change. The Hague. – H. ANDERSEN [1972]: Diphthongization. In: Lg 48, S. 11–50. – TH. VENNEMANN [1972]: Phonetic detail in assimilation. Problems in Germanic phonology. In: Lg 48, S. 863–892. – A. HEIDELBERGER [1979]: Zur neuhochdeutschen Diphthongierung und zur Gestalt der kurpfälzischen Kanzleisprache in Heidelberg am Ende des Mittelalters. In: Sprachw 4, S. 294–354. →Lautwandel, →Sprachgeschichte, →Sprachwandel.

Direkte vs. Indirekte Rede [Auch: *ōrātiō rēcta* vs. *ōrātiō oblīqua*, Wörtliche vs. Abhängige Rede]. Formen der Darstellung von »Rede« (Aussagen, Fragen, aber auch von Gedanken, Überlegungen oder Wünschen) durch entweder unmittelbare, zitatartige oder durch mittelbare, nicht wörtliche Wiedergabe. Die I. R. ist abhängig von einem (vorhandenen oder rekonstruierbaren) Ausdruck des »Sagens«: *Sie sagte, sie käme erst morgen.* Die Umsetzung von der direkten R. in die indirekte R. ist häufig mit einem Wechsel von deiktischen Elementen (Pronomen, Adverbien) und →Modus verbunden: *Sie sagt: ich komme morgen dorthin* vs. *Sie sagte gestern, sie käme heute hierher.*

Lit.: A. BANFIELD [1973]: Narrative style and the grammar of direct and indirect speech. In: FL 10, S. 1–39. – K. H. BAUSCH [1975]: Die situationsspezifische Variation der Modi in der indirekten Rede. In: DS 3, S. 332–345. – G. KAUFMANN [1976]: Die indirekte Rede und mit ihr konkurrierende Formen der Redeerwähnung. München. – K. H. BAUSCH [1979]: Zu Modalität und Konjunktivgebrauch in der gesprochenen deutschen Standardsprache. München. – N. BRAVO [1980]: Geschichte der indirekten Rede im Deutschen vom siebzehnten Jahrhundert bis zur Gegenwart. In: DS 8, S. 97–132. – F. COULMAS (ed.) [1986]: Direct and indirect speech. Reported speech across languages. Berlin.

Direktes Objekt. Syntaktische Funktion in →Nominativsprachen wie Dt. und Engl., die je nach Sprachtyp morphologisch, positionell und/oder strukturell gekennzeichnet wird. Seine bevorzugte morphologische Markierung ist der Akkusativ, obwohl auch Dativ- oder Genitivergänzungen aufgrund ihres Verhaltens als D. O. behandelt werden. Als kennzeichnend für ein D. O. gilt, daß es im Passiv zum Subjekt wird (*Jakob ißt den Apfel*; *Der Apfel wird gegessen*); außerdem hängt die Unterscheidung von transitiven Verben (*sehen, lieben, treffen*) und intransitiven Verben (*schlafen, arbeiten*) davon ab, ob diese Verben ein D. O. selegieren. Positionell zeichnet sich ein D. O. durch seine unmarkierte Stellung nach dem Subjekt und in SVO-Sprachen (→Grundwortstellung) auch unmittelbar nach dem finiten Verb aus. In der Konstituentenstruktur eines Satzes wird ein D. O. vom Verbalphrasen- bzw. Prädikats-Knoten dominiert, im Unterschied zum Subjekt als unmittelbarer Satzkonstituente. – Die Bezeichnung für D. O. bezieht sich auf dessen bevorzugte semantische Funktion, die von der Verbhandlung direkt betroffene »Größe« (→Patiens) zu bezeichnen.

Lit.: E. A. MORAVCSIK [1978]: Case marking of objects. In: J. H. GREENBERG (ed.): Universals of human language. Bd. 4. Stanford, S. 250–289. – F. PLANK (ed.) [1984]: Objects. Towards a theory of grammatical relations. London. – G. BOSSONG [1985]: Empirische Universalienforschung. Differentielle Objektmarkierung in den neuiranischen Sprachen. Tübingen. – F. PLANK [1987]: Direkte indirekte Objekte, oder: Was uns *lehren* lehrt. In: LB 76, S. 37–61. – K. BAUSEWEIN [1988]: Akkusativobjekt, Akkusativobjektsätze und Objektsprädikative im Deutschen. Diss. München. →Syntaktische Funktion.

Direktionalitätsprinzip [lat. *dīrēctiō* ›das Ausrichten‹]. Syntaktische Gesetzmäßigkeit bei koordinierten Strukturen, derzufolge die erste von zwei referenzidentischen Konstituenten in koordinierten Strukturen nur getilgt werden kann, wenn sie im Strukturbaum auf dem rechten Ast eine Verzweigung auftritt, während die zweite Konstituente nur getilgt werden kann, wenn sie linksverzweigt. Vgl. *Philip sucht Caroline und Philip findet Caroline* → *Philip sucht und findet Caroline*, wo *Caroline* rechts von *suchen* und *Philip* links von *suchen* vorkommt; ungrammatisch dagegen wäre: *weil Philip — sucht und — Caroline findet*. Das D. erweist sich in diesen Fällen jedoch als problematisch, wenn man Haupt- und Nebensätzen die gleiche Struktur zugrunde legt. Vgl. →Gapping.
Lit.: →Koordination, →Transformationsgrammatik.

Direktiv [lat. *dīrigere* ›richten‹, ›lenken‹].
(1) Sprechakt, dessen Hauptzweck darin besteht, den Adressaten zu einem bestimmten Verhalten (Handlung oder Unterlassung) zu veranlassen. D. sind u.a. Aufforderungen, Bitten, Befehle und Verbote. Sie können

nicht nur durch die Äußerung von →Aufforderungssätzen vollzogen werden, sondern z.B. auch mit Hilfe von indikativischen →Deklarativen Sätzen (*Du kommst jetzt sofort hierher!*), Deklarativsätzen im Konjunktiv (*Man nehme zweihundert Gramm Mehl*), Infinitivphrasen (*Alle mal herhören!*), Partizip-II-Phrasen (*Stillgestanden!*), elliptischen Ausdrücken (*Feuer!, Ein Helles!, Hierher!*), unpersönlichem Passiv (*Hier wird nicht gemeckert!*), nichteingebetteten →Komplementsätzen (*Daß ihr mir ja nicht zu spät kommt!*) sowie durch Modalverben (*Du sollst jetzt kommen!*).
(2) Akkusativ der Richtung oder des Zieles nach Verben der Bewegung, vgl. lat. *domum ire* ›nach Hause gehen‹.

Lit.: J. SEARLE [1979]: A taxonomy of illocutionary acts. In: J. SEARLE: Expression and meaning. Cambridge, S. 1–29. →Sprechakttheorie.

Direktivum [Auch: Syndetikon]. Bezeichnung von K. BOOST [1955] für trennbare Verbpartikel (*Er fährt [...] ab*) und Richtungsangaben in Form von Präpositionalausdrücken (*Er fährt [...] nach Rom*). D. sind im Dt. klammerschließende Elemente, vgl. →Satzklammer.

Lit.: K. BOOST [1955]: Neue Untersuchungen zum Wesen und zur Struktur des deutschen Satzes. 5. Aufl. Berlin 1964, S. 46ff.

Disambiguierung [lat. *ambiguitās* ›Doppelsinn‹. – Auch: Entambiguisierung, Monosemierung]. Vorgang und Ergebnis der Auflösung lexikalischer oder struktureller Mehrdeutigkeit (= →Ambiguität, →Vagheit) sprachlicher Ausdrücke durch den sprachlichen oder außer-

sprachlichen Kontext. (a) Sprachliche D. auf der lexikalischen Ebene (→Polysemie, →Homonymie) erfolgt in der Regel durch Ausschließen von semantisch unverträglichen Lexemverbindungen: *Er sah das Schloß vor sich liegen* wird durch den Zusatz *und hob es auf* als ›Vorrichtung zum Schließen‹ im Unterschied zu ›Gebäude‹ disambiguiert. (b) D. bei struktureller Mehrdeutigkeit erfolgt durch explizite Ausformulierung der zugrundeliegenden Strukturen (→Tiefenstruktur). So sind die beiden Lesarten des Satzes *Die Wahl des Vorsitzenden fand Zustimmung* zu disambiguieren durch die Paraphrasen P_1 *Daß der Vorsitzende gewählt wurde, fand Zustimmung* bzw. P_2 *Die Wahl, die der Vorsitzende getroffen hat, fand Zustimmung.* – D. durch außersprachlichen Kontext ist abhängig von der Sprechsituation, von Vorwissen, Einstellung, Erwartungen von Sprecher/Hörer sowie von nonverbalen Mitteln (Gestik, Mimik). Disambiguierte →Formale Sprachen werden häufig bei der Bedeutungsbeschreibung verwendet. Vgl. MONTAGUE [1970].

Lit.: R. MONTAGUE [1970]: Universal Grammar. In: Theoria 36, S. 373–398. Wiederabgedruckt in: R. H. THOMASON (ed.) [1974]: Formal philosophy. Selected papers of R. Montague. New Haven. – H. SCHNELLE (ed.) [1972]: Universale Grammatik. Braunschweig.

Disjunkte Frage →Alternativfrage.

Disjunkte Menge →Menge.

Disjunkte Referenz [engl. *disjoint reference*]. In komplexen Sätzen Lesart von pronominalen Ausdrücken, deren Referenz nicht mit der Referenz von im gleichen Satz vorhandenen Eigennamen oder Kennzeichnungen übereinstimmt. In der mehrdeutigen Äußerung *Tanja zeigt das Bild, das sie gemalt hat*, bezeichnen *Tanja* und *sie* bei D. R. zwei verschiedene Personen, d.h. daß jemand anderes als Tanja das Bild gemalt hat, das Tanja zeigt. – Zur mengentheoretischen Definition von D. R. vgl. →Menge (m).

Lit.: →Pronominalisierung.

Disjunktion [lat. *disiūnctiō* ›Trennung‹. – Auch: Adjunktion, Alternative].
(1) In der →Formalen Logik Verbindung zweier elementarer Aussagen *p* und *q* durch die →Logische Partikel *oder*$_1$, die genau dann wahr ist, wenn mindestens eine der elementaren Aussagen wahr ist. *Oder*$_1$ entspricht dem lat. *vel* (›oder auch‹), das zu paraphrasieren ist mit ›das eine oder das andere oder beides‹. Dieses inklusive (d.h. nicht ausschließende) *oder*, das der D. zugrundeliegt, ist zu unterscheiden vom exklusiven (d.h. ausschließenden) *oder*$_2$ (lat. *aut... aut...*, →Kontravalenz), das ›entweder das eine oder das andre, aber nicht beides‹ bedeutet, vgl. *oder*$_1$: *Philip ist entweder müde oder traurig, [oder vielleicht auch beides]* vs. *oder*$_2$: *Philip ist entweder älter oder jünger als seine Freundin, [aber auf keinen Fall beides zugleich]*. In alltagssprachlicher Verwendung ist das exklusive *oder*$_2$ häufiger (ausgedrückt durch *entweder/oder*, *sonst*, *allenfalls*), da die inklusive Lesart durch den pragmatischen Kontext meist ausgeschlossen ist.

Darstellung durch →Wahrheitstafel:

p	q	$p \vee q^1$	$p \vee q^2$
w	w	w	f
w	f	w	w
f	w	w	w
f	f	f	f

Der Terminus D. bezieht sich sowohl auf die Operation des zweistelligen Satzoperators *oder* als auch auf die durch ihn definierte Aussagenverknüpfung. Die mit *oder* verknüpften Aussagen müssen nicht notwendigerweise inhaltlich zusammenhängen. Daher ist die Aussagenverbindung *Sokrates ist ein Philosoph oder Aristoteles ist ein Einhorn* ›wahr‹ (weil der erste Teilsatz wahr ist), während sie als Äußerung in einer natürlichen Redesituation als nicht geglückter Sprechakt zurückgewiesen werden müßte (vgl. →Sprechakttheorie). Mit Hilfe der Mengenlehre läßt sich die D. semantisch als Vereinigungsmenge der beiden Modellmengen charakterisieren, die die miteinander verknüpften Aussagen wahr machen.

Lit.: J. F. PELLETIER [1977]: Or. In: TL 4, S. 61–74. →Formale Logik.

(2) In der →Unifikationsgrammatik die duale Operation zur Unifikation, wie sie z.B. die →Functional Unification Grammar (FUG), die *Lexical Unification Grammar* (LUG) und die →Head-Driven Phrase Structure Grammar (HPSG) verwenden. Die D. zweier Merkmalstrukturen bezeichnet die Vereinigungsmenge der Denotate ihrer beiden Disjunkte. Die disjunktive Merkmalstruktur (in geschweiften Klammern) im folgenden Beispiel steht für die

Menge aller Verben, die im Plural oder in der ersten oder zweiten Person Singular stehen:

$$\left[\begin{array}{l} \text{cat: v} \\ \text{agr:} \left\{ \begin{array}{l} \left[\begin{array}{l} \text{per:} \ \left\{ \begin{array}{l} 1 \\ 2 \end{array} \right\} \\ \text{num: sg} \end{array} \right] \\ \left[\text{num: pl} \right] \end{array} \right\} \end{array} \right]$$

Äquivalente Notationen für die Disjunktion:

$$\left\{ \begin{array}{l} 1 \\ 2 \end{array} \right\} = 1 \vee 2 = 1 \cap 2$$

Zur Notwendigkeit von D. in der Unifikationsgrammatik vgl. KARTTUNEN [1984], zu Algorithmen für die Implementierung disjunktiver Unifikationsgrammatiken vgl. KASPER [1987] und EISELE/DÖRRE [1988].

Lit.: L. KARTTUNEN [1984]: Features and values. In: COLING 84. Stanford, S. 28–33. – R. T. KASPER [1987]: A unification method for disjunctive feature descriptions. In: ACL Proceedings 25. Stanford, S. 235–242. – A. EISELE/J. DÖRRE [1988]: Unification of disjunctive feature descriptions. In: ACL Proceedings 26. New York, S. 286–294.

Disjunktivfrage →Fragesatz.

Diskontinuierliche Elemente. Zusammengehörige sprachliche Elemente, deren lineare Aufeinanderfolge durch dazwischen stehende andere Elemente »unterbrochen« ist, z.B. dt. *ge-reis-t*, wo das Part. Perf.-Morphem aus dem Präfix *ge-* und dem Suffix *-t* besteht, oder *er ist schnell gelaufen*, wo der Verbalkomplex *ist gelaufen* durch das Adverb *schnell* unterbrochen wird. Die Darstellung von D. E. durch →Phrasenstrukturregeln bietet Schwierigkeiten, da durch Phrasenstrukturregeln nur benachbarte Konstituenten in höhere Konstituenten zusammengefaßt werden

können. Bei Abbildung von D. E. durch →Strukturbäume entstünden Überkreuzungen von Zweigen, die formal ausgeschlossen sind, z.B.

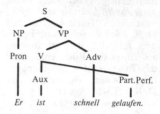

Er ist schnell gelaufen.

Dies hat mit dazu geführt, daß bei der syntaktischen Ableitung von →Tiefenstrukturen ausgegangen wurde, in denen die Diskontinuierlichkeit beseitigt ist, d.h. in vorliegenden Beispielen, daß die Verbstellung im Nebensatz, also die Endstellung des Verbs, als zugrundeliegend angesetzt wird: *[weil] er schnell gelaufen ist, [daß] sie ihn angerufen hat.* Die →Oberflächenstruktur wird daraus durch zwei Transformationen gewonnen, nämlich der Voranstellung des kongruierenden Verbs (*ist [er schnell gelaufen –]*) und der →Topikalisierung eines beliebigen Satzgliedes: *Schnell ist [er – gelaufen –], Er ist [schnell gelaufen –]* oder *Gelaufen ist [er schnell – –].*

Lit.: →Transformationsgrammatik.

Diskretheit [lat. *discrētē* ›getrennt‹]. Grundlegende Eigenschaft linguistisch relevanter Einheiten. »Abgrenzbarkeit« ist Voraussetzung der sprachlichen Analyse mittels →Segmentierung und →Substitution. Die durch solche Verfahren gewonnenen diskreten Elemente haben bedeutungsunterschei-

dende (= Phoneme) bzw. bedeutungstragende (= Morpheme) Funktion.

Diskurs [ital. *discorso*, mlat. *dis-
cursus, discurrere* ›(ziellos) hin
und her laufen‹].
(1) Aus der angloamerikan. Forschung übernommener Ober-
begriff für verschiedene Aspekte von →Text: D. als zusammenhängende Rede (engl. *connected
speech*, HARRIS [1952]), als ge-
äußerter Text (z.B. im Unterschied zu Text als formaler
grammatischer Struktur, vgl.
VAN DIJK [1974]); D. als kohä-
renter Text (z.B. BELLERT
[1972]); D. als vom Sprecher für
einen Hörer konstruierter Text
(BROWN/YULE [1983]); D. als
Ergebnis eines interaktiven
Prozesses im soziokulturellen
Kontext (z.B. PIKE [1954]).

Lit.: Z. HARRIS [1952]: Discourse analysis.
In: Lg 28, S. 1–30. – K. L. PIKE [1954]: Language in relation to a unified theory of the
structure of human behavior. Bd. 1, 2.
Aufl. The Hague 1967. – I. BELLERT [1972]:
Über eine Bedingung für die Kohärenz
von Texten. In: F. KIEFER (ed.): Semantik
und Generative Grammatik. Bd. 1. Frankfurt, S. 1–31. – T. VAN DIJK [1974]: Philosophy of action and theory of narrative.
Amsterdam. – E. GÜLICH/W. RAIBLE
[1977]: Linguistische Textmodelle. München – G. BROWN/G. YULE [1983]: Discourse analysis. Cambridge. – R. E. LONG-
ACRE [1983]: The grammar of discourse.
New York. →Diskursanalyse.

(2) Im philosophischen Kontext
Erörterung mit dem Ziel der
Wahrheitsfindung. Bei J. HA-
BERMAS [1970] Verständigung
über den Geltungsanspruch
von Normen oder die Wahrheit
von Behauptungen, die im alltäglichen kommunikativen
Handeln nicht problematisiert
werden.

Lit.: J. HABERMAS [1970]: Vorbereitende
Bemerkungen zu einer Theorie der kom-
munikativen Kompetenz. In: J. HABER-
MAS/N. LUHMANN (eds.): Theorie der Ge-
sellschaft oder Sozialtechnologie. Frank-
furt, S. 101–141. – K. H. STIERLE [1984]:
Gespräch und Diskurs. Ein Versuch im
Blick auf Montaigne, Descartes und Pas-
cal. In: K. H. STIERLE/R. WARNING (eds.):
Das Gespräch. München, S. 297–334.

Diskursanalyse [engl. *discourse
analysis*]. Aus der angloamerikan. Forschung übernomme-
ner Oberbegriff für die Analyse
von →Diskurs(1). Bezeichnung
für die durch linguistische
Theorien und Verfahren motivierte Analyse von Texten (vgl.
→Strukturalismus, →Transfor-
mationsgrammatik, →Sprech-
akttheorie, →Formale Logik),
die primär an Wohlgeformtheitsbedingungen (z.B. →Kohä-
renz, →Kohäsion) und dedukti-
ven Regeln (z.B. Sprechaktre-
geln) interessiert ist; der Text
wird vornehmlich als statisches
Produkt angesehen (→Text-
grammatik, →Textlinguistik).
Demgegenüber betont eine
psycholinguistisch orientierte
Richtung der D., beeinflußt
durch funktionale Sprachmodelle (→Funktionale Grammatik) und Fragestellungen der
Kognitionswissenschaft, den
dynamischen Charakter von
Diskursen als Konstruktions-
und Interpretationsprozessen
von Sprecher/Schreiber und
Hörer/Leser (vgl. BROWN/
YULE [1983]). – Seit Anfang der
70er Jahre entwickelt sich D. zunehmend als eine neue, fä-
cherübergreifende Disziplin;
dabei werden vor allem folgende Forschungsdisziplinen einbezogen: Anthropologie und
→Soziolinguistik, (→Ethnogra-
phie des Sprechens), →Psycho-
linguistik, →Kognitionswissen-
schaft, →Künstliche Intelligenz,
Sprachphilosophie
(→Sprechakttheorie), Sprach-

soziologie (→Konversationsana-
lyse), →Rhetorik (→Stilistik) und
→Textlinguistik. Vgl. den Überblick in VAN DIJK [1985].

Lit.: R. M. COULTHARD [1977]: An introduction to discourse analysis. London. - W.
LABOV/D. FANSHEL [1977]: Therapeutic
discourse. New York. - M. COULTHARD/
N. MONTGOMERY (eds.) [1981]: Studies in
discourse analysis. London. - G. BROWN/
G. YULE [1983]: Discourse analysis. Cambridge. - S. LEVINSON [1983]: Pragmatics.
Cambridge. - M. STUBBS [1983]: Discourse
analysis: The sociolinguistic analysis of natural language. Oxford. - T. VAN DIJK (ed.)
[1985]: Handbook of discourse analysis. 4
Bde. London. - W. KLEIN/CH. VON STUT-
TERHEIM [1987]: Quaestio und referentielle
Bewegung in Erzählungen. In: LBer 109, S.
163-184. - J. PETÖFI (ed.) [1987]: Text and
discourse constitution: empirical aspects,
theoretical approaches. Berlin.
Bibliographien: P. W. THORNDYKE [1978]:
Research on connected discourse. A general bibliography. Stanford. - D. J. TANN-
NACITO [1981]: Discourse studies: A multidisciplinary bibliography of research on
text, discourse, and prose writing. Bloom-
ington.
Zeitschriften: Discourse Processes - Text.
→Textgrammatik, →Textlinguistik.

Diskursmarker [Auch: Diskurspartikel, →Gesprächswörter;
engl. *discourse marker, discourse particle*]. Aus der angloamerikan. Forschung übernommener Oberbegriff für sprachliche Ausdrücke, die zur Strukturierung von →Diskurs (1) verwendet werden, z.B. satzwertige
Ausdrücke (wie →Interjektio-
nen, →Gliederungssignale), syntaktische Konstruktionen (wie
→Linksversetzung) oder auch
syntaktisch unselbständige Ausdrücke (→Konjunktionen,
→Modalpartikeln). Ihre Funktionen sind vielfältig. Sie dienen
z.B.: (a) dem →Sprecherwechsel,
indem sie einen →Turn einleiten
(z.B. mit *also*), den Verzicht auf
das Rederecht anzeigen (z.B.
durch *hm* →Back Channel) oder
den *Turn* des nächsten
Sprechers organisieren (z.B.

durch Vergewisserungsfragen,
→Hörersteuerung); (b) der The-
mensteuerung (durch Linksversetzung oder Konjunktionen
wie *übrigens*); (c) der Vergewis-
serung geteilten Wissens (angezeigt z.B. durch die Modalpartikel *doch* in *Sie hat doch ein
Fahrrad*); (d) der Organisation
des dargestellten Sachverhalts,
indem sie z.B. einzelne Teile
durch Konjunktionen zueinander in Beziehung setzen oder
Beginn und Ende einer Sequenz
markieren, (z.B. durch die Modalpartikel *eben* in *Männer sind
eben so*).

Lit.: D. SCHIFFRIN [1987]: Discourse markers. Cambridge. - W. ABRAHAM (ed.)
[1980]: Discourse particles. Amsterdam.
→Diskursanalyse, →Konversationsanalyse.

Diskurspartikel →Diskursmar-
ker.

Diskursrepräsentation. Vor allem in der →Künstliche Intelligenz-Forschung verbreitete
(meist schematisierte) Form der
Textinterpretation. In der Linguistik wird sie zur Fixierung
mentaler Modelle angewendet,
die der Interpret beim Hören/
Lesen eines Textes in dynamischer Weise aufbaut. Vgl. auch
→Diskursrepräsentationstheo-
rie, →Diskurssemantik.

Lit.: G. FAUCONNIER [1984]: Espaces men-
taux. Aspects de la construction du sens
dans les langues naturelles. Paris. - R.
SPENCER-SMITH [1987]: Semantics and discourse representation. In: Mind and Language 2, S. 1-26.

Diskursrepräsentationstheorie
[Abk.: DRS]. Von H. KAMP entwickelte Variante der →Diskurs-
semantik, die einfachen →Dis-
kursen (nämlich Folgen von
→Deklarativen Sätzen) in einem ersten Schritt sogen. Dis-

kursrepräsentationsstrukturen (DRS) und diesen dann →Wahrheitsbedingungen zuordnet. Zentral ist dabei der Begriff des Diskursreferenten, eine Art von Platzhalter für Objekte, auf die die verschiedenen Textprädikationen, auch in verschiedenen Sätzen (Textanaphern) bezogen werden und die dann in den Wahrheitsbedingungen als existenzquantifizierte Variablen behandelt werden. Der →Skopus (›Bezugsbereich‹) eines Diskursreferenten wird graphisch durch ein Rechteck (*box*) veranschaulicht. – Unabhängig von KAMP und zur gleichen Zeit hat I. HEIM in ihrer »file change semantics« eine ähnliche Diskurssemantik entwickelt.

Lit.: H. KAMP [1981]: A theory of truth and semantic representation. In: G. GROENENDIJK u.a. (eds.): Formal methods in the study of language. Amsterdam, S. 277–322. – I. HEIM [1982]: The semantics of definite and indefinite noun phrases. (Ph.Diss.), Amherst, Mass. – N. ASHER [1986]: Belief in discourse representation theory. In: JPL 5, S. 127–189.

Diskurssemantik. Semantische Theorie, die den satzübergreifenden semantischen Beziehungen besondere Beachtung schenkt. Im Mittelpunkt stehen vor allem Satzgrenzen überschreitende →Anaphern, →Präsuppositionen (vgl. SEUREN), aber auch Phänomene wie →Modale Subordination. Vgl. auch →Diskursrepräsentationstheorie.

Lit.: P.A.M. SEUREN [1985]: Discourse semantics. Oxford.

Dissimilation [lat. *dissimulātio* ›Unähnlichmachung‹]. Vorgang und Ergebnis der Differenzierung von zwei ähnlichen Lauten im Hinblick auf größere Deutlichkeit: nhd. *sechs* [zɛks], mhd. *sehs*; lat. *peregrīnus*, frz. *pèlerin* (›Pilgrim‹). Gegenläufiger Vorgang zu →Assimilation.

Lit.: W. U. DRESSLER [1977]: Phono-morphological dissimilation. In: Phonologica 1976, S. 41–48. →Lautwandel, →Phonetik.

Distanzkompositum →Partikelverb.

Distinktiv [lat. *dīstinguere* ›unterscheiden‹]. Im allgemeinen Sinn: ›unterscheidend‹; im speziell linguistischen Sprachgebrauch Eigenschaft von phonologischen Merkmalen, die »bedeutungsunterscheidende« Funktion haben. →Distinktives Merkmal.

Distinktives Merkmal. Klasse phonetisch definierter Teilkomponenten von Phonemen, auf denen ihre bedeutungsunterscheidende Funktion beruht. Im Unterschied zu redundanten Merkmalen handelt es sich dabei um relevante phonologische Merkmale. Im Rahmen des Strukturalismus werden Phoneme beschrieben als »Bündel« D. M., z.B. dt. /p/ als [+ VERSCHLUSSLAUT, − STIMMHAFT, + BILABIAL, − NASAL], die Unterscheidung von /b/ beruht einzig auf dem D. M. der Stimmhaftigkeit. Die Zahl der D. M. ist kleiner als die der Phoneme, z.B. haben JAKOBSON/HALLE [1956] ein universelles binäres System von zwölf D. M. vorgeschlagen, das zur Beschreibung aller Sprachen der Welt ausreichend sein soll (→Binarismus). Die Unterscheidung der D. M. beruht dabei auf spektralanalytisch nachweisbaren, akustischen Kriterien wie Lage der →Formanten u.a.m.

Merkmalmatrix der deutschen Konsonanten*

	Labiale						Dentale								Palato-alveolare	Palatale		Velare					Uvulare
	p	b	f	v	p̃	m	t	d	s	z	c	n	l	r	š	ç	J	k	g	x	ɣ	ŋ	R
nasal	−	−	−	−	−	+	−	−	−	−	−	+	−	−	−	−	−	−	−	−	−	+	−
obstruent	+	+	+	+	+	−	+	+	+	+	+	−	−	−	+	+	+	+	+	+	+	−	−
niedrig	−	−	−	−	−	−	−	−	−	−	−	−	−	−	−	−	−	−	−	−	−	−	−
hoch	−	−	−	−	−	−	−	−	−	−	−	−	−	−	+	+	+	+	+	+	+	+	−
hinter	−	−	−	−	−	−	−	−	−	−	−	−	−	−	−	−	−	+	+	+	+	+	+
anterior	+	+	+	+	+	+	+	+	+	+	+	+	+	+	−	−	−	−	−	−	−	−	−
koronal	−	−	−	−	−	−	+	+	+	+	+	+	+	+	+	+	+	−	−	−	−	−	−
dauernd	−	−	+	+	+	−	−	−	+	+	+	−	+	+	+	+	+	−	−	+	+	−	+
frikativ	−	−	+	+	+	−	−	−	+	+	+	−	−	−	+	+	+	−	−	+	+	−	+
(scharf	−	−	+	+	+	−	−	−	+	+	+	−	−	−	+	+	+	−	−	+	+	−	−)
stimmhaft	−	+	−	+	−	+	−	+	−	+	−	+	+	+	−	−	+	−	+	−	+	+	−
lateral	−	−	−	−	−	−	−	−	−	−	−	+	−	−	−	−	−	−	−	−	−	−	−

* Abweichungen von der →Lautschrift des IPA (Vgl. S. 22/23)
p̃ = pf, c = ts, š = ʃ, J = j.

Aus: W. U. Wurzel: Studien zur deutschen Lautstruktur. Berlin, 1970. (= Studia grammatica 8), S. 195.

Diese These der D. M., die sich auf die Gleichartigkeit der psychophysischen Konstitution des Menschen stützt, gilt als ein fundamentales Konzept strukturalistischer und generativer Phonologie, es wurde auch auf andere Beschreibungsebenen übertragen, vgl. zur Semantik →Atomares Prädikat, →Komponentenanalyse, →Lexikalische Zerlegung.

Lit.: R. JAKOBSON/G. FANT/M. HALLE [1951]: Preliminaries to speech analysis: The distinctive features and their correlates. 7. Aufl. Cambridge, Mass. 1967. – R. JAKOBSON/M. HALLE [1956]: Fundamentals of language, 2. überarbeitete Aufl. The Hague 1975. Dt. Berlin 1960. – G. HEIKE [1961]: Das phonologische System des Deutschen als binäres Distinktionssystem. In: Phonetica 6, S. 162–176. – N. CHOMSKY/M. HALLE [1968]: Sound pattern of English. New York. – W. van LESSEN KLOEKE [1982]: Deutsche Phonologie und Morphologie: Merkmale und Markiertheit. Tübingen. – G. N. CLEMENTS [1985]: The geometry of phonological features. In: Phonology Yearbook 2, S. 225–252. – K. N. STEVENS/S. J. KEYSER/H. KAWASAKI [1986]: Toward a phonetic and phonological theory of redundant features. In: J. PERKELL/D. H. KLATT: Invariance and variability of speech processes. Hillsdale, N. J., S. 426–449. →Phonetik, →Phonologie.

Distinktor →Unterscheider.

Distribution [lat. *distribuere* ›verteilen‹. – Auch: Konkomitanz, →Kookkurrenz]. Gesamtheit der Umgebungen festgelegter Eigenschaften. Im amerikanischen →Distributionalismus (vgl. HARRIS) ist D. das ausschlaggebende Kriterium zur Gewinnung und Klassifizierung sprachlicher Einheiten. Auf der Basis von Aussagenlogik und Mengenlehre lassen sich folgende D.-Typen unterscheiden: (a) Äquivalente D.: Zwei Elemente kommen in gleicher Umgebung vor, und zwar entweder (aa) als »freie Varianten« (auch: freie Alternation/ Korrelation), d.h. ohne bedeutungsunterscheidende Funktion, wie z.B. im Dt. die drei Varianten des Zungen-, Gaumen-

oder Zäpfchen-*r*, oder in (ab) kontrastiver, d.h. bedeutungsunterscheidender Funktion, z.B. /g/, /k/, /t/ im Anlaut in *Gasse, Kasse, Tasse* (→Minimalpaar). (b) Partiell äquivalente D.: Zwei Elemente kommen in weitgehend, aber nicht ausschließlich gleicher Umgebung vor, und zwar entweder (ba) inkludiert die Verteilung des einen Elementes die des anderen, z.B. inkludiert im Dt. die Verteilung der stimmlosen Verschlußlaute die der stimmhaften Verschlußlaute, da beide im An- und Inlaut, die sth. aber nicht im Auslaut vorkommen (→Auslautverhärtung), oder (bb) die Verteilung zweier Elemente ist überlappend (auch teilkomplementär), z.B. das Vorkommen von /h/ und /ŋ/ im Dt.:/h/ und/ŋ/ kommen im Inlaut vor: *Ahorn* vs. *Angora*, im Anlaut aber tritt nur /h/, im Auslaut nur / ŋ/ auf. (c) Komplementäre D.: Zwei Elemente kommen nie in gleicher Umgebung vor, z.B. die sogen. *Ich-Ach*-Laute des Dt., die als komplementär verteilte allophonische Varianten des /ç,x/-Phonems analysiert werden. (Die palatale Variante [ç] steht nach den vorderen Vokalen [i, e, ɤ, ø], nach den Dentalen [n, l, r] sowie im Anlaut (vgl. *ich, echt, München, Lerche, Elch, Chemie*), während die velare Variante [x] nach den hinteren Vokalen [a, o, u] erscheint (vgl. *ach, Loch, Buch*). Diese Verteilung beruht auf progressiver Assimilation.) – Die D. dient der Gewinnung und Definition verschiedener linguistischer Grundeinheiten: z.B. werden in der Phonologie mittels äquivalenter D. mit bedeutungsunterscheidender

Funktion Phoneme ermittelt, während komplementäre D. →Allophone, →Allomorphe u.a. ausweist. Entsprechendes gilt für andere Beschreibungsebenen.

Lit.: →Distributionalismus, →Phonologie.

Distributionalismus [Auch: →Taxonomischer Strukturalismus, Bloomfieldschule, →Deskriptive Linguistik]. Durch die Arbeiten von Z. S. HARRIS, B. BLOCH, G. L. TRAGER, M. JOOS u.a. geprägte Richtung des →Amerikanischen Strukturalismus in den 40er und 50er Jahren, die die Bloomfield-Ära ablöst. Als Standardwerk dieser Phase gilt HARRIS' *»Methods in Structural Linguistics«* [1951]. Ziel des D. ist eine alle subjektiven und semantischen Faktoren ausschließende, experimentell überprüfbare, objektive Beschreibung der einzelsprachlichen, systemimmanenten Beziehungen. Diese Beziehungen sind das Resultat der →Distribution der einzelnen Elemente auf den verschiedenen, hierarchisch von unten nach oben abzuarbeitenden sprachlichen Ebenen (Phonologie, Morphologie, Syntax), d.h. die Gewinnung und Klassifizierung sprachlicher Elemente resultiert aus ihrem Vorkommen bzw. ihrer Verteilung im Satz. Mittels experimenteller Methoden, den sogen. →Entdeckungsprozeduren, läßt sich die Struktur jeder Einzelsprache beschreiben, wobei im wesentlichen zwei Analyseschritte anzusetzen sind: (a) →Segmentierung des Materials durch →Substitution, d.h. durch paradigmatische Austauschbarkeit von Elementen gleicher Funktion,

(b) →Klassifizierung der Elemente zu →Phonem, →Morphem usw. aufgrund ihrer Verteilung und Umgebung im Satz. Diese Analysemethoden leiten sich weitgehend aus den Untersuchungen von Indianersprachen ab, woraus sich der asemantische Charakter des Vorgehens erklären läßt: Da die linguistische Analyse ohne Kenntnis der betreffenden Sprache (speziell ihrer Bedeutung) durchführbar sein mußte, wurde die rein physikalistische Beschreibung der Distribution zum obersten Prinzip erhoben und →Bedeutung somit als eine Funktion der Verteilung betrachtet. Grundlegende Kritik und Revisionsansätze, insbesondere hinsichtlich transformationeller Aspekte, finden sich bei P. M. POSTAL. Zur weiteren Entwicklung bzw. Überwindung des D. vgl. →Transformationsgrammatik.

Quellenschriften: B. BLOCH [1942]: Outline of linguistic analysis. Baltimore. - Z. S. HARRIS [1946]: From morpheme to utterance. In: Lg 22, S. 161-183. Dt. in: E. BENSE u.a. (eds.): Beschreibungsmethoden des amerikanischen Strukturalismus. München 1976. - E. NIDA [1946]: Morphology. The descriptive analysis of words. 2. Aufl. Ann Arbor 1949. - R. S. WELLS [1947]: Immediate constituents. In: Lg 23, S. 71-117. Dt. in: E. BENSE u.a. (eds.): Beschreibungsmethoden des amerikanischen Strukturalismus. München 1976. - B. BLOCH [1948]: A set of postulates for phonetic analysis. In: Lg 24, S. 3-46. - Z. S. HARRIS [1954]: Distributional structure. In: Word 10, S. 146-162.
Abhandlungen: CH. C. FRIES [1961]: The Bloomfield school. In: CH. MOHRMANN u.a. (eds.): Trends in European and American linguistics 1930-1960. Utrecht. - P. M. POSTAL [1964]: Constituent structure: A study of contemporary models of syntactic description. Bloomington, Ind. - P. M. POSTAL [1964]: Limitations of phrase structure grammars. In: J. A. FODOR/J. J. KATZ (eds.): The structure of language: Readings in the philosophy of language. Englewood Cliffs, S. 137-154. →Amerikanischer Strukturalismus, →Sprachwissenschaft (Geschichte), →Strukturalismus.

Distributionsanalyse. Analyse und Beschreibung sprachlicher Äußerungen hinsichtlich des Vorkommens einzelner Elemente (Laute, Wörter) in Relation zum Vorkommen anderer (vergleichbarer) Elemente. D. dient dem Nachweis →Syntagmatischer und →Paradigmatischer Beziehungen zwischen sprachlichen Elementen. Zur Methode vgl. →Distributionalismus.

Lit.: →Distributionalismus.

Distributionsklasse. Durch →Distributionsanalyse (d.h. auf der Basis gleicher Umgebung durch →Segmentierung und →Klassifizierung) gewonnene Klassen linguistischer Einheiten wie →Phoneme, →Morpheme, Wort- und Phrasenkategorien (Verb, Verbalphrase) u.a.

Lit.: →Distributionalismus.

Distributive vs. Nicht-Distributive Lesart. Bei Substantiven, die Mengen bezeichnen, kann der Bezug auf die jeweilige Menge entweder über ihre einzelnen Elemente (»distributiv«) oder über die Menge als Ganzes (»nicht-distributiv«) erfolgen. Ihr Vorkommen in Sätzen bewirkt eine Mehrdeutigkeit, solange die Bedeutungen der anderen Elemente nicht eine Lesart ausschließen. So ist der Satz *Die Mannschaft ist für die Niederlage verantwortlich* sowohl im Sinne von ›jeder einzelne Spieler ist verantwortlich‹ als auch im Sinne von ›die Mannschaft insgesamt ist verantwortlich‹ zu verstehen, während die Bedeutung des Verbs *umzingeln* in dem Satz *Polizisten umzingeln die Demonstranten* mit der distributiven Lesart im Widerspruch steht. Der Gebrauch von Artikelformen wie *jeder, alle* kann ebenfalls Eindeutigkeit bewirken, vgl. *jeder Mensch stirbt, alle Menschen sterben.*

Lit.: H. VATER [1963]: Das System der Artikelformen im gegenwärtigen Deutsch. 2. Aufl. Tübingen. 1979. – R. J. SCHA [1981]: Distributive, collective, and cumulative quantification. In: J. GROENENDIJK/T. JANSSEN/M. STOKHOF (eds.): Formal methods in the study of language. Amsterdam, S. 483–512.

Distributivum [Pl. Distributiva. Auch: Distributiv-, Verteil(ungs)zahl]. Untergruppe der →Numerale (Zahlwörter), im Dt. durch ein den Kardinalzahlen vorangestelltes *je* gebildet: *je sechs Bücher.*

Distributivzahl →Distributivum.

Dittographie [griech. *dittós* ›doppelt‹, *gráphein* ›schreiben‹]. Schreibfehler, der darin besteht, daß einfache Buchstaben oder Silben versehentlich doppelt geschrieben werden. Zum umgekehrten Vorgang vgl. →Haplographie.

Dittologie [griech. *lógos* ›Wort‹]. Versehentliche oder konventionalisierte Wiederholung von Silben. Zum umgekehrten Vorgang vgl. →Haplologie.

Dolmetschen. [durch ungar. Vermittlung aus osmanisch-türkisch *tilmaç* ›Dolmetscher‹ entlehnt]. Mündliches Übersetzen. (a) Simultan-, Synchron-D.: fast gleichzeitiges Übersetzen eines gesprochenen Textes in kleinen Schritten. (b) Konsekutiv-D.: Übersetzen eines gesprochenen Textes in größeren Passagen.

Lit.: →Übersetzung.

Domäne [engl. *domain* ›Bereich‹]. Von J. FISHMAN in die →Soziolinguistik eingeführter Begriff, der ein Bündel von sozialen Situationen bezeichnet, die durch spezifische Umgebungsbedingungen (engl. *setting*) und Rollenbeziehungen zwischen den Interaktionsteilnehmern sowie durch typische Themenbereiche gekennzeichnet sind (z.B. Schule, Familie, Arbeitsplatz, staatliche Administration etc.). So umfaßt beispielsweise die D. »Familie« eine Reihe unterschiedlicher (»familiärer«) Situationen mit allgemein akzeptierten Verhaltensnormen; eine dieser Verhaltensnormen betrifft auch die Wahl einer angemessenen – informellen – Sprachvarietät, etwa im Falle diglossischer Sprachsituationen (vgl. →Diglossie) die »niedrigere«, nicht-hochsprachliche (z.B. dialektale) Varietät.

Lit.: J. FISHMAN [1964]: Language maintenance and language shift as a field of inquiry. In: Linguistics 9, S. 32–70. – J. FISHMAN [1965]: Who speaks what language to whom and when? In: La linguistique 2, S. 67–88. – A. M. MIONI [1987]: Domain. In: Handbuch Soziolinguistik (HSK 3.1.), S. 170–178.

Dominanz. Begriff aus der →Phrasenstrukturgrammatik. In einem →Phrasenstrukturbaum »dominiert« eine →Konstituente *A* eine andere Konstituente *B* genau dann, wenn *B* eine (Teil)konstituente von *A* ist, d.h. wenn *A* auf dem Weg von *B* zur →Wurzel des Baumes liegt. *A* dominiert *B* unmittelbar genau dann, wenn *B* eine unmittelbare Konstituente von *A* ist, d.h. wenn es eine →Phrasenstrukturregel der Form *A* → ... *B*... gibt. →Phrasenstrukturgrammatik.

Lit.: →Konstituentenanalyse, →Phrasenstrukturgrammatik.

Dominieren. Syntaktische Relation zwischen Konstituenten, vgl. →Dominanz.

Donkey-Sätze →Montague-Grammatik.

Doppelbindungstheorie →Double-Bind-Theorie.

Doppelkonsonant →Geminata.

Doppelte Artikulation →Zweifache Gliederung.

Doppelte Gliederung →Zweifache Gliederung.

Dorsal(laut) [lat. *dorsum* ›Rücken‹]. Nach dem Artikulationsorgan (Zungenrücken) bezeichneter Sprachlaut. Z.B. [kʰ], [u], [x], [ŋ], [g] in dt. [ˈkʰuːŋgaːbl] ›Kuchengabel‹. Zur größeren Differenzierung unterscheidet man zwischen Prä-, Medio- und Postdorsalen, insbesondere zur artikulatorischen Beschreibung der Vokale. Hier spricht man meist von vorderen, mittleren bzw. hinteren →Vokalen. →Zunge-Lippen-Prozeß.

Dorsum. Zungenrücken. Artikulationsorgan bei der Bildung von →Dorsalen. →Zunge-Lippen-Prozeß.

Double-Bind-Theorie [engl. *double-bind* ›Doppelbindung‹. – Auch: Beziehungsfalle, Doppelbindungstheorie, Pragmatische Paradoxie, Zwickmühle]. Von G. BATESON und P. WATZLAWICK im Rahmen der Schizophrenieforschung analysiertes pathologisches Verhaltensmuster, demzufolge ein Sprecher *A* gleichzeitig zwei nicht zu vereinbarende Aufforderungen an einen von ihm emotional abhängigen Hörer *B* richtet: aufgrund der asymmetrischen Beziehung zwischen *A* und *B* (z.B. Eltern – Kind) ist *B* nicht in der Lage, sich mit der paradoxen Handlungsanweisung kritisch auseinanderzusetzen bzw. die Absurdität der Äußerung nachzuweisen. Solchen gegensätzlichen Botschaften ohnmächtig ausgesetzt zu sein, kann zu schizophrenen Symptomen führen. Die widersprüchlichen Anweisungen können sowohl durch verbale als auch durch nonverbale Mittel ausgedrückt werden (z.B. zustimmende Worte bei abweisendem Blick), ausschlaggebend für D. ist das Fehlen jeglicher Fluchtmöglichkeit aus der Paradoxie.

Lit.: P. WATZLAWICK/J. H. BEAVIN/D. D. JACKSON [1967]: Pragmatics of human communication. A study of interactional patterns, pathologies, and paradoxes. New York. Dt.: Menschliche Kommunikation. Bern 1969. – G. BATESON u.a. [1969]: Schizophrenie und Familie. Frankfurt. – D. E. BUGENTAL u.a. [1970]: Perception and contradictory meanings, conveyed by verbal and noverbal channels. In: JPSP 16, S. 647-655. – K. EHLICH/K. MARTENS [1972]: Sprechhandlungstheorie und double bind. In: D. WUNDERLICH (ed.): Linguistische Pragmatik. Frankfurt, S. 377-403. – S. GOEPPERT [1974]: Über Stellenwert und Aussagekraft der double-bind Hypothese in der Psychoanalyse. In: LBer 33, S. 1-17.

Downdrift. Eigenschaft von →Tonsprachen: Kontinuierliche Absenkung der Bezugsbasis von Tönen zum Ende des Satzes hin.

Lit.: →Tonologie.

Downstep. In →Tonsprachen: →Tonem, das ab einer bestimmten Silbe eine Absenkung der Bezugsbasis der folgenden Töne bewirkt, eine Erscheinung, die z.B. in westafrikan. Sprachen vorkommt.

Lit.: →Tonologie.

Drawidisch. Sprachstamm Südasiens mit ca. 25 Sprachen und 175 Mio. Sprechern, vor allem im südlichen und östlichen Indien und auf Ceylon, ferner in Pakistan (Brahui). Ursprünglich wohl auf dem ganzen indischen Subkontinent verbreitet, wurden die Sprachen von den indo-arischen Einwanderern zurückgedrängt. Die wichtigsten Einzelsprachen (Schriftsprachen mit mehr als 2000-jähriger literarischer Tradition) sind Telugu (53 Mio. Sprecher), →Tamil (45 Mio. Sprecher), Malayalam (28 Mio. Sprecher) und Kannada (28 Mio. Sprecher). - Die Verwandtschaft der wichtigsten Sprachen wurde von F. W. ELLIS (1816) nachgewiesen; als grundlegend erwies sich die Untersuchung von R. A. CALDWELL (1856). Möglicherweise besteht eine Verwandtschaft zum Elamitischen, einer ausgestorbenen Sprache Irans. Zahlreiche Wörter wurden aus indo-arischen Sprachen entlehnt, während d. Sprachen umgekehrt die indo-arischen Sprachen phonologisch, morphologisch und syntaktisch beeinflußten. Es handelt sich durchweg um stark agglutinierende, suffigierende Sprachen mit vielen Kompositionsbildungen. Das Genussystem läßt sich auf eine Unterscheidung [±MASKULIN] im Singular und [±MENSCHLICH] im Plural zurückführen. Wortstellung: SOV, reiches Kasussystem. Das Subjekt steht bei →Statischen Verben (→Stativ vs. Dynamisch) und Empfindungsverben häufig im Dativ. Keine Satzkoordinationen; stattdessen häufige Partizipial-Konstruktionen (Konverben) zur Subordination von Sätzen. Komplexes System von Hilfsverben, mit denen u.a. die Einstellung des Sprechers ausgedrückt werden kann (z.B. pejorative Bedeutungskomponenten). Die großen d. Sprachen sind in hohem Ausmaß diglossisch, d.h. unterscheiden zwischen formalen und nicht-formalen Sprachregistern.

Lit.: J. BLOCH [1946]: Structure grammaticale des langues dravidiennes. Paris. - M. B. EMENEAU [1969]: The non-literary Dravidian languages. In: CTL 5, S. 334–342. - B. KRISHNAMURTI [1969]: Comparative Dravidian studies. In: CTL 5, S. 309–333. - M. S. ANDORNOV [1970]: Dravidian languages. Moskau. - K. ZVELEBIL [1977]: A sketch of comparative Dravidian morphology. The Hague. - D. McALPIN [1981]: Proto-Elamo-Dravidian: The evidence and its implications. Philadelphia. - S. N. SRIDHAR [1989]: Kannada. London. *Zeitschrift:* International Journal of Dravidian Linguistics.

Dreifundamentenschema →Organonmodell der Sprache.

Dreimorengesetz [lat. *mora* ›Zeitraum‹].
(1) [Auch: Dreisilbengesetz]: Gesetz zur Regelung der Akzentverhältnisse im Griech., demzufolge auf den Hauptakzent des Wortes nicht mehr als drei unbetonte →Moren (= Meßeinheit für eine kurze Silbe) folgen durften.
(2) Hypothese der ideur. Sprachwissenschaft zur Erklärung der im Gotischen erhalte-

nen Langvokale im Auslaut, derzufolge in ideur./urgermanischen Nebensilben Langvokale unter Akut-Akzent (auch: Stoßton) 2-morig, unter Zirkumflex-Akzent (auch: Schleifton) 3-morig waren, so daß bei Kürzung um eine More immer Langvokale bzw. Diphthonge für das Germanische rekonstruiert werden können.

Lit.: →Historisch-Vergleichende Sprachwissenschaft.

Dreisilbengesetz →Dreimorengesetz.

Drift [engl. *drift* ›Strömung‹]. Terminus von E. SAPIR [1921] zur Bezeichnung von innersprachlichen Tendenzen, aufgrund deren die Richtung von Sprachwandel vorhersagbar ist. Für das Engl. konstatiert SAPIR drei voneinander abhängige grammatische »Strömungen«: (a) Verlust der Kasusmarkierung, (b) Stabilisierung der Wortstellung und (c) Invarianz des Wortes. Diese nicht nur für das Engl. zutreffenden D. resultieren aus dem germ. Endsilbenverfall, der seinerseits als Folge der germ. Akzentverhältnisse angesehen wird. Neuere Untersuchungen zielen auf die Universalität solcher sprachlichen Entwicklungstendenzen ab.

Lit.: E. SAPIR [1921]: Language. New York. – R. LAKOFF [1972]: Another look at drift. In: R. STOCKWELL/R. MACAULAY (eds.): Historical linguistics and generative theory. Bloomington, S. 172–198. – TH. VENNEMANN [1975]: An explanation of drift. In: CH. N. LI (ed.): Word order and word order change. Austin, S. 269–305. →Sprachwandel.

Druckakzent →Dynamischer Akzent.

D-Struktur [Abk. für engl. *Deep-Structure*]. →Tiefenstruktur.

Dualis [lat. *(numerus) duālis* ›zwei enthaltend‹]. Teilkategorie des →Numerus zur Bezeichnung von paarweise auftretenden Elementen im Unterschied zu Einzelelementen (→Singular) und mehr als zwei Elementen (→Plural). Reste des ursprünglich im Ideur. formal voll ausgebildeten nominalen D. finden sich u.a. im Griechischen und im Gotischen in der Unterscheidung der Personalpronomina (vgl. got. *weis* ›wir‹ vs. *wit* ›wir beide‹) sowie in einigen slawischen Sprachen. Die im Bairischen erhaltenen alten Dualformen *ös* (›ihr beiden‹) und *enk* (›euch beiden‹) haben Pluralfunktion übernommen.

Lit.: →Numerus.

Duden. Nachschlagewerk zur Rechtschreibung des Deutschen, seit 1915 so benannt nach dem Gymnasiallehrer KONRAD DUDEN (1829–1911), dessen 1880 erschienenes »Vollständiges orthographisches Wörterbuch der deutschen Sprache« die Einheitlichkeit der deutschen Rechtschreibung begründete. Die im Rechtschreibungs-DUDEN kodifizierten Schreibweisen und Regeln gelten in allen Zweifelsfällen als verbindliche Norm, und zwar seit 1955 mit staatlicher Sanktionierung durch die Kultusministerkonferenz. Seit 1956 hat die Mannheimer DUDENredaktion, die sich auch als Sprachberatungsstelle sowie als Forschungsinstitut für eine wissenschaftlich begründete Sprachpflege versteht, dem Rechtschreibe-DUDEN weitere Bände zu Grammatik, Aussprache u.a. folgen lassen. Die in der DDR erschienenen DUDEN-Ausgaben wurden von der Leipziger DUDEN-Redaktion erarbeitet. Die Planung für ein gemeinsames DUDEN-Wörterbuch der Rechtschreibung hat begonnen.

Lit.: DUDEN-Bände: Bd. 1: Rechtschreibung. 18. völlig neubearb. Auflage Mannheim 1980. – Bd. 2: Stilwörterbuch der deutschen Sprache. 5. Aufl. Mannheim 1963. – Bd. 3: Das Bildwörterbuch der deutschen Sprache. 3. völlig neu bearbeitete Auflage Mannheim 1977. – Bd. 4: Grammatik der deutschen Gegenwartssprache. 4. völlig neu bearb. und erw. Auflage, ed. von G. DROSDOWSKI u. a., Mannheim 1984. – Bd. 5: Das Fremdwörterbuch. 4. völlig neu bearb. u. erw. Aufl. Mannheim 1982. – Bd. 6: Aussprachewörterbuch. Wörterbuch der deutschen Standardsprache. 2. völlig neu bearb. und erw. Auflage, bearb. von M. MANGOLD u.a. Mannheim 1974. – Bd. 7: Etymologie. Herkunftswörterbuch der deutschen Sprache. Bearb. von G. DROSDOWSKI. 2. Aufl., Mannheim 1989. – Bd. 8: Die sinn- und sachverwandten Wörter. Wörterbuch der treffenden Ausdrücke. Bearb. von W. MÜLLER u.a. Mannheim 1972. – Bd. 9: Die Zweifelsfälle der deutschen Sprache. Wörterbuch der sprachlichen Hauptschwierigkeiten. 2. neu bearb. und erw. Auflage, bearb. von D. BERGER u.a. Mannheim 1972. – Bd. 10: Das Bedeutungswörterbuch. Mannheim 1970. – DER GROSSE DUDEN: Wörterbuch und Leitfaden der deutschen Rechtschreibung. 21. Aufl. Leipzig 1980. *Zur Geschichte des Duden*: H. SARKOWSKI [1977]: Das Bibliographische Institut (1826–1976). Mannheim. – W. U. WURZEL [1979]: Konrad DUDEN. Leipzig. – G. STÖTZEL/J. RICKEN [1987]: Die DUDEN-Grammatik von 1959–1984: Ihre Rezeption in Rezensionen (2. Teil). In: Sprache und Literatur in Wissenschaft und Unterricht. S.72–82. – W. SAUER [1988]: Der »DUDEN«. Geschichte und Aktualität eines »Volkswörterbuchs«. Stuttgart.

Dunkel vs. Hell [engl. *grave* vs. *acute*]. Binäre phonologische Opposition zur Beschreibung distinktiver Merkmale, die sich auf akustisch analysierte und spektral definierte Unterscheidungskriterien stützt (→Akustische Phonetik, →Spektralanalyse). Akustische Charakteristik: größere bzw. geringere Energiekonzentration im unteren bzw. oberen Spektralbereich. Artikulatorische Charakteristik: Die dunklen Laute besitzen einen weiteren und weniger stark gegliederten Resonanzraum als die hellen Laute. Die Unterscheidung kennzeichnet die Opposition zwischen [m, p, b, f] vs. [n, t, d, s] sowie zwischen hinteren und vorderen Vokalen [i, e] vs. [u, o].

Lit.: J. NEPPERT/M. PETURSSON [1986]: Elemente einer akustischen Phonetik. Hamburg, S. 39–41. →Distinktives Merkmal.

Durativ vs. Nicht-Durativ [lat. *dūrāre* ›dauern‹; engl. *activity* vs. *accomplishment/achievement*. – Auch: Aterminativ/Kursiv vs. Terminativ, Unvollendet vs. Vollendet, Imperfektiv vs. Perfektiv, Imitativ vs. Mutativ]. Grundlegende Subkategorien der →Aktionsart. D. Verben bezeichnen Vorgänge, die hinsichtlich ihres Zeitablaufs kontinuierlich, bzw. nicht weiter strukturiert sind (*brennen, arbeiten, essen*), im Unterschied zu Nicht-D. Verben, deren Bedeutung eine zeitliche Begrenzung, einen Endpunkt des Vorgangs oder eine Entwicklung impliziert: *entbrennen, verbrennen, aufarbeiten, einen Apfel essen.* Diese Unterscheidung bestimmt die Wahl der Temporalangaben für die Bezeichnung der Dauer des Handlungsverlaufs. D. Verben sind verträglich mit Angaben wie *zwei Stunden lang* oder *seit langem*, nicht aber (bzw. nur unter Veränderung der Verwendungsbedingungen des Satzes) mit Angaben wie *in einer Stunde*: *das Haus* *brennt zwei Stunden lang/*in zwei Stunden.* Vgl. im Unterschied dazu die Nicht-D. Variante: *das Haus verbrennt in zwei Stunden/*zwei Stunden lang.* Außerdem zeichnen sich Nicht-D. Verben dadurch aus, daß ihre imperfektive Variante (*Sie aß an einem Apfel, als ich hereinkam*) nicht die perfektive Variante impliziert: *Sie hat einen Apfel gegessen.* Vgl. dagegen bei einem D. Verb, z.B. *Er tanzte, als ich hereinkam* die Folgerung *Er hat getanzt.* Die Unterscheidung D. vs. Nicht-D. spielt im Dt. bei verschiedenen Regularitäten eine Rolle (→Aktionsart). Als Subklassen der D. Verben zählen:(a) →Iterative vs. Semelfaktive Verben, die die Wiederholung eines Vorgangs bezeichnen (*flattern, sticheln*); (b) Diminutive Verben, die eine geringe Intensität des Vorgangs bezeichnen (*hüsteln, lächeln, tänzeln*). Als Subklassen der Nicht-D. Verben unterscheidet man: (a) →Ingressive bzw. →Inchoative Verben, die den Beginn und den Verlauf eines Vorgangs bezeichnen (*entflammen, einschlafen*). (b) →Resultative Verben (engl. *accomplishment*), die den Verlauf und Abschluß eines Vorgangs denotieren (*verbrennen, zerbrechen*). (c) →Transformative Verben, die einen Übergang von einem Zustand in einen anderen bezeichnen (*altern, abkühlen*) oder (d) →Punktuelle Verben (engl. *achievement*), die einen augenblicklichen Situationswechsel implizieren (*platzen, finden*). In der Forschung wird die D. vs. Nicht-D. Unterscheidung häufig gleichgesetzt mit der Aspekt-Klassifizierung →Imperfektiv vs. Perfektiv.

Lit.: →Aktionsart.

Durchschnittsmenge →Menge.

Dvandva →Kopulativkompositum.

Dyirbal →Australische Sprachen.

Dynamisch →Statisch vs. Dynamisch.

Dynamischer Akzent [Auch: Druckakzent, Stärkeakzent, engl. *stress accent*]. Wortakzent, der sich durch höhere Schallfülle oder eine Stimmtonbewegung auszeichnet, wobei die Art der Stimmtonbewegung im Gegensatz zum →Musikalischen Akzent nicht lexikalisch distinktiv ist. →Akzent.

Dysarthrie [griech. *dys-* Negation, *arthróō* ›Laute hervorbringen‹]. In der →Phoniatrie und Neurologie Bezeichnung für eine Reihe von sprechmotorischen Störungen im zentralen oder peripheren Nervensystem, bei denen Artikulation, Phonation oder Prosodie betroffen sein können. Auftretende Fehler (z.B. in der Artikulation) zeigen sich als konsistente Fehler oder Substitutionen (im Unterschied zur →Apraxie). Vgl. →Sprechstörung.

Lit.: F. DARLEY u.a. [1975]: Motor Speech Disorders. Philadelphia. – K. POECK (ed.) [1982]: Klinische Neuropsychologie. 2. neu bearb. und erw. Aufl. Stuttgart 1989. – R. VOGEL/W. ZIEGLER/H. MORASCH [1987]: Sprechen. In: D. von CRAMON/J. ZIHL (eds.): Neuropsychologische Rehabilitation. Berlin, S. 319–359.

Dysglossie [griech. *glóssa* ›Zunge‹]. In der →Phoniatrie Bezeichnung von Artikulationsstörungen aufgrund organischer Veränderungen (Lähmung oder Defekte) der peripheren Sprechorgane. Die Einteilung erfolgt je nach anatomisch unterscheidbarem Teil der Sprechorgane (z.B. Labiale D.). Bei pharyngaler und laryngaler D. handelt es sich um →Stimmstörungen. Von D. zu unterscheiden ist →Dyslalie. Vgl. →Sprachstörung.

Lit.: R. LUCHSINGER/G. E. ARNOLD [1970]: Handbuch der Stimm- und Sprachheilkunde. 2 Bde. 3. völlig neu bearb. Aufl. Wien. - G. BÖHME [1983]: Sprach-, Sprech- und Stimmstörungen. 3 Bde. 2. völlig neu bearb. Aufl. Stuttgart. - G. WIRTH [1983]: Sprachstörungen, Sprechstörungen, kindliche Hörstörungen. 2. völlig neu bearb. Aufl. Köln.

Dysgrammatismus [griech. *grámma* ›Schrift‹. - Auch: →Agrammatismus]. In der →Neurolinguistik eingebürgerte (aber umstrittene) Bezeichnung für eine →Sprachentwicklungsstörung, insbesondere im morphologischen und syntaktischen Bereich, die oft mit Störungen im phonologischen oder artikulo-motorischen Bereich einhergeht. Ob es sich nur um eine zeitlich verzögerte oder um eine abweichende Sprachentwicklung handelt und in welcher Weise andere kognitive Fähigkeiten betroffen sind, ist umstritten. Konkurrierende Bezeichnungen im Dt. sind Entwicklungs-Dysgrammatismus und →(Entwicklungs-)Dysphasie (z.B. GRIMM [1984]). Als Überblick vgl. JOHNSTON [1988], KANY/SCHÖLER [1988].

Lit.: F. M. DANNENBAUER [1983]: Der Entwicklungsdysgrammatismus als spezifische Ausprägungsform der Entwicklungsdysphasie. Birkach. - H. GRIMM [1984]: Zur Frage der sprachlichen Wissenskonstruktion: Erwerben dysphasische Kinder die Sprache anders? In: E. OKSAAR (ed.): Spracherwerb - Sprachkontakt - Sprach-

konflikt. Berlin, S. 30-53. - I. FÜSSENICH/ B. GLÄSS (eds.) [1985]: Dysgrammatismus. Heidelberg. - H. CLAHSEN [1988]: Normale und gestörte Kindersprache. Amsterdam. - J. R. JOHNSTON [1988]: Specific language disorders in the child. In: N. LASS u.a. (eds.): Handbook of speech-language pathology and audiology. Philadelphia, S. 685-715. - W. KANY/H. SCHÖLER [1988]: Sprachentwicklungspsychologische Fragen zum kindlichen Dysgrammatismus. In: StL 22, S. 66-87. →Sprachentwicklungsstörung.

Dysgraphie →Legasthenie.

Dyslalie [griech. *lalía* ›Geschwätz‹, ›Rede‹. - Auch: Stammeln]. Im Bereich der →Sprachentwicklungsstörungen Bezeichnung für Artikulationsstörungen bei Kindern: z.B. Vereinfachung der Silbenstruktur, →Fehlbildungen oder Substitutionen einzelner Laute (partielles Stammeln) oder einer größeren Anzahl von Lauten (multiples Stammeln) bis hin zur Unverständlichkeit (universelles Stammeln). Eine spezielle Form ist die →Paralalie. Von D. zu unterscheiden ist die →Dysglossie.

Lit.: →Sprachentwicklungsstörung.

Dyslexie [lat. *legere* ›lesen‹; engl. *developmental dyslexia*. - Auch: Entwicklungs-Dyslexie]. →Legasthenie.

Dyslogie [griech. *lógos* ›Wort‹; engl. *dyslogia*]. In der →Neurolinguistik Oberbegriff für →Sprachentwicklungsstörungen infolge Schwachsinns.

Dysorthographie →Legasthenie.

Dysphasie [griech. *phásis* ›Sprache‹]. In der →Neurolinguistik sowohl Synonym für →Aphasie als auch Abkürzung für →Entwicklungs-Dysphasie.

Dysphonie [griech. *phōnē* ›Stimme‹, ›Ton‹]. In der →Phoniatrie Oberbegriff für eine Reihe von →Stimmstörungen, die durch unzureichende Sprechtechnik, lokale Erkrankung im Bereich des →Kehlkopfs oder psychische Faktoren, z.B. Streß oder Depression, verursacht werden. →Aphonie.

Lit.: G. WIRTH [1987]: Stimmstörungen. 2. völlig neu bearb. Aufl. Köln. – J. WENDLER/W. SEIDNER [1987]: Lehrbuch der Phoniatrie. Leipzig.

Dysprosodie [griech. *prosōidía* ›Stimmodulation‹]. In der →Neurolinguistik gravierende Störung der →Prosodie, etwa des Tonhöhenverlaufs, der Intensität und der Zeitstruktur einer Äußerung. Z.B. werden Unterschiede zwischen Silben mit Haupt- oder Nebenakzent nivelliert, indem alle Silben mit gleicher Intensität gesprochen werden.

Lit.: A. BURTON [1981]: Linguistic analysis of dysprosody. A case study. In: UCLA Working Papers in Cognitive Linguistics 3, S. 189–198. →Sprechstörung, →Sprachstörung.

Ebenengrammatik →Stratifikationsgrammatik.

Echofrage. →Fragesatz, der als Gegenfrage auf eine andere Frage antwortet, indem er die Formulierung der Ausgangsfrage aufgreift und umformt, vgl. *Wen suchst du?* vs. *Wen ich suche?; Kommst du?* vs. *Ob ich komme?*

Lit.: J. MEIBAUER [1987]: Zur Form und Funktion von Echofragen. In: I. ROSENGREN (ed.): Sprache und Pragmatik. Lund. →Fragesatz.

Echolalie [griech. *ēchéō* ›tönen‹, ›erschallen‹, *lalía* ›Geschwätz‹, ›Rede‹]. In der →Neurolinguistik Bezeichnung für Wiederholungen eigener Äußerungen oder der anderer Personen bei Autisten, Schizophrenen, geistig Behinderten, Aphasikern u.a. Neuere Studien mit autistischen Kindern haben gezeigt, daß E. keineswegs, wie früher angenommen, sinnlose Wiederholungen sind, sondern je nach verbalem und nonverbalem Kontext verschiedenartige Funktionen haben können. Von E. zu unterscheiden ist Imitation.

Lit.: A. L. SCHULER [1979]: Echolalia: Issues and clinical applications.In: JSHD 44, S. 411–434. – B. M. PRIZANT/J. F. DUCHAN [1981]: The functions of immediate echolalia in autistic children. In: JSHD 46, S. 241–249. – B. M. PRIZANT/P. J. RYDELL [1984]: Analysis of functions of delayed echolalia in autistic children. In: JSHR 27, S. 183–192. →Sprachstörung, →Sprachentwicklungsstörung.

ECM [Abk. für engl. *Exceptional Case Marking*]. In der →GB-Theorie Beschreibung eines Konstruktionstyps, bei dem das logische Subjekt eines eingebetteten Satzes im Akkusativ erscheint und somit vom Verb des Matrixsatzes »ausnahmsweise« kasusmarkiert wird. Sogen. ECM-Verben sind A.c.I.-Verben wie *lassen, sehen*; die ECM-Konstruktion entspricht der traditionellen aus der lat. Grammatik geläufigen Konstruktion →Akkusativ mit Infinitiv. →Kasustheorie.

ECP [Abk. für engl. *Empty Category Principle*]. Prinzip der generativen →Transformationsgrammatik, demzufolge →Spuren aufgrund geeigneter Bedingungen strukturell »sichtbar« sein müssen, d. h. sie müssen (ähnlich wie vom Prinzip der →Rekonstruierbarkeit bzgl.

→Tilgungen gefordert) als leere Positionen der →Oberflächenstruktur »identifiziert« werden können, z.B. dadurch, daß die leere Position von einem Verb subkategorisiert wird. Die in der →GB-Theorie von N. CHOMSKY formulierte Sichtbarkeitsbedingung besagt, daß Spuren strikt regiert sein müssen (engl. *proper government*). Diese Bedingung ist erfüllt, wenn die leere Kategorie entweder von einer lexikalischen Kategorie regiert wird (also insbesondere wenn sie kein Subjekt ist, denn ein die Subjektposition regierendes INFL ist kein »lexikalisches« Regens), oder wenn sie ein Antezedens hat innerhalb der gleichen maximalen Projektion wie die leere Kategorie. Das ECP wurde vielfältigen Revisionen unterworfen und gehört zum zentralen Bestandteil der GB-Theorie.

Lit.: N. CHOMSKY [1981]: Lectures on government and binding. Dordrecht. – D. M. PESETSKY [1982]: Paths and categories. Cambridge, Mass. (MIT-Diss.). – R. KAYNE [1984]: Connectedness and binary branching. Dordrecht. – H. LASNIK/M. SAITO [1984]: On the nature of proper government. In: LIn 15, 235–289. – N. CHOMSKY [1986]: Barriers. Cambridge, Mass. – N. SOBIN [1987]: The variable status of COMP-trace phenomena. In: NLLT 5, S. 33–60. – A. v. STECHOW/W. STERNEFELD [1988]: Bausteine syntaktischen Wissens. Opladen. →Transformationsgrammatik.

Effektiv [lat. *effectus* ›Wirkung‹]. →Aktionsart des Verbs, die unter →Durativ vs. Nicht-Durativ fällt, wobei der Terminus uneinheitlich auch für →Resultativ oder →Punktuell verwendet wird.

Effiziertes Objekt [lat. *efficere* ›bewirken‹]. Semantische Relation zwischen einem transitiven Verb und seiner Objektsnominalphrase: Die durch das Objekt bezeichnete Sache entsteht als Resultat der durch das Verb bezeichneten Tätigkeit: *Philip schreibt einen Brief* (vgl. zum Unterschied →Affiziertes Objekt). Unter semantischem Aspekt werden solche resultaterzeugenden Verben »existentielle Kausativa« genannt; eine semantische Analyse muß dem Zusammenhang solcher Verben mit den entsprechenden Resultat-Objekten Rechnung tragen.

Lit.: →Kasus, →Kasusgrammatik, →Semantische Relation.

Egozentrische Sprache [lat. *ego* ›ich‹]. Nach JEAN PIAGET [1923] Indiz für eine Unfähigkeit von Kindern im Alter von vier bis sieben Jahren, die eigene Perspektive zu verändern, um verschiedene Aspekte eines Objekts oder die Differenz zwischen der eigenen Perspektive und der des anderen zu erkennen. PIAGETS Interesse gilt primär der Entwicklung des logischen Denkens, das sich aus dem autistischen über das egozentrische Denken entwickelt. PIAGETS Konzept der E. S. wurde von L. S. WYGOTSKI [1934] in Frage gestellt. Nach WYGOTSKI entwickeln sich Sprache und Denken phylo- und ontogenetisch aus verschiedenen Wurzeln. Die Sprache, ihrem Ursprung nach sozial, differenziert sich aus in eine kommunikative und eine »innere« Sprache (= »sprachliches Denken« im Unterschied zu instrumentellem Denken). Die E. S. ist strukturell von der kommunikativen verschieden und hat die Funktion der Selbstanleitung bei der Lösung von Problemen. Vgl. in diesem Zusammenhang auch die Bedeutung von Selbstgesprächen als Selbstanregung für die Entwicklung der Ich-Identität in der Theorie von G. H. MEAD [1934].

Lit.: J. PIAGET [1923]: Le langage et la pensée chez l'enfant. Paris. DL.: Sprechen und Denken des Kindes. Düsseldorf 1972. – G. H. MEAD [1934]: Mind, self and society. Chicago. DL.: Geist, Identität und Gesellschaft. Frankfurt 1968. – L. S. WYGOTSKI [1934]: Denken und Sprechen. Frankfurt. 5. Aufl. 1974. – L. KOHLBERG [1974]: Zur kognitiven Entwicklung des Kindes. Frankfurt. – M. KELLER [1976]: Kognitive Entwicklung und soziale Kompetenz. Weinheim. – L. S. WYGOTSKI [1978]: Mind in society. Cambridge, Mass. – W. EDELSTEIN/M. KELLER (eds.) [1982]: Perspektivität und Interpretation. Frankfurt. – D. GEULEN (ed.) [1982]: Perspektivenübernahme und soziales Handeln. Frankfurt. →Spracherwerb.

Egressiv [lat. *ēgressus* ›das Herausgehen‹]. →Aktionsart des Verbs, die unter →Durativ vs. Nicht-Durativ fällt, wobei der Terminus uneinheitlich für →Resultativ oder →Punktuell verwendet wird.

Egressiv(er Laut) [lat. *ēgredī* ›hinausgehen‹]. Sprachlaut, bei dessen Bildung – im Unterschied zu einem →Ingressiven Laut – bei der Lautproduktion die Luft aus der initiierenden Luftkammer ausströmt.

Lit.: →Phonetik.

Eidetischer vs. Operativer Sinn [griech. *eídos* ›Idee‹]. Erkenntnistheoretische Unterscheidung der Semiotik (sprachlicher Zeichen): der e. Sinn eines Zeichens resultiert aus seinen Bedeutungsbeziehungen sowohl zu Objekten und Sachverhalten der realen Welt (= Bezeichnungsfunktion) als auch zu anderen Zeichen; er wird durch die Semantik einer Spra-

che bestimmt. Der o. Sinn dagegen ergibt sich aus den Regeln des Gebrauchs (= Operationen) von sprachlichen Zeichen, die durch die Syntax festgelegt werden. Diese Unterscheidung spielt besonders in naturwissenschaftlichen Bereichen eine Rolle, dort kennt man sehr häufig den o. Sinn von Zeichen, d.h. man weiß, wie man mit ihnen operieren kann (z.B. in der Mathematik mit negativen Zahlen), ohne daß man ihnen einen anschaulichen e. Sinn zuordnen kann. So kann z.B. der Computer bisher nur mit dem o. Sinn von Zeichen arbeiten, wobei sich aus den entsprechenden (syntaktischen) Operationen neue e. Gesamtbedeutungen oder zumindest Beschränkungen hierfür ermitteln lassen.

Lit.: G. KLAUS [1962]: Semiotik und Erkenntnistheorie. Berlin.

Eigenname [Auch: Name, Nomen proprium] Semantisch definierte Klasse von Substantiven, die Objekte und Sachverhalte im Kontext eindeutig identifizieren. Insofern E. in Aussagen diejenigen Objekte/ Sachverhalte bezeichnen, über die etwas ausgesagt wird, ersetzen sie deiktische, d.h. hinweisende Gesten, so daß die →Referenz direkt vollzogen werden kann. Kontrovers diskutiert wird die Frage, ob E. Bedeutung haben, sowie ihre Abgrenzung gegenüber →Gattungsnamen und →Kennzeichnungen. Die →Namenkunde beschäftigt sich in einem engeren Sinne mit E. und differenziert u.a. in Personennamen, Ortsnamen, Gewässernamen.

Lit.: J. KURYŁOWICZ [1956]: La position linguistique du nom propre. In: Onomastica 2, S. 1–14. – H. VATER [1965]: Eigennamen und Gattungsbezeichnungen: Versuch einer Abgrenzung. In: Mu 75, S. 207–213. – J. R. SEARLE [1969]: Speech acts. An essay in the philosophy of language. Cambridge. Dt.: Sprechakte. Ein sprachphilosophischer Essay. Frankfurt 1971, S. 243–260. – S. KRIPKE [1972]: Naming and necessity. In: D. DAVIDSON/G. HARMAN (eds.): Semantics of natural language. Dordrecht, S. 253–355, 762–769. – Dt.: Name und Notwendigkeit. Frankfurt 1981. – R. WIMMER [1973]: Der Eigenname im Deutschen. Ein Beitrag zu seiner linguistischen Beschreibung. Tübingen. – E. DOBNIG-JÜLICH [1977]: Pragmatik und Eigennamen. Untersuchungen zur Theorie und Praxis der Kommunikation mit Eigennamen besonders von Zuchttieren. Tübingen. – H. KALVERKÄMPER [1978]: Textlinguistik der Eigennamen. Stuttgart. – M. CHRISTOPH [1985]: Ist der Eigenname noch sprachliches Zeichen? Bemerkungen zu neueren Eigennamentheorien. In: Linguistische Studien. Reihe A 129, S. 10–27. – B. CONRAD [1985]: On the reference of proper names. In: AL 19, S. 44–124. – H. KUBCZAK [1985]: Eigennamen als bilaterale Sprachzeichen. In: BN 20, S. 284–304. – D. J. ALLERTON [1987]: The linguistic and sociolinguistic status of proper names. In: JPr 11, S. 61–92. – W. HAUBRICHS (ed.) [1987]: Namen. In: LiLi 17, H. 67. →Namenkunde.

Einbettung [engl. *embedding*].

Syntaktische Relation im Rahmen der generativen →Transformationsgrammatik, in der abhängige Sätze zu übergeordneten Sätzen, den →Matrixsätzen stehen, wenn der abhängige Satz als unmittelbarer Teil des Matrixsatzes in diesen »eingebettet« ist. Damit wird die in der traditionellen Grammatik übliche Unterscheidung zwischen Haupt- und Nebensatz in die Unterscheidung von Matrixsatz und Konstituentensatz (bzw. eingebetteter Satz) übergeleitet.

Lit.: →Komplementierung, →Transformationsgrammatik.

Eineindeutigkeitsbedingung
→Biuniquität.

Einermenge →Menge.

Eingabe- vs. Ausgabedaten

[engl. *input* vs. *output*. – Auch: Primär- vs. Sekundärdaten]. Aus der Linguistischen Datenverarbeitung übernommene Bezeichnungen zur Unterscheidung zwischen dem unmittelbarer Beobachtung zugänglichen Ausgangsmaterial linguistischer Untersuchungen und dem durch einen Interpretationsmechanismus gewonnenen Ergebnismaterial. E. sind zum Beispiel im Regelsystem der generativen →Transformationsgrammatik die links vom Pfeil stehenden Symbole, während die A. des Regelmechanismus die rechts vom Pfeil auftretenden Symbole sind: $S \rightarrow NP + VP$ (zu lesen als Anweisung: »Ersetze S durch NP und VP«).

Lit.: →Transformationsgrammatik.

Eingeschachtelte Konstruktion

[engl. *nested construction*. Auch: Einnistende K.]. In der generativen →Transformationsgrammatik Konstruktionstyp der →Oberflächenstruktur: Zwei Teilsätze bilden eine E. K., wenn (a) S_2 in S_1 so eingeschoben ist, daß sich rechts und links von S_2 Elemente des Satzes S_1 finden, und (b) Satz S_1 und Satz S_2 im Unterschied zur →Selbsteinbettenden Konstruktion nicht Teilsätze desselben Typs sind: [*Philip*, [*der heute Geburtstag hat*] S_2, *ist ein lustiger Vogel*] S_1

Lit.: N. CHOMSKY [1965]: Aspects of the theory of syntax. Cambridge, Mass. Dt.: Aspekte der Syntaxtheorie. Frankfurt 1969, S. 24f. →Transformationsgrammatik.

Einnistende Konstruktion
→Eingeschachtelte Konstruktion.

Einnistung [engl. *nesting*]. In der Semantiktheorie von U. WEINREICH Konstruktion zweier Konstituenten, deren semantische Merkmale zusammen keine →Häufung (d.h. ungeordnete Menge) ergeben. Wenn *schreiben* die Merkmale [a, b] und *Brief* die Merkmale [c, d] hat, dann ergibt sich für *einen Brief schreiben* die »einnistende« Konstruktion [a,b →c,d].

Lit.: U. WEINREICH [1966]: Explorations in semantic theory. In: Current trends in linguistics. Bd. 3. The Hague, S. 395–477. Dt.: Erkundungen zur Theorie der Semantik. Tübingen 1970, S. 43f. →Interpretative Semantik.

Einsprachigkeit.
(1) →Monolingualismus.
(2) Im Fremdsprachenunterricht das Prinzip, das gesamte Unterrichtsgespräch in der →Zielsprache zu führen. Die sogen.»aufgeklärte E.« (W. BUTZKAMM) ist eine Form der →Zweisprachigkeit.

Lit.: W. BUTZKAMM [1973]: Aufgeklärte Einsprachigkeit. Zur Entdogmatisierung der Methode im Fremdsprachenunterricht. Heidelberg.

Einstellungspartikel →Modalpartikel.

Einzahl →Singular.

Ejektiv(er Laut) [lat. *ēicere* ›hinauswerfen‹. – In der Kaukasistik auch: Abruptiv]. Egressiver Explosivlaut, der mit pharyngaler Luft gebildet wird. In der Regel erfolgt die Lösung des Glottisverschlusses und die des oralen Verschlusses simultan. Bei verzögerter Lösung des Glottisverschlusses handelt es sich um postglottalisierte Explosivlaute (→Glottalisierung). E. Explosive und Frikative finden sich z.B. im →Amharischen sowie in den →Kaukasischen Sprachen.   →Artikulatorische Phonetik.

Lit.: →Phonetik.

Ektosemantische   Sphäre [griech. *ektós* ›außerhalb‹, *sēma* ›Zeichen‹]. In der →Informationstheorie alle für die Informationsübermittlung semantisch irrelevanten Merkmale eines Sprechereignisses wie z.B. soziale, regionale, emotionale, stilistische oder geschlechtsspezifische Eigentümlichkeiten des Sprechers.

Lit.: →Informationstheorie.

Elaborierter vs. Restringierter Code →Kode-Theorie.

Elamitisch →Drawidisch.

Elativ [lat. *ēlātio* ›Emporhebung‹].
(1) Höchste Steigerungsstufe des Adjektivs zur Bezeichnung eines hohen Grades einer Eigenschaft, aber (im Unterschied zum relativen →Superlativ) ohne vergleichende Komponente: man nennt den E. daher auch »absoluten Superlativ«. Während das Russ. über morphologische Kennzeichnungen des E. verfügt, wird im Dt. u.a. durch adverbielle Umschreibungen mit *äußerst, höchst, enorm, überaus* ausgedrückt. Vgl. →Komparation.
(2) Morphologischer Kasus z.B. der finno-ugr. Sprachen zur Bezeichnung einer Bewegungsrichtung von Innen nach Außen. Vgl. →Illativ.

Elementarphonetik   →Ohrenphonetik.

Elementfunktion. In der →Glossematik konstante Beziehung zwischen Ausdruckselementen (= kleinste bedeutungsunterscheidende Einheiten einer Sprache) in genetisch verwandten Sprachen, vgl. das *m* in ahd. *muoter*, lat. *mater*, engl. *mother*, frz. *mère* (vgl. HJELMSLEV [1943], S. 15ff.).

Lit.: →Glossematik.

Eliminierungsprobe →Weglaßprobe.

Elision [lat. *ēlīdere* ›herausstoßen‹]. Ausfall eines Vokals als Endpunkt eines Vokalabschwächungs-Prozesses (→Schwächung). Häufig vorkommender artikulationsphonetisch motivierter Lautwandel, der unbetonte Vokale eliminiert und so zur Verkürzung von Wörtern und damit zu geringerem artikulatorischem Aufwand führt; vgl. nhd. /geben/ > [ge:bm], /mache das/ > [max das]. – Zu E. im Anlaut vgl. →Aphärese, im Inlaut →Synkope, im Auslaut →Apokope.

Lit.: G. GNUTZMANN [1975]: Auditiv-deskriptive Untersuchungen zu satzphonetischen Erscheinungen im Deutschen. Diss. Kiel – K. J. KOHLER [1979]: Kommunikative Aspekte satzphonetischer Prozesse im Deutschen. In: H. VATER (ed.) [1979]: Phonologische Probleme des Deutschen. Tübingen, S. 13–40. →Lautwandel, →Phonetik, →Phonologie, →Sprachwandel.

Ellipse [griech. *élleipsis* ›Auslassung‹]. Aussparung von sprachlichen Elementen, die aufgrund von syntaktischen Regeln oder lexikalischen Eigenschaften (z.B. Valenz eines Verbs) notwendig sind. Es gibt verschiedene Konstruktionen, die sich als E. auffassen lassen: (a) Koordinations-Reduktion,

bei der identisches Material ausgelassen wird: *Er trank Bier und sie (trank) Wein* (vgl. →Gapping); (b) Lexikalische E., die von der →Valenz geforderte Ergänzungen betrifft, vgl. *Die Hühner legen (Eier)*. Bei den lexikalischen E. wird weiterhin unterschieden zwischen indefiniten vs. definiten E., vgl. *Er ißt gerade (irgendetwas)* vs. *Jakob gestand endlich* (etwas Bestimmtes, das kontextuell bekannt sein muß). Im Dt. ist die definite E. eines Objekts recht selten und die Auslassung eines Subjekts mit Ausnahme des sogen. Telegrammstils (*Komme gleich*) nicht möglich. In anderen Sprachen hingegen (z.B. in den roman. Sprachen, im Japan. oder Chines.) ist die Auslassung eines definiten, pronominalen Subjekts die Norm, vgl. ital. *lavoro* ›(ich) arbeite‹; (c) In Frage-Antwort-Paaren wird identisches, d.h. in der Frage vorerwähntes Material ausgelassen, vgl. *Wer kommt morgen? – Caroline (kommt morgen)*; (d) Als reguläre E. lassen sich auch Infinitiv- und Partizipialkonstruktionen analysieren, in denen das Subjekt obligatorisch ausgelassen wird, vgl. *Luise hat aufgehört zu rauchen* (vgl. auch →Equi-NP-Deletion); (e) In Imperativsätzen findet eine obligatorische E. des Subjekts statt, vgl. *Geh nach Hause.* – Zur Abgrenzung von Satzfragment und E. vgl. FRIES [1981] und MEYER-HERRMANN/RIESER [1985].

Lit.: J. KUNZE [1972]: Die Auslaßbarkeit von Satzteilen bei koordinativen Verbindungen im Deutschen. Berlin. – T. SHOPEN [1973]: Ellipsis as grammatical indeterminacy. In: FL 10, S. 65–77. – TH. VENNEMANN [1975]: Topics, sentence accent, ellipsis: A proposal for their formal treatment. In: E. L. KEENAN (ed.): Formal semantics of natural Language. Cambridge, S. 313–328. – A. BETTEN [1976]: Ellipsen, Anakoluthe und Parenthesen. Fälle für Grammatik, Stilistik, Sprechakttheorie oder Konversationsanalyse? In: DS 3, S. 207–230. – R. RATH [1979]: Strukturelle Aspekte und kommunikative Funktion sprachlicher Verkürzungen. In: GrLS 10, S. 217–239. – A. L. THOMAS [1979]: Ellipsis: the interplay of sentence structure and context. In: Lingua 47, S. 43–68. – N. FRIES [1981]: Funktion und Struktur infiniter Hauptsatzkonstruktionen. Tübingen. – W. KLEIN [1981]: Some rules of regular ellipsis in German. In: W. K. LEVELT (eds.): Crossing the boundaries of linguistics. Amsterdam, S. 51–78. – S. KUNO [1982]: Principles of discourse deletion: case studies from English, Russian and Japanese. In: JS 1, S. 61–93. – A. MITTWOCH [1982]: On the difference between ›eating‹ and ›eating something‹: activities vs. accomplishments. In: LIn 13, S. 113–122. – R. MEYER-HERRMANN/H. RIESER (eds.) [1985]: Ellipsen und fragmentarische Ausdrücke. 2 Bde. Tübingen. – H. ORTNER [1987]: Die Ellipse. Ein Problem der Sprachtheorie und der Grammatikbeschreibung. Tübingen. →Gesprochene Sprache, →Rhetorik.

-Em. Aus dem Griech. entlehntes Wortbildungselement zur Bezeichnung funktionaler (= distinktiver) »Einheiten« auf der Ebene der →Langue; vgl. →Phonem, →Morphem usw.

Lit.: →Etische vs. emische Analyse.

-Emisch [engl. *emic*]. →Etische vs. Emische Analyse.

Emotive. Von A. MARTY [1908] geprägter Terminus zur Bezeichnung sprachlicher Mittel, die dazu verwendet werden, Emotionen auszudrücken, z.B. Ausruf, Frage, Wunsch, Befehlssatz.

Lit.: A. MARTY [1908]: Untersuchungen zur Grundlegung der allgemeinen Grammatik und Sprachphilosophie I. Halle, S. 363ff.

Empathie [griech. *empátheia* ›Einfühlung‹]. Das Einnehmen eines Standpunktes, einer Perspektive durch den Sprecher.

Normalerweise nimmt der Sprecher seinen eigenen Standpunkt ein, nicht selten verlegt er aber auch die Perspektive (die →Ich-Jetzt-Hier-Origo der →Deixis) von sich auf jemand anderen oder etwas anderes. (J. LYONS [1977:677] spricht hier von *empathetic deixis*). So hat *kommen* in dem Gegensatzpaar *kommen* vs *gehen* die Komponente ›zum Sprecher hin‹ und *gehen* die Bedeutungskomponente ›vom Sprecher weg‹. Man kann aber nicht nur sagen: *Und nachher gehe ich ins Café Marx*, sondern auch *Und nachher komme ich ins Café Marx*, nämlich dann, wenn man den Standpunkt von jemand anderem (z.B. dem Adressaten) einnimmt, der zum Zeitpunkt »nachher« im Café Marx ist. E. spielt eine wichtige Rolle bei der Interpretation der Null-Anaphern im Japanischen, wo (nach KUNO) jedes Prädikat eines seiner Argumente als die Stelle selegiert, an der die Sprecher-E. lokalisiert ist.

Lit.: S. KUNO/E. KABURAKI [1977]: Empathy and syntax. In: LIn 8, S. 627–672. – J. LYONS [1977]: Semantics. Cambridge.

Empfindungswort →Interjektion.

Emphase [griech. *émphasis* ›Nachdruck‹].
(1) Allgemein: Verstärkung einer kommunikativen Absicht durch verschiedenartige sprachliche Mittel wie →Prosodie, Wortwahl oder Wortstellung.
(2) Rhetorischer →Tropus, Sonderfall der →Synekdoche: semantisch prägnante Verwendung eines Wortes, in der spezielle, meist konnotative Merkmale aktualisiert werden, z.B.

Sei ein Mann! (›*Sei männ-lich!*‹); *Hier bin ich Mensch, hier darf ich's sein* (GOETHE). E. liegt auch vor in scheinbaren →Tautologien oder →Pleonas-men wie *Geschäft ist Geschäft* oder *eine weibliche Frau.*

Lit.: →Rhetorische Figur.

Emphasesatz →Spaltsatz.

Emphatischer Laut. In der Ara-bistik übliche Bezeichnung für pharyngalisierte (oder velari-sierte) Sprachlaute. →Sekundäre Artikulation.

Empirische Pragmatik.
(1) Empirischer Teil der →Prag-matik.
(2) Terminus von J. HABERMAS [1971] zur Bezeichnung einer »verhaltenswissenschaftlichen Kommunikationstheorie«, die die außersprachlichen Randbe-dingungen konkreter Sprech-handlungen (psychische Verfas-sung des Sprechers u.a.) unter-sucht. Vgl. →Universalpragma-tik.

Lit.: J. HABERMAS [1971]: Vorbereitende Bemerkungen zu einer Theorie der kom-munikativen Kompetenz. In: J. HABER-MAS/N. LUHMANN: Theorie der Gesell-schaft oder Sozialtechnologie. Frankfurt, S. 101–141.

Empirismus [griech. *émpeiros* ›erfahren‹]. Auf dem klassi-schen engl. E. (LOCKE, BERKE-LEY, HUME) fußende Richtung der Psychologie, die die Erfah-rung als Basis jeglicher Er-kenntnis ansieht und sich damit im Gegensatz zum →Nativismus befindet, der angeborenen Ideen als Grundlage aller ko-gnitiven Entwicklung ansieht. - Als methodisches Prinzip, näm-lich Verifizierbarkeit von Er-kenntnissen durch beobachtba-

re Erfahrung zu gewährleisten, spielt der E. in behavioristischen Konzepten der Sprachentwick-lung eine entscheidende Rolle. Vgl. →Antimentalismus, →Beha-viorismus, →Stimulus-Re-sponse-Modell.

Lit.: →Behaviorismus, →Spracherwerb, →Stimulus-Response-Modell.

Empraktischer Sprachge-brauch. Terminus des Sprach-psychologen Karl BÜHLER für den Einsatz von isolierten Sprachzeichen als unterschei-dende Einheiten in einem sonst bereits eindeutig festgelegten praktischen Zusammenhang, z.B. Gast zum Kellner: *Ein Hel-les!*; Fahrgast am Schalter: *Ein-mal Berlin und retour!.* Vgl. →Sympraktisches Umfeld der Sprache.

Lit.: K. BÜHLER [1934]: Sprachtheorie. Je-na. Neudruck Stuttgart 1954, S. 154–168.

Empraktisches Umfeld der Sprache →Sympraktisches Um-feld der Sprache.

Enallage [griech. *en-allagḗ* ›Verwechslung‹]. →Hypallage.

Endotypische Konstruktion →Endozentrische Konstruktion.

Endozentrische Konstruktion [Auch: Endotypische/Esozen-trische K.]. Von L. BLOOMFIELD [1933] eingeführter Terminus zur Bezeichnung einer syntak-tischen Konstruktion, die zur selben Formklasse/Kategorie gehört (d.h. dieselbe →Distribu-tion aufweist) wie eine oder mehrere ihrer →Konstituenten; so ist *frisches Obst* substituier-bar durch *Obst*, denn beide kön-nen als *X* in der Umgebung *er kauft X* vorkommen. *Obst* wird als »Nukleus« (auch: Trägerelement oder engl. *head/center*) und das attributive *frisch* als »Satellit« (auch: Modifikator, Bestimmungselement oder engl. *modifier*) bezeichnet. Zum Unterschied vgl. →Exozentrische Konstruktion. BLOOMFIELD unterscheidet bei den syntaktischen E. K. zwischen koordinativen und subordinativen Typen: Wenn zwei oder mehr unmittelbare Konstituenten zur selben Formklasse gehören wie der Gesamtausdruck, so spricht er von koordinativer (auch: serieller) E. K., wie sie z.B. bei der Koordination *Philip und Caroline* vorliegt; gehört nur eines von mehreren Elementen zur gleichen Formklasse wie der Gesamtausdruck, so handelt es sich um eine subordinative (auch: attributive) E. K., vgl. *neue Bücher.* – Diese Unterscheidungen definieren zugleich wichtige Abhängigkeitsbeziehungen, auf denen die →Dependenz- und →Kategorialgrammatik systematisch aufbauen.

Lit.: L. BLOOMFIELD [1933]: Language. New York, S. 194–197. – Z. S. HARRIS [1951]: Methods in structural linguistics. Chicago. (Nachdruck als: Structural linguistics.). – C. F. HOCKETT [1958]: A course in modern linguistics. New York, S. 183–198. – G. HINCHA [1961]: Endocentric vs. exocentric constructions. In: Lingua 10, S. 267–274. – N. BARRI [1975]: Note terminologique: endocentrique – exocentrique. In: Linguistics 13, S. 5–18. – TH. VENNEMANN [1977]: Konstituenz und Dependenz in einigen neueren Grammatiktheorien. In: Sprachw 1, S. 259–301. →Dependenzgrammatik, →Kategorialgrammatik.

Endsymbol →Terminales Symbol.

Energeia [griech. *enérgeia* ›Tätigkeit‹]. Auf WILHELM V. HUMBOLDT (1767–1835) zurückgehender Begriff zur Bezeichnung von Sprache als »Tätigkeit«, als »wirkende Kraft« im Unterschied zu Sprache als statischem Gebilde, vgl. →Ergon. Sprache ist nicht ein »da liegender, in seinem Ganzen überschaubarer ... Stoff«, sondern sie muß als ein »sich ewig erzeugender« Prozeß angesehen werden (Bd. 8, S. 58); Sprache in diesem Sinn macht »von endlichen Mitteln einen unendlichen Gebrauch« (S. 99). Auf diese »energetische« Sprachauffassung berufen sich in Deutschland unterschiedliche Sprachtheorien, vor allem die →Inhaltbezogene Grammatik von L. WEISGERBER [1949/54], und in Amerika die generative →Transformationsgrammatik von N. CHOMSKY [1965]. Während WEISGERBERS Rückgriff auf HUMBOLDT zur Begründung seiner Auffassung von Sprache als selbsttätiger gesellschaftlicher Erkenntnisform dient, bezieht sich CHOMSKY vor allem auf den kreativen Aspekt des E.-Begriffs, der im Rahmen seiner Sprachtheorie durch ein »System rekursiver Prozesse« abgebildet wird.

Lit.: W. v. HUMBOLDT [1903/1936]: Gesammelte Schriften. I. Abteilung: Werke. Ed. von A. LEITZMANN. 9 Bde. Berlin, Nachdruck 1968. →Inhaltbezogene Grammatik, →Transformationsgrammatik.

Energemisch [griech. *enérgēma* ›Handlung‹, ›Aktivität‹]. →Auditive Phonetik.

Energemische Phonetik →Auditive Phonetik.

Energetische Sprachauffassung [griech. *energētikós* ›wirksam‹]. →Inhaltbezogene Grammatik.

Energikus. Moduskategorie des Verbs zum Ausdruck einer kategorischen Behauptung. Während z.B. das Arab. selbständige Formen des E. im Imperfekt und Imperativ bildet, wird der E. im Dt., Engl. und in verwandten Sprachen durch Umschreibungen realisiert, vgl. engl. *she does like him.*

Enga →Papua-Sprachen.

Engelaut. Sprachlaut, der durch eine orale Enge gebildet wird. Entsteht dabei eine Reibung, so nennt man den E. einen →Frikativ. Ein E., der ohne Reibung gebildet wird, gehört zu den →Approximanten. Vgl. auch unter →Halbvokal.

Lit.: →Phonetik.

Englisch. Westgerm. Sprache, Muttersprache von rund 325 Mio. Sprechern in England (56 Mio.), USA (232 Mio.), Kanada (24 Mio.), Australien und Neuseeland (17 Mio.); einzige Amtssprache in mehr als zwei Dutzend Ländern (z.B. in Südafrika), Verkehrssprache in Indien und Pakistan. Wichtigste internationale Verkehrssprache, die am häufigsten als Zweitsprache gelernt wird. Der Name E. rührt von den Angeln her, die zusammen mit anderen germ. Stämmen (Sachsen, Jüten u.a.) seit Mitte des 5. Jh. Britannien eroberten und das →Keltische in Rückzugsgebiete (Schottland, Wales, Cornwall) abdrängten. Man unterscheidet drei Hauptperioden: (a) Altenglisch (5. Jh. bis 1050) mit dem Dialekt des Westsächsischen (Wessex) als »Hochsprache«; (b) Mittelenglisch (1050–1500): während der Nomannen-Herrschaft über

England (Schlacht von Hastings 1066 bis Mitte 14. Jh.) war England zweisprachig. Die Nachwirkungen des normannischen →Französisch im E. zeigen sich besonders im Wortschatz, dessen Differenziertheit häufig von dem Nebeneinander germ. und rom. Bezeichnungen herrührt (z.B. *freedom/liberty*). Während das Alt-E. eine flektierende (synthetische) Sprache mit grammatischem Geschlecht der Substantive (Mask., Fem., Neutr.), vier Kasus und starker und schwacher Flexion der Adjektive war, vereinfachte sich diese Struktur durch den Verlust der Endsilben zunehmend: Verlust des grammatischen Geschlechts der Substantive, Vereinfachung der Pluralbildung, weitgehender Schwund der Flexionsmorpheme. (c) Das moderne E. weist daher eine fast flexionslose Struktur auf, wobei die (morphologisch nicht mehr gekennzeichneten) grammatischen Beziehungen durch entsprechend feste Wortstellungsregeln (Subjekt – Verb – Objekt) ausgedrückt werden (→Isolierender Sprachbau). – Die heutige Orthographie mit ihrer Diskrepanz zwischen Buchstabe und Laut repräsentiert den spätmittele. Lautstand von Ende des 15. Jh. (vgl. die unterschiedliche Aussprache von ⟨ou⟩ in *through, thousand, though, though, tough, cough, could*). – Zu Varianten des E. vgl. TRUDGILL/HANNAH [1982].

Lit.: M. GÖRLACH [1984]: Weltsprache Englisch – eine neue Disziplin? In: StL 15, S. 10–35. – S. GREENBAUM (ed.) [1985]: The English language today. Oxford. – P. TRUDGILL/J. HANNAH [1982]: International English: A guide to varieties of standard English. London. – J. A. HAWKINS [1986]: A comparative typology of English

and German: Unifying the contrasts. London. - E. FINEGAN [1987]: English. In: WML, S. 77-109. - D. CRYSTAL [1988]: The English language. London. - M. GHADESSY [1988]: Registers in written English. London. - J. D. MCCAWLEY [1988]: The syntactic phenomena of English. Bd. 1. Chicago.
Grammatiken: O. JESPERSEN [1909/49]: A modern English grammar on historical principles. 7 Bde. London. - R. ZANDVOORT [1969]: A handbook of English grammar. 5. Aufl. London. - G. LEECH [1975]: A communicative grammar of English. London. - P. H. MATTHEWS [1981]: Syntax. Cambridge. - R. QUIRK u.a. [1985]: A comprehensive grammar of the English language. London.
Historische Grammatiken: O. JESPERSEN [1938]: Growth and structure of the English language. 9. Aufl. Oxford. - K. BRUNNER [1942]: Altenglische Grammatik. 3. Aufl. Tübingen 1965. - F. MOSSÉ [1952]: A handbook of Middle English. Baltimore. - R. QUIRK/C.L. WRENN [1955]: An old English grammar. London. - A. CAMPBELL [1959]: Old English grammar. 3. Aufl. Oxford 1969. - K. BRUNNER [1967]: Abriß der mittelenglischen Grammatik. 6. Aufl. Tübingen.
Sprachgeschichte: O. JESPERSEN [1938]: Growth and structure of the English language. Oxford. - M. GÖRLACH [1974]: Einführung in die englische Sprachgeschichte. Heidelberg. - A. C. BAUGH/TH. CABLE [1979]: A history of English language. 3. Aufl. Oxford. - T. PYLES/J. ALGEO [1982]: The origins and development of the English language. 3. Aufl. New York.
Varianten des Englischen: H. L. MENCKEN [1919]: The American language: An inquiry into the development of English in the United States. 7. erw. Aufl. London 1986. - C. A. FERGUSON/S. B. HEATH [1981]: Language in the USA. Cambridge. - P. TRUDGILL/J. HANNAH [1982]: International English. A guide to varieties of Standard English. London.
Wörterbücher: THE OXFORD ENGLISH DICTIONARY (OED). 12 Bde. Oxford 1933. - WEBSTER'S Third new international dictionary of the English language. 3 Bde. Chicago 1976. →Etymologie.
Historische Wörterbücher: J. BOSWORTH/ T. N. TOLLER [1898]: The Anglo-Saxon dictionary. London. (Ergänzungen 1921, 1972). - H. KURATH u.a. (eds.) [1952ff.]: Middle English dictionary. Ann Arbor. (1987 bis »Sem«).
Bibliographie: H. HÖHLEIN/P. H. MARSDEN /C. POLLNER [1987]: Auswahlbibliographie zum Studium der anglistischen Sprachwissenschaft. Mit Kommentaren. Tübingen.

Enklave [Auch: Sprachinsel].
(1) Durch Abwanderung kleiner Gruppen (bes. Bauern, Handwerker, Bergleute) in anderssprachige Gebiete entstandene Siedlungs- und Sprachgemeinschaften, die in ihrer sprachlichen Entwicklung gegenüber dem Herkunftsland relativ konservativ sind. Daher eignet sich die Untersuchung der sprachlichen Zustände in E. besonders gut zur Rekonstruktion älterer Sprachzustände der Ursprungssprache, vor allem zur Datierung von Sprachveränderungen. Als Hauptaufgaben der →Dialektologie in bezug auf E. gelten die sprachliche Klassifizierung und Eingrenzung des mutmaßlichen Herkunftsraumes sowie Untersuchungen über Interferenzerscheinungen mit den umgebenden Kontaktsprachen.
(2) Im allgemeineren Sinn jede geographisch festlegbare Sprachvarietät, die von der sie umgebenden Sprachform abweicht und Merkmale einer Bezugsvarietät jenseits der Grenze der umgebenden Varietät aufweist. Die häufigste Ausprägung solcher E. findet sich zwar in Reliktgebieten, die aus verschiedenen Gründen einen Sprachwandelprozeß nicht mitgemacht haben, es sind aber auch Neuerungsinseln möglich, die - über dazwischenliegende konservativere Dialektgebiete hinweg - Prestigeformen aus entfernteren Gebieten angenommen haben, so etwa finden sich häufig Neuerungsinseln im Umkreis von Städten.

Lit.: W. KUHN [1934]: Deutsche Sprachinselforschung - Geschichte, Aufgaben, Verfahren. Plauen. - K. K. KLEIN [1956]: Hochsprache und Mundart in den deutschen Sprachinseln. In: ZMF 24, S. 193–229. – C. J. HUTTERER [1963]: Grundsätzliches zur Sprachinselforschung. In: PBB (H), S. 177–196. – K. REIN [1977]: Religiöse Minderheiten als Sprachgemeinschaftsmodelle. Deutsche Sprachinseln täuferischen Ursprungs in den Vereinigten Staaten von Amerika. Wiesbaden. – P. WIESINGER [1980]: Deutsche Sprachinseln. In: LGL Nr. 54. – P. WIESINGER [1983] Deutsche Dialektgebiete außerhalb des deutschen Sprachgebiets: Mittel-, Südost- und Osteuropa (mit einem Anhang von Heinz Kloss). In: Handbuch Dialektologie (HSK 1.2.), S. 900–929.

Enklise [griech. *énklisis* ›Neigung‹].   Anlehnung   eines schwach oder nicht betonten Wortes (→Enklitikon) an das vorangehende Wort, bei gleichzeitiger phonetischer Abschwächung,   z.B.   *kommste*   für *kommst du*. Zur Anlehnung an das folgende Wort vgl. →Proklise.

Lit.: →Phonetik, →Phonologie.

Enklitikon [Pl. Enklitika; engl. *clitics*].   Schwachtoniges   Element, das sich – zumeist in reduzierter Form – an ein vorausgehendes   akzentuiertes   Wort »anlehnt«. Vgl. →Enklise.

Enkodierung →Kodierung (2).

Entailment [engl. *to entail* ›zur Folge haben‹]. →Implikation(d).

Entdeckungsprozedur   [engl. *discovery   procedure.* –   Auch: Auffindungsprozedur].   Allgemein: Verfahren zur Auffindung sprachlicher Regularitäten. (→Operationale Verfahren). Speziell: Methoden und Operationen der strukturellen Linguistik, die dazu dienen, auf der Basis einer begrenzten Menge von Sätzen durch →Segmentierung und →Klassifizierung die für die entsprechende Sprache relevanten Grundkategorien und ihre Relationen zu »entdecken«.

Lit.: →Operationale Verfahren.

Enthymem [griech. *enthýmēma* ›das Erwogene‹, ›das Beherzigte‹]. Von ARISTOTELES in der →Rhetorik eingeführter Terminus   der   Argumentationslehre für ein verkürztes Schlußverfahren, das nicht der logischen Deduktion, sondern der alltagssprachlichen   Begründung   und Durchsetzung von Meinungen dient (»rhetorischer« oder »dialektischer« Schluß). Im Unterschied zum »analytischen« oder »apodiktischen«   Schluß   des →Syllogismus können die Beweisglieder des E. unausgesprochen bleiben (z.B. *Sokrates ist ein Mensch, also sterblich*) und müssen nicht wahr, sondern nur plausibel sein. Das charakteristische Argument eines E. ist der →Topos.

Lit.: G. ÖHLSCHLÄGER [1979]: Enthymeme. In: W. KÜHLWEIN/A. RAASCH (eds.): Kongreßbericht der 9. Jahrestagung der GAL, (Mainz 1978) Bd. 4, Heidelberg, S. 60–69. – M. H. WÖRNER [1979]: Enthymeme als Argumentationshandlungen. In: W. KÜHLWEIN/A. RAASCH (eds.): Kongreßbericht der 9. Jahrestagung der GAL, (Mainz 1978) Bd. 4, Heidelberg, S. 78–86. – J. SPRUTE [1982]: Die Enthymemtheorie der aristotelischen Rhetorik. Göttingen.

Entlehnung [engl. *borrowing/ loan.* –   Auch: Interferenz, Transferenz]. Vorgang und Ergebnis der Übernahme eines sprachlichen Ausdrucks aus einer Fremdsprache in die Muttersprache, meist in solchen Fällen, in denen es in der eigenen Sprache keine Bezeichnung für neu entstandene Sachen bzw. Sachverhalte gibt. Die Ursachen solcher auf →Sprachkontakt beruhenden Beeinflussungen liegen in verschiedenen po-

litischen, kulturellen, gesellschaftlichen oder wirtschaftlichen Entwicklungen (Import
neuer Produkte, Prestigeemp-
finden, Erzeugung von Lokal-
kolorit, Internationalisierung
von Fachsprachen u.a.). So war
z.B. das Dt. im Laufe der Jahr-
hunderte wechselnden Einflüssen ausgesetzt: die nachhaltigste
Wirkung ging in mehrmaligen
Schüben vom Latein. aus, z.B.
römische (Teil-) Besetzung von
Germania, Christianisierung,
Wissenschaft des Humanismus;
frz. Entlehnungen stammen vor
allem aus dem höfischen Mittelalter (Rittertum) sowie dem 18.
und 19. Jh. (Vorbild des Abso-
lutismus, Französische Revolu-
tion), während das Engl. bzw.
Amerikan. erst in neuerer Zeit
zur Erweiterung des Wortschatzes beiträgt (vor allem in den
Bereichen Wissenschaft, Technik, Sport, Film). – Verschiedene Versuche zur Klassifizierung
der E. nach dem Grad ihrer In-
tegration/Assimilation in die
heimische Sprache (→Fremd-
wort vs. →Lehnwort) oder unter
semantischem und konstruktio-
nellem Aspekt (→Lehnprägung)
haben zu einer verzweigten und
nicht immer ganz durchsichti-
gen Terminologie geführt, was
nicht zuletzt auch an vielfältigen Überlagerungen verschiedener Gesichtspunkte bei der
Bildung von E. liegt. Vgl. die
abgebildete Übersicht.

Lit.: F. SEILER [1921/1925]: Die Entwicklung der dt. Kultur im Spiegel des dt. Lehn-
wortes. 8 Bde. Halle. – A. MEILLET [1921]:
Linguistique historique et linguistique générale. Paris. – K. LOKOTSCH [1927]: Wörterbuch der europäischen (germanischen,
romanischen und slawischen) Wörter
orientalischen Ursprungs. 2. Aufl. Heidelberg 1975. – W. BETZ [1936]: Der Einfluß
des Lateinischen auf die ahd. Sprachschatz. Bd. 1: Der Abrogans. Heidelberg. –
W. BETZ [1944]: Die Lehnbildungen und
der abendländische Sprachenausgleich. In:
PBB (H) 67, S. 275–302. – W. BETZ [1949]:
Deutsch und Lateinisch. Die Lehnbildungen der ahd. Benediktinerregel. Bonn. – E.
HAUGEN [1950]: The analysis of linguistic
borrowing. In: Lg 26, S. 210–231. – U.
WEINREICH [1953]: Languages in contact.
2. erw. Aufl. The Hague. Dt.: Sprachen in
Kontakt. München 1977. – H. GNEUSS
[1955]: Lehnbildungen und Lehnbedeu-
tungen im Altenglischen. Berlin. – H.
FROMM [1957/58]: Die ältesten germanischen Lehnwörter im Finnischen. In:
ZfdA 88, S. 81–101, 211–240, 299–324. – W.
BETZ [1959]: Lehnwörter und Lehnprägun-
gen im Vor- und Frühdeutschen. In: F.
MAURER/F. STROH (eds.): Deutsche Wortgeschichte. Bd. 1. 2. neubearb. Aufl. Berlin,
S. 127–147. – K. SCHUMANN [1965]: Zur Typologie und Gliederung der Lehnprägun-
gen. In: ZSlPh 32, S. 61–90. – K. HELLER
[1966]: Das Fremdwort in der deutschen
Sprache der Gegenwart. Untersuchungen
im Bereich der Gebrauchssprache. Leipzig. – P. v. POLENZ [1967]: Fremdwort und
Lehnwort sprachwissenschaftlich betrachtet. In: Mu 77, S. 65–80. – B. LÜLLWITZ
[1972]: Interferenz und Transferenz. In:
GermL 72, S. 155–291. – M. SCHERNER
[1974]: Die Begriffe zur Gliederung des
sprachlichen Lehngutes. In: ABg 18, S.
262–282. – A. KIRKNESS/W. MÜLLER
[1975]: Fremdwortbegriff und Fremdwörterbuch. In: DSp 3, S. 299–313. – L. DEROY
[1981]: L'emprunt linguistique. Liège. – E.
SEEBOLD [1981]: Etymologie. München,
Kap. 8. – R. HINDERLING [1981]: Die
deutsch-estnischen Lehnwortbeziehungen
im Rahmen einer europäischen Lehnwort-
geographie. Wiesbaden. – G. HOPPE (ed.)
[1987]: Deutsche Lehnwortbildung: Beiträge zur Erforschung der Wortbildung mit
entlehnten WB-Einheiten. Tübingen. – R.
TELLING [1987]: Französisch im deutschen
Wortschatz. Lehn- und Fremdwörter aus
acht Jahrhunderten. Berlin.
Bibliographie: R. K. SEYMOUR [1968]: A
bibliography of word formation in the
German languages. Durham, N. C. – ST.
M. BENJAMIN/L. v. SCHNEIDEMESSER
[1979]: German loanwords in American
English: a bibliography of studies, 1872–
1978. In: American Speech 54, S. 210–215.
→Bedeutungswandel, →Fremdwort,
→Sprachkontakt, →Wortbildung.

Entropie [griech. *en* ›in(ner-
halb)‹, *tropé* ›Umkehr‹]. In der
→Informationstheorie mittlerer
Informationsgehalt einer
Zeichenmenge. Der Terminus
entstammt der Thermodyna-

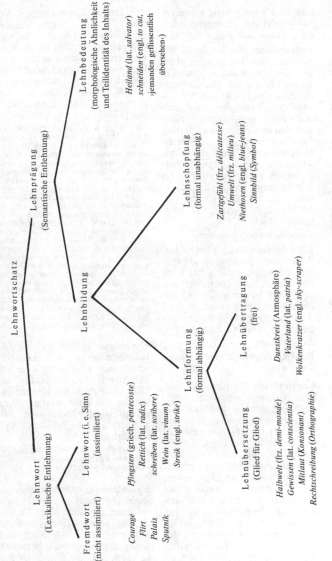

FREMDSPRACHLICHE ENTLEHNUNG IM DEUTSCHEN

Lehnwortschatz

Lehnwort
(Lexikalische Entlehnung)

Fremdwort
(nicht assimiliert)

Courage
Flirt
Palais
Sputnik

Lehnwort (i. e. Sinn)
(assimiliert)

Pfingsten (griech. *pentecoste*)
Rettich (lat. *radix*)
schreiben (lat. *scribere*)
Wein (lat. *vinum*)
Streik (engl. *strike*)

Lehnprägung
(Semantische Entlehnung)

Lehnbildung

Lehnformung
(formal abhängig)

Lehnübersetzung
(Glied für Glied)

Halbwelt (frz. *demi-monde*)
Gewissen (lat. *conscientia*)
Mitlaut (Konsonant)
Rechtschreibung (Orthographie)

Lehnübertragung
(frei)

Dunstkreis (Atmosphäre)
Vaterland (lat. *patria*)
Wolkenkratzer (engl. *sky-scraper*)

Lehnschöpfung
(formal unabhängig)

Zartgefühl (frz. *délicatesse*)
Umwelt (frz. *milieu*)
Niethosen (engl. *blue-jeans*)
Sinnbild (Symbol)

Lehnbedeutung
(morphologische Ähnlichkeit
und Teilidentität des Inhalts)

Heiland (lat. *salvator*)
schneiden (engl. *to cut*,
›jemanden geflissentlich
übersehen‹)

mik und wird häufig synonym verwendet mit →Information.

Lit.: →Informationstheorie.

Entrundung [Auch: Delabialisierung, von lat. *labium* ›Lippe‹; engl. *unrounding*]. Artikulationsphonetisch motivierter Wandel von (meist durch andere Veränderungsprozesse entstandenen) gerundeten Vordervokalen zu weniger markierten, »einfacheren« ungerundeten Vokalen, so z.B. die E. der durch →Umlaut entstandenen gerundeten Vordervokale *y, ø* zu *i, e* im Engl. und in dt. Dialekten, z.B. im Bairischen, vgl. hochsprachl. [*glyk*] vs. bair. [*glik*] ›Glück‹.

Lit.: →Lautwandel, →Sprachwandel.

Entscheidungsfrage [Auch: *Ja/Nein*-Frage, Satzfrage]. →Fragesatz, der in grammatischer Hinsicht durch Verb-Zweit-Stellung und/oder interrogative →Intonation gekennzeichnet ist und *Ja* oder *Nein* als Antwort fordert: *Kommt Nina heute?*

Lit.: →Fragesatz.

Entwicklungs-Dyslexie →Dyslexie.

Entwicklungs-Dysphasie [griech. *phásis* ›Sprache‹; engl. *developmental aphasia/dysphasia, specific language impairment*]. In der →Neurolinguistik Lehnübersetzung des engl. Terminus, mit dem →Sprachentwicklungsstörungen im rezeptiven und/oder expressiven Bereich bezeichnet werden. Bei E. handelt es sich um ein Syndrom. Der Begriff wird nur auf Kinder angewandt, die einen IQ im Normbereich haben und deren Sprachentwicklungsstörung nicht mit einem Hörschaden, einem diagnostizierten Hirnscha-

den (etwa traumatischer Art) oder mit ausgeprägten psychisch-emotionalen Störungen erklärt werden kann. Konkurrierende Bezeichnungen im Dt. sind →Dysgrammatismus oder Entwicklungsdysgrammatismus. – Als Überblick vgl. JOHNSTON [1988], KANY/SCHÖLER [1988].

Lit.: M. A. WYKE (ed.) [1978]: Developmental Dysphasia. London. – H. GRIMM/E. KALTENBACHER [1982]: Die Dysphasie als noch wenig verstandene Entwicklungsstörung: Sprach- und Kognitionspsychologische Überlegungen und erste empirische Ergebnisse. In: Frühförderung interdisziplinär 1, S. 97– 112. – F. M. DANNENBAUER [1983]: Der Entwicklungsdysgrammatismus als spezifische Ausprägung der Entwicklungsdysphasie. Birkach. – H. GRIMM [1986]: Entwicklungsdysphasie: Verlaufsanalyse gestörter Sprachentwicklung. In: B. NARR/H. WITTJE (eds.): Spracherwerb und Mehrsprachigkeit. Tübingen. – J. R. JOHNSTON [1988]: Specific language disorders in the child. In: N. LASS u.a. (eds.): Handbook of speech-language pathology and audiology. Philadelphia, S. 685–715. – W. KANY/H. SCHÖLER [1988]: Sprachentwicklungspsychologische Fragen zum kindlichen Dysgrammatismus. In: StL 22, S.66-87. →Dysgrammatismus, →Sprachentwicklungsstörung.

Epenthese [griech. *epénthesis* ›Einfügung‹. – Auch: Lauteinschaltung]. Einfügung von Vokalen oder Konsonanten als Gleitlaute zwischen Konsonanten im In- oder Auslaut ohne etymologische Motivation; z.B. das [t] in *hoffentlich*. Vgl. →Gleitlaut.

Lit.: W. U. WURZEL [1970]: Studien zur deutschen Lautstruktur. Berlin, S. 170ff. →Lautwandel, →Sprachwandel.

Epikoinon [griech. *epíkoinos* gemeinsam; engl. *epicene*]. Substantive, die sich ohne Veränderung ihres →Genus sowohl auf männliche als auch auf weibliche Lebewesen beziehen können, z.B. *die Ratte, der Rabe.*

Epipher [griech. *epiphorá* ›das Hinzutragen‹. – Auch: Epiphora]. →Rhetorische Figur: Wiederholung eines Ausdrucks am Schluß aufeinanderfolgender Sätze oder Satzteile, z.B. *doch alle Lust will Ewigkeit, will tiefe, tiefe Ewigkeit!* (NIETZSCHE). Vgl. →Anapher, →Geminatio.

Lit.: →Rhetorische Figur.

Epiphora →Epipher.

Episches Präteritum. Zeitstufe des Präteritums, die als vorherrschende Darstellungsform für epische Berichterstattung gilt und eine fiktive Gegenwartssituation bezeichnet, weshalb es auch durch zukunftsbezogene Adverbiale modifizierbar ist: *In der folgenden Woche schrieb sie ihm einen Brief.*

Lit.: →Tempus.

Episemem [griech. *epí-* ›(dar-)auf‹, *sēma* ›Zeichen‹]. In der Terminologie von L. BLOOMFIELD [1933] die Bedeutung der minimalen bedeutungstragenden Einheiten der grammatischen Form, der →Tagmeme.

Lit.: L. BLOOMFIELD [1933]: Language. New York, S. 166–168.

Epistemische Logik [griech. *epistēmē* ›Wissen‹]. Spezialform einer philosophischen Logik, die zusätzlich zu den in der →Formalen Logik untersuchten logischen Ausdrücken wie →Logischen Partikeln (*und, oder* u.a.) und →Operatoren auch Ausdrücke des ›Glaubens‹ und ›Wissens‹ durch Einführung entsprechender Operatoren in die semantische Analyse einbezieht. Da Glaubens- und Wissenskontexte, die sprachlich durch »epistemische Wendun-

gen« wie *X glaubt/weiß, daß p* ausgedrückt werden, typische Beispiele für →Opake Kontexte sind, spielt die E. L. eine entscheidende Rolle innerhalb einer logikorientierten Semantik natürlicher Sprachen, wie sie vor allem durch R. MONTAGUE [1970] begründet wurde.

Lit.: W. V. O. QUINE [1960]: Word and object. 4. Aufl. 1965, Cambridge, Mass. Dt.: Wort und Gegenstand. Stuttgart 1980. – J. HINTIKKA [1962]: Knowledge and belief. Ithaka. – N. RESCHER (ed.) [1968]: Studies in logical theory. Oxford. – R. MONTAGUE [1970]: English as a formal language. I. In: B. VISENTINI u.a. (eds.): Linguaggi nella società et nella tecnica. Milan, S. 189–224. Wiederabgedruckt in: R. H. THOMASON (ed.): Formal philosophy. Selected papers of R. Montague. New Haven 1974, S. 188–221. – G. LINK [1976]: Intensionale Semantik. München. – W. STEGMÜLLER [1979]: Hauptströmungen der Gegenwartsphilosophie. Bd. 2. Stuttgart, S. 175–182. *Bibliographie:* J. S. PETÖFI (ed.) [1978]: Logic and the formal theory of natural language. Selective bibliography. Hamburg, S. 285–296.

Epithese [griech. *epíthesis* ›Zusatz‹]. Anfügung eines etymologisch nicht motivierten Lautes an ein Wort, vgl. mhd. *nieman* vs. nhd. *niemand*, frz. (*vin*) *sec* vs. dt. *Sekt*.

Lit.: W. A. BENWARE [1979]: Zur Dentalepithese im Deutschen. In: PBB (T) 101, S. 329–346. →Lautwandel, →Sprachwandel.

Epitheton [griech. *epí-theton* ›Hinzugefügtes‹, »Adjektiv«]. Bezeichnung der →Rhetorik für attributiv gebrauchte Adjektive und Appositionen. Im Sinne einer →Rhetorischen Figur der Erweiterung bezieht sich E. besonders auf semantisch ungewöhnliche Verbindungen (*das zärtliche Grün*, »Epitheton ornans«) oder spezielle Kennzeichnungen wie *Orest, der Muttermörder/der Rächer des Vaters.* Vgl. auch →Pleonasmus.

Equi-NP-Deletion [engl. *equi* (aus lat. *aequus*) ›gleich‹, *deletion* ›Tilgung‹. - Auch: Subjekt-Equi]. Im →Aspekte-Modell der generativen →Transformationsgrammatik Tilgungstransformation, die die Subjekts-NP (= Nominalphrase) eines eingebetteten Satzes löscht, wenn diese referenzidentisch ist mit einer NP des Matrixsatzes. E. diente u.a. der Erzeugung von Infinitivkonstruktionen, vgl. die zugrundeliegende explizite Struktur *Philip glaubt /Philip gewinnt*, die durch die Tilgung des zweiten Vorkommens von *Philip* im Konstituentensatz (bei gleichzeitiger Veränderung der Verbform) zu *Philip glaubt zu gewinnen* wird. E. wird durch Verben ausgelöst wie *versprechen, sich entschließen, zusagen, hoffen, behaupten* etc. Vgl. auch →Kontrolle.

Lit.: C. CHOMSKY [1969]: The acquisition of syntax in children from 5 to 10. Cambridge, Mass. - P. S. ROSENBAUM [1970]: A principle governing deletion in English sentential complementation. In: P. S. ROSENBAUM/R. A. JACOBS (eds.): Readings in English transformational grammar. Waltham, Mass. S. 220-29. - W. HUBER/W. KUMMER [1974]: Transformationelle Syntax des Dt. I. München, S. 161-196. - D. M. PERLMUTTER/S. SOAMES [1979]: Syntactic argumentation and the structure of English. Berkeley. →Transformationsgrammatik.

Ergänzung [Auch: →Aktant, Parizipiant, Komplement]. Eine Satzkonstituente *X* ist E. einer Konstituente *Y*, wenn *X* von *Y* valenzabhängig ist (→Valenz). Die ursprüngliche Annahme, E. unterschieden sich von →Angaben durch ihre Nicht-Weglaßbarkeit, ist unhaltbar, da es weglaßbare E. gibt (z.B. das Objekt von *schreiben*). Man geht deshalb heute oft von einer Dreiteilung in obligatorische E.,

fakultative E. und →Angaben aus. Auch damit kann man jedoch die Beziehung bestimmter Konstituenten zum Verb nicht adäquat klassifizieren, z.B. diejenige verschiedener Formen des freien →Dativs. Für solche Fälle hat man den Verlegenheitsbegriff der →Ergänzungsangabe eingeführt. Vgl. auch →Objekt.

Lit.: →Valenz.

Ergänzungsangaben. Sammelbezeichnung für fakultative (= nicht valenzgebundene) →Ergänzungen zu verschiedenen syntaktischen Kategorien. Zu E. zählen: (a) Prädikative Attribute zu Subjekt oder Objekt: *Sie kommt hüstelnd ins Zimmer* vs. *Der Arzt traf sie hüstelnd an*; (b) Dativus commodi: *Er holte ihr die Medizin*; (c) Possessiver Dativ: *Ihr tat beim Husten die Lunge weh.*

Ergänzungsfragesatz [Auch: *W*-Frage, Wortfrage]. Durch →Interrogativpronomen (*wer?, was?*) oder Interrogativadverbien (*wann?, wohin?*) eingeleiteter Fragesatz, durch den eine Präzisierung eines bereits als bekannt vorausgesetzten Sachverhalts gefordert wird, vgl. *Wen hast du heute im Konzert getroffen?*

Lit.: →Fragesatz.

Ergänzungssatz →Gliedsatz vs. Gliedteilsatz, →Inhaltssatz, →Nebensatz.

Ergativ [griech. *ergátēs* ›Handelnder‹].
(1) Morphologischer Kasus in →Ergativsprachen zur Bezeichnung des Handlungsträgers

(→Agens) bei transitiven Verben in der Grund-Diathese. Im Gegensatz zum Nominativ der →Nominativsprachen (z.B. des Dt.), der im allgemeinen dieselbe semantische Rolle kodiert, ist der E. nicht der Grundkasus in diesem Sprachtyp. Der E. hat somit im allgemeinen kein →Nullmorphem und dient nicht zur Kennzeichnung des »Subjekts«, d.h. der primären syntaktischen Funktion, die im →Absolutiv steht, sondern des »direkten Objekts«. Damit hängt zusammen, daß Ergänzungen im E. nicht oder nur dann mit dem Verb kongruieren, wenn auch eine Ergänzung im Absolutiv Verbkongruenz auslöst. Außerdem erscheinen Ergativphrasen in der abgeleiteten Diathese dieses Sprachtyps, im →Antipassiv, als Absolutiv-Argumente.

Lit.: →Ergativsprache.

(2) In der →Kasusgrammatik Tiefenkasus für den Verursacher einer Handlung.

Lit.: J. ANDERSON [1968]: Ergative and nominative in English. In: JL 4, S. 1–32. – J. ANDERSON [1971]: The grammar of case. Cambridge. →Ergativsprache.

Ergatives Verb →Ergativitätshypothese, →Rezessivum.

Ergativitätshypothese [engl. *unaccusative hypothesis*]. Ursprünglich im Rahmen der →Relationalen Grammatik formulierte Annahme, mit der man die syntaktische Parallelität zwischen dem Objekt transitiver Verben und dem Subjekt einiger, sogen. »ergativer«, intransitiver Verben zu erfassen versucht: *Philip bewegt den Stuhl*; *Der Stuhl wird bewegt/ bewegt sich.* Zu den »ergativen«

Verben zählen auch Bewegungsverben wie in *Der Ball rollt/kommt* oder →Mediale Verben wie in *Der Pokal zerbricht.* Die Parallelität manifestiert sich u.a. durch die Fähigkeit, Partizipial-Attribute zu bilden: *der bewegte Stuhl/der zerbrochene Pokal.* Ergative Verben unterscheiden sich von anderen intransitiven Verben wie *arbeiten, schlafen* durch die Wahl des Hilfsverbs *sein* statt *haben.* Aufgrund dieser und anderer Besonderheiten wird das Subjekt dieser Verben als zugrundeliegendes Objekt eingeführt (so in der Relationalen Grammatik und der neueren →Transformationsgrammatik). Es gibt jedoch auch Ansätze, die die Beziehung zwischen den intransitiven und transitiven Verbvarianten dadurch beschreiben, daß sie die intransitive Struktur zugrundelegen und die transitive Konstruktion als »ergativ« rekonstruieren: Das Subjekt des intransitiven Verbs wird zum Objekt eines entsprechenden transitiven Verbs, dessen Valenz durch ein neues »ergatives« Subjekt vervollständigt wird (vgl. LYONS [1977], ANDERSON [1971] und →Ergativ (2)). Die Bezeichnung »ergativ« ist insofern irreführend, als im Unterschied zur ergativischen Konstruktion in einer typischen →Ergativsprache jene Parallelität durch die Morphologie verdeckt wird und nur bei komplexeren Konstruktionen wie Passiv und Medium zum Tragen kommt. Außerdem besteht sie aufgrund der Objekteigenschaften der beteiligten Ergänzungen und nicht (wie in einer Ergativsprache) aufgrund ihres Subjektverhaltens.

Lit.: J. LYONS [1968]: Introduction to theoretical linguistics. Cambridge. Dt.: Einführung in die moderne Sprachwissenschaft. München. 1971, 6. Aufl. 1984. – J. M. ANDERSON [1971]: The grammar of case. Cambridge. – D. M. PERLMUTTER [1978]: Impersonal passives and the unaccusative hypothesis. In: BLS 4, S. 157–189. – F. PLANK (ed.)[1979]: Ergativity: Towards a theory of grammatical relations. London. – L. BURZIO [1981]: Intransitive verbs and Italian auxiliaries. Cambridge, Mass. – J. KEYSER/ T. ROEPER [1984]: On the middle and ergative constructions in English. In: LIn 15, S. 381–416. – H. VAN BESTEN [1985]: Some remarks on the Ergative Hypothesis. In: W. ABRAHAM (ed.): Erklärende Syntax des Deutschen. Tübingen, S. 53–74. – G. GREWENDORF [1986]: Ergativität im Deutschen. (MS.) Frankfurt. – G. GREWENDORF [1989]: Ergativity in German. Dordrecht.

Ergativsprache [Auch: Absolutivsprache]. Sprachtyp der →Relationalen Typologie neben →Nominativ- und →Aktivsprache. Unter der Annahme, daß von den Mustern des einfachen Aussagesatzes der intransitive und der transitive Tätigkeitssatz und von den semantischen Rollen →Agens und →Patiens die wichtigsten sind, ist dieser Sprachtyp folgendermaßen zu charakterisieren: Der Grundkasus →Absolutiv kennzeichnet die Verbergänzung intransitiver Verben unabhängig von deren semantischer Rolle und das →Patiens transitiver Verben. Der →Ergativ dient der Kennzeichnung des →Agens bei transitiven Verben, vgl. das abgebildete Schema:

	Agens	Patiens
intr.	Absolutiv	
trans.	Ergativ	Absolutiv

Vgl. bask. *ni-k* (›ich‹, Ergativ) *gizona* (›Mann‹, Absolutiv) *iku-si dut* (›gesehen habe‹); *gizona* (›Mann‹, Absolutiv) *etorri da* (›ist gekommen‹). Das Patiens-Komplement transitiver Verben und das Komplement intransitiver Verben werden somit morphologisch (und in einer konsistenten E. auch syntaktisch) gleich behandelt. Im Unterschied dazu findet man in einer Nominativsprache wie dem Dt. eine Gleichbehandlung des Agens transitiver Verben und des Komplements intransitiver Verben:

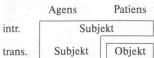

	Agens	Patiens
intr.	Subjekt	
trans.	Subjekt	Objekt

E. sind viele →Kaukasische (→Georgisch, Ubychisch), →Austronesische (Tonga), →Australische (Dyirbal) und →Maya-Sprachen (Tzeltal). Oftmals sind E. nur teilweise nach dem ergativischen Muster strukturiert. So ist in vielen australischen Sprachen das Pronominalsystem nominativisch, das Nominalsystem ergativisch. In einigen Sprachen Asiens, z.B. im Hindi (→Hindi-Urdu), sind Sätze im Präteritum ergativisch, sonst nominativisch. In diesen Fällen spricht man von »gespaltener Ergativität«.

Lit.: M. SILVERSTEIN [1976]: Hierarchy of features and ergativity. In: R. M. W. DIXON (ed.): Grammatical categories in Australian languages. Canberra, S. 112–171. – J. BECHERT [1977]: Zur funktionalen Erklärung des Ergativsystems. In: PzL 12, S. 57–86. – D. V. VALIN [1977]: Ergativity and the universality of subjects. In: CLS 13, S. 689–705. – B. COMRIE [1978]: Ergativity. In: W. P. LEHMANN (ed.): Syntactic typology: studies in the phenomenology of language. Austin, S. 329–394. – E. A. MORAVCSIK [1978]: On the distribution of ergative and accusative patterns. In: Lingua 45, S. 233–279. – H.-J. SASSE [1978]: Subjekt und Ergativ: zur pragmatischen Grundlage primärer grammatischer Relationen. In: Fol 12, S. 219–252. – R. M. W. DIXON [1979]:

Ergativity. In: Lg 55, S. 59–138. – F. PLANK
[1979] (ed.): Ergativity. Towards a theory of
grammatical relations. London. →Relatio-
nale Typologie.
Bibliographie: F. PLANK [1979]: Bibliography on ergativity. In: F. PLANK (ed.): Ergativity. London, S. 511–554.

Ergon [griech. *érgon* ›Werk‹].
Auf WILHELM V. HUMBOLDT
(1767–1835) zurückgehender
Begriff zur Bezeichnung von
Sprache als Produkt einer abgeschlossenen Tätigkeit. Dieser
Auffassung von Sprache als
(statischem) Werk, setzt HUM-
BOLDT seine Vorstellung von
Sprache als →Energeia, als »Tätigkeit« entgegen. Im Rahmen
seiner Konzeption einer →In-
haltbezogenen Grammatik
greift L. WEISGERBER auf HUM-
BOLDT zurück und versteht unter E. die laut- und formbezo-
gene Grammatik einschließlich
Wortbildung, die er als notwendiges Durchgangsstadium
zu einer →Energetischen
Sprachauffassung ansieht.
Lit.: →Energetische Sprachauffassung,
→Inhaltbezogene Grammatik.

Erkennungsgrammatik [Auch:
Analysegrammatik, Identifika-
tionsgrammatik, Rekognitions-
grammatik]. Grammatisches
Regelsystem, das vorgegebenen
Sätzen schrittweise Strukturbeschreibungen zuordnet und sie
dadurch als Sätze einer spezifischen Sprache »erkennt«, d.h.
identifiziert. Die Ableitung erfolgt im Strukturbaum von unten nach oben, d.h. zunächst
werden den Elementen der Aus-
gangskette des Satzes Kategoriensymbole zugeordnet, die
dann schrittweise zu übergeordneten Kategorien zusammengefaßt werden. Wird als End-
element das Symbol S (= Satz)
erreicht, so handelt es sich um

einen wohlgeformten Satz der
entsprechenden Sprache. Den
umgekehrten Weg von oben
nach unten (mit dem Satzknoten S beginnend) verfolgt der
Ableitungsprozeß einer →Er-
zeugungsgrammatik. In diesem
Sinn ist die →Kategorialgram-
matik eine E., während →Phra-
senstrukturgrammatiken zum
Typ der Erzeugungsgrammatik
zählen.
Lit.: →Grammatik, →Sprachtheorie.

Erklärungsadäquatheit [engl.
explanatory adequacy. – Auch:
explanative/explanatorische
Adäquatheit]. →Adäquatheits-
ebenen.

Erotema →Fragesatz.

Ersatzdehnung [engl. (*loss with*)
compensatory lengthening].
Lautveränderungsprozeß, bei
dem der Verlust bzw. Ausfall eines Segmentes die Dehnung eines benachbarten silbischen
Segmentes bewirkt. Es erfolgt
somit eine »kompensatorische«
Längung, die die ursprünglichen Quantitätsverhältnisse
weiterhin aufrechterhält; vgl.
ideur. **branhto:*, germ.
**bra:hta*, ahd. *brâhte* ›brach-
te‹, wobei im Germ. vor velarem Frikativ der Nasal – bei
gleichzeitiger Nasalierung des
Vokals – schwand, der Vokal jedoch kompensatorisch gelängt
wurde. Ein Beispiel aus dem gegenwärtigen Dt. stellt die Längung des *a* bei darauffolgender
Vokalisierung des *r* dar, vgl. die
Aussprache von nhd. *Bart*:
[*bart > ba:t].
Lit.: G. N. CLEMENTS [1982]: Compensatory lengthening. Bloomington. – I. LEHI-
STE [1972]: Temporal compensation in a
quantitative language. In: Proceedings of

the 3. Int. congress of phonetic sciences, S.
929–937. – L. WETZELS/E. SEZER (eds.)
[1986]: Studies in compensatory lengthening Dordrecht.

Ersatzprobe [engl. *exchange/*
substitutional test. – Auch: Austauschprobe, Ersetzungsprobe,
→Kommutationstest, →Substitu-
tion]. Experimentelles Analyseverfahren der strukturellen
Linguistik zur Ermittlung von
Elementen, die zur gleichen
grammatischen Kategorie gehören. Man ersetzt ein Element
in einem Satz durch ein anderes
Element (wobei der Rest des
Satzes konstant gehalten wird)
und überprüft, ob der neue Satz
grammatisch oder ungrammatisch ist bzw. ob eine (und wenn
welche) Informationsänderung
durch den Elementaustausch
bewirkt wird. Was in gleicher
syntaktischer Position austauschbar ist, gehört zur gleichen Konstituentenklasse. So
kann man in dem Satz *Seine Fa-*
milie lebt seit Generationen in
Amerika die Konstituente *seine*
Familie ersetzen durch *er/*
Hans/der Mann mit der dun-
klen Vergangenheit/der Abge-
ordnete, der parteilos ist, und gewinnt durch diesen Ele-
mentaustausch die Klasse der
Elemente, die in Subjektposition treten können. Allgemein
gilt: Was paradigmatisch austauschbar ist, gehört zur gleichen grammatischen Kategorie.
Die E., die der Klassifizierung
sprachlicher Elemente aller Beschreibungsebenen dient, besteht aus zwei Verfahrensschrit-
ten: (a) →Tilgung und (b) →Ad-
junktion.

Lit.: →Operationale Verfahren.

Ersetzungsgrammatik →Erzeu-
gungsgrammatik.

Ersetzungsprobe →Ersatzprobe.

Ersetzungsregel [engl. *rewriting*
rule. – Auch: Expansions-,
→Formations-, Konstituenten-
struktur-, KS-, →Phrasenstruk-
tur-, Produktions-, PS- oder Ver-
zweigungsregel]. Von der generativen →Transformations-
grammatik zur Beschreibung
syntaktischer Strukturen verwendeter Regeltyp der Form X
$\rightarrow Y_1 \dots Y_n$, wobei der Pfeil als
Anweisung zu lesen ist, das auf
der linken Seite des Pfeils stehende Element X durch die
rechts vom Pfeil stehende Kette
von Elementen Y_1 bis Y_n zu »ersetzen« bzw. »neu zuschreiben«.
Diese Regeln entsprechen den
Verzweigungen im →Struktur-
baum; vgl. →Phrasenstrukturre-
geln. Zu unterscheiden ist zwischen kontextfreien E. (vgl.
angeführtes Beispiel) und kontextsensitiven (= kontextabhängigen) E., z.B. in der Form
von: $V \rightarrow V^{transitiv}/\_\_\_ NP$, wobei
der Schrägstrich zu lesen ist als
»in der Umgebung von« und
der waagrechte Strich die Stelle
des zu ersetzenden Elements anzeigt.

Lit.: →Transformationsgrammatik, →Er-
zeugungsgrammatik.

Ersetzungssystem   →Erzeu-
gungsgrammatik.

Ersetzungstransformation
→Substitution.

Erste Lautverschiebung [engl.
Grimm's Law. – Auch (als
Rückübersetzung): Grimm-
sches Gesetz]. Systematische
Veränderungen des ideur.

Obstruentensystems, die zur Entwicklung des Germanischen und seiner Differenzierung von den übrigen ideur. Sprachenfamilien führten. Die von dem Dänen R. K. RASK aufgrund von Sprachvergleich (→Komparative Methode) entdeckten Unterschiede zwischen dem Altnordischen und dem Griechischen bzw. Lateinischen wurden 1822 zum erstenmal von J. GRIMM als systematischer Lautwandel dargestellt, wobei GRIMM das Sanskrit als (vermeintlich authentische) Fortsetzung des Ideur. zum Vergleich heranzog. Im wesentlichen handelt es sich bei der E. L. um drei konsonantische Veränderungsvorgänge: (a) Die stl. Verschlußlaute [p,t,k] werden zu stl. Frikativen [f, þ, χ] (ideur. *pǝtér, lat. pater: engl. father; ideur. *tréyes: lat. trēs: got. þreis : engl. three; ideur. *km̥tóm: lat. centum: dt. hundert). Regelhafte Ausnahmen dieser Veränderung sind: (aa) Die Verschiebung findet nicht statt nach ideur. Obstruenten, vgl. griech. steíchō: ahd. stīgan; lat. spuo: ahd. spīwan; lat. piscis: ahd. fisk; lat. captus: ahd. haft. (ab) In Verner-Umgebung (→Vernersches Gesetz) entstehen je nach Lage des Wortakzents stl. oder sth. Reibelaute; letztere fallen mit den aus der Verschiebung der aspirierten Verschlußlaute (s. u. (c)) entstandenen sth. Reibelauten zusammen. (b) Die sth. Verschlußlaute b, d, g werden zu den stl. Verschlußlauten p, t, k, vgl. lat. decem: engl. ten; lat. genu: dt. Knie. (c) Die aspirierten Verschlußlaute bh, dh, gh werden zu sth. Frikativen b, d, ǥ [v, ð, γ] (die im folgenden zu den

Verschlußlauten b, d, g weiterverschoben werden), vgl. altind. bharati (›er trägt‹): got. bairan; altind. madhya: got. midjis (›Mitte‹); ideur. *ghostis: nhd. Gast. – Die Datierung der E. L. wird durchgängig kontrovers beurteilt; es scheint jedoch plausibel, den Beginn um 1200–1000 v. Chr., den Endpunkt nach Ausweis keltischer Lehnwörter um 500–300 v. Chr. anzusetzen. – Ebenso umstritten wie die Datierung der E. L. sind die Hypothesen über ihre Ursachen und ihren Verlauf; in letzter Zeit wird die generelle Existenz der E. L. in der hier beschriebenen Form in Abrede gestellt: Neben anderen Evidenzen spreche besonders die sprachtypologische Unplausibilität der üblicherweise verwendeten Rekonstruktion des ideur. Konsonantensystems (stl. Tenues, sth. Mediae, sth. Mediae aspiratae) gegen die bisherige Auffassung der E. L.; T. V. GAMKRELIDZE [1972] schlägt eine sprachtypologisch realistischere Rekonstruktion des Ideur. vor, der zufolge die zum Germanischen hin erfolgenden Veränderungen als relativ marginal anzusehen wären – damit stünden aber jene Sprachen, die traditionell als Sprachen mit Lautverschiebung angesehen werden, dem ideur. Konsonantismus näher als die Sprachen ohne Lautverschiebung.

Lit.: R. K. RASK [1818]: Untersuchung über den Ursprung der alten nordischen oder isländischen Sprache. In: Ausgewählte Abhandlungen. Ed. von L. HJELMSLEV. Kopenhagen 1932. – J. GRIMM [1819/1837]: Deutsche Grammatik. 4 Theile. Göttingen. Photomechanischer Neudruck der 2. Aufl. von Berlin 1870/78: Hildesheim 1967. – J. FOURQUET [1948]: Les mutations consonantiques du germanique. Paris. – J. FOURQUET [1954]: Die Nachwirkungen der ersten und zweiten Lautverschiebung. In: ZMf 22, S. 1–33. – W. G. MOULTON [1954]: The stops and spirants of early Germanic. In: Lg 30. – L. L. HAMMERICH [1955]: Die Germanische und die Hochdeutsche Lautverschiebung. In: PBB (H) 77, S. 1–29, S. 165–203. – T. V. GAMKRELIDZE/V. V. IVANOV [1973]: Sprachtypologie und die Rekonstruktion der gemeinindogermanischen Verschlüsse. In: Phonetica 27, S. 150–156. – P. HOPPER [1973]: Glottalized and murmured occlusives in Indo-European. In: Glossa 7, S. 141–166. – R. SCHRODT [1976]: Die germanische Lautverschiebung und ihre Stellung im Kreise der indogermanischen Sprachen. 2. Aufl. Wien. – T. V. GAMKRELIDZE [1981]: Language typology and language universals and their implications for the reconstruction of the Indo-European stop system. In: Y. ARBEITMAN/A. R. BOMHARD (eds.): Essays in historical linguistics in honor of J. A. Kerns. Amsterdam, S. 571–609. →Lautwandel, →Sprachwandel.

Erweichung →Palatalisierung.

Erythräisch →Afro-Asiatisch.

Erzeugungsgrammatik [Auch: →Generative Grammatik, Produktionsgrammatik, Ersetzungssystem]. Grammatisches Regelsystem zur Erzeugung aller Sätze einer formalen oder natürlichen Sprache. Eine E. besteht aus (a) einer Menge V_T von Wörtern der Sprache, terminales Vokabular genannt, (b) einer Menge von Hilfssymbolen, dem nicht-terminalen Vokabular V_N, (c) einer Menge von Regeln der E., (d) einem sogen. Startsymbol, (e) einer Definition der Ableitbarkeit in der E.

Lit.: →Transformationsgrammatik.

Eselssätze [engl. *donkey*-Sätze] →Montague-Grammatik.

Eskimo →Eskimo-Aleutisch.

Eskimo-Aleutisch. Sprachstamm, bestehend aus Aleutisch (auf dem Aleuten-Archipel in der Beringsee, ca. 700 Sprecher) und Eskimo (mit den beiden Zweigen Yupik in Ostsibirien und Südwest-Alaska und Inuit in Nordalaska, Nordkanada und Grönland, mit insges. ca. 100000 Sprechern). Größte Sprechergemeinschaft in Grönland mit ca. 43000 Sprechern. Spezifische Kennzeichen: Einfache Lautsysteme. Komplexe Morphologie (suffixal). Es handelt sich um →Ergativsprachen; der Ergativ ist mit dem Genitiv identisch (possessive Satzkonstruktion). Kaum Hinweise auf eine Nomen/Verb-Distinktion. Wortstellung: SOV. Das Verb kongruiert mit Subjekt und Objekt. Komplexes Numerussystem (mit Dual). Sehr produktive Derivations-Mechanismen, Tendenz zu →Deskriptivität. Komplexes System von lokalen Demonstrativpronomina. (Vgl. Sprachenkarte Nr. 3).

Lit.: M. E. KRAUSS [1973]: Eskimo-Aleut. In: CTL 10, S. 796–902. – I. REED u.a. [1977]: Yup'ik Eskimo grammar. Fairbanks. – M. E. KRAUSS [1979]: Na-Dené and Eskimo-Aleut. In: L. CAMPELL/M. MITHUN (eds.): The languages of native America. Austin. – M. FORTESQUE [1984]: West Greenlandic. London.

Esozentrische Konstruktion →Endozentrische Konstruktion.

Esperanto. Von dem Warschauer Augenarzt L. L. ZAMENHOF (Pseudonym: ESPERANTO ›der Hoffende‹) konstruierte künstliche Sprache, die als erfolgreichste →Welthilfssprache der internationalen Verständigung gilt. E. verfügt über eine sehr einfache phonetisch-phonologische, morphologische und syntaktische Struktur: Sein Wortschatz basiert auf einer Mischung von romanischen

und germanischen Wortwur-
zeln (ursprünglich ca. 3500), die
mit zehn Präfixen und 27 Suffixen kombinierbar sind (vgl.
→Agglutinierender Sprachbau).
Seine Grammatik besteht aus
16 ausnahmslos geltenden Regeln.

Lit.: L. L. ZAMENHOF [1887]: Lingva Inter-
nacia. In: J. DIETTERLE: Originala verkaro
de L. L. Zamenhof. 1929. – L. COURTINAT
[1964/65]: Historio de Esperanto. 3 Bde.
Agen. – E.-D. KRAUSE [1978]: Taschenwörterbuch deutsch-esperanto. 2. Aufl. Leipzig. – P. G. FORSTER [1981]: The esperanto
movement. The Hague. – R. E. WOOD
[1982]: Current work in the linguistics of
Esperanto. Rotterdam.
Bibliographie: H. TONKIN [1977]: Esperanto and international language problems. A
research bibliography. Washington.
→Welthilfssprachen.

Estnisch. →Finno-Ugrische
Sprache, gesprochen u.a. in Est-
land, ca. 1 Mio. Sprecher, dem
→Finnischen verwandt.

Lit.: R. T. HARMS [1962]: Estonian grammar. The Hague. – V. TAULI [1983]: Standard Estonian grammar. Uppsala.

»Es«-Verwendungsweisen. Aufgrund unterschiedlichen Verhaltens hinsichtlich Satzgliedcharakter, Semantik, Tilgbar-
keit und Stellungseigenschaften
ergeben sich im Dt. folgende
es-V.: (a) Neutrales Personalpronomen (nicht weglaßbar,
aber ersetzbar durch referenzidentische Ausdrücke): *Das
Theaterfestival wurde gestern eröffnet. Es/diese Veranstaltung
findet großen Zulauf.* (b) Platzhalter für Subjekt- und Objektsätze (bei nachgestelltem
Subjektsatz zur Vorfeldfüllung
obligatorisch, bei Objektsätzen
fakultativ im Mittelfeld): *Es ist
erfreulich, daß das Festival ein
so großer Erfolg wurde.* (c) Thematisches *es* (auch: Vorfeld-*es*
oder Korrelat des Subjekts),

wenn das Subjekt rhematisch
ist (d.h. wichtige Neuinforma-
tion ausdrückt): *Es gastierten
bei dem Festival Theatergruppen
verschiedenster Stile und Natio-
nalitäten.* (d) Expletives *es* (lat.
expletivus ›ergänzend‹, auch:
Unpersönliches Pronomen):
satzgliedhaftes, obligatorisch
auftretendes *es*, das weder Referenz noch Bedeutung, also
nur morphologisch-syntaktische Funktion besitzt. Es tritt
auf nach Verben bestimmter semantischer Gruppen, z.B. bezogen auf Witterung (*es regnet*),
Existenz (*es gibt*), sinnliche
Wahrnehmung (*es riecht nach*),
Befinden (*es schaudert mich*).

Lit.: H. PÜTZ [1975]: Über die Syntax der
Pronominalform »es« im modernen
Deutsch. Durchges. Neuaufl. Tübingen
1985. – W. ADMONI [1976]: Es handelt sich
um »es«. Zur gegenwärtigen Lage in der
Grammatiktheorie. In: WW 26, S. 219–226.
– O. LEYS [1979]: Zur Systematisierung von
»Es«. In: DS 7, S. 28–34. – B. ULVESTAD/H.
BERGENHOLTZ[1979]:»Es«als»Vorgreifer«
eines Objektsatzes. In: DS 7, S. 97–116. – J.
MARX-MOYSE [1983]: Untersuchungen zur
deutschen Satzsyntax. Es als vorauswei-
sendes Element eines Subjektsatzes. Wiesba-
den. – J. LENERZ [1985]: Zur Theorie des
syntaktischen Wandels: das expletive »es«
in der Geschichte des Deutschen. In: W.
ABRAHAM (ed.): Erklärende Syntax des
Deutschen. Tübingen. – H. PÜTZ [1985]:
Über die Syntax der Pronominalform »es«
im modernen Deutsch. Tübingen. – P.
ERDMANN [1987]: It-Sätze im Englischen.
Heidelberg.

Etalonsprache [frz. *étalon*
›Grundmaß‹]. Von S. ŠAUMJAN
[1965] verwendete Bezeichnung
für eine (abstrakte) konstruierte
Grundsprache, die als »Maßeinheit« für sprachtypologische
Untersuchungen dienen soll.
Eine solche E. gilt als »hypothetische Invariante aller Sprachen«.

Lit.: S. ŠAUMJAN [1965]: Strukturnaja
Lingvistika. Moskau. Dt.: Strukturale Linguistik. München 1971, S. 58.

Ethnographie des Sprechens
[griech. *éthnos* ›Volk‹]. Von D.
HYMES und J. J. GUMPERZ Anfang der 60er Jahre eingeführte
Verfahren zur Analyse des
Sprachgebrauchs in soziokulturellen Zusammenhängen. Im
Unterschied zu linguistischen
Theorien aus dem Umkreis der
generativen →Transformationsgrammatik geht die E. davon
aus, daß die Bedeutung von Äußerungen nur in Beziehung
zum jeweiligen Sprechereignis
oder kommunikativen Ereignis
(engl. *speech event, communicative event*) erfaßt werden
kann, in das sie eingebettet sind.
Solche Sprechereignisse (z.B.
eine Predigt, eine Gerichtsverhandlung oder ein Telefongespräch) sind in ihrer Ausprägung kulturspezifisch. – Regeln
des Sprachgebrauchs werden
durch teilnehmende Beobachtung, durch Analyse von
Spontandaten und Interviews
von Muttersprachlern erfaßt,
vgl. →Feldforschung. – Aus der
E. hat sich die ethnographische
→Diskursanalyse entwickelt, in
der konversationelle Schlußfolgerungen (engl. *conversational
inferences*) eine zentrale Rolle
spielen. Diese Schlußfolgerungen sind kontextgebundene Interpretationsprozesse (→Kontextualisierung). Ein Beispiel:
Bei einer Visite im Krankenhaus zeigt der Kodewechsel des
Arztes (gelegentlich auch nur
eine Veränderung der Lautstärke) an, ob er zum Patienten oder
zu seinen Mitarbeitern spricht.
Die Art und Weise, wie ein Diskurs abläuft, gibt zugleich Aufschluß über das Aushandeln der
sozialen Identitäten der Beteiligten (vgl. ERICKSON/SHULTZ
[1982]). Ähnlichkeiten bestehen

zu den Verfahren von GOFFMAN
und CICOUREL. – Als Überblick
vgl. CORSARO [1981].

Lit.: D. HYMES [1962]: The ethnography of
speaking. In: T. GLADWIN/W. C. STURTE-
VANT (eds.): Anthropology and human behavior. Washington, S. 99–138. DERS.: Ethnographie des Sprechens. In: ARBEITS-
GRUPPE BIELEFELDER SOZIOLOGEN (eds.):
Alltagswissen, Interaktion und gesellschaftliche Wirklichkeit. Bd. 2. Reinbek
1973, S. 338–432. – D. HYMES [1972]: Models of the interaction of language and social life. In: J. J. GUMPERZ/D. HYMES
(eds.): Directions in sociolinguistics. New
York, S. 35–71. – A. CICOUREL [1975]: Discourse and text: Cognitive and linguistic
processes in studies of social structures. In:
Versus 12, S. 33–84. – F. SCHÜTZE [1975]:
Sprache soziologisch gesehen. 2 Bde. München. – W. KALLMEYER/F. SCHÜTZE [1976]:
Konversationsanalyse. In: StL 1, S. 1–28. –
A. CICOUREL [1977]: Cognitive-linguistic
aspects of social research. In: Soziologische
Annalen. Bd. 1. Wien. – J. BAUMAN/J.
SHERZER (eds.) [1978]: Explorations in the
ethnography of speaking. London. – A. CI-
COUREL [1980]: Three models of discourse
analysis. In: DP 3, S. 102–132. – W. A.
CORSARO [1981]: Communicative processes in studies of social organization: Sociological approaches to discourse analysis.
In: Text 1, S. 5–63. – D. TANNEN (ed.)
[1981]: Analyzing discourse. In: GURT. –
F. ERICKSON/J. SHULTZ [1982]: The counse-
lor as gate keeper. New York. – J. J. GUM-
PERZ [1982]: Discourse strategies. Cambridge. – J. J. GUMPERZ (ed.) [1982]: Language and social identity. Cambridge. – D.
TANNEN [1984]: Conversational style. Norwood, N. J. – D. TANNEN (ed.) [1984]: Coherence in spoken and written discourse.
Norwood, N. J. – D. TANNEN [1986]: That's
not what I meant. New York. →Kontextua-
lisierung.

Ethnolinguistik [Auch: Makrolinguistik, →Metalinguistik (2),
→Neo-Humboldtianismus].
Sammelbezeichnung für an-
thropologisch-sprachwissen-
schaftlich orientierte Untersuchungen zum Zusammenhang
zwischen Sprache und ethnisch
begründeten, soziokulturellen
Aspekten der entsprechenden
Sprachgemeinschaft. Folgende
parallele, sich mit unterschiedlicher Akzentuierung auf W. v.
HUMBOLDTS Sprachphilosophie

berufende Richtungen zählen zur E.: (a) In Deutschland die von L. WEISGERBER entwickelte →Inhaltbezogene Grammatik, derzufolge Sprache als gesellschaftliche Erkenntnisform aufgefaßt wird; d.h. die jeweilige Muttersprache schafft eine geistige Zwischenwelt, die die Rezeption der Realität durch die entsprechende Sprachgemeinschaft steuert. – (b) Die seit den 30er Jahren in Amerika anläßlich der Untersuchung von unerforschten Indianersprachen von E. SAPIR und B. L. WHORF entwickelte linguistische Relativitätshypothese, derzufolge Denken und Weltbild einer Sprachgemeinschaft durch die vorgegebenen sprachlichen Strukturen determiniert sind, vgl. hierzu →Sapir-Whorf-Hypothese.

Lit.: R. L. MILLER [1963]: The linguistic relativity principle and Humboldtian Ethnolinguistics. Michigan. →Ethnographie der Kommunikation, →Inhaltbezogene Grammatik, →Sapir-Whorf-Hypothese.

Ethnomethodologie [griech. *méthodos* ›Untersuchung‹, ›System‹]. Von dem Soziologen H. GARFINKEL initiierte Forschungsrichtung der interpretativen Soziologie, die diejenigen Techniken oder Methoden untersucht, mit denen Mitglieder einer soziokulturellen Gemeinschaft ihre alltäglichen Aktivitäten organisieren und im Griff behalten. Es wird angenommen, daß diese Methoden identisch sind mit jenen, mit denen die Aktivitäten »*accountable*« (d.h. beobachtbar, berichtbar und interpretierbar) gemacht werden. So beantwortete z.B. ein Versuchsleiter in einem Experiment zehn von den Probanden selbst gewählte Fragen

in zufälliger Abfolge je fünf Mal mit *ja* bzw. *nein*, nach jeder Antwort sprachen die Probanden ihre Interpretation der Antwort auf Tonband. Es stellte sich heraus, daß alle Probanden die zufälligen Antworten als direkte Antworten auf ihre Fragen interpretierten, und daß ihre retrospektive Deutung der Interaktion bis zu dem jeweiligen Zeitpunkt prospektiv die Wahl ihrer nächsten Frage motivierte. Zu diesen Methoden, z.B. der retrospektiv-prospektiven Deutung von Aktivitäten, vgl. GARFINKEL [1967], vgl. auch die interpretativen Verfahren von CICOUREL [1973]. Als Überblick vgl. WOLFF [1976]. – Eine Forschungsrichtung, die sich aus der E. entwickelte, ist die →Konversationsanalyse.

Lit.: H. GARFINKEL [1967]: Studies in ethnomethodology. Englewood, N. J. – R. HILL/K. STONES CRITTENDEN (eds.) [1968]: Proceedings of the Purdue Symposium on Ethnomethodology. Purdue. – A. CICOUREL [1973]: Cognitive sociology. Harmondsworth. Dt.: Sprache in der sozialen Interaktion. München 1975. – R. TURNER (ed.) [1974]: Ethnomethodology. Harmondsworth. – S. WOLFF [1976]: Der rhetorische Charakter sozialer Ordnung. Berlin. – E. WEINGARTEN/F. SACKS/J. SCHENKEIN (eds.) [1976]: Ethnomethodologie. Frankfurt. – G. PSATHAS (ed.) [1979]: Everyday language: Studies in ethnomethodology. New York. – J. HERITAGE [1984]: Garfinkel and ethnomethodology. Cambridge. →Konversationsanalyse.

Ethnomethodologische Konversationsanalyse →Konversationsanalyse.

Etikettierter Klammerausdruck →Indizierte Klammerung.

Etische vs. Emische Analyse [engl. *-etic* vs. *-emic*]. In Anlehnung an die Suffixbildungen engl. (*phon*)*etics* vs. (*pho-*

n)emics von M. SWADESH [1934] und K. L. PIKE [1967] in die Sozialwissenschaften eingeführte Bezeichnung zur Unterscheidung zwischen materieller vs. funktioneller (Sprach-)Betrachtung: →Phonetik untersucht die akustisch meßbaren und artikulatorisch definierbaren aktuellen Lautäußerungen, während die →Phonemik die jeweils sprachspezifische Auswahl aus jenem universellen Katalog unter funktionalem (= distinktivem) Aspekt analysiert.

Lit.: M. SWADESH [1934]: The phonemic principle. In: Lg 10. – K. L. PIKE [1967]: Language in relation to a unified theory of the structure of human behavior. 2. Aufl. The Hague 1971. – B. SIERTSEMA [1959]: »Etic« and »Emic«. In: ES 50, S. 586–588. – ARBEITSGRUPPE BIELEFELDER SOZIOLOGEN (eds.) [1973]: Alltagswissen, Interaktion und gesellschaftliche Wirklichkeit. 2 Bde. Reinbek.

Etruskisch.

Vor allem durch Grabinschriften überlieferte, ausgestorbene Sprache Norditaliens. Obgleich in einer dem →Griechischen verwandten Schrift geschrieben, ist E. nur in Ansätzen bekannt. Die genetische Affiliation ist unklar.

Lit.: A. J. PFIFFIG [1969]: Die etruskische Sprache. Wiesbaden.

Etymologie

[griech. *étymos* ›wahr‹; *lógos* ›Wort‹]. Wissenschaft von der Herkunft, Grundbedeutung und Entwicklung einzelner Wörter sowie von ihrer Verwandtschaft mit Wörtern gleichen Ursprungs in anderen Sprachen. In der Antike entsprach die Suche nach der ursprünglichen semantischen Motiviertheit eines Wortes der Suche nach dem Wesen und Ursprung des durch das Wort bezeichneten Dinges, welche man in der ursprünglichen Bedeu-

tung der Wörter zu finden glaubte. Die historisch vergleichende Sprachwissenschaft des 18./19. Jh. benutzte die Erforschung etymologischer Zusammenhänge zur Rekonstruktion einer gemeinsamen ideur. Grundsprache oder als Beleg für einzelsprachliche Verwandtschaftsbeziehungen. Hierbei wurde die Existenz von Lexemkorrespondenzen in verschiedenen Sprachen mittels Lautgesetzen, Wortbildungsprozessen und Sachbezügen, historischen und soziokulturellen Fakten sowie Systemstellung im jeweiligen Wortschatz begründet. – Zu Nachschlagewerken zu einzelnen Sprachen vgl. SEEBOLD [1981: S. 316–322]. Vgl. auch →Bedeutungswandel, →Entlehnung, →Volksetymologie.

Lit.: V. PISANI [1947]: L' etimologia. Brescia. DL.: Die Etymologie. Geschichte - Fragen - Methode. München 1975. - P. GUIRAUD [1964]: L'étymologie. Paris. – W. SANDERS [1967]: Grundzüge und Wandlungen der Etymologie. In: WW 17, 4, S. 361–384. – R. SCHMITT (ed.) [1977]: Etymologie. Darmstadt. – M. PFISTER [1980]: Einführung in die romanische Etymologie. Darmstadt. - E. SEEBOLD [1981]: Etymologie. Eine Einführung am Beispiel der deutschen Sprache. München. – H. MEIER [1985]: Prinzipien der etymologischen Forschung. Heidelberg.
Nachschlagewerke für einzelne Sprachen: Deutsch: J. GRIMM/W. GRIMM [1854/1954]: Deutsches Wörterbuch. 16 Bde. Leipzig. Nachdruck in 33 Bdn. München 1984. – F. KLUGE [1883]: Etymologisches Wörterbuch der Deutschen Sprache. 22. Aufl. völlig neu bearb. von E. SEEBOLD. Berlin 1989. – H. HIRT [1909]: Etymologie der neuhochdeutschen Sprache. München. 2. Aufl. 1921. – DUDEN: Das Herkunftswörterbuch. Etymologie der deutschen Sprache. 2. völlig neu bearb. u. erw. Auflage von G. DROSDOWSKI. Mannheim 1989. – W. PFEIFER [1989] (ed.): Etymologisches Wörterbuch des Deutschen. 3 Bde. Berlin.
Englisch: W. W. SKEAT [1882]: A concise etymological dictionary of the English language. Oxford. Überarb. Aufl. 1976. – J. MURRAY [1898–1936]: A new English dic-

tionary on historical principles. Oxford. –
F. HOLTHAUSEN [1927]: Altenglisches etymologisches Wörterbuch. Heidelberg.
Nachdruck 1963. – C. T. ONIONS u.a. (eds.)
[1977]: The Oxford Dictionary of English
etymology. Oxford.
Französisch: E. GAMILLSCHEG [1928]: Etymologisches Wörterbuch der französischen Sprache. 2. Aufl. Heidelberg 1969. –
W. V. WARTBURG [1922]: Französisches
etymologisches Wörterbuch. Bonn. – O.
BLOCH/W. V. WARTBURG [1960]: Dictionnaire étymologique de la langue française.
5. Aufl. Paris 1968. – A. DAUZAT/J. DU
BOIS/H. MITTERAND [1971]: Nouveau dictionnaire étymologique et historique. Paris.
Gotisch: E. SCHULZE [1847]: Gotisches
Glossar. Magdeburg. – S. FEIST [1939]: Vergleichendes Wörterbuch der gotischen
Sprache. 3. Aufl. Leiden. – M. STEARNS, jr.
[1978]: Crimean Gothic. Analysis and etymology of the corpus. Saratoga.
Griechisch: H. FRISK [1960/1972]: Griechisches etymologisches Wörterbuch. 3 Bde.
Heidelberg. – P. CHANTRAINE [1968ff.]:
Dictionnaire de la langue grecque. Histoire
des mots. Paris.
Indoeuropäisch: A. WALDE/J. POKORNY
[1926]: Vergleichendes Wörterbuch der indogermanischen Sprachen. 3 Bde. 1926ff. –
C. D. BUCK [1949]: A dictionary of selected
synonyms in the principal Indo-European
languages. Chicago. – J. POKORNY [1959/
1969]: Indogermanisches etymologisches
Wörterbuch. 2 Bde. München.
Latein: THESAURUS LINGUAE LATINAE
[1900ff.] Leipzig. – A. ERNOUT/A. MEILLET
[1959]: Dictionnaire étymologique de la
langue latine. 4. Aufl. Paris. – J. B. HOF
MANN (ed.) [1965]: Lateinisches etymologisches Wörterbuch. Von A. WALDE. 4. Aufl.
Heidelberg. – G. ALESSIO [1976]: Lexicon
etymologicum. Neapel.

Etymon. Grundbedeutung bzw.
ursprüngliche Form eines Wortes, vgl. unter →Etymologie.

Euphemismus [griech. *euphēmía* ›das Wohlreden‹]. Rhetorischer →Tropus: beschönigender
Ersatz für ein tabuisiertes Wort
mit →Pejorativer Konnotation,
z.B. *einschlafen, heimgehen* für
»sterben«, oft im politischen
Sprachgebrauch: *Nullwachstum, Entsorgung, Nachrüstung.*
Wie die →Hyperbel verliert der
E. häufig seine semantische
Funktion, so daß ein neuer E. an

seine Stelle tritt; so wird z.B. das
ursprünglich neutrale, dann pejorative ahd. *stincan* durch
mhd. *riechen* ersetzt, dies wiederum durch nhd. *duften.*

Lit.: CH. BRUNEAU [1952]: Euphémie et euphémisme. In: Festgabe E. Gamillscheg.
Tübingen, S. 11–23. – E. LEINFELLNER
[1971]: Der Euphemismus in der politischen Sprache. Berlin. – E. DANNINGER
[1982]: Tabubereiche und Euphemismen.
In: W. WELTE (ed.): Sprachtheorie und
angewandte Linguistik. Festschrift für A.
Wollmann. Tübingen, S. 237–251. →Rhetorische Figur.

Euphonie [griech. *euphōnía*
›Wohlklang‹]. Eigenschaft von
wohlklingenden oder angenehm zu artikulierenden Lautverbindungen. E. kann Ursache
sein für →Assimilation, →Dissimilation, →Vokalharmonie oder
Lauteinschub (→Epenthese) zur
Erleichterung der Aussprache,
vgl. z.B. das *t* in *eigentlich* sowie
in frz. *va-t-il?* ›geht er?‹. Im weiteren Sinn zählen auch →Alliteration, Assonanz, Lautmalerei (→Onomatopoiie) und
Rhythmus zur E. – Als Gegensatz vgl. →Kakophonie.

Lit.: →Phonetik.

Europäische Sprachen. Die
Sprachen Europas gehören zumeist dem Sprachstamm der
→Indo-Europäischen an. Ausnahmen sind das →Baskische im
Westen (eine →Isolierte Sprache), einige →Uralische Sprachen im Osten, v.a. →Ungarisch
und →Finnisch, das →Türkische,
eine →Altaische Sprache, sowie
das Maltesische auf Malta, das
dem →Arabischen nah verwandt ist und damit zu den
→Afro-Asiatischen Sprachen
zählt.

Lit.: H. HAARMANN [1975]: Soziologie und
Politik der Sprachen Europas. München.

Evidentialität [engl. *evidence* ›Beweis‹, ›Beleg‹]. Strukturelle Dimension der Grammatik, deren Werte von Konstruktionstypen ausgedrückt werden, die die Quelle der Information kodieren, die ein Sprecher weitergibt. Als primäre Informationsquelle gilt im allgemeinen die eigene Anschauung; weitere wichtige Informationsquellen sind das Hörensagen (→Quotativ) und die Deduktionsfähigkeiten des Sprechers (→Inferential). Im Dt. wird E. nur peripher zum Ausdruck gebracht als spezielle Gebrauchsweise eines Verbmodus und gewisser Modalverben (Konjunktiv des Präsensstammes als Quotativ: *Die Regierung sei nicht zu Verhandlungen bereit*; *wollen* und *sollen* als Subjekt- bzw. 3. Person-Quotativ-Markierung: *Philip will/soll ein direkter Nachfahre Karls des Großen sein*; *muß* und *dürfte* als starke bzw. schwache Inferential-Kennzeichnung: *Hierbei muß/dürfte es sich um eine Verwechslung handeln*).

Lit.: W. CHAFE/J. NICHOLS (eds.) [1987]: Evidentiality: The linguistic coding of epistemology in language. Norwood, N.J. - T. WILLETT [1988]: A cross-linguistic survey of the grammaticalization of evidentiality. In: Studies in Language 12, S. 51–97. →Modalität.

Exclamativsatz [lat. *exclāmāre* ›ausrufen‹, engl. *exclamatory*. - Auch: Ausrufesatz]. Grundtyp der Satzmodi (→Satzmodus), der - entsprechend seiner Verbstellung - formal als Aussage-, Frage- oder Aufforderungssatz konstruiert sein kann und bei dem durch →Intonation (Exclamativ-Akzent) und/oder kategoriale Füllung (z.B. →Interjektion, →Modalpartikel) die emotionale Beteiligung des Sprechers mitausgedrückt ist: *Du bist aber leichtsinnig! Ist Linguistik aber eine seltsame Wissenschaft! Hilf ihr doch!*

Lit.: K. BRUGMANN [1921]: Zur Geschichte des Ausrufungssatzes im Griechischen. In: IF 39, S. 114–121. - D. ELLIOTT [1974]: Toward a grammar of exclamations. In: FL 11, S. 231–246. - J. GÉRARD [1980]: L'exclamation en français. Tübingen. - U. OOMEN [1980]: Structural properties of English exclamatory sentences. In: Fol 13, S. 159–174. - D. ZAEFFERER [1983]: The semantics on non-declaratives: Investigating German exclamatories. In: R. BÄUERLE u.a. (eds.): Meaning, use, and interpretation of language. Berlin, S. 466–490. - N. FRIES [1988]: Ist Pragmatik schwer. Über sogenannte Exclamativsätze im Deutschen. In: Sprache und Pragmatik 3. Lund, S. 1–18. →Satzmodus.

Exhortativ →Kohortativ.

Exhortativsatz [lat. *exhortārī* ›ermahnen‹]. Satztyp mit Verberststellung, der eine Aufforderung ausdrückt: *Treffen wir uns doch morgen im Englischen Garten!*

Existenzaussage [Auch: Partikularsatz]. Aussage über mindestens ein Element (Individuum, Sachverhalt u.a.) eines bestimmten Bereichs, im Unterschied zu →Allaussagen, die sich auf alle Elemente eines bestimmten Bereichs beziehen. E. werden in der →Formalen Logik mit Hilfe des sogenannten Existenzoperators dargestellt: $\vee x$ $A(x)$ zu lesen als ›Es gibt mindestens ein x, für das gilt: x besitzt die Eigenschaft A‹ (z.B. Arztsein).

Lit.: →Formale Logik.

Existenzoperator →Operator.

Existenzpräsupposition →Präsupposition.

Existenzquantor →Operator.

Existimatoria [lat. *exīstimāre*
›schätzen‹, ›meinen‹]. Oberbegriff für sprachliche Ausdrücke,
die eine rationale und/oder
emotionale Stellungnahme des
Sprechers zu dem im selben
Satz beschriebenen Sachverhalt
ausdrücken; je nach theoretischem Ansatz zählen darunter:
→Satzadverbien wie *hoffentlich,
übrigens,* →Modalpartikeln wie
ja, wohl, doch und →Gradparti-
keln wie *nur, auch.*

Lit.: R. BARTSCH [1972]: Adverbialsemantik. Die Konstitution logisch-semantischer
Repräsentationen von Adverbialkonstruktionen. Frankfurt. – D. CLÉMENT/W.
THÜMMEL [1975]: Grundzüge einer Syntax
der deutschen Standardsprache. Frankfurt. – H. ALTMANN [1976]: Die Gradpartikeln im Deutschen. Untersuchungen
zu ihrer Syntax, Semantik und Pragmatik.
Tübingen. – U. ENGEL [1977]: Syntax der
deutschen Gegenwartssprache. Berlin. –
H. WEYDT (ed.) [1977]: Aspekte der Modalpartikeln. Studien zur deutschen Abtönung. Tübingen. – R. WALTZING [1979]:
Existimatorische Elemente. Vorschläge
zur Klassifikation und Kombinatorik. In:
DS 7, S. 220–240. – H. WEYDT (ed.) [1979]:
Die Partikeln der deutschen Sprache. Berlin.

Exklusion →Kontaktprobe.

Exklusives Oder →Kontrava-
lenz.

Exophorisches   Pronomen
[griech. *éxō* ›außerhalb‹, *phérein* ›tragen‹]. →Pronomen, das
sich nicht auf die unmittelbar
vorausgehende oder folgende,
sondern auf eine entferntere
→Nominalphrase bezieht.

Exozentrische   Konstruktion
[engl. *non-headed construction*].
Von L. BLOOMFIELD [1933]
eingeführter Terminus zur Bezeichnung einer syntaktischen
Konstruktion, die im Unter-

schied zur →Endozentrischen
Konstruktion nicht zur selben
Formklasse/Kategorie gehört
bzw. nicht dieselbe →Distribu-
tion aufweist wie einer ihrer
Konstituenten. So ist die E. K.
Sie verkauft frisches Obst als
Gesamtkonstruktion   weder
eine Nominalphrase (wie *sie,
frisches Obst*) noch eine Verbalphrase (wie *verkauft frisches
Obst*). Andere E. K. sind Präpositionalphrasen (*auf dem
Viktualienmarkt*), Konstruktionen aus Hilfsverb und Partizip
(*hat verkauft*) oder Kopula und
Prädikatsnomen (*ist Verkäufe-
rin*). Der Terminus »exo-zen-
trisch« ist negativ definiert gegenüber endozentrisch, d.h. seine wörtliche Übersetzung (»ein
Zentrum   außerhalb   seiner
selbst haben«) ist irreführend.

Lit.: →Endozentrische Konstruktion.

Exozentrisches   Kompositum
→Bahuvrihi.

Expansionsregel →Ersetzungs-
regel.

Experiencer →Kasusgramma-
tik.

Experimentalphonetik [Auch:
Instrumentalphonetik].   Seit
dem Ende des 19. Jh. praktizier-
te phonetische Analyse, die im
Unterschied zu der auf subjek-
tiver Beobachtung beruhenden
→Ohrenphonetik mit elektro-
akustischen Registrier- und
Speichergeräten (Oszillograph,
→Spektrograph) arbeitet.

Lit.: P. LADEFOGED [1967]: Three areas of
experimental phonetics. London.

Expertensystem. In der →Künst-
lichen Intelligenz anwendungs-
orientiertes wissensbasiertes Sy-

stem, das spezielle Aufgaben in Art und Leistungsumfang menschlicher »Experten« lösen soll. Gegenwärtige Haupteinsatzbereiche sind medizinische und technische Anwendungen, wobei die generellen Probleme neben der Darstellung und Verarbeitung vor allem in der Bereitstellung (Akquisition) des Expertenwissens liegen. Zur Interaktion mit Expertensystemen werden häufig natürlich-sprachliche Zugangssysteme verwendet.

Lit.: F. HAYES-ROTH/D. A. WATERMAN/ D. B. LENAT [1983]: Building expert systems. Reading, Mass. – B. G. BUCHANAN/ E. H. SHORTLIFFE [1984]: Rule-based expert systems. Reading, Mass. – P. JACKSON [1986]: Introduction to expert systems. Wockingham.

Expiratorischer Akzent →Dynamischer Akzent.

Expletivum →Es-Verwendungsweisen.

Explosivlaut [lat. *explōsiō* ›das Herausklatschen‹. – Auch: Sprenglaut]. →Sagittaler →Plosiv mit oraler Öffnung, z.B. [pˈ] in dt. [lɒmpˈ] ›Lump‹ gegenüber dem →Implosiv [pˈ] in [lɒmpˈm] ›Lumpen‹. →Verschlußlaut.

Lit.: →Phonetik.

Expositorischer Text [lat. *exponere* ›darlegen‹]. →Textsorte mit informierender, erläuternder Gebrauchs- bzw. Zweckfunktion.

Expressive Phonetik →Lautstilistik.

Expressive Stilistik →Lautstilistik.

Exspiration [lat. *exspīrāre* ›aushauchen‹]. Ausatmung. Notwendige Voraussetzung für alle mit pulmonaler Luft gebildeten Sprachlaute. →Artikulatorische Phonetik.

Lit.: →Phonetik.

Exspiratorischer Akzent →Akzent.

Extension [lat. *extēnsiō* ›Erstreckung‹. – Auch: Begriffsumfang, →Denotation (2), →Designation, →Referenz]. Die E. eines sprachlichen Ausdrucks ist die Klasse der Elemente, die der Ausdruck bezeichnet. Eine extensionale →Definition beruht daher auf der Aufzählung aller Objekte, auf die der Ausdruck zutrifft, im Unterschied zur →Intension (›Sinn‹), die durch die Merkmale bestimmt wird, durch die der Begriff definiert ist. Zwei Prädikate haben dieselbe E., wenn sie auf dieselbe Klasse von Elementen zutreffen, in diesem Sinn sind die beiden Ausdrücke *Abendstern* und *Morgenstern* extensional identisch, da sie beide den Planeten Venus bezeichnen – bei unterschiedlichem intensionalem Gehalt. – In der →Formalen Logik wird E. in Abhängigkeit von unterschiedlichen Ausdruckskategorien definiert: Die E. eines singulären Terms (= Individuenkonstante) *t* ist das Individuum, auf das sich *t* bezieht (z.B. ist die Extension von *Mozart* der Komponist der »Zauberflöte«). Die E. eines Prädikats *p* ist die Menge der Elemente, auf die dieses Prädikat zutrifft, z.B. ist die E. von *größer als* die Menge aller Paare *x, y*, für die gilt, daß *x* größer ist als *y*. Die E. eines Satzes ist sein

→Wahrheitswert. Die E. eines komplexen Satzes kann wahrheitsfunktional ermittelt werden, falls gilt: Wird im Satz *S* ein Element *e* durch ein Element gleicher E. wie *e* ausgetauscht, so bleibt die E. von *S* unverändert. (Vgl. →Kompositionsprinzip).

Lit.: →Intension, →Semantik.

Extensional. In der →Formalen Logik Eigenschaft von Aussageverknüpfungen, deren Wahrheitswert allein abhängig ist von den Wahrheitswerten der elementaren Aussagen, nicht aber von deren semantischem Inhalt. Diese extensionale Interpretation liegt den logischen Verknüpfungen der klassischen Aussagen- und Prädikatenlogik zugrunde, z.B. →Adjunktion, →Implikation, →Operator u.a.

Lit.: N. ASHER [1985]: The trouble with extensional semantics. In: PhS 47, S. 1–14.

Extensionale Logik →Formale Logik.

Extralingual →Intralinguistisch vs. Extralinguistisch.

Extraposition [lat. *extrapositiō* ›Herausstellung‹]. Von O. JESPERSEN geprägter Terminus zur Bezeichnung einer Wortstellungsvariante, die formale Ähnlichkeit mit Rechtsversetzung hat (vgl. →Linksversetzung vs. Rechtsversetzung) und als Sonderform der →Ausklammerung anzusehen ist: Satzwertige Ausdrücke (Infinitivkonstruktionen, Subjekt-, Objekt-, Attribut- oder Adverbialsätze) können nach rechts an das Ende des Gesamtsatzes verschoben werden. An der ursprünglichen Stelle kann eine pronominale Kopie, ein Platzhalter-*es*, zurückbleiben; vgl. *Daß Caroline morgen kommt, freut mich* (Normalstellung, d.h. Subjekt(satz) vor Prädikat) vs. *Es freut mich, daß Caroline morgen kommt.*

Lit.: O. JESPERSEN [1937]: Analytic syntax. Kopenhagen. – N. RUWET [1975]: Montée du sujet et extraposition. In: FM 43, S. 97-134. – H. ALTMANN [1981]: Formen der »Herausstellung« im Deutschen. Tübingen. – G. MALLINSON/B. J. BLAKE [1981]: Language typology. Amsterdam, Kap. 5.2.4. – W. SCHERPENISSE [1985]: The final field in German: Extraposition and frozen positions. In: GAGL 26. – G. MALLINSON [1986]: Languages with and without extraposition. In: FoL 20, S. 146–163. →Ausklammerung.

Extrapositions-Grammatik. In der →Computerlinguistik verwendeter Grammatikformalismus, der auf der →Definite-Clause-Grammar und der →Metamorphose-Grammatik aufbaut und eine besondere Art von Regeln für die Behandlung von »*left extraposition*« einführt (z.B. bei Interrogativ- und Relativsätzen im Engl. und Frz., vgl. →Spurentheorie). Dabei wird die Beschreibung der Struktur (d.h. nicht-terminale [»bewegte«] Kategorie, gefolgt von beliebiger Kette, gefolgt von leerer nicht-terminaler Kategorie [»Spur«]) in die linke Seite einer Regel gelegt, die in eine Kette ohne »Spur« expandiert. So ergibt die Anwendung der Regel: »rel marker … trace → rel-pronoun« auf »*The mouse* rel marker *the cat chased* trace *squeaks*« dann »*The mouse* rel pronoun *the cat chased squeaks*«. (»rel marker« und »trace« sind nicht-terminale Kategorien, »…« steht für eine beliebige Kette.) Damit wird einerseits die strukturelle Beziehung zwischen »bewegter« Kategorie und »Spur« in einer Regel deutlich gemacht, andererseits entfällt die Notwendigkeit der Expansion einer nicht-terminalen Kategorie in eine leere Kette.

Lit.: F. PEREITA [1981]: Extraposition Grammars. In: AJCL 7, S. 243–256.

Extrasilbisch. In der →Metrischen Phonologie freistehendes Segment, das von keiner Silbe inkorporiert wird, z.B. /s/ in *Spiel*, /sts/ in *Herbsts*.

Lit.: G. N. CLEMENTS/S. J. KEYSER [1983]: CV Phonology: a generative theory of the syllable. Cambridge, Mass.

Extraverbal →Intralinguistisch vs. Extralinguistisch.

Extrinsische vs. Intrinsische Regelordnung [lat. *extrīnsecus* ›von außen‹, *intrīnsecus* ›von innen‹]. Die Reihenfolge, in der mehrere Regeln nacheinander anzuwenden sind, kann bestimmt sein durch (a) eine äußere (extrinsische) Ordnung, die empirisch durch die sprachlichen Fakten begründet ist, oder durch (b) eine innere (intrinsische) Ordnung, die notwendigerweise aus der Formulierung der Regeln folgt. Eine E. R. liegt z.B. bei der Reihenfolge »erst regressive Nasalassimilation, dann Auslautverhärtung« vor, welche die korrekte Aussprache von *Ring* als [riŋ] bewirkt – die umgekehrte Regelabfolge würde Aussprache [riŋk] ergeben. I. R. liegt z.B. bei der Regel vor, die in *Ring* das [g] vor velarem Nasal tilgt: unter der Annahme, daß ein velarer Nasal nicht zum Phonembestand des Dt. gehört und daher immer über eine Velarisierungsregel abgeleitet werden

muß, gibt es keine Möglichkeit, die Regel »g-Tilgung nach einem velaren Nasal« anzuwenden, bevor nicht die Regel »Nasalvelarisierung« angewendet wurde. Die Rechtfertigung von intrinsisch geordneten (einzelsprachlich zu fixierenden) Regeln ist ein zentrales Problem jeder Grammatiktheorie. In der →Revidierten Erweiterten Standardtheorie der generativen →Transformationsgrammatik wird innerhalb der Syntax auf eine spezielle Regelordnung ganz verzichtet (d.h. alle Regeln operieren optional und ungeordnet), da angenommen wird, daß sämtliche Fälle scheinbar extrinsischer Regelordnungen aus unabhängig motivierten, allgemeinen Prinzipien (z.B. dem →Zyklusprinzip) ableitbar sind. Dagegen scheint eine extrinsische Regelordnung bei phonologischen Regeln unverzichtbar zu sein.

Lit.: N. CHOMSKY [1965]: Aspects of the theory of syntax. Cambridge, Mass. Dt.: Aspekte der Syntaxtheorie. Frankfurt 1969. – N. CHOMSKY/M. HALLE [1968]: The sound pattern of English. New York. – C. RINGEN [1972]: The arguments for rule ordering. In: FL 8, S. 266–273. – A. KOUTSOUDAS [1973]: Extrinsic order and the complete NP constraint. In: LIn 4, S. 69–81. – A. KOUTSOUDAS u.a. [1974]: The application of phonological rules. In: Lg 50, S. 1–28. – A. KOUTSOUDAS (ed.) [1976]: The application and ordering of grammatical rules. The Hague. – G. PULLUM [1979]: Rule interaction and the organization of a grammar. New York. – F. J. PELLETIER [1980]: The generative power of rule orderings in formal grammars. In: Linguistics 18, S. 17–72. – K. E. HEIDOLPH/W. FLÄMIG/W. MOTSCH (eds.) [1981]: Grundzüge einer dt. Grammatik. Berlin, Kap. 7: Phonologie: Segmentale Struktur. →Zyklusprinzip, →Phonologie.

Exzipierende Konstruktion [lat. *excipere* ›eine Ausnahme machen‹]. In der →Historischen Sprachwissenschaft im Dt. übliche Bezeichnung für Sätze, die eine mögliche Ausnahme zu dem im Bezugssatz Ausgesagten bezeichnen. Im Mhd. sind E. K. durch die Negationspartikel *ne* verneinte und durch Konjunktiv markierte Sätze, vgl. mhd. *Wer wær der sich sô grôs arbeit iemer genæme durch iuch an, erne wære iuwer man* (›Wer würde so große Mühsal um euretwillen auf nehmen, es sei denn, daß er euer Ehemann wäre?‹). Im Nhd. entsprechen diesen Konstruktionen Fügungen wie *es sei denn, daß* oder *wenn nicht*. Im Mhd. steht in diesen Sätzen oft ein *danne, denne* vgl. *Wir sîn vil ungescheiden, ez entuo dan der tôt* (...›es sei denn, daß der Tod uns scheide‹). Nach dem Schwinden von *ne* im späteren Mittelalter werden *dann(e), denn(e)* in E. K. unentbehrlich, und E. K. treten nur nach verneintem Hauptsatz auf, vgl. frnhd. *Der Mann wird nicht ruhen, er bring es denn heute zu Ende* (LUTHER).

Lit.: B. SCHULZE [1895]: Die negativ-excipierenden Sätze. In: ZfdA 39, S. 327–339. – I. DAL [1966]: Kurze deutsche Syntax. 3., verb. Aufl., S. 190. – M. A. HOLMBERG [1967]: Exzipierend-einschränkende Ausdrucksweisen. In: SGU 4, S. 26–41. – H. PAUL [1982]: Mittelhochdeutsche Grammatik. 22. durchges. Aufl. Tübingen.

Face-To-Face-Interaction
[engl., ›Interaktion von Angesicht zu Angesicht‹]. Kommunikatives Verhalten in Redesituationen mit unmittelbarem Kontakt zwischen Sprecher und Hörer. Untersuchungen zur F.

beziehen sich sowohl auf sprachliche Merkmale, als auch vor allem auf nichtsprachliche Kommunikationsmittel wie Gesichtsausdruck, Mimik, Blickkontakt, Gesten, Haltung, außerdem auf paralinguistische Elemente wie Artikulationsweise (Flüstern, Schreien). Vgl. zusammenfassend unter →Nonverbale Kommunikation.

Lit.: J. LAVERS/S. HUTCHESON (eds.) [1972]: Face-to-face-interaction. Harmondsworth. – P. WINKLER (ed.) [1981]: Methoden der Analyse von face-to-face-Situationen. Stuttgart. →Nonverbale Kommunikation.

Fachsprachen. Sprachliche →Varietäten mit der Funktion einer präzisen und differenzierten Kommunikation über meist berufsspezifische Sachbereiche und Tätigkeitsfelder. Kennzeichnend sind ein ausgebauter, z.T. terminologisch normierter Fachwortschatz (→Sprachnormung), ein entsprechend differenzierter Gebrauch von Wortbildungsregeln, z.B. für mehrgliedrige Komposita, spezielle Präfixbildungen, Fremd- und Kunstwörter, Fachmetaphorik (vgl. →Katachrese), ferner in der Syntax das Vorherrschen des →Nominalstils und →Unpersönlicher Konstruktionen sowie auf Textebene die explizite Kennzeichnung von Gliederung und semantischer →Kohärenz, z.B. durch →Konnektive, →Rekurrenz und andere Mittel der →Kohäsion. Allgemeine Charakteristika der modernen F. in Technik, Wissenschaft und Verwaltung sind überregionale Standardisierung, Exaktheit und Ökonomie der Informationsvermittlung und ein hohes gesellschaftliches Prestige, erkennbar an der

Übernahme fachsprachlicher Elemente in andere Sprachschichten, z.B. →Umgangssprache oder →Werbesprache.

Lit.: L. DROZD/W. SEIBICKE [1973]: Deutsche Fach- und Wissenschaftssprache. Bestandsaufnahme, Theorie, Geschichte. Wiesbaden. - J. S. PETÖFI/A. PODLECH/E. v. SAVIGNY (eds.) [1975]: Fachsprache - Umgangssprache. Kronberg. - K.-H. BAUSCH u.a. (eds.) [1976]: Fachsprachen: Terminologie, Struktur, Normung. Berlin. - H.-R. FLUCK [1976]: Fachsprachen. Einführung und Bibliographie. 3. aktualisierte und erweiterte Aufl. München 1985. - L. HOFFMANN [1976]: Kommunikationsmittel Fachsprache. Eine Einführung. 2. völlig neu bearb. Aufl. Berlin 1985. - S. GROSSE [1979]: Betrachtungen zum fachsprachlichen Vokabular im Leitartikel einer Tageszeitung. In: W. MENTRUP (ed.): Fachsprache und Gemeinsprache. Düsseldorf. - H. MOSER (ed.) [1979]: Fachsprachen und Gemeinsprachen. Düsseldorf. - H. R. SPIEGEL [1979]: Neubenennungen in den technischen Fachsprachen. Bestandsaufnahme und Entwicklungstendenzen. In: D 31/5, S. 22-34. - R. BEIER [1980]: Englische Fachsprache. Stuttgart. - W. v. HAHN [1980]: Fachsprachen. In: LGL Nr. 38. - D. MÖHN [1980]: Zum Fortgang der germanistischen Fachsprachenforschung in den 70er Jahren. In: ZG 8, S. 352-370. - TH. BUNGARTEN (ed.) [1981]: Wissenschaftssprache. München. - W. v. HAHN (ed.) [1981]: Fachsprachen. Darmstadt. - G. LITTMANN [1981]: Fachsprachliche Syntax. Hamburg. - I. RADTKE [1981]: Der öffentliche Sprachgebrauch II: Die Sprache des Rechts und der Verwaltung. Stuttgart. - W. v. HAHN [1983]: Fachkommunikation. Entwicklung - Linguistische Konzepte - Betriebliche Beispiele. Berlin. - D. MÖHN/R. PELKA [1984]: Fachsprachen. Eine Einführung. Tübingen. - L. HOFFMANN [1988]: Vom Fachwort zum Fachtext. - E. OKSAAR [1988]: Fachsprachliche Dimensionen. Tübingen.
Bibliographien: UNESCO (ed.) [1961]: Bibliography of interlingual scientific and technical dictionaries. 3. Aufl. Paris. - E. BARTH [1971]: Fachsprache. Eine Bibliographie. In: GermL 3, S. 207-363. - H. LENGENFELDER (ed.) [1972]: Fachwörterbücher und Lexika. Ein internationales Verzeichnis. 5. Aufl. Pullach. - U. REITEMEIER [1985]: Studien zur juristischen Kommunikation. Eine kommentierte Bibliographie. Tübingen.

Färingisch →Faröisch.

Faktitiv [lat. *factitāre* ›oft tun‹]. →Aktionsart des Verbs. F. Ausdrücke sind gekennzeichnet durch eine Bedeutungskomponente des ›Veranlassens‹; z.B. *er holt Wein* im Sinne von ›er läßt Wein bringen‹. - Gelegentlich auch synonyme Verwendung für →Kausativ.

Lit.: →Aktionsart.

Faktitivum. Im engeren Sinne: von einem Adjektiv abgeleitetes schwaches transitives Verb, das durch eine äquivalente syntaktische Konstruktion mit *machen* paraphrasiert werden kann: *mildern = milder machen*, *säubern = sauber machen* (→Inchoativa). Im weiteren Sinne bezieht sich F. auf alle Verben, die ein ›bewirken daß‹ ausdrücken, also auch die von schwachen Verben abgeleiteten Verben wie *fällen* (›fallen machen‹), *senken* (›sinken machen‹), die auch als →Kausativa bezeichnet werden.

Lit.: →Morphologie.

Faktives Prädikat [lat. *facere* ›machen‹. - Auch: Faktitivum]. Klasse von Prädikaten, die die sogen. faktiven →Präsuppositionen auslösen, d.h. der Sprecher setzt (normalerweise) die Wahrheit der Aussage des vom F. P. abhängigen Nebensatzes voraus. Vgl. *Er ist überrascht, daß es schon wieder schneit* präsupponiert z.B. *Es schneit schon wieder.* F. P. sind z.B. *bedauern, verstehen, wissen, es ist bezeichnend/merkwürdig/schade, daß x.* Daß die Gegebenheiten bei den F. P. nicht so einfach sind, wie lange geglaubt wurde, sieht man etwa an der herausfordernden Feststellung eines Verdächtigen gegenüber einem Kommissar: *Sie wissen doch, daß ich ihn ermordet habe.* Vgl. zum Unterschied →Implikative Verben.

Lit.: P. KIPARSKY/C. KIPARSKY [1970]: Fact. In: M. BIERWISCH/K. E. HEIDOLPH (eds.): Progress in linguistics. The Hague, S. 143–173. – L. KARTTUNEN [1971]: The logic of English predicate complement constructions. Indiana. Dt.: Die Logik der Prädikatskomplementkonstruktionen. In: W. ABRAHAM/R. I. BINNICK (eds.): Generative Semantik. Frankfurt 1972, S. 243–278. – M. REIS [1977]: Präsuppositionen und Syntax. Tübingen. – N. R. NORRICK [1978]: Factive adjectives and the theory of factivity. Tübingen. →Präsupposition.

Faktorenanalyse →Komponentenanalyse, →Semantisches Differential.

Faktorisierung. Allgemein: Zerlegung größerer Sequenzen in Teilsequenzen (= Faktoren). In der →Transformationsgrammatik bedeutet F. eine Zerlegung der Endkette eines Strukturbaums in Teilketten oder Einzelsegmente im Hinblick auf die Anwendung einer Transformationsregel; zu überprüfen ist dabei, ob die Zerlegung so vorgenommen werden kann, daß es zu jedem Term der Strukturbeschreibung eine entsprechend charakterisierte Teilkette im Strukturbaum gibt. Ist dies der Fall, so hat der Strukturbaum bzw. die Transformation eine »passende Analyse« (engl. *proper analysis*).

Lit.: →Transformationsgrammatik.

Fakultative Variante [Auch: Freie Variante]. Von N. S. TRUBETZKOY eingeführte Bezeichnung für →Varianten eines Phonems, die ohne Bedeutungsveränderung für einander substituiert werden, d.h. frei vorkom-

men können. Z.B. im Dt. die Varianten des Phonems /r/, die als sogen. Zäpfchen- oder aber als Zungen-*r* realisiert werden, als [ʀ] bzw. [r].

Lit.: N. S. TRUBETZKOY [1939]: Grundzüge der Phonologie. Göttingen, 4. Aufl. 1967. →Phonologie.

Fallend vs. Steigend →Diphthong, →Intonation.

Familienname [engl. *surname* – Auch: Herkunfts-/Nach-/Zuname]. Zum individuellen Vornamen hinzutretender (innerhalb der Familie vererbter) Name mit Rechtscharakter. Während Bezeichnungen für Personen ursprünglich nur aus einem Namenwort (gelegentlich mit →Beinamen) bestanden, entwickelten sich vererbbare Nachnamen im Dt. erst gegen Ende des 10. Jh. F. werden nach ihrer Entstehung klassifiziert in: Rufnamen (*Albert, Wolf*), Wohnstättennamen (*Busch, Amrain*), Herkunftsnamen (*van Beethoven, Adenauer*), Berufsnamen (*Müller, Fischer*), Übernamen (nach körperlichen Auffälligkeiten: *Langhans, Stammler*) und Fremdnamen (nichtdeutsche Namen: *Pestalozzi, Fontane*).

Lit.: →Personennamenkunde.

Farbbezeichnungen. Sprachliche Ausdrücke zur Bezeichnung von Farben gehören zum →Grundwortschatz jeder Sprache. Obwohl Sprecher verschiedener Sprachen aufgrund ihrer einheitlichen perzeptiven Fähigkeiten das Farbenspektrum in gleicher Weise »sehen«, unterteilen die F. vieler Sprachen das Spektrum auf unterschiedliche Weise. BERLIN/BERLIN/

KAY [1969] haben jedoch in ihrer Untersuchung von 98 Sprachen festgestellt, daß es sprachübergreifende Gesetzmäßigkeiten gibt: sie fanden 11 elementare Farbkategorien, die für Sprecher des Englischen prototypisches Schwarz, Weiß, Rot, Orange, Gelb, Braun, Grün, Blau, Purpur, Rosa und Grau abdecken. Für Sprachen, die weniger als diese elf Kategorien versprachlichen, lassen sich die Gesetzmäßigkeiten in Form von absoluten →Universalien angeben, wie z.B.: alle Sprachen besitzen F. für Weiß und Schwarz, oder in Form von implikativen Universalien, wie z.B.: wenn eine Sprache drei F. besitzt, dann befindet sich darunter eine F. für Rot. – Interessanterweise sind F. gekennzeichnet durch eine hohe Anzahl von Gebrauchsbeschränkungen, vgl. im Deutschen z.B. *Weißwein* vs. **Gelbwein* oder im Englischen *black coffee* vs. **brown coffee*.

Lit.: B. BERLIN/E. A. BERLIN/P. KAY [1969]: Basic color terms: their universality and evolution. Berkeley. – E. R. HEIDER [1972]: Universals in color naming and memory. In: JeP 93, S. 10–20. – P. KAY [1975]: synchronic variability and diachronic change in basic color terms. In: LiS 4, S. 257–270. – M. SAHLINS [1976]: Colors and cultures. In: Semiotica 16, S. 1–22. – S. R. WITKOWSKI/C. H. BROWN [1977]: An explanation of color nomenclature universals. In: AmA 79, S. 50–57. – P. KAY/C. K. MC DANIEL [1978]: The linguistic significance of the meanings of basic color terms. In: Lg 54, S. 610–646.

Faröisch [Auch: Färingisch]. Nordgerm. (westnord.) Sprache, seit 1939 (neben →Dänisch gleichberechtigte Schriftsprache auf den färischen Inseln (ca. 40000 Sprecher).

Lit.: →Skandinavische Sprachen.

Farsi →Persisch.

Faukal(laut) [lat. *faucēs* (Pl.) ›Rachen‹]. Veraltete Bezeichnung für →Pharyngal.

Faux Amis [frz. ›falsche Freunde‹]. Von KOESSLER-DEROCQUIGNY (1928) eingeführter Ausdruck für Paare von Wörtern aus verschiedenen Sprachen, die trotz ähnlicher Form verschiedene Bedeutung haben und daher zu →Interferenz-Fehlern führen können. Z.B. dt. *Figur* vs. frz. *figure* ›Gesicht‹; dt. *kalt* vs. ital. *caldo* ›warm‹.

Lit.: H.-W. KLEIN [1975]: Schwierigkeiten des deutsch-französischen Wortschatzes: Germanismen – Faux Amis. Stuttgart. – M. WANDRUSZKA [1977]: »Falsche Freunde«: ein linguistisches Problem und seine Lösung. In: H. LEITENBERGER [ed.]: FS für J. WILHELM. Wiesbaden. – T. HAYWARD/ A. MOULIN [1984]: False friends invigorated. In: R. K. K. HARTMANN [ed.]: Lexeter '83 Proceedings, S. 190–198. – Dictionnaire des faux amis: français-anglais. London 1989.

Fehlbildungen. In der →Phoniatrie Bezeichnung für fehlgebildete Laute: Je nach betroffenem Laut spricht man (in Anlehnung an griech. Buchstaben) von Gammazismus bei [g], Kappazismus bei [k], Sigmatismus (oder Lispeln) bei [s], Schetismus bei [ʃ], Lamdazismus bei [l] und von Rhotazismus bei [r]. Von F. zu unterscheiden sind konstante Lautsubstitutionen (→Paralalie), z.B. [d] für [g] (Paragammazismus) oder [d] bzw. [f] für [s] (Parasigmatismus).

Lit.: R. LUCHSINGER/G. ARNOLD [1970]: Handbuch der Stimm- und Sprachheilkunde. 2 Bde. 3. völlig neu bearb. Aufl. Wien. – G. BÖHME [1983]: Sprach-, Sprech- und Stimmstörungen. 3 Bde. 2. völlig neu bearb. Aufl. Stuttgart.

Fehleranalyse [engl. *error analysis* – Auch: Fehlerlinguistik].
(1) In der →Sprachdidaktik Untersuchung sprachlicher Fehler nach Art und Ursache, bei einigen Autoren auch die Fehlerpädagogik (Bewertung und Therapie von Fehlern) umfassend. Fehler werden unter verschiedenen Aspekten klassifiziert, u.a. (a) nach der Modalität (den »Fertigkeiten« der Sprachdidaktik: Sprechen, Hören, Schreiben, Lesen), (b) nach linguistischen Beschreibungsebenen (Phonetik/Phonologie, Orthographie, Graphetik/Graphemik, Morphologie, Syntax, Lexik, Phraseologie, Stilistik), (c) nach der Form (Auslassung, Einfügung, Vertauschung, Kontamination usw.), (d) nach dem Typ (systematische Fehler vs. Gelegenheitsfehler bzw. Kompetenz- vs. Performanzfehler), (e) nach der Ursache (z.B. →Interferenz, entwicklungsbedingte Fehler, →Interimsprache). – Bei der Bewertung spielen außer dem Typ auch das Niveau der Fehler (Normfehler vs. Systemfehler), der Grad der Kommunikationsstörung sowie die Tendenz zur Verfestigung (→Fossilierung) eine Rolle.

Lit.: G. NICKEL (ed.) [1973]: Fehlerkunde. Beiträge zur Fehleranalyse, Fehlerbewertung und Fehlertherapie. 2. Aufl. Berlin. – J. SVARTVIK (ed.) [1973]: Errata. Papers in error analysis. Lund. – J. C. RICHARDS (ed.) [1974]: Error analysis. Perspectives on second language acquisition. London. – D. CHERUBIM (ed.) [1980]: Fehlerlinguistik. Tübingen.

(2) In der →Patholinguistik hat die F. z.T. ähnliche Untersuchungsgegenstände wie die sprachdidaktische F., doch treffen sich beide Disziplinen fast nur im Bereich der →Psycholinguistik (→Sprachstörungen).

(3) Eine Mittelstellung nehmen Untersuchungen zu den sprachlichen Fehlleistungen Gesunder ein, vor allem die sogen. »Ver-Leistungen« (F. KAINZ): Versprechen, Verhören, Verschreiben, Verlesen. →Versprecher, →Fehlerlinguistik.

Lit.: F. KAINZ [1967]: Psychologie der Sprache. Bd. 4. Stuttgart. – V. A. FROMKIN (ed.) [1973]: Speech errors as linguistic evidence. The Hague. – V. A. FROMKIN (ed.) [1980]: Errors in linguistic performance. New York.
Bibliographie: E. RATTUNDE/F. WELLER [1977]: Auswahlbibliographie zur Fehlerkunde (Veröffentlichungen 1967–76). In: DNS 76, S. 102–113. – I. GUTFLEISCH/ B.-O. RIECK/N. DITTMAR [1979/1980]: Interimsprachen- und Fehleranalyse: teilkommentierte Bibliographie zur Zweitspracherwerbforschung 1967–1978: In: LBer 54, S. 105–142, LBer 65, S. 51–81. – R. PALMBERG [1980]: Select bibliography of error analysis and interlanguage studies. Åbo.

Fehlerlinguistik →Fehleranalyse.

Felderstruktur →Stellungsfelder.

Feldforschung. Methodische Verfahren zur Gewinnung von Sprachdaten bzw. Textcorpora (→Corpus) gesprochener Sprache bzw. ausschließlich mündlich tradierter Sprachen, wobei die Auswahl und spezifische Art der Durchführung verschiedener F.-Methoden vom jeweiligen Forschungsziel bestimmt wird. Die wichtigsten Techniken sind die Aufnahme von Gesprächen in »teilnehmender Beobachtung« bzw. in strukturierten Interviews (mit jeweils nachfolgender →Transkription), Informantenbefragung durch den Linguisten (in der Dialektologie häufig mit Hilfe von »Fragebüchern«, in die ad hoc die jeweiligen Antworten einge-

tragen/transkribiert werden),
Sprachtests, Spracheinstel-
lungstests (→Matched-Guised-
Technique) u.a.

Lit.: H. D. HYMES [1959]: Field Work in
linguistics and anthrpology. Annotated
Bibliography. In: SiL 14, S. 82–91. – R. E.
LONGACRE [1964]: Grammar discovery
procedures. A field manual. The Hague. –
W. J. SAMARIN [1967]: Field linguistics: A
guide to linguistic field work. New York. –
M. WEIERS [1980]: Linguistische Feldforschung: Ein Leitfaden. Wiesbaden. →Ope-
rationale Verfahren.

Femininum [lat. *(genus) fēmi-
ninum* zu *fēmina* ›Weib‹. –
Auch: weiblich(es) Geschlecht].
Subkategorie der nominalen
Kategorie →Genus in vielen
Sprachen, u.a. im Indoeuropäischen, in →Afro-Asiatischen
Sprachen und im →Khoisan. Im
Dt. ist mit Ausnahme von Verwandtschaftsnamen (*Mutter/
Tochter/Schwester*) und einigen Berufsbezeichnungen
(*Musiker : Musikerin*) die Übereinstimmung von grammati-
schem Geschlecht (Genus) und
natürlichem Geschlecht (Sexus) weitgehend zufällig. Lediglich unter dem formalen Aspekt
der Wortbildung läßt sich als
Regel ohne Ausnahme formulieren, daß alle Bildungen mit
den Suffixen *-ei, -heit, -schaft,
-ung* (*Bücherei, Freiheit, Heftig-
keit, Eigenschaft, Zeitung*) F.
sind. Unter semantischem Aspekt sind folgende Gruppen
überwiegend F.: Namen von
Schiffen, Flugzeugen, Bäumen,
Blumen (*Titanic, Boing, Eiche,
Tulpe*), außerdem substantivierte Zahlwörter (*die Million*).
– Häufig (z.B. in Afroasiati-
schen Sprachen) dient das F. zur
Bezeichnung des →Diminuti-
vums.

Lit.: →Genus.

Feministische Linguistik. Von
der neuen Frauenbewegung in
den USA (*Women's Liberation
Movement*) ausgelöste sprachwissenschaftliche Richtung, die
die Erfahrung der Ungleichstel-
lung von Frau und Mann in Familie, Ausbildung, Laufbahn
und vor dem Gesetz auch als
Ungleichheit im Sprachsystem
und als geschlechtsspezifische
Unterschiedlichkeit in der
Sprachverwendung aufzuwei-
sen versucht und unter der
sprachkritischen Perspektive
der Veränderbarkeit diskutiert.
(a) Während im engl. Sprachsystem die Mehrdeutigkeit von
man (›Mensch‹, ›Mann‹), Probleme der Pronominalisierung
und des Wortschatzes (weibliche Bezeichnungen werden in
der Regel von männlichen abgeleitet) kritische Ausgangspunk-
te bilden (vgl. zusammenfassend BARON [1986], CAMERON
[1985]), werden im Dt. und Frz.
die Probleme der sprachlichen
Ungleichbehandlung durch das
→Genus-System und seinen Zusammenhang mit der außer-
sprachlichen Kategorie »Sexus«
noch verstärkt (vgl. die Arbeiten von HELLINGER, PUSCH,
TRÖMEL-PLÖTZ). (b) Empirische
Untersuchungen der Sprachverwendung im Rahmen der
→Konversationsanalyse beziehen sich vor allem auf
geschlechtstypisches Ge-
sprächsverhalten sowie auf Probleme des Einflusses des Geschlechts auf die sprachliche Sozialisation. Um überprüfbare
Ergebnisse (nicht nur un-
gesicherte Tendenzen) als Basis
für angestrebte Veränderungen
begründen zu können, bedarf es
noch größerer Differenziertheit
in der Hypothesenbildung, wo-

bei insbesondere die Isolierung der Variablen »Geschlecht« aufgehoben werden müßte zugunsten ihrer Wechselwirkung mit anderen Variablen wie Alter, Ausbildung, Status, Nationalität u.a., vgl. die Forschungsberichte in SCHOENTHAL, KLANN-DELIUS und MCCONNELL-GINET.

Lit.: O. JESPERSEN [1923]: Language. Its nature, development and origin. New York. Dt.: Heidelberg 1925, Kap. 13, S. 237–254. – R. LAKOFF [1975]: Language and woman's place. New York 1976. – M. YAGUELLO [1978]: Les mots et les femmes. Paris. – H. ANDRESEN u.a. (eds.) [1979/80]: Sprache und Geschlecht. 3 Bde. Osnabrück. (OBST 8, 9; Beih. 3.) – U. HOFFMANN [1979]: Sprache und Emanzipation: zur Begrifflichkeit der feministischen Bewegung. Frankfurt. – C. KRAMARAE [1981]: Women and men speaking: framewords for analysis. Rowley. – S. TRÖMEL-PLÖTZ [1982]: Frauensprache: Sprache der Veränderung. Frankfurt. – B. THORNE/C. KRAMARAE/N. HENLEY u.a. [1983]: Language, gender and society. Rowley, Mass. – W. FRITJOF [1983]: Gesprächsverhalten von Frauen und Männern. Frankfurt. – L. PUSCH [1984]: Das Deutsche als Männersprache. Frankfurt. – S. TRÖMEL-PLÖTZ (ed.) [1984]: Gewalt durch Sprache. Die Vergewaltigung von Frauen in Gesprächen. Frankfurt. – D. CAMERON [1985]: Feminism and linguistic theory. New York. – M. HELLINGER (ed.) [1985]: Sprachwandel und feministische Sprachpolitik: Internationale Perspektiven. Opladen. – C. KRAMARAE/P. TREICHLER [1985]: A feminist dictionary. London. – P. M. SMITH [1985]: Language, the sexes and society. Oxford. – P. A. TREICHLER u.a. (eds.) [1985]: For Alma mater: theory and practice in feminist scholarship. Urbana, Ill. – D. BARON [1986]: Grammar and gender. London. – R. FORER [1986]: Genus und Sexus. Über philosophische und sprachwissenschaftliche Erklärungsversuche zum Zusammenhang von grammatischem und natürlichem Geschlecht. In: S. WALLINGER/M. JONAS: Der Widerspenstigen Zähmung. Innsbruck. – S. U. PHILIPS/S. STEEL/C. TANZ (eds.) [1987]: Language, gender and sex in comparative perspective. Cambridge. – J. COATES/D. CAMERON (eds.) [1988]: Women in their speech communities. New perspectives on language and sex. London. – C. SCHMIDT [1988]: Typisch weiblich - typisch männlich. Geschlechtstypisches Kommunikationsverhalten in studentischen Kleingruppen. Tübingen. – A. D. TODD/S. FISHER [1988]: Gender and discourse: the power of talk. Norwood. – M. HELLINGER [1989]: Kontrastive feministische Linguistik. Mechanismen sprachlicher Diskriminierung im Englischen und Deutschen. Ismaning. →Genus.
Bibliographien: C. FROITZHEIM [1980]: Sprache und Geschlecht. Bibliographie. (= LBer-Papier 62). Wiesbaden. – M. E. W. JARRARD/P. R. RANDALL [1982]: Women speaking. An annotated bibliography of verbal and nonverbal communication 1970–1980. New York. – C. KRAMARAE/B. THORNE/N. HENLEY [1983]: Sex similarities and differences in language, speech, and nonverbal communication: An annotated bibliography. In: B. THORNE u.a. (eds.): Language, gender and society. Rowley, Mass., S. 151–342. – D. DOUGHAN/D. SANCHEZ [1987]: Feminist Periodicals 1855–1984. An annotated critical bibliography of British, Irish, Commonwealth and International titles. Harvester.
Forschungsberichte: G. SCHOENTHAL [1985]: Sprache und Geschlecht. In: DS, S. 143–185. – C. WEST/D. H. ZIMMERMANN [1985]: Gender, language and discourse. In: T. VAN DIJK (ed.): Handbook of discourse analysis. – G. KLANN-DELIUS [1987]: Sex and language. In: U. AMMON u.a. (eds.): Soziolinguistik (= HSK 3.1). Berlin, S. 767–780. – S. MCCONNELL-GINET [1988]: Language and gender. In: F. J. NEWMEYER (ed.): Linguistics: The Cambridge Survey. Bd. 4: Language: The sociocultural context. Cambridge, S. 75–99. →Genus, →Nominalklassen.

Fester Stimmeinsatz →Glottalisierung. Auch →Anglitt vs. Abglitt.

Fidschi →Austronesisch.

Figura Etymologica. →Rhetorische Figur der Wiederholung, Sonderfall des →Polyptoton: Koppelung stammverwandter Wörter, z.B. *eine Grube graben*, *mäßig - aber regelmäßig*.

Lit.: →Rhetorische Figur.

Figuren. In der →Glossematik kleinste bedeutungsunterscheidende Einheiten der Sprache, deren überschaubares Inventar und deren Kombinierbarkeit konstitutiv sind für das Konzept von Sprache als Zeichensystem

(→Strukturalismus). Alle sprachlichen Zeichen sind analysierbar als strukturierte Bündel von F. In Analogie zu den »Ausdrucksformen«, den →Distinktiven Merkmalen der Phonologie postuliert L. HJELMSLEV [1943: Kap. 12] für die Bedeutungsbeschreibung von Sprache sogen. »Inhaltsfiguren«, die den semantischen Merkmalen in anderen strukturalistischen Semantiktheorien entsprechen. Ausdrucksf. sind phonologische Merkmale wie [stimmlos], [labial], [Verschlußlaut], Inhaltsf. z.B. [menschlich], [weiblich], [erwachsen].

Lit.: →Glossematik.

Filter. In der »Revidierten Erweiterten Standardtheorie« (REST) der →Transformationsgrammatik neben den →Beschränkungen (engl. *constraints*) weitere Kontrollinstanz zur Vermeidung von Übergenerierung durch syntaktische Regeln. F. sind sprachspezifische, dabei »lokale« Wohlgeformtheitsbedingungen für Oberflächenstrukturen: so wird etwa bei CHOMSKY/LASNIK [1977] der ungrammatische Satz * *Who did we want for – to win* durch den *[for-to]*-Filter ausgeschlossen. – Im Unterschied zu den von ROSS [1967] formulierten F. üben die F. in REST Funktionen aus, deren Effekte in früheren Stadien der Transformationsgrammatik durch eine speziellere Formulierung von Transformationsregeln erreicht wurden.

Lit.: J. R. ROSS [1967]: Constraints on variables in syntax. (MIT-Diss) Cambridge, Mass. (erschienen als J. R. ROSS [1986]: Infinite Syntax. Norwood, N.J.) – D. M. PERLMUTTER [1971]: Deep and surface structure constraints in syntax. New York. – N.

CHOMSKY/H. LASNIK [1977]: Filters and control. In: LIn 8, S. 425–504. – M. BRAME [1981]: Lexicon vs. filters. In: T. HOEKSTRA u.a. (ed.): Lexical grammar. Dordrecht. – F. HENY (ed.) [1981]: Binding and filtering. London. – A. RADFORD [1981]: Transformational syntax. Cambridge, Kap. 9. →Beschränkungen, →Transformationsgrammatik.

Finalsatz [lat. *fīnālis* ›das Ende betreffend‹]. Semantisch spezifizierter Nebensatz in der syntaktischen Funktion →Adverbial. F. drücken Ziel und Zweck des im Hauptsatz bezeichneten Sachverhalts aus, sie werden durch Konjunktionen *damit*, *daß* eingeleitet und sind durch Infinitivkonstruktionen (in der Regel mit *um ... zu*) paraphrasierbar: *Er hörte auf zu rauchen, damit er Geld spare / um Geld zu sparen.*

Lit.: W. FLÄMIG [1964]: Untersuchungen zum Finalsatz im Deutschen. Synchronie und Diachronie. Berlin. →Adverbial.

Finite State Grammar [engl. ›Grammatik mit endlich vielen Zuständen‹. – Auch: Reguläre Sprache, Finiter Automat]. Im Zweiten Weltkrieg zum Zwecke ökonomischer Nachrichtenverarbeitung entwickeltes Grammatikmodell. Es beruht auf der linearen Struktur der Sprache und dient der Erzeugung einer unendlichen Menge von Sätzen mit Hilfe einer endlichen Menge von →Rekursiven Regeln über einem endlichen Wortschatz. Die Produktion von Sätzen verläuft von links nach rechts, d.h. die Wahl des am weitesten links stehenden Elements (= erstes Wort im Satz) determiniert die Wahlmöglichkeit für das unmittelbar folgende Element usf. Beginnt ein Satz mit *jener*, so kann das folgende Element aus der Menge der

maskulinen Nomina ausge-
wählt werden, das nächste aus
der Menge der Verben usf. Die
in einer Sprache gültigen Wahl-
möglichkeiten können in einem
Zustandsdiagramm dargestellt
werden, das als Anweisung an
einen Automaten zu interpretieren ist, die in der jeweiligen
Sprache grammatischen Sätze
zu erzeugen. Der Vorteil des
Grammatikmodells liegt in seiner formalen Einfachheit. N.
CHOMSKY aber hat in »*Syntactic
structures*« [1957] nachgewiesen, daß F. S. G. deshalb zur Beschreibung natürlicher Sprachen (speziell des Engl.) nicht
ausreichend sind, weil auch zwischen nicht unmittelbar aufeinanderfolgenden Elementen syntaktische Abhängigkeiten bestehen können; z.B. wenn ein
Relativsatz eingeschoben wird.
Zur Gegenposition vgl. P. A.
REICH. Vgl. auch →Markov-
Prozeß.

Lit.: N. CHOMSKY [1957]: Syntactic struc-
tures. The Hague. – Y. BAR-HILLEL [1964]:
Language and information. Reading,
Mass. – P. A. REICH [1969]: The finitness of
natural language. In: Lg 45, S. 831–843.
→Informationstheorie.

Finite Verbform [lat. *fīnītus*
›begrenzt‹; engl. *tensed*. –
Auch: Personalform, Verbum
finitum]. Hinsichtlich der verbalen Kategorien →Tempus
→Modus, →Genus Verbi, →Per-
son und →Numerus gekenn-
zeichnete (»begrenzte«) Verbform, vgl. *du kommst* gegenüber den infiniten Formen
kommen (Infinitiv) und *gekommen* (Partizip II).

Finiter Automat →Finite State
Grammar.

Finitiv →Resultativ.

Finnisch.   →Finno-Ugrische
Sprache mit ca. 5 Mio.
Sprechern; erste schriftliche
Staatssprache Finnlands (Eigenbezeichnung *Suomi*). Dokumente seit dem 16. Jh. Spezifische Kennzeichen: Kleines
Konsonanten-, aber großes Vo-
kal-Inventar (u.a. mit Längen-
Distinktion). Komplexe Morphologie mit zahlreichen morphophonologischen Veränderungen. Umfangreiches Kasussystem (etwa 15 Kasus), wobei
die multifunktionale Verwendung des →Partitiv-Kasus auf-
fällt (Teilsubjekte und -objekte,
unter Skopus der Negation, bei
nicht abgeschlossener Handlung u.a.). 9 Lokalkasus (→Lo-
kativ), die systematisch zusammenhängen: innen/außen/all-
gemein; Ruhe/Wegbewegung/
Hinbewegung. Das Verb kongruiert mit dem Subjekt. Es gibt
4 Infinitivformen, die verschiedene Arten der Unterordnung
anzeigen. Wortstellung: SVO.

Lit.: H. FROMM [1982]: Finnische Grammatik. Heidelberg. – F. KARLSSON [1983]:
Finnish grammar. Juva. →Finno-Ugrisch.

Finno-Ugrisch. Größter
Sprachzweig der →Uralischen
Sprachfamilie. Er besteht aus
dem (a) Ugrischen Zweig mit
→Ungarisch (ca. 14 Mio. Spre-
cher) und den Ob-Ugrischen
Sprachen Khanty und Mansi
(ca. 20000 Sprecher) und dem
(b) finnischen Zweig. Dieser
umfaßt die Ostsee-Finnischen
Sprachen mit →Finnisch (5 Mio.
Sprecher), →Estnisch (1 Mio.
Sprecher), Karelisch (86000
Sprecher), Wespisch, Ingrisch,
Livisch und Wotisch, die Wol-
ga-Sprachen mit Mordwinisch

(1 Mio. Sprecher) und Mari (Tscheremissisch) (600000 Sprecher) und Komi (300000 Sprecher) nördlich davon. Die →Lappischen Sprachen in Nordskandinavien zählen wahrscheinlich ebenfalls zu dem finnischen Zweig. (Vgl. Sprachenkarte Nr. 12).

Lit.: G. DÉCSY [1965]: Einführung in die finnisch-ugrische Sprachwissenschaft. Wiesbaden. – H. HAARMANN [1974]: Die finnisch-ugrischen Sprachen. Hamburg. – P. HAJDÚ [1975]: Finno-Ugrian languages and peoples. London. →Uralische Sprachen.

First Sister Principle. In der →Wortbildung von TH. ROEPER/ M. SIEGEL [1978] postuliertes Prinzip zur Bildung und Interpretation von →Verbal-Komposita. Das F. S. P. steuert die transformationelle Inkorporierung eines Nomens in die unmittelbar benachbarte (= Erste-Schwester-)Position zum Verb in dessen Subkategorisierungsrahmen (→Subkategorisierung). Somit ist engl. *peacemaker* aber nicht **peace-thinker* als mögliches Kompositum ableitbar (vgl. dt. *Schneeräumer* vs. **Schönheitsräumer*). E. SELKIRK [1982] nimmt ein ähnliches Prinzip in der →Wortsyntax an (*First Order Projection Principle*).

Lit.: →Verbal- vs. Root-Komposita, →Wortsyntax.

Flämisch. Belgische Variante des →Niederländischen.

Flap [engl. ›Schlag‹. – Auch: Geschlagener Laut]. Nach dem Überwindungsmodus (schlagende Bewegung) bezeichneter Sprachlaut. Bei Bildung eines F. wird die Zungenspitze nach oben zurückgebogen und auf dem Wege zur Ruhelage (hinter den unteren Zähnen) schlagartig gegen die Artikulationsstelle (Alveolen oder Vordergaumen) bewegt, z.B. bei [ɭ] in niederdt. [ˈvɛˌɭɒ] ›wieder‹, graphisch als ⟨weller⟩, ⟨wedder⟩ oder ⟨werrer⟩ wiedergegeben. →Tap, →Phonetik.

Lit.: →Phonetik.

Flektierender Sprachbau. Von W. VON HUMBOLDT [1836] unter morphologischen Aspekten aufgestellter Klassifikationstyp von Sprachen. In F. Sprachen tendieren die Morpheme formal zur →Fusion (d.h. sie beeinflussen Nachbarmorpheme und werden durch sie beeinflußt) und funktional zur →Polysemasie (d.h. einem Morphem entspricht mehr als eine Bedeutung oder mehr als ein Merkmal). Damit ist im Unterschied zu Sprachen des →Agglutinierenden Sprachbaus eine (hinsichtlich Form und Funktion) eindeutige Segmentierung von Wurzel- und Wortbildungsmorphemen nicht möglich. Zu den flektierenden Sprachen zählen viele ideur. und semit. Sprachen, vgl. litauisch: *draũgas* ›Freund-Nom. Sg.‹, *draũg-o* ›Freund-Gen. Sg.‹, *draũg-ui* ›Freund-Dat. Sg.‹, *draug-è* ›Freund-Loc. Sg.‹, *draug-aĩ* ›Freund-Nom. Pl.‹, *draug-ũ* ›Freund-Gen. Pl.‹, *draug-áms* ›Freund-Dat. Pl.‹, *draug-uosè* ›Freund-Loc. Pl.‹.

Lit.: →Sprachtypologie.

Flexion [engl. *accidence/inflection/inflexion*. – Auch: Beugung, Biegung, Formenlehre, Wortformbildung]. Wortstämme (→Lexeme) bestimmter

→Wortarten werden in morphologisch verschiedenen →Wortformen realisiert, die regelhaft wortartspezifisch verschiedene syntaktisch-semantische Funktionen mitausdrücken, vgl. im Dt. →Deklination (Nomen), →Konjugation (Verb), →Komparation (Adjektiv). Die Gesamtheit der Flexionsformen eines Wortes bilden (Flexions-) →Paradigmata. Diese werden nach Gesichtspunkten der Parallelität und Vorhersagbarkeit der morphologischen Form zu Flexionsklassen zusammengefaßt. F. kann in verschiedener morphologischer Form geschehen, im Dt. sowohl durch Abwandlung des Stammes als auch durch Anfügung bestimmter Endungen, wobei diese in der Regel gleichzeitig mehrere →Flexionskategorien signalisieren. In anderen Sprachen (z.B. Griech., Lat., Got.) wird →Reduplikation als Mittel der F. verwendet. Unbeschadet gewisser Übergänge (bei Komparativformen und Partizipien) wird i. a. zwischen F. als Wortformbildung und →Wortbildung (als Wortstammbildung) als Teilaspekt der →Morphologie unterschieden. In neueren Arbeiten zur →Wortsyntax wird die unterschiedliche Funktion von Flexions- und Derivationsaffixen gelegentlich bestritten. Vgl. →Wortstruktur.

Lit.: S. ANDERSON [1982]: Where's morphology? In: LI 13, S. 571–612. – S. LAPOINTE [1984]: The representation of inflectional morphology within the lexicon. In: NELS 14, S. 190–204. – A. M. DiSCIULLO/ E. WILLIAMS [1987]: On the definition of word. Cambridge, Mass. – W. WURZEL [1988]: Derivation, Flexion und Blockierung. In: ZPSK 41, S. 179–198. →Morphologie.

Flexionskategorie. Semantisch-syntaktische Funktionen, die wortartspezifisch und regelhaft bei der Realisierung von Wortstämmen mitgekennzeichnet werden, z.B. →Genus, →Kasus, →Numerus, →Person, →Tempus. Die Repräsentation dieser F. geschieht durch Merkmale, wobei zwischen lexikalischen (d.h. weil idiosynkratisch, unvorhersagbaren) Flexionsmerkmalen wie Genus, Flexionsklasse einerseits und grammatischen Merkmalen wie Numerus, Kasus, Tempus andererseits zu unterscheiden ist.

Lit.: →Morphologie.

Flexiv. In der →Flexion gebundene Morpheme, die zur grammatischen Kennzeichnung von Wortformen dienen, z.B. *-e, -st, -t* in *komme, kommst, kommt* oder *-e, -er, -en, -s* in *Tische, Bilder, Staaten, Autos.*

Lit.: →Morphologie.

Fokus [Pl. *Foci/Fokusse*; lat. *focus* ›Herd‹, ›Zentrum‹. – Auch: →Comment, Psychologisches Objekt, Rhema, Satzaussage]. Bezeichnung für das »Informationszentrum« des Satzes, auf das das Mitteilungsinteresse des Sprechers gerichtet ist. Grammatische Mittel zur Kennzeichnung des F. sind vor allem →Wort- und Satzgliedstellung (vgl. →Topikalisierung) und →Akzent. Im Fragetest entspricht der F. in der natürlichen Antwort dem →Skopus der Wort-Frage, d.h. er besteht fast ausschließlich aus kontextuell ungebundenen Elementen: *Wer hat die meisten Stimmen erhalten? – Die am wenigsten damit gerechnet haben [haben die mei-*

sten Stimmen erhalten]. Vgl.
auch →Funktionale Satzperspektive und →Thema vs. Rhema, →Topik vs. Prädikation.

Lit.: T. N. HÖHLE [1982]: Explikation für
»normale Betonung« und »normale Wortstellung«. In: W. ABRAHAM (ed.): Satzglieder im Deutschen. Tübingen, S. 75–154. –
P. SGALL [1982]: Wortfolge und Fokus im
Deutschen. In: W. ABRAHAM (ed.): Satzglieder im Deutschen. Tübingen, S. 59–74. –
J. JACOBS [1983]: Fokus und Skalen. Zur
Syntax und Semantik der Gradpartikeln
im Deutschen. Tübingen. – J. TAGLICHT
[1984]: Message and emphasis. On focus
and scope in English. London. – R. BAN-
NERT [1985]: Fokus, Kontrast und Phrasen-
intonation im Deutschen. In: ZDL 52, S.
289–302. – J. JACOBS [1986]: The syntax of
focus and adverbials in German. In: W.
ABRAHAM/S. DE MEIJ (eds.): Topic, focus
and configurationality. Amsterdam, S.
103–127. – T. N. HÖHLE [1988]: VERUM-
Fokus. In:Sprache und Pragmatik 5. Lund,
S. 1–7. – H. ALTMANN/A. BATLINER/W.
OPPENRIEDER (eds.) [1989]: Zur Intonation
von Modus und Fokus im Deutschen.
Tübingen. →Thema-Rhema-Gliederung,
→Topik vs. Prädikation.

Fokuspartikel →Gradpartikel.

Folgerungsbeziehungen. Sammelbezeichnung für alle Arten
von logischen und intuitiven
Schlüssen, die aus einer bestimmten Äußerung ableitbar
und Gegenstand logischer und/
oder semantischer Beschreibung sind. Vgl. im einzelnen
→Äquivalenz,   →Allegation,
→Implikation,   →Konversatio-
nelle Implikatur, →Präsupposi-
tion,→Suggerierte Schlußfolgerung.

Lit.: →Formale Logik, →Präsupposition.

Form. Unterschiedliche Verwendungsweise je nach terminologischem Kontext:
(1) In der traditionellen Grammatik Bezeichnung für Wörter
gleichen Stammes, aber verschiedener Deklination oder
Konjugation: in diesem Sinne

sind *laufen, lief, läuft* verschiedene Wortformen des Wortes
laufen.
(2) Seit der Antike (ARISTOTE-
LES) sinnlich wahrnehmbarer
Aspekt   des   sprachlichen
→Zeichens   (→Bezeichnendes)
im Unterschied zu →Inhalt/
→Bedeutung bzw. Funktion.
(3) Im →Amerikanischen Strukturalismus   unklassifizierte
sprachliche Äußerung, der eine
Bedeutung zugeordnet ist. Dabei wird unterschieden zwischen (a) *freien F.*, die allein
vorkommen können, wie das
→Wort, das als kleinste freie F.
definiert wird, und (b) *gebundenen F.* wie Flexions- oder Wort-
bildungssuffixe, die nur zusammen mit anderen, nämlich
freien F. auftreten können.

Lit.: L. BLOOMFIELD [1926]: A set of postulates for the science of language. In: Lg 2,
S. 153–164.

(4) In der →Glossematik werden
unter F. in dem Gegensatzpaar
»Form vs. →Substanz« die abstrakten (allen möglichen sub-
stanziellen Realisierungen eines sprachlichen Ausdrucks zugrundeliegenden) Eigenschaften verstanden, wobei Substanzen materielle sprachliche Realisierungen auf der Ebene der
Parole, F. aber Langue-bezoge-
ne Einheiten darstellen (→Lan-
gue vs. Parole). Die Unterscheidung von F. vs. Substanz trifft
für alle Beschreibungsebenen
zu; so bezieht sich F. auf der Inhaltsebene auf die abstrakten
Bedeutungsbeziehungen   des
Wortschatzes, durch die die Be-
deutungssubstanz (= ungeglie-
derte Menge von Gedanken
und Vorstellungen) von Sprache zu Sprache unterschiedlich
gegliedert wird. Vgl. hierzu als
anschauliches Beispiel die Be-

zeichnungen der Grundfarben in verschiedenen Sprachen: die gleiche Substanz (das Farbspektrum) wird sprachspezifisch durch unterschiedliche formale Beziehungen strukturiert (→Farbbezeichnungen).

Lit.: →Glossematik.

Formale Logik [lat. *fōrmālis* ›die Form betreffend‹, griech. *logikḗ* ›Vernunftlehre‹. – Auch: Axiomatische/Extensionale/Mathematische/Moderne/Symbolische /Theoretische Logik, Logistik]. Als Lehre des richtigen und vernünftigen Denkens ist die Logik Grundlagendisziplin aller theoretischen und empirischen Wissenschaften, indem sie Verfahren zur Gewinnung gültiger Schlüsse und notwendig wahrer Sätze bereitstellt, die zur Aufstellung und Überprüfung von wissenschaftlichen Theorien notwendig sind. Zur Darstellung der logischen Form von Sätzen verwendet sie eine formale, künstliche Sprache mit eigenem Symbolinventar (vgl. S. 20), die zwar gewisse Phänomene der natürlichen Sprache abbildet, aber von allen stilistischen Varianten sowie Vieldeutigkeiten und Vagheiten absieht. Ihr Hauptinteresse gilt (a) der Untersuchung von logischen Verknüpfungen von →Aussagen und deren →Wahrheitswerten (→Aussagenlogik), (b) der Untersuchung der internen Struktur von Aussagen (→Prädikatenlogik), (c) der Theorie des Schließens und Beweisens, (d) der Beschreibung von →Folgerungsbeziehungen (→Präsupposition) u.a.

Einführungen und Handbücher: H. REICHENBACH [1947]: Elements of symbolic logic. 5. Aufl. 1956. New York. – W. v. O. QUINE [1950]: Methods of logic. New York. Dt.: Grundzüge der Logik. Frankfurt 1974. – G. KLAUS [1964]: Moderne Logik. Berlin. – W. K. ESSLER [1966]: Einführung in die Logik. Stuttgart. – A. MENNE [1966]: Einführung in die Logik. 2., überarb. Aufl. München 1973. – W. KAMLAH/ P. LORENZEN [1967]: Logische Propädeutik. Vorschule des vernünftigen Redens. Mannheim. – W. STEGMÜLLER [1969]: Wissenschaftliche Erklärung und Begründung. Berlin. – E. v. SAVIGNY [1970]: Grundkurs im wissenschaftlichen Definieren. 5. Aufl. 1980 München. – B. VAN FRAASSEN [1971]: Formal semantics and logic. New York. – R. WALL [1972]: Introduction to mathematical linguistics. Englewood Cliffs, N. Y. – M. J. CRESSWELL [1973]: Logics and languages. London. – H. SEIFFERT [1973]: Einführung in die Logik. Logische Propädeutik und formale Logik. – P. HINST [1974]: Logische Propädeutik. Eine Einführung in die deduktive Methode und logische Sprachanalyse. München. – P. LORENZEN/O. SCHWEMMER [1975]: Konstruktive Logik, Ethik und Wissenschaftstheorie. 2. Aufl. Mannheim. – J. ALLWOOD/L.-G. ANDERSSON/Ö. DAHL [1977]: Logic in Linguistics. Cambridge. Dt.: Logik für Linguisten. Tübingen 1973 (Originalausgabe Lund 1971). – P. LORENZEN/K. LORENZ [1978]: Dialogische Logik, Darmstadt. – D. M. GABBAY/F. GUENTHNER (eds.) [1983-1989]: Handbook of philosophical logic. 4 Bde. Dordrecht. – S. GUTTENPLAN [1986]: The languages of logic. Oxford. – P. STEKELER-WEITHOFER [1986]: Grundprobleme der Logik. Elemente einer Kritik der formalen Vernunft. Berlin. *Logik und Sprachwissenschaft:* H. J. HERINGER [1972]: Formale Logik und Grammatik. Tübingen. – E. ZIERER [1972]: Formal logic and linguistics. The Hague. – H. SCHNELLE [1973]: Sprachphilosophie und Linguistik. Prinzipien der Sprachanalyse a priori und a posteriori. Reinbek. – U. BLAU [1978]: Die dreiwertige Logik der Sprache. Ihre Syntax, Semantik und Anwendung in der Sprachanalyse. Berlin. – G. LINK [1979]: Montague-Grammatik. Die logischen Grundlagen. München. – J. D. MCCAWLEY [1981]: Everything that linguists have always wanted to know about logic but were ashamed to ask. Oxford. – W. HODGES [1983]: Elemantary predicate logic. In: D. G. GABBAY/F. GUENTHNER (eds.): Handbook of philosophical logic. Bd. II. Dordrecht, S.1-131. *Terminologische Nachschlagewerke:* G. KLAUS/M. BUHR (eds.) [1964]: Philosophisches Wörterbuch. 2 Bde. 8. Aufl. 1972. – R. FEYS/F. FITCH [1969]: Dictionary of symbols of mathematical logic. Amsterdam. – N. I. KONDAKOW [1978]: Wörterbuch der Logik. Berlin (Originalausgabe: Moskau

1971). – W. Marciszewski (ed.) [1981]: Dictionary of Logic as applied in the study of language: concepts, methods, theories. The Hague. – H. Seiffert/G. Radnitzky (eds.) [1989]: Handbuch der Wissenschaftstheorie. München.
Bibliographien: B. Partee/S. Sabsay/J. Soper [1971]: Bibliography: Logic and language. Indiana. – J. S. Petőfi (ed.) [1978]: Logic and the formal theory of natural language. Selective bibliography. Hamburg.

Formale Semantik →Logische Semantik.

Formale Sprachen [Auch: →Künstliche/Logische Sprachen]. Im Unterschied zu natürlichen Sprachen künstliche, auf der Basis von Logik und/oder Mathematik konstruierte Sprachsysteme, die sich durch Eindeutigkeit, Explizitheit und leichte Überprüfbarkeit auszeichnen.
Lit.: U. Klenk [1980]: Formale Sprachen mit Anwendungen auf die Beschreibung natürlicher Sprachen. Tübingen. →Formale Logik, →Formalisierung.

Formalisierung. Verwendung formaler Sprachen der Mathematik und →Formalen Logik zur Beschreibung von natürlichen Sprachen. Vorteil der F. gegenüber nicht formalisierten Beschreibungen ist größere Explizitheit des Vokabulars (= Terminologie), Präzision und Ökonomie sowie leichtere und zuverlässigere Überprüfbarkeit der Argumentation.
Lit.: N. Chomsky/G. A. Miller [1963]: Introduction to the formal analysis of natural languages. In: R. D. Luce/R. R. Bush/E. Galanter (eds.): Handbook of mathematical psychology. Bd. 2. New York, S. 269–321. – K. Baumgärtner [1964]: Die Mathematisierung der Grammatik. In: DU 16, H. 4, S. 25–46. – J. Heringer [1972]: Formale Logik und Grammatik. Tübingen. – A. Salomaa [1973]: Formal languages. New York. – H. Schnelle [1973]: Sprachphilosophie und Linguistik. Prinzipien der Sprachanalyse a priori und a posteriori. Reinbek. – D. Wunderlich

[1974]: Grundlagen der Linguistik. Reinbek. – U. Blau [1978]: Die dreiwertige Logik der Sprache. Ihre Syntax, Semantik und Anwendung in der Sprachanalyse. Berlin. – G. Link [1979]: Montague-Grammatik. Die logischen Grundlagen. München. – U. Klenk [1989]: Computerlinguistik und die Theorie der formalen Sprachen. In: HSK 4.10, S. 87–93.

Formans →Formativ.

Formant. In der →Spektralanalyse durch charakteristische Frequenzstreifen feststellbare Bündel von Partialtönen, die die Klangfarbe von Lauten »formen«. Für jeden Vokal sind vier bis fünf F. nachweisbar, von denen der erste und zweite für die Vokalfarbe, die übrigen für individuelle Sprechmerkmale charakteristisch sind. F. werden durch Frequenz, Amplitude und Formantbreite definiert. Bei Vokalen entsprechen ihnen artikulatorische Resonanzeigenschaften des →Ansatzrohres.
Lit.: →Phonetik.

Formationsgrammatik →Phrasenstrukturgrammatik.

Formationsmarker →Phrasemarker.

Formationsregel [Auch: Erzeugungsregel].
(1) Typ von →Ersetzungsregeln, die hierarchische Beziehungen zwischen sprachlichen Elementen abbilden. Der formalen Darstellung $A \rightarrow B + C$ entspricht die Anweisung:»Ersetze das Symbol A durch die Symbole B und C«.
(2) Synonym für →Phrasenstrukturregel.

Formationsteil →Basiskomponente.

Formativ [engl. *formative* – Auch: Formans].
(1) In der →Wortbildung Bezeichnung für gebundene Wortbildungsmorpheme, vgl. →Affix.
(2) In der generativen →Transformationsgrammatik kleinste lineare Einheiten mit syntaktischer Funktion, wobei zwischen lexikalischem F. (→Lexikoneintrag) und grammatischem F. unterschieden wird, z.B. *Tisch, rot* im Unterschied zu »Präsens«, »Plural«.

Formator. In der Zeichentheorie (→Semiotik) von Сн. W. Morris [1946] solche Zeichen, die im Unterschied zu →Designatoren keine Bezeichnungsfunktion haben, sich also nicht unmittelbar auf Gegenstände und Sachverhalte der Realität beziehen und somit keinen selbständigen semantischen Wert besitzen (→Funktionswort). Weinreich [1963] unterscheidet verschiedene Typen von F.: (a) pragmatische F., die die Funktion von Äußerungen als Befehl oder Frage ausdrücken; (b) deiktische F., die sich auf die raum-zeitliche Situierung der Äußerung beziehen, wie *hier, dort, morgen, ich, du* u.a. (→Deixis); (c) →Logische Konstanten (wie die Konjunktionen *und, oder* u.a.), die Äußerungen miteinander verbinden und ihren Wahrheitswert bestimmen (→Aussagenlogik); (d) →Quantoren, die der quantitativen Spezifizierung von Mengen dienen wie *einige, alle, manche, nur.* Die Probleme der semantischen Beschreibung solcher F. natürlicher Sprachen spielen in allen neueren Grammatiktheorien eine zentrale Rolle.

Lit.: Сн. W. Morris [1946]: Sign, language and behavior. New York. Dt.: Zeichen, Sprache und Verhalten. Düsseldorf 1973. – U. Weinreich [1963]: On the semantic structure of language. In: J. H. Greenberg (ed.): Universals of language. Cambridge, Mass., S. 114–171. →Quantifizierung, →Semiotik.

Formel.
(1) In der →Formalen Logik das Ergebnis eines Formalisierungsverfahrens, durch das ein Satz der natürlichen Sprache in eine passende formal-logische Zielsprache übersetzt worden ist, z.B. lauten mögliche F. für *Caroline ist die Schwester von Philip*: (a) *ist (Caroline, die Schwester von Philip)*, (b) *ist die Schwester von (Caroline, Philip)*.
Lit.: →Formale Logik.

(2) Terminus der →Phraseologie: lexikalisch und syntaktisch unveränderliche, häufig satzwertige Wortgruppe, nach pragmatischen Gesichtspunkten systematisierbar als Kontakt- oder Höflichkeitsformel (*Guten Tag!, Frohes Fest!, Zum Wohl!, Hals- und Beinbruch!*), Scheltformel (*Verflixt und zugenäht!*), Beschwichtigungsformel (*Ruhig Blut!*) u.a. Vgl. →Zwillingsformel.
Lit.: →Phraseologie.

Formenlehre →Flexion.

Formklasse. Von L. Bloomfield [1926] eingeführte Bezeichnung für Mengen von sprachlichen Ausdrücken mit gleichen formalen Eigenschaften hinsichtlich ihrer phonologischen und morphologischen Struktur und/oder ihres syntaktischen Verhaltens. Kriterien für die Zugehörigkeit von Ausdrücken zu einer bestimmten F.

sind ihre Austauschbarkeit
(→Substitution) in bestimmten
Kontexten sowie gleiche Vor-
kommensmöglichkeit inner-
halb komplexer Ausdrücke.
Ähnliche Konzepte finden sich
bei anderen Strukturalisten wie
P. H. FRIES, CH. F. HOCKETT, O.
JESPERSEN. (→Strukturalismus).

Lit.: L. BLOOMFIELD [1926]: A set of postulates for the science of language. In: Lg 2,
S. 153–164. →Amerikanischer Strukturalismus.

Formwort →Partikel.

Fortis vs. Lenis [lat. *fortis*
›stark‹; *lēnis* ›sanft‹]. Artikula-
tionsmerkmal der →Verschluß-
und →Reibelaute, das sich auf
unterschiedliche Intensität der
Muskelspannung bezieht: bei
Fortislauten ist der subglottale
Luftdruck hinter der Artikulationsstelle stärker als bei den
Lenislauten. Die partiell synonyme Bezeichnung →Tenuis
vs. Media bezieht sich nur auf
Verschlußlaute und bezeichnet
den Aspekt der →Stimmlosig-
keit vs. Stimmhaftigkeit, der im
Dt. mit den Merkmalen [fortis]
vs. [lenis] korreliert. Außerdem
sind im Dt. und Engl. die F./Te-
nuis-Laute [p, t, k] je nach ihrer
Stellung im Wort (z.B. An-, In-
oder Auslaut) unterschiedlich
stark behaucht (→Aspiration).

Lit.: →Phonetik.

Fossilierung [lat.: *fossilis*
›ausgegraben‹; – Auch: Fossili-
sierung]. Festwerden von
sprachlichen Gewohnheiten,
die zusammen die →Lernerspra-
che bilden, vgl. SELINKER [1972].

Lit.: →Lernersprache.

Fossilisierung →Fossilierung.

Frage.
(1) Sprachlicher Handlungstyp
(Illokutionstyp), der auf das Erhalten einer bestimmten Information, typischerweise in Form
einer Antwort zielt (engl. *question*).
(2) Thematische →Proposition,
über deren Wahrheit oder
Falschheit beim gegenwärtigen
Diskursstand keine Einigkeit
vorausgesetzt wird (engl. *issue*).

Lit.: →Fragesatz, Sprechakttheorie.

Frage-Antwort-System →Com-
puterlinguistik.

Frage(für)wort →Interrogativ-
pronomen.

Fragesatz [Auch: Erotema (selten), Interrogativsatz]. Satzför-
miger Konstruktionstyp, dessen
zentrale Funktion die Formulierung von →Fragen ist. F. werden im allgemeinen in drei
Gruppen eingeteilt: (a) Ent-
scheidungs-F. (auch: Ja/Nein-
Fragen, Polaritätsinterrogati-
ve), im Dt. mit Verbspitzenstel-
lung und/oder Frageintonation: *War der Film gut?*, (b)
Alternativf. (auch Disjunktiv-
fragen), die aus zwei durch *oder*
verbundene Entscheidungsfragen bestehen: *War der Film gut
oder schlecht?* und (c) Ergän-
zungsf. (auch W-Fragen oder
Konstituenteninterrogative),
eingeleitet durch Interrogativpronomen oder -adverb: *Wie
war der Film?* Alle drei Gruppen syntaktisch selbständiger F.
haben eingebettete Entsprechungen, die ersten beiden mit
ob: *Ich habe dich gefragt, ob du
was trinken willst.* Selbständige
F. kodieren typischerweise Fragen als Sprechhandlungstyp,
eingebettete hingegen Fragen

im Sinne einer (bereits) thematischen oder strittigen Proposition.

Lit.: R. CONRAD [1978]: Studien zur Syntax und Semantik von Frage und Antwort. Berlin. – W. S. CHISHOLM, jr. (ed.) [1984]: Interrogativity. Amsterdam. – D. ZAEFFERER [1984]: Frageausdrücke und Fragen im Deutschen. Zu ihrer Syntax, Semantik und Pragmatik. München. – E. ENGDAHL [1986]: Constituent questions. Dordrecht.

Frames [engl., ›Rahmen‹]. →Schema-basierter Ansatz der →Künstlichen Intelligenz zur →Wissensrepräsentation, der insbesondere für Objekte verwendet wird, jedoch allgemeinere Perspektiven eröffnet. Viele der aktuellen Repräsentationsansätze (z.B. KL-ONE) basieren auf der F.-Konzeption, die u.a. die →Vererbung von Eigenschaften innerhalb von F.-Hierarchien ermöglicht. F., die eine starke Beziehung zu Kasusrahmen aufweisen, jedoch im Gegensatz zu diesen als konzeptuelle Entitäten anzusehen sind, verfügen über Rollen (engl. *slots*, durch die die Bestandteile bzw. Aspekte eines Konzeptes repräsentiert werden.

Lit.: M. MINSKY [1974]: A framework for representing knowledge. In: P. WINSTON (ed.): The psychology of computer vision. New York. – R. BRACHMAN/J. SCHMOLZE [1985]: An overview of the KL-ONE Knowledge Representation Systems. In: Cognitive Science 9, S. 171–216. →Scripts.

Französisch. Zum romanischen Sprachzweig des →Indo-Europäischen zählende Sprache; Muttersprache von rund 80 Mio. Sprechern in Frankreich und seinen Übersee-Départements sowie in Kanada, Belgien, Luxemburg, Schweiz u.a. Neben Engl. ist F. eine der wichtigsten Bildungssprachen der Gegenwart. Der Name »F.« (aus vulgärlat. *franciscus*) bezeichnete zunächst insbesondere den Dialekt der Île-de-France (= Pariser Region), das »franzische«, das die Grundlage der Schriftsprache bildete. Sehr früh schon hatten sich zwei deutlich voneinander unterschiedene Sprachräume herausgebildet: im Norden die *langue d'oïl* und die *langue d'oc* im Süden (→Okzitanisch); die Bezeichnungen leiten sich von den unterschiedlichen Formen für ›ja‹ ab: im Norden altfrz. *oïl* (aus lat. *hoc ille*), im Süden *oc* (aus lat. *hoc*). F. ist die früheste und am reichsten bezeugte Nachfolgesprache des Lat., das älteste Zeugnis sind die »Straßburger Eide« aus dem Jahr 842. Man unterscheidet das Altfrz. (etwa bis Mitte des 14. Jh.) vom Mittelfrz. (etwa bis 1600) und Neufrz., dessen Lautsystem, Morphologie und Syntax sich unter den →Romanischen Sprachen am weitesten vom Lat. entfernt hat. Vgl. auch →Kreolsprachen.

Einführung: B. MÜLLER [1975]: Das Französische der Gegenwart. Heidelberg. – G. HOLTUS/M. METZELTIN/C. SCHMITT (eds.) [1989]: Lexikon der Romanistischen Linguistik (LRL). Bd. 5. Tübingen. *Grammatiken des Neufrz.:* J. DAMOURETTE/E. PICHON [1911/40]: Des mots à la pensée. Essai de grammaire de la langue française. 6 Bde. Paris. – M. GREVISSE [1936]: Le bon usage. 11. Aufl. Gembloux 1980. – W. v. WARTBURG/P. ZUMTHOR [1947]: Précis de syntaxe du français contemporain. 3. überarb. Aufl. Bern 1973. – R. L. WAGNER/J. PINCHON [1962]: Grammaire du français classique et moderne. 2. Aufl. Paris 1974. – J. P. CONFAIS [1978]: Grammaire explicative. München. – K. TOGEBY [1982–85]: Grammaire française. 5 Bde. Kopenhagen. *Grammatiken des Altfrz.:* L. FOULET [1919]: Petite syntaxe de l'ancien français. 3. überarb. Aufl. Paris 1965. – H. RHEINFELDER [1936]: Altfrz. Grammatik. 2 Bde. 2. Aufl. München 1976. – M. HARRIS [1978]: The evolution of French syntax: a comparative approach. London.

Wörterbücher des Neufrz.: TRÉSOR DE LA
LANGUE FRANÇAISE. Dictionnaire de la langue du XIX et du XX siècle (1789–1960).
Paris 1971ff. (Bisher 8 Bde., bis ›F‹). - P.
ROBERT [1951/70]: Dictionnaire alphabé-
tique et analogique de la langue française. 7
Bde. Paris. - GRAND LAROUSSE DE LA LAN-
GUE FRANÇAISE. 6 Bde. Paris 1971–1978.
Wörterbücher des Altfrz.: F. GODEFROY
[1880/1902]: Dictionnaire de l'ancienne
langue française. 10 Bde. Paris. - A. TOB-
LER/E. LOMMATZSCH [1925]: Altfrz. Wör-
terbuch. (Bisher 9 Bde., bis ›S‹). Berlin
1925ff. *Etymologie:* →Etymologische Wör-
terbücher.
Sprachgeschichte: F. BRUNOT [1913ff.]:
Histoire de la langue française des origines
à nos jours. (Bisher 13. Bde.). Paris. – W. v.
WARTBURG [1946]: Evolution et structure
de la langue française. 10. Aufl. Bern 1971.
– H. BERSCHIN/J. FELIXBERGER/H. GOEBL
[1978]: Frz. Sprachgeschichte. München.
Bibliographie: ROMANISCHE BIBLIOGRA-
PHIE (= Supplemente zur Zeitschrift für
Romanische Philologie). Tübingen. – R.
MARTIN [1973]: Guide bibliographique de
linguistique française. Paris. – G. INEI-
CHEN [1974]: Bibliographische Einführung
in die frz. Sprachwissenschaft. Berlin. – H.
SCHUTZ [1978]: Gesprochenes und ge-
schriebenes Frz. Bibliographische Ma-
terialien (1964–1976). Tübingen. – W. HEK-
KENBACH/F. G. HIRSCHMANN [1981]: Welt-
sprache Französisch. Kommentierte
Bibliographie zur Frankophonie (1945–
1978). Tübingen.

**Fregesches Prinzip der Bedeu-
tung** →Kompositionsprinzip.

Freie Korrelation →Distribu-
tion.

Freie Variante →Fakultative Variante.

Freies Thema [engl. *hanging topic*]. Von H. ALTMANN [1981] in
Anlehnung an den von A. GRO-
SU [1975] eingeführten Terminus *hanging topic* geprägte
Lehnübersetzung. F. T. ist ein
Wortstellungstyp, bei dem ein
satzgliedwertiges Element (wie
bei der Linksversetzung) links
vor dem Satz auftritt und innerhalb des Satzes entweder durch
ein koreferentes Pronomen, ein
→Hyponym oder →Hyperonym,

oder aber durch einen Ausdruck ersetzt wird, der zu dem
F. T. nur in einem losen assozia-
tiven Verhältnis steht, z.B.
*Apropos Fisch, ich esse lieber
Fleisch.* Im Unterschied zur
Linksversetzung, mit der das
F. T. in der Forschung oft
identifiziert wurde, ist die pronominale Kopie fakultativ und
kongruiert nicht mit dem her-
ausgestellten Material. Ein weiterer Unterschied ist, daß das
F. T. vom Satz auch intonatorisch abgesetzt ist. Vgl. →Her-
ausstellungsstrukturen, →Links-
versetzung vs. Rechtsversetzung.

Lit.: A. GROSU [1975]: On the status of po-
sitionally-defined constraints in syntax. In:
TL 2, S. 159–201. – H. ALTMANN [1981]:
Formen der »Herausstellung« im Deutschen. Tübingen. →Herausstellungsstruk-
turen, →Linksversetzung vs. Rechtsversetzung.

Fremdsprachendidaktik [Auch:
Sprachlehr- (und -lern-)for-
schung]. Üblichste Sammelbezeichnung für diejenigen Teile
der →Angewandten Linguistik
und der Pädagogik, die sich mit
Theorie und Praxis des Fremdsprachenunterrichts beschäftigen. – Einige Arbeitsbereiche
der F. sind: (a) Auswahl der
Lehrziele (Art und Umfang der
angestrebten Sprachfertigkei-
ten), (b) Untersuchung der Voraussetzungen (Motivation, Be-
gabung, Vorkenntnisse, Alter
der Lerner; organisatorische
Unterrichtsbedingungen usw.),
(c) Auswahl und Begründung
der Lehrverfahren, (d) Lehr-
werkforschung, (e) Sprachstandsdiagnose (Leistungskon-
trolle, Testwesen).

Lit.: L. G. KELLY [1969]: 25 centuries of
language teaching. Rowley, Mass. – K. H.
KÖHRING/R. BEILHARZ [1973]: Begriffs-
wörterbuch Fremdsprachendidaktik und

Methodik. München. – K. Schrödter[?] H.
Finkenstaedt (eds.) [19??]: Reallexikon
der englischen Fachdidaktik. Darmstadt. –
W. Heindrichs/F. W. Gester/H. P. Kelz
[1980]: Sprachlehrforschung. Angewandte
Linguistik und Fremdsprachendidaktik.
Stuttgart. – Koordinierungsgremium im
DFG -Schwerpunkt »Sprachlehrfor-
schung« (eds.) [1983]: Sprachlehr – und
Sprachlernforschung. Begründung einer
Disziplin. Tübingen. – A. Digeser [1983]:
Fremdsprachendidaktik und ihre Bezugs-
wissenschaften. Einführung, Darstellung,
Kritik, Unterrichtsmodelle. Stuttgart. –
K.-R. Bausch/G. Königs (eds.) [1986]:
Sprachlehrforschung in der Diskussion.
Methodologische Überlegungen zur Erfor-
schung des Fremdsprachenunterrichts.
Tübingen. – K.-R. Bausch u.a. (eds.)
[1989]: Handbuch Fremdsprachenunter-
richt. Tübingen.
Bibliographie: Informationszentrum für
Fremdsprachenforschung (ed.): Bibliogra-
phie Moderner Fremdsprachenunterricht.
Ismaning.
Zeitschriften: Fremdsprachen lehren und
lernen (früher:) Bielefelder Beiträge zur
Sprachlehrforschung. – Die neueren Spra-
chen. – Praxis des neusprachlichen Unter-
richts. – Neusprachliche Mitteilungen aus
Wissenschaft und Praxis. – Fremdspra-
chenunterricht. – Der fremdsprachliche
Unterricht. →Angewandte Linguistik.

Fremdwort. Der Terminus F.
wurde von J. Paul (1763–1825)
geprägt, während der Begriff F.
schon seit etwa Mitte des 17. Jh.
existiert: aus einer fremden
Sprache in die Muttersprache
übernommener sprachlicher
Ausdruck (meist zugleich mit
der durch ihn bezeichneten Sache), der im Unterschied zum
→Lehnwort sich nach Lautung,
Orthographie und Flexion
(noch) nicht in das graphemische bzw. morphophonemische
System der Sprache eingepaßt
hat, vgl. *Pneumonie, Revolu-
tion, Spaghetti.* Allerdings ist
die Abgrenzung von F. und
Lehnwort in vielen Fällen
schwierig bzw. fließend, z.B. bei
*Musik, Kultur, Sport, komisch,
Wein, Koks,* ganz besonders bei
hybriden Formen wie *buchsta-
bieren, superklug, temperament-*

voll. Als Kriterium zur Abgrenzung gegenüber Lehnwörtern
gelten (a) die »fremde« mor-
phophonematische Struktur
(z.B. *Re-vo-lut-ion*); (b) die Häufigkeit des Auftretens bzw. die
Vertrautheit des Sprechers mit
dem Terminus und Begriff, wobei das Alter des F. keine Rolle
spielt: *Bibliothek* (seit dem 15.
Jh.) wird z.B. eher als F. charakterisiert als *Sport* oder *Film,*
die beide erst seit dem 19. Jh.
verwendet werden; (c) die orthographische Repräsentation
(*Teak-* vs. *Tiekholz*). – Die Einschätzung des F. ist unterschiedlich und reicht von puristischen
Verurteilungen (besonders
durch die →Sprachgesellschaf-
ten im 17. Jh. und alle späteren
auf »Reinheit« von Volks- und
Nationalsprache bedachten
Sprachkritiker) bis zu Prestige-
Zuschreibungen (nicht zuletzt
in den Sprachen der Wissenschaften).

Lit.: P. v. Polenz [1967]: Fremd- und
Lehnwort sprachwissenschaftlich betrach-
tet. In: Mu 77, S. 63–80. – G. Schank
[1974]: Vorschlag zur Erarbeitung einer
operationalen Fremdwortdefinition. In:
DSp 2, S. 67–88. – A. Kirkness [1975]: Zur
Sprachreinigung im Deutschen 1789–1871.
Eine historische Dokumentation. 2 Bde.
Tübingen. – W. Müller [1975]: Fremdwortbegriff und Fremdwörterbuch. In: H.
Moser (ed.): Probleme der Lexikologie
und Lexikographie. Düsseldorf, S. 211–
223. – P. Braun (ed.) [1979]: Fremdwort-
Diskussion. München.
Fremdwörterbücher: J. H. Campe [1808/
1809]: Wörterbuch zur Erklärung und Ver-
deutschung der unserer Sprache aufge-
drungenen fremden Ausdrücke. Grätz. –
H. Schulz/O. Basler [1913/1942/1986]:
Deutsches Fremdwörterbuch. Begonnen
von H. Schulz, fortgeführt von O. Basler,
weitergeführt im Institut für deutsche
Sprache. 7 Bde. Berlin. – Duden: Fremdwörterbuch. 4. neu bearb. u. erw. Auflage,
ed. von W. Müller. Mannheim 1982.
→Entlehnung, →Sprachkontakt, →Sprach-
pflege, →Stilistik.

Frequentativ [lat. *frequentāre* ›häufig besuchen‹] →Iterativ.

Friesisch. Westgerm. Sprache mit starker dialektaler Differenzierung: West-Friesisch heute neben →Niederländisch Amtssprache in der niederländischen Provinz Friesland (ca. 300 000 Sprecher), Ost-Friesisch (nur noch Reste im niedersächsischen Saterland, ca. 1000 Sprecher) und Nord-Friesisch (mit verschiedenen Mundarten an der Westküste Schleswig-Holsteins, auf den Inseln Helgoland, Sylt, Amrum, Föhr und auf den nördlichen Halligen; insg. ca. 10000 Sprecher). Älteste schriftliche Zeugnisse aus dem 13. Jh. (Altfriesisch) weisen enge Verwandtschaft mit dem Altenglischen auf. Wortschatz und Idiomatik sind geprägt durch die seit dem ausgehenden Mittelalter jeweils dominierenden Hochsprachen Niederländisch bzw. Niederdeutsch, später durch Hochdeutsch, dennoch große Ähnlichkeit mit →Englisch (Vokal- und Konsonantensystem, Verlust der Deklinationsendungen u.a.).

Lit.: K. v. RICHTHOFEN [1840]: Altfriesisches Wörterbuch. Göttingen. – K. FOKKEMA [1948]: Beknopte Friese spraakkunst. Groningen. – B. SJÖLIN [1969]: Einführung in das Friesische. Stuttgart. – L. E. AHLSSON [1964]: Studien zum ostfriesischen Mittelniederdeutsch. Uppsala. – D. HOFMANN [1978]: Die Friesen, das Friesische und das Nordfriesische Wörterbuch. In: Christiana Albertina NF 8, S. 11–36. – D. HOFMANN [1979]: Die Entwicklung des Nordfriesischen. In: A. WALKER/O. WILTS (eds.): Friesisch heute, S. 11–28. – M. C. FORT [1980]: Saterfriesisches Wörterbuch mit einer grammatischen Übersicht. Hamburg. – T. L. MARKEY [1981]: Frisian. The Hague. – F. HOLTHAUSEN/D. HOFMANN [1985]: Altfriesisches Wörterbuch. 2. verb. Aufl. Heidelberg. – P. M. TIERSMA [1985]: Frisian reference grammar. Dordrecht.

Frikativierung [Auch: Spirantisierung]. Ersetzung von Plosiven durch homorgane Frikative; vgl. z.B. die ahd. →Lautverschiebung, in der germ. *p, t, k* im In- und Auslaut nach Vokalen zu Doppelfrikativen *ff, zz, hh* verschoben werden; vgl. ahd. *offan* mit altsächs. *opan* (›offen‹), ahd. *scif* mit altsächs. *skip* (›Schiff‹), ahd. *mahhon* mit altsächs. *makon* (›machen‹). S. mit Sonorisierung gibt es in der historischen Entwicklung des Dän., vgl. [tʰ] mit [ð] in isländ. [ˈgaːtʰa] bzw. dän. [ˈgäːðə] ›Straße‹.

Lit.: →Lautwandel.

Frikativ(laut) [lat. *fricāre* ›reiben‹. – Auch: Reibelaut, Konstriktiv, Spirans, Spirant]. Nach der Artikulationsart bezeichneter Sprachlaut, der mit pulmonaler oder mit pharyngaler Luft (→Ejektiv(er) Laut) gebildet wird und bei dem es in der Mundhöhle mindestens eine Enge gibt, an der die ausströmende Luft eine Reibung erzeugt. Unterklassen von F. ergeben sich durch →Labialisierung, →Palatalisierung, Velarisierung (→Sekundäre Artikulation), Pharyngalisierung, →Aspiration, Nasalierung, →Glottalisierung. Weitere Klassifikationsmerkmale sind: Phonation, Artikulationsorgan, Artikulationsstelle (→Artikulatorische Phonetik). Im Dt. werden alle F. mit pulmonaler Luft gebildet, z.B. [ʁ], [s], [ʃ], [f] in [gʁaːsʃʁ ift] ›Grasschrift‹, vgl. IPA-Tabelle S. 22/23. Ejektive F. finden sich z.B. im →Amharischen sowie in →Kaukasischen Sprachen. F. können im Unterschied zu (nicht-nasalen) Verschlußlauten als Silbenträger fungieren, z.B. in der →Sino-Tibetanischen Sprache Hani. Im Dt. findet sich silbischer F. nur paralinguistisch, z.B. in [pst⁻].

Lit.: →Phonetik.

Friulanisch →Rätoromanisch.

Fügungspotenz →Valenz.

Fügungswert. Eigenschaft sprachlicher Elemente, sich mit anderen sprachlichen Elementen nach bestimmten Regeln zu verbinden, z.B. liegt der F. des Verbs in seiner Eigenschaft, als Valenzträger bestimmte von ihm abhängige Satzglieder zu fordern, während die Verwendung des bestimmten Artikels an das Vorkommen eines Substantivs gebunden ist. Zu diesem Verständnis von F. als Eigenschaft aller Wortarten vgl. W. ADMONI [1960: §3].

Lit.: W. ADMONI [1960]: Der deutsche Sprachbau. 3. Aufl. München 1970. →Valenz.

Füllwort →Partikel.

Fürwort →Pronomen.

Fugenelement [engl. *linking morpheme*. - Auch: →Bindevokal, →Kompositionsfuge]. An der Nahtstelle zwischen unmittelbaren Konstituenten von Zusammensetzungen (→Komposition) sowie bei bestimmten Ableitungstypen (z.B. auf *-haft, -los*, →Derivation) auftretende Elemente, die, obgleich diachronisch mit Flexionsendungen in Verbindung zu bringen, synchronisch nur noch als funktionslose, »erstgliedstammbildende« Elemente gelten können, vgl. in der Reihenfolge ihrer Vorkommenshäufigkeit: *-(e)s, -e, -(e)n, -er-, -ens* in *Freundeskreis, Hundesteuer, Sonnenschein, Hühnerei, Herzensangelegenheit.* F. treten sowohl bei substantivischen als auch bei verbalen Erstgliedern auf (vgl. *Wartezimmer, Reibelaut*), wobei nur teilweise Gebrauchsregeln zu erkennen sind. Im Dt. ist das Vorkommen von F. besonders reich ausgebildet, während es im Engl. auf *-s* beschränkt ist (*bullring*, aber *bull's eye*).

Lit.: G. AUGST [1975]: Untersuchungen zum Morpheminventar der deutschen Gegenwartssprache. Tübingen. - H. GRUBE [1976]: Die Fugenelemente in neuhochdeutschen appellativischen Komposita. In: Sprachw 1, S. 187–222. - F. PLANK [1976]: Morphological aspect of nominal compounding in German and certain other languages. In: SBL 2, S. 201–219. →Wortbildung.

Ful [Auch: Fulani, Fulbe; frz. *Peulh*]. Größte →Westatlantische Sprache (11,5 Mio. Sprecher), gesprochen von den nomadischen Fulben zwischen Senegal und Tschadsee.

Lit.: D. W. ARNOTT [1970]: The nominal and verbal systems of Fula. Oxford. - C. PELLETIER/A. SINNER [1979]: Adamawa Fulfulde. Madison. - Y. SYLLA [1982] Grammaire moderne du pulaar. Dakar. - H. JUNGRAITHMAYR/A. ABU-MANGA [1989]: Einführung in die Ful-Sprache. Berlin.

Fulani →Ful.

Fulbe →Ful.

Functional Uncertainty [engl., ›funktionale Unterbestimmtheit‹]. Von KAPLAN/ZAENEN [1988] für die Behandlung von Fernabhängigkeiten in der →Lexical Functional Grammar (LFG) als formales Beschreibungsmittel für →Merkmalstrukturen eingeführt. In den Merkmalstrukturen wird die Liste der Attribute von der Wurzel der Merkmalstruktur bis zu einem eingebetteten Attributwert als »Pfad« bezeichnet. Das Konzept der F. U. basiert auf der Verwendung von regulären Ausdrücken in Pfadnamen. Muß z.B. bei der →Topikalisierung im Engl. das topikalisierte Element mit einer Objektposition im Matrixsatz unifiziert werden, dann kann das durch die folgende Merkmalsgleichung geschehen: ↑TOPIC = ↑OBJ. Das topikalisierte Objekt kann aber auch aus einem u.U. mehrfach eingebetteten Komplement extrahiert sein: *Mary₁ John claimed that Bill said that Henry telephoned₁.* Deshalb schlagen KAPLAN/ZAENEN vor, Merkmalsgleichungen der folgenden Art zuzulassen: ↑TOPIC = ↑COMP* OBJ. Der Kleene-Operator »*« am Attribut COMP drückt aus, daß sich eine beliebige Zahl von Attributen COMP im Pfad befinden können. Damit steht die Gleichung für eine unendliche →Disjunktion von Merkmalstrukturen. Die F. U. wurde auch bereits für die Behandlung anderer Fernabhängigkeiten eingesetzt, z.B. für →Extrapositionen im Dt. (vgl. NETTER [1988]). Ein →Algorithmus für die Implementierung der F. U. findet sich in KAPLAN/MAXWELL [1988].

Lit.: R. KAPLAN/J. T. MAXWELL [1988]: An algorithm for functional uncertainty. In: COLING 88. Budapest, Bd. 1, S. 297–302. – K. NETTER [1988]: Nonlocal-dependencies and infinitival constructions in German. In: U. REYLE/C. ROHRER: Natural language parsing and linguistic theories. Dordrecht, S. 356–410. – R. KAPLAN/A. ZAENEN [i.V.]: Long distance dependencies, constituent structure, and functional uncertain-

ty. In: M. BALTIN/A. KROCH (eds.): Alternative conceptions of phrase structure. Chicago.

Functional Unification Grammar [Abk. FUG, engl., ›Funktionale Unifikationsgrammatik‹]. Von M. KAY [1979] entwickelter Grammatikformalismus der →Generativen Grammatik aus der Familie der →Unifikationsgrammatiken. In der FUG haben alle grammatischen Repräsentationen die Form von →Merkmalstrukturen im Sinne der Unifikationsgrammatik. Merkmalstrukturen syntaktischer Einheiten enthalten zwei Attribute, die die Phrasenstruktur repräsentieren. Der Wert des Attributs CSET enthält die Menge der unmittelbaren Konstituenten, der Wert des Attributs PATTERN ist eine (partielle) Spezifikation der linearen Abfolge dieser Konstituenten. (Vgl. auch →ID/LP-Format.) Auch die Regeln der FUG sind Merkmalstrukturen. Die Grammatik ist die →Disjunktion aller Grammatikregeln und aller Lexikoneinträge, die mit der Repräsentation einer jeden syntaktischen Einheit unifizierbar sein muß. Die FUG ist die Basis für zahlreiche experimentelle natürlichsprachliche Systeme, vgl. KAY [1985], APPELT [1985], MCKEOWN/PARIS [1987].

Lit.: M. KAY [1979]: Functional Grammar. In: C. CHIARELLO u.a. (ed.): PBLS 5, S. 142–158. – M. KAY [1984]: Functional Unification Grammar: A formalism for machine translation. In: COLING 84. Stanford, S. 75–78. – D. E. APPELT [1985]: Planning English sentences. Cambridge. – M. KAY [1985]: Parsing in Functional Unification Grammar. In: D. R. DOWTY/L. KARTTUNEN/A. ZWICKY (eds.): Natural language parsing. Cambridge, S. 251–278. – G. D. RITCHIE [1985]: Simulating a Turing machine using Functional Unification

Grammar. In: T. O'SHEA (ed.): Advances in Artificial Intelligence. Amsterdam, S. 285–294. – K. R. MCKEOWN/C. R. PARIS [1987]: Functional Unification Grammar revisited. In: ACL Proceedings 25. Stanford, S. 97–103.

Funktiolekt →Register.

Funktion [lat. *fúnctio* ›Verrichtung‹].
(1) Aus Mathematik und Logik übernommener Grundbegriff; weitgehend identisch gebraucht mit →Abbildung.
Lit.: →Formale Logik, →Mengentheorie.
(2) In der →Glossematik bei L. HJELMSLEV [1943] entspricht der F.-begriff eher dem der →Relation. HJELMSLEV verwendet F.»in einer Bedeutung, die vermittelnd zwischen der logisch-mathematischen und der etymologischen liegt« (S. 38), d.h. F. bezieht sich sowohl auf die unterschiedlichen Formen von Abhängigkeiten verschiedener Größen untereinander (die HJELMSLEV →Interdependenz, →Determination oder →Konstellation nennt) als auch darauf, daß diese Größen auf bestimmte Weise »fungieren«, eine bestimmte Rolle im Text innehaben.
Lit.: →Glossematik.
(3) Zum F.-begriff in anderen Beschreibungsmodellen vgl. →Syntaktische Funktion.

Funktionale Grammatik.
(1) Im weiteren Sinn: Sprachtheoretische Ansätze, die bei der Beschreibung und Erklärung sprachlicher Phänomene von deren verschiedenen Funktionen ausgehen. Folgende Funktionen werden untersucht: →Topik vs. Prädikation, →Thema vs. Rhema, die →Definitheit

oder Belebtheit einer Nominalphrase, die semantischen Rollen oder die →Syntaktischen Funktionen der beteiligten Ausdrücke. Semantische Rollen sind zentrale Beschreibungsmittel in der →Kasusgrammatik. Auf →Syntaktische Funktionen gründet sich die →Lexikalische Funktionale Grammatik und die →Relationale Grammatik. – Die Grundannahme der F. G. ist, daß sprachliche Phänomene nicht ohne Rückgriff auf ihre Funktion erklärt werden können. Damit bietet die F. G. eine Alternative zu (post)strukturalistischen Ansätzen, die sprachliche Phänomene formal (z.B. autonom in der Syntax) zu erfassen versuchen. Diese unterschiedlichen Auffassungen werden bei der Beschreibung der Verbkongruenz deutlich. In einem nichtfunktionalen Ansatz versucht man, dieses Phänomen auf der Formebene mittels morpho-syntaktischer Kasus zu beschreiben. So kongruiert z.B. das Finitum mit dem Nominativ-Komplement des Prädikats. Diese Beschreibung ist für das Dt. oder Engl. passend. In einem f. Ansatz untersucht man z.B. den Einfluß der semantischen Rolle, der Belebtheit oder Definitheit einer Nominalphrase auf die Verbkongruenz. Dieser Beschreibungsweg ist z.B. für die Objekt-Verb-Kongruenz im →Swahili geeigneter (vgl. T. GIVÓN [1984: 371f.]). In dieser Sprache gibt es neben der Subjekt-Verb-Kongruenz auch eine verbale Kongruenz mit dem Objekt in Abhängigkeit davon, ob das Objekt ein menschliches Wesen bezeichnet oder definit ist. F. Beschreibungen werden in der empirisch orientierten Universalienforschung bevorzugt, da die formalen (z.B. morphologischen und topologischen) Mittel zur Kennzeichnung syntaktischer Phänomene von Sprache zu Sprache variieren, deren Funktionen jedoch universell sind.

Lit.: E. KEENAN [1974]: The functional principles: Generalizing the notion of ›subject of‹. In: CLS 10, S. 298–309. – R. E. GROSSMANN u.a. (eds.) [1975]: Papers from the parasession on functionalism. Chicago (CLS). – T. GIVÓN (ed.) [1979]: Syntax and semantics 12: Discourse and syntax. New York. – S. KUNO [1980]: Functional syntax. In: E. MORAVCSIK/J. R. WIRTH (eds.): Syntax and semantics 13: Current approaches to syntax. New York, S. 117–135. – T. GIVÓN [1984]: Syntax. A functional-typological introduction. Bd. 1. Amsterdam. – R. D. VAN VALIN/W. A. FOLEY [1984]: Functional syntax and universal grammar. Cambridge. – M. A. K. HALLIDAY [1985]: Introduction to functional grammar. London. – S. KUNO [1987]: Functional syntax. Anaphora, discourse and empathy. Chicago. – R. DIRVEN/V. FRIED [1987]: Functionalism in linguistics. Amsterdam. – G. HORN [1988]: Essentials of functional grammar. Berlin. – J. H. CONNOLLY/S. C. DIK [1989]: Functional grammar and the computer. Dordrecht.

(2) Im engeren Sinn: Unter dem Einfluß von V. ADMONI und G. F. MEIER erarbeitete Grammatikkonzeption, die das Verhältnis zwischen Form und Funktion untersucht, wobei Funktion (in Anlehnung an G. F. MEIER) verstanden wird als außersprachliche Wirkung, die durch eine sprachliche Äußerung hervorgerufen wird.

Lit.: G. F. MEIER [1961]: Das Zéro-Problem in der Linguistik. Berlin. – W. SCHMIDT [1965]: Grundfragen der deutschen Grammatik. Einführuung in die funktionale Sprachlehre. Berlin. – V. ADMONI [1966]: Der deutsche Sprachbau. Moskau. 3., durchges. und erw. Aufl. München 1970.

Funktionale Komposition [engl. *functional composition*]. In der kategorialen Grammatik erforschter und von M. MOORT-GAT [1981] in die →Wortbildung eingeführter Mechanismus der Argument-→Vererbung. Ausgehend vom Fregeschen →Kompositionsprinzip, welches besagt, daß die Interpretation eines komplexen Ausdrucks allein die Bedeutung der Bestandteile sowie deren Fügungsmodus widerspiegelt, entwickelte MOORTGAT eine generalisierte Version der in der Logik bekannten F. K., um Korrespondenzen in der Argumentstruktur zwischen einfachen Verben und Adjektiven und ihren →Ableitungen zu erklären (vgl. engl. *to rely on him, reliance on him; willing to go, willingness to go*). Das Affix der Nominalisierung (*-ance, -ness*) bildet wortsyntaktisch (→Wortsyntax) eine Konstituente mit dem Basisverb bzw. -adjektiv. Semantisch nimmt es aber Skopus über das Verb bzw. Adjektiv zusammen mit seinem Komplement. Die Operation, die benötigt wird, um diesen erweiterten semantischen Skopus des Affixes zu repräsentieren ist nach MOORTGAT die F. K. Sie bewirkt, daß die Ableitung das Argument der Basiskategorie übernimmt, während die Basis gleichzeitig die Argumentstruktur des Affixes erfüllt. Die generalisierte F. K. stellt m.a.W. eine komplexe Funktion dar, die zwei Funktionen zu einer zusammengesetzten Funktion kombiniert, welche wiederum auf das ungesättigte Argument einer der kombinierten Funktionen (= das der Basis) angewandt werden kann. Mit dieser semantischen Operation wird im Einklang mit dem Kompositionalitätsprinzip garantiert, daß *on him* bzw. *to go* Komplemente der Basen (und nicht der Ableitungen) sind, obwohl die Ableitung aus der strukturellen Einheit Basis + Affix besteht. Vgl. auch →Vererbung.

Lit.: M. Moortgat [1981]: A Fregean restriction on metarules. In: V. Burke/J. Pustejovsky (eds.): NELS. Amherst, S. 306–325. – M. Moortgat [1985]: Functional composition and complement inheritance. In: G. A. L. Hoppenbrouwers/P. A. M. Seuren/A. J. M. M. Weijters (eds.): Meaning and the lexicon. Dordrecht, S. 39–48.

Funktionale Linguistik →Prager Schule.

Funktionale Satzperspektive [Abkürzung: FSP. – Auch: Aktuelle Satzgliederung, Mitteilungsperspektive, →Thema vs. Rhema, →Topik vs. Prädikation]. In der Sprachbetrachtung der →Prager Schule von V. Mathesius eingeführter Terminus zur Bezeichnung der Gliederung des Satzes unter dem Aspekt seiner Mitteilungsfunktion, vgl. →Thema vs. Rhema, →Topik vs. Prädikation.

Lit.: V. Mathesius [1929]: Zur Satzperspektive im modernen Englisch. In: ASNS 84, S. 202–210. – G. Grewendorf [1980]: Funktionale Satzperspektive und deutsche Wortstellung. In: LBer 66, S. 28–40. – B. Brömser [1982]: Funktionale Satzperspektive im Englischen. Tübingen. – J. Jacobs [1984]: Funktionale Satzperspektive und Illokutionssemantik. In: LBer 91, S. 25–58. – A. Lötscher [1984]: Satzgliedstellung und funktionale Satzperspektive. In: JbIdS 1983, S. 118–151. – S. C. Dik [1989]: Theory of functional grammar. Teil 1. Dordrecht. →Thema vs. Rhema, →Topik vs. Prädikation.

Funktionale Sprachwissenschaft →Prager Schule.

Funktionalismus →Prager Schule.

Funktionalitätsprinzip →Kompositionsprinzip.

Funktionalstil →Register.

Funktionsschema →Organonmodell der Sprache.

Funktionsstand [Auch: Wortbildungsparadigma]. Von J. Erben und H. Wellmann verwendeter Terminus zur Bezeichnung von formal unterschiedlichen Wortbildungsmustern (»Funktionsträger«) mit gleicher semantischer Funktion, z.B. *-chen, -lein* oder *Mini-* in der Funktion eines →Diminutivum oder *-er, -ant/-ent, -(at)or, -eur, -ist* zur Bezeichnung von →Nomina agentis. Im bewußten Gegensatz zu einer Wortbildungsbetrachtung nach den einzelnen formalen Wortbildungsmitteln und -mustern (vgl. W. Fleischer [1969]), gründet sich diese Klassifizierung auf die funktionale Leistung und das semantische Zusammenspiel der einzelnen Wortbildungselemente.

Lit.: W. Fleischer [1969]: Wortbildung der deutschen Gegenwartssprache. 5. Aufl. Tübingen 1982. – J. Erben [1975]: Einführung in die deutsche Wortbildungslehre. 2. Aufl. Berlin 1983. – H. Wellmann [1975]: Deutsche Wortbildung. 2. Hauptteil. Das Substantiv. Düsseldorf.

Funktionsverb. Teilmenge der Verben, die (wie *bringen, kommen, finden, stehen, nehmen*) in bestimmten Kontexten ihre lexikalische Bedeutung als Vollverb fast ganz verloren haben. Als F. erfüllen diese Verben vorwiegend grammatische Funktionen, indem sie in sogen. →Funktionsverbgefügen als Bindeglied zwischen Subjekt und präpositionalem Objekt erscheinen und somit Träger der syntaktisch-morphologischen Merkmale sind.

Lit.: →Funktionsverbgefüge.

Funktionsverbgefüge [Auch: Schwellform, Streckform]. Syntaktische Fügung, die aus einem präpositionalen Objekt und einem →Funktionsverb besteht (*zur Aufführung bringen*). Dem F. liegt folgender Bildungsprozeß zugrunde: die ursprüngliche Verbbedeutung von *aufführen* erscheint durch Nominalisierung als Abstraktum (*Aufführung*), und ein (sinnschwaches) Ersatzverb in Hilfsverbfunktion (*bringen*) stellt die grammatische Verbindung zwischen Subjekt und präpositionalem Objekt her. Die große Verbreitung von F. besonders in Amts- und Fachsprachen beruht sowohl auf dem Streben nach Präzision und Ökonomie als auch auf den verschiedenen semantischen Aspekten des F.: (a) Variation der →Aktionsart: *verwirren* vs. *in Verwirrung sein* vs. *in Verwirrung bringen*; (b) Ersatz der Passivkonstruktion: *Seine Vorschläge sind von allen Beteiligten gebilligt worden* vs. *Seine Vorschläge fanden bei allen Beteiligten Billigung*; (c) Modifizierung der →Thema vs. Rhema-Struktur des Satzes dadurch, daß wichtige bedeutungstragende Elemente an das Ende des Satzes und damit in eine vom Mitteilungswert her ausgezeichnete Position gerückt werden: *Er willigte freiwillig ein* vs. *Er gab freiwillig seine Einwilligung.*

Lit.: H. KOLB [1962]: Sprache des Veranlassens. Über analytische Kausativbildungen im modernen Deutsch. In: STZ 2, S. 372–387. – K. DANIELS [1963]: Substantivierungstendenzen in der deutschen Gegenwartssprache. Düsseldorf. – P. v. POLENZ [1963]: Funktionsverben im heutigen Deutsch. Sprache in der rationalisierten Welt. Düsseldorf. – H. J. HERINGER [1968]:

Die Opposition von »kommen« und »bringen« als Funktionsverben. Untersuchungen zur grammatischen Wertigkeit und Aktionsart. Düsseldorf. – H. ESAU [1973]: Nominalization and complementation in modern German. Amsterdam. – W. HERRLITZ [1973]: Funktionsverbgefüge vom Typ »in Erfahrung bringen«. Tübingen. – W. RELLEKE [1974]: Funktionsverbgefüge in der althochdeutschen Literatur. In: ABÄG 7, S. 1–46. – H. ESAU [1976]: Funktionsverbgefüge revisited. In: FoL 9, S. 135–160. – M. W. FISCHER [1977]: Deutsche und englische Funktionsverbgefüge: Ein Vergleich. (Diss.) Ann Arbor. 1979. – G. HELBIG [1984]: Probleme der Beschreibung von Funktionsverbgefügen im Deutschen. Leipzig. – E. DRESEL-HERRMANN [1987]: Die Funktionsverbgefüge des Russischen und Tschechischen. Frankfurt. – P. v. POLENZ [1987]: Funktionsverben, Funktionsverbgefüge und Verwandtes. In: ZGL 15, S. 169–189.

Funktionswort.
(1) Bezeichnung für sprachliche Elemente, die primär grammatische (anstelle von lexikalischer) Bedeutung tragen und vor allem syntaktisch-strukturelle Funktionen erfüllen, wie →Artikel, →Pronomen, →Präposition, →Konjunktion.
(2) →Partikel.

Funktiv.
(1) In der →Glossematik zur →Substanz der Sprache gehörende Elemente, die durch Relationen (HJELMSLEV [1943, Kap. 11] nennt sie »Funktionen«) aufeinander bezogen sind, vgl. →Funktion.
(2) Untersuchungsobjekt der Glossematik sind nicht die F., sondern das zwischen ihnen bestehende System von Abhängigkeitsrelationen, vgl. →Interdependenz, →Determination und →Konstellation.

Lit.: →Glossematik.

Funktor →Logische Partikel.

Funktor-Argument-Beziehung
→Bestimmungsrelation, →Kategorialgrammatik.

Fur →Nilo-Saharanisch.

Fusion. Lautliche Abänderung von Morphemen im Verband mit Nachbarmorphemen, z.B. der Umlaut *blau* vs. *bläulich*. Vgl. zum Unterschied →Juxtaposition, →Kollokation.

Lit.: E. SAPIR [1921]: Language. New York. →Morphologie.

Futhark →Runen.

Futur I [lat. (*tempus*) *futūrum* ›Zukunft‹. – Auch: Zukunft]. Zeitstufe der →Tempus-Kategorie des Verbs. (Bildung mit *werden* + Infinitiv: *Er wird kommen*). Das F. I kennzeichnet den durch die Aussage bezeichneten Sachverhalt als zeitlich nach dem Sprechakt liegend, allerdings erfüllt diese Funktion häufig auch das Präsens, meist gestützt durch adverbiale Kontextelemente: *Morgen wird er kommen* vs. *Morgen kommt er*. Der temporale Bezug ist fast immer von modalen Aspekten überlagert, vor allem wenn das F. I zum Ausdruck einer Versicherung, Aufforderung oder Vermutung verwendet wird. – Sprachgeschichtlich ist das F. I aus einer Konstruktion mit *werden* + Partizip Präsens abzuleiten: mhd. *er wirt mich sehende* ›er wird mich sehen‹.

Lit.: →Tempus.

Futur II [Auch: *Futurum Exactum*, Vollendete Zukunft]. Zeitstufe der →Tempus-Kategorie des Verbs, die im Dt. mit *werden* + Partizip Perfekt + *haben/ sein* gebildet wird: *Sie wird das Geld wiedergefunden haben.* Das F. II verdankt seine Existenz sowohl dem Einfluß des Lat. als auch dem Symmetrie-Streben der Sprachwissenschaftler, die analog zu den Korrelationen »Präsens vs. Perfekt« und »Präteritum vs. Plusquamperfekt« die Ergänzung des Futur I durch eine relative, die Vorzeitigkeit ausdrückende Tempusstufe etablierten. Im Dt. wird F. II als temporale Kategorie selten verwendet, zumal es in allen Fällen ohne Bedeutungsveränderung durch das Perfekt ersetzbar ist: *Sobald ich ihn gefunden habe/gefunden haben werde, rufe ich dich an.* In absolutem Gebrauch (d.h. in einfachen Sätzen) kennzeichnet F. II modale Aspekte wie »Vermutung« u.a.: *Er wird den Zug verpaßt haben.*

Lit.: →Tempus.

Futurum Exactum →Futur II.

Gälisch. Seit dem 8. Jh. überlieferter Zweig des →Keltischen, bestehend aus dem Irischen (West-Irland, ca. 50000 Sprecher, formelle Staatssprache der Republik Irland) und dem Schottisch-Gälischen (Nordschottland und Hebriden, 90000 Sprecher, im 16. Jh. durch irische Siedler eingeführt).

Lit.: R. THURNEYSEN [1946]: A grammar of Old Irish. Dublin. – R. P. M. LEHMANN/ W. LEHMANN [1975]: An introduction to Old Irish. New York. – M. O' SIADHAIL [1989]: Modern Irish: grammatical structure and dialectal variation. Cambridge.

Galizisch →Spanisch.

Galla →Kuschitisch.

Gallego →Portugiesisch.

Galloromanisch →Katalanisch.

Gammazismus →Fehlbildungen.

Gapping [engl. *gap* ›Lücke‹]. Von J. R. ROSS [1970] verwendeter Terminus zur Bezeichnung der »lückenschaffenden« →Transformation, die in (durch Konjunktionen wie *und/oder* verbundenen) Ausdrücken das wiederholte Auftreten des gleichen Verbs tilgt; vgl. *Philip spielt Flöte und Reinhart (spielt) Klarinette.* Die Richtung des G. (ob »vorwärts« wie im vorliegenden Beispiel oder »rückwärts« bei Tilgung des ersten Vorkommens) hängt nach ROSS von den Konstituentenverzweigungen der →Tiefenstruktur ab und läßt Rückschlüsse auf die einer Sprache zugrundeliegende Wortstellung zu, nämlich ob es sich um einen S(ubjekt)-V(erb)-O(bjekt)-Typ oder SOV-Typ handelt. Vgl. auch →Ellipse.

Lit.: J. R. ROSS [1970]: Gapping and the order of constituents. In: M. BIERWISCH/K. E. HEIDOLPH (eds.): Progress in linguistics. The Hague, S. 249–259. – J. M. MALING [1972]: On gapping and the order of constituents. In: LIn 3, S. 101–108. – R. P. STOCKWELL u.a. [1973]: The major syntactic structures of English. New York. – R. A. HUDSON [1976]: Conjunction reduction, gapping, and right - node - raising. In: Lg 52, S. 535–562. – A. NIJT [1979]: Gapping. Dordrecht. – R. MEYER-HERRMANN/H. RIESER (ed.) [1985]: Ellipsen und fragmentarische Ausdrücke. Tübingen. →Ellipse, →Koordination, →Transformationsgrammatik.

Gascognisch →Okzitanisch.

Gastarbeiterdeutsch. Durch die hohe Einwanderungsquote von Gastarbeitern seit den 60er und frühen 70er Jahren in Deutschland sich entwickelnde →Pidgin-Sprachvariante, die durch parataktische Satzmuster, beschränkten Wortschatz, wenig Redundanz, Weglassen von Artikel, Präposition, Konjunktion und Verbflexion gekennzeichnet ist. Diese Merkmale besitzen generelle Verbreitung unabhängig von der jeweiligen Ausgangssprache (Griech., Ital., Portugies., Serbokroat., Span., Türk.). Der bei Erwachsenen und Kindern unterschiedlich verlaufende Erwerb des Dt. ist von zahlreichen biographischen bzw. soziokulturellen Faktoren abhängig wie Kontakt mit Deutschen, Arbeitssituation, Wohnverhältnisse, Einreisealter, Bildungsstand, Motivation, soziale Integration und bildungspolitischen und pädagogischen Maßnahmen von deutscher Seite.

Lit.: M. G. CLYNE [1968]: Zum Pidgin-Deutsch der Gastarbeiter. In: ZfM 35, S. 130–139. – G. G. GILBERT/M. ORLOVIC [1975]: Pidgin German spoken by foreign workers in West Germany: The definite article. Honolulu. – M. BODEMANN/R. OSTOW [1975]: Lingua franca und Pseudo-Pidgin in der Bundesrepublik. In: LiLi 5/18, S. 122–146. – HEIDELBERGER FORSCHUNGSPROJEKT »Pidgin-Deutsch« [1975]: Sprache und Kommunikation ausländischer Arbeiter. Kronberg. – H. BARKOWSKI/U. HARNISCH/S. KUMM [1976]: Sprachhandlungstheorie und Gastarbeiterdeutsch. In: LBer 45, S. 42–54. – HEIDELBERGER FORSCHUNGSPROJEKT »Pidgin-Deutsch« [1976]: Untersuchung zur Erlernung des Deutschen durch ausländische Arbeiter. Heidelberg. – J. MEISEL [1977]: The language of foreign workers in Germany. In: C. MOLONY/H. ZOBL/W. STÖLTING (eds.): Deutsch im Kontakt mit anderen Sprachen. Kronberg, S. 213–236. – J. MEYER-INGWERSEN/R. NEUMANN/M.

KUMMER [1977]: Zur Sprachentwicklung türkischer Schüler in der Bundesrepublik. Kronberg. - C. MOLONY/H. ZOBL/W. STÖLTING (eds.) [1977]: Deutsch im Kontakt mit anderen Sprachen. Kronberg. - D. CHERUBIM/K. L. MÜLLER [1978]: Sprache und Kommunikation bei ausländischen Arbeitern. In: GermL 2-5, S. 3-103. - I. KEIM [1978]: Gastarbeiterdeutsch. Untersuchungen zum sprachlichen Verhalten türkischer Gastarbeiter. Tübingen. - W. KÜHLWEIN/G. RADDEN (eds.) [1978]: Sprache und Kultur: Studien zur Diglossie, Gastarbeiterproblematik und kulturellen Integration. Tübingen. - H. CLAHSEN/J. M. MEISEL/M. PIENEMANN [1983]: Deutsch als Zweitsprache. Der Spracherwerb ausländischer Arbeiter. Tübingen. *Forschungsprojekte:* H. CLAHSEN/U. ROHDE [1976]: Untersuchungen zur Sprache ausländischer Arbeiter in der BRD. In: StL 1, S. 89-94. →Varietätengrammatik.

Gattungsbezeichnung → Appellativum, →Gattungsname.

Gattungsname [engl. *common/ class noun*. - Auch: Gattungsbezeichnung, Klassenname, (Nomen) Appellativum]. Semantisch definierte Klasse von Substantiven zur Bezeichnung von Gegenständen/Sachverhalten bzw. ihrer einzelnen Vertreter: *Tier(e)*, *Mensch(en)*, im Unterschied zu →Eigennamen, die der Identifizierung einzelner Objekte dienen. Der Übergang von G. zu Eigennamen (und vice versa) ist fließend.
Lit.: W. FLEISCHER [1964]: Zum Verhältnis von Name und Appellativum im Deutschen. In: WZUL 13, S. 369-378. - O. WERNER [1972]: Appellativa - Nomina Propria. In: L. HEILMANN (ed.): Proceedings of the 11th International Congress of Linguistics Bologna - Florence. Bologna, S. 171-187.

Gattungsstil →Register.

Gaumensegellaut →Velar(laut).

GB-Theorie [Abk. für engl. *Government and Binding Theory*, dt.: Rektions- und Bindungstheorie]. Entwicklungsstufe bzw. Theorie-Variante der ge-

nerativen →Transformationsgrammatik nach 1981, die (im Anschluß an die sogen. »Revidierte Erweiterte Standardtheorie« von N. CHOMSKY in seinen »*Lectures on government and binding*« dargelegt wurde. Zentrale Themen sind die Modularisierung der Syntax (→Modularität) sowie die →Beschränkungen für syntaktische Prozesse, insbesondere die →Bindungstheorie, die Theorie der →Rektion und die Theorie der →Leeren Kategorien (vgl. auch →ECP, →Spurentheorie).
Lit.: N. CHOMSKY [1981]: Lectures on government and binding. Dordrecht. →Transformationsgrammatik.

Ge [Auch: Je]. Sprachfamilie Südamerikas mit etwa 12 Sprachen in Zentralbrasilien. (Vgl. Sprachenkarte Nr. 11).
Lit.: I. DAVIS [1968]: Some Macro-Jê relationships. In: IJAL 34, S. 42-47. - J. POPIES/J. POPIES [1986]: Canela-Krahô. In: D. C. DERBYSHIRE/G. PULLUM (eds.): Handbook of Amazonian languages. Berlin, S. 128-199. →Südamerikanische Sprachen.

Gebärdensprache.
(1) Im weiteren Sinne Bezeichnung für instinktive, bewußte und/oder konventionelle Ausdrucksbewegungen des Körpers.
Lit.: →Nonverbale Kommunikation.

(2) Im engeren Sinne Bezeichnung für die Zeichensprachen von Gehörlosen oder Hörgeschädigten. G. sind (im Unterschied zu Lautsprachen) auf den visuellen Kanal beschränkt und damit stärker an die konkrete Sprechsituation gebunden; sie sind ferner »ökonomischer«, d.h. sie verzichten z.B. auf →Redundanz. G. weisen ebenso wie die Lautsprachen →Soziolekte und →Dialekte auf,

jedoch im deutschsprachigen Raum bislang keine der Standardsprache entsprechende überregionale »Einheitssprache«. G. unterscheiden sich von Lautsprachen nicht in der lexikalisch-semantischen Differenzierung, im Ausdruck →Semantischer Relationen (etwa →Hyponomie), dem Ausdruck von Sprechakten (→Sprechakttheorie) oder der Übermittlung von indirekter Bedeutung oder →Ironie. Obwohl im Prinzip Gebärden zum Ausdruck einzelner Phoneme und Phonemfolgen, grammatischer Morphologie oder Satzmuster zur Verfügung stehen, scheinen diese (insbesondere in der Kommunikation unter Gehörlosen) nur dann verwendet zu werden, wenn es die konkrete Sprechsituation erfordert (z.B. zur Disambiguierung). G. unterscheiden sich darin, wie stark sie an der Lautsprache orientiert sind; so ist z.B. die Dolmetschergebärde – als »Übersetzung« in institutionellen Zusammenhängen, etwa vor Gericht – deutlich stärker an der Lautsprache (z.B. der Syntax) orientiert als die verwendete G. unter Gehörlosen. Die bekannteste Gebärdensprache ist die *American Sign Language* (Abkürzung: ASL).

Lit.: W. WUNDT [1911]: Völkerpsychologie. Bd. 1. Leipzig. – W. WUNDT [1973]: The language of gestures. The Hague. – G. RAMMEL [1974]: Die Gebärdensprache. Berlin. – H. MAESSE [1977]: Das Verhältnis von Laut- und Gebärdensprache in der Entwicklung des gehörlosen Kindes. 2. überarb. Aufl. Villingen. – S. PRILLWITZ/ R. SCHULMEISTER/H. WUDTKE [1977]: Kommunikation ohne Sprache. Weinheim. – E. KLIMA/U. BELLUGI [1979]: The signs of language. London. – P. SIPLE [1982]: Signed language and linguistic theory. In: L. OBLER/L. MENN (eds.): Linguistics and exceptional language. New York, S. 313–338. – J. G. KYLE/B. WOLL (eds.) [1983]: Language and sign: An international perspective on sign language. London. – M. DEUCHAR [1984]: British sign language. London. – J. KYLE u.a. (eds.) [1985]: Sign language: the study of deaf people. Cambridge. – S. PRILLWITZ (ed.) [1986]: Die Gebärde in Erziehung und Bildung Gehörloser. Hamburg. – A. VAN UDEN [1986]: Sign languages of the deaf and psycholinguistics. Lisse. – R. B. WILBUR [1987]: American sign language: Linguistics and applied dimensions. Boston. – U. BELLUGI [1988]: The acquisition of a spatial language. In: F. S. KESSEL (ed.): The development of language and language researchers. Hilldale, N.J., S. 153–185. – M. KUGLER-KRUSE [1988]: Die Entwicklung visueller Zeichensysteme: Von der Geste zur Gebärdensprache. Bochum. – A. KENDON [1989]: The sign languages of aboriginal Australia. Cambridge.
Wörterbücher: H. STARKE/G. MAISCH [1981]: Die Gebärden der Gehörlosen. 2. Aufl. Hamburg. – M. STEINBERG [1981]: A sign language dictionary. New York. –G. MAISCH/F.-H. WISCH (eds.) [1987]: Gebärdenlexikon. 7 Bde. Hamburg.

Gebrauchstheorie der Bedeutung.

Von L. WITTGENSTEIN [1953] im Zusammenhang mit dem Konzept der →Philosophie der Alltagssprache entwickelte Bedeutungstheorie, derzufolge die Bedeutung eines sprachlichen Ausdrucks seine Funktion bzw. Verwendungsweise im jeweiligen Handlungskontext ist: »Man kann für eine große Klasse von Fällen der Benützung des Wortes »Bedeutung« – wenn auch nicht für alle Fälle seiner Benützung – dieses Wort so erklären: Die Bedeutung eines Wortes ist sein Gebrauch in der Sprache.« (S. 311). Dieser Verzicht auf psychisch-mentale Aspekte des Bedeutungsbegriffs (wie Inhaltskonzept, Vorstellung) sowie auf den referentiellen Bezug zur Wirklichkeit begründet ein pragmatisches Verständnis des Bedeutungsbegriffs; die durch Regeln gesteuerte Verwendung sprachlicher Ausdrücke entspricht ihrer

Bedeutung. Diese Identifizierung von Gebrauch und Bedeutung ist nicht unumstritten geblieben (vgl. ANTAL, SPECHT, PITCHER, KATZ).

Lit.: E. LEISI [1952]: Der Wortinhalt. Seine Struktur im Deutschen und Englischen. Heidelberg. – L. WITTGENSTEIN [1953]: Philosophical investigations. Oxford. Dt.: Philosophische Untersuchungen. In: L. Wittgenstein: Schriften 1. Frankfurt. 1960. – L. ANTAL [1963]: Questions of meaning. The Hague. – L. ANTAL [1964]: Content, meaning and understanding. The Hague. – G. PITCHER [1964]: The philosophy of Wittgenstein. Englewood Cliffs/N.J. – W. STEGMÜLLER [1965]: Hauptströmungen der Gegenwartsphilosophie. Bd. 1, 7. Aufl. Stuttgart 1989, Kap. 11. – J. J. KATZ [1966]: The philosophy of language. New York, London. Dt.: Philosophie der Sprache. Frankfurt. 1969. – L. ANTAL (ed.) [1972]: Aspekte der Semantik. Zu ihrer Theorie und Geschichte. 1662-1969. Frankfurt.

Gedächtnis. Ort der Aufnahme, Interpretation, Aufbewahrung und Wiederabrufbarkeit von Information. Hinsichtlich unterschiedlicher Funktionen, Informationsspeicherung, Kapazität und Verarbeitungsprinzipien werden in der Regel drei G.-Systeme unterschieden: (a) Im sensorischen Speicher (engl. *sensory information storage*, Abk.: SIS) wird ein vollständiges Bild des von den Sinnesorganen jeweils wahrgenommenen Erlebnisausschnitts repräsentiert (mit einer Verweildauer von nur 0,1-0,5 Sekunden). (b) Im Kurzzeitgedächtnis (engl. *short term memory*, Abk.: STM; gelegentlich gleichgesetzt mit Arbeitsspeicher) wird nur kurzfristig benötigte Information und solche, die zur dauerhaften Speicherung kategorisiert wird, gespeichert (mit einer Verweildauer von ca. 10 Sekunden). Das Kurzzeit-G. gilt als der kooperative Teil der kontrollierten Informationsverarbeitung, hier ist für kurze Dauer ein simultanes Überschauen von in spezifischen Kodierungseinheiten organisierter Information (→Chunk(ing)) möglich. Vergessen von Information ist vermutlich sowohl dem Verfall mit der Zeit als auch der →Interferenz mit anderem dargebotenen Material zuzuschreiben. Die begrenzte Speicherkapazität des Kurzzeit-G. hat Folgen für die →Akzeptabilität komplexer syntaktischer Strukturen. Zum Zusammenwirken von Gedächtnisleistung und Satzkomplexität vgl. die →Tiefenhypothese von V. YNGVE. – (c) Das Langzeitgedächtnis (engl. *long term memory*, Abk.: LTM) verfügt über eine unbegrenzte Kapazität und gewährleistet die Speicherung und (durch spezifische Reize aktivierte) Reproduzierbarkeit gelernter Erfahrungen: hier sind Wortschatz und Regelapparat der Sprache gespeichert. Zur Verarbeitung des Wortschatzes vgl. SCHWARZE/WUNDERLICH, zur Syntax vgl. WANNER, außerdem →Textverarbeitung.

Lit.: F. C. BARTLETT [1932]: Remembering: a study in experimental and social psychology. London. – P. HARRIOT [1974]: Attributes of memory. London. – E. WANNER [1974]. On remembering, forgetting, and understanding sentences. The Hague. – J. R. ANDERSON [1976]: Language, memory, and thought. Hillsdale, N.J. – H. H. CLARK/E. V. CLARK [1977]: Psychology and language. San Diego, Kap. 4. – P. H. LINDSAY/D. A. NORMAN [1977]: Human information processing. New York. Dt.: Einführung in die Psychologie. Informationsaufnahme und -verarbeitung beim Menschen. Berlin 1981. – D. V. HOWARD [1983]: Cognitive psychology. Memory, language, and thought. New York. – F. KLIX [1984]: Gedächtnis, Wissen, Wissensnutzung. Berlin. – C. SCHWARZE/D. WUNDERLICH (eds.) [1985]: Lexikologie. Teil C: Wörter in psychischen Prozessen. Königstein, Ts., S. 269-364. – D. W. CARROLL [1986]: Psychology of language.

Monterey, Ca. →Kognitive Linguistik, →Künstliche Intelligenz, →Psycholinguistik, →Sprache und Gehirn, →Textverarbeitung. *Zeitschriften:* Journal of Verbal Learning and Verbal Behavior = Journal of Memory and Language.

Ge'ez [Auch: Alt-Äthiopisch]. Ausgestorbene →Semitische Sprache, Vorläufer des Tigrinya, eng verwandt mit →Amharisch. Noch heute als Kultsprache der äthiopischen Kirche verwendet. Eigene, aus arabischen Vorläufern entwickelte Schrift.

Lit.: A. DILLMANN [1899]: Grammatik der Äthiopischen Sprache. 2. Aufl., bearb. von C. BEZOLD. Leipzig. – W. LESLAU [1987]: Comparative dictionary of Ge'ez (classical Ethiopic): Ge'ez-English/English-Ge'ez with an index of semitic roots. Wiesbaden.

Gegenwart →Präsens.

Geheimsprache. Künstlich geschaffene Sprachsysteme zum Zwecke der Geheimhaltung (z.B. im politischen Widerstand), zur Abgrenzung von geheimbündlerischen Gruppen gegen die Gesamtgesellschaft oder als Ausdruck von Gruppenzugehörigkeit (z.B. die durch Buchstabenvertauschung oder Silbenverdoppelung nach bestimmten Mustern konstruierte Schülersprache).

Lit.: E. BISCHOFF [1916]: Wörterbuch der wichtigsten Geheim- und Berufssprachen. Leipzig. – A. BAUSANI [1970]: Geheim- und Universalsprachen. Stuttgart. →Sondersprachen.

Gehemmt vs. Ungehemmt [engl. *checked* vs. *unchecked*]. Binäre phonologische Opposition zur Beschreibung →Distinktiver Merkmale, die sich auf akustisch analysierte und spektral definierte Unterscheidungskriterien stützt. (→Akustische Pho-

netik, →Spektralanalyse). Akustische Charakteristik: starke Energieabgabe in kurzer Zeit bzw. geringere Energieabgabe in längerer Zeit. Artikulatorische Charakteristik: Glottisverschluß bzw. -öffnung.

Lit.: R. JAKOBSON u.a. [1951]. Preliminaries to speech analysis. Cambridge, Mass. 6. Aufl. 1965, S. 23. →Distinktives Merkmal.

Geknarrter Laut →Knarrstimme.

Gelenk →Silbe.

Gemäßigte Kleinschreibung. In den sogen. »Wiesbadener Empfehlungen« des Arbeitskreises für Rechtschreibregelung vom 15. 10. 1958 vorgeschlagene Reform der Groß-/Kleinschreibung in der dt. Sprache, derzufolge nur noch Satzanfänge, Eigennamen (einschließlich der Namen Gottes), die Anredepronomen und fachsprachliche Abkürzungen groß geschrieben werden sollten (vgl. G. AUGST (ed.) [1974: 52–53]). Die Auseinandersetzung um die Einführung der G. K. wird seither mit wissenschaftlichen, pädagogischen, bildungs- und kulturpolitischen, aber auch ökonomischen Argumenten geführt, eine Einigung unter den betroffenen Ländern BRD, DDR, Österreich und Schweiz ist nicht absehbar.

Lit.: Empfehlungen des Arbeitskreises für Rechtschreibregelungen vom 15. 10. 1958. Mannheim 1959. – G. AUGST (ed.) [1974]: Deutsche Rechtschreibung mangelhaft? Heidelberg. – A. DIGESER (ed.) [1974]: Groß- oder Kleinschreibung? W. MENTRUP [1979]: Die Groß- und Kleinschreibung im Dt. und ihre Regeln. Historische Entwicklung und Vorschlag zur Neuregelung. Tübingen. – W. MENTRUP (ed.) [1979]: Rechtschreibreform in der Diskussion. Tübingen. – W. MENTRUP (ed.) [1979]: Materialien zur historischen Entwicklung der Groß- und Kleinschreibungsregeln. Tübingen. →Rechtschreibung.

Geminata [lat. *gemināta* ›die Verdoppelte‹; Pl. *Geminatae/ Geminaten*. - Auch: Langkonsonant, Doppelkonsonant]. Konsonant, der sich gegenüber einem anderen einzig durch längere Artikulationsdauer (→Quantität) auszeichnet. Der Unterschied Einfach- vs. Langkonsonant ist z.B. im Ital. phonologisch relevant: *fato* (›Schicksal‹) vs. *fatto* (›getan‹), nicht aber im Nhd., wo Doppelschreibung von Konsonantenbuchstaben lediglich die Kürze des vorausgehenden Vokals anzeigt: *Bett, Mappe*. Lediglich bei Wortfugen in Ableitungen wie *wahl + los*, Präfixbildungen wie *ab + bilden* und Zusammensetzungen wie *Lauf + feuer* kann ein Langkonsonant hörbar werden.

Lit.: →Phonetik.

Geminatio [lat. *gemināti̇̄o* ›Verdoppelung‹]. →Rhetorische Figur: unmittelbar folgende Wiederholung eines Ausdrucks, z.B. *Singet leise, leise, leise* (BRENTANO). Vgl. →Anapher, →Epipher.

Lit.: →Rhetorische Figur.

Gemination. Lautveränderung, die zu einer »Verdoppelung« von Konsonanten führt. Hervorgerufen bzw. begünstigt wird G. vor allem durch folgende Faktoren: (a) Assimilation; vgl. ahd *stimna* > *stimma* (›Stimme‹); (b) Silbenstruktur-Veränderung bei intervokalischen Konsonanten-Clustern, besonders vor nachfolgenden Halbvokalen bzw. Sonoranten; die hier auftretenden Syllabisierungsprobleme werden oftmals mit Hilfe von G. zugunsten eines (universal präferierten) »starken« Silbenanlautes gelöst. Ein Beispiel dafür ist u.a. die »Westgermanische Konsonantengemination« vor folgenden *j, w, r, l, m, n*, vgl. urgerm. **sit.jan > *sitt.jan* > ahd. *sittan* ›sitzen‹.

Lit.: F. SIMMLER [1974]: Die Westgermanische Konsonantengemination im Deutschen. München. - R. W. MURRAY/Th. VENNEMANN [1983]: Sound change and syllable structure. Problems in Germanic phonology. In: Lg 59, S. 514–528. - R. W. MURRAY [1986]: Urgermanische Silbenstruktur und die westgermanische Konsonantengemination. In: PBB (T) 108, S. 333–356. →Lautwandel, →Phonetik.

Gemurmelter Laut →Murmelstimme.

Generalisator →Operator (1).

Generalized Phrase Structure Grammar [Abk. GPSG, engl., ›Generalisierte Phrasenstrukturgrammatik‹]. →Generative Grammatik-Theorie aus der Familie der →Unifikationsgrammatiken, deren gegenwärtig meist diskutierte Version in GAZDAR u.a. [1985] vorliegt. Die GPSG ging aus Arbeiten von GAZDAR [1981] und [1982] hervor, in denen dieser versuchte, der erzeugungsmächtigen »Revidierten Erweiterten Standardtheorie« (REST) der →Transformationsgrammatik ein formal eingeschränkteres Grammatikmodell entgegenzusetzen, das ohne Transformationen und mit einer einzigen Repräsentationsebene auskommt. Die syntaktische Repräsentation ist ein Phrasenstrukturbaum, dessen nichtterminale Knoten syntaktische Kategorien in der Form partiell spezifizierter →Merkmalstrukturen sind. Der Grammatikformalismus der GPSG stellt ein komplexes System von Regeln und Bedingungen bereit, die die Wohlgeformtheit der →Lokalen Bäume in der Repräsentation eines Satzes und damit die Grammatikalität des Satzes bestimmen. Die →Phrasenstrukturregeln der GPSG entsprechen einer Version der →X-Bar-Theorie. Sie sind mit Merkmalsbeschreibungen annotiert, in denen die Merkmalsweitergabe durch Variablen gekennzeichnet ist. Viele der syntaktischen Gesetzmäßigkeiten, die in Transformationsgrammatiken durch Transformationen beschrieben sind, werden in der GPSG durch →Metaregeln repräsentiert, die aus Phrasenstrukturregeln andere Phrasenstrukturregeln erzeugen. So lassen sich z.B. die Regeln für Passiv-Verbphrasen aus den jeweiligen Regeln für Aktiv-Verbphrasen ableiten. Jede Kategorie in der syntaktischen Struktur muß den *Feature Cooccurrence Restrictions* (engl., ›Merkmalskombinations-Beschränkungen‹) und den *Feature Specification Defaults* (engl., ›Standardmerkmal-Spezifikationen‹) genügen, d.h. Booleschen Bedingungen, die die Wohlgeformtheit von Merkmalskombinationen festlegen. Die Merkmalsweitergabe erfolgt durch Merkmalsunifikationen im lokalen Baum, sie wird gesteuert durch drei globale Bedingungen: (a) *Head Feature Convention* (Abk.: HFC, engl., ›Kopfmerkmals-konvention‹), die für die Vererbung von Kopfmerkmalen wie

z.B. den Merkmalen [Numerus] und [Genus] von der Mutterkonstituente auf die Kopfkonstituente sorgt; (b) *Foot Feature Principle* (Abk.: FFP, engl., ›Fußmerkmalsprinzip‹), das die Vererbung von Merkmalen, die auf alle unmittelbaren Konstituenten übergehen sollen, gewährleistet, und (c) *Control Agreement Principle* (Abk.: CAP, engl., ›Kontroll-Kongruenz-Prinzip‹), das die Kongruenz von Konstituenten auf der Basis ihrer semantischen Kontrolleigenschaften regelt. Die GPSG verwendet das →ID/LP-Format. Im Unterschied zur herkömmlichen Phrasenstrukturgrammatik werden daher Unmittelbare Dominanz und Lineare Präzedenz durch verschiedene Regeltypen beschrieben. Das Lexikon der GPSG enthält wenig Information. Die →Subkategorisierung erfolgt durch ein Merkmal [subcat], dessen numerischer Wert die ID-Regeln selegiert, die das lexikalische Element einführen können. Fernabhängigkeiten, wie sie bei Konstituentenfragen und Topikalisierungen vorliegen, werden durch das Zusammenwirken von Metaregeln und Merkmalsweitergabe behandelt. Die semantische Komponente der GPSG liefert zu jedem lokalen Baum in Abhängigkeit von den Regeln, die ihn zugelassen haben, ein Kompositionsschema, das angibt, wie sich die Bedeutung der Phrase kompositionell aus den Bedeutungen ihrer unmittelbaren Konstitutenten errechnet. Die Bedeutungen sind durch Formeln einer →Intensionalen Logik im Stil der →Montague-Grammatik repräsentiert. – Die

GPSG wurde für zahlreiche einzelsprachliche Beschreibungen verwendet, vgl. für das Englische GAZDAR u.a. [1985], für das Deutsche USZKOREIT [1986], für das Japanische GUNJI [1986] und für das Makua STUCKY [1986]. Sie bildet auch die Grundlage für mehrere experimentelle Computer-Implementierungen natürlichsprachlicher Systeme, vgl. PHILLIPS/THOMPSON [1985], GAWRON u.a. [1982], KILBURY [1988]. – Die Grammatiktheorie der →Head-Driven Phrase Structure Grammar von POLLARD/SAG [1988] basiert zu großen Teilen auf Elementen der GPSG.

Lit.: G. GAZDAR [1981]: Unbounded depencies and coordinate structure. In: LIn 12, S. 155–184. – G. GAZDAR/G. K. PULLUM [1981]: Subcategorization, constituent order and the notion »head«. In: M. MOORTGAT/H. D. V. HULST/T. HOEKSTRA (eds.): The scope of lexical rules. Dordrecht, S. 107–123. – J. M. GAWRON u.a. [1982]: Processing English with a Generalized Phrase Structure Grammar. In: ACL Proceedings 20. Toronto, S. 74–81. – G. GAZDAR [1982]: Phrase Structure Grammar. In: P. JACOBSON/G. K. PULLUM (eds.): The nature of syntactic representation. Dordrecht, S. 131–186. – G. GAZDAR/G. K. PULLUM/I. A. SAG [1982]: Auxiliaries and related phenomena in a restrictive theory of grammar. In: Lg 58, S. 591–638. – G. GAZDAR u.a. [1985]: Generalized Phrase Structure Grammar. Cambridge, Mass. – T. GUNJI [1986]: Japanese Phrase Structure Grammar. Dordrecht. – J. KILBURY [1988]: Parsing with category cooccurance restrictions. In: COLING 88. Budapest. Bd.1, S. 324–327. – J. D. PHILLIPS/H. S. THOMPSON [1985]: GPSG – a parser for Generalized Phrase Structure Grammars. In: Ling 23-2, S. 245–261. – C. POLLARD/I. A. SAG [1988]: An information-based syntax and semantics. Bd. 1: Fundamentals. Stanford, Ca. – P. SELLS [1985]: Lectures on contemporary syntactic theories. Stanford, Ca. – S. M. SHIEBER [1986]: A simple reconstruction of GPSG. In: COLING 86. Bonn, S. 211–215. – S. STUCKY [1986]: Order in Makua syntax. New York. – H. USZKOREIT [1986]: Word order and constituent structure in German. Stanford, Ca.

Generative Grammatik [lat. *generāre* ›erzeugen‹].
(1) Oberbegriff für Grammatikmodelle, die auf einem →Algorithmus oder Kalkül zur Erzeugung von Sätzen basieren. In diesem Sinne werden auch die synonymen Begriffe →Erzeugungsgrammatik oder Produktionsgrammatik benutzt.
(2) Synonyme Bezeichnung für CHOMSKYS generative →Transformationsgrammatik.
Lit.: →Transformationsgrammatik.

Generative Kapazität. [Auch: Generative Kraft]. Eigenschaft von Grammatiken hinsichtlich ihrer Leistungsfähigkeit in bezug auf ein bestimmtes, vorgegebenes Komplexitätsmaß. Grammatiken mit größerer G. K. können strukturell kompliziertere Sprachen generieren als Grammatiken mit geringerer G. K.; z.B. besitzen die von N. CHOMSKY [1957] beschriebenen →Finite State Grammars (»Grammatiken mit endlich vielen Zuständen«) eine für die Beschreibung natürlicher Sprachen zu geringe G. K., d.h., daß solche Grammatiken nicht in der Lage sind, die Menge aller Sätze einer natürlichen Sprache zu erzeugen. Die Untersuchung der »starken« und der »schwachen« G. K. von Grammatiken basiert auf der Beurteilung der verschiedenen →Adäquatheitsebenen. Eine Grammatik kann z.B. dann keine ausreichend starke G. K. besitzen, wenn sie zwar beobachtungsadäquat, nicht aber beschreibungsadäquat ist. Schon auf der Ebene der Beobachtungsadäquatheit, also bzgl. der schwachen G. K., besitzt die Klasse der kontextfreien Grammatiken eine geringere G. K. als die Klasse der kontextsensitiven Grammatiken, d.h., es gibt Sprachen, die von einer kontextsensitiven Grammatik erzeugt werden können, deren Komplexität aber zu groß ist, als daß sie von irgendeiner kontextfreien Grammatik erzeugt werden könnten. (Dagegen kann jede von einer kontextfreien Grammatik erzeugbare Sprache auch von einer kontextsensitiven Grammatik erzeugt werden). Die nach zunehmender G. K. geordnete Typologie der Grammatiken – *finite state grammar*, kontextfreie Grammatik, kontextsensitive Grammatik und unbeschränkte Erzeugungsgrammatik – wird als »Chomsky-Hierarchie« bezeichnet.

Lit.: →Adäquatheitsebenen, →Formale Sprachen.

Generative Kraft →Generative Kapazität.

Generative Phonologie →Phonologie.

Generative Semantik. Von G. LAKOFF, J. MC CAWLEY, J. ROSS u.a. seit Ende der 60er Jahre in den USA vertretene Gegenposition zu N. CHOMSKYS Semantik-Konzept im Rahmen seiner 1965 entwickelten »Standardtheorie« der generativen →Transformationsgrammatik. Bei dieser (insbes. von CHOMSKY [1965] u.a. verfochtenen) Position der →Interpretativen Semantik stellt die syntaktisch motivierte Tiefenstruktur die einzige Eingabe für die semantische Interpretationkomponente der Grammatik dar. Dagegen nahmen die Vertreter der G. S. an, daß semantisch motivierte Strukturen in einer der Prädikatenlogik ähnlichen Form von (universellen) Basisregeln erzeugt werden und durch transformationelle Prozesse recht komplexer Art in sprachspezifisch festzulegende Oberflächenstrukturen überführt werden. Die Bedeutung von Einzellexemen wird als syntaktisch strukturierter Komplex von semantischen Grundelementen beschrieben (→Lexikalische Zerlegung): so wird das Verb *überreden* (*x überredet y zu z*) paraphrasiert durch *x* »*macht*«, *daß y* »*will*«, *daß z*, wobei »machen« und »wollen« als →Atomare Prädikate verstanden werden, die durch Transformationen zu komplexeren Prädikaten verbunden werden. Außerdem wird die Menge der syntaktischen Kategorien auf drei Elemente reduziert: S (→Proposition), NP (→Argument) und V (→Prädikat). Da nunmehr die logisch-semantische Form eines Satzes als zugrundeliegende (generative) Struktur angesehen wird, entfällt die in der generativen Transformationsgrammatik sonst übliche strikte Trennung zwischen Syntax und Semantik, bzw. zwischen Wortsemantik, Wortbildung und Satzsemantik. Die Kritik der Gegner der G. S. richtete sich sowohl gegen den *ad-hoc*-Charakter des Beschreibungsmechanismus als auch gegen ihre starke generative Kraft, vgl. hierzu →Globale Regeln sowie von Seiten der →Interpretativen Semantik die Arbeiten von CHOMSKY und KATZ, aus pragmatisch orientierter Perspektive WUNDERLICH [1970], von Vertretern der →Kategorialgrammatik BARTSCH/

VENNEMANN [1972] und – zusammenfassend – IMMLER [1974] und NEWMEYER [1980] Kap. 5. Ein Rückgriff auf das Konzept der G. S findet sich in SEUREN [1985].

Lit.: J. J. KATZ [1970]: Interpretative semantics vs. generative semantics. In: FL 6, S. 220–259. – G. LAKOFF [1970]: Linguistics and natural logic. In: Synthese 22, S. 151–271. Dt.: W. ABRAHAM (ed.): Linguistik und natürliche Logik. Frankfurt 1971. – D. WUNDERLICH [1970]: Syntax und Semantik in der Transformationsgrammatik. In: STZ 36, S. 319–355. – N. CHOMSKY [1971]: Deep structure, surface structure, and semantic interpretation. In: D. D. STEINBERG/L. A. JAKOBOVITS (eds.): Semantics. Cambridge, S. 183–216. – G. LAKOFF [1971]: On generative semantics. In: D. D. STEINBERG/L. A. JAKOBOVITS (eds.) Semantic. Cambridge, S. 232–296. Dt. in: F. KIEFER (ed.): Semantik und generative Grammatik. Königstein 1972, S. 305–359. – R. BARTSCH/TH. VENNEMANN [1972]: Semantic structures: A study in the relation between semantics and syntax. 2. Aufl. 1973 Frankfurt. – N. CHOMSKY [1972]: Studies on semantics in generative grammar. The Hague. – P.A.M. SEUREN [1985]: Discourse Semantics. Oxford.
Forschungsberichte: R. I. BINNICK [1972]: Zur Entwicklung der generativen Semantik. In: W. ABRAHAM/R. I. BINNICK (eds.): Generative Semantik. Frankfurt, S. 3–48. – M. IMMLER [1974]: Generative Syntax – generative Semantik. München. – F. NEWMEYER [1980]: Linguistic theory in America. New York.
Bibliographie: H. KRENN/K. MÜLLNER [1970]: Bibliographie zur generativen Semantik. In: LBer 5, S. 85–105. →Interpretative Semantik, →Semantik, →Transformationsgrammatik.

Generative Transformationsgrammatik. In Deutschland übliche Bezeichnung für die von N. CHOMSKY entwickelte →Transformationsgrammatik.

Lit.: →Transformationsgrammatik.

Generieren. Von N. CHOMSKY im Rückgriff auf die Sprachtheorie von W. v. HUMBOLDT verwendete Bezeichnung für die Aufzählung von Sätzen aufgrund eines rekursiven Regelmechanismus. Während der Humboldtsche Begriff »erzeugen« sich allerdings stärker auf den historischen Entwicklungsprozeß der Sprache bezieht, gebraucht CHOMSKY den Terminus strikt im mathematischlogischen Sinn. Vgl. →Erzeugungsgrammatik, →Rekursivität.

Lit.: W. v. HUMBOLDT [1836]: Über die Verschiedenheit des menschlichen Sprachbaues. Berlin, Neudruck 1963. – N. CHOMSKY [1965]: Aspects of the theory of syntax. Cambridge, Mass. Dt.: Aspekte der Syntaxtheorie. Frankfurt. 1969. – V. BEEH [1977]: Der Begriff der Erzeugbarkeit. In: GermL, S. 51–87. – V. BEEH [1981]: Sprache und Spracherlernung. Unter mathematischbiologischer Perspektive. Berlin. →Transformationsgrammatik.

Generierung. Die maschinelle Generierung natürlichsprachlicher Sätze bzw. Texte aus internen Repräsentationen (Bedeutungsrepräsentationen) umfaßt die Phase der Planung des Äußerungsinhalts (»*what to say*«) und der Form der Äußerung (»*how to say*«). Diese Aufgabenteilung spiegelt sich in der Systemarchitektur durch die Trennung in eine strategische und eine taktische Komponente wider. Eine adäquate G. ist jedoch nur möglich, wenn eine Interaktion zwischen den beiden Komponenten stattfindet. Eine gegenwärtig offene Frage ist, inwieweit die G.-komponente auf die gleichen Typen von sprachlichem und außersprachlichem Wissen zugreifen kann wie die Verstehenskomponente. Insbesondere ist nicht geklärt, in welchem Umfang Verstehen und Produzieren als inverse Prozesse angesehen werden können.

Lit.: K. MCKEOWN [1985]: Text generation. Cambridge. – H.-J. NOVAK [1987]: Textgenerierung aus visuellen Daten. Berlin. – CH. HABEL [1988]: Prozedurale Aspekte der Wegplanung und Wegbeschreibung. In: H. SCHNELLE/G. RICKHEIT (eds.): Sprache in Mensch und Computer. Wiesbaden, S. 107-133. - G. KEMPEN [1989]: Language generation systems. In: HSK 4.10, S. 471-480. - W. LEVELT [1989]: Production. Cambridge, Mass.

Generisch [lat. *genus* ›Geschlecht‹. - Auch: Generizität]. In der →Prädikatenlogik Eigenschaft einer Aussage, die durch Präfigierung des All-Quantors an eine propositionale Funktion zustandekommt (d.h. eine »All-Aussage«, vgl. REICHENBACH [1947]. - In der →Semantik (a) Referenz von Nominalphrasen auf Gattungen (statt auf konkrete Objekte) in Aussagen wie *1969 betrat der Mensch zum erstenmal den Mond* oder *Jeden Tag wird eine Käferart ausgerottet.* (Dabei bleibt nach BURTON-ROBERTS [1976] und HAWKINS [1978] jedoch der Unterschied zwischen Definiten und Indefiniten →Nominalphrasen erhalten). - (b) Ausdruck von »gesetzeshaften« Sachverhalten (statt konkreter Ereignisse), z.B: *Ein Schotte trinkt Whisky; Peter raucht Pfeife.* Beide Arten können auch zusammen auftreten, zB. in *Der Schotte trinkt Whisky.*

Lit.: H. REICHENBACH [1947]: Elements of symbolic logik. New York. - Ö. DAHL [1975]: On generics. In: E. KEENAN (ed.) Formal semantics of natural language. Cambridge, S. 99-111. - N. BURTON-ROBERTS [1976]: On the generic indefinite article. In: Language 52, S. 427-448. - J. HAWKINS [1978]: Definiteness and indefiniteness. London. - G. CARLSON [1980]: Reference to kinds in English. New York. - G. HEYER [1987]: Generische Kennzeichnungen. Zur Logik und Ontologie generischer Bedeutungen. München. - C. GERSTNER /M. KRIFKA [i.V.]: Generizität. In: J. JACOBS u.a. (eds.): Handbuch der Syntax. Berlin. - G. CARLSON/F. J. PELLETIER (eds.) [i.V.]: Genericity. Chicago.

Generische Lesart [Auch: Allgemeine Lesart]. Bedeutung von sprachlichen Ausdrücken, die sich als Gattungsbegriff in kontextunabhängiger Weise auf Klassen von Einzelelementen beziehen, z.B. *Bücher* in *Bücher sind teuer.* In *Der Löwe ist ein Raubtier* hat der bestimmte Artikel (normalerweise) G.L. im Unterschied zu dem bestimmten Artikel in *Der Löwe hat Zahnschmerzen.*

Generizität →Generisch.

Genetische Phonetik [griech. *génesis* ›Erzeugung‹]. →Artikulatorische Phonetik.

Genetiv →Genitiv.

Genfer Schule. In der unmittelbaren Nachfolge von F.DE SAUSSURE forschende Richtung des →Strukturalismus, als deren Vertreter vor allem die auf DE SAUSSURE folgenden Inhaber des Genfer Lehrstuhls gelten (CH. BALLY, A. SECHEHAYE, S. KARCEVSKIJ und H. FREI), die zugleich dessen Exegeten, Editoren und Nachlaßverwalter sind. In diesem Rahmen sieht der »Cercle Ferdinand de Saussure« seine vordringlichste Aufgabe in der Interpretation, Verteidigung und Präzisierung der Position von DE SAUSSURE, wovon vor allem das Publikationsorgan der G. S., die »Cahiers F. de Saussure« zeugt.

Lit.: A. SECHEHAYE [1927]: L'école genevoise de linguistique générale. In: IF 44, S. 217-241. - R. GODEL [1969]: A Geneva school reader in linguistics. Bloomington. - R. GODEL [1970]: L'école saussurienne de Genève. In: CH. MOHRMANN u.a. (eds.): Trends in European and American linguistics. Utrecht. →Strukturalismus, →Sprachwissenschaft (Geschichte).

Genitiv [lat. (*cāsus*) *genetīvus* ›die Herkunft bezeichnend(er Fall)‹, irrtümliche Übersetzung von griech. (*ptōsis*) *genikḗ* ›die Gattung bezeichnend(er Fall)‹. – Auch: Genitiv, Relationskasus, Wesfall]. Morphologischer Kasus, der primär zur Kennzeichnung des →Attributs eines Substantivs dient (*das Haus meiner Schwester*). In dieser Funktion mit possessiver Bedeutung ist der G. in den Sprachen der Welt am häufigsten verwendet, weshalb man ihn in der Universalienforschung auch engl. *possessive marker* nennt. Andere syntaktische Funktionen von →Nominalphrasen im G. sind: →Obliques Objekt eines Verbs oder Adjektivs (*Philip ist sich seines Fehlers bewußt*), Adverbial (*Sie ging eines Tages weg*) oder Prädikativ (*Jemand ist des Teufels*). Außerdem wird der G. auch von Präpositionen gefordert (*wegen des Regens, dank ihrer Hilfe*). – G.-Attribute werden nach dem Vorbild der lat. Grammatik (aber nur in wenigen Fällen überzeugend) nach ihren inhaltlichen Beziehungen zum modifizierten Substantiv klassifiziert: (a) Genitivus subiectivus: *der Schlaf eines Kindes* (vgl. die →Subjekt-Prädikat-Beziehung in *Ein Kind schläft*); (b) Genitivus obiectivus: *die Verteilung der Medikamente* (vgl. die Objekt-Prädikatsbeziehung in *Man verteilt Medikamente*); (c) Genitivus possessivus: *der Hut der Ministerin* (vgl. die Zugehörigkeitsbeziehung in *Die Ministerin hat einen Hut*); (d) Genitivus partitivus: *die Hälfte meines Vermögens* (Teil-Ganzes-Beziehung). Zu weiteren Verwendungsweisen vgl. TEUBERT [1979]. – Unter historischem Aspekt ist in den ideur. Sprachen eine immer geringere Verwendung des G. zu registrieren: während er im Frz. und Ital. völlig abgebaut wurde, werden im Dt. in allen Funktionen zunehmend konkurrierende Konstruktionen verwendet, vgl. seine Verwendung als Objekt (*sich einer Sache erinnern – sich an eine Sache erinnern*), Attribut (*die Uhr meiner Schwester – die Uhr von meiner Schwester*), Adverbial (*des Nachts – in der Nacht*).

Lit.: A. DEBRUNNER [1940]: Aus der Krankheitsgeschichte des Genitivs. Bern. – E. WELLANDER [1956]: Zum Schwund des Genitivs. In: Fragen und Forschungen im Bereich und Umkreis der germanischen Philologie. Festgabe für TH. FRINGS. Hrsg. von der Dt. Akademie der Wissenschaften zu Berlin, S. 156–172. – L. WEISGERBER [1957/58]: Der Mensch im Akkusativ. In: WW 8, S. 193–205. – A. TIMBERLAKE [1975]: Hierarchies in the genitive of negation. In: SEEJ 19, S. 123–138. – W. TEUBERT [1979]: Valenz des Substantivs. Attributive Ergänzungen und Angaben. Düsseldorf. – C. MICHAELIS [1980]: Formale Bestimmung und Interpretation einer syntaktischen Relation. Das Genitivattribut im Deutschen. (Diss.) Berlin. – H. ANTILLA [1983]: Zur geschichtlichen Entwicklung des Genitivobjekts im Deutschen. In: LSt 107, S. 97–113. →Kasus.

Gennematisch [griech. *génnēma* ›das Erzeugte‹. – Auch: Gennemisch]. →Akustische Phonetik.

Gennemisch →Gennematisch.

Genotyp [griech. *génos* ›Gattung‹, ›Klasse‹]. Von S. ŠAUMJAN aus der Vererbungslehre in die →Semiotik übernommener Begriff (= »Summe der ererbten Anlagen« im Unterschied zum →Phänotyp als dem äußeren Erscheinungsbild). G. im Sinne von ŠAUMJAN bezeichnet die abstrakte Ebene seines Sprachmodells, die als universelles semiotisches System allen Einzelsprachen zugrundeliegt und durch Korrespondenzregeln mit den unterschiedlichen Phänotypen verbunden ist. Primäres Ziel der sprachwissenschaftlichen Analyse ist die Beschreibung des G., auf der die Beschreibung der Phänotypen basiert.

Lit.: →Applikativ-Generatives Modell.

Genus [Pl. Genera; lat. *genus* ›Art‹, ›Klasse‹; engl. *gender.* – Auch: (Grammatisches) Geschlecht]. Lexikalisch-grammatische Kategorie des Substantivs, durch welche in vielen Sprachen Substantive verschiedenen Klassen zugeordnet werden. Durch →Kongruenz-Beziehungen unterliegen vielfach auch andere Wortarten (Adjektiv, Artikel oder Verb) dieser Kategorie. Im engeren Sinne bezeichnet G. solche Substantivklassifizierungen, die u.a. ein →Maskulinum und →Femininum enthalten, wie z.B. das Deutsche (auch Sexus-Systeme genannt); andere G.-Systeme werden häufig als →Nominalklassen-Systeme bezeichnet. Bei Sexus-Systemen führt man in der Regel die Entwicklung der grammatischen G.-Klassifizierung auf die natürliche Geschlechtsordnung »männlich vs. weiblich« zurück (eine Deutung, die nicht unbestritten ist), in allen bekannten Sprachen aber ist die Beziehung zwischen grammatischem Genus und natürlichem Geschlecht nur in einzelnen Bereichen des Wortschatzes durchsichtig, im Dt. z.B. bei Verwandtschaftsnamen und Berufsbezeichnungen, vgl. die Arbeiten von KÖPCKE, ZUBIN. Die im Dt. erhaltene Gliederung in drei G. ist schon für das Ideur. nachweisbar, in anderen ideur. Sprachen ist diese Zahl reduziert. Nicht nur die quantitative Ausprägung ist verschieden, sondern auch die semantische Kategorisierung: Während in den roman. Sprachen Maskulinum und Neutrum in der Teilkategorie Maskulinum zusammengefallen sind, besteht im Dän. eine Opposition Maskulinum/Femininum vs. Neutrum. – Die formale Kennzeichnung des natürlichen Geschlechts erfolgt entweder lexikalisch durch verschiedene Wörter (*Vater:Mutter*), durch Wortbildungsmittel (*Sänger:Sängerin*) oder nur durch den entsprechenden Artikel (*der/die Ahne*, frz. *un/une enfant*). Vgl. →Nominalklassen.

Lit.: G. ROYEN [1929]: Die nominalen Klassifikations-Systeme in den Sprachen der Erde. Historisch-kritische Studie, mit besonderer Berücksichtigung des Indo-Germanischen. Mödling. (= Linguistische Bibliothek Anthropos 4). – I. FODOR [1959]: The origin of grammatical gender. In: Lingua 8, S. 1–41, S. 186–214. – K.-M. KÖPCKE [1982]: Zum Genussystem der dt. Gegenwartssprache. Tübingen. – D. A. ZUBIN/K.-M. KÖPCKE [1986]: Gender and folk taxonomy: The indexical relation between grammatical and lexical categorization. In: C. CRAIG (ed.) [1986]: Noun classes and categorization. Amsterdam, S. 139-180. – C. JONES [1988]: Grammatical gender in English: 950–1250. London. →Feministische Linguistik, →Nominalklassen.

Genus Verbi [lat. ›Geschlecht der Verben‹; engl. *voice.* – Auch: →Diathese, Handlungsform, Verbalgenus]. Grammatische Kategorie des Verbs, die in →Nominativsprachen aus →Aktiv, →Passiv und dem (nur in wenigen Sprachen vorhandenen) →Medium besteht. Die Wahl des G. V. bezieht sich auf das Verhältnis zwischen semantischen Rollen (→Agens, →Patiens u.a.)

und syntaktischen Funktionen (Subjekt, Objekt). Im Aktiv wird der Urheber der Handlung (Agens) durch das Subjekt gekennzeichnet (= täterbezogenes G. V., auch: Tätigkeitsform), während im Passiv diese Funktion (valenzabhängig) durch andere Rollen (Patiens, Benefaktiv u.a.) besetzt wird (= täterabgewandtes G. V., auch: Leideform). Das Medium drückt einen vom Subjekt ausgehenden und auf das Subjekt bezogenen Vorgang aus (vgl. →Reflexivität). Die drei G. V. sind in verschiedenen Sprachen unterschiedlich grammatikalisiert: das Medium findet sich im →Sanskrit und Altgriech., in neueren idear. Sprachen wird es durch Reflexivkonstruktionen ersetzt. – Die Verwendung der beiden Genera Aktiv und Passiv unterliegt weitgehend stilistischen bzw. funktionalen Bedingungen: (a) Da das Aktiv-Subjekt im Passiv als (fakultative) Präpositionalphrase realisiert wird (und somit in der Regel auch nicht mehr nominales Erstglied ist), tritt normalerweise eine Veränderung der Satzperspektive ein, insofern das ursprüngliche Thema im Passivsatz zum Rhema wird und umgekehrt (vgl. →Thema vs. Rhema); (b) Außerdem wird Passiv in Kontexten verwendet, in denen das Agens unberücksichtigt bleiben kann/soll und das Geschehen als solches hervorgehoben wird: *Der Bilderfälscher wurde verhaftet.* – Die (ältere) generative →Transformationsgrammatik sowie die →Relationale Grammatik behandeln Aktiv-Passivsätze als (synonyme) Paraphrasen und leiten beide Formen aus einer gemeinsamen, zugrundeliegenden Struktur ab. Allerdings ergeben sich bei Sätzen mit →Quantoren wie *jeder, alle* erhebliche Probleme, weil keine (eindeutige) semantische Äquivalenz von Aktiv- und Passivform vorliegt, vgl. *Jeder Mensch liebt einen* (= ›irgendeinen‹) *Menschen* vs. *Ein* (›bestimmter‹) *Mensch wird von jedem Menschen geliebt.*

Lit.: E. J. W. BARBER [1975]: Voice – beyond the passive. In: BLS 1, S. 16–24. – E. L. KEENAN [1975]: Some universals of passive in relational grammar. In: CLS 11, S. 340–352. – P. PARKER [1976]: Language change and the passive voice. In: Lg 52, S. 449–460. – D. M. PERLMUTTER/P. M. POSTAL [1977]: Toward a universal characterization of passivization. In: BLS 3, S. 394–417. – J. BRESNAN [1978]: A realistic transformational grammar. In: M. HALLE u.a. (eds.): Linguistic theory and psychological reality. Cambridge, Mass., S. 1–59. – E. BACH [1979]: In defense of passive. In: LPh 3, S. 297–341. – G. STEIN [1979]: Studies in the function of the passive. Tübingen. – A. DAVIDSON [1980]: Peculiar passives. In: Lg 56, S. 42–66. – C. BEEDHAM [1981]: The passive in English, German and Russian. In: JL 17, S. 319–327. – G. GAZDAR/J. SAG [1981]: Passive and reflexive in phrase structure grammar. In: J. GROENENDIJK u.a. (eds.): Formal methods in the study of language. Amsterdam. – C. BEEDHAM [1982]: The passive aspect in English, German and Russian. Tübingen. – J. BRESNAN [1982]: The passive in lexical theory. In: J. BRESNAN (ed.): The mental representation of grammatical relations. Cambridge, Mass. – T. GIVÓN [1982]: Transitivity, topicality and the Ute impersonal passive. In: J. P. HOPPER/S. A. THOMPSON (eds.): Studies in transitivity. New York, S. 143–160. – A. SIEWIERSKA [1984]: Passive: A comparative linguistics analysis. London. – E. KEENAN [1985]: Passive in the world's languages. In: T. SHOPEN (ed.): Language typology and syntactic description. Bd. 1. Cambridge, S. 243–281. – M. SHIBATANI [1985]: Passives and related constructions: a prototype analysis. In: Lg 61, S. 821–848. – M. SHIBATANI (ed.) [1988]: Passive and voice. Amsterdam. – P. K. ANDERSEN [1989]: Gibt es Passivmorphologie? In: LB 121, S. 185–205. →Medium.
Lit. zum Deutschen: W. SCHRÖDER [1955]: Zur Passiv-Bildung im Althochdeutschen. In: PBB (H) 77, S. 1–76. – H. KOLB: [1966]: Das verkleidete Passiv. In: STZ 19, S. 173–198. – K. BRINKER [1971]: Das Passiv im

heutigen Deutsch: Form und Funktion. München. – A. STEUBE [1972]: Unpersönliches Passiv. In: LABer 5, S. 49–62. – H. -W. EROMS [1975]: Subjektwahl und Konversen. In: G. DRACHMANN (ed.): Salzburger Beiträge zur Linguistik I. Tübingen, S. 319–333. – R. LÖTZSCH/R. R. RUŽIČKA (eds.) [1976]: Satzstruktur und Genus verbi. Berlin. – G. SCHOENTHAL [1976]: Das Passiv der deutschen Standardsprache. München. – F. WAGNER [1977]: Reflexivkonstruktionen und Genera Verbi. In: Sprachw 2, S. 302–338. – T. N. HÖHLE [1978]: Lexikalistische Syntax: die Aktiv-Passiv-Relation und andere Infinitkonstruktionen im Deutschen. Tübingen. – S. PAPE-MÜLLER [1980]: Textfunktionen des Passivs. Untersuchungen zur Verwendung von grammatisch-lexikalischen Passivformen. Tübingen. – J.-M. BOBILLON u.a. (eds.) [1987]: Das Passiv im Deutschen. Akten des Kolloquiums über das Passiv im Deutschen, Nizza 1986. Tübingen.

Georgisch. Größte südkaukasische Sprache mit 3,5 Mio. Sprechern, deren literarische Tradition bis in das 5. Jh. zurückreicht; die G. Schrift hat sich aus der Schrift des →Aramäischen entwickelt. Spezifische Kennzeichen: Für kaukasische Sprachen ein eher einfaches Lautsystem (mit glottalisierten Konsonanten), jedoch mit komplexen Konsonanten-Clustern. Reiche Flexionsmorphologie. Kasussystem ergativisch, wenn das Verb im Aorist steht; Dativsubjekte bei Wahrnehmungsverben. Das Verb kongruiert mit Subjekt, direktem und indirektem Objekt. Zahlreiche Aktionsarten können durch Verbpräfixe ausgedrückt werden.

Lit.: K. TSCHENKÉLI [1958]: Einführung in die georgische Sprache. Zürich. – H. VOGT [1971]: Grammaire de la langue géorgienne. Oslo. – A. C. HARRIS [1981]: Georgian syntax: a study in relational grammar. Cambridge. – H. ARONSON [1982]: Georgian: A Reading Grammar. Columbus. – H. FÄHNRICH [1986]: Kurze Grammatik der georgischen Sprache. Leipzig.

Geräuschlaut →Obstruent.

Germanisch. Sprachzweig des →Indo-Europäischen, der sich von den übrigen ideur. Sprachen unterscheidet durch systematische Veränderungen des urideur. Konsonantensystems in der →Ersten Lautverschiebung, Festlegung des Wortakzentes auf die erste Silbe, Reduktion der ursprünglichen Kasus-Vielfalt (von acht auf drei Kasus) und der drei Numerus-Kategorien auf zwei (Verlust des →Dual), Vereinfachung der Verbmorphologie (Verlust des →Medium, Zusammenfall von Konjunktiv und Optativ), Unterscheidung zwischen starker und schwacher Verbbildung sowie Differenzierung zwischen starker vs. schwacher Adjektivflexion; Wortstellung überwiegend SOV. – Für die interne Ordnung gibt es vielfältige, meist miteinander verträgliche Systematisierungsvorschläge (vgl. die Zusammenfassungen in VAN COETSEM/KUFNER [1972], HAWKINS [1987] sowie die Übersicht); in der Regel wird untergliedert in: (a) →Nordgermanisch (Skandinavisch): →Dänisch, →Schwedisch, →Färöisch, →Isländisch, →Norwegisch; (b) Ostgermanisch: →Gotisch und Burgundisch; (c) Westgermanisch: →Deutsch (mit →Jiddisch), →Englisch (mit seinen verwandten →Kreolsprachen), →Friesisch und →Niederländisch (mit →Afrikaans). Aufgrund übereinstimmender sprachlicher Merkmale aller germ. Einzelsprachen setzt man eine gemeinsame Grundsprache voraus (auch: Gemein-, Urgermanisch). Früheste schriftliche Zeugnisse sind skandinav.

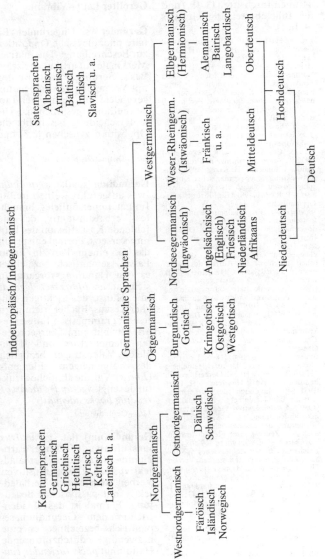

Zur sprachgeschichtlichen Entwicklung des Deutschen

Indoeuropäisch/Indogermanisch

Kentumsprachen
Germanisch
Griechisch
Hethitisch
Illyrisch
Keltisch
Lateinisch u. a.

Satemsprachen
Albanisch
Armenisch
Baltisch
Indisch
Slavisch u. a.

Germanische Sprachen

Nordgermanisch

Ostgermanisch

Westgermanisch

Westnordgermanisch   Ostnordgermanisch

Färöisch   Dänisch
Isländisch   Schwedisch
Norwegisch

Burgundisch
Gotisch

Krimgotisch
Ostgotisch
Westgotisch

Nordseegermanisch
(Ingwäonisch)

Angelsächsisch
(Englisch)
Friesisch
Niederländisch
Afrikaans

Weser-Rheingerm.
(Istwäonisch)

Fränkisch
u. a.

Elbgermanisch
(Hermionisch)

Alemannisch
Bairisch
Langobardisch

Niederdeutsch

Mitteldeutsch   Oberdeutsch

Hochdeutsch

Deutsch

→Runen-Inschriften (3. Jh.) und die Bibelübersetzung ULFILAS (4. Jh.).

Lit.: S. FEIST [1924]: Indogermanen und Germanen. 3. Aufl. Halle/S. – H. GUNTERT [1934]: Der Ursprung der Germanen. Heidelberg. – E. SCHWARZ [1951]: Goten, Nordgermanen, Angelsachsen. Studien zur Ausgliederung der germanischen Sprachen. Bern. – F. STROH [1952]: Handbuch der germanischen Philologie. Berlin. – J. DE VRIES [1960]: Kelten und Germanen. Bern. – W. P. LEHMANN [1966]: The grouping of the Germanic languages. In: H. BIRNBAUM/J. PUHVEL (eds.): Ancient Indo-European dialects. Berkeley, S. 13–27. – F. VAN COETSEM/H. L. KUFNER (eds.) [1972]: Toward a grammar of Proto-Germanic. Tübingen. – H. KLOSS [1978]: Die Entwicklung neuer germanischer Kultursprachen seit 1800. 2. erw. Aufl. Düsseldorf. – P. RAMAT [1981]: Einführung in das Germanische. Tübingen. – W. P. LEHMANN [1984]: Die genealogische und typologische Einordnung des Deutschen: Indogermanisch – Germanisch – Deutsch. In: HSK 2.2, S.949–962. – A. BAMMESBERGER [1986]: Untersuchungen zur vergleichenden Grammatik der germanischen Sprachen 1: Der Aufbau des germanischen Verbalsystems. Heidelberg. – B. BROGYANYI/T. KRÖMMELBEIN (eds.) [1986]: Germanic dialects. Linguistic and philological investigations. Amsterdam. – J. A. HAWKINS [1987]: Germanic languages. In: WML, S. 68–76. – H. BECK u.a. (eds.) [1989]: Germanische Rest- und Trümmersprachen. Berlin.
Grammatiken und Wörterbücher: J. GRIMM [1822]: Deutsche Grammatik. Göttingen. – W. STREITBERG [1896]: Urgermanische Grammatik. 4. Aufl. Heidelberg 1974. – R. C. BOER [1924]: Oergermaansch handboek. 2. Aufl. Haarlem. – H. HIRT [1931/34]: Handbuch des Urgermanischen. 3 Bde. Heidelberg. – E. PROKOSCH [1939]: A comparative Germanic grammar. Philadelphia. – L. RÖSEL [1962]: Die Gliederung der germanischen Sprachen nach dem Zeugnis ihrer Flexionsformen. Nürnberg. – E. SEEBOLD [1970]: Vergleichendes und etymologisches Wörterbuch der germanischen starken Verben. The Hague. – T. L. MARKEY [1978]: Germanic and its dialects: a grammar of Proto-Germanic. Bd. 1: Text. Amsterdam. – T. L. MARKEY/P. T. ROBERGE [1978]: Germanic and its dialects: grammar of Proto-Germanic. Bd.2: Maps and commentary. Amsterdam.
Bibliographie: T. L. MARKEY/R. L. KYES/P. T. ROBERGE [1978]: Germanic and its dialects: a grammar of Proto-Germanic. Bd. 3: Bibliography and indices. Amsterdam.

Gerollter Laut →Vibrant.

Gerundet vs. Ungerundet. Binäre phonologische Opposition zur Beschreibung →Distinktiver Merkmale auf artikulatorischer Basis. Gerundete Laute werden mit Verengung der Lippen, ungerundete mit gespreizter Lippenstellung gesprochen. Die Unterscheidung beschreibt die Opposition zwischen [ü,ö] und [i,e].

Lit.: →Distinktives Merkmal.

Gerundium [spätlat. *gerundium* ›was ausgeführt werden muß‹]. Im Lat. unpersönlich gebrauchtes Verbalsubstantiv, das die fehlende Kasusflexion des Infinitivs ersetzt. Formal entspricht das G. einem Partizip Futur Passiv, semantisch bezeichnet es den Handlungsvorgang an sich: lat. *ars libros recte legendi* ›die Kunst des richtigen Bücher-Lesens/Bücher richtig zu lesen‹; grammatisch fungiert es als Attribut zum übergeordneten Element (*ars*) und ist zugleich Valenzträger bezüglich des abhängigen Elements (*libros*). Vgl. die ähnliche Struktur des engl. *»gerund«* : *the art of reading books adequatly.*

Lit.: →Gerundiv(um).

Gerundiv(um) [lat. *gerundīvus* ›auszuführend‹. – Auch: Partizipium Necessitatis, Verbaladjektiv]. Im Lat. von transitiven Verben abgeleitetes Verbaladjektiv mit passivischer Bedeutung. Formal ist das G. identisch mit dem →Gerundium, semantisch bezeichnet es eine notwendig durchzuführende Handlung: *pacis faciendae causa* ›zum Zwecke eines Friedensschlusses‹. Im Dt. entsprechen dem G. attributive Konstruktionen wie *eine kaum zu bewältigende Forderung*. Vgl. auch →Supinum.

Lit.: O. LEYS [1977]: Gerundiv und modales Partizip. In: DS 5, S. 119–125. – E. RISCH [1984]: Gerundivum und Gerundium: Gebrauch im klassischen und älteren Latein: Entstehung und Vorgeschichte. Berlin. →Genus Verbi, →Modalität.

Geschäftssprache. Im Spätmittelalter in Urkunden der Kanzleien, Gerichte und Städte überlieferte schriftliche Sprache, die trotz landschaftlicher Merkmale eine überregional verständliche Ausdrucksform darstellt, vgl. die ostmitteldt. →Kanzleisprache. Die gesprochene Version der G. wird als →Verkehrssprache bezeichnet.

Lit.: →Kanzleisprache.

Geschichten-Grammatik. In der Art einer →Generativen Grammatik aufgebautes Modell der Textstruktur von »Geschichten«, d.h. einer Klasse von Erzählungen, deren →Narrative Struktur in einer zielgerichteten Handlungsfolge besteht. Aufgrund ihrer einfachen Struktur dient die G. in kognitiv orientierten Forschungen zur →Textverarbeitung häufig als Modell der Wissensspeicherung (»Geschichtenschema«, →Schema).

Lit.: D. E. RUMELHART [1975]: Notes on a schema for stories. In: D. G. BOBROW/A. COLLINS (eds.): Representation and understanding: Studies in cognitive science. New York, S. 211–236. – D. E. RUMELHART [1980]: On evaluating story grammars. In: Cognitive Science 4, S. 313–316. – S. HOPPE-GRAFF/H. SCHÖLER [1981]: Was sollen und was können Geschichten-Grammatiken leisten? In: H. MANDL (ed.): Zur Psychologie der Textverarbeitung. München, S. 307–333.

Geschlagener Laut →Flap.

Geschlechtswort →Artikel.

Geschlossen →Offen vs. Geschlossen.

Gesetz der Wachsenden Glieder →Behaghelsche Gesetze, →Grundwortstellung.

Gesetz des Geringsten Kraftaufwandes →Zipfsches Gesetz.

Gespannt vs. Ungespannt [engl. *tense* vs. *lax*]. Binäre phonologische Opposition zur Beschreibung →Distinktiver Merkmale, die sich auf akustisch analysierte und spektral definierte Unterscheidungskriterien stützt (→Akustische Phonetik, →Spektralanalyse). Akustische Charakteristik: deutliche Abgrenzung der Resonanzräume auf dem Spektrum bei größerem bzw. geringerem Energieaufwand in Frequenz und Zeit. Artikulatorische Charakteristik: größere bzw. geringere Muskelanspannung und entsprechend unterschiedliche Veränderung des Ansatzrohres gegenüber der Ruhestellung. Die Unterscheidung entspricht in vielen europäischen Sprachen der Opposition [stimmhaft vs. stimmlos] bei Konsonanten bzw. [dezentralisiert vs. zentralisiert] und [geschlossen vs. offen] bei Vokalen. In Westafrikanischen Sprachen korreliert diese Opposition mit der Lage der Zungenwurzel, daher wird dort auch ein Merkmal [ATR] (*advanced tongue root*) benutzt.

Lit.: S. WOOD/TH. PETERSSON [1988]: Vowel reduction in Bulgarian. In: FoL 22, S. 239–262. →Distinktives Merkmal, →Phonetik.

Gesprächsanalyse. Durch Arbeiten der →Konversationsanalyse angeregte, zu Beginn der 70er Jahre geprägte Bezeichnung für die Analyse von Gesprächen. In der G. wird häufig sowohl mit Begriffen der →Sprechakttheorie als auch der →Konversationsanalyse gearbeitet (z.B. HENNE/REHBOCK [1979]).

Lit.: G. UNGEHEUER [1974]: Kommunikationssemantik. In: ZGL 2, S. 1–24. – D. WEGENER (ed.) [1977]: Gesprächsanalysen. Hamburg. – H. RAMGE [1978]: Alltagsgespräche. Frankfurt. – J. DITTMANN (ed.) [1979]: Arbeiten zur Konversationsanalyse. Tübingen. – H. HENNE/H. REHBOCK [1979]: Einführung in die Gesprächsanalyse. Berlin. →Konversationsanalyse.

Gesprächswörter. Von H. HENNE [1978] geprägter Oberbegriff für →Gliederungssignale, Rückmeldungssignale (→Back Channel) und →Interjektionen, mit denen Diskurse strukturiert werden, vgl. →Diskursmarker.

Lit.: H. HENNE [1978]: Gesprächswörter. In: H. HENNE u.a. (eds.): Interdisziplinäres Wörterbuch in der Diskussion. Düsseldorf, S. 42–47. – A. BURCKHARDT [1982]: Gesprächswörter. In: W. MENTRUP (ed.): Konzepte zur Lexikographie. Tübingen, S. 138–171.

Gesprochene Sprache. In entwicklungsgeschichtlicher Hinsicht (sowohl bezüglich der →Sprachgeschichte als auch bezüglich des →Spracherwerbs) primäre Kommunikationsform. Die Beschäftigung mit G. S. wurde seit den sechziger Jahren zunehmend intensiviert. In den zunächst fast ausschließlich kontrastiv angelegten, syntaxorientierten Studien wurde G. S. entweder als von der geschriebenen Sprache abweichendes System mit eigenen syntaktischen Gesetzmäßigkeiten oder als »defizitäres« System aufgefaßt; als charakteristische Merkmale der G. S. gelten v.a. kurze, oftmals unvollständige Sätze (freistehende Nebensätze, Satzabbrüche, →Ellipsen), Mischung von Satzstrukturen (→Anakoluth, →Kontamination), →Nachtrag, →Ausklammerung von obligatorischen Satzgliedern, vorwiegend parataktische Satzanschlüsse, häufiger Gebrauch von →Modalpartikeln u.a.m. – Unter dem Einfluß von →Sprechakttheorie und ethnomethodologischer →Konversationsanalyse verschiebt sich das Interesse zunehmend auf die kommunikative Funktion der für die G. S. typischen sprachlichen Mittel (neben den genannten syntaktischen Strukturen und lexikalischen Mitteln vor allem die →Intonation); im Mittelpunkt stehen dabei Gesprächsstrukturierung (Gesprächseröffnung und -beendigung, Systematik des Sprecherwechsels, (sprecher- und hörerseitige) Gesprächssteuerung) und Prozeduren der Bedeutungsproduktion und Verständnissicherung (→Paraphrasen, →Repairing/Reparaturprozesse etc.). Unter dieser Perspektive erscheinen viele der bisher als defektiv bewerteten Merkmale der G. S. als wesentliche Instrumentarien von Gesprächsorganisation und →Kontextualisierung.

Lit.: K. BAUMGÄRTNER [1959]: Zur Syntax der Umgangssprache in Leipzig. Berlin. – CH. LESKA [1965]: Vergleichende Untersuchungen zur Syntax gesprochener und geschriebener Gegenwartssprache. In: PBB (H) 87, S. 427–461. – H. ZIMMERMANN [1965]: Zu einer Typologie des spontanen Gesprächs. Bern. – B. WACKERNAGEL-JOLLES [1971]: Untersuchungen zur gesprochenen Sprache. Göppingen. – B. WACKERNAGEL-JOLLES (ed.) [1971]: Aspekte der gesprochenen Sprache. Göppingen. – F. EI-

SENMANN [1973]: Die Satzkonjunktionen
in der gesprochenen Sprache. Tübingen. -
U. ENGEL (ed.) [1973]: Gesprochene Spra-
che. Bericht der Forschungsstelle Frei-
burg. 2., erw. Aufl. Tübingen 1975. - H.
MOSER (ed.) [1974]: Gesprochene Sprache.
Düsseldorf. - A. WEISS [1975]: Syntax
spontaner Gespräche. Einfluß von Situation und Thema auf das Sprachverhalten.
Düsseldorf. - H. RAMGE [1978]: Alltagsge-
spräche. Frankfurt.
Forschungsberichte und Bibliographien: H.
STEGER [1967]: Gesprochene Sprache. In:
H. MOSER (ed.): Satz und Wort im heutigen
Deutsch. Düsseldorf, S. 259-291. - H. STE-
GER [1969]: Forschungsbericht: Gesprochene Sprache. In: M. M. TRISCH (ed.):
Probleme des Deutschen als Fremdsprache. München, S. 80-99. - V. RAETTIG
[1973]: Arbeiten zur gesprochenen Sprache. Ein Forschungsbericht. In: B. WAK-
KERNAGEL-JOLLES (ed.): Aspekte der gesprochenen Sprache. Deskriptions- und
Quantifizierungsprobleme. Göppingen. -
G. SCHANK/G. SCHOENTHAL [1976]: Gesprochene Sprache. Tübingen. - A. BETTEN
[1977/78]: Erforschung gesprochener deutscher Standardsprache. In: DSp 5, S. 335-
361, DSp 6, S. 21-44. - G. SCHANK/J.
SCHWITALLA [1980]: Gesprochene Sprache
und Gesprächsanalyse. In: LGL Nr. 27.
→Argumentation, →Konversationsanalyse.

Getippter Laut →Tap.

Ghegisch →Albanisch.

Gilyak →Isolierte Sprachen,
→Palaö-Sibirische Sprachen.

Glagolitische Schrift. Alphabetschrift, die im 9. Jh. wohl von
KYRILL zur Schreibung altkirchenslaw. Texte erfunden wurde. Die Buchstaben der G. S.
weisen (fast) keine Ähnlichkeiten mit denen der →Kyrillischen
Schrift auf, durch die sie in den
folgenden Jahrhunderten abgelöst wurden.
Lit.: →Schrift.

Gleichzeitigkeit. In komplexen
Sätzen zeitliches Verhältnis
zwischen mehreren Handlungen: die im abhängigen Satz bezeichnete Handlung verläuft
»gleichzeitig« mit der Hand-

lung des Hauptsatzes: *Als ich in
München ankam, schneite es.*
Vgl. auch →Consecutio Tempo-
rum.

Gleitlaut [engl. *glide*]. Parasitär
eingeschobener Laut, der nicht
etymologisch begründet ist, z.B.
s in *Kunst* (zu *Können*), das *l*
epentheticum in russ. *tomljú*
›ich quäle‹ gegenüber *tomíš* ›du
quälst‹. →Epenthese. - Engl. *glide* bezeichnet den nicht silbischen Diphthongteil, vgl.
→Halbvokal, →Stellungs- und
Gleitlaute.
Lit.: →Phonetik.

Gliederungssignal. Von E. GÜ-
LICH [1970] geprägte Bezeichnung für eine Klasse von Ausdrücken der gesprochenen
Sprache mit textgliedernder
Funktion. GÜLICH unterscheidet Eröffnungs- und Schlußsi-
gnale (z.B. *also* und *nich'* in *also
du kommst dann heute, nich'?*).
→Diskursmarker.

Lit.: E. GÜLICH [1970]: Makrosyntax der
Gliederungssignale im gesprochenen
Französisch. München. - D. STELLMACHER
[1972]: Gliederungssignale in der gesprochenen Sprache. In: GermL 3, S. 518-
530. - B. WACKERNAGEL-JOLLES [1973]:
»Nee also Mensch, weißt du ...« Zur Funktion der Gliederungssignale in der gesprochenen Sprache. In: B. WACKERNA-
GEL-JOLLES (ed.): Aspekte der gesprochenen Sprache. Göppingen, S.159-181. - U.
QUASTHOFF [1979]: Gliederungs- und Ver-
knüpfungssignale als Kontextualisie-
rungshinweise. Trier. - U. QUASTHOFF
[1979]: Verzögerungsphänomene, Ver-
knüpfungs- und Gliederungssignale in All-
tagsargumentationen und Alltagserzählungen. In: H. WEYDT (ed.): Die Partikeln
der deutschen Sprache. Berlin. S. 39-57.

Gliedsatz vs. Gliedteilsatz
[Auch: Konstituentensatz, →Ne-
bensatz]. In der Germanistik
übliche Unterscheidung bei Nebensätzen: Gliedsätze sind Nebensätze in Satzgliedfunktion

wie Subjektsätze (*Wer zuletzt lacht, lacht am besten*), Objektsätze (*Was sie sucht, wird sie auch finden*), Adverbialsätze (*Als es dunkel wurde, stellten sie ihre Nachforschungen ein*), während Gliedteilsätze alle Typen von →Attributsätzen umfassen; sie beziehen sich stets auf ein Bezugselement im übergeordneten Satz und sind daher nur »Teil« eines Satzglieds: *Das Buch, das sie mir geliehen hat, fasziniert mich.*

Lit.: →Nebensatz.

Gliedteil →Attribut.

Globale Regeln [Auch: Transderivationale Regeln]. Von G. LAKOFF [1970] im Rahmen der →Generativen Semantik eingeführte Regeln, die die Wohlgeformtheitsbedingungen für Ableitungen dadurch sichern, daß sie sich nicht nur auf jeweils zwei benachbarte Strukturbäume in einer transformationellen Geschichte beziehen, sondern auf die Gesamtableitung des Satzes.

Lit.: G. LAKOFF [1970]: Global rules. In: Lg 46, S. 627–639. Dt. in: W. ABRAHAM/R. I. BINNICK (eds.): Generative Semantik. Frankfurt 1972. →Transformationsgrammatik.

Glossem.
(1) In L. BLOOMFIELDS Terminologie kleinste bedeutungstragende sprachliche Einheit. G. fungiert als Oberbegriff für (die grammatisch interpretierten) →Tagmeme und für (die lexikalisch interpretierten) →Morpheme.

Lit.: →Etische vs. emische Analyse.

(2) In der →Glossematik Oberbegriff für minimale linguistische Einheiten der →Langue, die

auf der →Ausdrucksebene aus phonologischen Merkmalen (→Keneme) und auf der Inhaltsebene aus →Semantischen Merkmalen (→Plereme) bestehen.

Lit.: →Glossematik.

Glossematik. Von L. HJELMSLEV (1899–1965) u.a. in Dänemark entwickelte strukturelle Sprachtheorie des sogen. »Kopenhagener Linguistenkreises«. Die Bezeichnung G. (d.h. »Kombination der →Glosseme«) wurde 1936 von L. HJELMSLEV und H. J. ULDALL zur Abgrenzung gegen traditionellere Formen der strukturalen Linguistik (insbes. der →Prager Schule) geprägt. Die Sprachtheorie der G. versteht sich als eine Fortsetzung bzw. Ausdifferenzierung der von DE SAUSSURE [1916] in seinem *»Cours«* dargelegten strukturalistischen Grundprinzipien; durch den Einfluß des logischen Empirismus im Sinne von A. WHITEHEAD, B. RUSSELL, R. CARNAP u.a. zielt HJELMSLEV aber auf eine stärkere Axiomatisierung der Theorie, was in seinem komplexen terminologischen Apparat deutlich zutage tritt. Die G. basiert auf der Hypothese, daß Sprache ein autonomes System von internen Relationen darstellt, dessen Struktur ausschließlich durch innersprachliche Kriterien beschreibbar ist. In starker Anlehnung an die methodischen Prinzipien von DE SAUSSURE geht auch die G. von der *langue* (»Sprachbau«) als sprachwiss. Untersuchungsgegenstand aus, die sie unabhängig von der *parole* (»Sprachgebrauch«) untersucht. Unter dem Einfluß der Logiker WHITEHEAD, RUSSELL und CARNAP verfolgen die Glossematiker das Ziel, bei weitgehendem Verzicht auf empirische Beobachtung sprachlicher Fakten eine axiomatisch-deduktive Sprachtheorie in Form eines mathematischen Modells zu entwickeln. Entscheidend für HJELMSLEVS Entwurf einer allgemeinen Sprachtheorie ist der Versuch, durch Abstraktion und Mathematisierung eine widerspruchsfreie Beschreibungssprache zu konstruieren, die Verwechslungen von Objekt- und Metasprache ausschließt; vermutlich aber hat gerade diese anspruchsvolle terminologische Form der glossematischen Sprachtheorie deren breitere Wirkung verhindert. – Grundlegend für das methodische Konzept der G. ist die Abgrenzung verschiedener »Untersuchungsebenen« (»Strata«): (a) Ausdruck vs. Inhalt: diese in Anlehnung an DE SAUSSURE postulierte Unterscheidung zwischen dem materiellen Aspekt sprachlicher Zeichen und ihrem Bedeutungsgehalt wird durch die Dichotomie von (b) Form vs. Substanz noch einmal aufgegliedert, so daß sich vier Kombinationen ergeben, denen zugleich vier Teildisziplinen der Sprachwissenschaft entsprechen: (aa) Phonetik = Substanz des Ausdrucks, (ab) Semantik = Substanz des Inhalts (womit die außerlinguistische Realität gemeint ist), (ac) Phonologie = Form des Ausdrucks und (ad) Grammatik = Form des Inhalts. In der *langue*-orientierten, d.h. systembezogenen Betrachtungsweise der G. wird die Untersuchung von Phonologie und Grammatik als ausschließliche Aufgabe der Linguistik aufgefaßt, während Phonetik und Semantik als außerlinguistische Aspekte ausgeklammert werden. Ziel der linguistischen Analyse ist nicht primär die Klassifizierung der sprachlichen Objekte, sondern die Beschreibung der zwischen ihnen bestehenden strukturellen Beziehungen. Diese Beziehungen nennt HJELMSLEV »Funktionen« und differenziert – je nach Art der Relation – zwischen (a) gegenseitiger Abhängigkeit (= →Interdependenz), (b) einseitiger Abhängigkeit (= →Determination) und (c) freier →Konstellation. Für die Beschreibung dieser strukturellen Kombinations-Prinzipien unterscheidet HJELMSLEV in Anlehnung an DE SAUSSURE zwischen paradigmatischen (entweder-oder)- und syntagmatischen (sowohl-als-auch)-Beziehungen, wobei die paradigmatische Ebene sich auf das Sprachsystem, die syntagmatische Ebene auf das Miteinandervorkommen der Elemente im Text bezieht. Der Zusammenhang zwischen paradigmatischen und syntagmatischen Beziehungen wird durch den →Kommutationstest festgestellt. Die Bedeutung der G. für die Entwicklung der Sprachwissenschaft liegt einmal in ihrem Bestreben, die von vorausgehenden strukturalistischen Ansätzen vernachlässigte Semantik in die Sprachbeschreibung einzubeziehen, indem sie durch die strikte Korrelation von Inhalts- und Ausdrucksseite der Sprache Methoden und Ergebnisse der Phonologie auch auf lexikalische Probleme übertrug. Zum anderen aber hat die G. durch ihr Konzept von der Autonomie bzw. »Immanenz« der Sprache und durch ihr Konzept einer axiomatisch-deduktiven Sprachtheorie, die die Forderungen nach Widerspruchsfreiheit, Vollständigkeit und Einfachheit erfüllt, die Entwicklung der formalen Sprachbeschreibung entscheidend beeinflußt.

Lit.: F. DE SAUSSURE [1916]: Cours de linguistique générale. Paris/Genf. (ed. von CH. BALLY/A. SECHEHAYE). Dt.: Grundfragen der allgemeinen Sprachwissenschaft. Ed. von P. V. POLENZ. Berlin 1967 – L. HJELMSLEV [1928]: Principes de grammaire générale. Kopenhagen. – V. BRØNDAL [1943]: Essais de linguistique générale. Kopenhagen. – L. HJELMSLEV [1943]: Omkring sprogteoriens grundlaeggelse. Kopenhagen. Dt.: Prolegomena zu einer Sprachtheorie. München 1974. – V. BRØNDAL [1948]: Les parties du discours. Kopenhagen. – B. SIERTSEMA [1955]: A study of glossematics. A critical survey of its fundamental concepts. 2. Aufl. The Hague 1965. – H. J. ULDALL [1957]: An outline of glossematics. Part I: General theory. In: TCLC 10. – H. SPANG-HANSSEN [1961]: Glossematics. In: CH. MOHRMANN u.a. (eds.): Trends in European and American linguistics 1930–1960. Utrecht, S. 128–164. – E. FISCHER-JØRGENSEN [1965]: Louis Hjelmslev. In: AL 9, S. 1–22. – E. BARTH [1974]: Zur Sprachtheorie von L. Hjelmslev. In: L. HJELMSLEV: Aufsätze zur Sprachwissenschaft. Stuttgart. – A. HÖGER [1974]: Glossematik und Linguistik. In: DSp 3, S. 163–179.
Zeitschriften: Acta Linguistica (Hafniensia) [1939ff.] – Travaux du Cercle Linguistique de Copenhague [1944ff.].
Bibliographie: E. BARTH [1974]: Bibliographie zur Glossematik. In: L. HJELMSLEV: Aufsätze zur Sprachwissenschaft. Stuttgart. →Sprachwissenschaft (Geschichte).

Glossographie [griech. *gráphein* ›schreiben‹]. Sammlung, Sichtung und Kodifizierung von →Glossen.

Glottalisierung. Glottisverschluß vor (= Präglottalisierung) oder nach (= Postglottalisierung) einem Sprachlaut. Präglottalisierte Konsonanten stehen den →Implosiven nahe, postglottalisierte den →Ejektiven. Präglottalisierte Vokale finden sich z.B. im Dt. (→Glottisverschluß), postglottalisierte Vokale in der →Sino-Tibetanischen Sprache Tsaiwa-Jingpo. Bei präglottalisierten Vokalen spricht man auch von festem Stimmeinsatz, z.B. bei [ʔa] in dt. [bə'ʔaxtn] ›beachten‹ (im Unterschied zum losen Stimmeinsatz, z.B. bei frz. [a'leː] ›gehen‹).

Glottal(laut) [griech. *glótta* ›Mundstück einer Flöte‹ – Auch: Laryngal, Kehlkopflaut]. Pulmonaler Sprachlaut im Anglitt oder Abglitt. Man unterscheidet stl. An-/Abglitt [h], sth. An-/Abglitt [ɦ], geknarrten An-/Abglitt [h̰], gemurmelten An-/Abglitt [ḥ]. Diese Eigenschaften werden in der Regel als selbständige Sprachlaute aufgefaßt, besonders wenn der Druck, mit dem die pulmonale Luft durch das Ansatzrohr gepreßt wird, groß ist. Bei Verschluß und nachfolgender explosiver Öffnung der Glottis ergibt sich der Glottisverschlußlaut [ʔ]. Bei präglottalisierten Vokalen (→Glottalisierung) spricht man auch von festem Stimmeinsatz, von losem Stimmeinsatz bei Vokalen mit sth. Anglitt. →Artikulatorische Phonetik.

Lit.: →Phonetik.

Glottis [Auch: Stimmritze]. Der Spalt zwischen den Stimmbändern im Kehlkopf von Säugetier und Mensch. Das Verhalten der G. bestimmt die Phonation. →Artikulatorische Phonetik.

Lit.: →Phonetik.

Glottisschlag   →Glottis-
verschlußlaut.

Glottisverschlußlaut [engl. *glottal stop*. – Auch: Kehlkopfverschlußlaut, Knacklaut, Stoß-
ton]. Sprachlaut, der durch
→Glottisverschluß und folgende
Öffnung gebildet wird (notiert
als [ʔ]), z.B. in dt. [diː ˈʔaltə
ˈʔɛʁnaː] ›die alte Erna‹, dän.
[fɛmʔ] ›fünf‹, [dø̜ʔð] ›tot‹,
[ˈvenʔdəʁ] ›Winter‹.

Lit.: E.-M. KRECH [1968]: Sprachwissen-
schaftlich-phonetische Untersuchungen
zum Gebrauch des Glottisschlageinsatzes
in der allgemeinen deutschen Hochlautung. Basel. – W. U. WURZEL [1970]: Studien zur deutschen Lautstruktur. Berlin.
→Phonetik.

Glottochronologie [griech. *glôt-
ta* ›Sprache, Wort‹]. Von M.
SWADESH begründete Teildisziplin der →Lexikostatistik, die
historisch vergleichende Wortschatzuntersuchungen mit statistischen Methoden betreibt.
Ziel der G. ist die Bestimmung
des Verwandtschaftsgrades zwischen Sprachen sowie eine
angenäherte Datierung ihrer gemeinsamen bzw. separaten Entwicklung. Das in Analogie zur
Chemie (Ermittlung des Alters
organischer Substanzen anhand
der in bestimmten Kohlenstoff-
verbindungen erhaltenen Ra-
dioaktivität) entwickelte Verfahren zur Bestimmung der Le-
bensdauer von Wörtern hat ergeben, daß nach Ablauf von
1000 Jahren nach der Trennung
von einem gemeinsamen Vor-
fahren noch etwa 81% des ursprünglich gemeinsamen
Grundwortschatzes, nach weiteren 1000 Jahren immer noch
81% der ursprünglichen 81% erhalten bleiben. Methode und
Resultate der G. sind aufgrund

widersprüchlicher Ergebnisse
umstritten.

Lit.: M. SWADESH [1952]: Lexicostatistic
dating of prehistoric ethnic contacts. In:
Proceedings of the American Philological
Society 96. – K. BERGSLAND/H. VOGT
[1962]: On the validitiy of glottochronology. In: Current Anthropology 3, S.115–153.
– S.-G. ANDERSSON [1984]: Ist die Glottochronologie endgültig ad acta gelegt? In:
IF 89, S. 39–52. →Lexikostatistik.

Gnomisch [griech. *gnṓmē* ›Urteil‹, ›Sprichwort‹]. →Aktions-
art, durch die allgemeine Gesetzmäßigkeiten ausgedrückt
werden, z.B. *Schnee ist weiß.*
→Generizität.

Lit.: →Aktionsart, →Generizität.

Goajiru →Arawakisch.

Golf-Sprachen [*Gulf* nach dem
Golf von Mexiko]. Von M. HAAS
[1951] postulierte Sprachfamilie
Nordamerikas. Wichtigster
Zweig sind die →Muskogischen
Sprachen im Südosten der USA;
ferner zählen weitere Sprachen,
z.B. Yuki und Wappo, dazu.
Nach J. H. GREENBERG [1987]
gehören die G.-S. zu den →Pe-
nute-Sprachen.

Lit.: M. R. HAAS [1951]: The Proto-Gulf
word for *water.* In: IJAL 17, S. 71–79. – J.
H. GREENBERG [1987]: Language in the
Americas. Stanford. – L. PEDERSON u.a.
(eds.) [1988]: The linguistic atlas of the
Gulf States. Atlanta. – C. HOLES [1990]:
Gulf Arabic. London. →Nord- und Mittel-
amerikanische Sprachen.

Gotisch. Ostgerm. Dialekte
versch. germ. Stämme, gesprochen von den aus Südskandina-
vien stammenden Goten, die
sich während der Völkerwande-
rungszeit vom Schwarzen Meer
über ganz Südeuropa bis nach
Spanien verteilten. Wichtigste
schriftliche Quelle (zugleich
das älteste überlieferte germanische Denkmal) ist die

Prachthandschrift des *Codex Argenteus*, die (in gotischer, auf der Basis der griech. Unziale entwickelter Schrift) die Bibelfragmente enthält, die der arianische Gotenbischof ULFILA (um 311–383) aus dem Griech. übersetzte. – Grammatische Besonderheiten der Bibel-G.: Vokalopposition nach dem Öffnungsgrad (ideur. /e/ > got. [i,ɛ]); fünf Kasus (Nom., Gen., Dat., Akk., Vokativ); zwei Tempus-Kategorien (Vergangenheit und Nicht-Vergangenheit); Präteritalbildung durch →Reduplikation; drei Numeruskategorien (Sg., Pl., →Dualis).

Lit.: F. HOLTHAUSEN [1934]: Gotisches etymologisches Wörterbuch. Heidelberg. – W. KRAUSE [1953]: Handbuch des Gotischen. 3. Aufl. München 1968. – P. SCARDIGLI [1964]: Lingua e storia dei Goti. Florenz. Dt.: Die Goten, Sprache und Kultur. München 1973. – E. STUTZ [1966]: Gotische Literaturdenkmäler. Stuttgart. – W. KRAUSE [1984]: Handbuch des Gotischen. 3. neubearb. Auflage. München. – E. STUTZ [1985]: Der Quellenwert des Gotischen für die sprachgeschichtliche Beschreibung der älteren Sprachstufen des Deutschen. In: HSK 2.2, S. 962–975. – W. LEHMANN [1986]: A Goethic etymological dictionary. Leiden.
Bibliographie: F. MOSSÉ/J. W. MARCHAND [1950ff.]: Bibliographia Gotica. In: Mediaeval Studies 12. →Germanisch, →Klassifikation der Sprachen.

Gradation →Komparation.

Gradmodifikator →Steigerungspartikel.

Gradpartikel [mlat. *quantificare* ›betragen‹ zu lat. *quantus* ›wieviel‹. – Auch: Fokuspartikel; engl. *focusing adjunct, scalar particle*]. Von H. ALTMANN [1976] eingeführter Terminus zur Bezeichnung einer nach ihrer semantischen Funktion definierten Klasse von →Partikeln, zu der im Dt. *nur, sogar, auch,*

schon, noch u.a.m. gehören. (Allerdings kommen viele G. auch in anderen Funktionen vor, z.B. *nur* als →Modalpartikel oder →Konjunktion, *schon* und *noch* als Temporaladverbial). G. induzieren Aussagen über Alternativmengen, die durch die Fokus-Hintergrund-Struktur (→Topik vs. Prädikation) und den →Kontext bestimmt sind (vgl. JACOBS [1983]); so bezeichnet *nur* z.B. den Ausschluß aus den kontextuell möglichen alternativen Besetzungen der Fokuskonstituente (der dem Hintergrund entsprechenden Prädikation): *Nur Philip kommt*, ›Philip kommt, und niemand sonst kommt‹. Häufig nehmen G. auch auf Skalen (Alternativenmengen) Bezug, z.B. *sogar*, das die Besetzung der Fokuskonstituente als besonders hoch in der jeweiligen Skala angeordnet kennzeichnet (*Sogar Philip kommt*). Vgl. →Quantifizierende vs. Skalierende Interpretation. – Die von G. zur Satzbedeutung beigesteuerten Aussagen sind zumeist →Präsuppositionen oder →Konventionelle Implikaturen. (Vgl. KARTTUNEN/PETERS [1979]). – Syntaktisch zeichnen sich G. im Deutschen durch eine große Beweglichkeit im Satz aus. Ihre Stellungsfreiheit ist jedoch dadurch eingeschränkt, daß sie im →Mittelfeld in der Regel vor dem Fokus stehen müssen (Ausnahme: *auch*) und nicht allein das →Vorfeld füllen können.

Lit.: R. BARTSCH [1972]: Adverbialsemantik. Frankfurt. – H. ALTMANN [1976]: Die Gradpartikeln im Deutschen. Untersuchungen zu ihrer Syntax, Semantik und Pragmatik. Tübingen. – H. ALTMANN [1978]: Gradpartikel-Probleme. Tübingen. – L. KARTTUNEN/S. PETERS [1979]: Con-

ventional implicatures. In: C. Oʜ/D. Dɪɴ-
ɴᴇᴇɴ (eds.): Syntax and semantics 11. Presuppositions. New York. - J. Jᴀᴄᴏʙs [1983]:
Fokus und Skalen. Zur Syntax und Semantik der Gradpartikeln im Deutschen.
Tübingen. - J. Tᴀɢʟɪᴄʜᴛ [1984]: Message
and emphasis. On focus and scope in English. London. - E. Köɴɪɢ [i.V.]: Gradpartikeln. In: A. ᴠᴏɴ Sᴛᴇᴄʜᴏᴡ/D. Wᴜɴᴅᴇʀ-
ʟɪᴄʜ (eds.): Handbuch Semantik. Königstein.

Graduierbare Komplementäre.

Von D. A. Cʀᴜsᴇ [1980] so benannte komplementäre Aus-
drücke (→Komplementarität),
die sich auf eine skalierbare Eigenschaft beziehen und graduierbar sind wie z.B. *sauber* vs.
schmutzig. Im Unterschied zu
antonymen Ausdrücken (→Ant-
onymie) gibt es hier keinen Zwischenbereich. Mit G. K. ist im
allgemeinen eine Bewertung
verbunden, wobei es um Grade
einer unerwünschten Eigenschaft geht; vgl. *sicher – gefähr-
lich, nüchtern – betrunken*.

Lit.: D. A. Cʀᴜsᴇ [1980]: Antonyms and
gradable complementaries. In: D. Kᴀ-
sᴛᴏᴡsᴋʏ (ed.): Perspektiven der lexikalischen Semantik. Bonn, S. 14–25. →Se-
mantische Relation.

Graduierung.

Semantische Ka-
tegorie, durch die Objekten
oder Sachverhalten Eigenschaften in unterschiedlichem Maße
(bzw. in gradueller Abstufung)
zugesprochen werden. Wichtigstes Mittel zur G. ist die →Kom-
paration (Steigerung) bei Adjektiven und einigen (von Adjektiven abgeleiteten) Adverbien. Daneben läßt sich der unterschiedliche Grad einer Eigenschaft auch durch lexikalische Mittel ausdrücken, vgl. *be-
sonders/äußerst schnell, blitz-
schnell, immer schneller, schneller und schneller*.

Gräzismus

[lat. *graecus*
›griechisch‹]. Dem Altgriechi-
schen eigene oder ihm nachgebildete Ausdrucksweise.

Grammatik

[griech. *gramma-
tikḗ (téchnē)* zu *grammatikós*
›die Buchstaben betreffend‹].
Im ursprünglichen Sinne nur
die»Lehre von den Buchstaben«
bezeichnend, im Mittelalter die
gesamte Sprach- und Stillehre
des Lat. (inklusive Rhetorik)
umfassend, wird der Terminus
G. in der neueren Sprachwiss.
für unterschiedliche Gegen-
standsbereiche verwendet:
(1) G. als Wissen bzw. als Lehre
von den morphologischen und
syntaktischen Regularitäten einer natürlichen Sprache. In diesem »traditionellen« Sinne bezieht sich G. auf den formalen
Aspekt von Sprache, so daß
Phonetik, Phonologie und die
Bedeutungsseite der Sprache als
spezielle Teilbereiche der
Sprachwiss. ausgeklammert
bleiben.
(2) G. als strukturelles Regelsystem (im Sinne von ᴅᴇ Sᴀᴜssᴜ-
ʀᴇs →Langue), das allen sprachlichen Produktions- und Verstehensprozessen zugrundeliegt.
(3) G. als Spachtheorie, d.h. als
Modell zur Abbildung der
→Kompetenz (vgl. z.B. generative →Transformationsgramma-
tik).
(4) Systematische Beschreibung
der formalen Regularitäten einer natürlichen Sprache in
Form eines Nachschlagewerkes
oder Lehrbuchs. – Entsprechend dem mehrdeutigen Verwendungssinn des Begriffs
überlappen sich auch die wissenschaftlichen Kriterien zur
Klassifizierung von G. Folgen-

de Aspekte sind für eine Typologie von G. relevant: (a) Gegenstandsbereich: je nach dem Untersuchungsziel unterscheidet man zwischen Kompetenz-G., die im Sinne von (3) ein Modell zur Erklärung des unbewußten Regelapparates liefert, und Korpus-G., die auf eine umfassende Beschreibung der beobachtbaren Regularitäten einer Sprache bzw. eines repräsentativen Ausschnitts abzielt. (b) Je nach theoretischer Zielsetzung bezieht sich die grammatische Beschreibung auf eine Einzelsprache oder strebt ein universelles Beschreibungskonzept an, auf dessen Fundament die einzelsprachlichen Besonderheiten dann in G. der Einzelsprachen erklärt werden können. (c) Je nach methodischen Prämissen unterscheidet man zwischen deskriptiven, d.h. synchronische Tatbestände objektiv beschreibenden G. und normativen G., die auf eine Belehrung über den richtigen Sprachgebrauch abzielen. (→Deskriptive Linguistik, →Normative Grammatik). Distributionelle G. sind an der Klassifizierung von Oberflächenstrukturelementen nach Kriterien ihrer Verteilung interessiert (→Distributionalismus), während operationale G. den Prozeß der Regelfindung akzentuieren (→Operationale Verfahren). (d) Sprachauffassung: je nach ihrer sprachtheoretischen Basis stehen sich so unterschiedliche (z.T. miteinander konkurrierende) G.-Modelle gegenüber wie: →Allgemeine G., →Dependenz G., →Funktionale G., →Inhaltbezogene G., →Kasus-G., Strukturelle G. (→Strukturalismus), generative →Transformations- und Valenzgrammatik (→Valenz). (e) Im Hinblick auf ihre Benutzer wird zwischen wissenschaftlichen und pädagogischen G. unterschieden, und hier wieder zwischen Volksg. (vgl. →DUDEN) sowie muttersprachlich oder fremdsprachlich orientierten →Schulgrammatiken. G. werden in neuerer Zeit nach Kriterien wie Angemessenheit, Einfachheit, Vollständigkeit, Explizitheit, Kohärenz und Widerspruchsfreiheit bewertet, vgl. hierzu →Adäquatheitsebenen.

Lit.: M. H. JELLINEK [1913/1914]: Geschichte der neuhochdeutschen Grammatik von den Anfängen bis auf Adelung. 2 Halbbde. Heidelberg. – H. GLINZ [1947]: Geschichte und Kritik der Lehre von den Satzgliedern in der deutschen Grammatik. Bern. – N. CHOMSKY [1965]: Aspects of the theory of syntax. Cambridge, Mass. Dt.: Aspekte der Syntaxtheorie. Frankfurt 1969. – D. CHERUBIM [1976]: Grammatische Kategorien. Das Verhältnis von »traditioneller« und »moderner« Sprachwissenschaft. Tübingen. – E. BENSE [1978]: Die Beurteilung linguistischer Theorien. Tübingen. – L. PAUL [1978]: Geschichte der Grammatik im Grundriß. Weinheim. – M. A. COVINGTON [1984]: Syntactic theory in the high middle ages. Cambridge. – P. SWIGGERS[1984]: Les conceptions linguistique des encyclopédistes. Heidelberg. – G. A. PADLEY [1985]: Grammatical theory in Western Europe, 1500–1700. Cambridge. – F. J. NEWMEYER[1986]: Linguistic theory in America. 2. Aufl. Orlando. – E. L. KEENAN [1987]: Universal grammar. London. *Forschungsbericht:* D. CHERUBIM [1980]: Grammatikographie. In: LGL Nr. 93.

Grammatik von Port-Royal.

Von A. ARNAULD und E. LANCELOT im Sinne des frz. Rationalismus verfaßte *»Grammaire générale et raisonnée«* [Paris 1660], so benannt nach der berühmten Pariser Abtei und Schule von Port Royal. Diese allgemeine und theoretisch-kritische (= *raisonnée*) Grammatik versucht auf der Basis von Griech., Lat. und Frz. Kategorien zu entwickeln, die für alle Sprachen Gültigkeit besitzen. Auf dieses universelle Konzept ebenso wie auf Ansätze zur Unterscheidung von →Oberflächen- und →Tiefenstruktur bezieht sich N. CHOMSKY bei der Begründung und Rechtfertigung seines Modells der generativen Transformationsgrammatik. Vgl. →Rationalismus, →Cartesianische Linguistik.

Lit.: A. ARNAULD/C. LANCELOT [1660]: Grammaire générale et raisonnée ou la Grammaire de Port-Royal. H. E. BREKLE (ed.) Stuttgart 1966 – A. ARNAULD [1685]: La logique ou l'art de penser. Dt.: Die Logik oder die Kunst des Denkens. Darmstadt 1972. – H. ARENS [1955]: Sprachwissenschaft. Der Gang ihrer Entwicklung von der Antike bis zur Gegenwart. 2., durchges. und stark erw. Aufl. Freiburg 1969. – N. CHOMSKY [1966]: Topics in the theory of generative grammar. The Hague. – N. CHOMSKY [1966]: Cartesian linguistics. A chapter in the history of rationalist thought. New York. – H. E. BREKLE [1967]: Die Bedeutung der Grammaire générale et raisonnée – bekannt als Grammatik von Port-Royal – für die heutige Sprachwissenschaft. In: IF 72, S. 1-21. – R. DONZE [1967]: La grammaire générale et raisonnée de Port-Royal. Paris. – N. CHOMSKY [1968]: Language and mind. New York. →Rationalismus.

Grammatikalisierung. Von A. MEILLET [1921] geprägter Terminus zur Bezeichnung eines Sprachwandelprozesses, in dessen Verlauf eine autonome lexikalische Einheit allmählich die Funktion einer abhängigen grammatischen Kategorie erwirbt, vgl. lat. *habere* ›haben, besitzen‹ > frz. *avoir* ›PERFEKT‹; lat. *passum* ›Schritt‹ > frz. *pas* ›NEGATION‹. Unter semantischem Aspekt vollzieht sich dabei eine Entwicklung von autosemantischer (lexikalischer) zu synsemantischer (grammatischer) Bedeutung (zu diesem Kontinuum bzw. seinen beiden Polen vgl. SAPIR [1921],

TALMY [1988], LANGACKER [1989]). Unter formalem Aspekt tritt (über die Stufen →Klitisierung, →Agglutination, Fusion) ein Verlust an syntaktischer Unabhängigkeit und morphologischer Unterscheidbarkeit von anderen Elementen des gleichen Paradigmas ein; außerdem wird das Vorhandensein des grammatikalisierten Elements mehr und mehr obligatorisch bei gleichzeitig wachsender Abhängigkeit von bzw. phonologischer Anpassung an eine andere (autonome) sprachliche Einheit. Dieser Prozeß wird begleitet von allmählichem Schwinden phonologischer Merkmale im segmentalen und suprasegmentalen Bereich, sein absoluter Endpunkt ist in der Regel »*zero phonological content*«, vgl. HEINE/REH [1984], LEHMANN [1985]. – Neuere Untersuchungen zur G. beziehen sich vor allem auf semantisch-pragmatische Aspekte unter folgenden Fragestellungen: (a) Ist der mit der G. einhergehende Bedeutungswandel notwendig ein Prozeß der Entsemantisierung (HEINE/REH) oder findet nicht vielmehr häufig (zumindest im Frühstadium der G.) eine semantisch-pragmatische Konzentration statt (TRAUGOTT [1989], TRAUGOTT/KÖNIG [i.V.]). (b) Welche produktive Rolle spielen →Metaphern (SWEETSER [1984], CLAUDI/HEINE [1986], FLEISCHMANN [i.V.]) und →Metonymien bei G. (TRAUGOTT/KÖNIG [i.V.]). (c) Welche Rolle spielt die Pragmatik bei G.? GIVÓN [1979] und HOPPER [1988] verstehen G. als Prozeß der »Versteinerung« (engl. *fossilation, sedimentation*) von diskurspragmatischen

Strategien, TRAUGOTT/KÖNIG [i.E.] gehen von konversationellen Prinzipien (Informationshaltigkeit, Relevanz) als Ursache für den Bedeutungswandel in G.-Prozessen aus. (d) Gibt es (und welcher Art sind) universelle Prinzipien der Richtung von G.-Prozessen? Als solche »gerichtete« Prinzipien werden diskutiert: (da) zunehmende Generalisierung (BYBEE/PAGLIUCA [1985]), (db) zunehmende Schematisierung (TALMY [1988]), (dc) zunehmende sprecherbezogene Bedeutung (TRAUGOTT [1989]) sowie (dd) zunehmende Subjektivität der Konzeptualisierung (LANGAKKER [1989]). – G.- Prozesse sind bislang in folgenden Bereichen untersucht worden: Genus-Markierung (GREENBERG [1978]), Pronomen (GIVÓN [1976], →Switch Reference (FRAJZYNGIER [1986]), →Serialverb-Konstruktionen (GIVÓN [1975], LORD [1976]), modale und epistemische Ausdrücke (SHEPHERD [1982], SWEETSER [1984], TRAUGOTT [1989]), konzessive und konditionale Konjunktionen (KÖNIG [1985, 1986], TRAUGOTT [1985]), kausale Konjunktionen (TRAUGOTT [1982]), Konjunktionen (TRAUGOTT [1986], SHYLDKROT/KEMMER [1988]), →Medium und →Reflexivität (KEMMER [1988]), Bezeichnungen für Körperteile und Räume (WILKINS [1980]).

Lit.: A. MEILLET [1912]: L' évolution des formes grammaticales. In: A. MEILLET: Linguistique historique et linguistique générale. 2. Aufl. 1921. Paris, S. 130–148. – E. SAPIR [1921]: Language: An introduction to the study of speech. New York. – T. GIVÓN [1975]: Serial verbs and syntactic change: Niger-Congo. In: CH. N. LI (ed.): Word order and word order change. Austin, S. 47–112. – T. GIVÓN [1976]: Topic, pronoun, and grammatical agreement. In: CH. N. LI (ed.): Subject and topic. New York, S. 151–188. – C. LORD [1976]: Evidence for syntactic reanalysis: From verb to complementizer in Kwa. In: S. B. STEEVER u.a. (eds.): Papers from the parassesion on diachronic syntax. Chicago, S. 179–191. – R. LANGAKKER [1977]: Syntactic reanalysis. In: CH. N. LI (ed.): Mechanisms of syntactic change. Austin, S. 57–139. – J. H. GREENBERG [1978]: How does a language acquire gender markers. In: J. H. GREENBERG (ed.): Universals of human language. Bd. 3. Stanford, S. 47–82. – T. GIVÓN [1979]: On understanding grammar. New York. – D. WILKINS [1980]: Towards a theory of semantic change. PhDiss. Australian national University. – CH. LEHMANN [1982]: Some thoughts on grammaticalization. Bd. 1. Köln. – S. SHEPERD [1982]: From deontic to epistemic: An analysis of modals in the history of English, Creoles, and language acquisition. In: A. AHLQVIST (ed.): Papers from the 5. international conference on historical linguistics. Amsterdam, S. 316–323. – E. C. TRAUGOTT [1982]: From propositional to textual and expressive meanings: Some semantic-pragmatic aspects of grammaticalization. In: W. P. LEHMANN/Y. MALKIEL (eds.): Perspectives on historical linguistics. Amsterdam, S. 245–271. – B. HEINE/M. REH [1984]: Grammaticalization and reanalysis in African languages. Hamburg. – E. SWEETSER [1984]: Semantic structure and semantic change: A cognitive linguistic study of modality, perception, speech acts, and logical relations. PhDiss. Berkeley. – J. BYBEE/W. PAGLIUCA [1985]: Cross-linguistic comparison and the development of grammatical meanings. In: J. FISIAK (ed.): Historical semantics and historical words formation. Berlin, S. 59–83. – E. KÖNIG [1985]: Where do concessives come from? On the development of concessive connectives. In: J. FISIAK (ed.): Historical semantics and historical word formation. Berlin, S. 263–282. – CH. LEHMANN [1985]: Grammaticalization: Synchronic variation and diachronic change. In: LeSt 20, S. 303–318. – E. C. TRAUGOTT [1985]: Conditional markers. In: J. HAIMANN (ed.): Iconicity in syntax. Amsterdam, S. 239–307. – U. CLAUDI/B. HEINE [1986]: On the metaphorical base of grammar. In: Studies in language 10, S. 297–335. – Z. FRAJZYNGIER [1986]: Grammaticalization through analysis: A case of switch reference. In: PAMPLC 2, S. 125–140. – R. KÖNIG [1986]: Conditionals, concessive conditionals, and concessives: Areas of contrast, overlap and neutralization. In: E. C. TRAUGOTT u.a. (eds.): On conditionals. Cambridge, S. 229–246. – L. TALMY [1986]: The relation of grammar to cognition. Duisburg. – E. C. TRAUGOTT [1986]: On the origins of »and« and »but« connectives in English. In: Studies in language 10, S. 137–

150. – S. Axmaker u.a. (eds.) [1988]: Proceedings of the annual meeting of the Berkeley Linguistics Society 14: General session and parasession on grammaticalization. Berkeley. (= PBLS). – P. Hopper [1988]: Emergent grammar and the a priori grammar postulate. In: D. Tannen (ed.): Linguistics in context: Connecting observation and understanding. Norwood, N.J., S. 117–134. – S. Kemmer [1988]: The middle voice: A typological and diachronic study. PhDiss. Stanford University. – H. Bat-Zeev Shyldkrot/S. Kemmer [1988]: Le développement sémantique des conjonctions en français: Quelques concepts généraux. In: Revue romane 23, S. 9–20. – E. C. Traugott [1988]: Pragmatic strengthening and grammaticalization. In: S. Axmaker u.a. (eds.): Proceedings of the annual meeting of the Berkeley Linguistics Society 14: General session and parasession on grammaticalization. Berkeley, S. 406–416. – R. W. Langacker [1989]: Subjectification. University of California at San Diego. – E. C. Traugott [1989]: On the rise of epistemic meanings in English: An example of subjectification in semantic change. In: Language 65, S. 31–55. – S. Fleischman [i.V.]: Temporal distance: A basic linguistic metaphor. In: Studies in Language. – B. Heine/E. Traugott (eds.) [i.V.]: Aspects of grammaticalization. 2 Bde. Amsterdam. – E. Traugott/E. König [i.V.]: The semantics-pragmatics of grammaticalization revisited. In: E. Heine/E. Traugott (eds.): Aspects of grammaticalization. Bd. I. Amsterdam.

Grammatikalität [Auch: Grammatizität, Syntaktische Konnexität].

Von N. Chomsky [1965] eingeführter Terminus zur Bezeichnung der grammatischen »Wohlgeformtheit« von Ausdrücken natürlicher Sprachen. G. wird für zwei verschiedene Aspekte des gleichen Phänomens verwendet. (a) Die Eigenschaft der G. kommt solchen Ausdrücken zu, die durch den Regelapparat einer generativen Grammatik ableitbar sind, es handelt sich also um eine (abstrakte) Wohlgeformtheit in bezug auf eine bestimmte Sprachtheorie (z.B. eine Grammatik der dt. Standardsprache), wobei semantische Aspekte unberücksichtigt bleiben (können). In

diesem Sinne ist G. als deskriptiver Begriff weder durch unmittelbare Beobachtung noch durch statistische Häufigkeit nachweisbar. (b) »Grammatikalisch vs. nicht grammatikalisch« wird auch verwendet als Urteil des kompetenten Sprechers einer Sprache, der aufgrund seines intuitiven Regelwissens über abweichende Ausdrücke Rechenschaft geben kann. Allerdings bieten hier regionale und/oder soziale Varianten (Idiolekte) einen großen Vergleichsspielraum. Zudem beziehen sich Sprecherurteile in der Regel auf Aspekte der →Akzeptabilität, insofern sie Ausdrücke in bestimmten Verwendungssituationen klassifizieren. Ebenso wie Akzeptabilität ist auch G. ein relationaler Begriff, der sich auf eine Skala größerer oder geringerer Abweichung sprachlicher Ausdrücke vom zugrundeliegenden Regelapparat bezieht. Vgl. auch →Fehleranalyse.

Lit.: N. Chomsky [1961]: On the notion »rule of grammar«. In: R. Jakobson (ed.): Structure of language and its mathematical aspects, S. 255–257. – N. Chomsky [1965]: Aspects of the theory of syntax. Cambridge, Mass. Dt.: Aspekte der Syntaxtheorie. Frankfurt 1969. – R. Quirk/J. Svartvik [1966]: Investigating linguistic acceptability. The Hague – A. Steube [1968]: Gradation der Grammatikalität. In: R. Růžička (ed.): Probleme der strukturellen Grammatik und Semantik. Leipzig. – N. J. Spencer [1973]: Differences between linguistics and nonlinguistics in intuitions of grammaticality-acceptability. In: JPsyR 12, S. 83–98. – S. Greenbaum (ed.) [1977]: Acceptability in language. The Hague. – M. Reis [1979]: Ansätze zu einer realistischen Grammatik. In: K. Grubmüller u.a. (eds.): Befund und Deutung. Tübingen, S. 1–21. →Akzeptabilität.

Grammatische Kategorie [griech. *katēgoría* ›Grundaussage‹. – Auch: Syntaktische Kategorien]. Abstraktionsklasse

linguistischer Einheiten. Trotz häufig unspezifischer bzw. terminologisch unpräziser Verwendung des Begriffs »Kategorie« hinsichtlich Art, Umfang und Zahl je nach Sprache oder Beschreibungsmodell lassen sich folgende Hauptverwendungsweisen unterscheiden: (a) Morphologische K., worunter in der →Traditionellen Grammatik entweder die →Wortarten selbst und/oder ihre grammatischen »Aspekte« verstanden werden, d.h. →Genus, →Kasus und →Numerus beim Nomen, →Tempus, →Modus, →Genus Verbi, →Aktionsart, →Aspekt, →Person und →Numerus beim Verb. (b) Syntaktische K.: Klasse von sprachlichen Elementen/→Konstituenten mit gleichen morpho-syntaktischen Eigenschaften. Solche (durch →Kategorialsymbole abgekürzte) G. K. sind einerseits lexikalische K. wie *N*[omen], *V*[erb], *A*[djektiv], andererseits die phrasalen G. K. Nominalphrase (*NP*), Verbalphrase (*VP*) u.a. – Im Rahmen des →Strukturalismus sind G. K. Klassen von sprachlichen Ausdrücken, die bezüglich eines bestimmten Kontextes unter Wahrung der →Grammatikalität füreinander ersetzbar sind (vgl. →Ersatzprobe). In der generativen →Transformationsgrammatik sind G. K. Konstituentenklassen, d.h. Klassen von Ausdrücken, die bestimmte Strukturstellen im Satz ausfüllen können (vgl. →Syntaktische Funktion). (c) Formallogisch-semantische K.: Sowohl in der →Generativen Semantik als auch in der →Kategorialgrammatik wird versucht, die Zahl der K. auf eine endliche Menge von Grund-K. zu reduzieren, die denen der →Formalen Logik entsprechen, also auf Sätze, Terme (linguistisch: = Nominalausdrücke; logisch: = →Argumente) und Prädikate (linguistisch: = Verbalausdrücke; logisch: = Prädikate).

Lit.: L. BLOOMFIELD [1926]: A set of postulates for the science of language. In: Lg 2, S. 153–164. – E. KOSCHMIEDER [1945]: Zur Bestimmung der Funktionen grammatischer Kategorien. München. – J. KURYŁOWICZ [1964]: The inflectional categories of indo-european. Heidelberg. – N. CHOMSKY [1965]: Aspects of the theory of syntax. Cambridge, Mass. Dt.: Aspekte der Syntaxtheorie. Frankfurt 1969. – A. JUILLAND/H. H. LIEB [1968]: Klasse und Klassifikation in der Sprachwissenschaft. The Hague. – D. CHERUBIM [1976]: Grammatische Kategorien. Das Verhältnis von »traditioneller« und »moderner« Sprachwissenschaft. Tübingen. – E. WEIGAND [1978]: Die Zuordnung von Ausdruck und Inhalt bei den grammatischen Kategorien der Deutschen. Tübingen. – P. HOPPER/S. A. THOMPSON [1984]: The discourse basis for lexical categories in universal grammar. In: Lg 60, S. 702–752. – P. SCHACHTER [1985]: Parts-of-speech systems. In: T. SHOPEN (ed.): Language typology and syntactic description. Bd. 1. Cambridge, S. 3–61. – A. W. LANGACKER [1987]: Nouns and verbs. In: Lg 63, S. 53–94. – H.-J. SASSE [i.E.]: Syntactic categories and subcategories. In: J. JAKOBS u.a. (eds.): Handbuch der Syntax. Berlin. →Syntaktische Funktion.

Grammatische Relation →Syntaktische Funktion.

Grammatische Umwandlung →Transposition.

Grammatischer Wechsel. Bezeichnung von J. GRIMM für bestimmte Ausnahmen der →Ersten Lautverschiebung, die – bei gleichen idg. Ausgangskonsonanten – zu unterschiedlichen Verschiebungsergebnissen (sth. vs. stl. Frikative) führten, die im heutigen Dt. als Wechsel zwischen *h* : *g* (*ziehen – gezogen*), *d* : *t* (*schneiden – geschnitten*), *f* : *b* (*dürfen – darben*) und *s* : *r* (*Verlust – verlieren*; vgl. →Rhotazismus) innerhalb etymologisch zusammenhängender Wörter erkennbar werden. Die lautgesetzliche Erklärung von (regelmäßigen) Ausnahmen wurde 1877 von K. VERNER formuliert; ausschlaggebend für das jeweils unterschiedliche Ergebnis der Lautverschiebung war demnach die Lage des Wortakzents (→Vernersches Gesetz). Da das Ideur. freien Wortakzent hatte und Präs. bzw. Prät. Sg. Wurzelbetonung, Prät. Pl. bzw. Part. Prät. Endsilbenbetonung aufwiesen, spielt der G. W. besonders bei der Flexion der starken Verben eine große Rolle. Allerdings ist der Wechsel in neueren germ. Dialekten weitgehend durch →Analogie beseitigt.

Lit.: →Lautwandel, →Sprachwandel, →Vernersches Gesetz.

(Grammatisches) Geschlecht →Genus.

Grammatizität →Grammatikalität.

Grammatologie. Neuere Bezeichnung für eine umfassende Wissenschaft von der →Schrift, die sich mit der Untersuchung von graphischen Prinzipien, Techniken und Systemen beschäftigt.

Lit.: →Schrift.

Grammem [Auch: →Tagmem (2)]. Von K. PIKE in Analogie zu →Lexem gebildeter Sammelbegriff für unspezifizierte grammatische (morphologische) Elemente, z.B. für Ausdrücke zur Bezeichnung von →Tempus und →Genus, für Lokalangaben und Konjunktionen.

Lit.: →Tagmemik.

Granularität [lat. *gränum* ›Korn‹]. Grad der Grob- oder Feinkörnigkeit der sprachlichen Abbildung eines Sachverhalts. Die G. ist textsortenspezifisch voreingestellt, kann aber durch sprachliche Mittel explizit verfeinert (durch *genau genommen*) oder vergröbert (durch *grob gesagt*) werden. Die Ermittlung des Wahrheitswertes einer Aussage setzt voraus, daß die G. feststeht. So kann z.B. *Frankreich ist sechseckig* (AUSTIN [1962:143]) bei einer groben G. wahr und bei einer feinen G. falsch sein.

Lit.: J. L. AUSTIN [1962]: How to do things with words. Oxford. Dt.: Zur Theorie der Sprechakte. Stuttgart 1972.

Graph [griech. *gráphein* ›schreiben‹].
(1) Einzelner schriftlich realisierter Buchstabe, dessen Zugehörigkeit zu einem bestimmten →Graphem noch nicht festgestellt ist. Analog zu dem →Phon als Variante des →Phonems auf der Lautebene ist der G. eine Variante des Graphems auf der Ebene der Schrift.

Lit.: →Graphemik.

(2) [Auch: →Strukturbaum]. Geometrische Darstellung einer über einer Menge *M* definierten zweistelligen →Relation, wobei die Elemente von *M* als →Knoten und die Verbindungen zwischen den Knoten, die durch die Relation *R* festgelegt sind, als →Kanten bezeichnet werden. Ein G. ist »gerichtet«, wenn die Richtung seiner Kanten festgelegt ist. Dies gilt z.B. für einen Spezialfall des G., den →Strukturbaum, der in der Linguistik zur Darstellung phonologi-

scher, morphologischer oder syntaktischer Strukturen dient. Vgl. die Abbildung unter →Strukturbaum.

Lit.: →Formalisierung.

(3) In der Mathematik und Logik ist der G. einer →Funktion *f* die Menge der geordneten Paare ⟨*x*, *f (x)*⟩ für alle *x* aus dem Definitionsbereich von *f*. Meist wird eine Funktion mit ihrem G. identifiziert.

Lit.: →Formale Logik.

Graphem. Distinktive Einheit (→Distinktiv) eines Schriftsystems. Varianten einer solchen Einheit heißen →Allographen. Im allgemeinen betrachtet man als G. nur kleinste distinktive Einheiten eines Schriftsystems. In →Alphabetschriften dienen G. in der Regel der Verschriftung von phonemischen Objekten, im Idealfall →Phonemen (vgl. aber →Digraphie, →Ligatur).

Lit.: →Graphemik.

Graphematik →Graphemik.

Graphemik [Auch: Graphematik]. Wissenschaft von den distinktiven Einheiten des Schriftsystems oder der Schriftsysteme einer bestimmten Sprache. Ihr Untersuchungsgegenstand sind geschriebene Texte in handschriftlicher oder typographischer Form. Bei Alphabetschriften basiert G. auf Grund der Korrelationen zwischen gesprochener und geschriebener Sprache weitgehend auf den Analysemethoden der →Phonologie. In weiterem Sinne gilt dies auch bei Silbenschriften. Graphemische Untersuchun-

gen dienen vor allem einer Fundierung geltender orthographischer Normen, dem Vergleich zwischen gesprochener und geschriebener Sprache, der Entschlüsselung historischer Texte sowie der Umsetzung von Schriftsystemen in computergerechte Systeme im Rahmen der →Linguistischen Datenverarbeitung.

Lit.: H. P. ALTHAUS [1980]: Graphemik. In: LGL 12. – K. HELLER [1980]: Zum Graphembegriff. In: D. NERIUS/J. SCHARNHORST (eds.): Theoretische Probleme der deutschen Orthographie. Berlin, S. 74–108. – M. KOHRT [1985]: Problemgeschichte des Graphembegriffs und des frühen Phonembegriffs. Tübingen. →Phonologie, →Rechtschreibung, →Schrift.

Graphetik. Hilfswissenschaft der →Graphemik. Analog zum Verhältnis zwischen →Phonetik und →Phonologie ist die G. die Voraussetzung für graphemische Forschungen, insofern sie verschiedene Systeme von Verschriftungen unter individuellen, sozialen, historischen oder typographischen Aspekten untersucht. Ihre Anwendungsbereiche sind u.a. Paläographie (Entzifferung historischer Schriftsysteme), Typographie, Lese- und Schreibunterricht sowie Graphologie (Untersuchung des Zusammenhangs zwischen Handschrift und Charakter) und →Graphometrie (Identifizierung von Handschriften unter kriminalistischem Interesse).

Lit.: →Graphemik, →Rechtschreibung, →Schrift.

Graphie. Die besondere Art, einen Text oder ein Textstück (z.B. ein Wort) zu schreiben oder zu drucken. Allgemein faßt man unter G. die Schriftcharakteristika eines Textes zusammen.

Graphometrie [griech. *métron* ›Maß, Meßstange‹]. Messung zum Vergleich von Schriften und zur Ermittlung von Urhebern bestimmter Schriften, z.B. unter kriminalistischem Aspekt.

Grassmannsches Gesetz. Von H. GRASSMANN [1863] entdeckter Lautwandel im Sanskrit und (unabhängig davon) im Griech., der jeweils zu einer Dissimilation von aspirierten Verschlußlauten führt: Treten in einem einzigen Wort mehrere (mindestens zwei) aspirierte Verschlußlaute auf, so behält nur der letzte seine Behauchung bei, alle vorhergehenden Aspiratae werden deaspiriert; vgl. ideur. **bhebhowdhe* > skr. *bubōdha* ›war erwacht‹, ideur. **dhidhēmi* > griech. *títhēmi* ›setzen‹, ›stellen‹. – Dieses durch interne →Rekonstruktion entdeckte Gesetz ermöglichte eine Interpretation vermeintlicher »Ausnahmen« von der →Ersten Lautverschiebung als Regelfälle.

Lit.: H. GRASSMANN [1863]: Über das ursprüngliche vorhandensein von wurzeln deren anlaut und auslaut eine aspirate enthielt. In: KZ 12, S. 110–138. – ST. R. ANDERSON [1970]: On Grassmann's law in Sanskrit. In: LIn 1, S. 387–396. – TH. VENNEMANN [1979]: Grassmann's law, Bartholomae's law and linguistic methodology. In: I. RAUCH/G. F. CARR (eds.): Linguistic method: Essays in honor of Herbert PENZL. The Hague, S. 557–584.

Gravis [lat. *gravis* ›schwer‹]. →Diakritisches Zeichen: Superskript, das verschiedenen Zwecken dient. Zur Bezeichnung des Wortakzents wird der G. im Ital. sowie in akzentuierten bulgar. Texten verwendet. Im Frz. unterscheidet man *è* für [ɛ] von *é* für [e]. Nicht-phonologisch,

wohl aber morphologisch ist die Verwendung des G. in Fällen wie frz. *où* (›wo‹) gegenüber *ou* (›oder‹), *à* als Präposition gegenüber *a* (›hat‹). Vergleichbar ist *è* (›ist‹) gegenüber *e* (›und‹) im Ital. – Tonhöhenverläufe gibt der G. an in Wörterbüchern des Serbokroat. (für kurzsteigenden Verlauf) und in der latinisierenden Pīnyīn-Umschrift des Chines. (für fallenden Verlauf).

Grenzknotentheorie →Bounding-Theorie.

Grenzsignal [engl. *border signal/boundary marking*. – Auch: Delimitative/Demarkative Funktion, →Junktur]. Lauterscheinungen, die nur am Anfang oder Ende einer linguistischen Einheit (Morphem, Silbe, Wort) vorkommen, z.B. im Dt. im Anlaut der →Glottisverschluß vor Vokal, z.B. [ʔanlaut], außerdem stimmhafter *s*-Laut [z] und [h]: *be/sitzen, er/halten*. Der Auslaut wird durch die →Auslautverhärtung markiert, derzufolge die Opposition zwischen sth. und stl. Verschlußlauten zugunsten der stl. Variante aufgehoben ist: *das Rad* vs. *der Rat*, beides gesprochen [raːt].

Lit.: N. TRUBETZKOY [1939]: Grundzüge der Phonologie. 4. Aufl. Göttingen 1967. – W. MAYERTHALER [1971]: Zur Theorie der Grenzsymbole. In: A. v. STECHOW (ed.): Beiträge zur generativen Grammatik. Braunschweig, S. 162–171. – I. MADDIESON [1985]: Phonetic cues to syllabification. In: V. FROMKIN (ed.): Phonetic linguistics. New York, S. 203–220.

Griechisch [Auch: Hellenisch]. Zweig des →Indo-Europäischen, bestehend aus einer einzigen Sprache mit zahlreichen Dialekten und 10 Mio. Sprechern. Die Sprache ist außergewöhnlich lang und gut schriftlich dokumentiert und wird in folgende Perioden eingeteilt: Mykenisch-G. (1500–1150 v. Chr.), die Sprache der 1952 von M. VENTRIS entzifferten kretischen Schrifttafeln (Linearschrift B); Klassisches G. (800–300 v. Chr.) mit mehreren Dialekten, die Sprache der homerischen Epen und der reichen klassischen Literatur im attisch-ionischen Dialekt; Hellenisches G. (300 v. Chr – 300 n. Chr.), die Sprache des alexandrinischen Reiches und seiner Nachfolger, die als Verkehrssprache im ganzen östlichen Mittelmeerraum verbreitet war (sogen. *koinē*, »gemeinsame (Sprache)«) und in der das Neue Testament verfaßt wurde; das G. des byzantinischen Kaiserreichs und des Mittelalters (bis 1600) und schließlich das Neug. Neben einer starken dialektalen Variation gibt es zwei Standards: Dhimotiki, die allgemeine Umgangssprache, und Katharevusa, eine Schriftsprache mit archaisierenden Formen. Die G. Schrift, die seit dem Klassischen G. verwendet wird, wurde aus der phönizischen Schrift entwickelt. – Spezifische Kennzeichen: Das Altg. (Klassisch und Hellenisch) besaß ein komplexes Vokalsystem (Längen-Distinktion, Diphthonge) und →Musikalischen Akzent; im Neug. ist das Vokalsystem reduziert, der Akzent hat sich zum Druckakzent entwickelt. Das System der Kasus hat sich von 7 Kasus im Mykenischen über 5 Kasus im Alt-G. zu 4 Kasus im Neu-G. vereinfacht. Ähnliches gilt für das Numerussystem (das Alt-G. besaß einen Dual, während das Neu-G. nur

mehr über Singular und Plural verfügt). Relativ komplexes Tempus- und Aspektsystem; die früher analytisch markierten Formen werden heute in großem Maße synthetisch ausgedrückt. Der Infinitiv ist im Neu-G., wie in anderen Balkansprachen, verlorengegangen, während das Alt-G. noch durch reiche Möglichkeiten der syntaktischen Subordination mit infiniten und finiten Verbformen gekennzeichnet war. (Vgl. Sprachenkarte Nr. 7).

Lit.: E. VILBORG [1960]: A tentative grammar of Mycenaean Greek. Göteborg. – E. SCHWYZER/A. DEBRUNNER [1939/1950]: Griechische Grammatik. München. – F. BLASS/A. DEBRUNNER [1961]: Grammatik des neutestamentlichen Griechisch. Göttingen. – R. SCHMITT [1977]: Einführung in die griechischen Dialekte. Darmstadt. – R. BROWNING [1982]: Medieval and modern Greek. Cambridge. – B. JOSEPH/I. PHILIPPAKI-WARBURTON [1987]: Modern Greek. London.

Grimmsches Gesetz →Erste Lautverschiebung.

Grönländisch →Eskimo-Aleutisch.

Größe. In der Terminologie der →Inhaltbezogenen Grammatik Oberbegriff für alle kasusabhängigen Satzglieder, d.h. →Subjekt (Grund-G.), →Prädikatsnomen (Gleich-G.), →Akkusativ-Objekt (Ziel-G.), Genitiv-Objekt (Anteil-G.), →Dativ-Objekt (Zuwend-G.), Präpositionalobjekt (Lage-G., vgl. →Präpositionalphrase).

Lit.: →Inhaltbezogene Grammatik.

Grunddeutsch [engl. *Basic German*]. Mindestvorrat von sprachlichen Mitteln des Dt. (→Grundwortschatz, Redewendungen, syntaktische Muster), deren Festlegung und Begründung dazu dient, den Erwerb von Fremdsprachenkenntnissen durch didaktische Umsetzung sprachstatistischer Erkenntnisse zu erleichtern, bzw. geeignetes Unterrichtsmaterial zu entwickeln. Mit der Auswahl und Begründung des G. sind mehrere Institute beschäftigt, so das Institute for Basic German in Pittsburgh, das Herder-Institut in Leipzig sowie (im Auftrag des Goethe-Instituts) das Institut für deutsche Sprache in Mannheim. Während die amerikanischen Untersuchungen und Publikationen (vgl. PFEFFER) von Zählungen der Worthäufigkeit ausgehen, beziehen sich die beiden deutschen Forschungsstellen vorwiegend auf syntaktische Strukturtypen (→Satzbaupläne, →Valenz). Einen umfassenden Überblick vermittelt KÜHN [1979]. →Sprachminimum.

Lit.: U. ENGEL [1967]: Grundstrukturen der deutschen Sprache. In: DU 17, S. 95-106. – G. KAUFMANN [1968]: Die Erarbeitung eines Grundwortschatzes. Deutsch für das Fach »Deutsch als Fremdsprache«. In: DU 18. – G. STÖTZEL [1970]: Grunddeutsch (Basic German). In: LuD 3, S. 195-204. – P. KÜHN [1979]: Der Grundwortschatz. Bestimmung und Systematisierung. Tübingen. →Häufigkeitswörterbuch.

Grundform →Infinitiv.

Grundgröße →Subjekt.

Grundmorphem [engl. *base, stem.* – Auch: Basis, →Stamm]. Klasse lexikalischer Morpheme, die quantitativ die größte Teilmenge des Morpheminventars einer Sprache bilden. Sie haben den Status von freien Morphemen in Ggs. zu den gebundenen Flexions- und Wortbildungsmorphemen (→Affi-

xen) und sind in der Regel betont. Gelegentlich wird die Bezeichnung G. auch auf mehrgliedrige lexikalische Morphemkonstruktionen angewendet. – Durch direkte Entlehnungen aus fremden Sprachen (z.B. *Atom*) oder durch künstliche Neubildungen mit fremdsprachlichen Elementen (*Produkt + ion*) wird der Bestand an G. ebenso verändert wie durch Wirkungen des Sprachwandels, die z.B. beim Verschmelzen ursprünglicher Zusammensetzungen vorliegen (vgl. *nicht* aus ahd. *ni[eo]wiht* »nicht irgend etwas«) oder aber bei Verdunklung der ursprünglichen Bedeutung wie in *Beispiel* (zu ahd. *spel* »Erzählung«) sowie in engl. *lord* aus **hlāfweard.*

Lit.: →Wortbildung.

Grundsprache →Proto(-Sprache).

Grundwortschatz. Lexikalisches Minimum (→Sprachminimum) einer Sprache, fast immer zu sprachdidaktischen Zwecken ausgewählt (z.B. Mindestwortschatz für Ausländer oder Rechtschreibwortschatz für muttersprachliche Schüler einer gewissen Stufe). Hauptkriterium der Auswahl ist die Häufigkeit (→Häufigkeitswörterbuch, →Lexikostatistik), daneben kommen verschiedene Nützlichkeitsmaße zur Geltung. Gelegentlich wird der Ausdruck »G.« auch ohne didaktischen Aspekt im Sinne eines »Kernwortschatzes« gebraucht.

Lit.: P. KÜHN [1979]: Der Grundwortschatz. Tübingen. – R. BAMBERGER/E. VANECEK [1984]: Lesen – Verstehen – Lernen – Schreiben. Die Schwierigkeitsstufen von

Texten in deutscher Sprache. Wien. – P. SCHERFER [1985]: Lexikalisches Lernen im Fremdsprachenunterricht. In: CH. SCHWARZE/D. WUNDERLICH (eds.): Handbuch der Lexikologie. Frankfurt, S. 412–440. →Häufigkeitswörterbuch, →Sprachstatistik.

Grundwortstellung [Auch: Unmarkierte Wortstellung, engl. *basic word order*]. Normale Wort- bzw. Satzgliedstellung im Aussagesatz in nicht kontrastiver (und nicht korrigierender) Verwendung. Sätze in G. sind dadurch gekennzeichnet, daß sie in möglichst vielen Kontexten bzw. als Antwort auf möglichst viele Fragen akzeptabel sind, vgl. *Philip bringt Caroline das Buch* kann als Antwort verwendet werden im Kontext der Fragen: *Was tut Philip?/Was bringt Philip?/Wer bringt Caroline das Buch?/Wem bringt Philip das Buch?* Die G. einzelner Sprachen richtet sich nach universellen Gesetzen. Relativ zur Stellung der Satzteile Subjekt (S), Verb (V) und Objekt (O) geht in den meisten Sprachen der Welt das Subjekt dem Objekt voraus, so daß von den sechs möglichen Abfolgen der drei Satzteile mit wenigen Ausnahmen nur SOV, SVO und VSO vorkommen (vgl. GREENBERG [1963], PULLUM [1977]). Da das Subjekt typischerweise mit dem Topik bzw. Thema des Satzes korreliert (→Topik vs. Prädikation), kann man die satzinitiale Stellung des Subjekts auch auf das Gesetz der Topik-Voranstellung zurückführen (vgl. Zweites →Behaghelsches Gesetz, MALLINSON/BLAKE [1981], TOMLIN [1986]). Die universell beobachtete Affinität zwischen der Grundstellung der Satzteile S, O und V und der Stellung von Attributen oder →Adpositionen zu ihren Bezugsnomina wurde durch ein Prinzip erklärt, das voraussetzt, daß Verben, Adpositionen und Nomina den »Kopf« von Sätzen, Adpositional-Phrasen bzw. Nominalphrasen bilden und daß Ergänzungen und Attribute als Argumente bzw. Spezifikatoren fungieren (→Bestimmungsrelation). Das Prinzip besagt, daß alle Argumente bzw. Spezifikatoren ihrem Kopf entweder folgen oder vorangehen (vgl. das dritte →Behaghelsche Gesetz, GREENBERG [1963], das »Prinzip der Natürlichen Serialisierung« von VENNEMANN [1974/1976] sowie KEENAN [1978], HAWKINS [1983]). Auf diese Weise läßt sich z.B. die G. SOV, Nomen-Postposition und Attribut-Nomen in »präspezifizierenden« Sprachen wie →Japanisch und →Türkisch erklären im Unterschied zu »postspezifizierenden« Sprachen wie Walisisch, in denen alle Spezifikatoren ihrem Kopf folgen. Daß sich Sprachen in bezug auf dieses Prinzip selten konsistent verhalten, ist durch Sprachwandel und andere intervenierende Faktoren begründet. Weitere allgemeine Tendenzen der G. beschreibt das »Gesetz der wachsenden Glieder« (vgl. →Behaghelsche Gesetze, MALLINSON/BLAKE [1981]), wonach kürzere Elemente längeren vorangehen, und das Prinzip, demzufolge das semantisch eng Zusammengehörige auch topologisch eng zusammengestellt wird (vgl. erstes →Behaghelsches Gesetz, POSNER [1980]).

Lit.: J. H. GREENBERG [1963]: Some universals of grammar with particular reference to the order of meaningful elements. In: J. H. GREENBERG (ed.): Universals of language. Cambridge, Mass., S. 73–113. – Th. VENNEMANN [1974]: Theoretical word order studies: Results and problems. In: PzL 7, S. 5–25. – Th. VENNEMANN [1976]: Categorial grammar and the order of meaningful elements. In: A. JUILLAND (ed.): Linguistic studies offered to J. GREENBERG. 3 Bde. Saratoga, Ca., S. 615–634. – H.-J. SASSE [1977]: Gedanken über Wortstellungsveränderung. In: PzL 13/14, S. 82–142. – Th. VENNEMANN/R. HARLOW [1977]: Categorial grammar and consistent basic VX serialization. In: TL 4, S. 227–254. – W. P. LEHMANN [1978]: Conclusion: Toward an understanding of the profound unity underlying languages. In: W. P. LEHMANN (ed.): Syntactic typology. Austin, S. 395–532. – G. K. PULLUM [1977]: Word order universals and grammatical relations. In: P. COLE/J. M. SADOCK (eds.): Grammatical relations. New York, S. 249–278. – E. L. KEENAN [1978]: On surface form and logical form. In: B. B. KACHRU (ed.): Linguistics in the seventies: Directions and prospects. Urbana, Ill. – R. POSNER [1980]: Ikonismus in der Syntax: zur natürlichen Stellung der Attribute. In: ZfS 2, S. 57–82. – G. MALLINSON/B. J. BLAKE [1981]: Language typology. Amsterdam. – T. N. HÖHLE [1982]: Explikation für »normale Betonung« und »normale Wortstellung«. In: W. ABRAHAM (ed.): Satzglieder im Deutschen. Tübingen, S. 75–154. – P. K. ANDERSON [1983]: Word order typology and comparative constructions. – J. A. HAWKINS [1983]: Word order universals. New York. – R. S. TOMLIN [1986]: Basic word order. Functional principles. Beckenham. →Wort- und Satzgliedstellung.

Gruppensprache →Soziolekt.

Guaraní. Größte →Tupi-Sprache mit ca. 3 Mio. Sprechern, Staatssprache Paraguays (neben Spanisch). Wurde als Verkehrssprache der südamerikanischen jesuitischen Missionen verwendet. Spezifische Kennzeichen: Einfaches Lautsystem. Syntaktisch zählt G. zu den →Aktiv-Sprachen: es gibt zwei Klassen von Verben mit unterschiedlichen Konjugationsmustern, die für statische/nicht-agentivische vs. agentivische verbale Konzepte verwendet werden (→Statisch vs. Dynamisch). Zu-

weilen kann ein Verbstamm mit charakteristischem Bedeutungsunterschied in beiden Klassen verwendet werden (vgl. *a-karú* ›ich esse‹ vs. *s'e-karú* ›ich bin ein Vielfraß‹). Bei transitiven Verben kongruiert das Verb mit der höchststehenden Person auf der Hierarchie 1. vor 2. vor 3. Person; die semantische Rolle wird durch die Wahl des Kongruenz-Präfixes ausgedrückt (vgl. *s'e-pete* ›(du/er/sie ...) schläg(s)t ... mich‹ vs. *a-pete* ›ich schlage (ihn)‹). Satzbau possessivisch (*s'e* ist auch Possessiv: ›mein‹).

Lit.: E. GREGORES/J. A. SUÁREZ [1967]: A description of colloquial Guaraní. The Hague.

Guaymi →Chibcha-Paez.

Gujarati →Indisch.

Guoyu →Chinesisch.

Gur [Auch: Voltaisch]. Sprachzweig des →Niger-Kongo mit ca. 80 Sprachen in Westafrika; bedeutendste Sprache: Mossi (Burkina Faso, 3,6 Mio. Sprecher). Spezifische Kennzeichen: →Tonsprachen, →Nominalklassen (Anzeige durch Suffixe, manchmal zusammen mit Präfixen) mit Verbkongruenz, →Serialverb-Konstruktionen. (Vgl. Sprachenkarte Nr. 9).

Lit.: J. T. BENDOR-SAMUEL [1971]: Niger-Kongo, Gur. In: CTL 7, S. 141–178. – G. MANESSY [1979]: Contribution à la classification généalogique des langues voltaïques. Paris.

Guttural(laut) [lat. *guttur* ›Kehle‹]. Veraltete und irreführende Bezeichnung für Postalveolare, Palatale und Velare (bisweilen auch Uvulare).

Lit.: →Phonetik.

Habere-Relation [lat. *habēre* ›haben‹] →Teil-von-Relation.

Habituativ [frz. *habituel* ›gewohnheitsmäßig‹. – Auch: Habituell]. →Aktionsart, durch die ein Geschehen als charakteristische, über eine größere Zeitspanne gültige Eigenschaft des Handlungsträgers eingeführt wird: *Caroline arbeitet in England.* Vgl. zum Unterschied →Iterativ vs. Semelfaktiv.

Lit.: →Aktionsart, →Generizität.

Habituell →Habituativ.

Hadza →Khoisan.

Häufigkeitswörterbuch. Statistische Registrierung der häufigsten Wörter einer Sprache, die aufgrund quantitativer Kriterien als Wörter mit dem höchsten Gebrauchswert ausgewählt werden. Solche lexikographischen Frequenzuntersuchungen basieren auf einer als repräsentativ angesehenen breiten Streuung verschiedener Textsorten. Zu sprachwissenschaftlichen Aspekten vgl. →Grunddeutsch.

Deutsch: F. W. KAEDING [1898]: Häufigkeitswörterbuch der deutschen Sprache. Steglitz. – B. Q. MORGAN [1928]: German frequency word book. New York. – H. S. EATON [1940]: A semantic frequency list for English, French, German and Spanish. Chicago. – H.-H. WÄNGLER [1963]: Rangwörterbuch hochdeutscher Umgangssprache. Marburg. – H. MEIER [1964]: Deutsche Sprachstatistik. 2. Aufl. Hildesheim 1967. – I. ROSENGREN [1972]: Ein Frequenzwörterbuch der deutschen Zeitungssprache. Lund. – P. KÜHN [1978]: Deutsche Wörterbücher. Eine systematische Bibliographie. Tübingen. – A. RUOFF [1981]: Häufigkeitswörterbuch gesprochener Sprache. Gesondert nach Wortarten, alphabetisch, rückläufig alphabetisch und nach Häufigkeit geordnet. Tübingen. →Grunddeutsch.
Englisch: M. WEST [1953]: A general service list of English words. 5. Aufl. London 1960. Dt.: M. WEST/H. G. HOFFMANN [1968]: Englischer Mindestwortschatz. Die 2000 wichtigsten Wörter. 8. Aufl. München 1978 – A. H. ROBERTS [1965]: A statistical linguistic analysis of American English. London. – R. HINDMARSH [1980]: Cambridge English lexikon. Cambridge.
Französisch: G. GOUGENHEIM [1958]: Dictionnaire fondamental de la langue française. Paris. – P. IMBS [1971]: Trésor de la langue française; Dictionnaire de la langue du XIXe et du XXe siècle (1789-1960). Paris. – E. BRUNET [1981]: Le vocabulaire français de 1789 à nos jours: d'après les données du trésor de la langue française. Genève.
Russisch: H. H. JOSSELSON [1953]: Russian word count. Detroit. – E. STEINFELDT [1966]: Häufigkeitswörterbuch der russischen Sprache. Moskau.

Häufung [engl. *cluster*].
(1) In der Semantiktheorie von U. WEINREICH [1966] ungeordnete Menge von semantischen Merkmalen, z.B. hat *Tochter* u.a. die Merkmale [+ weiblich], [+ Nachkomme], wobei die Reihenfolge der Merkmale aber beliebig ist im Unterschied zur →Verkettung.

Lit.: U. WEINREICH [1966]: Explorations in semantic theory. In: TH. A. SEBEOK (ed.): Current trends in linguistics. Bd. 3. The Hague, S. 395-477. Dt.: Erkundungen zur Theorie der Semantik. Tübingen 1970. →Interpretative Semantik.

(2) ENGEL [1977] versteht unter H. das simultane Vorkommen gleichartiger Elemente im Satz und in Folgen von Sätzen. Elemente einer H. sind koordiniert (→Koordination). Als Beispiele für H. vgl. *junge und alte (Leute); diese schmutzige (Politik); der König ist tot, es lebe der König.*

Lit.: D. CLEMENT/W. THÜMMEL [1975]: Grundzüge einer Syntax der deutschen Standardsprache. Frankfurt – M. U. ENGEL [1977]: Syntax der deutschen Gegenwartssprache. 2. Aufl. Berlin 1982. – P. H. MATTHEWS [1981]: Syntax. Cambridge.

Haida →Na-Dené.

Halbableiter →Affixoid.

Halbaffix →Affixoid.

Halbkonsonant →Halbvokal.

Halbpräfix →Präfixoid.

Halbsuffix →Suffixoid.

Halbvokal [Auch: Semivokal, Halbkonsonant, Gleitlaut, Sonant]. Vornehmlich phonologisch definierte Unterklasse von →Approximanten. Ein H. fungiert phonologisch wie ein Konsonant, d.h. nicht als Silbenträger, z.B. [j] in engl. ['jɛlɛʊ] *yellow* ›gelb‹, [ɥ] in frz. [ɥit] *huit* ›acht‹. – Im Altkirchenslaw. sowie in den rekonstruierten Vorstufen der heutigen slawischen Sprachen Bezeichnung für überkurzes ĭ oder ŭ (ь bzw. ъ).

Lit.: →Phonetik.

Hamitisch →Afro-Asiatisch.

Hamito-Semitisch →Afro-Asiatisch.

Handlung →Vorgang vs. Handlung.

Handlungsform →Genus Verbi.

Handlungstheorie. Sammelbezeichnung für eine Vielzahl von philosophisch, anthropologisch, soziologisch und/oder sozialpsychologisch gestützten Theorien des menschlichen Handelns. Ziel von H. ist es, das wechselseitige Zusammenwirken von Zielen (individuelle oder soziale), Bedingungen (Mittel, Widerstände), Wirkungen und Bewertungen (Normen, Regeln) von Handlungen

im Rahmen eines Gesamtkonzepts zu beschreiben (vgl. den Überblick bei LENK [1978], SCHULZE [1975], BUBNER [1976]). – Der handlungstheoretisch orientierte sprachphilosophische Ansatz von AUSTIN und SEARLE (→Sprechakttheorie) befruchtete die Entwicklung einer um pragmalinguistische Aspekte erweiterten Sprachwiss., die in den 70er Jahren zu interdisziplinären Berührungen mit verschiedenen Richtungen der H. führte, vgl. hierzu den aus sprachwissenschaftlicher Sicht abgefaßten Forschungsbericht von REHBEIN [1979].

Lit.: N. RESCHER (ed.) [1965]: The logic of decision and action. Pittsburgh. – K. L. PIKE [1967]: Language in relation to a unified theory of the structure of human behavior. 2. Aufl. The Hague 1971. – J. R. SEARLE [1969]: Speech acts. An essay in the philosophy of language. Cambridge. Dt.: Sprechakte. Ein sprachphilosophischer Essay. Frankfurt 1971. – H. J. HERINGER [1974]: Praktische Semantik. Stuttgart. – W. BRENNENSTUHL [1975]: Handlungstheorie und Handlungslogik. Kronberg. – W. KALLMEYER/F. SCHÜTZE [1975]: Konversationsmaximen/Interaktionspostulate. In: LD 21, S. 81–84. – I. RITSERT (ed.) [1975]: Gründe und Ursachen gesellschaftlichen Handelns. Frankfurt. – F. SCHÜTZE [1975]: Sprache soziologisch gesehen. 2 Bde. München. – R. WIGGERSHAUS (ed.) [1975]: Sprachanalyse und Soziologie. Frankfurt. – J. BENNETT [1976]: Linguistic behaviour. Cambridge. – R. BUBNER [1976]: Handlung, Sprache und Vernunft. Frankfurt. – H. RAMGE [1976]: Spracherwerb und sprachliches Handeln. Düsseldorf. – K. BAYER [1977]: Sprechen und Situation. Tübingen. – A. BECKERMANN (ed.) [1977]: Analytische Handlungstheorie. Bd. 2. Frankfurt. – C. MEGGLE (ed.) [1977]: Analytische Handlungstheorie. Bd. 1 »Handlungsbeschreibungen«. Frankfurt. – J. REHBEIN [1977]: Komplexes Handeln. Stuttgart. – M. GREGORY/S. CARROLL [1978]: Language and situation. London. – CH. HOOKWAY/PH. PETTIT (eds.) [1978]: Action and interpretation. Cambridge. – G. HARRAS [1978]: Kommunikative Handlungskonzepte. Tübingen. – H. LENK (ed.) [1978]: Handlungstheorien - interdisziplinär. 4 Bde. München. – H. JOAS [1980]: Praktische Intersubjektivität. Frankfurt. – J. HABERMAS [1981]: Theorie des kommunikativen Handelns. 2 Bde. Frankfurt.

Forschungsbericht: J. REHBEIN [1979]: Handlungstheorien. In: StL 7, S. 1–25. →Konversationsanalyse.

Handlungsverben. Semantisch definierte Klasse von Verben, die eine Tätigkeit bezeichnen: *lernen, singen, schreiben, schwimmen.* Vgl. →Vorgang vs. Handlung, →Zustandsverben.

Hapax Legomenon [Pl. *hápax legómena*; griech. ›einmal Gesagtes‹; engl. *cranberry-morph*]. Nur an einer Stelle belegter sprachlicher Ausdruck, dessen Bedeutung infolgedessen oft schwer bestimmbar ist. →Unikales Morphem.

Haplographie [griech. *haplóos* ›einfach‹, *gráphein* ›schreiben‹]. Schreibfehler, der darin besteht, daß doppelt geforderte Buchstaben oder Silben nur einmal geschrieben werden. Zum umgekehrten Vorgang vgl. →Dittographie.

Haplologie [griech. *lógos* ›Wort‹. – Auch: Silbenschichtung]. Spezieller Typus eines dissimilatorischen Prozesses, der zum Ausfall einer Silbe innerhalb eines Wortes vor oder nach einer phonetisch ähnlichen oder gleichen Silbe führt; vgl. z.B. dt. *Zaubererin > Zauberin*, lat. *nutrītrīx > nutrīx* ›Amme‹. Zum umgekehrten Vorgang der Wiederholung vgl. →Dittologie.

Lit.: A. Z. BZDĘGA [1965]: Reduplizierte Wortbildungen im Deutschen. Poznań. – G. CARDONA [1968]: On haplology in Indo-European. Philadelphia. – W. U. WURZEL [1976]: Zur Haplologie. In: LBer 41, S. 50–57. – J. P. STEMBERGER [1981]: Morphological haplology. In: Lg 57, S. 791–817. →Lautwandel.

Haplologische Zusammensetzung →Kontamination.

Harter Gaumen →Palatum.

Hauptsatz [engl. *main clause*. – Auch: →Matrixsatz, Stammsatz]. In einem (komplexen) Satzgefüge derjenige Teilsatz, der strukturell selbständig, d.h. nicht Satzglied eines übergeordneten Satzes ist. Die Unterscheidung von H. vs. →Nebensatz (als strukturell abhängigem, eingebettetem Satz) ist nur in Satzgefügen sinnvoll, hier entspricht die Bezeichnung H. dem →Matrixsatz, in den Nebensätze (Konstituentensätze)»eingebettet« werden. In der Regel verfügen nur H. über eine eigene illokutive Kraft. Als →Aussage- und Ergänzungsfragesätze haben H. Verb-Zweit-Stellung, als Entscheidungsfrage- und Aufforderungssätze Verb-Erst-Stellung. Die nicht unproblematische Unterscheidung von H. vs. Nebensatz ist seit der zweiten Hälfte des 18. Jh. üblich, vgl. hierzu JELLINEK [1914: 473ff.].

Lit.: M. H. JELLINEK [1913/14]: Geschichte der neuhochdeutschen Grammatik von den Anfängen bis auf Adelung. 2 Halbbde. Heidelberg. – K.-A. FORSGREN [1973]: Zur Theorie und Terminologie der Satzgliedlehre. Ein Beitrag zur Geschichte der deutschen Grammatik von J. C. ADELUNG bis K. F. BECKER, 1780–1830. Göteborg. – W. VESPER [1980]: Deutsche Schulgrammatik im 19. Jahrhundert. Zur Begründung einer historisch-kritischen Sprachdidaktik. Tübingen. →Nebensatz.

Haupttonsilbe →Tonsilbe.

Hausa. Größte →Tschadische Sprache, ca. 25 Mio. Sprecher in Nord-Nigeria und Niger, bedeutende Verkehrssprache. Spezifische Kennzeichen: Reiches Konsonantensystem, einfache

Silbenstruktur. Zwei Schriftsysteme (arabisch, lateinisch). Ziemlich komplexe Morphologie, sowohl beim Nomen (Pluralbildung) als auch beim Verb (Diathesen).   Wortstellung: SVO.

Lit.: R. C. ABRAHAM [1959]: The language of the Hausa people. London. – S. BRAUNER/M. ASHIWAJU [1966]: Lehrbuch der Hausa-Sprache. München. – C. H. KRAFT/A. H. M. KIRK-GREENE [1973]: Hausa. London. – F. W. PARSONS [1981]: Writings on Hausa grammar. London.

Hawaiianisch →Polynesische Sprachen.

Head [engl., ›Kopf‹]. →Bezugselement.

Head-Driven Phrase Structure Grammar [Abk. HPSG, engl., ›Kopforientierte Phrasenstrukturgrammatik‹]. →Generative Grammatiktheorie aus der Familie der →Unifikationsgrammatiken, die Elemente aus der →Generalized Phrase Structure Grammar (GPSG), der →Functional Unification Grammar (FUG) und dem →PATR Formalismus miteinander verbindet. Die umfassendste Darstellung ist POLLARD/SAG [1988]. (Die Rolle, die der Begriff der Kopfkategorie in der HPSG spielt, geht auf frühere Arbeiten von C. POLLARD zurück.) – Die HPSG verwendet ein reiches Inventar an unifikationsgrammatischen Beschreibungsmitteln, z.B. →Mengenwertige Merkmale, listenwertige Merkmale, →Disjunktion, →Negation und →Implikation. Ähnlich wie in der FUG sind in der HPSG alle linguistischen Einheiten durch →Merkmalstrukturen repräsentiert, die in Anlehnung an DE SAUSSURE »Zeichen« heißen.

Sie enthalten Merkmale für die Kodierung von phonologischer, syntaktischer und semantischer Information [PHON], [SYN], [SEM]. Die Bindungen zwischen den Werten dieser Merkmale bestimmt die grammatische Abbildung zwischen Laut und Bedeutung. Die Grammatik ist ebenfalls in Form von Merkmalstrukturen repräsentiert, die als Beschränkungen für die linguistische Wohlgeformtheit der Zeichen aufgefaßt werden. Im Unterschied zur GPSG ist die Grammatik der HPSG stark lexikalisiert, d.h. das Lexikon, das mit Hilfe des Unifikationsformalismus in einer Vererbungshierarchie strukturiert ist, enthält einen großen Teil der syntaktischen Information. Es gibt nur wenige Syntaxregeln. Die →X-Bar-Theorie und besonders die Parallelität von Verbphrasen und Nominalphrasen wird ausgenutzt, um für die Komplementbindung mit nur zwei Regeln auszukommen, die die Kopfkategorie mit dem externen Argument (Subjekt) und den anderen Argumenten verbindet. Ebenso besorgt eine einzige Regel die Modifikation durch Adjunkte. Die →Phrasenstrukturregeln sind durch die Formulierung von allgemeinen (meist universalgrammatischen) Prinzipien, die ebenfalls als Merkmalstrukturen kodiert sind, redundanzfrei gehalten. Unter ihnen befinden sich revidierte Fassungen einiger Prinzipien der GPSG. Die Subkategorisierung geschieht über ein listenwertiges Merkmal [SUBCAT]. Fernabhängigkeiten werden durch das Zusammenwirken von Merkmalsweitergabe und grammatischen Prinzipien repräsentiert. Die Organisation der Grammatik ist der FUG entlehnt. Die Grammatik ist die →Disjunktion aller Regeln und aller lexikalischen Einträge, in Konjunktion gesetzt (unifiziert) mit den grammatischen Prinzipien. Jedes wohlgeformte Zeichen muß mit der Grammatik unifizierbar sein. – Es gibt bisher erst wenige einzelgrammatische Beschreibungen auf HPSG-Basis, sie bildet aber die Grundlage für einige experimentelle computerlinguistische Systeme, z.B. PROUDIAN/POLLARD [1985].

Lit.: D. PROUDIAN/C. J. POLLARD [1985]: Parsing head-driven Phrase Structure Grammar. In: ACL Proceedings 23. Chicago, S. 167–171. – C. POLLARD/I. A. SAG [1988]: An information-based syntax and semantics. Bd. 1: Fundamentals. Stanford, Ca.

Hebräisch. →Semitische Sprache, gesprochen bis zum 3. Jh. v. Chr. in Palästina (Biblisches H.), Schriftsprache der Mischna-Texte (»Rabbinisches H.«, ca. 200 v. Chr.), Mittelalterliches H. vom 6. bis 13. Jh., als Neuh. Staatssprache Israels (ca. 4 Mio. Sprecher); Kultsprache der jüdischen Religion. Neuh. wurde aus der nur noch eingeschränkt verwendeten Sprache auf der Basis der Aussprache der sephardischen (spanisch-portugiesischen) Juden entwickelt. Eigenständige Schrift auf der Basis der →Aramäischen Schrift, eine Konsonantenschrift, die allerdings mit Vokalzeichen versehen werden kann (Punktuation). Reiche literarische Tradition im Alten Testament mit Texten aus einer Zeitspanne von über 1000 Jahren in verschiedenen Dialekten.

– Grammatische Kennzeichen vgl. →Semitisch.

Lit.: W. GESENIUS/G. BERGSTRÄSSER [1918/1929]: Hebräische Grammatik. Leipzig. – M. LAMBERT [1931/1938]: Traité de grammaire hébraïque. Paris. Neuaufl. Hildesheim 1972. – J. BLAU [1976]: A grammar of biblical Hebrew. Wiesbaden. – H. B. ROSÉN [1977]: Contemporary Hebrew. Berlin. – R. BERMAN [1978]: Modern Hebrew structure. Tel-Aviv. – H. KÖRNER [1986]: Hebräische Studiengrammatik. 2. Aufl. Leipzig. – L. GLINERT [1988]: The grammar of modern Hebrew. London.

Hebung vs. Senkung [engl. *raising* vs. *lowering*]. Lautveränderung im Vokalbereich, die aus einer Veränderung des Artikulationsortes durch höhere oder niedrigere Zungenlage (vgl. Vokalschema) resultiert; meist bedingt durch Assimilation an benachbarte hohe/tiefe Vokale (vgl. →Umlaut, →Vokalharmonie) oder Konsonanten, allerdings sind auch kontextfreie Hebungen (bes. der unteren Langvokale) und Senkungen (bes. der oberen Extremvokale in informeller, »nachlässiger« Sprechweise) anzutreffen.

Lit.: P. J. DONEGAN [1978]: On the natural phonology of vowels. Ohio.

Heckenausdruck [engl. *hedges*]. Von G. LAKOFF [1973] eingeführte Bezeichnung für Ausdrücke, die andeuten, in welchem Sinne bestimmte Exemplare einer bestimmten Kategorie zugeordnet werden. Aus der Tatsache, daß (jeweils relativ zu einem spezifischen kulturellen Hintergrund) manche Exemplare als bessere/typischere Beispiele einer Kategorie angesehen werden (→Stereotyp (2)), ergibt sich ein Bedürfnis für solche H. Z.B. sind im mitteleuropäischen Kulturraum Spatzen sicherlich typischere Beispiele für Vögel als Pinguine. Deshalb kann von den beiden wahren Sätzen *Ein Spatz ist ein Vogel* und *Ein Pinguin ist ein Vogel* nur der erste mit den H. *typisch, par excellence* und nur der zweite mit den H. *im strikten Sinne, botanisch gesehen* modifiziert werden.

Lit.: D. BOLINGER [1972]: Degree words. The Hague. – G. LAKOFF [1973]: Hedges: A study in meaning criteria and the logic of fuzzy concepts. In: JPL 2, S. 458–508. – G. KOLDE [1986]: Zur Lexikographie sogenannter Heckenausdrücke. In: A. SCHÖNE (ed.): Kontroversen, alte und neue. Bd. 3, Tübingen, S. 170–176.

Hellenisch →Griechisch.

Hendiadyoin [griech. ›eins durch zwei‹]. →Rhetorische Figur der Erweiterung:
(1) Zerlegung eines komplexen Begriffs in zwei koordinierte, aber semantisch ungleichrangige Ausdrücke, z. B. *von Tellern und Silber essen* statt *von Silbertellern.*
(2) Allgemein: intensivierende Verknüpfung zweier bedeutungsverwandter Begriffe, oft formelhaft, z.B. *wir fordern und verlangen, Haus und Hof.* Vgl. →Zwillingsformel.

Lit.: →Rhetorische Figur.

Herausstellungsstrukturen.
Oberbegriff für syntaktische Konstruktionstypen, bei denen syntaktische Elemente an oder außerhalb der Satzgrenze erscheinen. In der von H. ALTMANN entworfenen Klassifizierung zählen zu den H. am linken Satzrand: →Linksversetzung (*Das Buch, das habe ich doch gestern zurückgebracht*), →Freies Thema (*Das Buch da, ich glaub ich kenne den Autor*), Vokativische Nominalphrase

(*Du Trottel, jetzt reiß dich aber mal zusammen!*). H. am rechten Satzrand sind: Rechtsversetzung (vgl. unter →Linksversetzung vs. Rechtsversetzung; *Ich habe dir das doch gestern zurückgegeben, das Buch über Pilze*), →Extraposition (*Sie hat sich sehr darüber gewundert, daß die anderen die Wahl gewonnen haben*), →Ausklammerung (*Sie haben sich endlich wieder getroffen gestern abend*), →Nachtrag (*Sie haben zusammen ein Buch geschrieben, (und zwar) ein sehr aufregendes*). Außerdem gilt auch die →Parenthese als H. (*Die Jüngeren, natürlich, die wollen von dem allen nichts mehr wissen*). – Eine eindeutige Zuordnung zu den einzelnen Typen ist nicht immer möglich. Als Kriterien zur Identifizierung gelten morphologische und intonatorische Eigenschaften, typische Einleitungsfloskeln und Zusätze, (pronominale) Bezugselemente sowie die Gliederung in →Thema vs. Rhema.

Lit.: H. ALTMANN [1981]: Formen der »Herausstellung« im Deutschen. Tübingen. – S. G. ANDERSSON [1988]: Zur Grammatik und Pragmatik von Herausstellungsstrukturen. In: Sprache und Pragmatik 1, S. 1–8. – T. TORRIS [1988]: Syntaktische Konfigurationen und Diskontinuitäten im heutigen Deutsch. Tübingen. →Wort- und Satzgliedstellung.

Herkunftsname →Familienname.

Heterographie [griech. *héteros* ›verschieden‹, *gráphein* ›schreiben‹].
(1) Verwendung gleicher Schriftzeichen für unterschiedliche Laute, vgl. ⟨ch⟩ in *ich/ ach/Fuchs*, engl. ⟨gh⟩ in *through/ enough/ghost.*

(2) Unterschiedliche Schreibung von Wörtern mit gleicher Aussprache bzw. Bedeutung, vgl. *Kaffee* vs. *Café*.
(3) Von der Norm abweichende Schreibweise.

Lit.: →Rechtschreibung.

Heteroklitikon [Pl. *Heteroklitika*; griech. *heteróklitos* ›von verschiedener Deklination‹]. Nomen mit unregelmäßigem Paradigma, wobei entweder (a) die Kasus- und Numerusformen sich nach mindestens zwei verschiedenen Deklinationsmustern richten oder (b) verschiedene Stammformen sich zu einem Paradigma ergänzen. Vgl. →Suppletivwesen.

Heteronymie [griech. *héteros* ›andersartig‹, ›verschieden‹, *ónyma* ›Name‹].
(1) Ausdrücke gleicher semantischer Dimension (z.B. Farben, Wochentage, Zahlen) mit verschiedenen Wortstämmen, z.B. *Vetter* vs. *Base* im Unterschied zu frz. *cousin* vs. *cousine*.
(2) Synonym für die →Semantische Relation der →Inkompatibilität.

Lit.: →Semantische Relation.

Heterorgane Laute. Sprachlaute, die nicht homorgan sind. z.B. [θ] als →Laminal(laut) und [s] als →Apikal(laut). Vgl. zum Unterschied →Homorgane Laute.

Hethitisch. Ausgestorbene ideur. Sprache des →Anatolischen Zweiges, die Sprache des Hethiter-Reiches in Kleinasien, aus dem 2. Jahrtausend v. Chr. Die Sprache ist auf Keilschrifttafeln überliefert, die vorwiegend aus der Nähe des heutigen Orts Bogăzköy stammen; sie wurden seit 1905 ausgegraben und relativ bald entziffert. B. HROZNÝ erkannte 1915, daß es sich um eine ideur. Sprache handelte. Das H. hat eine Reihe von Archaismen bewahrt (vgl. →Laryngaltheorie), ist andererseits aber auch wesentlich einfacher strukturiert als andere ideur. Sprachen jener Zeit (nur zwei Genera: Animat/Neutrum (→Animat vs. Inanimat), einfaches Tempussystem). Man nimmt heute an, daß das H. (und die anderen →Anatolischen Sprachen) die früheste bekannte Abzweigung aus der ideur. Ursprache darstellen; E. STURTEVANT [1942] sah Anatolisch und Ideur. als gleichberechtigte Zweige eines Indo-Hethitischen Sprachstammes an.

Lit.: J. FRIEDRICH [1960]: Hethitisches Elementarbuch. Heidelberg. – E. BENVENISTE [1962]: Hittite et indo-européenne. Paris. – A. KAMMENHUBER [1969]: Hethitisch, Palaisch, Luwisch und Hieroglyphen-Luwisch. In: J. FRIEDRICH u.a.: Altkleinasiatische Sprachen. Leiden. – E. NEU/W. MEID [1979]: Hethitisch und Indogermanisch. Innsbruck.

Hiat(us) [lat. *hiātus* ›Kluft‹]. Auditiv wahrnehmbare Verteilung zweier aufeinander folgender (heterosyllabischer) Monophthonge auf zwei Silben, z.B. bei den zwei heterosyllabischen Monophthongen in ital. [ˈmjɛːi̯] ›(die) meinigen‹ gegenüber dem Diphthong [ɛːi̯] in konkurrierendem [mjɛːi̯]; in dt. [ˈmeːdi̯ɛn] gegenüber umgangssprachlichem [ˈmeːdjɛn] oder gar [ˈmeːdçɛn]. Der H. kann auch zwischen Wörtern im Satz auftreten (vgl. *die Analyse*). Wird ein →Halbvokal zur Beseitigung der »Kluft« eingeschoben oder wird einer der beiden

Vokale durch Halbvokal ersetzt wie in [ʔidiˈjoːt] bzw. [ʔidˈjoːt] für *Idiot*, so spricht man von H.-Tilger. H.-Überbrückung erfolgt auch durch →Kontraktion, →Krasis, →Liaison und →Synärese.

Lit.: →Phonetik.

Hierarchie. Elementares Strukturprinzip, demzufolge Elemente in Ebenen mit vertikaler Schichtung angeordnet sind. Die graphische Darstellung einer H. liefert einen nach unten verzweigenden Baumgraphen. Eine mögliche Präzisierung sieht folgendermaßen aus: Eine zweistellige Relation R ist eine H. dann und nur dann, wenn folgende fünf Bedingungen gelten: (a) Es gibt einen Ursprung. (b) Alle Elemente sind mit diesem Ursprung verbunden. (c) Es gibt keine Verzweigungen nach oben. (d) R ist asymmetrisch (→Symmetrische Relation). (e) R ist transitiv (→Transitive Relation). H. haben ein weites Feld der Anwendung: Es reicht von taxonomischen Klassifikationen der Umwelt des Menschen bis zu Dominanzbeziehungen in der Gesellschaft. In der Linguistik findet man H. in der Syntax (→Konstituentenanalyse) und zumindest hierarchieähnliche Strukturen in der Semantik bei Wortschatzuntersuchungen (→Hyponymie).

Lit.: P. R. LUTZEIER [1985]: Die semantische Struktur des Lexikons. In: CH. SCHWARZE/D. WUNDERLICH (eds.): Handbuch der Lexikologie. Königstein/Ts., S. 103–133. – D. A. CRUSE [1986]: Lexical semantics. Cambridge.

Hierarchie-Gesetze. Universelle (meist statistische) Gesetze, die auf Hierarchien von →Grammatischen Kategorien oder →Syntaktischen Funktionen Bezug nehmen. Bekannt geworden sind vor allem die H., die im Rahmen der →Relationalen Grammatik sowie von E. L. KEENAN und B. COMRIE formuliert wurden und auf folgende H. von syntaktischen Funktionen zurückgreifen: Subjekt ⊂ Direktes Objekt ⊂ Indirektes Objekt ⊂ Obliques Objekt u.a. Als eines der wichtigsten Grundprinzipien solcher H. gilt: Wenn eine syntaktische Funktion A vor einer syntaktischen Funktion B rangiert und wenn B an einer sprachlichen Regularität R beteiligt ist, dann ist auch A an R beteiligt. Das bedeutet, daß in diesem Fall A eher an einer sprachlichen Regularität beteiligt ist als B. Für die Verbkongruenz z.B. gilt somit, daß Subjekte eher mit dem Verb kongruieren als Objekte, bzw. daß es keine Sprache gibt, in der das Verb mit einem Objekt, jedoch nicht mit dem Subjekt kongruiert. H. wurden auch formuliert für die Bildung von Relativsätzen und Passiv, für Reflexivierung, aber auch mit Bezug auf andere Hierarchien anderer Bereiche wie z.B. der →Thematischen Relationen (vgl. →Kasusgrammatik), der Belebtheit (→Animat vs. Inanimat) bzw. Topikalität (→Topik vs. Prädikation).

Lit.: T. GIVÓN [1976]: Topic, pronoun and grammatical agreement. In: CH. N. LI (ed.): Subject and topic. New York, S. 149–188. – M. SILVERSTEIN [1976]: Hierarchy of features and ergativity. In: R. M. W. DIXON (ed.): Grammatical categories in Australian languages. Canberra, S. 112–171. – D. E. JOHNSON [1977]: On relational constraints on grammars. In: P. COLE/J. M. SADOCK (eds.): Grammatical relations. New York, S. 151–178. – E. L. KEENAN/B. COMRIE [1977]: Noun phrase accessibility and

universal grammar. In: LIn 8, S. 63–99. – J.
EDMONDSON [1978]: Ergative languages,
accessibility hierarchies, governing reflexives and questions of formal analysis. In:
W. ABRAHAM (ed.): Valence, semantic case
und grammatical relations. Amsterdam, S.
633–660. – E. A. MORAVCSIK [1978]: Agreement. In: J. H. GREENBERG (ed.): Universals of human language. Bd. 4. Stanford, S.
352–374. – G. G. CORBETT [1983]: Hierarchies, targets and controllers: Agreement
patterns in Slavic. London. – G. GREWEN-
DORF [1985]: Reflexivierungsregeln im
Deutschen. In: DS 1, S. 14–30. – B. PRIMUS
[1987]: Grammatische Hierarchien. München.

Hieroglyphen [griech. *hierogly-*
phikà grámmata ›die heiligen
Schriftzeichen‹, zu *hieròs* ›heilig‹, *glyptós* ›in Stein ge-
schnitzt‹]. Im engeren Sinne:
Von J. F. CHAMPOLLION 1822
entzifferte Schrift der Ägypter
vom 4. vorchristlichen Jt. bis
zum 4. nachchristlichen Jh. Die
H. vereinen das Prinzip der
Ideographie mit dem der →Pho-
nographie und entwickelten
sich zu Phonogrammen. Verwendet werden Piktogramme
(→Piktographie) oder daraus
weiterentwickelte abstrakte
Zeichen. – Im weiteren Sinne
auch verallgemeinert: Schriften
in Anatolien, Mexiko und bei
den Mayas.
Lit.: A. ERMAN [1912]: Die Hieroglyphen.
Berlin. – K. SETHE [1939]: Vom Bilde zum
Buchstaben. Leipzig. – N. M. DAVIES
[1958]: Picture writing in ancient Egypt.
London. – E. LAROCHE [1960]: Les hiér-
oglyphes Hittites. Paris. →Schrift.

Hilfsverben [engl. *auxiliary*
(verb)- Auch: Hilfszeitwort]. Semantisch-syntaktisch motivierte und verallgemeinerte Unterklasse der Verben. Im Unterschied zu →Vollverben verfügen
H. über eine abgeschwächte lexikalische Bedeutung (vgl. *ha-*
ben, sein, werden). Sie haben
nur in sehr beschränktem Maße
→Valenz, weisen zum Teil mor-

phologische Eigentümlichkeiten auf und treten typischerweise oft als Exponenten morphologischer Kategorien auf, z.B.
bei der Bildung von →Tempus-
und →Genus Verbi-Formen. Ob
dies dazu führen sollte, Hilfs-
und Vollverben kategorial zu
unterscheiden, ist umstritten.
Gelegentlich werden auch die
→Modalverben zu den H. gezählt. Vgl. auch →Kopulativver-
ben.
Lit.: S. STEELE [1978]: The category AUX as
a language universal. In: J. GREENBERG
(ed.): Universals of human language. Bd. 3.
Stanford. – A. AKMAJIAN u.a. [1979]: The
category AUX in universal grammar. In:
LIn 10, S. 1–64. – G. GAZDAR u.a. [1982]:
Auxiliaries and related phenomena in a restrictive theory of grammar. In: Lg 58, S.
591–638. – F. HENY/B. RICHARDS [1983]:
Linguistic categories, auxiliaries and related puzzles. 2 Bde. Dordrecht. – P. SCHACH-
TER [1985]: Parts-of-speech systems. In:
T. SHOPEN (ed.): Language typology and
syntactic description. Bd. 1. Cambridge, S.
3–61. – M. HARRIS/P. RAMAT [1987]:
The historical development of auxiliaries.
Berlin.

Hilfszeitwort →Hilfsverben.

Hindi →Hindi-Urdu.

Hindi-Urdu. →Indische Sprache
mit mehreren Dialekten: Hindi,
neben Engl. Staatssprache Indiens (ca. 200 Mio. Sprecher),
Urdu, die Staatssprache Pakistans (ca. 30 Mio. Sprecher).
Hindi und Urdu können als
Dialekte einer Sprache angesehen werden, deren Unterschiede durch die kulturellen Unterschiede der Sprecher (Hindus
vs. Moslems) und durch die Verwendung verschiedener Schriften (Devanāgari vs. Persisch-
Arabisch) bedingt sind. – Spezifische Kennzeichen: Relativ
komplexes Lautsystem (40 Konsonanten, 10 Vokale); ein distinktiver Wortakzent fehlt. 2

Numeri, 2 Genera (Mask., Fem.) und 3 Kasus. Zahlreiche kausative und zusammengesetzte Verben (z.B. *kha lena* ›essen nehmen‹, »aufessen«). Aspekt wird morphologisch, Tempus durch Hilfsverben ausgedrückt. Es müssen verschiedene Klassen von Verben unterschieden werden (z.B. volitionale vs. nicht-volitionale (→Volitionalität), affektive vs. nicht-affektive), die syntaktisch unterschiedliche Konstruktionen erfordern. Häufig dient die Kausativkonstruktion zur Derivation volitionaler aus nicht-volitionalen Verben. Statt untergeordneter Sätze werden häufig Partizipialformen verwendet. Wortstellung: SOV.

Lit.: R. S. McGregor [1972]: Outline of Hindi grammar. Oxford. – A. Sharma/H. J. Vermeer [1972]: Einführung in die Hindi-Grammatik. Heidelberg. – Y. Kachru [1980]: Aspects of Hindi grammar. Neu Delhi. *Bibliographie:* N. K. Aggarwal [1985]: A bibliography of studies on Hindi language and linguistics. London.

Hinweisendes Fürwort →Demonstrativum.

Historische Grammatiken. Sowohl Beschreibung einzelner historischer Sprachstufen als auch Darstellung entwicklungsgeschichtlicher Zusammenhänge zwischen einzelnen Sprachstufen. Die umfangreichsten H. G. des Ideur. und seiner Tochtersprachen stammen aus der →Historisch-Vergleichenden Sprachwissenschaft des 19. Jh. und von den →Junggrammatikern.

Lit.: Indogermanisch/Indoeuropäisch: K. Brugmann/B. Delbrück [1886/1900]: Grundriß der vergleichenden Grammatik der indogermanischen Sprachen. 5 Bde. Unveränd. Nachdruck Berlin 1970. – A. Meillet [1903]: Introduction à l'étude comparative des langues indo-européennes. Paris. – H. Hirt [1931–34]: Handbuch des Urgermanischen. 3 Bde. Heidelberg. – H. Krahe [1943]: Indogermanische Sprachwissenschaft. 2 Bde. Berlin, 5. Aufl. 1966/69. – W. P. Lehmann [1955]: Proto Indo European phonology. Austin. – J. Pokorny [1959–69]: Indo-Germanisches etymologisches Wörterbuch. 2 Bde. Bern. – W. B. Lochwood [1969]: Indo-european philology: Historical and comparative. London. – W. P. Lehmann [1974]: Proto Indo European syntax. Austin. – W. B. Lockwood [1979]: Überblick über die indo-germanischen Sprachen. Tübingen. *Urgermanisch:* W. Streitberg [1896]: Urgermanische Grammatik. Heidelberg. – E. Prokosch [1939]: A comparative Germanic grammar. Philadelphia. – H. Krahe [1942]: Germanische Sprachwissenschaft. 2 Bde. Berlin: 2. Aufl., bearb. von W. Meid. 1969. – W. van Coetsem/H. L. Kufner (eds.) [1972]: Towards a grammar of Proto-Germanic. Tübingen. – P. Ramat [1981]: Einführung in das Germanische. Tübingen. *Gotisch:* W. Braune [1880/1966]: Gotische Grammatik mit Lesestücken und Wörterverzeichnis. Neu bearb. von E. A. Ebbinghaus, Tübingen 1966. – W. Krause [1953]: Handbuch des Gotischen. 3. neu bearb. Aufl. München 1968. *Althochdeutsch:* W. Braune [1886/1975]: Althochdeutsche Grammatik. 13. verb. Aufl., bearb. von H. Eggers. Tübingen 1975. *Mittelhochdeutsch:* H. Paul [1881/1989]: Mittelhochdeutsche Grammatik. 23. Aufl., neu bearb. von P. Wiehl/S. Grosse. Tübingen 1989. – H. de Boor/R. Wisniewski [1967]: Mittelhochdeutsche Grammatik. 5. durchges. Aufl. Berlin. *Frühneuhochdeutsch:* V. Moser [1909]: Historisch grammatische Einführung in die frühneuhochdeutschen Schriftdialekte. Halle. Nachdruck Darmstadt 1971. – V. Moser [1951]: Frühneuhochdeutsche Grammatik. Bd. 1, 3. Heidelberg. – H. Moser/H. Stopp (eds.) [1970/1973]: Grammatik des Frühneuhochdeutschen. 2 Teile. Heidelberg. – G. Philip [1980]: Einführung ins Frühneuhochdeutsche. Heidelberg.

Historische Sprachwissenschaft. Teildisziplin der allgemeinen Sprachwiss., deren Gegenstand die Entwicklung einer (allgemeinen oder einzelsprachlichen) Sprachveränderungstheorie bildet. Dies umfaßt u.a. folgende Teilbereiche: (a) Darstellung der Entstehung und

Entwicklung von Einzelsprachen und Sprachengruppen (bei unzureichend belegten Sprachstufen auch unter Heranziehung innerer und äußerer →Rekonstruktion), (b) Erstellung einer Typologie von Sprachveränderungsprozessen (Typen phonologischer, morphologischer, syntaktischer, semantischer Veränderungen), (c) Erklärung einzelner Veränderungsprozesse bzw. universeller Typen von Veränderungen durch Bezugnahme auf artikulatorische, kognitionspsychologische, soziologische, kommunikationstheoretische etc. Bedingungszusammenhänge, (d) Erforschung der Entstehung und der Ausbreitung von Veränderungen in sprachinterner und sprachexterner Hinsicht.

Lit.: →Sprachwandel, →Sprachwissenschaft (Geschichte).

Historisch-Vergleichende Sprachwissenschaft [Auch: Komparatistik]. Im 19. Jh. als selbständige Disziplin entwickelte Forschungsrichtung, deren Ziel es ist, Ursprung, Entwicklungsgeschichte und Verwandtschaftsbeziehungen von Einzelsprachen aufgrund vergleichender Untersuchungen zu rekonstruieren, vgl. komparative →Rekonstruktion. Sowohl das Interesse der dt. Romantik an der Geschichte des eigenen Volkes als auch das Bekanntwerden mit dem →Sanskrit förderten die insb. mit den Namen und den Werken von F. SCHLEGEL, F. BOPP, R. RASK, J. GRIMM und A. SCHLEICHER verbundene Erforschung der genetischen Zusammenhänge zwischen dem Dt. und den übrigen ideur. bzw. germ. Sprachen. Auf der Basis einer gründlichen Beschreibung der wichtigsten ideur. Einzelsprachen, wie sie u.a. BOPP und GRIMM geleistet hatten, versuchte SCHLEICHER in der 2. Hälfte des 19. Jh. durch Aufstellung von →Wortgleichungen die Entstehung aller ideur. Einzelsprachen aus einer rekonstruierten ideur. Ursprache abzuleiten; die so erwiesenen genetischen Zusammenhänge stellte er in Form eines Stammbaumes dar (→Stammbaumtheorie). Durch die sogen. →Junggrammatiker wurde die historische Betrachtung von Sprache zum primären, fast ausschließlichen Untersuchungsziel sprachwissenschaftlicher Forschung, vgl. die großen Überblicke von BRUGMANN, DELBRÜCK, HIRT, MEILLET u.a.

Lit.: F. SCHLEGEL [1808]: Die Sprache und Weisheit der Indier. In: Sämtliche Werke, Bd. 7. Wien 1846. – F. BOPP [1816]: Über das Conjugationssystem der Sanskritsprache in Vergleichung mit jenem der griechischen, lateinischen, persischen und germanischen Sprache. Frankfurt. – J. GRIMM [1819/1837]: Deutsche Grammatik. 4 Theile. Göttingen. Photomechanischer Neudruck der 2. Aufl. von Berlin 1870/78. Hildesheim 1967. – A. SCHLEICHER [1861/1862]: Compendium der vergleichenden Grammatik der indogermanischen Sprachen. Weimar. – K. BRUGMANN/B. DELBRÜCK [1886/1900]: Grundriß der vergleichenden Grammatik der indogermanischen Sprachen. 5 Bde. Unveränd. Nachdruck Berlin 1970. – A. MEILLET [1903]: Introduction à l'étude comparative des langues indo-européennes. Paris. – R. RASK [1932]: Ausgewählte Abhandlungen. Ed. von L. HJELMSLEV. Kopenhagen. – O. SZEMERÉNYI [1980]: Einführung in die vergleichende Sprachwissenschaft. 2. Aufl. Darmstadt. →Sprachwissenschaft (Geschichte).

Hochdeutsch.
(1) Im sprachsoziologischen Sinne die (überregional gültige, normierte, kodifizierte) Hochsprache im Unterschied zur regionalgefärbten»Umgangsspra-

che« bzw. zum kleinräumig gebundenen →Dialekt.

(2) Im sprachgeographischen Sinne die Gesamtheit aller Dialekte, die von der →Zweiten (»Althochdeutschen«) Lautverschiebung erfaßt wurden im Gegensatz zu den nddt. Dialekten (→Niederdeutsch), die diese Lautverschiebung nicht mitgemacht haben. Die Grenze zwischen den hochdt. und den nddt. Dialekten verläuft (mit hochdt. – nddt. Interferenzräumen besonders im Westen (→Niederfränkisch) und Osten (→Brandenburgisch, →Obersächsisch) entlang der sogen. »*maken/machen*-Linie« (»Benrather Linie«: Benrath – Olpe – Duderstadt); innerhalb des H. wird wiederum – je nach der Intensität der Durchführung der Lautverschiebung – zwischen →Mitteldeutsch und →Oberdeutsch unterschieden. (Vgl. Sprachenkarte Nr. 6).

Lit.: →Deutsch, →Dialektologie, →Mitteldeutsch, →Oberdeutsch.

Hochdeutsche Lautverschiebung →Zweite Lautverschiebung.

Hochpreußisch   →Mitteldeutsch.

Hochsprache   →Standardsprache.

Höflichkeit →Honorificum.

Hörersteuerung. Bezeichnung für diejenigen Handlungsmuster, mit denen der Sprecher im Rahmen seines →Turns die Aktionen des Hörers steuert, etwa seine Aufmerksamkeit fordert (z.B. durch →Vokative, Aufforderungen wie *hör mal*) oder

sein Einverständnis unterstellt (z.B. durch *gell?*). Zur Steuerung des jeweiligen Sprecherverhaltens durch den Hörer →Back Channel. →Diskursmarker.

Lit.: J. REHBEIN [1979]: Sprechhandlungsaugmente. Zur Organisation der Hörersteuerung. In: H. WEYDT (ed.): Die Partikeln der deutschen Sprache. Berlin, S. 58–74. →Konversationsanalyse.

Hörstummheit. Bezeichnung von R. COEN [1886] für kindliche Sprachentwicklungsstörungen, die bei Kindern mit normalem Gehör und normaler Intelligenz auftreten. Nach LUCHSINGER/ARNOLD [1970] handelt es sich um den höchsten Grad einer verzögerten Sprachentwicklung, die nur auf Kinder anzuwenden ist, die sich nach dem 3. Lebensjahr fast ausschließlich durch Gebärden verständigen. Der Terminus H. ist heute ungebräuchlich. →Entwicklungs-Dysphasie, →Dysgrammatismus.

Lit.: R. COEN [1886]: Pathologie und Therapie der Sprachanomalien für Ärzte und Studierende. Wien. – R. COEN [1888]: Die Hörstummheit und ihre Behandlung. Wien. – R. LUCHSINGER/G. ARNOLD [1970]: Handbuch der Stimm- und Sprachheilkunde. 2 Bde. 3. Aufl. Wien. – H. AMOROSA [1984]: Die diagnostische Klassifikation kindlicher Sprachentwicklungsstörungen. In: Zeitschrift für Kinder-Jugendpsychiatrie 12, S. 379–390.

Hokanisch. Von R. DIXON und A. KROEBER 1919 postulierter Sprachstamm Nord- und Mittelamerikas, dessen Rekonstruktion heute allerdings angezweifelt wird. Zu den Hokan-Sprachen werden u.a. die Yuman-Sprachen (mit Mohave, 2000 Sprecher in Kalifornien), Tequistlatekisch und Huamelultekisch (Südmexiko, je 5000 Sprecher) gerechnet. Sprachliche

Kennzeichen: Komplexe Konsonantensysteme (z.T. mit glottalisierten Plosiven und stimmlosen Nasalen). (Vgl. Sprachenkarte Nr. 3 und Nr. 11).

Lit.: M. LANGDON [1970]: A grammar of Diegueño. Berkeley. – P. MUNRO [1976]: Mohave syntax. New York. – M. LANGDON/S. SILVER [1976]: Hokan studies. The Hague. – W. JACOBSEN [1979]: Hokan inter-branch comparison. In: L. CAMPBELL/M. MITHUN (eds.): The languages of native America. Austin. – L. J. WATAHOMIGIE u.a. [1982]: Hualapai reference grammar. Los Angeles.

Hokuspokus-Linguistik vs. God's-Truth-Linguistik.

Scherzhaft-ironische Bezeichnung für die unter den Distributionalisten ausgetragene Kontroverse um den Status von System und Struktur der Sprache: Die Hokuspokus-Position geht aus von W. F. TWADDELLS Definition des Phonems als einer »fiktiven Einheit«, die der Linguist auf Grund bestimmter Regeln und Operationen aus einer bestimmten Datenmenge destilliert, während die *God's-truth*-Linguisten behaupten, daß System und Struktur der Sprache real in den Daten vorhanden seien und nicht durch irgendwelchen »Hokuspokus« aus dem Material herausgezaubert werden. Da es sich einerseits bei den von den Hokuspokus-Anhängern kritisierten Regeln nicht um irgendwelche beliebigen, sondern um mechanisch und wissenschaftlich überprüfbare Regeln handelt, und andererseits das System der Sprache nicht die Realität selbst, sondern immer nur ein wie auch immer abstrahiertes Modell der Realität entwirft, gilt die extreme Ausprägung beider Positionen als revisionsbedürftig.

Lit.: W. F. TWADDELL [1935]: On defining the phoneme. (Suppl. zu Lg 16). Auch in: M. JOOS (ed.): Readings in linguistics. 4. Aufl. Chicago 1966. – Z. S. HARRIS [1951]: Methods in structural linguistics. Chicago. Vgl. hierzu die Rezension von F. HOUSEHOLDER [1952] in: IJAL 18, S. 260–268. – M. JOOS (ed.) [1957]: Readings in linguistics. Bd. 1: The development of descriptive linguistics in America. 1925–1956. 3.Aufl. Chicago 1966. – R. BURLING [1964]: Cognition and componential analysis: God's truth or hocuspocus. In: AmA 66, S. 20–28.

Holismus vs. Kompositionalität

[griech. *hólos* ›ganz‹, lat. *compositiō* ›Zusammenstellung‹].
Vor allem in der →Morphologie und →Semantik diskutierte →Dichotomie, die sich auf die sprachwissenschaftliche Analyse schon vorhandener sowie auf die Synthese neuer komplexer Einheiten bezieht: holistische d.h. »ganzheitliche« Bildungsweise und Gedächtnisspeicherung wird für weniger kohärente Typen von →Derivation erwogen (z.B. bei Präfixverben, *ig*-Bildungen), kompositionelle Bildungsweise, d.h. aus »Einzelelementen (regelhaft) zusammengesetzt«, gilt vor allem für sehr produktive (→Produktivität) Typen der Derivation wie deverbale *bar*- und *er*-Bildungen (*abschätzbar, Lehrer*) oder substantivische →Zusammensetzungen (*Hunde + steuer*) und vor allem für die Flexionsmorphologie. Als »holistisch« bezeichnet man ein Analysevorgehen, bei dem Ganzheiten in Anlehnung an ähnlich strukturierte Ganzheiten (oder Gruppen von Ganzheiten) analysiert werden, z.B. *bedrecken* als →Analogie zu *beschmutzen, beschmieren*, »kompositionell« dagegen eine Verfahrensrichtung, die die Bedeutung eines komplexen Ausdrucks aus der Bedeutung seiner Bestandteile

erklärt, also *bedreck(en)* aus *be* + *dreck (+ en)*. Vermutlich handelt es sich bei dieser Dichotomie nicht um polare Gegensätze, sondern um Begriffe auf einem Kontinuum.

Lit.: H. GÜNTHER [1974]: Das System der Verben mit »be-« in der deutschen Sprache der Gegenwart. Tübingen. – W. MOTSCH [1977]: Ein Plädoyer für die Beschreibung von Wortbildung auf der Grundlage des Lexikons. In: H. BREKLE/D. KASTOVSKY (eds.): Perspektiven der Wortbildungsforschung. Bonn, S. 180–202. – F. PLANK [1981]: Morphologische (Ir-)Regularitäten: Aspekte der Wortstrukturtheorie. Tübingen.

Holländisch →Niederländisch.

Holophrastischer Sprachbau [griech. *hólos* ›ganz‹, *phrastikós* ›zum Reden gehörig‹]. Syntaktisch gar nicht oder nur wenig strukturierte Wendungen (Ein-Wort-Ausdrücke) mit komplexer, meist mehrdeutiger Semantik, z.B. *Danke. - Entschuldigung. - Hilfe. -* Beim →Spracherwerb in der ersten Hälfte des zweiten Lebensjahres verwendete Ein-Wort-Äußerungen, die sich auf komplexere Gesamtbedeutungen beziehen als die lexikalische Grundbedeutung der Einzellexeme in der Erwachsenensprache. H. Äußerungen sind daher als »implizite Sätze« interpretiert worden (MCNEILL [1970]), deren fehlende syntaktische Struktur durch direkten Bezug auf die unmittelbare Umwelt sowie durch →Intonation und Gesten ersetzt wird (BARRETT [1982]).

Lit.: D. MCNEILL [1970]: The acquisition of language. New York. – J. DORE [1975]: Holophrases, speech acts, and language universals. In: Journal of Child Language 2, S. 21–40. – M. D. BARRETT [1982]: The holophrastic hypotheses: conceptual and empirical issues. In: Cognition 11, S. 47–76. – P. M. GREENFIELD [1982]: The role of perceived variability in the transition to lan-guage. In: Journal of Child Language 9, S. 1–12. →Spracherwerb.

Homogenetische Laute [griech. *homós* ›gleich‹, *génos* ›Art‹]. Sprachlaute, die auf die gleiche Artikulationsart gebildet werden wie z.B. Frikative, Verschlußlaute. →Artikulatorische Phonetik.

Lit.: →Phonetik.

Homographie [griech. *gráphein* ›schreiben‹]. Form lexikalischer Mehrdeutigkeit: zwei Ausdrücke sind homograph, wenn sie in orthographischer (und gegebenenfalls auch in phonetischer Hinsicht) übereinstimmen, aber verschiedene Aussprache und Bedeutung haben: *Tenór* vs. *Ténor*; etymologisch nicht miteinander verwandt (→Polysemie). Homographe Ausdrücke werden im Lexikon unter verschiedenen Einträgen aufgeführt. H. ist ein Spezialfall der →Homonymie.

Lit.: →Homonymie.

Homoionymie →Synonymie.

Homonymenflucht [griech. *homónymos* ›gleichnamig‹. - Auch: Homonymenfurcht / -konflikt /-kollision]. Zur Vermeidung von Mißverständnissen bei häufig verwendeten Homonymen (= Homonymenkonflikt, →Homonymie) kann Differenzierung erfolgen durch: (a) Genusunterscheidung: *der/das Band*, (b) orthographische Eingriffe: *Weise/Waise* (→Homographie), (c) Aussterben bzw. Ersetzen durch Neubildung: ahd. *botah* (›Körper ohne Kopf und Glieder‹) fällt zusammen mit dem Lehnwort *botah* (›Bottich‹) und wird durch *Rumpf* (ursprünglich: ›Baum ohne Äste‹) ersetzt.

Lit.: J. GILLIÉRON [1915-1921]: Pathologie et thérapeutiques verbales. Paris. – E. ÖHMANN [1959]: Über die Wirkung der Homonymie im Deutschen. In: WW 9, S. 2-12. ›Homonymie, →Polysemie, →Semantik.

Homonymenfurcht →Homonymenflucht.

Homonymenkollision →Homonymenflucht.

Homonymenkonflikt →Homonymenflucht.

Homonymie. Typ lexikalischer Mehrdeutigkeit, bei der man von verschiedenen Wörtern spricht: Homonyme Ausdrücke verfügen über eine gleiche Ausdrucksform hinsichtlich Orthographie (= →Homographie) und Aussprache (= →Homophonie) bei unterschiedlicher Bedeutung und oft verschiedener etymologischer Herkunft, vgl. *Ton, der/die Kiefer, die/ das Mark.* Dagegen weist *Zug* (›Eisenbahn‹,›Gesicht‹) eine gemeinsame etymologische Herkunft auf. Das etymologische Kriterium ist insofern problematisch, als nicht zu klären ist, wann die historische Rekonstruktion mit der Entscheidung »keine gemeinsame Herkunft« abzubrechen ist. H. unterscheidet sich (nach traditioneller Auffassung) von →Polysemie dadurch, daß ein polysemer Ausdruck (z.B. *grün*) mehrere Bedeutungsvarianten aufweist, die in engem Zusammenhang stehen: ›frisch‹, ›unerfahren‹, ›roh‹ u.a., während die Bedeutungen der homonymen Ausdrücke nichts miteinander zu tun haben. (Neben lexikalischer H. gibt es auch strukturelle H.,

vgl. *Das Zimmer mit Bett, in dem ich lesen kann).* – Diachronisch gesehen entsteht H. durch »zufällige« lautgeschichtliche und semantische Entwicklungen: (a) ursprünglich verschiedene Ausdrücke fallen zusammen in einer Ausdrucksform, vgl. ahd. *tou* > nhd. *tau* (›Niederschlag‹), das mit dem im 17. Jh. aus dem Nddt. entlehnten *tau* ›Seil‹ identisch ist; (b) ein Ausdruck differenziert sich in zwei Ausdrücke mit gleicher Ausdrucksform, vgl. ahd./ mhd. *zuc* >›ziehen‹ > nhd. *zug*$_1$ ›Eisenbahn‹ (unterstützt durch engl. *train*) und *zug*$_2$ ›Gesichtszüge‹. Unter synchronischem Aspekt entfällt das unscharfe etymologische Argument weitgehend, da die sprachgenetischen Zusammenhänge nicht zur →Kompetenz gehören. Neben morphologisch-syntaktischen Kriterien (z.B. verschiedenes Genus: *das/der Band,* unterschiedliche Pluralbildung: *die Worte/Wörter*) gilt als wesentliches – wenn auch nicht hinreichend exaktes – Unterscheidungskriterium zwischen H. und Polysemie der Grad der Bedeutungsverschiedenheit der Ausdrücke.

Lit.: L. CSVESNYÉSI/J. HIDASI [1983]: Some problems of homonymy. In: S. HATTORI/ K. INOUE (eds.): Proceedings of the XIIIth international congress of linguists, August 29-September 4, 1982. Tokyo, S. 904–907.

Homophonie [griech. *homós* ›gleich‹, *phōnē* ›Laut‹]. Typ lexikalischer Mehrdeutigkeit: Homophone Ausdrücke verfügen über identische Aussprache bei unterschiedlicher Orthographie und Bedeutung: *mehr/ Meer.* Der H. liegt häufig ursprüngliche →Homographie zugrunde, die durch offizielle

Schreibregelungen beseitigt wurde, vgl. mhd. *wîse* und nhd. *weise*, daher wird mhd. *weise* (›Waise‹) zu nhd. *Waise*. H. ist ein Spezialfall der →Homonymie.

Lit.: →Homonymie, →Polysemie, →Semantik.

Homorgane Laute. Sprachlaute, die mit dem gleichen Artikulationsorgan gebildet werden, z.B. die →Labiale [p], [f]. →Artikulatorische Phonetik.

Lit.: →Phonetik.

Honorativum →Honorificum.

Honorificum [engl. *honorifics*, nach lat. *honōrificus* ›ehrend‹. Auch: Honorativum]. Im weiteren Sinn grammatische Kodierung des sozialen Rangs und der Intimitätsbeziehung von Hörer, Sprecher und Dritten; im engeren Sinn grammatische Kodierung eines hohen sozialen Rangs. Vgl. die Verwendung von *du* vs. *Sie* sowie die Verwendung von Vornamen vs. (Titel und) Familiennamen im Dt. In vielen Sprachen gibt es morphologische Paradigmen für verschiedene, oft mehrere Unterkategorien, so z.B. im Japanischen in der Verbflexion.

Lit.: P. BROWN/S. LEVINSON [1987]: Politeness: Some universals in language usage. Cambridge. →Pronominale Anredeformen.

Hopi. →Uto-Aztekische Sprache in Nord-Arizona mit ca. 7000 Sprechern. Die Bekanntheit des H. geht darauf zurück, daß B. L. WHORF diese Sprache als Beispielsprache zur Untermauerung seiner Theorie der sprachlichen Relativität verwendet hat, vgl. →Sprachlicher Determinismus. Da das H. (wie viele andere Sprachen) kein Tempus markiert, wurde auf eine andere Zeitauffassung der Hopi-Kultur geschlossen. Die Grammatik des Hopi von WHORF blieb unvollendet; die verfügbaren grammatischen Darstellungen sind nicht immer verläßlich.

Lit.: E. MALOTKI [1979]: Hopi Raum. Tübingen. – E. MALOTKI [1983]: Hopi time. The Hague. →Sapir-Whorf-Hypothese.

Hortativ →Adhortativ.

Hsiang →Chinesisch.

Huamelultekisch →Hokanisch.

Huastekisch →Maya-Sprachen.

Hybride Bildung [lat. *hybrida* ›Mischling‹].
(1) In der →Wortbildung zusammengesetztes oder abgeleitetes Wort (→Derivation, →Komposition), dessen Einzelelemente aus verschiedenen Sprachen stammen, z.B. *Büro* + *kratie* (frz./griech.), *Tele* + *vision* (griech./lat.), *ver* + *jazzen* (dt./engl.).

Lit.: →Wortbildung.

(2) [Auch: Adoptivform, Bastardform]. In der →Dialektologie eine Form von hyperkorrekter Bildung, die für Gebiete mit dialektaler Mischung charakteristisch ist. So etwa trat in manchen dt. Dialekten neben die ältere dialektale Form *jut* ›gut‹ auch jüngeres, aus der Schriftsprache stammendes *gut*; das anlautende *g* wurde schließlich verallgemeinert – es erfaßte (d.h. »adoptierte«) somit auch Wörter mit ursprünglichem *j*-Anlaut; vgl. den gegen die Kursachsen gerichteten Sprachspott *Vor drei Gahren*

*war Gunker Gochim noch ein
gunger Gunker* ›Vor drei Jahren
war Junker Jochim noch ein
junger Junker‹.

Lit.: →Dialektologie.

Hypallage [griech. *hypallagē*
›Vertauschung‹. – Auch: Enal-
lage]. →Rhetorische Figur der
Umstellung: semantisch abweichender Bezug des adjektivischen Attributs in einer mehrgliedrigen Konstruktion, z.B.
die schlanke Baukunst der Gotik
oder *der sechsstöckige Haus-
besitzer.* Vgl. →Anastrophe.

Lit.: →Rhetorische Figur.

Hyperbaton [griech. *hyperbatón*
›Überschreitung‹,   ›Umstellung‹]. →Rhetorische Figur der
Umstellung: Trennung einer
mehrgliedrigen syntaktischen
Einheit, z.B. einer →Nominal-
phrase, durch Einfügung eines
anderen Satzteils: *Da macht ein
Hauch mich von Verfall erzit-
tern* (TRAKL); im weiteren Sinne (→Anastrophe) auch Bezeichnung für die Veränderung der
Wortstellung bei →Nachtrag,
→Ausklammerung oder →Topi-
kalisierung, z.B. *Auf steigt der
Strahl* (C. F. MEYER). Vgl.
→Tmesis.

Lit.: →Rhetorische Figur.

Hyperbel [griech. *hyperbolē*
›Übertreibung‹. – Auch: Hyper-
bole]. Rhetorischer →Tropus:
übertreibende Bezeichnung einer Sache zum Zweck der Ver-
fremdung, Aufwertung oder
emotionalen Wirkung, z.B.
*Schneckentempo,   todmüde,
Herz aus Eisen, Haar-Studio,
Luxusherd.* Vgl. →Litotes.

Lit.: E. GANS [1975]: Hyperbole et ironie.
In: Poétique 6, S. 488–494. →Rhetorische
Figur.

Hyperbole →Hyperbel.

Hypercharakterisierung →Re-
dundanz.

Hyperkorrektur. Vorgang und
Ergebnis einer übertriebenen
sprachlichen Anpassung eines
Sprechers an eine von ihm als
prestigebesetzt angesehene und
deshalb nachgeahmte Sprachvarietät. H. ist häufig zu finden
im Sprachverhalten sozial auf-
stiegsorientierter Gruppen, das
die angezielten Sprechnormen
höherer   sozialer   Schichten
noch übertrifft und »unnatürlich« wirkt. – Prinzipiell ähnliche Mechanismen sind in jeder
Spracherwerbs- und Sprach-
übernahmesituation   feststellbar, wenn ein Sprecher Regel-
haftigkeiten und systematische
Korrespondenzen in der zu er-
werbenden Varietät erkennt, jedoch einschränkende Bedin-
gungen/Ausnahmefälle   noch
nicht adäquat erfassen kann.
Die solcherart von ihm abstra-
hierten Regeln sind demnach
zu generell und erzeugen entsprechend viele ungrammatische Formen; vgl. einen niederdt. Sprecher, der beim Erlernen der Hochsprache aus der
Systematizität der Entsprechung von nddt. [k] mit hdt. [x]
(vgl. *maken : machen*) auf eine
entsprechende Korrespondenz-
regel auch für jene nddt. Lexeme schließt, die im Hdt. ebenfalls [k] aufweisen – vgl. etwa die
hyperkorrekte Aussprache von
backen als [baxen].

Lit.: H. SCHRÖDER [1921]: Hyperkorrekte
(umgekehrte) Schreib- und Sprechformen,
bes. im Niederländischen. In: GRM 9,
19–31. – W. LABOV [1966b]: Hypercorrec-
tion by the lower middle class as a factor in
linguistic change. In: W. BRIGHT (ed.)
[1966]: Sociolinguistics. The Hague, S. 81–
113.

Hyperonymie [griech. *hypér* ›über‹, *ónyma* ›Name‹; engl. *superordination*. - Auch: Superordination]. Semantische Relation der lexikalischen Überordnung (= Umkehrung der Relation der Unterordnung, →Hyponymie) zur Kennzeichnung hierarchieähnlicher Gliederungen des Wortschatzes: *Obst* ist ein Hyperonym von *Apfel, Birne, Pflaume*, denn der Übergang von z.b. *Apfel* zu *Obst* bringt eine Verallgemeinerung der Bedeutung mit sich. Die H.-Relation hat Gemeinsamkeiten mit verschiedenen logisch-semantischen Beziehungen: →Teil-von-Relation (*Nase*: *Kopf*), Allgemeines vs. Spezielles (*Lebewesen*: *Mensch*), Element-von-Relation (*Buch*: *Bibliothek*).

Lit.: →Hyponymie, →Semantik, →Semantische Relation.

Hypersatz. Bezeichnung von J. M. SADOCK [1969] für explizit performative Matrixsätze, z.B. *Ich behaupte hiermit, daß x.* Solche expliziten Hypersätze zeigen den pragmatischen Verwendungssinn des eingebetteten Satzes an (Behauptung, Befehl, Versprechen u.a.). Sie wurden von ROSS, SADOCK und anderen im Rahmen der generativen →Transformationsgrammatik jedem Aussagesatz tiefenstrukturell zugrundegelegt und gegebenenfalls durch Tilgungstransformation gelöscht.

Lit.: →Performative Analyse, →Sprechakttheorie.

Hypokoristikum [griech. *hypokoristikón* ›schmeichelnder Name‹. - Auch: Koseform]. Ausdruck mit verkleinernder und zärtlicher Bedeutungskompo-

nente, dessen Bildung durch →Suffixe (vgl. *Schätzchen*), Kurzformen (*Berti* für *Berthold*) oder Silbenverdopplung (frz. *fifille, chou-chou*) u.a. erfolgen kann. Vgl. →Diminutivum, →Euphemismus.

Lit.: →Wortbildung.

Hyponymie [griech. *hypó* ›unter(halb)‹; engl. *hyponymy, subordination*]. Von J. LYONS [1963] in Anlehnung an →Synonymie vorgeschlagener Terminus für die Relation der Unterordnung im Sinne einer inhaltsmäßigen Spezifizierung. Z.B. ist *Apfel* hyponym zu *Obst*, da *Apfel* eine spezifischere Bedeutung als *Obst* hat. Bei Ausdrücken, die eine →Extension haben, ergibt sich die H.-Relation als Teil-Mengenbeziehung (→Menge): L_1 ist hyponym zu L_2 genau dann, wenn die Extension von L_1 enthalten ist in der Extension von L_2. Intensional (→Intension) gesehen, in der Interpretation einer Komponentenanalyse, kehrt sich dieses Verhältnis um: L_1 ist hyponym zu L_2 genau dann, wenn L_1 alle Bedeutungskomponenten von L_2 enthält, aber nicht umgekehrt. *Apfel, Birne, Pflaume* sind Kohyponyme untereinander und Hyponyme des Oberbegriffs *Obst* (→Hyperonymie). Jedes Hyponym aber unterscheidet sich von seinen Hyperonymen durch mindestens ein weiteres spezifizierendes Merkmal. Als heuristischer Test für die H. bietet sich oft die Einbettung in geeignete Kontexte an, wie z.B. L_1 *ist eine L_2-Art*, oder die gegenseitige Substitution in geeignete Sätze $S(...)$, wobei dann $S(L_1)$ $S(L_2)$ impliziert (→Implikation). Bei genauerem

Hinsehen erweist es sich als notwendig, (a) die H. jeweils auf einen vorgegebenen inhaltlichen Gesichtspunkt zu relativieren und (b) die H. über den Gebrauch der Ausdrücke zu überprüfen; vgl. LUTZEIER [1981]. Da bei der H. auch Verzweigungen ›nach oben‹ vorkommen, vgl. die Beziehungen bei *Mutter*, *Frau* und *Elternteil*, baut die H.-Relation keine echten Hierarchien (→Hierarchie) auf.

Lit.: J. LYONS [1963]: Structural semantics. An analysis of part of the vocabulary of Plato. Oxford. – D. A. CRUSE [1975]: Hyponymy and lexical hierarchies. In: ArchL VI, S. 26–31. – P. R. LUTZEIER [1981]: Wort und Feld. Wortsemantische Fragestellungen mit besonderer Berücksichtigung des Wortfeldbegriffs. Tübingen. →Semantik, →Semantische Relation.

Hypotaxe [griech. *hypótaxis* ›Unterordnung‹. – Auch: Schachtelsatz, Subjunktion, Subordination]. Syntaktische Relation der Unterordnung zwischen →Teilsätzen (im Unterschied zu nebenordnender Verknüpfung, →Parataxe). Die strukturelle Abhängigkeit wird im Dt. formal durch Konjunktionen (*weil, obwohl*), Relativpronomen (*der, welcher*), Wortstellung und/oder Konjunktiv oder →Infinitkonstruktionen gekennzeichnet, wobei der untergeordnete Satz dem Hauptsatz vorausgehen, ihm folgen oder in ihn eingebettet sein kann (→Einbettung). Vgl. unter →Nebensatz.

Hysteron proteron [griech. ›das Spätere zuerst‹]. →Anastrophe.

Iberoromanisch →Katalanisch.

Ibo →Igbo.

IC-Analyse →Konstituentenanalyse.

IC-Grammatik →Phrasenstrukturgrammatik.

Ich-Jetzt-Hier-Origo [lat. *orīgo* ›Ursprung‹]. In der Sprachtheorie von K. BÜHLER [1934: 102ff.] Koordinatennullpunkt der Personal-, Raum- und Zeitstruktur von Äußerungen in Sprechsituationen. Im Unterschied zu »Nennwörtern«, die stets denselben Referenten bezeichnen, können Ausdrücke, die auf die Ich-Jetzt-Hier-Struktur verweisen (*ich, du, dort, hier, gestern, morgen* u.a.) in verschiedenen Sprechsituationen unterschiedliche Referenten bezeichnen: *ich* meint stets den jeweiligen Verwender des Wortes in einem bestimmten Sprechakt. Vgl. →Deixis, →Empathie, →Zeigfeld der Sprache.

Lit.: →Axiomatik der Sprachwissenschaft, →Deixis.

Idealer Sprecher/Hörer. Von N. CHOMSKY [1965] vorgenommene Idealisierung des Untersuchungsgegenstandes »Sprache«: »Der Gegenstand einer linguistischen Theorie ist in erster Linie ein idealer Sprecher/Hörer, der in einer völlig homogenen Sprachgemeinschaft lebt, seine Sprache ausgezeichnet kennt und bei der Anwendung seiner Sprachkenntnisse in der aktuellen Rede von solchen grammatisch irrelevanten Bedingungen wie begrenztes Gedächtnis, Zerstreutheit und Verwirrung, Verschiebung in der Aufmerksamkeit und im Interesse, Fehler (zufällige oder typische) nicht affiziert wird.« (S. 13). Ziel linguistischer Theorie ist die Beschreibung der →Kompetenz des I. S./H. Zur Kritik an dieser Abstraktion vgl. →Kompetenz vs. Performanz.

Lit.: N. CHOMSKY [1965]: Aspects of the theory of syntax. Cambridge, Mass. Dt.: Aspekte der Syntaxtheorie. Frankfurt 1969. →Kompetenz vs. Performanz, →Transformationsgrammatik.

Idealistische Sprachwissenschaft. [Auch: Neolinguistik].

Von dem Romanisten K. VOSSLER (1872–1949) in Zusammenarbeit und Auseinandersetzung mit B. CROCE (1866–1952) entworfenes Programm zur Überwindung der positivistischen (junggrammatischen) Betrachtungsweise. In seinen sprachphilosophischen Werken: »Positivismus und Idealismus in der Sprachwissenschaft« [1904] und »Sprache als Schöpfung und Entwicklung« [1905], plädierte VOSSLER für eine ästhetische Sprachwissenschaft, die – unter Einbezug von Philosophie, Kultur- und Sprachgeschichte, – (dichterische) Sprache als individuelle Schöpfung interpretiert. Die »idealistische Neuphilologie« versteht Sprachwiss. als Stilistik bzw. als Geistesgeschichte, eine Auffassung, die in der dt. Literatur- und Sprachwiss. sowohl von K. BURDACH (»Sprachgeschichte ist Bildungsgeschichte«) als auch von H. NAUMANN aufgegriffen wurde.

Lit.: K. VOSSLER [1904]: Positivismus und Idealismus in der Sprachwiss. Heidelberg. – V. KLEMPERER u.a. (eds.) [1922]: Idealistische Neuphilologie. FS für Karl Vossler zum 6. Sept. 1922. Heidelberg. – K. VOSSLER [1923]: Gesammelte Aufsätze zur Sprachphilosophie. München. – H. NAU-

MANN [1924]: Die deutsche Dichtung der Gegenwart 1885–1924. 2. Aufl. Stuttgart. – K. VOSSLER [1925]: Geist und Kultur in der Sprache. Heidelberg. – K. BURDACH [1925/1926]: Vorspiel. Gesammelte Schriften zur Geschichte des deutschen Geistes. 2 Bde. Halle. – K. JABERG [1926]: Idealistische Neuphilologie. In: GRM 14, S. 1–25. – B. CROCE [1927/1930]: Gesammelte Schriften. Ed. von H. FEIST. 7 Bde. Gesammelte philosophische Schriften. Tübingen.

Identifikationsgrammatik →Erkennungsgrammatik.

Ideographie [griech. *idéa* ›Idee‹, *gráphein* ›schreiben‹. – Auch: Begriffsschrift, Pasigraphie].

Art der Verschriftung, bei der Bedeutungen durch graphische Zeichen (Ideogramme) ausgedrückt werden, indem komplexe Gesamtbedeutungen synthetisch durch ein einziges Begriffszeichen symbolisiert werden. Solche konventionalisierten Ideogramme (wie sie z.B. auch als Verkehrsschilder verwendet werden) sind nicht auf einzelsprachliche Verwendung beschränkt, da sie grundsätzlich nicht Zeichen sind, die die Bedeutung sprachlicher Äußerungen systematisch ausdrücken. – Eine Sonderform von I. stellt die sogen. »Begriffsschrift« von G. FREGE [1879] dar, eine erste formalisierte Sprache zur Darstellung der Prädikatenlogik. Vgl. auch →Piktographie.

Lit.: G. FREGE [1879]: Begriffsschrift. Eine der arithmetischen nachgebildete Formelsprache des reinen Denkens. Halle. Ed. von I. ANGELELLI, Darmstadt 1964. →Schrift.

Ideophon [griech. *phōnē* ›Stimme‹].

Eine lebendige lautliche Darstellung eines Begriffs. I. sind oft lautmalerisch, sie bestehen häufig aus reduplizierten Silben und halten sich nicht an die phonotaktische Struktur

der Sprache. Beispiele: (a) Laut-
begriffe: [kɛtɛkɛtɛkɛtɛ] ›ein lau-
fender Ziegenbock‹, [foooooo]
›das Lachen eines Elefanten‹,
(b) Visuelle Begriffe: [gudugu-
du] ›etwas Großes und Rundes‹,
[mlãmlãmlã] ›etwas Großes und
Fettes‹.

Lit.: J. TIMYAN [1976]: A discourse-based
grammar of Baule. (Ph. D. Diss.) Cuny, S.
254–261.

Idiolekt [griech. *ídios* ›ei-
gentümlich‹, *léxis* ›Rede‹]. Für
einen bestimmten Sprecher
charakteristischer Sprachgebrauch. Diese jeweils spezifische persönliche Ausdrucksweise zeigt sich in Aussprache,
Wortschatz und Syntax mit unterschiedlicher Deutlichkeit. –
Die früheste und strikteste Definition stammt von BLOCH
[1948], der darunter »die Gesamtheit möglicher Äußerungen eines Sprechers zu einem
gegebenen Zeitpunkt« versteht.

Lit.: B. BLOCH [1948]: A set of postulates
for phonemic analysis. In: Language 24, S.
3–46. – E. OKSAAR [1987]: Idiolekt. In:
Handbuch Soziolinguistik (HSK 3.1.), S.
293–297. Vgl. →Soziolekt, →Dialekt, →Lekt.

Idiom [griech. *idios* ›eigen(tüm-
lich)‹].
(1) [Auch: festes Syntagma, idiomatische Wendung, Makrose-
mem, Phraseologismus, Rede-
wendung]. Feste, mehrgliedrige
Wortgruppe bzw. Lexikonein-
heit mit folgenden Eigenschaften: (a) die Gesamtbedeutung
kann nicht aus der Bedeutung
der Einzelelemente abgeleitet
werden, vgl. *jemanden auf die
Palme bringen* ›jemanden wü-
tend machen‹; (b) der Austausch von Einzelelementen ergibt (anders als bei nichtidio-
matischen Syntagmen) keine systematische Bedeutungsverän-

derung, vgl. *jemanden auf die
Birke bringen*; (c) in wortwörtlicher Lesart ergibt sich eine homophone (= gleichlautende),
nicht idiomatische Variante, für
die die Bedingungen (a) und (b)
nicht gelten; vgl. →Metapher.
Zwischen wortwörtlicher Lesart
und idiomatischer Lesart besteht diachronisch gesehen häufig ein Zusammenhang (→Idio-
matisierung). In diesen Fällen
ist die Behandlung des Idioms
als unanalysierbare Lexikon-
einheit unzureichend. Je nach
theoretischem Vorverständnis
werden auch Sprichwörter, literarische Topoi, →Funktions-
verb(gefüge) und →Zwillings-
formeln unter I. zusammengefaßt.

Lit.: →Idiomatik.

(2) Spracheigentümlichkeit eines Menschen, einer Sprache
oder – im engeren Sinne – dialektale Sprachvariante.

Idiomatik [Auch: Phraseologie].
Erfassung, Beschreibung und
Klassifizierung der Gesamtheit
der →Idiome (1) einer Sprache.
Je nach theoretischem Hintergrund wurden – besonders von
sowjetischen Linguisten – unterschiedliche Typologien entworfen, die sich auf Kriterien
wie grammatische Struktur, Beweglichkeit der Einzelelemente, Stabilität des Ausdrucks,
→Distribution, →Motivierung
und Bedeutung stützen. Vgl.
den detaillierten Forschungsbericht in K.-D. PILZ [1981] mit
bibliographischen Verweisen.
Zur I. des Engl. vgl. MAKKAI
[1972], des Frz. THUN [1978].

Lit.: W. FRIEDERICH [1966]: Moderne
deutsche Idiomatik. Systematisches Wörterbuch mit Definitionen und Beispielen.
München. – W. L. CHAFE [1968]: Idiomati-

city as anomaly in the Chomskyan paradigm. In: FL 4, S. 109-127. – B. FRASER [1970]: Idioms within a transformational grammar. In: FL 6, S. 22-42. – A. MAKKAI [1972]: Idiom structure in English. The Hague. – TH. SCHIPPAN [1972]: Einführung in die Semasiologie. Leipzig. – H. BURGER [1973]: Idiomatik des Deutschen. Tübingen. – A. ROTHKEGEL [1973]: Feste Syntagmen. Grundlagen, Strukturbeschreibung und automatische Analyse. Tübingen. – K. DANIELS [1976]: Neue Aspekte zum Thema Phraseologie in der gegenwärtigen Sprachforschung. In: Mu 86, S. 257-293. – J. HÄUSERMANN [1977]: Phraseologie. Hauptprobleme der deutschen Phraseologie auf der Basis sowjetischer Forschungsergebnisse. Tübingen. – L. LIPKA [1977]: Lexikalisierung, Idiomatisierung und Hypostasierung als Problem einer synchronischen Wortbildungslehre. In: H. E. BREKLE/D. KASTOVSKY (eds.): Perspektiven der Wortbildungsforschung. Bonn, S. 155-164. – W. MIEDER (ed.) [1978]: Ergebnisse der Sprichwörterforschung. Berlin. – K.-D. PILZ [1978]: Phraseologie. Versuch einer interdisziplinären Abgrenzung, Begriffsbestimmung und Systematisierung. 2 Bde. Göppingen (= Diss. 1977). – H. THUN [1978]: Probleme der Phraseologie. Tübingen. – K. DANIELS [1976]: Neue Aspekte zum Thema Phraseologie in der gegenwärtigen Sprachforschung. In: Mu 86, S. 257-293. – K. DANIELS [1979]: Neue Aspekte zum Thema Phraseologie in der gegenwärtigen Sprachforschung. II. Teil. In: Mu 89, S. 71-86. – D. HELLER [1980]: Idiomatik. In: LGL Nr. 16. – F. COULMAS [1981]: Routine im Gespräch. Wiesbaden. – H. BURGER u.a. [1982]: Handbuch der Phraseologie. Berlin. – F. COULMAS [1982]: Ein Stein des Anstoßes. Ausgewählte Probleme der Idiomatik. In: StL 13, S. 17-36.
Forschungsberichte mit Bibliographie: C. FERNANDO/R. FLAVELL [1981]: On idiom: critical views and perspectives. Exeter. – K.-D. PILZ [1981]: Phraseologie. Stuttgart. – R. GLÄSER [1986]: Phraseologie der englischen Sprache. Leipzig/Tübingen.

Idiomatisierung [Auch: Bedeutungsisolierung, Demotivierung, →Lexikalisierung, Verdunkelung].

Historischer Vorgang der Bedeutungsänderung bei komplexen Konstruktionen, deren ursprünglich aufgrund der Bedeutung ihrer Einzelelemente motivierte Gesamtbedeutung sich nicht mehr aus der Bedeutung der Einzelelemente ableiten läßt, vgl.

Morgenrock, engl. *cupboard*. Voll idiomatisierte Wendungen bilden eine (neue) semantische Einheit, ihre ursprüngliche →Motivierung läßt sich nur mit sprachhistorischen Kenntnissen erschließen, vgl. den Zusammenhang von *Zwerchfell* mit mhd. *twerch* »quer«.

Lit.: →Idiomatik, →Wortbildung.

Idiomatizität.

(1) Synonym für →Idiomatik.
(2) Eigenschaft natürlicher Sprachen, feste Wortverbindungen (→Idiom (1)) zu verwenden, deren Bedeutung nicht aus der Summe der Bedeutung der Einzelelemente beschreibbar ist.

Lit.: A. MAKKAI [1978]: Idiomaticity as a language universal. In: J. H. GREENBERG (ed.): Universals in human language. Stanford, S. 401-448.

Idiosynkratisches Merkmal

[griech. *idiosynkrasía* ›eigentümliche Mischung der Säfte‹]. Aus der Medizin (»angeborene Überempfindlichkeit gegen bestimmte Stoffe«) übernommener Terminus. I. M. sind phonologische, morphologische, syntaktische oder semantische Merkmale eines Wortes, die nicht auf Grund genereller Regeln vorhergesagt werden können; entsprechend ist der Ort für ihre Repräsentation der →Lexikoneintrag. – In der →Wortbildung spricht man von I. M. vor allem in bezug auf Phänomene der Demotivierung (→Lexikalisierung), d.h. der Hinzugewinnung von nicht auf der Grundlage der Bedeutung der Einzelteile vorhersagbaren Bedeutungselementen, vgl. *Feierabend, Hausfreund, Augenblick*.

Lit.: →Lexikoneintrag, →Wortbildung.

Idiotikon [griech. *idiōtokós*
›den einzelnen betreffend‹, ›ei-
gentümlich‹]. Wörterbuch, das
lediglich den spezifisch dialektalen (von der überregionalen
Norm abweichenden) Wort-
schatz einer Region verzeichnet
(vgl. →Idiotismen); im Gegensatz dazu beinhaltet das →Dia-
lektwörterbuch neueren Typs
den Gesamtwortschatz einer
Region.

Idiotismen. Sprachliche Ausdrücke mit charakteristischer,
streng regional begrenzter
Reichweite. Solche für bestimmte Dialekte als typisch
geltende I. wurden in der Dialektologie auch als »Kennwörter« verwendet, deren Vorkommen die räumliche Ausdeh-
nung eines bestimmten Dialekt-
gebietes anzeigt, vgl. *eß* und *enk*
›ihr‹, ›euch‹ als Kennwörter für
das Bairische.

ID/LP-Format [engl. *immedia-
te-dominance/linear-preceden-
ce-format*, ›unmittelbare Dominanz‹/›lineares Präzedenz-For-
mat‹]. Von GAZDAR/PULLUM
[1981] für die →Generalized
Phrase Structure Grammar
(GPSG) vorgeschlagenes
Grammatikformat. Eine Grammatik im I. enthält getrennte
Regeltypen für die Beschreibung von unmittelbarer Dominanz und linearer Präzedenz.
(a) Die hierarchischen Beziehungen im Strukturbaum werden durch *Immediate-Dominance Rules* festgelegt. Solche
→ID-Regeln sind ungeordnete
Phrasenstrukturregeln, die
nichts über die Reihenfolge der
Tochterkonstituenten aussagen.

In der Notation der ID-Regeln
wird das Fehlen der linearen
Ordnung durch Kommata zwischen den Kategoriesymbolen
auf der rechten Seite der Regel
angezeigt (z.B. *VP → V, NP,
PP*). (b) Die Reihenfolge der
Geschwister-Konstituenten in
einem lokalen Baum wird
durch *Linear-Precedence Rules*
überprüft, die eine partielle
Ordnung über den Kategorien
der Grammatik festlegen. →LP-
Regeln sind geordnete Paare
von syntaktischen Kategorien.
Zum Beispiel besagt die LP-
Regel *V < NP*, daß in jedem lokalen Baum, in dem ein Verb
und eine Nominalphrase als
Geschwisterknoten auftreten,
das *V* vor der *NP* stehen muß. –
Das I. ermöglicht die Darstellung von lokaler Wortstellungsvariation; eine Erweiterung des
I. von USZKOREIT [1986] erlaubt
die Darstellung von teilweise
freier Wortstellung. Eine erweiterte Form des I. wird auch in
der →Head-Driven Phrase
Structure Grammar von POL-
LARD/SAG [1988] verwendet.
Andere Regelformate für die
Trennung von unmittelbarer
Dominanz und linearer Präzedenz finden sich in der →Func-
tional Unification Grammar
von KAY [1979] und in einem
Vorschlag für die Erweiterung
der →Lexical Functional Grammar von FALK [1983].

Lit.: M. KAY [1979]: Functional Grammar.
In: C. CHIARELLO u.a. (eds.): PBLS 5, S.
142-158. – G. GAZDAR/G. K. PULLUM
[1981]: Subcategorization, constituent or-
der and the notion »head«. In: M. MOORT-
GAT/H. D. V. HULST/T. HOEKSTRA (eds.):
The scope of lexical rules. Dordrecht, S.
107-123. – Y. FALK [1983]: Constituency,
word order and phrase structure rules. In:
Linguistic analysis 11, S. 331-360. – H.
USZKOREIT [1986]: Constraints on order.
In: Linguistics 24, S. 883-906. – C. POI-

LARD/I. A. SAG [1988]: An information-based syntax and semantics. Bd. 1: Fundamentals. Stanford, Ca.

ID-Regel [engl. *immediate-dominance-rule* ›unmittelbare-Dominanz-Regel‹]. →ID/LP-Format.

Igbo [Auch: Ibo]. →Kwa-Sprache in Südost-Nigeria (16 Mio. Sprecher). Spezifische Kennzeichen: →Tonsprache (mit →Downstep), Vokalharmonie. Serialverben (vgl. →Serialverb-Konstruktion), keine Flexion. Wortstellung: SVO.

Lit.: M. M. GREEN/G. E. IGWE [1963]: A descriptive grammar of Igbo. Berlin – P. MEIER u.a. [1975]: A grammar of Izi, an Igbo language. Norman. – E. N. EMENANJO [1978]: Elements of modern Igbo grammar. Ibadan. – M. CLARK [1989]: The tonal system of Igbo. Dordrecht.

Ijo →Kwa.

Ikon [griech. *eikōn* ›(Ab)bild‹. – Auch: Ikonisches Zeichen]. In der →Semiotik von CH. S. PEIRCE Klasse von visuellen oder akustischen →Zeichen, die in unmittelbar wahrnehmbarer Beziehung zur bezeichneten Sache stehen, indem sie Aspekte des realen Objekts abbildhaft imitieren und dadurch eine Ähnlichkeit oder Gemeinsamkeit von Merkmalen aufweisen, vgl. z.B. Schaubilder in Medien, Hinweis- und Verkehrsschilder (Fußgängerschild), Landkarten, Lagepläne, aber auch musikalische Wiedergabe von Geräuschen u.a. →Lautmalerei.

Lit.: →Ikonismus, →Semiotik.

Ikonisches Zeichen →Ikon.

Ikonisierung →Ikonismus.

Ikonismus. Im Rahmen der →Semiotik entwickeltes Konzept der Textinterpretation, das sich auf die Übereinstimmung von Eigenschaften der Darstellung mit Eigenschaften des Dargestellten stützt. So wird unter bestimmten stilistischen Voraussetzungen durch die Umständlichkeit der Berichterstattung dem Hörer/Leser eine Umständlichkeit der dargestellten Handlung nahegelegt, ebenso wie die Reihenfolge der dargestellten Handlungsabschnitte auf die natürliche Abfolge der Handlungsschritte in der Realität schließen läßt. Ikonische Textinterpretation ist nicht auf verbale Kommunikation beschränkt, ihr Gelingen basiert weitgehend auf dem kooperationswilligen Verhalten von Sprecher/Hörer, wie es durch die →Konversationsmaximen von GRICE unterstellt wird. →Markiertheit.

Lit.: H. P. GRICE [1968]: Logic and conversation. In: P. COLE/J. L. MORGAN (eds.): Syntax and semantics. Bd. 3: Speech acts. New York 1975, S. 41–58. Dt. in: G. MEGGLE (ed.): Handlung, Kommunikation und Bedeutung. Frankfurt 1979, S. 243–265. – F. PLANK [1979]: Ikonisierung und De-Ikonisierung als Prinzipien des Sprachwandels. In: Sprachw 4, S. 121–158. – J. HAIMAN [1980]: The iconicity of grammar. In: Lg 56, S. 515–540. – R. POSNER [1980]: Ikonismus in der Syntax: zur natürlichen Stellung der Attribute. In: ZfS 2, S. 57–82. – J. HAIMAN [1983]: Iconic and economic motivation. In: Lg 59, S. 781–819. – J. HAIMAN [1985]: Natural syntax. Iconicity and erosion. Cambridge. – J. W. VERHAAR [1985]: On iconicity and hierarchy. In: SiL 9, S. 21–76. →Konversationsmaxime, →Semiotik.

Ikonizität. Von C. W. MORRIS geprägter Terminus zur Bezeichnung für das Maß der Ähnlichkeit zwischen dem →Ikon und seinem Referenzobjekt.

Lit.: →Semiotik.

Iktus [lat. *ictus* ›geschlagen‹]. Die erste betonte, druckstarke →Silbe des Taktes (bzw. Fußes).

Illativ [nach lat. *illātus* ›hineingetragen‹]. Morphologischer Kasus in einigen Sprachen, z.B. im Finnischen, der ausdrückt, daß sich ein Objekt in einen Ort hinein bewegt. Vgl. →Elativ.

Illokution [lat. *il-* ›in‹, *loquī* ›sprechen‹, also ›das, was man tut, indem man spricht‹. – Auch: Illokutionärer/Illokutiver Akt]. Zentraler Aspekt einer Sprechhandlung in der →Sprechakttheorie von AUSTIN und SEARLE. Eine einfache I. besteht nach SEARLE aus einer illokutionären Rolle oder Kraft *f* (engl. *force*) und einem propositionalen Gehalt *p*, hat also die Gestalt *f(p)*. Dabei können *f* und *p* (in Grenzen) unabhängig voneinander variieren. Setzt man also für *f* die Rollen Behauptung und Frage und für *p* die Propositionen, daß es kalt ist und daß das Auto nicht anspringt, so ergeben sich vier I.: (a) Behauptung, daß es kalt ist, (b) Behauptung, daß das Auto nicht anspringt, (c) Frage, ob es kalt ist und (d) Frage, ob das Auto nicht anspringt. Als illokutive Indikatoren (engl. *illocutionary force indicating devices*) gelten →Intonation, →Interpunktion, →Interrogativpronomina und -adverbien, →Modalverben und Verb-→Modus, →Wort- und Satzgliedstellung, satzmodusanzeigende →Partikeln, spezielle →Affixe, spezielle Konstruktionen wie z.B. der *A-nicht-A*-Fragesatz im Mandarin sowie die Form von explizit →Performativen Äußerungen. Letztere werden vor allem dort verwendet, wo es auf die zweifelsfreie Eindeutigkeit der Illokution ankommt, wie z.B. in juristisch relevanten Kontexten (*Hiermit fordere ich Sie zum unwiderruflich letzten Mal auf, Ihre Rechnung vom 29.2. dieses Jahres zu bezahlen*). Die Bedeutung der illokutionären Indikatoren wird von SEARLE durch die Regeln für ihren Gebrauch beschrieben (vgl. →Konstitutive Regeln, →Regulative Regeln, →Sprechakttheorie, →Gebrauchstheorie der Bedeutung). In jedem Satz fungiert ein Indikator (oder eine Kombination von mehreren dieser Indikatoren) als Basisindikator. Wird mit der Äußerung eines Satzes eine andere als die durch seinen Basisindikator wörtlich indizierte Illokution vollzogen, so spricht man von einem →Indirekten Sprechakt.

Lit.: →Indirekter Sprechakt, →Satzmodus, →Sprechaktklassifikation, →Sprechakttheorie.

Illokutionärer Akt →Illokution.

Illokutionssemantik. Von D. ZAEFFERER eingeführte Bezeichnung für eine spezifische Gebrauchsweise des Begriffs Pragmatik. I. bezieht sich nicht nur auf die Untersuchung der Wahrheitsbedingungen der Äußerungen von Sätzen, sondern darüber hinaus auf die Untersuchung ihres gesamten Illokutionspotentials, d.h. der →Illokutionen, für deren Vollzug sie geeignet sind.

Lit.: D. ZAEFFERER [1984]: Frageausdrücke und Fragen im Deutschen. Zu ihrer Syntax, Semantik und Pragmatik. München. – J. JACOBS [1984]: Funktionale Satzperspektive und Illokutionssemantik. In: LBer 91, S. 95–158.

Illokutive Partikel →Modalpartikel.

Illokutiver Akt →Illokution.

Immutativ vs. Mutativ →Durativ vs. Nicht-Durativ, →Imperfektiv vs. Perfektiv.

Imparisyllabum →Parisyllabum.

Imperativ [lat. *imperāre* ›befehlen‹. - Auch: Befehl(sform)]. Teilkategorie des →Modus des Verbs. Der I. drückt in seiner hauptsächlichen Verwendungsweise eine Handlungsaufforderung bzw. ein Handlungsverbot aus (*Komm hierher!* bzw. *Komm nicht hierher!*), übernimmt aber auch weitere Funktionen, z.B. in Konditionalgefügen (*Verlier Deinen Paß im Ausland, und du bist fürs erste geliefert*). Während im Nhd. Indikativ und Konjunktiv über ein entwickeltes Formensystem verfügen, hat der I. nur für die 2. Pers. Sg. und Pl. eigene Formen (*komm(e)* vs. *kommt!*), für die anderen Personen gibt es verschiedene Konkurrenzformen (wie: *Kommen Sie! Laßt uns gehen!*), verschiedene Zeitstufen (sowie Passiv) können nicht gebildet werden. Syntaktische Kennzeichen für I. sind im Dt. Spitzenstellung des Verbs (*Komm schnell hierher!*), besondere →Intonations-Verhältnisse sowie meist (aber nicht notwendig) Fehlen des Personalpronomens (*Komm (du) hierher!*). In vielen Sprachen sind I.-Formen morphologisch besonders einfach (typischerweise identisch mit dem Verbstamm); Verben, die häufig zu Aufforderungen verwendet werden (wie *kommen, gehen*)

haben oft suppletive I.-Formen (→Suppletivwesen). Zu I.-Formen der 1. Person vgl. →Adhortativ, der 3. Person →Jussiv. - Zur Bildung des I. scheinen mit Ausnahme der →Modalverben alle mit belebtem Subjekt auftretenden Verben fähig zu sein, in der Hauptverwendungsweise als Handlungsaufforderung treten natürlich nur Handlungsverben auf.

Lit.: K. DONHAUSER [1986]: Der Imperativ im Deutschen. Hamburg. - C. HAMBLIN [1987]: Imperatives. Oxford. →Modalität.

Imperativsatz →Aufforderungssatz.

Imperativtransformation. In der generativen →Transformationsgrammatik Ableitungsprozeß eines Satzes aus der Tiefenstruktur als →Imperativ-Satz. In der I. wird die →Ellipse des Subjektpronomens als transformationeller Tilgungsprozeß beschrieben. Zur Kritik vgl. FRIES. - Im Rahmen der →Generativen Semantik sowohl wie in der →Sprechakttheorie wurde vorgeschlagen, jeden Satz einzubetten in einen →Matrixsatz mit →Performativem Verb, im Falle von Imperativsätzen z.B. *Ich befehle Dir: du sollst schweigen*, aus dem dann in mehrfachen Transformationsschritten die Imperativform: *Schweig!* abgeleitet wird. Zur Problematik dieses Ansatzes vgl. →Performative Analyse.

Lit.: N. FRIES [1983]: Zur Struktur und Funktion infiniter Hauptsatzkonstruktionen. Tübingen. →Performative Analyse, →Transformationsgrammatik.

Imperfekt [lat. *imperfectus* ›nicht vollendet‹. - Auch: →Präteritum, Vergangenheit].

(1) Bezeichnung für Zeitstufe und Form der in die Gegenwart hineinreichenden »Vergangenheit« in Sprachen, die zwischen →Aorist (dem frz. *passé simple* als historischem Perfekt vergleichbar), Perfekt (Bezeichnung eines zu einem unbestimmten Zeitpunkt in der Vergangenheit abgeschlossenen Vorgangs) und I. unterscheiden. Im Unterschied zum →Präteritum ist das I. markiert hinsichtlich →Aspekt.

Lit.: A. DAUSES [1980]: Das Imperfekt in den romanischen Sprachen. Wiesbaden. →Aspekt, →Tempus.

(2) Im Dt. irrtümliche (bzw. veraltete) Verwendung als synonymer Ausdruck für →Präteritum.

Imperfektiv vs. Perfektiv [Auch: Aterminativ/Kursiv vs. Terminativ, Durativ vs. Nicht-Durativ, Immutativ vs. Mutativ, Unvollendet vs. Vollendet]. Grundlegende Subkategorien von →Aspekt, durch die ein Vorgang entweder als zeitlich nicht strukturierter Verlauf (Imperfektiv) oder als eine durch eine Beginnphase (→Inchoativ) oder Endphase (→Resultativ) begrenzte Entwicklung (Perfektiv) präsentiert werden kann. Man behauptet daher auch, daß der P. ein Geschehen in seiner Gesamtheit und der I. eine Verlaufsphase bezeichnet. In der Forschung wird die Dichotomie I. vs. P. häufig gleichgesetzt mit der →Aktionsart-Klassifizierung in →Durativ vs. Nicht-Durativ. Morphologisch gekennzeichnet wird dieser Gegensatz in den slaw. Sprachen, in denen ganze Klassen von Verben perfektive Varianten bilden können: russ. *pisal* vs. *napisal* ›schreiben‹ vs. ›zu Ende

schreiben‹, *čital* vs. *pročital* ›lesen‹ vs. ›durchlesen‹. Hier gibt es auch P.-Formen, die einen Verlauf rein zeitlich begrenzen, d.h. als relativ kurz ausweisen: russ. *my tancevali* ›wir tanzten‹ vs. *my potancevali* ›wir tanzten ein wenig‹.

Lit.: →Aktionsart, →Aspekt.

Impersonalia →Unpersönliche Verben.

Implikation [lat. *implicātiō* ›Verflechtung‹]. Der Terminus I. wird sowohl umgangssprachlich als auch unter logisch-semantischen Aspekten auf unterschiedliche Weise verwendet, wobei es zu zahlreichen Überschneidungen kommt, die zum Teil noch durch fremdsprachliche Anleihen überlagert sind: (a) Materiale I. (auch: Adjunktive I., Konditional, Subjunktion): Aussagenlogischer Operator (Junktor), der zwei elementare Aussagen p und q zu einer neuen Aussage verbindet, die dann und nur dann falsch ist, wenn die erste Teilaussage wahr und die zweite falsch ist. (Formal: $p \rightarrow q$): *Wenn München an der Isar liegt, dann ist 3 × 3 = 10* (= f(alsch)). Aber: *Wenn 3 × 3 = 10, dann liegt München an der Isar* (= w(ahr)). Definition durch (zweiwertige) →Wahrheitstafel:

p	q	$p \rightarrow q$
w	w	w
w	f	f
f	w	w
f	f	w

Die Definition der Wahrheitstafel für die I. stützt sich auf die Tatsache, daß die I. logisch äquivalent ist mit dem Ausdruck

$p \lor q$, der paraphrasierbar ist als
›1. Teilsatz falsch oder 2.
Teilsatz wahr‹, und das sind genau die Wahrheitsbedingungen
für die I. Kennzeichnend für die
materiale I. ist ferner, daß für
sie sowohl →Modus Ponens als
auch →Modus Tollens gelten
(im Unterschied zur →Präsupposition). Die materiale I. ist der
geeignete Junktor zur prädikatenlogischen Formalisierung
bedingter →Allaussagen. – Da es
sich bei dieser wahrheitswertfunktionalen Interpretation der
I. um eine rein extensionale
Deutung handelt, spielt die –
alltagssprachlich vorausgesetzte – inhaltliche Beziehung zwischen den Teilsätzen keine Rolle. Die im natürlichen Sprachgebrauch vorherrschende intensionale Relation zwischen
den Teilsätzen wird im (nicht
wahrheitsfunktionalen) I.-typ
(d) erfaßt. – (b) Logische I.
(auch: logische Folgerung, engl.
logical implication / entailment):
Metasprachliche Beziehung
zwischen zwei Aussagen p und
q: q folgt logisch aus p (Notation: $p \rightarrow q$), wenn jede semantische Interpretation der
Sprache, die p wahr macht, automatisch (d.h. allein aufgrund
der logischen Form von p und
q) auch p wahr macht. Beispiel:
p = *Alle Menschen sind sterblich und Sokrates ist ein Mensch*,
q = *Sokrates ist sterblich*, dann
gilt $p \rightarrow q$. – (c) Strikte I. (engl.
strict implication / entailment):
Modallogische Folgerungsbeziehung: ›p impliziert notwendigerweise q‹ bzw. ›aus q
folgt notwendigerweise p‹. Mit
Hilfe des Notwendigkeitsoperators □ kann diese Beziehung
durch □($p \rightarrow q$) ausgedrückt
werden (→Modallogik). – (d) Se-

mantische I. (auch: (semantisches) Entailment, Konditional): Engere (intensionale) Interpretation von I. im Hinblick
auf natürliche Sprachen. Im
Unterschied zur logischen I. stehen die Teilaussagen der semantischen I. in inhaltlicher
Beziehung und die Gültigkeit
basiert auf geeigneten (z.B. lexikalischen) →Bedeutungspostulaten. Vgl. das Beispiel aus
AUSTIN [1962]: Aus *Die Katze
liegt auf der Matte* folgt semantisch *Die Matte ist unter der Katze*. Im Unterschied zur →Präsupposition bleibt q nicht wahr,
wenn p negiert wird: Aus *Die
Katze ist nicht auf der Matte*
folgt nicht *Die Matte ist unter
der Katze*. Die Folgerungsbeziehung ist durch den *aber*-Test
kontrollierbar: der Sprecher,
der behauptet *Die Katze ist auf
der Matte, aber die Matte ist
nicht unter der Katze* macht sich
in seiner semantischen Kompetenz unglaubwürdig. – Der semantische I.begriff spielt eine
grundlegende Rolle in der
strukturellen Wortsemantik:
die (unilaterale) I. entspricht
weitgehend der Bedeutungsbeziehung der →Hyponymie, die
bilaterale I. (= →Äquivalenz)
weitgehend der →Synonymie. –
(e) Kontextuelle I.: Ausweitung
des I.begriffs auf pragmatische
Aspekte. Kontextuelle I. sind
konversationelle Bedingungen,
die erfüllt sein müssen, damit
eine Äußerung unter den gegebenen Umständen einer spezifischen Sprechsituation als »normal« angesehen werden kann.
So impliziert man »kontextuell«
mit dem Aussprechen einer Behauptung, daß diese Behauptung auch wirklich zutrifft, der
Sprecher muß sich entspre-

chend rechtfertigen können, wenn der Hörer dies bezweifelt. Zu weiteren I. -Typen vgl. →Allegation, →Konversationelle Implikatur, →Suggerierte Schlußfolgerung.

Lit.: →Formale Logik, →Präsupposition.

Implikationsanalyse. Innerhalb des sogen. »qualitativen Paradigmas« der →Variationslinguistik entwickelter Ansatz zur Darstellung und Modellierung sprachlicher Variabilität, der von der Existenz streng hierarchisch strukturierter, eindeutig unterschiedener Varietäten ausgeht. Einzelne varietätendefinierende sprachliche Merkmale werden dabei in einer entsprechenden »implikativen« Matrix so geordnet, daß vom Vorhandensein bestimmter Merkmale auf das Vorhandensein weiterer Merkmale geschlossen werden kann, nicht jedoch umgekehrt.

Lit.: W. KLEIN [1976]: Sprachliche Variation. In: Studium Linguistik 1, S. 29–46. – CH.-J. BAILEY [1973]: Linguistic theory. Arlington – D. BICKERTON [1971]: Inherent variability and variable rules. In: Foundations of language 7, S. 457–492.

Implikative Verben. Klasse von Verben mit Infinitivkonstruktion, bei denen folgende Beziehung zwischen dem Gesamtsatz *M* (= Matrixsatz) und dem Komplementsatz *K* (= Konstituentensatz) besteht: *M* impliziert *K* und *Nicht-M* impliziert *Nicht-K*. Beispiel: *Max macht sich die Mühe, sein altes Auto zu reparieren* impliziert *Max repariert sein altes Auto; Max macht sich nicht die Mühe, sein altes Auto zu reparieren* impliziert *Max repariert sein altes Auto nicht.* Weitere Verben dieser Klasse sind: *zustandebringen,*

sich die Zeit nehmen, sich herablassen u.a. Negative I. V. sind entsprechend *versäumen, unterlassen.* Vgl. zum Unterschied →Faktives Prädikat.

Lit.: L. KARTTUNEN [1971]· Implicative verbs. In: Lg 47, S. 340–358. Auch in: PPL (1973), S. 285–314. – L. KARTTUNEN [1971]: The logic of English predicate complement constructions. Indiana. Dt.: Die Logik der Prädikatskomplementkonstruktionen. In: W. ABRAHAM/R. I. BINNICK (eds.): Generative Semantik. Frankfurt 1972, S. 243–278. – L. COLEMAN [1975]: The case of the vanishing presupposition. Berkeley, S. 78–89. – M. REIS [1977]: Präsuppositionen und Syntax. Tübingen. →Präsupposition.

Implikatur [engl. *to implicate* ›zur Folge haben‹]. Terminus von H. P. GRICE [1968]: Ein Sprecher impliziert (im Sinne einer →Implikatur) mit der Äußerung eines Satzes *S*, daß *p* der Fall ist, wenn seine Äußerung den Schluß auf *p* erlaubt, ohne daß er mit *S* wörtlich gesagt hätte, daß *p*. Beruht der Schluß ausschließlich auf der konventionellen Bedeutung der Wörter und grammatischen Konstruktionen, die in *S* vorkommen, so heißt der Schluß eine »konventionelle Implikatur«. Seit KARTTUNEN/PETERS [1978] werden die meisten →Präsuppositionen als konventionelle I. interpretiert. Sie können ausgelöst werden durch →Faktive Prädikate wie *vergessen* (*Philip hat nicht vergessen, daß Caroline heute Geburtstag hat* impliziert konventionell: Caroline hat heute Geburtstag), bestimmte Partikeln wie *nur* (*Nur Philip fährt nach Florenz* impliziert konventionell: sonst fährt keiner nach Florenz) und bestimmte →Aktionsarten wie →Resultativ (*Der Rosenstock ist verblüht* impliziert konventionell: der Rosenstock hat zuvor geblüht). Konventionelle I. sind nicht »löschbar«, d.h. der Sprecher kann sie nicht ohne Selbstwiderspruch oder Selbstkorrektur bestreiten; sie sind aber »ablösbar«, d.h. es gibt eine Paraphrase, die (abgesehen von der Konventionellen I.) das Gleiche besagt. Beruht eine Implikatur außer auf der konventionellen Bedeutung des geäußerten Ausdrucks auch auf der Annahme, daß der Sprecher gewisse →Konversationsmaximen befolgt oder absichtlich verletzt, so heißt sie »konversationelle Implikatur«, und zwar »generelle konversationelle I.« (engl. *generalized conversational implicature*), wenn sie in allen Normalkontexten erscheint, und »spezielle konversationelle I.« (engl. *particularized conversational implicature*), wenn sie nur in bestimmten Äußerungskontexten auftaucht. Im Unterschied zu konventionellen I. sind konversationelle I. »löschbar«, aber nicht »ablösbar«. Generelle konversationelle I. können ausgelöst werden durch Verwendung des unbestimmten Artikels: *Philip trifft sich heute abend mit einer Frau* impliziert konventionell: die Frau ist nicht Philips Frau. Spezielle konversationelle I. dagegen werden nicht durch bestimmte sprachliche Mittel, sondern durch bestimmte Kontexte ausgelöst: *Herr M. beherrscht seine Muttersprache und hat meine Lehrveranstaltungen regelmäßig besucht* impliziert konventionell: Herr Maier hat keine weiteren Vorzüge, die ihn für die ausgeschriebene Stelle geeignet erscheinen lassen, wenn der Kontext ein Gutachten für einen Hochschulabsolventen ist, der

sich um eine Stelle beworben hat.

Lit.: →Konversationsmaxime.

Implosiv(laut) [lat. *plaudere* ›klatschend zusammenschlagen‹].
(1) Nicht-nasaler Verschlußlaut, der mit pharyngaler Luft durch Senken des Kehlkopfs bei nahezu geschlossener Glottis gebildet wird. Die Luft strömt dabei nicht im wörtlichen Sinne von außen nach innen, vielmehr ist der Luftdruck in der Mundhöhle annähernd der gleiche wie außerhalb. I. finden sich z.B. bei [ɓ] und [ɗ] in der →Tschadischen Sprache Kera: [ˉɓiˉgi] ›umgeben‹ vs. [ˌbiˉgi] ›graben‹, [geˉde] ›seine Zeit verlieren‹ vs. [geˉde] ›davonspringen‹.
(2) Nicht-nasaler Verschlußlaut, bei dem es nicht zur Lösung des oralen Verschlusses kommt, wie z.B. bei [p] in dt. [ˈlipm] ›Lippen‹. →Artikulatorische Phonetik.

Lit.: →Phonetik.

Inchoativ [Pl. *Inchoativa*; lat. *inchoāre* ›anfangen‹]. →Aktionsart bzw. →Aspekt eines Verbs. I. gehören zur Klasse der Nicht-Durativen Verben (→Durativ vs. Nicht-Durativ) und bezeichnen den Beginn des allmählichen Übergangs eines Zustands in einen anderen Zustand: *erblühen, verwelken*. Im Dt. gibt es eine ganze Klasse von (aus Adjektiven abgeleiteten) intransitiven I., die durch eine Konstruktion mit *werden* paraphrasierbar sind: *gilben – gelb werden, welken – welk werden*. Gelegentlich wird I. auch synonym verwendet für →Ingressiv, das den plötzlichen Beginn eines Vorgangs kennzeichnet: *entflammen, aufspritzen.*

Lit.: R. STEINITZ [1977]: Zur Semantik und Syntax durativer, inchoativer und kausativer Verben. In: LSt 35, S. 85–129. – G. STORCH [1978]: Semantische Untersuchungen zu den inchoativen Verben im Deutschen. Braunschweig. →Aktionsart.

Indefinitpronomen [lat. *indēfīnītus* ›unbestimmt‹. – Auch: Unbestimmtes Fürwort]. In der traditionellen Grammatik Untergruppe der →Pronomen, deren Vertreter zur Kennzeichnung einer Person oder Sache dienen, die unbestimmt sind hinsichtlich Geschlecht (*man, jeder, jemand, etwas*) und Zahl (*jeder, etliche, mancher, niemand*), semantisch aber sind *jeder, alle, niemand* nicht indefinit. Nur substantivische Funktion haben *irgendwer, jedermann, man,* substantivisch wie auch als Begleiter von Substantiven können u.a. *etwas, jeder, alle* auftreten, vgl. *Alle sind anwesend* vs. *Alles Gold glänzt.* – Zwischen I. und unbestimmten →Numeralia (*alle, mehrere, wenige*) besteht ein fließender Übergang.

Lit.: →Artikel, →Quantifizierung.

Index [Pl. Indices; lat. *index* ›Anzeiger‹. – Auch: Indexikalisches Zeichen]. In der →Semiotik von CH. S. PEIRCE Klasse von →Zeichen, bei denen die Beziehung zwischen Zeichen und Bezeichnetem nicht auf Konvention (→Symbol) oder Ähnlichkeit (→Ikon) beruht, sondern eine direkte reale (kausale) Beziehung zwischen einem »Anzeichen« und einem tatsächlich vorhandenen, singulären Objekt ist. Indices sind hinweisende (auf Erfahrung basierende) Zeichen: ein beschleunigter

Puls ist ein I. für Fieber, Rauch ein I. für Feuer.

Lit.: →Semiotik.

Indexikalische Ausdrücke →Deiktischer Ausdruck.

Indexikalisches Zeichen →Index.

Indianersprachen →Nord- und Mittelamerikanische Sprachen, →Südamerikanische Sprachen.

Indikativ [lat. (*modus*) *indicātīvus* ›zur Aussage geeignet(er Modus)‹. – Auch: Wirklichkeitsform]. Teilkategorie des →Modus des Verbs, die als »Normalform« den durch die Aussage bezeichneten Sachverhalt als gegeben darstellt. Im Vergleich zum →Konjunktiv und →Imperativ gilt der I. als die Form der neutralen, sachlichen Aussage.

Lit.: →Modalität.

Indirekte Rede →Direkte vs. Indirekte Rede.

Indirekter Fragesatz. Durch *ob* oder Fragepronomen (*wer, wo, wie lange* u.a.) eingeleiteter, von einem übergeordneten Hauptsatz abhängiger →Neben- bzw. →Gliedsatz: *Er wollte wissen, ob/wo/wie lange sie noch nach ihrer Brille suchen will/wolle.*

Lit.: I. ZINT-DYHR [1982]: Ergänzungssätze im heutigen Deutsch. Tübingen.

Indirekter Sprechakt. Typ von Sprechakt, bei dem die vom Satztyp (oder noch weiteren Basisindikatoren) des geäußerten Ausdrucks wörtlich indizierte →Illokution von der tatsächlich vollzogenen (= primären) Illokution abweicht. So weist im Dt.

die Kombination der Merkmale [Hauptverb im Indikativ; Verb-Zweit-Stellung; kein *w*-Wort in betonter oder Vorfeld-Position; Selbständigkeit; fallende Intonation] einen Satz wie *Dort ist die Tür* als Deklarativsatz aus, der (im wörtlichen Sinn) für den Vollzug von Aussagen bestimmt ist. Unter entsprechenden Umständen kann aber eine Äußerung des gleichen Satzes auch als Aufforderung, den Raum zu verlassen, gemeint sein und verstanden werden. Diese Aufforderung wird durch die Aussage indirekt mitvollzogen. Die Interpretation bzw. Rekonstruktion des I. S. stützt sich vor allem auf die von H. P. GRICE [1968] formulierten →Konversationsmaximen und den darauf beruhenden Mechanismus der konversationellen →Implikatur.

Lit.: H. P. GRICE [1968]: Logic and conversation. In: P. COLE/H. L. MORGAN (eds.): Speech acts. New York, S. 41–58. Dt. in: G. MEGGLE (ed.): Handlung, Kommunikation, Bedeutung. Frankfurt 1979. – D. FRANCK [1975]: Zur Analyse indirekter Sprechakte. In: V. EHRICH/P. FINKE (eds.): Beiträge zur Grammatik und Pragmatik. Kronberg, S. 219–231. – R. MEYER-HERMANN [1976]: Direkter und indirekter Sprechakt. In: DSp 4, S. 1–19. – W. SÖKELAND [1980]: Indirektheit von Sprechhandlungen. Tübingen. →Konversationsmaxime, →Sprechakttheorie.

Indirektes Objekt. Syntaktische Funktion, die je nach Sprachtyp morphologisch, positionell und/oder strukturell gekennzeichnet wird. Bevorzugte morphologische Markierung des I. O. ist der Dativ, obwohl gelegentlich auch Akkusativ- oder Genitiv-Ergänzungen (wenn sie z.B. als zweites Objekt auftreten), als I. O. behandelt werden. In einigen (u.a. roman.) Sprachen wird die Funktion des Dativs von einer →Präposition bzw. →Adposition übernommen (frz. *à*, span., ital. *a*). Im Unterschied zum →Direkten Objekt des Aktiv-Satzes kann im Dt. oder Frz. ein I. O. im Passiv nicht als Subjekt erscheinen: *Philip unterstützte sie: Sie wurde von Philip unterstützt* vs. *Philip half ihr* vs. **Sie wurde von Philip geholfen*; frz. *J'ai donné le livre à Jacques* vs. **Jacques a été donné le livre*. In Sprachen, die I. O. nicht durch Kasus oder Adpositionen markieren (wie im Engl.), gibt es verschiedene Meinungen über die zugrundeliegende (Struktur-)Position eines I. O. So findet man z. B. für engl. *John gave Mary the book* sowohl *Mary* als auch *the book* als I. O. analysiert (vgl. ZIV/SHEINTUCH [1979]). – Typische semantische Funktionen des I. O. sind: »Rezipient« bei Verben des Gebens und Nehmens, →Benefaktiv (vgl. →Dativ (c)) oder Träger eines »Zustandes« (*Mir ist angst*). Da beim I. O. die heterogenen formalen und inhaltlichen Kriterien zu seiner Bestimmung noch weniger Übereinstimmung zeigen als beim Subjekt und direkten Objekt, wird die Brauchbarkeit dieses Begriffs sowohl für die Beschreibung einer Einzelsprache (ZIV/SHEINTUCH [1979], WEGENER [1986]) als auch universalgrammatisch (FALTZ [1978]) in Frage gestellt.

Lit.: L. M. FALTZ [1978]: On indirect objects in universal syntax. In: CLS 14, S. 76–87. – Y. ZIV/G. SHEINTUCH [1979]: Indirect objects reconsidered. In: CLS 15, S. 390–403. – H. WEGENER [1986]: Gibt es im Deutschen ein indirektes Objekt? In: DS 14, S. 12–22. →Dativ, →Syntaktische Funktion.

Indisch [Auch: Indo-Arisch].
Zweig des →Indo-Europäischen,
der zur Untergruppe der →In-
do-Iranischen Sprachen gehört,
mit über 30 Sprachen, die teilweise in zahlreiche Dialekte
zerfallen, und insgesamt 650
Mio. Sprechern. Die wichtigsten Einzelsprachen sind →Hin-
di-Urdu (über 220 Mio. Sprecher, Staatssprache Indiens
bzw. Pakistans), Bengali (ca. 150
Mio. Sprecher, Staatssprache
von Bangladesh), Punjabi (ca.
70 Mio. Sprecher), Marathi (52
Mio. Sprecher), Bihari (37 Mio.
Sprecher, eine Sprachgruppe),
Gujarati (33 Mio. Sprecher),
Rajasthani (25 Mio. Sprecher),
Assamesisch (12 Mio. Sprecher), Sindh (12 Mio. Sprecher,
Pakistan), Singhalesisch (11
Mio. Sprecher, Staatssprache
von Sri Lanka), Nepali (9,5 Mio.
Sprecher, Staatssprache Ne-
pals). Die i. Sprachen haben
sich schon vor über 1000 Jahren
durch das →Romani, die Sprachen der Zigeuner, auch über
Vorderasien und Europa verbreitet. – Die älteste bekannte
Sprachform, das Altindische, ist
das →Sanskrit (reich überliefert
seit ca. 1200 v. Chr.); die späteren i. Sprachen haben sich aus
der dazu korrespondierenden
Umgangssprache, dem Prakrit,
entwickelt. Unter Mittelindisch
versteht man die Sprachstufe
zwischen dem 3. Jh. v. Chr. und
dem 4. Jh. n. Chr.; die wichtigsten Dokumente sind die bud-
dhistischen Schriften in Pāli,
die Aśoka-Inschriften. – Spezifische Kennzeichen: Im Lautsystem fallen die sonst seltenen aspirierten, stimmhaften Plosive
wie *bh* sowie retroflexe Laute
auf. (Vgl. Sprachenkarte Nr. 7).

Lit.: J. BEAMES [1872–1879]: A comparative grammar of the modern Aryan languages of India. 3 Bde. London. – B. DELBRÜCK
[1888]: Altindische Syntax. Halle. – W.
WACKERNAGEL u.a. [1896–1964]: Altindische Grammatik. Göttingen. – M. MAYR-
HOFER [1951]: Handbuch des Pāli. Heidelberg. – S. K. CHATTERJI [1960]: Indo-Aryan
and Hindi. Calcutta. – S. SEN [1960]: A
comparative grammar of Middle Indo-
Aryan. Poona. – T. W. CLARK [1963]: Introduction to Nepali. Cambridge. – G.
CARDONA [1965]: A Gujarati reference
grammar. Philadelphia. – N. B. KAVADI/F.
C. SOUTHWORTH [1968]: Spoken Marathi.
Philadelphia. – A. A. McDONNELL [1968]:
Vedic Grammar. Varanasi. – TH. A. SE-
BEOK (ed.) [1969]: Current trends in linguis-
tics. Bd. 5. The Hague. – J. W. GAIR [1970]:
Colloquial Sinhalese clause structure. The
Hague. – K. MATZEL [1966]: Einführung in
die singhalesische Sprache. Wiesbaden. –
G. A. ZOGRAPH [1982]: Die Sprachen Süd-
asiens. Leipzig. – T. BHATIA [1989]: Punja-
bi. London. – C. P. MASICA [1989]: The In-
do-Aryan languages. Cambridge. – R.
PANDHARIPANDE [1989]: Marathi. London.
Zeitschriften: Indian Linguistics. – Bulletin of the Philological Society of Calcutta.

Individualnomen [engl. *count
noun*. – Auch: Individuativum].
Nomen, die im Unterschied
zum →Massen-Nomen unmittelbar mit einem Zahlwort verknüpft werden können, z.B. *Apfel* im Unterschied zu *Gold*. Allerdings ist die Zugehörigkeit zu
einer Klasse nicht immer eindeutig, z.B. bei *Brot*.

Indizierte Klammerung [engl.
labelled bracketing. – Auch: Etikettierter Klammerausdruck].
In Anlehnung an mathematische Darstellungsweisen in die
Sprachwissenschaft übernommene Schreibkonvention zur
Abbildung syntaktischer Strukturen. Die I. K. ist der Darstellung durch →Strukturbäume
äquivalent. Vgl. Beispiel unter
→Strukturbaum.
Lit.: →Glossematik.

Indo-Arisch →Indisch.

Indo-Europäisch [Auch: Indogermanisch]. Sprachstamm mit ca. 140 Einzelsprachen und ca. 2000 Mio. Sprechern der nach der Sprecherzahl größte Sprachstamm überhaupt. Die Bezeichnung deutet auf seine geographische Ausbreitung hin. Zum ideur. Sprachstamm gehören die folgenden genetischen Einheiten: →Anatolisch, →Indo-Iranisch, →Griechisch, →Italisch (und die davon abstammenden →Romanischen Sprachen), →Keltisch, →Germanisch, →Baltisch, →Slawisch (möglicherweise als Balto-Slawisch eine genetische Einheit bildend), →Albanisch, →Armenisch, →Tocharisch. Die relative Stellung dieser Sprachgruppen zueinander ist weitgehend unklar; vermutet wird, daß sie bereits auf Dialekte einer Proto-Sprache zurückgehen, die vermutlich vor ca. 5000 Jahren nördlich des Schwarzen Meeres gesprochen wurde. Zahlreiche alte Sprachen sind schriftlich gut dokumentiert. – Spezifische Kennzeichen: Es handelt sich charakteristischerweise um stark flektierende Sprachen, die neben Suffixen auch wortinterne Mutationen aufweisen (Ablaut). Es sind 8 Kasus rekonstruierbar, ferner 3 Genusklassen (Maskulin, Feminin, Neutrum) und 3 Numeri (Singular, Dual, Plural). Das Nomen kongruiert mit dem Adjektiv und das Substantiv mit dem Verb. Am Verb werden Tempus, Modus und Aspekt flexivisch, teilweise auch durch periphrastische Konstruktionen, ausgedrückt. – Forschungsgeschichte: Zwar ist die Erkenntnis, daß einzelne europäische Sprachen untereinander Ähnlichkeiten aufweisen, schon alt, und einzelne Zweige, wie die romanischen Sprachen, waren bereits früh als genetische Einheiten akzeptiert. Als eigentlicher Beginn der systematischen Erforschung des I. gilt die Entdeckung der Verwandtschaft des →Sanskrit und des →Persischen mit den europäischen Sprachen durch W. Jones (1786). Bei der Erforschung des I. entwickelte sich im 19. Jh. die Methodik der →Historischen Sprachwissenschaft, v.a. durch den Versuch der Aufstellung von systematischen Lautkorrespondenzen und der Rekonstruktion einer ideur. Ursprache, vgl. die einflußreichen Abhandlungen von F. Schlegel (1808), R. Rask (1814/18) und F. Bopp (1816), die vor allem anhand einer Betrachtung des Flexionssystems die Verwandtschaft der damals bekannten Zweige erwiesen, und von J. Grimm (1819/1822), der systematische Lautgesetze zwischen wichtigen Einzelsprachen (→Sanskrit, →Griechisch, →Lateinisch) postulierte. 1861/1862 unternahm A. Schleicher erstmals den Versuch, Formen der Ursprache zu rekonstruieren; darüber hinaus erschloß er das besonders konservative →Litauisch. Die Folgezeit war bestimmt durch kontroverse Positionen zwischen den →Junggrammatikern (K. Brugmann, H. Osthoff/A. Leskien, K. Verner, der junge F. de Saussure), die »ausnahmslose« Lautveränderungen annahmen, und Forschern wie H. Schuchardt, die dies in Frage stellten. Das →Tocharische wurde 1908 als ideur. Sprache erkannt; obgleich weit östlich gesprochen, zeigt es Ähnlichkeiten mit den westlichen Zweigen. Gleichzeitig wurde deutlich, daß das →Hethitische ebenfalls mit den ideur. Sprachen verwandt ist, wobei die Vermutung von E. STURTEVANT (1926), eine Gleichordnung des Hethitischen mit dem restlichen I. anzunehmen, eher skeptisch diskutiert wird. Das Hethitische spielte für die Erschließung des Lautsystems eine wichtige Rolle, vgl. unter →Laryngaltheorie. In jüngster Zeit wird vor allem die Frage der Syntax der Ursprache diskutiert (W. LEHMANN) sowie die Rekonstruktion der Plosive (Annahme von ejektiven Lauten durch T. V. GAMKRELIDZE/V. V. IVANOV).

Lit.: K. BRUGMANN/B. DELBRÜCK [1886/1900]: Grundriß der vergleichenden Grammatik der indogermanischen Sprachen. Straßburg. - H. HIRT [1921/1929]: Indogermanische Grammatik. Heidelberg. - J. POKORNY [1950/1959]: Indogermanisches etymologisches Wörterbuch. Bern. - H. KRAHE [1962]: Indogermanische Sprachwissenschaft. Berlin. - O. SZEMERÉNYI [1970]: Einführung in die vergleichende Sprachwissenschaft. Darmstadt. - W. LEHMANN [1974]: Proto Indo-European Syntax. Austin. - W. R. SCHMALSTIEG [1980]: Indo-European linguistics: a new synthesis. Pennsylvania. - P. BALDI [1983]: An introduction to Indo-European languages. Carbondale. - N. E. COLLINGE [1985]: The laws of Indo-European. Amsterdam. - O. J. L. SZEMERÉNYI [1985]: Recent developments in Indo-European linguistics. In: Transactions of the philological society. S. 1-71. - TH. VENNEMANN [1987]: The new sound of Indo-European. Berlin. - R. SCHMITT-BRANDT [1988]: Einführung in die Indogermanistik. Tübingen. - T. V. GAMKRELIDZE/V. V. IVANOV [1989]: Indo-European and the Indo-Europeans. Berlin. - J. P. MELLORY [1989]: In search of the Indo-European. London. - TH. VENNEMANN (ed.) [1989]: The new sound of Indo-European. Berlin.
Zeitschriften: Indogermanische Forschungen. - Die Sprache. - Zeitschrift für vergleichende Sprachforschung. - The Journal of Indo-European Studies.

Indogermanisch [Auch: Indo-Europäisch]. Bezeichnung des →Indo-Europäischen, die auf J. KLAPROTH (1823) zurückgeht. Der vor allem in der Germanistik übliche Terminus ist eine Klammerform der vollständigen Bezeichnung »Indo-[irano-armeno-graeco-latino-slavo-balto-romano-celto]-Germanisch«.

Indo-Hethitisch →Hethitisch.

Indo-Iranisch. Zweig des →Indo-Europäischen, der sich in zwei Hauptzweige, das →Indische, das →Iranische sowie in das →Dardische gliedert. Wichtige Kennzeichen des I. sind der Zusammenfall von ideur. *e, o, a* zu *a*, der zum Verlust des qualitativen und zum häufigen Gebrauch des quantitativen Ablauts führte (vgl. Sanskrit *sádas* ›Sitz‹, *sādáyati* ›setzen‹) sowie zahlreiche →Glossen, z.B. die Eigenbezeichnung *Arya* ›Arier‹.
Lit.: →Indisch, →Iranisch, →Indo-Europäisch.

Indonesisch [Auch: Bahasa Indonesia]. Auf dem Malaiischen basierende Staatssprache Indonesiens mit über 100 Mio. Sprechern (meist als Zweitsprache). Spezifische Kennzeichen: Einfaches Lautsystem, Nominal→Klassifikatoren (z.B. *se-ekor ayam* ›ein Schwanz Huhn‹), optionaler Ausdruck des Plurals u.a. durch Reduplikation des ganzen Wortes (z.B. *potong* ›Stück‹, *potong-potong* ›Stücke‹), ausgeprägte Höflichkeitsmarkierungen durch »distinguierende Artikel«, entwickeltes Diathesensystem (Markierung der Transitivität), verschiedene Passivformen (für Nomina vs. Pronomina, Zustandspassiv), keine deutlichen Wortklassenunterschiede zwischen Nomina und Verben. Wortstellung: SVO, strikte Postspezifikation in der Nominalphrase. Zahlreiche Lehnwörter aus →Sanskrit und →Arabisch.

Lit.: H. KÄHLER [1960]: Grammatik der Bahasa Indonesia. Wiesbaden. – B. NOTHOFER u.a. [1985/87]: Bahasa-Indonesia. Indonesisch für Deutsche. 2 Bde. Heidelberg. – E. D. KRAUSE [1988]: Lehrbuch der indonesischen Sprache. 3. Aufl. Leipzig.

Indo-Pazifische Sprachen →Papua-Sprachen.

Inessiv [nach lat. *in + esse* ›in + sein‹]. Morphologischer Kasus zur Bezeichnung von Ortsangaben, der z.B. im Finn. ausdrückt, daß sich ein Objekt »in« einem Ort befindet. Vgl. zum Unterschied →Adessiv.

Inference [engl. ›Folgerung‹] →Schlußregel.

Inferential. Konstruktionstyp, der einen Wert der grammatischen Dimension →»Evidentialität« ausdrückt und der den Inhalt einer Aussage markiert als ›aus irgendwelchen Prämissen erschlossen‹. Im Deutschen werden Konstruktionen mit dem Modalverb *müssen* auch als I. verwendet, z.B. in *Das muß Philip sein*, wenn es klingelt und niemand anders als Philip erwartet wird. Das sogenannte I. des Türkischen (mit der Bedeutung ›man sagt‹, ›ich schließe‹) ist eigentlich I. und →Quotativ zugleich.

Lit.: →Evidentialität.

Inferenz. Kognitiver Prozeß bei der →Textverarbeitung: Ergänzung oder Erweiterung der semantischen Repräsentation eines Textes (der →Textbasis) durch dessen →Implikationen und →Präsuppositionen, also durch unausgesprochene, aber zum Textverständnis notwendige Inhalte (»intendierte I.«) sowie durch eigenes, in einem →Schema gespeichertes, zum Textinhalt passendes Wissen des Lesers/Hörers (»elaborative I.«). Textinhalt und inferentiell hinzugefügtes Wissen verschmelzen im Gedächtnis und sind bei einer späteren Textrekonstruktion nicht mehr unterscheidbar.

Lit.: R. G. VAN DE VELDE [1981]: Interpretation, Kohärenz und Inferenz. Hamburg. – T. A. VAN DIJK/W. KINTSCH [1983]: Strategies of discourse comprehension. Orlando. – G. RICKHEIT/H. KOCK [1983]: Inference processes in text comprehension. In: G. RICKHEIT/M. BOCK (eds.): Psycholinguistic studies in language processing. Berlin, S. 182–206. – S. SPERBER/D. WILSON [1986]: Relevance: communication and cognition. Cambridge, Mass. – R. G. VAN DE VELDE [1988]: Inferences as (de)compositional principles. In: J. S. PETÖFI (ed.): Text and discourse constitution. Berlin, S. 283–314. →Textverarbeitung.

Infinite Verbform [lat. *īnfīnītus* ›unbegrenzt‹. – Auch: Nominalform, Verbum Infinitum]. Unkonjugierte Verbform, d.h. hinsichtlich Person, Numerus, Tempus, Modus und Genus Verbi nicht gekennzeichnete Verbformen, die Affinitäten zum nominalen bzw. adjektivischen Bereich zeigen, vgl. *das Lösen eines Problems* bzw. *das gelöste Problem*. Im Lat. zählen neben Infinitiv, Partizip Präsens und Partizip Perfekt noch →Gerundium (vgl. *genus dicendi* ›die Art zu reden‹), →Gerundivum (vgl. *librum scribendum est* ›das Buch muß geschrieben werden‹) und →Supinum (vgl. *hoc est incredibile dictu* ›das klingt unglaublich‹) dazu.

Lit.: →Infinitivkonstruktion.

Infinitiv [Auch: Nennform, Grundform]. Nominalform des Verbs, die historisch aus einem erstarrten Lokativ des Ziels eines Verbalabstraktums zu erklären ist. Der I. steht formal und funktional zwischen Verb und Nomen: verbale Eigenschaften sind →Rektion (*das Lesen des Buches*), →Aspekt (*lesen* vs. *gelesen haben*), →Genus Verbi (*das Lesen* vs. *das Gelesene/ das Gelesenwerden*); aufgrund des nominalen Charakters entfallen die verbalen Kategorien →Person und →Numerus, außerdem kann der I. in substantivierter Form mit Artikel gebraucht werden, d.h. syntaktisch in Nominalphrasen-Funktion verwendet werden. Im Dt. wird unterschieden zwischen reinem I. (*lesen*), I. mit *zu* (*zu lesen*) und substantiviertem I. (*das Lesen*). Zu anderen Nominalformen des Verbs vgl. →Gerundium, →Gerundivum, →Partizip, →Supinum.

Lit.: N. FRIES [1983]: Syntaktische und semantische Studien zum frei verwendeten Infinitiv und zu verwandten Erscheinungen im Deutschen. Tübingen.

Infinitivkonstruktion [Auch: Satzwertiger Infinitiv]. Syntaktische Konstruktion, die als Kern ein infinites Verb (Infinitiv, Partizip) enthält, z.B. *Luise glaubt zu fliegen.* In der (älteren) generativen →Transformationsgrammatik werden solche Sätze aus komplexeren Strukturen mit referenzidentischen Nominalphrasen abgeleitet: *Luise₁ glaubt - Luise₁ fliegt.* Durch Tilgung des Subjekts des Objektsatzes wird die Kongruenz-Transformation (die Person und Numerus des Sub-

jekts auf das Verb überträgt) blockiert und das Verb des eingebetteten Objektsatzes als Infinitiv realisiert (→Komplementierung). In der neueren generativen Transformationsgrammatik wird das Subjekt einer I. als phonetisch leeres Pronomen aufgefaßt (vgl. →Kontrolle). - I. sind satzwertig, sie sind als →Glied(teil)sätze paraphrasierbar und können als →Subjekt, →Objekt, →Prädikativ, →Adverbial oder →Attribut identifiziert werden. Vgl. auch →Kohärente Konstruktion, →Equi-NP-Deletion, →Raising.

Lit.: G. BECH [1955/57]: Studien über das deutsche Verbum infinitum. 2 Bde. Kopenhagen. Neudruck Tübingen 1983. - P. M. POSTAL [1970]: On coreferential complement subject deletion. In: LIn 1, S. 439-500. - E. KÖNIG [1973]: Transformationsprozesse II: Extraposition. In: K. BAUMGÄRTNER u.a. (eds.): Funk-Kolleg Sprache. Bd. 1. Frankfurt, S. 299-312. - T. N. HÖHLE [1978]: Lexikalische Syntax: die Aktiv-Passiv-Relation und andere Infinitkonstruktionen im Deutschen. Tübingen. - N. FRIES [1983]: Zur Struktur und Funktion infinitiver Hauptsatzkonstruktionen. Tübingen. →Kohärente Konstruktion, →Komplementierung, →Transformationsgrammatik.

Infinitkonstruktion [Auch: Verkürzter →Nebensatz]. Zusammenfassende Bezeichnung für syntaktische Konstruktionen, die als Kern eine →Infinite Verbform (→Infinitiv-, bzw. Partizipialkonstruktion) enthalten.

Infix [lat. *īnfīgere* ›hineinheften‹]. Wortbildungsmorphem, das in den →Stamm eingefügt wird, z.B. *-n* in lat. *iungere* ›verbinden‹ vs. *iugum* (›das Joch‹) oder das *-t* in reflexivischer Funktion zwischen dem 1. und 2. Konsonanten der Wurzel im 8. Binyan des klassischen Arabisch, vgl. */fral/* vs. *ftarag* ›sich

trennen‹, /ſrd/vs. ſtaraḍ ›vor
sich stellen‹. Häufig werden
auch →Ablaut oder →Umlaut als
I. bezeichnet. Vgl. auch →Affix.

Lit.: P. H. MATHEWS [1972]: Inflectional
morphology. Cambridge. – J. McCARTHY
[1981]: A prosodic theory of nonconca-
tenative morphology. In: LI 12, S. 373–418.
→Wortbildung.

INFL-Knoten [abgeleitet von
engl. *inflection* ›Flexion‹]. Abstrakte Repräsentation der morphologischen Merkmale von
Subjekt und Prädikat als syntaktische Kategorie in einem
Strukturbaum. Diese in N.
CHOMSKYS →GB-Theorie eingeführte Bezeichnung ersetzt die
Kategorien AUX (→Auxiliar-
komplex) bzw. *Tense* der
früheren Theorien der Transformationsgrammatik und enthält die Kongruenzmerkmale
(Person und Numerus, im Ital.
z.B. auch Genus) des Verbs sowie dessen Tempus-Merkmale.
Die in diesen Theorien angenommene Phrasenstrukturre-
gel $S \rightarrow NP\ INFL\ VP$ (statt früher: $S \rightarrow NP\ VP$) ermöglicht es,
im Einklang mit der →X-Bar-
Theorie den Satz als Projektion
einer X_0-Kategorie aufzufassen.
Da die Annahme, S sei eine
Projektion von NP bzw. von
VP, zu theorieinternen Schwierigkeiten führt, postuliert
CHOMSKY die Analyse der Kategorie S als Projektion des
INFL-K., d.h. als ein Element
der gleichen Kategorie wie
INFL, jedoch von höherer
Komplexität. Obige Phrasenstrukturregel ist bei CHOMSKY
also lediglich Abk. für die ex-
plizitere Regel $INFL_1 \rightarrow NP$
$INFL_0\ VP$.

Lit.: →Transformationsgrammatik, →X-
Bar-Theorie.

Informatik [engl. *Computer
Science*]. Wissenschaft über die
Theorie und Praxis abstrakter
und konkreter Maschinen. Die
I. umfaßt ein weites Spektrum
von der (a) theoretischen I., die
mathematische Fragestellungen im Hinblick auf abstrakte
Maschinen, Berechenbarkeit,
Komplexität, →Formale Sprachen und Grammatiken untersucht, über (b) Teildisziplinen,
die generelle Fragen der Pro-
grammierung und der Struktur
von Rechnern betreffen, bis zu
(c) anwendungsorientierten Bereichen, wie die Entwicklung
von Informations- oder Expertensystemen.

Lit.: →Informationstheorie, →Statistische
Linguistik.

Information.
(1) Im qualitativen Sinn das,
was sich aus der Beobachtung
eines Informationsträgers (dem
Wahrnehmen eines Anzeichens
oder Zeichens) über den Infor-
mationsgegenstand erschließen
läßt, z.B. trägt eine vereiste Fen-
sterscheibe die Information,
daß es friert.
(2) Im technisch definierten
Sinn der →Informationstheorie
quantifizierbare Größe, die mit
der Wahrscheinlichkeit des Eintretens eines Ereignisses korreliert: je kleiner die Wahrscheinlichkeit des Eintretens des Ereignisses ist, um so höher ist der
I.-Wert dieses Ereignisses. (Der
I.-Wert wird in →Bit gemessen.)
Im Unterschied zur umgangssprachlichen Verwendung von
I. im Sinne von »Auskunft« wird in der nachrichtentechnischen Verwendung von der in-
haltlichen Bedeutung der I. abstrahiert. Auf diesem, an der
Auftretenswahrscheinlichkeit

orientierten I.-Begriff basieren die Untersuchungen der →Statistischen Linguistik.

Lit.: →Informationstheorie, →Statistische Linguistik.

Informationslinguistik →Computerlinguistik.

Informationstheorie [Auch: Nachrichtentheorie]. Mathematische Theorie, die sich mit den statistischen Gesetzmäßigkeiten (formaler Aufbau und Störfaktoren) bei der Übermittlung und Verarbeitung von →Information beschäftigt und als eine Grundlagendisziplin für verschiedene Wissenschaften (u.a. Biologie, Psychologie, Theoretische Linguistik) anzusehen ist. Zahlreiche Begriffe, die bei der Beschreibung sprachlicher Gesetzmäßigkeiten eine Rolle spielen, hängen mit Erkenntnissen und Definitionen der I. zusammen, vgl. →Bit, →Kode, →Daten, →Entropie, →Information, →Kommunikation, →Redundanz, →Zeichen. – Die Entwicklung einer Theorie des qualitativen Informationsbegriffs steckt noch in den Anfängen; sie gehört zum Untersuchungsprogramm der →Situationssemantik.

Lit.: C. E. SHANNON/W. WEAVER [1949]: The mathematical theory of communication. Urbana. – W. MEYER-EPPLER [1959]: Grundlagen und Anwendungen der Informationstheorie. 2., von G. HEIKE/K. LÖHN neubearb. und erw. Aufl. Berlin 1969. – H. SEIFFERT [1968]: Information über die Information. München. – G. KLAUS [1969]: Wörterbuch der Kybernetik. 2 Bde. Frankfurt.
Bibliographie: F. L. STUMPERS [1953]: A bibliography of information theory – communication theory – cybernetics. Cambridge, Mass. →Computerlinguistik, →Mathematische Linguistik.

Ingressiv [lat. *ingressum* ›Eingang‹. – Auch: Initiv]. →Aktionsart bzw. →Aspekt eines Verbs. I. gehören zur Klasse der Nicht-Durativen Verben (→Durativ vs. Nicht-Durativ) und bezeichnen das plötzliche Einsetzen eines Vorgangs: *entbrennen, entflammen.* Vgl. zur Bezeichnung eines allmählichen Zustand- oder Vorgangwandels →Inchoativ.

Lit.: →Aktionsart.

Ingressiv(er Laut). Sprachlaut, bei dessen Bildung (im Unterschied zu einem →Egressiven Laut) Luft in die initiierende Luftkammer strömt. →Schnalzlaute sind in der Regel, →Implosiv(laut)e immer I. L. – Strömt bei der Lautbildung die Luft in die Lunge, so handelt es sich um einen →Inspiratorischen Laut.

Lit.: →Phonetik.

Ingrisch →Finno-Ugrisch.

Inhärentes Merkmal [lat. *inhaerēns* ›anhaftend‹. – Auch: adjungiertes Merkmal]. Weitgehend kontextunabhängiges Merkmal eines sprachlichen Ausdrucks, z.B. [+ ABSTRAKT] bei Substantiven, [+ TRANSITIV] bei Verben oder [+ STEIGERBAR] bei Adjektiven.

Lit.: →Subkategorisierung.

Inhalt. Unterschiedlich verwendeter Terminus zur Bezeichnung der Bedeutungsseite des sprachlichen Zeichens im Gegensatz zu seiner materiellen Realisierung, dem →Ausdruck (2). Je nach theoretischem Konzept bezieht sich I. auf (a) das Bezeichnete in der außersprachlichen Realität (→Referent, Signifikat), (b) die begriffliche Seite des Zeichens (→Bedeutung) oder (c) die sprachliche Zwischenwelt der überindividuellen Sehweisen, die durch Sprache konstituiert werden (vgl. hierzu →Inhaltbezogene Grammatik). Vgl. auch →Bezeichnendes vs. Bezeichnetes.

Lit.: G. WOTJAK [1983]: Zu den Zuordnungsbeziehungen von Inhalts- und Ausdrucksstruktur. In: W. BAHNER u.a. (eds.): Aspekte und Probleme semasiologischer Sprachbetrachtung in synchronischer und diachronischer Sicht. Berlin. →Bedeutung.

Inhaltbezogene Grammatik

[Auch: Sprachinhaltsforschung]. Durch L. WEISGERBER in den 50er Jahren in Deutschland auf der Basis von W. v. HUMBOLDTS Sprachphilosophie entwickelte sprachwiss. Richtung, die auch als »Neuromantik« in der Sprachwissenschaft, bzw. als »energetische Sprachauffassung« bezeichnet wird. (Vgl. →Neo-Humboldtianismus). Ausgehend von HUMBOLDTS Betrachtung von Sprache als einer »wirkenden Kraft« (= →Energeia), deren →»Innere (Sprach)form« eine spezifische »Weltansicht« repräsentiert, entwirft L. WEISGERBER in vielfältigen Variationen und Modifikationen sein von starkem pädagogischen Engagement getragenes, ganzheitliches Grammatikkonzept. Zentrum der I. G. ist die Erforschung der »sprachlichen Zwischenwelt«, die das muttersprachliche »Weltbild« repräsentiert. Diese sprachliche Zwischenwelt – gewissermaßen eine geistige, strukturverleihende Vermittlungsinstanz zwischen der ungeordneten Realität der Dinge und der jeweiligen Sprachge-

meinschaft – entspricht HUMBOLDTS »innerer« Form, durch sie vollzieht sich der dynamische Prozeß der Anverwandlung der Welt durch die Muttersprache. Am deutlichsten sichtbar ist dieser (energetische) »Zugriff«, dieses »Worten der Welt« im begrifflichen Aufbau des Wortschatzes, in dem sich die erkenntnisleitende Strukturierungsleistung der Sprache unmittelbar ausdrückt. So ist z.B. der Sternenhimmel bei verschiedenen Völkern unterschiedlich aufgegliedert, d.h. die gleiche, reale, ungeordnete Ansammlung von Sternen wird sprachspezifisch unterschiedlich erfaßt: das Sternbild des Orion z.B. ist kein materiell existierendes Objekt der Realität, sondern das Ergebnis eines geistigen »Zugriffs«. Die I. G. postuliert also eine eigenständige Welt der Sprachinhalte, die von Sprache zu Sprache verschieden ist. – Der Aufbau der I. G. vollzieht sich in vier Stufen: die erste Stufe – die »laut-« oder »gestaltbezogene Grammatik« – besteht in einer (statischen) Bestandsaufnahme der laut- und formbezogenen Aspekte von Sprache, während die zweite Stufe – die »inhaltbezogene Grammatik« – den inhaltlichen Aufbau des Wortschatzes in →Wortfeldern beschreibt. Die dritte, »leistungsbezogene« Stufe nimmt eine zentrale Funktion ein, da hier die Einsicht in den Prozeß der geistigen Anverwandlung der Welt durch die Sprache als deren (und nicht etwa des Sprechers!) Leistung bewußt gemacht wird. Auf der letzten, vierten Stufe werden die Wirkungen solchen sprachlichen Zugriffs in der Lebenspraxis der Sprachgemeinschaft durchleuchtet. Während die beiden ersten Stufen nur Durchgangscharakter haben, indem sie sich auf den statischen Aspekt von Sprache beziehen, entsprechen die beiden letzten Stufen dem dynamischen (= energetischen) Prinzip der Sprachbetrachtung. – WEISGERBERS Konzept der I. G. ist von ihm selbst sowie von Kollegen und Schülern (vor allem W. PORZIG, J. TRIER, G. IPSEN, H. GIPPER) vielfach modifiziert und gegen starke Kritik an seinem sprachphilosophischen Hintergrund verteidigt worden. Solche Kritik bezog sich vor allem auf die Überbewertung der Sprache auf Grund ihrer strukturbildenden Kraft, d.h. darauf, daß WEISGERBER völlig absieht vom instrumentalen Charakter von Sprache als Kommunikationsmittel, vor allem aber von allen sprecherbezogenen Aspekten. Die Überbetonung der aktiven Kraft der Sprache schreibt der Sprache Leistungen zu, die eigentlich im Denk- und Bewußtseinsprozeß des sprechenden Individuums angesiedelt sind, wofür WEISGERBER selbst mit seiner metaphorischen Begrifflichkeit (vgl. »Geist«, »Kraft«, »Leistung«, »volkhaft«, »Zwischenwelt«, »Worten der Welt«) ein anschauliches Beispiel bietet. Trotz ähnlicher, erkenntnistheoretisch ausgerichteter Ansätze z.B. in der →Allgemeinen Semantik und in der →Sapir-Whorf-Hypothese blieb die Wirkung der I. G. auf Deutschland beschränkt. Dort gewann sie besonders im Bereich der Schul- und Volksgrammatik in den 50er und 60er Jahren gro-

ßen Einfluß, der nicht zuletzt der inhaltbezogenen Grundkonzeption der →DUDEN-Grammatik zuzuschreiben ist.

Quellenschriften: W. v. HUMBOLDT [1835]: Über die Verschiedenheit des menschlichen Sprachbaus und ihren Einfluß auf die geistige Entwicklung des Menschengeschlechts. Abgedruckt in: W. v. H.: Humboldt-Studienausgabe. (Eds. A. FLITNER/ K. GIEL). Bd. 3. Darmstadt 1963. – F. N. FINCK [1909]: Die Haupttypen des Sprachbaus. Leipzig. Nachdruck Darmstadt, 5. Aufl. 1965. – L. WEISGERBER [1926]: Das Problem der inneren Sprachform und seine Bedeutung für die deutsche Sprache. In: GRM 14, S. 241–256. – L. WEISGERBER [1949–1954]: Von den Kräften der deutschen Sprache. 4 Bde. Düsseldorf. – L. WEISGERBER [1951]: Sprachwissenschaftliche Methodenlehre. In: W. STAMMLER (ed.): Deutsche Philologie im Aufriß. Bd. 1.; 2. überarb. Aufl. Berlin 1957, S. 1–38. – H. GLINZ [1957]: Der deutsche Satz. 6. Aufl. Düsseldorf. 1972.
Darstellungen: P. HARTMANN [1958]: Wesen und Wirkung der Sprache im Spiegel der Theorie L. Weisgerbers. Heidelberg. – L. JOST [1960]: Sprache als Werk und wirkende Kraft. Bern. – H. KOLB [1960]: Der »inhumane« Akkusativ. In: ZDW 16, S. 168–177. – H. GIPPER [1963]: Bausteine zur Sprachinhaltsforschung. Düsseldorf. – C. HEESCHEN [1972]: Grundfragen der Linguistik. Stuttgart. – H. GIPPER [1973]: Der Inhalt des Wortes und die Gliederung des Wortschatzes. In: DUDEN. Grammatik der deutschen Gegenwartssprache. 3., neu bearb. und erw. Aufl., bearb. von P. GREBE u.a. Mannheim. S. 415–473. – J. DITTMANN [1980]: Sprachtheorie in der inhaltbezogenen Sprachwissenschaft. In: DSp, S. 40–74, 157–175. – H. GIPPER [1987]: Das Sprachapriori. Stuttgart.
Von der I. G. beeinflußte Grammatiken: H. GLINZ [1952]: Die innere Form des Deutschen. Eine neue deutsche Grammatik. 6. Aufl. Bern 1972. – J. ERBEN [1958]: Deutsche Grammatik. Ein Abriß. 11., völlig neu bearb. Aufl. München. – H. BRINKMANN [1962]: Die deutsche Sprache. Gestalt und Leistung. Düsseldorf. – J. ERBEN [1968]: Deutsche Grammatik. Ein Leitfaden. Frankfurt. – G. DROSDOWSKI [1984]: DUDEN. Grammatik der deutschen Gegenwartssprache. 4. völlig neu bearb. u. erw. Aufl. Mannheim.
Zeitschriften: Lexis [1948–1954]. – Die Sprache [1949ff.]. – Sprachform [1958ff.]. – Wirkendes Wort [1950ff.]. – Wörter und Sachen [1909ff.].
Sprachbücher auf der Basis der I. G.: Deutscher Sprachspiegel [1956ff.]. – Unsere Sprache [Bochum 1968].

Bibliographie: H. GIPPER [1962–66]: Bibliographisches Handbuch zur Sprachinhaltsforschung. Köln.

Inhaltsanalyse [engl. *content analysis*]. Von H. D. LASSWELL u.a. entwickeltes empirisches Verfahren zur objektiven, systematischen und quantifizierbaren Analyse von Kommunikationsinhalten jeglicher Art von Texten (Zeitungsartikeln, Rundfunktexte, literarische Texte u.a.). Auf der Basis eines vorgegebenen Rasters von quantifizierbaren Daten wie Schlüsselwörter, syntaktische Verknüpfungen u. a. werden verschiedene Inhaltsschichten (reine Information, Kommentar und subjektive Stellungnahme des Sprechers zu dieser Information sowie vom Hörer aufgrund von Kontextkenntnissen herstellbares Wissen über den Gesamtzusammenhang) ausgewertet. Dabei spielen oberflächenstrukturelle Erscheinungen zunächst die Hauptrolle, sie werden nach vorgegebenen Kategorien klassifiziert und statistisch ausgewertet. Daß der Mitteilungskontext, die spezifische Situation der Produktion des Textes für seine inhaltliche Interpretation u.U. wichtiger sein kann als die wortwörtliche Aussage, wurde vor allem von G. F. MAHL [1959] diskutiert. Wesentliche Impulse erfuhr die I. während des 2. Weltkriegs, als man versuchte, aus feindlichen Äußerungen Rückschlüsse zu ziehen auf Absichten und Pläne des Gegners. Weitere Anwendungsbereiche sind Zeitungs- und Literaturwissenschaft, Völkerkunde, Psychiatrie u.a., wobei durch den Einsatz von Computern wesentliche Fortschritte an Genauigkeit und Effektivität erzielt werden können (vgl. STONE).

Lit.: H. D. LASSWELL [1938]: A provisional classification of symbol data. In: Psychiatry 1, S. 197–204. – B. BERELSON [1952]: Content analysis in communication research. Glencoe, III. – H. D. LASSWELL u.a. [1952]: The comparative study of symbols. Stanford. – G. F. MAHL [1959]: Exploring emotional states by content analysis. In: I. DE SOLA POOL (ed.): Trends in content analysis. Urbana, III. – P. J. STONE [1966]: The general inquirer. A computer approach to content analysis. Cambridge, Mass. – G. WERSIG [1968]: Inhaltsanalyse. Einführung in ihre Systematik und Literatur. Berlin. – G. GERBNER u.a. (eds.) [1969]: The analysis of communication content. New York. – H. G. TILLMANN [1971]: Die sogenannte Inhaltsanalyse und der sprachliche Kommunikationsprozeß. In: K. G. SCHWEISTHAL (ed.): Grammatik – Kybernetik – Kommunikation. Bonn, S. 179–190. – G. UNGEHEUER [1971]: Inhaltliche Grundkategorien sprachlicher Kommunikation. In: K. G. SCHWEISTHAL (ed.): Grammatik – Kybernetik – Kommunikation. Bonn, S. 191–201. – R. LISCH/J. KRIZ [1978]: Grundlagen und Modelle der Inhaltsanalyse. Reinbek. – W. FRÜH [1981]: Inhaltsanalyse. Theorie und Praxis. München. – I. FRÜLAU [1982]: Die Sprachlogkeit der Inhaltsanalyse. Tübingen. – K. MERTEN [1983]: Inhaltsanalyse. Einführung in Theorie, Methode und Praxis. Obladen. – P. PH. MOHLER [1989]: Computergestützte Inhaltsanalyse. In: HSK 4.10, S. 580–585.

Inhaltssatz [Auch: Ergänzungssatz]. In der →Traditionellen Grammatik Bezeichnung für abhängige Sätze, die als Subjekt-, Objektsätze oder als indirekte Rede (→Direkte vs. Indirekte Rede) auftreten können und Sachverhalte bezeichnen, die einen wichtigen Teil der Information der Gesamtäußerung darstellen: *Man ahnte (das), daß das Wetter umschlagen würde.* Im Unterschied zu →Adverbialsätzen (mit Ausnahme der →Konditionalsätze) können I. auch als selbständige Sätze auftreten: *Daß Du mir nur zeitig genug zurückkommst!*

Lit.: →Nebensatz.

Inhaltswort →Autosemantikum.

Initialwort →Abkürzungswort.

Initiv →Ingressiv.

Injektiv(er Laut) [lat. *inicere* ›hineinwerfen‹]. →Ingressiver Sprachlaut, der mit pharyngaler Luft gebildet wird. Während bei der Bildung eines →Ejektivs der Larynx gehoben wird, senkt er sich bei der Bildung eines I. Die Glottis ist dabei wie bei den Ejektiven geschlossen, die Stimmbänder können nicht schwingen. Ähnliche Sprachlaute sind die →Implosive. →Artikulatorische Phonetik.

Lit.: →Phonetik.

Injunktiv [lat. *iniūnctiō* ›Vorschrift‹].
(1) Sammelbezeichnung für alle sprachlichen Konstruktionen, die einen »Befehl« ausdrücken, wie u.a. der →Imperativ.
(2) In der idgerm. Sprachwiss. Verbformen, die hinsichtlich Tempus und Modus nicht spezifiziert sind und im Sinne von »zukünftiges Wollen« interpretiert werden.

Inklusion [lat. *inclūsiō* ›Enthaltensein‹]. Logische Relation zwischen Klassen bzw. Mengen von Elementen, bei der gilt, daß jedes Element der Klasse *A* auch Element der Klasse *B* ist. Vgl. *Alle Brüder* (= Klasse *A*) *sind männliche Verwandte* (= Klasse *B*). Unter dem semantischen Aspekt der Relationen zwischen Bedeutungen (→Semantische Relationen) entspricht die I. häufig der →Hyponymie, in der Aussagenlogik der →Implikation.

Lit.: →Formale Logik, →Mengentheorie.

Inklusionsmenge →Menge (j).

Inklusiv vs. Exklusiv. Unterscheidung im Personen-System mehrerer Sprachen, in denen zwischen den Formen Sprecher + Angesprochene(r) (Inklusiv) und Sprecher und Dritte(r) (Exklusiv) unterschieden wird, z.B. chines. *women lai le* ›wir (ich und du) sind gekommen‹, *zanmen lai le* ›wir (ich und er) sind gekommen‹.

Inkompatibilität [frz. *incompatible* ›unverträglich‹. – Auch: →Heteronymie, Inkonymie].
(1) Allgemeinste →Semantische Relation des lexikalischen Bedeutungsgegensatzes: zwei Ausdrücke sind (in erster Annäherung) inkompatibel genau dann, wenn sie größere semantische Gemeinsamkeiten aufweisen, sich aber bezüglich einer inhaltlichen Dimension unterscheiden. Insofern sind Kohyponyme (→Hyponymie) häufig inkompatibel zueinander; vgl. *Rappe* und *Schimmel*: beide sind hyponym zu *Pferd*, unterscheiden sich aber bzgl. der Dimension ›Farbe‹. Bei der I. zeigt sich insbesondere die Notwendigkeit der Relativierung auf einem gemeinsamen semantischen Hintergrund, so sind etwa *Rappe* und *Schimmel* keineswegs inkompatibel auf dem Hintergrund ›zum Reiten geeignet‹. Als heuristischer Test für die I. bietet sich oft die gegenseitige Substitution der Ausdrücke L_1 und L_2 in geeigneten Sätzen $S(...)$ an, wobei dann zwischen $S(L_1)$ und $S(L_2)$ ein Widerspruch entsteht in dem Sinne, daß aus $S(L_1)$ die Nega-

tion von $S(L_2)$ folgt und aus $S(L_2)$ die Negation von $S(L_1)$ folgt. Vgl. auch: →Antonymie, →Komplementarität, →Konversion, →Reversität.

Lit.: →Semantik, →Semantische Relation.

(2) Im Rahmen von N. CHOMSKYS Syntaxtheorie der Verstoß gegen →Selektionsbeschränkungen, die zwischen Elementen bestimmter syntaktischer Positionen bestehen: z.B. ist das Verb *denken* in wörtlicher Verwendung nur kompatibel (= ›verträglich‹) mit einem Subjekt, das das Merkmal [+ MENSCHLICH] hat, vgl. *Der Stein/der Mensch denkt.*

Lit.: →Selektionsbeschränkung.

Inkonymie →Dia-Hyponymie, →Inkompatibilität.

Inkorporation. →Komposition eines (meist frei vorkommenden nominalen) Wortstammes mit einem Verb zu einem komplexen Verb. Der inkorporierte Stamm drückt dabei ein Konzept aus und referiert nicht auf bestimmte Entitäten. Im Deutschen kommt Inkorporation vereinzelt vor (vgl. *radfahren*), in vielen Sprachen (u.a. im →Altaischen) ist Inkorporation häufiger anzutreffen. Vgl. zum Unterschied →Polysynthese.

Lit.: M. MITHUN [1984]: The evolution of noun incorporation. In: Lg 60, S. 847–895. – M. BAKER [1988]: Incorporation. Chicago. – H.-J. SASSE [1988]: Der irokesische Sprachtyp. In: ZS 7, S. 173–213.

Inkorporierender Sprachbau [mlat. *incorporare* ›in einen Körper einfügen‹. – Auch: Polysynthetischer Sprachbau]. Von W. V. HUMBOLDT [1836] unter morphologischen Aspekten aufgestellter Klassifikationstyp

für Sprachen, die die Tendenz haben, die syntaktischen Beziehungen im Satz durch Aneinander- und Ineinanderfügen lexikalischer und grammatischer Elemente zu komplexen Wörtern auszudrücken. Syntaktische Funktionen wie Objekt oder Adverbiale werden dem verbalen Prädikat »einverleibt« (Beispiel: Grönländisch, Irokesisch, tendenziell auch im Frz., vgl. die lautliche Verschmelzung in *Je ne l' entends pas* (›Ich höre ihn nicht‹).

Lit.: →Sprachtypologie, →Inkorporation.

Innatismus →Nativismus.

Innere Flexion. Oberbegriff für alle Formen von grammatischen Kennzeichnungen durch Veränderung der Wurzel bzw. des Wortstammes, wie →Ablaut (*geben* vs. *gab*), →Umlaut (*Hut* vs. *Hüte*), Konsonantenwechsel (*gedeihen* vs. *gediegen*) Vokalwechsel (*trinken* vs. *tränken*).

Innere Sprache. Sprachform, die nicht zu verbaler Kommunikation, sondern als Vehikel des Denkens dient. Über Funktion, Form und Entwicklung der I. S. gibt es unterschiedliche Erklärungsansätze; eine ausführliche Diskussion findet sich in WYGOTSKI [1934]. Er charakterisiert I. S. durch »Tendenz zur Verkürzung, zur Abschwächung der syntaktischen Gliederung und zur Verdichtung« (S. 341). Vgl. auch →Egozentrische Sprache.

Lit.: J. PIAGET [1923]: Le langage et la pensée chez l'enfant. Neuchatel. Dt.: Sprechen und Denken des Kindes. Düsseldorf 1972. – L. S. WYGOTSKI [1934]: Denken und Sprechen. Frankfurt 1971. – L. KOHLBERG/J. YEAGER/E. HJERTHOLM [1968]: Private speech: Four studies and a review of theories. In: ChD 39, S. 691–736. →Egozentrische Sprache, →Spracherwerb.

Innere Sprachform. Von J. G. HERDER und H. G. HAMANN vorbereiteter, von W. V. HUMBOLDT explizit begründeter Begriff, auf den verschiedene sprachwissenschaftliche Richtungen der neueren Zeit zurückgreifen. Bei HUMBOLDT ist I. S. (im Unterschied zu der äußeren, materiell realisierten Sprachform) gleichgesetzt mit der in der jeweiligen Sprache verankerten »Weltansicht«, d.h. die Gesetze der Sprache bilden die Gesetze des Denkens ab. Von dieser Anschauung leiten sich unterschiedliche Varianten ab: (a) die →Sapir-Whorf-Hypothese (auch: Linguistisches Relativitätsprinzip), derzufolge die Weltanschauung der Individuen durch das jeweilige Sprachsystem determiniert ist; (b) L. WEISGERBERS →Inhaltbezogene Grammatik, die eine Erforschung des »Weltbildes« der dt. Sprache anstrebt, indem sie untersucht, was z.B. im begrifflichen Aufbau des Wortschatzes an muttersprachlich gestalteter Erkenntnis niedergelegt ist; (c) N. CHOMSKYS Konzept einer syntaktisch motivierten →Tiefenstruktur, das sich allerdings auf die I. S. einzelner Sätze, nicht aber – wie bei HUMBOLDT – auf die zugrundeliegende Struktur verschiedener Sprachen bezieht.

Lit.: W. V. HUMBOLDT [1835]: Über die Verschiedenheit des menschlichen Sprachbaus und ihren Einfluß auf die geistige Entwicklung des Menschengeschlechts. Abgedruckt in: W. V. HUMBOLDT: Humboldt-Studienausgabe. (Eds. A. FLITNER/ K. GIEL) Bd. 3. Darmstadt 1963. – L. WEISGERBER [1926]: Das Problem der inneren Sprachform und seine Bedeutung für die deutsche Sprache. In: GRM 14, S. 241–256.

– L. WEISGERBER [1949–1954]: Von den Kräften der deutschen Sprache. 4 Bde. Düsseldorf. – B. L. WHORF [1956]: Language, thought and reality. In: J. B. CARROLL (ed.): Selected writings of B. L. Whorf. Cambridge, Mass. Dt.: Sprache, Denken, Wirklichkeit. Reinbek 1963. – N. CHOMSKY [1965]: Aspects of the theory of syntax. Cambridge, Mass. Dt.: Aspekte der Syntaxtheorie. Frankfurt 1969.
Bibliographie: M.-E. CONTE [1973]: Wilhelm von Humboldt nella linguistica contemporanea. Bibliografia ragionata 1960–1972. In: LeSt 8, S. 127–165. →Inhaltbezogene Grammatik, →Sapir-Whorf-Hypothese.

Inneres Objekt →Kognates Objekt.

Insel [engl. *island*]. In der →Transformationsgrammatik Bezeichnung für syntaktische Konstruktionstypen, in denen der Anwendungsbereich von Transformations- und Interpretationsregeln auf bestimmte Kategorien so eingeschränkt ist, daß diese Regeln nur innerhalb dieser Kategorien, der sogen. I., angewendet werden dürfen. Solche I. sind u.a. (a) adnominale Sätze, (b) Subjektsätze und (c) koordinierte Strukturen. Der von J. R. ROSS [1967] eingeführte Begriff soll suggerieren, daß das »Verlassen« einer solchen Insel durch eine →Bewegungstransformation unmöglich ist. Ungrammatisch sind die obigen Aufzählung entsprechende: (a) * *Wen hat Philip die Tatsache [daß er – kennt] geleugnet,* (b) * *Wer hat ihn gereut, [daß – ihn kennt]* und (c) * *Wer schlafen [Jakob und –].*

Lit.: J. R. ROSS [1967]: Constraints on variables in syntax. (MIT-Diss) Cambridge, Mass. Erschienen als: J. R. ROSS [1986]: Infinite Syntax. Norwood, N.J. – A. GROSU [1981]: Approaches to island phenomena. Amsterdam. →Beschränkungen, →Subjazenz, →Transformationsgrammatik.

Insertion [engl., ›Einsetzung‹].
→Transformation.

Inspiratorischer Laut [lat. *īnspīrāre* ›einatmen‹]. Beim Einatmen gebildeter Laut, der nur paralinguistisch vorkommt, vgl. →Paralinguistik, →Ingressiv(er Laut).

Instruktionssemantik. Terminus von S. J. SCHMIDT [1973: 55–76], der sich auf die Arbeitshypothese bezieht, daß die Bedeutungen von →Lexemen beschrieben werden können als »Regeln« oder »Anweisungen« an den Kommunikationspartner zur Erzeugung eines bestimmten, aufgrund von Lernprozessen erwartbaren sprachlichen oder nicht-sprachlichen Verhaltens. In diesem Sinne gelten Lexeme als Instruktionen, bestimmte Handlungen auszuführen. Diese Sichtweise ist auch in der psychologischen Semantik verbreitet.
Lit.: S. J. SCHMIDT [1973]: Texttheorie. München. – G. A. MILLER/P. N. JOHNSON-LAIRD [1976]: Language and perception. Cambridge, Mass. – P. SUPPES [1980]: Procedural semantics. In: R. HALLER/W. GRASS (eds.): Sprache, Logik und Philosophie. Akten des 4. Internationalen Wittgenstein Symposiums. Wien, S. 27–35. – A.J. SANFORD/S. C. GARROD [1982]: Towards a psychological model of written discourse comprehension. In: J.-F. LENY/W. KINTSCH (eds.): Language and comprehension. Amsterdam, S. 147–155.

Instrumental(is).
(1) Morphologischer Kasus einiger ideur. Sprachen zur Bezeichnung des Mittels zur Durchführung der durch das Verb bezeichneten Handlung. Wo dieser Kasus fehlt (z.B. im Dt., Engl., Frz. u.a.), wird seine Bedeutung durch präpositionale Fügungen (gelegentlich auch durch den Dativ) ausgedrückt.
Lit.: →Kasus.
(2) →Kasusgrammatik.

Instrumentalphonetik →Experimentalphonetik.

Instrumentalsatz. Semantisch spezifizierter →Nebensatz in der syntaktischen Funktion eines modalen →Adverbials. I. erläutern das Mittel, mit dem der im Hauptsatz bezeichnete Sachverhalt erreicht wird, sie werden durch Konjunktionen (*indem, dadurch daß*) eingeleitet und durch *womit, wodurch* erfragt: *Indem man die Farbe sorgfältig ablöste, konnte das Gemälde gerettet werden.* →Modalsatz.

Instrumentalsphäre →Oberflächenstruktur.

Instrumentativ. Semantisch begründete Klasse von abgeleiteten Verben, die (zumindest in wörtlicher Lesart) das Instrument zu der im Verb ausgedrückten Handlung mitbezeichnen, vgl. *hämmern, sägen, pflügen, pinseln.* Dies kann durch →Lexikalische Zerlegung für die Ermittlung der Satzbedeutung fruchtbar gemacht werden.

Integrative Sprachwissenschaft. Von H.-H. LIEB u.a. entwickelte Sprachtheorie, der folgende Prämissen zugrundeliegen: (a) Integrativer Aspekt: Grammatiken von Einzelsprachen bzw. die Begriffe ihrer Beschreibung (wie syntaktische Einheit, syntaktische Struktur, Konstituentenstruktur, morphologische Markierungskategorien usw.) sind als integrative Elemente einer allgemeinen Sprachtheorie zu definieren. (b)

Gegenstand der I. S. sind homogene Idiolekte als individuelle Verständigungsmittel; Mengen von Idiolekten ergeben Sprachvarianten wie Dialekt, Soziolekt oder Einzelsprachen wie Dt., Engl. (c) Die syntaktisch-semantische Interpretation setzt an oberflächennahen Strukturen an (im Unterschied zur generativen →Transformationsgrammatik), sie wird daher auch als →Oberflächensyntax bezeichnet. (d) Die syntaktische Beschreibung basiert wesentlich auf den traditionellen syntaktischen Relationen der Oberflächenstruktur wie →Subjekt, →Objekt u.a. sowie auf den drei wichtigsten syntaktischen Mitteln der Reihenfolgebeziehungen, der morphologischen Markierung und Satzintonation. Zur Anwendung auf das Dt. vgl. EISENBERG u.a. [1975], EISENBERG [1976]. (e) Die I. S. ist als axiomatisches System zu formulieren. – Ein Überblick über die I. S. findet sich in LIEB [1977], von dem Verhältnis zwischen Syntax und Semantik handelt EISENBERG [1977], [1978].

Lit.: H.-H. LIEB [1970]: Sprachstadium und Sprachsystem: Umrisse einer Sprachtheorie. Stuttgart 1970. - H.-H. LIEB [1974/76]: Grammars as theories: The case for axiomatic grammar. In: TL 1, S. 39–115, TL 3, S. 1–98. - P. EISENBERG u.a. [1975]: Syntaktische Konstituentenstrukturen des Deutschen. In: H.-H. LIEB (ed.): Oberflächensyntax – Syntaktische Konstituentenstrukturen des Deutschen. Berlin (= LAB 4). - H.-H. LIEB (ed.) [1975]: Oberflächensyntax – Syntaktische Konstituentenstrukturen des Deutschen. Berlin. - P. EISENBERG [1976]: Oberflächenstruktur und logische Struktur. Untersuchungen zur Syntax und Semantik des deutschen Prädikatadjektivs. Tübingen. - H. H. LIEB [1977]: Outline of integrational linguistics. Berlin. - P. EISENBERG [1977]. Zum Begriff der syntaktischen Mehrdeutigkeit. In: LBer 48, S. 28–46. - H.-H. LIEB (ed.) [1980]: Oberflächensyntax und Semantik. Tübingen.

Intensifikator →Steigerungspartikel.

Intension [lat. *intentiō* ›Anspannung‹. - Auch: Begriffsinhalt]. Die I. eines Begriffs (oder einer →Menge) wird definiert durch die Angabe der Eigenschaften bzw. Merkmale, die ihn charakterisieren; sie entspricht seinem →Inhalt im Unterschied zur →Extension, die durch Aufzählung der unter den Begriff fallenden Elemente definiert wird. Zwei Prädikate sind intensional identisch, wenn sie inhaltlich das Gleiche bedeuten, d.h. wenn ihnen aufgrund einer →Komponentenanalyse die gleichen semantischen Merkmale zukommen; z.B. *Geige/Violine*; zwei Prädikate sind extensional (→Extension) identisch, wenn sie sich auf die gleiche Klasse von aufzählbaren Elementen beziehen wie z.B. *Abendstern/Morgenstern*, beide Ausdrücke bezeichnen die Venus, ihre intensionale Bedeutung aber ist verschieden (→Konnotation). - Die Dichotomie von intensionaler vs. extensionaler Bedeutungsanalyse geht auf G. FREGES Unterscheidung zwischen »Sinn vs. Bedeutung« zurück. Auf ihr basiert die Unterscheidung zwischen extensionalen Auffassungen der →Referenzsemantik und intensionalen Bedeutungstheorien (vgl. →Logische Semantik), wie sie z.B. der →Kategorialgrammatik bzw. →Montague-Grammatik zugrundeliegen, wobei allerdings über die Interpretation von I. bzw. »Sinn« keine Einigkeit besteht.

Lit.: G. FREGE [1892]: Über Sinn und Bedeutung. In: ZPhK, NF 100, S. 25–50. Wiederabgedruckt in: G. FREGE [1967]: Kleine

Schriften (Hrsg. v. I. ANGELELLI). Darmstadt, S. 143–162. – R. CARNAP [1947]: Meaning and necessity. Chicago. Dt.: Bedeutung und Notwendigkeit. Wien 1972. – R. CARNAP [1947]: Meaning and synonymy in natural languages. In: PhS 6 (1955) S. 33–47. – D. LEWIS [1970]: General semantics. In: Synthese 22, S. 18–67. Dt. in: S. KANNGIESSER/G. LINGRÜN (eds.) [1974]: Studien zur Semantik. Kronberg, S. 136–197. – H. J. HERINGER [1972]: Formale Logik und Grammatik. Tübingen. – M. J. CRESSWELL [1973]:Logics and languages. London. – H. SCHNELLE [1973]: Sprachphilosophie und Linguistik. Prinzipien der Sprachanalyse a priori und a posteriori. Reinbek, S. 193–230. – D. WUNDERLICH [1974]: Grundlagen der Linguistik. Reinbek, Kap. 9. – H. KUBCAK [1975]: Das Verhältnis von Intension und Extension als sprachwissenschaftliches Problem. Heidelberg. →Formale Logik, →Intensionale Logik, →Kategorialgrammatik, →Montague-Grammatik.

Intensional. In der →Formalen Logik Eigenschaft von Aussageverknüpfungen bzw. -kontexten, deren Wahrheitswert nicht nur von den Wahrheitswerten der elementaren Aussagen, sondern auch von deren nicht logischem semantischen Inhalt abhängt. Im Unterschied zu den von der Aussagenlogik untersuchten extensionalen Aussageverknüpfungen wie →Konjunktion (3) ist eine I. Aussagenverknüpfung wie *p weil q* nur dann wahr, wenn beide Teilsätze wahr sind; allerdings ist sie aber nicht immer dann wahr, wenn beide Teilsätze wahr sind, vgl. *Draußen ist es dunkel, weil Neumond ist,* (wahr) vs. *Draußen ist es dunkel, weil 7 eine heilige Zahl ist* (nicht wahr).

Lit.: →Formale Logik.

Intensionale Kontexte. Kontexte, in denen die freie Substituierbarkeit durch Ausdrücke gleicher →Extension nicht uneingeschränkt gültig ist. Z.B. können die beiden Sätze (a)

Nollau sucht den Spion im Kanzleramt vs. (b) *Nollau sucht Guillaume* unterschiedliche Wahrheitswerte haben, wenn Nollau nicht weiß, daß Guillaume in der Tat der gesuchte Spion ist. Dies trifft zu, obwohl die Extension (→Referenz, →Bezeichnung) von *der Spion im Kanzleramt* und *Guillaume* im Kontext des Beispiels identisch ist und damit die Ausdrücke in extensionalen Kontexten *salva veritate* (d.h. ohne Einfluß auf den Wahrheitswert des jeweiligen ganzen Satzes) substituierbar sind. I. K. werden in natürlichen Sprachen durch modale Ausdrücke wie *es ist notwendig,* durch Prädikate, die sich auf propositionale Einstellungen beziehen, wie *glauben, wissen* sowie durch einige transitive Verben wie z.B. *suchen* und Tempusmarkierungen erzeugt; vgl. →Intensionale Verben.

Lit.: M. GRABSKI [1974]: Syntax und Semantik der Modalverben in Aussagesätzen des Deutschen. (Diss.) Universität Stuttgart. – A. KRATZER [1978]: Semantik der Rede. Kronberg. – A. v. STECHOW [1979]: Modalverben in einer Montague-Grammatik. Konstanz. →Intensionale Logik.

Intensionale Logik [Auch: Intensionale Semantik]. Oberbegriff für philosophische Logiksysteme, die zusätzlich zu den in der →Formalen Logik untersuchten logischen Ausdrükken wie →Logischen Partikeln (*und, oder* u.a.) und →Operatoren weitere (auch für die natürlichsprachliche Semantikanalyse wichtige) Ausdrücke wie *es ist notwendig, daß; x glaubt, daß* in die Analyse einbeziehen. Im Unterschied zu den mathematischen Logiken (wie Aussagen- und Prädikatenlogik), die einen rein extensionalen Bedeutungsbegriff zugrunde legen, zielen I. L. darauf ab, intensionale Bedeutungsinterpretationen zu ermöglichen, d.h. die →Intension eines Ausdrucks als Funktion zu verstehen, die seine →Extension in Abhängigkeit von den verschiedenen →Möglichen Welten festlegt. Zu den einzelnen I. L.-Systemen vgl. →Deontische L., →Epistemische L., →Extension, →Modallogik, →Temporale L.

Lit.: R. CARNAP [1947]: Meaning and necessity. Chicago. Dt.: Bedeutung und Notwendigkeit. Wien 1972. – W. v. O. QUINE [1953]: Quantifiers and propositional attitudes. In: JPh 53, S. 177–187. – R. H. THOMASON (ed.) [1974]: Formal philosophy. Selected papers of R. Montague. New Haven. – W. STEGMÜLLER [1969]: Hauptströmungen der Gegenwartsphilosophie. 4 Bde.: Bd.1 7. Aufl. 1989, Bd.2 8. Aufl. 1989. Stuttgart. – F. V. KUTSCHERA [1976]: Einführung in die intensionale Semantik. Berlin. – G. LINK [1976]: Intensionale Semantik. München. – G. LINK [1979]: Montague-Grammatik. Die logischen Grundlagen. München. – C. A. ANDERSON [1984]: General intensional logic. In: D. GABBAY/F. GUENTHNER (eds.) Handbook of philosophical logic. Bd. II. Dordrecht, S. 355–385. – J. v. BENTHEM [1988]: Manual of intensional logic. Chicago. →Modallogik, →Montague-Grammatik.

Intensionale Semantik →Intensionale Logik.

Intensionale Verben. Semantisch definierte Teilmenge von Verben wie z.B. *behaupten*, *glauben*, *suchen* mit folgenden Eigenschaften: (a) in ihrem Kontext auftretende Nominalphrasen sind mehrdeutig, sie weisen sowohl eine attributive als auch eine referentielle Lesart auf (→Attributive vs. Referentielle Lesart); z.B. in *Philip sucht eine Katze mit weißen Pfoten* kann sich *Katze* sowohl auf irgendeine Katze mit weißen Pfoten beziehen als auch auf ein bestimmtes Tier; (b) Nominal-

phrasen gleicher →Extension (die sich auf denselben Referenten beziehen) können in →Komplementsätzen solcher Verben nicht in allen Kontexten ohne Änderung des Wahrheitswertes des übergeordneten Satzes ausgetauscht werden; vgl. *Philip will wissen, ob Goethe der Verfasser des »Faust« ist* vs. *Philip will wissen, ob Goethe Goethe ist.*

Lit.: →Intensionale Logik.

Intensionale vs. extensionale Lesart →Attributive vs. referentielle Lesart.

Intensitätsakzent →Akzent.

Intensiv. →Aktionsart des Verbs zur Bezeichnung von Vorgängen, die durch einen besonderen Grad von Intensität gekennzeichnet sind. Im Dt. sind sie meist durch expressive Konsonantenschärfung von anderen Verben abgeleitet: *schnitzen* vs. *schneiden*, *horchen* vs. *hören*, aber auch *brüllen, saufen*.

Lit.: →Aktionsart.

Intensivbildung. Durch bestimmte Ableitungsmittel gebildete Ausdrücke, die die Intensivierung des im Grundverb ausgedrückten Vorgangs bezeichnen, vgl. *raufen* vs. *rupfen* (durch →Gemination) oder *wanken* vs. *schwanken*. Solche →Affixe verleihen oft den verbalen aber auch substantivischen Ableitungen die zusätzliche Bedeutungskomponente der Wiederholung (→Iterativ) bzw. des Überdrusses, vgl. *spotten* vs. *spötteln, fragen* vs. *Fragerei, Gefrage*. Vgl. auch →Augmentativbildung.

Lit.: →Wortbildung.

Intentionalität [lat. *intentiō* ›Aufmerksamkeit‹, ›Absicht‹]. Bei BRENTANO und HUSSERL Gerichtetheit des Bewußtseins, bei H. P. GRICE und J. SEARLE dann grundlegende Kategorie für jede Theorie der sprachlichen Bedeutung, wonach sprachliche Handlungen wesentlich intentionale, also von einer bestimmten, nämlich der kommunikativen Handlungsabsicht geleitete Akte sind.

Lit.: H. P. GRICE [1979]: Intendieren, Meinen, Bedeuten. In: G. MEGGLE (ed.): Handlung, Kommunikation, Bedeutung. Frankfurt, S. 2–15. – J. SEARLE [1985]: Intentionality. Cambridge. Dt.: Intentionalität. Frankfurt 1987.

Interaktionspostulate →Konversationsmaxime.

Interdental. Sprachlaut, der nach dem Artikulationsorgan ein →Laminal(laut), nach der Artikulationsstelle ein Dental ist, z.B. [θ], [ð] in isländ. [θaˑð] ›dies‹. →Artikulatorische Phonetik.

Lit.: →Phonetik.

Interdependenz [lat. *inter* ›zwischen‹, *dēpendens* ›abhängig‹]. In der →Glossematik Beziehung der wechselseitigen Voraussetzung zweier Elemente *A* und *B*, wobei die Anwesenheit von *A* die Anwesenheit von *B* voraussetzt und umgekehrt. Syntagmatische I., (wie sie zwischen *es* und *t* in *es schnei-t* besteht), heißt →Solidarität; paradigmatische I. (wie sie universell zwischen dem Vorhandensein von Vokalen und Konsonanten besteht) heißt →Komplementarität. Vgl. L. HJELMSLEV [1943: Kap. 9].

Lit.: →Glossematik.

Interferenz [lat. *interferre* ›dazwischentragen‹]. Beeinflussung eines Sprachsystems durch ein anderes (a) im Individuum (→Transfer) oder (b) in der Sprachgemeinschaft (Transferenz, →Entlehnung, →Sprachkontakt). I. im Sinne von (a) ist eine Fehlerquelle (→Fehleranalyse, →Kontrastive Linguistik), im Sinne von (b) eine Ursache von →Sprachwandel. Der Ausdruck »I.« scheint bei manchen Autoren den Begriff der →»Analogie« (im Sinne von »innersprachlicher I.«) mitzuumfassen. Zur Klärung der äußerst verworrenen terminologischen Lage vgl. E. RATTUNDE [1977].

Lit.: E. RATTUNDE [1977]: Transfer – Interferenz? Probleme der Begriffsdefinition bei der Fehleranalyse. In: DNS 76, S. 4–14.

Interimsprache [Auch: Interimssprache]. →Lernersprache.

Interjektion [lat. *interiectiō* ›Dazwischenwerfen‹. – Auch: Empfindungswort]. Gruppe von Wörtern, die zum Ausdruck von Empfindungen, Flüchen und Verwünschungen sowie zur Kontaktaufnahme dienen (*Au! Verflixt! Hallo!*). Ihr Status als Wortart ist umstritten, da I. sich morphologisch, syntaktisch und semantisch auffällig verhalten: sie sind formal unveränderlich, stehen syntaktisch außerhalb des Satzzusammenhanges und haben (im strengen Sinne) keine lexikalische Bedeutung. Häufig haben I. lautmalenden Charakter, wie z.B. *Brr! Hoppla! Peng! Papperlapapp!*

Lit.: A. ANGERMEYER [1979]: Die Interjektion. In: LD 10, S. 39–50. – K. EHLICH [1981]: Interjektionen. Tübingen.

Interlinearversion [mittellat. *in-terlineāris* ›zwischen den Zeilen‹]. Wort-für-Wort-Übersetzung eines fremdsprachlichen Textes in eine andere Sprache, wobei die Übersetzungen zwischen die Zeilen des Urtextes geschrieben werden, vgl. z.B. die ahd. I. der lat. Benediktinerregeln.

Lit.: W. BRAUNE/K. HELM [1958]: Ahd. Lesebuch. 16. Aufl. Tübingen 1979, S. 16–19.

Interlingua [lat. *lingua* ›Zunge‹, ›Sprache‹]. Von dem ital. Mathematiker G. PEANO (1903) auf der Basis eines vereinfachten Lateins konstruierte →Welthilfssprache: *Latino sine flexione.* I. wurde verschiedentlich bearbeitet, vor allem durch die IALA (= *International Auxiliary Language Association*). Ihre Konstruktion stützt sich auf den gemeinsamen Wortschatz wichtiger westeuropäischer Sprachen (vgl. MORRIS/MORRIS [1961]), ihre analytische Grammatik ist am Roman. orientiert, es wird kein Merkmal verwendet, das in einer der Basissprachen fehlt, vgl. GODE/BLAIR [1951].

Lit.: A. GODE/H. E. BLAIR [1951]: Interlingua. A grammar of the international language. New York. – G. PEANO [1957/59]: Opere Scelte. 3 Bde. Rom. – D. H. MORRIS/A. MORRIS [1961]: Interlingua - English dictionary. London. →Welthilfssprache.

Interlinguistik.
(1) Theorie und Praxis der Konstruktion und Bewertung von →Welthilfssprachen (= Plansprachen).

Lit.: R. HAUPENTHAL (ed.) [1976]: Plansprachen. Beiträge zur Interlinguistik. Darmstadt.

(2) Von M. WANDRUSZKA vertretene Variante der →Kontrastiven Linguistik.

Lit.: M. WANDRUSKA [1971]: Interlinguistik: Umrisse einer neuen Sprachwissenschaft. München.

Intermittierend [lat. *intermittere* ›unterbrechen‹]. →Vibrant.

Interpolation [lat. *interpolātiō* ›Veränderung‹]. Nachträgliche, von fremder Hand vorgenommene Veränderung eines Textes. Nachweis und Beurteilung einer I. sind Gegenstand der →Textkritik.

Lit.: →Textkritik.

Interpretation →Modelltheoretische Semantik.

Interpretative Semantik. Von N. CHOMSKY, J. J. KATZ u.a. im Rahmen der generativen →Transformationsgrammatik vertretene Position, derzufolge die Syntax als autonome generative Komponente gilt, während die semantische Komponente rein interpretativen Charakter hat, indem sie die abstrakten syntaktisch motivierten →Tiefenstrukturen durch semantische Regeln interpretiert, d.h. ihnen eine oder mehrere Lesarten zuweist. Ziel der I. S. ist die Beschreibung der Kompetenz des idealen Sprechers/Hörers im Sinne der »Interpretationsfähigkeit der Sprechenden, indem sie ihr Verhalten bei Feststellen von Anzahl und Inhalt der Bedeutungen eines Satzes berücksichtigt, semantische Anomalien aufdeckt, die Beziehungen zwischen den Sätzen hinsichtlich einer möglichen Paraphrasierung beurteilt und jede andere semantische Eigenart oder Beziehung, die bei dieser Fähigkeit eine Rolle spielt, kennzeichnet«. (KATZ/FODOR

[1963:213]. Die semantische Repräsentation der I. S. beruhte anfänglich vor allem auf drei – inzwischen weitgehend umstrittenen – Hypothesen: (a) die Bedeutung sprachlicher Ausdrükke läßt sich durch ein begrenztes Inventar semantischer Merkmale von weitgehend universeller Natur vollständig beschreiben, (b) die syntaktisch motivierte Tiefenstruktur liefert alle für die semantische Interpretation notwendige semanto-syntaktische Information und (c) Transformationen zwischen Tiefen- und Oberflächenstrukturen sind bedeutungsneutral. Die semantische Theorie der I. S. besteht aus zwei Komponenten, dem →Lexikon und den →Projektionsregeln. Das Lexikon liefert sowohl syntaktische als auch semantische Information. Die semantische Information setzt sich zusammen aus (a) systematischen semantischen Beziehungen zwischen einzelnen Lexemen und dem übrigen Wortschatz der Sprache (→Semantische Merkmale), (b) aus den idiosynkratischen, nicht systematischen Merkmalen (→Unterscheider) und (c) aus →Selektionsmerkmalen. Diese Lexikoneinträge werden in die syntaktische Tiefenstruktur eingesetzt, bei mehrdeutigen Lexemen (→Polysemie) ergibt sich eine entsprechende Anzahl von unterschiedlichen Lesarten. Diese potentiellen Lesarten werden durch Projektionsregeln auf Grund von Verträglichkeitsbedingungen selegiert und die einzelnen lexikalischen Elemente unter Berücksichtigung ihrer grammatischen Relationen (wie sie der Stammbaum abbildet)

zur Gesamtbedeutung des Satzes zusammengefaßt, d.h. »amalgamiert« (→Amalgamierung). Die Konzeption der I. S. wurde unter verschiedenen Aspekten kritisiert, so der Status der Unterscheider von D. L. BOLINGER, der universelle Anspruch durch Y. BAR-HILLEL, die Gesamtkonzeption durch U. WEINREICH sowie vor allem nachhaltig durch die Vertreter der →Generativen Semantik. Übertragungen auf deutsches Material finden sich bei M. BIERWISCH und K. BAUMGÄRTNER. Zur Weiterentwicklung der I. S. in den Revisionen zum →Aspekte-Modell vgl. →Transformationsgrammatik.

Lit.: J. J. KATZ/J. A. FODOR [1963]: The structure of a semantic theory. In: Lg 39, S. 170–210. Dt. in: H. STEGER (ed.): Vorschläge für eine strukturale Grammatik des Deutschen. Darmstadt 1970, S. 202-268. – D. L. BOLINGER [1965]: The atomization of meaning. In: Lg 41, S. 555–573. – N. CHOMSKY [1965]: Aspects of the theory of syntax. Cambridge, Mass. Dt.: Aspekte der Syntaxtheorie. Frankfurt 1969. – J. J. KATZ [1966]: The philosophy of language. New York, London. Dt.: Philosophie der Sprache. Frankfurt 1969. – U. WEINREICH [1966]: Explorations in semantic theory. In: TH. A. SEBEOK (ed.): Current trends in linguistics. Bd. 3. The Hague, S. 395–477. Dt.: Erkundungen zur Theorie der Semantik. Tübingen 1970. – K. BAUMGÄRTNER [1967]: Die Struktur des Bedeutungsfeldes. In: Satz und Wort im heutigen Deutsch. Probleme und Ergebnisse neuerer Forschung. Düsseldorf, S. 165-197. – M. BIERWISCH [1967]: Some semantic universals of German adjectivals. In: FL 3, S. 1–36. – J. J. KATZ [1967]: Recent issues in semantic theory. In: FL 3, S. 124–194. – CH. J. FILLMORE [1969]: Types of lexical information. In: F. KIEFER (ed.): Studies in syntax and semantics. Dordrecht, S. 109–137. Dt. in: H. STELZER (ed.): Probleme des Lexikons in einer generativen Grammatik. Frankfurt 1972, S. 98–129. – J. J. KATZ [1970]: Interpretative semantics vs. generative semantics. In: FL 6, S. 220–259. – N. CHOMSKY [1972]: Studies on semantics in generative grammar. The Hague. – R. S. JACKENDOFF [1972]: Semantic interpretation in generative grammar. New York. – J. J. KATZ [1972]: Semantic theory. New York. – R.

FIENGO [1974]: Semantic conditions on surface structure. (Diss. MIT) Cambridge, Mass.
Forschungsbericht: M. IMMLER [1974]: Generative Syntax - generative Semantik. München. →Generative Semantik, →Semantik, →Transformationsgrammatik.

Interpreter [engl. *to interpret* ›übersetzen‹]. Computerprogramm, das eine höhere →Programmiersprache (z.B. BASIC, LISP, PROLOG) aus einer (problemorientierten) Notationskonvention in eine äquivalente maschinenorientierte Notationskonvention übersetzt. Im Unterschied zum →Compiler liest der I. den »Quellkode« und führt die entsprechenden Operationen sofort durch, was besonders für interaktives Testen von Programmteilen vorteilhaft ist.
Lit.: →Compiler.

Interpunktion   →Zeichensetzung.

Interrogatio [lat. ›Frage‹]. →Rhetorische Frage.

Interrogativpronomen [lat. *interrogāre* ›fragen‹. - Auch: Frage(für)wort]. Untergruppe der →Pronomen, deren Vertreter zur Einleitung von Ergänzungsfragen dienen, vgl. *wer? was? welcher? was für ein?* Häufig wird unterschieden zwischen diesen deklinierbaren I. und den nicht deklinierbaren Interrogativadverbien *wann? wo? wie lange? wieviel?*, die nach bestimmten (Adverbialen) Umständen wie Zeit, Ort, Grund fragen.
Lit.: K. KÖLKER [1981]: Zur semantischen und pragmatischen Analyse von Interrogativen. Hamburg.

Interrogativsatz →Fragesatz.

Interversion →Metathese.

Interview [engl. *interview*, nach frz. *entrevue* ›verabredete Zusammenkunft‹]. Methode der dialogischen Informationsermittlung, z.B. im Journalismus oder in der →Dialektologie. Als →Textsorte der →Massenkommunikation unterscheidet sich das I. von anderen Typen des →Gesprächs durch besondere pragmatische Merkmale, z.B. Mehrfachadressierung (Interviewpartner und Publikum), Grad der Öffentlichkeit, asymmetrische Dialogsteuerung durch den Interviewer u.a.
Lit.: F.-J. BERENS [1975]: Analyse des Sprachverhaltens im Redekonstellationstyp Interview. München. - H. G. HANG [1976]: Die Fragesignale der gesprochenen deutschen Standardsprache. Dargestellt an Interviews zweier Rundfunkmagazinsendungen. Göppingen. - H. P. ECKER u.a. [1977]: Textform Interview. Darstellung und Analyse eines Kommunikationsmodells. Düsseldorf. - J. SCHWITALLA [1979]: Dialogsteuerung in Interviews. München. - R.-R. HOFFMANN [1982]: Politische Fernsehinterviews. Eine empirische Analyse sprachlichen Handelns. Tübingen. - H. BURGER [1984]: Sprache der Massenmedien. Berlin. →Massenkommunikation, →Pressesprache.

Intonation [lat. *intonāre* ›stimmen‹].
(1) Im weiteren Sinne: Gesamtheit der prosodischen Eigenschaften von sprachlichen Äußerungen, die nicht an einen Einzellaut gebunden sind (→Prosodie). Da intonatorische Merkmale die segmentierbaren Einzellaute überlagern, nennt man sie auch →Suprasegmentale Merkmale. Bei der Beschreibung von I.-Phänomenen spielen drei Aspekte ineinander: (a) Akzent (auch: Betonung) durch Druckanstieg auf einer Silbe;

(b) Tonhöhenverlauf; (c) Pausengliederung, die jedoch kaum unabhängig von Akzent und Tonhöhenverlauf beschrieben werden kann. I. i. w. S. ist bezogen auf eine Silbe, ein Wort, ein Satzglied (eine Phrase) oder einen Satz.

Lit.: I. im Deutschen: O. v. ESSEN [1956]: Grundzüge der hochdeutschen Satzintonation. Düsseldorf. - M. BIERWISCH (ed.) [1966]: Untersuchungen über Akzent und Intonation im Deutschen. Berlin (= SG 7). - G. HEIKE [1969]: Suprasegmentale Analyse. Marburg. - H. WITTMANN [1970]: The prosodic formatives of modern German. In: Phonetica 22, S. 1–10. - J. PHEBY [1975]: Intonation und Grammatik im Deutschen. Berlin. - T. N. HÖHLE [1982]: Explikation für ›normale Betonung‹ und ›normale Wortstellung‹. In: W. ABRAHAM (ed.): Satzglieder im Deutschen. Tübingen, S. 59–74. - J. C. WELLS [1982]: Accents of English. Cambridge. - A. FOX [1984]: German intonation. Oxford. - H. ALTMANN (ed.) [1988]: Intonationsforschungen. Tübingen. *I. im Englischen:* M. A. K. HALLIDAY [1967]: Intonation and grammar in British English. The Hague. - PH. LIEBERMAN [1967]: Intonation, perception, and language. Cambridge, Mass. - C. CRYSTAL [1975]: The English tone of voice. London. - J. ESSER [1975]: Intonationszeichen im Englischen. Tübingen. - D. GIBBON [1976]: Perspectives of intonation analysis. Bern. - S. F. SCHMERLING [1976]: Aspects of English sentence stress. London. - D. J. HIRST [1977]: Intonative features: a syntactic approach to English intonation. The Hague. - D. L. M. BOLINGER [1978]: Intonation across languages. In: J. H. GREENBERG u.a. (eds.): Universals of human language. Stanford, S. 471–524 - M. LIBERMAN [1979]: The intonational systems of English. New York. - D. L. M. BOLINGER [1985]: Intonation and its parts. Stanford, Ca. - A. CRUTTENDEN [1986]: Intonation. Cambridge. - D. L. M. BOLINGER [1989]: Intonation and its uses: melody in grammar and disourse. Melbourne. *I. im Französischen:* P. WUNDERLI (ed.) [1978]: Französische Intonationsforschung. Kritische Bilanz und Versuch einer Synthese. Tübingen. *Forschungsberichte:* W.-D. BALD [1975]: Englische Intonation in Forschung und Lehre: ein Überblick. In: CH. GUTSKNECHT (ed.): Contributions to applied linguistics I. Bern, S. 139–163. - P. WUNDERLI/K. BENTHIN/A. KARASCH [1978]: Französische Intonationsforschung. Kritische Bilanz und Versuch einer Synthese. Tübingen. - H. W. KLEIN [1980]: Der Stand der Forschung zur deutschen Satzintonation. In: LBer 68, S. 3–33. - R. MEIER [1984]: Bibliographie zur Intonation. Tübingen.

(2) Im engeren Sinne (besonders in der Slawistik): auf morphologisch definierte Segmente (Morphe, Wörter) bezogene Erscheinungen des Tonhöhenverlaufs in →Tonsprachen. Sofern unterschiedliche Tonhöhenverläufe in einer Sprache distinktiv sind, spricht man auch von →Tönen.

Intralingual vs. Extralingual/Extraverbal →Intralinguistisch vs. Extralinguistisch.

Intralinguistisch vs. Extralinguistisch [lat. *intrā* ›innerhalb‹, *extrā* ›außerhalb‹. - Auch: Intralingual vs. Extralingual/Extraverbal]. I. sind sprachwiss. Aspekte, die bei der Beschreibung sprachlicher Regularitäten erfaßt werden, wie z.B. →Distinktive Merkmale des Phonems oder →Semantische Merkmale bei der Bedeutungsanalyse. E. dagegen sind nicht-sprachliche Aspekte der Kommunikation wie Gestik (→Kinesik), nonverbale phonetische Laute (→Paralinguistik) sowie soziokulturelle Fakten.

Inuit →Eskimo-Aleutisch.

Inverse Ableitung →Rückbildung.

Inversion [lat. *inversiō* ›Umkehrung‹].
(1) Vorgang und Ergebnis der Umkehrung der Stellung von syntaktischen Elementen im Satz. Während im Dt. die Wort- bzw. Satzgliedfolge »Subjekt + finites Verb« als Grundordnung im Hauptsatz gilt, entsteht

durch I. die Ordnung »finites Verb + Subjekt«, wie sie u.a. in Satzfragen oder bei →Topikalisierung vorliegt: *Niemand hat den Vorfall bemerkt* vs. *Den Vorfall hat niemand bemerkt.*

(2) Transformationsähnliche Regel im Rahmen der →Relationalen Grammatik, die die syntaktischen Funktionen zweier Ausdrücke miteinander vertauscht. Sie wird z.B. eingesetzt für Konstruktionen vom Typ *Ihm fehlt jegliche Erfahrung.* Da die Dativphrase *ihm* sowohl Objekt-Eigenschaften (z.B. keine Kongruenz mit dem Verb und keine Nominativ-Markierung) als auch Subjekt-Eigenschaften aufweist (z.B. satzinitiale Grundstellung) wird sie als zugrundeliegendes Subjekt und die Nominativ-Ergänzung *jegliche Erfahrung* als zugrundeliegendes indirektes Objekt eingeführt. Die I. vertauscht die syntaktische Funktion der Satzglieder, so daß oberflächensyntaktisch die Dativ-Ergänzung als indirektes Objekt und die Nominativ-Ergänzung als Subjekt fungiert. Im Rahmen der generativen →Transformationsgrammatik wird eine entsprechende Transformation »Flip« oder »Psych-movement« genannt.

Lit.: P. M. POSTAL [1971]: Cross-over phenomena. New York. – A. ROGERS [1972]: Another look at flip perception verbs. In: CLS 8, S. 303–315. – S. N. SRIDHAR [1976]: Dative subjects, rule government and relational grammar. In:SLS 6.1., S. 130–150. – A. HARRIS [1981]: Georgian syntax. Cambridge. – S. ANDERSON [1984]: On representation in morphology: case marking, agreement and inversion in Georgian. In: NLLT 2, S. 117–218. – J. BRESNAN/J. M. KANERVA [1989]: Locative inversion in Chichewa: a case study of factorization in grammar. In: LJ 20, S. 1–50.

IPA. Internationales Phonetisches Alphabet, vgl. unter →Lautschrift. Tabelle des IPA vgl. S. 22/23.

Iranisch. Zweig des →Indo-Iranischen, damit dem →Indo-Europäischen zugehörend, heute ca. 40 Sprachen mit über 60 Mio. Sprechern; wichtigste Einzelsprachen sind →Persisch, →Pashto, →Kurdisch, Belutschisch (v.a. in Pakistan) und Ossetisch im Kaukasus. Die ältesten bekannten Sprachen sind das Avestische, die Sprache der Avesta, einer zarathustrischen Textsammlung (ca. 600 v. Chr.), und Altpersisch, das in Keilschrift-Dokumenten des alten Perserreiches überliefert ist (ca. 500 v.Chr.) Gut dokumentiert ist ferner das Mittel-I. in mehreren Dialekten, z.B. Parthisch und Sogdisch (300 v. Chr. – 900 n. Chr.), das in zwei aus dem →Aramäischen entwickelten Schriften, Pahlavi und Manichäisch, überliefert ist. – Spezifische Kennzeichen: Während die ältesten Sprachformen typische Züge des Indo-Europäischen zeigen, insbesondere eine starke Ähnlichkeit zum →Sanskrit, haben sich die modernen i. Sprachen vielfach davon fortentwickelt. Besonders auffallend ist die Herausbildung eines Ergativ-Systems im Präteritum aufgrund der →Re-Analyse eines Partizip Passivs als aktives Verb. Dieses Ergativsystem ist beispielsweise noch im →Kurdischen und im →Pashto erhalten, im modernen →Persischen jedoch in ein Akkusativsystem überführt worden. Sonst ist die Entwicklung gekennzeichnet durch stetige Vereinfachung der Morphologie (z.B. Abbau des Kasussystems), Herausbildung analytischer Strukturen und Verfestigung der Wortstellung: SOV oder SVO.

Lit.: K. HOFFMANN u.a. [1958]: Iranistik. Handbuch der Orientalistik. Teil 1, Bd. 4–1. Leiden. – I. GERSHEVITCH [1954]: A grammar of Manichean Sogdian. Oxford. – W. BRANDENSTEIN/M. MAYRHOFER [1964]: Handbuch des Altpersischen. Wiesbaden. – H. REICHELT [1967]: Awestisches Elementarbuch. Heidelberg. – I. M. ORANSKIJ [1975]: Die neuiranischen Sprachen der Sowjetunion. The Hague. – R. S. P. BEEKES [1988]: A grammar of Gatha-Avestan. Leiden.

Irisch →Keltisch.

Irokesisch. Sprachfamilie im Osten Nordamerikas mit 8 Sprachen, die mit →Siouanisch und →Caddo zum Makro-Siouanischen gerechnet wird; größte Sprache ist das Cherokee (ca. 20000 Sprecher). Spezifische Kennzeichen: Einfaches Lautsystem, aber komplexe morphophonemische Veränderungen. Starke Tendenz zur →Polysynthese, →Inkorporation und Deskriptivität. Es läßt sich keine Unterscheidung zwischen Nomina und Verben treffen; die einzige haltbare Unterscheidung von Wortklassen ist die zwischen Vollwörtern und Partikeln, z.B. ist das Wort für *Bär* im Oneida, *o-hkwalí,* zu analysieren als Referenzmarkierung *o-* und Prädikat *-hkwalí,* wörtlich ›es bärt ihn‹, wobei das Prädikat *hkwalí* (wie in polysynthetischen Sprachen üblich) nicht alleinstehend vorkommt. Komplexe Verbmorphologie, u.a. durch verschiedene Diathesen, Aspekte, Reflexivformen, lokale Distinktionen. Unterscheidung zwischen aktiven und inaktiven Verben (→Aktiv-

sprache). Unterscheidung von 4 Genera (Maskulin, Feminin, Tierisch, Neutrum) mit Unterschieden in den verschiedenen Sprachen.

Lit.: F. G. LOUNSBURY [1953]: Oneida verb morphology. New Haven. – W. CHAFE [1970]: A semantically based sketch of MITHUN WILLIAMS [1976]: A grammar of Onondaga. Indiana University. – M. MITHUN [1979]: Iroquoian. In: L. CAMPBELL/ M. MITHUN (eds.): The languages of native America. Austin. – H.-J. SASSE [1988]: Der irokesische Sprachtyp. In: ZS 7, S. 173–213.

Ironie [griech. *eirōneía* ›Verstellung im Reden‹]. Rhetorischer →Tropus: Ersatz des Gemeinten durch einen entgegengesetzten Ausdruck. Kennzeichnend für ironisches Sprechen sind doppeldeutige oder konträr strukturierte Ausdrücke, die implizit auf Gegenteiliges hinweisen, z.B. durch →Polysemie oder →Homonymie, durch →Antonymie (*Du bist entzückend,* d.h. ›gemein‹), durch Kontrastbildung (*Körperlich ist er ein Riese*) oder durch mehrdeutige →Illokution (*Mach weiter so!*). Um I. erkennbar und damit wirkungsvoll zu machen, muß der Kontrast zwischen Gesagtem und Gemeintem möglichst groß sein. Neben einem offensichtlichen Widerspruch zu pragmatischen Faktoren (*Schönes Wetter heute,* bei Platzregen gesagt) leisten dies verschiedene sprachliche »Ironiesignale«, z.B. →Modalpartikel, →Hyperbel (*Du bist ja superpünktlich!*), exklamativer →Satzmodus (*War das aufregend!*), Intonation, u.a.

Lit.: H. P. GRICE [1968]: Logic and conversation. In: P. COLE/J. L. MORGAN (eds.): Syntax and semantics. Bd. 3: Speech acts. New York 1975, S. 41–58. – M. CLYNE [1974]: Einige Überlegungen zu einer Linguistik der Ironie. In: ZDPh 93, S. 343–355. – H. LÖFFLER [1975]: Die sprachliche Ironie – ein Problem der pragmatischen Textanalyse. In: DSp 2, S. 120–130. – U. GIESSMANN [1977]: Ironie in sprachwissenschaftlicher Sicht. In: Sprachw 2, S. 411–421. – U. OOMEN [1983]: Ironische Äußerungen. Syntax - Semantik - Pragmatik. In: ZG 11, S. 22–38. – N. GROEBEN u.a. [1984/85]: Produktion und Rezeption von Ironie. 2 Bde. Tübingen. – N. GROEBEN [1986]: Ironie als spielerischer Kommunikationstyp? In: W. KALLMEYER (ed.): Kommunikationstypologie. Düsseldorf, S. 172–192. – I. ROSENGREN [1986]: Ironie als sprachliche Handlung. In: Sprachnormen in der Diskussion, Beiträge vorgelegt von Sprachfreunden. Berlin, S. 41–71. →Rhetorische Figur.

Isländisch. Nordgerm. (westnordische) Sprache, seit 1935 amtliche Schriftsprache von Island (ca. 250000 Sprecher). Grammatische Kennzeichen: im Unterschied zum →Norwegischen starke Bewahrung (historischer) morphologischer Zustände; puristische Tendenzen (Erweiterung des Wortschatzes vornehmlich durch i. Neubildungen).

Lit.: S. EINARSSON [1945]: Icelandic. 7. Aufl. Baltimore 1976. – M. PÉTTURSSON [1978]: Isländisch. Hamburg. – S. VALFELLS/J. E. CATHEY [1981]: Old Icelandic: An introductory course. Oxford. →Skandinavische Sprachen.

Isoglossen [griech. *ísos* ›gleich‹, *glossa* ›Sprache‹]. In der →Dialektologie Grenzlinien auf Sprachkarten, die die geographische Ausbreitung eines bestimmten Wortgebrauchs anzeigen. Vgl. zum Unterschied →Isophone, die sich auf den Lautbestand beziehen.

Lit.: →Sprachatlas.

Isokolon [griech. ›gleiches Segment‹]. →Parallelismus.

Isolierender Sprachbau [Auch: Amorpher/Analytischer S., Wurzelsprache]. Von A. W. SCHLEGEL [1818] und W. VON HUMBOLDT [1836] unter morphologischem Aspekt aufgestellter Klassifikationstyp für Sprachen, die die syntaktischen Beziehungen im Satz nicht durch morphologische Mittel, sondern außerhalb des Wortes durch grammatische Hilfswörter oder →Wortstellung ausdrücken (Beispiel: klassisches Chinesisch, Vietnamesisch).

Lit.: →Sprachtypologie.

Isolierte Sprachen. Einzelsprachen, die aufgrund bisheriger Erkenntnisse keiner Sprachfamilie zugeordnet werden können. Es hängt von den Kriterien für die Rechtfertigung der Sprachverwandtschaft ab, welche Sprachen als »isoliert« einzustufen sind. Als I. S. gelten u.a.: →Baskisch (iberische Halbinsel), Burushaski (Karakorum-Gebirge), Nahali (Indien), Ket (Zentralsibirien), Gilyak (Ostsibirien), →Sumerisch (Mesopotamien). Der Begriff der I. S. wird manchmal auch auf Sprachen angewendet, die keine näheren Verwandten innerhalb einer genetischen Einheit haben, wie z.B. Albanisch im Indo-Europäischen.

Isomorphie [griech. *morphé* ›Gestalt‹. - Auch: Isomorphismus].
(1) Aus der →Mengentheorie stammender, grundlegender Begriff einer allgemeinen Strukturtheorie, der Strukturgleichheit (→Äquivalenz) im Hinblick auf bestimmte Relationen zwischen den Elementen zweier (oder mehrerer) Mengen bezeichnet. I. läßt sich über eine strukturerhaltende bijektive →Abbildung erfassen. Z.B. ist die Menge der natürlichen Zahlen $\{1,2,3,4...\}$ der Menge der na-

türlichen geraden Zahlen {2,4,6...} hinsichtlich der Relation ›größer als‹ (Notation: >) isomorph, denn die Abbildung $f(n) = 2xn$ ist eine bijektive Abbildung zwischen den fraglichen Mengen und $n > m$ ist äquivalent mit $f(n) > f(m)$.

Lit.: →Formale Logik, →Mengentheorie.

(2) Von J. KURYŁOWICZ [1949] in die Sprachwissenschaft übertragener Begriff, wobei sich I. hier auf Strukturparallelismus zwischen verschiedenen Beschreibungsebenen (Phonologie, Morphologie usw.) bezieht. Die Annahme von I. soll die Verwendung gleicher Untersuchungsmethoden bzw. Beschreibungsverfahren rechtfertigen, eine Hypothese, die bei der Übertragung phonologischer Konzepte (Merkmalbeschreibung) in die Semantik (→Komponentenanalyse) sich nur bedingt bestätigt hat.

Lit.: J. KURYŁOWICZ [1949]: La notion de l'isomorphisme. In: TCLC 5, S. 48–60.

Isomorphismus →Isomorphie.

Isophone [griech. *phōnḗ* ›Laut‹]. In der →Dialektologie Grenzlinien auf Sprachkarten, die die geographische Ausbreitung bestimmter Lautauscheinungen anzeigen. Vgl. zum Unterschied →Isoglossen, die sich auf Grenzen des Wortgebrauchs beziehen.

Lit.: →Sprachatlas.

Isotopie [griech. *ísos tópos* ›derselbe Ort‹]. Von A. J. GREIMAS aus der Chemie übernommener Begriff der →Textlinguistik: Wiederkehr von Wörtern desselben Bedeutungs- bzw. Erfahrungsbereichs in einem Text,

z.B. *Arzt, Fieber, Spritze, Honorar*. Die I. beruht auf der Wiederholung eines →Semantischen Merkmals, ist also ein Sonderfall der Wortwiederholung, der →Rekurrenz, und damit ein textbildendes Mittel der →Kohäsion bzw. →Kohärenz. In der Anzahl der I.-Ebenen spiegelt sich die thematische Komplexität eines Textes. Im weiteren Sinne umfaßt I. auch die Wiederholung syntaktischer und phonologischer Elemente (RASTIER). Vgl. auch →Lexikalische Solidaritäten.

Lit.: A. J. GREIMAS [1966]: Sémantique structurale. Paris. Dt.: Braunschweig 1971. – E. COSERIU [1967]: Lexikalische Solidaritäten. In: Poetica I, S. 293–303. – I. BELLERT [1970]: On the semantic interpretation of subject-predicate relations in the sentences of particular reference. In: M. BIERWISCH/K. E. HEIDOLPH (eds.): Progress in linguistics. The Hague, S. 9–26. – T. A. VAN DIJK [1971]: Neuere Entwicklungen in der literarischen Semantik. In: S. J. SCHMIDT (ed.): Text, Bedeutung, Ästhetik. München, S. 106–135. – F. RASTIER [1972]: Systématique des isotopies. In: A. J. GREIMAS (ed.): Essais de sémiotique poétique. Paris. Dt. in: W. KALLMEYER u.a. (eds.): Lektürekolleg zur Textlinguistik. 2 Bde. Frankfurt. →Textlinguistik.

Italienisch. Zum romanischen Sprachzweig des →Indo-Europäischen zählende Sprache; Muttersprache von rund 55 Mio. Sprechern in Italien, der Schweiz, Korsika, Istrien, Monaco u.a. Die ebenso zahlreichen wie ausgeprägten Mundarten lassen sich in drei Gruppen zusammenfassen: (a) die norditalienischen Dialekte in Piemont, Lombardei, Emilia, Romagna, Ligurien (= Galloitalienisch) und Venetien, (b) die süditalienischen Dialekte (südlich Pescara/Rom) sowie (c) die zentralitalienischen Dialekte (einschließlich Korsika), zu denen u.a. das Toskanische gehört, dessen Form aufgrund reicher literarischer Tradition (DANTE, BOCCACCIO, PETRARCA) seit dem 16. Jh. die Basis für die standarditalienische Schriftsprache darstellt. Die Diskussion um die regionale Ausprägung der Standardsprache (*»la questione della lingua«*) ist allerdings bis heute nicht abgeschlossen. Insgesamt ist das I. durch relativ geringe Abweichungen vom Vulgär-→Latein gekennzeichnet, was sich am deutlichsten in dem (durch Endsilbenverfall nur wenig beeinträchtigten) gut erhaltenen Flexionssystem zeigt. Das Verstummen der Auslautkonsonanten (lat. *dormis* > *dormi* ›du schläfst‹) und die Bewahrung der intervok. stl. Verschlußlaute (lat./ital. *vita* ›Leben‹) weist das Standardital. dem Ostromanischen zu (→Romanisch).

Einführung: G. HOLTUS/M. METZELTIN/C. SCHMITT (eds.) [1988]: Lexikon der Romanistischen Linguistik (LRL). Bd. 4. Tübingen.
Grammatiken: M. REGULA/J. JERNEJ [1965]: Grammatica italiana descrittiva su basi storiche e psicologice. 2., erw. Aufl. Bern. - A. L. LEPSCHY/G. LEPSCHY [1981]: La lingua italiana. Storia, varietà dell'uso, grammatica. Mailand. - M. DARDANO/P. TRIFONE [1985]: La lingua italiana. Bologna. - CH. SCHWARZE [1988]: Grammatik der italienischen Sprache. Tübingen.
Sprachgeschichte und Dialektologie: G. ROHLFS [1949/54]: Historische Grammatik der italienischen Sprache. 3 Bde. Bern. - M. CORTELAZZO [1969/72]: Avviamento critico allo studio della dialettologia italiana. Bde. 1 und 3. Pisa. - P. TEKAVČIĆ [1972]: Grammatica storica dell'italiano. 3 Bde. 2. Aufl. Bologna 1980. - B. MIGLIORINI [1960]: Storia della lingua italiana. 4., erw. Aufl. Florenz 1978. - G. HOLTUS/E. RADTKE (eds.) [1985]: Gesprochenes Italienisch in Geschichte und Gegenwart. Tübingen. - H. GECKELER/D. KATTENBUSCH [1987]: Einführung in die italienische Sprachwissenschaft. Tübingen.
Wörterbücher: S. BATTAGLIA [1961/86]: Grande dizionario della lingua italiana. 13 Bde. bis ›PO‹. Turin. - C. BATTISTI/G.

ALESSIO [1950/57]: Dizionario etimologaico italiano. 5 Bde. Florenz. - M. PFISTER [1984]: Lessico etimologico italiano (LEI). 1. Bd. Wiesbaden.
Bibliographien: R. A. HALL, Jr. [1958/69]: Bibliografia della linguistica italiana. Florenz. - R. A. HALL, Jr. [1973]: Bibliografia essenziale della linguistica italiana e romanza. Florenz.

Italisch. Sprachzweig des →Indo-Europäischen mit zahlreichen (heute ausgestorbenen) Dialekten auf italienischem Boden, deren Klassifizierung große Probleme aufwirft (u.a. Latino-Falisteisch und Osteisch-Umbrisch). Zu diesen Dialekten zählt auch die ehemalige Stadtmundart von Rom, das →Lateinische, aus dessen verschiedenen regionalen Varianten (Vulgärlatein) sich die modernen romanischen Sprachen entwickelt haben. Vgl. →Romanisch.

Lit.: E. PULGRAM [1958]: The tongues of Italy. Cambridge, Mass. →Indo-Europäisch, →Romanisch.

Item-and-arrangement-grammar [Abk. IA; engl. ›Element- und Anordnungsgrammatik‹]. Von C. F. HOCKETT eingeführte Bezeichnung für die Grammatikkonzeption des amerikanischen →Strukturalismus, insb. von HARRIS (→Distributionalismus), der entsprechend Sprache aufgefaßt wird als ein statisches System von eindeutig gegeneinander abgrenzbaren Elementen (= *Items*, genauer: →Morphemen) und bestimmten Reihenfolgebeziehungen (= *Arrangements*) die als Vorschriften für die Anordnung dieser Elemente zu formulieren sind. Die Grenzen dieses Ansatzes zeigen sich dort, wo keine eindeutige Zuordnung von Morphem und Bedeutung möglich ist, wie bei *trinken* vs. *trank*: im Unterschied zu *hinken* vs. *hinkte* läßt sich das Morphem ›Präteritum‹ bei *trank* vom Morphem der Stammbedeutung nicht mehr durch →Segmentierung isolieren. Die vorgeschlagene Interpretation von *trank* als →Portmanteau-Morph(em) widerspricht dem Grundprinzip der eindeutigen Zerlegbarkeit der *Items*. Zur Kritik und Überwindung des IA-Konzepts sowie zum Neuansatz von Hockett vgl. →Item-and-process-grammar. Vgl. auch →Wort-und Paradigma-Modell.

Lit.: C. F. Hockett [1954]: Two models of grammatical description. In: Word 10, S. 210–234.

Item-and-process-grammar [Abk.: IP; engl., ›Element- und Prozeßgrammatik‹]. Von C. F. Hockett eingeführte Bezeichnung für eine Grammatikkonzeption, die später in der generativen →Transformationsgrammatik (sowie der →Stratifikationsgrammatik) systematisch entwickelt wurde. Im Unterschied zum statischen Modell der →Item-and-arrangement-grammar liegt der IP-Grammatik eine dynamisches Prinzip zugrunde. Als Basiselemente gelten nicht Morpheme der →Oberflächenstruktur, sondern zugrundeliegende abstrakte Formen, die durch Veränderungsprozesse (→Transformation) in ihre aktuelle Form überführt werden: *trank* ist somit das Ergebnis einer abstrakten Basisform *»trink«* und einer Veränderungsregel, die den Stammvokal von /i/ zu /a/ verwandelt.

Lit.: C. F. Hockett [1954]: Two models of grammatical description. In: Word 10, S. 210–234.

Iterativ vs. Semelfaktiv [lat. *iterum* ›zweimal‹, *semel* ›einmal‹. – Für I. auch: Frequentativ, Habituell, Habituativ]. →Aktionsart- bzw. →Aspekt-Unterscheidung: I.-Bildungen bezeichnen durative Vorgänge (→Durativ vs. Nicht-Durativ), die auf ständiger oder regelmäßiger Wiederholung des Geschehens beruhen, während S.-Verben sich auf einen individuellen Vorgang beziehen. Häufigste Bildung im Dt. durch ein auf *l* oder *r* auslaufendes Suffix: *sticheln* (vs. *stechen*), *streicheln* (vs. *streichen*). Die Abgrenzung der I. gegenüber den →Intensiva (*schnitzen*) und →Diminutiva (*lächeln*) ist schwierig. Auch wird I. häufig mit →Habituativ gleichgesetzt, vgl. aber den Unterschied (Wiederholung einer Handlung vs. gewohnheitsmäßiges Handeln) in *Sie hat vorhin ihre Katze gestreichelt* vs. *Sie streichelt gerne ihre Katze.* Zu den I.-Bildungen mit habituativer Bedeutung gehören periphrastische Formen wie: dt. *Sie pflegte, mit dem Wagen zur Arbeit zu fahren*, engl. *She used to go to work by car* oder morphologische Ableitungen wie in russ. *pit/pivat* ›trinken‹, *znat/znavat* ›kennen‹.

Lit.: S. Mønnesland [1984]: The slavonic frequentative habitual. In: C. de Groot/ H. Tommola (eds.): Aspect bound. Dordrecht, S. 53–76. →Aktionsart.

Itonama →Chibcha-Paez.

Ja/Nein-Frage →Entscheidungsfrage.

Jakaltekisch →Maya-Sprachen.

Japanisch. Staatssprache Japans mit über 120 Mio. Sprechern. Ihre genetische Zugehörigkeit ist unklar; diskutiert wird eine Verwandtschaft mit dem →Koreanischen und den →Altaischen Sprachen. Ryukyu, die Sprache der Insel Okinawa, ist mit dem J. eng verwandt. J. ist dialektal reich gegliedert; der Standard richtet sich nach dem Dialekt von Tokyo. – Schriftliche Aufzeichnungen in chinesischer Schrift seit dem 8. Jh. Die heutige japanische Schrift ist eine Mischung zwischen der chinesischen logographischen Schrift *Kanji* (zum Ausdruck von lexikalischen Morphemen) und zwei eigenständigen Silbenschriften, *Hiragana*, der früheren Frauenschrift, heute verwendet zur Kennzeichnung von grammatischen Morphemen und Funktionswörtern, und *Katakana*, heute verwendet für Fremdwörter u.a. Daneben besteht noch eine normierte Umschrift in lateinischen Buchstaben, *Rōmaji*. Die Silbenschriften umfassen jeweils 46 Zeichen; im täglichen Gebrauch kommen ca. 2000 *Kanji*-Zeichen vor. Spezifische Kennzeichen: Relativ einfaches Lautsystem und einfache Silbenstruktur, aber zahlreiche morphophonemische Alternationen (Palatalisierung, Affrizierung). Morphologischer Typ: agglutinierend. Reiche Verbalflexion (Tempus, Aspekt, Modus, Diathesen, Negation, Höflichkeit, aber keine Kongruenz). Keine Numerusdistinktion; in Zählkonstruktionen werden →Klassifikatoren eingesetzt. Verschiedene »Kasus« werden durch Postpositionen angezeigt (→Adposition). Das Topik wird durch die Postposition *wa* markiert und muß kein Argument des Verbs sein; dies führt zu fälschlich so genannten Doppelsubjekt-Sätzen wie *sakana wa tai ga ii* ›Fisch-TOP Redsnapper-SUBJ gut‹, ›Was Fisch betrifft, so schmecken die Redsnapper gut‹. In thetischen Sätzen tritt kein Topik auf (→Topik vs. Prädikation). Nominale Satzteile können häufig weggelassen werden, wenn der Bezug kontextuell klar ist (sogen. Null-Anaphora); dies hat zufolge, daß Pronomina selten verwendet werden und ersichtlich aus Nomina abgeleitet sind, wobei zahlreiche Formen zur Markierung der gesellschaftlichen Stellung zur Verfügung stehen. Wortstellung: SOV, abhängige Sätze werden durch Partizipialformen des Verbs markiert. (Vgl. Sprachenkarte Nr. 2).

Lit.: R. A. MILLER [1967]: The Japanese language. Chicago. – B. LEWIN [1975]: Abriß der japanischen Grammatik auf der Grundlage der klassischen Schriftsprache. Wiesbaden. – R. A. MILLER [1980]: Origin of the Japanese language. Washington. – S. KUNO [1973]: The structure of the Japanese language. Cambridge, Mass. – J. HINDS [1986]: Japanese. London. – M. SHIBATANI [1990]: The Languages of Japan. Cambridge.

Jargon [frz. ›unverständliches Gemurmel‹].
(1) Im weiteren Sinne: durch speziellen gruppen- oder fachspezifischen Wortschatz gekennzeichnete Sprachform, der es an Allgemeinverständlichkeit mangelt. – Im engeren Sinne: sozial bedingte →Sondersprachen, die durch auffällige

Bezeichnungen für alltägliche Dinge, bildliche Ausdrucksweise, emotional gefärbte oder spielerische Verwendung des standardsprachlichen Vokabulars gekennzeichnet sind.

Lit.: →Sondersprachen.

(2) In der →Neurolinguistik Bezeichnung für unverständliche, aber flüssig gesprochene Äußerungen insbesondere in der →Wernicke-Aphasie. Die Äußerungen bestehen entweder aus einer sinnlosen Folge von Wörtern, →Neologismen und stereotyp wiederkehrenden Redewendungen (semantischer J.), oder die Lautfolgen entsprechen weitgehend phonotaktischen Regeln der jeweiligen Sprache, bilden aber keine konventionellen Folgen (phonematischer J.). Daher wird diese Ausprägung der Aphasie häufig als Defizit im Zugriff auf das Lexikon angesehen.

Lit.: A. FRIEDERICI [1984]: Neuropsychologie der Sprache. Stuttgart. – H. LEUNINGER [1989]: Neurolinguistik. Opladen. →Wernicke-Aphasie.

Javanisch. Größte →Austronesische Sprache, gesprochen in Zentral- und Ostjava (ca. 66 Mio. Sprecher). J. verfügt über eine hochentwickelte Hierarchie stilistischer Ebenen (›ehrend‹, ›abschätzig‹ u.a.). Schriftliche Aufzeichnungen seit ca. 750 n. Chr. in einem aus dem →Sanskrit entwickelten Alphabet.

Lit.: H. HERRFURTH [1967]: Lehrbuch des modernen Djawanisch. Leipzig.

Je →Ge.

Jenisch →Rotwelsch.

Jiddisch [engl. *Judaeo-German/ Yiddish*]. Im Mittelalter in wichtigen Handelszentren (Rhein, Donauländer) als Verkehrssprache der Juden entstandene Varianten des →Deutschen, deren osteuropäischer Zweig (Sprache der nichtassimilierten askenasischen Juden) heute von ca. 5 Mio. Sprechern als Mutter- bzw. Zweitsprache in Israel, Polen, Litauen, USA, Lateinamerika, Argentinien, Sowjetunion u.a. gesprochen wird. J. ist das (uneinheitliche) Ergebnis einer Mischsprache auf der Basis spätmittelalterlicher dt. Dialekte mit hebräisch-aramäischen (Talmud, Kabbala), rom. und slaw. Einflüssen. Aufgrund spätmittelalterlicher Wanderbewegungen Entstehung eines (heute ausgestorbenen) westj. (europäischen) und eines ostj. Zweiges mit Unterschieden vor allem in Lautstand und Wortschatz. Die Einheit des J. wurde bis ins 19. Jh. durch die Verwendung der hebräischen Schrift gewährleistet, die von rechts nach links geschrieben wird und sich auf die Kennzeichnung eines (fast) vokallosen Konsonantengerüsts beschränkt. Aufgrund der Ausschließung von der dt. Schriftsprache-Entwicklung repräsentiert das J. in seiner konservativen Lautentwicklung z.T. noch den historischen Ausgangszustand. Der Einfluß des J. auf das Deutsche zeigt sich v.a. in Übernahmen im Wortschatz des →Rotwelschen, vgl. u.a. *Moos* ›Geld‹, *Schlamassel.*

Lit.: S. A. BIRNBAUM [1974]: Die jiddische Sprache. 2. überarb. Aufl. Hamburg 1986. – M. WEINREICH [1980]: History of the Yiddish language. Chicago. – M. H. WEBER [1987]: Yiddish. In: Cahiers de linguistique sociale 10, S. 6–129. – D. KATZ [1987]:

Grammar of the Yiddish language. London. – B. SIMON [1988]: Jiddische Sprachgeschichte: Versuch einer neuen Grundlegung. Frankfurt. – D. M. BUNIS [1990]: Yiddish linguistics: a classified bilingual index of Yiddish serials and collections. New York.

Jota-Operator →Operator.

Jotazismus [griech. *iōta* = Name des griechischen Buchstaben *i*]. Terminus aus der griech. Lautlehre für die Hebung von altgriech. *Ēta* [e:] zu [i:] und den Zusammenfall von altgriech. [ei, oi, y] mit *Iōta* [i].

Jukagirisch →Paläo-Sibirische Sprachen, →Uralisch.

Jukunoid →Benue-Kongo.

Junggrammatiker [engl. *neogrammarians*. – Auch: Leipziger Schule]. In den 70er Jahren des 19. Jh. in Leipzig entstandene Gruppe von Sprachwissenschaftlern, deren positivistische Sprachauffassung sich gegen die metaphysischen und biologistischen Sprachauffassungen der vorausgehenden Epoche richtete. Führende Vertreter dieser Richtung waren K. BRUGMANN, H. OSTHOFF, B. DELBRÜCK, E. SIEVERS, K. VERNER, A. LESKIEN, H. PAUL, O. BEHAGHEL. Der von der älteren Generation in abwertender Weise gemeinte Name stammt von ZARNCKE und ist erstmals in OSTHOFF/BRUGMANN [1878] belegt. Als Beginn der junggrammatischen Schule gelten die Erscheinungsdaten von K. VERNERS Erklärungen scheinbarer Ausnahmen der →Ersten Lautverschiebung [1877], A. LESKIENS Untersuchungen zur Deklination [1876], in denen das Postulat von der Ausnahmslosigkeit der Lautgesetze formuliert wurde, sowie vor allem H. PAULS 1880 erschienene »Prinzipien der Sprachgeschichte«. Die Arbeiten der J. lassen sich (soweit sie die allgemeine Sprachwiss. betreffen) durch folgende Aspekte charakterisieren: (a) Untersuchungsgegenstand des Sprachwissenschaftlers ist nicht das Sprachsystem, sondern die im einzelnen Individuum lokalisierte und somit unmittelbar beobachtbare Sprache (→Idiolekt), die als eine sowohl psychische als auch physische Tätigkeit angesehen wird. (b) Autonomie der Lautebene: Gemäß dem Postulat der Beobachtbarkeit des Materials (anstelle von Abstraktionen) gilt die Lautebene als wichtigste Beschreibungsebene, wobei zugleich eine absolute Autonomie der Lautebene gegenüber Semantik und Syntax angenommen wird. (c) Historismus: Hauptziel sprachwissenschaftlicher Untersuchung ist die Beschreibung des geschichtlichen Wandels der Sprache. Dieses fast ausschließlich diachronische Interesse an der Entwicklung von Sprache dokumentiert sich in der großen Zahl von historisch vergleichenden Kompendien (vgl. LESKIEN, OSTHOFF-BRUGMANN u.a.), die sich durch Faktenfülle ebenso auszeichnen wie durch die Exaktheit ihrer Rekonstruktionsmethoden. (d) Ausnahmslosigkeit der Lautgesetze: Dieses am Vorbild der Naturwissenschaften orientierte, vielfach umstrittene Postulat gründet sich nicht auf empirische Befunde, sondern ist ein wissenschaftstheoretisches Apriori, das die Gleichartigkeit

sprachwissenschaftlicher und naturwissenschaftlicher Untersuchungsmethoden sichern soll.
(e) Analogie: Wo die Prämisse der Ausnahmslosigkeit der Lautgesetze scheinbar versagt, wird Analogie als Erklärungshilfe angesetzt; d.h. Ausnahmen werden als (reguläre) Anpassung an verwandte Formen verstanden. – Methoden und Ziele der junggrammatischen Sprachbetrachtung sind – trotz ihres starken Nachwirkens – aus verschiedenen Richtungen und mit unterschiedlichen Akzenten kritisiert worden; diese Kritik richtet sich vor allem gegen folgende Punkte: Reduktion des Untersuchungsgegenstandes auf Idiolekte; Beschränkung auf Beschreibung von Oberflächenphänomenen (Lautebene); Überbewertung der historischen bzw. Vernachlässigung der Gegenwartssprache; Beschreibung atomistischer Einzelvorgänge statt systemhafter Zusammenhänge.

Quellenschriften: A. LESKIEN [1876]: Die Deklination im Slavisch-Litauischen und Germanischen. Leipzig. – K. VERNER [1877]: Eine Ausnahme der ersten Lautverschiebung. In: KZ 23, N.F. 3, S. 97–130. – H. OSTHOFF/K. BRUGMANN [1878]: Morphologische Untersuchungen auf dem Gebiet der indogermanischen Sprachen. 1. Teil. Leipzig. – H. PAUL [1880]: Prinzipien der Sprachgeschichte. 8. Aufl. Tübingen 1968. – H. STEINTHAL [1890/91]: Geschichte der Sprachwissenschaft bei den Griechen und Römern mit besonderer Rücksicht auf die Logik. 2 Bde. Berlin. Neudruck Hildesheim 1961. – H. H. CHRISTMANN (ed.) [1977]: Sprachwissenschaft im 19. Jahrhundert. Darmstadt. *Darstellungen:* W. PUTSCHKE [1969]: Zur forschungsgeschichtlichen Stellung der junggrammatischen Schule. In: ZDL 36, S. 19–48. – K. R. JANKOWSKY [1972]: The Neogrammarians. A re-evaluation of their place in the development of linguistic science. The Hague. – TH. VENNEMANN/T. H. WILBUR (eds.) [1972]: Schuchardt, the Neogrammarians, and the transformational theory of phonological change. Frank-furt. – G. SCHNEIDER [1973]: Zum Begriff des Lautgesetzes in der Sprachwissenschaft seit den Junggrammatikern. Tübingen. – M. REIS [1974]: Lauttheorie und Lautgeschichte. Untersuchungen an Beispiel der Dehnungs- und Kürzungsvorgänge im Deutschen. München. – T. H. WILBUR (ed.) [1977]: The lautgesetz-controversy: a documentation. In: AST 1/9. – M. REIS [1978]: Hermann Paul. In: PBB (T) 100, S. 159–204.

Junktion [lat. *iungere* ›verbinden‹].
(1) In L. TESNIÈRES →Dependenzgrammatik sowohl eine zweistellige syntaktische Beziehung der Nebenordnung als auch das Verfahren zur Erklärung sprachlicher Kombinationsbeziehungen durch Verbindung von Knoten gleicher syntaktischer Funktion mittels koordinierender Konjunktionen (im Dt. *und* und *oder*), vgl. →Funktive. Die J. bildet zusammen mit den Unterordnungsrelationen der →Konnexion und →Translation die Basis dependentieller Sprachbeschreibung, wobei Translation und J. der Bildung und Beschreibung komplexer Satzstrukturen dienen. Vgl. auch →Koordination.

Lit.: →Dependenzgrammatik.

(2) In der Terminologie von O. JESPERSEN syntaktischer Typ der attributiven Verknüpfung (vgl. *das kostbare Buch*), die O. JESPERSEN von →Nexus (prädikative Verknüpfung) unterscheidet.

Lit.: O. JESPERSEN [1937]: Analytic syntax. Kopenhagen.

Junktiv. Im Syntaxmodell der →Dependenzgrammatik von L. TESNIÈRE die Wortklasse der nebenordnenden →Konjunktionen (*und, oder, aber*). J. sind »leere Wörter« (frz. *mots vides*) mit rein syntaktischer Funk-

tion, die die »vollen Wörter«
(frz. *mots pleins*) bzw. deren
Knoten gleicher syntaktischer
Funktionen miteinander verbinden. Vgl. auch →Junktion.

Lit.: →Dependenzgrammatik.

Junktor →Logische Partikel.

Junktorenlogik →Aussagenlo-
gik.

Junktur [lat. *iūnctūra* ›Fuge‹,
›Gelenk‹. – Auch: Grenzsignal].
In struktureller Phonologie
suprasegmentales distinktives
Merkmal, häufig (aber nicht
notwendigerweise) realisiert als
Pause. J. bezeichnet die Grenze
zwischen zwei Morphemen, die
bewirkt, daß die regelhaften po-
sitionsbedingten Veränderungen zwischen zwei aufeinanderfolgenden Lauten unterbleiben:
z.B. wird der *Ich-Ach*-Laut im
Dt. nach [au] als Velarlaut [x]
realisiert, also *tauchen* [tauxen].
In der Verkleinerungsform
tau + çen für ›kleines Tau‹ aber
ist das Merkmal J. (symbolisiert
durch +) als Signal für eine
phonologisch relevante Mor-
phemgrenze Ursache dafür, daß
die ohne J. reguläre Velar-Va-
riante durch die für die Anfangsposition charakteristische
Palatal-Variante [ç] ersetzt wird.
Da besonders umgangssprachlich nicht alle phonologisch relevanten J. in der Aussprache
präzis berücksichtigt werden,
unterscheidet man zwischen offener (realisierter) und geschlossener J.

Lit.: W. G. MOULTON (1947): Juncture in
modern standard German. In: Lg 23, S.
212–226. – G. HEIKE (1969): Kommunikation und linguistische Analyse. Heidelberg. →Suprasegmentale Merkmale.

Jussiv [lat. *iussum* ›Befehl‹].
Subkategorie des →Modus des
Verbs, die eine Aufforderung an
die 3. Pers. Sing. und Pl. ausdrückt: *Jeder denke an sich
selbst zuletzt!*

Lit.: →Modalität.

Juxtaposition [lat. *iūxtā* ›dicht
daneben‹, *pōnere* ›setzen‹].
(1) Allgemein: Aneinanderreihung von Einzelelementen. Als
»determinative J.« bezeichnet
man enge appositionelle Konstruktionen wie *Kaiser Karl*,
Herr Maier.
(2) Vgl. →Komposition.

Kabardisch →Nordwest-Kauka-
sisch.

Kadai →Kam-Tai.

Kadugli-Sprachen →Niger-
Kordofanisch.

Kakophonie [griech. *kakophō-
nía* ›Mißklang‹]. Sprachlicher
(oder musikalischer) Mißklang
aufgrund unschön klingender
Lautkombinationen. Als Gegensatz vgl. →Euphonie.

Kakuminal(laut) [lat. *cacūmen*
›höchster Punkt‹ (der Mundhöhle)]. →Retroflex(laut).

Kalenjin →Chari-Nil-Sprachen.

Kalkierung →Lehnprägung.

Kalkül [lat. *calculus* ›(Rechen-)
Steinchen‹]. Deduktives System
von Grundzeichen und Hand-

lungsvorschriften (Regeln), das eine kontrollierte, widerspruchsfreie mechanische Durchführung von mathematischen oder logischen Operationen gewährleistet. Solche Grundzeichen können Buchstaben, natürliche Zahlen, Wörter, →Logische Partikeln, →Wahrheitswerte u.a. sein; Handlungsvorschriften sind z.B. Rechenoperationen wie Multiplizieren, Addieren, syntaktische Regeln, logische Verknüpfungsregeln. – Der K.-Begriff spielt bei der Formalisierung von grammatischen Theorien über natürliche Sprachen eine grundlegende Rolle, insofern die Modelle generativer Sprachbeschreibungen als K. konstruiert sind (bzw. als →Algorithmus, wenn statt Regeln Befehle operieren). Eine generative Grammatik (wie z.B. die →Transformationsgrammatik) enthält eine endliche Menge von Objekten (alle Wörter einer Sprache) und von Regeln (Konstituentenstrukturregeln, →Transformations-Regeln, →Rekursive Regeln), mittels deren eine unendliche Menge von Sätzen erzeugt werden kann. – Die einem K. zugrundeliegende Sprache heißt »Kalkülsprache« (auch: Formale/Künstliche Sprache), z.B. ist die Sprache der →Formalen Logik in diesem Sinne eine K.-Sprache.

Lit.: A. N. WHITEHEAD/B. RUSSELL [1910/13]: Principia Mathematica. 3 Bde. Cambridge. – R. CARNAP [1934]: Logische Syntax der Sprache. Berlin. – P. LORENZEN [1962]: Metamathematik. Mannheim. – H. B. CURRY [1963]: Foundations of mathematical logic. New York. →Formale Logik, →Formalisierung, →Mathematische Linguistik.

Kambodschanisch →Mon-Khmer-Sprachen.

Kampidanesisch →Sardisch.

Kam-Tai [Auch: Kadai, Daisch]. Sprachzweig des →Austro-Tai in Südostasien mit ca. 60 Sprachen; wichtigste Sprachen sind →Thai (30 Mio. Sprecher) und Lao (auch: Laotisch, 17 Mio. Sprecher).

Lit.: P. K. BENEDICT [1975]: Austro-Thai: language and culture. New Haven.

Kan-Hakka →Chinesisch.

Kannada →Drawidisch, →Marathi.

Kante [engl. *branch*. – Auch: Zweig, Ast]. Bei der Darstellung der syntaktischen Struktur von Sätzen in Form eines →Strukturbaums sind K. die Verbindungslinien zwischen zwei →Knoten, den Verzweigungspunkten.

Kantonesisch →Chinesisch.

Kanuri →Saharanisch.

Kanzleisprache. Im Frühnhd. (1350–1600) zwischen verschiedenen Schreibdialekten vermittelnde überregionale Sprache, wie sie von einzelnen Kanzleien (z.B. der Prager Kanzlei KARLS IV.) ausgebildet wurde. Angesichts der territorialen Zersplitterung Deutschlands spielten die K. eine wichtige Rolle bei der Herausbildung einer deutschen Einheitssprache. Diese Funktion erfüllte vor allem die »Sächsische Kanzleisprache« (Meißnisch-Deutsch), an der sich LUTHER orientierte, da sie auf der Basis dialektaler Varianten eine soziolektal geprägte

Standardsprache von überregionaler Geltung anstrebte.

Lit.: W. FLEISCHER [1966/67]: Frühneuhochdeutsche Geschäftssprache und neuhochdeutsche Norm. In: PBB (H) 88, S. 107–246. – W. BESCH [1967]. Sprachlandschaften und Sprachausgleich im 15. Jahrhundert. München. – M. M. GUCHMANN [1969/70]: Der Weg zur deutschen Nationalsprache. 2 Teile. Berlin. – M. M. GUCHMANN [1974]: Die Sprache der deutschen politischen Literatur in der Zeit der Reformation und des Bauernkrieges. Berlin. →Sprachgeschichte.

Kap-Holländisch →Afrikaans.

Kappazismus →Fehlbildungen.

Kardinalvokal [lat. *cardinālis* ›hauptsächlich‹]. Auf den engl. Phonetiker D. JONES (1881–1967) zurückgehendes, sprachunabhängiges, ursprünglich zwei-, später auch dreidimensionales Bezugssystem abstrakter »Normalvokale« zur Standardisierung der phonetischen Beschreibung von Vokalen.

Lit.: →Phonetik.

Kardinalzahl [engl. *cardinality*; Abk.: *Card*].
(1) In der →Mengentheorie ist die K. einer (endlichen) Menge *A* die Anzahl der Elemente von *A*. Beispiel: *A* = {Nom.,Gen., Dat.,Akk.}, Card (*A*) = 4.

Lit.: →Mengentheorie.

(2) Untermenge der →Numerale: die Grundzahlen *eins*, *zwei*, *drei* etc.

Karelisch →Finno-Ugrisch.

Karibisch. Sprachfamilie von etwa 50 Sprachen im Norden Südamerikas und auf den Antillen; heute nur mehr ca. 25000 Sprecher. Von GILIJ (1780–84) etabliert, wird K. von J. H. GREENBERG [1987] mit einigen benachbarten Sprachen zur Makro-Karibischen Familie gerechnet. Wortstellung: häufig OVS. (Vgl. Sprachenkarte Nr. 11).

Lit.: B. J. HOFF [1968]: The Carib language. The Hague. – M. DURBIN [1977]: A survey of the Carib language family. In: E. B. GRASSO (ed.): Carib speaking Indians. Tucson, Arizona. – D. C. DERBYSHIRE [1979]: Hixkaryana. Amsterdam. – E. KOEHN/S. KOEHN [1986]: Apalai. In: D. C. DERBYSHIRE/G. PULLUM (eds.): Handbook of Amazonean languages. Berlin, S. 33–127.

Kartesisches Produkt [lat. *Cartesius* = latinisierter Name des frz. Philosophen R. DESCARTES (1596–1650)]. →Menge.

Kartvelisch →Südkaukasisch.

Kaschubisch. Westslaw. Sprache mit nur noch einigen Tausenden Sprechern im Umfeld von Danzig (Gdańsk).

Lit.: F. LORENTZ [1925]: Geschichte der pomoranischen Sprache. Berlin, Leipzig.

Kashmiri →Dardisch.

Kastendiagramm [Auch: Brückendiagramm]. In der →Konstituentenanalyse verwendete Darstellungsform zur Abbildung der hierarchischen Struktur von Sätzen. Verbindet man die Symbole der →Grammatischen Kategorien durch →Kanten, so erhält man einen auf den Kopf gestellten Strukturbaum. Die verschiedenen Ebenen des Kastens entsprechen den einzelnen Teilungsschritten in unmittelbare Konstituenten. K. sind den entsprechenden →Strukturbäumen, →Phrasenstrukturregeln und →Indizierten Klammerausdrücken äquivalent; vgl. die Gegenüberstellung unter →Strukturbaum.

KASTENDIAGRAMM

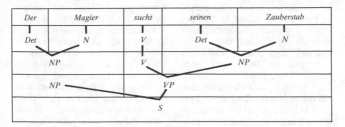

Kastilisch →Spanisch.

Kasus [Pl. *Kasus*; lat. *cāsus* ›Fall‹, Übers. von griech. *ptōsis* ›Fallen‹, ›Abweichen‹]. Grammatische Kategorie deklinierbarer Wörter, die u.a. zur Kennzeichnung ihrer syntaktischen Funktion im Satz dient und (in Abhängigkeit von dieser Funktion) sich an →Rektion und →Kongruenz beteiligt. Das System der K. ist sprachspezifisch ausgeprägt und unterliegt ständigem Wandel. Die K. der →Nominativsprachen bezeichnet man im allgemeinen nach den rekonstruierten K. des Ideur.: →Nominativ, →Genitiv, →Dativ, →Akkusativ, →Ablativ, →Lokativ, →Instrumental, →Vokativ. In anderen Sprachen hat man z.T. andere K.: in →Ergativsprachen →Ergativ und →Absolutiv statt Nom. und Akk.; in den finnougrischen Sprachen →Partitiv, →Elativ, →Illativ, →Inessiv u.a. Von den acht K. des Ideur. sind in den meisten neueren Sprachen nur wenige erhalten geblieben: der ursprüngliche Lokativ, Ablativ, Instrumental(is) und z.T. auch der Genitiv wurden durch Dativ oder Präpositionalphrasen ersetzt. Den als Folge lautlichen Wandels entstandenen Zusammenfall verschiedener K.-Formen bezeichnet man als →Synkretismus. – In flektierenden Sprachen erfolgt die K.-Markierung durch grammatische Morpheme, die häufig allerdings polyfunktional sind, d.h. zugleich auch →Genus und →Numerus kennzeichnen. Auch →Adpositionen (im Japan.; vgl. auch *to* in engl. *give something to somebody*) werden gelegentlich als K. bezeichnet. Für nicht flektierende Sprachen wie Engl. und Frz., in denen syntaktische Funktionen hauptsächlich durch Wortstellung bzw. Satzstruktur kodiert werden, gibt es Ansätze, die K. mit bestimmten Stellungsrelationen assoziieren. – Generell unterscheidet man zwischen (a) →Casus Rectus, dem ›geraden Fall‹ wie →Nominativ, und →Casus Obliquus (›schiefer, gebeugter Fall‹) wie u.a. Dativ, Akkusativ, Genitiv, außerdem zwischen (b) syntaktischen und semantischen (auch: lokalen) K. Die ersteren umfassen u.a. Nominativ, Akkusativ und Dativ, die primäre syntaktische Funktionen wie Subjekt und Objekt kodieren und keine spezifische semantische Funktion übernehmen. K. wie Ablativ, Instrumental und Lokativ hingegen markieren im allgemeinen Adverbiale, die einen spezifischen semantischen Inhalt aufweisen. In einigen Sprachen (z.B. Türkisch, Finnisch, Russisch) korrelieren die K. auch mit →Definitheit und/oder Belebtheit (→Animat vs. Inanimat) ihrer Träger. Trotz zahlreicher bis in die Antike zurückreichender Versuche lassen sich jedoch keine befriedigenden semantischen Klassifizierungen der einzelnen K. durchführen.

Lit.: L. HJELMSLEV [1935]: La catégorie des cas. Études de grammaire générale. Aarkus. Neudruck, München 1972. – R. JAKOBSON [1936]: Beiträge zur allgemeinen Kasuslehre. In: TCLP 6. – J. KURYŁOWICZ [1964]: The inflectional categories of Indoeuropean. Heidelberg. – G. HELBIG [1973]: Die Funktionen der substantivischen Kasus in der deutschen Gegenwartssprache. Halle. – E. A. MORAVCSIK [1978]: Case marking of objects. In: J. H. GREENBERG (ed.): Universals of human language. Bd. 4. Stanford, S. 250–289. – J. A. BOOTH [1980]: The evolution of case in Indo-European. Studies in semantic roles and sentence functions. – A. WIERZBICKA [1980]: The case for surface case. Ann Arbor. – D. GIL [1982]: Case marking, phonological size and linear order. In: J. P. HOPPER/S. A. THOMPSON (eds.): Studies in transitivity. New York. – M. SHIBATANI [1983]: Towards an understanding of the typology and function of case-marking. In: S. HATTORI/K. INOUE (eds.): Proceedings of the 13th international congress of linguists, Tokio 1982. Tokyo, S. 45–58. – H. CZEPLUCH [1988]: Kasusmorphologie und Kasusrelationen: Überlegungen zur Kasustheorie am Beispiel des Deutschen. In: LBer 116, S. 275–310.

(2) Bezeichnung für →Thematische Relation/Semantische Rolle (auch: Tiefenkasus), vgl. →Kasusgrammatik.

Kasusgrammatik [Auch: Kasustheorie, →Funktionale Grammatik]. Sammelbegriff für universelle Sprachtheorien, die »Tiefenkasus« (auch: Semantische/→Thematische Relationen/Rollen) als zentrale Beschreibungsmittel sowohl für die Bedeutung als auch für die syntaktische Struktur der Sätze einsetzen. Tiefenkasus benennen die semantischen Rollen, die verschiedene »Mitspieler« in der durch das Verb bezeichneten Situation übernehmen. Ihre Zahl und inhaltliche Bestimmung sind in der K. ein ständig neu aufgegriffenes und kontroverses Thema. Bezüglich der Rollenkonzeption lassen sich jedoch zwei Richtungen unterscheiden: (a) Die K. von CH. J. FILLMORE [1968], [1977], die u.a. von S. C. DIK [1978], [1980] als →Funktionale Grammatik und von S. STAROSTA [1978] als »Lexicase Model« modifiziert und weiterentwickelt wurde. Die wichtigsten Kasusrollen im FILLMORE-Modell sind folgende: (aa) →Agens, die Rolle des belebten Urhebers bzw. Verursachers einer Handlung: *Philip* in *Philip öffnete die Tür*; (ab) →Instrumental, die Rolle des unbelebten Verursachers einer Handlung (*Der Wind öffnete die Tür*) oder des Objekts, mit dessen Hilfe eine Handlung vollzogen wird (*Philip öffnete die Tür mit dem Schlüssel*); (ac) Objektiv (in früheren Arbeiten der neutralste Kasus, später als →Patiens oder Ziel bezeichnet): Rolle des unbelebten, von einer Handlung direkt betroffenen Objekts (*die Tür* in (aa)); (ad) Dativ (auch →Rezipient, →Benefaktiv, Experiencer), die Rolle des belebten Mitspielers, der von einem Zustand oder einer Handlung (im Vergleich zum Patiens) weniger betroffen ist (*Philip öffnete seiner Frau die Tür*; *Mir graut's*); (ae) →Lokativ für den Ort der Handlung. – Neuere Ansätze dieser Tradition bestimmen die Rollen relativ zur

→Aktionsart der Verben (z.B. S. C. DIK [1978], [1983]). So wird z.B. dem Agens einer Handlung der Träger eines Zustands (der Experiencer in *Philip hat Angst*) gegenübergestellt, der nicht mehr wie beim Dativ in FILLMORES System mit den Rezipienten von Handlungen gleichgesetzt wird. – (b) Die sogen. »Lokalistische Hypothese« dagegen (vgl. GRUBER [1967], ANDERSON [1971], [1977] und JAKKENDOFF [1972], [1987]) geht von einer geringen Zahl von sehr allgemeinen lokalen Rollen aus, die man z.B. bei Positions- und Bewegungsverben findet, und überträgt diese auf »abstraktere« Handlungen, insbesondere auf Verben des Besitzes und Besitzwechsels. JACKENDOFF [1972] setzt z.B. folgende Rollen an: Ursache (engl. *cause*), Ziel (engl. *goal*), Thema, Quelle (engl. *source*) und Lokativ. Bei diesem Rollensystem wird das Agens auf Ursache zurückgeführt, während unter Thema das Patiens, der Experiencer und das erste Argument von Positionsverben (*Die Tür ist dort*) fallen. Ziel umfaßt sowohl den Dativ bzw. Rezipienten (*seiner Frau* in *Philip versprach seiner Frau, das Rauchen aufzugeben*) als auch die Ziel- bzw. Richtungsangabe bei Bewegungsverben wie in *Der Zug fuhr nach München.* – Nicht nur die Kasuskonzeption, sondern auch die Funktion der Tiefenkasus in der Grammatik, d.h. die Frage nach dem Zusammenspiel zwischen Kasusstruktur, Bedeutungsstruktur und syntaktischer Struktur hängt vom jeweiligen theoretischen Ansatz ab: Nach FILLMORE [1977] selegiert jedes Verb eine

bestimmte Menge von Tiefenkasus, die seinen Kasusrahmen bilden. Insoweit beschreibt die K. auch wichtige Aspekte der semantischen →Valenz von Verben und anderen Valenzträgern (Adjektive und Nomen). Die Ausgangsbasis für syntaktische Regeln bilden Kasusstrukturen, die vom Kasusrahmen des jeweiligen Verbs determiniert werden. Diese unterliegen bestimmten Beschränkungen, etwa der, daß ein Tiefenkasus pro Satz nur einmal vorkommen darf. Realisierungsregeln bestimmen, wie die Tiefenkasus in syntaktische Funktionen wie Subjekt und Objekt überführt werden. Daß die syntaktischen Funktionen universell nur auf der Basis von Tiefenkasus definiert werden können, ist die »stärkste« Hypothese der K. Dabei geht FILLMORE [1968] bei der universellen Subjekt-Selektionsregel von folgender Hierarchie aus: Agens ⊂ Instrumental ⊂ Objektiv. Wenn in einem Kasusrahmen ein Agens erscheint, dann wird es in einem Aktiv-Satz als Subjekt realisiert. Im allgemeinen gilt: Wenn in einem Kasusrahmen mehrere Rollen vorkommen, dann wird diejenige in der GrundDiathese des Verbs als Subjekt realisiert, die in der Hierarchie am höchsten rangiert. – Mit Hilfe einer modifizierten, ihrer Rollenkonzeption angepaßten Hierarchie formulieren JAKKENDOFF [1972] und DIK [1980] weitere →Hierarchiegesetze für verschiedene universelle Phänomene wie Objekt-Selektion, Verbkongruenz, Passiv, Reflexivierung u.a.m. Durch die Annahmen, daß syntaktische Funktionen von Tiefenkasus abgeleitete Begriffe der Universalgrammatik darstellen und daß Tiefenkasus für die Beschreibung von Phänomenen relevant sind, die in anderen Modellen in der Syntax behandelt werden, läßt sich die K. gegen neuere Sprachtheorien abgrenzen. Die wissenschaftsgeschichtliche Wirkung der K. zeigt sich darin, daß zahlreiche neuere Sprachtheorien (mehr oder weniger explizit) den semantischen Rollen eine gewisse Bedeutung einräumen, vgl. hierzu z.B. →Theta-Theorie der generativen →Transformationsgrammatik, →Relationale Grammatik und →Funktionale Grammatik.

Lit: M. A. HALLIDAY [1967/68]: Notes on transitivity and theme in English. In: JL, Teil 1 1967, S. 37–81. Teil 2 1967, S. 177–274. Teil 3 1968, S. 153–308. – CH. J. FILLMORE [1968]: The case for case. In: E. BACH/ R. T. HARMS (eds.): Universals in linguistic theory. New York, S. 1–88. Dt. in: W. ABRAHAM (ed.) [1971]: Kasustheorie. Frankfurt. – R. HUDDLESTON [1970]: Some remarks on case-grammar. In: LIn 1, S. 501–511. – J. M. ANDERSON [1971]: The grammar of case. Cambridge. – R. S. JAKKENDOFF [1972]: Semantic interpretation in generative grammar. Cambridge, Mass. – P. FINKE [1974]: Theoretische Probleme der Kasusgrammatik. Kronberg. – J. S. GRUBER [1976]: Lexical structures in syntax and semantics I: Studies in lexical relations. Amsterdam. – J. M. ANDERSON [1977]: On case grammar: Prolegomena to a theory of grammatical relations. London. – CH. J. FILLMORE [1977]: The case for case reopened. In: P. COLE/J. M. SADOCK (eds.): Syntax and semantics 8: Grammatical relations. New York, S. 59–82. Dt.: Die Wiedereröffnung des Plädoyers für Kasus. In: J. PLEINES (ed.) [1981]: Beiträge zum Stand der Kasustheorie. Tübingen, S. 13–43. - W. ABRAHAM (ed.) [1978]: Valence, semantic case and grammatical relations. Amsterdam. - S. C. DIK [1978]: Functional grammar. Amsterdam. – CH. SCHWARZE (ed.) [1978]: Kasusgrammatik und Sprachvergleich: kontrastive Analysen zum Italienischen und Deutschen. Tübingen – ST. STAROSTA [1978]: The one per sent solution. In: W. ABRAHAM (ed.): Valence, semantic case and grammatical relations. Amsterdam, S. 459–577. Dt.: Die »1-Pro-Sent«-Lösung.

In: J. PLEINES (ed.) [1981]: Beiträge zum Stand der Kasustheorie. Tübingen, S. 45–147. – S. C. DIK (ed.) [1983]: Advances in functional grammar. Dordrecht. – H. CZEPLUCH/H. JANSSEN (eds.) [1984]: Syntaktische Struktur und Kasusrelation. Tübingen. – W. DÖPKE [1985]: Kasus, Sachverhalte und Quantoren. Ein Beitrag zur formalen Semantik natürlicher Sprache. Tübingen. – R. DIRVEN/G. RADDEN (eds.) [1987]: Concepts of case. Tübingen. – R. DIRVEN/G. RADDEN [1987]: Fillmore's case grammar: a reader. Heidelberg. – R. S. JACKENDOFF [1987]: The status of thematic relations in linguistic theory. In: LIn 18, S. 369–411. – G. RAUH [1988]: Tiefenkasus, thematische Relationen und Theta-Rollen: die Entwicklung einer Theorie von semantischen Relationen. Tübingen. – I. ICKLER [1990]: Kasusrahmen und Perspektive: Zur Kodierung von semantischen Rollen. In: DSp H. 1, S. 1–37. *Bibliographien:* C. RUBATTEL [1977]: Eine Bibliographie zur Kasusgrammatik. In: LBer 51, S. 88–106. – G. WOTJAK [1979]: Bibliographie zur Kasusgrammatik. In: DaF 16, S. 184–191.

Kasustheorie. Auf dem Rektionsbegriff der →GB-Theorie gründende Theorie der Kasuszuweisung, nach der bestimmte lexikalische Kategorien in strukturell definierten Bereichen bestimmte Kasus zuweisen können. Die K. unterscheidet zwischen (a) von Lexemen abhängigen Kasus wie z.B. dem von *helfen* regierten Dativ oder dem von *gedenken* regierten Genitiv, zwischen (b) solchen Kasus, die von der →Thematischen Rolle ihres Kasusträgers abhängen (z.B. dem →Instrumentalis oder dem →Pertinenz-Dativ zum Ausdruck bestimmter thematischer Rollen) und (c) den von bestimmten grammatischen Funktionen, d.h. von bestimmten Positionen abhängigen, mit keiner thematischen Rolle identifizierbaren Kasus wie z.B. dem Genitiv innerhalb einer *NP* wie in *Ottos Buch, die Liebe Gottes*, sie werden auch als»lexikalischer«,»inhärenter«

oder »struktureller« Kasus bezeichnet. Als strukturell gelten auch die von syntaktischen Kategorien zugewiesenen (bezüglich der jeweiligen Kategorie als unmarkiert angesehenen) Kasus, die nicht lexikalisch sind: so der Akkusativ beim Verb, der Dativ beim Adjektiv und der Nominativ als der von →INFL-Knoten zugewiesene Kasus. Die K. der GB-Theorie beschreibt, innerhalb welcher lokalen Domänen lexikalische und strukturelle Kasus von einem Regens abhängig sein können; generell sind maximale Projektionen im Sinne der →X-Bar-Theorie solche Domänen, d.h. sie sind Grenzen oder Barrieren für die Kasuszuweisung. Die rein strukturelle Beziehung zwischen einer X_0-Kategorie und einem Element innerhalb dieser Domäne wird als →Rektion (engl. *government*) bezeichnet. Über die K. hinaus erweist sich der Rektionsbegriff auch in anderen Modulen der GB-Theorie als zentral, vgl. etwa →Regierende Kategorie, →ECP.

Lit.: N. OSTLER [1980]: A theory of case linking and agreement. (IULC) Bloomington. – N. CHOMSKY [1981]: Lectures on government and binding. Dordrecht. – H. CZEPLUCH [1988]: Kasusmorphologie und Kasusrelationen: Überlegungen zur Kasustheorie am Beispiel des Deutschen. In: LBer 116, S. 275–310. – A. v. STECHOW/W. STERNEFELD [1988]: Bausteine syntaktischen Wissens. Opladen, Kap. 5.

Katachrese [griech. *katáchrēsis* ›Mißbrauch‹].
(1) Verwendung eines rhetorischen →Tropus zur Benennung eines Gegenstandes, für den es (anders als im Falle der →Metapher) sonst keine Bezeichnung gibt, z.B. *Tisch-Bein, Fluß-Bett, Tal-Sohle*. Oft dient die K. zur Benennung neuartiger Gegen-

stände der Technik, z.B. *Fuchsschwanz* (Säge), *Fischauge* (Weitwinkelobjektiv).
(2) Bezeichnung für die Vermischung von semantisch heterogenen Bildern, Vergleichen oder Metaphern, z.B. *Wenn alle Stricke reißen, hänge ich mich auf* oder *Die konjunkturelle Talsohle ist nur die Spitze des Eisbergs*.

Lit.: →Rhetorische Figur.

Katalanisch. Romanische Sprache, die von ca. 7 Mio. Sprechern im (Nord-)Osten der iberischen Halbinsel und auf den Balearen sowie im frz. Roussillon, in der sardischen Stadt Alghero und als offizielle Sprache in Andorra gesprochen wird. Basis der modernen Schriftsprache ist die Sprache von Barcelona, die nach ihrer Unterdrückung während des Franco-Regimes heute einen begrenzten Aufschwung erlebt. Die Eigenständigkeit des K. manifestiert sich u.a. auf lautlicher Ebene durch die Palatalisierung des anlautenden [l] (lat. *luna* > *lluna* ›Mond‹). Dialektal zerfällt das k. Sprachgebiet in Ost- und Westk., zu dem auch das Valencianische gehört. Die Frage der Zuordnung des K. zum Iberoromanischen (→Spanisch) oder zum Galloromanischen (→Okzitanisch) ist umstritten; sein Verbreitungsgebiet kann auch als Übergangszone zwischen diesen beiden Sprachräumen gesehen werden.

Lit.: A. M. BADÍA MARGARIT [1962]: Gramática catalana. 2 Bde. Madrid. – A. GRIERA [1966]: Tresor de la llengua. 14 Bde. Barcelona. – G. KREMNITZ [1979]: Sprachen im Konflikt. Theorie und Praxis der katalanischen Soziolinguisten. Tübingen. – J. LÜDTKE [1984]: Katalanisch. Eine einführende Sprachbeschreibung. München. – E.

BLASCO FERRER [1985]: Grammatica storica del Catalano e dei suoi dialetti con speciale riguardo all'Algherese. Tübingen. - G. HOLTUS/M. METZELTIN/C. SCHMITT (eds.) [1989]: Lexikon der Romanistischen Linguistik (LRL) Bd. 5. Tübingen.
Wörterbuch: J. COROMINES [1980]. Diccionari etimològic i complementari de la llengua catalana. Barcelona, 1980ff. (Bisher 7 Bde., bis »SOF«).

Katapher [griech. *kataphoréin* ›herabbewegen‹ - Auch: Kataphora]. Von K. BÜHLER [1934:122] in Analogie zu →Anapher geprägter Terminus, der ein Sprachelement bezeichnet, das auf folgende Information innerhalb eines Äußerungskontexts vorausweist. Als kataphorische Elemente kommen →Determinantien und →Pronomina vor; vgl. *er* in *Als er abdankte, war Ludwig I. ein verbitterter Mann.* - HALLIDAY/HASAN [1976:33] fassen K. und Anapher als »Endophora« zusammen.

Lit.: K. BÜHLER [1934]: Sprachtheorie. Jena. Neudruck Stuttgart 1965. - M. A. K. HALLIDAY/R. HASAN [1976]: Cohesion in English. London. →Anapher.

Kataphora →Katapher.

Katastrophentheorie. In der Mathematik ist K. eine allgemeine Theorie der Flächen in n-dimensionalen Räumen. Bei Schnitten solcher Flächen entstehen häufig Singularitäten (»Katastrophen«) für die beschreibenden Funktionen. Mit einiger Phantasie kann man solche Schnitte als dynamische Prozesse interpretieren. WILDGEN [1982] versucht, diese Möglichkeit für die Linguistik nutzbar zu machen - bisher in →Wortbildung und →Semantik.

Lit.: W. WILDGEN [1982]: Catastrophe theoretic semantics. An elaboration and application of René Thom's theory. Amsterdam.

Kategorema →Autosemantikum.

Kategorematischer Ausdruck. K. A. werden in der →Montague-Grammatik als Ausdrücke ohne eigene (lexikalische) Bedeutung aufgefaßt. Sie treten insofern auch nicht im Lexikon auf, sondern werden erst durch syntaktische Regeln eingeführt. Die entsprechenden semantischen (Interpretations-)Regeln erfassen den semantischen Effekt der K. A. in den umfassenderen Syntagmen. Beispiele für K. A. sind Konjunktionen, Artikel und Quantoren (vgl. →Synsemantikum).

Lit.: →Montague-Grammatik.

Kategoriales Merkmal. Untergruppe der semantisch-syntaktischen Merkmale in der generativen →Transformationsgrammatik von N. CHOMSKY [1965]. K. M. kennzeichnen die Zugehörigkeit sprachlicher Einheiten zu bestimmten grammatischen Kategorien wie z.B. Nomen oder Verb.

Lit.: →Transformationsgrammatik.

Kategorialgrammatik [Abk. KG]. Von polnischen Logikern (vgl. K. AJDUKIEWICZ) als algorithmisches Verfahren zur Überprüfung der Wohlgeformtheit von Sätzen erarbeitetes grammatisches Modell, zu dessen Entwicklung im Hinblick auf natürliche Sprachen vor allem J. LAMBEK, Y. BAR-HILLEL, D. LEWIS und R. MONTAGUE wesentlich beitrugen. Charakteristisch für alle Varianten von K. sind die Konzeption der »Kategorien« sowie der parallele

Aufbau von Syntax und Semantik. Die Kategoriennamen der K. kodieren die Kombinationsmöglichkeiten der sprachlichen Ausdrücke und damit wichtige Aspekte ihrer Distribution und syntaktischen Funktion. So z.B. erfaßt der Kategorienname S/N die Tatsache, daß sich ein Ausdruck dieser Kategorie mit einem Ausdruck der Kategorie N zu einem Ausdruck der Kategorie S verknüpfen läßt. (Diese Redeweise entspricht der traditionellen Aussage, daß ein Verb mit einem Nomen einen Satz bildet). Der Kategorienname »Verb« gibt jedoch im Unterschied zum Symbol S/N diesen Sachverhalt nicht explizit wieder. Komplexe Kategorien wie S/N werden von einigen wenigen Grundkategorien abgeleitet: N für nominale Ausdrücke (*Philip, er, das Buch*) und S für Sätze (*Philip liest das Buch*). Aus diesen bildet man beliebige komplexe Kategorien wie S/N für *schläft, arbeitet*, $(S/N)/N$ für *begrüßt, rasiert*, $(S/N)/(S/N)$ für *gern, heimlich* u.a.m. Die komplexen Kategorien werden als mathematische Funktionen aufgefaßt und »Funktorkategorien« genannt. So z.B. benennt S/N eine Funktion bzw. Operation, die N als Argument und S als Wert hat. Den Kategorien entsprechend unterscheidet man zwischen Funktor- (bzw. Operator-) und Argument- (bzw. Operand-) Ausdrücken. Dieses Kategoriensystem bietet mehrere Vorteile: (a) Man muß nicht zahlreiche einzelne syntaktische Verknüpfungsregeln angeben, sondern kommt mit folgendem einfachen Regelschema aus: ein Ausdruck der Kategorie A/B wird mit einem Ausdruck der Kategorie B zu einem Ausdruck der Kategorie A verknüpft. Dieser Verknüpfungsregel entspricht mathematisch eine funktionale Anwendung: ein Funktor-Ausdruck der Kategorie A/B wird auf einen »passenden« Argument-Ausdruck der Kategorie B angewandt, wobei als Wert ein Ausdruck der Kategorie A resultiert. Da die Symbole der Funktorkategorien als arithmetische Bruchzahlen interpretierbar sind (z.B. S/N mit S als Zähler und N als Nenner), nennt man die funktionale Anwendung auch »Kürzungsregel« (vgl. die mathematische Schreibweise $A/B \times B = A$). Nach diesem Regelschema läßt sich z.B. ein intransitives Verb der Kategorie S/N mit einem nominalen Ausdruck der Kategorie N zu einem Satz verbinden. Versucht man hingegen einen S/N-Ausdruck mit einem transitiven Verb der Kategorie $(S/N)/N$ zu verknüpfen, so scheitert die funktionale Anwendung, da die beiden Kategorien nicht im mathematischen Sinn als Funktor und Argument zueinander passen. Zur Überprüfung, ob *Philip arbeitet gern* ein wohlgeformter Satz des Dt. ist, ordnet man zunächst den Ausdrücken Kategorien zu und versucht dann die funktionale Anwendung für alle vorhandenen Kategorien schrittweise durchzuführen. Gelingt dies mit dem Resultat S (für Satz), so hat man bewiesen, daß es sich um einen wohlgeformten Satz handelt. Das Diagramm illustriert (bei zeilenweiser Lektüre von oben nach unten) die Überprüfungsschritte:

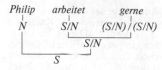

(b) Syntaktische Repräsentationen rekonstruieren sowohl die Konstituentenstruktur komplexer Ausdrücke als auch deren Funktor-Argument-Struktur. So spiegeln die sukzessiven funktionalen Anwendungen im obigen Diagramm den Vorgang der Zerlegung des Satzes in Konstituenten: der Satz setzt sich aus den unmittelbaren Konstituenten *Philip* und *arbeitet gern* zusammen. Letzteres ist seinerseits ein komplexer Ausdruck bestehend aus *arbeitet* und *gern*. Darüber hinaus wird der Satz auch nach funktionalen Gesichtspunkten hierarchisiert. Zwei Schwesterkonstituenten sind nicht gleichgeordnet, sondern bezüglich Funktor und Argument unterschieden. So z.B. ist *gern* der Funktor von *arbeitet* und der komplexe Ausdruck *arbeitet gern* Funktor von *Philip*. Wichtig ist diese funktionale Hierarchisierung für die semantische Interpretation von Sätzen. Man kann sie auch in der Syntax für die Rekonstruktion von →Dependenz im allgemeinen und →Valenz im besonderen oder für die Präzisierung des Begriffs »Kopf einer Konstruktion« heranziehen (vgl. VENNEMANN [1977]). (c) Die mathematische Darstellungsform erleichtert die Überprüfbarkeit der Grammatik und einige ihrer Anwendungen u.a. in der →Computerlinguistik, da das syntaktische Kategoriensystem und die syntakti-sche Verknüpfung von einfachen Ausdrücken zu Sätzen parallel läuft zum semantischen Kategoriensystem und zur semantischen Komposition der Bedeutungen einfacher Ausdrücke zu Satzbedeutungen. – Zu Ansätzen der K. in der Morphologie vgl. ŠAUMJAN [1971], REICHL [1981], HOEKSEMA [1985], HOEKSEMA/JANDA [1987], MOORTGAT [1987]; in der Phonologie WHEELER [1987] und in der Pragmatik ZAEFFERER [1979]. – Allerdings ist »klassische« K. nicht ausreichend für die Beschreibung der Gesamtgrammatik einer Sprache, da sie u.a. diskontinuierliche Konstituenten, Umstellungen der Wortfolge eines Satzes, morphologische Markierungen und Beziehungen (wie →Kongruenz und →Rektion) nicht erfassen kann. Vorschläge zur Erweiterung der Beschreibungsmöglichkeiten der K. beziehen sich auf die Einführung von →Transformationen (vgl. LEWIS [1970], PARTEE [1975]), syntaktischen Merkmalen (vgl. BACH [1983]) im Rahmen der Generalisierten K. und der Kategorialen Unifikationsgrammatik sowie von Regeltypen, die keine funktionale Anwendungen nach dem Regelschema unter (a) sind, vgl. LAMBEK [1958], GEACH [1972], OEHRLE u.a. [1987].

Lit.: K. AJDUKIEWICZ [1935]: Die syntaktische Konnexität. In: Studia Philosophica 1, S. 1-27. – Y. BAR-HILLEL [1954]: Logical syntax and semantics. In: Lg 30, S. 230-237. – Y. BAR-HILLEL [1964]: Language and information. Reading. Mass. – J. LAMBEK [1958]: The mathematics of sentence structure. In: American Mathematical Monthly 65, S. 154-170. – D. LEWIS [1970]: General semantics. In: Synthese 22, S. 18-67. Dt.: Prinzipien der Semantik. In: S. KANNGIESSER/G. LINGRÜN (eds.) [1974]: Studien zur Semantik. Kronberg. – S. ŠAUMJAN [1971]: Strukturelle Linguistik. München. – R.

BARTSCH/TH. VENNEMANN [1972]: Semantic structures. Frankfurt – P. GEACH [1972]: A program for syntax. In: D. DAVIDSON/ G. HARMAN (eds.): Semantics of natural language. Dordrecht, S. 483–497. – M. J. CRESSWELL [1973]: Logics and languages. London. Dt.: Die Sprachen der Logik und die Logik der Sprachen. Berlin 1979. – R. MONTAGUE [1974]: Formal philosophy. Selected papers. Ed. by R. H. THOMASON. New Haven. – B. PARTEE [1975]: Montague grammar and transformational grammar. In: Lln 6, S. 203–300. – TH. VENNEMANN [1977]: Konstituenz und Dependenz in einigen neueren Grammatiktheorien. In: Sprachw 2, 259–301. – D. ZAEFFERER [1979]: Sprechakttypen in einer Montague-Grammatik. In: G. GREWENDORF (ed.): Sprechakttheorie und Semantik. Frankfurt, S. 386–417. – K. REICHL [1981]: Categorial grammar and word-formation: The de-adjectival abstract noun in English. Tübingen – D. R. DOWTY [1982]: Grammatical relations and Montague grammar. In: P. T. JACOBSON/G. K. PULLUM (eds.): The nature of syntactic representation. Dordrecht, S. 79–130. – E. BACH [1983]: On the relationship between word-grammar and phrase-grammar. In: NLLT 1, S. 165–189. – J. HOEKSEMA [1985]: Categorial morphology. New York. – L. KARTTUNEN [1986]: Radical lexicalism. CLSI-Report 68. Stanford. – H. USZKOREIT [1986]: Categorial unification grammar. CLSI-Report 1966. Stanford. – J. HOEKSEMA/R. D. JANDA [1987]: Implications of process-morphology for categorial grammar. In: R. OEHRLE/E. BACH/D. WHEELER (eds.): Categorial grammars and natural language. Dordrecht, S. 199–248. – M. MOORTGAT [1987]: Mixed composition and discontinuous dependencies. In: R. OEHRLE/E. BACH/D. WHEELER (eds.): Categorial grammars and natural language. Dordrecht, S. 319–348. – S. S. SHIEBER [1987]: An introduction to unification-based approaches to grammar. Stanford. – D. WHEELER [1987]: Consequences of some categorially motivated phonological assumptions, S. 467–488. – W. BUSZKOWSKI/W. MARCISZEWSKI/J. VAN BENTHEM (eds.) [1988]: Categorial grammar. London.
Einführende Darstellungen: F. V. KUTSCHERA [1971]: Sprachphilosophie. 2. Aufl. München. – R. BARTSCH/J. LENERZ/V. ULLMER-EHRICH [1977]: Einführung in die Syntax. Kronberg, Kap. 3. – H. J. HERINGER/B. STRECKER/R. WIMMER [1980]: Syntax. Fragen – Lösungen – Alternativen. München, Kap. 5. – TH. VENNEMANN/J. JACOBS [1982]: Sprache und Grammatik. Darmstadt. →Intensionale Logik, →Montague-Grammatik.

Kategorialsymbol. In der generativen →Transformationsgrammatik Abkürzung sowohl für Klassen von grammatischen (syntaktischen) Kategorien wie *NP, VP, V* u.a. als auch für einzelne Elemente aus diesen Klassen. Vgl. →Grammatische Kategorien.

Kategorisch →Topik vs. Prädikation.

Katharevusa →Griechisch.

Kauderwelsch. Ursprünglich Bezeichnung für die schwerverständliche Sprache der Rätoromanen (→Rätoromanisch) aus dem Rheintal bei Chur. *Chur* hieß um 1000 n.Chr. auf tirolerisch *Kauer, welsch* bedeutet ›romanisch‹. Aus *Kauerwelsch* entwickelt sich durch →Dissimilation *Kauderwelsch*, das eigentlich ›Churromanisch‹ bedeutet. Heute Bezeichnung für jede Form von verworrener und unverständlicher Sprechweise.

Kaukasische   Sprachen. Geographischer Begriff für die Sprachen, die in dem sprachlich sehr vielfältigen Kaukasus-Gebiet gesprochen werden. Neben einer Reihe von ideur. und →Turksprachen versteht man darunter vor allem die Sprachen dreier lokaler Familien, vgl. →Nordwest-K., →Nordost-K. und →Süd-K. Während die beiden ersten Familien wohl einem Stamm angehören, konnte die Verwandtschaft mit dem Süd-K. nicht sicher belegt werden. Ebenso zweifelhaft blieben die Versuche, die k. Sprachfamilien mit Sprachen außerhalb des Kaukasus, z.B. mit dem →Baskischen, genetisch in Beziehung zu setzen. (Vgl. Sprachenkarte Nr. 8).

Lit.: A. DIRR [1928]: Einführung in das Studium der kaukasischen Sprachen. Leipzig. – G. A. KLIMOV [1969]: Die kaukasischen Sprachen. Hamburg. – B. COMRIE [1981]: The languages of the Soviet Union. Cambridge.

Kausalsatz [lat. *causa* ›Grund‹, ›Ursache‹]. Semantisch spezifizierter Satztyp, meist in der syntaktischen Funktion eines →Adverbials, der die Ursache des im Hauptsatz bezeichneten Sachverhalts bezeichnet: *Er war müde, weil er den ganzen Tag gewandert war.* Kausale Nebensätze werden im Dt. eingeleitet durch Konjunktionen (*weil, da*), kausale Hauptsätze durch die koordinierende Konjunktion *denn*: *Philip suchte Caroline, denn sie hatte sich vor ihm versteckt* oder durch Konjunktionaladverbien (*daher, deshalb*).

Lit.: E. LANG [1976]: Erklärungstexte. In: SG 11, S. 147–182. – E. RUDOLPH [1976]: Zusammenhänge von Kausalität und kausalen Satzgefügen. In: DS 4, S. 193–206. – G. HARRAS [1984]: Was erklären Kausalsätze? In: JbIdS 1983, S. 175–194.

Kausativum [Pl. *Kausativa.* – Auch: →Faktitivum]. Semantisch begründete Klasse von Verben bzw. Verbphrasen, die den Vorgang des »Verursachens« bezeichnen. Unter formalem Aspekt lassen sich folgende Gruppen unterscheiden: (a) Morphologische K.: abgeleitete Verben, die durch eine äquivalente syntaktische Konstruktion mit *machen* bzw. *bewirken, daß* paraphrasierbar sind: *tränken = trinken machen, setzen* zu *sitzen, senken* zu *sinken.* Diese (deverbalen) Verben wurden von der 2. Ablautstufe (→Ablaut) der starken Verben

mit Hilfe des (Umlaut bewirkenden) Verbalisierungssuffixes *-jan* gebildet, vgl. got. *dragkjan* > ahd. *trenken* > nhd. *tränken.* Eine andere durch systematische Wortbildung begründete Gruppe bilden die von Adjektiven abgeleiteten K., vgl. *tot : töten, rot : röten, schwarz : schwärzen, glatt : glätten.* (b) Ergative Verben (→Ergativitätshypothese), die in transitiver und intransitiver Verwendung auftreten, wobei die transitive Verwendung Kausation ausdrückt, vgl. *Die Sonne schmilzt das Eis* vs. *Das Eis schmilzt*; es gibt allerdings auch entsprechende Verbpaare, die morphologisch nicht verwandt sind wie *sterben – töten.* (c) Hilfsverben mit kausativer Bedeutung wie *machen, lassen,* vgl. *Caroline läßt Wein kommen.* Vgl. auch unter →Rezessivum.

Lit.: D. KASTOVSKY [1973]: Causatives. In: FL 10, S. 255–315. – V. P. NEDJALKOV [1976]: Kausativkonstruktionen. Tübingen. – M. SHIBATANI (ed.) [1976]: Syntax and semantics 6: The grammar of causative constructions. New York. – J. BALLWEG [1977]: Semantische Grundlagen einer Theorie der deutschen kausativen Verben. Tübingen. – R. STEINITZ [1977]: Zur Semantik und Syntax durativer, inchoativer und kausativer Verben. In: LSt 35, S. 85–129. – S. M. SYEED [1985]: Morphological causatives and the problems of the transformational approach. Bloomington. →Generative Semantik.

Kehlkopf [griech. *lárynx* ›Kehlkopf‹]. Birgt die Stimmbänder und begrenzt mit ihnen das Ansatzrohr zur Luftröhre hin. →Artikulatorische Phonetik.

Kehlkopflaut →Glottal(laut).

Kehlkopfverschluß →Glottisverschluß.

Kehlkopfverschlußlaut →Glottisverschlußlaut.

Keilschrift [engl. *cuneiform characters*]. Schrift der Sumerer und Babylonier (seit etwa 2900 v. Chr.), deren Bezeichnung von den mit Griffeln auf Tontafeln geritzten keilförmigen Eindrücken herrührt.

Lit.: K. JARITZ [1967]: Schriftarchäologie der altmesopotamischen Kultur. Graz. – B. MEISSNER/K. OBERHUBER [1967]: Die Keilschrift. 3., völig neu bearb. Aufl. Berlin 1967. – D. O. EDZARD [1976/80]: Reallexikon der Assyriologie. Berlin, New York. Bd. 5, S. 544–568.

Kekchi →Maya-Sprachen.

Keltisch. Sprachzweig des →Indo-Europäischen, früher über weite Teile Europas und Kleinasiens verbreitet und heute nur mehr in Nordwest-Europa vertreten. Zu unterscheiden ist das ausgestorbene Festland-K., das nur sehr spärlich, z.B. in Ortsnamen, überliefert ist, und das Insel-K. Dieses zerfällt in (a) →Gälisch mit Irisch (50000 Sprecher), überliefert seit dem 8. Jh., Schottisch-Gälisch (90000 Sprecher) und dem kürzlich ausgestorbenen Manx auf der Insel Man und (b) →Bretonisch mit →Walisisch (400000 Sprecher, seit 8. Jh.), Bretonisch (1,2 Mio. Sprecher) in der Bretagne und dem im 18. Jh. ausgestorbenen Cornish auf Cornwall. – Sprachliche Kennzeichen der insel-k. Sprachen: Konsonanten-Lenisierung (Schwächung) am Wortanfang, ausgelöst durch den vorhergehenden Vokal. Reich entwickelte Nominal- und Verbalmorphologie, am Verb affigierte Pronominalformen. Ein Infinitiv fehlt und wird durch ein Verbalnomen ersetzt. Wortstellung: VSO – im Unterschied zu allen anderen Indo-Europäischen Sprachen. (Vgl. Sprachenkarte Nr. 7).

Lit.: H. LEWIS/H. PEDERSEN [1937]: A concise comparative Celtic grammar. 3. Aufl. Göttingen 1989. – D. B. GREGOR [1980]: Celtic. A comparative survey. Cambridge.

Kenem [griech. *kenós* ›leer‹]. In der →Glossematik die kleinsten »leeren« Einheiten der Ausdrucksebene (= phonologische Merkmale), die zusammen mit den semantischen Merkmalen (→Plerem) unter der Bezeichnung →Glossem zusammengefaßt werden.

Lit.: →Glossematik.

Kennlaut →Bindevokal.

Kennzeichnung [engl. (*definite*) *description*]. Auf G. FREGE [1892] und B. RUSSELL [1905] zurückgehender Begriff der →Formalen Logik für Ausdrücke, die mit Hilfe der bestimmten Artikel *der, die, das* und eines Prädikats, das auf genau eine Entität zutrifft, zur Bezeichnung bestimmter Objekte dienen. Z.B. trifft die durch die Aussageform *Vater (x, W. A. Mozart)* bezeichnete Eigenschaft genau auf einen Menschen zu, nämlich auf Leopold MOZART, der mit der K. *der Vater von W. A. Mozart* bezeichnet wird. Solche definiten K., die der Identifizierung von bestimmten Entitäten dienen, werden in der formalen Logik durch den sogen. Jota-Operator eingeführt, vgl. →Operator (c).

Lit.: G. FREGE [1892]: Über Sinn und Bedeutung. In: ZPhK, NF 100, S. 25–50. Wiederabgedruckt in: G. FREGE [1967]: Kleine Schriften (Hrsg. v. I. Angelelli). Darmstadt, S. 143–162. – B. RUSSELL [1905]: On denoting. In: Mind 14, S. 479–493. – P. F. STRAWSON [1950]: On referring. In: Mind 59, S. 320–344. – K. DONNELLAN [1966]: Reference and definite description. In: PhR 75, S. 281–304. – K. DONNELLAN [1970]: Proper names and identifying descriptions. In: Synthese 21, S. 335–358. – L. KARTTUNEN [1971]: Definite descriptions with crossing coreference. A study of the Bach-Peters-Paradox. In: FL 7, S. 157–182. – S. KRIPKE [1972]: Naming and necessity. In: D. DAVIDSON/G. HARMAN (eds): Semantics of natural language. Dordrecht, S. 253–355. Dt.: Name und Notwendigkeit. Frankfurt 1981. →Formale Logik.

Kennzeichnungsoperator
→Operator.

Kentum- vs. Satemsprachen
[lat. *centum*, sansk. *satám* ›hundert‹]. Von der Historisch-Vergleichenden Sprachwissenschaft aufgrund von Lautrekonstruktion angesetzte Unterscheidung der ideur. Sprachen in eine westliche und eine östliche Gruppe, die nach ihrer jeweiligen Bezeichnung für ›hundert‹ benannt wurden. Der ursprünglichen (heute umstrittenen) These zufolge besaß die ideur. Grundsprache drei Reihen von Gutturallauten, nämlich Velare [k, g], Palatale [k', g'] und Labiovelare [kᵘ, gᵘ]. Diese erhaltenen drei Reihen haben sich in den Einzelsprachen unterschiedlich entwickelt: in den sogenannten Kentumsprachen (= Germ., Kelt., Italisch u.a.) sind die Palatale mit den Velaren zusammengefallen, in den sogenannten Satemsprachen (= Indisch, Iran., Slaw. u.a) sind Velare und Labiovelare zusammengefallen und die Palatale haben sich zu Spiranten entwickelt, so daß dem ehemals palatalen Verschlußlaut in Kentumsprachen [k] in den Satemsprachen [s] entspricht. Gegen diese Hypothese sind verschiedene Einwände phonologischer Art erhoben worden. Vor allem aber die jüngeren Entdeckungen des Tocharischen (1904) und Hethitischen (1906), zweier im Osten beheimateter Kentumsprachen, haben das Einteilungsprinzip in zwei geographisch und phonologisch begründete Sprachzweige endgültig widerlegt.

Lit.: →Indoeuropäisch, →Klassifikation der Sprachen.

Kerngrammatik [engl. *core grammar*]. Im Rahmen der »Revidierten Erweiterten Standardtheorie« (REST) der →Transformationsgrammatik von N. CHOMSKY [1975] zentraler Gegenstand sprachwiss. Beschreibung: Die K. umfaßt diejenigen universalen linguistischen Fakten und Prinzipien, die als unmarkierte gramm. Phänomene tendenziell in allen natürlichen Sprachen vorkommen; sie sind zugleich der Kernbereich der individuellen →Kompetenz, der durch einzelsprachliche Regularitäten unterschiedlicher Ausprägung (Parameter) ergänzt wird. Zur Kompetenz gehört neben der Kerngrammatik und den einzelsprachlichen Parametern, die als mögliche Optionen ebenfalls von der Universalgrammatik zur Verfügung gestellt werden, auch die Beherrschung einzelsprachlicher »Irregularitäten«, die als »markierte« Erscheinungen zur »Peripherie« gehören. (Zum Begriffspaar »markiert vs. unmarkiert«, das aus der generativen Phonologie in die Syntax, bzw. in die allgemeine Sprachtheorie übertragen wurde, vgl. →Markiertheitstheorie.) Sowohl die Theorie der Markiertheit als auch das Konzept der K. werden motiviert durch Hypothesen über korrelierende Phänomene beim Spracherwerb: die K. bzw. die unmarkierten sprachlichen Phänomene werden als »genetische Lernhilfen« beim Spracherwerb betrachtet und müssen als solche nicht gelernt werden, während markierte (einzelsprachliche) Eigenschaften allmählich dazugelernt werden müssen.

Lit.: N. CHOMSKY [1975]: Reflections on language. New York. Dt.: Reflexionen über die Sprache. Frankfurt. – N. CHOMSKY [1981]: Lectures on government and binding. Dordrecht. – A. V. STECHOW/W. STERNEFELD [1988]: Bausteine syntaktischen Wissens. Opladen, Kap. 2. →Transformationsgrammatik.

Kernphonem [Auch: Nukleus]. Bezeichnung für Phoneme, die im Unterschied zu den Konsonanten den →Silbenkern bilden. Phoneme einer Silbe, die nicht K. sind, werden als →Satellitenphoneme bezeichnet.

Lit.: →Silbe.

Kernsatz [Auch: Nuklearsatz]. (1) Bei Z. S. HARRIS einfacher elementarer Satz, der mit Rücksicht auf strukturelle und inhaltliche Vollständigkeit nicht weiter reduzierbar ist. Solche minimalen Satztypen bilden den syntaktischen Kernbestand einer Sprache, aus ihnen werden durch →Transformationen alle anderen Sätze abgeleitet. Während bei HARRIS also K. die Basis für transformationelle Ableitungen bilden, sind K. in der Frühphase der generativen →Transformationsgrammatik (wie sie CHOMSKY [1957] repräsentiert) Aussagesätze, die durch →Ersetzungsregeln und obligatorische Transformatio-

nen erzeugt werden und aus denen durch zusätzliche fakultative Transformationen →Abgeleitete Sätze gebildet werden. K. sind z. B. alle einfachen aktiven/bejahenden Aussagesätze, von denen durch fakultative Transformationen passive/verneinende bzw. Fragesätze abgeleitet werden. Die Unterscheidung zwischen K. und abgeleitetem Satz wird in der revidierten Version des →Aspekte-Modells aufgegeben, bzw. durch das Konzept von →Tiefenstruktur vs. Oberflächenstruktur ersetzt.

Lit.: Z. S. HARRIS [1957]: Co-occurrence and transformation in linguistic structure. In: Lg 33, S. 283–340. – K. E. HEIDOLPH [1964]: Einfacher Satz und Kernsatz im Deutschen. In: ALH, S. 97ff., 108ff. →Transformationsgrammatik.

(2) In der DUDEN-Grammatik Bezeichnung für Sätze mit Achsen- bzw. Kernstellung des finiten Verbs (das entspricht »Verb-Zweit-Stellung« im Aussagesatz). Vgl. dagegen →Spannsatz, →Stirnsatz.

Ket →Isolierte Sprachen, →Paläo-Sibirische Sprachen.

Kette. Technischer Begriff der →GB-Theorie, der dazu dient, die Stationen der (möglicherweise wiederholten) Anwendung einer →Bewegungstransformation formal als Folge von Positionen der S-Struktur zusammenfassen zu können. Dabei werden die bei einer Bewegung durchlaufenen Positionen so zu einer K. vereinigt, daß das erste Glied einer K. die Endposition der Bewegung, das letzte Glied der K. die Ausgangsposition und die übrigen Glieder die Zwischenpositionen der Bewegung bezeichnen. Ketten dienen zur Präzisierung des sogen. Theta-Kriteriums, welches eine eindeutige Entsprechung zwischen →Argumenten und →Thematischen Rollen verlangt: dem Thetakriterium zufolge muß eine K. genau eine thematisch markierte Position besitzen, wenn sie ein →Argument besitzt, und umgekehrt muß jede K. genau ein Argument enthalten, wenn sie eine thematische Rolle hat. Vgl. →Theta-Theorie.

Lit.: L. Rizzi [1986]: On chain formation. In: H. Borer (ed.): Syntax and semantics. Bd. 19: The syntax of pronominal clitics. London – J. McClosky/P. Sells [1988]: Control and A-chains in modern Irish. In: NLLT 6, S. 143–190. →Argument, →GB-Theorie, →Theta-Theorie.

Kettenanalyse [engl. *string analysis*]. Im Rahmen der →Tagmemik von R. E. Longacre und Z. S. Harris entwickelte Methode zur gramm. Analyse von Sätzen. Im Unterschied zur →Phrasenstrukturgrammatik, die von der hierarchischen Struktur von Sätzen ausgeht, basiert die K. auf der Hypothese, daß Sprache eine lineare Aneinanderreihung von Einzelelementen sei. Jeder Satz ist daher analysierbar als →Kernsatz, der von null oder mehr Ergänzungen (= →Adjunkte) umgeben ist; auch die Ergänzungen bestehen wiederum aus notwendigen Elementen. Jedes Wort ist aufgrund seiner morphologisch-syntaktischen Eigenschaften klassifizierbar, so daß man Sätze als Ketten von →Kategorialsymbolen darstellen kann. Auf der Basis einer offenen Liste von axiomatischen Elementarketten werden Sätze in Teilketten zerlegt, die jeweils rechts oder links von den zentralen Kernketten vorkommen

können, d.h. akzeptable Sätze werden als Kombinationen bzw. Erweiterungen elementarer Einheiten (Phoneme, Morpheme, Wörter, Syntagmen, Sätze) aufgefaßt.

Lit.: R. E. Longacre [1960]: String constituent analysis. In: Lg 36, S. 63–88. – Z. S. Harris [1962]: String analysis of sentence structure. The Hague.

Khanty →Finno-Ugrisch.

K-Herrschaft →C-Kommando.

Khmer →Mon-Khmer-Sprachen.

Khoikhoi →Khoisan.

Khoisan. Sprachstamm von ca. 30 Sprachen im südwestlichen Afrika (mit zwei →Isolierten Sprachen, Hadza und Sandawe, in Ostafrika). Größte Sprachen sind Nama (120000 Sprecher) und Sandawe (35000 Sprecher); die übrigen Sprachen sind teilweise im Aussterben begriffen. Traditionelle Klassifizierung auf kulturanthropologischer Grundlage in Khoikhoi (sogen. »Hottentotten«, Viehhirten) und San (»Buschleute«, Wildbeuter); linguistische Rekonstruktionen legen jedoch drei Sprachzweige (Süd-, Nord-, Zentralk.) nahe. K.-Sprachen waren früher über weite Teile des südlichen Afrika verbreitet und wurden dann von den vordringenden Bantus und Kap-Holländern in Rückzugsgebiete gedrängt. – Charakteristisch sind die sogen. →Klicks (»Schnalzlaute«), die durch einige benachbarte →Bantusprachen übernommen wurden und sonst in keiner Sprache als Phoneme vorkommen. K.-Sprachen besitzen außergewöhnlich umfangreiche Lautsysteme (oft weit über hundert Phoneme). Genus- oder →Nominalklassensysteme, →Konkordanz, komplexe Numerusbildung (u.a. Dual). Wortstellung: meist SOV.

Lit.: O. KÖHLER [1975]: Geschichte und Probleme der Gliederung der Sprachen Afrikas. Wiesbaden. – J. C. WINTER [1981]: Khoisan. In: B. HEINE u.a. (eds.): Die Sprachen Afrikas. Hamburg, S. 329–374. →Afrikanische Sprachen.

Kinesik [griech. *kínēma* ›Bewegung‹; engl. *kinemics/kinesics*. – Auch: Paralinguistik]. Im Bereich →Nonverbaler Kommunikation die Untersuchung von Struktur und Funktion nichtphonetischer Kommunikationsmittel wie Gesichtsausdruck, Gestik, Mimik, Körperhaltung, Blickkontakt u.a. Die Beobachtung solcher Bewegungssignale spielt eine Rolle bei der Interpretation von Bedeutung, insofern z.B. Stirnrunzeln oder eine Handbewegung die Interpretation einer Äußerung entscheidend beeinflussen (können). →Paralinguistik.

Lit.: M. R. KEY [1975]: Paralanguage and kinesics. With a bibliography. Metuchen, N.J. – B. L. BATES/R. N. ST. CLAIR [1981]: Developmental kinesics, the emerging paradigm. Baltimore. →Face-To-Face-Interaction, →Gebärdensprache, →Nonverbale Kommunikation, →Transkription.

Kiowa-Sprachen   →Uto-Aztekisch.

Kiswahili →Swahili.

Klamath →Penute.

Klammerform. In der →Wortbildung elliptisches →Determinativkompositum, bei dem aus sprachökonomischen Gründen ein mittleres Glied ausgespart ist, so daß die beiden äußeren Glieder eine Klammer bilden: *Bier(glas)deckel.* Im Ggs. zu Kopfwörtern und Schwanzwörtern (vgl. unter →Kurzwort) können K. unmittelbar entstehen als (elliptische) Formen von →Determinativkomposita.

Lit.: →Kurzwort, →Wortbildung.

Klammerfügung. Syntaktische Fügung mit einem (nur einmal genannten) gemeinsamen Glied: *Groß- und Kleinschreibung.*

Lit.: →Gapping.

Klammerkonvention. Bei →Ersetzungs- bzw. →Phrasenstrukturregeln übliche ökonomische Schreibkonvention, derzufolge fakultative Regelanwendungen in runde, alternative Regelanwendungen in geschweifte Klammern gesetzt werden. Aufgrund dieser Notationskonvention lassen sich etwa die folgenden vier einzelnen Phrasenstrukturregeln (a) – (d) in eine einzige Regel (e) zusammenfassen: (a) $NP \rightarrow N$, (b) $NP \rightarrow Art + N$, (c) $NP \rightarrow Art + Adj + N$, (d) $NP \rightarrow Pronomen$

$$(e) \; NP \rightarrow \begin{Bmatrix} (Art) + (Adj) + N \\ Pronomen \end{Bmatrix}$$

Solche Klammern werden auch als ›Abbreviatoren‹ bezeichnet.

Klammersatz →Spaltsatz.

Klang. Terminus der akustischen Physik/Phonetik: Schallerscheinung, die durch Überlagerung mehrerer periodischer Schwingungen (Sinusschwingung) mit unterschiedlicher Frequenz und Amplitude entsteht. Zahl, Anordnung und Stärke dieser Teiltöne bestimmen den Klangcharakter bzw. die →Klangfarbe. Vokale, Halbvokale, Liquide und Nasale werden akustisch als »Klänge« aufgefaßt, alle übrigen Sprachlaute als »Geräusche«.

Lit.: →Phonetik.

Klangfarbe [engl. *tamber/timbre*]. Akustisch-physikalische Eigenschaft von Lauten, die sich spektral-analytisch darstellt durch unterschiedliche Form und Verteilung der Schallintensität auf bestimmte Frequenzen. Jeder →Klang besteht aus mehreren Teiltönen, deren Zahl, Anordnung und Intensität die K. bestimmen. Frequenzbereiche mit besonderer Intensität sind die →Formanten. Den akustischen Merkmalen entsprechen artikulatorische Größen und Formunterschiede im →Ansatzrohr.

Lit.: →Phonetik.

Klangmalerei →Onomatopoiie.

Klasse. Gesamtmenge von (sprachlichen/linguistischen) Elementen, die mindestens durch ein gemeinsames Merkmal gekennzeichnet sind, z.B. gehören die Wörter *Buch, bald, baden* zur K. von Ausdrücken des Dt., die mit dem Buchstaben *b* beginnen, *Onkel, Bruder, Sohn* zur Klasse der männlichen Verwandtschaftsbezeichnungen. In dieser Verwendung deckt sich K. mit dem Begriff der →Menge. Die so gewonnenen K. können zueinander in verschiedene Beziehungen treten, wobei vor allem zwischen hierarchischen (nach dem Schema von *genus proximum – differentia specifica* organisierten) Klassifikationen und Kreuzklassifikationen zu unterscheiden ist (→Definition). Beispiele für hierarchische Klassifikation sind die Sprechakt-K. (→Sprechakttheorie) sowie die →Wortbildungs-K.; auf Kreuzklassifikation beruht die Systematisierung der Phoneme mittels →Distinktiver Merkmale in der →Phonologie. Im taxonomischen →Strukturalismus sind die durch unterschiedliches Vorkommen gekennzeichneten Formklassen Grundlage der Sprachbeschreibung, vgl. →Distribution.

Lit.: A. JUILLAND/H. H. LIEB [1968]: Klasse und Klassifikation in der Sprachwissenschaft. The Hague. – TH. BALLMER [1979]: Probleme der Klassifikation von Sprechakten. In: G. GREWENDORF (ed.): Sprechakttheorie und Semantik. Frankfurt, S. 147-274.

Klassem [= *Klass(e)* + *-em*, vgl. →Etische vs. emische Analyse]. In der Terminologie von B. POTTIER semantische Merkmale mit klassenbildender Funktion (→Generischer Ausdruck); z.B. ist das K. für *rot, blau, grün* = [Farbe]. Ähnliche Verwendungen finden sich (a) im Sinne von »allgemeinen Werten, die in einer ganzen Reihe von Feldern funktionieren« (z.B. [BELEBT], [UNBELEBT], [MENSCH], [TIER]) bei E. COSERIU; (b) im Sinne von »kontextuellen Merkmalen« bei A. GREIMAS.

Lit.: B. POTTIER [1963]: Recherches sur l'analyse sémantique en linguistique et en traduction mécanique. Paris. – A. J. GREIMAS [1966]: Sémantique structurale. Paris. Dt.: Braunschweig 1971. – E. COSERIU [1970]: Einführung in die strukturelle Betrachtung des Wortschatzes. Tübingen. – H. GECKELER [1971]: Strukturelle Semantik und Wortfeldtheorie. München. – H. GECKELER [1971]: Zur Wortfelddiskussion. München.

Klassenbildender Operator
→Operator (d).

Klassifikation. Elementares
Analyseverfahren des taxonomischen →Strukturalismus, das
nach der →Segmentierung des
sprachlichen Kontinuums in
Grundeinheiten (→Phone,
→Morphe u.a.) die gewonnenen
Einheiten durch Vergleich bestimmten Klassen von Elementen mit gleichen charakteristischen Eigenschaften zuordnet.
Solche →Paradigmen lassen sich
auf allen Beschreibungsebenen
gewinnen, auf ihnen basiert die
phonologische, morphologische, syntaktische und semantische Analyse von Sprachen.

Lit.: →Operationale Verfahren.

Klassifikation der Sprachen.
Vorgang und Ergebnis der Zusammenfassung mehrerer Sprachen unter bestimmten Ord-
nungsprinzipien: (a) Areale
(auch: geographische) K.: K. auf
der Basis von sprachlichen
Ähnlichkeiten, die durch kulturelle Beziehungen zwischen
Sprachgemeinschaften, meist
aufgrund von geographischer
Nähe, entstanden sind, z.B.
durch →Entlehnung von Wörtern und grammatischen Konstruktionstypen. Sprachen, die
wesentliche Eigenschaften aufgrund von Entlehnungen dieser
Art teilen, nennt man →Sprach-
bund; Beispiele sind die Balkan-
sprachen oder die Beeinflussung des Vietnamesischen
durch das Chinesische. (b) Genealogische [auch: Genetische]
K.: K. auf der Basis von sprachlichen Ähnlichkeiten, die auf
die gleiche Abstammung von einer →Proto(sprache) zurückgehen. Sprachen, die von einer ge-

meinsamen Protosprache ab-
stammen, nennt man →Sprach-
familie, vgl. die →Indo-Europäi-
schen Sprachen. Die genealogische K. stützt sich vor allem auf
den gemeinsam bewahrten
Wort- und Formenbestand; vgl.
VOEGELIN/VOEGELIN [1977] und
RUHLEN [1987]. (c) Typologische K. [auch: →Sprachtypolo-
gie]: K. auf der Basis von strukturellen Ähnlichkeiten, unabhängig von geographischer Beeinflussung oder genealogischer
Affiliation, z.B. →Isolierender
(vs. →Synthetischer) Sprachbau,
→Ergativsprachen (vs. →Nomi-
nativsprachen); Sprachen mit
gleicher →Grundwortstellung. -
Typologische Ähnlichkeiten
können funktional, d.h. aus
gleichartigen Funktionen der
Sprache in allen menschlichen
Gesellschaften erklärt oder auf
die gleiche biologische Grund-
ausstattung des Menschen zurückgeführt werden (vgl. →Uni-
versalien). Im Einzelfall ist oft
nicht einfach oder eindeutig
zwischen arealen, genealogischen und typologischen Klas-
sifikationskriterien zu unterscheiden: so befinden sich z.B.
genealogisch verwandte Sprachen vielfach auch nach ihrer
Trennung noch in geographi-
schem Kontakt.

Lit.: M. R. HAAS [1966]: Historical linguistics and the genetic relationship of languages. In: CTL 3, S. 113–154. - R. H. ROBINS
[1973]: The history of language classification. In: CTL 11, S. 3–44. - H. HAARMANN
[1976]: Aspekte der Arealtypologie. Tübingen. - C. F. VOEGELIN/F. M. VOEGELIN
[1977]: Classification and index of the
world's languages. Bloomington. - G. INEI-
CHEN [1979]: Allgemeine Sprachtypologie:
Ansätze und Methoden. Darmstadt. - G. F.
MEIER/B. MEIER [1979]: Handbuch der
Linguistik und Kommunikationswissenschaft. I: Sprache, Sprachentstehung, Sprachen. Berlin. - A. KLOSE [1987]: Sprachen
der Welt: ein weltweiter Index der Sprach-

familien, Einzelsprachen und Dialekte, mit Angabe der Synonyma und fremdsprachigen Äquivalente. München. – M. Ruhlen [1987]: A guide to the world's languages. London.
Lexikon: D. S. Parlett [1967]: A short dictionary of languages. London.
Bibliographie: R. C. Troike [1990]: A bibliography of bibliographies of the languages of the world. 2 Bde. Amsterdam.
→Sprachtypologie, →Universalien, →Historische Sprachwissenschaft.

Klassifikator. Partikel, mit deren Hilfe ein Numerale und ein Massen-Nomen kombiniert werden, z.B. *Kopf* in *fünf Kopf Salat.* Der K. bezieht sich auf ein dem Denotat des Nomens inhärentes Zählkriterium und ist daher zu unterscheiden von Ausdrücken, die sich auf ein bestimmtes Maß beziehen, wie z.B. *Pfund* in *fünf Pfund Salat.* In vielen Sprachen (v.a. in Ostasien) sind K.-Konstruktionen sehr häufig, da ein Nomen nicht unmittelbar mit einem Numerale verbunden werden kann; vgl. z.B. chines. *san ge ren* ›drei Stück Mensch‹, ›drei Menschen‹. In diesen »Klassifikatorsprachen« gibt es zahlreiche K., die jeweils für Nomina bestimmter Bedeutungsbereiche verwendet werden (z.B. für Nomina, die flache, runde oder eßbare Objekte bezeichnen).
Lit.: F. Serzisko [1980]: Sprachen mit Zahlklassifikatoren. Analyse und Vergleich. Arbeiten des Kölner Universalien-Projekts. Köln. – U. Kölver [1982]: Klassifikatorkonstruktionen in Thai, Vietnamesisch und Chinesisch. In: H. Seiler/Ch. Lehmann (eds.): Apprehension. Zur sprachlichen Erfassung von Gegenständen. Bd. 1. Tübingen. – H. Hundius/U. Kölver [1983]: Syntax and semantics of numeral classifiers in Thai. In: SLang 7, S. 165–214. →Genus, →Nominalklassen.

Klassifizierende Verben. Eine Erscheinung, die vor allem an Apache-Sprachen wie dem Navaho bekanntgeworden ist: Handlungsverben haben bei verschiedenen Typen von Objekten verschiedene morphologische Formen, die jeweils für die Objekte charakteristisch sind, vgl. (Navaho) *-ʔá /-tìn / -ká* ›ein kleines Objekt /ein langes Objekt /einen Behälter mit Inhalt tragen‹; *-ʔààh /-tììh / -kààh* ›ein kleines Objekt /ein langes Objekt /einen Behälter mit Inhalt hinstellen‹. Indirekt wird durch K. V. eine Klassifikation der Nomina in verschiedene Klassen vorgenommen.
Lit.: R. Barron [1982]: Das Phänomen klassifikatorischer Verben. In: H. J. Seiler/Ch. Lehmann (eds.): Apprehension. Das sprachliche Erfassen von Gegenständen. Tübingen.

Klassifizierender Sprachbau. Klassifikationstyp für Sprachen, die die Tendenz haben, alle Ausdrücke durch Anfügen klassenbildender Präfixe bestimmten logischen Denkkategorien (wie Person, Gegenstand, Beschaffenheit u.a.) zuzuordnen. Diese Präfixe dienen zugleich der syntaktischen Strukturierung, da alle zusammengehörigen Wortgruppen durch das gleiche Präfix charakterisiert werden. K. S. findet sich z.B. in einigen südafrikanischen Eingeborenendialekten.
Lit.: →Sprachtypologie.

Klick.
(1) →Schnalzlaut.
(2) Akustische Signale, die in psycholinguistischen Tests zur →Sprachwahrnehmung und →Sprachproduktion dazu dienen, die psychische Realität von grammatischen Einheiten zu klären: In mehreren Versuchen wurden Hörer gleichzeitig sprachlichen Äußerungen über

ein Ohr und K.-Signalen über das andere Ohr ausgesetzt. Dabei wurden K. an Konstituenten-Grenzen exakt erinnert, während K. innerhalb von Konstituenten in der Erinnerung zu Konstituenten-Grenzen hin verschoben wurden (engl. *click deplacement*). Durch Veränderung der K.-Position konnte auf diese Weise die Hypothese bestätigt werden, daß Konstituenten bei der Sprachwahrnehmung eine entscheidendere Rolle spielen als andere grammatische Einheiten (Silben, Wörter), da sie unmittelbar der Bildung von →Propositionen dienen.

Lit.: T. G. BEVER [1970]: The cognitive basis for linguistic structures. In: J. R. HAYES (ed.): Cognition and the development of language. New York, S. 279–352. – J. P. KIMBALL [1973]: Seven principles of surface structure parsing in natural language. In: Cognition 2, S. 15–47. – W. J. M. LEVELT [1974]: Formal grammars in linguistics and psycholinguistics. Bd. 3: Psycholinguistic applications. The Hague. →Psycholinguistik.

Klimax. →Rhetorische Figur der Wiederholung: Folge von Ausdrücken, die im Sinne einer Steigerung angeordnet sind, z. B. *veni, vidi, vici* (CAESAR).

Lit.: →Rhetorische Figur.

Klinische Linguistik. Eine Disziplin der →Angewandten Linguistik, die linguistische Theorien, Methoden und Forschungsergebnisse für die Erklärung, Diagnostik und Therapie von organisch und/oder psychisch bedingten Beeinträchtigungen der sprachlichen Kommunikation und des Spracherwerbs anwendet (→Sprachstörung, →Sprechstörung, →Sprachentwicklungsstörung). Von der →Neurolingui-

stik läßt sich die K. L. dadurch unterscheiden, daß die Neurolinguistik u. a. zur linguistischen Theoriebildung beiträgt, während die K. L. linguistische Theorien anwendet. Eine Abgrenzung zu dem nach PEUSER weitgehend ähnlichen Arbeitsgebiet der →Patholinguistik ist bislang nicht vorgenommen worden. Aus britischer Sicht stellt die K. L. die Verbindung her zwischen Linguistik und *speech-language-pathology* (→Logopädie).

Lit.: G. Peuser [1978]: Aphasie: Einführung in die Patholinguistik. München. – G. GREITEMANN/W. HUBER [1983]: Klinische Linguistik. In: ZS 2, S. 233–242. – D. CRYSTAL [1984]: Linguistic encounters with language handicaps. Oxford. – D. CRYSTAL [1988]: Clinical linguistics. 2. Aufl. Wien. *Zeitschrift:* Clinical Linguistics & Phonetics.

Klischee. [frz. *cliché* ›vorgefertigter Druckstock‹]. Aus dem Buchdruck übernommene, pejorative Bezeichnung für eine »vorgefertigte«, schematisch gebrauchte Äußerung. In terminologischer Verwendung und ohne Wertung gelegentlich auch im Sinne von →Stereotyp, von →Redewendung oder von →Formel.

Lit.: J. LYONS [1971]: Einführung in die moderne Linguistik. München, S. 180–181. – W. FUNKE [1977]: Untersuchungen zur Wirkung des Sprachklischees mit Hilfe der Methode des Polaritätsprofils. In: PBB (H) 98, S. 57–67. – A. WENZEL [1978]: Stereotype in gesprochener Sprache. München. →Phraseologie.

Klitisierung. Zusammenfassender Begriff für →Proklise und →Enklise.

Klusil. Nicht-nasaler →Verschlußlaut.

Knacklaut →Glottisverschluß-
laut.

Knarrstimme [Auch: Laryngalisierter Laut]. Mit K. gebildete,
d.h. geknarrte (oder auch laryn-
galisierte) Sprachlaute finden
sich z.B. in der →Mon-Khmer-
Sprache Sedang. Sie werden
durch das diakritische Zeichen
⟨~⟩ notiert. →Artikulatorische
Phonetik.

Lit.: →Phonetik.

Knoten [engl. *node*]. Bei der
Darstellung der syntaktischen
Struktur eines Satzes in Form
eines →Strukturbaumes sind K.
die Verzweigungs- bzw. End-
punkte des Strukturbaumes, die
durch Kategoriensymbole wie
S, NP, VP, N bezeichnet werden können.

Koaleszenz [lat. *cŏalēscere* ›zu-
sammenwachsen‹. - Auch: Ver-
schmelzung]. Lautveränderung,
die eine Silbenstruktur-Verein-
fachung bewirkt; vermieden
werden soll die Sequenz »Kon-
sonant/Vokal – Vokal/Konso-
nant« mit fehlendem konsonantischen Silbenanlaut nach
voraufgehender Silbe mit leerer
Coda. Die beiden Silben werden
verschmolzen, aus der Kombination der beiden ursprünglichen Vokale entsteht entweder
ein Langvokal oder ein Diphthong als neuer Silbenkern.

Koartikulation [lat. *cŏarticulāre*
›zusammen artikulieren‹]. In
der →Phonetik Bezeichnung für
die antizipierenden Bewegungs-
abläufe bei der Artikulation: Im
Unterschied zur orthographischen Wiedergabe durch einzelne Buchstaben sind die den
Sprachlauten entsprechenden

Lautereignisse keine diskreten
Einheiten. Die Sprachproduktion ist ein kontinuierlicher Be-
wegungsablauf artikulatorischer Vorgänge ohne natürliche
Einschnitte, bei dem nicht alle
Sprechwerkzeuge, insbesondere
nicht alle Artikulationsorgane
immer in gleicher Weise beteiligt sind. Vertauscht man durch
Tonbandschnitt die beiden [k]
in *Kunst* und *Kind*, so ergibt
sich [kʰʊʌnst] und [kʰɷɪnt], weil
bei der Bildung des velaren Verschlusses der jeweils folgende
Vokal antizipiert wird. K. ist die
Ursache für alle Formen von
→Assimilation.

Lit.: →Lautwandel, →Phonetik.

Kode [lat. *cōdex* ›Schreibtafel‹,
›Verzeichnis‹. - Auch: Code].
(1) In der →Informationstheorie
Vorschrift für die Zuordnung
von Zeichen(folgen) zweier verschiedener Zeichenrepertoires,
die die gleiche Information darstellen können; vgl. z.B. den sogen. Binärkode, der auf den
zwei Werten 0 und 1 bzw. *Ja/
Nein* beruht und technisch einfach realisierbar ist durch
Stromzufuhr/Stromunterbre-
chung. So kann man den Zahlen
1, 2, 3, 4 die Kombinationen 00,
01, 10, 11 zuordnen, so daß die
beiden Zeicheninventare semantisch äquivalent sind. Ein
ähnliches Prinzip liegt dem
Morsealphabet zugrunde. Für
die elektronische Datenverarbeitung ist die Entwicklung ra-
tioneller (optimaler) K. un-
erläßlich.

Lit.: →Informationstheorie.

(2) In der Sprachwiss. wird K.
im Sinne von (1) auf sprachliche
Zeichen und ihre syntaktischen
Verknüpfungsregeln angewen-

det. Bei MARTINET [1960] wird der Terminus K. für *langue* (= Sprachsystem) im Unterschied zu »Nachricht« für *parole* (= Sprachverwendung) gebraucht.

Lit.: A. MARTINET [1960]: Eléments de linguistique générale. Paris. Dt.: Grundzüge der allgemeinen Sprachwissenschaft. Stuttgart 1963.

(3) Zu K. in der →Computerlinguistik vgl. →Compiler.

Lit.: →Computerlinguistik.

(4) In der →Soziolinguistik Bezeichnung für schichtenspezifische Sprachvarianten bzw. für verschiedene Strategien verbaler Planung, vgl. →Kode-Theorie.

Kode-Theorie. Von B. BERNSTEIN entwickelte sprachsoziologische Theorie, die davon ausgeht, daß in verschiedenen sozialen Schichten innerhalb einer Gesellschaft unterschiedliche Formen sozialer Beziehungen realisiert werden, die unterschiedliche Sprechweisen (engl. *codes*) bewirken, die ihrerseits wiederum vermittels sprachlicher Sozialisationsprozesse auf die Sozialstruktur zurückwirken und diese stabilisieren. Dabei entspricht der sozialen Unterteilung der Gesellschaft in sprachlicher Hinsicht eine Dichotomie von »elaboriertem« (Mittelschicht-)Kode und »restringiertem« (Unterschicht-)Kode; die Elaboriertheit vs. Restringiertheit bemißt sich dabei am Grad der Satzkomplexität und am Ausmaß grammatischer und lexikalischer Alternativen; der restringierte Kode ist aufgrund seines geringeren Variantenreichtums leichter vorhersagbar, redundanter, weniger komplex und – gemessen an den normsetzenden Bewertungsmaßstäben der Mittelschicht – »defizitär« (= »Defizithypothese«). – Die Rezeption von BERNSTEINS K. hat bes. in den 60er Jahren maßgeblich die Entwicklung der deutschen →Soziolinguistik und Sozialdialektologie mitbestimmt, wobei häufig der Dialekt als restringierter Kode interpretiert wurde (AMMON [1972]). Die bildungspolitische Brisanz dieser Theorie war ausschlaggebend für eine Reihe empirischer Untersuchungen und der verstärkten Forderung nach »kompensatorischer Spracherziehung«, um das sprachliche Defizit und die damit verbundene soziale Chancenungleichheit der Unterschichtkinder (bzw. der Dialektsprecher) zu beheben. – Kritik an diesen Thesen kam vor allem von Seiten der →Variationslinguistik im Sinne LABOVS, der in seinen Untersuchungen des *Black English* vor allem Eigenart und Eigenwert dieser Sprachform herausstellte – diese sei nicht als eine defizitäre, sondern lediglich als eine vom Standard-Englisch differente Varietät mit eigenen Gesetzmäßigkeiten und Ausdrucksmöglichkeiten anzusehen (»Differenzhypothese«).

Lit.: U. OEVERMANN [1968]: Sprache und soziale Herkunft. 2. Aufl. Frankfurt 1972. – B. BERNSTEIN [1970]: Soziale Struktur, Sozialisation und Sprachverhalten. Amsterdam. – B. BERNSTEIN [1972]: Studien zur sprachlichen Sozialisation. Düsseldorf. – W. KLEIN/D. WUNDERLICH/N. DITTMAR (eds.) [1972]: Aspekte der Soziolinguistik. Frankfurt. – N. DITTMAR [1973]: Soziolinguistik. Exemplarische und kritische Darstellung ihrer Theorie, Empirie und Anwendung. Mit kommentierter Bibliographie. Frankfurt. – B. BERNSTEIN [1987]: Social class, codes and communication. In: Handbuch Soziolinguistik (HSK 3.1.), S. 563–578.

Kodierung [engl. *encoding*].
(1) In der →Informationstheorie
Vorgang und Ergebnis der Zuordnung von Zeicheninventaren mit spezieller Information
zu anderen Zeicheninventaren,
durch die die gleiche Information dargestellt werden kann
(vgl. den Vorgang des Morsens).
(2) In der Sprachwiss. (auch: Enkodierung): Umsetzung von
Gedanken bzw. Intentionen in
das sprachliche Zeichensystem
des Sprechers, dem der Hörer
beim komplementären Vorgang
der →Dekodierung konventionalisierte Bedeutungen zuordnet. Der K.prozeß läuft simultan auf lexikalischer, syntak-
tisch-morphologischer und phonologischer Ebene ab und wird
zugleich durch pragmatische
(situationsspezifische) Aspekte
gesteuert. Zu psycholinguistischen Erklärungsmodellen der
K. vgl. →Sprachproduktion.

Kofferwort →Kontamination.

Kognates Objekt [lat. *cōgnātus*
›blutsverwandt‹. - Auch: Inneres Objekt]. Objekt, das etymologisch oder semantisch verwandt ist mit dem Verb, von
dem es abhängt, vgl. *den Schlaf
der Gerechten schlafen, einen
sanften Tod sterben*. K. O. sind
nicht passivfähig: **Ein sanfter
Tod wurde von ihm gestorben.*

Lit.: N. S. BARON [1971]: On defining »cog-
nate object«. In: Glossa 51, S. 71–98.

Kognitive Linguistik. Ende der
fünfziger Jahre in den USA entstandene interdisziplinäre Forschungsrichtung, die sich mit
der Untersuchung mentaler
Prozesse bei Erwerb und Verwendung von Wissen und Sprache beschäftigt. Im Unterschied

zum →Behaviorismus, der sich
auf beobachtbares Verhalten
und →Stimulus-Response-Pro-
zesse konzentriert, spielt Verhalten in der K. P. nur eine vermittelnde Rolle, insofern es
Einsichten in kognitive Prozesse stützt. - Untersuchungsziel
ist die Erforschung der kogniti-
ven/mentalen Struktur und Organisation durch Analyse der
kognitiven Strategien, die Menschen beim Denken, Speichern
von Information, Verstehen
und Produzieren von Sprache
verfolgen.

Lit.: W. K. ESTES [1978]: Handbook of
learning and cognitive processes. Bd.6:
Linguistic functions in cognitive theory.
Hillsdale, N.J. - P. VON GEERT [1981]: The
development of perception, cognition, and
language. London. - D. V. HOWARD [1983]:
Cognitive psychologie: Memory, language,
and thought. New York. - T. BEVER u.a.
(eds.) [1985]: The study of language in cognitive sciences. Cambridge, Mass. - J.
BAYER (ed.) [1987]: Grammatik und Kognition. Wiesbaden. - M. BIERWISCH
[1987]: Linguistik als kognitive Wissenschaft - Erläuterungen zu einem For-
schungsprogramm. In: ZfG, S. 645–668. -
F. SASCHA/S. KANNGIESSER/G. RECKHEIT
(eds.) [1989]: Kognitive Linguistik. Opladen.
Forschungsbericht: R. CARSTON [1988]:
Language and cognition. In: LCS 3, S.
28–68.

Kohärente Konstruktion [lat.
cohaerēre ›zusammenhän-
gen‹]. Auf G. BECH [1955] zurückgehendes Konzept zur Beschreibung der →Topologie von
Infinitivkonstruktionen. Mehrere infinite Verbteile in einem
Satz bilden eine K. K., wenn sie
zu demselben »Kohärenzfeld«
gehören; so bilden in dem Satz
Jemand scheint (F_1) *Philip geraten* (F_2) *zu haben* (F_3), *Caroline suchen* (F_4) *zu lassen* (F_5)
die Verbalfelder F_1 bis F_5 zwei
K. K., nämlich F_1-F_3 und F_4-F_5.
In der generativen →Transfor-
mationsgrammatik sind K. K.

solche abhängigen Verbalkonstruktionen, die keine →Extraposition erlauben, vgl. den ungrammatischen Ausdruck *weil Philip scheint, den Trick durchschaut zu haben vs. weil Philip den Trick durchschaut zu haben scheint. Ihnen entsprechen →Raising-Konstruktionen im Unterschied zu →Equi-NP-Deletion.

Lit.: G. BECH [1955/57]: Studien über das dt. Verbum Infinitum. 2 Bde. Kopenhagen (Neudruck Tübingen 1983). – R. P. EBERT [1976]: Infinitival complement constructions in Early New High German. Tübingen. – P. SCHRÖDER [1977]: Wortstellung in der deutschen Standardsprache. Versuch einer empirischen Analyse zu topologischen Aspekten von Texten gesprochener Sprache. (Diss.) Freiburg. – S. KVAM [1979]: Diskontinuierliche Anordnung von eingebetteten Infinitivphrasen im Deutschen. In: DS 4, S. 315–325. – A. v. STECHOW/W. STERNEFELD [1988]: Bausteine syntaktischen Wissens. Opladen.

Kohärenz [lat. *cohaerēre* ›zusammenhängen‹]. Terminus der →Textlinguistik.
(1) Allgemein: textbildender Zusammenhang von Sätzen, der alle Arten satzübergreifender grammatischer (→Textgrammatik) und semantischer Beziehungen umfaßt. Neben den formalen Mitteln der Syntax und Morphologie (vgl. im einzelnen →Kohäsion) sind vor allem semantische Strukturen kohärenzbildend, z.B. kausale oder temporale →Konnexion, →Isotopie im Wortschatz oder Formen der →Thematischen Progression.
(2) Im engeren Sinne (DE BEAUGRANDE/DRESSLER) wird K. von der grammatischen Textverknüpfung (= Kohäsion) abgegrenzt und bezeichnet speziell den semantischen, der Kohäsion zugrundeliegenden Sinnzusammenhang eines Textes, seine inhaltlich-semantische bzw. kognitive Strukturiertheit. Semantische K. ist darstellbar als Folge von →Propositionen (→Thematische Entfaltung, →Makrostruktur) bzw. (in einem kognitiven Modell →Semantischer Netze) als Konstellation aus begrifflichen Konzepten und verbindenden Relationen. Bei wenig kohärenten Satzfolgen kann der Hörer durch sinnvolle →Inferenz bei der →Textverarbeitung K. und damit einen »Text« herstellen.

Lit.: M. A. K. HOLLIDAY/R. HASAN [1976]: Cohesion in English. London. – R. DE BEAUGRANDE/W. DRESSLER [1981]: Einführung in die Textlinguistik. Tübingen. – G. FRITZ [1982]: Kohärenz: Grundfragen der linguistischen Kommunikationsanalyse. Tübingen. – F. NEUBAUER (ed.) [1983]: Coherence in natural -language texts. Hamburg. – M. SCHERNER [1984]: Sprache als Text. Ansätze zu einer sprachwissenschaftlich begründeten Theorie des Textverstehens. Tübingen. – D. TANNEN (ed.) [1984]: Coherence in spoken and written discourse. Norwood, N.J. – P. WERTH [1984]: Focus, coherence and emphasis. London. – M.-E. CONTE (ed.) [1985]: Kontinuität und Diskontinuität in Texten und Sachverhaltskonfigurationen. Hamburg. – E. SÖZER (ed.) [1985]: Text connexity, text coherence. Hamburg. – W. HEYDRICH u.a. (eds.) [1989]: Connexity and coherence: Analysis of text and discourse. Berlin.
Bibliographien: M. CHAROLLES u.a. (eds.) [1986]: Research in text connexity and text coherence: A survey. Hamburg. – P. LOHMANN [1988/89]: Connectedness of texts: A bibliographical survey. Teil I in: J. S. PETÖFI (ed.): Text and discourse constitution, Berlin, S. 478–501; Teil II in: W. HEYDRICH u.a. (eds.): Connexity an coherence. Berlin. →Inferenz, →Konnexion, →Textgrammatik, →Textlinguistik, →Textthema.

Kohäsion. Begriff der →Textlinguistik, speziell der →Textgrammatik: durch formale Mittel der Grammatik hergestellter Textzusammenhang. Die K. eines Textes ist Grundlage seiner semantischen →Kohärenz (2) und damit seiner sinnvollen Interpretation im Prozeß der →Text-

verarbeitung. K. wird hergestellt durch (a) Wiederholung,
»Wiederaufnahme« von Textelementen, z.B. →Rekurrenz,
→Textphorik, →Paraphrase,
→Parallelismus; (b) Mittel der
Textverdichtung wie →Ellipse,
→Proformen; (c) morphologische und syntaktische Mittel
zum Ausdruck verschiedenarti-
ger Beziehungen wie →Konne-
xion, →Tempus, →Aspekt, →Dei-
xis oder →Thema-Rhema-Glie-
derung.

Lit.: →Kohärenz.

Kohortativ [lat. *cohortātiō* ›An-
feuerung‹. – Auch: Exhortativ].
Modus der ›Ermahnung‹, ›Er-
mutigung‹, des ›Vorschlagens‹,
der nicht eindeutig festgelegt ist
auf Verb- oder Satzmodus. Vgl.
→Jussiv, →Imperativ, → Modus.

Kohyponymie →Hyponymie,
→Inkompatibilität.

Koiné [griech. *koinēi (glōssa)*
›gemeinsame Sprache‹].
(1) Die allgemeine Verkehrssprache im klassischen
Griechenland. Dabei handelt es
sich ursprünglich um den Dialekt Athens, der durch verschiedene Einflüsse (→Sprachkon-
takt) spezifisch attische Merkmale und damit seine strikt lokale Konnotation verlor. Dadurch wurde er für die anderen
griechischen Stadtstaaten mit je
eigenen Dialekten etwa ab dem
4. Jh. v. Chr. als überregionale
Varietät akzeptabel.
(2) Bezeichnung für jede »de-
regionalisierte« Varietät, die
sich innerhalb eines Verbandes
von mehreren (zunächst)
gleichwertigen, regional gebundenen Varietäten zur allgemein akzeptierten überregiona-

len »Standardvarietät« entwik-
kelt und durchgesetzt hat.

Ko-Konstituente [lat. *cōnstituere* ›(miteinander) aufstellen‹].
→Konstituente, die vom gleichen Knoten wie eine andere
Konstituente unmittelbar dominiert wird (→Dominanz). Im
Strukturbau von *Die Präsidentin hält einen Vortrag* sind die
NP *die Präsidentin* und die VP
hält einen Vortrag Ko-Konstituenten, aber auch *die* und *Präsidentin* sowie *einen* und *Vortrag*, nicht jedoch *hält* und *einen*, da sie von keinem gemeinsamen Knoten dominiert
werden.

Lit.: →Konstituentenanalyse.

Kollektiv →Numerus, →Singula-
tiv.

Kollektivum [Pl. Kollektiva; lat.
colligere ›sammeln‹]. Mittels
bestimmter Ableitungsmittel
(wie u.a. *Ge-, -schaft, -tum*) bzw.
Zusammensetzung gebildete
Ausdrücke zur Bezeichnung einer Vielzahl als Einheit, vgl.
Stuhl vs. *Gestühl*, *Bürger* vs.
Bürgerschaft/Bürgertum, *Da-
menwelt*, *Beweismaterial*. Unter
semantischem Aspekt zählen
auch *Vieh*, *Ungeziefer*, *Regierung* zu den Kollektiva.

Lit.: →Wortbildung.

Kolligation [lat. *colligātiō* ›Verbindung‹].
(1) Morphologisch-syntaktisch
gesteuerte Bedingungen für die
Verbindbarkeit sprachlicher
Ausdrücke, wie sie z.B. durch
→Rektion oder →Valenz ausgedrückt werden und zu unterschiedlichen Bedeutungen
beitragen: *Die Uhr steht* vs. *Die*

Uhr steht auf dem Tisch. Hinsichtlich der semantisch gesteuerten Verbindbarkeit von Ausdrücken vgl. →Kollokation.
(2) →Kookurrenz.

Kollokabilität →Kompatibilität.

Kollokation [lat. *collocātiō* ›Anordnung‹. – Auch: →Distribution, Konkomitanz, →Kookurrenz, →Kompatibilität, Selektion].
(1) Von J. R. FIRTH im Rahmen seiner Bedeutungstheorie eingeführter Terminus für charakteristische, häufig auftretende Wortverbindungen, deren Miteinandervorkommen auf einer Regelhaftigkeit gegenseitiger Erwartbarkeit beruht, also primär semantisch (nicht grammatisch) begründet ist: *Hund* : *bellen, dunkel* : *Nacht.* Diese Auffassung der K. berührt sich mit den →Wesenhaften Bedeutungsbeziehungen von W. PORZIG ebenso wie mit E. COSERIUS →Lexikalischen Solidaritäten.

Lit.: W. PORZIG [1934]: Wesenhafte Bedeutungsbeziehungen. In: PBB 58, S. 70–97. – J. R. FIRTH [1957]: Modes of meaning. In: J. R. FIRTH: Papers in Linguistics 1934–1951. London, S. 190–215. – E. COSERIU [1967]: Lexikalische Solidaritäten. In: Poetica 1, S. 293–303. – D. KASTOVSKY [1981]: Selectional restrictions and lexical solidarities. In: D. KASTOVSKY (ed.): Perspektiven der lexikalischen Semantik. Tübingen, S. 70–98.

(2) I. w. S.: Synonyme Verwendung für syntaktisch-semantische Verträglichkeitsbedingungen.

Kollokationstest. In Analogie zur Phonologie von M. JOOS und A. NEUBERT entwickelte Methode zur Beschreibung von Bedeutungsunterschieden auf Grund kontextueller Vorkommensbedingungen: in den unterschiedlichen Verbindungen

von *grün* mit *Baum/Hering/Junge* werden je verschiedene Bedeutungskomponenten von *grün* aktualisiert.

Lit.: E. LEISI [1952]: Der Wortinhalt. Seine Struktur im Deutschen und Englischen. 5. Aufl. Heidelberg 1975 – M. JOOS [1958]: Semology. A linguistic theory of meaning. In: SiL 13, S. 53–70. – M. JOOS [1964]: The English verb. Form and meanings. 2. Aufl. Madison 1968. – A. NEUBERT [1966]: Analogien zwischen Phonologie und Semantik. In: Zeichen und System der Sprache, Bd. 3. Berlin, S. 106–116.

Kolon [Pl. *Kola*; griech. *kólon* ›(Körper)-Glied‹].
(1) In der antiken →Rhetorik Sprecheinheit zwischen zwei Atempausen, die ca. sieben bis sechzehn Silben umfaßt, eine Sinneinheit bildet und aus mehreren unselbständigen Untereinheiten (→Komma) besteht.
(2) Nicht mehr gebräuchliche Bezeichnung für »Doppelpunkt«.

Komanisch →Nilo-Saharanisch.

Kombination. In der →Glossematik Form der →Konstellation; syntagmatische (*sowohl-als-auch-*)Relation, die zwischen zwei Elementen besteht, die syntaktisch-semantisch miteinander verträglich sind, d.h. im gleichen Kontext aufeinander folgen können, die aber unabhängig voneinander vorkommen, wie im Lat. die Präpositionen *ab* und der →Ablativ, die sowohl zusammen als auch je einzeln vorhanden sein können (vgl. L. HJELMSLEV [1943]: Kap. 9).

Lit.: →Glossematik.

Kombinatorische Varianten. Seit N. TRUBETZKOY [1935] Bezeichnung für zwei phonetisch ähnliche Laute einer Sprache, die zu einem →Phonem gehören, aber niemals in gleicher phonologischer Umgebung vorkommen. Vgl. →Allophon, (Komplementäre) →Distribution.

Lit.: →Phonologie.

Komi →Finno-Ugrisch.

Komitativ [lat. *comitātus* ›Begleitung‹].
(1) →Aktionsart des Verbs, durch die eine Handlung bezeichnet wird, die als »begleitende« Handlung zu einer anderen vollzogen wird.
(2) Kasus in den finno-ugrischen Sprachen, der die »Begleitung« einer Person oder Sache bezeichnet.

Lit.: →Finno-Ugrisch.

Komma [Pl. Kommata; griech. *kómma* ›Schlag‹, ›Abschnitt‹].
(1) In der antiken →Rhetorik unselbständige Untereinheit von größeren Sinnabschnitten, ca. zwei bis sechs Silben umfassend. Vgl. →Kolon.
(2) Satzzeichen zur Markierung syntaktischer Gliederungen, u.a. zur Trennung von Haupt- und Gliedsätzen.

Lit.: →Zeichensetzung.

Kommissiv [engl. *to commit* ›verpflichten‹]. Sprechakt, dessen Hauptzweck darin besteht, den Sprecher auf ein bestimmtes im propositionalen Gehalt des Aktes fixierten/ausgedrückten Verhalten festzulegen, ihn dem Adressaten gegenüber zu bestimmten Handlungen oder Unterlassungen zu verpflichten. K. sind etwa Versprechen, Schwüre, Gelöbnisse.

Lit.: J. SEARLE [1979]: A taxonomy of illocutionary acts. In: J. SEARLE: Expression and meaning. Cambridge, S. 1–29. →Sprechaktklassifikation.

Kommunikation [lat. *commūnicātiō* ›Mitteilung‹]. Im weiteren Sinne: jede Form von wechselseitiger Übermittlung von Information durch Zeichen/Symbole zwischen Lebewesen (Menschen, Tieren) oder zwischen Menschen und datenverarbeitenden Maschinen. Zu K. im technisch-kybernetischen Sinn vgl. →Informationstheorie. – Im engeren (sprachwiss.) Sinn: zwischenmenschliche Verständigung mittels sprachlicher und nichtsprachlicher Mittel wie Gestik, Mimik, Stimme u.a., vgl. →Nonverbale K. Die Grundkomponenten von K. werden in →Kommunikationsmodellen abgebildet, mit der Erforschung ihrer Beschaffenheit und ihrem wechselseitigen Zusammenwirken befassen sich vor allem eine pragmatisch/soziolinguistisch orientierte Sprachwiss. sowie die allgemeine →Kommunikationswissenschaft.

Lit.: →Kommunikationsmodell, →Kommunikationswissenschaft, →Nonverbale Kommunikation, →Semiotik, →Soziolinguistik, →Tiersprache.

Kommunikationsmodell. Schematische (meist graphische) Darstellung von Bedingungen, Struktur und Verlauf von Kommunikationsprozessen nach der Grundformel: »*Wer* sagt *was* mit *welchen* Mitteln zu *wem* mit *welcher* Wirkung?« (LASSWELL [1948]). Grundlage der meisten K. ist das 1949 von C. E. SHANNON und W. WEAVER für nachrichtentechnische Zwecke entworfene K. Grundkomponenten des K., die je nach Erkenntnisinteresse differenziert werden, sind (a) Sender und Empfänger (Sprecher/Hörer), (b) Kanal bzw. Medium der Informationsübermittlung (akustisch, optisch, taktil), (c) →Kode (Zeichenvorrat und Verknüpfungsregeln), (d) Nachricht, (e) Störungen (Rauschen), (f) pragmatische Bedeutung, (g) Rückkoppelung. Die meistdiskutierten K. unter sprachwiss. funktionalem Aspekt stammen von K. BÜHLER (vgl. →Organonmodell der Sprache) und R. JAKOBSON.

Lit.: K. BÜHLER [1934]: Sprachtheorie. Jena. Neudruck Stuttgart 1965. – C. E. SHANNON/W. WEAVER [1949]: The mathematical theory of communication. Urbana, Ill. – R. JAKOBSON [1960]: Linguistics and poetics. In: TH. A. SEBEOK (ed.): Style in language. London, S. 350–377. Dt. in: E. HOLENSTEIN/T. SCHELBERT (eds.): Poetik. Ausgewählte Aufsätze 1921–1971 von R. JAKOBSON. Frankfurt 1979. – D. HYMES [1968]: The ethnography of speaking. In: J. A. FISHMAN (ed.): Readings in the sociology of language. The Hague, S. 99–138. Dt. in: ARBEITSGRUPPE BIELEFELDER SOZIOLOGEN (eds.): Alltagswissen, Interaktion und gesellschaftliche Wirklichkeit, Bd. 2, Reinbek 1973. – H. GLASER (ed.) [1971]: Kybernetikon. Neue Modelle der Information und Kommunikation. München.

Kommunikationswissenschaft.

Wissenschaft von Bedingungen, Struktur und Verlauf von Informationsaustausch auf der Basis von Zeichensystemen. In diesem weiten Sinne umfaßt K. sowohl gesellschaftswissenschaftlich orientierte Forschungsrichtungen, die sich mit Kommunikationsprozessen unter psychologischen, soziologischen, ethnologischen, politologischen oder sprachwiss. Aspekten beschäftigen, als auch die nachrichtentechnischen Disziplinen der Informationsverarbeitung mittels datenverarbeitender Maschinen. Im engeren Sinne gilt K. als Oberbegriff für alle Untersuchungen zu Bedingungen, Struktur und Verlauf von zwischenmenschlicher Verständigung, die in enger Beziehung stehen zu Psychologie, Soziologie, Anthropologie, Sprachwiss. u.a. und sich vor allem mit der Erforschung von (a) Kommunikationsmitteln, (b) Motivation und Verhalten von Kommunikationsteilnehmern sowie (c) den soziokulturellen Rahmenbedingungen von Kommunikation beschäftigen.

Lit.: P. WATZLAWICK/J. H. BEAVIN/D. D. JACKSON [1967]: Pragmatics of human communication. A study of interactional patterns, pathologies, and paradoxes. New York. Dt.: Menschliche Kommunikation. Bern 1969. – TH. LUCKMANN [1969]: Soziologie der Sprache. In: Handbuch der empirischen Sozialforschung. Ed. von R. KÖNIG, Bd. 2, Stuttgart. – J. J. GUMPERZ/D. HYMES (eds.) [1972]: Directions in sociolinguistics: The ethnography of communication. New York. – M. A. K. HALLIDAY [1973]: Explorations in the function of language. London.

Kommunikative Kompetenz.

Im Rahmen der →Ethnographie der Kommunikation von D. HYMES geprägter Begriff, der sich als kritische Erweiterung von N. CHOMSKYS (nur auf die sprachlichen Fähigkeiten eines idealen Sprecher-Hörers abzielenden) Begriffs der →Kompetenz versteht, bei dem die soziale Funktion von Sprache völlig ausgeklammert wird. Grundbegriff eines pragmalinguistisch orientierten Modells sprachlicher Kommunikation: allgemeine Sprachfähigkeit von Individuen, die in der Lage sind, im Einklang mit wechselnden situativen und normativen Bedingungen psychischer, sozialer und linguistischer Natur miteinander zu kommunizieren, wobei Sprechen als symbolvermitteltes Handeln (= Interaktion) verstanden wird. Die K. K. ist Beschreibungsziel verschiedener sozialpsychologischer Disziplinen. – In Deutschland von kommunikationsorientierter Soziologie (HABERMAS, BADURA) postuliertes (idealisiertes) Modell der sprachlichen Kommunikation als Teil einer Handlungstheorie, das sich vor allem auf die pragmatischen Komponenten der Konstituierung von möglichen Redesituationen und auf die Fähigkeit zur situationsangemessenen Herstellung sozialer Beziehungen durch sprachliche Interaktionen bezieht.

Lit.: D. HYMES [1968]: The ethnography of speaking. In: J. A. FISHMAN (ed.): Readings in the sociology of language. The Hague, S. 99–138. - J. HABERMAS [1971]: Vorbereitende Bemerkungen zu einer Theorie der kommunikativen Kompetenz. In: J. HABERMAS/N. LUHMANN: Theorie der Gesellschaft oder Sozialtechnologie. Frankfurt, S. 101–141. - B. BADURA [1972]: Kommunikative Kompetenz. Dialoghermeneutik und Interaktion. Eine theoretische Skizze. In: B. BADURA/K. GLOY: Soziologie der Kommunikation. Stuttgart. - N. DITTMAR [1973]: Soziolinguistik. Exemplarische und kritische Darstellung ihrer Theorie, Empirie und Anwendung. Mit kommentierter Bibliographie. Frankfurt – D. C. KOCHAN (ed.) [1973]: Sprache und kommunikative Kompetenz. Stuttgart.

Kommutationstest [lat. *commūtātio* ›Austausch‹; engl. *(contrastive) substitution*].
(1) Generell: Experimentelles Analyseverfahren der strukturellen Linguistik zur Ermittlung sprachlicher Regularitäten (→Strukturalismus).

Lit.: →Operationale Verfahren.

(2) In der →Glossematik dient der K. zur Ermittlung von (sprachrelevanten) Invarianten auf der Inhalts- und Ausdrucksebene: *g* und *k* z.B. kommutieren im Dt. in phonetischer Hinsicht (= Ausdrucksebene), dieser Differenz entspricht zugleich ein Unterschied auf der Inhaltsebene: *Gasse* vs. *Kasse*, folglich handelt es sich bei /g/ und /k/ um Invarianten (= →Phoneme) des Dt. Anders bei dem phonetischen Unterschied im Dt. zwischen Zungen- und Zäpfchen-*r:* da dieser Differenz auf der Ausdrucksebene kein Bedeutungsunterschied auf der Inhaltsebene entspricht, handelt es sich um Varianten (= →Allophone), die miteinander in einem Verhältnis der →Substitution stehen. Der K. wird auch zur Ermittlung semantischer Strukturen eingesetzt. (Vgl. L. HJELMSLEV [1943: Kap. 14])

Lit.: →Glossematik.

Kompakt vs. Diffus [Auch: Zentral vs. Peripher]. Binäre phonologische Opposition zur Beschreibung →Distinktiver Merkmale, die sich auf akustisch analysierte und spektral definierte Unterscheidungskriterien stützt. (→Akustische Phonetik, →Spektralanalyse.) Akustisches Merkmal: größere (kompaktere) oder geringere (diffusere) Energiekonzentration auf verhältnismäßig schmalem Bereich im Spektrum, bei kompakten Vokalen breitere →Formanten. Artikulatorisches Merkmal: weiter hinten bzw. vorne liegende Enge im Artikulationskanal bei größerer bzw. geringerer Lippenöffnung. Die Unterscheidung bezeichnet die Opposition zwischen [ŋ,k,g] vs. [m,p,b].

Lit.: R. JAKOBSON u.a. [1951]: Preliminaries to speech analysis. 6. Aufl. Cambridge 1965, S. 27–29. →Distinktives Merkmal.

Komparation [lat. *comparāre* ›vergleichen‹; engl. *degree*. – Auch: Gradation, Steigerung]. Im weiteren Sinn alle Konstruktionen zum Ausdruck von Vergleichen, im engeren Sinn morphologische Kategorie von Adjektiven und Adverbien zum Ausdruck von Gradangaben und Vergleichen. Folgende Stufen der K. sind zu unterscheiden: (a) Positiv [lat. *ponere* ›festlegen‹, auch: Grundstufe]: *Der Artikel ist interessant*; (b) Komparativ (auch: Vergleichsstufe) zur Bezeichnung der Ungleichheit zweier Objekte hinsichtlich einer bestimmten Eigenschaft: *Dieser Artikel ist interessanter als sein Vortrag*; (c) Superlativ [lat. *superferre* ›über etwas hinausheben‹, auch: Höchststufe]: Bezeichnung der Unübertreffbarkeit: *Dieser Artikel ist der interessanteste von allen*; (d) →Elativ [lat. *efferre* ›herausheben‹; auch: Absoluter Superlativ] zur Bezeichnung des sehr hohen Grades einer Eigenschaft ohne vergleichende Wertung: *Dieser Artikel ist außerordentlich interessant*. – Nicht in allen Sprachen ist K. grammatikalisiert, d.h. durch entsprechende morphologische Veränderungen systematisch anwendbar; wo solche formalen Mittel fehlen, werden lexikalische Umschreibungen zur Bezeichnung von →Graduierung verwendet. In neueren ideur. Sprachen wird K. entweder (a) synthetisch durch Suffigierung (→Suffixbildung) gebildet (dt. *schön : schöner*; engl. *new : newer : (the) newest*) oder (b) analytisch mittels Partikel (engl. *anxious : more/most anxious*) oder (c) durch sogen. »unregelmäßige« (suppletive) Steige-

rung, d.h. durch Verwendung verschiedener Wortstämme wie *gut : besser : am besten*.

Lit.: E. KLEIN [1980]: A semantic for positive and comparative adjectives. In: L&P 4, S. 1–45. – L. HELLAN [1981]: Towards an integrated analyses of comparatives. Tübingen. – C. PINKHAM [1982]: The formation of comparative classes. (Diss. Indiana-University). Bloomington. – A. v. STECHOW [1984]: Comparing semantic theories of comparition. In: JS 3, S. 1–77. – M. BIERWISCH/E. LANG [1987]: Grammatische und konzeptuelle Aspekte von Dimensionsadjektiven. Berlin.

Komparatistik →Historisch-Vergleichende Sprachwissenschaft.

Komparative Methode →Rekonstruktion.

Komparativsatz [Auch: Vergleichssatz]. Semantisch spezifizierter modaler Nebensatz in der syntaktischen Funktion →Adverbial. K. drücken einen Vergleich zu dem im Hauptsatz bezeichneten Sachverhalt aus, sie werden durch die Konjunktionen *(so) wie, wie wenn, als, als ob, als wenn* eingeleitet: *Sie hat sich so verhalten, wie sie es versprochen hatte.*

Kompatibilität [frz. *compatir* ›übereinstimmen‹. – Auch: Kollokabilität, →Kollokation, Konvenienz, →Lexikalische Solidaritäten, →Wesenhafte Bedeutungsbeziehungen]. Verträglichkeitsbedingungen zwischen sprachlichen Ausdrücken bestimmter syntaktischer Positionen aufgrund spezifischer semantisch-syntaktischer Merkmale, vgl. hierzu →Selektionsbeschränkung, →Inkompatibilität.

Kompetenz vs. Performanz
[Auch: Sprachfähigkeit vs. Sprachverwendung]. Im Rahmen der generativen →Transformationsgrammatik von N. CHOMSKY [1965] postulierte Dichotomie zwischen einer allgemeinen Sprachfähigkeit und der individuellen Sprachverwendung, die an DE SAUSSURES Unterscheidung von →Langue vs. Parole anknüpft. Die K. ist das im Spracherwerbsprozeß erworbene (unbewußte) mentale Wissen über die jeweilige Muttersprache, über das ein →»idealer Sprecher/Hörer« einer homogenen, d.h. von dialektalen oder soziolektalen Sprachvarianten freien Sprachgemeinschaft verfügt. Aufgrund eines endlichen Inventars von Elementen (Laute, Wörter) und Verknüpfungsregeln ist der Sprecher im Rahmen der P. in der Lage, eine prinzipiell unendliche Zahl von Äußerungen hervorzubringen und zu verstehen, Urteile über die →Grammatikalität von Sätzen, über Mehrdeutigkeiten und Paraphrasebeziehungen abzugeben. Ziel der generativen →Transformationsgrammatik ist es, eine Grammatik zu konzipieren im Sinne eines Modells, das die aus der K. resultierende Fähigkeit des Sprechers möglichst genau abbildet und zugleich eine angemessene Hypothese über den →Spracherwerb bietet. Die auf diesem K.begriff basierenden Sprachtheorien haben sich vielfältig dem Vorwurf allzu starker Idealisierung ausgesetzt, was zu einer Erweiterung bzw. Differenzierung des ursprünglichen Begriffs geführt hat im Hinblick auf eine →Kommunikative Kompetenz. - Während

die Begriffe »Performanz« (CHOMSKY) und »Parole« (DE SAUSSURE) eher synonym zu verwenden sind, unterscheiden sich die komplementären Termini »Kompetenz« und »Langue« in einem wesentlichen Aspekt: Langue ist als ein statisches System von Zeichen konzipiert, während K. als ein dynamisches Konzept verstanden wird, als ein Erzeugungsmechanismus zur unendlichen Produktion von Sprache. - Zur Funktion von Sprachwissen beim Spracherwerb vgl. →Sprachbewußtsein.

Lit.: F. DE SAUSSURE [1916]: Cours de linguistique générale. Paris. Kritische Ausgabe ed. von R. ENGLER. Wiesbaden 1967. Dt.: Grundfragen der allgemeinen Sprachwissenschaft. Ed. von P. V. POLENZ. 2. Aufl. Berlin 1967. - N. CHOMSKY [1965]: Aspects of the theory of syntax. Cambridge, Mass. Dt.: Aspekte der Syntaxtheorie. Frankfurt 1969. - H. PUTNAM [1967]: The »innateness hypothesis« and explanatory models in linguistics. In: Synthese 17. - D. WUNDERLICH [1970]: Die Rolle der Pragmatik in der Linguistik. In: DU 4, S. 5-41. - H. P. ALTHAUS/H. HENNE [1971]: Sozialkompetenz und Sozialperformanz. In:ZDL 38, S. 1-15, 318-329. - S. KANNGIESSER [1972]: Untersuchungen zur Kompetenztheorie und zum sprachlichen Handeln. In: LiLi 7, S. 13-45. - D. HYMES [1978]: Kompetenz und Performanz in der Sprachtheorie. In: WW 28, H. 5, S. 305-328. - G. DRESSELHAUS [1979]: Langue/parole und Kompetenz/Performanz: Zur Klärung der Begriffspaare bei Saussure und Chomsky. Frankfurt. →Kommunikative Kompetenz, →Langue vs. Parole, →Sprachbewußtsein.

Komplement [lat. *complēmentum* ›Ergänzung‹]. →Ergänzung.

Komplementarität [frz. *complémentaire* ›sich wechselseitig entsprechend‹. - Auch: Komplenymie]. →Semantische Relation des Gegensatzes: zwei Ausdrücke stehen in der Relation der K., wenn der von beiden Ausdrücken angesprochene semantische Bereich durch sie in zwei disjunkte Teile zerlegt wird. Als heuristischer Test für die K. bietet sich oft die gegenseitige Substitution der Ausdrücke L_1 und L_2 in geeigneten Sätzen $S(...)$ an, wobei dann zwischen $S(L_1)$ und $S(L_2)$ ein starker Widerspruch (→Kontradiktion) entsteht; in dem Sinne, daß aus $S(L_1)$ die Negation von $S(L_2)$ folgt, aus $S(L_2)$ die Negation von $S(L_1)$ folgt, aus der Negation von $S(L_1)$ $S(L_2)$ folgt, und aus der Negation von $S(L_2)$ $S(L_1)$ folgt. Komplementäre Ausdrücke wie *verheiratet/unverheiratet, tot/lebendig* sind häufig weder graduierbar (*ein bißchen tot sein*) noch steigerbar (*X ist verheirateter als Y*); vgl. aber →Graduierbare Komplementäre. K. ist ein Spezialfall der →Inkompatibilität.

Lit.: →Semantik, →Semantische Relation.

Komplementierer →Complementizer.

Komplementierung. In der →Transformationsgrammatik die Erzeugung von →Komplementen (= Ergänzungen), z.B. obligatorische Verbergänzungen, die unmittelbare Bestandteile der Verbalphrase sind. Als Spezialfall dieses allgemeinen Begriffs bezeichnet man als K. auch die Erzeugung von satzwertigen Ergänzungen, die in der Tiefenstruktur als Konstituentensätze eingebettet werden. Deren teils obligatorische, teils fakultative Realisierung als *daß/ob*-Satz oder als →Infinitivkonstruktion in der Oberflächenstruktur ist verbabhängig. Vgl. auch →Equi-NP-Deletion, →Raising, →Complementizer.

Lit.: P. S. ROSENBAUM [1967]: The grammar of English predicate complement con-

structions. Cambridge, Mass. - R. A. JACOBS/P. S. ROSENBAUM [1968]: English transformational grammar. Waltham, Mass. - J. W. BRESNAN [1970]: On complementizers: Toward a syntactic theory of complement types. In: FL 6, S. 149–167. - P. KIPARSKY/C. KIPARSKY [1970]: Fact. In: M. BIERWISCH/K. E. HEIDOLPH (eds.): Progress in linguistics. The Hague, S. 143–173. Dt. in: F. KIEFER/D. M. PERLMUTTER (eds.): Syntax und generative Grammatik. Wiesbaden 1974, S. 257–304. - M. K. BURT [1971]: From deep to surface structure. An introduction to transformational syntax. New York. - L. KARTTUNEN [1971]: The logic of English predicate complement constructions. Indiana. Dt.: Die Logik der Prädikatskomplementkonstruktionen. In: W. ABRAHAM/R. I. BINNICK (eds.): Generative Semantik. Frankfurt 1972, S. 243–278. - L. F. PUSCH [1972]: Die Substantivierung von Verben mit Satzkomplementen im Englischen und im Deutschen. Frankfurt. - H. ESAU [1973]: Nominalization and complementation in modern German. Amsterdam. - R. P. STOCKWELL u.a. [1973]: The major syntactic structures of English. New York. - S. OLSEN [1981]: Problems of *seem/scheinen* constructions and their implications for the theory of predicate complementation. Tübingen. - W. DE GEEST/Y. PUTSEYS (eds.) [1984]: Sentential complementation. Dordrecht. →Einbettung, →Subkategorisierung.

Komplementsatz →Objektsatz.

Komplenymie →Komplementarität.

Komplexes Symbol.
(1) Allgemein: Notation der Menge der Merkmale, die eine sprachliche Einheit vollständig charakterisieren, z.B. in der →Phonologie die Zusammenfassung aller →Distinktiven Merkmale, die ein Phonem ausreichend charakterisieren, vgl. das K. S. [+ VERSCHLUSSLAUT, + BILABIAL, + STIMMHAFT] für dt. / b /.
(2) In der generativen →Transformationsgrammatik die einem →Kategorialsymbol durch →Phrasenstruktur- und Subkategorisierungsregeln (→Subkategorisierung) zugeordnete Ge-

samtmenge von kontextfreien und kontextabhängigen Merkmalen, die die entsprechende Kategorie (z.B. das Nomen *Menschen*) sowohl morphosyntaktisch ([+ PLURAL]) als auch »semantisch« ([+ BELEBT, + HUMAN...]) spezifizieren. (3) In der →X-Bar-Theorie Charakterisierung von Kategorialsymbolen als Menge primitiverer Merkmale, z.B.
$N = [- \text{VERBAL}, + \text{NOMINAL}]$,
$V = [+ \text{VERBAL}, - \text{NOMINAL}]$,
$A = [+ \text{VERBAL}, + \text{NOMINAL}]$,
$P = [- \text{VERBAL}, - \text{NOMINAL}]$.
Die Analyse von Kategorien in K. S. ermöglicht die Bildung von →Natürlichen Klassen für syntaktische Prozesse. Wie bei der üblichen Notation für Phoneme stellen die Symbole *N, V, P, A* usw. als K. S. nur Abkürzungen für Merkmalbündel dar. Vgl. →Generalisierte Phrasenstrukturgrammatik, →Perkolation, →Selektionsmerkmale, →Subkategorisierung, →X-Bar-Theorie.

Komponente [lat. *compōnere* ›zusammenstellen‹].
(1) In der Semantik Synonym für →Semantisches Merkmal.
(2) Im Rahmen der generativen →Transformationsgrammatik Teilbereich bzw. Beschreibungsebene des gramm. Modells, das aus einer syntaktischen K. (→Basiskomponente) sowie aus einer semantischen und einer phonologischen K. besteht.

Komponentenanalyse [Auch: Merkmalanalyse]. Beschreibung der Bedeutung lexikalischer Einheiten sowie der inneren Struktur des Lexikons durch (strukturierte) Mengen semantischer Merkmale. Anregung und Vorbild für die Zerlegung von Gesamtbedeutungen in kleinste Bedeutungselemente boten phonologische Untersuchungsmethoden (vor allem der →Prager Schule), HJELMSLEVS Analyse der Inhaltsebene in

Komponentenanalyse der Verwandtschaftsbezeichnungen

Merkmale:	Verwandter	Eltern	Vater	Mutter	Geschwister	Bruder	Schwester	Kind	Sohn	Tochter	Onkel	Tante	Cousin	Cousine	Neffe	Nichte
[Lebewesen]	+	+	+	+	+	+	+	+	+	+	+	+	+	+	+	+
[Mensch]	+	+	+	+	+	+	+	+	+	+	+	+	+	+	+	+
[verwandt]	+	+	+	+	+	+	+	+	+	+	+	+	+	+	+	+
[direkt verwandt]	(−)	+	+	+	+	+	+	+	+	+	−	−	−	−	−	−
[gleiche Generation]	0	−	−	−	+	+	+	−	−	−	−	−	+	+	−	−
[älter]	0	+	+	+	0	0	0	−	−	−	+	+	0	0	−	−
[männlich]	0	0	+	−	0	+	−	0	+	−	+	−	+	−	+	−
[weiblich]	0	0	−	+	0	−	+	0	−	+	−	+	−	+	−	+
[Plural]	0	+	0	0	+	0	0	0	0	0	0	0	0	0	0	0

+ = Merkmal trifft zu
− = Merkmal trifft nicht zu
0 = indifferent in Bezug auf Merkmal

Nach: MANFRED BIERWISCH [1969]: Strukturelle Semantik. In: DaF 6, Heft 2, S. 67.

→Figuren, vor allem aber die ethnolinguistischen Untersuchungen von GOODENOUGH und LOUNSBURY. Entsprechend dem Vorbild der Phonologie geht die K. von der Voraussetzung aus, daß es möglich sei, auch in der Semantik mit einem begrenzten Inventar universell gültiger Merkmale das Gesamtlexikon einer Sprache zu beschreiben. Das bislang vorliegende Analysematerial (u.a. →Farbbezeichnungen, →Verwandtschaftsbezeichnungen, Dimensionen, militärische Grade, Verben der Fortbewegung) ist noch nicht umfassend genug, um diese Annahme zu bestätigen. Problematisch vor allem sind die nicht genügend objektivierbaren Auffindungsprozeduren für semantische Merkmale, da die Zerlegung semantischer Einheiten in kleinere Bedeutungselemente die intuitive Kenntnis der semantischen Zusammenhänge voraussetzt, die (aber) zugleich Erkenntnisziel der semantischen Analyse sind. Weitere Schwierigkeiten entstehen dadurch, daß nur ein Teil des Wortschatzes sich durch unstrukturierte Bündel semantischer Merkmale beschreiben läßt (wie dies für Verwandtschaftsbezeichnungen zutrifft), daß aber z.B. für transitive Verben wie *töten*, die Relationen zwischen zwei Argumenten ausdrücken (*X tötet Y*), komplexere Beschreibungsweisen entwickelt werden müssen, wie sie die →Generative Semantik vorgeschlagen hat. Damit können die Kombinationsweisen auch nicht mehr auf die bloße Konjunktion der Merkmale beschränkt bleiben. Umstritten ist ferner der theoretische Status der semantischen Merkmale, die zunächst durch objektsprachliche Ausdrücke wie *männlich, konkret, senkrecht* wiedergegeben werden und denen dann metasprachlicher Charakter zugeschrieben wird: [± MÄNNLICH], [± KONKRET]. Die semantischen Merkmale bilden nicht unmittelbar physikalische Eigenschaften der realen Welt ab, sondern sie sind abstrakte (theoretische) Einheiten, die die psychischen und sozialen Bedingungen, gemäß denen die Umwelt durch den Menschen kategorisiert wird, repräsentieren. Möglicherweise entsprechen sie Grunddispositionen der Denk- und Wahrnehmungsstruktur des menschlichen Organismus. Insofern rechtfertigt sich auch ihr universeller Anspruch: von einem universellen Gesamtinventar von Merkmalen macht jede Einzelsprache gemäß den jeweiligen historischen Bedingungen einen je spezifischen Gebrauch. Eine Verbesserung der Bedeutungsbeschreibung mit Hilfe der K. läßt sich durch die Differenzierung in verschiedene Arten von semantischen Merkmalen erzielen, vgl. LIPKA [1979], [1985]. Ferner kann die K. selbst bei einer holistischen Bedeutungskonzeption Anwendung finden, indem man sie zur Beschreibung der →Stereotypen (2) heranzieht, vgl. LUTZEIER [1981], [1985]. – Als semantisches Beschreibungsverfahren ist die K. Basis verschiedener Modelle, wie u.a. die der →Transformationsgrammatik, →Interpretativen Semantik, →Generativen Semantik, →Wortfeldtheorie.

Lit.: F. G. LOUNSBURY [1956]: A semantic analysis of Pawnee kinship usage. In: Lg 32, S. 158-194. - W. GOODENOUGH [1956]: Componential analysis and the study of meaning. In: Lg 32, S. 195-216. - F. G. LOUNSBURY [1963]: The structural analysis of kinship semantics. In: II. LUNT (ed.): Proceedings of the Ninth International Congress of Linguists. The Hague, S. 1073-1093. - J. J. KATZ [1964]: Semantic theory and the meaning of ›good‹. In: JPh 61, S. 739-766. - W. GOODENOUGH [1965]: Yankee kinship terminology: a problem in componential analysis. In: AmA 67, S. 129-287. - E. H. BENDIX [1966]: Componential analysis of general vocabulary: the semantic structure of a set of verbs in English, Hindi, and Japanese. The Hague. - J. J. KATZ [1966]: The philosophy of language. New York, London. Dt.: Philosophie der Sprache. Frankfurt 1969. - K. BAUMGÄRTNER [1967]: Die Struktur des Bedeutungsfeldes. In: Satz und Wort im heutigen Deutsch. Düsseldorf, S. 165-197. - M. BIERWISCH [1967]: Some semantic universals of German adjectivals. In: FL 3, S. 1-36. - J. J. KATZ [1967]: Recent issues in semantic theory. In: FL 3, S. 124-194. - R. ROMMETVEIT [1968]: Word, meanings, and messages. Theory and experiments in psycholinguistics. New York. - F. HUNDSNURSCHER [1970]: Neuere Methoden der Semantik. Tübingen. - L. LIPKA [1972]: Semantic structure and word-formation. München. - W. KÜHLWEIN [1973]: Die Komponentenanalyse in der Semantik. In: Linguistics 96, S. 33-55. - P. SCHIFFKO [1974]: Plädoyer für die Komponentenanalyse. In: VR 33, S.56-69. - E. NIDA [1975]: Exploring semantic structures. München. - E. NIDA [1975]: Componential analysis of meaning. An introduction to semantic structures. The Hague. - H. PUTNAM [1975]: Is semantics possible? In: H. PUTNAM: Mind, language, and reality. Philosophical Papers. Bd. 2, Cambridge, S. 139-152. - C. E. OSGOOD [1976]: Focus on meaning. Bd. 1: Explorations in semantic space. The Hague. - J. LYONS [1977]: Semantics I. Cambridge. - B. KERTSCHEFF [1979]: Die Semantik und der Feldbegriff. In: DSp 7, S. 35-56. - L. LIPKA [1979]: Semantic components of English nouns and verbs and their justification. In: Angol Filológiai Tanulmángok XII, S. 187-203. - F. v. EYNDE [1981]: Some deficiences of semantic feature analysis. A farewell to bachelorhood of lexical semantics. In: G. HINDELANG/W. ZILLIG (eds.): Sprache: Verstehen und Handeln. Akten des 15. Linguistischen Kolloquiums Münster 1980. Band 2. Tübingen, S. 3-13. - P. R. LUTZEIER [1981]: Wort und Feld. Wortsemantische Fragestellungen mit besonderer Berücksichtigung des Wortfeldbegriffes. Tübingen. - D. KASTOVSKY [1982]: Wortbildung und Semantik. Düsseldorf. - T. P. MCNAMARA/R. J. STERNBERG [1983]: Mental models of word meaning. In: JVLVB 22, S. 449-474. - L. LIPKA [1985]: A meeting place for synchronischy and diachronischy: Inferential features in English. In: M. PFISTER (ed.): Anglistentag 1984 Passau. Gießen, S. 144-158. - G. LÜDI [1985]: Zur Zerlegbarkeit von Wortbedeutungen. In: C. SCHWARZE/D. WUNDERLICH (eds.): Handbuch der Lexikologie. Königstein/Ts, S. 64-102. - P. R. LUTZEIER [1985]: Linguistische Semantik. Stuttgart. - A. WIERZBICKA [1989]: Semantic primitives and lexical univerals. In: Quaderni di Semantica, S. 103-121.

Forschungsbericht: B. HORLITZ [1980]: Lexikalische Semantik seit 1975. In: ZGL 8, S. 106-115. →Interpretative Semantik, →Semantik, →Wortfeldtheorie.

Komposition

[Auch: Zusammensetzung]. Neben →Derivation (auch: Ableitung) wichtigster Vorgang der →Wortbildung: Verbindung von zwei oder mehreren sonst frei vorkommenden Morphemen oder Morphemfolgen (= Wörtern) zu einem →Kompositum, wobei in der Regel das letzte Glied sowohl die Wortart als auch die Flexionsklasse bestimmt. (Zu Ausnahmen wie *Taugenichts, Nimmersatt* vgl. unter →Zusammenrückung). Die Produktivität des K.-vorgangs ist von Sprache zu Sprache unterschiedlich stark ausgeprägt (vgl. die abnehmende Häufigkeit der K. im Dt., Engl. und Frz., im Lat. kommt K. kaum vor) und wird von der Kategorie des Vorder- bzw. Hinterglieds beeinflußt. Besonders produktiv sind Zusammensetzungen aus zwei nominalen Gliedern (sogen. *N* + *N*-Komposita, vgl. *Wintermonat*), weniger häufig aus *Adjektiv* + *Nomen* (*Breitwand*), sehr selten aus *Verb* + *Verb* (*drehbohren*). Unterschieden werden folgende Typen von Komposita: (a) Unter synchronischem Aspekt nach der Art ihrer semantischen Interpretation: (aa) →Determinativkomposita, wie *Kaffeetasse, Waldruhe*, bei denen das syntaktisch abhängige, inhaltlich spezifizierende Glied (das Bestimmungswort) dem Grundwort vorausgeht. Sie werden auch »endozentrisch« genannt. Zu neueren Beschreibungsansätzen zur Semantik von *N + N*-Komposita vgl. unter →Stereotyp (2). (ab) Possessivkomposita (vgl. →Bahuvrihi) als Untergruppe von (aa), bei denen zwar auch das erste Glied das zweite semantisch spezifiziert, die Zusammensetzung insgesamt aber sich nur auf eine prominente Eigenschaft des Gemeinten bezieht, vgl. *Langbein, Milchgesicht, Trotzkopf*, engl. *loudmouth, hatchback*. Possessivkomposita werden auch »exozentrisch« genannt, da sie als »jemand/etwas hat ein Milchgesicht« paraphrasiert werden können. (ac) →Kopulativkomposita wie *Politiker-Komponist, schwarzweiß*, engl. *author-collector, sweetsour*, bei denen die einzelnen Glieder semantisch gleichberechtigt sind und als Zusammensetzung etwas Neues bezeichnen. (b) Unter historisch-genetischem Aspekt: (ba) →Juxtaposition, d.h. flexionsloses Aneinanderfügen der einzelnen Glieder. Da solche Bildungen (wie z.B. ahd. *tagalioht*) als ältere Form der Zusammensetzung angesehen werden, hat J. GRIMM [1826] für sie den Terminus »eigentliche« oder »echte« Komposita im Unterschied zu (bb) sogen. Kasuskomposita geschaffen, die (auf ursprüngliche Flexionsendungen zurückgehende) →Fugenelemente nach dem ersten Glied aufweisen wie nhd. *Ta-

geslicht, Sonnenschein. Diese wurden von GRIMM in seiner historischen Darstellung als »uneigentliche«oder»unechte« Komposita bezeichnet. (bc) Verdunkelte (auch »versteinerte«) Zusammensetzungen, deren K.vorgang unter synchronischem Aspekt nicht mehr rekonstruierbar ist, weil durch Lautwandel die ursprüngliche Form der einzelnen Glieder nicht mehr erkennbar ist bzw. die etymologische Durchsichtigkeit verlorenging wie in Welt (ahd. *wer + alt* »Zeitalter«, *Maulwurf*). – Der Übergang von K. zu Derivation (Präfix- bzw. Suffixbildung) ist sowohl synchronisch als auch diachronisch fließend, vgl. *-werk* in *Eisenwerk* vs. *Laubwerk*, desgleichen der Übergang von voll motivierten Bildungen zu idiomatisierten Bildungen, vgl. *Kinderheim* vs. *Kindergarten, Kennerblick* vs. *Augenblick*.

Lit.: C. ROHRER [1967]: Die Wortzusammensetzungen im Französischen. 2. Aufl. Tübingen 1977. – S. ZEPIC [1970]: Morphologie und Semantik der deutschen Nominalkomposita. Zagreb. – G. THIEL [1973]: Die semantischen Beziehungen in den Substantivkomposita der deutschen Gegenwartssprache. In: Mu 83, S. 377–404. – W. KÜRSCHNER [1974]: Zur syntaktischen Beschreibung deutscher Nominalkomposita. Auf der Grundlage generativer Transformationsgrammatiken. Tübingen. – P. DOWNING [1977]: On the creation and use of English compound nouns. In: Lg 53, S. 810–842. – H. E. BREKLE [1978]: Reflections on the conditions for the coining, use and understanding of nominal compounds. In: W. DRESSLER/W. MEID (eds.): Proceedings of the 12th international congress of linguistics. Innsbruck, S. 68–77. – K. HANSEN [1978]: Probleme der semantischen Beschreibung von Komposita. In: LSt 45, S. 24–61. – T. ROEPER/M. SIEGEL [1978]: A lexical transformation for verbal compounds. In: LIn 9, S. 199–260. – L. SEPPÄNEN [1978]: Zur Ableitbarkeit der Nominalkomposita. In: ZGL S. 133 ff. – M. SCHONEBOHM [1979]: Wortbildung, Text und Pragmatik; Am Beispiel der Teil-von-Relation im Bereich der deutschen Nominalkomposition. Lund. - J. H. SHAW [1979]: Motivierte Komposita in der deutschen und englischen Gegenwartssprache. Tübingen. - G. FANSELOW [1981]: Zur Syntax und Semantik der Nominalkomposition. Tübingen. - H. GÜNTHER [1981]: N + N: Untersuchungen zur Produktivität eines deutschen Wortbildungstyps. In: L. LIPKA/H. GÜNTHER (eds.): Wortbildung. Darmstadt, S. 258–280. - E. NEUSS [1981]: Kopulativkomposita. In: Sprachw 6, S. 31–68. - H. HERINGER [1984]: Wortbildung: Sinn aus dem Chaos. In: DS 12, S. 1–13. →Wortbildung.

Kompositionalität →Holismus vs. Kompositionalität.

Kompositionalitätsprinzip →Kompositionsprinzip.

Kompositionsfuge →Fugenelement.

Kompositionsprinzip [Auch: Fregesches Prinzip der Bedeutung, Funktionalitätsprinzip, Kompositionalitätsprinzip]. Ein meist G. FREGE (1848–1925) zugeschriebenes Prinzip, demzufolge sich die Gesamtbedeutung eines Satzes in funktionaler Abhängigkeit von den Bedeutungen seiner wohlgeformten Teile beschreiben läßt. Auf dieser empirischen Annahme basiert die methodische Prämisse, daß die semantische Beschreibung komplexer natürlichsprachlicher Ausdrücke so zu konzipieren ist, daß die Bedeutungen dieser Ausdrücke (insbesondere Sätze) aus den Bedeutungen ihrer einzelnen Elemente und ihrer syntaktischen Beziehungen untereinander zu rekonstruieren sind. Die Anwendung des K. setzt insofern eine syntaktische Analyse voraus und ergibt im Falle von Sätzen deren Satzbedeutungen (→Satzbedeutung) und nicht die Äußerungsbedeutungen

(→Äußerungsbedeutung). Probleme mit dem K. ergeben sich im Zusammenhang mit Idiomen (→Idiom), Metaphern (→Metapher) und →Intentionalität. Auf dem K. beruht u.a. die Konzeption der →Kategorial-(bzw. →Montague-)Grammatik.

Lit.: G. FREGE [1962]: Funktion, Begriff, Bedeutung (ed. von G. Patzig). 4. Aufl. 1975. Göttingen. - B. H. PARTEE [1984]: Compositionality. In: F. LANDMAN/F. VELTMAN (eds.): Varieties of the fourth Amsterdam Colloquium, September 1982. Dordrecht, S. 281–311. - P. R. LUTZEIER [1985]: Linguistische Semantik. Stuttgart. - P. A. M. SEUREN [1985]: Discourse Semantics. Oxford. →Formale Logik, →Intensionale Logik, →Kategorialgrammatik, →Montague-Grammatik.

Kompositum [Pl. Komposita; engl. *compound*. - Auch: Zusammensetzung]. Als Ergebnis des Wortbildungsvorganges der →Komposition ein sprachlicher Ausdruck, der aus mindestens zwei frei vorkommenden Morphemen oder Morphemkonstruktionen zusammengesetzt ist: *Dorf + kirche, Haltbarkeits + datum*. Als normales Betonungsmuster gilt im Dt. Hauptton und Nebenton (im Unterschied zu Hauptton und Null bei mehrgliedrigen →Simplizia: *Beispiel, Jungfer*). Bei den →Determinativkomposita mit subordiniertem Verhältnis zwischen den Konstituenten (Bestimmungswort, Grundwort) ist die Reihenfolge nicht vertauschbar ohne Bedeutungsveränderung (*Faßbier* vs. *Bierfaß*). Das koordinierende Verhältnis zwischen den Bestandteilen des →Kopulativkompositums läßt prinzipiell eine freie Wortfolge zu (*Arzt-Astronaut, Astronaut-Arzt*, engl. *owner-driver, driver-owner*) obwohl die →Lexikalisierung häufig für eine konventionalisierte Festlegung sorgt: *Fürstbischof* vs. **Bischoffürst*. Von freien Wortgruppen unterscheidet sich das K. durch folgende syntaktische und semantische Aspekte: Zusammenschreibung, regelmäßiger Wortakzent auf der ersten Konstituente, feste Reihenfolge der Kompositionsglieder (*Gesangeskunst* vs. *Kunst des Gesanges* bzw. *des Gesanges Kunst*), Flexion nur noch am letzten Element sowie Offenheit der semantischen Relation zwischen den einzelnen Gliedern (*Holzweg* = »Weg zum Transport von Holz«, »Weg aus Holz«) und die Tendenz zur Lexikalisierung und →Idiomatisierung (*Holzweg* = »Irrtum«). Die Nahtstelle zwischen den zwei unmittelbaren →Konstituenten des Kompositums kann durch spezielle →Fugenelemente gekennzeichnet sein. Soweit deren Auftreten Gesetzmäßigkeiten unterliegt, sind sie von der Art des Erstglieds abhängig, wobei wenigstens für einen Teil der Simplizia (→Simplex) ganz verschiedene Fugungen auftreten können, vgl. *Rindfleisch, Rindsfilet, Rinderbraten.* Vgl. →Fugenelement.

Lit.: →Komposition, →Fugenelement.

Konditional →Implikation.

Konditional(is) [lat. *conditiō* ›Bedingung‹. – Auch: Bedingungsform]. Teilkategorie des →Modus des Verbs, die einen Sachverhalt als ›bedingt‹ charakterisiert. Während das K. im Frz. über ein entwickeltes morphologisches System verfügt (Präteritum des Futurs), wird es im Dt. durch *würde* + Infinitiv oder durch Konjunktiv II um-

schrieben. Da der Konjunktiv des Imperfekts der schwachen Verben weitgehend mit dem Indikativ identisch ist, übernimmt die *würde*-Konstruktion zunehmend die Funktion des Konjunktivs: *Sie würde nach London fliegen, wenn sie genügend Geld hätte.*

Lit.: E. CLOSS-TRAUGOTT (ed.) [1986]: On conditionals. Cambridge. →Modalität.

Konditionalsatz. Semantisch spezifizierter Nebensatz in der syntaktischen Funktion eines →Adverbial. K. erläutern die Bedingung, unter der der im Hauptsatz bezeichnete Sachverhalt zutrifft, sie werden durch Konjunktionen (*wenn, falls, insofern*) eingeleitet: *Falls es morgen regnet, müssen wir auf die Bergtour verzichten.* Vgl. →Implikation (d).

Lit.: W. SETTEKORN [1974]: Semantische Struktur der Konditionalsätze. Kronberg. - F. JACKSON [1987]: Conditionals. Oxford.

Konditionierung [engl. *to condition* ›in Form bringen‹]. Von dem russ. Physiologen J. P. PAWLOW (1849–1936) an Hunden untersuchte und entwickelte Lerntheorie. Eine spontane, durch einen bestimmten Reiz ausgelöste (unbedingte) Reaktion kann auch durch einen anderen Reiz ausgelöst werden, wenn dieser mit dem ursprünglichen Reiz wiederholt kombiniert wird, nach entsprechendem Training erfolgt die Reaktion dann auch auf den isoliert dargebotenen zweiten Reiz. Vgl. →Stimulus-Response-Theorie. Diese Form der K. wurde unter behavioristischem Einfluß (vgl. SKINNER [1957]) zur Erklärung von Spracherwerb herangezogen: So erfolgt das Lernen von

Bedeutungen durch Zeigen (= unbedingter Reiz) und Benennen (= 2. Reiz) des entsprechenden Gegenstandes solange, bis allein durch das Aussprechen des Wortes die Referenz auf das Objekt geleistet wird. Diese Reaktionsbildung kann durch angemessene Belohnung (= Verstärkung) noch beschleunigt und gefestigt werden. Man spricht dann von »instrumentaler« oder »operanter« K. (im Unterschied zu der »klassischen« K. nach PAWLOW [1929]).

Lit.: J. P. PAWLOW [1929]: Lectures on reflexes. London. – G. KRAUSE/W. DUBE [1955]: Die Lehre I. P. Pawlows. – B. F. SKINNER [1957]: Verbal behavior. London. →Behaviorismus, →Spracherwerb.

Konfiguration [lat. *cōnfigūrāre* ›gleichförmig darstellen‹]. In U. WEINREICHS Semantiktheorie [1966] Beziehung zwischen semantischen Merkmalen: Im Unterschied zur ungeordneten Menge der Merkmale in einer →Häufung (1) (engl. *cluster*) besteht die K. aus einer geordneten Menge von semantischen Merkmalen. Die Merkmale für *Stuhl*, [Möbel] und [Sitzen], bilden eine K.: [Möbel zum Daraufsitzen], da sie in modifizierender Relation zueinander stehen, nicht aber eine Addition (sowohl [Möbel] als auch [Sitzen]), wie etwa im Falle von *Tochter*, für die sowohl das Merkmal [WEIBLICH] als auch [NACHKOMME] gilt.

Lit.: →Interpretative Semantik.

Konfrontative Linguistik →Kontrastive Linguistik.

Kongo →Bantu.

Kongruenz. [lat. *congruere* ›übereinstimmen‹; engl. *agreement, concord*].
(1) Übeinstimmung zwischen zwei oder mehreren Satzelementen hinsichtlich ihrer morpho-syntaktischen Kategorien (Kasus, Person, Numerus, Genus). Bei (a) »grammatischer« K., die satzintern und innerhalb einzelner Satzglieder stattfindet, kongruieren z.B. die Elemente der Nominalphrase *des jungen Baumes* bezüglich Kasus (Genitiv), Numerus (Singular) und Genus (Maskulin). K. dient der Markierung syntaktischer Beziehungen (z.B. bei der Konstituenz-Relation die Zugehörigkeit zu derselben komplexen Konstituente) und syntaktischer Funktionen (wie Subjekt oder Attribut). Die grammatische K. hat drei wichtige Bereiche: (aa) Bei der verbalen K. kongruiert in vielen Sprachen der flektierte Prädikatsteil mit dem Subjekt hinsichtlich →Person und →Numerus (*Ich komme* vs. *Die Frau kommt* vs. *Die Frauen kommen*) und manchmal auch →Genus (z.B. →Bantu). Es gibt jedoch auch Sprachen mit Objekt-Verb-Kongruenz: →Swahili, Kinyarwanda und andere →Bantu-Sprachen, Abkhasisch, Lasisch und andere →Kaukasische Sprachen, →Baskisch u.a.m. Die verbale K. wird in erster Linie von der →Syntaktischen Funktion (Subjekt, Objekt, Adverbial) der Verb-Begleiter gesteuert. Insbesondere bei der Objekt-Verb-Kongruenz spielen jedoch auch die Belebtheit (Animat vs. Inanimat), →Definitheit oder die semantische Rolle der Verbbegleiter eine Rolle (vgl. GIVÓN [1976]). (ab) Die nominale K. be-

trifft die Begleiter des Substantivs: Determinantien, adjektivische Attribute, Appositionen stimmen hinsichtlich ihres Kasus und anderer Kategorien (z.B. Genus) mit ihrem Bezugssubstantiv überein: *Sie sucht einen kleinen Jungen, ihren jüngsten Sohn*. (ac) Bei der prädikativen K. stimmen Subjekt und Prädikativ hinsichtlich Genus, Numerus oder Kasus überein: *Sie ist Lehrerin* vs. *Er ist Lehrer*. – (b) Anaphorische K. vollzieht sich über Satzgrenzen hinaus, sie kennzeichnet z.B. die Koreferenz zwischen Pronomen und Bezugsnomen in *Eine junge Frau betrat den Raum. Sie trug einen Korb am Arm*. Zwischen der anaphorischen und der grammatischen K. gibt es sprachhistorische Zusammenhänge. So haben sich die Markierungsmittel der grammatischen K. in sehr vielen Sprachen aus Pronomina entwickelt (vgl. Givón [1976]).

Lit.: J. Lyons [1971]: Einführung in die moderne Linguistik. München, Kap. 6.5. – T. Givón [1976]: Topic, pronoun and grammatical agreement. In: H. N. Li (ed.): Subject and topic. New York, S. 149–188. – E. A. Moravcsik [1978]: Agreement. In: J. H. Greenberg (ed.): Universals of human language. Bd. 4. Stanford, S. 352–374. – Ch. Lehmann [1982]: Universal and typological aspects of agreement. In: H. Seiler/J. Stachwiak (eds.): Apprehension: das sprachliche Erfassen von Gegenständen. Teil 2, S. 201–267. – G. G. Corbett [1983]: Hierarchies, targets and controllers: Agreement patterns in Slavic. London. – G. Gazdar u.a. (eds.) [1983]: Order, concord and constituency. Dordrecht. – R. D. Brecht/J. S. Levine (eds.) [1986]: Case in Slavic. Columbus, Ohio. – J. Bresnan/S. Mchombo [1986]: Grammatical and anaphoric agreement. In: CLS 22, S. 278–297. – M. Barlow/Ch. A. Ferguson (eds.) [1988]: Agreement in natural language. Stanford.

(2) In der →Intonation das Zuordnungsverhältnis zwischen der syntaktischen Einheit »Satz« und der phonologischen Einheit »Tongruppe«. Ein einfacher Satz, der mit einer Tongruppe zusammenfällt, wird kongruent genannt. Die Wahl kongruenter oder inkongruenter Verhältnisse ist mit bestimmten Funktionen verbunden. So z.B. korreliert beim Relativsatz das inkongruente Muster mit der appositiven Lesart (*Wir wollen mit dem Zúg fahren//der weniger vóll ist*), während bei Kongruenz der Relativsatz restriktiv interpretiert wird (*Wir wollen mit demjenigen Zug fahren, der weniger vóll ist*).

Lit.: M. Bierwisch [1966]: Regeln für die Intonation deutscher Sätze. In: Untersuchungen über Akzent und Intonation im Deutschen. Berlin, S. 99–199. – J. Pheby [1976]: Intonation und Grammatik. Berlin. – J. Pheby [1981]: Phonologie: Intonation. In: K. E. Heidolph u.a.: Grundzüge einer deutschen Grammatik. Berlin, Kap. 6.

Konjugation [lat. *coniugātiō* ›Verbindung‹]. Morphologische Kennzeichnung des Verb(stamm)s hinsichtlich der verbalen grammatischen Kategorien →Person, →Numerus, →Tempus, →Modus, →Genus verbi und (soweit grammatikalisiert) →Aspekt. Die Formveränderungen der K. sind sprachspezifisch ausgebildet. Für das dt. K.-System ist die formale Unterscheidung zwischen starken, schwachen und →Unregelmäßigen Verben grundlegend, vgl. →Starke vs. Schwache Verben, →Flexion.

Lit.: →Morphologie.

Konjunkt [lat. *coniūnctus* ›verknüpft‹] Teilaussage innerhalb einer durch beiordnende →Konjunktionen gekennzeichneten syntaktischen Struktur, vgl. *Re-*

den ist Silber (und) Schweigen ist Gold.

Lit.: →Koordination.

Konjunktion [lat. *coniungere* ›verbinden‹. – Auch: Binde-wort, Subjunktion].
(1) Unflektierbare und nicht satzgliedfähige →Wortart, deren Vertreter syntaktische Verbin-dungen zwischen Wörtern, Wortgruppen oder Sätzen her-stellen und zugleich semanti-sche Beziehungen zwischen die-sen Elementen kennzeichnen. – Die Unterscheidung zwischen »echten« und »unechten« K. (auch →Konjunktionaladver-bien) beruht auf den unter-schiedlichen Stellungseigen-schaften dieser beiden Typen: Echte K. (*aber, allein, denn, oder, und, sondern*) sind nicht vorfeldfähig, d.h. daß in Sätzen mit Zweitstellung des finiten Verbs die erste Position durch ein anderes Satzglied besetzt ist und somit die K. im Vor-Vorfeld steht, vgl. *denn* vor *das* in *Philip zauberte den ganzen Tag, denn das war seine Lieblingsbeschäf-tigung.* Unechte K. dagegen ver-halten sich satzgliedhaft wie →Adverbiale und bewirken →In-version (*Philip zauberte den ganzen Tag, deshalb hatte er für nichts anderes Zeit*). – Hinsicht-lich ihrer syntaktischen Funk-tion wird unterschieden zwi-schen koordinierenden (= ne-ben-, beiordnenden) K. und sub-ordinierenden (unterordnen-den) K.: Koordinierende K. ver-binden gleichgeordnete Ele-mente miteinander, subordi-nierende K. dagegen leiten ab-hängige Sätze ein, sie bilden zu-sammen mit dem finiten Verb-form in Letztstellung die →Satz-klammer. Folgende semanti-sche Beziehungen können durch koordinierende K. ausge-drückt werden: (a) kopulativ: *und, sowohl – als auch, weder – noch, nämlich*; (b) disjunktiv: *oder, entweder – oder*; (c) adver-sativ: *aber, allein, doch, son-dern*; (d) kausal: *denn*, u.a. Die subordinierenden K. leiten Ad-verbialsätze ein, sie kennzeich-nen kausale (*da, weil*), modale (*indem*) und temporale (*als, be-vor*) Beziehungen. Subjekt- und Objektsätze werden durch *daß, ob* oder *W*-Elemente (*wer, wem*) eingeleitet.

Lit.: W. HARTUNG [1964]: Die bedingen-den Konjunktionen der deutschen Gegen-wartssprache. In: PBB (H) 86, S. 350-387. – L. R. GLEITMAN [1965]: Coordinating con-junctions in English. In: Lg 41, S. 260-293. – S. RIECK [1977]: Untersuchungen zu Be-stand und Varianz der Konjunktionen im Frühneuhochdeutschen unter Berücksich-tigung der Systementwicklung zur heuti-gen Norm. Heidelberg. – N. R. WOLF [1978]: Satzkonnektoren im Neuhochdeut-schen und Mittelhochdeutschen. In: Sprachw 3, S. 16-48. – J. LENERZ [1982]: Syntaktischer Wandel und Grammatik-theorie. (Unveröff. Habil.-Schrift.) Mün-ster. →Koordination.

(2) Synonym für →Koordina-tion.
(3) In der →Formalen Logik Ver-bindung (Junktor) zweier ele-mentarer Aussagen *p* und *q* durch die →Logische Partikel *und*, die dann und nur dann wahr ist, wenn beide Teilaussa-gen (= Konjunkte) *p* und *q* wahr sind. Die Aussagenverbin-dung *Tokio ist die Hauptstadt von Japan, und Tokio ist eine eu-ropäische Stadt* erhält den Wahrheitswert ›falsch‹ auf-grund des zweiten falschen Teilsatzes. Darstellung durch die (zweiwertige) Wahrheitsta-fel:

p	q	$p \wedge q$
w	w	w
w	f	f
f	w	f
f	f	f

Alltagssprachlich wird *und* als Satzverknüpfung auch durch *auch, sowie, außerdem, dazu, nicht nur sondern auch, sowohl als auch* u.a. realisiert. Im Unterschied zur alltagssprachlichen Verwendung allerdings berücksichtigt die logische *und*-Verknüpfung weder eine semantische Unterscheidung zwischen *und* und *aber*, noch eine mögliche temporale Unterscheidung zwischen den Aussagen. *Das Pferd strauchelte und stürzte zu Boden* und *Das Pferd stürzte zu Boden und strauchelte*, d.h. $p \wedge q$ ist logisch dasselbe wie $q \wedge p$; auch müssen die Teilsätze nicht notwendigerweise in einem inhaltlichen, d.h. kommunikativ relevanten Zusammenhang stehen. Der Terminus K. bezieht sich sowohl auf die Operation des zweistelligen Satzoperators *und* als auch auf das Ergebnis: die durch ihn definierte Aussagenverknüpfung. Mit Hilfe der Mengenlehre läßt sich die K. semantisch als Durchschnittsmenge der beiden Modellmengen charakterisieren, die die miteinander verknüpften Aussagen wahr machen. →Menge. (4) Synonym für →Logische Partikel.

Lit.: →Formale Logik.

Konjunktionaladverb. Vor der finiten Verbform als selbständiges Satzglied auftretendes →Adverb mit koordinierender Funktion, vgl. *deshalb* in *Es reg-* *nete, deshalb blieben alle gern zuhause.* Die meisten K. haben neben der Koordinierungsfunktion weitere semantisch-syntaktische Funktionen, vgl. *allein, nur* (auch →Gradpartikel), *zumindest, allerdings* (auch Gradpartikel oder →Adverbiale), *daher, dadurch, also* (auch →Adverbiale).

Konjunktionalsatz. Durch subordinierende →Konjunktionen eingeleiteter →Nebensatz, z.B. *Philip kommt, wenn er Zeit hat* (= Konditionalsatz), *Daß Caroline wieder gesund ist, freut alle sehr* (= Subjektsatz), *Es ist dafür gesorgt, daß die Vorstellung pünktlich beginnen kann* (= Objektsatz), *Die Hoffnung, daß er das Zitat wiederfinden würde, gab er nicht auf* (= Attributsatz).

Konjunktiv [spätlat. *(modus) coniunctivus* ›verbindend(er Modus)‹; engl. *subjunctive mode/mood.* – Auch: Möglichkeitsform, Subjunktiv]. Teilkategorie des →Modus des Verbs. Im Unterschied zum neutralen Darstellungsmodus des →Indikativs drückt der K., soweit er nicht als Abhängigkeitszeichen dient, eine Relativierung des durch die Aussage bezeichneten Sachverhalts aus. Durch den K. bringt der Sprecher eine subjektive Stellungnahme zum Ausdruck, sei es als Wunsch (*Käme er doch gleich!*), Zweifel (*Du könntest so etwas tun?*) oder Ausdruck des Möglichen (*Diese Aufgabe könnte er übernehmen*). Der K. besitzt in den meisten Sprachen (so z.B. in allen ideur. Sprachen) ein noch entwickeltes morphologisches Paradigma. Das gilt entsprechend für das Dt., auch wenn durch Sprachwandel immer mehr K.-Formen mit denen des Indikativs zusammenfallen, vgl. *wir schreiben* (= 1. Pers. Pl. Präs. Ind. und K.) und *wir schrieben* (= 1. Pers. Pl. Prät. Ind. und K.). Zahlreiche lexikalische Konkurrenzformen können den morphologischen K. ersetzen, vor allem →Modalverben (*Er soll hereinkommen* statt *Er komme herein*), und →Satzadverbien (*Wahrscheinlich kommt er bald*). Im Unterschied zum Indikativ besteht im Konjunktiv keine temporale Differenzierung zwischen K. Präsens und K. Präteritum, weshalb sich auch die neutrale Bezeichnung Konjunktiv I vs. Konjunktiv II mehr und mehr durchsetzt. Der Konjunktiv I dient zur Kennzeichnung indirekter Rede (*Der Betroffene schwor, er habe von dem Vorfall nichts geahnt*), er steht in abhängigen Fragesätzen (*Er wurde gefragt, wo er sich damals aufgehalten habe*) und in Wunschsätzen (*Es lebe die Republik!*). Der Konjunktiv II in der Funktion des Irrealis dagegen bezeichnet Nichtwirklichkeit (= Irrealität) im weitesten Sinne und steht vor allem in konditionalen (→Kontrafaktischen) Satzgefügen (*Wenn ich mehr Geduld hätte, könnte ich ihr besser helfen*), in irrealen Konsekutivsätzen (*Der Preis ist zu hoch, als daß man ihn bezahlen könnte*), in Vergleichssätzen (*Sie tut so, als ob sie ihn verlassen hätte*). Außerdem steht der Konjunktiv II als Ersatz für Konjunktiv I, wenn dieser morphologisch mit dem Indikativ identisch ist.

Lit.: O. WERNER [1965]: Vom Formalismus zum Strukturalismus in der histori-

schen Morphologie. Ein Versuch, dargestellt an der Geschichte deutscher Indikativ/Konjunktivbildungen. In: ZfdPh 80, S. 100–127. – S. JÄGER [1971]: Der Konjunktiv in der deutschen Sprache der Gegenwart. München. – R. GRAF [1976]: Der Konjunktiv in der gesprochenen Sprache. Form, Vorkommen und Funktion untersucht an Tonbandaufnahmen aus Baden-Württemberg. Tübingen. – K.-H. BAUSCH [1979]: Modalität und Konjunktivgebrauch in der gesprochenen deutschen Standardsprache. München. – S. JÄGER [1979]: Empfehlungen zum Gebrauch des Konjunktivs. Düsseldorf. – E. SCHRODT [i.V.]: Synchronie und Diachronie des Modusgebrauchs im Deutschen. Ein Vergleich Althochdeutsch, Mittelhochdeutsch. Tübingen. →Modalität.

Konkatenation →Verkettung.

Konklusion [lat. *conclūsio* ›Schlußfolgerung‹]. Schlußfolgerung, deren Wahrheit logisch aus der Wahrheit bestimmter Prämissen folgt; z.B. folgt aus den Prämissen (a) *Alle Menschen sind sterblich* und (b) *Sokrates ist ein Mensch* die K. (c) *Sokrates ist sterblich.*
Lit.: →Formale Logik.

Konklusiv →Resultativ.

Konkomitanz →Kollokation, →Kookurrenz.

Konkordanz. In Sprachen mit →Nominalklassen die →Kongruenz von Adnominalen und Verben mit dem Nomen nach der Klasse des Nomens, z.B. im →Swahili: *vi-su vi-wili vi-natosha* ›zwei Messer genügen‹, *wa-tu wa-wili wa-natosha* ›zwei Leute genügen‹, *ma-tunda ma-wili ya-natosha* ›zwei Früchte genügen‹.

Konkretum [Pl. Konkreta; lat. *concrētus* ›verdichtet‹]. Semantisch definierte Klasse von Substantiven mit gegenständlicher

Bedeutung. K. werden differenziert in (a) →Eigennamen (*Chomsky*), (b) →Gattungsnamen (*Mensch, Sprachwissenschaftler*), (c) Stoffnamen (*Tinte, Blut*), (d) Sammelnamen (auch: →Kollektiva) (*Gebirge, Herde*).

Konnektionismus [lat. *cōnectere* ›verknüpfen‹].

An der Neurologie orientiertes Paradigma der →Künstlichen Intelligenz-Forschung (K.I.). Im Unterschied zur symbolischen Verarbeitungsweise der traditionellen K. I., die sequentielle, global gesteuerte Prozesse verwendet, ist im K. eine Verarbeitung durch zahlreiche lokale und hochparallele Prozesse vorgesehen. Gegenwärtig ist zwischen Anhängern und Gegnern dieses Paradigmas umstritten, ob konnektionistische Ansätze eine Alternative oder eine Ergänzung zum Paradigma der symbolischen Informationsverarbeitung darstellen, die auf den Grundkonzepten von →Regel und Repräsentationen basieren.

Lit.: D. E. RUMELHART/J. McCLELLAND [1986]: Parallel distributed processing. 2 Bde. Cambridge, Mass. - PINKER/J. MEHLER (eds.) [1988]: Connectionism and symbol systems. In: Cognition 28 (Special issue).

Konnektiv.

(1) Sprachlicher Ausdruck mit satzverknüpfender Funktion (→Konnexion). Zur Klasse der K. gehören u.a. →Konjunktionen und →Konjunktionaladverbien. Sie verknüpfen entweder →Propositionen bzw. Sachverhalte (»semantische K.«) oder →Illokutionen (»pragmatische K.«); vgl. *Er freut sich, weil es regnet* (Sachverhaltsverknüpfung) vs. *Er freut sich, denn es regnet* (Begründung einer Feststellung).

Lit.: →Konnexion.

(2) →Logische Partikel.

Konnexe Relation.

Eigenschaft einer zweistelligen Relation R über eine Menge A, die genau dann zutrifft, wenn für jeweils zwei nicht identische Elemente x und y von A gilt: $R(x, y)$ oder $R(y, x)$, alltagssprachlich: Entweder steht x in der Relation R zu y oder y steht in der Relation R zu x. Dies trifft zu z.B. für die Relation ›kleiner als‹ im Bereich natürlicher Zahlen, denn für zwei beliebige Zahlen x, y gilt: entweder ist x kleiner als y oder y ist kleiner als x.

Lit.: →Formale Logik, →Mengentheorie.

Konnexion.

(1) Im Syntaxmodell der →Dependenzgrammatik von L. TESNIÈRE syntaktischer Relationsbegriff, der die abstrakte Abhängigkeitsbeziehung zwischen syntaktischen Elementen - unabhängig von ihrer linearen Oberflächenordnung - bezeichnet. Die Menge aller K. konstituiert den Satz. So besteht *Figaro flucht* nicht nur aus der Summe der Elemente (a) *Figaro* und (b) *flucht*, sondern zudem aus (c) der K., der abstrakten Verknüpfung, die die beiden miteinander in Beziehung setzt. K. ist im Rahmen von TESNIÈRES Modell die grundlegende strukturelle Beziehung zwischen Elementen eines Satzes, die im →Stemma durch gerichtete Kanten abgebildet werden. Zusätzliche semantische K. werden durch gestrichelte Linien markiert: *Cherubin verliert seinen Wehrpaß*.

Lit.: →Dependenzgrammatik.

(2) Verknüpfung von →Propositionen oder →Illokutionen durch kausale, temporale, disjunktive oder andere Beziehungen. Die Relation kann syntaktisch durch ein →Konnektiv oder asyndetisch (→Asyndese) ausgedrückt werden. K. ist ein wichtiges Mittel der →Kohäsion und →Kohärenz von Texten.

Lit.: M. A. K. HALLIDAY/R. HASAN [1976]: Cohesion in English. London. – E. LANG [1976]: Semantik der koordinativen Verknüpfung. Berlin. – T. A. VAN DIJK [1977]: Connectives in text grammar and text logic. In: T. A. VAN DIJK/J. S. PETÖFI (eds.): Grammars and descriptions. Berlin, S. 11–63. – T. A. VAN DIJK [1977]: Text and context. London. – T. A. VAN DIJK [1980]: Textwissenschaft. Eine interdisziplinäre Einführung. München. – T. A. VAN DIJK [1981]: Studies in the pragmatics of discourse. The Hague. – J. FRITSCHE (ed.) [1982]: Konnektivausdrücke, Konnektiveinheiten. Grundelemente der semantischen Struktur von Texten. Hamburg. – J. S. PETÖFI/E. SÖZER (eds.) [1983]: Micro and macro connexity of texts. Hamburg. – W. MOTSCH (ed.) [1987]: Satz, Text, sprachliche Handlung. Berlin. – E. RUDOLPH [1988]: Connective relations – connective expressions – connective structures. In: J. S. PETÖFI (ed.): Text and discourse constitution. Berlin, S. 97–133. – M.-E. CONTE /J. S. PETÖFI/E. SÖZER. (eds.) [1989]: Text and discourse connectedness: Proceedings of the conference on »text connexity and coherence« (Urbino 1984). Amsterdam. *Forschungsbericht:* M. CHAROLLES u.a. (eds.) [1986]: Research in text connexity and text coherence: A survey. Hamburg. *Bibliographie:* P. LOHMANN [1988]: Connectedness of texts: A bibliographical survey. In: J. S. PETÖFI (ed.): Text and discourse constitution. Berlin, S. 478–501.

(3) Allgemein: Bezeichnung für textbildende sprachliche Mittel im Sinne von →Kohäsion.

Konnotation [lat. *con-* ›mit‹ *notātiō* ›Bezeichnung‹].
(1) Individuelle (emotionale) stilistische, regionale u.a. Bedeutungskomponente(n) eines sprachlichen Ausdrucks, die seine Grundbedeutung überlagern und die – im Unterschied zur konstanten begrifflichen Bedeutung – sich meist genereller, kontextunabhängiger Beschreibung entziehen, z.B. *Führer*. Zum Unterschied vgl. den kognitiven, referentiellen Bedeutungsaspekt unter →Denotation. K. wird auch als affektive/assoziative/okkasionelle Bedeutung bzw. als Nebensinn bezeichnet. Vgl. →Semantisches Differential.

Lit.: W. DIECKMANN [1979]: K. O. Erdmann und die Gebrauchsweisen des Ausdrucks »Konnotationen« in der linguistischen Literatur. In: LAB 13, S. 1–60. – G. RÖSSLER [1979]: Konnotationen. Wiesbaden. – U. MAAS [1985]: Konnotation. In: F. JANUSCHEK (ed.): Politische Sprachwissenschaft. Opladen, S. 71–95. →Bedeutung.

(2) [Auch: Signifikative Bedeutung]. In der Logik Bezugnahme auf den Begriffsinhalt im Unterschied zu →Denotation als Bezugnahme auf die außersprachliche Wirklichkeit. Zu evtl. Präzisierungsmöglichkeiten von K. vgl. die Unterscheidung der →Intensionalen Logik zwischen →Intension und →Extension.

Lit.: →Formale Logik.

Konsekutivsatz [lat. *cōnsēcutiō* ›Folge‹] Semantisch spezifizierter Nebensatz in der syntaktischen Funktion →Adverbial. K. erläutern die Folgen, die sich aus dem im Hauptsatz bezeichneten Geschehen ergeben. Sie werden durch Konjunktionen wie *daß, so daß* eingeleitet: *Sie war so heiser, daß sie ihr Konzert absagen mußte.*

Lit.: C. Fraas [1985]: Zur Begriffsbestimmung der Konsekutivität. Leipzig.

Konsonant [lat. *cōnsonāre* ›mitklingen‹. - Nicht-fachsprachlich auch: Mitlaut]. Phonetisch ein Sprachlaut, der kein →Approximant ist, folglich Verschlußlaut oder Frikativ. K. werden initiiert mit (a) pulmonaler (in der Regel expiratorisch), (b) pharyngaler oder (c) oraler Luftquelle. Man unterscheidet entsprechend (a) Expirativlaute, (b) →Ejektive sowie →Implosive und (c) →Schnalzlaute. Während es Approximanten gibt, die pulmonal gebildet werden (Vokale und Halbvokale), gibt es keine solchen, die mit pharyngaler oder mit oraler Luftquelle initiiert werden. In außereuropäischen Sprachen finden sich →Ejektive (z.B. im Georgischen oder im Kera, das im Tschad gesprochen wird) und Schnalzlaute (z.B. in der Khoisansprache Nama). K. sind in den europäischen Sprachen in der Regel stimmhaft oder stimmlos. Gemurmelte K. gibt es im Miao von Weining (→Miao-Yao), geknarrte im Lango (Sprache in Nigeria). Subklassen von K. ergeben sich nach der →Artikulationsart (Verschlußlaute, Frikative, Approximanten, Sagittallaute, Laterale, Flaps und Taps, Vibranten), nach der →Artikulationsstelle, nach dem →Artikulationsorgan, nach der →Sekundären Artikulation. - Um die Mehrdeutigkeit des Terminus »K.« zu beheben, hat Pike für die phonetischen Entitäten den Terminus →»Contoid« eingeführt, vgl. das Beispiel unter →Contoid vs. Vocoid. - Vgl. folgende Abbildung.

Lit.: →Phonetik.

Konsonantisch vs. Nicht Konsonantisch. Fundamentale phonologische Opposition zur Beschreibung →Distinktiver Merkmale, die sich auf akustisch analysierte und spektral definierte Unterscheidungskriterien stützt. (→Akustische Phonetik, →Spektralanalyse). Akustisches Merkmal: Abnahme/ Zunahme der Gesamtintensität auf dem Spektrum. Artikulatorisches Merkmal: Vorhandensein bzw. Fehlen eines Hindernisses im →Ansatzrohr.

Lit.: R. Jakobson u.a. [1951]: Preliminaries to speech analysis. Cambridge, Mass. 6. Aufl. 1965, S. 19–20. →Distinktives Merkmal.

Konsoziation [lat. *cōnsociātiō* ›enge Verbindung‹]. Eigenschaft sprachlicher Ausdrücke, die stets in derselben Kombination vorkommen, z.B. *jahraus, jahrein, Leib und Seele.*

Konstanter Lautersatz →Paralalie.

Konstatierende Äußerung →Konstative Äußerung.

Konstative Äußerung [lat. *cōnstāre* ›feststellen‹. - Auch: Deskriptive/Konstatierende Äußerung]. In der Vorstufe zu J. L. Austins [1958] →Sprechakttheorie Äußerungen, die Feststellungen über Tatsachen bzw. Sachverhalte treffen, die (im Unterschied zu →Performativen Äußerungen) entweder wahr oder falsch sein können. K. Ä. entsprechen also dem Begriff »Aussage« in der Philosophie. - Im zweiten Teil seiner Vorlesungen hat Austin diese Unterscheidung aufgegeben, da auch

Artikulatorische Klassifikation der deutschen Konsonanten

Artikulationsweise	Bezeichnung der Konsonanten		stimml. (fortis) / stimmh. (lenis)	Oberlippe (Labium) / Unterlippe — BILABIALE	Zähne (Dentes) — LABIODENTALE	Zahndamm (Alveolen) / Z.spitze (Apex) — DENTALE · APICO-ALVEOLARE	Harter Gaumen (Palatum) / Z.kranz (Corona) — PALATALE · PALATO-ALVEOLAR	Z.rücken (Dorsum) — PALATO-DORSALE	Weicher Gaumen (Velum) / Z.rücken (Dorsum) — VELARE · VELAR-DORSALE	Zäpfchen (Uvula) — UVULARE	Kehlkopf (Larynx) — LARYNGALE
Engebildung	OBSTRUENTEN	FRIKATIVE	stimml. (fortis)		f	s	ʃ	ç	x		h
Engebildung	OBSTRUENTEN	FRIKATIVE	stimmh. (lenis)		v	z	(3)	j	ʁ		
Verschlußbildung – mit folgender oraler Öffnung	OBSTRUENTEN	EXPLOSIVLAUTE	stimml. (fortis)	p		t			k		ʔ
Verschlußbildung – mit folgender oraler Öffnung	OBSTRUENTEN	EXPLOSIVLAUTE	stimmh. (lenis)	b		d			g		
– mit Öffnung und folgender Engebildung	OBSTRUENTEN	AFFRIKATEN		pf	pf	ts			(kx)		
– mit gesenktem Gaumensegel	SONANTEN	NASALE		m		n			ŋ		
– mit seitlicher Engebildung	SONANTEN	LIQUIDE · LATERALE					l				
– mit intermitt. Verschluß	SONANTEN	LIQUIDE · VIBRATIONSL.				r				R	

K. Ä. einen performativen Aspekt (Vollzug einer Aussage) aufweisen und somit unter die illokutionären Akte zu rechnen sind (→Illokution).

Lit.: J. L. AUSTIN [1958]: Performatif - constatif. In: J. L. AUSTIN: La philosophie analytique. Paris 1962, S. 271–304 (engl.: Performative - constative. In: C. E. CATON (ed.) [1963]: Philosophy and ordinary language. Urbana, Ill., S. 22–54; dt.: Performative und konstatierende Äußerung. In: R. BUBNER (ed.) [1968]: Sprache und Analysis. Göttingen, S. 140–153). →Sprechakttheorie.

Konstellation [lat. *cōnstellātiō* ›Stellung der Gestirne‹]. In der →Glossematik die Relation zwischen zwei sprachlichen Elementen, die zwar miteinander in Beziehung stehen, die aber nicht, wie im Falle von Determination und Interdependenz in irgendeiner Weise voneinander abhängig sind, wie z.B. *weg* in *wegtragen*, da *weg* auch in anderen Kontexten auftreten kann. Syntagmatische K. heißt →Kombination, paradigmatische K. nennt man →Autonomie. (Vgl. HJELMSLEV [1943], Kap. 9.)

Lit.: →Glossematik.

Konstituente [lat. *cōnstituere* ›(miteinander) aufstellen‹]. In der strukturellen Satzanalyse Bezeichnung für jede sprachliche Einheit (Morphem, Wort, Syntagma), die Teil einer größeren sprachlichen Einheit ist. Mehrere K. bilden miteinander eine Konstruktion; z.B. sind in dem Satz *Bäume wachsen nicht in den Himmel* alle Wörter K., desgleichen auch die Verbalphrase *wachsen in den Himmel* oder die Präpositionalphrase *in den Himmel*; sie können jeweils mit anderen K. zu größeren Einheiten zusammengefaßt werden: Verbalphrase mit der Subjektphrase zu Satz, Verb und Präpositionalphrase zu Verbalphrase etc. Bilden zwei Konstituenten *A* und *B* auf diese Weise zusammen eine hierarchisch höhere Konstituente *C*, so nennt man sie unmittelbare K. von *C* (vgl. →Ersetzungsregeln, →Konstituentenanalyse, →Phrasenstrukturregeln).

Konstituentenanalyse [engl. *immediate constituent analysis*. - Auch: IC-Analyse]. Vom →Amerikanischen Strukturalismus entwickeltes Verfahren der Satzanalyse. Ziel und Ergebnis der K. ist die Zerlegung eines sprachlichen Ausdrucks in eine hierarchisch definierte Abfolge von →Konstituenten. Diese Zerlegung (= →Segmentierung) wird durch verschiedene syntaktische Tests, vor allem durch die →Verschiebe- und →Ersatzprobe gestützt (vgl. →Operationale Verfahren). Ist der zu analysierende komplexe Ausdruck im Satz frei verschiebbar und durch einen einfacheren Ausdruck gleicher gramm. Kategorie zu ersetzen, gilt er als Konstituente. So wird der Satz *Der Professor hält einen Vortrag* in zwei Konstituenten zerlegt, denn *der Professor* ist ersetzbar durch *er* (= Nominalphrase, *NP*) und *hält einen Vortrag* durch *doziert* (= Verbalphrase, *VP*). Als →Strukturbaum der abgeschlossenen K. ergibt sich:

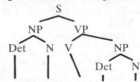

Der Professor hält einen Vortrag

Die durch den jeweils ersten Zerlegungsschritt gewonnenen Elemente heißen »unmittelbare Konstituenten« (engl. *immediate constituents*, daher die Abkürzung »IC-Analyse«): *NP* und *VP* sind unmittelbare Konstituenten von *S*, *DET* und *N* von *NP* usf., während Zerlegungen in mehrfachen Schritten »mittelbare Konstituenten« ergeben: *Det*, *N* und *V* sind mittelbare Konstituenten von *S*. Die Verzweigungsknoten heißen »Konstitute«, die Relation, die zwischen jedem Verzweigungsknoten und seinen Konstituenten besteht, heißt →Konstituenz. Das Ergebnis einer K. läßt sich auf vielfache (äquivalente) Weise darstellen, nämlich als →Strukturbaum, →Phrasenstrukturregeln, →Kastendiagramm. Vgl. hierzu die Gegenüberstellung unter →Strukturbaum. – K. ist das grundlegende syntaktische Organisationsprinzip der generativen →Transformationsgrammatik, allerdings sind die Tests zur Rechtfertigung von Konstituenten nur notwendig, nicht aber hinreichend, denn zur Rechtfertigung von Konstituentenstrukturen muß nachgewiesen werden, daß sie zur Formulierung von syntaktischen Prozessen notwendig sind. So gibt es z.B. – entgegen der Tradition der Transformationsgrammatik – im Dt. kaum eine Rechtfertigung für den *VP*-Knoten, vgl. hierzu →Subjekt-Prädikat-Beziehung.

Lit.: L. Bloomfield [1933]: Language. New York. – R. S. Wells [1947]: Immediate constituents. In: Lg 23, S. 71–117. – C. F. Hockett [1958]: A course in modern linguistics. New York. – Z. S. Harris [1962]: String analysis of sentence structure. The Hague. – P. M. Postal [1964]: Constituent structure: A study of contemporary models of syntactic description. Bloomington. →Operationale Verfahren, →Transformationsgrammatik.

Konstituenteninterrogativ
→Fragesatz.

Konstituentensatz →Gliedsatz vs. Gliedteilsatz, →Nebensatz.

Konstituentenstruktur →Phrasenstruktur.

Konstituenten(struktur)grammatik →Phrasenstrukturgrammatik.

Konstituentenstrukturregel
→Ersetzungsregel, →Phrasenstrukturregeln.

Konstituenz [Auch: Kontiguität]. Grundlegende syntaktische Relation bei der Beschreibung der hierarchischen Struktur von Sätzen: Zwischen zwei linear auftretenden Elementen *A* und *B* besteht die Relation der K. genau dann, wenn sie beide von einem gemeinsamen Element *C* dominiert werden (→Dominanz). Auf dieser Relation basiert die Konstituentenstrukturgrammatik. Vgl. →Dependenz.

Lit.: K. Baumgärtner [1970]: Konstituenz und Dependenz. Zur Integration der beiden grammatischen Prinzipien. In: H. Steger (ed.): Vorschläge für eine strukturale Grammatik des Deutschen. Darmstadt, S. 52–77. – Th. Vennemann [1977]: Konstituenz und Dependenz in einigen neueren Grammatiktheorien. In: Sprachw 1, S. 259–301. →Konstituentenanalyse, →Phrasenstrukturgrammatik, →Transformationsgrammatik.

Konstitut. Sprachlicher Ausdruck, der in unmittelbare →Konstituenten zerlegbar ist. Im →Strukturbaum ist jeder

Verzweigungsknoten ein K., die
von ihm dominierten Elemente
sind seine unmittelbaren Konstituenten. Vgl. →Konsti-
tuentenanalyse.

Konstitutive Regeln. Regeln,
die gewisse Verhaltensweisen
als einer bestimmten Ver-
haltensform zugehörig ausweisen und somit diese Verhaltens-
form konstituieren. So wird das
Herumkicken mit einem Ball
erst dadurch zum Fußballspiel,
daß die (zumindest die zentralen) Regeln des Fußballspiels
eingehalten werden, ent-
sprechendes gilt für das Herum-
schieben von Schachfiguren auf
einem Schachbrett. »Regulative« Regeln hingegen sind solche, die eine bestimmte Ver-
haltensform nur spezifizieren,
die aber unabhängig von diesen
Regeln definierbar ist. So sind
die Regeln der »sizilianischen
Eröffnung« konstitutiv für eine
sizilianische Eröffnung eines
Schachspiels, aber nur regulativ
für eine Eröffnung eines
Schachspiels. Formulierungen
konstitutiver Regeln sind also
→Analytische Aussagen, da sie
nur etwas explizieren, was im
Begriff der betreffenden Ver-
haltensform bereits enthalten
ist. Nach SEARLE werden
Sprechakte in Übereinstimmung mit K. R. vollzogen: Eine
Äußerung bestimmter sprachli-
cher Form gilt unter gewissen
Umständen als Versprechen.
Vgl. →Sprechakttheorie.

Lit.: J. R. SEARLE [1969]: Speech acts. An
essay in the philosophy of language. Cam-
bridge. Dt.: Sprechakte. Frankfurt 1971. –
J. H. HERINGER (ed.) [1974]: Seminar: Der
Regelbegriff in der praktischen Semantik.
Frankfurt. →Sprechakttheorie.

Konstriktiv →Frikativ(laut).

Konstruktionstypen. Syntaktische Schachtelungsmuster der
Oberflächenstruktur, deren
Unterscheidung für Akzeptabi-
litätsfragen, Transformationsprozesse, für den Vergleich zwischen verschiedenen Sprachen
(→Sprachtypologie) sowie für
psycholinguistische Untersuchungen (vgl. YNGVE) relevant
ist. Je nach der Stellung von untergeordneten Elementen im
Satz unterscheidet man zwischen →Eingeschachtelten,
→Selbsteinbettenden, →Rechts-
bzw. linksverzweigenden K. sowie zwischen →Endozentri-
schen und →Exozentrischen K.

Lit.: C. F. HOCKETT [1958]: A course in modern linguistics. New York. – V. YNGVE
[1960]: A model and an hypothesis for language structure. In: PAMS 104, S. 444–466.
– N. CHOMSKY [1965]: Aspects of the theory
of syntax. Cambridge, Mass. Dt.: Aspekte
der Syntaxtheorie. Frankfurt 1969, S. 24ff.

Kontaktprobe [Auch: Unverträglichkeitsprobe, Exklusion].
Experimentelles Analyseverfahren der strukturellen Linguistik zur Ermittlung syntakti-
scher und semantischer Regularitäten. Je nachdem, ob durch
Einfügen eines sprachlichen
Elements in einen gegebenen
Kontext gramm. oder un-
gramm. Ausdrücke entstehen,
können Rückschlüsse auf
gramm. Eigenschaften der miteinander in Kontakt stehenden
Elemente gezogen werden. So
kann man durch K. feststellen,
ob es sich bei zwei durch →Er-
satzprobe ermittelten sprachlichen Einheiten um Elemente
gleicher oder verschiedener
Konstituentenklassen handelt:
zwei Jahre und *Linguistik* sind
zwar untereinander austausch-

bar: *Er studierte zwei Jahre* bzw. *Er studierte Linguistik*; die K. aber erweist, daß sie miteinander verträglich sind: *Er studierte zwei Jahre Linguistik*, also zu verschiedenen Konstituentenklassen und Funktionen (Objekt bzw. Adverbial) gehören.

Lit.: →Operationale Verfahren.

Kontamination [lat. *contāmināre* ›in Berührung bringen‹; engl. *blend, fusion, hybrid, telescoped word, amalgam.* – Auch: Blending, Haplologische Zusammensetzung, Port(e)manteau-Wort, Kofferwort, Wortkreuzung, -verschmelzung]. In der →Wortbildung Vorgang und Ergebnis der Kreuzung bzw. Verschmelzung zweier Ausdrücke zu einem neuen Ausdruck. Solcher K. kann eine unwillkürliche Fehlprägung zugrundeliegen, z.B. bei der Mischung von *Operngucker* und *Feldstecher* zu *Opernstecher*, oder aber eine aus stilistischen Gründen absichtliche Verschmelzung verschiedener Ausdrücke. In diesem Fall kann man unterscheiden zwischen (a) haplologischen (vereinfachenden) Zusammenziehungen, bei denen entweder der letzte Teil des ersten Wortes und der erste Teil des zweiten Wortes identisch sind (*Katzenjammertal, Sparschweinerei, Frivolitätigkeitsbericht*) oder aber nur Überschneidungen von Laut- und Silbenelementen vorliegen (*Lolitaneien, tragikomisch, Kurlaub*); (b) mit Wortsplittern erzeugte Neubildungen (= K. im eigentlichen Sinn): *Demokratur, Bullizisten, Medizyniker*; (c) analogische Bildungen mittels Ersetzung eines Grundwortes durch ein ähnlich klingendes Lexem (*Phrasenmäher, Millionarr*); (d) orthographische Varianten, die nur vom Schriftbild her als K. erkennbar sind (*Schlawiner, Bonnzen*). K. werden im Ggs. zu normalen →Komposita durch die enge Assoziation zweier Wörter immer einzeln geprägt und wirken vor allem nicht als Wortbildungsmuster weiter. Aufgrund von Verständnisschwierigkeiten und starker Kontextgebundenheit gehen nur wenige K. in den usuellen Sprachgebrauch über wie z.B. die sprachwiss. Termini »Franglais«, »Morphonemik« für →Morpho-Phonologie. – Zu K. auf syntaktischem Gebiet vgl. H. PAUL [1880] und D. BOLINGER [1961].

Lit.: H. PAUL [1880]: Prinzipien der Sprachgeschichte. 8. Aufl. Tübingen 1968, S. 121–126. – F. MAURER [1928]: Über Arten der deutschen Wortbildung. Besonders Wortkreuzungen. In: ZfdPh 53, S. 167–183. – D. BOLINGER [1961]: Syntactic blends and other matters. In: Lg 37, S. 366–381. – K. HANSEN [1963]: Wortverschmelzungen. In: ZAA, S. 117–142. – F. J. HAUSMANN [1974]: Studien zu einer Linguistik des Wortspiels. Tübingen. – A. GRESILLON [1984]: La règle et le monstre: le mot-valise. Tübingen. →Wortbildung.

Kontext [lat. *con-textus* ›Zusammenhang‹]. Als umfassender Begriff der Kommunikationstheorie bezeichnet K. alle Elemente einer Kommunikationssituation, die systematisch das Verständnis einer Äußerung bestimmen: den verbalen und non-verbalen (z.B. mimischen) K., den aktuellen K. der Sprechsituation und den sozialen K. der Beziehung zwischen Sprecher und Hörer, ihrem Wissen und ihren Einstellungen. Im speziellen Sinn von »sprachliche Umgebung« wird neben K. auch der Terminus »Kotext« (CATFORD) verwendet.

Lit.: J. C. CATFORD [1965]: A linguistic theory of translation. London. – J. FIRBAS [1964]: On defining the theme in functional sentence analysis. In: TLP 1, S. 267–280. – P. R. LUTZEIER [1974]: Der »Aspekt« Welt als Einstieg zu einem nützlichen Kontextbegriff für eine natürliche Sprache. Diss. Stuttgart. – D. SCHIFFREN [1987]: Discovering the context of an utterance. In: Linguistics 25, S. 11–32. →Reversivität.

Kontextabhängige Regel [Auch: Kontextbeschränkte/ Kontextsensitive R.]. →Phrasenstrukturregel, in deren Formulierung der Kontext (syntaktisch-semantische Umgebung) des von der Regel zu ersetzenden Symbols mit eingeht. →Ersetzungsgrammatik, →Phrasenstrukturgrammatik.

Kontextbeschränkte Grammatik →Erzeugungsgrammatik, →Phrasenstrukturgrammatik.

Kontextbeschränkte Regel →Kontextabhängige Regel.

Kontextfreie Grammatik. →Phrasenstrukturgrammatik, die nur solche Regeln enthält, für deren Anwendung keinerlei Kontextbedingungen gelten. →Erzeugungsgrammatik, →Phrasenstrukturgrammatik.

Kontextfreie Regel. →Phrasenstrukturregel, die ohne Rücksicht auf Kontextbedingungen formuliert wird. →Erzeugungsgrammatik, →Phrasenstrukturgrammatik.

Kontextsensitive Grammatik →Erzeugungsgrammatik, →Phrasenstrukturgrammatik.

Kontextsensitive Regel →Kontextabhängige Regel.

Kontextualisierung . In der ethnographischen Diskursanalyse (→Ethnographie des Sprechens) von J. GUMPERZ/J. COOK-GUMPERZ [1976] geprägte Bezeichnung dafür, daß Kontexte nicht gegeben sind, sondern von den Teilnehmern gemeinsam im Verlauf ihrer verbalen Interaktion geschaffen werden. K. besteht aus einer Menge von Prozeduren, die K.-Hinweise (engl. *contextualization cues*) mit Hintergrundswissen in Beziehung setzen. K.-Hinweise können prosodischer, proxemischer oder kinetischer Natur sein (→Prosodie, →Proxemik, →Kinesik); sie können durch die Wahl eines bestimmten Wortes, formelhaften Ausdrucks, Kodes oder Dialekts realisiert werden. Hintergrundswissen ist organisiert in zusammenhängenden Rahmen; sie schränken die Interpretation der K.-Hinweise ein. Die Bedeutung eines K.-Hinweises ergibt sich aus dem Zusammenspiel mit anderen Hinweisen, die sich auf den gleichen oder andere Rahmen beziehen. So kann z.B. im Rahmen des →Sprecherwechsels eine Reduktion der Lautstärke und eine Veränderung in der Körperhaltung den Teilnehmern anzeigen, daß der derzeitige Sprecher das Rederecht abgeben will. Das Zusammenspiel von K.-Hinweisen führt zur →Redundanz, die eine Interpretation auch dann erlaubt, wenn nicht alle Hinweise erfaßt wurden. Die Gefahr von Mißverständnissen in interkultureller Kommunikation ist nicht auszuschließen, da Rahmen soziokulturell gebunden sind (vgl. GUMPERZ [1982]). Als Überblick vgl. AUER [1986].

Lit.: E. GOFFMAN [1974]: Frame analysis. Cambridge, Mass. Dt.: Rahmenanalyse. Frankfurt 1977. – J. J. GUMPERZ/J. COOK-GUMPERZ [1976]: Context in children's speech. In: J. J. GUMPERZ/J. COOK-GUMPERZ (eds.): Papers on language and context. Berkeley (= WUCB 46). – J. J. GUMPERZ [1982]: Discourse strategies. Cambridge. – P. AUER [1986]: Kontextualisierung. In: StL 19, S. 22–47. – D. TANNEN [1986]: That's not what I meant. New York. →Ethnographie des Sprechens.

Kontextualismus. [Auch: Londoner Schule].

Englische Variante des →Strukturalismus, die sich von anderen strukturalistischen Richtungen vor allem unter folgenden Aspekten unterscheidet: (a) Untersuchungsgegenstand ist nicht primär das Sprachsystem (→Langue), sondern die Sprachverwendung als Teil eines umfassenderen sozialen Prozesses. (b) Dieser soziale Prozeß vollzieht sich in Situationen, d.h. jede sprachliche Äußerung wird bestimmt sowohl durch ihren sprachlichen Kontext (= →Distribution), als auch durch ihren situationellen Kontext. (c) →Bedeutung wird (im Unterschied zu mentalistischen Deutungen) als komplexe Relation im Kontext von Situationen verstanden. Der auf Untersuchungen des polnischen Anthropologen und Ethnologen B. MALINOWSKI (1884–1942) fußende und vor allem von J. R. FIRTH (1890–1960) begründete K. hat wegen seiner an der Sprachverwendung orientierten Konzeption entscheidenden Einfluß auf die Entwicklung von Methoden zur Spracherwerbsforschung ausgeübt.

Quellenschriften: B. MALINOWSKI [1935]: Coral gardens and their magic. 2 Bde. 2 Aufl. London 1966. – J. R. FIRTH [1957]: A synopsis of linguistic theory 1930–1955. In: Studies in Linguistic Analysis, S. 1–32. – J. R. FIRTH [1957]: Papers in Linguistics, 1934–1951. London. – J. R. FIRTH [1968]: Selected papers. London. *Abhandlungen:* R. H. ROBINS [1963]: General linguistics in Great Britain 1930–1960. In: CH. MOHRMANN u.a. (eds.): Trends in modern linguistics. Utrecht, S. 11–37. – W. KÜHLWEIN (ed.) [1970]: Linguistics in Great Britain. Tübingen. – R. H. ROBINS [1973]: Ideen- und Problemgeschichte der Sprachwissenschaft. Frankfurt. – T. F. MITCHELL [1975]: Principles of Firthian linguistics. Oxford. – G. SAMPSON [1980]: School of Linguistics. Stanford. Kap. 9: The London School. →Kollokation, →Sprachwissenschaft (Geschichte), →Systemische Grammatik.

Kontiguität [lat. *contiguus* ›angrenzend‹].

(1) →Konstituenz.
(2) In der Semantik Relation zwischen Lexemen, die der gleichen semantischen, logischen, kulturellen oder situationellen Sphäre angehören. Solche K.-Beziehungen sind als semantisches Gerüst textkonstituierend, vgl. die meteorologischen Ausdrücke in einem Wetterbericht im Unterschied zu beliebigen Lexemfolgen aus verschiedenen Kontexten.
(3) In der Psycholinguistik: →Assoziation.

Kontingente Aussagen [lat. *contingere* ›(zufällig) wohin gelangen‹, ›berühren‹].

In der →Formalen Logik Aussagen, deren Wahrheitswert nicht durch ihre logische Form determiniert ist. K. A. können in verschiedenen →Möglichen Welten bzw. Situationen (vgl. →Situationssemantik) unterschiedliche Wahrheitswerte haben, im Unterschied zu →Tautologien, die in jeder (klassischen) möglichen Welt bzw. (normalen) Situation wahr sind, und zu →Kontradiktionen, die in allen (klassischen) möglichen Welten bzw. (normalen) Situationen falsch sind.

Lit.: →Formale Logik.

Kontinuativ [lat. *continuātiō* ›Fortdauer‹].
(1) Teilkategorie der →Aktionsart, Synonym für →Durativ.
(2) →Progressiv.

Kontinuativum →Massen-Nomen.

Kontradiktion [lat. *contrādictiō* ›Widerspruch‹]. In der →Formalen Logik Satz, der auf Grund seiner logischen Form (d.h. in allen (klassischen) →Möglichen Welten) falsch ist; z.B. *p und (zugleich) nicht p*: *Es regnet, und es regnet nicht.* K. sind analytisch und logisch falsche Aussagen. Vgl. zum Unterschied →Tautologie.

Lit.: →Formale Logik.

Kontrafaktische Sätze [lat. *conträ* ›gegen‹, *factum* ›Tat‹; engl. *counterfactuals*]. Konditionalsätze mit Konjunktiv-II-Formen (Irrealis) im Vorsatz (z.B. *Wenn ich Hunger hätte, würde ich etwas essen*), deren Nachsatz wahr wäre, wenn der Vorsatz wahr wäre. K. S. spielen bei der Berücksichtigung →Möglicher Welten im Rahmen semantischer Beschreibungen eine wichtige Rolle.

Lit.: →Mögliche Welt.

Kontraktion [lat. *contractiō* ›das Zusammenziehen‹]. Vorgang und Ergebnis der Verschmelzung von zwei (durch einen Konsonanten getrennten) Vokalen zu einem Langvokal: ahd. *ligit* > mhd. *lît* ›liegt‹, ahd. *sagêt* > mhd. *seit* ›sagt‹ (→Synärese). Allgemein auch: jede Form von sprachlicher Verkürzung, z.B. engl. *don't* für *do not*, frz. *au* für *à le*.

Kontrast.
(1) In der nordamerik. Literatur synonyme Bezeichnung für →Opposition als bedeutungsunterscheidender Gegensatz auf paradigmatischer Ebene.
(2) Wo zwischen K. und →Opposition unterschieden wird, bezieht sich K. auf die syntagmatische Unterscheidbarkeit einzelner Elemente, Opposition dagegen auf den paradigmatischen Gegensatz, d.h. in /diç/ vs. /miç/ stehen /d/ und /m/ in Opposition, /d/, /i/, /ç/ in Kontrast.

Lit.: →Distributionalismus.

(3) Hervorhebung durch →Akzent.

Kontrastive Linguistik. Synchronisch-vergleichende Sprachwissenschaft (im Unterschied zu diachronisch-vergleichender, historischer Sprachwissenschaft, die auch »Komparatistik« genannt wird). Das Interesse der K. L. liegt hauptsächlich auf →Sprachtypologie und →Fremdsprachendidaktik (→Fehleranalyse). In Osteuropa ist auch der Ausdruck »konfrontative Linguistik« üblich, z.T. mit dem Anspruch, im (vermeintlichen) Gegensatz zur K. L. nicht nur die Unterschiede, sondern auch die Gemeinsamkeiten zwischen Sprachen zu erforschen (L. ZABROCKI). Hauptprobleme der K. L. sind die Auswahl eines für die Beschreibung der zu vergleichenden Sprachen geeigneten Grammatikmodells sowie die Auffindung eines »tertium comparationis« als Grundlage der Kontrastierung von Einheiten beider Sprachen. – Eine Liste von Projekten der K. L. findet sich bei K. REIN [1983].

Lit.: R. LADO [1957]: Linguistics across cultures. Ann Arbor. – M. WANDRUSZKA [1971]: Interlinguistik. Umrisse einer neuen Sprachwissenschaft. München. – G. NICKEL (ed.) [1972]: Reader zur kontrastiven Linguistik. Frankfurt. – H. RAABE (ed.) [1974/1976]: Trends in kontrastiver Linguistik. 2 Bde. Tübingen. – J. FISIAK (ed.) [1983]: Contrastive linguistics: problems and projects. The Hague. – K. REIN [1983]: Einführung in die Kontrastive Linguistik. Darmstadt.
Bibliographie: J. H. HAMMER/F. A. RICE [1965]: A bibliography of contrastive linguistics. Washington. – CH. GUTKNECHT [1978]: Kontrastive Linguistik: Zielsprache Englisch. Stuttgart.

Kontravalenz [lat. *contrā* ›gegen‹, *valēns* ›geltend‹. – Auch: Exklusives *oder*]. In der →Formalen Logik Verbindung zweier elementarer Aussagen p und q durch *oder*, die dann und nur dann wahr ist, wenn entweder p oder q wahr ist, nicht aber wenn beide wahr sind (im Unterschied zum inklusiven *oder*, vgl. →Disjunktion). Darstellung durch (zweiwertige) Wahrheitstafel:

p	q	$p \vee q$
w	w	f
w	f	w
f	w	w
f	f	f

Dieses, dem lat. *aut... aut...* entsprechende *oder* (auch: ausschließendes *oder*) kommt in der Alltagssprache häufig vor, es wird realisiert durch *entweder das eine oder das andere, (aber nicht beides)*. →Disjunktion.

Lit.: →Formale Logik.

Kontrolle. Bestimmung der Referenzbeziehung des (phonetisch fehlenden) Subjektausdruckes bzw. des entsprechenden →PRO-Elements in →Infinitivkonstruktionen: In Komplementsätzen nach Verben wie *versprechen* wird die der Infinitivkonstruktion zugrundegelegte phonetisch leere Subjektposition vom Subjekt des Matrixsatzes »kontrolliert«, während in Sätzen mit Verben wie *überreden* das Subjekt des Infinitivkomplements referenzidentisch mit dem Objekt des Matrixsatzes ist und somit vom Objekt »kontrolliert« wird, vgl. *Sie₁ versprach ihm₂ [-₁ nach London zu fliegen]* vs. *Sie₁ überredete ihn₂ [-₂ nach London zu fliegen]*. – In der »Revidierten Erweiterten Standardtheorie« (= REST) der →Transformationsgrammatik wird die sogen. →Bindungstheorie ergänzt durch eine Kontrolltheorie, die die Referenz des in der Syntax als leere pronominale *NP* »PRO« dargestellten eingebetteten Subjektes regelt, dies sowohl in Abhängigkeit von der strukturellen Konfiguration, in der das PRO-Element steht, als auch von intrinsischen Eigenschaften des Matrixverbs. – Zur Darstellung der Kontrollrelation im →Aspekte-Modell vgl. →Equi-NP-Deletion.

Lit.: W. ABRAHAM [1983]: The control relation in German. In: W. ABRAHAM (ed.): On the formal syntax of the Westgermania. Amsterdam, S. 217–242. – R. RŮŽIČKA [1983]: Remarks on control. In: LIn 14, S. 309–324. – G. SIEBERT-OTT [1983]: Kontrollprobleme in infiniten Komplementkonstruktionen. Tübingen. – M. R. MANZINI [1983]: On control and control theory. In: LIn 14, S. 421–446. – D. BOUCHARD [1984]: On the content of empty categories. Dordrecht. – J. KOSTER [1984]: On binding and control. In: LIn 15, S. 417–459. – K. IWAKURA [1985]: The binding theory and PRO. In: LAn 15, S. 29–55. – R. JACKENDOFF [1987]: The status of thematic relations in linguistic theory. In: LIn 18, S. 369–412. – E. WILLIAMS [1987]: Implicit arguments, the binding theory and control. In: NLLT 5, S. 151–180. – J. McCLOSKY/P.

SELLS [1988]: Control and A-chains in modern Irish. In: NLLT 6, S. 143–190. – A. v. STECHOW/W. STERNEFELD [1988]: Bausteine syntaktischen Wissens. Opladen, Kap. 9. →Bindungstheorie, →Transformationsgrammatik.

Konvenienz →Kompatibilität.

Konvention [lat. *conventiō* ›Übereinkunft‹]. Verhaltensregularität von Mitgliedern einer Gruppe, die wiederholt vor einem Koordinationsproblem stehen (einer Situation, in der wechselseitiger Nutzen von koordiniertem Verhalten abhängt) und dies auf eine bestimmte von mehreren möglichen Weisen lösen, wobei und weil sie das Entsprechende von den anderen erwarten (vgl. LEWIS [1969]). Zur Konventionalität einer solchen Problemlösung gehört auch, daß die Gruppenmitglieder eine andere Lösung vorziehen würden, falls die übrigen Gruppenmitglieder diese praktizierten. Ein Beispiel ist das Rechtsausweichen sich begegnender Autofahrer auf einspurigen Straßen in Deutschland: Wichen die anderen links aus, so würde wohl jeder sich dieser alternativen Regularität anschließen. – Versteht man sprachliche Kommunikation als ein Koordinationsproblem, so sind die fundamentalen Verhaltensregularitäten des Sprachgebrauchs, die Konventionen einer bestimmten Sprache, eine Lösung dieses Problems, und die Konventionen anderer Sprachen sind andere Lösungen des gleichen Problems. Die →Arbitrarität des sprachlichen →Zeichens ergibt sich also bereits aus der Konventionalität von Sprache.

Lit.: W. V. O. QUINE [1936]: Truth by convention. In: O. H. LEE (ed.): Philosophical essays for A. N. Whitehead. New York, S. 90–124. – P. F. STRAWSON [1964]: Intention and convention in speech acts. In: PhR 73, S. 439–460. – D. SHWAYDER [1965]: The stratification of behavior. New York. – D. LEWIS [1969]: Convention: a philosophical study. Harvard. Dt.: Konventionen. Eine sprachphilosophische Abhandlung. Berlin 1975. – J. R. SEARLE [1969]: Speech acts. An essay in the philosophy of language. Cambridge. Dt.: Sprechakte. Ein sprachphilosophischer Essay. Frankfurt 1971. – D. WUNDERLICH [1972]: Zur Konventionalität von Sprechhandlungen. In: D. WUNDERLICH (ed.): Linguistische Pragmatik. Frankfurt, S. 11–58. – M. SCHIRN (ed.) [1974]: Sprachhandlung, Existenz, Wahrheit – Hauptthemen der sprachanalytischen Philosophie. Stuttgart. →Sprechakttheorie.

Konventionalität →Arbitrarität.

Konventionelle Implikatur →Implikatur.

Konversationelle Implikatur →Implikatur.

Konversationsanalyse [Auch: Ethnomethodologische Konversationsanalyse, engl. *conversational analysis*]. Aus der →Ethnomethodologie entwickelte empirische Forschungsrichtung (H. SACKS, E. SCHEGLOFF, G. JEFFERSON) zur Analyse von Gesprächen (engl. *conversations*). In den frühen Studien von SACKS werden Eigenschaften des praktischen Schließens besonders betont (vgl. GARFINKEL/SACKS [1970]), d.h. Techniken, die die Beteiligten zur internen Strukturierung sozialer Ereignisse verwenden, um »Ordnung herstellen« (etwa beim Erzählen von Geschichten oder Witzen, vgl. SACKS [1972], [1978]); so zeigen sich die Beteiligten z.B. durch Formulierungen wechselseitig auf, was sie gerade miteinander tun (z.B.

jetzt muß ich aber noch mal fragen...). Die →Diskursanalyse stärker beeinflußt haben spätere Arbeiten zur Geordnetheit sozialer Ereignisse, die sich mit wiederkehrenden Mustern und ihren strukturellen Eigenschaften in der Organisation von Gesprächen beschäftigen; dabei gilt als dominantes und effektivstes Mittel die Organisation von →Turn zu Turn (→Sprecherwechsel), an der alle Parteien beteiligt sind. In der Weise, wie die Beteiligten die Turns handhaben, zeigen sie einander auf, wie sie die sich entwickelnden Aktivitäten verstehen: wie sie den vorangegangenen Turn und die entsprechenden Erwartungen der Partner interpretieren und welche Erwartungen sie selbst in bezug auf den nächsten Turn haben (→Paarsequenz, →Präferenz, →Rezipientenspezifischer Zuschnitt, →Sequentielle Organisation). Die Annahme, daß Gespräche Produkte der je aktuellen Aktivitäten der Beteiligten sind, unterscheidet die K. grundsätzlich von Verfahren der →Textlinguistik oder der →Sprechakttheorie. Als Überblick vgl. LEVINSON [1983], STREECK [1983].

Lit.: E. SCHEGLOFF [1968]: Sequencing in conversational openings. In: AmA 70, S. 1075–1095. Wieder in: J. J. GUMPERZ/D. HYMES (eds.) [1972]: Directions in sociolinguistics. New York, S. 346–380. – H. GARFINKEL/H. SACKS [1970]: On formal structures of practical actions. In: J. C. MCKINNEY/E. A. TIRYAKIAN (eds.): Theoretical sociology. New York, S. 337–366. Dt.: Über formale Strukturen praktischer Handlungen. In: F. WEINGARTEN u.a. (eds.) [1976]: Ethnomethodologie. Frankfurt, S. 130–176. – H. SACKS [1972]: On the analyzability of stories by children. In: J. J. GUMPERZ/D. HYMES (eds.): Directions in sociolinguistics. Ethnography of communication. New York, S. 325–345. – D. SUDNOW (ed.) [1972]: Studies in interaction. New York. – E. SCHEGLOFF/H. SACKS [1973]: Opening up closings. In: Semiotica 8, S. 289–327. – H. SACKS/E. SCHEGLOFF/G. JEFFERSON [1974]: A simplest systematics for the organization of turn-taking in conversations. In: Lg 50, S. 696–735. – F. SCHÜTZE [1975]: Sprache soziologisch gesehen. 2 Bde. München. – W. KALLMEYER/F. SCHÜTZE [1976]: Konversationsanalyse. In: StL 1, S. 1–28. – H. SACKS [1978]: An analysis of the course of a joke's telling in conversation. In: J. BAUMAN/J. SHERZER (eds.): Explorations in the ethnography of speaking. London, S. 249–269. – J. SCHENKEIN (ed.) [1978]: Studies in the organization of interaction. New York. – J. STREECK [1980]: Speech acts as interactions: A critic of Searle. In: DP 3, S. 133–154. – G. JEFFERSON [1981]: The abdominable *ne!* In: P. SCHRÖDER /H. STEGER (eds.): Dialogforschung. Düsseldorf, S. 53–88. – W. DIECKMANN/I. PAUL [1983]: »Aushandeln« als Konzept der Konversationsanalyse. In: ZS 2, S. 169–196. (Vgl. hierzu auch die anschließende Kontroverse in ZS 4 [1985], S. 94–101, S. 218–224). – S. LEVINSON [1983]: Pragmatics. Cambridge. – J. STREECK [1983]: Konversationsanalyse . In: ZS 2, S. 72–104. – J. M. ATKINSON/J. HERITAGE (eds.) [1984]: Structures of social actions. Cambridge. – J. HERITAGE [1984]: Garfinkel and ethnomethodology. Cambridge. – A. DI LUCIO/J. C. P. AUER [1986]: Identitätskonstitution in der Migration. In: LBer 104, S. 327–351. – D. FLADER/T. VON TROTHA [1988]: Über den geheimen Positivismus und andere Eigentümlichkeiten der ethnomethodologischen Konversationsanalyse. In: ZS 7, S. 92–115. *Forschungsbericht:* J. BERGMANN [1981]: Ethnomethodologische Konversationsanalyse. In: P. SCHRÖDER/H. STEGER (eds.): Dialogforschung. Düsseldorf, S. 9–52.

Konversationsmaxime [Auch: Interaktionspostulate, Konversationspostulate/-regeln]. Von H. P. GRICE [1968] eingeführter Terminus zur Bezeichnung von als vernünftig akzeptierten Anforderungen an effektive Kommunikation, deren Verletzung Ursache für das Scheitern von Kommunikation sein kann. In Anlehnung an KANTS vier logische Funktionen des Verstandes postuliert GRICE vier K.: (a) Maxime der Quantität (Mache deinen Beitrag zur Kommunikation so informativ wie erforderlich), (b) Maxime der

Qualität (Versuche deinen Beitrag zur Kommunikation so zu machen, daß er wahr ist), (c) Maxime der Relation (Mache deinen Beitrag relevant) und (d) Maxime der Modalität (Sei klar und deutlich). Diese K. leitet GRICE aus der übergreifenden Maxime, dem sogen.»Kooperationsprinzip« ab: Mache deinen Beitrag zur Kommunikation so, wie er an derjenigen Stelle entsprechend dem akzeptierten Zweck oder der Richtung des Redewechsels, an dem du beteiligt bist, erforderlich ist. – Auf der Basis der K. ist das Funktionieren indirekter Sprechakte, konversationeller →Implikaturen sowie das Verstehen von Ironie etc. beschreibbar. Zur möglichen Sprach- bzw. Kulturabhängigkeit von K. vgl. KEENAN [1976].

Lit.: H. P. GRICE [1968]: Logic and conversation. In: P. COLE/J. L. MORGAN (eds.): Syntax and semantics. Bd. 3: Speech acts. New York 1975, S. 41–58. Dt. in: G. MEGGLE (ed.): Handlung, Kommunikation, Bedeutung. Frankfurt 1979. – D. GORDON/G. LAKOFF [1971]: Conversational postulates. In: CLS 7. Wiederabgedruckt in: P. COLE/J. MORGAN (eds.): Syntax and semantics. Bd. 3: Speech acts. New York 1975, S. 83–106. – L. R. HORN [1973]: Greek Grice: A brief survey of proto-conversational rules in the history of logic. In: CLS 9, S. 205–214. – D. FRANCK [1974]: Zur Analyse indirekter Sprechakte. In: V. EHRICH/P. FINKE (eds.): Beiträge zur Grammatik und Pragmatik. Kronberg, S. 219–231. – D. WUNDERLICH [1974]: Grundlagen der Linguistik. Reinbek. – P. COLE [1975]: The synchronic and diachronic status of conversational implicature. In: P. COLE/J. L. MORGAN (eds.): Syntax and semantics. Bd. 3: Speech acts. New York, S. 257–291. – R. IBANEZ [1976]: Über die Beziehungen zwischen Grammatik und Pragmatik: Konversationspostulate auf dem Gebiet der Konditionalität und Imperativität. In: FoL 10, S. 223–248. – W. KALLMEYER/F. SCHÜTZE [1976]: Konversationsanalyse. In: StL 1, S. 1–28. – E. O. KEENAN [1976]: On the universality of conversational implicature. In: Language and Society 5, S. 67–80. – D. ZAEFFERER [1976]: Untersuchungen zu einer Theorie der sprachlichen Mißverständnisse. In: WPTI 1, S. 39–55. – G. GAZDAR [1977]: Implicature, presupposition and logical form. Bloomington. – J. MURPHY/A. ROGERS/R. WALL (eds.) [1977]: Proceedings of the Texas conference on performatives, presuppositions and conversational implicatures. Washington. – J. D. MC CAWLEY [1978]: Conversational implicature and the lexicon. In: P. COLE (ed.): Pragmatics. New York, S. 245–259. – G. GAZDAR [1979]: Pragmatics. New York. – W. HEINDRICHS/G. CH. Rump (eds.) [1979]: Beiträge zur Interaktions- und Diskursanalyse. Hildesheim. – I. C. HUNGERLAND [1979]: Kontext-Implikation. In: G. MEGGLE (ed.): Handlung, Kommunikation, Bedeutung. Frankfurt, S. 266–326. – G. MEGGLE (ed.): [1979]: Handlung, Kommunikation, Bedeutung. Frankfurt – S. C. LEVINSON [1983]: Pragmatics. Cambridge. →Konversationsanalyse.

Konversationspostulate →Konversationsmaxime.

Konversationsregeln →Konversationsmaxime.

Konversion.

(1) Semantische Relation des Bedeutungsgegensatzes, die die →Polarität zwischen zweistelligen Prädikaten bezeichnet und als →Äquivalenz-Beziehung definiert wird: *Wenn Philip älter ist als Caroline, dann ist Caroline jünger als Philip* (und umgekehrt). Solche konversen Ausdrücke finden sich besonders als Komparative polarer Adjektive, als Verben, die menschliche Tauschverhältnisse beschreiben (*geben : bekommen, kaufen : verkaufen* u.a.) sowie bei Verwandtschaftsbezeichnungen (*Vater : Sohn* etc.).

(2) Prozeß der →Wortbildung durch Wortartwechsel eines →Grundmorphems auch zusammengesetzter (aber selten →Präfix- oder →Suffixhaltiger) →Stämme. →Produktiv im heutigen Deutschen und Englischen sind →Desubstantivische Verben: *filter(n), frühstück(en),*

oder engl. (*to*) *bicycle*, (*to*) *sandpaper*, →Deverbale Substantive: *Treff, Stau*, engl. *hit, buy*, sowie →Deadjektivische Verben: *kürzen, lockern*, engl. *to tidy*. Anstelle eines Überführungsprozesses von einer Stammkategorie in eine andere, versteht H. MARCHAND K. als Ableitung mit Hilfe eines →Nullmorphems.

Lit.: →Nullmorphem.

Konzessivsatz [lat. *concessiō* ›Zugeständnis‹]. Semantisch spezifizierter Nebensatz in der syntaktischen Funktion eines →Adverbials. K. geben u.a. eine Bedingung an, deren erwartete Wirkung sich nicht erfüllt: *Selbst wenn er sich noch so sehr anstrengt, wird er dennoch nicht Präsident werden* oder einen Umstand, dessen zu erwartende Folge nicht eintritt: *So flink sie auch war, sie konnte ihn nicht mehr erreichen.* K. werden im Dt. durch Konjunktionen wie *obschon, obgleich, trotzdem (daß), wenn ... auch* oder durch verallgemeinernde Ausdrücke wie *wer auch (immer)* eingeleitet.

Lit.: E. Baschewa [1983]: Untersuchungen zur Diachronie des Konzessivsatzes im Neuhochdeutschen. In: BES 3, S. 77–107.

Kookkurrenz [lat. *con-* ›mit‹, *occurrere* ›begegnen‹. – Auch: Konkomitanz, →Distribution, →Kolligation]. Grundlegende syntaktische Relation des taxonomischen →Strukturalismus nordamerik. Prägung, die das Miteinandervorkommen von sprachlichen Elementen verschiedener Klassen in Sätzen bezeichnet. K. oder Distribution eines Elements ist die Summe aller syntaktischen Umgebungen, in denen es vorkommen kann. So definiert Z. S. HARRIS seine →Transformationen als formale Beziehungen zwischen Strukturen, die dieselbe Menge individueller K. (d.h. Umgebungen) aufweisen.

Lit.: →Distributionalismus.

Kooperationsprinzip →Konversationsmaxime.

Koordination [mlat. *coordinare* ›aufeinander abstimmen‹. – Auch: Konjunktion, →Nektion, →Junktion].
(1) Syntaktische Struktur, die aus zwei oder mehr →Konjunkten (Wörter, Satzglieder oder Sätze) besteht. K. kann vorkommen als asyndetische Konstruktion, d.h. die einzelnen Elemente der K. sind nicht durch Konjunktionen verknüpft (*bergauf, bergab laufen*), oder als syndetische Konstruktion, wobei die Elemente durch koordinierende →Konjunktionen (*und, aber, denn*) verknüpft sind. Die durch die Konjunktionen geleistete »Verknüpfung« bezieht sich sowohl auf morphologische, syntaktische als auch auf semantische und pragmatische Aspekte. Die syntaktische Beschreibung der K. im Rahmen der Transformationsgrammatik beschäftigt sich vor allem mit der Typisierung der K.-Konstruktionen und ggf. den angenommenen Tilgungsprozessen und deren Bedingungen (= *Conjunction reduction*, vgl. →Gapping). Als Forschungsüberblick vgl. KUNZE, zu Problemen der semantischen Beschreibung der K. vgl. LANG, zu pragmatischen Aspekten SCHMERLING und POSNER, zur Darstellung in der →Formalen Logik unter →Konjunktion (3).

Lit.: S. DIK [1968]: Coordination. Amsterdam. - R. DOUGHERTY [1970/71]: A grammar of coordinate conjoined structures. In: Lg 46, S. 850–898; Lg 47, S. 298–339. - J. KUNZE [1972]: Die Auslaßbarkeit von Satzteilen bei koordinativen Verbindungen im Deutschen. Berlin. - I. BÁTORI u.a. [1975]: Syntaktische und semantische Studien zur Koordination. Tübingen. - S. F. SCHMER-LING [1975]: Asymmetric conjunction and rules of conversation. In: P. COLE/J. L. MORGAN (eds.): Syntax and semantics. Bd. 3: Speech acts. New York. - M. KOHRT [1976]: Koordinationsreduktion und Verbstellung in einer generativen Grammatik des Deutschen. Tübingen. - E. LANG [1977]: Semantik der koordinativen Verknüpfung. Berlin. - G. A. SANDERS [1977]: A functional typology of elliptical coordinations. In: F. R. ECKMANN (ed.): Current themes in linguistics. Washington, S. 241–270. - R. POSNER [1979]: Bedeutung und Gebrauch der Satzverknüpfer in natürlichen Sprachen. In: G. GREWENDORF (ed.): Sprechakttheorie und Semantik. Frankfurt, S. 345–385. - M. SANDMANN [1979]: Koordination und Subordination. In: Sprachw 4, S. 1–12. - W. THÜMMEL [1979]: Vorüberlegungen zu einer Grammatik der Satzverknüpfung. Koordination und Subordination in der generativen Transformationsgrammatik. Frankfurt. - B. WIESE [1980]: Grundprobleme der Koordination. In: Lingua 51, S. 17–44.
Bibliographie: B. WIESE [1980]: Bibliographie zur Koordination. In: LAB 14, S. 182–228. -Gapping.

(2) Synonym für →Parataxe.

Koordinativkompositum →Kopulativkompositum.

Kopenhagener Linguistenkreis. [Auch: *Cercle Linguistique de Copenhague*]. Neben der →Genfer und →Prager Schule wichtigstes Zentrum strukturaler Sprachwissenschaft, zu dessen Begründern und Hauptvertretern vor allem L. HJELMSLEV und V. BRØNDAL zählen. Zur Abgrenzung gegen andere linguistische Traditionen prägten HJELMSLEV und ULDALL im Jahre 1936 aus Anlaß des 4. Internationalen Linguistenkongresses die Bezeichnung →Glossematik(er).

Lit.: →Glossematik.

Kopf [engl. *head*].
(1) In der →X-Bar-Theorie derjenige unmittelbare Teil einer komplexen Konstituente X, der vom gleichen Kategorientyp wie X ist, jedoch i.d.R. von niedrigerer Komplexität. So ist die nominale Konstituente *Weg nach Frankfurt* der K. der Nominalphrase *der Weg nach Frankfurt*, das Nomen *Weg* seinerseits der K. von *Weg nach Frankfurt*. Dieses lexikalische Element wird auch »lexikalischer Kopf« der *NP* genannt. Der Begriff »Kopf einer Phrase« wird oft gleichbedeutend mit »lexikalischer Kopf« verwendet. Das Beispiel zeigt, daß der lexikalische K. nicht notwendigerweise eine unmittelbare Konstituente derjenigen Phrase ist, deren Kopf er ist.

Lit.: →X-Bar-Theorie.

(2) In der →Metrischen Phonologie der akzenttragende Teil eines Versfußes.

Lit.: →Metrische Phonologie, →Silbe.

Kopfwort →Kurzwort.

Koptisch →Ägyptisch.

Kopulativkompositum [lat.: *cōpulāre* ›eng verbinden‹. - Auch: Dvandva (ind. ›Paar‹), Koordinativkompositum]. →Komposition.

Kopula(tivverb) [engl. *auxiliary (verb)*]. Teilmenge der Verben, die im Unterschied zu →Vollverben nur über eine relativ vage Eigenbedeutung verfügen (*sein, werden, bleiben, erscheinen, heißen*); K. haben vor allem grammatische Funktionen, insofern sie dazu dienen, die Beziehung zwischen Subjekt und →Prädikativ herzustellen: *Sie ist Tänzerin/unvermählt/von Adel.*

Lit.: →Hilfsverben.

Kordofanisch. Sprachfamilie, zum →Niger-Kordofanischen gehörend, mit etwa 30 Sprachen im Gebiet der Nuba-Berge, Sudan. →Nominalklassen-Systeme wie in →Niger-Kongo-Sprachen. (Vgl. Sprachenkarte Nr. 9).

Lit.: T. SCHADEBERG [1981]: Das Kordofanische. In: B. HEINE u.a. (eds.): Die Sprachen Afrikas. Hamburg, S. 117–128. – T. SCHADEBERG [1981ff.]: A survey of Kordofanian. Hamburg.

Koreanisch. Staatssprache Koreas mit ca. 60 Mio. Sprechern, deren genetische Zugehörigkeit unklar ist; wahrscheinlich besteht eine Verwandtschaft mit den →Altaischen Sprachen. Kontinuierliche schriftliche Dokumente seit 1446 in der sogen. *Han'gul*-Schrift, eine aus dem →Chinesischen entwickelte Silbenschrift, die wie die japanische Schrift zusammen mit chinesischen logographischen Zeichen verwendet wurde. Zahlreiche Lehnwörter aus dem Chinesischen. – Phonologie: Relativ komplexes Konsonantensystem mit drei Artikulationsarten für stimmlose Plosive (einfach, aspiriert, glottalisiert). Zahlreiche morphophonologische Veränderungen bei Vokalen und Konsonanten, relativ komplexe Silbenstruktur. Abgesehen von der Phonologie, gleicht die Sprache weitgehend dem →Japanischen, was vor allem auf den langen Kontakt der Sprachen zurückzuführen ist. (Vgl. Sprachenkarte Nr. 2).

Lit.: K.-M. LEE [1977]: Geschichte der koreanischen Sprache. Wiesbaden. – F. LU-

KOFF [1982]: An introductory course in Korean. Seoul.

Koreferenz [Auch: Referenzidentität]. Eigenschaft verschiedener →Nominalphrasen, die sich auf dasselbe außersprachliche Objekt beziehen. Formal wird sie durch Ziffern oder kleine lat. Buchstaben bezeichnet. *Philip$_1$ entdeckte seinen Freund$_2$ und begrüßte ihn$_2$ stürmisch. Er$_1$ freute sich$_1$, diesen lustigen Vogel$_2$ endlich wieder in seiner$_1$ Nähe zu haben.* Die genaue Kennzeichnung der Referenz verschiedener Nominalphrasen ist (angeblich) notwendig zur Beschreibung transformationeller Prozesse wie Pronominalisierung, Reflexivierung. Für die Grenzen einer solchen Behandlung vgl. WIESE [1983]. Zur Verwendung von K. bei komplexeren Merkmalsstrukturen vgl. →Unifikationsgrammatik.

Lit.: B. WIESE [1983]: Anaphora by pronouns. In: Linguistics 21, S. 373–417.

Koronal(laut) [lat. *corōna* ›Kranz‹]. Nach dem Zungenkranz oder -saum als dem Artikulationsorgan bezeichneter Sprachlaut, z.B. [ʃ] und [n] in dt. [ʃøːn] ›schön‹. →Artikulatorische Phonetik.

Lit.: →Phonetik.

Korpus →Corpus.

Korrektur →Reparatur.

Korrelat →Platzhalter-Element.

Korrelation. Terminus der →Prager Schule zur Bezeichnung von Verwandtschaftsverhältnissen zwischen Phonempaaren oder -reihen, die durch

das gleiche →Distinktive Merkmal voneinander unterschieden sind, z.B. sind /b, d, g/ vs. /p, t, k/ durch Stimmbeteiligungs-K. aufeinander bezogen. Vgl. →Opposition.

Lit.: →Phonetik, →Phonologie.

Korrelationsbündel. Verbindung zweier oder mehrerer phonologischer →Korrelationen; z.B. bilden die Phoneme /p, t, k/ vs. /b, d, g/ vs. /m, n/ ein K., das durch die Merkmale [STIMMLOS] vs. [STIMMHAFT] und [NASAL] vs. [ORAL] bestimmt ist.

Lit.: →Phonetik, →Phonologie.

Koseform →Hypokoristikum.

Kotext. Von J. C. CATFORD eingeführtes Kunstwort für »situationellen Kontext« im Unterschied zu sprachlichem →Kontext.

Lit.: J. C. CATFORD [1965]: A linguistic theory of translation. London.

Krasis [griech. *krāsis* ›Mischung‹]. Kontraktion zweier Vokale, von denen der eine Auslaut, der andere Anlaut eines folgenden Wortes ist, z.B. lat. *cō-agō*: *cōgō* ›ich zwinge‹. →Hiatus.

Kreativität. Wesentliches Merkmal aller natürlichen Sprachen, deren Funktionieren darauf beruht, daß der Sprecher mittels einer endlichen Menge von (a) sprachlichen Ausdrücken und (b) Regeln für deren Kombinierbarkeit eine unendliche Menge von Äußerungen produzieren und interpretieren kann. Diese Fähigkeit zur Beherrschung eines komplexen Regelapparates hat die Forschung von jeher ebenso faszi-niert und motiviert wie seine scheinbar rasche Erlernbarkeit beim →Spracherwerb. Seit CHOMSKY ist K. ein Zentralbegriff der generativen →Transformationsgrammatik, deren Zielsetzung es ist, diesen »unendlichen Gebrauch von endlichen Mitteln« in technisch angemessener Form zu beschreiben. Dabei unterscheidet CHOMSKY zwischen *»rule-governed«* und *»rule-changing creativity«*: während die »regelgeleitete« K. sich auf die vorgegebenen Möglichkeiten im Sprachsystem beschränkt, wirkt die »regelverändernde« K. auf eben dieses System ein.

Lit.: N. CHOMSKY [1964]: Current issues in linguistic theory. The Hague. – N. CHOMSKY [1965]: Aspects of the theory of syntax. Cambridge/Mass. DL.: Aspekte der Syntaxtheorie. Frankfurt 1969. – N. CHOMSKY [1966]: Topics in the theory of generative grammar. The Hague. – R. ÍMHASLY [1975]: Der Begriff der sprachlichen Kreativität in der neueren Linguistik. Tübingen.

Kreolsprache [engl. *creole* ›in Westindien geborener Europäer‹, franz. *créole*; aus span. *criollo* ›eingeboren (von span. *criado, criar*); lat. *creare* ›schöpfen‹]. K. sind ehemalige →Pidgin-Sprachen, die nunmehr als voll ausgebaute und standardisierte Muttersprachen fungieren; die funktionellen und grammatischen Einschränkungen, Vereinfachungen und Reduktionen des Pidgins sind beseitigt. – K. sind hauptsächlich in Gebieten entstanden, in denen die einheimische Bevölkerung von weißen Kolonialherren versklavt bzw. in starke Abhängigkeit gebracht wurde; der soziale Anpassungsdruck führte vom ursprünglichen →Bilingualismus (einheimische Sprache und pidginisierte europäische Sprache) zum Pidgin-Monolingualismus und damit zum Verlust der früheren Muttersprache, an deren Stelle die K. tritt. Die K. erfährt jeweils eine beträchtliche Ausweitung und Veränderung der Grammatik wie des Wortschatzes. Nach BICKERTON [1983] ist dies auf die angeborene Sprachfähigkeit des Menschen zurückzuführen, die der relativ regellosen Pidgin-Sprachen grammatische Strukturen aufzwingt. Dies erklärt, weshalb K.n allgemein eine ähnliche Grammatik aufweisen, worauf bereits H. SCHUCHARDT um 1850 aufmerksam gemacht hat. – Die Benennung erfolgt jeweils nach der dominanten Sprache, aus der zumindest der größte Teil des Wortschatzes genommen ist, z.B. frz. K. (Louisiana, frz. Guayana, Haiti, Mauritius), engl. K. (Hawaii), holländische K. (Georgetown).

Lit.: H. SCHUCHARDT [1882–1891]: Kreolische Studien. 9 Bde. Wien. – W. A. STEWART [1962]: Creole languages in the Carribbean. In: F. A. RICE (ed.): Study of the role of second languages in Asia, Africa and Latin America. Washington. – K. WHINNOM [1965]: The origin of European-based-Pidgins and Creoles. In: Orbis 14, S. 509–527. – R. A. HALL [1966]: Pidgin and Creole languages. Ithaca. – D. HYMES (ed.) [1971]: Pidginization and Creolization of languages. London. – D. DECAMP/I. F. HANCOCK (eds.) [1974]: Pidgins and creoles: Current trends and prospects. Washington. – J. MEISEL (ed.) [1977]: Langues en contact – Pidgins – Creoles; Languages in contact. Tübingen. – A. VALDMAN/A. HIGHFIELD (eds.) [1980]: Theoretical orientations in creole studies. New York. – D. BICKERTON [1983]: Roots of language. Ann Arbor. – A. BAUER [1987]: Pidgin- und Kreolsprachen. In: HSK 3.1., S. 344–352. – I. HANCOCK [1987]: History of research on Pidgins and Creoles. In: HSK 3.1., S. 459–469. – J. HOLM [1988/89]: Pidgins and Creols. 2 Bde. London. →Klassifikation der Sprachen, →Pidgin-Sprache, →Variationslinguistik.

Kroatoserbisch →Serbokroatisch.

Kru-Sprachen →Kwa.

Kryptotyp [griech. *krypté* ›verdeckter (unterirdischer) Gang‹]. Von B. L. WHORF geprägter Terminus für »verdeckt« vorhandene gramm. Eigenschaften von sprachlichen Ausdrücken. Solche klassenbildenden Eigenschaften sind nicht durch formale Entsprechung in der Oberfläche nachweisbar, vgl. z.B. die Zuweisung des gramm. Geschlechts im Dt. und Frz. oder die semantische Fähigkeit bestimmter Verben, durch Ableitung mit dem Präfix *zer-* eine neue Verbklasse mit der Bedeutung »Auflösung« zu bilden: *zerlesen, zerfließen, zertrennen* vs. **zerschreiben, *zerheilen.*

Lit.: B. L. WHORF [1956]: Language, thought and reality. In: J. B. CARROLL (ed.): Selected writings of B. L. WHORF. Cambridge, Mass. Dt.: Sprache, Denken, Wirklichkeit. Reinbek 1963.

KS-Grammatik →Phrasenstrukturgrammatik.

KS-Regel →Ersetzungsregel, →Phrasenstrukturregeln.

Künstliche Intelligenz [engl. *artificial intelligence*]. Teilbereich der Informatik, der sich mit schlußfolgerndem Denken und Problemlösen befaßt und versucht, menschliche Intelligenz und Denkfähigkeiten maschinell zu simulieren und hierdurch zu verstehen. In der K. I. sind zwei wesentliche Strömungen zu beobachten, (a) eine kognitionsorientierte, deren Ziel in der Beschreibung und Erklärung kognitiver Prozesse liegt,

(b) eine anwendungsorientierte, die sich die Konstruktion leistungsfähiger Computersysteme zur Aufgabe gemacht hat. Konzepte der K. I. sind die Basis für jede Form von Mensch-Maschine-Interaktion, ihre Anwendungsbereiche sind wissensbasierte →Expertensysteme, maschinelle Lernprogramme, →Maschinelles Übersetzen, Verstehen und Generieren gesprochener Sprache u.a.m.

Lit.: A. BARR/E. A. FEIGENBAUM (eds.) [1981]: The handbook of artificial intelligence. Bd. 1. Los Altos, Ca. – P. COHEN/E. A. FEIGENBAUM (eds.) [1982]: The handbook of artificial intelligence. Bd. 2. Los Altos, Ca. – E. RICH [1983]: Artificial intelligence. London. – T. O'SHEA/M. EISENSTADT (eds.) [1984]: Artificial intelligence: Tools, techniques and applications. New York. – G. HABEL (ed.) [1984]: Probleme des (Text-)Verstehens. Ansätze der Künstlichen Intelligenz. Tübingen. – C. HABEL [1985]: Das Lexikon in der Forschung der Künstlichen Intelligenz. In: C. SCHWARZE/D. WUNDERLICH (eds.) [1985]: Handbuch der Lexikologie. Königstein. – P. SCHEFE [1986]: Künstliche Intelligenz – Überblick und Grundlagen. Zürich. – ST. SHAPIRO (ed.) [1987]: Encyclopedia of Artificial Intelligence. New York. – CH. HABEL [1989]: Künstliche Intelligenz – Woher kommt sie, wo steht sie, wohin geht sie? In: K. V. LUCK (ed.): Künstliche Intelligenz – Frühjahrsschule 1989. Berlin, S. 1–21. *Zeitschriften:* Artificial Intelligence, AI Magazin.

Künstliche Sprache [engl. *artificial language*. – Auch: Kunstsprache].
(1) Im Unterschied zu →Natürlichen Sprachen künstlich geschaffenes Sprachsystem (a) zum Zwecke internationaler Verständigung, vgl. →Welthilfssprachen; (b) als logisches Zeichensystem zur expliziten (Mehrdeutigkeiten ausschließenden) Beschreibung wissenschaftlicher Systeme, vgl. →Formale Sprache; (c) als Symbolsprache für Computerprogramme, vgl. →Computerlinguistik.

Lit.: M. GARNER [1987]: Artificial languages: a critical history. London.
(2) Nachbildung der natürlichen Sprache durch elektroakustische Verfahren.

Kulissensymbol →Platzhalter-Symbol.

Kultursemantik. Ausgehend von Begriffen (→Onomasiologie) wird nach ihrer Verankerung in Formen gesellschaftlichen Zusammenlebens und spezifischer Geisteshaltungen gesucht. In den meist sprachvergleichend durchgeführten Untersuchungen gelten sprachliche Formeln als Tradierung von Kulturgeschichte.

Lit.: J. VAN LEEUWEN-TUMOVCOVÁ [1989]: Semantik und Symbolik von ›Links‹ und ›Rechts‹. In: N. REITER (ed.): Sprechen und Hören. Tübingen, S. 573–585. →Onomasiologie.

Kunstsprache →Künstliche Sprache.

Kurdisch. →Iranische Sprache mit zahlreichen Dialekten und ca. 10 Mio. Sprechern im Iran und Irak, in der Türkei, in Syrien und der Sowjetunion. Das nah verwandte Belutschisch (auch: Baluchi, 2 Mio. Sprecher) wird über weite Bereiche bis nach Pakistan gesprochen.

Lit.: D. N. MACKENZIE [1951/62]: Kurdish dialect studies. London. – J. H. ELFENBEIN [1966]: The Baluchi language. London.

Kursiv →Durativ vs. Nicht-Durativ, →Imperfektiv vs. Perfektiv.

Kursivschrift [mlat. *cursiva (littera)* ›laufende Schrift‹]. Bei rechtsläufigen Schriften (z.B. Lat., Griech., Armen., Kyrill.) nach rechts geneigte Schriftform. Nach DIN heißt K. »schräge Schrift«. K. dient u.a. in sprachwissenschaftlichen Texten (z.B. in diesem Lexikon) der Kennzeichnung objektsprachlicher Ausdrücke. – Als K. bezeichnet man bisweilen auch die chines. Schnellschrift, bei der die einzelnen Striche – je nach individueller Gepflogenheit und je nach Schreibgeschwindigkeit – miteinander verbunden und verschmolzen werden.

Lit.: →Schrift.

Kurzsatz [engl. *minor sentence*]. Unvollständige, meist situationsbezogene Äußerungen wie *Zweimal München und zurück! Das gleiche noch einmal!*, die in der Regel als →Ellipsen verstanden werden.

Lit.: →Ellipse, →Präposition, →Inhaltsbezogene Grammatik.

Kurzwort [engl. *clipping*]. Aus einem komplexen Wort durch Verkürzung gebildete Variante des Ausgangswortes. (a) Wird der erste Teil verwendet, so spricht man von Kopfwörtern wie *Uni(versität), Foto(graphie),* engl. *ad(vertisement),* frz. *math(ématique), imper(méable).* (b) Stattdessen kann der Anfang des Wortes weggelassen werden, somit entstehen die weniger häufigen Schwanzwörter (= Endwörter) wie *(Omni)Bus, (Violin)Cello,* engl. *(tele)phone, (air)plane,* frz. *(auto)car.* (c) Auch ein mittlerer Teil kann bei den →Klammerformen übergangen werden, vgl. *Fern(sprech)amt,* engl. *news(paper)boy.*

Lit.: W. HENZEN [1947]: Deutsche Wortbildung. 3. Aufl. Tübingen 1965. – H. MARCHAND [1960]: The categories and types of present-day English word-formation. München. →Wortbildung.

Kurzzeitgedächtnis →Gedächtnis.

Kuschitisch [nach *Kusch,* Sohn des *Ham*]. Sprachfamilie des →Afroasiatischen in Ostafrika mit 30 Sprachen und ca. 30 Mio. Sprechern, die sich in drei Gruppen (Ost-, Zentral-, Südk.) gliedert; das sogen. Westk. ist vermutlich eine eigene Sprachfamilie (→Omotisch). Die bedeutendsten Sprachen sind Oromo (auch Galla genannt, 15 Mio. Sprecher) und Somali (Staatssprache Somalias, 6 Mio. Sprecher). Es handelt sich um Tonsprachen (2–3 Tonstufen); Töne dienen als grammatische Markierungsmittel (Genus, Numerus, Kasus, Modus). Vokalharmonie. Teilweise äußerst komplexe Verbkonjugation (unterschiedliche Paradigmen für Perfektiv, Imperfektiv, verschiedene Nebensatzformen). Wortstellung: SOV, markierter Subjektskasus (teilweise mit Genitiv identisch), morphologische Fokusmarkierung. (Vgl. Sprachenkarte Nr. 1).

Lit.: A. ZABORSKI [1976]: Cushitic overview. In: L. BENDER (ed.): The Non-Semitic languages of Ethiopia. East Lansing. – H. J. SASSE [1981]: Die kuschitischen Sprachen. In: B. HEINE u.a. (eds.): Die Sprachen Afrikas. Hamburg, S. 187–215. – C. EL-SOLAMI-MEWIS [1987]: Lehrbuch des Somali. Leipzig. – H.-J. SASSE [1987]: Kuschitische Sprachen. In: StL 21, S. 78–99.

Kwa. Sprachzweig des →Niger-Kongo mit ca. 80 Sprachen, gesprochen im west-afrikanischen Küstengebiet; bedeutendste Sprachen: →Yoruba (19 Mio. Sprecher) und →Igbo (16 Mio. Sprecher) in Nigeria, Akan (auch Twi-Fante, 9 Mio. Sprecher) in Ghana; eine wichtige Untergruppe sind die Kru-Sprachen in Liberia. Spezifische Kennzeichen: Tonsprachen (bis zu 4 Tonhöhen, z.T. Downstep), reiches Vokalsystem, Vokalharmonie, syntaktisch isolierend, Tendenz zur Monosyllabizität, →Serialverb-Konstruktionen, Wortstellung: SVO, mit der Ausnahme des Ijo im Niger-Delta (SOV).

Lit.: D. WESTERMANN [1939]: Die Ewe-Sprache in Togo. 2. Aufl. Berlin 1961. – J. M. STEWART [1971]: Niger-Kongo, Kwa. In: CTL 7, S. 179–212.

Kwakiutl →Salisch.

Kyrillische Schrift. Auf der griech. Unzialschrift (→Unziale) beruhende Schrift der griech.-orthodoxen Slawen, deren Erfindung zu Unrecht dem griech. Slawen-Apostel KYRILLOS (9. Jh.) zugeschrieben wurde (→Glagolitische Schrift). Nach einer Annäherung an die lat. Schrift unter Peter dem Großen sowie nach anderen Vereinfachungs- und Anpassungsreformen ist die K. S. heute die Basis für die folgenden slawischen Orthographien: Russisch, Weißrussisch, Ukrainisch, Serbisch, Bulgarisch, Makedonisch; außerdem für etliche nicht-slawische ideur. Sprachen: Moldauisch, Kurdisch, Ossetisch, Tadschikisch sowie eine Reihe nicht-ideur. Sprachen der Sowjetunion (z.B. Baschkirisch, Tatarisch, Turkmenisch, Usbekisch, Uigurisch).

Lit.: →Schrift.

Labialisierung [Auch: Rundung]. Bezeichnung sowohl für den Vorgang der →Sekundären Artikulation als auch für den diachronischen Prozeß, bei dem eine L. verschiedener Sprachlaute erfolgt, z.B. mhd. *leffel* > nhd. *Löffel*. Gegenläufig ist die →Entrundung.

Lit.: →Phonetik.

Labial(laut) [lat. *labium* ›Lippe‹. – Auch: Lippenlaut]. Systematisch mehrdeutige Bezeichnung für Sprachlaute, an deren Artikulation primär die Lippen beteiligt sind: Bezeichnung (a) nach dem →Artikulationsorgan: im Unterschied zu einem →Lingual mit der Unterlippe gebildeter Sprachlaut, z.B. [f], [m] in dt. [faʁm]; (b) nach der Artikulationsstelle: mit der Oberlippe gebildeter Sprachlaut, z.B. [b], [m] in dt. [ˈbʁiːfmaʁkə] ›Briefmarke‹; (c) nach Artikulationsorgan oder Artikulationsstelle: Sprachlaut, bei dessen Bildung Unter- und/oder Oberlippe beteiligt sind. Vgl. auch →Bilabial, →Labio-Dental(laut), →Apiko-Labial(laut). →Artikulatorische Phonetik.

Lit.: →Phonetik.

Labio-Dental(laut). Sprachlaut, der nach dem Artikulationsorgan ein Labial, nach der Artikulationsstelle ein Dental ist. z.B. [f], [m̩] in ital. [ˈniɱfa] ›Nymphe‹. →Artikulatorische Phonetik.

Lit.: →Phonetik.

Ladinisch →Rätoromanisch.

Länge vs. Kürze. Eigenschaften von Sprachlauten. Bisweilen werden auch die betroffenen

Sprachlaute selbst als L. bzw. K. bezeichnet. →Quantität.

Lagewort [Auch: Stellwort]. In der Terminologie der →Inhaltbezogenen Grammatik Oberbegriff für die (unflektierbaren) Wortarten →Adverb, →Konjunktion und →Präposition.

Lit.: Inhaltbezogene Grammatik.

Lambda-Operator [griech. *lámbda* = λ, Name des elften Buchstaben des griech. Alphabets]. →Operator.

Lambdazismus →Fehlbildungen.

Laminal(laut) [lat. *lāmina* ›Blatt‹]. Nach dem Artikulationsorgan (Zungenblatt) bezeichneter Sprachlaut. →Artikulatorische Phonetik.

Lit.: →Phonetik.

Lamino-Dental →Interdental.

Lamino-Palatal(laut). Sprachlaut, der nach dem Artikulationsorgan ein Laminal, nach der Artikulationsstelle ein Palatal ist. Nach dem IPA (vgl. IPA-Tabelle S. 22/23) heißt er Alveolo-Palatal, z.B. [ɕ] in chines. [ɕyɛɕi] ›lernen‹. →Artikulatorische Phonetik.

Lit.: →Phonetik.

Lamino-Postalveolar(laut). Sprachlaut, der nach dem Artikulationsorgan ein Laminal, nach der Artikulationsstelle ein Postalveolar ist. Nach dem IPA (vgl. IPA-Tabelle S. 22/23) heißt er Palato-Alveolar. Z.B. [ʒ], [ʃ] in dt. [ˈpʰaːʒnʃnut] ›Pagenschnitt‹. →Artikulatorische Phonetik.

Lit.: →Phonetik.

Langage [frz. ›Sprache‹]. In F. DE SAUSSURES »*Cours de linguistique générale*« [1916] Oberbegriff für *langue* (frz. ›Sprachsystem‹) und *parole* (frz. ›Sprachverwendung‹). »*Faculté de L.*« bezeichnet die allgemeine menschliche Sprach- und Sprechfähigkeit, d.h. die Fähigkeit, mittels eines Systems von Lauten und Symbolen zu kommunizieren: »Die menschliche Rede [...] ist vielförmig und ungleichartig; verschiedenen Gebieten zugehörig, zugleich physisch, psychisch und physiologisch, gehört sie außerdem noch sowohl dem individuellen als dem sozialen Gebiet an« (S. 11). Vgl. auch →Langue vs. Parole.

Lit.: →Langue vs. Parole, →Kompetenz vs. Performanz.

Langkonsonant →Geminata.

Langue d'Oc →Französisch.

Langue d'Oïl →Französisch.

Langue vs. Parole [frz. ›Sprache/Sprachsystem vs. Sprachverwendung/Sprechen‹]. In F. DE SAUSSURES »*Cours de linguistique générale*« [1916] eingeführte Unterscheidung zwischen »Sprache« (frz. *langue*) als abstraktem System von Zeichen und Regeln und »Sprechen« (frz. *parole*) als der konkreten Realisierung von L. im Gebrauch. L. wird als statisches, einzelsprachliches Zeichensystem von überindividueller (= sozialer) Gültigkeit gekennzeichnet, das auf der Invarianz und Funktionalität (= Relevanz) seiner Elemente beruht. Auf der Basis dieses L.-Systems sind P.-Ereignisse individuelle, nach Stimmlage, Alter, Dialekt u.a. verschiedene Konkretisierungen, die durch Variabilität und →Redundanz gekennzeichnet sind. Ziel des (strukturalistisch orientierten) Sprachwissenschaftlers ist die Erforschung der systematischen Regularitäten der L. mittels Daten der P. (→Corpus), während die P. selbst Untersuchungsgegenstand verschiedener Disziplinen (wie Phonetik, Psychologie, Physiologie) sein kann. Dieser Autonomieanspruch einer rein theoretischen, innerlinguistischen Sprachbetrachtung, wie er sich in N. CHOMSKYS Gegenüberstellung von →Kompetenz vs. Performanz fortsetzt, hat vielfache Kritik und Revision gefunden, vgl. →Kommunikative Kompetenz, →Pragmatik, →Soziolinguistik. Unter wissenschaftsgeschichtlichem Aspekt hat die Unterscheidung von L. vs. P. zahlreiche Vorläufer und spätere Varianten, vgl. *ergon* vs. *energeia* (W. v. HUMBOLDT), Sprache vs. Rede (H. PAUL), Sprachsystem vs. aktualisierte Rede (G. v. D. GABELENTZ), Sprachgebilde vs. Sprechakt (K. BÜHLER), *register* vs. *use* (M. A. K. HALLIDAY) sowie *type* vs. *token*. Vgl. hierzu den Überblick in G. DRESSELHAUS [1979].

Lit.: H. PAUL [1880]: Prinzipien der Sprachgeschichte. 8. Aufl. Tübingen 1968. - G. v. D. GABELENTZ [1891]: Die Sprachwissenschaft; Ihre Aufgaben, Methoden und bisherigen Ergebnisse. Durchgesehener Nachdruck der 2. Aufl. von 1901. Tübingen 1972. - F. DE SAUSSURE [1916]: Cours de linguistique générale. Paris. (Kritische Ausgabe ed. von R. ENGLER, Wiesbaden 1967). Dt.: Grundfragen der allgemeinen Sprachwissenschaft. Ed. von P. v. POLENZ. 2. Aufl. Berlin 1967. - K. BÜHLER [1934]: Sprachtheorie. Jena. Neudruck Stuttgart 1965. - M. A. K. HALLIDAY [1961]: Categories of the theory of grammar. In: Word 17, S. 241–292. - W. v. HUMBOLDT [1963]: Schriften zur Sprachphilosophie. Darmstadt. - G. DRESSELHAUS [1979]: Langue/parole und Kompetenz/Performanz: zur Klärung der Begriffspaare bei Saussure und Chomsky, ihre Vorgeschichte und ihre Bedeutung für die moderne Linguistik. Frankfurt. →Kompetenz vs. Performanz.

Langzeitgedächtnis →Gedächtnis.

Lappisch. Gruppe von →Uralischen, wahrscheinlich →Finno-Ugrischen Sprachen im Norden Skandinaviens, weniger als 30000 Sprecher in drei Haupt-Dialektgruppen. Erste literarische Dokumente im 17. Jh.

Lit.: E. LAGERCRANTZ [1929]: Sprachlehre des Nordlappischen. Oslo.

Laryngalisierter Laut →Knarrstimme.

Laryngal(laut) [griech. *lárynx* ›Kehlkopf‹. - Auch: Kehlkopflaut]. Veraltete verallgemeinernde und irreführende Bezeichnung für →Glottal(laut), →Pharyngal(laut) und pharyngalisierte Sprachlaute, vgl. →Sekundäre Artikulation.

Laryngaltheorie. Mehrheitlich anerkannte Hypothese zur Rekonstruktion eines Teils des Lautstandes der ideur. Grundsprache. Man rekonstruiert heute i.a. drei konsonantische →Laryngale (meist notiert als h^1, h^2, h^3). Die Existenz der Laryngale wird durch morphologisch-strukturelle Gründe nahegelegt. Außerdem können diese Phoneme auch durch einzelsprachliche Reflexe erschlossen werden, z.B. finden sich →Ersatzdehnungen von tautosyllabischen Vokalen mit gleichzeitiger Umfärbung von ideur. *e* zu (einzelsprachl.) *a* durch h², zu *o* durch h³; im Hethit. ist h² in vielen Stellungen als konsonantisches Phonem erhalten. Die L. macht das durch den →Ablaut geprägte morphologische System des Ideur. transparenter. So etwa hatte das verbale Präs. Sg. in Ideur. *e*-Ablautstufe (vgl. lat. *est*, hethit. *eszi* ›ist‹). Das Verb lat. *pa:sco*, hethit. *pahsmi* ›ich hüte‹ weist kein *e* auf und müßte daher als »Ausnahme« erscheinen. Die L. erklärt das Verb aus der Wurzel *peh²– mit *e*-Ablautstufe. Der Laryngal färbt im Lat. und Hethit. das *e* zu *a*; im Lat. schwindet er mit Ersatzdehnung, im Hethit. ist er als *h* erhalten. – Die 1879 durch DE SAUSSURE strukturell motivierte L. fand durch das Vorkommen von Hethit. *h* an Stellen, wo man den Laryngal h² rekonstruiert hatte, ihre (nachträgliche) empirische Bestätigung (Entzifferung des Hethit. Anfang des 20 Jh.).

Lit.: F. DE SAUSSURE [1879]: Mémoire sur le système primitive des voyelles dans les langues indo-euro-péenes. Leipzig. – W. WINTER (ed.) [1965]: Evidence for laryngeals. London. – R. S. P. BEEKES [1969]: The development of the Proto-Indo-European laryngeals in Greek. The Hague. – M. MAYERHOFER [1986]: Indo-germanische Grammatik. Bd. 1, 2. Halbbd.: Lautlehre. Heidelberg. →Ablaut, →Indo-Europäisch.

Larynx [griech., mask.] →Kehlkopf.

Latein. Ursprünglicher Dialekt der Landschaft Latium (Rom), neben dem Griech. älteste bezeugte ideur. Sprache, die zum Sprachzweig des →Italischen zählt. Früheste Belege (Inschriften, Namen) stammen aus der vorliterarischen Periode (600–240 v.Chr.); als »Klassisches L.« (Goldene Latinität) gilt die Zeit von 100 v. Chr. bis 14 n. Chr. In spätantiker Zeit (200–600) bilden sich die (schriftlosen) Einzeldialekte der römischen Provinzen aus (Vulgärlatein), die sich vor allem durch lexikalische und lautliche Veränderungen von der Literatursprache unterscheiden (Vulgärlatein): z.B. wird ursprünglich als [k] gesprochenes ⟨c⟩ vor palatalen Vokalen zu [ts], vgl. [kikəro:] > [tsitsəro:], ›Cicero‹. Entsprechend seinem Verbreitungsgebiet in Italien und den römischen Provinzen bildet L. die Ausgangsbasis der heutigen romanischen Sprachen (→Romanisch), das l. Alphabet wurde zur Weltverkehrsschrift. – Als »Mittellatein« bezeichnet man das in Bildung, Kirche, Verwaltung und Rechtsprechung verwendete L. des Mittelalters, als »Neulatein« das seit dem 15. Jh. durch die Humanisten neubelebte klassische Latein. – Zum Einfluß des L. auf das Germ. (bzw. Dt.) vgl. →Entlehnung. – Grammatische Kennzeichen: Wortakzent (mit geringen Ausnahmen) auf der vorletzten Silbe (→Pänultima); Vokalquantität phonologisch relevant; synthetisch-flektierender Sprachbau (*canto, cantas, cantat* ›ich singe, du singst, er/sie singt‹) mit häufigem Zusammenfall der Formen (→Synkretismus); kein Artikel und Personalpronomen; freie (u.U. stilistisch motivierte) Wortstellung. – Zum Strukturwandel vom L. zu den →Romanischen Sprachen vgl. →Französisch, →Italienisch, →Spanisch, →Portugiesisch.

Lit.: E. KIECKERS [1930/31]: Historische lateinische Grammatik. 2 Bde. Neudruck

München 1962. - K. STRECKER [1939]: Einführung in das Mittellateinische. 3. Aufl. Berlin. - J. B. HOFMANN [1951]: Lateinische Umgangssprache. 4. Aufl. 1978. Heidelberg. - L. R. PALMER [1954]: The Latin language. London. - M. LEUMANN/J. V. HOFFMANN/A. SZANTYR [1963/72]: Lateinische Grammatik. 2 Bde. München. - V. VÄÄNÄNEN [1963]: Introduction au latin vulgaire. Paris. - F. STOLZ/A. DEBRUNNER/ W. P. SCHMID [1966]: Geschichte der lateinischen Sprache. 4. Aufl. Berlin. - G. DEVOTO [1971]: Studies of Latin and languages of ancient Italy. In: CTL 9, S. 817-834. - H. RUBENBAUER/J. B. HOFMANN/R. HEINE [1975]: Lateinische Grammatik. 11. Aufl. Bamberg 1980.
Etymologische Wörterbücher: A. ERNOUT/ A. MEILLET [1959]: Dictionnaire étymologique de la langue latine. 4. Aufl. Paris. - A. WALDE/J. B. HOFMANN [1965]: Lateinisches etymologisches Wörterbuch. 4. Aufl. 3 Bde. Heidelberg.
Einführungen und Handbücher: G. JÄGER [1975]: Einführung in die klassische Philologie. München. - M. HAMMOND [1976]: Latin: A historical and linguistic handbook. New Haven. - G. HOLTUS/M. METZELTIN/C. SCHMITT (eds.) [1987]: Lexikon der Romanistischen Linguistik (LRL). Bd. 2. Tübingen.
Zeitschriften: Glotta (1909ff.). - Latinitas (1953ff.).
Bibliographie: J. COUSIN [1951]: Bibliographie de la langue latine 1880-1948. Paris. →Indo-Europäisch, →Klassifikation der Sprachen, →Romanisch.

Lateralisierung [lat. *laterālis* ›seitlich‹]. In der →Neuropsychologie Spezialisierung der beiden Hirnhälften (Hemisphären) auf bestimmte Funktionen bei der Informationsverarbeitung, insbesondere bei der →Sprachverarbeitung. L. solcher Funktionen ist individuell verschieden und variiert zudem je nach Fähigkeit (so scheinen z.B. rezeptive Fähigkeiten weniger stark lateralisiert zu sein als expressive). Trotz dieser Variation ist die globale Zuordnung bestimmter Verarbeitungsprozesse zu bestimmten Hirnhälften immer wieder bestätigt worden: analytische Prozesse werden eher der linken, synthetische (holistische) eher der rechten Hemisphäre zugeschrieben; entsprechend werden z.B. syntaktische und phonologische Verarbeitung (z.B. Erkennen von Konsonant + Vokal-Kombinationen) eher der linken Hemisphäre, die Verarbeitung pragmatischer Information, das Erkennen und Verstehen der Satzmelodie sowie das Erkennen von nicht-sprachlichen Lauten der rechten Hemisphäre zugeordnet. Die Spezialisierung analytischer und holistischer Prozesse führt ferner dazu, daß es auch Unterschiede in der L. individueller Fähigkeiten und Fertigkeiten gibt; so werden etwa im Umgang mit Musik geschulte Personen Melodien eher links verarbeiten als ungeschulte Personen. Aufgrund der anatomischen Gegebenheiten (z.B. die auf einer Seite, d.h. ipsi-lateral verlaufenden wie auch die auf die andere Seite wechselnden, d.h. kontralateralen Hör- und Sehbahnen) werden Informationen zwar auf beiden Seiten aufgenommen, aber vorwiegend kontralateral verarbeitet. L. bedeutet also nicht, daß nur eine Hemisphäre auf eine spezifische Funktion spezialisiert ist; vielmehr ist L. so zu verstehen, daß diejenige Hemisphäre, die auf einen Verarbeitungsprozeß am stärksten spezialisiert ist, die entsprechende Spezialisierung der jeweils anderen Hemisphäre unterdrückt. Bei einer Hirnläsion ist es daher (je nach Art und Ausmaß der Schädigung sowie nach dem Alter des Patienten) möglich, daß die intakte Hemisphäre vermittelnd eingesetzt oder gar die entsprechende Funktion in einem bestimmten Ausmaß übernehmen kann; so verfügt z.B. die rechte Hemisphäre über ein beachtliches auditives Sprachverständnis oder auch ein rudimentäres expressives Sprachpotential, das bei einer Schädigung der linken Hemisphäre aktiviert werden kann. – Da L. bei gesunden Personen wegen des kontinuierlichen Informationsaustauschs zwischen den beiden Hemisphären nur schwer festzustellen ist, wird L. häufig in Experimenten untersucht, in denen eine bestimmte Hirnhälfte spezifisch stimuliert wird (z.B. durch dichotisches Hören, bei dem synchron über Kopfhörer jedem Ohr Stimuli dargeboten werden, die aufgrund der überkreuzenden Hörbahnen im wesentlichen kontralateral verarbeitet werden; damit kommt es z.B. zu einem »Rechts-Ohr-Effekt« bei sprachlichem Material oder zu einem »Links-Ohr-Effekt« bei nicht-sprachlichem Material. Weiteren Aufschluß über L. geben Befunde bei Patienten mit einer Hirnläsion (z.B. bei erworbener Sprachstörung, vgl. →Aphasie), Befunde bei Patienten, bei denen eine Hirnhälfte narkotisiert wird (Wada-Test) oder die Verbindungen zwischen den Hirnhälften seit Geburt fehlen (bzw. aus gesundheitlichen Gründen getrennt wurden: *split-brain*-Patienten) oder bei denen der zerebrale Kortex einer Hirnhälfte operativ entfernt werden mußte. – Die von LENNEBERG [1972] vertretene Auffassung, daß bei der Geburt beide Hemisphären das gleiche Potential (Equipotentalität) aufweisen und L. erst im Verlauf der Kindheit eintritt, ist inzwischen widerlegt; bei der Geburt besteht nicht nur eine physische Asymmetrie zwischen beiden Hirnhälften (wobei die linke Hirnhälfte größer als die rechte ist), sondern auch eine funktionelle; so zeigen bereits drei Wochen alte Babies bei dichotischem Hören einen »Rechts-Ohr-Effekt« bei Unsinnssilben sowie einen »Links-Ohr-Effekt« für Musik. Hingegen läßt sich LENNEBERGS Annahme einer »sensitiven« oder »kritischen« (biologisch determinierten) Phase für das Erlernen der Sprache, die mit der Pubertät abgeschlossen sein soll, stützen: z.B. durch Studien über fluktuierende Taubheit, die zu bestimmten sprachlichen Defiziten führt, oder durch Fallstudien (vgl. z.B. CURTISS [1977]).

Lit.: E. H. LENNEBERG [1967]: Biological foundations of language. New York. Dt.: Biologische Grundlagen der Sprache. Frankfurt 1972. – J. A. WADA u.a [1975]: Cerebral hemispheric asymmetries in humans: Cortical speech zones in 100 adult and 100 infant brains. In: Archives of Neurology 32, S. 239–246. – S. CURTISS [1977]: Genie. New York. – J. LEVY/C. TREVARTHEN [1977]: Perceptual, semantic and phonetic aspects of elementary language processes in split-brain patients. In: Brain 100, S. 105–118. – N. GESCHWIND/A. M. GALABURDA [1985]: Cerebral lateralization: Biological mechanisms, associations, and pathology I. In : Archives in Neurology 42, S. 428–459. – R. GOODMAN [1987]: The developmental neurobiology of language. In: W. YULE/M. RUTTER (eds): Language development and disorders. Oxford, S. 129–145. – D. BISHOP [1988]: Language development after focal brain damage. In: D. BISHOP/K. MOGFORD (eds.): Development in exceptional circumstances. Edinburgh, S. 203–220. – K. POECK (ed.) [1989]: Klinische Neuropsychologie. 2. neubearb. u. erw. Aufl. Stuttgart. →Sprache und Gehirn.

Lateral(laut) [Auch: Seitenlaut]. Nach dem Überwindungsmodus (seitliche Öffnung) bezeichneter Sprachlaut, bei dessen Artikulation das dem Luftstrom entgegenstehende Hemmnis im

Unterschied zu sagittalen Lauten nicht auf der Sagittallinie der Mundhöhle überwunden wird, z.B. bei den Approximanten [l] und [ɫ] in brit.-engl. [ˈlʊtɫ] ›klein‹, bei dem Frikativ [ɬ] und dem Approximanten [l] in [-ɬa] ›verschwenderisch‹ bzw. [-la] ›kommen‹ in der Sino-Tibetanischen Sprache Yi. Im Yagaria (Neuguinea) gibt es einen velaren L. – L. können als →Nukleus fungieren, z.B. [l] im Tschech. [ˈpl̩zen] ›Pilsen‹. Im Dt. gibt es nur mit pulmonaler Luft gebildete L.: [l] im Standard-Dt. in [hʊml], [ɫ] im Köln., z.B. [ˈkœɫə] ›Köln‹; laterale Schnalzlaute hingegen finden sich z.B. in der →Khoisan-Sprache Nama.

Laut. Unspezifische Bezeichnung für kleinste auditiv, akustisch oder artikulatorisch unterscheidbare Elemente der gesprochenen Sprache. Allerdings ist diese angebliche Unterscheidbarkeit eine Fiktion, da Artikulationsvorgänge keine in Einzelelemente isolierbare Ketten von L., sondern kontinuierliche Prozesse ohne natürliche Zäsuren sind (→Koartikulation). Erst aufgrund spezieller Analyseverfahren im Rahmen der →Phonologie gelangt man zu abstrakten Lauteinheiten, den →Phonemen, die als Segmente von Äußerungen identifizierbar sind. Vgl. →Sprachlaut.

Lit.: →Phonetik.

Lautbild [frz. *image acoustique*. – Auch: Signifiant]. Bei F. DE SAUSSURE Teilaspekt des sprachlichen Zeichens, das aus L. und inhaltlichem Konzept besteht, wobei beide Seiten des Zeichens psychischer Natur sind. Bei A. NOREEN entspricht

L. dem Begriff →Morphem. Vgl. auch →Bezeichnendes vs. Bezeichnetes.

Lit.: A. NOREEN [1903ff.]: Vårt språk. Nysvensk grammatik i utförlig framställning. Lund. →Zeichen.

Lauteinschaltung →Epenthese.

Lautersatz [Auch: Lautsubstitution].
(1) Bei der Übernahme von Fremdwörtern in die heimische Sprache Prozeß und Ergebnis ihrer lautlichen Anpassung. In der Regel werden Laute der fremden Sprache, die im eigenen Lautsystem nicht vorhanden sind, durch solche eigenen Laute ersetzt, die dem akustischen Eindruck zufolge dem fremden Laut am ähnlichsten sind, z.B. die Nachahmung von engl. [ð] und [θ] (geschrieben ⟨th⟩ für sth. bzw. stl. dentalen Reibelaut) durch dt. [d] oder [z] bzw. [t] oder [s] in *these* vs. *thick*.
(2) Lautersatz liegt auch bei der Übernahme von Lautungen oder Wörtern aus einer prestigebesetzten Sprachvarietät innerhalb einer Sprachgemeinschaft vor, so z.B. beim Ersatz dialektaler Merkmale durch hochsprachliche Lautformen. Da dies meist bewußt erfolgt, Wort für Wort vor sich geht und damit viele Ausnahmen aufweist, wird dieser Veränderungstyp häufig dem regelmäßigen, unbewußt verlaufenden →Lautwandel gegenübergestellt. – In der Historisch-Vergleichenden Sprachwiss., besonders in der Ortsnamenkunde, ist die Erfassung der Regularitäten des L. zwischen verschiedenen Sprachen von entscheidender Bedeutung für den Nachweis regionaler Sprachkontakte und deren Datierung.

Lit.: H. PAUL [1880]: Prinzipien der Sprachgeschichte. Halle. 9. Aufl. Tübingen 1975, Kap. 22. – A. PFALZ [1925]: Grundsätzliches zur deutschen Mundartforschung. Wiederabgedr. in: P. WIESINGER (ed.) [1983]: Die Wiener dialektologische Schule. Wien, S. 85–101. – H. KUFNER [1962]: Lautwandel und Lautersatz in der Münchener Stadtmundart. In: ZM 29, S. 67–75. – H. SCHEURINGER [1984]: Autochthoner Lautwandel und verkehrssprachlich bedingter Lautersatz. In: P. WIESINGER (ed.): Beiträge zur bairischen und ostfränkischen Dialektologie. Göppingen, S. 49–63. →Lautgesetz.

Lautgang →Ansatzrohr.

Lautgesetz. Zentralbegriff der historischen Sprachbeschreibung der →Junggrammatiker. Der Begriffsbildung liegt die Annahme zugrunde, daß – in Analogie zu naturwissenschaftlichen Gesetzmäßigkeiten – bestimmte Laute einer bestimmten Sprache sich aufgrund physiologischer Gegebenheiten unter gleichen Bedingungen ausnahmslos in gleicher Weise verändern, vgl. z.B. die →Erste Lautverschiebung, →Umlaut, →Diphthongierung. In jenen Fällen, in denen trotzdem Ausnahmen festzustellen sind, werden →Analogie und Sprachmischung, d.h. Übernahmen aus anderen Varietäten bzw. Sprachen (→Lautersatz) dafür verantwortlich gemacht.

Lit.: H. PAUL [1880]: Prinzipien der Sprachgeschichte. 8. Aufl. Tübingen 1968. – H. SCHUCHARDT [1885]: Über die Lautgesetze. Gegen die Junggrammatiker. Berlin. – Wieder abgedr. in: Hugo Schuchardt-Brevier. Ein Vademecum der allgemeinen Sprachwissenschaft. Hg. von L. SPITZER. 2. Aufl. Halle (Saale): 1928, S. 51–86. – E. WECHSSLER [1900]: Gibt es Lautgesetze? In: Forschungen zur romanischen Philologie (= FS für H. SUCHIER). Halle, S. 349–538. – I. FÓNAGY [1956]: Über den Verlauf des Lautwandels. In: ALH 6, S. 173–278. – U. WEINREICH/W. LABOV/M. HERZOG [1968]: Empirical foundations for a theory of language change. In: W. P. LEHMANN/Y. MALKIEL (eds.): Directions for historical linguistics: A symposium. Austin. – G. SCHNEIDER [1973]: Zum Begriff des Lautgesetzes in der Sprachwissenschaft seit den Junggrammatikern. Tübingen. – T. H. WILBUR (ed.) [1977]: The Lautgesetz-controversy: A documentation (1885–86). (= ACL I/9) Amsterdam. – W. LABOV [1981]: Resolving the neogrammarian controversy. In: Lg 57, S. 267–308. →Analogie, →Lautwandel, →Junggrammatiker.

Lautklasse →Lauttyp.

Lautmalerei →Onomatopoiie.

Lautphysiologie [griech. *physiología* ›Naturkunde‹]. Veraltete Bezeichnung für →Artikulatorische Phonetik.

Lit.: E. SIEVERS [1876]: Grundzüge der Lautphysiologie. Zur Einführung in das Studium der indogermanischen Sprachen. Leipzig. →Phonetik.

Lautschrift [engl. *phonetic transcription*. – Auch: Phonetische Umschrift, Transkription]. Der schriftlichen Fixierung von gesprochener Sprache dienende Zeichensysteme. Zu unterscheiden ist zwischen nicht-alphabetischen (analphabetischen) Systemen (→ Visible Speech-Verfahren), wie sie u.a. von A. M. BELL, O. JESPERSEN und K. L. PIKE entwickelt wurden, und alphabetischen. Zu letzteren gehören die meisten der seit dem 19. Jh. entwickelten L., die heute überwiegend historischen Wert besitzen. Allgemeine Gültigkeit und Verwendung hat die auf der Grundlage des lat. Alphabets entwickelte L. der »Association Phonétique Internationale« gefunden: das IPA (*International Phonetic Alphabet*) oder API (*Alphabet Phonétique International*), vgl. IPA-Tabelle S. 22/23. Außer lat. Buchstaben verwendet diese L. auch griech., Umkehrungen von Buchstaben,

Neubildungen und diakritische Zeichen (z.B. für Längen und Nasalierung). In Anlehnung an D. JONES [1914] unterscheidet man hinsichtlich des Grades der Differenziertheit zwischen der sogen. »engen« und der sogen. »weiten« Umschrift: [ˈkʰɑɔfŋ̩] eng, [kaufən] weit (engl. *narrow* vs. *broad*). In neuerer Zeit wurden auf der Basis des IPA für spezielle Bedürfnisse modifizierte oder erweiterte Transkriptionssysteme entworfen, etwa von H. RICHTER [1973], vom Heidelberger Forschungsprojekt Pidgin-Deutsch [1975]. P. WIESINGER [1964] behandelt die Geschichte der phonetischen Transkription in der Dialektologie des Deutschen. Eine gute Übersicht bieten K. EHLICH und B. SWITALLA [1976]; als Grundlage für das vorliegende Lexikon dient PULLUM/LADUSAW [1986].

Lit.: D. JONES [1914]: Outline of English phonetics. London. – P. PASSY/D. JONES [1921]: L'écriture phonétique internationale. 3. Aufl. Cambridge. – D. MÖHN [1964]: Die Lautschrift der Zeitschrift ›Teuthonista‹; Ihre Bewährung und Erweiterung in der deutschen Mundartforschung 1924-1964. In: ZM 31, S. 21–42. – E. L. SCHMIDT/P. WIESINGER [1964]: Vorschläge zur Gestaltung eines für die deutsche Dialektologie allgemein verbindlichen phonetischen Transkriptionssystems. In: ZM 31, S. 57–61. – P. WIESINGER [1964]: Das phonetische Transkriptionssystem der Association Phonétique Internationale (API) aus der Sicht der deutschen Dialektologie. In: ZM 31, S. 42–49. – P. WIESINGER [1964]: Das phonetische Transkriptionssystem der Zeitschrift ›Teuthonista‹. Eine Studie zu seiner Entstehung und Anwendbarkeit in der deutschen Dialektologie mit einem Überblick über die Geschichte der phonetischen Transkription im Deutschen bis 1924. In: ZM 31, S. 1–20. – H. RICHTER [1973]: Grundsätze und System der Transkription. Tübingen. – HEIDELBERGER FORSCHUNGSPROJEKT [1975]: ›Pidgin-Deutsch‹. Sprache und Kommunikation ausländischer Arbeiter. Kronberg. – M. SPERLBAUM [1975]: Proben deutscher Umgangssprache. Tübingen.

Forschungsberichte: K. EHLICH/B. SWITALLA [1976]: Transkriptionssysteme – Eine exemplarische Übersicht. In: StL 2, S. 78–105. – M. KUGLERKRUSE [1985]: Computer phonetic alphabet. Ruhr-Universität Bochum. Lehrstuhl für Allgemeine Elektrotechnik und Akustik. – G. K. PULLUM/W. A. LADUSAW [1986]: Phonetic symbol guide. Chicago.
Bibliographie: H. WELLISCH [1975]: Transcription and transliteration. An annotated bibliography on conversion of scripts. Silver Spring. – [1979]: The principles of the International Phonetic Association. →Phonetik.

Lautstilistik [Auch: Expressive Phonetik, Expressive Stilistik, Phonostilistik]. Zweig der →Stilistik, der die expressiven stilistischen Eigenschaften von Artikulation und Intonation untersucht.

Lautsubstitution →Lautersatz.

Lautsymbolik. Hypothese über die Zuordnung von sprachlichen Lauten zu akustischen oder optischen Ereignissen der außersprachlichen Welt. Die lautmalenden Wortbildungen (wie im Dt. z.B. *Kuckuck*, *Bums*) werfen unter sprachpsychologischem Aspekt die Frage nach der Entstehung onomatopoetischer Benennungen für außersprachliche Sachverhalte auf. Zahlreiche Experimente scheinen dafür zu sprechen, daß eine gewisse Ähnlichkeitsbeziehung zwischen Sprachlauten und Sinneseindrücken besteht, die als überindividuell, wenn nicht sogar universell anzusehen ist. So ordnet z.B. die überwiegende Zahl von Sprechern verschiedener Sprachen den beiden (abgebildeten) sinnlosen Strichfiguren die Bezeichnungen *malume* (für die runde) und *takete* (für die spitze Figur) zu; vgl. KÖH-

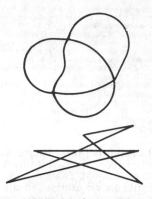

LER [1947]. In einem anderen Experiment entschieden sich 80% der getesteten Personen (denen die Ausdrücke *mal* und *mil* für »Tisch« vorgegeben war) für *mal* als »großer« und *mil* als »kleiner Tisch«; vgl. SAPIR [1929]. So bezeichnen anscheinend Laute mit hohen Frequenzen in vielen Sprachen kleine, aber Laute mit niedrigen Frequenzen überwiegend große Gegenstände. Internationale vergleichende Untersuchungen haben daher zur Annahme einer universellen L. geführt, wie sie u.a. von OSGOOD postuliert wurde, vgl. →Semantisches Differential.

Lit.: E. SAPIR [1929]: A study in phonetic symbolism. In: JeP 12, S. 225–239. – W. KÖHLER [1947]: Gestalt psychology. New York. – W. PORZIG [1950]: Das Wunder der Sprache. Probleme, Methoden und Ergebnisse der Sprachwissenschaft. 6., durchges. Aufl. Stuttgart 1975. – H. WISSE [1954]: Untersuchungen zur Onomatopöie. Bd. 1: Die sprachpsychologischen Versuche. Heidelberg. – R. BROWN [1958]: Words and things. Glencoe, Ill. – CH. E. OSGOOD [1962]: Studies on the generality of affective meaning systems. In: American Psychologist 17, S. 10–28. – H. HÖRMANN [1967]: Psychologie der Sprache. Berlin. – S. ERTEL [1969]: Psychophonetik. Untersuchungen über Lautsymbolik und Motivation. Göttingen. →Semantisches Differential.

Lauttyp [Auch: Lautklasse]. Klasse von phonetisch ähnlichen Lautvarianten (= Phone), die auf Grund von Gehörsurteilen durch übereinstimmende akustische oder artikulatorische Merkmale beschrieben werden können.

Lit.: →Phonetik.

Lautverschiebung →Erste Lautverschiebung, →Zweite Lautverschiebung.

Lautwandel[engl. *sound change*]. Veränderungen im Lautsystem einer Sprache unter historischem Aspekt. Verschiedene Typen von Lautveränderungen sind zu unterscheiden (vgl. BARTSCH/VENNEMANN [1982]): (a) Phonetisch motivierte Veränderungen: Aus dem Streben nach Vereinfachung des artikulatorischen Aufwandes begründeter Veränderungstypus. (aa) Segmentvereinfachungen: Die inhärente Segmentkomplexität wird reduziert, indem »verkomplizierende« Artikulationsorgan-Einstellungen wegfallen, z.B. bei der Denasalierung von Nasalvokalen die zusätzliche Senkung des Gaumensegels bei der Vokalproduktion, vgl. auch →Entrundung. (ab) Sequentielle Vereinfachungen: Geringerer artikulatorischer Aufwand durch Ähnlichkeitsanpassung benachbarter Laute (→Assimilation, →Umlaut, →Vokalharmonie), Silbenstrukturvereinfachungen (→Anaptyxe, →Epenthese, →Metathese, →Prothese) und Reduktionen (→Aphärese, →Apokope, → Schwächung, →Synkope). – (b) Phonologisch motivierte Veränderungen: Aus dem Streben nach maximaler Kontrastivität und Distinktivität von Sprachlauten im Kommunikationsprozeß begründeter Veränderungstyp, der innerhalb der strukturalistischen Betrachtungsweise besondere Berücksichtigung findet, vgl. etwa das Konzept der Schiebekette (→Schub vs. Sog), das vom Prinzip der Kontrasterhaltung unterschiedlicher Phoneme ausgeht. – (c) Sprachextern motivierte Veränderungen: Aus sozialer/sozialpsychologischer Motivation (Streben nach maximalem Kommunikationsradius, optimaler Selbstdarstellung in der Interaktion, Anpassung an Normen spezifischer Bezugsgruppen etc.) begründeter Veränderungstyp, bei dem Übernahmen von idiosynkratischen oder systematischen Eigenschaften anderer, prestigebesetzter Varietäten stattfinden (vgl. auch →Lautersatz). – (d) Analogisch motivierte Veränderungen: Aus dem Streben nach Lernerleichterung, konzeptueller Einfachheit und Ökonomie begründeter Veränderungstyp, bei dem einzelne Wörter oder Wortgruppen nach dem Vorbild phonetisch ähnlicher oder konzeptuell zusammengehöriger Einheiten verändert werden (→Analogie). – Hinsichtlich der Art und Weise der Ausbreitung einer Lautveränderung sind zwei Aspekte zu unterscheiden: (a) Sprachinterne Ausbreitung: Dabei geht es um die Frage der lexikalischen und/oder phonetischen Gradualität, d.h. ob eine Lautveränderung alle Vorkommnisse des betreffenden Lautes gleichzeitig und gleichförmig erfaßt oder von Wort zu Wort ›quasi-analogisch‹ fortschreitet (→Lexikalische Diffusion), und ob dies

phonetisch in minimalen Schritten (kontinuierlich) oder in qualitativen Sprüngen (abrupt) erfolgt. Es ist zwar tendenziell davon auszugehen, daß sich unterschiedliche Ausbreitungsmodi je unterschiedlichen Lautveränderungstypen zuordnen lassen (z.B. sprachexterne Übernahmen als lexikalisch graduelle, phonetisch abrupte V.), eine umfassende Klärung steht jedoch aus (vgl. FÓNAGY [1956], LABOV [1981]). – (b) Sprachexterne Ausbreitung: Dabei geht es um das Problem des (gesellschaftlichen) Ursprungs und der sozialen und regionalen Ausbreitung einer Veränderung, bis alle Sprecher einer Sprachgemeinschaft in allen Situationen kategorisch die neuen Formen verwenden. In diesem Zusammenhang sind besonders die Forschungsergebnisse der →Soziolinguistik von Bedeutung.

Lit.: H. PAUL [1880/1960]: Prinzipien der Sprachgeschichte. Tübingen. – H. SCHUCHARDT [1885]: Über die Lautgesetze. Gegen die Junggrammatiker. Berlin. – R. JAKOBSON [1931]: Prinzipien der historischen Phonologie. In: TCLP 4, S. 247-268 (Rev. Version wiederabgedr. in: KEILER [1972], BALDI/WERTH [1978]). – A. MARTINET [1955]: Économie des changements phonétiques. Bern. Dt.: Sprachökonomie und Lautwandel. Eine Abhandlung über die diachrone Phonologie. Stuttgart 1981. – I. FÓNAGY [1956]: Über den Verlauf des Lautwandels. In: AL 6, S. 173-278. – A. MARTINET [1958]: Function, structure, and sound change. In: Word 8, S. 1-32. – W. G. MOULTON [1961]: Zur Geschichte des dt. Vokalsystems. In: PBB (T) 83, S.1-35. – W. LABOV [1963]: The social motivation of a sound change. In: Word 19, S. 273-309. – P. KIPARSKY [1968]: Linguistic universals and linguistic change. In: E. BACH/R. T. HARMS (eds.): Universals in linguistic theory. New York, S. 170-202. – W. LABOV/W. WEINREICH/M. I. HERZOG [1968]: Empirical foundations of language change. In: W. P. LEHMANN/Y. MALKIEL (eds.): Directions for historical linguistics. Austin, S. 95-188. – R. KING [1969]: Historical linguistics. Dt.: Historische Linguistik und Generative Grammatik. Frankfurt. – A. R. KEILER (ed.) [1972]: A reader in historical and comparative linguistics. New York. – W. LABOV/M. YAEGER/R. STEINER [1972]: A quantitive study of sound change in progress. Philadelphia. – H. ANDERSEN [1973]: Abductive and deductive change. In: Lg 49, S. 765–793. – M. CHENG/W. WANG [1975]: Sound change: Actuation and implementation. In: Lg 51, S. 255–281. – PH. BALDI/R. N. WERTH (eds.) [1978]: Readings in historical phonology. London. – J. FISIAK (ed.) [1978]: Recent developments in historical phonology. The Hague. – C. HAGÈGE/A. HAUDRICOURT [1978]: La phonologie panchronique; Comment les sons changent dans les langues. Paris. – W. LABOV [1981]: Resolving the neogrammarian controversy. In: Lg 57, S. 267–308. – R. BARTSCH/TH. VENNEMANN [1982]: Grundzüge der Sprachtheorie. Tübingen. – TH. VENNEMANN [1983]: Causality in language change. Theories of linguistic preferences as a basis for linguistic explanations. In: FoLH 6, S. 5–26. – H. LÜDTKE [1984]: Ansätze zu einer Theorie des Sprachwandels auf phonologischer Ebene. In: HSK 2.1., S. 731–738. – H. SCHEUTZ [1985]: Strukturen der Lautveränderung. Variationslinguistische Studien zur Theorie und Empirie sprachlicher Wandlungsprozesse. Wien. – H. H. HOCK [1986]: Principles of historical linguistics. Berlin. – H. SCHEUTZ [1988]: Lautwandel. In: HSK 3.2., S. 1603–1614. – E. RONNEBERGER-SIBOLD [1987]: Historische Phonologie und Morphologie des Deutschen. Eine kommentierte Bibliographie zur strukturellen Forschung. Tübingen. – TH. VENNEMANN [1988]: Preference laws for syllable structure and the explanation of sound change. Berlin. →Historische Grammatiken, →Sprachwandel.

Lautwechsel →Alternation.

Lazisch →Südkaukasisch.

Leere Kategorien. In der →Revidierten Erweiterten Standardtheorie (REST) von N. CHOMSKY eingeführte syntaktische Kategorien, die zwar morphologische oder syntaktische, aber keine phonologischen Merkmale enthalten dürfen. Dies sind z.B. die Spuren der →Spurentheorie, das →PRO-Element der →Kontroll-Theorie oder das Pro-Element in den →Pro-Drop-Sprachen. In der →GB-Theorie werden die L. K. auf die verschiedenste Weise subklassifiziert und sind somit Gegenstand der →Bindungstheorie, des →ECPs und der →Theta-Theorie.
Lit.: →GB-Theorie.

Leeres Fach. In der →Phonologie Bezeichnung für angebliche Lücken im phonologischen Inventar einer Sprache, wobei davon ausgegangen wird, daß phonologische Systeme symmetrisch aufgebaut seien. Ein L. F. im dt. phonologischen System wäre z.B. das fehlende sth. Pendant zu /ʃ/, das nur in Fremdwörtern wie *Giro(konto)*, *Jalousie*, *Journal* realisiert ist.
Lit.: →Phonologie.

Leeres Morphem →Morphem.

Leeres Symbol →Platzhalter-Symbol.

Leerstelle.
(1) In der →Formalen Logik die von →Prädikaten geforderten →Argumente.
(2) In der Sprachwiss.: (a) [Auch: Schlitz, eng. *slot*]: Durch die syntaktische Umgebung definierte (obligatorisch oder fakultativ) ausfüllbare Position im Satz; z.B. ist die L. in *der … Turm* fakultativ durch Adjektive besetzbar. (b) Durch die →Valenz des Verbs vorgegebene syntaktische Funktionsstellen, die durch entsprechende Ergänzungen zu besetzen sind. Vgl. auch →Dependenzgrammatik.

Legasthenie [griech. *légein*/lat. *legere* ›lesen‹, griech. *asthéneia* ›Schwächlichkeit‹. – Auch: Dysgraphie, Dyslexie, Dysorthographie, Lese- und Rechtschreibschwäche (Abkürzung: LRS)]. Bezeichnung für Lese- und Rechtschreibstörungen unterschiedlicher Herkunft bei Kindern mit mindestens durchschnittlicher Intelligenz. Die besonders seit den 60er Jahren intensiv betriebenen Forschungen nach verursachenden Faktoren weisen in sehr verschiedene Richtungen. Folgende Ursachen kommen – meist gehäuft – in Betracht: (a) allgemeine Entwicklungshemmungen oder -störungen im kognitiven, artikulatorischen, visuellen oder sensomotorischen Bereich; (b) organische Schäden wie Hör- und Sehfehler oder hirnorganische Störungen; (c) individualpsychologische Aspekte wie Verhaltensstörungen, die zu Lernbehinderungen führen; (d) soziokulturelle Umstände wie Familien- und Wohnverhältnisse, soziales Milieu (vgl. NIEMEYER [1974] und Erziehungsstil. Da L. häufig zusammen mit Persönlichkeits- und Verhaltensstörungen auftritt (wobei Ursache und Wirkung oft nicht leicht unterscheidbar sind), sind eine zuverlässige Frühdiagnose und die Durchführung von therapeutischen Förderungsmaßnahmen von großer Wichtigkeit. Vgl. die zusammenfassende Bestandsaufnahme mit ausführlichen Literaturangaben in NIEMEYER [1978].

Lit.: L. SCHENK-DANZINGER [1968]: Handbuch der Legasthenie im Kindesalter. 3., überarb. Aufl. Weinheim 1974. – W. NIEMEYER [1974]: Legasthenie und Milieu. Hannover. – W. NIEMEYER [1978]: Lese- und Rechtschreibschwäche. Theorie, Diagnose, Therapie und Prophylaxe. Stuttgart. – F. R. VELLUTINO [1979]: Dyslexia: Theory [1980]: Cognitive processes in spelling. London. – J. F. KAVANAGH/R. L. VENETZKY (eds.) [1980]: Orthography, reading and dyslexia. Baltimore. – R. VALTIN u.a. (eds.) [1981]: Legasthenie in Wissenschaft und Unterricht. Darmstadt. – W. SCHNEIDER [1982]: Neuere Trends in der Rechtschreibforschung. In: IRA/D-Beiträge 5, S. 8–37. – P. PERIN [1982]: Spelling strategies in good and poor readers. In: Applied Psycholinguistics 3, S. 1–14. – G. PAVLIDIS/D. FISHER [1986]: Dyslexia: Its neuropsychology and treatment. Chichester. – D. BAKKER u.a. (eds.) [1987]: Developmental dyslexia and learning disorders. Basel. – M. SNOWLING [1987]: Dyslexia: a cognitive developmental perspective. London.

Lehnbedeutung. Bedeutung, die ein Wort unter fremdsprachlichem Einfluß annimmt, wodurch eine Umdeutung der ursprünglichen Bedeutung bzw. eine Bedeutungserweiterung stattfindet. Besonders zur Zeit der Christianisierung ist die Bildung von L. ein gut zu belegender Vorgang, als ahd. Worte wie *toufen* ›eintauchen‹ im Sinn von griech. *baptizein* oder ahd. *dio-muotī* ›Gesinnung eines Dienenden‹ im Sinn von lat. *humilitās* umgedeutet wurden. Zur Übersicht über den Lehnwortschatz im Dt. →Entlehnung (Übersicht).

Lit.: →Entlehnung.

Lehnbildung. Vorgang und Ergebnis der Neubildung von Wörtern unter fremdem Spracheinfluß. Im Hinblick auf die größere oder geringere formale Abhängigkeit der L. von ihrem Vorbild wird zwischen →Lehnübersetzung (z.B. *Mitlaut* für *Konsonant*) und →Lehnübertragung (z.B. *Wolkenkratzer* für engl. *skyscraper*, wörtlich ›Himmelskratzer‹) und →Lehnschöpfung (z.B. *Sinnbild* für *Symbol*) unterschieden. Vgl. →Entlehnung (Übersicht).

Lit.: →Entlehnung.

Lehnprägung [engl. *calque.* – Auch: Abklatsch, Calque, Kalkierung]. Oberbegriff für alle Formen von semantischer →Entlehnung: Vorgang und Ergebnis der Nachbildung eines fremdsprachlichen Inhalts mit den Mitteln der Muttersprache. Während bei Entlehnung in Form von →Fremdwörtern bzw. →Lehnwörtern im engeren Sinne ein fremdes Wort und sein Inhalt in die eigene Sprache übernommen werden, beruht L. auf der Anpassung der eigenen Sprache an neue Inhalte. Die Adaptation der neuen Inhalte kann auf verschiedene Weise erfolgen: (a) Bei →Lehnbedeutung durch Wandel bzw. Erweiterung der Bedeutung heimischer Wörter: ahd. *toufen,* urspr. nur ›eintauchen‹, (b) bei →Lehnschöpfung durch formal unabhängige Neubildung: *Zartgefühl* für frz. *délicatesse, Sinnbild* für *Symbol,* (c) durch →Lehnübersetzung: *Mitlaut* für *Konsonant, Rechtschreibung* für *Orthographie, Geistesgegenwart* für *présence d'ésprit,* (d) durch →Lehnübertragung als freiere Form der Übersetzung: *Vaterland* für lat. *patria.* Zu Klassifizierung und Terminologie vgl. →Entlehnung (Übersicht).
Lit.: →Entlehnung.

Lehnschöpfung. Vorgang und Ergebnis der Übernahme der Bedeutung eines fremdsprachlichen Ausdrucks durch formal relativ unabhängige Nachbildung in der eigenen Sprache: *Umwelt* für *Milieu, Weinbrand* für *Cognac, Hochschule* für *Universität.* Zum Unterschied vgl. →Lehnübersetzung, →Lehnübertragung und →Entlehnung (Übersicht).
Lit.: →Entlehnung.

Lehnübersetzung. Vorgang und Ergebnis einer genauen Glied-für-Glied-Übersetzung eines fremdsprachlichen Ausdrucks in die eigene Sprache: *Dampfmaschine* für engl. *steam engine, Montag* für latein. *dies lunae, Geistesgegenwart* für frz. *présence d'ésprit.* Zur Übersicht über den Lehnwortschatz im Dt. →Entlehnung (Übersicht).
Lit.: →Entlehnung.

Lehnübertragung. Im Unterschied zur Glied-für-Glied-Wiedergabe der →Lehnübersetzung basiert L. auf einem freieren Umgang mit dem fremdsprachlichen Ausgangswort, das durch eine angenäherte Übersetzung (*Wolkenkratzer* für engl. *skyscraper*) oder aber genauere Ausdeutung (*Vaterland* für lat. *patria*) wiedergegeben wird. Vgl. auch →Entlehnung (Übersicht).
Lit.: →Entlehnung.

Lehnwort.
(1) L. im engeren Sinn: im Unterschied zum →Fremdwort solche →Entlehnungen einer Sprache *A* aus einer Sprache *B,* die sich in Lautung, Schriftbild und Flexion vollständig an die Sprache *A* angeglichen haben: dt. *Fenster* aus lat. *fenestra,* dt. *Wein* aus lat. *vinum,* frz. *choucroute* aus dt. *Sauerkraut.*
(2) L. im weiteren Sinn: Oberbegriff für →Fremdwort und L. im Sinn von (1). Bei dieser Verwendung wird zwischen lexikalischen und semantischen Entlehnungen (→Lehnprägungen) unterschieden: bei lexikalischen Entlehnungen wird das Wort und seine Bedeutung

(meist zusammen mit der »neuen« Sache) in die eigene Sprache übernommen und als Fremdwort (= nicht assimiliertes Lehnwort), wie *Psychologie, Flirt, Sputnik,* oder als assimiliertes Lehnwort im engeren Sinn (Beispiele unter (1)) verwendet. Zur semantischen Entlehnung →Lehnschöpfung, eine Übersicht über den dt. Lehnwortschatz findet sich unter →Entlehnung.

Lit.: →Entlehnung.

Leideform →Passiv.

Leipziger Schule →Junggrammatiker.

Leistungsmessung →Sprachtest.

Lekt [lat. *lēctus* ›auserlesen‹, ›ausgesucht‹; ›Muster‹]. Von der amerikan. →Variationslinguistik eingeführter Terminus zur Bezeichnung von regionalen, sozialen u.a. Sprachvarietäten. In Wortzusammensetzungen werden die entsprechenden (außersprachlichen) varietätendefinierenden Eigenschaften im Erstglied genannt, vgl. →Dialekt, →Idiolekt, →Soziolekt.

Lemma [Pl. *Lemmata*; lat. *lēmma* ›Überschrift‹, aus griech. *lēmma* ›alles, was man nimmt‹; engl. *catchword*]. Eintrag bzw. einzelnes Stichwort in einem Lexikon oder Wörterbuch.

Lemmatisierung. In der →Lexikographie Reduktion der Flexionsformen eines Wortes auf eine Grundform und Auflösung von →Homographie. L. in der →Linguistischen Datenverarbeitung zielt darauf ab, den einzelnen Wortformen eine einheitliche Leitform zuzuordnen, unter der zusammengehörige Textelemente angeordnet werden. L. in diesem Sinne ist ein notwendiger Prozeß zur Herstellung von Indices, Konkordanzen, Wortlisten usw. zu einzelnen Autoren oder größeren Textcorpora.

Lit.: H. J. WEBER [1974]: Mehrdeutige Wortformen im heutigen Deutsch. Studien zu ihrer grammatischen Beschreibung und lexikographischen Erfassung. Tübingen. →Lexikographie, →Computerlinguistik.

Lenisierung →Schwächung.

Leonesisch →Spanisch.

Lernersprache [Auch: Übergangskompetenz (nach engl. *transitional competence* (P. CORDER)), Interimsprache; engl. *approximative system* (W. NEMSER), *interlanguage* (L. SELINKER), *interlingua*]. Relativ systematische und stabile Zwischenstufe des Sprachkönnens während des Spracherwerbs. Die L. umfaßt sowohl Regeln der →Ausgangs- und der →Zielsprache als auch solche, die keinen von beiden angehören, sondern, z.T. nach universalen Prinzipien, vom Lernenden selbst gebildet sind. →Spracherwerb.

Lit.: L. SELINKER [1972]: Interlanguage. In: IRAL 10, S. 209–231 (auch in D. NEHLS, (ed.) [1987]) – B. KIELHÖFER/W. BÖRNER [1979]: Lernersprache Französisch. Psycholinguistische Aspekte des Fremdsprachenerwerbs. Tübingen. – A. KNAPP-POTTHOFF/K. KNAPP [1982]: Fremdsprachenlernen und -lehren. Stuttgart. – C. FAERCH /G. KASPER (eds.) [1983]: Strategies in interlanguage communication. London. – A. DAVIS (ed.) [1984]: Interlanguage. Edinburgh. – D. NEHLS (ed.) [1987]: Interlanguage Studies. Heidelberg. – G. KASPER [1989]: Funktionen und Formen der Lernersprachenanalyse. In: K.-R. BAUSCH u.a. (eds.): Handbuch Fremdsprachenunterricht. Tübingen, S. 218–222.

Zeitschrift: Interlanguage Studies Bulletin.

Lese- und Rechtschreibschwäche →Legasthenie.

Lesen. Analyse-Synthese-Prozeß der interpretativen Umsetzung schriftlicher Zeichen(ketten) in Information. Diese Sinn-Rekonstruktion ist ein komplexer neurophysiologischer Vorgang (vgl. →Neurolinguistik), bei dem optisch-perzeptive und artikulatorische Teilaspekte mit der Wahrnehmung lexikalischer Bedeutungen und dem Erkennen syntaktischer Strukturen mehr oder weniger simultan verlaufen bzw. sich durch Rückkopplung gegenseitig beeinflussen, vgl. PIROZZOLO/WITTROCK [1981]. Gestützt wird der Vorgang des L. durch die Wahrscheinlichkeitsstruktur von Sprache und Schrift (vgl. →Zipfsches Gesetz) sowie durch →Redundanzen auf allen Beschreibungsebenen. Solche redundanten Erscheinungen sind u.a. ästhetische Formmerkmale von Schriftzeichen, morphologische Mehrfachkennzeichnung (z.B. die vierfache Kennzeichnung des Plurals in *die neuen Bücher*), Valenzbeziehungen auf syntaktischer Ebene. – Zu unterschiedlichen Theorien und Verfahren des Erstleseunterrichts vgl. KLEINSCHMIDT [1968], MEYER [1969], zu Störungen der Lesefähigkeit vgl. →Legasthenie, zu Methoden von Schnell-Leseverfahren ZIEGLER [1974].

Lit.: W. S. GREY [1956]: The teaching of reading and writing. An international survey. Paris (UNESCO). – G. KLEINSCHMIDT [1968]: Theorie und Praxis des Lesens in der Grund- und Hauptschule. Frankfurt. – E. MEYER (ed.) [1969]: Erstleseunterricht. Theorie und Praxis im In- und Ausland. – H. ZIEGLER [1974]: Rationell lesen – notwendig und erlernbar. In: ZP 1, 1974. – W. W. WEAVER [1977]: Towards a psychology of reading and language. Athens/Ohio. – F. J. PIROZZOLO/M. C. WITTROCK (eds.) [1981]: Neuropsychological and cognitive processes in reading. London.
Bibliographie: L. C. FAY u.a. (eds.) [1964]: Doctoral studies in reading. Bloomington. →Sprachwahrnehmung.

Lettisch. Baltische Sprache mit ca 1,5 Mio. Sprechern in Lettland. Religiöse Literatur seit der Reformation, weltliche seit der Mitte des 18. Jh. Orthographie lateinisch mit Diakritika. Schibboleths: ⟨ņ⟩, ⟨ķ⟩, ⟨ģ⟩, ⟨ļ⟩. Akzent auf Erstsilbe. Lang- und Kurzvokale mit distinktiven Intonationen (einschließlich Glottisenge) auch nach der Akzentsilbe. Reiche Morphologie. Beim Verbum in der 3. Person (wie im Litauischen) keine Unterscheidung zwischen Singular und Plural. (Vgl. Sprachenkarte Nr. 5).

Lit.: I. ENDZELIN [1923]: Lettische Grammatik. Riga. – V. BISENIEKS/I. NISELOVIĆ [1963]: Latviešu-vācu vārdnica. Riga.

Level-I-Affixe →Lexikalische Phonologie.

Level-II-Affixe →Lexikalische Phonologie.

Lexem. Abstrakte Basiseinheit des →Lexikons auf Langue-Ebene (→Langue vs. Parole), die in verschiedenen gramm. Wortformen realisiert werden kann, vgl. das Lexem *schreib-* in *schreiben, schriebst, schrieben.* L. können auch Teil anderer Lexeme sein, vgl. *Schreiberling, Geschriebenes, vorschreiben.* L. im weiteren Sinn wird auch synonym verwendet für →Wort als lexikalische Einheit bzw. Element des Wortschatzes. – Eine abweichende Verwendung von L. findet sich in FLEISCHER [1969]: L. sind kleinste (mehr oder weniger idiomatisierte) semantische Einheiten, d.h. alle nicht regelmäßig semantisch motivierten ein- oder mehrgliedrigen Ausdrücke, z.B. *blau, blaublütig, einbläuen, blauer Montag, Blaustrumpf.*

Lit.: W. FLEISCHER [1969]: Wortbildung der deutschen Gegenwartssprache. Leipzig. 5. Aufl. 1982. →Wortbildung.

Lexical Functional Grammar [Abk.: LFG, engl., ›Lexikalisch Funktionale Grammatik‹]. →Generative Grammatik-Theorie aus der Klasse der →Unifikationsgrammatiken, die Ende der siebziger Jahre von J. BRESNAN und R. KAPLAN entwickelt wurde. Die LFG ist in der Wahl ihrer Konzepte von der →Relationsgrammatik beeinflußt. Die bisher umfassendste Darstellung der Theorie gibt BRESNAN [1982]. Die LFG mißt den grammatischen Relationen Subjekt, direktes/indirektes Objekt u.a. große Bedeutung bei und faßt sie (zusammen mit anderen syntaktischen Rollen wie →Adjunkt und freies →Komplement) in einer kleinen Klasse von universellen grammatischen Funktionen zusammen. Diese grammatischen Funktionen gehören zu den primitiven Konzepten der LFG, die davon ausgeht, daß viele der syntaktischen Gesetzmäßigkeiten, die in der →Transformationsgrammatik durch Transformationen beschrieben wurden, lexikalischer Natur sind und daher auch nur im Lexikon repräsentiert werden können. - Der Grammatikformalismus der LFG unterscheidet zwei Ebenen der syntaktischen Repräsentation, die C-Struktur (*constituent structure*) und die F-Struktur (*functional structure*), die parallel von den annotierten Phrasenstrukturregeln der Grammatik erzeugt werden. Ohne Annotationen (d.h. Merkmalsgleichungen, die die F-Struktur aufbauen) sind diese Regeln →Kontextfreie Ersetzungsregeln, die lokale Bäume mit atomaren Kategoriensymbolen erzeugen. Sie unterliegen einer Version der →X-Bar-Theorie. Die F-Struktur einer Konstituente ist eine Merkmalstruktur im Sinne der →Unifikationsgrammatik. Zu den Attributen gehören grammatische Funktionen wie SUBJ (Subjekt), OBJ2 (Indirektes Objekt) und PRED (Prädikat) sowie morphosyntaktische Merkmale wie CASE (Kasus), NUM (Numerus) und TENSE (Tempus). Ein Attribut kann als Wert ein atomares Symbol, einen semantischen Prädikataudruck oder wiederum eine Merkmalstruktur besitzen. Die Merkmalsgleichungen in den Regeln stellen mittels zweier spezieller Variablen die Koreferenzen zwischen den Merkmalstrukturen der Knoten des lokalen Baumes her. Die F-Struktur der Mutterkonstituente wird stets mit dem Symbol ↑ bezeichnet, die F-Struktur der Tochterkonstituente, unter der die Gleichung steht, mit dem Symbol ↓. Die Gleichung (↑OBJ2) = ↓ unter dem Kategoriensymbol *NP* in einer Verbphrasen-Regel bedeutet z.B., daß die F-Struktur der Nominalphrase mit dem Wert des Attributs OBJ2 in der F-Struktur der Verbphrase koreferent sein soll. Die Phrasenstrukturregeln der LFG erzeugen zu viele Strukturen; sie müssen drei globalen Wohlgeformtheitsbedingungen genügen, die als Filter dienen: (a) Das Prinzip der funktionalen Eindeutigkeit (*functional uniqueness*) besagt, daß in einer F-Struktur jedes Attribut nur einen Wert besitzen darf. (b) Das Prinzip der funktionalen Vollständigkeit (*functional completeness*) legt fest, daß eine F-Struktur genau dann lokal vollständig ist, wenn jede ihrer Unterstrukturen alle regierbaren grammatischen Funktionen enthält, die das Prädikat der Unterstruktur regiert. (c) Das Prinzip der funktionalen Kohärenz (*functional coherence*) verlangt, daß in jeder Unterstruktur der F-Struktur alle regierbaren grammatischen Funktionen auch vom Prädikat der Unterstruktur regiert werden. Die Subkategorisierung erfolgt über das Attribut PRED im lexikalischen Eintrag, wobei aber nur die grammatische Funktion der obligatorischen und optionalen Komplemente aufgeführt wird, nicht ihre syntaktische Kategorie. Viele syntaktische Beziehungen, die in der →Transformationsgrammatik durch Transformationen beschrieben werden (wie z.B. die zwischen Sätzen mit transitiven Verben und den korrespondierenden Sätzen mit Passiv-, Mittel- oder Kausativverben), werden in der LFG nicht in der Syntax, sondern im Lexikon hergestellt. Lexikalische Regeln setzen die entsprechenden Verbklassen in Beziehung und stellen die Korrespondenzen zwischen den Komplementstellen im PRED-Attribut her.

Fernabhängigkeiten, wie sie bei Konstituentenfragen und Topikalisierungen vorliegen, werden durch Merkmalsweitergabe behandelt. Eine neuere Version der LFG behandelt die Fernabhängigkeiten durch →Functional Uncertainty (›funktionale Unterbestimmtheit‹), vgl. KAPLAN/ZAENEN [1988]. Die F-Struktur eines Satzes, besonders der Prädikatausdruck im Wert des Attributs PRED, ist die Eingabe für die semantische Komponente, für die HALVORSEN [1983] eine semantische (der →Montague-Grammatik entlehnte) Komponente vorschlägt. FENSTAD u.a. [1987] verwenden die F-Struktur für die Kodierung von Situationsschemata merkmalsbasierter Bedeutungsrepräsentationen, die mit den Mitteln der →Situationssemantik interpretiert werden können. – Die LFG wurde für viele einzelsprachliche Beschreibungen verwendet, z.B. für das Engl. (BRESNAN [1982]), Warlpiri (SIMPSON/BRESNAN [1983]), Chichewa, Japan. und Serbokroat. (IIDA/WECHSLER/ZEC [1987]). Sie dient auch als Grundlage für die Implementierung zahlreicher experimenteller natürlichsprachlicher Systeme auf dem Computer, z.B. REYLE/FREY [1983], BLOCK/HAUGENEDER [1988], KAPLAN/MAXWELL [1988].

Lit.: J. BRESNAN [1982]: Control and complementation. In: J. BRESNAN (ed.): The mental representation of grammatical relations. Cambridge, S. 282-390. – J. BRESNAN (ed.) [1982]: The mental representation of grammatical relations. Cambridge, Mass. – P. K. HALVORSEN [1983]: Semantics for Lexical-Functional Grammar. In: LIn 14, S. 567-615. – U. REYLE/W. FREY [1983]: A Prolog implementation of Lexical-Functional Grammar. In: IJCAI 83, S. 693-695. – J. SIMPSON/J. BRESNAN [1983]: Control and obviation in Warlpiri. In: NLLT 1, S. 49–64. – J. E. FENSTAD u.a. [1987]: Situations, language and logic. Dordrecht. – M. IIDA/S. WECHSLER/D. ZEC (eds.) [1987]: Working papers in grammatical theory and discourse structure. Stanford, Ca. – H.-U. BLOCK/H. HAUGENEDER [1988]: An efficiency-oriented LFG parser. In: U. REYLE/C. ROHRER (eds.): Natural language parsing and linguistic theories. Dordrecht, S. 149–176. – R. M. KAPLAN/J. T. MAXWELL III [1988]: Constituent coordination in Lexical-Functional Grammar. In: COLING 88. Budapest. Bd. 1, S. 303–305. – R. KAPLAN/A. ZAENEN [i.V.]: Long distance dependencies, constituent structure, and functional uncertainty. In: M. BALTIN/A. KROCH (eds.): Alternative conceptions of phrase structure. Chicago.

Lexik →Wortschatz.

Lexikalische Bedeutung [Auch: Wortbedeutung].
(1) Lexikalische (auch substantielle) vs. grammati(kali)sche (bzw. formale, funktionale, strukturelle) Bedeutung: L. B. ist der einer semantischen Analyse zugängliche, im Lexikon kodifizierte Teilaspekt von Bedeutung, der zusammen mit den gramm. Bedeutungselementen (wie z.B. Modus, Tempus, Komparation) die Gesamtbedeutung sprachlicher Ausdrücke ergibt. Bei der L.B. handelt es sich normalerweise um eine offene, bei der grammatischen B. um geschlossene Klassen von Elementen. Die Grenze zwischen den beiden Bereichen ist fließend.
(2) Lexikalische vs. aktuelle Bedeutung: in der Theorie der Wortbedeutung von W. SCHMIDT entspricht die L.B. der Summe aller möglichen (wörtlichen und übertragenen) Bedeutungen eines Lexems auf der Langue-Ebene, die auf der Ebene der Parole (→Langue vs. Parole) im Kontext als je spezifische »aktuelle Bedeutungen« realisiert werden.

Lit.: W. SCHMIDT [1963]: Lexikalische und aktuelle Bedeutung. Berlin, S. 19–33. – D. TESTEN/V. MISHRA/J. DROGO (eds.) [1984]: Papers from the parasession on lexical semantics. Chicago. – R. CONRAD [1987]: Lexical meaning and ideological knowledge. In: LSt 166, S. 3–19. – D. HILLERT [1987]: Zur mentalen Repräsentation von Wortbedeutungen. Tübingen. – D. HILLERT [1987]: Neurolinguistische Überlegungen zur mentalen Organisation von Wortbedeutungen. Argumente für eine interdisziplinäre Konzeption. In: Mu 97, S. 16–36. →Bedeutung.

Lexikalische Dekomposition →Lexikalische Zerlegung.

Lexikalische Diffusion. Ergebnis und Prozeß lexikalisch graduell verlaufender Durchsetzung von Lautveränderungen; Hypothese zum sprachinternen Ausbreitungsmodus von Lautveränderungen, die besagt, daß →Lautwandel zunächst in wenigen Wörtern beginnt und sich sukzessive (durch quasi-analogische Generalisierungen) auf alle in Frage kommenden Wörter ausdehnt. Diese bereits von der →Dialektgeographie gegen das Lautwandelkonzept der Junggrammatiker (→Lautgesetz) vertretene Ansicht (»Jedes Wort hat seine eigene Geschichte«) wird seit Ende der 60er Jahre wiederum verstärkt propagiert.
Lit.: H. SCHUCHARDT [1885]: Über die Lautgesetze. Gegen die Junggrammatiker. Berlin. – I. FÓNAGY [1956]: Über den Verlauf des Lautwandels. In: ALH 6, S. 173–278. – W. S.-Y. WANG [1969]: Competing changes as a cause of residue, Language 45, S. 9–25. – M. CHEN/W. S.-Y. WANG [1975]: Sound change: Actuation and implementation. In: Lg 51, S. 255–281. – W. S.-Y. WANG (ed.) [1977]: The Lexicon in Phonological Change. The Hague. – W. LABOV [1981]: Resolving the neogrammarian controversy. In: Lg 57, S. 267–308. →Lautwandel.

Lexikalische Formative. In der generativen →Transformationsgrammatik kleinste semanto-syntaktische Einheiten des Lexikons (*Buch, sing-, alt*), die durch Lexikonregeln in die →Tiefenstruktur eingeführt werden. Sie sind zu unterscheiden von grammatischen →Formativen, die Kategorien wie →Tempus, →Numerus repräsentieren. L. F. sind für die Anwendung der transformationellen Komponente und für die interpretative Komponente relevant.

Lit.: →Transformationsgrammatik.

Lexikalische Insertion(sregel) [lat. *īnsertiō* ›Einfügung‹. – Auch: Lexikonregel]. In der Standardtheorie der generativen →Transformationsgrammatik Ersetzung der präterminalen Symbole (*N, Adj, V* u.a.) der →Tiefenstruktur durch →Lexikalische Formative (= Wörter) aus dem →Lexikon. Durch die L. I. wird die Endkette der Ableitung erreicht, über der dann die bedeutungsneutralen →Transformationen arbeiten. Im Unterschied zu CHOMSKYS L. I. in den Basisteil der Grammatik plädieren die Vertreter der →Generativen Semantik für eine Ersetzung der →Atomaren Prädikate durch lexikalische Einheiten an verschiedenen Stellen, d.h. vor und nach der Anwendung von Transformationen.

Lit.: N. CHOMSKY [1965]: Aspects of the theory of syntax. Cambridge, Mass. Dt.: Aspekte der Syntaxtheorie. Frankfurt 1969. – J. D. MCCAWLEY [1968]: Lexical insertion in a transformational grammar without deep structure. In: CLS 4, S. 71–80. – I. BÁTORI [1971]: Lexikalische Einsetzungen mit Kontextmerkmalen in der Transformationsgrammatik. In: LBer 14, S. 1–16. →Generative Semantik.

Lexikalische Kategorie. Im →Aspekte-Modell der generativen →Transformationsgramma-

tik die auf der linken Seite der Lexikonregel stehenden Kategorialsymbole: *N, V, Adj, Art,* die im Ableitungsprozeß durch →Lexikalische Formative (= Wörter aus dem →Lexikon) ersetzt werden.

Lit.: →Transformationsgrammatik.

Lexikalische Phonologie. Ansatz in der →Phonologie, v.a. von P. KIPARSKY entwickelt, der das Lexikon in Ebenen (= *levels*) aufteilt, innerhalb deren die verschiedenen →Wortbildungs- und →Flexions-Mittel der Sprache jeweils mit einer festgelegten Menge zyklisch applizierender phonologischer Regeln interagieren, um Wortstrukturen abzuleiten. Die →Affixe der ersten Ebene (Level I) unterliegen mit ihrem Stamm zusammen wortinternen phonologischen Prozessen wie Wortbetonung, Assimilation, Vokalkürzung u.a. (vgl. engl. *párent* und *parént + al, il + legal, im + possible* aber *in + efficient; opáque* aber *opác + ity*). Der Output jedes Levels bildet stets einen möglichen Wortstamm, dessen interne Strukturierung level-intern sichtbar ist, den weiteren nach charakteristischen phonologischen Regeln organisierten Levels aber durch Tilgung der ursprünglichen Klammerung unzugänglich wird. Typisch für Stämme der Level-II-Affigierung bzw. -Komposition ist ihre phonologisch wie semantisch größere Durchsichtigkeit (vgl. engl. *non-legal; opáque-ness, teethmarks*). Auf einer letzten lexikalischen Ebene erfolgt schließlich die regelmäßige Flexion, vgl. engl, *cat-s* vs. *teeth* (von *tooth*) oder *brother-s* vs.

breth + *ren.*   Unregelmäßige
Flexion entspricht den phono-
logischen Prozessen der ersten
Ebene.

Lit.: D. SIEGEL [1974]: Topics in English
morphology. Ph.D. Diss. MIT. Cambridge,
Mass. – M. ALLEN [1978]: Morphological
investigations. Ph.D. Diss. University of
Connecticut. – D. PESETSKY [1979]: Russian morphology and lexical theory.
Ph.D. Diss. MIT. – P. KIPARSKY [1982]: Lexical morphology and phonology. In: I. S.
YANGE (ed.): Linguistics in the morning
calm. Seoul. – P. KIPARSKY [1982]: From
cyclic phonology to lexical phonology. In:
H. VAN DER HULST/N. SMITH (eds.): The
structure of phonological representation.
Dordrecht, S. 131–175. – E. KAISSE/P.
SHAW [1985]: On the theory of lexikal phonology. In: Phonology Yearbook 2, S. 1–31.
– P. KIPARSKY [1985]: Some consequences
of lexical phonology. In: Phonology Yearbook 2, S. 85–138. – R. WIESE [1988]: Silbische und lexikalische Phonologie. Tübingen.

Lexikalische Solidaritäten [frz.
solidarité   ›Übereinstimmung‹]. Terminus von E. COSE-
RIU [1967] zur Bezeichnung syntagmatischer Bedeutungsbeziehungen zwischen sprachlichen
Elementen im Unterschied zu
reinen Gebrauchsbeschränkungen wie bei *Vorschub leisten.*
Die Untersuchung inhaltlicher
Beziehungen in syntagmatischen Konstruktionen geht auf
W. PORZIG [1934] zurück, der
diese Relationen als →Wesen-
hafte Bedeutungsbeziehungen
beschrieben hat. Bei L. S. handelt es sich um gerichtete
(»orientierte«) semantische Beziehungen zwischen einem determinierenden (z.B. *blond*)
und einem determinierten Lexem (z.B. *Haar*). In Abhängigkeit von dem semantischen Status des determinierenden Elements unterscheidet COSERIU
zwischen drei Typen von L. S.
So funktioniert die Inhaltsbe-
stimmung des determinierten
Lexems durch das determi-

nierende Lexem (a) bei Affinität durch ein klassenbildendes
Merkmal (→Klassem), z.B. [TIE-
RISCH] bei den Verben *fressen*,
saufen; (b) bei Selektion durch
ein übergreifendes Merkmal
(→Archilexem), z.B. [FAHREN]
bei *Schiff* im Kontext von *Zug,
Wagen, Boot, Bus;* (c) bei Implikation durch das ganze Lexem als solches: *falb* ist (im
nicht übertragenen Sinn) eingeschränkt auf *Pferd*, d.h. es impliziert *Pferd* als determiniertes
Lexem. Vgl. →Bestimmungs-
relation.

Lit.: W. PORZIG [1934]: Wesenhafte Bedeutungsbeziehungen. In: PBB 58, S. 70–97. –
E. COSERIU [1967]: Lexikalische Solidaritäten. In: Poetica 1, S. 293–303. →Selek-
tionsbeschränkung.

Lexikalische Zerlegung [Auch:
Lexikalische Dekomposition].
In der →Generativen Semantik
besonders an den →Kausativa
erprobtes Verfahren zur semantischen Beschreibung von
lexikalischen Einheiten durch
Rückführung auf ein Inventar
kleinster (möglicherweise universeller) Grundausdrücke
(→Atomares Prädikat), die auf
der Basis ihrer internen syntaktischen Strukturierung die Gesamtbedeutung der Lexeme
konstituieren, z.B. *X tötet Y*
wird »zerlegt« in ›*X macht, daß
es dazu kommt, daß es nicht der
Fall ist, daß Y lebt*‹. Zur Pro-
blematisierung und Kritik des
Ansatzes vgl. →Generative Semantik. Gleichwohl findet L. Z.
auch in anderen Ansätzen Anwendung, denn das Prinzip der
Zerlegung ist eigentlich nur mit
einem ganzheitlichen An-
spruch unvereinbar.

Lit.: CH. J. FILLMORE [1968]: Lexical en-
tries for verbs. In: FoL 4, S. 373–393. – J. D.
MCCAWLEY [1968]: Concerning the base

component of a transformational grammar. In: FoL 4, S. 243–269. – CH. J. FILLMORE [1969]: Types of lexical information. In: F. KIEFER (ed.): Studies in syntax and semantics. Dordrecht, S. 109–137. Dt. in: S. STELZER (ed.) [1972]: Probleme des »Lexikons« in der Transformationsgrammatik. Frankfurt, S. 98–129. – G. LAKOFF [1970]: Natural logic and lexical decomposition. In: CLS 6, S. 340–362. – CH. J. FILLMORE/ T. D. LANGENDOEN (eds.) [1971]: Studies in linguistic semantics. New York, S. 1–118. – M. YAMANASHI [1971]: Some notes on decomposition. Michigan. – R. BARTSCH/ TH.VENNEMANN [1972]: Semantic structures: A study in the relation between semantics and syntax. 2. Aufl. Frankfurt 1973. – A. WIERZBICKA [1972]: Semantic primitives. Frankfurt – M. IMMLER [1974]: Generative Syntax – Generative Semantik. München. – D. R. DOWTY [1979]: Word meaning and Montague grammar. The semantics of verbs and times in generative semantics and Montague's PTQ. Dordrecht. →Generative Semantik.

Lexikalisches Feld →Wortfeld.

Lexikalisierung.
(1) Unter synchronischem Aspekt Aufnahme in den Wortbestand der Sprache als usuelle Bildung, die im Lexikon gespeichert ist und beim Gebrauch dort abgerufen wird. Zu diesem Lexikonbestand gehören Simplizia (*Zaun, Löwe*) sowie komplexe Wörter (*Gesetzbuch, Lärmpegel*), welche die Sprache als Benennungen für benötigte Begriffe bereithält. Auch syntaktische Phrasen, die wortähnlich in einer bestimmten Bedeutung (*saure Sahne, auf zwei Hochzeiten tanzen*) festgelegt sind, gehören zu den L. der Sprache. Im Ggs. zu L. werden →Augenblicksbildungen (*Affenherzbaby, Raumhandschuh*) aus einem momentanen Bedarf heraus nach produktiven Wortbildungsregeln produziert und verstanden; sie zählen aber zunächst nicht zum dauerhaften Bestandteil des Lexikons. Vgl. →Produktivität.

(2) Unter diachronischem Aspekt Vorgang und Ergebnis der Demotivierung, d.h. Umwandlung einer mehrgliedrigen, analysierbaren Morphemfolge in eine lexikalische Einheit, deren Gesamtbedeutung nicht (mehr) aus der Bedeutung der einzelnen Bestandteile erschließbar ist, vgl. *Nachbar, Imker.* Wegen der Mehrdeutigkeit des Terminus wird dieser Vorgang meist als →Idiomatisierung bezeichnet.

Lit.: →Motivierung.

Lexikalismus →Lexikalistische vs. Transformationalistische Hypothese.

Lexikalistische vs. Syntaktische Hypothese →Lexikalistische vs. Transformationalistische Hypothese.

Lexikalistische vs. Transformationalistische Hypothese [Auch: L. vs. Syntaktische H.]. Unterschiedliche Beschreibungsstrategien von Prozessen der Wort- und Satzbildung im Rahmen der generativen →Transformationsgrammatik. Bei der →Wortbildung geht die auf CHOMSKY [1970] sich stützende transformationalistische Position davon aus, daß die Wortbildung und die Produktion von Sätzen hinsichtlich →Rekursivität und Generativität ähnliche Eigenschaften aufweisen, außerdem sind zahlreiche syntaktisch-semantische Eigenschaften von komplexen Wörtern weitgehend vorhersagbar auf der Basis der ihnen zugrundeliegenden Lexeme. Unter Berufung auf das Postulat von der Ökonomie des →Lexikons im Rahmen einer generativen Grammatik plädieren die Vertreter der T. Hypothese dafür, komplexe Wortbildungsstrukturen als Überführung einer syntaktischen Tiefenstruktur in eine entsprechend komplexe morphologische Form der Oberflächenstruktur zu beschreiben. Das Lexikon wird als Sammlung aller Irregularitäten aufgefaßt und dadurch entlastet, daß Wortbildungsprozesse als reguläre transformationelle Prozesse beschrieben werden. Gegen diese »syntaktische« Position sprechen verschiedene Fakten (vgl. MOTSCH [1977]): So läßt sich die Beschränkung von potentiell möglichen Bildungen durch existierende konkurrierende Termini (vgl. *Pinsel* : *pinseln* vs. *Besen* : **besen/fegen*) ebensowenig durch syntaktische Regeln erfassen wie semantische Restriktionen (vgl. *affig* vs. **katzig*, *strohig* vs. **hafferig*), der unterschiedliche Ausnutzungsgrad von Regularitäten sowie pragmatisch motivierte Akzeptabilitätsprobleme (vgl. *hobeln* vs. **tischen*, **stuhlen*). Diese Probleme, ebenso wie die Wirkung analogischer ⸱Prozesse bei der Wortneubildung lassen sich im Rahmen einer L. Theorie, die sowohl einfache als auch komplexe Wörter gleichermaßen im Lexikon auflistet, adäquater beschreiben. Den de facto bestehenden Verwandtschaften und Regularitäten wird durch →Redundanzregeln Rechnung getragen, die systematisch vorhersagbare Information innerhalb von Wortbildungsprozessen formulieren. Bei der Beschreibung von syntaktischen Prozessen im Rahmen der L. Position wird eine syntaktische Beziehung zwi-schen zwei Konstruktionstypen (etwa Aktiv-Passiv, die engl. Dativ-Alternation *I gave him the book* vs. *I gave the book to him*) mittels einer Lexikonregel repräsentiert, die auf Lexikoneinträgen (bzw. auf lexikalisch unspezifizierten Satzformen) operiert, wohingegen die klassische transformationelle Repräsentation mit Transformationsregeln über lexikalisch spezifizierten →P-Markern operiert. Vertreter der T. Position sind u.a. LEES [1960], fürs Dt. THIEL [1973] und (mit Orientierung an →Kasusgrammatik)KÜRSCHNER [1974]. Die L. Position wird vor allem von JACKENDOFF [1975], ARONOFF [1976] und fürs Dt. von MOTSCH [1977], [1979] und HÖHLE [1982] vertreten. Die Kontroverse wird fortgesetzt auch auf dem Hintergrund der neueren generativen Syntaxtheorien. Einen Überblick über die Entwicklung vermitteln die Sammelbände von HOEKSTRA u.a. [1980] und MOORTGAT [1981], insbesondere die Einleitung in HOEKSTRA [1980].

Lit.: R. B. LEES [1960]: The grammar of English nominalizations. Bloomington. – N. CHOMSKY [1965]: Aspects of the theory of syntax. Cambridge, Mass. Dt.: Aspekte der Syntaxtheorie. Frankfurt 1969. – N. CHOMSKY [1970]: Remarks on nominalization. In: R. A. JACOBS/P. S. ROSENBAUM (eds): Readings in English transformational grammar. Waltham, Mass., S. 184–221. – R. B. LEES [1970]: Problems in the grammatical analysis of English nominal compounds. In: M. BIERWISCH/K. E. HEIDOLPH: Progress in linguistics. The Hague, S. 174–186. – G. THIEL [1973]: Die semantischen Beziehungen in den Substantivkomposita der deutschen Gegenwartssprache. In: Mu 83, S. 377–404. – F. HOLST [1974]: Untersuchungen zur Wortbildungstheorie mit besonderer Berücksichtigung der Adjektive auf »-gerecht« im heutigen Deutsch. Hamburg. – W. KÜRSCHNER [1974]: Zur syntaktischen Beschreibung deutscher Nominalkomposita. Auf der Grundlage generativer Transformationsgrammatiken.

Tübingen. – H. GÜNTHER [1975]: Bemerkungen zum Status von Wortbildungsregeln. In: N. BRAUNMÜLLER/W. KÜRSCHNER (eds.): LK 10, Bd. 2, S. 49–58. – R. JACKENDOFF [1975]: Morphological and semantic regularities in the lexicon. In: Lg 51, S. 639–671. – M. ARONOFF [1976]: Word formation in generative grammar. Cambridge. – O. PANAGL (ed.) [1976]: Wortbildung diachronisch – synchronisch. Innsbruck. – D. KASTOVSKY [1977]: Problems of word-formation. In: C. GUTKNECHT (ed.): Grundbegriffe und Hauptströmungen der Linguistik. Frankfurt, S. 301–335. – D. KASTOVSKY [1977]: Word formation, or: At the crossroads of morphology, syntax, semantics, and the lexicon. In: FoL 10, S. 1–33. – W. MOTSCH [1977]: Ein Plädoyer für die Beschreibung von Wortbildung auf der Grundlage des Lexikons. In: H. BREKLE/ D. KASTOVSKY (eds.): Perspektiven der Wortbildungsforschung. Bonn. – V. ULLMER-EHRICH [1977]: Zur Syntax und Semantik von Substantivierungen im Deutschen. Königstein. – T.N. HÖHLE [1978]: Lexikalistische Syntax: die Aktiv-Passiv-Relation und andere Infinitkonstruktionen im Deutschen. Tübingen. – W. MOTSCH [1979]: Zum Status von Wortbildungsregularitäten. In: DRLAV 20, S. 1–40. – T. HOEKSTRA/H. VAN DER HULST/M. MOORTGAT (eds.) [1980]: Lexical grammar. Dordrecht. – R. BARTSCH [1981]: Semantics and syntax of nominalizations. In: J. GROENENDIJK u.a. (eds.): Formal methods in the study of language. I. Amsterdam, S. 1–28. – M. MOORTGAT/H. VAN DER HULST/ T. HOEKSTRA (eds.) [1981]: The scope of lexical rules. Dordrecht. – J. VOGEDING [1981]: Das Halbsuffix »-frei«. Tübingen. – T. N. HÖHLE [1982]: Über Komposition und Derivation: zur Konstituentenstruktur von Wortbildungsprodukten im Deutschen. In: ZS 1, S. 76–112. – E. O. SELKIRK [1982]: The syntax of words. Cambridge, Mass. – J. TOMAN [1983]: Wortsyntax. Eine Diskussion ausgewählter Probleme deutscher Wortbildung. Tübingen. – D. WUNDERLICH [1986]: Probleme der Wortstruktur. In: ZS 5, S. 209–252.

Lexikographie [griech. *lexikográphos* ›ein Wörterbuch schreibend‹]. Vorgang, Ergebnis und Methode der Anfertigung von Wörterbüchern. Einerseits auf der Basis der →Lexikologie, die die theoretischen Grundlagen und Materialien für die lexikographische Kodierung bereitstellt, andererseits auf der Basis von Sachzwängen wie Verkäuflichkeit, Benutzerfreundlichkeit etc. entwickelt die L. die für die Dokumentation des Wortschatzes einer Sprache, eines Dialekts oder Sachgebiets erforderlichen Prinzipien. Die unterschiedlichen Darstellungsformen hängen davon ab, ob es sich um ein- oder mehrsprachige Lexika, um die diachronische oder synchronische Bestandsaufnahme eines spezifischen Wortschatzes handelt, ob deskriptive oder präskriptive Absichten verfolgt werden. Die unterschiedliche Gebrauchsfunktion der einzelnen Lexikontypen bedingt verschiedene Möglichkeiten der Ordnung des bereitzustellenden Materials: neben der häufigsten Form der alphabetischen Anordnung steht die semantisch-systematische (bzw. begriffliche) Ordnung, die das Material nach inhaltlichen Kriterien zusammenstellt. Eine Variante der (rechtsläufig) alphabetischen Verzettelung ist das »Rückläufige Wörterbuch«, das sich an den Reimwörterbüchern des Mittelalters orientiert. Die alphabetische Reihenfolge geht hierbei von Endbuchstaben aus; der Nutzen des Verfahrens liegt in einer gewissen Durchsichtigkeit von Wortbildungszusammenhängen. – Im Unterschied zu diesen paradigmatisch orientierten Lexika kodifizieren Stilwörterbücher das Material unter syntagmatischem Aspekt, indem sie die Stichworte im Rahmen von syntaktischen Konstruktionen (Wendungen) auflisten. Syntaktisch orientiert sind auch die sogen. Valenz-Wörterbücher, die das Inventar der Verben unter dem Aspekt ihrer →Valenz/Wertigkeit (d.h.

Verbindbarkeit mit obligatorischen Ergänzungen) zusammenstellen. Für Beispiele zu den einzelnen Typen vgl. die Zusammenstellung für das Dt. von P. Kühn [1978] und allgemein F. J. Hausmann [1985].

Lit.: R. Hallig/W. v. Wartburg [1952]: Begriffssysteme als Grundlage für die Lexikographie. Berlin. – G. Wahrig [1967]: Neue Wege in der Wörterbucharbeit. Hamburg. – H. Henne [1968]: Deutsche Lexikographie und Sprachnorm im 17. und 18. Jahrhundert. In: W. Mitzka (ed.): Wortgeographie und Gesellschaft. Festgabe für L.E. Schmitt zum 60. Geburtstag am 10.02.1968. Berlin, S. 80–114. – H. Henne [1972]: Semantik und Lexikographie. Untersuchungen zur lexikalischen Kodifikation der deutschen Sprache. Berlin. – R. I. McDavid/A. R. Duckert (eds.) [1973]: Lexicography in English. New York. – H. E. Wiegand [1976]: Einige grundlegende semantisch-pragmatische Aspekte von Wörterbucheinträgen. In: KBGL 12, S. 59–149. – H. Henne u.a. (eds.) [1978]: Interdisziplinäres deutsches Wörterbuch in der Diskussion. Düsseldorf. – H. Riedel/M. Wille [1979]: Über die Erarbeitung von Lexika. Grundsätze und Kriterien. Leipzig. (= Beih. 91 zum Zentralblatt für Bibliothekswesen). – H. Henne [1980]: Lexikographie. In: LGL Nr. 94. – W. Mentrup (ed.) [1981]: Konzepte zur Lexikographie. Tübingen. – B. Schaeder [1981]: Lexikographie als Praxis und Theorie. Tübingen. – S. I. Landau [1984]: Dictionaries: the art and craft of lexicography. New York. – H. Bergenholtz/J. Mugdan (eds.) [1984]: Lexikographie und Grammatik. Tübingen. – F. J. Hausmann [1985]: Lexikographie. In: C. Schwarze/D. Wunderlich (eds.): Handbuch der Lexikologie. Königstein/Ts., S. 367–411. – R. F. Ilson (ed.) [1985]: Dictionaries, lexicography and language learning. Oxford. – I. Wegner [1985]: Frame-Theorie in der Lexikographie. Tübingen. – A. Wierzbicka [1985]: Lexicography and conceptual analysis. Ann Arbor. – L. Zgusta (ed.) [1985]: Probleme des Wörterbuchs. Darmstadt. – R. R. K. Hartmann (ed.) [1986]: The history of lexicography. Amsterdam. – R. F. Ilson (ed.) [1986]: Lexicography: An emerging international profession. Manchester. – R. L. Jones/S. P. Sondrup [1989]: Computer-aided lexicography. In: HSK 4, S. 490–518. *Bibliographien:* W. Zaunmüller [1958]: Bibliographisches Handbuch der Sprachwörterbücher. Stuttgart. – M. Lemmer [1968]: Deutscher Wortschatz. Bibliographie zur deutschen Lexikologie. Halle. –

G. A. Zischka [1969]: Index lexicorum. Bibliographie der lexikalischen Nachschlagewerke. Wien. – L. Zgusta [1971]: Manuel of lexicography. The Hague. – P. Kühn [1978]: Deutsche Wörterbücher. Eine systematische Bibliographie. Tübingen. – L. Zgusta/D. M. T. C. Farina [1987]: Lexicography today: an annotated bibliography of the theory of lexicography. Tübingen. – L. Lipka [1990]: An outline of English lexicology. Tübingen. *Zeitschriften:* Lexicographica, International Journal of Lexicography.

Lexikologie [Auch: Wortkunde, Wortschatzuntersuchung].

Teilbereich der Sprachwiss. bzw. der →Semantik, der sich mit der Erforschung und Beschreibung des Wortschatzes einer Sprache beschäftigt und sprachliche Ausdrücke im Hinblick auf ihre interne Bedeutungsstruktur und die Zusammenhänge zwischen einzelnen Wörtern bzw. Lexikoneinträgen untersucht. Die Ergebnisse der L. können von der →Lexikographie (Technik der Anfertigung von Wörterbüchern) kodifiziert werden, wenngleich die Beziehungen zwischen beiden Bereichen nicht allzu direkt angesetzt werden dürfen.

Lit.: Th. Schippan [1984]: Lexikologie der deutschen Gegenwartssprache. Leipzig. – D. A. Cruse [1986]: Lexical semantics. Cambridge. *Forschungsübersicht:* O. Reichmann [1976]: Germanistische Lexikologie. Stuttgart. – H. E. Wiegand/W. Wolski [1980]: Lexikalische Semantik. In: LGL Nr. 18. – C. Schwarze/D. Wunderlich (eds.) [1985]: Handbuch der Lexikologie. Königstein/Ts. – Th. Schippan [1986]: Lexikologie in der DDR – Entwicklung, Ergebnisse, Aufgaben. In: ZfG 3, S. 321–334. →Lexikographie, →Semantik, →Semantische Relation, →Wortfeldtheorie.

Lexikon [griech. *lexikón (biblíon)* ›Wörterbuch‹].

(1) Zusammenstellung der Wörter einer Sprache (bzw. eines regionalen, soziolektalen oder fachspezifischen Ausschnitts)

in alphabetischer oder begrifflicher Ordnung zum Zwecke des Nachschlagens. Vgl. →Lexikographie, →Wortschatz.

(2) Im allgemeinsten Sinn: Beschreibungsebene, die den Wortschatz einer Sprache insoweit kodifiziert, als seine Formen und Bedeutungen nicht aus allgemeinen Regularitäten des Sprachsystems ableitbar sind.

(3) In der generativen →Transformationsgrammatik Teil der →Basiskomponente der Grammatik in Form einer ungeordneten Liste aller →Lexikalischen Formative. Die →Lexikoneinträge bestehen aus einer phonetisch-phonologischen Beschreibung in Form einer Matrix →Distinktiver Merkmale, der eine Auswahl spezifizierter syntaktischer Merkmale zugeordnet ist (→Komplexes Symbol). Vgl. CHOMSKY [1965]. - Das L. in der →Generativen Semantik dagegen setzt sich aus syntaktisch strukturierten Komplexen von kleinsten semantischen Bausteinen (→Atomares Prädikat) zusammen, denen entsprechende phonologische Realisierungen zugeordnet sind. Zur zunehmend wichtigen Rolle des L. in der Beschreibung morphologischer und syntaktischer Regularitäten vgl. →Lexikalistische vs. Transformationalistische Hypothese.

Lit.: J. GRUBER [1967]: The functions of the lexicon in formal descriptive grammars. Santa Monica. - R. P. BOTHA [1968]: The function of the lexicon in transformational generative grammar. The Hague. - J. D. MCCAWLEY [1968]: Lexical insertion in a transformational grammar without deep structure. In: CLS 4, S. 71-80. - J. DUBOIS/C. DUBOIS [1971]: Introduction à la lexicographie: le dictionnaire. Paris. - D. D. STEINBERG/L. A. JAKOBOVITS (eds.) [1971]: Semantics. An interdisciplinary reader in philosophy, linguistics and psychology. Cambridge. - H. STELZER (ed.) [1972]: Probleme des Lexikons in der Transformationsgrammatik. Frankfurt. - H. ZIMMERMANN [1972]: Das Lexikon in der maschinellen Sprachanalyse. Frankfurt. - R. JAKENDOFF [1975]: Morphological and semantic regularities in the lexikon. In: Lg 51, S. 639-671. - D. GEERAERTS [1985]: Les données stéréotypiques, prototypiques et encyclopédiques dans le dictionnaire. In: CLEx 46, S. 27-43. - R. BLUTNER/K. GOEDE (eds.) [1986]: Mentales Lexikon. LSt 153.)

Lexikoneintrag. In der generativen →Transformationsgrammatik die Repräsentation von lexikalischen Formativen im →Lexikon in Form von Verzweigungsdiagrammen, die sich aus einer phonetisch-phonologischen, einer syntaktischen und einer semantischen Komponente zusammensetzt. Die semantische Komponente besteht aus der Menge der Lesarten eines Lexems (vgl. unten die vier verschiedenen Lesarten im L. von engl. *bachelor*), die durch die Angabe von semantischen Merkmalen (in runden Klammern), →Unterscheidern (in eckigen Klammern) und gegebenenfalls Selektionsbeschränkungen voneinander unterschieden werden, vgl. hierzu den abgebildeten L. von KATZ/FODOR [1963], in der deutschen Übersetzung S. 236. Aufgabe, Inhalt und Form von L. variiert mit dem jeweiligen grammatisch-theoretischen Gesamtrahmen, vgl. z.B. die Vorschläge im Rahmen der →Lexikalistischen vs. transformationalistischen Hypothese, wo es nötig wird, zwischen einfachen und komplexen L. zu unterscheiden.

Lit.: J. J. KATZ/J. A. FODOR [1963]: The structure of a semantic theory. In: Lg 39, S. 175-210. Dt. in: H. STEGER (ed.) [1970]: Vorschläge für eine strukturale Grammatik des Deutschen. Darmstadt, S. 202-268. →Lexikalistische vs. Transformationalistische Hypothese.

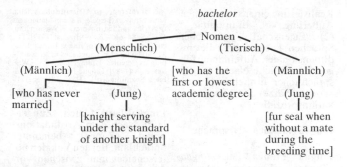

bachelor

Nomen

(Menschlich) — (Tierisch)

(Männlich)

[who has never married]

(Jung)

[knight serving under the standard of another knight]

[who has the first or lowest academic degree]

(Männlich)

(Jung)

[fur seal when without a mate during the breeding time]

Lexikonregel →Lexikalische Insertion(sregel).

Lexikostatistik [Auch: Sprachstatistik]. Beschreibung des Wortschatzes einer Sprache, der Häufigkeit spezifischer Mittel oder stilistischer Eigentümlichkeiten verschiedener Texte auf der Basis quantitativer Methoden. Dies geschieht in zunehmendem Maße mittels elektronischer Datenverarbeitung. Vgl. auch →Glottochronologie, →Statistische Linguistik.

Lit.: M. SWADESH [1952]: Lexicostatistic dating of prehistoric ethnic contacts. In: Proceedings of the American Philological Society 96, S. 452–463. – S. C. GUTSCHINSKY [1956]: The ABC's of lexicostatistics (glottochronology). In: Word 12, S. 175–210. – D. HYMES [1960a]: Lexicostatistics. In: Current Anthropology 1, S. 3–44. – D. HYMES [1960b]: More on lexicostatistics. In: Current Anthropology 1, S. 338–345. – W. P. LEHMANN [1962]: Historical linguistics: An introduction. 2. Aufl. New York 1973. Dt.: Einführung in die historische Linguistik. Heidelberg 1969. – H. MEIER [1964]: Deutsche Sprachstatistik. 2. Aufl. Hildesheim 1967. – H. KREUZER/R. GUNZENHÄUSER (eds.) [1965]: Mathematik und Dichtung. Versuche zur Frage einer exakten Literaturwissenschaft. 2. Aufl. München 1967. – P. M. ALEXEJEW/W. M. KALININ/R. G. PIOTROWSKI (eds.) [1973]: Sprachstatistik. München – R. N. SMITH [1973]: Probabilistic performance models of language. The Hague. – J. TISCHLER [1973]: Glottochronologie und Lexikostatistik. Innsbruck.

Terminologie: F. HEINZMANN/L. HOFFMANN [1975]: Kleines Glossar der Sprachstatistik (Deutsch – Russisch – Englisch – Französisch). In: L. HOFFMANN (ed.): Fachsprachen und Sprachstatistik. Berlin, S. 311–325. →Grunddeutsch, →Häufigkeitswörterbücher.

Liaison [frz. ›Verbindung‹]. Ausspracheregelung des Frz., derzufolge ein an sich stummer Konsonant am Ende eines Wortes dennoch artikuliert wird, wenn er zwischen einem auf Vokal auslautenden und einem mit Vokal anlautenden Wort erscheint, vgl. *les parents* [le parã] vs. *les amis* [lez ami].

Lit.: →Französisch.

Ligatur. Verbindung zweier oder mehrerer Buchstaben (oft aus ästhetischen Gründen), so daß ein einziges in sich geschlossenes Gebilde entsteht. Linguistisch motiviert ist die L. aus ⟨o⟩ und ⟨e⟩ in frz. ⟨œ⟩ für [œ] oder /œ/. Die Bildung von L. kann so zur Vermehrung des Buchstabeninventars führen, wie z.B. bei ⟨w⟩ aus ⟨vv⟩ oder bei dän. ⟨æ⟩ aus ⟨ae⟩.

Lit.: →Graphemik, →Schrift.

Linearität.
(1) Korrespondenz zwischen →Phonemen und entsprechenden →Phonen der aktuellen

Realisierung einer sprachlichen Äußerung. Vgl. →Biuniquität.
(2) Eigenschaft natürlicher Sprachen: L. bezeichnet die eindimensionale Aufeinanderfolge, das zeitliche Nacheinander sprachlicher Einheiten (Laute, Wörter, Sätze) im Kommunikationsprozeß.

Lingua Adamica →Ursprache.

Lingua Franca [lat. *lingua* ›Zunge‹, ›Sprache‹, *franca* ›fränkisch‹].
(1) Älteste nachweisbare →Pidgin-Sprache; eine auf der Grundlage des Provençal. und Ital. beruhende, mit griech., span., frz., portugies., türk., pers. und arab. Sprachelementen vermischte Verkehrssprache der östlichen Mittelmeerküste, die in der Zeit der venezianischen und genuesischen Herrschaft in der Levante entstanden ist und bis zum Ende des 19. Jh. gesprochen wurde (Auch: Sabir).
(2) Generelle Bezeichnung für ein sekundär erworbenes Sprachsystem, das als Kommunikationsmittel zwischen Sprechern verschiedener Muttersprachen (bzw. extrem verschiedener Dialekte) dient. In Betracht kommen dafür sowohl schulisch vermittelte »Literatursprachen« (z.B. Latein als L. F. des Mittelalters, Arab. als L. F. des Islam) als auch natürliche oder künstliche Mischsprachen aus mehreren Einzelsprachen. Vgl. →Esperanto, →Koine (2), →Pidgin-Sprache, →Welthilfssprache.

Lit.: W. J. SAMARIN [1962]: Lingua Francas of the world. In: F. A. RICE (ed.): Studies of the role of second languages. Washington. - W. J. SAMARIN [1962]: Lingua francas, with special reference to Africa. In: F. A. RICE (ed.): Study of the role of second languages in Africa and Latin America. Washington, D.C., S. 54–64. - K. WHINNOM [1977]: The context and origins of lingua franca. In: J. M. MEISEL (ed.): Languages en contact - pidgins - creoles. Tübingen, S. 3–18. - W. J. SAMARIN [1987]: Lingua franca. In: Handbuch Soziolinguistik (HSK 3.1.), S. 371–374.

Lingual(laut) [Auch: Zungenlaut]. Nach dem Artikulationsorgan (Zunge) benannter Sprachlaut. Bei den Vokalen unterscheidet man zwischen Vorder-, Mittel- und Hinterzungenvokal. →Artikulatorische Phonetik.

Linguistik [Auch: Sprachwissenschaft]. Seit dem 19. Jh., besonders seit F. DE SAUSSURE übliche Bezeichnung für »Sprachwissenschaft«, insb. für die moderne (systembezogene, strukturalistische) Sprachbetrachtung. Heute werden die beiden Bezeichnungen L. und Sprachwiss. in unterschiedlicher Weise verwendet:
(1) In Anlehnung an die engl./frz. Sprachgebrauch, wo linguistics/la linguistique den Gesamtbereich der Sprachwiss. bezeichnet, wird L. als Synonym für →Sprachwissenschaft verwendet.
(2) Im Anschluß an die Auffassung strukturalistischer Sprachbetrachtung, die zwischen einer »inneren« (systembezogenen) und »äußeren« Sprachwiss. unterscheidet, wird L. als Teildisziplin einer allgemeinen und umfassenden Sprachwiss. verstanden. In diesem engeren Verständnis gilt L. zunächst seit den 50er Jahren als Bezeichnung für »moderne«, synchron orientierte, auf die interne Struktur der Sprache bezogene Wissen-

schaft, die sprachliche Regularitäten auf allen Beschreibungsebenen untersucht und ihre Ergebnisse in expliziter (formalisierter) Beschreibungssprache und in integrierten Modellen niederlegt.

Lit.: →Sprachwissenschaft.

Linguistische Datenverarbeitung →Computerlinguistik.

Linguistische Ebene [engl. *layer / level / plane / rank / scale / stratum.* – Auch: Komponente, Schicht, →Stratum]. Der Terminus E. wird in vielfältiger Weise von verschiedenen linguistischen Richtungen für unterschiedliche Teilbereiche der sprachwiss. Analyse gebraucht. Diese uneinheitliche, zum Teil überlappende Verwendung rührt nicht zuletzt von der Vielzahl der engl. Entsprechungen her; vgl. den Forschungsbericht von R. R. K. HARTMANN [1973]. Generell ist zu unterscheiden zwischen L. E. als (a) Beschreibungsebenen (= engl. *level*) wie Phonologie, Morphologie, Syntax, Semantik, die jeweils durch ein spezielles Inventar von Einheiten (Phoneme, Morpheme usw.), spezifische Regeltypen (Phrasenstrukturregeln u.a.) und Analyseverfahren gekennzeichnet sind, →Stratifikationsgrammatik. (b) →Ausdrucksebene vs. Inhaltsebene (= engl. *planes*): von F. DE SAUSSURE, L. HJELMSLEV u.a. vorgenommene Trennung des Sprachsystems in eine Ausdrucks- und eine Inhaltsseite. (c) Bezeichnung für →Paradigmatische vs. Syntagmatische Beziehungen. (d) Sprach- oder Stilebene: durch regionale, soziale oder rhetorische Normen be-

stimmte Sprachvarianten, vgl. →Register.

Lit.: R. R. K. HARTMANN [1973]: The language of linguistics. Reflections on linguistic terminology with particular reference to »level« and »rank«. Tübingen. - K. HEGER [1976]: Nomen, Wort, Satz und Text. Tübingen.

Linguistische Informationswissenschaft →Computerlinguistik.

Linienspektrum [lat. *spectrum* ›Erscheinung‹]. Ergebnis einer →Spektralanalyse von →Klängen bzw. Vokalen, d.h. periodischen Schwingungen. Das auf Breitbandfilter aufgenommene →Spektrogramm weist – im Unterschied zur Aufzeichnung von Rauschen – regelmäßige senkrechte Linien auf.

Lit.: →Phonetik.

Linksrekursive Konstruktion →Linksverzweigende Konstruktion.

Linksversetzung vs. Rechtsversetzung [engl. *left vs. right dislocation*]. Bezeichnung von J. Ross für eine syntaktische Konstruktion, durch die ein satzgliedwertiger Ausdruck mit nominalem Kern (*NP, PP*) nach links vor das →Vorfeld, bzw. nach rechts an das Satzende versetzt wird, wobei der ursprüngliche Platz durch ein pronominales Element markiert ist. Bei L. steht das kasus-, numerus- und genusidentische Demonstrativpronomen unmittelbar hinter der versetzten Konstituente vor dem finiten Verb: *Philip hat die Prüfung bestanden* [= Normalstellung] vs. *Die Prüfung, die hat Philip bestanden* [= L.]. Bei R. wird eine Proform aus dem Mittelfeld in ihrer Referenz verdeutlicht: *Philip hat sie diesmal bestanden, die Prüfung.* L. und R. finden sich vor allem in mündlicher Umgangssprache, wobei L. u.a. der Hervorhebung des Topiks des Satzes (→Topik vs. Prädikation) und R. u.a. der Verdeutlichung einer Pronominalform dient.

Lit.: J. R. Ross [1967]: Constraints on variables in syntax. (Unveröff. Diss. MIT), Cambridge, Mass. – W. Huber/W. Kummer [1974]: Transformationelle Syntax des Deutschen I. München. – R. Rodman [1974]: On left dislocation. In: PiL 7, S. 437–466. – J. K. Gundel [1975]: Left dislocation and the role of topic-comment structure in linguistic theory. In: WPLO 18. – E. O. Keenan/E. Schieffelin [1967]: Foregrounding referents. A reconsideration of dislocation in discourse. In: PBLS 2, S. 240–257. – G. Cinque [1977]: The movement nature of left dislocation. In: LIn 8, S. 147–163. – H. Altmann [1981]: Formen der »Herausstellung« im Deutschen. Tübingen. – A. Cardinaletti [1988]: Linksperiphere Phrasen in der deutschen Syntax. In: StL 22, S. 1–30. →Wort- und Satzgliedstellung.

Linksverzweigende Konstruktion [engl. *left-branching construction*. – Auch: Linksrekursive/Regressive K.]. Konstruktionstyp der →Phrasenstrukturgrammatik: Eine Struktur ist eine L. K., wenn im →Strukturbaum jede Verzweigung in die Konstituenten *A* gefolgt von *B* so ist, daß nur der linke Ast, also *A*, selbst eine Verzweigung enthalten darf. Dieser Konstruktion entspricht im Engl. der →Sächsische Genitiv, vgl. [[[*Mary's*] *sister's*] *book*], im Dt. sind attributive Ausdrücke wie [[[*viel zu*] *hohe*] *Ansprüche*] L. K. Typischerweise weisen Sprachen dann L. K. auf, wenn sich der lexikalische →Kopf einer Konstruktion am rechten Rand der Konstruktion befindet wie in SOV-Sprachen. (→Grundwortstellung).

Lit.: N. Chomsky [1965]: Aspects of the theory of syntax. Cambridge, Mass. Dt.: Aspekte der Syntaxtheorie. Frankfurt 1969, S. 24f.

Lippenlaut →Labial(laut).

Liquida [lat. *liquidus* ›flüssig‹]. Ältere Bezeichnung für *l*, *r*.

Lisp [Akronym für engl. *LIS(t) P(rocessing language)*]. Auf dem Lambda-Kalkül basierende →Progammiersprache zur Symbolverarbeitung, die sich als eine der Standardsprachen für Modelle der →Computerlinguistik und →Künstlichen Intelligenz-Forschung durchgesetzt hat. Die Verwendung einer minimalen Syntax, die auf dem Prinzip der Operator-Operand-Kombination beruht (→Bestimmungsrelation), führt zu einer großen Flexibilität in bezug auf die zu bearbeitenden Problembereiche. Seit der Einführung 1956 durch J. McCarthy ist L. in zahlreichen Stufen bis zur praktischen (kommerziellen) Verwendung entwickelt worden.

Lit.: J. McCarthy u.a. [1962]: LISP 1.5 Programmer's manual. Cambridge, Mass. – H. Stoyan/G. Götz [1984]: LISP. Berlin.

Lispeln →Fehlbildungen.

Litauisch. Baltische Sprache mit ca. 2,5 Mio. Sprechern in Litauen. Religiöse Literatur seit dem 16. Jh., umfangreichere Profanliteratur seit dem 19. Jh. Orthographie lateinisch mit Diakritika. Schibboleths: ⟨ė⟩, ⟨į⟩ ⟨ų⟩. Akzent beweglich. Lang- und Kurzvokale mit distinktiven Intonationen. Reiche Morphologie. Unterscheidung zwischen [± Bestimmt] beim attributiven Adjektiv. Wie im Lettischen flektivisches Futurum. In einigen Dialekten Dualformen beim Nomen, Pronomen, Adjektiv und Verbum. (Vgl. Sprachenkarte Nr. 5).

Lit.: A. LESKIEN [1919]: Litauisches Lesebuch mit Grammatik und Wörterbuch. Heidelberg. – M. NIEDERMANN/A. SENN/F. BRENDER [1932]: Wörterbuch der litauischen Schriftsprache. Heidelberg. – B. PIESARSKAS/B. SVECEVIČIUS [1960]: Lietuvių-anglų kalbų žodynas. Vilnius.

Literatursprache.
(1) →Schriftsprache im Unterschied zu →Gesprochener Sprache.
(2) In Werken der Dichtung verwendete (überregionale), unterschiedlich stark stilisierte Kunstsprache im Unterschied zur Alltags-/Gebrauchssprache. L. unterliegt weniger strikten gramm. Normen, sie ist prinzipiell frei von Wahrheits- und Zweckmäßigkeitsansprüchen, von Ansprüchen ökonomischer Informationsvermittlung und semantischer Eindeutigkeit.

Lit.: R. JAKOBSON [1921–1971]: Poetik. Ausgewählte Aufsätze. Hg. von E. HOLENSTEIN/T. SCHELBERT. Frankfurt 1979. – I. C. HUNGERLAND [1958]: Poetic discourse. Berkeley/Los Angeles. – K. HAMBURGER [1968]: Die Logik der Dichtung. 2., stark veränd. Aufl. Stuttgart. – S. J. SCHMIDT [1968]: Alltagssprache und Gedichtsprache. Versuch einer Bestimmung von Differenzqualitäten. In: Poetica 2, S. 285–303. – M. M. GUCHMANN/N. N. SEMENJUK [1980]: Zur Ausbildung der Norm der deutschen Literatursprache im Bereich des Verbs (1470–1730). Berlin. →Deutsch.

Litotes [griech. *litótēs* ›Einfachheit‹]. Rhetorischer →Tropus: Ersatz eines hervorhebenden, elativischen Ausdrucks (→Elativ) durch die Negation des Gegenteils, z.B. *nicht (gerade) klein* = (ziemlich) groß, *keine Glanzleistung* = (recht) mäßige Leistung. In der Art der semanti-

schen Substitution verwandt sind →Ironie, →Euphemismus und (als gegensätzlicher Tropus) →Hyperbel.

Lit.: →Rhetorische Figur.

Livisch →Finno-Ugrisch.

Logikgrammatiken. In der →Computerlinguistik gebräuchliche →Generative Grammatikformalismen aus der Logik-Programmierung. Hierzu gehören besonders die →Definite-Clause-Grammar, die →Metamorphose-Grammatik und die →Extrapositions-Grammatik.

Logische Folgerung →Implikation (b).

Logische Form [Abk.: LF]. In der →GB-Theorie Ebene der syntaktischen Repräsentation, die zwischen der →Oberflächenstruktur und der semantischen Interpretation vermittelt. Auf der Ebene der LF werden insbesondere die Skopusverhältnisse zwischen Operatoren syntaktisch als Beziehungen des →C-Kommandos repräsentiert: Ein Operator (z.B. ein →Quantor oder ein Fragepronomen) hat genau dann Skopus über eine Konstituente X, wenn der Operator die Konstituente X in LF c-kommandiert. Eine Reihe von Regeln vermittelt zwischen der Oberflächenstruktur und der LF: So kann der Satz *jeder₁ liebt jemand₂* durch Quantoren-Anhebung (vgl. →Raising) in die LF *jemand₂* [*jeder₁ liebt* –₂] transformiert werden, die von den Regeln der Semantik gedeutet wird als ›es gibt ein x, so daß für jedes y gilt: y liebt x‹, m.a.W.: Der Quantor *jemand* hat weiten Skopus bzgl. des

Quantors *jeder*. Ebenso kann die doppelte direkte Frage *wer weiß, wer was gekauft hat* die LF haben ›Für welches x und für welches y gilt: x weiß, für welches z gilt, daß z y gekauft hat‹. Die gleichlautende doppelte indirekte Frage dagegen hat die LF ›Für welches x gilt: X weiß, für welches z und für welches y gilt, daß z y gekauft hat‹. Die LF dient somit auch zur semantischen Disambiguierung von Oberflächenstrukturen. – Für Regeln zur Derivation der LF aus der Oberflächenstruktur gelten syntaktische →Beschränkungen, daher wird die LF ebenso wie die →Tiefen- und →Oberflächenstruktur zu den syntaktischen Repräsentationsebenen gezählt.

Lit.: R. MAY [1977]: The grammar of quantification. (MIT-Diss), Cambridge, Mass. – E. WILLIAMS [1977]: Discourse and logical form. In: LIn 8, S. 101–139. – N. CHOMSKY [1981]: Lectures on government and binding. Dordrecht. – R. KAYNE [1981]: Two notes on the NIC. In: A. BELLETTI/L. BRANDI/L. RIZZI (eds.): Theory of markedness in generative grammar. Pisa. – C.-T. J. HUANG [1982]: Move WH in a language without wh-movement. In: LR 1, S. 369–416. – C.-T. J. HUANG [1982]: Logical relations in Chinese and the theory of grammar. Diss. MIT. – J. DECARRICO [1983]: On quantifier raising. In: LIn 14, S. 343–346. – J. HIGGINBOTHAM [1983]: Logical form, binding and nominals. In: LIn 14, S. 395–420. – W. LADUSAW [1983]: Logical form and conditions on grammaticality. In: LPh 6, S. 373–392. – N. HORNSTEIN [1984]: Logic as grammar. Cambridge, Mass. – R. MAY [1985]: Logical form: Its structure and derivation. Cambridge, Mass. →Transformationsgrammatik.

Logische Konstante [lat. *cōnstāns* ›feststehend‹]. Oberbegriff für alle logischen Elemente, die aufgrund ihrer eindeutigen und unveränderbaren Bedeutung und Funktion die logische Struktur von Aussagen(verbindungen) bestimmen.

Zu den L. K. zählen die →Logischen Partikel sowie →Operatoren und →Quantoren.

Lit.: →Formale Logik.

Logische Partikel [lat. *particula* ›unveränderliches (Rede)Teilchen‹; Pl. Partikeln; engl. *logical connectives/constants*. – Auch: Aussagenlogische Konstante/Funktor/Junktor/Konjunktion/Konnektiv/Konnektor/(Satz)operator]. In der →Formalen Logik Bezeichnung für logische Elemente wie *und* (→Konjunktion), *oder* (→Disjunktion), *nicht* (→Negation), *wenn dann* (→Implikation), *genau dann wenn* (→Äquivalenz), die elementare Sätze zu komplexen Aussagen verknüpfen, deren Wahrheitswert von dem Wahrheitswert der elementaren Sätze funktional abhängt (→Wahrheitstafeln). Man unterscheidet zwischen (a) einstelligen L. P. (→Negation) und (b) zweistelligen L. P. (→Konjunktion, →Disjunktion, materiale →Implikation), die jeweils mindestens zwei elementare Aussagen zu einer neuen komplexen Aussage verknüpfen. – Zwar entsprechen die L. P. alltagssprachlichen Wörtern oder Wortgruppen, die nach der traditionellen Grammatik zu den →Konjunktionen gerechnet werden, doch gelten nicht alle Konjunktionen im linguistischen Sinn als logische Satzoperatoren, d.h. als wahrheitswertfunktionale Verknüpfungen (z.B. sind *denn* und *weil* keine L. P.). Außerdem entspricht die in der Logik festgelegte Bedeutung nur teilweise ihrem Gebrauch in natürlichen Sprachen, vgl. J. COHEN [1979].

Lit.: J. COHEN [1979]: Die logischen Partikel der natürlichen Sprache. In: G. MEGGLE (ed.): Handlung, Kommunikation, Bedeutung. Frankfurt, S. 395–418. – G. GAZDAR [1979]: Pragmatics. New York. →Formale Logik.

Logische Semantik [Auch: Formale Semantik]. Ursprünglich als Bezeichnung für semantische Untersuchungen von künstlichen (konstruierten) Sprachen im Rahmen der →Formalen Logik verwendet, bezieht sich L. S. in neueren sprachwiss. Modellen auf die Beschreibung semantischer Strukturen in natürlichen Sprachen, insofern sie mit Hilfe des Instrumentariums der mathematischen (→Formalen) Logik durchgeführt wird. Die seit Mitte des 19. Jh. (u.a. von BOOLE, DE MORGAN und FREGE) entwickelten Kunstsprachen haben gegenüber natürlichen Sprachen den Vorteil der Eindeutigkeit, Exaktheit und direkter Entsprechung von syntaktischen und semantischen Strukturen. Ein entscheidender Versuch, die an künstlichen Sprachen entwickelten Prinzipien der semantischen Interpretation auf natürliche Sprachen zu übertragen, wird vor allem in der nach ihrem Begründer benannten →Montague-Grammatik gemacht.

Lit.: J. v. BENTHEM [1986]: Essays in logical semantics. Dordrecht.
Forschungsbericht: P. R. LUTZEIER [1988]: Formale Semantik. In: ZfS 10, S. 427–452. →Formale Logik, →Intensionale Logik, →Kategorialgrammatik, →Montague-Grammatik.

Logische Sprachen →Formale Sprachen.

Logistik →Formale Logik.

Logogramm →Logographie.

Logographie [griech. *lógos* ›Wort‹, *gráphein* ›schreiben‹]. Schriftsystem, in dem die Bedeutung einzelner sprachlicher Ausdrücke (einzelner Wörter) durch graphische Zeichen (Logogramme) ausgedrückt wird, wobei im Unterschied zu →Ideographie und →Piktographie jedem Zeichen eine konstante Zahl phonemischer Komplexe (im Idealfall genau ein Komplex) zugeordnet ist. – Logographisch wird das Chines. mit chines. Zeichen geschrieben. Logographisch sind auch Zeichen wie ⟨$⟩ für *Dollar*, ⟨£⟩ für *Pfund* und ⟨+⟩ für *plus*.

Lit.: →Lautschrift, →Schrift.

Logopädie [griech. *paideía* ›Erziehung‹]. Lehre von der Diagnostik und Therapie von →Sprach-, →Sprech-, →Stimm- und Hörstörungen sowie →Sprachentwicklungsstörungen. Die L. ist traditionell der →Phoniatrie, inzwischen aber auch der Neurologie angeschlossen. Ihr entspricht im angloamerikan. Raum in etwa die *speech-language-pathology*. Während diese jedoch als eigenständige wissenschaftliche Disziplin ein Studium an einer Universität oder einem Politechnikum verlangt, erfordert die L. eine Ausbildung an einer Fachschule.

Lit.: K.-P. BECKER/M. SOWAK [1975]: Lehrbuch der Logopädie. Köln. – U. FRANKE [1978]: Logopädisches Handlexikon. 2. völlig neu bearb. Aufl. München 1984. – H. GUNDERMANN [1981]: Einführung in die Praxis der Logopädie. Berlin. – P. BIESALSKI/F. FRANKE [1982]: Phoniatrie und Pädoaudiologie. Stuttgart. – G. WIRTH [1983]: Sprachstörungen, Sprechstörungen, kindliche Hörstörungen. 2, völlig neu bearb. Aufl. Köln.

Logophobie [griech. *phóbos* ›Furcht‹]. In der Psychiatrie Redehemmung in bestimmten Situationen aufgrund von Sprechangst. L. ist auch bekannt als »Lampenfieber« oder »inneres Stottern«.

Lit.: R. LUCHSINGER/G. ARNOLD [1970]: Handbuch der Stimm- und Sprachheilkunde. 2 Bde. 3. völlig neu bearb. Aufl. Wien.

Logophorisch [griech. *phérein* ›tragen‹]. Von C. HAGÈGE [1974] eingeführter Terminus zur Bezeichnung einer spezifischen Form von →Referenz, wie sie charakteristisch ist für eine Anzahl von westafrikanischen Sprachen wie u.a. Ewe, Yoruba, Igbo. L. Referenz kann neben reflexiver Referenz, reziproker Referenz und der sogen. →Switch Reference als eine Form von grammatikalisierter Koreferenz angesehen werden (U. WIESEMANN [1986:438]), da die L. R. spezifischeren Bedingungen der Antezedenswahl unterliegt als die anaphorische Referenz. L. Pronomina sind spezielle, von den anaphorischen Pronomina verschiedene Pronomina, die diejenige Person zum →Antezedens haben, von deren Rede, Gedanken, Gefühlen, allgemeinem Bewußtseinszustand oder aus deren Perspektive (→Empathie) berichtet wird. – Das Phänomen der L. R. ist bereits aus der lateinischen Grammatik bekannt, da es im Lat. einen logophorischen Gebrauch des Reflexivpronomens gibt, die sogen. »indirekte Reflexivierung«.

Lit.: C. HAGÈGE [1974]: Les pronoms logophoriques. In: BSL 69, S. 287–310. – U. WIESEMANN [1986]: Grammaticalized coreference. In: U. WIESEMANN (ed.): Pronominal systems. Tübingen, S. 437–461. –

P. SELLS [1987]: Aspects of logophoricity. In: A. ZAENEN (ed.): Studies in grammatical theory and discourse structure, Bd. 2: Logophoricity and bound anaphora. Stanford.

Logophorisches Pronomen →Logophorisch.

Logudoresisch →Sardisch.

Lokaler Baum. Teil eines →Strukturbaums mit nur einem verzweigenden Knoten und seinen Töchtern.

Lokalismus [lat. *locus* ›Ort‹]. Hypothese, daß alle sprachlichen Ausdrücke auf der Form- oder Inhaltsebene nach dem Muster lokaler/räumlicher Ausdrücke fungieren. Als relativ unabhängige Begründung für diese Annahme gilt unbestrittene Relevanz räumlicher Erfahrungen bei der Entwicklung kognitiver Fähigkeiten. In allen Sprachen gibt es Teilbereiche, auf die diese Hypothese offensichtlich zutrifft, z.B. treten lokale Präpositionen häufig auch in temporaler Verwendung auf (vgl. *vor* in *vor dem Haus/vor einer Stunde*), aber nie umgekehrt. Interpretiert man den Dativ als eine Spezialisierung eines Lokativs, dann ist plausibel, warum in vielen Sprachen Possessiv-Verhältnisse mit dem Dativ ausgedrückt werden, z.B. lat. *liber est mihi* ›das Buch gehört mir‹ (bzw. ›ist bei mir‹). Als problematisch erweisen sich solche Sehweisen, sobald Kategorien wie →Tempus, →Aspekt und (ein bevorzugtes Anwendungsgebiet) →Kasus, z.B. der →Nominativ, erfaßt werden sollen. →Kasusgrammatik.

Lit.: L. HJELMSLEV [1935/37]: La catégorie des cas. Étude de grammaire générale. Kopenhagen. 2. verb. und korr. Aufl. München 1972. – J. ANDERSON [1971]: The grammar of case: towards a localistic theory. Cambridge. – W. GIRKE [1977]: Probleme einer lokalistischen Kasustheorie. In: ASNS 214, S. 61–70. – J. LYONS [1977]: Semantics. Bd. 2. Cambridge, Kap. 15.7. – J. E. MILLER [1985]: Semantics and syntax. Parallels and connections. Cambridge. – J. ANDERSON [1987]: Case grammar and the localist hypotheses. In: R. DIRVEN/G. RADDEN (eds.): Concepts of case. Tübingen, S. 103–121. J. ANDERSON [1988]: The localist basis for syntactic categories. Duisburg. →Kasusgrammatik.

Lokalsatz. Semantisch spezifizierter Nebensatz in der syntaktischen Funktion →Adverbial. L. erläutern Ort, Richtung oder Erstreckungsbereich des im Hauptsatz bezeichneten Sachverhalts und werden durch Lokaladverbien (*wo, wohin, woher*) eingeleitet: *Er segelte, wohin ihn der Wind trieb.*

Lokativ.
(1) Morphologischer Kasus in einigen Sprachen zur Bezeichnung von Ortsangaben, vgl. Türkisch: *ev* (›Haus‹) vs. *evde* (›im Haus‹). Reste des L. finden sich im Lat. , wo dessen Funktion weitgehend durch Ablativ oder präpositionale Fügungen übernommen wird.
Lit.: →Kasus.
(2) In der →Kasusgrammatik Bezeichnung für die semantische Rolle der Ortsangabe.

Lokution [lat. *locūtiō* ›das Reden‹]. In J. L. AUSTINS →Sprechakttheorie [1962] Teilhandlung jeder Sprechhandlung, die die Artikulation von Sprachgebilden (→Phonetischer Aspekt), die Produktion von Wörtern und Wortketten in bestimmter grammatischer Ordnung (→Phatischer Akt) und die Bezugnahme mittels Sprache auf Objekte und Sachverhalte in der Welt (→Rhetischer Akt) vollzieht. J. R. SEARLE [1969] faßt den phonetischen und phatischen Akt als Äußerungsakt zusammen, dem rhetischen Akt entspricht bei ihm der propositionale Akt (→Illokution, →Perlokution, →Proposition).
Lit.: J. L. AUSTIN [1962]: How to do things with words. Oxford. Dt.: Zur Theorie der Sprechakte. Stuttgart 1972. – J. R. SEARLE [1968]: Austin on illocutionary acts. In: PhR 77, S. 405–424. – J. R. SEARLE [1969]: Speech acts. An essay in the philosophy of language. Cambridge. Dt.: Sprechakte. Ein sprachphilosophischer Essay. Frankfurt 1971. →Sprechakttheorie.

Londoner Schule →Kontextualismus.

Loser Stimmeinsatz →Glottalisierung.

Lothringisch →Mittelfränkisch.

LP-Regel [Abk. für engl. *linear-precedence-rule* ›lineare-Präzedenz-Regel‹]. →ID/LP-Format.

Luba →Bantu.

Luftstromprozeß. Artikulatorischer Prozess bei der Bildung von Sprachlauten. →Artikulatorische Phonetik.

Luo →Chari-Nil-Sprachen.

Luwisch →Anatolisch.

Luxemburgisch →Mittelfränkisch.

Lydisch →Anatolisch.

Lykisch →Anatolisch.

Maasai →Afro-Asiatisch, →Chari-Nil-Sprachen.

Mabanisch →Nilo-Saharanisch.

Madegassisch [Auch: Malagasy, frz. *Malgache*]. Gruppe von nahverwandten →Austronesischen Sprachen auf Madagaskar; der Merina-Dialekt ist Amtssprache Madagaskars (10 Mio. Sprecher). Reich entwikkeltes Diathesensystem. Wortstellung: VOS,

Lit.: B. DOMENICHINI-RAMIARAMANANA [1976]: Le Malgache. Essai de description sommaire. Paris. – J. DEZ [1980]: Structures de la langue malgache. Paris. – R.-B. RABENILAINA [1983]: Morpho-syntaxe du malgache. Paris.

Männlich(es Geschlecht) →Maskulinum.

Märkisch →Brandenburgisch.

Magyarisch →Ungarisch.

Maidu →Penute.

Maipure →Arawakisch.

Majuskel vs. Minuskel [lat. *māiuscula* ›die etwas Größere‹ vs. lat. *minuscula* ›die etwas Kleinere‹]. Groß- und Kleinbuchstaben, die in einigen →Alphabetschriften das Inventar der Buchstaben verdoppeln, indem in der Regel jedem Kleinbuchstaben ein Großbuchstabe entspricht; eine Ausnahme hiervon bildet z.B. das dt. ⟨ß⟩, dem kein Großbuchstabe zur Seite steht. Majuskel und Minuskel finden sich in allen Orthographien, die auf lat., griech. oder kyrill. Schrift basieren, außerdem in der armenischen Khutsuri-Schrift (Bibelschrift). Mit Majuskeln als Anfangsbuchstaben werden ausgezeichnet: Eigennamen (im Grönländ. nur diese), Satzanfänge und bestimmte ausgewählte Ausdrücke, im Engl. ⟨I⟩ ›ich‹ in Standardtexten und (mit Ausnahme von Partikeln) alle Wörter in Überschriften u. ä., im Dt. (und bis 1947 auch im Dän.) vor allem die sogen. Substantive.

Lit.: →Schrift.

Makah →Salisch.

Makedonisch [Auch: Mazedonisch]. Südslaw. Sprache mit ca. 1,2 Mio. Sprechern in Makedonien (Jugoslawien), 0,1 Mio. in Nordgriechenland, seit 1945 standardisiert; kyrillische Orthographie mit Schibboleths: ⟨S⟩, ⟨Ѓ⟩, ⟨Ќ⟩. Spezifische Kennzeichen: bei Mehrsilblern Akzent auf der drittletzten Silbe; drei verschiedene (nachgestellte) bestimmte Artikel; pronominale Antizipation des determinierten Objekts. Vgl. Sprachenkarte Nr. 5.

Lit.: Ǵ. MILOŠEV [1962]: Germanskomakedonski rečnik. Deutsch-makedonisches Wörterbuch. Skopje. – M. ALEKSOVSKA u.a. [1966]: Makedonsko-germanski rečnik. Makedonisch-deutsches Wörterbuch. Skopje. – V. BOJIĆ/W. OSCHLIES [1984]: Lehrbuch der mazedonischen Sprache. München. →Slawisch.

Makro-Algonkisch →Algonkisch.

Makrolinguistik [griech. *makrós* ›groß‹, ›lang‹, ›weit‹]. (1) Synonym für →Ethnolinguistik. (2) Wissenschaftliche Erforschung der Sprache im weitesten Sinne, d.h. im Kontext aller mit Sprache befaßten Nachbarwissenschaften (wie Soziolinguistik, Psychologie, Philoso-

phie). Zentrale Teildisziplin der
M. ist die sogen. →Mikrolingui-
stik als »Linguistik im engeren
Sinne«, die sich mit der Be-
schreibung und Erklärung des
Sprachsystems beschäftigt.

Makro-Penute   →Maya-Spra-
chen, →Penute.

Makro-Siouanische Sprachen
→Caddo, →Siouanisch.

Makrosprechakt   →Textfunk-
tion.

Makrostruktur. Begriff der
→Textlinguistik (T. A. VAN
DIJK) für die globale semantische und pragmatische Struktur
eines Textes. Die semantische
M. ist durch spezielle »Makro-
regeln« (z.B. Informationsre-
duktion, Generalisierung) aus
der semantischen Struktur der
Satzsequenzen und Sätze (→Pro-
positionen) ableitbar. Sie enthält in einer »Makro-Proposi-
tion« das →Textthema, expli-
ziert also die Fähigkeit von
Sprechern, einen Text thematisch zusammenzufassen. Analog zum Aufbau der semantischen M. konstituieren die einzelnen Sprechakte und Sprechaktsequenzen (→Sprechakttheo-
rie) die pragmatische M., den
»Makro-Sprechakt«, der als →Il-
lokution des Textes aufzufassen
ist. Vgl. →Thematische Entfaltung, →Textfunktion.

Lit.: H. RIESER/J. WIRRER [1974]: Zu Teun
van Dijks »Some aspects of text grammar«.
Hamburg. – T. A. VAN DIJK [1980]: Makro-
structures. An interdisciplinary study of
global structures in discourse, interaction
and cognition. Hillsdale, N.J. – T. A. VAN
DIJK [1980]: Textwissenschaft. München. –
T. A. VAN DIJK [1981]: Studies in the pragmatics of discourse. The Hague. – T. A. VAN
DIJK/W. KINTSCH [1983]: Strategies of discourse comprehension. Orlando. – K.

BRINKER [1985]: Linguistische Textanalyse. Berlin. – Z. HLAVSA/D. VIEHWEGER
(eds.) [1989]: Makrostrukturen im Text
und Gespräch. Berlin.

Makrosyntax. Terminus der
→Textgrammatik: satzübergreifende grammatische Beschreibung der →Kohäsion von Texten, z.B. der →Textphorik. Vgl.
→Transphrastische   Analyse,
→Textlinguistik.

Lit.: →Textgrammatik.

Malagasy →Madegassisch.

Malaiisch →Austronesisch, →In-
donesisch.

Malapropismus [frz. *mal à pro-
pos* ›unpassend‹]. Aus Un-
kenntnis oder Absicht falsch
verwendetes Fremdwort, z.B.
Krematorium für »Kurato-
rium«. Vgl. →Wortspiel, →Faux
Amis, →Versprecher.

Lit.: D. FAY/A. CUTLER [1977]: Malapropismus and the structure of the mental lexicon. In: LIn 8, S. 505–520. – J. E. HUR-
FORD [1981]: Malapropismus. In: LIn 12, S.
419–423. →Versprecher.

Malayalam →Drawidisch.

Malayo-Polynesisch   →Austro-
nesisch.

Maltesisch →Arabisch, →Euro-
päische Sprachen.

Mam →Maya-Sprachen.

Manchu/Mandschu   →Tungu-
sisch.

Mandarin →Chinesisch.

Mande. Sprachzweig des →Ni-
ger-Kongo mit ca. 25 Sprachen
in Westafrika; bedeutendste
Sprachen: Bambara (Mali, 2,5

Mio. Sprecher), Mende (Sierra Leone, 1,2 Mio. Sprecher). Im Unterschied zu anderen Niger-Kongo-Sprachen besitzen M.-Sprachen keine →Nominalklassen; Reste eines alten Klassensystems sind jedoch noch in den konsonantischen Anlautwechseln faßbar. Tonsprachen (Ton zur Markierung grammatischer Kategorien), velarisierte Konsonanten (z.B. [kp] in *Kpelle*). Grammatische Unterscheidung zwischen absoluten und relationalen Nomina (→Relationaler Ausdruck, →Alienabel vs. Nicht-alienabel). Entwicklung verschiedener Silbenschriften (→Schrift). (Vgl. Sprachenkarte Nr. 9).

Lit.: W. WELMERS [1971]: Niger-Congo, Mande. In: CTL 7, S. 113–140. – W. WELMERS [1973]: African language structures. Berkeley. – S. BRAUNER [1975]: Lehrbuch des Bambara. Leipzig. – D. CREISSELS [1983]: Éléments de grammaire de la langue mandinka. Grenoble.

Mansi →Finno-Ugrisch.

Manx →Keltisch.

Mapuche/Mapudungu →Andisch.

Marathi. →Indische Sprache mit ca. 45 Mio. Sprechern, die stark unter dem Einfluß →Drawidischer Sprachen (Kannada, Telugu) stand.

Lit.: R. PANDHARIPANDE [1988]: Marathi. London.

Mari →Finno-Ugrisch.

Markerese. Von D. LEWIS aus engl. *marker* ›Merkmal‹ abgeleitetes Kunstwort zur Bezeichnung einer vor allem in der →Interpretativen Semantik und →Generativen Semantik zur Be-deutungsbeschreibung verwendeten Merkmalssprache. Nach D. LEWIS vermag M. ihre Aufgabe nicht zu erfüllen, weil sie nichts weiter als eine unpräzise künstliche Sprache ist, die selbst noch nach einer Interpretation verlangt. Die Bedeutungsbeschreibung darf sich daher nicht in einer bloßen Übersetzung erschöpfen, sondern muß in der Angabe von an der Realität orientierten Modellen bestehen. Vgl. →Modelltheoretische Semantik.

Lit.: D. LEWIS [1970]: General semantics. In: Synthese 22, S. 18–67. Dt. in: S. KANNGIESSER/G. LINGRÜN (eds.): Studien zur Semantik. Kronberg 1974, S. 136–197.

Markiertheitstheorie. Von der →Prager Schule (TRUBETZKOY, JAKOBSON) entwickelter Ansatz zur Bewertung der Glieder eines Oppositionspaares als »markiert« (merkmalhaltig) oder »unmarkiert« (merkmallos). So ist z.B. (nach JAKOBSON [1936]) in der Opposition »Nominativ vs. Akkusativ« der Akkusativ der merkmalhaltige Kasus, weil er das Vorhandensein eines Bezugsgegenstandes zu einer Handlung kennzeichnet, während der Nominativ dieses Merkmal nicht aufweist, d.h. weder das Vorhandensein noch das Fehlen eines Bezugsgegenstandes signalisiert. Für unmarkierte Einheiten gilt außerdem (vgl. GREENBERG [1966], MAYERTHALER [1980]), daß sie durch einfachere Mittel ausgedrückt werden, größere Texthäufigkeit aufweisen, in den Sprachen der Welt häufiger vertreten sind, beim Spracherwerb früher erworben werden und »Ziel« von Prozessen sind, insbesondere von Sprachwandel. –

Zur theoretischen Präzisierung des Markiertheitsbegriffs hat bes. die generative →Transformationsgrammatik beigetragen. CHOMSKY/HALLE bewerten phonologische Merkmalsbeschreibungen mittels Markiertheitskonventionen: So ist z.B. das unmarkierte Glied der Opposition ›rund‹ vs. ›nicht-rund‹ für vordere Vokale ›nichtrund‹ und für hintere Vokale ›rund‹, so daß gemäß dieser M.-Regel /y/, ein runder vorderer Vokal, markierter ist als /u/, ein runder hinterer Vokal. Auf der Basis dieser Konventionen kann man phonologische Systeme, Wortrepräsentationen und Prozesse bezüglich ihres M.-Wertes miteinander vergleichen und bewerten (vgl. →Natürliche Phonologische Regel). In neueren Arbeiten zur Transformationsgrammatik wird die M. auch auf die Syntax übertragen (vgl. →Kerngrammatik). Ein wichtiges Prinzip der M. ist der →Ikonismus zwischen Formeinheiten und ihren Bedeutungsentsprechungen. So stellt MAYERTHALER [1980] ein Prinzip des morphologischen Ikonismus auf, demzufolge semantisch unmarkierte Einheiten morphologisch einfacher kodiert werden als markierte Einheiten. Eine ikonische Kodierung liegt folglich bei der Nominativ- vs. Akkusativformen *ein* vs. *einen* vor. Die Auffassung, daß der Markiertheitswert sprachlicher Einheiten mehr oder weniger exakt mit kognitiv-physiologischer Einfachheit bzw. Komplexität korreliert, war schon in den ersten M. vertreten. Sie steht in der Natürlichkeitskonzeption der M. im Zentrum des Interesses (vgl.

STAMPE, HOOPER, MAYERTHALER, WURZEL). Zur Konzeption der M. als Präferenztheorie vgl. VENNEMANN [1983].

Lit.: R. JAKOBSON [1936]: Beitrag zur allgemeinen Kasuslehre. Gesamtbedeutungen der russischen Kasus. In: TCLP 6, S. 240–288. – L. TRUBETZKOY [1939]: Grundzüge der Phonologie. 4. Aufl. Göttingen 1967. – R. JAKOBSON [1941]: Kindersprache, Aphasie und allgemeine Lautgesetze. Uppsala. – J. H. GREENBERG [1966]: Language universals with a special reference to feature hierarchies. The Hague. – N. CHOMSKY/M. HALLE [1968]: The sound pattern of English. New York. – D. STAMPE [1969]: The acquisition of phonetic representation. In: CLS 5, S. 443–454. – TH. VENNEMANN [1972]: Sound change and markedness theory. On the history of the German consonant system. In: R. P. STOCKWELL/R. MACAULAY (eds.): Linguistic change and generative theory. Bloomington, S. 230–275. – A. BRUCK u.a. (eds.) [1974]: Parasession on natural phonology (CLS 11). Chicago. – J. B. HOOPER [1976]: An introduction to natural generative phonolgy. New York. – F. PLANK [1977]: Markiertheitsumkehrung in der Syntax. In: PzL 17/18. – W. MAYERTHALER [1980]: Ikonismus in der Morphologie. In: ZSem 2, S. 19–37. – R. POSNER [1980]: Ikonismus in der Syntax. Zur natürlichen Stellung der Attribute. In: ZSem 2, S. 57–82. – A. BELLETI/L. BRANDI/L. RIZZI (eds.) [1981]: Theory of markedness in generative grammar. Pisa. – W. MAYERTHALER [1981]: Morphologische Natürlichkeit. Frankfurt. – TH. VENNEMANN [1983]: Causality in language change. Theories of linguistic preferences as a basis for linguistic explanations. In: FolH 4, S. 5–26. – J. HAIMAN (ed.) [1984]: Iconicity in syntax. Amsterdam. – W. U. WURZEL [1984]: Flexionsmorphologie und Natürlichkeit. Berlin. – R. K. HERBERT [1986]: Language universals, markedness theory and natural phonetic process. Berlin. – F. R. ECKMANN/E. A. MORAVCSIK/J. R. WIRTH (eds.) [1986]: Markedness. New York. – W. DRESSLER u.a. [1987]: Leitmotifs in natural morphology. Amsterdam. – O. M. TOMIC (ed.) [1989]: Markedness in synchrony and diachrony. Berlin.

Markov-Prozeß. Nach dem russ. Mathematiker A. A. MARKOV (1856–1922) benanntes, auf Wahrscheinlichkeitsgesetzen basierendes Verfahren, das die Voraussage zukünftiger Zustände eines Geschehens vollständig aus dem gegenwärtigen Zustand des Geschehens leisten kann. Im Jahre 1913 hat MARKOV dieses Verfahren der statistischen Voraussage auf PUSCHKINS Novelle »Eugen Onegin« angewendet und die Häufigkeitsverteilungen im Auftreten russ. Vokale und Konsonanten berechnet. – Über die Brauchbarkeit des Verfahrens für psycholinguistische Fragestellungen vgl. HÖRMANN [1967].

Lit.: N. CHOMSKY [1957]: Syntactic structures. The Hague. Dt.: Strukturen der Syntax. The Hague 1975. – H. LAHRES [1964]: Einführung in die diskreten Markov-Prozesse und ihre Anwendungen. Braunschweig. – H. HÖRMANN [1967]: Psychologie der Sprache. Berlin.

Marrismus. Von dem sowjetischen Archäologen und Linguist N. J. MARR (1865–1934) in den 20er Jahren begründete Sprachtheorie, in der alle sprachliche Entwicklung als Widerspiegelung der ökonomischen Verhältnisse dargestellt und Sprache selbst als eine Erscheinung des gesellschaftlichen Überbaus angesehen wird. Grundlage seiner am Historischen Materialismus orientierten Sprachauffassung war seine unter der Bezeichnung »Japhetitische Theorie« vertretene Meinung, daß das Kaukasische die Ursprache Europas sei. MARRS Einfluß auf die russ. Sprachwiss. reicht bis in die 50er Jahre, als J. W. STALIN mit seiner Schrift »Marxismus und Fragen der Sprachwissenschaft« [1950] die Überbautheorie MARRS entschieden zurückwies und Sprache als unmittelbar von der Produktionstätigkeit des Menschen abhängig erklärte. Vgl. →Abbild(ungs)theorie.

Lit.: N. J. MARR [1923]: Der japhetitische Kaukasus und das dritte ethnische Element im Bildungsprozeß der mittelländischen Kultur. Berlin. – J. W. STALIN [1950]: Marxismus und Fragen der Sprachwissenschaft. In: Prawda vom 20. 6. 1950. – L. L. THOMAS [1957]: The linguistic theories of N. J. Marr. Berkeley. – Ü. ERCKENBRECHT [1973]: Marx' materialistische Sprachtheorie. Kronberg. – F. ROSSI-LANDI [1973]: Linguistics and economics. The Hague. – T. BORBÉ [1974]: Kritik der marxistischen Sprachtheorie N. J. Marrs. Kronberg. – O. SZEMERÉNYI [1982]: Richtungen der modernen Sprachwissenschaft II: Die fünfziger Jahre (1950–1960). Heidelberg. →Materialistische Sprachtheorie.

Maschinelle Sprachverarbeitung →Computerlinguistik.

Maschinelle Übersetzung [Auch: Automatische/Computergestützte Ü.]. Übertragung eines natürlichsprachlichen Textes in einen äquivalenten Text einer anderen natürlichen Sprache durch ein Computerprogramm. Solche Programme verfügen (in unterschiedlicher Gewichtung und Modularisierung) über lexikalische, grammatische und z.T. enzyklopädische Wissensbasen. Die M. Ü. besteht aus drei Komponenten: (a) Analyse der Ausgangssprache mittels →Parsing; (b) Transfer: Übertragung der Information der Ausgangssprache in die Zielsprache; (c) Synthese: Generierung der Zielsprache. Die Systeme unterscheiden sich u.a. dadurch, ob sie direkt von einer Sprache in eine andere Sprache übersetzen oder ob der ausgangssprachliche Text zunächst in eine einzelsprachlich neutrale Repräsentation und dann in die Zielsprache übertragen wird, was vor allem dann sinnvoll ist, wenn es sich um die Ü. einer Ausgangs- in mehrere Zielsprachen handelt. – Linguistische Probleme der M. Ü. ergeben sich vor allem aus der unterschiedlichen lexikalischen Gliederung der Wortschätze (dt. *kennen, können, wissen* für engl. *to know*), aus unterschiedlichen sprachlichen Differenzierungsgraden (z.B. →Aspekt-Differenzierung in slaw. im Vergleich zu germ. Sprachen), aus der notwendigen Berücksichtigung enzyklopädischen Wissens zur Disambiguierung mehrdeutiger Formen, aus dem Rückgriff auf Erfahrung und Standardannahmen bei der Interpretation von →Vagheit. Programme zur M. Ü. werden heute für Fachtexte mit recht gutem Erfolg eingesetzt; in den meisten Fällen ist jedoch menschliche Vor- und Nachbearbeitung nötig.

Lit.: ALPAC-REPORT [1966]: Language and machines - Computers in translation and linguistics. Washington. Dt.: Sprache und Maschinen. Computer in der Übersetzung und in der Linguistik. In: STZ 23, S. 218–238. – W. WILLS [1980]: Maschinelle Sprachübersetzung. In: LGL 98. – H. E. BRUDERER (ed.) [1982]: Automatische Sprachübersetzung. Darmstadt. – D. LEWIS [1985]: The development and progress of machine translation systems. In: ALLC Bulletin 5, S. 40–52. – J. SLOCUM (ed.) [1985]: Special issues on machine translation. In: CL 11. – I. BÁTORI/H. J. WEBER (ed.) [1986]: Neue Ansätze in Maschineller Sprachübersetzung: Wissensrepräsentation und Textbezug. Tübingen. – S. NIRENBURG (ed.) [1987]: Machine translation. Cambridge. – Y. M. MARCHUK [1989]: Machine-aided translation. In: HSK 4, S. 682–687. – D. MAXWELL u.a. (eds.) [1989]: New directions in machine translations. Dordrecht. – A. MELBY [1989]: Machine translation. General development. In: HSK 4., S. 622–628. – J. TSUJII [1989]: Machine translation. Research and trends. In: HSK 4, S. 652–669.
Zeitschrift: Computers and Translation (1986 ff.).

Maschinenlesbares Korpus. Sammlung von Texten geschriebener oder gesprochener Sprache, die in Computern gespeichert sind und sich hinsichtlich Wortvorkommen, Wort-

häufigkeiten, Wortkontexten usw. maschinell auswerten lassen.

Lit.: W. LENDERS [1980]: Linguistische Datenverarbeitung – Stand der Forschung. In: DS 3, S. 213–264. – K. HESS/J. BRUSTKERN/W. LENDERS [1983]: Maschinenlesbare deutsche Wörterbücher. Tübingen.
Forschungsberichte: D. CHISHOLM [1985]: Computer-assisted research in German language and literature since the mid-seventies. In: GQ 58, S. 409–422. – C. W. HOFFMAN [1985]: German research tools. In: Monatshefte 77, S. 292–301. – D. CHISHOLM [1986]: Post-renaissance German. In: LLC 1, S. 188f.

Maschinensprache   [Auch: Computersprache]. Auf dem →Binär-Kode basierende Notationskonvention für Computerprogramme, die für jeden Mikro-Prozessor gesondert festgelegt ist. Programmtexte der →Programmiersprachen müssen zur Ausführung durch den Computer von einem Übersetzer (→Compiler, →Interpreter) in die M. des betreffenden Mikro-Prozessors übertragen werden.

Lit.: →Computerlinguistik.

Maskulinum [lat. *masculus* ›männlichen Geschlechts‹. – Auch: Männlich(es Geschlecht)]. Teilkategorie des →Genus von Substantiven. Abgesehen von Verwandtschaftsnamen (*der Vater/ Sohn/Bruder*) und Berufsbezeichnungen (*der Handwerker, Musiker, Apotheker*) ist die Übereinstimmung von grammatischem Geschlecht (Genus) und natürlichem Geschlecht im Dt. weitgehend zufällig. Regelhafte Markierungen finden sich lediglich in der Wortbildung (z.B. sind Wörter auf *-er, -ling* M.: *Lehrer, Flüchtling*). Unter semantischem Aspekt sind folgende Gruppen überwiegend M.: Namen von Jahreszeiten, Monaten, Wochentagen, Himmelsrichtungen, Spirituosen, Mineralien, Bergen.

Lit.: →Genus.

Massenkommunikation. Durch technische Kommunikationsmittel (Presse, Rundfunk, Film, Fernsehen) bedingte Form der öffentlichen Kommunikation. Kennzeichen der M. sind (a) der hohe Grad der →Kommunikativen Distanz zwischen einem heterogenen »Publikum« und einer Gruppe oft anonymer, den Kommunikationsprozeß in unterschiedlicher Funktion steuernder»Kommunikatoren« (Sprecher, Texter, Moderatoren, Redakteure, Interessenvertreter) und (b), als wichtigster Aspekt dieser Kommunikationsstruktur, die asymmetrische Verteilung der Sprecher-/Hörerrollen, die eine direkte Verständigung zwischen den Kommunikationsteilnehmern ausschließt und Unklarheiten über Ziele und Wirkungen der M. zur Folge hat (»Einweg-Kommunikation«). Die Erforschung dieser besonderen Bedingungen, Strukturen und Wirkungen der M. ist Gegenstand mehrerer Disziplinen, z.B. der Kommunikationswissenschaft, Soziologie, Sozialpsychologie, Politologie, →Informationstheorie. Forschungsziel der Sprachwissenschaft, speziell der →Textlinguistik, ist u.a. die Beschreibung besonderer →Textsorten wie →Interview, Nachrichten oder anderer Formen der →Pressesprache, die Analyse der für die M. charakteristischen Mischung informativer, unter-

haltender und persuasiver →Textfunktionen, etwa im Falle der →Werbesprache, oder auch die Analyse politischer Reden mit Mitteln der Sprachstatistik (→Statistische Linguistik), der →Inhaltsanalyse oder Methoden der Argumentationstheorie (→Argumentation), der →Stilistik und der →Rhetorik.

Lit.: B. BADURA/K. GLOY (eds.) [1972]: Soziologie der Kommunikation. Stuttgart. – J. PAECH (ed.) [1975]: Film- und Fernsehsprache. Frankfurt. – V. EBERSPÄCHER/A. ESCHE [1978]: Der Einfluß syntaktischer und semantischer Merkmale auf die Verarbeitung von Fernseh-Nachrichtentexten. In: Communications 2, S. 182–200. – S.-P. BALLSTAEDT [1980]: Nachrichtensprache und Verstehen. In: Lili, Beih. 11: Fernsehforschung und Fernsehkritik, S. 226–241. – DEUTSCHE AKADEMIE DER SPRACHE UND DICHTUNG (ed.) [1980/82]: Der öffentliche Sprachgebrauch. 3 Bde. Stuttgart. – I. HERMANN/A.-L. HEYGSTER [1981]: Sprache im Fernsehen. Mainz. – M. MUCKENHAUPT [1981]: Verstehen und Verständlichkeit. In: Kodikas/Code 3, S. 39–71. – S. JÖRG [1982]: Sprache. In: H. J. KAGELMANN/G. WENNINGER (eds.): Medienpsychologie in Schlüsselbegriffen. München. – A. SILBERMANN [1982]: Handwörterbuch der Massenkommunikation und Medienforschung. 2 Bde. Berlin. – H. BURGER [1984]: Sprache der Massenmedien. Berlin. – G. BENTELE/E. W. B. HESS-LÜTTICH (eds.) [1985]: Zeichengebrauch in Massenmedien. Tübingen. – T. A. VAN DIJK (ed.) [1985]: Discourse and communication. New approaches to the analysis of mass media discourse and communication. Berlin. – D. PROKOP (ed.) [1985/1986]: Medienforschung. 3 Bde. Frankfurt. – P. HUNZIKER [1988]: Medien, Kommunikation und Gesellschaft. Darmstadt.
Forschungsberichte: E. STRASSNER [1980]: Sprache in Massenmedien. In: LGL Nr. 29. – E. STRASSNER [1981]: Sprache in Massenmedien – Ein Forschungsüberblick. In: G. BENTELE (ed.): Semiotik und Massenmedien. München, S. 57–74.
Bibliographien: M. W. HELLMANN [1976]: Bibliographie zum öffentlichen Sprachgebrauch in der Bundesrepublik Deutschland und in der DDR. Düsseldorf. – H. BOHRMANN/W. UBBENS [1984]: Kommunikationsforschung. Eine kommentierte Auswahlbibliographie der deutschsprachigen Untersuchungen zur Massenkommunikation 1945–1980. Konstanz. →Inhaltsanalyse, →Interview, →Persuasiv, →Pressesprache, →Werbesprache.

Massen-Nomen [engl. *mass noun*. - Auch: Kontinuativum, Kollektivum, Sammelname]. Nomen, das keine Numerus-Distinktion aufweist und nicht unmittelbar mit einem Zahlwort kombiniert werden kann (vgl. *drei Wäsche) im Unterschied zum →Individualnomen, wie z.B. *Kleid*, vgl. *drei Kleider*. Bei M. kann man im einzelnen »Stoffnomina« wie *Wasser* und »Kollektivnomina« wie *Vieh* unterscheiden. Siehe auch →Klassifikator.

Lit.: F. I. PELLETIER (ed.) [1979]: Mass terms. Some philosophical problems. Dordrecht. - M. KRIFKA [1990]: Nominalreferenz und Zeitkonstitution. Zur Semantik von Massentermen, Pluraltermen und Aspektklassen. München.

Matched-Guise-Technik [engl. *match* ›übereinstimmen‹, ›entsprechen‹, *guise* ›Maske‹]. Von LAMBERT u.a. [1960] entwickeltes Verfahren zur Messung von sozialen Sprachwertstrukturen. Dabei werden ausgewählten Beurteilergruppen Sprachproben vorgespielt, in denen ein und derselbe Text in verschiedenen Sprachvarietäten realisiert ist; gefragt wird anschließend nach dem vermuteten Persönlichkeitsprofil (u.a. sozialer Status, Bildung, Vertrauenswürdigkeit, Sympathiewert etc.) der jeweiligen Sprecher. Der entscheidende Punkt dabei ist, daß die Sprachproben von einem einzigen multi(dia)lektalen Sprecher stammen, sodaß die soziale Bewertung von Sprachvarietäten nicht durch den Einfluß unkontrollierbarer idiosynkratischer Sprechereigenschaften gestört wird.

Lit.: W. E. LAMBERT u.a. [1960]: Evaluation reactions to spoken languages. In: Journal of abnormal and social psychology 66, S.

44-51. - H. GILES u.a. [1987]: Research on language attitudes. In: Handbuch Soziolinguistik. HSK 3.1., S. 585-598.

Materiale Implikation →Implikation.

Materialistische Sprachtheorie. Unter Berufung auf den dialektischen und historischen Materialismus versucht die M. S. (im Rahmen marxistisch-leninistischer Sprachauffassung) Wesen und Entwicklung von Sprache primär aus ihrer Funktion für die gesellschaftliche Tätigkeit des arbeitenden Menschen zu erklären. Zum Verhältnis von Sprache, Denken und Wirklichkeit vgl. →Abbild(ungs)theorie und →Marrismus.

Lit.: U. ERCKENBRECHT [1973]: Marx' materialistische Sprachtheorie. Kronberg. - T. BORBÉ [1974]: Kritik der marxistischen Sprachtheorie N. J. Marrs. Kronberg. - A. LEIST (ed.) [1975]: Ansätze zur materialistischen Sprachtheorie. Kronberg. - W. NEUMANN [1976]: Theoretische Probleme der Sprachwissenschaft. Berlin. *Bibliographie:* B. GRÖSCHEL [1978]: Materialistische Sprachwissenschaft: internationale analytische Bibliographie. Weinheim.

Mathematische Linguistik. Darstellung sprachlicher Systeme und Prozesse in formalen Theorien mit Hilfe mathematischer Symbole und Verfahren (z.B. →Mengentheorie u.a.). Durch den Einsatz von elektronischen Rechenanlagen im Rahmen der →Computerlinguistik gewannen die Methoden der M. L. besonderes Gewicht. Als Teilbereiche der M. L. gelten (a) die theoriebezogene →Algebraische Linguistik, (b) die experimentbezogene →Statistische Linguistik.

Lit.: H. SCHNELLE [1966]: Mathematische Linguistik. In: ZfM 33, S. 193-206. - M.

GROSS/A. LENTIN [1967]: Notions sur les grammaires formelles. Paris. Dt.: Mathematische Linguistik. Berlin 1971. – F. KIEFER [1968]: Mathematical linguistics in Eastern Europe. New York. – A. V. GLADKIJ/I. A. MEL'CUK [1973]: Elemente der mathematischen Linguistik. München. – B. HALL-PARTEE [1978]: Mathematical foundations of linguistics. New York. *Forschungsbericht:* A. S. WEINBERG [1988]: Mathematical properties of grammars. In: CLS 1, S. 416–492. →Computerlinguistik.

Mathematische Logik →Formale Logik.

Matrix [lat. *mātrīx* ›Mutterboden‹. Pl. *Matrizen/Matrices*]. Aus der Geometrie übernommene zweidimensionale, tabellarische Darstellungsform zur Beschreibung phonologischer, syntaktischer, semantischer u.a. Einheiten auf der Basis von →Merkmalen. Als Beispiel vgl. z.B. die komponentenanalytische Darstellung der Verwandtschaftsnamen unter →Komponentenanalyse.

Matrixsatz [Auch: →Hauptsatz]. Von R. B. LEES eingeführter Terminus zur Bezeichnung von »übergeordneten« Sätzen, in die Teilsätze eingebettet sind. (→Einbettung). M. entspricht der traditionellen Bezeichnung »Hauptsatz« insoweit, als der *S*-Knoten des Hauptsatzes nicht seinerseits von *S* dominiert wird, d.h. daß jeder komplexe Satz nur je einen Hauptsatz enthält, aber möglicherweise mehrere M. als jeweilige Einbettungsstrukturen für Konstituentensätze.

Lit.: R. B. LEES [1960]: The grammar of English nominalizations. Bloomington.

Maximale Projektion. In der →X-Bar-Theorie diejenige Konstituente, die »maximal komplex« ist und daher phrasalen

Charakter hat. Man bezeichnet die *NP der Weg von Frankfurt nach München* als M. P. des lexikalischen Elementes *Weg*, dagegen ist *von Frankfurt* M. P. der Präposition *von*, und *nach München* M. P. von *nach*. Allgemein ist eine Kategorie *XP* (mit *X = N, A, V, P* etc.) M. P. einer Kategie *X*, falls *X* von *XP* dominiert wird und keine weitere *YP* zwischen *X* und *XP* steht (d.h. jede *YP*, die *X* dominiert, dominiert auch *XP*). Daher ist die o.g. *NP* eine M. P. des Nomens *Weg*, aber keine M. P. von *Frankfurt*, weil die *PP von Frankfurt* zwischen *Frankfurt* und der komplexen *NP* steht.

Lit.: →X-Bar-Theorie.

Maya →Maya-Sprachen.

Maya-Schrift. Hieroglyphische, erst in Ansätzen entzifferte Schrift der →Maya-Sprachen in Mittel-Amerika.

Lit.: J. E. S. THOMPSON [1950]: Maya hieroglyphic writing. Washington. – D. H. KELLEY [1976]: Deciphering the Maya script. Austin.

Maya-Sprachen. Sprachfamilie Mittelamerikas mit 28 Sprachen, die sich in vier Zweige gliedern: Huastekisch, Yukatekisch, Westliches Maya, Östliches Maya. Größte Einzelsprachen sind Quiché oder Achi (0,7 Mio. Sprecher), Mam, Cakchiquel und Kekchi (je 0,4 Mio. Sprecher) in Guatemala und Yukatekisch in Yucatán (0,6 Mio. Sprecher). Die Sprachen bilden eine areal geschlossene Gruppe mit Ausnahme des Huastekischen im Norden und werden mit den →Penute-Sprachen Nordamerikas zum

Makro-Penute zusammengefaßt. Besonders gut untersucht sind Jakaltekisch (Guatemala, 20000 Sprecher) und Tzeltal (Mexiko, 0,1 Mio. Sprecher); die allgemein anerkannte interne Klassifikation stammt von T. KAUFMANN [1971]. – Spezifische Kennzeichen: Relativ komplexes Konsonantensystem (glottalisierte Plosive, Affrikaten), einfaches Vokalsystem, →Tonsprachen sind selten. Ausgeprägte Numeral-→Klassifikatoren, die u.a. in Artikeln auftreten. Das Verb kongruiert mit Subjekt und Objekt nach dem →Ergativischen Muster (zwei Affix-Typen: A-Präfixe: Subjekt des transitiven Satzes; B-Affixe: Subjekt des intransitiven und Objekt des transitiven Satzes); daneben auch akkusativische Systeme, wenn das Verb nicht im Präteritum oder in Nebensätzen steht. Die A-Präfixe dienen auch als Possessivpräfixe bei Nomina: possessive Satzkonstruktion. Wortstellung: meist VSO oder VOS. – Eigenständige Schriftentwicklung (sogen. »Glyphen«, bis heute nur teilweise entziffert, vermutlich gemischt phonemisch-ideographisch). Erste schriftliche Aufzeichnungen in einer spanisch beeinflußten Orthographie datieren aus dem 16. Jh., besonders bekannt das *Popol Vuh* (›Buch des Rats‹) in Quiché auf der Basis eines alten Codex.

Lit.: A. M. TOZZER [1921]: A Maya Grammar. Cambridge, Mass. – T. KAUFMANN [1971]: Tzeltal phonology and morphology. UCPL 61. Berkeley. – CH. DAY [1973]: The Jacaltec language. The Hague. – C. G. CRAIG [1977]: The structure of Jacaltec. Austin. – N. C. ENGLAND [1983]: A grammar of Mam, a Maya language. Austin. *Zeitschrift:* Journal of Mayan Linguistics. →Nord- und Mittelamerikanische Sprachen.

Mazahua →Oto-Mangue-Sprachen.

Mazedonisch →Makedonisch.

Mecklenburgisch-Vorpommersch. Ostnddt. Dialektverband (→Niederdeutsch) zwischen Lübecker und Pommerscher Bucht. Sprachliche Hauptmerkmale sind: (a) Hebung der mittleren Langvokale mndt. *e:, ø:, o:* zu *i:, y:, u:* vor *r* (vgl. *i:a, u:a, hy:an* ›Ehre‹, ›Ohr‹, ›hören‹), (b) Monophthongierung des mndt. *ei* zu *e:* (vgl. *de:t* ›tut‹) und (c) Diminutivendung *-ing*. (Vgl. Sprachenkarte Nr. 6).

Lit.: →Dialektologie, →Niederdeutsch.

Media →Tenuis vs. Media.

Mediales Verb [lat. *medius* ›mitten‹, ›in der Mitte‹. – Auch: Mittelverb].
(1) Klasse von Verben, die weder ein Passiv bilden können noch mit Modaladverbien kombinierbar sind: *ähneln, kosten, meinen, passen, wiegen* u.a., vgl.: *Diese Grammatik kostet viel Geld* : ** Von dieser Grammatik wird viel Geld gekostet* : ** Diese Grammatik wiegt freiwillig schwer.*
(2) Klasse von Verben in Reflexivkonstruktionen vom Typ *Die Tür öffnet sich.* Vgl. →Medium.

Medianlaut →Sagittallaut.

Mediation [engl. *to mediate* ›vermitteln‹]. Lerntheoretischer Vorgang, der in der Psycholinguistik als Erklärungsmodell für Probleme des Spracherwerbs, speziell der Begriffsbildung und -verwendung dient. Der Begriff der M. bezieht sich auf den internen Verarbeitungsprozeß von Reizen und bezeichnet die nicht beobachtbare Vermittlungsinstanz zwischen Anfangsstimulus und Endresponse. Dieser Vermittlungsprozeß läuft über zerebrale Vorgänge ab, die als Reaktionsbildungen auf einen bestimmten Reiz zugleich als körpereigene (= propriozeptive) Stimuli neue Verhaltensweisen herbeiführen. So differenziert W. A. BOUSFIELD [1961] den Konditionierungsprozeß beim Erlernen von Bedeutung (der nach behavioristischer Erklärung auf einer Koppelung von Objekten und (Sprach-)Zeichen basiert), indem er das innere stumme Nachsprechen von gehörten Wörtern als eine solche vermittelnde Verhaltenseinheit ansetzt, die ihrerseits Stimulus-Charakter besitzt. Diese auf verbalen →Assoziationen beruhende M.-Theorie steht CH. E. OSGOODS viel diskutiertem Ansatz emotional gesteuerter Vermittlungsprozesse gegenüber. Auf letzterem Ansatz beruht auch die Technik des →Semantischen Differentials.

Lit.: W. A. BOUSFIELD [1961]: The problem of meaning in verbal learning. In: C. N. COFER (ed.): Verbal learning and verbal behavior. New York, S. 81–91. – CH. E. OSGOOD [1962]: Studies on the generality of affective meaning systems. In: AP17, S. 10–28. – J. A. FODOR [1965]: Could meaning be an r_m? In: JVLVB 4, S. 73–81. Dt. in: W. EICHLER/H. HOFER [1974]: Spracherwerb und linguistische Theorien. München. – J. J. JENKINS [1965]: Mediation theory and grammatical behaviour. In: S. ROSENBERG (ed.): Directions in psycholinguistics. New York, S. 66–90. – H. HÖRMANN [1967]: Psychologie der Sprache. Berlin. – M. S. MIRON [1971]: The semantic differential and mediation theory. In: Linguistics 66. – CH. E. OSGOOD [1971]: Where do sentences come from? In: D. D. STEINBERG/L. A. JAKOBOVITS (eds.): Semantics.

Cambridge. Dt. in: H. LEUNINGER/M. H. MILLER/F. MÜLLER (eds.) [1974]: Linguistik und Psychologie. Ein Reader. Bd. 1. Frankfurt. – H. HALBE (ed.) [1976]: Psycholinguistik. Darmstadt. →Semantisches Differential, →Bedeutung, →Psycholinguistik.

Medium [lat. *medium* ›Mitte‹; engl. *middle voice.* – Auch: Medio-Passiv]. Neben →Aktiv und →Passiv ein →Genus Verbi z.B. im →Sanskrit und Alt-Griechischen. Das M. ist in semantischer Hinsicht Reflexivkonstruktionen ähnlich, insofern es eine Tätigkeit bezeichnet, die von der durch das Subjekt bezeichneten Größe für sich selbst oder in seinem Interesse durchgeführt wird: Alt-Griech.: *loúo* (Akt.) ›ich wasche‹ vs. *loúomai* (M.) ›ich wasche mich‹. Es gibt auch eine Verwendung mit nicht agentivischem Subjekt: *didásko* (Akt.) ›ich lehre‹; *didáskomai* (M.) ›ich lasse mich belehren‹, das eine passivähnliche Bedeutung hat, so daß sich in zahlreichen ideur. Sprachen das Passiv aus den M.-Formen entwickeln konnte. Vgl. die typologisch-historische Zusammenfassung von KEMMER [1988].

Lit.: W. LEHMANN [1974]: Proto-Indo-European syntax. Austin. – E. BENVENISTE [1977]: Aktiv und Medium im Verb. In: E. BENVENISTE: Probleme der allgemeinen Sprachwissenschaft. Übers. des frz. Originals von 1972. Frankfurt, S. 189–198. – J. H. JASANOFF [1978]: Stative and middle in Indo-European. Innsbruck. – E. KEMMER [1988]: The middle voice: A typological and diachronic study. (Ph D.-Diss.) Stanford, Ca. →Genus Verbi.

Mehrdeutigkeit →Ambiguität.

Mehrfachverzweigende Konstruktion [engl. *multiple-branching construction*]. Konstruktionstyp der Oberflächenstruktur: Eine Konstituente bildet eine M. K., wenn sie mehrere gleichartige Konstituenten unmittelbar dominiert, die untereinander keine weitere Beziehung eingegangen sind. In: *Philip, Caroline und mehrere Nachbarskinder ernten Nüsse* bilden *Philip, Caroline und mehrere Nachbarskinder* eine M. K. der NP-Konstituente.

Lit.: N. CHOMSKY [1965]: Aspects of the theory of syntax. Cambridge, Mass. Dt.: Aspekte der Syntaxtheorie. Frankfurt 1969, S. 24f. →Koordination, →Transformationsgrammatik.

Mehrzahl →Plural.

Mende →Mande.

Menge [engl. *set.* – Auch: Klasse]. Grundbegriff der Mathematik, speziell der →Mengentheorie: »Zusammenfassung von bestimmten, wohlunterschiedenen Objekten unserer Anschauung oder unseres Denkens – welche die Elemente der Menge genannt werden – zu einem Ganzen.« (G. CANTOR [1895]). Die Elemente stehen zu den M. in der Relation des »Enthaltenseins«; (Notation: x∈M, zu lesen als ›*x* ist in *M* enthalten‹). M. können extensional durch Aufzählung ihrer Elemente definiert werden (= Listennotation), wobei die Reihenfolge keine Rolle spielt, oder intensional durch Angabe der gemeinsamen Eigenschaften der Elemente (→Prädikat). – Im Unterschied zur alltagssprachlichen Verwendung des Begriffs M. haben M. im mathematischen Sinne folgende Eigenschaften: (a) Sowohl konkrete Objekte als auch Abstrakta und gedankliche Konstrukte wie Zahlen, Namen, Phoneme können Elemente von M. sein, d.h. zugleich auch, daß M. ihrer-

seits selbst Elemente anderer M. sein können. (Beispiel: Die M. aller Verben des Dt. ist zugleich Element der M. aller Kategorien des Dt., wenn eine Kategorie als M. von Ausdrücken aufgefaßt wird.) (b) Eine M. kann leer sein (Null-M., Notation: Ø; Beispiel: die M. der stimmhaften Verschlußlaute im Auslaut im Dt. (→Auslautverhärtung). (c) Eine M. kann aus einem einzigen Element bestehen (Einer-M., engl. *singleton*). Beispiel: Die M. der Anfangssymbole einer →Phrasenstrukturgrammatik, die nur das Element *S* für »Satz« als Ausgangsknoten enthält. (d) Die Zahl der Elemente einer M. kann unendlich sein. Beispiel: die M. der natürlichen Zahlen oder die M. der gramm. Sätze des Dt. – Folgende Operationen und Beziehungen zwischen M. lassen sich unterscheiden: (e) Identität von M.: Zwei M. *A* und *B* sind extensional »gleich«, wenn sie dieselben Elemente enthalten. (f) Äquivalenz: Zwei M. sind äquivalent oder »gleichmächtig«, wenn sie sich bijektiv aufeinander abbilden lassen (vgl. unter →Abbildung(c)). Gleichmächtigkeit ist eine sowohl →Reflexive als auch →Symmetrische und →Transitive Relation. (g) Vereinigungs-M. (engl. *union set*): ist diejenige Menge *M,* der alle Elemente angehören, die mindestens in einer der beiden Ausgangs-M. *A* und *B* enthalten sind; Notation: $A \cup B := \{x|x\varepsilon A \lor x\varepsilon B\}$. Die Vereinigungs-M. entspricht aussagenlogisch dem inklusiven, d.h. »nicht-ausschließenden« *oder*, dessen Aussagenverbindung wahr ist, wenn eine oder beide Aussagen wahr sind (→Disjunktion). Vgl. das folgende →*Venn*-Diagramm für A∪B (schraffiert):

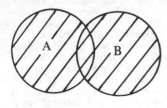

Beispiel: Gegeben seien die M. *A* und *B* der femininen und der abstrakten Substantive des Dt. Dann ist die Vereinigungsm. die M. der femininen oder abstrakten Substantive (z.B. *Liebe, Haß, Küche, Linguistik*). (h) Durchschnitts-M. (engl. *intersection set*; auch: Schnitt-M.): ist die M. derjenigen Elemente, die sowohl in der M. *A* als auch in der M. *B* enthalten sind; Notation: $A \cap B := \{x | x \varepsilon A \land x \varepsilon B\}$. Beispiel: Wenn *A* die M. der transitiven und *B* die M. der starken Verben des Dt. ist, dann ist die Durchschnitts-M. von *A* und *B* die M. der transitiven und starken Verben des Dt. (i) Differenzm. (auch: Rest-M., M.-Subtraktion): ist diejenige Teil-M. von *A,* die genau die Elemente in *A* enthält, die nicht zugleich Element von *B* sind; Notation: $A \backslash B := \{x | x \varepsilon A \land x \not\varepsilon B\}$. Die Vereinigungs-M. aus den Differenz-M. *A\B* und *B\A* entspricht aussagenlogisch dem »ausschließenden« *oder*, dessen Aussagenverbindung dann und nur dann wahr ist, wenn eine der beiden durch *oder* verknüpften Aussagen wahr ist (nicht aber, wenn beide wahr sind), vgl. →Disjunktion, →Kon-

travalenz. Beispiel für *A\B* (schraffiert):

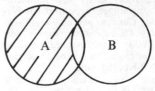

Gegeben seien die M. *A* der transitiven Verben des Dt. und die M. *B* der starken Verben des Dt. Dann besteht die Differenzm. *A\B* aus den transitiven schwachen Verben des Dt. (z.B. *suchen*). (j) Teil-M. (auch: Inklusions-M., Unter-M.): Eine M. *A* ist Teil-M. von *B*, wenn alle Elemente von *A* zugleich Elemente von *B* sind; Notation: $A \subset B \leftrightarrow \land x(x\varepsilon A \rightarrow x\varepsilon B)$.

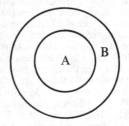

Beispiel: Die M. der transitiven Verben des Dt. ist eine (echte) Teil-M. der Verben des Dt., das heißt, daß in der M. der Verben des Dt. mindestens ein Verb existiert, das nicht Element der Teil-M. der transitiven Verben des Dt. ist (z.B. *regnen*). – Aussagenlogisch entspricht die Teil-M. der →Implikation; unter semantischem Aspekt liegt die Teil-M. weitgehend der →Hyponymie-Relation zugrunde. (k) Komplement-M. von *A*, bezogen auf eine Grund-M. *G*

(= Bereich), die *A* umfaßt, ist die M. aller Elemente, die nicht Element von *A* sind. (Notation: $C_G A$). Es gilt $C_G A = G \backslash A$, d.h. die Komplement-M. von *A* bzgl. *G* ist der Spezialfall der Differenz-M. für $A \subset G$

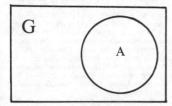

Beispiel: Gegeben sei die M. aller dt. Wörter als Grund-M. *G*. Die M. aller dt. Verben sei *A*, dann ist die Komplement-M. von *A* die M. aller dt. Wörter ohne die Verben. (l) Potenz-M.: die Potenz-M. einer M. *A* ist die M. aller Teil-M. von *A*; (Notation: $\{P(A): = \{x | x \subset A \}\}$). Dabei entspricht die Zahl der Elemente der Potenz-M. der Zahl 2 potenziert mit der Elementzahl der Ausgangsm.: Wenn *A* die drei Elemente {a,b,c} enthält, dann hat die Potenz-M. P(A) $2^3 = 8$ Elemente: Ø, {a}, {b}, {c}, {a, b}, {a, c}, {b, c}, {a, b, c}. (m) Disjunkte M.: Zwei M. *A* und *B* sind disjunkt, wenn ihr Durchschnitt (vgl. h) die leere M. (= Ø) ergibt, d.h. wenn sie kein Element gemeinsam haben. Formal: $A \cap B = \emptyset$.

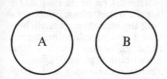

Beispiel: Gegeben sei die M. *A* der transitiven Verben und die

M. *B* der intransitiven Verben des Dt., dann ist die Durchschnitts-M. = Ø, denn kein Verb kann transitiv und intransitiv zugleich sein. (n) Produkt-M. (auch: Kartesisches Produkt, M.-produkt): Die Produkt-M. zweier M. *A* und *B* ist die M. aller geordneten Paare < x,y >, wobei *x* in *A* und *y* in *B* enthalten sind. Formal: $A \times B = \{< x,y > | x \varepsilon A \wedge x \varepsilon B\}$, zu lesen als: ›*A* Kreuz *B*‹.

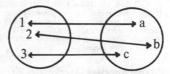

Beispiel: In allen flektierenden Sprachen sind morphologische Angaben notwendig: *A* sei die M. der Kasusfälle des Dt. {Nom, Gen, Dat, Akk} und *B* die M. der Numeri {Sing., Plural}. Die Produkt-M. A×B enthält alle möglichen Kombinationen aus beiden M., z.B. Nom./Sg., Dat./ Plural u.a.

Lit.: →Mengentheorie.

Mengenprodukt →Menge (n).

Mengensubstraktion →Menge (i).

Mengentheorie [engl. *set theory*]. Von G. CANTOR (1845–1918) begründete mathematische Grundlagendisziplin, die sich mit der Axiomatisierung der Theorie der →Mengen beschäftigt. Als Grundlagendisziplin von Mathematik und Logik hat die M. sowie ihre Begriffe und Definitionen vielfach Anwendung im linguistischen Bereich gefunden, besonders in computerorientierten Untersuchungen.

Einführungen: S. LIPSCHUTZ [1955]: Set theory and related topics including 530 solved problems. New York. - R. HALMOS [1960]: Naive set theory. Princeton. - P. SUPPES [1960]: Axiomatic set theory. Princeton. - J. SCHMIDT [1966]: Mengenlehre I. Mannheim. - R. WALL [1972]: Introduction to mathematical linguistics. Englewood Cliffs, N.J. - R. REINHARDT/H. SOEDER [1977]: dtv-Atlas zur Mathematik I. München.
Linguistik und Mengentheorie: W. S. COOPER [1964]: Set theory and syntactic description. The Hague. - C. F. HOKKETT [1966]: Language, mathematics, and linguistics. In: CTL 3, S. 155-204. - J. W. F. MULDER [1968]: Sets and relations in phonology. An axiomated approach to the description of speech. Oxford. - H. J. HERINGER [1972]: Formale Logik und Grammatik. Tübingen. →Formale Logik.

Mengenwertige Merkmale. Erweiterung des Beschreibungsapparates der →Unifikationsgrammatik um Merkmale, die mehr als einen Wert haben können. M. M. werden in der →Functional Unification Grammar, der →Lexical Functional Grammar und der →Head-Driven Phrase Structure Grammar verwendet.

Lit.: →Unifikationsgrammatik.

Menomini →Algonkisch.

Mentales Lexikon. Teilkomponente der Grammatik, in der Informationen über einzelne Wörter/Morpheme gespeichert sind, die bei →Sprachproduktion und →Sprachverstehen abrufbar sind. Zu diesen Informationen zählt das Sprecher-/Hörerwissen über phonetisch-phonologische Form, morphologische Struktur, semantische Repräsentation und syntaktische Regularitäten. Kontrovers sind die Hypothesen über die Art der Repräsentation solchen Wissens im Lexikon, seine komplexe strukturelle Organisation, sowie die Annahmen über autonome bzw. interdependente Subkomponenten.

Lit.: W. KINTSCH [1974]: The representation of meaning in memory. Hillsdale, N.J. - J. FODOR [1978]: Modularity of mind. Cambridge, Mass. - M. HALLE/J. BRESNAN/G. A. MILLER (ed.) [1978]: Linguistic theory and psychological reality. Cambridge, Mass. - J. BRESNAN [1982]: The mental representation of grammatical relations. Cambridge, Mass. - W. KINTSCH [1982]: Gedächtnis und Kognition. Berlin. - J. MEHLER u.a. [1982]: Perspectives on mental representation. Hillsdale, N.J. - P. N. JOHNSON-LAIRD [1983]: Mental models. Cambridge, Mass.
Forschungsbericht: K. D. EMMOREY/V. A. FROMKIN [1988]: The mental lexicon. In: LCS 3, S. 124-149.

Mentalismus [mlat. *mentalis* ›geistig‹]. Psychologisch-philosophisches Konzept, das in der Sprachwiss. von N. CHOMSKY [1965] in Anlehnung an den →Rationalismus DESCARTES' und HUMBOLDTS aufgegriffen und entwickelt wurde und das auf eine Beschreibung des inneren (angeborenen) Sprachmechanismus abzielt, der die Basis für den kreativen Aspekt von Sprachentwicklung und Sprachanwendung darstellt. Mit diesem Programm wendet sich CHOMSKY gegen den empiristischen Ansatz des →Amerikanischen Strukturalismus (BLOOMFIELD) und vor allem gegen die behavioristische Sprachauffassung SKINNERS (→Behaviorismus), da beide Positionen nur die unmittelbarer Beobachtung zugänglichen sprachlichen Daten als Untersuchungsgegenstand zulassen. Durch solche Einschränkung des Untersuchungsgegenstandes auf physisch wahrnehmbare bzw. physikalisch meßbare Daten wird die sprachwiss. Beschreibung

auf reine Oberflächenphänomene reduziert. CHOMSKY
stützt sein mentalistisches Konzept auf zweifache Weise: indem er bei der gramm. Analyse
von zugrundeliegenden →Tie-
fenstrukturen ausgeht und indem er hinsichtlich des Spracherwerbs und der Kompetenz-
entwicklung einen eingebore-
nen (universellen) Mechanismus voraussetzt, der als gat-
tungsspezifische psychische
Disposition die Basis der
Sprachentwicklung bildet
(→Cartesianische Linguistik).
Folgende Beobachtungen beim
kindlichen Spracherwerb sprechen gegen die antimentalisti-
sche Auffassung, daß der
sprachliche Lernprozeß allein
als →Konditionierung durch
Drill bzw. auf der Basis der →Sti-
mulus-Response-Theorie durch
→Assoziation und Generalisierung erklärt werden kann: (a)
die Schnelligkeit, mit der ein
Kind die Grammatik seiner
Sprache in drei bis vier Jahren
beherrschen lernt; (b) die Komplexität der zu erlernenden
Grammatik; c) das Mißverhält-
nis zwischen Input (= die
durch die soziale Umwelt ange-
botenen, zum Teil defekten
sprachlichen Daten) und Output (= die aus diesen Daten
abgeleitete Grammatik); (d) die
Gleichförmigkeit der Ergebnisse in allen Sprachen und (e) die
weitgehende Unabhängigkeit
des Prozesses von der individuellen Intelligenz. Diese Daten lassen sich adäquat nur erklären durch die Annahme eines angeborenen →Sprach-
erwerbsmechanismus, auf-
grund dessen die Herausbildung der →Kompetenz durch
Erfahrung und Reifung dieser

psychisch vorgegebenen
Grundstruktur erfolgt (vgl.
→Nativismus). In diesem Sinne
verfolgt die generative →Trans-
formationsgrammatik das Ziel,
sowohl den Vorgang des Spracherwerbs als auch vor allem den
kreativen Aspekt der Sprachverwendung, die Fähigkeit des
kompetenten Sprechers, potentiell unendlich viele Sätze zu
produzieren, zu erklären. Zur
ausführlichen Darstellung und
Kritik der mentalistischen
Sprachauffassung CHOMSKYS
vgl. BENSE, LEUNINGER, PUT-
NAM.

Lit.: N. CHOMSKY [1959]: Besprechung von
B. F. Skinner [1957]: Verbal behaviour. In:
Lg 35, S. 26–58. – J. J. KATZ [1964]: Menta-
lism in Linguistics. In: Lg 40, S. 124–137.
Dt. in: H. HALBE (ed.) [1976]: Psycholin-
guistik. Darmstadt 1976, S. 46–69. – N.
CHOMSKY [1965]: Aspects of the theory of
syntax. Cambridge, Mass. Dt.: Aspekte der
Syntaxtheorie. Frankfurt 1969. – J. J. KATZ
[1966]: The philosophy of language. New
York. Dt.: Philosophie der Sprache. Frank-
furt 1969. – D. McNEILL [1966]: Develop-
mental psycholinguistics. In: F. SMITH/G.
A. MILLER (eds.): The genesis of language.
Cambridge, Mass., S. 15–84. – E. H. LEN-
NEBERG [1967]: Biological foundations of
language. Dt. Frankfurt 1972. – H. PUT-
NAM [1967]: The »innateness hypothesis«
an explanatory model in linguistics. In:
Synthese 17. – N. CHOMSKY [1968]: Langua-
ge and mind. New York. – E. BENSE [1973]:
Mentalismus in der Sprachtheorie Noam
Chomskys. Kronberg. – W. C. WATT [1974]:
Mentalism in linguistics. In: Glossa 8, S.
3–40. – N. CHOMSKY [1975]: Reflections on
language. New York. Dt.: Reflexionen
über die Sprache. Frankfurt 1977. – H.
LEUNINGER [1979]: Reflexionen über die
Universalgrammatik. Frankfurt. →Psycho-
linguistik, →Spracherwerb.

Mentalstruktur →Tiefenstruk-
tur.

Merkmal [engl. *feature/mar-
ker*]. Linguistisch relevante Eigenschaften von phonologischen, semantischen oder syntaktischen Einheiten. M. sind
begriffliche Bezeichnungen für

innerlinguistisch wichtige kleinste Beschreibungselemente, die sich auf Sachverhalte der außersprachlichen Wirklichkeit beziehen, nicht aber mit ihnen identisch sind. In der Regel werden M. binär, d.h. im Sinn von »entweder – oder« verwendet: ein Phonem ist entweder positiv als [+ nasal] oder negativ als [– nasal] spezifiziert. Daneben aber gibt es auch, besonders bei phonetischen oder prosodischen M. sog. skalare (= auf eine Skala bezogene) M., wie sie z.B. zur Bezeichnung unterschiedlicher Akzentstärken notwendig sind. – Sprachbeschreibung auf der Basis von M. wurde wesentlich von der strukturalistischen Phonologie entwickelt, deren Unterscheidung von →Distinktiven (= bedeutungsunterscheidenden) vs. redundanten M. der Sprachanalyse aller Beschreibungsebenen zugrundeliegt, ebenso wie die Unterscheidung zwischen inhärenten vs. kontextuellen M., durch welche kontextunabhängige M. (wie z.B. auf morphologisch-syntaktischer Ebene im Dt. die Genusbezeichnungen der Nomen, Mask., Fem., Neutr.) von vorhersehbaren kontextabhängigen M. (Numerus und Kasus) abgegrenzt werden. – Auf den Einsichten der strukturellen Phonologie beruht CHOMSKYS Hypothese eines unbegrenzten universellen Inventars von M., aus denen jede Sprache eine spezifische Auswahl und Anordnung trifft. Zur Notation: M. werden durch eckige Klammern gekennzeichnet oder in Form einer M.-→Matrix aufgeführt. Vgl. →Komponentenanalyse.

Lit.: →Distinktives Merkmal, →Komponentenanalyse.

Merkmalanalyse →Komponentenanalyse.

Merkmalbündel/-komplex. In der strukturellen →Phonologie und semantischen →Komponentenanalyse entwickelte Beschreibungsformen zur Darstellung linguistischer Einheiten auf der Basis von Mengen von elementaren Eigenschaftskomponenten, durch die diese Einheiten strukturiert sind, vgl. z.B. die (artikulatorische) phonologische Beschreibung von /p/ als [+ VERSCHLUSSLAUT, – STIMMHAFT, + BILABIAL, – NASAL]. Zur Weiterentwicklung des Konzepts vgl. →Unifikationsgrammatik.

Lit.: →Phonologie.

Merkmalhaltig vs. Merkmallos. In der Phonologie der →Prager Schule entwickelte Darstellungsform zur Beschreibung linguistischer Einheiten auf der Basis des Vorhandenseins bzw. Nichtvorhandenseins kleinster bedeutungsunterscheidender Merkmale. Dabei wird das merkmalhaltige Glied mit [+ A], das merkmallose mit [– A] spezifiziert (wobei [A] für jedes beliebige linguistische Merkmal steht). Zur Weiterentwicklung in neueren Beschreibungsmodellen vgl. →Markiertheitstheorie.

Lit.: →Markiertheitstheorie.

Merkmalstruktur. In der →Unifikationsgrammatik ein →Merkmalbündel mit komplexen Werten und Koreferenzen.

Lit.: →Unifikationsgrammatik.

Merkmaltheorie. In der →Phonologie entwickelte Beschreibungssysteme für die Bildungsweise von Sprachlauten, die auf artikulatorischen und/oder akustischen Eigenschaften bzw. Produktionsmechanismen basieren.

Lit.: R. Jacobson u.a. [1952]: Preliminaries to speech analysis. Cambridge, Mass. – R. Jacobson/M. Halle [1956]: Fundamentals of language. The Hague. Dt.: Grundlagen der Sprache. Berlin 1960. – N. Chomsky/M. Halle [1968]: The sound pattern of English. New York. – P. Ladefoged [1971]: Preliminaries to linguistic phonetics. Chicago. – L. M. Hyman [1975]: Phonology: Theory and analysis. New York. – M. Halle [1983]: On distinctive features and their articulatory implementation. In: NLLT 1,1, S. 91–105. →Distinktives Merkmal, →Markiertheitstheorie.

Metachronie [griech. *metá* ›zwischen‹, *chrónos* ›Zeit‹]. Terminus von L. Hjelmslev als komplementärer Begriff zu →Diachronie: Während diachrone Untersuchungen (in seinem Verständnis) primär den Einfluß außersprachlicher Faktoren auf einzelne Vorgänge der Sprachentwicklung untersuchen, beschreibt die M. im Sinne von L. Hjelmslev Sprachwandel unter funktionellem Aspekt als Aufeinanderfolge verschiedener Sprachsysteme.

Lit.: L. Hjelmslev [1928]: Principes de grammaire générale. Kopenhagen.

Metagrammatik →Metaregeln.

Metakommunikation. Kommunikation über Kommunikation, d.h. Verständigung von Sprechern über Sprache (im Sinne von Langue/→Kompetenz) und/oder Sprechen (im Sinne von Parole bzw. Sprechakten (→Langue vs. Parole, →Sprechakttheorie). Man unterscheidet zwischen wissenschaft-licher M., wozu jede Form sprachwiss. Auseinandersetzung zählt, und alltagssprachlicher M. Die Fähigkeit zu alltagssprachlicher M. im Sinne von Verständigung über Inhalt und Intention sprachlicher Äußerungen ist wesentlicher Bestandteil der →Kommunikativen Kompetenz (vgl. Habermas, Zifonum). Unter pragmatischem und psycholinguistischem Aspekt betriebene Untersuchungen der M. differenzieren zwischen (a) expliziter M., bei der der Sprecher durch unmittelbaren Bezug auf Äußerungen diese durch Korrektur, Präzisierung, Stellungnahme, Kommentar u.a. erläutert oder modifiziert, und (b) impliziter M., die der →Analogen Kommunikation von P. Watzlawick entspricht, d.h. sich auf den Beziehungsaspekt zwischen den Gesprächspartnern bezieht und überwiegend nonverbal durch körpersprachliche Signale abläuft. Da sowohl ein Übermaß an M. Symptom für gestörte Partnerbeziehungen sein kann (vgl. Mandel/Mandel), als auch die Unfähigkeit zu M. sich als ein erheblicher Nachteil bei der Therapie von Kommunikationsstörungen erwiesen hat, ist die Untersuchung von Funktion und Mittel metasprachlicher Kommunikation gemeinsames Untersuchungsziel von Linguisten und Psychologen.

Lit.: P. Watzlawick/J. H. Beavin/D. D. Jackson [1967]: Pragmatics of human communication. A study of interactional patterns, pathologies, and paradoxes. New York. Dt.: Menschliche Kommunikation. Bern 1969. – J. Habermas [1971]: Vorbereitende Bemerkungen zu einer Theorie der kommunikativen Kompetenz. In: Habermas/N. Luhmann: Theorie der Gesellschaft oder Sozialtechnologie. Frankfurt,

S. 101–141. – A. BETTEN [1975]: Inhalte me-
takommunikativen Bewußtseins und ihre
umgangssprachlichen Aussageformen. In:
Kongreß-Akten GAL Tagung. Heidelberg.
– W. BOETTCHER [1975]: Metakommuni-
kation. Didaktische Überlegungen zum
Problem gestörter Kommunikation im
Deutschunterricht. In: DD 24, S. 379–398. –
B. SCHLIEBEN-LANGE [1975]: Metasprache
und Metakommunikation. In: B. SCHLIE-
BEN-LANGE (ed.): Sprachtheorie. Hamburg. – G. ZIFONUM [1975]: Eine Kritik der
»Theorie der kommunikativen Kompetenz«. In: LB 35, S. 57–70. – R. MEYER-
HERMANN [1976]: Zur Analyse metakom-
munikativer Sprechakte im Sprachunter-
richt. In: G. HENRICI/R. MEYER-HER-
MANN (eds): Linguistik und Sprachunterricht. Paderborn. – G. HENRICI/R.
MEYER-HERMANN [1976]: Metakommunikation. In: LD 25.

Metalepse [griech. *metá-lēpsis*
›Vertauschung‹].

Rhetorischer
→Tropus: Ersatz eines Wortes
durch ein kontextuell falsch gebrauchtes Teil-Synonym (vgl.
partielle →Synonymie); als
Übersetzungsfehler z.B. beim
Terminus →*Akkusativ* oder bei
der Gleichsetzung von dt. *Technologie* mit engl. *technology* =
›Technik‹. Durch →Sprachwan-
del kann eine Übersetzungs-M.
zu einer →Lehnbedeutung führen, z.B. bei dt. *realisieren* =
engl. *realize* ›sich klar machen‹.
Lit.: →Rhetorische Figur.

Metalinguistik.
(1) Ungenaue Übersetzung von
engl. *metalinguistic statement*,
die als Synonym für →Meta-
sprache (»Rede über Sprache«)
verwendet wird.
(2) Theoretische Disziplin, die
sich mit der Untersuchung von
Metasprachen (→Objekt- vs.
Metasprache) beschäftigt, die
u.a. der Beschreibung natürlicher Sprachen dienen. Aufgabe
der M. ist z.B. die Entwicklung
einer allgemeinen Grammatiktheorie, die auf die charakteristischen Merkmale aller natürlichen Sprachen abzielt.

(3) Aus dem Amerikanischen
übernommene Bezeichnung für
eine interdisziplinäre Untersuchung der Wechselbeziehungen
zwischen Sprache, Denken,
Verhalten und Realität, d.h.
zwischen der formalen Struktur
einer Sprache und der gesamten
übrigen Kultur der Gesellschaft, die diese Sprache spricht.
Vgl. auch →Ethnolinguistik.

Lit.: →Sapir-Whorf-Hypothese.

Metamorphose-Grammatik.
Als Vorläufer der →Definite
Clause-Grammar in der →Com-
puterlinguistik verwendeter
Formalismus, bei dem jede Ersetzungsregel die Form hat: »Ersetze eine bestimmte Folge von
Strukturbäumen durch eine bestimmte Folge von Strukturbäumen«.

Lit.: A. COLMERAUER [1978]: Metamor-
phosis grammar. In: L. BOLC (ed.): Natural
language communication with computers.
Berlin.

Metapher [griech. *metaphérein*
›anderswohin tragen‹].

Stilfigur
der antiken →Rhetorik. M. sind
sprachliche Bilder, die auf einer
Ähnlichkeitsbeziehung zwischen zwei Gegenständen bzw.
Begriffen beruhen, d.h. aufgrund gleicher oder ähnlicher
Bedeutungsmerkmale findet
eine Bezeichnungsübertragung
statt (z.B. *der Himmel weint* für
›es regnet‹). Häufig wird M.
auch als gekürzter Vergleich beschrieben, wobei der Vergleich
als solcher jedoch nicht ausgedrückt wird. M. können in sub-
stantivischer, adjektivischer
und verbaler Form im Satzkon-
text auftreten, vgl. *Fuchsschwanz* für ›Handsäge‹, *spitze
Bemerkung* für ›verletzende Bemerkung‹, *sich zügeln* für ›sich

zurückhalten‹. Im Unterschied zum →Idiom ergibt sich bei der M. (in einem »positiven« Kontext) bei wörtlicher Lesart ein Widerspruch. Neuere Ansätze sehen M. nicht als rein semantisches Phänomen an, sondern sehen sie im Zusammenhang mit dem Gebrauch. Im Unterschied zu anderen Ansätzen räumt die → Cognitive Grammar der M. einen zentralen Stellenwert ein. – Unter historischem Aspekt sind M. eine Quelle für lexikalische Neubildungen, wobei die »übertragene« Bedeutung entweder zusätzlich zu der urspr. Bedeutung tritt (*Fingerhut* ›Nähwerkzeug‹ und ›Pflanze‹) oder die alte Bedeutung teilweise oder ganz verdrängt (vgl. *Kopf*, das urspr. als Bezeichnung für ›gewölbte Schale‹ auf ›menschliches Haupt‹ übertragen wurde; die alte Bedeutung findet sich noch in *Pfeifenkopf*). In vielen Fällen werden urspr. metaphorische Bezeichnungen nicht mehr als solche verstanden, z. B. *schildern*.

Lit.: H. MEIER [1963]: Die Metapher. Versuch einer zusammenfassenden Betrachtung ihrer linguistischen Merkmale. Winterthur. – H. H. LIEB [1967]: Was bezeichnet der herkömmliche Begriff ›Metapher‹? In: Mu 77, S. 43–52. – H. WEINRICH [1967]: Semantik der Metapher. In: Fol. 1, S. 3–17. – B. DEREK [1969]: Prolegomena to a linguistic theory of metaphor. In: FL 5, S. 34–52. – W. KALLMEYER u. a. (ed.) [1974]: Lektürekolleg zur Textlinguistik 1. Frankfurt, S. 161–176. – W. ABRAHAM [1975]: Zur Linguistik der Metapher. In: Poetics 4, S. 133–172. – W. KÖLLER [1975]: Semiotik und Metapher. Stuttgart. – J. J. MOOIJ [1976]: A study of metaphor. Dordrecht. – H. KUBCZACK [1978]: Die Metapher – Beiträge zur Interpretation und semantischen Struktur der Metapher auf der Basis einer referentialen Bedeutungsdefinition. Heidelberg. – J. M. AARTS/J. P. CALBERT [1979]: Metaphor and non-metaphor. Tübingen. – A. ORTONY (ed.) [1979]: Metaphor and thought. Cambridge. – E. KITTAY/A. LEHRER [1981]: Semantic fields and the structure of metaphor. In: Studies in Language 5, S. 31–63. – G. LAKOFF/M. JOHNSON [1981]: Metaphors we live by. Chicago. – D. MIALL [1982]: Metaphor: problems and perspectives. Brighton. – M. CHRISTOPHER [1983]: A new model for metaphor. In: Dialectica 37, S. 285–301. – A. HAVERKAMP (ed.) [1983]: Theorie der Metapher. Darmstadt. – F. KELLER-BAUER [1984]: Metaphorisches Verstehen. Tübingen. – A. P. MARTINICH [1984]: A theory for metaphor. In: Journal of literary semantics XIII, S. 35–56. – G. LAKOFF [1985]: Metaphor, folk theories, and the possibilities of dialogue. In: M. DASCAL/H. CUYCKENS (eds.): Dialogue: An interdisciplinary approach. Amsterdam, S. 57–72. – W. PAPPROTÉ/R. DIRVEN (eds.) [1985]: The ubiquity of metaphor: metaphor in language and thought. Amsterdam. – D. E. COOPER [1986]: Metaphor. Oxford. – W. KÖLLER [1986]: Dimensionen des Metaphernproblems. In: ZfS 8, S. 379–410. – E. MacCORMAC [1986]: A cognitive theory of metaphor. London. – W. DIETRICH [1987]: Grammatische Metaphorik. In: Sprachw 12, S. 251–264. – E. F. KITTAY [1987]: Metaphor: its cognitive force and linguistic structure. London. – G. LAKOFF [1987]: Image metaphors. In: Metaphor and Symbolic Activity 2, S. 219–222.
Bibliographien: W. A. SHIBLES [1971]: Metaphor: An annoted bibliography and history. Whitewater, Wisc. – J. P. van NOPPEN/S. de KNOP/R. JONGEN [1985]: Metaphor. A bibliography of post–1970 publications. Amsterdam.
Forschungsbericht: H. A. PAUSCH [1974]: Forschungsbericht: Die Metapher. In: WW 24, S. 56–69.
Zeitschrift: Metaphor and Symbolic Activity.

Metaregeln. Regeln, die sowohl Grammatikregeln erzeugen als auch Regeln einer »Metagrammatik«, die eine Objektgrammatik erzeugt. In der →Generalized Phrase Structure Grammar (GPSG) wurden M. eingeführt, um aus →Phrasenstrukturregeln weitere Phrasenstrukturregeln abzuleiten. So ist es möglich, syntaktische Gesetzmäßigkeiten als Beziehungen zwischen Regelmengen zu beschreiben, die sich in Phrasenstrukturgrammatiken sonst nicht repräsentieren lassen. In der heute gebräuchlichen Version der GPSG erzeugen M. aus ID-Regeln (→ID/LP-Format) andere ID-Regeln (GAZDAR u.a. [1985]). Eine M. enthält ein Eingabe- und ein Ausgabe-Regelschema. Das Eingabeschema muß Variablen enthalten, damit die M. auf eine Klasse von Regeln angewendet werden kann. Die folgende M. leitet z.B. zu jeder Aktiv-Verbphrasenregel korrespondierende Regeln für Passiv-Verbphrasen ab (Passiv-Metaregel aus GAZDAR u.a [1985]): $VP \rightarrow W$, $NP \; VP[PAS] \rightarrow W$, ($PP[by]$), wobei W eine Variable über Mengen von Kategoriensymbolen ist. Die in der GPSG angenommene Beschränkung der M. auf ID-Regeln, die lexikalische Elemente einführen, geht auf FLICKINGER [1983] zurück. Damit wurden M. den lexikalischen Regeln der →Lexical Functional Grammar ähnlicher. Obwohl M. in ihrer Notation →Transformationen ähneln und in der GPSG oft Funktionen übernehmen, die Transformationen in der →Transformationsgrammatik haben, ist ihre Wirkungsweise eine gänzlich andere: Metaregeln operieren auf Regeln (nicht auf syntaktischen Repräsentationen) und sind daher in ihren Auswirkungen auf lokale Bäume beschränkt. Trotzdem können M. mit Variablen unendliche Grammatiken mit der generativen Mächtigkeit von →Turing-Maschinen induzieren (USZKOREIT/PETERS [1986]). Deshalb schränkt die GPSG ihre Anwendung derart ein, daß jede M. in der Ableitung einer Regel höchstens einmal verwendet werden darf. – Zur Kritik am Konzept der M. vgl.

SHIEBER u.a. [1983]. Zur Implementierung einer GPSG mit M. vgl. THOMPSON [1982].

Lit.: H. S. THOMPSON [1982]: Handling metarules in a parser for GPSG. In: M. BARLOW/D. FLICKINGER/J. SAG (eds.): Developments in Generalized Phrase Structure Grammar. Bloomington, S. 26–37. – D. FLICKINGER [1983]: Lexical heads and phrasal gaps. In: M. BARLOW/D. FLICKINGER/M. WESCOAT (eds.): Proceedings of the 2nd West Coast conference on formal linguistics. Stanford, S. 89–101. – S. SHIEBER u.a. [1983]: Formal constraints on metarules. In: ACL Proceedings 21. Cambridge, S. 22–27. – G. GAZDAR u.a. [1985]: Generalized Phrase Structure Grammar. Cambridge, Mass. – H. USZKOREIT/S. PETERS [1986]: On some formal properties of metarules. In: L&P 9, S. 477–494.

Metasprache. Sprache zweiter Stufe (auch: Beschreibungssprache), mittels der die natürliche Sprache (auch: Objektsprache) beschrieben wird. Zur Unterscheidung vgl. →Objektsprache vs. Metasprache.

Metasprachliche Fähigkeit →Sprachbewußtsein.

Metathese [griech. *metáthesis* ›Umstellung‹. – Auch: Interversion, Transportation]. Prozeß und Ergebnis der Vertauschung von Konsonanten innerhalb etymologisch verwandter Wörter: *Born*: *Brunnen*, *Christian*: *Kirsten*, engl. *to burn* vs. dt. *brennen*, (aber: *Bernstein*). – Neben solchen Einzelfällen existieren auch »reguläre« Formen von M., für die v.a. silbenstrukturelle Gründe geltend gemacht werden können, so z.B. die Anpassung an universell bevorzugte Lautabfolgen in Silben. – Im Süd- und Westslaw. tritt gegenüber dem Urslaw. regelmäßig Liquida-Metathese ein, vgl. z.B. urslaw. **berza* ›Birke‹ mit altkirchenslaw. *bréza*, serbokroat. *breza*, poln. *brzoza*, tschech. *bříza*.

Lit.: →Lautwandel, →Sprachwandel.

Metonymie [griech. *metōnymía* ›Umbenennung‹]. Rhetorischer →Tropus: Ersatz eines Ausdrucks durch eine sachlich verwandte Bezeichnung; der semantische Zusammenhang ist kausaler, räumlicher oder zeitlicher Art, also weiter als bei der →Synekdoche, doch enger als bei der →Metapher. Häufige (auch umkehrbare) Substitutionstypen sind Autor/Werk: *Goethe lesen*, Produkt/Material: *Seide tragen*, Gefäß/Inhalt: *ein Glas trinken*, Ort/Bewohner: *das Weiße Haus schweigt*, Person/Funktion: *Bacchus huldigen*, Konkretum/Abstraktum: *das Zepter niederlegen*. Ursprünglich metonymische Prägungen sind z.B. *Cognac* (nach der gleichnamigen Region), *Tüll* (Gewebe aus der frz. Stadt *Tulle*), *lynchen* (nach dem amerik. Richter *Lynch*), →Algorithmus (nach dem pers.-arab. Mathematiker AL-CHWA-RISMI), *röntgen* (nach dem Entdecker der Röntgenstrahlen).

Lit.: P. SCHIFKO [1979]: Die Metonymie als universales sprachliches Strukturprinzip. In: GrLS 10, S. 240–264. – H. KUBCZAK [1986]: Metaphern und Metonymien als sprachwissenschaftliche Untersuchungsgegenstände. In: ZDPh 105, S. 83–99. – H. WEINRICH [1987]: Zur Definition der Metonymie und zu ihrer Stellung in der rhetorischen Kunst. In: A. ARENS (ed.): Text-Etymologie. FS für H. LAUSBERG zum 75. Geburtstag. Wiesbaden. S. 105–110. →Rhetorische Figur.

Metrische Phonologie. Von M. LIBERMAN vorgeschlagenes Konzept des →Akzents, das Akzent als Relation zwischen starken und schwachen Knoten des metrischen Baums darstellt. M. Ph. wurde später zur Beschreibung anderer phonologischer Phänomene verwendet und gehört zu den Konzepten der →Nicht-linearen Phonologie.

Lit.: H. VAN DER HULST/N. SMITH (eds.) [1982]: The structure of phonological representations. 2 Bde. Dordrecht. – G. E. BOOIJ [1983]: Principles and parameters in prosodic phonology. In: Linguistics 21, S. 249–280. – H. GIEGERICH [1985]: Metrical phonology and phonological structure: German and English. Cambridge. – TH. VENNEMANN [1986]: Neuere Entwicklungen in der Phonologie. Berlin, S. 47–61. – R. HOGG/C. B. McCULLY [1987]: Metrical phonology: A coursebook. Cambridge. – H. VAN DER HULST/N. SMITH (eds.) [1989]: Features, segmental structure and harmony processes. 2 Bde. Dordrecht.

Miao-Yao. Sprachfamilie Südostasiens mit vier Sprachen, in zahlreichen Sprachinseln von Südchina bis Thailand gesprochen. Größte Sprache ist Mien (Yao), ca. 1 Mio. Sprecher. P. K. BENEDICT [1975] vermutet eine Verwandtschaft mit dem →Austro-Tai.

Lit.: A. G. HAUDRICOURT [1971]: Les langues miao-yao. Asie du Sud-Est et Monde Insulindien 2. – P. K. BENEDICT [1975]: Austro-Thai: language and culture. New Haven.

Mien →Miao-Yao.

Mikrolinguistik [griech. *mikrós* ›klein‹]. Wissenschaft von der Struktur der Sprache als (autonomem) Zeichensystem. Bei dieser u.a. durch den →Strukturalismus vertretenen Beschränkung auf die »innere« Linguistik wird von allen extralinguistischen (auf Nachbardisziplinen wie Soziologie, Philosophie, Psychologie und Logik bezogenen) Fragestellungen abstrahiert. M. ist eine zentrale Teildisziplin der sogen. →Makrolinguistik.

Min →Chinesisch.

Mingrelisch →Südkaukasisch.

Minimalpaar. Zwei Ausdrücke (Wörter oder Morpheme) einer Sprache mit verschiedener Bedeutung, die sich nur durch ein →Phonem unterscheiden; z.B. dt. *Gasse* vs. *Kasse*, engl. *mail* vs. *nail*, frz. *père* vs. *mère*. Die Bildung von M. ist ein grundlegendes Verfahren zur Feststellung des →Phoneminventars einer Sprache.

Lit.: A. WAGNER [1982]: Das Minimalpaar. Hamburg. →Phonologie.

Minuskel →Majuskel vs. Minuskel.

Mischkasus →Synkretismus.

Mischsprache. Durch Kontakt zwischen europäischen Sprachen und Eingeborenensprachen anderer Kontinente entstandene Sprache, die sich auf der Basis einer natürlichen Sprache (vor allem Engl., Frz., Span.) durch Übernahme fremden Wortmaterials bei meist starker Vereinfachung der Grammatik entwickelt. Vgl. →Kreolsprache, →Lingua Franca, →Pidgin-Sprache.

Mitspieler →Aktant.

Mitteilungsfunktion →Thema vs. Rhema, →Topik vs. Prädikation.

Mitteldeutsch. Zusammenfassende Bezeichnung für alle jene hochdt. Dialekte (→Hochdeutsch), in denen die (in der →Zweiten Lautverschiebung erfolgte) →Affrizierung stimmloser Plosive lediglich den dentalen Plosiv ausnahmslos erfaßt (vgl. germ. *tîd* zu mdt. *tsait*

›Zeit‹), wogegen der (ursprüngl. geminierte) labiale Plosiv im Inlaut generell unverschoben bleibt (germ. *appel* – mdt. *appel* ›Apfel‹) und im Anlaut eine Differenzierung zwischen westlichen und östlichen Dialektverbänden des M. eintritt: Während im Westmdt. (→Rheinfränkisch, →Mittelfränkisch) auch der Anlaut unverschoben bleibt (germ. *pund* – westmdt. *pund* ›Pfund‹), ist im Ostmdt. (→Thüringisch, →Obersächsisch, Schlesisch, Hochpreußisch) die durch die Lautverschiebung entstandene Affrikate *pf* zum Frikativ *f* vereinfacht (*pfund* zu ostmdt. *fund*). Dieser sprachlichen Grenze entspricht weitgehend auch die Trennung zwischen genuin »altdeutschen« Dialekten westlich der Saale (Westmdt. und Thüringisch) und östlich davon gelegenen Siedeldialekten (Obersächsisch, Schlesisch, Hochpreußisch), die erst im Zuge der deutschen Ostkolonisation zwischen dem 11. und 14. Jh. auf slaw. Substrat entstanden sind. – In den östlich von Oder-Neiße gelegenen Gebieten sind infolge der dt. Aussiedlung nach 1945 heute nur mehr geringe Reste der deutschsprachigen Bevölkerung vorhanden. (Vgl. Sprachenkarte Nr. 6).

Lit.: TH. FRINGS [1926]: Sprache des Rheinlandes. In: H. AUBIN u.a.: Kulturströmungen und Kulturprovinzen in den Rheinlanden. Bonn, S. 90–185. – TH. FRINGS [1936]: Sprache und Siedlung im mitteldeutschen Osten. Leipzig. – R. GROSSE [1953]: Die Meissnische Sprachlandschaft. Dialektgeographische Untersuchungen zur obersächsischen Sprache und Siedlungsgeschichte. Halle. – R. SCHÜTZEICHEL [1961]: Die Grundlagen des westlichen Mitteldeutschen – Studien zur historischen Sprachgeographie. Tübingen. – H. ROSENKRANZ [1964]: Der thüringische Sprachraum. Untersuchungen zur dialektgeographischen Struktur und zur Sprachgeschichte Thüringens. Halle. - K. WAGNER [1964]: Der westmitteldeutsche Dialekt. In: Festgabe für W. Jungandreas zum 70. Geburtstag. Trier, S. 123-136. - G. BELLMANN [1967]: Schlesischer Sprachatlas I: Laut- und Formenatlas. Marburg. - G. BELLMANN [1968]: Aufsche in Obersachsen. In: S. ASCHE (ed.): Sachsen. Troisdorf, S. 64-77. - D. STELLMACHER [1973]: Untersuchungen zur Dialektgeographie des mitteldeutsch-niederdeutschen Interferenzraums östlich der mittleren Elbe. Köln. - H. BECKERS [1980]: Westmitteldeutsch. In: LGL, 2. Aufl., Bd. 2, S. 468-473. - P. WIESINGER [1980]: Die Stellung der Dialekte Hessens im Mitteldeutschen. In: R. HILDEBRANDT/H. FRIEBERTSHÄUSER (eds.): Sprache und Brauchtum. B. Martin zum 90. Geburtstag. Marburg, S. 68-148. - A. BRETSCHNEIDER [1981]: Die brandenburgische Sprachlandschaft. Zur Geschichte und Gliederung. Gießen. - P. WIESINGER [1983]: Die Einteilung der deutschen Dialekte. In: HSK 1, S. 807-900. - H. RUSS (ed.) [1990]: The dialects of modern German. London. (Darin: G. NEWTON: Central Franconian, S. 136-209; M. DURRELL/W. DAVIES: Hessian, S. 210-240; W. GREEN: The dialects of the Palatinate, S. 241-264; K. SPANGENBERG: Thuringian, S. 265-289; G. BERGMANN: Upper Saxon, S. 290-312). →Dialektologie.

Mittelfeld. Stellungsabschnitt im deutschen Satz innerhalb der →Satzklammer: *Sie hat [freiwillig die ganze Nacht an dem Aufsatz] gearbeitet.* Die Besetzung der einzelnen →Stellungsfelder unterliegt bestimmten sprachspezifischen Regularitäten, vgl. LENERZ [1977], LÖTSCHER [1981].

Lit.: J. LENERZ [1977]: Zur Abfolge nominaler Satzglieder im Deutschen. Tübingen. - A. LÖTSCHER [1981]: Abfolgeregeln für Ergänzungen im Mittelfeld. In: DS, S. 44-60. - T. N. HÖHLE [1986]: Der Begriff »Mittelfeld«. In: A. SCHÖNE (ed.): Kontroversen, alte und neue. Bd. 3. Tübingen, S. 329-340. →Ausklammerung, →Stellungsfelder, →Wort- und Satzgliedstellung.

Mittelfränkisch. Zusammenfassende Benennung für die beiderseits des Rheins gelegenen westmdt. Dialektgebiete, die nördlich vom →Niederdeutschen (→Niederfränkisch), südlich vom →Rheinfränkischen begrenzt werden. Die Zusammenfassung zu einer Dialektgruppe begründet sich aus dem gemeinsamen suprasegmentalen Merkmal der »Rheinischen Schärfung«, die für die charakteristische Wortintonation (»rheinländisches Singen«) in diesen Dialekten verantwortlich gemacht wird. Als Abgrenzung gegen das Rheinfrk. gelten traditionellerweise die →Isoglossen von Mfrk. *dat, le:f, fest* vs. rheinfrk. *das, li:b, fescht* ›das‹, ›lieb‹, ›fest‹. - Innerhalb des M. können zwei große Dialektverbände unterschieden werden: (a) Die nördlichere Gruppe (mit einem breiten Übergangsbereich zum Niederdt.) bildet das Ripuarische, das als Sprache des Kölner Kulturraumes (beidseitig des Rheins) nördliche Eifel, Aachener Land, Ruhr- und Erftgebiet und das Bergische Land umfaßt. (b) Das Moselfrk. als südlichere Dialektgruppe umfaßt das Moselgebiet mit dem westl. Lothringen, Luxemburg sowie rechtsrheinisch Westerwald und Siegerland. - Sprachlich unterscheidet sich das Moselfrk. vom Ripuarischen durch die Verschiebung von westgerm. *p* nach Liquid (»*dorp/dorf*-Linie«) und durch die Erhaltung von *nd/nt*-Phonemfolgen bzw. von auslautendem *n* gegen deren Velarisierung im Ripuarischen (vgl. rip. *venŋe, honŋk, weŋ,* ›finden‹, ›Hund‹, ›Wein‹). (Vgl. Sprachenkarte Nr. 6).

Lit.: →Dialektologie, →Mitteldeutsch.

Mittelpommersch →Brandenburgisch.

Mittelverb →Mediales Verb.

Mittelwort →Partizip(ium).

Miwok →Penute.

Mixe →Mixe-Zoque.

Mixe-Zoque. Sprachfamilie Mittelamerikas mit 8 Sprachen; größte Sprachen sind Mixe (78000 Sprecher) und Zoque (38000 Sprecher) in Südmexiko. Grammatische Kennzeichen: Relativ einfaches Konsonantensystem, komplexes Vokalsystem (9 Vokale, dazu Längendistinktion bis zu 3 Längen), Vokale auch glottalisiert und aspiriert (komplexe Silben-Nuklei). Komplexe Verbmorphologie.

Lit.: J. D. VAN HAITSMA/W. VAN HAITSMA [1976]: A hierarchical sketch of Mixe. Norman. →Nord- und Mittelamerikanische Sprachen.

Mixtekisch →Oto-Mangue-Sprachen.

Modaladverb [lat. *modus* ›Maß‹, ›Aussageweise‹]. Im engeren Sinn: Semantisch definierte Teilmenge der →Adverbien, die die »Art und Weise« des Handlungsvorgangs bezeichnen. Unter morphologischem Aspekt wird unterschieden zwischen reinen M. (*gern, so, derart, umsonst*) und von Adjektiven abgeleiteten M. mit den Suffixen *-lings* und *-weise* (*rittlings, höflicherweise*). – Auch im weiteren Sinne gebräuchlich als Sammelbezeichnung für Modaladverbien, →Gradpartikeln (*nur, auch, sogar*), →Modalpartikeln (*doch, denn*), Steigerungspartikeln (*sehr, weitaus*) und →Satzadverbien (*hoffentlich, gottlob*).

Lit.: →Adverbial, →Partikel.

Modale Subordination. Semantische Form der Subordination: Syntaktisch nicht subordinierte Sätze eines Textes können gleichwohl modal (und somit semantisch) subordiniert sein, wenn für ihre Interpretation angenommen wird, daß sie sich im Bereich eines im Kontext vorhandenen modalen →Operators befinden: vgl. (a) die Interpretation eines auf einen Konditionalsatz folgenden →Deklarativen Satzes als ›bedingte Assertion‹ in *Wenn der Herbst kommt, werden die Tage kürzer. Das Laub verfärbt sich*; (b) die obligatorische Modalisierung des Folgesatzes mit einer Textanapher im gleichen Kontext *Wenn Philip sich ein Auto gekauft hat, dann wird er jetzt damit unterwegs sein. Es *ist/wird ein Mercedes (sein).*

Lit.: C. ROBERTS [1987]: Modal subordination and pronominal anaphora in discourse. In: LPh. →Modallogik.

Modales Hilfsverb →Modalverb.

Modalität. Semantische Kategorie, die die Stellungnahme des Sprechers zur Geltung des Sachverhalts, auf den sich die Aussage bezieht, ausdrückt. M. in diesem weiteren Sinne bezieht sich nicht nur auf die morphologisch ausgebildeten →Modus-Formen (→Indikativ, →Konjunktiv und →Imperativ), sondern auch auf verschiedene →Satztypen wie Behauptung, Frage, Aufforderung. Entsprechend kann M. (im Zusammenwirken mit kontextuellen Beziehungen) durch verschiedene formale und lexikalische Mittel ausgedrückt werden, und zwar durch (a) das morphologische Mittel der unterschiedlichen Modi (»Aussageweisen«) des Verbs; (b) lexikalische Mittel wie →Satzadverbien (*hoffentlich, vielleicht*), →Modalverben (*können, mögen, müssen* u.a.); (c) syntaktische Mittel wie die Umschreibung mit *würde* und die Konstruktionen mit *haben* und *sein* mit folgendem Infinitiv (*Ich habe zu arbeiten; Der Aufsatz ist abzutippen*). Zu M. unter logischem Aspekt vgl. →Deontische Logik, →Epistemische Logik, →Modallogik.

Lit.: W. FLÄMIG [1965]: Zur Funktion des Verbs. Bd. 3: Aktionsart und Aktionalität. In: DaF 2, S. 4–12. – J. CALBERT/H. VATER [1975]: Aspekte der Modalität. Tübingen. – J. LYONS [1977]: Semantics. Bd. 2. Cambridge, Kap. 17. Dt.: Semantik. München 1980. – S. WICHTER [1978]: Zur Problematik des Modusbegriffs im Deutschen. Tübingen. – K.-H. BAUSCH [1979]: Modalität und Konjunktivgebrauch in der gesprochenen deutschen Standardsprache. München. – M. R. PERKINS [1983]: Modal expressions in English. London. – R. SCHRODT [1983]: System und Norm in der Diachronie des deutschen Konjunktivs. Tübingen. – A. ERHART [1985]: Zur Entwicklung der Kategorien Tempus und Modus im Indogermanischen. Innsbruck. – F. R. PALMER [1986]: Mood and modality. Cambridge.
Forschungsbericht: G. ÖHLSCHLÄGER [1984]: Modalität im Deutschen. In: ZGL 12, S. 229–246.

Modalitätsverb. Gruppe von Verben, die (ähnlich →Hilfsverben und →Modalverben) stets in Kombination mit anderen Verben auftreten (*scheinen, bleiben, drohen, versprechen, wissen* u.a.). M. fordern stets einen Infinitiv mit *zu*, für sie gelten relativ freie (vielfältige) Stellungsregeln. In semantischer Hinsicht spezifizieren sie modale Aspekte, →Modalität.

Lit.: J. O. ASKEDAL [1983]: Über »scheinen« als Modalitätsverb im gegenwärtigen

Deutsch. Oslo. – U. ENGEL [1988]: Deutsche Grammatik. Heidelberg, S. 477–484.

Modallogik. Spezialform einer philosophischen Logik, die zusätzlich zu den in der →Formalen Logik untersuchten logischen Ausdrücken wie →Logische Partikeln (*und, oder* u.a.) und →Operatoren noch modale Ausdrücke wie *es ist möglich/ notwendig* durch Einführung entsprechender Operatoren in die semantische Analyse einbezieht.

Lit.: G. E. HUGHES/M. J. CRESSWELL [1968]: An introduction to modal logic. London. Dt.: Einführung in die Modallogik. Ein Lehrbuch. Berlin 1978. – J. HINTIKKA [1969]: Deontic logic and its philosophical morals. In: J. HINTIKKA: Models for modalities. Dordrecht, S. 184–214. – W. STEGMÜLLER [1969]: Hauptströmungen der Gegenwartsphilosophie. Bd. 1. 7. Aufl. 1989, Bd. 2. 8. Aufl. 1987. Stuttgart. – R. A. BULL/K. SEGERBERG [1984]: Basic modal logic. In: D. GABBAY/F. GUENTHNER (eds.): Handbook of philosophical logic. Bd. II. Dordrecht, S. 1–88. →Intensionale Logik.

Modalpartikel [Auch: Abtönungspartikel, Satzpartikel, Illokutive Partikel, Einstellungspartikel]. Nach ihrer semantisch-pragmatischen Funktion definierte Klasse von →Partikeln, zu der im Dt. *ja, doch, denn, aber, nur* u.a.m. gehören. Probleme der Klassifikation ergeben sich dadurch, daß fast alle M. auch in anderen Funktionen vorkommen, z.B. *ja* als Antwortpartikel, *doch* als →Satzadverbial, *denn* und *aber* als →Konjunktion, *nur* als →Gradpartikel. M. fügen der Satzbedeutung bestimmte Verwendungsbedingungen hinzu, die sich in der Regel auf Einstellungen der Kommunikationsteilnehmer zu der vom Satz ausgedrückten →Proposition beziehen. Dadurch spezifizieren

oder modifizieren M. den →Il-
lokutions-Typ des Satzes und
seine konversationellen Funktionen, z.B. fügt *ja* als M. der
Bedeutung von Aussagesätzen
die Verwendungsbedingung
hinzu, daß die Satzproposition
für den Adressaten nicht zweifelhaft sein darf, vgl. *Petra ist
verheiratet* vs. *Petra ist ja verheiratet.* – Daß bisher noch nicht
alle M. zufriedenstellend semantisch analysiert sind, liegt
vor allem daran, daß ihre inhaltlichen Effekte stark mit
dem sprachlichen und situationellen Kontext variieren. – Syntaktisch ist für M. im Deutschen
charakteristisch (wenn auch
nicht für jeden Fall gültig), daß
sie weder allein noch zusammen mit einer Bezugskonsti-
tuente das →Vorfeld füllen können, daß sie nicht betont sein
können, daß sie im →Mittelfeld
vor dem →Fokus stehen müssen
und daß sie jeweils an bestimmte →Satztypen gebunden sind.

Lit.: H. WEYDT [1969]: Abtönungsparti-
keln. Bad Homburg. – A. KRIWONOSOW
[1977]: Die modalen Partikeln in der deutschen Gegenwartssprache. Göppingen. –
H. WEYDT (ed.) [1977]: Aspekte der Modalpartikeln. Studien zur deutschen Abtönung. Tübingen. – W. BUBLITZ [1978]: Ausdrucksweisen der Sprechereinstellung im
Deutschen und im Englischen. Tübingen. –
H. WEYDT (ed.) [1979]: Die Partikeln der
deutschen Sprache. Berlin. – W. ABRAHAM
(ed.) [1980]: Discourse particles. Amsterdam. – D. FRANCK [1980]: Grammatik und
Konversation. Kronberg. – G. HELBIG/W.
KÖTZ [1981]: Die Partikeln. Leipzig. – K.
LINDNER [1983]: Sprachliches Handeln bei
Vorschulkindern. Tübingen. – H. WEYDT
(ed.) [1983]: Partikeln und Interaktion.
Tübingen. – H. WEYDT/E. HENTSCHEL
[1983]: Kleines Abtönungswörterbuch. In:
H. WEYDT (ed.): Partikeln und Interaktion.
Tübingen, S. 3–24. – M. DOHERTY [1985]:
Epistemische Bedeutung. Berlin. – E.
HENTSCHEL [1986]: Funktion und Ge-
schichte deutscher Partikeln. Tübingen. –
M. THURMAIR [1989]: Modalpartikeln und
ihre Kombinationen. Tübingen.
Forschungsbericht: G. ÖHLSCHLÄGER
[1985]: Untersuchungen zu den Modal-

partikeln des Deutschen. In: ZGL 13, S.
350–366.

Modalsatz. Semantisch spezifizierter Nebensatz in der syntaktischen Funktion eines →Adver-
bials. M. erläutern den im
Hauptsatz bezeichneten Sachverhalt, indem sie Angaben machen über Mittel, Art und Weise
oder Begleitumstände des Geschehens: *Er schonte sie sehr, indem er die Schuld allein auf sich
nahm.* M. wird häufig als Oberbegriff für →Instrumental-,
→Komparativ-, →Proportional-
und →Restriktivsatz verwendet.

Modalverb [Auch: Modales
Hilfsverb]. Semantisch bestimmte Teilmenge der →Ver-
ben, die in Verbindung mit einem Infinitiv modale Bedeutungsaspekte ausdrücken: *dürfen, mögen, können, müssen,
sollen, wollen.* Dabei sind zwei
Funktionen zu unterscheiden:
(a) M. spezifizieren das Verhältnis zwischen Subjekt und Ver-
balvorgang unter semantischen
Aspekten wie u.a. »Vermutung«
(*Sie dürfte/könnte recht behalten*), »Erlaubnis« (*Sie kann/
darf gehen*), »Notwendigkeit«
(*Sie muß bleiben*); (b) M. drük-
ken die subjektive Einschätzung des Sprechers aus, d.h. sie
dienen als Umschreibung der
Modusformen des Verbs, vgl.
Schlafe! vs. *Du sollst schlafen.*
In morphologischer Hinsicht
gehen die dt. M. auf →Präterito-
Präsentia zurück, woraus sich
die Irregularitäten ihrer Form-
bildung erklären.

Lit.: G. BECH [1949]: Das semantische Sy-
stem der deutschen Modalverba. In: TCLC
4, S. 3–46. – K. EHLICH/J. REHBEIN [1972]:
Einige Interrelationen von Modalverben.
In: D. WUNDERLICH (ed.): Linguistische
Pragmatik. Frankfurt, S. 318–340. – J. CAL-

BERT/H. VATER [1975]: Aspekte der Modalität. Tübingen. – H.-H. LIEB [1977]: On the syntax and semantics of German modal verbs: a surface structure analysis. In: LACUS 4, S. 560–575. – F. RAYNAUD [1977]: Noch einmal Modalverben. In: DS 5, S. 1–30. – J. REINWEIN [1977]: Modalverb-Syntax. Tübingen. – A. KRATZER [1978]: Semantik der Rede. Kronberg. – A. v. STECHOW [1979]: Modalverben in einer Montague-Grammatik. Konstanz. – G. BRÜNNER/A. REDDER [1983]: Studien zur Verwendung der Modalverben. Tübingen. – J. COATES [1983]: The semantics of the modal auxiliaries. London. – G. ÖHLSCHLÄGER [1984]: Zur Syntax und Semantik der Modalverben im Deutschen. Tübingen.

Modalwort →Satzadverb.

Modell.
(1) Allgemein: Auf Abstraktion und Idealisierung beruhende (formale) Abbildung wichtiger struktureller und funktioneller Eigenschaften der realen Welt im Rahmen wissenschaftlicher Untersuchungen. Aufgrund der Analogie zwischen M. und einigen Aspekten des Untersuchungsgegenstandes lassen sich Vorhersagen über Gesetzmäßigkeiten des Untersuchungsgegenstandes machen, die der unmittelbaren Beobachtung nicht zugänglich sind, vgl. N. CHOMSKYS M. der Beschreibung der sprachlichen →Kompetenz in Form eines Automaten, der die sprachliche Kreativität des Menschen zu simulieren imstande ist. Insofern M. Hypothesen über die Realität sind, bedürfen sie zu ihrer Verifizierung der (experimentellen) Überprüfbarkeit am Untersuchungsgegenstand. Über die Aufstellung von M. zur Sprachbeschreibung vgl. die ausführliche Darstellung von J. D. APRESJAN [1971]. – Der Begriff M. wird häufig als Synonym verwendet für →Grammatik bzw. Grammatiktheorie.

Lit.: N. CHOMSKY [1965]: Aspects of the theory of syntax. Cambridge, Mass. Dt.: Aspekte der Syntaxtheorie. Frankfurt 1969. – H. STACHOWIAK [1965]: Gedanken zu einer allgemeinen Theorie der Modelle. In: StG 18, S. 423–463. – J. D. APRESJAN [1971]: Ideen und Methoden der modernen strukturellen Linguistik. Kurzer Abriß. München. – D. WUNDERLICH [1974]: Grundlagen der Linguistik. Reinbek.

(2) In der →Prädikatenlogik Grundbegriff der →Modelltheoretischen Semantik. Ein M. besteht hier aus einem Individuenbereich E und einer Modellfunktion f, die jedem Grundausdruck der Sprache eine kategoriengerechte →Extension zuordnet. Aus jedem M. ergibt sich rekursiv eine Interpretation der Sprache, die eine logisch zulässige Deutung ihrer Ausdrücke beschreibt.

Lit.: G. KLAUS [1964]: Moderne Logik. Berlin. – P. R. LUTZEIER [1973]: Modelltheorie für Linguisten. Tübingen. – G. LINK [1979]: Montague-Grammatik. Die logischen Grundlagen. München.

Modelltheoretische Semantik [Auch: Tarski-Semantik]. Von Logikern im Rahmen der →Logischen Semantik entwickeltes Konzept der semantischen Interpretation formallogischer Sprachen, das im Anschluß an TARSKI u.a. die Bedingungen von Wahrheit und Erfüllung (engl. *truth and satisfaction*) in rekursiver Weise zu beschreiben gestattet. Wichtiges Grundprinzip der M. S. ist eine strikte Unterscheidung zwischen einer (formalen) Objektsprache, die semantisch interpretiert werden soll, und einer Metasprache, durch die semantische Prädikate wie *falsch* oder *wahr* eingeführt werden. (Vgl. auch →Objekt- vs. Metasprache). Charakteristisch für das Vorgehen der M. S. ist die Angabe einer Interpretation, die u.a. aus einem »Individuenbereich« *E* besteht, in dem die wohlgeformten Ausdrücke der Sprache mit Hilfe einer Interpretationsfunktion *g* interpretiert werden. Die Werte von *g* sind dann die →Extensionen der zugehörigen Ausdrücke; eine solche Funktion *g* ordnet z.B. in der →Prädikatenlogik den Individuentermen Elemente von *E*, den einstelligen Prädikatenkonstanten Teilmengen von *E* und den geschlossenen Formeln →Wahrheitswerte als ihre Extensionen zu. Ein Vorteil der M. S. ist, daß sie erlaubt, semantische Beziehungen zwischen geschlossenen Formeln zu erfassen. Dies macht sie auch für die Linguistik interessant. In ihrer Beschränkung auf die Satzsemantik liegt allerdings auch ihre Grenze für die sprachwissenschaftliche Anwendung. – Der Ansatz der M. S. liegt auch der →Montague-Grammatik zugrunde, in der die Begriffe der M. S., nunmehr durch kontextuelle Faktoren →Möglicher Welten relativiert, zur Charakterisierung der Wahrheit, Erfüllung und Folgerung bei natursprachlichen Aussagen nutzbar gemacht werden.

Lit.: A. TARSKI [1935]: Der Wahrheitsbegriff in den formalisierten Sprachen. In: Studia Philosophica 1, S. 261–405. – A. TARSKI [1956]: Logic, semantics, metamathematics. Papers from 1923 to 1938. Oxford. – P. R. LUTZEIER [1973]: Modelltheorie für Linguisten. Tübingen. – G. LINK [1979]: Montague-Grammatik. Die logischen Grundlagen. München. – A. G. B. ter MEULEN (ed.) [1983]: Studies in modeltheoretic semantics. Dordrecht. →Kategorialgrammatik, →Montague-Grammatik.

Moderne Logik →Formale Logik.

Modi Significandi [lat. ›Arten und Weisen des Bezeichnens‹]. In der Sprachwiss. des Mittelalters die Bedeutungs- oder Bezeichnungsaspekte, die für die Klassifizierung der →Wortarten ausschlaggebend waren. Die M. S. gehen zurück auf die allgemeinen logischen Grundbegriffe des ARISTOTELES, nämlich: Substanz, Qualität, Quantität, Relation, Ort, Zeit, Lage, Haben, Tun, Leiden. Aufgrund dieser M. S. wurden z.B. Nomen als »Substanzen mit Eigenschaft«, Verben als »Eigenschaften des Handelns oder Leidens« definiert. Vgl. →Wortarten.

Lit.: M. HEIDEGGER [1916]: Die Kategorien- und Bedeutungslehre des Duns Scotus. Tübingen. – H. ARENS [1955]: Sprachwissenschaft. Der Gang ihrer Entwicklung von der Antike bis zur Gegenwart. 2., durchges. und stark erw. Aufl. Freiburg 1969. – J. PINBORG [1967]: Die Entwicklung der Sprachtheorie im Mittelalter. Münster. – G. L. BURSILL-HALL [1971]: Speculative grammars of the middle ages. The doctrine of »Partes orationis« of the Modistae. The Hague. →Sprachwissenschaft (Geschichte).

Modifikation [lat. *modificāre* ›richtig abmessen‹ – Auch: Modifizierung, Semantische Abwandlung]. In der →Wortbildung semantische Differenzierung des Grundmorphems durch Wortbildungsmorpheme, vor allem durch →Präfixe, wobei die Ausgangswortart (im Unterschied zur →Transposition) erhalten bleiben kann: *lesen* vs. *vorlesen, ablesen, nachlesen; Kind* vs. *Kindchen*.

Lit.: DUDEN [1959]: Die Grammatik. Bd. 4., 4. Aufl. Mannheim 1984. – J. ERBEN [1975]: Einführung in die deutsche Wortbildungslehre. 2. Aufl. Berlin 1983. – H. WELLMANN [1975]: Deutsche Wortbildung. 2. Hauptteil: Das Substantiv. Düsseldorf. – I. KÜHNHOLD/O. PUTZER/H. WELLMANN [1978]: Deutsche Wortbildung. 3. Hauptteil: Das Adjektiv. Düsseldorf. →Wortbildung.

Modifikationsrelation →Bestimmungsrelation.

Modifizierung →Modifikation.

Modisten. Verfasser von mittelalterlichen Traktaten über die →Modi significandi, d.h. über die Bedeutungs- bzw. Bezeichnungsfunktionen der Wörter und Wortarten, als deren berühmtester THOMAS VON ERFURT mit seiner reich überlieferten Schrift »*Novi modi significandi*« (um 1300) gilt. Der in antiker Tradition des ARISTOTELES stehende Versuch der M., die Klassifizierung der Wörter und Wortarten durch Korrelierung mit logischen, außersprachlichen Kriterien wie Substanz, Qualität, Zeit, Handeln und Leiden zu begründen, hat in zahlreichen terminologischen und definitorischen Details die Systematik traditioneller Grammatiken nachhaltig beeinflußt.

Lit.: →Modi significandi.

Modularität [lat. *modulus*, Verkleinerungsform zu *modus* ›Maß‹]. Aus der Computertechnologie übernommenes Konzept von weitestgehend voneinander unabhängig funktionierenden und daher isolierbaren Subsystemen mit jeweils spezifischen Aufgaben. Die modulare Struktur von Teilen eines Ganzen wird u.a. diskutiert in der →Neuropsychologie, in der Linguistik, insbes. von CHOMSKY (z.B. CHOMSKY [1980]), und in der →Psycholinguistik, insbes. durch die M.-Hypothese von FODOR [1983]. Im Zusammenhang mit M. wird häufig darauf hingewiesen, daß bestimmte Schädigungen des Gehirns selektive →Sprachstörungen bzw. →Sprachentwicklungsstörungen hervorrufen sollen (z.B. CURTISS [1988]; vgl. auch →Sprache und Gehirn). – Nach CHOMSKY [1975] und [1980] sind grammatische Regularitäten nicht auf allg. kognitive, sondern auf für Sprache spezifische Prinzipien zurückzuführen. Daher ist das grammatische Wissen (die formale Grammatik oder die formale →Kompetenz) unabhängig von anderem Wissen. »Grammatik« ist als ein Modul (neben anderen Modulen, etwa dem der visuellen Perzeption) konzipiert und besteht selbst wiederum aus einer Menge autonomer Subsysteme mit jeweils eigenen Wohlgeformtheitskriterien. – FODOR [1983] charakterisiert Module als Systeme mit bereichsspezifischen Operationen (engl. *domain specific*), mit automatischer Operation, sobald der Stimulus auftritt, und daher Reflexen vergleichbar (engl. *mandatory operation*), mit hermetisch abgeschlossener Verarbeitung, so daß Informationen im Verlauf der Verarbeitung weder hinaus- noch hineingelangen (*informational encapsulation*), mit schneller Verarbeitung (*speed*) und flachem Output (z.B. in der Art von *ja/nein*, engl. *shallow output*), im Gehirn lokalisierbar (*hardwired*) und mit charakteristischen Mustern beim Zusammenbruch des Systems (etwa bei Hirnschäden). Als Module sieht Fodor bestimmte Systeme in der Informationsverarbeitung an: z.B. Input-Systeme bei der Sprachperzeption (etwa bei der Wahrnehmung von sprachlichen Lauten, im Unterschied zu nicht-sprachlichen Lauten). Keine Module sind »zentrale Prozesse«, die z.B. Zugang zu Informationen aus verschiedenen Bereichen haben, etwa Problemlöseprozesse. - Zur kritischen Auseinandersetzung vgl. FODOR [1985], GARFIELD [1987], BATES u.a. [1988].

Lit.: N. CHOMSKY [1975]: Reflections on language. Dt: Reflexionen über Sprache. Frankfurt 1977. - N. CHOMSKY [1980]: Rules and representations. In: The behavioural and brain sciences 3, S.1–61. - D. MARR [1982]: Vision. New York. - R. WIESE [1982]: Remarks on modularity in cognitive theories of language. In: LBer 80, S. 18–31. - J. FODOR [1983]: The modularity of mind. Cambridge, Mass. - J. MARSHALL [1984]: Multiple perspectives on modularity. In: Cognition 17, S. 209–242. - J. FODOR [1985]: Precis of the modularity of mind. In: The behavioural and brain sciences 8, S. 1–42. - G. FANSELOW/S. W. FELIX [1987]: Sprachtheorie. Bd 1. Grundlagen und Zielsetzungen. Tübingen. - J. L. GARFIELD (ed.) [1987]: Modularity in knowledge representation and natural-language understanding. Cambridge, Mass. - E. BATES u.a. [1988]: From first words to grammar. Cambridge. - S. CURTISS [1988]: Abnormal language acquisition and the modularity of language. In: LCS 2, S. 96–116. - L. FRAZIER [1988]: Grammar and language processing. In: LCS 2, S. 15–34. - TH. ROEPER [1988]: Grammatical principles of first language acquisition: Theory and evidence. In: LCS 2, S. 35–52. - J. K. BOCK/A. S. KROCH [1989]: The isolability of syntactic parsing. In: G. CARLSON/M. K. TANENHAUS (eds.): Linguistic structure in language processing. Dordrecht, S. 157–196. - M. C. LINEBARGER [1989]: Neuropsychological evidence for linguistic modularity. In: G. N. CARLSON/M. K. TANENHAUS (eds.): Linguistic structure in language processing. Dordrecht, S. 197–238. →Sprache und Gehirn.

Modus [Pl. *Modi.* - Auch: Aussageweise]. Gramm. Kategorie des Verbs, durch die subjektive Stellungnahme des Sprechers zu dem durch die Aussage bezeichneten Sachverhalt ausgedrückt wird. Als selbständiges Formenparadigma ausgebildet, verfügen die meisten Sprachen über die neutrale Teilkategorie des →Indikativs, über den →Konjunktiv zum Ausdruck irrealer Sachverhalte und den →Imperativ als Modus der Aufforderung. Nur in einzelnen Sprachen vorhanden sind verschiedene Untertypen, wie z.B. das →Konditional im Frz. zum Ausdruck einer möglichen Wirklichkeit, der →Optativ im Griech., Türk. und Finn. zum Ausdruck erfüllbarer Wünsche, der Suppositiv im Türk. zum Ausdruck einer Vermutung, der →Energikus im Arab. zum Ausdruck nachdrücklicher Behauptungen u.a. - Die Formulierung modaler Einstellungen ist nicht nur auf die entsprechenden morphologischen Verbformen beschränkt, sondern wird auch durch lexikalische Mittel wie u.a. →Modalverben (*wollen, können* u.a.), Satzadverbien (*vermutlich, vielleicht*) erreicht; vgl. die semantische Kategorie der →Modalität.

Lit.: →Modalität.

Modus Ponens [lat. ›Modus der Behauptung‹; engl. *rule of inference/mood of affirming.* - Auch: Abtrennungsregel]. In der →Aussagenlogik Ableitungsregel (= Schlußregel) für die →Implikation: Wenn die Prämissen *p* und *p impliziert q* wahr sind, so ist (laut →Wahrheitstafel) auch die Konklusion *q* wahr. (Notation: $p, p \rightarrow q \vdash q$. Zu lesen als: ›*p. Wenn p dann q. Daher q.*‹). Z.B. *Philip wohnt in Hessen* (= *p*), *wenn Philip in Hessen wohnt, dann lebt er in Deutschland* ($p \rightarrow q$), also: *Philip lebt in Deutschland* (= $\vdash q$). Zum formalen Kriterium der Unterscheidung zwischen →Präsupposition und →Implikation vgl. unter →Modus Tollens.

Lit.: →Formale Logik.

Modus Tollens [lat. ›Modus der Widerlegung‹; engl. *rule of negative inference/mood of denying*. – Auch: Widerlegungsregel]. In der →Aussagenlogik Ableitungsregel (= Schlußregel) für die →Implikation: wenn die Prämissen *p impliziert q* wahr und *q* falsch sind, dann ist auch *p* falsch (Notation: ¬ q,p→q ⊢ ¬ p. Zu lesen als: ›Nicht-*q*, wenn *p*, dann *q*. Daher Nicht-*p*‹). Z.B. *Wenn Philip in Hessen wohnt, dann lebt er in Deutschland* (*p→q*). *Philip lebt nicht in Deutschland* (¬ q), also: *Philip wohnt nicht in Hessen* (¬ p). M.T. und →Modus Ponens gelten als formale Unterscheidungskriterien zwischen →Präsupposition und →Implikation: während für die Implikation sowohl M. T. als auch Modus Ponens gelten, trifft für Präsuppositionen nur Modus Ponens zu.

Lit.: →Formale Logik.

Mögliche Welt. Auf G. W. LEIBNIZ [1646–1716] zurückgehender (metaphorischer) Begriff, der die hypothetische Verschiedenheit aktualer Situationen zum Ausgangspunkt nimmt und eine plausible Gesamtheit solcher Situationen/Zustände zusammenzufassen versucht. In der →Modelltheoretischen Semantik wird die Interpretationsfunktion auf M. W. relativiert, denn zur Feststellung, ob die →Proposition einer Aussage wahr oder falsch ist, ist es notwendig, die Beschaffenheit der jeweiligen Welt zu kennen, auf die sich die Aussage bezieht. Der Status der M. W. als undefinierter Grundbegriff ist umstritten: eine Definition wird häufig über die Menge der Propositionen, die in der jeweiligen Welt Gültigkeit haben, versucht. – In den sogen. klassischen M. W. haben alle →Logischen Partikeln ihre üblichen (konstanten) Interpretationen, während dies für die sogen. nicht-klassischen M. W. nicht gilt. Letztere wurden von M. J. CRESSWELL vorgeschlagen, um Erscheinungen in →Intensionalen Kontexten zu erfassen.

Lit.: S. A. KRIPKE [1963]: Semantical considerations on modal logic. In: APhF 16, S. 83–94. – G. E. HUGHES/M. J. CRESSWELL [1968]: An introduction to modal logic. London. Dt.: Einführung in die Modallogik. Berlin 1978. – J. HINTIKKA [1969]: Models for modalities. Dordrecht. – D. LEWIS [1970]: General semantics. In: Synthese 22, S. 18–67. Dt. in: S. KANNGIESSER/G. LINGRÜN (eds.): Studien zur Semantik. Kronberg 1974, S. 136–197. – M. J. CRESSWELL [1972]: Intensional logics and logical truth. In: JPL 1, S. 2–15. – S. KRIPKE [1972]: Naming and necessity. In: D. DAVIDSON/G. HARMAN (eds.): Semantics of natural language. Dordrecht, S. 253–355, 762–769. Dt.: Name und Notwendigkeit. Frankfurt 1981. – D. LEWIS [1973]: Counterfactuals. Oxford. – P. R. LUTZEIER [1974]: Der »Aspekt« Welt als Einstieg zu einem nützlichen Kontextbegriff für eine natürliche Sprache. Stuttgart. – R. MONTAGUE [1974]: Formal philosophy. Selected Papers. Ed. von R. H. THOMASON. New Haven. – G. LINK [1976]: Intensionale Semantik. München. – P. R. LUTZEIER [1981]: Words and worlds. In: J. EIKMEYER/H. RIESER (eds): Words, worlds, and contexts. New approaches in word semantics. Berlin, S. 75–106. – J. BRUNER [1986]: Actual minds, possible worlds. Cambridge, Mass. – F. G. DROSTE [1989]: Possible worlds in linguistic semantics. In: Semiotica 73, S. 1–27. →Intensionale Logik, →Modelltheoretische Semantik, →Montague-Grammatik.

Mögliches Wort. Ansatz in der →Wortbildung von G. FANSELOW [1985], über semantisch-logische Prinzipien die Bildungs- bzw. Interpretationsmöglichkeiten neuer sekundärer Wörter einzuschränken, um so zu einer Definition des Begriffs »eines möglichen komplexen Wortes« zu gelangen. Bei der modularen Interaktion genereller semantischer Interpretationsprozesse mit den formalen Wortstrukturen werden nur diejenigen erzeugten Bedeutungsrepräsentationen als wohlgeformt charakterisiert, die im Einklang mit einer durch die Typenlogik unabhängig motivierten Korrelation zwischen syntaktischen Kategorien und semantischen Typen stehen.

Lit.: G. FANSELOW [1985]: What is a possible complex word? In: J. TOMAN (ed.): Studies in German grammar. Dordrecht, S. 289–318. – G. FANSELOW [1988]: ›Word syntax‹ and semantic principles. In: G. BOOIJ/J. VAN MARLE (eds.): Yearbook of morphology. Dordrecht, S. 95–122.

Möglichkeitsform →Konjunktiv.

Mohave →Hokanisch.

Momentan →Punktuell.

Monem [griech. *mónos* ›einzeln‹, ›einmalig‹. – Auch: →Morphem].
(1) Von A. MARTINET [1960] eingeführte Bezeichnung für kleinste, aus Inhalt und Lautform bestehende Einheiten der Sprache, die nicht in kleinere bedeutungstragende Elemente zerlegt werden können. Hinsichtlich ihrer Funktion unterscheidet MARTINET zwischen der offenen Klasse der lexikalischen M., den sogen. →Semantemen, deren Bedeutungen im Lexikon kodifiziert werden, und der geschlossenen Klasse der gramm. M., die er »Morpheme« nennt, des weiteren zwischen funktionalen M. (Präpositionen), autonomen M. (freie, nicht konjugier- bzw. flektier-

bare: *heute, leider*) und abhängigen M. (Kasus, Tempus). In der durch den amerikan. Strukturalismus eingeführten und etablierten Terminologie entspricht MARTINETS »M.« dem →Morphem, sein »Semantem« den freien lexikalischen Morphemen, sein »Morphem« den gebundenen gramm. Morphemen.
(2) In der Terminologie von K. HEGER, H. J. HERINGER u.a. kleinste bedeutungtragende Elemente der Ausdrucksebene, denen auf der Inhaltsebene die sogen. →Sememe entsprechen.

Lit.: A. MARTINET [1960]: Eléments de linguistique générale. 2., neu durchges. und verm. Aufl. Paris 1967. – H. J. HERINGER [1970]: Theorie der deutschen Syntax. München, 2. Aufl. 1973. – K. HEGER [1971]: Monem, Wort und Satz. Tübingen. →Morphologie.

Mongolische Sprachen. Zweig des →Altaischen Sprachstammes mit 12 Sprachen und 3 Mio. Sprechern in Zentralasien. Das Klassische Mongoloisch, mit einer schriftlichen Tradition seit dem 13. Jh., dient noch heute als Schriftsprache für die nah verwandten Sprachen. (Vgl. Sprachenkarte Nr. 2).

Lit.: B. SPULER/H. KEES (eds.) [1964]: Mongolistik. Handbuch der Orientalistik. Köln, Leiden. – N. POPPE [1970]: Mongolian language handbook. Washington D. C. – R. I. BINNICK [1981]: On the Classification of the Mongolian Languages. Toronto. – H.-P. VIETZE [1969]: Lehrbuch der mongolischen Sprache. München 1974. 5. Aufl. Leipzig 1987.

Monitor-Theorie. Hypothetisches Modell S. KRASHENS, wonach die Sprachproduktion in einer Fremdsprache durch eine Kontrollinstanz (»Monitor«) auf ihre formale Richtigkeit hin überwacht wird. Das – nach dem Sprechertyp variierende –

Ausmaß dieser Überwachung soll sich auf die Art des Fremdsprachenerwerbs auswirken. KRASHEN unterscheidet daher »Lernen« (bei starkem M.-Einsatz) und »Erwerben« (bei geringem Einsatz).

Lit.: F. G. KÖNIGS [1989]: Die Dichotomie Lernen/Erwerben. In: K.-R. BAUSCH u.a. (eds.): Handbuch Fremdsprachenunterricht. Tübingen, S. 356–359. →Zweitspracherwerb.

Mon-Khmer-Sprachen. Sprachfamilie Südostasiens mit ca. 140 Sprachen, dem →Austro-Asiatischen Sprachstamm zugehörend; die bedeutendsten Einzelsprachen sind →Vietnamesisch (50 Mio. Sprecher) und Khmer (Kambodschanisch, 7 Mio. Sprecher). Zum Teil alte Schrifttraditionen (Mon und Khmer auf der Basis indischer, →Vietnamesisch auf der Basis der →Chinesischen Schrift).

Lit.: H. L. SHORTO/J. M. JACOBI/E. H. S. SIMMONDS (eds.) [1963]: Bibliographies of Mon-Khmer and Tai linguistics. London. – R. SACHER N. PHAN [1985]: Lehrbuch des Khmer. Leipzig.

Monoflexion. Morphologischsyntaktische Eigenschaft u.a. des Dt., die darin besteht, daß die syntaktische Kennzeichnung einer Substantivgruppe nach Kasus, Numerus oder Genus nur an einer Stelle geschieht, z.B. durch den Artikel in *dem Kind* oder durch das Adjektiv in *schönes Kind.* Durch M. werden die Einzelelemente zu einer strukturellen Einheit zusammengefaßt. Man nennt diese Eigenschaft auch »monoflexivische Kooperation«.

Monolingualismus [Einsprachigkeit].
(1) Beherrschung nur einer Sprache durch ein Individuum

(im Unterschied zu →Bilingualismus).
(2) Geltung nur einer Sprache in einer Gesellschaft (im Unterschied zu →Multilingualismus).

Monophonem(at)ische Wertung. In der phonologischen Analyse einer Sprache die Zuordnung zweier Laute zu einem →Phonem, z.B. im Dt. die (umstrittene) Klassifizierung der →Affrikaten. Vgl. zum Unterschied →Polyphonem(at)ische Wertung.

Lit.: →Phonologie.

Monophthong [griech. *monóphthongos* ›einfach tönend‹]. Im Unterschied zu einem →Diphthong ein Vokal, bei dem sich während der Artikulation die Artikulationsorgane nicht so bewegen, daß eine Qualitätsveränderung auditiv wahrnehmbar wäre.

Monophthongierung. Artikulatorisch motivierter Lautveränderungsprozeß, durch den Diphthonge zu Langvokalen vereinfacht werden. Meist handelt es sich dabei um reziprok strukturierte Angleichungen der beiden vokalischen Segmente (vgl. die M. [aɪ, aø] > [ä:, ɔ:], im gegenwärtigen österr. Deutsch: [haɪs, haøs] > [hä:s, hɔ:s] ›heiß‹, ›Haus‹), die auch durch entsprechende konsonantische Folgelaute beeinflußt werden kann, vgl. den Wandel von germ. *ai, au* zu den Monophthongen *ē, ō* im Ahd. (»Ahd. Monophthongierung«) in Abhängigkeit von (relativ zur Artikulationsstelle des zweiten Diphthongteils) »tiefen« Konsonanten (*r, h, w* nach *i*; *r, h* und Dentale nach *u*), vgl. got. *air* :

ahd. *ēr* ›früher‹, got. *tauh* : ahd. *zōh* ›er zog‹.

Lit.: →Lautwandel.

Monosemie [griech. *sēma* ›Zeichen‹]. Ein Ausdruck ist monosem, wenn ihm genau eine Bedeutung entspricht (im Unterschied zu →Polysemie). Diese Eigenschaft sprachlicher Zeichen trifft in der Regel nur auf wissenschaftliche Terminologie bzw. künstliche Sprachen, nicht aber auf die Umgangssprache zu. M. ist eine typische Eigenschaft von agglutinierenden Sprachen (vgl. →Agglutination, →Türkisch).

Lit.: TH. VENNEMANN [1982]: Agglutination – Isolation – Flexion? In: S. HEINZ/U. WANDRUSZKA (eds.): Fakten und Theorien. Tübingen, S. 327–334. →Sprachtypologie.

Monosemierung →Disambiguierung.

Montague-Grammatik. Nach ihrem Begründer, dem amerikanischen Logiker und Sprachtheoretiker Richard MONTAGUE (1932–1971), bezeichnete Grammatikkonzeption, die in der logischen Tradition von FREGE, TARSKI, CARNAP u.a. steht. MONTAGUE geht von der Prämisse aus, daß zwischen künstlichen (formalen) und natürlichen (menschlichen) Sprachen kein theoretisch relevanter Unterschied besteht, woraus sich seine Zielsetzung ableitet, die logischen Strukturen der natürlichen Sprachen aufzudekken und mit den Mitteln der universellen Algebra und der mathematischen (→Formalen) Logik zu beschreiben. In seinen zwar präzisen, aber sehr komprimierten Entwürfen (einfluß-reich wurden vor allem die Arbeiten MONTAGUE [1970] und MONTAGUE [1973], Abk.: PTQ) geht MONTAGUE von einer an der Oberflächenstruktur von Sätzen orientierten Syntax aus, die er in Form einer modifizierten →Kategorialgrammatik darstellt. Parallel zu diesem syntaktischen System der Zusammenfassung von einfachen zu komplexen Strukturen werden auch komplexe Bedeutungen aus einfachen Bedeutungen aufgebaut, entsprechend dem Fregeschen Prinzip der Bedeutung, nach dem die Gesamtbedeutung eines Satzes sich rekursiv als Funktion der Bedeutung seiner wohlgeformten Teile bestimmen läßt. Zu diesem Zwecke werden in MONTAGUE [1973] die Ausdrücke der natürlichen Sprache durch ein System von Übersetzungsregeln in die semantisch interpretierte Sprache der →Intensionalen Logik übersetzt, wobei diese Übersetzungsregeln eine Art Formalisierung einer intersubjektiven Sprachkompetenz darstellen. Die Interpretation dieser Logiksprache (die eine um intensionale, modale und temporale Operatoren erweiterte einfache Typenlogik darstellt) erfolgt auf modelltheoretischer Basis (→Modelltheoretische Semantik), d.h. jedem bedeutungsvollen Ausdruck wird genau eine →Intension zugeordnet, die in Abhängigkeit von verschiedenen Situationen (→Möglichen Welten oder Referenzpunkten) eine →Extension (ein Referenzobjekt) für den Ausdruck liefert. Aus dieser Konzeption ergibt sich das folgenreiche methodologische Prinzip der semantischen Kompositionalität:

Die Bedeutungen der Ausdrükke bilden kontextunabhängige semantische Blöcke, die allein zum Aufbau der Gesamtbedeutung eines Satzes beitragen. Das Prinzip hat sich als äußerst fruchtbar bei der sprachnahen Analyse von →Nominalphrasen erwiesen (einheitliche Behandlung von Individuentermen und Quantorenphrasen, vgl. →Quantifizierung), stößt aber bei einer Reihe von grammatischen Phänomenen auf Schwierigkeiten; wichtigstes Beispiel sind die sogen. *donkey* (›Esels‹)-Sätze: Der in PTQ im Sinne des Existenzoperators (→Operator) zu verstehende Ausdruck *ein Esel* erhält in dem Satz *Jeder Bauer, der einen Esel hat, schlägt ihn* allgeneralisierende Funktion (vgl. PARTEE [i.V.]). Die M.-G. ist heute neben der →Transformationsgrammatik eines der vorherrschenden Paradigmen der theoretischen Linguistik, vor allem in ihren Weiterentwicklungen, vgl. u.a. →Diskursrepräsentationstheorie, →Situationssemantik.

Lit.: R. MONTAGUE [1970]: English as a formal language. In: B. VISENTINI u.a. (eds.): Linguaggi nella società e nella tecnica. Milano. – R. MONTAGUE [1970]: Universal grammar. In: Theoria 36, S. 373–398. Dt.: Universale Grammatik. Ed. von H. SCHNELLE. Braunschweig 1972. (Abkürzung: UG). – R. MONTAGUE [1973]: The proper treatment of quantification in ordinary English. In: J. HINTIKKA/J. M. E. MORAVCSIK/E. SUPPES (eds.): Approaches to natural language. Dordrecht. (Abkürzung: PTQ). – R. MONTAGUE [1974]: Formal philosophy. Selected papers. Ed. von R. H. THOMASON. New Haven.
Einführungen und Handbücher: W. STEGMÜLLER [1975]: Hauptströmungen der Gegenwartsphilosophie. Eine kritische Einführung. Bd. 2. Stuttgart, 8. Aufl. 1989. Kap. 1.2. – G. LINK [1976]: Intensionale Semantik. München, Kap. 2. – S. LÖBNER [1976]: Einführung in die Montague-Grammatik. Kronberg. – H. GEBAUER [1978]: Montague-Grammatik. Eine Einführung mit Anwendungen für das Deutsche. Tübingen. – G. LINK [1979]: Montague-Grammatik. Die logischen Grundlagen. München.
Sammelbände: D. DAVIDSON/G. HARMAN (eds.) [1972]: Semantics of natural language. Dordrecht. – E. L. KEENAN (ed.) [1975]: Formal semantics of natural language. Los Angeles. – F. GUENTHNER/S. J. SCHMIDT [1976]: Formal semantics and pragmatics for natural languages. Dordrecht. – B. PARTEE (ed.) [1976]: Montague-grammar. New York. – F. GUENTHNER/CH. ROHRER (eds.) [1978]: Studies in formal semantics. Amsterdam. – A. KASHER (ed.) [1976]: Language in focus: Foundations, methods and systems. Dordrecht. – J. GROENENDIJK u.a. (eds.) [1981]: Formal methods in the study of language. 2 Bde. Amsterdam.
Einzelaspekte: B. PARTEE [1974]: Einige transformationelle Erweiterungen von Montague-Grammatiken. In: S. KANNGIESSER/G. LINGRÜN (eds.): Studien zur Semantik. Kronberg. – B. PARTEE [1975]: Montague grammar and transformational grammar. In: LIn 6, S. 203–300. – D. R. DOWTY [1979]: Word meaning and Montague Grammar. Dordrecht. – G. FANSELOW [1981]: Zur Syntax und Semantik der Nominalkomposition. Tübingen. – B. PARTEE [i.V.]: Compositionality. In: R. BARTSCH u.a. (eds.): Proceedings of the 4th Amsterdam Colloquium, Mathematical Centre Tracts. Amsterdam.
Bibliographie: J. S. PETÖFI (ed.) [1978]: Logic and the formal theory of natural language. Selected bibliography. Hamburg. →Intensionale Logik, →Kategorialgrammatik.

Mordwinisch →Finno-Ugrisch.

More/Mora [lat. *mora* ›Zeitraum‹]. Phonologische Meßeinheit für eine kurze Silbe, die aus einem kurzen Vokal und (höchstens) einem Konsonanten besteht. Zweimorig sind Silben mit Langvokal bzw. mit Kurzvokal und zwei oder mehreren Konsonanten. Nach anderer Definition sind leichte Silben, die auf einen kurzen Konsonant ausgehen, einmorig, während alle anderen Silben zweimorig bzw. schwere Silben sind. Vgl. →Dreimorengesetz.

Lit.: L. HYMAN [1985]: A theory of phonological weight. Dordrecht.

Morph [griech. *morphḗ* ›Form‹]. Kleinstes bedeutungstragendes lautliches Segment einer Äußerung auf der Ebene der Parole, das noch nicht als Repräsentant eines bestimmten →Morphems (auf der Ebene der Langue) klassifiziert ist (→Langue vs. Parole). Haben zwei oder mehrere M. gleiche Bedeutung bei verschiedener Verteilung, so gehören sie zu demselben Morphem bzw. werden als →Allomorphe bezeichnet; so sind z.B. /-e/ in *Hunde*, /-er/ in *Kinder* und /-n/ in *Opern* drei verschiedene lautliche Repräsentanten des deutschen Pluralmorphems. Vergleicht man die M. *-er* in *Kinder, härter* und *er*, so handelt es sich um ein homonymes M. (→Homonymie), d.h. *-er* ist Allomorph verschiedener Morpheme, nämlich »Plural«, »Komparativ«, »Personalpronomen«. Die Unterscheidung M. vs. Allomorph vs. Morphem entspricht methodisch derjenigen von →Phon vs. →Allophon vs. →Phonem.

Lit.: →Morphologie.

Morphem [*-em* ›distinktive Einheit‹. – Auch: →Monem, →Plerem]. Neben →Phonem theoretischer Grundbegriff strukturalistischer Sprachanalyse: kleinste bedeutungstragende Elemente der Sprache, die als phonologisch-semantische Basiselemente nicht mehr in kleinere Elemente zerlegt werden können, z.B. *Buch, drei, es, lang*. M. sind abstrakte (theoriebezogene) Einheiten, sie werden phonetisch-phonologisch repräsentiert durch →Morphe als kleinste bedeutungstragende, aber noch nicht klassifizierte Lautsegmente. Haben solche

Morphe gleiche Bedeutung und komplementäre Verteilung oder stehen sie in freier Variation, so handelt es sich um →Allomorphe desselben M., z.B. repräsentieren im Dt. die Flexionselemente *-e, -en, -n, -s* in *Hunde, Betten, Katzen, Autos* Allomorphe des M. »Plural«, wobei dies (wie in *Himmel*) auch durch eine Leerstelle, ein sogen. Null(allo)morph repräsentiert sein kann. M. entsprechen also nur in Sonderfällen der gramm. Kategorie →Wort (z.B. bei *Wort, wir, bald*) und sind prinzipiell von der phonetischen Einheit →Silbe zu unterscheiden: Silben sind konkrete Lauteinheiten des Wortes auf Parole-Ebene, M. aber Abstrahierungen auf der Ebene des Sprachsystems, formale Identität zwischen beiden ist zufällig (vgl. *Schrift* + *bild*, aber: *schrei – ben, sie – ben*). Eine Silbe kann aus mehreren M. bestehen, vgl. *sprach*, das in die vier M. »sprech« als lexikalische Bedeutung, »Tempus«, »Person« und »Numerus« zu analysieren ist, während *heute* zwar aus zwei Silben, aber nur einem M. besteht. – Je nach dem unterschiedlichen Untersuchungsaspekt ergeben sich verschiedene Typologien der Klassifizierung und Differenzierung von Morphemen: (a) Hinsichtlich des Postulats der Einheit von Form und Bedeutung ist eine Unterscheidung notwendig zwischen (aa) diskontinuierlichen M., bei denen mehrere durch andere Elemente getrennte Morphe zusammen die M.-Bedeutung ergeben, vgl. *ge* + *lieb* + *t*, wo das M. »Partizip« durch die getrennten Elemente *ge-* und *-t* gebildet wird, und (ab) den sogen. →Portmanteau-M., bei denen die kleinsten bedeutungstragenden Segmente Träger mehrerer Bedeutungen sind, vgl. oben die Analyse von *sprach* oder frz. *au*, das eine Verschmelzung der Morphe *à* und *le* darstellt; (b) hinsichtlich ihrer Bedeutungsfunktion wird unterschieden zwischen (ba) lexikalischen M. (auch: →Grund-/Basism.; vgl. →Lexeme), die Objekte, Sachverhalte etc. der außersprachlichen Welt bezeichnen und deren Beziehungen durch →Semantik bzw. →Lexikologie erforscht werden, und (bb) gramm. M. (auch: Flexionsm.), die die gramm. Beziehungen im Satz ausdrücken und Untersuchungsobjekt von →Morphologie (im engeren Sinne) und →Syntax sind; (c) hinsichtlich ihres Vorkommens bzw. ihrer Selbständigkeit wird unterschieden zwischen (ca) freien M. (auch: →Wurzel, →Grundmorphem), die sowohl lexikalische (*Buch, rot, schnell*) als auch gramm. Funktion (*aus, und, es*) besitzen können, und (cb) gebundenen M., bei denen es sich entweder um lexikalische Stamm-M. wie *Sprach-* in *Sprachanalyse*, um Flexions-M. (wie Verbindungen) oder um Ableitungs-M. der Wortbildung (wie *zer-, -bar, -nis*) handelt, vgl. →Affixe. Auch →Unikale M. wie *Schorn* in *Schornstein* sind gebundene M., deren synchronische Bedeutung allerdings auf ihre distinktive Funktion reduziert ist. Diese vor allem auf →Distribution und operationalen Analyseverfahren basierende strukturalistische M.-Analyse hat dort ihre Grenzen, wo Abwandlung sprachlicher Formen nicht mehr extern durch Reihenfolgebeziehungen, sondern durch Lautwechsel (→Mutation) geprägt wird, vgl. die Bildung des Prät. im Dt. *springen* : *sprang*. Zusammenfassend und zur Kritik vgl. P. H. MATTHEWS [1974]. Die Relevanz des klassischen M.-Begriffs für die Beschreibung von Wortbildung wird angezweifelt und letztlich aufgegeben bei M. ARONOFF [1976]. Dort besteht das Lexikon nicht aus den M., sondern aus den fertigen Wörtern der Sprache. Außerhalb der Wörter, in denen sie auftauchen, haben M. nach ARONOFF keine unabhängige Existenz: M. sind Bestandteile von Wörtern. Die →Wortbildungsregeln werden als transformationelle Operationen innerhalb des Lexikons aufgefaßt, die als Eingabe ein Wort nehmen und dieses in ein neues Wort mit phonologisch, semantisch und syntaktisch festgelegten Eigenschaften überführen. Kritik an dem ARONOFFSCHEN Ansatz ist neuerdings von DISCIULLO/WILLIAMS [1987] geübt worden. Sie nehmen im bewußten Gegensatz zu ARONOFF kombinatorische Wortbildungsprozesse an, die M. zu Wörtern verbinden.

Lit.: P. H. MATTHEWS [1974]: Morphology. London. – M. ARONOFF [1976]: Word formation in generative grammar. Cambridge, Mass. – A. M. DiSCIULLO/E. WILLIAMS [1987]: On the definition of word. Cambridge, Mass. – J. MUGDAN [1986]: Was ist eigentlich ein Morphem? In: ZPSK 39, S. 29–43. →Morphologie, →Wortbildung, →Wortbildungsregeln.

Morphemalternante →Morpho-Phonem.

Morphemanalyse →Morphologische Analyse.

Morphemik.
(1) Synonym für →Morphologie.
(2) Im angelsächsischen Bereich gelegentlich Bezeichnung für synchronische →Morphologie im Unterschied zur historischen →Wortbildung.

Morphologie [griech. *lógos* ›Wort‹, ›Lehrsatz‹. – Auch: Morphemik, Pleremik]. Von J. W. GOETHE geprägter Terminus zur Bezeichnung der Lehre von Form und Struktur lebender Organismen, der im 19. Jh. als Oberbegriff für →Flexion und →Wortbildung in die Sprachwiss. übernommen wurde. In der →Traditionellen Grammatik entspricht M. der Formenlehre, d.h. den Teilgebieten der Flexion sowie der Lehre von den Wortarten und ihren Klassifizierungskriterien. In unterschiedlicher Weise wird Wortbildung als selbständiges Gebiet neben M. oder aber als weiteres Teilgebiet der M. behandelt. Mit C. F. HOCKETT [1954] werden drei Typen von morphologischen Erklärungsmodellen unterschieden: (a) die im amerikanischen →Strukturalismus unter dem Aspekt der →Distribution verfolgte →Item-and-arrangement-grammar (= Element- und Anordnungsgrammatik, auch: Kombinationsm.), (b) die der generativen →Transformationsgrammatik zugrundeliegende Vorstellung einer Item-and-process-grammar (auch: Prozeßm.), in der zugrundeliegende abstrakte Formen durch →Transformationen in ihre oberflächenstrukturelle Form überführt werden, und (c)

das Word-and-paradigm-model (auch: Paradigmenm.), das nicht das Morphem, sondern das →Wort als Grundelement der morphologischen Beschreibung ansetzt. Die Grundbegriffe der M. der neueren Sprachwiss. wurden im Rahmen des Strukturalismus (vgl. oben unter (a)) entwickelt. M. besteht hier in der Untersuchung von Form, innerer Struktur, Funktion und Vorkommen der →Morpheme als kleinsten bedeutungstragenden Einheiten der Sprache. Aufgrund experimenteller Analyseverfahren (→Operationale Verfahren) werden das Morpheminventar sowie die möglichen Morphemkombinationen beschrieben, wobei der Übergang zur Syntax ebenso fließend ist wie die Grenze zur Phonologie, vgl. hierzu →Morphophonologie. Ziele morphologischer Analyse sind außerdem: (a) die Gewinnung von Kriterien zur Bestimmung von →Wortarten; (b) Beschreibung der Regularitäten der Flexion (vgl. →Deklination, →Konjugation und →Komparation); (c) die Untersuchung von →Grammatischen Kategorien wie →Tempus, →Modus u.a. und ihren sprachlichen Korrelaten; (d) im Rahmen der →Wortbildung die Untersuchung der Basiselemente, Kombinationsprinzipien und der semantischen Funktion von Wortneubildungen; (e) unter dem Aspekt des Sprachvergleichs die Gewinnung von Kriterien zur Bestimmung sprachtypologischer Zusammenhänge zwischen genetisch nicht verwandten Sprachen, vgl. →Sprachtypologie.

Lit.: L. Bloomfield [1933]: Language. New York 1933. Dt.: Sprache. Frankfurt 1980. – E. Nida [1946]: Morphology. The descriptive analysis of words. 2. Aufl. Ann Arbor 1949. – Z. S. Harris [1951]: Methods in structural linguistics. Chicago. – C. F. Hockett [1954]: Two models of grammatical description. In: Word 10, S. 210–234. – M. Bierwisch [1963]: Über den theoretischen Status des Morphems. In: SG 1, S. 51–98. – P. H. Matthews [1974]: Morphology. An introduction to the theory of word-structure. London. – F. Kiefer (ed.) [1975]: Morphologie und Generative Grammatik. Wiesbaden. – W. Dressler [1977]: Grundfragen der Morphophonologie. Wien. – J. Greenberg (ed.) [1978]: Universals in human language. Word Structure, Bd. 3. Stanford. – H. Bergen- holtz/J. Mugdan [1979]: Einführung in die Morphologie. Stuttgart. – H. An- dersen [1980]: Morphological change. In: J. Fisiak (ed.) [1980]: Historical morphology. The Hague. – R. Bartsch/Th. Ven- nemann [1982]: Grundzüge der Sprachtheorie. Tübingen. – J. Bybee [1985]: Morphology. Amsterdam.
Morphologie des Deutschen: K.-D. Bün- ting [1970]: Morphologische Strukturen deutscher Wörter. Hamburg. – W. U. Wur- zel [1970]: Studien zur deutschen Lautstruktur. Berlin. – G. Augst [1975]: Lexikon zur Wortbildung. Morpheminventar A-Z der deutschen Gegenwartssprache. 3 Bde. Tübingen. – G. Augst [1975]: Untersuchungen zum Morpheminventar der deutschen Gegenwartssprache. Tübingen. – W. van Lessen Kloeke [1982]: Deutsche Phonologie und Morphologie. Tübingen.
Forschungsbericht: J. Kilbury [1976]: The development of morphophonemic theory. Amsterdam. – S. Anderson [1988]: Morphological theory. In: F. Newmeyer (ed.): Linguistics. The Cambridge survey. Cambridge University Press, Bd. 1, S. 146–191.
Bibliographie: R. Beard/B. Szymanek [1988]: Bibliography of morphology, 1960–1985. Amsterdam.

Morphologische Analyse

[Auch: Morphemanalyse]. Analyse und Beschreibung von Form (-varianten), Vorkommen und Funktion der →Morpheme als kleinsten bedeutungstragenden Einheiten einer Sprache.

Lit.: →Morphologie.

Morphologische Kategorie.

Parameter der Klassifikation morphologischer Merkmale unter funktionalem Aspekt: das Ergebnis sind Klassen von Merkmalen mit gleichen funktionalen Eigenschaften wie die nominalen Kategorien →Genus, →Kasus, →Numerus bzw. die verbalen Kategorien →Person, →Numerus, →Tempus, →Modus, →Genus Verbi.

Morphologische Komponente

[engl. *readjustment component, readjustment rules.* – Auch: Ausgleichskomponente]. Grammatikkomponente der generativen →Transformationsgrammatik, die Regeln enthält, die zwischen der syntaktischen und der →Phonologischen Komponente operieren, um die →Formative der terminalen syntaktischen Ketten mit den korrekten Flexionsmerkmalen der Oberflächenstruktur zu versehen.

Lit.: →Transformationsgrammatik.

Morphologisches Merkmal.

Die die →Flexion (d.h. Konjugations- und Deklinationsform) einer Sprache bezeichnenden Merkmale, z.B. die Angabe von →Person, →Numerus, →Tempus u.a. bei Verben, →Kasus- und →Genus-Kennzeichnung bei Nomen.

Lit.: →Morphologie.

Morphologisierung.

Wandel einer phonologischen zu einer morphologischen Regularität durch den Verlust ursprünglich vorhandener phonetischer Motivierungsfaktoren; vgl. beispielsweise →Umlaut in der Sprachgeschichte des Deutschen: Nach dem Verlust der phonetischen Umlautbedingungen durch Endsilbenabschwächung vom Ahd. zum

Mhd. werden diejenigen morphologischen Kategorien, die im Ahd. mit Hilfe *i*-haltiger Suffixe ausgedrückt waren, mit dem Umlautprozeß in Verbindung gebracht und seit dem Mhd. als umlautbedingende Faktoren angesehen (vgl. die Umlautbildung bei Komparation *lang - länger*, Diminutivbildung *Brunnen - Brünnlein*, Pluralbildung *Hand - Hände* u.a.).

Morphonem →Morpho-Phonem.

Morphonemik →Morpho-Phonologie.

Morpho-Phonem [Auch: Morphemalternante, Morphonem]. Von Trubetzkoy [1929] eingeführter Terminus zur Bezeichnung phonologischer Einheiten, deren verschiedene Elemente →Allomorphe eines bestimmten →Morphems repräsentieren, z.B. im Engl. die verschiedenen Varianten des Pluralmorphems: / -s, -z, -iz, -en, -Ø/ in *cats, dogs, horses, oxen, sheep*, im Dt. die durch →Auslautverhärtung bedingten Varianten / p, t, k/ : / b, d, g/ in *lieb* : *Liebe, Rad* : *Räder, lag* : *Lage*. M. sind abstrakte, den verschiedenen Allomorphen zugrundeliegende Einheiten. (Notation: Großbuchstaben zwischen Schrägstrichen, z.B. /li:Be/ vs. /li:B/)

Lit.: N. Trubetzkoy [1929]: Zur allgemeinen Theorie der phonologischen Vokalsysteme. In: TCLP 1, S. 39–67. →Morpho-Phonologie.

Morphophonemik →Morpho-Phonologie.

Morpho-Phonologie [Auch: Morphonemik, Morphophonemik, Phon-Morphologie]. Intermediäre Analyseebene zwischen →Phonologie und →Morphologie, auf der die phonologischen Regularitäten im Rahmen der Morphologie, speziell die systematischen phonologischen Varianten von →Morphemen (vgl. →Allomorph) und die Bedingungen ihres Auftretens beschrieben werden. Beispiel vgl. unter →Morpho-Phonem. Diese auf N. Trubetzkoy zurückzuführende Annahme einer der konkreten Äußerungsform zugrundeliegenden abstrakten phonologischen Ebene wird im Rahmen der generativen →Transformationsgrammatik von N. Chomsky u.a. systematisch ausgebaut, indem Regeln angesetzt werden, die die Überführung der abstrakten morphophonologischen (→Tiefen)-Struktur (auch: systematisch phonemische Ebene) in die konkrete phonetische Realisierung der Oberflächenstruktur gewährleisten. – In der →Natürlichen generativen Grammatik werden morphophonologische Varianten im Lexikon gespeichert.

Lit.: N. Trubetzkoy [1931]: Gedanken über Morphophonologie. In: TCLP 4. – A. Martinet [1965]: De la morphonologie. In: Linguistique 1, S. 15–30. – N. Chomsky/M. Halle [1968]: Sound pattern of English. New York. – J. Kuryłowicz [1968]: The notion of Morpho(pho)neme. In: W. P. Lehmann/Y. Malkiel: Directions for historical linguistics. Austin, S. 65–81. – J. Kilbury [1974]: The emergence of morphophonemics: a survey of theory and practice from 1876–1939. In: Lingua 33, S. 235–252. – W. Dressler [1977]: Grundfragen der Morphophonologie. Wien. – E. Gussmann (ed.) [1983]: Phono-Morphology: studies in the interaction of phonology and morphology. Dublin.

Morphosphäre →Oberflächen-
struktur.

Morphosyntax. Bereich der
sprachlichen Verfahren zur
Wiedergabe syntaktischer
Merkmale mit morphologi-
schen Mitteln, d.h. mittels gebundener Morpheme wie →Fle-
xive oder Klitische Elemente
(→Klitisierung) im Unterschied
zu rein kombinatorischen Verfahren, die die syntaktischen
Merkmale eines sprachlichen
Ausdrucks durch seine Position
bzw. durch seine Kombination
mit nicht-gebundenen Morphemen wie Präpositionen oder Adverbien anzeigen.

Lit.: N. HIMMELMANN [1987]: Morphosyntax und Morphologie. Die Ausrichtungs-
affixe im Tagalog. München. – U. WAN-
DRUSZKA [1988]: Morphosyntax. In: Lexikon der Romanistischen Linguistik. II.
Tübingen.

Moselfränkisch →Mittelfrän-
kisch.

Mossi →Gur.

Motion [lat. *mōtiō* ›Bewegung‹.
– Auch: Movierung]. Explizite
Ableitung weiblicher Personenbezeichnungen von männli-
chen Bezeichnungen mittels
verschiedener →Suffixe, vgl.
*Ärztin, Engländerin, Lehrerin,
Friseuse, Directrice, Stewardeß*;
engl. *hostess*. Abgesehen von
der Bildung *Witwer* zu *Witwe*
gibt es nur im Bereich von Tier-
bezeichnungen einige Beispiele
für den umgekehrten Vorgang:
Gans vs. *Gänserich, Katze* vs.
Kater.

Lit.: F. PLANK [1985]: Movierung mittels
Präfix – warum nicht? In: LB 97, S. 252–
260. →Wortbildung.

Motiviertheit →Motivierung.

Motivierung [Auch: Motiviert-
heit]. Eine Wortbildung gilt als
motiviert, wenn sich ihre Gesamtbedeutung aus der Summe
der Bedeutungen ihrer einzelnen Elemente ableiten läßt, z.B.
*Zeitungsleser, Theaterauffüh-
rung, Tischlampe.* Unter synchronischem Aspekt unterliegt
M. vielfältigen Abstufungen,
vgl. die abnehmende M. von
Bildungen wie der vollmotivier-
te *Weinkeller* über den teilmo-
tivierten *Fahrstuhl, Morgen-
mantel* bis hin zu idiomatisierten Bezeichnungen wie *Armuts-
zeugnis, Holzweg.* →Augen-
blicksbildungen sind – weil re-
gelgeleitet – immer voll motiviert. Zur (keineswegs aus-
reichenden) Diskussion vgl. W.
KÜRSCHNER [1974], H. GÜN-
THER [1974] sowie L. LIPKA
[1979]. Vgl. auch →Lexikalisie-
rung.

Lit.: H. GÜNTHER [1974]: Das System der
Verben mit »be-« in der dt. Sprache der
Gegenwart. Tübingen. – W. KÜRSCHNER
[1974]: Zur syntaktischen Beschreibung
deutscher Nominalkomposita. Tübingen. –
L. LIPKA [1979]: Zur Lexikalisierung im Dt.
und Engl. In: H. BREKLE/D. KASTOWSKY
(eds.): Perspektiven der Wortbildungsforschung. Bonn. →Wortbildung.

**Motor-Theorie der Sprachwahr-
nehmung.** Von A. M. LIBERMAN
entwickelte Hypothese über den
Zusammenhang zwischen der
Trennschärfe bei der sprachlichen Wahrnehmung von Lau-
ten und der phonologischen
Struktur der Sprache. LIBER-
MAN geht aufgrund eines beobachtbaren Rückkoppelungs-
effektes durch stumme Wiederholung des gehörten Lautes davon aus, daß die Sprachwahrnehmung des Hörers durch die
zur Erzeugung des entsprechen-

den Lautes notwendigen artikulatorischen Vorgänge beim
Sprechen gesteuert wird.

Lit.: A. M. LIBERMAN u.a. [1963]: A motor
theory of speech perception. Stockholm. –
H. LANE [1965]: The motor theory of speech
perception: a critical review. In: PR 72. –
H. HÖRMANN [1967]: Psychologie der Sprache. Berlin. – K. H. AMMON [1978]: Patho-
linguistische und experimentelle Befunde
gegen die Motor-Theorie der Sprachwahrnehmung. In: G. PAUSER (ed.): Brennpunkte der Patholinguistik. München, S.
27–34. →Psycholinguistik.

Mouillierung [frz. *mouiller*
›weichmachen‹, vgl. lat. *mollis*
›weich‹]. →Palatalisierung.

Move-α [engl. ›bewege Alpha‹,
d.h. ›bewege irgendetwas‹]. Verallgemeinerte Bewegungsregel,
durch die (programmatisch) signalisiert wird, daß es in der
neueren generativen →Transfor-
mationsgrammatik keine kon-
struktionsspezifischen →Bewe-
gungstransformationen mehr
geben soll: Während es in der
Standardtheorie (→Aspekte-
Modell) spezielle Umstellungstransformationen wie die Passivtransformation, die Frage-
satzbildung, die Relativsatz-
bildung, →Raising u.a.m. gegeben hat, werden diese nunmehr
zu einer einzigen unspezifi-
schen Regel »bewege irgendetwas« zusammengefaßt. Die früher als konstruktionsspezifisch
erkannten Eigenschaften der jeweiligen Bewegungsregeln müssen sich nun aus dem Zusammenwirken von unabhängigen
Annahmen über die lexikalischen Eigenschaften der in die
jeweilige Konstruktion einge-
henden Kategorien einerseits
und den allgemeinen →Be-
schränkungen für die Anwendung von Bewegungsregeln andererseits ergeben. – Nach den
»Landeplätzen« der Bewegung
unterschiedene Subtypen von
M. sind z.B. die →W-Bewegung,
die *NP*-Bewegung und die
→Chomsky-Adjunktion. In der
→GB-Theorie CHOMSKYS unterscheidet man eine »repräsenta-
tionelle« und eine »derivationel-
le« Auffassung von M. In erste-
rer wird M. als strukturelle Beziehung zwischen einem Antezedens und einer (koindizier-
ten) Spur aufgefaßt, in letzterer
wird M. eher als ableitungsge-
schichtlicher Zusammenhang
zwischen Strukturebenen wie
der →Tiefenstruktur und der
→Oberflächenstruktur aufgefaßt. →Transformationsgram-
matik.

Multilinguismus.
(1) Fähigkeit eines Individuums, sich in mehreren Sprachen auszudrücken. →Bilingua-
lismus.
(2) Geltung mehrerer Sprachen
in einer Gesellschaft oder einem Staat. →Diglossie.

Munda. Zum →Austro-Asiati-
schen Sprachstamm zählende
Sprachfamilie, deren 10 Sprachen in einigen Sprachinseln in
Indien gesprochen werden;
größte Einzelsprache ist Santali
(4 Mio. Sprecher). Morphologie
und Syntax sind durch andere
indische Sprachen beeinflußt
(neben Prä- und Infixen auch
Suffixe, Wortstellung: SOV).
Zahlreiche Lehnwortbeziehungen.

Lit.: H.-J. PINNOW [1959]: Versuch einer
historischen Lautlehre der Kharia-Sprache.
Berlin. – R. M. MACPHAIL [1964]: An in-
troduction to Santali. Benagaria. – G. A.
ZOGRAPH [1982]: Die Sprachen Südasiens.
Leipzig.

Mundart(forschung) →Dialektologie.

Mund-Nase-Prozeß. Artikulatorischer Prozeß bei der Bildung von Sprachlauten, der zur Unterscheidung zwischen →Nasalen oder nasalierten Lauten einerseits und oralen andererseits führt. →Artikulatorische Phonetik.

Murmelstimme [engl. *breathy voice*]. Gemurmelte Sprachlaute, wie sie sich z.B. im →Hindi (Urdu) und →Igbo finden. Sie werden durch zwei untergesetzte Punkte notiert, z.B. [a̤], [d̤] (vgl. IPA-Tabelle S. 22/23). →Artikulatorische Phonetik.

Lit.: →Phonetik.

Murmelvokal. Mit beliebiger Phonation (nicht notwendig mit →Murmelstimme) gebildeter →Schwa-Laut.

Musikalischer Akzent [Auch: Tonaler Akzent, engl. *pitch accent*]. Wortakzent, bei dem die Stimmtonbewegung distinktiv ist, wie z.B. im →Serbokroatischen oder →Schwedischen (z.B. schwed. *tanken*, fallender Stimmton auf 1. Silbe: ›der Tank‹; fallend-steigender Stimmton auf 1. Silbe: ›der Gedanke‹). Im Unterschied zum →Dynamischen Akzent ist die Stimmtonbewegung distinktiv, und im Unterschied zu →Tonsprachen trägt in der Regel nur eine Silbe pro Wort distinktiven Ton.

Muskogisch. Zweig der →Golf-Sprachen Nordamerikas mit ca. 10 Sprachen im Südosten der USA; möglicherweise zählen eine Reihe weiterer ausgestor-bener Sprachen dazu. Bedeutendste Sprache ist heute das Chocktaw (10000 Sprecher). Spezifische Kennzeichen: Drei Reihen von Pronominalaffixen, die unterschiedlichen semantischen Rollen (→Thematische Relationen) zugeordnet werden können (Agens; Patiens und Träger einer Eigenschaft; Rezipient), so daß die M.-Sprachen zu den →Aktivsprachen zählen. Wortstellung: SOV.

Lit.: M. HAAS [1979]: South-Eastern Languages. In: L. CAMPBELL/M. MITHUN (eds.): The languages of native America. Austin. – P. MUNRO/L. GORDON [1982]: Syntactic relations in western Muskogean. In: Lg 58, S. 81–115.

Muta [lat. *mūtus* ›stumm‹]. Zusammenfassende Bezeichnung der lat.-griech. Grammatik für Tenues (*p, t, k*) und Mediae (*b, d, g*); →Tenuis vs. Media. Als »schweigende« Laute unterscheiden sie sich von den →Sonanten dadurch, daß sie nicht Silbenträger sein können.

Lit.: TH. VENNEMANN [1987]: Muta cum Liquida: Worttrennung und Syllabierung im Gotischen. In: ZfdA 116, S. 165–204.

Mutation [lat. *mūtātiō* ›Veränderung‹. – Auch: Mutierung]. Prozeß und Ergebnis von Wortformbildung durch Abwandlung der Stammformen durch Lautwechsel. Dabei wird unterschieden zwischen (a) Vokalveränderung durch Ablaut (*springen : sprang*) oder Umlaut (*Buch : Bücher*) und (b) Konsonantenwechsel durch →Grammatischen Wechsel (*schneiden : schnitt*).

Lit.: →Wortbildung.

Mutativ →Imperfektiv vs. Perfektiv.

Mutierung →Mutation.

Mutismus [lat. *mūtus* ›stumm‹]. In der Psychiatrie Bezeichnung für die Auswirkung einer psychoneurotischen Störung, die nach begonnenem oder weitgehend abgeschlossenem Erwerb der Muttersprache zum totalen Schweigen führt (totaler M. bei Kindern und bei Erwachsenen) oder zur Sprechverweigerung gegenüber bestimmten Personen in bestimmten Situationen (elektiver M. bei Kindern). Bei Erwachsenen findet sich ferner der post-traumatische und traumatische M. als Folge eines Hirntraumas oder einer Hirnstammschädigung.

Lit.: D. von CRAMON/M. VOGEL [1981]: Der traumatische Mutismus. In: Nervenarzt 52, S. 801–805.

Nachbarschaftspaar →Paarsequenz.

Nachfeld. Von E. DRACH eingeführter Terminus für die Satzposition nach dem zweiten Element der →Satzklammer, die bei Normalstellung im Dt. in der Regel unbesetzt bleibt.

Lit.: →Stellungsfelder.

Nachname →Familienname.

Nachrichtentheorie →Informationstheorie.

Nachtrag. Im weiteren Sinne: alle sprachlichen Einheiten eines Satzes, die am rechten Satzrand (im Dt. außerhalb der →Satzklammer) auftreten. – In der eingeschränkteren Definition von H. ALTMANN gelten u.a. die Satzpause zwischen Satzrand und N. und die mögliche Einfügung von *und zwar* als Unterscheidungskriterien zwischen N. und →Ausklammerung. Der N. hat unter semantischem Aspekt attributiven Charakter im weitesten Sinne, unter syntaktischem Aspekt handelt es sich um satzwertige (elliptische) Ausdrücke, vgl. *Er hat sich eine Grammatik gekauft, und zwar eine russische* [Grammatik hat er sich gekauft].

Lit.: →Herausstellungsstrukturen.

Nachzeitigkeit. In komplexen Sätzen zeitliches Verhältnis zwischen mehreren Handlungen: die im abhängigen Satz bezeichnete Handlung liegt nach der Handlung des Hauptsatzes: *Sie riefen ihn solange, bis er sie endlich hörte.* Vgl. auch →Consecutio Temporum.

Na-Dené. Sprachstamm Nordamerikas von über 20 Sprachen, im Nordwesten und Süden des Halbkontinents; größte Sprache ist das →Navaho (140000 Sprecher). Die N.-Sprachen gliedern sich in Haida (300 Sprecher) und Tlingit (2000 Sprecher) und die große athapaskische Sprachfamilie. – Spezifische Kennzeichen: Tonsprachen (meist zwei Töne) mit oft komplexen Konsonantensystemen, viele Nomina sind aus Verben abgeleitet, Unterscheidung zwischen →Statischen vs. Dynamischen Verben, reiches Aspekt- und Diathesensystem, Tendenz zur →Polysynthese und Deskriptivität. (Vgl. Sprachenkarte Nr. 3).

Lit.: H. J. PINNOW [1976]: Geschichte der
Na-Dené-Forschung. Berlin. – M. E.
KRAUSS [1979]: Na-Dené and Eskimo-
Aleut. In: L. CAMPBELL/M. MITHUN (eds.):
The languages of native America. Austin. –
E. COOK/K. RICE (eds.) [1988]: Athapaskan
Linguistics. Berlin. – K. RICE [1988]: A
grammar of Slave. Berlin. →Nord- und Mit-
telamerikanische Sprachen.

Näseln →Rhinophonie.

Nahali →Isolierte Sprachen.

Nahko-Daghestanisch
→Nordost-Kaukasisch.

Nahuatl. Das Klassische N.,
eine →Uto-Aztekische Sprache,
war die Sprache des Tolteken-
und des Aztekenreiches; unmittelbare Verwandte dieser Sprache werden heute in Mexiko
von ca. 1,2 Mio. Sprechern gesprochen. Das Klassische N. ist
vor allem durch die Aufzeichnungen unter Anleitung spani-
scher Missionare des 16. Jh. in
mehreren Codices überliefert,
v.a. durch BERNHARDINO DE SA-
HAGÚN. Bereits 1528 erschien
mit den »Annalen von Tlatelol-
co« das erste gedruckte Buch in
einer spanisch beeinflußten Orthographie. – Spezifische Kennzeichen: Relativ einfaches
Lautsystem. Schwache Nomen-
Verb-Distinktion; Prädikate in
nominaler Verwendung haben
Nominalisierungssuffix *-tl* und
können stets prädikativ verwendet werden; in nicht-prädikati-
ver Form werden sie mit einem
»Artikel« *in-* versehen. Starke
Tendenz zu →Inkorporation
und Nominal-Komposition.
Komplexe Verbmorphologie (4
Verbalklassen mit unterschiedlichen Paradigmen).

Lit.: J. R. ANDREWS [1975]: Introduction to
classical Nahuatl. Austin. – M. LAUNEY
[1981]: Introduction à la langue et littéra-

ture aztec. Paris. – C. WOHLGEMUTH [1981]:
Grammatica Nahuatl. Mexico.

Nakh-Gruppe →Nordost-Kau-
kasisch.

Nama →Afro-Asiatisch →Khoi-
san.

Name →Eigenname.

Namenbildender   Operator
→Operator (c).

Namenkunde [Auch: Onoma-
stik]. Wissenschaftliche Erforschung der Entstehung (Herkunft, Alter, Etymologie), der
Bedeutung und der geographischen Verbreitung →Eigen-
namen. Als relativ altes Sprachmaterial und wegen ihres eindeutigen Bezugs liefern Orts-
und →Personennamen u.ä. für
die Sprachwissenschaft wichtige Aufschlüsse über Sprachgeschichte, Sprachgeographie,
Sprachgliederung und Sprachverwandtschaft. In jüngerer
Gegenwart treten soziolinguistische (Namengebung und
-verwendung im Rahmen der
Gesellschaft), psycholinguistische (Psychoonomastik und Na-
menphysiognomik), pragmalinguistische und textlinguistische
Fragestellungen immer mehr in
den Vordergrund. Zudem liefert die N. Erkenntnisse über
historische Prozesse (Vor-und
Frühgeschichte, Volkskunde
u.ä.) sowie über geographische
und naturwissenschaftliche Zusammenhänge.

Lit.: T. WITKOWSKI [1964]: Grundbegriffe
der Namenkunde. Berlin. – E. AGRICOLA/
W. FLEISCHER [1969/70]: Die deutsche
Sprache. Kleine Enzyklopädie. 2 Bde.
Leipzig, S. 639–750. – F. DEBUS [1973]:
Onomastik. In: H. P. ALTHAUS/H. HEN-
NE/H. E. WIEGAND (eds.): LGL. Tübingen,
2. erw. u. erg. Aufl. 1980. S. 187–198. – T.

HARTMANN [1984]: Ein empirischer Beitrag zur Psychoonomastik. In: BNF NF 19, S. 335–355. – H. NAUMANN [1984]: Soziolinguistische Aspekte der Onomastik. In: ZPhon 37, S. 294–356. – W. BESCH/O. REICHMANN/H. SONDEREGGER (eds.) [1985]: HSK. Sprachgeschichte. 2. Halbbd. Kap. XVI: Dt. Namengeschichte im Überblick. Berlin, S. 2039–2148. – G. BAUER [1985]: Namenkunde des Deutschen. Frankfurt.
Forschungsbericht: [1984]: Namenkunde in der DDR (1949–1984). In: Namenkundliche Informationen 45, S. 3–105. – R. SCHÜTZEICHEL [1986]: Zur dt. Namenforschung. In: BNF NF 21, S. 1–13.
Bibliographie: [1950ff.]: Onomastic bibliography. In: Onoma 1ff.

Narrative Strukturen. Terminus der →Narrativik: spezifische Textstrukturen von Erzählungen, besonders von Alltagserzählungen (»natürliche Erzählungen«). Im Unterschied zu anderen Textstrukturen, z.B. deskriptiven oder argumentativen (→Argumentation), bestehen N. S. aus Schilderungen von Handlungen und Ereignissen, die in einer zeitlich oder kausal bedingten Reihenfolge angeordnet sind. Sie entfalten sich aus dem →Textthema, einem interessanten Ereignis, durch die hierarchische Verknüpfung der narrativen Grundkategorien (a) »Komplikation« (Aufbau der interessanten Handlung), (b) »Resolution« (Auflösung der Komplikation) und (c) »Evaluation« (Stellungnahme des Erzählers). Speziellere Strukturmerkmale dienen im Rahmen einer →Texttypologie zur Begründung einzelner narrativer →Textsorten wie Märchen, Roman, Geschichte; vgl. →Geschichtengrammatik, →Thematische Entfaltung, →Superstruktur.

Lit.: →Narrativik.

Narrativik [lat. *nārrāre* ›erzählen‹]. Forschungsbereich der →Textlinguistik, der sich mit Analyse und Typologie von Erzähltexten befaßt, d.h. von Geschichten, Alltagserzählungen, Märchen, literarischen Erzählgattungen u.a. Die N. hat sich nach Anfängen im russischen Formalismus (V. PROPP) aus der Erzähltheorie der strukturalistischen Literaturwissenschaft (R. BARTHES, C. BREMOND) entwickelt und nimmt heute eine Mittelstellung ein zwischen Linguistik und Literaturwissenschaft. Ansatzpunkt der Forschung ist die Annahme abstrakter, den Erzähltexten zugrundeliegender →Narrativer Strukturen, die hierarchisch aus narrativen Kategorien aufgebaut sind und sich z.B. in Form von →Geschichtengrammatiken beschreiben lassen.

Lit.: W. LABOV/J. WALETZKY [1967]: Narrative analysis: Oral versions of personal experience. In: J. HELM (ed.): Essays on the verbal and visual arts. Seattle, S. 12–44. Dt. in: J. IHWE (ed.) [1972/73]: Literaturwissenschaft und Linguistik. Frankfurt, Bd. 2, S. 78–126. – T. A. VAN DIJK u.a. [1972]: Zur Bestimmung narrativer Strukturen auf der Grundlage von Textgrammatiken. 2. Aufl. mit einem Nachwort von H. RIESER, Hamburg 1974. – C. BREMOND [1973]: Logique du récit. Paris. – E. GÜLICH [1973]: Erzähltextanalyse. In: LD 4, H. 16, S. 325–328. – W. HAUBRICHS (ed.) [1976–1978]: Erzählforschung. Theorien, Modelle und Methoden der Narrativik. 3 Bde. (= LiLi, Beih. 4,6,8). Göttingen. – E. GÜLICH/W. RAIBLE [1977]: Linguistische Textmodelle. München. – P. W. THORNDYKE [1977]: Cognitive structures in comprehension and memory of narrative discourse. In: Cognitive Psychology 9, S. 77–110. – T. A. VAN DIJK [1980]: Textwissenschaft. Tübingen. (Original 1978). – K. EHRLICH (ed.) [1980]: Erzählen im Alltag. Frankfurt. – U. M. QUASTHOFF [1980]: Erzählen in Gesprächen. Tübingen. – Vorstand der Vereinigung der deutschen Hochschulgermanisten (eds.): Textsorten und literarische Gattungen [1983]: Dokumentation des Germanistentages (Hamburg 1979). Berlin. – G. PRINCE [1988]: A dictionary of nar-

ratology. Nebraska. – M. J. Toolan [1989]: Narrative: a critical linguistic introduction. London.
Bibliographie: W. Haubrichs [1976/1978]: Auswahlbibliographie zur Erzählforschung. In: W. Haubrichs (ed.): Erzählforschung. Bd. 1, S. 257–331; Bd. 2, S. 297–300; Bd. 3, S. 412–415.

Nasalassimilation [lat. *nāsus* ›Nase‹, *assimilātiō* ›Angleichung‹; engl. *nasal harmony*]. Weitverbreitete phonologische Regularität, bei der ein →Nasal im Silbenauslaut den Artikulationsort einnimmt, an dem der folgende Konsonant im gleichen Wort gebildet wird: lat. *inperfectus > imperfectus* (›unvollkommen‹); dt. (auch wenn im Schriftbild nicht gekennzeichnet): *Senf* gesprochen: [zɛɱf]; *Anke* (gesprochen: [aŋke]). N. wird als →Natürliche phonologische Regel betrachtet und so phonetisch plausibel als Vorgang artikulatorischer Vereinfachung erklärt.
Lit.: →Markiertheitstheorie.

Nasalierung →Nasal(laut).

Nasal(laut). Im weiteren Sinne: Sprachlaut, bei dem im Unterschied zum Oral(laut) das Velum gesenkt ist, so daß pulmonale Luft ganz oder teilweise durch die Nasenhöhle entweichen kann. Wird gleichzeitig kein oraler Verschluß gebildet, so nennt man die dabei entstehenden Laute auch nasalierte Laute und spricht von Nasalierung: z.B. in frz. [bõ] ›gut‹, bair. [ʃẽ] ›schön‹. - Im engeren Sinne: Sprachlaut, bei dem das Velum so gehoben wird, daß die pulmonale Luft nur durch die Nasenhöhle strömt, z.B. [n], [ŋ] in dt. [lant] ›Land‹, [naɪn] ›nein‹, [ˈdɛŋkŋ] ›denken‹. →Artikulatorische Phonetik.

Lit.: →Phonetik.

Nationalsprache. Im weiteren Sinn: Gesamtmenge aller regionalen, sozialen und funktionalen, gesprochenen und geschriebenen Varianten einer historisch-politisch definierten Sprachgemeinschaft. Im engeren Sinn: Hoch- bzw. Schriftsprache (also ohne →Dialekt, →Soziolekt) einer historisch-politisch definierten Sprachgemeinschaft. In beiden Lesarten problematische Terminologie, da häufig »Nation« und »Sprache« aus politischen oder historischen Gründen nicht zur Deckung kommen: vgl. vielsprachige Staaten wie die USA oder die Verwendung des Dt. in der BRD, DDR, Schweiz und in Österreich.
Lit.: M. M. Guchmann [1969/70]: Der Weg zur deutschen Nationalsprache. 2 Teile. Berlin. – O. Reichmann [1978]: Deutsche Nationalsprache: eine kritische Darstellung. In: GermL 2–5, S. 389–423. – E. Ising [1987]: Nationalsprache/Nationalitätensprache. In: Handbuch Soziolinguistik (HSK 3.1.), S. 335–344. →Deutsch (Geschichte der dt. Sprache).

Native Speaker [engl. ›muttersprachlicher Sprecher‹]. Im wörtlichen Sinn ein Mensch, der seine Sprache als »Muttersprache« im Kindesalter gelernt hat. In der generativen →Transformationsgrammatik bezeichnet N. S. den für eine bestimmte Sprachgemeinschaft repräsentativen →Idealen Sprecher/Hörer. Vgl. auch unter →Kompetenz vs. Performanz.
Lit.: →Kompetenz vs. Performanz, →Transformationsgrammatik.

Nativismus [lat. *nātīvus* ›angeboren«. – Auch: Innatismus]. Philosophisch-psychologische Position, die die kognitive Entwicklung des Menschen primär aus der Existenz von »angeborenen Ideen« ableitet. In der neueren Sprachwiss. finden sich nativistische Erklärungsversuche vor allem bei N. CHOMSKY, der damit die Tradition rationalistischer Sprachauffassung DESCARTES', HUMBOLDTS u.a. fortsetzt. Vgl. →Mentalismus. Die Gegenposition vertritt der →Empirismus, der die psychische Entwicklung des Menschen primär aus Erfahrung und Lernen ableitet.

Lit.: →Mentalismus.

Natürliche Generative Grammatik. Von R. BARTSCH und TH. VENNEMANN auf der Basis der →Kategorialgrammatik entwickelte allgemeine Sprachtheorie. Folgende – zumeist durch Einwände gegen die generative →Transformationsgrammatik begründete – sprachtheoretische Prinzipien liegen der N.G.G. zugrunde: (a) Objekt der Sprachbeschreibung der N.G.G. ist nicht das unbewußte Wissen eines kompetenten Sprechers über seine Sprache, sondern der gramm. Prozeß, durch den semantische, syntaktische und phonologische Repräsentationen aufeinander bezogen sind. Die empirische Überprüfbarkeit und Rechtfertigung des Konzepts wird durch beobachtbare Regularitäten beim Sprachgebrauch, Spracherwerb und Sprachwandel gewährleistet. (b) Die Syntax wird kategorial-syntaktisch formuliert auf der Basis einer um intensionale Prädikate und pragmatische Satzoperatoren erweiterten →Prädikatenlogik, d.h. daß syntaktische Strukturen nicht durch ein (eher zufäl-

liges) Nebeneinander von Konstituenten, sondern durch logische Funktor-Argument- (auch: →Operator-Operand-) Beziehungen abgebildet werden, die unmittelbar semantisch interpretierbar sind. (c) Diese modifizierte →Kategorialgrammatik ist zugleich die Basis für die Entwicklung einer universellen Wortstellungssyntax, die dem →»Prinzip der natürlichen Serialisierung« folgt. Dieses Prinzip besagt, daß alle Sprachen der Welt entweder die Folge Operator-Operand oder umgekehrt die Operand-Operator-Folge aufweisen bzw. zumindest die Tendenz zeigen, sich zu einem der beiden Typen hin zu entwickeln. (d) Es wird unterschieden zwischen einer mittels →Bedeutungspostulaten aufgebauten Wortsemantik und der mit der Syntax homomorphen Satzsemantik, wobei die logisch-semantische Repräsentation in Einklang steht mit kognitiven (und somit universellen) Strukturen, wie sie dem Wahrnehmen, Erkennen, Klassifizieren, Sprechen und Verstehen des Menschen zugrundeliegen. (e) Im Unterschied zur Transformationsgrammatik wird eine strikte Trennung zwischen Morphologie und Phonologie durchgeführt, wobei die phonologische Beschreibung auf phonetisch plausiblen und universell gültigen Regeln aufbaut (wie z.B. →Nasalassimilation; vgl. auch →Markiertheitstheorie, →Natürliche phonologische Regel). (f) Die N.G.G. umfaßt neben der synchronischen Sprachtheorie eine komplementäre diachronische Komponente, die sogen. »Sprachveränderungstheorie«, deren universeller und prognostischer Charakter besonders im Bereich von →Wortstellung und →Lautwandel geltend gemacht wird. (g) Die *»strong naturalness condition«* (»Natürlichkeitsbedingung«) besagt, daß alle phonologischen Repräsentationen durch phonologische Merkmale der Oberflächenstruktur realisiert werden, daß die der semantischen Repräsentation zugrundegelegten logischen Funktor-Argument-Beziehungen essentiellen kognitiven (Sprach-)Fähigkeiten des Menschen entsprechen, und daß in den syntaktischen Ableitungen keine Zwischenstufen zulässig sind, die nicht semantisch interpretierbar sind.

Lit.: R. Bartsch/Th. Vennemann [1972]: Semantic structures: A study in the relation between semantics and syntax. Frankfurt. – Th. Vennemann [1974]: Words and syllables in natural generative grammar. In: A. Buck u.a. (eds.): Papers from the parasession on natural phonology 1974. Chicago, S. 346–374. – J. B. Hooper [1976]: An introduction to natural generative phonology. New York. – B. A. Rudes [1976]: Lexical representation and variable rules in natural generative phonology. In: Glossa 10, S. 111–150. – Ch. Habel/S. Kanngiesser [1977]: Natürliche generative Grammatik: R. Bartsch/Th. Vennemann: Semantic structures. In: Lingua 42, S. 379–396. – R. Bartsch/Th. Vennemann [1980]: Sprachtheorie. In: LGL Kap. 4. – R. Bartsch/Th. Vennemann [1982]: Grundzüge der Sprachtheorie. Eine linguistische Einführung. Tübingen.

Natürliche Phonologie. Aus Kritik an der generativen →Phonologie entstandenes, besonders von D. Stampe und W. U. Dressler entwickeltes Modell, dessen Grundeinheiten nicht →Phoneme bzw. →Distinktive Merkmale, sondern »natürliche« phonologische Prozesse sind, wie z.B. →Auslautverhärtung, Nasalierung, →Labialisierung. Nach Ansicht der N. P. unterliegen solche (potentiell universell gültigen) Prozesse nicht dem Spracherwerb, sondern sind integraler Bestandteil der menschlichen Sprachfähigkeit. Das Erlernen eines phonologischen Systems vollzieht sich durch Eliminierung (engl. *suppression*) und Unterdrückung (engl. *limitation*) solch artikulatorisch/perzeptiv belastender Prozesse; auf diese Weise wird im Engl. die →Auslautverhärtung im Laufe des Spracherwerbs eliminiert. Natürliche phonologische Prozesse sind nicht umkehrbar, es gibt weder eine »Ent-Nasalierung« noch eine »Auslaut-Erweichung«. Vgl. auch unter →Markiertheitstheorie.

Lit.: W. U. Dressler [1984]: Explaining natural phonology. In: Phonology Yearbook 1, S. 29–51. – P. Donegan/D. Stampe [1979]: The study of natural phonology. In: D. Dinnsen (ed.): Current approaches to phonological theory. Bloomington, Ind. – G. Dogil [1981]: Elementary accent systems. In: W. U. Dressler u.a.: Phonologica. Innsbruck. – W. U. Dressler [1985]: Morphonology: the dynamics of derivation. Ann Arbor. – W. Mayerthaler [1981]: Morphologische Natürlichkeit. Wiesbaden. – B. Hurch [1988]: Über Aspiration: ein Kapitel aus der natürlichen Phonologie. Tübingen. →Markiertheitstheorie.

Natürliche Serialisierung →Grundwortstellung.

Natürliche Sprache. Bezeichnung für historisch entwickelte, regional und sozial geschichtete Sprachen im Unterschied zu →Künstlichen Sprachsystemen, wie sie zur internationalen Verständigung als →Welthilfssprachen sowie zur Formulierung komplexer wissenschaftlicher Zusammenhänge konstruiert werden. Von diesen »Kunstsprachen« unterscheidet sich die N.

S. vor allem durch ihre lexikalische und strukturelle Mehrdeutigkeit bzw. durch die Vagheit oder Bedeutungsvielfalt ihrer Ausdrücke, außerdem durch ihre historische Wandelbarkeit.

Navaho [Auch: (span.) *Navajo*]. →Na-Dené-Sprache der Athapaskischen Familie, zu den Apachen-Sprachen gehörend, mit ca. 140000 Sprechern, v.a. in Arizona. Spezifische Kennzeichen: Tonsprache (Hoch- und Tiefton) mit komplexem Konsonantensystem. Die Verben sind morphologisch komplex (Subjekt-Kongruenz, Markierung von Aspekt, Modus, Evidentialität u.a.); zahlreiche Portmanteau-Morpheme und suppletive Bildungen. Das Numerussystem ist komplex, mit Dual und am Verb markierten Pluralformen, die wiederholte Ereignisse oder Verschiedenheit der Partizipierenden ausdrücken. Wie auch für andere Apache-Sprachen charakteristisch, verfügt N. über →Klassifizierende Verben sowie ein →Switch-Reference-System (Unterscheidung zwischen proximaten und obviativen Personalpronomina, vgl. →Obviation).

Lit.: R. W. Young/W. Morgan [1980]: The Navajo language: a grammar and colloquial dictionary. Albuquerque.

Nebenartikulation →Sekundäre Artikulation.

Nebensatz [engl. *subordinate/dependent clause.* – Auch: →Glied(teil)satz, Konstituentensatz]. Im Unterschied zum strukturell selbständigen →Hauptsatz (auch: →Matrixsatz) formal untergeordneter Teilsatz , d.h. N. sind hinsichtlich Wortstellung, Tempus- und Moduswahl sowie →Illokution abhängig vom übergeordneten Hauptsatz. – Je nach Gliederungsaspekt lassen sich (in vielen Sprachen der Welt) folgende Typen abhängiger Sätze unterscheiden: (a) Unter satzfunktionalem Aspekt: (aa) Gliedsatz als satzwertige Erweiterung von Satzgliedern (→Subjekt-, →Objekt-, →Prädikativ-, →Adverbialsatz). (ab) Gliedteilsatz (auch: Attributsatz) als Modifizierung von Satzgliedern, sie beziehen sich stets auf ein Bezugselement im übergeordneten Satz: *Er gab die Hoffnung, daß sie bald kommen würde, nicht auf.* (ac) Weiterführender N. (auch: Relativer Anschluß), der sich nicht auf eine einzelne Funktion des Hauptsatzes, sondern auf den gesamten Satz bezieht: *Sie kommt morgen, worüber sich alle sehr freuen.* – Hinsichtlich der Abhängigkeitsverhältnisse, bzw. der in fast allen Sprachen möglichen mehrfachen Einbettung von N. spricht man von N. ersten oder zweiten Grades. (b) Aufgrund formaler Kennzeichen wird im Dt. unterschieden zwischen (ba) uneingeleitetem Glied(teil)satz, der in folgenden syntaktischen Funktionen vorkommt: als Konditional (mit Spitzenstellung des finiten Verbs): *Brächte ich das fertig, wäre ich glücklich*, als Konzessiv: *Hat er auch recht, glaubt ihm doch keiner*, als Subjekt (mit Verbzweitstellung): *Die Hauptsache ist, sie bleibt gesund*, als Objekt bei indirekter Rede. *Er dachte, er hätte kein Geld mehr* sowie als Attribut: *Die Hoffnung, alles gehe von allein, trügt.* (bb) Eingeleitete

Glied(teil)sätze mit obligatorischer Verb-Letzt-Stellung werden klassifiziert hinsichtlich ihrer Einleitungselemente in: →Konjunktionalsätze, wobei unterschieden wird zwischen echten subordinierenden Konjunktionen (*daß, ob*) und adverbialen Konjunktionen (*während, weil, obwohl*); (Freie) Relativsätze, die durch *d*-Relativa (auch: Relativpronomen) oder *w*-Relativa (auch: Interrogativpronomen) eingeleitet werden: *Der so spricht, hat allen Grund dazu zu schweigen. Wer rastet, rostet.* (bc) Finite vs. infinite N.: als infinite N. (auch: verkürzte N.) gelten nebensatzähnliche, »satzwertige« Infinitiv- und Partizipialkonstruktionen, die sich durch vollständige N. paraphrasieren lassen: *Unter Drogeneinfluß stehend, konnte er sich an nichts erinnern*: *Weil er unter Drogeneinfluß stand, konnte er sich an nichts erinnern.* (c) Unter semantischem Aspekt wird je nach dem inhaltlichen Verhältnis zum Hauptsatz u.a. unterschieden zwischen →Temporalsätzen, →Kausalsätzen, →Modalsätzen, →Konditionalsätzen. Auch die Unterscheidung von restriktiven vs. nicht restriktiven Attribut- bzw. Relativsätzen stützt sich auf semantische Kriterien. – Die Verwendung des Begriffs N. wird von den Grammatiken nicht einheitlich gehandhabt: als N. im engeren Sinn gelten die unter (c) aufgeführten Gliedsätze, N. im weiteren Sinn sind alle Formen von abhängigen satzwertigen Strukturen. In diesem weiteren Verständnis ist N. synonym mit der in der generativen →Transformationsgrammatik verwendeten Bezeichnung →Konsti-

tuentensatz. – Im Hinblick auf universelle, sprachtypologische Aspekte vgl. SHOPEN [1985].

Lit.: W. HARTUNG [1964]: Die zusammengesetzten Sätze des Deutschen. Berlin. – G. N. EICHBAUM [1967]: Die Einteilung der Nebensätze. In: DaF 4, S. 344–351. – W. BOETTCHER/H. SITTA [1972]: Deutsche Grammatik 3. Zusammengesetzte Sätze und äquivalente Strukturen. Frankfurt. – T. SHOPEN (ed.) [1985]: Language typology and syntactic description. Bd. 2: Complex constructions. Cambridge.

Necessitation →Allegation.

Negation [lat. *negāre* ›verneinen‹. – Auch: Verneinung].
(1) In der →Formalen Logik durch →Wahrheitstafel definierte einstellige →Logische Partikel, die den →Wahrheitswert einer Aussage *p* in ihren entgegengesetzten Wahrheitswert verkehrt (Notation: ¬ *p* oder ~ *p*), d.h. ¬ *p* ist wahr genau dann, wenn *p* falsch ist und umgekehrt. *Tokio ist die Hauptstadt von Japan* ist genau dann wahr, wenn *Tokio ist nicht die Hauptstadt von Japan* falsch ist. Der Terminus N. bezieht sich sowohl auf den einstelligen Satzoperator *es ist nicht der Fall, daß* bzw. *nicht* als auch auf die durch ihn definierte Aussage. Darstellung der N. durch ihre (zweiwertige) Wahrheitstafel:

p	¬ p
w	f
f	w

Da die logische N. grundsätzlich Satz-N. ist, lautet ihre klarste alltagssprachliche Umschreibung *es ist nicht der Fall, daß p*. Zur N. als Definitionskriterium für →Präsupposition vgl. unter →Präsuppositionstest.

Lit.: →Formale Logik.

(2) Im Unterschied zur logischen N. operiert die natürlich-

sprachliche N. nicht nur als Satz-N., sondern vor allem als Satzglied- bzw. Konstituenten-N. (auch: Sonder-N.): *Er bezahlte nicht* (Verneinung der →Prädikation), *Keiner bezahlte etwas* (Verneinung der Subjekts-NP), *Sie bezahlte nichts* (Verneinung der Objekts-NP). Dabei ist der →Skopus (semantische Reichweite) der N. häufig mehrdeutig bzw. von der Stellung der N., dem →Akzent sowie dem sprachlichen und/oder außersprachlichen Kontext abhängig. Die natürlichsprachliche N. kann durch verschiedene Mittel realisiert werden: (a) lexikalisch durch Adverbien (*nicht, niemals, nirgendwohin, keineswegs*), substantivisch gebrauchte Indefinitpronomen: (*niemand, nichts, kein*), koordinierende Konjunktion (*weder ... noch*), Satzäquivalent (*nein*) oder Präpositionen (*ohne, außer*); (b) morphologisch durch Präfixe (*un + genau, des + interessiert*) oder Suffixe (*hilf + los*), (c) intonatorisch durch Kontrastakzent (in *Jakob fährt morgen nicht nach München* kann sich durch unterschiedliche Betonung die N. auf *Jakob, fahren, morgen* oder *München* beziehen), (d) idiomatisch durch Wendungen wie *Das kümmert ihn einen Dreck*. Unter formalem Aspekt unterscheidet man zwischen drei N.-typen: (a) interne (auch: starke) N., die Grundform der natürlichsprachlichen N.; vgl. *Der König von Frankreich ist nicht glatzköpfig*, (b) externe (auch: schwache) N., die der logischen N. entspricht, aber umgangssprachlich nur unter besonderen Umständen gebräuchlich ist; vgl. *Es ist nicht der Fall/es*

trifft nicht zu, daß p, (c) Kontrast.-N. (auch: lokale N.), die man als eine pragmatische Variante der starken N. unter (a) beschreiben kann, insofern Akzent und entsprechende Korrektursätze für den N. -Skopus maßgeblich sind; vgl. *Der König von Frankreich ist nicht glatzköpfig, sondern Brillenträger.* – Die sprachwiss. Beschreibung der N. erweist sich auf Grund des komplexen Zusammenwirkens von syntaktischen, prosodischen, semantischen und pragmatischen Aspekten in allen Grammatikmodellen als ein schwieriges Problem.

Lit.: E. S. KLIMA [1964]: Negation in English. In: J. A. FODOR/J. J. KATZ (eds.): The structure of language. Englewood Cliffs, S. 246–323. – R. P. STOCKWELL/R. SCHACHTER/H. PARTEE [1968]: Integration of transformational theories on English syntax. 2 Bde. Los Angeles. – R. S. JACKENDOFF [1969]: An interpretative theory of negation. In: FoL 5, S. 218–241. – K. E. HEIDOLPH [1970]: Zur Bedeutung negativer Sätze. In: M. BIERWISCH/K. E. HEIDOLPH (eds.): Progress in linguistics. The Hague, S. 86–101. – G. STICKEL [1970]: Untersuchungen zur Negation im heutigen Deutsch. Braunschweig. – R. BARTSCH [1972]: Adverbialsemantik. Die Konstitution logisch-semantischer Repräsentationen von Adverbialkonstruktionen. Frankfurt. – L. R. HORN [1972]: On the semantic properties of logical operators in English. Los Angeles. (Diss. Masch.). – R. S. JAKKENDOFF [1972]: Semantic interpretation in generative grammar. New York. – P. SGALL u.a. [1973]: Topic, focus and generative semantics. Kronberg. – G. HELBIG/H. RICKEN [1975]: Die Negation. Leipzig. – H. WEINRICH (ed.) [1975]: Positionen der Negativität. München. – U. BLAU [1978]: Die dreiwertige Logik der Sprache. Ihre Syntax, Semantik und Anwendung in der Sprachanalyse. Berlin. – W. WELTE [1978]: Negationslinguistik. Ansätze zur Beschreibung und Erklärung von Aspekten der Negation im Englischen. München. – G. GAZDAR [1979]: Pragmatics. New York. – J. M. ZEMB [1979]: Zur Negation. In: Sprachw 4, S. 159–189. – J. JACOBS [1982]: Syntax und Semantik der Negation im Deutschen. München. – W. HEINEMANN [1983]: Negation und Negierung. Handlungstheoretische Aspekte einer linguistischen Kategorie. Leipzig. – W.

KÜRSCHNER [1983]: Studien zur Negation im Deutschen. Tübingen. - H.-H. LIEB [1983]: Akzent und Negation im Deutschen - Umrisse einer einheitlichen Konzeption. In: LBer 84, S. 1–32, LBer 85, S. 1–48. - G. FALKENBERG/G. LEIBL/J. PAFEL [1984]: Bibliographie zur Negation und Verneinung. Trier. - J.-Y. LERNER/W. STERNEFELD [1984]: Zum Skopus der Negation im komplexen Satz des Deutschen. In: ZS 3, S. 159–202. - G. FALKENBERG [1985]: Negation und Verneinung. Einige grundsätzliche Überlegungen. In: W. KÜRSCHNER/R. VOGT (eds.): Grammatik, Semantik, Textlinguistik. Tübingen. - M. QIAN [1987]: Untersuchung zur Negation der deutschen Gegenwartssprache: eine mikro- und makrostrukturelle Analyse. Heidelberg. - S. SEIFERT/W. WELTE [1987]: A basic bibliography on negation in natural language. Tübingen. - H. CLAHSEN [1988]: Kritische Phasen der Grammatikentwicklung. Eine Untersuchung zum Negationserwerb bei Kindern und Erwachsenen. In: ZS 7, S. 3–32. - L. R. HORN [1988]: A natural history of negation. Chicago.

(3) In der →Unifikationsgrammatik das logische Komplement einer →Merkmalstruktur.

Negationsanhebung. Bei einer bestimmten Klasse von Verben mit Komplementsätzen (z.B. *annehmen, glauben, erwarten*) zu beobachtender syntaktischer Vorgang, durch den die Verneinung des Matrixsatzes auch als Verneinung des Komplementsatzes interpretierbar ist: Der Satz *Philip glaubt nicht, daß Caroline zu Hause ist* hat zwei Lesarten: (a) *Philip glaubt nicht, daß Caroline zu Hause ist* und (b) *Philip glaubt, daß Caroline nicht zu Hause ist*, d.h. in (b) wird die Verneinung aus dem Matrixsatz in den Komplementsatz »transportiert«.

Lit.: R. BARTSCH [1973]: »Negative Transportation« gibt es nicht. In: LB 27, S. 1–7. - J.-Y. LERNER/W. STERNEFELD [1984]: Zum Skopus der Negation im komplexen Satz des Deutschen. In: ZS 3, S. 159–202. →Negation.

Negative Polaritätsausdrücke. Ausdrücke, die im Skopus der Negation und in einigen anderen grammatischen Kontexten (Fragen, Protasis von Konditionalsätzen u.a.) vorkommen. Es handelt sich um idiomatische Ausdrücke wie *einen Finger rühren*, aber auch um Ausdrücke wie *jemals*. Als »Affirmative Polaritätsausdrücke« bezeichnet man solche, die im Skopus der Negation nicht vorkommen, wie z.B. *ziemlich*.

Lit.: W. LADUSAW [1980]: Polarity sensitivity as inherent scope relations. Austin. - M. LINEBARGER [1987]: Negative polarity and grammatical representation. In: L&P 10/3, S. 352–387.

Nektion [lat. *nectere* ›verknüpfen‹]. In der Syntaxtheorie von H. J. HERINGER Bezeichnung für Vorgang und Ergebnis der durch *und/oder* ermöglichten →Koordination von syntaktischen Elementen.

Lit.: H. J. HERINGER [1970]: Deutsche Syntax. Berlin. - H. J. HERINGER [1970]: Theorie der deutschen Syntax. München.

Nektiv. In der Syntaxtheorie von H. J. HERINGER Bezeichnung für koordinierende Konjunktionen wie *und, oder*. Vgl. →Nektion.

Lit.: →Nektion.

Nenets →Uralisch.

Nennform →Infinitiv.

Nennglied. In der Terminologie der →Inhaltbezogenen Grammatik Oberbegriff für →Infinitiv und →Partizip Perfekt.

Neo-Humboldtianismus. Sprachwiss. Konzeptionen, die sich auf W. v. HUMBOLDTS Auffassung der Sprache als wirkende Kraft (= →Energeia) beziehen, die durch ihre klassifizierende und strukturierende Leistung eine eigenständige Welt der Sprachinhalte schafft. Diese →Innere Sprachform bewirkt einerseits den Prozeß der geistigen Strukturierung der Wirklichkeit durch die Kraft der Sprache, determiniert aber andererseits die Weltansicht der jeweiligen Mitglieder einer Sprachgemeinschaft. Zu den Verfechtern dieser »neuromantischen« Sprachauffassung zählen in Deutschland vor allem L. WEISGERBER, W. PORZIG, J. TRIER, G. IPSEN bzw. ihr Konzept der →Inhaltbezogenen Grammatik sowie in Amerika die ethnolinguistisch motivierten Vertreter der →Sapir-Whorf-Hypothese.

Lit.: →Inhaltbezogene Grammatik, →Sapir-Whorf-Hypothese.

Neolinguistik →Idealistische Sprachwissenschaft.

Neologismus [Pl. Neologismen; griech. *néos* ›neu‹, *lógos* ›Wort‹].
(1) Neugebildeter sprachlicher Ausdruck (Wort oder Wendung), der zumindest von einem Teil der Sprachgemeinschaft, wenn nicht im allgemeinen, als bekannt empfunden wird, zur Bezeichnung neuer Sachverhalte, sei es in der Technik oder Industrie, oder neuer Konzepte etwa in Politik, Kultur und Wissenschaft. In formaler Hinsicht wird unterschieden zwischen (a) Bildung neuer Ausdrücke auf der Basis vorhandener morphologischer Mittel und Konstruktionsregeln (z.B. *Umweltampel, Datennetz, Entsorgung*), (b) Bedeutungsübertragung (z.B. *Linse, (Computer-)Viren, Virus(-Pro-*

gramm)) und (c) Entlehnungen aus anderen Sprachen (z.B. *parsen, Hacker, Software*), wobei diese drei Quellen nicht immer exakt voneinander zu trennen sind (vgl. *Mondfähre*); (d) Zusammensetzungen mit einer metaphorisch gebrauchten Konstituente (z.B. *Studentenberg*).

Lit.: Sammelheft zum Thema »Neologismen« (mit Bibl.) in: Langue 8 [1974] Nr. 36. →Wortbildung.

(2) [Auch: Neologistische →Paraphasien]. In der →Neurolinguistik Bezeichnung für Neubildungen von Inhaltswörtern in Übereinstimmung mit sprachspezifischen phonotaktischen Strukturen, die aber weder zum Lexikon gehören noch eine Beziehung zum intendierten Wort erkennen lassen, etwa *Lorch* für *Mikrophon*. Teilweise ist die Bildung dieser N. durchsichtig, vgl. *Kerzenstrauch* für *Adventskranz*. N. werden sowohl bei Aphasikern (insbesondere bei der →Wernicke-Aphasie) als auch bei sprachauffälligen Kindern beobachtet (→Dysgrammatismus).

Lit.: G. PEUSER [1978]: Aphasie. München. - K. POECK (ed.) [1982]: Klinische Neuropsychologie. 2. neu bearb. und erw. Aufl. Stuttgart 1989.

Nepali →Indisch.

Netzwerk. Von A. R. RADCLIFFE-BROWN [1940] entwickeltes Konzept, das - anders als die strukturfunktionalistischen Begriffe »Schicht«, »Klasse« etc. - die soziale Interaktion in den Mittelpunkt stellt. Jeder Mensch steht zu einer Menge von Bezugspartnern im interaktionellen Austausch; denkt man sich alle Beteiligten als »Punkte«

und die jeweils aktualisierten sozialen Beziehungen als »Linien«, so ergibt sich ein individuelles »Netzwerk«. Alle in einem solchen Netzwerk involvierten Personen sind ihrerseits ebenfalls in soziale Netzwerke eingebettet, die sich wechselseitig z.T. überschneiden (können). Die gesamte Menge aller sozialen Transaktionen innerhalb einer Sprachgemeinschaft läßt sich somit als komplex vernetztes System individueller Sozialbeziehungen auffassen, wobei einzelne soziale Gruppen jeweils durch spezifische Netzwerkstrukturen gekennzeichnet sind; Netzwerke sind umso »dichter«, je häufiger die Mitglieder eines individuellen Netzwerkes auch außerhalb dieses einen Netzwerkes in Beziehung zueinander stehen, und umso »multiplexer«, je vielfältiger die Beziehungen innerhalb von Netzwerken begründet sind (etwa bei Arbeitskollegen, die zudem befreundet sind, sich bei Freizeitaktivitäten treffen und in Nachbarschaft wohnen). – In solchen Netzwerken entsteht soziale Kohäsion, konstituieren sich kultur- und gruppenspezifische Wertvorstellungen, Wissenssysteme, Einstellungen und Verhaltensmuster – die sich ihrerseits wiederum sprachlich manifestieren. Dieses Konzept ist damit von zentraler Wichtigkeit für empirische Untersuchungen zum Sprachverhalten und zu sprachlichen Wandelprozessen: Es werden hier genau jene Interaktionsbeziehungen zum Ausgangspunkt von Gruppeneinteilungen gemacht, die für eine (gruppenspezifische) Verhaltenskonformität – die durch-

aus nicht mit sozialer Schichtzugehörigkeit, ethnischer Gruppe u. dgl. korrelieren muß – verantwortlich sind.

Lit.: A. R. RADCLIFFE-BROWN [1940]: On social structure. In: Journal of the royal anthropological institute 70, S. 1–12. – J. BOISSEVAIN [1974]: Friends of friends: networks, manipulators, and coalitions. London. – L. MILROY [1980]: Language and social networks. Oxford. – J. BOISSEVAIN [1987]: Social network. In: Handbuch Soziolinguistik (HSK 3.1.), S. 164–169.

Neuprägung →Augenblicksbildung.

Neurolinguistik. Bezeichnung eines fachübergreifenden Forschungsgebiets (Teilgebiet der →Neuropsychologie), das sich mit der Repräsentation von Sprache bzw. Sprachverarbeitung im Gehirn beschäftigt. Die N. befindet sich damit in unmittelbarer Nachbarschaft zur →Psycholinguistik und →Kognitiven Linguistik; sie analysiert die Störungen der Sprachproduktion und des Sprachverstehens, die auf Schädigungen des zentralen Nervensystems zurückzuführen sind (→Sprachstörung, →Sprechstörungen, →Sprachentwicklungsstörungen) oder die experimentell beim gesunden Hirn ausgelöst werden können. Damit trägt sie zur Theoriebildung sowohl in der Linguistik als auch in der Psycholinguistik und kognitiven Psychologie bei. Wesentliche Forschungsmethoden der N. sind: Interpretation von Korrelationen zwischen dem Ort einer Hirnschädigung und der Art der Störung etwa bei Aphasikern; experimentelle Manipulationen bei Gesunden, z.B. dichotisches Hören (unterschiedliche Stimuli werden simultan über Kopfhörer beiden Ohren dargeboten); elektrophysiologische Messungen u.a. – Als Überblick vgl. WHITACKER [1973], LURIA [1976], LEISCHNER [1980].

Lit.: E. LENNEBERG [1967]: Biological foundations of language. New York. Dt.: Biologische Grundlagen der Sprache. Frankfurt 1972. – H. HECAEN/J. DUBOIS [1969]: La naissance de la neuropsychologie du langage: 1825–1865. Paris. – D. ENGEL [1973]: Aphasie und Linguistik. In: LBer 26, S. 7–20. – C. HEESCHEN [1973]: Aphasieforschung und theoretische Linguistik. In: LBer 25, S. 22–38. – H. WHITAKKER [1973]: Linguistik und Neurologie. In: R. BARTSCH/TH. VENNEMANN: Linguistik und Nachbarwissenschaften. Kronberg, S. 45–57. – A. LURIA [1976]: Basic problems of neurolinguistics. The Hague. – H. HECAEN/M. ALBERT [1978]: Human neuropsychology. New York. – A. LEISCHNER [1980]: Neurolinguistik. In: LGL Nr. 40. – H. SCHNELLE (ed.) [1981]: Sprache und Gehirn. Frankfurt. – A. FRIEDERICI [1984]: Neuropsychologie der Sprache. Stuttgart. – D. CAPLAN [1987]: Neurolinguistics and linguistic aphasiology. Cambridge. – H. LEUNINGER [1989]: Neurolinguistik. Opladen.
Zeitschriften: Journal of Neurolinguistics/Neurolinguistik. Brain and Language. Aphasiology.

Neuropsychologie. Bezeichnung für einen fachübergreifenden Forschungsbereich, an dem u.a. Neurologie, Psychologie und Linguistik beteiligt sind, und in dem die Zusammenhänge zwischen den Funktionen des zentralen Nervensystems (insbesondere des Gehirns) und psychischen Prozessen untersucht werden. Zu ihren Arbeitsgebieten gehört die klinische Forschung (z.B. Auswirkungen von Schädigungen bei →Agnosie,→Aphasie und →Apraxie) sowie experimentelle Forschung an Tieren und gesunden Menschen. Ein Teilgebiet der N. ist die →Neurolinguistik.

Lit.: E. WEIGL/M. BIERWISCH [1970]: Neuropsychology and linguistics. In: FL 6, S. 1–18. – J. ECCLES [1973]: The understanding of the brain. New York. – H. HECAEN/M. ALBERT [1978]: Human neuropsycho-

logy. New York. – K. POECK (ed.) [1982]: Klinische Neuropsychologie. 2. neu bearb. und erw. Aufl. Stuttgart 1989.

Neutralisation. Terminus aus der →Prager Schule: Aufhebung einer →Opposition in bestimmten Positionen, insbesondere phonologischen, z.B. im Dt. Verlust des phonologischen Unterschieds zwischen sth. und stl. →Verschlußlauten aufgrund der →Auslautverhärtung: [g] und [k] erscheinen zwar beide im An- und Inlaut, im Auslaut aber gibt es nur [k], vgl. [gase] : [kʰase] : [zaʀk] :[kʰɔʀk] für *Gasse, Kasse, Sarg, Kork*. Vgl. →Archiphonem.

Lit.: N. DAVIDSEN-NIELSEN [1978]: Neutralization and archiphoneme. Two phonological concepts and their history. Kopenhagen. – T. AKAMATSU [1988]: The theory of neutralization and the archiphoneme in functional phonology. Amsterdam. →Phonologie.

Neutrum [Pl. *Neutra*; lat. *ne* ›nicht‹, *uter* ›einer von beiden‹. – Auch: Sächlich(es) Geschlecht]. Teilkategorie des →Genus von Substantiven. N. bezeichnen im Dt. u.a. Lebewesen, deren natürliches Geschlecht unberücksichtigt bleibt (*das Kind, Baby, Tier, Huhn*), d.h. die Genuszuweisung ist nicht vorhersagbar. Lediglich unter dem formalen Aspekt der Wortbildung läßt sich als Regel ohne Ausnahme formulieren, daß alle Diminutiva auf *-chen*, *-lein* (*Ringlein, Mütterchen*), Kollektiva mit *Ge-* (*Gebirge*) und substantivierte Infinitive (*das Schreiben*) N. sind. Unter semantischem Aspekt sind folgende Gruppen überwiegend N.: Namen von Kontinenten, Inseln und Orten, Hotels und Restaurants (*das Esplanade/ Milano*), chemische Substanzen (*das Kupfer*), physikalische Einheiten (*das Kilogramm*), Buchstaben (*das A und O*), Musiknoten, Farben und Sprachen.

Lit.: →Genus.

Nexus [lat. *nexus* ›das Zusammenknüpfen‹]. In der Theorie von O. P. JESPERSEN [1937] syntaktischer Typ der prädikativen Verknüpfung (vgl. *das Buch ist kostbar*), die JESPERSEN von →Junktion als attributiver Verknüpfung unterscheidet. Der Möglichkeit, N.-Konstruktionen in Junktionen zu überführen, entsprechen transformationelle Beziehungen zwischen den beiden Typen; vgl. *das kostbare Buch – das Buch ist kostbar*.

Lit.: O. P. JESPERSEN [1937]: Analytic syntax. Kopenhagen.

Nicht-Durativ →Durativ vs. Nicht-Durativ.

Nicht-Lineare Phonologie. Sammelbegriff für die verschiedenen Hypothesen in der modernen →Generativen Phonologie, die mit der strikt linearen Anordnung von Segmenten gebrochen haben. Dazu gehören →Autosegmentale Phonologie, →Metrische Phonologie, →Dependenzphonologie.

Lit.: H. VAN DER HULST/N. SMITH [1982]: The structure of phonological representations. Dordrecht. – H. VAN DER HULST/N. SMITH [1985]: Advances in non linear phonology. Dordrecht. – I. DURAND [1986]: Dependency and non-linear phonology. London.

Nicht-Monotone Logik. Klassische Logiken weisen die Monotonie-Eigenschaft auf, welche besagt, daß die Erweiterung einer Axiomenmenge zur Erweiterung (oder mindestens zur Beibehaltung) der Theoremmenge führt. Durch neue Axiome können somit bereits bewiesene Theoreme nicht ungültig werden. Natürliches Schlußverhalten (→Commonsense Reasoning) hingegen ist nichtmonoton: Neues Wissen kann früher durchgeführte Schlüsse in ihrer Gültigkeit beeinflussen. Ein wesentliches Problem liegt darin, daß durch nicht-monotone Schlüsse der Wissensbestand eines informationsverarbeitenden Systems Widersprüche aufweisen kann; die Entdeckung und Aufhebung derartiger Widersprüche wird durch besondere Mechanismen sichergestellt. →Default Reasoning.

Lit.: D. BOBROW [1980]: Artificial intelligence 13. Special issue on non-monotonic logic. Cambridge, Mass. – ST. SHAPIRO (ed.) [1987]: Encyclopedia of artificial intelligence. New York. – M. REINFRANK u.a. (eds.) [1989]: Non-monotonic reasoning. Berlin. (= LNAI 346).

Niederdeutsch [Auch: Platt(deutsch)]. Bezeichnung für die Gesamtheit aller von der →Zweiten Lautverschiebung unberührt gebliebenen norddt. Dialekte, die als weitere sprachliche Charakteristika bestimmte strukturelle Gemeinsamkeiten im Vokalismus und in der Morphologie (verbaler Einheitsplural) aufweisen. Während die Nord- und Nordostgrenze des N. gegen das →Dänische bzw. das →Friesische klar gezogen werden kann, ist im Westen lediglich die unterschiedliche standardsprachliche Überdachung als Trennlinie zwischen dt. und niederländ. Dialekten (Staatsgrenze Bundesrepublik Deutschland – Niederlande) anzusehen, obwohl dies vom sprachlichen Befund her nicht gerechtfertigt erscheint; Dialektgrenzen und politische Grenzen sind nicht kongruent. Auch die Festlegung der Südgrenze ist problematisch, da die einzelnen →Isoglossen nicht immer strikt aneinander gekoppelt sind. So findet sich z.B. am Niederrhein ein Interferenzraum, der im Bereich des Konsonantismus nddt., im Bereich des Vokalismus und der Morphologie (Fehlen des verbalen Einheitsplurals) hdt. Züge aufweist (→Niederfränkisch); ein weiterer nddt.-hdt. Interferenzraum ergibt sich östlich der Saale, wobei hier die Ursache in einer zunehmenden »Verhochdeutschung« ursprünglich nddt. Gebiete zu suchen ist (→Brandenburgisch, →Obersächsisch). – Der nddt. Sprachraum zerfällt in einen westlichen und einen östlichen Dialektverband; während die westnddt. Dialekte (Nordniedersächsisch, Westfälisch, Ostfälisch; vgl. →Niedersächsisch) genuin »altdeutsche« Dialekte sind, handelt es sich bei den ostnddt. Dialekten (→Mecklenburgisch-Vorpommersch, Brandenburgisch, Ostpommersch, Niederpreußisch) um Siedeldialekte, die erst im Zuge der dt. Ostkolonisation des 12. und 13. Jh. auf slaw. und balt. Substrat entstanden sind. Die Trennlinie zwischen diesen beiden Gruppen verläuft von Lübeck bis Merseburg entlang der Elbe und Saale; sprachlich entspricht dieser Grenze die Unterscheidung zwischen dem (West-Nddt.) verbalen Einheitsplural auf *-(e)t* (*wi, gi, se mak(e)t*) und dem (Ost-Nddt.) auf *-(e)n*. – Aus dieser historischen Situation sind auch zahlreiche Eigenheiten der ostnddt. Sprachlandschaft bis 1945 erklärbar; so z.B. die Tatsache einer hdt. Sprachinsel (Hochpreußisch) inmitten nddt. Umgebung in der Danziger Bucht aufgrund hdt. Siedlerherkunft, die räumliche Unterbrechung des ostnddt. Sprachgebiets durch das Poln., slaw. Sprachinseln innerhalb des Dt. (vgl. →Sorbisch). Aufgrund der deutschen Aussiedlung nach 1945 sind alle östlich der Oder (in Polen und der UdSSR) gelegenen dt. Dialektgebiete heute nicht mehr existent. (Vgl. Sprachenkarte Nr. 6).

Lit.: TH. BAADER [1923]: Probleme der westfälischen Dialektgeographie. In: ZfdM 18, 188–204. – W. FOERSTE [1957]: Niederdeutsche Mundarten. In: W. STAMMLER (ed.): Deutsche Philologie im Aufriß. 2. Aufl., Berlin, 1729–1898. – H. TEUCHERT [1964]: Die Mundarten der brandenburgischen Mittelmark und ihres südlichen Vorlandes. Berlin. – B. PANZER/ W. THÜMMEL [1971]: Die Einteilung der niederdeutschen Mundarten auf Grund der strukturellen Entwicklung des Vokalismus. München. – U. SCHEUERMANN [1977]: Sprachliche Grundlagen. In: H. PLATZE (ed.): Geschichte Niedersachsens. Bd. 1: Grundlagen und frühes Mittelalter. Hildesheim, S. 167–258. – J. GOOSSENS [1979]: Niederdeutsche Sprache und Literatur. Hamburg. – H. BLUME [1980]: Zur funktionalen Konkurrenz von Ostfälisch, Nordniedersächsisch und Hochdeutsch im südlichen Niedersachsen. In: ZGL 8, S. 314–327. – H. NIEBAUM [1980]: Westniederdeutsch. In: LGL, S. 458–464. – D. STELLMACHER [1980]: Ostniederdeutsch. In: LGL, S. 464–468. – A. BRETSCHNEIDER [1981]: Die brandenburgische Sprachlandschaft. Zur Geschichte und Gliederung. Gießen. – D. STELLMACHER [1981]: Niederdeutsch. Formen und Forschungen. Tübingen. – W. SANDERS [1982]: Sachsensprache, Hansesprache, Plattdeutsch. Göttingen. – P. WIESINGER [1983]: Die Einteilung der deutschen Dialekte. In: HSK 1, S. 807–900. – CH. RUSS (ed.) [1990]: The dialects of modern German. London. (Darin: M. DURRELL: Westphalian and Eastphalian, 59–90; R. GOLTZ/A. WALKER: North Saxon, 31–58; H. SCHÖNFELD: East Low German, 91–135). →Dialektologie.

Niederfränkisch. Niederrheinischer Dialektverband (→Niederdeutsch), der die Grundlage des →Niederländischen in Belgien und (zum überwiegenden Teil) auch in den Niederlanden bildet: Nur der von der dt. Hochsprache überdachte Teil (Gegend von Cleve) wird zu den dt. Dialekten gezählt. Sprachlich zeigt das N. eine Mischung aus hdt.-frk. (Vokalismus; Morphologie: Fehlen des nddt. verbalen Einheitsplurals) und nddt. Elementen (Nichtdurchführung der →Zweiten Lautverschiebung). (Vgl. Sprachenkarte Nr. 6).

Lit.: TH. FRINGS [1916/17]: Mittelfränkisch-niederfränkische Studien. Bd. 1: Das ripuarisch-niederfränkische Übergangsgebiet. In: PBB 41, S. 193–271; Bd. 2: Zur Geschichte des Niederfränkischen. In: PBB 42, S. 177–248. – J. GOOSSENS [1965]: Die Gliederung des Südniederfränkischen. In: RhVjBl 30, S. 79–94. →Dialektologie.

Niederländisch [engl. *Dutch-Flemish.* – Auch: Holländisch]. Aus dem (Westnieder-)Fränkischen entwickelte westgerm. Sprache mit den ursprünglichen Dialektvarianten →Flämisch (im Süden) und Holländisch (im Norden). »Nederlands« ist Amtssprache (ca. 20 Mio. Sprecher) in den Niederlanden und ihren Überseegebieten und als (belgisches) »Flämisch« seit 1922 neben Französisch zweite Amtssprache in Belgien; seine an den Grenzen zum dt. Sprachgebiet existierenden Dialektvarianten weisen größte Ähnlichkeiten mit den grenznahen dt. Dialekten auf. – Das aus n. Dialekten des 17. Jh. hervorgegangene →Afrikaans hat sich zur selbständigen Tochtersprache entwickelt. – Älteste (mitteln.) literarische Zeugnisse aus dem südlichen, limburgisch-brabantischen Raum (HENRIC VAN VELDEKE, 12. Jh.). Seit dem 17. Jh. gilt der Dialekt Amsterdams als schriftsprachliche Norm (vgl. die offizielle Bibelübersetzung der *Statenbijebel*, 1626–1637), während N. im Süden nur noch als Dialektvariante *Vlaams* ›Flämisch‹ gesprochen wird. Mit der Unterzeichnung der *Nederlandse Taalunie* (Niederländ. Sprachunion, 1980) wurden jahrhundertelange Bemühungen um eine Einigung der Niederlande und Belgien offiziell bestätigt. – Ursprünglich vom Hochdeutschen kaum weiter entfernt als das Niederdeutsche zeigt N. nach wie vor eine große Nähe zum Dt., hat aber im Wortschatz zahlreiche archaische Elemente bewahrt, die im Dt. untergegangen sind (z.B. *oorlog* ›Krieg‹, *geheugen* ›Gedächtnis‹, *eeuw* ›Jahrhundert‹). Das nominale Flexionssystem des N. ist im Vergleich zum Dt. stark eingeschränkt, der Konjunktiv ist bis auf wenige alte Reste geschwunden.

Lit.: J. FRANCK [1910]: Mittelniederländische Grammatik. Nachdruck Arnhem 1967. – G. S. OVERDIEP [1949]: Stilistische Grammatica van het moderne Nederlands. 2. Aufl. Zwolle. – C. B. VAN HAERINGEN [1960]: Netherlandic language research: Men and works in the study of Dutch. 2. Aufl. Leiden. – J. DE VRIES [1963ff.]: Nederlands etymologisch wordenboek. 2 Bde. Leiden. – A. VAN LOEY [1970]: Schönfeld's Historische Grammatica van het Nederlands. 8. Aufl. Zutphen. – J. DEVLEESCHOUWER [1981]: Het ontstaan der Nederlandse Franse taalgrens. In: Naamkunde 13, S. 188–225. – G. GEERTS u.a. [1984]: Algemene Nederlands Spraakkunst. Groningen. – P. BRACHIN [1987]: Die niederländische Sprache. Hamburg.

Niederpreußisch →Niederdeutsch.

Niedersächsisch. Westnddt. Dialektverband im Nordwesten des dt. Sprachgebietes (→Niederdeutsch), der sich in drei größere Dialektgruppen differenzieren läßt: (a) Westfälisch: Konservativste Dialektgruppe, die die ursprünglich im gesamten Nddt. vorhandene Unterscheidung zweier langer (velarer vs. palataler) *a*-Laute bewahrt (vgl. westfäl. *schↄ:p* ›Schaf‹ vs. *ma:ken* ›machen‹). (b) Ostfälisch: Weist in den obliquen Kasusformen des Personalpronomens einen Einheitskasus nach dem Akkusativ auf (dagegen einheitliche Dativformen in anderen Dialekten); vgl. *mik, dik, üsch, jük* (gegen sonstiges *mi, di, us, ju*). (c) Nord-N.: Durch starke Vereinfachungen im Vokalsystem und in der Morphologie gekennzeichnete Dialektgruppe; so sind etwa vom ursprüngl. altsächs. Kurzvokalsystem (acht Vokale) nur mehr drei erhalten. (Vgl. Sprachenkarte Nr. 6).

Lit.: →Dialektologie, →Niederdeutsch.

Niger-Kongo. Große Sprachfamilie des →Niger-Kordofanischen, postuliert 1927 von D. WESTERMANN und 1949/1954 von J. H. GREENBERG, im wesentlichen bereits 1854 erkannt von S. KOELLE. Es werden sechs Zweige unterschieden: Westatlantisch, →Mande, →Gur, →Kwa, →Benue-Kongo, →Adamawa-Ubangi, wobei Kwa und Benue-Kongo heute zu einem Zweig, Benue-Kwa, zusammengefaßt werden. Es handelt sich fast durchweg um →Tonsprachen. →Nominalklassensysteme sind weit verbreitet.

Lit.: D. BARRETEAU [1978]: Inventaire des études linguistiques sur le pays d'Afrique noire d'expression française et sur Madagascar. Paris. – P. P. DE WOLFF: Das Niger-Kongo (ohne Bantu). In: B. HEINE u.a. (eds.): Die Sprachen Afrikas. Hamburg, S. 45–76. →Afrikanische Sprachen.

Niger-Kordofanisch. Sprachstamm Afrikas mit mehreren hundert Einzelsprachen und ca. 300 Mio. Sprechern, erstmals 1963 von J. H. GREENBERG postuliert. Gliedert sich in zwei Familien, →Niger-Kongo, und dem wesentlich kleineren →Kordofanisch. Möglicherweise bilden die →Mande-Sprachen, die dem Niger-Kongo zugerechnet werden, und die Kadugli-Sprachen, die dem →Kordofanischen zugerechnet werden, eigene Zweige. Wichtigste Gemeinsamkeit sind die ausgeprägten →Nominalklassensysteme. (Vgl. Sprachenkarte Nr. 9).

Lit.: P. R. BENNETT/J. P. STERK [1977]: South-Central Niger-Congo: A reclassification. In: Studies in African Linguistics 8, S. 241–273. – J. BENDOR-SAMUEL (ed.) [1989]: The Niger-Kordofanian-Congo language family. Berlin. →Afrikanische Sprachen.

Nilo-Saharanisch. Von J. H. GREENBERG [1963] postulierter Sprachstamm mit zahlreichen, areal oft nicht zusammenhängenden Sprachen im zentralen Afrika. Ein überzeugender Nachweis der Zusammengehörigkeit der Sprachen steht noch aus. Als Sprachzweige werden angenommen: →Songhai, →Saharanisch, Mabanisch (4 Sprachen im Tschad), Komanisch (6 Sprachen in Äthiopien und im Sudan), Fur (eine relativ isolierte Sprache im Sudan) und die große Gruppe der →Chari-Nil-Sprachen.

Lit.: TH. SCHADEBERG [1981]: Die nilosaharanischen Sprachen. In: B. HEINE (ed.): Die Sprachen Afrikas. Hamburg, S. 263–328. – M. L. BENDER (ed.) [1983]: Nilo-

Saharan language studies. East Lansing. →Afrikanische Sprachen.

Nilotisch →Chari-Nil-Sprachen.

Noem [griech. *nóēma* ›Gedanke‹].
(1) Im Rahmen von L. BLOOMFIELDS Klassifizierung sprachlicher Ausdrücke nach lexikalischen und gramm. Grundelementen ist N. die »Bedeutung« eines →Glossems (= kleinste bedeutungtragende Einheit).
Lit.: L. BLOOMFIELD [1933]: Language. New York, S. 264.
(2) Im Rahmen der →Noematik kleinste bedeutungtragende Einheiten (= Begriffselemente) zur Beschreibung von →Sememen (in diesem Zusammenhang »Lesarten«). Die explizite und sprachunabhängige (d.h. universale) Definition basiert auf semantischen, logischen und außersprachlichen Aspekten. Die Ermittlung der N., deren endliches Inventar zwischen ca. 400 bis 1000 liegen soll, erfolgt durch →Operationale Verfahren wie →Ersatzprobe, Verträglichkeitsproben, statistische Verfahren und soll dazu dienen, die »Monosemierung« von Sätzen durch Maschinen zu ermöglichen (vgl. →Disambiguierung).
Lit.: →Noematik.

Noematik [Auch: Noetik]. Von E. KOSCHMIEDER und G. F. MEIER vertretene kommunikationswiss. orientierte Sprachtheorie, deren Ziel es ist, eine explizite und sprachunabhängige Beschreibungssprache *(»intermediate language«)* zur praktischen Verwendung bei maschinellen Übersetzungen zu entwickeln. Jedes Lexem verfügt über mehrere →Sememe (= Lesarten), die durch ein begrenztes Inventar von →Noemen so exakt und universal beschrieben werden sollen, daß die Disambiguierung mehrdeutiger Texte maschinell erfolgen kann. Im Unterschied zum innerlinguistischen Status der semantischen Merkmale im Rahmen der →Komponentenanalyse beruhen Noeme auf der Analyse außersprachlicher Zusammenhänge, d.h. die Katalogisierung und Beschreibung der Noeme im Rahmen eines sogen. »Noematikums« resultiert aus einer sachbezogenen Klassifizierung der Welt.
Lit.: E. KOSCHMIEDER [1952]: Die noetischen Grundlagen der Syntax. In:SbBAW. – G. F. MEIER [1964]: Semantische Analyse und Noematik. In: ZPhon 17, S. 581–595. – G. F. MEIER [1966]: Noematische Analyse zur Ausschaltung der Polysemie. In: Zeichen und System der Sprache Bd. 3, Berlin, S. 117–145. – G. HELBIG [1971]: Geschichte der neueren Sprachwissenschaft. Unter dem besonderen Aspekt der Grammatiktheorie. München. – G. F. MEIER [1972]: Grundfragen eines Noematikons. In: ZPhon 25, S. 326ff. – TH. SCHIPPAN [1972]: Einführung in die Semasiologie. Leipzig.

Noetik →Noematik.

Nomen [lat. *nōmen* aus griech. *ónoma* ›Wort‹, ›Name‹; Abk.: N].
(1) Im engeren Sinn: Synonym für →Substantiv.
(2) Im weiteren Sinn: Zusammenfassende Bezeichnung für nominale Wortarten, worunter in einigen Grammatiken alle deklinierbaren Wortarten (Substantiv, Adjektiv, Pronomen und Numerale) fallen, in anderen bezieht sich N. in diesem weiteren Sinne nur auf Substantive und Adjektive.

Nomen Acti [lat. *āctus* ›getan‹. – Auch: Zustandsbezeichnung]. Deverbale Substantive, die das Ergebnis der Verbalhandlung bezeichnen: *Hemmnis, Lieferung, Treffer, Jauchzer*, engl. *establishment, examination,* frz. *terminaison*.

Lit.: →Wortbildung.

Nomen Actionis [lat. *āctiō* ›Handlung‹. – Auch: Verbalabstraktum, Verbalsubstantiv]. Bezeichnung für (meist von Verben) abgeleitete Substantive, die sich auf Handlungen und Vorgänge beziehen. Ihre Bildung erfolgt im Dt. und Engl. durch implizite wie explizite Ableitung (→Derivation), wobei die Bildung auf *-ung* im Gegenwartsdt. besonders produktiv ist: *Griff, Schlag, Verzeihung*, engl. *slap, presentation*, frz. *glissade*.

Lit.: →Wortbildung.

Nomen Agentis [lat. *agēns* ›handelnd‹]. Bezeichnung für (meist von Verben) abgeleitete Substantive, die sich auf den Träger der von ihnen bezeichneten Handlung beziehen. Das häufigste Muster der dt. und engl. Gegenwartssprache wird mit Hilfe des →Suffixes *-er* gebildet: *Lehrer, Gewinner, Raser*, engl. *dancer, player*; daneben verbinden sich dt. *-ler* und *-ner* mit substantivischen →Stämmen: *Sportler, Redner*.

Lit.: →Wortbildung.

(Nomen) Appellativum [lat. *appellāre* ›ansprechen‹] →Gattungsname.

Nomen Communis [lat. *commūnis* ›gemeinsam‹. – Auch: Communia]. Substantiv, dessen →Genus nicht festgelegt ist. Das N. C. richtet sich im grammatischen Geschlecht nach dem natürlichen Geschlecht der Lebewesen, auf das es sich bezieht, z.B. *der/die Ahne* (neben *Ahnin*), frz. *un/une enfant*.

Nomen Instrumenti. Bezeichnung für von Verben oder Substantiven abgeleitete Substantive, die das entsprechende Instrument bezeichnen: *Leuchter, Kopierer, Scheibenwischer, Schlüssel*, engl. *humidifier, cleanser*. Häufig kommt es zu semantischen Überlappungen zwischen N. I. und →Nomen Agentis, so daß man von einem semantisch vagen Suffix *-er* sprechen muß, vgl. *(Blut-)Spender* vs. *(Süßstoff-)Spender, (Sozialhilfe-)Empfänger* vs. *(Fernseh-)Empfänger*, engl. *(record-)player* vs. *(football-)player*.

Lit.: →Wortbildung.

Nomen Proprium [Pl. *Nomina Propria* – lat. *proprius* ›eigen‹]. →Eigenname.

Nominaldefinition →Definition.

Nominale →Nominalphrase.

Nominalform →Infinite Verbform.

Nominalisierung.
(1) Allgemein: jede Ableitung von Nomen aus anderen Wortarten, z.B. aus Verben (*Gefühl* vs. *fühlen*) oder Adjektiven (*Röte* vs. *rot, Schönheit* vs. *schön*).
(2) In der →Transformationsgrammatik:Transformationsre-

gel, die die Überführung von Verben oder Adjektiven in Nomina beschreibt. Zu den Kontroversen um die Beschreibung von N. im Rahmen einer Gesamtgrammatik vgl. →Lexikalistische vs. Transformationalistische Hypothese.

Lit.: →Lexikalistische vs. Transformationalistische Hypothese.

Nominalklassen. Im weiteren Sinne jede lexikalisch-grammatische Klassifizierung von Substantiven nach semantischen Aspekten wie belebt/unbelebt, konkret/abstrakt, mask./fem./ neutr., Dimension, Konsistenz; im engere Sinne solche Klassifizierungen, die nicht auf dem natürlichen Geschlecht beruhen, d.h. kein →Maskulinum und →Femininum enthalten. Im Unterschied zu solchen Sexus-Systemen findet man in N.-Sprachen oft wesentlich mehr Klassen, z.B. in →Niger-Kongo Sprachen (wie →Bantu, →Westatlantisch) mit bis zu 20 Klassen, die sich häufig zu Singular-Plural-Paaren gruppieren. Oft ist die Klassifikation noch semantisch mehr oder minder deutlich motiviert, grundlegend ist hierbei die Unterscheidung zwischen belebten und nichtbelebten Wesen. →Animat vs. Inanimat.

Lit.: G. ROYEN [1929]: Die nominalen Klassifikations-Systeme in den Sprachen der Erde. Historisch-kritische Studie, mit besonderer Berücksichtigung des Indo-Germanischen. Mödling. (Linguistische Bibliothek Anthropos 4). - B. HEINE [1982]: African noun class systems. In: H. SEITER/F. STACHOWIAK (eds.): Apprehension. Bd. 2. Tübingen. - C. CRAIG [1986]: Noun classes and categorization. Amsterdam. →Genus.

Nominalphrase [griech. *phrásis* ›Wendung‹; Abkürzung: *NP*. -

Auch: Nominale]. →Syntaktische Kategorie (bzw. →Phrase), die normalerweise ein Nomen (*Obst, Glück, Philip*) oder Pronomen (*ich, jemand, man*) als Kern enthält, der in verschiedener Weise erweitert sein kann. Als Erweiterung dienen (a) →Adjunkte, die als →Adjektivphrasen meist dem Nomen vorangestellt sind (*sehr gute Weine*), als (lose oder enge) →Appositionen nachgestellt werden (*Philip, mein bester Freund*; *mein Freund Philip*), oder (b) →Attribute in Form eines (voran- oder nachgestellten) Genitivattributs (*Philips Haus, das Haus meines Freundes*), einer →Präpositionalphrase (*das Haus auf dem Berg*) oder eines Relativsatzes (*das Mädchen, das nebenan wohnt*). *NPs* erfüllen im Satz die Funktion eines →Subjekts bzw. →Objekts oder kommen als Teil einer →Präpositionalphrase vor, die ihrerseits Objekts- oder Adverbial-Funktion hat. Semantisch unterscheidet man zwischen definiten und indefiniten *NPs*. →Definitheit wird bei →Gattungsnamen gewöhnlich durch ein (definites) →Determinans angezeigt; bei Eigennamen, die inhärent definit sind, hat der bestimmte Artikel keine differenzierende Kraft (vgl. *der Jakob, der Rhein, das Elsaß*). Indefinite *NPs* können »spezifisch« und »nicht-spezifisch« verwendet werden, vgl. die doppelte Lesart von *Philip möchte einen Fisch fangen*: in der spezifischen Lesart referiert die *NP* auf einen bestimmten, in der nicht-spezifischen auf einen beliebigen Fisch. Sowohl definite als auch indefinite *NPs* können generisch verwendet werden

(→Generizität). – In der Rektions- und →Bindungstheorie wird neuerdings angenommen, daß eine *NP* in eine →Determinansphrase (*DP*) mit einem →Determinans als Kern eingebettet ist. *NPs* kommen ohne Kern vor bei →Ellipse des *N* (*Du ziehst mir nicht das Grüne an* (W. BUSCH) oder in Fällen wie *Das Gute setzt sich durch*, wo nach S. OLSEN [1988] ein leeres *N* anzusetzen ist (hier kann kein *N* aus dem Kontext ergänzt werden).

Lit.: R. S. JACKENDOFF [1977]: X-Syntax: A study of phrase structure. Cambridge, Mass. – A. ANDREWS [1985]: The major functions of the noun phrase. In: T. SHOPEN (ed.): Language typology and syntactic description. Bd. 1. Cambridge, S. 62–154. – G. KOLDE [1985]: Zur Topologie deutscher Substantivgruppen. In: ZGL 13, S. 241–277. – H. VATER [1985]: Einführung in die Nominalphrasensyntax des Deutschen. Köln. – P. EISENBERG [1986]: Grundriß der deutschen Grammatik. Stuttgart, Kap. 5. – S. P. ABNEY [1987]: The English noun phrase in its sentential aspect. Cambridge, Mass. (Diss. M.I.T.). – G. FANSELOW [1988]: Aufspaltung von NPn und das Problem der »freien« Wortstellung. In: LBer 114, S. 91–113. – H. HAIDER [1988]: Die Struktur der deutschen Nominalphrase. In: ZS 7, S. 32–59. – S. OLSEN [1988]: Das »substantivierte« Adjektiv im Deutschen und Englischen. In: FoL 22, S. 337–372.

Nominalsatz. Ausschließlich aus →Nomen (Substantiven) bestehender Satztyp. N. ist ein Spezialfall von →Ellipse, vgl. *»Der Traum ein Leben.«* (GRILLPARZER).

Nominalstil. Häufiger Gebrauch abgeleiteter Substantive an Stelle von Verben, bedingt durch Umformung und Reduktion von Sätzen zu Substantivgruppen. Kennzeichnende →Stilelemente sind →Nominalisierungen (*Das Scheitern der Gespräche* statt *Die Gespräche scheitern*), →Komposita (*Ver-*

kehrsberuhigungsmaßnahme), →Bezugsadjektive (*Elterliche Zustimmung* statt *Die Eltern stimmen zu*), →Funktionsverbgefüge (*in Erwägung ziehen* statt *erwägen*), erweiterte Attribute (*Die damals vom Vorstand beschlossene Maßnahme*) sowie, bei der Reduktion komplexer Sätze, subordinierende Attributhäufungen (*Die Zustimmung der Mitglieder des Vorstands der Reederei*). Von →Sprachpflege und normativer →Stilistik wird der N. oft als »Papierstil«, »Kanzleideutsch« oder »Hauptwörterseuche« kritisiert, doch ergibt sich unter funktionalem Aspekt ein differenzierteres Bild: syntaktische Verdichtung und Unklarheit semantischer Beziehungen (*die Anklage des Ministers*) erschweren zwar die →Verständlichkeit, dienen jedoch einer konzentrierten Informationsvermittlung und der abstrahierenden Begriffsbildung (vgl. *Verantwortlichkeit, Rechtsmittelbelehrung*). Der N. ist daher in der Regel ein funktional angemessenes →Stilmerkmal von →Fachsprachen in Technik, Wissenschaft und Verwaltung.

Lit.: H. EGGERS [1973]: Deutsche Sprache im 20. Jahrhundert. München. →Funktionsverbgefüge, →Stilistik.

Nominativ [lat. *nōmināre* ›nennen‹; Übersetzung von griech. *onomastikḗ ptōsis* ›Nennfall‹. – Auch: →Casus Rectus, Nullkasus]. Morphologischer Kasus in →Nominativsprachen wie dem Dt., der als →Casus Rectus im allg. ein →Nullmorphem aufweist und das Subjekt eines Satzes kennzeichnet. Der N. kann jedoch auch beim Prädikatsnomen vorkommen (*Er ist Lehrer*) oder außerhalb des Satzverbandes (*Philip, sei jetzt still*). Zum N. als Objektkasus vgl. TIMBERLAKE.

Lit.: A. TIMBERLAKE [1974]: The nominative object in Slavic, Baltic, and West Finnic. München. →Kasus, →Subjekt.

Nominativsprache [Auch: Akkusativsprache]. Sprachtyp der →Relationalen Typologie (neben den Typen →Ergativ- und →Aktivsprache), zu dem alle europäischen Sprachen außer →Baskisch gehören. Unter der Annahme, daß von den Mustern des einfachen Aussagesatzes der intransitive und der transitive Tätigkeitssatz und von den semantischen Rollen →Agens und →Patiens die wichtigsten sind, ist dieser Sprachtyp folgendermaßen zu charakterisieren: Als Grundkasus kennzeichnet der →Nominativ die Verbergänzung intransitiver Verben unabhängig von deren semantischer Rolle sowie das Agens transitiver Verben: *Der Kater* (Nom.) *schnurrt*; *Er* (Nom.) *beobachtet den Vogel* (Akk.). Der →Akkusativ dient der Kennzeichnung des Patiens bei transitiven Verben. Vgl. das folgende Schema.

	Agens	Patiens
intr.	Subjekt	
trans.	Subjekt	Objekt

Lit.: →Ergativsprache, →Relationale Typologie.

Nominativus Pendens [lat. *pendēre* ›hängen‹. – Auch: Absoluter Nominativ]. Bezeichnung in der →Stilistik für eine Sonderform der →Prolepsis (›Vorwegnahme‹). Der N. P. ist

ein isoliert dem Satz vorangestellter nominativischer Ausdruck, der innerhalb des folgenden Satzes durch ein Pronomen oder Pronominaladverb wieder aufgenommen wird, das aber im Kasus nicht mit dem »schwebenden« Nominativ übereinstimmt: *Diese unendlichen Mühen, sie durfte gar nicht darüber nachdenken*. Der N. P. ist ein Spezialfall von Linksversetzung (vgl. →Linksversetzung vs. Rechtsversetzung).

Lit.: W. HAVERS [1926]: Der sogenannte Nominativus pendens. In: IF 43, S. 207ff. →Stilistik.

Nomosphäre [griech. *nómos* ›Gesetz‹, ›Ordnung‹. – Auch: Nomostruktur]. In der Terminologie von H. GLINZ eine der →Tiefenstruktur der generativen →Transformationsgrammatik vergleichbare sprachwiss. Ebene, die als zugrundeliegende Inhaltsebene (Ebene der fest geltenden Inhalte) der »Morphosphäre« als oberflächenstruktureller formaler Realisierungsebene gegenübergestellt ist. Die Grundelemente der N. sind die (Nomo-)Semanteme als »verallgemeinerte verbale Wortketten«, die zugrundeliegenden Satzbaupläne werden in der Nomosyntax beschrieben.

Lit.: →Inhaltbezogene Grammatik.

Nomostruktur →Nomosphäre.

Nonverbale Kommunikation [lat. *verbum* ›Wort‹]. Gesamtheit der in zwischenmenschlichen Kommunikationsprozessen auftretenden nichtsprachlichen Phänomene, deren Untersuchung Aufgabe ist von Psychologie (Psychiatrie), Soziologie, Ethnologie und – insofern gesprochene Sprache nur unter Berücksichtigung nichtsprachlicher Mittel vollständig verstanden und beschrieben werden kann – von Sprachwissenschaft. Bei den Signalen N. K. wird unterschieden zwischen: (a) phonetischen Mitteln wie Lautstärke der Stimme, Stimmlage, Sprechrhythmus, Lachen, Hüsteln etc., deren Untersuchung unter dem Begriff →Paralinguistik zusammengefaßt wird (allerdings wird Paralinguistik gelegentlich auch als Synonym für den Gesamtbereich der N. K. verwendet); (b) nicht-phonetischen (motorischen) Phänomenen wie Mimik, Gestik, Körperhaltung, Blickkontakt, äußere Erscheinung und Kleidung, deren Erforschung auch als →Kinesik bezeichnet wird. In beiden Bereichen mischen sich konstitutionell bedingte und frei variierbare Komponenten, die die sprachliche K. entweder systematisch überlagern (wie Intonation und Akzent) oder unabhängig von ihr auftreten können. Grundlegend für die Beschreibung N. K. ist die Frage nach dem »Kodecharakter«, der Systemhaftigkeit N. K., die eine Unterscheidung zwischen intentional gesteuerter N. K. und unbewußtem, nur für sich selbst stehendem »Verhalten« ohne kommunikative Absicht nahelegt. In Analogie zu den strukturellen Eigenschaften verbaler Kodes interpretieren G. L. TRAGER [1958] und R. L. BIRDWHISTELL [1954] stimmliche, gestische und mimische Phänomene als kommunikative Systeme, während unterschiedliche funktionale Forschungsansätze (vor allem P. EKMAN/

W. V. FRIESEN [1969], K. R. SCHERER [1978]) die Aufgabe und Wirkung N. K. innerhalb der Gesamtkommunikation und ihre wechselseitigen Bedingungen und Abhängigkeiten zu beschreiben versuchen. Bei SCHERER [1978] werden vier »parasemantische« Funktionen von N. K. unterschieden: (a) Bei »Substitution« ersetzt das Signal der N. K. den verbalen Bedeutungsinhalt (z.B. zustimmendes Kopfnicken anstelle von *ja*). (b) Bei »Amplifikation« dient die N. K. der Verdeutlichung des verbal Ausgedrückten (z.B. Hinweisgeste zusammen mit *dort*). (c) Bei »Kontradiktion« besteht ein Widerspruch zwischen N. K. und verbalem Inhalt (z.B. zustimmendes Kopfnicken bei Ablehnung), vgl. auch unter →Double-Bind-Theorie. (d) Durch »Modifikation« werden verbale Inhalte bezüglich der Sprecherhaltung verändert (z.B. ironisches Lächeln bei zustimmender Aussage). – Zu Funktion und Wirkung von N. K. in den Medien vgl. BÖHME [1982]. – Zu N. K. nicht-menschlicher Zeichensysteme vgl. →Semiotik, →Gebärdensprache, →Tiersprachen.

Lit.: R. L. BIRDWHISTELL [1954]: Introduction to kinesics. Louisville. – G. L. TRAGER [1958]: Paralanguage. A first approximation. In: Studies in Linguistics 13, S. 1–12. – P. EKMANN/W. V. FRIESEN [1969]: The repertoire of nonverbal behaviour: Categories, origins, usage and coding. In: Semiotica 1, S. 49–98. – P. L. BIRDWHISTELL [1970]: Kinesics and context. Philadelphia. – K. R. SCHERER [1970]: Non-verbale Kommunikation. Hamburg. – R. A. HINDE (ed.) [1972]: Non-verbal communication. Cambridge. – J. LYONS [1972]: Human language. In: R. A. HINDE (ed.): Non-verbal communication. Cambridge, S. 49–85. – S. WEITZ (ed.) [1974]: Nonverbal communication. New York. – M. ARGYLE [1975]: Bodily communication. London. Dt.: Körper-

sprache und Kommunikation. Paderborn 1979. – M. L. KNAPP [1978]: Nonverbal communication in human interaction. New York. 2., erw. Aufl. – K. R. SCHERER [1978]: Die Funktionen des nonverbalen Verhaltens im Gespräch. In: D. WEGNER (ed.): Gesprächsanalysen. Hamburg, S. 273–295. – J. LAVER/P. TRUDGILL [1979]: Phonetic and linguistic markers in speech. In: K. R. SCHERER/H. GILES (eds.): Social markers in speech. Cambridge. – K. R. SCHERER/H. G. WALLBOTT (eds.) [1979]: Nonverbale Kommunikation. Weinheim. – K. R. SCHERER/H. G. WALLBOTT/U. SCHERER [1979]: Methoden zur Klassifikation von Bewegungsverhalten: ein funktionaler Ansatz. In: ZfS 1, S. 177–192. – A. WOLFGANG (ed.) [1979]: Nonverbal behavior. Applications and cultural implications. New York. – H. HELFRICH/H. G. WALLBOTT [1980]: Theorie der nonverbalen Kommunikation. In: LGL Nr. 22. – J. UMIKER-SEBEOK/T. A. SEBEOK (eds.) [1981]: Semiotic approach to nonverbal communication. The Hague. – K. R. SCHERER/P. EKMAN (eds.) [1982]: Handbook of methods in nonverbal research. Cambridge. →Face-To-Face-Interaction, →Kinesik, →Paralinguistik.
Bibliographie: M. DAVIS [1982]: Body movement and nonverbal communication: an annotated bibliography 1971–1980. Bloomington.
Forschungsberichte: M. R. KEY (ed.) [1980]: The relationship of verbal and nonverbal communication. The Hague. – H. ELLGRING [1981]: Nonverbal communication. A review of research in Germany. In: GJP 5, S. 59–84. – K. BÖHME [1982]: Nonverbale Kommunikation. In: H. KAGELMANN u.a. (eds.): Medienpsychologie. Ein Handbuch in Schlüsselbegriffen. München. – M. R. KEY (ed.) [1982]: Nonverbal communication today: current research. The Hague.
Zeitschrift: Journal of Nonverbal Behavior.

Nootka →Salisch.

Nord- und Mittelamerikanische Sprachen. Vor der Kolonialisierung wurden in Nordamerika ca. 200–300 Sprachen gesprochen (bei ca. 1,5 Mio. Bewohnern), die sich in zahlreiche Sprachfamilien und →Isolierte Sprachen gliedern lassen. Der erste wichtige Klassifikationsversuch von J. W. POWELL [1891] nimmt aufgrund von Wortlisten-Vergleichen 58

Sprachfamilien an. Unter der Herausgeberschaft F. BOAS' (1858–1942) erschien 1911 der erste Band des *Handbook of American Indian languages* mit detaillierten Beschreibungen einzelner Sprachen, die Einfluß auf die Entstehung des Amerikanischen Strukturalismus ausübten. Während E. SAPIR 1929 sechs große Sprachstämme annahm, hat man in der Folgezeit SAPIRS Gruppierungen zum Teil wieder aufgegeben zugunsten kleinteiliger, aber sicherer Klassifikationen. L. CAMPBELL/M. MITHUN [1979] setzen vorsichtigerweise 32 Sprachfamilien und 30 isolierte Sprachen an. GREENBERG [1987] hingegen faßt alle Sprachen Nord-, Mittel- und Südamerikas mit Ausnahme der →Na-Dené-Sprachen und des →Eskimo-Aleutischen zu einem großen →Amerindischen Sprachstamm zusammen. Die Sprecher des Amerindischen stellen demnach die älteste Schicht von Einwanderern dar, gefolgt von den Sprechern der Na-Dené-Sprachen und des Eskimo-Aleutischen. In Mittelamerika werden heute ca. 70 einheimische Sprachen von insgesamt über 7,5 Mio. Sprechern gesprochen. Die Forschungsgeschichte hebt mit den Missionaren im 16. und 17. Jh. an (Grammatiken, Wörterbücher, Entwicklung von Orthographien und Sammlung von Texten). Erste Klassifikationsversuche durch L. HERVÁS Y PANDURO (1800/1805), F. PIMENTEL (1874) und CH. K. THOMAS/A. SWANTON (1911). Die neuere linguistische Forschung setzt um 1930 ein. Die Zahl der zu postulierenden Sprachstämme ist unklar, da viele Gruppierungen kontrovers sind; J. A. SUAREZ [1983] nimmt 7 Sprachfamilien und 7 isolierte Sprachen an. (Vgl. Sprachenkarte Nr. 3).

Lit.: J. W. POWELL [1891]: Indian linguistic families of America north of Mexico. U. S. Bureau of American Ethnology, 7th Annual Report. – F. BOAS (ed.) [1911, 1922, 1933/1938]: Handbook of American Indian languages. 3 Bde. New York. – H.-J. PINNOW [1964]: Die nordamerikanischen Indianersprachen. Wiesbaden. – R. WAUCHOPE [1964]: Handbook of Middle American Indians. Bd. 5: Linguistics. Austin. – T. SEBEOK (ed.) [1972]: CTL 10, 11. The Hague. – T. SEBEOK [1977]: Native languages of the Americas. New York. – L. CAMPBELL/M. MITHUN [1979]: The languages of native America: Historical and comparative assessment. Austin. – J. A. SUAREZ [1983]: The Meso-American Indian languages. Cambridge. – E.-D. COOK/D. B. GERDTS (eds.) [1984]: The syntax of native American languages. Orlando. – M. EDMONSON [1984]: Supplement to the Handbook of Middle American Indians. Bd. 2: Linguistics. Austin. – J. H. GREENBERG [1987]: Languages in the Americas. Stanford.
Zeitschrift: International Journal of American Linguistics (früher: American Anthropologist).

Nordgermanisch →Skandinavisch.

Nordisch →Skandinavisch.

Nordost-Kaukasisch [Auch: Nakho-Daghestanisch]. Sprachfamilie im nordöstlichen Kaukasus, die aus der kleineren Nakh-Gruppe (3 Sprachen, mit Tschetschenisch, 0,7 Mio. Sprecher) und der größeren Daghestan-Gruppe (ca. 30 Sprachen, größte Sprache Avarisch, 0,5 Mio. Sprecher) besteht. Phonologie: Relativ reiches Vokalsystem, glottalisierte und teilweise pharyngalisierte Konsonanten. Reiches Genussystem (bis zu 8 Genusklassen). Reiches Kasussystem (→Ergativ).

Lit.: A. E. KIBRIK u.a. [1977]: Opyt strukturnogo opisanija arčinskogo jazyka. Moskau. →Kaukasische Sprachen.

Nordwest-Kaukasisch [Auch: Abchasisch-Adygheisch]. Sprachfamilie im nordwestlichen Kaukasus mit 0,6 Mio. Sprechern und den fünf Sprachen Abchasisch, Abaza, Adygheisch, Kabardisch und dem nahezu ausgestorbenen Ubychisch in der Türkei. Die Sprachen sind bekannt für ihr sehr einfaches Vokalsystem (es werden nur zwei Vokale postuliert), dem ein sehr reiches Konsonantensystem mit bis zu 80 Lauten gegenübersteht. Einfaches Kasussystem (→Ergativ), komplexe Verbkonjugation und Verbkongruenz. Genussystem (Maskulin, Feminin, Impersonal). (Vgl. Sprachenkarte Nr. 8).

Lit.: J. COLARUSSO [1975]: The Northwest Caucasian Languages: a phonological survey. Cambridge, Mass. – B. G. HEWITT [1979]: Abkhaz. Amsterdam. →Kaukasische Sprachen.

Norm →Sprachnormen.

Normative Grammatik [lat. *norma* ›Regel‹. – Auch: Präskriptive Grammatik]. Auf Belehrung über den richtigen Sprachgebrauch ausgerichtete Form gramm. Beschreibung, die sich an historischen, logischen und ästhetischen Kriterien orientiert. In Anlehnung an das Vorbild anderer Sprachen (meist an das Lat.) bzw. an die Sprache von Dichtern, Gelehrten und Gebildeten, versuchen einzelne Sprachwissenschaftler und/oder Institutionen (z.B. *Académie Française* in Paris, DUDEN-Redaktion in Mannheim) verbindlich zu kodifizieren, was im Sinne sprachpflegerischer Absicht als »guter Stil«, als »richtig« oder »falsch« zu gelten hat. Solche normativen Tendenzen lassen sich im Dt. auf J. CH.

ADELUNG zurückführen und sind/waren bes. in →Schulgrammatiken des 19./20. Jh. wirksam. Als Reaktion hierauf vgl. die nicht regulativ eingreifende, sondern die Vielfalt möglicher Sprachvarianten ohne Wertung kodifizierende Grammatikform der →Deskriptiven Linguistik (2).

Lit.: →Sprachnormen, →Sprachpflege.

Norwegisch. Nordgerm. (skandinav.) Sprache mit 4,5 Mio. Sprechern, die seit 1907 aus zwei offiziell gleichberechtigten Landessprachen besteht: *Bokmål* ›Buchsprache‹ (früher: *Ricksmål* ›Reichssprache‹, eine Art norwegisiertes →Dänisch, vgl. NAES), gesprochen von 20 Prozent der Bevölkerung, vor allem in mittleren und westl. Teilen des Landes, und *Landsmål* (heute: *Nynorsk* ›Neu-Norwegisch‹, vgl. BEITO). Ursachen für diese Zweisprachigkeit sind u.a. früher fremdsprachlicher Einfluß von Niederdeutsch, →Schwedisch und →Dänisch, welches 1397 als Verwaltungssprache, 1739 als Unterrichtssprache zugelassen wurde. Seit 1892 sind beide Sprachen im Schulunterricht gleichberechtigt; der Sprachenstreit ist trotz mehrerer Reformversuche nicht beigelegt. – Grammatische Kennzeichen: Beiden Varianten gemeinsam sind bedeutungsunterscheidende Worttöne; während im *Bokmål* (wie im Dän. und Schwed.) die nominalen →Genus-Kategorien Maskulin und Feminin in der maskulin markierten Form zusammengefallen sind (neben Neutrum), verfügt das *Landsmål* darüber hinaus auch noch über ein feminines Paradigma;

SVO-Wortstellung in Haupt- und Nebensatz.

Lit.: O. BREITO [1970]: Nynorsk grammatikk. Oslo. – O. NAES [1972]: Norsk grammatikk. 3. Aufl. Oslo. – E. HAUGEN [1966]: Language conflict and language planning. The case of modern Norwegian. Cambridge, Mass. – E. HAUGEN/K. G. CHAPMAN [1982]: Spoken Norwegian. 3. Aufl. New York.

Notation [lat. *notātiō* ›Bezeichnung‹, ›Beschreibung‹]. Systeme von Zeichen oder Symbolen einer Beschreibungssprache, wie sie in der →Formalen Logik, Mathematik, Chemie u.a. verwendet werden. In der Sprachwiss. werden unterschiedliche N.-Systeme verwendet, z.B. das »Internationale Phonetische Alphabet« (→Lautschrift) oder die für semantisch-syntaktische Beschreibungen aus der Formalen Logik und →Mengentheorie übernommenen N.-Konventionen. Vgl. Symbolverzeichnis S. 18–21.

NP-Bewegung. Bewegung einer *NP* an eine →Argumentposition; die bei der Bewegung hinterlassene Spur ist eine leere →Anapher. Vgl. →Bindungstheorie, →GB-Theorie, →W-Bewegung.

N-Tupel. In der Mengentheorie Bezeichnung für eine geordnete Menge von Elementen unbestimmter Zahl, wobei n die Variable für die Zahl der Elemente symbolisiert. Im Unterschied zu einfachen →Mengen, für die gilt: $\{a,b\} = \{b,a\}$ ist im Tupel die Reihenfolge der Elemente festgelegt, d.h. $\langle a,b \rangle \neq \langle b,a \rangle$.

Lit.: →Mengentheorie.

Nubisch →Chari-Nil-Sprachen.

Nuklearsatz →Kernsatz.

Nukleus [Pl. Nuklei, lat. ›Kern‹].

(1) In der →Dependenzgrammatik von L. TESNIÈRE [1959] semanto-syntaktischer Begriff, der den syntaktischen Knoten eines Satzes und seine zusätzlichen semantischen Funktionen bezeichnet. Als »konstitutionelle Zelle« des Satzes ist er somit komplexer strukturiert als ein einfacher Knoten im →Strukturbaum.

Lit.: →Dependenzgrammatik.

(2) [Auch: →Kernphonem, →Silbenkern]. Unter dem Aspekt der Silbenstruktur das den Silbengipfel bildende Element, das in der Regel als Vokal realisiert ist.

Lit.: →Silbe.

(3) →Nukleus vs. Satellit.

Nukleus vs. Satellit [lat. *satelles* ›Leibwächter‹]. In einer →Endozentrischen Konstruktion Bezeichnung für das Bezugswort (auch: *center, déterminé, head,* Operand, Spezifikant, Trägerelement), das durch ein attributives Element (auch: Bestimmungselement, *déterminant,* Determinator, *modifier,* Modifikator, Operator) semantisch spezifiziert wird. In *Er liest sehr viel* ist *viel* Nukleus des Satelliten *sehr viel* und *liest* ist N. des S. *liest sehr viel.*

Lit.: →Bestimmungsrelation.

Null-Anapher →Japanisch.

Null-Flexion →Nullmorphem.

Null-Form →Nullmorphem.

Nullkasus →Nominativ.

Nullmorphem [engl. *zero morpheme.* – Auch: Leeres →Morphem, Null-Form, Null-Flexion, Zero-Form].

(1) Morphologisch nicht gekennzeichnete gramm. Bestimmung, die, um das System der sonst durch →Affixe markierten Unterschiede im Flexionsparadigma in seiner Regelmäßigkeit zu bewahren, in der Form Null (Ø) angenommen wird, z.B. für die unmarkierten Pluralformen in engl. *sheep, fish* vs. *cats, fences,* oder als Kennzeichen der Tempusunterschiede der engl. Verben *cut, hit* vs. *sang /(has) sung, jumped/(has) jumped.*

(2) In der →Wortbildung von u.a. H. MARCHAND [1960] angenommenes Ableitungssuffix, das sich aus der Gegenüberstellung von Bildungen wie *legal + ize* ›legal machen‹: *clean + Ø* ›sauber machen‹ bzw. *atom + ize* ›in Atome verwandeln‹ : *cash + Ø* ›in Bargeld verwandeln‹ ergibt. Der Bedeutungsunterschied zwischen *clean* (Adjektiv), *cash* (Substantiv) einerseits und (*to*) *clean,* (*to*) *cash* (Verben) andererseits wird sonst in der Sprache systematisch durch ein Wortbildungselement wie *-ize, -ify* getragen. Parallel zu *-ize* vereinigt das Nullmorphem Ø den Bedeutungsgehalt »machen«, »verwandeln in« in der Form Null. Die Relevanz des Nullmorphems für die Wortbildung wird von M. DOKULIL [1968] angezweifelt und von R. LIEBER [1981] verworfen.

Lit.: H. MARCHAND [1960]: The categories and types of present-day English word-formation. 2. Aufl. München 1969. – M. DOKULIL [1968]: Zur Frage der sogen. Nullableitung. In: H. BREKLE/L. LIPKA (eds.): Wortbildung, Syntax und Morphologie. The Hague, S. 55–64. – D. KASTOVSKY [1969]: Wortbildung und Nullmorphem. In: LB 2, S. 1–13. – R. LIEBER [1981]: Morphological conversion within a restrictive theory of the lexicon. In: M. MOORTGAT/ H. VAN DER HULST/T. HOEKSTRA (eds): The scope of lexical rules. Dordrecht, S. 161–200. – S. OLSEN [1986]: Wortbildung im Deutschen. Stuttgart, Kap. 4. →Morphologie, →Wortbildung.

Null-Subjekt-Parameter →Pro-Drop-Parameter, →Pro-Drop-Sprache.

Numerale [Pl. Numeralia; lat. *numerus* ›Zahl‹. – Auch: Zahlwort]. In ihrem Status als eigene Wortart umstrittene Klasse von Wörtern, die überwiegend aus Adjektiven besteht (*sechs Monate, zweierlei Maß, der dreifache Betrug*), zu der aber auch Substantive (*ein Dutzend Eier, Einer und Zehner*), Indefinitpronomen (*alle, beide, mehrere, wenige*) und Adverbiale (*Er rief dreimal an*) zählen. In semantischer Hinsicht allerdings bilden N. eine einheitliche Gruppe, insofern sie Zahlen, Quantitäten und in Zahlen quantifizierbare Größen- und Mengenangaben bezeichnen. Da ihr morphologisch-syntaktisches Verhalten hinsichtlich Deklination uneinheitlich ist, werden N. in neueren Grammatiken unterschiedlich klassifiziert und teils den Pronomen, teils den Adjektiven zugerechnet. Hinsichtlich ihrer Bildungsweise und unterschiedlichen Funktion unterscheidet man zwischen bestimmten und unbestimmten N. (*zehn* vs. *einige*), wobei die bestimmten N. folgende Untergruppen aufweisen: (a) Kardinalia (auch: Grundzahlen): *eins, zwei, drei*, (b) Ordinalia (auch: Ordnungszahlen): *erstens, zweitens*, (c)

Distributiva: *je sechs*, (d) Iterativa: *siebenmal*, (e) Multiplikativa: *achtfach*, (f) Kollektivzahlen: *ein Dutzend* und (g) Bruchzahlen: *ein Zehntel*. Als Zusammenfassung (mit ausführlicher Bibliographie) vgl. KRAUS [1977].

Lit.: J. R. HURFORD [1975]: The linguistic theory of numerals. London. – H. KRAUS [1977]: Das Numerus-System des Englischen. Tübingen. – A. C. ROSS (ed.) [1981]: Indo-European numerals. The Hague. – I. R. HURFORD [1987]: Language and number. The emergence of a cognitive system. Oxford. – J. GROZDANOVIC (ed.) [1988]: Indo-European numerals. Berlin.

Numerus [Pl. Numeri. – Auch: Zahl]. Grammatische Kategorie des Nomens (speziell des Substantivs) zur Kennzeichnung von Quantitätsverhältnissen. Durch →Kongruenz wird N. auch auf andere nominale Wortarten (Adjektiv, Pronomen) sowie auf das finite Verb übertragen, daher rechnet man N. auch unter die Verbkategorien. Die häufigsten N.-Kategorien sind Singular und Plural; daneben gibt es Systeme, die zusätzlich einen Dualis (Zweizahl) unterscheiden, so im Griech. und Got., und solche, die außerdem einen Trialis besitzen (z.B. im südwestpazifischen Raum). In manchen Sprachen tritt die Kategorie des →Paucalis auf (Plural der überschaubaren Anzahl, z.B. im Arabischen). – Ein N.-System anderer Art findet sich in Sprachen, die zwischen einer numerusindifferenten Grundform (Kollektiv) und einer davon abgeleiteten, komplexeren Form für die Einzahligkeit (Singulativ) unterscheiden, z.B. im →Bretonischen. Oft treten in Numerussprachen nicht alle Nomina in allen N. auf (sogen.

Singularetantum, Pluraletantum, →Massen-Nomen). – Zu unterscheiden ist ein semantischer N. (z.B. *Pferde* in *Philip hat Pferde beobachtet*) von einem rein syntaktischen Kongruenz-N. (z.B. *Pferde* in *In der Camargue leben 1,0 Pferde pro Quadratkilometer*, die Pluralform wird hier durch die Dezimalbruchzahl ausgelöst). Sprachen ohne N.-Distinktion sind häufig →Klassifizierender Sprachbau.

Lit.: R. BARTSCH [1973]: The semantics and syntax of number and number. In: P. KIMBALL (ed.): Syntax and semantics. Bd. 2. New York, S. 51–93. – A. BIERMANN [1982]: Die grammatische Kategorie Numerus. In: H.-J. SEILER/C. LEHMANN (eds.): Apprehension. Das sprachliche Erfassen von Gegenständen. Tübingen, S. 229–243. – J. H. GREENBERG [1988]: The first person inclusive dual as an ambiguous category. In: SLang 12, S. 1–19. – G. LINK [1990]: Plural. In: A. VON STECHOW/D. WUNDERLICH (eds.): Handbuch Semantik. Kronberg.

Nuoresisch →Sardisch.

Oberdeutsch. Zusammenfassende Bezeichnung für jene hdt. Dialekte (→Hochdeutsch), die die →Zweite Lautverschiebung vollständig durchgeführt haben. Zum Unterschied vom →Mitteldeutschen ist hier generell auch der labiale Plosiv *p* zur entsprechenden Affrikate *pf* verschoben (*pund, appel* > *pfund, apfel*); als Diminutivsuffix wird *-el/-erl* bzw. *-le/-li* verwendet (gegen mdt. und nddt. *-chen/-ken*). – Das O. wird üblicherweise in drei Dialektverbände untergliedert: →Alemannisch, →Bairisch, →Ostfrän-

kisch; daneben wird jedoch auch eine Zusammenfassung von Südfrk. (ein vom Ostfrk. abzutrennender rheinfrk.-ostfrk.-alemann. Interferenzraum), Ostfrk. und Nordbair. zu einem Verband »Nordoberdeutsch« vorgeschlagen (vgl. STRASSNER 1980). (Vgl. Sprachenkarte Nr. 6).

Lit.: J. A. SCHMELLER [1821]: Die Mundarten Bayerns grammatisch dargestellt. München. – J. A. SCHMELLER [1827–37]: Bayerisches Wörterbuch. 4 Bde. Stuttgart. 2. durch G. K. FROMMANN bearb. Aufl., 2 Bde. München 1872. – SCHWEIZERISCHES IDIOTIKON [1881ff.]: Wörterbuch der schweizerdeutschen Sprache. (bisher 14 Bde.) Frauenfeld. – F. KAUFFMANN [1890]: Geschichte der schwäbischen Mundart im Mittelalter und in der Neuzeit. Straßburg. – H. FISCHER [1895]: Geographie der schwäbischen Mundart. Tübingen. – L. JUTZ [1931]: Die alemannischen Mundarten (Abriß der Lautverhältnisse). Halle, Saale. – K. BOHNENBERGER [1953]: Die alemannische Mundart. Tübingen. – E. KRANZMAYER [1956]: Historische Lautgeographie des gesamtbairischen Dialektraumes. Wien. – R. HOTZENKÖCHERLE (ed.) [1962ff.]: Sprachatlas der deutschen Schweiz. (bisher 5 Bde.) Bern. – Wörterbuch der bairischen Mundarten in Österreich (1970ff.). Ed. von der Kommission für Mundartkunde und Namenforschung der Österreichischen Akademie der Wissenschaften. Wien. – H. STEGER [1968]: Sprachraumbildung und Landesgeschichte im östlichen Franken. Neustadt, Aisch. – E. STRASSNER [1980]: Nordoberdeutsch. In: LGL, S. 479–482. – I. REIFFENSTEIN [1983]: Deutsch in Österreich. In: I. REIFFENSTEIN u.a.: Tendenzen, Formen und Strukturen der deutschen Standardsprache nach 1945. Marburg, S. 15–27. – P. WIESINGER [1983]: Die Einteilung der deutschen Dialekte. In: HSK 1, S. 807–900. – R. HOTZENKÖCHERLE [1984]: Die Sprachlandschaften der deutschen Schweiz. (Ed. N. BIGLER/R. SCHLÄPFER). Aarau. – P. WIESINGER (ed.) [1989]: Österreichisches Deutsch. Wien. →Dialektologie.

Oberflächengrammatik →Oberflächenstruktur.

Oberflächenstruktur [engl. *surface structure*. – Auch: Instrumentalsphäre (WANDRUSZKA), Morphosphäre (GLINZ), Ober-

flächengrammatik (HOCKETT),
→Phänotyp (ŠAUMJAN, WHORF),
S-Struktur (CHOMSKY)].

(1) In einem allgemeinen Sinn:
Unmittelbar beobachtbare aktuelle Gestalt von Sätzen, wie sie in der Kommunikation verwendet werden.

(2) In der Terminologie der generativen →Transformationsgrammatik von N. CHOMSKY [1965] relativ abstrakte Satzstruktur, die das Resultat eines aus Basis- und Transformationsregeln bestehenden Prozesses darstellt und als Eingabe der phonologischen Komponente fungiert, d.h. sie muß noch phonetisch interpretiert werden, um dem Sachverhalt unter (1) zu entsprechen. Dabei können phonologisch identischen Interpretationen verschiedene O. zugrunde liegen: Der Wortfolge *jüngere Mitglieder und Rentner* können zwei durch die Klammern dargestellte syntaktische (und semantische) Strukturen entsprechen: [[*jüngere Mitglieder*] *und Rentner*] vs. [*jüngere* [*Mitglieder und Rentner*]]. Die Beschränkung der syntaktischen Beschreibung von Sprache auf deren Oberflächenstruktur ist ein Kennzeichen strukturalistischer Analysen, z.B. in Form von →Phrasenstrukturgrammatiken. Phänomene wie die folgenden (a) bis (d) haben zur Annahme von syntaktischen Mehrfachrepräsentationen geführt, insbes. zu der Unterscheidung von O. vs. →Tiefenstruktur: (a) Die O. kann mehrdeutig sein (→Ambiguität), z.B. *die Wahl des Vorsitzenden* (= *der Vorsitzende trifft eine Wahl* bzw. *wird gewählt*); (b) verschiedene O. können synonym sein (→Para-

phrase) z.B. *der blaue Himmel* und *der Himmel, der blau ist*;(c) in der O. kann Information fehlen, die vom Hörer mitverstanden wird: *Philip riet* (bzw. *versprach) mir, nach München zu kommen*; im Falle von *raten* ist dabei die 1. Pers. Sg. logisches Subjekt des Infinitivsatzes, bei *versprechen* aber die 3. Pers. Sg.; (d) die O. enthält →Diskontinuierliche Konstituenten wie *abfahren* möglicherweise nicht als Lexeme: *Da fahr ich drauf ab.* Diese Probleme haben zu der Annahme von sogen. syntaktischen →Tiefenstrukturen geführt, die als abstrakte zugrundeliegende Strukturen alle gramm. Relationen exakt und vollständig abbilden und zugleich auch explizit alle Informationen enthalten, die für die semantische Interpretation und für die Erforschung der syntaktisch motivierten Transformationsprozesse (Umstellungen, Tilgungen) erforderlich sind. Mehrfache Revisionen des ursprünglichen Modells haben zu einer Neudefinition der Ebenen geführt: Die O. werden durch sogen.»Spuren« einer Umstellung(stransformation) und durch andere →Leere Kategorien angereichert, so daß die strukturelle Information der Tiefenstruktur in der O. erhalten bleibt (→Projektionsprinzip). Diese durch Informationen der Tiefenstruktur angereicherten O. werden »S-Strukturen« genannt (von engl. s*(urface) structure*, gelegentlich auch »seichte« Strukturen), die eigentlichen Tiefenstrukturen heißen »D-Strukturen« (von engl. d*(eep) structure*). Da die semantische Interpretation in dieser revidierten Theorie von der O. ausgeht und diese einerseits desambiguierende Information enthält, andererseits Mehrdeutigkeiten, die auch erst in der semantischen Komponente der Grammatik behandelt werden können, ist die semantische Motivation für eine von der O. unabhängige Ebene der D-Struktur in der →Spurentheorie weitgehend verloren gegangen. Vgl. →Transformationsgrammatik, →Oberflächensyntax.

Lit.: →Tiefenstruktur, →Transformationsgrammatik.

Oberflächensyntax. Sammelbezeichnung für verschiedene Richtungen der Syntaxforschung, die (im Unterschied zu einigen Stadien der generativen →Transformationsgrammatik) von syntaktischen Strukturen der Oberfläche als Basis für die Interpretation der Satzbedeutung ausgehen. Sprachtheorien mit O. sind z.B. die von R. HUDSON [1976] entwickelte *Daughter-Dependency-Grammar* (so benannt, weil sie nicht nur dependentielle Zusammenhänge zwischen Schwesterknoten von Konstituenten zuläßt, z.B. zwischen *neues* und *Buch* in *neues Buch*, sondern auch dependentielle Beziehungen zwischen Tochter- und Mutter-Knoten, also zwischen *neues* und *neues Buch*), außerdem die von H.-H. LIEB u.a. konzipierte →Integrative Sprachwissenschaft sowie die (mehr oder weniger als oberflächennah zu bezeichnenden) →Kategorialgrammatiken (vgl. →Montague-Grammatik, →Natürliche Generative Grammatik).

Lit.: R. HUDSON [1976]: Arguments for a non-transformational grammar. Chicago. -

H.-H. LIEB [1977]: Outline of integrational linguistics. Berlin. - H.-H. LIEB (ed.) [1980]: Oberflächensyntax und Semantik. Tübingen. - R. FIENGO [1981]: Surface structure: the interface of autonomous components. New Haven. →Integrative Sprachwissenschaft.

Obersächsisch. Ostmdt. Dialektverband im Südosten der (ehemaligen) DDR (→Mitteldeutsch). Großräumige sprachl. Unterschiede zwischen nördlichem, mittlerem und südlichem Teil erlauben trotz vielfältiger Interferenzen und Wandlungserscheinungen Rückschlüsse auf die unterschiedliche Herkunft der Siedler (11.–13. Jh.); die Tatsache, daß dieses Gebiet bis ins 18. Jh. zweisprachig war (slaw. als Sprache der ursprüngl. Landbevölkerung), bzw. die heute noch existierende slaw. Sprachinsel in der Lausitz (→Sorbisch) weisen auf die Relevanz des slaw. Substrats hin. - Sprachlich finden wir im Süden einen obdt./ostfrk. Interferenzraum, im Norden einen breiten, sich weiter ausdehnenden Übergangsbereich zum Nddt. (→Brandenburgisch), der vielfach als eigene Dialektregion (»Nordobersächsisch-Südmärkisch«) klassifiziert wird; der Zentralraum des »Meißnischen« (Meißen – Dresden) stellt eine Art Ausgleichsvarietät dar. (Vgl. Sprachenkarte Nr. 6).

Lit.: →Dialektologie, →Mitteldeutsch.

Objekt [lat. *obiectum* ›das (der Handlung) Vorgesetzte‹]. Sammelbegriff für mehrere syntaktische Funktionen in →Nominativsprachen (wie u.a. Deutsch, Englisch), die je nach Sprachtyp morphologisch (durch einen →Casus Obliquus) oder positionell (durch Stellung nach dem Subjekt) gekennzeichnet sind und i.d.R. die Person oder den Sachverhalt charakterisieren, auf die sich die (durch das Verb bezeichnete) Handlung bezieht. Zahl und Art der O. sind sprachspezifisch ausgeprägt und werden im Satz durch die →Valenz des Verbs bestimmt. Man unterscheidet zwischen dem →Direkten O., →Indirekten O. und →Präpositional-O. (auch: →Obliquem O.). Kategorial können O. im Dt. durch Nominalphrasen, Infinitivkonstruktionen oder Nebensätze (→Objektsatz) realisiert werden.

Lit.: →Kasus, →Syntaktische Funktion.

Objektsatz [Auch: Ergänzungssatz, Komplementsatz]. →Nebensatz (auch: Konstituentensatz) in der syntaktischen Funktion eines Objekts. Unter formalem Aspekt wird unterschieden zwischen (a) Relativsatz: *Wes das Herz voll ist, des geht der Mund über* (Genitiv-O.); (b) durch →Interrogativpronomen eingeleiteter Nebensatz: *Weißt du, wieviel Sternlein stehen an dem blauen Himmelszelt?*; (c) mit *daß* oder *ob* eingeleiteter Konjunktionalsatz: *Sie fragt sich, ob sie richtig gehandelt hat* (Akkusativ-O.); (d) uneingeleiteter Nebensatz: *Sie wünschte, sie wäre in Rom*; (e) Infinitivkonstruktion: *Er freute sich, uns überrascht zu haben* (Präpositional-O.).

Lit.: →Nebensatz.

Objektsprache vs. Metasprache. Seit alters her bekannte, durch die formale Logik des 20. Jh. präzisierte, beim Sprechen über Sprache notwendige Unterscheidung verschiedener Aussagestufen. Aussagen über nicht-sprachliche Sachverhalte, wie z.B. *München liegt an der Isar*, sind Aussage in der Objektsprache, während *»München«* ist ein Eigenname mit zwei Silben ein Beispiel für Metasprache ist. Innerhalb einer metasprachlichen Beschreibung wird das objektsprachliche Beispiel graphisch gekennzeichnet durch Anführungszeichen, Kursivdruck oder Unterstreichen. Diese Konvention entspricht der Unterscheidung engl. Sprachphilosophie in *use* (›Gebrauch‹) und *mention* (›Erwähnung‹): in *München liegt an der Isar* »gebraucht« man den Ausdruck *München*, um eine bestimmte deutsche Stadt zu bezeichnen, in *»München«* ist ein Eigenname »erwähnt« bzw. zitiert man das Wort *München* als Beispiel für Eigennamen. Diese metasprachliche Hierarchisierung kann über mehrere Stufen verlaufen, so sind die Definitionen und Erläuterungen dieses Artikels (bzw. des gesamten Lexikons) meta-metasprachliche Beschreibungen der metasprachlichen Verwendung linguistischer Termini, die zur Beschreibung objektsprachlicher Ausdrücke gebraucht werden. Zwei Sprachen stehen im Verhältnis von Objekt-/Metasprache zueinander, wenn in der einen Sprache Aussagen über Ausdrücke der anderen Sprache gemacht werden, z.B. Dt. und Engl. in einer deutschsprachigen Grammatik des Englischen. Die Unterscheidung verschiedener Aussagestufen ist notwendig zur Vermeidung sogen.

→Semantischer Antinomien, wie der Paradoxie vom Kreter, der behauptet: »Alle Kreter lügen«.

Lit.: W. v. O. QUINE [1940]: Mathematical logic. New York. Verb. Neuaufl. Cambridge, Mass. 1951. →Formale Logik.

Obligatorisch vs. Fakultativ/Optional [lat. *obligātiō* ›Verpflichtung‹, *facultās* ›Möglichkeit‹, *optiō* ›Wahl‹]. Eigenschaften von Regeln, die die Bedingung ihrer Anwendung spezifizieren. Die Unterscheidung gilt für alle Beschreibungsebenen und spielt besonders bei der syntaktisch-semantischen Beschreibung der Satzstruktur auf der Basis der Verbvalenz eine Rolle: Im Unterschied zu den valenzunabhängigen Elementen im Satz (z.B. freie Adverbiale, Attribute) ist bei den valenznotwendigen Aktanten zu unterscheiden zwischen obligatorisch unter allen Umständen zu besetzenden Valenzstellen und solchen, die unter bestimmten Kontextbedingungen nicht (d.h. fakultativ/optional) zu besetzen sind. Vgl. *Gretel schreibt an Katharina einen Brief* vs. *Gretel schreibt* (*irgendetwas*), aber: *Gretel gibt Katharina einen Brief* vs. **Gretel gibt Katharina.* Diese strukturell begründete Unterscheidung bezieht sich ausschließlich auf gramm. Vollständigkeit bzw. Wohlgeformtheit, sie deckt sich nicht immer mit semantisch-pragmatischen Aspekten wie Vollständigkeit und Differenzierung der Information. – Zur weiteren Verwendung der Unterscheidung vgl. →Fakultative Variante sowie unter →Transformation.

Lit.: G. A. SANDERS [1977]: On the notions »optional« and »obligatory« in linguistics. In: Linguistics 195, S. 5–47.

Obliquer (›ungerader‹) Kontext →Opaker vs. Transparenter Kontext.

Obliques Objekt [lat. *oblīquus* ›schräg‹]. Syntaktische Funktion, die durch eine Nominalphrase in einem →Casus Obliquus oder durch eine Prä- bzw. Adpositionalphrase (vgl. →Präpositionalobjekt) kategorial gefüllt wird: *Er klagte den Mann des Mordes/wegen Mordes an.* O. O. zählen nicht zu den primären syntaktischen Funktionen einer Sprache wie Subjekt oder direktes Objekt, was sich z.B. darin manifestiert, daß sie nur in sehr wenigen Sprachen Verbkongruenz auslösen oder als Bezugselemente für Reflexivpronomina in Frage kommen (vgl. →Hierarchiegesetze). Spezifische semantische Funktionen sind: →Agens (Verursacher) einer Handlung in Passivkonstruktionen, →Benefaktiv, →Lokativ u.a. semantische Größen, die an der durch das Prädikat ausgedrückten Handlung nicht direkt beteiligt sind.

Lit.: →Objekt, →Syntaktische Funktion.

Observative Adäquatheit →Adäquatheitsebenen.

Obstruent [lat. *obstruere* ›versperren‹. – Auch: Geräuschlaut]. Konsonant, bei dessen Bildung die durch das →Ansatzrohr gestoßene Luft ein Hemmnis sagittal (→Sagittallaut) überwindet, also sagittale Okklusive einschließlich der Affrikaten und sagittale Frikative. →Artikulatorische Phonetik.

Lit.: →Phonetik.

Obviation. Kategorie im Personensystem einiger Sprachen (z.B. im →Algonkischen, →Na-Dené), deren Subkategorien »Obviativ« und »Proximat« bezeichnet werden. Proximat sind Personalpronomina, die auf Objekte bezugnehmen, die unmittelbar vorher erwähnt wurden; obviativ solche, die auf Objekte bezugnehmen, die nicht unmittelbar vorher erwähnt wurden.

Öffnungslaut →Approximant.

Offen vs. Geschlossen.
(1) Eigenschaft von →Silben: Im Dt. gibt es sowohl offene (z.B. [ˈleː] in [ˈleːzən] ›lesen‹) als auch geschlossene Silben (z.B. [ˈleːs] in [ˈleːsbaʁ] ›lesbar‹). Geschlossene Silben fehlen z.B. gänzlich in dem zum Austronesischen gezählten Tahitischen und im schriftlich überlieferten Altkirchenslawisch.
(2) Eigenschaft von →Vokalen, die sich auf den Öffnungsgrad im oralen Teil des →Ansatzrohres bezieht.
Lit.: →Phonetik.

Ohrenphonetik [Auch: Elementarphonetik]. Durch die Entwicklung der Experimental- und Instrumentalphonetik weitgehend überholte Untersuchungsmethode, die sich bei der Beschreibung der Struktur von Sprachlauten ausschließlich auf das verläßt, was das menschliche (geschulte) Ohr zu erfassen imstande ist.
Lit.: →Phonetik.

Ojibwa →Algonkisch.

Okanogon →Salisch.

Okkasionelle vs. Usuelle Wortbildung [lat. *occāsiō* ›Gelegenheit‹, *ūsus* ›Gewohnheit‹]. In der →Wortbildung Unterscheidung zwischen (nach produktiven Wortbildungsregeln geschaffenen) Neubildungen, die spontan aus einem momentanen Bedarf heraus und in starker Kontextabhängigkeit entstehen, und im Lexikon kodifizierten, zum lexikalischen Inventar einer Sprache gehörenden Ausdrücken. Da O. W. durch häufige Wiederverwendung in den usuellen Wortbestand der Sprache eingehen können, ist die Grenze zwischen beiden Bereichen unscharf. Vgl. →Augenblicksbildung, →Lexikalisierung.
Lit.: S. OLSEN [1986]: Wortbildung im Deutschen. Stuttgart, S. 49–52. →Wortbildung.

Okklusiv. Nicht-nasaler →Verschlußlaut.

Okkurrenz [engl. *occurrence* ›Vorkommen‹]. Generell: Synonym für ›Vorkommen‹, ›Auftreten‹. Speziell: Konkrete Realisierung einer zugrundeliegenden (abstrakten) sprachlichen Einheit in Form von tatsächlichen Äußerungen. O. ist das Ergebnis eines Performanzaktes auf der Basis der zugrundeliegenden sprachlichen →Kompetenz. So sind unter lautlichem Aspekt sprachliche Äußerungen phonetische Aktualisierungen (= O.) der zugrundeliegenden (abstrakten) phonologischen Struktur. Diese Unterscheidung zwischen *parole*- vs.

langue-bezogenen Aspekten entspricht der Gegenüberstellung von →Etischer vs. Emischer Analyse bzw. der →Type-Token-Relation.

Okzitanisch. Galloromanische Sprache (→Romanisch) Südfrankreichs etwa südlich der Linie Garonne-Grenoble. Die markante Gliederung des galloromanischen Sprachraumes wird u.a. auf die intensivere fränkische Besiedlung Nordfrankreichs zurückgeführt (→Superstrat). Im Mittelalter bedeutende Zivilisationssprache, wurde das O. durch das dominierende Französisch in seinem Gebrauch zunehmend eingeschränkt. Seit dem 19. Jh. gibt es verschiedene Bewegungen zur Erneuerung des O. als Literatur- und Verkehrssprache (F. MISTRAL, L. ALIBERT). Das O. läßt sich in eine nordo. und eine mittelo. (languedokisch, provenzalisch) Dialektgruppe aufteilen; eine Sonderstellung nimmt das vergleichsweise eigenständige Gascognische ein. Die Zahl der heute noch aktiven Sprecher liegt bei etwa 2 Mio.

Lit.: L. ALIBERT [1935]: Gramatica occitana. Toulouse. – L. ALIBERT [1965]: Dictionnaire occitan-français. Toulouse. – P. BEC [1973]: Manuel pratique d'occitan moderne. Paris. – G. KREMNITZ [1981]: Das Okzitanische. Sprachgeschichte und Soziologie. Tübingen. – G. HOLTUS/M. METZELTIN/C. SCHMITT (eds.) [1989]: Lexikon der Romanistischen Linguistik (LRL). Bd. 5. Tübingen.

Omotisch. Von H. FLEMING 1969 postulierter, ostafrikanischer Sprachzweig des →Afroasiatischen, früher als »Westkuschitisch« dem →Kuschitischen zugerechnet. Etwa zwei Dutzend Sprachen, ca. 1,3 Mio. Sprecher. (Vgl. Sprachenkarte Nr. 1).

Lit.: E. WOLFF [1981]: Die omotischen Sprachen. In: B. HEINE (ed.): Die Sprachen Afrikas. Hamburg, S. 217–224.

Oneida →Irokesisch.

Onomasiologie [griech. *ónoma* ›Name‹. – Auch: Bezeichnungs-, Benennungslehre]. Teildisziplin bzw. Forschungsrichtung der →Semantik, die sich – ausgehend von Sachverhalten und Begriffen der realen Welt bzw. allgemeiner ausgehend von Inhalten – mit der Erforschung der sich auf diese beziehenden sprachlichen Ausdrücke (= Wörter/Wortformen) beschäftigt. Dabei werden Aspekte der geographischen Verteilung bestimmter Bezeichnungen (→Wortatlas) ebenso berücksichtigt wie Fragen des Bezeichnungswandels. Sprachgeschichte erweist sich somit als Kulturgeschichte (→Kultursemantik). Auf dem Konzept der O., das die Zeitschrift »Wörter und Sachen« [1909ff.] dokumentiert, beruhen alle nach Sach- bzw. Begriffsgruppen geordneten Wörterbücher; vgl. im Unterschied hierzu →Semasiologie.

Lit.: B. QUADRI [1952]: Aufgaben und Methoden der onomasiologischen Forschung. Berlin. – K. BALDINGER [1964]: »Sémasiologie et onomasiologie«. In: RLiR 28, S. 249–272. – K. HEGER [1964]: Die methodischen Voraussetzungen von Onomasiologie und begrifflicher Gliederung. In: ZRPh 80, S. 486–516. – A. W. STANFORTH [1967]: Die Bezeichnungen für »Groß«, »Klein«, »Viel«, und »Wenig« im Bereich der Germania. Marburg. – G. STÖTZEL [1970]: Ausdrucksseite und Inhaltsseite der Sprache: Methodenkritische Studien am Beispiel der deutschen Reflexivverben. München. – H. E. WIEGAND [1970]: Onomasiologie und Semasiologie. In: GermL 3, S. 243–384. – J. SCHRÖPFER (ed.) [1979]: Wörterbuch der vergleichenden Bezeichnungslehre. Bd. 1. Heidelberg.
Wörterbücher: P. M. ROGET [1852]: Thesaurus of English words and phrases. New edi-

tion prepared by S. M. LLOYD 1982. Harlow, Essex. – H. WEHRLE [1881]: Deutscher Wortschatz. 13. Aufl. Stuttgart 1967. – CH. O. S. MAWSON [1911]: Roget's international thesaurus. 4. verb. Aufl. ed. von R. L. CHAPMAN. New York 1977. – F. DORNSEIFF [1933]: Der deutsche Wortschatz nach Sachgruppen. Berlin. 7. Aufl. 1970. →Semantik, →Semasiologie.

Onomastik →Namenkunde.

Onomastisches Suffix. Ableitungssuffixe zur Bildung von Personen-, Orts- und Ländernamen: z.B. *-sen* (verkürzt aus *-sohn*) in *Paulsen, Olsen*; *-ingen* in *Sigmaringen;* *-hausen* in *Ebenhausen, -land, -reich* usw. in *England, Österreich.* Vgl. →Namenkunde.

Lit.: →Namenkunde, →Wortbildung.

Onomatopöie →Onomatopoiie.

Onomatopoiie [Adj. *onomatopoetisch*; griech. *onomato-poiía* ›Wortbildung‹. – Auch: Onomatopöie, Klang-, Lautmalerei]. Wortbildung durch Nachahmung von Naturlauten, z.B. *Kuckuck, miau, quiecken, flutschen*, engl. *splash.* Das gleiche Vorbild kann sprachlich unterschiedlich nachgeahmt werden, vgl. dt. *kikeriki*, schweizerdt. *güggerügü*, engl. *cock-a-doodledoo*, frz. *cocorico*, russ. *kukareku.* Die natürliche →Motivierung solcher Wörter ist eine Ausnahme von der grundsätzlichen →Arbitrarität des sprachlichen Zeichens und kann nicht als Hinweis auf lautmalenden Ursprung der Sprache gewertet werden. Vgl. dazu →Lautsymbolik.

Lit.: →Lautsymbolik.

Opacity-Constraint →Specified-Subject-Condition.

Opaker vs. Transparenter Kontext [lat. *opácus* ›dunkel‹. – Auch: Obliquer (›ungerader‹) Kontext]. Kontexte, deren →Wahrheitswerte durch die Substitution extensionsgleicher Ausdrücke beeinflußt werden, sind »referentiell opak« (QUINE [1960: 141]) im Unterschied zu »transparenten« Kontexten, vgl. das folgende durch das modale Adjektiv hervorgerufene Beispiel eines opaken Kontextes in: *Es ist notwendig, daß 9 größer ist als 7* (wahr): *Es ist notwendig, daß die Anzahl der Planeten größer als 7 ist* (falsch), wobei die beiden ausgetauschten Ausdrücke *9* und *die Anzahl der Planeten* die gleiche →Extension (nämlich die Zahl Neun) haben (QUINE [1953: 143]). Andere opake Kontexte, in denen die freie Ersetzbarkeit zweier Ausdrücke mit identischer Extension bzw. Bedeutung (im Sinn von G. FREGE [1892]) und verschiedener →Intension bzw. verschiedenem Sinn nicht gilt, sind Kontexte des Wissens und Glaubens, d.h. Kontexte »propositionaler Einstellungen«, die durch Verben wie *wissen, glauben, fürchten* erzeugt werden; vgl. unter →Intensionale Kontexte. Der Kontext *es ist wahr, daß* stellt ein Beispiel für einen transparenten Kontext dar.

Lit.: G. FREGE [1892]: Über Sinn und Bedeutung. In: Zeitschrift für Philosophie und philosophische Kritik, NF 100, S. 25–50. Wiederabgedruckt in: G. FREGE [1967]: Kleine Schriften (ed. v. I. ANGELELLI). Darmstadt, S. 143–162. – W. v. O. QUINE [1953]: From a logical point of view. Cambridge, Mass. – W. v. O. QUINE [1960]: Word and object. Cambridge, Mass. – D. KAPLAN [1969]: Quantifying. In: D. DAVIDSON/J. HINTIKKA (eds.): Words and objections. Dordrecht, S. 206–242. – B. H. PARTEE [1970]: Opacity, reference and pronouns. In: Synthese 21, S. 359–385. – L.

Linsky [1971]: Reference and referents. In: D. D. Steinberg/L. A. Jakobovits (eds.). Semantics. Cambridge, Mass, S. 76–85. – G. Link [1976]: Intensionale Semantik. München. – R. Jackendoff [1983]: Semantics and cognition. Cambridge, Mass. →Intension, →Referenz.

Operationale Verfahren [Auch: Analyseverfahren, Systemerprobung]. Experimentelle Analyseverfahren der (strukturellen) Linguistik zur Gewinnung und Darstellung sprachlicher Regularitäten bzw. zur Aufstellung und Überprüfung sprachwiss. Hypothesen und Theorien. Durch Weglassen, Austauschen, Hinzufügen oder Umstellen sprachlicher Elemente in einem festgelegten Kontext (Wort, Satz oder Text) werden intuitiv erkannte Gesetzmäßigkeiten objektiviert und die sprachlichen Regularitäten beschrieben aufgrund der Prozeduren, die zu ihrer Auffindung angewendet wurden, vgl. z.B. die Definition von →Phonemen als minimalen Lauteinheiten, deren »Austausch« Bedeutungsunterscheidung bewirkt (*rot* vs. *tot*), oder die Bestimmung von →Satzgliedern als frei verschiebbaren und vorfeldfähigen Einheiten des Satzes. In der Forschung wird zwischen folgenden, zum Teil unterschiedlich bezeichneten Proben unterschieden: (a) →Verschiebeprobe (auch: Permutations-, Stellungs-, Umstellprobe); (b) →Ersatzprobe (auch: Austausch-, →Kommutations-, Substitutionsprobe) mit den Sonderformen der →Weglaßprobe (auch: Abstrich-, Eliminierungs-, Reduktionsprobe) und Erweiterungsprobe (auch: Expansionsprobe) und (c) Kontaktprobe (auch: Exklusions-,

Unverträglichkeitsprobe). Wenngleich sprachwiss. Untersuchungen seit jeher auf solchen heuristischen Verfahren basieren, so verdankt sich ihre Systematisierung doch erst dem Analysekonzept des taxonomischen →Strukturalismus bzw. in Deutschland der von H. Glinz vertretenen Richtung der →Inhaltbezogenen Sprachwissenschaft. Beim Vergleich solcher Verfahren mit dem Vorgehen bei naturwissenschaftlichen Experimenten wird leicht übersehen, daß auch bei diesen sprachlichen Proben die Entscheidungsinstanz über grammatisch/ungrammatisch in der Intuition des Forschers bzw. seiner Informanten liegt, letztlich also nicht ein objektiver Sachverhalt, sondern das »Sprachgefühl« des Analysierenden (und das gilt gleichermaßen für tote Sprachen) den Ausschlag gibt. Im Rahmen der generativen →Transformationsgrammatik werden die im Strukturalismus als heuristische Tests verwendeten Prozeduren als elementare Transformationen formuliert; dabei entsprechen die Transformationsprozesse →Tilgung, →Adjunktion, →Substitution und →Permutation den Analyseverfahren der Weglaßprobe, Kontaktprobe, Ersatzprobe und Verschiebeprobe.

Lit.: L. Hjelmslev [1943]: Omkring sprogteoriens grundlaeggelse. Kopenhagen. Dt.: Prolegomena zu einer Sprachtheorie. München 1974. – R. S. Wells [1947]: Immediate constituents. In: Lg 23, S. 71–117. Dt. in: E. Bense/P. Eisenberg/H. Haberland (eds.): Beschreibungsmethoden des amerikanischen Strukturalismus. München 1976. – B. Bloch [1948]: A set of postulates for phonetic analysis. In: Lg 24, S. 3–46. – Z. S. Harris [1951]: Methods in structural linguistics. Chicago (Nachdruck als: Structural linguistics.). – E. Nida [1951]: A system for the description of semantic elements. In: Word 7, S. 1–14. – H. Glinz [1952]: Die innere Form des Deutschen. Bern. – R. E. Longacre [1960]: String constituent analysis. In: Lg 36, S. 63–88. – P. M. Postal [1964]: Constituent structure: A study of contemporary models of syntactic description. Bloomington. – R. E. Longacre [1968]: Grammar discovery procedures. A field manual. The Hague. – J. D. Apresjan [1971]: Ideen und Methoden der modernen strukturellen Linguistik. München. – K. Brinker [1972]: Konstituentenstrukturgrammatik und operationale Satzgliedanalyse. Frankfurt. – E. Bense u.a. (eds.) [1976]: Beschreibungsmethoden des amerikanischen Strukturalismus. München. – K. Brinker [1977]: Modelle und Methoden der strukturalistischen Syntax. Stuttgart. – W. Lenders [1989]: Segmentierung in der Computerlinguistik. In: HSK 4, S. 159–166. →Feldforschung.

Operator [lat. *operātor* ›Arbeiter‹]. Generell: (a) Instrument bzw. Verfahren zur Durchführung einer Operation, (b) Symbol, das eine Anweisung für bestimmte Operationen signalisiert.
(1) In der →Formalen Logik ist O. im weiten Sinne Oberbegriff für →Quantoren, logische →Prädikate und →Logische Partikeln (Hinst, Essler), im engeren Sinne dagegen Oberbegriff (und häufig Synonym) für Quantoren (Reichenbach): O. sind sprachliche Ausdrücke (bzw. deren Symbolisierung), die der Spezifizierung (= Quantifizierung) von Mengen dienen: *alle*, *keiner*, *ein beliebiger* u.a. Ein O. bindet eine Variable zu einer vollständigen Aussage. Es wird unterschieden zwischen: (a) Existenz-Operator (Auch: Existenzquantor, Partikularisator): symbolisiert durch ∨ oder ∃, zu lesen als: ›Es gibt mindestens ein Element x im Bereich M, für das gilt: ...‹; z.B. *Manche Menschen sind Langschläfer* wird symbolisiert durch ∨ xL(x). Der Existenz-O.

drückt eine Partikularisierung aus und steht in wahrheitsfunktionaler Beziehung zur →Disjunktion (vgl. die mnemotechnisch motivierte Symbolisierung: (kleines) v für Disjunktion, (großes) ∨ für Existenz-O.). Durch Negation ist der Existenz-O. in den All-O. (vgl. unter (b)) überführbar: *Manche Menschen sind Langschläfer* entspricht dem Ausdruck *Nicht alle Menschen sind keine Langschläfer* (Notation: ∨ x(Lx) ≡ ¬ ∧ x(¬ Lx)). Im Unterschied aber zum All-O. setzt der Existenz-O. die Existenz der bezeichneten Objekte in der Realität voraus; vgl. →Präsupposition. (b) All-Operator (engl. *universal quantifier*; auch: Allquantor, Generalisator), symbolisiert durch ∧ bzw. ∀, zu lesen als: ›Für alle Elemente x aus dem Bereich M gilt: ...‹. Alltagssprachliches Beispiel: *Alle Menschen sind sterblich*, symbolisiert durch: ∧ x(Mx→Sx) mit M = Menschen, S = sterblich. Der All-O. drückt eine Generalisierung aus und steht in wahrheitsfunktionaler Beziehung zur →Konjunktion (vgl. die mnemotechnisch motivierte Symbolisierung: (kleines) ∧ für die Konjunktion, (großes) ∧ für den All-O.). Die Aussage *Alle Menschen sind sterblich* ist für einen endlichen Bereich M äquivalent mit einer Aufzählung aller Elemente, also *a und b und c ... sind sterblich.* Durch diese Parallele wird die »distributive« Lesart des All-O. bestätigt: d.h. ›für jedes einzelne Element gilt‹ (im Unterschied zur kollektiven Lesart von *alle*). (c) Jota-Operator (auch: Kennzeichnungs-O., Namenbildender O.), symbolisiert durch ein griech. Jota ɩ bzw. durch *i*, zu lesen als ›dasjenige Element *x*, für das gilt: ...‹. Der Jota-O. dient der Identifizierung einer bestimmten Entität mittels einer Eigenschaft, die nur dieser Entität zukommt (vgl. definite →Kennzeichnung), z.B. der Komponist der »Zauberflöte« zu sein: ɩx(Kx): ›dasjenige Element *x* aus der Menge der Menschen *M*, das die Eigenschaft besitzt, Komponist der »Zauberflöte« zu sein. (d) Lambda-Operator (auch: Klassennamenbildender O.), symbolisiert durch ein griech. Lambda λ, zu lesen als ›diejenigen *x*, für die gilt: ...‹, z.B. λx(Lx): *diejenigen Menschen, die Langschläfer sind.* Der Lambda-Operator bildet aus Aussagefunktionen (= offenen Formeln) Klassennamen bzw. komplexe einstellige Prädikate.

Lit.: →Formale Logik.

(2) Zu O. in der Sprachwiss. vgl. →Operator-Operand-Beziehung, →Bestimmungsrelation.
(3) Zu O. in der Theorie des →Spracherwerbs vgl. →Pivot-Wörter.

Opposition [lat. *oppositiō* ›Gegenüberstellung‹]. Zentraler Grundbegriff der →Prager Schule, zunächst speziell für die →Phonologie: Zwei Laute stehen in der Relation einer phonologischen Opposition zueinander, wenn sie allein dazu dienen, zwei im übrigen phonologisch gleiche Wörter mit ihrer unterschiedlichen Bedeutung zu differenzieren, z.B. /t/ und /d/ in *Tier: dir, Tank: Dank* (→Minimalpaar). Sie sind nicht notwendig als die kleinsten bedeutungsdifferenzieren-

den Einheiten zu betrachten, denn sie können als Bündel →Distinktiver Merkmale analysiert werden. Auf der Basis distinktiver Merkmale wird seit TRUBETZKOY zwischen folgenden Oppositionen unterschieden: Je nach der Beziehung der O. zum phonologischen Gesamtsystem ergeben sich (a) Mehrdimensionale O.: Die beiden Elementen gemeinsamen Merkmale treten auch bei anderen Phonemen auf; z.B. dt. /p/ und /t/, da auch /k/ durch [+ PLOSIVLAUT, − STIMMHAFT] gekennzeichnet ist; (b) Eindimensionale (auch: Bilaterale) O.: Die beiden Elementen gemeinsamen Merkmale treten bei keinem anderen Phonem der Sprache auf; z.B. dt. /b/ und /p/, da es keine weiteren Phoneme gibt, die durch [+ PLOSIVLAUT, + BILABIAL] gekennzeichnet sind; (c) Isolierte O.: Die für zwei Elemente geltende O. tritt nicht noch einmal innerhalb desselben Systems auf, z.B. dt. /p/ vs. /ʃ/; (d) Proportionale O.: Die für zwei Elemente geltende O. wiederholt sich bei anderen Phonempaaren der Sprache, z.B. dt. /d/: /t/, /b/: /p/, /g/: /k/, die sich alle durch [± STIMMHAFT] unterscheiden. − Je nach der Beziehung zwischen den einzelnen O.-gliedern ergeben sich (e) Privative O., deren Glieder sich nur durch ein Merkmal unterscheiden, z.B. sth. vs. stl. Konsonanten; (f) Graduelle O., die Elemente mit verschiedenen Graden eines Merkmals unterscheiden, wie z.B. die Beschreibung der Vokale nach unterschiedlichen Öffnungsgraden; (g) Äquipollente O., deren Glieder sich durch mehrere verschiedene

Merkmale unterscheiden, d.h. die weder privativ noch graduell, sondern logisch gleichberechtigt sind, z.B. /b/: /d/, /v/:/g/. – Hinsichtlich des Gültigkeitsbereiches der O. unterscheidet man zwischen (h) Konstanten, d.h. uneingeschränkt wirksamen O., und (i) Neutralisierten O., die in bestimmten Positionen aufgehoben sein können, vgl. im Dt. die O. [sth.] vs. [stl.], die im Auslaut aufgehoben ist (→Auslautverhärtung). – Zu parallelen, auf der gleichen O. beruhenden Phonemketten vgl. →Korrelation. – Das Prinzip der distinktiven O. wird auch bei morphologischen und semantischen Analysen (→Komponentenanalyse) angewendet.

Lit.: →Phonologie.

Optativ [lat. *optāre* ›wählen‹]. Im Griech. u.a. vorhandene Teilkategorie des →Modus des Verbs zum Ausdruck von erfüllbaren Wünschen, die über ein eigenes, vom →Konjunktiv verschiedenes Formenparadigma verfügt. In anderen Sprachen wird der O. durch Konjunktiv ausgedrückt, vgl. *Möget ihr recht behalten!*

Lit.: →Modalität.

Optional →Obligatorisch vs. Fakultativ/Optional.

Oral(laut) [lat. *ōs* (Gen. *ōris*) ›Mund‹]. Sprachlaut, der im Unterschied zum Nasal ohne Beteiligung der Nasenhöhle (d.h. mit gehobenem Velum) gebildet wird. Mit Ausnahme von [m], [n] und [ŋ] sind im Dt. alle Konsonanten und Vokale O. →Artikulatorische Phonetik.

Lit.: →Phonetik.

Oratio Recta vs. Oratio Obliqua →Direkte vs. Indirekte Rede.

Organonmodell der Sprache [griech. *órganon* ›Werkzeug‹. – Auch: Dreifundamentenschema, Funktionsschema]. Von K. BÜHLER [1934] im Rahmen seiner Sprachtheorie entworfenes allgemeines Sprach- bzw. Zeichenmodell, das sich auf PLATONS Metapher der Sprache als Organon, d.h. als »Werkzeug«, stützt, mittels dessen »einer – dem andern – über die Dinge« etwas mitteilt. Entsprechend diesen drei Funktionen des sprachlichen Zeichens unterscheidet BÜHLER drei zeichenkonstituierende Faktoren: (a) Das sprachliche Zeichen ist »Symptom«, insofern es die »Innerlichkeit des Senders ausdrückt« (= →Ausdrucksfunktion der Sprache), (b) es ist »Signal«, insofern es an den Empfänger appelliert (→Appellfunktion der Sprache), (c) es ist »Symbol«, insofern sich auf Gegenstände und Sachverhalte der Wirklichkeit bezieht (= →Darstellungsfunktion der Sprache). Vgl. auch →Funktionale Grammatik, →Funktionalismus, →Prager Schule, →Sphärielle Analyse.

Lit.: →Axiomatik der Sprachwissenschaft.

Origo →Ich-Jetzt-Hier-Origo.

Ornativum [Pl. Ornativa; lat. *ōrnāre* ›versehen mit‹]. Semantisch definierter Typ (meist aus Nomen) abgeleiteter Verben, deren Bedeutung jeweils durch »versehen mit etwas« umschrieben werden kann: *beklei-*

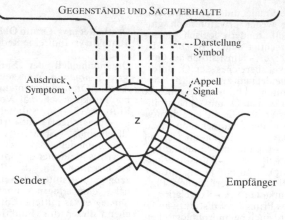

Organonmodell aus: KARL BÜHLER, Sprachtheorie. Jena 1934, S. 28. Ungekürzter Neudruck 1982. G. Fischer (UTB) Stuttgart.

den, vergittern, betonieren, polstern oder engl. (*to*) *poster.*

Lit.: →Wortbildung.

Oromo →Kuschitisch.

Orthoepie [griech. *ortho-épeia* ›richtige Aussprache‹. – Auch: Orthoepik, Orthophonie]. Lehre von der korrekten, als Norm (→Sprachnormen) geltenden Aussprache. Vgl. →Orthographie.

Wörterbücher: TH. SIEBS [1889]: Deutsche Bühnenaussprache. Berlin. Neue Ausgabe: H. DE BOOR u.a. (eds.): SIEBS Deutsche Aussprache. Reine und gemäßigte Hochlautung mit Aussprachewörterbuch. 19. Aufl. Berlin. – DUDEN [1974]: Aussprachewörterbuch. 2. Aufl. Mannheim. – E. M. KRECH u.a. (eds.) [1982]: Großes Wörterbuch der deutschen Aussprache. Leipzig.

Orthoepik →Orthoepie.

Orthographie →Rechtschreibung.

Orthophonie →Orthoepie.

Ortsgrammatik. In der →Dialektologie bzw. →Sprachgeographie (laut)gramm. Beschreibung eng begrenzter Dialekträume. Die frühesten O., die in der Regel auf der individualsprachlichen Kompetenz des jeweiligen Sprachforschers beruhen, entstanden in junggrammatischer Zeit und waren primär historisch-genetisch orientiert. Dies gilt z.B. für die Beschreibung der Kerenzer Mundart durch J. WINTELER [1876], des Schwäbischen durch F. KAUFFMANN [1890], doch basieren auch neuere strukturalistisch geprägte Arbeiten wie die von P. WIESINGER [1970] und B. PANZER/W. THÜMMEL [1971] auf der Materialgrundlage jener junggramm. O.

Lit.: J. WINTELER [1876]: Die Kerenzer Mundart des Kantons Glarus in ihren Grundzügen dargestellt. Leipzig. – F. HOLTHUSEN [1886]: Die Soester Mundart.

Laut- und Formenlehre. – A. HEUSLER [1888]: Beitrag zum Consonantismus der Mundart von Basel – Stadt. – F. KAUFFMANN [1890]: Geschichte der schwäbischen Mundart. – J. SCHATZ [1897]: Die Mundart von Imst in Tirol. – A. GEBHARDT [1907]: Grammatik der Nürnberger Mundart. – H. L. KUFNER [1961]: Strukturelle Grammatik der Münchener Stadtmundart. – P. WIESINGER [1970]: Phonetisch-phonologische Untersuchungen zur Vokalentwicklung in den dt. Dialekten. In: Die Langvokale im Hochdt. II: Die Diphthonge im ostdt. Berlin. – B. PANZER/W. THÜMMEL [1971]: Die Einteilung der niederdt. Mundarten aufgrund der strukturellen Entwicklung des Vokalismus. →Dialektologie, →Sprachgeographie.

Ortsname [engl. *toponymic*. – Auch: Toponymikon]. Bezeichnung für geographische Räume wie Städte, Dörfer, Länder.

Lit.: →Namenkunde.

Ortsnamenkunde [engl. *toponymy / topomastics / toponomasiology*. – Auch: Toponomastik]. Teildisziplin der →Namenkunde, die sich mit Entstehung, Herkunft und Verbreitung von geographischen Namen beschäftigt.

Lit.: →Namenkunde.

Ossetisch →Iranisch.

Ostfränkisch. Im Süden an das →Alemannische, im Osten an das →Bairische anschließender Dialektraum, der trotz seiner Übergangsstellung zum →Mitteldeutschen noch den obdt. Dialekten zuzurechnen ist (→Oberdeutsch). Sprachlich bilden die O. Dialekte weniger aufgrund eigener spezifischer Merkmale als vielmehr aufgrund spezifischer Unterschiede zu den benachbarten Dialektgebieten eine eigene Gruppe; sie werden verschiedentlich auch mit dem Nordbair. zum Nordobdt. zusammengefaßt. Zu

den wenigen gemeinsamen Merkmalen zählen das Fehlen von Fortis-Konsonanten *p, t* aufgrund der binnendt. Konsonantenschwächung (gegen das Bair.); der Monophthong *â* für mhd. *ei* (schwäb. *oi*, bair. *oa, oi,* vgl. *gla:, ha:z* ›klein‹, ›heiß‹) und das Fehlen eines verbalen Einheitsplurals wie im Schwäb. (Vgl. Sprachenkarte Nr. 6).

Lit.: →Dialektologie, →Oberdeutsch.

Ostjakisch →Finno-Ugrisch.

Ostpommersch   →Niederdeutsch.

OSV →Grundwortstellung.

Oszillogramm [lat. *oscillum* ›Schaukel‹]. Ergebnis der Aufzeichnung eines Oszillographen, eines Registriergeräts der →Experimentalphonetik, das auf elektronischer Basis zur Aufzeichnung des Druckverlaufs von akustischen Schwingungen dient. →Spektrograph. Genaue Beschreibung bei G. LINDNER.

Lit.: G. LINDNER [1969]: Einführung in die experimentelle Phonetik. Berlin, S. 46–48. →Phonetik.

Oto-Mangue-Sprachen. Sprachstamm Mittelamerikas mit ca. 25 Sprachen, der nach J. A. SUAREZ [1983] aus 8 Zweigen besteht, gesprochen in Zentralmexiko mit Ablegern in Nicaragua. Größte Sprachen sind Otomi und Zapotekisch (je 0,4 Mio. Sprecher), Mixtekisch (0,3 Mio. Sprecher) und Mazahua (0,3 Mio. Sprecher). Typisch für O.-M.-Sprachen sind relativ komplexe Lautsysteme. Es handelt sich meist um →Tonsprachen (v.a. in der mexikanischen

Provinz Oaxaca) mit bis zu 5 distinktiven Tönen (im Usila Chinantekisch); es kommen Register- und Konturtöne, →Downstep und Upstep vor, und die Tonalität hat teilweise die Ausbildung von Pfeifsprachen ermöglicht. Relativ einfache Morphologie, kaum Derivation, keine Kasus- und kaum Numerus-Distinktionen. Das Verb ist eher komplex, mit Aspekt- und Person-Affixen. Einige mixtekische Sprachen haben →Nominalklassen-Systeme. Wortstellung: meist VSO oder SVO, auch VOS und SOV kommen vor.

Lit.: H. H. HESS [1968]: The syntactic structure of Mezquital Otomi. The Hague. – N. A. HOPKINS/J. K. JOSSERAUD (eds.) [1979]: Estudios lingüísticos en lenguas otomangues. Mexico. →Nord- und mittelamerikanische Sprachen.

Otomi →Oto-Mangue-Sprachen.

Oxymoron [griech. *oxýmōros* ›scharf(sinnig)-dumm‹]. →Rhetorische Figur der semantischen Kürzung: paradoxe, scheinbar unsinnige Verknüpfung zweier gegensätzlicher Begriffe in einem Wort oder in einer Phrase, z.B. *beredtes Schweigen, schaurig-schön, dummschlau* oder – unter diachronischem Aspekt – *trockener Humor* (zu lat. *hūmor* ›Feuchtigkeit‹). Vgl. →Antithese.

Lit.: →Rhetorische Figur.

Ozeanische Sprachen. Sammelbezeichnung für die Sprachen der südostasiatischen Inseln, Neuguineas, Australiens und der pazifischen Inseln. Die wichtigsten Sprachgruppierungen in diesem Gebiet sind das →Austronesische, ein Sprachstamm, der sich über nahezu

den gesamten Pazifik, die südostasiatischen Inseln und bis nach Madagaskar erstreckt und wahrscheinlich mit südostasiatischen Sprachstämmen verwandt ist; die →Australischen Sprachen, ein Sprachstamm, der die Sprachen Australiens umfaßt, und die →Papua- oder Indo-Pazifischen Sprachen, die zahlreiche Sprachfamilien auf Neuguinea und benachbarten Inseln umschließen, deren Verwandtschaft teilweise noch nicht geklärt ist. Die Forschung hat sich zunächst den austronesischen Sprachen zugewendet, während die heute forcierte Untersuchung australischer und indo-pazifischer Sprachen erst seit den 60er Jahren intensiv betrieben wird. (Vgl. Sprachenkarte Nr. 4).

Lit.: S. A. WURM/S. HATTORI [1981–83]: Sprachenatlas des Indopazifischen Raumes. Stuttgart.

Paarformel →Zwillingsformel.

Paarsequenz [engl. *adjacency pair.* – Auch: Nachbarschaftspaar]. In der →Konversationsanalyse zwei Äußerungstypen in unmittelbar benachbarten →Turns verschiedener Sprecher (→Sequentielle Organisation): die Produktion eines Vorkommnisses vom Typ *A* im ersten Turn (etwa eines Grußes) läßt im folgenden Turn ein Vorkommnis von Typ *B* (den Gegengruß) erwarten. Der erste Teil einer solchen P. wird anhand konventioneller Eigenschaften oder seiner Position identifiziert, der zweite anhand seiner Position, da er durch den ersten sequentiell impliziert ist (→Bedingte Relevanz). Abweichende Fälle bieten Evidenz für diese »normative Anforderung« der unmittelbaren Abfolge (vgl. HERITAGE [1984]): Abweichungen werden von den Beteiligten bemerkt und angezeigt, z.B. durch die Wiederholung des ersten Teils oder durch eine Begründung für das Ausbleiben des zweiten Teils (etwa durch eingebettete Frage-Antwort-Sequenzen, vgl. MERRITT [1976]); oder sein Ausbleiben wird interpretiert (z.B. steht beim fehlenden Gegengruß der Partner für die Interaktion nicht zur Verfügung, vgl. SCHEGLOFF [1968]). Zusätzliche Evidenz liefern Paarsequenzen mit Optionen (→Präferenz). – Als Überblick vgl. LEVINSON [1983], STREECK [1983].

Lit.: E. SCHEGLOFF [1968]: Sequencing in conversational openings. In: AmA 70, S. 1075–1095. Wieder in: J. J. GUMPERZ/D. HYMES (eds.): Directions in sociolinguistics. New York 1972, S. 346–380. – E. SCHEGLOFF/H. SACKS [1973]: Opening up closing. In: Semiotica 8, S. 289–327. – M. MERRITT [1976]: On questions following answers in service encounters. In: LiS 5, S. 315–357. – S. LEVINSON [1983]: Pragmatics. Cambridge. – J. STREECK [1983]: Konversationsanalyse. In: ZS 2, S. 72–104. – J. HERITAGE [1984]: Garfinkel and ethnomethodology. Cambridge. – E. SCHEGLOFF [1984]: On some questions and ambiguities. In: J. M. ATKINSON/J. HERITAGE (eds.): Structures of social action. Cambridge. S. 28–52. →Konversationsanalyse.

Pädagogische Grammatik →Didaktische Grammatik.

Pädolinguistik [griech. *païs* ›Kind‹]. Neugebildeter Terminus zur Bezeichnung des psycholinguistischen Spezialgebiets, das sich mit der Erfor-

schung von Kindersprache (speziell von Kindern im Vorschulalter) unter interdisziplinären Aspekten beschäftigt.

Lit.: E. OKSAAR [1977]: Spracherwerb im Vorschulalter. Einführung in die Pädolinguistik. München. →Spracherwerb.

Pänultima [lat. *paene* ›fast‹, *ultimus* ›der Letzte‹]. Vorletzte Silbe eines Wortes.

Páez →Chibcha-Paez.

Paläo-Sibirische Sprachen. Kein etablierter Sprachstamm, sondern eine Gruppe von kleineren Sprachen im Nordosten Asiens. Neben den Sprachen Gilyak (Nivkh, 2200 Sprecher) und Jukagirisch rechnet man die tschuktschisch-kamtschadalische Sprachfamilie dazu. Ihre bedeutendste Sprache Tschuktschisch (11500 Sprecher) ist eine →Ergativsprache. Das am Jennissej gesprochene Ket (1200 Sprecher) ist typologisch ganz abweichend (→Tonsprache, sehr komplexe Verbmorphologie).

Lit.: V. P. NEDJALKOW [1976]: Diathesen und Satzstruktur im Tschuktschischen. In: R. LÖTZSCH/R. RUZICKA: Satzstruktur und Genus Verbi. Berlin, S. 181–210. – B. COMRIE [1981]: The Languages of the Soviet Union. Cambridge.

Palaisch →Anatolisch.

Palatalisierung [lat. *palātum* ›harter Gaumen‹]. Assimilatorisch bedingte Veränderung des Artikulationsortes von Konsonanten und Vokalen in Richtung auf den harten Gaumen (vgl. →Sekundäre Artikulation); betrifft bei den Konsonanten meist Velare und Dentale mit benachbartem Vordervokal (zumeist [i, y]), vgl. z.B. die P. von lat. [k] in *cinque, centum* [kink-we, kentum] > ital. *cinque, cento* [tʃinkue, tʃento]. Bei den Vokalen wird darunter zumeist eine vokalharmonische Frontierung hinterer Vokale (wie z.B. im ahd. *i*-Umlaut) verstanden.

Palatal(laut). Nach der Artikulationsstelle (harter Gaumen) bezeichneter Sprachlaut, z.B. [ç] in dt. [ʔɪç] ›ich‹ bzw. ital. [ɲ] in [ˈbaɲo:] *bagno* ›Bad‹. →Alveolopalatal, →Palatoalveolar, →Artikulatorische Phonetik.

Lit.: →Phonetik.

Palato-Alveolar(laut). Bisweilen Bezeichnung für →Lamino-Postalveolar (vgl. IPA-Tabelle S. 22/23).

Palatogramm. Kontaktdiagramm der Zungenreflexe am Gaumen bei der Artikulation von Sprachlauten.

Palatolalie. In der →Phoniatrie Störung der Artikulation aufgrund einer Gaumenspalte; P. kann verbunden sein mit einer Beeinträchtigung des Stimmklanges (Palatophonie) und mit Näseln (→Rhinophonie, →Rhinolalie).

Lit.: →Sprechstörungen.

Palatum [Auch: Harter Gaumen]. An die →Alveolen nach hinten sich anschließende konkave Knochenpartie, die die Mundhöhle überdacht.

Pali →Birmanisch.

Palilalie [griech. *páli* ›wiederum‹, ›zurück‹, *laliá* ›Rede‹]. In der →Neurolinguistik im Bereich der →Sprachstörung Bezeichnung für ständige, unwillkürliche Wiederholung von Wörtern.

Lit.: →Sprachstörung.

Palindrom [griech. *palíndromos* ›zurücklaufend‹]. Ausdruck, der vor- und rückwärts gelesen dieselbe Lautfolge aufweist (z.B. *Otto, Reliefpfeiler*) oder einen Sinn ergibt (z.B. *Neger*). Sonderform des →Anagramms.

Pama-Nyunga-Sprachen →Australische Sprachen.

Panchronisch [griech. *pan-* ›gesamt-‹, *chrónos* ›Zeit‹]. Von F. DE SAUSSURE verwendete Bezeichnung für eine sprachwiss. Betrachtungsweise, die sich auf zeitübergreifende, keiner Entwicklung unterworfene Regularitäten bezieht. Vgl. →Universalien.

Lit.: F. DE SAUSSURE [1916]: Cours de linguistique générale. Paris/Genf. (Kritische Ausgabe ed. von R. ENGLER. Wiesbaden 1967). Dt.: Grundfragen der allgemeinen Sprachwissenschaft. Ed. von P. v. POLENZ. 2. Aufl. Berlin, S. 113f. - R. JAKOBSON [1944]: Kindersprache, Aphasie und allgemeine Lautgesetze. Upsala. Neudruck: Frankfurt 1969, S. 79ff.

Panjabi. →Indische Sprache mit ca. 45 Mio. Sprechern in Indien und Pakistan. Es handelt sich um eine →Tonsprache. Drei Schriftsysteme sind im Gebrauch (Gurumukhi, →Persisch, Devanāgarī).

Lit.: T. BHATIA [1988]: Panjabi. London.

Panoanisch. Sprachfamilie Südamerikas mit ca. 50 Sprachen, postuliert von J. H. GREENBERG [1987].

Lit.: J. H. GREENBERG [1987]: Language in the Americas. Stanford. - H. M. KLEIN [1988]: Toba. London. →Südamerikanische Sprachen.

Papua-Sprachen. Sammelbezeichnung für ca. 760 Sprachen (mit ca. 3 Mio. Sprechern) auf Neuguinea und benachbarten Inseln; bedeutendste Sprache ist Enga (150000 Sprecher im westlichen Hochland von Papua-Neuguinea). Es ist noch nicht gesichert, ob alle Papua-Sprachen einem einzigen Sprachstamm, dem Indo-Pazifischen, zugehören, wie es J. H. GREENBERG 1961 postuliert hat. Abgesehen von einigen Ausnahmen setzte die Erforschung der P.-Sprachen erst nach 1950 ein. Heute sind erst gute Grammatiken verfügbar, und die Klassifikation der stark divergierenden Sprachen schreitet rasch voran. – Spezifische Kennzeichen: Komplexe Verben (Markierung von Person, Tempus, Aspekt, Modus, Richtung, Umstände der Handlung, Emphasis, Satzmodus u.a.). Ausgeprägte →Switch Reference-Systeme. →Nominalklassensysteme (bis zu 10 Klassen) mit →Konkordanz-Erscheinungen. Es handelt sich häufig um →Ergativsprachen. Wortstellung: meist SOV.

Lit.: J. HAIMAN [1980]: Hua: A Papuan language of the Eastern Highlands of New Guinea. Amsterdam. – S. A. WURM [1982]: Papuan languages of Oceania. Tübingen. – V. HEESCHEN [1985]: Die Yale-Sprache, eine Papuar-Sprache. In: StL 16, 35–45. – W. SEILER [1985]: Imonda: a Papuan language. Canberra. – W. A. FOLEY [1986]: The Papual languages of New Guinea. Cambridge. – J. ROBERTS [1987]: Amele. London.

Paradigma [Pl. Paradigmen/ Paradigmata; griech. *parádeigma* ›Beispiel‹, ›Abgrenzung‹].
(1) Menge der Wortformen, die zusammen ein Deklinations- oder Konjugationsmuster bilden.

Lit.: H.-L. LIEB [1975]: Nachträge zu den Arbeitspapieren. In: LAB 4, S. 166–225. – P. R. LUTZEIER [1981]: Wort und Feld. Tübingen, Kap. 3.

(2) Die auf vertikaler Ebene für einzelne Segmente austauschbaren Ausdrücke derselben (Wort-)Kategorie, im Unterschied zu den auf horizontaler Ebene segmentierbaren Einheiten, den →Syntagmen. Vgl. →Paradigmatische vs. Syntagmatische Beziehungen.

Paradigmatische vs. Syntagmatische Beziehungen. Linguistische Grundrelationen, die die komplexe Struktur des Sprachsystems beschreiben. P. B. zwischen sprachlichen Elementen sind durch Austauschbarkeit (vgl. →Ersatzprobe) auf vertikaler Ebene definiert, z.B. bilden die Anlautkonsonanten in *Bier, Tier, Gier* eine paradigmatische Austauschklasse, ebenso wie die Ausdrücke *heute, morgen, übermorgen* in *Er kommt heute/ morgen/übermorgen*. S. B. werden durch Kombinierbarkeit auf horizontaler (linearer) Achse definiert, vgl. die Beziehungen zwischen *Er, kommt* und *heute*. F. DE SAUSSURE [1916, S. 147ff.], nannte die (von L. HJELMSLEV später umbenannten) P. B. »*assoziative*« B., da es sich um die Relation von Einzelelementen in bestimmten Umgebungen zu nur im Gedächtnis potentiell verfügbaren Austauschelementen handelt. P. B. gründen sich auf Kriterien der Auswahl und Verteilung sprachlicher Elemente, sie sind z.B. die Basis der Gewinnung des Phoneminventars einer Sprache durch Bildung von →Minimalpaaren, d.h. durch bedeutungsunterscheidenden

Austausch verschiedener Laute bei sonst konstanter Umgebung. Paradigmatisch aufeinander bezogene Einheiten können zwar potentiell im selben Kontext vorkommen, sie schließen sich aber im aktuellen Kontext gegenseitig aus, d.h. sie stehen in →Opposition zueinander. Die Unterscheidung P. vs. S. B. ist für alle Beschreibungsebenen relevant; vgl. z.B. in der Semantik die (paradigmatischen) →Semantischen Relationen (wie →Synonymie, →Antonymie) mit den syntagmatisch begründeten Verträglichkeitsbeziehungen zwischen Lexemen, den →Selektionsbeschränkungen. →Strukturalismus.

Lit.: H. HAPP [1985]: Paradigmatisch – syntagmatisch. Heidelberg.

Paradigmen-Morphologie
→Wort-und Paradigma-Modell.

Paradoxie →Semantische Antinomie.

Paragrammatismus [griech. *pará* ›bei‹, ›entlang‹, ›abweichend‹, *grámma* ›Schrift‹]. In der →Neurolinguistik Bezeichnung für eine erworbene →Sprachstörung: Aufgrund morphologischer Fehler (z.B. falscher Funktionswörter und Flexionsformen), Verdopplungen von Satzteilen und Verschränkungen unterschiedlicher Konstruktionen (→Anakoluth, →Kontamination) entstehen Sätze, deren Teile nicht korrekt miteinander verbunden sind (z.B. *und da hamwer Jahre hamwer davon geleben*, vgl. HUBER/SCHLENK [1988]). P. gilt häufig als charakteristisches Merkmal der Äußerungen von Wernicke-Aphasikern; P. wird aber auch mit →Wernicke-Aphasie gleichgesetzt. Der Terminus P. wurde 1914 von K. KLEIST eingeführt, mit bestimmten Hirnläsionen bei der Wernicke-Aphasie in Verbindung gebracht und dem →Agrammatismus bei der →Broca-Aphasie gegenübergestellt (vgl. DE BLESER [1987]). Eine solche strikte Zuordnung läßt sich jedoch nicht aufrechterhalten; so können z.B. Patienten, deren spontane Äußerungen als agrammatisch eingestuft werden, in Experimenten Äußerungen verwenden, die sich von paragrammatischen nicht unterscheiden (vgl. HEESCHEN [1985]).

Lit.: C. HEESCHEN [1985]: Agrammatism vs. paragrammatism: A fictitious opposition? In: M. L. KEAN (ed.): Agrammatism. Orlando. – E. BATES u.a. [1987]: Grammatical morphology in aphasia: evidence from three languages. In: Cortex 23, S. 545-574. – B. BUTTERWORTH/D. HOWARD [1987]: Paragrammatism. In: Cognition 26, S. 1-37. – R. de BLESER [1987]: From agrammatism to paragrammatism: German aphasiological traditions and grammatical disturbances. In: Cognitive Neuropsychology 4, S. 187-256. – W. HUBER/K.-J. SCHENK [1988]: Satzverschränkungen bei Wernicke-Aphasie. In: G. BLANKEN/J. DITTMANN/C.-w. WALLESCH (eds.): Sprachproduktionsmodelle. Neuro- und psycholinguistische Modelle zur menschlichen Spracherzeugung. Freiburg, S. 111-149. →Sprache und Gehirn.

Paralalie [griech. *laliá* ›Rede‹]. Im Bereich der →Sprachentwicklungsstörungen spezielle Form der →Dyslalie: Ein Laut wird systematisch durch einen anderen ersetzt, und zwar ein später zu erwerbender durch einen früher erworbenen (z.B. Substitution von /s/ durch /d/ oder /f/ bei »Parasigmatismus«; entsprechendes gilt für »Parakappazismus«,»Paragammazismus« u.a.). Vgl. →Fehlbildungen.

Lit.: R. LUCHSINGER/G. ARNOLD [1970]: Handbuch der Stimm- und Sprachheilkunde. 2 Bde. 3. völlig neu bearb. Aufl. Wien. G. WIRTH [1983]: Sprachstörungen, Sprechstörungen, kindliche Hörstörungen. 2. völlig neu bearb. Aufl. Köln. – J. WENDLER/W. SEIDNER [1987]: Lehrbuch der Phoniatrie. Leipzig.

Paralexem. Terminus von A. J. GREIMAS zur Bezeichnung von zusammengesetzten Wörtern (frz. *arc-en-ciel* ›Regenbogen‹) im Unterschied zu nicht zusammengesetzten (einfachen) Lexemen wie frz. *étoile* ›Stern‹.

Lit.: A. J. GREIMAS [1966]: Sémantique structurale. Paris. Dt.: Strukturelle Semantik. Braunschweig 1971.

Paralinguistik. P. befaßt sich mit der Erforschung phonetischer Signale nonverbalen Charakters, die linguistisch nicht segmentierbar sind. Paralinguistische Faktoren sind z.B. besondere Formen von Artikulation und →Phonation (Hauchen, Murmeln, Flüstern bzw. Räuspern, Schluchzen, Hüsteln), individuelle Sprechtypen (Stimmlage, -timbre, Sprachrhythmus) und →Intonation. Dabei kann man zwischen sprachspezifischen und sprachunabhängigen sowie zwischen sprachbegleitenden und selbständigen Signalen unterscheiden. Vgl. →Intonation, →Kinesik, →Nonverbale Kommunikation, →Prosodie.

Lit.: R. L. BIRDWHISTELL [1954]: Introduction to kinesics. Louisville. – G. L. TRAGER [1958]: Paralanguage. A first approximation. In: SiL 13, S. 1–12. – D. CRYSTAL/R. QUIRK [1964]: Systems of prosodie and paralinguistic features in English. The Hague. – M. ARGYLE [1967]: The psychology of interpersonal behaviour. Harmondsworth. – P. WATZLAWICK/J. H. BEAVIN/D. D. JACKSON [1967]: Pragmatics of human communication. A study of interactional patterns, pathologies and paradoxes. New York. Dt.: Menschliche Kommunikation. Bern 1969. – D. ABERCROMBIE [1968]: Para-language. In: J. LAVER/S. HUTCHESON (eds.): Communication in face to face interaction. London 1972. – M. ARGYLE [1969]: Social interaction. London. – P. EKMANN/W. V. FRIESEN [1969]: The repertoire of nonverbal behaviour: Categories, origins, usage and coding. In: Semiotica 1, S. 49–98. – K. R. SCHERER [1970]: Non-verbale Kommunikation. Ansätze zur Beobachtung und Analyse der außersprachlichen Aspekte von Interaktionsverhalten. Hamburg. – E. GOFFMAN [1971]: Interaktionsrituale. Über Verhalten in direkter Kommunikation. Frankfurt. – J. LAVER/S. HUTCHESON [1972]: Communication in face to face interaction. London. – J. LAVER/S. HUTCHESON (eds.) [1972]: Face to face communication. Harmondsworth. – L. GRASSI [1973]: Kinesic and paralinguistic communication. In: Semiotica 7, S. 91–96. – W. PLÖGER [1973]: Paralinguistik. In: HPB 9, S. 93–102. – D. CRYSTAL [1975]: The English tone of voice. Essays in intonation, prosody and paralanguage. London. – K. R. SCHERER/H. G. WALLBOTT/U. SCHERER [1979]: Methoden zur Klassifikation von Bewegungsverhalten: ein funktionaler Ansatz. In: ZSem 1, S. 177–192. *Forschungsbericht:* D. CRYSTAL [1974]: Paralinguistics. In: CTL 12, S. 265–296. →Nonverbale Kommunikation.

Parallelismus [griech. *parallēlismós* ›das Nebeneinanderstellen‹. – Auch: Isokolon]. →Rhetorische Figur der Wiederholung: syntaktisch gleichartige Konstruktion koordinierter Sätze oder Phrasen, z.B. *So war er, so starb er, so wird er leben für alle Zeiten* (GRILLPARZER). Vgl. →Chiasmus.

Lit.: →Rhetorische Figur.

Parameter. In der generativen →Transformationsgrammatik Variable (= Parameter) in Regeln oder Regelbeschränkungen der Universalgrammatik (UG), deren Werte erst in den Einzelsprachen bestimmt werden. Die Setzung eines bestimmten Parameters, d.h. die Bestimmung von Werten für die Parameter, impliziert somit eine bestimmte einzelsprachliche, mit der UG verträgliche

Grammatik: Der Lernende wählt innerhalb eines von der UG vorgegebenen Spielraums eine bestimmte einzelsprachliche Option aus. Ein solches System von universalgrammatischen »Prinzipien und Parametern« muß insbesondere mit Theorien des Spracherwerbs verträglich sein. Daher wird oft angenommen, daß die UG für bestimmte Parameter Vorgaben in Form von unmarkierten Werten macht, die im Laufe des Spracherwerbs aufgrund externer Evidenz (durch die Daten) verändert werden können. Nach Maßgabe des jeweiligen Bereichs der Grammatik wird dabei die syntaktisch »lokalste« Domäne als unmarkiert vorausgesetzt, welche bei einem möglichen Konflikt mit einzelsprachlichen Daten dann zu einem weniger lokalen Bereich erweitert werden muß, vgl. →Bereichserweiterung. P. gestatten es einerseits, kerngrammatische Prinzipien flexibler zu formulieren, indem sie bestimmte Einzelheiten »offenlassen« (vgl. YANG [1983] zur →Bindungstheorie), andererseits stehen sie aber auch mit bestimmten Prognosen über den Spracherwerbsmechanismus und mit Theorien über die →Markiertheit einzelsprachlicher Phänomene in Wechselwirkung, vgl. (ebenfalls zur Bindungstheorie) MANZINI/WEXLER [1988].

Lit.: D.-W. YANG [1983]: The extended binding theory of anaphors. In: LR 19, S. 169–192. – R. MANZINI/K. WEXLER [1988]: Parameters, binding theory and learn ability. In: LIn 18, S. 413–444. – N. HYAMS (ed.) [1986]: Language acquisition and the theory of parameters. Dordrecht. – T. ROEPER/E. WILLIAMS (eds.) [1987]: Parameter setting. Dordrecht.

Paraphasien [griech. *phásis* ›Sprache‹]. In der →Neurolinguistik Charakteristikum im Sprachgebrauch von Patienten mit →Aphasie (insbesondere →Wernicke-Aphasie) und von Kindern mit →Sprachentwicklungsstörungen. Traditionell werden unterschieden: (a) Phonematische oder literale P.: z.B. Vereinfachung von Konsonantengruppen (*Tock* für *Stock*), Einwirkung benachbarter oder weiter entfernter Laute (*Gnockensignal*), Umstellung von Lauten (*Ampel* für *Lampe*). (b) Semantische oder verbale P.: Falsche Wahl eines Wortes der gleichen syntaktischen Kategorie, das zum intendierten Wort in einer bedeutungsähnlichen Beziehung stehen kann (z.B. durch einen gemeinsamen Oberbegriff, *Tasse* für *Teekessel*). Solche P. können durch visuelle Assoziationen ausgelöst werden (z.B. *Banane* für *Wurst*). (c) Neologistische P. →Neologismus. – Zu anderen Klassifizierungen vgl. die Beiträge in GLONING/DRESSLER (eds.) [1980].

Lit.: S. FREUD [1891]: Zur Auffassung der Aphasien. Wien. – S. FREUD [1901]: Psychopathologie des Alltagslebens. Wien. – V. FROMKIN (ed.) [1973]: Speech errors as linguistic evidence. The Hague. – B. BUTTERWORTH [1979]: Hesitation and the production of verbal paraphasias and neologisms in jargon aphasia. In: Brain and Language 8, S. 133–161. – V. FROMKIN (ed.) [1980]: Errors in linguistic performance. New York. – K. GLONING/W. U. DRESSLER (eds.) [1980]: Paraphasie. Untersuchungen zum Problem lexikalischer Fehlleistungen. München. – D. CAPLAN [1987]: Neurolinguistic and linguistic aphasiology. Cambridge. – H. LEUNINGER [1989]: Neurolinguistik. Opladen.

Paraphrase [griech. *paráphrasis* ›Hinzufügung zu einer Rede‹]. (1) Umgangssprachlich im Sinne von Paraphrasierung (›Umschreibung‹): Mittel zur Erklärung, Verdeutlichung oder Interpretation kommunikativer Absichten.

(2) Heuristischer Begriff zur Darstellung der →Synonymie-Relation zwischen Sätzen (Linguistik) bzw. Aussagen (Logik). (a) Im Rahmen der →Aussagen-logik ist P. identisch mit bilateraler →Implikation bzw. mit der →Äquivalenzrelation: Satz$_1$ steht in P.-/Äquivalenzrelation zu Satz$_2$ wenn gilt: S_1 impliziert S_2 und S_2 impliziert S_1 (Formal: $(S_1 \rightarrow S_2) \wedge (S_2 \rightarrow S_1)$). Z.B. *Philip ist älter als Caroline* impliziert: *Caroline ist jünger als Philip* und umgekehrt. (b) Im Rahmen der generativen →Transformationsgrammatik ist P.-bildung ein grundlegendes Verfahren zur Beschreibung semantischer Relationen: verschiedene →Oberflächenstrukturen mit identischer Bedeutung werden als P.-klassen einer gemeinsamen Tiefenstruktur angesehen, auf die unterschiedliche (bedeutungsneutrale) Transformationen angewendet werden. Zu unterscheiden ist u.a. zwischen strukturellen (syntaktischen) P. (*Sie erhalten dieses Wertpapier kostenlos* vs. *Kostenlos erhalten Sie dieses Wertpapier*), lexikalischen P. (*Junggeselle* vs. *unverheirateter Mann*), deiktischen P. (*Martina lebt in Stuttgart* vs. *Sie lebt dort*) und pragmatischen P. (*Schließe doch bitte die Tür* vs. *Es zieht*).

Lit.: G. UNGEHEUER [1969]: Paraphrase und syntaktische Tiefenstruktur. In: FoL 3, S. 178–227. – R. NOLAN [1970]: Foundations for an adequate criterion of paraphrase. The Hague. – L. R. GLEITMAN/H. GLEITMAN [1970]: Phrase and paraphrase: some innovative uses of language. New York. – W. L. CHAFE [1971]: Directionality and paraphrase. In: Lg 47, S. 1–26. – R. A. SMABY [1971]: Paraphrase grammars. Dordrecht. – J. D. APRESJAN [1975]: Theo-

rie der Paraphrase. München. – R. RATH [1975]: Kommunikative Paraphrasen. In: LD 22, S. 103–118. – E. LANG [1977]: Paraphraseprobleme I. In: Beiträge zur semantischen Analyse. LSt A 42, S. 97–156. – W. THÜMMEL [1977]: Argumente gegen die Paraphrasemethode. In: LBer 51, S. 21–51. – D. WUNDERLICH [1980]: Arbeitsbuch Semantik. Königstein, S. 71–105. – C. FUCHS [1982]: La paraphrase. Paris.

Parasitic Gap [engl., ›parasitäre Lücke‹. – Auch: Schmarotzerlücke]. →Leere Kategorie, welche nicht primär durch eine →Bewegungstransformation entstanden ist, sondern erst sekundär durch eine andere (die parasitäre Lücke nicht direkt betreffende) Bewegung legitimiert wird. So kann die mit »e« (engl. = *empty*) bezeichnete Lücke im folgenden ungrammatischen Satz des Engl. erst dann legitimiert werden, wenn das Objekt des Matrixsatzes W-bewegt wird: *John filed the book without reading* e (e = *it = the book*) vs. *Which book did John file without reading* e (*it*)? Die Existenz von P. G. im Dt. ist umstritten: vgl. *Welche Frau hat er ohne* e (= *sie = die Frau*) *anzuschauen geküßt?*

Lit.: N. CHOMSKY [1982]: Some concepts and consequences of the theory of government and binding. Cambridge, Mass. – D. M. PESETSKY [1982]: Paths and categories. (MIT Diss.), Cambridge, Mass. – E. ENGDAHL [1983]: Parasitic gaps. In: LPh 6, S. 5–34. – S. FELIX [1983]: Parasitic gaps in German. In: W. ABRAHAM (ed.): Erklärende Syntax des Deutschen. Tübingen. S. 173–200. – R. KAYNE [1984]: Connectedness and binary branching. Dordrecht. – E. ENGDAHL [1985]: Parasitic gaps, resumptive pronouns and subject extractions. In: Linguistics 23, S. 3–44. – J. KOSTER [1986]: Domains and dynasties. Dordrecht.

(Parataktische) Satzverknüpfung →Parataxe, →Satzverbindung.

Parataxe [griech. *parátaxis* ›Beiordnung‹ – Auch: Koordination]. Syntaktische Verknüpfung von Sätzen durch Nebenordnung (im Unterschied zu unterordnender Verknüpfung, vgl. →Hypotaxe). Die strukturelle Gleichordnung wird im Dt. formal durch koordinierende Konjunktionen wie *und, oder* (syndetische Reihung) oder durch unverbundene Aneinanderreihung (asyndetische Reihung) mit entsprechendem Intonationsverlauf gekennzeichnet.

Parenthese [griech. *pará* ›neben‹, *énthesis* ›Einfügung‹]. In einen Satz eingefügter selbständiger Ausdruck (Wort, Wortfolge oder Satz), der strukturell unabhängig ist vom gesamten Satzgefüge: *Cherubin – er ist ein leichtentflammter Jüngling – wirbt um Susanne.* Zu P. im weiteren Sinne zählen auch Interjektionen, Anreden und Schaltsätze.

Lit.: R. BLÜMEL [1910/11]: Neuhochdeutsche Appositionsgruppen. Würzburg. – J. EMONDS [1974]: Parenthetical clauses. In: CH. ROHRER/N. RUWET (eds.). Actes du colloque Franco-Allemand de grammaire transformationelle I. Tübingen. – C. CORUM [1975]: A pragmatic analysis of parenthetic adjuncts. In: CLS 11, S. 133–141. – A. BETTEN [1976]: Ellipsen, Anakoluthe und Parenthesen – Fälle für Grammatik, Stilistik, Sprechakttheorie oder Konversationsanalyse? In: DS 4, S. 207–230. – A. BASSARAK [1985]: Zu den Beziehungen zwischen Parenthesen und ihren Trägersätzen. In: ZPhon 38/4, S. 409–417.

Parisyllabum [lat. *pār* ›gleich‹, griech. *syllabē* ›Silbe‹]. Wort, das in allen Deklinationsformen im Sg. und Pl. die gleiche Silbenzahl aufweist, vgl. *Blume, Vogel, Sonne* vs. *Kraut, Wind, Duft.* Letztere werden als »Imparisyllaba« bezeichnet.

Parömie [griech. *paroimía* ›Denkspruch‹]. (Veraltete) Bezeichnung für Sprichwort.

Parömiologie. Lehre von den Sprichwörtern.

Parole →Langue vs. Parole, →Performanz.

Paronomasie [griech. *pará* ›entgegen‹, *ónoma* ›Name‹; engl. *pun.* – Auch: Annominatio]. →Rhetorische Figur der Wiederholung: Wortspiel durch Koppelung klangähnlicher, etymologisch und semantisch unterschiedlicher Wörter, z.B. *die Bistümer sind verwandelt in Wüsttümer* (SCHILLER), *Nicht rasen – reisen!*, engl. *Is life worth living? That depends upon the liver.* Vgl. →Figura Etymologica, →Polyptoton, →Wortspiel.

Lit.: →Rhetorische Figur.

Paronymie [griech. *ónyma* ›Name‹].
(1) Lautliche Ähnlichkeit zwischen zwei Ausdrücken in verschiedenen Sprachen, z.B. dt. *Sommer*, engl. *summer.*
(2) In der Wortbildungslehre: Veraltete Bezeichnung für →Ableitungen vom gleichen Wortstamm, vgl. *lesen, Leser, Lesung, lesbar.*

Paroxytonon [griech. *paroxytónos* ›auf der vorletzten Silbe betont‹]. Im Griech. auf der vorletzten Silbe betontes Wort, z.B. griech. *analogía* »Analogie«.

Parser. Computerprogramme für syntaktische Analysen, vgl. →Parsing.

Parsing [engl. *to parse* ›grammatisch zerlegen‹]. Maschinelle syntaktische Sprachanalyse zur Überprüfung, ob eine bestimmte Wortkette (z.B. ein Satz) den Regeln einer bestimmten (formalen oder natürlichen) Sprache entspricht. Trifft dies zu, so wird zu der Wortkette eine Repräsentation ihrer syntaktischen (und/oder semantischen) Struktur (z.B. als Phrasenstrukturbaum) erstellt. Linguistische Grundlage des P. können sehr unterschiedliche Grammatik-Formalismen (bzw. Konzeptstrukturen) sein, z.B. →Generalized Phrase Structure Grammar (GPSG), →Lexical Functional Grammar (LFG) u.a. Unterschiedlich ist auch die P.-Strategie (die Anwendung der Regeln), sie erfolgt entweder »*topdown*« (engl., ›von oben nach unten‹, vom Satzknoten zu den terminalen Symbolen) oder »*bottom-up*« (engl., ›von unten nach oben‹, von den terminalen Symbolen zum Satzknoten); andererseits kann der Parser einer Regelhypothese so lange nachgehen, bis er nicht mehr weiterkommt (»*depth-first*«), oder aber an jeder Stelle zunächst alle Möglichkeiten überprüfen (»*breadth-first*«), wobei jede Strategie bzw. Kombination von Teilstrategien ihre Vor- und Nachteile hat. - Wesentliche Schwierigkeiten des P. natürlichsprachlicher Äußerungen sind lexikalische und strukturelle Mehrdeutigkeiten. - Computerprogramme für syntaktische Analysen nennt man »Parser«, sie werden eingesetzt bei →Maschineller Übersetzung, Frage-Antwort-Systemen u.a. Vgl. auch →ATN-Grammatik, →Chart, →Definite-Clause-Grammar.

Lit.: J. EARLEY [1970]: An efficient context-free parsen algorithm. In: Communications of the ACM 6, S. 94–102. - A. AHO/ J. D. ULLMAN [1972]: The theory of parsen, translation, and compiling. Bd. 1. Parsen. Englewood Cliffs. - R. KAPLAN [1973]: A general syntactic processor. In: R. RUSTIN (ed.): Natural language processing. Englewood Cliffs. - M. MARCUS [1980]: A theory of syntactic recognition for natural language. Cambridge, Mass. - M. KAY [1982]: Algorithm schemata and data structures in syntactic processing. In: S. ALLÉN (ed.): Text processing. Stockholm. - S. SMALL/ CH. RIEGER [1982]: parsen and comprehending with word experts. In: W. G. LEHNERT/M. H. RINGLE (eds.): Strategies for natural language processing. London, S. 89–147. - M. KING (ed.) [1983]: parsen natural language. London. - T. WINOGRAD [1983]: Language as a cognitive process. Bd. 1. Syntax. Reading, Mass. - H. THOMPSON/ G. RITCHIE [1984]: Implementing natural language parsers. In: T. O'SHEA/M. EISENSTADT (eds.): Artificial intelligence: Tools, techniques and applications. New York, S. 245–300. - D. DOWTY/L. KARTTUNEN/A. ZWICKY (eds.) [1985]: Natural language parsen. Cambridge. - R. GRISHMAN [1986]: Computational linguistics. An introduction. Cambridge. - U. REYLE/C. ROHRER (eds.) [1988]: Natural language parsing and linguistic theories. London. - P. HELLWIG [1989]: Parsing natürlicher Sprachen. 2 Bde. In: HSK 4, S. 348–431.

Parthisch →Iranisch.

Partikel [fem., Pl. Partikeln; lat. *particula* ›(unveränderliches Rede-)Teilchen‹; engl. *function/structural word*. - Auch: Füllwort, Funktionswort, Formwort]. Sammelbezeichnung für nichtflektierende Wörter bzw. →Wortarten mit sehr unterschiedlicher Verwendung: In der DUDEN-Grammatik [1959, ³1973] zählen →Konjunktionen, →Interjektionen und →Adverbien (und - als Untergruppe der Modaladverbien - auch →Gradpartikeln, →Modalpartikeln, →Steigerungspartikeln, →Vergleichspartikeln und →Satzadverbien) zu den P., während ADMONI [1966] und HELBIG/BUSCHA [1974] die Bezeichnung nur für Grad-, Modal- und Steigerungspartikeln verwenden und die Satzadverbien als »Modalwörter« bezeichnen. In den »Grundzügen« von HEIDOLPH u.a. [1981] dagegen rechnen nur Modalpartikeln als P., Steigerungs- und Vergleichspartikeln werden als Modaladverbien beschrieben. Im Sinne der neueren P.-Forschung (vgl. WEYDT [1979]) versteht man unter P. im engeren Sinne nicht flektierende, nicht satzgliedhafte Wortklassen, die keine (oder wenig) selbständige lexikalische Bedeutung aufweisen, aber die Bedeutung ihrer jeweiligen Bezugselemente modifizieren. Sie sind i.d.R. nicht allein verschiebbar (d.h. auch nicht vorfeldfähig). Je nach semantischer Funktion wird unterschieden zwischen (a) →Gradpartikeln (*nur, sogar, auch*), →Modalpartikeln (*ja, freilich, allerdings*), Negationspartikeln (*kein, nicht*), Antwortpartikeln (*ja, nein*), →Steigerungspartikeln (*sehr, außerordentlich*), Vergleichspartikeln (*wie, als*), wobei Überschneidungen der einzelnen Funktionen wegen der Mehrdeutigkeit der einzelnen Vertreter häufig sind, vgl. die unterschiedliche Funktion von *auch* in: *Auch Zwerge haben klein angefangen* (Gradpartikel) vs. *Was sind das aber auch für Traumtänzer!* (Modalpartikel) vs. *Auch blieb er einfach ein Zwerg/Traumtänzer* (Konjunktion).

Lit.: H. WEYDT [1979]: Die Partikeln der deutschen Sprache. Berlin. – G. HELBIG/ W. KÖTZ [1981]: Die Partikeln. Leipzig. – H. WEYDT [1987]: Partikel Bibliographie: Internationale Sprachenforschung zu Partikeln und Interjektionen. Frankfurt. – H. WEYDT (ed.) [1989]: Sprechen mit Partikeln. Berlin. →Adverbiale, →Gradpartikel, →Modalpartikel, →Negation.

Partikelkompositum ›Partikelverb.

Partikelverb [Auch: Distanzkompositum, Partikelkompositum]. Zusammengesetzte Verben, deren Erstglieder (die sogen. Partikeln bzw. Verbzusätze) im Dt. in bestimmten syntaktischen Konstruktionen getrennt vom Verbstamm auftreten können: In finiten Verbzweit- und Verberst-Konstruktionen stehen sie (satzklammerbildend) hinter dem Verbstamm (*Er prüft das Ergebnis nach*), in →Infinitiv- und Partizipialkonstruktionen tritt *zu* und *ge-* zwischen Erst- und Zweitglied. Mit der Eigenschaft der Trennbarkeit korreliert Betontheit. In der Regel stehen neben den sogen. Partikeln homonyme Präpositionen oder Adverbien, ohne daß deren Semantik jedoch die Bedeutung und Vielfalt der Partikeln erschöpft. Die Bildung von P. ist im Nhd. ein sehr produktives Bildungsmuster. Allerdings treten bei der Klassifizierung Übergangsprobleme zu Ableitungen von Komposita auf, vgl. *zwangsgeräumt*, das nicht als *X räumt zwangs* paraphrasiert werden kann, vgl. hierzu M. ÅSDAHL HOLMBERG [1976].

Lit.: M. ÅSDAHL HOLMBERG [1976]: Pseudokomposita im Deutschen. Lund. →Wortbildung.

Partikularisator →Operator (1).

Partikularsatz →Existenzaussage.

Partitiv [nach lat. *pars* ›Teil‹]. Kasus in einigen Sprachen z.B. im Finnischen, der Teilbeziehung ausdrückt (z.B. *einen*

Fisch essen – von einem Fisch essen). Der P., dessen Funktion häufig durch den →Genitiv vertreten wird, übernimmt oft zahlreiche weitere Bedeutungen und grammatische Funktionen.

Partizipant →Ergänzung.

Partizipialkonstruktion.
Satz(glied)wertige Infinitgruppe in Form eines (durch Objekte, Adverbiale) erweiterten →Partizips: *Durch vielfältige Versuche entmutigt, kehrte er um.* P. können in der semantischen Funktion von u.a. Temporal-, Modal-, Kausalangaben, aber auch als →Attribut verwendet werden. Sie sind durch entsprechende vollständige →Nebensätze paraphrasierbar.

Lit.: Th. Bungarten [1976]: Partizipialkonstruktionen in der deutschen Gegenwartssprache. Düsseldorf.

Partizip(ium) [lat. *particeps* ›teilhabend‹. – Auch: Mittelwort]. →Infinite Verbform in ideur. Sprachen, im Dt. mit den beiden Stufen P. Präs. (Partizip I) und P. Perf. (Partizip II) *lesend* vs. *gelesen.* Die Bezeichnung P. deutet auf die Teilhabe an den Eigenschaften sowohl von Nomen als auch von Verben hin. Entsprechend seinem verbalen Charakter regiert das P. Objekte und bezeichnet temporale und aktionale Aspekte (vgl. →Tempus, →Aktionsart): das P. I bezeichnet den Verlauf eines Prozesses, das P. II dagegen dessen Ergebnis bzw. Nachwirkung: *eine (allmählich) gelingende Formulierung* vs. *eine gelungene Formulierung.* Außerdem dient das P. Perf. zur Bildung der zusammengesetz-

ten Zeiten (*er ist gekommen*) sowie des Passiv (*Er ist gesucht worden*). Nominale Eigenschaften des P. sind: (a) es ist steigerbar: *die treffendste/gelungenste Formulierung,* (b) es bildet Antonyme (→Antonymie): *passend* vs. *unpassend, vergnügt* vs. *mißvergnügt,* (c) es bildet →Zusammensetzungen: *ausschlaggebend, hochbegabt,* (d) es ist sowohl attributiv als auch prädikativ verwendbar: *eine gelungene Formulierung* vs. *Die Formulierung ist gelungen.*

Partizipium Necessitatis →Gerundiv(um).

Partnermodellierung [engl. *user modeling*]. In →Dialogsystemen der →Computerlinguistik Ergänzung wissensbasierter Systeme durch Kenntnis- und Wissensstand spezifischer Benutzertypen. Ein solches Partnermodell berücksichtigt Benutzer-Aspekte wie Vertrautheitsgrad (Wissen über den Umgang mit dem System), generellen (und dialogabhängigen) Wissensstand sowie partnerspezifische Wertäußerungen über Sachverhalte, die in der Datenbasis des Systems repräsentiert sind (Vgl. Morik [1984]). – Linguistische Basis zur P. sind →Sprechakttheorie und →Konversationsanalyse.

Lit.: K. Morik [1984]: Partnermodellierung und Interessenprofile bei Dialogsystemen der Künstlichen Intelligenz. In: C. R. Rollinger (ed.): Probleme des (Text-) Verstehens. Ansätze der Künstlichen Intelligenz. Tübingen. – W. Wahlster/A. Kobsa (eds.) [1988]: User modelling in dialog systems. Berlin. – Computational Linguistics [1988]: Special issue in user modelling. – →Konversationsanalyse, →Sprechakttheorie.

Partonymie-Relation →Teil-
von-Relation.

Pashto. →Iranische Sprache in
Pakistan und Afghanistan (ca.
10 Mio. Sprecher); Staatssprache Afghanistans. Die Sprache
ist phonologisch und morphologisch komplexer als das Per-
sische und ist im Präteritum ergativisch strukturiert (→Erga-
tiv). Wortstellung: strikt SOV.

Lit.: H. PENZL [1955]: A grammar of Pashto. Washington D. C. – M. LORENZ [1982]:
Lehrbuch des Pashto. Leipzig.

Pasigraphie →Ideographie.

Passiv [Auch: Leideform]. Neben →Aktiv und →Medium Subkategorie des →Genus Verbi. In
semantischer Hinsicht be-
schreibt P. die durch das Verb
ausgedrückte Handlung vom
Standpunkt des Betroffenen
oder einer anderen nicht agenti-
vischen semantischen Rolle.
Dabei wird die →Valenz des aktiv gebrauchten Verbs in typi-
scher Weise verändert: das Subjekt wird zum (in der Regel fakultativen) Präpositional- bzw.
obliquen Objekt, und ein Objekt (meist das direkte) zum
Subjekt: *Philip sucht Caroline*
vs. *Caroline wird (von Philip)
gesucht*. Das P. ist nicht die
grundlegende →Diathese, da es
morphosyntaktisch die ko-
mplexere Konstruktion darstellt (meist wird das P. durch
ein spezifisches Hilfsverb oder
ein Verbaffix gekennzeichnet)
und bestimmten Beschränkungen unterliegt. Die Restriktionen der P.-Bildung sind sprachspezifisch; im Dt. z.B. ergeben
sich bei →Medialen Verben
(*kosten, wiegen* u.ä.) oder bei
→Kognaten (»inneren«) Objek-

ten: *Er starb einen sanften Tod*
vs. **Ein sanfter Tod wurde von
ihm gestorben*. – Aufgrund unterschiedlicher formaler und semantischer Eigenschaften wird
für das Dt. unterschieden zwischen: (a) Vorgangspassiv
(auch: *werden*-Passiv), das mit
dem Hilfsverb *werden* oder mit
den Verben *bekommen, erhalten, kriegen* (auch: *bekommen*-
Passiv) gebildet wird: *Das Experiment wurde gründlich überprüft. Er bekommt Rosen ge-
schenkt*. Es kann als (aa) »Persönliches Passiv« von transitiven Verben oder als (ab) »Unpersönliches Passiv« von intransitiven Verben vorkommen: *Es wurde viel getanzt*. (b)
Das Zustandspassiv (auch:
sein-Passiv) wird mit dem Hilfsverb *sein* gebildet: *Die Tür ist
geöffnet*. – Vgl. auch →Gerundi-
vum.

Lit.: →Genus Verbi.

Passivtransformation →Genus
Verbi.

Patholinguistik. Nach G. PEU-
SER [1978] eine Disziplin der
→Angewandten Linguistik, die
sich mit der Erklärung, Diagnostik und Therapie gestörter
Sprache befaßt. Unter »gestörter
Sprache« versteht PEUSER jegliche permanente oder okkasionelle Abweichung von der
Sprachnorm einer Sprachgemeinschaft, unabhängig davon,
ob diese Abweichung organisch
oder nicht-organisch bedingt ist
(z.B. →Versprecher, →Stimmstö-
rung, →Sprachentwicklungsstö-
rung, →Sprachstörung,
→Sprechstörung). Das Aufga-
bengebiet erfordert intensive
Zusammenarbeit mit anderen
Disziplinen und Teildiszipli-

nen, z.B. mit der Psychiatrie, →
Neurolinguistik, → Logopädie.
Der Terminus P. hat sich inter-
national nicht durchgesetzt.
Vgl. →Klinische Linguistik.
Lit.: G. PEUSER [1978]: Einführung in die
Patholinguistik. München.

Patiens [lat. *pati ēns* ›leidend‹].
Semantische Rolle des von der
Verbhandlung betroffenen Ele-
ments, im Unterschied zum
→Agens als dem Urheber dieser
Handlung. In →Nominativspra-
chen wie dem Dt. wird das P.
meist durch das direkte Objekt
bezeichnet.
Lit.: →Kasusgrammatik.

Patois [altfrz. *patoier* ›gestiku-
lieren‹, zu *la patte* ›Pfote‹].
(1) Im Frz. Bezeichnung für
eine primitive, auf engste Sozialbeziehungen eingeschränk-
te Verwendungsform von Dialekt.
(2) Abwertende Bezeichnung
für →Dialekt.

PATR [Auch: PATR-II, Akronym aus engl. *parsing and
translation* ›Zerlegung und
Übersetzung‹]. Grammatikformalismus der →Generativen
Grammatik aus der Familie der
→Unifikationsgrammatiken.
PATR wurde von S. SHIEBER
u.a. [1983] als eine Computersprache für die Entwicklung
von Unifikationsgrammatiken
geschaffen und von S. SHIEBER
[1984] erstmals implementiert.
In den syntaktischen Repräsentationen und Regeln sind
kontextfreie →Phrasenstruktur
und →Merkmalstrukturen getrennt gehalten. Als der ein-
fachste unter den Unifikations-
grammatikformalismen   ist
PATR oftmals reimplementiert
worden.

Lit.: S. M. SHIEBER u.a. [1983]: The formalism and implementation of PATR-II. In:
Research on interactive acquisition and
use of knowledge. SRI International. Menlo Park, S. 39–79. – S. M. SHIEBER [1984]:
The design of a computer language for linguistic information. In: COLING 84. Stanford, S. 362–366. – L. KARTTUNEN [1986]:
D-PATR: A development environment for
Unification-based Grammars. In: CO-
LING 86. Bonn, S. 74–80. – S. HIRSH
[1988]: P-PATR: A compiler for Unification-based Grammars. In: V. DAHL/P.
SAINT-DIZIER (eds.): Natural language understanding and logic programming. Amsterdam, S. 63–78.

PATR-II →PATR.

Patronymikon [lat. *pater* ›Vater‹, griech. *ónyma* ›Name‹]. Familienname, der die genealogische Herkunft des Trägers
durch Angabe des väterlichen
Vornamens mitbezeichnet: aus
der ursprünglich vollständigen
Form *Heinrich, Peters Sohn*
wird *Heinrich Petersen* bzw.
verkürzt zu *Heinrich Peter(s)*.

Lit.: →Namenkunde.

Pattern [Auch: Strukturmu-
ster]. Im Fremdsprachenunterricht kurzer Mustertext (meist
Satz), der durch Einsetzen anderer Wörter oder Flexionselemente abgewandelt wird. Diese
– auf Imitation und →Analogie
beruhende – Übung (engl. *p.
practice/p. drill*, Struktur-
übung) soll zur Bildung syntagmatischer Gewohnheiten führen, ohne daß die metasprachliche Ebene grammatischer Erklärungen beschritten werden
muß.

Paucalis [nach lat. *paucī* ›wenige‹]. Teilkategorie von →Nu-
merus, zur Bezeichnung einer
geringen Anzahl.

Pause [Auch: Tongruppengrenze].

(1) Kurze Unterbrechung des Artikulationsvorgangs zwischen aufeinanderfolgenden sprachlichen Einheiten wie Lauten, Silben, Morphemen, Wörtern, Wortgruppen und Sätzen. P. zählt zu den →Suprasegmentalen Merkmalen.

Lit.: →Intonation, →Suprasegmentale Merkmale.

(2) Zu P. in der →Konversationsanalyse vgl. →Unterbrechung.

Pejorativ [lat. *pēior*, Komparativ zu *malus* ›schlecht‹. – Auch: Deteriorativ]. Semantische Eigenschaft von sprachlichen Ausdrücken, die negative abwertende →Konnotationen auslösen: Solche abschätzigen Bedeutungskomponenten können sowohl durch Neubildungen (vgl. *Spaghettis* ›italienische Gastarbeiter‹) als auch durch →Bedeutungswandel entstehen (vgl. *Dirne*, ursprünglich ›Jungfrau‹). Systematisch-morphologische Mittel in der →Wortbildung zur Bildung von Pejorativa sind z.B. die Affixe – *isch* (*kindlich* vs. *kindisch*), *-ler* (*Versöhnler, Protestler, Umstürzler*), *ge-* (*Gesinge, Gerenne, Geplärre*), *-ling* (*Schwächling, Feigling, Mischling*).

Lit.: A. F. MÜLLER [1953]: Die Pejoration von Personenbezeichnungen durch Suffixe im Neuhochdeutschen. Altdorf. →Wortbildung.

Pennsilfaanisch →Pennsylvaniadutch.

Pennsylvaniadeutsch →Pennsylvaniadutch.

Pennsylvaniadutch [Auch: Pennsilfaanisch, Pennsylvania-deutsch]. Auf mitteldeutschen Dialekten, insbesondere Pfälzisch, beruhende Sprachvariante in Nordamerika, die heute von ca. 700000 Nachkommen der im 18. Jh. aus dem Rheinland und der Pfalz in den Raum von Philadelphia eingewanderten Pietisten gesprochen wird. Es wird in der Umgangs- und Kultsprache, aber auch in der Volksdichtung mündlich und schriftlich verwendet. Die amerikan. Bezeichnung »Dutch« ist eine inkorrekte lautliche Wiedergabe von »deutsch«, sie hat in diesem Zusammenhang keinerlei Beziehung zu engl. *dutch* ›niederländisch‹.

Lit.: C. E. REED/L. W. SEIFERT [1954]: A linguistic atlas of Pennsylvania German. Marburg. – R. C. WOOD [1955]: Pennsilfaanisch. In: W. STAMMLER (ed.): Deutsche Philologie im Aufriß. 2. Aufl. Berlin 1965. – H. KELZ [1971]: Phonologische Analyse des Pennsylvaniadeutschen. Hamburg.

Penthouse-Prinzip [engl. *penthouse* ›Dachwohnung auf einem Haus‹]. Im Sinne von »oben spielt sich mehr ab als unten« von J. R. ROSS [1973] formuliertes syntaktisches Prinzip, demzufolge es zwar syntaktische Prozesse geben kann, die nur in Hauptsätzen auftreten (vgl. auch →Wurzeltransformation), aber keine, die nur in Nebensätzen auftreten. Zur empirischen Relevanz dieses Prinzips für das Deutsche vgl. REIS [1974].

Lit.: J. R. ROSS [1973]: The penthouse principle and the order of constituents. In: C. CORUM u.a. (eds.): Papers from the comparative syntax festival. Chicago (= CLS), S. 397–422. – M. REIS [1974]: Syntaktische Hauptsatz-Privilegien und das Problem der dt. Wortstellung. In: ZGL 2, S. 299–327.

Penute. Sprachstamm im Westen Nordamerikas, dessen Rekonstruktion noch zweifelhaft ist. Es handelt sich um über ein Dutzend Sprachen mit selten mehr als 2000 Sprechern; größte Sprachen sind Tsimshian in Kanada B. C., Klamath in Oregon sowie Maidu und Miwok in Kalifornien. »Makro-Penute« ist eine wesentlich größere Einheit, die auch die →Golfsprachen und mittelamerikanische Sprachen wie →Maya mit einschließt. – Spezifische Kennzeichen: Komplexe Konsonantensysteme, typischerweise mit einer Reihe von glottalisierten Plosiven, auch Implosive kommen vor. Vokalharmonie. Reiches Kasussystem, teilweise ergativisch (→Ergativ), komplexe Verben (Derivation, Diathesen, Aspekt-, Aktionsart- und Modusmarkierungen, aber selten Kongruenz). Morphologischer Typ: flektierend (es kommen Reduplikation und Wurzelflexion vor). Teilweise Dualformen im Pronominalsystem; →Nominalklassen. Relativ freie Wortstellung. (Vgl. Sprachenkarte Nr. 3).

Lit.: G. GAMBLE [1978]: Wikchamni grammar. UCPL 89. Berkeley. – W. E. SHIPLEY [1964]: Maidu grammar. UCPL 41. Berkeley. – M. A. R. BARBER [1964]: Klamath grammar. UCPL 32. Berkeley. – J. E. DUNN: [1979]: A reference grammar for the Coast Tsimshian languages. Ottawa. – M. SILVERSTEIN [1979]: Penutian: An assessment. In: L. CAMPBELL/M. MITHUN (eds.): The languages of native America. Austin. – M. A. R. BARKER [1981]: Klamath Grammar. Berkeley.

Perfekt [lat. *perfectus* ›vollendet‹. – Auch: Vollendete Gegenwart]. Zeitstufe der →Tempus-Kategorie des Verbs. (Bildung mit *ist/hat* + Partizip Perfekt). Grundbedeutung des P. im Dt. ist die Kennzeichnung eines in der Zeitstufe der Vergangenheit abgeschlossenen, aber in die Gegenwart hineinwirkenden Sachverhalts: *Sie hat im Herbst Examen gemacht (nun wartet sie auf eine Anstellung*). In komplexen Sätzen drückt das P. als relatives Tempus neben Präsens im Hauptsatz →Vorzeitigkeit, neben P. →Gleichzeitigkeit oder Nachzeitigkeit aus. In obdt. Mundarten, die durch →Präteritum-Schwund gekennzeichnet sind, dient das P. zusätzlich als Erzähltempus.

Lit.: →Tempus.

Perfektiv →Imperfektiv vs. Perfektiv.

Performanz [engl. *performance* ›Ausführung‹. – Auch: Parole, Sprachverwendung]. In N. CHOMSKYS Sprachtheorie Bezeichnung für konkrete individuelle Sprechereignisse, die auf der Basis der Kompetenz als dem intuitiven Wissen des »idealen« Sprechers/Hörers über die Regularitäten der Sprache gebildet werden. Der Terminus P. deckt sich weitgehend mit DE SAUSSURES Bezeichnung »Parole«. Vgl. die Dichotomien →Kompetenz vs. Performanz, →Langue vs. Parole.

Lit.: →Kompetenz vs. Performanz.

Performative Äußerung [engl. *to perform* ›vollziehen‹]. Terminus von J. L. AUSTIN (in einer Vorstufe seiner →Sprechakttheorie) zur Bezeichnung von Äußerungen, mit denen man jeweils bestimmte Handlungen vollzieht, im Unterschied zu →Konstativen Äußerungen, die nur etwas beschreiben oder konstatieren. Diese Unterscheidung von zwei unterschiedlichen Typen von Äußerungen wurde dann in der weiteren Entwicklung der Sprechakttheorie ersetzt durch die Unterscheidung von zwei verschiedenen Aspekten von Sprechhandlungen, dem lokutionären und dem illokutionären Akt (→Lokution, →Illokution). Nachdem somit alle Sprechhandlungen unter einem bestimmten Aspekt als P. Ä. zu betrachten sind, wird die ursprüngliche Unterscheidung zwischen »konstativ« vs. »performativ« hinfällig. Notwendig hingegen bleibt die Unterscheidung von (a) implizit performativen Äußerungen (auch: primäre/primitive) und (b) explizit P. Ä.: Mit der (primären) implizit P. Ä. von *Du irrst* kann man genauso gut behaupten, daß der Adressat irrt, wie mit der explizit P. Ä. von *Ich behaupte, daß du irrst*. Primäre P. Ä. weisen im allgemeinen keine lexikalischen illokutionären Indikatoren auf, explizit P. Ä. hingegen haben meist die Form eines Matrixsatzes mit einem →Performativen Verb in der 1. Pers. Ind. Präsens, einem (den Adressaten bezeichnenden), meist indirekten Objekt und einem eingebetteten Satz. Der Selbstbezug der explizit P. Ä. läßt sich durch *hiermit* unterstreichen: *Ich taufe dich (hiermit) auf den Namen »Stadt Passau«*.

Lit.: J. L. Austin [1958]: Performatif-constatif. In: La philosophie analytique. Paris 1962, S. 271–304 (englisch: Performative – constative. In: C. E. Caton (ed.) [1963]: Philosophy and ordinary language. Urbana, III, S. 22–54; dt. in: R. Bubner [1968]: Sprache und Analysis. Göttingen, S. 140–153). →Sprechakttheorie.

Performative Analyse. Von J. R. Ross [1968] entwickelte Hypothese zur Darstellung pragma-

tischer (illokutiver) Sachverhalte im Rahmen der generativen →Transformationsgrammatik. Aufgrund syntaktischer Beobachtungen an Aussagesätzen (engl. *declarative sentences*) wird versucht, alle Sätze aus einer Tiefenstruktur abzuleiten, die einen und nur einen performativen Satz als Matrixsatz (→Hypersatz) hat, der aus Subjekt (= 1. Person) + performativem Verb + indirektem Objekt (= 2. Person) besteht und gegebenenfalls durch Tilgungsregeln eliminiert wird.

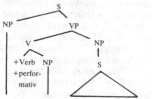

Ich sage dir: Diese Theorie ist überholt.

Da aber die illokutive Funktion bzw. der pragmatische Verwendungssinn von Sätzen von der jeweiligen Äußerungssituation abhängig ist, handelt es sich bei der P. A. um eine (inadäquate) Syntaktisierung pragmatischer Phänomene. Zur Kritik an der P. A. vgl. Grewendorf [1972]. Zumindest partielle Rettungsversuche der P. A. wurden von J. M. Sadock [1985] und J. D. Mc Cawley [1985] gemacht.

Lit.: J. R. Ross [1968]: On declarative sentences. In: R. A. Jacobs/P. S. Rosenbaum: Readings in English transformational grammar. Waltham, Mass., S. 222–272. – G. Grewendorf [1972] Sprache ohne Kontext. Zur Kritik der performativen Analyse. In: D. Wunderlich (ed.): Linguistische Pragmatik. Frankfurt, S. 144–182. – R. Lakoff [1972]: Language in context. In: Language 48, S. 907–927. – B. Fraser [1974]: An examination of the performative analysis. In: PIL 7, S. 1–40. – G.

GREWENDORF/G. MEGGLE (eds.) [1974]: Linguistik und Philosophie. Frankfurt – J. M. SADOCK [1974]: Toward a linguistic theory of speech acts. New York. – G. GAZDAR [1979]: Pragmatics. Implicature, presupposition, and logical form. New York, Kap. 2. – S. E. BOËR/W. G. LYCAN [1980]: A performadox in truth-conditional semantics. In: LPh 4, S. 71–100. – J. D. MC CAWLEY [1985]: What price the performative analysis? In: Universitiy of Chicago Working Papers in Linguistics 1, S. 43–64. – J. M. SADOCK [1985]: On the performadox, or a semantic defense of the performative hypothesis. In: Universitiy of Chicago Working Papers in Linguistics 1, 160–169. – G. GREWENDORF/D. ZAEFFERER [i.E.]: Theorien der Satzmodi. In: A. v. STECHOW/D. WUNDERLICH (eds.): Handbuch der Semantik. Königstein.

Performative Antinomie.

Sprechakt, der auf Grund seiner widersprüchlichen Glückensbedingungen nicht gelingen kann, wie z.B. *Kommen Sie dieser Aufforderung nicht nach!*, wenn *diese Aufforderung* auf den eben zu vollziehenden Sprechakt bezogen wird. Die P. A. sind illokutionäre Gegenstücke zur propositionalen (→Semantischen) Antinomie. Vgl. auch →Double-Bind-Theorie.

Lit.: G. LAKOFF [1972]: Performative antinomies. In: FL 8, S. 569–572. – D. VANDERVEKEN [1980]: Illocutionary logic and self defating speech acts. In: J. R. SEARLE/F. KIEFER/M. BIERWISCH (eds.): Speech-act theory and pragmatics. Dordrecht, S. 247–272. →Semantische Antinomie.

Performative Verben.

Semantisch-pragmatisch definierte Klasse von Verben (u.a. *versprechen, befehlen, taufen, schwören*), durch deren Verwendung in explizit →Performativen Äußerungen genau die Handlung vollzogen werden kann, die diese Verben beschreiben. P. V. sind zu unterscheiden von perlokutiven Verben wie *provozieren, überreden, demütigen*. Nicht alle illokutionären

Verben, d.h. Verben, die →Illokutionen bezeichnen, sind auch P. V.; z.B. ist *drohen* ein illokutionäres, aber kein P. V. Die Abgrenzung der Klassen wird gestützt durch die nur für P. V. mögliche Verbindung (→Kontaktprobe) mit *hiermit*: *Ich verspreche dir hiermit, daß* ... vs. ** Ich demütige dich hiermit*.

Lit.: K. BAUMGÄRTNER [1977]: Lexikalische Systeme möglicher Performative. In: ZGL 5, S. 257–277. – J. SEARLE/D. VANDERVEKEN [1985]: Foundations of illocutionary logic. Cambridge. – TH. BALLMER/W. BRENNSTUHL [1986]: Deutsche Verben. Tübingen. →Pragmatik, →Performative Analyse, →Sprechakttheorie.

Periphrase

[griech. *períphrasis* ›das Herum-Reden‹]. Allgemeinste Form eines rhetorischen →Tropus: umschreibender Ersatz eines Wortes durch eine andere, meist erweiternde und bildhafte Bezeichnung in unterschiedlicher Form und Funktion, z.B. zum Zweck der sprachlichen Variation, Beschönigung, Hervorhebung, Erklärung, Konkretisierung u.a., z.B. *Zweitfrisur* = Perücke, *der Komponist der ›Zauberflöte‹* = Mozart. Eine spezielle Form der P. ist die →Definition.

Periphrastische Konjugation.

Bezeichnung der lat. Grammatik für umschreibende Konjugation, wie sie z.B. vorliegt bei der Bildung des →Supinum (*laudaturus sum* ›ich bin im Begriffe zu loben‹) und des →Gerundivs (*laborandum est* ›man muß arbeiten‹). Viele dt. Verbformen sind in diesem Sinne periphrastisch, so das Futur, Perfekt, Plusquamperfekt und Passiv.

Perispomenon

[Pl. Perispomena; griech. *perispoménē prosö-*

idía ›Akzent Zirkumflex‹]. Im Griech. Wort mit dem Akzent →Zirkumflex auf der letzten Silbe, der vermutlich mit steigend-fallender Intonation gekoppelt war, z.B. *philō* ›ich liebe‹.

Perkolieren [lat. *percōlāre* ›durchseihen‹]. Im Rahmen der →X-Bar-Theorie verwendeter Begriff, welcher die Übereinstimmung der morphosyntaktischen oder semantischen Merkmale einer Phrase mit den entsprechenden Merkmalen ihres lexikalischen →Kopfes zum Ausdruck bringen soll: z.B. perkoliert oder »sickert« das Merkmal [+PLURAL] der Phrase *die Henscheidschen Vollidioten* vom *NP*-Knoten über die nicht-maximale Projektion von *N* (*Henscheidschen Vollidioten*) bis zum lexikalischen Kopf *Vollidioten*, von dort weiter zum morphologischen Kopf *Idioten*, wo es als Flexionsform phonologisch realisiert wird. Für das Perkolationsverhalten einzelner Merkmale sind die verschiedensten formalen Mechanismen vorgeschlagen worden, vgl. →Generalized Phrase Structure Grammar, →Head Driven Phrase Structure Grammar.

Perlokution [lat. *per-* ›durch‹, *loquī* ›sprechen‹, also eigentlich: ›Handlung, die durch Sprechen vollzogen wird‹. - Auch: perlokutionärer/perlokutiver Akt]. Im Rahmen der →Sprechakttheorie Teilaspekt einer Sprechhandlung, der sich auf die kausalen Wirkungen, die der Sprecher durch seine Äußerung absichtlich hervorruft, bezieht. Perlokutive Akte bestehen im Hervorrufen von Wirkungen beim Hörer durch den Vollzug eines bestimmten illokutiven Aktes, z.B. durch den Vollzug einer Behauptung jemanden einschüchtern, verstimmen, beruhigen oder erheitern.

Lit.: B. SCHLIEBEN-LANGE [1974]: Perlokution. In:STZ 52, S. 319-333. – W. HOLLY [1979]: Zum Begriff der Perlokution. In: DSp 7, S. 1-27. – P. EYER [1987]: Perlokution. Tübingen. →Sprechakttheorie.

Perlokutionärer Akt →Perlokution.

Perlokutiver Akt →Perlokution.

Permutation [lat. *permūtāre* ›vertauschen‹. - Auch: Umstellungstransformation, Verschiebeprobe].
(1) Allgemein: Umstellung von Konstituenten. Im Rahmen der generativen →Transformationsgrammatik eine aus zwei Schritten zusammengesetzte formale Operation, bei der ein Element an einer Stelle getilgt und an anderer Stelle durch →Substitution eingesetzt wird. Vgl. auch →Operationale Verfahren.

Lit.: →Transformationsgrammatik.

(2) In der →Wort- und Satzgliedstellung Bezeichnung für Umstellungsprozesse wie →Extraposition, →Topikalisierung u.a.

Lit.: →Wort- und Satzgliedstellung.

Persisch [Auch: Farsi]. Größte →Iranische Sprache (37 Mio. Sprecher), Staatssprache des Iran, darüber hinaus Sprecher in Afghanistan (5 Mio. Sprecher, Dialekt: Dari) und der Sowjetunion (2,2 Mio. Sprecher, Dialekt: Tadschikisch). Das Neupersische, von dem erste Dokumente aus dem 8. Jh.

stammen, ist keine unmittelbare Fortsetzung eines mittel-iranischen Dialekts. Die Sprache stand stark unter arabischem Einfluß. Um 1300 Herausbildung eines überregionalen Standards (Klassisches P.) mit umfangreicher Literatur, zugleich Hofsprache im Ottomanenreich und in Nordindien (Mogul-Könige). Es wird die arabische Schrift mit einigen zusätzlichen Zeichen verwendet. Spezifische Kennzeichen: Relativ einfaches Lautsystem. Morphologie: die ideur. Nominal- und Verbalflexion ist nahezu völlig abgebaut und wird durch synthetische Konstruktionen und enklitische Pronomina ersetzt. Differentielle Objektmarkierung (Markierung von spezifischen Objekten). Wortstellung: SOV.

Lit.: H. JENSEN [1931]: Neupersische Grammatik, mit Berücksichtigung der historischen Entwicklung. Heidelberg. – G. LAZARD [1957]: Grammaire du persan contemporain. Paris. – G. L. WINDFUHR [1979]: Persian grammar. History and state of its study. The Hague. – B. ALAVI/M. LORENZ [1987]: Lehrbuch der persischen Sprache. Leipzig.

Persönliches Fürwort →Personalpronomen.

Person. Morphologische Kategorie des Verbs zur Kennzeichnung der finiten Verbformen im Sg. und Pl. als »Sprecher« (1. Person), »Angesprochener« (2. Pers.) und »Person, Ding oder Sachverhalt« als Thema der Aussage (3. Pers.). Bei der 1. Pers. Pl. ist zu unterscheiden zwischen einer »inklusiven« Lesart von *wir* (d.h. daß der Angesprochene einbegriffen ist) und einer »exklusiven Lesart« (d.h. daß der Angesprochene nicht einbegriffen ist), eine

Differenzierung, die in manchen Sprachen durch verschiedene morphologische Formen gekennzeichnet wird. Zum unterschiedlichen Gebrauch verschiedener Anredeformen vgl. →Pronominale Anredeformen.

Lit.: →Personalpronomen, →Pronominale Anredeformen.

Personalform →Infinite Verbform.

Personalpronomen [Auch: Persönliches Fürwort]. Untergruppe von →Pronomen, die zum Verweis auf Sprecher (*ich, wir*), Angesprochenen (*du, ihr*) und Besprochenen (*er, sie, es*) dienen. Vgl. auch →Obviation, →Inklusiv vs. Exklusiv. Bei Verwendung unter Bezug auf ein anderes Textelement (vgl. →Anapher) wird unterschieden zwischen anaphorischem P. bzw. Vorwärtspronominalisierung (das Bezugselement geht dem P. voraus): *Philip₁ behauptet, daß er₁ ein Pazifist ist* und kataphorischem P. bzw. Rückwärtspronominalisierung (das Bezugselement folgt dem P.): *Bevor er₁ Caroline besuchte, ging Philip₁ ins Kino.* Der Gebrauch des P. unterliegt sprachspezifischen Bedingungen, man kann jedoch eine allg. Tendenz feststellen, P. nur bei Referenzidentität zwischen zwei Elementen zu verwenden, die nicht im selben Teilsatz vorkommen (s. Bsp.), und für Referenzidentität im gleichen Teilsatz das Reflexivpronomen heranzuziehen (vgl. *Philip₁ kämmt *ihn₁/sich₁*). Außerdem tendieren nicht nur P., sondern alle Pronomina mit Textverweis dazu, ihren Bezugselementen zu folgen, so daß Rückwärtspronominalisierung seltener vorkommt und größeren Beschränkungen unterliegt als Vorwärtspronominalisierung. In der (älteren) generativen →Transformationsgrammatik werden P. durch eine Pronominalisierungstransformation abgeleitet, die bei Referenzidentität mit einem weiteren Textelement eine ›volle‹ Nominalphrase durch ein Pronomen ersetzt. In neueren generativen Ansätzen werden P. nicht-transformationell in der →Bindungstheorie behandelt.

Lit.: R. LANGACKER [1966]: On pronominalization and the chain of command. In: D. A. REIBEL/S. A. SCHANE (eds.): Modern studies in English. Readings in transformational grammar. Englewood Cliffs 1969, S. 160–187. - J. R. ROSS [1967]: On the cyclic nature of English pronominalization. In: To honor R. JAKOBSON. Bd. 3, S. 1669–1682. - E. BACH [1970]: Problominalization. In: LIn 1, S. 121f. - B. H. PARTEE [1970]: Opacity, reference and pronouns. In: Synthese 21, S. 359–385. - P. M. POSTAL [1971]: Cross-over phenomena: A study in the grammar of coreference. New York. - P. M. POSTAL [1972]: A global constraint on pronominalization. In: LIn 3, S. 35–60. - R. JACKENDOFF [1972]: Semantic interpretation in generative grammar. Cambridge. - H. GASSER [1975]: Zur Pronominalisierung im heutigen Deutsch. In: H. MOSER (ed.): Linguistische Probleme der Textanalyse. Düsseldorf, S. 218–41. - H. LASNIK [1976]: Remarks on coreference. In: Linguistic analysis 2, S. 1–22. - K. BRAUNMÜLLER [1977]: Referenz und Pronominalisierung. Zu den Deiktika und Proformen des Deutschen. Tübingen. - D. INGRAM [1978]: Typology and universals of personal pronouns. In: J. H. GREENBERG u.a. (eds.): Universals of human language. Stanford, S. 213–247. - J. KREIMANN/A. E. OJEDA (eds.) [1980]: Papers from the parasession on pronouns and anaphora of the Chicago Linguistic Society. Chicago. - E. SEEBOLD [1984]: Das System der Personalpronomina in den frühgermanischen Sprachen. →Anapher, →Bindungstheorie →Reflexivpronomen.

Personen-Hierarchie. Hierarchische Anordnung der verbalen Kategorien der →Person, die in manchen Sprachen für die Grammatik von Bedeutung ist. Die typische Hierarchie ist 1. ⊂ 2. ⊂ 3. Person (z.B. im →Guaraní); auch 2. ⊂ 1. ⊂ 3. Person kommt vor (z.B. in →Algonkisch).

Lit.: →Hierarchie-Gesetze.

Personenname [griech. *ánthrōpos* ›Mensch‹. - Auch Anthroponym]. Jeder auf Personen bezogene Name. Zu den Personennamen zählen →Vornamen, →Familiennamen und →Beinamen, aber auch Namen für Personengruppen (Völkernamen) und mythische Namen.

Lit.: →Personennamenkunde.

Personennamenkunde [engl. *anthroponymy*. - Auch: Anthroponomastik]. Teildisziplin der →Namenkunde, die sich mit Entstehung, Herkunft, Verbreitung und Deutung von auf Personen bezogenen Namen beschäftigt. Darüber hinaus gewann in den letzten Jahren die sozialgeschichtliche Auswertung der Personennamen an Bedeutung.

Lit.: E. FÖRSTEMANN [1901]: Altdeutsches Namenbuch. I: Personennamen. München, 2. Aufl. 1966. - M. GOTTSCHALD [1931]: Dt. Namenkunde. Unsere Familiennamen nach ihrer Entstehung und Bedeutung. 5. verb. Aufl. ed. R. SCHÜTZEICHEL. Berlin 1982. - A. BACH [1943]: Deutsche Namenkunde. I: Die dt. Personennamen. 2. Aufl. Heidelberg 1952/53. - H. BAHLOW [1967]: Dt. Namenlexikon. Familien- und Vornamen nach Ursprung und Sinn erklärt. 2. Aufl. Frankfurt 1976. - W. SEIBICKE [1982]: Die Personennamen im Deutschen. Berlin. - D. LAMPING [1983]: Der Name in der Erzählung. Zur Poetik des Personennamens. Bonn. - R. LEBE [1984]: War Karl der Kahle wirklich kahl? Histor. Beinamen und was dahintersteckt. Stuttgart. - W. SEIBICKE [1985]: Überblick über Geschichte und Typen der dt. Personennamen. In: HSK. Sprachgeschichte. 2. Halbbd. Kap. XVI.177, S. 2148–2163.

Persuasiv [lat. *persuādēre* ›überzeugen‹, ›überreden‹]. Begriff der →Rhetorik zur Charakterisierung eines Kommunikationsaktes, durch den der Hörer gegen seinen tatsächlichen oder angenommenen Widerstand von einer Meinung überzeugt oder zu einer Handlung veranlaßt werden soll. Das Spektrum der persuasiven Rede reicht vom argumentativen →Diskurs und juristischen Plädoyer bis zur Wirtschaftswerbung und politischen Propaganda. Gemäß seiner appellativen Intention (vgl. →Textfunktion) ist p. Sprechen sorgfältig geplant und durch möglichst effektvollen Einsatz sprachlicher Mittel gekennzeichnet. Vgl. →Werbesprache.

Lit.: Ch. L. Stevenson [1944]: Ethics and language. New Haven. – St. Chase [1954]: The power of words. New York. – J. A. C. Brown [1963]: Techniques of persuasion. Harmondsworth. – G. Maletzke [1963]: Psychologie der Massenkommunikation. Hamburg. – W. Dieckmann [1964]: Information oder Überredung. Marburg. – G. Klaus [1964]: Die Macht des Wortes. Berlin. – H. K. Platte [1965]: Soziologie der Massenkommunikation. München. – H. Moser [1967]: Sprache – Freiheit oder Lenkung. Mannheim. – K. H. Wagner [1968]: Die Sprache als Mittel der Demagogie. In: DU 20, H. 5, S. 61-75. – Th. Luckmann [1969]: Soziologie der Sprache. In: R. König (ed.): Handbuch der empirischen Sozialforschung. Stuttgart, Bd. 2, S. 1050-1101. – K. Arens [1971]: Manipulation. Kommunikationspsychologische Untersuchung mit Beispielen aus Zeitungen des Springer-Konzerns. Berlin. – B. Badura/K. Gloy (eds.) [1972]: Soziologie der Kommunikation. Eine Textauswahl zur Einführung. Stuttgart. – W. K. Köck [1972]: Manipulation durch Trivialisierung. In: A. Rucktäschel: Sprache und Gesellschaft. München. – J. Kopperschmidt [1973]: Allgemeine Rhetorik. Einführung in die Theorie der persuasiven Kommunikation. Stuttgart. – G. Wolff [1974]: Zum Thema: Sprachmanipulation. In: DU 27, Heft 2, S. 45-67. – R. Sandell [1977]: Linguistic style and persuasion. New York. – H. Hannappel/H. Melenk [1979]: Alltagssprache. Semantische Grundbegriffe und Analysebeispiele. 2. überarb. Aufl. München 1984. – H. Grünewald [1985]: Argumentation und Manipulation in Spiegel-Gesprächen. Frankfurt. – R. Harré [1985]: Persuasion and manipulation. In: T. A. van Dijk (ed.): Discourse and communication. Berlin. – J. Hawthorn (ed.) [1987]: Propaganda, persuasion and polemic. London. – E. Strassner [1987]: Ideologie – Sprache – Politik. Grundfragen ihres Zusammenhangs. Tübingen. – W. Dieckmann [1988]: Aufklärung von ideologischen Sprachgebrauch. In: U. Ammon u.a. (eds.): Sociolinguistics/Soziolinguistik. An international handbook of the science of language and society. Bd. 2. Berlin, S. 1779-1789. →Inhaltsanalyse, →Rhetorik.

Pertinenzdativ →Dativ.

Pertinenz-Relation →Teil-von-Relation.

Perzeptionsforschung [lat. *percipere* ›wahrnehmen‹]. Phonetische Untersuchungen der Vorgänge und Bedingungen der Sprachwahrnehmung. →Akustische Phonetik, →Motor-Theorie der Sprachwahrnehmung.

Lit.: D. Pisoni/P. A. Luce [1986]: Speech perception: Research, theory and the principal issues. In: E. Schwab/H. Nusbaum (eds.): Pattern recognition by humans and machines. Orlando, Bd. 1, S. 1-50. →Phonetik.

Pfeil(symbol) [engl. *arrow*].
(1) In der →Historisch-Vergleichenden Sprachwissenschaft neben der (rechtsgerichteten) spitzen Klammer »>« verwendetes Symbolzeichen zur Bezeichnung von historischen Entwicklungsprozessen, (zu lesen als: ›wird zu‹).
(2) In der →Formalen Logik Symbolzeichen für die →Logischen Partikel der →Implikation: $p \rightarrow q$, d.h. »p impliziert q« oder »wenn p, dann q«.
(3) In der generativen →Transformationsgrammatik ist der einfache Pfeil Symbol für Ersetzungsvorschriften (auch: Ex-

pansionssymbol): $S \rightarrow NP +$ VP heißt »Ersetze das Symbol S durch die Symbole NP und VP« oder »Expandiere das Symbol S in die Symbole NP und VP«. Der doppelte Pfeil symbolisiert die Anweisung zur Durchführung von →Transformationen: $A + B \Rightarrow B + A$ bedeutet: »Transformiere die Symbole A und B in die Symbolkette B und A« (vgl. →Permutation).

Phänotyp [griech. *phainómenon* ›das Erscheinende‹]. Von S. ŠAUMJAN aus der Vererbungslehre in die →Semiotik übernommener Begriff, der die (empirischer Beobachtung zugängliche) äußere Erscheinungsform natürlicher Sprachen bezeichnet, die konkrete lineare Verkettung sprachlicher Ausdrücke, die durch Korrespondenzregeln mit dem →Genotyp (der allen P. zugrundeliegenden idealen und universalen linguistischen Ebene) verbunden ist. Vgl. →Kryptotyp.

Lit.: →Applikativ-Generatives Modell.

Pharyngalisierung →Sekundäre Artikulation.

Pharyngal(laut) [griech. *phárynx* ›Rachen‹; fem./mask. - Auch: Faukal, Rachenlaut]. Nach der Artikulationsstelle (Pharynx) bezeichneter Sprachlaut. Wegen der geringen Möglichkeiten, die Pharynx zu verändern, gibt es im wesentlichen zwei P.: [ħ] und [ʕ]. Beide kommen im Arab. vor: [ħiˈnːaːʕ] ›Henna, roter pflanzlicher Farbstoff‹, [ˈʕiːsaː] ›Jesus‹.

Lit.: →Phonetik.

Pharynx. Kammer zwischen Zungenwurzel und Rachenrückwand sowie zwischen Kehlkopf und Mund-/Nasenhöhle.

Phatische Kommunikation [griech. *phátis* ›Rede‹]. Auf B. MALINOWSKI zurückgehende Bezeichnung für kommunikative Akte, die ausschließlich soziale Funktion erfüllen, d.h. zur Bestätigung von »Banden der Gemeinsamkeit« dienen, wie z.B. mehr oder weniger formelle Erkundigungen nach Gesundheit, Anmerkungen zum Wetter, Feststellung von trivialen Sachverhalten.

Lit.: B. MALINOWSKI [1923]: The problem of meaning in primitive languages. In: C. K. OGDEN/I. A. RICHARDS: The meaning of meaning. London. Dt.: Frankfurt 1974, S. 350.

Phatischer Akt. In J. L. AUSTINS →Sprechakttheorie besteht der P. A. in der Produktion von Wörtern und Wortketten in einer bestimmter Konstruktion und mit einer bestimmten Intonation. Zusammen mit dem phonetischen Akt (= Äußern von Sprachlauten) und dem →Rhetischen Akt (= mittels Sprache sich auf Sachverhalte der Außenwelt beziehen) gehört der P. A. zum lokutiven Akt (→Lokution).

Lit.: →Sprechakttheorie.

Philosophie der Alltagssprache [engl. *Ordinary language philosophy*. - Auch: Analytische Sprachphilosophie, P. der Normalen Sprache, Sprachanalytische P.]. Von G. RYLE, dem späten WITTGENSTEIN, P. F. STRAWSON, J. L. AUSTIN, J. R. SEARLE u.a. vertretene Sprachtheorie der Analytischen Philosophie, die im Unterschied zur →Philosophie der idealen (auch: formalen) Sprache die alltägliche (Umgangs-)Sprache als Basis zur Untersuchung philosophischer und sprachtheoretischer Probleme nimmt. Im Zusammenhang mit WITTGEN-STEINS →Gebrauchstheorie der Bedeutung untersucht die P. d. A. das Zustandekommen von Bedeutung bzw. das Funktionieren sprachlicher Kommunikation durch Beobachtung und Analyse sprachlicher Handlungen in pragmatischen Verwendungszusammenhängen, vgl. →Sprechakttheorie.

Quellenschriften: P. F. STRAWSON [1952]: Individuals: An essay in descriptive metaphysics. London. – L. WITTGENSTEIN [1953]: Philosophical investigations. Oxford. Dt.: Philosophische Untersuchungen. In: L. WITTGENSTEIN: Schriften 1. Frankfurt 1960. – J. L. AUSTIN [1962]: How to do things with words. Oxford. Dt.: Zur Theorie der Sprechakte. Stuttgart 1972. – R. BUBNER (ed.) [1968]: Sprache und Analysis. Texte zur englischen Philosophie der Gegenwart. Göttingen. – E. v. SAVIGNY (ed.) [1969]: Philosophie und normale Sprache. Texte der »ordinary language philosophy«. Freiburg. – J. R. SEARLE [1969]: Speech acts. An essay in the philosophy of language. Cambridge. Dt.: Sprechakte. Ein sprachphilosophischer Essay. Frankfurt 1971. – P. F. STRAWSON [1971]: Logico-linguistic papers. London. – M. SCHIRN (ed.) [1974]: Sprachhandlung – Existenz – Wahrheit. Hauptthemen der sprachanalytischen Philosophie. Stuttgart. *Abhandlungen:* R. RORTY (ed.) [1967]: The linguistic turn. Chicago. – E. v. SAVIGNY [1969]: Die Philosophie der normalen Sprache. Eine kritische Einführung in die »ordinary language philosphy«. Völlig neu bearb. Aufl. Frankfurt 1974. – W. STEGMÜLLER [1969]: Hauptströmungen der Gegenwartsphilosophie. 7. Aufl. Stuttgart 1989, Kap. 11. – G. KEITH [1977]: J. L. Austin: A critique of ordinary language philosophy. Hassocks.

Philosophie der Formalen Sprache →Philosophie der Idealen Sprache.

Philosophie der Idealen Sprache [Auch: Philosophie der Formalen Sprache]. Ausgehend von den Arbeiten G. FREGES, von B. RUSSELL, dem frühen WITTGEN-STEIN und R. CARNAP vertretene, logisch orientierte Sprachtheorie im Rahmen der Analytischen Philosophie, deren Ziel es ist, durch eine formal (= ideal) konstruierte Sprache die logischen und semantischen Strukturen sowohl der Sprache der empirischen Wissenschaften als auch der Alltagssprache herauszuarbeiten. Dabei bleiben pragmatische Aspekte strikt ausgespart. Der erste Versuch der vollständigen Analyse einer natürlichen Sprache mit Hilfe der idealen Sprache stammt von H. REICHENBACH [1947]. Als Reaktion darauf vgl. die Entwicklung der →Philosophie der Alltagssprache.

Quellenschriften: G. FREGE [1879]: Begriffsschrift. Eine der arithmetischen nachgebildete Formalsprache des reinen Denkens. Halle. (Hrsg. von I. ANGELELLI, Darmstadt 1964). – B. RUSSELL [1905]: Theory of descriptions. New York. – L. WITTGENSTEIN [1921]: Tractatus Logico-philosophicus London. 2. rev. Auflage. 1932. Dt. in: L. WITTGENSTEIN: Schriften l. Frankfurt 1960. – R. CARNAP [1928]: Der logische Aufbau der Welt. Berlin. – R. CARNAP [1934]: Logische Syntax der Sprache. Berlin. – H. REICHENBACH [1947]: Elements of symbolic logic. New York. *Abhandlungen:* W. STEGMÜLLER [1969]: Hauptströmungen der Gegenwartsphilosophie. 7. Aufl. Stuttgart 1989, Kap. 11. – E. v. SAVIGNY [1970]: Analytische Philosophie. Freiburg. – W. K. ESSLER [1972]: Analytische Philosophie. I. Stuttgart.

Philosophie der Normalen Sprache →Philosophie der Alltagssprache.

Philosophische Grammatik →Allgemeine Grammatik.

Phönizisch 576

Phönizisch →Semitisch.

Phon [griech. *phōnē* ›Stimme‹, ›Laut‹].
(1) In der →Akustischen Phonetik: auf den Pegel des Normaltons von 1000 Hertz bezogene Maßeinheit für die subjektiv empfundene Lautstärke.
(2) [Auch: Segment, Sprachlaut]. In der →Phonologie kleinste durch →Segmentierung gewonnene lautliche Einheit, die noch nicht als Repräsentant eines bestimmten →Phonems klassifiziert ist. P. werden in eckigen Klammern notiert: [foːn].

Phonation. Einer der vier Prozesse bei der Bildung von Sprachlauten, der sich auf die unterschiedlichen Stellungen der Stimmbänder bzw. Stimmritzen (→Glottis) bezieht. Fünf verschiedene Stellungen spielen dabei eine Rolle: (a) Die Glottis ist geöffnet bei Stimmlosigkeit (→Stimmhaft vs. Stimmlos). (b) Die Stimmbänder bilden einen Spalt und vibrieren bei normaler Stimmhaftigkeit. (c) Wie beim leisen Flüstern liegen die Stimmbänder im vorderen Teil fest aneinander, bilden aber im hinteren Teil eine Spalte und vibrieren (im Unterschied zum leisen Flüstern) bei →Knarrstimme. (d) Die Stimmbänder liegen nicht fest aneinander und vibrieren bei →Murmelstimme; wie beim starken Flüstern bildet sich zwischen den Stellknorpeln ein Dreieck. (e) Ist die Glottis geschlossen, erfolgt keine P. Beim Schließen und beim Wiederöffnen der Glottis ergibt sich der →Glottisverschluß(laut). Bei Vibration der Stimmbänder können unterschiedliche →Tonhöhen erzeugt werden. Unterschiedlicher Druck der pulmonalen Luft führt zu →Akzent, unterschiedliche Dauer der Lautbildung zu Quantitätsunterschieden, vgl. →Intonation, Quantität.
Lit.: →Phonetik.

Phonem [griech. *phōnēma* ›Laut‹]. Seit Ende des 19. Jh. (vgl. die Übersicht bei E. F. K. KOERNER [1978]) verwendete Bezeichnung für kleinste aus dem Schallstrom der Rede abstrahierte lautliche Segmente mit potentiell bedeutungsunterscheidender (distinktiver) Funktion. (Notation: zwischen Schrägstrichen, z.B. /a/). Der P.-Bestand einer Sprache wird ermittelt durch: (a) Bildung von →Minimalpaaren, d.h. durch Gegenüberstellung zweier Wörter mit verschiedener Bedeutung, die sich nur durch ein minimales lautliches Element unterscheiden, z.B. /g/ vs. /k/ in dt. *Gasse* : *Kasse*, /m/ vs. /t/ in *Masse* : *Tasse*. (b) Anwendung des →Kommutationstestes, aufgrund dessen die anlautenden Konsonanten [g, k, m, t] durch syntagmatische Segmentierung als Anlautelemente isoliert und durch paradigmatische Klassifizierung aufgrund ihrer Austauschbarkeit in sonst gleicher Umgebung als P. des Dt. ausgewiesen werden. Daß die vier Ausdrücke unterschiedliche Bedeutung ausweisen, wird allein durch den unterschiedlichen Anlaut signalisiert. P. sind nicht die kleinsten lautlichen Beschreibungseinheiten, denn: (c) Jedem P. entspricht eine Klasse von Lautvarianten, den →Allophonen, die in der betreffenden Sprache nicht miteinander kommutieren, d.h. nicht in bedeutungsunterscheidender →Opposition stehen können. Diese Allophone können als freie, von ihrer phonetischen Umgebung unabhängige Varianten den Charakter individueller oder zufälliger Realisierungen haben, z.B. im Dt. die Allophone Zungen-*r* und Zäpfchen-*r*, die dem Phonem /r/ zugeordnet werden. Sind die Allophone in bezug auf die phonotaktische Umgebung komplementär verteilt, so handelt es sich um kombinatorische Varianten. Solche phonetischen Varianten sind nicht wie P. frei für einander ersetzbar, z.B. im Dt. [ç] und [x]: [ç] in *ich, Hecht, leicht, München* vs. [x] in *ach, doch, Buch, Loch*; d.h., die beiden stellungsbedingten Varianten treten in verschiedener (sich ausschließender) Umgebung auf: [ç] nach vorderen, [x] nach hinteren Lauten, sie sind daher als Allophone eines P. /x/ zu klassifizieren. (d) P. lassen sich auch darstellen als Bündel distinktiver (d.h. phonologisch relevanter) Merkmale, z.B. /p/ als [+ VERSCHLUSSLAUT, + BILABIAL, − STIMMHAFT, − NASAL]. Aus der Menge der artikulatorischen und/oder akustischen Eigenschaften, die theoretisch als distinktive Merkmale zur Verfügung stehen könnten, trifft jede Sprache eine charakteristische Auswahl. Die P.-Definitionen sind in der Forschung keineswegs übereinstimmend. Abhängig von unterschiedlichen sprachtheoretischen Ausrichtungen werden z.B. in der funktionalen Analyse der →Prager Schule die bedeutungsunterscheidende Funktion, im amerikanischen Strukturalismus dagegen stärker die distributionellen Bedingungen und →Operationalen Verfahren der P.-Gewinnung betont. Zum Phonembegriff der generativen Phonologie vgl. →Phonologie. – In jüngster Zeit taucht in technischer Literatur ein Phonembegriff auf, der nicht dem sprachwissenschaftlichen Begriff entspricht. Das ist der Fall bei der Erzeugung künstlicher Sprache mit sogen. »Phonemoperatoren«, Geräten, die Sprachlaute erzeugen, wobei die einzelnen Laute geringfügig modifiziert werden können (z.B. in Stimmfrequenz und Lautstärke). Wegen der Modifizierbarkeit sprechen die Techniker von Phonemen, obwohl einem solchen technischen Phonem oft nicht einmal eine Lautklasse in der Artikulatorischen Phonetik entspricht (vgl. SIKKER [1983: 206ff.]).

Lit.: E. F. K. KOERNER [1978]: Zu Ursprung und Entwicklung des Phonembegriffs. In: D. HARTMANN u.a. (eds.): Sprache in Gegenwart und Geschichte. Köln, S. 82–93. – K. SICKER [1983]: Automatische Spracheingabe und Sprachausgabe – Analyse, Synthese und Erkennung menschlicher Sprache mit digitalen Systemen. Wiesbaden. →Phonologie.

Phonemanalyse. Verfahren zur Ermittlung der →Phoneme einer Sprache, ihrer Eigenschaften, Relationen und Kombinationsregeln im Rahmen einer bestimmten Sprachtheorie. Die →Prager Schule (N. TRUBETZKOY, R. JAKOBSON) stützt sich dabei auf den funktionalen Aspekt der Phoneme, auf ihre Eigenschaft, Bedeutungen zu unterscheiden, und vor allem auf die Analyse ihrer distinktiven →Oppositionen. Der Amerikanische Strukturalismus (vor allem L. BLOOMFIELD, Z. S. HARRIS) versucht, den Phonembestand durch Feststellung der möglichen Umgebungen zu ermitteln. Unabhängig von Divergenzen im sprachtheoretischen Ansatz liegen jeder (strukturalistischen) P. bestimmte Prozeduren zugrunde: durch →Segmentierung des Lautstroms und →Substitution werden die kleinsten distinktiven Laut-Einheiten identifiziert und aufgrund ihrer →Distribution sowie partiell aufgrund der phonetischen Ähnlichkeit zu Phonemen klassifiziert. Diese Substitutionsproben werden an →Minimalpaaren durchgeführt, z.B. [gasə] vs. [kʰasə] vs. [tʰasə]. Lauteinheiten, die an der gleichen Stelle substituierbar sind und bedeutungsunterscheidende Funktion besitzen, sind als Phoneme ausgewiesen. Unterschiede zwischen relevanten (= distinktiven) und irrelevanten (= redundanten) Merkmalen von Phonemen einer Sprache, ihre Verteilung in verschiedenen Positionen (Inlaut, Anlaut, Auslaut) sowie die Regeln ihrer Kombinierbarkeit werden durch ständig verfeinerte Verfahren der Segmentierung und Klassifizierung ermittelt. Vgl. auch →Allophon, →Distribution, →Neutralisation, →Opposition, →Phoneminventar. Zur Kritik an der klassischen P. vgl. N. CHOMSKY/M. HALLE [1965].

Lit.: N. CHOMSKY/M. HALLE [1965]: Some controversial questions in phonological theory. In: JL 1, S. 97–138. →Phonologie.

Phonematik [Auch: →Phonologie]. Der aus dem Frz. entlehnte Terminus wird je nach Forschungsrichtung für unterschiedliche Objektbereiche verwendet:

(1) Synonym für →Phonologie.
(2) Vor allem in frz. Arbeiten Bezeichnung für den Teilbereich der »segmentalen« Phonologie im Unterschied zur →Prosodie (vgl. →Suprasegmentale Merkmale); als Oberbegriff wird dann →Phonemik verwendet.
(3) Oberbegriff für →Phonetik und →Phonologie.
Lit.: →Phonologie.

Phonemdistanz. Auf der Zahl der gemeinsamen bzw. unterscheidenden →Distinktiven Merkmale beruhender Grad der Verwandtschaft zwischen zwei oder mehreren Phonemen. Alle Phoneme sind durch mindestens ein (akustisch oder artikulatorisch definiertes) Merkmal voneinander unterschieden. Für das von N. TRUBETZKOY erarbeitete Begriffssystem zur Bezeichnung der verwandtschaftlichen Verhältnisse vgl. →Opposition.
Lit.: →Phonologie.

Phonemik [Auch: →Phonologie]. Ähnlich wie →Phonematik wird der Terminus P. unterschiedlich verwendet:
(1) Wegen der historischen Konnotationen, die dem heute für synchronische und diachronische Untersuchungen üblichen Terminus →Phonologie seit der Zeit der →Junggrammatiker anhaftete, wurde P. von den amerikan. Strukturalisten zunächst als Bezeichnung für synchronische Phonologie verwendet. Diese Bezeichnung war zugleich eine Art programmatischer Abgrenzung gegen den europ. Strukturalismus in der speziellen Ausprägung der →Prager Schule.

(2) Heute allgemein synonyme Bezeichnung für Phonologie.

Lit.: →Phonologie.

Phoneminventar. Aufgrund einer →Phonemanalyse ermittelter Phonembestand einer Sprache. Jede Sprache trifft aus der potentiell unbegrenzten Zahl artikulatorisch/akustischer Merkmale eine begrenzte Auswahl; die Zahlen, die für das P. bekannter Sprachen angegeben werden, liegen zwischen 13 und 75 (vgl. HOCKETT [1958:93]). Die phonetischen Eigenschaften der einzelnen Glieder des P. werden in der Regel entweder durch artikulatorische oder akustische Merkmalmatrizen wiedergegeben. Vgl. Abbildung S.192. Der Entwurf eines universellen P. findet sich in JAKOBSON/HALLE [1956].

Lit.: R. JAKOBSON/M. HALLE [1956]: Fundamentals of language. The Hague. 2., überarb. Aufl. 1975. Dt. Berlin 1960. – C. F. HOCKETT [1958]: A course in modern linguistics. New York. – I. MADDIESON [1984]: Patterns of sounds. Cambridge. →Phonologie.

Phonemische Schrift →Phonographie.

Phonemsystem. Dem Phoneminventar einer Sprache zugrundeliegendes Gesamtsystem von Eigenschaften und Beziehungen seiner Phoneme (engl. *over all pattern*). Die phonologischen Eigenschaften der Phoneme und ihrer Allophone werden durch artikulatorische oder akustische Merkmale beschrieben, die Verwandtschaftsbeziehungen zwischen den Phonemen durch →Oppositionen.

Lit.: G. MEINHOLD/E. STOCK [1980]: Phonologie der deutschen Gegenwartssprache. Leipzig. – W. VAN LESSEN KLOEKE [1982]:

Deutsche Phonologie und Morphologie: Merkmale und Markiertheit. Tübingen. →Phonologie.

Phonetik. Untersucht die lautliche Seite des Kommunikationsvorgangs unter dem Aspekt folgender Teilprozesse: (a) artikulatorisch-genetische Lautproduktion (→Artikulatorische Phonetik), (b) Struktur der akustischen Abläufe (→Akustische Phonetik), (c) neurologisch-psychologische Vorgänge des Wahrnehmungsprozesses (→Auditive Phonetik). Ihre Basis sind Erkenntnisse der Anatomie, Physiologie, Neurologie und Physik. – Im Unterschied zur →Phonologie untersucht die P. die Gesamtheit der konkreten artikulatorischen, akustischen und auditiven Eigenschaften der möglichen Laute aller Sprachen. Insoweit sie sich dabei elektronischer Geräte bedient, bezeichnet man sie als Instrumentalphonetik, bei Verwendung empirischer, experimenteller Verfahren als →Experimentalphonetik. Zum Zusammenhang zwischen Sprachlautbildung und -wahrnehmung vgl. H. G. TILLMANN/Ph. MANSELL [1980].

Lit.: O. JESPERSEN [1904]: Lehrbuch der Phonetik. Leipzig. – D. JONES [1922]: An outline of English phonetics. 2. Aufl. Berlin. – K. L. PIKE [1943]: Phonetics. Ann Arbor. – O. V. ESSEN [1953]: Allgemeine und angewandte Phonetik. 5., neubearb. und erg. Aufl. Berlin 1979. – H. H. WÄNGLER [1960]: Grundriß einer Phonetik des Deutschen. 2., verb. Aufl. Marburg 1967. – D. ABERCROMBIE [1966]: Elements of general phonetics. Edinburgh. – H. G. TILLMANN [1967]: Akustische Phonetik und linguistische Akustik. In: Phonetica 16. S. 143–155. – G. LINDNER [1969]: Einführung in die experimentelle Phonetik. Berlin. – M. SCHUBIGER [1970]: Einführung in die Phonetik. 2., überarb. Aufl. Berlin 1977. – P. LADEFOGED [1971]: Preliminaries to linguistic phonetics. Chicago. – H. H. WÄNGLER [1972]: Physiologische Phonetik. Eine Ein-

führung. Marburg. - P. LADEFOGED [1975]: A course in phonetics. New York. - J. M. C. THOMAS/L. BOUQUIAUX/F. CLOAREC-HEISS [1976]: Initiation à la phonétique. Paris. - K. J. KOHLER [1977]: Einführung in die Phonetik des Deutschen. Berlin. - G. UNGEHEUER [1977]. Sprache und Signal. Hamburg. - G. HABERMANN [1978]: Stimme und Sprache. Eine Einführung in ihre Funktion und Hygiene. München. - H. G. TILLMANN/PH. MANSELL [1980]: Phonetik. Lautsprachliche Zeichen. Sprachsignale und lautsprachlicher Kommunikationsprozeß. Stuttgart. - R. E. ASHER/E. J. A. HENDERSON (ed.) [1981]: Towards a history of phonetics. Edinburgh. - W. BOROWSKY/ J.-P. KÖSTER (eds.) [1987]: Neue Tendenzen in der angewandten Phonetik. Hamburg. - J. C. CATFORD [1988]: A practical introduction to phonetics. Oxford.
Forschungsbericht: H. G. TILLMANN [1971]: Über die Phonetik und ihre Theorien. In: BFon 2, S. 3-50.
Bibliographie: F. SCHINDLER/E. THÜRMANN [1971]: Bibliographie zur Phonetik und Phonologie des Deutschen. Tübingen. - J. LAVER [1979]: Voice quality: a classified research bibliography. Amsterdam.

Phonetische Ähnlichkeit →Phonetische Verwandtschaft.

Phonetische Umschrift →Lautschrift.

Phonetische Verwandtschaft [Auch: Phonetische Ähnlichkeit]. Eigenschaft von stellungsbedingten Lautvarianten, die zu ein und demselben →Phonem gehören, z.B. die Merkmale [+ STIMMLOS], [+ FRIKATIV] und [+ DORSAL] bei [ç] und [x], die zu dem Phonem /x/ gehören. P. V. läßt sich nicht exakt operational definieren, basiert in vielen Fällen vielmehr auf Intuition und ist abhängig von der Differenziertheit der Beschreibungssprache. - P. V. gepaart mit komplementärer Verteilung gilt in der Regel als Kriterium dafür, daß zwei Lautvarianten Allophone ein und desselben Phonems sind.
Lit.: →Phonologie.

Phonetischer Akt. In J. L. AUSTINS →Sprechakttheorie der Teilakt, der die Produktion sprachbezogener Laute bzw. komplexer Schallgebilde umfaßt, die zusammen mit dem →Phatischen und →Rhetischen Akt den lokutiven Akt (→Lokution) ausmachen.
Lit.: →Sprechakttheorie.

Phonetisches Akronym →Akrophonie.

Phonetisches Initialwort →Akrophonie.

Phoniatrie. Medizinische Teildisziplin der Hals-, Nasen-, Ohrenheilkunde, die sich mit der Diagnose, Prävention und Rehabilitation von Hör-, →Sprech- und →Stimmstörungen befaßt.
Lit.: P. BIESALSKI/F. FRANCK [1982]: Phoniatrie und Pädoaudiologie. Stuttgart. - J. WENDLER/W. SEIDNER [1987]: Lehrbuch der Phoniatrie. Leipzig.

Phonie. Phonetische Gesamtcharakteristik oder phonologische Struktur einer spezifischen (Gruppen-) Sprache.

Phon-Morphologie →Morpho-Phonologie.

Phonodie. Im Schichtenmodell von H. GLINZ auf der Ausdrucksseite der Sprache die Ebene von Satzakzent, Melodieführung und Druckgipfel.
Lit.: →Inhaltbezogene Grammatik.

Phonogramm →Phonographie.

Phonographie.
(1) In der Experimentalphonetik die Aufzeichnung und Konservierung von gesprochener

Sprache mit Hilfe von Tonträgern wie Schallplatte und Tonband.

(2) [Auch: Phonemische Schrift]. Schriftsystem, dessen Zeichen sich auf phonologische Einheiten beziehen. Phonographisch sind alle Alphabetschriften sowie alle Silbenschriften, wobei nur bei den Alphabetschriften systematisch angestrebt werden kann, jedem Schriftzeichen genau eine elementare phonologische Einheit (genau ein Phonem) zuzuordnen. Buchstaben oder feste Buchstabengruppen sowie Syllabogramme werden auch als Phonogramme bezeichnet. Die reine Ausprägung findet die P. lediglich in einer →Lautschrift (z.B. in der des IPA, in der jedem Zeichen ein Laut und jedem Laut ein Zeichen entspricht).

Lit.: →Lautschrift, →Schrift.

Phonologie [Auch: Funktionale/Funktionelle Phonetik, →Phonematik, →Phonemik]. Teildisziplin der Sprachwiss., die sich mit den bedeutungsunterscheidenden Sprachlauten (auch: →Phonemen), ihren relevanten Eigenschaften, Relationen und Systemen unter synchronischen und diachronischen Aspekten beschäftigt. In diesem weitgefaßten Sinn wird der Terminus P. heute allgemein verwendet und zugleich von der →Phonetik als der Wissenschaft von der materiellen Seite der Sprachlaute abgesetzt. Andere Definitionen des Gegenstandsbereichs der P. sind nur noch von peripherem bzw. historischem Interesse: So wurde der Terminus teilweise synonym mit Phonetik verwendet.

In frz. Arbeiten findet sich noch die Abgrenzung einer autonomen P. gegenüber der →Prosodie, in amerik. Untersuchungen wird P. gelegentlich als Oberbegriff für Phonetik und P. (engl. *phonemics*) verwendet. (a) Strukturalistische P.: Die strukturalistisch orientierte P. nimmt ihren Ausgang bei N. TRUBETZKOY (→Prager Schule), fächert sich aber bald in verschiedene Richtungen auf. Während TRUBETZKOY den funktionalen Aspekt der Phonemanalyse, das Prinzip der →Opposition von Phonemen als Grundlage phonologischer Arbeit betrachtet, stützt der →Amerikanische Strukturalismus (→Taxonomischer Strukturalismus) seinen Phonembegriff überwiegend auf distributionelle Kriterien (vgl. BLOOM-FIELD, HARRIS). Beiden Richtungen gemeinsam ist, im Unterschied zur generativen P. (vgl. CHOMSKY u.a.) die Annahme, die P. sei eine autonome Beschreibungsebene. Die P. gilt als eine Art Grundlagendisziplin strukturalistischer Sprachanalyse. (Vgl. →Operationale Verfahren). Dies gilt insbesondere im Hinblick auf das funktionale Prinzip der Distinktivität (vgl. →Distinktives Merkmal, →Opposition), die Analyseverfahren der →Segmentierung und →Klassifizierung, vor allem aber für die Konzeption des Phonems als Bündel →Distinktiver Merkmale und für die Hypothese eines universalen Inventars von phonologischen Merkmalen als Basis zur Beschreibung aller Sprachen der Welt (vgl. JAKOBSON). (b) Generative P.: Im Unterschied zur strukturalistischen Auffassung der P. als autonomer Beschreibungsebene bezieht sich die P. im Rahmen der generativen →Transformationsgrammatik auf phonetische, phonologische und syntaktisch-morphologische Regularitäten (= systematische P.). Anstelle des Phonems gelten distinktive Merkmale universellen Charakters als Grundeinheiten phonologischer Beschreibung. (Vgl. →Merkmaltheorien.) Auf der Basis von verhältnismäßig abstrakten konstanten →Zugrundeliegenden Formen werden durch intrinsisch und extrinsisch geordnete Regeln die phonetischen Varianten der Oberflächenstruktur abgeleitet, z.B. dt. /di:b/ als zugrundeliegende Form für die Oberflächenform /di:p/, die das Ergebnis der →Auslautverhärtung ist. (Vgl. →Abstraktheitskontroverse). (c) Aus der Kritik an klassischen transformationellen Konzepten haben sich u.a. die »Natürliche P.« und die »Natürliche Generative P.« entwickelt, die von einer strikten Trennung der beiden Ebenen P. und Morphologie ausgehen (vgl. HOOPER [1976], DRESSLER [1985]). (d) Die Probleme der Generativen P. bei der Beschreibung der →Suprasegmentalen Merkmale haben in letzter Zeit zu einem Paradigmawechsel in Richtung der →Nicht-linearen Phonologie geführt. Methoden und Ergebnisse phonologischer Theorien sind Voraussetzung und Herausforderung für zahlreiche Untersuchungen in benachbarten (anwendungsbezogenen) Disziplinen wie →Psycholinguistik (vor allem beim →Spracherwerb und Sprachverlust, vgl. →Aphasie), →Kontrastive Sprachwissenschaft sowie bei Problemen der →Schrift und →Rechtschreibung.

Lit.: zur Theorie der Phonologie: V. B. MAKKAI (ed.) [1972]: Phonological theory: Evolution and current practice. Lake Bluff, Ill. - J. KRAMSKY [1973]: The phoneme: introduction to the history and theories of a concept. München. - E. FISCHER-JØRGENSEN [1975]: Trends in phonological theory: A historical introduction. Kopenhagen. - J. FOLEY [1977]: Foundations of theoretical phonology. Cambridge. - TH. VENNEMANN [1978]: Universal syllabic phonology. In: TL 5, S. 175–215. - S. R. ANDERSON [1985]. Phonology in the twentieth century. Chicago. - J. DURAND (ed.) [1986]: Dependency and non-linear phonology. London. - R. HOGG/C. B. McCULLY [1987]: Metrical phonology. Cambridge. - H. BASBØLL [1988]: Phonological theory. In: F. NEWMEYER (ed.): Linguistics: The Cambridge survey. Bd. 1, Cambridge, S. 192–216.

Strukturalistische Phonemtheorie: L. BLOOMFIELD [1933]: Language. New York. Dt.: Sprache. Frankfurt 1980. - W. F. TWADELL [1935]: On defining the phoneme. (Suppl. zu Lg 16). Auch in: M. JOOS (ed.): Readings in linguistics. 4. Aufl. Chicago 1966. - N. TRUBETZKOY [1939]: Grundzüge der Phonologie. 4. Aufl. Göttingen 1967. - Z. S. HARRIS [1951]: Methods in structural linguistics. Chicago. (Nachdruck als: Structural linguistics). - C. F. HOCKETT [1955]: Manual of phonology. Bloomington. - R. JAKOBSON/M. HALLE [1956]: Fundamentals of language. The Hague. 2., überarb. Aufl. 1975. - C. F. HOCKETT [1958]: A course in modern linguistics. New York. - H. PILCH [1964]: Phonemtheorie. Teil 1. Basel. - M. ADAMUS [1967]: Phonemtheorie und deutsches Phoneminventar. Zur Typologie der germanischen Sprachen. Breslau.

Generative Phonologie: M. BIERWISCH [1967]: Skizze der generativen Phonologie. In: Phonologische Studien. Berlin (= SG 6), S. 7–33. - N. CHOMSKY/M. HALLE [1968]: Sound pattern of English. New York. - S. SCHANE [1973]: Generative phonology. Englewood Cliffs, N.Y. - W. MAYERTHALER [1974]: Einführung in die generative Phonologie. Tübingen. - L. M. HYMAN [1975]: Phonology: Theory and analysis. New York. - F. KIEFER (ed.) [1975]: Phonologie und generative Grammatik. 2 Bde. Wiesbaden. - J. B. HOOPER [1976]: An introduction to natural generative phonology. New York. - J. FOLEY [1977]: Foundations of theoretical phonology. Cambridge. - M. KENSTOWICZ/Ch. KISSEBERTH [1977]: Topics in phonological theory. New York. - A. H. SOMMERSTEIN [1977]: Modern phonology. London. - P.

KIPARSKY [1981]: Explanation in phonology. Dordrecht. - H. VAN DER HULST/N. SMITH [1982]: The structure of phonological representation. Dordrecht.

Phonologie des Deutschen: G. HEIKE [1961]: Das phonologische System des Deutschen als binäres Distinktionssystem. In: Phonetica 6, S. 162-176. - G. UNGEHEUER [1969]: Das Phonemsystem der deutschen Hochlautung. In: TH. SIEBS: Deutsche Aussprache. 19. Aufl. Berlin. - W. U. WURZEL [1970]: Studien zur deutschen Lautstruktur. Berlin. - O. WERNER [1972]: Phonemik des Deutschen. Stuttgart. - M. PHILIP [1975]: Phonologie des Deutschen. München. - G. MEINHOLD/E. STOCK [1980]: Phonologie der deutschen Gegenwartssprache. Leipzig. - A. SZUK [1987]: Historische Phonologie des Deutschen. Tübingen. - W. VAN LESSEN KLOEKE [1982]: Deutsche Phonologie und Morphologie. Tübingen.

Kontrastive Untersuchungen: W. G. MOULTON [1962]: The sounds of English and German. Chicago. - H. L. KUFNER [1971]: Kontrastive Phonologie: Deutsch/Englisch. Stuttgart. - S. L. STRAUSS [1982]: Lexicalist phonology of English and German. Dordrecht.

Bibliographie und Forschungsberichte: R. E. KELLER [1969]: Bibliography of German structural phonology 1930-1965. In: Phonetica 19, S. 246-261. - B. HELFF [1970]: Generative Phonologie. In: LBer 8, S. 86-116. - F. SCHINDLER/E. THÜRMANN [1971]: Bibliographie zur Phonetik und Phonologie des Deutschen. Tübingen. - CH. A. FERGUSON [1977]: New directions in phonological theory: language acquisition and universals research. In: R. W. COLE (ed.): Current issues in linguistic theory. Bloomington. - D. A. DINNSEN [1979]: Current approaches to phonological theory. Bloomington. - TH. VENNEMANN [1986]: Neuere Entwicklungen in der Phonologie. Berlin. - E. RONNEBERGER-SIBOLD [1989]: Historische Phonologie und Morphologie des Deutschen. Eine kommentierte Bibliographie zur strukturellen Forschung. Tübingen.

Phonologisch Bedingt. In der →Morphologie solche Morphemvarianten (→Allomorph), deren Auftreten von der phonologischen Umgebung bestimmt wird, z.B. im Dt. die Allomorphe /li:b, li:p/ zu *lieb*, deren Verteilung von ihrer Position im Inlaut (*lieben*: /li:b/) oder Auslaut (*lieb*: / li:p/) abhängig ist.

Lit.: →Auslautverhärtung, →Lexikalische Phonologie.

Phonologische Komponente. In Generativer →Phonologie die Menge der Regeln, die die zugrundeliegende phonologische Form von Sätzen phonetisch interpretiert.

Lit.: →Phonologische Regel.

Phonologische Umschrift. Alphabetisch (z.B. mit den Symbolen der Internationalen Lautschrift) durchgeführte Transkription von Sprache auf der Basis ihrer phonologisch relevanten Elemente (Notation: zwischen Schrägstrichen). Im Unterschied zur phonetischen Umschrift, die (allophonische) Lautdifferenzierungen mit beliebiger Genauigkeit verzeichnet, beschränkt sich die P. U. auf die sprachlich signifikanten Unterschiede, d.h. sowohl freie Varianten (z.B. die *r*-Varianten im Dt.: gerolltes Zungenspitzen-*r* = [r], gerolltes Zäpfchen-*r* = [R] bzw. Reibe-*r* = [ʁ]) als auch komplementär verteilte Allophone (z.B. [ç]/[x] oder stl. nicht-aspirierter Plosivlaut/ sth. aspirierter Plosivlaut) werden im Dt. durch das gleiche Graphem wiedergegeben: /x/ bzw. /p/, /t/, /k/.

Lit.: →Lautschrift.

Phonologisierung. In diachronischer →Phonologie Prozeß und Ergebnis der Entwicklung einer phonologischen Variante (→Allophon) zu einem Phonem; z.B. im Ahd./Mhd. die P. des →Umlautes nach Abschwächung der Endsilben.

Lit.: →Lautwandel.

Phonometrie. Von E. Z. ZWIR-
NER entwickeltes Analyse- und
Beschreibungsverfahren für gesprochene Sprache, das auf einem Vergleich zwischen instru-
mentell analysierter und von
Versuchspersonen auditiv er-
faßter und aufgezeichneter
Sprache beruht.

Lit.: H. G. TILLMANN [1979]: Sprachlaute
und Sprachsignale: zur Perspektive einer
neuen Phonometrie. In: Phonetica 4–5, S.
241–252. – E. Z. ZWIRNER/K. ZWIRNER
[1966]: Grundfragen der Phonometrie. 2.
verb. Aufl. Berlin.

Phonomorphie. Im Schichtenmodell von H. GLINZ auf der
Ausdrucksseite der Sprache die
Ebene phonologisch-morpholo-
gischer Erscheinungen.

Lit.: →Inhaltbezogene Grammatik.

Phonostilistik →Lautstilistik.

Phonotagma [Pl. Phonotagmen;
griech. *tágma* ›Klasse‹]. Unter-
suchungseinheit der →Phono-
taktik, die sich mit der phonologischen Struktur von Morphemen als Phonemkombina-
tionen beschäftigt. P. sind unterschiedliche, morphologisch
relevante Phonemkombinationen auf der Ausdrucksebene,
die – im Unterschied zum →Pho-
notagmem – keine inhaltlichen
Korrelationen haben, z.B. im
Dt. die →Auslautverhärtung:
das Rad – des Rades.

Phonotagmem Untersuchungs-
einheit der →Phonotaktik.
(→Etische vs. Emische Analyse).
P. sind morphologisch relevante Phonemkombinationen auf
der Ausdrucksebene, denen –
im Unterschied zum →Phono-
tagma – auf der Inhaltsebene
Bedeutungsunterschiede entsprechen, z.B. der →Ablaut in dt.
springen vs. *Sprung.*

Phonotaktik. Lehre von den für
eine bestimmte Sprache zuge-
lassenen Laut- oder Phonemkombinationen. Für jede Sprache gibt es spezifische phonotaktische Regeln, die die Verbindbarkeit von Phonemen in
verschiedenen Positionen (An-,
In- und Auslaut) beschreiben:
Im Dt. kann z.B. /pft/ nur im
Auslaut (*hüpft, schimpft*) vorkommen, nicht aber im Anlaut.
Die auftretenden Restriktionen
sind teils einzelsprachlich, teils
universell gültig.

Lit.: →Phonologie.

Phrasale Affigierung [Auch:
Syntaktische Affigierung]. Einige neuere Arbeiten zur →Wort-
bildung nehmen für gewisse
→Affixe an, daß sie selektionale
Eigenschaften aufweisen, die
über die üblichen Wortkonfi-
gurationen hinausgehen. In der
dt. Partizipialkonstruktion *die
sich badende Frau* oder beim
engl. →Gerundium *Philip's
spraying paint on the wall* weist
das mit dem Affix *-end* bzw. *-ing*
versehene Verb (*bad-/spray*)
seinen →Komplementen wie in
normalen syntaktischen Strukturen →Kasus sowie →Themati-
sche Rollen zu. Aus diesem
Grund postulieren z.B. J. TO-
MAN und S. ABNEY, daß solche
Affixe sich mit einer syntaktischen Kategorie (*VP* oder *S*) anstatt mit einem lexikalischen
Stamm (wie *V*) verbinden.

Lit.: N. FABB [1984]: Syntactic affixation.
Diss. MIT. – J. TOMAN [1986]: A (word-)syn-
tax for participles. In: LB 105, S. 367–408. –
S. ABNEY [1987]: The English noun phrase
in its sentential aspect. Diss. MIT.

Phrase [griech. *phrásis* ›Ausdruck‹, ›Wendung‹].
(1) Aus dem Engl. übernommene Bezeichnung für syntaktisch

zusammengehörige Wortgruppen ohne finite Verbform (*NP*). Im Unterschied zu *phrase* bezeichnet engl. *clause* (→Teilsatz) syntaktische Konstruktionen mit finiter Verbform (*VP*), d.h. *clause* steht in der grammatischen Hierarchie zwischen *phrase* und *sentence*. Vgl. →X-Bar-Theorie.

(2) In der →Phrasenstrukturgrammatik Bezeichnung für eine Menge von syntaktischen Elementen, die eine Konstituente (Wortgruppe oder Satzteil von relativer Selbständigkeit) bilden. Die wichtigsten P. sind →Nominalphrasen, bestehend aus nominalen Ausdrükken mit entsprechenden attributiven Erweiterungen (*Nina/ die blonde Nina/Nina, die sich gerne Geschichten ausdenkt*), →Verbalphrasen (z.B. *träumt/ sieht das Feuer/glaubt, daß sie recht hat*) und →Präpositionalphrasen (*auf dem Pferd*). Vgl. auch →Adjektivphrase, →Determinansphrase.

(3) Abwertende Bezeichnung für wortreiches leeres Gerede.

Phrase-Marker [engl. ›Bezeichner von zusammengehörigen Wortgruppen‹. – Auch: Formationsmarker, P-Marker]. Darstellungsform der →Phrasenstruktur eines Satzes in Form eines →Strukturbaumes oder durch →Indizierte Klammerung.

Phrasenstruktur [Abk.: PS. – Auch: Konstituentenstruktur]. Ergebnis einer →Konstituentenanalyse bzw. der aus ihr abgeleiteten →Phrasenstrukturregeln. Die P. eines Satzes ergibt sich aus der hierarchischen Ordnung seiner mittelbaren und

unmittelbaren →Konstituenten, wie sie u.a. durch einen →Strukturbaum abbildbar ist.

Lit.: →Phrasenstrukturgrammatik.

Phrasenstrukturdiagramm →Strukturbaum.

Phrasenstrukturgrammatik [Abk.: PSG. – Auch: Konstituenten(struktur)grammatik, IC-Grammatik, Formationsgrammatik, KS-Grammatik, Taxonomische Grammatik]. Grammatiktyp des amerik. →Strukturalismus. P. beschreiben den syntaktischen Aufbau von Sätzen in Form von Konstituentenstrukturen, d.h. von hierarchisch geordneten →Konstituenten. Durch Entdeckungsprozeduren (→Operationale Verfahren) gewonnene Einsichten rechtfertigen die einzelnen Schritte der →Segmentierung und →Klassifizierung, auf denen die Ermittlung der Konstituentenstruktur einer Sprache basiert. Dieser urspr. als →Erkennungsgrammatik konzipierte Grammatiktyp erfährt im Rahmen der generativen →Transformationsgrammatik sowohl eine stärkere Formalisierung (vgl. BAR-HILLEL [1961]) als auch eine teilweise Uminterpretation, insofern die urspr. statischen, analytisch beschreibenden Regeln (z. B. $S \rightarrow NP + VP$ »Ein Satz besteht aus einer Nominalphrase und einer Verbalphrase«) nunmehr zu generativen →Ersetzungsregeln umgedeutet werden können (→Phrasenstrukturregeln, →Erzeugungsgrammatik). Eine strikt an der Oberflächenstruktur operierende P. kann einer Reihe von syntaktisch-semantischen Problemen nicht hinreichend gerecht werden, z.B. →Diskontinuierlichen Elementen (wie *ablesen* in *Philip liest den Vortrag ab)*, Mehrdeutigkeiten wie *die Entdeckung des Schülers* (›der Schüler wurde entdeckt‹ oder ›der Schüler hat etwas entdeckt‹), Paraphrasebeziehungen zwischen Sätzen (z.B. die Aktiv-Passiv-Paraphrase) u.a. Diese Schwierigkeiten gelten der generativen Transformationsgrammatik als Rechtfertigung dafür, Sätzen prinzipiell mehrfache syntaktische Repräsentationen zuzuschreiben, zwischen denen →Transformationen vermitteln. Zur Weiterentwicklung der P. vgl. auch unter →X-Bar-Theorie, →Generalisierte Phrasenstrukturgrammatik.

Lit.: N. CHOMSKY [1957]: Syntactic structures. The Hague. – Y. BAR-HILLEL u.a. [1961]: On formal properties of simple phrase structure grammars. In: ZPhon 14, S. 143–172. – P. M. POSTAL [1964]: Constituent structure: A study of contemporary models of syntactic description. Bloomington. – P. M. POSTAL [1964]: Limitations of phrase structure grammars. In: J. A. FODOR/J. J. KATZ (eds.): The structure of language: Readings in the philosophy of language. Englewood Cliffs, N.J., S. 137–154. – N. CHOMSKY [1965]: Aspects of the theory of syntax. Cambridge, Mass. DT.: Aspekte der Syntaxtheorie. Frankfurt 1969. – A. KRATZER/E. PAUSE/A. v. STECHOW [1973/1974]: Einführung in Theorie und Anwendung der generativen Syntax. 2 Bde. Frankfurt. – R. BARTSCH/J. LENERZ/V. ULLMER-EHRICH [1977]: Einführung in die Syntax. Kronberg. – G. GAZDAR u.a. [1985]: Generalized phrase structure grammar. Oxford. – G. GREWENDORF/F. HAMM/W. STERNEFELD [1987]: Sprachliches Wissen. Frankfurt, Kap. 4. →Erzeugungsgrammatik, →Konstituentenanalyse, →Transformationsgrammatik, →X-Bar-Theorie.

Phrasenstrukturregeln [Abk.: PS-Regeln. – Auch: Formationsregeln, Konstituentenstrukturregeln, KS-Regeln, Produktionsregeln]. Basisregeln → Generativer Grammatiken (→Phrasenstrukturgrammatik): P. sind →Ersetzungsregeln für Konstituenten der Form $A →$ $X_1 ... X_n$, z.B. $S → NP + VP$. Diese Regel kann als Anweisung gelesen werden, das Satzsymbol S durch eine →Nominalphrase NP und eine →Verbalphrase VP zu expandieren, d.h. es ist jeweils das auf der linken Seite stehende Symbol durch die auf der rechten Seite stehenden Symbole zu ersetzen. (Dabei verwendet man runde Klammern, um fakultative Elemente zu kennzeichnen, und geschweifte Klammern für alternative Besetzungen). P. spezifizieren die zwei Relationen (a) unmittelbare →Dominanz: die (links stehende) »Mutter«-Kategorie S dominiert die (rechtsstehenden) »Tochter«-Kategorien NP, VP; (b) lineare Präzedenz besteht zwischen den »Tochter«-Kategorien NP, VP. – P. unterliegen einer Reihe von formalen Beschränkungen: Es wird stets ein einzelnes, links vom Pfeil stehendes Symbol durch ein oder mehrere Symbole (= →Kette) auf der rechten Seite ersetzt; daraus folgt, daß weder das linke Symbol Null, d.h. leer sein darf (also nicht: $\emptyset$ $→ Adj + N$) noch das rechte Symbol Null sein darf (also nicht: $S → \emptyset$), d.h. weder kann eine Kette aus »nichts« bestehen noch dürfen in der Ableitung Tilgungen erfolgen. Außerdem sind Umstellungen (→Permutation) ausgeschlossen, also nicht: $NP + VP →$ $VP + NP$. Diese Einschränkungen sind notwendig, damit gesichert wird, daß jeder P. eine Verzweigung im →Strukturbaum entspricht. Diese Abbildbarkeit von P. im Strukturbaum gewährleistet zugleich die Rekonstruierbarkeit des Ableitungsvorgangs. Durch P. wird der Basisteil der generativen Transformationsgrammatik erzeugt. Sie sind i.d.R. kontextfrei, d.h. ihre Anwendung ist unabhängig von der Umgebung der Symbole. Von den kontextfreien P. sind die – besonders in der Frühphase der generativen Transformationsgrammatik verwendeten – kontextsensitiven P. zu unterscheiden: z.B. lautet die P. für transitive Verben etwa: $V \rightarrow V_{trans}/\_NP_{AKK}$ »ersetze V durch ein transitives Verb, wenn ihm eine NP im Akkusativ folgt«, z.B. in *Philip sucht Caroline*. Im →Aspekte-Modell werden kontextsensitive Subkategorisierungsregeln jedoch zu den Transformationsregeln gezählt. Zur Verwendung von P. in nicht-transformationellen Grammatikmodellen vgl. →Unifikationsgrammatik.

Lit.: →Phrasenstrukturgrammatik.

Phraseologie →Idiomatik.

Phraseologismus →Idiomatik.

Phylum →Sprachfamilie.

Physikalismus →Antimentalismus, →Behaviorismus.

Pidgin-Sprache. Der Name *Pidgin* ist mit großer Wahrscheinlichkeit auf eine chinesisch gefärbte Aussprache von engl. *business* ›Geschäft‹, ›Handel‹ zurückzuführen und bezeichnet eine aus einer sprachlichen Notsituation entstandene Mischsprache: Beim Aufeinandertreffen von Sprechern unterschiedlicher Sprachen ohne

gegenseitiges Sprachverständnis werden Struktur und Vokabular der einzelnen muttersprachlichen Systeme nachhaltig reduziert, um eine Verständigung herbeizuführen; allmählich bildet sich aus diesem Kontaktidiom eine funktionsfähige Mischsprache, die neben der jeweiligen Muttersprache erlernt wird. – P. entstanden hauptsächlich in den überseeischen Gebieten der europäischen Staaten während der kolonialistischen Expansionsphase, wobei die prestigebesetzteren europäischen Sprachen jeweils die dominanten Spendersprachen darstellten. Linguistisch sind P. gekennzeichnet durch stark reduzierten Wortschatz, Tendenz zur Umschreibung und Metaphorik, vereinfachte Phonemsysteme, reduzierte morphologische und syntaktische Strukturen. – Sprachwiss. interessant (v.a. für Natürlichkeitstheorie und →Universalien-Forschung) ist besonders die Tatsache, daß P.-systeme erstaunlich große Ähnlichkeiten untereinander aufweisen; dies gilt sowohl für verschiedene P.-Varianten einer bestimmten Sprache (etwa unterschiedliche P.-Englisch-Systeme), als auch für P.-Systeme aus unterschiedlichen (frz., span., port., niederl.) Spendersprachen. Vgl. auch →Kreolsprachen.

Lit.: D. Hymes (ed.) [1971]: Pidginization and creolization of languages. London. – D. de Camp/I. F. Hancock (eds.) [1974]: Pidgins and creoles: Current trends and prospects. Washington. – M. G. Clyne [1975]: Forschungsbericht Sprachkontakt. Kronberg. – L. Todd [1975]: Pidgins and Creoles. London. – A. Bollée [1977]: Pidgins und kreolische Sprachen. In: StL 3, S. 48–76. – J. Meisel (ed.) [1977]: Language en contact – Pidgins-Creoles-Languages in contact. Tübingen. – A. Valdmann (ed.)

[1977]: Pidgin and Creole linguistics. Bloomington. – P. MÜHLHÄUSLER [1986]: Pidgin and creole linguistics. Oxford. – A. BAUER [1987]: Pidgin- und Kreolensprachen. In: Handbuch Soziolinguistik (HSK 3.1.), S. 344-352. – J. HOLM [1988/89]: Pidgin and creoles. 2 Bde. Cambridge.
Bibliographie: J. REINECKE u. a. (eds.) [1975]: A bibliography of Pidgin and Creole languages. Honolulu.
Zeitschriften: The Journal of Pidgin and Creole Languages. Amsterdam. →Kreolsprache.

Pied Piping →Rattenfängerkonstruktion.

Piktographie [lat. *pictum* ›gemalt‹, griech. *gráphein* ›schreiben‹]. Graphisches System, in dem sprachunabhängige Vorstellungen oder Bedeutungen sprachlicher Äußerungen durch bildliche Zeichen (Piktogramme) ausgedrückt werden, wobei ein einziges Zeichen für komplexe Vorstellungen oder Gesamtbedeutungen stehen kann. Piktographisch sind z.B. die von alaskischen Eskimos überlieferte Schrift oder auch die internationalen Bildsymbole, z.B. an Flughäfen und bei Olympischen Spielen. Vgl. auch →Ideographie.
Lit.: →Schrift.

Pilipino →Tagalog.

Pima-Papago →Uto-Aztekisch.

Pitch Accent [engl., ›Tonhöhenakzent‹]. →Akzent durch Variation der →Tonhöhe, wobei die Variation über mehrere →Silben verteilt ist (z.B. im →Schwedischen).
Lit.: G. BRUCE [1977]: Swedish word accents in sentence perspective. Lund.

Pivot-Grammatik [engl. *pivot* ›Angelpunkt‹]. Von M. D. S. BRAINE u.a. vertretene distribu-

tionelle Analyse kindlicher Äußerungen frei von jedem Bezug auf die Äußerungsbedeutung. Dabei werden häufig auftretende Wörter einer begrenzten Klasse (im wesentlichen →Funktionswörter wie *mehr, anders, auch*) von Wörtern offener Klassen (Nomen, Verben u.a.) unterschieden; im Gegensatz zu den Wörtern der zweiten Klasse unterliegen *pivots* bestimmten Positionsbeschränkungen: so können sie z.B. in Zweiwort-Äußerungen nur in der ersten oder nur in der zweiten Position auftreten, nicht miteinander kombiniert werden oder alleine auftreten. Zur Kritik vgl. MILLER [1976], zu einer revidierten Fassung vgl. BRAINE [1976].

Lit.: M. D. S. BRAINE [1963]: The ontogeny of English phrase structure. In: Lg 39, S. 1-13. – M. D. S. BRAINE [1963]: On learning the grammatical order of words. In: PR 70, S. 323-348. – W. MILLER/S. ERVIN [1964]: The development of grammar in child language. In: U. BELLUGI/R. BROWN (eds): The acquisition of language. In: MCD 29, Nr. 92, S. 9-34. – D. MCNEILL [1970]: Developmental psycholinguistics. In: F. SMITH/G. A. MILLER (eds.): The genesis of language. Cambridge, S. 15-84. – M. MILLER [1976]: Zur Logik der frühkindlichen Sprachentwicklung. Stuttgart. – M. D. S. BRAINE [1976]: Children's first word combinations. In: MCD 41, Nr. 164. →Spracherwerb.

Plansprache →Welthilfssprache.

Platt(deutsch) →Niederdeutsch.

Platzhalter-Element [Auch: Korrelat]. Sprachliches Element, dessen einzige Funktion es ist, in bestimmten syntaktischen Strukturen (z.B. bei →Extraposition) nicht besetzte grammatischen Positionen (z.B. Vorfeld) auszufüllen. P. sind lexikalisch und morphologisch unspezifiziert und in der Regel nicht durch Kongruenz auf korrespondierende Elemente bezogen; bei Umstellungen werden sie getilgt, vgl. *es in Es gelingt ihm nur selten, pünktlich zu sein.*

Lit.: →Extraposition, →Es-Verwendungsweisen.

Platzhalter-Symbol [engl. *dummy symbol*. – Auch: Kulissensymbol, leeres Symbol, Quasi-Symbol]. Im Rahmen der generativen →Transformationsgrammatik verwendetes lexikalisch und morphologisch unspezifiziertes Symbol, das die Funktion hat, die syntaktische Position von lexikalisch noch aufzufüllenden Kategorien zu markieren (Notation: Δ).

Pleonasmus [griech. *pleonasmós* ›Überfluß‹]. Hinzufügung eines gedanklich überflüssigen Ausdrucks, der im Gesagten schon enthalten ist (z.B. *weißer Schimmel*, vgl. →Solözismus). Als →Rhetorische Figur der Erweiterung dient der P. zur Verstärkung der Aussage, z.B. *ich habe es selbst gesehen, mit eigenen Augen.* Eine verwandte Form der semantischen →Redundanz ist die Tautologie (griech. ›die gleiche Aussage‹), die Wiederholung des gleichen Wortes oder der gleichen Aussage. Nur scheinbar pleonastisch bzw. tautologisch sind Wendungen wie *eine weibliche Frau, Kinder sind halt Kinder*, vgl. dazu →Emphase.

Lit.: →Rhetorische Figur.

Plerem [griech. *plērēs* ›voll‹].
(1) In der →Glossematik kleinste (»volle«) Einheit der Inhaltsebene, die zusammen mit phonologischen Merkmalen

(= →Kenem) als →Glossem klassifiziert wird. P. entsprechen den →semantischen Merkmalen der →Komponentenanalyse.

Lit.: →Glossematik.

(2) Synonym für →Morphem. In dieser Verwendungsweise wird die Ausdrucksform des P. als →Monem, sein Inhalt als →Semem bezeichnet.

Lit.: →Plerematik.

Plerematik.
(1) In der →Glossematik Untersuchungsbereich der Inhaltsebene der Sprache.
(2) Bei H. J. HERINGER [1970] synonyme Bezeichnung für →Morphologie, vgl. →Plerem (2).

Lit.: H. J. HERINGER [1970]: Theorie der deutschen Syntax. München.

Pleremik →Morphologie.

Plexus [lat. *plexus* ›verflochten‹]. Syntaktischer Prozeß im Syntaxmodell der →Dependenzgrammatik von L. TESNIÈRE: Ein P. entsteht durch Überschneidung von →Konnexionen innerhalb eines Stemmas, wenn durch →Junktion entstandene Satzteile einer weiteren anders-elementigen Junktion unterworfen werden, z.B. *Susanne und Figaro singen und tanzen.* Notation:

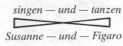

$$singen — und — tanzen$$

$$Susanne — und — Figaro$$

Lit.: →Dependenzgrammatik.

Plosiv(laut) [lat. *plaudere* ›klatschend zusammenschlagen‹]. Mit pulmonaler Luft bei oralem Verschluß gebildeter nicht-na-

saler Sprachlaut (→Verschluß-
laut). – Gelegentlich auch Bezeichnung für →Glottis-
verschlußlaut oder für einen
Laut, der entweder ein →Implo-
siv oder ein →Schnalzlaut ist.

Plural [Auch: Mehrzahl]. Teilkategorie des →Numerus bei
Substantiven und Verben zur
Bezeichnung von mehr als einem Element, aber auch mit in-
dividualisierender Funktion bei
Gattungsnamen (sogen. Artenplural: *das Holz : die Hölzer*)
und Kollektiva (*das Volk : die
Völker*). Nomen, die nur im P.
verwendet werden, wie *Ostern,
Eltern, Diäten* nennt man Plu-
raliatantum (→Massen-Nomen).
Das morphologische System der
nominalen P.-Bildung im Dt. ist
wegen der großen Zahl der P.-
Allomorphe sehr kompliziert,
vgl. P.-Bildung durch Suffixe:
*Tag + e, Hase + n, Ohr + en, Au-
to + s*, mit Umlaut: *Tochter* vs.
Töchter, mit Umlaut + Suffix
Gast : Gäste und ohne Kennzeichnung (bzw. mit Nullallo-
morph): *Engel, Mädchen*. Allerdings ist eine Tendenz zu sy-
stematisierender Vereinfachung zu beobachten. – Zur historischen Entwicklung vgl.
WERNER [1969].

Lit.: O. WERNER [1969]: Das deutsche Plu-
ralsystem. Strukturelle Diachronie. In: H.
MOSER (ed.): Sprache. Gegenwart und Ge-
schichte. Düsseldorf, S. 92–128. – G.
AUGST [1975]: Untersuchungen zum Mor-
pheminventar der deutschen Gegenwarts-
sprache. Tübingen. – J. MUGDAN [1977]:
Flexionsmorphologie und Psycholingui-
stik. Tübingen. – G. AUGST [1979]: Neuere
Forschungen zur Substantivflexion. In:
ZGL 7, S. 220–232. – B. KORTE [1986]: Die
Pluralbildung als Paradigma linguistischer
Theorien. In: PD 38/2, S. 15–30.

Pluraletantum [Pl. Pluraliatan-
tum; lat. *tantum* ›nur‹]. Nomen,
die nur im Plural vorkommen.

Im Dt. nur vereinzelt, im Russischen gibt es dagegen mehrere
semantische Klassen von Plu-
raliatantum. Bei diesen Nomen
wird nicht die Ungegliedertheit
(Singular), sondern die Geglie-
dertheit (Plural) als semantischer Grundzug empfunden:
z.B. Personengruppen (*Geschwister*); Zeitbegriffe, -ab-
schnitte und Feiertage (*Ostern*);
kaufmännische und Rechtsbe-
griffe (*Spesen*); Begriffe des
menschlichen Verhaltens (*Rän-
ke*); Krankheiten (*Masern*);
geographische Bezeichnungen
(*Alpen*). Die Festtagsbezeich-
nungen werden im Unterschied
zu den übrigen P. syntaktisch
als Singularia behandelt.

Pluralis Auctoris [lat. ›Autorenplural‹]. Verwendung der
Pluralform *wir* anstelle von *ich,
du* oder *Sie*, wodurch der Sprecher, der eigentlich sich selbst
oder die angeredete Person
meint, eine Art Einverständnis
zwischen sich und dem Leser
bzw. Zuhörer als gegeben voraussetzt: z.B. in wissenschaftlichen Texten *Mit unserem Test
wollen wir Folgendes untersuchen...* (1. Pers. Pl. statt 2. oder
1. Pers. Sg.); oder gegenüber
Kindern: *Nun gehen wir ins
Bett!* (1. Pers. Pl. statt 2. Pers.
Sg.).

Pluralis Majestatis [lat. ›Plural
der Majestät‹]. Im Feudalismus
übliche Ausdrucksweise, bei der
der Fürst, König usw. von sich
selbst in der Mehrzahl sprach
(1. Pers. Pl. statt 1. Pers. Sg.)
oder bei der er in der Mehrzahl
angesprochen wurde bzw. in der
Mehrzahl von ihm gesprochen
wurde (2. oder 3. Pers. Pl. statt 2.
oder 3. Pers. Sg.).

Lit.: D. DRYRY [1986]: The lofty and/or assumptive ›we‹. In: Verbatim 7/3, S. 11–13. – LINGUISTISCHE STUDIEN 150/II [1986]: Untersuchungen zu den Anredebezeichnungen in der zweiten Hälfte des 19. Jahrhunderts. S. 132–229.

Pluralis Modestiae [lat. ›Plural der Bescheidenheit‹. – Auch: Pluralis Auctoris ›Autorenplural‹]. Verwendung der Pluralform *wir* anstelle von *ich*, wodurch der Sprecher, der eigentlich nur sich selbst meint, Leser oder Zuhörer miteinbezieht: *Diesen Punkt können wir nur beiläufig erwähnen.*

Plusquamperfekt [lat. ›mehr als vollendet‹. – Auch: Vollendete Vergangenheit]. Zeitstufe der →Tempus-Kategorie des Verbs. Bildung im Dt. mit *war/hatte* + Part. Perf. Bei Verwendung in einfachen Sätzen bezeichnet P. den Endpunkt eines in der Vergangenheit liegenden Vorgangs (*Caroline hatte ihr Ziel endlich erreicht*). In komplexen Sätzen wird das P. als relatives Tempus verwendet, es dient dann der Kennzeichnung der Vorzeitigkeit eines Sachverhalts in Relation zu einem in der Vergangenheit abgeschlossenen Sachverhalt: *Als wir den Bahnhof endlich erreichten, war der Zug bereits abgefahren.* Das P. steht in gleicher Relation zum Präteritum wie das Perfekt zum Präsens. In norddt. Mundarten wird das P. häufig anstelle von Perfekt/Präteritum verwendet (*War noch jemand zugestiegen?*).

Lit.: →Tempus.

P-Marker →Phrase-marker.

Polarität.

(1) Oberbegriff für →Semantische Relationen, die den Wortschatz nach bestimmten Dimensionen des Bedeutungsgegensatzes gliedern, vgl. →Antonymie, →Inkompatibilität, →Komplementarität, →Konversion.

(2) Eigenschaft antonymer Adjektive wie *kurz* : *lang*, *leicht* : *schwierig*, *hell* : *dunkel*, deren systematischer Bedeutungsunterschied durch das semantische Merkmal [± POLARITÄT] beschrieben werden kann. Durch P. ausgezeichnete Adjektive können bzgl. eines Gesichtspunktes nicht zugleich von ein und demselben Sachverhalt ausgesagt werden (→Antonymie). – Auffallend sind die eingeschränkten Verwendungsbedingungen polarer Ausdrücke, z.B. bei unmarkierten Fragen (*Wie alt bist du?*, aber nicht **Wie jung bist du?*) und bei Nominalisierungen, z.B. *die Breite eines Flußes/Tisches*, aber nicht **die Schmalheit eines Flußes/Tisches.*

Lit.: D. A. CRUSE [1977]: The pragmatics of lexical specificity. In: JL 13, S. 153–164. – A. LEHRER [1985]: Markedness and antonymy. In: JL 21, S. 397–429.

Polaritätsfrage →Fragesatz.

Polaritätsprofil →Semantisches Differential.

Polnisch. Westslaw. Sprache mit ca. 42 Mio. Sprechern, vornehmlich in Polen (ca. 35 Mio.) und USA (ca. 6 Mio.). Entwicklung zur Schriftsprache seit dem 14. Jh. Mit mehr als 400 Namen schriftlich bekundet in der »Bulle von Gnesen« (1136). Ältester zusammenhängender Text im 14. Jh. (*Kazania Świętokrzyskie*

›Heiligkreuz-Gebete‹). Blüte-
zeit der poln. Literatur im 16.
Jh. Heutige Orthographie: latein. mit Diakritika. Schibboleths: ⟨ł, Ł⟩, ⟨ż, Ż⟩. Spezifische
Kennzeichen: Akzent (mit wenigen Ausnahmen) auf der vorletzten Silbe; Nasalvokale im
Auslaut und vor Frikativen, z. B.
Wałęsa [va'wɛ̃sa], *są* [sɔ̃]
›sind‹; phonemische Differenzierung im dentalen Bereich;
morphologisch ausgedrückte
Unterscheidung zwischen [±
BELEBT], beim Maskulinum
auch zwischen [±MENSCH-
LICH]; verbale Formen bei Konjunktionen und bestimmten
Partikeln: *coś powiedziała* ›was
hast du (fem.) gesagt‹ neben *co
powiedziałaś.* Vgl. Sprachenkarte Nr. 5.

Lit.: M. Z. BROOKS [1975]: Polish reference
grammar. The Hague. – S. WESTFAL [1985]:
The Polish language. 2. Aufl. London.
→Slawisch.

Poltern [engl. *cluttering.* –
Auch: Battarismus, Tachysphe-
mie]. In der Neurologie und
Psychopathologie eine Störung
der gedanklichen Vorbereitung
des Sprechens mit organischer
oder nicht-organischer Ursache. Für P. ist eine Beschleuni-
gung im Sprechtempo bei
mehrsilbigen Wörtern und längeren Sätzen, Silbenauslassung
oder -wiederholung, eine Ver-
stümmelung der Laute sowie
eine Reduktion von Konso-
nantenhäufungen kennzeichnend (→Anaptyxis, →Assimila-
tion, →Kontamination, →Meta-
these). Als Symptom ist P. als
Zeitstrukturstörung eine
→Sprechstörung; als Syndrom
ist P. verbunden mit →Dysgram-
matismus und →Legasthenie.
Im Unterschied zu Stotternden

(→Stottern) läßt sich bei Poltern-
den beobachten, daß sie ihr Verhalten kontrollieren können,
sobald es auf »gutes Sprechen«
ankommt.

Lit.: M. SEEMAN [1959]: Sprachstörungen
bei Kindern. Halle/Saale. – R. LUCHSIN-
GER [1963]: Poltern. Berlin. – E. KURKA
[1966]: Zur Symptomatik und Übungsbe-
handlung des Polterns. In: Folia Phon-
iatrica 18, S. 144– 149. – R. LUCHSINGER/
G. E. ARNOLD [1970]: Handbuch der
Stimm- und Sprachheilkunde. 2 Bde. 3.
völlig neu bearb. Aufl. Wien.

Polymorph(ie) →Allomorph.

Polynesische Sprachen. Ca. 30
nah verwandte Sprachen des
→Austronesischen Sprachstammes, gesprochen auf den poly-
nesischen Inseln. Spezifische
Kennzeichen: Äußerst reduzierte Lautsysteme (z. B. Hawaiianisch: 13 Phoneme). Wortstellung: VSO, Tendenz zur Ergativität (→Ergativsprache).
(Vgl. Sprachenkarte Nr. 4).

Lit.: V. KRUPA [1973]: Polynesian languages. The Hague. – S. CHUNG [1978]: Case
marking and grammatical relations in Polynesian. Austin. – W. J. SEITER [1980]: Studies in Niuean syntax. New York. – V.
KRUPA [1982]: The polynesian languages.
A guide. London.

Polyphonem(at)ische Wertung
[Auch: Biphonematische W.].
Bei der phonologischen Analyse
die Klassifizierung zweier aufeinanderfolgender, durch die
Artikulation unterschiedener
Laute als zwei verschiedene
→Phoneme. Problematisch ist
die P. W. im Dt. bei den →Affri-
katen, so werden [pf] und [ts] aus
unterschiedlichen Gründen
entweder als ein Phonem
(→Monophonem(at)ische Wertung) oder aber polyphonema-
tisch als zwei Phoneme klassifiziert.

Lit.: →Phonologie.

Polyptoton [Pl. Polyptota; griech. *polýptōton* ›viel(fach) flektiert‹]. →Rhetorische Figur: Wiederholung eines Wortes mit veränderter Flexion, z.B. *Die Welt ist tief, und tiefer als der Tag gedacht* (NIETZSCHE). Vgl. →Paronomasie.

Lit.: →Rhetorische Figur.

Polysemasie. Für →Flektierende Sprachen typische Eigenschaft von Morphemen, sich mit mehreren Bedeutungskomponenten zu verbinden, vgl. z.B. Dt. *sprang* mit den Komponenten [›springen‹, 3. Person, Singular, Präteritum, Indikativ]. Als Gegenbegriff vgl. →Monosemie.

Lit.: →Monosemie.

Polysemie [griech. *sēma* ›Zeichen‹]. Terminus von M. BRÉAL [1897]: P. (›Mehrdeutigkeit‹) liegt vor, wenn ein Ausdruck zwei oder mehr Bedeutungen aufweist, die allesamt etwas gemeinsam haben und sich meist aus einer Grundbedeutung ableiten lassen. Der Unterschied zu →Homonymie liegt nach traditioneller Auffassung darin, daß bei letzterer die verschiedenen Bedeutungen auf verschiedene etymologische Wurzeln zurückgeführt werden und man somit von verschiedenen Wörtern reden muß, während die Bedeutungsvarianten polysemer Ausdrücke auf die gleiche Wurzel zurückgehen (vgl. HEGER [1963]). Das etymologische Kriterium ist jedoch prinzipiell unscharf und führt bei konsequenter Anwendung zu Ergebnissen, die nicht der Intuition entsprechen. Daß die Tren-nung zwischen P. und Homonymie überhaupt nicht exakt durchführbar ist, zeigt sich auch an den unterschiedlichen Entscheidungen verschiedener Wörterbücher. Zum Problem der Mehrdeutigkeiten vgl. den Forschungsbericht von N. FRIES [1980].

Lit.: M. BRÉAL [1897]: Essai de sémantique. Science des significations. Paris. – O. DU-CHÁČEK [1962]: L'homonymie et la polysémie. In: VR 21, S. 49-56. – S. ULLMANN [1962]: Semantics. An introduction to the science of meaning. Oxford. – K. HEGER [1963]: Homographie, Homonymie und Polysemie. In: ZRPh 79, S. 471-491. – W. SCHMIDT [1963]: Lexikalische und aktuelle Bedeutung. Ein Beitrag zur Theorie der Wortbedeutung. Berlin, 4. Aufl. 1967. – J. SCHILDT [1969]: Gedanken zum Problem Homonymie-Polysemie in synchronischer Sicht. In: ZPSpK 22, S. 352-359. – H. J. WEBER [1974]: Mehrdeutige Wortformen im heutigen Deutsch. Studien zu ihrer grammatischen Beschreibung und lexikographischen Erfassung. Tübingen. – CH. RUHL [1975]: Polysemy or monosemy: Discrete meanings or continuum? In: R. W. FASOLD/R.W. SHUY (eds.): Analyzing variation in language. Washington, S. 184-202. – R. BERGMANN [1977]: Homonymie und Polysemie in Semantik und Lexikographie. In: Sprachw 2, S. 27-60. – J. LYONS [1977]: Semantics. Bd. 2. Cambridge. – P. R. LUTZEIER [1981]: Wort und Feld. Wortsemantische Fragestellungen mit besonderer Berücksichtigung des Wortfeldbegriffes. Tübingen. – G. LAKOFF [1982]: Categories and cognitive models. Trier. – C. H. BROWN/S. R. WITKOWSKI [1983]: Polysemy, lexical change, and cultural importance. In: Man 18, S. 872-889. – R. BARTSCH [1984]: The structure of word meanings: polysemy, metaphor, metonymy. In: F. LANDMAN/F. VELTMAN (eds): Varieties of formal semantics. Dordrecht, S. 25-54. – P. A. MESSLAAR [1985]: Polysémie et homonymie chez les lexicographes. Plaidoyer pour plus de systématisation. In: CLex 46, S. 45-56. – H. KUBCZAK [1987]: Polysemie, Homonymie, idiolektale Zeichen und Diazeichen. In: CILL 13, S. 33-55. – P. DEANE [1988]: Polysemy and cognition. In: Lingua 75, S. 325-361. – E. W. SCHNEIDER [1988]: Variabilität, Polysemie und Unschärfe der Wortbedeutung. 2 Bde. Tübingen.
Bibliographie: N. FRIES [1980]: Ambiguität und Vagheit. Einführung und kommentierte Bibliographie. Tübingen. →Ambiguität, →Semantik.

Polysyndeton [griech. *poly-síndetos* ›viel(fach) verbunden‹]. →Rhetorische Figur der syntaktischen Wiederholung: Verknüpfung mehrerer funktionsgleicher syntaktischer Einheiten durch dieselbe Konjunktion, z.B. *Und es wallet und siedet und brauset und zischt* (SCHILLER). Vgl. →Asyndeton.

Lit.: →Rhetorische Figur.

Polysynthese. Eine typischerweise in amerik. Sprachen zu beobachtende Erscheinung, komplexe Wörter aus Morphemen mit oft sehr konkreten Bestandteilen zu bilden. Im Unterschied zur →Inkorporation kommen die entsprechenden Morpheme nicht frei, sondern nur gebunden vor. Ein Beispiel ist der Einwort-Satz des Onondage (→Irokesisch) *a?ak-wan,ohsahnin,ony,ó?* ›wir kaufen die Häuser‹ mit der Verbwurzel *-hnin,o-* ›kaufen‹, dem Subjekt *-akwa-* ›wir‹ und dem Objekt *-n,ohsa-* ›Haus‹ mit Pluralmarkierung *-ny,ó-*, die nur als Bestandteile komplexer Wörter vorkommen können.

Lit.: H.-J. SASSE [1988]: Der irokesische Sprachtyp. In: ZS 7, S. 173–213.

Polysynthetischer Sprachbau →Inkorporierender Sprachbau.

Port(e)manteau-Morph(em) [frz. *portemanteau* ›Kleiderständer‹. – Auch: Schachtelmorphem]. Von C. F. HOCKETT [1947] eingeführter Terminus für phonologisch-morphologische Einheiten, die mehrere, sonst distinkte Morphemeinheiten miteinander verschmelzen, vgl. frz. *au* (= Zusammenziehung von *à + le*) enthält die Bedeutungen »Dativ«, »Be-

stimmt«, »Maskulinum« und »Singular«.

Lit.: C. F. HOCKETT [1947]: Problems of morphemic analysis. In: Lg 23, S. 321–343. →Morphologie.

Portmant(e)au-Wort →Kontamination.

Portugiesisch. Zum Iberoromanischen Sprachzweig des →Indo-Europäischen zählende Sprache, Muttersprache von ca. 140 Mio. Sprechern in Portugal, auf Madeira und den Azoren sowie in Brasilien. P. ist mundartlich weniger variantenreich als die übrigen roman. Sprachen. Schriftsprache und Aussprache basieren heute auf der Sprache von Lissabon und Coimbra. Historische Grundlage ist das Galizisch-P. in Nordportugal und im heute spanischen Galizien (Gallego). Die Aussprache in Brasilien zeigt starke Abweichungen. – Besondere Kennzeichen sind unter phonetisch-phonologischem Aspekt ein reiches System von nasalierten Vokalen (mit zahlreichen Diphthongen und Triphthongen), zwei *r*-Phoneme (Zungen- und Zäpfchen-*r*), keine Markierung von Wortgrenzen und entsprechend stark ausgeprägte Tendenzen zu →Assimilation und →Sandhi. Auffällig in der Flexionsmorphologie ist ein synthetisch gebildetes Plusquamperfekt sowie ein deklinierbarer Infinitiv.

Lit.: J. MATTOSO CÂMARA jr. [1970]: Estrutura da língua portuguesa. Petropolis. – P. VÁZQUEZ CUESTA/M. A. MENDES DA LUZ [1971]: Gramática portuguesa. 2 Bde. Madrid. – M.-T. HUNDERTMARK-SANTOS MARTINS [1982]: Portugiesische Grammatik. Tübingen. – G. HOLTUS/M. METZELTIN/C. SCHMITT (eds.) [i.E.]: Lexikon der Romanistischen Linguistik (LRL). Bd. 6. Tübingen.

Sprachgeschichte und Dialektologie: J. LEITE DE VASCONCELLOS [1901]: Esquisse d'une dialectologie portugaise. 2. Aufl. Lissabon 1970. – E. B. WILLIAMS [1938]: From Latin to Portuguese. Historical phonology and morphology of the Portuguese language. 2. Aufl. Philadelphia 1962. – P. TEYSSIER [1980]: Histoire de la langue portugaise. Paris.
Wörterbücher: A. DE MORAIS [1789]: Grande dicionário da língua portuguesa. 11 Bde. 10. Aufl. Lissabon 1949/1959. – J. ALMEIDA COSTA/A. SAMPAIO E MELO [1952]: Dicionário da língua portuguesa. 6. Aufl. Porto 1984. – A. G. DA CUNHA [1982]: Dicionário etimológico Nova Fronteira da língua portuguesa. Rio de Janeiro.

Positiv. Grundstufe der Steigerungsformen des Adjektivs. Vgl. →Komparation.

Possessivkompositum →Bahuvrihi.

Possessivpronomen [Auch: Besitzanzeigendes Fürwort]. Untergruppe der →Pronomen. Die Bezeichnung ist irreführend, da P. nicht nur Besitzverhältnisse ausdrücken (*mein/dein Buch*), sondern generell Beziehungen der Zugehörigkeit anzeigen, vgl. *sein Mitleid, ihr Vater, unsere Überzeugung.* Im Dt. sind die P. formal vom Genitiv der Personalpronomen abgeleitet.

Lit.: W. BONDZIO [1973]: Zur Syntax des Possessiv-Pronomens in der dt. Gegenwartssprache. In: DaF 10, S. 84–94.

Postalveolar(laut). Nach der Artikulationsstelle (hinter den →Alveolen) bezeichneter Sprachlaut, z.B. [ʂ], [ʃ], [ɳ] in schwed. [fɔʂ] ›Wasserfall‹, [ʃøː] ›See‹, [baːɳ] ›Kind‹. →Artikulatorische Phonetik, →Laminopostalveolar, →Retroflex.

Lit.: →Phonetik.

Postposition →Adposition.

Potentialis [spätlat. *potentiālis* ›nach Vermögen‹]. Modus des Verbs, z.B. in einigen →Kaukasischen Sprachen durch den eine Handlung als möglich bzw. wahrscheinlich gekennzeichnet wird. In den ideur. Sprachen besitzt der P. kein eigenes Formparadigma, seine Funktion übernimmt vor allem der →Konjunktiv, vgl. den lat. Konjunktiv »Potentialis« in *existimen* ›ich möchte vermuten‹.

Potenzmenge →Menge.

Prädikat [lat. *praedicāre* ›aussagen‹; entspricht griech. *rhēma.* – Auch: Satzaussage].
(1) In der →Traditionellen Grammatik verbales Satzglied, das zusammen mit dem Subjekt die Grundform des Aussagesatzes bildet. Durch das P. werden auf das Subjekt bezogene Handlungen, Vorgänge und Zustände bezeichnet (vgl. →Prädikation). Es besteht aus einfachen oder zusammengesetzten Verbformen oder aus →Kopulativverb und →Prädikativ. Mehrteilige P. wie *ist ... gekommen, wollte ... helfen* bilden im Dt. den als →Satzklammer bezeichneten prädikativen Rahmen und begründen damit zugleich die Felderstruktur des Satzes, vgl. →Stellungsfelder. Durch →Kongruenz (bezüglich Person und Numerus) ist das P. aufs Subjekt bezogen, aufgrund seiner →Valenz bestimmt es Zahl und Art der obligatorischen Elemente des Satzes. Die Stellung der konjugierten (finiten) Verbform als notwendiger Teil des P. legt den Strukturtyp des Satzes fest: Verb-Erststellung (Frage, Imperativ), Verb-Zweitstellung (→Hauptsatz), Verb-Letztstel-

lung (→Nebensatz), diese Typologie kann allerdings durch andere Merkmale überlagert sein. Unter kommunikativem Aspekt bezeichnet das P. in der Regel das jeweils Neue, Unbekannte im Unterschied zu dem durch das Subjekt benannten Bekannten bzw. Vorerwähnten (vgl. →Thema vs. Rhema, →Comment). – Das P. ist nicht gleichzusetzen mit der Verbalphrase der generativen →Transformationsgrammatik, da diese Konstituente im Strukturbaum nicht nur das Verb, sondern auch alle vom Verb abhängigen Elemente (→Objekte) dominiert.

Lit.: →Satzglied, →Subjekt-Prädikatbeziehung.

(2) In der →Formalen Logik, speziell der Prädikatenlogik, derjenige sprachliche Ausdruck, der zusammen mit den Ausdrücken für die →Argumente eine Aussage bildet. Folgende Ausdrücke sind (logische) Prädikate:(a) *x schläft / x ist jung / x war Atheist / x ist getröstet / x hat Durst*; (b) *x ist jünger als y / x liebt y*; (c) *x liegt zwischen y und z / x weist y (durch z) auf w hin*. Entsprechend den Leerstellen für Argumentausdrücke sind die Prädikate unter (a) einstellig (sie bezeichnen Eigenschaften ihrer Argumente), unter (b) und (c) mehrstellig (sie drücken →Relationen zwischen Argumenten aus). Von dieser Prädikatsdefinition geht auch die →Generative Semantik aus.

Lit.: →Formale Logik.

(3) Vgl. unter →Atomares Prädikat.

Prädikatenlogik [Auch: Quantorenlogik, Relationslo-

gik]. Im Rahmen der →Formalen Logik theoretisches System zur Beschreibung der inneren Struktur von Aussagesätzen. Während die Aussagenlogik lediglich die Analyse der Bedeutung der →Logischen Partikeln in wahrheitsfunktionalen Aussagen auf der Basis der →Wahrheitswerte der Teilaussagen vornimmt, differenziert die P. die Aussagenlogik durch die Analyse der internen Beschaffenheit der Aussagen und erweitert sie durch die Einführung generalisierender Aussagen (→Existenz- und →Allaussagen). Prädikate im logischen Sinne sind Zuschreibungen von Eigenschaften an Individuen. Einfache Aussagen bestehen aus Namen für Individuen und Prädikaten, wobei zwischen einstelligen und mehrstelligen Prädikaten zu unterscheiden ist, vgl. *Philip schläft* (einstellig) vs. *Philip gibt Caroline ein Buch* (dreistellig). Einfache Aussagen können durch Generalisierung zu komplexen Aussagen erweitert werden, die angeben, für wieviele Individuen das Prädikat der einfachen Aussage zutrifft. Dabei werden die Namen der einfachen Aussagen durch Variablen ersetzt und die Variablen durch Quantoren (→Operator) gebunden. Beispiel: *Philip träumt*: $\lor x(x \, träumt)$, zu lesen als ›es gibt mindestens ein Lebewesen x, für das gilt: *x träumt*‹. Eine solche →Quantifizierung wird durch den Existenzoperator oder den Alloperator (›für alle *x* gilt: *y*‹) geleistet. Sätze der natürlichen Sprachen sind hinsichtlich der Quantifizierung aufgrund des unterschiedlichen →Skopus eines Quantors häufig mehrdeutig. Diese Mehrdeutigkeit läßt sich im Rahmen der P. in eindeutige Lesarten übersetzen, vgl. *Einen Menschen liebt jeder* im Sinne von $\lor x \land y$ (*x* ist ein Mensch und *y* liebt *x*) oder im Sinne von $\land y \lor x$ (*y* liebt *x* und *x* ist ein Mensch). Ausgehend von der Annahme, daß das System der P. der zugrundeliegenden logischen Struktur natürlichsprachlicher Sätze entspricht und diese »semantische Tiefenstruktur« mit der Struktur außersprachlicher Sachverhalte korrespondiert, gilt die P. in neueren semantischen Modellen (wie →Generative Semantik, →Kategorialgrammatik, →Montague-Grammatik, →Natürliche Generative Grammatik) als grundlegende Beschreibungssprache.

Lit.: →Formale Logik.

Prädikation.
(1) Vorgang und Ergebnis der Zuordnung von Eigenschaften zu Objekten bzw. Sachverhalten. Durch P. werden Gegenstände spezifiziert hinsichtlich Qualität, Quantität, Raum, Zeit u.a. oder in Beziehung gesetzt zu anderen Gegenständen. P. ist somit die Basis jeglicher Form von Aussagen. Ihre sprachliche Realisierung erfolgt durch →Prädikate.
(2) In J. R. SEARLES →Sprechakttheorie zusammen mit →Referenz Teilakt beim Vollzug eines Sprechakts (→Propositionaler Akt). Während der Sprecher durch den Referenzakt Bezug nimmt auf Objekte und Sachverhalte der realen Welt, spricht er durch den Akt der P. diesen Referenten bestimmte Eigenschaften zu.

(3) Beziehung zwischen Subjekt und Prädikat (in der Sprachwiss.) bzw. zwischen Argument und Prädikat in der (→Formalen) Logik.
(4) →Topik vs. Prädikation.

Prädikativ [engl. *predicative complement/adjunct*]. Nominaler Prädikatsteil, der im Dt. zusammen mit den bedeutungsschwachen kopulativen Verben (*sein, werden, bleiben, scheinen, heißen*) das Prädikat des Satzes bildet. Je nach kategorialer Füllung des P. wird unterschieden zwischen: (a) Prädikatsnominativ (auch: Prädikatsnomen, Gleichsetzungsnominativ): *Er ist mein Freund*; (b) Prädikatsakkusativ: *Sie schalt ihn einen Angeber*; (c) Prädikatsadjektiv: *Es wird dunkel*; (d) Prädikativsatz: *Womit wir nicht gerechnet hatten, war, daß er uns so leichtfertig im Stich lassen würde.* – Je nach der syntaktisch-semantischen Beziehung wird unterschieden zwischen (e) Subjektsprädikativ: *Philip ist Schüler* und (f) Objektsprädikativ: *Wir halten sie für eine begabte Wissenschaftlerin.*

Lit.: H. W. SCHALLER [1975]: Zur Definition des Begriffes Prädikatsnomen. In: FoL 7, S. 293–300. – P. EISENBERG [1976]: Oberflächenstruktur und logische Struktur. Untersuchungen zur Syntax und Semantik des dt. Prädikatsadjektivs. Tübingen. – J. M. ZEMB [1978]: Was ist eigentlich (ein) Prädikatsnomen? In: Bolletino dell' istituto di lingue estere 11, S. 17–34. – F. PLANK [1985]: Prädikativ und Koprädikativ. In: ZGL 13, S. 154–185. →Satzglied.

Prädikativsatz. →Nebensatz, der die syntaktische Funktion eines →Prädikatsnomens erfüllt, z.B. *wie er immer war* in *Er ist und bleibt, wie er immer war.*

Prädikatsnomen →Prädikativ.

Präferenz. In der →Konversationsanalyse Bezeichnung der strukturellen Markiertheit (→Markiertheitstheorie) von bestimmten Optionen, z.B. bei →Paarsequenzen (wie Einladung – Zusage/Absage): Die unmarkierte präferierte Option (Zusage) hat eine weniger komplexe Struktur als die markierte (Absage); vgl. A: *Komm doch heute zum Essen.* B: *Gerne. Wann soll ich denn kommen?* vs. C: *Du* (Pause) *Das tät ich gerne. Aber es geht leider nicht. Ich bin schon verabredet.* Der →Turn von C ist strukturell komplexer, z.B. durch die Verzögerung zu Beginn (→Unterbrechung) und durch die Begründung. Darüber hinaus unterscheiden sich präferierte und nicht-präferierte Optionen in der Position innerhalb des Turns; die präferierte Option wird im Unterschied zur nicht-präferierten Option eher zu Beginn realisiert. Zu einem anderen Standpunkt vgl. GOFFMANS korrektiven →Austausch. – Als Überblick vgl. LEVINSON [1983], STREECK [1983].

Lit.: E. SCHEGLOFF/G. JEFFERSON/H. SACKS [1977]: The preference for self-correction in the organization of repair in conversation. In: Lg 53, S. 361–382. – A. POMERANTZ [1978]: Compliment responses. In: J. SCHENKEIN (ed.): Studies in the organization of conversational. New York, S. 79–112. – P. AUER/S. UHMANN [1980]: Aspekte der konversationellen Organisation von Bewertungen. Konstanz. – S. LEVINSON [1983]: Pragmatics. Cambridge. – J. STREECK [1983]: Konversationsanalyse. In: ZS 2, S. 72–104. – J. M. ATKINSON/J. HERITAGE (eds.) [1984]: Structures of social action. Bd. 2. Cambridge, S. 57–164. →Konversationsanalyse, →Reparatur, →Sequentielle Organisation.

Präfix [lat. *praefīgere* ›vorn anheften‹]. Dem →Stamm vorausgehende, reihenbildende, gebundene Wortbildungselemente. Im Unterschied zu den wortartbestimmenden →Suffixen, vgl. *spiel(en)* (= Verb), *Spiel + er* (= Substantiv), *spiel + bar* (= Adjektiv), weisen P. häufig keine ähnliche Funktion auf, vgl. *Wald, Urwald* (= beides Substantive), *alt, uralt* (= beides Adjektive). P. teilen sich im Dt., Engl. und Frz. in eine Klasse, mit der sich hauptsächlich Nomina und Adjektiva verbinden (dt. *un-, ur-*, engl. *un-, in-, non-*), und in eine zweite verbspezifische Klasse (dt. *be-, er-, ver-*, engl. *be-, en-*). Hinsichtlich abgeleiteter Verben im Dt. wird zwischen untrennbaren, stammsilbenbetonten Präfix-Verben (wie *entschlafen*) und trennbaren Partikel-Verben mit Erstbetonung (wie *einschlafen*) unterschieden. – Offen bleibt allerdings die Frage, ob P. nicht doch auch eine Wortart in eine andere zu überführen vermögen. Dafür sprechen von Substantiven oder Adjektiven abgeleitete Verben wie *vernarben, entkalken, befeuchten, erfrischen,* da die einfachen Verben * *Narben* usw. nicht existieren. Vgl. →Derivation, →Konversion, →Partikel.

Lit.: I. KÜHNHOLD/H. WELLMANN [1973]: Deutsche Wortbildung. 1. Hauptteil: Das Verb. Düsseldorf. – G. ZIFONUN [1973]: Zur Theorie der Wortbildung am Beispiel dt. Präfixverben. München. – S. OLSEN [1986]: Wortbildung im Deutschen. Stuttgart, S. 93–109. – D. WUNDERLICH [1987]: An investigation of lexical composition: The case of German *be*-verbs. In: Linguistics 25, S. 283–331. →Derivation, →Wortbildung.

Präfixbildung [Auch: Präfigierung]. Wesentlicher Vorgang der →Wortbildung durch Anfügung eines →Affixes vor dem →Stamm. Die klassifikatorische

Einordnung ist umstritten: Einerseits wird P. zusammen mit →Suffixbildung als ein Haupttyp der →Derivation aufgefaßt, andererseits wird P. als dritter Haupttyp neben Derivation (= Ableitung bzw. Suffixbildung) und →Komposition klassifiziert.

Lit.: →Derivation.

Präfixoid [griech. *ōieidés* ›ähnlich‹; engl. *semi-prefix*. – Auch: Halbpräfix]. Präfixartige Wortbildungselemente wie *Haupt-* in *Hauptgewinn, Hauptstadt, hoch-* in *hochwertig, hochmodern*, die reihenbildend auftreten und die mit einem frei vorkommenden Element form-, aber nicht bedeutungsidentisch sind (vgl. *Haupt* »Kopf«, *hoch* als vertikale Größenangabe). – Sowohl Reihenbildung als auch Bedeutungsverwandtschaft sind Parameter, die eine breite, heterogene Zone zwischen →Komposition und →Affigierung schaffen. Vgl. auch →Augmentativbildung.

Lit.: →Suffixoid, →Wortbildung.

Präposition [lat. *praepōnere* ›voranstellen‹. – Auch: Fallfügteil, Verhältniswort]. Aus ursprünglichen Ortsadverbien entstandene, nicht flektierende und nicht satzgliedfähige →Wortart. Die adverbiale Herkunft zeigt sich im Dt. noch bei *durch*, vgl. *durch-* als Präfix (mit lokaler Semantik) in *den Park durchlaufen*, als P. in *durch den Park laufen* und bei adverbialem Gebrauch in *durch und durch*. Ähnlich wie Adverbien und manche Konjunktionen bezeichnen P. in ihrer urspr. Bedeutung Beziehungen zwischen Elementen hinsichtlich der Grundverhältnisse der Lokalität (*auf, unter, über*), Temporalität (*während, zwischen*), Kausalität (*infolge, unbeschadet*) und Modalität (*einschließlich, gemäß*). Im Unterschied aber zu Adverbien und Konjunktionen verfügen P. über die Eigenschaft der →Rektion, d.h. sie bestimmen den Kasus ihrer Bezugswörter, vgl. *durch, für, ohne* + Akkusativ, *gegenüber, vor, zwischen* + Dativ, *außerhalb, zugunsten, infolge* + Genitiv. Die wörtliche Bedeutung von P. ›Voranstellung‹ trifft nur bedingt zu, denn nach syntaktischer Stellung unterscheidet man folgende →Adpositionen: Präposition (*in der Stadt*), Postposition (*der Ehre halber*), Zirkumposition (*um der Ehre willen*) und Ambiposition (*der Ehre wegen* vs. *wegen der Ehre*). – In neuerer Zeit sind zahlreiche neue P. entstanden aus Substantiven (*angesichts, trotz*), Adjektiven (*unweit*), Verben (*entsprechend*). – In allen modernen europäischen Sprachen treten P. nicht nur im adverbialen, sondern auch im verbalen Bereich auf, vgl. →Präpositionalphrasen.

Lit.: Y. DESPORTES [1983]: Das System der räumlichen Präposition im Deutschen. Strukturgeschichte vom 13. bis zum 20. Jahrhundert. Heidelberg.
Bibliographie: C. CUIMIER [1981]: Prepositions. An analytical bibliography. Amsterdam. →Topologie (2).

Präpositionalobjekt [Auch: →Obliques Objekt]. Syntaktische Objektfunktion, die durch eine von der →Rektion des Verbs determinierte Präposition gekennzeichnet wird: *Sie glaubt an die Zukunft.* Vgl. auch →Präpositionalphrase.

Lit.: E. BREINDL [1989]: Präpositionalobjekte und Präpositionalobjektsätze im Deutschen. Tübingen. →Kasus, →Syntaktische Funktion.

Präpositionalphrase [Abkürzung: PP]. Komplexe syntaktische Kategorie mit unterschiedlicher kategorialer Ausprägung: *auf der steilen Straße* (Präposition + →Nominalphrase), *seit gestern* (Präposition → Adverb), *seit damals* (Präposition → Pro-Adverb), *damit, stattdessen* (Pro-P.). P. erfüllen vor allem die syntaktischen Funktionen des →Adverbials (*Philip läuft im Wald/in den Wald*), →Attributs (*Das Haus im Wald*) und →Objekts (*Philip denkt an den Wald*). Die interne Struktur der P. sowie ihre Positionen und Funktionen im Satz wurden je nach theoretischem Ansatz unterschiedlich analysiert. Zur Behandlung der P. in der →Bindungstheorie vgl. D. WUNDERLICH [1984] und C. SCHMIDT [1987].

Lit.: R. STEINITZ [1969]: Adverbial-Syntax. Berlin. – K. BRINKER [1972]: Konstituentenstrukturgrammatik und operationale Satzgliedanalyse. Frankfurt. – W. BOEDER [1973]: Zur Tiefenstruktur von Präpositionalphrasen. In: FoL 6, S. 89–106. – K. MATZEL [1973]: Dativ und Präpositionalphrase. In: Sprachw 7, S. 144–186. – C. THIERSCH [1978]: Topics in German syntax. Cambridge, Mass. (PhD-Diss.). – D. WUNDERLICH [1984]: Zur Syntax der Präpositionalphrasen im Deutschen. In: ZS 3, S. 65–99. – C. SCHMIDT [1987]: Die interne Struktur von Präpositionalphrasen. Köln (Diss.).

Präsens [lat. *praesēns* ›gegenwärtig‹. – Auch: Gegenwart]. Zeitstufe der →Tempus-Kategorie des Verbs mit vielfältigen semantischen Funktionen. P. bezeichnet: (a) einmalige oder wiederholte Ereignisse der Gegenwart (aktuelles P.) sowie (b) generelle zeitlose Sachverhalte, bes. in Sprichwörtern, Kochrezepten, mathematisch-logischen Aussagen ($3x3 = 9$) und Überschriften (generelles P.), (c) in die Gegenwart hineinreichende Ereignisse und Zustände aus der Vergangenheit (resultatives P.): *Sokrates lehrt, daß...*, (d) Ereignisse der Vergangenheit, die durch die Wahl von P. »gegenwärtig« gemacht werden (historisches P.), (e) zukünftige Ereignisse: *Er kommt mit dem Auto.*

Lit.: →Tempus.

Präskriptive Grammatik →Normative Grammatik.

Präspezifizierend vs. Postspezifizierend →Bestimmungsrelation, →Grundwortstellung.

Präsupposition [nlat. *praesupponere* ›voraussetzen‹, →Präsuppositionstest]. Selbstverständliche (implizite) Sinnvoraussetzungen sprachlicher Ausdrücke bzw. Äußerungen. Aus der analytischen Sprachphilosophie (FREGE, RUSSELL, STRAWSON) übernommener Begriff, der seit etwa 1970 in der Sprachwiss. zu intensiven Diskussionen und sehr unterschiedlichen Definitionen geführt hat. Die Unschärfe des Begriffs hängt einmal damit zusammen, daß die Übertragung logischer Konzepte in natürliche Sprachen durch keine abgesicherten Übersetzungsregeln kontrolliert wird, zum anderen aber auch mit der Ungeklärtheit des Verhältnisses zwischen Logik und Linguistik überhaupt bzw. ihres Zusammenwirkens bei der Analyse natürlicher Sprachen; vgl. GARNER [1971]. – Folgende Definition liegt dem

P.-Begriff der Logik zugrunde: S_1 präsupponiert S_2 genau dann, wenn S_1 impliziert S_2 und *Nicht-S$_1$* impliziert (auch) S_2; z.B.: *Der gegenwärtige König von Frankreich ist kahlköpfig* bzw. *ist nicht kahlköpfig* setzt voraus: *Es gibt gegenwärtig einen König von Frankreich* (Beispiel von RUSSELL). Aus dieser Definition lassen sich verschiedene Eigenschaften bzw. Konzepte von P. ableiten: (a) P. sind Voraussetzungen, die erfüllt sein müssen, damit einer Aussage ein Wahrheitswert zugesprochen werden kann (STRAWSON [1952]). (b) P. bleiben unter Negation konstant. (c) P. beziehen sich auf Assertionen (= [deklarative] Aussagesätze). Das Untersuchungsinteresse galt zunächst nur Existenz- bzw. Einzigkeitsvoraussetzungen von Subjektausdrücken (im obigen Beispiel: *Der König von Frankreich*), so daß sich die Analyse vor allem auf →Eigennamen und →Kennzeichnungen konzentrierte. Da das Phänomen der P. sich mit einer Reihe altvertrauter Probleme der Grammatikforschung (wie Emphasestruktur, Subordination, Topic-Comment, emotive vs. konnotative Bedeutung) deckt, wurde der Terminus in der Sprachwissenschaft (teil)synonym mit den entsprechenden sprachwiss. Konzepten verwendet; vgl. u.a. Quasi-Implikation in BELLERT [1969], *Covert Categories* in FILLMORE [1969], *Subordination* in McCAWLEY [1969], Selektionsbeschränkungen in CHOMSKY [1965]. Die Übertragung des logischen P.- Begriffs in die Sprachwissenschaft wurde durch STRAWSON [1950] so-

wie die Sprechakttheorie von AUSTIN und SEARLE beeinflußt und hat vielfältige Kontroversen ausgelöst: Sind P. Relationen zwischen Sätzen, Propositionen, Äußerungen oder Einstellungen von Sprecher/Hörer oder sind sie logisch-semantische, wahrheitswertfunktionale Relationen und damit kontextunabhänge *langue*-spezifische Elemente der Bedeutung, oder sind sie *parole*-bezogene, kontextabhängige, pragmatische Bedingungen des Gebrauchs von sprachlichen Ausdrücken, abhängig von Sprachhandlung und sprachlichen Konventionen (SEARLE, SEUREN, FILLMORE, KEMPSON, WILSON)? Alle Abgrenzungs- und Ordnungsversuche zielen letztlich darauf ab, den P.-Begriff an eine oder mehrere linguistische Beschreibungsebenen anzulehnen. Im Falle (a) der syntaktischen, konstruktionell begründeten P. ergeben sich Schwierigkeiten hinsichtlich der Abhängigkeit der P. von solchen Phänomenen wie →Fokus, →Topikalisierung, Subordination; bei den (b) semantisch-lexikalisch begründeten P. ist zu entscheiden, ob es sich um inhärente Bedeutungsmerkmale oder Selektionsbeschränkungen handelt, während es überhaupt fraglich ist, inwieweit (c) die pragmatisch begründeten P. (die SEARLES *felicity conditions* entsprechen) einer intern linguistischen Beschreibung zugänglich sind; vgl. →Implikation, →Konversationelle Implikatur, →Suggerierte Schlußfolgerung. Folgende sprachliche Indikatoren sind »verdächtig«, Präsuppositions-Garanten (engl. *P.-inducers*) zu sein, d.h. konstant in allen denkbaren Kontexten diesselben P. auszulösen: Definite Nominalphrasen, →Faktives Prädikat, →Quantifizierung, →Konjunktionen, →Partikel, →Thema-Rhema-Gliederung von Sätzen, Emphasestruktur, Subordination, →Subkategorisierung bzw. →Selektionsbeschränkungen, vgl. hierzu REIS [1977]. – Die P.-forschung spielt(e) eine zentrale Rolle für zahlreiche linguistische Fragestellungen bzw. Abgrenzungsprobleme, so in der Auseinandersetzung mit bzw. in Abgrenzung von →Interpretativer vs. →Generativer Semantik, zwischen Logik und Linguistik, Linguistik und Pragmatik, linguistischem vs. enzyklopädischem Wissen, vor allem aber zur Klärung von Text-→Kohärenz und zur Untersuchung von →Textkonstituenten in der →Texttheorie. In alltagssprachlicher Praxis führt eine mißbräuchliche Verwendung von P. zu manipulativem Sprachgebrauch (z.B. Richter zu Angeklagtem: *Wann hören sie endlich auf, ihre Frau zu schlagen?*); die Zurückweisung einer (scheinbar selbstverständlichen) Unterstellung gelingt häufig weniger als der Widerspruch gegen explizit Behauptetes.

Lit. zu P. unter logischem Aspekt: G. FREGE [1892]: Über Sinn und Bedeutung. In: ZPhK, NF 100, S. 25–50. Wiederabgedruckt in: G. FREGE [1967]: Kleine Schriften (ed.v. I. ANGELELLI). Darmstadt, S. 143–162. – B. RUSSELL [1905]: On denoting. In: Mind 30, S. 479–493. – P. F. STRAWSON [1950]: On referring. In: Mind 67, S. 320–344. – P. F. STRAWSON [1952]: Introduction to logical theory. London. – B.C. v. FRAASSEN [1968]: Presupposition, implication and self-reference. In: IPh 65, S. 136–152. Auch in: PPL (1973) S. 11–41. – S. SOAMES [1989]: Presupposition. In: D. GABBAY/F. GUENTHER (eds.): Handbook of philosophical logic. Bd. 4, S. 553–616.

P. in der Sprachwissenschaft: N. CHOMSKY [1965]: Aspects of the theory of syntax. Cambridge, Mass. Dt.: Aspekte der Syntaxtheorie. Frankfurt 1969. – I. BELLERT [1969]: Arguments and predicates in the logicosemantic structure of utterances. In: F. KIEFER (ed.): Studies in syntax and semantics. Dordrecht, S. 109–137. – E. L. KEENAN [1969]: A logical base for transformation grammar of English. Pennsylvania. – J. R. SEARLE [1969]: Speech acts. An essay in the philosophy of language. Cambridge. Dt.: Sprechakte. Frankfurt 1971. – P. KIPARSKY/C. KIPARSKY [1970]: Fact. In: M. BIERWISCH/K. E. HEIDOLPH (eds.): Progress in linguistics. The Hague, S. 143–173. – B.C. v. FRAASSEN [1971]: Formal semantics and logic. New York. – R. GARNER [1971]: Presupposition in philosophy and linguistics. In: CH. J. FILLMORE/T. D. LANGENDOEN (eds.): Studies in linguistic semantics. New York, S. 23–42. – R. S. JACKENDOFF [1972]: Semantic interpretation in generative grammar. New York. – K. KIEFER [1972]: Über Präsuppositionen. In: F. KIEFER (ed.): Semantik und generative Grammatik. Frankfurt, S. 275–304. – J. S. PETÖFI/D. FRANCK (eds.) [1973]: Präsuppositionen in Philosophie und Linguistik. Frankfurt. – K. H. EBERT [1973]: Präsuppositionen im Sprechakt. In: PPL, S. 421–440. – M. REIS [1974]: Präsuppositionen in Philosophie und Linguistik. Anmerkungen zur Anthologie von J. S. PETÖFI/D. FRANCK (eds.): Präsuppositionen in Philosophie und Linguistik. Frankfurt 1973. In: DSp 4, S. 287–304. – R. KELLER [1975]: Wahrheit und kollektives Wissen. Zum Begriff der Präsupposition. Düsseldorf. – R. M. KEMPSON [1975]: Presupposition and the delimitation of semantics. London. – D. WILSON [1975]: Presuppositions and non-truthconditional semantics. London. – H. ALTMANN [1976]: Die Gradpartikeln im Deutschen. Untersuchungen zu ihrer Syntax, Semantik und Pragmatik. Tübingen. – R. HAUSSER [1976]: Presuppositions in Montague-grammar. In: TL 3, S. 245–280. – CH. ROHRER [1976]: Materiale Implikation, strikte Implikation und kontrafaktive Bedingungssätze. In: LBer 43, S. 12–22. – G. GAZDAR [1977]: Implicature, presupposition and logical form. Bloomington. – J. MURPHY/A. ROGERS/R. WALL (eds.) [1977]: Proceedings of the Texas conference on performatives, presuppositions and conversational implicatures. Washington. – M. REIS [1977]: Präsuppositionen und Syntax. Tübingen. – U. BLAU [1978]: Die dreiwertige Logik der Sprache. Ihre Syntax, Semantik und Anwendung in der Sprachanalyse. Berlin. – G. GAZDAR [1979]: Pragmatics. New York. – G. MEGGLE (ed.) [1979]: Handlung, Kommunikation, Bedeutung. Frankfurt. – C.-K. OH/D. A. DINEEN (eds.) [1979]: Presupposition. New

York. - P. A. M. SEUREN [1985]: Discourse Semantics. Oxford. - R. A. VAN DER SANDT [1987]: Context and presupposition. London.
Forschungsbericht: D. FRANCK [1973]: Zur Problematik der Präsuppositionsdiskussion. In: PPL, S. 11-42. - M. PINKAL [1985]: Neuere Theorien der Präsupposition. In: StL 17/18, S. 114-126.
Bibliographie: J. S. PETÖFI (ed.) [1978]: Logic and the formal theory of natural language. Selective bibliography. Hamburg. →Formale Logik, →Konversationsanalyse, →Pragmatik.

Präsuppositionstest. Zur Abgrenzung von →Präsupposition gegenüber →Assertion, →Implikation, →Konversationsmaximen und Sprechakten (→Sprechakttheorie) werden folgende monologische und dialogische Tests bzw. Kombinationen dieser Tests angewendet (nach ALTMANN [1976]): (a) Negationstest: zur Bestimmung von Assertion und P.: Die Präsupposition einer Äußerung bleibt unter (starker) →Negation per Definition konstant, während sich die Assertion und Implikation in ihr Gegenteil verkehren. Der Negationstest ist aber nur bedingt zureichend, da die natürlichsprachliche Verneinung sich entsprechend der logischen Negation nur in Behauptungssätzen anwenden läßt. Außerdem ist der →Skopus (die Reichweite der Negation) in Abhängigkeit von →Akzent und/oder Kontext häufig mehrdeutig. Die Negation von *Martina hat das Bild gemalt : Martina hat das Bild nicht gemalt* kann sich je nach Lesart auf *Martina*, *das Bild*, *malen* oder auf den gesamten Sachverhalt beziehen. Vor allem aber ist bei Sätzen mit Partikeln die Wahl der richtigen Negationsart nicht immer eindeutig auszumachen (stark, schwach, kontrastiv?). Zur Ne-

gationsfrage vgl. SEUREN [1985]. (b) Variation des Sprechakttyps bei Konstanz der Proposition zur Bestimmung der P.: *Ist der gegenwärtige König von Frankreich glatzköpfig?* präsupponiert: *Es gibt einen König von Frankreich.* (c) Konjunktionstest mit *und*: Einzelne Bedeutungsaspekte (Assertion, Proposition, konversationelle Implikatur) werden (durch *und* verbunden) der jeweiligen Äußerung voraus- bzw. nachgestellt. Dieser Test basiert auf der Tatsache, daß zu gramm. Sätzen Präsuppositionen nur voraus-, konversationelle Implikaturen nur nachgestellt werden dürfen, während für die Assertion beide Stellungstypen möglich sind. (d) Widerspruchstest mit *aber*: Widerspricht man explizit demjenigen, was in der vorausgegangenen Äußerung präsupponiert war, entsteht ebenfalls ein ungramm. Satz.
Lit.: →Präsupposition.

Präterito-Präsentia [Sg. Präterito-Präsens; lat. *praesens* →Präsens; *praeteritum* →Präteritum]. Gruppe von ideur. Verben, deren Präteritalformen die Bedeutung der Präsensformen angenommen haben. Diese Uminterpretation beruht auf dem aktionalen Charakter des ideur. Zeitstufensystems (→Aktionsart): Grundstock und Muster der P. bildet der ideur. Perfektstamm, der einen durch eine vorausgegangene Handlung erreichten Zustand bezeichnet: griech. *oĩda* ›ich habe gesehen‹, also: ›ich weiß‹. Das verlorengegangene Präteritum dieser ursprünglich starken (d.h. zugleich: ablautenden) Verben wird in den germ. Sprachen analog zu schwachen Verben neu gebildet. – Kennzeichen der P. ist (a) Vokaldifferenz in Sg. und Pl. Präsens (alias Präteritum), vgl. nhd. *ich weiß* – *wir wissen*, (b) 1. und 3. Pers. Sg. Präsens sind endungslos: *ich / er weiß, kann, mag* (vs. *ich singe* : *er singt*). – Ihre spezifische Bedeutung erhalten die P. aus ihrer syntaktischen Verwendung als modale Hilfsverben (→Modalverb).

Lit.: →Historische Grammatiken.

Präteritum [lat. *paeteritum* ›das Vorübergegangene‹. – Auch: →Imperfekt, Vergangenheit].
(1) Zeitstufe der →Tempus-Kategorie des Verbs zur Bezeichnung der Vergangenheit in Sprachen, die nicht (wie z.B. das Altgriech.) zwischen Aorist, Imperfekt und Perfekt unterscheiden. Das P. kennzeichnet den durch die Aussage bezeichneten Sachverhalt als vor dem Sprechakt abgeschlossenen Vorgang, daher ist das P. vor allem das Tempus epischer Darstellung. In oberdt. Dialekten hat es seine Funktion zunehmend an das →Perfekt abgetreten.
(2) Veraltete Verwendung als Oberbegriff für die Zeitformen Perfekt, Imperfekt, Plusquamperfekt.

Lit.: K. HAMBURGER [1953]: Das epische Präteritum. In: DVLG 27, S. 329–357. – K. B. LINDGREN [1957]: Über den oberdeutschen Präteritumsschwund. Helsinki. – W. RASCH [1961]: Zur Frage des epischen Präteritums. In: WW 3, S. 68–81. – U. HAUSER-SUIDA/G. HOPPE-BEUGEL [1972]: Die Vergangenheitstempora in der deutschen geschriebenen Sprache der Gegenwart. München. →Tempus.

Präzendenz [engl. *precedence* ›Vorausgehen‹]. →Phrasenstrukturregeln.

Prager Schule [Auch: Funktionale Linguistik/Sprachwissenschaft, Funktionalismus]. Aus dem 1926 von V. MATHESIUS, B. TRNKA, J. VACHEK u.a. gegründeten »*Cercle Linguistique de Prague*« hervorgegangene sprachwiss. Richtung des europäischen →Strukturalismus, deren Grundthesen erstmals auf dem Slavistenkongreß in Den Haag (1928) vorgetragen wurden und die sich seit dem Amsterdamer Phonetik-Kongreß von 1932 als »P. S.« bezeichnete. Im Unterschied zu anderen strukturalistischen Richtungen, wie sie vor allem durch den formbezogenen Ansatz der →Kopenhagener Schule vertreten wurden, betrachtet die P. S. Sprache primär als funktionierendes Kommunikationsmittel, dessen strukturelles Zeichensystem durch Beobachtung an konkretem Sprachmaterial in Verwendungssituationen zu beschreiben ist. Damit verzichtet die P. S. auf die von F. DE SAUSSURE vertretene strikte Trennung zwischen →Langue vs. Parole, zugleich auch auf den Primat einer synchronischen Sprachbetrachtung, indem sie auch Sprachwandel mit strukturalistischen Prinzipien zu erklären versucht. Grundsätzliche Äußerungen hierzu finden sich bei JAKOBSON [1931] und MARTINET [1955]. Die Gemeinsamkeiten ihrer theoretischen Prämissen mit anderen strukturalistischen Schulen liegen (a) in der entschiedenen Absage an den positivistischen Atomismus der →Junggrammatiker und (b) in der Auffassung von Sprache als System und von Sprachwiss. als autonomer Wissenschaft (unabhängig von

Psychologie, Philosophie u.a.). Kennzeichnend für das wiss. Vorgehen der P. S., zugleich auch von nachhaltigstem Einfluß auf die Entwicklung der Sprachwiss., ist ihre Orientierung am Begriff des »Funktionalismus«. Ausgangspunkt der Analyse ist die durch die sprachliche Äußerung ausgedrückte Intention des Sprechers; die Analyse geht also von der »Funktion« der Äußerung aus, um ihre »Form« zu beschreiben. In unterschiedlicher Schattierung taucht der Funktionsbegriff in allen wichtigen Untersuchungsbereichen der P. S. auf, so z.B. im Ansatz der →Funktionalen Satzperspektive (der die →Thema vs. Rhema-Struktur eines Textes als Strukturprinzip ansieht) und in den semantisch-literaturwiss. orientierten Untersuchungen von R. JAKOBSON, die sich auf K. BÜHLERS →Organonmodell stützen. Dies gilt besonders für das von N. TRUBETZKOY (1890–1938) entworfene und von R. JAKOBSON (1896–1982) weiterentwickelte Konzept der →Phonologie. Die theoretische Fundierung und praktische Darstellung dieses Ansatzes (vgl. hierzu die wichtigsten Begriffe wie →Binarismus, →Distinktives Merkmal, →Opposition und →Phonem) sind 1939 in TRUBETZKOYS posthum veröffentlichten »Grundzügen der Phonologie« zusammengefaßt und von JAKOBSON durch Postulierung eines universellen Inventars phonetisch-phonologischer Merkmale für alle Sprachen ergänzt. Von nachhaltigem Einfluß auf die Entwicklung der generativen →Transformationsgrammatik war die von TRU-BETZKOY eingeführte Ebene der →Mor(pho)phonologie, auf der die wechselnde phonologische Gestalt morphologischer Einheiten beschrieben wird. Seit den fünfziger Jahren beschäftigen sich Prager Linguisten wie J. VACHEK (geb. 1909) und J. FIRBAS (geb. 1921) vor allem mit syntaktischen, semantischen und stilistischen Problemen des Englischen sowie slavischer Sprachen, vgl. den Sammelband von VACHEK [1964].

Quellenschriften: K. BÜHLER [1934]: Sprachtheorie. Jena. Neudruck Stuttgart 1965. – N. TRUBETZKOY [1939]: Grundzüge der Phonologie. Göttingen, 4. Aufl. 1967. – A. MARTINET [1955]: Économie des changements phonétiques. Bern. – R. JAKOBSON/M. HALLE [1956]: Fundamentals of language. The Hague. – P. L. GARVIN [1964]: A Prague school reader on esthetics, literary structure and style. Washington. – J. VACHEK [1966]: The linguistic school of Prague. An introduction to its theory and practice. Bloomington. – J. VACHEK /E. BENEŠ (eds.) [1971]: Stilistik und Soziolinguistik. Beiträge der Prager Schule zur strukturalen Sprachbetrachtung und Spracherziehung. Berlin. – E. HOLENSTEIN [1976]: Linguistik – Semiotik – Hermeneutik. Plädoyer für eine strukturale Phänomenologie. Frankfurt. – J. SCHARNHORST/E. ISING (eds.) [1976]: Grundlagen der Sprachkultur: Beiträge der Prager Linguistik zur Sprachtheorie und Sprachpflege. Berlin. – J. VACHEK/L. DUSKOVÁ (eds.) [1983]: Praguiana. Amsterdam. – B. A. STOLZ (ed.) [1984]: Language and literary theory in honor of L. MATEJKA. Ann Arbor. – F. W. GALAN [1985]: Historic structures: The Prague School project, 1928–1946. Austin.
Terminologie: J. VACHEK/J. DUBSKY [1966]: Dictionnaire de linguistique de l'Ecole de Prague. Utrecht. →Sprachwissenschaft (Geschichte), →Strukturalismus.

Pragmalinguistik [griech. *prāgma* ›Handlung‹].

(1) Synonym für Pragmatik bzw. pragmatisch orientierte Forschungsaspekte der →Textlinguistik und/oder →Soziolinguistik.
(2) Kommunikationsorientierte Teildisziplin einer sogen. Sozialpragmatik, die die Sprach-

zeichen und deren Kombination im Sprachkommunikationsprozeß beschreibt und durch eine Aktionskomponente zu ergänzen versucht. P. wird in diesem Zusammenhang der Psycho- und Soziolinguistik zugeordnet, während linguistische Pragmatik den Bereichen Syntax und Semantik zugewiesen wird.

Lit.: J. L. MEY (ed.) [1979]: Pragmalinguistics: theory and practice. The Hague.

Pragmatik. Aus verschiedenen sprachwiss., philosophischen und sozialwiss. Traditionen hervorgegangene linguistische Teildisziplin, die die Relation zwischen natürlichsprachlichen Ausdrücken und ihren spezifischen Verwendungssituationen untersucht. Die Bezeichnung P. geht auf die allgemeine Zeichentheorie von CH. W. MORRIS [1938] zurück: In diesem semiotischen Modell bezieht sich P. auf das Verhältnis vom →Zeichen zum Zeichenbenutzer. In der Sprachwiss. ist die Abgrenzung von P. gegenüber Semantik und Syntax auf der einen Seite und gegenüber soziolinguistischen Fragestellungen im weitesten Sinn auf der anderen Seite nur theorieabhängig zu bestimmen. Ein quasi autonomer Beschreibungsbereich (wie etwa bei der →Phonologie) ist ihr kaum zuzuordnen. (Bezeichnenderweise existiert die Bezeichnung P. im anglo-amerik. Raum noch nicht sehr lange, dort wurde P. weitgehend durch *sociolinguistics* abgedeckt.) Besonders schwierig ist die Grenzziehung zwischen P. und →Semantik, die beide unterschiedliche Aspekte von →Bedeutung untersuchen.

Während Semantik sich auf die wörtliche, kontextinvariante Bedeutung von sprachlichen Ausdrücken bzw. auf den kontextinvarianten Teil der Wahrheitsbedingungen von →Propositionen bzw. Sätzen bezieht, untersucht die P. die Funktion von sprachlichen Äußerungen und die darin zum Ausdruck kommenden →Propositionen in Abhängigkeit von ihren situationsspezifischen Verwendungen. Umstritten ist in dieser Hinsicht z.B. die Zuordnung von Problemen der →Deixis zu P. oder Semantik; als Mittel zur Situierung von Äußerungen in Kontexten zählen →Deiktische Ausdrücke zur P., als Faktoren für die Festlegung der Wahrheitsbedingungen von Sätzen zur (indexikalischen) Semantik. Ähnliche Unsicherheiten bestehen bei Problemen der →Topikalisierung, →Thema-Rhema-Struktur, →Präsuppositionen u.a. Zu Problemen der Abgrenzung vgl. zusammenfassend VENNEMANN/JACOBS [1982:139–145]. Zur Entwicklung der P. im dt. Sprachraum haben verschiedene Forschungsrichtungen beigetragen, u.a. sprachphilosophische (→Philosophie der Alltagssprache, →Gebrauchstheorie der Bedeutung), ethnologisch-anthropologische (→Ethnographie der Kommunikation) und soziologische (→Handlungstheorie, →Kommunikationswissenschaft, →Soziolinguistik). Nachdem zu Beginn der 70er Jahre P. fast ausschließlich mit →Sprechakttheorie identifiziert wurde, beschäftigt sich die P. in neuerer Zeit vor allem mit empirischen Untersuchungen zur →Konversationsanalyse, anknüpfend an GRICE [1968] mit →Konversationsmaximen sowie mit Problemen der Zuordnung von P. und Semantik (wie Deixis, Präsupposition u.a.).

Lit.: K. BÜHLER [1934]: Sprachtheorie. Jena. Neudruck Stuttgart 1965. – CH. W. MORRIS [1938]: Foundations of the theory of signs. Chicago. Dt.: Grundlagen der Zeichentheorie. München 1972. – P. WATZLAWICK/J. H. BEAVIN/D. D. JACKSON [1967]: Pragmatics of human communication. A study of interactional patterns, pathologies, and paradoxes. New York. Dt.: Menschliche Kommunikation. Bern 1969. – H. P. GRICE [1968]: Logic and conversation. (Unveröff. Ms. Berkeley.) Abgedruckt in: P. COLE/J. L. MORGAN (eds.): Syntax and semantics. Bd. 3: Speach acts. New York 1975, S. 41–58. – D. HYMES [1968]: The ethnography of speaking. In: J. A. FISHMAN (ed.): Readings in the sociology of language. The Hague, S. 99–138. – R. C. STALNAKER [1970]: Pragmatics. In: Synthese 22, S. 272–289. – D. WUNDERLICH [1970]: Die Rolle der Pragmatik in der Linguistik. In: DU 4, S.5–41. – J. HABERMAS [1971]: Vorbereitende Bemerkungen zu einer Theorie der kommunikativen Kompetenz. In: J.HABERMAS/N. LUHMANN: Theorie der Gesellschaft oder Sozialtechnologie. Frankfurt, S. 101–141. – D. WUNDERLICH [1971]: Pragmatik, Sprechsituationen, Deixis. In: LiLi 1/2, S. 153–190. – J. J. GUMPERZ/D. HYMES (eds.) [1972]: Directions in sociolinguistics: The ethnography of communication. New York. – D. WUNDERLICH (ed.) [1972]: Linguistische Pragmatik. Frankfurt. – E. A. SCHEGLOFF/H. SACKS [1973]: Opening up closings. In: Semiotica 8, S. 289–327. – W. KALLMEYER u.a. (eds.) [1974]: Lektürekolleg zur Textlinguistik. 1. Bd.: Einführung, 2. Bd.: Reader. Frankfurt. – D. WUNDERLICH [1976]: Studien zur Sprechakttheorie. Frankfurt. – J. REHBEIN [1977]: Komplexes Handeln. Elemente zur Handlungstheorie der Sprache. Stuttgart. – A. KRATZER [1979]: Semantik der Rede. Königstein. – W. LABOV [1979]: Sprache im sozialen Kontext. Kronberg. – TH. VENNEMANN/J. JACOBS [1982]: Sprache und Grammatik. Darmstadt. – S. C. LEVINSON [1983]: Pragmatics. Cambridge.
Bibliographie: J. VERSCHUEREN [1978]: Pragmatics. An annotated bibliography. Amsterdam. →Deiktischer Ausdruck, →Handlungstheorie, →Kommunikative Kompetenz, →Konversationsmaxime, →Performative Analyse, →Philosophie der Alltagssprache, →Präsupposition, →Referenz, →Sprechakttheorie.

Pragmatische Paradoxie →Double-Bind-Theorie.

Prakrit →Indisch.

Pressesprache [Auch: Zeitungssprache]. Bezeichnung für den Sprachgebrauch der Presse als besonderer Ausprägung schriftlichen öffentlichen Sprechens. P. ist keine einheitliche →Varietät im Sinne eines sprachlichen Teilsystems, ihre Merkmale sind vielmehr bedingt durch die Struktur der →Massenkommunikation und hängen im einzelnen ab von Adressatenkreis (Boulevardzeitung, politisches Magazin), Erscheinungsweise (Tageszeitung, Wochenzeitung), Verbreitung (regional/überregional), inhaltlicher Rubrik (Sport, Wirtschaftsteil), Textsorte (Kommentar, Wetterbericht) und anderen Faktoren. Wegen mancher Stilmerkmale wie der Tendenz zum →Nominalstil oder zum Gebrauch von Schlag- und Modewörtern war die P. oft Gegenstand einer an literarischem Sprachgebrauch orientierten →Sprachkritik (»Zeitungsdeutsch«). Der heutigen deskriptiven Linguistik gilt sie, da sie sprachliche Normen sowohl bestätigt wie verändert (z.B. bei der Verbreitung von Neologismen, Wortbildungsmustern oder fachsprachlichem Vokabular) als wichtiger Faktor der Sprachentwicklung.

Lit.: H. M. ENZENSBERGER [1962]: Die Sprache des SPIEGELS. In: H. M. ENZENSBERGER: Einzelheiten I. Frankfurt. – K. D'ESTER [1962]: Zeitung und Zeitschrift. In: H. W. STAMMLER (ed.): Deutsche Philologie im Aufriß. 2. Aufl. Berlin, S. 1245–1352. – E. BLÜHM/R. ENGELSING (eds.) [1967]: Die Zeitung: Deutsche Urteile und Dokumente von den Anfängen bis zur Gegenwart. Bremen. – E. MITTELBERG [1967]: Wortschatz und Syntax der Bild-Zeitung.

Marburg. - E. MITTELBERG [1970]: Sprache in der Boulevardpresse. Stuttgart. - B. CARSTENSEN [1971]: Spiegel-Wörter, Spiegel-Worte. Zur Sprache eines deutschen Nachrichtenmagazins. München. - B. SANDIG [1971]: Syntaktische Typologie der Schlagzeile. München. - I. ROSENGREN [1972, 1977]: Ein Frequenzwörterbuch der deutschen Zeitungssprache. 2 Bde. Lund. - E. STRASSNER (ed.) [1975]: Nachrichten. Entwicklungen, Analysen - Erfahrungen. München. - H. ARNTZEN/W. NOLTING (eds.) [1977]: DER SPIEGEL 28 (1972). Analysen, Interpretationen, Kritik. München. - M. PFEIL [1977]: Zur sprachlichen Struktur des politischen Leitartikels in deutschen Tageszeitungen. Göppingen. - H. KNIFFKA [1980]: Soziolinguistik und empirische Textanalyse. Schlagzeilen- und Leadformulierung in amerikanischen Tageszeitungen. Tübingen. - H.-H. LÜGER [1983]: Pressesprache. Tübingen. - H. BURGER [1984]: Sprache der Massenmedien. Berlin. - G. BENTELE/E. W. B. HESS-LÜTTICH (eds.) [1985]: Zeichengebrauch in Massenmedien. Tübingen. - C. H. GOOD [1985]: Presse und soziale Wirklichkeit. Düsseldorf. - H. GRÜNEWALD [1985]: Argumentation und Manipulation in SPIEGEL-Gesprächen. Frankfurt. - J. HÄUSERMANN/H. KÄPPELI [1986]: Rhetorik für Radio und Fernsehen. Aarau. - U. SCHMITZ [1987]: Sprache und Massenmedien. In: U. AMMON u.a. (eds.): Sociolinguistics/Soziolinguistik. Bd. 1. Berlin, S. 821-833.
Bibliographie: G. HAGELWEIDE [1989]: Literatur zur deutschsprachigen Presse. Eine Bibliographie. Von den Anfängen bis 1970. Bd. 2. München.
Forschungsbericht: E. STRASSNER [1981]: Sprache in Massenmedien - Ein Forschungsüberblick. In: G. BENTELE (ed.): Semiotik und Massenmedien. München, S. 57-74. →Massenkommunikation.

Primär- vs. Sekundärdaten
→Eingabe- vs. Ausgabedaten.

Primärberührungseffekt. Die ideur. Verbindungen –*bt*-, –*gt*-, –*gs*-, –*dt*- erscheinen im Urgerm. nicht - wie aufgrund der →Ersten Lautverschiebung zu erwarten - als *pt, kt, ks, tt*, sondern als [ft, χt, χs, s(s)]. Es ist daher anzunehmen, daß noch im Ideur. eine →Assimilation der stammauslautenden sth. Verschlußlaute an die stl. Verschlüsse der nachfolgenden Suffixe stattfand (deshalb auch ›Primärberührung‹), vgl. z.B. lat. *scrībere* : *scrīptum*; *regere* : *rēctum*. Bei der Ersten Lautverschiebung wurden diese stl. Verschlußlaute regelgemäß zu den entsprechenden stl. Frikativen, vgl. ideur. **skabt-*, **reg-tos* : urg. **skaft* ›Schöpfung‹, **reχt* ›Bedeutung‹; im Falle von *dt, tt* fand zusätzlich eine assimilatorische Frikativierung des Verschlusses statt, vgl. ideur. **sed-tos > *sed⁵tos > *sestos >* lat. *(ob)sessus.*

Lit.: R. WISNIEWSKI [1963]: Die Bildung des schwachen Präteritums und die primären Berührungseffekte. In: PBB (T) 85, S. 1-17. →Lautwandel.

Primäres vs. Sekundäres Dialektmerkmal. Von SCHIRMUNSKI [1930] eingeführte Unterscheidung zwischen strikt kleinräumig gebundenen, auffälligen (»primären«) und weniger auffälligen (»sekundären«) Dialektmerkmalen mit größerer regionaler Verbreitung; primäre D. werden bei Ausgleichsvorgängen rascher abgebaut als sekundäre.

Lit.: V. SCHIRMUNSKI [1930]: Sprachgeschichte und Siedlungsmundarten. In: GRM 18, S. 113-122; S. 171-188; I. REIFFENSTEIN [1976]: Primäre und sekundäre Unterschiede zwischen Hochsprache und Mundart. Überlegungen zum Mundartabbau. In: Opuscula Slavica et Linguistica. (FS. A. ISSATSCHENKO) Klagenfurt, S. 337-347.

Primatensprache →Tiersprachen.

Primitivprädikat →Atomares Prädikat.

Prinzip der abstraktiven Relevanz. Grundprinzip der (sprachlichen) Zeichentheorie, das K. BÜHLER [1934] in Anlehnung an N. TRUBETZKOY postulierte und am Beispiel der Unterscheidung zwischen Phonetik und Phonologie verdeutlichte: Die Konstitution des Zeichens als Zeichen erfolgt nicht aufgrund seiner sinnlich wahrnehmbaren Eigenschaften (= phonetische Mannigfaltigkeit der Lautbildungen), sondern aufgrund seiner für die Bedeutungsunterscheidung relevanten, »diakritisch wirksamen« Merkmale. Vgl. →Axiomatik der Sprachtheorie, →Distinktives Merkmal.

Lit.: N. TRUBETZKOY [1929]: Zur allgemeinen Theorie der phonologischen Vokalsysteme. In: TCLP 1, S. 39–67. – K. BÜHLER [1934]: Sprachtheorie. Jena. Neudruck Stuttgart 1965. →Axiomatik der Sprachwissenschaft.

Privativum [lat. *prīvāre* ›berauben‹]. Semantisch definierter Typ abgeleiteter Verben, deren Bedeutung jeweils durch ›beseitigen von etwas‹ umschrieben werden kann: *entgiften, entsorgen.*

Privatsprache. Konzept verschiedener (sprach)philosophischer Richtungen, das auf der Vorstellung beruht, daß es im Unterschied zur öffentlichen Sprache eine Sprache gibt, deren Ausdrücke sich so ausschließlich auf persönliche Erlebnisse und Bewußtseinsinhalte beziehen, daß sie von niemand anderem als dem Sprecher selbst verstanden werden können. Die Konsistenz des Begriffes P. wird von WITTGENSTEIN in seinen »Philosophischen Untersuchungen« mit verschiedenen Argumenten bestritten, vgl. hierzu die zusammenfassende Diskussion in STEGMÜLLER [1969].

Lit.: L. WITTGENSTEIN [1953]: Philosophical investigations. Oxford. Dt.: Philosophische Untersuchungen. In: L. WITTGENSTEIN: Schriften I. Frankfurt 1960. – W. STEGMÜLLER [1969]: Hauptströmungen der Gegenwartsphilosophie. Bd. 1. 7., erw. Aufl. Stuttgart 1989, S. 645–672. – C. R. JONES (ed.) [1971]: The private language argument. London. – E. TUGENDHAT [1979]: Selbstbewußtsein und Selbstbestimmung. Frankfurt, S. 91–137. – S. KRIPKE [1982]: Wittgenstein on rules and private language. Oxford. – N. CHOMSKY [1986]: On rule following. In: N. CHOMSKY: Knowledge of language: It's nature, origin, and use. New York.

Privilegierungsprinzip [engl. *primacy relation*. – Auch: Vorgänger-/Vorrangrelation]. Von R. W. LANGACKER [1966] beschriebene Beziehung zwischen Knoten im →Strukturbaum: zwei Knoten *A* und *B* befinden sich in der Relation der Privilegierung (bzw. des »Vorrangs«), wenn (a) in der linearen Kette der Knoten *A* dem Knoten *B* ›vorausgeht« (engl. *to precede*) und (b) *A* den Knoten *B* »kommandiert«, d.h. weder *A* noch *B* dominieren sich gegenseitig, und der *S*-Knoten, der *A* unmittelbar dominiert, dominiert auch den Knoten *B*; vgl. den folgenden Strukturbaum, in dem der Knoten *A* dem Knoten *B* »vorausgeht« (Präzedenzrelation) und *A* die Knoten *X* und *B* »kommandiert«:

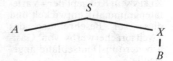

Das P. spielt bei Transformationsprozessen wie Pronominalisierung eine wichtige Rolle (vgl. LANGACKER), aber auch generell bei Beschränkungen für Regelanwendungen (vgl. REIS [1974]).

Lit.: R. W. LANGACKER [1966]: On prono-minalization and the chain of command. In: D. A. REIBEL/S. A. SCHANE (eds.): Modern studies in English. Readings in transformational grammar. Englewood Cliffs, S. 160–186. - M. REIS [1974]: Syntaktische Hauptsatzprivilegien und das Problem der deutschen Wortstellung. In: ZGL 2, S. 299–327. →C-Kommando, →Transformationsgrammatik.

Proadverb(ial) →Pronomialadverb.

Probabilistische Grammatik [lat. *probābilis* ›wahrscheinlich‹]. Von A. SALOMAA [1969] und P. SUPPES [1972] entwickeltes Grammatikmodell zur Beschreibung von sozialen, regionalen, diachronischen und situativen Varianten in natürlichen Sprachen. Aufgrund statistischer, durch empirische Befunde abgesicherter Hypothesen wird im Rahmen einer alle Varianten übergreifenden »Bezugsgrammatik« jeder sprachlichen Regel eine Wahrscheinlichkeit zugeordnet, die ihr Auftreten voraussagt. Die Entwicklung solcher durch Wahrscheinlichkeiten bewerteten Grammatiken hat sich als brauchbares Instrumentarium zur Beschreibung von Prozessen des Sprachwandels und des Spracherwerbs erwiesen. Auf der Basis einer P. G. hat W. KLEIN sein Konzept der →Varietätengrammatik entwickelt und diese zur Beschreibung des Zweitspracherwerbs von Gastarbeitern in Deutschland angewendet.

Lit.: A. SALOMAA [1969]: Probabilistic and weighted grammars. In: Information and Control 15, S. 529–544. - P. SUPPES [1972]: Probabilistic grammars for natural languages. In: D. DAVIDSON/G. HARMAN (eds.): Semantics of natural language. Dordrecht, S. 741–762. - W. KLEIN [1974]: Variation in der Sprache. Ein Verfahren zu ihrer Beschreibung. Kronberg. →Gastarbeiterdeutsch, →Varietätengrammatik, →Variationslinguistik.

Pro-Drop-Parameter [engl. *to drop* ›fallen lassen‹. – Auch: Null-Subjekt-Parameter].
→Parameter, nach dem eine Sprache eine →Pro-Drop-Sprache ist oder nicht. Eine positive Setzung des Parameters erlaubt es, ein leeres pro-Element über die Eigenschaften seines →Regens zu identifizieren. Dies ist gerade in den Pro-Drop-Sprachen der Fall.

Lit.: →Pro-Drop-Sprache.

Pro-Drop-Sprache. Sprache, in der im finiten Satz eine durch das verallgemeinerte →Projektionsprinzip erzwungene leere Subjektposition (notiert als *pro*) vorkommen kann, die pronominale, d.h. referentielle Eigenschaften hat. Solche Sprachen sind dieser Festlegung zufolge z.B. Italienisch und Spanisch, nicht aber Deutsch oder Französisch; vgl. ital.: [pro *mangia*] vs. dt. * [pro *ißt*] für ›er ißt‹: das Pronomen *er* kann nicht »fallengelassen« bzw. ausgelassen werden. In neuerer Zeit faßt man jedoch auch solche Sprachen unter den Begriff der (Semi-)P., in denen eine leere Subjektposition des finiten Satzes keine referentiellen Eigenschaften besitzt. Dies ist z.B. im Dt. der Fall: *weil* pro *getanzt wurde.* Hier kann *pro* kein →Argument sein; entsprechend unterscheidet RIZZI zwischen »formaler« Lizensierung von *pro* (Deutsch) vs. »inhaltlicher« Lizensierung von *pro* (Italienisch).

Lit.: D. PERLMUTTER [1971]: Deep and surface structure constraints in syntax. New York. - N. CHOMSKY [1981]: Lectures on government and binding. Dordrecht. - L. RIZZI [1982]: Negation, *wh*-movement and the null subject parameter. In: L. RIZZI: Issues in Italian syntax. Dordrecht, Kap. 4, S. 117–184. – N. CHOMSKY [1982]: Some concepts and consequences of the theory of government and binding. Cambridge, Mass. – M. C. PICALLO [1984]: The INFL node and the null subject parameter. In: LIn 15, S. 75–102. – CH. PLATZACK [1985]: The Scandinavian languages and the null subject parameter. In: WPSS 20, auch in: NLLT 5 (1987), S. 377–401. – L. RIZZI [1986]: Null objects in Italian and the theory of *pro*. In: LIn 17, S. 501–557. – M. ADAMS [1987]: From old French to the theory of pro-drop. In: NLLT 5, S. 1–32. – A. v. STECHOW/W. STERNEFELD [1988]: Bausteine syntaktischen Wissens. Opladen, Kap. 8. – G. MÜLLER/B. ROHRBACHER [1988]: Eine Geschichte ohne Subjekt. In: LBer 119. – O. JAEGGLI/K. SAFIR (eds.) [1988]: The null subject parameter. Dordrecht.

Produktionsgrammatik →Erzeugungsgrammatik.

Produktionsregel →Ersetzungsregel, →Phrasenstrukturregeln.

Produktivität. Fähigkeit von Wortbildungselementen zur Neubildung sprachlicher Ausdrücke. P. ist ein gradienter Begriff, der aufgeteilt wird in unproduktive Elemente (z.B. *-t*, vgl. ** Lest* zu *lesen* im Sinne von »Lesung«, wie *Fahrt* zu *fahren*), gelegentlich produktive (auch: aktive, vgl. im Dt. *-nis, -tum*) und massenhaft produktive wie *-ung, -er, -bar*. Die Erklärung bzw. Beschreibung von P. ist kontrovers, da einerseits die ständig stattfindenden Neubildungen und deren unmittelbare Verständlichkeit eine Repräsentation parallel zur syntaktischen »Kreativität« nahelegen, andererseits selbst hochproduktive Prozesse (abgesehen von N + N-Komposita und substantivierten Infinitiven) in der Regel von Lücken nicht frei sind, vgl. **Anrufung* vs. *Anruf*, **Heiler* (vs. *Arzt*), **erledigbar* zu *erledigen*.

Lit.: M. ARONOFF [1976]: Word formation in generative grammar. Cambridge, Mass. – A. M. DISCIULLO/E. WILLIAMS [1987]: On the definition of word. Cambridge, Mass. →Wortbildung.

Produktmenge →Menge.

PRO-Element. In der →Revidierten Erweiterten Standardtheorie der →Transformationsgrammatik abstraktes Element der durch →Leere Kategorien angereicherten →Oberflächenstruktur, welches als phonologisch leere »Pro-Form« (mit pronominalen Eigenschaften) das logische Subjekt eines Infinitivs syntaktisch repräsentiert, z.B. in: *Philip glaubt [PRO zu gewinnen]*, was logisch als ›Philip glaubt, daß *er* (= Philip) gewinnt‹ interpretiert wird, aber auch in *der Glaube [PRO gewinnen zu können]*, welches als ›der Glaube, daß man gewinnen kann‹ zu interpretieren ist. Infinitivische Ergänzungen und finite Komplementsätze können so unter die gleiche syntaktische Kategorie »Satz« subsumiert werden, denn Infinitivergänzungen werden aufgrund dieser abstrakten Repräsentation des Subjektes durch das PRO-E. nicht als *VPs*, sondern als (im Dt. meist komplementiererlose) Sätze analysiert, vgl. auch →Komplementierung, →Complementizer und →Projektionsprinzip. Im Unterschied zu dem mit *pro* notierten leeren Element (vgl. →Pro-Drop-Sprache) ist das PRO-E. stets unregiert, d.h. es steht in einer Position, in der keine kasustragende *NP* stehen könnte. PRO-E. unterliegen der →Kontrolle.

Lit.: →Kontrolle.

Pro-Form [Auch: Pronominale Kopie, Substituens, Verweisform]. Sprachliche Elemente, die sich vor allem auf nominale →Bezugselemente beziehen. Sie üben Vertreterfunktion aus, indem sie rückverweisend (→Anapher) oder vorausweisend (→Kataphor) Vor- oder Nacherwähntes aufgreifen. Je nach kategorialer Füllung repräsentieren sie unterschiedliche Aspekte ihres Bezugselementes: Person, Numerus, Genus und Kasus werden mit unterschiedlicher Vollständigkeit von pronominalen Elementen ausgedrückt, während →Pronominaladverbien sich auf semantische Aspekte wie Lokalität (*dort*), Temporalität (*dann*), Kausalität (*deshalb*), Modalität (*wie, so*) beziehen.

Lit.: →Anapher, →Referenz, →Textverweis.

Programmiersprache. Formale (künstliche) Sprache zur Formulierung von Aufgaben und Problemlösungen in einem Format, das eine Bearbeitung durch Computer möglich macht (→Algorithmus, →Formale Sprachen). Der in einer P. geschriebene Programmtext (»Quellkode«) wird zur Ausführung auf einem Computer von einem →Compiler oder →Interpreter in eine →Maschinensprache (»Objektkode«) übersetzt. – Jede (höhere) P. ist im Hinblick auf die Bearbeitung bestimmter Klassen von Problemen konzipiert, z.B. ALGOL (*Algorithmic language*) vor allem für mathematische Aufgaben, COBOL (*Common business oriented language*) für Wirtschaftsprobleme, FORTRAN (*Formula translation system*) für nichtnumerische wissenschaftliche Aufga-

ben. Im Rahmen der →Computerlinguistik spielen vor allem →LISP (z.B. für →ATN-Grammatiken) und →Prolog (z.B. für →Definite Clause-Grammars) eine wichtige Rolle.

Lit.: R. L. WECHSELBLAT (ed.) [1981]: History of programming languages. London. – W. F. CLOCKSIN/C. S. MELLISH [1981]: Programming in Prolog. 2. Aufl. Berlin 1984. – P. H. WINSTON/B. K. P. HORN [1981]: Lisp. 2. Aufl. Reading, Mass. 1984. – J. MESSERSCHMIDT/G. HOTZ [1989]: Eignung von Programmiersprachen zur Lösung linguistischer Problemstellungen: Entwicklung und Perspektiven. In: HSK 4, S. 766-771.

Progressiv [engl. *progressive/ continuous aspect*. – Auch: Kontinuativ]. →Aspektkategorie des Verbs zur Bezeichnung einer (relativ zu einem impliziten oder explizit ausgedrückten Bezugszeitpunkt) andauernden Tätigkeit, vgl. engl. *John was singing (when I came in)*; span. *Juan está cantando*; isländ. *Jón er að syngja*. In einigen Sprachen (wie z.B. im Engl.) ist diese Kategorie in der Verbalflexion grammatikalisiert, so daß einerseits die Verwendung des progressiven Konjugationsparadigmas für die Realisierung einer progressiven Bedeutung obligatorisch ist, andererseits diese Formen kontextuell bedingte, meist emotive Nebenbedeutungen entwickelt haben.

Lit.: G. N. LEECH [1971]: Meaning and the English verb. London. – A. SCHOPF (ed.) [1974]: Der Englische Aspekt. Darmstadt. – F. VLACH [1981]: The semantics of the progressive. In: P. J. TEDESCHI/A. ZAENEN (eds.): Tense and aspect. New York, S. 271-292. →Aktionsart.

Progressive Konstruktion →Rechtsverzweigende Konstruktion.

Prohibitiv [lat. *prohibitiō* ›Verbot‹]. Kategorie des →Modus des

Verbs, die ein Verbot an die 2. Pers. bezeichnet. Im Lat. wird der P. durch den Konjunktiv Perfekt ausgedrückt: *ne dubitaveris* ›zweifle nicht!‹.

Lit.: →Modalität.

Projektion [lat. *prŏiectiō* ›das Hervorwerfen‹].
(1) Mechanismus, durch den →Präsuppositionen von einfachen Sätzen auf komplexe Sätze »vererbt« werden.

Lit.: →Präsupposition.

(2) In der →GB-Theorie von N. CHOMSKY [1981] Übertragung syntaktisch-semantischer Eigenschaften, wie sie im Lexikon festgelegt sind, auf außerlexikalische Ebenen der grammatischen Beschreibung.

Lit.: →Projektionsprinzip, →Transformationsgrammatik.

Projektionsprinzip.
(1) In N. CHOMSKYS →GB-Theorie eingeführtes architektonisches Prinzip der Grammatik, welches die Ebenen der syntaktischen Beschreibung (→Oberflächenstruktur, →Tiefenstruktur und →Logische Form) untereinander verbindet. Das P. besagt, daß bestimmte Knoten, die auf einer dieser Ebenen vorhanden sind, auch auf allen anderen Ebenen vorhanden sein müssen. Daraus folgt insbesondere, daß eine →Bewegungstransformation eine leere Kategorie hinterlassen muß, denn die Position der Tiefenstruktur, aus der heraus bewegt wurde, muß dem P. zufolge einer (leeren) Position der Oberflächenstruktur entsprechen; vgl. →GB-Theorie, →Spurentheorie, →Strukturerhaltungsprinzip.

(2) Ebenfalls in der →GB-Theorie eingeführtes Prinzip, das syntaktische Strukturen mit lexikalischen Einträgen in Beziehung setzt: Die im Lexikon festgelegte logische Stelligkeit von Prädikaten (ihre →Valenz) muß auf allen syntaktischen Beschreibungsebenen repräsentiert sein. Diesem Prinzip zufolge müssen z.B. semantisch mitverstandene, aber nicht phonologisch realisierte Argumente eines Verbs syntaktisch als leere Kategorien repräsentiert werden (Notation: *PRO/pro*): *Der König ordnete* pro *an* [PRO *zu bleiben]*, wo sowohl der Adressat von *anordnen* wie das logische Subjekt von *bleiben* als leere Kategorien repräsentiert werden (vgl. →PRO-Element, →Pro-Drop-Sprachen). Das sogen. »Erweiterte P.« fordert darüber hinaus, daß jede Satzkategorie eine Subjektposition aufweist, auch wenn diese Position nicht zur logischen Stelligkeit des Prädikates gehört. Dies ist z.B. bei Anhebungsverben wie *scheinen, lassen* der Fall (→Raising).

Lit.: N. CHOMSKY [1981]: Government and binding. Dordrecht. →Pro-Drop-Sprachen, →Kontrolle.

Projektionsregel. In der Semantiktheorie der →Interpretativen Semantik von KATZ/FODOR [1963] semantische Operation, die die Interpretation der Gesamtbedeutung eines Satzes durch schrittweises »Projizieren« der Bedeutung der einzelnen Konstituenten von der untersten Ebene der Ableitung auf die nächst höhere Ebene erzeugt. Die P. arbeiten also über den hierarchischen Beziehungen der Konstituenten in der Tiefenstruktur. In der Konzeption von KATZ/FODOR simulieren die P. den Verstehensprozeß, in dem Sprecher und Hörer aufgrund ihrer Kenntnis des →Lexikons (d.h. der Bedeutung der einzelnen Elemente) und der syntaktischen Relationen die Gesamtbedeutung des Satzes erfassen. Der durch die P. erzeugte Prozeß heißt →Amalgamierung. Vgl. →Kompositionsprinzip.

Lit.: →Interpretative Semantik.

Projektivität [In der Mathematik: ›Abbildbarkeit‹]. Aus der Mathematik übernommener Begriff, der in der Sprachwissenschaft auf deskriptiv äquivalente Darstellungen von Satzstrukturen durch →Strukturbaum und durch →Indizierte Klammerung, die eindeutig aufeinander abbildbar sind, zutrifft. Dies gilt z.B. für (a): *Anne verspricht dem Grafen eine Liebesnacht* (vgl. Schema), nicht aber für (b) *Anne hat dem Grafen eine Liebesnacht versprochen*, weil die diskontinuierlichen Elemente *hat* und *versprochen* im Baumdiagramm durch sich überkreuzende Kanten dargestellt werden müßten, die nicht in einem Klammerausdruck abbildbar sind.

Prokatalepsis →Prolepsis.

Proklise [griech. *proklínein* ›vorwärts neigen‹]. Anlehnung eines schwach oder nicht betonten Wortes (= Proklitikon) an das folgende Wort, in der Regel unter gleichzeitiger phonetischer Abschwächung, vgl. *s'Fenster* für *das Fenster.* Zur Anlehnung an das vorausgehende Wort vgl. →Enklise.

Prokope. Vorgang und Ergebnis des Wegfalls von einem oder mehreren Sprachlauten am Wortanfang, vgl. die ahd. Entsprechung *biscof* für griech. *epískopos.* Vgl. →Aphärese.

Prolepsis [griech. *próleipsis* ›Vorwegnahme‹]. →Rhetorische Figur der Umstellung:
(1) Argumentative Vorwegnahme eines möglichen Einwands zum Zweck der Widerlegung oder eines taktischen Zugeständnisses, häufig in der Form von →Rhetorischer Frage und Antwort. Vgl. →Concessio.
(2) Syntaktische Vorwegnahme eines Satzteils, z.B. durch →Linksversetzung (*Einem reichen Manne, dem wurde seine Frau krank*, GRIMMS Märchen) oder ein attributives Adjektiv, das die Folge des im Satz ausgesagten Geschehens vorwegnimmt (*To break within the*

Anne verspricht dem Grafen eine Liebesnacht

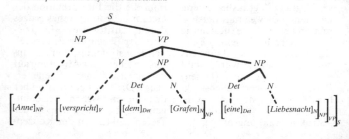

bloody house of life, SHAKE-SPEARE).

Lit.: →Rhetorische Figur.

Prolog. →Programmiersprache, die die Prinzipien des logischen Programmierens (frz. *PROgrammation en LOGique*, engl. *PROgramming in LOGic*) realisiert, d.h. die Ausführung eines Programmes wird als Durchführung eines Beweises aufgefaßt. Diese Sichtweise beruht auf der allgemeineren, daß Problemlösen auf das Beweisen der Erreichbarkeit von Zielzuständen aufgefaßt wird. PROLOG wurde seit Beginn der 70er Jahre insbesondere in Marseille und Edinburgh entwickelt und spielt in der →Computerlinguistik seit Mitte der 80er Jahre eine immer bedeutendere Rolle.

Lit.: R. KOWALSKI [1979]: Logic for problem solving. New York. – W. F. CLOCKSIN/C. S. MELLISH [1981]: Programming in PROLOG. Berlin. – F. PEREIRA/S. SHIEBER [1987]: PROLOG and natural language analysis. Stanford, Ca. – G. GAZDAR/C. S. MELLISH [1989]: Natural language processing in PROLOG. Reading, Mass. – E. KÖNIG/R. SEIFFERT [1989]: Grundkurs PROLOG für Linguisten. Tübingen. – C. LEHNER [1990]: Prolog und Linguistik. München.

Pronomen [lat. *prō* ›für‹, *nōmen* ›Name‹. – Auch: Anzeigewort, Fürwort, Stellvertreter]. Nach ihrer Funktion als »Stellvertreter des Nomens« bezeichnete →Wortart, die eine unter syntaktischem und semantischem Aspekt sehr heterogene Gruppe von Einzeltypen umfaßt. Allen Vertretern gemeinsam ist die semantische Funktion des Verweisens: im Unterschied zu nominalen Ausdrücken wie Eigennamen, die unabhängig von der jeweiligen Redesituation immer dieselben Objekte der au-

ßersprachlichen Welt bezeichnen, dienen P. dazu, in Abhängigkeit vom sprachlichen Kontext bzw. der jeweiligen außersprachlichen Realität auf verschiedene Objekte zu referieren, vgl. die engl. Bezeichnung *shift-words*. In morphologischer Hinsicht haben P. in flektierenden Sprachen eine komplexe Deklination und unterliegen der →Kongruenz mit ihren Bezugselementen. Unter syntaktisch-semantischem Aspekt werden mehrere Untergruppen unterschieden: →Personal-, →Reflexiv-, →Possessiv-, →Demonstrativ-, →Indefinit-, →Interrogativ-, →Relativpronomen, →Pronominaladverb u.a.

Pronominaladverb [Auch: Pro-Adverb]. Unterschiedlich verwendete Bezeichnung für eine Gruppe von sprachlichen Ausdrücken, deren Elemente in syntaktischer Hinsicht als →Pro-Formen für Präpositionalphrasen (in der Funktion Objekt oder Adverbial) auftreten: *Sie verließ sich auf das Versprechen/darauf* (Präpositionalobjekt), *das man ihr vor dem Essen/davor gegeben hatte*. Im engeren Sinn werden als P. solche Ausdrücke bezeichnet, die eine Zusammensetzung bilden aus den Pro-Adverbien *da, hier, wo* mit Präpositionen *nach, hinter, neben* u.a.; im weiteren Sinn werden auch Ausdrücke wie *hinauf, nachher, währenddessen, trotzdem* zu den P. gerechnet.

Lit.: R. STEINITZ [1969]: Adverbial-Syntax. Berlin. – G. HELBIG [1974]: Bemerkungen zu den Pronominaladverbien und zur Pronominalität. In: DaF 11, S. 270–279. – I. HOLMLANDER [1979]: Zur Distribution und Leistung des Pronominaladverbs. Stockholm.

Pronominale Anredeformen. Repertoire der in den verschiedenen Sprachen unterschiedlich ausgeprägten pronominalen Ausdrücke für Anrede von Kommunikationspartnern. Untersuchungen zum Zusammenhang zwischen sozialen und linguistischen Aspekten haben zu einer Reihe von generellen Gesetzmäßigkeiten geführt: Die Verwendung von A. ist abhängig sowohl von einer vertikalen Statushierarchie als auch einer horizontalen Dimension der Solidarität oder Intimität. Beide Dimensionen überkreuzen sich insofern, als in der Regel die intime Anredeform in symmetrischen Konstellationen identisch ist mit der in asymmetrischen Konstellationen üblichen Anrede von »oben nach unten« (vgl. dt. *du*), während die distanziertere Form (im Dt. *Sie*) zugleich bei weniger intimen Beziehungen in symmetrischen Konstellationen und zur Anrede von »unten nach oben« verwendet wird. Vgl. SCHÖNBACH [1974]. – Das Problem der P. A. wurde in neueren Studien vor allem unter pragmatischen (vgl. WUNDERLICH [1971]) und soziologischen bzw. ethnologischen Aspekten untersucht. Vgl. auch →Honorificum, →Sprache und Geschlecht.

Lit.: F. A. ECKSTEIN [1869]: Zur Geschichte der Anrede im Deutschen durch die Fürwörter. In: Neue Jahrbücher für Philologie und Pädagogik 100, Leipzig, S. 469–487. – G. EHRISMANN [1901/1904]: Duzen und Ihrzen im Mittelalter. In: ZDW 1, S. 117–149; 2, S. 118–159; 4, S. 210–248; 5, S. 127–220. – G. J. METCALF [1938]: Form of address in German (1500–1800). Washington. – W. V. SILVERBERG [1940]: On the psychological significance of »du« and »Sie«. In: Psychoanalytic Quarterly 9, S. 509–525. – G. AUGST [1977]: Zur Syntax der Höflichkeit (Du – Ihr – Sie). In: G. AUGST: Sprachnorm und Sprachwandel. Wiesba-den, S. 13–60. – P. BROWN/S. LEVINSON [1978]: Universals of language usage: politeness phenomena. In: E. N. GOODY (ed.): Questions and politeness: strategies in social interaction. Cambridge. – I. LJUNGERUD [1979]: Der deutsche Anredestil: Geschichten und Geschichtliches. In: MSpråk 73, S. 353–379. – A. KOHZ [1982]: Linguistische Aspekte des Anredeverhaltens. Tübingen. – F. BRAUN [1988]: Terms of address. Berlin.
Bibliographie: F. BRAUN/A. KOHZ/K. SCHUBERT [1986]: Anredeforschung. Kommentierte Bibliographie zur Soziolinguistik der Anrede. Tübingen.

Pronominale Kopie →Pro-Form.

Pronominalisierung →Personalpronomen.

Properispomenon [griech., →Perispómenon]. (Im Griechischen) Wort mit dem Akzent →Zirkumflex auf der vorletzten Silbe, der vermutlich mit steigend-fallender Intonation gekoppelt war, z.B. *dōron* ›Geschenk‹.

Proportionalsatz. Semantisch spezifizierter modaler Nebensatz in der syntaktischen Funktion →Adverbial. P. drücken ein proportionales Abhängigkeitsverhältnis zu dem im Hauptsatz bezeichneten Sachverhalt aus. Sie werden durch *je*, die Hauptsätze durch *desto/umso* eingeleitet: *Je näher sie der Stadt kamen, umso aufgeregter wurden sie.*

Proposition [lat. *prōpositiō* ›Satz‹, ›Angabe einer Tatsache‹ – Auch: Satzinhalt, Satzbegriff]. Aus der Philosophie und Logik (wo P. meistens durch Ausdrücke der Form »*daß p*« bezeichnet werden) von der linguistischen →Semantik und →Sprechakttheorie übernommener Begriff. Unter P. wird der sprachunabhängige, bezüglich des Illokutionstyps neutrale gemeinsame Nenner der Bedeutung von Sätzen bezeichnet, die das Zutreffen eines Sachverhalts zum Inhalt haben. So wird in den entsprechenden Äußerungen der Sätze *Sam raucht gewohnheitsmäßig /Raucht Sam wirklich gewohnheitsmäßig? / Es ist nicht wahr, daß Sam gewohnheitsmäßig raucht /Wenn Sam gewohnheitsmäßig raucht, dann wird er nicht mehr lange leben /Sam smokes habitually* jedesmal die gleiche →Referenz (*Sam*) und die gleiche →Prädikation (*raucht gewohnheitsmäßig*) vollzogen, unabhängig davon, ob dies im Rahmen einer Feststellung, Frage oder eines Widerspruchs geschieht. P. ist somit der den Wahrheitswert bestimmende Kern der Bedeutung eines Satzes, wobei die spezifische syntaktische Form und lexikalische Füllung der jeweiligen Äußerungsform unberücksichtigt bleiben. Man unterscheidet gröbere P.-Begriffe, nach denen z.B. alle logisch wahren Sätze die gleiche P. bezeichnen, von feineren, nach denen dies nicht der Fall ist. Während ältere Semantik-Modelle (vgl. →Mögliche Welt) P. als unstrukturierte Einheiten auffassen, wird in neuerer Zeit die Notwendigkeit der Annahme strukturierter P. immer weniger bestritten, vgl. →Situationssemantik. Insofern propositionale Akte Teilaspekte illokutionärer Akte (→Illokution) sind (und also nicht selbständig vorkommen können), müssen sie unterschieden werden von →Assertionen (Feststellungen, Behauptungen) als illokutionären Akten, in denen Propositionen behauptet werden.

Lit.: B. RUSSEL/A. N. WHITEHEAD [1910/1913]: Principia mathematica. Cambridge. – J. L. AUSTIN [1950]: Truth. In: Proceedings of the Aristotelian Society 24. Auch in: Philosophical papers. Oxford 1961, S. 117-133. – J. R. SEARLE [1969]: Speech acts. An essay in the philosophy of language. Cambridge. Dt.: Sprechakte. Frankfurt 1971, S. 38ff. – J. T. KEARNS [1972]: Propositions and truth in natural languages. In: Mind 81, S. 225-243. – M. J. CRESSWELL [1973]: Logic and languages. London, Kap. 3, 4. – G. NUCHELMANS [1973]: Theories of propositions. Amsterdam. – R. STALNAKER [1984]: Inquiry. Cambridge, Mass. – M. J. CRESSWELL [1985]: Structured meanings. The semantics of propositional attitudes. Cambridge, Mass. – R. STALNAKER [1985]: Propositions. In: A. P. MARTINICH (ed.): The philosophy of language. Oxford, S. 373-380. – J. BARWISE/J. ETCHEMENDY [1987]: The liar. An essay in truth and circularity. Oxford. →Formale Logik, →Sprechakttheorie.

Propositional Island-Constraint [Engl.: ›Satzbezogene Insel-Beschränkung‹. Abk.: PIC. – Auch: *Tensed-S-Condition*, *Wh-Island-Constraint*]. Von N. CHOMSKY [1973] u.a. vorgeschlagene Beschränkung für die Anwendung von Transformationsregeln, derzufolge sich in einer Struktur [... X ...] [$_S$ ... Y ...] ... X ...] keine Regel auf X und Y beziehen kann, wenn S ein finites Verb enthält, es sei denn, X steht in der COMP-Position (→Complementizer) von S. Der P. bezieht sich vor allem auf durch Fragepronomen eingeleitete Konstituentensätze, vgl. *Philip weiß, wo* (= X in COMP) [$_S$ *Caroline – (= Y) ist*] vs. *Caroline (= X) *weiß Philip, wo* [$_S$ – (= Y) – *ist*].

Lit.: →Beschränkungen.

Propositiv →Kohortativ.

Prosodem [Neubildung nach griech. *prós* ›dazu‹, ›außerdem‹, *ōdē* ›Gesang‹, *-em* = Suffix zur Bezeichnung funktioneller Einheiten]. Phonologische Einheiten, die sich über ein oder mehrere (segmentale) Phoneme erstrecken und daher →Suprasegmentale Einheiten sind, z.B. →Intonation, →Akzent, →Grenzsignale.

Lit.: →Suprasegmentale Merkmale.

Prosodie [griech. *prosōidíā*].
(1) Gesamtheit sprachlicher Eigenschaften wie →Akzent, →Intonation, →Quantität, Sprechpausen. Sie beziehen sich im allgemeinen auf Einheiten, die größer sind als ein einzelnes Phonem. Zur P. zählt auch die Untersuchung von Sprechgeschwindigkeit, Rhythmus und Sprechpausen.
(2) [Auch: Prosodik]. Untersuchung der P. (1).

Lit.: E. O. SELKIRK [1984]: Phonology and syntax: The relation between sound and structure. Cambridge, Mass. →Intonation, →Suprasegmentale Merkmale.

Prosodik. Untersuchung der →Prosodie.

Prosodisches Merkmal [Auch: Suprasegmentales Merkmal]. Merkmal, das sich auf größere Einheiten als ein →Phonem bezieht, also auf →Silben, →Wörter, →Sätze. Vgl. auch →Intonation, →Akzent, →Junktur, →Prosodie.

Lit.: →Suprasegmentale Merkmale.

Prosthese →Prothese.

Protasis vs. Apodosis [griech. *prótasis* ›Vorsatz‹, *apódosis* ›Nachsatz‹]. In der →Rhetorik Unterscheidung zwischen den »spannungsschaffenden« (Protasis) und den »spannungslösenden« (Apodosis) Bestandteilen eines antithetischen Gedankens

bzw. Satzes. Strukturell können P. und A. im Verhältnis der →Koordination oder →Subordination zueinander stehen.

Lit.: →Rhetorik.

Prothese [griech. *prósthesis* ›Anfügung‹]. Silbenstrukturell motivierte Einfügung eines Lautes (zumeist eines Vokals) am Wortanfang. So etwa wurden initiale /sp, st, sk/-Cluster des Lat. in der Entwicklung zum Span. und Frz. durch prothetisches *e* aufgebrochen; vgl. lat. *spíritus*, *stella*, *schola* : span. *espíritu*, *estrella*, *escuela* : frz. *esprit*, *étoile*, *école* ›Geist‹, ›Stern‹, ›Schule‹.

Lit.: →Lautwandel, →Sprachwandel.

Proto(-Sprache) [Auch: Grundsprache, Ursprache]. Vorsilbe zur Kennzeichnung von Vorstufen von Sprachen oder Sprachfamilien, z.B. Proto-Indoeuropäisch. In der Regel sind P.-S. nicht schriftlich überliefert, sondern werden durch Sprachvergleich rekonstruiert. Vgl. auch →Historisch-Vergleichende Sprachwissenschaft; →Stammbaumtheorie.

Prototyp →Stereotyp.

Provenzalisch →Romanisch.

Proxemik [lat. *proximum* ›Nachbarschaft‹]. Von E. T. HALL gebildetes Kunstwort aus *prox-* und *-emik* (= Suffix mit der Bedeutung ›funktionelle Analyse‹, vgl. →Etische vs. emische Analyse) zur Bezeichnung von Untersuchungen, die sich mit der unterschiedlichen Wahrnehmung und Verarbeitung von Räumen und ihrem

Einfluß auf das Kommunikationsverhalten in verschiedenen Kulturbereichen beschäftigen. P. ist (neben →Kinesik) eine neuere Teildisziplin der Kommunikationswissenschaft, die sich auf nichtsprachliche Aspekte von Kommunikation bezieht.

Lit.: E. T. HALL [1963]: Proxemics: the study of man's spatial relations. In: I. GALDSTON (ed.): Man's image in medicine and anthropology. New York. – E. T. HALL [1963]: A system for the notation of proxemic behavior. In: AmA 65, S. 1003–1026. – E. T. HALL [1969]: The silent language. New York. – H. W. SCHMITZ [1975]: Ethnographie der Kommunikation. Hamburg. *Forschungsbericht:* O. M. WATSON [1974]: Proxemics. In: CTL 12, S. 311–344.

Proximat vs. Obviat →Obviation.

Prozedurale Linguistik →Computerlinguistik.

Prüfungsfrage [engl. *exam question*]. →Frage, mittels derer der Sprecher nicht in Erfahrung bringen will, wie die richtige Antwort lautet, sondern ob der Befragte die richtige Antwort weiß. Vgl. auch →Fragesatz.

Pseudomorphem [Auch: Pseudoplerem]. In idiomatisierten Ausdrücken auftretendes lexikalisches →Morphem, das nur in einer einzigen Umgebung vorkommt und dessen Grundbedeutung synchronisch nicht (mehr) analysierbar ist, z.B. *-ginn* in *beginnen.* Tritt ein solches P. in Zusammensetzungen (→Kompositum) mit freien Morphemen auf, so spricht man von →Unikalen Morphemen, vgl. *Him-* in *Himbeere.* Im Amerikanischen Strukturalismus begegnet man dem Terminus *cranberry morph,* der zu-

gleich ein prägnantes Beispiel (*cran*) dafür liefert.

Pseudonym [griech. *pseûdos* ›Lüge‹, ›Täuschung‹. – Auch: Deck-/Tarnname]. Zusätzlich angenommener, selbstgewählter Name einer Person, der vom wirklichen Namen ablenken soll (z.B. wegen politischer Verfolgung; häufig auch bei Künstlern). Der wirkliche Name bleibt neben dem P. bestehen (im Unterschied zur Namensänderung), kann jedoch von diesem völlig verdeckt werden vgl. *Joachim Ringelnatz* (für *Hans Bötticher*).

Lit.: W. SEIBICKE [1982]: Die Personennamen im Deutschen. Berlin, S. 34–48.

Pseudoplerem →Pseudomorphem.

PS-Regel →Ersetzungsregel.

Psycholinguistik. Fachübergreifendes Forschungsgebiet, das sich mit den Prozessen der →Sprachproduktion, des →Sprachverstehens und des →Spracherwerbs befaßt, wobei enge Beziehungen bestehen zu →Neurolinguistik, →Diskursanalyse, →Soziolinguistik, Kognitiver Psychologie, Kognitionswissenschaft und zur →Künstlichen Intelligenz. Zentrale Fragestellungen der P. wurden bereits von der europäischen Psychologie Ende des 19. und zu Beginn des 20. Jh. behandelt (STEINTHAL, WUNDT, BÜHLER). Bezeichnung, Konzept und Programm der P. wurden im Sommer 1953 in einem Seminar am Linguistik-Institut der Indiana University von amerikanischen Psychologen und Linguisten entworfen (vgl.

OSGOOD/SEBEOK [1954]); dabei wurde festgelegt, daß die von den Linguisten aufgefundenen sprachlichen Strukturen mit dem methodischen und theoretischen Handwerkszeug der (experimentellen) Psychologie untersucht werden sollten. – Es lassen sich zwei wichtige Forschungspositionen mit unterschiedlichen Annahmen über das Verhältnis von Sprache und Kognition unterscheiden: (a) die an neueren linguistischen Theorien orientierte Position (insbesondere in der Folge von CHOMSKYS Arbeiten zur →Transformationsgrammatik in den 60er und 80er Jahren), die Grammatik als ein autonomes kognitives System betrachtet (→Modularität) und sich u.a. mit dem Nachweis der psychischen Realität linguistischer Konstrukte befaßt (vgl. →Klick (2)); (b) die sich stärker an Modellen der →Kognitiven Psychologie orientierende Position, die von einer intensiven Interaktion zwischen den einzelnen linguistischen Beschreibungsebenen oder zwischen kognitiven Systemen ausgeht. In den 80er Jahren werden Modelle geprüft, die eine parallele Verarbeitung von Informationen in eng miteinander vernetzten Systemen annehmen (→Konnektionismus). – Als Überblick vgl. WEISSENBORN/ SCHRIEFERS [1987].

Lit.: K. BÜHLER [1934]: Sprachtheorie. Jena. Neudruck Stuttgart 1965. – F. KAINZ [1941/1970]: Psychologie der Sprache. 5 Bde. Stuttgart. – H. HÖRMANN [1967]: Psychologie der Sprache. Berlin. – E. H. LENNEBERG [1967]: Biological foundations of language. New York. Dt.: Biologische Grundlagen der Sprache. Frankfurt 1972. – N. CHOMSKY [1968]: Language and mind. New York. Dt.: Sprache und Geist. Frankfurt 1976. – G. B. FLORES D'ARCAIS/W. J. M. LEVELT (eds.) [1970]: Advances in psycholinguistics. New York. – G. LIST [1972]: Psycholinguistik. Eine Einführung. Stuttgart. – A. FODOR/T. G. BEVER/M. F. GARRETT [1974]: The psychology of language. New York. – H. LEUNINGER/M. H. MILLER/F. MÜLLER (eds.) [1974]: Linguistik und Psychologie. Ein Reader. 2 Bde. Frankfurt. – W. J. M. LEVELT [1974]: Formal grammars in linguistics and psycholinguistics, Bd. 3: Psycholinguistic applications. The Hague. – S. GLUCKSBERG/J. DANKE [1975]: Experimental psycholinguistics: An introduction. Halsted/Wiley. – E. H. LENNEBERG/E. LENNEBERG (eds.) [1976]: Foundations of language development. A multidisciplinary approach. Bd. 1. New York. – G. MILLER/P. N. JOHNSON-LAIRD [1976]: Language and perception. Cambridge, Mass. – H. H. CLARK/E. V. CLARK [1977]: Psychology and language. An introduction to psycholinguistics. New York. – D. I. SLOBIN [1979]: Psycholinguistics. 2. Aufl. Glendale, Ill. – M. BIERWISCH (ed.) [1980]: Psychologische Effekte sprachlicher Strukturkomponenten. München. – J. BRESNAN (ed.) [1981]: The mental representation of grammatical relations. Cambridge, Mass. – G. LIST [1981]: Sprachpsychologie. Stuttgart. – S. K. REED [1982]: Cognition. Theory and applications. Monterey, Ca. – P. N. JOHNSON-LAIRD [1983]: Mental models. Cambridge, Mass. – A. GARNHAM [1985]: Psycholinguistics. Central topics. London. – G. D. PRIDEAUX [1985]: Psycholinguistics: The experimental study of language. London. – D. W. CARROLL [1986]: Psychology of language. Belmont, Ca. – S. ROSENBERG (ed.) [1987]: Advances in applied psycholinguistics. New York. – W. J. M. LEVELT [1989]: Speaking. From intention to articulation. Cambridge, Mass. – B. MCWHINNEY/E. BATES (eds.) [1989]: The cross-linguistic study of language processing. Cambridge. *Zeitschriften:* Applied Psycholinguistics – Cognition – Discourse Processes – Cognitive Psychology – Journal of Memory and Language – Journal of Psycholinguistic Research – Journal of Verbal Learning and Verbal Behavior.
Forschungsberichte: CH. E. OSGOOD/TH. SEBEOK (eds.) [1965]: Psycholinguistics. A survey of theory and research problems. Bloomington. – A. L. BLUMENTHAL [1970]: Language and psychology. Historical aspects of psycholinguistics. New York. – H. LEUNINGER/M. H. MILLER/F. MÜLLER [1973]: Psycholinguistik. Ein Forschungsbericht. Frankfurt. – G. KEGEL [1977]: Gegenstand und Aufgaben der Psycholinguistik. In: FIPKM 7, S. 1–17. – J. WEISSENBORN/H. SCHRIEFERS [1987]: Psycholinguistics. In: HSK 3, S. 470–487. – M. K. TANNENHAUS [1988]: Psycholinguistics: an overview. In: LCS 3, S. 1–37.

Nachschlagewerke: H. GRIMM/J. ENGEL-KAMP [1981]: Sprachpsychologie. Handbuch und Lexikon der Psycholinguistik. Berlin. – S. ROSENBERG (ed.) [1981]: Handbook of applied psycholinguistics. *Bibliographien:* J. PRUCHA [1972]: Information sources in psycholinguistics. An interdisciplinary bibliographical handbook. The Hague. – A. SHELDON [1977]: Bibliography of psychological, linguistic, and philosophical research on the psychological reality of grammar. In: WPLMi 4, S. 169–179. – U. BACH/D. WOLFF (eds.) [1980]: Ausgewählte Bibliographie zur Psycholinguistik und Sprachpsychologie. Königsstein. →Konnektionismus, →Modularität, →Spracherwerb, →Sprachproduktion, →Sprachverarbeitung, →Sprachverstehen, →Sprachwahrnehmung, →Versprecher.

Psychologisches Objekt →Fokus.

Psychophonetik. Interdisziplinärer Forschungsbereich, in dem die Zusammenhänge zwischen lautsprachlichen (phonetischen) Ereignissen und ihren psychischen Korrelaten untersucht werden. Anteil an Problemen der P. haben neben Sprachwiss. und Fremdsprachendidaktik vor allem Psychiatrie, →Phoniatrie und →Logopädie.

Lit.: S. ERTL [1969]: Psychophonetik. Untersuchungen über Lautsymbolik und Motivation. Göttingen. – I. FÓNAGY [1983]: La vive voix. Essais de psycho-phonétique. Paris.

Pulmonal [lat. *pulmo* ›Lunge‹]. Bei der Erzeugung von Sprachlauten ist die »Pulmonale Kammer« die wichtigste Luftkammer neben Mund- und Rachenhöhle.

Lit.: →Phonetik.

Punjabi →Indisch.

Punktuell [engl. *achievement*›. Auch: Momentan]. →Aktionsart bzw. →Aspektkategorie eines

Verbs, die unter Nicht-Durativ fällt (→Durativ vs. Nicht-Durativ). P. Verben (*platzen, finden*) bezeichnen einen raschen Situationswechsel und lassen sich daher kaum mit Zeitangaben verbinden, die eine gewisse Dauer implizieren: **Er fand den Schlüssel in einer Stunde/eine Stunde lang.*

Lit.: →Aktionsart.

Putonghua →Chinesisch.

Qualität. Sammelbezeichnung für alle artikulatorischen und akustischen Eigenschaften von Sprachlauten, die sich nicht auf die →Quantität beziehen; besonders bei Vokalen, z.B. Öffnungsgrad, Rundung. →Artikulatorische Phonetik, →Distinktives Merkmal.

Lit.: →Phonetik.

Quantifikation [mlat. *quantificare* ›betragen‹ zu lat. *quantus* ›wieviel‹, *scandere* ›(stufenweise) emporsteigen‹] →Quantifizierung.

Quantifikator →Quantor.

Quantifizierende vs. Skalierende Interpretation. Von H. ALTMANN [1976] für die semantische Analyse von →Gradpartikeln eingeführte Unterscheidung. Bei quantifizierender I. bringt die Gradpartikel eine →Quantifizierung zum Ausdruck über alternative Besetzungen der Konstituente, die den →Fokus bildet; bei *nur* z.B. wird vorausgesetzt, daß keine alternative Besetzung der Fokuskonstituente das dem Hintergrund entsprechende Prädikat erfüllt, vgl. *Nur Peter kommt.* Bei skalierender I. nimmt die Gradpartikel dagegen auf die Position der Besetzung der Fokuskonstituente in einer kontextuell gegebenen Skala Bezug, d.h. in einer wertenden Ordnung der möglichen alternativen Besetzungen der Fokuskonstituente, z.B. kennzeichnet *nur* bei skalierender I. diese Position als besonders niedrig, während *sogar* sie als besonders hoch kennzeichnet. (*Er ist nur Oberstudienrat* vs. *Er ist sogar Oberstudienrat*). – Manche Gradpartikeln erlauben nur quantifizierende I. (*ausschließlich, ebenfalls*), manche verbinden immer einen quantifizierenden mit einem skalierenden Effekt (*sogar, nicht einmal*). In JACOBS [1983] wird gezeigt, daß im letzteren Fall keine →Ambiguität vorliegt, sondern eine rein kontextabhängige Variation.

Lit.: →Gradpartikel.

Quantifizierung. In der →Formalen Logik Angabe, auf wieviele Gegenstände eines bestimmten Bereichs ein Prädikat zutrifft. Q. erfolgt durch Quantoren (→Operator), die die in einem Satz frei vorkommenden Variablen binden. Dabei wird zwischen dem Existenzoperator, der besagt, daß mindestens einem Gegenstand des jeweiligen Bereichs das betreffende Prädikat zukommt, und dem Alloperator unterschieden, durch den allen Elementen des zugrundegelegten Individuen-

bereichs das jeweilige Prädikat zugesprochen wird. Die logische Analyse abstrahiert bei der Q. von der Vielfalt der umgangssprachlichen Interpretationen, die die Ausdrücke *einige, manche, viele, mehrere* aufweisen können, indem sie diese Ausdrücke unterschiedslos durch den Existenzoperator wiedergibt. Andererseits lassen sich Mehrdeutigkeiten, wie sie z.B. die umgangssprachliche Aussage *Alle lieben jemanden* aufweist, durch formallogische Darstellungen der unterschiedlichen Wirkungsbereiche (→Skopus) der quantifizierenden Ausdrücke präzisieren. Solche Präzisierungen bieten für sprachwiss. Beschreibungen ein wichtiges Forschungsziel, vgl. hierzu den Ansatz der →Generativen Semantik (LAKOFF [1971], PARTEE [1970]) sowie die entsprechenden Vorschläge der →Kategorialgrammatik und →Montague-Grammatik, speziell MONTAGUES epochemachenden Aufsatz von 1973: *The proper treatment of quantification in ordinary English* (Abkürzung: PTQ). Siehe auch unter →Quantor.

Lit.: R. S. JACKENDOFF [1968]: Quantifiers in English. In: FL 4, S. 422–442. – B. H. PARTEE [1970]: Negation, conjunction, and quantifiers: Syntax vs. semantics. In: FL 6, S. 153–165. – J. E. J. ALTHAM [1971]: The logic of plurality. London. – I. BELLERT [1971]: On the use of linguistic quantifying operators in the logico-semantic structure of representation of utterances. In: Poetics 2, S. 71–86. – E. L. KEENAN [1971]: Quantifyer structures in English. In: FL 7, S. 255–284. – G. LAKOFF [1971]: On generative semantics. In: D. D. STEINBERG/L. A. JAKOBOVITS (eds.): Semantics. Cambridge, S. 232–296. – L. R. HORN [1972]: On the semantic properties of logical operators in English. Los Angeles. – R. BARTSCH [1973]: The semantics and syntax of number and numbers. In: P. KIMBALL (ed.): Syntax and semantics. Bd. 2. New York, S. 51–93. – R.

R. Hausser [1974]: Quantification in an extended Montague grammar. Austin. – R. Montague [1974]: Formal philosophy. Selected Papers. Ed. by R. H. Thomason. New Haven. – R. C. May [1978]: The grammar of quantification. Cambridge, Mass. – F. J. Pelletier [1979]: Mass terms: Some philosophical problems. Dordrecht. – J. van der Auwera (ed.) [1980]: Determiners. London. – S. Cushing [1982]: Quantifier meanings: A study in the dimensions of semantic competence. Amsterdam. – H. Levin [1982]: Categorial grammar and the logical form of quantification. Neapel. – T. Flückinger-Studer [1983]: Quantifikation in natürlichen Sprachen. Zur Syntax und Semantik französischer und deutscher Beschreibung. Tübingen. – R. Cooper [1985]: Quantification and syntactic theory. Dordrecht. – S. Löbner [1985]: Natürlichsprachliche Quantoren – Zur Verallgemeinerung des Begriffes der Quantifikation. In: StL 17/18, S. 79–113. – S. Löbner [1986]: Quantification as a major module of natural language semantics. In: J. Groenendijk/M. Stokhof (eds.): Information, interpretation, and inference. Selected papers of the 5th Amsterdam colloquium. Dordrecht. →Formale Logik.

Quantität. Prosodische Eigenschaften von Sprachlauten, deren physikalische Messungen bisher allerdings nur Näherungswerte ergeben haben, da wegen des kontinuierlichen Charakters gesprochener Sprache keine objektiven Parameter für Grenzen zwischen einzelnen Sprachlauten angebbar sind. Während die absolute Dauer von Sprachlauten von Sprechtempo und persönlicher Sprechweise abhängt, kann die relative Dauer bedeutungsunterscheidende Funktion besitzen, wie im Dt. z.B. die Opposition von langen und kurzen Vokalen (etwa in *Beet* vs. *Bett*), die hier von qualitativen Eigenschaften (→Klangfarbe) begleitet wird. Drei distinktive Q. finden sich z.B. im Estn. sowie in der Ortssprache von Ehlenz (bei Bitburg, Eifel): [klo:t] ›geglaubt‹: [klo·t] ›gut‹: [klot] ›wählerisch‹. Lange und kurze Konsonanten neben langen und kurzen Vokalen finden sich z.B. im Grönländ.: [ma:'n:a] ›jetzt‹, [ma'na] ›dies‹, [u:'nɛq] ›Brandwunde‹, [un:'ɛq] ›Leder‹, [a:'naq] ›Schwiegermutter‹, [a'naq] ›Exkrement‹. Lange Konsonanten (Geminaten) können sich von kurzen auch dadurch unterscheiden, daß bei ihrer Bildung die pulmonale (oder bei Ejektiven: die pharyngale) Luft mit höherem Druck durch das Ansatzrohr gepreßt wird (→Fortis vs. Lenis).

Lit.: →Phonetik.

Quantitative Linguistik →Statistische Linguistik.

Quantor [Auch: Quantifikator]. (1) In der →Prädikatenlogik häufig Synonym für →Operator im engeren Sinne, d.h. Oberbegriff bzw. Synonym für Alloperator und Existenzoperator. (2) In der Sprachwiss. aus der Prädikatenlogik übernommener Terminus zur Bezeichnung von Operatoren, die der Spezifizierung bzw. Quantifizierung von Mengen dienen und alltagssprachlich durch unbestimmte Adjektive/Pronomen (*alle*, *manche*, *einige* u.a.), Numeralien (*ein(e)*, *zwei*, *drei*), den definiten Artikel (*die Bücher sind kostbar*) oder unbestimmte Pluralität (*Bücher sind teuer*) ausgedrückt werden. In der →Transformationsgrammatik werden Quantoren aus Nominalphrasen der Tiefenstruktur abgeleitet, in der →Generativen Semantik als →Prädikate höherer Ordnung eingeführt. In der Montague-Grammatik denotieren Quantorenphrasen wie *alle Menschen* Mengen von Eigenschaften, so daß ein Allsatz wie

Alle Menschen sind sterblich als einfache Prädikation analysiert werden kann: »sterblich« ist eine Eigenschaft, die zu der Menge der Eigenschaften gehört, die auf alle Menschen zutreffen. Diese Analyse entspricht dem syntaktischen Aufbau natürlichsprachlicher Sätze und stellt ein wichtiges Beispiel für das methodologische Prinzip der Kompositionalität in der Grammatiktheorie und Semantik dar (vgl. →Kompositionsprinzip). Sie bildet den Ausgangspunkt für neuere Forschungen zur Semantik natürlichsprachlicher Quantoren, vgl. BARWISE/COOPER [1981] und BENTHEM/MEULEN [1985].

Lit.: G. LAKOFF [1971]: On generative semantics. In: D. D. STEINBERG/L. A. JAKO-BOVITS (eds.): Semantics. Cambridge. Dt. in: F. KIEFER (ed.): Semantik und generative Grammatik. Königstein 1972, S. 305–359. – R. BARTSCH [1973]: The semantics and syntax of number and numbers. In: P. KIMBALL (ed.): Syntax and semantics. Bd. 2. New York, S. 51–93. – G. LINK [1979]: Montague-Grammatik. Die logischen Grundlagen. München. – J. V. D. AUWERA (ed.) [1980]: Determiners. London. – J. BARWISE/R. COOPER [1981]: Generalized quantifiers and natural language. In: LaPh 4, S. 159–219. – J. v. BENTHEM/A. T. MEULEN (eds.) [1985]: Generalized quantifiers in natural language. Dordrecht. – W. DÖPKE [1985]: Kasus, Sachverhalte und Quantoren. Ein Beitrag zur formalen Semantik natürlicher Sprachen. Tübingen. – D. WESTERSTÅHL [1989]: Quantifiers in formal and natural language. In: D. GABBAY/F. GUENTHNER (eds.): Handbook of philosophical logic. Bd. IV. Dordrecht, S. 1–131.

Quantoren-Floating [engl. *to float* ›wegtreiben‹]. Distanzstellung von →Quantoren wie *alle, beide*, die durch andere sprachliche Elemente von ihrer »Quell-NP« getrennt sind, vgl. *Wer (alles) war denn alles dabei? Sie (beide) sind beide ganz in Rom vernarrt.* Zur gramm. Beschreibung von Quantoren vgl. LINK [1974], VATER [1980].

Lit.: G. LINK [1974]: Quantoren-Floating im Deutschen. In: F. KIEFER/D. M. PERL-MUTTER (eds.): Syntax and generative Grammatik. Bd. 2. Frankfurt, S. 105–128. – H. VATER [1980]: Quantifier floating in German. In:J. VAN DER AUWERA (ed.): The semantics of determiners. London, S. 232–249. →Quantifizierung, →Quantoren.

Quantorenlogik →Prädikatenlogik.

Quasi-Symbol →Platzhalter-Symbol.

Quechua. Gruppe von Sprachen des nördlichen Südamerika, gesprochen von Kolumbien bis Chile (7 Mio. Sprecher); größte Sprache ist der Dialekt von Cuzco (1 Mio. Sprecher). Q. wird mit dem Aymara zu dem Sprachzweig Quechumara der →Andischen Sprachen zusammengefaßt. Komplexes Lautsystem (5 Artikulationsorte und 3 Artikulationsweisen für Plosive – normal, aspiriert, glottalisiert). Die Verben sind morphologisch komplex durch Suffixe, die Person, Tempus, verschiedene Diathesen, Satzmodus u.a. anzeigen können. Kasus-System mit ca. 10 Kasus; es gibt ferner Possessiv-Suffixe und verschiedene Suffixe zum Ausdruck des Diminutivs, der Koordination, Fokussierung und Topikalisierung. Numerus-Markierungen sind selten und erst unter spanischem Einfluß entstanden.

Lit.: G. D. BILLS u.a.[1969]: An introduction to spoken Bolivian Quechua. Austin. – G. J. PARKER [1969]: Ayacucho Quechua Grammar and Dictionary. The Hague. – S. H. LEVINSON [1976]: The Inga Language. The Hague. – W. F. ADELAAR [1977]: Tarma Quechua. Grammar, texts, dictionary. Lisse. – P. COLE [1982]: Imbambura Quechua. Amsterdam. – D. J. WEBER [1983]: A grammar of Huallaga (Huánaco) Quechua. Los Angeles.

Quechumara →Andisch, →Qzechua.

Queclarative [Kontamination aus engl. *que*(*stion*) ›Frage‹ + (*de*)*clarative* ›Aussagesatz‹.] Bezeichnung von J. M. SADOCK für Sätze, die als Fragesatz formuliert, in bestimmten Kontexten aber als Behauptungssatz interpretiert werden; vgl. die Frage *Findest du das Buch leicht verständlich?* mit der illokutionären Bedeutung ›das Buch ist nicht leicht verständlich‹.

Lit.: J. M. SADOCK [1971]: Queclaratives. In: CLS 7, S. 223–231.

Quellsprache →Ausgangssprache.

Quiché →Maya-Sprachen.

Quotativ. Satzmodus, der den Satzinhalt als vom Hörensagen bekannt kennzeichnet und der daher den Sprecher von der Verantwortlichkeit für die Richtigkeit des Gesagten entlastet. In manchen Sprachen ist der Q. eine eigene morphologische Kategorie, in anderen übernehmen andere modale Kategorien auch Q.-Funktionen (z.B. im Dt. der Konjunktiv: *Philip berief sich auf Notwehr. Er sei mit Caroline in Streit geraten*).

Lit.: F. R. PALMER [1986]: Mood and modality. Cambridge. →Modus, →Direkte vs. Indirekte Rede. →Evidentialität.

Rachenlaut →Pharyngal(laut).

Radikal →Chinesische Schrift.

Radikal(laut) [lat. *rādīx* ›Wurzel‹]. Nach dem Artikulationsorgan (Zungenwurzel) bezeichneter Sprachlaut. In der Regel werden diese Laute nach der Artikulationsstelle →Uvulare (z.B. [ʁ] oder →Pharyngale (z.B. [ħ], [ʕ]) bezeichnet. →Artikulatorische Phonetik.

Lit.: →Phonetik.

Rätoromanisch. Sammelbezeichnung für romanische Sprachen und Dialekte, die auf das im Alpengebiet zwischen dem St. Gotthard und dem Golf von Triest gesprochene Vulgärlatein zurückgehen und deren Zusammengehörigkeit erst im 19. Jh. erkannt wurde (G. I. ASCOLI, TH. GARTNER). Man unterscheidet heute zwischen: (a) Friulanisch (Ostladinisch: Karnien bis friul. Tiefebene) mit ca. 450000 Sprechern, (b) (Zentral-)Ladinisch in den Tälern um die Sellagruppe mit ca. 27000 Sprechern, (c) Rumantsch (Bündnerromanisch, Westladinisch: Graubünden, Schweiz), mit ca. 40000 Sprechern; gilt seit 1938 (neben Dt., Ital. und Frz.) als vierte Nationalsprache der Schweiz. Die r. Dialekte, die typologisch zwischen dem Frz. und Oberital. stehen, zeigen eine große Vielfalt in Morphologie und Wortschatz (zahlreiche Dialektvarianten) und sind mehr oder weniger stark von den jeweiligen Nachbarsprachen bzw. der Mehrsprachigkeit ihrer Sprecher beeinflußt.

Lit.: G. ROHLFS [1975]: Rätoromanisch. Die Sonderstellung des Rätoromanischen zwischen Italienisch und Französisch. Eine kulturgeschichtliche und linguistische Einführung. Tübingen. – R. H. BILLIGMEIER [1979]: A crisis in Swiss pluralism. The Romansch and their relations with the German- and Italian-Swiss in the

perspective of a millenium. The Hague. – G. HOLTUS/J. KRAMER [1986]: »Rätoromanisch« in der Diskussion: 1976–1985. In: G. H. RINGGER/K. RINGGER (eds.): FS für W. T. ELWERT. Tübingen. – G. HOLTUS/M. METZELTIN/C. SCHMITT (eds.) [1989]: Lexikon der Romanistischen Linguistik (LRL). Bd. 3. Tübingen.
Grammatiken: G. P. GANZONI [1977]: Grammatica Ladina. Samedan. – T. CANDINAS [1982]: Romontsch sursilvan. Grammatica elementara per emprender igl idiom sursilvan. Chur.
Wörterbücher: G. A. PIRONA u. a. [1935]: Il nuovo Pirona. Vocabolario friulano. 2. Aufl. Udine 1967. – DICZIUNARI RUMANTSCH GRISCHUN [1939/85]: Bisher 7 Bde. (bis *Gyra*). Chur. – DICZIUNARI TUDAIS-CH-RUMANTSCH LADIN [1944]. 2. Aufl. Chur 1976.
Bibliographie: M. ILIESCU/H. SILLER-RUNGGALDIER [1985]: Rätoromanische Bibliographie. Innsbruck.

Rahmenkonstruktion →Satzklammer.

Raising [engl. ›Anhebung‹]. In der generativen →Transformationsgrammatik Regel zur Ableitung bestimmter →Infinitivkonstruktionen, durch die beim Übergang von der →Tiefen- in die →Oberflächenstruktur die Subjekt-Nominalphrase eines eingebetteten Satzes in die Subjekt- oder Objektposition des Matrixsatzes »angehoben« wird. Der Rest des Satzes wird mit »Infinitiv« markiert. Als Fälle von R. in Objektposition galten in frühen Phasen der Transformationsgrammatik die sogen. A.c.I.-Konstruktionen (→Akkusativ mit Infinitiv): *Caroline ließ/hörte den Bruder kommen*, in denen das »logische« oder tiefenstrukturelle Subjekt von *kommen* zum »grammatischen« oder oberflächenstrukturellen Objekt von *lassen/hören* angehoben wird, vgl. POSTAL [1974]; in späteren Theorien wurde die Objektanhebung zugunsten einer nicht-transformationellen Analyse verworfen. Konstruktionen mit hilfsverbähnlichen Ausdrücken werden als Anhebung in die Subjektposition beschrieben: *Philip scheint [– viel zu lesen]*. Während in Konstruktionen mit →Kontrolle eines logischen Arguments des Infinitivs das Matrixverb (= Kontrollverb) ein semantisches Argument als »Kontrolleur« haben muß, ist es ein Charakteristikum der Anhebungskonstruktionen, daß das grammatische Subjekt des Matrixprädikates kein logisches Subjekt des Matrixverbs (des sogen. Anhebungsverbs), sondern nur des eingebetteten Verbs ist. Dies zeigt die Paraphrase *Es scheint, daß Philip viel liest*, worin *Philip* kein logisches Argument des Anhebungsverbs *scheinen* ist. – Auch bei der Bewegung von quantifizierten Ausdrücken an eine strukturell höhere Position in der →Logischen Form spricht man von (Quantoren-)Raising.

Lit.: M. REIS [1973]: Is there a rule of subject-to-object raising in German? In: CLS 9, S. 519–529. – P. M. POSTAL [1974]: On raising: One rule of English grammar and its theoretical implications. Cambridge, Mass. – R. P. EBERT [1975]: Subject raising, the clause squish, and German *scheinen*-constructions. In: CLS 11, S. 177–187. – M. REIS [1976]: Reflexivierung in deutschen A.c.I.-Konstruktionen. Ein transformationsgrammatisches Dilemma. In: PzL 9, S. 5–82. – S. OLSEN [1981]: Problems of *seem/scheinen*-constructions and their implications for the theory of predicate sentential complementation. Tübingen. →Transformationsgrammatik.

Rajasthani →Indisch.

Rangierglied. In der Terminologie der →Inhaltbezogenen Grammatik Oberbegriff für →Gradpartikel und Negationspartikel (→Negation).

Rationalismus [lat. *ratio* ›Vernunft‹]. Auf R. DESCARTES, W. G. LEIBNIZ u.a. fußende philosophische Richtung des 17. Jh., die als einzige Quelle menschlicher Erkenntnis die Vernunft zuläßt. Anknüpfend an einzelne Grundprinzipien rationalistischer Denkauffassung sieht N. CHOMSKY den Ansatz seiner sogen. →Cartesianischen Linguistik in der Tradition des R. Das gilt besonders für die Vorstellung von »angeborenen Ideen«, für die Auffassung von Sprache als spezifisch menschlicher Tätigkeit, für die Betonung des kreativen Aspekts der Sprachverwendung sowie für die Unterscheidung von äußerer und innerer Form von Sprache (d.h. von Oberflächen- und Tiefenstruktur). Unter Bezug auf den R. und scharfer Polemik gegen die empirisch-behavioristische, nur an beobachtbaren Oberflächenphänomenen orientierten Sprachauffassung entwickelt CHOMSKY seine Theorie der generativen →Transformationsgrammatik.

Lit.: →Mentalismus, →Transformationsgrammatik.

Rattenfängerkonstruktion [engl. *pied piping*]. Von J. R. ROSS [1967] beschriebene spezielle Variante von Relativsätzen: im Normalfall steht bei Relativsätzen nur das Relativpronomen in der Position des Einleitewortes, vgl. engl. *the lady, whom I saw pictures of.* Bei R. hingegen erscheint in Einleiteposition die gesamte Phrase, die das Relativpronomen enthält: *the lady, pictures of whom I saw.* Im Dt. ist die R. bei Präpositionalphrasen obligatorisch, vgl. **der Bericht, den ich über lache*

(ohne R.) vs. *der Bericht, über den ich lache* (mit R.). Umstritten ist, ob im Dt. auch folgende Konstruktion als R. mit komplexer Einleiteposition gelten kann: *Berichte, [die zur Kenntnis zu nehmen] ich mich weigere* im Unterschied zu folgender Konstruktion ohne R.: *Berichte, [die] ich mich weigere, zur Kenntnis zu nehmen.*

Lit.: J. R. ROSS [1967]: Constraints on variables in syntax. Bloomington. (Auch erschienen als: Infinite Syntax. Norwood, N.J. 1986). – H. VAN RIEMSDIJK [1985]: Zum Rattenfängereffekt bei Infinitiven in deutschen Relativsätzen. In: W. ABRAHAM (ed.): Erklärende Syntax des Deutschen. Tübingen, S. 75–97. Engl. rev. Fassung in J. TOMAN (ed.): Studies in German grammar. Dordrecht, S. 165–193. – H. HAIDER [1985]: Der Rattenfängerei muß ein Ende gemacht werden. In: WLG 35/36, S. 27–50.

Realdefinition →Definition.

Re-Analyse. Umorganisation eines Strukturbaumes, bei der die terminalen Knoten gleich bleiben, die hierarchische Analyse der Konstruktion jedoch verändert wird. So wird z.B. von HAEGEMAN/RIEMSDIJK [1986] die sogen. →Kohärente Infinitivkonstruktion durch eine R.-Regel beschrieben, welche durch die Tilgung eines eingebetteten Satzes der →Tiefenstruktur eine →Oberflächenstruktur ableitet, in der das eingebettete Verb mit dem ehemals satzeinbettenden Matrixverb eine Konstituente bilden: [*weil Philip* [$_{VP}$ [$_S$ *sie spielen$_V$] läßt$_V$]] → [*weil Philip* [$_{VP}$ *sie* [$_V$ *spielen läßt*]]].

Lit.: L. HAEGEMAN/H. VAN RIEMSDIJK [1986]: Verb projection raising, scope, and the typology of movement rules. LIn 17, S. 417–466. – A. V. STECHOW/W. STERNEFELD [1988]: Bausteine syntaktischen Wissens; Opladen, Kap. 12.

Rechtschreibereform. Aus sprachwiss., pädagogischen und sozialpolitischen Gründen begründete Maßnahmen zur Vereinheitlichung der schriftlichen Wiedergabe einer Sprache. Im gegenwärtigen Dt. beziehen sich diese Bemühungen, das graphemische System dem phonetisch-phonologischen zu nähern, auf eine Neuregelung der Groß- und Kleinschreibung (vgl. →Gemäßigte Kleinschreibung), Eindeutschung von Fremdwörtern, Systematisierung bzw. Liberalisierung der Getrennt- und Zusammenschreibung, Vereinfachung der →Zeichensetzung sowie eine durchsichtigere Regelung der Kennzeichnung langer Vokale. Da viele Probleme der Rechtschreibung auf lautgeschichtliche Zufälle oder willkürliche Normierungen zurückzuführen sind, wurden immer wieder Versuche unternommen, sowohl wissenschaftlich als auch kulturpolitisch begründete Vereinfachungen durchzusetzen – aus Bedenken vor Traditionsbruch mit nur geringem Erfolg. Die nach dem Zweiten Weltkrieg erneut einsetzende Diskussion spiegelt sich in den sogen. »*Stuttgarter Empfehlungen*« von 1954 wider, die die Grundlage für alle Beratungen zwischen der BRD, Österreich und der Schweiz sowie der DDR bilden (abgedruckt in: DU 7,3. [1955:125ff.]). In allen diesen Ländern bestehen offizielle, zum Teil staatliche, Rechtschreibekommissionen. Zur Geschichte der R. in Deutschland vgl. G. AUGST [1974] und W. MENTRUP (ed.) [1979].

Lit.: G. AUGST (ed.) [1974]: Deutsche Rechtschreibung mangelhaft? Materialien und Meinungen. Heidelberg. Darin: G. AUGST: Die linguistischen Grundlagen der Rechtschreibung und Rechtschreibreform, S. 9–47. – W. MENTRUP (ed.) [1979]: Rechtschreibreform in der Diskussion. Tübingen. – W. MENTRUP (ed.) [1979]: Materialien zur historischen Entwicklung der Groß- und Kleinschreibungsregeln. Tübingen. →Rechtschreibung.

Rechtschreibung [Auch: Orthographie]. Lehre von der systematischen und einheitlichen Verschriftung von Sprache durch Buchstaben (= Grapheme) und Satzzeichen (→Zeichensetzung). Die für das heutige Deutsch gültige R. geht im wesentlichen zurück auf die Drucker des 16./17. Jh. (dokumentiert z.B. in H. FREYER [1722]) sowie auf Literaten und Sprachforscher des 18./19. Jh. (wie F. G. KLOPSTOCK, J. C. ADELUNG und J. GRIMM). Eine offizielle Regelung erfolgte aber erst durch die Rechtschreibe-Konferenzen von 1876 und 1901 und ist im Rechtschreibungs-→DUDEN kodifiziert. – Die jeweilige R. einer Sprache ist das Ergebnis unterschiedlicher, zum Teil kontroverser Grundprinzipien. Die Probleme der dt. R. resultieren aus folgenden, sich zum Teil überlagernden Prinzipien bzw. aus deren unsystematischem Zusammenspiel. (a) Phonetisches Prinzip (auch: Lautprinzip): In systematischer Ausprägung (d.h. so, daß jedem gesprochenen Laut genau ein Schriftzeichen entspricht) liegt es dem künstlichen Alphabet der Internationalen →Lautschrift zugrunde, während es in natürlichen Sprachen nur eine Grundtendenz bildet. So repräsentiert im Dt. das Schriftzeichen ⟨s⟩ sowohl den stimmhaften als auch den stimmlosen *s*-Laut, in ⟨st⟩

und ⟨sp⟩ den apikalen Reibelaut [ʃ], der in anderer Umgebung als ⟨sch⟩ realisiert wird. (b) Phonologisches Prinzip: Ihm zufolge entspricht jedem Phonem ein Schriftzeichen, vgl. im Dt. die orthographische Realisierung der allophonischen *Ich/Ach*-Laute /ç/ vs. /x/ durch dieselbe Zeichenkombination ⟨ch⟩, außerdem die einheitliche Schreibweise von ⟨r⟩ für alle artikulatorischen Varianten dieses Phonems (also u.a. für Zungen- und Zäpfchen-*r*). (c) Etymologisches Prinzip: Die analoge Schreibung etymologisch verwandter Wörter geht maßgeblich zurück auf das historisierende Interesse der Sprachwiss. im 19. Jh. Es ist konsequent durchgeführt bei der →Auslautverhärtung (*Rad/ Räder* vs. *Rat/Räte*, dagegen unsystematisch beim →Umlaut, vgl. *Hang/hängen* vs. *Brand/ brennen*. (d) Historisches Prinzip: Orthographisches Relikt aus früheren Sprachstufen ist im Dt. z.B. die ⟨ie⟩-Schreibung für langes *i* (aus der →Monophthongierung von mhd. /ie/ zu /i:/ entstanden). (e) Homonymie-Prinzip: Diese diakritische Maßnahme dient dazu, klanggleiche Wörter durch (normativ geregelte) unterschiedliche Schreibweise zu differenzieren, vgl. *Weise* vs. *Waise*, *Lid* vs. *Lied*, *malen* vs. *mahlen*, wobei häufig andere Prinzipien mitbetroffen sind, z.B. das historische bei *Stil* vs. *Stiel* oder das etymologische bei *Stiel* vs. *stiel!* (zu *stehlen*) sowie *Rad* vs. *Rat*. (f) Das »Ökonomische Prinzip« bewirkt eine gewisse Sparschreibung, z.B. bei *Schifffahrt*: *Schiffahrt*, *Hoh-heit*: *Hoheit*. (g) Aus ästhetisch-

ideographischen Gründen sind bestimmte Buchstabenfolgen unverträglich, so gibt es keine Doppelschreibungen von ⟨i, u, w, ch, sch, ß, ng⟩. (h) Aus pragmatischen Gründen werden in bestimmten Kontexten die Anrede-Pronomen *Du /Sie* großgeschrieben, während die Großschreibung von Substantiven und Eigennamen auf einem (i) grammatischen Prinzip (Abhängigkeit von Wortart und syntaktischer Funktion) beruht. Da alle diese sogen. »Prinzipien« im Grunde nur Tendenzen bezeichnen, ergeben sich eine Fülle von zufälligen, systematisch nicht erfaßbaren Abweichungen, die als »Ausnahmen« den individuellen Lernprozeß belasten. Die Diskussion um →Rechtschreibereformen (besonders im Bereich der Groß- und Kleinschreibung, vgl. →Gemäßigte Kleinschreibung) wird daher sowohl unter sprachwiss. als auch unter pädagogischen, bildungspolitischen und ökonomischen Gesichtspunkten geführt.

Lit.: H. Freyer [1722]: Anweisung zur teutschen Orthographie. Halle. – J. C. Adelung [1788]: Vollständige Anweisung zur deutschen Orthographie. Leipzig. – O. Brenner [1902]: Die lautlichen und geschichtlichen Grundlagen unserer Rechtschreibung. Leipzig. – H. Moser [1955]: Rechtschreibung und Sprache. Von den Prinzipien der dt. Orthographie. In: DU 7/3, S. 5–29. – P. Bischoff [1969]: Grundlagen und Praxis des Rechtschreibunterrichts. Hannover. – W. Fleischer [1967]: Schriftzeichen und Laut. In: PBB(H) 89, S. 58–72. – G. Augst (ed.) [1974]: Deutsche Rechtschreibung mangelhaft? Materialien und Meinungen. Heidelberg. Darin: G. Augst: Die linguistische Grundlagen der Rechtschreibung und Rechtschreibreform, S. 9–47. – D. Nerius [1975]: Untersuchungen zu einer Reform der dt. Orthographie. Berlin. – J. Levitt [1978]: The influence of orthography on phonology: a comparative study (English, French, Spanish, Italian, German). In: Linguistics 208,

S. 43–67. - R. MÜLLER u.a. [1978]: Laut und Schrift in Dialekt und Standardsprache. Wiesbaden. - B. GARBE (ed.) [1978]: Die deutsche rechtschreibung und ihre reform. Tübingen. - W. MENTRUP[1979]:Die Groß- und Kleinschreibung im Dt. und ihre Regeln. Historische Entwicklung und Vorschlag zur Neuregelung. Tübingen. - W. MENTRUP (ed.) [1979]: Rechtschreibreform in der Diskussion. Tübingen. - W. MENTRUP (ed.) [1979]: Materialien zur historischen Entwicklung der Groß- und Kleinschreibungsregeln. Tübingen. - H. P. ALTHAUS[1980]:Graphemik. In:LGL 12. - H. P. ALTHAUS [1980]: Orthographie/Orthophonie. In: LGL 95. - G. AUGST [1980]: Die graphematische Dehnungsbezeichnung und die Möglichkeiten einer Reform. In:DSp 8, S. 306–326. - R. KLOCKOW [1980]: Linguistik der Gänsefüßchen: Untersuchungen zum Gebrauch der Anführungszeichen im gegenwärtigen Deutsch. Frankfurt. - D. NERIUS/J. SCHARNHORST (eds.) [1980]: Theoretische Probleme der dt. Orthographie. Berlin. - H. H. MUNSKE [1984]: Zu den »Prinzipien« der deutschen Orthographie. In: H.-W. EROMS u.a. (eds.): Studia linguistica et philologica. Heidelberg. S. 235–253. - Kommission für Rechtschreibfragen des Instituts für deutsche Sprache (ed.) [1985]: Die Rechtschreibung des Deutschen und ihre Neuregelung. Düsseldorf. - G. AUGST (ed.) [1985]: Graphemik und Orthographie. Frankfurt. - G. AUGST (ed.) [1986]: New trends in graphemics and orthography. Berlin. - D. JANSEN-TANG [1988]: Ziele und Möglichkeiten einer Reform der deutschen Orthographie seit 1901. Frankfurt. - P. EISENBERG/H. GUNTHER (eds.) [1989]: Schriftsystem und Orthographie. Tübingen. *Forschungsberichte:* B. GARBE [1979]: Die deutsche rechtschreibung. Zum stand der forschung, perspektiven der reform. In: ZGL 7, S. 232–254. - B. REICHARDT [1980]: Zur Entwicklung der Bemühungen um eine Reform der deutschen Orthographie seit 1901. In: D. NERIUS/J. SCHARNHORST (eds.): Theoretische Probleme der deutschen Orthographie. Berlin, S. 273–305. - K. HELLER [1985]: Zur Stellung der geschriebenen Sprache und der Orthographie in der neueren linguistischen Forschung. In: ZfG 6, S. 310–321.

Rechtsrekursive Konstruktion →Rechtsverzweigende Konstruktion.

Rechtsverzweigende Konstruktion [engl. *right branching construction*. - Auch: Rechtsrekursive/Progressive K.]. Konstruktionstyp der Phrasenstrukturgrammatik: Eine Struktur ist eine R. K., wenn im →Strukturbaum jede Verzweigung in die Konstituenten *A* gefolgt von *B* so ist, daß höchstens der rechte Ast, also *B*, selbst wieder verzweigt.

Lit.: N. CHOMSKY [1965]: Aspects of the theory of syntax. Cambridge, Mass. Dt.: Aspekte der Syntaxtheorie. Frankfurt 1969, S. 24f.

Rede.
(1) Vorgang und Ergebnis mündlicher oder schriftlicher Sprachproduktion.
(2) Wiedergabeform von Äußerungen durch (a) wörtliche/direkte R.: *Er sagte: »Ich bin müde.«*, (b) abhängige/→indirekte R.: *Er sagte, daß er müde sei.*

Lit.: →Indirekte Rede.

(3) Synonym für frz. Parole zur Bezeichnung des konkreten Sprechereignisses im Unterschied zum Sprachsystem (→Langue vs. Parole).

Redebeitrag →Turn.

Redekonstellationstyp. Im Rahmen eines soziolinguistischen Modells des Sprachverhaltens (H. STEGER) geprägte Bezeichnung für eine Klasse kommunikativer Situationen (»Redekonstellationen«), die strukturiert sind durch gleiche kommunikative Merkmale, z.B. hinsichtlich Sprecherzahl, Rollenverhältnis, Öffentlichkeitsgrad, Themafixierung. In einer →Texttypologie definiert der R. verschiedene →Textsorten.

Lit.: H. STEGER u.a. [1974]: Redekonstellation, Redekonstellationstyp, Textexemplar, Textsorte im Rahmen eines Sprachverhaltensmodells. In: H. MOSER (ed.): Gesprochene Sprache. Düsseldorf. S. 39–97.

Redeteile →Wortarten.

Redewendung →Idiom, →Idiomatik.

Reduktion [lat. *reductiō* ›Zurückführung‹].
(1) Operationales Verfahren bei der Satzanalyse: Verkürzung komplexer Satzstrukturen auf die obligatorische Minimalstruktur. Vgl. →Weglaßprobe.
(2) Ergebnis einer Transformation, bei der ein komplexes Element durch ein einfaches ersetzt wird, z.B. bei der Pronominalisierung. Vgl. unter →Substitution.
(3) In der Phonetik/Phonologie Abschwächung von Vokalen (→Apokope, →Synkope) oder Konsonanten (→Auslautverhärtung).

Reduktionsprobe →Weglaßprobe.

Redundanz [lat. *redundantia* ›Überfülle (im Ausdruck)‹. – Auch: Hypercharakterisierung].
(1) Allgemein: Überschüssige Information, d.h. solche Information, die bei störungsfreier Kommunikation ohne Informationsverlust wegfallen könnte. Da sprachliche Kommunikation aber stets sowohl durch Störgeräusche als auch durch ungleiche Zeicheninventare der Sprachteilnehmer behindert ist, hat sich die Sprache als Kommunikationsmittel von hoher R. entwickelt. Dies ist auf allen Beschreibungsebenen nachweisbar, am deutlichsten in der morphologischen Übercharakterisierung gramm. Kategorien (z.B. wird der Plural in *die schönen Bäume* viermal realisiert) und bei lexikalischen Wiederholungen. R. wird auch bewußt als rhetorisches Mittel eingesetzt.
(2) In der →Phonologie gelegentlich Kontrastbegriff zu Distinktivität; vgl. →Distinktives Merkmal.
(3) In der →Informationstheorie korreliert R. in statistisch überprüfbarer Weise mit der Auftretenswahrscheinlichkeit des betreffenden Informationselementes, d.h.: Je wahrscheinlicher das Vorkommen eines Zeichens ist, bzw. je häufiger ein bestimmter Ausdruck verwendet wird, um so geringer ist sein Informationsgehalt.

Lit.: →Informationstheorie.

Redundanzregel. Regeltyp der generativen →Transformationsgrammatik zur Spezifizierung genereller Regularitäten folgender Form: »Wenn Merkmal A vorliegt, dann ergänze Merkmal B«. Solche Generalisierungen betreffen morphologische, syntaktische und semantische Eigenschaften; sie dienen – indem sie voraussagbare Merkmale spezifizieren – der Entlastung und Vereinfachung des Lexikoneintrages. So spezifizieren z.B. phonologische R. in genereller Form die Vorhersagbarkeit phonetisch-phonologischer Merkmale; so gilt z.B. für das Deutsche die (formal inkorrekt als →Ersetzungsregel notierte) R.: [+ NASAL] → [+ STIMMHAFT], da Nasalität immer mit Stimmhaftigkeit korreliert. – Zu R. in der Wortbildung vgl. R. JACKENDOFF.

Lit.: R. JACKENDOFF [1975]: Morphological and semantic regularities in the lexicon. In: Lg 51, S. 639–671. →Phonologie, →Transformationsgrammatik.

Reduplikation [lat. *reduplicātiō* ›Verdoppelung‹]. Verdoppelung von anlautenden Silben einer →Wurzel oder eines →Stammes mit und ohne Lautänderung zum Ausdruck morphosyntaktischer Kategorien, z.B. der Tempusbildung bei einer Reihe idgerm. Verben (lat. *tango – tetigī*; got. *haitan – haihait*) oder der Pluralbildung im Indonesischen. In der →Wortbildung dient die Wiederholung von Morphemen der Ausdrucksverstärkung: lat. *quisquis* »wer auch immer«.

Lit.: A. MARANTZ [1982]: Re Reduplication. In: Lin 13, S. 435–482. →Lautsymbolik, →Wortbildung.

Referent [lat. *referre* ›sich beziehen auf‹. – Auch: →Designat(um), →Denotat(um)]. Objekt oder Sachverhalt in der Realität oder im Text, worauf durch sprachliche Ausdrücke (→Nominalphrasen, möglicherweise auch →Adjektivphrasen, →Verbalphrasen) Bezug genommen wird.

Lit.: →Referenz.

Referentielle Bedeutung →Attributive vs. Referentielle Lesart.

Referentielle Bewegung. Strukturierte Informationsentfaltung von Äußerung zu Äußerung in einem Text. Die in einer Äußerung enthaltene Information läßt sich verschiedenen inhaltlichen →Referenz-Bereichen zuordnen, wie Zeit, Ort, Person, Objekt. Die R. B. innerhalb dieser Bereiche wird mit Beschreibungskategorien wie ›Einführung‹, ›Erhalt‹, ›Verschiebung‹ erfaßt. Im Rahmen der →Diskursanalyse dient das Konzept der R. B. dazu, charakteristische Merkmale von Texttypen zu beschreiben; es wird davon ausgegangen, daß eine spezifische kommunikative Aufgabe, die »Quaestio« (lat., ›Frage‹, hier ›Textfrage‹), strukturelle Vorgaben für den Textaufbau macht, die sich als Muster der R.B. erfassen lassen. (→Kohärenz, →Textsorten, →Texttypologie).

Lit.: T. GIVÓN [1982]: Topic continuity in discourse. The functional domain of switch reference. In: J. HAIMAN/P. MUNRO (eds.): Switch reference and universal grammar. Amsterdam, S. 51–82. – W. MARSLEN-WILSON u.a. [1982]: Producing interpretable discourse: The establishment and maintenance of reference. In: R. JARVELLA/W. KLEIN (eds.): Speech, place and action. New York, S. 339–378. – R. S. TOMLIN [1985]: Foreground-background information and the syntax of subordination. In: Text 5, S. 85–122. – W. KLEIN/C. v. STUTTERHEIM [1987]: Quaestio und referentielle Bewegung in Erzählungen. In: LBer 109, S. 163–184. – U. KOHLMANN u.a. [1989]: Textstruktur und sprachliche Form in Objektbeschreibungen. In: DS 2, S. 137–169. – W. HEYDRICH u.a. (eds.) [1989]: Connexity and coherence. Berlin. →Diskursanalyse.

Referentielle **Transparenz** →Opaker vs. Transparenter Kontext.

Referenz.
(1) In der traditionellen Semantik war R. die Beziehung zwischen dem sprachlichen Ausdruck (Name, Wort) und dem Gegenstand der außersprachlichen Realität, auf den sich der Ausdruck bezieht, vgl. →Semiotisches Dreieck. Als problematisch erweist sich dabei die Trennung von →Denotation und →Extension.
(2) In der →Sprechakttheorie von J. R. SEARLE in Anlehnung an P. F. STRAWSON [1950] rückt der Gebrauch durch den Sprecher in den Blickpunkt. R. ist

nun die Bezugnahme des Sprechers auf Außersprachliches mit sprachlichen und nichtsprachlichen Mitteln und ist (zusammen mit →Prädikation) Teilakt beim Vollzug eines propositionalen Akts (→Proposition). In einigen kognitiven Ansätzen ist R. inzwischen nicht mehr Bezug auf →Referenten in der realen oder einer →Möglichen Welt, sondern in einer projizierten Welt, d.h. einem Konzeptsystem in unserem Bewußtsein (vgl. R. JACKENDOFF [1983]). Dabei sind sich Referenzforscher (in der Linguistik, Psychologie und Logik) nicht einig, ob nur Gegenstände (Personen, Dinge) als Referenten in Betracht kommen oder auch Ereignisse. Von der Beantwortung dieser Frage hängt es ab, ob man für R. nur →Nominalphrasen oder etwa auch →Adjektivphrasen zuläßt. – In der →Generativen Grammatik, insbesondere der →Rektions-Bindungs-Theorie wird R. in Zusammenhang mit →Bindung behandelt.

Sprachphilosophische Untersuchungen: B. RUSSELL [1905]: On denoting. In: Mind 30, S. 479–493. – P. F. STRAWSON [1950]: On referring. In: Mind 67, S. 320–344. – K. DONNELLAN [1966]: Reference and definite descriptions. In: PhR 75, S. 281–304. – L. LINSKY [1967]: Referring. London. – J. R. SEARLE [1969]: Speech acts. An essay in the philosophy of language. Cambridge. Dt.: Sprechakte. Frankfurt 1971. – L. LINSKY [1971]: Reference and referents. In: D. D. STEINBERG/L. A. JAKOBOVITS (eds.): Semantics. Cambridge, Mass., S. 76–85. – W. v. O. QUINE [1973]: The roots of reference. Dt.: Die Wurzeln der Referenz. Frankfurt 1976. – A. KEMMERLING [1976]: Probleme der Referenz. In: E. v. SAVIGNY (ed.): Probleme der sprachlichen Bedeutung. Kronberg/Ts., S. 39–71. – B. SMITH [1978]: Frege and Husserl: The ontology of reference. In: Journal of the British Society for Phenomenology 9, S. 111–125. – D. S. SCHWARZ [1979]: Naming and referring. The semantics and pragmatics of singular terms. Ber-

lin. – R. JACKENDOFF [1983]: Semantics and cognition. Cambridge, Mass. – N. SHADBOLT [1983]: Processing reference. In: JS 2, S. 63–98. – H. K. WETTSTEIN [1984]: How to bridge the gap between meaning and reference. In: Synthese 58, S. 63–84. *Sprachwissenschaftliche Untersuchungen:* S. DIK [1968]: Referential identity. In: Lingua 21, S. 70–97. – R. STEINITZ [1968]: Nominale Pro-Formen. In: W. KALLMEYER u.a. (eds.): Lektürekolleg zur Textlinguistik. Bd. 2: Reader, Frankfurt 1974, S. 246–265. – I. BELLERT [1972]: On a condition of the coherence of texts. In: Semiotica 2, S. 335–363. – W. KALLMEYER u.a. (eds.) [1974]: Lektürekolleg zur Textlinguistik. 1. Bd.: Einführung. Bd. 2: Reader. Frankfurt – J. LYONS [1977]: Semantics. Cambridge (bes. Kap. 7). – M. ATKINSON [1979]: Prerequisites for reference. In: E. OCHS/B. B. SCHIEFFELIN (eds): Developmental pragmatics. New York, S. 229–249. – H. H. LIEB [1979]: Principles of semantics. In: F. HENNY/H. SCHNELLE (eds): Syntax & semantics. Bd. 10: Selection from the third Groningen round table. New York, S. 353–378. – H.H. CLARK/C. R. MARSHALL [1981]: Definite reference and mutual knowledge. In: A. K. JOSHI/B. L. WEBBER/I. A. SAG (eds.): Elements of discourse understanding. Cambridge, S. 10–53. – H. H. CLARK/G. L. MURPHY [1982]: Audience design in meaning and reference. In: J.-F. LENY/W. KINTSCH (eds.): Language and comprehension. Amsterdam, S. 287–299. – W. MARSLEN-WILSON/E. LEVY/L. K. TYLER [1982]: Producing interpretable discourse: The establishment and maintenance or reference. In: R. JARVELLA/W. KLEIN (eds.): Speech, place, and action. Studies in deixis and related topics. Cichester, S. 339–378. – H. H. CLARK/R. SCHREUDER/S. BUTTRICK [1983]: Common ground and the understanding of demonstrative reference. In: JVLVB 22, S. 245–258. – R. JACKENDOFF [1983]: Semantics and cognition. Cambridge, Mass. – B. CONRAD [1985]: On the reference of proper names. In: AL 19, S. 44–124. – H. VATER [1986]: Einführung in die Referenzsemantik. Köln. →Anapher, →Textverweis.

Referenzindex [Auch: Referenzzahl]. Formale Schreibkonvention: Kennzeichnung gleicher bzw. verschiedener →Referenten eines Textes durch Ziffern oder kleine lat. Buchstaben: in den Sätzen (a) *Philip₁ versprach mir₂ [nach London zu kommen]₁* und (b) *Philip₁ verhalf mir₂ [nach London zu kom-*

men]₂ ist das Subjekt von *[nach London kommen]* in (a) referenzidentisch mit *Philip,* in (b) mit dem Sprecher des Satzes (= *mir*).

Referenzsemantik. Die R. als sprachextern orientierte Disziplin untersucht und beschreibt die Bedingungen und Regeln der Bezugnahme auf die außersprachliche Welt mit sprachlichen Mitteln. Während eine inhaltsorientierte Semantik sich mit den sprachinternen Relationen von sprachlichen Ausdrükken beschäftigt (→Semantische Relation), untersucht die vor allem im Rahmen der →Sprechakttheorie entwickelte R. die spezifischen Referenzmittel, mit denen ein Sprecher sich z.B. auf die Raum-Zeit-Struktur der Äußerungssituation bezieht (→Deixis), Beziehungen anknüpft, auf Objekte oder Begriffe verweist. Vgl. →Referenz, →Ich-Jetzt-Hier-Origo.

Lit.: D. WUNDERLICH [1974]: Grundlagen der Linguistik. Reinbek, S. 238–271. – R. WIMMER [1979]: Referenzsemantik: Untersuchungen zur Festlegung von Bezeichnungsfunktionen sprachlicher Ausdrücke am Beispiel des Deutschen. Tübingen. – D. WUNDERLICH [1980]: Arbeitsbuch Semantik. Königstein/Ts. →Sprechakttheorie, →Referenz.

Referenztheorie →Sigmatik.

Referenzzahl →Referenzindex.

Reflexive Relation [lat. *reflexus* ›das Zurückbeugen‹. – Auch: Totalreflexiv]. In der →Formalen Logik Eigenschaft einer zweistelligen Relation *R* auf einer Menge *M,* die genau dann gilt, wenn jedes Element *x* aus *M* zu sich selbst in der Relation *R* steht. (Notation: *R(x,x)*).

Dies trifft zu z.B. für die Relation der Identität: Jedes Element ist mit sich selbst identisch. Eine Relation *R* ist nichtreflexiv genau dann, wenn *R(x,x)* nicht für jedes Element *x* gilt. Dies trifft z.B. für die Relation des Bestrafens zu, denn nicht jedes Individuum *x* bestraft sich selbst. Davon zu unterscheiden sind die irreflexiven Relationen *R,* bei denen für alle Elemente *x* gilt: ¬ *R(x,x)*. Vgl. die Relation des Verheiratetseins: Keiner schließt eine Ehe mit sich selbst.

Lit.: →Formale Logik, →Mengentheorie.

Reflexivierung →Reflexivpronomen.

Reflexivität [Auch: Rückbezüglichkeit].
(1) Eigenschaft sprachlicher Konstruktionen, bei denen sich zwei Mitspieler einer durch ein Prädikat beschriebenen Handlung auf dasselbe Element beziehen. R. kann durch ein →Reflexivpronomen oder auch durch Verbaffixe ausgedrückt werden, vgl. Dyirbal (→Australisch): *-ɲu* in *bayi buybayir-ɲu* ›er versteckt sich‹.

Lit.: →Reflexivpronomen.

(2) Zu R. in der Logik →Reflexive Relation.

Reflexivpronomen [Auch: Rückbezügliches Pronomen]. Untergruppe von →Pronomen, die bevorzugt bei Referenzidentität mit dem Subjekt desselben Teilsatzes verwendet werden: *Philip₁ verteidigt sich₁.* Das R. wird oft als ein Spezialfall von →Personalpronomen behandelt, mit dem es in vielen Sprachen insbesondere in der

ersten und zweiten Person dieselbe Form teilt (Dt. *ich wasche
mich/*Frz. *je me lave* (R.) vs. *er
wäscht mich/il me lave* (Personalpron.). Es gibt jedoch auch
Sprachen, in denen →Reflexivi-
tät nicht durch Pronomen, sondern durch Verbaffixe angegeben wird (vgl. SELLS/ZAENEN/
ZEC [1987]). In der (älteren) generativen →Transformations-
grammmatik werden R. durch
eine Pronominalisierungstransformation abgeleitet, die bei Referenzidentität mit einem weiteren Textelement eine ›volle‹
Nominalphrase durch ein R. ersetzt. In neueren generativen
Ansätzen werden R. nicht-
transformationell in der →Bin-
dungstheorie behandelt. – Im
Dt. gibt es sogen. reflexive Verben, die zwei Gruppen bilden:
(a) solche, die wie *sich schämen,
sich erholen* immer mit dem R.
vorkommen, und (b) solche, die
sowohl mit einem R. als auch
mit einer anderen Nominalphrase verwendet werden können, wie *das Hemd waschen* vs.
*sich waschen, den Angeklagten
verteidigen* vs. *sich verteidigen.*
Das unterschiedliche syntaktische Verhalten der beiden Verwendungsweisen von »sich«
läßt sich durch →Satzglied-Tests
ermitteln. Sie ergeben, daß das
»sich« der ersten Gruppe von
Verben im Gegensatz zum R.
der zweiten Gruppe keinen
Satzgliedcharakter hat und somit auch keine syntaktische
Funktion übernimmt. In terminologischer Hinsicht herrscht
insoweit Verwirrung, als ein
und dieselbe Gruppe in einigen
Arbeiten »echt reflexiv« und in
anderen Arbeiten wiederum
»unecht reflexiv« benannt
wird.

Lit.: R. JACKENDOFF [1972]: Semantic interpretation in generative grammar. Cambridge. – A. STEUBE [1975]: Reflexivierung
in komplexen deutschen Sätzen. In: DaF
12, S. 278–287. – M. REIS [1976]: Reflexivierung in deutschen A.c.I.-Konstruktio-
nen. Ein transformationsgrammatisches
Dilemma. In: PzL 9, S. 5–82. – L. M. FALTZ
[1977]: Reflexivization: a study in universal syntax. Ann Arbor. – J. EDMONDSON
[1978]: Ergative languages, accessibility
hierarchies, governing reflexives and questions of formal analysis. In: W. ABRAHAM
(ed.): Valence, semantic case and grammatical relations. Amsterdam, S. 633–660.
– V. P. NEDJALKOV [1980]: Reflexive constructions: a functional typology. In: G.
BRETTSCHNEIDER/C. LEHMANN (eds.):
Wege zur Universalienforschung. Tübingen, S. 222–228. – G. GREWENDORF [1985]:
Reflexivierungsregeln im Deutschen. In:
DS 12, S. 14–30. – M. EVERAERT [1986]: The
syntax of reflexives. Dordrecht. – W. KU-
BINSKI [1987]: Reflexivization in English
and Polish: An arc pair grammar analysis.
Tübingen. – P. SELLS/A. ZAENEN/D. ZEC
[1987]: Reflexivization variation: Relations between syntax, semantics, and lexical structure. In: M. IIDA/S. WECHSLER/D.
ZEC (eds.): Working papers in grammatical
theory and discourse structure: Interactions of morphology, syntax and discourse.
Stanford, S. 169–238. – E. GENIUŠIENE
[1988]: The typology of reflexives. Berlin. –
B. PRIMUS [1989]: Parameter der Herrschaft: Reflexivpronomina im Deutschen.
In: ZS 8, S. 53–88. →Anapher, →Bindungs-
theorie, →Personalpronomen.

Refrainfrage[engl. *tag question*].
An Aussagesätze angeschlos-
sene knappe Vergewisserungs-
frage, durch die eine Bestätigung des behaupteten Sachver-
haltes erzielt werden soll; vgl.
dt. *nicht wahr?,* bzw. engl. *isn't
it?,* frz. *n'est-ce pas?*

Lit.: →Fragesatz.

Regel. Sowohl in natur- und geisteswiss. Disziplinen als auch in
verschiedenen linguistischen
Schulen mit (meist) mehrdeutiger Interpretierbarkeit verwendeter Grundbegriff zur Beschreibung, Erklärung oder Re-
gulierung von sprachlichem
Verhalten. Dabei kann sich der
Terminus je nach Kontext auf

so unterschiedliche Sachverhalte wie Normen, (universelle) Handlungsanweisungen, formale Verfahrensvorschriften in Kalkülen oder Naturgesetze beziehen. Im Rahmen sprachwiss. Verwendungen sind folgende Lesarten zu unterscheiden: (a) In der →Traditionellen Grammatik haben Regeln der Intention nach normativen Charakter, tatsächlich sind sie Beschreibungen von Regelmäßigkeiten und Ausnahmen anhand von ausgewählten Beispielen, wobei notgedrungen an die Intelligenz des Lesers bzw. Sprachbenutzers appelliert wird, vage Anweisungen durch sprachliche Intuition zu vervollständigen. (b) Ohne normativen Anspruch, aber von einem gleichermaßen statischen Konzept ausgehend, sind die Regeln der →Deskriptiven Linguistik Bestandsaufnahmen von Regelmäßigkeiten empirisch beobachtbarer Sachverhalte. (c) Im Unterschied zur statischen Konzeption der traditionellen Grammatik und der deskriptiven Linguistik verwendet die generative →Transformationsgrammatik zur Abbildung der sprachlichen Kompetenz einen dynamischen Regelbegriff, der mit Bezug auf einen Erzeugungsprozeß, d.h. als explizite Anweisung für durchzuführende formale Operationen verstanden wird. Zu technischen Einzelheiten vgl. →Phrasenstrukturregeln, →Rekursive Regeln, →Transformation. (d) Auf der Grundlage der WITTGENSTEINSCHEN Bedeutungsauffassung entwickelte sich im Rahmen semantischer bzw. pragmatischer Analysen seit Beginn der 70er Jahre ein handlungstheoretisch orientierter Regelbegriff, der Sprache als regelgeleitetes (soziales) Handeln versteht. Vgl. HERINGER [1974] sowie die von J. R. SEARLE getroffene Unterscheidung zwischen →Konstitutiven und →Regulativen Regeln.

Lit.: N. CHOMSKY [1961]: On the notion »rule of grammar«. In: R. JAKOBSON (ed.): Structure of language and its mathematical aspects. Providence, S. 255-257. – J. WHEATLEY [1970]: Language and rules. The Hague. – R. D. GUMB [1972]: Rule governed linguistic behaviour. The Hague. – H. J. HERINGER (ed.) [1974]: Seminar: Der Regelbegriff in der praktischen Semantik. Frankfurt. – S. F. SAGER [1977]: Zum Begriff kommunikativer Regeln. In: PzL 17/18, S. 149-210. – N. CHOMSKY [1981]: Regeln und Repräsentationen. Frankfurt. – S. KRIPKE [1982]: Wittgenstein on rules and private language. Cambridge, Mass.

Regelordnung →Extrinsische vs. Intrinsische Regelordnung.

Regelumkehrung [engl. *rule inversion*]. Terminus der (generativen) historischen Phonologie, der die inverse »Uminterpretation« einer ursprünglichen phonologischen Regel bezeichnet; so wird z.B. in vielen Varietäten des Englischen postvokalisches *r* vokalisiert, bleibt jedoch intervokalisch erhalten; dies gilt auch dann, wenn in der gesprochenen Sprache durch ein nachfolgendes Wort mit vokalischem Anlaut spontan eine »intervokalische« Umgebung erzeugt wird. Die inverse Sicht re-interpretiert nun die in dieser Umgebung nicht erfolgende *r*-Vokalisierung als *r*-Einfügung im Hiatus; die ursprüngliche Ausnahme erscheint als neue Regel – damit wird *r* auch dort eingefügt, wo es historisch gar nicht erscheinen dürfte, vgl. *the-idea-r-of-it, America-r-and-Europe.*

Lit.: Th. Vennemann [1972]: Rule inversion. In: Lingua 19, S. 209–242.

Regens [lat. *regere* ›herrschen‹]. In der →Dependenzgrammatik »regierendes« Glied, von dem andere Glieder abhängig (dependent) sind.

Lit.: →Dependenzgrammatik.

Regierende Kategorie [engl. *(minimal) governing category*]. In der →Bindungstheorie derjenige syntaktische Bereich, innerhalb dessen ein Reflexivpronomen ein Antezedens haben muß. In Chomskys »*Government and Binding*« wird die R. K. eines Knotens X in erster Annäherung so definiert: Y ist R. K. für X, wenn Y die minimale Kategorie ist, die X, ein Regens für X und ein Subjekt dominiert. (Eine Kategorie heißt »minimal« bezügl. einer Eigenschaft P, wenn sie P besitzt, aber jede von ihr dominierte Kategorie P nicht besitzt.) Daraus ergeben sich u.a. folgende Konsequenzen: (a) In *Philip hört* [*sich schnarchen*] ist der ganze (Matrix-)Satz R. K. für *sich*, da *sich* von *hören* regiert wird und der Matrix-Satz die minimale Kategorie ist, die *hören* dominiert. (b) In *Philip hörte* [$_S$ *ihn sich umdrehen*] ist (gemäß Chomskys Analyse des →Akkusativ mit Infinitiv als satzwertiger Konstituente) der eingebettete S-Knoten die R. K. von *sich*, denn diese Kategorie enthält die Anapher *sich*, das Regens der Anapher *umdrehen* sowie ein Subjekt, nämlich *ihn*. Daher ist nur ein anaphorischer Bezug auf *ihn*, nicht aber auf *Philip* möglich. (c) In *Philip hört daß [$_S$ *sich schnarcht*] ist der eingebettete Satz R. K. weil das Subjekt nicht von *hört*, sondern vom →INFL-Knoten des eingebetteten Satzes regiert ist. Daher ist eine Anapher an der Subjektstelle eines finiten Satzes ungrammatisch.

Lit.: →Bindungstheorie.

Register. Funktionsspezifische, d.h. für einen bestimmten Kommunikationsbereich (Institution) charakteristische Sprechoder Schreibweise, z.B. die eines Pfarrers bei der Predigt, der Eltern gegenüber dem Kind, der Angestellten gegenüber Vorgesetzten.

Lit.: M.A.K. Halliday u.a. [1964]: The linguistic sciences and language teaching. London.

Regressive Konstruktion →Linksverzweigende Konstruktion.

Reguläre Sprache →Finite state grammar.

Regulative Regeln [lat. *rēgula* ›Richtholz‹, ›Regel‹]. Verhaltensregeln, die unabhängig von ihren existierende Verhaltensformen (wie z.B. zwischenmenschliche Beziehungen oder den Straßenverkehr) regeln, im Unterschied zu →Konstitutiven Regeln, die Verhaltensformen definieren.

Lit.: →Konstitutive Regeln, →Sprechakttheorie.

Reibelaut →Frikativ(laut).

Reification. Von G. Lakoff [1968] geprägter Terminus zur Bezeichnung der (systematischen) semantischen Beziehungen zwischen der abstrakten Bedeutung eines Lexems (z.B. *Doktorarbeit, Partitur*) und der aus ihr ableitbaren »Konkretisierung«; vgl. *Seine Doktorarbeit beschäftigt sich mit Sprachphilosophie* vs. *Seine Doktorarbeit umfaßt über 500 Seiten*, wobei im ersten Satz auf das begriffliche Konzept »Doktorarbeit«, im zweiten auf die materielle Realisation Bezug genommen wird.

Lit.: G. Lakoff [1968]: Deep and surface grammar. Bloomington. – J. D. Mccawley [1968]: The role of semantics in a grammar. In: E. Bach/R. T. Harms (eds.): Universals in linguistic theory. New York, S. 124–169.

Reiz-Reaktions-Modell →Stimulus-Response-Modell.

Rekognitionsgrammatik →Erkennungsgrammatik.

Rekonstruierbarkeit [engl. *recoverability*. – Auch: Wiederauffindbarkeit]. Im Modell der generativen →Transformationsgrammatik grundlegende →Beschränkung für die Durchführung von →Tilgungen. Damit durch die Tilgungstransformation keine Bedeutungsveränderung stattfindet, muß die zugrundeliegende Struktur nach der Anwendung von Tilgungsoperationen jederzeit wiederherstellbar, bzw. aus der →Oberflächenstruktur des Satzes erschließbar sein. Der Satz (a) *Philip ist größer als Caroline* kann deshalb als Resultat einer zulässigen Tilgung in (b) *Philip ist größer als Caroline groß ist* angesehen werden, weil die Elemente unter genau angebbaren Bedingungen getilgt wurden und die eindeutige R. von (b) aus (a) gewährleistet ist. Demgegenüber kann z.B. das Kompositum *Holzschuppen* nicht (wie in frühen Phasen der generativen →Morphologie ange-

nommen) als Resultat einer als hinreichend generell formulierten Tilgung angesehen werden, weil *Holzschuppen* sowohl aus *Schuppen, der aus Holz besteht* wie aus *Schuppen, in dem Holz gelagert wird* abgeleitet werden könnte. Eine eindeutige R. ist hier nicht mehr gewährleistet.

Lit.: →Beschränkungen, →Transformationen.

Rekonstruktion. Verfahren zur Ermittlung älterer, schriftlich nicht (hinreichend) belegter Sprachstufen. Ausgehend von unserer Kenntnis möglicher (z.B. phonologischer) Veränderungstypen (vgl. →Lautwandel) werden aufgrund synchronischer Evidenzen (prä-)historische Sprach(teil)systeme rekonstruiert. Solche Evidenzen finden sich vor allem in alternierenden, variierenden Formen, die auf historisch invariante Strukturen zurückgeführt werden können; je nachdem, ob diese synchronischen Alternationen innerhalb einer Sprache oder zwischen unterschiedlichen, jedoch genetisch verwandten Sprachen zu beobachten sind, können zwei Typen von Rekonstruktionsmethoden unterschieden werden: (a) Innere (sprachinterne) R.: Historische Struktureigenschaften werden aufgrund sprachinterner Systembeziehungen rekonstruiert; bestes Beispiel für die innere R. ist neben →Ablaut und →Vernerschem Gesetz vor allem die →Laryngaltheorie: Die 1879 von F. de Saussure aufgrund innerer struktureller Aspekte rekonstruierten idgerm. Laryngale wurden später durch Nachweis von Spuren im neu entdeckten Hethitischen bestätigt. (b) Äußere (komparative, sprachvergleichende) R.: Dabei erfolgt die R. durch Vergleich bestimmter Phänomene in mehreren verwandten (oder als verwandt vermuteten) Sprachen. Besondere Bedeutung und methodische Verfeinerung erfuhr die äußere R. im 19. Jh. bei der R. des idgerm. Obstruentensystems (= Verschluß- und Reibelaute) durch den Vergleich der Konsonantensysteme der einzelnen idgerm. Sprachen (vgl. →Erste Lautverschiebung, →Vernersches Gesetz). Sie ist die Basis der →Historisch-Vergleichenden Sprachwissenschaft und wurde besonders von den →Junggrammatikern im Zusammenhang ihrer These von der Ausnahmslosigkeit der →Lautgesetze verwendet.

Lit.: A. Meillet [1925]: La méthode comparative en linguistique historique. Oslo. - H. Marchand [1956]: Internal reconstruction of phonemic split. In: Lg 32, S. 245-253. - H. N. Hoenigswald [1960]: Language change and linguistic reconstruction. Chicago. - W. P. Lehmann [1962]: Historical linguistics: An introduction. 2. Aufl. New York 1973. Dt.: Einführung in die historische Linguistik. Heidelberg 1969. - H. Pedersen [1962]: The discovery of language. Bloomington. - M. R. Haas [1966]: Historical linguistics and the genetic relationship of languages. In: CTL 3, S. 113-153. - H. Penzl [1972]: Methoden der germanischen Linguistik. Tübingen. - H. N. Hoenigswald [1973]: The comparative method. In: CTL 11, S. 51-62. - P. Baldi [1989]: Linguistic change and reconstructional methodology. Berlin.

Rektion [lat. *regere* ›regieren‹; engl. *government*].
(1) Lexemspezifische Eigenschaft von Verben, Adjektiven, Präpositionen oder Substantiven, die morphologische Kategorie (insbesondere den Kasus) abhängiger Elemente zu bestimmen. R. kann unter →Valenz subsumiert werden, insofern Valenzträger die morphologische Form der von ihnen »regierten« (= abhängigen) Elemente bestimmen (»regieren«). Der Terminus wird vor allem bei Verben angewandt, bei denen die unterschiedliche R. als Unterscheidungskriterium zwischen transitiven und intransitiven Verben gilt (→Transitivität). Auf der Basis der verschiedenen Rektionskasus werden auch die →Syntaktischen Funktionen der Verb-Begleiter bestimmt. Eine Kasusdetermination gibt es auch bei den Genitiv- oder Präpositionalattributen der Substantive (*Land des Glaubens* (Genitiv), *Hoffnung auf Frieden* (Akkusativ), *Zweifel an der Aufrichtigkeit* (Dativ)), bei den Ergänzungen der Adjektive (*ähnlich* (Dativ), *müde* (Genitiv), *wert* (Akkusativ)) und Präpositionen (*bis, durch, gegen* (Akkusativ) vs. *aus, gegenüber, zuliebe* (Dativ)). Der R.-Begriff wird in einigen Ansätzen von der Kasusmarkierung auf die Markierung der Objektfunktion mittels Präpositionen übertragen. So »regiert« das Verb *denken* die Präposition *an* (vgl. →Präpositionalobjekt).

Lit.: L. Hjelmslev [1939]: La notion de rection. In: Acta Linguistica 1, S. 10-23. - J. Lyons [1971]: Einführung in die moderne Linguistik. München, Kap. 6.5.4. - J. Lerot [1980]: Die verbregierten Präpositionen in Präpositionalobjekten. In: W. Abraham (ed.): Satzglieder im Deutschen. Tübingen, S. 261-291. - Ch. Lehmann [1983]: Rektion und syntaktische Relationen. In: FoL 17, S. 339-378. - R. D. van Valin [1987]: The role of government in the grammar of head-marking languages. In: IJAL 53, S. 371-397. - H. Schumacher (ed.) [1986]: Verben in Feldern. Versalwörterbuch zur Syntax und Semantik deutscher Verben. Berlin.
Bibliographie: H. Schumacher/N. Trautz [1976]: Bibliographie zur Valenz und Dependenz. In: H Schumacher (ed.): Untersuchungen zur Verbvalenz. Tübingen. →Kasus, →Valenz.

(2) Im Rahmen der generativen →Transformationsgrammatik (→GB-Theorie) erfährt der traditionelle R.-Begriff eine formale Präzisierung, indem im →Phrasenstrukturbaum der lokale Bereich definiert wird, innerhalb dessen eine Rektionsbeziehung zwischen Regens und Rektum überhaupt möglich ist: »zwischen« Regens und Rektum darf keine →Maximale Projektion im Sinne der →X-Bar-Theorie stehen, d.h. es darf keine phrasale Kategorie geben, welche nicht sowohl das Regens als auch das Rektum dominiert. Dieser lokale Bereich spielt nicht nur innerhalb der →Kasustheorie, sondern auch in verschiedenen anderen Theoriebereichen eine zentrale Rolle, vgl. →Regierende Kategorie, →ECP.

Lit.: →Bindungstheorie.

Rekurrenz [lat. *recurrere* ›zurücklaufen‹]. Begriff der →Textlinguistik: Wiederholung gleicher sprachlicher Elemente, z.B. syntaktischer Kategorien oder referenzidentischer Wörter; auch Wiederholung des Wortstammes bei veränderter Wortart (partielle R.; vgl. als →Rhetorische Figuren: →Polyptoton, →Paronomasie). Neben anderen Arten der Wiederaufnahme von Textelementen (→Isotopie, →Textphorik) ist die R. ein wichtiges Mittel der Textverknüpfung, der Herstellung von →Kohäsion bzw. →Kohärenz.

Lit.: R. HARWEG [1986]: Wiederholungen lexikalischer Elemente und Text-Konstitution. In: W. HEYDRICH/J. S. PETÖFI (eds.): Aspekte der Konnexität und Kohärenz von Texten. Hamburg, S. 16–41. →Textgrammatik, →Textlinguistik.

Rekursive Regel. Aus der Mathematik übernommener Regeltyp, der formal dadurch gekennzeichnet ist, daß dasselbe Symbol sowohl links als auch rechts vom Pfeil auftritt; z.B. $N \rightarrow AP + N$. Hier ist N das rekursive Element, das gewährleistet, daß die Regel »auf sich selbst« angewendet werden kann; denn immer, wenn das Symbol N erreicht ist, kann an dieser Stelle ein Ausdruck (rechts vom Pfeil) für N eingesetzt werden, der das Symbol N selbst wieder enthält.

Lit.: →Rekursivität.

Rekursivität. Aus der Mathematik übernommener Begriff, der in der Linguistik die formale Eigenschaft von Grammatiken bezeichnet, mit einem endlichen Inventar von Elementen und einer endlichen Menge von Regeln eine unendliche Menge von Sätzen zu erzeugen. Auf diese Weise ist ein solches Grammatikmodell in der Lage, die durch Kreativität gekennzeichnete sprachliche →Kompetenz des Menschen zu erfassen. – Während N. CHOMSKY [1957] zunächst in »*Syntactic Structures*« R. durch generalisierte →Transformationen formalisierte, wird sie in der Standardtheorie der generativen →Transformationsgrammatik von CHOMSKY [1965] (im sogen. →Aspekte-Modell) durch Phrasenstrukturregeln in der Tiefenstruktur erzeugt. Als einzige Quelle der R. wurde dabei →Einbettung von S angenommen, da sich alle rekursiven Konstruktionen (attributive Adjektive, Genitiv- und Präpositionalattribute) auf Relativsätze zurückführen lassen, vgl. *das in-*

teressante Buch ↔ *das Buch, das interessant ist*; *das Dach des Hauses* ↔ *das Dach, das zu dem Haus gehört*; *das Buch auf dem Tisch* ↔ *das Buch, das auf dem Tisch liegt*. Die einzige notwendige →Rekursive Regel der Tiefenstruktur, aus der sich alle oberflächenstrukturellen rekursiven Konstruktionen ableiten lassen, lautete: $NP \rightarrow NP + S$. Nachdem die →Generative Semantik die semantisch motivierten Ableitungen im Sinne einer restriktiven Theorie nur unbefriedigend ausformulieren konnte, wurden nach deren Überwindung durch die »Revidierte Standardtheorie« ausschließlich Phrasenstrukturregeln als Quelle für die Generierung rekursiver Strukturen angenommen. Somit wurde z.B. *das interessante Buch* direkt an der Basis mit Hilfe von $NP \rightarrow Det + N$ und der rekursiven Regel $N \rightarrow A + N$ erzeugt.

Lit.: Y. BAR-HILLEL [1953]: On recursive definitions in empirical science. In: Proceedings of the 11th international congress of philosophy. Bd. 5. Brüssel, S. 10–165. – N. CHOMSKY [1957]: Syntactic structures. The Hague. – H. HERMES [1961]: Aufzählbarkeit, Entscheidbarkeit, Berechenbarkeit. Berlin. – N. CHOMSKY [1965]: Aspects of the theory of syntax. Cambridge, Mass. Dt.: Aspekte der Syntaxtheorie. Frankfurt 1969. – G. LINK [1979]: Montague-Grammatik. Die logischen Grundlagen. München. →Transformationsgrammatik.

Relation [lat. *relātiō* ›Bericht(erstattung)‹ zu *referre* ›sich auf etwas beziehen‹].
(1) In der →Mengentheorie und →Formalen Logik Beziehung zwischen mindestens zwei Elementen eines geordneten Paares: *Philip ist größer als Caroline* (Notation: größer als (x, y) bzw. $G(x, y)$). Durch R. werden (je nach ihrer Stelligkeit) Beziehungen zwischen zwei, drei oder mehr Objekten, Individuen oder Sachverhalten hergestellt, wobei die Reihenfolge der Elemente nicht beliebig ist. In der natürlichen Sprache werden syntaktisch-semantische R. im Satz durch die →Valenz verbaler Ausdrücke festgelegt, vgl. *x liebt y*, *x liegt zwischen y und z*, und durch Nominalphrasen (und entsprechende Kasuskennzeichen) ausgedrückt. Zu speziellen Eigenschaften von R. vgl. →Symmetrische/→Transitive/→Reflexive/→Konnexe/ →Konverse R., zu R. im syntaktischen Bereich vgl. →Dependenz, →Dominanz, →Konstituenz, im semantischen Bereich vgl. →Semantic Relation.

Lit.: →Mengentheorie, →Formale Logik.

(2) Zu syntaktischen Relationen vgl. →Syntaktische Funktion.

Relationale Grammatik. Als Gegenentwurf zur →Transformationsgrammatik der 60er Jahre von D. M. PERLMUTTER, P. M. POSTAL, D. E. JOHNSON u.a. konzipiertes Modell einer Universalgrammatik. Eine Grundannahme der R. G. ist, daß grammatische Relationen (wie Subjekt und Objekt) eine zentrale Rolle in der Syntax natürlicher Sprachen spielen. Damit distanziert sich die R. G. von universalgrammatischen Modellen, die bei der Formulierung von syntaktischen Regeln und bei der Einführung der grammatischen Relationen von Konstituentenstruktur-Begriffen ausgehen. Da man für grammatische Relationen keine für alle Sprachen gültige Definition geben kann (vgl. →Syntaktische Funktion), ist es der

Transformationsgrammatik der 60er Jahre nicht gelungen, universelle Phänomene (wie z.B. das →Passiv) als einheitliche Regularität aller Sprachen der Welt zu beschreiben. Dies motiviert zwei Grundannahmen der R. G.: (a) Grammatische Relationen sind nicht weiter analysierbare, primitive Konzepte; (b) Syntaktische Konstituentenstruktur-Repräsentationen sind ungeeignet für die Beschreibung universeller Regularitäten. Stattdessen werden Sätze mittels relationaler Netzwerke analysiert. Diese enthalten im wesentlichen einen Satzknoten, von dem »Bögen« für das Prädikat und dessen Argumente ausgehen. Jedes abhängige Element steht auf jeder Beschreibungsebene in genau einer grammatischen Relation zu seinem regierenden Satzknoten. Die wichtigsten grammatischen Relationen sind: →Subjekt (bzw. die 1–Relation), →Direktes Objekt (bzw. die 2–Relation), →Indirektes Objekt (bzw. die 3–Relation), Genitiv, Lokativ, Instrumental und Benefaktiv. Folgender Bogengraph illustriert das relationale Netzwerk des Satzes *That book was reviewed by Louise* (vgl. PERLMUTTER [1983:16]):

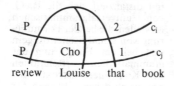

1, 2 und *P* repräsentieren die grammatischen Relationen »Subjekt«, »Direktes Objekt« bzw. »Prädikat« auf zwei syntaktischen Ebenen, die durch Koordinaten-Halbkreise (c_i, c_j) dargestellt werden. Das illustrierte Netzwerk rekonstruiert die Passivbildung wie folgt: das direkte Objekt der c_i-Ebene wird zum Subjekt der c_j-Ebene und das Subjekt der c_i-Ebene trägt auf c_j-Ebene keine grammatische Relation zum Prädikat bzw. übernimmt eine als ›Chômeur‹ (frz. ›Arbeitsloser‹) bezeichnete Funktion. Die Konstituentenstruktur des Satzes, die lineare Abfolge und die morphologische Markierung der Satzelemente werden nicht berücksichtigt. – Spezifisch für die R. G. ist die Annahme mehrerer sukzessiver syntaktischer Ebenen und somit mehrerer grammatischer Relationen, die ein Element in einem gegebenen Satz zum Satzknoten eingeht. Das ist eine natürliche Konsequenz der relationalen Grammatikkonzeption und hängt damit zusammen, daß ein Element in sehr vielen Fällen nicht eindeutig als Träger einer bestimmten grammatischen Relation identifiziert werden kann, sondern z.B. teils Subjekt-, teils Objekt-Eigenschaften aufweist (vgl. →Ergativitätshypothese). Die R. G. untersucht sprachübergreifende Phänomene wie Passiv, Verbkongruenz, Reflexivierung, für deren Beschreibung sie u.a. universelle →Hierarchie-Gesetze aufgestellt hat. Zu den neueren Entwicklungen der R. G. zählt die »*Arc Pair Grammar*« (vgl. D. E. JOHNSON/P. M. POSTAL [1980]).

Lit.: D. E. JOHNSON [1976]: Towards a theory of relationally based grammar. Bloomington. – D. E. JOHNSON [1977]: On relational constraints on grammar. In: P. COLE/J.

M. Sadock (eds.) Syntax and semantics 8: Grammatical relations. New York, S. 151–177. – D. E. Johnson/P. M. Postal [1980]: Arc pair grammar. Princeton. – D. M. Perlmutter [1980]: Relational grammar. In: E. A. Moravcsik/J. R. Wirth (eds.): Syntax and semantics 13: Current approaches to syntax. New York, S. 195–229. – D. M. Perlmutter (ed.) [1983]: Studies in relational grammar 1. Chicago. – D. M. Perlmutter/C. Rosen (eds.) [1984]: Studies in relational grammar 2. Chicago. – W. Kubinski [1988]: Reflexivization in English and Polish: An arc pair grammar analysis. Tübingen. – B. Blake [1990]: Relational grammar. London.

Relationale Typologie. Klassifizierung von Sprachen nach ihren »Fundamentalrelationen« bzw. nach der Kodierung ihrer →Aktanten in →Nominativ-, →Ergativ- und →Aktivsprachen.

Lit.: E. Sapir [1917]: Review of C. C. Uhlenbeck ›Het passieve karakter van het verbum transitivum of van het verbum actionis in talen van Noord Amerika«. In: IJAL 1, S. 82–86. – F. Plank (ed.) [1979]: Ergativity. Towards a theory of grammatical relations. London. – L. Deszö [1981]: Studies in syntactic typology and contrastive grammar. Budapest. – G. Mallinson/B. J. Blake [1981]: Language typology. Amsterdam. – F. Plank (ed.) [1985]: Relational typology. Berlin. – H. Seiler/G. Brettschneider (ed.) [1985]: Language invariants and mental operations. Tübingen. →Aktivsprache, →Ergativsprache.

Relationaler Ausdruck. Nomen mit einer Argumentstelle, z.B. *Vater(von), Fuß(von), Präsident (von).* In vielen Sprachen weisen R. A. gegenüber nichtrelationalen syntaktische und morphologische Besonderheiten auf, z.B. unterschiedliche Possessivkonstruktionen (→Alienabel vs. Inalienabel). Zur logischen Semantik relationaler oder funktionaler Nomina vgl. Löbner [1979].

Lit.: S. Löbner [1979]: Intensionale Verben und Funktionsbegriffe: Untersuchung zur Syntax und Semantik von »wechseln« und den vergleichbaren Verben des Deutschen. Tübingen.

Relationsadjektiv →Bezugsadjektiv.

Relationskasus →Genitiv.

Relationslogik →Prädikatenlogik.

Relationsurteil. In der →Formalen Logik ein Urteil, in dem eine Beziehung zwischen zwei oder mehreren Objekten hinsichtlich Größe, Aufeinanderfolge, Situierung in Raum und Zeit, Verwandtschaft u.a. ausgedrückt wird, z.B. *Philip ist älter als Caroline* oder *Caroline ist die Schwester von Philip.*

Lit.: →Formale Logik.

Relativer Anschluß →Nebensatz.

Relativpronomen [spätlat. *relātīvus* ›bezüglich‹]. Untergruppe der →Pronomen, deren Vertreter sich in der Regel auf ein unmittelbar vorausgehendes Substantiv (bzw. auf eine Nominalphrase oder auch einen ganzen Satz) beziehen und als Einleitungselement von attributiven →Nebensätzen (→Relativsatz) dienen. Zu den R. zählen im Dt. *der, die, das* (aus ehemaligen Demonstrativpronomina entstanden), außerdem *welcher, wer/was, derjenige.*

Relativsatz. Durch ein Relativpronomen (*der, die, das, welcher*) oder Relativadverb (*wo, wann, da, so*) eingeleiteter →Nebensatz, der sowohl frei vorkommen (*Wer wagt, gewinnt*) als auch sich auf alle Satzglieder (außer Prädikat) beziehen kann. Beim sogen. weiterführenden R. ist ein ganzer Satz Bezugspunkt. Je nach semantisch/

pragmatischer Funktion wird unterschieden zwischen: restriktivem R. (= einschränkendem R., engl. *defining/restrictive relative clause*) und nichtrestriktivem R. (auch: explikativem, appositivem R., engl. *amplifying/qualifying relative clause*). Restriktive R. schränken die Menge der möglichen Referenzobjekte des durch den R. spezifizierten nominalen Ausdrucks ein (*Hier ist das Buch, das du gesucht hast (und kein anderes Buch als dieses)*), während nicht-restriktive R. das (bereits identifizierte) Bezugsnomen genauer spezifizieren (*Napoleon, der bekanntlich aus Korsika stammt, wurde nach Elba verbannt*). Durch folgende syntaktischen Eigenschaften lassen sich die beiden, in der syntaktischen Oberflächenstruktur häufig mehrdeutigen R.-Typen unterscheiden: In restriktiven R., die immer Teil einer →Kennzeichnung sind, kann man das Bezugswort durch ein Demonstrativpronomen hervorheben (*dasjenige Buch, das*), in nicht-restriktiven R. ist das Bezugswort häufig ein Eigenname oder Personalpronomen und man kann durch Zusätze wie *bekanntlich, offenbar* den attributiven Charakter unterstreichen, außerdem sind nicht-restriktive R. fakultativ, restriktive aber obligatorisch. Diese Unterscheidung wird auch durch unterschiedliche Intonationseigenschaften gestützt, vgl. →Kongruenz (2). – Zur historischen Entstehung von R. vgl. HELGANDER [1971] und LENERZ [1982].

Lit.: H. SEILER [1960]: Relativsatz, Attribut und Apposition. Wiesbaden. – J. HELGANDER [1971]: The relative clause in English and other Germanic languages. A historical and analytical survey. Göteborg. – CH. ROHRER [1971]: Funktionelle Sprachwissenschaft und transformationelle Grammatik. München. – R. BARTSCH [1976]: Syntax and semantics of relative clauses. In: Amsterdam Papers in Formal Grammar I. Amsterdam, S. 1-24. – R. BEKKER [1978]: Oberflächenstrukturelle Unterschiede zwischen restriktiven und nicht-restriktiven Relativsätzen im Deutschen. In: KLAGE 4, Köln. – B. T. DOWNING [1978]: Some universals of relative clause structure. In: J. H. GREENBERG u.a. (eds.): Universals of human language. Stanford, S. 375-418. – H. KURZOVÁ [1980]: Der Relativsatz in den indoeuropäischen Sprachen. Hamburg. – CH. LEHMANN [1984]: Der Relativsatz: Typologie seiner Strukturen, Theorie seiner Funktionen, Kompendium seiner Grammatik. Tübingen. – J. LENERZ [1984]: Syntaktischer Wandel und Grammatiktheorie. Tübingen. – E. L. KEEAN [1985]: Relative clauses. In: T. SHOPEN (ed.): Language typology and linguistic description. Bd. 2. Cambridge, S. 141-170. – G. KLEIBER [1987]: Relatives restrictives et relatives appositives: une opposition ›introuvable‹. Tübingen. – G. PRIDEAUX/W. J. BAKER [1987]: Strategies and structure: the processing of relative clauses. Amsterdam.

Relator [lat. *relátor* ›Berichterstatter‹]. In der →Formalen Logik →Prädikat mit mindestens zwei Leerstellen, d.h. das mindestens zwei Argumente fordert. (Notation: *aRb*) Vgl. das →Relationsurteil *Philip ist der Bruder von Caroline*, wobei »Bruder-sein-von« der R. ist.

Lit.: →Formale Logik.

Relat(um) →Referent.

Relevantes Merkmal. In der strukturalistischen →Phonologie solche phonologischen Merkmale, die in einer bestimmten Sprache bedeutungsunterscheidende (= distinktive) Funktion haben; z.B. im Dt. das Merkmal der Stimmhaftigkeit bzw. Stimmlosigkeit bei den Verschlußlauten, das /b,d,g/ von /p,t,k/ unterscheidet, vgl. *dir* /di:r/ vs. *Tier*

/tiːr/, *Gasse* /gasə/ vs. *Kasse* /kasə/. Nicht relevant im Dt. ist die Unterscheidung des Artikulationsortes bei Zungen-*r* und Zäpfchen-*r*.

Relevanz [lat. *relevāre* ›erleichtern‹, ›abhelfen‹]. Die R. einer Entität für ein Ziel bemißt sich daran, wieviel diese zum Erreichen dieses Zieles beiträgt. Trägt sie gar nichts dazu bei, so ist sie irrelevant für dieses Ziel. Ist sie eine notwendige Bedingung dafür, so ist sie maximal relevant. Von besonderem Interesse für linguistische Fragestellungen ist die R. einer Äußerung für den wechselseitig anerkannten Zweck des →Diskurses. GRICES Maxime der R. besagt einfach: *Sei relevant*. Die Entgegnung *Hier sind zwei Mark* auf die Äußerung *Ich habe Hunger* ist relevant nur in einer Situation, in der man sich für zwei Mark etwas zum Essen kaufen kann, nicht aber z.B. in der Wüste.

Lit.: P. WERTH [1985]: The concept of »relevance« in conversational analysis. In: P. WERTH (ed.): Conversation and discourse. London 1981, S. 129–154. – D. SPERBER/D. WILSON [1986]: Relevance. Communication and cognition. Cambridge, Mass.

Reparatur [engl. *repair*]. In der →Konversationsanalyse Bezeichnung für diejenigen Techniken, die zur Bewältigung von Störungen im reibungslosen Ablauf von Gesprächen verwendet werden. »Reparaturbedürftig« können Äußerungen sein, in denen Wortfindungsprobleme, hörbare und nicht hörbare Fehler auftreten (SCHEGLOFF/JEFFERSON/SACKS [1977]). R. können vom gleichen oder vom nächsten Sprecher initiiert oder vollzogen werden.

Da die Organisation von R. dem System des Sprecherwechsels (SCHEGLOFF [1979]) untergeordnet ist, können R. zu einer Störung der →Sequentiellen Ordnung führen, etwa den sequentiell implizierten nächsten →Turn verschieben (→Bedingte Relevanz). Aus diesem Grund wird die vom Sprecher selbst initiierte Reparatur im gleichen Turn anderen Alternativen vorgezogen (→Präferenz). – Als Überblick vgl. LEVINSON [1983], STREECK [1983].

Lit.: B. JEFFERSON [1974]: Error correction as an interactional resource. In: LiS 2, S. 181–191. – E. SCHEGLOFF/G. JEFFERSON/ H. SACKS [1977]: The preference for self-correction in the organization of repair. In: Lg 53, S. 361–382. – E. SCHEGLOFF [1979]: The relevance of repair to syntax-for-conversation. In: T. GIVON (ed.): Syntax and semantics. Bd. 12: Discourse and syntax. New York, S. 261–286. – CH. GOODWIN [1981]: Conversational organization. Interaction between speaker and hearer. New York. – S. LEVINSON [1983]: Pragmatics. Cambridge. – J. STREECK [1983]: Konversationsanalyse. In: ZS 2, S. 72–104 – G. JEFFERSON [1984]: On emdedded and exposed corrections. In: StL 14, S. 58–68. →Konversationsanalyse.

Reportativ →Quotativ.

Resonanz. Verstärkung von Schallwellen durch Mitschwingen anderer Schallsysteme, deren Eigenfrequenz identisch ist mit der Frequenz der primären Schallquelle. So werden beim Sprechen und Singen durch Größen- und Formveränderungen im →Ansatzrohr bestimmte Frequenzen verstärkt.

Lit.: →Phonetik.

Restmenge →Menge (i).

Restriktiv [lat. *restringere* ›einschränken‹]. Semantisches Merkmal von u.a. Konjunktionen (*aber, nur, sondern*), Adverbien (*wenigstens, zumindest*) oder →Relativsätzen (*Das Buch, das du suchst, liegt dort auf dem Tisch*), die einschränkende Aspekte hinsichtlich der Aussage ausdrücken.

Restriktivsatz. Semantisch spezifizierter modaler Nebensatz in der syntaktischen Funktion →Adverbial. R. drücken eine Einschränkung des im Hauptsatz bezeichneten Sachverhalts aus, sie werden durch Konjunktionen (*soviel, außer daß*) eingeleitet: *Soviel ich weiß, lebt sie seit Jahren im Ruhestand.*

Restrukturierung. Begriff der generativen →Transformationsgrammatik, der den Wandel zugrundeliegender Formen in einem Sprachveränderungsprozeß bezeichnet. R. tritt immer dann ein, wenn ein Sprachwandel (z.B. ein Lautwandel) keine synchronisch alternierenden »Oberflächenformen« zur Folge hat, so daß beim Spracherwerb des Kindes diese Innovation nicht als neue bzw. modifizierte Regel/Regelfolge erlernt werden kann, sondern eine Neuorganisation der Grammatik stattfindet, in der die ursprünglichen Neuerungen als Bestandteil der zugrundeliegenden Formen angesetzt werden.

Lit.: R. KING [1969]: Historical linguistics. Dt.: Historische Linguistik und Generative Grammatik. Frankfurt 1971. – TH. VENNEMANN [1974]: Restructuring. In: Lingua 33, S. 137–156. – E. CLOSS TRAUGOTT [1976]: On the notion restructuring in historical syntax. In: D. D. BORNSTEIN (ed.): Reader in the theory of grammar: from the 17th to the 20th century. Cambridge, S. 94–103.

Resultativ [Auch: Delimitativ, Effektiv, Egressiv, Finitiv, Kon-

klusiv, Terminativ, Telisch]. →Aktionsart bzw. →Aspekt(kategorie) von Verben, die unter Nicht-Durativ bzw. Perfektiv fällt (→Durativ vs. Nicht-Durativ, →Imperfektiv vs. Perfektiv). R. sind verbale Ausdrücke, die einen Vorgang bezeichnen, der zu einem Abschluß führt: *verbrennen, zerbrechen, einen Apfel essen.* Man erkennt R.-Verben daran, daß ihre imperfektive Variante (z.B: *Er aß an einem Apfel, als ich hereinkam*) nicht die perfektive Variante impliziert: ** Er hat einen Apfel gegessen.* Vgl. dagegen bei einem Nicht-R. Verb wie z.B. *Er tanzte, als ich hereinkam*, die Folgerung *Er hat getanzt.*

Lit.: V. P. NEDJALKOV (ed.) [1988]: Typology of resultative constructions. Amsterdam. – V. P. LIVINOV/V. P. NEDJALKOV [1988]: Resultativkonstruktionen im Deutschen. Tübingen. – V. P. NEDJALKOV (ed.) [1988]: Typology of resultative constructions. Amsterdam. →Aktionsart, →Telisch vs. Atelisch.

Retroflex(laut) [Auch (veraltet): Kakuminal]. Sprachlaut, der nach dem Artikulationsorgan ein Apikal, nach der Artikulationsstelle ein Postalveolar ist. Bei der Artikulation eines R. biegt sich die Zungenspitze etwas nach oben zurück. z.B. [ʂ], [ɳ], [ɖ] in schwed. [fɔʂ] ›Wasserfall‹, [baɳ] ›Kind‹, [buːɖ] ›Tisch‹, [ɚ] in amerik.-engl. [dɔɚ] ›Tür‹. →Artikulatorische Phonetik.

Lit.: →Phonetik.

Retrograde Ableitung →Rückbildung.

Reversivität. Semantische Relation des Bedeutungsgegensatzes. Im Unterschied zur allgemeinen Relation der →Inkompatibilität beschränkt sich die Relation der R. auf Ausdrücke, die Prozesse ausdrücken. Zwischen zwei Ausdrücken (z.B. *betreten* vs. *verlassen*) besteht die Relation der R., wenn bei beiden Ausdrücken ein Element eine Veränderung von einem Anfangszustand zu einem Endzustand erfährt und der Anfangszustand des ersten Ausdrucks dem Endzustand des zweiten Ausdrucks und der Endzustand des ersten Ausdrucks dem Anfangszustand des zweiten Ausdrucks entspricht. Häufig ergibt sich R. durch Austausch von Präfixen, vgl. im Dt. *auf-* vs. *zu-* (*aufmachen* vs. *zumachen*) oder im Engl. *∅* vs. *un-* (*lock* vs. *unlock.*)

Lit.: D. A. CRUSE [1979]: Reversives. In: Linguistics 17, S. 957–966.

Revidierte Erweiterte Standardtheorie →Spurentheorie.

Rezessivum [lat. *recēdere* ›zurückweichen‹. – Auch: Ergatives Verb]. Intransitive Lesart von Verben wie *brechen, rollen, kochen,* die zugleich auch über eine transitive Lesart verfügen, vgl. *Die Sonne schmilzt das Eis* vs. *Das Eis schmilzt.* R. stehen in konverser Relation zu kausativen Verben (→Kausativum).

Lit.: →Kausativum.

Rezipient [lat. *recipere* ›annehmen‹]. In der →Kasusgrammatik die semantische Rolle des von der Verbalhandlung indirekt betroffenen, typischerweise belebten Mitspielers. R. umfaßt den Empfänger bei Verben des Besitzwechsels (*sie spenden den Flüchtlingen Geld*) und den Adressaten bei Mitteilungsverben (*sie erzählen den Flüchtlin-*

gen vieles über Deutschland) und wird im allgemeinen durch das →Indirekte Objekt ausgedrückt.

Lit.: →Dativ, →Indirektes Objekt, →Kasusgrammatik.

Rezipientenspezifischer Zuschnitt [engl. *recipient design*]. In der →Konversationsanalyse Bezeichnung für die interaktive Konstruktion eines →Turns: Sprecher orientieren sich in der Wahl sprachlicher und nichtsprachlicher Mittel (z.B. Blickkontakt) an dem Vorwissen und den Erwartungen des jeweiligen Rezipienten. Zu Beispielen vgl. GOODWIN [1979, 1981].

Lit.: H. SACKS/E. SCHEGLOFF/G. JEFFERSON [1974]: A simplest systematics for the organisation of turn-taking for conversation. In: Lg 50, S. 696–735. – CH. GOODWIN [1979]: The interactive construction of a sentence in natural conversation. In: G. PSATHAS (ed.): Everyday language: Studies in ethnomethodology. New York, S. 97–122. – CH. GOODWIN [1981]: Conversational organization. New York. →Konversationsanalyse.

Reziprok [lat. *reciprocus* ›auf demselben Wege zurückkehrend‹]. Bezeichnung für eine wechselseitige Beziehung zwischen zwei oder mehreren Elementen, die sprachlich u.a. durch R.-Pronomina (*einander*) oder durch Reflexivierung (*sich*) ausgedrückt wird: *Philip und Caroline treffen einander/sich.* Die Verwendung der R.-Pronomina unterliegt ähnlichen Beschränkungen wie die der →Reflexivpronomina. Vgl. auch →Bindungstheorie.

Lit.: R. W. FIENGO/H. LASNIK [1973]: The logical structure of reciprocal sentences in English. In: FL 9, S. 447–468. – U. WANDRUSZKA [1973]: Zur Syntax der symmetrischen Prädikate. In: PzL 5, S. 1–31. – P. BALDI [1975]: Reciprocal verbs and symmetric predicates. In: LBer 36, S. 13–20. – T. LANGENDOEN [1978]: The logic of re-

ciprocity. In: LIn 9, S. 177-197. - F. LICH-
TENBERK [1985]: Multiple uses of reciprocal
constructions. In: AJL 5, S. 19-41. →Bin-
dungstheorie.

Rheinfränkisch. Westmdt. Dia-
lektverband (→Mitteldeutsch)
zwischen dem Mittelfrk. und
dem →Oberdeutschen (→Ale-
mannisch,   →Ostfränkisch).
Sprachlich sind es weniger spezifische Gemeinsamkeiten als
vielmehr Unterschiede zu den
umliegenden Dialektverbänden, die das R. als eigene Gruppe konstituieren. Traditionellerweise wird dieses Gebiet in
das nordöstlichere Hessische
(Nordrheinfrk.) und das süd-
westlichere Pfälzisch-Lothrin-
gische (Südrheinfrk.) unterteilt;
als Grenze wird die zwischen St.
Goar und Miltenberg verlaufende →Isoglosse *fest* (hess.) :
fescht (pfälz.) herangezogen (zu
einem davon abweichenden
Gliederungsvorschlag vgl. WIE-
SINGER [1980]). (Vgl. Sprachenkarte Nr. 6).

Lit.: P. WIESINGER [1980]: Die Stellung der
Dialekte Hessens im Mitteldeutschen. In:
R. HILDEBRANDT/H. FRIEBERTSHÄUSER
(eds.): Sprache und Brauchtum. Marburg,
S. 68-148. →Dialektologie, →Mitteldeutsch.

Rheinischer Fächer. Durch die
unterschiedliche Ausbreitung
der →Zweiten Lautverschiebung
entstandene sogen. »→Staffel-
landschaft« im Rheinland, wo
die nach Nordwesten hin abnehmende Wirkung des Lautwandels zu fächerförmigen
Mundartgrenzen geführt hat.

Lit.: N. R. WOLF [1983]: Durchführung
und Verbreitung der zweiten Lautverschiebung in den deutschen Dialekten. In:
Handbuch Dialektologie (HSK 1.2.), S.
1116-1121.

Rhema →Comment, →Fokus,
→Thema vs. Rhema.

Rhetischer Akt [griech. *rhēma*
›Aussage‹, ›Prädikat‹]. In J. L.
AUSTINS →Sprechakttheorie der
Vollzug eines →Phatischen Aktes auf eine Weise, die die Bedeutung dieses Aktes festlegt,
wobei die Bedeutung eines solchen Aktes festliegt, wenn (a)
feststeht, wovon die Rede ist
und (b) was darüber gesagt wird.
Der Terminus wurde von J. R.
SEARLE in seiner Weiterentwicklung dieser Theorie durch
den Terminus »propositionaler
Akt« (→Proposition) ersetzt.

Lit.: →Sprechakttheorie.

Rhetorik [griech. *rhētorikḗ*
(*téchnē*) ›Redekunst‹]. In der
Antike war die R. politisch und
ethisch fundiertes Lehrsystem
wirksamer öffentlicher Rede.
Das System war aufgebaut auf
einem Schema der rednerischen
Arbeitsphasen, von der Stoffsu-
che (*inventio*) über die Gliederung und sprachliche Stilisierung (*dispositio, elocutio*) bis
zum Vortrag (*actio*). Diesem
zugeordnet waren Theorien der
Redegattungen (z.B. Gerichts-
rede), der Redeteile (z.B. Be-
weisführung/*argumentatio*) sowie der Stilarten (schlichter,
mittlerer, erhabener Stil) und
der Stilqualitäten (Sprachrich-
tigkeit/*latinitas*, Verständlich-
keit/*perspicuitas*, Angemessen-
heit/*aptum*,   Schmuck/*ornatus*). Während die antike R. fast
alle wichtigen Unterscheidungen der heutigen Stilistik und
Pragmatik systematisch berück-
sichtigte und als frühester Entwurf einer sprachlichen Handlungstheorie gelten kann, beschränkte sich die mittelalterliche und neuzeitliche Schulrhe-
torik auf die »*ornatus*«-Lehre
von den →Rhetorischen Figuren

und→Tropen(sogen.»klassische R.« = »Redeschmuck«). Erst heute knüpft die »moderne R.« mit unterschiedlicher Zielsetzung wieder an die antike Tradition an: als sozialpsychologisch fundierte Technik der Kommunikation («*new rhetorics*« in den USA: C. J. HOVLAND), als Anwendungsbereich der Verständlichkeitsforschung (»angewandte R.«), als Argumentationstheorie («*nouvelle rhétorique*«, CH. PERELMAN), als gesellschaftspolitisches Instrument in einer demokratischen Öffentlichkeit (H. G. GADAMER, J. HABERMAS, J. KOPPERSCHMIDT). Innerhalb der Sprachwissenschaft kann die R. als Teilbereich einer pragmatisch fundierten Textlinguistik bestimmt werden, gekennzeichnet (a) durch die pragmatischen Aspekte einer bewußt auf die Wirkung gerichteten, die →Perlokution planenden Sprechhandlung und (b) durch die wechselnden textinternen Merkmale einer situativ angemessenen, argumentativen und stilistischen Struktur. »Rhetorisch« sind damit speziell alle Arten →Persuasiven Sprachgebrauchs im privaten (»Alltagsrhetorik«) und öffentlichen Bereich (Politik, Werbung, Gericht) sowie die dabei eingesetzten sprachlichen Mittel (vgl. →Texttypologie). Im interdisziplinären Schnittpunkt von Linguistik, Soziologie und Sprachpsychologie steht die R. mit der zentralen Frage nach Möglichkeit und Grenzen manipulativen bzw. diskursiven Sprechens.

Lit.: C. I. HOVLAND u.a. [1953]: Communication and persuasion. New Haven. - H. BIEHLE [1954]: Redetechnik. Einführung in die Rhetorik. Berlin, 4., erg. Aufl. 1974. - CH. PERELMAN/L. OLBRECHTS-TYTECA [1958]: Traité de l'argumentation. La nouvelle rhétorique. Paris. - H. LAUSBERG [1960]: Handbuch der literarischen Rhetorik. 2 Bde. München. - H. LAUSBERG [1963]: Elemente der literarischen Rhetorik. 4., durchges. Aufl. München 1971. - M. STEINMAN jr. [1967]: New rhetorics. New York. - J. DUBOIS u.a. [1970]: Rhétorique générale. Paris. - H. G. GADAMER [1971]: Rhetorik, Hermeneutik und Ideologiekritik. In: K.-O. APEL u.a. (eds.): Hermeneutik und Ideologiekritik. Frankfurt, S. 57-82. - U. ECO [1972]: Einführung in die Semiotik. München. - W. JENS [1972]: Rhetorik. In: P. MERKER/W. STAMMLER (eds.): Reallexikon der deutschen Literaturgeschichte. 2. Aufl. Bd. 3. Berlin, S. 432-456. - J. KOPPERSCHMIDT [1973]: Allgemeine Rhetorik. Einführung in die Theorie der persuasiven Kommunikation. Stuttgart. - D. BREUER [1974]: Einführung in die pragmatische Texttheorie. München. - J. MARTIN [1974]: Antike Rhetorik. Technik und Methode. München. - H. SCHANZE (ed.) [1974]: Rhetorik. Beiträge zu ihrer Geschichte in Deutschland vom 16.-20. Jahrhundert. Frankfurt. - H. SCHLÜTER [1974]: Grundkurs der Rhetorik. München. - G. UEDING [1976]: Einführung in die Rhetorik. Geschichte - Technik - Methode. Stuttgart. - CH. PERELMAN [1977]: L'empire rhétorique. Rhétorique et argumentation. Paris. Dt.: Das Reich der Rhetorik. Rhetorik und Argumentation. München 1980. - H. F. PLETT (ed.) [1977]: Rhetorik. Kritische Positionen zum Stand der Forschung. München. - J. KOPPERSCHMIDT [1978]: Das Prinzip der vernünftigen Rede. Sprache und Vernunft, Teil 1. Stuttgart. - H.-G. GADAMER [1979]: Die Ausdruckskraft der Sprache. Zur Funktion der Rhetorik für die Erkenntnis. In: Jahrbuch der Deutschen Akademie für Sprache und Dichtung. Darmstadt, S. 45-55. - J. KOPPERSCHMIDT [1979]: Argumentation. Sprache und Vernunft, Teil 2. Stuttgart. - J. HABERMAS [1981]: Theorie des kommunikativen Handelns. 2 Bde. Frankfurt. - M. FUHRMANN [1984]: Die antike Rhetorik. Eine Einführung. München. - J. KOPPERSCHMIDT [1985]: Rhetorica. Aufsätze zur Theorie, Geschichte und Praxis der Rhetorik. Hildesheim. - G. UEDING [1985]: Rhetorik des Schreibens. Eine Einführung. Frankfurt. - G. UEDING/B. STEINBRINK [1986]: Grundriß der Rhetorik. Geschichte, Technik, Methode. Stuttgart. - H. GEISSNER [1988]: Rhetorik. In: U. AMMON u.a. (eds.): Sociolinguistics/Soziolinguistik. An international handbook of the science of language and society. Bd. 2. Berlin, S. 1768-1779. - J. KOPPERSCHMIDT (ed.): Rhetorik. 2 Bde. Darmstadt: [1990]: Bd. 1: Rhetorik als Texttheorie. [i.V.]:

Bd. 2: Wirkungsgeschichte der Rhetorik.
→Argumentation, →Rhetorische Figur,
→Stilistik, →Textlinguistik, →Werbespra-
che.
Bibliographien: Bibliographie deutsch-
sprachiger Rhetorikforschung 1979ff. In:
J. DYCK u.a. (eds.) [1983ff.]: Rhetorik. Bd.
3ff. – B. VICKERS [1981]: Bibliography of
rhetoric studies 1970–1980. In: Comparative Criticism 3, S. 316–322. – R. JAMISON/
J. DYCK [1983]: Rhetorik – Topik – Argumentation. Bibliographie zur Redelehre
und Rhetorikforschung im deutschsprachigen Raum 1945–1979/80. Stuttgart.
Zeitschrift: J. DYCK u.a. (eds.) [1980ff.]:
Rhetorik. Ein internationales Jahrbuch.
Bd. 1ff.

Rhetorische Figur. Sammelbegriff der →Rhetorik für alle Arten geplanter syntagmatischer
Abweichungen von der normalen Abfolge sprachlicher Elemente. Die Variation kann alle
Einheiten des Sprachsystems
betreffen (graphematische,
phonologische, morphologische, syntaktische, semantische
und pragmatische Figuren) und
zustande kommen durch (a)
Wiederholung, z.B. →Allitera-
tion, →Polyptoton, →Parallelis-
mus, →Paronomasie, (b) Erweiterung, z.B. →Parenthese, →Pleo-
nasmus, (c) Kürzung, z.B.
→Apokope, →Ellipse, →Zeugma,
(d) Umstellung/Permutation,
z.B. →Palindrom, →Anastrophe,
→Hyperbaton. Als R. F. im weiteren Sinne gelten heute auch
Formen der (e) Ersetzung/Sub-
stitution, z.B. der →Tropus, sowie verschiedene pragmatische
oder »Appell«-Figuren wie
→Rhetorische Frage, →Conces-
sio oder →Prolepsis.
Lit.: H. LAUSBERG [1960]: Handbuch der
literarischen Rhetorik. 2 Bde. München. –
H. LAUSBERG [1963]: Elemente der literarischen Rhetorik. 4., durchges. Aufl. München 1971. – J. DUBOIS u.a. [1970]: Rhétorique générale. Paris. Dt.: Allgemeine Rhetorik. München 1974. – H. F. PLETT [1971]:
Einführung in die rhetorische Textanalyse. 4., erg. Aufl. Hamburg 1979. – H. SCHLÜ-
TER [1974]: Grundkurs der Rhetorik. Mün-

chen. – H. F. PLETT [1975]: Textwissenschaft und Textanalyse. Semiotik, Linguistik, Rhetorik. 2., verb. Aufl. Heidelberg
1979. – H. F. PLETT [1977]: Die Rhetorik
der Figuren. In: H. F. PLETT (ed.): Rhetorik. München, S. 125–165 – H. SEIFFERT
[1977]: Stil heute. Eine Einführung in die
Stilistik. München. – W. BERG [1978]: Un-
eigentliches Sprechen. Zur Pragmatik und
Semantik von Metapher, Metonymie, Ironie, Litotes und rhetorischer Frage. Tübingen. – G. GEIL [1978]: Zur Typologie der
Tropen. In: D. HARTMANN u.a. (eds.): Sprache in Gegenwart und Geschichte. Köln, S.
47–56. – I. HANTSCH/K. OSTHEEREN [1982]:
Linguistik und Rhetorik. Positionen der
neueren Forschung. In: W. WELTE (ed.):
Sprachtheorie und angewandte Linguistik.
Tübingen, S. 87–112. – W. FLEISCHER u.a.
(eds.) [1983]: Kleine Enzyklopädie Deutsche Sprache. Leipzig, S. 450–489. – G. UE-
DING/B. STEINBRINK [1986]: Grundriß der
Rhetorik. Geschichte, Technik, Methode.
Stuttgart.

Rhetorische Frage.
(1) Im weiteren Sinne: Alle Verwendungen von selbständigen
→Fragesätzen, die nicht darauf
abzielen, daß der Adressat die
Frage beantwortet. Dazu gehören also z.B. auch Fragen in
Überschriften, die dem Thematisieren einer Frage/Proposi-
tion (oder einer Menge von Propositionen) dienen, aber auch
Alternativfragen in einem Kontext, in dem eine Alternative allgemein akzeptiert ist und dies
nur noch einmal in Erinnerung
gerufen werden soll.
(2) R. F. im engeren Sinne geben ihrem Adressaten das Dual
ihres propositionalen Gehalts
zu verstehen, d.h. die negative
Aussage bei positiven Entscheidungsfragen: (*Ist er etwa krank?*
= ›Er ist nicht krank‹) und die
positive Aussage bei negativen
Entscheidungsfragen (*Ist er
etwa nicht krank?* = ›Er ist
doch krank‹) sowie die entsprechende negative Existenzaussage bei positiven Ergänzungsfragen (*Wo hat man schon
seine Ruhe?* = ›Nirgends hat

man seine Ruhe‹) und die entsprechende positive Allaussage bei negativen Ergänzungsfragen (*Wann ist Philip schon nicht im Theater?* = ›Philip ist doch immer im Theater‹). Rhetorisch gebrauchte Ergänzungsfragen haben (kontextuell bedingt) noch eine zweite, nur eingeschränkt duale Gebrauchsweise, nämlich dann, wenn es eine bekannte Ausnahme zur indirekt ausgedrückten negativen Existenz bzw. positiven Allaussage gibt. (*Wer wackelt schon so mit Koks, Fliege und Stöckchen durch die Gegend? - Nur Charlie Chaplin wackelt so ...*).

Lit.: A. GRESILLON [1980]: Zum linguistischen Status rhetorischer Fragen. In: ZGL 8, S. 273-289. - J. SCHWITALLA [1984]: Textliche und kommunikative Funktionen rhetorischer Fragen. In: ZGL 12, S. 131-155. - D. ZAEFFERER [1984]: Frageausdrücke und Fragen im Deutschen. Zu ihrer Syntax, Semantik und Pragmatik. München. - J. MEIBAUER [1986]: Rhetorische Fragen. Tübingen.

Rhinolalie [griech. *rhís* ›Nase‹, *laliá* ›Rede‹]. In der →Phoniatrie Bezeichnung für eine →Stimm- und →Sprechstörung, bei der nicht nur (wie bei →Rhinophonie) die Stimme beeinträchtigt ist, sondern auch die Artikulation.

Lit.: G. BÖHME [1983]: Klinik der Sprach-, Sprech- und Stimmstörungen. 3 Bde. 2. neu bearb. u. erw. Aufl. Stuttgart. - G. WIRTH [1983]: Sprachstörungen, Sprechstörungen, kindliche Hörstörungen. Köln. - J. WENDLER/W. SEIDNER [1987]: Lehrbuch der Phoniatrie. 2. völlig neu bearb. Aufl. Leipzig.

Rhinophonie [griech. *phōnē* ›Stimme‹, ›Ton‹. - Auch: Näseln]. In der →Phoniatrie Bezeichnung für eine →Stimmstörung durch Dysfunktion des →Velums oder Veränderungen in den Nasenräumen.

Lit.: G. BÖHME [1983]: Klinik der Sprach-, Sprech- und Stimmstörungen. 3 Bde. 2. neu bearb. u. erweit. Aufl. Köln. - G. WIRTH [1983]: Sprachstörungen, Sprechstörungen, kindliche Hörstörungen. 2. völlig neu bearb. Aufl. Köln. - J. WENDLER/W. SEIDNER [1987]: Lehrbuch der Phoniatrie. Leipzig.

Rhotazismus [griech. *rhō*, Name des griech. Buchstabens *r*].
(1) Im weiteren Sinne: Jeglicher Wandel von Konsonanten zu *r*. Dieser Wandel betrifft insbesondere dentale Reibelaute und *l*, er findet sich z.B. in zahlreichen ital. Dialekten. - Im engeren Sinne: Spontaner Wandel von urgerm. [z] zu westgerm. [r] im Inlaut, vgl. got. *maiza*, ahd. *mēro* ›mehr‹. Relikte dieses Wandels sind noch erkennbar im →Grammatischen Wechsel von *r : s* in *verlieren* vs. *Verlust*, engl. *I was* vs. *you were*. Vgl. →Vernersches Gesetz.
(2) →Fehlbildungen.

Lit.: →Sprachstörungen.

Ripuarisch →Mittelfränkisch.

Ritwan →Algonkisch.

Romani. Sammelbegriff für die eng verwandten Sprachen der Zigeuner, die genetisch zu den →Indischen Sprachen zählen, aber seit der um 1000 n. Chr. einsetzenden Wanderbewegung ihrer Sprecher unter starken Einfluß verschiedener anderer Sprachen gerieten.

Lit.: R. L. TURNER [1927]: The position of Romani in Indo-Aryan. Edinburgh. - T. W. WENTZEL [1980]: Die Zigeunersprache. Nordrussischer Dialekt. 2. Aufl. Leipzig 1988. - G. CALVET/B. FORMOSO [1987]: Lexique tsigane. Bd. 2. Dialecte sinto piémontais: un dialexte tsigane parlé dans le sud de la France. Paris. - S. A. WOLF [1987]: Großes Wörterbuch der Zigeunersprache. Wortschatz deutscher und europäischer Zigeunerdialekte. Hamburg.

Romanisch. Sprachzweig des
→Indo-Europäischen, der sich
aus dem →Italischen, speziell
dem →Lateinischen und dessen
verschiedenen regionalen Ausprägungen in den von Rom eroberten Gebieten entwickelt
hat (Vulgärlatein). Die Unterscheidung zwischen ostr.
(→Rumänisch, →Italienisch)
und westr. Sprachen (Gallor.,
Iberor. und →Rätor.) beruht auf
lautlichen und morphologischen Kriterien (v.a. Sonorisierung bzw. Tilgung intervok.
Verschlußlaute im Westr. und
Verstummen des auslautenden
[s] im Ostr.: span. *sabéis* vs. ital.
sapete ›ihr wißt‹, span. *las casas*
vs. ital. *le case* ›die Häuser‹).
Zum Gallor. zählt das →Fran-
zösische, das →Okzitanische
(zu dem das Provenzalische gehört) und das Franko-Proven-
zal., zum Iberor. das →Spani-
sche, →Portugiesische/Galizi-
sche und →Katalanische. Die für
die Ausgliederung der romanischen Sprachräume wesentlichen Faktoren sind die unterschiedlichen →Substrat- und
→Superstrat-Einflüsse, der Zeitpunkt der Romanisierung und
das Ausmaß der Verbindung
mit Rom. Von der lat. Basis am
weitesten entfernt hat sich das
Französische, das einen tiefgrei-
fenden typologischen Wandel
erfahren hat (starker Verfall der
Flexionsmorphologie durch
Verstummen der Auslautsilben
und Ersatz durch prädetermi-
nierende Funktionselemente
wie Personalpron., Artikel, Präposition, Hilfsverben), während
südr. Sprachen wie das Span.
und das Ital. sowie das Rumän.
dem lat. Typus teilweise noch
näher stehen. Einen besonders
archaischen Lautstand weist das
→Sardische auf. (Vgl. Sprachenkarte Nr. 7).

Lit.: W. MEYER-LÜBKE [1890/99]: Grammatik der romanischen Sprachen. Leipzig.
– W. MEYER-LÜBKE [1935]: Romanisches
etymologisches Wörterbuch. 5. Aufl. Heidelberg 1972. – W. V. WARTBURG [1950]:
Die Ausgliederung der romanischen
Sprachräume. Bern. – H. LÜDTKE [1968]:
Geschichte des romanischen Wortschatzes. 2 Bde. Freiburg. – B. MALMBERG
[1971]: Phonétique générale et romane.
The Hague. – G. ROHLFS [1971]: Romanische Sprachgeographie. München. – G.
TAGLIAVINI [1973]: Einführung in die romanische Philologie. München (ital. Original, Florenz 1949). – R. A. HALL [1974]:
External history of the Romance langua-
ges. New York. – R. KONTZI (ed.) [1978]:
Zur Entstehung der romanischen Spra-
chen. Darmstadt. – R. POSNER/J. N.
GREEN (eds.) [1980ff.]: Trends in Romance
linguistics and philology. 4 Bde. The Ha-
gue. – H.-M. GAUGER/W. OESTERREI-
CHER/R. WINDISCH [1981]: Einführung in
die romanische Sprachwissenschaft.
Darmstadt. – M. HARRIS [1987]: The romance languages. London. – G. HOLTUS/
M. METZELTIN/C. SCHMITT (eds.) [1987ff.]:
Lexikon der Romanistischen Linguistik
(LRL). Tübingen (bisher 5 Bde.). – *Klassi-
fikation der Sprachen.*
Bibliographie: ROMANISCHE BIBLIOGRA-
PHIE (= Supplemente zur Zeitschrift für
Romanische Philologie). Tübingen. – P.
WEXLER [1989]: Judeo-Romance linguis-
tics: a bibliography. New York.
Zeitschriften: Revue de Linguistique Ro-
mane. - Romance Philology. - Vox Ro-
manica. - Zeitschrift für romanische Phi-
lologie.

Rotwelsch [*Rot* = rotwelscher
Ausdruck für ›Bettler‹, *welsch*
urspr. ›romanisch‹, d.h. ›unverständliche Sprache‹. – Auch: Je-
nisch].
(1) R. im engeren Sinne: Im 13.
Jh. entstandene Gauner- und
Bettlersprache, deren Wortschatz zum Teil auf Sonderbe-
deutungen bekannter Worte,
vor allem aber auf umgedeute-
ten Anleihen aus dem Hebräischen und aus Zigeunerspra-
chen basiert, vgl. KLUGE/MITZ-
KA [1901]. Der geheimsprachli-
che Wortschatz ist besonders
reich im Gebiet des Geldes (vgl.

Torf, Kies und *Moos* als hebräische Anleihen, *Zaster* aus der Zigeunersprache, außerdem *Blech, Pulver, Zimt, Schotter, Linsen*), der Polizei (*Mischpoke, Schmiere* aus dem Hebr., außerdem *Polypen, Polente*) und des Gefängnisses (*Kittchen* und *Knast* aus dem Hebräischen).

(2) R. im weiteren Sinne: Allgemeine Bezeichnung für Geheim-, Gauner- und Berufssprache analog der Verwendung von (frz.) →Argot. Zu den zahlreichen Wörterbüchern vgl. ZAUNMÜLLER [1958].

Lit.: F. KLUGE/W. MITZKA [1901]: Rotwelsch. Quellen und Wortschatz der Gaunersprache und der verwandten Geheimsprachen. Straßburg. – A. DAUZAT [1929]: Les argots. Paris. – W. v. WARTBURG [1930]: Vom Ursprung und Wesen des Argot. In: GRM 18, S. 376–391. – S. A. WOLF [1956]: Wörterbuch des Rotwelschen. Mannheim. – W. ZAUNMÜLLER [1958]: Bibliographisches Handbuch der Sprachwörterbücher. Stuttgart. – J. M. BURNADZ [1966]: Die Gaunersprache der Wiener Galerie. Lübeck. – K. SPANGENBERG [1970]: Baumhauers Stromergespräche in Rotwelsch. Mit soziologischen und sprachlichen Erläuterungen. Halle. →Sondersprachen.

Rückbildung [engl. *back formation*. – Auch: Inverse/ Retrograde Ableitung]. In der →Wortbildung Prozeß und Ergebnis eines Vorgangs, bei dem als Ausgangsform ältere, komplexe Ausdrücke den Anlaß zur Bildung neuer Wörter gegeben haben, indem sie synchronisch selbst als Ableitungen aus diesen neuen Stämmen durch in der Sprache bekannte Suffixe analysiert werden, z.B. *Häme* aus älterem *hämisch, Schutzimpfen* aus *Schutzimpfung, notlanden* aus *Notlandung/notgelandet*; engl. *(to) edit* aus *editor*, (*to*) *stagemanage* aus *stagemanager* oder (*to*) *spoonfeed* aus *spoonfed*. Liegen diesem R.

Verben zugrunde (*Kauf* aus *kaufen*), so spricht die historische Grammatik auch von »Nomina postverbalia«. Unter grammatischer R. versteht man die Bildung von Singularformen zu ursprünglichen Pluralformen: *Elter* zu *Eltern, Abendland* zu *Abendländer*, engl. *pea* zu *peas*.

Lit.: H. MARCHAND [1963]: On content as a criterion of derivational relationship with backderived words. In: IF 68, S. 170–175. – H. MARCHAND [1960]: The categories and types of present-day English word-formation. 2. Aufl. München 1969. – M. A. HOLMBERG [1976]: Studien zu den verbalen Pseudokomposita im Deutschen. Lund. – D. WUNDERLICH [1987]: Schriftstellern ist mutmaßen, ist hochstapeln, ist Regeln mißbachten. Über komplexe Verben im Deutschen. In: B. ASBACH u.a. (eds.): Neuere Forschungen zur Wortbildung und Historiographie der Linguistik. Tübingen, S. 91–107. →Wortbildung.

Rückmeldungssignale →Back Channel.

Rückumlaut. Bezeichnung von J. GRIMM für den Wechsel von nichtumgelauteten und umgelauteten Vokalen in paradigmatisch zusammengehörigen *jan*-Verben wie ahd. *brennan* – *brannta*. Da das umlautbedingende *i* im Präteritum (vgl. got. *brannida*) bereits vor Einsetzen des Umlauts durch vorahd. →Synkope geschwunden war (ahd. *brannta*), war diese Form nie umgelautet, der Terminus ist daher irreführend. In Analogie zu diesen Paradigmen werden jedoch im Ahd. und Mhd. Stammvokalalternationen häufig auch in Verben gebildet, denen die historische Voraussetzung dafür fehlt (z.B. *zellen* – *zalta* – *gizalt* ›erzählen‹). In diesen Fällen findet tasächlich »Rückumlaut« statt, der in der weiteren Entwicklung zum

Nhd. wiederum aufgehoben wird, so daß wir im gegenwärtigen Dt. nur noch sechs Verben mit (unechtem) R. finden: *brennen, nennen, kennen, rennen, senden, wenden.*

Lit.: Th. Vennemann [1986]. Rückumlaut. In: D. Kastovsky/A. Szwedek (eds.): Linguistics across historical and geographical boundaries. Bd. 1, S. 701–723.

Rufname →Vorname.

Rumänisch. Balkanromanischer Zweig des Ostromanischen (→Romanisch), der sich in die vier Dialektgruppen Dako-Rumänisch, Aromunisch oder Mazedo-Rumänisch, Megleno-Rumänisch und Istro-Rumänisch gliedert. Die Schriftsprache, deren Basis das Dako-R. ist, enthält einerseits eine Vielzahl slawischer Elemente (→Adstrat) und weist die für die →Balkansprachen charakteristische Ersetzung des Infinitivs durch den Konjunktiv auf. Andererseits hat insbesondere die Literatursprache seit Beginn des 19. Jh. einen starken frz. Einfluß erfahren. Die Eigenständigkeit des R. zeigt sich vor allem im Bereich der Morphosyntax: Reste der lat. Nominalflexion (darunter Vokativ), Bewahrung des lat. Neutrums, enklitischer definiter Artikel (*studentul* ›der Student‹), sogen. präpositionaler Akkusativ (*väd pe mama* ›ich sehe Mama‹). Die Zahl der Sprecher beträgt unter Einschluß der außerhalb des heutigen Staatsgebietes lebenden Rumänen ca. 25 Mio. Sprecher.

Lit.: K. Schroeder [1967]: Einführung in das Studium des Rumänischen. Berlin. – I. Iordan [1978]: Limba română contemporană. Bucarest. – G. Ivănescu [1980]: Istoria limbii române. Iasi. – G. Holtus/E. Radtke (eds.) [1986]: Rumänistik in der Diskussion: Sprache, Literatur und Geschichte. Tübingen. – A. Bayrer/K. Bochmann/S. Bronsert [1987]: Grammatik der rumänischen Sprache der Gegenwart. Leipzig. – G. Holtus/M. Metzeltin/C. Schmitt (eds.) [1989]: Lexikon der Romanistischen Linguistik (LRL). Bd 3. Tübingen.
Wörterbücher: Academia Republicii Socialiste România [1913/83]: Dictionarul limbii române. 12 Bde. Bukarest. – H. Tiktin [1985ff.]: Rumänisch-deutsches Wörterbuch. 2. überarb. und erg. Auflage von P. Miron. Wiesbaden (bisher 2 Bde., bis »O«).

Rumantsch →Rätoromanisch.

Rundung →Labialisierung.

Runen [ahd. *rûna* ›Geheimnis‹]. Im 17. Jh. aus dem Dänischen wieder aufgenommene gelehrte Bezeichnung für die Schriftzeichen der Germanen vor bzw. neben der lat. Schrift. Die Entstehung dieser magischen und profanen Zwecken dienenden Zeichen ist ungeklärt, vermutet wird eine Entwicklung aus nordetrusk. Alphabeten. Jede Rune bezeichnet einen bestimmten Laut, der mit dem Anfangsbuchstaben ihres Namens benannt wurde, besitzt aber zugleich auch (bei einzelnem Vorkommen in magischen Kontexten) einen Begriffswert, z.B. *g* ›Gabe‹, *n* ›Not‹, *s* ›Sonne‹. Die frühesten R. stammen aus Skandinavien (Anfang des 2. Jh. n. Chr.), bis heute sind ca. 5000 Inschriften (davon 3000 in Schweden) bekannt.

Lit.: H. Arntz [1935]: Handbuch der Runenkunde. Halle. 4. Aufl. 1944. – L. Musset [1965]: Introduction à la runologie. Paris. – W. Krause/H. Jankuhn [1966]: Die Runen-Inschriften im älteren Futhark. 2 Bde. Göttingen. – K. Düwel [1968]: Runenkunde. Stuttgart. – W. Krause [1970]: Runen. Berlin. ›Schrift.

Russisch. Ostslaw. Sprache mit ca. 100 Mio. Sprechern in der UdSSR, vornehmlich in der

RSFSR. Auf der Grundlage des (südslaw.) Altkirchenslaw. und des gesprochenen Ostslaw. entwickelte sich eine altruss. Schriftsprache, die bis ins 17. Jh. verwendet wurde. Bedeutsamstes literarisches (weltliches) Denkmal: *Slovo o polku Igoreve̊*, das sogen. »Igorlied« (1185). Im 18. Jh. entwickelte sich (besonders durch die Aktivitäten PETERS DES GROSSEN (1672–1725)) das Neuruss., wozu vor allem die Reform des kyrillischen Alphabets durch Einführung der heute üblichen »Bürgerschrift« *graždánskaja ázbuka* zählt. Letzte größere Orthographiereform 1917 mit Einfluß auf die Aussprache (u.a. Wegfall bzw. Ersetzung von Buchstaben: ⟨ъ⟩ im Auslaut; ⟨ѣ⟩, ⟨θ⟩, ⟨ѵ⟩ überall). – Spezifische Kennzeichen: Akzent frei; starke Reduktion unakzentuierter Vokale; Unterscheidung palataler und nicht palataler Konsonanten; beim Präteritum Unterscheidung der nominalen Genera; zahlreiche Impersonalia; viele Kirchen-Slawismen im Wortschatz: z.B. *grad* ›Stadt‹ in *Leningrad* gegenüber ostslaw. *gorod* ›Stadt‹ in *Novgorod*. →Weißrussisch. (Vgl. Sprachenkarte Nr. 5).

Lit.: H. H. BIELFELDT [1958]: Russisch-deutsches Wörterbuch. Berlin. – A. V. ISAČENKO [1968]: Die russische Sprache der Gegenwart. Teil 1: Formenlehre. Halle. – E. I. LEPING u.a. [1980]: Bol'šoj nemecko-russkij slovar'. Das große deutsch-russische Wörterbuch. Moskau. – K. GABKA (ed.) [1989]: Syntax. Russische Sprache der Gegenwart. Leipzig. →Slawisch.

Rwanda →Bantu.

Ryukyu →Japanisch.

Sabir [provenç. *saber* ›wissen‹]. →Lingua Franca.

Sächlich(es)   **Geschlecht** →Neutrum.

Sächsischer Genitiv [Eigentlich: Angelsächsischer G.; engl. *apostrophic genitive*]. Synthetische (urspr. nur auf Personen bezogene) Genitivbildung im Engl. (*Mary's book*) im Unterschied zur analytischen Bildung mit Präposition: *The House of Lords.*

Sagittallaut [lat. *sagitta* ›Pfeil‹. – Auch: Zentraler Laut, Medianlaut]. Nach dem Überwindungsmodus (Überwindung auf der Sagittallinie der Mundhöhle) bezeichneter Sprachlaut. Im Dt. sind außer den *l*-Lauten und *r*-Vibranten alle Laute S. →Artikulatorische Phonetik.

Lit.: →Phonetik.

Saharanisch. Gruppe von 6 Sprachen in Nigeria und Tschad, von A. N. TUCKER/M. A. BRYAN als »East Saharan« zusammengefaßt und von J. H. GREENBERG (1966) als Zweig des →Nilo-Saharanischen Sprachstammes angesehen. Größte Einzelsprache ist das Kanuri in Nordnigeria (über 4 Mio. Sprecher). – Spezifische Kennzeichen: →Tonsprachen, wobei Ton z.T. grammatische Funktionen hat. Relativ komplexes Kasussystem, Verbkongruenz. Morphologischer Typ: flektierend. Wortstellung: SOV, Postpositionen (→Adposition).

Lit.: J. P. HUTCHINSON [1981]: The Kanuri language: a reference grammar. Madison. →Nilo-Saharanisch.

Salisch. Sprachfamilie im Westen Nordamerikas mit ca. 30 Sprachen; größte Sprachen sind Strait Salish und Okanogon in Kanada (jeweils ca. 2000 Sprecher). – Spezifische Kennzeichen: Extrem reiches Konsonantensystem (oft mit 8 Artikulationsstellen und 5 Artikulationsarten, u.a. glottalisierte Konsonanten und Pharyngale; hingegen sehr einfaches Vokalsystem (typischerweise 3 Vokale + Schwa in unbetonten Silben). Die Nomen-Verb-Distinktion ist nur schwach ausgeprägt. Ein Satz besteht oft aus mehreren kleineren Prädikationen (Beispiel: *ein Bär fraß ein Kaninchen* wird in drei Prädikationen aufgelöst: x fraß y, x ist Bär, y ist Kaninchen). Es wird markiert, ob ein Agens einen Vorgang unter Kontrolle hat oder nicht. →Polysynthese, hochentwickelte →Nominalklassen-Systeme. Typologisch ähnlich sind die areal benachbarten Wakashan-Sprachen (mit Makah, Nootka, Kwakiutl).

Lit.: A. H. KUIPERS [1974]: The Shuswap Language. The Hague. – L. C. THOMPSON [1979]: Salishan and the Northwest. In: L. CAMPBELL/M. MITHUN (eds.): The languages of native America. Austin.

Sammelname →Massen-Nomen.

Samoanisch →Austronesisch.

Samojedische Sprachen →Uralisch.

San →Khoisan.

Sandawe →Khoisan.

Sandhi [altind. *sám* ›zusammen‹, *dhi-* Nominalstamm zu –*dhá*›setzt‹]. Aus der altind. Grammatik (→Sanskrit) entlehnte Bezeichnung für das Zusammentreffen zweier Wörter bzw. Wortformen und die daraus resultierenden systematischen phonologischen Veränderungen. Betrifft S. zwei Morpheme innerhalb eines Wortes, so spricht man von internem S., dagegen von externem S., wenn sich der Vorgang zwischen zwei aufeinanderfolgenden Wörtern abspielt. Beispiel für externen S. ist die Artikelvariation im Engl.: *a* bei folgendem Konsonant und *an* vor mit Vokal beginnenden Wort, vgl. *a book* vs. *an egg*.

Lit.: W. S. ALLEN [1962]: Sandhi: the theoretical, phonetic and historical basis of wordjunction in Sanskrit. The Hague. – D. J. NAPOLI/M. NESPOR [1979]: The syntax of word-initial consonant gemination in Italian. In: Lg 55, S. 812–841. – I. VOGEL [1986]: External sandhi rules operating across sentences. In: H. ANDERSEN: Sandhi phenomena in the languages of Europe. Berlin.

Sango →Adamawa-Ubangi.

Sanskrit [skrt. *sáṃskrita-* ›gereinigt‹]. Bezeichnung der verschiedenen Formen des Alt- →Indischen. Die älteste Form ist die Sprache der Veden, überliefert in rituellen Texten, die vor 1000 v. Chr. entstanden, allerdings wesentlich später aufgezeichnet sind, gefolgt von der Sprache spekulativer Schriften wie den BRĀHMANAS und theoretischer Werke wie der Grammatik des PĀNINI (um 400 v. Chr.). Die Sprache der beiden großen Epen, des »*Mahābhārata*« und »*Rāmāyana*«, datiert aus dem 2. und 1. Jh. v. Chr. Unter »Klassischem Sanskrit« versteht man die Sprache, die bis heute als Priester- und Gelehrtensprache Indiens dient. Es werden verschiedene Schriften verwendet, am bedeutendsten ist die aus der *Brāhmī*-Schrift entwickelte *Devanāgarī*-Schrift. – Spezifische Kennzeichen: Reiche Morphologie (im Nominalbereich 8 Kasus, 3 Numeri, 3 Genera; im Verbalbereich verschiedene Tempora, Modi und →Diathesen); zahlreiche Wort-Kompositionen. Wortstellung: SOV.

Lit.: J. WACKERNAGEL [1896]: Altindische Grammatik. Göttingen 1957. – A. THUMB/ H. HIRT/R. HAUSCHILD [1958–1959]: Handbuch des Sanskrit. Heidelberg. – TH. BURROW [1965]: The Sanskrit language. Glasgow. – J. F. STAAL [1967]: Word order in Sanskrit and universal grammar. Dordrecht. – J. F. STAAL (ed.) [1972]: A reader on the Sanskrit grammarians. Cambridge, Mass. – W. MORGENROTH [1973]: Lehrbuch des Sanskrit. Neuaufl. Leipzig 1990.

Santali →Munda.

Sapir-Whorf-Hypothese. Von B. L. WHORF (1897–1941) auf der Basis der Sprachauffassung seines Lehrers E. SAPIR entwickelte Forschungshypothese, derzufolge die Sprachen Denken und Wahrnehmung ihrer jeweiligen Sprecher determinieren. WHORF selbst bezeichnet diesen Ansatz als »sprachliches (bzw. linguistisches) Relativitätsprinzip«, d.h. so wie Zeit, Raum und Masse (nach EINSTEIN) nur in Relation auf ein Bezugssystem und dessen Eigengeschwindigkeit definierbar sind, so kann sich auch menschliche Erkenntnis nur in Relation zu den semantischen und strukturellen Möglichkeiten natürlicher Sprachen vollziehen. Durch seine Beschäftigung mit nordamerik. Indianersprachen, deren Wortschatz und gramm. Struktur erheblich von den Regularitäten ideur. Sprachen abweichen, kam WHORF zu dem Schluß, daß »Menschen, die Sprachen mit sehr verschiedenen Grammatiken benützen, durch diese Grammatiken zu typisch verschiedenen Beobachtungen und verschiedenen Bewertungen äußerlich ähnlicher Beobachtungen geführt« werden, d.h. zu »verschiedenen Ansichten von der Welt« gelangen (WHORF [1956: 20]). WHORFS Hauptinteresse galt dabei den Hopi, einem heute noch ca. 6000 Mitglieder zählenden Stamm von Pueblo-Indianern, die in einem Reservat in der Wüste von Nordost-Arizona leben (→Hopi-Sprache). Er beschäftigte sich vor allem mit den sprachlichen Mitteln der Raum-Zeit-Vorstellung im Hopi, mit Pluralbildungen und Eigenarten des Zählens und leitete aus diesen Beobachtungen die Hypothese ab, daß die Hopi über keinen physikalischen Zeitbegriff verfügen. Zu Kritik und Korrekturen vgl. GIPPER [1972]. – Die S.-W.-H. steht im Einklang mit HUMBOLDTS Sprachauffassung von der »Weltansicht« der Sprachen, wie sie im Titel zu seinem Werk über die Kawi-Sprachen (Java) programmatisch zum Ausdruck kommt: »Über die Verschiedenheit des menschl. Sprachbaus und ihren Einfluß auf die geistige Entwicklung des Menschengeschlechts«. Allerdings haben SAPIR und WHORF sich weder auf HUMBOLDT noch auf zeitgenössische parallele Sprachauffassungen (wie z.B. die der →Inhaltbezogenen Grammatik von L. WEISGER-

BER) explizit bezogen. – Die noch immer andauernde Diskussion über die Funktion von Sprache im Erkenntnisprozeß tendiert zunehmend zu einer stärkeren Differenzierung sprachlicher Funktionen und setzt eine wechselseitige Beziehung zwischen Sprache und Denken an die Stelle des Primats einer das Denken determinierenden Sprachauffassung.

Lit.: E. SAPIR [1921]: Language. New York. – B. L. WHORF [1946]: The Hopi language, Toreva dialect. In: H. HOIJER (ed.): Linguistic structures of native America. New York, S. 158–183. – B. L. WHORF [1952]: Collected papers on metalinguistics. Washington. – B. L. WHORF [1956]: Language, thought and reality. In: J. B. CARROLL (ed.): Selected writings of B.L. Whorf. Cambridge, Mass. Dt.: Sprache, Denken, Wirklichkeit. Reinbek 1963. *Darstellungen:* H. GIPPER [1963]: Bausteine zur Sprachinhaltsforschung. Düsseldorf. – H. H. CHRISTMANN [1967]: Beiträge zur Geschichte der These vom Weltbild der Sprache. In: AAWL, S. 441–469. – P. HENLE (ed.) [1969]: Sprache, Denken, Kultur. Frankfurt. – H. GIPPER [1972]: Gibt es ein sprachliches Relativitätsprinzip? Untersuchungen zur Sapir-Whorf-Hypothese. Frankfurt. – S. D. KAZNELSON [1974]: Sprachtypologie und Sprachdenken. München. – V. Z. PANFILO [1974]: Wechselbeziehungen zwischen Sprache und Denken. München. – G. SEEBASS [1980]: Das Problem von Sprache und Denken. Frankfurt. *Forschungsbericht:* H. DÜRBECK [1975]: Neuere Untersuchungen zur Sapir-Whorf-Hypothese. In: Linguistics 145, S. 5–46. *Bibliographie:* H. GIPPER [1962/1966]: Bibliographisches Handbuch zur Sprachinhaltforschung. Köln. →Inhaltbezogene Grammatik.

Sardisch. Das S. ist eine der archaischsten und eigenständigsten romanischen Sprachen, die weder dem West- noch dem Ostromanischen (→Romanisch) eindeutig zuzuordnen ist. Als Verkehrssprache ist das S. heute in weiten Teilen Sardiniens durch die italienische Schriftsprache ersetzt. Erneuerungsbewegungen im 20. Jh. steht vor allem die dialektale Zersplitterung des Sprachgebiets entgegen. Das von ca. einer Mio. Sprechern gesprochene S. läßt sich in zwei Hauptdialektzonen (mit zahlreichen Subvarietäten) aufteilen: Zentralsardisch (Logudoresisch, Nuoresisch) und Südsardisch (Kampidanesisch).

Lit.: M. L. WAGNER [1951]: La lingua sarda. Bern. – M. PITTAU [1972]: Grammatica del sardo-nuorese. Bologna. – E. BLASCO FERRER [1984]: Storia linguistica della Sardegna. Tübingen. – E. BLASCO FERRER [1986]: La lingua sarda contemporanea. Grammatica del logudorese e del campidanese. Cagliari. – G. HOLTUS/M. METZELTIN/C. SCHMITT (eds.) [1988]: Lexikon der Romanistischen Linguistik (LRL). Bd. 4. Tübingen.

Satellitenphonem. Bezeichnung für Phoneme, die in einer gegebenen Silbe nicht →Kernphonem sind.

Lit.: →Phonologie.

Satz [engl. *clause/sentence*]. Nach sprachspezifischen Regeln aus kleineren Einheiten konstruierte Redeeinheit, die hinsichtlich Inhalt, gramm. Struktur und →Intonation relativ vollständig und unabhängig ist. Die Vagheit der syntaktisch-semantischen Kennzeichnungen hat im Laufe der Geschichte der Sprachwiss. zu zahlreichen Definitionsversuchen geführt (vgl. hierzu die Belege bei RIES, SEIDEL und MÜLLER), unter denen die beiden folgenden neueren Ansätze hervorzuheben sind: Die strukturalistische Sprachwiss. amerikan. Prägung (insbes. BLOOMFIELD) definiert S. ausschließlich unter formalen Aspekten als größte selbständige syntaktische Form, die durch keinerlei gramm. Konstruktionen ihrerseits in eine größere syntaktische Form eingebettet ist. Bei der syntaktischen Beschreibung ist S. das Resultat der Analyse, die von den kleinsten Einheiten (den →Phonemen) über →Morpheme, →Wörter und →Satzglieder zur Synthese »Satz« gelangt. – In der generativen →Transformationsgrammatik ist »Satz« (abgekürzt *S*) das Ausgangselement der syntaktischen Analyse, wobei S. extensional definiert wird durch Angabe der Regeln, deren Anwendung zur Erzeugung von Sätzen führt. In diesen beiden Definitionen wird S. als theorieabhängige Einheit der →Langue aufgefaßt im Unterschied zu S. als Parolebezogener aktueller →Äußerung, wobei insbesondere in mündlicher Rede die Identifizierung von S.-Grenzen oft sehr problematisch ist. – S. lassen sich unter folgenden Aspekten klassifizieren: (a) Unter formalem Aspekt ist die unterschiedliche Position der finiten Verbform signifikant. Im Dt. ergeben sich drei Strukturtypen: Verb-Erst-Stellung (auch: Spitzenstellung) in Frage- und Aufforderungssätzen: *Laß das Buch hier!* bzw. *Läßt du das Buch hier?*, Verb-Zweit-Stellung in Aussagesätzen: *Ich habe das Buch dagelassen* und Verb-Letzt-Stellung in eingeleiteten Gliedsätzen: [...], *weil du das Buch dagelassen hast.* Diesen Verbstellungstypen entspricht die in traditioneller Grammatik häufig verwendete Unterscheidung von →Stirn-, →Kern- und →Spannsatz. (b) Hinsichtlich der pragmatisch-kommunikativen Funktionen des →Satzmodus werden unter Berücksichtigung von Verbstellungstypen, Modusgebrauch und Intonation (mindestens) vier Formtypen unterschieden: Aufforderungs-, Aussage-, Frage- und Wunschsatz. (c) Aufgrund unterschiedlicher Komplexität der syntaktischen Struktur ergibt sich die Differenzierung in einfache, erweiterte und komplexe S.: einfache S. enthalten neben dem finiten Verb nur valenznotwendige Satzglieder, erweiterte S. sind durch Adverbiale und/oder Attribute ergänzt, während komplexe S. Satzgefüge oder Satzverbindungen sind mit mindestens zwei finiten Verben. (d) Aufgrund unterschiedlicher Abhängigkeitsbeziehungen ergibt sich (im Zusammenwirken mit den aufgeführten Strukturtypen) die Unterscheidung zwischen →Haupt- und →Nebens. (bzw. Matrix- und Konstituentensatz), und nach der Art ihrer Verknüpfung unterscheidet man (e) bei Satzverbindungen zwischen koordinierten (gleichgeordneten) und subordinierten (untergeordneten) S., wobei letztere sowohl eingeleitet (durch konjunktionale oder relative Elemente) als auch uneingeleitet realisiert werden können, vgl. →Nebensatz.

Lit.: J. RIES [1931]: Was ist ein Satz? Prag. – E. SEIDEL [1935]: Geschichte und Kritik der wichtigsten Satzdefinitionen. Jena. – A. KASHER [1972]: Sentences and utterances reconsidered. In: FL 8, S. 313–345. – K. B. LINDGREN [1973]: Zur Klärung des Begriffes »Satz«. In: H. SITTA/K. BRINKER (eds.): Studien zur Texttheorie und zur deutschen Grammatik. Düsseldorf. – B. L. MÜLLER [1985]: Der Satz. Definition und sprachtheoretischer Status. Tübingen. – B. L. MÜLLER [1985]: Geschichte der Satzdefinition. In: ZG 13, S. 18–42.

Satzadverb [Auch: Modalwort]. Semantisch-syntaktisch definierte Subklasse der Adjektive und Adverbien, die die subjektive Einschätzung eines Sachverhalts durch den Sprecher ausdrücken. Diese Stellungnahme bezieht sich entweder auf modale Aspekte, die den Realitätsgrad der Aussage betreffen (z.B. *vermutlich, hoffentlich, möglicherweise*) oder auf emotionale Aspekte (vgl. *glücklicherweise, gottlob, leider*). Zur syntaktischen Funktion der S. vgl. →Satzadverbial.

Satzadverbial [Auch: Adsentential]. Durch Satzadverbien (*hoffentlich, vielleicht*) oder präpositionale Fügungen (*ohne Zweifel*) ausgedrückte subjektive Stellungnahmen des Sprechers zum Sachverhalt: *Vermutlich wird sie dies Buch schon kennen.* S. modifizieren (im Unterschied zu →Modaladverbien) den Gesamtsatz (→Skopus), sie sind satzwertig, d.h. sie sind (im logischen Sinn) Sätze über Sätze. So wird in der Äußerung *Vermutlich ist er schon lange krank* die Aussage *Er ist schon lange krank* eingeschränkt durch die subjektive Stellungnahme des Sprechers zu diesem Sachverhalt: *ich vermute, daß er ...* Die Funktion von S. können Adjektive erfüllen (*sicher, wahrhaftig, selbstverständlich*), Adverbien (*vielleicht, kaum*) oder präpositionale Fügungen (*mit großer Wahrscheinlichkeit*).

Lit.: D. J. ALLERTON/A. CRUTTENDEN [1974]: English sentence adverbials. In: Lingua 34, S. 1-30. - I. BELLERT [1977]: On semantic and distributional properties of sentential adverbs. In: LIn 8, S. 337-351. - E. LANG/R. STEINITZ [1978]: Können Satzadverbiale performativ gebraucht werden? In: W. MOTSCH (ed.): Kontexte der Grammatiktheorie. Berlin, S. 51-80. - E. LANG [1979]: Zum Status der Satzadverbiale. In: Slovo a Slovesnost 40, S. 200-213. - J. JACOBS [1983]: Fokus und Skalen. Tübingen. - J. HETLAND [1989]: Satzadverbiale im Deutschen. Tübingen. →Akzent.

Satzanalyse [engl. *parsen*]. Beschreibung des syntaktischen Baus von Sätzen durch Ermittlung elementarer Grundeinheiten wie →Morphem, →Wort, →Satzglied und ihren Beziehungen untereinander. Ziele und Methoden der S. sind abhängig von der jeweils zugrundegelegten Grammatiktheorie. So ist die →Subjekt-Prädikat-Beziehung in der →Traditionellen Grammatik Ausgangspunkt der S., in strukturalistischer Analyse Zerlegung des Satzes in seine unmittelbaren Konstituenten, in der →Dependenzgrammatik die Abhängigkeitsbeziehung der Einzelelemente des Satzes vom →Finiten Verb, unter kommunikativ-grammat. Aspekt das Verhältnis bekannter und neuer Information (→Thema-Rhema-Gliederung, →Funktionale Satzperspektive, →Topik vs. Prädikation). Zu Verfahren der S. vgl. →Operationale Verfahren.

Lit.: →Operationale Verfahren.

Satzart →Satzmodus.

Satzaussage →Prädikat, →Fokus, →Topik vs. Prädikation.

Satzbauplan [engl. *sentence patterns*. - Auch: →Atomarer Satz, →Kernsatz(typ), Satzform, -modell, -muster, -plan, -schema, -typ]. Aufgrund von form-, funktions- und inhaltbezogenen Kriterien durch →Tilgung aller nicht strukturell notwendigen Elemente gewonnene elementare Strukturmodelle von Sätzen. Die Zahl der konkurrierenden Bezeichnungen spiegelt eine (besonders in der dt. Sprachwissenschaft) reiche Forschungstradition, die mit den

Arbeiten von L. WEISGERBER einsetzt. Diese Untersuchungen basieren auf der Hypothese, daß aufgrund der →Valenz der Verben ein Inventar von »Grundformen deutscher Sätze dem Sprechenden als Ganzheiten durch die Muttersprache vorgegeben sind« (DUDEN, 2. Aufl. [1959: 466]), bzw. eine »überschaubare Anzahl von abstrakten Bauplänen« allen möglichen konkreten Sätzen zugrundeliege (DUDEN, 4. Aufl. [1984: 602–635]). Allerdings herrscht keine Übereinstimmung über Form und Klassifizierung der S., vgl. hierzu die Ansätze von ADMONI, ERBEN, ENGEL, DUDEN-Grammatik sowie die unter transformationellen Aspekten erarbeitete Typologie von HERINGER.

Lit.: W. ADMONI [1935]: Die Struktur des Satzes. Dt. (Teil)-Übersetzung in: H. MOSER (ed.) [1969]: Das Ringen um eine deutsche Grammatik. Darmstadt, S. 381–389. – L. WEISGERBER [1949–1954]: Von den Kräften der deutschen Sprache. 4 Bde. Düsseldorf. – CH. C. FRIES [1952]: The structure of English. New York. – J. ERBEN [1958]: Deutsche Grammatik. Ein Abriß. 11. völlig neu bearb. Aufl. München 1972. – U. ENGEL [1967]: Satzbaupläne in der Alltagssprache. In: SdG 1, S. 55–73. – U. ENGEL [1970]: Die deutschen Satzbaupläne. In: WW 6, S. 361–392. – H. J. HERINGER [1970]: Theorie der deutschen Syntax. München. – DUDEN [1959]: Grammatik der deutschen Gegenwartssprache. 4., neu bearb. und erw. Auflage, bearb. von G. DROSDOWSKI u.a. Mannheim 1984. – A. JECKLIN [1973]: Untersuchungen zu den Satzbauplänen der gesprochenen Sprache. Bern. – B. ENGELEN [1975]: Untersuchungen zu Satzbauplan und Wortfeld in der geschriebenen deutschen Sprache der Gegenwart. 2 Teile. München. – H. ERK [1978]: Satzpläne in wissenschaftlichen Texten. In: WW 28, S. 147–169. →Valenz.

Satzbedeutung. Gesamtbedeutung von Sätzen im Unterschied zur Wortbedeutung (→Lexikalische Bedeutung). In der Tradition von Philosophie und Logik wird die S. gerne mit →Propositionen oder (der Einfachheit halber) mit →Wahrheitswerten gleichgesetzt und stellt somit im Vergleich zu den Bedeutungen von Termen und Prädikaten qualitativ etwas Neues dar. Für die Linguistik gilt dies nicht in diesem Maße, da sich die S. mit Hilfe des →Kompositionsprinzips aus den Wortbedeutungen konstruktiv ermitteln läßt. Insofern ergibt sich hier eher eine Vervollständigung zu einem strukturierten Ganzen. Da für die Ermittlung der S. nur das tatsächlich Versprachlichte eine Rolle spielen kann, müssen meist einige Aspekte aufgrund von Weltwissen oder →Stereotypen-Wissen belegt werden. Eine Spezifizierung und Bestimmung von eventuellen Referenten läßt sich erst für eine Äußerung des jeweiligen Satzes angeben, was dann zur →Äußerungsbedeutung führt.

Lit.: →Bedeutung, →Semantik.

Satzbegriff →Proposition.

Satzform.
(1) Bei H. J. HERINGER Abstraktion aus produzierten und untersuchten Sätzen als Elemente der Langue im Unterschied zu aktuellen Sätzen bzw. Äußerung in der Parole. Vgl. →Langue vs. Parole.

Lit.: H. J. HERINGER [1970]: Theorie der deutschen Syntax. München.

(2) Synonym für →Satzbauplan.

Satzfrage →Entscheidungsfrage.

Satzgefüge →Satz.

Satzgegenstand →Subjekt, →Topik vs. Prädikation.

Satzglied [engl. *major constituent/sentence part/part(s) of speech*]. Relativ selbständige strukturelle Grundelemente des →Satzes, die nach Anzahl und Funktion einzelsprachlich verschieden sind. Ihre Bestimmung und Klassifizierung ist abhängig vom theoretischen Konzept der jeweiligen Syntaxbeschreibung. Als näherungsweise (operationale) Definition kann gelten: (a) S. können in unabhängigen Aussagesätzen in Anfangsstellung vor das finite Verb treten (→Topikalisierung); (b) sie sind permutable Einheiten des Satzes, d.h. bei Mehrgliedrigkeit als Komplex verschiebbar (mittels der →Verschiebeprobe ergibt sich, daß →Attribute keine S. sind); (c) S. sind durch Einzelwörter ersetzbar bzw. pronominalisierbar. Diese operationalen Definitionen werden allerdings der traditionellen S.-Definition nicht gerecht, in die auch (syntaktische) funktionale Gesichtspunkte eingeflossen sind. Vgl. die herkömmlichen S.-bezeichnungen →Subjekt, →Prädikat →Objekt und →Adverbial. Zu einer konkurrierenden S.-Terminologie vgl. unter →Valenz. - Satzgliedwertig können einzelne Wörter (*heute, kommt, sie*), Wortgruppen (*in der Frühe, das neue Buch, ohne Umstände*) oder Konstituentensätze (→Gliedsätze) sein. Vgl. auch →Stellungsglieder.

Lit.: H. GLINZ [1947]: *Geschichte und Kritik der Lehre von den Satzgliedern in der deutschen Grammatik.* Bern. - H. GLINZ [1957]: *Der deutsche Satz. Wortarten und Satzglieder wissenschaftlich erfaßt und dichterisch gedeutet.* 6. Aufl. Düsseldorf.

1972. - H. GLINZ [1957]: Wortarten und Satzglieder im Deutschen, Französischen und Lateinischen. In: DU 9, S. 13–28. - G. HELBIG [1968]: Zum Problem der Wortarten, Satzglieder und Formklassen in der deutschen Grammatik. In: R. R. RUŽIČKA (ed.): Probleme der strukturellen Grammatik und Semantik. Leipzig, S. 55–85. - R. R. RUŽIČKA (ed.) [1978]: Beiträge zu Problemen der Satzglieder. Leipzig. - R. HIERSCHE [1979]: Zur deutschen Satzgliedlehre. In: Sprachw 4, S. 233–253. - W. ABRAHAM (ed.) [1982]: Satzglieder im Deutschen. Vorschläge zur syntaktischen, semantischen und pragmatischen Fundierung. Tübingen.

Satzgliedstellung →Wort- und Satzgliedstellung.

Satzinhalt →Proposition.

Satzklammer [engl. *brace construction.* - Auch: Rahmenkonstruktion, Satzrahmen]. Grundprinzip der dt. und niederländ. Wortstellung, das sich auf die Distanzstellung der Prädikatteile und anderer (syntaktisch eng zusammengehöriger) Elemente bezieht. Die Bildung der S. ist verschieden je nach Satz- und Klammertyp: (a) Die Verbalklammer gliedert den Satz in die →Stellungsfelder →Vorfeld, →Mittelfeld und →Nachfeld; sie wird in Sätzen mit Verb-Erst oder Verb-Zweitstellung gebildet u.a. durch (aa) die trennbaren Teile eines morphologisch komplexen Verbs: *Sie lernte gestern den Sachverhalt endlich genauer kennen,* (ab) finites Hilfs- oder Modalverb und infinites Vollverb bzw. Prädikatsteil: *Sie wird/muß den Sachverhalt kennenlernen,* (ac) finiter Prädikatsteil und bestimmte Verbergänzungen oder Angaben, die bei der →Grundwortstellung in der Regel nach der Satznegation stehen (wobei diese selbst in manchen Darstellungen als klammerschließendes Element betrachtet wird): *Sie bekam den Fall nicht unter Kontrolle; Sie fühlte sich nicht überfordert.* Bei Klammerdurchbrechung (*Er schickte mich ins Haus hinein zu seinem Vater*) spricht man von →Ausklammerung. (b) Die Glied(teil)satzklammer (= Verbletzt) wird gebildet durch die satzeinleitenden Elemente (Konjunktion u.a.) und die verbalen Satzteile: ..., *weil er durstig war.* (c) Die Nominalklammer entsteht durch die Distanzstellung von Artikelwort oder Präposition und Bezugsnomen: *ein* [*nicht mehr zu überbietendes großartiges*] *Ereignis.*

Lit.: →Wort- und Satzgliedstellung.

Satzmodell →Satzbauplan.

Satzmodus [Auch: Satzart]. Systematischer Zusammenhang von (durch bestimmte formale, grammatische Eigenschaften definierten) →Satztypen zu spezifischen pragmatischen Funktionstypen. Als Satztypen gelten (nach traditioneller Grammatik) →Aussage-, →Frage-, →Aufforderungs-, →Wunsch- und →Exklamativsatz. Ihre regelhafte Zuordnung zu entsprechenden »propositionalen Grundeinstellungen« wie »sagen«, »fragen«, »sich wundern« wird in zahlreichen neueren Untersuchungen (vor allem unter Einbezug intonatorischer Eigenschaften) erprobt, vgl. den Überblick von ALTMANN in MEIBAUER [1987].

Lit.: J. M. SADOCK/A. M. ZWICKY [1985]: Speech act distinctions in syntax. In: T. SHOPEN (ed.): Language typology and syntactic description. Bd. 1. Cambridge, S. 155-196. – H. ALTMANN [1987]: Zur Problematik der Konstitution von Satzmodi als Formtypen. In: J. MEIBAUER (ed.) [1987]: Satzmodus zwischen Grammatik

und Pragmatik. Tübingen, S. 22-56. – H. ALTMANN (ed.) [1988]: Intonationsforschungen. Tübingen. – H. ALTMANN/A. BATLINER/W. OPPENRIERDER (eds.) [1989]: Zur Intonation von Modus und Fokus im Deutschen. Tübingen. →Fokus, →Intonation.

Satzmuster →Satzbauplan.

Satznegation →Negation.

Satzoperator →Logische Partikel, →Operator.

Satzpartikel →Modalpartikel.

Satzplan →Satzbauplan.

Satzradikal. Die in unterschiedlichen →Satztypen (Aussage-, Frage-, Imperativsatz) mit gleicher lexikalischer Füllung ausgedrückte gemeinsame Sachverhaltsbeschreibung. So beschreibt das S. in *Philip kommt/Kommt Philip?/Philip, komm!* den Sachverhalt des Kommens von Philip. S. ist in der →Kategorialgrammatik die Grundkategorie für →Satz, in Logik und →Sprechakttheorie entspricht ihm die →Proposition.

Lit.: D. LEWIS [1970]: General semantics. In: Synthese 22, S. 18-67. →Kategorialgrammatik.

Satzrahmen →Satzklammer.

Satzreihe. Verbindung vollständiger Sätze durch nebenordnende →Konjunktionen wie *und, oder, deshalb.* Bei der Reihung von gleichgeordneten Teilsätzen spricht man von →Koordination.

Satzschema →Satzbauplan.

Satzsemantik. Beschreibung der Bedeutungsstruktur von

Sätzen auf der Basis der Bedeutung der Einzellexeme und ihrer syntakto-semantischen Bezeichnungen im Satz. Eine Erweiterung dieses Programms, vor allem im Hinblick auf das nicht explizit Ausgedrückte, erfolgt in POLENZ [1985]. Vgl. →Bedeutung, →Kompositionsprinzip, →Satzbedeutung.

Lit.: P. V. POLENZ [1985]: Deutsche Satzsemantik. Grundbegriffe des Zwischen – den - Zeilen - Lesens. Berlin.

Satztyp [Auch: Satzart]. In der traditionellen Grammatik Unterscheidung der Formtypen des →Satzmodus: Aussage-, Frage-, Aufforderungs-, Wunsch- und Exklamativsatz.

Satzverbindung [engl. *compound sentence*. – Auch: Satzreihe, (parataktische) Satzverknüpfung]. Parataktische Verbindung von mindestens zwei syntaktisch gleichwertigen →Teilsätzen (Haupt- oder Nebensatz). Die Unterscheidung zwischen Satzgefügen (= Verkettung von nicht gleichwertigen Teilsätzen) und S. beruht auf der Art der Teilsätze und ihrer Verkettung. Die Teilsätze der S. können »asyndetisch« (d.h. ohne konjunktionale Verbindungselemente) gereiht oder »syndetisch« durch koordinierende →Konjunktionen bzw. →Konjunktionaladverbien miteinander verbunden sein. Nach ihrem semantischen Bezug spricht man von (a) kopulativen (koordinierten) S., wenn sie durch *und* oder *sowohl als auch* verbunden sind, (b) disjunktiven bzw. adversativen S. bei Verknüpfung durch *doch, jedoch, aber*, von (c) kausalen S. bei Verknüpfung mit *denn*.

Lit.: →Koordination.

Satzwertig. Eigenschaft von infiniten Konstruktionen wie →Partizipial- und →Infinitivkonstruktionen, die als →Gliedsätze paraphrasiert und mit solchen äquivalent verwendet werden können, da sie den gleichen syntaktischen Regeln unterliegen wie diese, vgl. z.B. →Extraposition. So kann *Bestürzt über seine Hilflosigkeit* (= Partizipialkonstruktion) *beschlossen alle, ihm entschiedener beizustehen* (= Infinitivkonstruktion) paraphrasiert werden durch (a) *Alle sind über seine Hilflosigkeit bestürzt,* (b) *Alle beschließen (etwas),* (c) *Alle werden ihm entschiedener beistehen.*

Satzwertiger Infinitiv →Infinitivkonstruktion.

Satzwort. Einzelwörter wie *ja, danke, adieu,* die selbständig außerhalb von Sätzen auftreten können und Satzcharakter haben. Ihre morphologisch-syntaktische Klassifizierung (Partikel, Adverb oder Modalwort) ist ungeklärt, desgleichen ihr Zusammenhang mit →Ellipsen.

Lit.: →Wortbildung.

Schachtelmorphem →Portmanteau-Morph(em).

Schachtelsatz →Hypotaxe.

Schallanalyse.
(1) Allgemein: Instrumentelle Analyse von Schalleigenschaften (wie Amplitude, →Quantität, Frequenz) mittels elektronischer Apparate.

(2) Speziell: Von E. Sievers entwickeltes Verfahren, anhand von auditiven und visuellen Beobachtungen des Sprachvorgangs und der ihn begleitenden Körperbewegungen des Sprechers persönlichkeitsspezifische Korrelationen festzustellen. Dieses Verfahren sollte bei textkritischen Problemen wie Echtheitsfragen von Texten Entscheidungshilfe leisten.

Lit.: H. Lietzmann [1922]: Schallanalyse und Textkritik. Tübingen. – E. Sievers [1924]: Ziele und Wege der Schallanalyse. In: FS für W. Streitberg. Heidelberg. – G. Ungeheuer [1964]: Die Schallanalyse von Sievers. In: ZMF 31, S. 97–124. – P. F. Ganz [1978]: Eduard Sievers. In: PBB (T) 100, S. 86–109.

Schallfülle →Sonorität.

Schallsichtdiagramm →Spektrogramm.

Schaltsatz →Parenthese.

Scharf vs. Mild [engl. *strident* vs. *non-strident/mellow*]. Binäre phonologische Opposition zur Beschreibung →Distinktiver Merkmale von Konsonanten, die sich auf akustisch analysierte und spektral definierte Unterscheidungskriterien stützt (vgl. →Akustische Phonetik, →Spektralanalyse). Akustische Charakteristik: höhere bzw. geringere Geräuschintensität bei hohen bzw. niedrigen Frequenzen. Artikulatorische Charakteristik: schärfere bzw. weniger scharfe Behinderung der Reibung im →Ansatzrohr, vgl. im Dt. die Opposition zwischen [f, s, ʃ, x] vs. [v, z, j, h].

Lit.: R. Jakobson u.a [1951]: Preliminaries to speech analysis. 6. Aufl. 1965. Cambridge, S. 23–26. →Distinktives Merkmal, →Phonetik.

Schema [Pl. Schemata]. Generalisiertes Wissen über Abfolgen von Ereignissen in bestimmten sozio-kulturellen Kontexten, z.B. in ein Restaurant gehen, eine Fahrkarte kaufen, ein Buch ausleihen. Solches strukturiertes Alltagswissen ist eine wesentliche Grundlage von menschlichem →Sprachverstehen, da es die Interpretation von unvollständiger oder mehrdeutiger Information erleichtert. So wird die Verarbeitung von Geschichten gesteuert durch konventionalisiertes Wissen darüber, wie Geschichten gewöhnlich erzählt werden, welche Folgen von Ereignissen zulässig, sinnvoll sind. S.-Information ist im Langzeitgedächtnis gespeichert und während des Prozesses der Informationsverarbeitung schnell abrufbar (→Scripts).

Lit.: F. C. Bartlett [1932]: Remembering: a study in experimental and social psychology. London. – M. Minsky [1975]: A framework for representational knowledge. In: P. H. Winston (ed.): The psychology of computer vision. New York. – D. H. Rumelhart [1975]: Introduction to human information processing. New York. →Script.

Schema-Basiertes Textverstehen. In zahlreichen Ansätzen der →Künstlichen Intelligenz zum Textverstehen wird (Arbeiten des engl. Psychologen Bartlett folgend) davon ausgegangen, daß Prozesse des Textverstehens wesentlich darauf basieren, Vorwissen, das in der Form von Schemata existiert, auf die im aktuell zu bearbeitenden Text geschilderten Inhalte abzubilden. Dies bedeutet, daß Textverstehen im wesentlichen ein Rekonstruktionsprozeß ist, vgl. →Frames, →Scripts.

Lit.: F. C. BARTLETT [1932]: Remembering. Cambridge. →Frames, →Scripts.

Schibboleth [hebr. ›Ähre‹, ›Strom‹]. Charakteristisches Sprachmerkmal, das eine eindeutige (soziale, regionale etc.) Zuordnung des jeweiligen Sprechers ermöglicht. – Die Bezeichnung S. stammt aus der einschlägigen Stelle im Buch der Richter 12, 5–6: »Da besetzte Gilead vor Ephraim die Jordanfurten, und wenn ephraimitische Flüchtlinge sagten: ›Laßt mich hinüber!‹, fragten die Leute von Gilead: ›Bist du ein Ephraimit?‹ Antwortete er: ›Nein‹, dann sagten sie zu ihm: ›Sag mal Schibboleth!‹ Da sagte er: ›Sibboleth‹, denn er konnte es nicht richtig aussprechen. Dann packten sie ihn und erschlugen ihn an den Jordanfurten.«

Schibilant. Analogiebildung zu Sibilant für Zischlaute der Art [ʃ] und [ʒ] sowie für die entsprechenden Affrikate.

Lit.: →Phonetik.

Schicht →Linguistische Ebene.

Schichtengrammatik →Stratifikationsgrammatik.

Schiebekette vs. Ziehkette →Schub vs. Sog.

Schizophasie. In der Psychiatrie Bezeichnung für einen abweichenden Sprachgebrauch bei Schizophrenen.

Lit.: U. H. PETERS/J. A. PRELLE [1974]: Schizophasie: Verschleierung einer Sprachstörung durch Sprache? In: Arch. Psychiatr. Nervenkr. 219, S. 277–284. – U. H. PETERS [1977]: Sprachinterpretationen bei Schizophrenen. In: G. PEUSER (ed.): Brennpunkte der Patholinguistik. München, S. 205–226. – M.-L. KÄSERMANN [1983]: Form und Funktion schizophrener Sprachstörungen. In: Sprache und Kognition 3, S. 132–147. – R. WODAK/P. VAN DE CRAEN (eds.) [1987]: Neurotic and psychotic language behaviour. Clevedon. – M.-L. KÄSERMANN [1988]. Schizophrenie: Zwei Umgangsweisen mit einer Beschreibung des Wahnsinns. In: LiLi 69, S. 21–40.

Schlagwort. Häufig gebrauchtes Wort, das einen komplexen Sachverhalt griffig benennt, interpretiert und bewertet. Als Losungswort bestimmter gesellschaftlicher Gruppen hat das Sch. solidarisierende und persuasiv-agitatorische Funktion und ist demgemäß häufig Gegenstand öffentlicher Kontroversen, z.B. *Bildungskatastrophe, Ausbeutung, Chancengleichheit, Lebensqualität, Sympathisant.* Das Sch. läßt sich als kondensierte, sprachlich fixierte Form eines →Topos auffassen.

Lit.: O. LADENDORF [1906]: Historisches Schlagwörterbuch. Straßburg. Nachdruck: Hildesheim 1968. →Massenkommunikation, →Persuasiv, →Stereotyp (1), →Umgangssprache.

Schleifton →Dreimorengesetz, →Zirkumflex (3).

Schlesisch →Mitteldeutsch.

Schlitz →Leerstelle.

Schlußregel [engl. *inference rule*]. In der Aussagenlogik (→Formale Logik) Regel, die angibt, welcher Schluß (= Konklusion) aus vorgegebenen Aussagen (= Prämissen) gezogen werden kann. Vgl. →Modus Ponens und →Modus Tollens.

Lit.: →Formale Logik.

Schmarotzerlücke →Parasitic Gap.

Schnalz(laut) [engl. *click*. – Auch: Avulsiv]. Sprachlaut, der durch plötzliche Öffnung einer oralen Luftkammer entsteht, wobei umgebende Luft in diese einströmt. Die Kammer wird durch einen Stützverschluß am Velum und einen weiteren für →Verschlußlaute möglichen Verschluß im vorderen Mundbereich gebildet. S. finden sich in mehreren Sprachen des südlichen Afrika, z.B. in der →Khoisan-Sprache Nama sowie in den →Bantusprachen Zulu und Xhosa. In der Afrikanistik sind folgende Notationen üblich: ⊙, |, ||, !. Entsprechungen im IPA (vgl. IPA-Tabelle S. 22/23): [⊙], [ǀ], [ǂ], [ǁ]. Der Laut z.B., der beim Luftkuß entsteht, ist ein labialer S. : [⊙].
Lit.: →Phonetik.

Schnittmenge →Menge (h).

Schottisch-Gälisch →Gälisch, →Keltisch.

Schrift. Auf konventionalisiertem System von graphischen Zeichen basierendes Mittel zur Aufzeichnung von mündlicher Sprache. Die Jahrtausende alte Geschichte der S. ist in ihrer Entwicklung stark von Magie, Religion und Mystik geprägt, zugleich aber auch vom kulturhistorisch bedingten ständigen Wandel der Materialien (Fels, Leder, Knochen, Pergament), Schreibwerkzeuge und Schreibtechniken. Die zahlreichen voneinander abweichenden Typologie-Versuche der S.systeme stützen sich auf unterschiedliche Klassifizierungsprinzipien; sie versuchen jeweils, die Entwicklung der S. aus den frühesten gegenständlichen Zeichen, die für die bezeichnete Sache stehen, über S.zeichen für Worte bzw. bedeutungstragende Einheiten (→Morphem) bis zu den auf phonetischer Grundlage aufgebauten alphabetischen Systemen widerzuspiegeln. Vgl. →Alphabetschrift, →Graphemik, →Hieroglyphen, →Ideographie, →Keilschrift, →Lautschrift, →Logographie, →Piktographie, →Runen.

Lit.: H. JENSEN [1935]: Die Schrift in Vergangenheit und Gegenwart. Nachdruck 3. Aufl. Berlin 1969. – D. DIRINGER [1948/49]: The alphabet. A key to the history of mankind. London. – I. J. GELB [1952]: A study of writing. The foundation of grammatology. London. – I. J. GELB [1952]: Von der Keilschrift zum Alphabet. Stuttgart. – J. FRIEDRICH [1954]: Die Entzifferung verschollener Schriften und Sprachen. Berlin. – R. A. HALL, jr. [1957]: A theory of graphemics. Ithaca. – M. COHEN [1958]: La grande invention de l'écriture et son volution. 3 Bde. Paris. – D. DIRINGER [1962]: Writing. London. – K. DUELFER/H.-E. KORN [1966]: Schrifttafeln zur dt. Paläographie des 16.–20. Jahrhunderts. Marburg. – K. PÖLDES-PAPP [1966]: Vom Felsenbild zum Alphabet. Die Geschichte der Schrift von ihren frühesten Vorstufen bis zur lateinischen Schreibschrift. Stuttgart. – J. FRIEDRICH [1966]: Geschichte der Schrift unter besonderer Berücksichtigung ihrer geistigen Entwicklung. Heidelberg. – H. LÜDTKE [1969]: Die Alphabetschrift und das Problem der Lautsegmentierung. In: Phonetica 20, S. 147–176. – F. COULMAS [1971]: Über Schrift. Frankfurt. – G. R. DRIVER [1976]: Semitic writing. From photograph to alphabet. London. – K. EHLICH [1980]: Schriftentwicklung als gesellschaftliches Problemlösen. In: ZSem 2, S. 335–359.
Forschungsbericht: G. L. TRAGER [1974]: Writing and writing systems. In: CTL 12, S. 373–496.
Bibliographie: P. SATTLER/G. V. SELLE [1935]: Bibliographie zur Geschichte der Schrift. – F. COULMAS/K. EHLICH (eds.) [1985]: Bibliography on written language. Berlin.

Schriftsprache. Auf hochdeutscher Grundlage beruhende, überregionale und schriftnahe Sprachform, wie sie seit dem 18. Jh. allmählich Gültigkeit erlangte. Vgl. →Standardsprache.

Lit.: V. HENZEN [1938]: Schriftsprache und Mundarten. Ein Überblick über ihr Verhältnis und ihre Zwischenstufen im Deutschen. 2., neu bearb. Aufl. Bern 1954. – A. JEDLICKE [1978]: Die Schriftsprache in der heutigen Kommunikation. Leipzig. – H. GÜNTHER [1988]: Schriftliche Sprache. Strukturen geschriebener Wörter und ihre Verarbeitung beim Lesen. Tübingen 1988.

Schub vs. Sog [engl. *push chain* vs. *drag chain*. – Auch: Schiebekette vs. Ziehkette]. Termini der strukturalistischen Sprachwandeltheorie, die phonologisch motivierte Lautveränderungen (vgl. →Lautwandel) bezeichnen: »Schub« im Sinn von Systemdruck wird ausgelöst, wenn ein Phonem /X/ in den allophonischen Bereich von /Y/ übergreift, das dann seinerseits auf /Z/ ausweicht, vgl. z.B. das Zusammenwirken der ahd. Monophthongierung von *ai* > *ē*, *au* > *ō* mit der auf sie folgenden Diphthongierung von (altem) *ē* > *ie*, *ō* > *uo*: Die alten *ē* und *ō* entgehen durch diese Diphthongierung dem drohenden Phonemzusammenfall mit den neu entstandenen *ē*, *ō*. Lautveränderungen dieser Art dienen somit der Erhaltung phonologischer Distinktionen. – Andererseits kann eine Lücke im System einen »Sog« ausüben, der eine Füllung dieser Leerstelle durch ein neues Phonem – und damit eine phonologische »Verbesserung« im Sinne einer generell präferierten Systemsymmetrie – bewirkt.

Lit.: A. MARTINET [1952]: Function structure and sound change. In: Word 8, S. 1–32. – A. MARTINET [1955]: Économie des changements phonétiques. Bern. (dt.: [1981]: Sprachökonomie und Lautwandel. Eine Abhandlung über die diachronische Phonologie, Stuttgart. – W. MOULTON [1961a]: Lautwandel durch innere Kausalität: die ostschweizerische Vokalspaltung. In: ZM 28, S. 227–251. – W. MOULTON [1961b]: Zur Geschichte des deutschen Vokalsystems. In: PBB(T) 83, S. 1–35. – R. D. KING [1969]: Push-chains and drag-chains. In: Glossa 3, S. 3–21.

Schulgrammatik. Vereinfachte Grammatik für die Hand des Schülers. →Didaktische Grammatik.

Lit.: W. MENZEL [1975]: Die deutsche Schulgrammatik. Paderborn. – U. ENGEL/ S. GROSSE (eds.) [1978]: Grammatik und Deutschunterricht. Düsseldorf. – W. VESPER [1980]: Deutsche Schulgrammatik im 19. Jahrhundert. Zur Begründung einer historisch-kritischen Sprachdidaktik. Tübingen.

Schwäbisch →Alemannisch.

Schwächung [engl. *weakening*]. Phonetisch motivierter Lautveränderungsprozeß, der zur Reduktion von Lauten, im Extremfall auch zu Segmentverlust führt; bevorzugt tritt dies in assimilationsbegünstigter oder silben- bzw. wortstrukturell »schwacher« Position auf (z.B. im Auslaut, in unbetonten Silben). Dabei ist zu unterscheiden zwischen (a) Konsonantenschwächung (auch Lenisierung): Darunter wird eine Abschwächung der Konsonantenstärke (durch Reduktion des Atemdruckes und der Muskelspannung bzw. Zunahme der →Sonorität) bis hin zum Ausfall eines Segmentes verstanden, vgl. die Abfolge [p] > [b] > [β] im Vergleich von lat. *lupus* > altspan. *lobo* [lobo] > span. *lobo* [loβo] ›Wolf‹ bzw. den Wegfall von [d] im Vergleich von lat. *vidēre* mit span. *ver* ›sehen‹. (b) Vokalschwächung: Darunter sind alle Prozesse zu verstehen, die zu einer Schwächung der Artikulationsgeste im Sinne einer zunehmenden Zentralisierung von Vokalen und schließlich zum Ausfall des

Vokals führen; vgl. etwa die Endsilbenabschwächung in der Sprachgeschichte des Deutschen oder synchronische Alternationen wie /leben/ > [le:bən] > [le:bn̩] > [le:bm̩] > [le:m̩] mit Abschwächung des Vollvokals zu Schwa, Ausfall des Schwa und anschließender Assimilation von stammauslautendem und wortfinalem Konsonanten. – Reduktionsprozesse dieser Art treten vermehrt in weniger »sorgfältigen« Sprechstilen in informellen Situationen auf (→Allegroform vs. Lentoform).

Lit.: W. U. DRESSLER [1972]: Methodisches zu Allegro-Regeln. In: W. U. DRESSLER/F. V. MAREŠ (eds.): Phonologica. Akten der 2. internationalen Phonologie-Tagung Wien, 5.–8. September 1972. München, S. 219–234. – W. U. DRESSLER [1975]: Zentrifugale und zentripetale phonologische Prozesse. In: WlG 8, S. 32–42. – K. J. KOHLER [1979]: Kommunikative Aspekte satzphonetischer Prozesse im Deutschen. In: H. VATER (ed.) [1979]: Phonologische Probleme des Deutschen. Tübingen, S. 13–40.

Schwa-Laut [hebr. *šəwa,* diakritisches Vokalisierungszeichen für fehlenden Vokal oder für unbetontes [ə]. – Auch: Murmelvokal, Zentralvokal; engl. *neutral vowel*]. Mit neutraler Zungenstellung gebildeter Vokal, z.B. [ə] in dt. ['zɪŋə] ›singe‹, engl. [pə'laɪt] ›höflich‹, bulg. *gălăb* ['gɐɫəp], ›Taube‹, *păt* [pət] ›Weg‹.

Lit.: →Phonetik.

Schwanzwort →Kurzwort.

Schwedisch. Nordgerm. (skandinavische) Sprache mit ca. 9. Mio. Sprechern in Schweden und Finnland. Entwicklung einer eigenständigen sch. Schriftsprache seit der Unabhängigkeit von Dänemark (1526) und unter starkem Ein-

fluß der Bibelübersetzung (1541) unter GUSTAV I. – Grammatische Kennzeichen: Definiter Artikel *-en* als nominales Suffix, vgl. *en dag* vs. *dagen/ dagene* ›ein Tag‹ vs. ›der/die Tag(e)‹; Wortstellung: SVO.

Lit.: O. THORELL [1973]: Svensk grammatikk. Stockholm. – B. COLLINDER [1974]: Svensk språklära. Stockholm. – E. HAUGEN [1976]: The Scandinavian languages: An introduction to their history. London. Dt. Hamburg 1984. – E. HAUGEN [1982]: Scandinavian language structures: a comparative historical survey. Tübingen.

Schwellform →Funktionsverbgefüge.

Schwester-von(-Relation). Bei der Darstellung der syntaktischen Struktur von Sätzen in Form eines →Strukturbaumes bezeichnet S. das Verhältnis zwischen zwei oder mehreren →Konstituenten, die von dem gleichen →Knoten unmittelbar dominiert werden.

Lit.: →Transformationsgrammatik.

Schwinglaut →Vibrant.

Scrambling [engl. *to scramble* ›durcheinandermischen‹]. Von J. R. ROSS [1967] geprägter Terminus zur Bezeichnung von Transformationen, die aus (zugrundeliegenden) Strukturen und dadurch festgelegten Abfolgebeziehungen zwischen Satzgliedern durch →Permutation Oberflächenstrukturen mit unterschiedlicher Wort-und Satzgliedstellung erzeugen.

Lit.: J. R. Ross [1967]: Constraints on variables in syntax. Cambridge, Mass. (= IULC 1968). Erschienen als J. R. Ross [1986]: Infinite Syntax! Norwood/N.J. – G. Grewendorf/W. Sternefeld [1989]: Scrambling and barriers. Amsterdam. →Transformationsgrammatik.

Scripts [engl., ›Datenstruktur‹]. Schema-basierter Ansatz der →Künstlichen Intelligenz zur →Wissensrepräsentation, insbes. für maschinelles Textverstehen. Wissen über standardisierte Ereignisse einschließlich der beteiligten Aktanten wird in einer aktiven, d.h. mit prozeduralen Anteilen versehenen Datenstruktur (*scripts*) repräsentiert. Der S.-Konzeption wird von ihren Vertretern kognitive Realität zugesprochen.

Lit.: R. Schank/R. Abelson [1977]: Scripts, plans, goals and understanding. Hillsdale, N.J. – R. Schank/C. Riesbeck [1981]: Inside computer understanding. Hillsdale, N.J. – R. Schank [1982]: Dynamic memory. Cambridge. →Frames, →Story Grammar.

Segment [lat. *sēgmentum* ›Abschnitt‹]. Ergebnis sprachwiss. Analyse, die darauf abzielt, kleinste sprachliche Einheiten wie →Phone, →Morphe, →Silben u.a. aus dem Sprachkontinuum zu isolieren.

Segmentales Merkmal. Im Amerik. →Strukturalismus solche phonologischen Merkmale, die segmentierbar, d.h. aus der linearen Abfolge der Laute im Sprechkontext einzeln »herausschneidbar« sind. Diese Segmentierbarkeit ist ein rein theoretisches Postulat, da Sprache sich als Lautkontinuum ohne naturgegebene Einschnitte realisiert, so daß man weder unter artikulatorischen noch akustischen Aspekten zu einer Isolierung einzelner Elemente gelangen kann (→Koartikulation). Vgl. zum Unterschied die nicht segmentierbaren →Suprasegmentalen Merkmale.

Lit.: →Phonologie.

Segmentierung. Elementares Analyseverfahren des →Taxonomischen Strukturalismus zur Isolierung kleinster sprachlicher Elemente wie →Phone, →Morphe, →Silben u.a. Das Kriterium der Segmentierung ist die Austauschbarkeit des segmentierten Elementes mit anderen Elementen der gleichen Klasse, z.B. ist [g] in *Gasse* segmentierbar und durch [t,m,k,r] ersetzbar: *Tasse/Masse/Kasse/Rasse*. Durch das komplementäre Verfahren der →Klassifizierung ergibt sich so eine Klasse von Konsonanten, die im Dt. am Wortanfang vor Vokal auftreten können. Vgl. auch →Paradigmatische vs. Syntagmatische Beziehungen.

Lit.: →Operationale Verfahren, →Strukturalismus.

Seitenlaut →Lateral(laut).

Sekundäre Artikulation [Auch: Nebenartikulation]. Gibt es bei der →Artikulation eines Sprachlautes im Ansatzrohr ein zweites Hemmnis für den Luftstrom, so liegt S. A. vor: (a) Labialisierung: Verschluß, Annäherung oder Vorstülpung (Rundung) der Lippen, z.B. bei [o] = [ɣ] gegenüber [ɤ] in abchas. [ho:l] ›hohl‹, bei [w̰ʒ̰] gegenüber [ʒ] in abchas. [w̰ʒ̰a] ›zehn‹, bei [kp] gegenüber [k] und [p] in der →Bantusprache Lingala: [kpaŋga] ›Maniokwurzel‹. (b) Palatalisierung: Annäherung der Vorderzunge an den vorderen harten Gaumen, z.B. bei [m̰] gegenüber [m] in russ. [mat] ›kneten‹, [mat] ›Mutter‹, bei [ø:] gegenüber [o:] in dt. ['bø:gn̩] ›Bogen‹. (c) Velarisierung: Annäherung der Hinterzunge an den hinteren Teil des Gaumensegels, z.B. bei [ɫ] gegenüber [l] in russ. [ɫuk] ›Zwiebel‹ gegenüber [luk] ›Luke‹, bei [ɫ] in köln. ['kœɫə] ›Köln‹. (d) Pharyngalisierung: Annäherung der Zungenwurzel an die hintere Rachenwand, z.B. bei [sˤ] gegenüber [s] in ägypt.-arab. [sˤe:f] ›Sommer‹ gegenüber [se:f] ›Schwert‹. →Artikulatorische Phonetik.

Lit.: →Phonetik.

Selbsteinbettende Konstruktion [engl. *self-embedded construction*].

Konstruktionstyp der Phrasenstrukturgrammatik: Zwei Teilsätze S_1 und S_2 bilden eine S. K., wenn (a) S_2 in S_1 so eingeschoben ist, daß sich rechts und links von S_2 Elemente von S_1 finden und (b) S_1 und S_2 (im Unterschied zu eingeschachtelten Konstruktionen) Teilsätze desselben Typs sind. So ist *der sich als Seiltänzer ausgab* selbsteingebettet in dem Satz: *Sie sprach mit Philip, der den Mann, der sich als Seiltänzer ausgab, sehr bewunderte.* Zur psycholinguistischen Relevanz von S. K. vgl. SCHEFE.

Lit.: N. CHOMSKY [1965]: Aspects of the theory of syntax. Cambridge, Mass. Dt.: Aspekte der Syntaxtheorie. Frankfurt 1969, S. 24f. – P. SCHEFE [1975]: Zur linguistischen und psychologischen Komplexität von Selbsteinbettungen. In: LBer 35, S. 38–44.

Selektion [lat. *sēlēctiō* ›Auswahl‹].

(1) Auswahl von sprachlichen Ausdrücken auf paradigmatischer Ebene (= Austausch von Elementen in gleicher syntaktischer Position).

(2) Verträglichkeit zwischen sprachlichen Ausdrücken auf syntagmatischer Ebene, die durch syntaktisch-semantische Eigenschaften gesteuert wird, z.B. verlangt das Verb *sehen* in der Hauptlesart ein Subjekt mit dem Merkmal [+ BELEBT] sowie ein Objekt mit dem Merkmal [+ KONKRET], vgl. **Der Schnee sieht Musik.*

(3) In der →Glossematik Form der →Determination: syntagmatische Relation zwischen einseitig voneinander abhängigen Elementen. S. in diesem Sinne entspricht der →Rektion, die Präposition bestimmt den Kasus des regierten Elements. (Vgl. HJELMSLEV [1934], Kap.9).

Lit.: →Glossematik.

Selektionsbeschränkung

[Auch: Selektionsrestriktion, →Inkompatibilität]. In N. CHOMSKYS Grammatikmodell die (nicht kategoriale) semantisch-syntaktische Verträglichkeitsbeschränkung zwischen lexikalischen Elementen, die die Ableitung ungramm. Sätze wie ** Der Stein denkt* blokkiert. Ob S. syntaktischer oder semantischer Natur sind, hat zu Forschungskontroversen geführt. Verletzungen von S. können u.a. als künstlerische Mittel für poetischen Sprachgebrauch eingesetzt werden; vgl. →Metapher.

Lit.: N. CHOMSKY [1965]: Aspects of the theory of syntax. Cambridge, Mass. Dt.: Aspekte der Syntaxtheorie. Frankfurt 1969. – J. D. MCCAWLEY [1968]: Lexical insertion in a transformational grammar without deep structure. In: CLS 4, S. 71–80. – J. D. MCCAWLEY [1968]: The role of semantics in a grammar. In: E. BACH/R. T. HARMS (eds.): Universals in linguistic theory. New York, S. 124–169. – M. BIER-

WISCH [1970]: Aufgaben und Form der Grammatik. In: H. STEGER (ed.). Vorschläge für eine strukturale Grammatik des Deutschen. Darmstadt, S. 1-51. →Subkategorisierung.

Selektionsmerkmal. Klasse von kontextunabhängigen (d.h. →inhärenten) syntaktischen Merkmalen von Nomen (CHOMSKY [1965]), bzw. semantischen Merkmalen von ganzen Nominalphrasen (MCCAWLEY [1968]), die die →Selektionsbeschränkungen zwischen Nominal(phrasen) und Verben angeben. Diese S. werden als Kontextangaben der Verben formuliert. So ist das zweiwertige Verb *denken* (in seiner Hauptlesart) nur einsetzbar, wenn das Subjekt des Satzes durch [+ MENSCHLICH] gekennzeichnet ist und eine →Präpositionalphrase folgt.

Lit.: →Selektionsbeschränkung, →Subkategorisierung.

Selektionsrestriktion →Selektionsbeschränkung.

Sem [griech. *sêma* ›Zeichen‹]. In der Semantiktheorie von A. J. GREIMAS Grundeinheit der semantischen Analyse im Sinne von kleinsten distinktiven Bedeutungskomponenten, mittels derer die Gesamtbedeutung von sprachlichen Ausdrücken in →Lexikoneinträgen beschrieben wird (→Semantisches Merkmal, →Komponentenanalyse).

Lit.: A. J. GREIMAS [1966]: Sémantique structurale. Paris. Dt.: Strukturelle Semantik. Braunschweig 1971. →Komponentenanalyse.

Semantem.
(1) Von A. NOREEN vorgeschlagener, mit unterschiedlicher Akzentuierung verwendeter Terminus der strukturellen Semantik. Allgemein synonyme Verwendung mit →Lexem im Sinne von »semantischer Grundeinheit« des Lexikons.

Lit.: A. NOREEN [1923]: Einführung in die wissenschaftliche Betrachtung der Sprache. Halle.

(2) In der Terminologie von H. GLINZ Grundbegriff der semantischen Satzanalyse: S. sind »verallgemeinerte verbale Wortketten« (also Einzelelemente ebenso wie Satzinhalte), die in der (der formalen Morphosphäre zugrundeliegenden) →Nomosphäre beschrieben werden.

Lit.: H. GLINZ [1965]: Grundbegriffe und Methoden inhaltbezogener Text- und Sprachanalyse. Düsseldorf. - H. SITTA [1971]: Semantem und Relationen. Frankfurt. →Inhaltbezogene Grammatik.

Semantik [Auch: Semasiologie (veraltet)]. Bezeichnung von M. BRÉAL (1897) für die Teildisziplin der Sprachwiss., die sich mit der Analyse und Beschreibung der sogen. »wörtlichen« Bedeutung von sprachlichen Ausdrücken beschäftigt. Je nach Forschungsinteresse können dabei unterschiedliche Aspekte der Bedeutung im Vordergrund stehen: (a) die interne Bedeutungsstruktur einzelner sprachlicher Ausdrücke, wie sie durch →Komponenten(analyse), →Bedeutungspostulate oder →Stereotype (2) darzustellen ist, (b) die semantischen Beziehungen zwischen sprachlichen Ausdrücken, wie →Synonymie, →Antonymie, (c) die Gesamtbedeutung von Sätzen (vgl. →Satzbedeutung, →Kompositionsprinzip) als Summe der Bedeutung der Einzellexeme sowie der zwischen ihnen bestehenden gramm. Relationen, (d) die Beziehung der sprachlichen

Ausdrücke – bzw. ihrer Bedeutung – zur außersprachlichen Wirklichkeit (vgl. →Referenzsemantik). Alle Fragen unter (a) bis (d) können sowohl unter synchronischem als auch diachronischem Aspekt untersucht werden. – Das traditionelle Arbeitsgebiet der S. in Deutschland ist die historische Einzelwort-S. (vgl. hierzu auch →Bedeutungswandel, →Etymologie). Unter strukturalistischem Einfluß rückte die Beschäftigung mit den Bedeutungsbeziehungen zwischen den Wörtern (→Semantische Relation) und damit auch die Beschäftigung mit den semantischen Strukturen des Wortschatzes der Gegenwart allmählich stärker in den Mittelpunkt des Forschungsinteresses. Durch die Entwicklung der generativen →Transformationsgrammatik wurde die lexikalisch orientierte Bedeutungsforschung der strukturellen S. im Hinblick auf satzsemantische Probleme erweitert, die Auseinandersetzung zwischen →Interpretativer und →Generativer S. bezeugt die kontroverse Forschungssituation der 60er Jahre. Neuere Entwicklungen der S. sind durch Überschreiten intern linguistischer Fragestellungen gekennzeichnet; das gilt sowohl für die Einbeziehung pragmatischer Bedeutungsaspekte (vgl. →Sprechakttheorie, →Konversationsmaxime, →Präsupposition, →Pragmatik), als auch für die an der →Formalen Logik orientierten Beschreibungsansätze, die Bedeutung über Wahrheitsbedingungen zu definieren versuchen, vgl. →Prädikatenlogik, →Intensionale Logik. In Abkehr von der Fixierung auf Wahrheitswerte wird auch die unmittelbare Zuordnung von Situationen (vgl. BARWISE/PERRY [1983]), die Interpretation mittels des mathematischen Spielbegriffs (vgl. SAARINEN (ed.) [1979]) oder eine Dynamisierung mittels des mathematischen Katastrophenbegriffs (vgl. WILDGEN [1982]), versucht. – Inzwischen wird Semantik mehr und mehr als Teildisziplin einer interdisziplinär angelegten »Cognitive Science« (vgl. →Sprache und Kognition) angesehen.

Einführungen und Handbücher: E. LEISI [1952]: Der Wortinhalt. Seine Struktur im Deutschen und Englischen. Heidelberg. 5. Aufl. 1975 – S. ULLMANN [1957]: The principles of semantics. Oxford. Dt.: Grundzüge der Semantik. Berlin 1967. – A. SCHAFF [1960]: Einführung in die Semantik. Warschau. Dt. Wien 1969. – W. L. CHAFE [1970]: Meaning and the structure of language. Chicago. Dt.: Bedeutung und Sprachstruktur. München 1976. – H. E. BREKLE [1972]: Semantik, eine Einführung in die sprachwissenschaftliche Bedeutungslehre. München. – J. J. KATZ [1972]: Semantic theory. New York. – L. LIPKA [1972]: Semantic structure and wordformation. Verb-particle constructions in contemporary English. München. – E. LEISI [1973]: Praxis der englischen Semantik. 2. Aufl. Heidelberg 1981. – G. N. LEECH [1974]: Semantics. 2. Aufl. Harmondsworth 1985. – J. GRUBER [1976]: Lexical structures in syntax and semantics. 2 Bde. Amsterdam. – H. HÖRMANN [1976]: Meinen und Verstehen. Grundzüge einer psychologischen Semantik. Frankfurt. – G. DILLON [1977]: Introduction to contemporary linguistic semantics. Englewood Cliffs. – J. D. FODOR [1977]: Semantics: theories of meaning in generative grammar. New York. – H. J. HERINGER u.a. [1977]: Einführung in die Praktische Semantik. Heidelberg. – J. LYONS [1977]: Semantics. 2 Bde. Cambridge. Dt.: Semantik. München 1980. – D. WUNDERLICH [1980]: Arbeitsbuch Semantik. Königstein, Ts. – E. COSERIU/H. GECKELER [1981]: Trends in structural semantics. Tübingen. – W. WILDGEN [1982]: Catastrophe theoretic semantics. An elaboration and application of René Thom's theory. Amsterdam. – J. BARWISE/J. PERRY [1983]: Situations and attitudes. Cambridge, Mass. – J. HIGGINBOTHAM [1985]: On semantics. In: LIn 16, S.

537–593. – P. R. Lutzeier [1985]: Linguistische Semantik. Stuttgart. – D. Busse [1987]: Historische Semantik. Analyse eines Programms. Stuttgart.

Sammelbände: L. Linsky (ed.) [1952]: Semantics and the philosophy of language. Chicago. – Ch. J. Fillmore/T. D. Langendoen (eds.) [1971]: Studies in linguistic semantics. New York. – D.D. Steinberg/L. A. Jakobovits (eds.) [1971]: Semantics. An interdisciplinary reader in philosophy, linguistics, and psychology. Cambridge. – W. Abraham/R. J. Binnick (eds.) [1972]: Generative Semantik. Frankfurt. 2., durchges. Aufl. Frankfurt 1976. – L. Antal (ed.) [1972]: Aspekte der Semantik. Zu ihrer Theorie und Geschichte. Frankfurt. – D. Davidson/G. Harman (eds.) [1972]: Semantics of natural language. Dordrecht. – S. Kanngiesser/G. Lindgren (eds.) [1974]: Studien zur Semantik. Kronberg. – F. Zadeeh/E. D. Klemke/A. Jacobson (eds.) [1974]: Readings in Semantics. Urbana, Ill. – E. Saarinen (ed.) [1979]: Game-theoretical semantics. Essays on semantics by Hintikka, Carlson, Peacocke, Rantala, and Saarinen. Dordrecht. – H.-J. Eikmeyer/H. Rieser (eds.) [1981]: Words, worlds, and contexts. Berlin.

Semantische Analyseverfahren: W. Goodenough [1956]: Componential analysis and the study of meaning. In: Lg 32, S. 195–216. – R. Burling [1964]: Cognition and componential analysis: God's truth or hocuspocus. In: AmA 66, S. 20–28. – R. Burling [1965]: Yankee kinship terminology: a problem in componential analysis. In: AmA 67, S. 129–287. – A. F. C. Wallace [1965]: The problem of psychological validity of componential analysis. In: AmA 67, S. 229–248. – E. H. Bendix [1966]: Componential analysis of general vocabulary: the semantic structure of a set of verbs in English, Hindi and Japanese. The Hague. – E. Nida [1975]: Componential analysis of meaning. An introduction to semantic structure. The Hague.

Forschungsüberblick: G. Wotjak [1989]: Semantikforschung in der DDR – Bilanz und Ausblick. In: ZPhon 42, S.462–490.

Bibliographien: Th. R. Hofmann [1975]: Bibliography on the semantics of human language. Ottawa. – H. E. Wiegand/W. Wolski [1975]: Arbeitsbibliographie zur Semantik in der Sprachphilosophie, Logik, Linguistik und Psycholinguistik. (1963–1973). In: GermL 1–6, S. 93–938. – W. T. Gordon [1980]: Semantics: a bibliography, 1965–1978. London.

Zeitschriften: Journal of Semantics – Journal of Literary Semantics – Quaderni di semantica. →Bedeutung, ›Bedeutungspostulat, →Bedeutungswandel, →Formale Logik, →Generative Semantik, →Intensionale Logik, →Interpretative Semantik, →Komponentenanalyse, →Lexikon, →Lexikogra-

phie, →Lexikologie, →Onomasiologie, →Semasiologie, →Stereotyp (2), →Strukturelle Semantik, →Wortfeldtheorie.

Semantische Abwandlung →Modifikation.

Semantische Antinomie [griech. *antinomía* ›Widerspruch eines Satzes in sich‹. – Auch: Paradoxie]. Widersprüchliche Aussage(n), deren Wahrheitswert nicht bestimmbar ist. Vgl. die bereits im Altertum bekannte S. A. vom Kreter, der behauptet: »*Alle Kreter lügen immer*«. Diese Aussage ist dann und nur dann wahr, wenn sie falsch ist. Ein solcher logischer Widerspruch läßt sich durch die Unterscheidung verschiedener Sprachstufen (→Objektsprache vs. Metasprache), die in diesem Beispiel vermischt sind, auflösen, denn die Behauptung des Kreters »*Alle Kreter lügen immer*« macht eine (unzulässige) Aussage über sich selbst, d.h. sie ist aufzulösen in die objektsprachliche Behauptung *Alle Kreter lügen immer* und in das metasprachliche Urteil über diese Behauptung, nämlich daß sie nicht wahr ist. Vgl. →Typenlogik.

Lit.: A. Rüstow [1910]: Der Lügner: Theorie, Geschichte und Auflösung. Leipzig. – A. Tarski [1956]: Logic, semantics, metamathematics. Oxford. – R. Martin (ed.) [1970]: The paradox of the liar. New Haven. – S. Kripke [1975]: Outline of a theory of truth. In: JPh 72, S. 690–716. – P. R. Lutzeier [1985]: Linguistische Semantik. Stuttgart. – V. Beeh [1988]: Wahrheit, Theoremheit, Beweisbarkeit und die entsprechenden »Lügnersätze«. In: ZS 7, S. 151–172. – D. S. Levi [1988]: The liar parody. In: Philosophy 63, S. 43–62. →Formale Logik.

Semantische Generalisierung. In der →Psycholinguistik experimentell nachgewiesener Mechanismus, demzufolge

Reaktionen von Versuchspersonen, die auf bestimmte Objekte
konditioniert wurden, auch
durch die Darbietung der diese
bezeichnenden sprachlichen
Ausdrücke hervorgerufen wurden. Dasselbe läßt sich beobachten bei der Darbietung lautähn-
licher oder sinnverwandter
Wörter: Eine auf ein Ausgangswort konditionierte Reaktion
wird auch bei Nennung synonymer oder bedeutungsähnli-
cher Ausdrücke ausgelöst.

Forschungsbericht: B. W. Feather [1965]:
Semantic generalization of classical con-
ditioned responses: a review. In: Psychological Bulletin 63, S. 425–441.

Semantische Komponente →Se-
mantisches Merkmal.

Semantische Netze. Häufig verwendete Form der Wissens-
repräsentation durch eine gra-
phenartige Notation. Ausgehend von psychologischen Untersuchungen, die Verarbeitungsprozesse und deren zeitlichen Ablauf betreffen, werden
semantische Netze verwendet,
um taxonomische und assertio-
nale Beziehungen zu repräsentieren. Die zentrale Aufgabe
bei der Entwicklung S. N. besteht in der Festlegung eines Inventars von semantischen Relationen zwischen konzeptuel-
len Primitiven. Einfache semantische Netze sind – formal
gesehen – eine notationelle Variante der Prädikatenlogik. Aktuelle Entwicklungen künstlicher Sprachen wie KL-ONE basieren auf semantischen Netzen.

Lit.: M. R. Quillian [1968]: Semantic memory. In: M. Minsky (ed.): Semantic information processing. Cambridge, Mass. –
R. Schank [1975]: Conceptual information
processing. Amsterdam. – N. V. Findler

(ed.) [1979]: Assoziative networks. New
York. – J. Sowa [1984]: Conceptual structures: Information processing in mind and
machines. Reading, Mass. – M. Brach-
man/J. Schmolze [1985]: An overview of
the KL-ONE knowledge representation system. In: Cognitive Sciene 9, S. 171–216. –
D. Metzing/G. Görz [1989]: Rolle und
Funktion von Netzwerken in der Com-
putersimulation von Sprache. In: HSK 4, S.
290–310.

Semantische Nischen [Auch:
Wortnische]. Von K. Baldinger eingeführter Terminus zur
Bezeichnung von semantisch
übereinstimmenden Gruppen
von Ableitungen zu bestimmten Prä- oder Suffixen, z.B. die
mittels *ge-* abgeleiteten sogen.
Vorgangskollektiva *Gepfeife,
Gesinge, Gequatsche.*

Lit.: K. Baldinger [1950]: Kollektivsuffi-
xe und Kollektivbegriff. Berlin.

Semantische Pathologie. Störung im Gleichgewicht synchronischer Sprachsysteme
durch →Polysemie und →Hom-
onymie, besonders dort, wo
mehrdeutige Ausdrücke in ähnlichen Kontexten zu Kommunikationsstörungen führen.
(→Disambiguierung, →Hom-
onymenflucht).

Lit.: →Homonymenflucht, →Polysemie.

Semantische Relation [Auch:
Bedeutungsbeziehung, Sinn-
relation]. Oberbegriff für alle
Relationen, die zwischen den
Inhalten von Ausdrücken
(Wörtern, Sätzen) natürlicher
Sprachen bestehen. Solche Bedeutungsbeziehungen betreffen
entwerer (a) syntagmatische
Verträglichkeitsbeziehungen
zwischen einzelnen Elementen
im Satz, z.B. zwischen Subjekt
und finitem Verb, vgl. den in
wortwörtlicher Bedeutung
nicht akzeptablen Satz **Der*

Fels flucht. (→Kompatibilität, →Selektionsbeschränkung, →Wesenhafte Bedeutungsbeziehungen), oder (b) paradigmatische Austauschklassen, vgl. *Morgen ist Sonnabend/Samstag,* wobei *Sonnabend* und *Samstag* in der S. R. der →Synonymie stehen. Die wichtigsten S. R. sind →Antonymie, →Hyperonymie, →Hyponymie, →Inkompatibilität, →Komplementarität, →Konversion, →Paraphrase und →Folgerungsbeziehungen. Unter Bezug auf die logischen Operationen der →Äquivalenz, →Implikation und →Negation lassen sich die S. R. einzelner Ausdrücke zu (allen) anderen Ausdrücken und damit die semantische Struktur des Wortschatzes einer Sprache beschreiben. Die entsprechenden Beschreibungsverfahren bzw. -sprachen sind theorieabhängig, vgl. die Verwendung →Semantischer Merkmale in der →Komponentenanalyse der →Strukturellen Semantik oder die Einführung von Grundausdrücken und →Bedeutungspostulaten im Rahmen der →Generativen Semantik. Größere Präzision und Unabhängigkeit von einzelsprachlichen Phänomenen wird in neueren Ansätzen erreicht, die die Beschreibung von Bedeutungsbeziehungen im Rahmen einer Logiksprache vornehmen, wie u.a. die →Montague-Grammatik. Zu solchen Versuchen, die S. R. hauptsächlich zwischen Sätzen relativ zu möglichen Verwendungssituationen zu erfassen, vgl. →Intensionale Logik.

Lit.: S. ULLMANN [1951]: The principles of semantics. Oxford. 2. Aufl. 1957. Dt.: Grundzüge der Semantik. Die Bedeutung in sprachwissenschaftlicher Sicht. Berlin. 1967. - W. SCHMIDT [1963]: Lexikalische und aktuelle Bedeutung. Ein Beitrag zur Theorie der Wortbedeutung 4, durchges. Aufl. Berlin 1967. - K. BAUMGÄRTNER [1967]: Die Struktur des Bedeutungsfeldes. In: Satz und Wort im heutigen Deutsch. Düsseldorf, S. 165-197. - E. COSERIU [1968]: Les structures lexématiques. In: ZFSL, Beih. 1, NF., S. 3-16. Dt.: Die lexematischen Strukturen. In: E. COSERIU: Einführung in die strukturelle Betrachtung des Wortschatzes. Tübingen 1970. - J. LYONS [1968]: Introduction to theoretical linguistics. Cambridge. Dt.: Einführung in die moderne Linguistik. München 1971; Kap. 10. - E. AGRICOLA [1969]: Semantische Relationen im Text und im System. Halle. - F. HUNDSNURSCHER [1970]: Neuere Methoden der Semantik. Tübingen. - H. HENNE [1972]: Semantik und Lexikographie. Untersuchungen zur lexikalischen Kodifikation der deutschen Sprache. Berlin. - TH. SCHIPPAN [1972]: Einführung in die Semasiologie. Leipzig. - H. SCHNELLE [1974]: Meaning constraints. In: Synthese 26, S. 13-37. - J. LYONS [1977]: Semantics. 2 Bde. Cambridge. Dt.: Semantik. München 1980. - H. E. WIEGAND/W. WOLSKI [1980]: Lexikalische Semantik. In: LGL Nr. 18. - P. R. LUTZEIER [1983]: The relevance of semantic relations between words for the notion of lexical field. In: TL 10, S. 147-178. - P. R. LUTZEIER [1985]: Die semantische Struktur des Lexikons. In: C. SCHWARZE/ D. WUNDERLICH (eds.): Handbuch der Lexikologie. Königstein/Ts., S. 103-133. - D. A. CRUSE [1986]: Lexical semantics. Cambridge. →Semantik.

Semantische Rollen →Thematische Relation.

Semantischer Deskriptor →Semantisches Merkmal.

Semantisches Differential [Auch: Polaritätsprofil]. Von CH. E. OSGOOD u.a. entwickeltes Meßverfahren zur Bestimmung der konnotativen (emotionalen) Bedeutungskomponenten von sprachlichen Ausdrücken. Dieser Test beruht auf einer vorbereiteten Liste von antonymen Adjektivpaaren (z.B. *gut - schlecht, glücklich - traurig*), die durch Skalen verbunden sind. Die Versuchsperson wird aufgefordert, ein vorgegebenes

Wort auf diesen Adjektivskalen semantisch zu differenzieren, d.h. in einem vorgegebenen Assoziationsbereich eine skalierende Bewertung vorzunehmen. Bei dieser Versuchsordnung hat sich ergeben, daß mehrere Adjektivpaare indirekt miteinander korrelieren, daß ihre Skalen hinsichtlich des zu bestimmenden Wortes gleiche Ergebnisse aufweisen. Aus diesen Korrelationen hat Osgood drei »Faktoren des Semantischen Raumes« abgeleitet, durch die jedes Wort semantisch lokalisiert wird, nämlich *Potency* (›Kraft‹, aus *stark/ schwach, hart/weich* u.a.), *Activity* (›Aktivität‹, aus *aktiv/ passiv, erregbar/ruhig* u.a.) und *Evaluation* (›Bewertung‹, aus *süß/sauer, schön/häßlich* u.a.). – Die Osgoodsche Methode der quantifizierenden Bedeutungsmessung durch Faktorenanalyse ist sowohl hinsichtlich des zugrundeliegenden subjektiven Bedeutungsbegriffes (vgl. →Konnotation) als auch wegen Zweifeln an den Auswahlprinzipien bei den vorgegebenen Adjektivskalen auf vielfältige Kritik gestoßen (vgl. CARROLL, WEINREICH). Ihr Anwendungsbereich reicht von sprachwiss. Tests bis zu Untersuchungen zur Markt- und Meinungsforschung (vgl. HOFSTÄTTER/LÜBBERT [1958]).

Lit.: P. R. HOFSTÄTTER [1957]: Gruppendynamik. Kritik der Massenpsychologie. Reinbek. - CH. E. OSGOOD/G. J. SUCI/ P. H. TANNENBAUM [1957]: The measurement of meaning. Urbana, Ill. - P. R. HOFSTÄTTER/H. LÜBBERT [1958]: Die Untersuchung von Stereotypen mit Hilfe des Polaritätsprofils. In: Zeitschrift für Markt- und Meinungsforschung 1.3, S. 127–138. - U. WEINREICH [1958]: Travels through semantic space. In: Word 14, S. 346–366. - J. B. CARROLL [1964]: Language and thought.

Englewood Cliffs. - H. HÖRMANN [1967]: Psychologie der Sprache. Berlin. - J. SNAIDER/CH. E. OSGOOD [1969]: Semantic differential technique. A source-book. Chicago. →Bedeutung, →Mediation.

Semantisches Dreieck →Semiotisches Dreieck.

Semantisches Merkmal [Auch: Komponente]. In Analogie zu den →Distinktiven Merkmalen der Phonologie von der strukturellen Semantik entwickelte Klasse von theoretischen Konstrukten, die als kleinste semantische Bausteine zur Beschreibung sprachlicher Ausdrücke und ihrer →Semantischen Relationen dienen, z.B. *gehen* [+ FORTBEWEGUNG, + AUF DEM BODEN, + AUFRECHT] gegenüber *schreiten*, das durch die zusätzlichen S. M. [+ LANGSAM, + WÜRDIG] gekennzeichnet ist. Zur Bezeichnung der S. M. werden Ausdrücke der Umgangssprache verwendet, aber als metasprachliche Termini behandelt (und i.d.R. in eckige Klammern gesetzt). Zu Verfahren zur Gewinnung von S. M. vgl. →Komponentenanalyse. Der theoretische Status der S. M. ist umstritten. Sie bilden nicht unmittelbar physikalische Eigenschaften der realen Welt ab, sondern spiegeln die psychischen Bedingungen, gemäß denen die Umwelt durch den Menschen bzw. dessen Sprache verarbeitet wird. (Vgl. das Standardbeispiel *die Tote* vs. *die Leiche*: beide Ausdrücke bezeichnen den gleichen Sachverhalt in der realen Welt, in der Sprache aber besteht eine semantische Differenzierung, wie die durch unterschiedliche Zuweisung S. M. zu beschreibende Abweichung

von *Ich war mit der Leiche be-*
freundet gegenüber *Ich war mit*
der Toten befreundet zeigt).
Ferner gibt es im Unterschied
zu den distinktiven Merkmalen
der Phonologie keine allgemein
anerkannte Klasse von S. M.,
die zur semantischen Beschreibung aller Sprachen verwendet
werden könnten. – Zu analogen
Begriffen in unterschiedlichen
Theorien vgl. →Noem, →Plerem,
→Sem und →Figur.

Lit.: L. LIPKA [1979]: Semantic components of English nouns and verbs and their
justification. In: Angol Filológiai Tanul-
mányok 12, S. 187–202. – G. HILTY [1983]:
Der distinktive und der referentielle Charakter semantischer Komponenten. In: H.
STIMM/W. RAIBLE (eds.): Zur Semantik des
Französischen. Wiesbaden, S. 30–39. – H.
J. MEINHARD [1984]: Invariante, variante
und prototypische Merkmale der Wortbedeutung. In: ZfG 5, S. 60–69. – L. LIPKA
[1985]: Inferential features in historical semantics. In: J. FISIAK (ed.): Historical semantics. Berlin, S. 339–354. – G. RÖSSLER
[1985]: Verfahren der Bedeutungsbeschreibung mithilfe semantischer Merkmale.
Darstellung und Kritik. In: LK 19, S. 273–
285. →Komponentenanalyse, →Semantik.

Semasiologie [Auch: Bedeutungslehre, →Semantik].
(1) Veraltete Bezeichnung für
Semantik.
(2) Teildisziplin bzw. Forschungsrichtung der Semantik,
die sich mit der Bedeutung einzelner sprachlicher Ausdrücke,
den Bedeutungsbeziehungen
zwischen sprachlichen Ausdrücken (→Wortfeld) sowie Problemen des Bedeutungswandels
beschäftigt. Im Unterschied zur
→Onomasiologie (= Bezeichnungslehre) setzt die S. bei den
sprachlichen Ausdrücken (den
Wortformen) an und erforscht
ihre semantischen Eigenschaften.

Lit.: H. SPERBER [1923]: Einführung in die
Bedeutungslehre. 3. Aufl. Bonn 1965. – H.
KRONASSER [1952]: Handbuch der Sema-

siologie. Heidelberg. – K. BALDINGER
[1957]: Die Semasiologie. Versuch eines
Überblicks. Berlin. – TH. SCHIPPAN [1972]:
Einführung in die Semasiologie. Leipzig. –
K. BALDINGER [1980]: Semantic theory: To-
wards a modern semantics. (Transl. by W.
C. Brown/ed. by R. Wright). Oxford. – W.
BAHNER u.a. (eds.) [1983]: Aspekte und
Probleme semasiologischer Sprachbe-
trachtung in synchronischer und diachro-
nischer Sicht. Berlin. →Onomasiologie,
→Semantik.

Sematologie. Von K. BÜHLER
[1934] eingeführter Terminus
für den Entwurf einer Sprachwiss. als »Kernstück« einer allgemeinen Zeichentheorie. S.
entspricht in diesem Sinne F. DE
SAUSSURES →Semiologie.

Lit.: →Semiotik.

Semelfaktiv →Iterativ.

Semem. Mit unterschiedlichen
Akzentuierungen verwendeter
Terminus:
(1) In der →Strukturellen Semantik Bezeichnung für die semantischen Grundeinheiten
des Lexikons, die durch →Seme
(= minimale Bedeutungskomponenten) beschrieben werden.
In diesem Sinne entspricht S.
der geläufigeren Bezeichnung
→Lexem.
(2) In der Terminologie von L.
BLOOMFIELD [1933] entspricht S.
der lexikalischen Bedeutung eines Morphems.

Lit.: L. BLOOMFIELD [1933]: Language.
New York, S. 264ff.

(3) In der Terminologie der
→Noematik von G. F. MEIER
[1966] bezeichnet S. die »Lesart«
(Bedeutung), die durch →Noeme
(= Bedeutungskomponenten)
beschrieben wird.

Lit.: G. F. MEIER [1966]: Noematische
Analyse zur Ausschaltung der Polysemie.
In: Zeichen und System der Sprache. Ber-
lin Bd. 3, S. 117–145. →Noematik.

(4) In der Terminologie von A. J. GREIMAS [1966] Bezeichnung für die Kombination eines Semkernes (= invarianter Bedeutungsinhalt) mit den kontextuell bestimmten variablen Semen.

Lit.: A. J. GREIMAS [1966]: Sémantique structurale. Paris. Dt.: Strukturale Semantik. Braunschweig 1971.

Semeologie →Semiologie.

Semiologie [Auch: →Sematologie, Semeologie, →Semiotik, Semologie]. Von F. DE SAUSSURE [1916] eingeführter Terminus für den Entwurf einer der (Sozial-)Psychologie untergeordneten allgemeinen Zeichentheorie, die Zeichen »im Rahmen des sozialen Lebens« untersucht. Sprachwiss. ist eine für die S. wichtige, ihr aber untergeordnete Wissenschaft, insofern die S. sich mit den generellen Eigenschaften aller möglichen Zeichen beschäftigt und auch die Untersuchung anderer Zeichensysteme wie →Gebärdensprache, Höflichkeitsformen, militärische Signale usw. mit einschließt.

Lit.: →Semiotik.

Semiose →Semiotik.

Semiotik [griech. *sēmeīon* ›Zeichen‹. - Auch: →Sematologie, →Semiologie, Zeichentheorie]. Theorie und Lehre von sprachlichen und nichtsprachlichen →Zeichen und Zeichenprozessen, in deren Zentrum die Erforschung natürlicher Sprache als umfassendstem Zeichensystem steht. Außer Sprach- und Kommunikationstheorie aber beschäftigen sich vielfältige geisteswissenschaftliche Diszipli-

nen mit Theorien nichtsprachlicher Zeichen (Ästhetik, Graphik, Kunstwissenschaft, Mythenforschung, Psychoanalyse, Kulturanthropologie, Religionswissenschaft u.a.). - Mit CH. W. MORRIS sind folgende Untersuchungsaspekte zu unterscheiden: (a) Syntaktischer Aspekt: Relation zwischen verschiedenen Zeichen (→Syntax); (b) Semantischer Aspekt: Relation zwischen Zeichen und Bedeutung (→Semantik); (c) Pragmatischer Aspekt: Relation zwischen Zeichen und Zeichenbenutzer sowie (d) Sigmatischer Aspekt: Relation zwischen Zeichen und Realität (→Sigmatik, vgl. KLAUS [1962]).

Lit.: F. DE SAUSSURE [1916]: Cours de linguistique générale. Paris. Kritische Ausgabe ed. von R. ENGLER. Wiesbaden 1967. Dt.: Grundfragen der allgemeinen Sprachwissenschaft. Ed. von P. v. POLENZ. 2. Aufl. Berlin 1967. - CH. S. PEIRCE [1931/1958]: Collected papers. 8 Bde. Boston. Dt.: K.-O. APEL (ed.) [1967/1970]: Schriften. Eine Auswahl. 2 Bde. Frankfurt. - K. BÜHLER [1934]: Sprachtheorie. Jena. Neudruck Stuttgart 1965. - CH. W. MORRIS [1938]: Foundations of the theory of signs. Chicago. Dt.: Grundlagen der Zeichentheorie. München 1972. - CH. W. MORRIS [1946]: Sign, language and behavior. New York. Dt.: Zeichen, Sprache und Verhalten. Düsseldorf 1973. - G. KLAUS [1962]: Semiotik und Erkenntnistheorie. Berlin. - M. BENSE [1967]: Semiotik. Baden-Baden. - CH. W. MORRIS [1971]: Writings on the general theory of signs. The Hague. - U. ECO [1973]: Einführung in die Semiotik. München. - T. A. SEBEOK [1974]: Semiotics. In: CTL 12, S. 211-264. - K.-O. APEL [1975]: Der Denkweg von Ch. S. Peirce. Frankfurt. - W. NÖTH [1975]: Semiotik. Eine Einführung mit Beispielen für Reklameanalysen. Tübingen. - T. A. SEBEOK [1976]: Contribution to the doctrine of signs. Bloomington. Dt.: Theorie und Geschichte der Semiotik. Reinbek 1979. - CH. S. PEIRCE [1976]: Zur semiotischen Grundlegung von Logik und Mathematik. Ed. M. BENSE/E. WALTHER. Stuttgart. - J. TRABANT [1976]: Elemente der Semiotik. München. - U. ECO [1977]: Zeichen. Einführung in einen Begriff und seine Geschichte. Frankfurt. - CH. W. MORRIS [1977]: Pragmatische Semiotik und Handlungstheorie. Ed. von A.

ESCHBACH. Frankfurt. – R. POSNER/P.
REINECKE (eds.) [1977]: Zeichenprozesse:
Semiotische Forschung in den Einzelwis-
senschaften. Wiesbaden. – ARBEITSGRUPPE
SEMIOTIK (ed.) [1978]: Die Einheit der se-
miotischen Dimensionen Tübingen. – G.
BENTELE/I. BYSTRINA [1978]: Semiotik.
Grundlagen und Probleme. Stuttgart. – R.
BARTHES [1979]: Elemente der Semiologie.
Frankfurt. – M. KRAMPEN u.a. [1981]: Die
Welt als Zeichen. Klassiker der modernen
Semiotik. Berlin. – U. ECO [1984]: Semio-
tics and the philosophy of language.
Bloomington. Dt.: Semiotik und Philoso-
phie der Sprache. München 1985. – W.
NÖTH [1985]: Handbuch der Semiotik.
Stuttgart. – K. D. DUTZ/P. SCHMITTER (ed.)
[1986]: Geschichte und Geschichtsschrei-
bung der Semiotik. Fallstudien. Münster. –
J. S. PETÖFI [1986]: Report: European re-
search in semiotic textology. A historical
thematic and bibliographical guide. In:
FoL 20, S. 545–571. – T. A. SEBEOK (ed.)
[1986]: Encyclopedic dictionary of semiotics. Berlin.
Terminologie: M. BENSE/E. WALTHER
(ed.) [1973]: Wörterbuch der Semiotik.
Köln. – A.-J. GREIMAS/J. COURTES [1979]:
Sémiotique. Dictionnaire raisonné de la
théorie du langage. Paris. – J. REY-DEBOVE
[1979]: Lexique sémiotique. Paris – T. A.
SEBEOK (ed.) [1986]: Encyclopedic dictio-
nary of semiotics. The Hague.
Bibliographien: A. ESCHBACH [1974]: Zei-
chen – Text – Bedeutung. Bibliographie zu
Theorie und Praxis der Semiotik. Mün-
chen. – A. ESCHBACH/W. RADLER [1976]:
Semiotik-Bibliographie. Frankfurt. – A.
ESCHBACH/W. RADLER [1977]: Kurze
Bibliographie zur Geschichte der Semio-
tik. In: R. POSNER/H.-P. REINECKE (eds.):
Zeichenprozesse: Semiotische Forschung
in den Einzelwissenschaften. Wiesbaden,
S. 355–367. – A. ESCHBACH/V. ESCHBACH-
SZABO [1986]: Bibliography of semiotics
1975–1985. 2 Bde. Amsterdam.
Zeitschriften: Semiotika. – Zeitschrift für
Semiotik. – Kodikas/Code. →Zeichen.

Semiotisches Dreieck [Auch:

Semantisches/Triadisches
Dreieck]. Von C. K. OGDEN und
I. A. RICHARDS [1923] entworfene geometrische Darstellungsform für den Zusammenhang von Symbol, Gedanke und
Referent, in geläufigerer Terminologie von →Bezeichnen-
dem, →Bedeutung und Bezeichnetem bzw. Bezugsobjekt. Entscheidend für diesen Ansatz,
dessen Grundideen sich bereits

bei PARMENIDES (ca. 540–470 v.
Chr.) finden lassen, ist die Hypothese, daß zwischen Symbol
und Referent, zwischen sprachlichem Ausdruck und dem
durch ihn bezeichneten Sachverhalt in der Realität keine unmittelbare Relation besteht,
d.h. daß sich sprachliche Ausdrücke nur über ihr begriffli-
ches Konzept auf die Wirklichkeit beziehen lassen.

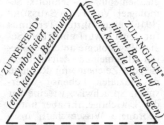

GEDANKE ODER BEZUG

SYMBOL *steht für* REFERENT
(eine angenommene Beziehung)
WAHR*

Lit.: C. K. OGDEN/I. A. RICHARDS [1923]:
The meaning of meaning. New York. Dt.:
Die Bedeutung der Bedeutung. Frankfurt
1974, S. 18. – K. BORMANN. [1971]: Parmenides. Untersuchungen zu den Frag-
menten. Hamburg.
Bibliographie: W. LEMMER [1968]: Deutscher Wortschatz. Bibliographie zur deutschen Lexikologie. Halle, S. 18–36, 56–66.
→Bedeutung.

Semitisch [Nach SEM, Sohn des

NOAH]. Sprachfamilie des
→Afro-Asiatischen. Die älteste
belegte Sprache ist →Akkadisch
im alten Mesopotamien (2500–
600 v. Chr.). Weitere Sprachzweige: Nordwest-S. (Phönizisch, Ugaritisch, →Hebräisch,
→Aramäisch), Südwest-S.
(→Arabisch) und Äthio-S.
(→Ge'ez, Tigrinya, →Amha-
risch). – Die Verwandtschaft

von Sprachen wie →Hebräisch, →Arabisch und →Aramäisch war bereits den jüdischen und islamischen Grammatikern des Mittelalters bekannt. Die europäische Semitistik geht bis ins 16. Jh. zurück, der Name »semitisch« wurde 1781 durch L. v. SCHLÖZER geprägt. Eine umfangreiche Forschungstätigkeit ist um die Jahrhundertwende zu verzeichnen (C. BROCKELMANN, TH. NÖLDEKE), vor allem auch stimuliert durch die bis heute anhaltende Entdeckung altsemitischer Sprachdenkmäler (zuletzt Eblaitisch). – Spezifische Kennzeichen (vgl. auch →Afro-Asiatische Sprachen): zahlreiche emphatische (pharyngalisierte oder glottalisierte) Konsonanten, teilweise Konsonantenharmonie (Velarisierung der Konsonanten ganzer Phrasen). Morphologie des Verbs: zwei Aspektformen mit unterschiedlichen Konjugationsmustern (Perfekt vs. Imperfekt mit Bedeutung ›Präteritum‹ vs. ›Präsens/Futur‹), reiches Diathesen-System, Subjektskongruenz. Morphologie des Nomens: zweistufiges Genus-System (Maskulin/Feminin), häufig 3 Kasus (Nominativ, Genitiv, Akkusativ, rekonstruierbar sind ferner Dativ, Lokativ; in modernen Sprachen oft kein Kasus beim Nomen), reiches Numerussystem (Dualformen, z.T. Kollektiv/Singulativ-Distinktion), sogen. »*status constructus*« (das regierende Nomen in einer Genitivkonstruktion ist markiert, vgl. Ge'ez: *hayl* ›Kraft‹, *hayl-ä səlase* ›Kraft der Dreieinigkeit‹, Name des letzten äthiop. Kaisers). Wurzelflexion: die Wurzeln bestehen aus einigen (meist drei)

Konsonanten(sogen.»Radikal«) und werden vor allem durch das Dazwischentreten verschiedener Vokale flektiert (sogen. »Triliteralität«): aus dem arab. Radikal *k-t-b* ›schreib‹ wird abgeleitet: *kitāb* ›Buch‹, *kataba* ›er schrieb‹, *yaktubu* ›er schreibt‹, *kattab* ›Schreiber‹, *maktab* ›Schule‹. Auch Fremdwörter werden diesem starren System angepaßt, vgl. *film*, plural *aflām*. Wortstellung: meist VSO, Unterscheidung →Nominalsatz (meist ohne Kopula) – Verbalsatz. (Vgl. Sprachenkarte Nr. 1).

Lit.: C. BROCKELMANN [1908/1913]: Grundriß der vergleichenden Grammatik der semitischen Sprachen. Berlin (Nachdruck: Hildesheim 1961]. – G. BERGSTRÄSSER [1928]: Einführung in die semitischen Sprachen. München. (Nachdruck: Darmstadt 1963). – B. SPULER (ed.) [1964]: Semitistik (= Handbuch der Orientalistik, Teil 1, 3. Bd.) Leiden. – S. A. MOSCATI u.a. [1969]: An introduction to the comparative grammar of the Semitic languages. Wiesbaden. – H.-J. SASSE [1981]: Die semitischen Sprachen. In: B. HEINE u.a. (eds.): Die Sprachen Afrikas. Hamburg, S. 225–238.

Semivokal →Halbvokal.

Semologie →Semiologie.

Sensorischer Speicher →Gedächtnis.

Sentential-Subject-Constraint [engl., ›Subjektsatzbeschränkung‹]. Von J. R. Ross [1967] vorgeschlagene Beschränkung für die Anwendung von Transformationen, derzufolge aus einem Subjektsatz keine Konstituente herausbewegt werden darf, vgl. *Mich ärgert (es), daß der Postbote nicht kommt* vs. **Dies ist der Postbote, der (es) mich ärgert, daß --nicht kommt.* In diesem Sinne sind Subjektsätze →Inseln (wie auch alle adnominalen Sätze, W-Sätze und koordinierte Strukturen), aus denen generell keine Konstituenten herausbewegt werden können.

Lit.: →Beschränkungen, →Insel.

Sentoid. Von J. J. KATZ und P. M. POSTAL auf der Basis von engl. *sentence* (›Satz‹) gebildete Bezeichnung für strukturell nicht mehrdeutige Ketten von Formativen. S. sind – im Unterschied zu »Sätzen« – strukturell nicht ambige Lesarten der Tiefenstruktur eines Satzes, sie sind somit durch eine einzige strukturelle Beschreibung vollständig beschrieben. So gilt die mehrdeutige Formativkette *Frauen und Männer mit langen Haaren müssen Bademützen tragen* als *ein* Satz, aber als *zwei* Sentoide, nämlich *[Frauen] und [Männer mit langen Haaren]* ... bzw. *[Frauen mit langen Haaren] und [Männer mit langen Haaren]*...

Lit.: J. J. KATZ/P. M. POSTAL [1964]: An integrated theory of linguistic description. Cambridge, Mass., S. 24f.

Sequentielle Organisation [engl. *sequential organization*]. In der →Konversationsanalyse Strukturierung von Gesprächen durch Typen von Handlungsfolgen, die von verschiedenen Sprechern produziert werden. Es wird davon ausgegangen, daß sich das, was mit einer Äußerung getan wird, aus ihrer Plazierung in einer Sequenz ergibt; d.h. innerhalb einer Sequenz realisiert eine Äußerung eine der möglichen Folgehandlungen, die in einem vorangegangenen →Turn aufgerufen wurden, und läßt selbst wiederum im nächsten Turn eine Handlung aus einer eingegrenzten Menge von möglichen Folgehandlungen erwarten. Auf diese Weise zeigen die Gesprächsteilnehmer sich wechselseitig auf, wie sie den jeweils vorangegangenen Turn verstanden haben. Zu solchen Sequenztypen zählen →Paarsequenzen, in denen die Wahl einer ersten Handlung eine bestimmte zweite im folgenden Turn impliziert (z.B. wird auf eine Frage eine Antwort erwartet, vgl. →Bedingte Relevanz), oder Sequenzen mit präferierten Optionen (etwa Einladungs-Zusage statt Absage, vgl. →Präferenz). Weitere Evidenz für die S. O. bieten Ausdrücke, die Abweichungen von erwartbaren Folgehandlungen in einer Sequenz markieren (z.B. die Verwendung von Ausdrücken wie *übrigens*, die dem Hörer eine vom gegenwärtigen Gesprächsthema abweichende Thema anzeigen, vgl. →Diskursmarker). Gestützt wird die S. O. durch die »lokale« Handhabung des →Sprecherwechsels (vgl. SACKS/SCHEGLOFF/JEFFERSON [1974]). Analysiert werden daher nicht isolierte Äußerungen, sondern Äußerungen in Sequenzen. Dieses Vorgehen unterscheidet den Ansatz der →Konversationsanalyse von anderen diskursanalytischen Ansätzen, etwa solchen aus der →Textlinguistik oder der →Sprechakttheorie. Zu eindrucksvollen Beispielen vgl. TURNER [1976] und JEFFERSON [1981]. – Als Überblick vgl. LEVINSON [1983], STEECK [1983].

Lit.: G. JEFFERSON [1972]: Side sequences. In: D. SUDNOW (ed.): Studies in social interaction. New York, S. 294–338. – H. SACKS/E. SCHEGLOFF/G. JEFFERSON [1974]:

The simplest systematics for the organization of turn-taking for conversation. In: Lg 50, S. 696–735. – R. TURNER [1976]: Utterance positioning as an interactional resource. In: Semiotica 17, S. 233–254. – G. JEFFERSON [1981]: The abominable *ne*? In: P. SCHRÖDER/H. STEGER (eds.): Dialogforschung. Düsseldorf, S. 53–88. – S. LEVINSON [1983]: Pragmatics. Cambridge. – J. STREECK [1983]: Konversationsanalyse. In: ZS 2, S. 72–104. – J. M. ATKINSON/J. HERITAGE [1984]: Garfinkel and ethnomethodology. Cambridge. →Konversationsanalyse.

Serbokroatisch [Auch: Kratoserbisch]. Südslaw. Sprache Jugoslawiens in zwei Ausprägungen mit insgesamt ca. 15 Mio. Sprechern in Jugoslawien: (a) Serbisch in kyrill. Schrift mit zusätzlichen Zeichen: ⟨Ц⟩, ⟨Љ⟩, ⟨Њ⟩ und (als Schibboleths gegenüber dem Maked.) ⟨Ћ, ћ⟩, ⟨Ђ, ђ⟩, Zentrum: Serbien (Beograd); (b) Kroatisch in latein. Schrift mit Diakritika (als Schibboleth gegenüber den anderen slaw. Sprachen: ⟨đ,Đ⟩), Zentrum: Kroatien (Zagreb). – Spezifische Kennzeichen beider Varietäten: Kurz- und Langvokale mit steigendem oder fallendem Ton (bzw. »Intonation« in der slaw. Terminologie); komplexes Tempus- und Aspektsystem. – Die Übereinkunft über die Einheit des S. wurde 1850 zwischen Serben und Kroaten auf der Basis des von VUK KARADŽIĆ [1813–1818] geschaffenen Standards in Wien getroffen. Unterschiede zwischen Serb. und Kroat.: z.B. serb. *e*, kroat. *je*, *ije* als Entsprechung für altkirchenslaw. *ě* in *ded* vs. *djed* vs. *dědъ* ›Großvater‹, *reka* vs. *rijeka* vs. *rěka* ›Fluß‹ (vgl. *Rijeka)*; Lexikalische Unterschiede: serb. *krtola* vs. kroat. *krompir* ›Kartoffel‹, serb. *pozorište* vs. kroat. *kazalište* ›Theater‹. (Vgl. Sprachenkarte Nr. 5).

Lit.: A. MEILLET/A. VAILLANT [1969]: Grammaire de la langue serbo-croate. 2. Aufl. Paris. – M. PARTRIDGE [1972]: Serbo-Croat: Practical grammar and reader. 2. Aufl. Beograd. →Slawisch.

Serer →Westatlantisch.

Serialisierung →Grundwortstellung, →Wort- und Satzgliedstellung.

Serialverb-Konstruktion. Konstruktionstyp, der vor allem in →Isolierenden Sprachen wie dem Chinesischen oder den Kwa-Sprachen Westafrikas anzutreffen ist. Eine Reihe von Verben oder Verb-Objekt-Komplexen wird ohne Konjunktion oder Subordination aneinandergereiht, wobei bestimmte Verben eine Tendenz zu abstrakten grammatikalisierten Bedeutungen haben, vgl. Yoruba *ó gbé e wá* ›er tragen es kommen‹, d.h. ›er bringt es‹.

Lit.: P. SCHACHTER [1974]: A non-transformational account of serial verbs. In: SAfrL, Suppl. 5, S. 253–270. – M. SEBBA [1987]: The syntax of serial verb: an investigation into serialisation in Sranan and other languages. Amsterdam.

Sexus →Genus.

Shilh →Berberisch.

Shona →Bantu.

Siamesisch →Thai.

Sibilant [lat. *sībilāre* ›zischen‹]. →Zischlaut.

Sigmatik [Auch: Referenztheorie]. Von G. KLAUS begründeter Untersuchungsaspekt der allgemeinen Semiotik, der sich mit der Erforschung der Beziehungen zwischen natürlichsprachlichen Zeichen und den durch sie bezeichneten Objekten bzw. Sachverhalten der realen Welt beschäftigt. Die S. abstrahiert vom Zeichenbenutzer (→Pragmatik) und setzt →Syntax und →Semantik voraus. Man kann S. auch als Teilaspekt der Semantik verstehen, da Zeichen sich nicht unmittelbar auf die Wirklichkeit beziehen, sondern diese Relation über Begriffe vermittelt wird. Insofern entspricht die Unterscheidung von S. und Semantik dem Begriffspaar →Extension vs. →Intension bzw. FREGES Dichotomie →Bedeutung vs. →Sinn.

Lit.: G. FREGE [1892]: Über Sinn und Bedeutung. In: Zeitschrift für Philosophie und philosophische Kritik, NF 100, S. 25–50. Wiederabgedruckt in: G. FREGE [1967]: Kleine Schriften (ed. v. I. ANGELELLI). Darmstadt, S. 143–162. – G. KLAUS [1962]: Semiotik und Erkenntnistheorie. Berlin, S. 51–82. →Semantik, →Zeichen.

Sigmatismus →Fehlbildungen.

Signal [lat. *sīgnālis* ›zum Zeichen gehörig‹]. In der →Informationstheorie Zustand oder Veränderung materieller (akustischer, elektromagnetischer, oder biochemischer) Systeme. S. sind potentielle Informationsträger, haben also an sich keinen Symbolcharakter. Sie dienen der räumlichen Übermittlung oder zeitbezogenen Anzeige von Ereignissen oder Daten, ihre Interpretation ist vom jeweiligen S.-System abhängig.

Lit.: →Informationstheorie, →Semiotik.

Signans [lat. *sīgnāre* ›mit einem Zeichen versehen‹] →Bezeichnendes vs. Bezeichnetes.

Signatum →Bezeichnendes vs. Bezeichnetes.

Signem. Kunstwort aus *sign*- und dem Wortbildungselement -*em* (= Bezeichnung für funktionelle Einheiten auf →Langue-Ebene). S. wird als Oberbegriff für alle distinktiven Elemente auf den verschiedenen Beschreibungsebenen verwendet.

Lit.: G. HAMMARSTRÖM [1966]: Linguistische Einheiten im Rahmen der modernen Sprachwissenschaft. Berlin. – G. HAMMERSTRÖM [1974]: Signemränge und Textanalyse. In: E. GÜLICH u.a. (eds.): Linguistische Textanalyse. Hamburg, S. 1–70. – K. HEGER [1976]: Monem, Wort und Satz. Tübingen.

Signifiant [frz.] →Bezeichnendes vs. Bezeichnetes, →Lautbild.

Signifié [frz.] →Bezeichnendes vs. Bezeichnetes.

Signifikant [lat. *sīgnificāre* ›bezeichnen‹] →Bezeichnendes vs. Bezeichnetes.

Signifikativ. Synonyme Bezeichnung für ›bedeutungstragend‹, ›bedeutungshaltig‹ (im Unterschied zu ›(bedeutungs)unterscheidend‹, →Distinktiv). S. sprachliche Elemente sind z.B. Morpheme, Wörter, Sätze.

Signifikative Bedeutung →Konnotation (2).

Signifikat(um) →Bezeichnendes vs. Bezeichnetes.

Silbe. Phonetisch-phonologische Grundeinheit des Wortes bzw. der Rede, die zwar intuitiv nachweisbar ist, wissenschaftlich aber keine einheitliche Definition hat. Als artikulatorische Kriterien gelten erhöhter Atemdruck (→Akzent), wech-

selnde Schallfülle der einzelnen
Laute (→Sonorität), Grad der
Mundöffnung. Hinsichtlich der
Silbenstruktur wird unterschieden zwischen dem Silbenkern
(auch: Nukleus) als dem Mo-
ment der größten Schallstärke,
der in der Regel durch Vokale
als Silbenträger gebildet wird,
und den Marginalphonemen als
den umgebenden nicht gipfel-
bildenden Lauten, die auch als
Kopf (= Silbenanfang) und
Koda (= Silbenende) bezeichnet werden. Die Silbengrenzen
sind zum Teil phonologisch
durch sogen. →Grenzsignale gekennzeichnet, z.B. →Glottis-
verschluß im Dt., →Auslautver-
härtung im Dt. Endet eine Silbe
auf Vokal, so spricht man von
offener Silbe, bei Auslaut auf
Konsonant von geschlossener
Silbe. Laute bzw. Lautfolgen,
die phonologisch anders als silbenstrukturell zu interpretieren
sind wie [s] in *Gasse*, das phonologisch als ein Phon gilt, silbenstrukturell aber zu zwei Silben gehört, bezeichnet man als
»Gelenk(konsonant)« bzw. als
→Ambisilbe (engl. *interlude*).

Lit.: M. KLOSTER-JENSEN [1963]: Die Silbe
in der Phonetik und Phonemik. In: Phonetica 9, S. 17-38. - A. ROSETTI [1963]: Sur
la théorie de la syllabe. 2. Aufl. The Hague.
- J. B. HOOPER [1972]: The syllable in phonological theory. In: Lg 48, S. 524-540. -
TH. VENNEMANN [1974]: Words and syllables in natural generative grammar. In: A.
BUCK u.a. (eds.): Papers from the parasession on natural phonology. Chicago, S.
346-374. - A. BELL/J. B. HOOPER (eds.)
[1978]: Syllables and segments. Amsterdam. - TH. VENNEMANN [1978]: Universal
syllabic phonology. In: TL 5, S. 175-215. -
TH. VENNEMANN (ed.) [1982]: Silben, Segmente, Akzente. Tübingen. - G. N. CLE-
MENTS/S. J. KEYSER [1983]: CV Phonology:
a generative theory of the syllable. Cambridge, Mass. - TH. VENNEMANN [1988]:
Preference laws for syllable structure and
the explanation of sound change. Berlin.
→Akzent, →Intonation, →Phonetik, →Pho-
nologie.

Silbengewicht. Sprachspezifische Eigenschaft akzenttragen-
der →Silben.

Lit.: L. HYMAN [1985]: A theory of phonological weight. Dordrecht. →Silbe.

Silbengipfel →Silbenkern.

Silbenkern [engl. *nucleus/*
crest/peak. - Auch: Nukleus,
Silbengipfel]. Teil der →Silbe,
der aufgrund von →Tonhöhe
oder →Akzent das akustische
Maximum bildet. In der Regel
wird der S. durch Vokal gebildet, gelegentlich aber auch
(wenn auch selten) durch Konsonant: z.B. *s* in *pst!* oder das silbische [m] in [le:bm̩] ›Leben‹.
Vgl. →Silbengewicht.

Lit.: →Silbe.

Silbenkoda [ital. *coda*
›Schweif‹]. Schlußsegment einer Silbe zwischen dem →Sil-
benkern und dem Anlaut (=
Kopf) der folgenden Silbe, z.B.
[l] in *Silbe*, [kt] in *Jagd*.

Lit.: →Silbe.

Silbenschichtung →Haplologie.

Silbenschnitt. Im Zusammenhang mit der Länge bzw. Kürze
von Vokalen wichtiges →Pros-
odisches Merkmal. Man unterscheidet zwischen →Festem
(auch: scharfem) vs. losem Anschluß von Konsonanten an Vokale in Abhängigkeit von der
Art und Weise, wie der Konsonant den vorausgehenden Vokal »schneidet«.

Lit.: N. TRUBETZKOY [1939]: Grundzüge
der Phonologie. 4. Aufl. Göttingen 1967.
→Silbe.

Silbenschrift →Schrift.

Simplex [Pl. Simplizia; lat. *simplex* ›einfach‹]. In der →Wortbildung nicht zusammengesetztes oder abgeleitetes Wort, das als Ausgangsbasis für Neubildungen verwendet werden kann, z.B. *Hund* zu *Hundesteuer, mies* zu *Miesling.*

Lit.: →Wortbildung.

Sindh →Indisch.

Singhalesisch →Indisch.

Singular [lat. *singuläris* ›einzeln‹. – Auch: Einzahl]. Teilkategorie des →Numerus zur Bezeichnung von Einzelelementen (*ein Haus* vs. *viele Häuser*), generalisierenden Aussagen (*Der Mensch lebt nicht vom Brot allein*) und kollektiven Begriffen (*die Schlauheit des Fuchses*). Nomen, die nur im S. verwendet werden wie *Holz* (als Stoffname), *Freiheit* (als Abstraktum) und *Obst* (als Kollektivum) nennt man →Singularetantum.

Singularetantum [Pl. Singulariatantum; lat. *tantum* ›nur‹; engl. *mass noun*] →Massen-Nomen.

Singulativ. Teilkategorie des →Numerus zum Ausdruck der Einzahligkeit. Im Unterschied zum →Singular stellt der S. eine gegenüber der Grundform (→Kollektiv) markierte Form dar, vgl. arab. *dabbän* ›Fliege(n)‹ (unspezifiziert) vs. *dabbäne* ›eine Fliege‹.

Sinn. Terminus von G. FREGE [1892] zur Bezeichnung der »Art des Gegebenseins« des von sprachlichen Ausdrücken Bezeichneten. Freges Unterscheidung von S. vs. Bedeutung ent-

spricht dem Gegensatzpaar von →Bedeutung vs. Bezeichnetem bzw. von →Intension vs. →Extension.

Lit.: G. FREGE [1892]: Über Sinn und Bedeutung. In: ZPhK NF 100, S. 25–50. Wiederabgedruckt in: G. FREGE [1967]: Kleine Schriften (ed. v. I. ANGELELLI). Darmstadt, S. 143–162. →Bedeutung, →Intension.

Sinnbezirk →Wortfeld.

Sinnrelation →Semantische Relation.

Sino-Tibetanisch. Sprachstamm Zentral- und Ostasiens mit ca. 300 Sprachen, der aus einem sinitischen und einem →Tibeto-Burmanischen Zweig besteht. Größte Einzelsprachen sind →Chinesisch (über 900 Mio. Sprecher, mit verschiedenen Dialekten), →Birmanisch (22 Mio. Sprecher) und Tibetisch (4 Mio. Sprecher), die zugleich alte Schrifttraditionen haben. Es handelt sich typischerweise um isolierende, monosyllabische →Tonsprachen. Reste einer alten präfixalen Morphologie sind erkennbar. Keine ausgeprägte Unterscheidung zwischen Nomen und Verb. (Vgl. Sprachenkarte Nr. 10).

Lit.: P. BENEDICT [1972]: Sino-Tibetan: A conspectus. Cambridge. – R. SHAFER [1974]: Introduction to Sino-Tibetan. Wiesbaden. – B. COMRIE (ed.) [1989]: The major languages of East and South-East Asia. London.

Siouanisch. Sprachfamilie Nordamerikas mit ca. 12 Sprachen; größte Sprache ist das Dakota mit ca. 30000 Sprechern. Von E. SAPIR 1929 mit →Irokesisch und den →Caddo zu einem Makro-Siouanischen Sprachstamm zusammengefaßt. Spezifische Kennzeichen: Lautsymbolische Diminutiv-/Augmentativbildungen spielen eine große Rolle (Diminutiv: dentale Frikative, Augmentativ: velare Frikative). →Nominalklassen (→Animat vs. Inanimat-Unterscheidung), komplexe Verben mit mehreren Präfixen, u.a. zur Bezeichnung des Instruments, Ergativität in der Personalflexion des Verbs (→Ergativsprache), komplexe Possessivitäts-Distinktionen (→Alienabel vs. Inalienabel, Körperteile und Verwandtschaftsbeziehungen werden unterschieden). Wortstellung: SOV.

Lit.: G. H. MATTHEWS [1958]: Handbook of Siouan languages. - G. H. MATTHEWS [1965]: Hidatsa syntax. London. - D. S. ROOD [1979]: Siouan. In: L. CAMPBELL/M. MITHUN (eds.): The languages of native America. Austin. - J. Sh. WILLIAMSON [1984]: Studies in Lakhota Grammar. San Diego.

Situationssemantik. Formale, auf der Situationstheorie beruhende Theorie der Bedeutung natürlicher (aber auch künstlicher) Sprachen, die als Konkurrenzmodell zur →Mögliche-Welten-Semantik auftritt und die seit Ende der 70er Jahre von J. BARWISE unter Mitarbeit von J. PERRY, R. COOPER, S. PETERS und J. ETCHEMENDY entwickelt wurde. Sie basiert auf folgenden Grundannahmen: (a) Eigenschaften und Relationen werden als Grundbegriffe angenommen und nicht mengentheoretisch aus anderen Einheiten konstruiert; (b) es gibt eine einzige Welt, nämlich die wirkliche, und nicht eine Vielzahl von möglichen Welten; (c) gültige Aussagen beziehen sich entweder auf diese Welt oder ihre Teile, die »Situationen« genannt werden; (d) die Bedeu-

tung eines →Deklarativen Satzes *S* ist eine Relation zwischen dem Typ von Situationen, in denen *S* behauptend geäußert wird, und dem Typ, dem diejenigen Situationen zugehören, die dabei beschrieben werden (»Relationale Bedeutungstheorie«). Als zentral angesehen werden dabei zwei Phänomene, die vorher eher als peripher betrachtet wurden, nämlich die Effizienz der Sprache, d.h. die vielseitige Verwendbarkeit ein und desselben Ausdrucks, und die »Partialität«, d.h. Unvollständigkeit und kontextuelle Beschränktheit der Information.

Lit.: J. BARWISE/J. PERRY [1983]: Situations and attitudes. Cambridge, Mass. Dt.: Situationen und Einstellungen. Berlin. - J. BARWISE/J. ETCHEMENDY [1987]: The liar. An essay in truth an circularity. Oxford. - J. BARWISE[1989]: The situation in logic. In: CSLI-Lecture Notes. Stanford.

Skandinavisch [Auch: Nordgermanisch/Nordisch]. Zusammenfassende Bezeichnung für →Dänisch, →Norwegisch und →Schwedisch.

Lit.: E. HAUGEN [1976]: The Scandinavian languages: An introduction to their history. London. Dt. Hamburg 1984. - E. HAUGEN [1982]: Scandinavian language structures: A comparative historical survey. Tübingen. - P. S. URELAND/I. CLARKSON (eds.) [1984]: Scandinavian language contacts. Cambridge.

Skopus [griech. *skopós* ›Zielpunkt‹. - Auch: Bezugsbereich]. In Analogie zur →Formalen Logik, wo S. den Geltungsbereich von →Operatoren (→Logische Partikel und →Quantoren) bezeichnet, wird S. in der Sprachwiss. für den semantischen Bezugsbereich von →Negation, sprachlichen Quantoren und →Partikeln verwendet. Dem S. eines Operators in der Logik entspricht in der Sprachwiss. die Konstituente, die durch Quantoren oder Partikel modifiziert wird; vgl. *auch* in: *Philip hatte auch Hunger (nicht nur Durst)* vs. *Philip hatte auch Hunger (nicht nur die anderen)*. Fixierung und Interpretation des S. hängt häufig von der Akzentsetzung ab, vgl. Intonation.

Lit.: →Formale Logik, →Gradpartikel, →Negation, →Quantifizierung.

Slang [engl.]. Lässig gebrauchte Umgangssprache mit ausgeprägten sozialen und regionalen Varianten (dem frz. →Argot entsprechend), die durch neuartige Verwendung des vorhandenen Vokabulars, sowie neue Wortbildungen gekennzeichnet ist. S. entspricht der älteren Bezeichnung *Cant*, das sich ursprünglich auf Geheimsprachen, bzw. →Sondersprachen bezog.

Lit.: A. GENTHE [1892]: Deutsches Slang. Eine Sammlung familiärer Ausdrücke und Redensarten. Straßburg. E. PARTRIDGE [1949]: A dictionary of slang and unconventional English. London. – H. WENTWORTH/S. BERG FLEXNER (eds.) [1975]: Dictionary of American slang. 2., erg. Aufl. New York. – A. BUTCHER/C. GNUTZMANN [1977]: Cockney rhyming slang. In: LBer 50, S. 1–10. – A. I. DOMASCHNEV [1987]: Umgangssprache/Slang/Jargon. In: Handbuch Soziolinguistik (HSK 3.1.), S. 308–315.

Slavisch →Slawisch.

Slawisch [Auch: Slavisch]. Sprachzweig des →Indo-Europäischen. Dem Baltischen nahestehend, mit dem zusammen es nach nicht unumstrittener Meinung in vorhistorischer Zeit eine balt.-slaw. Sprachgemeinschaft gebildet hat. Zwischen beiden Sprachzweigen gibt es phonologische, morphologische und lexikalische Korre-

spondenzen. Das S. wird in drei Gruppen eingeteilt mit den folgenden (staatlich anerkannten) Sprachen: Ost-S. (→Russisch, →Weißrussisch, →Ukrainisch); West-S. (→Polnisch, →Tschechisch, →Slowakisch, →Sorbisch); Süd-S. (→Bulgarisch, →Makedonisch, →Serbokroatisch, →Slowenisch). Zum West-S. zählt auch das →Kaschubische, das nur noch von wenigen Tausend Sprechern gesprochen wird. Als Sprache des orthodoxen Gottesdienstes lebt das Altkirchen-S. (auch: Alt-S. oder Altbulgar.) in verschiedenen regionalen Varianten fort. – Spezifische Kennzeichen: Die modernen slaw. Sprachen weisen bei der überwiegenden Mehrheit der Verben systematische Aspektunterschiede auf: für jede imperfektive Form dieser Verben gibt es eine perfektive. Haupttyp der Formenbildung: die Imperfektivform weist gegenüber der Perfektivform imperfektivierende Suffixe auf. Als Bildungstyp für die Aspektform umstritten ist die Präfigierung zur Kennzeichnung der perfektiven Verbformen gegenüber entsprechenden präfixlosen imperfektiven Formen. (Vgl. Sprachenkarte Nr. 5).

Lit.: R. NAHTIGAL [1961]: Die slawischen Sprachen. Abriß der vergleichenden Grammatik. Wiesbaden. – H. BRÄUER [1961ff.]: Slavische Sprachwissenschaft. Berlin. – R. G. A. DE BRAY [1980]: Guide to the Slavonic languages. 3 Bde. Columbus. – P. REHDER [1986]: Einführung in die slavischen Sprachen. Darmstadt. – E. STANKIEWICZ [1986]: The Slavic languages: unity in diversity. Berlin.

Slogan [schott. ›Schlachtruf‹]. Knapp und einprägsam formulierte, wertende Aussage mit →Persuasiver Funktion, häufig als elliptischer Satz und mit →Rhetorischen Figuren ausgestaltet, z.B. als Werbeslogan (*Frohen Herzens genießen*) oder als politischer Slogan (*Freiheit oder Sozialismus*).

Lit.: →Persuasiv, →Werbesprache.

Slovakisch →Slowakisch.

Slovenisch →Slowenisch.

Slowakisch [Auch: Slovakisch]. Westslaw. Sprache mit ca. 4,5 Mio. Sprechern, vornehmlich in der Slowakei (ČSFR). Nach einigen wenig erfolgreichen Versuchen am Anfang des 19. Jh. seit L. ŠTÚRS programmatischen Schriften (1846) Schriftsprache. Seit 1968 Amtssprache in der Slowakei, seit 1945 von der KPČ als offizielle Sprache neben dem Tschech. grundsätzlich anerkannt. Schibboleths: ⟨ĺ⟩, ⟨ľ⟩, ⟨ŕ⟩; gegenüber dem Tschech.: ⟨ä⟩, ⟨dz⟩, ⟨dž⟩, ⟨ô⟩. – Silbische *l* und *r* als Kürze und als Länge: *vlk* ›Wolf‹ vs. *vĺča* ›Wölfchen‹, *srdce* ›Herz‹ vs. *hŕba* ›Haufen‹. Akzent wie im Tschech. auf der Erstsilbe. (Vgl. Sprachenkarte Nr. 5).

Lit.: J. BARTOŠ/J. GAGNAIRE [1972]: Grammaire de la langue slovaque. Bratislava. – J. MISTRÍK [1983]: A grammar of contemporary Slovak. Brastislava. →Slawisch.

Slowenisch [Auch: Slovenisch]. Südslaw. Sprache mit ca. 1,8 Mio. Sprechern, vornehmlich in Slowenien (Jugoslawien), aber auch im österreichischen Kärnten, in den Nordost-Provinzen Italiens und in Kroatien. Ältestes slaw. Schriftdenkmal größeren Umfangs sind die auf alts. in ahd. Schreibung mit latein. Schrift um 1000 aufgezeichneten »Freisinger Denk-

mäler«. Entwicklung zur Schriftsprache vom 16. Jh. an; lat. Orthographie mit Diakritika. Grammatische Besonderheiten: Beweglicher Akzent; Töne; Dual-Formen. (Vgl. Sprachenkarte Nr. 5).

Lit.: O. SVANE [1958]: Grammatik der slowenischen Sprache. Kopenhagen. →Slawisch.

Sogdisch →Iranisch.

Solidarität [frz. *solidarité* ›völlige Übereinstimmung‹]. In der →Glossematik die syntagmatische *sowohl-als-auch*-Relation, die auf der gegenseitigen Abhängigkeit zweier Elemente beruht (→Interdependenz), z.B. das obligatorisch simultane Auftreten von Kasus- und Numerus-Morphem bei Nomen im Lat. (Vgl. L. HJELMSLEV [1943], Kap. 9).

Lit.: →Glossematik.

Solözismus [griech. *soloikismós* ›sprachlicher Fehler‹ (nach Art der Bewohner von Soloi)]. Bezeichnung der antiken →Rhetorik für einen Verstoß gegen die Regeln der Grammatik. Der S. verletzt wie der →Barbarismus das Prinzip der »Sprachrichtigkeit« (= *latinitas*), die erste der vier Stilqualitäten der antiken Rhetorik.

Lit.: K. EHLICH [1986]: Der Normverstoß im Regelwerk. Über den Solözismus. In: LiLi 62, S. 74–91. →Rhetorische Figur.

Somali →Kuschitisch.

Sonant [lat. *sonāre* ›klingen‹]. Sth. Sprachlaut, der in einer Sprache silbenbildend vorkommen kann, z.B. im Dt. [i] und [ŋ] in [ˈbiːɡŋ] ›biegen‹. – Auch Bezeichnung für sth. Sprachlaut in

silbischer Verwendung, z.B. [i]
in dt. [de'li:ʁiɐm] ›Delirium‹;
außerdem Synonym für →So-
nor(laut).

Lit.: →Phonetik.

Sondersprache.
(1) Im weiteren Sinn bezieht
sich die Bezeichnung S. urspr.
auf alle von der Standardsprache abweichenden Sprachvarianten, wie sie von sozial-, ge-
schlechts-, altersspezifisch bedingten, berufs- und fachwis-
senschaftlich begründeten
Sondergruppierungen herrüh-
ren.
(2) Im engeren Sinn werden so-
zialgebundene S. von sachge-
bundenen S. im Sinne von
→Fachsprachen unterschieden.
Da sich aber fachspezifische
Gruppierungen (wie Berufe)
häufig mit sozialen Schichtungen decken, sind die Übergänge
zwischen S. und Fachsprachen
fließend. Dies spiegelt sich deutlich in den sehr unterschiedlichen Systematisierungsversu-
chen der neueren Forschung,
vgl. hierzu BAUSANI, RIESEL,
MOSER. - Gemäß der Gliederung der Sprachgemeinschaft in
soziale Gruppen werden S. auch
als Gruppen-, Standes- oder Berufssprachen bezeichnet (vgl.
auch →Jargon). Die Unterschiede zur Standardsprache liegen
vor allem in dem nach gruppenspezifischen Interessen und Bedürfnissen entwickelten Son-
derwortschatz, wie er sich besonders auffällig bei Jägern, Fi-
schern, Bergleuten, Wein-
bauern, Druckern, Studenten,
Bettlern und Gaunern (→Rot-
welsch) nachweisen läßt. Während die S. einerseits auf der lexikalischen und gramm. Basis
der Einheitssprache durch

neuartige (metaphorische) Verwendung vorhandener Aus-
drücke die ihnen eigentümliche
Variante entwickeln, befruch-
ten sie andererseits auch immer
wieder die Gemeinsprache, indem sich sondersprachliche
Ausdrücke in der Standardsprache einbürgern.

Lit.: K. BURDACH (ed.) [1894]: Studenten-
sprache und Studentenlied in Halle vor
hundert Jahren. Halle. - F. KLUGE/W.
MITZKA [1901]: Rotwelsch. Quellen und
Wortschatz der Gaunersprache und der
verwandten Geheimsprachen. Straßburg. -
A. SCHIRMER [1913]: Die Erforschung der
deutschen Sondersprachen. In: GRM 5, S.
1-22. - A. GÖTZE [1928]: Deutsche Stu-
dentensprache. Berlin. - A. BERTSCH
[1938]: Wörterbuch der Kunden- und Gaunersprache. Berlin. - S. A. WOLF [1956]:
Wörterbuch des Rotwelschen. Mannheim.
- H. MOSER [1960]: »Umgangssprache«.
Überlegungen zu ihren Formen und ihrer
Stellung im Sprachganzen. In: ZMF 27, S.
215-232. - H. STEGER [1964]: Gruppen-
sprachen. In: ZMF 31, S. 125-138. - D.
MÖHN [1968]: Fach- und Gemeinsprache.
Zur Emanzipation und Isolation der Spra-
che. In: W. MITZKA (ed.): Wortgeographie
und Gesellschaft. Berlin, S. 315-348. - A.
BAUSANI [1970]: Geheim- und Universal-
sprachen. Stuttgart. - E. RIESEL [1970]: Der
Stil der deutschen Alltagsrede. Leipzig. -
M. KÜPPER/H. KÜPPER [1972]: Schüler-
deutsch. Hamburg. - H. KÜPPER [1978]:
ABC-Komiker bis Zwitschergemüse. Das
Bundessoldatendeutsch. Wiesbaden.
Wörterbücher: H. OSTWALD [1906]: Rinn-
steinsprache, Lexikon der Gauner-, Dir-
nen- und Landstreichersprache. Berlin.
→Fachsprachen.

Songhai. Relativ isolierte Sprache in Mali und Niger, gesprochen entlang des Niger von ca. 1
Mio. Sprechern, die Sprache des
alten Songhai-Reiches. Von J.
H. GREENBERG [1963] den →Ni-
lo-Saharanischen Sprachen
zugeordnet.

Lit.: R. NICOLAÏ [1981]: Les dialectes des
songhay. Paris.

Sonogramm →Spektrogramm.

Sonograph →Spektrograph.

Sonorisierung. Ersetzung von stl. durch homorgane sth. Konsonanten. Z.B. ist [g] in ndl. [ʔɪgˈbɛn] ⟨ik ben⟩ ›ich bin‹ sonorisiertes [k] durch Assimilation an folgendes sth. [b] . S. als historischer Prozeß zeigt sich in ital. *strada* gegenüber *sträta*. Den gegenläufigen Prozeß nennt man Desonorisierung (auch: Entstimmhaftung, Stimmtonverlust, Entsonorisierung). Beispiele sind die →Auslautverhärtung im Dt. und im Russischen die Desonorisierung sth. Obstruenten im absoluten Auslaut, vgl. russ. [ˈjuˑɡə] ›des Südens‹ mit [juˑk] ›der Süden‹.

Lit.: →Phonetik.

Sonorität [Auch: Schallfülle]. Auditive Eigenschaft eines Sprachlautes. Nach O. JESPERSEN läßt sich folgende Rangordnung relativer Schallfülle bei gleichbleibendem Atemdruck nachweisen: Vokale tiefer, Vokale mittlerer, Vokale hoher Zungenlage, *r*-Laute, Nasale und Laterale, sth. Frikative, sth. Plosive, stl. Frikative, stl. Plosive.

Lit.: O. JESPERSEN [1904]: Lehrbuch der Phonetik. 7. Aufl. Leipzig 1912. – G. DOGIL/H. CH. LUSCHÜTZKY [1989]: Notes on sonority and segmental strength. In: Phonology 6.2. →Phonetik.

Sonor(laut). [Auch: →Sonorant]. Im engeren Sinne: sth. Sprachlaut, der kein Obstruent ist, d.h. alle Laute außer Verschluß- und Frikativ(laut)en, z.B. [m], [ɛ], [ŋ], [ə], [n], [l], [eː], [ʁ], in dt. [ˈmɛnənleˑʁə] ›Mengenlehre‹, [ɔ], [r̩], [aː] in tschech. [ˈdvɔr̩aːk] ›Dvořák‹, [r], [n], [ɔ] in tschech.

[ˈbrnɔ] ›Brünn‹. In [ˈbrnɔ] ist [r] sonorer Konsonant und darüber hinaus als Silbenträger ein →Sonant. [ɔ] ist sonorer Vokal. – Im weiteren Sinne: sth. Sprachlaut. →Artikulatorische Phonetik.

Lit.: →Phonetik.

Sorbisch. Westslaw. Schriftsprache in zwei Varietäten: (a) Obersorbisch in der Oberlausitz mit ca. 35000 (überwiegend katholischen) Sprechern; (b) Niedersorbisch in der Niederlausitz mit ca. 15000 (überwiegend protestantischen) Sprechern. Die größte Ausdehnung (bis zur Saale) des S. Sprachgebiets existierte im 8. Jh. In den dt. Dialekten der betroffenen (heute nicht mehr sorb. Gebiete) finden sich etliche Lehnwörter aus dem S. Umgekehrter Einfluß zeigt sich z.B. darin, daß der Instrumental im Unterschied zu den übrigen slaw. Sprachen im S. nur mit der Präposition *z* (*ze* ›mit‹) verwendet wird. Wie im Tschech. liegt der Akzent auf der Erstsilbe. Wie im Poln. gibt es keine phonologische Distinktion zwischen Vokallänge und -kürze. Der Dual wird vom Plural unterschieden, z.B. obers. *dwaj bratraj* ›zwei Brüder‹ mit Dual vs. *třo bratřa* ›drei Brüder‹ mit Plural. – Schriftlichkeit seit dem 16. Jh. im Zuge der Reformation; frühestes Buch in Niders. 1574, Bibelübersetzungen in Obers. seit 1670. Niedergang des S. vor allem seit den 1930er Jahren. Seit 1947 stehen beide sorb. Sprachen unter staatlichem Minderheitenschutz. (Vgl. Sprachenkarte Nr. 5).

Lit.: B. ŠWELA [1952]: Grammatik der niedersorbischen Sprache. Bautzen. – F. JA-

KUBAŠ [1954]: Hornjoserbskoněmski słownik. Obersorbisch-Deutsches Wörterbuch. Budyšin. – B. RACHEL/L. GÄRTNER [1976]: Deutsch-Obersorbisches Wörterbuch. Bautzen. →Slawisch.

SOV →Grundstellung.

Soziales Netzwerk →Netzwerk.

Soziolekt. [Auch: Gruppensprachen]. In Analogie zu »Dialekt« geprägter Begriff zur Bezeichnung einer Sprachvarietät, die für eine sozial definierte Gruppe charakteristisch ist. →Soziolinguistik, →Kode-Theorie.

Lit.: H. KUBCZAK: Soziolekt. In: Handbuch Soziolinguistik (HSK 3.1.), S. 268-273.

Soziolinguistik. Wissenschaftsdisziplin im Überschneidungsbereich von Linguistik und Soziologie, die die soziale Bedeutung des Sprachsystems und des Sprachgebrauchs, das wechselseitige Bedingungsgefüge von Sprach- und Sozialstruktur untersucht. Dabei sind mehrere Forschungsschwerpunkte zu unterscheiden: (a) Eine primär soziologisch orientierte Richtung, die sich vorwiegend mit Normen des Sprachgebrauchs beschäftigt (»Wann und zu welchem Zweck spricht wer welche Sprache/Sprachvarietät mit wem«?). Dabei stehen Sprachgebrauch und Spracheinstellungen sowohl größerer als auch kleiner sozialer →Netzwerke im Vordergrund, die hauptsächlich mit Hilfe quantitativer Methoden zu erfassen versucht werden; Zusammenhänge zwischen Sozioökonomie, Geschichte, Kultur, ethnischer Differenzierung, sozialer Schichtung und Sprachvarietäten werden untersucht (vgl. →Diglossie, →Kode-Theorie).– (b) Eine primär linguistisch orientierte Richtung, die von der prinzipiellen Heterogenität sprachlicher Systeme ausgeht, die sich bei Berücksichtigung soziologischer Parameter als strukturiert erweist. Für die Beschreibung dieser Sprachvariation werden zumeist quantitative Verfahren benutzt; die Realisierungswahrscheinlichkeit einer bestimmten (sozial signifikanten) sprachlichen Regel wird als Ergebnis des Einflusses verschiedener sprachlicher und außersprachlicher Variablen (soziale Schicht, Alter etc.) ausgedrückt und erklärt (vgl. →Variationslinguistik). – Besonders wichtige Konsequenzen haben die Ergebnisse dieser soziolinguistischen Richtung für die Sprachveränderungstheorie gezeitigt; in einer Reihe empirischer Untersuchungen wurde die Relevanz sozialer Bedingungen für Sprachwandelprozesse aufgezeigt und nachgewiesen, daß synchronisch vorhandene Variationsstrukturen als »Momentaufnahme« diachronischer Veränderungen anzusehen sind. – (c) Eine ethnomethodologisch (→Ethnomethodologie, →Ethnographie) orientierte Richtung, die die sprachliche Interaktion in den Mittelpunkt stellt und jene »Methoden« erforscht, mit deren Hilfe die Gesellschaftsmitglieder soziale Wirklichkeit erzeugen und füreinander als geordnet und regelhaft darstellen (vgl. →Ethnomethodologie); dabei ist wiederum zu differenzieren zwischen formaler →Konversationsanalyse, die sich mit Aspekten der Gesprächsorganisation befaßt, und ethnographischer Konversationsanalyse (→Ethnographie), die interaktive Prozesse der Bedeutungsproduktion und des Verstehens untersucht (vgl. →Kontextualisierung).

Einführungen, Überblicksdarstellungen: N. DITTMAR [1973]: Soziolinguistik. Exemplarische und kritische Darstellung ihrer Theorie, Empirie und Anwendung. Königstein/Ts. – T. LUCKMANN [1979]: Soziologie der Sprache. In: R. KÖNIG (ed.): Handbuch der empirischen Sozialforschung. Bd. 7. Stuttgart, S. 1–116. – R. A. HUDSON [1980]: Sociolinguistics. Cambridge. – N. DITTMAR [1982/1983]: Soziolinguistik. Teil 1 und 2. In: Studium Linguistik 12/14, S. 205–231/20–56. – R. FASOLD [1984]: The sociolinguistics of society. New York. – R. T. BELL [1976]: Sociolinguistics. Goals, approaches and problems. London. – W. DOWNES [1984]: Language and society. London. – R. WARDHAUGH [1986]: An introduction to sociolinguistics. Oxford/New York. – H. LÖFFLER [1985]: Germanistische Soziolinguistik. Berlin. – U. AMMON/N. DITTMAR/K. J. MATTHEIER (eds.) [1987/1988]: Soziolinguistik. Ein internationales Handbuch zur Wissenschaft von Sprache und Gesellschaft. 2 Halbbde. Berlin, New York. (HSK 3.1., 3.2.).
Einzeluntersuchungen: B. L. WHORF [1956]: Language, thought and reality. Selected writings of B. L. Whorf, ed. by J.B. Caroll. Cambridge, Mass. Dt.: B. L. WHORF [1963]: Sprache, Denken, Wirklichkeit. Reinbek. – W. LABOV [1972]: Sociolinguistic patterns. Philadelphia. – M. BIERWISCH [1975]: Social differentiation of language structure. In: A. KASHER (ed.): Language in focus. Dordrecht, S. 407–456. – J. J. GUMPERZ [1976]: The sociolinguistic significance of conversational code-switching. Berkeley. – J. J. GUMPERZ [1978]: Dialect and conversational inference in urban communication. In: Language in Society 7, S. 393–409. – W. LABOV [1978]: Sprache im sozialen Kontext. In: N. DITTMAR/B.-O. RIECK (eds.): 2 Bde. Königstein/Ts. – L. MILROY [1980]: Language and social networks. Oxford. – C. PFAFF [1981]: Sociolinguistic problems of immigrants: Foreignworkers and their children in Germany. In: Language in Society 7. – J. J. GUMPERZ [1982]: Discourse strategies. Cambridge. – S. ROMAINE [1982]: Socio-historical linguistics. Its status and methodology. Cambridge. – R. WODAK [1984]: Hilflose Nähe? Mütter und Töchter erzählen. Eine psycho- und soziolinguistische Untersuchung. Wien. – P. SCHLOBINSKY [1987]: Stadtsprache Berlin. Eine sozio-linguistische Untersuchung. Berlin/New York.
Bibliographien: N. DITTMAR [1971]: Kommentierte Bibliographie zur Soziolinguistik. In: LB 15, S. 103–128 und LB 16, S. 98–126. – R. KJOLSETH/F. SACK [1971]: Ausgewählte und gegliederte Literatur zur Soziologie der Sprache. In: R. KJOLSETH/F. SACK (eds.): Zur Soziologie der Sprache. Kölner Zs. f. Soziologie und Sprachpsychologie. Sonderheft 15. – G. SIMON [1974]: Bibliographie zur Soziolinguistik. Tübingen.
Zeitschriften: International journal of the sociology of language. The Hague. – Journal of pragmatics. An interdisciplinary bimonthly of language studies. – Language in society. Cambridge. – American Anthropologist. – Discourse Processes. Amsterdam. →Sprache und Geschlecht.

Spaltsatz [engl. *cleft sentence.* – Auch: Clefting, Cleftsatz, Emphasesatz, Klammersatz]. Syntaktische Konstruktion der Form *es* mit der Kopula *sein* + Prädikatsnomen + (aufs Prädikatsnomen bezogener) Relativsatz; der Terminus »Abspaltung« (engl. *clefting*) bezieht sich auf den in der generativen →Transformationsgrammatik angenommenen Ableitungsprozeß, der S. aus »Normalsätzen« ableitet, vgl. *Philip fand die Kette*: *Es war Philip, der die Kette fand.* Die Konstruktion *Was Philip fand, (das) war die Kette* wird als Sperrsatz (auch: Pseudo-Clefting) bezeichnet. Im Unterschied zum S. wird hier die Konstituente nach rechts in einen Kopulasatz als Prädikatsnomen versetzt, im ursprünglichen Satz verbleibt ein Fragewort als pronominale Kopie. – S.-Bildung dient der eindeutigen Markierung der →Fokus-Konstituente und wird vor allem zur Kontrastierung verwendet.

Lit.: A. AKMAJIAN [1970]: On deriving cleft sentences from pseudo cleft sentences. In: LIn 1, S. 149–168. – W. MOTSCH [1970]: Ein Typ von Emphasesätzen im Deutschen. In: H. STEGER (ed.): Vorschläge für eine strukturale Grammatik des Deutschen. Darmstadt, S. 88–108. – L. Jenkins [1974]: Cleft reduction. In: Ch. Rohrer/N. Ruwet (eds.): Actes du Colloque Franco-Allemand de grammaire transformationelle. Bd. 1. Tübingen, S. 182–191. – P. W. Cullicover [1977]: Some observations concerning pseudoclefts. In: LPh 1, S. 347–375. – M. Dyhr [1978]: Die Satzspaltung im Dänischen und Deutschen. Eine kontrastive Analyse. Tübingen. – P.-K. Halvorsen [1978]: The syntax and semantics of cleft constructions. Austin, Texas. – F. R. Higgins [1979]: The pseudo-cleft construction in English. New York. – H. Altmann [1981]: Formen der »Herausstellung« im Deutschen. Tübingen. →Topik vs. Prädikation.

Spanisch. Zum romanischen Sprachzweig des →Indo-Europäischen zählende Sprache; gesprochen von rund 300 Mio. Sprechern in Spanien, Mittel- und Südamerika, auf den Kanarischen Inseln, in USA u.a. Basis der S. Schriftsprache ist die kastilische Mundart, die sich aus der in Spanien zur Zeit des römischen Imperiums gesprochenen lat. Volkssprache (Vulgärlatein) entwickelt hat und vor der Vertreibung der Araber (*Reconquista*) nur in den nords. kantabrischen Provinzen verbreitet war. Charakteristische Züge des Kastilischen sind u.a. die evtl. auf →Baskisches →Substrat zurückzuführende Entwicklung [f] > [h] sowie der Wandel [kt] > [tʃ] (lat. *factum* > *hecho* ›getan‹) und das Phonem /x/ (lat. *filius* > *hijo* ›Sohn‹). In der Syntax des Schrifts. fällt der sogen. präpositionale Akkusativ auf: *Quiero a Felipe* ›ich liebe Philip‹; der Wortschatz enthält zahlreiche arabische Elemente. Die Dialektstruktur Zentral- und Südspaniens (Andalusien) wurde durch die Ausbreitung des Kastilischen zunehmend nivelliert, während der Norden noch eine stärkere dialektale Variation aufweist (Leones., Aragones.; →Katalanisch, →Portugiesisch (Galiz.)). Das S. Südamerikas, das in der Schriftsprache nur geringfügig vom europäischen S. abweicht, basiert in seiner Phonetik und Morphologie auf dem Andalus.

Einführung: G. Holtus/M. Metzeltin/C. Schmitt (eds.) [i.V.]: Lexikon der Romanistischen Linguistik (LRL). Bd. 6. Tübingen. – F. Nüssel [1988]: Theoretical studies in Hispanic linguistics (1960–): a selected, annotated research bibliography. Bloomington.
Grammatiken: J. Coste/A. Redondo [1965]: Syntaxe de l'espagnol moderne. Paris. – Real Academia Española [1973]: Esbozo de una nueva gramática de la lengua española. Madrid. – J. Alcina/J. M. Blecua [1975]: Gramática española. Barcelona. – F. Marcos Marín [1980]: Curso de gramática española. Madrid.
Sprachgeschichte und Dialektologie: R. Menéndez Pidal [1926]: Orígines del español. 6. Aufl. Madrid 1968. – R. Lapesa [1942]: Historia de la lengua española. 9. Aufl. Madrid 1981. – K. Baldinger [1958]: Die Herausbildung der Sprachräume auf der Pyrenäenhalbinsel. Berlin. – A. Zamora Vicente [1960]: Dialectología española. 2. Aufl. Madrid 1970. – D. Messner/H.-J. Müller [1983]: Ibero-Romanisch. Einführung in Sprache und Literatur. Darmstadt. – E. Cotton/J. Sharp [1986]: Spanish in the Americas. Georgetown – H. Vidal Sephiba [1986]: Le Judéo-espagnol. Paris.
Wörterbücher: M. Moliner [1970]: Diccionario de uso del español. 2 Bde. 2. Aufl. Madrid 1984. – Real Academia Española [1970]: Diccionario de la lengua española. 9. Aufl. Madrid. – J. Corominas/J. A. Pascual [1980ff.]: Diccionario crítico etimológico castellano e hispánico. 5 Bde. Madrid.
Bibliographien: C. A. Solé [1970]: Bibliografía sobre el español en América 1920/1967. Georgetown. – G. B. Hubermann [1973]: Mil obras de lingüística española e hispanoamericana. Madrid. →Romanisch.

Spannform →Spannsatz.

Spannsatz [Auch: Spannform]. Bezeichnung für Sätze mit Endstellung (Verbletzt-Stellung) des finiten Verbs, wie sie im Dt. in Nebensätzen vorliegt: *Er freut sich, daß du schon so bald kommst.*

Specified-Subject-Condition [engl.; Abk.: SSC. – Auch: *Opacity-constraint*]. Von N. CHOMSKY [1973] vorgeschlagene Beschränkung für die Anwendung von Bewegungstransformationen wie z.B. →W-Bewegung (später auch für die Anwendung von interpretativen Regeln wie die Reflexivierung), derzufolge keine Regel X und Y betreffen kann, wenn diese in der Struktur [...X... [$_\alpha$...Z...Y]...] vorkommen, wobei (a) α ein zyklischer Knoten ist (also S oder NP, vgl. →Zyklusprinzip), (b) das Subjekt Z von α spezifiziert ist (d. h. nicht unter der →Kontrolle von X steht) und (c) X nicht in der COMP-Position von S steht. In CHOMSKY [1981] wird die SSC durch die →Bindungstheorie ersetzt.

Lit.: →Beschränkungen.

Spektralanalyse [lat. *spectrum* ›Bild‹]. Instrumentelles Verfahren der →Akustischen Phonetik zur Ermittlung der Schalleigenschaften von Sprachlauten mittels elektrischer Geräte, vgl. →Spektrograph.

Lit.: →Phonetik.

Spektrogramm [Auch: (Frequenz-)Spektrum, Schallsichtdiagramm, Sonogramm]. Graphisches Ergebnis einer →Spektralanalyse, das die akustischen Eigenschaften von Lauten wie Amplitude, →Quantität, Frequenz optisch wiedergibt. Vgl. →Visible-Speech-Verfahren.

Spektrograph [Auch: Sonograph]. Mit elektrischen Filtern arbeitender Apparat zur akustischen Analyse von (Sprech-)Lauten im Hinblick auf Tonhöhe (Frequenz), Tonstärke (Intensität) und →Quantität. Das Ergebnis ist in Form unterschiedlicher Schwärzungsgrade auf einem speziell belichteten Papier ablesbar. Vgl. →Spektrogramm, →Visible-Speech-Verfahren.

Spektrum →Spektrogramm.

Spezifikation. In der →Glossematik Form der →Determination: paradigmatische Relation der einseitigen Abhängigkeit zweier Elemente, z.B. setzt der →Superlativ das Vorhandensein eines →Positivs voraus. (Vgl. HJELMSLEV [1934], Kap. 9).

Lit.: →Glossematik.

Spezifikationsrelation →Bestimmungsrelation.

Spezifische vs. Nicht-Spezifische Lesart. Eine indefinite →Nominalphrase kann in ihrem Bezug entweder auf ein ganz bestimmtes Element der Extension des Nomens (= »spezifische Lesart«) oder auf ein x-beliebiges Element der Extension des Nomens (= »nichtspezifische Lesart«) verstanden werden. So läßt z.B. der Satz *Eine Frau steht ihren Mann* folgende zwei Lesarten zu: Entweder ist dies eine Aussage über eine bestimmte Frau oder über irgendeine beliebige Frau. Solche Mehrdeutigkeiten werden insbesondere im Zusammenhang mit Verben des Suchens, Wünschens usw. deutlich. Vgl. den Satz *Philip wünscht sich eine Frau.* In formalen Ansätzen versucht man die Mehrdeutigkeiten über Skopusunterschiede des Existenzquantors (→Skopus) zu erfassen.

Lit.: G. IOUP [1977]: Specificity and the interpretation of quantifiers. In: LPh 1, S. 233–245. →Montague-Grammatik, →Intensionale Semantik.

Spieltheoretische Semantik. Variante der →Wahrheitsbedingungen-Semantik, die die Frage nach der Wahrheit einer Aussage zurückführt auf die Frage nach dem Vorhandensein einer Gewinnstrategie in einem semantischen Spiel für einen Proponenten dieser Aussage. Erweiterungen fassen auch Äußerungen anderer Art als Aussagen, z.B. Fragen und Befehle als Züge in einem wohldefinierten Sprachspiel auf. Der geistige Hintergrund ist in WITTGENSTEINS Begriff des →Sprachspiels angelegt, auf den sich STENIUS und HINTIKKA in ihren Arbeiten beziehen. LORENZENS dialogische Interpretation der effektiven Logik ist als Vorläufer von HINTIKKAS semantischen Spielen und deren Verallgemeinerung in CARLSONS Dialogspielen anzusehen.

Lit.: L. WITTGENSTEIN [1967]: Philosophische Untersuchungen. Frankfurt. – E. STENIUS [1967]: Mood and language game. In: Synthese 17, S. 254–272. – P. LORENZEN [1967]: Formale Logik. Berlin. – J. HINTICKA [1973]: Logic, language-games, and information. Oxford. – E. SAARINEN (ed.) [1979]: Game-theoretical semantics. Essays on semantics by HINTIKKA, CARLSON, PEACOCKE, RANTALA AND SAARINEN. Dordrecht. – L. CARLSON [1983]: Dialogue games: An approach to discourse analysis. Dordrecht. – J. HINTIKKA/J. KULAS [1983]: The game of language. Studies in game-theoretical semantics and its applications. Dordrecht.

Spirant [lat. *spīrāre* ›hauchen‹]. Unterschiedlich verwendete Bezeichnung entweder für →Frikativ oder für →Engelaut, bei dessen Bildung keine Reibung entsteht.

Lit.: →Phonetik.

Spirantisierung   →Frikativierung.

Spoonerism. Typ von →Versprecher, bei dem zwei Segmente vertauscht sind. Die Bezeichnung bezieht sich auf den engl. Geistlichen WILLIAM A. SPOONER, dem derartige Fehlleistungen in hohen Maße zugeschrieben werden, z.B. *Take the flea of my cat and heave it at the louse of my mother-in-law* an Stelle von *Take the key of my flat and leave it at the house of my mother-in-law.* S. spielen eine Rolle bei der Bewertung von Grammatikmodellen: so kann eine strikte (von links nach rechtsorientierte) Grammatik, die jedes einzelne Wort als Stimulus für das unmittelbar folgende ansieht, solche Vertauschungs-Versprecher nicht adäquat beschreiben.

Lit.: →Versprecher.

Sprach-/Sprechexperimente. Experimentelle Methoden zur Überprüfung von Hypothesen durch kontrollierte Beobachtung von Sprachverhalten. →Klicks.

Lit.: R. W. LANGACKER [1972]: Fundamentals of linguistic analysis. New York. – G. M. OLSEN/H. H. CLARK [1976]: Research methods in psycholinguistics. In: E. C. CARTERETTE/M. P. FRIEDMAN (eds.): Handbook of perception. Bd. 7. New York.

Sprachanalytische Philosophie →Philosophie der Alltagssprache.

Sprachatlas. Überregionale Sammlungen systematisch erhobener Dialektunterschiede in Form von Sprach-Landkarten, deren Anfänge in der Zeit der

→Junggrammatiker liegen. Vgl. →Dialektkartographie, →Feldforschung, →Wortatlas.

Lit.: DEUTSCHER SPRACHATLAS [1927–1956]: Bearb. v. F. WREDE, B. MARTIN, W. MITZKA, 23 Lieferungen. Wiesbaden. - DEUTSCHER WORTATLAS [1951–1972]: (Ed.) W. MITZKA/L. E. SCHMITT. 20 Bde. Wiesbaden. - R. HOTZENKÖCHERLE [1962]: Zur Methodologie der Kleinraumatlanten. In: ZfM 29, S. 133–149. - R. GROSSE [1965]: Isoglossen und Isophonen. Zur Problematik der phonetischen, phonologischen und phonometrischen Grenzlinien. In: PBB(H) 87, S. 295–317. - J. GOOSSENS [1969]: Strukturelle Sprachgeographie. Heidelberg. - H. PROTZE [1969]: Die deutschen Mundarten. In: E. AGRICOLA u.a. (eds.): Die deutsche Sprache. Bd. 1. Leipzig, S. 312–422. - W. H. VEITH [1970]: Dialektkartographie. Hildesheim 1970. - H. E. WIEGAND/G. HARRAS [1971]: Zur wissenschaftshistorischen. Einordnung und linguistischen Beurteilung des Deutschen Wortatlas. Hildesheim 1971. - C. L. NAUMANN [1976]: Grundzüge der Sprachkartographie und ihrer Automatisierung. In: GermL, S. 1–285.
Forschungsbericht: W. RADTKE [1974]: Deutscher Sprachatlas/Deutscher Wortatlas. Rezeption – Wissenschaftsgeschichte - Applikation. In: MU 84, S. 372–388. →Feldforschung, →Dialektkartographie, →Wortatlas.

Sprachberatung.
(1) Linguistische Auskunft für Laien, denen auf diesem Wege Tatsachenwissen (z.B. über die Herkunft eines Personennamens) vermittelt wird.
(2) Sprachliche Hilfe bei der Formulierung von Texten oder bei der Namensgebung. Diese Hilfe deckt sich inhaltlich z.T. mit der Auskunft (1), tritt jedoch mit normativem Anspruch auf. Die Bezugsnorm wird (meist intuitiv) nach den unter →Sprachpflege genannten Kriterien bestimmt. Zur S. in diesem Sinne zählen auch die Veröffentlichungen zur normativen →Stilistik (a). - S. erteilen Institutionen wie die Gesellschaft für deutsche Sprache (GfdS) oder die DUDEN-Redak-tion (→DUDEN). Die Nachfrage geht von Privatpersonen, Firmen, Ministerien und Behörden aus; eine gewisse Bedeutung hat die S. des Bundestags durch die GfdS bei der Formulierung von Gesetzestexten. Die wichtigste deutsche S.-Zeitschrift ist der »Sprachdienst«.

Lit.: U. FÖRSTER [1972]: Der Sprachberatungsdienst. In: Sprachd 16, S. 2–13. - A. GREULE [1982]: Theorie und Praxis der germanistischen Sprachpflege. In: Mu 92, S. 265–292.

Sprachbewußtsein [engl. *linguistic awareness.* - Auch: Metasprachliche Fähigkeit]. S. im Sinne von »Wissen über Sprache« bzw. Fähigkeit zu metasprachlichen Urteilen über sprachliche Ausdrücke bildet eine wichtige Untersuchungsinstanz in der Theorie der generativen →Transformationsgrammatik, insofern solche sprachlichen Intuitionen als Ausdruck der zugrundeliegenden →Kompetenz gelten. Neuere Untersuchungen im Rahmen der →Psycholinguistik haben jedoch ergeben, daß Urteile über die →Grammatikalität von Sätzen eine Art von sprachlicher →Performanz sind und durch Performanzfaktoren ebenso beeinflußt werden können wie andere sprachliche Aktivitäten (vgl. hierzu LEVELT [1972], ERICSSON/SIMON [1980], CARROLL/BEVER/POLLAC [1981]). - Im Hinblick auf den möglichen Einfluß des S. auf die kindliche Sprachentwicklung hat die bahnbrechende Untersuchung von GLEITMAN/GLEITMAN/SHIPLEY [1972] zahlreiche Studien und Experimente angeregt. Es lassen sich fünf Bereiche metasprachlicher Forschungen unterscheiden: (a) Grammatikalitäts- und Akzeptabilitätsurteile, (b) Segmentierungen, (c) sprachliche Transformationen und Manipulationen, (d) Produktion und Verstehen von →Ambiguität (z.B. bei Witzen, Metaphern oder Rätseln) und (e) Konzeptualisierungen von Sprache, d.h. Dissoziationen von Wort und Referent (vgl. SINCLAIR/JARVELLE/LEVELT [1978]). Die Annahme, daß den verschiedenen metasprachlichen Ausdrucksformen eine einzige metasprachliche Fähigkeit zugrunde liegt, ist umstritten. – Die wichtige Funktion des S. beim Erlernen →Deiktischer Ausdrücke haben experimentelle Befunde belegt, vgl. BÖHME [1983].

Lit.: L. R. GLEITMAN/H. GLEITMAN/E. F. SHIPLEY [1972]: The emergence of the child as grammarian. In:Cognition 1, S. 137–164. – W. J. M. LEVELT [1972]: Some psychological aspects of linguistic data. In: LBer 17, S. 18–30. – A. SINCLAIR/R. J. JARVELLE/W. J. M. LEVELT [1978]: The child's conception of language. Berlin. – D. T. HAKES [1980]: The development of metalinguistic abilities in children. Berlin. – K. A. ERICSSON/ H. A. SIMON [1980]: Verbal reports as data. In: PR 87, S. 215–251. – L. H. WATERHOUSE [1980] – J. M. CARROLL/TH. G. BEVER/Ch. R. POLLACK [1981]: The non-uniqueness of linguistic intuitions. In: Lg 57, S. 368–383. – K. BÖHME [1983]: Children's use and awareness of German possessive pronouns. (= Diss. Universiteit Nijmegen). →Kompetenz vs. Performanz, →Psycholinguistik,

Sprachbund. Gruppe von geographisch benachbarten, genetisch nicht oder nur marginal verwandten Sprachen, die aufgrund wechselseitiger Beeinflussung (→Adstrat, →Sprachkontakt) Konvergenzerscheinungen aufweisen, die sie strukturell eindeutig von anderen benachbarten und/oder genetisch verwandten Sprachen abgrenzen.

Sprachdatenverarbeitung →Computerlinguistik.

Sprachdidaktik [griech. *dídaxis* ›Lehre‹]. Unterrichtswissenschaftliche Disziplin (Teildisziplin der allgemeinen Fachdidaktik), die sich mit den Bedingungen, Zielen, Inhalten und Methoden des Sprachunterrichts unter sprachwiss., soziokulturellen, lernpsychologischen und pädagogischen Aspekten beschäftigt und methodische Konzepte der Vermittlung entwickelt, überprüft und begründet. S. bezieht sich als Oberbegriff entweder auf mutter- und fremdsprachlichen Unterricht, oder aber (wie hier) in Abgrenzung von →Fremdsprachendidaktik auf den Erstsprachen-Unterricht, dessen Lehr- und Lernbereiche die drei Teilbereiche (a) Erweiterung der sprachlichen Kompetenz, (b) Vermittlung von Kenntnissen über die Struktur der Sprache und (c) Reflexion über Sprache umfassen. Hinsichtlich der Kompetenzerweiterung (die zunächst vor allem dem Ausgleich gesellschaftlich-biographisch bedingter Unterschiede gilt) hängen didaktische Entscheidungen eng zusammen mit dem jeweils zugrundegelegten Sprachbegriff (Sprache als Zeichensystem oder Sprache als emotionales, kognitives, kreatives, persuasives Mittel zu kommunikativem Handeln?). Form und Methode des Grammatikunterricht spiegeln mehr oder weniger deutlich (allerdings mit gewisser zeitlicher Verzögerung) die allgemeine Entwicklung der Sprachwiss., insofern Konzepte der →Schulgrammatik sich auf fachwissenschaftliche Einsichten und Ergebnisse stützen, z.B. auf →Inhaltsbezogene Grammatik, →Strukturalismus, →Funktionale Grammatik, →Transformationsgrammatik, →Dependenzgrammatik, →Handlungstheorie und →Pragmatik. Während die Fachwissenschaft hier vor allem Strategien der didaktischen Operationalisierung anbietet, werden im Bereich »Reflexion über Sprache« (besonders in der Kollegstufe) Probleme und Ergebnisse sprachwiss. Einsichten und Theoriebildung als Unterrichtsgegenstand zur Diskussion gestellt. Zur historischen Entwicklung der S. vgl. den Forschungsüberblick von WILKENDING [1980].

Lit.: H. HELMERS [1966]: Didaktik der deutschen Sprache. Stuttgart. – K.-D. BÜNTING/D. C. KOCHAN [1973]: Linguistik und Deutschunterricht. Kronberg. – H. FRANK [1973]: Geschichte des Deutschunterrichts von den Anfängen bis 1945. München. – W. EICHLER [1974]: Sprachdidaktik Deutsch. München. – H. MOSER (ed.) [1975]: Sprachwissenschaft und Sprachdidaktik. Mannheim. – E. NÜNDEL [1976]: Zur Grundlegung einer Didaktik sprachlichen Handelns. Kronberg. – H. GOEPPER (ed.) [1977]: Sprachverhalten im Unterricht. München. – H. IVO [1977]: Zur Wissenschaftlichkeit der Didaktik der dt. Sprache und Literatur. Frankfurt. – E. STRASSNER [1977]: Aufgabenfeld Sprache im Deutschunterricht. Zur Wandlung sprachdidaktischer Konzepte zwischen 1945–1975. Tübingen. – W. DIETRICH/B. KUPISCH (eds.) [1978]: Modelle für den Deutschunterricht in der Grundschule. Freiburg. – R. RIGOL u.a. (eds.) [1978]: Praxis des Deutschunterrichts in der Grundschule. Freiburg. – K.-R. BAUSCH (ed.) [1979]: Beiträge zur didaktischen Grammatik. Probleme, Beispiele, Konzepte. Kronberg. – D. WUNDERLICH [1980]: Deutsche Grammatik in der Schule. In: Studium Linguistik 8/9, S. 90–119.
Forschungsberichte: D. BOUEKE (ed.) [1979]: Deutschunterricht in der Diskussion I. Forschungsberichte. 2., bearb. Aufl. Paderborn. – G. WILKENDING [1980]: Didaktik des Muttersprachenunterrichts. In: LGL Nr. 101.
Terminologie: K. STOCKER (ed.) [1976]: Taschenlexikon der Literatur- und Sprach-

didaktik. Frankfurt. – E. NÜNDEL [1979]: Lexikon zum Deutschunterricht. Mit einem Glossar. München.
Zeitschriften: Deutsch als Fremdsprache. – Der Deutschunterricht (Stuttgart). – Deutschunterricht (Berlin). – Diskussion Deutsch. – Linguistik und Didaktik. – Studium Linguistik. – Wirkendes Wort. →Schulgrammatik, →Fremdsprachenunterricht.

Sprache. Auf kognitiven Prozessen basierendes, gesellschaftlich bedingtes, historischer Entwicklung unterworfenes Mittel zum Ausdruck bzw. Austausch von Gedanken, Vorstellungen, Erkenntnissen und Informationen sowie zur Fixierung und Tradierung von Erfahrung und Wissen. In diesem Sinn bezeichnet S. eine artspezifische, nur dem Menschen eigene Ausdrucksform, die sich von allen anderen möglichen S. wie Tiersprachen, künstlichen Sprachen u.a. (vgl. unter (4)) unterscheidet durch →Kreativität, die Fähigkeit zu begrifflicher Abstraktion und die Möglichkeit zu metasprachlicher Reflexion.

Lit.: →Sprachphilosophie, →Sprachtheorie, →Sprachursprungshypothesen.

(1) In der Sprachwiss. wird die Vieldeutigkeit des Begriffs S. (zu verstehen als »Sprache«, »Sprechen«, »Sprachfähigkeit«, »Einzelsprache«) in Abhängigkeit vom jeweiligen Theorieverständnis und Erkenntnisinteresse durch Abstraktion und Abgrenzung von Teilaspekten terminologisch differenziert bzw. präzisiert. Dabei werden – mit unterschiedlichen Bezeichnungen – unterschieden: (a) S. als einzelsprachlich ausgeprägtes System von freigeschaffenen, aber konventionell überlieferten Zeichen bzw. Symbolen und Kombinationsregeln. Diese (von F. DE SAUSSURE als

→Langue bezeichneten) Sprachsysteme sind Gegenstand strukturalistischer Untersuchungen, während generativ orientierte Konzeptionen das zugrundeliegende Sprachwissen des Sprachbenutzers beschreiben sowie seine kreative Fähigkeit, von diesem System entsprechend seinen kommunikativen Bedürfnissen einen (potentiell) unendlichen Gebrauch zu machen. Von einem solchen dynamischen Begriff von S. geht u.a. die generative →Transformationsgrammatik aus. (b) S. als individuelle Tätigkeit, als konkreter Sprechvorgang, vollzogen auf der Basis von (a). In diesem Sinn spricht man auch von »Rede«, »Sprechen« bzw. von Parole (DE SAUSSURE) oder →Performanz (N. CHOMSKY). Zur theoretischen Begründung dieser Unterscheidungen vgl. unter →Langue vs. Parole, →Kompetenz vs. Performanz. Inwieweit einzelne Sprechereignisse den empirischen Ausgangspunkt für sprachwiss. Untersuchungen zur Beschreibung des zugrundeliegenden grammatischen Systems bilden, ist abhängig vom jeweiligen Theorieverständnis bzw. vom Ausmaß der Idealisierung des Gegenstandes. - Zur Differenzierung von S. unter idiolektalen, regionalen, sozialen u.a. Aspekten vgl. →Dialektologie, →Soziolinguistik und →Variationslinguistik.

Lit.: →Kompetenz vs. Performanz, →Langue vs. Parole.

(2) Als genetisch vorgegebene, auf neurophysiologischen Prozessen beruhende Fähigkeit des Menschen zur Steuerung kognitiver bzw. kommunikativer Prozesse (entsprechend DE SAUSSURES *faculté de langage*) ist S. primär Untersuchungsgegenstand von Neurophysiologie, Psychologie u.a. Sprachwiss. Untersuchungen in diesem Bereich (z.B. zu Problemen des Spracherwerbs und von Sprachstörungen) sind auf interdisziplinäre Zusammenarbeit angewiesen, was sich auch in den entsprechenden Bezeichnungen wie →Psycholinguistik, →Neurolinguistik ausdrückt.

Lit.: →Neurolinguistik, →Psycholinguistik, →Spracherwerb, →Sprachstörungen.

(3) S. im Sinn von (nationalen) Einzelsprachen wie Deutsch, Schwedisch, Japanisch u.a.

Lit.: →Klassifikation der Sprachen, →Sprachtypologie, →Sprachwandel, →Universalien.

(4) S. im Sinn der →Semiotik und →Informationstheorie: Jedes zu Kommunikationszwecken verwendete Zeichensystem, also neben natürlichen Sprachen auch künstliche Sprachen wie Programmiersprachen, logisch-mathematische Formelsprachen, Flaggensignale und Tiersprachen.

Lit.: →Informationstheorie, →Linguistische Datenverarbeitung, →Semiotik, →Tiersprachen, →Welthilfssprachen.

Sprache und Gehirn. Zusammenhang zwischen Komponenten der →Sprachverarbeitung und Bereichen des Gehirns. Aufschluß über diese Beziehungen geben z.B. Untersuchungen zur →Lateralisierung oder zu →Sprachstörungen in der Neurologie, →Neuropsychologie und →Neurolinguistik. Über die Art der Beziehungen gibt es verschiedene Auffassungen: Die »lokalistische« geht davon aus, daß bestimmte Komponenten der Verarbeitung spezialisiert sind (vgl. →Sprachzentren); klassische Vertreter dieser Position sind P. BROCA, C. WERNIKKE und K. KLEIST. Hingegen nimmt die »holistische« Auffassung eine stärkere Verbindung der Komponenten im Verarbeitungsprozeß (z.B. eine hierarchische Strukturierung oder auch ein Zusammenspiel mit Faktoren wie Aufmerksamkeit und Motivation) und entsprechend komplexe neuronale Systeme an und stellt damit eine eins-zu-eins Zuordnung in Frage; klassische Vertreter dieser Richtung sind J. H. JACKSON, H. HEAD und K. GOLDSTEIN. »Lokalistische« und »holistische« Aspekte sind im Ansatz von LURIA [1973] integriert. Die Diskussion über die Art der Beziehungen dauert an. Verbesserte Untersuchungsmethoden (z.B. tomographische und psychometrische Verfahren) erlauben inzwischen eine exaktere Dokumentation; so sprechen z.B. gegen eine eins-zu-eins Zuordnung Studien zu Patienten mit →Broca-Aphasie, globaler →Aphasie und →Wernicke-Aphasie, bei denen sich kein eindeutiger Zusammenhang zwischen sprachlicher Symptomatik und dem Ort der Schädigung zeigte (vgl. DE BLESER [1988]). Besonderes Interesse an den Beziehungen von Sprache und Gehirn besteht durch die derzeitige Auseinandersetzung mit modular aufgebauten Kognitionssystemen und ihren biologischen Grundlagen (vgl. CHOMSKY [1980], FODOR [1983, 1985]; →Modularität).

Lit.: A. LURIA [1966]: Higher cortical functions in man. New York. – A. LURIA [1973]: The working brain. New York. – K. POPPER/J. ECCLES [1977]: The self and its brain.

Berlin. – N. CHOMSKY [1980]: Rules and representations. In: The Behavioral and brain Sciences 3, S. 1–61. – J. FODOR [1983]: The modularity of mind. Cambridge, Mass. – A. KERTESZ (ed.) [1983]: Localization in neuropsychology. New York. – B. CROSSON 1985]: Subcortical functions in language: A working model. In: Brain and Language 25, S. 257–292. – J. FODOR [1985]: aphaPrécis of the modularity of mind. In: The Behavioral and Brian Sciences 8, S. 1–41. – R. DE BLESER [1987]: From agrammatism to paragrammatism: German aphasiological traditions and grammatical disturbances. In: Cognitive Neuropsychology 4, S. 187–256. – D. CAPLAN [1987]: Neurolinguistics and linguistic siology. Cambridge. – R. de BLESER [1988]: Localization of aphasia: Science or fiction. In: G. DENES/C. SEMENZA/P. BISIACCHI (eds.): Perspectives on cognitive neuropsychology. Hove, S. 161–185. – M. L. KEAN [1988]: Brain structures and linguistic capacity. In: F. NEWMEYER (ed.): Linguistics. The Cambridge survey. Bd. 2, S. 74–95. – M. POSNER u.a.[1988]: Localization of cognitive operations in the human brain. In: Science 240, S. 1627–1631. – C.-W. WALLESCH [1988]: Neurologische Sprachproduktionsmodelle. In: G. BLANKEN /J. DITTMANN / C.-W. WALLESCH (eds.): Sprachproduktionsmodelle: Neuro- und psycholinguistische Modelle zur menschlichen Spracherzeugung. Freiburg, S. 151–172. *Bibliographie:* G. PEUSER [1977]: Sprache und Gehirn. München. – W. O. DINGWALL [1981]: Language and the brain. A bibliographical guide. 2 Bde. New York. →Konnektionismus, →Lateralisierung, →Modularisierung, →Sprachentwicklungsstörung, →Spracherwerb, →Sprachstörung, →Sprachverarbeitung.

Sprache und Geschlecht →Feministische Linguistik, →Genus.

Sprachentwicklungsstörung. Verzögerungen oder Behinderungen bei der Sprachentwicklung. Bei Behinderungen wird unterschieden zwischen (a) prä-, peri- und postnatalen Schädigungen und (b) Schädigungen nach begonnenem Spracherwerb. Eine angeborene Behinderung (z.B. aufgrund von Mißbildung, Hirnschaden, Verlust des Seh- oder Hörvermögens) führt bei geistig behinderten Kindern zu einer generellen Verzögerung in der Entwicklung sprachlicher Fähigkeiten (z.B. →Dyslogie), bei vielen autistischen Kindern zu einer abnormen Entwicklung kommunikativer Fähigkeiten (→Autismus) und bei blinden oder gehörlosen Kindern zu einem verspäteten Beginn des Spracherwerbs. Bei einer Behinderung nach begonnenem Spracherwerb (z.B. durch eine Hirnläsion, eine Hirnschädigung durch Meningitis oder eine Gefäßerkrankung) ist es möglich, daß je nach Art der Schädigung andere Teile des Gehirns die Funktion(en) der geschädigten Region übernehmen (→Lateralisierung). S. können (c) auf sozial-emotionalen Ursachen beruhen oder (d) sich in einer asynchronen Entwicklung einzelner sprachlicher Fähigkeiten manifestieren bei Kindern mit einem IQ im Normbereich, deren S. weder auf einen Seh- oder Hörschaden noch auf einen diagnostizierten Hirnschaden oder auf eine ausgeprägte sozialemotionale Störung zurückgeführt werden kann; die Ursachen für diese Störung sind nicht geklärt (→Entwicklungsdysphasie, →Dysgrammatismus). S. können das Verständnis der Spontan- oder der Schriftsprache ebenso wie den mündlichen oder schriftlichen Ausdruck betreffen (→Dysgrammatismus, →Entwicklungsdysphasie, →Legasthenie); häufig sind sie mit Artikulationsstörungen (z.B. →Fehlbildungen von Lauten, →Dyslalie, →Paralalie), →Stimmstörungen (z.B. →Dysphonie) und/oder Sprechrhythmusstörungen (→Poltern) verbunden. An der Erforschung von S. sind verschiedene Disziplinen und Teildisziplinen beteiligt: u.a. die Kinder- und Jugendpsychiatrie, →Phoniatrie, →Psycholinguistik, Entwicklungspsychologie und →Neurolinguistik; mit ihrer Diagnose und Therapie befassen sich die Klinische Linguistik, →Patholinguistik, →Logopädie und Sprachbehindertenpädagogik. – Als Überblick zu (d) vgl. JOHNSTON [1988].

Lit.: L. OBLER/L. MENN (eds.) [1982]: Linguistics and exceptional language. New York. – S. PRILLWITZ [1982]: Zum Zusammenhang von Kognition, Kommunikation und Sprache mit Bezug auf die Gehörlosenproblematik. Stuttgart. – A. MILLS (ed.) [1983]: Language acquisition in the blind child. London. – B. LANDAU/L. GLEITMAN [1985]: Language and experience. Cambridge, Mass. – P. GRUNWELL [1987]: Clinical phonology. London. – D. P. CANTWELL/L. BAKER [1988]: Developmental speech and language disorders. Hillsdale, N. J. – J. R. JOHNSTON [1988]: Specific language disorders in the child. In: N. LASS u.a. (eds.): Handbook of speech-language pathology and audiology. Philadelphia, S. 685–715. – M. J. BALL [1988]: Theoretical linguistics and disordered language. London. – D. BISHOP/K. MOGFORD (eds.) [1988]: Language development in exceptional circumstances. Edinburgh. – J. BENTHAL/N. W. BANKSON [1988]: Articulation and phonological disorders. 2. überarb. Aufl. Englewood, N. J.
Zeitschriften: British Journal of Disorder of Communication. – Journal of communication Disorders. – Journal of Speech and Hearing Disorders. – Journal of Speech and Hearing Research. – Sprache. – Die Sprachheilarbeit. – Der Sprachheilpädagoge – Sprache. Stimme. Gehör. – Topics in Learning and Learning Disabilities. – Topics in Language Disorders. – J. of Communication Disorders.
Terminologie: L. NICOLOSI u.a. [1983]: Terminology of communication disorder. 2. Aufl. Baltimore. →Dysgrammatismus, →Entwicklungsdysphasie

Spracherkennung →Dekodierung, →Sprachwahrnehmung.

Spracherwerb [engl. *language acquisition*]. Oberbegriff für (a) ungesteuerten Erstspracherwerb (= S. im engeren Sinne), (b) ungesteuerten →Zweit- oder Mehrsprachenerwerb, (c) gesteuerten Zweitspracherwerb und (d) therapeutisch gesteuerten Erstspracherwerb, vgl. →Sprachentwicklungsstörung. – Entscheidend für die Forschungsposition (insbesondere zu (a)) ist das zugrundeliegende Konzept von Sprache, das weitgehend die Einzelhypothesen bestimmt, z.B. welche sprachlichen Fähigkeiten unter welchen Voraussetzungen auf welche Weise erworben werden, wann der Erwerbsprozess beginnt und wie lange er dauert. Die Forschung ist maßgeblich durch das Erkenntnisinteresse sprachwissenschaftlicher und sozialwissenschaftlicher Theorien geprägt. In der Forschung zu (a) lassen sich zwischen ca. 1950 und 1980 vier zentrale Hypothesen unterscheiden: (aa) Behavioristische Hypothese (→Behaviorismus, →Empirismus), vertreten insbesondere von SKINNER [1957], die sprachliche Lernprozesse auf Erfahrung, Imitation und selektive Verstärkung zurückführt; (ab) Nativistische Hypothese (→Nativismus), ausgelöst durch CHOMSKYS Kritik an SKINNER (CHOMSKY [1959]), die S. als mehr oder minder autonomen Reifungsprozeß versteht, der auf einem angeborenen →Spracherwerbsmechanismus aufbaut; der Schwerpunkt liegt auf der Entwicklung der sprachlichen →Kompetenz (vgl. auch →Generative Transformationsgrammatik); (ac) Kognitionshypothese, die das Verhältnis der sich entwickelnden sprachlichen, kognitiven und/oder informationsverarbeitenden Fä-

higkeiten betrachtet (vgl. Überblick bei RICE/KEMPER [1984]); und (ad) Soziale Konstitutionshypothese, die der Teilnahme des Kindes an sozialisatorischer Interaktion Priorität zuschreibt; dabei wird als Motor für die Entwicklung der sprachlichen Fähigkeiten auch der Wunsch und die Erfahrung des Kindes angesehen, sich mit seinen Bezugspersonen verständigen zu können (vgl. Überblick bei MILLER [1980]). – In den 80er Jahren hat sich die Forschung verstärkt dem Grammatikerwerb zugewendet, wobei die beiden folgenden Positionen zu unterscheiden sind: die erste Position, die, entscheidend beeinflußt durch neuere linguistische Theorien (z.B. →Government and Binding, →Lexical Functional Grammar), als Weiterentwicklung von (ab) daran festhält, daß es für S. spezifische, angeborene Fähigkeiten und spezifische Erwerbsmechanismen gibt (z.B. PINKER [1984], HYAMS [1986]) und die diskutiert, inwieweit kindliche Grammatiken zu jedem Zeitpunkt erlaubte Grammatiken im Sinne einer →Universalgrammatik sind (vgl. z.B. PINKER [1984], CLAHSEN [1988] vs. FELIX [1987]); die zweite Position, die, stark beeinflußt durch funktionale Sprachmodelle (→Funktionale Grammatik, →Diskursanalyse), generell dem Input eine wichtige Rolle zuschreibt und S. u.a. eingebettet sieht in allgemein kognitive (informationsverarbeitende) Prozesse; dabei werden sowohl Lernprozesse (vgl. (aa)), kognitive Fähigkeiten (vgl. (ac)) als auch sozialisatorische und interaktive Erfahrungen (vgl.

(ad)) aufgenommen (z.B. MA-
RATSOS/CHALKLEY [1980], SLO-
BIN [1985], MCWHINNEY [1987]).
Wesentlicher Prüfstein für alle
Ansätze sind sprachver-
gleichende Studien (z.B. SLOBIN
[1985], HYAMS [1986], BATES/
MCWHINNEY [1989]) und die
Erklärungsmöglichkeit individueller Lernstile bzw. Lernstra-
tegien (vgl. NELSON [1981], PE-
TERS [1983]); dabei geht es um
Stile wie den pronominalen
bzw. holistischen (in dem Kinder mit memorierten Sätzen beginnen, in denen z.B. auch Pronomina enthalten sind) und den
(bislang gründlicher erforschten) nominalen bzw. analytischen Stil, in dem Kinder mit
einzelnen Wörtern, insbesondere Nomina beginnen oder deren
Kombination. Als Überblick
vgl. MILLER [1980], WEISSEN-
BORN/SCHRIEFERS [1987].

Lit.: C. STERN/W. STERN [1907]: Die
Kindersprache. Leipzig. - R. JAKOBSON
[1944]: Kindersprache, Aphasie und allgemeine Lautgesetze. Uppsala. (Nachdruck:
Frankfurt 1969.) - B. F. SKINNER [1957]:
Verbal behavior. London. - N. CHOMSKY
[1959]: Besprechung von Skinner, B. F.
(1957), Verbal behaviour. In: Lg 35, S.
26-58. - M. M. LEWIS [1963]: Sprache, Denken und Persönlichkeit im Kindesalter.
Düsseldorf 1970. - N. CHOMSKY [1965]: Aspects of the theory of syntax. Cambridge,
Mass. Dt.: Aspekte der Syntaxtheorie.
Frankfurt. 1969. - D. I. SLOBIN (ed.) [1971]:
The ontogenesis of grammar. A theoretical
symposium. New York. - R. CROMER
[1974]: The development of language and
cognition: the cognitive hypothesis. In: B.
FOSS (ed.): New perspectives in child development. Harmondsworth, S. 184-252. -
G. KEGEL [1974]: Sprache und Sprechen
des Kindes. Reinbek. - N. CHOMSKY [1975]:
Reflections on language. New York. Dt.:
Reflexionen über die Sprache. Frankfurt
1977. - M. MILLER [1976]: Zur Logik der
frühen Sprachentwicklung. Stuttgart. - H.
H. CLARK/E. V. CLARK [1977]: Psychology
and language: An introduction to psycho-
linguistics. New York. - M. DONALDSON
[1978]: Children's minds. Glasgow. - A.
SINCLAIR/W. J. M. LEVELT (eds.) [1978]:
The child's conception of language. Berlin.
- J. G. DE VILLIERS/P. A. DE VILLIERS
[1978]: Language acquisition. Cambridge,
Mass. - A. KARMILOFF-SMITH [1979]: A
functional approach to child language.
Cambridge. - E. OCHS/B. SCHIEFFELIN
(eds.) [1979]: Developmental pragmatics.
New York. - M. L. KÄSERMANN [1980]:
Spracherwerb und Interaktion. Bern. - M.
MARATSOS/M. A. CHALKLEY [1980]: The
internal language of children's syntax: The
ontogenesis and representation of syntactic categories. In: K. NELSON (ed.): Children's language. Bd. 2. New York, S. 127-
214. - M. PIATELLI-PALMARINI (ed.) [1980]:
Language and learning. London. - N.
HORNSTEIN/D. LIGHTFOOT [1981]: Explanation in linguistics: the logical problem of
language acquisition. London. - G. LIST
[1981]: Sprachpsychologie. Stuttgart. - K.
NELSON [1981]: Individual differences in
language development: Implications for
development and language. In: Developmental Psychology 17, S. 170-187. - H.
CLAHSEN [1982]: Spracherwerb in der
Kindheit. Tübingen. - E. WANNER/L.
GLEITMAN (eds.) [1982]: Language acquisition: the state of the art. Cambridge. - A.
PETERS [1983]: The units of language acquisition. Cambridge. - L. GLEITMAN u.a.
[1984]: The current status of the motherese
hypothesis. In: J. of Child Language 11, S.
43-79. - S. PINKER [1984]: Language learn-
ability and language development. Cambridge, Mass. - M. RICE/S. KEMPER [1984]:
Child language and cognition. Baltimore. -
M. MCTEAR [1985]: Children's conversation. London. - D. I. SLOBIN (ed.) [1985]:
The Cross-linguistic study of language acquisition. 2. Bde. Hillsdale, N.J. - P. FLET-
CHER/M. GARMAN (eds.) [1986]: Language
acquisition. 2. Aufl. Cambridge. - N. M.
HYAMS [1986]: Language acquisition and
the theory of parameters. Dordrecht. - J. R.
MUMA [1986]: Language acquisition: A
functionalist perspective. Austin, Texas. -
J. WEISSENBORN/J. MEISEL (eds.) [1986]:
Studies on morphological and syntactic development. In: Linguistics 24 (Sonderheft). - G. SZAGUN [1986]: Sprachentwicklung beim Kind. München. - S. FELIX
[1987]: Cognition and language growth.
Dordrecht. - G. KEGEL [1987]: Sprache und
Sprechen des Kindes. 3. neubearb. und
erw. Aufl. Opladen. - B. MCWHINNEY (ed.)
[1987]: Mechanisms of language acquisition. Hillsdale, N.J. - E. BATES u.a. [1988]:
From first words to grammar. Cambridge.
- H. CLAHSEN [1988]: Normale und gestörte Kindersprache. Amsterdam. - F. KESSEL
(ed.) [1988]: The development of language
and language researchers. Essays in ho-
nour of R. Brown. Hillsdale, N.J. - Y. LEVY
u.a. (eds.) [1988]: Categories and processes
in language acquisition. Hillsdale, N.J. - B.
MCWHINNEY/E. BATES [1989]: Functionalism and the competition model. In: B.

McWHINNEY/E. BATES (eds): The cross-linguistic study of sentence processing. Cambridge, S. 3–73. - B. McWHINNEY u.a. [1989]: Language learning: Cues or rules? In: JLM 28, S. 255–277. - M. PIATELLO-PALMARINI [1989]: Evolution, selection, and cognition: From learning to parameter setting in biology and in the study of language. In: Cognition 31, S. 1–44. - TH. ROEPER [1988]: Grammatical principles of first language acquisition: Theory and evidence. In: LCS 2, S. 35–52. - M. RICE/R. SCHIEFELBUSCH (eds.) [1989]: The teachability of language. Baltimore. - E. KALTENBACHER [1990]: Strategien beim frühkindlichen Syntaxerwerb. Eine Entwicklungsstudie. Tübingen. - R. TRACY [1990]: Sprachliche Strukturentwicklung: Linguistische und kognitionspsychologische Aspekte einer Theorie des Erstspracherwerbs. Tübingen. *Forschungsberichte:* S. M. ERVIN-TRIPP [1971]: An overview of theories of grammatical development. In: D. I. SLOBIN (ed.): The ontogenesis of grammar. A theoretical symposium. New York, S. 189–212. - H. LEUNINGER/M. H. MILLER/F. MÜLLER [1973]: Psycholinguistik. Ein Forschungsbericht. Frankfurt. - M. MILLER [1980]: Sprachliche Sozialisation. In: K. HURRELMANN/D. ULRICH (eds.): Handbuch der Sozialisation. Weinheim. - J. WEISSENBORN/H. SCHRIEFERS [1987]: Psycholinguistics. In: HSK 3, S. 470–487. *Bibliographien:* W. F. LEOPOLD [1972]: Bibliography of child language. Bloomington. - D. I. SLOBIN [1972]: Leopold's bibliography of child language, revised and augmented. Bloomington. - A. A. ABRAHAMSEN [1977]: Child language. An interdisciplinary guide to theory and research. Baltimore. - K. NABRINGS/P. SCHMITTER [1979]: Spracherwerbsforschung: eine Bibliographie zur Pädolinguistik. Münster. *Zeitschriften:* Child Development - First Language - Journal of Child Language. →Psycholinguistik, →Spracherwerbs-mechanismus, →Sprachstörungen.

Spracherwerbsmechanismus

[engl. *language acquisition device*; Abk.: LAD]. Von N. CHOMSKY im Anschluß an die Sprachauffassung des →Rationalismus (LEIBNIZ, HUMBOLDT) postulierter spezifisch menschlicher Mechanismus zur Erklärung des Phänomens, daß Kinder, obwohl die sprachlichen Äußerungen ihrer Umwelt nur einen defizitären und unvollständigen Input darstellen, die syntaktischen Regeln ihrer Muttersprache in verhältnismäßig kurzer Zeit beherrschen und eine fast unbegrenzte Menge gramm. Ausdrücke erzeugen und verstehen können. Jedes Kind ist mit einem angeborenen Schema für zulässige Grammatiken ausgestattet (vgl. →Universalien) und mit einem System von kognitiven Prozeduren zur Entwicklung und Überprüfung von Hypothesen über den Input. So formuliert das Kind Hypothesen über die gramm. Struktur der gehörten Sätze, leitet Voraussagen von ihnen ab und überprüft diese Voraussagen an neuen Sätzen. Es eliminiert diejenigen, die der Evidenz widersprechen und validiert diejenigen, die nicht durch ein Einfachheitskriterium eliminiert wurden. Dieser Mechanismus wird mit dem ersten Input in Gang gesetzt. Das Kind leistet somit eine Theoriebildung, die derjenigen eines Linguisten vergleichbar ist, der eine deskriptiv und explanativ adäquate Theorie einer Sprache konstruiert. Diese Parallele rechtfertigt zugleich für die Linguisten die Berücksichtigung von Problemen des Spracherwerbs bei sprachwiss. Fragestellungen. - Zur Kritik am S. siehe LEVELT [1975] sowie MILLER [1980].

Lit.: N. CHOMSKY [1965]: Aspects of the theory of syntax. Cambridge, Mass. Dt.: Aspekte der Syntaxtheorie. Frankfurt 1969. - J. J. KATZ [1966]: The philosophy of language. London. Dt.: Philosophie der Sprache. Frankfurt 1969. - E. H. LENNE-BERG [1967]: Biologische Grundlagen der Sprache. Frankfurt. - D. MCNEILL [1970]: The acquisition of language. The study of developmental psycholinguistics. New York. Dt.: Der Spracherwerb. Düsseldorf 1974. - N. CHOMSKY [1975]: Reflections on language. New York. Dt.: Reflexionen über Sprache. Frankfurt 1977. - W. J. M.

LEVELT [1975]: What became of LAD? The Hague. – M. PIATELLI-PAI MARINI (eds.) [1980]: Language and learning. London. *Forschungsbericht:* M. MILLER [1980]: Sprachliche Sozialisation. In: K. HURREL-MANN/D. ULRICH (eds.): Handbuch der Sozialisation. Weinheim. →Mentalismus, →Psycholinguistik, →Spracherwerb, →Universalien.

Sprachfähigkeit vs. Sprachverwendung →Kompetenz vs. Performanz.

Sprachfamilie. Sprachen, die miteinander genetisch verwandt sind, d.h. auf eine gemeinsame Ursprache zurückgehen, bilden eine Sprachfamilie. Die Zugehörigkeit von Sprachen zu einer S. wird in der Regel durch phonologische, morphologische und lexikalische Übereinstimmungen erwiesen, die auf die Ursprache (→Proto-(Sprache)) zurückgehen. Die Bedeutung des Terminus S. ist nicht fest geregelt: S. im weiteren Sinne [auch: Phylum] bezieht sich auf die maximale Menge von Sprachen, deren genetische Verwandtschaft erwiesen ist, z.B. die indo-europäische S.; S. im engeren Sinne [auch: Sprachzweig] bezeichnet die maximale Menge von Sprachen, die ein engeres Verwandtschaftsverhältnis aufweisen, z.B. die germanische S.

Lit.: →Klassifikation der Sprachen.

Sprachgemeinschaft [engl. *speech community*].
(1) Gesamtmenge der Sprecher einer gleichen (Mutter-)Sprache.
(2) Stärker auf interaktionelle Voraussetzungen bezogen ist der Begriff der S. dagegen im soziolinguistischen Verständnis: Menge von Sprechern, die durch regelgeleitete und häufi-ge Interaktion mit Hilfe eines gemeinsamen sprachlichen Zeichenrepertoires (also nicht unbedingt einer einzigen Sprache!) eine Gruppe konstituieren; diese Gruppe ist von anderen durch signifikante Differenzen im Sprachgebrauch abgehoben.
(3) Weniger der »objektive« Gebrauch bestimmter sprachlicher Elemente, sondern vielmehr das »Gefühl«, zu einer Gruppe dazuzugehören, die Übereinstimmung mit spezifischen Normen steht im Mittelpunkt einer weiteren Definition; diese Normen »may be observed in overt types of evaluative behaviour, and by the uniformity of abstract patterns of variation ...« (LABOV [1972: 120]).
(4) Die radikalste Ausformung und zugleich Auflösung erfährt dieser Begriff schließlich in der konsequent integrativen Sicht sprachlicher, sozialer, sozial- und individualpsychologischer Faktoren; vgl. BOLINGER [1975: 333]): »There is no limit to the ways in which human beings league themselves together for self-identification, security, gain, amusement, worship, or any of the other purposes that are held in common; consequently there is no limit to the number and variety of speech communities that are to be found in society.« – Vgl. auch →Netzwerk.

Lit.: J.J. GUMPERZ [1962]: Types of linguistic communities. In: Anthropological Linguistics 4, S. 28–40. – R. B. LE PAGE [1968]: Problems of description in multilingual communities. In: Transactions of the philological society, S. 189–212. – W. LABOV [1972]: Sociolinguistic patterns. Philadelphia. – D. BOLINGER [1975]: Aspects of language. New York.

Sprachgeographie [Auch: Areallinguistik, Dialektgeographie].

Teildisziplin der →Dialektologie (manchmal auch mit Dialektologie gleichgesetzt), die sich mit der Untersuchung sprachlicher Phänomene unter dem Aspekt ihrer räumlichen Verbreitung beschäftigt; dabei stehen phonetisch-phonologische, morphologische und lexikalische Fragestellungen im Mittelpunkt. Grundlage der sprachgeographischen Analyse sind umfangreiche Materialsammlungen, die mit Hilfe schriftlicher Erhebungen (»indirekte Enquête«: Aussendung von Fragebogen), mündlicher Erhebungen mittels »Fragebuch« (»direkte Enquête«) und durch Sammlung frei gesprochener Texte erhoben werden. Die Ergebnisse dieser Erhebungen werden in Form von Sprachkarten dargestellt (→Dialektkartographie, →Sprachatlas); die spezifische räumliche Verteilung und Struktur einzelner Merkmale wird unter Berücksichtigung historischer, kultureller, sozialer (»externlinguistischer«) und sprachimmanenter (»intern-linguistischer«) Faktoren interpretiert.

Lit.: J. GOOSSENS [1969]: Strukturelle Sprachgeographie. Eine Einführung in Methodik und Ergebnisse. – J. GOOSSENS [1980]: Areallinguistik. In: LGL S. 445–453. – U. KNOOP/W. PUTSCHKE/H. E. WIEGAND [1982]: Die Marburger Schule: Entstehung und frühe Entwicklung der Dialektgeographie. In: Handbuch Dialektologie (HSK 1.1.), S. 38–91. – R. TRÜB [1982]: Der Sprachatlas der deutschen Schweiz als Beispiel einer sprachgeographischen Gesamtdarstellung. In: Handbuch Dialektologie (HSK 1.1.), S. 151–168. – W. PUTSCHKE [1982]: Theoriebildung der ›klassischen‹ Dialektologie. In: Handbuch Dialektologie (HSK 1.1.), S. 232–247.

Sprachgeschichte.

(1) Gesamtheit aller sprachlichen Veränderungen in der Zeit (interne S.) unter Einbeziehung äußerer Fakten wie politischer Geschichte, kultureller Einflüsse, gesellschaftlichen Wandels, territorialer Veränderungen, Sprachkontakt u.a. (äußere S.).
(2) Systematische Beschreibung von (1). Vgl. →Sprachwandel.

Lit.: R. E. KELLER [1978]: The German language. London. Dt.: Die deutsche Sprache und ihre historische Entwicklung. Hamburg 1986. – W. BESCH/O. REICHMANN/S. SONDEREGGER (eds.) [1984/1985]: Sprachgeschichte. Ein Handbuch zur Geschichte der deutschen Sprache und ihrer Erforschung. 2 Halbbde. Berlin (= HSK 2.1., 2.2.). – C. J. WELLS [1987]: German. A linguistic history to 1945. Oxford. Dt.: Eine Sprachgeschichte bis 1945. Tübingen 1990. →Deutsch, →Historische Grammatik, →Sprachwandel.

Sprachgesellschaften.

Nach dem Vorbild der ital. »*Accademia della Crusca*« (ital. *crusca* ›Kleie‹) im 17. und 18. Jh. in Deutschland wirkende Vereinigungen von Fürsten, Adligen und Dichtern, die sich für die Förderung der dt. Sprache durch Abwehr fremder Einflüsse und Erhöhung der poetischen Ausdrucksfähigkeit einsetzten. Als einflußreichste Gesellschaft gilt die 1617 in Weimar gegründete »Fruchtbringende Gesellschaft«. Verdienst und Wirkung dieser eng mit dem literarischen Leben des Barock verbundenen Gesellschaften liegt vor allem in der Pflege und Verfeinerung der Übersetzungskunst, in den in diesem Zusammenhang entstandenen Wörterbüchern sowie in zahlreichen Abhandlungen zu Rechtschreibung und Grammatik. In gewisser Weise setzt der 1885 begründete »Deutsche Sprachverein« diese sprachkritischen Bemühungen fort, dessen Zeitschrift »Muttersprache« [1925ff.] seit 1949 von der »Gesellschaft für dt. Sprache« herausgegeben wird.

Forschungsbericht und Bibliographie: K. F. OTTO [1972]: Die Sprachgesellschaften des 17. Jahrhunderts. Stuttgart.

Sprachinhaltsforschung →Inhaltbezogene Grammatik.

Sprachinsel →Enklave.

Sprachkontakt.
Koexistenz zweier oder mehrerer Sprachen innerhalb eines Staates, dessen Sprecher diese verschiedenen Sprachen alternativ (situationsspezifisch) verwenden. Zeitgenössische Beispiele sind Belgien, Schweiz, China, Indien, Peru u.a. (vgl. DEROY). Solche Sprachberührungen können politisch, historisch, geographisch oder kulturgeschichtlich begründet sein. Die gegenseitigen Einflüsse lassen sich auf allen Beschreibungsebenen nachweisen. Während sich die Sprachwiss. zunächst vor allem mit der Analyse und Beschreibung der Entlehnungsvorgänge beschäftigt hat, ist sie mittlerweile vor allem mit Vorschlägen zur →Sprachplanung, zur Entwicklung und Durchsetzung überregionaler Verkehrssprachen beschäftigt (vgl. RUBIN/SHUY [1973]). Da solche Fragen der Sprachpolitik in hohem Maße von politischen, nationalstaatlichen, ökonomischen und kulturellen Faktoren abhängig sind, ist ihre Lösung nur in interdisziplinärer Zusammenarbeit zu erreichen. Vgl. auch →Interferenz, →Lehnwort, →Substrat, →Superstrat.

Lit.: U. WEINREICH [1953]: Languages in contact. 2., erw. Auflage. The Hague 1962. Dt.:Sprachen in Kontakt. München 1977. – E. HAUGEN [1956]: Bilingualism in the Americas. Alabama. – D. HYMES (ed.) [1964]: Language in culture and society. A reader in linguistics and anthropology. New York. – J. A. FISHMAN u.a. [1968]: Bilingualism in the Barrio. Washington D.C. – V. TAULI [1968]: Introduction to a theory of language planning. Uppsala. – M. WANDRUSZKA [1971]: Interlinguistik. Umrisse einer neuen Sprachwissenschaft. München. – N. BORETZKY [1973]: Sprachkontakt. In: W. A. KOCH (ed.): Perspektiven der Linguistik. Stuttgart, Bd. 1, S. 134–158. – J. RUBIN/R. SHUY (eds.) [1973]: Language planning: Current issues and research. Washington. – C. MOLONY/H. ZOBL/W. STÖLTING (eds.) [1977]: Deutsch im Kontakt mit anderen Sprachen. German in contact with other languages. Kronberg. – G. TESCH [1978]: Linguale Interferenz. Theoretische, terminologische und methodische Grundfragen zu ihrer Erforschung. Tübingen. – P.-H. NELDE (ed.) [1980]: Sprachkontakt und Sprachkonflikt. Wiesbaden. – P. S. URELAND (ed.) [1982]: Die Leistung der Strataforschung und der Kreolistik. Tübingen.
Forschungsbericht: M. CLYNE [1975]: Forschungsbericht Sprachkontakt. Kronberg.

Sprachkritik.
Beurteilung von Sprache, und zwar als (a) Stilkritik (→Stilistik), (b) Bewertung von →Sprachnormen (vgl. →Nominalstil), (c) Beurteilung von Eigenschaften des Sprachsystems (z.B. bei »Lücken« in →Wortfeldern; vgl. auch →Sapir-Whorf-Hypothese). Die wissenschaftliche S. stützt sich meist auf funktionale Kriterien und ist Voraussetzung für →Sprachregelung; die publizistische S. zielt häufig auf Gesellschaftskritik oder politische Einflußnahme. In der →Philosophie der Alltagssprache dient S. der Feststellung von sprachlich bedingten philosophischen Pseudoproblemen, vgl. L. WITTGENSTEINS »Alle Philosophie ist ›Sprachkritik‹« (*Tractatus Logico-Philosophicus*, 4.0031).

Lit.: →Akkusativierung, →Sprachpflege, →Stilistik.

Sprachkultur. Der Ausdruck
»S.« ist im Dt. schon früher belegt, doch wurde er unter dem
Einfluß russischer und
tschechischer Arbeiten zur
→Sprachplanung zum Fachaus-
druck für unterschiedliche Bestrebungen der →Sprachpflege
und →Sprachpolitik. Ein typisches Ziel ist die Vereinheitlichung der Hoch-, →Schrift-,
→Standard- oder Literatursprache zur →Nationalsprache, teilweise auch die (Wieder-) Annäherung der geschriebenen und
gesprochenen Sprache.

Lit.: G. VINOKUR [1925]: Sprachkultur.
Skizzen einer linguistischen Technologie
(russ.) – J. SCHARNHORST/E. ISING (eds.)
[1976/82]: Grundlagen der Sprachkultur.
Beiträge der Prager Linguistik zur Sprachtheorie und Sprachpflege. Teil 1. Berlin
(O) 1976. Teil 2. Berlin (O) 1982. – Institut
für deutsche Sprache (ed.) [1984]: Aspekte
der Sprachkultur. Mannheim. – R. WIM-
MER (ed.) [1985]: Sprachkultur. Jb. 1984 des
IdS. Düsseldorf. – B. GRÖSCHEL [1985]: Soziolinguistische Aspekte der Sprachnormierung in der Sowjetunion. In: G.
HEINTZ/P. SCHMITTER (eds.): Collectanea
Philologica. Fs. f. H. GIPPER. Baden-Baden, S. 225–237. – Muttersprache [1986]: H.
5–6. – F. DANES [1988]: Sprachkultur. In:
HKS 3.2., S. 1697–1703.

Sprachlaut. Abstraktion aus einem Kontinuum von Lautereig-
nissen, die durch eine Menge
seiner phonetischen Eigenschaften charakterisiert ist.
→Phon.

Lit.: H. G. TILLMANN/P. MANSELL [1980]:
Phonetik. Stuttgart. →Phonetik.

Sprachlehrforschung →Fremd-
sprachendidaktik.

Sprachlenkung →Sprachrege-
lung.

Sprachlernforschung →Fremd-
sprachendidaktik.

Sprachlicher Determinismus.
Von B. L. WHORF (1897–1941)
aufgrund seiner Untersuchungen des Dialekts der nordamerik. Hopi-Indianer vertretene
Hypothese, derzufolge jede Einzelsprache Wahrnehmung, Erfahrung und Handeln ihrer
Sprecher so stark bestimmt, daß
Sprecher verschiedener Sprachen in dem Maße zu unterschiedlichen Weltauffassungen
gelangen müssen, wie ihre Sprachen verschieden strukturiert
sind. Damit wird Sprache nicht
primär als Mittel zur Kommunikation aufgefaßt, sondern als
unbewußtes »Hintergrundphä-
nomen«, das individuelles Denken weitgehend determiniert.
Ohne W. V. HUMBOLDT zu kennen (bzw. sich explizit auf ihn
zu beziehen), steht WHORF mit
dieser Hypothese des S. D. in
der Tradition des →Neohum-
boldtianismus; zugleich entspricht seine Auffassung dem
Konzept des →»Sprachlichen
Weltbilds«, das L. WEISGERBERS
→Inhaltbezogener Grammatik
zugrundeliegt. – Zu Einzelheiten vgl. →Sapir-Whorf-Hypothe-
se.

Lit.: →Sapir-Whorf-Hypothese.

Sprachmanipulation. »S.« ist
eine abwertende Bezeichnung
für →Sprachregelung sowie für
→Werbe- und Propagandaspra-
che (die im Gegensatz zur
Sprachregelung zwar auf Beeinflussung des Empfängers,
aber nicht auf Veränderung des
Sprachgebrauchs abzielt.)
→Rhetorik.

Sprachminimum. Für Unter-
richtszwecke getroffene Auswahl aus Wortschatz und
Grammatik einer Sprache. Aus-

wahlprinzipien sind (a) die Häufigkeit (→Lexikostatistik), (b) die Nützlichkeit zur Erreichung bestimmter kommunikativer Ziele, z.B. für die sprachliche Bewältigung bestimmter, in Katalogen zusammengestellter Situationen und Themen (etwa in den Projekten des Europarats: *The Threshold Level, Niveau seuil, Kontaktschwelle* u.a.). Am weitesten ausgearbeitet sind lexikalische Minima (→Grundwortschatz, →Grunddeutsch).

Lit.: W. HÜLLEN/A. RAASCH/F. J. ZAPP (eds.) [1977]: Sprachminima und Abschlußprofile. Beiträge zur Erarbeitung von Sprachinventaren für den modernen Fremdsprachenunterricht. Frankfurt.

Sprachnormen. Soziale Erwartungen, die innerhalb der Möglichkeiten des Sprachsystems die Formen angemessenen sprachlichen Handelns bestimmen. S. regeln Grundbedingungen der Kommunikation (→Konversationsmaximen, →Akzeptabilität, →Verständlichkeit) und steuern für spezielle Sprechsituationen die Auswahl und Organisation der sprachlichen Mittel wie Form der →Illokution, Wortwahl, Satzkomplexität, Aussprache u.a. Situative Normen beziehen sich auf funktionale und thematische Angemessenheit (z.B. von →Textsorten, von öffentlichem/ privatem, mündlichem/schriftlichem Sprechen), auf korrektes Sprechen in sozialen Rollen und Institutionen, auf Alter (»altersgemäßes Sprechen«), auf Geschlecht (»Frauensprache«) u.a. S. beruhen entweder implizit auf einem Konsens der Sprecher, oder sie sind explizit festgesetzt und legitimiert durch Kriterien wie Verbrei-

tung, Alter, Strukturgemäßheit und Zweckmäßigkeit (»präskriptive Norm«). Die Abgrenzung von S. und Regeln des Sprachsystems ist methodisch schwierig, da die Existenz impliziter S. nur aus der Regelhaftigkeit des Sprachgebrauchs (sogen. »deskriptive« oder »Gebrauchsnorm«) erschlossen werden kann.

Lit.: D. LEWIS [1969]: Convention: A philosophical study. Cambridge, Mass. Dt.: Konventionen. Berlin 1975. – H. STEGER [1970]: Sprachverhalten, Sprachsystem, Sprachnorm. In: Dt. Akad. f. Sprache und Dichtung, Jb. 1970. Heidelberg. S. 11–32. – P. v. POLENZ [1972]: Sprachnorm, Sprachnormierung, Sprachnormenkritik. In: LBer 17, S. 76–83. – P. v. POLENZ [1973]: Sprachkritik und Sprachnormenkritik. In: G. NICKEL (ed.): Angewandte Sprachwissenschaft und Deutschunterricht. München, S. 118–167. – D. NERIUS [1974]: Zur Sprachnorm im gegenwärtigen Deutschen. In: PBB (H) 95, S. 319–338. – E. COSERIU [1975]: Sprachtheorie und allgemeine Sprachwissenschaft. München. – K. GLOY [1975]: Sprachnormen I. Stuttgart. – G. KOLDE [1975]: Sprachnormen und erfolgreiches Sprachhandeln. In: ZG 3, S. 149–174. – G. LOTZMANN [1975]: Sprach- und Sprechnormen. Heidelberg. – G. PRESCH/ K. GLOY [1976]: Sprachnormen II. Stuttgart. – W. HARTUNG u.a. [1977]: Normen in der sprachlichen Kommunikation. Berlin. – W. FLEISCHER (ed.) [1979]: Sprachnormen, Stil und Sprachkultur. Berlin. – B. BADURA/P. GROSS [1980]: Sprachbarrieren. In: LGL Nr. 34. – DEUTSCHE AKADEMIE FÜR SPRACHE UND DICHTUNG (ed.) [1980]: Der öffentliche Sprachgebrauch. Bd. 2 (bearb. B. MOGGE): Die Sprachnorm-Diskussion in Presse, Hörfunk und Fernsehen. Stuttgart. – R. BARTSCH [1985]: Sprachnormen: Theorie und Praxis. Eine normentheoretische Untersuchung von Sprache und Sprachverhalten. Tübingen. – F. DEBUS u.a. (eds.) [1986]: Sprachliche Normen und Normierungsfolgen in der DDR. Hildesheim (= GermL 82–83, 1985). – Sprachnormen in der Diskussion [1986]. Berlin. – R. BARTSCH [1987]: Sprachnormen: Theorie und Praxis. Tübingen.
Forschungsbericht: K. GLOY [1980]: Sprachnorm. In: LGL Nr. 33.
Bibliographie: B. GRÖSCHEL [1982]: Sprachnorm, Sprachplanung und Sprachpflege. Bibliographie theoretischer Arbeiten aus Linguistik und Nachbarwissenschaften. Münster.

Sprachnormung. Festsetzung und Vereinheitlichung der Terminologie von →Fachsprachen, institutionell betrieben im Deutschen Normenausschuß (DNA) und in der Internationalen Normenorganisation (ISO = *International Organization for Standardization*). Auswahl, Standardisierung und Neubildung der Termini erfolgen nach genormten »Benennungsgrundsätzen« wie Systematisierbarkeit, morphologische →Motivierung, Aussprache, Kürze.

Lit.: E. WUESTER [1979]: Einführung in die allgemeine Terminologielehre und terminologische Lexikographie. Ed. von L. BAUER. Wien.
Bibliographie: K.-H. BAUSCH u.a. (eds.) [1978]: Fachsprachen. Terminologie, Struktur, Normung. Berlin, S. 162ff. →Sprachnormen.

Sprachökonomie. Ursache bzw. Anlaß für die Tendenz, mit einem Minimum an sprachlichem Aufwand ein Maximum an sprachlicher Effektivität zu erzielen. Dieses Ziel läßt sich durch verschiedene Maßnahmen anstreben, z.B. Vereinfachung durch Kürzung (*Zauberin* statt *Zaubererin*), Verwendung von Abkürzungen, Systematisierung und Vereinheitlichung von Flexionsformen oder analogischer Ausgleich zwischen verwandten Formen (→Analogie). Vgl. auch →Zipfsches Gesetz.

Lit.: O. JESPERSEN [1925]: The philosophy of grammar. London. - A. MARTINET [1955]: Économie des changements phonétiques. Bern. - H. MOSER [1971]: Typen sprachlicher Ökonomie im heutigen Deutsch. In: Sprache und Gesellschaft. Düsseldorf.

Sprachperzeption →Sprachwahrnehmung.

Sprachpflege. Form der →Sprachlenkung: Maßnahmen zum Erhalt und Ausbau des bestehenden Sprachsystems bzw. Sprachgebrauchs. Kriterien der S. sind funktionale, strukturelle, soziale, historische (z.B. in der Fremdwort-Diskussion), aber auch ästhetische, kulturkritische oder politische (vgl. Rechtschreibereform). Die S. ist in Frankreich staatlich institutionalisiert (Académie Française), in der Bundesrepublik hingegen am »Institut für deutsche Sprache« (Mannheim), bei der Redaktion des Duden am »Bibliographischen Institut« und bei der »Gesellschaft für deutsche Sprache«, dem Nachfolgeverein des puristischen und politisch ausgerichteten »Allgemeinen Deutschen Sprachvereins«.

Lit.: W. BETZ [1960]: Sprachlenkung und Sprachentwicklung. (Vortrag, gehalten auf der Tagung der Jochaim-Jungius-Gesellschaft der Wissenschaften, Hamburg 1959). In: Sprache und Wissenschaft, S. 85-100. - K. KORN [1962]: Sprache in der verwalteten Welt. Erw. Ausg. München. - TH. W. ADORNO [1964]: Jargon der Eigentlichkeit. Frankfurt. - F. HANDT (ed.) [1964]: Deutsch - gefrorene Sprache in einem gefrorenen Land? Berlin. - Geschichte und Leistung des DUDENS. Ed. vom Bibliographischen Institut Mannheim. Mannheim. - W. F. HAUG [1968]: Der hilflose Antifaschismus. Frankfurt. - H. MOSER [1968]: Sprache - Freiheit oder Lenkung? Mannheim. - D. STERNBERGER u.a. [1970]: Aus dem Wörterbuch des Unmenschen. Neue, erw. Ausg. mit Zeugnissen des Streites über die Sprachkritik. München. - L. WINCKLER [1970]: Studie zur gesellschaftlichen Funktion faschistischer Sprache. Frankfurt. - W. MOTSCH [1972]: Gedanken zu einigen Fragen der Sprachkultur. In: Sprachpflege 21, S. 129-137. - P. v. POLENZ [1973]: Sprachkritik und Sprachnormenkritik. - G. NICKEL (ed.): Angewandte Sprachwissenschaft und Deutschunterricht. München, S. 118-167. - G.-K. KALTENBRUNNER (ed.) [1975]: Sprache und Herrschaft. München. - A. KRIKESS [1975]: Zur Sprachreinigung im Deutschen 1789-1871. Eine historische Dokumentation. 2 Bde. Wiesbaden. - W. BEUTIN [1976]:

Sprachkritik - Stilkritik. Stuttgart. - J. FET-
SCHER/H. E. RICHTER (eds.) [1976]: Worte
machen keine Politik. Reinbek. - E. ISING
(ed.) [1977]: Sprachkultur: Warum, wozu?
Aufgabe der Sprachkultur in der DDR.
Leipzig. - D. WUNDERLICH/J. M. MEISEL
(eds.) [1977]: Sprachpflege und Sprachpolitik. Kronberg. - U. STEINMÜLLER
[1978]: Sprachveränderung - politisch motiviert. In: LAB 10, S. 1–47. - W. DIECK-
MANN [1980]: Sprachlenkung/Sprachkri-
tik. In: LGL Nr. 56. - DEUTSCHE AKADEMIE
DER WISSENSCHAFTEN [1980/1982]: Der öffentliche Sprachgebrauch. 3 Bde. Tübingen. - H. J. HERINGER [1982]: Holzfeuer im
hölzernen Ofen. Aufsätze zur politischen
Sprachkritik. Tübingen. - A. GREULE/E.
AHLVERS-LIEBEL [1986]: Germanistische
Sprachpflege. Geschichte, Praxis und
Zielsetzung. Darmstadt.
Bibliographie: B. GRÖSCHEL [1982]:
Sprachnorm, Sprachplanung und Sprachpflege. Bibliographie theoretischer Arbei-
ten aus Linguistik und Nachbarwissenschaften. Münster.

Sprachphilosophie. Im Rahmen der Philosophie Vielzahl
von Bestrebungen und Richtungen, die sich mit Fragen über
Ursprung, Eigenschaften,
Funktionsweise und Leistung
von Sprache beschäftigen, wobei die überwiegend interdisziplinären Problemstellungen
auf Auseinandersetzungen mit
logischen, sprachwiss., biologischen, psychologischen, soziologischen u.a. Fragen und Er-
kenntnissen angewiesen sind.
Zentrale Frage der gegenwärtigen S. ist der Zusammenhang
zwischen wissenschaftlich-phi-
losophischer Erkenntnis und
Form und Struktur der Sprache,
wie er besonders durch die Entwicklung der »Analytischen
Philosophie« mit ihrem Interesse an der logischen Analyse
sprachlicher Ausdrücke thema-
tisiert wurde. Vgl. →Philosophie
der Alltagssprache, →Sprach-
kritik (1), →Sprachursprungshy-
pothesen.

Lit.: O. JESPERSEN [1925]: The philosophy
of grammar. London. - K. BÜHLER [1933]:
Die Axiomatik der Sprachwissenschaften.
In: Kantstudien 38, S. 19–90. - K. BÜHLER
[1934]: Sprachtheorie. Jena. Neudruck
Stuttgart 1965. - M. BLACK [1949]: Langu-
age and philosophy. Ithaca. - E. OTTO [1949]:
Sprachwissenschaft und Philosophie. Ber-
lin. - J. G. HERDER [1960]: Sprachphiloso-
phische Schriften. Ed. Von E. HEINTEL.
Hamburg. - W. ALSTON [1964]: Philoso-
phie der Sprache. Frankfurt. 1969. - R.
RORTY [1967]: Linguistic turn. Chicago. -
S. J. SCHMIDT [1968]: Sprache und Denken
als sprachphilosophische Probleme von
Locke bis Wittgenstein. The Hague. - E.
COSERIU [1969]: Die Geschichte der
Sprachphilosophie von der Antike bis zur
Gegenwart. 2 Bde. Tübingen. - W. STEG-
MÜLLER [1969]: Hauptströmungen der Ge-
genwartsphilosophie. Bd. 1. 7., erw. Aufl.
Stuttgart 1989. - G. PATZIG [1970]: Sprache
und Logik. Göttingen. - F. V. KUTSCHERA
[1971]: Sprachphilosophie. München. - J.
R. SEARLE (ed.) [1971]: The philosophy of
language. Oxford. - S. SAUMJAN [1973]:
Philosophie und theoretische Linguistik.
München. - H. SCHNELLE [1973]: Sprach-
philosophie und Linguistik. Hamburg. - J.
R. SEARLE [1973]: Linguistik und Sprach-
philosophie. In: R. BARTSCH/TH. VENNE-
MANN (eds.) [1974]: Linguistik und Nach-
barwissenschaften. Kronberg, S. 113–125. -
A. BORGMANN [1974]: The philosophy of
language. The Hague. - G. GREWENDORF/
G. MEGGLE (eds.) [1974]: Linguistik und
Philosophie. Frankfurt. - E. HEINTEL
[1975]: Einführung in die Sprachphiloso-
phie. Darmstadt. - E. TUGENDHAT [1976]:
Einführung in die sprachanalytische Phi-
losophie. Frankfurt. - A. KELLER [1979]:
Sprachphilosophie. Freiburg. - K. LORENZ
[1980]: Sprachphilosophie. In: LGL Nr. 1. -
D. M. GABBAY/F. GUENTHNER (eds.) [i.E.]:
Handbook of philosophical logic. Bd. 4:
Topics in the philosophy of language.
Dordrecht.

Sprachplanung.
(1) →Interlinguistik.
(2) Maßnahmen von (meist
staatlichen) Organisationen zur
Entwicklung und Verbreitung
überregionaler Verkehrssprachen. Schwerpunkte können
sein: Verschriftung bisher
schriftloser Sprachen (→Alpha-
betisierung (2)), Modernisie-
rung des Sprachsystems vor allem durch Erweiterung des
Wortschatzes um Fachtermini,
Vergrößerung der regionalen
Reichweite einer Sprache.
→Sprachkultur, →Sprachpolitik.

Lit.: J. A. Fishman/Ch. A. Ferguson/J. Das Gupta (eds.) [1968]: Language problems of developing nations. New York. - V. Tauli [1968]: Introduction to a theory of language planning. Uppsala. - J. Rubin/ R. Shuy (eds.) [1973]: Language planning: Current issues and research. Washington. - S. T. Alisjahbana [1976]: Language planning for modernization. The Hague. - (Themaheft SL 3 [1977], S. 1–76). - F. Coulmas [1985]: Sprache und Staat. Studien zur Sprachplanung. Berlin.

Sprachpolitik [Auch: Sprachenpolitik].

(1) Politische Maßnahmen, die auf die Einführung, Durchsetzung und Bestimmung der Reichweite von Sprachen zielen: Geltung einzelner Sprachen in mehrsprachigen Staaten (→Sprachplanung), Anerkennung von Amts- und Arbeitssprachen in internationalen Organisationen, Bestimmungen und Verträge über den Fremdsprachenunterricht (Schulsprachenpolitik).

Lit.: H. Haarman [1988]: Sprachen – und Sprachpolitik. In: HSK 3.2., S. 1660–1678.

(2) Politische →Sprachregelung.

Sprachproduktion. Teilprozeß der →Sprachverarbeitung, der die konzeptuelle Planung und sprachliche Produktion umfaßt und bei dem mehrere Ebenen in einem komplexen Wirkungszusammenhang stehen: Psychologische (kognitive) Voraussetzung, die Vorstellungen, Ideen und Intentionen ermöglichen; Speicherung und Abrufung von grammatischer/lexikalischer Information; Neuro-motorische Vorgänge; →Artikulation; Überwachungsinstanz, die artikulatorische oder semantische Versprecher korrigiert (→Versprecher). Da die psychologisch-kognitiven Vorgänge der Ideenkonzeption und Informationsspeicherung unmittelbarer Beobachtung nicht zugänglich ist, stützt sich die experimentelle →Psycholinguistik zur Hypothesenbildung vor allem auf Output-Phänomene wie Verzögerungsphasen, Pausen und Versprecher. Die Klärung der biologischen Voraussetzungen und Prozesse bezieht sich vor allem auf die Zusammenhänge zwischen neuro-physiologischen und motorischen Steuerungssystemen sowie auf das komplexe Rückkoppelungssystem des Gehirns hinsichtlich auditiver, taktiler, kinästhetischer und sensorischer Reize, vgl. hierzu Lenneberg [1967]. - Informative Überblicksdarstellungen finden sich in Clark/ Clark [1977], Lindsay/Norman [1977], Howard [1983], Carroll [1986].

Lit.: Ch. E. Osgood [1957]: A behavioristic analysis of perception and language as cognitive phenomena. In: J. S. Bruner u.a. (eds.): Contemporary approaches to cognition. Cambridge, Mass. - H. Hörmann [1967]: Psychologie der Sprache. Berlin. - E. H. Lenneberg [1967]: Biologische Grundlagen der Sprache. Frankfurt. - J. Laver [1970]: The production of speech. In: J. Lyons (ed.): New horizons in linguistics. Harmondsworth. Dt.: Neue Perspektiven in der Linguistik. Hamburg 1975. - M. F. Garrett [1975]: The analysis of sentence production. In: G. H. Bower (ed.): The psychology of learning and memory. New York, Bd. 9, S. 133–177. - H. Lenneberg/E. Lenneberg (eds.) [1976]: Foundations of language development. A multidisciplinary approach. Bd. 1. New York. - P. H. Lindsay/D. A. Norman [1977]: Human information processing. 2. Aufl. New York. Dt.: Psychologie: Informationsaufnahme und -verarbeitung beim Menschen. Berlin 1981. - H. H. Clark/E. V. Clark [1977]: Psychology and language. San Diego, Ca. - D. V. Howard [1983]: Cognitive psychology. Memory, language and thought. New York. - W. Carroll [1986]: Psychology of language. Monterey, Ca. - W. J. M. Levelt [1989]: Speaking. Cambridge, Mass.
Forschungsbericht: M. F. Garrett [1988]: Processes in language production. In: LCS 3, S. 69–98. →Neurolinguistik, →Psycholinguistik, →Spracherwerb, →Sprachverarbeitung, →Versprecher.

Sprachpsychologie →Psycholinguistik.

Sprachregelung. Eingriff in den Sprachgebrauch, meist durch staatliche Stellen und mit dem Ziel, bestimmte Bewußtseinsinhalte zu wecken oder zu unterdrücken.   →Sprachkultur, →Sprachmanipulation, →Sprachpflege,   →Sprachplanung, →Sprachpolitik.

Sprachrezeption [Auch: →Dekodierung, Spracherkennung, →Sprachverstehen,   →Sprachwahrnehmung]. Bezeichnung für den psycholinguistischen Aspekt der sprachlichen Dekodierung, der Sprachwahrnehmung und Sprachverarbeitung sowie des Sprachverstehens. S. und →Sprachproduktion stehen insofern in einem komplexen Verhältnis zueinander, als S. als rückläufiger Vorgang der Sprachproduktion beschrieben werden kann. Bei der S. wird die akustische Information in Form von Schallwellen vom Hörer anhand eines Vergleichs mit gespeicherter gramm. und semantischer Information in bedeutungshaltige sprachliche Ausdrücke »übersetzt«, wobei statistische Informationen über die Wahrscheinlichkeit der Auftretungshäufigkeit von phonologischen, morphologischen und syntaktischen Strukturen die Rekonstruktion stützen.

Lit.: H. HÖRMANN [1967]: Psychologie der Sprache. Berlin, Kap. 5. – N. I. ZINKIN u.a. [1975]: Über die Wahrnehmung der gesprochenen Sprache. In: Linguistics 148, S. 45–60. →Psycholinguistik, →Spracherwerb, →Textverarbeitung.

Sprachspiel.
(1) Terminus des späten WITTGENSTEIN: S. sind komplexe Kommunikationseinheiten, die aus sprachlichen und nichtsprachlichen Tätigkeiten (z.B. etwas befehlen und einen Befehl ausführen) bestehen. Zeichen, Wörter, Sätze als »Werkzeuge der Sprache« haben keine Bedeutung an sich, diese ergibt sich erst aus ihrer jeweiligen Verwendungsweise in Handlungszusammenhängen, aus ihrem Gebrauch. Vgl. auch →Gebrauchstheorie der Bedeutung, →Sprechakttheorie.

Lit.: L. WITTGENSTEIN [1953]: Philosophical investigations. Oxford. Dt.: Philosophische Untersuchungen. In: L. WITTGENSTEIN: Schriften 1. Frankfurt 1960, S. 293, §7. – E. STENIUS [1967]: Mood and language game. In: Synthese 17, 254–274. – E. V. SAVIGNY [1969]: Die Philosophie der normalen Sprache. Frankfurt – W. STEGMÜLLER [1969]: Hauptströmungen der Gegenwartsphilosophie. Bd. 1. 7., erw. Aufl. Stuttgart 1989. – J. HABERMAS [1970]: Zur Logik der Sozialwissenschaften. Frankfurt. – F. v. KUTSCHERA [1971]: Sprachphilosophie. München, S. 136–151. – K.-O. APEL [1973]: Transformation der Philosophie. 2 Bde. Frankfurt. – G. WOLFF [1980]: Wittgensteins Sprachspiel-Begriff. Seine Rezeption und Relevanz in der neueren Sprachpragmatik. In: WW 30, S. 225–240.

(2) →Wortspiel.

Sprachstandsdiagnose →Sprachtest.

Sprachstatistik →Lexikostatistik, →Statistische Linguistik.

Sprachstörung. Erworbene Störungen im Sprachgebrauch, d.h. Störungen, die nach weitgehend abgeschlossenem Erwerb der Muttersprache auftreten und somit Jugendliche und Erwachsene betreffen; sie sind daher zu unterscheiden von →Sprachentwicklungsstörungen. S. sind ferner als zentrale Störungen (durch Beeinträchtigungen im zentralen Nervensystem) zu trennen von peripheren Störungen (durch Beeinträchtigungen im Mund-, Nasen-, Rachen-, Kehlkopfbereich sowie durch Schädigungen des Gehörs), obwohl S. häufig mit diesen zusammen auftreten. Gestört sein können bei einer S. alle vier Modalitäten, also der mündliche und schriftliche Ausdruck, das Verstehen der Spontansprache oder eines geschriebenen Textes (→Aphasie, →Alexie, →Agraphie). Darüber hinaus kann die Fähigkeit zu rechnen betroffen sein (Akalkulie), bestimmte Worte oder Laute zu erkennen (→Agnosie) oder auch metasprachliche Urteile zu fällen. Ursache für eine S. kann sein: ein Hirnschaden (Unfall, Tumor, Gefäßerkrankungen etc.), sensorische Defizite (z.B. ein Hörschaden), Demenz (z.B. Alzheimer) oder psycho-emotionale Störungen (→Schizophasie). Die Erforschung von S. gehört in den Bereich verschiedenster Disziplinen und Teildisziplinen, z.B. in die Neurologie, →Neuropsychologie und →Neurolinguistik. – Als Überblick vgl. HUBER/SPRINGER [1988].

Lit.: E. WEIGL/M. BIERWISCH [1970]: Neuropsychology and linguistics. In: FL 6, S. 1–18. – Y. GRODZINSKY [1984]: The syntactic characterization of agrammatism. In: Cognition 16, S. 99–120. – D. CAPLAN [1987]: Neurolinguistics and linguistic aphasiology. Cambridge. – W. HUBER/L. SPRINGER [1988]: Sprachstörungen und Sprachtherapie. In: U. AMMON/N. DITTMAR/K. MATTHEIER (eds.): Soziolinguistik. Berlin, S. 1744–1767. – H. LEUNINGER [1989]: Neurolinguistik. Opladen. – E. BATES/B. WULFECK [1989]: Crosslinguistic studies of aphasia. In: B. MACWHINNEY/ E. BATES (eds.): The crosslinguistic studies of sentence processing. Cambridge.

Sprachstruktur. Im mathematisch-naturwissenschaftlichen Sinn bezeichnet der Begriff der Struktur die »Menge der die Elemente eines Systems miteinander verbindenden Relationen und aller dazu isomorphen Relationsgefüge« (G. KLAUS [1969: 625]); auf Sprache bezogen versteht man darunter das dem Sprachgebrauch zugrundeliegende gramm. Regelsystem, d.h. die Menge der paradigmatischen und syntagmatischen Beziehungen zwischen den Elementen des Sprachsystems (Phoneme, Morpheme, Sätze usw.) sowie ihren wechselseitigen Zusammenhang auf allen Beschreibungsebenen. Ähnlich dem Begriff »System«, mit dem »Struktur« auch häufig synonym verwendet wird, wird Sruktur einerseits als theoretische Prämisse vorausgesetzt, andererseits ist sie Gegenstand bzw. Ziel der sprachwiss. Analyse aller strukturalistisch orientierten Forschungen.

Lit.: W. HAAS [1960]: Linguistic structures. In: Word 16, S. 251–276. – T. PARSONS [1960]: Structure and process in modern societies. Glencoe. – B. BRAY [1961]: La notion de structure. The Hague. – J. H. GREENBERG [1963]: Structure and function in language. In: J. H. GREENBERG: Essays in linguistics. Chicago 1975, S. 75–85. – P. HARTMANN [1964]: Begriff und Vorkommen von Struktur in der Sprache. In: FS für J. TRIER. Meisenheim. – J.M. LOTMAN [1964]: Sur la définition linguistique et littéraire de la notion de structure. In: Linguistics 6, S. 59–72 – E. BENVENISTE [1966]: Problèmes de linguistique générale. Paris. – G. KLAUS [1969]: Wörterbuch der Kybernetik. 2 Bde. Frankfurt. – J. WUNDERLICH [1971]: Terminologie des Strukturbegriffs. In: J. IHWE (ed.): Literaturwissenschaft und Linguistik. Ergebnisse und Perspektiven. Bd. 1. Frankfurt, S. 91–140. →Strukturalismus.

Sprachsynthese. Im weiteren Sinn Vorgang der natürlichen oder künstlichen Erzeugung von Texten. Natürliche S. vollzieht sich bei jedem normalen Sprechvorgang eines kompetenten Sprechers, künstliche S. erfolgt auf maschinellem (in neuerer Zeit vor allem elektronisch gesteuertem) Wege. Solche künstliche S. hat sich vor allem bei der maschinellen Überprüfung von generativen Grammatikmodellen durch maschinelle Simulation des Erzeugungsprozesses bewährt. – S. im engeren Sinne bezieht sich auf die dritte Phase bei der →Maschinellen Übersetzung (nach Analyse- und Transfer-Phase), in der der Text der Zielsprache in morphologisch syntaktisch angemessener Form hergestellt wird.

Lit.: →Informationstheorie, →Linguistische Datenverarbeitung.

Sprachsystem [griech. *sýstēma* ›aus Teilen Zusammengestelltes‹]. Im mathematisch-naturwissenschaftlichen Sinn bezeichnet der Grundbegriff des Systems die »Menge von Elementen und Menge von Relationen, die zwischen diesen Elementen bestehen« (G. KLAUS [1969: 634]); auf Sprache bezogen versteht man darunter die interne Ordnung sprachlicher Elemente (Phoneme, Morpheme, Sätze usw.) untereinander sowie ihren Funktionszusammenhang auf allen Beschreibungsebenen und in Relation zu sozialen, dialektalen u.a. Subsystemen. – Im engeren Sinne wird S. synonym mit F. DE SAUSSURES Begriff der →Langue verwendet, insofern er sich auf Sprache als synchronisches, statisches System von Zeichen und die Regeln ihrer gramm. Kombinierbarkeit bezieht.

Lit.: →Langue vs. Parole, →Sprachstruktur, →Strukturalismus.

Sprachtabu →Tabuwort.

Sprachtest [Auch: Leistungsmessung, Sprachstandsdiagnose]. Messung der sprachlichen Leistungsfähigkeit (global oder nach einzelnen Fertigkeiten aufgespalten) durch mehr oder weniger standardisierte Verfahren, die nach Möglichkeit den üblichen Kriterien der Testgüte genügen sollen: Objektivität (Unabhängigkeit von der Person des Testleiters), Validität (Eigenschaft des Verfahrens, das zu messen, was es messen soll), Reliabilität (Zuverlässigkeit bei Wiederholung), Ökonomie der Durchführung u.a. – Solche Diagnosen dienen unterschiedlichen Zwecken: Einstufung in Sprachkurse, Erteilung von Abschlußzertifikaten, Einleitung therapeutischer Maßnahmen bei Sprachstörungen usw.

Lit.: R. LADO [1971]: Testen im Sprachunterricht. München. – R. M. VALETTE [1967]: Modern language testing. New York. Dt.: Tests im Fremdsprachenunterricht. Berlin 1971. – A. BARRERA-VIDAL (ed.) [1975]: Sprachtests. Heidelberg. – B. SPOLSKY (ed.) [1978/79]: Advances in language testing. 2 Bde. Arlington. – J. W. OLLER (ed.) [1983]: Issues in language testing research. Rowley, Mass. – S. LUCHTENBERG [1984]: Sprachstandsdiagnose für ausländische Kinder und Jugendliche – ein kritischer Vergleich. In: Deutsch lernen 1, S. 25–41. – V. KOHONEN/H. v. ESSEN/C. KLEIN-BRALEY (eds.) [1985]: Practice and problems in language testing. – C. KLEIN-BRALEY/U. RAATZ (eds.) [1985]: C-Tests in der Praxis. AKS-Rundbrief Fremdsprache und Hochschule 13/14. Bochum. – H. J. VOLLMER [1989]: Leistungsmessung: Überblick. In: K.-R. BAUSCH u.a. (eds.): Handbuch Fremdsprachenunterricht. Tübingen, S. 222–226. – C. KLEIN-BRALEY [1989]: Leistungsmessung. In: K.-R. BAUSCH u.a. (eds.): Handbuch Fremdsprachenunterricht. Tübingen, S. 422–426. *Bibliographie:* K. FEHSE/W. PRAEGER [1973]: Bibliographie zum Testen in der Schule. Schwerpunkt: Fremdsprachenunterricht. Freiburg. – D. L. LANG/R. T. CLIFFORD [1980]: Testing in foreign languages. Arlington.

Sprachtheorie. Allgemein-theoretische Voraussetzung für sprachwiss. Beschreibungen natürlicher Sprachen. Durch Abstrahierung von Einzelbeobachtungen an Einzelsprachen entwirft die S. ein Modell zur Beschreibung genereller gramm. Eigenschaften aller natürlichen Sprachen (vgl. →Universalien), wobei Ursprung, Funktion, Struktur, Gesetzmäßigkeiten, Veränderungstendenzen von Sprachsystemen unter linguistischen, psychologischen, soziologischen u.a. Aspekten berücksichtigt und in einen axiomatisch begründeten Gesamtzusammenhang gestellt werden. Ansätze zu einer in diesem Sinne umfassenden S. finden sich bei LIEB [1974/76], [1977] und BARTSCH/VENNEMANN [1982]. – Andere Verwendungsweisen des Begriffs S. beziehen sich auf die »Theorie der Sprachbeschreibung« (z.B. CHOMSKY [1965]); auf die gramm. Beschreibung selbst (vgl. LAKOFF [1965]), auf die Beschreibung der →Kompetenz (vgl. CHOMSKY [1965]) sowie auf die Methodologie von Sprachwiss. (vgl. SCHECKER (ed.) [1976] und FINKE [1979]). Eine zusammenfassende Darstellung über die unterschiedliche Verwendung des Terminus findet sich in OESTERREICHER [1975].

Lit.: N. CHOMSKY [1965]: Aspects of the theory of syntax. Cambridge, Mass. Dt.: Aspekte der Syntaxtheorie. Frankfurt 1969. – G. LAKOFF [1965]: Irregularity in syntax. (= MIT-Diss.) New York. – W. OESTERREICHER [1975]: Sprachtheorie – Zur Problematik der Verwendung eines Terminus. In: B. SCHLIEBEN-LANGE (ed.): Sprachtheorie. Hamburg, S. 81–126. – B. SCHLIEBEN-LANGE (ed.) [1975]: Sprachtheorie. Hamburg. – K.-O. APEL (ed.) [1976]: Sprachpragmatik und Philosophie. Frankfurt. – H. LIEB [1974/76]: Grammars as theories: The case for axiomatic grammar. In: TL 1, S. 39–115, TL 3, S. 1–98. – M. SCHECKER (ed.) [1976]: Gegenstand und Wahrheit. Sprachphilosophische und wissenschaftstheoretische Grundlagenstudien zur Linguistik. Tübingen. – M. SCHECKER (ed.) [1976]: Methodologie der Sprachwissenschaft. Hamburg. – D. WUNDERLICH (ed.) [1976]: Wissenschaftstheorie der Linguistik. Frankfurt. – R. W. COLE (ed.) [1977]: Current issues in linguistic theory. Bloomington. – H.-H. LIEB [1977]: Outline of integrational linguistics. Berlin. (= LAB 9). – E. BENSE [1978]: Die Beurteilung linguistischer Theorien. Tübingen. – CH. HABEL/S. KANNGIESSER (eds.) [1978]: Sprachdynamik und Sprachstruktur. Tübingen. – P. FINKE [1979]: Grundlagen einer linguistischen Theorie: Empirie und Begründung in der Sprachwissenschaft. Braunschweig. – L. JÄGER [1979]: Erkenntnistheoretische Grundfragen der Linguistik. Stuttgart. – R. BARTSCH/TH. VENNEMANN [1982]: Grundzüge der Sprachtheorie. Eine linguistische Einführung. Tübingen. – F. J. NEWMEYER [1986]: Linguistic theory in America. Orlando 2. Aufl.

Sprachtod [engl. *language death*]. Untergang/Aussterben einer Sprache in Sprachkontaktsituationen, in denen die ursprüngliche Sprachform zugunsten einer prestigebesetzteren Sprache (z.B. →Koiné, Sprache von Eroberern etc.) aufgegeben wird. – S. ist sowohl unter soziolinguistischen als auch unter grammatiktheoretischen Gesichtspunkten ein interessanter, jedoch bislang kaum untersuchter Gegenstandsbereich.

Lit.: W. U. DRESSLER (1981): Language shift and language death – a protean challenge for the linguist. Folia linguistica XV, S. 5–28.

Sprachtypologie. →Klassifikation der Sprachen aufgrund grammatischer Eigenschaften, d.h. ohne Rückgriff auf historisch-genetische oder geographische Zusammenhänge. – Die klassische, an morphologischen Kriterien orientierte S. geht zurück auf A. W. SCHLEGELS Unterscheidung zwischen →Analytischem vs. →Synthetischem Sprachbau: in analytischen Sprachen wie dem klassischen Chinesischen werden die grammatischen Beziehungen der Wörter im Satz durch selbständige, syntaktische Formelemente (z.B. Präpositionen), in synthetischen Sprachen durch unselbständige, morphologische Mittel ausgedrückt. (Vgl. SCHLEGEL [1818]). Unter den synthetischen Sprachen unterschied SCHLEGEL weiter die →Agglutinierenden Sprachen, in denen grammatische und lexikalische Morpheme mit jeweils einfachen Bedeutungen aneinandergereiht werden (z.B. Türkisch), von den flektierenden Sprachen (→Flektierender Sprachbau), deren Wörter sich nicht einfach in einzelne Morpheme mit einfachen Bedeutungen segmentieren lassen und in denen Erscheinungen wie z.B. Stammveränderungen zu beobachten sind (z.B. Sanskrit). W. v. HUMBOLDT [1836] führte den Typ der →Polysynthetischen Sprachen ein, in denen ein Wort oft mehrere, semantisch sehr spezifische Wortstämme vereinigt (z.B. Irokesisch). Mit dieser frühen Sprachtypologie ging eine Wertung einher; der Formenreichtum der flektierenden Sprachen galt als Zeichen größter Vollkommenheit, dieser höchsten Entwicklungsstufe sollten der isolierende und agglutierende Sprachbau als weniger vollkommene Entwicklungsstufen vorausgehen. (Zur Geschichte der Forschungen zur S. vgl. HAARMANN [1976] und INEICHEN [1979].) Kritische Einwände gegen die traditionelle, vorwiegend auf morphologi-

sche Kriterien begründete S. richten sich vor allem gegen die unzureichende sprachtheoretische Fundierung der betroffenen Elemente (wie →Silbe, →Morphem, →Wort) und Eigenschaften (→Intonation, Reihenfolgebeziehungen u.a.), gegen die mangelnde Unterscheidung zwischen formalen und funktionalen Kriterien sowie gegen die allzu kategorische (statt einer graduierenden) S., die zudem die Interdependenz der phonologischen, morphologischen und syntaktischen Kriterien zu wenig berücksichtigt. – Die syntaktische S. geht vor allem auf J. H. GREENBERG [1963] zurück, der eine Typologie von Wortstellungstypen entwarf (→Universalien-Forschung). Auch andere syntaktische Eigenschaften, wie das System grammatischer Relationen (z.B. →Ergativsprachen vs. →Nominativsprachen), wurden zur Grundlage von Sprachtypologien gemacht. Zu neueren Ansätzen und Terminologie-Vorschlägen vgl. ALTMANN/LEHFELDT [1973], LEHMANN [1978] und VENNEMANN [1982], →Universalienforschung.

Lit.: A. W. SCHLEGEL [1818]: Observations sur la langue et la littérature provençales. Paris. – W. v. HUMBOLDT [1836]: Über die Verschiedenheit des menschlichen Sprachbaus. Berlin. In: W. v. HUMBOLDT: Werke, Ed. von A. FLITNER/K. GIELS. Bd. 3, Darmstadt 1963, S. 144–367. – F. N. FINCK [1909]: Die Haupttypen des Sprachbaus. Leipzig 1909. Nachdruck: 5. Aufl. Darmstadt 1965. – E. SAPIR [1921]: Language. New York. – P. W. SCHMIDT [1926]: Die Sprachfamilien und Sprachkreise der Erde. Heidelberg. – J. H. GREENBERG [1960]: A quantitative approach to the morphological typology of language. In: IJAL 26. – J. H. GREENBERG [1963]: Some universals of grammar with particular reference to the order of meaningful elements. In: J. H. GREENBERG, Univerals of Language. Cambridge. – G. ALTMANN/W. LEHFELDT

[1973]: Allgemeine Sprachtypologie. Prinzipien und Meßverfahren. München. – H. HAARMANN [1976]: Grundzüge der Sprachtypologie. Methodik, Empirie und Systematik der Sprachen Europas. Stuttgart. – W. P. LEHMANN (ed.) [1978]: Syntactic typology: studies in the phenomenology of language. Austin. – B. COMRIE [1981]: Language universals and language typology. Oxford. – G. MALLINSON/B. J. BLAKE [1981]: Language Typology. Cross-linguistic studies in syntax. Amsterdam. – TH. VENNEMANN [1982]: Agglutination – Isolation – Flexion: Zur Stimmigkeit typologischer Parameter. In: U. WANDRUSZKA (ed.): FS für H. STIMM. Tübingen. – J. FISIAK [1984]: Typology, universals and change of language. In: J. FISIAK: (ed.): Historical syntax. The Hague. – TH. SHOPEN (ed.) [1985]: Language typology and syntactic description. 3 Bde. Cambridge. – J. A. HAWKINS [1986]: A comparative typology of English and German unifying the contrasts. Austin. – P. RAMAT [1987]: Linguistic typology. Berlin.
Forschungsbericht: G. INEICHEN [1979]: Allgemeine Sprachtypologie: Ansätze und Methoden. Darmstadt. →Klassifikation der Sprachen, →Universalien.

Sprachursprungshypothesen.
Durch keinerlei sprachwiss. Methoden verifizierbare Konstruktionen bzw. Mutmaßungen über die Entstehung von Sprache. Einigermaßen gesicherte Erkenntnisse über Sprache reichen ca. 5000 bis 6000 Jahre zurück, die Menschheitsentwicklung aber erstreckt sich über einen mutmaßlichen Zeitraum von einer Million Jahren. Somit sind alle Hypothesen über Sprachursprung wie u.a. (a) die »onomatopoetische« Theorie (Nachahmung von Tierlauten, →Onomatopoiie), (b) die »interjektive« Theorie (Sprachentstehung durch Ausdruck von Emotionen) oder (c) die »synergastische« Theorie (Sprachentstehung aus gemeinsamer Arbeitsbewältigung) rein spekulativ und bestätigen J. G. HERDERS paradoxe Formulierung: »Der Mensch ist nur Mensch durch Sprache, um aber die Sprache zu erfinden, müßte er schon Mensch sein.« (Gesammelte Schriften, VII, 1, 47).

Lit.: J. G. HERDER [1772]: Abhandlung über die Ursprünge der Sprache. Berlin. – L. GEIGER [1868–72]: Ursprung und Entwicklung der menschlichen Sprache und Vernunft. 2 Bde. Frankfurt 1977. – A. BORST [1957–1963]: Der Turmbau von Babel. 6 Bde. Stuttgart. – C. F. HOCKETT [1960]: The origin of speech. In: Scientific American 203, S. 88–96. Dt. in: I. SCHWIDETZKY: Über die Evolution der Sprache. Frankfurt 1973, S. 135–150. – B. ROSENKRANZ [1962]: Der Ursprung der Sprache. Ein linguistisch anthropologischer Versuch. 2. Aufl. Heidelberg 1971. – E. H. LENNEBERG (ed.) [1964]: New directions in the study of language. Cambridge, Mass. Dt.: Neue Perspektiven in der Erforschung der Sprache. Frankfurt 1972. – E. H. LENNEBERG [1967]: Biologische Grundlagen der Sprache. Frankfurt 1972. – J. V. STALIN [1968]: Marxismus und Fragen der Sprachwissenschaft. München. – I. SCHWIDETZKY (ed.) [1973]: Über die Evolution der Sprache. Frankfurt. – W. WHITNEY [1973]: Language and the study of language. Hildesheim. – R. W. WESCOTT (ed.) [1974]: Language origins. Silver Spring, Maryland. – PH. LIEBERMAN [1975]: On the origins of language: an introduction to the evolution of human speech. New York. – S. HARNAD/H. STEKLIS/J. LANCASTER (eds.) [1976]: Origins and evolution of language and speech. New York. – E. H. LENNEBERG/E. LENNEBERG (eds.) [1976]: Foundations of language development. A multidisciplinary approach. I. New York. – G. DÉSCY [1977]: Sprachherkunftsforschung. Wiesbaden. – J. GESSINGER/W. v. RAHDEN (eds.) [1989]: Theorien vom Ursprung der Sprachen. 2 Bde. Berlin. – J. WIND u.a.(eds.) [1989/90]: Studies in language origins. 2 Bde. Amsterdam.
Bibliographie: G. W. HEWES [1974]: Abridged bibliography on the origin of language. In: R. W. WESCOTT (ed.): Language origins. Silver Spring, Maryland, S. 239–286.

Sprachverarbeitung [engl. *language processing*]. Prozeß der →Sprachwahrnehmung (engl. *perception*), →Sprachproduktion und des →Sprachverstehens (engl. *comprehension*). S. vollzieht sich in komplexer simultaner Interaktion zwischen mehreren Ebenen: Perzeption von akustischen oder visuellen Si-

gnalen (→Phonetik, →Gebärden-
sprache), Zuordnung von ge-
speicherten lexikalischen
Repräsentationen zu sprachlichen Ausdrücken, Analyse und
Speicherung der Satzstruktur
und Einbettung einzelner Sätze
in den Gesamtkontext. Ob diese
(und weitere) Ebenen als autonome Module (→Modularität)
miteinander kommunizieren
oder als interaktive Systeme mit
paralleler S. aufzufassen sind
(→Konnektionismus), ist umstritten. S. wird durch sprachliches und grammatisches Wissen ebenso gestützt wie durch
Wissen über die Beschaffenheit
der Welt und über Regeln der
Konversation (vgl. →Konversa-
tionelle Implikaturen, →Refe-
renz, →Textverarbeitung). Zu
unterschiedlichen Verarbeitungsstrategien bei der S. vgl.
→Bottom-Up vs. Top-Down.

Lit.: R. A. COLE (ed.) [1980]: Perception
and production of fluent speech. Hillsdale,
N.J. - E. BATES u.a. [1982]: Functional constraints on sentence processing: a cross-
linguistic study. In: Cognition 11, S. 245-
299. - M. BOCK/G. RICKHEIT (eds.) [1983]:
Psycholinguistic studies in language processing. Berlin. - J. A. FODOR [1983]: The
modularity of mind. Cambridge, Mass. -
H. BOUMA/D. G. BOUWHUIS (eds.) [1984]:
Attention and performance. Bd. 10: Con-
troll of language processes. Hillsdale, N.J. -
M. HARRIS [1986]: Language processing in
children and adults. London. - J. GAR-
FIELD [1986]: Modularity in knowledge
representation and natural language un-
derstanding. London.
Bibliographie: G. GAZDAR [i.V.]: Natural
language processing in the 1980s. A
bibliography. Chicago.
Forschungsbericht: L. FRAZIER [1988]:
Grammar and language processing. In:
LCS 2, S. 15-34. →Modularität, →Parsing,
→Psycholinguistik, →Sprache und Gehirn,
→Sprachzentren, →Textverarbeitung.

Sprachverstehen [engl. *language comprehension*]. Teilprozeß
der →Sprachverarbeitung, in
dem der Hörer aufgrund der
wahrgenommenen Lautstruk-
tur einer Äußerung (→Sprach-
wahrnehmung) sowohl ihre zugrundeliegende →Proposition
als auch die Sprecherintention
(→Illokution) rekonstruieren
und im Gedächtnis speichern
kann. Zur Simulation auf dem
Computer vgl. SCHANK/ABEL-
SON und BÁTORI.

Lit.: R. C. SCHANK/R. P. ABELSON [1977]:
Scripts, plans, goals, and understanding.
Hillsdale, N.J. - T. WINOGRAD [1977]: A
framework for understanding discourse.
In: M. A. JUST/P. A. CARPENTER (eds.)
[1977]: Cognitive processes in compre-
hension. Hillsdale, N.J. - G. B. FLORES
D'ARCAIS/R. J. JARVELLE (eds.) [1983]: The
process of language understanding.
Chichester. - I. S. BÁTORI [1989]: Systemar-
chitektur der Sprachverstehenssysteme.
In: HSK 4, S. 311-316.
Forschungsbericht: M. K. TANNENHAUS
[1988]: Psycholinguistics: an overview. In:
LCS 3, S. 7-20. →Sprachverarbeitung.

Sprachverwendung →Kompe-
tenz vs. →Performanz.

Sprachwahrnehmung [engl. *language perception*. - Auch:
Spracherkennung, Sprachper-
zeption]. Teilprozeß der
→Sprachverarbeitung: Wahrnehmung, Strukturierung und
Interpretation von sprachlichen
Daten (phonetische Segmente,
Wörter, Sätze) auf der Basis
neurophysiologischer und kognitiver Prozesse. Bei S. wird
akustische Information (Schallwellen) vom Hörer durch Vergleich mit gespeicherter grammatischer Information in bedeutungshaltige sprachliche
Ausdrücke übertragen, wobei
statistische Informationen über
die Wahrscheinlichkeit der
Auftretenshäufigkeit von phonologischen, morphologischen
und syntaktischen Strukturen
die Rekonstruktion stützen. Bei
der S. interagieren die beiden
Analysestrategien →Bottom-Up

vs. Top-Down miteinander. S. und →Sprachproduktion stehen insofern in einem komplementären Verhältnis zueinander, als S. als rückläufiger Vorgang der Sprachproduktion aufgefaßt werden kann. Vgl. auch →Motortheorie der Sprachwahrnehmung.

Lit.: M. CARROLL/T. G. BEVER [1976]: Sentence comprehension: A case study in the relation of knowledge and perception. In: E. C. CARTERETTE/M. P. FRIEDMAN (eds.): Handbook of perception, Bd. 7. New York. – D. PISONI [1977]: Speech perception. In: W. K. ESTES (ed.): Handbook of learning and cognitive processes, Bd. 6. Hillsdale, N.J.
Forschungsbericht: G. B. FLORES D'ARCAIS [1988]: Language perception. In: LCS 3, S. 97–123. →Sprachproduktion, →Sprachverarbeitung, →Sprachverstehen.

Sprachwandel. Untersuchungsgegenstand der →Historischen Sprachwissenschaft: Prozeß der Veränderung von Sprachelementen und Sprachsystemen in der Zeit. – S. vollzieht sich auf allen sprachlichen Ebenen: (a) Im Bereich der Phonologie unterscheidet man je nach Bedingungsfaktoren phonetisch, phonologisch, analogisch und sprachextern motivierte Veränderungen (→Lautwandel). – (b) In der Morphologie ist zu differenzieren zwischen flexionsmorphologischen Veränderungen und Veränderungen im Bereich der Wortbildung: (ba) Sprachwandelprozesse in der Flexionsmorphologie betreffen das Vorkommen und die jeweilige Kodierung morphologischer Kategorien; (so sind in der Entwicklung der ideur. Sprachen mehrere Kategorien – am häufigsten der →Dualis, aber auch Kasus-, Genus-, Modus- und Tempusdifferenzierungen verlorengegangen; andererseits wurde die Realisierung verschiedener Kategorien nachhaltig verändert, etwa durch den Ersatz flexivischer durch periphrastische (= umschreibende) Formen. (bb) In der Wortbildung betrifft S. vor allem die Veränderung von Kompositions- zu Derivationsregularitäten (→Komposition, →Derivation) sowie den Vorgang der →Univerbierung (Entstehung eines Wortes aus ursprünglich mehreren syntaktischen Einheiten). – (c) In der Syntax bezieht sich S. u.a. auf Regularitäten der →Wort-/Satzgliedstellung. Dabei besteht vielfach eine Wechselwirkung zwischen den Veränderungen auf den einzelnen Ebenen, vgl. den Endsilbenverfall vom Ahd. zum Mhd. (= Phonologie), der u.a. zu Veränderungen im Paradigma der Kasusformen führt (= Morphologie, vgl. →Synkretismus), woraus eine Zunahme an strengeren Regeln für die Satzgliedfolge resultiert. – (d) Zum S. in der Semantik vgl. →Bedeutungswandel, →Entlehnung. – Die Ursachen für S. werden je nach sprachtheoretischem Standpunkt überwiegend in sprachinternen oder -externen Bedingungen gesucht. Interne Bedingungen für S. sind im allgemeinen durch Ökonomie, d.h. Tendenzen der Vereinfachung des Sprachsystems motiviert. Die Untersuchungen solcher sprachlicher Veränderungen beziehen sich entweder (a) auf physiologische Bedingungen, d.h. auf Probleme der artikulatorisch-phonetischen Vereinfachung wie →Assimilation, oder (b) auf funktionale Aspekte, d.h. auf Probleme der funktionellen Belastung bzw. Ausgewogenheit einzelner Ausdrucksmittel im System im Hinblick auf die Differenzierung wichtiger Kontraste bzw. auch auf strukturelle Bedingungen, wie z.B. die Tendenz zu symmetrischer Verteilung von Elementen und Eigenschaften in sprachlichen Systemen, durch die Lücken oder Doppelbesetzungen ausgeglichen werden. Zu den externen Bedingungen zählen interferierende Einflüsse fremder (benachbarter) Sprachen bzw. unterschiedlicher Sprachvarietäten innerhalb einer Sprachgemeinschaft (→Bilingualismus, →Sprachkontakt, →Substrat, →Superstrat), historisch bedingte Veränderungen der Kommunikationsformen, soziologischer Wandel u.a. – Zu einzelnen Aspekten vgl. auch unter →Analogie, →Drift, →Lautwandel, →Rekonstruktion, →Synchronie vs. Diachronie.

Einführungen, Überblicksdarstellungen, Handbücher: H. PAUL [1880/1960]: Prinzipien der Sprachgeschichte. Tübingen. - B. DELBRÜCK [1884]: Einleitung in das Sprachstudium. Leipzig. - E. H. STURTEVANT [1907]: Linguistic change. Chicago. - A. MEILLET [1925]: La méthode comparative en linguistique historique. Oslo. - E. COSERIU [1958]: Sinchronia, diachronia e historia. Dt.: Synchronie, Diachronie und Geschichte. München 1974. - W. P. LEHMANN [1962]: Historical linguistics: An introduction. 2. Aufl. New York 1973. Dt.: Einführung in die historische Linguistik. Heidelberg 1969. - H. N. HOENIGSWALD [1965]. Language change and linguistic reconstruction. Chicago. - R. KING [1969]: Historical linguistics and generative grammar. Englewood Cliffs, N.J. Dt.: Historische Linguistik und generative Grammatik. Frankfurt 1971. - R. ANTTILA [1972]: An introduction to historical and comparative linguistics. New York. - A. ARLOTTO [1972]. Introduction to historical linguistics. Boston. - N. BORETZKY [1977]: Einführung in die historische Linguistik. Reinbek. - T. BYNON [1977]: Historical linguistics. Cambridge. Dt.: Historische Linguistik. München 1980. - R. J. JEFFERS/I. LEHISTE [1979]: Principles and methods for historical linguistics. Cambridge, Mass. - R. LASS [1980]: On explaining language change. Cambridge. - J. AITCHISON [1981]: Language change: Progress or decay? London. - R. BARTSCH/TH. VENNEMANN [1982]. Grundzüge der Sprachtheorie. Tübingen. - H. H. HOCK [1986]: Principles of historical linguistics. Berlin. - A. DAUSES [1990]: Theorien des Sprachwandels: eine kritische Übersicht. Stuttgart.
Sammelbände: A. R. KEILER (ed.) [1972]: A reader in historical and comparative linguistics. New York. - R. STOCKWELL/R. MACAULY (eds.) [1972]: Historical linguistics and generative theory. Bloomington. - J. M. ANDERSON/C. JONES (eds.) [1974]: Zur Theorie der Sprachveränderung. Kronberg. - D. CHERUBIM (ed.) [1975]: Sprachwandel. Reader zur diachronischen Sprachwissenschaft. Berlin. - C. N. LI (ed.) [1975]. Word order and word order change. Austin, Texas. - M. CHRISTIE (ed.) [1976]: Current progress in historical linguistics. Amsterdam. - B. G. BLOUNT /M. SANCHES (eds.) [1977]: Sociocultural dimensions of language change. New York. - P. BALDI/R. N. WERTH (eds.) [1978]: Readings in historical phonology. London. - C. N. LI (ed.) [1977]: Mechanisms of syntactic change. Austin. - J. FISIAK (ed.) [1978]: Recent developments in historical phonology. The Hague. - J. FISIAK (ed.) [1980]: Historical morphology. The Hague. - H. LÜDTKE (ed.) [1980]: Kommunikationstheoretische Grundlagen des Sprachwandels. Berlin. - E. C. TRAUGOTT u.a. (eds.) [1980]: Papers from the fourth int. conference on historical linguistics. Amsterdam (AST 14) - A. AHLQVIST (ed.) [1982]: Papers from the 5th International Conference on Historical Linguistics. Amsterdam. - W. P. LEHMANN/Y. MALKIEL (eds.) [1982]: Perspectives on historical linguistics. Amsterdam. - I. RAUCH/G. F. CARR (eds.) [1983]: Language change. Bloomington. - J. FISIAK (ed.) [1984]: Historical syntax. The Hague. - J. FISIAK (ed.) [1985]: Historical semantics - historical word-formation. The Hague.
Einzeluntersuchungen: W. LABOV [1965]: On the mechanism of linguistic change. In: Georgetown Univ. Monographs on Language and Linguistics 18, S. 91–114. - W. LABOV/W. WEINREICH/M. I. HERZOG [1986]: Empirical foundations of language change. In: W. P. Lehmann /Y. MALKIEL (eds.): Directions for historical linguistics. Austin, S. 95–188. - P. KIPARSKY [1968]: Linguistic universals and linguistic change. In: E. BACH/R. T. HARMS (eds.): Universals in linguistic theory. New York, S. 170–202. - H. ANDERSON [1973]: Abductive and deductive change. In: Lg 49, S. 765–793. - R. LASS [1980]. On explaining language change. Cambridge. - H. LÜDTKE [1980]: Auf dem Wege zu einer Theorie des Sprachwandels. In: H. LÜDTKE (ed.) [1980]: Kommunikationstheoretische Grundlagen des Sprachwandels. Berlin, S. 182–252.

- D. Cherubim/G. Objartel [1981]: Historische Sprachwissenschaft. In: Sl 10, S. 1-19. - R. Keller [1982]. Zur Theorie des sprachlichen Wandels. In: ZGL 10, S. 1-27. - Th. Vennemann [1983]: Causality in language change. Theories of linguistic preferences as a basis for linguistic explanations. In: FoLH 6, S. 5-26. - R. W. Fasoldt/D. Chiffren (eds.) [1988]: Language change and variation. Amsterdam. *Sprachliche Entwicklung des Deutschen*: H. Paul [916-20]: Deutsche Grammatik. 4 Bde. Halle/Saale. - O. Behaghel [1923-32]: Deutsche Syntax: Eine geschichtliche Darstellung. 4 Bde. Heidelberg. - W. G. Moulton [1961]: Zur Geschichte des dt. Vokalsystems. In: PBB(T) 83, S. 1-35. - W. B. Lockwood [1968]: Historical German syntax. Oxford. - F. Maurer/H. Rupp [1974-78]: Deutsche Wortgeschichte. 3 Bde. Berlin. - H. Penzl [1975]: Vom Urgermanischen zum Neuhochdeutschen. Eine historische Phonologie. Berlin. - P. Ch. Kern/H. Zutt [1977]: Geschichte des deutschen Flexionssystems. Tübingen. - C. V. J. Russ [1978]: Historical German phonology and morphology. Oxford. - R. P. Ebert [1978]: Historische Syntax des Deutschen. Stuttgart. - S. Sonderegger [1979]: Grundzüge deutscher Sprachgeschichte: Diachronie des Sprachsystems. Bd. 1: Einführung, Genealogie, Konstanten. Berlin. - R. E. Keller [1978]: The German language. London. Dt.: Die deutsche Sprache und ihre historische Entwicklung. Hamburg 1986. - C. J. Wells [1987]: German. A linguistic history to 1945. Oxford. Dt.: Deutsch: Eine Sprachgeschichte bis 1945. Tübingen 1989. - E. Ronneberger-Sibold [1987]: Historische Phonologie und Morphologie des Deutschen. Eine kommentierte Bibliographie zur strukturellen Forschung. Tübingen. - W. Admoni [1989]: Historische Syntax des Deutschen. Tübingen.

Sprachwissenschaft [Auch: →Linguistik].

Wissenschaftliche Disziplin, deren Ziel es ist, Sprache und Sprechen unter allen theoretisch und praktisch relevanten Aspekten und in allen Beziehungen zu angrenzenden Disziplinen zu beschreiben. (In Anlehnung an den engl./frz. Sprachgebrauch wird »Linguistik« häufig als Synonym für S. in diesem weiten Sinne verwendet, meist aber im eingeschränkteren Sinne von »innerer« bzw. »autonomer« S. verstanden, vgl. Linguistik (2)). - Insofern S. sich mit menschlicher Sprache als Zeichensystem beschäftigt, versteht sie sich als Spezialdisziplin einer allgemeinen →Semiotik; von ihrem Gegenstand und den ihm angemessenen Untersuchungsmethoden her nimmt sie eine Zwischenstellung zwischen Natur- und Geisteswissenschaften ein. Je nach wissenschaftlichem Interesse wird zum einen unterschieden zwischen äußerer vs. innerer S., also zwischen einer umfassenden, alle Außenbezüge berücksichtigenden, gegenüber einer ausschließlich auf die innere Struktur der Sprache ausgerichteten Untersuchung, zum anderen zwischen allgemeiner vs. angewandter S.: Einer auf allgemeine (universelle) Gesetzmäßigkeiten abzielenden Sprachtheorie (vgl. →Universalien, →Sprachtypologie) steht ein auf einzelsprachliche Probleme ausgerichtetes Untersuchungsinteresse gegenüber. - Eine Systematik der sprachwiss. Teildisziplinen ergibt sich aus den unterschiedlichen Aspekten, unter denen menschliche Sprache untersucht wird: Ausgehend (a) vom Zeichencharakter der Sprache, ihrer Struktur und Systematik auf allen Beschreibungsebenen ergeben sich die Teilbereiche der →Phonologie, →Morphologie, →Wortbildung, →Syntax, →Semantik, →Pragmatik und →Textlinguistik, die (b) sowohl unter synchronischem (auf den Sprachzustand bezogenen) Aspekt als auch im Hinblick auf ihre Entwicklung im historischen Prozeß untersucht werden (→Synchronie vs. Diachronie, →Sprachwandel); (c) individuelle Bedingungen der Sprachproduktion und -wahrnehmung werden von der Sprachpsychologie bzw. →Psycholinguistik oder →Neurolinguistik untersucht (vgl. auch →Spracherwerb, →Sprachstörungen); (d) mit dem Zusammenhang zwischen Sprache und ihren sozialen/soziologischen Bedingungen befassen sich die Sprachsoziologie, →Soziolinguistik und →Ethnolinguistik, deren Fragestellungen sich zum Teil mit (e) Aspekten der regionalen Gliederung und Beeinflussung überschneiden (→Dialekt, →Dialektologie); (f) Fragen einer →Angewandten S. beziehen sich u.a. auf Bedürfnisse des Sprachunterrichts (→Fremdsprachendidaktik), der Übersetzungstechnik, der →Maschinellen Übersetzung bzw. →Linguistischen Datenverarbeitung und der Sprachplanung (→Sprachkontakt). – Zur Abgrenzungsfrage gegenüber Philologie vgl. ANTTILA [1973] und FROMM [1981].

Handbücher: D. CRYSTAL [1987]: The Cambridge encyclopedia of language. Cambridge. – F. J. NEWMEYER (ed.) [1988]: Linguistics: The Cambridge survey. 5 Bde. Cambridge. – N. E. COLLINS [1990]: An encyclopedia of language. London.
Grundlagentexte und Einführungen: L. BLOOMFIELD [1933]: Language. New York 1933. Dt.: Sprache. Frankfurt 1980. – H. A. GLEASON [1955]: An introduction to descriptive linguistics. New York. Revised edition 1961. – R. JAKOBSON/M. HALLE [1956]: Fundamentals of language. The Hague. 2., überarb. Auflage. 1975. Dt. Berlin 1960. – C. F. HOCKETT [1958]: A course in modern linguistics. New York. – A. MARTINET [1965]: La linguistique synchronique, études et recherches. Paris. Dt.: Synchronische Sprachwissenschaft. Studien und Forschungen. Berlin 1968. – G. C. LEPSCHY [1966]: La linguistica strutturale. Turin. Dt.: Die strukturale Sprachwissenschaft. München 1969. – F. P. DINNEEN [1967]: An introduction to general linguistics. New York. – R. W. LANGACKER [1967]: Language and its structure. New York. Dt.:

Sprache und ihre Struktur. Tübingen 1971. – J. LYONS [1968]: Introduction to theoretical linguistics. Cambridge. Dt.: Einführung in die moderne Linguistik. München 1971. – E. AGRICOLA/W. FLEISCHER (eds.) [1969/70]: Die deutsche Sprache. Kleine Enzyklopädie. 2 Bde. Leipzig. – R. W. LANGACKER [1972]: Fundamentals of linguistic analysis. New York. – V. FROMKIN/R. RODMAN [1974]: An introduction to language. New York, 3. Aufl. 1983. – D. WUNDERLICH [1974]: Grundlagen der Linguistik. Reinbek. – R. BERGMANN/P. PAULY [1975]: Einführung in die Sprachwissenschaft für Germanisten. München. – H. PELZ [1975]: Linguistik für Anfänger. Hamburg. – A. AKMAJIAN/R. DEMERS/R. M. HARNISH [1979]: Linguistics: An introduction to language and communication. Cambridge, Mass. – R. H. ROBINS [1980]: General linguistics. An introductory survey. 3. Aufl. Oxford. – J. LYONS [1981]: Language and linguistics. An introduction. Cambridge. – R. BARTSCH/TH. VENNEMANN [1982]: Grundzüge der Sprachtheorie. Eine linguistische Einführung. Tübingen.
Terminologische Nachschlagewerke: J. KNOBLOCH u.a. (eds.) [seit 1961]: Sprachwissenschaftliches Wörterbuch. Heidelberg. – M. PEI [1966]: Glossary of linguistic terminology. New York. – J. VACHEK/J. DUBSKY [1966]: Dictionnaire de linguistique de l'école de Prague. Utrecht/Antwerpen. – R. ENGLER [1968]: Lexique de la terminologie Saussurienne. Utrecht/Anvers. – R. NASH (ed.) [1968]: Multilingual lexicon of linguistics and philology. Miami. – A. MARTINET (ed.) [1969]: La Linguistique. Paris. Dt.: Linguistik. Ein Handbuch. Stuttgart 1973. – A. R. MEETHAM/R. A. HUDSON (eds.) [1969]: Encyclopaedia of linguistics, information and control. Oxford. – O. DUCROT/T. TODOROV [1972]: Dictionnaire encyclopédique des sciences du langage. Paris. Dt.: Enzyklopädisches Wörterbuch der Sprachwissenschaften. Frankfurt 1975. – R. R. K. HARTMANN/F. C. STORK [1972]: Dictionary of language and linguistics. Barking, Essex. – H. P. ALTHAUS/H. HENNE/H. E. WIEGAND (eds.) [1973]: Lexikon der germanistischen Linguistik. Tübingen. 2., erw. und erg. Aufl. 1980. – J. DUBOIS u.a. [1973]: Dictionnaire de linguistique. Paris. – C. HEUPEL [1973]: Taschenwörterbuch der Linguistik. 3., völlig neu bearb. Aufl. München 1978. – TH. LEWANDOWSKI [1973/74]: Linguistisches Wörterbuch. 3 Bde. 5., überarb. Aufl. Heidelberg 1990. – W. WELTE [1974]: Moderne Linguistik: Terminologie/Bibliographie. Ein Handbuch und Nachschlagewerk auf der Basis der generativtransformationellen Sprachtheorie. 2 Bde. München. – H. STAMMERJOHANN [1975]: Handbuch der Linguistik. Allgemeine und

angewandte Sprachwissenschaft. München. – R. CONRAD (ed.) [1985]: Lexikon sprachwissenschaftlicher Termini. Leipzig. – D. CRYSTAL [1985]: A dictionary of linguistics and phonetics. 2. Aufl. Oxford. →Terminologie.
Geschichte der Sprachwissenschaft: M. PEDERSEN [1962]: The discovery of language. Cambridge, Mass. – TH. A. SEBEOK [1966]: Portraits of linguists. A biographical source book for the history of western linguistics, 1746–1963. 2 Bde. Bloomington/London. – J. T. WATERMAN [1966]: Die Linguistik und ihre Perspektiven. München. – H. ARENS [1969]: Sprachwissenschaft. Der Gang ihrer Entwicklung von der Antike bis zur Gegenwart. 2., durchges. und stark erw. Aufl. Freiburg 1974. – O. J. L. SZEMERÉNYI [1971]: Richtungen der modernen Sprachwissenschaft I. (Von Saussure bis Bloomfield), Heidelberg. – P. HARTMANN [1972]: Zur Lage der Linguistik in der BRD. Frankfurt. – R. H. ROBINS [1973]: Ideen- und Problemgeschichte der Sprachwissenschaft. Frankfurt. – TH. A. SEBEOK (ed.) [1975]: Current trends in linguistics. Bd. 13: Historiography of linguistics. The Hague. – E. F. K. KOERNER [1978]: Toward a historiography of linguistics. Amsterdam. – H. FROMM [1981]: Von der Verantwortung des Philologen. In: DVLG 55, S. 543–566. – G. HELBIG [1986]: Entwicklung der Sprachwissenschaft seit 1970. Leipzig. – C. KNOBLOCH [1988]: Geschichte der psychologischen Sprachauffassung in Deutschland von 1850 bis 1920. Tübingen. – F. G. DROSTE/J. E. JOSEPH (eds.) [1989]: Mainstreams in today's linguistics. Amsterdam. – G. SIMON [1989]: Zündstoff: Deutsche Sprachwissenschaft im Dritten Reich. Stuttgart. – R. STERNEMANN/K. GUTSCHMIDT [1989]: Einführung in die vergleichende Sprachwissenschaft. Berlin.
Bibliographien: BIBLIOGRAPHIE LINGUISTIQUE – Linguistic bibliography. Utrecht – Antwerpen 1939ff. – GERMANISTIK. Internationales Referatenorgan mit bibliographischen Hinweisen. Tübingen 1960ff. – F. RICE/A. GUSS (eds.) [1965]: Information source in linguistics: A bibliographical handbook. Washington. – A. E. SHAUGHNESSY [1965]: Dissertations in linguistics: 1957–1964. Indogermanische Chronik. In: Sprache (seit 1967). – BIBLIOGRAPHIE LINGUISTISCHER LITERATUR [= BLL]. Bibliographie zur allgemeinen Linguistik und zur anglistischen, germanistischen und romanistischen Linguistik. Frankfurt 1975ff. [Berichtszeitraum ab 1971]. – E. F. K. KOERNER [1978]: Western histories of linguistic thought: an annotated chronological bibliography 1822-1976. Amsterdam.

Sprachzentren. Bestimmte eng umgrenzte Regionen im Gehirn, die auf bestimmte Funktionen in der →Sprachverarbeitung spezialisiert sein sollen. Bekannt sind das motorische (→Broca-Zentrum) und das sensorische Zentrum (→Wernikke-Zentrum). Diese »lokalistische« Auffassung des Zusammenhanges von Sprache und Gehirn ist jedoch umstritten (vgl. →Sprache und Gehirn).
Lit.: A. LURIA [1973]: The working brain. New York. – B. CROSSON [1985]: Subcortical functions in language: A working model. In: Brain and Language 25, S. 257–292. – D. CAPLAN [1987]: Neurolinguistics and linguistic aphasiology. Cambridge. – R. de BLESER [1988]: Localization of aphasia: Science or fiction. In: G. DENES/C. SEMENZA/P. BISIACCHI (eds.): Perspectives on cognitive neuropsychology. Hove, S. 161–185.

Sprachzweig →Sprachfamilie.

Sprechakt →Sprechakttheorie.

Sprechakttklassifikation. Je nach Forschungsposition unterschiedlich angelegte und begründete Typologie von Sprechakten hinsichtlich ihrer →Illokution. In kritischer Abgrenzung von AUSTIN [1962] unterscheidet SEARLE [1975] fünf Klassen illokutionärer Sprechhandlungen, wobei er sich sowohl auf illokutive und gramm. Indizien stützt als auch (vor allem) auf das durch verschiedene Sprechakte unterschiedlich thematisierte Verhältnis von »Wort« und »Welt«: (a) Assertive (anfangs auch: Repräsentative): Die Intention des Sprechers ist es, sich auf die Wahrheit der ausgedrückten Proposition festzulegen, vgl. *behaupten, identifizieren, berichten, feststellen.* (b) Direktive:

Der Sprecher versucht, den Hörer zu einer bestimmten Handlung zu veranlassen, vgl. *bitten, befehlen, ersuchen, raten.* (c) Kommissive: Der Sprecher verpflichtet sich auf eine zukünftige Handlung, vgl. *versprechen, geloben, drohen.* (d) Expressive: Der Sprecher drückt die in der Aufrichtigkeitsbedingung spezifizierte psychische Einstellung zu dem mit der →Proposition ausgedrückten Sachverhalt aus, vgl. *beglückwünschen, kondolieren, entschuldigen, danken.* (e) Deklarationen: Der Sprecher bringt mit dem gelungenen Vollzug einer Deklaration die Wirklichkeit in Übereinstimmung mit dem propositionalen Gehalt der Deklaration, vgl. *definieren, taufen, schuldigsprechen, Krieg erklären.* Andere Vorschläge finden sich in BALLMER/BRENNENSTUHL [1986] sowie in MEGGLE/ULKAN [1985].

Lit.: G. MEGGLE/M. ULKAN [1985]: Informatives and/or directives? (A new start in speech act classification). In: TH. BALLMER (ed.): Linguistic dynamics. Berlin. - TH. BALLMER/W. BRENNENSTUHL [1986]: Deutsche Verben. Tübingen. →Sprechakttheorie.

Sprechakttheorie [Auch: Sprechhandlungstheorie]. Beeinflußt durch die →Philosophie der Alltagssprache, besonders aber durch die →Gebrauchstheorie der Bedeutung des späten WITTGENSTEIN, entwickelten J. L. AUSTIN [1962] und J. R. SEARLE [1969] eine systematische Darstellung dessen, was wir tun, wenn wir sprechen, vgl. den Titel von AUSTINS Abhandlung *»How to do things with words«.* Nicht einzelne Wörter oder Sätze gelten als Grundelemente der menschlichen Kom-

munikation, sondern bestimmte Sprechhandlungen, die durch ihre Äußerung vollzogen werden, nämlich illokutive Akte (vgl. →Illokution) oder Sprechakte im engeren Sinn. Insofern betreibt die S. Sprachtheorie als Teil einer umfassenden pragmatischen Handlungstheorie. Jeder Sprechakt setzt sich aus mehreren simultan vollzogenen Teilakten zusammen (zur unterschiedlichen Terminologie von AUSTIN und SEARLE vgl. die abgebildete Übersicht).

SEARLE unterscheidet zwischen (a) Äußerungsakt (→Lokution): Artikulation sprachlicher Elemente in bestimmter grammatischer Ordnung; (b) propositionalem Akt (→Proposition): Inhaltsformulierung der Äußerung durch →Referenz (Bezugnahme auf Objekte der außersprachlichen Welt) und →Prädikation (Zusprechen von Eigenschaften), vgl. *dieser Pilz* (= Referenz) *ist giftig* (= Prädikation). Auf die Proposition bezieht sich (c) der illokutive/illokutionäre Akt, der angibt, wie die Proposition aufzufassen ist, d.h. der illokutive Akt zeigt die kommunikative Funktion der Sprechhandlung an, wie z.B. etwas behaupten, feststellen oder vor etwas warnen. In den seltensten Fällen wird die illokutive Funktion explizit durch ein performatives Verb in der 1. Pers. Sing. Präs. Ind. ausgedrückt (*Hiermit warne, behaupte, verspreche ich...*). Wo dies nicht der Fall ist (wie in allen nicht problematisierten Kommunikationssituationen) sind Mittel wie →Intonation, →Akzent, →Satzmodus, →Adverbien, →Partikeln oder →Modus illo-

STRUKTUR VON SPRECHAKTEN

Simultante Teilaspekte

	Äußerung von Sprachlauten	Äußerung von Worten in best. gramm. Struktur	Etwas über etwas aussagen		Angabe der performativen Verwendung der Proposition	Intendierte Wirkung des Sprechakts
AUSTIN [1962]	→Phonetischer Akt	→Phatischer Akt	→Rhetischer Akt		Illokutiver Akt	Perlokutiver Akt
	Äußerungsakt (→Lokution)					
SEARLE [1969]			Propositionaler Akt (→Proposition)	→Referenz Bezugnahme auf »Welt« / →Prädikation Aussage über »Welt«	Illokutiver Akt (→Illokution)	Perlokutiver Akt (→Perlokution)

kutive Indikatoren, in diesen Fällen spricht man von »primär performativen« Sprechakten, bei der häufig vorkommenden Abweichung von wörtlich indizierter und tatsächlicher Illokution von →»Indirekten« Sprechakten. Illokutive Akte können Wirkungen haben, die mit ihnen nicht konventionell verbunden sind; sind diese sogen. »perlokutionären Effekte« vom Sprecher beabsichtigt, hat der Sprecher gleichzeitig mit dem illokutionären Akt auch einen (d) perlokutiven Akt vollzogen (→Perlokution). Damit die Äußerung eines gegebenen Satzes als illokutiver Akt »glückt«, müssen nach SEARLE neben allgemeinen Ein- und Ausgabebedingungen (Bedingungen für sinnvolles Sprechen und Verstehen) charakteristischerweise Bedingungen vierfacher Art erfüllt sein, deren je spezifische Ausprägung für die Klassifikation von Sprechakten entscheidend ist: (a) Bedingungen des propositionalen Gehalts, (b) Einleitungsbedingungen, (c) Aufrichtigkeitsbedingungen, (d) Wesentliche Bedingung; dabei hat (d) das Format einer →Konstitutiven Regel, (a) – (c) entsprechen dagegen →Regulativen Regeln. Die Formulierung der Bedingungen für das Gelingen von Sprechakten als Regeln für den Gebrauch der entsprechenden illokutiven Indikatoren wird bei SEARLE durch das sogen. »Prinzip der Ausdrückbarkeit« ermöglicht, das allein die bei Sprechakten vorgenommene Gleichsetzung von (an sich pragmatischer) Sprechaktanalyse mit (semantischer) Ausdrucksanalyse erlaubt. Diese Gleichsetzung ist

umstritten: entsprechend kann man zwischen zwei unterschiedlichen Forschungsrichtungen unterscheiden: einer eher semantisch orientierten S. (die sich mit der Analyse sprechaktbezeichnender Ausdrücke beschäftigt) und der pragmatisch orientierten Sprechhandlungstheorie (die von Kommunikationsabläufen ausgeht und die diesen zugrundeliegenden Handlungsmuster untersucht). Vgl. auch →Handlungstheorie, →Konversationsanalyse. Zur generellen Einführung vgl. LEVINSON [1983], zur Sprechaktsequenzierung vgl. MEIBAUER [1976], zu unterschiedlichen Vorschlägen von Sprechakt-Typologien vgl. unter →Sprechaktklassifikation, zur Kritik an der S. vgl. STREECK [1980] sowie BREMERICH/VOS [1981].

Lit.: L. WITTGENSTEIN [1953]: Philosophical investigations. Oxford. Dt.: Philosophische Untersuchungen. In: L. WITTGENSTEIN: Schriften 1. Frankfurt 1960. – J. L. AUSTIN [1962]: How to do things with words. Oxford. Dt.: Zur Theorie der Sprechakte. Stuttgart 1972. – P. F. STRAWSON [1964]: Intention and convention in speech acts. In: PhR 73, S. 439–460. Dt.: Intention und Konvention in Sprechakten. In: M. SCHIRN (ed.): Sprachhandlung, Existenz, Wahrheit. Stuttgart 1974, S. 74–96. – H. P. GRICE [1968]: Logic and conversation. In: P. COLE/H. L. MORGAN (eds.): Speech acts. New York, S. 41–58. Dt. in: G. MEGGLE (ed.): Handlung, Kommunikation, Bedeutung. Frankfurt 1979. – E. v. SAVIGNY [1969]: Die Philosophie der normalen Sprache. Eine kritische Einführung in die »ordinary language philosophy«. Frankfurt. S. 127–166. – J. R. SEARLE [1969]: Speech acts. An essay in the philosophy of language. Cambridge. Dt.: Sprechakte. Frankfurt 1971. – J. HABERMAS [1971]: Vorbereitende Bemerkungen zu einer Theorie der kommunikativen Kompetenz. In: J. HABERMAS/N. LUHMANN: Theorie der Gesellschaft oder Sozialtechnologie. Frankfurt, S. 101–141. – J. R. SEARLE (ed.) [1971]: The philosophy of language. Oxford. – S. J. SCHMIDT [1973]: Texttheorie. München, S. 43–128. – D.

WUNDERLICH [1974]: Grundlagen der Linguistik. Reinbek, S. 309–354. - P. COLE/J. L. MORGAN (eds.) [1975]: Syntax and semantics, Bd. 3:Speech acts. New York, darin: B. FRASER: Hedged performatives. S. 187–232. - D. FRANCK [1975]: Zur Analyse indirekter Sprachakte. In: V. EHRICH/P. FINKE (eds.): Beiträge zur Grammatik und Pragmatik. Kronberg, S. 219–231. - J. R. SEARLE [1975]: A taxonomy of illocutionary acts. In: K. GUNDERSON (ed.): Language, mind and knowledge. Minnesota studies in the philosophy of science. Bd. 7. Minneapolis. - J. R. SEARLE [1975]: Indirect speech acts. In: P. COLE/J. L. MORGAN (eds.): Syntax and semantics. Bd. 3: Speech acts. New York. Beide dt. in: R. KUSSMAUL (ed.) [1980]: Sprechakttheorie. Wiesbaden. - G. GREWENDORF [1976]: Fortschritte der Sprechakttheorie. In: E. v. SAVIGNY (ed.): Probleme der sprachlichen Bedeutung. Kronberg, S. 101–124. - R. MEYER-HERMANN [1976]: Direkter und indirekter Sprechakt. In: DSp 4, S. 1–19. - D. WUNDERLICH [1976]: Entwicklungen der Diskursanalyse. In: D. WUNDERLICH: Studien zur Sprechakttheorie. Frankfurt, S. 293–395. - J. J. KATZ [1977]: Propositional structure and illocutionary force. New York. - J. MEIBAUER [1977]: Sprechaktsequenzen. In: PzL 13/14, S. 168–194. - R. MEYER-HERMANN (ed.) [1978]: Sprechen - Handeln - Interaktion. Tübingen. - K. BACH/R. HARNISH [1979]: Linguistic communication and speech acts. Cambridge, Mass. - G. GREWENDORF (ed.) [1979]: Sprechakttheorie und Semantik. Frankfurt - G. GREWENDORF [1980]: Sprechakttheorie. In: LGL Nr. 24. - R. KUSSMAUL (ed.) [1980]: Sprechakttheorie. Wiesbaden. - J. R. SEARLE/F. KIEFER/M. BIERWISCH (eds.) [1980]: Speech act theory and pragmatics. Dordrecht. - W. SÖKELAND [1980]: Indirektheit von Sprechhandlungen. Tübingen. - J. STREECK [1980]: Speech acts in interaction: A critique of Searle. In: DP 3, S. 133–154. - TH. BALLMER/W. BRENNENSTUHL [1981]:Speech act classification. Berlin. - A. BREMERICH-VOSS [1981]: Zur Kritik der Sprechakttheorie: Austin und Searle. Weinheim. - S.C. LEVINSON [1983]: Pragmatics. Cambridge. - G. MEGGLE/M. ULKAN [1985]: Informatives and/or directives? (A new start in speech act classification). In: TH. BALLMER (ed.): Linguistic dynamics. Berlin. - D. VANDERVEKEN [1988]: Les actes de discours. Liège. *Bibliographien*: J. VERSCHUEREN [1976]: Speech act theory: a provisional bibliography with a terminological guide. Bloomington. - R. B. MEYERS/K. HOPKINS [1977]: A speech-act bibliography. In: Centrum 5, S. 73–108. - J. VERSCHUEREN [1978]: Pragmatics. An annotated bibliography. Amsterdam. →Handlungstheorie, →Konversationsanalyse, →Performative Analyse, →Pragmatik.

Sprecherwechsel [engl. *turn-taking*]. Grundlegende Eigenschaft von sprachlicher Interaktion mit kultur- und altersspezifischer Ausprägung sowie Variation von Diskurs- zu Diskurstyp, die in verschiedenen Modellen diskutiert wird: (a) S. als stochastisches Modell, in dem statistisch häufige Muster des Sprecherwechsels simuliert werden. Untersucht werden die akustischen Eigenschaften der Sprecherbeiträge in ihrer Abfolge und bei gleichzeitigem Sprechen sowie bei Pausen. Die Übergabe des Rederechts wird als probabilistischer Vorgang behandelt (JAFFE/FELDSTEIN [1970]). - (b) S. als System, das auf der Verwendung einer bestimmten Menge diskreter, unabhängig zu definierender, konventioneller verbaler und nonverbaler Signale beruht, mit denen die Beteiligten wechselseitig ihr Verhalten steuern (DUNCAN/FISKE [1977]). - (c) In der →Konversationsanalyse: S. als ein interaktives System, das einen »lückenlosen« Gesprächsablauf (→Unterbrechung) gewährleistet, da es von den Beteiligten »lokal« gehandhabt wird; d.h., wer über was wie lange zu wem spricht, wird sowohl vom Sprecher als auch von den Zuhörern jeweils an den Stellen (engl. *transition relevance place*) entschieden, an denen die Übergabe des Rederechts möglich ist (potentiell nach jedem Syntagma). An einer solchen Stelle erhält entweder der vom Vorredner designierte nächste Sprecher das Rederecht (gewählt durch bestimmte nicht-sprachliche oder sprachliche Mittel, z.B. eine Aufforderung, →Paarsequenz) oder derjenige

Sprecher, der »zuerst beginnt«, oder aber der aktuelle Sprecher spricht weiter. Auf diese Weise ergibt sich für die Beteiligten eine intrinsische Motivation zum Zuhören (→Sequentielle Organisation, →Turn). – Als Überblick vgl. WIEMANN/ KNAPP [1975], WILSON/WIE-MANN/ZIMMERMAN [1984].

Lit.: J. JAFFE/S. FELDSTEIN [1970]: Rhythms of dialogue. New York. – H. SACKS/E. SCHEGLOFF/G. JEFFERSON [1974]: A simplest systematics for the organization of turn-taking for conversation. In: Lg 50, S. 696–735. – J. M. WIEMANN/M. L. KNAPP [1975]: Turn-taking in conversations. In: JC 25, S. 75–92. – S. U. PHILIPS [1976]: Some sources of cultural variability in the regulation of talk. In: LiS 5, S. 81–95. – S. DUN-CAN/D. W. FISKE [1977]: Face-to-face-interaction: Research, methods and theory. Hillsdale, N. J. – C. GARVEY/G. BER-NINGER [1981]: Timing and turn-taking in children's conversations. In: DP 4, S. 27–57. – CH. GOODWIN [1981]: Conversational organization. New York. – M. AUWÄRTER/ E. KIRSCH [1982]: Zur Entwicklung interaktiver Fähigkeiten: Begegnungskonstitution und Verhaltenssynchronischie in der frühen Kindheit. In: ZP 28, S. 273–298. – J. Streeck [1983]: Konversationsanalyse. In: ZS 2, S. 72–104. – T. WILSON/J. M. WIE-MANN/D. H. ZIMMERMAN (eds.) [1984]: Models of turn-taking. In: JLSP 3, S. 159-183. →Back Channel, →Bedingte Relevanz, →Turn, →Konversationsanalyse.

Sprechhandlungstheorie →Sprechakttheorie.

Sprechstörung [engl. *articulation disorder*]. Bezeichnung für Störungen in der Artikulation von Sprachlauten. Sie kann durch angeborene Behinderung (z.B. Gaumenspalte) oder durch organische Veränderung der peripheren Sprechorgane (z.B. →Dysglossie) hervorgerufen sein, durch Unfähigkeit, Artikulationsbewegungen willentlich auszuführen (verbale →Apraxie) oder durch Beeinträchtigung der am Sprechvorgang beteiligten neuronalen Steuerungsmechanismen (→Dysarthrie); sie kann auf einer mangelhaften räumlichen und zeitlichen Integration der am Sprechen beteiligten Organe beruhen. Eine spezifische Klasse bilden die situationsabhängigen S. oder Störungen im Redefluß (z.B. →Stottern).

Lit.: G. BÖHME [1983]: Sprach-, Sprech-, Stimmstörungen. 3 Bde. 2. völlig neu bearb. Aufl. Köln. – G. WIRTH [1983]: Sprachstörungen, Sprechstörungen, kindliche Hörstörungen. 2. völlig neubearb. Aufl. Köln. – J. RYALLS (ed.) [1987]: Phonetic approaches to speech production in aphasia and related disorders. Boston.

Sprenglaut →Explosivlaut.

Sproßvokal →Svarabhakti.

S-Pruning →Tree-pruning-Konvention.

Spurentheorie [engl. *trace theory*. – Auch: Revidierte Erweiterte Standardtheorie, Abk. REST]. Von N. CHOMSKY [1975] im Rahmen der »Revidierten Erweiterten Standardtheorie« der Transformationsgrammatik entwikkelte Konzeption, derzufolge Bewegungen von *NP*-Konstituenten aus bestimmten Satzpositionen heraus dort in der (*eo ipso* recht abstrakten) →Oberflächenstruktur eine »Spur« hinterlassen. Spuren sind abstrakte leere Kategorialknoten, die den gleichen Referenzindex besitzen wie die umgestellte *NP*. Bestimmte Spuren werden als Analogon zur sichtbaren gebundenen Anapher aufgefaßt, vgl. →Bindungstheorie. Die S. wird einerseits begründet durch interessante Parallelen zwischen transformationellen Umstellungen und gewissen anaphorischen

Prozessen wie Pronominalisierung und Reflexivierung, andererseits durch die sprachtheoretische Zielsetzung von REST, die semantische Interpretation zu vereinheitlichen, indem sich letztere nur noch (im Unterschied zur »Erweiterten Standardtheorie«) auf eine einzige Strukturebene bezieht, nämlich auf die durch Spuren angereicherte S-Struktur (engl. *surface structure*, vgl. →Oberflächenstruktur). Zugleich wird durch die Gleichsetzung von Spuren mit gebundenen Anaphern die Menge der möglichen Umstellungstransformationen auf eine einzige, meist strukturerhaltende Regel reduziert. Dies führte zum generellen Verzicht auf die Festlegung konstruktionsspezifischer Transformationsregeln zugunsten einer generellen Umstellungsregel »Bewege-Alpha« (→Move-α), deren Anwendungsbedingungen durch allgemeine →Beschränkungen geregelt werden.

Lit.: N. CHOMSKY [1973]: Conditions on transformations. In: S. R. ANDERSON/P. KIPARSKY (eds.): FS M. HALLE. New York, S. 232–286. – R. W. FIENGO [1974]: Semantic conditions on surface structure. New York. (= MIT Diss). – N. CHOMSKY [1975]: Reflections on language. New York. Dt.: Reflexionen über Sprache. Frankfurt 1977, Kap. 3. – N. CHOMSKY [1976]: Conditions on rules of grammar. In: LAn 2, S. 303–351. – N. CHOMSKY/H. LASNIK [1977]: Filters and control. In: LIn 8, S. 425–504. – D. LIGHTFOOT [1977]: On traces and conditions on rules. In: P. W. CULICOVER u.a. (eds.): Formal syntax. New York, S. 207–247. – N. CHOMSKY/H. LASNIK [1978]: A remark on contraction. In: LIn 9, S. 268–274. – P. M. POSTAL/G. PULLUM [1978]: Traces and the description of English complementizer contraction. In: LIn 9, 1–29. – H. LEUNINGER [1979]: Reflexionen über die Universalgrammatik. Frankfurt. – G. K. PULLUM/R. D. BORSLEY [1980]: Comments on the two central claims of »trace theory«. In: Linguistics 18, S. 73–104. →Beschränkungen, →Transformationsgrammatik.

S-Struktur →Oberflächenstruktur.

Stabreim →Alliteration.

Stärkeakzent →Akzent.

Staffellandschaft. Dialektologischer Terminus, der eine unterschiedlich generelle Durchsetzung sprachlicher Erscheinungen in geographisch benachbarten Räumen bezeichnet; S. entsteht, wenn sprachliche Veränderungen im Sinne einer →Wellentheorie der Sprachveränderung vom Ursprung/Zentrum einer Veränderung zur Peripherie hin immer weniger generell durchgeführt erscheinen bzw. ein wellenförmiger Ausbreitungsprozeß allmählich zum Stillstand kommt; vgl. z.B. →Rheinischer Fächer.

Stamm [engl. *base / stem.* – Auch: Basis-, →Grundmorphem, Wortstamm, →Wurzel].
(1) Morpheme oder Morphemkonstruktionen, an die →Flexions-Endungen treten können. Als Wortstämme gelten daher sowohl freie Morpheme (*schön*) als auch Ableitungen (*unschön/ Schönheit*) und Zusammensetzungen (*schöngeistig*).
(2) In synchronischer Sprachanalyse das allen Wörtern der gleichen →Wortfamilie zugrundeliegende Basismorphem, das Träger der (ursprünglichen) lexikalischen Grundbedeutung ist. So liegt in Wörtern *lesen, Leser, unlesbar* der Stamm *les-* zugrunde, der durch Wortbildungsmorpheme (*-er, un-, -bar*) spezifiziert wird hinsichtlich →Wortart und Bedeutung.

Lit.: →Morphologie, →Wortbildung.

Stammbaum →Strukturbaum.

Stammbaumtheorie. Von A. SCHLEICHER [1861] ausgearbeitete Vorstellung über die Entstehung von Einzelsprachen durch Ausgliederung jüngerer aus älteren Sprachen. Unter dem Einfluß der DARWINSCHEN Evolutionstheorie rekonstruiert SCHLEICHER die Entstehung der ideur. Einzelsprachen aus der hypothetischen ideur.»Ursprache« in Form eines Stammbaums, dessen Verzweigungen den Abspaltungen von Einzelsprachen durch Unterbrechung der Verkehrsbeziehungen entsprechen sollen. Abgesehen von der zu irrtümlichen Assoziationen verleitenden biologischen Terminologie (»Verwandtschaft«, »Abstammung«) bietet das Stammbaummodell mit seinen (abrupten) Verzweigungen keine Möglichkeit, gegenseitige Beeinflussung bzw. parallele sprachliche Entwicklungen abzubilden. Als konkurrierendes Modell vgl. →Wellentheorie.

Lit.: A. SCHLEICHER [1861/1862]: Compendium der vergleichenden Grammatik der indogermanischen Sprachen. Weimar. – A. SCHLEICHER [1873]: Die Darwinsche Theorie und die Sprachwissenschaft. Weimar. – H. PEDERSEN [1931]: Linguistic science in the nineteenth century. Cambridge, Mass.

Stammeln →Dyslalie.

Stammkompositum vs. Kasuskompositum →Eigentliche vs. uneigentliche Komposition.

Stammsatz →Hauptsatz.

Standard Average European [engl. ›Standard-Durchschnitts-Europäisch‹; Abkürzung: SAE]. Von B. L. WHORF verwendete Sammelbezeichnung für alle aus dem Ideur. abgeleiteten europäischen Sprachen, deren gemeinsame grammatikalische und lexikalische Eigenschaften er mit dem Dialekt des (indianischen) →Hopi vergleicht. Vgl. →Sapir-Whorf-Hypothese.

Lit.: →Sapir-Whorf-Hypothese.

Standardsprache [Auch: Hochsprache, →Nationalsprache]. Seit den 70er Jahren in Deutschland übliche deskriptive Bezeichnung für die historisch legitimierte, überregionale, mündliche und schriftliche Sprachform der sozialen Mittel- bzw. Oberschicht; in diesem Sinn synonyme Verwendung mit der (wertenden) Bezeichnung »Hochsprache«. Entsprechend ihrer Funktion als öffentliches Verständigungsmittel unterliegt sie (besonders in den Bereichen Grammatik, Aussprache und Rechtschreibung) weitgehender Normierung, die über öffentliche Medien und Institutionen, vor allem aber durch das Bildungssystem kontrolliert und vermittelt werden. Die Beherrschung der S. gilt als Ziel aller sprachdidaktischen Bemühungen.

Lit.: →Grammatik, →Orthoepie, →Rechtschreibung, →Sprachnorm, →Stilistik.

Standardtheorie →Aspekte-Modell.

Starke vs. Schwache Verben. Formale Klassifizierung der germ. Verben nach dem Muster ihrer Konjugationsformen. Die von J. GRIMM vorgeschlagene Bezeichnung bezieht sich auf die Fähigkeit der St. V., den Präteritalstamm »aus eigener

Kraft« zu bilden durch Veränderung des Wurzelvokals (→Ablaut): *springen, sprang* bzw. auf die Unfähigkeit der Schw. V., die dazu ein formales Zusatzelement (das Dentalsuffix *-te*) benötigen: *kochen, kochte*. Die St. V. sind sprachgeschichtlich gesehen die älteren, die Schw. V. – eine germanische Neubildung – sind teilweise aus Stammformen der St. V. abgeleitet. Die St. V. repräsentieren noch heute einen wesentlichen Teil des Grundwortschatzes der dt. Sprache, insofern sie die wichtigsten Handlungen und Vorgänge in der außersprachlichen Welt bezeichnen, und das, obwohl der zahlenmäßige Bestand im Nhd. (ca. 160 St. V. nach AUGST [1975]) gering ist und weiter abzunehmen scheint zugunsten der Klasse der Schw. V., die allein produktiv ist. Dieser Verdrängungsprozeß zeigt sich sowohl an der Gruppe der ursprünglichen starken, heute schwach konjugierten V. wie *bellen, jäten, kreischen, nagen, schmerzen* u.a. als auch in dem Nebeneinander von Doppelformen (z.T. mit semantischer Differenzierung) bei *glimmen, schaffen, wiegen* u.a., vgl. auch →Unregelmäßige Verben.

Lit.: E. SEEBOLD [1970]: Vergleichendes und etymologisches Wörterbuch der germanischen starken Verben. The Hague. – M. BARNES/H. ESAU [1973]: Germanic strong verbs: a case of morphological rule extension? In: Lingua 31, S. 1–34. – G. AUGST [1975]: Untersuchungen zum Morpheminventar der deutschen Gegenwartssprache. Tübingen. – G. AUGST [1977]: Wie stark sind die starken Verben? In: G. AUGST: Sprachnorm und Sprachwandel. Wiesbaden, S. 125–178. – C. FABRICIUS-HANSEN [1977]: Zur Klassifizierung der starken Verben im Neuhochdeutschen. In: DSp 3, S. 193–205. – P. CH. KERN/H. ZUTT [1977]: Geschichte des deutschen Flexionssystems. Tübingen. – C. FABRICIUS-HANSEN [1978]: Die starken Verben. Kopenhagen. – J. S. BARBOUR [1982]: Productive and non-productive morphology. The case of German strong verbs: In: JL 18, S. 331–354. – W. H. VEITH [1984]: The strong verb conjugation in modern English compared with modern German. In: LB 73, S. 39–57. →Verb.

Statisch vs. Dynamisch [Auch: Zustand vs. Handlung/Vorgang]. Grundlegende semantische Unterscheidung, die unter →Aktionsart oder →Aspekt behandelt wird. S. Verben (auch: Zustandsverben) wie *kennen, empfinden, besitzen, mögen* bezeichnen Eigenschaften oder Relationen, die keine Veränderung oder Bewegung implizieren und die durch die am Zustand beteiligten Größen nicht direkt kontrolliert werden; d.h. man kann statische Situationen nicht ohne weiteres beginnen, aufhören, unterbrechen oder bewirken. Damit hängt zusammen, daß statische Verben in ihrer Grundbedeutung nicht im Imperativ erscheinen können (**Kenne Luise!*) und sich nicht mit Modaladverbien wie *freiwillig, heimlich* verbinden lassen. D. Verben, zu denen alle →Vorgangs- und Handlungsverben wie *welken, arbeiten, lesen* zählen, implizieren eine Veränderung eines Zustands bzw. einen Übergang aus einem Zustand in einen anderen, wobei Handlungen (*arbeiten, lesen*) außerdem durch ein →Agens bewirkt oder unterlassen werden können. Die Unterscheidung S. vs. D. ist nicht nur für den verbalen Bereich relevant, sondern betrifft auch die Subklassifizierung von Adjektiven (*alt, reich* vs. *schnell, hilfreich*). Sie spielt in der Grammatik vieler Sprachen eine Rolle, z.B. können S. Verben in vielen Sprachen kein

Passiv bilden (*Das Buch wird von ihm besessen*). Im Engl. sind sie nicht im →Progressiv verwendbar: *He is knowing Bill*.

Lit.: E. KENNY [1963]: States, performances, activities. In: E. KENNY: Action, emotion and will. New York, S. 171–186 – Z. VENDLER [1967]: Linguistics in philosophy. Ithaca. – D. A. LEE [1973]: Stative and case grammar. In: FL 10, S. 545–568. – L. ÄQUIST [1974]: A new approach to the logical theory of actions and causality. In: S. STENLUND (ed.): Logical theory and semantic analysis. Dordrecht, S. 73–91. Dt.: Neue Grundlagen der Handlungs- und Kausalitätstheorie. In: G. POSCH (ed.) [1981]: Kausalität. Neue Texte. Stuttgart, S. 324–349. – W. BRENNENSTUHL [1975]: Handlungstheorie und Handlungslogik. Kronberg. – G. H. v. WRIGHT [1977]: Handlung, Norm und Intention. Untersuchungen zur deontischen Logik. Berlin. →Aktionsart.

Statistische Linguistik [Auch: Quantitative Linguistik, Sprachstatistik]. Experimentell orientierter Teilbereich der →Mathematischen Linguistik. Die S. L. beschäftigt sich unter Verwendung statistischer Methoden mit der kontrollierten Untersuchung sprachlicher Regularitäten unter quantitativen Aspekten. Ihre Verfahren dienen u.a. der Herstellung von →Häufigkeitswörterbüchern und zu stilistischen Textanalysen. Vgl. →Lexikostatistik.

Lit.: W. FUCKS [1968]: Nach allen Regeln der Kunst. Stuttgart. – D. KRALLMANN [1968]: Stilistische Textbeschreibung mit statistischen Methoden. In: R. GUNZENHÄUSER (ed.): Nichtnumerische Informationsverarbeitung. Wien, S. 330–345. – CH. MULLER [1972]: Einführung in die Sprachstatistik. München. – U. PIEPER [1979]: Über die Aussagekraft statistischer Methoden für die linguistische Stilanalyse. Tübingen. – G. ALTMANN [1980]: Statistik für Linguisten. Bochum. – G. ALTMANN/ W. LEHFELDT [1980]: Einführung in die quantitative Phonologie. Bochum. – C. S. BUTLER [1985]: Statistics in linguistics. Oxford. – A. WOODS/P. FLETCHER/A. HUGHES [1986]: Statistics in language studies. Cambridge. *Bibliographie:* G. BILLMEIER/D. KRALLMANN [1969]: Bibliographie zur statisti-

schen Linguistik. Hamburg. →Lexikostatistik, →Computerlinguistik, →Mathematische Linguistik.

Stative Verben →Statisch vs. Dynamisch.

Steigerung →Komparation.

Steigerungspartikel [Auch: Gradmodifikator, Intensifikator]. Von ihrer semantischen Funktion her definierte Teilmenge der →Partikeln: S. beziehen sich auf relationale Adjektive und ordnen die durch Adjektive bezeichneten Eigenschaften einer impliziten Werte-Skala zu. Unter morphologischem Aspekt wird unterschieden zwischen nur in dieser Funktion verwendeten Partikeln (*sehr, ungemein*) und als S. verwendeten Adjektiven (*ungewöhnlich, außerordentlich*). Auffällig ist die starke Besetzung des Feldes der S. in der Gegenwartssprache: *klasse, irre, sagenhaft, dufte, wahnsinnig, ätzend, affengeil* etc., deren ungewöhnlich hohe Verschleißrate mit der wohl affektiven Komponente dieser Wörter zusammenhängt.

Lit.: D. BOLINGER [1972]: Degree words. The Hague. – W. SCHENKER [1977]: Modewörter als soziale Indikatoren. In: ZDL 44, S. 282–303.

Stelligkeit →Valenz.

Stellungs- und Gleitlaute. In der älteren Phonetik faßte man den Sprechvorgang – in Analogie zur Buchstabenschrift – als eine Folge diskreter Einzellaute (Stellungslaute) auf, bei denen die Artikulationsorgane sich nicht bewegten. Für den Übergang von einem Stellungslaut zum anderen nahm man Gleitlaute an.

Lit.: H. PILCH [1964]: Phonemtheorie. Teil 1. Basel, S. 79–88. – H. G. TILLMANN/P. MANSELL [1980]: Phonetik. Stuttgart.

Stellungsfelder [Auch: Felderstruktur]. Sammelbezeichnung für topologische Abschnitte in Sätzen, die aus Stellungseigenschaften der finiten und infiniten Verbteile resultieren: so bezeichnet man im →Aussagesatz mit Zweitstellung der finiten Verbform die Position vor dem finiten Verb als →Vorfeld, die Position nach dem klammerschließenden Element als →Nachfeld und den Abschnitt zwischen finitem Verb und klammerschließendem Element als →Mittelfeld, vgl. *Niemand* (Vorfeld) *hat* (klammeröffnendes Element) *den Aufruf* (Mittelfeld) *gehört* (klammerschließendes Element) *heute nacht* (Nachfeld). Vgl. auch unter →Ausklammerung, →Herausstellungsstrukturen, →Satzklammer, →Topikalisierung.

Lit.: K. BOOST [1955]: Neue Untersuchungen zum Wesen und zur Struktur des deutschen Satzes. Berlin. – E. DRACH [1973]: Grundgedanken der deutschen Satzlehre. Frankfurt. – M. REIS [1981]: On justifying topological frames:»Positional fields« and the order of nonverbal elements in German. In: DRLAV 22/23, S. 59–85. – S. OLSEN [1982]: On the syntactic description of German: Topological fields vs. X-theory. In: D. WELTE (ed.): Sprachtheorie und angewandte Linguistik. Tübingen, S. 29–45. →Wort- und Satzgliedstellung.

Stellungsglieder. Syntaktische Einheiten, die im Satz gesamthaft verschiebbar, d.h. auch vorfeldfähig und (eingeschränkt) nachfeldfähig sind, oder durch besondere Konstruktionen herausgestellt werden können (→Herausstellungsstrukturen). Eine Teilmenge der S. sind die Satzglieder →Subjekt, →Objekt und →Adverbial, die durch das zusätzliche Merkmal der Pronominalisierbarkeit gekennzeichnet sind. Keine →Satzglieder, wohl aber S., sind z.B. infinite Verbformen, vgl. *ausgemacht* in *Ausgemacht war, daß sie gleich zurückkommt.*

Stellungsprobe →Verschiebeprobe.

Stellvertreter →Pronomen.

Stellwort →Lagewort.

Stemma →Strukturbaum.

Stereotyp [griech. *stereós* ›fest‹, *týpos* ›Gestalt‹]. (1) Von der Sozialwissenschaft aus der Druckersprache (S. = ›fest miteinander verbundene Druckzeilen‹ im Unterschied zu ›beweglichen Lettern‹) übernommener Terminus zur Bezeichnung von gruppenspezifischen, durch Emotionen geprägten, meist unbewußten, stark verfestigten (Vor-)Urteilen. Das S. als »Beurteilungshilfe«, das sich vor allem gegen rassische, nationale, religiöse oder berufliche Gruppen richtet, erfüllt in persönlichen oder öffentlichen Konfliktsituationen eine Entlastungsfunktion. Als Verfahren zur Aufdeckung von S. dient das →Semantische Differential bzw. die →Inhaltsanalyse. Zur sprachwiss. Analyse vgl. QUASTHOFF [1973] und WENZEL [1978].

Lit.: W. LIPPMANN [1922]: Public opinion. London. Dt.: Die öffentliche Meinung. München 1964. – U. QUASTHOFF [1973]: Soziales Vorurteil und Kommunikation. Eine sprachwissenschaftliche Analyse des Stereotyps. Frankfurt. – A. WENZEL [1978]: Stereotype in der gesprochenen Sprache. München. – U. QUASTHOFF [1978]: The uses of stereotypes in everyday argument. In: JPr 2, S. 1–48. – A. SCHAFF [1984]: The pragmatic function of stereotypes. In: JJSL 45, S. 89–100.

(2) Von H. PUTNAM [1975] im Rahmen seiner philosophischen Bedeutungstheorie eingeführte Bezeichnung für die Gesamtheit von jeweils fest mit einem Wort verbundenen Bedeutungsassoziationen, bzw. für Glaubensinhalte über Eigenschaften von typischen Vertretern natürlicher Klassen (z.B. Katze, Rose, Wasser) in »normalen« Situationen. Diese (stereotypen) Annahmen können empirisch korrekt oder inkorrekt sein (z.B. besitzt *Gold* ein S., zu dem die Eigenschaften ›wertvolles Metall‹ und ›gelb‹ zählen, während es als chemische Legierung in der Realität weiß ist). Daraus folgt, daß nicht alle Elemente, die zur →Extension eines Ausdrucks gehören, alle Eigenschaften des S. dieses Ausdrucks aufweisen müssen (es gibt möglicherweise auch weiße Tiger, obwohl ›gestreift‹ zum S. von *Tiger* zählt), aber auch, daß nicht jeder Sprecher alle S. eines Wortes kennen muß, um sich erfolgreich auf die →Extension des Ausdrucks beziehen zu können. S. sind das Ergebnis einer perzeptuellen Klassifizierung der in sich strukturierten Welt durch menschliche Kategorienbildung, wie die sprachpsychologischen Tests von E. ROSCH [1973] u.a. gezeigt haben, wobei allerdings hier eher von »Prototypen« geredet wird. Als Teil der Gesamtbedeutung von sprachlichen Ausdrücken spielen S. neben →Intension und →Extension eine wichtige Rolle in neueren Konzepten zur Be-deutungstheorie, speziell zur Wortsemantik und →Wortbildung, vgl. die Arbeiten von EIKMEYER/RIESER [1981], LIEB [1980], SCHWARZE [1982] und LUTZEIER [1985]. Die Verbindung zu S. (1) schaffen LAKOFF/JOHNSON [1981], indem sie aufzeigen, wie natürliche Sprachen (Vor-)Urteile verfestigt haben und Sprecher sie somit meist unbewußt als Raster für das Verstehen ihrer Umwelt benutzen.

Lit.: R. BERGLER [1966]: Psychologie stereotyper Systeme. Stuttgart. – E. ROSCH [1973]: Natural categories. In: Cognitive Psychology 4, S. 328–350. – H. PUTNAM [1975]: The meaning of meaning. In: K. GUNDERSEN (ed.): Language, mind, and knowledge. Minneapolis, S.131–193. Auch in: H. PUTNAM [1979]: Mind, language and reality. Philosophical Papers. Bd. 2. Cambridge, S. 215–271. Dt.: H. PUTNAM [1979]: Die Bedeutung von »Bedeutung«. Ed. von W. SPOHN. Frankfurt. – E. ROSCH [1975]: Cognitive representations of semantic categories. In: JeP 104, S. 192–233. – K. DAHLGREN [1978]: The nature of linguistic stereotypes. In: D. FARKAS (ed.): Papers from the parassession on the lexicon. Bloomington, S. 58–70. – E. V. CLARK/H. H. CLARK [1979]: When nouns surface as verbs. In: Lg 5, S. 767–811. – H.-H. LIEB [1980]: Wortbedeutung: Argumente für eine psychologische Konzeption. In: Lingua 52, S. 1–32. – G. FANSELOW [1981]: Zur Syntax und Semantik der Nominalkomposition. Tübingen. – H.-J. EIKMEYER/H. RIESER [1981]: Meanings, intensions, and stereotypes. A new approach to linguistic semantics. In: H.-J. EIKMEYER/H. RIESER (eds.): Words, worlds, and contexts. Berlin, S. 133–150. – G. LAKOFF/H. JOHNSON [1981]: Metaphors we live by. Chicago. – G. LAKOFF [1982]: Categories and cognitive models. Trier. – D. HARTMANN/U. M. QUASTHOFF [1982]: Bedeutungserklärungen als empirischer Zugang zu Wortbedeutungen. Zur Entscheidbarkeit zwischen holistischen und komponentiellen Bedeutungskonzeptionen. In: DSp, S. 97–118. – CH. SCHWARZE [1982]: Stereotyp und lexikalische Bedeutung. In: StL 13, S. 1–16. – D. GEERAERTS [1983]: Prototype theory and diachronic semantics. A case study. In: IF 88, S. 1–32. – TH. ECKES [1985]: Zur internen Struktur semantischer Kategorien: Typikalitätsnormen auf der Basis von Ratings. In: Sprache & Kognition 4, S. 192–202. – P. R. LUTZEIER [1985]: Linguistische Semantik. Stuttgart. – L. LIPKA [1987]: Prototype semantics and feature semantics – an alternative?. In: W. LÖRSCHER/R. SCHULZE (eds.): Perspectives on language in performance. Tübingen, S. 282–287. – L. D. GEERAERTS [1988]: Where does prototypicality come from?. In: B. RUDZKA-OSTYN (ed.): Topics in cognitive linguistics. Amsterdam, S. 207–229. – G. KLEIBER [1988]: Prototype, stéréotype: un air de famille?. In: DRLAV 38, S. 1–61. – W. P. LEHMANN (ed.) [1988]: Prototypes in language and cognition. Ann Arbor. – J. R. TAYLOR [1989]: Linguistic categorization: Prototypes in linguistic theory. Oxford.

Stil [lat. *stilus* ›Schreibstift‹, ›Schreibart‹]. Charakteristischer Sprachgebrauch eines Textes. Auf den Sprecher bezogen erscheint S. als mehr oder minder kontrollierte Auswahl sprachlicher Mittel, auf den Text bezogen als spezifische Sprachgestalt, auf den Leser/Hörer bezogen als Abweichung (oder Bestätigung) von möglichen Erwartungen, d.h. als Wahrnehmung und Interpretation sprachlicher Besonderheiten. Die →Stilistik hat ihren Stildefinitionen wechselnd den einen oder anderen dieser Aspekte zugrundegelegt und entsprechend unterschiedliche Zielsetzungen und Beschreibungsverfahren entwickelt. Als gemeinsame begriffliche Grundlagen können dabei folgende Bestimmungen gelten: (a) S. beruht auf einzelnen sprachlichen Elementen (→Stilelemente), (b) S. ist ein Merkmal von Texten (→Stilmerkmal), (c) S. ist bedingt durch historische, funktionale und individuelle Faktoren (→Stiltyp).

Lit.: →Stilistik.

Stilelement [Auch: Stilmittel]. Sprachliches Element, das im Zusammenhang mit anderen zur Charakteristik eines Textes

beiträgt und damit dessen →Stilmerkmale festlegt. Neben besonderen Stilmitteln wie den →Rhetorischen Figuren kann grundsätzlich jede sprachliche Erscheinung eine stilistische Funktion erhalten. Es gibt lautliche S. (→Alliteration, →Lautstilistik), lexikalische S. (→Nominalisierung, →Archaismus), morphologische S. (Genitiv: -*s*/-*es*), syntaktische S. (Satzkomplexität, Satzlänge), textuelle und pragmatische S. (Formen der →Kohäsion, der →Thema-Rhema-Gliederung oder der →Thematischen Entfaltung). Die stilistische Funktion eines Elements kann als →Konnotation konventionalisiert sein, so besonders im Wortschatz (z.B. *ungemein* vs. *saumäßig*).

Stilistik. Im 19./20. Jahrhundert entwickelte Disziplin, die sich auf Traditionen der →Sprachpflege, der →Rhetorik und der Literaturinterpretation gründet. Entsprechend breit ist ihr Spektrum: (a) methodisch: S. als ein Verfahren der Textanalyse, (b) normativ: S. als Anweisung zum »richtigen«, d.h. funktionsgerechten Sprachgebrauch, (c) deskriptiv: S. als textlinguistische Disziplin, die den Begriff »Stil eines Textes« erklärt und zu anderen Textmerkmalen in Beziehung setzt (→Stil). Dieser jüngste Zweig der S. liefert die wissenschaftliche Begründung sowohl für die wissenschaftliche Stilanalyse wie für praktische Stilkritik, Stilnormierung und Sprachpflege. Wichtig sind hier besonders die Ergebnisse der »funktionalen S.«, die den Zusammenhang von Stil und Funktion eines Textes (oder einer →Text-

sorte) untersucht; vgl. →Stiltyp.
Da funktional erklärbare Stileigenschaften auch für rhetorische Texte konstitutiv sind, überschneidet sich in diesem Bereich die S. mit ihrer antiken Vorgängerin und heutigen Nachbardisziplin, der →Rhetorik.

Lit.: TH. A. SEBEOK (ed.) [1960]: Style in language. Cambridge, Mass. – N. E. ENKVIST [1964]: On defining style. In: N. E. ENKVIST/E. SPENCER/M. J. GREGORY: Linguistics and style. London. Dt.: Linguistik und Stil. Heidelberg 1972. – H. KREUZER/R. GUNZENHÄUSER (eds.) [1965]: Mathematik und Dichtung. München. – R. FOWLER (ed.) [1966]: Essays on style and language. Linguistic and critical approaches to literary style. London. – R. TODOROV [1970]: Les études du style. Bibliographie sélective. In: Poétique 2, S. 224–232. – J. IHWE (ed.) [1971]: Literaturwissenschaft und Linguistik. Ergebnisse und Perspektiven. 3 Bde. Frankfurt. – M. RIFFATERRE [1971]: Essais de stylistique structurale. Paris. Dt.: Strukturale Stilistik. München 1973. – W. FLEISCHER/G. MICHEL [1973]: Stilistik der deutschen Gegenwartssprache. 3., durchges. Aufl. Leipzig 1979. – W. SANDERS [1973]: Linguistische Stiltheorie. Probleme, Prinzipien und moderne Perspektiven des Sprachstils. Göttingen. – B. SOWINSKI [1973]: Deutsche Stilistik. Frankfurt. – P. SPILLNER [1974]: Linguistik und Literaturwissenschaft. Stilforschung, Rhetorik, Textlinguistik. Stuttgart. – H. HATZFELD (ed.) [1975]: Romanistische Stilforschung. Darmstadt. (= WdF 393). – R. M. G. NICKISCH [1975]: Gutes Deutsch? Kritische Studien zu den maßgeblichen praktischen Stillehren der deutschen Gegenwartssprache. Göttingen. – W. SANDERS [1977]: Linguistische Stilistik. Grundzüge der Stilanalyse sprachlicher Kommunikation. Göttingen. – B. SANDIG [1978]: Stilistik. Sprachgrammatische Grundlegung der Stilbeschreibung. Berlin. – W. G. MÜLLER [1981]: Topik des Stilbegriffs. Zur Geschichte des Stilverständnisses von der Antike bis zur Gegenwart. Darmstadt. – W. KÜHLWEIN/A. RAASCH (eds.) [1982]: Stil: Komponenten – Wirkungen. 2 Bde. Stuttgart. – W. FLEISCHER u.a. (eds.) [1983]: Kleine Enzyklopädie Deutsche Sprache. Leipzig, S.450–489. – B. SANDIG (ed.) [1983]: Stilistik. Bd. 1: Probleme der Stilistik. Bd. 2: Gesprächsstile. Hildesheim (= GermL 3-6, 1981). – W. VAN PEER/J. RENKEMA (eds.) [1984]: Pragmatics and stylistics. Leuven. – B. SPILLNER (ed.) [1984]: Methoden der Stilanalyse. Tübingen. – Stilistik und Stilkritik [1985] (= SuL 16, H. 55). – B. SANDIG [1986]: Stilistik der deutschen Sprache. Berlin. – A. SCHÖNE (ed.) [1986]: Akten des VII. Internat. Germanisten-Kongresses, Göttingen 1985. Bd. 3: Textlinguistik contra Stilistik? Tübingen. – V. HINNENKAMP/M. SELTING (eds.) [i.V.]: Stil und Stilisierung. Arbeiten zur interpretativen Soziolinguistik. Tübingen. – H. KREYE [1989]: Satzbau und Stilanalyse. Heidelberg. – K. WALES [1989]: A dictionary of stylistics. London.
Stillehren des Deutschen: R. M. MEYER [1906]: Deutsche Stilistik. München 1906. 2., verb. und verm. Aufl. München. – B. CHRISTIANSEN [1918/1919]: Die Kunst des Schreibens. Eine Prosa-Schule. – Unter dem Titel: Eine Prosaschule. Die Kunst des Schreibens. Stuttgart 1966. – L. REINERS [1943]: Deutsche Stilkunst. Ein Lehrbuch deutscher Prosa. München. – L. REINERS [1951]: Der sichere Weg zum guten Deutsch. Eine Stilfibel. München. (Ab der 2. Aufl. unter dem Titel: Stilfibel. Der sichere Weg zum guten Deutsch). – W. E. SÜSKIND [1953]: Vom ABC zum Sprachkunstwerk. Eine deutsche Sprachschule für Erwachsene. Stuttgart. – L. REINERS [1956]: Vom deutschen Stil. In: DUDEN-Stilwörterbuch, Einleitung der 4. Aufl. Mannheim 1956, S. 7–22. – E. RIESEL/E. SCHENDELS [1975]: Deutsche Stilistik. Moskau. – E. L. KERKHOFF [1962]: Kleine deutsche Stilistik. Bern. – L. MACKENSEN (ed.) [1964]: Gutes Deutsch in Schrift und Rede. Gütersloh. – G. MÖLLER [1968]: Praktische Stillehre. 3., neubearb. Aufl. Leipzig 1980. – W. SEIBICKE [1969]: DUDEN. Wie schreibt man gutes Deutsch? Eine Stilfibel. 2. Aufl. Mannheim 1974. – DUDEN [1970]: Stilwörterbuch der deutschen Sprache. 6. Aufl. Mannheim. – E. RIESEL [1970]: Der Stil der deutschen Alltagsreden. Leipzig. – H. SEIFFERT [1977]: Stil heute. München. – W. SCHNEIDER [1983]: Deutsch für Profis. Hamburg. – W. SANDERS [1986]: Gutes Deutsch – besseres Deutsch. Praktische Stillehre der deutschen Gegenwartssprache. Darmstadt.
Bibliographie: H. A. HATZFELD [1952]: A critical bibliography of the new stylistics applied to the Romance literatures. 1900–1952. Chapel Hill. – L. T. MILIC [1967]: Style and stylistics. An analytical bibliography. New York. – R. BAILEY/D. BURTON [1968]: English stylistics. A bibliography. Cambridge. →Rhetorik, →Sprachnormen, →Textlinguistik.

Stilistischer Sinn →Stilmerkmal.

Stilmerkmal [Auch: Stilzug, Stilistischer Sinn]. Charakteristische Eigenschaft der Sprache eines Textes. S. beruhen auf der Wiederholung oder Mischung von →Stilelementen, also auf Besonderheiten der grammatischen Form (z.B. nominal vs. verbal, vgl. →Nominalstil), des Wortschatzes (z.B. modern, vulgär, bildhaft) oder der Textstruktur (z.B. argumentativ, anschaulich, langweilig). Andere, abgeleitete S. wie Telegrammstil, feuilletonistischer oder mündlicher Stil beruhen auf den jeweils typischen Stilelementen bestimmter Textklassen; vgl. →Stiltyp.

Lit.: →Stilistik.

Stilmittel →Stilelement.

Stiltyp. Für eine Klasse von Texten gültige Stilnorm, die auf gleichen →Stilmerkmalen bzw. auf einem gleichartigen Gebrauch der →Stilelemente beruht und durch pragmatische Faktoren wie →Textfunktion, Textinhalt oder kommunikative Situation bedingt ist. Man unterscheidet Textsortenstile (z.B. Predigtstil, Nachrichtenstil; vgl. →Textsorte), Funktionalstile (z.B. Verwaltungsstil; vgl. →Fachsprache, →Werbesprache), Sozialstile (z.B. Akademikerstil, Scene-Deutsch), Zeitstile (Stil der 50er Jahre, Barockstil) u.a. S. sind auch die drei Stilarten der antiken →Rhetorik, die nach Kriterien der Funktion und der Textsorte klassifiziert sind sowie individuelle Konstanten des Sprachgebrauchs (Personalstil, Altersstil, Werkstil).

Lit.: →Sprachnormen, →Stilistik.

Stilzug →Stilmerkmal.

Stimmbänder [engl. *vocal cords* – Auch: Stimmlippen]. Der →Phonation dienende, aus Bindegewebe und Muskeln bestehende bandartige von Schleimhaut überzogene Vorsprünge im Innern des Kehlkopfs. →Artikulatorische Phonetik.

Lit.: →Phonetik.

Stimmhaft vs. Stimmlos [engl. *voice(d)* vs. *voiceless*]. Binäre phonologische Opposition zur Beschreibung →Distinktiver Merkmale, die sich auf akustisch analysierte und spektral definierte Unterscheidungskriterien stützt (→Akustische Phonetik, →Spektralanalyse). Akustische Charakteristik: Anwesenheit bzw. Fehlen einer periodischen Komponente am unteren Rand des →Spektrogramms. Artikulatorische Charakteristik: periodisches Schwingen bzw. Nicht-Schwingen der Stimmbänder. Im Dt. sind alle Vokale, der Lateral [l] sowie [r], [ʀ] und [ʁ] phonetisch sth. Ihnen stehen keine stl. Entsprechungen gegenüber. In phonologischer Opposition stehen hingegen sth. [b], [d], [g], [v], [z], [ʒ], [j] einerseits und stl. [p], [t], [k], [f], [s] [ʃ], [ç] andererseits. Stl. Laterale neben sth. finden sich im Grönländ.: [iˈlɑ] ⟨igdlo⟩ ›Iglu‹ neben [iˈlɑ] ⟨ílo⟩ ›das Innere‹. Stl. Vokale gibt es z.B. in der nilo-saharan. Sprache Ik, in der sino-tibetan. Sprache Dafla in der altaischen Sprache Baonang und im Japan.: [hɤkʊsai] ›Hokusai‹. – In der Pama-Nyungan-Sprache Bandjalang sowie in anderen Sprachen Australiens sollen alle Vokale und alle Konsonanten sth. sein. Zur diakritischen Darstellung vgl.

IPA-Tabelle S. 22/23. →Phonation.

Lit.: R. JAKOBSON u.a. [1951]: Preliminaries to speech analysis. 6. Aufl. 1965. Cambridge, Mass., S. 26. →Distinktives Merkmal, →Phonetik.

Stimmlippen →Stimmbänder.

Stimmritze →Glottis.

Stimmstörung [engl. *voice disorders (of phonation)*]. Bei S. wird unterschieden zwischen organisch bedingten und funktionellen S., wobei jeweils die eine Störung Ursache für die andere sein kann. Bei den organisch bedingten S. handelt es sich um eine Erkrankung eines an der Stimmbildung beteiligten Organs z.B. im Bereich des Larynx (→Dysphonie), eine Dysfunktion des Velums (→Rhinophonie) oder eine Stimmbandentzündung. Funktionelle S. beziehen sich auf Störungen der Funktion der beteiligten Organe, die den Klang der Sprech- oder Singstimme oder ihre Leistungsfähigkeit beeinträchtigen. Funktionelle Störungen können auch auf psychische Ursachen (Depression) oder Umweltfaktoren (Heiserkeit durch Lärm am Arbeitsplatz) zurückgeführt werden.

Lit.: G. BÖHME [1983]: Sprach-, Sprech- und Stimmstörungen. 3 Bde. 2. neu bearb. u. erw. Aufl. Köln. – G. WIRTH [1987]: Stimmstörungen. 2. völlig neu bearb. Aufl. Köln.

Stimmtonverlust →Sonorisierung.

Stimulus-Response-Modell [Auch: Reiz-Reaktions-Modell, S-R-Modell]. Zentraler Denkansatz der behavioristisch orientierten Verhaltenspsychologie, demzufolge menschliches (also auch sprachliches) Verhalten nach dem Vorbild eines mechanischen Apparates zu erklären bzw. zu rekonstruieren ist. Alle Formen von Erlebnisweisen, Ideen, Intentionen werden als Ergebnis eines Wechselspiels zwischen beobachtbaren Reizen (*stimuli*) und entsprechenden Reaktionen (*responses*) aufgefaßt. Hinsichtlich der Reaktionen wird unterschieden zwischen »unmittelbaren« und »bedingten« Reflexen. Unmittelbare Reflexe sind spontane, nicht vom Willen gesteuerte Reaktionen auf Reize, wie z.B. Blinzeln bei grellem Lichteinfall; bedingte (auch: konditionierte) Reflexe hingegen sind künstliche, durch bestimmte Lernvorgänge erworbene Reaktionen auf Reize. Ausgangsversuch dieses S-R-M. ist das Hundeexperiment des russ. Physiologen und Nobelpreisträgers IVAN PAWLOW (1849–1939), in dem nachgewiesen wurde, daß der unmittelbare natürliche Reflex der Speichelabsonderung beim Anblick von Futter nach entsprechendem Training als bedingter Reflex auch dann auftrat, wenn ein (urspr. gleichzeitig mit dem Futterangebot ertönendes) Glockenzeichen allein als Reiz angeboten wurde. Dieser Vorgang wird als klassische →Konditionierung bezeichnet. Eine Differenzierung erfährt dieses eindimensionale Wirkungsschema durch die Einbeziehung einer nicht beobachtbaren, vermittelnden Stimulus-Response-Instanz. Dieses modifizierte S-R-M. ist die Grundlage der sog. Mediationstheorie der Bedeutung (→Mediation).

Lit.: →Behaviorismus, →Mediation.

Stirnform →Stirnsatz.

Stirnsatz [Auch: Stirnform]. Bezeichnung von Sätzen mit Spitzenstellung des finiten Verbs,
wie sie u.a. in Fragesätzen
(*Kommst du heute?*) vorliegt.

Stoffname. Semantisch definierte Klasse von Substantiven
zur Bezeichnung von Materialien: *Kreide, Holz, Marmor.* S.
sind Nomen ohne Pluralformen
(→Massen-Nomen), d.h. dennoch vorkommende Pluralbildungen beziehen sich nicht auf
das Material an sich, sondern
auf unterschiedliche Arten, vgl.
Holz vs. *Hölzer.*

Story Grammar [engl., ›Geschichten-Grammatik‹]. Erweiterung der Konzeption generativer Grammatiken von der
Satzebene auf die Ebene (narrativer) Texte. In S. G. wird die
Textstruktur gegenüber dem
Hintergrundwissen als primär
angesehen. Aus dieser Einschätzung entwickelte sich Anfang
der 80er Jahre eine heftige Kontroverse mit den Vertretern der
Script-Theorie (→Scripts).
Lit.: D. RUMELHART [1975]: Notes on a
schema for stories. In: D. BOBROW/A. COL-
LINS (eds.): Representation and understanding. New York. – J. BLACK/R. WI-
LENSKY [1979]: An evaluation of story
grammars. In: Cognitive Science 3. – J.
MANDLER/N. JOHNSON [1980]: On throw-
ing out the baby with the bathwater: A rep-
ly to Black and Wilensky's evaluation of
story grammars. In: Cognitive Science 4.
→Textverarbeitung.

Stoßton →Dreimorengesetz,
→Glottisverschlußlaut.

Stottern [engl. *dysfluency.* –
Auch: Balbuties]. In der →Phon-

iatrie Bezeichnung einer situationsabhängigen Sprechstörung: eine Unterbrechung des
Redeflusses durch mangelnde
motorische Koordination aufgrund von spastischen Be-
wegungen der Artikulations-,
Phonations- und Respirations-
muskulatur mit organischer
oder nicht-organischer Ursache. Man unterscheidet folgende Symptome: (a) Tonisches S.
(engl. *stuttering*) beim Verhar-
ren in der Artikulation aufgrund von Verkrampfungen in
der Sprechmuskulatur, (b) Klo-
nisches S. (engl. *stammering*)
bei Wiederholungen von Lauten, Silben oder Wörtern durch
kürzere, rasch aufeinander folgende Kontraktionen der
Sprechmuskulatur. Beide Symptome können getrennt oder
kombiniert auftreten, S. ist häufiger bei männlichen als bei
weiblichen Sprechern anzutreffen.
Lit.: H. FERNAU-HORN [1969]: Die Sprach-
neurosen. Stuttgart. – P. SCHÄFERSKÜPPER
[1982]: Pathophysiologie und Therapie des
Stotterns. Berlin. – P. FIEDLER/R. STANDOP
[1986]: Stottern. 2. völlig neu bearb. u. erw.
Aufl. München. – O. BLOODSTEIN [1987]: A
Handbook of Stuttering. New York.
Forschungsbericht: G. ANDREWS u.a.
[1983]: Stuttering: A review of research
findings and theories circa 1982. In: JSHD
48, S. 226–246.
Zeitschrift: Journal of Fluency Disorders.

Strait Salisch →Salisch.

Stratifikationsgrammatik [lat.
strātum ›Schicht‹. – Auch: Ebenengrammatik, Schichtengram-
matik]. Von S. M. LAMB [1966]
am Engl. entwickeltes Modell
einer auf strukturalistischen
Ansätzen beruhenden deskriptiven Sprachanalyse, die auch
im Rahmen der Computerlinguistik bei maschineller Über-

setzung eine Rolle spielt. LAMB betrachtet Sprache primär als Kommunikationsmittel von sehr komplexer Struktur, die sich als ein diffiziles Beziehungsnetz von hierarchisch geordneten Systemen bzw. Subsystemen (Strata; vgl. →Stratum ›Ebene‹) beschreiben läßt. Als höchste Ebene fungiert hierbei – in auffallendem Unterschied zum Strukturalismus amerik. Prägung – die Semantik, d.h. Ausgangspunkt der Sprachbeschreibung ist die Bedeutung, die von Stratum zu Stratum neu strukturiert wird, bis sie auf der Ebene der Phonetik ihre materielle Realisierung findet. LAMB [1966] unterscheidet für das Engl. sechs Strata, von denen jeweils zwei den traditionellen Beschreibungsebenen Phonologie, Syntax und Semantik entsprechen. Die kombinatorischen Beschränkungen auf den einzelnen Ebenen sind durch sogen. »taktische« Regeln gewährleistet, je nach dem entsprechenden Stratum spricht LAMB von Semotaktik, Lexotaktik, Morphotaktik und Phonotaktik. Die den Ebenen zugeordneten linguistischen Einheiten treten jeweils in dreifacher Form auf: (a) Semem, Lexem, Phonem u.a. als abstrakte »emische« Systemeinheit (→Etische vs. emische Analyse), (b) Semon, Lexon, Phonon u.a. als konstitutive Einzelelemente der abstrakten Einheiten und (c) Sema, Lex, Phon u.a. als materielle Realisierung. Die terminologischen Neuschöpfungen der S. sind sehr aufwendig, die Notationsweisen äußerst komplex. Auch gibt es bislang noch keine Gesamtdarstellung einer Sprache, die den komplexen theoretischen Apparat voll ausschöpft.

Lit.: C. F. HOCKETT [1966]: Language, mathematics, and linguistics. In: CTL 3, S. 155–204. – S. M. LAMB [1966]: Outline of stratifical grammar. Washington. – G. SAMPSON [1970]: Stratifictional grammar. A definition as an example. The Hague. – D. G. LOCKWOOD [1972]: Introduction to stratifictional linguistics. New York. – R. R. K. HARTMANN [1973]: The language of linguistics. Reflections on linguistic terminology with particular reference to »level« and »rank«. Tübingen. – R. H. ROBINS [1973]: Ideen- und Problemgeschichte der Sprachwissenschaft. Frankfurt. – R. SCHREYER [1977]: Stratifikationsgrammatik. Tübingen.
Bibliographie: I. FLEMING [1969]: Stratificational theory: an annotated bibliography. In: JEL 3, S. 37–65.

Stratisch. Soziokulturelle/ schichtenspezifische Definitionsmerkmale in dialektalen Untersuchungen.

Stratum [Pl. Strata].
(1) →Linguistische Ebenen.
(2) Klassifikationsstufe, deren Elemente die Elemente der nächsthöheren Beschreibungsstufe definieren, vgl. z.B. die Definition der →Morphophoneme durch →Phoneme.
(3) In der →Stratifikationsgrammatik von C. E. LAMB (linguistische) Strukturebenen, die hierarchisch geordnet sind und jeweils über eigenen Systemcharakter verfügen. Die unterste Ebene entspricht der →Phonologie (= *hypophonemic* und *phonemic stratum*), die mittlere der →Syntax (= *morphemic* und *lexemic stratum*), die höchste der →Semantik (= *sememic* und *hypersememic stratum*).

Lit.: →Stratifikationsgrammatik.

Streckform →Funktionsverbgefüge.

Struktur →Sprachstruktur.

**Strukturale Sprachwissen-
schaft** →Strukturalismus.

Strukturalismus [Auch: Strukturale /Strukturalistische /
Strukturelle Sprachwissen-
schaft]. Wissenschaftsgeschichtliche Sammelbezeichnung für
verschiedene, sich auf F. DE
SAUSSURE berufende, im einzelnen aber stark voneinander abweichende sprachwiss. Richtungen in der ersten Hälfte des 20.
Jh. Je nach theoretischem Vorverständnis wird der Begriff S.
in unterschiedlicher Weise verwendet: im engeren Sinne bezieht er sich auf die Phase der
Sprachwiss. vor CHOMSKYS
»*Syntactic structures*«, im weiteren Sinne wird er – z.B. in
BIERWISCH [1966] und MOTSCH
[1974] – auf alle Sprachtheorien
angewendet, die sich auf eine
»isolierte Untersuchung des
Sprachsystems« beziehen; in
diesem weiteren Verständnis
von S. ist die generative →Trans-
formationsgrammatik inbegrif-
fen, vgl. MOTSCH [1974:180]. Als
wichtigste Zentren des »klassischen« S. gelten die sich vor allem mit der Rezeption von DE
SAUSSURE beschäftigende
→Genfer Schule, der →Ameri-
kanische Strukturalismus
BLOOMFIELDSCHER Prägung sowie der →Distributionalismus,
der →Kopenhagener Lingui-
stenkreis mit HJELMSLEVS
→Glossematik, die Londoner
Schule (auch: →Kontextualis-
mus) und die vor allem von
TRUBETZKOY und JAKOBSON
repräsentierte →Prager Schule.
Allen strukturalistischen Varianten gemeinsam sind gewisse
wissenschaftstheoretische Prä-

missen, die einerseits mit dem
Einfluß des logischen Empirismus (vgl. CARNAP) zusammenhängen (der davon ausgeht, daß
alle wiss. Aussagen als Struktur-
aussagen formulierbar seien),
zum anderen aus der gemeinsamen Reaktion gegen den von
den →Junggrammatikern im 19.
Jh. vertretenen (positivistischen) Atomismus sprachwiss.
Betrachtung resultieren. –
Wenngleich F. DE SAUSSURE
den »Struktur«-Begriff in seinem posthum (auf Grund von
Vorlesungsmitschriften aus den
Jahren 1906–1911) veröffentlichten »*Cours de Linguistique
Générale*« [1916] noch nicht verwendet, sondern stattdessen von
système und *mècanisme* spricht
(vgl. ENGLER [1968:48]), gilt er
dennoch als der »Ahnherr« und
Wegbereiter des S. und sein
»*Cours*« als Zusammenfassung
von (z.T. schon von G. V. D. GA-
BELENTZ erkannten) Grund-
prinzipien strukturalistischer
Sprachbeschreibung. DE SAUS-
SURE geht davon aus, daß Sprache ein präzis erfaßbares, formal exakt darstellbares relatio-
nales System von formalen
(nicht substantiellen) Elementen ist. Die Erforschung ihrer
internen Beziehungen versteht
er als die zentrale Aufgabe einer
Sprachwiss., die (frei von Rück-
griffen auf psychologische oder
geisteswiss. Erklärungshilfen)
sich als eine autonome Wissenschaft versteht. – Folgende
Grundannahmen DE SAUSSU-
RES gelten als konstitutiv für
strukturalistische Sprachanaly-
sen: (a) »Sprache« kann unter
drei verschiedenen Aspekten
betrachtet werden, als Langue
(= im Gehirn aller Sprecher einer bestimmten Sprache ge-

speichertes System), als Parole (= aktuelle Sprechtätigkeit in konkreten Situationen) und als *faculté de langage* (= generelle Fähigkeit zum Erwerb und Gebrauch von Sprache), wobei Langue und Parole sich gegenseitig bedingen (→Langue vs. Parole). Untersuchungsgegenstand der Sprachwiss. ist die Langue, die aber ihrerseits nur über eine Analyse der Äußerungen der Parole beschrieben werden kann. (b) Sprache im Sinn von Langue wird als ein System von →Zeichen aufgefaßt. Jedes Zeichen besteht aus der Zuordnung von zwei (sich gegenseitig bedingenden) Aspekten, dem konkret materiellen Zeichenkörper (z.B. seine akustische Lautgestalt) sowie einem begrifflichen Konzept. (Vgl. hierzu →Bezeichnendes vs. Bezeichnetes.) Die Zuordnung dieser beiden Aspekte zueinander ist »willkürlich« (frz. *arbitraire*), d.h. sie ist sprachspezifisch verschieden und beruht auf Konvention. (c) Diese sprachlichen Zeichen bilden ein System von Werten, die zueinander in →Opposition stehen. Jedes Zeichen ist definiert durch seine Beziehung zu allen anderen Zeichen desselben Systems. Durch dieses Prinzip des »Kontrasts« ist das grundlegende strukturalistische Konzept des »distinktiven Prinzips« charakterisiert. (d) Diese Element-Relationen lassen sich auf zwei Ebenen analysieren; einmal auf der syntagmatischen, d.h. linearen Ebene des Miteinandervorkommens, zum anderen auf der paradigmatischen Ebene der Austauschbarkeit von Elementen in bestimmter Position. Vgl. hierzu →Paradigmatische vs. Syntag-

matische Beziehung. (e) Da Sprache als Zeichensystem aufgefaßt wird, muß ihre Analyse unter streng synchronischem Aspekt, d.h. als Beschreibung eines zu einem bestimmten Zeitpunkt bestehenden Zustandes betrieben werden. Vgl. hierzu →Synchronie vs. Diachronie. (f) Sprachanalyse beruht auf einem repräsentativen →Corpus, dessen Regularitäten durch die beiden Analyseschritte der →Segmentierung und →Klassifizierung bestimmt werden, wobei die Segmentierung der syntagmatischen, die Klassifizierung der paradigmatischen Ebene zuzuordnen ist. Vgl. hierzu auch →Distribution. – Zentrale Untersuchungsebene des S. war zunächst, vor allem in der Prager Schule, die →Phonologie, an deren überschaubarem Inventar von Elementen und Kombinationsmöglichkeiten strukturalistische Analysemethoden erprobt und differenziert wurden. Die Übertragung der an der Phonologie (und Morphologie) entwickelten Methoden auf syntaktische Analysen führte zu →Phrasenstrukturgrammatiken, während in der Semantik die Grenzen dieser Verfahren am deutlichsten wurden, wie sich im Zusammenhang mit →Komponentenanalysen bzw. der →Wortfeld-Diskussion nachweisen läßt. – Während S. im engeren Sinne sich auf die von DE SAUSSURES System-Gedanken ausgehenden sprachwiss. Richtungen bezieht, verwendet man S. im weiteren Sinne als Gesamtbezeichnung für anthropologische, ethnologische, geisteswiss., literatur-theoretische und psychologische Forschungen, die – in

Analogie zum S. der Sprachwiss. - anstatt genetisch von historischen Voraussetzungen auszugehen, sich auf synchronische Zustandsanalysen konzentrieren, um den Nachweis universeller, unter der Oberfläche sozialer Beziehungen wirksamer Strukturen zu führen, vgl. hierzu vor allem R. BARTHES, C. LÉVI-STRAUSS.

Quellenschriften: G. V. D. GABELENTZ [1891]: Die Sprachwissenschaft. Ihre Aufgaben, Methoden und bisherigen Ergebnisse. - Durchgesehener Nachdruck der 2. Aufl. von 1901. Tübingen 1972. - F. DE SAUSSURE [1916]: Cours de linguistique générale. Paris/Genf. Kritische Ausgabe ed. von R. ENGLER, Wiesbaden 1967. Dt.: Grundfragen der allgemeinen Sprachwissenschaft. Ed. von P. V. POLENZ. 2. Aufl. Berlin 1967. - E. SAPIR [1921]: Language. New York. - L. BLOOMFIELD [1933]: Language. New York. Dt.: Sprache. Frankfurt 1980. - N. TRUBETZKOY [1939]: Grundzüge der Phonologie. 4. Aufl. Göttingen 1967. - L. HJELMSLEV [1943]: Omkring sprogteoriens grundlaeggelse. Kopenhagen. Dt.: Prolegomena zu einer Sprachtheorie. München 1974. - Z. S. HARRIS [1951]: Methods in structural linguistics. Chicago (Nachdruck als: Structural linguistics). - M. JOOS (ed.) [1957]: Readings in linguistics. Bd. 1: The development of descriptive linguistics in America 1925-1956. 3. Aufl. Chicago 1966. - Z. S. HARRIS [1965]: Transformational theory. In: Lg 41, S. 363-401. Wiederabgedruckt in: Z. S. HARRIS [1970]: Papers in structural and transformation linguistics. Dordrecht, S. 531-577. - E. BENSE/P. EISENBERG/H. HABERLAND (eds.) [1976]: Beschreibungsmethoden des amerikanischen Strukturalismus. München.
Abhandlungen: CH. MOHRMANN u.a. (eds.) [1961]: Trends in European and American linguistics. Utrecht. - S. ŠAUMJAN [1965]: Strukturnaja lingvistika. Moskau. Dt.: Strukturale Linguistik. München 1971. - M. BIERWISCH [1966]: Strukturalismus: Geschichte, Probleme und Methoden. In: Kursbuch 5, S. 77-152. Wiederabgedruckt in: M. BIERWISCH [1970]: Probleme und Methoden des Strukturalismus. Frankfurt. - G. C. LEPSCHY [1966]: La linguistica strutturale. Turin. Dt.: Die strukturale Sprachwissenschaft. Eine Einführung. München 1969. - E. COSERIU [1969]: Die Geschichte der Sprachphilosophie vor der Antike bis zur Gegenwart. 2 Bde. Tübingen. - J. D. APRESJAN [1971]: Ideen und Methoden der modernen strukturellen Linguistik. München. - G. HELBIG [1971]: Geschichte der neueren Sprachwissenschaft. Unter dem besonderen Aspekt der Grammatiktheorie. München. - O. J. L. SZEMERÉNYI [1971]: Richtungen der modernen Sprachwissenschaft I. (Von Saussure bis Bloomfield). Heidelberg. - C. HEESCHEN [1972]: Grundfragen der Linguistik. Stuttgart. - E. F. K. KOERNER [1973]: Ferdinand de Saussure. Braunschweig. - F. WAHL (ed.) [1973]: Einführung in den Strukturalismus. Frankfurt. - W. MOTSCH [1974]: Zur Kritik des sprachwissenschaftlichen Strukturalismus. Berlin. - F. J. NEWMEYER [1986]: Linguistic theory in America. 2. Aufl. Orlando.
Bibliographie: J. M. MILLER [1981]: French structuralism: a multidisciplinary bibliography. New York. →Amerikanischer Strukturalismus, →Distributionalismus, →Glossematik, →Kontextualismus, →Prager Schule, →Sprachwissenschaft (Geschichte).

Strukturalistische Sprachwissenschaft →Strukturalismus.

Strukturanalyse →Strukturbeschreibung.

Strukturbaum [engl. *branching diagramm/phrase marker.* - Auch: Baumdiagramm, Baumgraph, →Graph, Phrasenstrukturdiagramm, Stammbaum, Stemma, Verzweigungsdiagramm]. Spezialform einer graphischen Darstellungsweise zur Abbildung von sprachlichen Strukturen, vgl. →Graph (2). In Anlehnung an die Vorstellung eines Stammbaums besteht der S. aus einer Wurzel (auch: Ausgangsknoten) sowie mehreren Verzweigungs-Punkten (auch: Knoten) und verbindenden Ästen (auch: Kanten). Bei der Abbildung des hierarchischen Aufbaus und der inneren Strukturierung von →Konstituenten entsprechen die Knoten den →grammatischen Kategorien (z.B. *S, NP, VP*) und die Kanten der Relation des Dominierens, vgl. →Dominanz. Zwischen jedem Paar von Knoten herrscht eine zweifache Relation, die des Dominierens (engl. *dominance*) und die des Vorausgehens (engl. *precedence*), vgl. auch unter →Privilegierungsprinzip. Im abgebildeten S. dominiert *S* unmittelbar *NP* und *VP*, mittelbar alle anderen Knoten des Baumes, während jeder Knoten, der sich links von einem anderen Knoten befindet, unter der Voraussetzung, daß keiner der beiden Knoten den anderen dominiert, diesem vorausgeht, also *NP* geht *VP* voraus, *Det* dem *N* usw. Die S. natürlicher Sprachen unterliegen gewissen Wohlgeformtheitsbedingungen, z.B. sind sich kreuzende Äste nicht zugelassen, da der S. unter (a) den entsprechenden →Phrasenstrukturregeln unter (b), den →Indizierten Klammerungen unter (c) und dem →Kastendiagramm unter (d) äquivalent ist, in diesen Darstellungstypen aber sich kreuzende Konstituenten nicht abbildbar sind. Vgl. zur Verdeutlichung das Beispiel *Der Professor hält einen Vortrag.*

Strukturbeschreibung [Abk.: SB; engl. *structural analysis/description.* – Auch: Strukturanalyse]. In der generativen →Transformationsgrammatik die Darstellung von Sätzen (bzw. ihrer Elemente und deren Relationen) in Form von →Strukturbäumen oder →Indizierter Klammerung als Eingabe für die Anwendung von Transformationsregeln. Die Transformationsregel bewirkt dann die intendierte Strukturveränderung.

Lit.: →Transformationsgrammatik.

Strukturelle Semantik. Sammelbezeichnung für unterschiedliche, auf strukturellen Grundprinzipien basierende Modelle der vorwiegend lexikalischen Bedeutungsbeschreibung. Gemeinsame Kennzeichen dieser Ansätze sind: (a) Die Bedeutung eines Wortes ist nicht isoliert beschreibbar, sondern ist eine Funktion seiner Beziehungen zu anderen Lexe-

(a)

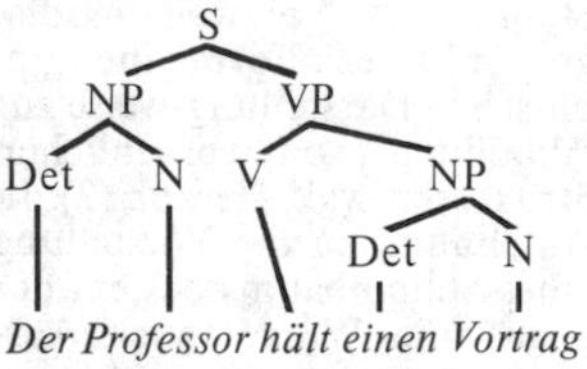

Der Professor hält einen Vortrag

(b) $S \rightarrow NP + VP$

   $VP \rightarrow V + NP$

   $NP \rightarrow Det + N$

(d)

Der	Professor	hält	einen	Vortrag
Det	N	V	Det	N
NP		V	NP	
NP		VP		
S				

(c) $[[[Der]_{Det} [Professor]_N]_{NP} [[hält]_V [[einen]_{Det} [Vortrag]_N]_{NP}]_{VP}]_S$

men des gleichen Bedeutungsfeldes (vgl. →Wortfeldtheorie, →Semantische Relation). (b) Die Gesamtbedeutung eines Wortes läßt sich in kleinere Bedeutungselemente analysieren (vgl. →Komponentenanalyse, →Lexikalische Zerlegung). – In Analogie zur Phonologie liegt dieser Annahme die Hypothese zugrunde, daß es sich bei den semantischen Merkmalen um ein universelles Inventar von Bedeutungskomponenten handelt, aus dem jede Einzelsprache eine spezifische Auswahl trifft. – Ziel der S. S. ist die Beschreibung der Struktur des Lexikons durch Analyse von Einzelbedeutungen und Bedeutungsbeziehungen wie →Synonymie, →Antonymie u.a.

Lit.: E. LEISI [1952]: Der Wortinhalt. Seine Struktur im Deutschen und Englischen. Heidelberg. 5. Aufl. 1975 – J. LYONS [1963]: Structural semantics: An analysis of part of the vocabulary of Plato. Oxford. – K. BAUMGÄRTNER [1964]: Zur strukturellen Semantik. In: ZDS 20, S. 79–90. – E. H. BENDIX [1966]: Componential analysis of general vocabulary: the semantic structure of a set of verbs in English, Hindi, and Japanese. The Hague. – A. J. GREIMAS [1966]: Sémantique structurale. Paris. – K. BAUMGÄRTNER [1967]: Die Struktur des Bedeutungsfeldes. In: Satz und Wort im heutigen Deutsch. Probleme und Ergebnisse neuerer Forschung. Düsseldorf, S. 165–197. – E. COSERIU [1970]: Einführung in die strukturelle Betrachtung des Wortschatzes. Tübingen. – H. GECKELER [1971]: Strukturelle Semantik und Wortfeldtheorie. München. – L. ANTAL (ed.) [1972]: Aspekte der Semantik. Zu ihrer Theorie und Geschichte 1662–1969. Frankfurt. – TH. SCHIPPAN [1972]: Einführung in die Semasiologie. Leipzig. – E. LEISI [1973]: Praxis der englischen Semantik. Heidelberg. – H. GECKELER (ed.) [1978]: Strukturelle Bedeutungslehre. Darmstadt. – H. GECKELER [1981]: Structural semantics. In: H.-J. EIKMEYER/H. RIESER (eds.): Words, worlds, and contexts. New approaches in word semantics. Berlin, S. 381–413. →Semantik, →Wortfeldtheorie.

Strukturelle Sprachwissenschaft →Strukturalismus.

Strukturerhaltungsprinzip [engl. *structure preserving-constraint*]. Aufgrund der Beobachtung, daß zahlreiche Transformationen Strukturen erzeugen, die auch unabhängig von diesen Transformationsprozessen durch Basisregeln der Grammatik hätten erzeugt werden können, von J. E. EMONDS [1970] postulierte (universale) und in späteren Versionen der generativen →Transformationsgrammatik übernommene Beschränkung für Strukturveränderungen durch Transformationsprozesse: Bei bestimmten Umstellungstransformationen können Konstituenten nur an solche Positionen im Strukturbaum bewegt werden, die unabhängig von dieser Transformation auch von Phrasenstrukturregeln hätten erzeugt werden können.

Lit.: J. E. EMONDS [1970]: A transformational approach to English syntax. New York 1976. (= Diss. MIT 1970). →Beschränkungen.

Strukturmuster →Pattern.

Strukturwort →Synsemantikum.

Stutzung →Tree-Pruning-Konvention.

Suaheli →Swahili.

Subjazenz-Prinzip [engl. *subjacency* ›Darunterliegen‹, in Analogie zu engl. *adjacent, adjacency* lat. *adiacentem*, ›benachbart‹, ›angrenzend‹ gebildeter Kunstausdruck]. Von N. CHOMSKY [1973] aufgestellte Beschränkung für den Anwendungsbereich von →Bewegungs- bzw. Umstellungstransformationen, derzufolge eine Konstituente nicht über mehr als eine mit einer zyklischen Kategorie indizierte Klammer (also *S* und *NP*) hinaus bewegt werden darf, vgl. →Zyklusprinzip. Das S.-P. beinhaltet, daß Transformationen nur auf einer oder höchstens zwei aufeinanderfolgenden Zyklusebenen operieren dürfen, d.h. eine Transformation darf eine Konstituente nur aus einem einzigen, dem nächsten subjazenzrelevanten Knoten herausbewegen. Für scheinbar das S.-P. nicht erfüllende »lange Bewegungen« muß angenommen werden, daß diese Bewegungen über »Zwischenpositionen« verlaufen, so daß bei der zyklischen Bewegung über eine Zwischenposition jeweils nur über höchstens einen *S*- bzw. *NP*-Knoten hinausbewegt wird. Verstöße gegen das S.-P. lassen sich im Dt. z.B. bei Extraktionen aus Verb-Zweit-Komplementen aufzeigen, denn hier ist die benutzte Zwischenposition leicht identifizierbar. Unter der Annahme, daß Hauptsätze des Dt. transformationell aus Nebensätzen abgeleitet werden, hat ein Satz wie *Luise habe Nina nicht gesehen* die folgende Struktur (wobei die Punkte für leere Kategorien stehen und im übrigen irrelevante Details ignoriert werden): [$_S$·*Luise habe* [$_S$... *Nina nicht gesehen*]]. Entsprechend ist der folgende Satz aufgebaut: [$_S$·*Mareile würde* [$_S$... *sagen*... [$_S$· *Luise habe* [$_S$ ... *Nina nicht gesehen* ...]]]]. Wenn wir statt *Mareile* nunmehr *Nina* in die »Vorfeldposition« des Matrixsatzes be-

wegen, wird das S.-P. verletzt, denn diese Bewegung überkreuzt zwei *S*-Knoten: *[$_S$·*Nina würde* [$_S$ *Mareile* ... *sagen* [$_S$·*Luise habe* [$_S$ ... *nicht gesehen* ...]]]]. Bringen wir jedoch statt *Luise* zunächst *Nina* in die Vorfeldposition des eingebetteten Satzes und bewegen dann in einem zweiten Schritt *Nina* in die Vorfeldposition des Matrixsatzes, wird bei jeder dieser Bewegungen nur jeweils ein *S*-Knoten überschritten: [$_S$·*Nina würde* [$_S$ *Mareile* ... *sagen* [$_S$· ---*habe* [$_S$ ... *Luise nicht gesehen* ...]]]]. Die bei der (scheinbar »langen«) Bewegung benutzte Zwischenposition ist mit »---« gekennzeichnet. Die Beziehungen zwischen *Nina* und der Zwischenposition bzw. zwischen dieser und der Ausgangsposition der Bewegung erfüllen jeweils das S.-P. - Die nicht unumstrittene Subjazenz-Bedingung entspricht einer Zusammenfassung eines Teils der von J. R. Ross [1967] aufgestellten Einzelbeschränkungen, sie impliziert u.a. das →Sentential Subject Constraint (falls man annimmt, daß satzwertige Subjekte von *NP* und *S* dominiert werden), das *Complex NP Constraint* (»komplexe *NP*s sind Inseln für Bewegungstransformationen«) und die →W-Insel-Beschränkung.

Lit.: →Beschränkungen.

Subjekt [lat. *subiectum* ›das (dem Prädikat) Unterworfene‹. - Auch: Grundgröße, Satzgegenstand]. Zentrale →Syntaktische Funktion in →Nominativsprachen wie dem Dt., die sprachenabhängig morphologisch, positionell und/oder strukturell gekennzeichnet ist. Die bevorzugte morphologische Markierung ist der Nominativ, zu anderen Möglichkeiten vgl. KEENAN [1976] und SRIDHAR [1979]. Positionell zeichnet sich das S. durch seine satzinitiale unmarkierte Stellung (vgl. →Grundwortstellung) aus. In der Konstituentenstruktur eines Satzes wird das S. unmittelbar vom Satzknoten dominiert im Unterschied zum Objekt als unmittelbarer Konstituente der Verbal- bzw. Prädikats-Phrase. – Die S.-Konstituente übernimmt insoweit eine prominente Rolle im Satz, als sie an den Regularitäten einer Sprache eher beteiligt ist als eine Objekt-Konstituente (vgl. →Hierarchiegesetze). So kongruiert in den meisten Sprachen das Verb nur mit dem S., das auch das bevorzugte Bezugselement für Pronomina ist (→Kongruenz, →Reflexivpronomen). Die spezifische semantische Rolle des S. ist das »Agens« (›Verursacher‹) einer Handlung, obwohl besonders in abgeleiteten →Diathesen (z.B. →Passiv) das S. sehr unterschiedliche Rollen übernehmen kann, vgl. *Diese Nachricht wurde bislang von der Regierung zurückgehalten.* Für solche Fälle, in denen formale und inhaltliche Kriterien für S. nicht zusammenfallen, unterscheidet man zwischen dem grammatischen (auch: syntaktischen) S. (*diese Nachricht*) und dem logischen S., das auch als zugrundeliegendes S. bezeichnet wird (*von der Regierung*). Unter pragmatisch-kommunikativem Aspekt ist das S. meist das Thema (das Bekannte) des Satzes, während das Prädikat das Rhema (das Neue) bezeichnet (→Thema vs. Rhema).

Lit.: A. MARTY [1897]: Über die Scheidung von grammatischem, logischem und psychologischem Subjekt resp. Prädikat. In: Archiv für systematische Philosophie 3. – CH. J. FILLMORE [1968]: The case for case. In: E. BACH/R. T. HARMS (eds.): Universals in linguistic theory. New York. Dt.: Plädoyer für Kasus. In: W. ABRAHAM (ed.) [1971]: Kasustheorie. Frankfurt. – E. L. KEENAN [1976]: Towards a universal definition of »subject«. In: CH. N. LI (ed.): Subject and topic. New York, S. 303–334. – CH. N. LI (ed.) [1976]: Subject and topic. New York. – D. E. JOHNSON [1977]: On Keenan's definition of »subject of«. In: LIn 9, S. 673–692. – W. FOLEY/D. V. VALIN [1977]: On the viability of the notion of ›subject‹ in universal grammar. In: BLS 3, S. 293–320. – J. VAN OOSTEN [1977]: Subjects and agenthood in English. In: CLS 13, S. 459–471. – H.-J. SASSE [1978]: Subjekt und Ergativ: zur pragmatischen Grundlage primärer grammatischer Relationen. In: Fol 12, S. 219–252. – S. N. SRIDHAR [1979]: Dative subjects and the notion of subjects. In: Lingua 49, S. 99–125. – E. WEIGAND [1979]: Zum Zusammenhang von Thema/Rhema und Subjekt/Prädikat. In: ZGL 7, S. 167–189. – M. REIS [1982]: Zum Subjektbegriff im Deutschen. In: W. ABRAHAM (ed.): Satzglieder im Deutschen. Tübingen, S. 171–211. – A. ZAENAN (ed.) [1982]: Subjects and other subjects. Bloomington. – U. WANDRUSKA [1984]: Subjekt und Mitteilungszentrum. In: RJb 35, S. 14–35. – A. ANDREWS [1985]: The major functions of the noun phrase. In: T. SHOPEN (ed.) Language and typology and syntactic description. Bd. 1: Clause structure. Cambridge, S. 62–154. – M. REIS [1986]: Subjekt-Fragen in der Schulgrammatik? In: DU 38, S. 64–84. – J. T. FAARLUND [1988]: A typology of subjects. In: M. T. HAMMOND/E. A. MORAVCSIK/J. R. WIRTH (eds.): Studies in syntactic typology. Amsterdam, S. 193–208. →Syntaktische Funktion.

Subjekt-Equi →Equi-NP-Deletion.

Subjekt-Prädikat-Beziehung.

Grundlegende gramm. Relation, auf der die zweigliedrige Satzanalyse ideur. Sprachen in der traditionellen Grammatik beruht, die sich von den logischen Kategorien der zweigliedrigen Urteilsstruktur des ARISTOTELES herleitet. Diese Relation, bzw. Interdependenz zwischen Subjekt und Prädikat gilt als konstitutiv für den Satz als selbständige sprachliche Einheit. Im Unterschied zu attributiven und adverbialen Beziehungen, in denen jeweils eine eindimensionale Abhängigkeit zwischen dem modifizierten Ausdruck (Substantiv, Verb) und dem modifizierenden (attributive und adverbiale Elemente) besteht, herrscht zwischen Subjekt und Prädikat eine wechselseitige Abhängigkeit: Die →Valenz des Verbs (bzw. seine →Selektionsbeschränkungen) determiniert die Wahl des Subjekts, während durch das Subjekt die Kongruenzbeziehung zum Verb (Übertragung von Numerus und Person) gestiftet wird. – Gegen die binäre Satzanalyse in Subjekt/Prädikat, die sich in der Zweiteilung der generativen →Transformationsgrammatik in *NP* und *VP* fortsetzt, sind vielfache Einwände erhoben worden, vor allem unter formalem Aspekt. So läßt sich die Zweiteilung in Sätzen wie *Schwimm!* oder *Mich friert* – zumindest oberflächenstrukturell – nicht nachweisen, und Beispiele wie *Jakob ist Lehrer an einer Sonderschule* vs. *Lehrer an einer Sonderschule ist Jakob* zeigen, daß zwischen Subjekt und Prädikativ strukturelle Gleichstellung herrschen kann. Am konsequentesten wurde die S.-P.-B. als Grundlage der Satzanalyse von seiten der →Dependenz- (bzw. Valenz-)grammatik bestritten und stattdessen das Verb als oberster Zentralknoten des Satzes angesetzt. Zur (teilweise abweichenden) Analyse nicht-ideur. Sprachen vgl. SASSE [1987].

Lit.: P. T. GEACH [1950]: Subject and predicate. In: Mind 59, S. 461–482. – K. BROCKHAUS [1969]: Subjekt und Prädikat in Grammatik und Logik. In: LBer 1, S. 19–26. – I. BELLERT [1970]: On the semantic interpretation of subject-predicate relations in the sentence of particular reference. In: M. BIERWISCH/K. E. HEIDOLPH (eds.): Progress in linguistics. The Hague, S. 9–26. – R. HARWEG [1971]: Subjekt und Prädikat. In: FL 7, S. 253–276. – G. DOERFER [1975]: S → NP + VP? In: IF 80, S. 1–46. – M. SANDMANN [1979]: Subject and predicate: a contribution to the theory of syntax. 2., überarb. und erw. Aufl. Heidelberg. – E. WEIGAND [1979]: Zum Zusammenhang von Thema/Rhema und Subjekt/Prädikat. In: ZGL 7, S. 167–189. – H.-J. SASSE [1987]: The thetic/categorical distinction revisited. In: Linguistics 25, S. 511–580. →Subjekt.

Subjekt-Prädikat-Modell
→Agens-Actio-Modell.

Subjektprominente Sprache
→Topik vs. Prädikation.

Subjektsatz [engl. *sentential subject clause/complement*]. →Nebensatz (Konstituentensatz) in der syntaktischen Funktion eines Subjekts. S. werden in Form von Konjunktionalsätzen durch *daß, ob, wer* oder *wie* eingeleitet oder durch Infinitivkonstruktionen ausgedrückt: *Dabei wurde (es) deutlich, daß er Besseres vorhatte. Ihm dabei zu helfen, (das) ist schwierig.* Unter semantischem Aspekt sind S. Spezifizierungen eines bedeutungsleeren (meist fakultativen) Korrelats im Hauptsatz wie *es, das, die Tatsache.*

Lit.: →Satzglied.

Subjunktion →Hypotaxe, →Implikation, →Konjunktion.

Subjunktiv →Konjunktiv.

Subkategorisierung [lat. *sub* ›unter‹, griech. *katēgoría* ›Grundaussagen‹. – Auch: Subklassifizierung]. In der generativen →Transformationsgrammatik von N. CHOMSKY [1965] Spezifizierung lexikalischer Kategorien (Nomen, Verb u.a.) in syntaktisch-semantisch motivierte Subklassen, die den Verträglichkeitsbeziehungen zwischen Lexemen bestimmter syntaktischer Funktionen im Satz entsprechen. Hinsichtlich der S. von Nomen und Verben unterscheidet man: (a) Kontextfreie S.-Regeln (für Nomen), die unabhängig vom Kontext des jeweiligen Vorkommens zutreffen; vgl. das komplexe Symbol für *Buch*, das unter anderem aus folgenden S.-Merkmalen besteht: [+ NOMEN, + APPELLATIVUM, + INDIVIDUATIVUM, − BELEBT, − MENSCHLICH ...]. − (b) Kontextsensitive S.-Regeln für Verben, deren S. in Abhängigkeit vom syntaktischen Kontext vorgenommen wird. Je nachdem, ob es sich dabei um rein formale, von der syntaktischen →Valenz des Verbs abhängige Eigenschaften handelt oder aber um semantisch-lexikalische Beziehungen, wird unterschieden: (ba) Strikte Subkategorisierung, die den durch das Verb geforderten obligatorischen syntaktischen Rahmen definiert, also zwischen transitiven und intransitiven Verben bzw. Verben mit Akkusativ-, Dativ- oder Präpositionalobjekt differenziert. »Strikte« S. in diesem Zusammenhang bedeutet »strikt lokale« S., d.h. die S.-Regel bezieht sich (anders als die Selektion) nur auf die Ko-Konstituenten des Verbs, also unmittelbar auf den durch die →Dominanz-Verhältnisse im Strukturbaum vorgegebenen syntaktischen Rahmen. Die

strikte S.-Regel für das Verb *suchen* lautet z.B. $V \rightarrow [+ V_{trans}] / − [NP_{Akk}]$, d.h. ›Ersetze V durch ein transitives Verb, wenn ihm ein Akkusativobjekt folgt‹. (bb) Selektionale S.: Durch selektionale S. werden die (inhärenten) semantisch-lexikalischen Merkmale spezifiziert, die die Verträglichkeitsbeziehungen zwischen Lexemen bestimmter syntaktischer Position (inkl. Subjekt) bestimmen. Solche Selektionsbeziehungen bestehen zwischen Verb und Subjekt (vgl. den abweichenden Ausdruck *Das Buch schmollt*), Verb und Objekt (vgl. *Jakob trinkt Steine*) oder Verb und Adverb (vgl. *Jakob wiegt freiwillig einen Zentner*). − Alternativ zu der an sich korrekten Redeweise, daß z.B. *wiegen* nach einer *NP* im Akkusativ subkategorisiert ist, sagt man einfacher, *wiegen* subkategorisiere eine *NP* im Akkusativ. − Zur formalen Darstellung der S.-Regeln vgl. BECHERT u.a. [1970].

Lit.: M. BIERWISCH [1965]: Eine Hierarchie syntaktisch-semantischer Merkmale. In: SG 5, S. 29–86. − N. CHOMSKY [1965]: Aspects of the theory of syntax. Cambridge, Mass. Dt.: Aspekte der Syntaxtheorie. Frankfurt 1969, Kap. 2. − R. A. JACOBS/P. S. ROSENBAUM [1968]: English transformational grammar. Waltham, Mass., Kap. 9. − R. STEINITZ [1969]: Adverbial-Syntax. Berlin. − J. BECHERT u.a. [1970]: Einführung in die generative Transformationsgrammatik. München, Kap. 4, 5. − J. GRIMSHAW [1982]: Subcategorization and grammatical relations. In: A. ZAENEN (ed.): Subjects and other subjects: Proceedings of the Harvard conference on the representation of grammatical relations. (IULC) Bloomington. →Transformationsgrammatik.

Subklassifizierung →Subkategorisierung.

Subordination [lat. *sub* ›unter‹, *ōrdināre* ›ordnen‹]. Neben →Dependenz, →Interdependenz und →Koordination wichtigste Relation zwischen syntaktischen Elementen. Ein Abhängigkeitsverhältnis der »Unterordnung« besteht z.B. jeweils zwischen Prädikat und Objekt/Adverbialen, zwischen Bezugsnomen und Attribut, zwischen Haupt- und Nebensatz sowie zwischen Nebensätzen verschiedener Abhängigkeitsgrade in komplexen Satzgefügen. Grammatische Begriffe, die sich auf das Verhältnis der S. gründen, sind u.a. →Dependenz, →Hypotaxe, →Nebensatz, →Rektion, →Valenz.

Subordinator →Complementizer.

Substantiv [lat. *substantīvus* ›für sich selbst Bestand habend‹. – Auch: Ding-, Gegenstands-, Haupt-, Nennwort, Nomen]. Neben dem →Verb die wichtigste Wortart, die z.B. im Dt. ca. 66% des gesamten Wortschatzes ausmacht. Unter morphologischem Aspekt wird das S. (sprachspezifisch) durch die Kategorien →Genus (Mask., Fem., Neutr.), →Numerus (Sing., Pl., Dual) und →Kasus (Nom., Gen., Dat., Akk. u.a.) gekennzeichnet. Als Zentrum (→Nukleus) von →Nominalphrasen kann das S. durch Attribute spezifiziert werden. Unter semantischem Aspekt wird unterschieden zwischen konkreten und abstrakten S.: Unter die Konkreta zählen Eigennamen: *Gretchen, Wien, Mozart,* Gattungsnamen (auch: Appellativa): *Mensch, Katze, Sängerin,* Sammelbezeichnungen (auch Kollektiva): *Gebirge, Gewölk* und Stoffbezeichnungen: *Wein, Gold, Blut.* Abstrakta be-

zeichnen Eigenschaften (*Treue*), Vorgänge (*Träume*), Beziehungen (*Freundschaft*), Maße (*Stunde, Meile*). Zur Valenz von S. vgl. →Valenz. Zur Wortbildung von S. vgl. →Komposition, →Nominalisierung, zu stilistischen Aspekten der Verwendung von S. vgl. unter →Nominalstil.

Lit.: W. RETTIG [1972]: Sprachsystem und Sprachnorm in der deutschen Substantivflexion. Tübingen. – H. WELLMANN [1975]: Deutsche Wortbildung. Zweiter Hauptteil: Das Substantiv. Düsseldorf. – G. AUGST [1979]: Neuere Forschungen zur Substantivflexion. In: ZGL 7, S. 220–231. – P. SCHACHTER [1985]: Parts of speech systems. In: K. SHOPEN (ed.): Language typology and syntactic description. Bd. 1. Cambridge, S. 3–61. →Deklination.

Substantivierung. Produktiver Prozeß der →Wortbildung, durch den Wörter aller Wortarten in substantivierter Form verwendet werden können. Im Unterschied zu dem als →Konversion bezeichneten Wortartwechsel (*Treff* vs. *treffen*) unterliegen S. nicht der →Lexikalisierung. In der Hauptsache betrifft S. Adjektive (einschließlich Partizipien), die als neutrale Abstraktbegriffe erscheinen: *das Zeitgenössische, (am Rande) des Vertretbaren* oder als Personenbezeichnungen: *der Ahnungslose, die Ratsuchende, der Steuersäumige, die Trauernden, (die Zahl) der angeblich Eingeweihten,* wobei das Ausgangswort seine attributive adjektivische Flexionsweise beibehält. Auch Verben und Verbalphrasen treten häufig in Infinitivform als Substantive in Nominalphrasen auf: *das Schimpfen, das Übertrumpftwerden, das Sich-Verweigern, das Däumchendrücken, moralisches Auf-den-Hund-kommen.* –

Das nicht-pluralfähige neutrale Genus ist typisch auch für S. anderer Wortarten wie Präpositionen (*als aufrechtes Gegenüber, das Hin und Her*), Pronomen (*das eigene Ich*), Adverbien (*das Jetzt*) und sogar Partikeln (*das sowjetische Nein*) oder Wortteile (*ein Ismus, das A und O*), die – weil nicht flektierbar – scheinbar in ihrer Stammform substantiviert werden (→Stamm).

Lit.: S. OLSEN [1988]: Das substantivierte Adjektiv im Deutschen und Englischen. In: FoL 22, S. 337–372. →Wortbildung.

Substanz. In der →Glossematik der materielle Aspekt des sprachlichen Systems (z.B. Schallwellen, Schriftzeichen), wobei S. sich sowohl auf die →Ausdrucks- als auch auf die Inhaltsebene bezieht: die S. der Ausdrucksebene sind phonetische Ereignisse (einzelne unklassifizierte Laute), die S. der Inhaltsebene die Menge der ungeordneten Gedanken und Vorstellungen, die durch die →Form von Sprache zu Sprache verschieden strukturiert werden. (Vgl. L. HJELMSLEV [1943] Kap. 9).

Lit.: →Glossematik.

Substituendum [lat. ›das zu Ersetzende‹]. →Bezugselement eines Proworts (z.B. Pronomen), vgl. in *Das Buch? – Es liegt schon auf deinem Schreibtisch* ist *das Buch* S. für das Pronomen *es.*

Substituens →Pro-Form, →Substitut.

Substitut [lat. *substitūtum* ›das Ersetzte‹. – Auch: Substituens]. Element, das ein ihm funktional entsprechendes Element in einem bestimmten Kontext »ersetzen« kann, z.B. Pronomen für Substantive, vgl. *Das Buch/ Es liegt auf dem Tisch.*

Substitution [Auch: Ersetzungstransformation].
(1) In der generativen →Transformationsgrammatik formale syntaktische Operation, durch die auf dem Weg von der →Tiefenstruktur zur →Oberflächenstruktur bestimmte →Konstituenten eines →Strukturbaumes durch andere Konstituenten ersetzt werden. Zwei Sonderformen der S. sind zu unterscheiden: (a) Reduktion: das ersetzte Element ist kleiner als das zu ersetzende Element, z.B. *der alte Mann* ⇒ *er*; (b) Expansion (auch: Erweiterungsprobe): das ersetzte Element ist größer als das zu ersetzende Element (= Umkehrung der Reduktion). Alle Formen der S. bestehen aus den beiden elementaren →Transformationen →Tilgung und →Insertion.

Lit.: →Transformationsgrammatik.

(2) Synonym für →Ersatzprobe, vgl. →Operationale Verfahren.
(3) In der →Glossematik bei L. HJELMSLEV dient der S.-Test zur Ermittlung von Sprachvarianten (z.B. →Allophonen); so sind im Dt. Zungen-*r* und Zäpfchen-*r* auf der Ausdrucksseite (= Aussprache) substituierbar, ohne daß diesem phonetisch-artikulatorischen Unterschied eine Differenz auf der Inhaltsebene entspricht, vgl. →Kommutationstest (2).

Lit.: →Glossematik.

Substitutionstheorie. Textgrammatisches Modell R. HARWEGS, das auf der →Syntagmatischen Substitution als grundlegendem textbildenden Verfahren beruht.

Lit.: R. HARWEG [1968]: Pronomina und Textkonstitution. München.

Substrat [lat. *strātum* ›Schicht‹]. Im Rahmen von →Sprachkontakt bzw. -mischung sowohl die bodenständige (ursprüngliche) Sprache eines unterlegenen Volkes, die von der Sprache der Eroberer überlagert wird, als auch ihr Einfluß auf die dominierende Sprache der Eroberer; vgl. die keltischen Relikte in roman. Sprachen oder der Einfluß des Nddt. in Berlin. Zum Unterschied vgl. →Adstrat, →Superstrat.

Lit.: →Sprachkontakt.

Südamerikanische Sprachen. Die Erforschung der S. S. geht zwar bis ins 16. Jh. zurück (vor allem in Form von grammatischen Beschreibungen durch span. und portug. Missionare), bis heute ist die Kenntnis von Einzelsprachen und die Rekonstruktion der Sprachverwandtschaft jedoch sehr lückenhaft. Da zahlreiche Sprachen mit verschiedenen Namen bezeichnet werden, ist nicht einmal die Gesamtzahl der Sprachen gesichert; häufig genannte Zahlen bewegen sich zwischen 550 und 2000 bei vermutlich ca. 11 Mio. Sprechern (vor der Kolonialisierung). Heute sind zahlreiche Sprachen ausgestorben oder im Aussterben begriffen. Ein wichtiger erster Klassifikationsversuch wurde 1782 von dem ital. Gelehrten F. S. GILIJ unternommen; neuere Klassifikationsversuche von C. LOUKOTKA (zuletzt 1952 mit 108 Sprach-

familien), J. H. GREENBERG [1956] (4 Sprachstämme, mit erheblichen Abweichungen im Detail) und B. SUAREZ [1974] (82 Sprachfamilien). GREENBERG [1987] rechnet alle S. S. zusammen mit den mittelamerikanischen und den meisten nordamerikanischen Sprachen zu einem einzigen Sprachstamm, dem →Amerindischen. (Vgl. Sprachenkarte Nr. 3).

Lit.: J. H. GREENBERG [1956]: The general classification of Central and South American languages. In: A. F. C. WALLACE (ed.): Men and cultures. Philadelphia 1960, S. 791–194. – Č. LOUKOTKA [1968]: Classification of South American Indian languages. Los Angeles. – T. SEBEOK [1968] (ed.): CTL 4. The Hague. – B. SUAREZ [1974]: South American Indian languages. In: Encyclopedia Britannica, S. 792–799. – T. SEBEOK [1977]: Native languages of the Americas. New York. – M. R. KEY [1979]: The grouping of South American Indian languages. Tübingen. – H. E. M. KLEIN/L. R. STARK [1985]: South American Indian languages: retrospect and prospect. Austin. – D. C. DERBYSHIRE/G. K. PULLUM (eds.) [1986/88]: Handbook of Amazonian languages. 2 Bde. Berlin. – J. H. GREENBERG [1987]: Language in the Americas. Stanford.

Südkaukasisch [Auch: Kartvelisch]. Sprachfamilie im südlichen Kaukasus mit vier Sprachen: Mingrelisch, Lazisch, Svanisch und dem weitaus größten →Georgischen (3,5 Mio. Sprecher). (Vgl. Sprachenkarte Nr. 8).

Lit.: A. C. HARRIS [1985]: Diachronic syntax: The Kartvelian case. Orlando. →Kaukasische Sprachen, →Georgisch.

Suffix [lat. *suffīgere* ›anheften‹]. Morphologisches Element, das an freie Morphemkonstruktionen angehängt wird, aber selbst in der Regel nicht (mehr) frei vorkommt. Hinsichtlich der morphologisch-syntaktischen Funktion wird unterschieden zwischen

Flexionssuffixen (→Flexion) und Ableitungssuffixen (→Wortbildung). Letztere dienen sowohl der systematischen Bedeutungsdifferenzierung, z.B. *klug : Klugheit* (= Abstraktbildung), *Buch :Büchlein* (= Verkleinerungsform), als auch der kategoriellen Festlegung der →Wortart, z.B. *heil(en), Heil + ung, heil + sam*. Infolgedessen sind S. (im Unterschied zu →Präfixen) wortartspezifisch, vgl. Adjektiv-Suffixe wie *-bar, -sam, -ig* und Nominal-Suffixe wie *-er, -ling, -heit*.

Lit.: T. Höhle [1982]: Über Komposition und Derivation: Zur Konstituentenstruktur von Wortbildungsprodukten im Deutschen. In: ZS 1, S. 76–112. – E. Selkirk [1982]: The syntax of words. Cambridge, Mass. →Wortbildung.

Suffixbildung [Auch: Suffigierung]. Bildung von komplexen Wörtern bzw. Wortformen durch Anfügung eines Suffixes an den Wortstamm. Vgl. →Derivation, →Flexion.

Lit.: →Morphologie, →Wortbildung.

Suffixoid [griech. *ōieides* ›ähnlich‹; engl. *semi-suffix*. – Auch: Halbsuffix]. Suffixartige Wortbildungselemente wie *-arm* in *abgasarm*, *-frei* in *bleifrei*, *-wesen* in *Steuerwesen*, *-zeug* in *Schreibzeug*, die reihenbildend auftreten und eine bedeutungsverwandte Form als freies Wort neben sich haben (*arm, frei, Wesen, Zeug*). Zugleich besteht eine deutliche Entfernung vom Inhaltswert des Ursprungswortes in Richtung auf eine verallgemeinernde Wirkung hin. Die Grenze zwischen Suffix und S. ist fließend. Während in eindeutigen Komposita die zweite Komponente semantisch/ gramm. korrekt in der inter-

pretierenden Paraphrasierung verwendet wird (*strahlengeschützte Flugzeuge* ›Flugzeuge, die vor Strahlen geschützt sind‹) und bei echten Suffixen (= Komponente ohne Wortcharakter) keine Paraphrasierung möglich ist, kann ein S. zwar zur Paraphrasenbildung verwendet werden, führt aber zu abweichenden Ausdrücken, da das S. autosemantischen Charakter besitzt; vgl. *Schreibzeug* »Zeug zum Schreiben«. Die in den diachronischen und synchronischen Wortbildungslehren problematische Abgrenzung von Komposition, Derivation und »Halbsuffixbildung« wird von J. Vögeding [1981] gestützt; eine Gegenposition vertritt S. Olsen [1986] und [1988].

Lit.: W. Fleischer [1969]: Wortbildung der deutschen Gegenwartssprache. 5. Aufl. Tübingen 1982. – F. Holst [1974]: Untersuchungen zur Wortbildungstheorie mit besonderer Berücksichtigung der Adjektive auf »-gerecht« im heutigen Deutsch. Hamburg. – I. Kühnhold/O. Putzer/H. Wellmann [1978]: Deutsche Wortbildung. 3. Hauptteil: Das Adjektiv. Düsseldorf. – J. Vögeding [1981]: Das Halbsuffix »-frei«. Tübingen. – S. Olsen [1986]: »Argument-Linking« und produktive Reihen bei deutschen Adjektivkomposita. In: ZS 5, S. 5–24. – S. Olsen [1988]: »Flickzeug vs. abgasarm«: Eine Studie zur Analogie in der Wortbildung. In: F. Gentry (ed.): Semper idem et novus. Göppingen, S. 75–97. →Wortbildung.

Suggerierte Schlußfolgerung [engl. *invited inference*]. Von M. Geis und A. M. Zwicky beschriebener Untertyp der →Konversationellen Implikatur. Das Versprechen *Wenn du meinen Rasen mähst, bekommst du DM 5* »suggeriert« gemeinhin die (unausgesprochene) Schlußfolgerung *Wenn du meinen Rasen nicht mähst, bekommst du keine DM 5.* Diese auf pragmatischen Aspekten beruhenden S. S. sind zu unterscheiden von logischen Folgebeziehungen, wie →Implikation und →Präsupposition.

Lit.: O. DUCROT [1969]: Présupposés et sous-entendus. In: LFr, S. 30–43. – A. M. ZWIKKY/M. GEIS [1971]: On invited inferences. In: LIn 2, S. 561–566. →Konversationsmaxime, →Präsupposition.

Sukzedens [lat. *succēdere* ›nachfolgen‹]. In der →Formalen Logik die der ersten Teilaussage in einer Aussageverbindung folgende zweite Teilaussage. Vgl. →Antezedens.

Lit.: →Formale Logik.

Sumerisch. Sprache des alten Mesopotamiens mit unbekannter genetischer Affiliation; älteste schriftliche Tradition. Erste Schriftdokumente (Keilschrift) 3100 v. Chr.; die Sprache wurde bis 2000 v. Chr gesprochen, dann durch Akkadisch ersetzt, blieb aber noch weitere zwei Jahrtausende als Schriftsprache in Gebrauch. Es handelte sich um eine agglutinierende Sprache mit ergativem Kasus-System (→Ergativsprache).

Lit.: A. FALKENSTEIN [1959]: Das Sumerische. Leiden.

Sundanesisch →Austronesisch.

Suomi →Finnisch.

Superdental(laut) →Alveolar(laut).

Superioritätsbedingung [engl. *superiority condition*]. Von CHOMSKY [1973] eingeführte →Beschränkung für Transformationen, derzufolge ein *Wh*-Element X in der Konfiguration ...Y...[...Z...X...]... nicht nach Y bewegt werden darf, wenn Z nach Y bewegt werden darf und

Z »strukturell höher« ist als Y (d.h. Z c-kommandiert X). Die Restriktion blockiert die Ableitung von *$*I$ know what$_i$ (= Y) who (= Z) saw t$_i$ (= X), da W-Bewegung auf *who* anwendbar ist (vgl. *I know who$_i$ t$_i$ saw what*) und *who* die D-Strukturelle Position von *what* c-kommandiert.

Lit.: →Transformationsgrammatik.

Superlativ [lat. *superlātīvus* ›steigernd‹]. Morphologische Kategorie des Adjektivs: zweite und höchste Steigerungsstufe, die im Dt. gebildet wird mit dem Suffix *-st* oder *-est: älteste, längste.* Wenn in semantischer Hinsicht der S. den höchsten Grad einer Eigenschaft (mindestens drei Vergleichsgrößen) bezeichnet, so spricht man von relativem S.: *Diese These ist am überzeugendsten (von allen Thesen)*; bezeichnet er einen hohen Grad ohne Vergleich, so handelt es sich um einen absoluten S. (auch: →Elativ): *Diese These ist außerordentlich überzeugend.*

Superordination →Hyperonymie.

Superstrat [lat. *strātum* ›Schicht‹]. Im Rahmen von →Sprachkontakt bzw. -mischung sowohl die Sprache von Eroberern als auch ihr Einfluß auf die bodenständige (urspr.) Sprache. Zum Unterschied vgl. →Substrat.

Lit.: →Sprachkontakt.

Superstruktur. Begriff der →Textlinguistik (T. A. VAN DIJK): charakteristische semantische Struktur einer →Textsorte. Die S. liegt dem jeweils wechselnden Textinhalt (→Makrostruktur) strukturbildend zugrunde. Sie läßt sich als konventionelles Ordnungsschema auffassen, das aus textsortentypischen Kategorien und Kombinationsregeln besteht. Vgl. z.B. →Narrative Strukturen, →Argumentation.

Lit.: T. A. VAN DIJK [1980]: Textwissenschaft. Eine interdisziplinäre Einführung. München. – T. A. VAN DIJK/W. KINTSCH [1983]: Strategies of discourse comprehension. Orlando.

Supinum [lat. *supīnāre* ›zurücklehnen‹]. Im Lat. von Bewegungsverben abgeleitetes Verbalabstraktum. Es wird unterschieden zwischen: (a) Supinum I auf *-tum* (erstarrter Akkusativ der Richtung der *u*-Deklination) mit aktivischer Bedeutung. Durch diese an ein Verbum sich »anlehnende« Nominalform wird eine Richtung oder ein Zweck bezeichnet: *salutatum venire* ›zur Begrüßung kommen‹; (b) Supinum II auf *-u* (vermutlich auf einen alten finalen Dativ zurückgehend), das nach bestimmten Adjektiven steht: *Haec res est facilis intellectu* ›dies ist leicht einzusehen‹. Die Bezeichnung »S«. (›zurückgebogen‹, im übertragenen Sinne ›passivisch‹) trifft nur für (b) zu, da (a) keinen passivischen Charakter besitzt. Im Dt. wird S. für Verbformen wie in *eine leicht zu verschmerzende Enttäuschung* verwendet.

Suppletivismus →Suppletivwesen.

Suppletivwesen [spätlat. *supplētivus* ›ergänzend‹. – Auch: Suppletiv-Charakter, Suppletiv-Erscheinung, Suppletiv-Form, Suppletivismus]. Ergänzung eines defektiven Flexionsparadigmas durch ein lexikalisch ähnliches, aber etymologisch fremdes Stammorphem, vgl. z.B. im Dt. oder Engl. die verschiedenen Stammorpheme im Flexionsparadigma von *sein*, engl. (*to*) *be*: *bin, ist, sind, war* bzw. *am, are, is, was* oder im Lat. die Kombination des Paradigmas von *ferre* »tragen« aus den drei Suppletivstämmen *ferro-tuli-latum*.

Lit.: H. OSTHOFF [1900]: Vom Suppletivwesen der indogermanischen Sprachen. Leipzig. – O. WERNER [1977]: Suppletivwesen durch Lautwandel. In: G. DRACHMAN (ed.): Akten der 2. Salzburger Frühlingstagung für Linguistik. Tübingen, S. 269–283.

Suprasegmentale Merkmale [Auch: Prosodische Merkmale]. Bezeichnung des Amerik. Strukturalismus für →Distinktive Merkmale, die nicht – wie Phoneme – einzeln segmentierbar, d.h. aus sprachlichen Äußerungen »herausschneidbar« sind, z.B. →Junktur sowie Druck- und Tonhöhenunterschiede, →Akzent, →Intonation, →Silbenschnitt, →Prosodie.

Lit.: D. CRYSTAL/R. QUIRK [1964]: Systems of prosodic and paralinguistic features in English. The Hague. – G. HEIKE [1969]: Suprasegmentale Analyse. Marburg. – H. WITTMANN [1970]: The prosodic formatives of modern German. In: Phonetica 22, S. 1–10. – E. H. ANTONSEN [1972]: Suprasegmentalia im Deutschen. In: JbIG 4, S. 18–28. – D. CRYSTAL [1974]: Paralinguistics. In: CTL 12, S. 265–295. – D. CRYSTAL [1975]: The English tone of voice. Essays in intonation, prosody and paralanguage. London. →Intonation.

Svanisch →Südkaukasisch.

Svarabhakti [altind. ›Vokalteil‹. – Auch: Sproßvokal]. Aus der →Sanskrit-Grammatik übernommener Terminus zur Bezeichnung eines Sproßvokals vor Konsonanten (insb. vor *r, l, m, n*), der silbenbildende Funktion erfüllt, z.B. westgerm. **fugl*, dt. *Vogel*; nhd. *Berg*, mbair. *bereg*; [ɣ] in neuisländ. ['baldɣr] ⟨Baldur⟩ gegenüber altisländ. *Baldr* (⟩Balder⟨). Vgl. →Anaptyxe.

SVO →Grundwortstellung.

Swahili [Auch: Kiswahili]. →Bantu-Sprache der ostafrikanischen Küste und der vorgelagerten Inseln, Staatssprache von Tansania und Kenia. Obwohl als Verkehrssprache des ostafrikanischen Sklaven- und Gewürzhandels mit zahlreichen arabischen, später englischen Lehnwörtern durchsetzt, hat sich doch die typische grammatische Struktur der →Bantu-Sprachen erhalten. Dokumente seit 1700 in arabischer, seit 1890 in lateinischer Schrift.

Lit.: E. POLOMÉ [1967]: Swahili language handbook. Washington. – G. MIEHE [1979]: Die Sprache der älteren Swahili-Dichtung. Berlin. – S. BRAUNER/I. HERMS [1981]: Lehrbuch des modernen Swahili. Leipzig.

Switch Reference [engl., ⟩Wechsel-Referenz⟨]. Grammatische Kodierung in unter- oder nebengeordneten Sätzen, die ausdrückt, ob das Subjekt dieses Satzes referenzgleich mit dem übergeordneten Satz ist oder nicht. Der letztere Fall wird als S. R. im engeren Sinn bezeichnet, vgl. Lango (Nilo-Saharanisch): *Dákó òpòyò ní* (⟩die Frau erinnert sich, daß⟨) *ècégò dógòlà* (⟩sie schloß die Tür⟨, d.h. die Frau selbst) vs. *òcègò dógóla* (⟩er/sie schloß die Tür⟨, d.h. jemand anderes). S. R. ist weit verbreitet, z.B. in Sprachen Neuguineas, Australiens, Amerikas und Afrikas.

Lit.: J. HAIMANN/P. MUNRO (eds.) [1983]: Switch reference and universal grammar. Amsterdam. – D. L. FINER [1985]: The formal grammar of switch reference. New York.

Syllabarium. (Im allgemeinen geordnetes) Inventar der Zeichen einer →Silbenschrift.

Syllepse [griech. *sýllēpsis* ⟩Zusammenfassung⟨]. →Zeugma.

Syllogismus [griech. *syllogismós* ⟩das Zusammenrechnen⟨]. Schlußverfahren der →Formalen Logik, um aus zwei Aussagen (»Prämissen«) eine dritte (»Konklusion«) abzuleiten: *Wenn alle Menschen sterblich sind und wenn Sokrates ein Mensch ist, dann ist Sokrates sterblich.* Bei einem formal richtig gebildeten S. folgt die Wahrheit der Konklusion zwingend aus der Wahrheit der beiden Prämissen. Der S. selbst ist aufgrund seiner Struktur (→Implikation) immer wahr, auch wenn alle Aussagen falsch sind. Vgl. →Enthymem, →Argumentation.

Lit.: →Formale Logik.

Symbol [griech. *sýmbolon* ⟩Erkennungszeichen⟨]. (1) In der →Semiotik von CH. S. PEIRCE [1931] Klasse von →Zeichen, bei denen die Beziehung zwischen Zeichen und Bezeichnetem ausschließlich auf Konvention beruht. Zum Unterschied vgl. →Index und →Ikon. Die Bedeutung von S. ist sprach- bzw. kulturspezifisch festgelegt, das gilt ebenso für sprachliche Zeichen wie auch für Gesten (Begrüßungsformen) oder bildliche Darstellung (vgl. Taube als S. des Friedens).

Lit.: CH. S. PEIRCE [1931/1958]: Collected papers. 8 Bde. Boston. – CH. S. PEIRCE [1976]: Zur semiotischen Grundlegung von Logik und Mathematik. Ed. von M. BENSE/E. WALTHER. Stuttgart.

(2) In formalen Beschreibungssprachen Formalzeichen, vgl. z.b. in der generativen →Transformationsgrammatik das Inventar von Zeichen für gramm. Kategorien (*NP*, *VP*), formale Vorschriften (z.B. der doppelte →Pfeil = Transformationsanweisung) und →Klammerkonventionen.

Symbolfeld der Sprache. In der Zweifeldertheorie von K. BÜHLER die Ebene des sprachlichen Kontextes im Unterschied zum →Zeigfeld der Sprache in einzelnen Kommunikationssituationen, das durch die jeweilige →Ich-Jetzt-Hier-Origo als Koordinatennullpunkt bestimmt ist. Die Konstruktions- und Verständnishilfen des sprachlichen Kontextes sind klassifizierbar nach der Verwendung ihrer Elemente im →Synsemantischen, →Sympraktischen oder →Symphysischen Umfeld der Sprache. Vgl. →Ich-Jetzt-Hier-Origo.

Lit.: K. BÜHLER [1934]: Sprachtheorie. Jena. Neudruck Stuttgart 1965, S. 149–255. →Axiomatik der Sprachwissenschaft.

Symbolische Logik →Formale Logik.

Symmetrische Relation [griech. *symmetría* ›Ebenmaß‹]. Zweistellige Relation *R*, für die im Hinblick auf beliebige Objekte *x* und *y* gilt: $R(x,y) \rightarrow R(y,x)$. Dies trifft z.B. für die Relation des ›Verheiratetseins‹ zu: Wenn *x* mit *y* verheiratet ist, dann ist auch *y* mit *x* verheiratet. Gilt die Umkehrbarkeit der Relationsglieder nicht in beliebigen Fällen, so ist die Relation nicht-symmetrisch: Für *x ist Schwester von y* trifft die Umkehrung *y ist Schwester von x* genau dann nicht zu, wenn *y* [+ MÄNNLICH] ist. Asymmetrisch heißt eine Relation *R* dann, wenn es keine zwei Objekte *x* und *y* gibt, für die sowohl $R(x,y)$ als auch $R(y,x)$ gilt, dies ist z.B. bei der Relation ›ist Tochter von‹ der Fall.

Lit.: →Formale Logik, →Mengentheorie.

Symphysisches Umfeld der Sprache [griech. *sýmphysis* ›Verwachsung‹]. Von K. BÜHLER verwendeter Begriff zur Bezeichnung der »dinglichen Anheftung« von an sich kontextfreien Äußerungen an das von ihnen Benannte: Marken auf Waren, Buchtitel, Texte auf Denkmälern, Wegweisern. Vgl. →Symbolfeld der Sprache.

Lit.: →Axiomatik der Sprache.

Sympraktisches Umfeld der Sprache [griech. *sýn-* ›zusammen‹, ›mit‹, *práxis* ›Handlung‹. – Auch: Empraktisches Umfeld der Sprache]. Von K. BÜHLER durch Anregungen aus der Gestaltpsychologie geprägter Begriff zur Bezeichnung des Handlungszusammenhänge betreffenden Anteils des situativen Kontextes von Äußerungen. Dieses S. U. wird besonders bei der Interpretation von isolierten Äußerungen wirksam. Bei solchen kontextarmen bzw. kontextfreien sprachlichen Äußerungen liegt nach BÜHLER →Empraktischer Sprachgebrauch vor.

Lit.: K. BÜHLER [1934]: Sprachtheorie. Jena. Neudruck, Stuttgart 1965, S. 154–168.

Synärese/Synäresis [griech. *synaíresis* ›Annäherung‹. – Auch: →Kontraktion]. Vorgang und Ergebnis der Zusammenziehung von zwei Vokalen aus ursprünglich verschiedenen Silben, zwischen denen aufgrund von Stammsilbenbetonung ein konsonantisches Element ausgefallen ist, z.B. mhd. *getregede*, nhd. *Getreide*.

Lit.: →Sprachwandel.

Synästhesie [griech. *synaísthēsis* ›Mitempfindung‹]. Vorgang und Ergebnis der Verschmelzung von Reizen bzw. Empfindungen der verschiedenen Wahrnehmungsformen (Riechen, Sehen, Hören, Schmecken und Tasten). Die Erregung einer dieser Wahrnehmungsweisen löst simultan die Erregung einer anderen Wahrnehmungsweise aus, so daß es zu Phänomenen wie Farbenhören oder Tönesehen kommt. In der Sprache spiegelt sich S. in metaphorischen Ausdrücken, wobei ein Element in übertragener Bedeutung verwendet wird. So kann eine Stimme *weich* (Tastsinn), *warm* (Wärmeempfindung), *scharf* (Geschmack) oder *dunkel* (Sehen) sein.

Lit.: K. BAUMGÄRTNER [1969]: Synästhesie und das Problem sprachlicher Universalien. In: ZDS 25, S. 1–20. →Metapher.

Synapsie [griech. *sýnapsis* ›Verbindung‹]. In der Terminologie von E. BENVENISTE Bedeutungseinheit im Frz., die aus mehreren syntaktisch aufeinander bezogenen Lexemen besteht, wobei das determinierte Element dem determinierenden vorausgeht und jedes Lexem seine ursprüngliche Einzelbedeutung beibehält: *machine à coudre* (›Nähmaschine‹), *arc-en-ciel* (›Regenbogen‹).

Lit.: E. BENVENISTE [1966]: Problèmes de linguistique générale. Paris.

Synchronie vs. Diachronie [griech. *chrónos* ›Zeit‹]. Neben der Unterscheidung von →Langue vs. Parole methodisch wichtigste Unterscheidung F. DE SAUSSURES für die Auffassung und Untersuchung von Sprache als geschlossenem Zeichensystem. Nur auf der Achse der Gleichzeitigkeit läßt sich Sprache als System von Werten beschreiben, in dem der Wert des einzelnen Elementes sich aus dem relationalen Kontext aller Werte ergibt. S. bezieht sich auf einen zeitlich fixierten Zustand, D. dagegen auf Veränderung eines Sprachzustandes in unterschiedlichen Zeitintervallen. Während sich synchronische deskriptive Sprachforschung auf das Verhältnis zwischen Einzelelementen in einem strukturell beschreibbaren ausbalancierten Gesamtzustand bezieht, untersucht die historisch orientierte Forschung nach DE SAUSSURE lediglich die Ersetzung einzelner Elemente durch andere Elemente bzw. den Wandel einzelner Elemente. Die Abwertung historischer Sprachbetrachtung, die als Gegenreaktion auf die vorausgegangene →Historisch-Vergleichende Sprachwissenschaft der →Junggrammatiker zu verstehen ist, hat ihrerseits Kritik hervorgerufen, vgl. u.a. W. v. WARTBURG, A. MARTINET, E. COSERIU; entsprechend gibt es eine lebendige diachronische (historische) Sprachwiss. strukturalistischer Prägung. Gegen die Unterscheidung S. vs. D. als

Realunterscheidung überhaupt wendet sich z.B. COSERIU sowie die unter dem Einfluß W. LABOVS stehende (poststrukturalistische) Sprachgeschichtsforschung.

Lit.: F. DE SAUSSURE [1916]: Cours de linguistique générale. Paris. Kritische Ausgabe, ed. von R. ENGLER. Wiesbaden 1967. Dt.: Grundfragen der allgemeinen Sprachwissenschaft. Ed. von P. V. POLENZ. 2. Aufl. Berlin 1967. – W. v. WARTBURG [1946]: Problèmes et méthodes de la linguistique. 2., verm. Aufl. Paris 1963. – A. MARTINET [1955]: Economie des changements phonétiques. Bern. – E. COSERIU [1958]: Synchronie, Diachronie und Geschichte. München. – W. LABOV [1965]: On the mechanism on linguistic change. In: CH. W. KREIDLER (ed.): Report on the 16th annual round table meeting. Washington. – A. MARTINET [1965]: La linguistique synchronique, études et recherches. Paris. Dt.: Synchronische Sprachwissenschaft. Studien und Forschungen. Berlin 1968. – W. LABOV/W. WEINREICH/M. I. HERZOG [1968]: Empirical foundations of language change. In: W. P. LEHMANN/Y. MALKIEL (eds.): Directions for historical linguistics. Austin. – K. BAUMGÄRTNER [1969]: Diachronie und Synchronie der Sprachstruktur. In: H. MOSER (ed.): Sprache. Gegenwart und Geschichte. Düsseldorf, S. 52–64. – E. ZWIRNER [1969]: Zu Herkunft und Funktion des Begriffspaares Synchronie - Diachronie. In: H. MOSER (ed.): Sprache. Gegenwart und Geschichte. Düsseldorf. – H.-H. LIEB [1970]: Sprachstadium und Sprachsystem: Umrisse einer Sprachtheorie. Stuttgart. – S. KANNGIESSER [1972]: Aspekte der synchronischen und diachronischen Linguistik. Tübingen.

Syndese [griech. *syndetikós* ›zum Zusammenbinden geeignet‹]. Verbindung von sprachlichen Ausdrücken (Wörtern, Syntagmen oder Sätzen) mit Hilfe von →Konjunktionen. Vgl. zum Unterschied →Asyndese.

Syndetikon →Direktivum.

Synekdoche [griech. *synekdochē* ›das Mitverstehen‹]. Rhetorischer →Tropus: Bezeichnung einer Sache mit einem semantisch engeren (»partikularisierende S.«) oder weiteren Begriff (»generalisierende S.«); z.B. Teil/Ganzes (*pars pro toto, totum pro parte*), Spezies/Genus, Singular/Plural: *Washington* oder *Amerika* für ›USA‹, *eine Schönheit, ein kluger Kopf, unter meinem Dach, wir* für ›ich‹ (sogen. →Pluralis Maiestatis).

Lit.: T. TODOROV [1970]: Synecdoques. In: Communications 16, S. 26–35. – N. RUWET [1975]: Synecdoque et métonymie. In: Poétique 6, S. 371–388. →Rhetorische Figur.

Synergetische Linguistik. Bei der Synergetik handelt es sich um eine spezifische Ausprägung systemtheoretischer Modellbildung, die sich durch die Beschäftigung mit der spontanen Entstehung und Entwicklung von Strukturen auszeichnet. Die Vertreter der S. L. haben in den letzten Jahren gezeigt, daß sich die funktional-analytischen Modelle und Erklärungsansätze, wie sie innerhalb der quantitativen Linguistik verfolgt werden (vgl. ALTMANN [1981]), fruchtbar in den interdisziplinären Rahmen der Synergetik einfügen lassen. Der synergetische Ansatz bietet geeignete Konzepte und Modellvorstellungen dafür an, Phänomene der Selbstregulation und Selbstorganisation als Resultate eines Wechselspiels zwischen Zufall und Notwendigkeit zu erklären. Wie andere selbstorganisierende Systeme ist die Sprache durch das Vorhandensein von kooperierenden und konkurrierenden Prozessen gekennzeichnet, die zusammen mit den von außen auf die Sprache wirkenden (psychologischen, biologischen, physikalischen, soziologischen etc.) Kräften die Dynamik des Systems ausmachen. Eine wichtige Rolle spielen das Versklavungsprinzip und die Ordnungsparameter; letztere sind makroskopische Größen, die das Verhalten der mikroskopischen Mechanismen bestimmen, auf deren Ebene aber selbst nicht repräsentiert sind. Die Erklärungskraft synergetischer Modelle beruht auf der prozeßorientierten Vorgehensweise. Bei der Modellierung geht man von den bekannten oder vermuteten Mechanismen und Abläufen des Untersuchungsgegenstandes aus und formuliert sie mit Hilfe geeigneter mathematischer Entsprechungen (z.B. Differentialgleichungen). Aus den Beziehungen zwischen den Prozessen und den übergeordneten Ordnungsparametern ergibt sich das Verhalten des Systems. Die Möglichkeit der Ausbildung neuer Strukturen (Sprachwandel, Sprachevolution) hängt wesentlich mit der Existenz von Fluktuationen zusammen, die den Evolutionsmotor bilden. Die möglichen Systemzustände (»Moden«), die sich aufgrund der Relationen im System ergeben können, werden durch Randbedingungen und Ordnungsparameter begrenzt; nur die passenden Moden können sich im Wettbewerb untereinander behaupten.

Lit.: G. K. ZIPF [1949]: Human behavior and the principle of least effort. Reading, Mass. - W. NÖTH [1975]: Homeostasis and equilibrum in linguistics and text analysis. In: Semiotica 14, S.222-244. - M. SCHWEIZER [1979]: Sprache und Systemtheorie. Tübingen. - U. STRAUSS [1980]: Struktur und Leistung der Vokalsysteme. Bochum. - G. ALTMANN [1981]: Zur Funktionalanalyse in der Linguistik. In:J. ESSER/A. HÜBNER (eds.): Forms and functions. Tübin-

gen, S. 25-32. - G. ALTMANN/E. BEÖTHY/ K. H. BEST [1982]: Die Bedeutungskomplexität der Wörter und das Menzerathsche Gesetz. In: ZPhon 35, S. 537-543. - K. H. BEST/J. KOHLHASE (eds.) [1983]: Exakte Sprachwandelforschung. Göttingen. - JU. K. ORLOV/M. G. BORODA/I. S. NADAREJSVILI [1982]: Sprache, Text, Kunst, quantitive Analysen. Bochum. - W. NÖTH [1983]: System theoretical principles of the evolution of the English language and literature. In: M. DAVENPORT/E. HANSEN/F. NIELSEN (eds.): Current topics in English historical linguistics. Odense, S. 103-122. - R. KÖHLER [1984]: Zur Interpretation des Menzerathschen Gesetzes. In: Glottometrica 6, S. 177-183. - G. ALTMANN [1985]: Die Entstehung diatopischer Varianten. Ein stochastisches Modell. In: ZS 4, S. 139-155. - R. KÖHLER [1986]: Zur linguistischen Synergetik, Struktur und Dynamik der Lexik. Bochum. - R. KÖHLER/ G. ALTMANN [1986]: Synergetische Aspekte der Linguistik. In: ZS 5, S. 253-265. - G. ALTMANN/K. H. BEST/B. KIND [1987]: Eine Verallgemeinerung des Gesetzes der semantischen Diversifikation. In: Glottometrica 8, S. 130-139. - R. HAMMERL [1988]: Neue Perspektiven der sprachlichen Synergetik: Begriffsstrukturen - kognitive Gesetze. In: Glottometrica 10, S. 129-140. - R. HAMMERL [1988]: Untersuchungen struktureller Eigenschaften von Begriffsnetzen. In: Glottometrica 10, S. 141-154.

Synesis [griech. *sýnesis* ›Sinnzusammenhang‹. - Auch: Constructio ad Sensum]. Interpretation einer syntaktischen Struktur nach inhaltlichen statt grammatischen Aspekten, wie sie häufig Ursache ist für Unsicherheit bei →Kongruenz, z.B. *Eine Menge* (Sg.) *sonderbarer Bücher lag* (Sg.)/ *lagen* (Pl.) *auf dem Tisch.*

Synkategorem →Synsemantikum.

Synkope [griech. *synkoptein* ›zusammenschlagen‹]. Vorgang und Ergebnis des Wegfalls eines unbetonten Vokals im Wortinnern, z.B. mhd. *obest* > nhd. *Obst.* Vgl. auch →Apokope.

Synkretismus [griech. *synkrā́-tos* ›gemischt‹. – Auch: Misch-kasus]. Sprachgeschichtlicher Wandel: formaler Zusammen-fall verschiedener, urspr. ge-trennter gramm. Funktionen, besonders deutlich im Kasussy-stem verschiedener Sprachen zu beobachten, so entsprechen dem griech. Dativ in anderen ideur. Sprachen →Ablativ, →Lo-kativ und Instrumental, dem lat. Ablativ die Funktionen des Instrumental und teilweise des Lokativ; im Dt. hat der Nomi-nativ die Funktion des Vokativ übernommen. S. bewirkt, daß an sich vorhandene gramm. Ka-tegorien morphologisch nicht mehr ausgedrückt werden kön-nen.

Synonymie [griech. *ónyma* ›Na-me‹. – Auch: Äquivalenz(rela-tion), Bilaterale →Implikation]. Semantische Relation der Be-deutungsgleichheit (bzw. Be-deutungsähnlichkeit) von zwei oder mehreren sprachlichen Ausdrücken. In Lexikologie, Grammatik oder Stilistik seit jeher kontroverser Begriff, der in Abhängigkeit von verschie-denen Semantiktheorien ver-schieden definiert wird. Gene-rell ist zu unterscheiden: (a) To-tale S. (auch: absolute, strikte, reine S.): Totale S. setzt per de-finitionem uneingeschränkte Austauschbarkeit der betreffen-den Ausdrücke in allen Kontex-ten voraus und bezieht sich so-wohl auf denotative (→Denotat) als auch konnotative (→Konno-tation) Bedeutungselemente. Bei enger Auslegung dieser ope-rationalen Definition und bei Beschränkung auf ein spezifi-sches Sprachsystem zeigt sich bei fast allen Beispielen, daß das

Prinzip der Sprachökonomie to-tale S. zumindest bei Lexemen anscheinend nicht zuläßt. (b) Partielle S. (auch: Homoiony-mie), die sich entweder auf Le-xeme bezieht, die aufgrund ih-rer denotativen und konnota-tiven Bedeutung in einigen, aber nicht in allen Kontexten austauschbar sind: *einen Brief bekommen/erhalten,* aber nicht **einen Schnupfen erhalten,* oder auf Lexeme mit derselben denotativen Bedeutung bei un-terschiedlichen konnotativen Bewertungen aufgrund von re-gionalen (*Pilze* vs. *Schwam-merl*), soziodialektalen (*Geld, Moos, Piepen, Kies, Moneten*), politischen (*Team, Kollektiv*), stilistischen (*Raum, Gemach*) oder fachsprachlichen (*bedeu-tungsgleich* vs. *synonym*) Be-sonderheiten. – Die Ursachen für synonymische Varianten lie-gen vor allem in der Tatsache, daß der Wortschatz einer Spra-che ein offenes System mit ra-scher Anpassungsfähigkeit an dialektale, soziale und wissen-schaftliche Entwicklungen dar-stellt: S. entsteht durch ein Ne-beneinander dialektaler und hochsprachlicher, umgangs-sprachlicher und fachsprachli-cher Varianten, durch euphe-mistische Umschreibungs-tendenzen (*sterben* vs. *entschla-fen*), durch Sprachlenkung (*Ostzone* vs. *DDR*) und durch Übernahme von Fremdwörtern (*Stockwerk* vs. *Etage*). Opera-tionale Verfahren zur Bestim-mung des Grades der lexikali-schen S. sind →Ersatzprobe (= Austauschbarkeit der syn-onymen Lexeme in Sätzen mit identischer syntaktischer Struk-tur), Distributionsanalyse (= Verteilungsbeschränkung in bestimmten Kontexten) und →Komponentenanalyse (Beschreibbarkeit durch identische Bündel semantischer Merkmale). Größere Beschreibungsgenauigkeit im Hinblick auf den denotativen Anteil wird erreicht durch den Rückgriff auf die Definition in der →Formalen Logik, derzufolge S. der →Äquivalenz-Relation entspricht: zwei Ausdrücke A_1 und A_2 in gleicher syntaktischer Position sind dann synonym, wenn gilt: A_1 impliziert A_2 und A_2 impliziert A_1. Außerdem bietet die Unterscheidung von →Extension und →Intension die Möglichkeit, präziser zwischen referentieller S. und Sinngleichheit zu unterscheiden, z.B. sind die Ausdrücke *Morgenstern* und *Abendstern* zwar extensional gleich (beide beziehen sich auf den Planeten Venus), intensional aber verschieden (→Intensionale Logik). Vgl. auch →Äquivalenz, →Paraphrase.

Lit.: R. CARNAP [1947]: Meaning and synonymy in natural languages. In: PhS 7 (1955) S. 33–47. Dt.: R. CARNAP [1972]: Bedeutung und Notwendigkeit. Wien. – B. MATES [1950]: Synonymity. In: UCPPh 25, S. 201–226. – W. V. O. QUINE [1951]: The two dogmas of empiricism. In: PRev 60, S. 20–43. – W. V. O. QUINE [1960]: Word and object. Cambridge, Mass. Dt.: Wort und Gegenstand. Stuttgart 1980. – W. MÜLLER [1965]: Probleme und Aufgaben deutscher Synonymik. In: Die wissenschaftliche Redaktion 1, S. 90–101. – E. AGRICOLA [1969]: Semantische Relationen in Text und im System. Halle. – TH. SCHIPPAN [1972]: Einführung in die Semasiologie. Leipzig. – W. L. FISCHER [1973]: Äquivalenz- und Toleranzstrukturen in der Linguistik. Zur Theorie der Synonyma. München. – H.-M. GAUGER [1973]: Die Anfänge der Synonymik. Ein Beitrag zur Geschichte der lexikalischen Semantik. Tübingen. – H. E. WIEGAND [1976]: Synonymie und ihre Bedeutung in der einsprachigen Lexikologie und Lexikographie. Düsseldorf. – H.-J. BICKMANN [1978]: Synonymie und Sprachverwendung. Verfahren zur Ermittlung

von Synonymenklassen als kontextbeschränkten Äquivalenzklassen. Tübingen. – K. S. JONES [1987]: Synonymy and semantic classification. New York. *Bibliographie aus topischer Sicht:* J. S. PETÖFI (ed.) [1978]: Logic and the formal theory of natural language. Selective bibliography. Hamburg, S. 133–135. →Semantik, →Synonymwörterbuch.

Synonymwörterbuch. Generell jedes einzelsprachliche Wörterbuch, das die Erläuterung der →Lexeme durch semantische Paraphrasen leistet (*Schimmel* ›weißes Pferd‹). Im Speziellen eine auf Vollständigkeit abzielende Sammlung aller synonymen Ausdrücke einer Sprache, wobei ein sehr weitgefaßter →Synonymie-Begriff zugrundegelegt wird.

Lit.: P. M. ROGET [1852]: Roget's thesaurus of synonyms and antonyms. Neuausgabe von S. R. Roget. New York 1972 – R. B. FARRELL [1953]: Dictionary of German synonyms. Cambridge. 3. Aufl. 1977. – S. I. HAYAKAWA [1968]: Modern guide to synonyms and related words. New York. – DUDEN [1972]: Die sinn- und sachverwandten Wörter. Wörterbuch der treffenden Ausdrücke. Bearb. von W. MÜLLER u.a. Mannheim, 2. Aufl. 1986. – R. ROUSSINOT [1973]: Dictionnaire des synonyme, analogies et antonymes. Paris – H. W. KLEIN/W. FRIEDRICH [1974]: Englische Synonymik. 5. Aufl. München 1975. – H. KLEINEIDAM/ W. GOTTSCHALK [1974]: Französische Synonymik. 6., neu bearb. Aufl. München. – E. GENOUVRIER/C. DESIRAT/T. HORDE [1977]: Nouveau dictionnaire des synonymes. Paris. – E. BULITTA/H. BULITTA [1983]: Wörterbuch der Synonyme und Antonyme. Frankfurt – G. KEMPCKE [1986]: *Kopf, Schädel, Haupt* und *Dez.* Zur Darstellung der Substituierbarkeit synonymer lexikalischer Einheiten in einem Synonymwörterbuch. In: Beiträge zur Erforschung der deutschen Sprache 6, S. 263–279. →Lexikographie, →Semantik.

Synsemantikum [griech. *sēmantikós* ›bezeichnend‹. – Auch: Strukturwort, Synkategorem]. Wort, das bei isoliertem Auftreten (angeblich) keine selbständige lexikalische Bedeutung trägt (vgl. die wörtliche Übersetzung: ›Mit-Bedeuter‹).

Kandidaten für solche sogen. Leer- oder Funktionswörter sind Präpositionen, Konjunktionen, Ableitungssilben; m.a.W. Wortarten, die mehr oder weniger abgeschlossene Klassen bilden. S. im weiteren Sinn sind polyseme sprachliche Ausdrücke wie das Adjektiv *gut*, das je nach Kontext unterschiedliche Bedeutungsaspekte aufweist, vgl. *Die Antwort/sein Charakter/das Wetter/das Essen ist gut*. Zum Unterschied vgl. →Autosemantikum.

Lit.: →Autosemantikum.

Synsemantisches Umfeld der Sprache. Von K. BÜHLER in Anlehnung an die Gestaltpsychologie geprägter Begriff zur Bezeichnung der Bedeutungsfestlegung einzelner Sprachzeichen durch den verbalen Kontext ebenso wie durch begleitende Zeichen nonverbaler Art (Bilder, Mimik, Gestik, Musik). Vgl. →Symbolfeld der Sprache.

Lit.: →Axiomatik der Sprachwissenschaft.

Syntagma [Pl. Syntagmen; griech. *sýntagma* ›Zusammengestelltes‹]. Durch Segmentierung gewonnene, strukturierte, aber noch unklassifizierte Folge von sprachlichen Ausdrücken, die aus Lauten, Wörtern, Wortgruppen, Teilsätzen oder ganzen Sätzen bestehen kann. Zum Unterschied vgl. →Paradigma. – Eingeschränktere Verwendung bei J. LYONS für sprachliche Einheiten zwischen Wort und Satz, die nicht Subjekt und Prädikat aufweisen, also wort-ähnlichen Charakter haben.

Lit.: J. LYONS [1968]: Introduction to theoretical linguistics. Cambridge. Dt.: Einführung in die moderne Linguistik. München 1971, S. 174ff.

Syntagmatische Substitution. Bezeichnung der →Textgrammatik (R. HARWEG) für die kontextuelle (»syntagmatische«) Wiederaufnahme eines Ausdrucks durch einen anderen, der durch →Koreferenz oder →Kontiguität semantisch verwandt ist. Die verschiedenen Formen der S. S. sind ein wichtiges Mittel der →Kohäsion von Texten und dienen als Kriterium der →Texttypologie. Vgl. →Substitutionstheorie, →Textverweis, →Textphorik.

Lit.: →Substitutionstheorie, →Textgrammatik.

Syntaktische Affigierung [griech. *sýntaxis* ›Zusammenstellung‹]. →Phrasale Affigierung.

Syntaktische Funktion [Auch: Grammatische/Syntaktische Relation]. Sammelbegriff für Beschreibungsgrößen wie »Subjekt«, »Prädikat«, »Objekt«, »Adverbial«, »Attribut« u.a., wobei eine unterschiedliche Verwendung je nach theoretischem Ansatz oder Sprachtyp vorliegt: (a) Für Sprachen wie Dt. oder Lat. (die über ein ausgeprägtes morphologisches System verfügen) führt man die S. F. in erster Linie auf →Kasus zurück. So z.B. identifiziert man das Subjekt mit der Nominativ-Ergänzung eines Prädikats. (b) Für Sprachen wie Engl. und Frz. (in denen morphologische Kasus nur marginal vorkommen) geht man von strukturellen und/oder topologischen Relationen aus und definiert z.B. das Subjekt als die vom Satzknoten unmittelbar dominierte Nominalphrase (vgl. CHOMSKY [1965]) bzw. als die Nominal-

phrase, die eine satzinitiale un-markierte Stellung aufweist (vgl. HALLIDAY [1967]). (c) In in-haltbezogenen Ansätze werden S. F. mit semantischen Rollen oder satzfunktionalen Begrif-fen assoziiert, wobei z.b. das Subjekt vom Agens (= Ver-ursacher) einer Handlung (vgl. →Kasusgrammatik) oder vom Satzgegenstand im logischen Sinne (vgl. →Traditionelle Grammatik) oder dem Topik oder Thema eines Satzes abge-leitet wird (vgl. LYONS [1977]). (d) Andere Ansätze gehen von Mischdefinitionen aus (vgl. KEENAN [1976]) oder unter-scheiden mehrere Arten einer S. F. (vgl. die Unterscheidung logisches vs. grammatisches →Subjekt), weil die oben ange-führten Definitionskriterien z.B. im Passiv in systemati-schem Widerspruch zueinander stehen (vgl. zu einer diesbezüg-lichen Kritik der S. F. VENNE-MANN [1982], PRIMUS [1987]). (e) Aus demselben Grund werden S. F. als undefinierte Grundbe-griffe in der →Relationalen Grammatik und der →Lexical Functional Grammar behan-delt. Die oben aufgezählten S. F. für →Nominativsprachen wie das Dt. lassen sich auf →Er-gativ- oder »topik-prominente« (→Topik vs. Prädikation) Spra-chen nicht ohne weiteres an-wenden (vgl. FOLEY/VAN VALIN [1977], SASSE [1978]).

Lit.: N. CHOMSKY [1965]: Aspects of the theory of syntax. Cambridge, Mass. Dt.: Aspekte der Syntaxtheorie. Frankfurt 1969. – H.-J. SEILER [1970]: Semantic infor-mation in grammar: the problem of syntac-tic relations. In: Semiotica 2, S. 321–334. – J. M. ANDERSON [1972]: A study of gram-matical functions in English and other lan-guages. Edinburgh. – P. COLE/J. M. SA-DOCK (eds.) [1977]: Grammatical relations. New York. – W. ABRAHAM (ed.) [1978]: Va-lence, semantic case and grammatical re-lations. Amsterdam. – W. ABRAHAM [1982]: Satzglieder im Deutschen. Tübingen. – J. BRESNAN (ed.) [1982]: The mental representation of grammatical relations. Cambridge. – TH. VENNEMANN [1982]: Re-marks on grammatical relations. In: L. YANG (ed.): Proceedings of the 1981 Seoul international congress on linguistics. Seoul. – CH. LEHMANN [1983]: Rektion und syntaktische Relationen. In: FoL 17, S. 339–378. – A. MARANTZ [1984]: On the na-ture of grammatical relations. Cambridge. – A. ANDREWS [1985]: The major functions of the noun phrase. In: T. SHOPEN (ed.): Language typology and syntactic descrip-tion. Bd. 1. Cambridge, S. 62–154. – B. PRI-MUS [1987]: Grammatische Hierarchien. München. →Satzglied, →Subjekt.

Syntaktische Kategorie →Grammatische Kategorie.

Syntaktische Konnexität →Grammatikalität.

Syntaktische Relation →Syntak-tische Funktion.

Syntax.
(1) Teilbereich der →Semiotik (auch: Syntaktik), der sich mit der Anordnung und Beziehung von Zeichen beschäftigt, wobei abstrahiert wird von den Bezie-hungen des Sprechers zu den Zeichen (vgl. →Pragmatik) so-wie von der Relation der Zei-chen zu ihrer Bedeutung und zur außersprachlichen Wirk-lichkeit (vgl. →Semantik).
(2) Teilbereich der Grammatik natürlicher Sprachen (auch: Satzlehre): System von Regeln, die beschreiben, wie aus einem Inventar von Grundelementen (→Morphemen, Wörtern, →Satz-gliedern) durch spezifische syn-taktische Mittel (Morphologi-sche Markierung, →Wort- und Satzgliedstellung, →Intonation u.a.) alle wohlgeformten Sätze einer Sprache abgeleitet werden können. Die syntaktische Be-

schreibung beruht auf spezifischen Methoden der Satzanalyse, vgl. →Operationale Verfahren (wie Umstellprobe, Ersatzprobe) und Kategorienbildung (wie Satztypen, Satzglieder). Die Grenzen zu anderen Beschreibungsebenen, insb. zu →Morphologie und →Semantik sind fließend, ihre Präzisierung ist daher theorieabhängig.

Synthetic Compounds →Zusammenbildung.

Synthetischer Sprachbau. Von A. W. SCHLEGEL [1818] unter morphologischen Aspekten aufgestellter Klassifikationstyp für Sprachen, die die Tendenz haben, die syntaktischen Beziehungen im Satz durch morphologische Markierungen am Wortstamm zu kennzeichnen, mit den Unterklassen des →Agglutinierenden und →Flektierenden Sprachbaus. Zum Unterschied vgl. →Analytischer Sprachbau.

Lit.: →Sprachtypologie.

Syrisch →Aramäisch.

Systematisch-phonemische Form/Repräsentation →Zugrundeliegende Form.

Systemerprobung →Operationale Verfahren.

Systemische Grammatik [engl. *scale-and-category-grammar*]. Auf sprachtheoretischen Ansätzen von J. R. FIRTH beruhendes, von M. A. K. HALLIDAY ausgearbeitetes deskriptives Analysemodell von Sprache, das davon ausgeht, daß linguistische Beschreibungen Abstraktionen sprachlicher Formen aus sprachlichen Äußerungen sind, wobei zwischen Sprache und außersprachlicher Welt eine enge Beziehung besteht, die durch den Situationskontext hergestellt wird. Dabei gewährleistet ein System sich gegenseitig definierender und logisch auseinander ableitbarer formaler Einheiten eine angemessene und vollständige Sprachanalyse. – HALLIDAY [1961] unterscheidet zwischen (a) drei Ebenen (*levels*): Form (Grammatik, Lexik), Substanz (Phonologie, Orthographie) und Situationskontext (Semantik, die sich aus der Relation zwischen Form und Kontext ergibt); (b) vier Grundkategorien: Einheiten (*units*), d.h. strukturierte »Elemente« aller »Ebenen« (z.B. Satz, Wort, Morphem), Struktur (die die syntagmatische Ordnung innerhalb der »Einheiten« spiegelt), Klasse (Klassifizierung der Einheiten« gemäß ihrer Funktionen) und System (paradigmatische Ordnung zwischen »Einheiten« geschlossener »Klassen«, z.B. Numerus) und (c) drei Abstraktionsskalen, die die Beziehung zwischen den »Kategorien« und den beobachtbaren sprachlichen Daten« herstellen: die »Rangskala« (*rank*) bezieht sich auf die hierarchische Ordnung der Einheiten (z.B. Morphem – Wort – Phrase – Teilsatz – Satz), die »Darstellungsskala« (*exponence*) auf die Relation zwischen den »Kategorien« und den sprachlichen Daten, und die »Feinheitsskala« (*delicacy*) auf genauere Unterscheidungen auf allen »Ebenen« (vgl. z.B. die Unterteilung von Nebensätzen in konzessive, kausale usw.). – Auf den Grundprinzipien der S.G. basieren zahlreiche Untersuchungen zur Syntax und Semantik des Engl.; vgl. HALLIDAY [1967] über Transitivität, HALLIDAY [1970] über Modalität sowie HUDSON [1971] und [1974].

Lit.: M. A. K. HALLIDAY [1961]: Categories of the theory of grammar. In: Word 17, S. 241–292. – M. A. K. HALLIDAY/A. MCINTOSH/P. STREVENS [1964]: The linguistic sciences and language teaching. London. Dt.: Linguistik, Phonetik und Sprachunterricht. Heidelberg 1972. – J. C. CATFORD [1965]: A linguistic theory of translation. An essay in applied linguistics. London. – M. A. K. HALLIDAY [1967]: Notes on transitivity and theme in English. In: JL 3, S. 37–81 und 199–244; JL 4, S. 179–215. – T. D. LANGENDOEN [1968]: The London school of linguistics. A study of the linguistic theories of B. MALINOWSKI and J. R. FIRTH. Cambridge, Mass. – R. A. HUDSON [1971]: English complex sentences: an introduction to systemic grammar. Amsterdam. – M. A. K. HALLIDAY [1973]: Explorations in the function of language. London. – R. R. K. HARTMANN [1973]: The language of linguistics. Reflections on linguistic terminology with particular reference to »level« and »rank«. Tübingen. – R. A. HUDSON [1974]: Systemic generative grammar. In: Linguistics 139, S. 5–42. – M. A. K. HALLIDAY/J. R. MARTIN [1981]: Readings in systemic linguistics. London. – M. A. K. HALLIDAY (ed.) [1987]: New developments in systemic linguistics. Bd. 1. Theory and description. London. – J. D. BENSON u.a. (eds.) [1988]: Linguistics in a systemic perspective. Amsterdam. – R. P. FAWCETT/D. YOUNG [1989]: New developments in systemic linguistics. 2 Bde. London.

Systemlinguistik. Ursprünglich neutrale Bezeichnung für strukturalistisch orientierte, an der intern formalen Seite von Sprache (im Sinn von →Langue) interessierte Forschungsrichtungen innerhalb der Sprachwissenschaft, die Sprache unter synchronischem Aspekt als situationsunabhängiges System von Zeichen und Regeln untersuchten und beschrieben, dabei aber Probleme der Bedeutung, pragmatische Faktoren sowie soziologische und psychologische Bedingungen von Sprache und Sprechen weitgehend ausblendeten. Mit der Entwicklung kommunikationswiss. ausgerichteter Forschungsansätze und ihrer Abgrenzung gegen bzw. Kritik an der sogen. S. erhielt die Bezeichnung allmählich abwertenden Charakter.

Tabuisierung. Erscheinung in zahlreichen Sprachgemeinschaften (v.a. in Afrika, Australien, Ozeanien und Amerika), die Verwendung bestimmter Wörter zu vermeiden. Typischerweise wird der Name eines Verstorbenen (und alle ähnlich klingenden Wörter) umgangen; stattdessen werden Umschreibungen oder Entlehnungen aus anderen Sprachen verwendet. Dies führt zu einer raschen Veränderung des Wortschatzes und erschwert den Nachweis genetischer Zusammenhänge.

Lit.: J. A. SUÁREZ [1971]: A case of absolute synonyms. In: IJAL 37.3, S. 192–195.

Tabuwort [polynes. *tapu* ›das Gekennzeichnete‹, ›Unantastbare‹. – Auch: Sprachtabu]. Aus religiösen, politischen oder sexuellen Gründen gemiedener Ausdruck, meist ersetzt durch einen →Euphemismus, z.B. *verflixt* für ›verflucht‹, *Potzblitz* für ›Gottes Blitz‹, *Gottseibeiuns* für ›Teufel‹, *Mitteldeutschland* für ›DDR‹.

Lit.: G. BONFANTE [1939]: Etude sur le tabou dans les langues indo-européenes (Mélanges Ch. Bally). Genf, S. 195–207. – W. HAVERS [1946]: Neuere Literatur zum Sprachtabu. In: SbÖAW 223. – S. ULL-

MANN [1962]: Semantics. An introduction to the science of meaning. Oxford, S. 204–209. – P. TOURNIER [1975]: The naming of persons. New York. →Euphemismus.

Tachysphemie →Poltern.

Tadschikisch →Persisch.

Tätigkeitsform →Aktiv.

Tätigkeitswort →Verb.

Tagalog. →Austronesische Sprache der Philippinen, ca. 13 Mio. Sprecher und Basis des vereinfachten Philipino, der Staatssprache der Philippinen. T. weist die typischen Züge der Philippinen-Sprachen auf: Verbinitiale Wortstellung, topikale Nominalphrasen in Satzendstellung, Markierung semantischer Rollen (→Thematische Relation) durch Präpositionen, ein ausgeprägtes und flexibles Diathesensystem zur Topikalisierung von Nominalphrasen. Morphologisch interessant wegen des Vorkommens von Infixen.

Lit.: T. RAMOS [1971]: Tagalog structures. Honolulu. – P. SCHACHTER/F. T. OTANES [1972]: Tagalog reference grammar. Berkeley.

Tagma [Pl. Tagmen; griech. *tágma* ›Klasse‹]. In der →Tagmemik kleinste konkret realisierte gramm. Elemente der sprachlichen Analyse; z.B. →Phon, →Morph u.a.

Tagmatik. Untersuchung der speziellen Anordnung von bestimmten (sprachlichen) Elementen.

Tagmem.
(1) Kleinste funktionelle gramm. Formelemente der

→Langue, die – im Unterschied zu den bedeutungslosen →Taxemen – bedeutungstragend sind.
(2) Bei K. PIKE kleinste strukturelle Formelemente, die als Korrelate von gramm. Funktion (= »Funktionsschlitze«) und paradigmatischer Einsetzklasse (= »Füllerklasse« bzw. »Füllerform«) verstanden werden. Die ursprüngliche Bezeichnung für diese Elemente war »Grammem«.
Lit.: →Tagmemik.

Tagmemik. Wichtige Richtung des Amerikan. Strukturalismus, die sprachliche Regularitäten im Zusammenhang mit soziokulturellem Verhalten zu beschreiben versucht. Die methodische Ausrichtung ist einerseits durch die praktischen Erfordernisse der Bibelübersetzung in zum Teil unerforschte exotische Sprachen geprägt (wie sie im *Summer Institute of Linguistics* erarbeitet wurden), andererseits stark von L. BLOOMFIELD und dem Konzept der →Deskriptiven Linguistik beeinflußt. Als Hauptvertreter gilt K. L. PIKE, dessen dreiteiliges Werk mit dem programmatischen Titel: *»Language in relation to a unified theory of the structure of human behavior«* 1954–1960 erschien. Gemäß seinem Ansatz, eine Art universelle Taxonomie menschlichen Verhaltens zu entwerfen, geht PIKE von einer engen systematischen Verflechtung der verschiedenen Beschreibungsebenen aus. Die kleinsten funktionellen Formelemente aller Ebenen nennt er (in Anlehnung an BLOOMFIELD) →Tagmeme und definiert sie als Korrelate von syntagmatischen Funktionen (z.B. Subjekt, Objekt) und paradigmatischen Füllungen (z.B. Nomen, Personalpronomen, Eigennamen als mögliche Einsetzungen für die Subjektposition). Mehrere Tagmeme fügen sich zusammen zu →Syntagmemen (»Konstruktionen«). Die Verflechtung der hierarchischen Ebenen (z.B. der Syntax in: Wort, Phrase, Satz, Satzkomplex, Absatz, Diskurs) ergibt sich dadurch, daß die Formelemente eines Tagmems höherer Ebene (z.B. »Satz«) als Syntagmeme der nächst tieferen Ebene (also: »Phrase«) analysiert werden. Dies geschieht in Form mehrgliedriger Ketten mittels der sogen. →Kettenanalyse, wie sie Z. S. HARRIS und R. E. LONGACRE entwickelt haben. Prinzipiell werden alle sprachlichen Einheiten unter drei verschiedenen theoretischen Perspektiven untersucht: (a) Unter dem Aspekt des Merkmalmodus verfügt jede Einheit über eine spezifische »emische« Struktur (→Etische vs. emische Analyse), z.B. die distinktiven Merkmale der Phonologie; (b) unter dem Aspekt des Manifestationsmodus zählt jedes Element zu einer »paradigmatischen« Klasse von »etischen« Erscheinungsformen; (c) unter dem Aspekt des Distributionsmodus wird jede Einheit hinsichtlich ihres Vorkommens einer bestimmten Distributionsklasse zugeordnet. Zu Detailproblemen vgl. R. E. LONGACRE [1964] sowie die kommentierten Bibliographien von K. L. PIKE und R. M. BREND, zur Auseinandersetzung vom transformationsgramm. Standpunkt aus vgl. P. M. POSTAL [1964]. – Forschungsschwerpunkte der T.,

wie sie in neueren Publikationen hervortreten, beziehen sich auf semantisch-ethnolinguistische Probleme (z.B. Untersuchungen von Verwandtschaftsbezeichnungen in verschiedenen Sprachen), vor allem aber auf die Einbeziehung nonverbaler, paralinguistischer Aspekte in die Sprachbeschreibung.

Lit.: L. BLOOMFIELD [1933]: Language. New York. – K. L. PIKE [1943]: Taxemes and immediate constituents. In: Lg 19, S. 65–82. – R. E. LONGACRE [1960]: String constituent analysis. In: Lg 36, S. 63–88. – Z. S. HARRIS [1962]: String analysis of sentence structure. The Hague. – R. E. LONGACRE [1964]: Grammar discovery procedures. A field manual. The Hague. – P. M. POSTAL [1964]: Constituent structure: A study of contemporary models of syntactic description. Bloomington. – R. E. LONGACRE [1965]: Some fundamental insights of tagmemics. In: Lg 41, S. 65–76. – W. A. COOK [1967]: The generative power of a tagmemic grammar. Washington. – K. L. PIKE [1967]: Language in relation to a unified theory of the structure of human behavior. 2. Aufl. The Hague 1971. – W. A. COOK [1969]: Introduction to tagmemic analysis. New York. – R. M. BREND (ed.) [1974]: Advances in tagmemics. Amsterdam. – D. GIBBON [1974]: Tagmemik. In: H. L. ARNOLD/V. SINEMUS (eds.): Grundzüge 2: Sprachwissenschaft. München, S. 276–294. – V. G. WATERHOUSE [1974]: The history and development of tagmemics. The Hague. – K. L. PIKE [1982]: Linguistic concepts: an introduction to tagmemics. Lincoln. – K. L. PIKE [1983]: Text and tagmeme. London.
Zeitschriften: International Journal of American Linguistics [1917ff.]. – Oceanic Linguistics.
Bibliographie: R. M. BREND [1970/72]: Tagmemic theory. An annotated bibliography. In: JEL 4, S. 7–45; JEL 6, S. 1–16. – K. L. PIKE [1966]: A guide to publications related to tagmemic theory. In: CTL 3, S. 365–394.

Tamashek →Berberisch.

Tamil. →Drawidische Sprache (45 Mio. Sprecher) mit größter geographischer Ausdehnung und ältester literarischer Tradition, gesprochen in Indien und Sri Lanka. Eigene, aus der südlichen Brahmi-Schrift der As'oka-Periode entwickelte Silbenschrift. Die Sprache besitzt auffällig unterschiedliche Register, die den sozialen Status und die Formalität der Sprecher anzeigen.

Lit.: G. U. Pope [1979]: A handbook of the Tamil language. New Delhi. – R. Asher [1983]: Tamil. Amsterdam.

Tanoa-Sprachen →Uto-Aztekisch.

Tap [engl. ›tippen‹. – Auch: Getippter Laut]. Nach dem Überwindungsmodus (tippende Bewegung) bezeichneter Sprachlaut. Im Unterschied zu einem →Flap tippt die Zungenspitze bei der Bildung eines T. die Artikulationsstelle unmittelbar aus der Ruhelage heraus an, z.B. bei [ɾ] in span. [ˈpɛɾo] ›aber‹ gegenüber [ˈpɛro] ›Hund‹. Oft wird zwischen T. und Flaps nicht begrifflich unterschieden. Es gibt auch labiale und uvulare T. →Artikulatorische Phonetik.

Lit.: →Phonetik.

Tarahumara →Uto-Aztekisch.

Tarnname →Pseudonym.

Tarski-Semantik →Modelltheoretische Semantik.

Taubstummensprache →Gebärdensprache.

Tautologie [griech. *tautológos* ›gleiche Aussage‹].
(1) In der →Formalen Logik komplexer sprachlicher Ausdruck, der, gleichgültig auf welche →Mögliche Welt er bezogen wird, aufgrund seiner logischen Form immer wahr ist; z.B. *p oder nicht p* (*Es regnet oder es*

regnet nicht). T. sind analytisch und logisch wahre Aussagen; vgl. zum Unterschied →Kontradiktion.

Lit.: →Formale Logik.

(2) Vgl. →Pleonasmus.

Tautosilbisch. [Auch: Tautosyllabisch]. Zu ein und derselben →Silbe zugehörig.

Tax [griech. *táxis* ›Anordnung‹]. Oberbegriff für kleinste konkret realisierte gramm. Sprachelemente auf allen Beschreibungsebenen: →Phon, →Graph, →Prosod u.a.

Taxem. Bei L. Bloomfield [1933] kleinste gramm. Formelemente ohne Bedeutung, im Unterschied zum bedeutungstragenden →Tagmem.

Lit.: →Tagmemik.

Taxonomische Analyse [Auch: →Distributionalismus]. Aus Botanik und Zoologie übernommener Terminus zur Bezeichnung von sprachwiss. Analysen, die sich überwiegend oder ausschließlich auf klassifikatorische Merkmale der →Distribution von sprachlichen Einheiten, Merkmalen oder Strukturen stützen. So bezeichnet N. Chomsky [1964:75] die auf →Segmentierung und Klassifizierung beruhenden phonologischen Analysen amerikanischer Strukturalisten (L. Bloomfield, Z. S. Harris) mit pejorativem Unterton als »*taxonomic phonemics*«, von daher hat sich aus generativer Sicht die Bezeichnung »Taxonomischer Strukturalismus« als allgemeine Bezeichnung für den (auf Beobachtungsdaten und deren

Distribution ausgerichteten) →Amerikanischen Strukturalismus eingebürgert.

Lit.: →Amerikanischer Strukturalismus, →Sprachwissenschaft (Geschichte), →Strukturalismus.

Taxonomische Grammatik →Phrasenstrukturgrammatik.

Teilmenge →Menge.

Teilsatz [engl. *clause*]. Neutrale Bezeichnung für satzförmige, syntaktisch unselbständige Bestandteile eines Satzgefüges oder einer →Satzverbindung. Als T. werden sowohl →Nebensätze als auch (unselbständige/ unvollständige) Hauptsätze bezeichnet (z.B. *Er fragt* in *Er fragt, wann die Entscheidung fallen wird*).

Teil-von-Relation. [Auch: Pertinenz-Relation, Habere-Relation, Partonymie-Relation]. Semantische Relation zwischen sprachlichen Ausdrücken zur Bezeichnung der Beziehung des Teils zum Ganzen bzw. zur Bezeichnung von Besitzverhältnissen: *A hat B*. Diese Relation weist große Ähnlichkeit mit der →Inklusion auf. Sie ist wie die echte Inklusion asymmetrisch, jedoch im Unterschied zur Inklusion nicht transitiv. Vgl. *Der Arm hat eine Hand* und *Die Hand hat fünf Finger*, aber nicht: * *Der Arm hat fünf Finger* (→Symmetrische bzw. →Transitive Relation). – Die Selektionsbeschränkungen, die zwischen bestimmten Verben (*haben*, *besitzen*) und verschiedenen Substantivklassen bestehen (*Die Katze hat einen langen Schwanz*, aber nicht * *Ein langer Schwanz hat die Katze*), sind kompo-

nentenanalytisch nicht mehr durch binäre, sondern nur durch relationale Merkmale zu beschreiben.

Lit.: M. BIERWISCH [1965]: Eine Hierarchie syntaktisch-semantischer Merkmale. In: SG 5, S. 29–86. – A. V. ISAČENKO [1965]: Das syntaktische Verhältnis der Bezeichnungen von Körperteilen im Deutschen. In: Syntaktische Studien Berlin, S. 7–27. – E. H. BENDIX [1966]: Componential analysis of general vocabulary: the semantic structure of a set of verbs in English, Hindi, and Japanese. The Hague. – D. A. CRUSE [1979]: On the transitivity of the part-whole relation. In: JL 15, S. 29–38. →Komponentenanalyse, →Semantik, →Semantische Relation.

Telisch vs. Atelisch [griech. *télos* ›Ziel‹. – Auch: Grenzbezogen vs. Nicht-Grenzbezogen, Terminativ vs. Nicht-Terminativ]. Aktionsart bzw. →Aspektkategorien von Verben, die Ereignisse mit natürlichem bzw. ohne Endpunkt bezeichnen, z.B. sind *nach München fahren, ein Glas Wein trinken* »telisch«, während *mit dem Zug fahren, Wein trinken* als »atelisch« bezeichnet werden. Vgl. auch →Resultativ.

Lit.: H. B. GAREY [1957]: Verbal aspect in French. In: Lg 33, S. 91–110. – Ö. DAHL [1981]: On the definition of the telic - atelic (bounded - nonbounded) distinction. In: P. J. TEDESCHI/A. ZAENEN (eds.): Tense and aspect. London, S. 79–90. →Aktionsart, →Zeitkonstitution.

Telugu →Drawidisch, →Marathi.

Template [engl., ›Muster‹, ›Schablone‹]. In der →Unifikationsgrammatik ein Merkmalsmakro, d.h. eine deklarierte →Merkmalstruktur, die über ihren Namen innerhalb anderer Merkmalstrukturen aufgerufen werden kann. T. wurden in →PATR eingeführt und extensiv in der →Head-Driven Phrase Structure Grammar verwendet.

Lit.: →Unifikationsgrammatik.

Temporale Logik. Spezialform einer philosophischen Logik, die zusätzlich zu den in der →Formalen Logik untersuchten logischen Ausdrücken wie →Logische Partikeln (*und, oder* u.a.) und →Operatoren noch temporale Ausdrücke wie *es war der Fall, daß*; *es wird der Fall sein, daß* durch Einführung entsprechender Operatoren in die semantische Analyse einbezieht. Inwieweit damit das natürlichsprachliche →Tempus erfaßt werden kann, bleibt umstritten.

Lit.: A. N. PRIOR [1967]: Past, present and future. Oxford. – N. RESCHER/A. URQUHART [1971]: Temporal logic. Wien. – CH. ROHRER (ed.) [1980]: Time, tense, and quantifiers. Tübingen. – J. V. BENTHEM [1983]: The logic of time. Dordrecht. – J. P. BURGESS [1984]: Basic tense logic. In: D. GABBAY/F. GUENTHNER (eds.): Handbook of philosophical logic. Bd. II. Dordrecht, S. 89–133 – T. S. KUHN [1989]: Tense and time. In: D. GABBAY/F. GUENTHNER (eds.): Handbook of philosophical logic. Bd. IV. Dordrecht, S. 513–552.
Bibliographie: R. BÄUERLE [1977]: Tempus, Zeitreferenz und temporale Logik. Eine Bibliographie 1940–1976. In: LBer 49, S. 85–105.

Temporalsatz [lat. *tempus* ›Zeit‹]. Semantisch spezifizierter Nebensatz in der syntaktischen Funktion →Adverbial. T. stehen in der zeitlichen Relation der Vor-, Nach- oder Gleichzeitigkeit zum Hauptsatz, sie werden durch Konjunktionen (*während, solange, bis, seit*) eingeleitet: *Ich schlief, während er las.*

Tempus [engl. *tense*]. Grundlegende (morphologisch-) gramm. Kategorie des Verbs, die die zeitliche Relation zwischen Sprechakt (*S*) und dem durch die Aussage bezeichneten Sachverhalt oder Ereignis (*E*) kennzeichnet, d.h. das jeweils angesprochene Geschehen zu der zeitlichen Perspektive des Sprechenden in Beziehung setzt. Das →Präteritum kodiert die Relation *E* vor *S*, und das →Präsens drückt die Gleichzeitigkeit von *S* und *E* aus. Neben diesen »absoluten« Tempora gibt es »relative« Tempora, in denen *S* und *E* vermittels eines Referenzpunktes (*R*) in Beziehung gesetzt werden: →Plusquamperfekt (*E* vor *R* vor *S*), →Futurperfekt (*E* vor *R* nach *S*), →Perfekt (*E* vor *R* gleichzeitig mit *S*): In manchen Sprachen kann auch die zeitliche Distanz von *E* zu *S* oder *R* zum Ausdruck gebracht werden, z.B. daß *E* vor *S* liegt, aber zum selben Typ gehört (*heute* → Präteritum). Neben diesen Grundbedeutungen der Tempusformen gibt es zahlreiche Verwendungsbedeutungen (vgl. z.B. →Präsens). Für die Wahl des Tempus eines eingebetteten Satzes in Relation zum Tempus des Matrixsatzes gibt es in verschiedenen Sprachen verbindliche Regeln, vgl. →Consecutio Temporum. – Tempus-Systeme sind sprachspezifisch unterschiedlich gegliedert; die einzelnen Formen kodieren häufig nicht nur T., sondern auch →Aspekt- und →Modus-Kategorien. Daher ist die T.-Analyse ziemlich komplex, zumal auch stilistische Faktoren sowie der situativ-pragmatische Kontext die T.-Verwendung beeinflussen.

Lit.: E. KOSCHMIEDER [1929]: Zeitbezug und Sprache. Ein Beitrag zur Aspekt- und Tempusfrage. Leipzig. – H. REICHENBACH [1947]: Elements of symbolic logic. New York. – H. WEINRICH [1964]: Tempus. Besprochene und erzählte Welt. 4. Aufl. Stuttgart 1985. – K. BAUMGÄRTNER/D.

WUNDERLICH [1969]: Ansatz zu einer Semantik des deutschen Tempussystems. In: WW, Beiheft 20, S. 23–49. – D. WUNDERLICH [1970]: Tempus und Zeitreferenz im Deutschen. München. – H. GELHAUS/S. LATZEL [1974]: Studien zum Tempusgebrauch im Deutschen. Tübingen. – R. BÄUERLE [1979]: Temporale Deixis und temporale Frage. Tübingen. – CH. ROHRER (ed.) [1980]: Time, tense and quantifiers: Proceedings of the Stuttgart conference on the logic of tense and quantification. Tübingen. – A. STEUBE [1980]: Temporale Bedeutung im Deutschen. Berlin. – T. TEDESCHI/A. ZAENEN (eds.) [1981]: Tense and aspect. London. – R. BRONS-ALBERT [1982]: Die Bezeichnung von Zukünftigem im Deutschen. Tübingen. – G. GREWENDORF [1982]: Deixis und Anaphorik im deutschen Tempus. In: PzL 26, S. 47–83. – H. P. KUNERT [1984]: Aspekt, Aktionsart, Tempus. Tübingen. – J. BYBEE [1985]: Morphology: A study of the relation between meaning and form. Amsterdam. – S. CHUNG/A. TIMBERLAKE [1985]: Tense, aspect, mood. In: T. SHOPEN (ed.): Language typology and syntactic description. Bd. 3. Cambridge, S. 202–258. – B. COMRIE [1985]: Tense. Cambridge. – Ö. DAHL [1985]: Tense and aspect systems. Oxford. – A. ERHART [1985]: Zur Entwicklung der Kategorien Tempus und Modus im Indogermanischen. Innsbruck. – U. STEPHANY [1985]: Aspekt, Tempus und Modalität. Tübingen. – Co VET (ed.) [1985]: Le pragmatique des temps verbaux. Paris. – C. FABICIUS-HANSEN [1986]: Tempus fugit. Über die Interpretation temporaler Strukturen im Deutschen. Düsseldorf. – V. EHRICH/H. VATER (eds.) [1987]: Temporalsemantik. Beiträge zur Linguistik der Zeitreferenz. Tübingen. – A. MUGLER [1987]: Tempus und Aspekt als Zeitrelationen. München. – U. REYLE [1986]: Zeit und Aspekt bei der Verarbeitung natürlicher Sprachen. Stuttgart. – TH. VENNEMANN [1987]: Tempora und Zeitrelation im Standarddeutschen. In: Sprachw 12, S. 234–249. – J. BALLWEG [1988]: Die Semantik der deutschen Tempusformen. Düsseldorf. – W. ABRAHAM/Th. JANSSEN (eds.) [1989]: Tempus – Aspekt – Modus. Die lexikalischen und grammatischen Formen in den germanischen Sprachen. Tübingen.
Bibliographien: R. BÄUERLE [1977]: Tempus, Zeitreferenz und temporale Logik. Eine Bibliographie 1940–1976. In: LBer 49, S. 85–105. – R. BRONS-ALBERT [1978]: Kommentierte Bibliographie zur Tempusproblematik. Trier.

Tensed-S-Condition →Propositional Island-Constraint.

Tenuis vs. Media [lat. *tenuis* (Pl. *tenuēs*) ›die Dünne‹, *media* (Pl. *mediae*) ›die Mittlere‹]. Bezeichnet in der Tradition der griech.-lat. Grammatiker den Unterschied zwischen ›dünnen‹ *p, t, k* und ›mittleren‹ *b, d, g.* T. und M. stehen im Griech. den Aspiratae *ph, th, kh* gegenüber. – In der Indogermanistik unterscheidet man zwischen nicht-aspirierten T. *p, t, k* und M. *b, d, g* einerseits und T. aspiratae *ph, th, kh* und M. aspiratae *bh, dh, gh* andererseits. In der älteren Literatur werden die Tenues/Mediae-Laute als →Mutae zusammengefaßt.

Lit.: →Phonetik.

Tepehua →Totonakisch.

Tequistlatekisch →Hokanisch.

Term [lat. *terminus* ›Grenze‹]. Aus der →Formalen Logik übernommener Oberbegriff für →Eigennamen, die Individuen bezeichnen wie einzelne Menschen, Tiere, Orte u.a., und →Prädikate, die diesen durch Eigennamen bezeichneten Individuen bestimmte Eigenschaften zuschreiben. Man spricht auch von Individuen- und Prädikatstermen. T. sind die nicht wahrheitswertfähigen, wohlgeformten Bestandteile einer →Aussage (Satz, Formel).

Lit.: →Formale Logik.

Terminales Symbol [Auch: Endsymbol]. In einem Regelapparat zur Ableitung sprachlicher Strukturen solche Symbole, die nur rechts vom →Pfeil vorkommen, also nicht weiter in andere (nichtterminale) Symbole zerlegt werden können. Auf der

Ebene der Syntax sind T. S. einzelne Wörter, auf der phonologischen Ebene →Phoneme bzw. deren phonetische Merkmale.

Terminativ vs. Nicht-Terminativ →Resultativ, →Telisch vs. Atelisch.

Terminologie. Gesamtheit der innerhalb eines wiss. Systems definierten Fachausdrücke, die sich von umgangssprachlicher Verwendung durch exakte Definition innerhalb eines bestimmten Systems unterscheiden. Zur Terminologiebildung werden entweder im allgemeinen Sprachgebrauch vorhandene Ausdrücke definitorisch präzisiert (vgl. die sprachwiss. Bezeichnungen *Wurzel, Stammbaum*), Neubildungen geschaffen (z.B. *Phonem, Morphem, Lexem*) oder fremdsprachige Ausdrücke übernommen (z.B. *Black box, Präsupposition, Clefting*). – Zur Terminologiebildung in der Sprachwissenschaft vgl. die Einleitungen zu sprachwiss. Lexika, insb. G. MOUNIN [1974].

Lit.: G. HAMMARSTRÖM [1966]: Linguistische Einheiten im Rahmen der modernen Sprachwissenschaft. Berlin. – K.-H. KÖRNER [1968]: Das Problem der linguistischen Terminologie. In: RJb 19, S. 34–47. – H. J. VERMEER [1971]: Einführung in die linguistische Terminologie. Darmstadt. – L. DROZD/W. SEIBICKE [1973]: Deutsche Fach- und Wissenschaftssprache. Bestandsaufnahme, Theorie, Geschichte. Wiesbaden. – R. R. K. HARTMANN [1973]: The language of linguistics. Reflections on linguistic terminology with particular reference to »level« and »rank«. Tübingen. – G. MOUNIN [1974]: Dictionnaire de la linguistique. Paris. (Einleitung) – D. LEHMANN (ed.) [1977]: Sprachwissenschaft und Terminologiearbeit: linguistische Normung zu Lasten der Verständigung unter Technikern. Dortmund. – G. RÖSSLER [1979]: Der Stand der Vorarbeiten zum KLEW. Linguistische Terminologie im europäischen Sprachvergleich. In: LB 59, S. 91–100. – E. WUESTER [1979]: Einführung in die allgemeine Terminologielehre und terminologische Lexikographie. Wien. – A. RAASCH (ed.) [1983]: Grammatische Terminologie. Vorschläge für den Sprachunterricht. Tübingen. – B. GRÖSCHEL [1989]: Linguistische Terminologie: eine analytische Bibliographie. Münster. →Fachsprachen, →Sprachwissenschaft (Terminologische Nachschlagewerke), →Traditionelle Grammatik (Grammatische Terminologie).

Teuthonista [lat. *teutonicus* ›germanisch‹]. Spezielles, nicht auf der Internationalen →Lautschrift basierendes Transkriptionssystem zur Verschriftlichung von dt. Dialekten. Der Name T. rührt von einem gleichnamigen Vorläufer (1924–1934) der »Zeitschrift für Dialektologie und Linguistik« her. Eine Besonderheit der T. liegt darin, daß sie bevorzugt →Diakritische Zeichen verwendet; so werden etwa unterschiedliche Erscheinungsformen der →Kardinalvokale nicht durch verschiedene Zeichensymbole, sondern durch diakritische Spezifizierungen dargestellt: Daruntergesetzte Punkte bedeuten Hebung, Häkchen Senkung im Vergleich zum Normalvokal; vgl. beispielsweise bei *e* die entsprechende Stufenleiter ẹ – e – e̩ – e, – e„. – Die damit gegebenen Differenzierungsmöglichkeiten und die hohe Praktikabilität beim Transkriptionsvorgang sind ausschlaggebend dafür, daß die T. auch heute noch bei Dialektaufnahmen bevorzugt verwendet wird.

Lit.: P. WIESINGER [1964]: Das phonetische Transkriptionssystem der Zeitschrift »Teuthonista«. Eine Studie zu seiner Entstehung und Anwendbarkeit in der deutschen Dialektologie mit einem Überblick über die Geschichte der phonetischen Transkription im Deutschen bis 1924. In: ZfM 31, S. 1–20. →Lautschrift.

Text [lat. *textus* ›Gewebe‹, ›Text‹].

(1) Vortheoretische Bezeichnung formal begrenzter, meist schriftlicher Äußerungen, die mehr als einen Satz umfassen.

(2) Begriff der →Textlinguistik und →Texttheorie: sprachliche Äußerungsform einer kommunikativen Handlung, die im einzelnen bestimmt ist (a) nach den pragmatischen, »textexternen« Kriterien einer kommunikativen Intention, die situationsspezifisch ist und auf eine entsprechende Hörererwartung trifft (→Textfunktion), und (b) nach den sprachlichen, »textinternen« Merkmalen einer konsistenten, in der Regel wort- und satzübergreifenden Struktur, nämlich: →Grenzsignale, grammatische →Kohäsion, dominierendes →Textthema und inhaltliche →Kohärenz (→Makrostruktur, →Thematische Entfaltung); dazu kommen bei einem weiter gefaßten Textbegriff noch Eigenschaften nichtverbaler Signale wie Mimik, Gestik (KOCH, KALLMEYER 1974), vgl. →Nonverbale Kommunikation. Die textinternen und textexternen Faktoren begründen zusammen die →Textualität einer abstrakten Einheit »Text« (→Textem), die den konkreten Texten der Parole (→Langue vs. Parole), den »Textvorkommen«, konstitutiv zugrundeliegt. Zusammen mit weiteren, nicht konstitutiven Merkmalen des →Stils differenzieren sie je nach Ausprägung in einer →Texttypologie verschiedene Klassen von Texten.

Lit.: M. BENSE [1962]: Theorie der Texte. Köln. - P. HARTMANN [1964]: Begriff und Vorkommen von Struktur in der Sprache. In: FS für J. TRIER. Meisenheim. - R. HAR-WEG [1968]: Textanfänge in geschriebener und gesprochener Sprache. In: Orbis 17, S. 343–388. - W. A. KOCH [1969]: Vom Morphem zum Textem. Hildesheim. - I. BELLERT [1970]: On a condition of the coherence of texts. In: Semiotica 2 (1970), S. 335-363. Dt. in: W. KALLMEYER u.a. (eds.): Lektürekolleg zur Textlinguistik. Bd. 2. Frankfurt 1972, S. 213-245. - H. ISENBERG [1970]: Der Begriff ›Text‹ in der Sprachtheorie. Berlin. - P. HARTMANN [1971]: Texte als linguistisches Objekt. In: W. D. STEMPEL (ed.): Beiträge zur Textlinguistik. München, S. 31-52. - S. J. SCHMIDT [1971]: ›Text‹ und ›Geschichte‹ als Fundierungskategorien. Sprachphilosophische Grundlagen einer transphrastischen Analyse. In: W. D. STEMPEL (ed.): Beiträge zur Textlinguistik. München, S. 31-52. - T. A. VAN DIJK [1972]: Foundations for typologies of texts. In: Semiotica 6, S. 297-323. - E. GÜLICH/W. RAIBLE (eds.) [1972]: Textsorten. Differenzierungskriterien aus linguistischer Sicht. Frankfurt. - P. HARTMANN [1972]: Text, Texte, Klassen von Texten. In: W. A. KOCH (ed.): Strukturelle Textanalyse. Hildesheim, S. 1-22. - U. OOMEN [1972]: Systemtheorie der Texte. In: FoL 5, S. 12-34. - P. HARTMANN [1973]: Linguistische Grundlagen poetischer Texte. Tübingen. - K. BRINKER [1973]: Zum Textbegriff in der heutigen Linguistik. In: H. SITTA/K. BRINKER (eds.): Studien zur Texttheorie und zur deutschen Grammatik. Düsseldorf. - W. KALLMEYER u.a. (eds.) [1974]: Lektürekolleg zur Textlinguistik. 2 Bde. Frankfurt. - H. ISENBERG [1977]: ›Text‹ versus ›Satz‹. In: F. DANEŠ/D. VIEHWEGER (eds.): Probleme der Textgrammatik. Bd. 2, Berlin, S. 119-146. - E. GÜLICH/W. RAIBLE [1977]: Linguistische Textmodelle. Grundlagen und Möglichkeiten. München. - K. ZIMMERMANN [1978]: Erkundungen zur Texttypologie. Tübingen. - L. VITACOLONNA [1988]: ›Text‹/›Discourse‹ Definitions. In: J. S. PETÖFI (ed.): Text and discourse constitution. Berlin. S. 421-439. →Textgrammatik, →Textlinguistik, →Textsorten.

(3) Bei HJELMSLEV (→Glossematik): Gesamtheit aller sprachlichen Äußerungen im Sinne von →Korpus.

Lit.: L. HJELMSLEV [1943]: Omkring sprogteoriens grundlaeggelse. Kopenhagen. Dt.: Prolegomena zu einer Sprachtheorie. München 1974.

Textanalyse.

(1) Allgemein: Jede Form von grammatischer, stilistischer, rhetorischer, literaturwissenschaftlicher Beschreibung bzw. Interpretation von Texten.

(2) Im Sinne von Z. S. Harris'
»*discourse analysis*«, dem
frühesten »textlinguistischen«,
mit Methoden des →Distributio-
nalismus unternommenem Versuch, Textstrukturen zu beschreiben: Unterschiedliche
Wortfolgen, die im Text jeweils
in gleicher Umgebung vorkommen, werden ohne Berücksichtigung der Bedeutung zu Klassen zusammengefaßt. Die Verteilung dieser »Äquivalenzklassen« im Text repräsentiert die
Textstruktur.

Lit.: Z. S. Harris [1952]: Discourse analysis. In: Lg 28, S. 1–30. Dt. in: E. Bense u.a.
(eds.): Beschreibungsmethoden des amerikanischen Strukturalismus. München
1976. – M. Bierwisch [1965]: Rezensionen
von Z. S. Harris ›Discourse analysis‹. In:
Linguistics 13.

Textbasis. Semantische Repräsentation eines →Textes in Form
einer Folge von →Propositionen
oder eines →Semantischen Net-
zes aus Konzepten. Die »explizite T.« (van Dijk) umfaßt neben den im Text ausgedrückten
Propositionen auch deren →Prä-
suppositionen und die durch
→Inferenz bei der →Textverar-
beitung abgeleiteten Inhalte.

Lit.: J. S. Petöfi [1971]: Transformations-
grammatiken und eine kontextuelle Text-
theorie. Frankfurt. – T. A. van Dijk [1980]:
Textwissenschaft. Eine interdisziplinäre
Einführung. München. →Kohärenz,
→Konnexion, →Textlinguistik.

Textem. Analog zu →Phonem,
→Morphem gebildete Bezeichnung für die abstrakte, theoretische Einheit »Text«, die den
konkret realisierten Texten der
Parole zugrundeliegt und deren
konstitutive Eigenschaften
repräsentiert. Vgl. →Etische vs.
Emische Analyse, →Langue vs.
Parole, →Type-Token-Relation.

Lit.: →Text.

Textfunktion [Auch: Textillokution, Makrosprechakt]. Dominierende kommunikative
Funktion eines Textes. Im Unterschied zu möglichen Text-
wirkungen ist die T. konventionell festgelegt und wird signalisiert durch sprachliche oder situative Indikatoren der →Text-
sorte wie →Performative Verben, Schlagzeile, Kommunika-
tionsmedium u.a. Im Anschluß
an die →Sprechaktklassifikation
unterscheidet K. Brinker fünf
kommunikative Grundfunktionen als Basis einer Typologie
von Gebrauchstexten: Information (z.B. Sachbuch), Appell
(Werbeanzeige), Obligation
(Vertrag), Kontakt (Kondolenz-
brief), Deklaration (Testament). Vgl. →Textthema,
→Makrostruktur.

Lit.: E. U. Grosse [1976]: Text und Kommunikation. Eine linguistische Einführung in die Funktionen der Texte. Stuttgart. – T. A. van Dijk [1977]: Text and context. Explorations in the semantics and
pragmatics of discourse. London. – K.
Brinker [1983]: Textfunktionen. Ansätze
zu ihrer Beschreibung. In: ZG 11, S. 127–
148. – M. Brandt u.a. [1983]: Der Einfluß
der kommunikativen Strategie auf die
Textstruktur – dargestellt am Beispiel des
Geschäftsbriefes. In: I. Rosengren (ed.):
Sprache und Pragmatik. Lunder Symposium 1982, Stockholm, S. 105–135. – I. Rosengren [1983]: Die Realisierung der Il-
lokutionsstruktur auf der Vertextungsebe-
ne. In: F. Daneš/D. Viehweger (eds.):
Ebenen der Textstruktur. Berlin, S. 133–
151. →Textlinguistik.

Textgrammatik [engl. *discourse
grammar*. – Auch: →Transphra-
stische Analyse]. Forschungsbereich der →Textlinguistik: Analyse und Darstellung satzübergreifender grammatischer Regularitäten in Texten. Im Unterschied zu pragmatisch orientierten Richtungen der Textlingui-

stik geht die T. von einem grammatischen, analog zu »Satz«
konzipierten Textbegriff bzw.
Textaspekt aus (Text als Einheit
des Sprachsystems, als »Folge
von Sätzen«). Untersuchungsgegenstand sind vorwiegend
Phänomene der →Kohäsion,
also der syntaktisch-morphologischen Textverknüpfung
durch →Textphorik, →Rekur-
renz, →Konnektive u.a.

Lit.: A. J. Greimas [1966]: Sémantique
structurale. Paris. Dt.: Braunschweig 1971.
- K. E. Heidolph [1966]: Kontextbezie-
hungen zwischen Sätzen in einer generativen Grammatik. In: Kybernetika 3, S.
274–281. - R. Harweg [1968]: Pronomina
und Textkonstitution. München. - R. Harweg [1968]: Textanfänge in geschriebener
und gesprochener Sprache. In: Orbis 17, S.
343–388. - R. Steinitz [1968]: Nominale
Pro-Formen. In: W. Kallmeyer u.a. (eds.):
Lektürekolleg zur Textlinguistik. Bd. 2.:
Reader. Frankfurt 1974, S. 246–265. - H.
Weinrich [1969]: Textlinguistik: Zur Syntax des Artikels in der deutschen Sprache.
In: JbIG 1, S. 61–74. - W. Dressler [1970]:
Modelle und Methoden der Textsyntax. In:
FoL 4, S. 64–71. - H. Isenberg [1971]:
Überlegungen zur Texttheorie. In: J. Ihwe
(ed.): Literaturwissenschaft und Linguistik. Bd. 1. Frankfurt, S. 155–172. - J. S. Petöfi [1971]: Transformationsgrammatiken
und eine kontextuelle Texttheorie. Frankfurt. - T. A. van Dijk [1972]: Some aspects
of text grammars. A study in theoretical
linguistics and poetics. The Hague. - T. A.
van Dijk u.a. [1972]: Zur Bestimmung narrativer Strukturen auf der Grundlage von
Textgrammatiken. 2. Aufl. m. e. Nachwort
von H. Rieser. Hamburg 1974. - H. Glinz
[1973]: Textanalyse und Verstehenstheorie.
Frankfurt. - E. Lang [1973]: Über einige
Schwierigkeiten beim Postulieren einer
Textgrammatik. In: F. Kiefer/N. Ruwet
(eds.): Generative grammar in Europe.
Dordrecht, S. 284–314. - J. S. Petöfi/H.
Rieser (eds.) [1973]: Studies in text grammar. Dordrecht. - W. Kallmeyer u.a.
(eds.) [1974]: Lektürekolleg zur Textlingui-
stik. 2 Bde. Frankfurt. - W. Kummer
[1975]: Grundlagen der Texttheorie. Rein-
bek. - M. Schecker/P. Wunderlich
(eds.) [1975]: Textgrammatik. Beiträge zum
Problem der Textualität. Tübingen. - F.
Daneš /D. Viehweger (eds.) [1976/77]:
Probleme der Textgrammatik. 2 Bde., Berlin. - T. A. van Dijk [1978]: Aspekte einer
Textgrammatik. In: W. Dressler (ed.):
Textlinguistik. Darmstadt, S. 268–299. - H.
Rieser [1978]: On the development of text

grammar. In: W. Dressler (ed.): Current
trends in textlinguistics. Berlin, S. 6–20. -
K. Brinker [1979]: Zur Gegenstandsbestimmung und Aufgabenstellung der Textlinguistik. In: J. S. Petöfi (ed.): Text vs.
sentence. Hamburg. Bd. 1, S. 3–12. - H.
Weinrich [1982]: Textgrammatik der
französischen Sprache. Stuttgart. - O. I.
Moskalskaja [1984]: Textgrammatik.
Leipzig. (Original: Moskau 1981).
Bibliographie: P. Lohmann [1988]: Connectedness of texts. A bibliographical survey. In: J. S. Petöfi (ed.): Text and discourse constitution. Berlin. S. 478–501. →Text-
linguistik.

Textillokution →Textfunktion.

Textkohärenz →Kohärenz.

Textkonstituenten [lat. *cōnstituere* ›zusammenstellen‹]. Teile
von Texten, deren Funktion im
Textzusammenhang festgelegt
wird und die insofern textbildende Funktion haben, z.B.
→Pro-Formen, Artikel, Wort-
wiederholungen (→Rekurrenz),
mehrdeutige Wörter mit →Dis-
ambiguierung durch den Kontext, z.B. *Der Absatz ist zu
niedrig* im Kontext »Schuhmo-
de« oder »Wirtschaftsplanung«.

Lit.: →Textgrammatik.

Textkritik. Vorgang und Ergebnis philologischer Untersuchungen der handschriftlichen
oder gedruckten Überlieferung
vor allem poetischer Werke mit
dem Ziel der Rekonstruktion
der urspr. Fassung. Bei fehlenden authentischen Original-
handschriften, bes. bei antiken,
z.T. auch bei ma. Texten bzw.
bei großem zeitlichen Abstand
zwischen der erhaltenen Überlieferung und der Entstehung
des Werkes, ist die angestrebte
Rekonstruktion des Origi-
naltextes vor allem auf genaue
Kenntnis der sprachlichen Besonderheiten des Werkes und

seiner Entstehungs- und Über-
lieferungszeit angewiesen.
Wichtige Entscheidungshilfen
unter linguistischem Aspekt
bieten hier vor allem →Dialek-
tologie, →Graphematik, →Pho-
netik, →Phonologie sowie alle
sprachwiss. Untersuchungen
und Beschreibungen früherer
Sprachzustände, vor allem →Hi-
storische Grammatiken, Glos-
sare u.a.

Lit.: K. LÖFFLER [1929]: Einführung in die
Handschriftenkunde. Leipzig. – J. KIRCH-
NER [1950]: Germanistische Handschrif-
tenpraxis. München. – F. STROH [1952]:
Textkritik. In: F. STROH: Handbuch der
germanischen Philologie. Berlin. – V. A.
DEARING [1959]: Manual of textual analysis. Berkeley. – H. W. SEIFFERT [1963]: Untersuchungen zur Methode und Heraus-
gabe deutscher Texte. Berlin. – K. STACK-
MANN [1964]: Mittelalterliche Texte als
Aufgabe. In: W. FOERSTE/K. H. BORCK
(eds.): FS für JOST TRIER. Graz.

Textlinguistik. Sprachwissenschaftliche Disziplin, die sich
mit der Analyse satzübergreifender sprachlicher Regularitäten beschäftigt und das Ziel hat,
die konstitutiven Merkmale der
sprachlichen Einheit »Text« zu
bestimmen und damit eine
→Texttheorie zu begründen. Die
T. hat sich seit den 60er Jahren
aus strukturalistischen Ansätzen entwickelt (→Prager Schule,
→Tagmemik, →Textanalyse) und
dabei auch Forschungsansätze
der →Inhaltsbezogenen Grammatik, der →Stilistik und der
→Rhetorik integriert. Die for-
schungsgeschichtliche Bedeutung der T. liegt darin, daß sie
die enge, satzbezogene Perspektive der Linguistik überwunden
und damit eine Basis geschaffen
hat zur Einbeziehung pragmatischer Aspekte und zur interdisziplinären Zusammenarbeit,
besonders mit der Literaturwissenschaft. Die Entwicklung der

Disziplin spiegelt sich in ihren
Textdefinitionen (vgl. →Text):
Bestimmt man »Text« als (a)
»Folge von Sätzen« und damit
als Einheit des Sprachsystems,
ist T. eine erweiterte Satzgrammatik, also eine →Textgramma-
tik. Methoden der Satzanalyse
werden auf die →Transphrasti-
sche Analyse übertragen und
führen zur Aufstellung text-
grammatischer Regeln der
→Kohäsion. Versteht man »Text«
als (b) kommunikative Einheit,
ergeben sich weitere, aus text-
grammatischen Regularitäten
nicht ableitbare, diese vielmehr
begründende Merkmale wie
→Textfunktion oder →Textthe-
ma. In diesem weiteren, die
Textgrammatik integrierenden
Rahmen umfaßt die T. (als
→Textwissenschaft) derzeit folgende Problembereiche: (a) Allgemeine Aspekte der strukturellen und funktionalen Textkonstitution, d.h. der →Textualität;
(b) Klassifikation von Texten
im Rahmen einer →Texttypolo-
gie; (c) Probleme einer textlinguistischen Integration von Stilistik und Rhetorik; (d) Interdisziplinär orientierte Forschungen zur →Textverarbei-
tung und →Verständlichkeit.

Lit.: L. HJELMSLEV [1943]: Omkring sprogteoriens grundlaeggelse. Kopenhagen. Dt.:
Prolegomena zu einer Sprachtheorie.
München 1974. – Z. S. HARRIS [1952]: Discourse analysis. In: Lg 28, S. 18–23. Dt. in:
E. BENSE u.a. (eds.): Beschreibungsmethoden des amerikanischen Strukturalismus.
München 1976. – H. BRINKMANN [1966]:
Der Satz und die Rede. In: WW 16, S. 376–
390. – A. J. GREIMAS [1966]: Sémantique
structurale. Paris. Dt.: Braunschweig 1971.
– K. L. PIKE [1967]: Language in relation to
a unified theory of the structure of human
behavior. The Hague 2. Aufl. 1971. – P.
HARTMANN [1968]: Textlinguistik als neue
linguistische Teildisziplin. In: Replik 2, S.
2–7. – T. A. VAN DIJK [1972]: Beiträge zur
generativen Poetik. München. – P. HART-
MANN/H. RIEDER (eds.) [1974]: Angewand-

te Textlinguistik. Hamburg. – H. WEIN-
RICH [1976]: Sprache in Texten. Stuttgart. –
G. BROWN/G. YULE [1983]: Discourse analysis. Cambridge. – T. A. VAN DIJK/W.
KINTSCH [1983]: Strategies of discourse
comprehension. Orlando. – M. SCHERNER
[1984]: Sprache als Text. Ansätze zu einer
sprachwissenschaftlich begründeten Theorie des Textverstehens. Tübingen. – W.
MOTSCH (ed.) [1987]: Satz, Text, sprachliche Handlung. Berlin (= SG 25).
Einführungen: T. A. VAN DIJK [1980]: Text-
wissenschaft. Eine interdisziplinäre Ein-
führung. München. (Originalausgabe:
Utrecht 1978.) – R. DE BEAUGRANDE/W.
DRESSLER [1981]: Einführung in die Text-
linguistik. Tübingen. – E. COSERIU [1981]:
Textlinguistik. Eine Einführung. Tübin-
gen. – B. SOWINSKI [1983]: Textlinguistik.
Eine Einführung. Stuttgart. – K. BRINKER
[1985]: Linguistische Textanalyse. Eine
Einführung in Grundbegriffe und Metho-
den. Berlin.
Sammelbände: W.-D. STEMPEL (ed.) [1971]:
Beiträge zur Textlinguistik. München. –
W. A. KOCH (ed.) [1972]: Strukturelle Text-
analyse. Hildesheim. – J. S. PETÖFI/H. RIE-
SER (eds.) [1973]: Studies in text grammar.
Dordrecht. – W. KALLMEYER u.a. (eds.)
[1974]: Lektürekolleg zur Textlinguistik. 2
Bde. Frankfurt. – W. DRESSLER (ed.) [1978]:
Textlinguistik. Darmstadt. – W. DRESSLER
(ed.) [1978]: Current trends in textlingui-
stics. Berlin. – J. S. PETÖFI (ed.) [1979]: Text
vs. sentence. Basic questions of textlinguistics. 2 Bde. Hamburg. – R. DE BEAUGRAN-
DE [1980]: Text, discourse, and process.
Norwood, N.J. – S. ALLÉN (ed.) [1981]: Proceedings of the nobel symposium on text
processing. Stockholm. – T. A. VAN DIJK
(ed.) [1985]: Handbook of discourse analy-
sis. 4 Bde. London. – J. S. PETÖFI (ed.)
[1988]: Text and discourse constitution.
Empirical aspects, theoretical approaches.
Berlin.
Forschungsberichte: K. BRINKER [1971]:
Aufgaben und Methoden der Textlingui-
stik. Kritischer Überblick über den For-
schungsstand einer neuen linguistischen
Teildisziplin. In: WW 21, S. 217–237. – R.
HARWEG [1973]: Textlinguistik. In: W. A.
KOCH (ed.): Perspektiven der Linguistik.
Bd. 2. Stuttgart, S. 88–116. – CH. KÜPER
[1978]: Textgrammatik oder Texttheorie?
Eine kritische Bestandsaufnahme gegen-
wärtiger Richtungen der Textlinguistik.
In: ZDL 45, S. 175–191. – W. KALLMEYER/
R. MEYER-HERMANN [1980]: Textlingui-
stik. In: LGL Nr. 20. – H. KALVERKÄMPER
[1981]: Orientierung zur Textlinguistik.
Tübingen.
Bibliographie: W. DRESSLER/S. J. SCHMIDT
[1973]: Textlinguistik. Kommentierte
Bibliographie. München. – A. HELBIG
[1976–1978]: Bibliographie zur Textlinguistik. In: DaF 13, S. 312–319; DaF 14, S.

61–63; DaF 15, S. 188–191. – J. S. PETÖFI
[1986]: Text, discourse. In: TH. A. SEBEOK
(ed.): Encyclopedic dictionary of semiotics.
Berlin. →Kohärenz, →Narrativik, →Text,
→Textgrammatik, →Textphorik, →Text-
theorie, →Textwissenschaft.

Textmuster →Textsorten.

Textologie →Texttheorie.

Textpartitur. Von H. WEINRICH
entwickeltes Notationsverfah-
ren der Textanalyse, das in
Form einer partiturähnlichen
Matrix jedem Textsegment seine grammatischen Merkmale
zuordnet, so daß sich an der
Wiederholung oder Veränderung von Merkmalen (z.B.
»Übergang« von Aktiv zu Passiv) Struktureigenschaften des
Textes ablesen lassen.
Lit.: H. WEINRICH [1976]: Die Textpartitur
als heuristische Methode. In: H. WEIN-
RICH: Sprache in Texten. Stuttgart, S. 145–
162.

Textphorik [griech. *phorá* ›das
Tragen‹]. Semantisch-syntakti-
sches Verweissystem innerhalb
eines Textes; vgl. →Textverweis.
Das Phänomen der T. beruht semantisch auf →Koreferenz und
erscheint syntaktisch als Pronominalisierung, d.h. als →Syn-
tagmatische Substitution durch
eine →Pro-Form. Im weiteren
Sinne umfaßt T. auch andere,
nicht-pronominale Formen der
Wiederaufnahme von Textelementen, vgl. →Rekurrenz,
→Kontiguität, →Isotopie.
Lit.: K. BÜHLER [1934]: Sprachtheorie. Jena. Neudruck Stuttgart 1965. – R. HARWEG
[1968]: Pronomina und Textkonstitution.
München. – W. KALLMEYER u.a. (eds.)
[1974]: Lektürekolleg zur Textlinguistik. 2
Bde. Frankfurt. – B. PALEK [1978]: Textverweis (Cross-reference): Ein Beitrag zur
Hypersyntax. In: W. DRESSLER (ed.): Textlinguistik. Darmstadt, S. 167–184. →Refe-
renz, →Textgrammatik, →Textlinguistik.

Textsorten [Auch: Textmuster].
Bezeichnung der →Textlinguistik für unterschiedliche Klassen von Texten. Im Rahmen einer hierarchisch aufgebauten →Texttypologie sind T. gewöhnlich die am stärksten spezifizierten Textklassen, gekennzeichnet durch jeweils verschiedene textinterne und pragmatische Merkmale (z.B. Kochrezept, Predigt, →Interview). Unterscheidende textinterne Merkmale sind: Gebrauch bestimmter Wortklassen (z.B. →Deiktischer Ausdruck, Eigennamen), Formen der →Textphorik, →Thema-Rhema-Gliederung, →Stiltyp sowie inhaltlich-thematische Struktur (→Makrostruktur, →Superstruktur, →Thematische Entfaltung). Textextern lassen sich T. als komplexe Sprechhandlungstypen auffassen, die bestimmt sind durch Faktoren der Kommunikationssituation wie Intention des Sprechers, Hörererwartung, örtliche/zeitliche/institutionelle Umstände u.a. (→Kommunikative Distanz, →Textfunktion). Aufgrund ihrer speziellen pragmatischen Merkmale wirken T. ihrerseits situationsbestimmend, z.B. Zahlungsbefehl, Witz, Konversation. Vgl. →Redekonstellationstyp.

Lit.: P. KERN [1969]: Bemerkungen zum Problem der Textklassifikation. In: IdS 3, S. 3–23. – E. GÜLICH/W. RAIBLE (eds.) [1972]: Textsorten. Differenzierungskriterien aus linguistischer Sicht. Frankfurt. – P. HARTMANN [1972]: Text, Texte, Klassen von Texten. In: W. A. KOCH (ed.): Strukturelle Textanalyse. Hildesheim, S. 1–22. – U. OOMEN [1972]: Systemtheorie der Texte. In: FoL 5, S. 12–34. – H. WEINRICH [1972]: Thesen zur Textsorten-Linguistik. In: E. GÜLICH/W. RAIBLE (eds.): Textsorten. Frankfurt. 2. Aufl. Wiesbaden 1975. – H. SITTA [1973]: Kritische Überlegungen zur Textsortenlehre. In: H. SITTA/K. BRINKER (eds.): Studien zur Texttheorie und zur deutschen Grammatik. Düsseldorf. – E. GÜLICH u.a. [1974]: Linguistische Textanalyse. Überlegungen zur Gliederung von Texten. Hamburg. – H. STEGER u.a. [1974]: Redekonstellation, Redekonstellationstyp, Textexemplar, Textsorte im Rahmen eines Sprachverhaltensmodells. In: H. MOSER (ed.): Gesprochene Sprache. Düsseldorf, S. 39–97. – E. WERLICH [1975]: Typologie der Texte. Düsseldorf. – W. HINCK (ed.) [1977]: Textsortenlehre – Gattungsgeschichte. Heidelberg. – K. ZIMMERMANN [1978]: Erkundungen zur Texttypologie – mit einem Ausblick auf die Nutzung einer Texttypologie für eine Corpustheorie. Tübingen. – K. ERMERT [1979]: Briefsorten. Untersuchungen zu Theorie und Empirie der Textklassifikation. Tübingen. – M. DIMTER [1981]: Textklassenkonzepte heutiger Alltagssprache. Tübingen. – K. PÜSCHEL [1982]: Die Bedeutung von Textsortenstilen. In: ZG 10, S. 28–37. – Textsorten und literarische Gattungen. [1983]: Dokumentation des Germanistentages (Hamburg 1979). Berlin. – B. SANDIG [1983]: Textsortenbeschreibung unter dem Gesichtspunkt einer linguistischen Pragmatik. In: Textsorten und literarische Gattungen. S. 93–102. – W. KALLMEYER (ed.) [1986]: Kommunikationstypologie. Handlungsmuster, Textsorten, Situationstypen. Düsseldorf.

Textthema. Inhaltlicher Kern eines Textes und Träger seiner kommunikativen Funktion (→Textfunktion). Das T. wird je nach Textfunktion entfaltet zu einer speziellen, die →Textsorte kennzeichnenden Textstruktur (→Thematische Entfaltung, →Makrostruktur). Manche Textsorten signalisieren das T. durch Überschrift oder Schlagzeile.

Lit.: E. AGRICOLA [1979]: Textstruktur – Textanalyse – Informationskern. Leipzig. – K. BRINKER [1979]: Zur Gegenstandsbestimmung und Aufgabenstellung der Textlinguistik. In: J. S. PETÖFI (ed.): Text vs. sentence. Bd. 1. Hamburg, S. 3–12. – K. BRINKER [1980]: Textthematik als spezifisch textlinguistischer Forschungsbereich. In: W. KÜHLWEIN/A. RAASCH (eds.): Sprache und Verstehen. Bd. 2. Tübingen, S. 138–141. – W. SEDLAK [1982]: Überlegungen zu grammatischen Implikationen der Texttypologie. In: W. WELTE (ed.): Sprachtheorie und angewandte Linguistik. Festschrift für A. WOLLMANN. Tübingen, S.

131–144. – K. BRINKER [1985]: Linguisti-
sche Textanalyse. Eine Einführung in
Grundbegriffe und Methoden. Berlin. – A.
LÖTSCHER [1987]: Text und Thema. Studien
zur thematischen Konstituenz von Texten.
Tübingen.

Texttheorie [Auch: Textologie].
Teiltheorie der →Sprachtheorie.
Die T. liefert einen Erklärungs-
zusammenhang für die in der
→Textlinguistik untersuchten
konstitutiven Eigenschaften
von →Texten, die →Textualität.
Neueren Modellentwürfen ist
die Annahme gemeinsam, daß
Texte nur unter Einbeziehung
von Faktoren des Kommunika-
tionsprozesses erklärt und adäquat beschrieben werden können.
Lit.: T. A. VAN DIJK [1970]: Sémantique générale et théorie des textes. In: Linguistics
62, S. 66–95. – S. J. SCHMIDT [1973]: Texttheorie. Probleme einer Linguistik der
sprachlichen Kommunikation. 2. verb.
und erg. Aufl. München 1976. – W. KUM-
MER [1975]: Grundlagen der Texttheorie.
Zur handlungstheoretischen Begründung
einer materialistischen Sprachwissenschaft. Reinbek. – H. ISENBERG [1976]:
Einige Grundbegriffe für eine linguistische Texttheorie. In: F. DANEŠ/D. VIEH-
WEGER (eds.): Probleme der Textgrammatik. Bd. 1. Berlin, S. 47–145. – J. S. PETÖFI
[1978]: A formal semiotic text theory as an
integrated theory of natural languages. In:
W. DRESSLER (ed.): Current trends in text
linguistics. Berlin, S. 35–46. – I. ROSEN-
GREN [1980]: Texttheorie. In: LGL Nr. 23. –
J. S. PETÖFI [1986]: Weshalb Textologie. As-
pekte der Analyse von Textkostitution und
Textbedeutung. In: W. HEYDRICH/J. S. PE-
TÖFI (eds.): Aspekte der Konnexität und
Kohärenz von Texten. Hamburg.

Texttypologie. Klassifizierung
von →Texten im Rahmen der
→Textlinguistik. In einer hierarchisch aufgebauten Typologie
können Textklassen gebildet
werden nach »textexternen«
und »textinternen« Kriterien,
und zwar (a) nach pragmatischen Kriterien der →Textfunk-
tion: Gebrauchstext, literarischer Text, rhetorischer Text;
Informationstext, Appelltext
usf.; (b) nach pragmatischen
Kriterien der kommunikativen
Distanz (Kommunikationsme-
dium, Zahl und Bekanntheit der
Adressaten): schriftlicher/
mündlicher Text; Rund-
funksendung, Brief, Gespräch
usw. (sogen.»Kommunikationsformen«); (c) nach inhaltlichen
und strukturellen Kriterien,
z.B. der →Thematischen Entfaltung: deskriptiver Text, argumentativer Text; Abhandlung,
Erzählung, Beschreibung; (d)
nach spezifischen Konstellationen der externen und internen
Kriterien (a) bis (c): »Textsorten« im engeren Sinne, z.B.
Wetterbericht, Kochrezept,
Rundfunkkommentar. Eine
konsistente, terminologisch einheitliche T. liegt bis jetzt nicht
vor. Sie setzt eine →Texttheorie
mit einem differenzierten
→Text-Begriff voraus, in der die
alltagssprachlich unterschiedenen Textklassen und die aus ihrer Analyse gewonnenen Klas-
sifikationskriterien systematisch begründet werden. Vgl.
→Textsorten, →Redekonstella-
tionstyp.
Lit.: →Redekonstellationstyp, →Textsor-
ten.

Textualität. Begriff der →Text-
theorie: Menge der für einen
Text konstitutiven Eigenschaften; vgl. →Text. In einem handlungstheoretisch begründeten
Modell (S. J. SCHMIDT) ist T.
eine Struktureigenschaft kommunikativer Situationen, die
sich in einem bestimmten Kom-
munikationsmedium (z.B. Mimik, Sprache) als »Text« aus-
prägt.
Lit.: S. J. SCHMIDT [1973]: Texttheorie. 2.
verb. und erg. Aufl. München 1976. →Text-
theorie.

Textverarbeitung. Bezeichnung der kognitiven Aktivitäten beim Verstehen, Behalten und Erinnern von Texten. T. ist kein passiver Prozeß des Aufnehmens eines Textinhalts, sondern eine aktive, konstruktive Tätigkeit, die gesteuert wird (a) vom Text (»textgeleitete« oder »aufsteigende« Verarbeitung), (b) vom Vorwissen des Lesers/Hörers, das in Schemata gespeichert ist (»schemageleitete« oder »absteigende« Verarbeitung; vgl. →Schema) und (c) von Zielsetzung und Interesse des Lesers/Hörers sowie seinen Annahmen über den Sprecher und die Situation. Im Modell von KINTSCH und VAN DIJK erfolgt die kognitive (Re-)Konstruktion des Textes in zyklischen Verarbeitungsphasen auf mehreren Ebenen, beginnend bei den Propositionen auf der Basis von Sätzen über sinnvoll zusammenhängende, kohärente Sequenzen verschiedener Hierarchiestufen (→Kohärenz) bis zur semantischen →Makrostruktur, wobei das Text-Material auf jeder Ebene einerseits reduziert und verdichtet (z.B. durch Generalisierung), andererseits durch →Inferenzen erweitert wird.

Lit.: T. A. VAN DIJK [1977]: Text and context. Explorations in the semantics and pragmatics of discourse. London. – M. A. K. HALLIDAY [1977]: Text as semantic choice in social contexts. In: T. A. VAN DIJK/J. S. PETÖFI: Grammars and descriptions. New York. – M. A. JUST/P. A. CARPENTER (eds.) [1977]: Cognitive processes in comprehension. Hillsdale. – W. KINTSCH/T. A. VAN DIJK [1978]: Toward a model of text comprehension and production. In: Psychological Review 85, S. 363–394. – W. BURGHARDT/K. HÖLKER (eds.) [1979]: Text processing/Textverarbeitung. Berlin. – L. G. NILSSON (ed.) [1979]: Memory processes. Hillsdale. – S.-P. BALLSTAEDT u.a. [1981]: Texte verstehen, Texte gestalten. München. – H. GRIMM/J. ENGELKAMP [1981]: Textverarbeitung. In: H. GRIMM/J. ENGELKAMP: Handbuch der Psycholinguistik. Berlin. – H. MANDL (ed.) [1981]: Zur Psychologie der Textverarbeitung. Ansätze, Befunde, Probleme. München. – T. A. VAN DIJK/W. KINTSCH [1983]: Strategies of discourse comprehension. Orlando. – G. RICKHEIT/M. BOCK (eds.) [1983]: Psycholinguistic studies in language processing. Berlin. – J. ENGELKAMP (ed.) [1984]: Psychologische Aspekte des Verstehens. Berlin. – TH. HERRMANN [1985]: Allgemeine Sprachpsychologie. München. – G. RICKHEIT/H. STROHNER [1985]: Psycholinguistik der Textverarbeitung. In: StL 17/18, S. 1–78.

Textverständlichkeit   →Verständlichkeit.

Textverweis. Textinterner Bezug eines verweisenden, »phorischen« Elements (z.B. Pronomen) auf einen referenzidentischen Ausdruck, der im Text entweder vorangeht (= anaphorischer, »hinaufweisender« Bezug, →Anapher) oder nachfolgt (= kataphorischer, »hinabweisender« Bezug, →Katapher); vgl. die wechselnde Pronominalisierung in *Als er das Zimmer betrat, sah Philip, daß es leer war.* Der T. ist ein wichtiges textbildendes, der →Kohäsion dienendes Mittel und damit ein zentraler Gegenstand der →Textgrammatik. Vgl. →Textphorik.

Lit.: →Anapher, →Textgrammatik, →Textphorik.

Textwissenschaft. Interdisziplinär ausgerichteter Forschungsbereich, der sich mit Struktur und Gebrauch von Texten in kommunikativen Zusammenhängen befaßt und speziell eine Annäherung von Linguistik und Literaturwissenschaft zum Ziel hat. Je nach engerem oder weiterem Verständnis von →Linguistik ist die →Textlinguistik ein Teilbereich der T. oder mit ihr identisch.

Lit.: R. JAKOBSON [1968]: Closing statement. Linguistics and poetics. In: TH. A. SEBEOK (ed.): Style in language. Cambridge, Mass., S. 350–377. – S. J. SCHMIDT [1971]: Allgemeine Textwissenschaft. Ein Programm zur Erforschung ästhetischer Texte. In: LBer 12, S. 10–21. – J. KERKHOFF [1973]: Angewandte Textwissenschaft. Düsseldorf. – S. J. SCHMIDT [1973]: Texttheorie. 2. verb. Aufl. Heidelberg 1979. – T. A. VAN DIJK [1985]: Handbook of discourse analysis. 4 Bde. London.

Thai [Auch: Siamesisch]. Staatssprache Thailands, mit ca. 30 Mio. Sprechern größte Taische Sprache, den →Austro-Tai-Sprachen zugehörend. Tonsprache (5 Töne, z.T. mit Glottalisierung). – Spezifische Kennzeichen: Morphologisch isolierend, Wortstellung: SVO, komplexes Pronominalsystem mit Höflichkeits-Distinktionen, →Klassifikatoren. Zahlreiche Lehnwörter aus →Sanskrit und Pali, auch aus dem →Chinesischen; Schrift aus dem Sanskrit entwickelt.

Lit.: R. B. NOSS [1964]: Thai reference grammar. Washington D. C. – M. KUMMER [1984]: Thailändisch. In: StL 15, S. 60–82.

Thema vs. Rhema [griech. *théma* ›das Aufgestellte‹, *rhēma* ›Aussage‹. – Auch: Funktionale Satzperspektive].

(1) Gliederung von Äußerungen nach kommunikativen Gesichtspunkten, die sich (operational) an Frage-Antwort-Paaren verdeutlichen läßt, vgl. A: *Wer singt die Hymne?* B: *Maria (singt die Hymne).* Die in der Frage formulierte Information (*singt die Hymne*) ist T. der Antwort-Äußerung (das meist ausgespart bleibt), die durch die Frage erfragte Information *Maria* ist R. der Antwortäußerung. Sprachliche Vorerwähnung ist nur eine von mehreren Möglichkeiten, sprachliches Material zu thematisieren. So kann das T. auch ohne Vorerwähnung aus der Redesituation gegeben sein. Auch gibt es Äußerungen (insbes. am Beginn eines Diskurses), die kein thematisches, sondern nur rhematisches Material enthalten. Demgegenüber ist eine Äußerung ohne R. uninformativ und verstößt gegen →Konversationelle Maximen. – Die Begriffe T. und R. werden in der Forschung unter Bezug auf verschiedene Kriterien definiert: So wird T. als »bekannte«, »alte«, »vorerwähnte«, »präsupponierte« oder kontextuell präsente Information und R. durch Negation dieser Merkmale bestimmt. Wenngleich jedes dieser Kriterien in gewisser Hinsicht relevant ist, so sind sie dennoch für eine Begriffsklärung nicht hinreichend. Zum einen sind die Erklärungsbegriffe selbst ungenau und bedürfen einer Vorklärung, zum anderen lassen sich leicht widersprüchliche Beispiele finden. So zeigt A: *Wen hast du getroffen?* – B: *Deine Mutter (habe ich getroffen),* daß die Mutter beiden Gesprächspartnern zwar bekannt ist, aber als R. der Antwort fungiert. Daß T./R. nicht mit →Präsupposition/→Assertion gleichgesetzt werden kann, hat REIS [1977] dargelegt. Auch eine Präzisierung des unklaren Begriffspaares »alte/neue Information« durch die überprüfbaren Merkmale [±VORERWÄHNT] ist nicht ausreichend, vgl. *Zahlreiche Zuschauer und Journalisten hatten sich eingefunden. Der Richter wies die Journalisten darauf hin, daß....* Trotz Vorerwähnung im ersten Satz ist *Journalisten* Teil des R. im Folgesatz,

da diese NP im zweiten Satz in eine andere →Prädikation eingebettet ist, und da die T./R.-Gliederung nur bestimmt werden kann unter Berücksichtigung der syntaktischen und semantischen Relationen einer Äußerung. Die Problematik relationaler Ausdrücke (insbes. Verben) führte zu der nicht unwidersprochenen Annahme, daß die T.-R.-Gliederung nicht binär, sondern »skalar« bzw. »kommunikativ-dynamisch« sei (vgl. Firbas [1964]): Das T. hat den geringsten, das R. den höchsten Grad an kommunikativer Dynamik, weil es die kommunikative Entwicklung am deutlichsten vorantreibt. In der Zone des Übergangs befindet sich in der Regel das Verb. – Formale Hinweise über T. vs. R. geben auch →Wort- und Satzgliedstellung und Satzakzent (vgl. Lenerz [1977], Lötscher [1983] sowie die Beiträge in Hammond [1988]). So ist in vielen Sprachen der linke oder rechte Satzrand die bevorzugte Stellung des R., vgl. die Plazierung des R. im Dt. entweder im Vorfeld (→Topikalisierung) oder so weit rechts wie möglich, vgl. A: *Wer singt heute die Hymne?* – B: *Die Hymne singt heute Maria* vs. *Die Hymne singt Maria heute*. Der Satzakzent liegt stets innerhalb des rhematischen Satzabschnittes (als universelles Gesetz vgl. Gundel [1988], Harlig/Bardovi-Harlig [1988]). – Zu den neueren Schwerpunkten der T./R.-Forschung gehören universelle Gesetze zur Markierung von T. vs. R. (vgl. die Beiträge in Hammond [1988]), die Übertragbarkeit des Begriffpaares von Aussagesätzen auf andere Satztypen

wie Fragesätze und Imperativsätze (vgl. v. Stechow [1980], Jacobs [1984]) sowie der Zusammenhang zwischen T. vs. R. und fokussierenden Partikeln (vgl. →Gradpartikel).
(2) Gliederung von Sätzen in Satzgegenstand (›das, worüber etwas ausgesagt wird‹) und Satzaussage (›das, was darüber ausgesagt wird‹). In diesem Sinne spricht man auch vom »logischen« bzw. »thematischen« Subjekt vs. Prädikat. Vgl. →Topik vs. Prädikation. – Die beiden Verwendungsweisen (1) und (2) werden in der Forschung häufig nicht deutlich voneinander unterschieden, woraus zahlreiche terminologische Unklarheiten resultieren, die durch die verschiedenartigen Definitionskriterien noch erhöht werden. So findet man in der Verwendungsweise (1) oder (2) für »Thema« auch »Topik«, »Hintergrund«, »Präsupposition« und für »Rhema« auch »Comment«, »Fokus« »Prädikation« (in unterschiedlichen Paarungen). – Zur Begriffsgeschichte vgl. Beneš [1973] und Weigand [1979].

Lit.: V. Mathesius [1929]: Zur Satzperspektive im modernen Englisch. In: ASNS 84, S. 202–210. – J. Firbas [1964]: On defining the theme in functional sentence analysis. In: TLP 1, S. 267–280. – W. Flämig [1964]: Grundformen der Gliedfolge im dt. Satz und ihre sprachlichen Funktionen. In: PBB (H) 86, S. 309–349. – E. Beneš [1967]: Die funktionale Satzperspektive (Thema-Rhema-Gliederung) im Deutschen. In: DaF 1. – S. Kuno [1972]: Functional sentence perspektive. In: LIn 3, S. 269–320. – E. Beneš [1973]: Thema-Rhema-Gliederung und Textlinguistik. In: H. Sitta/K. Brinker (eds.): Studien zur Texttheorie und zur deutschen Grammatik. Düsseldorf, S. 42–62. – F. Daneš [1973]: Functional sentence perspective and the organization of the text. In: F. Daneš/J. Firbas (eds.): Papers on functional sentence perspective. The Hague. – P. Sgall u.a. [1973]: Topic, focus and generative semantics. Kronberg. - Ö. DAHL (ed.) [1974]: Topic and comment, contextual boundness and focus. Hamburg. - F. DANEŠ/J. FIRBAS (eds.) [1974]: Papers on functional sentence perspective. The Hague. - W. CHAFE [1976]: Giveness, contrastiveness, definiteness, subjects, topics and point of view. In: CH. N. LI (ed.) [1976]: Subject and topic. New York, S. 25-56. - L. LIPKA [1976]: Funktionale Satzperspektive und kommunikative Gliederung im Englischen. In: LD 28, S. 273-281. - J. LENERZ [1977]: Zur Abfolge nominaler Satzglieder im Deutschen. Tübingen. - M. REIS [1977]: Präsuppositionen und Syntax. Tübingen. - U. WANDRUSZKA [1978]: Studien zur italienischen Wortstellung. Wortstellung, Semantik, Informationsstruktur. München. - E. WEIGAND [1979]: Zum Zusammenhang von Thema/Rhema und Subjekt/Prädikat. In: ZGL 7, S. 167-189. - A. v. STECHOW [1980]: Notes on topic and focus of interrogatives and indicatives. Konstanz. - H. ALTMANN [1981]: Formen der »Herausstellung« im Deutschen. Tübingen. - L. LUTZ [1981]: Zum Thema »Thema«. Einführung in die Thema-Rhema-Theorie. Hamburg. - W. KLEIN/A. V. STECHOW [1982]: Intonation und Bedeutung von Fokus. Konstanz. - A. LÖTSCHER [1983]: Satzakzent und Funktionale Satzperspektive im Deutschen. Tübingen. - J. JACOBS [1984]: Funktionale Satzperspektive und Illokutionssemantik. In: LBer 91, S. 25-58. - W. A. FOLEY/R. D. VAN VALIN [1985]: Information packaging in the clause. In: T. SHOPEN (ed): Language typology and syntactic description. Bd. 1. Cambridge, S. 282-364. - B. KOENITZ [1987]: Thema-Rhema-structure: a syntactico-semantic category and its cognitive aspects. In: LSt, S. 86-104. - A. LÖTSCHER [1987]: Text und Thema. Studien zur thematischen Konstituenz von Texten. Tübingen. - T. GIVÓN [1988]: The pragmatics of word order: predictability, importance and attention. In: M. HAMMOND u.a. (eds.): Studies in syntactic typology. Amsterdam, S. 243-284. - J. GUNDEL [1988]: Universals of topic-comment-structure. In: M. HAMMOND u.a. (eds.): Studies in syntactic typology. Amsterdam, S. 209-242. - J. HARLIG/K. BARDOVI-HARLIG [1988]: Accentuation typology, word order and theme-rheme structure. In: M. HAMMOND u.a. (eds.): Studies in syntactic typology. Amsterdam, S. 125-146.

Forschungsbericht: J. K. GUNDEL [1977]: The role of topic and comment in linguistic theory. Bloomington.

Bibliographie: Z. TYL [1970]: A tentative bibliography of studies in functional sentence perspective (1900-1970). Prag. →Topik vs. Prädikation.

Thematische Entfaltung. Begriff der →Textlinguistik (K. BRINKER): spezifische Struktur, in der das →Textthema zum Gesamtinhalt des Textes ausgestaltet wird. Die T. E. vollzieht sich durch Verknüpfung von Teilinhalten gemäß semantischen Relationen wie Spezifizierung, Einordnung oder Begründung. Grundformen der T. E. sind die deskriptive (›beschreibende‹), narrative (›erzählende‹), explikative (›erklärende‹) und argumentative (›begründende‹) E. Die Art der T. E. steht in Zusammenhang mit der →Textfunktion und ist ein wichtiges strukturelles Kriterium der →Texttypologie. Vgl. →Narrative Strukturen, →Argumentation, →Makrostruktur.

Lit.: →Textthema.

Thematische Relation. [Auch: Semantische Rolle]. Von J. S. GRUBER [1967] postulierte, im Rahmen der →Kasusgrammatik verwendete, von R. S. JACKENDOFF [1972] genauer erarbeitete, kasusähnliche semantische Relation. In dem Satz *Caroline leiht sich zu Hause das Zauberbuch von Philip* werden den Nominalphrasen folgende T. R. zugeschrieben: *Caroline* = »Agens« und »Goal« (›Ziel‹), *zu Hause* = »Location« (›Ort‹), *das Zauberbuch* = »Theme« (›Thema‹) und *von Philip* = »Source« (›Quelle‹). Während in vielen Syntaxmodellen jeder *NP* nur eine semantische Rolle zugeordnet werden kann, ermöglichen die T. R., sowohl ambige Konstruktionen durch Zuweisung mehrerer T. R. an eine *NP* gerecht zu werden als auch z.B. reziproke Relationen bei kom-

plementären Verben wie *ver-
kaufen/kaufen, geben/bekom-
men* zu beschreiben, in: *Philip
gibt Caroline das Zauberbuch*
und *Caroline bekommt von Philip das Zauberbuch* sind die beiden Subjekt-*NPs Philip* und
Caroline jeweils »Agens«, bei
geben aber (bzw. *verkaufen*) ist
das Subjekt zugleich »Source«,
bei *bekommen* (bzw. *kaufen*)
zugleich »Goal«. – Durch Hierarchisierung der T. R. in der
Reihenfolge (a) »Agens«, (b)
»Location«/»Source«/»Goal«,
(c) »Theme« lassen sich mehrere voneinander unabhängige
Ausnahmen bei syntaktischen
Prozessen durch Generalisierung im Lexikon einfacher beschreiben, z.B. im Engl. die Distribution der Reflexivpronomen sowie das Verhalten bestimmter Verben bei Passivtransformation. JACKENDOFF
[1983] versucht zu zeigen, daß
die thematische Struktur aus
den T. R. etwas Angeborenes ist,
mit dessen Hilfe wir unsere Erfahrungen strukturieren. Das
räumliche Feld erhält eine her-
ausragende Stellung, weil es
durch unsere sensorischen Erfahrungen direkter zugänglich
ist (vgl. →Lokalismus). P. R.
LUTZEIER [1988] leitet aus einem
kognitiven Modell sechs, für die
syntaktische Analyse des Deutschen relevante, syntaktisch-
semantische Relationen ab, die
Probleme mit den T. R. vermeiden helfen. – Vgl. auch unter
→Hierarchie-Gesetze.

Lit.: J. S. GRUBER [1967]: Studies in lexical
relations. Bloomington. – R. S. JACKEN-
DOFF [1972]: Semantic interpretation in generative grammar. Cambridge, Mass. – R.
S. JACKENDOFF [1983]: Semantics and cognition. Cambridge, Mass. – G. CARLSON
[1984]: Thematic roles and their role in semantic interpretation. In: Linguistics 22, S.
259–279. – R. S. JACKENDOFF [1987]: The
status of thematic relations in linguistic
theory. In: LIn 18, S. 369–411. – P. R. LUTZ-
EIER [1988]: Syntaktisch-semantische Relationen – ein Versuch fürs Deutsche. In:
DSp, S. 131–143. – G. RAUH [1988]: Tiefenkasus, thematische Relationen und Theta-
rollen. Tübingen. – W. WILKINS [1988]:
Syntax and semantics. Bd. 21: Thematic relation. San Diego. – D. DOWTY [1990]: Thematic proto-roles, subject selection, and lexical semantics. In: Lg 66. →Kategorial-
grammatik.

Themavokal →Bindevokal.

Theoretische Logik →Formale
Logik.

Thesaurus [griech. *thēsaurós*
›Schatz(haus)‹].
(1) Wissenschaftliches Wörterbuch mit dem Ziel, den Gesamtwortschatz einer Sprache zu kodifizieren, z.B. *Thesaurus linguae Latinae.*
(2) Nach Sachgebieten bzw. Be-
deutungsähnlichkeit geglieder-
tes Wörterbuch, z.B. im Engl.
Roget's Thesaurus.

Theta-Rolle →Thematische Relation, →Theta-Theorie.

Theta-Theorie [Abk.: ϑ-Theo-
rie]. In der →GB-Theorie N.
CHOMSKYS jene Theoriekom-
ponente der →Universalgram-
matik, die zwischen den →The-
matischen Relationen (»Theta-
Rollen« genannt) und ihren
syntaktischen Realisierungen
als bestimmte Argumente eines
Prädikates vermittelt. Das sogen. »Thetakriterium« besagt,
daß jeder thematischen Rolle
genau ein →Argument entsprechen muß und umgekehrt, wobei Argumente bestimmte referentielle *NPs* sind, nicht aber
expletive Elemente wie z.B. *es*
in: *Es gingen drei Räuber in den
Wald* (vgl. →*Es*-Funktionen).

Dem ϑ-Kriterium zufolge sind daher ungrammatisch: *Es gingen in den Wald (ein Argument zuwenig) oder *Drei Räuber gingen in den Wald das gestohlene Bier (ein Argument zu viel). Eine präzise Formulierung des ϑ-Kriteriums ist erst unter Rückgriff auf den Begriff der →Kette möglich. – Von der Unterscheidung verschiedener thematischer Rollen machen verschiedene Theoriebereiche Gebrauch, vgl. →Bindungstheorie, →Kasustheorie, →Kontrolle.

Lit.: R. JACKENDOFF [1972]: Semantic interpretation in generative grammar. Cambridge, Mass. – N. OSTLER [1980]: A theory of case linking and agreement. (IULC) Bloomington. – N. CHOMSKY [1981]: Lectures on government and binding. Dordrecht, Kap. 6. – R. JACKENDOFF [1987]: The status of thematic relations in linguistic theory. In: LIn 18, S. 369–412. – H. LASNIK [1988]: Subjects and the ϑ-criterion. In: NLLT 6, S. 1–17. – J. GRIMSHAW/A. MESTER [1988]: Light verbs and ϑmarking. In: LIn 19, S. 205–232. – A. v. STECHOW/W. STERNEFELD [1988]: Bausteine syntaktischen Wissens. Opladen, Kap. 7. →Valenz.

Thetisch vs. Kategorisch →Topik vs. Prädikation.

Thüringisch. Mdt. Dialektgruppe, die in sich vielfältig gegliedert ist. Aufgrund starker Einflüsse aus den umgebenden Dialektgebieten sind für das T. keine nur diesem Dialekt eigenen Strukturmerkmale als sprachliche Charakteristika zu nennen. So setzt sich das T. einerseits durch die Verschiebung von anlautendem $p > pf$ (bzw. f) (vgl. pfafer/fafer ›Pfeffer‹) vom Westmdt. ab und geht dabei auch mit anderen ostmdt. Dialekten konform; das Diminutivsuffix -chen dagegen teilt das T. auch mit dem Westmdt. gegen das ostfrk./obdt. -lein. Als charakteristisches Merkmal gegen das östlich anschlicßende Obersächs. gilt der Abfall des auslautenden -n beim verbalen Infinitiv. (Vgl. Sprachenkarte Nr. 6).

Lit.: →Dialektologie, →Mitteldeutsch.

Tibetisch →Sino-Tibetanisch, →Tibeto-Burmanisch.

Tibeto-Burmanisch. Zweig der →Sino-Tibetanischen Sprachen; größte Einzelsprachen sind →Birmanisch und Tibetisch. Spezifische Kennzeichen: Kasussystem und Verbkongruenz, z.T. ergativisch; es kommen aber auch topik-prominente Sprachen vor. In einigen Sprachen wird bei transitiven Verben markiert, in welchem Verhältnis Subjekts- und Objektsreferent auf einer Hierarchie zueinander stehen (1. vor 2. vor 3. Pers.; Sing. vor Plur.). Numerus (teilweise mit Dualformen), Unterscheidung exklusiver und inklusiver Formen der 1. Pers. Pl. (→Inklusiv vs. Exklusiv). (Vgl. Sprachenkarte Nr. 10).

Lit.: J. MATISOFF [1973]: The grammar of Lahu. Berkeley. – A. HALE [1982]: Research on Tibeto-Burman languages. The Hague. – G. VAN DRIEM [1987]: A Grammar of Limbu. Berlin.

Tiefengrammatik →Tiefenstruktur.

Tiefenhypothese. Von V. H. YNGVE [1960] aufgestellte psycholinguistische Hypothese, derzufolge Aufbau und Struktur natürlicher Sprachen von der begrenzten Speicherkapazität des menschlichen →Kurzzeitgedächtnisses abhängt, das nur maximal sieben unabhängige Informationseinheiten

(Namen, Zahlen z.B.) speichern kann. Aufgrund von YNGVES Berechnungen ergibt sich, daß →Linksverzweigende und →Selbsteinbettende Konstruktionen das Gedächtnis stärker belasten als rechtsverzweigende Strukturen.

Lit.: V. H. YNGVE [1960]: A model and an hypothesis for language structures. In: Proceedings of the American Philosophical Society 104, S. 444–466.

Tiefenkasus →Kasusgrammatik, →Thematische Relation.

Tiefenstruktur [engl. *deep/underlying structure.* – Auch: Basisstruktur, Mentalstruktur, Tiefengrammatik, Zugrundeliegende Struktur]. Im Rahmen der generativen →Transformationsgrammatik von N. CHOMSKY entwickeltes Konzept einer sprachlichen Äußerungen zugrundeliegenden abstrakten Basisstruktur, die sowohl die grammatischen Relationen und Funktionen der syntaktischen Elemente spezifiziert, als auch alle für die sprachliche Bedeutung eines Satzes wichtigen Elemente, insb. die Lexeme, enthält, sowie alle für die Durchführung von →Transformationen notwendigen Informationen. Die Idee einer Unterscheidung zweier Strukturebenen der Sprache (→Oberflächenstruktur vs. T.) hat eine lange und vielfältige Tradition, sie findet sich in unterschiedlicher Ausprägung bei dem indischen Grammatiker PANINI (4. Jh. v. Chr.), in der →Grammatik von Port-Royal (17. Jh.), bei HUMBOLDT (→Innere Sprachform), WITTGENSTEIN und HOCKETT. Nach der Präzisierung im Rahmen der generativen Transfor-

mationsgrammatik lassen sich die beiden Strukturebenen durch →Strukturbäume abbilden. Im →Aspekte-Modell von CHOMSKY [1965] vermitteln bedeutungsneutrale →Transformationen zwischen dem zugrundeliegenden Strukturbaum der T. und dem abgeleiteten Strukturbaum der Oberflächenstruktur, indem sie die syntaktische Basisstruktur in eine syntaktische Oberflächenstruktur überführen (die dann noch lautlich interpretiert wird). Dieses syntaktisch motivierte Konzept von T. hat eine heftige Auseinandersetzung zwischen CHOMSKY-Anhängern und den Vertretern der →Generativen Semantik ausgelöst, die die zugrundeliegenden Strukturen als semantische Strukturen ansetzen. – In mehrfachen Revisionen der urspr. »Standardtheorie« wurde auch der Status der T. als ausschließliche Basis für die semantische Interpretation verändert, indem durch die →Spurentheorie strukturelle Informationen der T. in Oberflächenstruktur (jetzt S-Struktur genannt) kodiert werden. Damit bleibt auch die semantische Information auf der S-Struktur erhalten, so daß seit der »Revidierten Erweiterten Standardtheorie« (= REST) nunmehr die S-Struktur den *input* für die semantische Interpretation darstellt (vgl. auch →Logische Form).

Lit.: C. F. HOCKETT [1958]: A course in modern linguistics. New York. – P. M. POSTAL [1964]: Constituent structure: A study of contemporary models of syntactic description. Bloomington. – N. CHOMSKY [1965]: Aspects of the theory of syntax. Cambridge, Mass. Dt.: Aspekte der Syntaxtheorie. Frankfurt 1969. – M. BIERWISCH [1966]: Aufgaben und Form der Grammatik. In: II. Internationales Symposium »Zeichen und System der Sprache«, Bd. 3, Berlin, S. 28–69. – N. Chomsky [1968]: Language and mind. New York. Dt.: Sprache und Geist. Frankfurt 1973. – G. Lakoff/J. R. Ross [1968]: Is deep structure necessary? Bloomington. Dt. in: W. Abraham/R. I. Binnick (eds.): Generative Semantik. Frankfurt 1972, S. 66–70. – N. Chomsky [1971]: Deep structure, surface structure, and semantic interpretation. In: D. D. Steinberg/L. A. Jakobovits (eds.): Semantics. London, S. 183–216. →Transformationsgrammatik.

Tiersprachen [Auch: Primatensprachen]. Artspezifische Kommunikationssysteme, deren Untersuchung nur interdisziplinär durch Verhaltensforscher, Anthropologen, Biologen, Psychologen, Sprachwissenschaftler u.a. geleistet werden kann. Unterschiede und Gemeinsamkeiten zwischen tierischen und menschlichen Verständigungssystemen bilden die Basis für Hypothesen bzw. Theorien über die Entstehung und Entwicklung der menschlichen Sprachen aus Vorformen des Tierreichs. Die Ergebnisse solcher vergleichenden Forschungen sowie ihre Interpretation sind allerdings weitgehend abhängig von der jeweils zugrundegelegten Definition von Sprache. Wenn man natürliche Sprachen als lautliche Zeichensysteme definiert, mittels deren produktiver Verwendung der Sprecher Gegenstände, Sachverhalte (auch solche, die räumlich und zeitlich nicht gegenwärtig sind) und begriffliche Verallgemeinerungen in Symbolen auszudrücken vermag, dann unterscheidet sich die »Sprache« der Tiere unter folgenden Aspekten von menschlichen Sprachen: (a) Natürliche Sprachen sind durch die Eigenschaft der →Zweifachen Gliederung gekennzeichnet, d.h. daß komplexe sprachliche Ausdrücke sich erstens aus bedeutungstragenden Elementen, den →Monemen/→Morphemen zusammmensetzen, die sich zweitens ihrerseits als Kombinationen von kleinsten bedeutungsunterscheidenden lautlichen Elementen, den →Phonemen, beschreiben lassen. Signale der Tiersprache hingegen sind nur auf der ersten Ebene der Gliederung hinsichtlich Form und Bedeutung analysierbar, nicht aber als Zusammensetzung kleinerer formaler Elemente zu erklären. (b) Tiersprachliche Äußerungen sind in der Regel Reflexe auf externe Signale, sie sind an auslösende Reize gebunden, sind also keine willkürlichen Produktionen. (c) Die Bedeutung der artspezifischen Signale ist offensichtlich weitgehend (bei vielen Tierarten sogar vollständig) auf angeborene Weise bekannt, muß also nicht gelernt werden. (d) Es fehlt die Möglichkeit, Elemente des jeweiligen Kommunikationssystems situationsbedingt neu zu kombinieren (neuere Untersuchungen an Schimpansen lassen allerdings latent vorhandene, aber nicht genutzte kombinatorische Fähigkeiten vermuten; vgl. Marler [1965]). (e) Im Unterschied zu natürlichen Sprachen fehlt bei T. die Möglichkeit, begriffliche Verallgemeinerungen durch Symbole auszudrücken, und außerdem (f) die Möglichkeit, mit Sprache über Sprache zu reden, also metasprachliche Urteile zu formulieren. – Zur Einführung und als interdisziplinärer Überblick über die Probleme der T. im Zusammenhang mit der Evolution von Sprache vgl. Schwidetsky [1973].

Lit.: K. v. Frisch [1953]: Aus dem Leben der Bienen. 8., neubearb. und erg. Aufl. Berlin 1969. – C. F. Hockett [1960]: The origin of speech. In: Scientific American 203, S. 88–96. Dt. in: I. Schwidetzky: Über die Evolution der Sprache. Frankfurt 1973, S. 135–150. – F. Kainz [1961]: Die Sprache der Tiere. Tatsache – Problemschau – Theorie. Stuttgart. – A. Nehring [1964]: Das Problem der Tiersprachen in sprachtheoretischer Sicht. In: Sprache 10, S. 202–240. – K. Lorenz [1965]: Über tierisches und menschliches Verhalten. Gesammelte Abhandlungen. 2 Bde. München. – P. Marler [1965]: Communication in monkeys and apes. In: I. de Vore (ed.): Primate behavior. New York. Dt. in: I. Schwidetzky (ed.): Über die Evolution der Sprache. Frankfurt 1973. – I. de Vore (ed.)[1965]: Primate behavior. New York. – S. A. Altmann [1968]: Primates, communication in selected groups. In: Th. A. Sebeok (ed.): Animal communication. Bloomington, S. 466–522. – A. Schaff [1968]: Die Sprache der Menschen und die »Sprache der Tiere«. In: A. Schaff: Essays über die Philosophie der Sprache. Frankfurt, S. 46–64. – Th. A. Sebeok (ed.) [1968]: Animal communication. Bloomington. – R. A. Gardner/B. T. Gardner [1969]: Teaching sign language to a chimpanzee. In: Science 165, S. 664–672. Dt. in: H. Leuninger/M. H. Miller/F. Müller (eds.): Linguistik und Psychologie. Ein Reader. Frankfurt 1974, Bd. 2, S. 3–29. – D. Premack [1971]: Language in Chimpanzee? In: Science 172, S. 808–822. Dt. in: I. Schwidetzky (ed.): Über die Evolution der Sprache. Frankfurt 1973. – E. Linden [1974]: Apes, men, language. London. – B. Marquardt [1975]: Sprache? Tier - Mensch. Düsseldorf. – D. Premack [1976]: Intelligence in ape and man. Hillsdale, N.J. – J. de Luce/H. Wilder [1983]: Language in primates: Perspectives and implications. New York. – Th. Sebeok/A. Ramsay [1987]: Approaches to animal communication. Berlin.
Forschungsbericht: W. J. Smith [1974]: Zoosemiotics: Ethology and the theory of signs. In: CTL 12, S. 561–628. – R. A. Demers [1988]: Linguistics and animal communication. In: LCS 3, S. 314–335.
Bibliographie: Th. A. Sebeok [1972]. Perspectives in Zoosemiotics. The Hague, S. 124–161. – J. A. Edmondson/W. Mayerthaler [1978]: Bibliographie zum Thema »Sprache der Primaten«. In: LAB 3, S. 107–115. →Zoosemiotik.

Tigrinya →Ge'ez, →Semitisch.

Tilde [lat. *titulus* ›Titel, Kennzeichen‹]. →Diakritisches Zeichen in Form einer kleinen horizontalen Schlangenlinie über einem lat. oder griech. Buchstaben: im Portugies. zur Bezeichnung nasaler Vokale: *São Paolo, naçōes* (›Nationen‹); im Altgriech. und im Litau. (im Litau. nur in Wörterbüchern u. ä.) Kennzeichnung eines distinktiven silbischen Tonhöhenverlaufs; im Span. zur Kennzeichnung der Palatalität bei *ñ*; in älteren Drucken bisweilen statt Doppelkonsonantenschreibung oder als Zeichen für *n*; im Grönländ. zur Bezeichnung der Vokallänge sowie der Länge des darauf folgenden Konsonanten.
Lit.: →Graphemik, →Schrift.

Tilgung [engl. *deletion*]. In der generativen →Transformationsgrammatik elementare syntaktische Operation, bei der auf dem Weg von der →Tiefenstruktur zur →Oberflächenstruktur einzelne Elemente getilgt werden. Grundsätzliche Bedingung für die Anwendung der Tilgungstransformationen ist die →Rekonstruierbarkeit, d.h. Wiederauffindbarkeit (engl. *recoverability*) der getilgten Elemente, wie sie etwa bei →Gapping gewährleistet ist, bei dem die Tilgung unter genau angebbaren Bedingungen (bei Identität mit einem erhaltenen kategorial gleichen Element) erfolgt, vgl. *Philip spielt Klarinette und Caroline spielt Flöte → Philip spielt Klarinette und Caroline Flöte.* In der »Revidierten Erweiterten Standardtheorie« (REST) operieren Tilgungsregeln nach den Transformationsregeln, indem sie z.B. bestimmten Satzstrukturen zugrundeliegende und durch Umstellungsregeln in COMP plazierte

W-Elemente (engl. *wh-deletion*) tilgen, z.B. in *I enjoyed the meal w/h/i/c/h/you made for us.*

Lit.: →Beschränkungen, →Operationale Verfahren, →Transformationsgrammatik.

Tlingit →Na-Dené.

Tmesis [griech. *tmēsis* ›das Abschneiden‹]. →Rhetorische Figur der Umstellung: Trennung eines Wortes durch Einfügung anderer Satzteile: *that man – how dearly ever parted* statt *however* (SHAKESPEARE); im Deutschen z.B. mit Rückgriff auf älteren Sprachgebrauch: *ob ich schon wanderte im finsteren Tal* für ›obschon ich ...‹ (LUTHER); vgl. →Hyperbaton, →Wortspiel.

Lit.: K. E. HEIDOLPH/W. FLÄMIG/W.MOTSCH [1981]: Grundzüge einer deutschen Grammatik. Berlin, S. 849 ff. – M. NESPOR/I. VOGEL [1986]: Prosodic phonology. Dordrecht, S. 187–221. →Intonation, →Rhetorische Figur, →Wortbildung.

Tocharisch. Ausgestorbener Sprachzweig des →Indo-Europäischen, bestehend aus den Sprachen Tocharisch A und Tocharisch B, überliefert durch umfangreiche Schriftdokumente in der nordindischen Brāhmī-Schrift aus dem 5. bis 10. Jh., die seit 1890 in Zentral-Asien (Tarim-Becken) gefunden wurden. Obwohl T. der östlichste ideur. Sprachzweig ist, hat es Eigenschaften, die sich sonst nur in den westlichen Sprachzweigen finden (es gehört z.B. zu den sogenannten *kentum*-Sprachen, vgl. →Indo-Europäisch).

Lit.: W. KRAUSE/W. THOMAS [1960/1964]: Tocharisches Elementarbuch. Heidelberg.

Tochtersprache. Aus gemeinsamer Grundsprache entwickelte Sprachen gleicher Entwicklungsstufe, z.B. sind Frz., Ital. und Span. T. des Vulgär-→Lateinischen.

Tochter-von-(Relation). Bei der Darstellung der syntaktischen Struktur von Sätzen in Form eines →Strukturbaumes bezeichnet T. das Verhältnis zwischen einer Konstituente und der sie dominierenden »Mutter«: *A* ist rechte bzw. linke Tochter von *S*, wenn der →Knoten *S* den Knoten *A* unmittelbar dominiert und es rechts bzw. links von *A* keinen weiteren von *S* dominierten Knoten gibt.

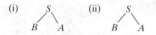

Tok Pisin. Verbreitete →Pidgin- und →Kreolsprache auf Papua Neuguinea mit englischem Superstrat. Spezifische Kennzeichen: Relativ einfache Phonologie (keine Frikative; Pränasalierung), kleiner Grundwortschatz und daher äußerst produktive Wortbildung (Beispiele: *papamama* ›Eltern‹, *bikbus* (›big bush‹) ›Dschungel‹, *haus kuk* ›Küche‹. Keine Nominalflexion; komplexes Numerussystem beim Pronomen (Singular, Dual, Trial, Plural, dazu →Inklusiv vs. Exklusiv-Distinktion). Tempus, Modus und Aspekt werden durch →Periphrastische Konjugation ausgedrückt. Verbkongruenz in der 3. Person durch *i-* (›er‹) markiert; das Suffix *-im* (›ihn‹) zeigt Transitivität an. Die wenigen Präpositionen haben relativ weite Bedeutung. Wortstellung: SVO.

Lit.: S. A. WURM/P. MÜHLHÄUSLER (eds.)
[1985]: Handbook of Tok Pisin. Canberra. -
P. MÜHLHÄUSLER [1987]: Tok Pisin (Pid-
ginenglisch von Papua Neuguinea). In: StL
21, S. 56-77.

Ton.

(1) In der akustischen Physik
Terminus für Schallerscheinun-
gen mit einfachen periodischen
Schwingungen (Sinusschwingung). In der akustischen Terminologie gleichbedeutend mit
→Klang (= Summe von Teiltönen).
(2) [Auch: →Intonation]: Auf
morphologisch definierte Segmente (Morphe, Wörter) bezogene Erscheinungen des Tonhöhenverlaufs, sofern unterschiedliche Tonhöhenverläufe
in einer Sprache distinktiv sind.
Derartige Sprachen heißen
→Tonsprachen. In terminologischer Anlehnung an »Phonem«
spricht man phonologisch auch
von →Tonemen, wenn die so er-
faßten phonetischen Töne distinktiv sind. Zur Notation der
Töne bedient man sich bisweilen eines fünfstufigen Bezugs-
systems mit *1* für die tiefste und
5 für die höchste Tonhöhe. – Im
Punu, einer →Miao-Yao-Spra-
che, werden acht Töne voneinander unterschieden: cu_{33} ›zusammen‹, cu_{22} ›das Allerletzte‹,
cu_{12} ›Brücke‹, cu_{43} ›Wein, Al-
kohol‹, cu_{42} ›befehlen‹, cu_{31}
›Haken‹, cu_{21} ›gerade eben‹,
cu_{231} ›Trockenheit‹.
Lit.: →Phonetik, →Tonologie.

Tonaler Akzent →Musikalischer
Akzent.

Tonem.
Kleinste (abstrakte)
funktionelle Tondifferenzen einer Silbe mit bedeutungsunterscheidender Funktion. In sog.
→Tonsprachen haben solche fest

mit einer Silbe verbundenen
Tonabstufungen gleiche Funktionen wie Vokal- oder Konso-
nantenphoneme, vgl. z.B. vietnamesisch, wo *ma* je nach unterschiedlicher Tonhöhe entweder ›Teufel‹, ›aber‹, ›Wan-
ge‹, ›Pferd‹ oder ›junge Reis-
pflanze‹ bedeuten kann.
Lit.: →Tonologie.

Tongruppe
[engl. *intonational
phrase*]. Einheit im System der
→Intonation, die eine Domäne
für das Operieren des →Tonmu-
sters bereitstellt. Es wird in jeder T. nur ein →Tonmuster (z.B.
steigend, fallend, gleichblei-
bend) selektiert. Oft werden die
T. durch Pausen getrennt.
Lit.: K. E. HEIDOLPH/W. FLÄMIG/W.
MOTSCH [1981]: Grundzüge einer deutschen Grammatik. Berlin, S. 849 ff. – M.
NESPOR/I. VOGEL [1986]: Prosodic phonology. Dordrecht, S. 187-221. →Intonation.

Tongruppengrenze →Pause.

Tonhöhe
[engl. *pitch height*].
(1) In der →Akustischen Phonetik die Zahl der Tonschwingun-
gen pro Sekunde, bzw. in der
→Auditiven Phonetik die auditiven Eigenschaften, die den unterschiedlichen Schwingungs-
zahlen entsprechen.
(2) In der Phonologie: →Supra-
segmentales Merkmal von
sprachlichen Äußerungen; in
sogen. →Tonsprachen ist relative T. distinktiv.

Tonmuster
[engl. *tonal pattern*].
Phonologisch distinktive Ton-
höhenbewegung. In →Tonspra-
chen besteht diese Distinktivität auf der lexikalischen Ebene,
in Intonationssprachen auf der
syntaktischen und pragmatischen Ebene. →Intonation,
→Tongruppe.

Lit.: →Intonation.

Tonologie. Lehre von der Ton-
struktur von sprachlichen Ausdrücken, die in einigen Sprachen, (wie z.B. im Vietnames.,
Chin.) neben der phonologischen, silbischen und →Akzent-
Struktur distinktiven, d.h. phonologisch relevanten Charakter
besitzt.

Lit.: V. A. FROMKIN (ed.) [1978]: Tone. A
linguistic survey. New York. – A. WEIDERT
[1981]: Tonologie. Ergebnisse, Analysen,
Vermutungen. Tübingen.

Tonsilbe [engl. *nucleus, nuclear
stress*]. Betonte →Silbe: Haupttonsilbe, →Akzent.

Tonsprachen. Sprachen, in denen →Tonhöhe phonologische
Relevanz, d.h. bedeutungsunterscheidende Funktion besitzt, z.B. Chin., Vietnames. Vgl.
die Beispiele unter →Tonem.

Lit.: →Tonologie.

Topik.
(1) →Thema vs. Rhema, →Topik
vs. Prädikation.
(2) Disziplin der →Rhetorik:
Lehre von den Topoi. Auch
Sammelbegriff für die Topoi
bzw. die topische Struktur eines
Textes. Vgl. →Topos.

Lit.: →Topos.

Topik vs. Prädikation [engl. *topic* vs. *comment*].
(1) Gliederung von Sätzen in
Satzgegenstand (›das, worüber
etwas ausgesagt wird‹) und Satzaussage (›das, was darüber
ausgesagt wird‹). In diesem Sinne spricht man auch vom »logischen« bzw. »thematischen«
Subjekt vs. Prädikat oder →The-
ma vs. Rhema. Eine allgemein
akzeptierte Definition des Be-

griffspaares steht aus. Allerdings gibt es einige heuristische
Kriterien, mit deren Hilfe man
in vielen Fällen das T. identifizieren kann. So stellt ein Satz, in
dem ein bestimmtes Element X
Topik ist, eine Antwort auf die
Frage *What about X?* dar (GUN-
DEL [1977]). Vgl. den Satz *Philip
traf Caroline gestern*, der als
Antwort eher auf die Frage *Was
ist mit Philip?* als auf *Was ist mit
Caroline?* paßt. Somit ist *Philip*
als bevorzugtes T. des Satzes
und *traf Caroline gestern* als P.
über dieses T. ausgewiesen. Allerdings ist auch die Interpretation von *Caroline* als T. möglich
(wenn auch unnatürlich).
SGALL [1974] schlägt eine Einbettung der zu testenden Konstituente X in eine performative
Formel *Ich sage dir über X, daß
Y* vor. Die aufgrund solcher
Tests identifizierte T./P.-Rela-
tion ist unabhängig von der
Gliederung einer Äußerung
nach kommunikativen Ge-
sichtspunkten (→Thema vs.
Rhema). So kann das T. nicht
als alte, bekannte bzw. vorerwähnte Information definiert
werden. Als Antwort auf die
Frage *Wer traf Caroline?* ist
Philip im obigen Satz T. und zugleich die neue, nicht vorerwähnte Information. – Obwohl
T. und P. als semantische bzw.
pragmatische Relationen gelten, werden sie durch verschiedene syntaktische Eigenschaften der Sätze gesteuert. Es gibt
eine starke Tendenz, das T. eines Satzes als syntaktisches Subjekt auszudrücken. Das gilt besonders für die ideur. Sprachen,
die manals »subjekt-prominent«
klassifiziert. Aber auch hier
kann man durch bestimmte
Konstruktionen ein Nicht-Sub-

jekt als T. kennzeichnen, vgl. die →Spaltsatz-Konstruktion *Was diesen Mann betrifft, dem gebe ich kein Geld* und die →Linksversetzung *Diesem Mann, dem gebe ich kein Geld.* In »topik-prominenten« Sprachen (wie →Koreanisch, →Japanisch, →Tagalog) kann hingegen jedes beliebige Satzglied mittels bestimmter Partikeln oder Affixe als T. gekennzeichnet werden. (Zu »subjekt- vs. topikprominent« vgl. LI/THOMPSON [1976], GUNDEL [1988]). Ferner gilt die satzinitiale Stellung eines Satzgliedes als T.-Kriterium, z.B. bei HALLIDAY [1967] und LI/THOMPSON [1976]. Auch die Passivierung verändert die T.-P.-Struktur eines Satzes: *Ich half dem Kind* vs. *Dem Kind wurde von mir geholfen.* – Wichtigste semantische Eigenschaft eines T. ist seine referentielle (d.h. spezifische) Interpretation. Insoweit korreliert T./P. mit den semantischen Grundfunktionen der →Referenz und →Prädikation. In der Äußerung *Es kam ein Bus* gibt es keine spezifische, referentielle Konstituente, die als T. fungieren könnte, womit dieser Satz als »thetisch« ausgewiesen ist. Äußerungen mit einer T.-P.-Struktur nennt man demgegenüber »kategorisch« (vgl. zu »thetisch vs. kategorisch« MARTY [1897], KURODA [1972], ULRICH [1985], SASSE [1987]). Die T.-Relation ist für die Beschreibung vieler sprachlicher Regularitäten nicht nur in topikprominenten, sondern auch in subjektprominenten Sprachen relevant (vgl. für die Verbkongruenz GIVÓN [1983], für Pronomina KUNO [1987]).

Lit.: A. MARTY [1897]: Über die Scheidung von grammatischem, logischem und psychologischem Subjekt resp. Prädikat. In: Archiv für systematische Philosophie 3. – M. A. K. HALLIDAY [1967]: Notes on transitivity and theme in English. In: JL 3, S. 37–81/199–244; JL 4, S. 179–215. – F. DANEŠ [1970]: Zur linguistischen Analyse der Textstruktur. In: FoL 4, S. 72–78. – R. HARWEG [1971]: Subjekt und Prädikat. In: FoL 5, S. 253–276. – S. KUNO [1972]: Functional sentence perspective. In: LIn 3, S. 269–320. – S. KURODA [1972]: The categorial and thetic judgement. Evidence from Japanese syntax. In: Fol 9, S. 153–158. – P. SGALL [1974]: Zur Stellung des Thema vs. Rhema in der Sprachbeschreibung. In: F. DANEŠ (ed.): Papers on functional sentence perspektive. Prag, S. 54–74. – W. CHAFE [1976]: Giveness, contrastiveness, definiteness, subjects, topics and point of view. In: CH. N. LI (ed.). Subject and topic. New York, S. 25–56. – CH. N. LI (ed.) [1976]: Subject and topic. New York. – CH. N. LI/ S. A. THOMPSON [1976]: Subject and topic: a new typology of language. In: CH. N. LI (ed.): Subject and topic. New York, S. 457–490. – J. GUNDEL [1977]: The role of topic and comment in linguistic theory. Bloomington. – T. REINHART [1981]: Pragmatics and linguistics: an analysis of sentence topics. In: Philosophica 27, S. 53–94. – T. GIVÓN [1983]: Topic continuity in discourse: a quantitative cross-language study. – M. ULRICH [1985]: Thetisch und kategorisch. Tübingen. – J. HINDS/S. MAYNARD/S. IWASAKI (eds.) [1987]: Perspectives on topicalization. Amsterdam. – S. KUNO [1987]: Functional syntax. Anaphora, discourse and empathy. Chicago. – H.-J. SASSE [1987]: The thetic/categorical distinction revisited. In: Linguistics 25, S. 511–580. – T. GIVÓN [1988]: The pragmatics of word order: predictability, importance and attention. In: M. HAMMOND u.a. (eds.): Studies in syntactic typology. Amsterdam, S. 243–284. – J. GUNDEL [1988]: Universals of topic-comment-structure. In: M. HAMMOND u.a. (eds.): Studies in syntactic typology. Amsterdam, S. 209–242. →Thema vs. Rhema.

(2) Gliederung von Äußerungen nach kommunikativen Gesichtspunkten in bekannte bzw. alte und unbekannte bzw. neue Information. Vgl. →Thema vs. Rhema. – Die beiden Verwendungsweisen der Begriffe T./P. werden in der Forschung häufig nicht deutlich genug voneinander unterschieden, woraus häufig terminologische Unklarheiten und Mischdefinitionen re-

sultieren. So findet man in den beiden Bedeutungsvarianten von (1) und (2) statt »Topik« auch »Thema« und statt »Prädikation« auch »Comment« oder »Fokus« (in unterschiedlichen Paarungen).

Topikalisierung [Auch: Vorfeldbesetzung]. Plazierung einer Konstituente, die nicht als Subjekt fungiert, an den Satzanfang ins →Vorfeld vor das finite Verb, wobei im Dt. das Subjekt durch →Inversion hinter das finite Verb ins →Mittelfeld des Satzes rückt: *Er hat seine Absichten gestern genau erläutert* (unmarkierte (Normal-)Stellung mit Subjekt im Vorfeld und finitem Verb in Zweitposition) vs. *Gestern hat er seine Absichten genau erläutert* (T. des Adverbials und Inversion von Subjekt und finitem Verb). Bei der T. handelt es sich im Unterschied zur Normal- bzw. →Grundwortstellung um eine Stellung mit einer spezifischeren kommunikativen Funktion. Man unterscheidet zwischen »echter« T., bei der das topikalisierte Element als Thema bzw. Topik fungiert, und »unechter« T., die der Hervorhebung bzw. Kontrastierung des betroffenen Elements dient (auch: Ausdrucksstellung). T. kann alle Satzglieder und satzgliedwertigen Ausdrücke betreffen mit Ausnahme von Subjekt und finitem Verb. Da in der Regel nur ein →Satzglied im Vorfeld stehen kann, wird T. auch als Satzgliedtest verwendet; dieser Test stellt aber kein hinreichendes Kriterium zur Satzgliedbestimmung dar, vgl. VAN DER VELDE [1978].

Lit.: J. GRUBER [1967]: Topicalization in child language. In: FL 3, S. 37–88. – E. BE-

NES [1971]: Die Besetzung der ersten Position im deutschen Aussagesatz. In: H. MOSER (ed.): Fragen der strukturellen Syntax und kontrastiven Grammatik. Düsseldorf, S. 160–182. – T. KANEKO [1971]: Zum Problem der Topikalisierung. In: D. WUNDERLICH (ed.): Probleme und Fortschritte der Transformationsgrammatik. München, S. 127–147. – TH. BUNGARTEN [1973]: Umstellprobe und Minimalrepräsentierung als Methoden der Satzanalyse. In: TH. BUNGARTEN (ed.): Sprache und Sprachanalyse des Deutschen. Berlin, S. 9–72. – B. ULVESTAD [1974]: »Nicht« im Vorfeld. In: U. ENGEL/P. GREBE (eds.): Sprachsystem und Sprachgebrauch. FS für H. MOSER. 2. Teil. Düsseldorf, S. 373–392. – TH. VENNEMANN [1974]: Zur Theorie der Wortstellungsveränderung: »von SXV zu SVX über TVX«. In: G. DINSER (ed.): Zur Theorie der Sprachveränderung. Kronberg. – J. GRUBER [1975]: »Topicalization« revisited. In: FL 13, S. 57–72. – H. ALTMANN [1976]: Gradpartikeln und Topikalisierung. In: K. BRAUNMÜLLER/W. KÜRSCHNER (eds.): Grammatik. Bd. 2, Tübingen. – L. LIPKA [1976]: Topicalization, case grammar, and lexical decomposition in English. In: ArchL 7, S. 118–141. – J. K. GUNDEL [1977]: The role of topic and comment in linguistic theory. Bloomington. – M. VAN DER VELDE [1978]: Zur mehrfachen Vorfeldbesetzung im Deutschen. In: M. E. CONTE u.a. (eds.): Wortstellung und Bedeutung. Tübingen. – A. LÖTSCHER [1985]: Syntaktische Bedingungen der Topikalisierung. In: DS 13, S. 207–229. – R. LÜHR [1985]: Sonderfälle der Vorfeldbesetzung im heutigen Deutschen. In: DSp, S. 1–22. – A. CARDINALETTI [1988]: Linksperiphere Phrasen in der deutschen Syntax. In: StL 22, S. 1–30.

Topikprominente Sprache →Topik vs. Prädikation.

Topologie.
(1) →Wort- und Satzgliedstellung.
(2) Lagebeziehungen zwischen Objekten, deren Spezifizierung für Raumbeschreibungen (speziell für die Verwendung von →Präpositionen) notwendig ist. Solche topologischen (vermutlich universalen) Begriffe sind z.B. Innenraum (*in, innerhalb*) vs. Außenraum (*an, bei*), Vertikalität (*über, unter, auf*) vs. Horizontalität (*neben, seitlich,*

rechts, links), außerdem Nähe
vs. Ferne, Richtungen u.a.m.
Vgl. →Deixis.

Lit.: G. A. MILLER/Ph. N. JOHNSON-LAIRD
[1976]: Language and perception. Cam-
bridge, Mass. - CH. N. LI [1976]: Subject
and topic. New York. - M. J. CRESSWELL
[1978]: Prepositions and points of view. In:
LPh 2, S. 1–41. - M. MOILANEN [1979]: Sta-
tische lokative Präpositionen im heutigen
Deutsch. Tübingen. - P. LUTZEIER [1981]:
Words and worlds. In: H. J. EIKMEYER/H.
RIESER (eds.): Words, worlds, and contexts.
Berlin, S. 75–106. - R. J. JAVELLA/W.
KLEIN (eds.) [1982]: Speech, place, and ac-
tion. Chichester. - D. WUNDERLICH [1982]:
Sprache und Raum. In: StL 12, S. 1–19; StL
13, S. 37–59. - CH. HABEL u.a. (eds.) [1989]:
Raumkonzepte in Verstehensprozessen:
Interdisziplinäre Beiträge zu Sprache und
Raum. Tübingen.
Bibliographie: D. KÖNIG-HARTMANN/H.
SCHWEIZER [1983]: Kommentierte
Bibliographie zu psychologischen und lin-
guistischen Arbeiten über die kognitive
und sprachliche Verarbeitung räumlicher
Beziehungen. 3 Teile. In: LBer 85, 86, 87.
→Deixis.

Toponomastik →Ortsnamen-
kunde.

Toponymika →Ortsnamen.

Topos [Pl. Topoi, griech. *tópos*
›Ort‹, ›Stelle‹]. Aus der Argumentationslehre der antiken
→Rhetorik stammende Bezeichnung für (a) eine »Fundstätte«
möglicher Argumente, zu-
nächst für allgemeine argumentative Gesichtspunkte wie
Quantität oder Zeit (*locus communis*), später zu differenzierten Begriffssystemen ausgebaut
(als Suchformel: *quis, quid, ubi,
quibus auxiliis, cur, quomodo,
quando*: ›wer, was, wo, wodurch, warum, wie, wann‹; 12.
Jh.); dann, schon in der Antike,
auch für (b) einzelne, einem
Fundort entstammende Argumente (z.B. Topos der Quantität: »je mehr, desto besser«; Topos der Qualität: »je seltener,
desto wertvoller«). In diesem

Sinne bezeichnet T. seit E. R.
CURTIUS in der Literaturwissenschaft ein literarisches Cliché (z.B. *locus amoenus*) und im
argumentationstheoretischen
Zweig der modernen Rhetorik
ein beliebig und unangefochten
verwendbares Argument als
Ausdruck kollektiver Erfahrungen, z.B. (begrifflich verkürzt
und in fester sprachlicher
Form) als →Schlagwort. Vgl.
→Enthymem.

Lit.: E. R. CURTIUS [1948]: Europäische
Literatur und lateinisches Mittelalter.
Bern. - P. JEHN (ed.) [1972]: Toposforschung. Frankfurt. - M. L. BAEUMER (ed.)
[1973]: Toposforschung. Darmstadt. - C.
BORNSCHEUER [1976]: Topik. Zur Struktur
der gesellschaftlichen Einbildungskraft.
Frankfurt. - D. BREUER/H. SCHANZE (eds.)
[1981]: Topik. Beiträge zur interdisziplinären Diskussion. München. - M. KIEN-
POINTNER [1986]: Topische Sequenzen in
argumentativen Dialogen. In: ZGL 14, S.
321–355.
Bibliographie: R. JAMISON/J. DYCK [1983]:
Rhetorik - Topik - Argumentation.
Bibliographie zur Redelehre und Rhetorikforschung im deutschsprachigen Raum
1945–1979/80. Stuttgart.

Toskanisch →Italienisch.

Toskisch →Albanisch.

Totalreflexiv →Reflexive Relation.

Totonakisch. Sprachfamilie
Mexikos mit den beiden Sprachen Totonakisch (240000 Sprecher) und Tepehua (18000 Sprecher). Komplexes Konso-
nantensystem ähnlich den benachbarten →Mayasprachen,
reich entwickelte Morphologie
mit Tendenz zur →Polysynthese,
einfache Nominalmorphologie,
→Numerus-Klassifikation und
→Klassifizierende Verben.

Lit.: N. MCQUOWN [1940]: A grammar of
the Totonac language. Yale University. -
R. BISHOP u.a. [1968]: Totonac from clause
to discourse. Norman.

Traditionelle Grammatik. Aus der Tradition der aristotelischen Logik und der lat. Grammatik seit dem 18. Jh. in Europa entwickelte Form der älteren Schulgrammatik, als deren Vertreter u.a. K. F. BECKER, F. BLATZ, J. CH. A. HEYSE gelten. Aufgrund ihrer engen Beziehung zu Philosophie, Logik und Literatur hat die T. G. eine Reihe von Eigenschaften, die erst allmählich durch strukturalistisch bzw. funktional orientierte Grammatiken überwunden werden. Die wichtigsten sind: (a) Ihre Kategorisierung und Terminologie ist an der griech. Logik und der lat. Grammatik als Vorbildern orientiert, so daß ihre Systematik nicht ohne weiteres auf moderne europäische Sprachen übertragbar ist; (b) die stark auf formale Kategorisierungen ausgerichtete Einordnung sprachlicher Daten in bestimmte Klassifikationsmuster: Satzarten, Satzglieder, Wortarten; funktionale Aspekte der Kommunikation bleiben weitgehend unberücksichtigt; (c) die Kriterien ihrer Klassifizierung ebenso wie die Definitionen ihres Vokabulars entbehren einer einheitlichen systematischen Begründung. So beruht die Einteilung der Wortarten auf so heterogenen Kriterien wie logischen, formalen, semantischen, syntaktischen und außersprachlichen Aspekten; (d) da die T. G. vor allem als Hilfsmittel der philologischen Interpretation von literarischen Texten bzw. der Erleichterung des Lateinunterrichts dienten, sind sie ausschließlich an der Schriftsprache orientiert, woraus (e) ihr auf normative Tradierung ausgerichtetes Bestre-

ben resultiert, vgl. entsprechende Sprachurteile wie »richtig«, »falsch«, »geziert«, »schwerfällig«; (f) ihre Regeln sind nicht explizit und erschöpfend, sie appellieren an die Intuition des Lesers, und häufig müssen Einzelbeispiele belegen, was beschreibende Formulierungen offen lassen; (g) gramm. Erklärungen beruhen häufig auf einer Vermischung synchronischer und diachronischer Tatbestände, – ein Faktum, das vor allem aus strukturalistischer Sicht kritisiert wird. Unbeschadet dieser methodischen Einschränkungen aber steht außer Frage, daß alle neueren sprachwiss. Ansätze auf Daten und Ergebnissen der T. G. fußen, bzw. sich als Systematisierungsversuch des dort Erarbeiteten verstehen, vgl. Begriffe wie →Hierarchie, →Universalien, →Wortarten.

Zur Geschichte der deutschen Grammatik: M. H. JELLINEK [1913/14]: Geschichte der neuhochdeutschen Grammatik von den Anfängen bis auf Adelung. 2 Halbbände. Heidelberg. – E. FREY [1966]: Lage und Möglichkeiten der Schulgrammatik. In: DU 18, S. 5–46. – J. LYONS [1968]: Introduction to theoretical linguistics. Cambridge. Dt.: [1971]: Einführung in die moderne Linguistik. 6. Aufl. München 1984. – H. D. ERLINGER [1969]: Sprachwissenschaft und Schulgrammatik. Düsseldorf. – W. MENZEL [1972]: Die deutsche Schulgrammatik. Paderborn. – D. CHERUBIM [1976]: Grammatische Kategorien. Das Verhältnis von »traditioneller« und »moderner« Sprachwissenschaft. Tübingen. – L. PAUL [1978]: Geschichte der Grammatik im Grundriß. Weinheim. – D. CHERUBIM [1980]: Grammatikographie. In: LGL 93. – W. VESPER [1980]: Deutsche Schulgrammatik im 19. Jahrhundert. Zur Begründung einer historisch-kritischen Sprachdidaktik. Tübingen.
Grammatische Terminologie: E. LESER [1912]: Zur Geschichte der grammatischen Terminologie im 17. Jahrhundert. Lahr. – E. LESER [1914]: Fachwörter zur deutschen Grammatik von Schottel bis Gottsched. In: ZDW 15, S. 1–98. – H. GLINZ [1947]: Geschichte und Kritik der Lehre von den

Satzgliedern in der deutschen Grammatik. Bern. – S. HEINIMANN [1963]: Zur Geschichte der grammatischen Terminologie im Mittelalter. In: ZRPh 79, S. 23–37. – K.-A. FORSGREN [1973]: Zur Theorie und Terminologie der Satzgliedlehre. Ein Beitrag zur Geschichte der deutschen Grammatik von J. C. ADELUNG bis K. F. BECKER, 1780–1830. Göteborg. – W. HARTUNG [1977]: Zum Inhalt des Normbegriffs in der Linguistik. In: Normen in der sprachlichen Kommunikation. Berlin, S. 9–69. – B. PLATZ [1977]: Kritisches zur Kritik an der traditionellen Grammatik. In: WW 27, S. 104–120. – M. RÜTTENAUER [1979]: Bemerkungen zur Kritik an älteren und modernen Grammatiktheorien. In: Sprachw 4, S. 93–105.
Ältere Beispiele dt. Grammatik: K. F. BEKKER [1827]: Organismus der Sprache. Frankfurt. – F. BLATZ [1895/1896]: Neuhochdeutsche Grammatik mit Berücksichtigung der historischen Entwicklung der deutschen Sprache. 3. Aufl. 2 Bde. Karlsruhe 1900. – J. CH. A. HEYSE [1908]: Deutsche Grammatik. Hannover. – L. SÜTTERLIN [1924]: Neuhochdeutsche Grammatik mit besonderer Berücksichtigung der neuhochdeutschen Mundarten. München. →Deutsch.

Trägersatz [Auch: →Matrixsatz]. In einem komplexen Satzgefüge der jeweils übergeordnete →Teilsatz, in den ein weiterer Teilsatz eingebettet ist (→Einbettung). Der T. kann →Haupt- oder →Nebensatz (unterschiedlichen Grades) sein. T. entspricht der Bezeichnung →Matrixsatz in der generativen →Transformationsgrammatik.

Transderivationale Regeln →Globale Regeln.

Transfer [engl., ›Übertragung‹]. Aus der angelsächsischen Psychologie übernommene Bezeichnung für den verstärkenden oder hemmenden Einfluß von früher erlernten auf neu zu erlernende Verhaltensweisen. In der Sprachwiss. Übertragung von sprachlichen Besonderheiten der Muttersprache auf die Fremdsprache, wobei zwischen

positivem (auf Ähnlichkeiten zwischen den beiden Sprachen beruhenden) und negativem T. (→Interferenz) unterschieden wird.

Transferenz →Entlehnung.

Transformation.
(1) Von Z. S. HARRIS geprägter Begriff zur Bezeichnung von oberflächenstrukturellen Paraphrasebeziehungen zwischen sprachlichen Ausdrücken mit gleicher syntaktischer Umgebung. Vgl. →Transformationelle Analyse.
Lit.: Z. S. HARRIS [1952]: Discourse analysis. In: Lg 28, S. 1–30. Dt. in: E. BENSE u.a. (eds.): Beschreibungsmethoden des amerikanischen Strukturalismus. München. 1976. S. 211–260.

(2) Im Modell der generativen →Transformationsgrammatik von N. CHOMSKY [1965] formale Operationen, die zwischen →Tiefenstruktur und →Oberflächenstruktur von Sätzen vermitteln. T. überführen die durch →Phrasenstrukturregeln erzeugten Strukturbäume der Tiefenstruktur in abgeleitete Strukturbäume der Oberflächenstruktur. Technisch ausgedrückt: T. sind Abbildungen von P-Markern auf P-Marker; T.-Regeln unterscheiden sich dadurch von Phrasenstrukturregeln, daß ihr Operationsbereich nicht einzelne Knoten, sondern Phrasenstruktur-Bäume sind, die sie (unter genau spezifizierten Bedingungen) verändern. In formaler Hinsicht bestehen T. aus zwei Komponenten: der →Strukturbeschreibung (abgekürzt: SB), die angibt, welche relevanten Struktureigenschaften Phrasenstruktur-Marker haben müssen,

die die betreffende T. durchlaufen, und der Strukturveränderung (abgekürzt: SV), die die Wirkung der T. beschreibt. Notation (am Beispiel der Reflexivierung):

Philip kämmt sich aus *Philip₁ kämmt Philip₁*

SB: $NP_1 - X - \quad NP_1 \qquad - Y$

$\quad 1 \quad 2 \qquad 3 \qquad\quad 4 \Rightarrow$

SV: $1 - 2 - \begin{bmatrix} +\text{Pron} \\ +\text{Reflexiv} \end{bmatrix} - 4$ (=obligatorisch)

(Anmerkung: X und Y sind Symbole für beliebige Folgen von Konstituenten; die übereinstimmende Indizierung der *NP*s soll deren Referenzidentität anzeigen; der Doppelpfeil ist als T.-Anweisung zu verstehen). Alle T. beruhen auf den beiden Grundoperationen der →Tilgung und der Insertion (»Einsetzung«) von Konstituenten, davon abgeleitete Operationen sind →Substitution (= Tilgen und Einsetzen verschiedener Elemente an gleicher Stelle) und →Permutation (= Tilgen an einer Stelle und Einsetzen des gleichen Elements an anderer Stelle). - Im Grammatikmodell von CHOMSKY [1957] wurde zwischen folgenden Typen unterschieden: (a) Singuläre vs. generalisierte T.: Singuläre (einfache) T. operieren über einzelnen Konstituenten, während generalisierte T. der Erzeugung von komplexen Sätzen dienen, indem sie verschiedene Strukturbäume zu einem einzigen komplexen Strukturbaum zusammenfügen und so die Unendlichkeit des Erzeugungsmodells gewährleisten (vgl. →Rekursivität). - (b) Obligatorische vs. fakultative T.: obligatorische

T. regulieren formale (morphologische) Prozesse wie u.a. →Kongruenz, während zu den fakultativen T. alle bedeutungsverändernden T. gehören, insofern sie - wie z.B. bei →Negation - semantische Zusatzinformationen auf dem Weg von der Tiefenstruktur zur Oberflächenstruktur einführen. Im Modell von CHOMSKY [1965] sind demgegenüber alle T. obligatorisch und bedeutungsneutral; diese Hypothese wurde in der Folge im wesentlichen beibehalten, führte aber auch (in der →Generativen Semantik) zum Postulat recht abstrakter Elemente in der Tiefenstruktur, z.B. einem Merkmal Qu für Fragesätze, das die Frageinterpretation steuert und die entsprechenden syntaktischen T. auslöst, vgl. BAKER [1978]. - Die Reihenfolge der Anwendungen der T. ist nicht beliebig; vgl. →Extrinsische vs. Intrinsische Regelordnung. - Für einzelne Beispiele von T. vgl. →Equi-NP-Deletion, →Extraposition, →Gapping, →Imperativ-T., →Nominalisierung, Pronominalisierung, Reflexivierung, →Topikalisierung. Im Zuge der Revision bzw. Weiterentwicklung der Transformationsgrammatik wird die Vielzahl der T. immer mehr reduziert und im wesentlichen auf sogen. Umstellungstransformationen, d.h. →Bewegungstransformationen (engl. *movement*) und Tilgungen beschränkt. In CHOMSKY [1981] sind die Umstellungstransformationen der Kerngrammatik auf die Anweisung →Move-α (= »Bewege Alpha«) reduziert, wobei α als Variable für Konstituenten steht, die (strukturerhaltend) an vorgesehene Posi-

tionen im Satz umgestellt werden können. Solche Umstellungsprozesse betreffen z.B. Nominalphrasen bei der Passivbildung, W-Phrasen bei durch Fragepronomen eingeleiteten Kon-
stituentensätzen (vgl. →W-Be-
wegung) sowie das finite Verb,
das (wie andere Satzglieder
auch) unterschiedliche Positionen im Satz einnehmen kann
(vgl. →Diskontinuierliche Elemente). Dieser Zusammenfassung aller Transformationsprozesse in eine einzige Umstel-
lungs-T. steht ein Anwachsen
von →Beschränkungen für die
Anwendung dieser T. gegenüber, vgl. auch →Filter, →Spu-
rentheorie.

Lit.: →Transformationsgrammatik.

**Transformationalistische Hy-
pothese** →Lexikalistische vs.
Transformationalistische Hypothese.

Transformationelle Analyse.
Von Z. S. HARRIS [1952] begrün-
detes syntaktisches Analyseverfahren, das auf den oberflächenstrukturellen Äquivalenz-
bzw. Paraphrasebeziehungen
zwischen sprachlichen Ausdrücken beruht. Um komplexe
Ausdrücke vergleichbar zu machen, werden sie in einfache
Ausdrücke transformiert, z.B.
*Philips täglich getragenes
Hemd; das Hemd, das Philip jeden Tag getragen hat.* Solche
Umformungen unterliegen gewissen Beschränkungen; so dürfen keine sinnverändernden lexikalischen Morpheme verwendet werden, und der transfor-
mierte Ausdruck muß für den
urspr. Ausdruck substituierbar
sein.

Lit.: Z. S. HARRIS [1952]: Discourse analysis. In: Lg 28, S. 1–30. Dt. in: E. BENSE u.a.
(eds.): Beschreibungsmethoden des amerikanischen Strukturalismus. München
1976. – E. BENSE [1957]: Co-occurence and
transformation in linguistic structure. In:
Lg 33, S. 283–340. – E. BENSE [1965]: Transformational theory. In: Lg 41, S. 363–401. –
E. BENSE [1970]: Papers in structural and
transformational linguistics. Dordrecht. –
J. D. APRESJAN [1971]: Ideen und Methoden der modernen strukturellen Linguistik. München. – S. PLÖTZ (ed.) [1972]:
Transformationelle Analyse. Die Trans-
formationstheorie von Zellig Harris und
ihre Entwicklung. Frankfurt.

Transformationsgeschichte. In
der generativen →Transforma-
tionsgrammatik die Aufeinanderfolge der Transformationen, die einen Satz aus der →Tie-
fenstruktur über Zwischen-
strukturen in die →Oberflächen-
struktur überführen.

Transformationsgrammatik
[Abk. TG].
(1) Oberbegriff für jede →Ge-
nerative Grammatik, die Transformationsregeln verwendet.
(2) Im engeren Sinn die von N.
CHOMSKY entwickelte Theorie
der (generativen) T., deren Ziel
es ist, durch ein System von expliziten Regeln das (dem aktuellen Sprachgebrauch zugrunde
liegende) implizite Wissen von
Sprache abzubilden. Im Unterschied zum taxonomischen
→Strukturalismus von HARRIS,
BLOOMFIELD u.a., der auf Segmentierung und Klassifizierung, d.h. der Katalogisierung
konkreter Sprachdaten beruht,
bezieht sich CHOMSKYS Modell
auf vom kompetenten Sprecher
bewertete Daten, auf die sprachlichen Intuitionen, die ein kom-
petenter Sprecher bezüglich seiner Sprache explizieren kann.
Wissenschaftsgeschichtlich
steht CHOMSKY in der Tradition
des →Rationalismus von LEIB-

NIZ und DESCARTES. Mit dem Ausbau des Konzepts der »angeborenen Ideen« wendet sich CHOMSKY gegen die behavioristische Sprachauffassung des Amerikan. →Strukturalismus und erweitert seine Grammatiktheorie zu einer Theorie des →Spracherwerbs, indem er die Entwicklung der Kompetenz durch einen angeborenen →Spracherwerbsmechanismus auf der Basis von grammatischen →Universalien erklärt. Dabei hat die Theoriebildung Vorrang vor der Datenanalyse, d.h. die T. geht deduktiv vor, indem sie Hypothesen über den sprachlichen Erzeugungsmechanismus aufstellt unter besonderer Berücksichtigung des »kreativen« Aspekts des Sprachvermögens. Dies gilt bereits für die erste, durch CHOMSKYS [1957] erschienenes Buch »*Syntactic Structures*« begründete These der T.: Eine endliche Menge von →Kernsätzen, die durch kontextfreie Phrasenstrukturregeln erzeugt werden, bilden die Basis für die Anwendung von Transformationsregeln, die einen prinzipiell unendlichen Gebrauch von endlichen Mitteln gewährleisten. In der zweiten Phase der T., dokumentiert durch CHOMSKYS [1965] erschienene Abhandlung »*Aspects of the theory of syntax*«, wird die ursprünglich nur syntaktische Theorie zu einer allgemeinen Grammatiktheorie erweitert, in die auch Phonologie und Semantik einbezogen sind. Kennzeichnend für dieses sogen. »Aspekte-Modell« (auch: Standardtheorie, Abk.: ST) sind folgende Revisionen bzw. Erweiterungen gegenüber dem Ansatz von 1957: Die

Grammatik (im Sinn einer umfassenden Sprachtheorie) besteht aus einer generativen syntaktischen Komponente sowie den interpretativen semantischen und phonologischen Komponenten. Basis der Syntax ist die durch kontextfreie →Phrasenstrukturregeln (die durch →Selbsteinbettende Konstruktion auch →Rekursivität gewährleisten, was im früheren Modell durch generalisierende Transformationen erreicht wurde) und die durch Lexikonregeln erzeugte →Tiefenstruktur, die als abstrakte, zugrundeliegende Strukturebene alle semantisch relevanten Informationen enthält und die Ausgangsebene für die semantische Interpretation von Sätzen ist. (Vgl. hierzu im Rahmen der →Interpretativen Semantik die Arbeiten von KATZ). Durch bedeutungsneutrale Transformationen wie Tilgung, Umstellung u.a. werden die entsprechenden →Oberflächenstrukturen erzeugt, die die Basis für die phonologisch-phonetische Repräsentation bilden. Kritik an diesem Konzept setzte sich vor allem mit der Rolle der Semantik auseinander, da die semantische Interpretation eines Satzes auch von Phänomenen der Oberflächenstruktur (wie Intonation, Wortstellung, Thema-Rhema-Problemen) abhängt, und führte in den 60er und 70er Jahren zur Entwicklung zweier konkurrierender Richtungen: der →Generativen Semantik sowie der »Erweiterten Standardtheorie« (= engl. *Extended Standard Theory*, Abk.: EST), vgl. hierzu auch →Lexikalistische vs. Transformationalistische Hypothese. Die durch JACKENDOFF

[1972] und CHOMSKY [1972] angeregten Revisionen der »Standardtheorie« bestehen einerseits in einer Einschränkung der Reichweite von Transformationen durch universelle →Beschränkungen, andererseits in einer veränderten Auffassung von der semantischen Interpretation, die sich nunmehr – in jeweils deutlich zu unterscheidender Weise – sowohl auf die Tiefen- als auch auf die Oberflächenstruktur bezieht. Die in der Folgezeit (seit 1973) unter der Bezeichnung »Revidierte Erweiterte Standardtheorie« (REST) vollzogenen Veränderungen gegenüber der »Erweiterten Standardtheorie« betreffen vor allem (a) die genaue Abgrenzung und Definition der einzelnen gramm. Komponenten (vgl. →Modularität), insb. die strikte Trennung zwischen Syntax und Semantik (sowie Phonologie, Stilistik, Pragmatik); (b) die Verwendung der (in der Phonologie entwickelten) →Markiertheitstheorie; (c) die Reduzierung der Transformationen auf strukturerhaltende Umstellungstransformationen bzw. auf die Anweisung »Bewege Alpha« (vgl. hierzu unter →Transformation, →Move-α); (d) universell zu formulierende →Beschränkungen, die mit psychologisch interpretierbaren Universalien korrespondieren und durch einzelsprachliche Parameter spezifiziert werden; (e) die Einführung von »Spuren« als abstrakte (leere) Kategorialknoten der Oberflächenstruktur, die die ehemalige Position umgestellter *NP*-Konstituenten markieren und ermöglichen, daß (f) die semantische Interpretation nur noch über einer einzigen Ebene, der durch semantische Information aus der Tiefenstruktur angereicherten Oberflächenstruktur (der sogen. S-Struktur, engl. *surface structure*) operieren; vgl. →Spurentheorie. In der sogen. →GB-Theorie von CHOMSKY [1981] erhält der Begriff der →Rektion eine zentrale Bedeutung; innerhalb der →Kerngrammatik wird eine stärkere Modularisierung der Syntax angestrebt; Phänomene der Einzelsprachen sollen durch geeignete Parametrisierungen erfaßt werden. Vgl. auch: →Bindungstheorie, →ECP, →Logische Form, →Regierende Kategorie.

Lit.: Die wichtigsten Schriften von N. CHOMSKY: [1955]: The logical structure of linguistic theory. (Mimeo MIT) Cambridge, Mass. Erschienen als: [1975]: The logical structure of linguistic theory. New York. – [1957]: Syntactic structures. The Hague. Dt.: Strukturen der Syntax. The Hague 1975. – [1964]: Current issues in linguistic theory. The Hague. – [1964]: The logical basis of linguistic theory. In: H. C. LUNT (ed.): Proceedings of the ninth international congress of linguistics. The Hague, S. 914–978. – [1965]: Aspects of the theory of syntax. Cambridge, Mass. Dt.: Aspekte der Syntaxtheorie. Frankfurt 1969. – [1971]: Deep structure, surface structure, and semantic interpretation. in: D. D. STEINBERG/L. A. JAKOBOVITS (eds.): Semantics. London, S. 183–216. – [1972]: Studies on semantics in generative grammar. The Hague. Dt.: Studien zu Fragen der Semantik. Frankfurt 1978. – [1973]: Conditions on transformations. In: S. R. ANDERSON/P. KIPARSKY (eds.): FS M. HALLE New York, S. 232–286. – [1975]: Reflections on language. New York. Dt.: Reflexionen über die Sprache. Frankfurt 1977. – [1976]: The logical structure of linguistic theory. New York. – [1977]: Essays on form and interpretation. New York. – [1977]: On Wh-movement. In: P. W. CULICOVER u.a. (eds.): Formal syntax. New York, S. 71–132. – [1980]: Rules and representations. Columbia. Dt.: Regeln und Repräsentationen. Frankfurt 1981. – [1980]: On binding. In: LIn 11, S. 1–46. – [1981]: Lectures on government and binding. (The Pisa Lectures). Dordrecht. – [1982]: Some concepts and consequences of the theory of government and binding.

Cambridge, Mass. – [1985]: Knowledge of language: Its nature, origin and use. New York. – [1986]: Barriers. Cambridge, Mass. – [1987]: Language and problems of knowledge. Cambridge, Mass. – N. CHOMSKY/ H. LASNIK [1977]: Filters and control. In: LIn 8, S. 425–504. – N. CHOMSKY/H. LASNIK [1978]: A remark on contraction. In: LIn 9, S. 268–274. – K. KOERNER/M. TAJIMA (mit C. P. OTERO) [1986]: Noam Chomsky. A personal bibliography 1951–1986. Amsterdam.

Einführungen: O. THOMAS [1965]: Transformational grammar and the teacher of English. New York. DL.: Transformationelle Grammatik und Englischunterricht. München 1968. – A. KOUTSOUDAS [1966]: Writing transformational grammars. New York. – J. BECHERT u.a. [1970]: Einführung in die generative Transformationsgrammatik. München. – M. K. BURT [1971]: From deep to surface structure. New York. – A. KRATZER/E. PAUSE/A. V. STECHOW [1973/74]: Einführung in Theorie und Anwendung der generativen Syntax. 2 Bde. Frankfurt. – E. BACH [1974]: Syntactic theory. – A. AKMAJIAN/F. HENY [1975]: An introduction to the principles of transformational syntax. Cambridge, Mass. – R. HUDDLESTON [1976]: An introduction to English transformational syntax. London. – C. L. BAKER [1978]: Introduction to generative transformational syntax. Englewood Cliffs. – D. M. PERLMUTTER/S. SOAMES [1979]: Syntactic argumentation and the structure of English. Berkeley. – A. RADFORD [1981]: Transformational syntax. A student's guide to Chomsky's extended standard theory. 2. Aufl. Cambridge 1988. – F. NEWMEYER [1980]: Linguistic theory in America. The first quarter-century of transformational generative grammar. New York. – F. NEWMEYER [1983]: Grammatical theory. Its limits and its possibilities. Chicago. – H. V. RIEMSDIJK/E. WILLIAMS [1986]: Introduction to the theory of grammar. Cambridge, Mass. – G. FANSELOW/S. W. FELIX [1987]: Sprachtheorie. Eine Einführung in die generative Grammatik. 2 Bde. Tübingen. – A. V. STECHOW/ W. STERNEFELD [1988]: Bausteine syntaktischen Wissens. Ein Lehrbuch der modernen generativen Grammatik. Opladen.

Aufsatzsammlungen: J. A. FODOR/J. J. KATZ (eds.) [1964]: The structure of language: Readings in the philosophy of language. Englewood Cliffs. – E. BACH/R. T. HARMS (eds.) [1968]: Universals in linguistic theory. New York. – F. KIEFER (eds.) [1969]: Studies in syntax and semantics. Dordrecht. – D. A. REIBEL/S. A. SCHANE (eds.) [1969]: Modern studies in English. Readings in transformational grammar. Englewood Cliffs. – M. BIERWISCH/K. E. HEIDOLPH (eds.) [1970]: Progress in linguistics. The Hague. – R. A. JACOBS/P. S. ROSENBAUM (eds.) [1970]: Readings in English transformational grammar. Waltham, Mass. – CH. J. FILLMORE/T. D. LANGENDOEN (eds.) [1971]: Studies in linguistic semantics. New York. – D. WUNDERLICH (ed.) [1971]: Probleme und Fortschritte der Transformationsgrammatik. München. – W. ABRAHAM/R. J. BINNICK (eds.) [1972]: Generative Semantik. 2., durchges. Aufl. Frankfurt 1976. – F. KIEFER (ed.) [1972]: Semantik und generative Grammatik. Frankfurt. – J. P. KIMBALL (ed.) [1972]: Syntax and semantics. Bd. 1. New York. – F. KIEFER/N. RUWET (eds.) [1973]: Generative grammar in Europe. Dordrecht. – F. KIEFER/D. M. PERLMUTTER (eds.) [1974]: Syntax und generative Grammatik. 3 Bde. Wiesbaden. – F. KIEFER (ed.) [1975]: Phonologie und generative Grammatik. 2 Bde. Wiesbaden. – F. KIEFER (ed.) [1975]: Morphologie und Generative Grammatik. Wiesbaden. – H. V. RIEMSDIJK (ed.) [1976]: Green ideas blown up. Amsterdam. – P. CULICOVER/T. WASOW/A. AKMAJIAN (eds.) [1977]: Formal syntax. New York. – S. J. KEYSER (ed.) [1978]: Recent transformational studies in European languages. Cambridge, Mass. – A. BELLETTI/L. BRANDI/L. RIZZI (eds.) [1981]: Theory of markedness in generative grammar. Proceedings of the 1979 GLOW conference. Pisa. – R. MAY/J. KOSTER (eds.) [1981]: Levels of syntactic representation. Dordrecht. – F. HENY (ed.) [1982]: Binding and filtering. Cambridge, Mass. – G. GAZDAR/E. KLEIN/ G. K. PULLUM (eds.) [1983]: Order, concord and constituency. Dordrecht. – W. DE GEEST/Y. PUTSEYS (eds.) [1984]: Proceedings of the international conference on sentential complementation. Dordrecht. – J. GUÉRON/H.-G. OBENAUER/J.-Y. POLLOCK (eds.) [1985]: Grammatical representation. Dordrecht. – H. HAIDER/ M. PRINZHORN (eds.) [1986]: Verb second phenomena in germanic languages. Dordrecht. – P. MUYSKEN/H. V. RIEMSDIJK (eds.) [1986]: Features and projections. Dordrecht.

T. des Deutschen: M. BIERWISCH [1963]: Grammatik des dt. Verbs. Berlin. – W. MOTSCH [1968]: Syntax des dt. Adjektivs. Berlin. – R. STEINITZ [1969]: Adverbial-Syntax. Berlin. – W. HUBER/W. KUMMER [1974]: Transformationelle Syntax des Deutschen I. München. – C. THIERSCH [1978]: Topics in German syntax. (MIT-Diss.) Cambridge, Mass. – J. A. EDMONDSON [1981]: Einführung in die Transformationssyntax des Deutschen. Tübingen. – W. ABRAHAM (ed.) [1982]: Satzglieder im Deutschen. Tübingen. – W. ABRAHAM (ed.) [1983]: On the formal syntax of the Westgermania. Amsterdam. – W. ABRAHAM (ed.) [1985]: Erklärende Syntax des Deutschen. Tübingen. – J. TOMAN (ed.) [1985]: Studies in German grammar. Dord-

recht. – W. ABRAHAM/R. ÅRHAMMAR (eds.)
[1987]: Linguistik in Deutschland. Akten
des 21. Linguistischen Kolloquiums, Groningen 1986. Tübingen. – G. FANSELOW
[1987]: Konfigurationalität. Untersuchungen zur Universalgrammatik am Beispiel
des Deutschen. Tübingen. – A. v. STE-
CHOW/W. STERNEFELD [1988]: Bausteine
syntaktischen Wissens. Ein Lehrbuch der
modernen generativen Grammatik. Opladen. – H. HAIDER [1989]: Deutsche Syntax –
Generativ: Prinzipien und Parameter. –
Tübingen.
T. des Englischen: R. A. JACOBS/P. S. RO-
SENBAUM [1968]: English transformational
grammar. Waltham, Mass. – R. P. STOCK-
WELL/R. SCHACHTER/H. PARTEE [1968]:
Integration of transformational theories
on English syntax. 2 Bde. Los Angeles. – T.
D. LANGENDOEN [1969]: A study of syntax.
The generative-transformational approach
to the structure of American English. New
York. – T. D. LANGENDOEN [1970]: Essen-
tials of English grammar. New York. – R.
P. STOCKWELL u.a. [1973]: The major syntactic structures of English. New York. – J.
E. EMONDS [1976]: A transformational approach to English syntax. New York. (MIT
Diss. 1970). – J. KOSTER [1978]: Locality
principles in syntax. Dordrecht. – D. M.
PERLMUTTER/S. SOAMES [1979]: Syntactic
argumentation and the structure of English. Berkeley. – T. STOWELL [1981]: Origins
of phrase structure. (MIT Diss.), Cambridge, Mass. – D. M. PESETSKY [1982]: Paths
and categories. (MIT Diss.), Cambridge,
Mass. – T. REINHART [1983]: Anaphora and
semantic interpretation. London. – R.
KAYNE [1984]: Connectedness and binary
branching. Dordrecht. – D. BOUCHARD
[1984]: On the content of empty categories.
Dordrecht. – A. MARANTZ [1984]: On the
nature of grammatical relations. Cambridge, Mass. – J. E. EMONDS [1985]: A unified
theory of syntactic categories. Dordrecht. –
K. SAFIR [1985]: Syntactic chains. Cambridge. – J. AOUN [1986]: Generalized binding.
The syntax and logical form of wh-interrogatives. Dordrecht. – J. KOSTER [1987]:
Domains and dynasties. The radical auto-
nomy of syntax. Dordrecht.
T. des Französischen: M. GROSS [1968]:
Grammaire transformationnelle du français. Syntaxe du verbe. Paris. – N. RUWET
[1968]: Introduction à la grammaire générative. Paris. – J. NIVETTE [1970]: Principes de grammaire générative. Brüssel. – J.
MEISEL [1973]: Einführung in die transformationelle Syntax. I: Grundlagen. Tübingen. – R. KAYNE [1975]: French syntax: the
transformational cycle. Cambridge, Mass.
Kritik an der T.: H. PUTNAM [1971]: The
»innateness hypothesis« and explanatory
models in linguistics. In: H. PUTNAM:
Mind, language and reality. Cambridge
1975. – Y. WILKS [1972]: Grammar, mean-

ing and the machine analysis of language.
London. – E. BENSE [1973]: Mentalismus in
der Sprachtheorie Noam Chomskys. Kronberg. – B. L. DERWING [1973]: Transformational grammar as a theory of language
acquisition. Cambridge. – J. ANDERSON/
G. BOWER [1974]: Human associative memory. New York. – G. HARMAN (ed.)
[1974]: On Noam Chomsky: critical essays.
Garden City, N. Y. – E. BENSE [1978]: Die
Beurteilung linguistischer Theorien.
Tübingen. – M. PIATTELLI-PALMARINI (ed.)
[1980]: Language and learning: The debate
between Jean Piaget and Noam Chomsky.
London. – J. DITTMANN [1981]: Rezeption
und Kritik der Sprachtheorie Noam
Chomskys in der BRD. In: DSp 9, S. 61-96,
147-180. – G. GAZDAR [1981]: Unbounded
dependencies and coordinate structure. In:
LIn 12, S. 155-184.
Terminologische Wörterbücher: E. LANG
[1967]: Terminologie der generativen
Grammatik. Berlin. – R. A. PALMATIER
[1972]: A glossary for English transformational grammar. New York. – W. WELTE
[1974]: Moderne Linguistik: Terminolo-
gie/Bibliographie. Ein Handbuch und
Nachschlagewerk auf der Basis der generativ-transformationellen Sprachtheorie. 2 Bde. München. – T. EBNETER [1985]:
Konditionen und Restriktionen in der Generativen Grammatik. Tübingen.
Forschungsberichte: H. BENNIS/A. GROOS
[1980]: The government-binding theory:
An overview. In: Lingua e Stile 15. Dt.: Die
Rektions-Bindungstheorie: Neue Aspekte
seit den »Aspekten«. In: ZS 1, 1982, S. 251-
288. – C. THIERSCH [1980]: New developments in generative syntax. In: H.-H. LIEB
(ed.): Oberflächensyntax und Semantik.
Tübingen, S. 9-31.
Bibliographien: W. O. DINGWALL [1965]:
Transformational generative grammar: A
bibliography. Washington. – H. KRENN/
K. MÜLLNER [1968]: Bibliographie zur
Transformationsgrammatik. (= BzT) Heidelberg. Dazu: U. KNOOP u.a. [1971]: An index of »BzT« von H. KRENN/K. MÜLLNER
Heidelberg. – H. P. SCHWAKE [1970]: Korrekturen, Ergänzungen und Nachträge zur
»BzT«. Braunschweig. – H. WEYDT [1976]:
Noam Chomskys Werk. Kritik – Kommentar – Bibliographie. Tübingen. – K.
KOERNER/M. TAJIMA (mit C. P. OTERO)
[1986]: Noam Chomsky. A personal
bibliography 1951-1986. Amsterdam. →Be-
schränkungen, →Bindungstheorie, →Filter,
→Interpretative Semantik, →Spurentheo-
rie, →Universalgrammatik.

Transformationsmarker [Auch:
Transformationssignator]. In
der älteren Version der generativen →Transformationsgram-

matik die formale Darstellung der Ableitungsgeschichte der Oberflächenstruktur eines Satzes aus seiner Tiefenstruktur, die als Folge der auf den Satz nacheinander angewendeten Transformationen verstanden wird.

Lit.: →Transformationsgrammatik.

Transformationsregel →Transformation.

Transformationssignator →Transformationsmarker.

Transformationszyklus. In der generativen →Transformationsgrammatik Prinzip der Anwendung von Transformationsregeln »von unten nach oben«, d.h. die Transformationsregeln werden zunächst auf den zutiefst im →Strukturbaum eingebetteten Satz (bzw. →Zyklischen Knoten) und dann (in »zyklischer« Weise) fortlaufend auf den jeweils nächst höheren Satz angewendet. In dieser Weise zu verwendende Regeln heißen »zyklische Regeln«. Vgl. →Zyklusprinzip.

Transformativ [engl. *verbs of change, developments*]. →Aktionsart von Verben, die unter Nicht-Durativ subsumiert wird. T. Verben wie *altern, abkühlen, verdummen* bezeichnen einen Übergang von einem Zustand in einen anderen, wobei der neue Zustand oft als Negation des alten Zustands charakterisiert werden kann: *altern* ›nicht mehr jung sein‹. Vgl. →Durativ vs. Nicht-Durativ.

Lit.: C. FABRICIUS-HANSEN [1975]: Transformative, intransformative und kursive Verben. Tübingen.

Transitive Relation [lat. *trānsitiō* ›Übergang‹]. Zweistellige Relation *R*, für die im Hinblick auf beliebige drei Objekte x, y, z gilt: $R(x,y) \land R(y,z) \to R(x,z)$. Dies trifft z.B. für einige Verwandtschaftsbeziehungen zu: Wenn gilt *Hermann ist Bruder von Reinhart* und *Reinhart ist Bruder von Volker*, dann gilt auch *Hermann ist Bruder von Volker.* Die Relation ›ist Freund von‹ ist dagegen nichttransitiv: *x ist Freund von z* kann falsch sein, wenn *x ist Freund von y* und *y ist Freund von z* wahr ist. Intransitiv heißt eine Relation dann, wenn es keine drei Objekte *x, y, z* gibt, für die gilt: $R(x,y) \land R(y,z) \land R(x,z)$; z.B. ist es ausgeschlossen, daß gilt *x ist Vater von y, y ist Vater von z* und *x ist Vater von z.*

Lit.: →Formale Logik, →Mengentheorie.

Transitivität [lat. *trānsīre* ›hinübergehen‹].
(1) Valenzeigenschaft von Verben, die ein →Direktes Objekt regieren (vgl. *lesen, sehen, suchen*). Im weiteren Sinn werden auch Verben, die andere Objekte regieren (vgl. *helfen, danken, denken*), »transitiv« genannt, während zu den intransitiven Verben nur die einstelligen Verben (vgl. *schlafen, regnen*) zählen. HOPPER und THOMPSON führen im Rahmen eines universalgrammatischen Ansatzes mehrere T.-Faktoren ein, die durch ihr Zusammenwirken einen graduierbaren T.-Begriff für Sätze ergeben. Neben der Selektion eines (direkten) Objekts spielen auch die semantischen Rollen und Eigenschaften der Verbbegleiter, der Verbmodus, Affirmation vs. Negation und

die →Aktionsart des Verbs bei der T. eines Satzes eine Rolle. Ein maximal transitiver Satz enthält ein nicht-negiertes →Resultatives Handlungsverb im Indikativ, das mindestens ein Subjekt und ein direktes Objekt fordert, die Verbkomplemente fungieren als →Agens und →Affiziertes Objekt, sind »definit« und »belebt« (vgl. *Philip malt seinen Bruder* vs. *Es ist kalt*). Mit Belegen aus verschiedenen Sprachen zeigen HOPPER und THOMPSON, daß jeder T.-Faktor bei der Markierung der T. eines Satzes mittels Kasus, →Adpositionen oder Verbflexion relevant ist. So z.B. korelliert in vielen Sprachen (→Litauisch, →Polnisch, Mhd.) Affirmation vs. Negation mit einer Variation der Kasusmarkierung von Objekten und zwar derart, daß in affirmativen Sätzen das Objekt bevorzugt im Akkusativ und in negierten Sätzen das Objekt desselben Verbs bevorzugt im Genitiv oder in einem anderen obliquen Kasus steht, z.B. mhd. *Hagene der küene den guoten Rüedegêren sach* (Nibelungenlied 1181) vs. *daz ich nie schoener kint gesach* (Iwein 316).

Lit.: E. A. MORAVCSIK [1978]: Case marking of objects. In: J. H. GREENBERG (ed.): Universals of human language. Bd. 4. Stanford, S. 250–289. – P. J. HOPPER/S. A. THOMPSON [1980]: Transitivity in grammar and discourse. In: Lg 56, S. 251–299. – P. J. HOPPER/S. A. THOMPSON (eds.) [1982]: Studies in transitivity. New York. – T. HOEKSTRA [1984]: Transitivity. Grammatical relations in government-binding theory. Dordrecht. – W. ABRAHAM [1985]: Transitivitätskorrelate. In: W. KÜRSCHNER/R. VOGT (eds.): Grammatik, Semantik, Textlinguistik. Akten des 19. Ling. Koll., Vechta 1984. Bd. 1. Tübingen, S. 209–219.

(2) Zu T. in der Logik vgl. →Transitive Relation.

Transkription [lat. *trānsscrībere* ›überschreiben‹, ›umschreiben‹]. Vorgang und Ergebnis der Wiedergabe eines Textes beliebiger Verschriftung (z.B. einer logographischen, etwa mit chines. Schriftzeichen) in Form eines alphabetischen Textes. Bei T. besteht zwischen transkribiertem und transkribierendem Text in der Regel keine Eins-zu-Eins-Beziehung. So entspricht *sch* in der DUDEN-T. des Russ. entweder ⟨Ш⟩ oder ⟨Ж⟩. – Als universelles T.-System empfiehlt sich das IPA (vgl. IPA-Tabelle S. 22/23) (→Lautschrift). Chines. wird heute nach dem Pīnyīn-System, japan. entweder nach HEPBURN oder nach KUNREI-SIKI transkribiert.

Lit.: für Alt- und Neugriech., Russ., Bulg., Pers. und Arab.: DUDEN [1980]: Rechtschreibung der deutschen Sprache und der Fremdwörter. S. 84ff. Mannheim.

Translation [lat. *trānslātiō* ›Übertragung‹].
(1) In L. TESNIÈRES →Dependenzgrammatik neben →Konnexion und →Junktion drittes Verfahren zur Bildung von Sätzen bzw. komplexen Ausdrücken. Bei der T. verändert ein Funktionswort (→Translativ) wie z.B. eine Präposition oder Konjunktion die syntaktische Kategorie eines Ausdrucks und ermöglicht auf diese Weise seine Konnexion im Satz. So z.B. wird das Nomen *Philip* durch T. mittels *von* zu einem »Adjektiv«, das mit *Buch* (*Buch von Philip*) in Konnexion treten kann.

Lit.: →Dependenzgrammatik.

(2) Von G. MOUNIN [1967] als Oberbegriff für (schriftliches) Übersetzen und (mündliches) →Dolmetschen eingeführte Bezeichnung.

Translativ [nach lat. *trānslātus* ›hinübergetragen‹].
(1) Morphologischer Lokalkasus in einigen Sprachen, z.B. im Finnischen. Er drückt aus, daß sich ein Objekt entlang eines Ortes bewegt.
(2) →Translation (1).

Transliteration [lat. *littera* ›Buchstabe‹]. Im Unterschied zur →Transkription Vorgang und Ergebnis der eineindeutigen Übertragung eines in alphabetischer oder syllabischer Schrift geschriebenen Textes in einen alphabetischen Text, der die Gestalt des transliterierten Textes zu rekonstruieren gestattet.
Lit.: für Alt- und Neugriech., Russ., Bulg., Pers. und Arab.: DUDEN [1980]: Rechtschreibung der deutschen Sprache und der Fremdwörter. Mannheim, S. 84ff.

Transphrastische Analyse [engl. *phrase* ›Satz‹]. Satzübergreifende Analyse im Sinne der →Textgrammatik. Gegenstand der T. A. sind grammatische Beziehungen zwischen Sätzen, z.B. bei Wiederaufnahme eines Ausdrucks durch Pronominalisierung.

Transportation →Metathese.

Transposition [lat. *trānspōnere* ›hinüberbringen‹. - Auch: grammatische Umwandlung].
(1) In der →Wortbildung Veränderung der Wortart bei der Bildung neuer Ausdrücke durch →Suffixbildung: *dehn(en)* (= Verb), *dehn + bar* (= Adjektiv), *Dehn + ung* (= Substantiv).
Lit.: →Modifikation, →Wortbildung.
(2) →Metathese.

Tree-Pruning-Konvention [engl. *to prune* ›(Bäume) beschneiden‹. - Auch: S-Pruning, Stutzung]. Im Rahmen der generativen →Transformationsgrammatik von J. R. ROSS eingeführte metatheoretische Vereinbarung, derzufolge ein eingebetteter Satzknoten, der nicht verzweigt, getilgt wird. Solche nicht verzweigenden eingebetteten Satzknoten können durch →Tilgungen und/oder →Bewegungstransformationen entstehen; dies ist z.B. in der →Generativen Semantik bei der Ableitung von attributiven Adjektiven aus zugrundeliegenden Relativsätzen der Fall, wo gemäß der T. die im Strukturbaum eingekreiste S-Konstituente gelöscht wird:

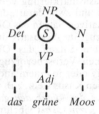

Lit.: J. R. ROSS [1969]: A proposed rule of tree-pruning. In: D. A. REIBEL/S. A. SCHANE (eds.): Modern studies in English. Readings in transformational grammar. Englewood Cliffs, N.J., S. 288–299. →Transformationsgrammatik.

Trema [griech. *trēma* ›Loch, Punkt‹]. Diakritisches Zeichen in Form zweier Punkte über einem lat., griech. oder kyrill. Buchstaben. Im Dt. zur Bezeichnung des Umlauts bei *ä, ö, ü*, im Frz. und Griech. zur Bezeichnung der →Diärese z.B. in frz. *noël* (›Weihnachten‹), im Russischen zur Unterscheidung von regressiv palatalisierendem betontem ['o] gegenüber palatalem [e] (normalerweise in der Schrift vernachlässigt): *ë* gegenüber *e*.

Lit.: →Graphemik, →Schrift.

Triadisches Dreieck [griech. *triás* ›Drei(zahl)‹]. →Semiotisches Dreieck.

Triadisches Zeichenmodell →Semiotisches Dreieck.

Tropus [Pl. Tropen; griech. *trópos* ›Wendung‹]. Begriff der →Rhetorik für Ausdrücke mit übertragener Bedeutung (z.B. →Metaphern), die sich als variierender Ersatz eines denotativ »passenden« Wortes auffassen lassen, also durch eine semantische Substitution zustandekommen. Tropen werden klassifiziert nach ihrem semantischen Verhältnis zum »eigentlichen«, substituierten Wort, z.B. als →Antonomasie, →Emphase, →Ironie, →Litotes, →Metapher, →Metonymie, →Synekdoche, u.a. Vom T. als einer paradigmatischen, auf Austausch beruhenden Variation unterscheidet die antike Rhetoriktheorie die →Rhetorische Figur, die auf syntagmatischer Variation beruht.

Lit.: →Rhetorische Figur.

Truncation-Regel [engl., ›Stutzung‹]. In der →Wortbildung von M. ARONOFF [1976] vorgeschlagener Regeltyp, der ein zwischen einer →Wurzel und einem zweiten →Suffix vorkommendes →Affix tilgt. Nach dem Muster von *employee, presentee* müßte die Suffigierung von *-ee* im Engl. die Bildungen **nominat+ee,* **evacuat+ee* erzeugen

(statt *nomin+ee, evacu+ee*). Nach der regelhaften Bildung von *nominate+ee* operiert eine T., indem sie das Morphem *-ate* eliminiert, *-ee* unmittelbar an die Verbalwurzel anschließt.

Lit.: M. ARONOFF [1976]: Word formation in generative grammar. Cambridge, Mass.

Tschadisch. Sprachfamilie des →Afro-Asiatischen südlich des Tschadsees mit über 125 Sprachen; die weitaus größte Sprache ist das →Hausa mit über 25 Mio. Sprechern. Phonologisch handelt es sich um Tonsprachen (Hoch-, Tief-, zuweilen Fallton); es gibt glottalisierte Konsonanten. Dreistufiges Genussystem (Maskulin, Feminin, Plural) mit komplizierter Pluralbildung. Reiches →Diathesen-System (u.a. mit direktionalen Bedeutungskomponenten). Die Verbalgruppe besteht aus einem komplexen Hilfsverb (Markierung von Aspekt, Modus, Person) und einem Verbalnomen. Wortstellung: SVO.

Lit.: J. LUCAS [1937]: Zentralsudanische Studien. Hamburg. – P. NEWMAN [1977]: Chadic classification and reconstructions. In: Afroasiatic Linguistics 5. Malibu. – P. NEWMAN [1980]: The classification of Chadic within Afroasiatic. Leiden. – E. WOLFF [1981]: Die tschadischen Sprachen. In: B. HEINE (ed.): Die Sprachen Afrikas. Hamburg, S. 239–262.

Tschechisch [Auch: Čechisch]. Westslaw. Sprache mit ca. 9 Mio. Sprechern vornehmlich in der ČSFR. Älteste Texte seit dem 11. Jh., vom 14. Jh. an auch weltliche Texte (Alexanderroman, Katharinen-Legende). Orthographie auf lat. Grundlage mit zahlreichen Diakritika (eingeführt 1406 von JAN HUS in seiner »Orthographia Bohemica«), die zusammen genommen als Schibboleths verwendet werden können: á, č, ď, é, ě, í, ń, ň, ó, ř, š, ť, ů, ú, ý, ž. Spezifische Kennzeichen: Akzent auf der Erstsilbe; kurze und lange Vokale auch unbetont; silbisches *r* und *l* : *strč prst skrz krk* ›steck den Finger durch die Kehle‹; alveolarer sth. affrizierter Vibrant [ɼ] wie in *Dvořák*; beim Mask. Unterscheidung zwischen [± BELEBT].

Lit.: A. MAZON [1952]: Grammaire de la langue tchèque. Paris. →Slawisch.

Tschetschenisch →Nordost-Kaukasisch.

Tschuktschisch-Kamtschadalische Sprachen →Paläo-Sibirische Sprachen.

Tsimshian →Penute.

Tuareg →Berberisch.

Türkeitürkisch →Türkisch.

Türkisch [Auch: Türkeitürkisch]. Größte →Turksprache mit ca. 45 Mio. Sprechern, Staatssprache der Türkei. Das T. weist die typischen Eigenschaften der →Altaischen Sprachen auf: reiche, agglutinierende Morphologie, reiches Kasussystem, Kongruenz, SOV-Wortstellung, die allerdings recht frei abgewandelt werden kann; Unterordnung von Nebensätzen durch spezielle partizipiale Verbformen (Konverben); einfaches Numerussystem (wobei der Plural nicht ausgedrückt wird, wenn ein Zahlwort beim Nomen steht). Possessiv-Konstruktion des Typs *dem Mann sein Esel*. Die Sprache hat eine alte Literaturtradition (bis 1928 in arabischer Schrift, heute la-

teinisch). Zahlreiche Lehnwörter aus dem Persischen und Arabischen, die zum Teil durch Sprachreformen zurückgedrängt wurden. (Vgl. Sprachenkarte Nr. 2).

Lit.: A. v. GABAIN [1950]: Alttürkische Grammatik. 2. verb. Aufl. Leipzig; 3. Aufl. Wiesbaden 1974. – H. J. KISSLING [1960]: Osmanisch-Türkische Grammatik. Wiesbaden. – G. L. LEWIS [1967]: Turkish grammar. Oxford. – G. HAZAI [1978]: Kurze Einführung in das Studium der türkischen Sprache. Wiesbaden. – E. E. ERGUVANLI [1984]: The function of word order in Turkish grammar. UCPL 106. Berkeley. – D. SLOBIN/K. ZIMMER (eds.) [1986]: Studies in Turkish linguistics. Amsterdam.

Tungusisch. Zweig des →Altaischen Sprachstammes mit etwa 12 Sprachen und 80000 Sprechern im nordöstlichen Asien. Die bekannteste Einzelsprache ist das Mandschu (Manchu), die Sprache der Manchu-Dynastie in China (1644-1911), heute ca. 20000 Sprecher. (Vgl. Sprachenkarte Nr. 2).

Lit.: J. BENZING [1956]: Die tungusischen Sprachen. Wiesbaden. – B. SPULER/H. KEES (eds.) [1968]: Tungusologie. Handbuch der Orientalistik 5.3. Köln. – E. HAENISCH [1961]: Mandschu-Grammatik. Leipzig. →Altaisch.

Tupi. Sprachfamilie im südlichen Teil Südamerikas mit ca. 50 Einzelsprachen; bedeutendste Sprache ist das →Guaraní (ca. 3 Mio. Sprecher), von J. H. GREENBERG [1987] zu den →Äquatorial-Sprachen gerechnet. Die Sprachen haben sich in historischer Zeit vom Amazonasbecken nach Süden ausgebreitet. Relativ einfache Lautsysteme, teilweise besitzen die Sprachen ein Genussystem. (Vgl. Sprachenkarte Nr. 3).

Lit.: J. KAKUMASU [1986]: Urubu-Kaapor. In: D. C. DERBYSHIRE/G. PULLUM (eds.): Handbook of Amazonian languages. Berlin, S. 326-403. →Südamerikanische Sprachen.

Turing-Maschine. Von A. M. TURING entworfenes (und nach ihm benanntes) Gedankenmodell einer universellen Rechenmaschine mit einem unendlich großen Speicher. T. werden wegen ihrer technischen Aufwendigkeit nicht materiell realisiert, sie dienen der exakten Definition wichtiger mathematisch-logischer Grundbegriffe wie →Algorithmus, rekursive Funktion (→Rekursivität). Hinsichtlich der Äquivalenz zwischen →Automaten und Grammatiken von natürlichen Sprachen entspricht die T. der schwachen →Generativen Kapazität, da sie eine rekursiv aufzählbare Menge von Ketten (Sätzen) zu erzeugen vermag.

Lit.: A. M. TURING [1936]: On computable numbers. In: Proceedings of the London mathematical society 27. – N. CHOMSKY/ G. MILLER [1958]: Finite state languages. In: Information and Control, S. 91–112. →Mathematische Linguistik.

Turkana →Chari-Nil-Sprachen.

Turksprachen. Zweig des →Altaischen Sprachstammes mit ca. 30 nah verwandten Sprachen und 80 Mio. Sprechern in Zentral- und Kleinasien mit über 1000jähriger Schrifttradition. Größte Einzelsprachen sind →Türkisch (45 Mio. Sprecher), Uzbekisch (10 Mio. Sprecher) und Asserbeidschanisch (8 Mio. Sprecher).

Lit.: K. H. MENGES [1968]: The Turkic languages and peoples. Wiesbaden. – B. SPULER/H. KEES (eds.) [1963]: Turkologie. Handbuch der Orientalistik 5.1. Leiden. →Altaisch.

Turn [engl.; ›Turnus‹, ›Reihe(nfolge)‹; *to take turns* ›sich abwechseln‹]. Aus dem Engl. übernommener Terminus der →Diskursanalyse zur Bezeichnung eines einzelnen Sprecherbeitrags. Bestimmt werden T. (a) anhand formaler Kriterien: T. eingegrenzt durch Pausen oder als syntaktische Einheit, nach der ein →Sprecherwechsel möglich ist; (b) anhand funktionaler Kriterien: T. als mindestens ein »Zug« (vgl. →Austausch); (c) in der →Konversationsanalyse: T. als Produkt eines Prozesses, dessen Länge und Struktur interaktiv bestimmt ist (→Rezipientenspezifischer Zuschnitt, →Sequentielle Organisation, →Sprecherwechsel); im Idealfall hat ein solcher T. eine ausgebildete triadische Struktur: mit dem ersten Teil wird eine Beziehung zum vorangegangenen T. hergestellt, mit dem dritten eine Beziehung zum nachfolgenden T. (vgl. *ja* und die Frageintonation im T. von B: *Ja is'das nicht zu teuer?* als Erwiderung auf A: *Nimm doch 'n Taxi.*

Lit.: J. JAFFE/S. FELDSTEIN [1970]: Rhythms of dialogue. New York. – H. SACKS/E. A. SCHEGLOFF/G. JEFFERSON [1974]: A simplest systematics for the organization of turn-taking for conversation. In: Lg 50, S. 696–735. – E. SCHEGLOFF [1979]: The relevance of repair to syntax-for-conversation. In: T. GIVON (ed.): Syntax and semantics. Bd. 12: Discourse and syntax. New York, S. 261–286. – C. EDELSKY [1981]: Who's got the floor? In: LiS 10, S. 383–421. – CH. GOODWIN [1981]: Conversational organization. New York. – M. OWEN [1981]: Conversational units and the use of »well«. In: P. WERTH (ed.): Conversation and discourse. London. →Konversationsanalyse.

Twi-Fante →Kwa.

Typenlogik [Auch: Typentheorie]. Von B. RUSSELL und A. N. WHITEHEAD begründete logische Theorie, die auf einer hierarchischen Stufung der logischen Objekte (wie →Menge, →Funktion, →Relation und

→Prädikat) beruht. Eine Menge oder ein Prädikat muß stets auf einer höheren Stufe stehen (bzw. einen höheren »Typ« darstellen) als die Elemente oder Objekte, die in der Menge enthalten sind oder auf die das Prädikat angewendet werden kann. Diese Konzeption soll vor allem dem Zweck dienen, mengentheoretische Antinomien von der Art der RUSSELLschen (die Menge aller Mengen, die sich selbst nicht als Element enthalten, würde sich gleichzeitig enthalten und nicht enthalten) zu vermeiden. RUSSELL selbst legte zunächst eine »verzweigte Typentheorie« vor, die in der 2. Auflage der *»Principia«* zu der sogen. »einfachen Typentheorie« abgeändert wurde. Diese wurde in der Formulierung von CHURCH [1940] Grundlage der »intensionalen Typenlogik« R. MONTAGUES, die als logische Explikationssprache der →Montague-Grammatik Eingang in die theoretische Linguistik gefunden hat.

Lit.: A. N. WHITEHEAD/B. RUSSELL [1910/13]: Principia Mathematica. Cambridge. 2. Aufl. 1925/27. Nachdruck 1950. – D. HILBERT/W. ACKERMANN [1928]: Grundzüge der theoretischen Logik. 5. Aufl. 1967. Berlin – A. CHURCH [1940]: A formulation of the simple theory of types. In: Symbolic Logic 5. – R. MONTAGUE [1970]: Universal grammar. In: R. H. THOMASON (ed.) [1974]: Formal philosophy. Selceted papers of R. MONTAGUE. New Haven, S. 22-246. Dt.: H. SCHNELLE (ed.): Universale Grammatik. Braunschweig 1972. – I. M. COPI [1971]: The theory of logical types. London. – D. GALLIN [1975]: Intensional and higher order modal logic. Amsterdam. – G. LINK [1979]: Montague-Grammatik. Die logischen Grundlagen. München.

Typentheorie →Typenlogik.

Type-Token-Relation [engl. *type* ›Typus‹, *token* ›Zeichen‹]. Aus der Statistik übernommene Terminologie zur Unterscheidung zwischen einzelnen sprachlichen Äußerungen (= *tokens*) und der Klasse der diesen Äußerungen zugrundeliegenden abstrakten Einheiten (= *types*). Die T. entspricht dem Verhältnis zwischen →Langue vs. Parole bzw. der Unterscheidung zwischen →Etischer vs. Emischer Analyse.

Tzeltal →Maya-Sprachen.

Ubychisch →Nordwest-Kaukasisch.

Udmurtisch →Finno-Ugrisch.

Übergangskompetenz →Lernersprache.

Übergangsnetzwerk-Grammatik →ATN-Grammatik.

Übername →Familienname.

Übersetzung.
(1) Unter Ü. im weiteren Sinn (dafür auch: Translation, Sprachmittlung) versteht man den Vorgang sowie das Ergebnis der Übertragung eines Textes aus einer →Ausgangssprache in eine →Zielsprache.
(2) Ü. im engeren Sinne ist die schriftliche Ü. im Unterschied zum mündlichen →Dolmetschen.
(3) Im Fremdsprachenunterricht ist Ü. sowohl eine Übungs- und Prüfungsform als auch eine Ziel-Fertigkeit (manchmal als »fünfte Fertigkeit« neben Spre-

chen, Hören, Lesen und Schreiben bezeichnet), die eine eigene Übersetzungsdidaktik erfordert. Vor allem in didaktischer Hinsicht ist der Unterschied zwischen Hin-Ü. (aus der Muttersprache in die Fremdsprache) und Her-Ü. (umgekehrt) bedeutsam. – Die Ausbildung von Übersetzern findet an staatlichen (heute oft den Universitäten angeschlossenen) oder privaten Übersetzer- und Dolmetscherinstituten statt. Linguistische, psychologische, ästhetische, didaktische und berufskundliche Aspekte der Ü. werden von der Übersetzungswissenschaft untersucht, deren Nutzen allerdings für die maschinelle und maschinengestützte Ü. weniger umstritten ist als für die praktische Arbeit menschlicher Übersetzer. Wichtige Probleme der Übersetzungswissenschaft sind u.a.: (a) Typologie der Übersetzungen: Man unterscheidet u.a. literarische und fachliche Ü., menschliche (auch »Human-Ü.«) und →Maschinelle Ü.; ferner die philologische Ü., die über einen Kommunikationsvorgang in der Ausgangssprache und -kultur informiert, und die simulierende Ü., die ohne solche Verschiebung der pragmatischen Funktion auskommt. (b) Format der als äquivalent angestrebten Einheiten (Laut, Wort, Phrase usw.). Ein äquivalenter kommunikativer Effekt ist umso schwerer zu erreichen, je größer die kulturelle Distanz zwischen Ausgangs- und Zieltextempfängern ist (Problem der Übersetzbarkeit, →Sprachlicher Determinismus, →Sapir-Whorf-Hypothese). Hier knüpft eine neuere Diskussion an, die an der Ü. den Aspekt der interkulturellen Vermittlung hervorhebt und vielfach den Begriff der »Äquivalenz« ganz aufgibt.

Lit.: F. GÜTTINGER [1963]: Zielsprache. Theorie und Technik des Übersetzens. Zürich. – J. C. CATFORD [1965]: A linguistic theory of translation. London. – G. MOUNIN [1967]: Die Übersetzung. Geschichte, Theorie, Anwendung. München. – M. WANDRUSZKA [1969]: Sprachen – vergleichbar und unvergleichlich. München. – W. WILSS [1977]: Übersetzungswissenschaft. Probleme und Methoden. Stuttgart. – H. J. DILLER/J. KORNELIUS [1978]: Linguistische Probleme der Übersetzung. Tübingen. – W. KOLLER [1979]: Einführung in die Übersetzungswissenschaft. Heidelberg. – L. G. KELLY [1979]: The true interpreter. A history of translation theory and practice in the west. Oxford. – M. SNELL-HORNBY [1988]: Translation studies. An integrated approach. Amsterdam. – H. P. KRINGS [1989]: Übersetzen und Dolmetschen. In: K.-R. BAUSCH u.a. (eds.): Handbuch Fremdsprachenunterricht. Tübingen, S. 273–280.

Sammelbände: H. J. STÖRIG (ed.) [1963]: Das Problem des Übersetzens. 2. Aufl. Darmstadt 1973. – A. NEUBERT/O. KADE (eds.) [1973]: Neue Beiträge zur Übersetzungswissenschaft. Frankfurt. – W. WILLS/G. THOME (eds.) [1974]: Aspekte der theoretischen, sprachenpaarbezogenen und angewandten Sprachwissenschaft. Saarbrücken. – M. GUENTHNER-REUTTER/F. GUENTHNER (eds.) [1975]: Anthology on the theory of translation. Cambridge. – R. W. BRISLIN (ed.) [1976]: Translation. Applications and research. New York. – J. S. HOLMES/J. LAMBERT/R. VAN DEN BROECK (eds.) [1976]: Literature and translation. Leuven. – L. GRÄHS/G. KORLÉN/B. MALMBERG (eds.) [1978]: Theory and practice of translation. Bern. – W. WILLS (ed.) [1981]: Übersetzungswissenschaft. Darmstadt. – K.-R. BAUSCH/F.-R. WELLER (eds.) [1981]: Übersetzen und Fremdsprachenunterricht. Frankfurt. – V. KAPP (ed.) [1984]: Übersetzer und Dolmetscher. Theoretische Grundlagen, Ausbildung, Berufspraxis. 2. Aufl. Heidelberg. – W. WILLS/G. THOME (eds.) [1984]: Die Theorie des Übersetzens und ihr Aufschlußwert für die Übersetzungs- und Dolmetschdidaktik. Tübingen. – C. TITFORD/A. E. HIEKE (eds.) [1985]: Translation in foreign language teaching and testing. Tübingen. – M. SNELL-HORNBY (ed.) [1986]: Übersetzungswissenschaft. Eine Neuorientierung. Tübingen.

Zeitschriften: Lebende Sprachen – Mitteilungsblatt für Dolmetscher und Übersetzer – Babel.

Ugaritisch →Semitisch.

Ugrisch →Finno-Ugrisch

Ukrainisch. Ostslaw. Sprache mit ca. 35 Mio. Sprechern in der Ukrainischen SSR (UdSSR). Seit dem Ende des 18. Jh. Ansätze einer Schriftsprache, vorher kirchenslaw. Schrifttum und Redaktion. Entwicklung zur modernen Schriftsprache seit 1918. Kyrillische Orthographie mit Schibboleths: ⟨r′⟩, ⟨i⟩ (vgl. Sprachenkarte Nr. 5).

Lit.: G. Y. SHEVELOV [1963]: The syntax of modern literary Ukrainian. The simple sentence. The Hague. →Slawisch.

Ultima [lat. *ultimus* ›der letzte‹]. Letzte →Silbe eines Wortes.

Umgangssprache.
(1) Vorwiegend in der deutschen Germanistik gebrauchter Terminus für den großen und heterogenen Bereich von Sprachvarietäten zwischen Hochsprache/Standardsprache einerseits und kleinräumig gebundenen Dialekten andererseits (U. als eine Art »Ausgleichsvarietät« zwischen Hochsprache und Dialekt, die zwar deutliche regionale Färbung, jedoch keine extremen Dialektismen aufweist).
(2) Bezeichnung einer Stilschicht, die für informellere, privatere Situationen angemessener erscheint als die eher auf formelle Situationskontexte beschränkt bleibende Hochsprache; entspricht in dieser Verwendung dem engl. *colloquial speech.*

Lit.: K. BAUMGÄRTNER [1959]: Zur Syntax der Umgangssprache in Leipzig. Berlin. – H. MOSER [1969]: Umgangssprache. Überlegungen zu ihren Formen und zu ihrer Stellung im Sprachganzen. In: ZfM 27, S.

215–232. – F. DEBUS [1962]: Zwischen Mundart und Hochsprache. Ein Beitrag zur Stadtsprache – Stadtmundart und Umgangssprache. In: ZfM 29, S. 1–43. – G. CORDES [1963]: Zur Terminologie des Begriffs »Umgangssprache«. In: W. SIMON (ed.): FS f. U. PRETZEL. Berlin, S. 338–354. – H. PILCH [1966]: Das Lautsystem der hochdeutschen Umgangssprache. In: ZfM 33, S. 247–266. – I. REIFFENSTEIN [1968]: Zur phonologischen Struktur der Umgangssprache. Wiesbaden. (= ZfMB NF 4) S. 687–698. – U. BICHEL [1973]: Problem und Begriff der Umgangssprache in der germanistischen Forschung. Tübingen. – I. RADTKE [1973]: Die Umgangssprache. In: Mu 83, S. 161–171. – J. S. PETÖFI/A. PODLECH/E. v. SAVIGNY (eds.) [1975]: Fachsprache – Umgangssprache. Kronberg. – A. I. DOMASCHNEV [1987]: Umgangssprache/Slang/Jargon. In: Handbuch Soziolinguistik (HSK 3), S. 308–315.
Wörterbücher: H. KÜPPER [1955/70]: Wörterbuch der deutschen Umgangssprache. Hamburg. – J. EICHHOFF [1976/78]: Wortatlas der deutschen Umgangssprachen. 2 Bde. Bern.

Umlaut. Prozeß und Ergebnis der Angleichung (antizipierende, partielle →Assimilation) des Vokals der Haupttonsilbe an den Vokal der folgenden (neben- oder unbetonten) Silbe (vgl. auch →Vokalharmonie). Dabei kann zwischen →Palatalisierung (engl. *fronting*), Velarisierung (engl. *backing*; →Sekundäre Artikulation), Hebung (engl. *raising*) und Senkung (engl. *lowering*) (→Hebung vs. Senkung) unterschieden werden. – Wichtigstes U.-Beispiel ist der in allen germ. Dialekten (mit Ausnahme des Got.) vorhandene *i*-Umlaut, der eine Palatalisierung hinterer, Palatalisierung und Hebung tiefer Vokale bewirkte. Im Ahd. wurden seit etwa 750 n. Chr. [a, u, o] > [e, ʏ, ø] umgelautet, wenn in der folgenden Silbe *i, i:* oder *j* vorkam. Da vor den tiefen Konsonanten *h, r, l* die Hebung von *a* im Ahd. zunächst unterblieb, wird zwischen Primärumlaut (ahd.

gast – gesti) und Sekundärumlaut (mhd. *maht – mähte*) differenziert. Nach Verschwinden des den Umlaut auslösenden Faktors (den *i*-haltigen Silben) durch die Abschwächung der Endsilbenvokale im Übergang vom Ahd. zum Mhd. wurden die vorherigen Umlaut-Allophone zu eigenen Phonemen (Phonemspaltung), der Umlaut von einer phonologischen zu einer morphologischen Regel, vgl. z.B. Pluralbildung: *Gast – Gäste, Haus – Häuser, Vater – Väter*; Komparation: *arm – ärmer, groß – größer*; Diminution: *Vogel – Vöglein, Haus – Häuschen*; Konjunktiv: *wurden – würden*. – Ein assimilatorischer Senkungsprozeß in der Lautgeschichte des Dt. ist der sogen. *a*-Umlaut, bei dem im Ahd. die ursprünglich hohen Vokale *i, u, eu* als *e, o, eo* erscheinen, wenn in der Folgesilbe die nicht-hohen Vokale *a, e, o* vorkamen, vgl. germ. **wulfaz – ahd. wolf*. Dieser Vorgang wird in der älteren Literatur auch als »Brechung« bezeichnet.

Lit.: W. F. TWADDELL [1938]: A note on old high German umlaut. In: Monatshefte 30, S. 177–181. – H. PENZL [1949]: Umlaut and secondary Umlaut in old high German. In: Lg 25, S. 223–240. – S. SONDEREGGER [1959]: Die Umlautfrage in den germanischen Sprachen. Ein Forschungsbericht. In: Kratylos 4, S. 1–12. – W. G. MOULTON [1961]: Zur Geschichte des dt. Vokalsystems. In: PBB (T) 83, S. 1–35. – E. H. ANTONSEN [1964]: Zum Umlaut im Deutschen. In: PBB (T) 86, S. 177–197. – E. BACH/R. D. KING [1970]: Umlaut in modern German. In: Glossa 4, S. 3–21. – G. AUGST [1971]: Umlaut bei der Steigerung. In: WW 21, S. 424–431. – O. W. ROBINSON [1975]: Abstract phonology and the history of Umlaut. In: Lingua 37, S. 1–29. – CH. V. J. RUSS [1977]: Die Entwicklung des Umlauts im Deutschen im Spiegel verschiedener linguistischer Theorien. In: PBB (T) 99, S. 213–240.

Umstandsbestimmung →Adverbial, →Circonstant.

Umstandswort →Adverb.

Umstellprobe →Verschiebeprobe.

Umstellungstransformation →Permutation.

Unbestimmtes Fürwort →Indefinitpronomen.

Ungarisch [Eigenbezeichnung: Magyarisch]. Größte →Uralische Sprache mit ca. 14 Mio. Sprechern; Staatssprache Ungarns, die durch langen Kontakt mit stammfremden Sprachen manche uralischen Eigenheiten verloren hat. Erste schriftliche Dokumente seit dem 13. Jh. Intensive Beziehungen mit europäischen und →Turk-Sprachen. – Syntax: freie, pragmatisch orientierte Wortstellung, wobei die fokussierte Konstituente eine markierte Position vor dem finiten Verb einnimmt. Das Verb kongruiert mit dem Subjekt in Person und Numerus; darüber hinaus wird in der sogen. Objektskongruenz das Verhältnis zwischen der Person des Subjekts zu der des Objekts angezeigt. Ein reiches System von Verbpräfixen dient zur Markierung von Aktionsart. Komplexes Kasussystem, u.a. zehn →Lokativ-Kasus mit Oppositionen wie [RUHEND] vs. [BEWEGEND], [ANNÄHERND] vs. [ENTFERNEND], [INNEN] vs. [AUSSEN].

Lit.: S. SIMONYI [1907]: Die ungarische Sprache. Straßburg. – J. LOTZ [1939]: Das ungarische Sprachsystem. Stockholm. – B. SZEUT-IVÁNYI [1964]: Der ungarische Sprachbau. Leipzig. – J. TAMPA [1968]: Ungarische Grammatik. The Hague. – L. BEN-

KÖ/S. IMRE (eds.) [1972]: The Hungarian language. The Hague. – B. BROGYANYI [1983]: Ungarisch. In: StL 14, S. 69–85.

Unifikation →Unifikationsgrammatik.

Unifikationsgrammatik [engl. *unification* ›Vereinigung‹].
(1) Im weiteren Sinne Oberbegriff für alle →Generativen Grammatikmodelle bzw. generativen Grammatiken, die eine Unifikationsoperation in ihren Regelsystemen verwenden.
(2) Im engeren Sinne Mitglied einer Familie von neueren Grammatikmodellen, in denen die Merkmalsunifikation (meist zusammen mit anderen Merkmalsoperationen) für die Steuerung des Informationsflusses bei der Ableitung verwendet wird. Zu diesen Grammatikmodellen gehören einflußreiche formale generative Grammatiktheorien, wie die →Generalized Phrase Structure Grammar (GPSG) und die →Lexical Functional Grammar (LFG), ausdrucksmächtige Grammatikformalismen für die Implementierung auf dem Computer, wie die →Functional Unification Grammar (FUG) und →PATR, sowie eine Reihe von neueren Modellen, die Mischformen aus bestehenden Ansätzen und Theorien darstellen wie z.B. die →Head-Driven Phrase Structure Grammar (HPSG) und die →Categorial Unification Grammar (CUG). Da all diese Modelle an der Stanford Universität und benachbarten Institutionen an der San Francisco Bay entwickelt oder weiterentwickelt wurden, werden sie auch als »*Bay-Area Grammars*« (Abk.: BAG) bezeichnet. Andere Bezeichnungen sind *Unification-based Grammars*, *Constraint-based Grammars* und *Information-based Grammars*. Die U. basiert auf einer Weiterentwicklung des linguistischen →Merkmals. Jede linguistische Einheit (Wort oder Phrase) ist durch eine →Merkmalstruktur gekennzeichnet, d.h. durch eine Menge von Attribut-Wert-Paaren, deren Werte entweder atomare Symbole oder wiederum Merkmalstrukturen sein können. Attributwerte innerhalb einer Merkmalstruktur können koreferent (auch koindiziert) sein, d.h. als Beschreibungen für die gleiche linguistische Einheit dienen. Merkmalstrukturen für syntaktische Einheiten werden oft auch als »komplexe Kategorien« bezeichnet. Sie werden meist als Merkmalsmatrizen (Abb. a) oder als gerichtete Merkmals→Graphen (Abb. b) repräsentiert. In der folgenden vereinfachten Merkmalstruktur eines Verbs wird die Koreferenz beim Merkmal [AGR] dazu verwendet, die Kongruenz zwischen Verb und Subjekt zu induzieren. Phrasenstrukturregeln einer U. geben an, welche Teile der Merkmalstruktur einer syntaktischen Einheit mit welchen Teilen der Merkmal-

$$
\begin{bmatrix}
\text{cat:} & \text{v} & \\
\text{agr:} & \boxed{1} & \begin{bmatrix} \text{per:} & 3 \\ \text{num:} & \text{sg} \end{bmatrix} \\
\text{subj:} & & \begin{bmatrix} \text{cat:} & \text{np} \\ \text{case:} & \text{nom} \\ \text{agr:} & \boxed{1} \end{bmatrix}
\end{bmatrix}
$$

Abb. a: Merkmalsmatrix

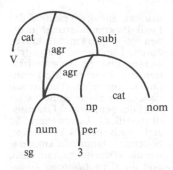

Abb. b: Äquivalenter Merkmalsgraph

strukturen ihrer unmittelbaren Konstituenten koreferent sind und welche →Koreferenzen es zwischen den Merkmalstrukturen der unmittelbaren Konstituenten gibt. Diese Koreferenzen zwischen den Beschreibungen der Konstituenten in einem Syntaxbaum sorgen für den Informationsfluß in der syntaktischen Ableitung und werden verwendet, um Dependenzen zwischen Konstituenten (→Kongruenz, →Rektion, →Kontrolle und Fernabhängigkeiten) zu repräsentieren. Koreferenz zweier Merkmalstrukturen bedeutet, daß ihre Inhalte »unifiziert« werden. Wenn diese Inhalte sich nicht widersprechen (d.h. mindestens einem Merkmal unverträgliche Werte zuweisen), ergibt sich das Ergebnis der Unifikation aus der Addition der Information in den beiden unifizierten Strukturen. Im Falle eines Widerspruchs schlägt die Unifikation fehl bzw. es wird eine spezielle Kategorie erzeugt, die Inkonsistenz signalisiert. Die Unifikation wird in der Regel durch eckige Klammern ausgedrückt, die die zu unifizierenden Merk-

malstrukturen einschließen. Zu Abb. (a) und Abb. (b) äquivalente Notation:

$$\begin{bmatrix} \text{per:} & 3 \\ \text{num:} & \text{sg} \end{bmatrix} = \begin{bmatrix} \text{per: 3} \end{bmatrix} \wedge \begin{bmatrix} \text{num: sg} \end{bmatrix}$$

$$= \begin{bmatrix} \text{per: 3} \end{bmatrix} \cup \begin{bmatrix} \text{num: sg} \end{bmatrix}$$

Eine U. wurde erstmals von KAY [1979] vorgeschlagen. In verwandten Arbeiten auf dem Gebiet der →Wissensrepräsentation in der →Künstlichen Intelligenz wurden unabhängig Repräsentationsformalismen mit Merkmalsunifikation entwickelt (AIT-KACI [1984], SMOLKA/AIT-KACI [1987]). Die Semantik der Unifikationsformalismen wurde von KASPAR/ROUNDS [1986], JOHNSON [1988] und SMOLKA [1988] entwickelt. Das Ergebnis dieser Arbeiten ist eine Merkmalslogik mit einer mengentheoretischen Semantik. Eine besondere Eigenschaft der U. ist ihre Deklarativität. Sie resultiert aus der →Monotonizität der Unifikationsoperation. Die Reihenfolge der Verarbeitungsschritte spielt keine Rolle für das Resultat einer Ableitung. Dadurch eignet sich die U. besonders für die →Computerlinguistik, denn die Grammatik läßt Raum für verschiedene Verarbeitungsstrategien. Sie ist auch nicht an eine Verarbeitungsrichtung gebunden, was es ermöglicht, die gleiche Grammatik für →Parsing und →Generierung zu verwenden. Modelle der U. unterscheiden sich u.a. in der Rolle, die die Phrasenstruktur in der syntaktischen Beschreibung spielt. In den meisten Modellen wird durch Syntaxregeln ein kontextfreier Phrasenstrukturbaum aufgebaut, mit dessen Knoten die Merkmalstrukturen assoziiert sind, die durch Koreferenzen untereinander verbunden sind. In anderen Modellen (wie der FUG oder der HPSG) ist die Phrasenstruktur selbst innerhalb der Merkmalstruktur repräsentiert, so daß diese zur Beschreibung ausreicht. Die Modelle unterscheiden sich auch darin, welche Erweiterungen in ihnen Verwendung finden. Oft verwendete Erweiterungen der Grammatikformalismen sind Generalisierung oder →Disjunktion, →Templates (Merkmalsmakros, Typ-Namen), →Functional Uncertainty und →Mengenwertige Merkmale. Wesentliche Unterschiede finden sich auch in der Ausdehnung der unifikationsgrammatischen Beschreibungsweise auf die grammatischen Beschreibungsebenen: während z.B. die GPSG nur syntaktische Gesetzmäßigkeiten mit Hilfe der Merkmalsstrukturen beschreibt, wird die merkmalsbasierte Beschreibung in der HPSG auch auf Semantik und Phonologie ausgedehnt. Während es aber in Phonologie und Phonetik bislang nur wenige Untersuchungen gibt, finden sich auf dem Gebiet der Semantik mehrere Ansätze zur Integration von →Situationssemantik und →Diskursrepräsentationstheorie in Modelle der U. (z.B. JOHNSON/KLEIN [1986], FENSTAD u.a. [1987], POLLARD/SAG [1988]). Neben den Modellen der Bay-Area Grammar gehören zur U. im weiteren Sinne auch neuere Entwicklungen wie die Tree-Unification-Grammar (TUG) (POPOWICH [1989]). Nur bedingt hinzugezählt werden die →Logikgrammatiken aus der Tradition der Logik-Programmierung, in denen die Merkmalstrukturen durch Logikterme dargestellt werden und die Termunifikation die Rolle der Merkmalsunifikation spielt. Theoretisch ließe sich wahrscheinlich jedes formale generative Grammatikmodell zur U. erweitern. So gibt es z.B. bereits Vorschläge, bestehende Grammatikmodelle wie die →Dependenzgrammatik und die Tree-Adjoining Grammar (TAG) um die Werkzeuge der U. zu ergänzen (HELLWIG [1984], K. VIJAY-SHANKER/A. K. JOSHI [1988]).

Lit.: M. KAY [1979]: Functional Grammar. In: C. CHIARELLO u.a. (eds.): PBLS 5, S. 142-158. – J. BRESNAN (ed.) [1982]: The mental representation of grammatical relations. Cambridge, Mass. – S. M. SHIEBER u.a. [1983]: The formalism and implementation of PATR-II. In: Research on interactive acquisition and use of knowledge. (SRI International). Menlo Park, S. 39-79. – H. AIT-KACI [1984]: A new model of computation based on a calculus of type subsumption. Philadelphia. – M. KAY [1984]: Functional Unification Grammar: A formalism for machine translation. In: COLING 84. Stanford, S. 75-78. – S. M. SHIEBER/L. KARTTUNEN/F. PEREIRA (eds.) [1984]: Notes from the unification underground (= SRI Technical Note 327). Menlo Park, Ca. – G. GAZDAR u.a. [1985]: Generalized Phrase Structure Grammar. Cambridge, Mass. – M. KAY [1985]: Parsing in Functional Unification Grammar. In: D. DOWTY/L. KARTTUNEN/A. ZWICKY (eds.): Natural language parsing. Cambridge. – P. HELLWIG [1986]: Dependency Unification Grammar. In: COLING 86. Bonn, S. 195-198. – M. JOHNSON/E. KLEIN [1986]: Discourse, anaphora and parsing. In: COLING 86. Bonn, S. 669-675. – R. KASPER/W. ROUNDS [1986]: A logical semantics for feature structures. In: ACL Proceedings 24. New York, S. 257-266. – S. M. SHIEBER [1986]: An introduction to unification-based approaches to grammar (= CSLI Lecture Notes 4). Stanford, Ca. – H. USZKOREIT [1986]: Categorial Unification Grammars. In: COLING 86. Bonn, S. 187-194. – J. E. FENSTAD u.a. [1987]: Situations, language and logic. Dordrecht. – G. SMOLKA/H. AIT-KACI [1987]: Inheritance hierarchies: Semantics and unification. In: Journal of Symbolic Computation 7, S. 343-370.

- J. Calder/E. Klein/H. Zeevat [1988]: Unification Categorial Grammar: A concise, extendable grammar for natural language processing. In: COLING 88. Budapest. Bd. 1, S. 83–86. – M. Johnson [1988]: Attribute-value logic and the theory of grammar. Stanford, Ca. – C. Pollard/I. A. Sag [1988]: An information-based syntax and semantics. Bd. 1: Fundamentals (= CSLI Lecture Notes 13). Stanford, Ca. – G. Smolka [1988]: A feature logic with subsorts. In: LILOG Report 33. Stuttgart. – H. Uszkoreit [1988]: From feature bundles to abstract data types: New directions in the representation and processing of linguistic knowledge. In: A. Blaser (ed.): Natural language at the computer. Berlin, S. 31–64. – K. Vijay-Shanker/A. K. Joshi [1988]: Feature structure based tree adjoining grammars. In: COLING 88. Budapest. Bd. 2, S. 714–719. – F. Popowich [1989]: Tree Unification Grammar. In: ACL Proceedings 27. Vancouver, S. 228–236.

Unikales Morphem [lat. *únicus* ›einzig‹]. An ein (und nur ein) bestimmtes Stammorphem gebundenes lexikalisches →Morphem, dessen ursprüngliche Bedeutung unter synchronischem Aspekt nicht mehr analysierbar ist, wie z.B. *-flat* in *Unflat*, *Sint-* in *Sintflut*. Ausschlaggebend für die Klassifizierung eines Morphems als »unikal« ist, daß (a) das zusammen mit ihm auftretende Morphem eindeutig klassifizierbar ist, (b) das U. M. im Paradigma distinktive Funktion hat, vgl. *Himbeere* vs. *Erd-* und *Blaubeere*, aber (c) nicht reihenbildend wirkt (wodurch es sich von anderen Stämmen unterscheidet). Tritt ein solches U. M. in Ableitungen auf (z.B. *-weg-* in *bewegen*), so spricht man von →Pseudomorphemen, vgl. auch →Hapax Legomenon.

Lit.: →Morphologie.

Unitary Base Hypothesis. In der →Wortbildung von M. Aronoff [1976] angenommene Bedingung, daß die syntaktisch/semantische Spezifizierung der Basis jeder →Wortbildungsregel stets eindeutig ist. Nach der U. B. H. kann sich ein und dasselbe →Affix nicht mit zwei oder mehr Kategorien verbinden. Scheinbare Gegenbeispiele wie Nomen + *able* (engl. *fashionable*) und Verb + *able* (engl. *acceptable*) gehen auf zwei homonyme Affixe zurück.

Lit.: M. Aronoff [1976]: Word formation in generative grammar. Cambridge, Mass.

Univerbierung [lat. *únus* ›eins‹, *verbum* ›Wort‹]. In der →Wortbildung Vorgang und Ergebnis des Zusammenwachsens mehrgliedriger syntaktischer Konstruktionen zu einem Wort, z.B. *Lebewohl*. U. entspricht einer allgemeinen strukturellen Tendenz der (syntaktischen) Vereinfachung zum Zwecke der Informationsverdichtung.

Lit.: W. Fleischer [1969]: Wortbildung der deutschen Gegenwartssprache. 5. Aufl. Tübingen 1982, S. 17f. – J. Erben [1975]: Einführung in die deutsche Wortbildungslehre. 2. Aufl. Berlin 1983, S. 21f. →Wortbildung.

Universalien [lat. *úniversális* ›allgemein‹]. Grammatische U. sind Eigenschaften (bzw. Hypothesen über solche Eigenschaften), die allen menschlichen Sprachen gemeinsam sind. Nach J. H. Greenberg u.a. [1966] läßt sich folgende formallogische Typologie von U. aufstellen: (a) Uneingeschränkte U.; z.B.: jede Sprache besitzt Vokale. (b) Einseitige Implikationsbeziehungen zwischen zwei Eigenschaften; z.B.: wenn eine Sprache in ihrem Numerussystem über einen →Dualis verfügt, so hat sie mit Sicherheit auch einen →Plural; dies gilt aber nicht umgekehrt. (c) Beschränkte Äquivalenz, die sich auf wechselseitige Implikationen von nicht universellen Eigenschaften bezieht; z.B.: wenn eine Sprache einen lateralen →Schnalzlaut besitzt, dann besitzt sie auch einen dentalen, und umgekehrt. (d) Statistische Universalien, die den Charakter von Quasi-U. haben; z.B.: Nasale kommen, mit sehr geringfügigen Ausnahmen, in allen Sprachen der Welt vor. (e) Statistische Korrelationen, die sich auf Relationen zwischen Eigenschaften in der folgenden Weise beziehen: wenn eine bestimmte Eigenschaft vorhanden ist, z.B. eine Spezifizierung der 2. Pers. Sg., dann ist die Wahrscheinlichkeit einer entsprechenden Spezifizierung der 3. Pers. größer, als wenn die 2. Pers. diese Unterscheidung nicht aufweist. – Die Versuche zur Erklärung von U. lassen sich auf wenige Grundmuster zurückführen: (a) Mögliche Abstammung aller Sprachen von einer gemeinsamen Ursprache. Da Sprachen offensichtlich einem steten Wandel unterworfen sind, ist diese Erklärung meist nicht zufriedenstellend. (b) Gleiche Funktionen der Sprache in allen Sprachgemeinschaften, die ähnliche grammatische Strukturen bedingen. (c) Gleiche biologische Ausstattung aller Menschen hinsichtlich ihrer Sprachfähigkeit, die die möglichen sprachlichen Variationen stark begrenzt. Die Erklärungsansätze (b) und (c) schließen sich oft nicht aus, sondern ergänzen einander. So sind U. in dem auf N. CHOMSKY zurückgehenden Modell die Basis des angeborenen →Spracherwerbsmechanismus, aufgrund dessen ein Kind in der Lage ist, in relativ kurzer Zeit die komplexe Grammatik einer natürlichen Sprache zu erlernen; vgl. hierzu unter →Universalgrammatik. – Zu U. des Sprachwandels vgl. KIPARSKY in BACH/HARMS (eds.) [1968], KING [1969], VENNEMANN [1973], KANNGIESSER [1976].

Lit.: J. H. GREENBERG (ed.) [1963]: Universals of language. Cambridge, Mass. – N. CHOMSKY [1965]: Aspects of the theory of syntax. Cambridge, Mass. Dt.: Aspekte der Syntaxtheorie. Frankfurt 1969. – J. H. GREENBERG [1966]: Language universals. With special reference to feature hierarchies. The Hague. – E. BACH/R. T. HARMS (eds.) [1968]: Universals in linguistic theory. New York. – N. CHOMSKY [1975]: Reflections on language. New York. Dt.: Reflexionen über die Sprache. Frankfurt 1977. – H. SEILER [1977]: Sprache und Sprachen: gesammelte Aufsätze. München. – J. H. GREENBERG u.a. (eds.) [1978]: Universals of human language. 4 Bde. Stanford. – W. P. LEHMANN (ed.) [1978]: Syntactic typology: studies in the phenomenology of language. Austin. – G. INEICHEN [1979]: Allgemeine Sprachtypologie: Ansätze und Methoden. Darmstadt. – G. BRETTSCHNEIDER/CH. LEHMANN (eds.) [1980]: Wege zur Universalienforschung. Tübingen. – B. COMRIE [1981]: Language universals and linguistic typology. 2. Aufl. Oxford 1989. – B. BUTTERWORTH/B. COMRIE/O. DAHL (eds.) [1984]: Explanations for language universals. Berlin. – J. H. GREENBERG [1986]: The role of universals in linguistic explanation. Stanford. – G. DECSY (ed.) [1988]: A select catalog of language universals. Bloomington, Ind. →Sprachtypologie, →Universalgrammatik.

Universalpragmatik. Terminus von J. HABERMAS für seine Theorie der →Kommunikativen Kompetenz, deren Ziel es ist, »das System von Regeln zu rekonstruieren, nach dem kommunikativ kompetente Sprecher aus Sätzen (= linguistische Einheiten) Äußerungen (= Sprechen in Redesituationen) bilden und in andere Äußerungen umformen«. U. untersucht somit die universellen Bedingungen für die Konstitution von Sprechakten. Vgl. →Empirische Pragmatik.

Lit.: J. HABERMAS [1971]: Vorbereitende Bemerkungen zu einer Theorie der kommunikativen Kompetenz. In: J. HABERMAS/N. LUHMANN: Theorie der Gesellschaft oder Sozialtechnologie. Frankfurt, S. 101–141. – B. BADURA [1972]: Kommunikative Kompetenz. Dialoghermeneutik und Interaktion. Eine theoretische Skizze. In: B. BADURA/K. GLOY: Soziologie der Kommunikation. Stuttgart. – D. WUNDERLICH (ed.) [1972]: Linguistische Pragmatik. Frankfurt – K.-O. APEL [1976]: Sprachpragmatik und Philosophie. Frankfurt – J. HABERMAS [1981]: Theorie des kommunikativen Handelns. 2 Bde. Frankfurt.

Universalsprache.
(1) →Welthilfssprache.
(2) Künstliches, meist am Vorbild der Mathematik orientiertes Zeichensystem als Verständigungs- und Erkenntnismittel in Philosophie und Wissenschaft. Besonders bekannt wurde die Idee einer »Characteristica universalis« von G. W. LEIBNITZ, in der die logische Verbindung einfacher Vorstellungen zu komplexen Gedanken durch entsprechende Zeichenkombinationen abgebildet werden sollte. In den modernen Notationssystemen von Mathematik, formaler Logik, Physik, Chemie usw. ist die Idee der U. teilweise verwirklicht.
Lit.: A. BAUSANI [1970]: Geheim- und Universalsprachen. Stuttgart.

Unmarkierte Wortstellung
→Grundwortstellung.

Unmotiviertheit →Arbitrarität.

Unpersönliche Konstruktionen. Syntaktische Konstruktionen, in denen das logische Subjekt nicht durch das grammatische Subjekt ausgedrückt wird, wie dies vor allem der Fall ist bei →Unpersönlichen Verben, bestimmten Passivkonstruktionen (*Es darf gelacht werden*) und einigen reflexiven Fügungen (*Es begab sich aber zu der Zeit des Kaiser Augustus, daß...*).

Unpersönliche Verben [Auch: Impersonalia]. Nur in der 3. Pers. Sg. verwendbare Verben, bei denen das logische Subjekt, wenn es existiert, nicht als Nominativ realisiert werden kann; das Auftreten eines valenzgebundenen leeren *es*-Subjekts ist im Dt. häufig. – U. V. bezeichnen vor allem Natur- und Witterungserscheinungen (*es donnert/taut/dämmert*), Situationen des Mangels (*Es mangelt ihm an Sensibilität*) sowie körperliche Empfindungen (*Es fröstelt/reut/gruselt mich*). Die beiden letzten Gruppen werden auch als »implizit-persönliche« Verben bezeichnet.

Unregelmäßige Verben. In allen Sprachen vorhandene Verben mit Formenparadigmen, die von regelmäßigen Mustern abweichen. Im Dt. finden sich neben (a) starken V. (*singen - sang - gesungen*) mit schwankender Konjugation (b) die sogen. »rückumlautenden« Verben (→Rückumlaut) wie *brennen : brannte, senden : sandte* u.a.; (c) Verben mit konsonantischen Veränderungen wie *denken : dachte, dünken : dünkte*; (d) Verben wie *sein* und *tun* mit suppletiver bzw. vokalisch/konsonantisch stark abweichender (Tempus-) Stammbildung (→Suppletivwesen); (d) die Hilfsverben *haben* und *werden* sowie (e) die →Präterito-Präsentia *dürfen, können, sollen, wissen* u.a.

Unterbrechung [engl. *interruption*]. In der →Konversationsanalyse Störung beim →Sprecherwechsel (a) durch gleichzeitiges Sprechen (ZIMMERMAN/WEST [1975]), (b) durch kurze Pausen zwischen den →Turns verschiedener oder derselben Sprecher (engl. *gap*), durch längeres Schweigen aller Beteiligten (engl. *lapse*) oder durch eine längere Pause vor dem Turn eines designierten nächsten Sprechers, die (insbesondere vor dem zweiten Teil einer Sequenz mit Optionen) bereits als Anzeichen für eine nicht-präferierte Option interpretiert werden kann, z.B. für die Ablehnung einer soeben erfolgten Einladung (engl. *significant pause*, →Präferenz).

Lit.: F. GOLDMANN-EISLER [1959]: The predictability of word in context and the length of pauses in speech. In: Language and Speech 1, S. 226-231. - F. GOLDMANN-EISLER [1961]: A comparative study of two hesitation phenomena. In: Language and Speech 1, S. 18-26. - F. GOLDMANN-EISLER [1961]: The distribution of pause duration in speech. In: Language and Speech 1, S. 232-237. - F. GOLDMANN-EISLER [1968]: Psycholinguistics: Experiments in spontaneous speech. New York. - G. JEFFERSON [1973]: A case of precision timing in ordinary conversation: Overlaped tag-positioned address terms in closing sequences. In: Semiotica 9, S. 47-96. - H. SACKS/E. SCHEGLOFF/G. JEFFERSON [1974]: A simplest systematics for the organisation of turn-taking for conversation. In: Lg 50, S. 696-735. - B. BUTTERWORTH [1975]: Hesitation and semantic planning in speech. In: JPsyR 4, S. 75-87. - D. ZIMMERMAN/C. WEST [1975]: Sex roles, interruptions and silences in conversation. In: B. THORNE/ N. HENLEY (eds.): Language and sex. Rowley, S. 105-129. - S. U. PHILIPS [1976]: Some sources of cultural variability in the regulation of talk. In: LiS 5, S. 81-95. - A. BENNETT [1978]: Interruptions and the interpretation of conversation. In: BLS 4, S. 557-575. - L. POLYANI [1978]: False starts can be true. In: BLS 4, S. 628-639. - B. BUTTERWORTH [1980]: Evidence from pauses in speech. In: B. BUTTERWORTH (ed.): Language production. Bd. 1: Speech and talk. London. - CH. GOODWIN [1981]: Conversational organization. Interaction between speakers and hearers. New York. - G. BEATTIE [1983]: Talk: An Analysis of speech and nonverbal behaviour in conversation. Milton Keyes. - D. TANNEN/M. SAVILLE-TROIKE (eds.) [1985]: Perspectives on silence. Norwood, N. J. →Konversationsanalyse.

Untermenge →Menge (j).

Unterscheider [engl. *distinguisher*. - Auch: Distinktor]. Im Rahmen des Bedeutungskonzepts der →Interpretativen Semantik von J. J. KATZ und J. A. FODOR [1965] Untergruppe von Bedeutungsmerkmalen, die die spezifische Lesart eines Ausdrucks kennzeichnen. Im Unterschied zu systematisch auftretenden →Semantischen Merkmalen wie z.B. die Geschlechtsopposition, die semantische Unterschiede in Wortpaaren wie *Mann : Frau, Braut : Bräutigam, Hahn : Henne* systematisch kennzeichnet, kommen U. als nicht systematische idiosynkratische Merkmale jeweils nur einmal vor, d.h. sie stehen in keiner theoretischen Beziehung zueinander, sie sind sprachstrukturell irrelevant. So lassen sich die verschiedenen Lesarten von *Ball* durch die U. [+ zum Zwecke des geselligen Tanzes] bzw. [+ kugelförmig] wiedergeben.

Lit.: J. J. KATZ/J. A. FODOR [1963]: The structure of a semantic theory. In: Lg 39, S. 170-210. Dt. in: H. STEGER (ed.): Vorschläge für eine semantische Grammatik des Deutschen. Darmstadt 1970, S. 202-268. →Interpretative Semantik.

Unverträglichkeitsprobe →Kontaktprobe.

Unvollendet vs. Vollendet →Durativ vs. Nicht/Durativ, →Imperfektiv vs. Perfektiv.

Unziale [spätlat. *(litterae) ūnciāles* ›zollange Buchstaben‹]. Weitverbreitete römische Buchschrift, deren Großbuchstaben durch Abrundung und Vermeiden gebrochener Linien gekennzeichnet sind.
Lit.: →Schrift.

Uralisch. Sprachfamilie Nordwestasiens und Osteuropas mit zwei Zweigen, den →Finno-Ugrischen Sprachen (ca. 20 Sprachen, 22 Mio. Sprecher, mit →Finnisch und →Ungarisch als den bedeutendsten Einzelsprachen) und den Samojedischen Sprachen am Ural (ca. 5 Sprachen, 30000 Sprecher, größte Sprache: Nenets). Das Jukagirische in Nordsibirien (einige 100 Sprecher) ist wohl mit den Uralischen Sprachen verwandt; beide werden zu einem Uralisch-Jukagirischen Sprachstamm zusammengefaßt. Verwandtschaft mit den →Altaischen Sprachen ist zu vermuten. – Der U. Sprachstamm wurde schon früh etabliert (die Finno-U. Sprachen bereits im 18. Jh., die U. Sprachen insgesamt am Ende des 18. Jh. durch den Ungarn S. GYARMATHI). – Die Sprachen sind typologisch recht verschieden. Meist reiche Morphologie (agglutinierend). Meistens reicher entwickeltes Kasussystem, z.T. mit zahlreichen Adverbialen, z.B. lokativen Kasus. Wortstellung: SOV, seltener SVO oder freie Wortstellung. Die Negation wird durch ein Hilfsverb ausgedrückt. Es gibt keine genuinen Satzkonjunktionen, stattdessen zahlreiche Infinitiv-Formen zur Unterordnung von Sätzen. In kleineren Sprachen teilweise Dualformen bei den Pronomina; die Numerusmarkierung bei Nomina ist zum Teil wenig entwickelt. Die Lautinventare zeigen oft einen großen Vokalreichtum; Vokalharmonie ist weit verbreitet. (Vgl. Sprachenkarte Nr. 12).
Lit.: B. COLLINDER [1965]: An introduction to the Uralic languages. Berkeley. – B. COMRIE [1981]: Languages of the Soviet Union. Cambridge.

Uralisch-Jukagirisch   →Uralisch.

Urdu →Hindi-Urdu.

Urschöpfung →Wortschöpfung.

Ursprache [Auch: Grundsprache, Lingua Adamica]. Hypothetisch angenommene, aufgrund von Sprachvergleich rekonstruierte Grundsprache, die als Ausgangspunkt für die Entwicklung genetisch verwandter Sprachen angesehen wird; vgl. das von der →Historisch-Vergleichenden Sprachwissenschaft des 19. Jh. angesetzte Urindo-Europäisch (auch: Urindogermanisch) als gemeinsame Ausgangssprache aller ideur. Einzelsprachen. →Komparative Methode, →Stammbaumtheorie, →Proto(sprache).
Lit.: →Historisch-Vergleichende Sprachwissenschaft.

Usila Chinantekisch   →Oto-Mangue-Sprachen.

Uto-Aztekisch. Sprachfamilie Nord- und Mittelamerikas mit ca. 25 Sprachen, die aus 8 Zweigen besteht und mit den Kiowa- und Tanoa-Sprachen einen Sprachstamm Aztek-Tanoanisch bildet. Zu den U.-A. Sprachen zählen →Nahuatl, die Sprache des Azteken-Reiches (heute ca. 1,2 Mio. Sprecher in Mexiko), Tarahumara in Nordmexiko (ca. 35000 Sprecher), Pima-Papago (25000 Sprecher) und →Hopi (7000 Sprecher) in Arizona. Die Rekonstruktion ist ungewöhnlich weit fortgeschritten; erstmals wurde die U.-A. Familie 1859 von J. K. BUSCHMANN postuliert. Typologisch sind die U.-A. Sprachen recht verschieden.

Lit.: CH. F. VOEGELIN/F. M. VOEGELIN/K. L. HALE [1962]: Typological and comparative grammar of Uto-Aztecan. Baltimore. - R. LANGACKER [1977ff.]: Studies in Uto-Aztekan grammar. Arlington. - S. STEELE [1979]: Uto-Aztecan: An assessment for historical and comparative linguistics. In: L. CAMPBELL/M. MITHUN (eds.): The languages of native America. Austin. - T. GIVÓN [1981]: A grammar of Ute. Ignaciao. - W. R. MILLER [1984]: The classification of uto-aztekan languages based on lexical evidence. In: IJAL 50, S. 1-24. - L. CAMPBELL [1985]: The Pipil language of El Salvador. Berlin.

Uvula [lat. *úva* ›Traube‹, übertragen auf *úvula palātīna* ›Zäpfchen‹. - Auch: Zäpfchen]. Vorsprung am hinteren Ende des Velums.

Lit.: →Phonetik.

Uvular(laut) [Auch: Zäpfchenlaut]. Nach der Artikulationsstelle (Uvula) benannter Sprachlaut. z.B. der sth. Frikativ [ʁ] in dt. [ˈʁøːʁə] ›Röhre‹, der stl. Explosivlaut [q] in grönländ. [qɑˈjɑq] ›Kajak‹ oder beide in grönländ. [anːoʁɑˈaq] ›Anorak‹.

Lit.: →Phonetik.

Uzbekisch →Turksprachen.

Vagheit. Als Teilaspekt von sprachlicher Mehrdeutigkeit komplementärer Begriff zu →Ambiguität: während Ambiguität sich auf solche Mehrdeutigkeiten bezieht, die im Rahmen von gramm. Modellen durch Mehrfachbeschreibungen repräsentiert werden, ist V. im Sinne von »pragmatischer Unbestimmtheit« zwar voraussagbar, aber nicht Gegenstand intern linguistischer Darstellung. Ein Ausdruck ist pragmatisch vage bezüglich bestimmter semantischer Merkmale, die er unspezifiziert läßt, z.B. ist *Person* nicht spezifiziert bezüglich der Merkmale [WEIBLICH] vs. [MÄNNLICH], [ALT] vs. [JUNG].

Lit.: →Ambiguität.

Valencianisch →Katalanisch.

Valenz [lat. *valēre* ›wert sein‹. - Auch: Wertigkeit, Fügungspotenz]. Aus der Chemie entlehnter Begriff (der dort die Fähigkeit von Atomen bezeichnet, Wasserstoff-Atome einer bestimmten Anzahl im Molekül zu binden bzw. zu ersetzen), dessen Übertragung in die Sprachwissenschaft allgemein L. TESNIÈRE [1959] zugeschrieben wird, - doch findet sich das V.-Konzept unter anderen Bezeichnungen schon früher in der Linguistik. Valenz ist die Fähigkeit eines Lexems (z.B. eines Verbs, Adjektivs, Substantivs), seine syntaktischen Umgebungen vorzustrukturieren, indem es anderen Konstituenten im Satz Bedingungen bezüglich ihrer grammatischen Eigenschaften auferlegt. So fordern die Verben *begrüßen* und *helfen*, daß ihr Objekt im Akkusativ bzw. im Dativ steht (und *begrü-*

ßen darüberhinaus, daß das Objekt nicht weggelassen wird), *wohnen* verlangt eine lokale oder modale Begleitkonstituente. – Eng verwandt ist der Begriff der Valenzabhängigkeit (auch: V.-notwendigkeit, V.-bindung). In einem Satz ist eine Konstituente *X* von einer mit einem Lexem *Y* besetzten Konstituente valenzabhängig, wenn sich mindestens eine der in der V. von *Y* enthaltenen Bedingungen auf *X* bezieht. In diesem Fall nennt man *X* auch eine →Ergänzung (oder einen →Aktanten) der mit *Y* besetzten Konstituente. – In der an Tesnière anschließenden älteren V.-Literatur werden Verben nach der Zahl ihrer Ergänzungen unterschieden: (a) nullwertig (auch: avalente) Verben, z.B. Witterungsverben wie *schneien, donnern* (problematisch, da das für diese Verben obligatorische *es* durchaus als Ergänzung betrachtet werden kann); (b) einwertige (monovalente) Verben, wie *schlafen, träumen*; (c) zweiwertige Verben, z.B. transitive Verben wie *suchen, lieben, verlassen*; (d) dreiwertige (trivalente Verben) wie *schenken, mitteilen, bezeichnen*. In neueren Arbeiten (z.B. Schumacher [1986]) werden differenziertere Klassifikationen eingeführt, in denen neben der Zahl der Ergänzungen auch ihre verschiedenen von der V. geforderten grammatischen (insbesondere auch semantischen) Eigenschaften festgehalten werden. – Für die Unterscheidung zwischen Ergänzungen und nichtvalenzabhängigen Konstituenten, vor allem →Angaben, sind zahlreiche verschiedenartige Kriterien oder Tests vorgeschla-

gen worden: Eliminierungstest, Austauschtest, Ableitbarkeit von eingebetteten Sätzen, freie Hinzufügbarkeit, Assoziationstests u.a.m. Keiner dieser Tests (und auch keine Kombination von ihnen) gilt jedoch als zuverlässig. – Der V.-Begriff überschneidet sich mit traditionellen Begriffen wie →Rektion und →Transitivität, aber auch mit jüngeren Konzepten wie dem der Relation zwischen →Argument und Prädikat, mit der →Operator-Operand-Beziehung und mit →Thematischen Relationen (vgl. →Theta-Theorie). Dies (und auch die Vielzahl der vorgeschlagenen Tests) weist darauf hin, daß V. kein einheitliches Konzept ist, sondern verschiedenartige Phänomene zusammenfaßt. Eine zufriedenstellende Klärung dieser Heterogenität der V. steht jedoch noch aus. Sie wäre auch Voraussetzung für eine Beantwortung der folgenden umstrittenen Fragen der V.-Theorie: (a) Was sind zuverlässige Tests für V.-Abhängigkeit? (b) Auf welchen Ebenen der Sprachbeschreibung (Syntax, Satzsemantik, Pragmatik, Lexikon) muß V. berücksichtigt werden, und welches Verhältnis besteht zwischen den Manifestationen der V. auf den verschiedenen Ebenen? (c) Welchen Status hat die V.-Theorie in der einzelsprachlichen und in der universellen Sprachtheorie sowie in der Sprachwandel-Forschung? (d) Welche Bedeutung hat die V. für die Erstellung didaktisch orientierter Wörterbücher oder Grammatiken (vgl. →Satzbauplan)?

Lit.: L. Tesnière [1959]: Éléments de syntaxe structurale. Paris. Dt.: Grundzüge der

strukturalen Syntax. Ed. und übersetzt von
U. ENGEL. Stuttgart 1980. – G. HELBIG (ed.)
[1971]: Beiträge zur Valenztheorie. Leipzig. – B. ENGELEN [1975]: Untersuchungen
zur Verbvalenz: eine Dokumentation über
die Arbeit an einem deutschen Valenzlexikon. Tübingen. – K. HEUER [1977]: Ergänzungen und Angaben. Bern. – W.
ABRAHAM [1978]: Valence, semantic case
and grammatical relations. Amsterdam. –
T. N. HÖHLE [1978]: Lexikalistische Syntax.
Tübingen. – H. VATER [1978]: Probleme der
Verbvalenz. Trier. – W. TEUBERT [1979]:
Valenz des Substantivs. Düsseldorf. – H.
W. EROMS [1980]: Valenz, Kasus und Präposition. Untersuchungen zur Syntax und
Semantik präpositionaler Konstruktionen
in der deutschen Gegenwartssprache. Hei-
delberg. – H. VATER [1981]: Valenz. In: G.
RADDEN/R. DIRVEN (eds.): Kasusgram-
matik und Fremdsprachenunterricht.
Trier, S. 217–235. – G. HELBIG [1982]: Va-
lenz – Satzglieder – semantische Kasus –
Satzmodelle. Leipzig. – A. GREULE (ed.)
[1982]: Valenztheorie und historische
Sprachwissenschaft. Tübingen. – T. ICK-
LER [1985]: Valenz und Bedeutung. Beobachtungen zur Lexikographie des Deut-
schen als Fremdsprache. In: H. BERGEN-
HOLTZ/J. MUGDAN (eds.): Lexikographie
und Grammatik. Tübingen, S. 358–378. –
CH. LEHMANN [1985]: On grammatical re-
lationality. In: FoL 19, S. 67–109. – H. J.
HERINGER [1986]: The verb and its seman-
tic power: Association as a basis for valen-
ce theory. In: JSem 4, S. 79–99.
Wörterbücher der Valenz: G. HELBIG/W.
SCHENKEL [1973]: Wörterbuch zur Valenz
und Distribution deutscher Verben. 2.
Aufl. Leipzig. – K. E. SOMMERFELDT/K.
SCHREIBER [1977]: Wörterbuch zur Valenz
und Distribution deutscher Adjektive. 2.
Aufl. Leipzig. – U. ENGEL/H. SCHUMA-
CHER [1978]: Kleines Valenzlexikon deut-
scher Verben. 2. verb. Aufl. Tübingen. – K.
E. SOMMERFELDT/K. SCHREIBER [1980]:
Wörterbuch zur Valenz und Distribution
deutscher Substantive. 2. Aufl. Leipzig. –
H. SCHUMACHER (ed.) [1986]: Verben in
Feldern – Valenzwörterbuch zur Syntax
und Semantik deutscher Verben. Berlin.
Bibliographie: H. SCHUMACHER [1987]: Va-
lenzbibliographie. 2. erw. u. verbess. Aufl.
Mannheim 1989.

Variabilität. Phonetische Wandelbarkeit eines Vokals während der Artikulation. Die
Merkmalsunterscheidung »variabel vs. konstant« bezeichnet
den Unterschied zwischen Diphthongen und Monophton-
gen.

Variante.   Unterschiedliche
Realisierungen abstrakter linguistischer Einheiten aller Beschreibungsebenen. Z.B. bilden
die →Allophone [ç] und [x] aufgrund ihrer Verteilung kombinatorische phonetische Varianten des Phonems /X/, vgl. [iç]
vs. [ax] in *ich* vs. *ach*. Von den
kombinatorischen V. unterscheidet man fakultative (freie)
V., deren Verteilung nicht rein
distributionell bedingt ist, wie
z.B. die verschiedenen *r*-Reali-
sierungen im Deutschen.

Lit.: →Phonologie.

Variationslinguistik. Im Rahmen soziolinguistischer Fragestellungen entwickelte Beschreibungsansätze, die von einer systematisch geordneten
Heterogenität natürlicher Sprachen ausgehen. Solche Sprachvarianten resultieren aus (a)
räumlichen Differenzierungen
(→Dialekt), (b) schichtenspezi-
fischem Sprachverhalten, (c) situativen Faktoren (wie z.B. formelle vs. informelle Gesprächs-
kontexte), (d) Stadien des
Spracherwerbs, (e) →Sprach-
kontakt, (f) Entstehung und
Entwicklung von →Pidgin- und
→Kreolsprachen. In allen Fällen
variieren phonologische, morphologische, syntaktische, lexikalische und pragmatische Erscheinungen des sprachlichen
Verhaltens mit außersprachlichen Faktoren. Hinsichtlich der
empirischen Untersuchung und
theoretischen Beschreibung
sprachlicher Variationen sind
in neuerer Zeit zwei methodische Positionen zu unterscheiden: auf der einen Seite das
Konzept quantitativ bestimm-
barer variabler Regeln (vgl.
hierzu LABOV, CEDERGREN/

SANKOFF, KLEIN), auf der anderen Seite der Ansatz der →Implikationsanalyse (DeCAMP, BAILEY, BICKERTON). Neben der Beschreibung sprachlicher Varietät befaßt sich die V. mit Problemen der Entstehung und Bewertung von Sprachvarietäten in Relation zu außersprachlichen Faktoren, vor allem mit Aspekten der angewandten Linguistik wie →Spracherwerb, →Sprachkontakt, →Sprachnorm und →Sprachpflege.

Lit.: A. SALOMAA [1969]: Probabilistic and weighted grammars. In: Information and Control 15, S. 529–544. – D. BICKERTON [1971]: Inherent variability and variable rules. In: FL, S. 457–492. – D. DECAMP [1971]: Implicational scales and sociolinguistic linearity. In: Linguistics 73, S. 30–43. – W. LABOV [1972]: Sociolinguistic patterns. Philadelphia. – P. SUPPES [1972]: Probabilistic grammars for natural languages. In: D. DAVIDSON/G. HARMAN (eds.): Semantics of natural language. Dordrecht, S. 741–762. – CH.-J. BAILEY [1973]: Variation and linguistic theory. Arlington. – H. C. J. CEDERGREN/D. SANKOFF [1974]: Variable rules. In: Lg 50, S. 333–355. – W. KLEIN [1974]: Variation in der Sprache. Kronberg. – R. W. FASOLD/R. W. SHUY (eds.) [1977]: Studies in language variation: semantics, syntax, phonology, pragmatics, social situations, ethnographic approaches. Washington. – W. WILDGEN [1977]: Differentielle Linguistik: Entwurf eines Modells zur Beschreibung und Messung semantischer und pragmatischer Variation. Tübingen. – K. NABRINGS [1981]: Sprachliche Varietäten. Tübingen.
Forschungsbericht: H. SCHEUTZ [1980]: Sprachvariation als methodologisches Problem einer soziolinguistisch orientierten Dialektologie. In: O. STEIN u.a. (eds.), Sprache – Text – Geschichte. Wiesbaden. →Varietätengrammatik.

Varietät. Neutraler Terminus für eine bestimmte kohärente Sprachform, wobei spezifische außersprachliche Kriterien varietätendefinierend eingesetzt werden können: Eine geographisch definierte Varietät nennt man →Dialekt, eine im »sozialen Raum« begründete Varietät →Soziolekt, funktionale Varie-

täten →Fachsprachen bzw. →Sondersprachen, situative Varietäten, →Register.

Varietätengrammatik. Von W. KLEIN [1974] entwickeltes Verfahren zur Beschreibung unterschiedlicher Varietäten einer Sprache. Diese Varietäten werden zunächst mit Hilfe außersprachlicher Kriterien festgelegt; dabei ergeben sich je nach Forschungsinteresse unterschiedlich dimensionierte »Varietätenräume« (solche varietätendefinierende Größen sind etwa makrosoziale, situative, zeitliche, räumliche Parameter), in denen die einzelnen Varietäten festgelegt werden. Der nächste Schritt besteht in der Ausarbeitung einer Bezugsgrammatik, die alle (phonologischen, morphologischen, syntaktischen) Regeln umfaßt, die in sämtlichen Varietäten vorkommen (können). Die anschließende empirische Analyse stellt die Anwendungshäufigkeit bzw. -wahrscheinlichkeit der einzelnen Regeln in den jeweiligen Varietäten fest; man erhält somit eine Reihe →Probabilistischer Grammatiken, die sich jeweils in der varietätenspezifischen Anwendungswahrscheinlichkeit einzelner Regeln unterscheiden. – Die Konzeption der V. hat sich vor allem bei empirischen Untersuchungen zum Zweitspracherwerb von ausländischen Arbeitern in Deutschland bewährt.

Lit.: W. KLEIN [1974]: Variation in der Sprache. Kronberg. – W. KLEIN [1988]: Varietätengrammatik. In: U. AMMON/N. DITTMAR/K. J. MATTHEIER (eds.): Sociolinguistics – Soziolinguistik (= HSK 3.2.). Berlin, S. 997–1006.

Vedisch →Sanskrit.

Vektorielle vs. Skalare Verben
[engl. *vectorial* vs. *scalar* ›gerichtet vs. ungerichtet‹]. Von E.
LEISI [1973] eingeführte Bezeichnung für semantisch definierte Untergruppen von Verben der Bewegung, deren Bedeutung sich u.a. hinsichtlich des durch sie ausgedrückten Richtungsaspekts unterscheidet: V. V. wie *steigen, klettern, fallen* implizieren eine Richtungsangabe, während S. V. wie *gehen, fliegen* »ungerichtet« sind.

Lit.: E. LEISI [1973]: Praxis der englischen Semantik. Heidelberg.

Velarisierung →Sekundäre Artikulation.

Velar(laut) [lat. *vēlum* ›Segel‹. – Auch: Gaumensegellaut]. Nach der Artikulationsstelle (Velum) bezeichneter Sprachlaut, z.B. [kʰ], [x], [ŋ], [g] in dt. [ˈkʰuːxŋɡaːbl̩] ›Kuchengabel‹. →Artikulatorische Phonetik.

Lit.: →Phonetik.

Velum [Auch: Gaumensegel, Weicher Gaumen]. An den harten Gaumen anschließende weiche, segelartige Membran, die an der Bildung der →Velare beteiligt ist.

Lit.: →Phonetik.

Venn-Diagramm. Von dem engl. Logiker J. VENN (1834–1923) in die mathematische Logik eingeführte mathematische Darstellungsform für mengentheoretische Beziehungen. Mit Hilfe sich überschneidender Kreise (oder Ellipsen) werden Relationen zwischen Mengen optisch veranschaulicht. Vgl. die Abbildungen unter →Menge.

Verb [lat. *verbum* ›Wort‹, übersetzt aus griech. *rhēma* ›Rede, Aussage‹. – Auch: Aussagewort, Tätigkeitswort, Zeitwort]. Wortart mit komplexem Form- und Funktionssystem. V. bezeichnen in der Zeit verlaufende Phänomene: Tätigkeiten, Vorgänge und Zustände. Unter morphologischem Aspekt sind sie durch →Konjugation und die gramm. Kategorien →Genus Verbi, →Modus, →Tempus und (in Übereinstimmung mit dem Subjekt) durch →Person und →Numerus (sowie in manchen Sprachen zusätzlich durch →Aktionsart und →Aspekt) bestimmt. Aufgrund seiner →Valenz-Beziehungen gilt das V. als syntaktisches Zentrum des Satzes, durch →Kongruenz ist es auf das Subjekt bezogen. Unter gramm. Aspekt wird unterschieden zwischen finiten vs. infiniten Verbformen (d.h. zwischen der flektierten Personalform und nominalen Formen wie Infinitiv und Partizipien). →Vollverben haben gegenüber →Hilfsverben unterschiedliche Funktion bei der Bildung des Prädikats: Unter dem Gesichtspunkt der Valenz lassen sie sich einteilen in nullwertige (*es blitzt*), einwertige (*schlafen*), zweiwertige (*wohnen*), dreiwertige V. (*geben*). Hinsichtlich des Verhältnisses zum Subjekt unterscheiden sich persönliche von unpersönlichen (subjektlosen) V. (*ich schreibe* vs. *mich friert*); hinsichtlich des Verhältnisses zum Objekt reflexive (*sich kämmen*) von reflexiv gebrauchten (*Alle Türen öffnen sich*) und reziproken V. (*sich* *versöhnen*). Nach der Art der Konjugation unterscheidet man starke (*springen*), schwache (*lieben*) und unregelmäßige (*gehen*) V. Unter semantischen Aspekten gibt es vielfältige und kontroverse Klassifizierungsversuche, vgl. z.B. die Gruppierung von BRINKMANN [1962], die sich sowohl auf semantische als auch auf syntaktische Eigenschaften stützt: (a) Tätigkeits- oder Handlungsverben (*lesen, kaufen*), (b) Vorgangsverben (*laufen, schwimmen, klettern*), (c) →Zustandsverben (*schlafen, wohnen, bleiben*), (d) Geschehensverben (*mißlingen, sich ereignen*) und (e) Witterungsverben (*regnen*).

Lit.: H. BRINKMANN [1962]: Die deutsche Sprache. Gestalt und Leistung. Düsseldorf. – M. BIERWISCH [1963]: Grammatik des deutschen Verbs. Berlin. – G. HELBIG/W. SCHENKEL [1969]: Wörterbuch zur Valenz und Distribution deutscher Verben. 2. Aufl. Leipzig 1970. – U. ENGEL/H. SCHUMACHER [1978]: Kleines Valenzlexikon deutscher Verben. 2., verb. Aufl. Tübingen. – Th. BALLMER [1980]: Struktur des deutschen Verbwortschatzes. Heidelberg. – G. VAN DER ELST [1982]: Verbsemantik. Wiesbaden.

Verba Sentiendi [lat. ›Worte des Wahrnehmens‹]. Semantisch definierte Verbgruppe, die die Vorgänge der sinnlichen Wahrnehmung, des Glaubens, Meinens, Denkens, Fühlens bezeichnet, vgl. *fühlen, glauben, sehen, wissen* u.a. Im Lat. werden sie mit →Akkusativ mit Infinitiv konstruiert (*audio te ridere* ›ich höre dich lachen‹). Dieser Konstruktionstyp ist auch im Dt. eingeschränkt möglich; in jedem Fall können jedoch alternativ *daß*- bzw. *wie*-Sätze folgen.

Verbal- vs. Root-Komposita. In der →Wortbildung von T. ROEPER/M. SIEGEL [1978] geprägte Termini zur Bezeichnung von zwei Kompositions-Typen. »Verbal«-Komposita weisen als Zweitglied ein deverbales Derivat auf; ihre Erstglieder werden als Argument zu dem Basisverb verstanden (engl. *oven-cleaner, strange-sounding, expert-tested,* dt. *Zigarettenraucher, Abfallbeseitigung*). Vgl. →Zusammenbildung. Die Relation, die das Erstglied mit dem Zweitglied von »Root«-Komposita verbindet, ist dagegen nicht grammatisch gegeben, sondern grundsätzlich offen (engl. *apron string,* dt. *Umweltampel*).

Lit.: TH. ROEPER/M. SIEGEL [1978]: A lexical transformation for verbal compounds. In: LI 9, S. 199–259. – E. SELKIRK [1982]: The syntax of words. Cambridge. →Determinativkompositum, →Komposition, →Vererbung.

Verbalabstraktum →Nomen actionis.

Verbaladjektiv →Gerundiv(um).

Verbales Repertoire.
(1) Unter individuellem Aspekt jene Menge von sprachlichen Varietäten, die ein Sprecher beherrscht und kontextspezifisch einsetzt.
(2) Unter kollektivem Aspekt die Gesamtmenge aller Sprachvarietäten, die den Sprechern einer Sprachgemeinschaft zur Verfügung stehen. →Diglossie, →Code-switching.

Lit.: S. GAL [1987]: Linguistic repertoire. In: Handbuch Soziolinguistik (HSK 3.1.), S. 286–292.

Verbalgenus →Genus Verbi.

Verbalphrase [Abkürzung: VP].
Syntaktische Kategorie, die im
Rahmen der generativen
→Transformationsgrammatik
als unmittelbare Konstituente
des Satzes fungiert und obligatorisch ein Verb enthält. Je nach
der →Valenz des Verbs variiert
Zahl und Art der (obligatorischen) Ergänzungen (Objekt
bzw. Adverbial), außerdem ist
eine beliebige Anzahl von
freien Angaben möglich, wobei
die Grenze zwischen obligatorischen und fakultativen Ergänzungen nicht immer genau bestimmbar ist. Ob der Ansatz dieser Kategorie auf die in der
Transformationsgrammatik übliche Weise (durch Nachweis
darauf relevant bezugnehmen-
der sprachlicher Regularitäten)
gerechtfertigt werden kann, ist
für eine Sprache wie das Dt. umstritten.

Lit.: →Transformationsgrammatik.

Verbalsubstantiv →Nomen Actionis.

Verbstellung. Teilaspekt der
→Wort- und Satzgliedstellung,
der sich vor allem auf Fragen
der Zuordnung der Position des
finiten Verbs zu bestimmten
→Satztypen (wie Fragesatz, un-
abhängiger/abhängiger Aussagesatz) bezieht sowie auf Überlegungen, welche Position
(Verb-Erst, Verb-Zweit oder
Verb-Letzt) in der →Tiefen-
struktur einer generativen
→Transformationsgrammatik
oder als →Grundwortstellung
anzusetzen ist. Zugrundeliegende Verb-Letzt-Stellung wird für
das Dt. u.a. von BACH [1962],
BIERWISCH [1963], KOSTER
[1975] und THIERSCH [1978],
Verb-Erst-Stellung von Vertretern der →Generativen Semantik wie MCCAWLEY [1970] vertreten, für Verb-Zweit-Stellung
aufgrund typologischer Argumentation plädieren etwa BACH
[1962], ROSS [1970], VENNE-
MANN [1973]. Unter sprachtypo-
logischem Aspekt gilt die
grundlegende V. als Indiz für
die Präsenz weiterer topologi-
scher oder syntaktischer Eigenschaften (z.B. Präpositionen vs.
Postpositionen, Kasusmarkierung). Man unterscheidet drei
zentrale Sprachtypen nach der
V.: SVO (Subjekt-Verb-Objekt),
SOV, VSO. Vgl. hierzu auch
→Grundwortstellung.

Lit.: F. MAURER [1926]: Untersuchungen
über die deutsche Verbstellung in ihrer geschichtlichen Entwicklung. Heidelberg. –
E. BACH [1962]: The order of elements in a
transformational grammar of German. In:
Lg 38, S. 263–269. – E. BENEŠ [1962]: Die
Verbstellung im Deutschen von der Mitteilungsperspektive her betrachtet. In: PhP
5, S. 6–19. – M. BIERWISCH [1963]: Grammatik des deutschen Verbs. Berlin. – J. D.
MCCAWLEY [1970]: English as a VSO language. In: Lg 46, S. 286–299. – J. R. ROSS
[1970]: Gapping and the order of constituents. In: M. BIERWISCH/E. HEIDOLPH
(eds.): Progress in linguistics. The Hague. –
R. BARTSCH/Th. VENNEMANN [1972]: Semantic structures: A study in the relation
between semantics and syntax. 2. Aufl.
Frankfurt 1973. – H. ESAU [1973]: Order of
the elements in the German verb constel-
lation. In: Linguistics 98, S. 20–40. – TH.
VENNEMANN [1973]: Explanation in syntax. In: J. KIMBALL (ed.): Syntax and semantics. Bd. 2. New York, S. 1–50. – M.
REIS [1974]: Syntaktische Hauptsatzprivilegien und das Problem der deutschen
Wortstellung. In: ZGL 2, S. 299–327. – J.
KOSTER [1975]: Dutch as an SOV language.
In: LAn 1, S. 111–136. – M. KOHRT [1976]:
Koordinationsreduktion und Verbstellung
in einer generativen Grammatik des Deutschen. Tübingen. – O. C. DEAN [1977]: Verb
position and the order of adverbials in German. In: PzL 11, S. 20–33. – U. ENGEL
[1978]: Verbgrammatik und Wortstellung.
Ein Vorschlag zur Formalisierung. In: DSp
2, S. 97–109. – C. THIERSCH [1978]: Topics
in German syntax. (MIT Diss.) Cambridge, Mass. – J. B. VOYLES [1978]: German as
an SOV language. In: LBer 54, S. 1–18. – J.
M. ZEMB [1978]: Weder SVO noch SOV.
Von einer ptolemäischen zu einer koper-

nikanischen Analyse. In: Sprachw 3, S. 262–296. – Ch. Platzack [1985]: A survey of generative analysis of the verb second phenomenon in Germanic. In: NJL 8, S. 49–73. – H. Haider/M. Pinzhorn (eds.) [1986]: Verb second phenomena in the germanic languages. Dordrecht. →Grundwortstellung, →Wort- und Satzgliedstellung.

Verbum Infinitum →Infinite Verbform.

Verbum Substantivum [lat. ›Wort, das für sich allein (be)steht‹]. Bezeichnung der lat. Grammatik für das Verb *esse*, dt. *sein*, engl. *to be*, wenn es nicht als →Kopulativverb verwendet wird, sondern als Vollverb mit den Bedeutungen: ›vorhanden sein‹, ›existieren‹, ›sich befinden‹, ›sich verhalten‹ u.a.

Verbzusatz. Trennbarer Teil unfest zusammengesetzter Verben wie *zuschauen, radfahren, hochstapeln*, die bei Satzkonstruktionen mit Zweitstellung des Verbs als klammerschließendes Element auftreten: *Caroline fährt gerne Rad, Philip schaut ihr dabei zu*. Vgl. →Partikel(verb).

Verdunklung →Idiomatisierung.

Vereinigungsmenge →Menge (g).

Vererbung [engl. *inheritance*]. (1) In der →Wortbildung Vorgang der Übertragung morphologisch-syntaktischer Eigenschaften der Teile auf das Ganze in regulärer Weise, vgl. die Genuszuweisung bei nominalen Zusammensetzungen, die jeweils auf das letzte nominale Element zurückgeht: *der Wandschrank* vs. *die Schrankwand*.

Auch die Argumentstruktur eines zugrundeliegenden Verbs wird durch ein neues Derivat vererbt, vgl. *einen Beamten seines Amtes entheben – der Beamte ist seines Amtes enthebbar, das Wasser entkeimen – die Entkeimung des Wassers (durch die Stadt)*. E. Selkirk [1982] führt die Argument-V. auf lexikalische Operationen, die ein Affix auf der Argumentstruktur seiner Basis ausführen kann, zurück, während J. Toman [1983] im Rahmen der →Wortsyntax von der partiellen Übertragung von →Subkategorisierungs-Merkmalen der Basis auf das Gesamtwort durch Perkolation ausgeht. Für M. Moortgat [1985], und ihm folgend Disciullo/Williams [1987], kommt die abgeleitete Argumentstruktur durch die →Funktionale Komposition der Argumentstruktur eines Affixes mit der seiner Basiskategorie zustande. G. Fanselow [1988] andererseits vertritt die Position, daß die scheinbar formale Vererbung von Argumenten in Wirklichkeit ein Prozeß der semantischen Interpretation darstellt, vgl. →Mögliches Wort.

Lit.: E. Williams [1981]: Argument structure and morphology. In: TLR 1, S. 81–114. – E. Selkirk [1982]: The syntax of words. Cambridge, Mass. – J. Toman [1983]: Wortsyntax. Tübingen. – M. Moortgat [1985]: Functional composition and complement inheritance. In: G. A. L. Hoppenbrouwers u.a. (eds.): Meaning and the lexicon. Dordrecht, S. 39–48. – A. M. DiSciullo/E. Williams [1987]: On the definition of word. Cambridge, Mass. – G. Fanselow [1988]: ›Word syntax‹ and semantic principles. In: G. Booij/J. van Marle. Yearbook of morphology. Dordrecht, S. 95–122.

(2) In der →Künstlichen Intelligenz-Forschung Übertragung von Eigenschaften aus einem Oberkonzept auf ein Subkonzept. Dieses Verhalten, das ur-

sprünglich auf Konzept-Hierarchien in →Semantischen Netzen beschränkt war, fand später Eingang in andere Formalismen zur →Wissensrepräsentation, z.B. die der →Frames. Das wesentliche Problem besteht in der Entscheidung, ob bzw. wann ein Default-Schluß (→Default Reasoning) durchgeführt werden kann. – V. ist ein wesentliches Prinzip in →Unifikationsgrammatiken.

Lit.: M. BRACHMAN/J. SCHMOLZE [1985]: An overview of the KL-ONE knowledge representation system. In: Cognitive Science 9, S. 171–216. – D. S. TOURETZKY [1986]: The mathematics of inheritance systems. London.

Vergangenheit →Imperfekt, →Präteritum.

Vergleichspartikel. Semantisch definierte Teilmenge der →Partikeln. V. indizieren die Gleichheit/Ungleichheit zweier Elemente in bezug auf einen bestimmten Vergleichsmaßstab, sind unflektierbar und besitzen (im Unterschied zu →Präpositionen) keine →Rektion, d.h. steuern nicht den Kasus des Vergleichsglieds: das zweite Vergleichsglied steht jeweils im gleichen Kasus wie das erste. Vgl. *wie, als* in *Er tanzt besser als sein Bruder. Sie tanzt genauso gut wie ihre Freundin.* V. werden häufig auch zu den →Konjunktionen gerechnet.

Vergleichssatz →Komparativsatz.

Vergrößerungsform →Augmentativbildung.

Verhältnissatz →Adverbialsatz.

Verhältniswort →Präposition.

Verkehrssprache [Auch: →Koine].
(1) Im Spätmittelalter mündliche Umgangssprache im Unterschied zur schriftlichen Geschäftssprache.
(2) Allgemein: Sprachen, in denen Gesetze, Verlautbarungen, Handelsabkommen, politische Urkunden von internationaler Geltung abgefaßt werden, also Engl., Frz., Dt., Span., Russ. u.a. Vgl. auch →Welthilfssprachen.

Verkettung [engl. *concatenation*. – Auch: Konkatenation, Verknüpfung].
(1) Vorgang und Ergebnis der regelhaften linearen Aneinanderreihung von sprachlichen Elementen oder linguistischen Kategorien. In der Regel (aber nicht notwendigerweise) wird V. durch die Verknüpfungssymbole » + « oder » ⌢ « notiert. V. verknüpfen mindestens zwei Elemente (z.B. *NP* + *VP*), deren Reihenfolge durch die Verkettungsoperation festgelegt ist. In der generativen →Transformationsgrammatik werden V. durch →Ersetzungsregeln im Basisteil erzeugt.

Lit.: →Transformationsgrammatik.

(2) [engl. *linking*]: Verfahren der automatischen Spezifizierung normaler Merkmalwerte innerhalb der generativen →Phonologie (vgl. CHOMSKY/HALLE [1968:420]). Zur Anwendung des Linking-Konzepts auch auf morphologische Regeln wie Umlaut, vgl. WURZEL [1970:67ff].

Lit.: N. CHOMSKY/M. HALLE [1968]: The sound pattern of English. New York. – W. U. WURZEL [1970]: Studien zur deutschen Lautstruktur. Berlin.

(3) In der Semantiktheorie von U. WEINREICH [1966] semantischer Prozeß, »der die Bildung ungeordneter Mengen (→Häufung) von semantischen Merkmalen zum Ergebnis hat« (S. 49), wobei der Ursprung der Merkmale in bezug auf die einzelnen Konstituenten nicht mehr rekonstruierbar ist (vgl. zum Unterschied →Einnistung). Verkettende Konstruktionen sind nach WEINREICH (a) Substantive in Subjektfunktion mit Hauptverben, (b) Substantive in Subjektfunktion mit prädikativen Substantiven und prädikativen Adjektiven, (c) Hauptverben und Adverbialen der Art und Weise, (d) deskriptive Adverbien und Adjektive.

Lit.: →Interpretative Semantik.

Verkleinerungsform →Diminutivum.

Verknüpfung →Verkettung.

Verneinung →Negation.

Vernersches Gesetz. Von dem Dänen Karl VERNER 1875 entdeckte (1877 veröffentlichte) Ausnahmeregel zur →Ersten Lautverschiebung, die von nachfolgenden Sprachwissenschaftlern als ›Gesetz‹ bezeichnet wurde. Ausgehend von vergleichenden Untersuchungen zum Sanskrit und Griech. sowie germ. Dialekten erkannte VERNER die Stellung des im Ideur. freien Wortakzentes als Ursache für scheinbare Unregelmäßigkeiten im Konsonantismus etymologisch verwandter Wörter, die J. GRIMM auf →Grammatischen Wechsel zurückgeführt hatte. Seine Beobachtung lautet: Die nach der ersten Laut-

verschiebung vorhandenen germ. stl. Reibelaute [f, θ, χ, s] sind noch in urgerm. Zeit im Inlaut und Auslaut in sth. Umgebung zu entsprechenden sth. Reibelauten [β, ð, γ, z] geworden, wenn der unmittelbar vorhergehende Vokal nicht den Hauptton trug; vgl. ideur. *pətḗr : got. *fadar* (›Vater‹) im Unterschied zu altind. *bhrā́ter*: got. *broþar* (›Bruder‹): In der Ableitung von *Vater* entwickelt sich ideur./griech. *t* zum sth. Reibelaut (got. *d* = [ð]), da der Akzent hinter dem Dental liegt, während bei *Bruder* das ideur./altind. *t* gemäß der 1. Lautverschiebung zum stl. Reibelaut verschoben wird. Unter phonetischem Aspekt läßt sich dieser Lautwandel durch den unterschiedlichen Luftdruck je nach Position des Akzents plausibel erklären; in phonologischer Hinsicht handelt es sich um Phonemspaltung (→Lautwandel), die mit der Festlegung des freien Akzentes im Germ. auf die Stammsilbe vollzogen sein muß, da zu diesem Zeitpunkt die urspr. (allophonische) komplementäre Verteilung aufgehoben war. Zu synchronischen Relikten des V. G. vgl. →Grammatischer Wechsel.

Lit.: K. VERNER [1877]: Eine Ausnahme der ersten Lautverschiebung. In: KZ 23, N.F. 3, S. 97-130. – E. ROOTH [1974]: Das Vernersche Gesetz in Forschung und Lehre. Lund. →Lautwandel, →Sprachwandel.

Verschiebeprobe [Auch: Permutation, Stellungs-, Umstellprobe]. Experimentelles Analyseverfahren der strukturellen Linguistik zur Ermittlung syntaktischer Regularitäten. Man verschiebt einzelne Elemente eines Satzes so, daß auch der neue Satz gramm. ist, und regi-

striert die syntaktischen Wirkungen. Auf diese Weise lassen sich →Satzglieder als permutable (= verschiebbare) Einheiten des Satzes definieren, je nach Verbstellung die verschiedenen Satztypen wie Hauptsatz, Nebensatz, Frage und Imperativ unterscheiden, Wortstellungsregeln beschreiben und strukturelle Mehrdeutigkeiten auflösen. (vgl. *Cäsar liebte fette Männer und Frauen* ⇒ *Cäsar liebte Frauen und fette Männer.)*
Lit.: →Operationale Verfahren.

Verschlußlaut. Nach der Artikulationsart bezeichneter Sprachlaut, bei dem mit der Glottis oder in der Mundhöhle mindestens ein Verschluß gebildet wird: (a) beim Glottisverschlußlaut [ʔ], (b) bei Nasalen [m], [n], (c) bei Plosiven [p], [t], [b], [d], (d) bei Implosiven [ɓ], [ɗ], (e) bei Ejektiven [pʼ], (f) bei Schnalzlauten [ʘ], [ǀ]. Ein Plosiv, bei dessen Bildung der Verschluß oral und ohne Reibung gelöst wird, nennt man Explosivlaut. Erfolgt die orale Lösung bei der Bildung nicht-nasaler oraler V. (in den Fällen (c) bis (f)) mit Reibung, so spricht man von Affrikaten. Oraler Doppelverschluß liegt vor bei [k͡p] wie in ›Yorubao [okp͡e] ›Danke‹. Unterklassen von V. bilden sich durch →Labialisierung, →Palatalisierung, Velarisierung (→Sekundäre Artikulation), Pharyngalisierung, →Aspiration, Nasalierung, →Glottalisierung. Weitere Klassifikationsmerkmale sind: →Phonation, →Artikulationsorgan, →Artikulationsstelle. – Die Verwendung des Terminus V. ist nicht einheitlich: bisweilen bezieht er sich auf (a) bis (f), aber ohne (b)

Nasale (dann heißen V. auch: Okklusive oder Klusile), bisweilen nur auf (a) Glottisverschlußlaut und (c) Plosive, bisweilen ausschließlich auf (c) Plosive. →Artikulatorische Phonetik.
Lit.: →Phonetik.

Verschmelzung →Koaleszenz.

Versprecher [engl. *speech error / slip of the tongue*]. Störungen der Sprachproduktion durch bewußte oder unwillkürliche sprachliche Abweichung von der offenkundig beabsichtigten Form einer Äußerung. Linguistische Versprecheranalyse basiert auf der Hypothese, daß die auf verschiedenen Komponenten zu beobachtenden Phänomene der Abweichung durch die Struktur der Sprache eingeschränkt sind und beschreibbzw. erklärbar sind auf der Basis grammatischer Einheiten und Regularitäten und daß V. Schlußfolgerungen nahelegen auf zugrundeliegende mentale Fähigkeiten und Repräsentationen. Nach Beschreibungsebenen zu unterscheiden sind folgende Typen von V.: (a) Morphophonologische Ersetzungen beruhen überwiegend auf identischen Anfangs- oder Schlußsegmenten, Gleichheit der Silben- und Akzentstruktur: *Alabister Bachse* statt *Alabaster Büchse.* (b) Ersetzungen aufgrund semantischer Beziehungen basieren vor allem auf semantischen Relationen wie →Synonymie, →Antonymie oder Zugehörigkeit zum gleichen →Wortfeld. Die mentale Realität beider Typen scheint die linguistische Relevanz morphologischer Analysen und genereller Wortbildungsregeln zu bestätigen. (c) V. im syntaktischen Bereich beziehen sich auf Vertauschungen und Vorwegnahmen, wobei jeweils die syntaktische Kategorie gewahrt bleibt, die exakte morhophonologische Form aber dem jeweils neuen Kontext entspricht. (d) Verschmelzungen von kontextuell ähnlichen Wörtern bzw. Phrasen als Ergebnis miteinander konkurrierender Formulierungsabsichten markieren meist Übergänge zwischen wechselnden Mitteilungsintentionen (*Mozarts Sinfonaten: Sinfonien vs. Sonaten*). – S. FREUDS Interesse an V. bezog sich v.a. auf die zugrundeliegenden psychischen Mechanismen, die verdrängten Ursachen für miteinander konkurrierende Äußerungspläne.

Lit.: R. MERINGER/K. MAYER [1895]: Versprechen und Verlesen. Eine psychologisch-linguistische Studie. Stuttgart. (Nachdruck A. CUTLER/D. FAY (eds.): Amsterdam 1978). – S. FREUD [1901]: Zur Psychopathologie des Alltagslebens. – [1917]: Vorlesungen zur Einführung in die Psychoanalyse. In: Studienausgabe, A. Mitscherlich u.a. (eds.). Darmstadt 1989. – M. BIERWISCH [1970]: Fehlerlinguistik. In: LIn 1, S. 397–414. (In erw. Form wiederabgedruckt in: A. CUTLER [1982]). – F. FROMKIN (ed.) [1973]: Speech error as linguistic evidence. The Hague. – F. FROMKIN (ed.) [1980]: Errors in linguistic performances. Slips of the tongue, ear, pen, and hand. New York. – A. CUTLER [1982]: Slips of the tongue and language production. Berlin. – J. FODOR [1983]: The modularity of mind. Cambridge, Mass. – T. BERG [1987]: A cross-linguistic comparison of slips of the tongue. – R. WIESE [1987]: Versprecher als Fenster zur Sprachstruktur. In: StL 21, S. 45–55. – J. P. STEMBERGER [1989]: Speech errors in early child language production. In: JML 28, S. 164–188. →Fehleranalyse, →Paraphasien.

Forschungsbericht: V. A. FROMKIN [1988]: Grammatical aspects of speech errors. In: LCS 2, S. 117–138. –

Bibliographie: A. CUTLER [1982]: Speech errors: a classified bibliography. Bloomington.

Verständlichkeit. Zusammenfassende Bezeichnung für Eigenschaften der Textgestaltung, die den Verstehensprozeß und das Behalten eines Textes beeinflussen. An praktischen Erfordernissen orientierte »Lesbarkeitsformeln« stützen sich auf auszählbare lexikalische und syntaktische Merkmale wie Wortlänge, Worthäufigkeit oder Satzlänge. Andere Konzeptionen berücksichtigen komplexe, auch semantische und kognitive Merkmale umfassende Textdimensionen wie Einfachheit, Gliederung, Prägnanz, Stimulanz (vgl. LANGER u.a. [1974], sogen. Hamburger V.-Konzept) oder stilistische Einfachheit, semantische Redundanz, kognitive Strukturierung, konzeptueller Konflikt (GROEBEN [1972]). Im Rahmen eines Modells der →Textverarbeitung wird V. nicht als textimmanente Eigenschaft konzipiert, sondern als wechselnde Interaktion zwischen Textmerkmalen und Lesereigenschaften (z.B. Vorwissen, Motivation).

Lit.: P. TEIGELER [1968]: Verständlichkeit und Wirksamkeit von Sprache und Text. Stuttgart. – N. GROEBEN [1972]: Die Verständlichkeit von Unterrichtstexten. 2. Aufl. Münster 1978 – I. LANGER u.a. [1974]: Verständlichkeit in Schule, Verwaltung, Politik und Wissenschaft. München. – W. KINTSCH/D. VIPOND [1979]: Reading comprehension and readability in educational practice and psychological theory. In: L. G. NILSSON (ed.): Memory processes. Hillsdale, S. 329–365. – H. MANDL (ed.) [1981]: Zur Psychologie der Textverarbeitung. München. – N. GROEBEN [1982]: Leserpsychologie: Textverständnis – Textverständlichkeit. Münster. – A. DAVISON/G. GREEN [1988]: Linguistic complexitiy and text comprehension. New York. – G. ANTOS/G. AUGST [1989]: Textoptimierung: das Verständlichermachen von Texten als linguistisches, psychologisches und praktisches Problem. Frankfurt.

Verteil(ungs)zahl →Distributivum.

Verwandtschaftsbezeichnung. V. gehören zum →Grundwortschatz einer Sprache. Obwohl die Verwandtschaftsbeziehungen bzgl. eines Ego in genealogischen Kategorien einheitlich fixiert werden können, weisen Sprachen in ihren V. diachronisch und synchronisch große Unterschiede auf. Objektiv gegebene Differenzierungen (z.B. Vaterlinie vs. Mutterlinie/ältere Geschwister vs. jüngere Geschwister) schlagen sich normalerweise in einer Sprachgemeinschaft nur dann in den V. nieder, wenn sie für die jeweilige Gemeinschaft relevant sind. Die am nächsten stehenden Verwandten (z.B. Eltern) scheinen einheitlich mit morphologisch einfachen Formen bezeichnet zu werden. Die Untersuchung von V. ist ein interdisziplinäres Gebiet, an dem vor allem auch Anthropologen und Soziologen beteiligt sind. Vgl. Abb. unter →Komponentenanalyse.

Lit.: F. G. LOUNSBURY [1956]: A semantic analysis of PAWNEE kinship usage. In: Lg 32, S. 158-194. – W. GOODENOUGH [1956]: Yankee kinship terminology: a problem in componential analysis. In: AmA 67, S. 129-287. – F.G. LOUNSBURY [1963]: The structural analysis of kinship semantics. In: H. LUNT (ed.): Proceedings of the ninth international congress of linguists. The Hague, S. 1073-1093. – H. C. WHITE [1963]: An anatomy of kinship. Englewood Cliffs, N.J. – P. KAY [1977]: Constants and variables of English kinship semantics. In: R. W. FASOLD/R. W. SHUY (eds.): Studies in language variation: semantics, syntax, phonology, pragmatics, social situations, ethnographic approaches. Washington, S. 294-311. – A. WIERZBICKA [1987]: Kinship semantics: Lexical universals as a key to psychological reality. In: Anl 29, S. 131-156.

Verweisform →Pro-Form.

Verzweigungsdiagramm →Strukturbaum.

Verzweigungsregel →Ersetzungsregel.

Vibrant [lat. *vibrāre* ›schwingen‹. – Auch: Gerollter Laut, Schwinglaut, Zitterlaut]. Nach dem Überwindungsmodus bezeichneter Sprachlaut, der durch intermittierende Artikulation, d.h. durch Vibrieren von Unterlippe, Zungenspitze oder Zäpfchen gegen Oberlippe (bzw. Oberzähne), Zahndamm, Vordergaumen (bzw. Hinterzunge) gebildet wird, vgl. bei [r] in ital. [ˈroːma] ›Rom‹, bei dem frikativen V. [ɽ] in tschech. [ˈdvoɽaːk] ›Dvořák‹. Im Dt. ist das sogen. gerollte Zungen-*r* ein V. Bisweilen hört man statt dessen gerolltes Zäpfchen-*r* [R] (als V.) oder nichtgerolltes Zäpfchen-*r* [ʁ] (als Frikativ).

Lit.: →Phonetik.

Vietnamesisch [Auch: Annamesisch]. Größte →Mon-Khmer-Sprache (50 Mio. Sprecher), Staatssprache Vietnams. Es handelt sich um eine →Tonsprache (6 Töne); 12 Vokale, dazu Di- und Triphthonge. Morphologisch isolierend. Wortstellung: SVO. Zahlreiche Lehnwörter aus dem Chinesischen; die früher verwendete chinesische Schrift wurde durch die lateinische mit diakritischen Zeichen, v.a. zur Markierung von Tönen, ersetzt.

Lit.: M. B. EMENEAU [1951]: Studies in Vietnamese (Annamese) grammar. Berkeley. – T. VAN CHÌNH [1970]: Structure de la langue vietnamienne. Paris. – N. KHÁC VIÊN u.a. [1976]: Linguistic essays. Hanoi.

Visible-Speech-Verfahren [engl. *visible speech* ›sichtbares Sprechen‹]. Von A. B. BELL entwickeltes und so bezeichnetes Verfahren zur Sichtbarmachung von akustischen Phänomenen durch korrespondierende optische Fixierungen. Akustische Signale werden im Hinblick auf →Quantität (= Zeitkoordinate), Frequenz (= Tonhöhe) und Intensität (= Amplitude) gemessen und in →Spektrogrammen sichtbar gemacht. Durch solche optische Darstellung von Klangstrukturen in ihrem zeitlichen Verlauf sind Sprachlaute nach ihren akustischen Eigenschaften klassifizierbar. Auf die Ergebnisse des V., das urspr. vor allem als Hilfsmittel für Gehörlosenunterricht entwickelt wurde, stützen sich die binären phonologischen →Oppositionen von HALLE und JAKOBSON.

Lit.: M. BELL [1867]: Visible speech. Universal alphabetics of selfinterpreting physiological letters for writing of all languages in one alphabet. London. – R. JAKOBSON/M. HALLE [1956]: Fundamentals of language. The Hague. 2., überarb. Aufl. 1975. Dt.: Berlin 1960.

Vocoid →Contoid vs. Vocoid.

Vokabular →Alphabet.

Vokal [lat. *vōcālis* ›klangvoll‹. – Nicht-fachsprachlich auch: Selbstlaut]. Phonetisch ein →Approximant (Öffnungslaut), der mit pulmonaler Luft (in der Regel egressiv, d.h. durch Ausatmung) gebildet wird, wobei dem Luftstrom im →Ansatzrohr kein Hemmnis (kein Verschluß und keine Reibung) entgegensteht. Ingressive V., bei denen die Luft in die initiierende Kammer einströmt, sind nur paralingui-

stisch bekannt. Im allgemeinen sind V. stimmhaft, gemurmelt oder geknarrt; im Dt. und Engl. sind V. stets stimmhaft. Gemurmelte V. gibt es z.B. im Gujarati: [baɾ] ›zwölf‹ vs. [ba̤ɾ] ›draußen‹, geknarrte V. im Lango (Nigeria): [le:] ›Tier‹ vs. [lḛ] ›Axt‹. Stimmlose V. kommen in verschiedenen Sprachen als freie oder kombinatorische Varianten vor, z.B. im Japan. ([hyku̥sai] ›Hokusai‹) und (fakultativ auslautend) im Frz. ([ʁyy] ›Straße‹). Zu unterscheiden°sind orale und nasale V., z.B. im Frz. [ʃa] *chat* ›Kater‹ vs. [ʃã] *champ* ›Feld‹, [mɔt] *motte* ›Klumpen‹ vs. [mɔ̃t] *monte* ›steigt‹, [mɛ] *mais* ›aber‹ vs. [mɛ̃] *main* ›Hand‹. (a) Nach der →Artikulationsstelle wird (grob) unterschieden zwischen vorderen (prädorso-palatalen), mittleren (mediodorso-velaren) und hinteren (postdorso-velaren) V. Vereinfachend nennt man die vorderen bisweilen Palatale, die übrigen V. Vordere V. des Dt.: [i:, ι, e:, ɛ, ɛ:, y:, Y, ø:, œ]; hintere V.: [u:, ɷ, o:, ɔ, a:, a]; mittlere V.: [ə]. Man spricht auch von Vorder-, Mittel- und Hinterzungen-V. (b) Nach dem Öffnungsgrad im oralen Teil des Ansatzrohres unterscheidet man (grob) geschlossene (auch: enge), mittlere und offene V. Dieser Unterschied entspricht die Unterscheidung nach der Zungenlage zwischen hohen, mittleren und tiefen V. Bei weiter Umschrift sind im Dt. [i, y, u] V. hoher, [e, ø, o, ə] V. mittlerer und [æ, a] V. tiefer Zungenlage. Bei enger Umschrift muß bei der Wiedergabe des Dt. eine größere Zahl von Öffnungsgraden berücksichtigt werden, – vgl. das abgebildete Vokalschema.

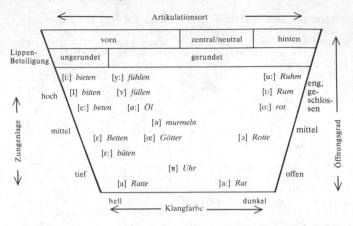

(c) Nach der →Sekundären Artikulation der →Labialisierung unterscheidet man gerundete und ungerundete V. (→Gerundet vs. Ungerundet). Gerundet sind im Dt. [u, o, ɣ, ø], ungerundet [i, e, a]. – Ordnet man den Klassen (a) bis (c) je eine Dimension zu, so lassen sich die V. dreidimensional in einem →Vokalklotz darstellen.

Lit.: →Phonetik.

Vokal(ab)schwächung →Schwächung, →Zentralisierung.

Vokalharmonie.
(1) Im weiteren Sinne: Jede Form von qualitativer Angleichung zwischen Vokalen hinsichtlich ihres Artikulationsortes durch gegenseitige Beeinflussung: z.B. alle Formen von →Umlaut. V. ist ein assimilatorischer Vorgang, der phonetisch als Artikulationserleichterung erklärbar ist.
(2) Im engeren Sinne: Qualitative Abhängigkeit des Suffixvokals vom Wurzelvokal, vgl. die Verteilung der türkischen Plurallallomorphe *-ler, -lar* in *evler* ›die Häuser‹ und *atlar* ›die Pferde‹, die finn. Kasusendungen *-ssä, -ssa* in *Helsingissä* ›in Helsinki‹ und *Saksassa* ›in Deutschland‹.

Vokalisch vs. Nicht-vokalisch.
Binäre phonologische Opposition zur Beschreibung →Distinktiver Merkmale, die sich auf akustische Analyse und spektral definierte Unterscheidungskriterien stützt (→Akustische Phonetik, →Spektralanalyse). Akustische Charakteristik: bei vokalischer Qualität erscheinen scharf umrissene →Formanten auf dem →Spektrogramm. Artikulatorische Charakteristik: unbehinderte vs. behinderte Luftpassage durch →Ansatzrohr. Die Unterscheidung zwischen →Vokalen und →Konsonanten ist universell gültig. →Liquide haben sowohl konsonantische als auch vokalische Merkmale.

Lit.: R. JAKOBSON u.a. [1951]: Preliminaries to speech analysis. 6. Aufl. 1965. Cambridge, Mass., S. 18. →Distinktives Merkmal, →Phonetik.

Vokalklotz. Von FORCHHAM-
MER entworfene räumliche Darstellung der Vokale nach den
drei Dimensionen (a) hoch (geschlossen) vs. tief (offen), (b)
vorn vs. hinten, (c) gerundet
(nicht-gespreizt) vs. ungerundet
(gespreizt). Vgl. Abb. S. 840.

Lit.: →Phonetik.

Vokalsenkung →Brechung.

Vokalviereck. Schematisierte
Darstellung der Vokale in geo-
metrischer Form. Die Klassifizierung beruht auf der physio-
logisch-artikulatorischen Beteiligung von Zunge und Lippen
bei der Produktion der Vokale.
Aus dem urspr. von C. F. HELL-
WAG (1754–1835) entwickelten
Vokaldreieck, bei dem [i], [u]
und [a] die Eckpunkte bilden,
wurde durch eine Differenzierung des a-Lauts in ein vorderes
und ein hinteres a das Vokalviereck (auch: Vokaltrapez) entwickelt. Dieses V. beruht auf
drei Dimensionen: (a) Vertikale
Zungen- bzw. Kieferhöhe
(hoch, mittel, tief), (b) hori-
zontale Zungenstellung (vorn,
neutral/zentral, hinten) und (c)
Lippenform (gerundet, un-
gerundet). Das V. wird von der
Association Phonétique Internationale (= API) als Klassifi-
zierungsschema für beliebige
Vokalsysteme empfohlen. Vgl.
die Abb. unter →Vokal.

Lit.: C. F. HELLWAG [1781]: Dissertatio de
formatione loquelae. Tübingen. Neudruck
Heilbronn 1886. – D. JONES [1950]: The
phonemes, its nature and use. Cambridge.
→Lautschrift, →Phonetik.

Vokativ [lat. *vocāre* ›rufen‹].
Morphologischer Kasus in
ideur. Sprachen zur Kennzeichnung der durch den Sprecher
angeredeten Person. Vgl. Rumänisch *Maria* (Nom.), *Mario*
(Vok.). In den meisten neueren
ideur. Sprachen wurde die
Funktion des V. vom Nominativ übernommen.

Lit.: →Kasus.

Volapük. Von dem badischen
Pfarrer J. M. SCHLEYER als
→Welthilfssprache konstruierte
und 1879 publizierte künstliche
Sprache. V. besitzt ein einfaches
phonetisch-phonologisches System, seine morphologische
Struktur ist am →Agglutinieren-
den Sprachbau des Türkischen
orientiert; der Wortschatz beruht auf überwiegend engl.
Wurzeln, vgl. die Konstruktion
von *volapük*: *vol* ›Welt‹ (nach
engl. *world*), *-a* ›Genitiv‹, *pük*
›Sprache‹ (nach engl. *speak*),
also ›Sprache der Welt‹. Insgesamt erwies sich die Grammatik
von V. als zu kompliziert, die
Wortbildung als zu willkürlich,
so daß V. sehr bald durch
→Esperanto abgelöst wurde.

Lit.: →Welthilfssprachen.

Volitionalität [lat./nlat. *volitio-
nalis* ›durch den Willen bestimmt‹]. Im Hindi (→Hindi-
Urdu) vorhandene Kategorie
des Verbs, die eine absichtlich
ausgeführte Handlung bezeichnet.

Volksetymologie. Wortbil-
dungsprozeß, der auf einer inhaltlichen Umdeutung und formalen Umformung eines ar-
chaischen, fremdsprachlichen
Wortes nach dem Vorbild eines

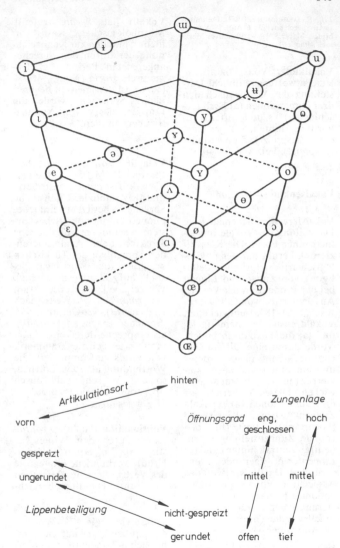

ähnlich klingenden vertrauten Wortes mit ähnlicher Bedeutung beruht. Durch diesen sprachhistorischen Prozeß werden unverständliche Wörter (sekundär) motiviert, d.h. durchsichtig gemacht durch eine scheinbar plausible Deutung. Bei diesem Vorgang spielen →Analogie und →Assimilation eine wichtige Rolle, die Ursprungsbedeutung wird meist weitgehend verdunkelt; vgl. *Bock(bier)* über münchnerisch *Oambock, Ambock* (für die Herkunftsbezeichnung »Einbecker Bier«) zu *ein Bock* im Sinne von ›ein Glas Bock(bier)‹; frz. *choucroute* (= assimiliertes →Lehnwort nach dt. *Sauerkraut*) wird als Zusammensetzung von *chou* ›Kohl‹ und *croûte* ›Kruste‹ gedeutet, ähnlich wie engl. *asparagus* ›Spargel‹ als *sparrow-grass* ›Sperlingsgras‹.

Lit.: K. G. ADRESEN [1919]: Über deutsche Volksetymologie. 7. Aufl. Leipzig. – E. MAYER [1962]: Sekundäre Motivation. (Diss.) Köln. *Bibliographie:* M. SCHREINER [1987]: Bibliographie zur Volkslinguistik. Münster. →Etymologie.

Vollendet →Durativ vs. Nicht-Durativ, →Imperfektiv vs. Perfektiv.

Vollendete Gegenwart →Perfekt.

Vollendete Vergangenheit →Plusquamperfektum.

Vollendete Zukunft →Futur II.

Vollverb. Semantisch-syntaktisch motivierte Teilmenge der Verben: V. verfügen über eine selbständige lexikalische Bedeutung und bilden syntaktisch das Zentrum des Prädikats, bzw. der Verbalphrase. Vgl. →Hilfsverb, →Kopulativverb, →Valenz.

Vollwort →Autosemantikum.

Voltaisch →Gur.

Vorfeld. Von E. DRACH [1937] vorgeschlagener Terminus für die Satzposition vor dem finiten Verb, die bei Normalstellung in der Regel durch das Thema, d.h. die aufgrund des Kontextes bekannte Information besetzt wird. Vgl. →Mittelfeld, →Nachfeld, →Topik vs. Prädikation. →Topikalisierung.

Lit.: E. DRACH [1937]: Grundgedanken der deutschen Satzlehre. Frankfurt. Nachdruck Darmstadt 1963. →Topikalisierung, →Stellungsfelder, →Wort- und Satzgliedstellung.

Vorfeldbesetzung →Topikalisierung.

Vorgänger-/Vorgangrelation →Privilegierungsprinzip.

Vorgang vs. Handlung. Semantische Unterscheidung von Verbbedeutungen, die oft unter →Aktionsart behandelt wird. V.-Verben bezeichnen Veränderungen bzw. Prozesse, die nicht von einem →Agens bewirkt werden: *blühen, wachsen, steigen.* Sie sind meistens intransitiv und können im Dt. kein unpersönliches Passiv bilden: *Bäume wachsen* vs. **Hier wird gewachsen.* Demgegenüber werden Handlungen von einem Agens verursacht bzw. unterlassen. H.-Verben können im Imperativ erscheinen, lassen sich mit Modaladverbien, die Willkürlichkeit voraussetzen, verbinden (*gerne, freiwillig, heimlich tanzen*) und können im Dt. ein unpersönliches Passiv bilden: *Schüler tanzen/Hier wird getanzt.*

Lit.: →Statisch vs. Dynamisch.

Vorgangspassiv. Im Unterschied zum Zustandspassiv mit dem Hilfsverb *werden* gebildete Passivform des Dt.: *Die Polizei wurde gewarnt.* Vgl. →Passiv.

Vorname. Individuell festgelegter Name einer Person, der in der Regel vor dem von den Eltern ererbten →Familiennamen steht. Bei mehreren Vornamen wird einer als alltäglich benutzter »Rufname« gewählt.

Lit.: →Personennamenkunde.

Vorzeitigkeit. In komplexen Sätzen zeitliches Verhältnis zwischen mehreren Sachverhalten: die im abhängigen Satz bezeichnete Handlung liegt »vor« der Handlung des Hauptsatzes: *Als ich ihn anrief, hatte er die Nachricht bereits erhalten.*

Vulgärlatein →Latein.

Wahrheitsbedingungen. Voraussetzungen von Situationen, die gegeben sein müssen, damit bestimmte Sätze über diese Situation als wahr, d.h. als zutreffend gelten können. Bei der semantischen Beschreibung natürlicher Sprachen ergeben sich hinsichtlich der W. Probleme u.a. bei: (a) Satztypen wie Frage- oder Befehlssätzen, die im Unterschied zu Aussagesätzen

nicht wahr oder falsch sind; (b) Verwendung deiktischer Ausdrücke wie *ich, jetzt, hier,* deren Beitrag zur Bestimmung der Wahrheitswerte sich nur abhängig von der jeweiligen Sprechsituation analysieren läßt; (c) →Referenz auf unterschiedliche »mögliche Welten« (→Mögliche Welt), wie sie besonders durch Verben des Glaubens und Wissens, durch sogen. »weltschaffende« Verben hergestellt werden. Vgl. →Intension, →Vagheit. – Die Explikation der W. von Sätzen wird in neueren gramm. Theorien (wie →Kategorialgrammatik, →Montague-Grammatik) als Grundprinzip einer adäquaten Sprachbeschreibung angesehen. So läßt sich die →Synonymie zwischen zwei Aussagesätzen definieren als Gleichheit bzw. Übereinstimmung ihrer W. bzw. der Situationen, in denen diese Sätze wahr sind. Zur Kritik an der Formulierung von W. als Teil der Sprachbeschreibung vgl. DUMMETT.

Lit.: M. A. E. DUMMETT [1975]: What is a theory of meaning? In: S. GUTTENPLAN (ed.): Mind and language. Oxford, S. 97–138. – M. A. E. DUMMETT [1976]: What is a theory of meaning? (II). In: G. EVANS/J. MCDOWELL (eds.): Truth and meaning. Oxford, S. 67–137. →Formale Logik, →Mögliche Welt, →Wahrheitswert.

Wahrheitsfunktional. Eigenschaft von →Logischen Partikeln, deren invariante semantische Bedeutung gewährleistet, daß die Gesamtbedeutung komplexer Sätze als Funktion der Wahrheitswerte ihrer Teilsätze darstellbar ist. Vgl. auch →Aussagenlogik, →Extension.

Wahrheitsmatrix →Wahrheitstafeln.

Wahrheitstafeln [Auch: Wahrheitsmatrix, Wahrheitswerttabelle]. Von E. Post [1921] und L. Wittgenstein [1922] unabhängig voneinander entwickelte Methode zur Definition von →Logischen Partikeln aufgrund von Wahrheitswerten. Da der Wahrheitswert komplexer, durch Junktoren (wie *und*, *oder*) verknüpfter Aussagen abhängig ist von den Wahrheitswerten der Teilsätze und der Bedeutung ihrer Junktoren, lassen sich diese Relationen in einer Matrix darstellen. In den ersten vertikalen Spalten werden die verschiedenen möglichen Kombinationen für die einzelnen Teilsätze eingetragen: w = ›wahr‹, f = ›falsch‹; die Zahl der horizontalen Zeilen ist 2^n, wobei *n* die Anzahl der in der Aussagenverknüpfung vorkommenden Teilsätze ist (= atomare Sätze): für zwei Teilsätze ergeben sich vier, für fünf Teilsätze 32 Zeilen. Die äußerste rechte Spalte gibt den Wahrheitswert an, den der Junktor den Wahrheitswertverteilungen zuordnet (vgl. die angeführten Beispiele bei →Disjunktion, →Konjunktion, →Implikation u.a.). Die folgende Tabelle gibt eine Übersicht über die wichtigsten zweistelligen Satzoperatoren und die Verteilung ihrer Wahrheitswerte.

Lit.: E. Post [1921]: Introduction to a general theory of elementary propositions.

In: AJM 43, S. 163–185. – L. Wittgenstein [1922]: Tractatus Logico-Philosophicus. London.

Wahrheitswert[engl. *truthvalue*]. In der zweiwertigen →Formalen Logik die semantische Bewertung von Aussagen mit ›wahr‹ oder ›falsch‹. Eine Aussage ist wahr, wenn der durch sie bezeichnete Sachverhalt zutrifft, sonst falsch. Die Behauptung *Es regnet* ist genau dann wahr, wenn es regnet. Zu dreiwertigen Logiken, die neben ›wahr‹ und ›falsch‹ als dritten W. ›unbestimmt‹ verwenden, vgl. Blau [1978]. Zur Ermittlung der W. komplexer Aussagen aufgrund des W. der Teilaussagen und der →Logischen Partikeln vgl. unter →Wahrheitstafel. – Das aussagenlogische Konzept der extensionalen W.-Zuteilung wird in neueren Grammatiktheorien der semantischen Beschreibung natürlicher Sprachen zugrundegelegt, vgl. z.B. →Montague-Grammatik.

Lit.: A. Tarski [1944]: The semantic approach of truth and foundation of semantics. In: PhaPhR 4, S. 341–375. Dt. in: J. Sinnreich (ed.): Zur Philosophie der idealen Sprache, München 1972, S. 53–100. – M. Black [1948]: The semantic definition of truth. In: Analysis 8, S. 49–62. – L. Linsky (ed.) [1952]: Semantics and the philosophy of language. Chicago. – D. Davidson [1967]: Truth and meaning. In: Synthese 17, S. 304–333. – W. v. O. Quine [1970]: Philosophy of logic. Englewood Cliffs, N.J. 2. rev. Aufl. 1973. – S. Kripke [1975]: Outline of a theory of truth. In: JPh 72, S. 690–716. – G. Evans/J. McDowell (eds.) [1976]: Meaning and truth. Oxford. – U.

		Negation	Adjunktion	Konjunktion	Implikation	Äquivalenz	Kontravalenz	Tautologie	Kontradiktion
								z. B.	z. B.
p	q	$\neg p$	$p \lor q$	$p \land q$	$p \rightarrow q$	$p \Leftrightarrow q$	$p \gtrless q$	$p \rightarrow (q \neg p)$	$p \land (q \land \neg q)$
w	w	f	w	w	w	w	f	w	f
w	f	f	w	f	f	f	w	w	f
f	w	w	w	f	w	f	w	w	f
f	f	w	f	f	w	w	f	w	f

BLAU [1978]: Die dreiwertige Logik der Sprache. Berlin. – R. BÄUERLE u.a. (eds.) [1979]: Semantics from different points of view. Berlin. – J. JACOBS [1982]: Wahrheitskonditionale und gebrauchstheoretische Bedeutungsexplikation. In: TH. VENNEMANN/J. JACOBS: Sprache und Grammatik. Tübingen, S. 110–122. →Formale Logik.

Wahrheits(wert)tabelle →Wahrheitstafeln.

Wakashan-Sprachen →Salisch.

Walisisch. Keltische Sprache, gesprochen in Wales von ca. 400000 Sprechern. Seit dem 8. Jh. überliefert, teilweise in reicher literarischer Tradition. Die Sprache stand unter starkem Einfluß des Lat., später des Normannischen und Engl.

Lit.: J. MORRIS JONES [1913]: A Welsh grammar. Oxford. – M. STEPHENS (ed.) [1973]: The Welsh language today. Llandysul.

Wappo →Golf-Sprachen.

Warlpiri →Australische Sprachen.

W-Bewegung. In der →Transformationsgrammatik Bewegung eines →W-Knotens an eine satzinitiale Position (→COMP-Position). In der →GB-Theorie wird jede Bewegung an eine solche Nicht-Argument-Position (→A-Position) terminologisch unter W-Bewegung gefaßt und so von der →NP-Bewegung unterschieden. →Bewegungstransformation, →Move-α.

Weglaßprobe [engl. *reduction test.* – Auch: Abstrich-, Eliminierungs-, Reduktionsprobe]. Experimentelles Analyseverfahren der strukturellen Linguistik zur Ermittlung einfachster Satzstrukturen (→Kernsatz)

bzw. zur Unterscheidung fakultativer und obligatorischer Elemente im Satz. So lassen sich in dem Satz: *Goethe wohnte (zu jener Zeit) (schon) in Straßburg* nur die eingeklammerten Elemente eliminieren, nicht aber *in Straßburg,* d.h. die Zeitangaben sind fakultativ, die Ortsangabe ist ein durch die →Valenz des Verbes *wohnen* bedingtes (notwendiges) Adverbial.

Lit.: →Operationale Verfahren.

Weiblich(es Geschlecht) →Femininum.

Weicher Gaumen →Velum.

Weißrussisch [Auch: Belorussisch]. Ostslaw. Sprache mit ca. 7 Mio. Sprechern, vornehmlich in der weißruss. SSR, auch in anderen Sowjetrepubliken und in Polen. Seit der Mitte des 19. Jh. Ansätze einer Schriftsprache; vorher kirchenslaw. Schrifttum in weißruss. Redaktion. Entwicklung zur modernen Schriftsprache seit 1918. Kyrillische Orthographie mit Schibboleth: ⟨ў⟩; im Unterschied zum Ukrain. und (Groß-) →Russischen fehlen ⟨и⟩ und ⟨щ⟩. Unterschiede zum Russ. u.a.: *dz, c* statt *d, t* (= sogen. Dzekanie, Cekanie). Spezifische Kennzeichen: Nom. Pl. statt Gen. Sg. nach den Numeralia für 2, 3, 4. (Vgl. Sprachenkarte Nr. 5).

Lit.: →Russisch, →Slawisch.

Wellentheorie. Ursprünglich von H. SCHUCHARDT [1868] geprägtes, vielleicht unabhängig, aber später auch von J. SCHMIDT [1872] verwendetes Bild für die Entstehung von Einzelsprachen durch allmähliche Sprachdifferenzierung und nicht – wie in SCHLEICHERS →Stammbaumtheorie – durch abrupte Ausgliederung. Analog zu den durch einen Steinwurf ausgelösten, sich teilweise überlagernden Wasserwellen wird eine von einem Innovationskern ausstrahlende wellenförmige Ausbreitung sprachlicher Veränderungen/Entwicklungen postuliert; räumlich und/oder zeitlich benachbarte Sprachvarietäten weisen demnach zumeist ein in weiten Bereichen übereinstimmendes Sprachinventar auf. – Eine grundlegende Neukonzeption erfährt dieses Modell durch die sprachwandeltheoretischen Neuansätze der →Variations- und →Soziolinguistik; diese gehen davon aus, daß eine lautliche Veränderung zunächst in restringierten phonologischen Kontexten mit geringer quantitativer Häufigkeit und qualitativer Intensität innerhalb einer bestimmten sozialen Gruppe in bestimmten (meist informellen) Situationen einsetzt und sich sukzessive qualitativ intensiviert, auf weitere phonologische Kontexte, soziale Gruppen und Situationen mit jeweils größerer Gebrauchswahrscheinlichkeit ausdehnt, bis sie schließlich in allen Kontexten von allen Sprechern kategorisch realisiert wird; der Veränderungsprozeß ist dann abgeschlossen.

Lit.: H. SCHUCHARDT [1868]: Der Vokalismus des Vulgärlateins. 3. Bd.: Nachträge und Register. Leipzig. – J. SCHMIDT [1872]: Die Verwandtschaftsverhältnisse der indogermanischen Sprachen. Weimar. – Ch.-J. BAILEY [1973]: Variation and linguistic theory. Arlington. – H. GOEBL [1983]: Stammbaum und Welle. In: ZS 2, S. 3–44. →Slawisch.

Welthilfssprache [Auch: Plansprache, Universalsprache]. Entweder völlig frei (»a priori«) erfundene oder – bei den meisten vorliegenden Versuchen – von natürlichen Sprachen (»a posteriori«) abgeleitete (manchmal nur durch Vereinfachung einer natürlichen Sprache erzeugte) Sprache zur internationalen Verständigung. Beim »naturalistischen« Typ der bisherigen W. (z.B. →Esperanto) beruht der Wortschatz weitgehend auf Wörtern germanischer und romanischer Sprachen, beim »schematischen« Typ (z.B. →Volapük) auf relativ wenigen Wurzeln und zahlreichen Ableitungselementen. Für die theoretische Bewertung (nicht unbedingt für den praktischen Erfolg) der W. sind ausschlaggebend die Erlernbarkeit und die Neutralität gegenüber wichtigen Einzelsprachen. →Interlinguistik.

Lit.: A. BAUSANI [1970]: Geheim- und Universalsprachen. Stuttgart. – R. HAUPENTHAL [1976]: Plansprachen. Beiträge zur Interlinguistik. Darmstadt. – O. BACK [1979]: Über Systemgüte, Funktionsadäquatheit und Schwierigkeiten in Plansprachen und in ethnischen Sprachen. In: H. FELBER u.a. (eds.): Terminologie als angewandte Sprachwissenschaft. Gedenkschrift für E. WÜSTER. München, S. 257–272. – P. JANTON [1988]: Plans for an international language. In: HSK 3.2, S. 1679–1687.

Wemfall →Dativ.

Wenfall →Akkusativ.

Werbesprache. Auf Verhaltenssteuerung gerichteter, →Persuasiver Sprachgebrauch in Wirtschaft und Politik, speziell in der Konsumwerbung. Pragmatische Kennzeichen der W. sind die persuasive Intention, die kommunikative Distanz zu unterschiedlichen Adressaten und die allgemeine, den Zielgruppen angepaßte Funktionalisierung der Sprachmittel im Dienste des Werbeappells. Dies geschieht z.B. durch Ausprägung persuasiver Textsorten und Textstrukturen (Plakat, Anzeige, Werbespot; Schlagzeile, →Slogan), durch adressatenspezifischen Gebrauch von Sprachschichten und Stilnormen (→Fachsprache, Umgangssprache; ästhetische und wissenschaftliche Stilisierung) oder durch effektvollen Einsatz →Rhetorischer Figuren und →Tropen. Die W. ist einerseits innovativ (z.B. in der Wortbildung) und wirkt als »Verteilersprache« zwischen verschiedenen Sprachschichten (z.B. von der Fachsprache zur Standardsprache), andererseits bestätigt und verstärkt sie bestehende Normen und soziale Stereotypen (→Topos). Wie weit sie im Sinne ihrer persuasiven Ziele wirksam ist, ist Gegenstand interdisziplinärer Forschung von Semiotik (visuelle Werbung), Soziologie und (Werbe-) Psychologie.

Lit.: R. RÖMER [1968]: Die Sprache der Anzeigenwerbung. 2., rev. Aufl. Düsseldorf 1972. – U. ECO [1972]: Einführung in die Semiotik. München. – D. FLADER [1972]: Pragmatische Aspekte von Werbeslogans. In: D. WUNDERLICH (ed.): Linguistische Pragmatik. Frankfurt, S. 341–376. – W. BRANDT [1973]: Die Sprache der Wirtschaftswerbung. Hildesheim. – D. FLADER [1974]: Strategien der Werbung. Ein linguistisch-psychoanalytischer Versuch zur Rekonstruktion der Werbewirkung. Kronberg. – W. NÖTH [1975]: Semiotik. Eine Einführung mit Beispielen für Reklameanalysen. Tübingen. – P. NUSSER (ed.) [1975]: Anzeigenwerbung. Ein Reader für Studenten und Lehrer der deutschen Sprache und Literatur. München. – B. SOWINSKI [1979]: Werbeanzeigen und Werbesendungen. München. – K.-H. HOHMEISTER [1981]: Veränderungen in der Sprache der Anzeigenwerbung. Dargestellt an ausgewählten Beispielen aus dem »Giessener Anzeiger« vom Jahr 1800 bis zur Gegenwart. Frankfurt. – P. W. LANGNER [1985]: Strukturelle Analyse verbal-visueller Textkonstitution in der Anzeigenwerbung. Frankfurt. Forschungsbericht: W. BRANDT [1979]: Zur Erforschung der Werbesprache. Forschungssituation. Neuere Monographien. Aufgaben. In: ZG 7, S. 66–82. →Massenkommunikation, →Rhetorik, →Semiotik.

Wernicke-Aphasie. Nach dem Psychiater CARL WERNICKE (1858–1905) benannte erworbene →Sprachstörung bei ausgeprägtem Redefluß mit erhaltener Prosodie (auch bekannt als »flüssige« oder »sensorische« →Aphasie). Charakteristisch sind häufige Auslassungen, Umstellungen oder Hinzufügungen von Lauten (phonematische →Paraphasie, →Jargon), die Wahl von Wörtern, die zwar derselben syntaktischen Kategorie wie das Zielwort angehören, aber zu diesem z.B. nur in einer bedeutungsähnlichen Relation stehen (vgl. Beispiele unter semantischer →Paraphasie), ferner →Neologismen sowie morphologische Fehler, Verletzungen von →Selektionsrestriktionen, Verdopplungen von Satzteilen und Verschränkungen von unterschiedlichen syntaktischen Konstruktionen (→Paragrammatismus). Darüber hinaus ist häufig das Sprachverständnis gravierend gestört. Im Vergleich zu den Beeinträchtigungen dieser Modalitäten kann das Lesen und Schreiben in einem geringeren Ausmaß betroffen sein. Häufig ist die Ursache für W. eine Durchblutungsstörung im Versorgungsgebiet der Aorta temporalis posterior (vgl. →Wernicke-Zentrum), so daß W. ebenso wie die →Broca-Aphasie als ein typisches Gefäßsyndrom ange-

sehen wird (vgl. POECK [1989]).
Die Annahme, daß sich W. eindeutig lokalisieren lasse, ist jedoch umstritten

Lit.: W. HUBER u.a. [1975]: Die Wernicke
Aphasie. In: J. Neurology 210, S. 77-97. -
K. POECK [1981]: Was verstehen wir unter
aphasischen Syndromen? In: H. SCHNELLE
(ed.): Sprache und Gehirn. Frankfurt, S.
97-109. - K. POECK (ed.) [1982]: Klinische
Neuropsychologie. Stuttgart. - A. FRIE-
DERICI [1984]: Neuropsychologie der Sprache. Stuttgart. - D. CAPLAN [1987]: Neurolinguistics and linguistic aphasiology.
Cambridge. - K. POECK (ed.) [1989]: Klinische Neuropsychologie. 2. neubearb. und
erw. Aufl. Stuttgart.

Wernicke-Zentrum. Eine nach
seinem   Entdecker,   dem
Psychiater Carl WERNICKE
(1858-1905), benannnte Region
im rückwärtigen Abschnitt der
ersten Temporalwindung in der
sprachdominanten Gehirnhe-
misphäre, die nach POECK [1981]
dem Versorgungsgebiet der
Aorta temporalis posterior entspricht. Diese Region hat WER-
NICKE als das Zentrum für die
»Klangbilder« von Wörtern bezeichnet. Eine Läsion in diesem
Gebiet soll zur →Wernicke-
Aphasie führen. Vgl. →Sprache
und Gehirn, →Sprachzentren.

Lit.: K. POECK [1981]: Was verstehen wir
unter aphasischen Syndromen? In: H.
SCHNELLE (ed.): Sprache und Gehirn.
Frankfurt, S. 97-109. - K. POECK (ed.)
[1982]: Klinische Neuropsychologie. Stuttgart. - D. CAPLAN [1987]: Neurolinguistics
and linguistic aphasiology. Cambridge. -
K. POECK (ed.) [1989]: Klinische Neuropsychologie. 2. neu bearb. und erw. Aufl.
Stuttgart.

Wertigkeit →Valenz.

**Wesenhafte Bedeutungsbezie-
hungen.** Terminus von W. POR-
ZIG [1934] zur Bezeichnung syntagmatischer Verträglichkeitsbeziehungen zwischen solchen
sprachlichen Ausdrücken, die
sich in erster Linie einseitig im-

plizieren wie *bellen : Hund,
blond : Haar.* Dieser Zusammenhang spielt bei metaphorischen Übertragungen eine entscheidende Rolle, vgl. *bellender
Husten.* W. B. sind größtenteils
stark idiolektabhängig. Von diesen kontextuellen B. sind die
paradigmatischen B., wie sie J.
TRIER unter dem Aspekt des
→Wortfeldes untersucht, zu
trennen. Vgl. →Selektionsbe-
schränkungen, →Lexikalische
Solidaritäten.

Lit.: W. PORZIG [1934]: Wesenhafte Bedeutungsbeziehungen. In: PBB 58, S. 70-97.

Wesfall →Genitiv.

Wespisch →Finno-Ugrisch.

Westatlantisch. Sprachzweig
des →Niger-Kongo von 43 Sprachen, gesprochen im westlichen
Westafrika und in der größten
Sprache, dem →Ful, bis zum
Tschadsee. Weitere größere
Sprachen sind Wolof und Serer
(Senegal). Kennzeichnend sind
komplexe →Nominalklassensy-
steme mit bis zu 25 Klassen,
Klassenanzeige durch Prä- oder
Suffixe, oft verbunden mit
Wechsel der Anlautkonsonanten von Wurzeln, →Konkordanz
und   einem   reichen   Diathesensystem (im Ful z.B. auch
ein →Medium). (Vgl. Sprachenkarte Nr. 9).

Lit.: J. D. SAPIR [1971]: West Atlantic: An
inventory of the languages, their noun
class systems and consonant alternations.
In: CTL 7, S. 45-112.

**Westgermanische   Konso-
nantengemination** →Gemina-
tion.

W-Frage →Ergänzungsfrage-
satz.

Wh-Island-Constraint →Propositional Island-Constraint.

Widerlegungsregel →Modus Tollens.

Wiederauffindbarkeit →Rekonstruierbarkeit.

Willkürlichkeit →Arbitrarität.

W-Insel-Beschränkung. Annahme der generativen →Transformationsgrammatik, derzufolge durch Fragepronomen eingeleitete indirekte Fragesätze →Inseln sind für Bewegungstransformationen.

Lit.: T. REINHART [1981]: A second COMP position. In: A. BELLETTI/L. BRANDI/L. RIZZI (eds.): Theory of markedness in generative grammar. Pisa, S. 517-557. - C. RUDIN [1981]: »Who what to whom said«: an argument from Bulgarian against cyclic WH-movement. In: CLS 17, S. 353-360. →Beschränkungen, →Subjazenz-Prinzip.

Wirklichkeitsform →Indikativ.

Wissensrepräsentation. Bereich der →Künstlichen Intelligenz, in dem formale, für die maschinelle Verarbeitung geeignete Methoden zur Darstellung und Verarbeitung von Wissen, insbesondere von Alltagswissen (→Commonsense Reasoning) entwickelt werden, wie es z.B. als Hintergrundwissen bei der Sprachverarbeitung eingesetzt wird. Innerhalb der Künstlichen Intelligenz werden Wissensrepräsentationen und Repräsentationen für Bedeutungen üblicherweise über dem gleichen Beschreibungssystem realisiert. →Default Reasoning, →Frame, →Nicht-Monotone Logik, →Scripts, →Semantische Netze.

Lit.: J. R. BRACHMAN/B. C. SMITH (eds.) [1980]: Special issue on knowledge representation. In: SIGART 70. - J. MYLOPOULOS/H. J. LEVESQUE [1984]: An overview of knowledge representation. In: M. L. BRODIE/J. MYLOPULOS/J. W. SCHMIDT (eds.): On conceptual modelling. New York. - CH. HABEL [1986]: Prinzipien der Referenzialität. Berlin. - N. CERCONE/G. MCCALLA (eds.) [1987]: The knowledge frontier. New York. - M. WETTLER [1989]: Wissensrepräsentation: Typen und Modelle. In: HSK 4.10., S. 317-335.

Witterungsverben. Semantisch-syntaktisch motivierte Teilmenge der Verben, die nur eine kleine Gruppe umfaßt: *regnen, donnern, stürmen* u.a. W. bezeichnen Vorgänge, deren Urheber unbekannt bzw. nicht benennbar ist. Vgl. auch →Unpersönliche Verben, →Valenz.

Lit.: B. HORLITZ [1975]: Nullwertigkeit und semantische Bestimmung von Witterungsverben am Beispiel von »regnen«. In: ZGL 3, S. 149-174.

Wiyot →Algonkisch.

W-Knoten [Eindeutschung des engl. *wh-node*]. Durch Frage- oder Relativpronomen *wer, was, welcher, der, dem, dessen* etc. im Dt. besetzte Positionen (engl. *who, why, what, when, where, which* und *how*), von denen im Rahmen der →Transformationsgrammatik angenommen wird, daß sie in der zugrundeliegenden Struktur an der ihre grammatische Funktion bestimmenden Stelle im Strukturbaum plaziert sind und durch →W-Bewegung an die Anfangsposition von Frage- bzw. Relativsätzen gerückt werden. Diese satzinitiale Position ist die →COMP-Position des Satzes.

Lit.: →Complementizer, →Fragesätze, →Transformationsgrammatik.

sprechen oder überschneiden, vgl. z.B. die →Numeralia, die aufgrund gemeinsamer lexikalischer Merkmale (Bezeichnungen für Zahlen und Mengen) eine selbständige Gruppe bilden, während die einzelnen Vertreter in syntaktischer Hinsicht sich wie Substantive (*Tausende von Menschen*), Adjektive (*ein Buch*), indefinite Promina (vgl. *manche Bücher*) oder Adverbien verhalten (*er ruft dreimal*). Hinzu kommt, daß die W.-Zugehörigkeit Veränderungen unterworfen ist: Wortartwechsel (→Konversion) ist ein häufiger Vorgang in der Sprachgeschichte; vgl. die Entwicklung von *Herr* aus ahd. *hêr(i)ro* ›der Ehrwürdigere‹, oder die aus Substantiven entstandenen Präpositionen *dank, kraft, mittels, wegen*. – Außerdem ist zu berücksichtigen, daß aufgrund von →Homonymie gleichlautende Wörter je nach ihrer Verwendung verschiedenen W. zugerechnet werden müssen, vgl. *Laut/laut*, die als Substantiv (*der Laut*), Adjektiv (*laut sprechen*) und Präposition (*laut Vorschrift*) auftreten können. – In der generativen →Transformationsgrammatik erfolgt die Klassenbildung aufgrund distributioneller Kriterien: alle sprachlichen Einheiten, die in einem Satz für die gleiche lexikalische Konstituente eingesetzt werden können, gehören zur gleichen Kategorie. – In der →Kategorialgrammatik dagegen sind nur Nomen als selbständige Kategorie zugelassen, alle anderen Kategorien sind definiert durch die Art und Weise, in der sie (kombiniert mit Nomen) Sätze bilden.

Lit.: V. V. BRØNDAL [1948]: Les parties du discours. Kopenhagen. – H. BRINKMANN [1950]: Die Wortarten im Deutschen. In: WW 1, S. 65–79. – R. MAGNUSSON [1954]: Studies in the theory of the parts of speech. Lund. – H. GLINZ [1957]: Der deutsche Satz. Wortarten und Satzglieder wissenschaftlich erfaßt und dichterisch gedeutet. 6. Aufl. Düsseldorf 1972. – H. GLINZ [1957]: Wortarten und Satzglieder im Deutschen, Französischen und Lateinischen. In: DU 9, H. 3, S. 13–28. – J. ERBEN [1965]: Zur Morphologie der Wortarten im Deutschen. In: ZDS 21, S. 146–152. – W. SCHMIDT [1965]: Grundfragen der deutschen Grammatik. Einführung in die funktionale Sprachlehre. Berlin. – G. HELBIG [1968]: Zum Problem der Wortarten in einer deutschen Grammatik für Ausländer. In: DaF 5, S. 1–18. – G. HELBIG [1968]: Zum Problem der Wortarten, Satzglieder und Formklassen in einer deutschen Grammatik. In: R. R. RUŽIČKA (ed.): Probleme der strukturellen Grammatik und Semantik. Leipzig, S. 55–85. – O. WERNER [1975]: Zum Problem der Wortarten. In: U. ENGEL/P. GREBE (eds.): Sprachsystem und Sprachgebrauch. Düsseldorf, S. 432–471. – H. BERGENHOLTZ/B. SCHAEDER [1977]: Die Wortarten des Deutschen. Versuch einer syntaktisch orientierten Klassifikation. – B. KALTZ [1983]: Zur Wortartenproblematik aus wissenschaftsgeschichtlicher Sicht. Hamburg. – F. PLANK [1984]: 24 grundsätzliche Bemerkungen zur Wortarten-Frage. In: LB 73, S. 489–520. – K. BRAUNMÜLLER [1985]: Überlegungen zu einer Theorie der sogen. Nebenwortarten. In: ZGL 13, S. 295–309. – T. SHOPEN (ed.) [1985]: Language typology and syntactic description. Bd. 3: Grammatical categories and the lexicon. Cambridge. – H.-J. SASSE [i.V.]: Syntactic categories and subcategories. In: J. JACOBS u.a. (eds.): Handbuch der Syntax. Berlin.

Wortartwechsel →Transposition.

Wortatlas. Dialektgeographische Kodifizierung lexikalischer Besonderheiten, deren Erhebung auf Sachfragen basiert, z.B. »Wie bezeichnet man einen Handwerker, der Möbel anfertigt?«; auf der Basis der Antworten entsteht die Wortkarte »Tischler/Schreiner«, die die Verteilung der beiden Ausdrücke in den dt. Sprachlandschaften wiedergibt. Die von der »Marburger Zentralstelle für

Mundartforschung« herausgegebenen Bände des W. verstehen sich als Ergänzung zum Deutschen →Sprachatlas. Zur wissenschaftsgeschichtlichen Einordnung vgl. WIEGAND/ HARRAS.

Lit.: DEUTSCHER WORTATLAS. [1951ff.]: Ed. W. MITZKA/L. E. SCHMITT. Bd. 1–20. Gießen 1951–1972. (Zugehörige Kommentarbände: Deutsche Wortforschung in europäischen Bezügen. 6 Bde. Gießen.) – H. E. WIEGAND/G. HARRAS [1971]: Zur wissenschafts-historischen Einordnung und linguistischen Beurteilung des Deutschen Wortatlas. Hildesheim (= GermL 1/2). – J. EICHHOFF [1977/1978]: Wortatlas der deutschen Umgangssprache. 2 Bde. Bern. →Feldforschung, →Sprachatlas, →Sprachgeographie.

Wortbedeutung →Bedeutung, →Lexikalische Bedeutung.

Wortbedeutungslehre →Semasiologie.

Wortbildung. Untersuchung und Beschreibung von Verfahren und Gesetzmäßigkeiten bei der Bildung neuer komplexer Wörter auf der Basis vorhandener sprachlicher Mittel. Je nach Erkenntnisinteresse betrachtet die W. die Struktur des Wortschatzes unter historisch-genetischem oder synchronisch-funktionalem Aspekt. Dabei ergeben sich folgende Hauptaufgaben der W.: (a) Klassifizierung der sprachlichen Mittel, die als Elemente zur W. verwendet werden, wie einfache oder komplexe Wörter, →Grundmorpheme, Ableitungselemente (→Affix, →Präfix, →Suffix); (b) Beschreibung der Strukturtypen und -modelle der W. (c) Beschreibung der semantischen Aspekte der W.-Vorgänge. – W. beschäftigt sich mit der Beschreibung der Struktur sowohl von Neubildungen (→Augen-

blicksbildungen, →Neologismus) als auch von fertigen Wörtern (auch: →Lexikalisierung, usuelle Bildungen), die als zwei Seiten desselben Phänomens betrachtet werden müssen. Denn ausschließlich nach dem Vorbild der im lexikalisierten Wortbestand der Sprache vorhandenen Regularitäten können neue Wörter entstehen. Der größte Teil aller Wortbildungen läßt sich subsumieren unter →Derivation (Ableitung von neuen Wörtern durch wortartspezifische Suffixe: *Les + er, Les + ung, les + bar*), →Präfixbildung (Anfügen eines nicht frei vorkommenden Präfixes an ein freies Morphem: *un + lesbar, ver + lesen*), →Komposition (Zusammensetzung aus mehreren freien Morphemen: *Buch + Seite, Kinder + Zimmer*) und Konversion (die Überführung eines Stammes in eine andere Wortklasse, ohne Zuhilfenahme eines zusätzlichen Affixes: *Zelt > zelten*). Als eher periphere Prozesse der W. gelten Kürzung (→Kurzwort), Abkürzung (→Abkürzungswort) und →Kontamination. – Die Entscheidung über die Rolle der W. im Rahmen einer Gesamtgrammatik ist abhängig von der jeweilig vorausgesetzten Sprachtheorie: da komplexe Wörter einerseits typische lexikalische Worteigenschaften besitzen (z.B. unterliegen sie dem Prozeß der →Lexikalisierung und →Idiomatisierung), andererseits aber zum Teil Ähnlichkeiten mit Regularitäten der Satzbildung aufweisen (Paraphrasebeziehungen, →Rekursivität), berühren sich die Fragestellungen der W. auf der formalen Seite mit Morphologie und Syntax, auf der inhaltlichen mit Semantik, Lexikologie und Pragmatik. Besonders deutlich kommen solche unterschiedlichen Einschätzungen der W. in der →Lexikalistischen vs. Transformationalistischen Hypothese zum Ausdruck, aber auch in neueren Arbeiten zur →Wortsyntax.

Grammatiken: J. GRIMM [1826]: Deutsche Grammatik. 3. Buch. Von der Wortbildung. 2. Aufl. Göttingen 1878. - W. WILMANNS [1899]: Deutsche Grammatik. 2. Abteilung: Wortbildung. 2. Aufl. Straßburg 1911. - H. PAUL [1920]: Deutsche Grammatik. Bd. 5. Wortbildungslehre. Tübingen. - DUDEN [1959]: Die Grammatik. Bd 4. 4. Aufl. Mannheim 1984.
Handbücher: F. KLUGE [1913]: Abriß der deutschen Wortbildung. 2. Aufl. Halle 1925. - W. HENZEN [1947]: Deutsche Wortbildung. 3. Aufl. Tübingen 1965. - H. MARCHAND [1960]: The categories and types of present-day English word-formation. 2. Aufl. München 1969. - H. KRAHE/W. MEID [1967]: Germanische Sprachwissenschaft. Bd. 3. Wortbildungslehre. Berlin. - W. FLEISCHER [1969]: Wortbildung der deutschen Gegenwartssprache. 5. Aufl. Tübingen 1982. - V. ADAMS [1973]: An introduction to modern English word formation. London. - I. KÜHNHOLD/H. WELLMANN [1973]: Deutsche Wortbildung. 1. Hauptteil: Das Verb. Düsseldorf. - J. ERBEN [1975]: Einführung in die deutsche Wortbildungslehre. 2. Aufl. Berlin 1983. - H. WELLMANN [1975]: Deutsche Wortbildung. 2. Hauptteil: Das Substantiv. Düsseldorf. - I. KÜHNHOLD/O. PUTZER/H. WELLMANN [1978]: Deutsche Wortbildung. 3. Hauptteil: Das Adjektiv. Düsseldorf.
Einführungen: B. NAUMANN [1972]: Einführung in die Wortbildungslehre des Deutschen. 2. Aufl. Tübingen 1986. - P. MATTHEWS [1974]: Morphology. London. - H. BERGENHOLTZ/J. MUGDAN [1979]: Einführung in die Morphologie. Stuttgart. - D. KASTOVSKY [1982]: Wortbildung und Semantik. Düsseldorf. - L. BAUER [1983]: English word-formation. London. - S. SCALISE [1984]: Generative morphology. 2. Aufl. Dordrecht 1986. - S. OLSEN [1986]: Wortbildung im Deutschen. Stuttgart.
Monographien: R. FLURY [1964]: Struktur- und Bedeutungsgeschichte des Adjektiv-Suffixes »-bar«. Winterthur. - G. ZIFONUN [1973]: Zur Theorie der Wortbildung am Beispiel deutscher Präfixverben. München. - H. GÜNTHER [1974]: Das System der Verben mit »be-« in der deutschen Sprache der Gegenwart. Tübingen. - W.

KÜRSCHNER [1974]: Zur syntaktischen Beschreibung deutscher Nominalkomposita. Tübingen. - M. ARONOFF [1976]: Word formation in generative grammar. Cambridge, Mass. - U. WANDRUSZKA [1976]: Probleme der neufranzösischen Wortbildung. Tübingen. - D. DOWTY [1979]: Word meaning and Montague grammar. Dordrecht. - G. FANSELOW [1981]: Zur Syntax und Semantik der Nominalkomposition. Tübingen. - R. LIEBER [1981]: On the organization of the lexicon. Bloomington. - F. PLANK [1981]: Morphologische (Ir-)Regularitäten. Tübingen. - J. THIELE [1981]: Wortbildung der französischen Gegenwartssprache. Leipzig. - J. VÖGEDING [1981]: Das Halbsuffix »-frei«. Tübingen. - E. SELKIRK [1982]: The syntax of words. Cambridge, Mass. - J. TOMAN [1983]: Wortsyntax. Tübingen. - G. URBANIAK [1983]: Adjektive auf »-voll«. Heidelberg. - J. BYBEE [1985]: Morphology. Amsterdam. - A. M. DISCIULLO/E. WILLIAMS [1987]: On the definition of word. Cambridge, Mass. - D. CORBIN [1987]: Morphologie derivationnelle et structuration du lexique. Bd. 1 und 2. Tübingen.
Aufsätze: R. JACKENDOFF [1975]: Morphological and semantic regularities in the lexicon. In: Lg 51, S. 639-671. - R. LIEBER [1983]: Argument linking and compounds in English. In: LI 14, S. 251-285. - G. FANSELOW [1985]: Die Stellung der Wortbildung im System kognitiver Module. In: LB 96, S. 91-126. - D. WUNDERLICH [1986]: Probleme der Wortstruktur. In: ZS 5, S. 208-252.
Sammelbände: O. PANAGL (ed.) [1976]: Wortbildung diachronisch-synchronisch. Innsbruck. - H. BREKLE/D. KASTOVSKY (eds.) [1977]: Perspektiven der Wortbildungsforschung. Bonn. - H. GÜNTHER/L. LIPKA (eds.) [1981]: Wortbildung. Darmstadt. - G. BOOIJ/J. VAN MARLE [1988]: Yearbook of morphology. Dordrecht. - M. EVERAERT u.a. [1988]: Morphology and modularity. Dordrecht.
Bibliographien: R. K. SEYMOUR [1968]: A bibliography of word formation in the germanic languages. Durham. - G. STEIN [1973]: English word-formation over two centuries. Tübingen.
Wörterbücher: E. MATER [1965]: Rückläufiges Wörterbuch der deutschen Gegenwartssprache. Leipzig. - G. AUGST [1975]: Lexikon zur Wortbildung. Morpheminventar A-Z der deutschen Gegenwartssprache. 3 Bde. Tübingen.
Forschungsbericht: J. BOASE-BEIER/J. TOMAN [1989]: Wortstruktur und Grammatik: der heutige Stand der Forschung. Tübingen.

Wortbildungsparadigma
→Funktionsstand.

Wortbildungsregel [engl. *word formation rule*]. Innerhalb des →Lexikalischen Ansatzes der →Wortbildung hat als erster M. ARONOFF [1976] die Eigenschaften der Regeln ausgearbeitet, die im →Lexikon auf der Grundlage der dort vorhandenen Wörter neue komplexe Wörter erzeugen. Die Ergebnisse der W. gehen gleich ins Lexikon als vollspezifizierte Lexikoneinheiten der Sprache über. – Spätere Theorien der →Wortsyntax gehen davon aus, daß die Bildung und Interpretation von komplexen Wörtern die Ergebnisse der modularen Interaktion verschiedener Komponenten der Grammatik darstellen. Vgl. →Wortsyntax.

Lit.: M. ARONOFF [1976]: Word formation in generative grammar. Cambridge, Mass.

Worterkennung [engl. *lexical access*].

Wortexperte. →Parsing durch W. basiert auf der Annahme, daß das individuelle Wort die für den Interpretationsprozeß relevante sprachliche Einheit ist. Somit ist W.-Parsing als die KI-Form einer lexikalischen Syntax anzusehen. W. sind Ausgangspunkt für Analyseprozesse; syntaktische Regularitäten werden nicht explizit repräsentiert, sondern implizit durch das Ineinandergreifen von W. kodiert.

Lit.: S. C. SMALL/J. J. RIEGER [1982]: parsen and comprehending with word experts. In: W. G. LEHNERT (ed.): Stategies in natural language processing. Hillsdale, N. J. – C. REDDIG [1984]: Word expert parsen – Ein Überblick. In: C.-R. ROLLINGER (ed.): Probleme des (Text-)Verstehens. Ansätze der Künstlichen Intelligenz. Tübingen. – R. KUHLEN [1989]: Information retrieval: Verfahren des Abstracting. In: HSK 4.10., S. 688–695. – U. HAHN [1989/90]: Lexikalisch-verteiltes Text-Parsing. Berlin.

Wortfamilie [Auch: Wortsippe]. Menge von Wörtern innerhalb einer Sprache, deren gleiche oder ähnliche Stammorpheme auf dieselbe etymologische →Wurzel zurückgehen, z.B. *fahren, Fahrt, Fuhre, Führer, Gefährt* u.a.m. Hauptquelle solcher W. sind die starken Verben, deren verschiedene Ablautstufen als Grundlage der Wortneubildung dienten (→Ablaut). Die Zahl der Elemente einer W. hängt ab von der Bedeutung des Stammorphems und der Häufigkeit seines Gebrauchs. So gibt es W. mit bis zu tausend Einzelwörtern, z.B. zu *ziehen*, vgl. *zucken, Zug, Zügel, Zucht, Zeug, Zeuge, Herzog* u.a.m., wobei allerdings der etymologische Zusammenhang unter synchronischem Aspekt häufig nicht mehr durchsichtig ist.

Lit.: B. LIEBICH [1899]: Wortfamilien der lebenden hochdeutschen Sprache als Grundlage für ein System der Bedeutungslehre. Berlin. – G. STÜCKE [1912]: Deutsche Wortsippen. Ein Blick in die Verwandtschaftszusammenhänge der deutschen Wortschatzes. Berlin. – H. H. KELLER [1987]: A German word family dictionary. Together with English equivalents. Berkeley. →Bedeutungswandel, →Etymologie.

Wortfeld [engl. *lexical field* bzw. (mißverständlich) *semantic field*. – Auch: Bedeutungsfeld, lexikalisches Feld, Sinnbezirk]. Von J. TRIER [1931] eingeführter Terminus zur Bezeichnung einer Menge von sinnverwandten Wörtern, deren Bedeutungen sich gegenseitig begrenzen und die lückenlos (mosaikartig) einen bestimmten begrifflichen oder sachlichen Bereich abdecken sollen. Dieser weitgehend intuitiv verwendete Begriff wird unter syntaktischem Aspekt als Klasse paradigmatischer Elemente präzisiert (vgl. COSERIU), und in seiner semantischen Komponente als bestimmte Struktur, die mit Hilfe der Komponentenanalyse und der Sinnrelationen beschreibbar ist (vgl. BAUMGÄRTNER und LUTZEIER). Vgl. →Wortfeldtheorie.

Lit.: →Wortfeldtheorie.

Wortfeldtheorie. Vorwiegend semantisches Konzept vor allem der →Inhaltbezogenen Grammatik, demzufolge ein Wort nicht isoliert im Bewußtsein von Sprecher/Hörer existiert, sondern stets zusammen mit begriffsverwandten Wörtern eine strukturierte Menge sich gegenseitig beeinflussender Elemente bildet. Die in ihren Anfängen besonders mit dem Namen von J. TRIER verbundene W. steht in unmittelbarem Zusammenhang mit einer allgemeinen sprachwiss. Tendenz, von isolierender, atomistischer Einzelbetrachtung zu einer »ganzheitlichen«, systembezogenen Betrachtungsweise überzugehen. Sowohl F. DE SAUSSURES Systemgedanke als auch Einflüsse der Gestaltpsychologie sowie der Erkenntnistheorie von E. CASSIRER haben die Entwicklung der W. beeinflußt. – Folgende Prämissen liegen der W. im TRIERschen Sinn zugrunde: (a) Die Bedeutung des einzelnen Wortes ist abhängig von der Bedeutung der übrigen Wörter des gleichen Wort- bzw. Begriffsfeldes (vgl. Notenskala). (b) Das einzelne Wortfeld ist mosaikartig und lückenlos zusammengesetzt, und die Gesamtmenge aller Wortfelder einer Sprache spiegelt ein in sich geschlossenes Bild der Wirklichkeit. (c) Erfährt ein einziges Wort einen Bedeutungswandel, so ändert sich die Struktur des gesamten Wortfeldes. Daraus folgt, daß die isolierte historische Wortforschung durch Feldforschung zu ersetzen ist. Neben diesem paradigmatischen bildet sich schon früh ein syntagmatischer Feldbegriff aus, vgl. PORZIGS →Wesenhafte Bedeutungsbeziehungen. – Vielfältige Kritik an der W., vor allem durch SCHEIDWEILER, KANDLER, ÖHMANN, BETZ, OKSAAR hat zu Differenzierungen bzw. Modifikationen geführt. Präzisierung in terminologischer und inhaltlicher Hinsicht bewirkte zunächst die Entwicklung der →Komponentenanalyse (vgl. BAUMGÄRTNER), durch die einerseits die Bedeutungsbestimmung der einzelnen Lexeme systematischer überprüfbar wurde, andererseits aber auch syntagmatische Aspekte berücksichtigt wurden: Sowohl das leidige Vollständigkeitsproblem, die Frage eines Kriteriums für die Entscheidung, ob ein bestimmtes Element zum Wortfeld gehört oder nicht, als auch das Ausdifferenzierungsproblem, d.h. die Frage, ob ein bestimmtes Element seine eigene Position im Wortfeld hat, konnte inzwischen durch die Hinzuziehen der →Semantischen Relationen zur semantischen Strukturierung des Wortfeldes einer Lösung nähergebracht werden; vgl. LUTZEIER. Ausführliche Forschungsberichte zur W. finden sich bei HOBERG, SEIFFERT, GECKELER, REICHMANN und KERTSCHEFF.

Lit.: R. M. MEYER [1910]: Bedeutungssysteme. In: KZ 43, S. 352–368. – R. M. MEYER [1910]: Die militärischen Titel. In:

ZDW 12, S. 145–156. – J. TRIER [1931]: Der deutsche Wortschatz im Sinnbezirk des Verstandes. Die Geschichte eines sprachlichen Feldes. I. Von den Anfängen bis zum Beginn des 13. Jahrhunderts. Heidelberg. – J. TRIER [1934]: Das sprachliche Feld. Eine Auseinandersetzung. In: Neue Jahrbücher für Wissenschaft und Jugendbildung 10, S. 428–449. – W. BETZ [1954]: Zur Überprüfung des Feldbegriffs. In: KZ 71, S. 189–198. – G. KANDLER [1959]: Die »Lücke« im sprachlichen Weltbild. Zur Synthese von »Psychologismus« und »Soziologismus«. In: FS für L. WEISGERBER. Düsseldorf, S. 256–270. – S. ÖHMANN [1959]: Wortinhalt und Weltbild. Stockholm 1951. – K. BAUMGÄRTNER [1967]: Die Struktur des Bedeutungsfeldes. In: Satz und Wort im heutigen Deutsch. Düsseldorf, S. 165–197. – E. COSERIU [1967]: Lexikalische Solidaritäten. In: Poetica 1, S. 293–303. Auch in: W. KALLMEYER u.a. (eds.): Lektürekolleg zur Textlinguistik. Bd. 2: Reader (1974), S. 74–86. – K. GABKA [1967]: Theorien zur Darstellung eines Wortschatzes. Halle. – L. SEIFFERT [1968]: Wortfeldtheorie und Strukturalismus. Studien zum Sprachgebrauch Freidanks. Stuttgart. – H. J. SEILER [1968]: Zur Erforschung des lexikalischen Feldes. In: H. MOSER (ed.): Sprache der Gegenwart. Sprachnorm, Sprachpflege, Sprachkritik. Düsseldorf, S. 268–286. – R. HOBERG [1970]: Die Lehre vom sprachlichen Feld. Düsseldorf. – H. GECKELER [1971]: Strukturelle Semantik und Wortfeldtheorie. München. – V. BEEH [1973]: Ansätze zu einer wahrheitswertfunktionalen Semantik. München. – L. SCHMIDT (ed.) [1973]: Wortfeldforschung. Zur Geschichte und Theorie des sprachlichen Feldes. Darmstadt. – J. TRIER [1973]: Aufsätze und Vorträge zur Wortfeldtheorie. Darmstadt. – A. LEHRER [1974]: Semantic fields and lexical structure. Amsterdam. – H. GIPPER [1975]: Sind sprachliche Felder formalisierbar? In: H. BECKERS/H. SCHWARZ (eds.): Gedenkschrift für JOST TRIER. Köln, S. 116–149. – O. REICHMANN [1976]: Germanistische Lexikologie. 2., vollständig umgearb. Aufl. von »Deutsche Wortforschung«. Stuttgart. – M. FAUST [1978]: Wortfeldstruktur und Wortverwendung. In: WW 28, S. 365–401. – H. GECKELER (ed.) [1978]: Strukturelle Bedeutungslehre. Darmstadt. – A. LEHRER [1978]: Structures of the lexicon and transfer of meaning. In: Lingua 45, S. 95–123. – G. L. KARCHER [1979]: Kontrastive Untersuchung von Wortfeldern im Deutschen und Englischen. Frankfurt – B. KERTSCHEFF [1979]: Die Semantik und der Feldbegriff. In: DSp 7, S. 35–56. – L. LIPKA [1980]: Methodology and representation in the study of lexical fields. In: D. KASTOVSKY (ed.): Perspektiven der lexikalischen Semantik. Beiträge zum Wuppertaler Se-

mantikkolloquium vom 2.–3. Dezember 1977. Bonn, S. 93–114. – P. R. LUTZEIER [1981]: Wort und Feld. Tübingen. – B. WOTJAK [1982]: Zur Analyse von paradigmatischen semantischen Makrostrukturen, dargestellt am Feld der Verben des Beförderns. In: DaF 19, S. 34–39. – P. R. LUTZEIER [1983]: Wortfelder als Maßstab für Interpretationen am Beispiel des Feldes der Stimmungen im Deutschen. In: ZS 2, S. 45–71. – P. R. LUTZEIER [1983]: The relevance of semantic relations between words for the notion of lexical fields. In: TL 10, S. 147–178. – D. GOEKE/J. KORNELIUS [1984]: Wortfelder aus bemessenen Ordnungen. Ein empirischer Beitrag zur Wortfeldforschung. Trier. – K. ROBERING [1986]: Die deutschen Verben des Sehens. Göppingen. – R. SANSOME [1986]: Connotation and lexical field analysis. In: CLex 49, S. 13–33. – H. SCHUMACHER (ed.) [1986]: Verben in Feldern. Valenzwörterbuch zur Syntax und Semantik deutscher Verben. Berlin. – R. E. GRANDY [1987]: In defense of semantic fields. In: E. LEPORE (ed.): New directions in semantics. London, S. 259–280. – KOLLEKTIV [1987]: Analyseaspiel (Wortfeld NAHRUNG ZUFÜHREN). In: LSt 169/II, S. 436–484. – B. WEISGERBER [1989]: Die Bedeutung der Wortfeldtheorie für die Erforschung und Förderung des Spracherwerbs. In: WW 39, S. 281–294.
Bibliographie: H. GIPPER [1962/66]: Bibliographisches Handbuch zur Sprachinhaltsforschung. Köln.

Wortform. Konkret realisierte gramm. Form eines Wortes im Kontext eines Satzes. Das dem →Lexem als der (unveränderlichen) abstrakten Basiseinheit des Lexikons entsprechende Wort der Oberflächenstruktur wird nach gramm. Kategorien (wie Tempus, Numerus, Kasus, Person u.a.) in abgewandelten »Wortformen« realisiert: vgl. *Bild, mal(en)* in *Es wurden interessante Bilder gemalt.*

Lit.: P. H. MATTHEWS [1974]: Morphology. London.

Wortformbildung →Flexion.

Wortfrage →Ergänzungsfragesatz.

Wortgleichung. Zusammenstellung von etymologisch verwandten Worten oder Wort→Wurzeln aus verschiedenen Sprachen, um auf Wortschatz, Phonologie und Morphologie begründete verwandtschaftliche Beziehungen zu dokumentieren, z.B. zu nhd. *Mutter*: altind. *mātār*, griech. *mếtēr*, lat. *māter*, engl. *mother*.

Wortkreuzung →Kontamination.

Wortkunde →Lexikologie.

Wortnische [Auch: Semantische Nische]. In der →Inhaltbezogenen Grammatik verwendete Bezeichnung für semantisch spezifizierte, aber primär formal orientierte Ableitungstypen im Rahmen einzelner Wortarten; so besteht die semantische Gruppe der →Ornativa aus folgenden W.: (a) implizite →Ableitung mit Umlaut: *schmücken;* (b) Verbableitung durch Wortartwechsel (→Konversion): *salz + en;* (c) Präfixbildungen wie *be + kleiden, ver + golden* u.a.

Lit.: →Inhaltbezogene Grammatik, →Wortbildung.

Wortschatz [Auch: Lexik]. Gesamtmenge aller Wörter einer Sprache zu einem bestimmten Zeitpunkt. Quantitative Angaben über den Umfang des W. (z.B. ca. 500 000 für das Dt.) sind problematisch bzw. abhängig von dem der jeweiligen Schätzung zugrundeliegenden Konzept von →Wort sowie von der Berücksichtigung fachsprachlicher Sonderbildungen. Der Durchschnittssprecher verfügt über einen W. von ca. 6000 bis 10000 Wörtern, wobei zwischen aktivem und passivem (nur verstehendem) Gebrauch große Unterschiede bestehen können. Der W. einer Sprache läßt sich nach verschiedenen Kriterien gliedern: (a) nach den von den Wörtern bezeichneten außersprachlichen Fakten in Sachgruppen, wie sie z.B. dem Wörterbuch von DORNSEIFF oder dem »Begriffssystem« von HALLIG und WARTBURG zugrundeliegen; (b) nach den zwischen Wörtern bzw. Wortgruppen bestehenden →Semantischen Relationen wie →Synonymie, →Antonymie u.a.; (c) nach der Bildungsart (→Wortbildung); (d) unter historischem Aspekt in Erbwörter, →Lehnwörter, →Fremdwörter oder nach →Wortfamilien; (e) nach regionalen oder sozialen Schichtungen, vgl. →Dialekt, →Fachsprache, →Sondersprache; (f) hinsichtlich der statistischen Häufigkeit und dem Gebrauchswert sowie (g) unter Berücksichtigung didaktischer Probleme in einen →Grundwortschatz und gestuften Aufbauwortschatz.

Lit.: F. DORNSEIFF [1934]: Der deutsche Wortschatz nach Sachgruppen. Berlin. 6. Aufl. 1965. – R. HALLIG/W. v. WARTBURG [1952]: Begriffssysteme als Grundlage für die Lexikographie. Berlin. – E. AGRICOLA/ W. FLEISCHER (eds.) [1969/1970]: Die deutsche Sprache. Kleine Enzyklopädie. 2 Bde. Leipzig, Bd. 1, S. 423–611. – P. R. LUTZEIER [1985]: Die semantische Struktur des Lexikons. In: C. SCHWARZE/D. WUNDERLICH (eds.): Handbuch der Lexikologie. Königstein/Ts., S. 103–133. – E. AGRICOLA [1987]: Ermittlung und Darstellung der lexikalischen Makrostruktur des Wortschatzes. In: LStA 169/III, S. 323–435. – R. CARTER [1987]: Vocabulary. Applied linguistics perspectives. London. – H. H. MUNSKE u.a. (eds.) [1988]: Deutscher Wortschatz. Berlin.
Bibliographie: P. KÜHN [1978]: Deutsche Wörterbücher. Eine systematische Bibliographie. Tübingen.

Wortschatzuntersuchung →Lexikologie.

Wortschöpfung [engl. *coining*. – Auch: Urschöpfung]. Im Unterschied zur Wortbildung durch Ableitung und Zusammensetzung mittels vorhandener sprachlicher Elemente (vgl. →Derivation, →Komposition) beruht W. auf der erstmaligen Prägung einer unmotivierten, d.h. nichtkomplexen und völlig arbiträren Verbindung von Ausdruck und Inhalt (Vgl. →Motivierung, →Arbitrarität). Vermutlich sind im Frühstand der Sprache die Grundelemente des Wortschatzes auf diese Weise geprägt worden.

Lit.: B. NAUMANN [1986]: Einführung in die Wortbildungslehre des Deutschen. Tübingen. Kap. 1. →Wortbildung.

Wortsemantik →Bedeutung.

Wortsippe →Wortfamilie.

Wortspiel. »Spielerische« Veränderung eines Wortes zum Zwecke überraschender Wirkungen, als →Rhetorische Figur häufig in manieristischer Literatur und in der →Werbesprache. Das W. kann zustandekommen (a) durch Veränderung der Bedeutung, also Ausnützung von →Homonymie und →Polysemie, z.B. *Entrüstet Euch!*, (b) durch Veränderung der Wortformen, und zwar durch Umstellung von Lauten: *Martin Luther – lehrt in Armut* (→Anagramm), von Silben: *Paprikaschnitzel/Schnaprikapitzel/ Piprikaschnatzel* oder von →Morphemen: *Du bist/Buddhist* (»Schüttelreime«), (c) durch →Kontaminationen wie *Unruhestand, Stadtverwaldung,*

Qualverwandtschaften, Demokratur, almonthst (J. JOYCE), *Manitypistin Stenoküre* (H. M. ENZENSBERGER). Vgl. auch →Paronomasie, →Polyptoton, →Malapropismus, →Versprecher.

Lit.: F. H. MAUTHNER [1931]: Das Wortspiel und seine Bedeutung. In: DVLG 9, S. 679–710. – F. J. HAUSMANN [1974]: Studien zu einer Linguistik des Wortspiels. Tübingen. – H. F. PLETT [1975]: Textwissenschaft und Textanalyse. Semiotik, Linguistik, Rhetorik. 2. verb. Aufl. Heidelberg 1979. – W. KOLLER [1977]: Redensarten. Linguistische Aspekte, Vorkommensanalysen, Sprachspiel. Tübingen. – B. MARFURT [1977]: Textsorte Witz. Möglichkeiten einer sprachwissenschaftlichen Textsorten-Bestimmung. Tübingen. – L. RÖHRICH [1977]: Der Witz. Figuren, Formen, Funktion. Stuttgart. – W. ULRICH [1977]: Semantische Turbulenzen: Welche Kommunikationsformen kennzeichnen den Witz? In: DSp 5, S. 313–334. – W. REDFERN [1984]: Puns. Oxford.

Wortstruktur. In neuerer Literatur zur →Wortbildung Angleichung der Struktur von komplexen Wörtern an die Bauprinzipien der Phrasenstruktur, v.a. an die X-Bar-Syntax. Insbesondere wird der Begriff *Head* (→Kopf) in einer positionell festgelegten Variante auf Wortstrukturen angewendet. Die Headkonstituente bestimmt über den aus der Syntax bekannten Perkolationsmechanismus (= Übertragung von Merkmalen von einer Kategorie auf eine unmittelbar dominierende bzw. dominierte Kategorie, vgl. →Perkolieren), die Merkmale des Gesamtwortes. Seine Position in der binären Wortstruktur konstituiert einen Parameter, den die Einzelsprachen verschieden belegen können – im Engl. und Dt. steht der *Head* rechts, im Hebräischen und Frz. links. In einer relativierten Variante des Head-Begriffs nehmen A. M. DiSciullo und E. Williams [1987] anders als E. Selkirk [1982] an, daß →Flexions-Affixe wie die →Derivations-Suffixe als (relativierte) Heads bezüglich der Flexionsstruktur des Wortes fungieren können. Die Menge der Kategorien in der W. ist kleiner als in der Phrasensyntax: Allein die lexikalischen Kategorien *N, A, V* und *P* (abgekürzt: X_0) scheinen zusammen mit den gebundenen →Affixen an produktiven Wortbildungsprozessen teilzunehmen. Allerdings ist es umstritten, ob syntaktische Kategorien wie *NP, VP, S* als Nicht-Head-Konstituenten von W. vorkommen. Vgl. →Phrasale Affigierung.

Lit.: E. Selkirk [1982]: The syntax of word. Cambridge. – A. M. DiSciullo/E. Williams [1987]: On the definition of word. Cambridge, Mass. →Wortsyntax.

Wortsyntax. Anwendung neuerer Theorien und Kenntnisse der Syntax auf die Struktur des Wortes, vgl. u.a. die →X-Bar-Syntax und das →Theta-Kriterium bzw. Argument-→Vererbung.

Lit.: E. Williams [1981]: Argument structure and morphology. In: TLR I, S. 81–114. – E. Williams [1981]: On the notions »Lexically related« and »Head of a word«. – E. Selkirk [1982]: The syntax of words. Cambridge, Mass. – J. Toman [1983]: Wortsyntax. Tübingen. – J. Boase/J. Toman [1986]: On role assignment in german compounds. In: FoL 20, S. 319–339. – J. Toman [1986]: Zu neueren Entwicklungen in der Theorie der Wortstruktur. In: StL 19, S. 1–21. – A. M. DiSciullo/E. Williams [1987]: On the definition of word. Cambridge, Mass.

Wort-und-Paradigma-Modell [Auch: Paradigmen-Morphologie]. Traditioneller Forschungsansatz in der →Morphologie, der sich auf das Wort als zentrale Einheit der gramm. Beschreibung stützt (im Unterschied zu - bzw. in Auseinandersetzung mit - der →Item-and-Arrangement-Grammar, die vom →Morphem als kleinster Beschreibungseinheit ausgeht). Das Paradigma resultiert aus den gramm. (morphosyntaktischen) Kategorien ›Tempus‹, ›Modus‹ u.a. beim Verb, ›Genus‹, ›Kasus‹ u.a. beim Substantiv bzw. aus der Menge der Wortformen eines Lexems, die aus dem Wortstamm und den entsprechenden Flexionsendungen gebildet werden. Zur theoretischen Präzisierung dieses Modells als Alternative zu *Item-and-Arrangement-Grammar* und *Item-and-Process-Grammar* vgl. Matthews.

Lit.: C. F. Hockett [1954]: Two models of grammatical description. In: Word 10, S. 210–234. – P. H. Matthews [1974]: Morphology. Cambridge, Kap. 8. – P. H. Matthews [1974]: Inflectional morphology. Cambridge. →Morphologie.

Wort- und Satzgliedstellung. [Auch: Topologie, Serialisierung, Serialität]. Bei strikter Unterscheidung zwischen W. und S. bezieht sich W. auf die Elementfolge innerhalb von Satzgliedern, d.h. auf die Reihenfolge der Wörter innerhalb des Nominal-, Präpositional-, Verbal- oder Adverbialkomplexes, während S. die Anordnung der syntaktischen Einheiten Subjekt, Objekt, Adverbial u.a. innerhalb des Gesamtsatzes bezeichnet. (Häufig allerdings wird W. ohne Berücksichtigung dieser Unterscheidung verwendet). Die Regularitäten der W. u. S. bilden einen Zentralbereich der Syntax, wobei die Faktoren morphologische Markierung, intonatorische Eigenschaften (Satzakzent), Aspekte der Pronominalisierung, Definitheit, sowie Gliederung in →Thema vs. Rhema eine maßgebliche Rolle spielen. - Hauptbezugsgröße von Untersuchungen zur W. u. S. sind die verschiedenen →Verbstellungs-Typen: Spitzenposition (Verb-Erst), Zweitposition (Verb-Zweit) und Endposition (Verb-Letzt), die zusammen mit weiteren illokutiven Indikatoren (vgl. →Illokution) wie →Intonation und lexikalische Mittel (→Partikeln) die →Satztypen (→Frage-/→Aufforderungssatz, →Hauptsatz und →Nebensatz) determinieren. Die Bezugsgröße bei der Beschreibung der W. u. S. ist im allg. der Satz. Im Dt. sind darüber hinaus sogen. Felderstrukturen relevant: Ausgehend von der »normalen« Zweitposition des finiten Verbs im unabhängigen Aussagesatz wird der Satz in →Stellungsfelder eingeteilt und zwischen →Vorfeld (Position vor dem finiten Verb), →Mittelfeld (Position zwischen den Elementen mehrgliedriger Verben bzw. zwischen finitem Verb und obligatorischen Ergänzungen) und →Nachfeld (Position rechts außerhalb des Satzrahmens) unterschieden. (Zum Nachfeld vgl. auch →Ausklammerung, →Satzklammer.) Die meisten Typen der W. u. S. lassen sich mit Hilfe dieser Stellungsfelder beschreiben: →Topikalisierung ist eine bestimmte Form der Vorfeldbesetzung, Reihenfolgebeziehungen zwischen verschiedenen Objekten und Adverbialen beziehen sich auf das Mittelfeld, und →Ausklammerung, →Nachtrag und →Extraposition sind Herausstellungstypen, die das (Nach)–Nachfeld besetzen (vgl. ALT-

MANN [1981]). Probleme der W. u. S. werden auch unter dem Aspekt universaler Gesetzmäßigkeiten untersucht, vgl. hierzu →Grundwortstellung.

Lit. zur Wortstellung des Dt.: O. BEHAGHEL [1923/1932]: Deutsche Syntax. Eine geschichtliche Darstellung. 4 Bde. Heidelberg. - E. DRACH [1937]: Grundgedanken der deutschen Satzlehre. 4. Aufl. Frankfurt 1963. - E. BENEŠ [1962]: Die Verbstellung im Deutschen von der Mitteilungsperspektive her betrachtet. In: PhP 5, S. 6–19. - W. FLÄMIG [1964]: Grundformen der Gliedfolge im deutschen Satz und ihre sprachlichen Funktionen. In: PBB (H) 86, S. 309–349. - E. BENEŠ [1967]: Die funktionale Satzperspektive (Thema-Rhema-Gliederung) im Deutschen. In: DaF 1. - E. BENEŠ [1968]: Die Ausklammerung im Deutschen als grammatische Norm und stilistischer Effekt. In: Mu 78, S. 289–298. - M. REIS [1974]: Syntaktische Hauptsatzprivilegien und das Problem der deutschen Wortstellung. In: ZGL 2, S. 299–327. - H. ALTMANN [1976]: Wortstellungstypen des Deutschen und Kontrastierung. In: H. W. VIETHUM (ed.): Grammatik. Bd. 1. Tübingen, S. 89–110. - J. LENERZ [1977]: Zur Abfolge nominaler Satzglieder im Deutschen. Tübingen. - H. FROSCH [1978]: Allgemeine Syntaxtheorie und deutsche Wortstellung. In: GermL 2-5, S. 105–122. - D. H. LEE [1979]: Aspekte der deutschen Syntax, mit besonderer Berücksichtigung der Wortstellung. - H. ALTMANN [1981]: Formen der »Herausstellung« im Deutschen. Tübingen. - A. LÖTSCHER [1981]: Abfolgeregeln für Ergänzungen im Mittelfeld. In: DSp 9, S. 44–60. - M. REIS [1981]: On justifying topological frames: »Positional fields« and the order of nonverbal elements in German. In: DRLAV 22/23, S. 59–85 - A. SCAGLIONE [1981]: The theory of German word order from the renaissance to the present. - H. HAIDER/M. PRINZHORN [1986]: Verb-second phenomena in Germanic languages. Dordrecht. - M. REIS [1987]: Die Stellung der Verbargumente im Deutschen. Stilübungen zum Grammatik-Pragmatik-Verhältnis. In: I. ROSENGREN (ed.): Sprache und Pragmatik. Stockholm, S. 139–177. - H. USZKOREIT [1987]: Word order and constituent structure in German. Chicago. - M. KEFER [1989]: Satzgliedstellung und Satzstruktur im Deutschen. Tübingen. →Verbstellung.
Wortstellung und Sprachwandel: TH. VENNEMANN [1975]: Analogy in generative grammar: The origin of word order. In: L. HEILMANN (ed.): Proceedings of the eleventh international congress of linguistics. Bd. 2. Bologna, S. 79–83. - R. P. EBERT [1978]: Historische Syntax des Deutschen.

Stuttgart. - R. P. EBERT [1980]: Variation study and word order change. In: CLS 16, S. 52–61.
Lit. zu Universalien der Wortstellung: J. H. GREENBERG (ed.) [1963]: Universals of language. Cambridge, Mass. - J. H. GREENBERG [1966]: Language universals. With special reference to feature hierarchies. The Hague. - W. P. LEHMANN [1971]: On the rise of SOV patterns in New High German. In: K. G. SCHWEISTHAL (ed.): Grammatik - Kybernetik - Kommunikation. Bonn, S. 19–24. - W. P. LEHMANN [1972]: Proto-Germanic syntax. In: F. V. COETSEM/H. L. KUFNER: Toward a grammar of Proto-Germanic. Tübingen. - J. H. GREENBERG [1974]: Language typology. A historical and analytic overview. The Hague. - H.-J. SASSE [1977]: Gedanken über Wortstellungsveränderung. In: PzL 13/14, S. 82–142. - U. WANDRUSKA [1982]: Studien zur italienischen Wortstellung. Tübingen. - A. SIEWIERSKA [1987]: Word order rules. London. ›Grundwortstellung. *Sammelbände:* CH. N. LI (ed.) [1975]: Word order and word order change. Austin. - CH. N. LI (ed.) [1976]: Subject and topic. New York. - M.-E. CONTE u.a. (eds.) [1978]: Wortstellung und Bedeutung. Tübingen. - W. P. LEHMANN (ed.) [1978]: Syntactic typology: studies in the phenomenology of language. Austin. - J. M. MEISEL/M. D. PAM (eds.) [1979]: Linear order and generative theory. Amsterdam.
Forschungsberichte: TH. VENNEMANN [1974]: Theoretical word order studies: Results and problems. In: PzL 7, S. 5–25. - J. ETZENSBERGER [1979]: Die Wortstellung der deutschen Gegenwartssprache als Forschungsobjekt. Mit einer kritisch referierenden Bibliographie. Berlin. - J. LENERZ [1980]: Zum gegenwärtigen Stand der Wortstellungsforschung. In: PBB (T) 103, S. 6–30.
Bibliographie: U. GOSEWITZ [1973]: Wort- und Satzgliedstellung. Eine Bibliographie. In: GermL 3, S. 1–142.

Wotisch →Finno-Ugrisch.

Wu →Chinesisch.

Wunschsatz [Auch: Heischesatz]. Grammatisch begründeter Satztyp zum Ausdruck von Wünschen, der im Dt. durch Verb-Erst-Stellung und Konjunktiv u.a. gekennzeichnet ist: *Wäre diese Last doch endlich von mir genommen!* Vgl. →Satzmodus.

Lit.: U. Scholz [1989]: Wunschsätze im Deutschen. Formale und funktionale Beschreibung. (Masch. Phil. Diss.) München. →Satzmodus.

Wurzel [engl. *root.* - Auch: Wortwurzel].
(1) Unter diachronischem Aspekt von Sprachvergleich und bestimmten Lautgesetzen rekonstruierte, nicht mehr zerlegbare historische Grundform eines Wortes, die in lautlicher und semantischer Hinsicht als Ausgangsbasis entsprechender →Wortfamilien angesehen wird, z. B. die (rekonstruierte) indogerm. W. **per-* bzw. **par-* für »Fortbewegung jeder Art«, die *fahren, Erfahrung, Führer, fertig, führen, Furt* u.a. zugrunde-liegt.
(2) Unter synchronischem Aspekt Synonym für »freies« →Morphem bzw. →Grundmorphem.

Lit.: →Wortbildung.

Wurzeldeterminativ. In der Terminologie der historischen →Wortbildung verdunkelte, in ihrer urspr. reihenbildenden Funktion nicht mehr durchschaubare Ableitungselemente wie das *-(t)er* oder engl. *(th)er* in Verwandtschaftsbezeichnungen: *Vater, Mutter, Schwester, Schwager* bzw. *father, mother, brother*, lat. *pater, frater, socer*.

Lit.: →Wortbildung.

Wurzelnomen. Nomen, das ohne erkennbares Wortbildungsmorphem nur aus einem freien Morphem (= Wurzel) bzw. einem →Grundmorphem oder →Stamm besteht, vgl. dt. *Herz, Bild, Buch*.

Wurzelsprache →Isolierender Sprachbau.

Wurzeltransformation [engl. *root transformation*]. In Anlehnung an J. E. EMONDS [1976] verwendete Bezeichnung für solche →Transformationen, die nicht auf eingebettete Sätze, sondern nur auf nicht eingebettete Satzstrukturen (= Hauptsätze, Matrixsätze) angewendet werden können, im Unterschied zu Nicht-Wurzeltransformationen, die auf jeder beliebigen Stufe von Einbettung operieren können. Als Beispiel für W. vgl. etwa die →Imperativtransformation oder die →Inversion von Subjekt und Hilfsverb im Fragesatz des Englischen.

Lit.: N. CHOMSKY [1975]: Reflections on language. New York. Dt.: Reflexionen über Sprache. Frankfurt 1977, S. 105ff. – J. E. EMONDS [1976]: A transformational approach to English syntax. New York. (MIT Diss. 1970). – J. B. HOOPER/S. A. THOMPSON [1977]: On the applicability of root transformation. In: LIn 4, S. 465–497. →Penthouse-Prinzip, →Transformationsgrammatik.

X-Bar-Syntax →X-Bar-Theorie.

X-Bar-Theorie [engl. *bar* ›Balken‹. – Auch: X-Bar-Syntax]. Theoretisches Konzept im Rahmen der generativen →Transformationsgrammatik zur Beschränkung der Form von kontextfreien Phrasenstrukturregeln. Die vor allem von N. CHOMSKY [1970] u.ö. sowie von R. JACKENDOFF [1977] und T. STOWELL [1981] entwickelte Theorie geht von folgenden Prämissen aus: (a) Sämtliche syntaktisch komplexen Kategorien aller natürlichen Sprachen (*NP*, *VP, PP* etc). sind nach allgemeinen (universellen) Strukturprinzipien aufgebaut. (b) Alle lexikalischen Kategorien lassen sich auf der Basis eines begrenzten Inventars universeller syntaktischer Merkmale wie [± NOMINAL] und [± VERBAL] definieren, z.B. Verb = [+ VERBAL, − NOMINAL], Nomen = [− VERBAL, + NOMINAL], Adjektiv = [+ VERBAL, + NOMINAL], Präposition = [− VERBAL, − NOMINAL]. (c) Alle syntaktischen Kategorien lassen sich hinsichtlich verschiedener Komplexitätsebenen unterscheiden. Dabei werden die Phrasen (*NPs, VPs, PPs* etc). als Kategorien des Typs *N, V,* bzw. *P* etc. von »maximaler« Komplexität angesehen. Minimal komplex sind die »lexikalischen« Kategorien des Typs *N, V, P* etc. Dazwischen gibt es weitere Ebenen wie z.B. *Liebe Gottes*, die weder maximal komplex, weil zur *NP die Liebe Gottes* erweiterbar, noch minimal komplex, weil nicht lexikalisch sind. Notation für lexikalische Kategorien ist X_0 oder (wie schon oben verwendet) einfach »X«, für Zwischenkategorien ist X_1, X' oder $\bar{X}$ gebräuchlich; ganze Phrasen können, falls man höchstens drei verschiedene Ebenen annehmen möchte, mit X_2, X'' oder X^{**} bezeichnet werden. Welchen numerischen Index die höchste Komplexitätsebene definiert, ist in der Literatur umstritten. – Die Bezeichnung »X-bar«-Syntax ergibt sich aus der Notation mit einem oder mehreren Querbalken über X. Dabei ist X eine

Variable für die Kategorien *N*, *V*, *P* etc, die selbst wiederum als Abk. für Bündel von Merkmalen verstanden werden. Jede mögliche. Phrasenstrukturregel ist der X-Bar-Theorie zufolge von der allgemeinen Form $X^i \to$ ... X^j... (wobei die Punkte für beliebig viele Kategorien von maximaler Komplexität und die Indizes *i* und *j* für Komplexitätsgrade derselben Kategorie *X* stehen und X^j nicht komplexer sein darf als X^i. – Diesen →Beschränkungen zufolge sind z.B. Phrasenstrukturregeln der Form $VP \to A + NP$ oder $N' \to AP + NP$ ausgeschlossen. Zu weiteren Beschränkungen, vgl. STOWELL [1981] oder STECHOW/ STERNEFELD [1988].

Lit.: N. CHOMSKY [1970]: Remarks on nominalization. In: R. A. JACOBS/P. S. ROSENBAUM (eds.): Readings in English transformational grammar. Waltham, Mass., S. 184–221. Dt. in: N. CHOMSKY: Studien zu Fragen der Semantik. Frankfurt. 1978. – R. JACKENDOFF [1977]: Constraints on phrase structure rules. In: P. W. CULICOVER u. a. (eds.): Formal syntax. New York, S. 249–283. – W. CULICOVER [1977]: X-Syntax: A study of phrase structure. Cambridge, Mass. – J. W. BRESNAN [1977]: Transformations and categories in syntax. In: R. BUTTS/J. HINTIKKA (eds.): Basic problems in methodology and linguistics. Dordrecht, S. 261–282. – N. HORNSTEIN/D. LIGHTFOOT [1981]: Explanation in linguistics. London. – T. STOWELL [1981]: Origins of phrase structure. (MIT Diss.), Cambridge, Mass. – P. MUYSKEN [1983]: Parametrizing the notion head. In: JLR 2, S. 57–76. – J. E. EMONDS [1985]: A unified theory of syntactic features. Dordrecht. – F. STUURMAN [1985]: Phrase structure theory in generative grammar. Dordrecht. – P. MUYSKEN/ H. V. RIEMSDIJK [1986]: Projecting features and featuring projections. In: P. MUYSKEN/H. v. RIEMSDIJK (eds.): Features and projections. Dordrecht, Kap. 1. – G. GREWENDORF/F. HAMM/W. STERNEFELD [1987]: Sprachliches Wissen. Frankfurt. – A. v. STECHOW/W. STERNEFELD [1988]: Bausteine syntaktischen Wissens. Opladen, Kap. 4. →Transformationsgrammatik.

Xhosa →Bantu.

Yao →Miao-Yao.

Yiddish →Jiddisch.

Yoruba. Größte →Kwa-Sprache (19 Mio. Sprecher in Südwest-Nigeria). Tonsprache (3 Töne), Nasalvokale, Vokalharmonie. Morphologie: nur Derivation, keine Flexion. Wortstellung: SVO. Logophorische Pronomen, →Serialverb-Konstruktion.

Lit.: A. BAMGBOSE [1966]: A grammar of Yoruba. Cambridge. – E. C. ROWLANDS [1969]: Teach yourself Yoruba. London.

Yue →Chinesisch.

Yukatekisch →Maya-Sprachen.

Yuki →Golf-Sprachen.

Yuman-Sprachen →Hokanisch.

Yupik →Eskimo-Aleutisch.

Yurok →Algonkisch.

Zäpfchen →Uvula.

Zäpfchenlaut →Uvular(laut).

Zahl →Numerus.

Zahladjektiv →Numerale.

Zahlwort →Numerale.

Zahndamm →Alveolen.

Zapotekisch →Oto-Mangue-Sprachen.

Zeichen [engl. *sign*]. Grundelement einer allgemeinen Zeichentheorie (→Semiotik). Abstraktionsklasse aller sinnlich wahrnehmbaren →Signale, die sich auf denselben Gegenstand oder Sachverhalt in der realen Welt beziehen. Man unterscheidet zwischen natürlichen Z. (auch: Anzeichen), die auf einer kausalen Beziehung zwischen Z. und Bezeichnetem beruhen, (z.B. gelbe Hautfarbe als Symptom einer bestimmten Krankheit) und künstlichen Z. (auch: Repräsentationsz.), die auf Vereinbarung beruhen und sprachspezifisch ausgeprägt sind, z.B. *gelb* als Bezeichnung eines bestimmten Ausschnittes aus dem Farbspektrum. – Sprachliche Z. haben spezifische Grundeigenschaften (vgl. DE SAUSSURE [1916]): (a) Bilateralität: jedes Z. besteht aus der Zuordnung von zwei Aspekten, dem materiellen (lautlich oder graphisch realisierten) Z.-Körper (= →Bezeichnendes) sowie einem begrifflichen Konzept (= Bezeichnetes). Zur unterschiedlichen Terminologie vgl. →Bezeichnendes vs. Bezeichnetes. Im Unterschied zu DE SAUSSURES zweiseitigem Z. gehen andere Forscher, z.B. PEIRCE, von der triadischen Struktur des Z. aus und unterscheiden zwischen Zeichenkörper, Bezeichnetem und Sprecher. (b) Arbitrarität: die Zuordnung zwischen Bezeichnendem und Bezeichnetem ist zwar konventionell vorgegeben, sie ist aber arbiträr (= ›willkürlich‹) insofern, als sie sprachspezifisch verschieden und der Zusammenhang zwischen Bezeichnendem und Bezeichnetem nicht motiviert ist. (c) Li-

nearität: als sinnlich wahrnehmbares Signal verläuft das sprachliche Z. ausschließlich in der Zeit. – In der Z.-Theorie wird zwischen drei (bzw. vier) Untersuchungsaspekten unterschieden: syntaktischer Aspekt: Relation zwischen verschiedenen Zeichen (→Syntax); semantischer Aspekt: Relation zwischen Zeichen und Bedeutung (→Semantik); pragmatischer Aspekt: Relation zwischen Zeichen und Zeichenbenutzer (→Pragmatik) und (seit KLAUS [1962]) sigmatischer Aspekt: Relation zwischen Zeichen und außersprachlicher Welt (→Sigmatik). Vgl. auch →Ikon, →Index, →Organonmodell, →Symbol.

Lit.: F. DE SAUSSURE [1916]: Cours de liguistique générale. Paris. Kritische Ausgabe ed. von R. ENGLER. Wiesbaden 1967. Dt.: Grundfragen der allgemeinen Sprachwissenschaft. Ed. von P. v. POLENZ. 2. Aufl. Berlin 1967. – CH. S. PEIRCE [1931/1958]: Collected papers. 8 Bde. Boston. – K. BÜHLER [1934]: Sprachtheorie. Jena. Neudruck Stuttgart 1965. – CH. W. MORRIS [1938]: Foundations of the theory of signs. Chicago. Dt.: Grundlagen der Zeichentheorie. München 1972. – CH. W. MORRIS [1946]: Sign, language and behavior. New York. Dt.: Zeichen, Sprache und Verhalten. Düsseldorf 1973. – H. SANGDHANSEN [1954]: Recent theories on the nature of the language sign. Kopenhagen. – A. SCHAFF [1964]: Sprache und Erkenntnis. Wien. – F. SCHMIDT [1966]: Zeichen und Wirklichkeit. Linguistisch-semantische Untersuchungen. Stuttgart. – CH. W. MORRIS [1971]: Writings on the general theory of signs. The Hague. – U. ECO [1977]: Zeichen. Einführung in einen Begriff und seine Geschichte. Frankfurt. – H. H. CHRISTMANN [1985]: Arbitrarität und Nicht-Arbitrarität im Widerstreit – Zur Geschichte der Auffassung vom sprachlichen Zeichen. In: ZPhon 38, S. 83–99. – R. CONRAD [1985]: Zu den Beziehungen zwischen Arbitrarität und Motiviertheit in der Zeichenkonzeption Ferdinand de Saussures. In: ZPhon 38, S. 107–111. →Semiotik.

Zeichenkörper →Bezeichnendes.

Zeichensetzung [engl. *punctuation*. – Auch: Interpunktion]. Regeln zur optischen Gliederung von geschriebener Sprache durch nichtalphabetische Zeichen wie Punkt, Komma, Ausrufungszeichen u.a. Solche Grenzsignale im Text verdeutlichen sowohl gramm. als auch semantische Aspekte des Textes, sie kennzeichnen Zitate, direkte Rede, Auslassungen und spiegeln Intonationsverläufe der gesprochenen Sprache wider. Die für das Deutsche gültige Z. ist im Rechtschreibe-DUDEN [1980] in 110 Regeln kodifiziert (S. 16–36).

Lit.: K. DUDEN [1880]: Vollständiges Orthographisches Wörterbuch der deutschen Sprache. Nach den neuen preußischen und bayrischen Regeln. Faksimiledruck der Originalausgabe. Mannheim o.J. – R. BAUDUSCH [1980]: Zu den sprachwissenschaftlichen Grundlagen der Zeichensetzung. In: D. NERIUS/J. SCHARNHORST (eds.): Theoretische Probleme der deutschen Orthographie. Berlin. – DUDEN [1980]: Rechtschreibung. 18., völlig neubearb. Auflage. Mannheim. – ST. HÖCHLI [1981]: Zur Geschichte der Interpunktion im Deutschen: eine kritische Darstellung der Lehrschriften von der 2. Hälfte des 15. Jh. bis zum Ende des 18. Jh. Berlin. →Rechtschreibung.

Zeichensprache. Nichtsprachliches Verständigungssystem, das entweder die natürliche (Wort-)Sprache begleitet (vgl. hierzu unter →Nonverbale Kommunikation) oder sie ersetzt, duch Mimik, Gestik und Körpersprache, z.B. die →Gebärdensprache, Trommelsprachen von Naturvölkern oder die Signalsprachen der Flaggen und Verkehrszeichen, die alle über eine spezifische Syntax und Semantik verfügen.

Forschungsbericht: W. C. STOKOE [1974]: Classification and description of sign languages. In: CTL 12, S. 345–372.

Zeichentheorie →Semiotik.

Zeigfeld der Sprache. In der »Zweifelderlehre« K. BÜHLERS die in jeder Sprechsituation vorgegebene situationelle Person-Raum-Zeit-Struktur mit der →Ich-Jetzt-Hier-Origo als Koordinaten-Nullpunkt der subjektiven Orientierung, die auf verschiedenen Ebenen des »Zeigens« realisiert werden kann: (a) innerhalb der Wahrnehmungssituation von Sprecher und Hörer durch »*demonstratio ad oculos*«, also mittels Gesten sowie durch Demonstrativ- und Personalpronomina; (b) im Redekontext durch →Anaphern, d.h. durch Kontextverweise mittels deiktischer Partikeln, und (c) im Bereich von Erinnerung, Gedächtnis und Phantasie durch sogen. »Deixis am Phantasma«.

Lit.: →Axiomatik der Sprachwissenschaft.

Zeitkonstitution. Semantische Kategorisierung verbaler Ausdrücke nach ihrem Bezug zur Zeit, vgl. →Aktionsarten.

Lit.: →Aktionsarten.

Zeitlogik →Temporale Logik.

Zeitungssprache →Pressesprache

Zeitwort →Verb.

Zenaga →Berberisch.

Zentral vs. Peripher →Kompakt vs. Diffus.

Zentraler Laut →Sagittallaut.

Zentralisierung [Auch: Vokal(ab)schwächung]. Ersetzung

eines weniger zentralen Vokals durch einen zentraleren. Z.B. hat Z. in der Entwicklung des Dt. bei unbetonten Vokalen stattgefunden, vgl. ahd. *nimu* ›(ich) nehme‹ mit nhd. (*ich*) *nehme*.

Zentralvokal →Schwa-Laut.

Zentrifugal vs. Zentripetal [lat. *fugāre* ›vertreiben‹, *petere* ›erstreben‹ (eigentlich: ›absteigend vs. aufsteigend‹)]. Aus der Physik übernommene Begriffe, die die Eigenschaften von Kräften bezeichnen, die von einem Zentrum weg bzw. auf ein Zentrum hin wirken.

(1) Im Rahmen der →Dependenzgrammatik verwendet L. TESNIÈRE die beiden Termini zur Bezeichnung des Verhältnisses zwischen Abhängigkeit der Glieder voneinander und ihrer Reihenfolgebeziehung. Die lineare Abfolge: regierender Ausdruck (Zentrum)/abhängiger Ausdruck nennt er »zentrifugal«, (vgl. frz. *cheval blanc*), die umgekehrte Reihenfolge »zentripetal« (vgl. dt. *weißes Pferd*). Auf dieser Unterscheidung basiert sein Konzept einer Sprachtypologie. Vgl. auch →Bestimmungsrelation.

Lit.: L. TESNIÈRE [1959]: Éléments de syntaxe structurale. Paris. Dt.: Grundzüge der strukturalen Syntax. Stuttgart 1980. – J. H. GREENBERG [1966]: Language universals. With special reference to feature hierarchies. The Hague. – TH. VENNEMANN [1977]: Konstituenz und Dependenz in einigen neueren Grammatiktheorien. In: Sprachw 1, S. 259–301. – TH. VENNEMANN/ R. HARLOW [1977]: Categorial grammar and consistent basis VX serialization. In: TL 4, S. 227–254. – W. P. LEHMANN (ed.) [1978]: Syntactic typology: studies in the phenomenology of language. Austin.

(2) In der russ. Sprachwiss. verwenden B. A. ABRAMOV u.a. dieses Begriffspaar zur Unterscheidung unterschiedlicher syntaktischer »Potenzen« (Fähigkeit, bestimmte syntaktische Funktionen zu erfüllen): »Zentrifugale Potenz« bezeichnet die Fähigkeit von sprachlichen Ausdrücken, andere Ausdrücke zu dominieren. Dieser Begriff entspricht somit weitgehend dem der →Valenz. »Zentripetale Potenz« bezieht sich dagegen auf die syntaktische Eigenschaft, als abhängiges Glied zu fungieren.

Lit.: B. A. ABRAMOV [1967]: Zum Begriff der zentripetalen und zentrifugalen Potenzen. In: DaF H. 3, S. 155–168. – B. A. ABRAMOV [1971]: Zur Paradigmatik und Syntagmatik der syntaktischen Kompetenzen. In: G. HELBIG (ed.): Beiträge zur Valenztheorie. The Hague, S. 51–66. →Valenz.

Zero-Form →Nullmorphem.

Zetazismus [griech. *zēta* = sechster Buchstabe des griech. Alphabets] →Assibilation.

Zeugma [griech. *zeúgma* ›Verbindung‹, ›Joch‹]. →Rhetorische Figur der Kürzung: ursprünglich allgemeine Bezeichnung der grammatischen Ellipse (z.B. *Er trank Bier, sie Wein*), dann speziell für solche koordinierte Strukturen, deren gemeinsames Prädikat zwei syntaktisch oder semantisch ungleichartige Satzglieder verknüpft (dafür auch: Syllepse, griech. *syl-lepsis* ›Zusammenfassung‹): (a) syntaktisch inkongruentes Z.: *Er trank Bier, wir Wein*; *Ich werde mit dem Zug fahren und abgeholt*, (b) semantisch inkongruentes Z.: *Die Flaschen wurden leerer und die Köpfe voller* (H. HEINE); *Er reiste mit Frau und Regenschirm*. Eine Sonderform des Z. ist das →Apokoinu.

Lit.: →Rhetorische Figur.

Zielsprache.
(1) Beim Übersetzen die Sprache, in die übersetzt wird.
(2) Beim Fremdsprachenlernen die zu erlernende Sprache, im Unterschied zur →Ausgangssprache.

Zigeunersprache →Romani.

Zipfsches Gesetz [Auch: Gesetz des geringsten Kraftaufwandes]. Aufgrund empirischer Untersuchungen und statistischer Verfahren von G. K. ZIPF erkannter gesetzmäßiger Zusammenhang zwischen der Verwendungshäufigkeit von Wörtern in einzelnen Texten bzw. bei einzelnen Sprechern/Autoren und ihrem Rangplatz auf einer Liste ihrer generellen Auftretungshäufigkeit: die Logarithmen dieser beiden Variablen stehen in einer konstanten Relation zueinander, d.h. das Produkt aus einem Rangplatz und der Verwendungshäufigkeit ist konstant. Diese Formel gilt unabhängig von Textsorte, Alter der Texte und Sprache, hat also universellen Charakter. Dieser universelle Charakter resultiert nach ZIPF u.a. aus dem ökonomischen Grundprinzip des geringsten Kraftaufwandes (= *principle of least effort*), dem alle menschliche Tätigkeit unterliegt. Zudem besteht eine Korrelation zwischen der Länge eines Wortes und seiner Auftretenshäufigkeit. Ähnlich wie im Morse-Alphabet dem häufigsten Buchstaben *e* das kürzeste Symbol, nämlich ein Punkt, zugeordnet wurde, erweisen sich die Einsilber als die am häufigsten gebrauchten Wörter einer Sprache, im Dt. machen sie etwa 50 Prozent aus.

Lit.: G. K. ZIPF [1935]: The psycho-biology of language. Boston 2. Aufl. 1935. – B. MANDELBROT [1954]: Structure formelle des textes et communication. In: Word 10, S. 1–27. – G. BILLMEIER [1969]: Worthäufigkeitsverteilungen vom Zipfschen Typ, überprüft an deutschem Textmaterial. Bonn. – H. BIRKHAN [1979]: Das Zipf'sche Gesetz, das schwache Präteritum und die germanische Lautverschiebung. Wien. (= SbÖAW 348).

Zirkumflex(-Akzent) [lat. *circum flexus* ›Wölbung‹].
(1) Durch den Tonfall hervorgerufener, aus den einfachen Akzenten →Akut und →Gravis zusammengesetzter steigendfallender Silbenakzent.
(2) →Diakritisches Zeichen in Form eines Daches, bestehend aus →Akut und →Gravis über einem lateinischen Buchstaben oder in Form einer liegenden Schlangenlinie (→Tilde) über einem griech. Buchstaben. Bezeichnet im altgriech. einen bestimmten Tonhöhenverlauf des betreffenden Vokals. In lat. Schriften dient der Z. verschiedenen Zwecken: im Frz. in der Kombination mit *e* zur Bezeichnung des offenen Vokals [ɛ] und in der Kombination mit *o* zur Bezeichnung des geschlossenen Vokals [o] in *forêt* bzw. *rôle*, im Rumän. zur Unterscheidung zwischen ⟨i⟩ für [i] und ⟨î⟩ für [ɨ], im Grönländ. sowie in standardisiertem Ahd. und Mhd. zur Bezeichnung der Vokallänge.
(3) In der Indogermanistik [auch Schleifton]: Bezeichnung für Überlänge (3 Moren). →More, →Dreimorengesetz.

Zischlaut [Auch: Sibilant]. Untergruppe auditiv ähnlicher →Frikative sowie entsprechender Affrikaten, die durch Engebildung zwischen Vorderzunge und vorderem Gaumen entstehen. z.B. [s], [z], [ʒ], [ʃ] in dt. [haɔs] ›Haus‹, [ˈzaːnə] ›Sahne‹, [gaˈʁaːʒə] ›Garage‹ bzw. [ʃlaːf] ›Schlaf‹.

Lit.: →Phonetik.

Zitterlaut →Vibrant.

Zoosemiotik [griech. *zôion* ›Lebewesen‹, ›Tier‹]. Von T. A. SEBEOK [1968] eingeführter Terminus zur Bezeichnung einer Forschungsrichtung, die sich sowohl mit der Untersuchung artspezifischer Kommunikationssysteme einzelner Tierarten beschäftigt (Ameisen, Bienen, Schimpansen; →Tiersprachen) als auch mit Eigenschaften von Kommunikation in biologischen Systemen. Die Z. als »Zeichenkunde der Tiersprache« kann wichtige Aufschlüsse über Entstehung und Entwicklung der menschlichen Sprache geben, deren Untersuchung in diesem Zusammenhang als →Anthroposemiotik der Z. gegenübersteht.

Lit.: W. H. THORPE [1961]: Bird-Song. Cambridge. - H. FRINGS/M. FRINGS [1964]: Animal Communication. New York. - W. F. EVANS [1968]: Communication in the animal world. New York. - T. A. SEBEOK (ed.) [1968]: Animal communication: Techniques of study and results of research. Bloomington. - G. TEMBROCK [1971]: Biokommunikation. 2 Bde. Berlin. - G. TEMBROCK [1973]: Aktuelle Probleme der Zoosemiotik im Bereich der Bioakustik. In: J. REY-DEBOVE (ed.): Recherches sur les systèmes signifiants 129, S. 635-649. The Hague. - T. A. SEBEOK [1972]: Perspectives in zoosemiotics. The Hague. - T. A. SEBEOK [1977]: Zoosemiotic components of human communication. In: T. A. SEBEOK (ed.): How animals communicate. Bloomington. - W. J. SMITH [1974]: Zoosemiotics: Ethology and the theory of signs. In: CTL 12, S. 561-626. - M. KRAMPEN [1981]: Phytosemiotics. In: Semiotica 36, S. 187-209. →Tiersprachen.

Zoque →Mixe-Zoque.

Zugehörigkeitsadjektiv →Bezugsadjektiv.

Zugrundeliegende Form [engl. *underlying representation*]. In Generativer →Phonologie hypothetisch angesetzte abstrakte Basisform, die durch binäre distinktive Merkmale beschrieben und durch phonologische Regeln (wie →Assimilation, →Palatalisierung u.a.) in die jeweils abgeleiteten konkreten (d.h. phonetischen) Formen überführt wird. So geht man bei der Darstellung der →Auslautverhärtung im Dt. von zugrundeliegenden Formen mit stimmhaften Verschlußlauten aus (also /raːd/für *Rad* im Unterschied zu /raːt/für *Rat*) und erzeugt die stimmlosen Varianten der Oberflächenstruktur durch eine entsprechende phonologische Regel. Der »Abweichungsspielraum« zwischen Z. F. und realisierter Form ist mit Rücksicht auf Lernbarkeitsforderungen u.a. immer mehr eingeschränkt worden, vgl. →Abstraktheitskontroverse.

Lit.: →Phonologie.

Zugrundeliegende Struktur →Tiefenstruktur.

Zukunft →Futur I.

Zulu →Bantu.

Zuname →Familienname.

Zunge-Lippen-Prozeß. Zunge und Lippen (besonders die untere) tragen wegen ihrer physiologischen Voraussetzungen am effektivsten zur akustisch oder auditiv wahrnehmbaren Veränderung des Luftstroms bei, indem sie den Luftstrom in mehr oder weniger großem Ausmaß hemmen. Daher wird dieser Prozeß auch als »Artikulation« (i.e.S.) bezeichnet. Muß der Luftstrom zwei Hemmnisse überwinden, so unterscheidet man zwischen primärer und →Sekundärer Artikulation. Man nennt die Partien von Unterlippe und Zunge, die an den Veränderungen in charakteristischer Weise aktiv beteiligt sind, →Artikulationsorgane (oder auch bewegliche Artikulatoren). Sie geben den mit ihnen gebildeten Lauten die Namen (im folgenden in Klammern): Unterlippe (→Labial), Zungenspitze (→Apikal), Zungenkranz (→Koronal), Zungenblatt (→Laminal), Zungenrücken (→Dorsal), Zungenwurzel (→Radikal). Die von den Artikulationsorganen vollständig oder halbwegs erreichbaren oberen und hinteren Teile von Mund- bzw. Rachenhöhle werden →Artikulationsstellen genannt, die den an ihnen gebildeten Lauten die Namen geben (im folgenden in Klammern): Oberlippe (→Labial(laut)), Oberzähne (→Dental), Zahndamm (→Alveolar), harter Gaumen (→Palatal), Velum (→Velar), Zäpfchen (→Uvular), Rachenrückwand (→Pharyngal). – Da nicht jedes Artikulationsorgan jede Artikulationsstelle anzielen kann, spricht man vereinfachend und zusammenfassend von →Artikulationsstellen (auch: Artikulationsplätze, Artikulationsorte) und unterscheidet (nach dem IPA, vgl. IPA-Tabelle S. 22/23) folgende Sprachlaute (die detaillierten Termini sind in Klammern beigefügt): (a) Bi-

labial (Bilabial), (b) Labiodental (Labiodental), (c) Dental (Apikodental; Laminodental), (d) Alveolar (Apikoalveolar; Laminoalveolar), (e) Retroflex (Apikopostalveolar), (f) Palatoalveolar (Laminopostalveolar), (g) Alveolopalatal (Laminopalatal), (h) Palatal (Prädorsopalatal), (i) Velar (Mediodorsopalatal), (j) Uvular (Postdorsouvular), (k) Pharyngal (Radicopharyngal). – Bei der Klassifikation der Vokale spricht man an Stelle von Prädorsopalatalen, Mediodorsovelaren und Postdorsovelaren im allgemeinen von vorderen, mittleren bzw. hinteren oder Vorderzungen-, Mittelzungen- bzw. Hinterzungenvokalen. Für die weitere Differenzierung der Vokale vgl. →Vokal. – Nach der Art, wie der Luftstrom in Rachen- oder Mundhöhle bei der Artikulation gehemmt wird, läßt sich unterscheiden zwischen: (a) Verschlußlaut bei oralem Verschluß, (b) Frikativ (auch: Reibelaut, spirant) bei Reibung, (c) →Approximant bei Fehlen von oralem Verschluß und oraler Reibung. Nach der Art, wie die in Rachen- oder Mundhöhle gebildete Hemmung des Luftstroms überwunden wird (nach der Überwindungsart (auch: Überwindungsmodus)), läßt sich unterscheiden zwischen: (d) Sagittallaut (auch: zentraler Laut, Medianlaut) bei sagittaler Öffnung, (e) Lateral bei seitlicher Öffnung, (f) Flap (auch: geschlagener Laut) oder Tap (auch: getippter Laut) bei schlagender bzw. tippender Bewegung, (g) Vibrant (auch: Zitterlaut) bei Vibration. Sagittale Verschlußlaute, bei denen der Verschluß oral gelöst wird, werden →Plosivlaute, solche Plosivlaute, die →Egressiv (durch →Exspiration) gebildet werden, →Explosivlaute genannt. Entsteht bei der Verschlußöffnung eine Reibung, so spricht man von →Affrikaten.

Lit.: →Phonetik.

Zungenkranz [lat. *corōna* ›Kranz‹. - Auch: Zungensaum]. Der Rand um die Zunge. Vgl. →Koronal(laut).

Zungenlage. Bei Vokalen unterscheidet man je nach Öffnungsgrad des vorderen Ansatzrohres (der Mundhöhle) zwischen solchen hoher (z.B. [i]), halbhoher (z.B. [e]), mittlerer (z.B. [ə]), halbtiefer (z.B. [ɛ]) und tiefer (z.B. [a]) Z. Stattdessen spricht man auch (z.B. im IPA, →Lautschrift) von geschlossenen, halbgeschlossenen, mittleren, halboffenen bzw. offenen Vokalen, vgl. IPA-Tabelle S. 22/23.

Lit.: →Phonetik.

Zungenlaut →Lingual(laut).

Zungensaum →Zungenkranz.

Zungenspitze →Apex.

Zungenspitzenlaut →Apikal(laut).

Zusammenbildung. In der historischen →Wortbildung Grenzfall zwischen →Derivation und →Komposition, dessen erste Konstituente nicht ein Wort, sondern eine Wortgruppe bildet, vgl. *Gesetzgebung, Gepäckträger, Dickhäuter*, engl. *watchmaker, heartbreaking*, H. MARCHAND [1969] nennt sie »*synthetic compounds*«.

Lit.: H. MARCHAND [1960]: The categories and types of present-day English word formation. 2. Aufl. München 1969. - W. FLEISCHER [1969]: Wortbildung der deutschen Gegenwartssprache. 5. Aufl. Tübingen 1982. - T. HÖHLE [1982]: Über Komposition und Derivation: zur Konstituentenstruktur von Wortbildungsprodukten im Deutschen. In: ZS 1, S.76-112. - G. FANSELOW [1985]: What is a possible word. In: J. TOMAN (ed.): Studies in German grammar. Dordrecht, S. 289-318. - G. FANSELOW [1988]: Word syntax and semantic principles. In: G. BOOIJ/J. VAN MARLE (eds.): Yearbook of morphology. Dordrecht, S. 95-122. Vgl. auch →(Argument-) Vererbung, →Verbalkompositum.

Zusammenrückung [engl. *non-lexicalised compound*. - Auch: Amalgamierung]. Terminus der historischen →Wortbildung mit unterschiedlicher Verwendung: (1) Allgemein: Aus phraseologischen Verbindungen hervorgegangene Neubildung von Ausdrücken, wobei sowohl Wortfolge als auch Flexionsmarkierung erhalten bleiben: *wassertriefend, Hoheslied, trotzdem, haushalten*. Die Grenze zur →Komposition ist fließend.
(2) Bei W. FLEISCHER substantivierte syntaktische Fügungen, bei denen - im Unterschied zur Zusammensetzung (→Kompositum) - das zweite Element nicht die Wortart des ganzen Ausdrucks bestimmt, z.B. *Vaterunser, Nimmersatt, Taugenichts, Dreikäsehoch*.

Lit.: W. FLEISCHER [1969]: Wortbildung der deutschen Gegenwartssprache. 5. Aufl. Tübingen 1982, S.61-63.

(3) Mehrgliedrige flexionslose Wörter, die als Verschmelzung von z.B. Adverb + Präposition (*fortan*), Präposition + Substantiv (*infolge, aufgrund*) zu analysieren sind.

Zusammmensetzung. Vorgang (= →Komposition) und Ergebnis (= →Kompositum) der Wortbildung durch Verbindung von mehreren selbständigen Einzelelementen, vgl. *Kunstverein, Sommerkleid.*

Lit.: →Komposition.

Zustand vs. Handlung/Vorgang →Statisch vs. Dynamisch.

Zustandsbezeichnung →Nomen Acti.

Zustandspassiv. Im Unterschied zum →Vorgangspassiv (*Die Polizei wird gewarnt*) mit dem Hilfsverb *sein* gebildete Form des →Passiv im Dt.: *Die Polizei ist gewarnt.* Über Passivformen, die einen aus einer Handlung resultierenden Zustand bezeichnen, verfügen auch andere Sprachen wie z.B. das Russische.

Zustandsverben [Auch: Stative Verben]. Semantisch-syntaktisch definierte Verbgruppe, deren gemeinsame Bedeutung durch das Merkmal [+ *statisch*] gekennzeichnet ist, vgl. *sein, besitzen, wissen, verstehen.* Z. können (a) nicht als Imperativ verwendet werden (** Wisse deine Ahnen!*), (b) kein Passiv bilden (** Das Buch wird von ihm besessen*), (c) nicht als Prädikate in abhängigen Sätzen nach Verba des Sagens auftreten (** Er riet ihr, den Vortrag zu verstehen*).

Zweifache Gliederung [engl. *double articulation.* – Auch: Doppelte Artikulation/Gliederung]. Strukturelle Eigenschaft natürlicher Sprachen, die sie von anderen Kommunikationssystemen unterscheidet. Nach A. MARTINET [1965] lassen sich sprachliche Ausdrücke auf zwei unterschiedlichen Ebenen zerlegen: (a) in kleinste bedeutungtragende Einheiten (= →Morpheme bzw. in der Terminologie von MARTINET →Moneme), d.h. in kleinste Segmente, die aus Form und Bedeutung bestehen, sowie (b) in kleinste bedeutungsunterscheidende Einheiten (= →Phoneme), die nur Form, aber keine Bedeutung aufweisen. Die zweite Strukturierung auf phonologischer Ebene gewährleistet auf der Basis von einigen Dutzend verschiedenen Lauten bzw. Phonemen und entsprechenden Kombinationsregeln die Unendlichkeit natürlicher Sprachen. Während sich Vogelrufe, Verkehrsschilder oder Stöhnlaute (als Ausdruck von Schmerz) nur zerlegen lassen in bedeutungtragende Einheiten der ersten Gliederungsebene, nicht aber in kleinere bedeutungsunterscheidende Segmente, unterliegen sprachliche Äußerungen dieser doppelten Strukturierung: die Feststellung *Grün/e Ampel be/deut/et »frei/e Fahrt«* besteht aus mindestens neun bedeutungtragenden Elementen; der Ausdruck *grün* setzt sich z.B. aus vier Phonemen zusammen. Somit ist die Z. G. sowohl die Basis für Ökonomie als auch für die Kreativität menschlicher Sprachen. Vgl. →Tiersprachen.

Lit.: A. MARTINET [1965]: La linguistique synchronique, études et recherches. Paris. Dt.: synchronische Sprachwissenschaft. Berlin 1968. – A. MARTINET [1960]: Eléments de linguistique générale. 2., neu durchges. und verm. Aufl. Paris 1967. Dt.: Grundzüge der allgemeinen Sprachwissenschaft. 5. Aufl. Stuttgart 1963. – A. MARTINET/J. MARTINET/H. WALTER (eds.) [1969]: La linguistique: Guide alphabétique. Paris. Dt.: Linguistik. Ein Handbuch. Stuttgart 1973.

Zweifeldertheorie. In der Sprachtheorie K. BÜHLERS Oberbegriff für die Theorie vom →Zeigfeld (= situationeller Kontext) und dem →Symbolfeld (= sprachlicher Kontext). Vgl. →Deixis, →Ich-Jetzt-Hier-Origo.

Lit.: →Axiomatik der Sprachwissenschaft.

Zweig →Kante.

Zweisprachigkeit.
(1) →Bilingualismus.
(2) Prinzip des Fremdsprachenunterrichts, bei dem die Muttersprache oder – in seltenen Fällen – eine andere früher gelernte Sprache des Lerners als Erklärungssprache (mit)verwendet wird. Gegensatz: →Einsprachigkeit.

Lit.: W. BUTZKAMM [1980]: Praxis und Theorie der bilingualen Methode. Heidelberg.

Zweite Lautverschiebung [engl. *Old high German consonant shift*. – Auch: Hochdt. L.]. Veränderungen im Konsonantensystem des Urgerm., die zur Ausgliederung des Althochdt. aus den übrigen germ. Sprachen und Dialekten führten: (a) Die stl. Verschlußlaute *p, t, k* werden positionsabhängig verschoben (aa) zu →Affrikaten im Anlaut, im In- und Auslaut nach Konsonant sowie in der Gemination, wobei die einzelnen Affrikaten eine unterschiedlich große regionale Ausbreitung aufweisen; vgl. urgerm. *to: engl. *to*: dt. *zu*; urgerm. **hert-*: engl. *heart*: dt. *Herz*; alts. *penning* : obdt. und ostfränk. *pfenning*; alts. *korn* : obdt. *kchorn*. (ab) zu stl. Frikativen nach Vokalen im In- und Auslaut im gesamten hochdeut-

schen Gebiet, vgl. urgerm. *lētan: engl. *let*: dt. *lassen*; urgerm. **fat-*: engl. *vat*: dt. *Faß*. (b) Die sth. Verschlußlaute *b, d, g* (die sich im Urgerm. aus den sth. Reibelauten entwickelt hatten) werden mit starker regionaler Differenzierung obdt., insbesondere bair., zu entsprechenden stl. Verschlüssen (die allerdings später meist wieder leniert wurden), vgl. as. *beran, bindan, giban*: ahd. (bair.) *peran, pintan, kepan.* (c) Der stl. Frikativ [θ] wird zum sth. Verschluß [d], vgl. engl. *brother*: dt. *Bruder*. – Zu Details der unterschiedlichen Ausbreitung in den einzelnen ahd. Dialekten vgl. BRAUNE/MITZKA ([1953: 83–90]). – Verschobene Formen sind in Namensüberlieferungen vereinzelt seit dem 6. Jh. bezeugt (*Attila* ›Etzel‹); als Zeitraum der Durchführung und der Ausbreitung der Z. L. gilt im allgemeinen das 5.–8. Jh. n. Chr. – Hinsichtlich des räumlichen Ursprungs und der Ausbreitung sind die Meinungen kontrovers. Da sich die Z. L. bei Baiern und Alemannen am konsequentesten durchgesetzt hat, sich aber nach Norden bis zur hochdt.-norddt. Grenze (der sogen. Benrather Linie) immer mehr abschwächte, wird der Süden in einer ›monogenetischen‹ Sicht gemeinhin als Ursprungszentrum angesehen (konträr dazu die Annahmen der generativen Phonologie, vgl. KING [1969], dem widersprechen ›polygenetische‹ Ansätze (vgl. HÖFLER [1955], SCHÜTZEICHEL [1961]), die von einer jeweils spezifischen autochthonen Entwicklung der L. in mehreren Regionen gleichzeitig ausgehen; eine alternati-

ve Sicht findet sich in VENNE-
MANN [1984]. – Auch im Falle
der Z. L. werden die bisherigen
Interpretationen durch eine
neue Sicht in Frage gestellt: Die
von VENNEMANN [1984] entworfene »Verzweigungstheorie«
der Lautverschiebung besagt,
daß das Niederdt. und das
Hochdt. jeweils eigene Entwicklungen aus dem Urgermanischen darstellen und nicht –
wie üblicherweise postuliert –
das Hochdt. eine Weiterentwicklung des niederdt. Lautsystems darstelle (»Sukzessions-
theorie«). Diese Sicht basiert
auf einer neuen Rekonstruktion des German., die nicht vom
ideur. Lautstand, sondern von
belegten späteren Sprachen
ausgeht und sprachtypologische
Plausibilitätserwägungen in
den Vordergrund stellt.

Lit.: W. BRAUNE/W. MITZKA [1953]: Althochdeutsche Grammatik. 10. Aufl.
Tübingen 1961, S. 83–90. – J. FOURQUET
[1954]: Die Nachwirkungen der ersten und
zweiten Lautverschiebung. In: ZM 22,
S.1–33.– O. HÖFLER [1955]: Stammbaumtheorie, Wellentheorie, Entfaltungstheo-
rie. In: PBB (T) 77, S. 30–66, S. 424–476;
PBB (T) 78, S. 1–44. – L. L. HAMMERICH
[1955]: Die Germanische und die hochdeutsche Lautverschiebung. In: PBB (H)
77, S. 1–29, S. 165–203. – R. SCHÜTZEICHEL
[1956]: Zur ahd. Lautverschiebung am Mit-
telrhein. In: ZM 24, S. 112–124. – H. PENZL
[1964]: Die Phasen der althochdeutschen
Lautverschiebung. In: FS für T. STARCK.
The Hague. – G. LERCHNER [1971]: Zur II.
Lautverschiebung im Rheinisch-Westmit-
teldeutschen. Halle. – R. BERGMANN
[1980]: Methodische Probleme der Laut-
verschiebungsdiskussion. In: Sprachw 5, S.
1–14. – F. SIMMLER [1981]: Graphema-
tisch-Phonematische Studien zum althochdeutschen Konsonantismus: insbesondere
zur 2. Lautverschiebung. Heidelberg. – TH.
VENNEMANN [1984]: Hochgermanisch und
Niedergermanisch: Die Verzweigungstheorie der germanisch-deutschen Laut-
verschiebungen. In: PBB (T) 106, S. 1–45. –
H. PENZL [1986]: Zu den Methoden einer
neuen germanischen Stammbaumtheorie.
In: PBB (T) 108, S. 16–29. – A. v. STECHOW
[1986]: Notizen zu Vennemanns Anti-
Grimm. In: PBB (T) 108, S. 159–171. – A.
SANJOSÉ-MESSING [1986]: $_+T^h$ – $_+T^-$ –
$_+D$.? Kritische Anmerkungen zu Vennemanns Rekonstruktion des vorgermani-
schen Konsonantensystems. In: PBB (T)
108, S. 172–179. – L. DRAYE [1986]: Niederländisch und Germanisch. Bemerkungen
zu Theo Vennemanns neuer Lautverschie-
bungstheorie aus niederlandistischer
Sicht. In: PBB 108 (T), S. 180–189. – W.
MERLINGEN [1986]: Indogermanisch, Germanisch und die Glottis. In: PBB (T) 108,
S. 321–332. – W. G. MOULTON [1986]: Die
Vennemannsche Lautverschiebungstheo-
rie. In: PBB 108 (T), S. 1–15.

Zweites Signalsystem. Begriff
von I. P. PAWLOW [1953] für die
menschliche Sprache im Unterschied zur Tiersprache als dem
»ersten Signalsystem«. Als charakteristische Funktion des Z. S.
gilt die Begriffsbildung durch
Verallgemeinerung der unmittelbaren Sinneseindrücke, wie
sie das erste Signalsystem repräsentiert. Vgl. →Semantische Generalisierung.

Lit.: I. P. PAWLOW [1953]: Studium der höheren Nerventätigkeit (des Verhaltens) der
Tiere. Berlin.

Zweitspracherwerb.
(1) Jedes Erlernen einer (ersten)
Fremdsprache.
(2) (Weitgehend) ungesteuertes
Erlernen einer Fremdsprache
in einer Umgebung, in der diese
als Verkehrssprache gesprochen wird.
(3) Im engeren Sinne: (weitgehend) ungesteuertes Erlernen
einer zweiten Sprache, bevor
der Erstspracherwerb abgeschlossen ist.

Lit.: E. HATCH (ed.) [1978]: Second language acquisition. A book of readings. Rowley,
Mass. – S. W. FELIX (ed.) [1980]: Second
language acquisition. Trends and issues.
Tübingen – P. H. NELDE u.a. (eds.) [1981]:
Sprachprobleme bei Gastarbeiterkindern.
Tübingen. – S. KRASHEN [1981]: Second
language acquisition and second language
learning. Oxford. – S. KRASHEN/T. TER-
RELL [1983]: The natural approach. Language acquisition in the classroom. Oxford. – W. KLEIN [1984]: Zweitspracher-

werb. Eine Einführung. Königstein/Ts. –
C. v. STUTTERHEIM [1986]: Der Ausdruck
der Temporalität in der Zweitsprache. Berlin. – W. STÖLTING -RICHERT [1988]: Migration und Sprache. In: HSK 3.2, S. 1564-
1574. – C. v. STUTTERHEIM [1990]: European research on second language acquisition. In: B. FREED (ed.): Foreign language
acquisition and the classroom. Lexington.

Zwickmühle →Double-Bind-
Theorie.

Zwillingsformel [Auch: Paar-
formel]. Terminus der →Phra-
seologie zur Bezeichnung un-
veränderlicher, durch Konjunktion oder Präposition verknüpfter Wortpaare, häufig mit
→Alliteration (*Mann und Maus*)
oder Assonanz (*Angst und
Bang*). Die Elemente der Z.
können identisch sein (*Schlag
auf Schlag*), synonym (*nackt
und bloß*), antonym (*wohl oder
übel*) oder komplementär (*Kind
und Kegel*, zu mhd. *Kegel* ›un-
eheliches Kind‹). Vgl. →Formel.

Lit.: →Phraseologie.

Zyklische Domäne. Bestimmte,
möglicherweise sprachspezifisch festzulegende Kategorien
innerhalb von Syntax, Morphologie oder Phonologie, die einen
Bereich für die Anwendung von
»zyklischen Regeln« darstellen.
Solche Regeln folgen dem
→Zyklusprinzip.

Zyklusprinzip. In der →Trans-
formationsgrammatik Bedingung für die wiederholte Anwendung von Regeln. Gemäß
dem Z. operieren syntaktische
(oder phonologische) Regeln
von »unten nach oben«, d.h. sie
setzen bei der zutiefst eingebetteten zyklischen Domäne (in
der Syntax bei den zyklischen
Knoten *NP* oder *S*) an und operieren dann über der nächst hö-

herliegenden zyklischen Domäne bis hin zur vollständigen
Struktur (in der Syntax bis zum
→Matrixsatz). Zyklische Transformationen sind demnach solche, die (dem Z. folgend) in der
vorgegebenen strukturellen
Hierarchie von unten nach
oben angewendet werden müssen. Die Anwendung einer
zyklischen Regel innerhalb eines zyklischen Knotens setzt somit voraus, daß keine (andere)
zyklische Regel schon auf einen
höheren zyklischen Knoten
angewandt wurde. Die Menge
der auf eine zyklische Kategorie
angewendeten Regeln wird
»Zyklus« genannt. Gemäß seiner Zielvorstellung, universale
Beschränkungen für Grammatiken aller menschlichen Sprachen zu formulieren, postuliert
N. CHOMSKY das Z. als »angeborenes Organisationsprinzip der
universalen Grammatik«
(CHOMSKY [1968: 78]). Im Rahmen der Syntaxtheorie ist mit
der →Spurentheorie allerdings
gezeigt worden, daß die empirischen Voraussagen des Z. auch
aus anderen Beschränkungen
für Transformationen abgeleitet werden können, vgl. FREI-
DIN [1978]. Auch in der Phonologie gibt es Bestrebungen, das
Z. durch andere Bedingungen
zu ersetzen, vgl. KIPARSKY
[1982]. Zu weiteren Anwendungsbedingungen für Transformationen vgl. →Beschrän-
kungen.

Lit.: N. CHOMSKY [1965]: Aspects of the
theory of syntax. Cambridge, Mass. Dt.:
Aspekte der Syntaxtheorie. Frankfurt
1969. – J. R. ROSS [1967]: On the cyclic nature of English pronominalization. In: To
honor R. Jakobson Bd. 3. The Hague, S.
1669-1682. – N. CHOMSKY [1968]: Language and mind. New York. Dt.: Sprache und
Geist. Frankfurt 1973. – H. KRENN [1974]:
Die grammatische Transformation. Mün-

chen. - E. S. WILLIAMS [1977]: Rule ordering in syntax. Bloomington (Ph.D. Diss). -
R. FREIDIN [1978]: Cyclicity and the theory
of grammar. In: LIn 9, S. 519-549. - D. M.
PERLMUTTER/S. SOAMES [1979]: Syntactic
argumentation and the structure of English. Berkeley.- G. PULLUM [1979]: Rule interaction and the organization of grammar. New York. - F. J. PELLETIER [1980]:
The generative power of rule orderings in
formal grammars. In: Linguistics 18, S.

17-72. - C. RUDIN [1981]: Who what to
whom said: An argument from Bulgarian
against cyclic WH-movement. In: CLS 17,
S. 353-360. - P. KIPARSKY [1982]: From cyclic phonology to lexical phonology. In: H.
VAN DER HULST/N. SMITH (eds.) [1982]:
The structure of phonological representation. Dordrecht, S. 131-175. - E. WILLIAMS
[1982]:The NP-cycle. In: LIn 13, S. 277-295.
→Beschränkungen,   →Transformations-
grammatik.

REGISTER ENGLISCHER TERMINI

Begriffe, die als Stichwort aufgenommen sind,
erscheinen in halbfetter Schrift.

A-over-A constraint →A-über-A-Prinzip
abbreviation →Abkürzungswort
accidence →Flexion
Acoustic Cue
acquired dyslexia →Alexie
activity vs. accomplishment →Durativ vs. Nicht-Durativ
activity vs. achievement →Durativ vs. Nicht-Durativ
actor →Agens
actor-action-goal →Agens-Actio-Modell
adjacency pair →Paarsequenz
advanced tongue root →Gespannt vs. Ungespannt
agreement →Kongruenz
amalgam →Kontamination
American Sign Language →Gebärdensprache
anthroponomy →Personennamenkunde
apophony →Ablaut
apostrophic genitive →Sächsischer Genitiv
approximative system →Lernersprache
Arc Pair Grammar →Relationale Grammatik
Argument-Linking
arrow →Pfeil(symbol)
articulation disorder →Sprechstörung
articulation place →Artikulationsstelle
artificial intelligence →Künstliche Intelligenz
artificial language →Künstliche Sprache
aspect →Aktionsart
atomic concept →Atomares Prädikat
Augmented Transition Network Grammar →ATN-Grammatik
auxiliary (verb) →Hilfsverben, →Kopula(tivverb)
Back Channel
back formation →Rückbildung
backing →Umlaut
backtracking →Chart
base →Grundmorphem, →Stamm
Basic English
Basic German →Grunddeutsch
Bay-Area-Grammars →Unifikationsgrammatik
Black English (Vernacular)
Black-Box-Analyse
blend →Kontamination
border signal →Grenzsignal

borrowing →Entlehnung
Bottom-Up vs. Top-Down
boundary marking →Grenzsignal
Bounding-Theorie
brace construction →Satzklammer
Bracketing Paradoxes
branch →Kante
branching diagramm →Strukturbaum
breaking →Brechung
breathy voice →Murmelstimme
c(onstituent)-command →C-Kommando
calque →Lehnprägung
cant →Argot, →Slang
cardinality (card) →Kardinalzahl
catchword →Lemma
Categorial Unification Grammar
cause →Kasusgrammatik
center →Endozentrische Konstruktion
center vs. attribute →Bestimmungsrelation
Chart
checked vs. unchecked →Gehemmt vs. Ungehemmt
Chunk(ing)
class noun →Gattungsname
clause →Phrase, →Satz, →Teilsatz
cleft sentence →Spaltsatz
click →Schnalz(laut)
clipping →Kurzwort
clitics →Enklitikon
cluster →Häufung, →Konfiguration
cluttering →Poltern
Cockney
Code-Switching
Cognitive Grammar
coining →Wortschöpfung
colloquial expression →Idiom
Comment
common noun →Gattungsname
Commonsense Knowledge
compensatory lengthening →Ersatzdehnung
Compiler
Complementizer
Complex NP-Constraint →Subjazenz-Prinzip
compound →Kompositum
compound sentence →Satzverbindung
comprehension →Sprachverstehen
concatenation →Verkettung
concept →Begriff
concord →Kongruenz
conditional relevance →Bedingte Relevanz

conditions →Beschränkungen
connecting vowel →Bindevokal
connectives →Logische Partikel
Constraint-based Grammars →Unifikationsgrammatik
constraints →Beschränkungen, →Filter
construction →Mehrfachverzweigende Konstruktion
content →Bedeutung
content analysis →Inhaltsanalyse
content plane →Ausdrucksebene vs. Inhaltsebene
continuous aspect →Progressiv
Contoid vs. Vocoid
Control Agreement Principle →Generalized Phrase Structure
   Grammar
Core Grammar →Kerngrammatik
count noun →Individualnomen
counterfactuals →Kontrafaktische Sätze
coverability →Rekonstruierbarkeit
Covered Category
Covered vs. Non-covered
crest → Silbenkern
cuneiform characters →Keilschrift
declarative sentence →Aussagesatz, →Performative Analyse
deep structure →Tiefenstruktur
Default Knowledge
degree →Komparation
deletion →Tilgung
denomination →Bezeichnung
dependent clause →Nebensatz
derivation →Ableitung
(definite) description →Kennzeichnung
descriptive adequacy →Beschreibungsadäquatheit
designation →Bezeichnung
determiner →Artikel
discourse analysis →Diskursanalyse, →Textanalyse, →Textgram-
   matik
discourse particle →Diskursmarker
discovery procedure →Entdeckungsprozedur
disjoint reference →Disjunkte Referenz
distinguisher →Unterscheider
double articulation →Zweifache Gliederung
Downdrift
Downstep
Drift
dummy symbol →Platzhalter-Symbol
dysfluency →Stottern
egocentric particulars →Deiktischer Ausdruck
Empty Category Principle →ECP
epicene →Epikoinon
epithet →Beiname

Equi-NP-Deletion
error analysis →Fehleranalyse
escape hatch →COMP-Position
evaluation →Semantisches Differential
exbraciation →Ausklammerung
Exceptional Case Marking →ECM
exchange test →Ersatzprobe
explanatory adequacy →Erklärungsadäquatheit
expression →Ausdruck
expression plane →Ausdrucksebene vs. Inhaltsebene
Extended Standard Theory →Transformationsgrammatik
Face-to-Face-Interaction
feature →Merkmal
Feature Cooccurence Restrictions →Generalized Phrase Structure Grammar
Feature Specification Defaults →Generalized Phrase Structure Grammar
felicity conditions →Präsupposition
Finite State Grammar
Finite-State-Automaten →ATN-Grammatik
First Order Projection Principle →First Sister Principle
First Sister Principle
Flap
flip →Inversion
focusing adjunct →Gradpartikel
Foot Feature Principle →Generalized Phrase Structure Grammar
force →Illokution
fossilation →Grammatikalisierung
Frames
fronting →Umlaut
function word →Partikel
functional coherence →Lexical Functional Grammar
functional completeness →Lexical Functional Grammar
functional structure →Lexical Functional Grammar
Functional Uncertainty
Functional Unification Grammar
functional uniqueness →Lexical Functional Grammar
fusion →Kontamination
gap →Unterbrechung
gender →Genus
General Semantics →Allgemeine Semantik
generalized conversational implicature →Implikatur
Generalized Phrase Structure Grammar
glide →Gleitlaut
goal →Kasusgrammatik, →Thematische Relation
governing category →Regierende Kategorie
government →Θ-Theorie, →Rektion
Government and Binding Theory →GB-Theorie

grave vs. acute →Dunkel vs. Hell
Grimm's Law →Erste Lautverschiebung
hanging topic →Freies Thema
head center vs. modifier →Bestimmungsrelation
Head Feature Convention →Generalized Phrase Structure Grammar
head vs. attribute →Bestimmungsrelation
Head-Driven Phrase Structure Grammar
hedges →Heckenausdruck
hybrid →Kontamination
immediate constituent analysis → Konstituentenanalyse
immediate-dominance rule(s) →ID/LP-Format, →ID-Regel
inference rule →Schlußregel
inflection/inflexion →Flexion, →INFL-Knoten
inheritance →Vererbung
input vs. output →Eingabe- vs. Ausgabedaten
interchange →Austausch
interlanguage/interlingua →Lernersprache
interlude →Silbe
International Phonetic Alphabet → Lautschrift
Interpreter
interruption →Unterbrechung
invited inference →Suggerierte Schlußfolgerung
issue →Frage
Item-and-Arrangement-Grammar →Wort- und Paradigma-Modell
Item-and-Process-Grammar →Morphologie
kinemics →Kinesik
labelled bracketing →Indizierte Klammerung
language acquisition device →Spracherwerbsmechanismus
language comprehension →Sprachverstehen
language disorder →Sprechstörung
language perception →Sprachwahrnehmung
language processing →Sprachverarbeitung
lapse →Unterbrechung
layer →Linguistische Ebene
left vs. right dislocation →Linksversetzung vs. Rechtsversetzung
left-branching construction →Linksverzweigende Konstruktion
lengthening →Dehnung vs. Kürzung
level →Lexikalische Phonologie, →Linguistische Ebene, →Systemische Grammatik
leveling →Analogie
levels of adequacy →Adäquatsheitsebenen
lexical access →Worterkennung
lexical field →Wortfeld
Lexical Functional Grammar
Lexical Unification Grammar →Disjunktion
linear-precedence format →ID/LP-Format

linear-precedence rules →ID/LP-Format, →LP-Regel
linguistic awareness →Sprachbewußtsein
linking →Verkettung
linking morpheme →Fugenelement
linking vowel →Bindevokal
LIS(t) P(rocessing language) →LISP
loan →Entlehnung
location →Thematische Relation
logical connectives/constants →Logische Partikel
logical entailment →Implikation
long term memory →Gedächtnis
lowering →Umlaut
main clause →Hauptsatz
major constituent →Satzglied
manner of action →Aktionsart
mapping →Abbildung
marker →Merkmal
mass-noun →Massen-Nomen
meaning →Bedeutung
meaning constraint/postulate →Bedeutungspostulat
metrical foot →Fuß, →Takt
middle voice →Medium
minor sentence →Kurzsatz
modifier →Endozentrische Konstruktion
mood of affirming →Modus Ponens
mood of denying →Modus Tollens
move →Austausch
Move-α
multiple branching construction →Mehrfachverzweigende Konstruktion
nasal harmony →Nasalassimilation
Native Speaker
necessitation →Allegation
Neogrammarians →Junggrammatiker
nested construction →Eingeschachtelte Konstruktion
nesting →Einnistung
neutral vowel →Schwa-Laut
node →Knoten
non-headed construction →Exozentrische Konstruktion
non-kernel sentence →Abgeleiteter Satz
non-lexicalised compound →Zusammenrückung
nonce word →Augenblicksbildung, →Kontamination
nuclaer stress →Tonsilbe
nucleus →Silbenkern, →Tonsilbe
objective →Akkusativ
observational adequacy →Beobachtungsadäquatheit
obviate →Bindungstheorie
occurence →Okkurrenz
old high German consonant shift →Zweite Lautverschiebung

onglide vs. offglide →Anglitt vs. Abglitt
opacity-constraint →Specified-Subject-Condition
Ordinary Language Philosophy →Philosophie der Alltagssprache
P-inducer →Präsupposition
Parasitic Gap
parsing and translation →PATR
part(s) of speech →Satzglied, →Wortarten
peak →Silbenkern
Penthouse-Prinzip
performance →Performanz
phonetic transcription →Lautschrift
Phrase-marker
pied piping →Rattenfänger-Konstruktion
pitch height →Tonhöhe
plane →Linguistische Ebene
possessive marker →Genitiv
precedence →Strukturbaum
precedence-rule →LP-Regel
preposition stranding →Rattenfänger-Konstruktion
primacy relation →Privilegierungsprinzip
primitive predicate →Atomares Prädikat
principle of least effort →Zipfsches Gesetz
Pro-Drop-Parameter
proper government →Deklarativer Satz, →ECP, →Kongruenz
proposition →Aussage
propositional calculus →Aussagenlogik
Propositional Island Constraint
propositional logic →Aussagenlogik
psych-movement →Inversion
punctuation →Zeichensetzung
push chain vs. drag chain →Schub vs. Sog
Queclarative
raising →Komplementierung, →Projektionsprinzip, →Umlaut
raising vs. lowering →Hebung vs. Senkung
rank →Linguistische Ebene
readjustment component/rules →Morphologische Komponente
recoverability →Tilgung
reduction test →Weglaßprobe
register vs. use →Langue vs. Parole
reinforcement →Behaviorismus
repair →Reparatur
representional function of speech →Darstellungsfunktion der Sprache
rewriting rule →Ersetzungsregel
right branching construction →Rechtsverzweigende Konstruktion
root →Wurzel
root transformation →Wurzeltransformation

rule inversion →Regelumkehrung
rule of inference →Modus Ponens
rule of negative inference →Modus Tollens
scalar particle →Gradpartikel
scale →Linguistische Ebene
Scale-and-Category Grammar →Systemische Grammatik
Scrambling
self-embedded construction →Selbsteinbettende Konstruktion
semantic field →Wortfeld
semantic primitive →Atomares Prädikat
semi-affix →Affixoid
semi-prefix →Präfixoid
semi-suffix →Suffixoid
sense →Bedeutung
sensory information storage →Gedächtnis
sentence →Phrase, →Satz, →Sentoid
sentence part →Satzglied
sentence patterns →Satzbauplan
sentential subject clause →Subjektsatz
sentential subject complement →Subjektsatz
Sentential-Subject-Constraint
Sentoid
set →Menge
set theory →Mengentheorie
shift-words →Pronomen
shifters →Deiktischer Ausdruck
short term memory →Gedächtnis
sign →Zeichen
significant/signifier vs. signified →Bezeichnendes vs. Bezeich-
    netes
singleton →Menge
Slang
slip of the tongue →Versprecher
Slogan
slot →Leerstelle
sound change →Lautwandel
source →Kasusgrammatik, →Thematische Relation
Specified-Subject-Condition
speech error →Versprecher
stammering →Stottern
statement →Aussage
stem →Grundmorphem, →Stamm
Story Grammmar
stratum →Linguistische Ebene
strict entailment →Implikation
strident vs. mellow →Scharf vs. Mild
string analysis →Kettenanalyse
strong naturalness condition →Natürliche Generative Gram-
    matik

structural word   →Partikel
Structure Preserving-Constraint   →Strukturerhaltungsprinzip
stuttering   →Stottern
subjunctive mode/mood   →Konjunktiv
subordinate clause   →Nebensatz
subordination   →Hyponymie, →Präsupposition
substitutional test   →Ersatzprobe
surface   structure   →Oberflächenstruktur,   →Spurentheorie,
   →Transformationsgrammatik
surname   →Familienname
Switch Reference
tag question   →Refrainfrage
tamber   →Klangfarbe
Tap
telescoped word   →Kontamination
Template
tense   →INFL-Knoten, →Tempus
tense vs. lax   →Gespannt vs. Ungespannt
tensed   →Finite Verbform
Tensed-S-Condition   →Propositional Island Constraint
timbre   →Klangfarbe
token   →Type-Token-Relation
token reflexive words   →Deiktischer Ausdruck
topic vs. comment   →Topik vs. Prädikation, →Funktionale Satzperspektive
topomastics/toponomasiology/toponymy   →Ortsnamenkunde
trace-theory   →Spurentheorie
transducer   →ATN-Grammatik, →Definite-Clause-Grammar
Tree-Adjoining Grammar   →Unifikationsgrammatik
Tree-Pruning-Konvention
Tree-Unification Grammar   →Unifikationsgrammatik
Truncation-Regel
truth value   →Wahrheitswert
Turing-Maschine
Turn
turn taking   →Sprecherwechsel
unaccusative hypothesis   →Ergativitätshypothese
Unification-Based Grammars   →Unifikationsgrammatik
union set   →Menge
Unitary Base Hypothesis
universal quantifier   →Operator
user modeling   →Partnermodellierung
utterance   →Äußerung
Visible-Speech-Verfahren
vocal cords   →Stimmbänder
voice   →Diathese, →Genus Verbi
voice mutation   →Brechung
voice(d) vs. voiceless   →Stimmhaft vs. Stimmlos
vowel gradation   →Ablaut

weakening →Schwächung
Wh-Island-Constraint →Propositional Island Constraint
wh-node →W-Knoten
word-and-paradigm-model →Morphologie

Die Zahlen 1-12 verweisen auf
die nachfolgenden Sprachenkarten

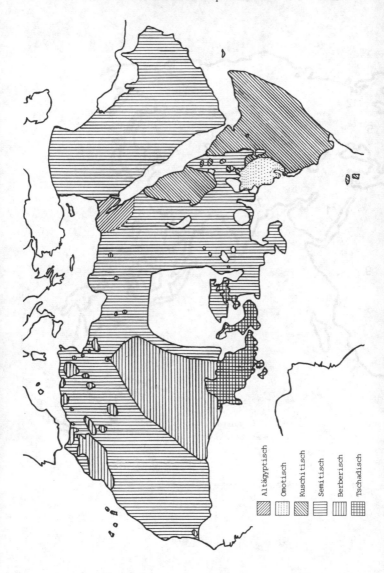

Altägyptisch
Omotisch
Kuschitisch
Semitisch
Berberisch
Tschadisch

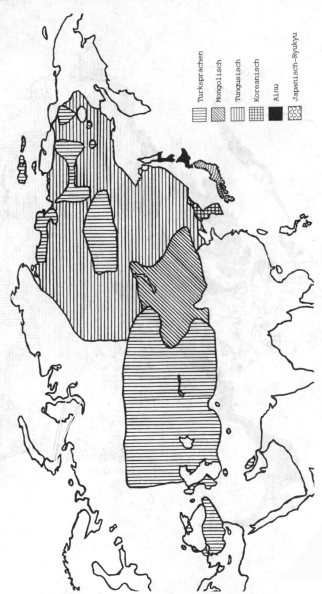

Turksprachen
Mongolisch
Tungusisch
Koreanisch
Ainu
Japanisch–Ryukyu

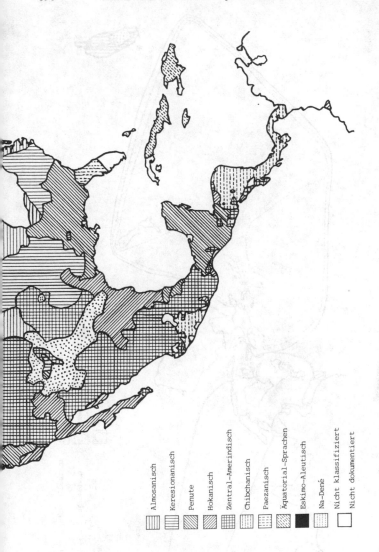

Almosanisch

Keresionanisch

Penute

Hokanisch

Zentral-Amerindisch

Chibchanisch

Paezanisch

Äquatorial-Sprachen

Eskimo-Aleutisch

Na-Dené

Nicht klassifiziert

Nicht dokumentiert

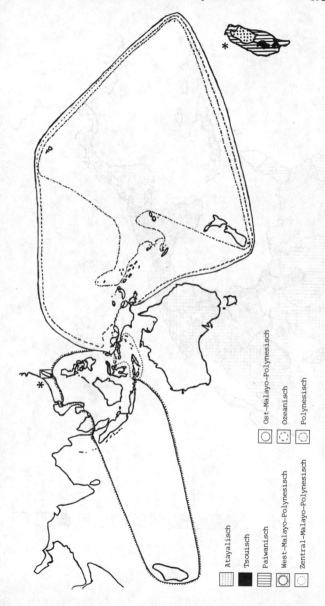

Atayalisch

Tsouisch

Paiwanisch

West-Malayo-Polynesisch

Zentral-Malayo-Polynesisch

Ost-Malayo-Polynesisch

Ozeanisch

Polynesisch

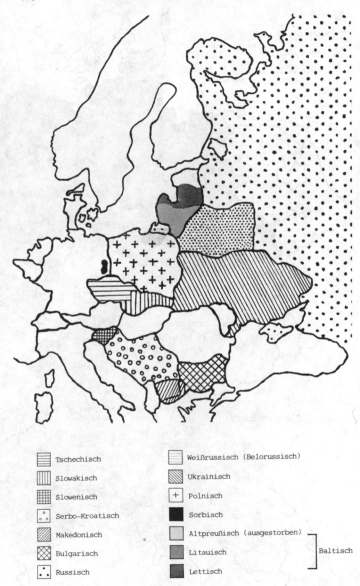

	Tschechisch		Weißrussisch (Belorussisch)
	Slowakisch		Ukrainisch
	Slowenisch	+	Polnisch
	Serbo-Kroatisch		Sorbisch
	Makedonisch		Altpreußisch (ausgestorben)
	Bulgarisch		Litauisch
	Russisch		Lettisch

Baltisch

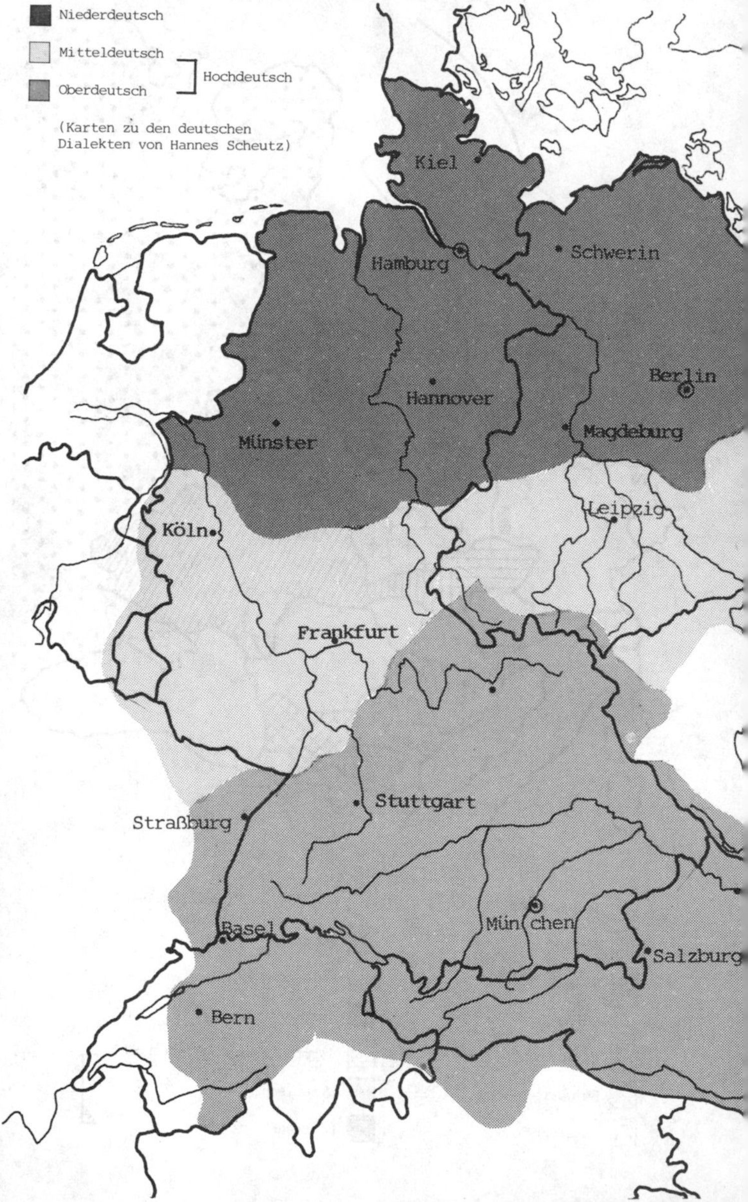

Niederdeutsch

Mitteldeutsch

Oberdeutsch   } Hochdeutsch

(Karten zu den deutschen
Dialekten von Hannes Scheutz)

Kiel

Hamburg   Schwerin

Berlin

Hannover   Magdeburg

Münster

Leipzig

Köln

Frankfurt

Stuttgart

Straßburg

Basel   München   Salzburg

Bern

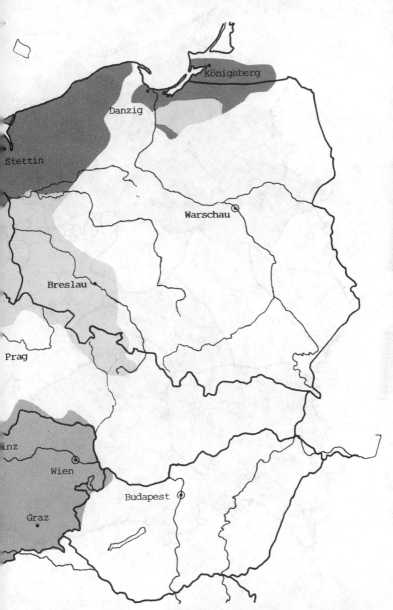

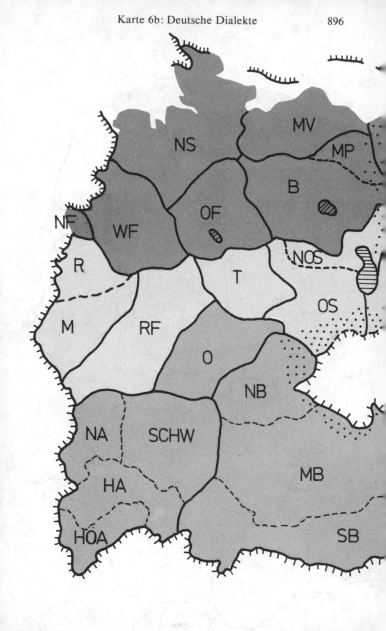

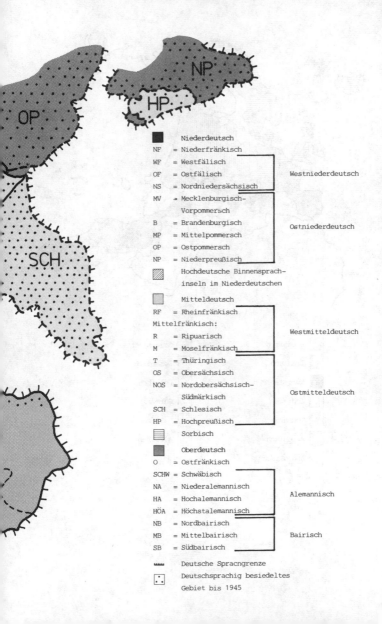

		Niederdeutsch	
NF	=	Niederfränkisch	
WF	=	Westfälisch	
OF	=	Ostfälisch	Westniederdeutsch
NS	=	Nordniedersächsisch	
MV	=	Mecklenburgisch-Vorpommersch	
B	=	Brandenburgisch	
MP	=	Mittelpommersch	Ostniederdeutsch
OP	=	Ostpommersch	
NP	=	Niederpreußisch	

Hochdeutsche Binnensprachinseln im Niederdeutschen

		Mitteldeutsch	
RF	=	Rheinfränkisch	
Mittelfränkisch:			
R	=	Ripuarisch	Westmitteldeutsch
M	=	Moselfränkisch	
T	=	Thüringisch	
OS	=	Obersächsisch	
NOS	=	Nordobersächsisch-Südmärkisch	Ostmitteldeutsch
SCH	=	Schlesisch	
HP	=	Hochpreußisch	

Sorbisch

		Oberdeutsch	
O	=	Ostfränkisch	
SCHW	=	Schwäbisch	
NA	=	Niederalemannisch	
HA	=	Hochalemannisch	Alemannisch
HÖA	=	Höchstalemannisch	
NB	=	Nordbairisch	
MB	=	Mittelbairisch	Bairisch
SB	=	Südbairisch	

⌇⌇⌇ Deutsche Sprachgrenze

⫶ Deutschsprachig besiedeltes Gebiet bis 1945

Albanisch		Griechisch	
Iranisch		Romanisch	
Nuristanisch		Keltisch	
Indisch		Germanisch	
Tocharisch		Baltisch	
Armenisch		Slawisch	
Anatolisch			

Süd-Kaukasisch (Kartvelisch)

Nordwest-Kaukasisch

Daghestanisch

Nakhisch

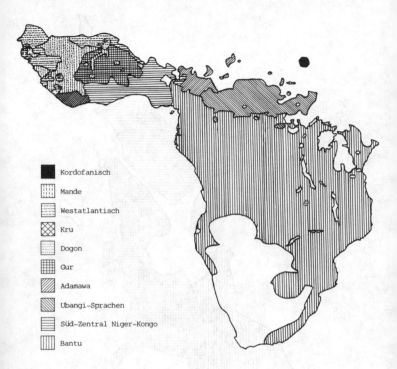

Kordofanisch

Mande

Westatlantisch

Kru

Dogon

Gur

Adamawa

Ubangi-Sprachen

Süd-Zentral Niger-Kongo

Bantu

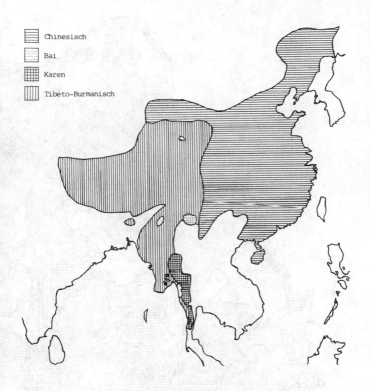

Chinesisch

Bai

Karen

Tibeto-Burmanisch

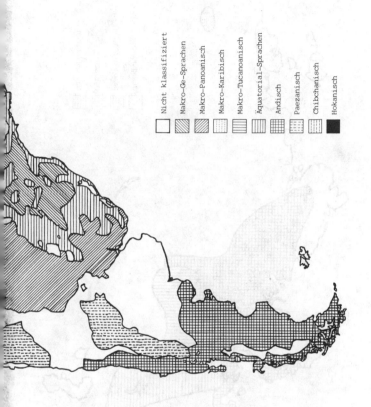

Nicht klassifiziert
Makro-Ge-Sprachen
Makro-Panoanisch
Makro-Karibisch
Makro-Tucanoanisch
Äquatorial-Sprachen
Andisch
Paezanisch
Chibchanisch
Hokanisch

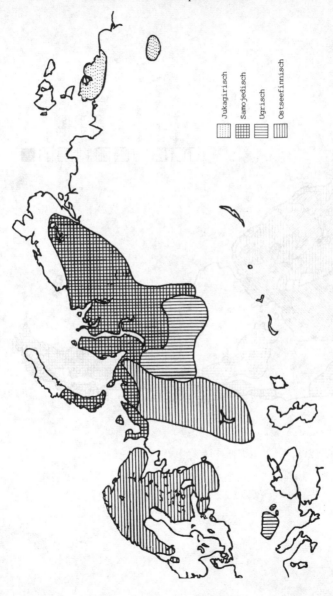

Jukagirisch
Samojedisch
Ugrisch
Ostseefinnisch